5-75.ω

PSYCHIATRIE CLINIQUE

approche bio-psycho-sociale

LALONDE, GRUNBERG
et collaborateurs

PSYCHIATRIE CLINIQUE
approche bio-psycho-sociale

gaëtan morin
éditeur

Montréal □ Paris □ Casablanca

Montréal, Gaëtan Morin Éditeur ltée
171, boul. de Mortagne, Boucherville (Québec), Canada, J4B 6G4, Tél. : (514) 449-2369

Paris, Gaëtan Morin Éditeur, Europe
20, rue des Grands Augustins, 75006 Paris, France, Tél. : 33 (1) 53.73.72.78

Casablanca, Gaëtan Morin Éditeur – Maghreb S.A.
Rond-point des sports, angle rue Point du jour, Racine, 20 000 Casablanca, Maroc, Tél. : 212 (2) 49.02.17

Révision linguistique et conception technique : Marie-Josée Drolet

Imprimé au Canada

ISBN 2-89105-294-3

Dépôt légal 3e trimestre 1988 – Bibliothèque nationale du Québec – Bibliothèque nationale du Canada

4 5 6 7 8 9 0 1 2 3   G M E 8 8   5 4 3 2 1 0 9 8 7 6

LISTE DES AUTEURS

sous la direction de :

PIERRE LALONDE, M.D. et FRÉDÉRIC GRUNBERG, M.D.

avec la collaboration de :

GEORGES AIRD, M.D.
GUY AUSLOOS, M.D.
LINDA BEAUCLAIR, M.D.
ÉDOUARD BELTRAMI, M.D.
DIANE BERNIER, T.S.
BRIAN BEXTON, M.D.
FRANÇOIS BORGEAT, M.D.
ROLAND BOULET, M.D.
JEAN-JACQUES BOURQUE, M.D.
LISE BROCHU, M.D.
LOUIS CHALOULT, M.D.
MARYSE CHARRON, M.D.
GUY CHOUINARD, M.D.
JACQUES CLÉMENT, M.D.
GÉRARD COURNOYER, M.D.
NORMANDE COUTURE, M.A.
JEAN-CHARLES CROMBEZ, M.D.
CLAUDE DE MONTIGNY, M.D.
JEAN-FRANÇOIS DENIS, M.D.
SYLVAIN DENIS, M.D.
MAURICE DONGIER, M.D.
JEAN-GUY FONTAINE, M.D.
JOHANNE FRÉCHETTE, M.D.
MICHEL FRÉCHETTE, M.D.
JACQUES GAGNON, M.D.
BERNARD GAUTHIER, M.D.
ROGER GODBOUT, M.A.

HENRI GRIVOIS, M.D.
HERTA GUTTMAN, M.D.
LAURENT HOUDE, M.D.
SUZANNE LAMARRE, M.D.
LÉON-MAURICE LAROUCHE, M.D.
DENIS LAURENDEAU, M.D.
YVON-JACQUES LAVALLÉE, M.D.
GERMAIN LAVOIE, Ph.D.
ROGER LEDUC, M.D.
JEAN-PIERRE LOSSON, M.D.
MICHÈLE LOSSON, M.D.
SYLVETTE MARTINEZ, M.D.
JACQUES MONDAY, M.D.
JACQUES MONTPLAISIR, M.D.
RAYMOND MORISSETTE, M.D.
DANIEL PAQUETTE, M.D.
ROBERT PELSSER, Ph.D.
CLIFFORD PERRIN, M.D.
GILBERT PINARD, M.D.
WILFRID REID, M.D.
RENÉE ROY, M.D.
DOMINIQUE SCARFONE, M.D.
ROCH TREMBLAY, M.Ps.
CLAUDE VANIER, M.D.
HENRI-PAUL VILLARD, M.D.
JACQUES VOYER, M.D.
HUBERT WALLOT, M.D.

TABLE DES MATIÈRES*

---

* Un plan détaillé apparaît au début de chaque chapitre.

** Les titres et fonctions précises de chaque auteur apparaissent au début du ou des chapitres qu'il a rédigés.

A) TRAITEMENTS PHARMACOLOGIQUES

B) PSYCHOTHÉRAPIES

C) THÉRAPIES PSYCHOPHYSIOLOGIQUES

Remerciements

À Jacques Nolet, directeur général de l'hôpital Louis-H. Lafontaine, pour ses encouragements et son soutien dans la réalisation de cet ouvrage.

À Diane Archambault, secrétaire du directorat de l'Enseignement, qui a mis en œuvre tout son esprit d'organisation dans la coordination logistique de cet imposant projet.

À Jocelyne Bélanger, secrétaire, pour son travail minutieux et dévoué, notamment dans la préparation des index.

À Marie-Josée Drolet, linguiste, qui a su parfaire et homogénéiser l'écriture des divers auteurs de ce manuel.

À nos familles et à celles de nos collaborateurs, qui ont fait preuve de beaucoup de patience et nous ont soutenus dans ce projet collectif.

AVERTISSEMENT

Pour faciliter la lecture et par souci de clarté, nous avons évité autant que possible les formules masculin-féminin du type «le-la patient-e ...», qui alourdissent le texte. Sauf quand le contexte l'indique autrement, la plupart des observations concernent autant les hommes que les femmes.

PRÉFACE DE LA DEUXIÈME ÉDITION

YVON GAUTHIER, M.D.

L'expérience récente nous démontre que, au rythme actuel des progrès scientifiques, les connaissances médicales se renouvellent à peu près tous les dix ans. On peut sans doute en dire autant de la psychiatrie, et l'évolution des recherches dans ce domaine du savoir rend nécessaire une mise à jour constante de nos connaissances. Cette deuxième édition de *Psychiatrie clinique : approche contemporaine* (dont le sous-titre est devenu *approche bio-psycho-sociale*, pour les raisons que nous donnerons plus loin), dirigée par les docteurs LALONDE et GRUNBERG, vient donc combler un besoin évident.

Tous les grands courants théoriques qui ont animé la psychiatrie au cours des dernières décades font actuellement l'objet d'observations et de recherches. La psychopharmacologie est le lieu de travaux majeurs et l'épidémiologie nous ouvre constamment des perspectives nouvelles. La théorie psychanalytique fait l'objet de nombreuses critiques, mais elle continue d'apporter des connaissances nouvelles à partir d'un travail en profondeur que, malheureusement, trop peu de personnes peuvent encore se permettre. La place de plus en plus grande que font les sociétés modernes aux droits de la personne conduit très particulièrement à une remise en question des théories et des méthodes du psychiatre qui a si souvent à prendre des décisions majeures concernant la liberté et la responsabilité des patients qui lui sont confiés. L'intérêt grandissant que l'on porte à l'enfance, au nourrisson, à la périnatalité et aux droits de l'enfant se manifeste dans des travaux dont la multidisciplinarité constitue un élément essentiel.

À nouveau, ce manuel se distingue par une tentative voulue — et je crois grandement réussie — d'une intégration constante des théories multiples qui influencent la compréhension des comportements humains, normaux et psychopathologiques. Loin du dogmatisme souvent doctrinaire qui inspire beaucoup de théoriciens, les auteurs ont voulu utiliser systématiquement toutes les connaissances, de quelque côté qu'elles viennent. Sans nier la valeur du modèle biomédical dans l'explication d'un certain nombre de problèmes psychiatriques, les auteurs se rangent d'emblée du côté du modèle bio-psycho-social qui peut expliciter un plus grand nombre de phénomènes. Cette approche bio-psycho-sociale est difficile, mais plus proche de la réalité complexe de chaque patient et de son histoire personnelle. Elle est le plus souvent porteuse de résultats significatifs.

On retrouve sans doute ici encore ce désir, fréquent au Québec, d'une psychiatrie qui continue d'être française et européenne, tout en s'inspirant au maximum des travaux des écoles américaines. En continuité avec le remarquable travail que constituait l'édition de 1980, cet ouvrage représente une intégration admirable des connaissances actuelles en psychiatrie et mérite une lecture très attentive.

YVON GAUTHIER, M.D.
Psychiatre et psychanalyste
Doyen de la Faculté de médecine
de l'Université de Montréal

PRÉFACE DE LA PREMIÈRE ÉDITION

Yvon Gauthier, M.D.

Ce manuel de psychiatrie, le premier à voir le jour en français au Québec, constitue le signe le plus évident d'une discipline en plein développement et qui est déjà en voie de parvenir à la maturité.

Les dernières décades ont vu la psychiatrie connaître une évolution absolument radicale en Amérique et dans la plupart des pays occidentaux. Plusieurs courants de pensée s'y sont développés et ont conduit non seulement à une compréhension meilleure des grands problèmes psychiatriques, mais aussi à une véritable prise en charge thérapeutique de patients de tous âges. La psychopharmacologie, depuis la découverte des neuroleptiques, a complètement transformé les hôpitaux psychiatriques ; sous leur influence, les « asiles », où l'on entassait sans espoir de plus en plus de malades, ne sont plus dominés par l'agitation et l'angoisse, et permettent maintenant un « minimum acceptable » de vie aussi bien à des patients moins nombreux qu'au personnel soignant. La théorie psychanalytique a joué de son côté, au cœur même de la psychiatrie, un rôle essentiel, apportant une perspective à la fois historique et dynamique, un regard en profondeur qui tient compte de toutes les composantes d'un patient, et une approche de plus en plus individualisée. Enfin, la psychiatrie communautaire est venue ajouter au cours des récentes années une dimension nouvelle où l'on étudie le malade dans le contexte de sa famille et de la société qui est la sienne, et où l'on tente d'en utiliser toutes les ressources pour le ramener à la santé.

Au cours des vingt dernières années, on peut dire que ces trois grands courants de pensée ont animé la psychiatrie au Québec, et ont contribué à créer un esprit de recherche où tous les facteurs en jeu dans l'apparition d'une maladie sont étudiés à leur juste valeur et contribuent à sa compréhension et à son traitement. Cette **approche bio-psycho-sociale** ne se retrouve pas seulement au Québec sans doute, mais elle est de plus en plus caractéristique du type de psychiatrie qui s'y pratique. Et c'est cette approche que l'on retrouvera tout au long de ce manuel, à travers ses nombreux chapitres — car c'est cette approche qui est commune à un si grand nombre de psychiatres et qui leur permet de travailler en collaboration.

D'autre part, la psychiatrie de notre milieu, depuis la réforme mise en train à la suite du rapport de la Commission Bédard en 1963, n'a pas voulu se développer en dehors de la médecine moderne. Malgré les résistances toujours présentes chez nos collègues à voir les psychiatres et leurs malades si proches d'eux, les hôpitaux généraux ont accepté que la psychiatrie s'intègre à l'intérieur de leurs murs et y prenne de plus en plus racine. C'est là un développement de la psychiatrie moderne qui s'est épanouie au Québec comme aux États-Unis et dans plusieurs pays européens. Plusieurs chapitres de ce manuel illustrent bien cette tendance absolument essentielle à la psychiatrie actuelle qui refuse de plus en plus le ghetto où l'on est trop souvent tenté de la confiner.

Et c'est ce même esprit qui a conduit les auteurs à s'adresser en priorité aux médecins dits de première ligne, et à ceux qui le seront bientôt, les étudiants en médecine. Car ce sont eux qui sont les premiers à voir les malades, aussi bien ceux dont l'angoisse se manifeste directement que ceux qui ont besoin de la masquer sous diverses formes somatiques. Et ce sont eux qui ont besoin de connaissances fondamentales, précises, exprimées dans un langage clair, qui leur permettront de poser un diagnostic juste et d'atteindre à cette compréhension nécessaire à la mise en train d'une thérapeutique appropriée, qu'ils pourront conduire seuls ou en collaboration avec le spécialiste.

L'on dit souvent que la psychiatrie au Québec se situe à la jonction de la psychiatrie américaine et de la psychiatrie française. Il est certain que les collègues qui ont fait ce manuel sont de ceux qui, au cours des deux dernières décades, ont participé activement à cette tentative d'intégration constante des connaissances de ces deux mondes complémentaires et qui, trop souvent, se connaissent bien peu. Il faut remercier tous les auteurs d'un effort considérable,

très symbolique de cet esprit d'ouverture qui anime la psychiatrie au Québec, et qui contribuera sans doute à réaliser encore mieux au cours des années à venir cet idéal difficile d'une psychiatrie à la fois scientifique et humaine.

YVON GAUTHIER, M.D.
Professeur titulaire
et Directeur du
Département de psychiatrie
de l'Université de Montréal

PRÉFACE DE LA PREMIÈRE ÉDITION

CYRILLE KOUPERNIK, M.D.

Je me dois de commencer par un aveu dont je mesure mal les retombées : c'est la première fois que je préface un ouvrage. Non seulement n'en ai-je jamais préfacé, mais j'ai toujours, étant moi-même lecteur, négligé ces pages de présentation, pressé d'arriver à l'essentiel. L'âge venant, on me confère ce grand honneur de préfacer une œuvre collective.

Me permettra-t-on, compte tenu de mon inexpérience, de dire pour commencer ce que je n'ai pas trouvé dans ce Traité ? En premier lieu : nulle trace de jargon. Il y aurait beaucoup à dire sur l'étrange aventure de la langue psychiatrique française qui, en partant des pesants néologismes du siècle dernier, a ramassé au passage de jeunes pousses freudiennes pour aboutir à un sabir imité d'une certaine école américaine d'inspiration sociale. Rien de tel ici : le profane n'a pas à se battre contre d'étranges mots ; quand leur usage est justifié, on lui en explique le sens.

L'autre grand absent est le dogmatisme. Pendant des décades à lire des ouvrages de tendances opposées, on pourrait à bon droit se demander s'il s'agissait du même sujet, du même champ de questionnement : je présume que durant les Conciles, qui avaient pour charge de décider où était la vraie foi, les factions rivales se jetaient ainsi à la face des vérités sans recul. Rien de tel ici, mais le choix qui a présidé à l'élaboration de cette œuvre me paraît très symptomatique. Je ne cacherai pas que j'ai lu avec émotion cette citation de HENRY EY (1945) par laquelle commence pratiquement le Traité. Tout y est dit de l'ambiguïté même de la psychiatrie.

EY était un homme généreux, un esprit universel, ouvert à toutes les formes de pensée. Il n'en demeure pas moins que ce Traité ne s'est pas contenté de faire revivre une structure organo-

dynamique, hospitalière mais rigoureuse, et qui avait pour vocation de tout soumettre à une certaine conception du monde et de l'homme. Cet ouvrage est tout à la fois un bilan honnête et lucide, une réflexion, un point de départ. J'en suis sans doute, du fait même de la proposition qui m'a été faite de le préfacer, le premier lecteur français. Je suis frappé par l'effort mutuel d'information et de compréhension, par l'esprit de tolérance que j'ai trouvés au fil des pages. En France, les uns honnissent le modèle médical, cependant que d'autres n'ont pour les approches psychologiques et sociales que mépris et irritation.

Bien plus, le monde change et, dans nos pays, il est normal que les ayants droit aient voix au chapitre. Si l'Anti-psychiatrie a contribué à mettre en garde ce que HENRY EY appelait une « chosification de la situation psychiatrique », grâces lui soient rendues. Si, au contraire, elle prétend remplacer par un modèle politique (quel qu'il soit) l'originalité du fait psychiatrique, on ne peut que marquer sa désapprobation.

J'ai souvent trouvé sous les meilleures plumes une attitude résolument utopique face aux mutations et aux espérances de la psychiatrie nouvelle, de cette psychiatrie extra-murale dont la prise de la Bastille demeure l'image d'Epinal. Non que quelqu'un souhaite revenir aux hôpitaux-prisons, aux asiles-garderies, mais enfin la réalité est là : les conflits, l'injustice ne sont pas la cause des handicaps des corps et de l'esprit, des fausses routes de la raison. Il y a du mythe dans l'affirmation selon laquelle on rendra à tout un chacun, par l'adversité accablée, sa place à part entière dans la société.

J'ai tenu à montrer, jusqu'à ce point précis de ma réflexion, qu'une certaine idée générale de la condition humaine, pourquoi ne pas dire une certaine philosophie, était présente dans ce Traité, sous une forme moins redoutable que celle qui fleurit dans nos ouvrages, mais enfin, l'homme fait problème et il est bon que celui qui a choisi d'être psychiatre en prenne au moins conscience. Mais j'ai trouvé aussi, dans ce Traité québécois, une dimension autre, dirais-je : une ouverture sur les activités du prodigieux creuset nord-américain. Il y a toujours eu chez nos voisins un inlassable optimisme, un refus de ce fatalisme qui, au fil des siècles, a rendu sceptique la Vieille Europe. Les Américains du Nord ont, en demeurant dans la foulée d'un Suisse-Allemand, ADOLF MEYER, pulvérisé une nosologie statique et inadaptée. Ils ont adopté avec un immense espoir les idées de FREUD, et maintenant, à l'occasion du DSM-III, ils reviennent à l'idée d'une classification ; toutefois, celle-ci n'est plus botanique, elle est comme ce Traité, bio-psycho-sociale, multi-axiale, rigoureuse, n'avançant rien qui ne pût être prouvé, et c'est ainsi que disparaissent en tant que classes, les névroses, parce que les admettre serait avaliser la notion d'un conflit intrapsychique ayant valeur de dénominateur commun. Consternation dans la Vieille Europe. J'en fais part à des amis belges et je suis pris à partie comme jadis étaient décapités les porteurs de mauvaises nouvelles.

Je ne saurais rendre compte de tout ce que j'ai lu et ma vocation n'est pas de me substituer à une table des matières entrelardée de ronronnements louangeurs ; je crois très sincèrement que ce Traité est, depuis la dernière édition de celui de H. EY, P. BERNARD et CH. BRISSET, le plus important des ouvrages de cette classe et je crois avoir montré que, loin d'être la réplique de ce dernier Traité, il apporte une vue nouvelle, vivifiante, n'hésitant pas, pour citer un exemple, à aborder les problèmes sexologiques, expliquant avec une belle franchise que l'exclusion du terme « homosexualité » du DSM-III est en partie d'essence politique et liée à l'action des groupements homophiles.

Il me reste à rendre hommage à P. LALONDE et à F. GRUNBERG d'avoir conçu cette œuvre collective et d'avoir réussi à la rendre homogène sans aliéner la liberté d'opinion et d'expression des collaborateurs.

CYRILLE KOUPERNIK, M.D.
Professeur associé
au Collège de médecine
des Hôpitaux de Paris

PARTIE I

INTRODUCTION À LA PSYCHIATRIE

CHAPITRE 1

ÉTAT ACTUEL DE LA PSYCHIATRIE

FRÉDÉRIC GRUNBERG

M.D., F.R.C.P. (C), F.A.P.A., F.R.C. Psych.
Psychiatre, directeur de l'enseignement à l'hôpital Louis-H. Lafontaine (Montréal)
Professeur titulaire à l'Université de Montréal

PLAN

1.1.
INTRODUCTION

Il est de bon aloi d'affirmer aujourd'hui dans beaucoup de milieux que la psychiatrie est en crise, qu'elle se cherche une identité et un modèle au sein des sciences médicales et des sciences humaines, aussi bien qu'une fonction pratique et morale au sein de la société contemporaine.

Ces préoccupations et ces incertitudes ne sont certes pas nouvelles puisque, déjà en 1945 — bien avant la révolution psychopharmacologique, la psychiatrie communautaire et toutes les contestations de l'antipsychiatrie —, HENRI EY parlait de la crise de la psychiatrie et affirmait, dans une allocution prononcée à la Faculté de médecine de Paris à la séance inaugurale des « Journées psychiatriques » :

> Il existe parmi les médecins de graves malentendus au sujet de la position de la psychiatrie dans le cadre des sciences médicales. La psychiatrie est tantôt considérée comme une sorte de science annexe « paramédicale » — bientôt envisagée comme une simple spécialité à peine différenciée de la pathologie générale.
>
> Parfois même, on lui reproche de n'être pas une science médicale en même temps qu'on la répudie comme telle. De pareils malentendus risquent de durer longtemps car ils proviennent en effet de raisons profondes et notamment de positions doctrinales d'autant plus indéracinables qu'elles sont le plus souvent inconscientes.

En fait, ces graves malentendus au sujet de la position de la psychiatrie dont parlait HENRI EY il y a plus de quarante ans ont largement débordé le champ de la médecine et sont soulevés dans plusieurs sphères, y compris la sphère politique.

Depuis la publication de la première édition de notre ouvrage en 1980, les problématiques de la psychiatrie et de la santé mentale ont défrayé la chronique au Québec, où l'on cherche à se doter d'une « politique de la santé mentale » débordant le champ de la psychiatrie. Celle-ci, plus que jamais, doit faire face à des problèmes d'ordre épistémologique, organisationnel et éthique.

1.2.
PROBLÈMES ÉPISTÉMOLOGIQUES DE LA PSYCHIATRIE

La psychiatrie, en tant que spécialité médicale, continue d'affronter les pièges du dualisme cartésien qui menacent d'une part de la faire sombrer dans un biologisme réductionniste ou de la dissoudre d'autre part dans un psychosociologisme anthropologique où le fait psychopathologique se liquéfie dans les méandres de la souffrance, de la misère et de la mésadaptation humaines.

Ces deux pièges risquent de faire perdre à la psychiatrie sa spécificité et sa raison d'être en tant que spécialité médicale.

1.2.1. SANTÉ MENTALE ET MALADIE MENTALE

De plus en plus, la psychiatrie doit s'insérer dans un concept de santé mentale qui n'est plus défini simplement comme l'absence de maladie mentale. En effet, le concept de santé mentale déborde la notion de maladie mentale proprement dite et se perçoit dans un contexte où l'homme et la femme doivent vivre en équilibre avec leur milieu.

La santé mentale envisagée comme telle présente des pièges évidents pour la psychiatrie conçue en tant que spécialité médicale dont l'objet demeure toujours le fait psychopathologique. En effet, si d'une part la normalité en santé mentale est considérée comme l'adaptation au milieu, le conformisme social risque de devenir la norme et toute déviation devient pathologique, ce qui entraîne une psychiatrisation excessive de tout comportement perçu comme mésadapté ou déviant. D'autre part, si la normalité en santé mentale est définie comme le bien-être et l'harmonie intérieurs, le bonheur devient la norme et toute forme de détresse et d'angoisse humaine devient pathologique.

Il est évident que, dans un tel contexte, la psychiatrie — en tant que spécialité médicale — perd sa raison d'être car elle ne peut se donner comme objectif l'atteinte du bonheur humain ou le contrôle de la folie des hommes.

En 1985, le Comité de la santé mentale du Québec (CSMQ) publiait un avis sur la notion de santé mentale : *De la biologie à la culture*. Dans cet avis, les auteurs se sont bien gardés de définir la santé mentale, mais ils l'ont envisagée dans un modèle de vulnérabilité - stress conditionné par trois axes : biologique, développemental et contextuel. En d'autres termes, la santé mentale doit être définie sur un plan multidimensionnel composé d'interactions entre des facteurs biologiques, psychologiques et sociaux conditionnant le vécu existentiel et le comportement de l'individu. De plus, dans la notion même de santé mentale, le CSMQ envisage un *noyau dur* englobant strictement les maladies mentales — domaine privilégié de la psychiatrie —et une *aura plus large* aux contours moins définis, ouverts à des interventions autres que psychiatriques.

À l'heure actuelle, le médecin généraliste, en tant qu'intervenant de première ligne, et le psychiatre, en tant qu'intervenant de deuxième ligne, doivent pouvoir manœuvrer et composer avec les autres professionnels non médicaux de la santé mentale ainsi qu'avec les intervenants naturels du milieu pour apporter du secours à l'individu en « détresse », qu'il soit malade ou pas, car dans notre société contemporaine la personne en « détresse » s'adresse très souvent au médecin en premier lieu. Les deux pièges à éviter sont de tout psychiatriser d'une part ou de tout dépsychiatriser d'autre part.

1.2.2. MODÈLES EXPLICATIFS DES MALADIES MENTALES

Pour en revenir aux problèmes épistémologiques de la psychiatrie, soulignons que c'est autour des modèles explicatifs des maladies mentales que le débat se situe.

MODÈLE BIOMÉDICAL

Le modèle biomédical est le modèle dominant de la médecine contemporaine et il se base essentiellement sur la biologie moléculaire, sa science fondamentale. Sur le plan épistémologique, l'une des caractéristiques principales de ce modèle explicatif de la maladie est son adaptation à la vérification scientifique.

Il faut se rappeler en effet que tout modèle explicatif de la pathologie n'est pas nécessairement scientifique car, dans son sens le plus large, un modèle explicatif n'est rien d'autre qu'un système de croyances pour expliquer un phénomène tel que la maladie. Ce n'est d'ailleurs qu'au XXe siècle que la médecine a rejeté les modèles explicatifs qui ne peuvent se soumettre à la vérification scientifique (modèles qui, par ailleurs, sont adoptés par la chiropraxie, la naturopathie et tout un spectre de guérisseurs qui jouent un rôle non négligeable dans la dispensation des soins à la population).

Il n'en demeure pas moins que le modèle scientifique de la maladie, comme le faisait remarquer H. FABREGA (1976), constitue le modèle explicatif privilégié par les sociétés industrielles contemporaines, à l'encontre d'autres sociétés et cultures qui adoptent des systèmes explicatifs surnaturels pour expliquer la maladie.

Quoi qu'il en soit, le modèle biomédical de la maladie adhère implicitement au dualisme cartésien et se conforme à une position réductionniste sur le plan de la causalité, dont le seul langage valable pour expliquer les troubles biologiques qui soustendent la maladie est, en dernier ressort, le langage de la chimie et de la physique.

Les psychiatres qui adhèrent à ce modèle biomédical pour expliquer la maladie mentale se divisent, d'après ENGEL, en réductionnistes et en exclusionnistes.

Les **réductionnistes** n'envisagent la maladie mentale qu'en matière de modifications neurochimiques qui altèrent le vécu et le comportement du malade. En ce moment, pour beaucoup de ces psy-

chiatres, l'étude des neurotransmetteurs, spécialement des amines biogènes, est à la base des
modèles explicatifs des psychoses et la psychopharmacologie est à la base de la thérapeutique, tous les
deux objets privilégiés de la psychiatrie dite biologique.

Les **exclusionnistes**, paradoxalement repré-
sentés par les tenants des idées de THOMAS SZASZ,
vont beaucoup plus loin que les réductionnistes
puisqu'ils nient la notion même de maladie mentale. Si, d'une part, ce qu'on appelle les troubles
psychiques peuvent se réduire à des altérations
neurochimiques, ils sont du ressort de la médecine
en général et de la neurologie en particulier. Si,
d'autre part, ils ne peuvent s'expliquer par des altérations neurobiologiques, ils sont alors le résultat
de problèmes existentiels qui ne sont pas du ressort
de la médecine. Dans ce contexte, la maladie mentale n'est qu'un mythe, la psychiatrie est inutile et
n'a pas de raison d'être.

Il est évident que le modèle biomédical qui,
malgré sa rigueur scientifique, ignore tout des composantes psychologique et sociale de la maladie,
laisse beaucoup à désirer non seulement pour la
psychiatrie mais pour la médecine en général. Nous
y reviendrons plus loin.

MODÈLE PSYCHANALYTIQUE

Jusqu'à tout récemment, le modèle psychanalytique a dominé la psychiatrie nord-américaine
tant sur le plan théorique que sur le plan pratique.
C'est un modèle explicatif psychogénétique de la
maladie mentale très logique et très cohérent, mais
très mal adapté à la vérification scientifique.

FREUD et ses disciples, surtout KARL ABRAHAM,
ont développé un modèle explicatif de la maladie
mentale basé sur les différents stades du développement de la libido. Quoique, comme le faisait remarquer R.J. STOLLER, ce modèle est aujourd'hui tout à
fait dépassé, ne représentant « qu'une pièce de
musée », nous le décrivons très succinctement ne
serait-ce que pour son intérêt historique.

Durant les six premiers mois de la vie dominés par la phase orale où la succion est l'activité
majeure, l'enfant est submergé par des gratifications narcissiques sans conscience précise du
monde et des objets extérieurs. Cet « autisme pré-
verbal » constitue le soubassement de la schizophrénie. Durant la deuxième partie du stade oral,
caractérisée par les activités cannibalistiques de
l'enfant qui mord et dévore l'objet extérieur qu'il ne
reconnaît pas, dans un état d'omnipotence ou de
soumission, se trouve le noyau de la manie et
de la mélancolie.

Au cours de la phase anale, dans l'érotisation
de l'expulsion des matières fécales qui symbolisent
l'ambivalence vis-à-vis de l'objet en même temps
aimé et haï, se situe le noyau de la psychose paranoïde non schizophrénique. Dans l'érotisation de
la rétention des produits fécaux, on trouve une
autre ambivalence : une capacité de compassion
opposée à un sentiment de dégoût qui aboutit à la
névrose obsessionnelle-compulsive.

Durant la phase phallique, l'anxiété de castration chez le petit garçon et l'envie du pénis chez la
fillette, tous deux résultant du conflit d'ŒDIPE,
constituent le noyau de la future hystérie.

Finalement, les quelques privilégiés qui ont
réussi à liquider leur complexe d'ŒDIPE parviennent à accéder à ce qu'on pourrait appeler la
santé mentale.

Ce modèle psychanalytique présenté d'une
manière simpliste et caricaturale peut, aujourd'hui,
faire sourire. On remarquera cependant que le vice
fondamental de ce modèle explicatif des maladies
mentales réside dans son réductionnisme, mais
aussi dans le fait que l'étiologie des maladies y est
préconçue non seulement sans aucune vérification
scientifique mais sans même offrir la possibilité de
formuler des hypothèses qui pourraient confirmer
ou infirmer leur validité. On se souviendra également qu'à l'époque où ce modèle avait été formulé,
bien d'autres modèles qui postulaient une causalité
mécaniste ou organiciste des maladies mentales
n'étaient pas moins spéculatifs ou plus avancés sur

le plan scientifique. Même aujourd'hui, diverses explications offertes par certains « enthousiastes » de la psychiatrie biologique obnubilés par les progrès spectaculaires de la neurochimie, de la neuroendocrinologie et des nouvelles techniques d'imagerie cérébrale ne sont pas beaucoup moins simplistes dans leur réductionnisme étiologique que celles de certains psychanalystes d'antan.

De toute manière, la valeur du modèle psychanalytique en psychiatrie ne réside pas dans son mode explicatif étiologique, mais plutôt dans le fait qu'il nous aide à donner un sens à la maladie mentale dans ses recoins les plus obscurs sans nécessairement présumer sa causalité. Le postulat des motivations inconscientes du comportement humain normal ou pathologique demeure aussi indispensable aujourd'hui que par le passé.

MODÈLE BIO-PSYCHO-SOCIAL

Ce modèle, proposé par ENGEL en 1977, est le plus courant et le moins contesté de la psychiatrie contemporaine. Il interpelle de fait la médecine en général pour les raisons suivantes :

1) Même si un désordre biochimique spécifique est démontré pour une maladie donnée, par exemple la schizophrénie ou le diabète, il ne s'ensuit pas que cette maladie se manifestera *ipso facto* sur le plan clinique. Il ne s'ensuit pas non plus que ce désordre biochimique expliquera tous les aspects de la maladie. Le plus que l'on puisse dire est que le désordre biochimique constitue la condition nécessaire mais non suffisante pour expliquer la maladie, condition à laquelle se grefferont des facteurs psychosociaux qui influenceront sa forme et son évolution.

2) Toute maladie mentale, par son essence même, se manifestera sur le plan comportemental, lequel a une composante psychologique dans le vécu du malade et une composante sociale dans ses interactions avec son milieu. Même si on pouvait réduire la maladie mentale à un désordre biochimique, on ne peut pas ignorer sa composante psychosociale car on ignorerait alors l'existence même de la maladie, puisque c'est sur ce plan qu'elle se manifeste.

3) Il existe de nombreuses preuves, en éthologie et en épidémiologie, que les expériences existentielles précoces, récentes et courantes affectent la forme et l'évolution de beaucoup de maladies mentales et physiques. Il est indéniable, comme on le verra en détail plus loin dans cet ouvrage, et conformément aux résultats de nombreuses recherches dont la rigueur scientifique ne peut être contestée, que le type de personnalité, le style de vie et les problèmes existentiels de l'homme contemporain vivant dans une société nord-américaine, non seulement affectent sa santé mentale (chapitre 8) mais affectent aussi bien sa santé physique (chapitre 18).

Malgré les progrès indiscutables de la psychopharmacologie (chapitres 35 à 38) et les découvertes toujours plus nombreuses dans la neurobiologie des grandes psychoses fonctionnelles — telles les psychoses affectives (chapitre 15) et schizophréniques (chapitre 13) —, le modèle biomédical, par lui seul, demeure nettement insuffisant en psychiatrie aussi bien sur le plan de la compréhension que sur le plan de l'explication des maladies mentales.

Examinons maintenant de plus près les trois paradigmes du modèle bio-psycho-social tel qu'il s'applique à la psychiatrie.

Paradigme biologique

Sur le plan de la clinique, on ne dispose encore que de très peu d'indices biologiques qui pourraient éclairer les connaissances sur l'étiologie, le diagnostic, l'évolution et le pronostic de la maladie mentale. Naturellement, on doit faire exception des troubles cérébraux organiques ou des troubles psychiatriques secondaires, à cause des désordres physiologiques bien établis tels que certains troubles endocriniens, métaboliques, etc. Mais là encore, bien souvent la maladie se manifestera dans la sphère psychosociale avant qu'on puisse identifier objectivement les indices biologiques. Par exemple, au tout début d'une démence d'ALZHEIMER, les seuls indices qui orienteront le clinicien vers le diagnostic en question seront une modification de la personnalité avec un changement dans le mode de fonctionnement social et des signes très discrets de déficit cognitif. À ce stade, très souvent l'examen neurologique et le bilan complémentaire (EEG, imagerie cérébrale, etc.) seront négatifs.

Quant aux troubles psychiatriques fonctionnels, malgré tous les progrès actuels dans l'étude des neurotransmetteurs, de la psychoendocrinologie, des techniques d'imagerie cérébrale, on ne possède pas encore de « marqueurs biologiques » fiables et surtout spécifiques qui puissent orienter le diagnostic et le traitement. En fait, l'épreuve thérapeutique psychopharmacologique, dans un contexte très pragmatique, demeure en pratique le seul indice biologique qui pourrait peut-être éclairer le diagnostic.

Malgré toutes ces limitations, le paradigme biologique demeure des plus importants et la recherche en ce domaine est extrêmement prometteuse.

Paradigme psychologique

Sous ce paradigme, on peut inclure l'approche psychodynamique et l'approche comportementale sans pour autant postuler une causalité psychogénétique des troubles mentaux.

Approche psychodynamique*

Elle envisage la personnalité humaine comme l'expression d'un jeu de forces intrapsychiques qui se manifeste sous forme de besoins, de pulsions, de traits et d'aptitudes. La santé mentale est perçue comme l'expression acceptable pour l'individu et son entourage de ce jeu de forces, tandis que le trouble mental est vu comme l'expression d'un désordre de l'appareil psychique.

La dynamique freudienne des pulsions participe à une telle démarche mais elle n'est pas le seul modèle théorique sous-jacent. Toutes les autres tendances psychanalytiques telles que celles de MELANIE KLEIN, de JACQUES LACAN, de CARL JUNG, d'ALFRED ADLER, les écoles de psychologie du Moi telles que celle de HEINZ HARTMANN, de nouvelles thérapies telles que la Gestalt de FRITZ PERLS ou l'analyse transactionnelle d'ERIC BERNE, toutes peuvent s'inscrire dans ce modèle à condition de ne pas postuler une causalité qui ne peut être prouvée. En fait, comme pour les « marqueurs biologiques », on ne dispose d'aucun indice psychodynamique objectif qui puisse expliquer les troubles mentaux sur un plan unidimensionnel.

Approche comportementale*

Elle se réclame du behaviorisme et postule que les comportements humains normaux ou pathologiques ne se différencient pas d'une manière intrinsèque. Tous les deux sont acquis et maintenus par des mécanismes identiques selon les **lois générales de l'apprentissage**.

L'approche comportementale par elle-même ne se préoccupe pas d'identifier la maladie mentale, considérant que l'identification d'une conduite anormale est une perception subjective. Elle s'en tient à l'analyse fonctionnelle de la conduite anormale ou du symptôme et ne s'intéresse pas à l'explication des entités cliniques psychiatriques telles que les névroses, les psychoses, les troubles de la personnalité ou le retard mental.

---

* Voir le chapitre 40.

* Voir le chapitre 41.

Paradigme social

Sous ce paradigme, l'être humain est envisagé comme un être social en interaction constante avec son entourage.

Il est certain que, dans le contexte des interactions sociales, la maladie mentale est influencée non seulement dans sa forme mais aussi dans son évolution, comme ont pu le démontrer les auteurs de nombreuses recherches anthropologiques et sociologiques.

En fait, comme pour les autres paradigmes, il n'existe pas d'indices sociologiques qui pourraient expliquer les maladies mentales sur le plan d'une causalité linéaire ou unidimensionnelle. S'il est vrai qu'on trouve une plus haute incidence et une plus haute prévalence de troubles psychiatriques graves dans les milieux sociaux défavorisés, il n'en demeure pas moins que la pauvreté et la désorganisation sociale ne peuvent, par elles-mêmes, expliquer la maladie mentale.

Le cas le plus probant est la schizophrénie dont l'incidence et la prévalence se répartissent plus ou moins également à travers le monde dans des contextes culturels très différents. Cependant, le pronostic est très différent et l'évolution est beaucoup plus favorable dans un réseau de soutien social primaire étendu, comme au Nigéria, que dans la famille nucléaire quasi éclatée, comme au Danemark.

Soulignons enfin qu'on doit se mettre en garde contre une approche dite « écologique » qui, tout en se réclamant dans son discours d'une approche bio-psycho-sociale, ne voit en fait dans le trouble mental qu'un épiphénomène d'une société « dysfonctionnelle ou pathologique ». Les tenants de cette approche, dont les formes les plus extrêmes se trouvent dans l'antipsychiatrie, ne voient de solutions réelles aux problématiques de la santé mentale que dans les interventions sociales et dans un projet de société, se rattachant ainsi beaucoup plus à des concepts idéologiques qu'à une démarche scientifique. En effet, ce mouvement dit « écolo-gique » est considérablement lié aux grandes mutations sociales en cette fin de siècle caractérisée par la survalorisation — souvent narcissique — de l'individu, les mouvements dits de libération, l'éclatement de la famille nucléaire, la rigueur économique, le retrait de l'État providence, le chômage, etc.

1.2.3. CONSIDÉRATIONS NOSOLOGIQUES

Jusqu'à la fin des années 1960, la psychiatrie moderne, surtout nord-américaine, était restée assez indifférente à la nosologie des troubles psychiatriques. Le diagnostic et la classification des différentes entités cliniques psychiatriques étaient presque considérés comme « gênants ».

Par exemple, KARL MENNINGER et ses collaborateurs, qui ont beaucoup influencé la psychiatrie américaine, émirent une notion unitaire de la maladie mentale dans un ouvrage publié aussi tard qu'en 1963. Pour MENNINGER, les différences entre les entités cliniques traditionnelles de la nosographie psychiatrique avaient très peu d'intérêt. Par contre, il mit l'accent sur le degré de désorganisation de la personnalité causée par la maladie mentale.

Ce sont les grands progrès de la génétique, de l'épidémiologie, de la biologie ainsi que de la psychopharmacologie qui ont donné un essor sans pareil à la nosologie des maladies mentales, non seulement en Amérique du Nord mais partout ailleurs.

On se rend de plus en plus compte que, si les psychiatres doivent pouvoir communiquer, ils doivent être en mesure de s'entendre sur des critères fiables qui caractérisent le diagnostic psychiatrique. À l'heure actuelle, on ne possède presque pas d'indices biologiques ou autres qui pourraient objectiver un diagnostic psychiatrique comme celui du diabète ou de l'infarctus du myocarde. D'ailleurs, comme il a été démontré dans l'*Étude pilote internationale sur la schizophrénie* de l'OMS (1973), si les psychiatres peuvent s'entendre sur les critères d'une entité clinique, la fiabilité du diagnostic psychiatrique devient très respectable malgré les différences culturelles et nationales à travers le monde.

Il ne nous appartient pas dans ce chapitre d'examiner les nombreux systèmes nosologiques de la psychiatrie, qui remontent au XVIIIᵉ siècle. Nous nous contenterons d'examiner la classification internationale qui est la classification officielle en vigueur au Canada. Nous examinerons aussi le DSM-III (*Diagnostic and Statistical Manual*) adopté par l'*American Psychiatric Association* et devenu la classification officielle aux États-Unis depuis 1980.

CLASSIFICATION INTERNATIONALE DE L'OMS : CIM

La *Classification internationale des maladies* (CIM) en est à sa neuvième révision depuis 1979. Elle constitue le répertoire des diagnostics utilisé par la Régie de l'assurance-maladie du Québec, malgré le fait que les médecins québécois soient actuellement formés à utiliser le DSM-III.

La CIM trouve ses origines dans la *Classification internationale des causes de décès* (classification de BERTILLON), adoptée en 1893 à Paris par l'Institut national de la statistique. Ce n'est qu'en 1938, lorsque cette classification combina une classification de mortalité avec une autre de morbidité, qu'on y trouva la première mention des troubles mentaux. À cette époque, la nomenclature psychiatrique était restreinte à cinq diagnostics inclus sous la rubrique des « maladies du système nerveux et des organes des sens » :

— paralysie générale (démence causée par la syphilis) ;
— déficience mentale ;
— schizophrénie (démence précoce) ;
— psychose maniaco-dépressive ;
— autres désordres mentaux.

Il est intéressant de noter que, de 1938 à 1948, la nomenclature des troubles mentaux, non seulement s'étendit considérablement, mais s'émancipa

sous la rubrique autonome des « maladies du système nerveux et des organes des sens ». Ce développement, qui aboutit à la CIM-7, illustre la place grandissante de la psychiatrie au sein de la médecine après la Deuxième Guerre mondiale.

Toutefois, à partir de 1959, sous l'impulsion de E. STENGEL qui avait examiné l'état des classifications des troubles mentaux à travers le monde, l'Organisation mondiale de la santé arriva à la conclusion que la CIM-7 était loin de faire l'unanimité parmi les psychiatres de la communauté internationale. D'ailleurs, cette classification avait été totalement rejetée par la psychiatrie américaine qui, sous l'impulsion de WILLIAM MENNINGER et sous les auspices de l'*American Psychiatric Association*, avait constitué en 1952 le DSM-I (*Diagnostic and Statistical Manual-I*). La classification américaine, bien différente de la CIM-7, s'inspirait de la psychobiologie d'ADOLPH MEYER en faisant appel au terme de **réaction** : réaction psychonévrotique, réaction schizophrénique, etc.

En 1964, le premier groupe scientifique de recherche sur la santé mentale organisé par l'OMS recommanda à l'organisme d'améliorer la classification des troubles mentaux pour la rendre acceptable sur le plan international, ce qui aboutit à la CIM-8 en 1965. En même temps, un groupe d'experts internationaux de l'OMS élaborèrent un glossaire définissant le contenu des différentes rubriques de la nomenclature.

Il est aussi intéressant de noter que l'*American Psychiatric Association* adopta en 1968 le DSM-II, une nouvelle classification qui s'était beaucoup rapprochée de la nomenclature internationale.

CLASSIFICATION AMÉRICAINE : DSM-III

L'objectif majeur du DSM-III est d'offrir aux cliniciens un instrument de diagnostic basé sur la description le plus claire possible d'entités cliniques psychiatriques sans présumer de leur étiologie ou pathogénie, à moins que ces dernières fassent partie de la définition même de l'entité clinique, par exemple les troubles mentaux organiques ou les troubles de l'adaptation. La plupart des critères diagnostiques énoncés dans le DSM-III sont basés essentiellement sur le jugement clinique mais visent à être validés subséquemment par le pronostic ou la réponse au traitement.

Le DSM-III contient deux innovations majeures : l'adoption d'une classification multiaxiale et l'établissement de critères opérationnels pour poser le diagnostic.

Classification multiaxiale*

On a adopté une approche multiaxiale pour s'assurer que l'évaluation diagnostique du malade soit aussi complète que possible dans un cadre bio-psycho-social. Cinq axes ont été identifiés.

Axes I et II

L'axe I contient le diagnostic du trouble mental ayant motivé la consultation. L'axe II est réservé à l'identification des troubles de la personnalité (code 301) qui s'appliquent aux adultes et des troubles du développement spécifique (code 315) qui s'appliquent surtout aux enfants et aux adolescents.

Cette distinction a été rendue nécessaire pour que le clinicien ne néglige pas la présence de troubles à long terme lorsqu'il concentre son attention sur un épisode aigu. Par exemple, un individu ayant une personnalité compulsive, qui sera notée sur l'axe II, pourra faire une dépression majeure, qui sera notée sur l'axe I.

Axe III

Sur cet axe, le médecin notera les troubles physiques associés aux troubles mentaux en utilisant la terminologie de la CIM-9.

---

* Voir le chapitre 6, section 6.7.2.

Axe IV

Sur cet axe, le clinicien notera les stress psychosociaux qui, selon son jugement, ont précipité un syndrome psychiatrique noté sur l'axe I ou ont exacerbé un trouble de la personnalité noté sur l'axe II. Le DSM-III permet de coder l'intensité du stress (voir aussi le chapitre 8, tableau 8.1.).

Axe V

Sur cet axe, le clinicien notera le niveau optimal de fonctionnement de son malade durant l'année précédant l'éclosion ou l'exacerbation de la maladie mentale. Cette évaluation se fait sur le plan des relations interpersonnelles, de l'emploi et des loisirs. Le DSM-III-R présente une échelle qui permet de coter de 1 à 90 :
a) le fonctionnement actuel ;
b) le fonctionnement antérieur.

Critères opérationnels du diagnostic dans le DSM-III

Pour établir leurs critères, les auteurs du DSM-III se sont inspirés de l'école de Saint-Louis qui a développé, surtout pour la recherche, des critères opérationnels de diagnostic (critères de FEIGHNER) applicables à bon nombre d'entités cliniques et qui seront décrits dans plusieurs chapitres du présent ouvrage.

Dans l'élaboration de ses critères opérationnels, le groupe de travail (*Task Force*) du DSM-III ne s'est pas limité à décrire un tableau clinique qui n'est rien d'autre qu'une coupe transversale à un moment donné de l'évolution de la maladie. Il a cerné le diagnostic d'une manière beaucoup plus précise en établissant des critères concernant la durée du trouble, l'âge et le nombre minimal de symptômes et de déficits de fonctionnement nécessaires pour qu'on puisse poser le diagnostic. Fait encore plus important, le groupe de travail a introduit des critères d'exclusion qui délimitent chaque entité clinique par rapport à d'autres entités cliniques.

En effet, lorsqu'on jette un regard sur les démarches nosologiques antérieures au DSM-III, on constate que toutes ces classifications et nomenclatures souffrent d'un vice de méthode fondamental : la confusion des critères sémiologique, évolutif et étiologique qui, comme le disait EY, forment un « labyrinthe bien plus propre à fausser les problèmes qu'à les résoudre », qu'il s'agisse du DSM-II, de la CIM-9 ou de la classification de l'INSERM.

Cependant, on doit se garder de demander au DSM-III plus qu'il ne peut donner, c'est-à-dire la description le plus objective possible du diagnostic des entités cliniques qui y sont décrites. Aussi faut-il se rappeler que le DSM-III n'est pas une *classification* scientifique proprement dite des maladies mentales, basée sur un ordre logique de classes, de genres et d'espèces. Il s'agit plutôt d'une *nomenclature* qui consiste à donner un nom à un ensemble d'entités cliniques caractérisées par leur symptomatologie et leur évolution. D'ailleurs, les auteurs du DSM-III insistent beaucoup sur cette distinction entre *classification* et *nomenclature*.

En conséquence, le médecin qui utilise le DSM-III dans sa démarche diagnostique, en se conformant aux critères opérationnels qui lui sont proposés, ne se rallie au fond qu'à un consensus de psychiatres pour rendre son diagnostic plus fiable. Cependant, fiabilité ne veut pas dire validité objectivée et le DSM-III ne devrait pas être utilisé comme un carcan, ne permettant aucun écart par rapport aux considérations théoriques, dans la démarche diagnostique et surtout dans l'approche thérapeutique. Par exemple, le fait que le concept de névrose, et en particulier de l'hystérie, n'est plus retenu dans le DSM-III ne signifie par qu'on doit faire *tabula rasa* de tout ce qui a été écrit sur cette entité clinique. De même, le fait que le « conflit intrapsychique » ne peut être objectivé ne signifie en rien qu'il ne peut être retenu, comme hypothèse de travail, dans la compréhension de la psychopathologie de certains malades et des thérapies qui leur conviennent.

Le DSM-III n'est d'ailleurs qu'une nomenclature provisoire et déjà le DSM-III-R y apporte des changements. Par exemple, les « troubles paranoïdes » (chapitre 14) deviennent les « troubles délirants », se rapprochant ainsi beaucoup plus des « délires chroniques » de la psychiatrie française.

Notons aussi que, dans le domaine de la psychiatrie, les démarches nosologiques deviennent de plus en plus sensibles à des pressions politiques, du moins en Amérique du Nord. Nous avions déjà rapporté, dans la première édition de notre ouvrage, le « sort » réservé à l'homosexualité qui s'est trouvée exclue du DSM-II après un référendum en 1974 auprès des membres de l'*American Psychiatric Association*. D'autres controverses politiques se manifestent autour de nouvelles rubriques proposées dans le DSM-III-R, telle la « personnalité masochiste » dont certains groupes psychiatriques féministes prennent ombrage.

On doit donc accepter qu'à l'heure actuelle, tous les systèmes nosologiques en psychiatrie demeurent fragiles et provisoires. On doit surtout résister à la tentation de voir les entités cliniques, décrites dans le DSM-III ou ailleurs, comme des entités cliniques fixées *ad vitam æternam*. D'ailleurs, le DSM-III-R nous met en garde contre un tel piège dans lequel il est trop facile de tomber (1987, p. XXIX) :

> Les critères diagnostiques spécifiques pour chaque trouble mental ne sont offerts que pour guider le diagnostic, puisqu'il a été démontré que l'utilisation de ces critères augmente la concordance des diagnostics parmi les cliniciens et les chercheurs. L'utilisation appropriée de ces critères demande une formation clinique spécialisée axée sur l'acquisition d'un savoir et d'une compétence.
>
> Ces critères diagnostiques et la classification du DSM-IiI-R indiquent un consensus sur l'expression courante de l'évolution des connaissances dans notre champ. Cependant, ils ne comprennent pas toutes les conditions qui pourraient devenir l'objet légitime d'activités thérapeutiques ou de recherches.

1.3.
PROBLÈMES ORGANISATIONNELS
DE LA PSYCHIATRIE

Depuis plus d'un quart de siècle, la psychiatrie québécoise a suivi le courant de la psychiatrie dite communautaire, comme ailleurs en Amérique du Nord et dans plusieurs pays occidentaux. Essentiellement, ce courant, qui sera traité plus en détail dans le chapitre 47, s'est manifesté par les événements suivants :

1) le processus de « désinstitutionnalisation » dans le système des soins aux malades mentaux, qui s'est traduit par un transfert de la « structure pivot » de l'hôpital psychiatrique au service de psychiatrie des hôpitaux généraux ; ce processus s'est accompagné du développement d'un réseau de structures intermédiaires plus légères, plus intégrées aux services de santé et aux services sociaux généraux offerts à la population dans un secteur géographique défini ;

2) l'émergence de nouveaux problèmes liés à l'insertion des malades mentaux dans la communauté ;

3) la multiplication de professionnels de la santé mentale non médicaux, travaillant au sein d'équipes multidisciplinaires de psychiatrie mais aussi en tant que professionnels autonomes ;

4) l'émergence de structures « alternatives » et de groupes d'entraide formés de malades et de leurs proches.

1.3.1. DÉSINSTITUTIONNALISATION
DES MALADES MENTAUX

Aujourd'hui au Québec, comme partout ailleurs au Canada, aux États-Unis et en Europe, les services psychiatriques ne sont plus confinés aux hôpitaux psychiatriques. On assiste en fait, depuis le début des années 1960, à un déclin massif du nombre de lits disponibles dans ces établissements. Dans certaines instances, comme en Saskatchewan (Canada), en Californie (États-Unis) et à Trieste (Italie), on a même assisté à la fermeture d'hôpitaux psychiatriques et à l'abandon de la prise en charge des malades mentaux par ces établissements.

Au Québec, dans les Cantons-de-l'Est, les services psychiatriques sont dispensés aux patients depuis fort longtemps sans qu'on ait recours à l'hôpital psychiatrique. En effet, il y a plus de vingt ans, le docteur DOMINIQUE BÉDARD, alors directeur des Services psychiatriques du Québec, avait réussi à convaincre les autorités gouvernementales de transformer un « gros asile » nouvellement construit pour desservir la population de l'Estrie, en un centre hospitalier universitaire, lequel constitue aujourd'hui la Faculté de médecine de l'Université de Sherbrooke et son centre hospitalier universitaire.

Parallèlement au déclin de l'hôpital psychiatrique, le déplacement des soins dans les services de psychiatrie des hôpitaux généraux constitue le développement le plus saillant de la psychiatrie contemporaine au Québec et au Canada. On assiste en effet, depuis un quart de siècle, à une expansion des services psychiatriques ambulatoires dans les cliniques externes dont la plupart sont situées dans les hôpitaux généraux. Il faut noter qu'au Québec et au Canada, à l'encontre des États-Unis, toute la population est couverte par un système d'assurance-maladie obligatoire et universelle couvrant tous les services psychiatriques sans limitation dans le temps ou dans le nombre des services, du moins en théorie. On assiste aussi à l'expansion des services d'assistance psychiatrique dans la communauté, par la mise en place de structures intermédiaires plus légères (centres de jour, foyers de transition, appartements supervisés, ateliers protégés, etc.) pour une prise en charge à plus long terme, fonction qui était assurée auparavant par l'hôpital psychiatrique.

Malheureusement, il devient de plus en plus évident que, malgré leur expansion, les infrastructures psychiatriques dans la communauté sont insuffisantes pour assurer la prise en charge de certains malades mentaux qui se trouvaient autrefois en institution, notamment le malade chronique qui en fait les frais avec la disparition des espaces asilaires.

1.3.2. ÉMERGENCE DE NOUVEAUX PROBLÈMES LIÉS À L'INSERTION DES MALADES MENTAUX DANS LA COMMUNAUTÉ

Au tout début du mouvement de la psychiatrie communautaire, lorsqu'on commençait à humaniser l'hôpital psychiatrique « asilaire », on croyait que beaucoup de comportements mésadaptés des malades dits « chroniques » n'étaient que des comportements acquis dans l'environnement et la sous-culture de « l'institution totalitaire » de l'hôpital psychiatrique. On avait donc espéré qu'en supprimant ces espaces « asilaires pathogènes » et qu'en adoptant des mesures de réadaptation sociale, on pourrait insérer dans la communauté tous ces malades qui végétaient dans l'hôpital psychiatrique.

Aujourd'hui, on se rend de plus en plus compte que cette démarche n'a été que partielle et que l'insertion sociale de beaucoup de malades psychiatriques chroniques ne s'est pas faite. On pourrait même dire, avec raison, que l'assistance psychiatrique fournie par les services communautaires a été insuffisante aussi bien sur le plan de la gestion que sur le plan du financement. Il n'en demeure pas moins que le problème de l'insertion sociale du malade mental chronique, dans une société postindustrielle telle que la nôtre, demeure entier et constitue un défi considérable pour la psychiatrie contemporaine.

Dans bon nombre de cas, le processus de désinstitutionnalisation du malade psychiatrique s'est soldé par son transfert dans d'autres institutions telles que des centres d'accueil (transinstitutionnalisation) ou dans des maisons de chambres concentrées dans certains quartiers défavorisés des villes (« ghettoïsation »). Le malade psychiatrique chronique n'a alors pas plus de liens réels avec la société ambiante que lorsqu'il séjournait dans les « salles du fond de l'asile ». De plus, de nombreux malades mentaux chroniques sortis des asiles sont venus grossir le rang des sans-abri (*homeless*), phénomène social qui prend de plus en plus d'ampleur surtout dans les grandes villes nord-américaines.

Nous devons aussi mentionner la nouvelle problématique du « jeune patient psychotique chronique » qui n'a jamais séjourné en institution à long terme mais qui, à cause de ses hospitalisations répétées et de ses nombreuses visites à l'urgence, a créé le phénomène dit de la « porte tournante ». Souvent, dans ce cas, la grosse part du fardeau de la prise en charge se rabat entièrement sur la famille, à moins qu'on ait mis en place des services de réadaptation et des mesures de soutien sociales.

Tous ces nouveaux problèmes touchant la maladie mentale et mettant au défi la psychiatrie doivent être envisagés dans le contexte des grandes mutations socio-économiques de cette fin de siècle : l'éclatement de la famille nucléaire, la fin de la prospérité économique, la montée du chômage et la réduction des dépenses de l'État dans les services de santé et les services sociaux.

1.3.3. MULTIPLICATION DES PROFESSIONNELS NON MÉDICAUX DE LA SANTÉ MENTALE

Traditionnellement, la prise en charge thérapeutique des malades mentaux (aujourd'hui appelés « bénéficiaires ») dans les hôpitaux psychiatriques québécois était du ressort d'un tandem professionnel : le médecin psychiatre et l'infirmier. Depuis vingt-cinq ans, sur cet axe médecin - infirmier se sont greffés de nouveaux professionnels de la santé mentale : psychologue, travailleur social, ergothérapeute, conseiller en orientation, psycho-éducateur, etc., pour former l'équipe multidisciplinaire de la **psychiatrie de secteur**. Depuis dix ans, on voit de plus en plus de ces professionnels non médicaux offrir des services à la population en pratique libérale et autonome. De plus, nombreux sont les professionnels non médicaux qui se dirigent vers la gestion hospitalière et d'autres services de santé.

Tous ces développements, du moins en Amérique du Nord, ont eu comme conséquence un certain effritement du « pouvoir » du psychiatre en tant que gestionnaire des services de santé mentale. Car il ne fait aucun doute qu'au sein de l'hôpital psychiatrique traditionnel, le psychiatre exerçait un pouvoir incontesté non seulement dans les soins aux malades mais aussi dans la gestion générale de l'établissement. D'ailleurs, dans de nombreuses institutions, la loi exigeait que le directeur général de l'établissement psychiatrique soit médecin *et* psychiatre.

Il est évident, aujourd'hui, que l'on assiste au transfert partiel de ce pouvoir entre les mains de nouveaux gestionnaires formés en administration publique, de même qu'à un partage du pouvoir de gestion avec d'autres professionnels de la santé. Cette perte du pouvoir de gestion est vue par certains psychiatres avec alarme, sinon amertume ...

À notre avis, ces transformations n'ont rien d'alarmant et sont peut-être salutaires (tant que l'indépendance et l'intégrité de l'acte psychiatrique seront respectées). En effet, le psychiatre conserve toujours beaucoup de pouvoir vis-à-vis de son malade, en fait plus que n'importe quel autre professionnel de la santé. Ce pouvoir, en tant que soignant, ne lui a jamais été contesté et son indépendance professionnelle, jusqu'à présent, n'a jamais été mise en question dans les nouveaux schémas organisationnels. Cependant, il faut reconnaître que, sur le plan de la planification des services psychiatriques, le « savoir scientifique » de la psychiatrie et son expertise ont été quelque peu battus en brèche au profit de certaines idéologies dont les tenants cherchent à dé-psychiatriser, à dé-médicaliser et à dé-professionnaliser le champ de la santé mentale.

1.3.4. ÉMERGENCE DES STRUCTURES ALTERNATIVES ET DES GROUPES D'ENTRAIDE DÉ-PROFESSIONNALISÉS

Des nouvelles structures communautaires d'hébergement et de prise en charge des malades mentaux, en dehors du réseau socio-sanitaire, ont vu le jour depuis quelques années ; elles sont basées sur une formule de dé-médicalisation et de dé-professionnalisation des soins.

Ces structures font partie du mouvement dit « alternatif » qui s'inspire des expériences de LAING, COOPER et d'autres. Elles sont souvent mises en place par des initiatives venant d'ex-patients psychiatriques qui cherchent à assumer leur autonomie sans aide professionnelle et sans s'intégrer à la bureaucratie des services de santé et des services sociaux. Malgré la rhétorique souvent violemment antipsychiatrique du mouvement alternatif, les structures mises en place peuvent être utiles pour certains malades mentaux rebaptisés sous le vocable d'« ex-psychiatrisés ». Cependant, leur maintien et, encore plus, leur expansion demeurent problématiques, faute de financement et d'articulation avec les services de santé et les services sociaux.

Plus encourageants sont les mouvements d'entraide constitués par des patients psychiatriques, leurs parents et leurs familles. Ces mouvements ont une approche beaucoup plus pragmatique et, tout en défendant les droits des malades mentaux, collaborent et travaillent en complémentarité avec les psychiatres et les autres professionnels pour améliorer les services aux malades mentaux et stimuler la recherche.

1.4.
PROBLÈMES ÉTHIQUES
DE LA PSYCHIATRIE

De toutes les spécialités médicales, la psychiatrie est peut-être celle qui donne le plus de pouvoir au médecin car c'est la seule à qui le législateur transmet en fait le pouvoir de restreindre la liberté du citoyen (internement, détermination de la capacité à gérer ses biens et sa personne). C'est aussi à la psychiatrie que le pouvoir judiciaire s'adresse pour déterminer la responsabilité pénale et l'évaluation de la dangerosité d'un individu. C'est d'ailleurs cette implication de la psychiatrie dans le processus du contrôle social qui a été la plus contestée depuis la fin des années 1960 par le mouvement de l'antipsychiatrie.

Toutes ces considérations ont des retombées médico-légales que nous examinerons plus en détail au chapitre 48. Cependant, c'est sur le plan de l'éthique que le psychiatre, dans sa conduite professionnelle, doit essayer de concilier, dans un climat d'importantes mutations socio-économiques et de révolutions biotechnologiques, trois impératifs : la sauvegarde des intérêts de son malade, le respect de son autonomie et la sauvegarde de la sécurité de la collectivité.

1.4.1. SAUVEGARDE DES INTÉRÊTS DU MALADE

En médecine, cet impératif est le plus catégorique et le plus ancien, trouvant ses racines dans l'éthique hippocratique en vigueur depuis plus de deux mille ans et dont la pierre angulaire est le *primum non nocere*. Jusqu'à récemment, cet impératif s'exerçait dans un contexte de « paternalisme médical » (actuellement battu en brèche) où le médecin avait très souvent le dernier mot une fois que le malade se mettait entre ses mains.

Il est évident, aujourd'hui, que le respect de cette règle de toujours sauvegarder les intérêts du malade se complique par l'obligation qu'a le clinicien de consulter le malade lui-même et souvent sa famille pour leur permettre de participer aux décisions médicales.

1.4.2. RESPECT DE L'AUTONOMIE DU MALADE

Dans la pratique médicale courante, l'obligation de respecter l'autonomie du malade entre rarement en conflit moral avec l'impératif de protéger ses intérêts prioritaires quand le malade est compétent et capable d'autodétermination. En effet, comme le disait HENRI EY : « La maladie mentale est la " pathologie de la liberté " et l'objectif essentiel du traitement psychiatrique consiste à restaurer cette " liberté. " » Dans les conditions où le malade n'est plus autonome, le médecin doit concilier deux impératifs moraux ; cette tâche n'est pas toujours facile et soulève beaucoup de controverses autour de problèmes tels que le consentement éclairé du patient au traitement et l'internement psychiatrique.

1.4.3. SAUVEGARDE DE LA SÉCURITÉ DE LA COLLECTIVITÉ

Du fait que certains malades mentaux peuvent adopter des comportements susceptibles de mettre en danger leur propre sécurité ou celle de la collectivité, le médecin doit parfois recourir à des mesures coercitives telles que l'internement pour protéger le malade ou la société. Superficiellement, une telle conduite semble contredire les deux impératifs précédents : sauvegarder les intérêts du malade et respecter son autonomie. En réalité, le plus souvent il y a convergence des trois impératifs. Ainsi, en l'internant, le psychiatre prévient chez son malade en perte d'autonomie des comportements qui pourraient mettre en danger la collectivité ou lui-même ; il agit donc dans l'intérêt du malade. En le traitant, même contre son gré, pour restaurer son autonomie, le psychiatre prend le meilleur moyen de lui redonner sa liberté.

Cependant, le psychiatre doit accepter, aujourd'hui, que le processus décisionnel mettant en cause la liberté et l'intégrité de la personne ne soit plus exclusif à la médecine et à la psychiatrie. D'autres instances, judiciaires ou médiatiques, interviennent et le psychiatre devra apprendre à composer avec elles.

Ce problème éthique, découlant de l'obligation de protéger la collectivité, se complique encore plus dans certaines situations où le psychiatre assume exclusivement un rôle d'agent du maintien de l'ordre ou du contrôle social. Il n'y a pas si longtemps, à l'époque des horreurs de l'Allemagne nazie (1940-1941), des médecins et des psychiatres se sont faits complices de l'extermination de plus de 100 000 malades et déficients mentaux. Les psychiatres du monde libre ont par ailleurs dénoncé à maintes reprises les abus de la psychiatrie soviétique qui a contribué à l'internement de certains dissidents politiques dans des établissements psychiatriques plutôt que dans des *goulags*. Cependant, la psychiatrie soviétique n'a pas le monopole de ces abus. Qu'il suffise de signaler la participation de psychiatres et de psychologues à la torture d'opposants politiques au Chili et en Argentine (avant la restauration de la démocratie dans ce dernier pays). Même aujourd'hui on pourrait se poser des questions à propos de nos voisins américains parmi lesquels des psychiatres se prononcent sur la « capacité de se faire exécuter ! » dans certains États où la peine de mort a été rétablie.

Il est évident que la psychiatrie n'est pas la seule spécialité médicale à être visée par tous ces questionnements moraux. Les problèmes bioéthiques touchent la pratique et la recherche dans toutes les spécialités médicales et c'est un chapitre qui ne fait que débuter.

1.5.
LA PSYCHIATRIE EN L'AN 2000

Ce n'est certes plus faire du futurisme que d'envisager la psychiatrie en l'an 2000. En cette fin de siècle, certaines tendances se précisent en même temps que certaines incertitudes s'accentuent, met-

tant en cause la spécificité de la psychiatrie et même, pour certains, sa survie en tant que spécialité médicale. Toutes ces tendances découlent d'une part de l'explosion du savoir dans les sciences neurobiologiques et d'autre part de l'envahissement du champ psychosocial de la psychiatrie par des disciplines non médicales. Ces développements ont comme effet ce qu'on pourrait appeler la « remédicalisation » de la psychiatrie, comme l'a très bien exprimé PICHOT (1983, p. 179) :

> C'est sur cet arrière-plan que s'est développé le mouvement de « remédicalisation » de la psychiatrie qui se propose de donner, à ses différentes composantes, plus d'objectivité et de démontrer empiriquement aussi bien la validité des concepts proposés que l'efficacité des techniques thérapeutiques. Si on le considère dans une perspective historique, on peut difficilement discerner s'il n'est qu'une réaction à court terme contre l'extension excessive de tendances opposées ou s'il amorce une évolution plus durable et plus fondamentale. La psychiatrie, soumise depuis l'origine aux influences souvent conflictuelles d'idéologies difficilement conciliables et parfois contradictoires, continue après un siècle la quête de son identité.

Quant à la recherche en psychiatrie, elle se développe sur plusieurs axes au fur et à mesure que l'on s'approche de l'an 2000.

La *recherche en neurobiologie* garde la part du lion et continuera à nous livrer les secrets du fonctionnement du cerveau. On doit cependant admettre que les retombées pratiques en psychiatrie de cette explosion du savoir dans les sciences neurologiques sont pour le moment relativement modestes, après les grandes percées de la psychopharmacologie du milieu du siècle qui, soit dit en passant, sont plus tributaires du hasard que du savoir. D'ici l'an 2000, peut-être verra-t-on, pour certaines entités cliniques de la psychiatrie, des marqueurs biologiques plus fiables et plus valides que ceux qui sont proposés aujourd'hui. La recherche en psychopharmacologie découvrira, peut-être, des agents médicamenteux psychotropes à action beaucoup plus spécifique sur les différents récepteurs et les diverses localisations du cerveau, maximisant ainsi leur efficacité et minimisant leurs effets secondaires.

Il faut espérer, cependant, que ces grandes pistes qui s'ouvrent dans la recherche neurobiologique ne feront pas basculer la pratique de la psychiatrie dans un réductionnisme primaire qui aboutirait, pour employer les expressions de DENIKER, à une « chimiatrie » qui n'aurait rien à envier à une « psychiatrie décérébrée ».

La *recherche évaluative* est un axe de recherche dont le développement va s'intensifier d'ici l'an 2000 à cause, en grande partie, du climat de rigueur économique qui s'est installé depuis la crise des années 1970. Tous les tiers payants des services de santé, que ce soit l'État, comme au Québec et au Canada, ou des compagnies d'assurances, comme aux États-Unis, demandent de plus en plus de preuves d'efficacité objectives, scientifiques et économiques, concernant les nombreuses interventions et les modèles d'organisation des soins de santé mentale avant d'en débourser ou d'en rembourser les coûts.

C'est à la recherche évaluative que s'adressera ce défi.

Sur le plan de la *recherche thématique*, les champs de l'alcoolisme, de la toxicomanie et des troubles de la personnalité, jusqu'ici négligés par la psychiatrie, seront progressivement récupérés au fur et à mesure qu'on prouvera que ces conditions ne renferment pas uniquement des composantes psychosociales mais aussi des composantes biologiques.

Finalement, quant à l'*organisation des services psychiatriques* offerts à la population, une tendance qui prend du relief est l'implication grandissante de l'omnipraticien, ou médecin de famille, en psychiatrie ; il travaille de concert avec le psychiatre qui agit comme consultant, ne prenant en charge que les malades qui présentent les pathologies les plus complexes. L'omnipraticien est, en effet, dans une position stratégique pour agir comme premier intervenant en psychiatrie, comme *gate keeper*, et c'est bien pourquoi la seconde édition de cet ouvrage lui est particulièrement dédiée.

BIBLIOGRAPHIE

AMERICAN PSYCHIATRIC ASSOCIATION
1983 *DSM-III : Manuel diagnostique et statistique des troubles mentaux*, Paris, Masson.

1987 *DSM-III-R*, Washington, D.C.

APPELBAUM, P.S.
1986 « Competence to Be Executed : Another Conundrum for Mental Health Professionals », *Hospital and Community Psychiatry*, vol. 37, n° 7, p. 682.

CATTEL, R.B.
1983 « Let's End the Duel », *American Psychologist*, vol. 38, p. 772.

COMITÉ DE LA SANTÉ MENTALE DU QUÉBEC
1986 *De la biologie à la culture*, Québec, Éditeur officiel du Québec.

DENIKER, M.
1984 « Discours présidentiel », *Congrès des psychiatres et neurologues de langue française*, Luxembourg.

EISENBERG, I.
1986 « Mindlessness and Brainlessness in Psychiatry », *Br. J. of Psychiatry*, vol. 148, p. 497.

ENGEL, G.L.
1977 « The Need for a New Medical Model : A Challenge for Biomedicine », *Science*, vol. 196, p. 4286.

EY, H.
1948 *Études psychiatriques. Historique, méthodologie, psychopathologie*, Paris, Desclée de Brouwer et Cie, p. 47.

1978 *Défense et illustration de la psychiatrie : la réalité de la maladie mentale*, Paris, Masson.

FABREGA, H.
1976 « Disease Viewed as a Symbolic Category », *Mental Health Philosophical Perspectives* (H. Trestam Engelhardt Jr et Stuard F. Spicker, édit.), Dreidel Publishing Company Dordrecht Holland.

GRUNBERG, F.
1976 « Les grandes contestations juridiques de l'antipsychiatrie aux États-Unis », *L'union médicale du Canada*, vol. 105, p. 937.

1986 « Reflections on the Specificity of Psychiatry », *Can. J. Psychiatry*, vol. 31, p. 799.

LEHMANN, H.E.
1986 « The Future of Psychiatry : Progress — Mutation — or Self Destruct ? », *Can. J. Psychiatry*, vol. 31, p. 362.

LIPOWSKI, Z.J.
1986 « To Reduce or to Integrate : Psychiatry's Dilemma », *Can. J. Psychiatry*, vol. 31, p. 347.

MENNINGER, K. *et al.*
1963 « The Vital Balance », *The Life Process in Mental Health and Illness*, New York, Viking.

PICHOT, P.
1983 *Un siècle de psychiatrie*, Paris, Édition Roger Dacosta.

STENGEL, E.
1959 « Classification of Mental Disorders », *Bull. Wld Health Org.*, vol. 21, p. 602-663.

CHAPITRE 2

RELATION MÉDECIN - MALADE

JACQUES GAGNON

M.D., C.S.P.Q., F.R.C.P.(C)
Psychiatre, chef du Département de psychiatrie de l'hôpital Maisonneuve-Rosemont (Montréal)
Professeur adjoint de clinique à l'Université de Montréal

CLIFFORD PERRIN

M.D., C.S.P.Q., F.R.C.P.(C), C.C.F.P.
Chargé de formation clinique à l'Université de Montréal

PLAN

2.1.
INTRODUCTION

La transaction qui s'établit entre un médecin traitant et son malade est influencée par la nature de la maladie, par la personne du malade et par celle du médecin. Cette relation est également modifiée par le contexte social et économique dans lequel elle se déroule.

2.2.
LE MALADE

Comme tout rapport interpersonnel, la relation médecin - malade s'édifie à des niveaux différents : le conscient et l'inconscient, la pensée formelle et l'univers des émotions, les échanges verbaux et non verbaux, l'explicite et l'implicite. Aussi le médecin doit-il pouvoir retracer, derrière le symptôme apparent, toute une gamme de motivations, de valeurs ou de conflits. Le mal est à la fois une réalité et une représentation mentale ; il soulève des émotions distantes de leur réalité tangible : honte, culpabilité et frayeur. L'apparition de la maladie provoque souvent chez le sujet un questionnement et entraîne un remaniement de sa philosophie et de ses valeurs personnelles ; pour certains, cette étape se fait aux dépens de leurs acquis, pour d'autres, au profit d'une maturation accélérée.

2.2.1. RÉACTIONS À LA MALADIE

L'angoisse est au centre de tous les phénomènes que nous observons en clinique. Certaines douleurs soulèvent une appréhension vive de la mort ; c'est le cas de l'angine de poitrine et des douleurs profondes. L'insuffisance pulmonaire de même que l'attaque de panique entraînent une angoisse vive avec la sensation d'étouffer et l'impression de mort imminente.

Pour tenter de maîtriser cette angoisse, le malade utilise une série de mécanismes de défense dont nous énumérons ici les principaux :

1) La **régression** est le retour à un fonctionnement plus archaïque et plus infantile, marqué par la dépendance, la passivité, l'émotivité. Bien canalisée, la régression joue un rôle utile dans l'administration des soins. Par contre, elle s'avère parfois désastreuse lorsque le malade abandonne la lutte contre la maladie dans un état de retrait qu'on a nommé le *giving up - given up syndrome* (voir la section 18.5.1.).

2) La **négation** est un mécanisme d'urgence qui vient bloquer une vérité insoutenable. Elle se rencontre dans la réaction de deuil et dans les maladies graves où elle sert à neutraliser l'angoisse de mort. Ainsi cette veuve dont l'époux était disparu dans un accident et qui refusait de le considérer comme mort, disant : « Tant que je pense à lui, il est vivant. » La négation peut être partielle, lorsque le sujet refuse une portion de la réalité ou un affect. Par exemple, un amputé ne pouvait prendre entièrement conscience de la perte d'un membre ; pour compenser, il nous abreuvait de ses exploits sportifs.

3) D'autres mécanismes primaires, comme le **clivage**, l'**introjection** et la **projection** modifient la perception de soi et les rapports avec l'extérieur. Cette problématique explique l'apparition de symptômes dépressifs ou paranoïdes chez les malades ayant une personnalité fragile.

4) D'autres mécanismes du Moi complètent l'action des précédents : le **refoulement** retourne l'angoisse et son contenu dans l'inconscient ; le **déplacement** détourne l'affect vers un autre objet ; l'**isolation** contient les affects à un niveau acceptable et la **rationalisation** en permet l'expression consciente. La **sublimation** confère à la souffrance une valeur positive. Ces mécanismes du Moi sont adaptatifs ; ils permettent au malade de sauvegarder son homéostasie contre les blessures de la maladie.

En général, on doit respecter les mécanismes de défense du malade et l'accompagner dans son cheminement. Une révélation trop brutale de la vérité risque de bouleverser l'économie psychique du patient et de provoquer une régression ou une réaction dépressive. Plus la défense est massive, plus on doit l'aborder avec tact et patience.

2.2.2. PHASE AIGUË DE LA MALADIE

La phase aiguë de la maladie se caractérise par un bouleversement de l'économie psychique sous l'impulsion de l'angoisse de mort et des angoisses déjà inscrites dans l'inconscient (séparation, castration, morcellement). La douleur, l'appréhension de l'inconnu, le sentiment d'éloignement de la famille et de confinement dans un milieu étranger s'ajoutent aux symptômes propres de la maladie. Le malade mobilise ses défenses adaptatives et sollicite l'appui de l'entourage. À cette étape, l'espoir de guérison est le meilleur baume qui soit ; le soutien des proches et des soignants rend la souffrance plus tolérable.

Certains gardent peu de souvenirs conscients d'un tel épisode. D'autres en conservent une angoisse indélébile dans leur chair, prête à refaire surface dans toute situation similaire.

Faut-il dire la vérité à un malade gravement atteint ? On ne peut apporter une réponse réductionniste à cette difficile question. On doit souvent annoncer au malade un risque ou une évolution fatale pour obtenir sa collaboration et pour lui permettre de cheminer psychologiquement. Mais la communication demeure une transaction basée sur le respect mutuel, dans laquelle le médecin doit saisir le moment propice pour intervenir et la façon la plus adaptée à son interlocuteur pour lui faire certains aveux. Même les enfants d'âge scolaire sont capables d'affronter l'idée de souffrir et de mourir, à la condition d'obtenir le soutien de figures parentales. Il convient d'aménager une zone d'espoir d'aide, sinon d'espoir de guérison.

2.2.3. PHASE D'ADAPTATION À LA MALADIE

Le malade mobilise ses forces d'adaptation pour dominer l'angoisse et le sentiment de perte qui lui sont rappelés par les séquelles de sa maladie. Il contrôlera son angoisse en détournant son esprit vers de nouveaux intérêts. Il doit faire le deuil de ce qu'il était avant sa maladie pour continuer à vivre avec ce qu'il est devenu. On entend souvent les coronariens dire : « Je suis fini. Je ne puis plus rien faire. » C'est un énoncé autodépréciant que le malade doit apprendre à corriger avec l'aide de son médecin.

La relation soignant - soigné est capitale dans le processus de réadaptation. Une information judicieuse avant une intervention en réduit l'anxiété ; en cours de traitement, elle en favorise l'observance. Une attitude empathique et compréhensive soutient le malade dans ses démarches. Les professionnels engagés dans le processus de réadaptation doivent posséder des qualités d'écoute et de patience qui se révèlent plus nécessaires que l'application des soins pendant la phase aiguë de la maladie.

Dans plusieurs domaines, on a recours à des ex-malades pour apporter un soutien supplémentaire. Une femme ayant subi une mammectomie se sentira mieux comprise par une personne qui a vécu la même expérience. Il va de soi que les bénévoles doivent être sélectionnés et encadrés. Ils devront avoir retrouvé un équilibre sain pour servir de modèle valable.

L'adaptation à la maladie est facilitée si le malade peut conserver ses acquis comme le travail, les loisirs et les liens familiaux. Une invalidité prolongée provoque à son tour une cascade d'inconvénients : insécurité financière, recul professionnel, drames familiaux, etc.

Par ailleurs, les malades atteints d'une maladie similaire n'ont pas tous le même profil de réadaptation. Un meilleur pronostic sera accordé aux personnes favorisées par :

— une personnalité flexible, autonome et volontaire ;

— une bonne capacité d'adaptation déjà démontrée ;

— un soutien familial et social ;

— des attentes réalistes ;

— un service de réadaptation compétent.

2.2.4. PHASE CHRONIQUE DE LA MALADIE*

Si la phase aiguë de la maladie sollicite les forces vives de l'individu, la phase chronique est marquée par l'épuisement, par la désillusion et par le retrait du soutien de l'entourage. C'est l'heure du bilan. La perte d'organes ou de fonctions porte atteinte au fantasme narcissique d'éternité et d'invincibilité ; elle engendre une réaction de deuil. On observera chez le patient des réactions dépressives, des comportements de fuite, des refus passifs ou agressifs et parfois des idées paranoïdes.

Les victimes d'accident ou d'agression se trouvent plongés dans un système qui entretient le doute, la méfiance et la culpabilité. Elles ont la conviction d'être doublement lésées, comme victimes et comme réclamants ; elles sont obligées de lutter pour obtenir une juste réparation. Enfin, elles risquent de s'enliser dans une invalidité factice et d'échafauder une pensée récriminante, voire paranoïde.

La douleur chronique engendre de l'irritabilité, des pleurs et de l'insomnie. Elle épuise les forces psychiques et conduit à la dépression.

Certaines maladies comportent des exigences astreignantes, tels le diabète insulino-dépendant et l'hémodialyse. On observe alors des réactions suicidaires passives par abandon du traitement ; elles sont souvent consécutives à des échecs sociaux ou à des séparations.

---

* Voir le chapitre 26.

2.2.5. RÉACTIONS À DES CONDITIONS PARTICULIÈRES

Dans l'organisation psychique, les organes sont investis de valeurs symboliques qui ne sont pas nécessairement reliées à leurs fonctions réelles, mais plutôt à la culture et au développement personnel. Le cœur par exemple est considéré comme un organe noble symbolisant l'affectivité et le courage. Les orifices d'excrétion sont par contre associés à des sentiments de honte et de perversité. Les organes internes sont plus mystérieux et moins intégrés que la peau et les membres. Aussi l'atteinte ou l'amputation d'un organe ont-elles des répercussions dans l'économie psychique selon ce que l'organe en question représente pour l'individu. Une atteinte cardiaque comporte une certaine noblesse, alors que la maladie mentale évoque la honte et la déchéance. L'amputation d'un sein porte atteinte à l'identité sexuelle et à l'image de la maternité. La perte d'organes sexuellement investis met en péril l'adaptation sexuelle préexistante. Dans l'imagerie populaire, l'hystérectomie s'appelle « la *grande* opération » et les maladies mentales sont regroupées indistinctement sous le vocable fort préjudiciable de « folie » ...

Les grands brûlés et les polytraumatisés sont soumis à un long processus de réparation, à des souffrances intenses et prolongées ainsi qu'à des modifications de l'image corporelle. On observe chez ces malades des névroses traumatiques avec leur cortège de cauchemars, de phobies et d'anxiété. Les « plégiques » se défendent souvent par une négation massive de la réalité ; ils intègrent peu à peu la vérité inéluctable en passant par un processus de deuil de leurs membres, de leur autonomie et des fonctions sexuelle et sphinctérienne.

Les receveurs d'un greffon rénal passent souvent par une phase euphorique postopératoire, générée par les corticostéroïdes et aussi par la perspective de reprendre une vie normale. Par la suite, quelques-uns réagiront aux événements traumatisants de la vie en délaissant leurs immunosuppresseurs. Parfois, un malade sera incapable d'intégrer psychiquement le greffon s'il provient d'un donneur auquel il ne peut s'identifier (par exemple, s'il sait que le donneur est homosexuel). Parfois même le malade se sentira persécuté par son greffon et par les médecins qui l'ont soigné.

Les donneurs de greffon rénal sont pour leur part habituellement valorisés par leur geste. Ils bénéficient d'une relation privilégiée avec le receveur, relation de gratitude et d'espoir. Mais dans le cas où leur rein est rejeté, ils peuvent vivre ce phénomène comme un rejet de leur personne ; ils bénéficieraient alors du soutien de la part de l'équipe responsable de la greffe.

La greffe de moelle osseuse a la particularité de placer le malade en situation de non-retour. L'irradiation et l'immunosuppression le rendent entièrement dépendant du succès ou de l'échec du remplacement. Il vit en incubateur durant plusieurs semaines dans l'attente des résultats, et il est soumis à des effets secondaires très pénibles. L'angoisse de mort est réactivée lorsqu'il apprend le décès d'un compagnon d'infortune.

La maladie grave provoque parfois chez le malade des états régressifs qui se manifestent par un retrait dans le silence ou le sommeil, une fuite du regard, des refus de s'alimenter et des comportements passifs-agressifs (uriner volontairement dans son lit). Ces états interfèrent avec l'application des traitements. On peut y répondre par différentes stratégies basées sur un travail d'équipe. Il nous paraît important que les soignants demeurent constants, qu'ils évitent la scission entre les membres de l'équipe et que l'un d'eux accepte d'être la cible du transfert agressif, ce qui permettra aux autres d'être investis d'un rôle positif et de construire une alliance thérapeutique avec le patient.

Les maladies fatales et l'approche de la mort génèrent les émotions les plus vives : angoisse, négation, dépression, désespoir, remaniement des valeurs et recherche d'un espoir ; les phases de l'agonie ont été observées par KUBLER-ROSS (voir le chapitre 28). Le médecin n'est pas toujours capable de soutenir le malade dans son cheminement vers la mort. Il a besoin de se protéger contre ses propres angoisses d'anéantissement et d'impuissance en se construisant une carapace pour éviter l'effondrement psychique. L'un espacera ses visites, l'autre s'acharnera dans un zèle thérapeutique, un troisième s'abritera derrière le dossier médical et les analyses de laboratoire. En fait, il s'agit d'une situation difficile mais privilégiée, où le « technicien-guérisseur » doit céder sa place à l'humaniste, où l'impuissance thérapeutique peut être avouée sans honte. Le malade a besoin d'être compris, soulagé, écouté et touché. Il a besoin qu'on s'intéresse à lui et non seulement à sa maladie. Il a besoin de petites victoires sur la douleur et sur l'angoisse.

2.3.
LE MÉDECIN

Des enquêtes révèlent que le médecin conserve la plus haute cote de confiance parmi les professionnels et les hommes de métier, bien au delà de celles des avocats, des policiers et des instituteurs. Son statut social demeure idéalisé et envié. Le phantasme collectif lui confère un rôle similaire à celui d'une figure parentale, où dominent la force, la sécurité et l'honnêteté.

De fait, les candidats à la médecine sont sélectionnés parmi les étudiants talentueux qui possèdent un bon jugement et des valeurs sociales et humanitaires sûres. Idéalement, un médecin devrait allier des connaissances étendues et des qualités humaines profondes pour exercer son art. Il devrait être un grand travailleur, être décideur et responsable, et avoir la capacité de résister à un haut niveau de stress. On attend de lui qu'il soit dévoué, honnête et porteur des valeurs morales conservatrices : respect de la vie et respect du bien-être d'autrui.

Idéalisé et idéaliste, le médecin base ses relations sur la confiance mutuelle. Il a besoin d'être à la fois estimé et sécurisé, ce qui le rend vulnérable à la critique et à l'échec. Sa haute productivité, ses longues heures de travail et son idéalisme sont des ingrédients propices à l'épuisement professionnel ou *burn out* (voir la section 29.2.5.).

Michael Balint a exposé les différents rôles que la société attribue au médecin :

1) **Chaman, guérisseur** Héritage des traditions anciennes, on lui prête des pouvoirs magiques de guérisseur, en contrepartie des angoisses causées par la maladie. Son désir d'omnipotence est renforcé par les progrès technologiques spectaculaires. Par ailleurs, la réalité quotidienne du malade incurable et de la mort lui rappelle ses limites et son impuissance, pas toujours acceptées par lui-même d'abord, par les patients et leur entourage ensuite. De là l'engouement pour le curatif et l'efficace, aux dépens des palliatifs et des pathologies au long cours.

2) **Apôtre** Paternel dans son rôle de scientifique, maternel dans son rôle de dispensateur de soins et de compassion, le médecin est investi symboliquement comme une figure parentale gardienne des valeurs traditionnelles. Défenseur de la vie, de la santé et des bonnes habitudes, il est occasionnellement moralisateur. Ses valeurs peuvent heurter celles du patient et modifier leurs attitudes respectives. C'est le cas lorsque le malade a une conduite jugée répréhensible par la société, par exemple dans les cas d'alcoolisme, d'homosexualité, d'avortement ou d'obésité.

3) **Éducateur** Homme de science, le médecin dispense son savoir et instruit son malade sur les règles de vie favorisant la santé. Il enseigne l'hygiène au travail, la saine alimentation, les attitudes interpersonnelles et les habitudes de vie favorables à la santé. De cette façon, il établit un rapport d'adulte à adulte avec le patient et l'incite à prendre la responsabilité de sa santé.

4) **Être asexué** Si le médecin a accès aux confidences les plus intimes et s'il peut voir et palper le corps en transgressant les tabous, c'est grâce à

une règle implicite de respect et de désexualisation des rapports. La transgression de cette convention est honnie au même titre que l'inceste puisque, dans la vie phantasmatique, le rapport médecin - malade est analogue au rapport parent - enfant.

2.3.1. PROFESSIONNELS ET INSTITUTION

L'évolution technologique a entraîné un foisonnement de disciplines paramédicales, multipliant les champs de compétence et diluant les responsabilités. Autrefois essentiellement duelle (médecin - infirmières), l'équipe médicale comprend maintenant des professionnels et des techniciens spécialisés dont l'action spécifique est indispensable tout au long des étapes de l'investigation et du traitement. L'infirmière a acquis des connaissances spécialisées suffisantes pour qu'on lui délègue des fonctions autrefois réservées aux médecins. Le travailleur social, le psychologue, l'ergothérapeute, l'orthophoniste, le diététicien, le physiothérapeute et les autres professionnels de la santé occupent un champ spécifique d'intervention.

Le médecin détient une responsabilité incontestable envers le malade, ce qui lui confère une autorité dans toute décision à caractère thérapeutique. Il exerce son autorité directement par la prescription et indirectement par son leadership et par sa tâche administrative. Il doit trouver le juste dosage entre son leadership et le partage des responsabilités, entre sa capacité de décider et celle de discuter et d'écouter, entre l'affirmation de soi et le respect des autres.

Au Québec, après avoir longtemps partagé la gestion des institutions hospitalières, les médecins se sont vus évincés par une nouvelle génération d'administrateurs plus compétents en gestion qu'en santé. Il s'est alors opéré un clivage entre celui qui soigne et celui qui administre, celui qui admet et celui qui contrôle le budget, celui qui génère des coûts et celui qui doit restreindre les dépenses. Le pouvoir politique a tenté de résoudre ce problème en réintroduisant les médecins aux postes décisionnels et en leur attribuant des responsabilités gestionnelles à l'égard des ressources humaines, matérielles et financières. Les modalités d'application ne sont pas encore toutes établies et les tensions ne sont pas entièrement disparues, mais on remarque de part et d'autre une volonté de chercher conjointement des solutions.

2.3.2. CONTEXTE SOCIAL

Au Québec, un régime universel et obligatoire d'assurance-maladie régi par l'État couvre entièrement les frais d'hospitalisation et les coûts des actes médicaux, à quelques exceptions près. Ainsi, la transaction médicale a été libérée de sa charge financière, ce qui a permis l'accessibilité des soins à la population moins fortunée.

On a donc pu observer une hausse de la consommation des soins et une modification des attentes de la population. Les administrateurs du régime ont dû mettre au point un système de contrôle basé sur les profils de pratique médicale et sur un système d'enquête aboutissant à des poursuites judiciaires contre les dispensateurs abusifs. Périodiquement, les médias ont dénoncé certains abus.

Le paiement par un tiers et l'imposition d'un tarif universel pour chacun des actes médicaux ont eu un effet modulateur sur la nature des actes posés. Ainsi, dès le début du régime, on a constaté une diminution du temps accordé par le médecin pour répondre aux appels téléphoniques et pour visiter les malades à domicile, au profit d'une augmentation des visites des malades aux urgences des hôpitaux. Par ailleurs, on observe un plus grand recours aux actes brefs ou aux actes mieux rémunérés, ainsi qu'une multiplication des visites de contrôle allant jusqu'à l'examen d'un seul problème de santé, lors d'une visite médicale. Les médecins sont piégés dans un système où la productivité est la valeur première. Ils accordent moins de temps au dialogue et à l'écoute, remplaçant trop souvent la psychothérapie par des anxiolytiques.

La population est moins consciente des frais occasionnés par chacune des visites et elle se trouve dans une position infantilisée où l'État providence a subtilisé à l'individu une part de sa responsabilité dans la maîtrise de sa santé. La croissance des frais médicaux conjuguée au contexte économique défavorable est à l'origine d'un débat public où l'on remet en question la gratuité ou l'universalité des soins.

En Amérique, le citoyen reconnaît de plus en plus ses droits individuels qui marquent le pas sur les droits collectifs. Cette prise de conscience se traduit par une augmentation alarmante des poursuites judiciaires, par l'accès du bénéficiaire à son dossier médical et par des enquêtes publiques sur l'administration des soins. En conséquence, la pratique médicale devient plus défensive ; on élabore davantage les normes de la pratique ainsi que les protocoles de soins et de délégation des actes. Le médecin doit informer son malade des risques thérapeutiques d'un traitement ou d'une opération et obtenir son consentement éclairé avant d'agir. La tenue des dossiers médicaux et professionnels est soumise à une surveillance plus étroite par les corporations respectives. De nombreux médecins ont eu à subir des poursuites judiciaires pour incurie médicale. Ils en ont ressenti une vive blessure narcissique les laissant meurtris dans leur estime de soi et brisant le rapport de confiance naïve sur lequel s'établit habituellement la relation médecin - malade.

Le vieillissement rapide de la population ainsi que la chute du taux de natalité ont modifié la nature des besoins en soins médicaux. De la même façon, la démographie médicale est en évolution rapide. On note d'abord la croissance rapide des effectifs médicaux, qui vient modifier le ratio médecin - population. Ensuite, le gouvernement du Québec restreint l'accès à la spécialisation en poursuivant un objectif de 60 % de médecins omnipraticiens et de 40 % de médecins spécialistes. Finalement, les femmes, autrefois très minoritaires dans la profession, ont acquis une accessibilité égale aux études médicales. Elles apportent à la profession une disponibilité psychologique et une capacité d'écoute qui font souvent défaut à leurs collègues masculins. En général, elles travaillent moins d'heures au profit de leur vie privée, mettant ainsi l'accent sur la qualité de vie.

La pratique de groupe se développe, les rôles deviennent interchangeables et la notion de « médecin de famille » cède la place à celle de « médecin-technicien de la santé ». La relation d'aide est moins personnalisée et moins continue ; elle est remplacée par une disponibilité collective et institutionnelle, comme les urgences des cliniques et des hôpitaux.

Paradoxalement, les progrès techniques et scientifiques de la médecine augmentent son efficacité aux dépens du dialogue et de l'espace réservé à la relation interpersonnelle. Le médecin a moins le temps d'écouter son patient, de converser avec lui pour apprendre à le connaître comme individu. Ce vacuum n'est-il pas récupéré par les « médecines douces » qui font miroiter des attentes magiques, là où la médecine curative se montre impuissante ? Sans vouloir contester leurs vertus spécifiques, nous attribuons ce phénomène au recul vers le mythe entourant le médecin de famille dévoué, accessible et omniscient. Les médecins sont moins disponibles, l'art cède à la technique et le piédestal de la science n'est plus réservé aux disciples d'Esculape.

2.4.
RELATION MÉDECIN - MALADE

La relation médecin - malade est un « contrat de service » où le médecin s'engage à fournir des soins de qualité contre rétribution. Ce qui l'unit au malade, c'est d'abord leur volonté commune d'identifier et de combattre la maladie. Leur action doit être synergique et coordonnée. Leurs rôles sont complémentaires et non opposés ou rivaux.

Le rôle du malade est de rapporter correctement les renseignements pertinents, de confier ses craintes et son histoire et de se prêter aux examens nécessaires. Le rôle du médecin est d'obtenir les informations, de les sélectionner et de les interpréter, pour ensuite organiser le plan d'investigation et prescrire le traitement. À chacune des étapes, il a besoin de la collaboration du malade, sans quoi son action peut être compromise.

Au delà du contrat, la transaction s'établit sur une alliance thérapeutique, dont l'ingrédient principal est la confiance. Réciproque, celle-ci est garante de la vérité. Elle permet l'échange de réalités difficiles à révéler et le dévoilement de renseignements pudiquement cachés. À défaut de confiance, l'observance du traitement diminue considérablement.

Cette relation est asymétrique : l'un ignore, l'autre sait ; l'un demande, l'autre donne ; l'un est inquiet, l'autre rassure ; l'un se soumet, l'autre domine. Le médecin ne doit pas abuser de sa position d'autorité. Il gagnera estime et confiance en démontrant un profond respect pour la personne qui se confie à lui.

2.4.1. EMBÛCHES DANS LA RELATION D'AIDE

La relation d'aide peut être contaminée par des facteurs émotifs que le médecin a intérêt à reconnaître afin de les mieux maîtriser. Parmi les expressions émotionnelles du malade, l'agressivité, la colère, les récriminations, la tristesse et les pleurs engendrent parfois chez le clinicien des réactions de peur, d'évitement ou de colère. Elles interfèrent dans le processus d'évaluation et réduisent l'accessibilité psychologique du médecin.

De la même façon, un comportement trop séducteur ou une manifestation de dépendance excessive soulèvent des désirs inavouables et créent une ambiguïté dans la relation d'aide. De telles manifestations sont le propre de toute relation humaine, mais dans le contexte de la relation médecin - malade, elles sont amplifiées par la vulnérabilité du soigné et par ses attentes envers le soignant.

2.4.2. TRANSFERT

HESNARD a décrit le transfert comme un « report de sentiments que le patient éprouvait jadis à l'égard de ses parents, sur la personne actuelle de l'analyste ». Ce concept est réservé au contexte de la psychanalyse. De façon analogue, dans la relation médecin - malade, celui-ci se retrouve en situation d'infériorité, plus ou moins infantilisé ; il revit, en régressant, les émotions originelles qui ont structuré sa personnalité. Les conflits infantiles sont alors déplacés sur la personne du médecin qui, indépendamment de ses qualités personnelles, joue un rôle dans l'économie psychique du patient.

À son tour, le médecin véhicule ses propres conflits, ses valeurs et ses émotions dans un phénomène apparenté au contre-transfert. Il est important qu'il en prenne conscience et qu'il les replace dans une juste perspective. En développant sa maturité psychique, il deviendra plus objectif et plus apte à absorber les dérèglements affectifs de ses malades.

2.4.3. FIDÉLITÉ AU TRAITEMENT (*COMPLIANCE*)

Le médecin manifeste parfois des comportements d'évitement lors de situations qu'il trouve pénibles. De façon plus insidieuse, il peut manifester une attention sélective au soma, bloquant par son attitude l'émergence des émotions. Des études ont porté sur le degré de satisfaction des patients et sur leur fidélité à suivre la prescription. Il en ressort des conclusions intéressantes :

1) Les médecins ont tendance à utiliser un langage trop technique et incompréhensible pour le malade.
2) Le degré de satisfaction du patient augmente lorsque le médecin délaisse le langage scientifique pour s'intéresser davantage à ses craintes et à ses angoisses.

3) Le degré de satisfaction du patient n'est pas imputable à la durée de l'entrevue.
4) La fidélité au traitement est en relation directe avec le degré de satisfaction du patient.

Il convient de souligner que les différences de culture, de niveau social, d'âge, de sexe et de style de vie accentuent les risques d'incompréhension. Le médecin devrait s'efforcer de reconnaître le niveau culturel de son malade et d'utiliser un vocabulaire à sa portée.

2.4.4. REMÈDES À LA RELATION MÉDECIN - MALADE

Rien ne peut remplacer l'expérience pour améliorer ses connaissances et ses aptitudes dans le champ relationnel. Les enseignants universitaires ont tout de même reconnu l'importance d'offrir des programmes orientés vers l'observation de la relation d'aide. Des stages d'immersion dès le début des études médicales et des entrevues supervisées permettent aux étudiants d'apprendre des techniques d'écoute et des attitudes appropriées. Par le programme de médecine familiale, les étudiants en fin de formation se familiarisent avec les aspects psychologiques reliés à diverses conditions médicales. On y enseigne une méthode d'entrevue et on discute des cas dans une optique relationnelle.

Les programmes de psychologie médicale apportent un bagage de connaissances utiles à la compréhension de la structure psychique du malade, de ses émotions et de ses comportements. L'évaluation bio-psycho-sociale à partir d'une grille multiaxiale révèle au clinicien une image plus complète de la personne malade. L'entretien clinique supervisé et les jeux de rôle contribuent à développer les aptitudes nécessaires à la relation d'aide et permettent de corriger les interventions inappropriées.

Pour modifier leurs attitudes, les soignants doivent procéder à une réflexion profonde sur les facteurs inconscients qui régissent les relations humaines. MICHAEL BALINT a institué un séminaire où un groupe d'omnipraticiens se réunissent périodiquement, racontent le déroulement de certaines entrevues et analysent non pas la pathologie mais la relation entre le médecin et son malade. De tels séminaires sont des lieux de questionnement et de réflexion qui permettent des modifications profondes dans la pratique des participants. BALINT (1960, p. 317) écrivait à ce propos :

> L'acquisition de l'aptitude psychothérapeutique ne consiste pas uniquement à apprendre quelque chose de nouveau, mais implique aussi inévitablement un changement limité, bien que considérable, de la personnalité du médecin.

Pour répondre à la vocation de thérapeute, les médecins du séminaire ont entrepris des entrevues prolongées calquées sur le modèle de l'entretien psychiatrique. Une entrevue de 30 ou de 45 minutes leur a permis d'approfondir des problèmes psychiques qui, autrement, seraient demeurés longtemps intraités. Toutefois, les médecins ne peuvent tous consacrer autant de temps à de telles entrevues.

Aussi le séminaire s'est-il appliqué à reconnaître également des phénomènes psychiques inconscients qui se déroulent lors d'entrevues brèves. Ainsi, dans un bon nombre de relations problématiques, le médecin peut reconnaître des mouvements de type transférentiel et les utiliser pour faire évoluer la relation thérapeutique. C'est ce que les membres du séminaire ont appelé la technique du *flash*.

2.5.
CONCLUSION

En conclusion, rappelons-nous sans cesse que le malade représente beaucoup plus qu'un corps à soigner. Il est une personne souffrante qui évolue dans une culture donnée et dans une structure mentale qui lui est propre. On ne peut accepter, sans en souffrir, une médecine dichotomisée entre le corps et l'esprit, entre la technique et l'humain.

BIBLIOGRAPHIE

RÉFÉRENCES

BOWDEN, C.L. et A.G. BURSTEIN
1983 « *Psychosocial Basis of Health Care*, Williams & Wilkins Company.

GUTHEIL, T.G. *et al.*
1984 « Malpractice Prevention through the Sharing of Uncertainty », *N. Eng. J. Med.*, vol. 311, n° 1, p. 49-51.

LAROSE, J.
1986 « La confiance, un ingrédient actif dans la relation patient - médecin », *Psychologie préventive*, vol. 9.

PAINCHAUD, G.
1985 « Influence de la formation à la relation médecin - malade (Balint) sur la pratique de la psychothérapie », *L'union médicale du Canada*, vol. 114, février, p. 160-164.

RIVARD, G.
1982 « L'assurance-maladie au Québec : les objectifs de la profession médicale et de la société », *L'union médicale du Canada*, vol. 111, juin, p. 584-594 et juillet, p. 642-648.

SAPIR, M.
1972 *La formation psychologique du médecin à partir de Michael Balint*, Paris, Payot, Bibliothèque scientifique, coll. Science de l'homme, chap. XIII, p. 206-230.

SCHNEIDER, P.B.
1976 *Psychologie médicale*, Paris, Payot.

STEINMETZ, N.
1978 « Hospital Emergency Room Utilisation in Montreal before and after Medicare », *Medical Care*, février, vol. XVI, n° 2, p. 133-139.

VALABREGA, J.P.
1962 *La relation thérapeutique malade et médecin*, Paris, Flammarion.

LECTURES SUGGÉRÉES

BALINT, E. et J.S. NORELL
1976 *Six minutes par patient*, Paris, Payot.

BALINT, M.
1960 *Le médecin, son malade et la maladie*, Paris, Payot.

KENT, G. et M. DALGLEISH
1986 *Psychology and Medical Care*, England, Ballière Tindall.

PENDLETON, D. et J. HASLER
1983 *Doctor - Patient Communication*, New York, Academic Press.

CHAPITRE 3

ÉPIDÉMIOLOGIE

Hubert Wallot
M.D., M.A., M.B.A., M.P.H., Ph.D., C.S.P.Q., F.R.C.P.(C)
Psychiatre consultant à l'hôpital Robert-Giffard (Québec)
Médecin-conseil au Département de santé communautaire de l'hôpital de Chicoutimi
Professeur à l'Université du Québec à Chicoutimi

PLAN

3.1.
DÉFINITION

L'épidémiologie consiste en l'étude de la répartition des maladies et la recherche des facteurs qui déterminent cette répartition. Dans les faits, l'épidémiologie sert plusieurs objectifs. En premier lieu, elle peut permettre la précision de certains paramètres d'une maladie donnée, voire la délimitation d'une entité pathologique : par exemple son évolution, les facteurs de pronostic, les classifications, etc. En second lieu, par l'analyse de la répartition et de la propagation des maladies, elle permet la formulation d'hypothèses étiologiques. En troisième lieu, lorsque c'est possible, elle permet l'élaboration de stratégies préventives, le principe sous-jacent étant que « prévenir vaut mieux que guérir ». En quatrième lieu, l'épidémiologie permet la planification des ressources nécessaires à la prévention ou au traitement d'une maladie donnée.

On distingue deux types d'épidémiologie : l'épidémiologie descriptive et l'épidémiologie analytique. L'**épidémiologie descriptive** s'intéresse à la distribution d'une maladie dans la population en général. La description de groupes susceptibles de contracter une maladie peut se faire par des caractéristiques démographiques comme l'âge, le sexe, la race, etc., ou par des caractéristiques géographiques ou temporelles. L'épidémiologie descriptive sert aussi à dresser le tableau clinique d'une maladie, notamment par des études systématiques de l'évolution des pathologies. Cette tâche peut conduire à l'identification de nouveaux syndromes, ou même à la disparition de certaines maladies : ainsi la mélancolie involutionnelle est-elle disparue du DSM-III au profit d'un syndrome dépressif élargi. Les deux indices épidémiologiques fondamentaux de la maladie sont les taux d'incidence et de prévalence. L'**épidémiologie analytique** vise à évaluer diverses hypothèses relatives aux causes des variations de la fréquence des maladies au sein de divers groupes dans la population en général ; elle a une fonction explicative et, à défaut d'identifier les causes des maladies, elle vise à mettre en évidence certains facteurs de risque associés à leur apparition.

L'objet de l'épidémiologie psychiatrique, à savoir les maladies psychiatriques, demeure pour sa part difficile à cerner. Indépendamment de la validité et de la fidélité des diagnostics contemporains, la détermination d'une catégorie de maladies dites « psychiatriques » ou « mentales » tient surtout à une convention issue d'une division du travail médical. Il y a quelques siècles, les maladies mentales se résumaient à l'état « insensé », qui était défini comme un état furieux, exagérément religieux ou érotique, ou encore débonnaire (PARADIS *et al.*, 1977). Aujourd'hui, la symptomatologie à prédominance psychique ne conduit pas nécessairement à une entité nosographique psychiatrique : de la syphilis tertiaire à la démence, les troubles dits « organiques » sont écartés de la psychiatrie, tandis que certaines conditions d'allure « somatique », comme certaines formes d'hypertension, l'ulcère, la céphalée de tension, etc., sont parfois considérées comme des troubles mentaux, en raison de leur étiologie à prédominance psychique.

Pourtant, l'étiologie à volets multiples (bio-psycho-sociale) pénètre la médecine en général (ENGEL, 1977). Ainsi, il est admis que les pratiques alimentaires affectent l'apparition et les manifestations du diabète et de l'hypertension, les conditions socio-économiques affectent celles de la tuberculose, etc. En même temps, on note une tendance à ramener certaines maladies « psychiatriques » à une étiologie biologique de sorte que, par exemple, la PMD est maintenant envisagée surtout comme un trouble organique à traiter avec le lithium. Il existe donc, à notre avis, un découpage plus culturel que scientifique entre les maladies psychiatriques et les autres maladies, et le présent exposé en prend tout simplement acte.

3.2.
TAUX ET INDICES

3.2.1. TAUX ET INDICES COURANTS

Le **taux d'incidence** d'une maladie est le nombre de nouveaux cas survenant pendant une période de temps définie, la plupart du temps un (1) an, divisé par la « population à risques » quant à la maladie. (Dans le cas du cancer de l'utérus par exemple, la population à risques n'inclut que des femmes.) Ainsi, le taux d'incidence de la schizophrénie « traitée » en 1970 dans le comté de Monroe (New York) est de 69 pour 100 000 (BABIGIAN, 1972). Le taux d'incidence est difficile à obtenir lorsque la date du début de la maladie ne peut être fixée de façon précise.

Le **taux de prévalence** est le nombre de cas existants, divisé par la population à risques, en un moment précis du temps. On utilise ce taux sous trois formes :

1) La **prévalence instantanée**, constituée du nombre de cas en un moment donné du temps, par exemple un jour de la semaine. Cette mesure convient particulièrement bien aux maladies de courte durée (dites aiguës), à diagnostic relativement aisé et pour lesquelles un suivi au jour le jour peut être utile (par exemple en situation d'épidémie réelle ou prévue) ; qu'on pense aux infections de divers types. Il va de soi qu'on doit choisir un jour de relevé à l'abri de contingences susceptibles d'affecter la mesure ; ainsi, certains jours de la semaine peuvent être défavorables à un relevé fidèle, faute de ressources adéquates pour poser le diagnostic. Par ailleurs, certaines pathologies (telle la grippe) peuvent être affectées par les saisons, etc.

2) La **prévalence de période**, constituée du nombre de cas existants et nouveaux au cours d'une période limitée du temps, généralement un (1) mois ou un (1) an (voir le tableau 3.2.). Ce taux est moins sensible aux contingences évo-

quées précédemment. Pour certaines pathologies et dans certaines situations, notamment par manque d'experts, ou d'examens techniques, ou d'une information psychosociale complémentaire, le temps nécessaire pour effectuer le relevé des cas ou pour certifier le diagnostic dépasse une journée, et le fait de choisir une période plus longue évite des écarts entre les jours qui pourraient être attribuables à divers facteurs autres que le hasard.

3) La **prévalence à vie**, ou prévalence longitudinale (*life-time prevalence*), constituée du nombre de personnes qui subiront l'événement ou la maladie au moins une fois dans leur vie (voir le tableau 3.1.). Ainsi, dans le comté de Monroe cité plus haut, BABIGIAN a trouvé une prévalence de schizophrénie traitée de 406 pour 100 000 en 1970 et une prévalence longitudinale d'environ 1 %. On doit reconnaître que la prévalence à vie constitue un concept épidémiologique bâtard entre le concept de prévalence et le concept de risque, et elle est d'ailleurs utilisée presque exclusivement en psychiatrie. Cette mesure a l'avantage d'identifier un plus grand nombre de cas que la prévalence instantanée ou l'incidence annuelle, ce qui facilite l'étude de l'étiologie de la maladie. C'est aussi la seule mesure aisément compatible avec la méthode de collecte de données en psychiatrie (questionnaire). Cependant, ce taux est affecté par la mortalité. De plus, la collecte de données comporte un problème de taille : les lacunes de mémoire des répondants.

La **durée** est la période de temps qui s'écoule entre la date du début de la maladie et la date de guérison ou de mort. Incidence (I), prévalence (P) et durée (D) sont reliées de la manière suivante : la prévalence varie directement en fonction du produit de l'incidence et de la durée. Si l'incidence et la durée ne varient pas dans le temps, alors, en tout point du temps, $P = I \times D$. Il faut néanmoins noter que la structure de la pyramide d'âges d'une population affecte l'incidence et la prévalence qui, dans le cas de maladies chroniques ou de maladies de l'âge adulte, seront nécessairement plus élevées chez une population vieillissante comme celle du Québec actuel.

Le **risque** est la probabilité qu'a un individu de développer une maladie au cours de sa vie, c'est-à-dire l'intégrale, au cours du temps, des taux d'incidence par âge pour une population déterminée et fixe. Cet indice est donc affecté par des caractéristiques de l'individu comme l'âge ; par exemple, avec l'âge, le risque de coqueluche décroît chez la personne. Cette mesure fréquemment utilisée suppose que le taux d'incidence demeure constant durant toute la période considérée. Un tel postulat devient problématique à mesure que s'allonge cette période puisque entre temps, une société peut avoir développé des caractéristiques ou des stratégies qui affectent le taux d'apparition d'une maladie. Ainsi, l'amélioration du niveau de vie a favorisé le déclin de la tuberculose, tandis que l'ajout de vitamine D dans le lait a abaissé le taux de nouveaux cas de rachitisme au Canada. De plus, le risque est conditionnel à la survie à la fin de la période : par exemple, un enfant qui meurt de coqueluche n'est pas susceptible de développer une démence sénile. Ainsi, pour diverses raisons (guerre, mesures sanitaires, etc.), la survie peut s'accroître ou décroître au cours de la période considérée. Le **risque attribuable** est le rapport constitué par le taux d'incidence en présence du facteur de risque, moins le taux d'incidence en l'absence du facteur de risque.

3.2.2. PROBLÈMES MÉTHODOLOGIQUES ASSOCIÉS

Les taux et les indices mentionnés plus haut se rapportent à des maladies bien définies. Or, en psychiatrie, le consensus sur les éléments diagnostiques demeure à faire. Par exemple, lorsque quelqu'un fait un second épisode schizophrénique aigu, s'agit-il de la même maladie que l'épisode précédent ? Entre les deux épisodes, l'individu est-il un schizophrène « compensé » (c'est-àdire rééquilibré) ou résiduel, ou bien un individu normal ? Comment identifier le début de la maladie schizophrénique ? La manière dont on répond à ces questions affecte les mesures d'incidence, de prévalence et de risque. Un autre problème méthodologique a trait aux critères diagnostiques. Le DSM-III tend à exiger, pour certains diagnostics (par exemple la schizophrénie), une durée telle qu'il devient difficile de savoir à quel moment précis la maladie a débuté. C'est pourquoi la prévalence constitue un outil plus pratique dans le cas de maladies chroniques à début insidieux.

3.3.
PLANS D'ÉTUDE ET CONCEPTS MÉTHODOLOGIQUES

La méthode d'étude la plus simple consiste à effectuer le relevé des cas enregistrés dans des établissements thérapeutiques tels que les hôpitaux, les cabinets privés, etc. Elle pose toutefois plusieurs problèmes, entre autres la possible duplication de cas, la non-inclusion des cas non traités, la variabilité dans la manière de poser des diagnostics, la non-participation de certains établissements thérapeutiques dans un territoire étudié, etc.

BABIGIAN (1972), dans son étude épidémiologique de la schizophrénie, a tenté de contourner certaines des difficultés énumérées en élaborant des registres de cas auxquels participèrent tous les établissements thérapeutiques de la région étudiée.

Certains chercheurs s'intéressent à une cohorte, c'est-à-dire à un groupe ayant une caractéristique commune telle que la même année de naissance ou l'exposition à un même facteur de risque. Dans ces études, on analyse en général l'évolution temporelle d'un groupe exposé à un facteur de risque et celle d'un groupe comparable non exposé au facteur de risque en question. On présume que l'évolution va de la cause à l'effet. De telles études sont généralement **prospectives** au sens où le groupe est suivi durant une période de temps définie, mais il arrive qu'elles soient **rétrospectives** au sens où l'on vérifie, dans le passé de la cohorte, l'exposition antérieure à un présumé facteur de risque. Une telle approche permet d'obtenir une estimation de la fréquence de la maladie puisque la population à risques est connue.

Parmi les études longitudinales les plus intéressantes, citons celle de THOMAS et CHESS (1977) qui ont mis en évidence l'existence d'un « style comportemental » (tempérament) inné se cristallisant autour de l'âge de trois mois. Une équipe de Québec, sous la direction du docteur MICHEL MAZIADE, suit des cohortes depuis leur naissance. Leurs recherches ont montré que le tempérament n'est pas en relation avec le statut socio-économique de la famille (1984) ou avec le mode d'accouchement (1985a), mais qu'il y a une légère relation entre le tempérament et le succès scolaire d'une part (1985b), et certains troubles cliniques susceptibles d'être diagnostiqués dans le DSM-III d'autre part (1985c).

Les études de « cas - témoins » relèvent d'une autre stratégie de recherche en vertu de laquelle on compare le degré d'exposition à un présumé facteur de risque entre un échantillon de cas atteint d'une maladie quelconque et un échantillon de témoins normaux. Cette stratégie est **rétrospective** en ce qu'elle va de l'effet présent vers la cause dans le passé. Contrairement à la stratégie précédente, il est impossible ici d'obtenir une estimation de la fréquence de la maladie puisque la population à risques est inconnue. La constitution d'un groupe témoin et l'établissement d'un lien causal sont beaucoup plus difficiles à effectuer dans cette stratégie, par ailleurs plus simple et moins coûteuse. Dans une étude à double insu, ni le sujet ni l'observateur ne savent si le sujet appartient au groupe de cas (ou groupe expérimental) ou au groupe témoin.

Une des plus illustres études de cas - témoins en psychiatrie a été menée par l'équipe de KETY en 1968. On étudia une population définie de 5 483 adoptés, enregistrés de 1924 à 1947 dans la ville et le comté de Copenhague au Danemark. Au moment de l'étude, les adoptés avaient entre 17 et 40 ans. De cette population, 507 avaient déjà été admis en psychiatrie et 33 avaient un diagnostic inclus dans le « spectre de la schizophrénie ». On leur jumela un nombre égal de témoins sans antécédent d'hospitalisation psychiatrique. Puis on mesura l'influence génétique sur l'apparition de la schizophrénie par l'identification du taux de schizophrénie dans la parenté biologique des cas et des témoins. Ainsi, 8,7 % des 150 parents biologiques des cas avaient déjà eu un diagnostic de schizophrénie contre 1,9 % des parents biologiques des témoins. La différence hautement significative entre ces taux ($p = 0,0072$) vient entériner l'hypothèse de facteurs génétiques pouvant intervenir dans la genèse de la schizophrénie. Cette différence est maintenue même pour les demi-frères par le père, qui n'ont donc pas partagé l'environnement intra-utérin. Par ailleurs, on a démontré que le fait d'être adopté dans une famille où l'un des parents est schizophrène n'accroît pas le risque de développer la schizophrénie.

Souvent les études analytiques visent à démontrer une association entre un facteur de risque et une pathologie. Pareille association, sans démontrer un lien de causalité, peut toutefois accréditer une interprétation causale seulement à certaines conditions :

1) l'antériorité du facteur de risque en regard de l'apparition de la pathologie ;
2) la cohérence de l'association à travers des études répétées ;
3) la force de l'association ;
4) la vraisemblance ;
5) la spécificité ;
6) l'intervention expérimentale, le contrôle du facteur de risque devant réduire l'apparition de la pathologie.

Ainsi, le Québécois CORMIER (1985) a montré qu'il existait une relation entre le taux de chômage et le taux de suicide.

Dans les études sur le terrain, on utilise des échantillons aléatoires de manière à ce que chaque individu de la population étudiée ait la même chance d'être choisi. Cette méthode évite certaines distorsions qui peuvent résulter de l'autosélection des sujets ou encore de la sélection de l'investigateur. Ainsi procède-t-on dans les célèbres sondages d'opinion où l'on peut, à partir d'un nombre limité de répondants choisis au hasard, connaître les opinions ou les intentions de vote d'une population. Toutefois, à cause de la nature de la maladie mentale, des préjugés qui l'entourent et de la complexité de l'évaluation diagnostique, une étude épidémiologique rigoureuse sur le terrain demeure toujours très difficile à mener en psychiatrie. On admettra qu'un diagnostic psychiatrique est plus délicat à poser qu'un diagnostic d'hypertension par exemple, tant du côté du sujet que du côté de l'évaluateur. Ainsi les chercheurs sur le terrain se sont souvent limités à étudier le degré de malaise psychologique sans référence à des diagnostics précis (notamment l'étude de LEIGHTON citée plus loin).

La plupart des études épidémiologiques postulent qu'on peut poser des diagnostics adéquatement, à condition de respecter les trois dimensions méthodologiques suivantes : la validité, la fidélité (*reliability*) et la spécificité des instruments d'évaluation.

Le concept de **validité** est complexe. La **validité interne** concerne strictement la valeur formelle, logique ou mathématique, du traitement des données, surtout quant à leur capacité de tirer une conclusion sur la population étudiée à partir de l'échantillon considéré. La **validité externe** porte sur la capacité d'étendre des conclusions s'appliquant à la situation ou à la population étudiées, à d'autres populations ou à d'autres situations. Par exemple, peut-on étendre à l'échelle nationale américaine des conclusions tirées à propos d'une ville, cible habituelle de plusieurs études épidémiologiques ? Ou encore, un traitement qui améliore l'humeur peut-il être présumé susceptible d'améliorer le comportement ?

Certains auteurs détachent du concept de validité externe le concept de **validité théorique** (*construct validity*), alors que d'autres les confondent. Le genre de questions posées par la validité théorique ressemble à celle-ci : y a-t-il une telle chose qu'une maladie schizophrénique ? La validité théorique s'intéresse à la relation entre une mesure et un concept ; on peut l'envisager de quatre manières :

1) **Validité de sens commun** (*face validity*)   Par exemple, le taux de mortalité peut être choisi comme indice d'efficacité d'une procédure médicale.

2) **Validité de contenu**   Tous les aspects pertinents du concept étudié (par exemple un diagnostic) doivent être retenus dans les items mesurés par l'étude et tous les items non pertinents doivent être exclus.

3) **Validité théorique au sens strict**   Utilisée lorsque aucun critère ou domaine de contenu n'est généralement accepté comme adéquat pour définir le concept sous étude (par exemple le concept de santé mentale ou de déficit mental dans certaines études épidémiologiques).

4) **Validité de critère**   Atteinte lorsqu'une mesure choisie correspond à une autre mesure observable du phénomène sous étude, mais seulement si l'autre mesure est vraiment précise. La validité de critère se subdivise en trois types :

a) **validation prédictive**, lorsque la mesure observable survient dans le futur ;

b) **validation concurrente**, si les mesures surviennent simultanément ;

c) **validation convergente**, si deux mesures du même concept sont suffisamment corrélées. Ce dernier type de validation a été utilisé dans l'étude pilote menée par l'Organisation mondiale de la santé (OMS) en 1965 sur la schizophrénie où l'on a montré une corrélation entre le diagnostic traditionnel, le diagnostic informatique et l'analyse factorielle.

Le concept de **fidélité** réfère à la constance ou reproductibilité de mesures répétées, dont le diagnostic, si fondamental en épidémiologie. La **fidélité interjuges** (*inter-rater reliability*) consiste en l'équivalence des résultats d'évaluations faites par des juges différents. La **fidélité** *test-retest* consiste en l'équivalence des résultats obtenus par un même sujet pour un même test administré à deux moments différents. Le DSM-III a voulu apporter une amélioration à la fidélité des diagnostics par le recours à des critères précis et systématiques. La stabilité des diagnostics en milieu clinique pose elle-même un problème ; cinq facteurs peuvent causer des variations dans les estimations des diagnostics :

1) le sujet — le patient peut avoir différentes maladies à différentes périodes ;

2) les circonstances — le patient peut être vu à des stades différents de la même maladie ;

3) l'information — les cliniciens ne disposent pas toujours de sources d'information identiques ;

4) l'observation — les cliniciens ne font pas nécessairement la même observation lorsqu'ils sont confrontés aux mêmes stimuli ;

5) les critères — les cliniciens ne font pas appel aux mêmes critères d'inclusion et d'exclusion pour faire leur diagnostic.

Le concept de **sensibilité** représente la capacité d'un test à identifier les cas positifs, et s'exprime dans la proportion de cas vraiment positifs par rapport à la somme des vrais positifs et des faux négatifs. La **spécificité** est la capacité d'un test à identifier les individus qui ne sont pas des cas, et s'exprime par la proportion des vrais négatifs sur la somme des vrais négatifs et des faux positifs. Par exemple, le test de suppression à la dexaméthasone est censé détecter la dépression dite « endogène » (FEINBERG et CARROLL, 1984) en affichant, dans cette maladie, des résultats anormaux. Mais de tels résultats peuvent aussi apparaître en présence de plusieurs autres maladies (tel le diabète), de perte de poids ou de prise de divers médicaments (HUDSON *et al.*, 1984). Le test est sensible à 50-60 % et spécifique à 90-95 % en présence d'un tableau clinique dépressif (MORRISSETTE et BOUCHER, 1986).

Compte tenu des problèmes de validité rencontrés en psychiatrie, les dimensions de sensibilité et de spécificité sont souvent mises en veilleuse dans les études.

3.4.
IMPORTANCE DU HANDICAP PSYCHIATRIQUE EN GÉNÉRAL

Devant les difficultés provenant des concepts traditionnels de maladie et d'étude épidémiologique sur le terrain en psychiatrie, on a élaboré progressivement des approches fondées sur les concepts de handicap psychologique et de santé mentale.

Dans les premières enquêtes de santé mentale, on faisait appel à des informateurs-clés et aux dossiers médicaux dans le but d'obtenir des informations sur la fréquence des maladies mentales. La Seconde Guerre mondiale bouleversa ces procédés, du moins aux États-Unis, lorsqu'on s'aperçut de l'importante proportion de jeunes inaptes au service militaire pour des raisons psychiatriques. On dressa alors les premières listes des symptômes (*check list*), qui étaient des questionnaires remplis par le sujet lui-même, afin d'identifier les individus inaptes. Puis ces listes engendrèrent de nombreuses échelles destinées à la population en général (afin d'établir des taux de handicap mentaux), mais incapables de fournir des diagnostics précis. Néanmoins, ces approches conceptuelles étaient plus facilement compatibles avec les méthodes d'enquêtes sur le terrain.

3.5.
QUELQUES ÉTUDES

Une étude classique de FARIS et DUNHAM (1939) montre une distribution concentrique des taux de schizophrénie, les taux les plus élevés se situant dans les centres-villes, là où l'on trouve les milieux les plus désorganisés. Les auteurs avancèrent l'hypothèse que l'isolement social, plus typique des centres-villes, produit les traits anormaux et la mentalité attribués à la schizophrénie.

La première approche pour évaluer la taille des problèmes de santé mentale dans les populations fut le relevé, effectué par HOLLINGSHEAD et REDLICH (1958), de tous les cas en traitement dans les agences publiques et les pratiques privées à New Haven, au Connecticut. Les auteurs trouvèrent plus de cas psychotiques que névrotiques sous traitement, les premiers étant d'ailleurs plus répandus dans les couches socio-économiques moins élevées. Leur étude comporte toutefois les problèmes méthodologiques associés aux diagnostics posés par divers soignants en divers contextes ; par ailleurs, tous les cas ne se manifestent pas en milieu clinique.

Durant l'après-guerre, il convient d'évoquer l'étude canadienne de LEIGHTON (1963). Ce dernier conduisit une enquête sur le terrain dans le comté de Stirling en Nouvelle-Écosse, auprès d'un échantillon représentant une population de plus de 18 ans (1 015 personnes sur 20 000), au moyen d'un questionnaire conçu à partir du *Family Life Survey* et du *Bristol Health Survey*, et comportant des informations complémentaires obtenues des omnipraticiens exerçant dans la région. Quatre psychiatres révisaient les données finales et s'entendaient sur un pointage. Les troubles psychiatriques n'étaient pas classés à partir de diagnostics mais à partir du dysfonctionnement accompagnant les troubles. On tenta de décrire et de définir l'environnement culturel selon 10 indices majeurs : la pauvreté, la confusion culturelle (des communautés francophone et anglophone y coexistent), la sécularisation, la fréquence des foyers brisés, le degré de cohésion au sein des groupes, l'absence ou le faible niveau de leadership, le type de loisirs et enfin l'efficacité des réseaux de communication. Selon les résultats obtenus, 30 % démontraient des troubles psychiatriques évidents et, parmi eux, 17 % manifestaient des troubles importants ; 50,8 % laissaient présager un trouble psychiatrique avec un degré de certitude moindre ; enfin, seulement 18,7 % furent considérés en bonne santé psychologique. On démontra ainsi

une relation entre la désintégration culturelle et la symptomatologie psychiatrique.

Au cours des dernières années, la classification psychiatrique est devenue plus précise, notamment sous la forme du DSM-III. Des chercheurs ont développé des instruments standardisés de diagnostic et de collecte des données, dont le SADS-L (*Schizophrenia and Affective Disorders Schedule-Lifetime*) qui est une technique d'entrevue structurée, effectuée par un clinicien entraîné, et le DIS (*Diagnostic Interview Schedule*) qui est un questionnaire portant sur la vie entière et pouvant être utilisé par un non-clinicien. Ce dernier outil affiche une haute concordance avec le premier et la validité des deux instruments est satisfaisante (DARREL *et al.*, 1984).

Ces développements récents ont donné lieu aux premières études épidémiologiques sur le terrain basées sur des méthodes similaires, pouvant aboutir à des résultats comparables et capables d'identifier des pathologies spécifiques. Ces études ont été menées presque simultanément dans trois villes américaines : New Haven, Baltimore, St. Louis.

Le tableau 3.1. fournit les données relatives à la prévalence à vie pour les trois sites de recherche (ROBINS *et al.*, 1984). Notons que, dans tous les sites, de 29 à 38 % des sujets ont présenté au moins un des troubles suivants durant leur vie. L'abus et/ou la dépendance à l'égard de l'alcool affectent de 11 à 16 % des interrogés, alors que l'abus et/ou la dépendance à l'égard des drogues en affectent entre 5 et 6 %. Un (1) adulte sur 20 manifeste un trouble affectif majeur, 1 adulte sur 30 souffre de dysthymie. La personnalité antisociale et le trouble obsessionnel-compulsif affectent chacun 1 personne sur 40. Moins de 1 personne sur 50 a souffert de panique, de troubles cognitifs ou de schizophrénie. Le sexe masculin prédomine dans la personnalité antisociale ($H = 4,6 \%$, $F = 0,8 \%$) et dans l'abus et/ou la dépendance à l'égard de l'alcool ($H = 24,3 \%$, $F = 4,4 \%$) et des drogues ($H = 7,0 \%$, $F = 4,4 \%$). Le sexe féminin prédomine dans les troubles affectifs

Tableau 3.1.   TAUX DE PRÉVALENCE À VIE DES TROUBLES DÉCRITS PAR LE DIS[1]/DSM-III

TROUBLES	NEW HAVEN, CONN. 1980-1981 (N = 3 058)[2]	BALTIMORE 1981-1982 (N = 3 481)	ST. LOUIS 1981-1982 (N = 3 004)
Tout trouble inclus dans l'étude	28,8 %	38,0 %	31,0 %
Tout trouble inclus dans l'étude sauf les phobies	24,9	23,9	26,2
Tout trouble inclus dans l'étude sauf les abus de substances toxiques	19,3	29,5	18,6
Troubles liés à l'utilisation de substances toxiques	15,0	17,0	18,1
• Abus et/ou dépendance à l'égard de l'alcool	11,5	13,7	15,7
• Abus et/ou dépendance à l'égard des drogues	5,8	5,6	5,5
Troubles schizophréniques et schizophréniformes	2,0	1,9	1,1
• Schizophrénie	1,9	1,6	1,0
• Troubles schizophréniformes	0,1	0,3	0,1
Troubles affectifs	9,5	6,1	8,0
• Épisode maniaque	1,1	0,6	1,1
• Épisode dépressif majeur	6,7	3,7	5,5
• Dysthymie	3,2	2,1	3,8
Troubles anxieux ou somatoformes	10,4	25,1	11,1
• Phobies	7,8	23,3	9,4
• Panique	1,4	1,4	1,5
• Troubles obsessionnels-compulsifs	2,6	3,0	1,9
• Somatisation	0,1	0,1	0,1
Troubles de l'alimentation			
• Anorexie	0,0	0,1	0,1
Troubles de la personnalité			
• Personnalité antisociale	2,1	2,6	3,3
Handicap cognitif (sévère)	1,3	1,3	1,0

1. DIS = Diagnostic Interview Schedule.
2. N = Nombre de personnes recensées.

majeurs (H = 3,1 %, F = 7,2 %), l'agoraphobie (H = 2,7 %, F = 8,1 %) et la phobie simple (H = 7,4 %, F = 14,6 %). La variable « âge » pose des problèmes plus complexes d'interprétation. La race n'affecte pas les taux. La prévalence à vie des psychopathologies est plus élevée en milieu urbain (33,7 %) qu'en milieu rural (27,5 %).

La prévalence de période (6 mois) est illustrée au tableau 3.2. (MYERS *et al.*, 1984). Les troubles les plus fréquents sont les phobies, la dysthymie et la dépression majeure qui dominent chez les femmes, de même que l'abus et/ou la dépendance à l'égard de l'alcool qui dominent chez les hommes.

Qu'en est-il des risques individuels ? Après l'examen rigoureux d'une population pendant 10 ans, HAGNELL (1966) conclut que 5,5 % des hommes et 13,7 % des femmes auront subi un trouble mental durant plus de trois ans au moment où ils atteindront la soixantaine. Chez l'homme, le risque de schizophrénie est d'environ 1 %, le risque de syn-

Tableau 3.2.   TAUX DE PRÉVALENCE POUR 6 MOIS DES TROUBLES DÉCRITS PAR LE DIS/DSM-III

TROUBLES	NEW HAVEN, CONN. 1980-1981 (N = 3 058)	BALTIMORE 1981-1982 (N = 3 481)	ST. LOUIS 1981-1982 (N = 3 004)
Tout trouble inclus dans l'étude	18,4 %	23,4 %	16,8 %
Tout trouble inclus dans l'étude sauf les phobies	15,2	14,0	13,8
Tout trouble inclus dans l'étude sauf les abus de substances toxiques	13,6	19,0	12,6
Troubles liés à l'utilisation de substances toxiques	6,1	7,2	5,8
• Abus et/ou dépendance à l'égard de l'alcool	4,8	5,7	4,5
• Abus et/ou dépendance à l'égard des drogues	1,8	2,2	2,0
Troubles schizophréniques et schizophréniformes	1,1	1,2	0,6
• Schizophrénie	1,1	1,0	0,6
• Troubles schizophréniformes	0,1	0,2	0,1
Troubles affectifs	6,5	4,6	6,2
• Épisode maniaque	0,8	0,4	0,7
• Épisode dépressif majeur	3,5	2,2	3,2
• Dysthymie	3,2	2,1	3,8
Troubles anxieux ou somatoformes	7,2	14,9	6,6
• Phobies	5,9	13,4	5,4
• Panique	0,6	1,0	0,9
• Troubles obsessionnels-compulsifs	1,4	2,0	1,3
• Somatisation	0,1	0,1	0,1
Troubles de la personnalité			
• Personnalité antisociale	0,6	0,7	1,3
Handicap cognitif (sévère)	1,3	1,3	1,0

dromes organiques est de 5,4 % et le risque des autres psychoses est d'environ 1 %. Chez la femme, le risque de schizophrénie est d'environ 0,7 %, le risque de syndromes organiques est d'environ 1,4 % et le risque des autres psychoses est d'environ 2,8 %. Le risque d'admission dans un hôpital psychiatrique pour la première fois avant l'âge de 60 ans est de 4,1 % pour les hommes et de 5,5 % pour les femmes. Évidemment, cette étude d'HAGNELL a été faite avant la mise au point d'outils aussi standardisés que le DIS.

3.6.
FACTEURS AFFECTANT L'UTILISATION DES RESSOURCES THÉRAPEUTIQUES

En 1986, JARVIS énonçait la « loi de la distance » selon laquelle le taux de premières admissions dans un hôpital psychiatrique, pour une communauté, était inversement proportionnel à la distance entre la communauté et l'hôpital psychiatrique la desservant.

De 1946 à 1955 aux États-Unis, le taux de patients résidant dans ce type d'hôpital a crû de 20 % par an, après quoi un déclin est survenu, suivi d'une remontée vers le milieu des années 1960, au moment même où une loi fédérale américaine stimulait le développement de ressources substitutives dans la communauté. Toutefois, selon KRAMER (1977), le recours au placement en institution demeura constant, soit environ 1 % de la population totale, en raison d'un déplacement des patients internés de l'hôpital psychiatrique vers d'autres types d'institution.

Les taux d'utilisation des ressources thérapeutiques sont influencés par les techniques de traitement et les pratiques thérapeutiques et/ou administratives. C'est ainsi que le traitement efficace de la tuberculose a entraîné la fermeture (ou la redéfinition) des sanatoriums pour tuberculeux. Par ailleurs, la découverte des phénothiazines a contribué entre autres à concevoir différemment les installations institutionnelles à la disposition des malades mentaux (réduction des contraintes physiques, conception d'unités ouvertes, etc.). Enfin, la désinstitutionnalisation comme philosophie thérapeutique continue d'influencer l'aménagement des ressources physiques et humaines reliées aux maladies mentales (WALLOT, 1985).

La demande de soins se manifeste également selon les caractéristiques de l'offre de soins. De plus, les attitudes de la population à l'égard des malades mentaux et des ressources en santé mentale font partie de l'identification des besoins en santé mentale, car elles peuvent affecter l'utilisation de ces ressources. Les professionnels eux-mêmes ont tendance à concevoir la maladie et les services à partir de la clientèle qui s'adresse à eux, ce qui entraîne une erreur systématique de perspective (P. et J. COHEN, 1984). Ainsi, les hommes plus que les femmes recherchent des traitements spécialisés et le pourcentage des cas traités demeure faible ; il est de seulement 23 % pour les troubles anxieux (SHAPIRO *et al.*, 1984).

3.7.
TENDANCES HISTORIQUES ET TRANSCULTURELLES

Les épidémiologues ont besoin de savoir si telle ou telle maladie est en voie de disparition ou de croissance. Ainsi, l'assuétude à la méthadone est une nouvelle condition dans le monde psychiatrique alors que les manies dansantes du Moyen-Âge sont disparues.

Le recueil systématique des données historiques n'est pas encore chose faite. Le *Group for the Advancement of Psychiatry* (GAP), spécialisé en psychiatrie préventive, a cherché à connaître les maladies en voie de régression et celles en voie de croissance en envoyant un questionnaire à quinze psychiatres réputés, dont le travail clinique recouvrait les deux Guerres mondiales. Ces derniers ne se sont pas montrés d'accord sur les maladies en progression mais plutôt sur les maladies en régression, dont la paralysie générale (la syphilis tertiaire battant retraite devant l'introduction des antibiotiques et devant le suivi accru des maladies vénériennes), la psychose de la pellagre (qui a cédé devant l'amélioration des habitudes alimentaires) et l'hystérie de conversion.

L'absence de données statistiques nous amène à deux conclusions :

1) Il est possible d'obtenir des inférences épidémiologiques sans données statistiques. Ainsi la lèpre, décrite dans la Bible et ayant sévi jusqu'au XVe siècle, est quasi disparue aujourd'hui pour des raisons inconnues.

2) Il est cependant difficile de mesurer des tendances historiques. Même aujourd'hui, l'incidence, la prévalence, la sévérité et la durée d'une maladie demeurent compliquées à mesurer en psychiatrie. De plus, les étiquettes diagnostiques ou les critères diagnostiques ont changé, de même que les caractéristiques socio-économiques et

les attitudes de la population envers le comportement déviant. Par exemple, la déclaration d'un suicide pouvait, autrefois, affecter l'image sociale du suicidé et de sa famille, et poser des problèmes d'accès au cimetière religieux ou aux primes d'assurance.

Paradoxalement, les progrès de la médecine peuvent conduire à un accroissement de la prévalence de maladies. Par exemple, l'usage des antibiotiques a accru l'espérance de vie des nouveau-nés « mongoloïdes » (syndrome de Down), haussant ainsi la prévalence sans pour autant altérer l'incidence. Les progrès des industries chimiques et psychopharmacologiques ont pour leur part créé de nouvelles conditions (notamment la dépendance aux médicaments).

Sur le plan transculturel, il ne fait pas de doute que le contenu des délires varie selon l'époque et le pays. Certaines études ont abouti à des variations de prévalence de certains diagnostics selon les pays, mais il semble que ce soit dû à des différences dans les critères diagnostiques et dans les techniques de collecte de données. Telle fut, en effet, la conclusion d'études systématiques comparatives entre divers pays relativement à la prévalence de la schizophrénie (Kramer, 1963, 1969).

3.8.
SANTÉ MENTALE ET ÉPIDÉMIOLOGIE

Pour Freud, la santé mentale équivalait à la capacité d'aimer et de travailler : aimer, c'est-à-dire s'aimer soi-même, aimer les autres, aimer la vie ; travailler, c'est-à-dire créer, produire, donner sa mesure. Ainsi conçue, la santé mentale implique aussi la créativité, la tolérance, le respect des valeurs des autres et enfin la sagesse.

Cette position se démarque de la définition, plutôt fonctionnaliste, préconisée par le ministère des Affaires sociales du Québec et selon laquelle la santé mentale est la « capacité de l'individu à s'adapter à son environnement ». Cette dernière approche renvoie à la performance des rôles sociaux qui incombent aux individus. Elle a été récemment traduite en variables mesurables, dans une étude pilote portant sur des indicateurs de santé mentale (Kovess *et al.*, 1982). Le Comité de la santé mentale du Québec croit pour sa part qu'il faut tenir compte de la « qualité du vécu personnel » (1985, p. 10).

L'OMS décrit la santé comme « un état optimal de bien-être physique, psychique et social ». Selon cette conception, on ne peut distinguer santé et santé mentale. Mais en songeant à l'inconscience non souffrante du comateux ou à l'euphorie du maniaque, on réalise que la santé ne saurait être un phénomène subjectif individuel : elle existe si le sujet et la société s'accordent sur sa présence.

Après avoir défini la santé comme un facteur contribuant au mieux-être de l'individu (alors que l'OMS définit ce mieux-être comme le résultat ou la présence de la santé), la Commission d'enquête sur la santé et bien-être social voit l'amélioration de la santé à travers la thérapeutique physique ou mentale, la prophylaxie et, au besoin, la réadaptation (tome IV, par. 479 et 482), trois réalités pointant vers un horizon de maladie car elles sont généralement basées sur l'objectif de réduire l'apparition ou l'impact de la maladie.

Les conditions morbides comme les conditions adaptées sont souvent associées à des facteurs individuels (indicateurs socio-sanitaires) ou à des facteurs de groupe (indicateurs sociaux) appelés **facteurs de risques**. Le concept de santé peut donc être utopique, une « fiction idéale » (Freud).

Cette notion peut aussi avoir un volet statistique en empruntant la courbe « normale ». L'amélioration graduelle de l'intervention sanitaire modifiera cette courbe et ainsi les valeurs normales changeront. Par contre, cette perspective néglige certaines valeurs sociales importantes dans notre culture, par exemple l'importance d'une vie humaine unique, d'une subjectivité unique.

Très près de la vision statistique se trouve la vision médicale traditionnelle : « une personne saine est quelqu'un qui est raisonnablement privé de douleur indue, d'inconfort et de handicap » (ROMANO). Évidemment, les termes « raisonnablement » et « indue » reflètent des notions pondérées par une culture ou un état d'avancement social et technologique. L'hypothèse sous-jacente est que la santé constitue un phénomène universel et que l'état ou le comportement d'un individu ou d'un groupe se situe « dans les limites de la normale » lorsqu'il n'y a pas de pathologie connue manifeste.

En bref, à l'échelle d'une population, on devrait un jour mesurer la santé avec des indices combinant des données de mortalité et de morbidité à des données d'adaptation et de bien-être subjectif.

Enfin, la santé individuelle peut être vue comme le résultat terminal de systèmes en interaction, selon une perspective temporelle et développementale qui révèle des situations types et des facteurs d'ajustement favorables ou défavorables dans ces situations (PIAGET, ANNA FREUD, HARTMANN). Par exemple, un rhume chez un individu fort peut représenter une maladie mineure de personne saine, un signe d'adaptation de l'organisme au stress environnant et un signal d'alarme sur l'état de l'organisme. De la même façon, on ne peut interpréter une anxiété ou une tristesse situationnelles transitoires comme l'absence de santé mentale ; elles peuvent, comme la douleur, être des signes d'adaptation ou des signaux d'alarme face à un environnement stressant ou néfaste. La santé confère une certaine immunité, dans certaines limites.

La maladie fait partie de la santé comme le temps (la naissance et la mort) fait partie de la vie. La santé inclut, en outre, certaines valeurs dont on souhaite la réalisation. Choisir ces valeurs, c'est aussi choisir les risques qui y sont liés, par exemple le progrès, l'individualité, la compétition, la souffrance (autrefois sanctifiante et aujourd'hui déshonorante), la recherche de l'excitant et du sensationnel. SARTRE, prenant des amphétamines pour écrire mieux et plus rapidement l'*Être et le Néant*, était-il malade pour autant ? Aussi l'intervenant sanitaire est-il un gardien de l'ordre établi ou un agent de changement social, selon le degré de similarité entre les valeurs implicites de son intervention et les valeurs prédominantes autour de lui. Enfin, dans la mesure où l'intervention est légitimée (c'est-à-dire socialement acceptée), il y aura conflit entre divers groupes en fonction de l'attribution de ressources limitées à des fins « sanitaires ».

L'épidémiologie sera mise à contribution dans ce partage, car ses techniques et ses méthodes permettent d'évaluer les interventions sanitaires, ce qui introduit un élément plus rigoureux et moins politique à la compétition pour les ressources. Mais l'épidémiologie, à cet égard, ne pourra éviter entièrement la référence à certaines valeurs, si rigoureuses soient ses méthodes.

3.9.
CONCLUSION

L'épidémiologie devrait ultimement aboutir à des approches préventives. Néanmoins, comme l'indique RUTTER dans une récente revue de la littérature (1982), cette optique véhicule plusieurs mythes dont on doit se méfier et seulement quelques avenues générales réalistes, compte tenu de l'état de nos connaissances. Le développement récent d'instruments méthodologiques adéquats de recherche sur le terrain devrait améliorer nos connaissances d'ici à quelques années.

BIBLIOGRAPHIE

AIRD, G. et A. AMYOT
1980 « La psychiatrie communautaire », *Psychiatrie clinique : approche contemporaine* (P. Lalonde et F. Grunberg, édit.), Chicoutimi, Gaëtan Morin éditeur, p. 857-875.

BABIGIAN, H.M.
1972 « The Role of Psychiatric Case Registers in the Longitudinal Study of Psychopathology », *Life History Research in Psychopathology* (M. Roff, L. Robins et M. Pollacks, édit.), Minneapolis, University of Minnesota Press, vol. 2, p. 155.

1975 « Schizophrenia : Epidemiology », *Comprehensive Textbook of Psychiatry* (A.M. Freedman, H.I. Kaplan et B.J. Sadock, édit.), Baltimore, William & Wilkins Company, p. 860-866.

COHEN, P. et J. COHEN
1984 « The Clinician's Illusion », *Arch. Gen. Psychiatry*, vol. 41, n° 12, p. 1178-1182.

COMITÉ DE LA SANTÉ MENTALE DU QUÉBEC
1985 *La santé mentale, de la biologie à la culture*, gouvernement du Québec.

CORMIER, H.J. et G.L. KLERMAN
1985 « Suicide, économie et environnement social au Québec », *L'union médicale*, tome 114, n° 15, mai, p. 360-365.

ENGEL, G.L.
1977 « The Need for a New Medical Model : A Challenge for Biological Science », *Science*, n° 196, p. 126-136.

FARIS, R.E.L. et H.W. DUNHAM
1939 *Mental Disorders in Urban Areas : An Ecological Study of Schizophrenia and Other Psychosis*, Chicago, University of Chicago Press.

FEINBERG, M. et B.J. CARROL
1984 « Biological Marker's for Endogenous Depression », *Arch. Gen. Psychiatry*, vol. 41, n° 11, p. 1080-1085.

FREEDMAN, D.X.
1984 « Psychiatric Epidemiology Counts », *Arch. Gen. Psychiatry*, vol. 41, n° 10, p. 931-933.

GRUENBERG, E.M. et D.M. TURNS
1975 « Epidemiology », *Comprehensive Textbook of Psychiatry* (A.M. Freedman, H.I. Kaplan et B.J. Sadock, édit.), Baltimore, Williams & Wilkins Company, p. 398-412.

HAGNELL, O.
1980 *A Prospective Study of the Incidence of Mental Disorder*, Norstedts, Lund, Svenska Bokförlaget.

HOLLINGSHEAD, A.B. et F.C. REDLICH
1958 *Social Class and Mental Illness : A Community Study*, New York, John Wiley.

HUDSON, J.I., M.S. HUDSON, A.J. ROTHSCHILD, L.VIGNATI, A.F. SCHATZBERG et J.C. NELBY
1984 « Abnormal Results of Dexamethasone Suppression Tests in Nondepressed Patients with Diabetes Mellitus », *Arch. Gen. Psychiatry*, vol. 41, n° 11, p. 1086-1089.

KETY, S.S., D. ROSENTHAL, P.H. WENDER et F. SCHULSINGER
1968 « The Type and Prevalence of Mental Illness in the Biological and Adoptive Families of Adopted Schizophrenics », *Transmission of Schizophrenia* (D. Rosenthal et S.S. Kety, édit.), London, Pergamon Press.

KOVESS, V.
1982 *Les indicateurs de santé mentale*, Unité de recherche psycho-sociale, Centre hospitalier Douglas, juillet.

KRAMER, M.
1963 « Some Problems for International Research Suggested by Observations on Differences in First Admission Rates to the Mental Hospitals of England and Wales », *Proceeding of the Third World Congress of Psychiatry*, Montréal, University of Toronto and McGill University Press, vol. 3, p. 153.

1969 « Cross-national Study of Diagnosis of the Mental Disorders : Origin of the Problem », *Amer. J. Psychiatry*, vol. 125, n° 10 (suppl.), p. 1-11.

KRAMER, M., B.M. ROSEN et E.M. WILLIS
1973 *Definitions and Distribution of Mental Disorders in a Racist Society* (C.V. Willie, B.M. Kramer et B.S. Brown, édit.), Pittsburgh, University of Pittsburgh Press.

LAMONTAGNE, Y.
1985 *L'ampleur des maladies mentales au Québec*, Québec Science éditeur, 99 p.

LEIGHTON, D.C., J.S. HARDING, D. MACKLIN, A.M. MacMILLAN et A.H. LEIGHTON
1963 *The Character of Danger*, vol. III : *The Sterling-County Study of Psychiatric Disorder and Sociocultural Environment*, New York, Basic Books.

MacMAHON, B. et T.F. PUGH
1970 *Epidemiology : Principles and Methods*, Boston, Little Brown.

MAZIADE, M.
1986b « The Effect of Temperament on Longitudinal Academic Achievement in Primary School », *J. Amer. Academy of Child Psychiatry* (sous presse).

MAZIADE, M., R. CÔTÉ, M. BOUDREAULT, J. THIVIERGE et P. CAPÉRAA
1984 « The New York Longitudinal Studies Model of Temperament : Gender Differences and Demographic Correlates in a French-speaking Population », *J. Amer. Academy of Child Psychiatry*, vol. 23, n° 5, p. 582-587.

MAZIADE, M., P. CAPÉRAA, B. LAPLANTE, M. BOUDREAULT, J. THIVIERGE, R. CÔTÉ et P. BOUTIN
1985 « Value of Difficult Temperament among 7 Years-old in the General Population for Predicting Psychiatric Diagnosis at Age 12 », *Amer. J. Psychiatry*, vol. 142, n° 8, p. 943-947.

MAZIADE, M., M. BOUDREAULT, R. CÔTÉ et J. THIVIERGE
1986a « The Influence of Gentle Birth Delivery Procedures and Other Perinatal Circumstances on Infant Temperament : Developmental and Societal Implications », *J. Pediatrics*.

MORRISSETTE, L. et H. BOUCHER
1986 « L'épreuve de suppression à la Dexaméthasone (D.S.T.) : usage clinique en psychiatrie », *L'Union médicale du Canada*, vol. 115, p. 58-63.

MYERS, J.K., M.M. WEISSMAN, G.L. TISCHLER, C.E. HOLZER III, P.J. LEAF, H. ORVASCHEL, J.C. ANTHONY, J.H. BOYD, J.D. BURKE, M. KRAMER et R. STOLTZMAN
1984 « Six Months Prevalence of Psychiatric Disorders in Three Communities », *Arch. Gen. Psychiatry*, vol. 41, n° 10, p. 959-967.

PARADIS, A., J. LAFRANCE, A. BERTRAND-FERRETTI, A. FUGÈRE et V. DUBÉ
1977 « L'émergence de l'asile québécois au XIXe siècle », *Santé mentale au Québec*, vol. II, n° 2, p. 1-44.

REGIER, D.S., J.K. MYERS, M. KRAMER, L.N. ROBINS, D.G. BLAZER, R.L. HOUGH, W.W. EATON et B.Z. LOCKE
1984 « The NIMH Epidemiologic Catchment Area Program », *Arch. Gen. Psychiatry*, vol. 41, n° 10, p. 934-941.

REGIER, D.S. et J.D. BURKE
1985 « Epidemiology », *Comprehensive Textbook of Psychiatry* (H.I. Kaplan et B.J. Sadock, édit.), Baltimore, William & Wilkins Company.

ROBINS, L.N., J.E. HELZER, M.M. WEISSMAN, H. ORVASCHEL, F. GRUENBERG, J.D. BURKE et D.A. REGIER
1984 « Lifetime Prevalence of Specific Psychiatric Disorders in Three Sites », *Arch. Gen. Psychiatry*, vol. 41, n° 10, p. 949-958.

RUTTER, M.
1982 « Prevention of Children's Psychosocial Disorders : Myth and Substance », *Pediatrics*, vol. 70, n° 6, p. 883-894.

SHAPIRO, S., E.A. SKINNER, L.G. KESSLER, M. VON KORFF, P.S. GERMAN, G.L. TISCHLER, P.J. LEAF, L. BENHAM, L. COTTLER et D.A. REGIER
1984 « Utilization of Health and Mental Health Services », *Arch. Gen. Psychiatry*, vol. 41, n° 10, p. 971-972.

STROLE, L., T.S. LANGNER, S.T. MICHAEL, M.K. OPLER, T.A.C. RENNIE
1962 *Mental Health in the Metropolis*, vol. I : *The Midtown Manhattan Study*, New York, McGraw-Hill.

THOMAS, A. et S. CHESS, édit.
1977 *Temperament and Development*, New York, Brunner/ Mazel Publishers.

WALLOT, H.
1985 « La désinstitutionalisation », *L'union médicale du Canada*, vol. 114, p. 584-590, 618-651.

CHAPITRE 4

PSYCHOPHYSIOLOGIE

JEAN-FRANÇOIS DENIS

M.D., L.C.M.C., C.S.P.Q., F.R.C.P.(C)
Psychiatre à la Cité de la Santé de Laval
Professeur adjoint de clinique à l'Université de Montréal

SYLVAIN DENIS

M.D., L.C.M.C., C.S.P.Q., F.R.C.P.(C)
Psychiatre au Centre hospitalier régional Lanaudière (Joliette) et à l'hôpital Louis-H. Lafontaine (Montréal)

PLAN

4.1.
INTRODUCTION

L'étude du cerveau humain se révèle l'expérience la plus complexe et la plus fascinante qui soit, comparable à la quête de la compréhension de l'univers. Le neurophysiologiste perplexe devant l'enchevêtrement des circuits neuronaux est-il si différent de l'astrophysicien intrigué par l'évolution des galaxies ?

L'évolution des connaissances sur le cerveau humain est étroitement liée au développement de techniques de plus en plus raffinées, mais qui ne permettent pas de résoudre un problème épistémologique fondamental. Le cerveau humain est une boîte noire à laquelle on ne peut avoir d'accès direct, ne serait-ce que pour des raisons éthiques. Les techniques du neurophysiologiste lui servent de télescope pour scruter le cerveau, mais il ne peut jamais y poser directement le pied. Il n'est pas étonnant que des moyens indirects soient utilisés, avec ce qu'ils ont de limites, de spéculations et de super-spécialisation, avec parfois le risque de faire perdre de vue « la forêt », le champ visuel étant trop fixé sur « un seul arbre ».

Les différentes façons de voir et d'aborder le cerveau humain ne sont pas si conflictuelles qu'il le semble, si l'on se base sur un *modèle systémique*, un principe acquis dans les domaines plus cliniques de la psychiatrie. Le problème moyenâgeux du *dualisme esprit - matière* ou psychologie - physiologie ne tient plus.

Même le développement de l'informatique, domaine du « cerveau » artificiel beaucoup moins sophistiqué que le cerveau humain, apporte un modèle très fonctionnel du **cerveau** : *un organe destiné à la collecte, à la conservation, au traitement et à la transmission de l'information.* Toute maladie mentale pourrait être comprise comme une perturbation située à un point quelconque de ce processus. Les maladies les mieux connues portent atteinte à la structure même du cerveau (*hardware*) ; les plus énigmatiques touchent le fonctionnement d'un réseau neuronal en apparence morphologiquement sain (*software*). À la naissance, le cerveau est un ordinateur vierge, sinon pour quelques programmes de base, mais sa caractéristique exceptionnelle est celle de pouvoir se programmer lui-même, tout au long de la vie, au fil des interactions avec l'environnement.

Les opérations simples sont progressivement contrôlées par des opérations de plus en plus complexes ; il se crée alors toute une hiérarchie de niveaux d'intégration, rendant assez inextricables les dédales sous-jacents au comportement humain. Cependant, le cerveau utilise essentiellement l'information dans le but d'assurer trois grandes fonctions : l'homéostasie, le mouvement et la pensée.

4.2.
MOYENS D'ÉTUDE

La percée des connaissances physiologiques concernant le système nerveux central (SNC) est étroitement reliée aux moyens d'étude disponibles au chercheur. Fréquemment, la mise au point d'une nouvelle technique d'investigation oriente ou ranime l'intérêt vers un neurotransmetteur particulier, délaissé jusque-là faute de moyens d'étude. Par exemple, le premier neurotransmetteur, l'acétylcholine, fut identifié par OTTO LOEWI en 1921. On n'est parvenu que récemment toutefois, grâce à l'immunohistochimie, à définir plus clairement le rôle des neurones cholinergiques dans la pathophysiologie de divers troubles neuropsychiatriques, dont la maladie d'Alzheimer et la schizophrénie. Le progrès des techniques d'étude s'avère donc « l'étape limitative » dans la compréhension de la pathophysiologie du SNC. Heureusement, le chercheur dispose de techniques de plus en plus sophistiquées ; nous discuterons succinctement ici des principales.

L'organisation cellulaire du cerveau a été étudiée pendant plusieurs décennies avec les techniques d'**histologie classique** et d'**imprégnation à** l'argent de CAJAL. Puis, la **fluorescence histochimique** de FALCK et HILLARD révéla le site de systèmes neuronaux contenant de la noradrénaline, de la dopamine et de la sérotonine. Outre ces techniques dites morphologiques, le chercheur peut maintenant, avec une variété de méthodes immunologiques (**radio-immunodosage, immunohistochimie**), établir une cartographie de la distribution anatomique d'autres neurorégulateurs dont l'acétylcholine et divers neuropeptides. De plus, la mise au point d'**antisérums** et d'**anticorps monoclonaux** spécifiques contre des enzymes purifiés permet une localisation précise des neurones synthétisant les catécholamines (noradrénaline et dopamine), la sérotonine et l'acide gamma-aminobutyrique. Les procédés d'identification et de localisation des divers neurorégulateurs du SNC sont donc multiples.

On peut aussi étudier la distribution des récepteurs de ces neurorégulateurs par l'utilisation d'agonistes ou d'antagonistes marqués par une substance radioactive. Ce sont les études de **ligand radioactif** appelées en anglais *receptor binding studies*. Après extraction du ligand libre, on évalue la formation du complexe ligand-récepteur par dénombrement du compte radioactif ou par l'apposition de la parcelle du tissu étudié sur une émulsion photographique. Cette variante produit alors une cartographie de la distribution et de la densité du récepteur recherché pour la région cérébrale étudiée. C'est l'**autoradiographie**. Ces techniques ont mis en évidence plusieurs types et sous-types de récepteurs pour de nombreux neurorégulateurs du SNC.

Toutes les méthodes d'étude décrites ci-dessus s'effectuent *in vitro* (tissus *post mortem* ou cultures cellulaires). Elles visent surtout l'identification et la localisation des neurorégulateurs et de leurs récepteurs.

Il existe aussi des techniques d'étude *in vivo* qui dévoilent des informations sur le fonctionnement et l'anatomie du cerveau. Les principales sont l'électrophysiologie et les « techniques de visualisation du cerveau » : la tomodensitométrie (CT-Scan), la tomographie par émission de positons (PET-Scan) et l'imagerie par résonance magnétique (IRM).

L'**électrophysiologie**, par l'intermédiaire de détecteurs électrochimiques (microélectrodes de carbone) implantés directement dans des régions précises de cerveaux intacts d'animaux, permet d'obtenir des informations directes sur le fonctionnement dynamique d'un seul neurone par la mesure de sa fréquence de relâche. Ce procédé a l'avantage de détecter sur le vif les « comportements et réactions » du neurone baignant dans son milieu naturel ambiant ou soumis directement à un agent psychotrope.

La **tomodensitométrie** est une technique radiologique sophistiquée. Un ordinateur compose une image à partir de multiples faisceaux de rayons X émis sous des angles différents. On peut ainsi visualiser les structures anatomiques de divers niveaux du cerveau. Aucune anomalie neuroanatomique spécifique et constante n'a pu être mise en évidence dans les grands syndromes psychiatriques.

La **tomographie par émission de positons** consiste en l'injection intraveineuse d'une substance radioactive libérant des positons. L'annihilation subséquente de ces positons émet des photons. Des détecteurs disposés autour de la tête du sujet recueillent les photons ; un ordinateur en tire une représentation imagée. Il existe une panoplie de substances qui émettent des positons : glucose, neurorégulateurs, neuroleptiques, etc. Cette diversité favorise l'étude de plusieurs aspects fonctionnels du cerveau. Le PET-Scan permet entre autres la visualisation de la synthèse de protéines cérébrales ainsi que des aires cérébrales sous-tendant différentes fonctions (mémoire, lecture, audition).

L'**imagerie par résonance magnétique** est une technique toute récente. Diverses radiofréquences en présence d'un champ magnétique sont compilées par ordinateur pour créer une image du cerveau. Ce procédé donne une excellente résolution des structures cérébrales.

Bien que ces techniques de visualisation du cerveau ne donnent pas encore de résultats univoques, elles semblent prometteuses pour aider à élucider davantage le volet biologique des troubles mentaux.

4.3.
NEURONE

4.3.1. INTRODUCTION

Le neurone est classiquement décrit comme l'unité anatomique et fonctionnelle du système nerveux. Il a pour rôle la réception, l'intégration et la transmission de l'information. Le neurone est très spécialisé tant sur le plan anatomique que sur le plan biochimique. Il se distingue entre autres par sa capacité de « véhiculer », parfois sur de longues distances, des signaux bioélectriques sans atténuation d'intensité.

Plus de 90 % des neurones se situent dans le cerveau (10^{10}) et sont concentrés principalement dans le cortex ($100\,000/mm^2$). Les neurones présentent de plus des connexions intercellulaires spécifiques appelées synapses. On compte environ 1 000 à 10 000 synapses par neurone pour un nombre cérébral global évalué à 10^{14}. Le neurone peut aussi s'interconnecter avec d'autres tissus tels que les glandes et les muscles. Ces diverses interconnexions déterminent le type d'informations qu'un neurone peut recevoir et émettre.

4.3.2. CYTOLOGIE

Les études classiques de CAJAL (imprégnation métallique) ont démontré que les **neurones** sont hétérogènes quant à leur morphologie. Ils ont toutefois en commun les trois parties suivantes :
1) le corps cellulaire (soma),
2) l'axone,
3) les dendrites.

Figure 4.1.   CLASSIFICATION DES NEURONES SELON LE NOMBRE ET LA DISPOSITION DES PROLONGEMENTS CYTOPLASMIQUES

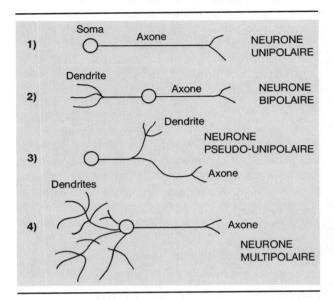

Un système fondamental de classification subdivise les neurones selon le nombre et la disposition des prolongements issus du soma (figure 4.1.). On distingue quatre types de neurones :
1) les *neurones unipolaires* n'ayant qu'un seul prolongement, l'axone ;
2) les *neurones bipolaires* possédant deux prolongements cytoplasmiques opposés, l'axone et la dendrite ;
3) les *neurones pseudo-unipolaires* caractérisés par un prolongement initial unique se subdivisant en un axone et une dendrite (ou neurones bipolaires modifiés) ;
4) les *neurones multipolaires*.

Les neurones multipolaires représentent la principale masse de tissu nerveux cérébral (neurones pyramidaux du cortex). Ils se distinguent par une arborisation dendritique complexe, qui reçoit les informations (influx nerveux) de milliers de neurones environnants pour les acheminer au corps cellulaire.

Le neurone multipolaire ne possède qu'un seul axone, long ou court, simple ou ramifié. Parfois une branche collatérale de l'axone retourne à son propre corps cellulaire, à ses propres dendrites, ou encore se connecte avec d'autres branches axonales pour jouer un rôle d'autorégulation. L'axone transmet l'influx nerveux et transporte les précurseurs nécessaires à la synthèse du neurotransmetteur (NT) du soma jusqu'à sa partie terminale. Cette extrémité élargie est la première composante du système de communication interneuronale spécialisée, la synapse.

Le soma contient tous les éléments nécessaires au fonctionnement cellulaire (noyau, nucléole, mitochondries, appareil de GOLGI ...). Son intégrité est essentielle à la vie de la cellule. Sa destruction entraîne la dégénérescence du neurone, phénomène qu'on a mis à contribution pour identifier les faisceaux neuronaux.

4.3.3. SYNAPSE

Les signaux électriques sont transmis d'un neurone à l'autre à travers la synapse par l'intermédiaire d'un NT. Véritable carrefour d'informations, la synapse a le « pouvoir » de transmettre certains signaux et d'en refuser d'autres. Elle permet ainsi au système nerveux de faire un choix parmi les diverses informations qui lui sont offertes. La synapse constitue donc l'élément fonctionnel le plus important du système nerveux central mais, aussi, le plus susceptible de défaillir. Le modèle schématique d'une synapse est composé de trois parties :

1) le versant présynaptique,
2) la fente synaptique,
3) le versant postsynaptique (figure 4.2.).

VERSANT PRÉSYNAPTIQUE

Le versant présynaptique consiste en un élargissement de l'axone terminal, appelé le bouton

Figure 4.2.   MODÈLE SCHÉMATIQUE D'UNE SYNAPSE

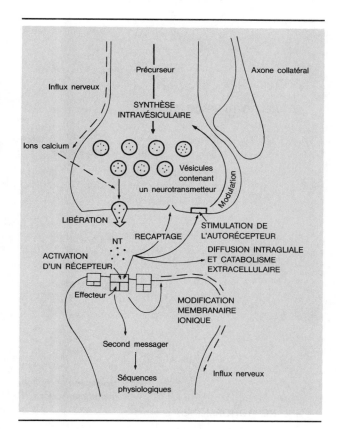

synaptique. Ce bouton contient des structures cellulaires qui lui permettent d'être métaboliquement et fonctionnellement presque indépendant du corps cellulaire. Il contient plusieurs éléments structuraux dont les principaux sont :

1) les mitochondries, génératrices d'énergie cellulaire par le métabolisme du glucose ;
2) les vésicules, réservoir de concentration substantielle d'un NT prêt à être libéré sur demande, par le passage d'un influx nerveux et le mouvement des ions Ca++ ;
3) les enzymes requises pour la synthèse et la dégradation du NT.

Tableau 4.1.   NEURORÉGULATEURS

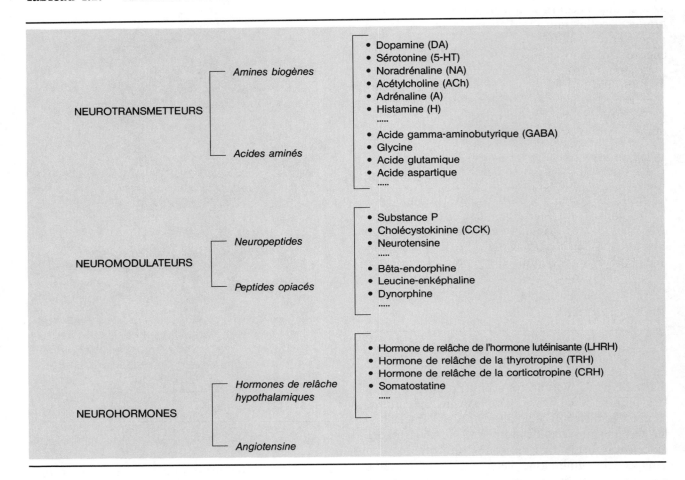

Le versant présynaptique comprend aussi un site de recaptage du neurotransmetteur. Le recaptage est le mécanisme d'inactivation majeur de la transmission synaptique effectuée au moyen des amines biogènes et des acides aminés (tableau 4.1.).

FENTE SYNAPTIQUE

La fente synaptique est une discontinuité anatomique d'environ 200 Å dans laquelle diffuse le neurotransmetteur libéré. Outre le recaptage par le versant présynaptique, le sort du NT sera la dégradation enzymatique (mécanisme d'inactivation majeur de la neurotransmission cholinergique) et la diffusion intragliale. Seule une faible partie atteindra le versant postsynaptique pour induire, par l'activation d'un récepteur spécifique, un potentiel d'action inhibiteur ou excitateur.

VERSANT POSTSYNAPTIQUE

Le versant postsynaptique, constitue par une surface dendritique somatique ou axonale d'un neurone adjacent, est parsemé de récepteurs spécifiques au NT libéré. Ces récepteurs décodent l'information véhiculée par le NT. Il se produit alors une modification ionique de la membrane postsynaptique ainsi que la mise en branle d'une séquence d'événements physiologiques.

4.3.4. RÉCEPTEUR

L'idée selon laquelle les agents pharmacologiques, les hormones ou les neurotransmetteurs produisent leurs effets biologiques en interagissant avec des sites précis au niveau des cellules fut proposée par Langley en 1905. Depuis, le concept de « récepteur » a subi de nombreuses modifications pour se raffiner peu à peu. Néanmoins, il subsiste encore aujourd'hui une certaine confusion reliée à un problème sémantique.

Le récepteur est souvent défini simplement comme une macromolécule sur laquelle se greffe un agent spécifique. Toutefois, plusieurs considèrent cette définition trop large et préfèrent adopter la nomenclature suivante. Ils distinguent d'une part le site spécifique même de reconnaissance et d'ancrage du NT, nommé **récepteur** proprement dit, et d'autre part l'**effecteur** qui déclenche une séquence d'événements physiologiques lors de l'ancrage du NT au récepteur. Cette distinction repose sur la découverte que certains récepteurs ne sont pas couplés à un effecteur. Lorsque le récepteur est ainsi isolé, on parle plutôt d'**accepteur**.

Il existe par ailleurs deux types d'effecteur. D'abord celui à action rapide ou à canal ionique régularisant le passage d'ions à travers la membrane neuronale. Il est directement impliqué dans la genèse d'un potentiel d'action inhibiteur ou excitateur. L'autre type d'effecteur a une action lente réalisée par un second messager, comme l'adénosinemonophosphate cyclique (AMP_c) ou le guanosinemonophosphate cyclique (GMP_c). Il joue un rôle dans les altérations à long terme de certaines caractéristiques neuronales ; par exemple, il peut moduler l'intensité d'une réponse éventuelle du neurone à un potentiel d'action donné.

Les récepteurs se situent sur les versants pré- et postsynaptiques. De plus, certains sont affectés par le NT synthétisé par leur propre neurone. Ces **autorécepteurs** se situent sur la portion terminale ainsi que sur les dendrites ou sur le soma du neurone. Ils régularisent ou modulent la synthèse et la fréquence de relâche du NT. Le neurone reçoit ainsi constamment une rétroaction physiologique.

Le récepteur n'est pas un élément statique, il réagit continuellement à son environnement. Cette dimension dynamique introduit le concept de plasticité neuronale, principe à la base de la compréhension de plusieurs traitements psychopharmacologiques et possiblement des acquisitions par apprentissage.

4.3.5. PLASTICITÉ NEURONALE

S'il est vrai que la perte d'un neurone est définitive, il en est autrement du réseau synaptique qui, lui, est très plastique. La plasticité neuronale peut être définie comme toute tentative du système nerveux pour s'ajuster à des contraintes provenant du milieu interne ou externe. Il est de plus en plus accepté qu'un cycle de renouvellement (*turnover*) perpétuel des connexions interneuronales cérébrales soit un processus normal. La plasticité neuronale peut se manifester par des phénomènes survenant à court et à long terme.

On entend par *plasticité à court terme* la modulation d'une transmission synaptique déjà effective, tandis que la plasticité à long terme réfère en plus à la genèse ou dégénérescence de synapses. Le freinage homosynaptique et la facilitation présynaptique, par l'autorécepteur, sont des exemples de plasticité à court terme. Ces modifications rapidement induites ne sont que transitoires.

La *plasticité à long terme* a typiquement été démontrée par des manipulations expérimentales classiques ; mentionnons la privation monoculaire chez les singes (Hubel), entraînant un déséquilibre quantitatif marqué des fibres afférentes du noyau géniculé latéral au cortex visuel. La sensibilisation des récepteurs postsynaptiques provoquée par certains traitements antidépressifs (antidépresseurs tricycliques, électroconvulsivothérapie) et les lésions chimiques déclenchant une synaptogenèse réactive sont d'autres exemples de plasticité à long terme.

GODDARD et DOUGLAS, avec la méthode d'électrostimulation, ont démontré que divers événements neurophysiologiques ou comportementaux apparaissent lorsque certaines régions cérébrales sont stimulées par des impulsions électriques. Ainsi, des stimulations électriques régulières induisent initialement une potentialisation de la réponse électrophysiologique des neurones postsynaptiques (*long term potentialisation*) et apportent un modèle expérimental de la mémoire à long terme. Toutefois, la même stimulation répétée de façon prolongée abaisse encore plus le seuil et provoque éventuellement des convulsions généralisées (*kindling*). Ce dernier phénomène est souvent souligné comme explication possible de l'épilepsie.

Ces diverses données démontrent bien l'intérêt actuel et prometteur du concept de la plasticité neuronale tant dans la compréhension de la physiologie que dans celle de la pathophysiologie. Des traitements de plus en plus spécifiques issus de ces observations percent déjà.

4.4.
NEURORÉGULATEURS

4.4.1. NEUROTRANSMETTEURS (NT)

Par convention, le concept de neurotransmetteur réfère à une substance active impliquée dans la communication *rapide* et *transitoire* d'informations entre des neurones adjacents. Cette communication transsynaptique directe crée dans l'immédiat un changement de la conductance ionique de la membrane postsynaptique (dépolarisation ou hyperpolarisation). C'est le critère essentiel pour définir un NT. Les autres critères sont :

— la capacité par le neurone de synthétiser le NT ;
— la libération de ce NT lors de la dépolarisation de la terminaison neuronale ;
— l'identification de récepteurs neuronaux spécifiques ;
— un effet identique à celui provoqué par la libération neuronale endogène lors de l'application exogène du NT ;
— la même sensibilité aux substances inhibitrices, que le NT soit libéré de façon endogène ou administré de façon exogène.

Ces critères ont été démontrés pour les **amines biogènes** suivantes : la dopamine, la noradrénaline, la sérotonine et l'acétylcholine, ainsi que pour certains **acides aminés** comme l'acide gamma-aminobutyrique. Toutefois, l'étude récente d'autres **peptides** candidats au rôle de NT a mis en évidence des mécanismes de transfert de l'information interneuronale différents de la neurotransmission classique décrite ci-dessus.

4.4.2. NEUROMODULATEURS (NM)

Un nouveau concept est celui de neuromodulateur. Le neuromodulateur n'exerce pas une action transsynaptique dans la communication entre les neurones, mais implique une modification de l'efficacité neuronale d'autres NT à un niveau pré- ou postsynaptique. Le NM altère indirectement la conductance ionique de la membrane stimulée par un NT, mais n'a pas la capacité d'induire lui-même cette action.

4.4.3. NEUROHORMONES (NH)

La neurohormone représente une extension de la notion de NM. Il s'agit de peptides synthétisés par des neurones mais qui, à l'encontre des NT ou NM, n'influencent pas nécessairement des cellules adjacentes. Ils sont plutôt transportés par le liquide extracellulaire jusqu'à des régions éloignées où ils réagissent avec des récepteurs spécifiques. Les NH ont la capacité de stimuler ou d'inhiber la libération d'autres substances actives ainsi que de modifier les potentiels d'action évoqués par un NT conventionnel. Comme pour les NM, leur action est graduelle, diffuse et s'atténue lentement.

4.4.4. SYNTHÈSE

BARKER illustre ces trois types de communication synaptique par l'analogie suivante : d'une part les NH, comme la radio, diffusent une information accessible au grand public qui n'est reçue cependant que par les récepteurs ayant « syntonisé » la bonne fréquence ; d'autre part les NT, tout comme le téléphone, transportent directement une information privée par une transmission filaire ; quant aux NM, leur intervention pourrait être comparée à celle d'une téléphoniste, c'est-à-dire une forme d'assistance ou de contrôle imposé sur la conversation privée.

Ces trois types de véhicules de la communication intercellulaire (NT, NM, NH) représentent plus un continuum fonctionnel que des éléments véritablement distincts. On les regroupe sous le terme générique de **neurorégulateurs** (NR), chacun pouvant assumer plusieurs rôles sur ce continuum de la régulation, selon le moment et le site neurophysiologique (voir le tableau 4.1.).

De plus, contrairement à ce que postule la loi de DALE (« un neurone ne sécrète qu'une seule substance active »), on découvre de plus en plus, à l'intérieur d'un même neurone, la coexistence de monoamines et de peptides, autant dans le système nerveux central (SNC) que dans le système nerveux périphérique (SNP). La présence simultanée de sérotonine et de substance P au niveau du raphé caudal en est un exemple. Cette coexistence de NR explique en partie la complexité de la neurotransmission dans le cerveau.

De façon générale et certes simplifiée, les amines biogènes et les acides aminés tiennent habituellement lieu de NT, tandis que les peptides jouent le rôle de NM ou de NH.

4.5.
NEUROANATOMIE FONCTIONNELLE

L'organisation spatiale des unités élémentaires du SNC, c'est-à-dire les neurones, donne l'impression de réseaux inextricables. Chaque neurone, comparable à un mini-ordinateur par ses fonctions réceptrice, intégratrice et effectrice, se regroupe avec ses pairs pour former des faisceaux (voies) qui, eux, participent éventuellement à la réalisation de circuits ou chaînes.

À l'échelon du circuit, la même distinction se répète. Un faisceau de neurones afférents apporte les informations à un neurone intermédiaire (l'interneurone) qui les intègre et les relaie à un neurone effecteur.

L'arc réflexe médullaire représente le type le plus élémentaire de circuit neuronal. Toutefois, à mesure que l'on s'élève dans l'échelle animale ou dans les différents niveaux du névraxe, ces circuits élémentaires deviennent sous la tutelle de circuits de plus en plus complexes, atteignant une grande sophistication au niveau du cortex cérébral.

Cette apparente complexité de l'organisation spatiale des neurones au niveau cérébral s'est atténuée par la découverte que les divers neurorégulateurs ne sont pas distribués de façon homogène mais sont plutôt localisés dans certaines structures où leur concentration est très élevée. Par exemple, la dopamine se trouve presque exclusivement au niveau du corps strié, de l'hypothalamus et de la substance noire. Cette distribution régionale de certains neurorégulateurs permet leur localisation précise dans certains faisceaux neuronaux. Les techniques d'histofluorescence et d'immunologie ont permis aux chercheurs de visualiser et de localiser les amas nucléaires et les faisceaux spécifiques de plusieurs neurorégulateurs.

Figure 4.3.   LOCALISATION DES NEUROTRANSMETTEURS (cerveau de rat)

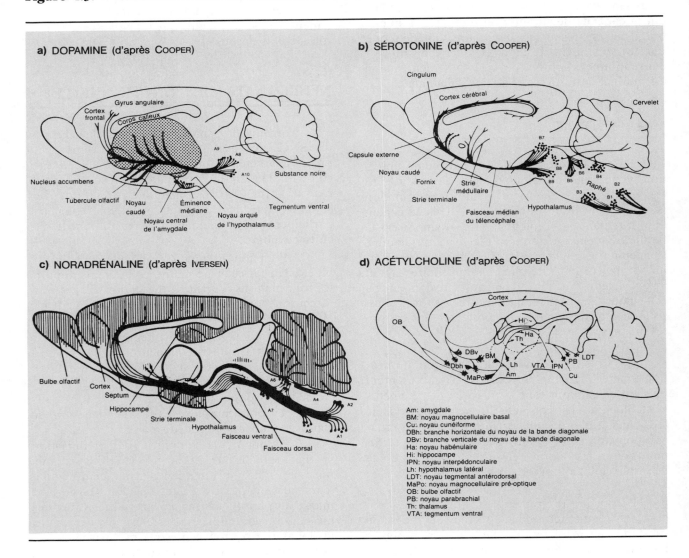

4.5.1. DOPAMINE (DA)

On compte plusieurs faisceaux dopaminergiques (figure 4.3.a), dont le principal prend naissance dans la substance noire (région A_9, tableau 4.2.) et se termine dans le noyau caudé et le corps strié. Ce **faisceau nigro-strié** exerce une action dans le contrôle de la motricité. Sa dégénérescence entraîne un syndrome parkinsonien et son hyperfonctionnement cause de la dyskinésie.

Tableau 4.2. NOMENCLATURE DES NOYAUX CELLULAIRES DES MONOAMINES (PROPOSÉE PAR DAHLSTRÖM ET FUXE)

Régions A_1 à A_7 : noyaux noradrénergiques
Régions A_8 à A_{10} : noyaux dopaminergiques
Régions B_1 à B_9 : noyaux sérotoninergiques

Le **faisceau méso-limbique**, issu du tegmentum ventral (région A_{10}), envoie des projections au système limbique (noyaux centraux de l'amygdale, nucleus accumbens et tubercule olfactif). D'autres fibres s'orientent vers le cortex pour former le **faisceau méso-cortical**. Les fonctions de ces faisceaux ne sont pas complètement élucidées. Il appert toutefois qu'ils joueraient un rôle important dans les manifestations des comportements émotionnels de la schizophrénie. Les médicaments neuroleptiques viseraient à corriger un hyperdopaminergisme relatif de ces faisceaux.

Finalement, une autre voie dopaminergique, le **faisceau tubéro-infundibulaire**, relie le noyau arqué de la base de l'hypothalamus à l'éminence médiane qui, elle, régularise la relâche d'hormones tropiques hypothalamiques. Le blocage des récepteurs dopaminergiques de ce faisceau par les neuroleptiques explique certaines perturbations endocriniennes comme la galactorrhée qui résulte d'une augmentation de la sécrétion de la prolactine.

4.5.2. SÉROTONINE (5-HT)

La sérotonine, nommée aussi 5-hydroxytryptamine (5-HT) est présente dans plusieurs faisceaux cérébraux (figure 4.3.b). Cependant, les corps cellulaires des neurones sérotoninergiques sont concentrés surtout dans les **noyaux du raphé** du tronc cérébral. Des projections issues du raphé caudal descendent vers les cornes dorsales et ventrales de la moelle épinière. Elles modulent les perceptions douloureuses de la périphérie.

D'autres projections, beaucoup plus denses, se dirigent vers l'hypothalamus, le cortex cérébral et le cervelet. Les fonctions de ces diverses projections sont mieux comprises. La 5-HT joue un rôle important dans le contrôle du cycle éveil - sommeil (voir le chapitre 20). Une destruction sélective des noyaux du raphé chez l'animal provoque de l'insomnie. La 5-HT exerce aussi une action dans la régularisation centrale de la température, ainsi que dans le contrôle des comportements agressifs et sexuels. Finalement, elle jouerait un rôle crucial dans la modulation de l'humeur.

4.5.3. NORADRÉNALINE (NA)

La NA est présente dans presque toutes les régions cérébrales. Les projections de cette catécholamine, denses et diffuses, sont issues principalement de petits noyaux situés dans le tronc cérébral (figure 4.3.c). Le **locus cœruleus** (région A_6) donne naissance au faisceau noradrénergique dorsal qui innerve principalement le cortex cérébral et l'hypothalamus. Quelques fibres rejoignent les cellules de PURKINJE au cervelet.

D'autres noyaux du tronc cérébral, moins volumineux, sont à la source du faisceau noradrénergique ventral qui se dirige vers l'hypothalamus et le système limbique.

La neuroanatomie de ces diverses projections noradrénergiques permet de spéculer sur leurs fonctions. Le faisceau central qui s'achemine vers les centres du plaisir de l'hypothalamus latéral influencerait la modulation des comportements affectifs, telles l'euphorie ou la dépression. Le faisceau dorsal, en fine interconnexion avec le cortex, serait relié de près aux fonctions d'éveil et de vigilance (*alertness*).

4.5.4. ACÉTYLCHOLINE (ACh)

L'ACh est le neurotransmetteur par excellence du SNP. Elle agit au niveau des ganglions autonomiques et des synapses postganglionnaires parasympathiques de même qu'à la jonction neuro-musculaire. Toutefois, dans le SNC, seulement 5 à 10 % des synapses sont cholinergiques. La figure 4.3.d illustre les faisceaux cholinergiques identifiés à ce jour grâce aux techniques immunohistochimiques récentes.

Les principaux groupements des corps cellulaires cholinergiques (nucleus basalis) se situent dans une région chevauchant l'hypothalamus que l'on nomme le complexe cholinergique basal. Des neurones de ce complexe, issus du noyau magnocellulaire basal (septum médian) et des bandes diagonales de BROCA, innervent surtout le cortex temporal et les hippocampes. D'autres donnent des projections au cortex frontal à partir du noyau magnocellulaire préoptique (noyau de MEYNERT). Des fibres de ce noyau se dirigent aussi vers le thalamus, le tegmentum ventral et le noyau interpédonculaire.

Les fonctions des diverses voies cholinergiques de ce complexe se précisent également. Les projections du septum médian exerceraient une action sur la mémoire, tandis que celles s'acheminant au cortex joueraient un rôle de modulation sur le sommeil conjointement avec d'autres projections sérotoninergiques ou noradrénergiques. Il a aussi été suggéré que ces projections au système limbique participent à la régulation de l'humeur.

Des données pharmacologiques corroborent ces diverses fonctions du système cholinergique. Par exemple, un blocage des récepteurs cholinergiques centraux (muscariniques) produit une euphorie et des troubles mnésiques, alors que les psychotropes favorisant la neurotransmission cholinergique provoquent des symptômes dépressifs.

On suspecte la présence d'anomalies du système cholinergique dans diverses pathologies dont la maladie d'ALZHEIMER, la maladie de PARKINSON et même la schizophrénie.

4.5.5. ACIDE GAMMA-AMINOBUTYRIQUE

Le GABA est le neurorégulateur le plus répandu du SNC. Il est le médiateur de 25 à 40 % des synapses. Contrairement aux monoamines, les neurones gabaminergiques n'ont pas de localisation précise. Ils sont présents dans toutes les régions du cerveau et la plupart ont une projection axonale si courte qu'on les nomme « interneurones ». Seuls quelques neurones relient des régions cérébrales, tels le corps strié et la substance noire.

Le GABA est un neurorégulateur inhibiteur. Une diminution fonctionnelle de l'activité des neurones gabaminergiques entraîne donc un état d'hyperexcitabilité cérébrale.

Plusieurs associations existent entre le système gabaminergique et certaines maladies neurologiques. Un hypofonctionnement de ce système surviendrait dans la maladie de HUNTINGTON ainsi que dans certains foyers épileptogènes.

Par contre, les hypothèses suggérant le rôle présumé du GABA dans les maladies psychiatriques n'ont pas été prouvées clairement. Étant donné que les anxiolytiques semblent agir par l'intermédiaire des récepteurs gabaminergiques, il est possible que certains types d'anxiété résultent d'une modification du fonctionnement du système gabaminergique. Cependant, il n'existe encore aucune preuve définitive d'une perturbation gabaminergique dans les troubles anxieux.

4.5.6. ENDORPHINES

Les peptides opioïdes (endorphines) ont attiré l'intérêt de plusieurs chercheurs depuis la découverte des pentapeptides (Met-enképhaline et Leu-enképhaline) par HUGHES en 1975. Une grande variété d'endorphines sont maintenant isolées. Parmi les principales, outre les **enképhalines** précitées, on a identifié une version plus élaborée de la Met-enképhaline, la β-endorphine (31 acides aminés) ainsi qu'une version plus élaborée de la Leu-enképhaline, la **dynorphine** (17 acides aminés). Chaque endorphine a une distribution cérébrale qui lui est propre.

Les cellules contenant les enképhalines sont très dispersées au niveau du cerveau. Cependant, leur terminaisons axonales sont particulièrement denses dans le globus pallidus et dans le noyau central de l'amygdale. De plus, fait important, plusieurs de ces fibres innervent les noyaux d'origine spécifiques de chacun des grands systèmes monoaminergiques, soit la substance noire (DA), le locus cœruleus (NA) et les noyaux du raphé (5-HT).

Les corps cellulaires des cellules synthétisant la β-endorphine se situent principalement dans l'hypothalamus (zone tubéreuse) et projettent leurs axones vers des noyaux spécifiques du thalamus, de l'amygdale et de l'hypothalamus lui-même. Les noyaux du raphé et le locus cœruleus sont aussi innervés, alors que la substance noire ne reçoit que quelques fibres.

Quant à la dynorphine, elle logerait surtout dans l'hypophyse postérieure et la projection de ses faisceaux serait parallèle, parfois superposée, mais indépendante des faisceaux des enképhalines.

Ces données neuroanatomiques suggèrent fortement que les endorphines jouent un rôle dans la médiation de plusieurs événements synaptiques fonctionnels, et ce, dans diverses régions du SNC.

Les relations du système endorphinique avec le stress et la modulation de la douleur sont bien connues. Toutefois, le rôle de ce système dans les grands syndromes psychiatriques n'a pas été précisé de façon univoque. Par exemple, deux hypothèses diamétralement opposées sont postulées dans la schizophrénie. Selon TERENIUS, les symptômes positifs de la schizophrénie seraient secondaires à une activité excessive des endorphines, laquelle pourrait être normalisée au cours d'un traitement aux neuroleptiques. Par contre, JACQUET et MARKS soupçonnent plutôt, observations biologiques à l'appui, une hypoactivité des endorphines.

4.6.
NEUROPHYSIOLOGIE

4.6.1. PHYLOGENÈSE

Le cerveau humain constitue un héritage phylogénétique que les multiples générations d'espèces mammifères ont fait fructifier au cours d'une évolution totalisant quelque 180 millions d'années. Il se distingue par le développement marqué de sa partie antérieure, le télencéphale, autour de structures plus primitives qui lui font partager des propriétés ancestrales communes avec les mammifères et indirectement avec les reptiles. Cette intégration de trois cerveaux en un suggère trois niveaux de fonctionnement psychique : *reptilien*, *mammifère* et *humain* (figure 4.4.). L'évolution a ajouté au cerveau de nouvelles fonctions, comme le langage verbal, à des fonctions plus primitives comme le contrôle de la motricité et des comportements de base (alimentation, reproduction, défense du territoire, etc.).

Les structures médianes et caudales sont phylogénétiquement plus anciennes, tandis que les portions latérales et rostrales du cerveau sont plus récentes. Le cerveau reptilien correspond à la matière grise comprise entre le bulbe et les régions sous-corticales, plus précisément aux structures suivantes : le tubercule olfactif, le nucleus accumbens et une partie du corps strié (noyau caudé, putamen, pallidum et quelques îlots de matière grise environnante). MACLEAN désigne cet ensemble sous le nom de **complexe striatal** ou **reptilien**. Ce complexe est riche en dopamine, mais aussi en sérotonine, en substance P, en récepteurs opiacés et en enképhalines. On attribue classiquement à ce complexe des fonctions motrices, sous contrôle cortical.

Pourtant, la recherche neurocomportementale a montré que le complexe striatal, notamment chez le lézard, dont il forme pratiquement l'essentiel du cerveau, est aussi responsable de l'*éthogramme* d'une espèce animale. Il s'agit du profil comporte-

Figure 4.4.   ÉVOLUTION PHYLOGÉNÉTIQUE
DU CERVEAU (D'APRÈS MACLEAN)

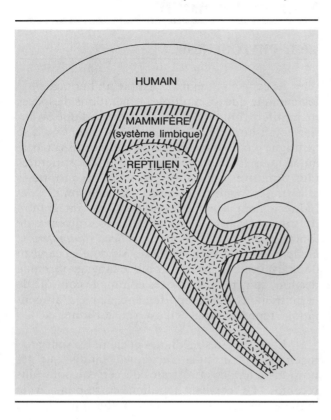

Les routines quotidiennes déterminent le rythme, l'horaire et la régularité de l'enchaînement des comportements de base. Des études expérimentales ont démontré que les lézards sont très routiniers et que des hamsters ayant des lésions frontales, donc limités à la portion primitive de leur cerveau, conservent leurs routines.

Les patients psychotiques répètent des sous-routines désorganisées (perturbation du rythme nycthéméral, désynchronisation des comportements de base, réactions inappropriées à des situations simples et courantes) qui peuvent être contrôlées par des neuroleptiques agissant sur le complexe striatal. Les patients atteints de chorée de HUNTINGTON, une maladie du corps strié, manquent d'initiative pour poursuivre toute routine quotidienne.

Chez les mammifères, le cortex cérébral s'épaissit et se différencie à mesure que l'on monte l'échelle évolutive jusqu'aux espèces supérieures. En 1878, BROCA décrivait une large circonvolution annulaire à la surface médiane du cerveau, le *grand lobe limbique*, un commun dénominateur présent chez tous les mammifères et absent chez les reptiles. Le système limbique regroupe le lobe limbique, ou vieux cortex au point de vue phylogénétique (*paleo-mammalian formation*), et les structures du tronc cérébral auxquelles il est directement relié. Il forme la majeure partie du télencéphale chez les mammifères primitifs.

Le système limbique traite l'information sous forme d'émotions qui guident le comportement vers l'autoconservation et la conservation de l'espèce. Du point de vue fonctionnel, il se subdivise en trois parties organisées chacune autour d'un pôle différent : l'amygdale, le septum et le thalamus rostro-médian. C'est chez l'humain que cette dernière division, la *région thalamo-cingulaire*, atteint le plus grand développement : elle n'a aucune contrepartie dans le cerveau des reptiles. La partie antérieure du cingulum a des fonctions autonomiques et somato-viscérales (cardio-vasculaires, respiratoires, gastro-intestinales, génitales), et également d'autres fonc-

mental complet qui est composé de l'agencement des comportements de base en routines et sous-routines quotidiennes et de la communication pré-sémantique (l'espèce humaine étant la seule à posséder la communication verbale). La destruction partielle du complexe reptilien chez le lézard interfère avec certaines manifestations présémantiques isopraxiques (par exemple la parade de défi en réaction à l'intrusion territoriale d'un congénère rival) sans provoquer de perturbation de la motricité. MACLEAN a constaté le même phénomène chez le singe-écureuil, ce qui suggère la conservation phylogénétique, chez les mammifères, des propriétés du cerveau reptilien.

tions reliées aux comportements relatifs à la vie familiale. La famille n'existe pas chez les reptiles ; elle est apparue et s'est développée chez les mammifères.

Chez la rate, une ablation du cingulum laissant intact le néocortex adjacent provoque des déficits marqués du comportement maternel. La même intervention perturbe également le comportement parental du rat mâle. À l'inverse, l'ablation à la naissance du néocortex chez le hamster, qui se trouve alors limité à son cerveau reptilien et à son système limbique, ne perturbe pas les routines quotidiennes, ni le comportement parental une fois l'âge adulte atteint. Ces déficiences, de même qu'une absence du comportement ludique habituel chez les jeunes hamsters, apparaissent seulement si on enlève le cingulum en plus du néocortex. Les reptiles ne manifestent aucun comportement apparenté au jeu.

L'étude du cri de séparation chez les animaux, probablement la plus primitive des vocalisations présémantiques, a montré le rôle du cingulum antérieur et du néocortex fronto-médian adjacent dans ce comportement. Chez le singe-écureuil, une dose de morphine insuffisante pour affecter le comportement général fait disparaître le cri de séparation. Le cingulum est richement pourvu de récepteurs opiacés ; il se pourrait que la recherche désespérée d'un effet anti-angoisse de séparation constitue la base psychophysiologique de la narcomanie.

Il apparaît donc que le **cingulum**, qui représente la partie la plus récente du système limbique sur le plan évolutif, contrôle trois types de comportement marquant la transition évolutive des reptiles vers les mammifères : il s'agit du **comportement maternel**, de la **communication audiovocale** (pour maintenir le contact mère - enfant) et du **jeu** (probablement un dérivatif de l'agressivité ayant pour but de développer la cohésion familiale et sociale).

Le **néocortex** (*neomammalian formation*) se développe au fur et à mesure de l'évolution vers les mammifères supérieurs, pour atteindre son maxi-

mum chez l'humain à qui il permet la communication par le langage verbal et la cognition. Il semble que les vocalisations spontanées du nouveau-né relèvent du système limbique, comme chez les mammifères, et que ce soit le néocortex qui organise progressivement ces balbutiements émotifs en langage articulé symbolique, permettant un raffinement antérieurement inégalé dans la communication. De plus, le cortex préfrontal est impliqué dans les fonctions d'anticipation et de planification, dans les sentiments d'empathie et d'altruisme. En contact avec le noyau dorso-médian, il reçoit d'importantes projections des grands nerfs viscéraux et de la portion thalamo-cingulaire du système limbique, faisant la synthèse d'informations internes et externes.

Les systèmes limbique (partie antérieure ou frontale) et néocortical permettent à l'humain de composer avec son semblable dans l'organisation familiale et dans les comportements de groupe comme les repas collectifs et le jeu. Peut-être expliquent-ils la tendance des humains à se regrouper dans de grands ensembles méta-familiaux, en société, et la souffrance que leur infligent les séparations. En psychochirurgie, on a observé un effet antidépresseur et anti-anxieux consécutif à la déconnexion de la partie frontale d'avec le reste du système limbique. Les structures cérébrales qui sous-tendent le souci parental peuvent être considérées, par l'intégration de leur fonctionnement en préfrontal, comme étant à la base du sens de la responsabilité probablement à l'origine de la conscience morale.

4.6.2. HIÉRARCHIE DES NIVEAUX D'INTÉGRATION

Il n'existe pas de correspondance étroite entre les *structures neurologiques* et la *phénoménologie du comportement*. La *complexité du réseau neuronal*, son enchevêtrement et l'interdépendance des structures neuroanatomiques défient toute corrélation simpliste entre les processus biologiques et leurs manifestations cliniques. La psychiatrie fournit pourtant des indices d'une telle coopération bio-psycho-sociale à partir de plusieurs observations cliniques, par exemple dans les troubles cérébraux organiques, les psychoses provoquées par des agents chimiques (LSD, amphétamines) et la réponse aux médicaments psychotropes. Par ailleurs, des processus neurophysiologiques sont à la base des comportements normaux, des émotions et de la communication avec le monde extérieur.

Le principe phylogénétique du *développement hiérarchisé du cerveau* se vérifie dans l'élégance intrinsèque de son organisation architectonique. L'ontogenèse récapitule la phylogenèse. D'une manière générale, les organes périphériques sont sous le contrôle de structures cérébrales elles-mêmes encadrées par des centres supérieurs et coordonnées entre elles. Le cerveau est constitué d'une série de relais médians et bilatéraux disposés le long d'un axe caudo-rostral, réunis par des liaisons spécifiques afférentes et efférentes, et organisés en systèmes qui exercent diverses fonctions. Toute variation localisée dans les décharges neuronales produira des effets à distance sur les structures en aval du courant neuronal et provoquera, par l'intermédiaire des mécanismes de feedback, une contre-réaction probablement homéostatique des structures en amont.

La neurophysiologie se prête donc à une *description* plus *systémique* que structurale, tandis que la neuroanatomie fonctionnelle se révèle pleine d'embûches et de contradictions. Les structures phylogénétiquement plus récentes, les plus rostrales et latérales, sont dites supérieures et distinguent particulièrement l'homme des animaux. On n'a cependant pas encore élucidé complètement les relations de ces structures avec la matrice de matière grise médiane qui s'étend du bulbe jusque dans les régions sous-corticales et qui régit entre autres les besoins viscéraux et les émotions. En effet, la *prédominance des régions corticales* reste un acquis récent et fragile, car elles doivent constamment composer avec les besoins internes et les contingences externes.

Même si les *régions nodales*, dites responsables de *fonctions neurophysiologiques spécifiques*, sont situées dans des zones topographiquement circonscrites, elles ne contrôlent pas entièrement ces fonctions. Les *faisceaux neuronaux* qui les relient s'étendent selon un enchevêtrement de boucles et de systèmes, chacun contribuant à la fonction en cause. Ainsi, les fonctions complexes permettant aux principaux *systèmes neuronaux* de produire des *comportements* ne sont précisément localisables dans aucune des structures, mais constituent une propriété de l'ensemble du système. Il est possible de représenter de façon schématique et simplifiée la hiérarchie des niveaux d'intégration (figure 4.5.).

4.6.3. SYSTÈME LIMBIQUE

Outre son importance phylogénétique, le système limbique revêt un grand intérêt en psychiatrie, bien qu'il conserve encore une aura de mystère, une zone grise énigmatique. La compréhension de ses fonctions réside dans l'interprétation intégrative de multiples expériences de lésions et de stimulations chez l'animal et d'observations, chez l'humain, de la psychopathologie clinique associée à des lésions naturelles. Il en ressort que la pathoneurophysiologie limbique semble en cause dans une variété de troubles mentaux, comme l'épilepsie psychomotrice, la maladie maniaco-dépressive et la schizophrénie.

Le système limbique joue un rôle dans l'organisation et la régulation des réponses (*patterns*) affectives, de l'humeur, des pulsions (*drives*), des processus de la mémoire, des fonctions cognitives et de l'activité autonomique (végétative). Il est formé des structures suivantes : l'hippocampe et la région environnante, le cingulum, la région septale et le nucleus accumbens, l'amygdale, le fornix, le faisceau médian antérieur, quelques noyaux du mésencéphale et toute une série de voies attenantes (figure 4.6.). Il est difficile de délimiter précisément les confins des structures du système limbique, leurs fonctions et leurs interactions, mais il est possible de dégager certaines conclusions de la recherche neurophysiologique.

Figure 4.5.   REPRÉSENTATION SCHÉMATIQUE DU RÉSEAU NEURONAL CÉRÉBRAL (D'APRÈS BETZ)

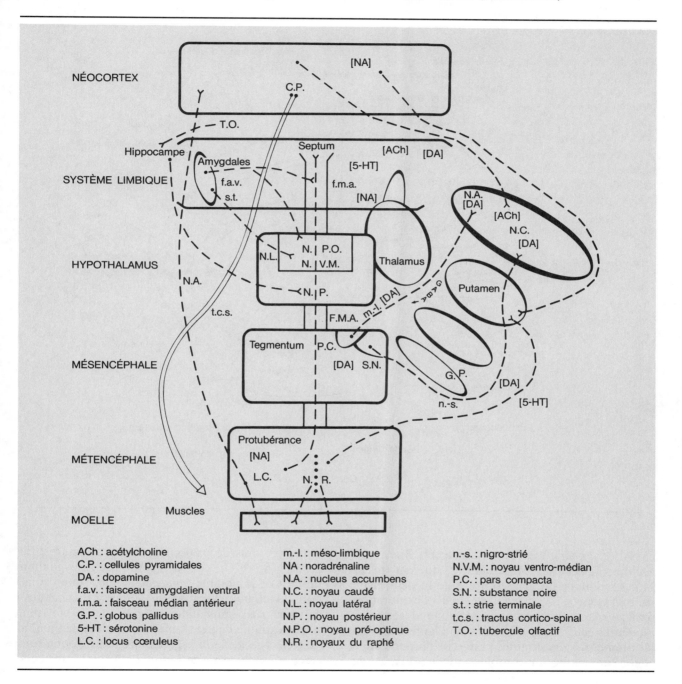

ACh : acétylcholine
C.P. : cellules pyramidales
DA. : dopamine
f.a.v. : faisceau amygdalien ventral
f.m.a. : faisceau médian antérieur
G.P. : globus pallidus
5-HT : sérotonine
L.C. : locus cœruleus

m.-l. : méso-limbique
NA : noradrénaline
N.A. : nucleus accumbens
N.C. : noyau caudé
N.L. : noyau latéral
N.P. : noyau postérieur
N.P.O. : noyau pré-optique
N.R. : noyaux du raphé

n.-s. : nigro-strié
N.V.M. : noyau ventro-médian
P.C. : pars compacta
S.N. : substance noire
s.t. : strie terminale
t.c.s. : tractus cortico-spinal
T.O. : tubercule olfactif

Figure 4.6. RÉGION LIMBIQUE (D'APRÈS TRUEX ET CARPENTER)

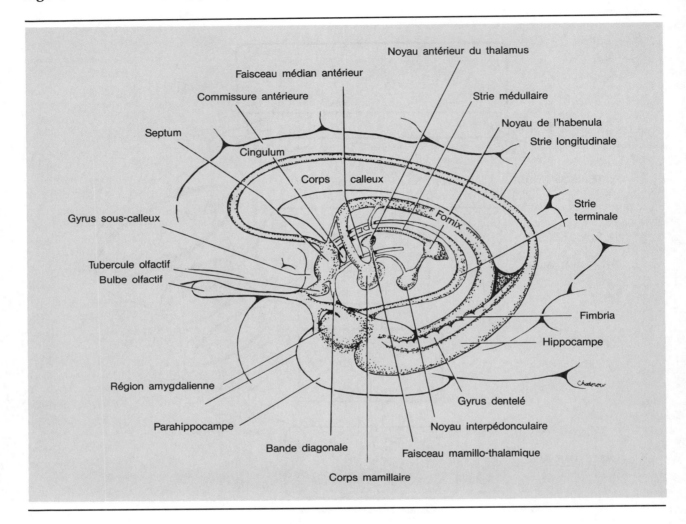

Les expériences de KLÜVER et BUCY ont montré que certaines structures doivent rester intactes pour assurer le contrôle de la peur et de l'agressivité, de l'instinct sexuel, de l'exploration orale, de la perception visuelle et de la sélection alimentaire. Il s'agit de la portion antérieure du lobe temporal, de certaines parties de l'hippocampe et de son gyrus, du complexe amygdalien et de plusieurs aires de projection de ces structures. La destruction bilatérale du complexe amygdalien produit de la docilité (*tameness*), tandis que l'ablation du cingulum cause de l'agressivité. La destruction de l'amygdale latérale provoque une hypersexualité chez le chat, tandis qu'une stimulation électrique de la région septale provoque une érection chez le singe-écureuil. D'après plusieurs évidences expérimentales, il est clair que la peur, l'agressivité, la docilité et la cohésion sociale peuvent être influencées par des lésions et des stimulations produites à divers sites du système limbique.

Olds et Milner ont été les premiers à observer l'autostimulation intracrânienne chez des animaux qui contrôlaient eux-mêmes les décharges d'électrodes fixées dans leur région limbique, en particulier dans le faisceau médian antérieur, la région septale et l'amygdale. Ces animaux semblaient éprouver du plaisir et du renforcement à s'administrer des stimuli directement dans la « région du plaisir » pendant plusieurs heures, démontrant peu de fatigue, oubliant leur instinct sexuel, leurs besoins en eau et en nourriture, et tolérant la douleur (grille électrifiée). Il se peut que des comportements répétitifs et des mécanismes analogues soient présents chez les toxicomanes fortement dépendants de substances aux effets agréables aussi intenses que brefs (par exemple la cocaïne, surtout sous forme de « crack »).

L'hippocampe participe aux mécanismes complexes qui contrôlent la conservation et le rappel de l'information. À ce titre, le renforcement et la récompense sont essentiels à un bon fonctionnement de la mémoire. L'hippocampe joue aussi un rôle dans le contrôle inhibiteur du comportement et dans l'organisation spatiale.

Invariablement, toutes ces actions stimulatrices et inhibitrices du système limbique affectent des fonctions complexes, des comportements entiers. On ne peut attribuer une fonction précise à un seul neurotransmetteur ou à une structure en particulier ; les mêmes effets peuvent être provoqués par des actions à différents niveaux. Il est difficile de distinguer les faisceaux afférents et efférents à travers la complexité du système limbique. Des changements comportementaux provoqués par des interventions sur une partie du système peuvent être modulés, positivement, négativement ou qualitativement, par des stimulations et des lésions sur d'autres parties.

Plusieurs des symptômes provoqués sont d'allure psychique, autant qu'on puisse en juger chez l'animal, et touchent l'humeur, l'instinct, la motivation, l'attention, la mémoire, la reconnaissance et l'orientation. Ils représentent des anomalies de comportement, sinon de la neuropsychopathologie, par exemple la colère non fondée, le comportement sexuel indiscriminé et la recherche inappropriée de plaisir. Une « lésion » du système limbique demeure toujours une hypothèse à considérer dans le diagnostic différentiel de la psychopathologie.

4.6.4. ASYMÉTRIE CÉRÉBRALE

Le concept de l'asymétrie cérébrale permet d'étudier le cerveau selon un angle différent de celui de la psychologie, qui est plus générale et non spatiale, et à un niveau d'organisation supérieur à celui de la neurochimie. De prime abord, les deux hémisphères cérébraux paraissent symétriques, mais une étude plus attentive révèle des différences anatomiques et surtout fonctionnelles. L'observation clinique des patients souffrant d'un accident cérébral vasculaire ou d'une lésion cérébrale unilatérale démontre que les connexions motrices et sensitives réunissent de façon prédominante chaque hémicorps avec la portion contralatérale du cerveau.

Broca fut le premier à proposer le concept de la **dominance cérébrale** de l'hémisphère gauche dans le langage, en association avec la latéralité manuelle droite. Plus tard, Jackson suggéra que ce principe de dominance cérébrale devait également s'appliquer à l'hémisphère droit, dans le contrôle d'autres fonctions spécifiques.

Ce sont les travaux de Geschwind et de plusieurs autres auteurs qui ont mis en lumière toute l'importance de l'asymétrie cérébrale. En 1960, Geschwindt décrivait, dans l'hémisphère droit non dominant, un pôle frontal plus vaste que dans le gauche et, inversement, une région pariéto-temporale plus étendue dans l'hémisphère gauche dominant que dans le droit. Ce phénomène provoque une torsion axiale, dans la répartition de la masse cérébrale hémisphérique, d'environ une heure dans le sens horaire (le cortex cérébral antérieur étant plus volumineux à droite et le cortex latéro-postérieur l'étant à gauche). De plus, le planum temporal, une structure osseuse de la boîte crânienne, est beaucoup plus vaste à gauche qu'à droite. À cause de l'importance de la région du langage, l'hémisphère gauche a une masse plus élevée et une irrigation vasculaire relativement plus faible que l'hémisphère droit, ce qui le rend plus vulnérable à l'anoxie.

Chez la plupart des gens, il y a concordance entre la dominance hémisphérique gauche pour le langage et la dextérité manuelle droite ; mais ces deux fonctions n'appartiennent pas toujours au même hémisphère ou au même côté, comme c'est le cas par exemple chez plusieurs gauchers.

Généralement, l'hémisphère droit contrôle la perception spatiale, les habiletés musicales, l'attention et plusieurs aspects émotionnels ; il est plus holistique et synthétique. Dans des travaux récents, on a soulevé l'hypothèse d'une localisation de l'inconscient et des mécanismes physiologiques sousjacents au rêve dans l'hémisphère droit. Le lobe temporal droit est essentiel pour la reconnaissance des visages, l'apprentissage des labyrinthes et les autres tâches spatiales. La partie antérieure du lobe temporal gauche contrôle la mémoire verbale et le lobe frontal gauche, la facilité d'élocution. Les conversions hystériques sont fréquemment latéralisées dans l'hémicorps gauche et pourraient correspondre à une forme de communication non verbale, sous dépendance de l'hémisphère droit qui « échapperait » alors au contrôle de l'hémisphère gauche. Les lésions frontales occasionnent plus souvent une détérioration intellectuelle lorsqu'elles se produisent à gauche et des troubles affectifs lorsqu'elles surviennent à droite.

Il y a relativement plus de gauchers chez les hommes, chez les architectes et chez les enfants doués pour les mathématiques. Il y a aussi plus de troubles du développement du langage chez les garçons. Les femmes ont plus de talent pour l'expression verbale, tandis que les hommes présentent de meilleures fonctions spatiales. Les gauchers des deux sexes et les enfants aux prises avec des troubles du langage démontrent souvent un talent supérieur pour les fonctions appartenant à l'hémisphère droit. Ces observations s'expliquent par l'asymétrie cérébrale et les variations possibles dans la latéralisation des différentes dominances, selon le sexe, la génétique et parfois l'apprentissage.

Du côté des fonctions limbiques, le cerveau gauche contrôle la rétention verbale et la mémoire nominale. Le cerveau droit contrôle la reconnaissance des visages, la rage, l'extase, l'impulsivité et le comportement sexuel.

Les hémisphères sont réunis par le corps calleux, le plus gros faisceau nerveux du corps humain, et la commissure antérieure. Certains patients épileptiques aux prises avec des convulsions répétitives irréductibles ont dû subir un sectionnement chirurgical de ces deux faisceaux interhémisphériques. On a pu évaluer chez ces patients les caractéristiques fonctionnelles de chacun des hémisphères en leur présentant des stimuli soit dans l'un soit dans l'autre des champs sensoriels, le droit ou le gauche. Les observations qui en découlent sont les suivantes. À ce moment, l'hémisphère non stimulé (côté *off*) n'a aucun accès à l'information dont le traitement ne peut être qu'unilatéral (du côté *on*). Seul l'hémisphère gauche peut effectuer efficacement des tâches verbales, alors qu'il est beaucoup moins performant que le droit pour des tâches demandant un sens de l'organisation spatiale. Cependant, il ne faudrait pas croire que l'hémisphère droit n'a aucune fonction dans le langage, celui-ci étant le résultat de nombreuses sousfonctions qui, elles, peuvent être différemment partagées ou latéralisées. C'est surtout l'exclusivité qu'a l'hémisphère gauche d'actualiser la forme des mots et de les lier en phrases qui fait paraître de façon si marquée la dominance cérébrale gauche pour le langage. La déconnexion interhémisphérique chirurgicale laisse le comportement dominé globalement par l'hémisphère gauche. En outre, plusieurs indices révèlent que le corps calleux est responsable de la transmission interhémisphérique d'informations cognitives, tandis que les informations émotives sont transmises par la commissure antérieure. Il semble aussi que l'émotion puisse être véhiculée à un niveau plus caudal, à travers les structures du tronc cérébral.

Chez les sujets sains, on note une **asymétrie perceptuelle**, en ce sens que les stimuli présentés exclusivement à l'hémisphère spécialisé sont identifiés plus rapidement. Quand ils sont présentés exclusivement à l'hémisphère non spécialisé pour la fonction en question, celui-ci doit les transmettre à l'autre hémisphère plus habilité à les interpréter. L'information doit alors traverser plus de synapses, ce qui occasionne une certaine perte qui s'explique par le fait que les projections interhémisphériques sont probablement plus limitées que celles existant entre les aires primaires et associatives du même hémisphère. Par exemple, la performance perceptuelle est meilleure lorsqu'un stimulus spatial est présenté dans le champ visuel gauche (en communication avec l'hémisphère droit) plutôt que dans le champ visuel droit.

Il existe une **plasticité de la spécialisation hémisphérique**, variable selon les individus et progressivement décroissante avec l'âge. C'est ce qui explique la grande variabilité dans la récupération des fonctions cérébrales chez des patients ayant subi des lésions semblables. Plus l'individu est jeune, plus l'hémisphère contralatéral, non spécialisé dans une fonction atteinte, peut prendre la relève de l'hémisphère lésé. La myélinisation des faisceaux interhémisphériques est très progressive et l'on croit qu'il n'y a pas de transmission commissurale avant l'âge de trois ans et demi. Le développement de la latéralité cérébrale s'étend jusqu'à la puberté et peut être influencé dans l'enfance par des facteurs environnementaux.

4.6.5. DÉVELOPPEMENT ET APPRENTISSAGE

Le cerveau est un organe dynamique, en perpétuelle adaptation et en amélioration continuelle de son fonctionnement, selon les informations qui lui proviennent de l'environnement. Ses principales acquisitions se font durant l'enfance qui constitue une période critique pour le développement de plusieurs programmes de base comme le langage et la socialisation. La maturation de l'individu et les divers apprentissages qu'il fera tout au long de sa vie s'inscrivent dans des processus neurophysiologiques complexes qui modifient la neurobiologie intime du cerveau. Le développement et l'apprentissage représentent deux paradigmes de l'interaction entre le comportement humain et la neurobiologie.

Le jeune animal ou l'enfant qui ne sont pas exposés à une quantité minimale de stimulations sociales et sensorielles, normales et propres à leur espèce, souffrent de **retards de développement** dont certains deviendront irrécupérables s'ils ne sont pas corrigés à temps. Il existe plusieurs rapports anecdotiques sur des enfants découverts après avoir subi une longue période d'isolation, enfermés et presque sans aucun contact humain ; ils ne parlent pas et sont incapables d'interaction sociale.

Dans une étude classique, SPITZ a montré qu'en dépit de conditions matérielles acceptables, les enfants sous-stimulés, sans lien privilégié avec une figure parentale, souffrent d'un retard du développement généralisé. Ils ne démontrent pas de curiosité, ni de gaieté, et demeurent dans un état de retrait appelé « dépression anaclitique ».

HARLOW a développé un modèle animal de cette *isolation sociale* de l'enfant. Des singes élevés en isolation totale pendant la première année de leur vie montrent un comportement très perturbé psychologiquement et socialement. Lorsqu'ils sont remis dans la colonie, ils ne jouent pas avec les autres, ne se défendent pas, n'interagissent pas. Une fois parvenus à l'âge adulte, ils ne s'accouplent pas et les femelles inséminées artificiellement ignorent leur rejeton. Une période d'isolation de six mois au début de la vie est suffisante pour perturber à jamais le fonctionnement des singes, alors qu'une même période d'isolation plus tard dans la vie a peu de conséquences. Pour les primates, singes et humains, il y a une période initiale critique pour le développement.

Même une *privation sensorielle* sélective a des répercussions importantes. Von Senden a étudié l'effet des cataractes congénitales sur la vision subséquente chez des enfants qui, jadis, ne bénéficiaient que tardivement d'une correction chirurgicale. Les cataractes laissent voir une lumière diffuse mais empêchent de saisir les formes. Les enfants opérés après l'âge de dix ans apprennent à distinguer les couleurs mais éprouvent énormément de difficultés à discriminer les formes, même avec une vision rendue parfaite et de l'entraînement. Austin Riesen a observé le même phénomène chez des singes élevés pendant leur première année à la noirceur ou dans une lumière diffuse. L'exposition à des stimuli visuels, qui sont des formes définies et significatives, est essentielle pendant la première enfance.

Si un jeune singe passe les trois premiers mois de sa vie avec un œil fermé, il sera aveugle de cet œil en permanence, même si l'œil est ouvert plus tard. Dans une étude radio-autographique des cellules nerveuses reliant l'œil au cortex, Hubel et Wiesel ont montré que, dans cette circonstance, l'œil a perdu sa capacité de stimuler le cortex visuel. De plus, les cellules corticales correspondantes sont atrophiées, au profit de celles qui reçoivent leur innervation de l'œil sain. Cette expérience apporte une preuve directe qu'une privation sensorielle tôt dans la vie peut altérer la structure du cortex cérébral. Il a fallu attendre les années 1970 et les techniques radioautographiques pour que les chercheurs puissent faire cette démonstration anatomique.

La *stimulation sensorielle et sociale* se poursuit tout au long de la vie et génère l'**apprentissage** qui se définit comme un changement de comportement prolongé ou relativement permanent, résultant d'une exposition répétée à des stimulations appro-

priées. Le spectre des comportements touchés par l'apprentissage est très vaste et va de l'acquisition des petites habiletés motrices automatiques (par exemple attacher ses souliers, dactylographier) jusqu'à la formation de la personnalité. La capacité d'apprendre par l'expérience est certainement l'aspect le plus remarquable du comportement humain. Le profil psychologique de chaque individu est finalement la résultante de tout ce qu'il a appris.

L'apprentissage raffiné se fait par associations, mais tous les processus d'apprentissage se résument plus fondamentalement à l'habituation et à la sensibilisation.

L' *habituation* est la diminution progressive de la réponse comportementale au fur et à mesure de la répétition du stimulus initial. Elle permet de reconnaître puis d'ignorer des stimuli qui ont perdu leur nouveauté ou leur signification, comme un bruit environnant persistant. Par l'habituation, l'apprentissage permet non seulement d'acquérir de nouvelles réponses mais aussi d'éliminer des réponses incorrectes.

À un niveau simple, il a été démontré que le réflexe spinal de retrait du membre chez un animal décérébré, lors d'une stimulation tactile, s'éteint à cause d'une diminution de la convergence synaptique vers la cellule motrice. Kandel a étudié l'habituation chez un escargot marin, *Aplysia californica*, animal intéressant pour la simplicité de son système nerveux. L'auteur a démontré que la stimulation répétée diminue le potentiel synaptique de la cellule motrice qui décharge moins fréquemment de neurotransmetteurs jusqu'à l'extinction du comportement étudié. La cellule qui s'est habituée n'a pas la mémoire très longue, sauf si elle a subi plusieurs sessions de stimulation en série. Elle relâche alors progressivement moins de neurotransmetteur pour la même stimulation. Des connexions synaptiques fonctionnelles peuvent ainsi être inactivées pendant une longue période de temps, par une simple expérience d'apprentissage. On pense que dans l'habituation à long terme, qui constitue un aspect de la mémoire, cette inactivation synaptique est plus permanente (par exemple, apprendre à ne pas avoir peur de l'eau).

À l'opposé, la *sensibilisation* permet d'augmenter une réponse donnée à un stimulus nocif ou nouveau. Comme l'habituation, elle peut s'étendre sur des périodes de temps variées, pour devenir finalement définitive et constituer ainsi un autre aspect de la mémoire (par exemple, apprendre à nager). Du point de vue cellulaire, la sensibilisation implique un mécanisme de facilitation présynaptique des neurones sensibilisateurs aboutissant aux terminaisons nerveuses sensitives, pour augmenter la capacité de ces dernières à stimuler la cellule motrice qui contrôle le comportement. Il s'agit en fait d'une neuromodulation qui se ferait par la sérotonine. La sensibilisation peut réactiver la sensibilité synaptique qui avait été atténuée par l'habituation.

L'apprentissage ne requiert pas de réarrangement anatomique du système nerveux ; aucun neurone ni aucune synapse ne sont détruits ou créés. L'apprentissage modifie plutôt l'efficacité fonctionnelle des connexions synaptiques déjà existantes, acquises au cours du développement. Des faisceaux de communication neuronale peuvent donc être fonctionnellement interrompus et restaurés par l'expérience.

Selon cette perspective, le développement paraît modifier la structure neuronale (*hardware*), tandis que l'apprentissage en module la performance fonctionnelle (*software*).

4.7.
PHYSIOPATHOLOGIE DES MALADIES MENTALES

4.7.1. COMPRÉHENSION SYSTÉMIQUE DE LA MALADIE MENTALE

La maladie mentale peut se définir comme un dérèglement du fonctionnement individuel et interpersonnel. Ce dérèglement s'observe facilement dans sa phénoménologie, mais il est beaucoup plus difficile à cerner sur le plan étiologique. Il existe diverses théories explicatives de la maladie mentale ; plusieurs sont basées sur des preuves indirectes et ont souvent donné lieu à des guerres idéologiques stériles. Les recherches sur *la cause* de telle ou telle maladie mentale n'ont pas vraiment été fructueuses, en ce sens qu'on a pu identifier de nombreux facteurs, tant biologiques que psychologiques et sociaux, mais souvent sans qu'il ait été possible d'en retenir un principal.

À bien y penser, cette impasse apparente n'est pas surprenante quand on considère le fonctionnement du cerveau et sa capacité de traiter une multitude d'informations internes et externes. Sur le strict plan neurophysiologique, il est déjà ardu d'identifier le site précis d'un déficit, à cause de l'interaction constante de toutes les structures cérébrales. L'addition des facteurs psychologiques et sociaux nous amène à un imbroglio étiologique. Telle anomalie physiologique ou comportementale est-elle un facteur prédisposant, précipitant, perpétuant ou une conséquence d'une anomalie préalable ? Les troubles de comportement sont-ils secondaires à une perturbation du fonctionnement synaptique ? Cette perturbation ne découle-t-elle pas d'influences environnementales actuelles ou passées ? C'est là mal poser le problème.

En effet, les manifestations neurochimiques et psychologiques ne seraient-elles pas l'expression d'un seul et même phénomène, plutôt que des éléments devant s'inscrire obligatoirement dans une séquence de causalité linéaire ? Selon cette perspective, il n'est plus question de chercher à savoir si le problème est biologique ou psychologique, mais de comprendre, dans une causalité circulaire et simultanée, comment les symptômes s'enracinent dans la neurochimie et comment les perturbations neurochimiques s'expriment dans le comportement. La maladie mentale ne peut être comprise sans une pensée systémique et dégagée de toute influence dichotomique.

Le cerveau est un organe très plastique, influencé dans sa structure moléculaire intime par un bombardement perpétuel d'informations provenant de niveaux très divers, et qui essaie de conserver son intégrité fonctionnelle par des mécanismes homéostatiques. Il est convenable que différentes « informations nocives » (biologiques, psychologiques, sociales) puissent causer des perturbations minimes mais que leur addition réussisse à court-circuiter le filtre des mécanismes homéostatiques. Il se produit alors un « problème fonctionnel » (*software*), sans qu'on puisse retracer une lésion responsable (*hardware*). Cette dernière peut être indétectable par les moyens d'investigation actuels, si sophistiqués soient-ils, et infinitésimale parce qu'essentiellement neurochimique. D'ailleurs, la notion de lésion devient très ténue et relative quand on ausculte des milieux moléculaires dont les états sont transitoires, fluides et dynamiques, par opposition au milieu neuroanatomique statique.

Pour illustrer les limites de la recherche de physiopathologies conçues dans des cadres étroits, nous allons donner l'exemple de deux maladies qui mettent en cause le même neurotransmetteur, soit la dopamine. D'abord, la maladie de PARKINSON est une condition neurologique à incidence surtout motrice, considérée comme tout à fait « organique » et dont la physiopathologie est relativement bien comprise, étant liée à une lésion bien identifiée. Cette maladie se prête bien à une recherche monocausale. Ensuite, la schizophrénie est une maladie psychiatrique particulièrement rebelle à élucider, qui nous laisse dans le mystère quant à son étiologie et qui prête à toutes sortes de théories apparemment contradictoires.

4.7.2. MALADIE DE PARKINSON

La maladie de PARKINSON est la première maladie qui a été spécifiquement liée à une anomalie d'un neurotransmetteur. Il se produit une dégénérescence des noyaux cellulaires de la substance noire et, par voie de conséquence, une diminution de la production de dopamine par le faisceau nigro-strié. Cette dégénérescence se traduit par l'apparition de corps de LEWY qui constituent la signature neuropathologique de la maladie de PARKINSON. Quand les mécanismes compensatoires pré- et postsynaptiques sont débordés, la sévérité de la maladie suit étroitement le taux de déficience en dopamine. Cette connaissance de la physiopathologie de la maladie ne donne cependant pas de réponse à la question de son étiologie, bien que des facteurs soient soupçonnés, comme les pesticides dans l'environnement, le vieillissement et la génétique.

4.7.3. SCHIZOPHRÉNIE

Pour ce qui est de la schizophrénie, le problème est beaucoup plus complexe. D'une part, l'efficacité de médicaments antidopaminergiques (neuroleptiques) pour contrôler la symptomatologie de la maladie et, d'autre part, les effets inducteurs de psychose de certains agonistes de la dopamine (amphétamines) suggèrent un problème d'hyperfonctionnement dopaminergique dans la schizophrénie. Cependant, aucune anomalie précise n'a pu être démontrée de façon constante et convaincante dans le système dopaminergique des schizophrènes. La perturbation pourrait se situer dans d'autres faisceaux neuronaux qui sont reliés aux faisceaux dopaminergiques. Qu'est-ce qui perturbe alors ces faisceaux ? Une réponse à cette question aurait probablement pour effet de relancer une série d'autres questions. Même si l'on réussissait à mettre en évidence un problème neuronal, comme dans la maladie de PARKINSON, cela ne nous apprendrait pas nécessairement beaucoup de choses sur l'étiologie. Le cerveau peut réagir à une multitude de facteurs, autant psychologiques et sociaux que physiques et chimiques, ce qui pourrait fort bien être le cas dans la schizophrénie, une maladie relevant probablement plus du traitement de l'information (*software*) que d'une lésion (*hardware*), si infime et moléculaire soit-elle.

4.8.
ASPECTS PSYCHOPHYSIOLOGIQUES DU TRAITEMENT DES MALADIES MENTALES

4.8.1. NEUROPHARMACOLOGIE

On appelle **substance psychotrope** un agent qui altère le comportement, l'humeur et la perception chez l'homme, et le comportement chez l'animal. Les psychotropes se divisent en deux classes. Les *psychotomimétiques* produisent des symptômes de psychose, donc pathologiques ; les drogues de la rue en sont le meilleur exemple. Les *médicaments psychothérapeutiques* visent à la correction d'un désordre psychique ; ils se divisent en plusieurs classes : antipsychotiques, anxiolytiques, antidépresseurs, stimulants et stabilisateurs de l'humeur (voir les chapitres 35 à 38).

La très grande majorité des médicaments psychotropes agit sur la synapse en influant dans un sens ou dans l'autre sur l'efficacité de la transmission synaptique, soit en bloquant des récepteurs pré- ou postsynaptiques, soit en jouant le rôle d'agoniste, soit en augmentant le métabolisme du neurotransmetteur, etc. Leur mécanisme d'action fondamental consiste dans la possibilité de corriger un dérèglement dans le fonctionnement cérébral en ajustant le rythme d'activité d'un groupe neuronal. Ce groupe neuronal, faisceau ou circuit, peut être le site possible d'une « lésion neurochimique », s'il y a lieu, ou encore il peut avoir une influence sur ce site ou tout simplement sur la fonction perturbée.

Bien que la mécanique intime de ce processus soit extrêmement complexe, les applications cliniques n'en sont pas limitées. Au contraire, les propriétés thérapeutiques d'un médicament sont historiquement connues bien avant ses mécanismes et sites d'action. Si nous reprenons le modèle de la boîte noire du cerveau, il suffit de comprendre que l'introduction d'un agent extérieur particulier dans le système amène une modification positive. Un médicament efficace produit un effet quelque part et c'est en remontant la chaîne, à partir de la clinique, qu'on peut commencer à comprendre les mécanismes d'action des médicaments, la physiopathologie des maladies mentales et, finalement, le fonctionnement normal du cerveau.

Le médicament est donc un outil qui permet d'ajuster le fonctionnement d'un groupe neuronal dans une direction donnée. Il est facile de concevoir que, si une telle action peut être souhaitable chez un patient dans une situation donnée, elle serait moins heureuse dans d'autres circonstances. Le médicament n'a pas de valeur intrinsèque absolue, tout dépend de l'usage qu'on en fait. De là l'importance des indications et contre-indications, du choix des patients, de la dose, de la durée du traitement et d'une foule d'autres facteurs...

La principale limite des médicaments psychotropes est leur manque de spécificité. En effet, le médicament idéal agit en un endroit précis, sur un groupe neuronal donné, et ne touche pas aux autres faisceaux fonctionnant avec le même ou avec d'autres neurotransmetteurs. Il doit donc discriminer plusieurs sites très semblables sinon presque identiques. C'est ce manque relatif de discrimination qui est responsable des effets secondaires des médicaments.

4.8.2. AUTRES THÉRAPEUTIQUES

Une perspective systémique du cerveau permet de constater beaucoup plus de similitudes que de différences entre la psychopharmacologie et les autres thérapeutiques psychiatriques. Tout traitement efficace, donc capable de modifier un état psychique, en vient inévitablement à influencer le fonctionnement du cerveau par une action physiologique en un point quelconque du réseau neuronal. Les diverses modalités thérapeutiques ne sont que des moyens différents d'agir sur la neurophysiologie et, en conséquence, sur les émotions et le comportement. Il n'est pas interdit de penser que tout traitement psychothérapeutique efficace engendre un apprentissage et ait finalement un effet sur le fonctionnement synaptique.

4.9.
CONCLUSION

La compréhension bio-psycho-sociale de l'être humain passe obligatoirement par la reconnaissance du lien indissoluble entre ces trois aspects du même phénomène. En effet, tout état émotionnel correspond à un état neurochimique et toute modification à un niveau correspond à une modification à l'autre niveau.

Par sa capacité de traiter l'information, le cerveau sert de support à la pensée qui pourrait être définie comme une propriété de la matière suffisamment organisée et un reflet du fonctionnement du cerveau.

BIBLIOGRAPHIE

BETZ, B.J.
1979 « Some Neurophysiologic Aspects of Individual Behaviour », *Am. J. Psychiatry*, vol. 136, p. 1251-1256.

BLOOM, F.E.
1982 « Neurotransmitters and CNS Disease : The Future », *The Lancet*, vol. 2, p. 1381-1385.

CALNE, D.B.
1979 « Neurotransmitters, Neuromodulators, and Neurohormones », *Neurology*, vol. 29, p. 1517-1521.

CAMBIER, J. *et al.*
1976 *Propédeutique neurologique*, Paris, Masson.

CHRÉTIEN, M. *et al.*
1983 « Les endorphines : structure, rôles et biogenèse », *L'union médicale du Canada* , vol. 112, p. 1140-1154.

COOPER, J.R.
1982 *The Biochemical Basis of Neuropharmacology*, 4ᵉ éd., New York, Oxford University Press.

HARACZ, J.L.
1985 « Neural Plasticity in Schizophrenia », *Schiz. Bull.*, vol. 11, p. 191-217.

IVERSEN, L.L.
1982 « Neurotransmitters and CNS Disease : Introduction », *The Lancet*, vol. 2, p. 914-918.

KANDEL, E.R.
1979 « Phychotherapy and the Single Synapse », *N. Engl. J. Med.*, vol. 301, p. 1028-1037.

KOELLA, W.P.
1984 « The Limbic System and Behaviour », *Acta Psychiatr. Scand.*, vol. 313, p. 35-45.

LABORIT, H.
1976 « L'homme et ses environnements », *Can. Psychiatr. Assoc. J.*, vol. 21, p. 509-518.

MACLEAN, P.R.
1985 « Brain Evolution Relating to Family, Play, and the Separation Call », *Arch. Gen. Psychiatry*, vol. 42, p. 405-417.

MARSDEN, C.D.
1982 « Neurotransmitters and CNS Disease : Basal Ganglia Disease », *The Lancet*, vol. 2, p. 1141-1147.

MONTPLAISIR, J.
1981 « La latéralisation cérébrale : applications à la psychiatrie et à la médecine psychosomatique », *Un. Méd. Can.*, vol. 110, p. 531-535.

SNYDER, S.
1982 « Neurotransmitters and CNS Disease : Schizophrenia », *The Lancet*, vol. 2, p. 970-974.

TRUEX, R.C. et M.B. CARPENTER
1969 *Human Neuroanatomy*, 6ᵉ éd., Baltimore, Williams and Wilkins Company.

WEXLER, B.E.
1980 « Cerebral Laterality and Psychiatry : A Review of the Literature », *Am. J. Psychiatry*, vol. 137, p. 279-291.

CHAPITRE 5

DÉVELOPPEMENT DE LA PERSONNALITÉ

RAYMOND MORISSETTE

M.D., F.R.C.P.(C)
Psychiatre, chef du Service de psychiatrie, ressources communautaires, à l'hôpital Louis-H. Lafontaine (Montréal)
Professeur adjoint de clinique à l'Université de Montréal

PLAN

5.1.
INTRODUCTION

L'étude du comportement humain a favorisé l'éclosion de plusieurs modèles théoriques du développement de la personnalité. La multiplicité des modèles proposés rend bien compte de la complexité du sujet et de l'impossibilité devant laquelle nous sommes placés de formuler un modèle unique. Actuellement, aucun modèle ne peut représenter l'ensemble des facteurs en cause dans le développement de la personnalité, pas plus que le nombre de leurs effets sur le comportement individuel. Il nous est donc impossible, dans un chapitre abrégé, de décrire chacune des théories proposées.

Le sujet sera présenté sous un angle dynamique, c'est-à-dire sous l'angle de l'interaction d'un certain nombre d'éléments constituant un jeu de forces concordantes ou en opposition. Ces éléments sont évidemment très nombreux. Nous rapporterons ici ceux que nous considérons comme essentiels ; bien sûr, il s'agit d'un choix. Ce qui n'est pas mentionné ici, donc, peut tout aussi bien être considéré comme essentiel par d'autres. Les facteurs que nous avons choisi de définir sont d'ordre bio-psycho-social et sont reliés à la réalité environnante. Nous tiendrons compte aussi, dans la seconde section de ce chapitre, du pouvoir d'apprentissage de l'humain, de ses réactions émotionnelles, de ses motivations et de son développement cognitif.

Par la suite, nous exposerons de façon synthétique trois théories concernant le développement (psychodynamique et psychosocial) de la personnalité : la théorie de FREUD, la théorie d'ERIKSON et la théorie de LEVINSON.

Pour terminer, nous dégagerons les principales idées du chapitre qui nous permettront de formuler une définition de la personnalité.

5.2.
STRUCTURATION DES RAPPORTS DE L'INDIVIDU AVEC SON MILIEU

Le développement de la personnalité considéré sous un angle dynamique apparaît comme le résultat de forces en interaction continuelle. Le premier pôle de ces forces a une base biologique. L'homme est prédisposé héréditairement à atteindre un certain nombre de fins, à se développer selon un ordre prédéterminé dans son corps, dans ses motivations, dans ses apprentissages, dans son évolution cognitive. L'autre pôle de ces forces est constitué par les exigences du milieu, ce milieu façonnant les individus à partir de ses valeurs culturelles, de ses lois, de ses mœurs, de ses normes de comportement.

5.2.1. DÉVELOPPEMENT BIOLOGIQUE ET MOTEUR

Biologiquement, le zygote possède déjà les gènes qui marqueront l'individu. Nous parlons ici d'hérédité d'espèce comme d'hérédité individuelle. **L'hérédité d'espèce** caractérise de la même façon tous les membres d'une même espèce. Pour l'homme, citons en exemple le schéma corporel, la station verticale, la différenciation fonctionnelle des mains et des pieds, le langage articulé, les facultés d'abstraction et de généralisation. **L'hérédité individuelle**, par contre, est responsable des différences individuelles au sein de la même espèce. Les tailles différentes sont un exemple de ce type d'hérédité, de même que les empreintes digitales.

Signalons enfin que le développement biologique et les habiletés transmises génétiquement se font selon le même ordre et apparaissent à peu près aux mêmes périodes chez tous les individus normaux d'une même espèce. La position assise, par exemple, que le nourrisson acquiert dans les six premiers mois, précède la position debout et la marche qui se maîtrise en général dans la première année. La maturation biologique et les différentes habiletés humaines qui en découlent placent la personne dans de nouvelles situations relationnelles avec son entourage suivant les différentes étapes atteintes. C'est un fait d'importance capitale quand on connaît l'impact du renforcement de l'entourage sur l'apprentissage, sur le développement des divers comportements, comme nous le verrons un peu plus loin.

Il est déjà bien différent du nouveau-né, l'enfant dont le développement neurologique permet le contrôle de fonctions automatiques comme l'équilibre, la marche, la synchronisation des mouvements corporels. Considérons maintenant le développement du circuit sensitif : sensation tactile, sensation cénesthésique, sensation de pression, sensation de douleur ; toutes jouent un rôle majeur dans la reconnaissance du corps et de l'entourage immédiat. Ajoutons le développement sensoriel du goût, de l'odorat, de l'ouie, du toucher, de la vue. La maturation du système locomoteur place l'enfant dans des modalités d'exploration de plus en plus évoluées lorsqu'il peut se servir de ses mains et de ses jambes, lorsqu'il peut saisir et relâcher, lorsqu'il peut caresser et frapper, lorsqu'il peut s'échapper, s'éloigner, revenir.

Grandir, grossir, devenir de plus en plus habile, développer son intelligence, se savoir apte à exercer ses fonctions de reproduction : autant de facteurs biologiques qui contribuent au développement de la personnalité.

Certes, tout ce que nous venons de citer en exemple obéit à des lois physiologiques pour progresser. Cependant, le degré d'épanouissement de ces diverses fonctions est fortement tributaire du milieu environnant, tant pour la quantité que pour la variété et la qualité des stimulations. On sait qu'il y a des milieux riches en stimulations de toutes sortes et d'autres très pauvres. De plus, l'enfant n'est pas toujours placé devant les mêmes possibilités de développement, selon qu'il s'agit d'un type de développement ou d'un autre. En même temps, donc,

que l'on considère les diverses possibilités d'une personne à travers son développement biologique, il faut tenir compte de la façon dont elle vit les divers apprentissages que lui impose son milieu environnant.

5.2.2. APPRENTISSAGE*

Définissons l'apprentissage comme l'acquisition ou la modification relativement permanente d'un comportement à partir de l'expérience vécue et de la pratique. L'apprentissage est la conséquence à la fois d'un stimulus, d'un type de réponse apprise en fonction de ce stimulus, et de la relation entre la réponse donnée et le renforcement qu'elle reçoit, ce dernier étant dit positif ou négatif suivant qu'il favorise ou décourage un type de réponse. Dans la littérature, l'apprentissage est décrit comme étant de deux types : l'apprentissage classique (conditionnement classique ou répondant) et l'apprentissage instrumental (conditionnement instrumental ou opérant).

L'apprentissage classique ou répondant comporte un stimulus spécifique et une réponse spécifique. Le renforcement dans ce cas suit la situation d'apprentissage. Par exemple, la nourriture (stimulus spécifique) provoque la salivation (réponse spécifique). La réponse spécifique (la salivation) sera toujours provoquée dans ce type d'apprentissage par le stimulus spécifique (la nourriture). L'événement, donc, précède toujours la réponse et la provoque.

L'apprentissage instrumental ou opérant, par contre, n'obéit pas à un stimulus spécifique. La réponse donnée, dans ce cas-ci, n'est pas spécifique au stimulus. Elle dépend du renforcement, c'est-à-dire des conséquences immédiates qu'elle entraînera, et non de ce qui la précède. Le comportement est alors déterminé par ses effets, par les événe-

---

* Voir aussi le chapitre 41, section 41.2.

ments qui le suivent. Par exemple, l'enfant qui fait une « bonne » action est récompensé par sa mère.

Bien sûr, le phénomène n'est pas aussi froid que peut le laisser croire la rigueur des distinctions faites auparavant. Le tout n'est pas décharné au point qu'il suffise d'additionner une somme de stimuli, une somme de réponses et une somme de renforcements pour aboutir à définir la personnalité et la conduite humaine !

Dans le déterminisme qui se dégage du behaviorisme, il y a toujours une situation affective favorisant l'apprentissage et la rétention mnésique. Cette dernière peut être nulle, de courte ou de longue durée suivant l'état d'éveil du sujet et les significations affectives dont sont investies les diverses situations. En somme, la vie fantasmatique, comme la réalité de tout individu, provoque continuellement des réactions émotionnelles. Ces dernières sont la manifestation de ce qui vient de se produire, de ce qui est en train de se produire et devient, par le fait même, un stimulus pour ce qui va se produire.

5.2.3. ÉMOTION

Pour mieux comprendre l'émotion, on doit l'envisager à partir de deux composantes : une manifestation affective et une manifestation neurophysiologique.

L'**affect** se définit comme le vécu psychique devant les diverses situations de la vie. La psychologie en a reconnu trois variétés fondamentales desquelles peut découler une multitude de nuances :
— le *plaisir* est une sensation agréable liée à la satisfaction d'un besoin ;
— la *colère* est une violente sensation de mécontentement liée à la frustration, à la privation d'une satisfaction recherchée ;
— la *peur* est la sensation d'être menacé, soit de l'extérieur soit de l'intérieur, et qui peut porter à des comportements de panique, de sidération,

de fuite ou d'attaque, pour ne citer que ces exemples.

Quant aux **manifestations neurophysiologiques** de l'émotion, elles sont pour beaucoup reliées au système nerveux autonome — sympathique et parasympathique. Toutes les réactions découlant de l'action ou du blocage de ce système sont possibles. S'il s'agit du sympathique, citons la transpiration abondante, l'accélération du rythme cardiaque, la diminution du péristaltisme intestinal ; s'il s'agit du parasympathique, mentionnons le ralentissement du rythme cardiaque, l'hypersécrétion d'acide chlorhydrique, l'hyperpéristaltisme. Il y a aussi le contrôle du système nerveux autonome par les centres nerveux cérébraux, comme la substance réticulaire du bulbe, de la protubérance et du mésencéphale. Bien sûr, il y a aussi l'action de l'hypothalamus et de bien d'autres formations nerveuses dont il est question au chapitre 4.

5.2.4. MOTIVATION

Avant qu'une émotion apparaisse, un stimulus quelconque a dû déclencher une action. Comment peut-on qualifier le moteur de chacune des activités de chaque personne ? N'est-on pas à la recherche continuelle du motif qui a déclenché ou bloqué une action ? La motivation, en somme, constitue cette force qu'on ne peut jamais percevoir mais que l'on retrouve toujours à la source de nos actions. Nous la définissons comme un ensemble de facteurs et de besoins déterminant une action vers une finalité. La relation d'une activité aux motifs qui la déterminent est un processus cyclique comprenant un besoin qui motive un comportement, lequel met en jeu une série de moyens pour atteindre un but.

Les motivations peuvent être innées ou acquises. Tous les besoins biologiques, dont la satisfaction est nécessaire pour la survie de l'individu, sont évidemment innés et ont un substratum anatomo-physiologique : l'alimentation, la sexualité par exemple. Il semble que, plus on s'élève dans l'échelle animale, plus il devient difficile de distinguer ce qui est inné de ce qui est acquis. Nous pouvons citer, comme exemples de motivations acquises, le besoin de réussir, d'être aimé des gens qui nous entourent, d'avoir l'approbation sociale. La proportion des motivations acquises augmenterait à mesure que l'on se rapproche de l'homme. Chez l'humain en effet, une grande proportion des motivations serait acquise, et ce, la plupart du temps en fonction des autres et de leur estime, ce que nous appelons les motivations sociales.

5.2.5. DÉVELOPPEMENT COGNITIF

L'évolution de la personnalité et des comportements individuels est elle aussi tributaire du développement cognitif. Nous redisons ici ce que nous avons déjà affirmé : chaque individu est placé dans des situations relationnelles bien particulières avec son environnement, et ses capacités sont bien différentes de celles des autres suivant son évolution cognitive ; citons, par exemple, le développement de la pensée logique (PIAGET) et le développement du jugement moral (KOHLBERG).

Cette évolution découle d'une nécessaire recherche d'équilibre entre l'égocentrisme (optimal chez le nouveau-né) et l'allocentrisme (l'environnement). Tout ce qui est assimilé par l'individu doit aussi finir par s'accommoder à l'entourage : le sujet doit passer d'un état où il ramène tout à lui-même à un état où il se situe comme un élément de l'univers et non pas comme l'univers.

DÉVELOPPEMENT DE LA PENSÉE LOGIQUE (PIAGET)

Du stade des réflexes à la possibilité d'abstraction, l'intelligence, selon la théorie de JEAN PIAGET, se développerait selon un ordre représenté par les quatre étapes suivantes :

1) l'étape de la pensée sensorimotrice (0 à 2 ans) ;
2) l'étape de la pensée intuitive (2 à 7 ans) ;
3) l'étape de la pensée concrète (7 à 12 ans) ;
4) l'étape de la pensée formelle et logique (12 ans et plus).

Nous allons définir succinctement chacune de ces étapes.

*Étape de la pensée sensorimotrice (0 à 2 ans)**

L'intelligence au tout début de la vie semble se limiter aux activités réflexes, comme la succion pour se nourrir. Assez rapidement, toutefois, elle évolue vers une organisation des perceptions et des habitudes acquises qui permettent à l'enfant de se reconnaître comme un être distinct de son entourage, comme une partie du monde.

À la fin de cette étape, il perçoit les choses comme en dehors de lui et cherche à les ramener à lui : c'est le processus de la pensée sensorimotrice. Un exemple illustrant ce type de pensée est le suivant : l'enfant suit un objet en mouvement et cherche à l'attirer à lui au moyen d'un autre objet ; il a donc acquis la perception sensorielle de l'objet extérieur et la pensée de le ramener à lui par un geste moteur réfléchi.

Étape de la pensée intuitive (2 à 7 ans)

L'intelligence passe de la coordination sensorimotrice à une pensée constituée par un ensemble d'idées découlant de l'acquisition du langage. Du simple cri constituant un appel à l'entourage jusqu'à l'expression de la pensée par un système de symboles verbaux ou de signes non verbaux, il y a une véritable « révolution intellectuelle ». Elle dépend à la fois du développement des possibilités biologiques d'apprentissage et de mémorisation, et de l'interaction enfant - milieu environnant (stimulation). La symbolisation acquise va permettre alors la représentation mentale de tout événement, de même que son rappel par le récit. Cependant,

_____

* Voir aussi le chapitre 17, section 17.5.3.

note PIAGET, les images représentatives intériorisées durant cette période ne peuvent encore être ni généralisées, ni comparées.

L'enfant de cet âge affirme mais ne démontre jamais ; bien que sa pensée devienne de plus en plus réaliste, c'est une pensée intuitive, forme de connaissance immédiate sans recours au raisonnement.

À cette étape, l'égocentrisme est encore très fort. Il en résulte que l'enfant peut éprouver de la difficulté à discriminer son point de vue de celui des autres.

Étape de la pensée concrète (7 à 12 ans)

Durant cette période, l'enfant commence à se libérer de son égocentrisme et devient graduellement capable de distinguer son opinion de celle d'autrui. Il peut, par exemple, comprendre les règles d'un jeu et les respecter.

C'est au cours de cette étape que commence à se développer le raisonnement. Les premières manifestations portent sur des choses concrètes, donc manipulables et mesurables : c'est la pensée concrète. Si, par exemple, l'enfant est placé en présence de trois objets de grandeurs différentes, l'objet 1 étant plus petit que l'objet 2 et l'objet 2 plus petit que l'objet 3, il pourra faire le raisonnement que l'objet 1 est plus petit que l'objet 3.

Autre caractéristique importante de cette étape : l'enfant commence à intégrer un système de valeurs relativement fixe. C'est l'âge de raison, dit-on.

Étape de la pensée formelle et logique (12 ans et plus)

Durant l'étape précédente s'est constituée une forme de raisonnement portant sur le domaine du réel. Puis il se développe graduellement une forme de pensée portant un peu plus sur le domaine du possible. Le raisonnement hypothético-déductif prend forme. L'enfant acquiert la capacité d'abstraction et d'opération logique. L'intelligence parvient alors au degré de performance qu'on lui reconnaît habituellement : facultés de connaître, de comprendre, de concevoir, de discerner, de réfléchir, de juger, pour ne nommer que celles-là.

Dans la théorie génétique développée par JEAN PIAGET, l'intelligence est conçue comme le résultat des activités d'assimilation et d'accommodation nécessaires à l'établissement d'un équilibre, d'une adaptation. C'est ici que s'établit le rapport entre l'affectivité et l'intelligence chez PIAGET : besoins (motivation) et tendance à la satisfaction représentent, d'un côté, la démarche affective qui s'organise et se structure intellectuellement, de l'autre, la démarche de l'accommodation.

DÉVELOPPEMENT DU JUGEMENT MORAL (KOHLBERG)

Comme pour le développement de la pensée logique, le jugement moral (reconnaissance de ce qui est bon ou mauvais) se développe par étapes allant de l'égocentrisme à un point de vue plus général, la reconnaissance d'un code moral social. Cette perception, d'abord physique (ce qui est bon ou non, ce qui fait mal ou non), évolue vers une perception de ce qui est bon ou non pour l'autre, de ce qui est bon ou non pour un groupe. C'est une *évolution de la biologie à la culture*.

La capacité de percevoir de l'enfant qui grandit est un élément de son développement ; l'autre se mesure à la quantité des messages transmis, à leur qualité, à leur régularité comme à leur cohérence. Dans ce contexte, le jugement moral se développerait selon les cinq étapes décrites ci-dessous.

Moralité égocentrique — stade prémoral

L'enfant ne conçoit pas que l'autre ait un point de vue différent du sien. Les notions de bien et de mal sont basées sur les bonnes et les mauvaises conséquences de ses actes. Il agit en fonction de ses désirs sans concevoir la nécessité d'avoir à justifier ses actions.

Moralité orientée par la punition et l'obéissance

L'enfant découvre qu'il existe chez l'autre un point de vue et un raisonnement différents du sien. Cependant, il ne peut porter un jugement moral sur le bien et le mal ; c'est l'autorité de l'autre qui compte.

Moralité orientée par la réciprocité

L'enfant évalue le bien et le mal en fonction de l'interaction avec autrui. C'est la loi du talion qui régit son comportement.

Moralité orientée par la convergence

L'enfant découvre qu'il peut y avoir mutualité pour maintenir une entente avec l'autre. Le bien est défini par la règle d'or : « Ne fais pas aux autres ce que tu ne voudrais pas que les autres te fassent. »

Moralité orientée par le maintien de l'ordre moral et social

À ce stade, la nécessité des conventions sociales est acceptée et le bien est défini en fonction du bien pour la majorité.

Disons que tout groupe véhicule son système de valeurs, ses mœurs, ses normes de comportement, ses interdits. Ainsi, chaque communauté construit les rôles qu'elle veut faire jouer à chacun de ses nouveau-nés. En ce sens, le patrimoine culturel sert à l'endoctrinement et la qualité du rapport entre une personne (l'enfant) et une autre personne significative à ses yeux (un parent) constitue la base de cet endoctrinement.

5.3.
THÉORIES PSYCHODYNAMIQUES ET PSYCHOSOCIALES

La section précédente a servi à présenter le développement de la personnalité, lequel découle du développement bien agencé d'une multitude de composantes dont seulement quelques-unes ont pu être nommées. Tout en gardant bien à l'esprit que tout ce qui fait partie de notre entité biologique et de notre entourage a servi au développement de nos comportements et continue à les influencer, nous allons présenter ici trois modèles théoriques qui décrivent des points de vue plus spécifiques : le modèle de FREUD, le modèle d'ERIKSON et le modèle de LEVINSON.

Les deux premières théories sont structurées en fonction de la génétique, c'est-à-dire qu'elles montrent une croissance, une évolution dans la formation de la personnalité, à partir des éléments considérés comme les plus importants par les auteurs. La théorie de FREUD tient davantage compte de ce qui se passe à l'intérieur de l'individu, alors que celle d'ERIKSON accorde une grande importance aux éléments culturels. De plus, FREUD a surtout insisté sur les premières années de la vie alors qu'ERIKSON y est allé d'une étude de la petite enfance jusqu'à la vieillesse. Enfin, nous rapportons les études de LEVINSON portant sur les aspirations de l'homme au cours de la « saison » du jeune adulte et de la « saison » de l'adulte d'âge mûr.

5.3.1. THÉORIE DE FREUD*

Nous allons d'abord présenter la structure de l'appareil psychique telle que l'a conçue FREUD. Par la suite, nous étudierons la genèse de la personnalité, c'est-à-dire son évolution dans le temps à travers les divers stades que doit traverser l'enfant.

---

* Voir aussi le chapitre 40, section 40.5.

COORDONNÉES DE L'APPAREIL PSYCHIQUE (MÉTAPSYCHOLOGIE)

FREUD a défini l'appareil psychique selon trois points de vue : économique, topique et dynamique.

Point de vue économique

Le point de vue économique définit le fait que l'appareil psychique ne peut fonctionner qu'à partir d'une certaine quantité d'énergie qui émane des motivations de l'individu, lesquelles le portent à employer différents moyens pour atteindre différents buts. Le résultat est l'élimination des tensions nées des diverses excitations, ce qui permet à l'organisme de revenir à un état de quiétude.

Si une personne, par son comportement, exécute toujours immédiatement l'action commandée par les différentes poussées pulsionnelles ressenties, la motivation de base étant la satisfaction immédiate des besoins, on dit que l'action est posée selon le **principe du plaisir**. Le mode de fonctionnement de l'appareil psychique est alors qualifié de fonctionnement selon le **processus primaire** : la quantité d'excitations, la charge énergétique en somme, se libère d'une façon immédiate et totale, sans tenir compte d'aucune exigence de la réalité.

Lorsque la satisfaction est atteinte, la tension née du besoin disparaît et l'expression émotionnelle du plaisir apparaît. Par contre, si la satisfaction ne peut être atteinte, la tension monte et se traduit par des expressions émotionnelles d'anxiété, d'angoisse, de crainte, de peur, d'hostilité, de haine, de colère et par bien d'autres encore.

Ou bien la personne agit immédiatement selon les émotions ressenties et alors tous les comportements sont possibles, de la fuite à la violence. Ou bien une adaptation quelconque se fait : l'énergie libérée est alors liée à des buts autres que le plaisir seulement ; il s'agit d'une action posée selon le **principe de la réalité** et l'on dit que l'appareil psychique fonctionne selon le **processus secondaire**.

Point de vue topique

Le point de vue topique correspond à un certain nombre de systèmes de l'appareil psychique qui ont des caractères différents ou des fonctions différentes. FREUD a élaboré deux modèles topiques de l'appareil psychique : dans le premier, il a situé l'inconscient, le préconscient et le conscient ; dans le deuxième, il a différencié l'appareil psychique en trois composantes : le Ça, le Moi et le Surmoi.

- **Inconscient**   Au sens descriptif, il est constitué par tout ce qui échappe au champ de la connaissance, même si la personne s'efforce de se remémorer le fait ou l'événement en y mettant toute son attention. Il englobe tous les contenus refoulés.

- **Préconscient**   Il désigne ce qui n'est pas immédiatement présent dans le champ de la connaissance mais y demeure accessible si la personne cherche en y portant toute son attention.

- **Conscient**   Il correspond évidemment à ce qui est immédiatement présent dans le champ de la connaissance.

- **Ça** (*Id*)   Il constitue le pôle pulsionnel de l'individu. Le contenu a soit une base biologique marquée par l'hérédité, soit une base acquise marquée par le vécu mais, pour toutes sortes de raisons, il a été refoulé. Du point de vue économique, le Ça constitue la principale réserve de l'énergie psychique. C'est un centre important de motivation. Sur le plan dynamique, comme nous l'avons expliqué au début du chapitre, il constitue un pôle de forces qui est en interaction continuelle avec un autre pôle de forces représenté par le Surmoi et le Moi. L'instance pulsionnelle obéit au seul principe du plaisir. Le mode de fonctionnement psychique du Ça est refoulé en grande partie par l'instance nommée le Surmoi.

- **Surmoi** (*Superego*)   Il représente le pôle de forces opposé au Ça : c'est le juge, le censeur, l'« interdicteur ». Évidemment, cette instance transporte les valeurs du milieu où l'enfant grandit. Ces valeurs jouent un rôle majeur dans le façonnement de la personnalité de l'individu. Le Surmoi se constitue par l'assimilation des exigences et des interdits de la société qui sont transmis d'abord par les parents, premières figures d'identification, ensuite par toutes les autres personnes qui peuvent exercer une influence quelconque sur la personne.

- **Moi** (*Ego*)   Il représente l'instance médiatrice chargée des intérêts de la totalité de la personne. De ce fait, le Moi est en relation autant avec les pulsions du Ça (principe du plaisir) qu'avec les exigences du Surmoi et de la réalité (principe de la réalité).

En résumé, il y a d'un côté les poussées pulsionnelles en provenance du Ça et d'un autre côté la censure du Surmoi, le Moi devant trouver un compromis valable entre les impératifs du Ça et ceux du Surmoi.

Point de vue dynamique

Du même coup, nous venons de définir la troisième coordonnée de l'appareil psychique qui est le point de vue dynamique, résultant des forces en interaction dans l'individu. On comprend alors qu'une personne puisse se trouver plus ou moins fréquemment en situation de **conflit**, terme employé lorsque, dans un individu, s'opposent des exigences internes contraires. Le Moi, alors, pour assurer une protection du sujet contre une trop forte tension émotionnelle, une trop forte anxiété ou une trop forte angoisse découlant d'un conflit, développe des mécanismes de défense ou d'adaptation qui donnent à la personnalité et au comportement d'un individu une allure caractéristique.

Tous les mécanismes de défense que nous allons maintenant décrire se situent aux confins du normal et du pathologique. Ils peuvent permettre à une personne de maintenir un équilibre émotionnel stable et satisfaisant. Ils peuvent aussi être utilisés de façon excessive et prédominante. Il en découle alors des distorsions plus ou moins considérables

de la vie émotionnelle de l'individu et de sa vision de la réalité. Les relations avec autrui de même que le vécu interne du sujet deviennent plus ou moins perturbés, aboutissant au domaine de la souffrance et de la maladie explicité dans d'autres chapitres du présent ouvrage.

Mécanismes de défense*

- **Refoulement**   Mécanisme par lequel sont repoussées et maintenues dans l'inconscient toutes représentations (pensées, images, souvenirs) qui risquent de provoquer de l'angoisse. Le refoulement se produit, par exemple, dans le cas où la satisfaction d'un désir, susceptible de provoquer du plaisir, risquerait par contre de provoquer un conflit par rapport à d'autres exigences.

- **Négation**   Mécanisme par lequel l'individu se défend de certains désirs, pensées ou sentiments en niant qu'ils lui appartiennent. (« Je n'ai pas voulu lui dire cela. Ce n'est pas ce à quoi je pensais. »)

- **Conversion**   Mécanisme à partir duquel un conflit psychique est transposé en symptômes somatiques moteurs (paralysie) ou sensitifs (anesthésie localisée).

- **Déplacement**   Mécanisme à partir duquel l'accent, l'intérêt, l'intensité d'une représentation est susceptible de se détacher de l'objet initial pour s'attacher à d'autres représentations moins anxiogènes, se rattachant à un objet moins menaçant par exemple. (Pensons à l'agressivité envers un patron que les gens peuvent déplacer vers d'autres personnes qui sont sous leur responsabilité ou devant lesquelles ils se sentent en position d'autorité.)

- **Projection**   Mécanisme par lequel sont attribués à autrui des désirs ou des sentiments que la personne refuse de reconnaître comme les siens.

---

* Les définitions des mécanismes de défense sont tirées, pour la plupart, du *Vocabulaire de la psychanalyse* de J. LAPLANCHE et J.-B. PONTALIS (1978).

(L'agressivité d'un individu, par exemple, est perçue par lui comme venant d'une autre personne jugée persécutrice.)

- **Identification** Mécanisme par lequel un sujet assimile un aspect, une propriété, un attribut d'une autre personne et se transforme totalement ou en partie sur le modèle de cet attribut. (L'idole qu'imite l'adolescent en est un bon exemple.)

- **Introjection** Mécanisme par lequel le sujet fait passer, sur un mode fantasmatique, du « dehors » au « dedans », des objets et des qualités inhérentes à ces objets. Au fond, c'est un mécanisme bien près de l'identification.

- **Isolation** Mécanisme qui consiste à détacher une pensée, une image ou un comportement de son contexte soit temporel soit spatial soit, surtout, émotionnel. On se protège de l'affect en s'empêchant de le lier au contenu.

- **Annulation rétroactive** Mécanisme par lequel on défait ce qu'on a fait, en réalisant l'inverse de l'acte ou de la pensée précédente. Dans une conduite d'expiation, une personne utilise une pensée ou un comportement ayant une signification opposée à la pensée ou au comportement antérieur. (Par exemple, un enfant pose le pied uniquement sur les intersections du trottoir pour annuler un désir inacceptable de s'enfuir à l'aventure.)

- **Formation réactionnelle** Mécanisme consistant en une attitude ou une habitude de sens opposé à un désir refoulé et constituée en réaction contre celui-ci. (Par exemple, la pudeur peut être une réaction à des tendances exhibitionnistes, ou la sollicitude peut servir de masque à l'irritation.)

- **Intellectualisation** Mécanisme par lequel le sujet cherche à donner une formulation rationnelle à ses conflits et à ses émotions de façon à les maîtriser. En termes concrets, il s'agit de tous les prétextes que l'on peut invoquer pour rendre acceptables un geste, une pensée, une émotion dont la motivation de base est ressentie comme inacceptable.

- **Sublimation** Mécanisme par lequel des tendances désavouées par le Moi sont déplacées vers d'autres tendances qui peuvent être utilisées à des fins valables, utiles et appréciées. (Mentionnons l'agressivité sublimée dans une activité professionnelle compétitive ou dans la combativité sportive.)

STADES DU DÉVELOPPEMENT PSYCHOSEXUEL

Après avoir exposé les constituants de l'appareil psychique selon FREUD, nous allons maintenant étudier la genèse de la personnalité selon son évolution temporelle. Cette ontogenèse psycho-affective, nous avons choisi de l'analyser en réunissant deux formulations théoriques, celle de FREUD et celle d'ERIKSON, l'apport de la seconde aidant grandement le lecteur à compléter la compréhension de la première.

Selon l'approche freudienne, le développement psycho-affectif se caractérise par un enchaînement temporel des stades successifs que doit traverser l'enfant. Ce sont le stade oral, le stade anal, le stade phallique ou œdipien, la phase de latence et la puberté. Chaque stade est associé à un certain nombre de conflits spécifiques qui se rapportent à la tension des différentes forces en interaction. Par l'entremise de différents compromis, chaque stade peut permettre à l'individu d'atteindre son plein épanouissement quant au but visé et aux objets nécessaires, tout en respectant certains interdits de la réalité.

Par contre, certains avatars peuvent survenir en cours de route, dont deux des principales conséquences sont les fixations et les régressions. Celles-ci peuvent jouer un rôle considérable dans l'apparition de troubles de la personnalité et de diverses pathologies psychiatriques. La **fixation** peut se définir comme un attachement intense à une personne, un objet, une image, un mode de satisfaction, à un stade donné du développement, ce qui empêche l'individu de progresser, de parvenir à la maturité. La **régression** désigne un retour à un stade antérieur du développement affectif et mental chez un individu qui était parvenu à un stade plus évolué de développement.

Les différents stades du développement psycho-affectif seront définis plus loin en regard de certaines étapes du développement de la personnalité selon ERIKSON, immédiatement après que nous aurons présenté certaines généralités concernant la théorie d'ERIKSON.

5.3.2. THÉORIE D'ERIKSON

Pour ERIKSON, dont l'étude du développement de la personnalité se prolonge au delà de la puberté, le développement de la personnalité est le résultat du franchissement plus ou moins réussi de huit étapes, chacune étant vécue comme une crise de croissance. De chacune de ces étapes, la personne ressort avec une différenciation augmentée et un sentiment renforcé de son unité, dans l'évolution normale des choses.

> Tout être qui grandit, écrit ERIKSON, le fait en vertu d'un plan fondamental d'où émergent diverses parties, chacune à son moment, jusqu'à ce qu'elles puissent fonctionner comme un tout. (1972, p. 88)

Ces diverses parties, dont il est ici question, constituent les composantes propres de chaque étape, de chaque crise de croissance. La personne ressort de chaque étape avec un degré de sécurité ou de vulnérabilité bien relatif, compte tenu des solutions plus ou moins adéquates découlant de chacune des étapes précédentes.

LES HUIT ÉTAPES DU DÉVELOPPEMENT DE LA PERSONNALITÉ

Les composantes des huit étapes du développement de la personnalité sont les suivantes :
1) la confiance fondamentale, *basic trust* (ou la méfiance fondamentale) ;
2) l'autonomie (ou la honte et le doute) ;
3) l'initiative (ou la culpabilité) ;
4) l'activité (ou l'infériorité) ;
5) l'identité (ou la diffusion des rôles) ;
6) l'intimité (ou l'isolement) ;
7) la créativité (ou la stagnation) ;
8) l'intégrité personnelle (ou le désespoir).

5.3.3. INTÉGRATION DES THÉORIES DE FREUD ET D'ERIKSON

Nous allons maintenant décrire les stades définis par FREUD et énumérer en même temps les étapes correspondantes du développement de la personnalité selon ERIKSON.

STADE ORAL (0 À 14 MOIS)

On qualifie ainsi ce stade parce que les diverses motivations du nourrisson s'organisent surtout sous le primat de la sensibilité buccale. Le mode de relation enfant - parents est dominé par les soins alimentaires. Il s'agit d'une relation de dépendance totale du bébé envers ses parents, surtout envers sa mère.

À ce stade, l'enfant n'a pas encore appris à contrôler ses besoins et il exige une satisfaction immédiate, selon le **principe du plaisir**. La réponse de l'entourage, cependant, ne peut pas être toujours immédiate, compte tenu d'un certain nombre de facteurs de la réalité (**principe de la réalité**).

C'est ainsi que, dès le début de la vie, s'établissent déjà différents modèles relationnels : la demande de satisfaction d'un besoin constitue une force, une motivation rencontrant, d'un autre côté, un certain nombre d'exigences (autre pôle de forces) ; toute bonne solution à ce conflit permet la maturation.

C'est aussi, selon ERIKSON, l'étape de l'acquisition de la **confiance fondamentale** ou de son inverse, la **méfiance**. L'acquisition d'un état de confiance envers les autres, comme envers soi-même, constitue la pierre angulaire du développement de la personnalité, la première composante de la vie relationnelle de toute personne. L'enjeu de la qualité des rapports humains établis avec le bébé est considérable. Les besoins individuels doivent être satisfaits certes, mais il y a aussi toute la façon d'être avec l'enfant qui garantit ou non la fidélité et la sûreté de l'entourage immédiat comme de la communauté où est né l'enfant.

Les modèles d'approche envers l'enfant, dès la première année, dépendent de ce que sa communauté, par son entourage immédiat, juge utile ou nécessaire pour le devenir idéal d'un humain. C'est dès ses premiers contacts avec les autres que l'enfant commence à apprendre les principales modalités de sa culture. Ce qui est considéré comme utile ou nécessaire peut varier beaucoup d'une culture à l'autre et même d'un quartier à l'autre.

Si cette première étape n'est pas réussie, c'est-à-dire si l'enfant n'a pu être satisfait dans ses besoins oraux comme dans la protection qu'il doit recevoir, il développera alors un sentiment de méfiance très profondément ancré à l'égard des autres et de lui-même.

Du point de vue structural, le début de la vie est dominé par les besoins du Ça, l'enfant fonctionnant selon le **processus primaire** et son action étant commandée par le principe du plaisir. À la fin de sa première année de vie, cependant, il a déjà appris à attendre et il commence à pouvoir soumettre ses besoins aux exigences de la réalité. Il commence à fonctionner selon le **processus secondaire**, son action devenant de plus en plus soumise au principe de la réalité.

Les traits de caractère marquants de la personne, à la fin de ce stade ou étape, sont des traits d'optimisme et de confiance chez les uns, d'avidité et de méfiance chez les autres. Dans le premier cas, le sujet se sent toujours assuré d'une aide quelconque. La personne elle-même se montre généreuse. Ces traits reflètent une fixation à une image parentale de toute-puissance, de forte protection et de grande générosité. Dans le second cas, les traits d'avidité sont marqués par des besoins de dépen-

dance. Sur le plan relationnel, des sentiments d'insatisfaction et de méfiance se sont installés. Il en ressort des marques d'envie, de jalousie, d'avidité, de tendances fortement possessives, des marques d'impatience et d'impulsivité.

STADE ANAL (14 MOIS À 3 ANS)

Par ce terme, on définit une phase du développement de la personnalité où l'enfant apprend à contrôler ses fonctions sphinctériennes, pouvant se permettre de laisser aller ou de retenir suivant son bon plaisir. ERIKSON a bien décrit le mode relationnel rattaché à ce stade. C'est pour lui la deuxième étape du développement de la personnalité, d'où l'enfant émerge en ayant acquis les bases de l'**autonomie** ou, dans la négative, un profond sentiment de **honte** et de **doute**.

Tout en étant toujours très dépendant, tout en ayant toujours besoin d'un climat de confiance, l'enfant, à ce moment, commence à expérimenter sa volonté. Il s'agit d'un pouvoir nouveau découlant d'une nouvelle capacité : contrôler ses fonctions sphinctériennes. Dans sa relation avec ses parents domine un véritable pouvoir de négociation : s'obstiner ou se soumettre à la demande parentale.

De plus, l'accroissement de sa maturité locomotrice, de son langage, de même que l'apparition d'un certain pouvoir de discrimination élargissent beaucoup le champ d'action de l'enfant, ce qui favorise l'acquisition de son autonomie. Il est arrivé à l'étape où il veut posséder ou rejeter selon son bon vouloir. Parce qu'il apprend progressivement à se distinguer de l'autre dans ses désirs, il fait évidemment ses premières démarches vers l'émancipation. Cette étape contribue donc à l'acquisition d'un début d'identité, jetant déjà les bases de la capacité de choisir et de diriger son avenir.

C'est par une saine fermeté dans leur relation avec l'enfant que les parents lui apprendront le discernement et la prudence dans l'exercice de ses désirs. Ils éviteront aussi les contrôles exagérés qui favorisent la tendance au doute, tout en épargnant à l'enfant la perte de contrôle de soi par l'absence de direction, le résultat pouvant être un sentiment progressif de honte.

Pour l'aspect du fonctionnement de l'appareil psychique, on voit progressivement le principe de réalité remplacer le principe du plaisir et le fonctionnement s'établir selon le processus secondaire. Le Moi se structure davantage sous la pression des diverses réalités auxquelles l'enfant doit faire face en regard de ses diverses motivations.

Les traits de personnalité qui peuvent être reliés à ce stade ou à cette étape découlent du mode relationnel établi entre l'enfant et son entourage immédiat, 1) par rapport à l'éducation sphinctérienne mais aussi 2) par rapport au fait nouveau de l'opposition que peut manifester l'enfant envers son entourage et 3) par rapport à sa démarche vers l'autonomie.

Si, en grandissant, l'enfant est imprégné par le besoin de satisfaire sa tendance au plaisir, il manifestera des marques de caractère comme l'obstination (ténacité, persévérance, autoritarisme), la difficulté d'abandonner les objets (mesquinerie, avarice), la tendance à collectionner, la tendance au désordre, au rejet, à la lutte contre l'autorité. Si, par contre, la formation réactionnelle s'est développée comme mécanisme d'adaptation (s'opposant à la tendance au plaisir), l'enfant deviendra soumis, résigné, ayant tendance à la prodigalité, à la surpropreté et à l'ordre (méticulosité, ponctualité, perfectionnisme, fidélité aux engagements, scrupules, doutes, sens du devoir très développé) ; on trouve aussi, comme traits de caractère, la grande politesse, l'obséquiosité, le souci de la justice et le respect de toute autorité.

STADE PHALLIQUE OU ŒDIPIEN (3 À 6 ANS)

C'est le stade du développement de la personnalité, au cours duquel les pulsions de l'enfant, comme les modalités relationnelles avec son entourage, se vivent autour de la différence des sexes.

Pendant cette période, il appert que l'enfant choisit pour la première fois un objet sexuel bien délimité.

Nous allons définir, dans les lignes qui suivent, ce que FREUD a appelé le **complexe d'ŒDIPE**. À cette étape, le garçon ou la fille aime le parent de sexe opposé. L'enfant rencontre un premier compétiteur à sa séduction dans le parent de même sexe. L'enfant éprouve alors des sentiments de jalousie et d'agressivité envers ce compétiteur. Mais sa faiblesse devant la situation, les craintes qu'il développe à l'égard de son compétiteur (crainte de perdre l'amour de la mère pour la fille, l'amour du père pour le garçon en plus de sa crainte de castration) et la culpabilité ressentie à cause des interdits qui lui sont transmis, toutes ces raisons feront que l'enfant finira par abandonner son projet initial de séduction du parent du sexe opposé et procédera plutôt à l'identification au parent du même sexe. Tout ce processus aboutira, pour l'enfant, à apprendre à obtenir des personnes du sexe opposé les mêmes faveurs que celles désirées au début du stade phallique, c'est-à-dire l'affection et l'estime plutôt que les gratifications personnelles.

C'est l'étape de l'**initiative** ou de la **culpabilité** selon ERIKSON. Une fois l'autonomie acquise, l'enfant s'attarde à découvrir ce qu'il peut devenir. En plus d'être porté à l'initiative, grâce à l'identification aux parents, il évoluera psychologiquement grâce à trois types importants de maturation : le perfectionnement du développement locomoteur, du langage et de l'imagination. L'enfant peut maintenant se déplacer à volonté, s'éloigner, disparaître, revenir, son champ d'action étant devenu très large. Grâce au langage, il peut communiquer sur un grand nombre de sujets avec un grand nombre de personnes, interroger surtout, comprendre souvent mais se méprendre souvent aussi. Enfin, le perfectionnement du développement locomoteur et du langage fournit à l'imagination de l'enfant des rôles nouveaux : entreprendre, proposer, organiser, agir. L'enfant en découvrant l'action fait montre d'initiative, base de la réalisation de ses ambitions et de ses projets rêvés.

L'initiative implique elle aussi des sentiments de rivalité envers ceux qui occupent déjà le domaine où l'on veut diriger son action (vécu œdidien par exemple). Le danger de cette troisième étape est le développement d'un trop fort sentiment de culpabilité si les interdits sont trop nombreux et trop culpabilisants par rapport à l'exubérance manifestée.

Du point de vue structural, le principe de la réalité a vraiment pris le dessus sur le principe du plaisir et d'autres mécanismes d'adaptation viennent s'attacher au Moi, dont l'identification.

De plus, c'est à cette période que le Surmoi prend vraiment forme, par introjection des interdits parentaux et de leurs exigences. Il faut noter cependant que, dès le stade oral et aussi durant l'éducation sphinctérienne, les parents ont transmis des préceptes d'éducation à l'enfant et que ces exigences et ces interdits peuvent déjà avoir favorisé le début de la formation du Surmoi.

Les traits de personnalité marquant ce stade sont la naissance de l'initiative, comme le souligne ERIKSON, si l'aboutissement de cette étape est positif. Selon les modes relationnels de cette période, d'autres traits de caractère, plus ou moins exagérés, plus ou moins normaux, peuvent marquer l'enfant. C'est ainsi que l'on peut observer un comportement de séduction, un besoin de plaire et d'attirer l'attention, des besoins affectifs plus ou moins égocentriques. De ces besoins affectifs pourront découler diverses attitudes : des décharges émotionnelles très fortes sous forme de crises nerveuses, de colères, de crises de larmes ; des comportements de chantage et des comportements à visées manipulatrices ; une plus ou moins grande suggestibilité, laissant voir le caractère influençable et inconstant de la personne ; la mythomanie aussi, c'est-à-dire la comédie, le mensonge et la fabulation laissant voir le caractère imaginaire de la relation avec autrui ; enfin, signalons tous les troubles d'ordre sexuel qui peuvent survenir plus tard si l'enfant n'arrive pas à trouver des solutions satisfaisantes aux sentiments vécus durant le stade œdipien.

PHASE DE LATENCE (6 ANS À LA PUBERTÉ)

L'enfant sortant du stade œdipien (ou de l'étape de l'initiative) marque un temps d'arrêt dans son évolution libidinale (recherche instinctive du plaisir, selon la théorie freudienne). Cette période située entre l'âge de 6 ans et le début de la puberté est qualifiée de phase de latence uniquement par rapport à l'évolution de la libido, car dans bien d'autres domaines le développement de la personnalité se poursuit très activement.

C'est l'étape de l'**activité** ou de l'**infériorité** selon ERIKSON. C'est aussi l'âge scolaire, l'âge de l'identification aux tâches. Comme l'a écrit ERIKSON (1972, p. 118) :

> À la fin de sa période d'imagination expansive, l'enfant est disposé à apprendre rapidement et avidement, à devenir grand dans le sens de la participation aux diverses obligations, à la discipline et à l'exécution des tâches.

Son champ d'intérêt et d'attachement s'agrandit. Il admire d'autres personnes : ses enseignants, les parents des autres enfants, ses amis, autant d'individus qu'il va regarder agir et qu'il va essayer d'imiter.

Cette étape est axée sur l'activité, le développement de diverses habiletés, l'étude de différentes techniques. L'enfant apprend ainsi à se maîtriser pour mieux agir et construire ; il apprend aussi à maîtriser son environnement par l'expérimentation, la planification, la participation.

C'est au cours de cette période que l'enfant vit sa première expérience sociale totale hors du milieu familial, à partir de sa fréquentation scolaire. Il apprend à fonctionner en groupe, à rencontrer ses semblables, à organiser des jeux et des travaux avec eux. Il gagne en plus la reconnaissance des autres à partir de ce qu'il produit.

On comprend dès lors que le succès des étapes suivantes dépendra pour beaucoup de la résolution des étapes précédentes. En effet, si l'enfant éprouve de sérieux problèmes du côté de la confiance, de l'autonomie et de l'initiative, il tombera carrément dans un sentiment d'infériorité. À ce propos, rappelons un principe important énoncé par ERIKSON (1974, p. 172) :

> La fermeté doit le protéger contre l'anarchie potentielle ... En même temps .... son environnement .... doit le protéger contre des expériences inutiles de doute et de honte.

Durant cette quatrième étape du développement de la personnalité, on assiste au renforcement du Moi. Il développera des mécanismes d'adaptation permettant une meilleure coexistence des exigences du Ça et du Surmoi. Cette dernière instance s'enrichit d'ailleurs de tout ce qu'a appris l'enfant à partir des nouveaux contacts qu'il a pu établir.

Parmi les mécanismes de défense (ou d'adaptation) qui se développent pendant cette période, signalons le refoulement, l'identification et la sublimation.

En plus de développer ses tendances à l'activité, l'enfant voit se préciser davantage les différents traits de personnalité qui avaient commencé à se former aux stades antérieurs. Ces traits de personnalité peuvent aussi se modifier en fonction des nouvelles relations qu'établit l'enfant et des différents modes d'apprentissage qui peuvent le marquer.

PUBERTÉ ET ADOLESCENCE

Dans la théorie freudienne, c'est la phase où réapparaissent les pulsions agressives et libidinales de l'enfant, réactivant des tendances infantiles, ramenant le problème du choix. C'est, au fond, l'étape de la crise d'identité si bien décrite par ERIKSON dans son livre *Adolescence et crise*.

L'identité de l'adolescent va se préciser autour d'un certain nombre de caractéristiques : ses goûts, ses affinités, sa reconnaissance corporelle, son image de soi, son choix sexuel, son identité sociale, politique, professionnelle. Selon les paroles mêmes d'ERIKSON (1972, p. 126) :

> Dans n'importe quelle période donnée de l'histoire, cette partie de la jeunesse disposera donc du moment le plus positivement excitant qui puisse se rencontrer dans le flot des tendances techniques, économiques ou idéologiques, prometteuses, apparemment, de tout ce que pourrait réclamer la vitalité juvénile.

Bien sûr, si l'adolescent a pu acquérir plus tôt un plein sentiment de confiance en soi et aux autres, il pourra croire pleinement en certains humains et en certaines idées. Il pourra démontrer qu'il est lui aussi digne de confiance.

Un sentiment d'autonomie bien installé le place sur le chemin de choix différents en plein accord avec lui-même et en pleine sécurité quant aux avenues qu'il désire explorer. S'il a bien traversé l'étape de l'initiative, il a développé une imagination forte qu'il pourra mettre à profit dans sa rencontre avec les autres et dans la réalisation de ses aspirations et de ses plans d'action.

Enfin, lorsqu'il aura produit quelque chose par sa propre activité, il aura acquis le goût de la création. C'est le sentiment qui le mènera vers le choix d'un métier, l'exercice d'une fonction.

Le danger de cette étape est une confusion d'identité, une diffusion des rôles. L'échec dans les tentatives du jeune pour établir des relations personnelles, les difficultés à établir un choix sexuel, l'incapacité de se trouver une identité professionnelle, voilà autant de manifestations qui pourront engendrer une confusion d'identité.

Sur le plan théorique, nous avons rapporté l'essentiel de la théorie freudienne concernant le développement de la personnalité. ERIKSON présente trois autres étapes du développement de la personnalité, tenant compte aussi de l'évolution survenant durant la vie adulte jusqu'à la vieillesse.

JEUNE ADULTE (INTIMITÉ OU ISOLEMENT)

Après l'identité vient l'intimité définie par rapport à la possibilité qu'a la personne de s'engager dans des relations avec autrui sans crainte de perdre son identité. Bien sûr, il peut s'agir de l'intimité au point de vue des relations sociales, de l'amitié, des rencontres érotiques, des aspirations communes avec un partenaire, ou des rapports intimes avec sa propre vie intérieure. L'existence de l'intimité suppose nécessairement l'existence de la mutualité, c'est-à-dire un rapport double et simultané, un échange d'actes ou de sentiments. L'absence de pareils échanges, par contre, rend les relations interpersonnelles à peu près impossibles ou stéréotypées. Un profond sentiment d'isolement découle nécessairement d'une semblable incapacité.

ÂGE MÛR (CRÉATIVITÉ OU STAGNATION)

La créativité ne se décrit pas seulement par la reproduction. Créer et procréer font partie de l'essence même de toute personne saine, d'âge mûr. À cette période de la vie, la personne éprouve un grand besoin de sentir que l'entourage la réclame. Elle est aussi préoccupée par les liens à établir avec la génération montante, cherchant à la guider ou bien à agir dans tout champ d'action ou « de créations altruistes pouvant absorber leur forme particulière à l'énergie parentale » (ERIKSON, 1972, p. 134).

Si un tel enrichissement fait défaut, l'ennui et la stagnation peuvent s'installer. Il y aura alors un appauvrissement des relations interpersonnelles, un manque de projets significatifs, un désintérêt progressif et une démission. Selon ERIKSON, la nouvelle génération dépend des gens d'âge mûr et les gens d'âge mûr, de la nouvelle génération.

TROISIÈME ÂGE (INTÉGRITÉ PERSONNELLE OU DÉSESPOIR)

Chez la personne qui avance en âge, qui a pris soin des choses et des gens et qui s'est adaptée aux succès et aux déceptions liés au fait d'être, par nécessité, générateur d'autres personnes et promoteur d'idées et de choses, c'est chez elle seulement que le fruit des sept stades mûrit progressivement. (ERIKSON, 1972, p. 135)

Le terme employé par ERIKSON pour qualifier cet état est celui d'intégrité. Seule cette personne est prête à défendre son style de vie contre toute menace physique ou économique et est capable de le faire. Son intégrité se mesure à la somme de ses participations, de ses réalisations, de son vécu à travers les diverses étapes significatives de sa vie.

S'il y a absence ou perte de l'intégrité, le dégoût et le désespoir apparaissent. Ce dernier sentiment exprime que le temps est maintenant trop court pour commencer une autre vie et expérimenter d'autres voies pouvant mener à l'intégrité. Un pareil désespoir se cache souvent derrière un étalage de dégoût et de misanthropie. L'insatisfaction a un caractère chronique et le plus souvent est mêlée de mépris envers les personnes et les choses.

* * *

FREUD et d'autres ont décrit les premières années de la vie comme étant déterminantes pour la vie psychique d'une personne. Certes ces premières années apparaissent marquantes dans la genèse de la personnalité, mais il n'est pas exclu pour autant que le développement évolue sur l'ensemble d'une vie, comme l'ont conceptualisé ERIKSON et d'autres après lui. Dans la perspective d'un développement selon des cycles de la vie, l'interaction de l'individu avec son environnement est primordiale. Le système de valeurs véhiculé par une société donnée, les modalités d'expression permises et les différents rôles joués par différents membres de cette société représentent un pôle de forces ; l'autre est représenté par les besoins que tout être humain doit satisfaire indépendamment des valeurs sociales (besoins biologiques et psychiques). Des tensions ainsi suscitées doivent surgir des activités et des comportements répondant à la fois aux besoins de la personne et à ceux de son environnement.

À titre d'illustration de ces ajustements à long terme de la personnalité, en plus du résumé précédent concernant la théorie d'ERIKSON, nous présentons le résumé d'une autre théorie concernant le développement selon les cycles de la vie, la théorie de LEVINSON.

Figure 5.1. CYCLES DE LA VIE SELON LEVINSON

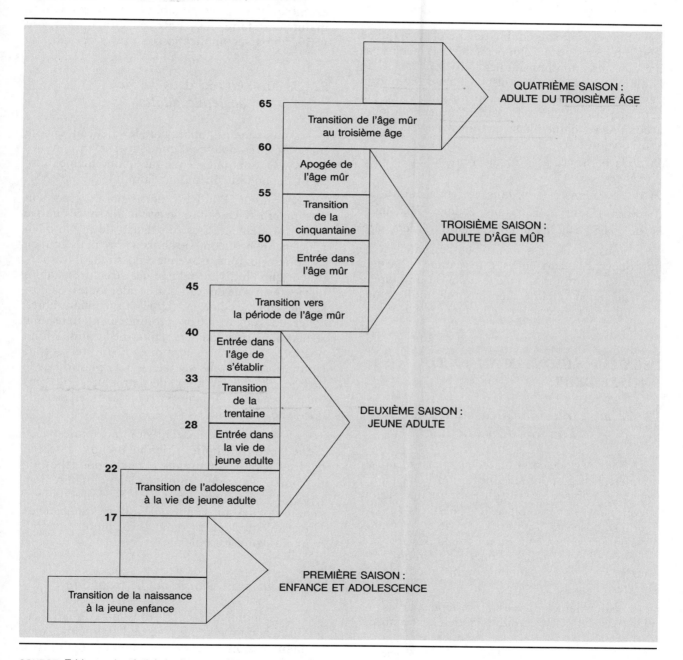

SOURCE : Tableau adapté, tiré de : LEVINSON (1978, p. 20 à 64).

5.3.4. THÉORIE DE LEVINSON

LEVINSON et son équipe de chercheurs, qui se sont intéressés au développement de la personnalité chez les hommes adultes*, divisent la vie de l'homme en quatre « saisons ». Chacune comporte des caractéristiques qui lui sont propres et évolue sur une période d'une vingtaine d'années, toujours accompagnée d'une phase de transition vers la saison suivante :

1) de la naissance à ± 22 ans, l'enfance et l'adolescence ;
2) de ± 22 ans à ± 45 ans, le jeune adulte ;
3) de ± 45 ans à ± 65 ans, l'adulte d'âge mûr ;
4) de ± 65 ans à la mort, l'adulte du troisième âge.

Nous allons passer en revue l'essentiel de ce qui concerne la deuxième saison (jeune adulte) et la troisième saison (adulte d'âge mûr) du développement de la personnalité chez l'homme adulte. Nous reprendrons à l'intérieur de chacune des saisons les diverses étapes qui y sont vécues.

DEUXIÈME SAISON : JEUNE ADULTE (QUATRE ÉTAPES)

17 - 22 ans : transition de l'adolescence à la vie de jeune adulte

Cette période comprend deux phases. Dans la première, il s'agit pour le jeune de sortir de l'adolescence. Carrefour de la vie, dit ERIKSON, mais il faut parvenir à y trouver sa place. Les questions que l'individu se pose sur la nature de la vie et sur tout ce qui l'entoure, de même que les réponses trouvées feront que des relations jusque-là très importantes pour parachever son identité seront modifiées ou s'arrêteront là tout simplement.

La deuxième phase est représentée par les premiers pas dans la vie adulte, laquelle est marquée par toutes les exigences de la société. Après avoir examiné ses diverses possibilités, la personne doit maintenant faire des choix, chacun devant être vérifié dans ses applications.

22 - 28 ans : entrée dans la vie de jeune adulte

Peu de temps auparavant, le sujet était encore un enfant, un adolescent qui, tout en marquant des pas vers l'autonomie, demeurait quand même fortement dépendant du milieu familial.

À présent, l'individu doit s'établir, créer son propre milieu. Le centre de gravité de sa vie change alors grandement. C'est un temps de la vie où il reste encore beaucoup de choix à faire mais, tout en explorant le plus d'avenues possible, il devient urgent que l'individu se crée des structures stables de vie. D'un côté donc, il doit sonder toutes ses possibilités comme adulte, retenir le plus d'options libres, éviter de s'engager trop profondément dans une seule voie, et ce, tout en explorant le plus à fond possible les diverses options. D'un autre côté, comme nous l'avons signalé, sur le plan du style de vie, il doit s'établir des structures de plus en plus stables afin de parvenir à un niveau de créativité satisfaisant.

Si la première thèse prédomine, tout est vécu d'une façon transitoire et rien ne prend racine. Par contre, s'il y a prédominance de la seconde thèse, la personne risque de s'emprisonner prématurément dans des structures trop rigides sans pouvoir jamais explorer suffisamment les diverses alternatives. Un juste équilibre est donc particulièrement souhaitable, voire essentiel.

28 - 33 ans : transition de la trentaine

À ce moment, l'aspect transitoire dont il a été question auparavant fait place à des structures plus permanentes, mais pas nécessairement définitives. En effet, si un changement s'avère nécessaire,

---

* Pour une description du développement de la femme, voir le chapitre 30, section 30.4.

mieux vaut le faire immédiatement sinon il risque d'être trop tard pour agir. Un homme peut alors réaffirmer ses choix antérieurs ou, au contraire, être placé devant l'impératif de les modifier considérablement. Pour certains, le tout peut se vivre comme un temps de réforme, mais non de révolution. Pour d'autres, par contre, il pourra s'agir d'une période comportant des états de crise sévères. Dans ce cas, les choix antérieurs et les structures établies deviennent intolérables, mais le sujet est incapable de formuler de meilleurs choix, de bâtir une meilleure structure. Il surgit alors un danger modéré ou même sévère d'expérimenter le chaos, la dissolution, la perte d'espoir dans l'avenir.

33 - 40 ans : l'âge de s'établir

Deux tâches importantes attendent l'homme durant cette période. En premier lieu, il doit établir sa place dans la communauté en y renforçant sa position et en développant au maximum ses compétences afin d'être reconnu comme un homme de valeur parmi les siens. En deuxième lieu, il doit lutter continuellement pour avancer et progresser.

Les composantes majeures de cette période peuvent être énumérées comme suit :

1) on doit pouvoir réaliser ses aspirations de jeunesse dans sa famille, dans ses relations d'amitié, dans la place qu'on occupe au sein de la société, dans son travail et dans ses loisirs ;

2) on doit ressentir une progression continuelle par ses réalisations, son renom et sa puissance accrue.

À la fin de cette période, l'homme a besoin de ressentir qu'il est un membre à part entière de sa communauté et qu'il inspire le respect à ses concitoyens.

Ainsi se termine l'analyse des quatre étapes de la deuxième saison (jeune adulte), laissant place à la troisième saison (adulte d'âge mûr).

TROISIÈME SAISON : ADULTE D'ÂGE MÛR (QUATRE ÉTAPES)

40 - 45 ans : transition vers la période de l'âge mûr

Nouvelle transition, dirons-nous ? D'après le travail de LEVINSON et de ses collaborateurs, le développement de l'homme adulte est parsemé de périodes de transition, parce qu'il n'existe aucune structure assez parfaite pour qu'il vive à fond chaque aspect de lui-même. En effet, quand le choix d'un individu s'est arrêté sur un certain nombre de priorités, d'autres possibilités ont dû être reléguées au second rang. Le potentiel relié à ces possibilités cherche quand même un mode quelconque d'expression, surtout si les réalisations antérieures ne sont pas particulièrement valorisantes. Ce besoin de mettre de plus en plus en valeur ses diverses possibilités explique les nombreuses périodes de transition que doit traverser l'homme.

À la phase de transition vers la période de l'âge mûr, les composantes sont les suivantes : l'homme se questionne sur sa vie passée, sur ses relations avec son épouse, avec ses enfants et avec ses amis. Il s'interroge aussi sur sa place dans la communauté, sur ses réalisations, sur son travail et sur la possibilité d'accéder à de nouvelles tâches. Il continue toujours d'aspirer à une vie où tous ses désirs, toutes ses aspirations et tous ses talents pourraient s'exprimer.

D'après les résultats obtenus à partir des recherches de LEVINSON, un petit groupe traverserait cette période sans trop se questionner, sans trop chercher ailleurs ce qui lui manque et n'apparaîtrait pas trop troublé. Un autre petit groupe modifierait certaines composantes de sa vie sans rencontrer de difficultés majeures. Pour la majorité, cependant, il s'agit d'une période de grande lutte. Chaque aspect de la vie est alors examiné et l'on éprouve un sentiment profond de ne plus pouvoir fonctionner comme auparavant. Plusieurs années peuvent alors être nécessaires à la personne pour réussir des modifications en profondeur ou pour s'orienter dans une toute nouvelle voie.

45 - 50 ans : entrée dans la période de l'âge mûr

La fin de la période de transition dont nous venons de parler est marquée par des changements à peine perceptibles pour les uns et très marqués pour les autres. Ces changements peuvent viser autant de nouvelles modalités dans la façon de vivre que les satisfactions qu'on peut retirer de la vie, ou encore les deux à la fois :

1) *Changements visant de nouvelles modalités dans la façon de vivre* Ou bien l'homme s'était emprisonné dans des structures qui, de toute évidence, l'étouffaient et le forçaient à opérer d'autres choix, ou bien les changements sont précipités par la survenue d'un événement marquant. Citons, par exemple, la mort d'une personne significative, un divorce, une maladie sérieuse, un changement de travail, un changement de région. Même des changements à peine perceptibles pour l'entourage peuvent représenter des événements majeurs pour les individus en cause.

2) *Changements visant les satisfactions qu'on peut retirer de la vie* Certains hommes ont dû essuyer des défaites irréparables durant les années antérieures. Ils sont alors peu capables de modifier quoi que ce soit pour arriver à un degré de satisfaction le moindrement adéquat. Les ressources intérieures comme les ressources extérieures faisant défaut, ces hommes subissent un étranglement qui les enserre progressivement jusqu'à leur déclin. D'autres vont tenter d'organiser leur vie en fonction de la communauté environnante, mais sans que cette organisation soit reliée à leurs besoins intérieurs. Ils vivent alors une vie complètement vide de pensées, de fantaisies ou d'excitations de quelque ordre que ce soit. D'aucuns, par contre, vivent cette période

comme la plus complète et la plus créatrice de leur vie. Ils parviennent à se sentir moins tyrannisés par leurs ambitions, par leurs diverses passions et par leurs illusions de jeunesse. Ils peuvent établir des relations interpersonnelles multiples et très satisfaisantes, tout en demeurant capables d'indépendance et de détachement.

50 - 55 ans : transition de la cinquantaine

L'homme peut travailler à améliorer ce qu'il a acquis durant la période précédente, ou bien il peut modifier une autre fois les nouvelles structures de vie qu'il s'était données. Un épisode important de crise peut alors survenir pour les hommes qui avaient trop peu changé certains aspects de leur vie à la transition vers la période de l'âge mûr. La structure de vie alors constituée devient insatisfaisante.

Selon LEVINSON, il est impossible qu'un homme traverse la période de l'âge mûr sans avoir à subir un épisode modéré de crise, soit à la période de transition vers l'âge mûr, soit à la période de transition de la cinquantaine, si rien ne s'est passé auparavant.

55 - 60 ans : apogée de l'âge mûr

C'est une période qui apparaît généralement stable. Se solidifie alors tout ce qui a pu prendre racine durant la troisième saison de l'homme, entre 40 et 60 ans. Pour les hommes capables de se garder jeunes et de continuer d'enrichir leur vie, la période de la cinquantaine peut être une période de grands accomplissements.

QUATRIÈME SAISON : ADULTE DU TROISIÈME ÂGE

60 ans et plus : transition de l'âge mûr au troisième âge

C'est la quatrième saison de l'homme, la saison du vieillissement, celle qu'ERIKSON a qualifiée d'étape du sentiment d'intégrité personnelle ou, à l'opposé, du sentiment de désespoir. Cette période, LEVINSON ne l'a pas encore systématiquement étudiée. C'est donc au chapitre 27, traitant de la psychogériatrie, que le lecteur pourra parfaire ses connaissances sur les spécificités du vieillissement normal. D'autre part, pour ce qui concerne les cycles de la vie chez la femme, on se reportera au chapitre 30 qui porte exclusivement sur la femme.

5.4.
CONCLUSION

Évidemment, tout ce que nous avons exprimé dans ce chapitre n'est pas toujours aussi clairement défini ni aussi bien structuré dans la réalité. La multitude des éléments qui influencent le développement d'un individu pendant toute une vie nous empêche d'arriver à rendre parfaitement compte, dans tous les détails, d'un tel développement.

En résumé, nous affirmons que l'humain, génétiquement marqué dans son espèce et son individualité, est aussi orienté et façonné par son environnement. Nous avons d'ailleurs rapporté ici une quantité importante de phénomènes qui viennent confirmer cette affirmation. Tous ces phénomènes ayant une dimension bio-psycho-sociale commen-

cent à influencer le développement de la personnalité dès la conception et se poursuivent durant toute la vie.

En terminant, nous voulons mettre le lecteur en garde contre de fausses impressions d'évidence concernant des notions que plusieurs auteurs ont tenté d'éclaircir dans des œuvres entières, souvent avec des succès mitigés. Nous voulons aussi l'exhorter à éviter l'écueil du dogmatisme en matière de théories sur le développement de la personnalité. Ce qui a été présenté ici constitue un choix d'idées, mais il y a beaucoup d'autres travaux qui portent sur le développement de la personnalité. Si seulement nous avons réussi à faire comprendre au lecteur la complexité du sujet et à le convaincre de la prudence dont on doit faire preuve dans l'étude de la personnalité d'un individu ainsi que dans l'interprétation de son comportement, nous aurons alors atteint notre objectif.

5.5.
DÉFINITION DE LA PERSONNALITÉ

La personnalité se reconnaît à la façon qu'a un individu de penser, de ressentir, d'agir, de réagir, le tout correspondant aux mécanismes d'adaptation qu'il a développés pour s'ajuster à sa vie intérieure comme à la réalité extérieure.

BIBLIOGRAPHIE

BOUVERESSE, R.
1976 « Jean Piaget », *Psychologie*, vol. 83, p. 45-55.

ERIKSON, E.H.
1972 *Adolescence et crise*, Paris, Flammarion.

1974 *Enfance et société*, Neuchâtel, Delachaux et Niestlé.

FREUD, A.
1972 *Le moi et les mécanismes de défense*, Paris, PUF.

FREUD, S.
1964 *Abrégé de psychanalyse*, Paris, PUF.

GRATIOT-ALPHANDÉRY, H. et R. ZAZZO
1973 « La formation de la personnalité », *Traité de psychologie de l'enfant*, vol. 5, Paris, PUF.

KOHLBERG, L.
1976 « Moral Stages and Moralization : The Cognitive Developmental Approach », *Moral Development and Behavior* (T. Leckona, édit.), New York, Holt, Rinehart & Winston, p. 31-53. Cité par le Comité de la santé mentale du Québec, *De la biologie à la culture*, Québec, Direction générale des publications gouvernementales, 1985, p. 49-52.

KRAFT, A.M.
1977 *Psychiatry*, New York, Arco.

LAPLANCHE, J. et J.-B. PONTALIS
1978 *Vocabulaire de la psychanalyse*, Paris, PUF, p. 29, 104, 112, 117, 169, 187, 204, 209, 215, 343, 392, 465.

LEMPERIÈRE, T. et A. FÉLINE
1977 *Abrégé de psychiatrie de l'adulte*, Paris, Masson.

LEVINSON, D.J.
1978 *The Seasons of a Man's Life*, New York, Alfred H. Knopp.

MALCUIT, G., L. GRANGER et A. LAROCQUE
1972 *Les thérapies behaviorales*, Québec, Presses de l'Université Laval.

MORGAN, C.T.
1976 *Introduction à la psychologie*, Montréal, McGraw-Hill.

NEUGARTEN, B.L.
1979 « Time, Age and the Life Cycle », *American Journal of Psychiatry*, vol. 136, n° 7 (juillet), p. 887-894.

SHEEHY, G.
1978 *Passages*, Montréal, Éd. Select.

LECTURES SUGGÉRÉES

HOUDE, R.
1986 *Les temps de la vie : le développement psychosocial de l'adulte selon la perspective du cycle de vie*, Chicoutimi, Gaëtan Morin éditeur.

LEMAY, M.
1983 *L'éclosion psychique de l'être humain*, Paris, Éditions fleuries.

CHAPITRE 6

EXAMEN PSYCHIATRIQUE

Jean-François Denis
M.D., L.C.M.C., C.S.P.Q., F.R.C.P.(C)
Psychiatre à la Cité de la Santé de Laval
Professeur adjoint de clinique à l'Université de Montréal

Jacques Gagnon
M.D., C.S.P.Q., F.R.C.P.(C)
Psychiatre, chef du Département de psychiatrie de l'hôpital Maisonneuve-Rosemont (Montréal)
Professeur adjoint de clinique à l'Université de Montréal

PLAN

6.1.
NOTIONS GÉNÉRALES

L'examen psychiatrique est un acte professionnel par lequel le médecin ou le psychiatre apprécie les signes et les symptômes de la maladie mentale : il en établit les liens de causalité avec les facteurs biologiques, psychologiques et relationnels, et il en énonce la formulation dynamique et la conclusion diagnostique.

Le médecin rédige ensuite un **rapport** plus ou moins détaillé selon les circonstances de l'examen. Les principaux objectifs de ce rapport sont les suivants :
— consigner et organiser les observations ;
— transmettre les informations à d'autres intervenants ;
— suivre l'évolution en regard des interventions thérapeutiques ;
— constituer un document médico-administratif.
Le rapport (histoire de cas, consultation, etc.) doit être conforme aux normes professionnelles en vigueur (au Québec, celles édictées par la Corporation professionnelle des médecins du Québec et diffusées par l'Association des psychiatres) ; il doit être assez explicite pour justifier les actes thérapeutiques aux points de vue médical, administratif et légal.

Le **dossier médical** demeure le principal outil de vérification de la qualité de l'acte professionnel, et il peut constituer un instrument de première valeur pour établir une défense contre les accusations de plus en plus fréquentes d'incurie médicale. Par exemple, le médecin notera qu'il a pris sa décision après avoir soupesé les risques et les avantages de son intervention et après en avoir informé le malade.

Au Québec, une loi récente facilite l'accès du patient à son dossier. Aussi recommandons-nous la prudence dans la rédaction des rapports. Il convient de noter les faits pertinents à la maladie en question sans verser dans une histoire romancée. On doit distinguer les faits observés *de visu* de ceux rapportés par le patient ou par une tierce personne. Au besoin, on peut énoncer un jugement sur l'authenticité et la fiabilité de l'information recueillie. Finalement, nous recommandons l'utilisation d'une terminologie scientifique pour réduire les erreurs d'interprétation.

6.2.
OBJECTIFS DE L'ENTREVUE

La révision du dossier antérieur et le recueil des informations fournies par des tierces personnes contribuent à faire connaître l'état du malade. L'entrevue psychiatrique n'en constitue pas moins la principale étape. Cette première évaluation comporte deux grands objectifs : recueillir des données et établir avec le patient une relation de confiance qui sera l'assise de l'alliance thérapeutique. Le recueil des données est essentiel à l'établissement du diagnostic et à l'appréciation du risque inhérent à l'état psychique.

La **portion subjective**, celle racontée par le malade ou par ses proches, est parfois assez juste et congrue à l'état du malade. À d'autres moments, le récit ne correspond pas à l'observation, ou bien il y a discordance entre les dires et les attitudes. Ces contradictions apparentes nous mettent sur la piste des artifices qui viennent biaiser l'examen : en premier lieu, il y a le désir du malade ou de ses proches d'influer sur la décision du clinicien quant à l'admission à l'hôpital ou au renvoi du patient dans son milieu ; vient ensuite le souci du patient d'obtenir des avantages sociaux ou monétaires en couvrant, par un certificat médical, des conflits de travail ou des gestes antisociaux ; finalement, les symptômes peuvent être exagérés ou minimisés par un processus de défense intrapsychique, soit la dramatisation dans les cas de personnalité histrionique ou la « belle indifférence » dans les cas de conversion hystérique.

La **portion objective** est constituée par les observations du clinicien au cours de l'entrevue et par les observations formulées par le personnel qualifié. Ces données sont d'autant plus valables si l'observateur est attentif, bien entraîné, et s'il possède des connaissances appropriées. Au cours de l'entrevue, l'objectif et le subjectif sont intimement intriqués ; le récit fait état des événements, mais aussi d'une vie émotive et d'un mode d'interprétation qui transforment l'événement. Lorsque les données concordent avec les observations, elles tendent à confirmer l'existence de la maladie. S'il y a discordance, l'observateur devra concevoir de nouvelles hypothèses pour expliquer ce phénomène et il tentera de les valider par la suite. En effet, tout au long de l'entrevue clinique, le médecin forme constamment des hypothèses explicatives ou à caractère diagnostique qu'il tente de confirmer ou d'invalider par la recherche *de visu* de la vérité.

L'entrevue psychiatrique consiste en une série d'interactions qui mettent en œuvre la pensée formelle et l'intuition, la déduction et l'induction, le récit et le non-verbal, le matériel conscient et les phénomènes inconscients. La conclusion découlera d'une intégration de ces divers paramètres.

Le médecin utilisera toute son habileté afin d'établir avec son patient un lien de confiance (empathie) indispensable pour avoir accès à la vie psychique de celui-ci, pour le connaître dans l'intimité de ses conflits inconscients, au delà d'une vision phénoménologique. Une bonne entrevue d'évaluation apporte souvent un soulagement au malade et constitue un point d'ancrage pour le développement de l'alliance thérapeutique.

6.3.
MÉTHODES D'ENTREVUE

6.3.1. ANAMNÈSE ASSOCIATIVE

La méthode associative dérive de l'entrevue psychanalytique où le patient est invité à parler de lui-même sans restriction et par libre association de ses idées. Les mots, les silences, les successions d'idées et les hésitations prennent leur signification dans la relation transférentielle avec l'analyste. Cette méthode révèle les conflits inconscients qui génèrent des comportements inadaptés répétitifs. Elle met en évidence les mécanismes de défense et la structure de la personnalité.

L'évaluateur pose des questions ouvertes, souligne les mots chargés de sens, utilise les silences et la frustration de la non-réponse pour favoriser les associations libres. Ce type d'entrevue présuppose que le malade peut tolérer un certain degré d'anxiété et qu'il est capable de structurer sa pensée. Voici quelques exemples de questions ouvertes :

— *Je vous écoute.*
— *Que puis-je faire pour vous ?*
— *Parlez-moi de vous.*
— *Parlez-moi de ce qui vous fait souffrir.*
— *Comment expliquez-vous ce qui vous arrive ?*

L'anamnèse associative place le patient en situation de réflexion autoscopique. Il centre son attention sur sa personne, ses conflits et sa psychologie plutôt que sur les événements. Cette méthode a l'avantage d'être axée sur l'évaluation de la capacité d'introspection et d'analyse ; elle permet aussi au clinicien de sélectionner les patients qui pourront bénéficier d'une thérapie d'orientation analytique.

L'anamnèse associative ne s'applique pas à des malades dont la pensée est trop désorganisée ou dont l'anxiété est trop morcelante. Par ailleurs, elle peut négliger des symptômes importants, notamment dans la sphère biologique.

6.3.2. ANAMNÈSE MÉTHODIQUE

L'anamnèse méthodique dérive du modèle médical dont le processus vise à quantifier et à qualifier les symptômes afin d'en délimiter le caractère pathologique. On procède à partir d'un questionnaire dirigé, on s'attarde à la description des symptômes et on vérifie la cohérence des données. Voici quelques exemples de questions dirigées :

— *Vous sentez-vous triste ?*
— *Depuis quand ?*
— *Dormez-vous bien ?*

Les questions dirigées, ou fermées, attendent des réponses précises et ne favorisent pas l'élaboration. L'anamnèse méthodique a l'avantage d'être rapide et de convenir parfaitement au cadre d'une urgence achalandée. Elle est utile dans la recherche des pathologies organiques et des symptômes inapparents.

L'anamnèse méthodique met l'accent sur la maladie ; par conséquent, elle laisse dans l'ombre la personne du malade avec sa vie psychique, ses traits de personnalité et ses mécanismes d'adaptation habituels.

6.3.3. MÉTHODE SEMI-DIRECTIVE

Nous proposons ici une méthode qui allie les avantages des deux précédentes et qui pourrait s'appliquer dans la majorité des situations. Elle se déroule comme suit.

L'ouverture de l'entrevue a pour objectif de créer un climat de confiance et de lever les obstacles au dialogue. Le médecin se présente ; il engage le dialogue en se montrant réceptif et attentif. Il invite le malade à exposer le motif de sa visite et, le cas échéant, à parler de lui-même. Durant quelques minutes, il observe la façon dont le patient organise et communique sa pensée, et se fait ainsi une idée de l'organisation mentale du moment.

Si le malade hésite ou refuse l'invitation au dialogue, le médecin cherchera à en connaître les motifs ou les préjugés qui font obstacle ; il conservera une attitude empathique. Le médecin a parfois besoin de faire connaître sa capacité d'écoute avant d'obtenir un engagement de la part du malade.

Par la suite, l'exploration se fait par paliers : les préoccupations actuelles, les symptômes récents, les facteurs précipitants, etc. « J'aimerais en savoir davantage sur vos malaises. » Tout au long du récit, on note l'organisation de la vie du patient, ses réactions aux événements, ses conflits particuliers et ses liens familiaux et sociaux. On identifie les séquences de réponses pathologiques aux événements ; elles prennent racine dans l'enfance et se répètent compulsivement au cours de la vie. On met en évidence certains traits de personnalité qui contribuent ou contreviennent à l'équilibre de la personne. Le réconfort, le soutien et la déculpabilisation utilisés à bon escient par le clinicien contribuent à la progression des confidences.

Dans la dernière portion de l'entrevue, le médecin termine son évaluation par un questionnaire précis des champs complémentaires. Il énonce ensuite les conditions pertinentes et explique au malade le programme du traitement.

Pour obtenir de meilleurs résultats, le médecin devrait acquérir certaines habiletés techniques :

— Utiliser judicieusement les silences générateurs d'émotions et d'associations ; laisser monter un certain niveau d'anxiété productive tout en freinant une anxiété désorganisante.
— Favoriser la catharsis en permettant au malade d'exprimer ses émotions ; appuyer les mots chargés de sens, mettre à jour et formuler les émotions ; tolérer une ambiance émotive intense et, parfois, la susciter.
— Rechercher les ouvertures sur la vie psychique par les désirs et les affects exprimés, les rêves racontés, les lapsus échappés.
— Maintenir une attitude de respect même s'il faut confronter le malade à certaines réalités.
— Éviter de se montrer moralisateur ou critique ; certaines habitudes de la vie, la sexualité, les abus de substances toxiques, les conduites alimentaires excessives provoquent souvent chez les cliniciens des réactions paternalistes, agressives ou rejetantes (contre-transfert).

6.4. QUESTIONNAIRE

Le recueil des informations doit respecter le cheminement du malade ; la rédaction du rapport doit être ordonnée, complète et systématique. Nous exposons ici un guide relativement complet de l'histoire de cas. La description détaillée des signes et des symptômes aidera l'examinateur à soupeser leur importance respective et à intégrer dans un ensemble des notions disparates provenant de paramètres différents tels que l'histoire du malade, sa dynamique psychique, son état somatique, les événements traumatiques récents et son adaptation habituelle à la vie courante. Les diagnostics de la maladie et de la personnalité sous-jacente découleront de l'intégration de ces données recueillies *de visu* et de leur développement dans les champs biologique, psychologique et relationnel.

6.4.1. IDENTIFICATION

Elle comprend les éléments suivants :

— âge, sexe, état civil et statut familial, enfants ;
— logement ou hébergement, personne-ressource ;
— travail, métier ou profession, sources de revenus ;
— autres informations pertinentes.

6.4.2. RAISONS DE LA CONSULTATION

Brièvement, dans les termes employés par le patient ou par les accompagnateurs, on cherche à savoir :
— quel motif est évoqué ;
— si la personne consulte volontairement ou non ;
— si elle vient chercher des soins, de la protection, une intervention administrative ou sociale, ou rien du tout.

6.4.3. ANTÉCÉDENTS PSYCHIATRIQUES

- **Antécédents personnels** On énumère les épisodes psychiatriques antérieurs, leurs dates approximatives, les lieux d'admission et les modes de traitement. On note les résultats des essais thérapeutiques antérieurs, les réactions adverses et les facteurs de complication. Il est utile de décrire en détail un ou plusieurs des épisodes antérieurs, particulièrement s'ils ne sont pas similaires. Pour évaluer l'efficacité des traitements antérieurs, on doit en connaître les conditions d'application, comme les doses de médicaments et l'observance de la prescription.

- **Antécédents familiaux** On note les maladies mentales présentes dans la famille proche (père, mère, frères et sœurs) et semi-éloignée (grands-parents, oncles et tantes) pour y dépister un risque génétique éventuel ainsi que des perturbations familiales survenues au cours du développement de la personne. On mentionne les traitements efficaces s'il y a lieu.

6.4.4. ANTÉCÉDENTS MÉDICAUX

On énonce les maladies somatiques et leur traitement, les allergies et les syndromes qui peuvent avoir une incidence sur la vie psychique. On énumère les médicaments utilisés afin de prévenir les interactions pharmacologiques. On vérifie les symptômes physiques qui mériteraient une investigation complémentaire.

6.4.5. ANTÉCÉDENTS JUDICIAIRES

Il est délicat de rapporter au dossier médical des renseignements concernant les démêlés d'un patient avec la justice, particulièrement si les informations sont rapportées par un tiers. Il est prudent d'obtenir au préalable le consentement du malade. Par ailleurs, certaines informations de nature pénale ou criminelle sont pertinentes à l'évaluation de la maladie et de la dangerosité de l'individu ; on verra à les rapporter avec justesse et tact pour éviter de lui nuire injustement. Il peut s'avérer utile, le cas échéant, de noter si le patient a déjà été acquitté d'un crime pour cause d'aliénation mentale, ou s'il est sous le coup d'une ordonnance de traitement du lieutenant-gouverneur.

6.4.6. HISTOIRE DE LA MALADIE ACTUELLE

On recherche le ou les événements qui ont pu servir d'amorce à la décompensation actuelle. Ces événements se sont produits dans l'histoire récente (quelques semaines ou quelques mois) et sont de nature à expliquer l'émergence de la maladie. On veille à rapporter les faits dans les termes du malade ; on décrit ses réactions à l'événement et celles de son entourage. Lorsque le malade énonce un symptôme significatif, on doit explorer la symptomatologie adjacente pour confirmer ou infirmer la piste diagnostique.

On organise les données selon un ordre chronologique ou selon les thèmes présentés. On mentionne d'abord la version du patient, quelle qu'en soit la pertinence. S'il y a lieu, on rapporte les versions complémentaires de l'entourage et les renseignements provenant des autres sources (médecin, infirmières, police, etc.).

6.4.7. HISTOIRE PERSONNELLE

Il s'agit de recueillir les informations pertinentes concernant le développement de l'individu, ses réactions lors des différentes étapes de la vie et les principaux événements ayant contribué à façonner sa personnalité. On expose les faits en y ajoutant le vécu affectif et relationnel. On les rapporte selon un ordre chronologique.

1) **Naissance, enfance et vie familiale**
   — Particularités de la grossesse et de l'accouchement, prématurité, problèmes d'alimentation, maladies de la première enfance.
   — Comportement du bébé : agité, actif, amorphe. Était-il différent des autres enfants ?
   — Âge du début de la marche et de la parole, de l'acquisition de la propreté.
   — Comportement envers les membres de la famille et réciproquement. Était-ce un enfant désiré et choyé ? Les parents avaient-ils des préférés ? Dans quelle ambiance s'est-il développé ? A-t-il reçu une sécurité affective ? A-t-il été victime de négligence ou d'abus ?

2) **Âge scolaire**
   — Réactions lors de l'entrée à l'école.
   — Intérêt pour les études.
   — Succès et échecs scolaires.
   — Profil d'apprentissage et degré de scolarisation.
   — Relations sociales avec les compagnons d'école et de loisirs.
   — Liens avec les enseignants et les adultes.
   — Aptitudes particulières.
   — Événements marquants de sa vie enfantine.
   — Maladies, s'il y a lieu.

3) **Adolescence**
   — Climat familial ; attitude des parents.
   — Violence familiale ; négligence parentale ; abus sexuels.
   — Adaptation au développement physique et à la puberté.
   — Éducation et pratiques sexuelles.
   — Vie de groupe : activités parascolaires, socialisation, rôle particulier dans les groupes, délinquance ou déviance.
   — Modèles d'identification ; relations avec les adultes.
   — Consommation de drogues et d'alcool.
   — Événements ou maladies de cette époque.

4) **Âge adulte**
   — Adaptation à la vie professionnelle, stabilité,

échecs et réussites ; intérêts et ambitions ; chômage, retraite.

— Relations interpersonnelles avec les proches, les compagnons de travail, les patrons, les voisins et les amis.

— Implication sociale, politique et religieuse.

— Loisirs, sports, hobbies et moyens de détente.

— Activités criminelles et démêlés avec la justice.

Les renseignements obtenus dans ce paragraphe permettront d'évaluer le meilleur niveau de fonctionnement au cours de l'année précédente (axe V du DSM-III).

5) **Vie sentimentale et conjugale**

— Début et déroulement des relations amoureuses importantes.

— Présence d'une relation stable homo- ou hétérosexuelle.

— Ajustement à la vie de couple et au rôle parental ; stabilité et profondeur de l'union.

— Réaction à la séparation ou au divorce, au décès d'un enfant ou du conjoint.

— Satisfaction de la vie sexuelle et affective ; relations avec les enfants, organisation familiale.

6) **Habitudes de consommation**

— Alcool : forme, quantité, fréquence et conséquences.

— Drogues : nature, fréquence, coût et effets.

— Médicaments : nature, posologie et fréquence.

— Tabac et alimentation s'il y a lieu.

— Passion pour les jeux de hasard (cartes, courses, etc.).

6.5.
EXAMEN PHYSIQUE

Au moment où l'on procède à l'examen psychiatrique, il n'est pas toujours opportun de passer l'examen physique. Le malade peut s'y opposer ou réagir excessivement à toute approche physique. Il est d'usage courant de confier cette portion d'évaluation à un autre médecin, afin de préserver la spécificité des interventions psychiatriques. Cette façon de faire nécessite toutefois une bonne articulation du travail et un partage clair des responsabilités entre les intervenants.

Malgré tout, l'examen psychiatrique devrait contenir des observations de l'état général, du vieillissement et de l'état nutritionnel du patient. Si l'examinateur décèle des particularités neurologiques, endocriniennes ou systémiques, il les soulignera pour que ses observations soient complétées par des examens approfondis. Il doit porter une attention particulière aux symptômes généraux pouvant résulter d'une cause tant psychique que somatique : ralentissement, amaigrissement, troubles moteurs, fatigue, etc.

6.6.
EXAMEN MENTAL

6.6.1. REMARQUES PRÉLIMINAIRES

L'importance de l'examen mental réside dans son objectivité par rapport aux informations recueillies sur l'histoire du patient. Cet examen se déroule en parallèle tout au long de l'entrevue et il complète les données subjectives. La maîtrise de l'examen mental, de son vocabulaire et de ses subtilités donne de l'assurance au clinicien et lui permet de saisir l'essentiel d'un tableau clinique complexe. Il doit arriver à dresser un portrait le plus personnalisé possible du patient.

Selon les parties de l'examen mental, le niveau d'objectivité est différent. Par exemple, un ralentissement psychomoteur marqué ou un délire spectaculaire ne font pas de doute, tandis qu'il faut reconnaître la part d'interprétation que demande l'observation d'une attitude dépendante ou d'un jugement égocentrique.

La distinction fondamentale entre « symptôme » et « signe » doit être retenue aussi bien en psychiatrie que dans le reste de la médecine. Les **symptômes**, soit les plaintes subjectives du patient, appartiennent à l'histoire de la maladie actuelle et ce sont les **signes**, soit les observations du médecin, qui seront indiqués dans l'examen mental. L'usage nous a cependant habitués à certaines exceptions à ce principe, par exemple dans le cas des hallucinations, une tangente dont le développement n'est pas souhaitable.

L'examen mental constitue un processus d'analyse, une décomposition d'un tout en ses diverses parties. Par exemple, quand on décrit un langage logorrhéïque, une humeur euphorique et une fuite des idées chez un maniaque, on touche des angles différents d'un seul et même phénomène. La cohérence entre les diverses parties de l'examen mental lui donne beaucoup de solidité et de fiabilité.

Les circonstances et les conditions pratiques de l'examen influencent sa qualité, par exemple la présence d'un tiers et le lieu physique. Le patient vient-il tout juste d'arriver à l'urgence, amené en catastrophe par sa famille ou sous bonne garde par les policiers ? Se réveille-t-il à peine d'une intoxication médicamenteuse ? Est-il déjà hospitalisé et sous traitement depuis longtemps ? S'est-il présenté de son plein gré ou contraint par un juge ? La connaissance de ces détails éclaire le médecin sur le comportement du patient pendant l'entrevue et donne de la perspective à l'examen.

6.6.2. COMPORTEMENT

Au sens large, le comportement englobe toutes les manifestations extérieures qui tiennent lieu d'interaction et de communication avec l'environnement, allant de la simple apparence physique jusqu'au geste intentionnel.

ALLURE GÉNÉRALE

Qu'elle soit voulue ou non, l'allure générale véhicule déjà un message à l'entourage et des informations à l'observateur.

L'apparence physique donne une impression globale de l'état de santé général du patient. Il peut paraître plus vieux ou plus jeune que son âge, en bonne santé ou fatigué, maladif, asthénique. Des détails extérieurs importants se remarquent immédiatement, comme un handicap, un indice de maladie systémique, une carrure athlétique ou chétive, la beauté physique. Les déprimés les plus souffrants présentent au niveau du front un spasme douloureux, l'oméga frontal. On peut parfois observer un air hagard chez un patient confus, un air traqué chez un paranoïde, un air resplendissant chez un maniaque. Tous ces détails confèrent au patient une allure anodine ou particulière, étrange, inquiétante, caractéristique d'une occupation ou de conditions matérielles données, révélatrice d'un état d'esprit quelconque.

L'hygiène générale révèle l'intérêt du patient à prendre soin de lui-même. Un individu sera sale et négligé, un autre sera frais lavé, coiffé, de présentation soignée ou impeccable. Le maquillage peut être discret, accentué, exagéré, grotesque.

La tenue vestimentaire va dans le même sens : elle est soit neutre, terne, froissée, soit propre, sobre et en ordre, ou encore colorée, recherchée et excentrique.

La démarche, si on se donne la peine de l'observer, apporte des indices très intéressants, qu'elle soit affaissée, contrainte, lente, traînante, à petits pas, rigide ou détendue, maniérée, déterminée.

La posture se classe également à divers registres, de figée, crispée, abattue et craintive, à nonchalante, changeante et affirmative.

NIVEAU D'ACTIVITÉ

L'activité normale est spontanée, appropriée à la situation, organisée et constructive. Elle tient compte de la présence d'autrui.

Une **activité exagérée** se traduit par une mobilité excessive, des sursauts, de l'hyperactivité et de l'agitation psychomotrice. Chez les grands psychotiques et les caractériels, cette hyperactivité perturbe passablement l'environnement, tandis que chez certains déprimés elle reste plus discrète et prend la forme d'une fine agitation psychomotrice (*fidgetyness*). L'akathisie consiste en une réaction indésirable induite par les neuroleptiques qui provoquent parfois une incapacité à rester en place, accompagnée d'un sentiment de fébrilité intérieure.

Une **activité diminuée** caractérise surtout la dépression, sous forme d'un ralentissement psychomoteur (*retardation*), et la schizophrénie où le retrait émotionnel s'exprime même dans la motricité. L'activité devient quasi absente dans les moments de catatonie figée. La catalepsie représente une diminution de la réponse à l'environnement avec maintien des attitudes corporelles imposées et plasticité musculaire (flexibilité cireuse). La cataplexie se définit comme une chute subite du tonus musculaire provoquée par une émotion, comme cela se voit dans la narcolepsie. Chez les parkinsoniens, idiopathiques ou iatrogéniques, on peut observer de la bradykinésie et de la rigidité, parfois de l'akinésie et un masque facial.

Une **activité anormale** se produit dans des conditions qui ne se résument pas essentiellement à des variantes dans la vitesse d'exécution et la quantité des mouvements. Parmi les syndromes neurologiques, on identifie des tics, divers mouvements anormaux, des dyskinésies et des tremblements. Ces derniers peuvent aussi s'expliquer par de l'anxiété, des intoxications, des réactions de sevrage et des maladies physiques. Chez les obsessionnels, on remarque parfois des compulsions et des rituels. Le mimétisme (échopraxie) et la stéréotypie, une activité répétitive et automatique, se manifestent surtout chez les psychotiques. La stéréotypie devient du maniérisme quand elle est plus affectée, moins monotone et plus intégrée à la personnalité de l'individu. L'impulsivité se définit par une propension à agir rapidement, d'une manière irréfléchie et incoercible, par exemple chez les hyperkinétiques et les personnes peu tolérantes à la frustration. Elle peut donner lieu à de l'agressivité et à des passages à l'acte (*acting out*). Les patients atteints d'un syndrome organique sévère présentent parfois de la carphologie, qui se définit comme une manipulation délicate, stéréotypée et inutile de leurs vêtements ou de leurs draps, accompagnée d'incohérence dans l'utilisation et de persévération dans le geste. Les hallucinés peuvent montrer des signes d'attention à des stimuli inexistants : attitude d'écoute, soliloque, sourires bizarres, gestes d'impatience.

LANGAGE

On s'intéresse ici au langage en tant que contenant et véhicule de la pensée, plutôt qu'à son contenu qui sera traité plus loin.

Sur le **plan verbal**, il s'agit de préciser la quantité et la qualité des réponses aux questions, les efforts qu'elles demandent au patient ainsi que le ton de sa voix : faible, monotone, tremblotant, clair, marqué, fort, strident.

Le langage est limité dans les cas de dysarthrie, de bégaiement, de marmonnement, d'élocution ébrieuse et d'écholalie. Un patient peu loquace se montre taciturne ou laconique ; un autre est lent dans son expression ou répond après un temps de latence. L'aphonie consiste en une incapacité à produire vocalement les sons du langage, le patient pouvant chuchoter, tandis que le mutisme signale un refus net de parler, soit par atteinte de l'état de conscience, soit par inhibition ou par opposition.

Un langage excessif prend la forme d'abondance ou même de diarrhée verbale, de verbosité, de prolixité, d'affectation, de cris et de vociférations. La logorrhée représente une surabondance démesurée du discours à une vitesse accélérée. La pression du discours reflète la tendance du patient à poursuivre un monologue, sans concéder d'interruption pour qu'on lui pose des questions. Ces deux derniers signes apparaissent surtout chez les maniaques.

Sur le **plan non verbal**, on doit observer l'intonation, la mimique et la gestuelle qui servent à exprimer le dépit, l'impatience, l'exaspération, la suffisance, l'inconfort. On note le type de regard et d'expression, la recherche ou la fuite du contact visuel, les parapraxies ou lapsus comportementaux. L'expression émotionnelle exagérée est exhibitionniste, chargée de dramatisation dans les pleurs, le rire, la colère, comme dans la personnalité histrionique.

DEGRÉ DE COOPÉRATION

On évalue si la coopération du patient est volontaire ou forcée, facile ou difficile, bonne ou mauvaise ; on apprécie également le degré et la qualité de sa motivation. La collaboration signifie en plus l'établissement d'une relation positive avec l'interlocuteur. Elle peut être mitigée ou entachée de réticence et de censure.

L'opposition passive est déguisée, indirecte et insidieuse, et soulève graduellement de l'irritation chez autrui. Par exemple, un patient se plaint avec insistance et demande beaucoup d'aide, mais il voit des empêchements à toutes les solutions proposées, les annule de façon détournée et lance des doubles messages. Le négativisme consiste en une résistance à faire ce qui est demandé, tandis que l'oppositionnisme réside dans l'exécution du geste opposé, comme à l'encontre d'une autorité. À l'inverse, d'autres patients présentent de la suggestibilité et de l'obéissance automatique.

DISPOSITION ET ATTITUDE

Ces deux propriétés de l'état mental donnent à la personnalité de l'individu une coloration bien enracinée, qui s'étend sur un large spectre de teintes et de nuances différentes plus ou moins subtiles. L'expérience de l'examinateur constitue un atout important pour leur appréciation.

La **disposition** générale du patient résulte des idées et des sentiments de base qui encadrent sa façon habituelle de se voir. Elle se raccroche à l'estime de soi, au sens de l'identité personnelle et à la sécurité de base (*basic security*). Aux confins du comportement et du sentiment, elle détermine chez le patient sa propre perception de lui-même par rapport à l'environnement et sa façon de se traiter lui-même.

Le patient peut être défaitiste ou enthousiaste, pessimiste ou optimiste, passif ou actif, flegmatique ou excitable, rigide, préoccupé et irritable ou nonchalant, désinvolte et placide, pétulant et fier ou abattu et masochiste.

L'**attitude** consiste en la position affective usuelle affichée par le patient quand il entre en relation avec autrui. C'est sa disposition face au monde extérieur qui prend sa source dans le degré de confiance de base (*basic trust*) acquise au cours du développement de sa personnalité. Le patient donne déjà des indices de son attitude générale par son fonctionnement pendant l'entrevue, en présence de l'examinateur et d'un (ou de) proche(s), laissant deviner des tendances à certains conflits interpersonnels suggestifs de troubles de la personnalité, le cas échéant. Certains patients cherchent des gains secondaires et manifestent des attentes magiques, des espoirs démesurés de solution rapide et complète, et s'abandonnent alors au pouvoir médical et hospitalier.

Une attitude adéquate est à la fois respectueuse et assurée, dégagée, souple, franche et authentique. La gamme des attitudes problématiques est étendue ; elles caractérisent les troubles de la personnalité sur une base chronique, avec des pointes plus aiguës dans les maladies psychiatriques majeures. Nous pouvons les regrouper par classes, en y joignant quelques exemples :

— *attitudes négatives* revendicatrice, hostile, agressive, belliqueuse ;
— *attitudes indirectement négatives* froide, rébarbatrice, cynique, sarcastique ;
— *attitudes hautaines* obséquieuse, pédante, suffisante, arrogante, défiante, méprisante ;
— *attitudes évitantes* indifférente, évasive, réservée, craintive, soupçonneuse, méfiante ;
— *attitudes envahissantes* accaparante, dépendante, contrôlante, amicale, familière, séductrice, désinhibée, théâtrale.

6.6.3. AFFECT

L'affect désigne la coloration émotionnelle qui accompagne la pensée, qui illustre le degré d'investissement psychique et la répercussion interne des facteurs environnementaux, et qui explique le comportement. À l'usage, le terme « affect » a pris deux sens. Le premier est général et comprend tout le domaine affectif de l'examen mental, comme dans le titre de la section 6.6.3. Le second est plus restreint et signifie une émotion précise immédiatement exprimée et observée dans un temps circonscrit.

ANXIÉTÉ

L'anxiété se définit par un sentiment de malaise et d'appréhension qui a une composante physique, la tension motrice et les troubles neurovégétatifs, et une composante psychique, l'état d'attente craintive et d'exploration hypervigilante de l'environnement.

Les **signes physiques d'anxiété** constituent des indices psychomoteurs très fiables : tension musculaire évidente, altération de la voix, rythme respiratoire accéléré, pâleur, hypersudation, tremblements.

La **qualité de l'anxiété** doit être évaluée à la lueur de la réalité objective. La peur normale, pertinente et spécifique, se rapporte à un danger extérieur réel ou à un événement anxiogène définissable et précis.

Au contraire, l'**anxiété pathologique** correspond à un danger interne, imprécis et inconnu ; elle répond peu à la rationalisation et peut prendre différentes nuances : insécurité, inquiétude, crainte, désarroi, détresse. Parfois elle est déplacée sur un objet ou une situation extérieure incongrus et devient une phobie. Si elle est centrée sur des symptômes physiques, elle déclenche la peur ou la conviction d'avoir une maladie et se manifeste alors sous forme d'hypocondrie. Si elle atteint un sentiment de catastrophe imminente, accompagnée de symptômes physiques, elle se transforme en panique ; la récurrence de ce type particulier d'anxiété comme symptomatologie principale amène le clinicien à poser le diagnostic de « trouble anxieux avec attaques de panique ».

Par rapport à cette anxiété névrotique, l'**anxiété psychotique** est sévère et généralisée, elle persiste sans se fixer (flottante) et désorganise l'individu (morcelante). La panique homosexuelle survient dans des situations de promiscuité, par exemple dans les casernes militaires, où l'individu est confronté avec ses tendances homosexuelles latentes refoulées.

L'**angoisse de séparation** surgit chez l'enfant exposé à un éloignement de sa mère trop important pour sa tolérance et, par extension, chez l'adulte qui craint excessivement la distanciation d'une figure investie.

L'**intensité de l'anxiété** s'apprécie selon une échelle allant de « faible » à « sévère » ; il s'agit ici de l'opinion de l'évaluateur d'après une grille objective et non pas de l'opinion subjective du patient, qui appartient plutôt à l'histoire de la maladie actuelle. En général, « anxieux » signifie plus que « soucieux » mais moins qu'« angoissé ».

HUMEUR

C'est l'état affectif global et durable, soutenu la majeure partie du temps. L'humeur (*mood*) normale est souple, modulée, en concordance avec le contexte extérieur et les préoccupations actuelles du patient.

L'**humeur expansive** se caractérise par un manque de retenue dans l'expression des sentiments positifs. L'euphorie exprime un sentiment exagéré de bien-être général et d'agrément ; joyeux, confiant et plein d'assurance, le sujet respire la bonne humeur excessive. L'exubérance (*elation*) ajoute beaucoup d'exclamations de plaisir et de surexcitation. L'exaltation reflète une joie encore plus élevée qui s'accompagne d'un sentiment de grandeur et de puissance, d'un débordement éclatant et sans frein. L'extase représente une limite rarement atteinte, un état de béatitude avec quasi-détachement de la réalité environnante.

L'**humeur triste** peut prendre diverses connotations : lassitude, abattement, découragement, désespoir, dégoût, chagrin, nostalgie, souffrance morale intense. Le *spleen* est un ennui triste et désabusé, la morosité une tristesse hargneuse. Le terme « dysphorie » est général et couvre tout sentiment déplaisant.

Le mot **dépression** a pris différents sens à l'usage. Pour l'homme de la rue, il désigne n'importe quelle maladie mentale. En médecine, on l'emploie souvent dans le sens de tristesse, c'est-à-dire de symptôme, alors qu'on devrait le réserver exclusivement à celui de diagnostic. Certains donnent au mot « dépressif » le sens symptomatique de tristesse et réservent le sens diagnostique au mot « déprimé », mais cette distinction n'est pas généralisée.

Une **humeur atténuée** s'exprime par un manque d'expression émotive, relatif ou absolu. Le registre affectif est moins étendu ; l'humeur peut être restreinte, émoussée (*blunted*) ou aplatie, abrasée (*flat*). L'alexithymie consiste en une difficulté à traduire les affects en langage ; elle s'accompagne d'une pensée opératoire et d'une vie psychique pauvre. Une humeur terne est triste et égale.

L'**humeur inappropriée** est discordante, en opposition avec le contenu de la pensée ou du discours, par exemple chez un schizophrène qui se met à rire en se disant menacé de mort par ses « persécuteurs ». L'humeur labile passe rapidement d'un état excessif à un autre, des pleurs aux rires ou inversement, à l'encontre de la modulation normale, par exemple dans certains syndromes organiques ou psychotiques. C'est le refoulement des affects qui permet aux hystériques de montrer de la belle indifférence, en dépit d'un symptôme de conversion incapacitant ; ce détail n'est cependant pas toujours présent.

ÉMOTION PRÉDOMINANTE

C'est l'émotion qui se manifeste le plus constamment au cours de l'entrevue. Après son identification, on doit en apprécier la concordance et la pertinence. Les émotions possibles sont fort nombreuses ; en voici quelques-unes, à titre d'exemples, qui peuvent être regroupées en trois classes :
— *émotions positives* joie, plaisir, jubilation, émerveillement, curiosité, foi, gratitude, espoir, dignité, admiration, amour ;
— *émotions négatives envers l'entourage* envie, jalousie, vengeance, haine, colère, rage, insatisfaction, amertume, désillusion, ambivalence ;
— *émotions négatives envers soi-même* ennui, gêne, culpabilité, remords, honte.

TONUS PSYCHOLOGIQUE

Il s'agit de la capacité de se ressaisir et de se prendre en main, du goût d'aller de l'avant, du ressort psychologique encore présent. C'est une sorte d'équivalent psychique du tonus musculaire. Il peut être fort, diminué, faible, absent.

INTÉRÊTS ET INSTINCTS DE VIE

Les **intérêts** représentent le degré d'investissement émotionnel dans les activités et les objets de la vie courante, dans l'environnement. Ce degré peut être augmenté jusqu'à la surexcitation ou diminué jusqu'à la restriction du champ des intérêts et au désinvestissement total. Le patient qui ne ressent plus les plaisirs de la vie et n'a plus d'intérêt sexuel devient anhédonique ; on le dit apathique quand il ne réagit plus à rien. La viciation de l'intérêt caractérise la perversion ; la focalisation, l'idée obsédante et l'idée paranoïde.

Les **instincts de vie** se vérifient par la démonstration spontanée de l'attachement à la vie et à ses proches, d'espoirs et de planification pour le futur. On peut classer les idées et le risque suicidaires dans cette partie de l'examen mental, ou plus loin dans le contenu de la pensée.

6.6.4. PENSÉE

Si les fonctions cognitives (6.6.5.) donnent un potentiel quantifiable plus ou moins partagé universellement, la pensée constitue une réalisation personnelle originale, une création qui échappe à toute mesure et qui exprime la liberté ultime de l'individu. La pensée est aux fonctions intellectuelles et à l'intelligence ce que l'œuvre d'art est aux outils et à la technique de l'artiste. On l'évalue d'une manière qualitative dans son cours, sa forme et son contenu, en notant s'il y a des traits pathologiques. La pensée normale est souple, fluide, rythmée ; elle obéit à une logique assez commune avec le groupe culturel d'appartenance pour permettre une communication facile.

COURS DE LA PENSÉE

Il se divise en deux parties, soit le rythme ou vitesse de la pensée et la logique ou processus d'association.

Le **rythme de la pensée** peut s'accélérer dans l'anxiété qui n'est pas trop incapacitante, dans les situations stressantes qui demandent une performance intellectuelle élevée ou font surgir des émotions intenses, dans la manie et les syndromes apparentés. Le maniaque est entraîné dans le débit précipité de sa pensée au point d'en oublier l'idée de départ et de perdre le fil conducteur de son propos. Les changements brusques de sujets et les troubles d'association plus ou moins marqués qui en résultent amènent la fuite des idées. On constate ce signe même dans l'écriture, les maniaques ayant une propension à écrire beaucoup, sur de nombreuses pages et dans tous les sens.

Un rythme ralenti se manifeste dans plusieurs circonstances et va habituellement de pair avec un débit verbal ralenti. On remarque une pensée lente principalement chez les déprimés majeurs et chez certains psychotiques dont le contact avec la réalité est très altéré. Les retardés mentaux présentent de la bradypsychie qu'on observe aussi chez les intoxiqués aux dépresseurs du système nerveux central et chez certains malades atteints de syndromes organiques, sous forme de pensée engluée.

Un trouble de la **logique de la pensée** se décrit par le terme générique d'« incohérence », bien qu'il y en ait plusieurs types et variantes. On parle d'une **pensée incohérente** quand une partie substantielle du discours du patient ne respecte pas la logique cartésienne ou du moins une logique intrinsèque aisément identifiable et compréhensible. Cette pensée se caractérise par des erreurs de syllogisme, c'est-à-dire des erreurs dans le processus d'enchaînement des déductions à partir des prémisses. Le discours est alors désordonné, insolite et suggestif de psychose. Une pensée décousue est pratiquement incohérente. Les associations relâchées (lâches) représentent des incohérences mineures qui permettent de retracer une certaine suite minimale dans le discours, mais celle-ci reste très ténue. Elles se situent à un degré moyen par rapport aux incohérences franches. Les associations relâchées peuvent être induites artificiellement quand un sujet se laisse aller volontairement à faire des associations libres.

La **pensée circonstanciée ou digressive** (prolixité circonlocutoire) (*circumstantiality*) est chargée de détails superflus, de remarques incidentes, et met beaucoup de temps à arriver au but, sans que le locuteur n'oublie jamais où il veut en arriver. Assez fréquemment, elle signale une personnalité compulsive, des traits histrioniques ou un état hypomaniaque.

La **pensée tangentielle** dérive systématiquement du sujet, l'évite et ne l'atteint jamais. À la limite, elle devient du coq-à-l'âne.

Il existe plusieurs termes quasi synonymes pour désigner un discours embrouillé et confus, stéréotypé, sans signification et aléatoire : galimatias, verbigération, dadaïsme, salade de mots. La glossolalie qualifie un jargon qui se prétend compréhensible et qu'on observe dans certains phénomènes religieux, sous le nom de « don des langues », et dans la schizophrénie. L'invention de mots et la déformation de mots existants d'une façon très idiosyncrasique constituent des néologismes. On parle de blocage lorsqu'une séquence du discours s'interrompt brusquement, le sujet ayant oublié son propos. La propension excessive à parler en métaphores s'appelle la métonymie ; des jeux de mots y sont souvent associés. Les changements rapides de sujet, au hasard de la sonorité des mots, aboutissent aux associations par assonances (*clanging*).

FORME DE LA PENSÉE

Sans être franchement incohérente, une pensée peut prendre une forme idiosyncrasique et respecter une certaine cohérence intrinsèque qui sera pressentie, mais non totalement comprise de l'extérieur. Une telle pensée demeure marginale et elle franchit dans de nombreux cas la frontière floue qui la sépare de l'incohérence franche.

Chaque personne possède à la fois une pensée concrète et une pensée abstraite, avec prédominance de cette dernière à partir de l'adolescence. L'importance donnée à l'une ou l'autre de ces formes de pensée peut être excessive chez certains patients. La **pensée concrète** s'attarde aux apparences, à la forme et au contenant des concepts. Elle fonctionne selon le processus primaire et valorise l'immédiat et la proximité, associant des événements seulement parce qu'ils sont adjacents dans un contexte donné, sans égard pour leur signification. Dans la **pensée abstraite**, le processus secondaire est mis à contribution et l'accent porte sur le contenu et le fond, à l'aide de mécanismes plus sophistiqués comme la symbolisation, l'analyse, la déduction, la généralisation.

La **pensée magique** est très concrète et défie les lois normales de la causalité, par exemple quand un schizophrène s'imagine que ses pensées vont modifier des événements extérieurs à lui. On remarque aussi cette forme de pensée chez les enfants, dans les cultures primitives et dans la personnalité prépsychotique.

Une **pensée hermétique** reste énigmatique même si l'on en devine des bribes. À la limite, elle devient **autistique**, centrée sur des fantaisies intérieures isolées et indépendantes des règles de la réalité extérieure.

La **pensée mystique** est basée sur un sentiment de communication intime avec un être spirituel.

Certaines formes de pensée moins spectaculaires se rencontrent fréquemment. La **perplexité** comprend un peu de ralentissement de la pensée, une compréhension très incomplète de la situation et des autoquestionnements insatisfaisants et stériles. La **pauvreté de la pensée** résulte de divers types de lenteur ou de l'incapacité de structurer un contenu communicable, peu importe la quantité de discours. À l'opposé, des patients versent dans l'**intellectualisation** en tentant sans succès de s'expliquer.

CONTENU DE LA PENSÉE

On s'intéresse ici au fond de la pensée, c'est-à-dire aux thèmes qui reviennent dans le discours du patient. Les troubles qu'on peut déceler sont nombreux et s'étendent sur un continuum entre la normalité et la psychopathologie.

Le **délire** (*delusion*) est une conviction absolue, anormale et erronée, vécue comme une évidence inaliénable ayant une grande signification personnelle ou universelle, irréductible par la logique et l'expérience, souvent extraordinaire et implicitement impossible, en dehors des croyances du groupe culturel d'appartenance. Ce dernier point comprend aussi la sous-culture à cause des groupes excentriques et des sectes qui entretiennent des croyances pour le moins inhabituelles. Si l'individu n'est pas déviant dans ses convictions, par rapport à son groupe, on doit être prudent avant de le déclarer « délirant » ; mais c'est là tout le problème de l'interface entre la psychose et les religions marginales ou les croyances occultes et ésotériques. Il existe plusieurs points de vue pour décrire les délires : la thématique, la clinique, la bizarrerie, l'évolution, la pression et l'extension.

Selon la *thématique*, le délire peut être expansif ou rétractif. Les **délires expansifs** vont dans le sens d'une amélioration de l'individu et de sa situation : délire de grandeur, de richesse, mégalomanie, érotomanie, délire somatique de force corporelle ou de puissance surnaturelle, délire religieux. Chez un maniaque, un délire expansif est également décrit comme congruent avec l'humeur.

Les **délires rétractifs** vont dans le sens inverse : délire somatique de dissolution corporelle, délire hypocondriaque, nihiliste, délire de pauvreté, d'indignité, de culpabilité, de persécution (de préjudice), de jalousie. Le délire de type « schneidérien » se voit surtout dans la schizophrénie et se présente sous quatre formes : contrôle ou automatisme de la pensée (*thought insertion*), vol de la pensée (*thought withdrawal*), communication ou écho de la pensée (*thought broadcasting*), délire d'influence.

Les délires rétractifs congruents avec l'humeur s'expliquent par l'état dépressif et la culpabilité du patient. Par exemple, il croit que la police viendra le cueillir d'un instant à l'autre, parce qu'il se sent coupable de tous les crimes, condamné d'avance et méritant une punition exemplaire. Ces délires sont secondaires aux troubles affectifs et limités aux phases les plus sévères de l'évolution de la maladie. Un délire non congruent avec l'humeur est un délire schneidérien ou un délire de persécution qui n'apparaît aucunement justifié au patient, par ailleurs déprimé ou maniaque : par exemple, il se croit victime d'un complot visant à lui causer un tort qu'il ne mérite pas.

Les **délires paranoïdes** sont très fréquents et ils consistent généralement en délires de persécution, mais le terme englobe aussi les délires mégalomaniaques qui accompagnent souvent les premiers, les prédominant parfois.

Au point de vue *clinique*, le délire se décrit comme systématisé ou non, selon qu'il a une cohérence interne et constitue un système bien échafaudé, seules les prémisses étant fausses, ou qu'il représente au contraire un amalgame d'éléments disparates dont la juxtaposition n'a même pas de justification interne. Cette désorganisation peut être plus ou moins prononcée.

La *bizarrerie* indique jusqu'à quel point un délire est extraordinaire et farfelu, par exemple quand un patient se prétend « le président du gouvernement parallèle de l'univers », par opposition à un autre délire qui pourrait paraître vrai sous certaines facettes, par exemple quand un patient est convaincu à tort que la police est à ses trousses pour une peccadille réelle, mais commise il y a longtemps.

L'*évolution* définit les phases du délire, allant d'« aiguë », récente de quelques jours, à « chronique », stable et fluctuante depuis des années.

La *pression* du délire dépend de l'importance qu'il prend dans les préoccupations du patient. Un délire peut être envahissant quand un patient ne pense et n'agit qu'en fonction de cela ; il peut rester encapsulé quand le patient n'y pense qu'occasionnellement et en parle peu spontanément. Par un traitement neuroleptique, le patient met son délire à distance et les affects qui y étaient attachés s'atténuent.

L'*extension* du délire montre jusqu'à quel point les différentes sphères de la vie du patient sont touchées. Un délire étendu englobe un grand nombre de personnes, de persécuteurs ou d'éléments, tandis qu'un délire restreint ne concerne qu'un petit groupe, un individu ou une situation donnée.

Dans l'**idéation délirante**, il y a du doute, une légère autocritique de la part du patient ou peu d'élaboration dans le délire qui demeure incertain et difficile à préciser. Sans avoir la fermeté du délire, l'idée de référence consiste en une propension à se sentir concerné personnellement par des événements anodins et indépendants. Le mode de pensée persécutoire, ou idéation paranoïde, désigne une croyance sub-délirante d'être victime de harcèlement et de persécution.

Les **troubles de la perception** sont fréquemment associés aux délires ; ils occupent alors un vaste espace dans le champ de la pensée. La perception permet de rendre manifestes dans la pensée les informations reçues du monde extérieur. Chez l'individu normal, elle reste relativement fidèle à la réalité objective ; chez les patients atteints de troubles majeurs, elle peut s'en éloigner de plus en plus, selon l'intensité de la psychose. Cependant, un trouble de la perception n'indique pas toujours la présence d'une psychose, surtout s'il constitue uniquement un symptôme, sans signe associé.

Une **hallucination** est une perception sans objet dont la définition exige trois conditions essentielles : la croyance réelle, l'incoercibilité et l'extériorité. Tous les sens peuvent être touchés, mais surtout l'ouïe quand il y a délire : hallucinations auditives, visuelles, olfactives nauséabondes (ou cacosmie), tactiles (ou haptiques), gustatives. La formication est la sensation ahurissante que des insectes circulent sous la peau. Quand la fausse impression concerne la mobilisation passive de membres ou de parties du corps, en dehors de tout contrôle de la volonté, il s'agit d'hallucinations cénesthésiques. Dans l'hallucination autoscopique, la personne se voit elle-même.

Parfois, des hallucinogènes, des médicaments ou certaines conditions médicales provoquent des phénomènes particuliers. La synesthésie représente une hallucination visuelle à la suite d'un stimulus auditif ou l'inverse (par exemple entendre le « son » des couleurs). Le *trailing* désigne une vision discontinue et stroboscopique d'images d'un objet en mouvement. Le *flash-back* est la répétition tardive d'une hallucination secondaire à une prise antérieure de drogue.

L'hallucination mentale (ou interne) est une hallucination auditive perçue directement à l'intérieur de la tête du patient, sans passer par les oreilles. Elle n'a pas autant de signification qu'une hallucination franche et on doit éviter de la confondre avec une rumination obsessionnelle.

Les hallucinations parahypniques se produisent même chez les individus normaux et elles n'indiquent pas systématiquement une psychopathologie. Ainsi, des hallucinations hypnagogiques peuvent survenir pendant la phase d'endormissement, tandis que des hallucinations hypnopompiques peuvent se produire lors de l'éveil.

La *pseudo-hallucination* a déjà été désignée sous le terme d'hallucinose, notamment au plan visuel. Le patient ne manifeste pas de croyance réelle et reconnaît donc le caractère hallucinatoire de son expérience sensorielle. Cette autocritique atténue de beaucoup la portée symptomatique de cette particularité perceptuelle. Dans certains cas, les prétentions d'hallucinations sont purement factices.

Les *phénomènes perceptuels hystéroïdes* ne doivent pas être interprétés comme des indices de psychose ; ils surviennent plutôt dans les troubles dissociatifs et de nature histrionique. Dans l'hallucination négative, il y a scotomisation sélective d'un objet réel. La macropsie et la micropsie consistent en une vision plus grande ou plus petite que nature d'objets réels. Il faut distinguer la micropsie de l'hallucination lilliputienne dans laquelle les objets perçus plus petits que la normale sont carrément inexistants. Les hystériques présentent aussi la vision en tunnel et une sensation de boule dans la gorge, le *globus hystericus*.

L'*illusion* est la perception déformée d'un objet réel, comme chez le patient en délirium tremens qui voit des monstres menaçants dans les ombres anodines sur le mur. S'il y a méprise sans déformation de la perception, il s'agit plutôt d'une fausse interprétation.

La *dépersonnalisation* et la *déréalisation* se caractérisent par une sensation d'étrangeté accompagnée d'une forte connotation de changement intime dans l'intégrité des choses, éprouvée envers soi-même ou l'environnement habituel.

L'*aura* consiste en une impression subjective et une sensation prémonitoire de migraine ou de crise convulsive. Il s'agit le plus souvent d'une hallucination gustative ou olfactive, ou d'une impression de déjà vu.

L'*agnosie* est l'incapacité de reconnaître quelque chose en dépit de l'accessibilité des informations nécessaires, les organes périphériques des sens de même que l'état de conscience étant intacts. L'anosognosie est l'absence de perception d'un déficit sensoriel ou moteur important, comme une hémiplégie qui peut être accompagnée de négligence unilatérale de l'hémicorps. La plupart des patients qui manifestent des dyskinésies dues aux neuroleptiques ne portent pas attention à ces mouvements pourtant évidents.

Les **préoccupations excessives** ou idées surinvesties sont des idées exagérées, bizarres, saugrenues, qui n'atteignent pas nécessairement le niveau délirant. Chez les déprimés, on trouvera la triade dépressive composée de perte d'estime de soi (*worthlessness*), désespoir (*hopelessness*) et sentiment de ne pouvoir être aidé (*helplessness*), accompagnée d'autodévalorisation et de culpabilité. L'hypocondrie consiste en la crainte excessive d'avoir une maladie, sans qu'il n'y ait d'apaisement possible. La préoccupation marquée de sa propre personne se définit par l'égomanie.

La **mythomanie** représente une propension à raconter des histoires fantastiques et fausses, en réponse à un besoin difficilement contrôlable de se mettre en valeur par imposture et d'induire autrui en erreur. La personne en vient pratiquement à croire ses propres mensonges et fantaisies, tout en conservant en arrière-fond la notion de leur fausseté qu'elle pourrait admettre en cas de confrontation. C'est le mensonge pathologique qui diffère du délire.

La **phobie** est une peur excessive, persistante et irrationnelle, issue d'une anxiété intrapsychique déplacée sur des objets ou des situations et menant à des conduites d'évitement. Elle peut être simple, en présence de l'objet seulement, ou extensive, à la seule pensée de l'objet ; elle peut être spécifique ou non, c'est-à-dire limitée à un seul objet ou suscitée par plusieurs objets ou situations. Les principales phobies sont l'agoraphobie (endroits publics), la claustrophobie (endroits fermés), l'acrophobie (hauteurs), la zoophobie (animaux) et les phobies sociales (manger, parler en public, utiliser les toilettes publiques, écrire en présence d'autres personnes).

Les **obsessions** sont des idées ego-dystones persistantes ou récurrentes, envahissant la conscience et éprouvées comme absurdes. Le patient ne peut s'en débarrasser malgré ses efforts. Il répète presque continuellement les mêmes paroles dans sa tête, ne peut résister à une propension à doubler chaque idée de son antithèse ou à douter de ses actions récentes, se demandant s'il n'aurait pas fait une erreur grave ou oublié quelque chose occasionnant un danger. Le patient peut craindre de se contaminer à tout instant ou de poser des gestes déplacés ou agressifs. Dans ces deux derniers cas, l'obsession devient une phobie d'impulsion, par exemple quand une mère, aucunement violente, craint maladivement de blesser son enfant, alors qu'elle n'a aucun désir d'agir pareillement.

Les **parapraxies** sont surtout des lapsus révélateurs de sentiments profonds et de conflits refoulés. Par exemple, un homme se trompe en désignant son épouse comme sa mère.

Les **idées dangereuses** doivent faire l'objet d'une vérification attentive aussitôt qu'un indice en laisse soupçonner, par exemple une allusion voilée à une solution prochaine et définitive d'un problème. Les plus fréquentes sont les idées suicidaires et pseudo-suicidaires, qu'elles soient sous forme d'idée simple, de rumination, d'intention, de menace pour le futur ou d'acte récemment posé. Il faut en soupeser le risque associé, aux points de vue médical et psychologique, de même que pour les idées homicidaires ou pour toute autre idée dangereuse. Le risque peut être faible, modéré, imprévisible, sérieux, imminent ou diminué par la perspective d'avoir de l'aide (voir le chapitre 21).

6.6.5. FONCTIONS COGNITIVES

Une atteinte des fonctions cognitives suggère en premier lieu un syndrome cérébral organique, mais plusieurs des signes regroupés ici se détectent également dans les troubles fonctionnels, d'où l'importance du diagnostic différentiel. Cette section de l'examen mental fait d'abord appel à l'observation du malade pendant qu'il raconte son histoire ; dans de nombreux cas, on constatera rapidement que les fonctions cognitives sont adéquates, sans qu'il soit nécessaire de poser au patient des questions qui lui apparaîtraient alors simplistes.

Les tests spécifiques permettent de mieux apprécier les dysfonctions cognitives décelées ou soupçonnées spontanément. Il faut s'assurer d'un minimum de collaboration et de motivation de la part du malade et de l'absence, au moment de l'examen, d'une trop grande fatigue qui fausserait les résultats. Les fonctions les plus fondamentales, comme la vigilance et la mémoire, constituent des préalables pour les fonctions intellectuelles supérieures, comme le jugement et l'abstraction. L'intégration des fonctions cognitives s'échelonne sur plusieurs niveaux de complexité, du simple état de conscience jusqu'à l'intelligence. Les fonctions primaires permettent à l'individu de communiquer avec son entourage et de s'y situer, tandis que les fonctions supérieures font état de ses connaissances et surtout de sa façon de les utiliser. Plus complexes, ces dernières sont touchées plus précocement dans les syndromes organiques. La performance du patient doit être interprétée à la lueur de son niveau d'éducation, de son environnement social et de son intelligence générale.

Il est essentiel de procéder avec tact, sans brusquer ni blesser le malade. On peut introduire beaucoup de questions en le faisant simplement parler de lui-même, sans transition perceptible d'avec une conversation sympathique. Par la suite, la personne accepte assez facilement de parler de son passé (mémoire) et de répondre à des questions connexes. Lors de l'administration des tests, on aura avantage à confirmer les bonnes réponses et à corriger délicatement les mauvaises, sans laisser monter l'anxiété du patient. Dans certains cas, en prévision d'une réadaptation par exemple, les fonctions mentales pourront être investiguées plus à fond par des tests psychologiques standardisés.

SENSORIUM (ÉTAT DE CONSCIENCE)

Il ne s'agit pas ici de la conscience morale, faculté de juger en fonction des valeurs intégrées, mais de la conscience vigile que nous définissons comme un état d'éveil dans lequel on reconnaît le monde environnant, la vie intérieure et leur lien mutuel. La conscience peut discerner les notions de continuité dans le temps et l'espace par rapport à des points de repère internes. On décrit souvent les perturbations du sensorium par le terme « confusion », mais cette appellation demeure générale et imprécise. Elle n'a pas le même sens en anglais où elle signifie la désorientation.

Il existe plusieurs systèmes pour graduer le continuum des états de conscience. Le suivant décrit cinq niveaux d'intensité, sur un plan quantitatif, et une série d'états altérés ou dissociés qui se caractérisent par une discordance entre l'état de conscience apparent et l'état de conscience réel.

- **Sensorium clair (vigilance)** (*alertness*)   Le patient est bien éveillé et complètement réceptif aux stimuli internes et externes.

- **Somnolence**   Le patient est éveillable et alors lucide. Le retour à un sensorium clair n'est souvent qu'une question de temps, comme au réveil d'une intoxication, l'exemple le plus fréquent étant celui de l'ébriété.

- **Obnubilation** (*lethargy*)   Le patient n'est pas complètement lucide et il a tendance à s'endormir quand il n'est pas activement stimulé. Ses réactions sont lentes et il peut présenter de l'hypertonie d'opposition.

- **Stupeur (semi-coma)**   Le patient ne répond qu'à une stimulation persistante et vigoureuse qui ne permet à l'interlocuteur d'obtenir temporairement qu'une légère communication par les yeux ou la parole.

- **Coma**   Dans le coma modéré, le patient ne réagit qu'à la douleur. Dans le coma profond, il n'a plus de tonus musculaire et il ne réagit à rien. Dans le coma dépassé, il ne peut respirer sans aide artificielle.

- **Automatismes**   Le comportement moteur est assez élaboré par rapport à un état de conscience limité, mais il n'est pas dirigé et il échappe au contrôle. Ce comportement est peu approprié, comme dans les états crépusculaires ictal, postictal et oniroïde, dans le délirium de sevrage et postopératoire.

- **Mutisme akinétique et autres états neurologiques voisins** (*persistent vegetative states*)   Le patient bouge très peu mais conserve un état de conscience partiel ou variable, selon le type précis d'atteinte. Il ne communique pas, réagit peu et présente une allure étrange et déroutante. Il conserve parfois un contact visuel ou démontre au moins une poursuite oculaire.

- **Stupeur psychogène**   Une perturbation du sensorium indique presque toujours une atteinte organique, mais on observe parfois des états altérés de conscience d'origine psychologique. Dans

le cas de la conversion hystérique, les principaux indices sont la suggestibilité, la réversibilité rapide et spontanée, et le lien avec des conflits psychiques internes ou des événements stressants. Il y a alors désagrégation ou rétrécissement du champ de la conscience : transes, état d'hypnose, état pseudo-comateux hystérique, état confuso-onirique, expérience mystique intense. Certains psychotiques ont des périodes de refus total de contact interpersonnel, avec maintien de positions bizarres, un état qu'on appelle la stupeur catatonique. Dans la dépression majeure sévère, le ralentissement psychomoteur peut aboutir à une quasi-extinction de la moindre activité ; c'est la stupeur dépressive.

ATTENTION

Il s'agit de la capacité de recevoir un stimulus spécifique, sans être distrait par le bruit de fond des stimuli environnants. Cette spécificité de l'attention la distingue de la disponibilité de base que constitue la vigilance ou état de conscience normal.

L'attention primaire est passive, involontaire, automatique, instinctive et réactionnelle. Outre l'observation directe, le test de répétition d'une série de chiffres sert à évaluer l'attention. Le patient d'intelligence moyenne peut facilement répéter de cinq à sept chiffres (comme 12-7-4-9-5-13).

La **concentration (attention secondaire)** *(vigilance)* est la capacité de soutenir l'attention pendant une période de temps plus prolongée. Elle est volontaire et active. Elle est démontrée de façon évidente quand le patient tient une conversation suivie sur un sujet donné : sans concentration, il est incapable de fournir une histoire valable. Elle s'évalue plus spécifiquement par le test de la lettre distribuée au hasard dans une série. On lit au patient pendant une trentaine de secondes une série de lettres dans laquelle la lettre « A » apparaît à plusieurs reprises, mais à une fréquence irrégulière. Il doit cogner sur le bureau avec un crayon à chaque fois qu'il entend la lettre « A ». S'il commet des erreurs, elles sont soit d'excès, d'omission ou de persévération.

L'**hypoprosexie** désigne une concentration globale trop faible. Dans l'inattention sélective, la concentration n'est perturbée que pour certains sujets douloureux ou de grande importance psychodynamique que le patient préfère éviter. La distractibilité consiste en une concentration affaiblie par une attention labile et trop facilement détournée par un grand nombre de stimuli intérieurs et extérieurs. On la remarque entre autres chez les maniaques, souvent accompagnée de fuite des idées.

Une trop grande polarisation de la concentration donne de l'**hyperprosexie**. Dans la fixité, l'attention ne se déplace pratiquement pas du même sujet. La persévération représente une difficulté à changer de sujet, le patient répétant la réponse à une question précédente lorsqu'on lui en pose une nouvelle ; son attention reste alors engluée et il ne peut faire de transition que lentement.

STRUCTURE DU LANGAGE

Peu fréquentes chez les patients psychiatriques, les **aphasies** peuvent ressembler superficiellement au discours psychotique fonctionnel, d'où l'importance d'un bon diagnostic différentiel. Elles perturbent la communication selon le type et la sévérité de l'atteinte. Une aphasie rend délicate, voire impossible, la poursuite de l'évaluation des fonctions cognitives, parce que le patient a plus ou moins perdu l'outil du langage et, conséquemment, n'arrive pas à démontrer d'autres capacités qu'il pourrait avoir conservées intactes.

En présence d'un signe neurologique latéralisé, comme une hémiplégie, il est facile de soupçonner une aphasie lorsque le patient présente une diminution du discours spontané ou encore du désordre dans son élocution et ses constructions verbales. Sans entrer dans les subtilités cliniques de l'aphasiologie, mentionnons que les signes cliniques peuvent s'associer selon différentes combinaisons, en fonction du type d'aphasie — pure, intermédiaire ou mixte — ou de son évolution.

L'**aphasie d'expression** est peu fluente et donne des troubles sérieux de communication, malgré une compréhension conservée ; on note une diminution et une lenteur de la production verbale, des troubles arthriques et de la dysprosodie.

L'**aphasie de réception** est fluente et consiste en un trouble de compréhension qui amène secondairement un langage inapproprié ; on note un débit normal ou logorrhéique et de la jargonaphasie qui comprend des néologismes, des substitutions et déformations lexicales.

On remarquera aussi, seuls ou associés, des troubles de répétition, l'agrammatisme et le manque de mots, ce qui provoque chez le patient des hésitations, des périphrases, des stéréotypies verbales et l'emploi de clichés. L'alexie et l'agraphie font habituellement partie du tableau.

On accordera une attention particulière à l'aphasie transcorticale motrice, car elle prend l'allure d'un trouble psychiatrique. Les déficits se limitent à un apragmatisme parfois verbal seulement, une impression de ne pas vouloir parler et un temps de latence pour répondre.

ORIENTATION

Même si elle est souvent classée à part, comme une fonction indépendante, l'orientation représente essentiellement une particularité de la mémoire dans ce qu'elle a de plus simple et de plus fondamental, dans son ancrage immédiat temporel et spatial, dans l'identité personnelle de l'individu et la reconnaissance de ses proches. La désorientation peut donc toucher trois sphères : le temps, l'espace et les personnes, que ce soit sur les plans autopsychique (soi-même) ou allopsychique (autrui). Certains auteurs ajoutent aussi la sphère des circonstances, celle de la situation pratique immédiate. Dans les syndromes organiques, la désorientation temporelle est plus précoce et fréquente.

MÉMOIRE

La mémoire se définit par la capacité de se souvenir de ce qu'on a appris ou vécu ; c'est un processus par lequel l'information est enregistrée, retenue et rappelée au moment opportun, sans trop de déformation. Elle permet à l'individu de structurer mentalement l'histoire de sa vie dans une continuité temporelle. La mémoire occupe un vaste espace dans le champ des fonctions cognitives qui en dépendent beaucoup. Elle peut être touchée de diverses façons.

Les **hypermnésies** surviennent chez les obsessionnels, les maniaques, les paranoïdes ou encore chez tous les étudiants à la veille d'un examen. Certaines hypermnésies relèvent du souvenir d'événements dangereux ou chargés émotivement.

Les **paramnésies** regroupent les conditions dans lesquelles les souvenirs sont passablement déformés ou inventés. La fausse reconnaissance et la mémoire réduplicative s'observent dans les syndromes cérébraux organiques, surtout amnésiques. Le souvenir-amélioré et le souvenir-écran répondent à des besoins névrotiques de se protéger contre des sentiments refoulés et pénibles. Les paranoïdes recourent à la falsification rétrospective pour mettre des détails du passé en accord avec leur système délirant. Les expériences de déjà vu, jamais vu, déjà entendu et déjà pensé surviennent fortuitement chez l'individu normal, sous l'influence de la fatigue, ou accompagnent des troubles de dépersonnalisation, des troubles épileptiques ou parfois psychotiques. On rencontre beaucoup de distorsions légères de la mémoire dans la vie courante.

Les **dymnésies** sont des difficultés mineures, souvent rapportées subjectivement, dans la fixation et l'évocation ; l'oubli des noms et l'évaporation de certains souvenirs en sont des exemples.

Les **amnésies** se divisent en quatre types :

- **Amnésie psychogène** L'amnésie lacunaire reste circonscrite à une brève période de temps consécutive à un événement traumatisant. L'amnésie sélective scotomise une partie de la réalité, soit des détails pénibles sur le plan psychodynamique, pour laisser intact le souvenir d'événements concomitants. L'amnésie généralisée est massive et englobe la vie entière de l'individu. L'amnésie continue couvre des événements qui se sont déroulés entre une date précise et le moment présent.

- **Amnésie feinte** Il arrive que les patients simulent l'amnésie dans le but de dérouter l'examinateur, de fuir consciemment une situation de confrontation ou d'obtenir des gains secondaires.

- **Amnésie mixte** Le tableau clinique devient très complexe quand s'entremêlent divers types d'amnésie, psychologique, feinte ou même organique.

- **Amnésie organique** C'est le type le plus fréquent. Elle se développe subitement, à la suite d'un traumatisme cérébral, ou progressivement, dans l'évolution d'un syndrome cérébral organique chronique. L'amnésie organique affecte un ou plusieurs des quatre niveaux de mémoire.

La *mémoire immédiate* est touchée quand le patient est incapable d'enregistrer de nouvelles informations. Cette incapacité provoque une amnésie antérograde, puisque rien n'est retenu à partir d'un point dans le temps, qui correspond le plus souvent au moment où s'est produit un traumatisme cérébral. Comme pour vérifier la capacité d'attention, on se sert ici du test de répétition de chiffres qui est facile si le patient collabore et ne souffre pas d'inattention. Un déficit rend difficile l'évaluation des autres niveaux de mémoire ; il faut en effet que le patient se souvienne des questions pendant au moins quelques instants.

On évalue l'état de la *mémoire récente* lors du questionnaire sur la maladie actuelle, sur les faits des heures et des jours précédents, selon l'exactitude des réponses du patient par rapport à des informations collatérales fiables. L'amnésie est rétrograde quand elle concerne des événements survenus avant un point précis dans le temps, habituellement un traumatisme cérébral ; son apparition peut être retardée ou liée à une amnésie antérograde.

On vérifie l'état de la *mémoire à long terme* lors du questionnaire sur l'histoire antérieure, en demandant au patient des informations acquises depuis longtemps, comme sa date de naissance, son adresse, le nom de ses proches. Il est pertinent de demander à la famille les détails de la vie passée du patient, de façon à mettre en évidence des inexactitudes qui, autrement, passeraient inaperçues.

L'appréciation de la capacité du sujet à faire de *nouveaux apprentissages* permet l'observation directe du processus de la mémoire dans plusieurs de ses phases : enregistrement, répétition, évocation ultérieure. Plusieurs tests simples et pratiques sont faciles à administrer, par exemple celui des quatre mots à répéter dix puis trente minutes plus tard : « brun, tulipe, honnêteté, compte-gouttes ». La portion visuelle de cet aspect de la mémoire s'évalue par le test de reproduction de schémas qu'on présente au sujet pendant cinq secondes (figure 6.1.) avant de lui demander de les reproduire. Voir aussi le chapitre 16, tableaux 16.11. et 16.12.

On note finalement les **mécanismes compensatoires** ou réactions d'adaptation à l'amnésie. Le patient souffrant d'amnésie organique cherche habituellement à la dissimuler, à moins qu'il ne reste sans défense et manifeste une réaction catastrophique qui consiste en une poussée subite d'anxiété massive et de pleurs provoquée par la confrontation directe avec un déficit marqué. Certaines personnes présentent une pensée très circonstanciée, tentant de rationaliser ou de banaliser le problème, ou même de le nier catégoriquement (déni) ; d'autres recourent à la fabulation (*confabulation*) en remplissant les vides de mémoire par des histoires inventées.

HABILETÉ CONSTRUCTIONNELLE

Cette fonction est importante à évaluer quand on soupçonne une démence, car elle est souvent la

Figure 6.1.   SCHÉMAS POUR VÉRIFIER LA MÉMOIRE VISUELLE

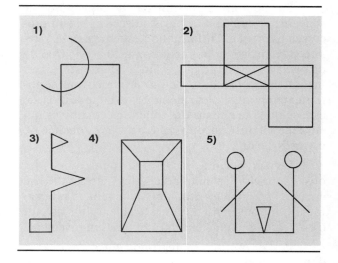

première atteinte en début d'évolution, conjointement avec la capacité de nouveaux apprentissages. Les tests d'évaluation sont nombreux, par exemple celui du dessin sur demande : la marguerite dans son pot, la maison vue en perspective, l'horloge avec chiffres et aiguilles indiquant cinq heures moins le quart. Ce test sollicite la participation de plusieurs aires corticales et demande une performance visuospatiale plutôt que verbale. Il y a aussi le test de reproduction des quatre dessins suivants, avec modèles sous les yeux (figure 6.2.).

Figure 6.2.   SCHÉMAS POUR VÉRIFIER L'HABILETÉ CONSTRUCTIONNELLE

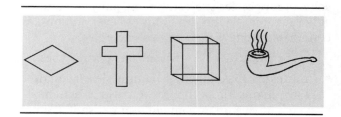

INFORMATION

On peut avoir une bonne idée du degré de savoir du patient s'il rapporte une histoire détaillée de sa maladie actuelle. On apprécie l'information acquise plus précisément en lui demandant des noms de pays, de capitales, en lui posant des questions simples sur la géographie et l'histoire. Il existe un test plus structuré qui consiste à lui demander dix noms de villes, de fleurs, d'animaux et de couleurs.

CALCUL

Il s'agit d'opérations arithmétiques simples faites par cœur et portant sur de petits nombres, par exemple rendre la monnaie d'un petit achat. Dans le test classique « 100 - 7 », le patient resoustrait oralement 7 de la réponse précédente à six reprises. Si le patient a moins d'une septième année de scolarité, on utilise la version « 30 - 3 », sur le même principe. On peut aussi se servir de petits problèmes, par exemple trouver l'intérêt correspondant à un montant, un taux et une période donnés.

JUGEMENT

Cette fonction permet de soupeser l'importance relative de différents faits ou idées et d'ajuster le comportement en conséquence. Elle comprend le recueil des données, l'analyse et la décision, trois éléments dont l'intégration correcte révèle un bon équilibre intellectuel et affectif. Dans la maladie mentale, le jugement est presque toujours touché, à un degré ou à un autre.

On évalue le **jugement pratique** d'après l'histoire rapportée par le patient et sa façon de mener sa vie, d'administrer ses biens et d'apprécier la valeur de l'argent. Des petits tests classiques donnent une idée de l'à-propos de ses décisions face à des problèmes hypothétiques. Par exemple, on lui demande de dire ce qu'il ferait s'il trouvait une lettre adressée avec un timbre, s'il manquait un train ou s'il constatait un incendie dans un cinéma.

Le **jugement social** dénote la capacité d'une personne à trouver et à adopter la conduite appropriée dans ses relations interpersonnelles. Il a un aspect d'autocritique et il peut aller de l'égocentrisme à l'altruisme, du manque de tact au souci exagéré d'autrui. Dans l'immaturité, le jugement est inégal, imprévisible et souvent déficient. Les troubles de la pensée influencent beaucoup le jugement. Le schizophrène régressé ne se rend pas compte que son allure négligée et son contact bizarre sont peu engageants. L'obsessionnel est indécis, le maniaque surestime ses possibilités, le déprimé sous-estime ses chances d'un avenir meilleur. Le paranoïde souffre d'une susceptibilité excessive qui lui fait interpréter comme malveillantes les actions neutres ou bien intentionnées des autres. L'hystérique ne pense pas que son attitude séductrice risque d'être comprise comme de la provocation. La distorsion parataxique consiste en un besoin de voir les choses conformément à ses modes d'expériences antérieurs, surtout dans les rapports interpersonnels.

L'*insight* est la compréhension que le patient possède de son état, de lui-même, de ses lacunes et de ses ressources ; c'est sa capacité de réaliser qu'il est malade et d'en concevoir une explication valable. L'*insight* est souvent évalué d'une manière très sommaire, selon une loi du « tout ou rien » par laquelle on conclut que les psychotiques n'ont pas d'*insight* et que les autres en possèdent. Dans la pratique, l'*insight* est plus nuancé, souvent partiel. Il est préférable d'en préciser le niveau : déni, déni avec doute, doute avec blâme porté sur autrui, sentiment que quelque chose ne va pas en soi-même, compréhension intellectuelle, compréhension émotionnelle.

Plusieurs confondent « autocritique » et « *insight* » ; d'autres attribuent à l'autocritique un sens plus pratique de capacité d'évaluer les détails de son comportement général, réservant un sens plus profond et global à l'*insight*, centré sur la maladie elle-même.

ABSTRACTION

C'est une fonction très complexe, la dernière acquise dans le développement intellectuel. Elle s'évalue de plusieurs façons. Les métaphores spontanées et les proverbes illustrent la fonction symbolique du langage ; ils demandent d'aller au delà du sens concret des mots pour lire entre les lignes et percevoir des relations entre des idées qui sont implicitement suggérées. L'interprétation des proverbes est grandement influencée par les facteurs culturel et éducationnel ; on ne recherche pas chez le patient une réponse précise mais l'illustration de son potentiel d'abstraction.

Les capacités d'analyse et de généralisation se démontrent par des tests de différence et de similitude. Dans le premier cas, le patient doit dire ce qui différencie des éléments superficiellement similaires, par exemple « l'oisiveté et la paresse » (n'avoir rien à faire et ne vouloir rien faire) et, dans le second, identifier le dénominateur commun d'une série d'éléments distincts, par exemple « la neige, un verre de lait et un drap d'hôpital » (la couleur blanche). Selon les questions choisies, le degré de difficulté varie beaucoup. On peut aussi demander au patient de compléter des séries conceptuelles, par exemple « AZ BY CX D__ » (W) ou « 1, 4, 7, 10, __ » (13).

INTELLIGENCE

L'intelligence représente l'habileté à choisir, à pondérer et à interpréter des données, à les conjuguer et à en tirer de nouvelles connaissances et des plans d'action efficaces. D'après l'attitude du patient au cours de l'entrevue et sa performance générale, il se dégage une impression globale de son niveau d'intelligence, bien qu'on ne puisse prétendre à la précision d'un test standardisé. L'intelligence est à la fois en interaction étroite avec toutes les fonctions mentales et une résultante de leur intégration.

Figure 6.3. **COURBE DE DISTRIBUTION DE L'INTELLIGENCE EN FONCTION DU QUOTIENT INTELLECTUEL (QI)**

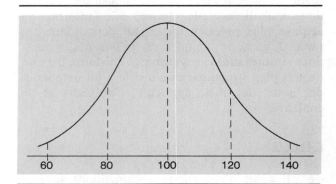

En général, un déficient mental profond (idiot) n'a pas l'usage du langage et ne réussit que des tâches élémentaires (manger, se vêtir) ; il ne contrôle pas toujours ses sphincters. Le déficient semi-éducable peut apprendre l'hygiène personnelle, à se raser, à s'habiller et à remplir des tâches routinières (travail en atelier protégé) ; il accède à un vocabulaire limité et à des éléments de calcul simples (petites additions). Le déficient éducable (intelligence lente) est capable d'une plus grande autonomie. Il pourra apprendre à faire un travail peu compliqué et à se procurer les objets de la vie courante. Son vocabulaire est plus étendu, mais sa pensée demeure concrète et lente. Il réussira des tests de calcul assez simples, mais pourra difficilement soustraire « 100 − 7 ». À l'école, il pourra terminer le cycle élémentaire. Celui qui a une intelligence moyenne (QI de 100) peut achever des études secondaires, apprendre un métier avec facilité et se montrer capable d'un minimum d'abstraction. Dans sa conversation, il parle des gens et des choses. Il n'est toutefois pas à l'aise dans les sciences abstraites et il aurait peu de chance de réussir des études universitaires. L'intelligence supérieure (QI au-dessus de 120) se manifeste par des aptitudes scolaires brillantes, une grande rapidité d'association et une bonne capacité d'abstraction. Le sujet oriente volontiers la conversation vers les idées et

Tableau 6.1.   CLASSEMENT DES FACTEURS DE DÉVELOPPEMENT D'UNE MALADIE MENTALE

FACTEURS	BIOLOGIQUES	PSYCHOLOGIQUES	SOCIAUX
PRÉDISPOSANTS	• Mère dépressive • Père alcoolique • Deux oncles suicidés	• Insécurité	• Placement répétitif en foyer pendant les hospitalisations de sa mère
PERPÉTUANTS	• Abus d'alcool et de drogues • Dépression majeure antérieure	• Pauvre estime de soi	• Fréquentation de milieux marginaux • Instabilité conjugale
PRÉCIPITANTS	• Arrêt des antidépresseurs depuis trois (3) mois	• Réapparition progressive de symptômes dépressifs	• Congédiement de son travail depuis un (1) mois • Séparation conjugale depuis une (1) semaine

l'analyse des situations. Il peut réussir des études universitaires et trouvera les tests un peu ridicules.

6.6.6. FIABILITÉ

L'appréciation globale de l'examinateur lui donne souvent des indices précieux sur le degré de fiabilité qu'il peut accorder au patient ; le contre-transfert devient alors un instrument d'évaluation. Il portera une attention spéciale aux discordances atypiques dans le tableau clinique, au manque d'authenticité de certains symptômes moussés par le patient et à la dissimulation d'informations essentielles. Le flair clinique constitue un atout majeur, mais on devra justifier ses impressions le plus possible. Chez plusieurs patients, la psychopathologie et la souffrance morale ne font pas de doute ; d'autres démontrent clairement des signes de santé mentale. Par ailleurs, il n'est pas rare que des patients très malades cherchent à camoufler leur problème, tandis que d'autres moins sévèrement atteints rapportent des symptômes factices pour obtenir des gains secondaires, par exemple un hébergement hospitalier.

6.7.
COMPRÉHENSION DYNAMIQUE ET DIAGNOSTIC

6.7.1. FORMULATION DYNAMIQUE

Cette étape consiste à résumer les facteurs principaux qui ont contribué au développement de la maladie et à les organiser de façon à expliquer l'état actuel du patient. On apprécie la façon dont ces facteurs biologiques, psychologiques et sociaux s'additionnent, interagissent et prédominent les uns sur les autres de façon prédisposante, perpétuante ou précipitante.

Pour illustrer cette étape, nous présentons au tableau 6.1. un exemple d'un patient amené à l'urgence à la suite d'un geste suicidaire, et pour lequel on a dressé un tableau des facteurs ayant contribué à son geste.

6.7.2. DIAGNOSTIC MULTIAXIAL

Suivant le modèle du DSM-III, on pose le diagnostic au moyen d'une grille multiaxiale où sont mises en corrélation les observations concernant la maladie psychiatrique, la structure, le soma, le vécu traumatisant et l'adaptation sociale antérieure du patient. Le portrait clinique en ressort plus complet et le pronostic plus certain. Il est utile de qualifier le diagnostic : provisoire ou final ; possible, probable ou certain.

Axe 1 : Diagnostic psychiatrique principal

Cet axe peut contenir un ou plusieurs diagnostics psychiatriques ainsi qu'un diagnostic différentiel, s'il y a lieu.

Exemple : Dépression majeure, récurrente (296.3)
Abus d'alcool intermittent (305.02)
Toxicomanie en rémission (305.93).
Diagnostic différentiel :
Trouble d'adaptation avec affect dépressif (309.0).

Axe 2 : Troubles de la personnalité

Exemple : Traits de personnalité antisociale (301.7) et limite (*borderline*) (301.83).

Noter ici les traits ou les troubles de la personnalité qui peuvent contribuer à faire connaître la structure mentale du malade. En général, ces symptômes sont égosyntones et apparaissent tout au long de la vie de l'individu.

Axe 3 : Maladies physiques

Exemple : Asthme bronchique
Douleurs abdominales fonctionnelles.

Rapporter ici les problèmes et conditions physiques (symptômes, maladies, grossesse).

Axe 4 : Facteurs psychosociaux de stress

Exemple : Séparation récente et perte d'emploi.

On tient compte de l'intensité objective des facteurs de stress et de leur effet cumulatif sur l'économie psychique. On juge leur sévérité relative et on les additionne pour en connaître le coefficient total de sévérité. Un événement heureux peut avoir autant de répercussions sur l'équilibre psychique qu'un malheur (voir le tableau 8.1., p. 170). On codifie la sévérité de l'événement selon l'échelle de HOLMES et RAHE, reproduite au tableau 6.2.

Tableau 6.2. ÉCHELLE D'INTENSITÉ OBJECTIVE DES FACTEURS DE STRESS, D'APRÈS HOLMES ET RAHE

ÉCHELONS	EXEMPLES
0. *Non spécifié*	—
1. *Aucun*	Absence de facteur apparent, événement neutre.
2. *Minime*	Délit mineur, petit emprunt à la banque.
3. *Léger*	Changement d'horaire de travail, dispute avec un voisin.
4. *Moyen*	Nouvelle carrière, décès d'un ami proche, grossesse.
5. *Sévère*	Chirurgie majeure, maladie grave du sujet ou d'un parent, perte d'argent importante, séparation conjugale, naissance d'un enfant.
6. *Extrême*	Divorce, mort d'un parent proche, annonce d'une maladie fatale.
7. *Catastrophique*	Expérience de catastrophe naturelle, de camp de concentration.

Les exemples fournis dans ce tableau sont des indicateurs approximatifs de l'indice de sévérité d'un événement. Cet indice varie beaucoup selon le contexte, la soudaineté de l'événement, la réaction de l'entourage, les peurs et les préjugés de l'individu.

Axe 5 : Fonctionnement optimal antérieur

On évalue le meilleur niveau d'adaptation sociale de l'individu au cours de la dernière année, aux points de vue relations sociales, travail ou études et loisirs. L'indice majeur demeure les relations interpersonnelles avec la famille et les amis. On codifie le niveau de fonctionnement social selon l'échelle présentée au tableau 6.3.

6.7.3. PRONOSTIC

Le pronostic est une estimation du cours probable de la maladie sous l'effet du traitement prescrit. Il tiendra compte des limites et des ressources personnelles du patient, de son environnement et de son attitude face au traitement. Le pronostic porte sur l'ensemble de l'évolution probable, mais aussi sur des objectifs particuliers qu'on doit alors préciser. Ainsi, le traitement pourra contrôler les symptômes psychotiques aigus mais laissera toutefois une incapacité résiduelle.

6.8.
TRAITEMENT

6.8.1. ADMINISTRATIF

Cet aspect touche l'énumération des conditions organisationnelles du traitement :
— admission, observation, clinique externe, ressources alternatives, transfert ou congé ;
— cure libre ou fermée, curatelle ou non ;
— mesures de surveillance requises, avec précision du motif et des conditions d'application ;
— demande de résumés de dossiers extérieurs.

6.8.2. BIOLOGIQUE

Ces interventions visent à connaître et à modifier les composantes physiologiques du

Tableau 6.3.   ÉVALUATION DU NIVEAU D'ADAPTATION SOCIALE

ÉCHELONS	EXEMPLES
0. *Non spécifié :* absence d'informations.	—
1. *Supérieur :* fonctionnement exceptionnel dans les relations sociales, l'activité professionnelle et les loisirs.	Un parent vivant seul, dans un voisinage qui se dégrade, s'occupe très bien de ses enfants et de sa maison, entretient des relations chaleureuses avec ses amis et trouve du temps pour s'adonner à un violon d'Ingres.
2. *Très bon :* fonctionnement supérieur à la moyenne dans les relations sociales, l'activité professionnelle et les loisirs.	Un veuf de 65 ans, retraité, travaille bénévolement, voit souvent des amis de longue date et a des violons d'Ingres.
3. *Bon :* altération à peine marquée du fonctionnement social ou professionnel.	Une femme ayant beaucoup d'amis est extrêmement efficace dans sa difficile profession mais se dit « surmenée ».
4. *Moyen :* altération modérée du fonctionnement professionnel ou des relations sociales, ou altération minime dans les deux domaines.	Un juriste éprouve des difficultés à assumer sa charge, entretient plusieurs relations mais n'a presque pas d'amis intimes.
5. *Mauvais :* altération marquée du fonctionnement professionnel ou des relations sociales, ou altération modérée dans les deux domaines.	Un homme ayant 1 ou 2 amis a du mal à garder le même emploi pendant plus de quelques semaines.
6. *Très mauvais :* altération marquée des relations sociales et de l'activité professionnelle.	Une femme ne peut accomplir aucune tâche ménagère et manifeste de violentes colères envers sa famille et ses voisins.
7. *Gravement altéré :* altération majeure dans presque tous les domaines du fonctionnement.	Un homme âgé a besoin de surveillance pour maintenir une hygiène personnelle minimale et présente une pensée incohérente.

patient. On prescrira des analyses, des consultations et des investigations complémentaires, de même qu'un traitement pharmacologique ou des séances de sismothérapie selon le besoin.

6.8.3. PSYCHOLOGIQUE

Cet aspect concerne toute intervention qui a pour but d'aménager le fonctionnement mental du patient. Mentionnons le type de psychothérapie, les objectifs et la nature des interventions proposées. Par exemple, la thérapie peut être individuelle, collective ou familiale ; elle peut avoir un objectif d'exploration, de réduction de l'anxiété, de renforcement des habiletés sociales, etc. Les interventions seront cognitives, comportementales, analytiques, de soutien ou autres.

S'il y a lieu, on énumérera les tests d'évaluation psychologique.

6.8.4. SOCIAL

Cet aspect concerne toute intervention qui vise à un aménagement de l'environnement du malade. On énumérera les interventions dans le milieu qui ont pour but de favoriser la réinsertion sociale. Les interventions seront informatives, éducatives ou thérapeutiques. Elles utiliseront les ressources de la famille, de l'environnement et des groupes d'entraide.

6.9.
CONSIGNATION DES OBSERVATIONS

6.9.1. HISTOIRE DE CAS

L'histoire de cas est un rapport complet et détaillé incluant chacun des items cités précédemment, qui sont réunis sous la forme d'un schéma standardisé de recueil des données. Pour être facilement utilisable, le rapport devra être bien structuré, clairement rédigé et concis sans pour autant omettre des informations pertinentes.

6.9.2. NOTE D'ADMISSION ET NOTE D'ÉVALUATION À L'URGENCE

Plus restreintes que l'histoire de cas, ces notes comprennent généralement des informations suffisantes pour mener à un diagnostic provisoire et pour justifier la conduite à tenir. Le problème actuel et l'examen du moment sont spécialement considérés ; une attention particulière est portée à l'évaluation du risque inhérent à la pathologie. La conduite à suivre doit être en accord avec cette évaluation.

6.9.3. RAPPORT DE CONSULTATION

Ce rapport est en général une réponse à la problématique définie par le médecin traitant. Il variera entre un écrit circonscrit mais suffisamment précis et étoffé dans la sphère visée, et une évaluation plus complète, semblable à l'histoire de cas. Il devrait contenir le motif de la consultation, les symptômes et l'évolution de la maladie actuelle, les observations durant l'entrevue, de même que les interactions entre l'état mental et la pathologie somatique.

Le consultant reprendra les données du médecin traitant en émettant sa propre conclusion et son opinion sur les différents paramètres en présence ainsi que sur le diagnostic. La ligne de conduite et les recommandations doivent apparaître clairement, de même que les risques inhérents au traitement et les interactions pharmacologiques.

Le rapport doit être rédigé dans un langage concis et accessible aux médecins non-psychiatres.

6.9.4. NOTES D'ÉVOLUTION

Il s'agit des observations qui permettent de suivre l'évolution de la maladie en regard de la thérapeutique. La fréquence et le contenu de ces notes sont fonction des normes de pratique et des éléments nouveaux et importants à consigner. Le contenu est similaire aux autres rapports : éléments subjectifs rapportés par le malade, signes objectifs observés par le médecin, analyse des données, conclusion et programme de soins.

6.9.5. RÉSUMÉ DE DOSSIER

Le résumé d'une hospitalisation ou d'un traitement ambulatoire est très utile dans les échanges entre les intervenants médicaux ou sociaux. Il sera rédigé dans un langage concis et ne rapportera que les renseignements pertinents. Il contiendra entre autres les informations suivantes :

— identification du malade, numéro du dossier ;
— dates d'admission et de départ ;
— raison d'admission mentionnée par le patient ou ses proches et symptômes principaux observés par le médecin ;
— conclusions de l'examen physique ;
— rapports de laboratoire, EEG, ECG, rayons X, etc. ;
— conclusions des consultations demandées ;
— traitements offerts et évolution du malade ;
— description et qualification de l'état du patient au départ ;
— diagnostics principal et secondaire ;
— traitement au départ ;
— orientation.

BIBLIOGRAPHIE

AMERICAN PSYCHIATRIC ASSOCIATION
   1983 *DSM-III : Manuel diagnostique et statistique des troubles mentaux*, Paris, Masson.

   1980 *A Psychiatric Glossary*, 5ᵉ éd., Washington, D.C., A.P.A.

BERRIOS, G.E.
   1981 « Stupor Revisited », *Compr. Psychiatry*, vol. 22, p. 466-477.

DETRE, T.P. et D.J. KUPFER
   1975 « Psychiatric History and Mental Status Examination », *Comprehensive Textbook of Psychiatry/II* (A.M. Freedman, H.I. Kaplan et B.J. Sadock, édit.), Baltimore, Williams and Wilkins Company.

EY, H., P. BERNARD et C. BRISSET
   1974 « Sémiologie et méthodes d'investigation », *Manuel de psychiatrie*, Paris, Masson.

GAGNON, J.
   1980 « L'examen psychiatrique », *Psychiatrie clinique : approche contemporaine* (P. Lalonde et F. Grunberg, édit.), Chicoutimi, Gaëtan Morin éditeur.

GARETY, P.
   1985 « Delusions : Problems in Definition and Measurement », *Brit. J. Med. Psychol.*, vol. 58, p. 25-34.

JOHNSON, J.
   1984 « Stupor : A Review of 25 Cases », *Acta Psychiatr. Scand.*, vol. 70, p. 370-377.

KENDLER, K.S. *et al.*
   1983 « Dimensions of Delusional Experience », *Am. J. Psychiatry*, vol. 140, p. 466-469.

KIERSCH, T.A.
   1962 « Amnesia : A Clinical Study of Ninety-eight Cases », *Am. J. Psychiatry*, vol. 119, p. 57-60.

KOLB, L.C.
   1977 « Examination of the Patient », *Modern Clinical Psychiatry*, 9ᵉ éd., Philadelphie, Saunders Ed.

KRAFT, E.M.
   1977 « The Evaluation », *Psychiatry : A Concise Textbook for Primary Care Practice*, Arco Ed.

LINN, L.
   1985 « Clinical Manifestations of Psychiatric Disorders », *Comprehensive Textbook of Psychiatry/IV* (H.I. Kaplan et B.J. Sadock, édit.), Baltimore, Williams and Wilkins Company.

MACKINNON, R.A. et R. MICHELS
   1971 *The Psychiatric Interview in Clinical Practice*, Philadelphie, Saunders.

STRUB, R.L. et F.W. BLACK
   1977 *The Mental Status Examination in Neurology*, Philadelphie, Davis.

PARTIE II

SYNDROMES CLINIQUES PSYCHIATRIQUES

CHAPITRE 7

TROUBLES ANXIEUX

LOUIS CHALOULT
M.D., C.S.P.Q., F.R.C.P.(C)
Psychiatre, chef du Service de médecine psychosomatique de la Cité de la Santé de Laval
Professeur adjoint de clinique à l'Université de Montréal

PLAN

CONSIDÉRATIONS GÉNÉRALES SUR LES TROUBLES ANXIEUX

Au cours des années 1960 et 1970, on situait la prévalence des troubles anxieux entre 2 et 5 % de la population en général. Les dernières études épidémiologiques ont démontré que ces chiffres étaient trop modestes, la fréquence réelle des troubles anxieux variant plutôt entre 5 et 10 % de la population (WEISSMAN et MERIKANGAS, 1986). Les résultats demeurent toutefois souvent contradictoires d'une étude à l'autre et l'unanimité reste à faire sur ce sujet (BREIER *et al.*, 1985).

7.1.
CLASSIFICATION DES TROUBLES ANXIEUX

Sous l'influence de la psychanalyse, les troubles anxieux ont été communément nommés pendant plus d'un demi-siècle : névrose phobique, névrose d'angoisse, névrose obsessionnelle et névrose traumatique. Parmi les importantes modifications apportées par le DSM-III en 1980 dans la classification des maladies mentales, ces quatre affections ont été regroupées sous l'appellation de « troubles anxieux » et classées de la façon suivante.

- **Troubles phobiques (ou névroses phobiques) :**
  — agoraphobie avec attaques de panique,
  — agoraphobie sans attaque de panique,
  — phobie sociale,
  — phobie simple.

- **États anxieux (ou névroses d'angoisse) :**
  — trouble : panique,
  — trouble : anxiété généralisée,
  — trouble obsessionnel-compulsif (ou névrose obsessionnelle-compulsive).

- **Trouble : état de stress post-traumatique :**
  — forme aiguë,
  — forme chronique ou différée.

- **Trouble anxieux atypique.**

* * *

Le trouble anxieux d'origine purement situationnelle est classé parmi les troubles de l'adaptation sous l'appellation de « trouble de l'adaptation avec humeur anxieuse » (voir le chapitre 8).

DSM-III-R

Depuis 1983, l'*American Psychiatric Association* travaille à réviser le DSM-III pour en faire une nouvelle classification appelée DSM-III-R (R pour *Revised*). Une version provisoire (*draft*) est parue en 1985 dans le but de faire connaître aux intéressés les divers changements proposés, leur permettant ainsi de participer au processus en y apportant leurs commentaires, leurs objections ou leurs suggestions. Au chapitre des troubles anxieux, cette première version apporte plusieurs modifications au DSM-III original, en particulier les deux suivantes :

1) les critères diagnostiques sont plus nombreux et plus précis ;
2) le trouble : panique et l'agoraphobie avec attaques de panique sont regroupés à l'intérieur d'une même entité diagnostique, soit le trouble : panique avec ou sans évitement phobique (ou avec ou sans agoraphobie). Cette modification constitue un progrès réel qui tient beaucoup mieux compte de la réalité clinique, l'agoraphobie avec attaques de panique étant toujours en effet une complication du trouble : panique.

La version finale du DSM-III-R étant parue en mai 1987, nous croyons qu'il peut être intéressant pour le lecteur de prendre connaissance de cette nouvelle classification qui demeure, somme toute, assez semblable à l'ancienne. La voici.

Troubles anxieux (ou névroses d'angoisse et phobiques)

- Panique
  — avec agoraphobie,
  — sans agoraphobie.
- Agoraphobie sans histoire de panique.
- Phobie sociale.
- Phobie simple.
- Trouble obsessionnel-compulsif (ou névrose obsessionnelle-compulsive).
- État de stress post-traumatique.
- Anxiété généralisée.
- Trouble anxieux non spécifié autrement (*Anxiety Disorder Not Otherwise Specified*).

7.2.
ÉTIOLOGIE DES TROUBLES ANXIEUX

Jusqu'à la fin des années 1960, deux grandes orientations prédominaient lorsqu'il s'agissait d'expliquer l'étiologie des troubles anxieux : l'approche psychanalytique pour qui la névrose était d'abord la résultante de conflits inconscients, et l'approche comportementale (ou behaviorale) qui y voyait plutôt des phénomènes d'apprentissage. Ces deux écoles avaient tendance à s'opposer plutôt qu'à se compléter.

Depuis quelque temps, elles ont été reléguées au second plan par une approche bio-psycho-sociale multidimensionnelle qui tient compte non seulement des conflits inconscients et des phénomènes d'apprentissage, mais aussi de plusieurs autres aspects nécessaires à une meilleure compréhension des troubles anxieux, plus particulièrement les aspects biologique et cognitif. Cette approche est basée sur des faits plutôt que sur des hypothèses et elle se modifie constamment au fur et à mesure des nouvelles données apportées par la recherche.

Nous allons tenter de donner ici un bref aperçu des connaissances actuelles sur l'étiologie des troubles anxieux en les regroupant autour des divers facteurs responsables de leur apparition, soit les facteurs prédisposants, les facteurs précipitants et les facteurs perpétuants.

7.2.1. FACTEURS PRÉDISPOSANTS

ASPECT BIOLOGIQUE

Sans qu'on puisse encore en comprendre tous les mécanismes responsables, il semble maintenant certain que la biologie ait un rôle majeur à jouer dans l'étiologie des troubles anxieux. Ce rôle est plus marqué dans l'agoraphobie avec attaques de panique, dans le trouble : panique et dans le trouble obsessionnel-compulsif. Il est moins marqué mais quand même présent dans l'agoraphobie sans attaque de panique, dans la phobie sociale et dans le trouble : anxiété généralisée. Il serait presque absent dans la phobie simple. Cette opinion est basée entre autres sur les observations suivantes :

1) *La présence d'un plus grand nombre de troubles anxieux ou d'autres pathologies psychiatriques dans les familles de patients atteints de troubles anxieux.*

   La plupart des études récentes démontrent qu'environ 15 % des parents immédiats des patients atteints de troubles anxieux souffrent eux-mêmes de troubles anxieux, ce qui est supérieur au pourcentage de 5 à 10 % caractérisant la population en général. L'incidence des troubles affectifs, des troubles de l'adaptation et des troubles somatoformes est également plus élevée dans ces familles (CROWE *et al.*, 1983).

2) *Les recherches menées auprès de jumeaux homozygotes et hétérozygotes.*

   Si une maladie est d'origine génétique, les jumeaux homozygotes, à cause de leurs gènes identiques, en seront tous deux atteints plus fréquemment que les jumeaux hétérozygotes. Plusieurs recherches récentes menées auprès de jumeaux homozygotes et hétérozygotes ont démontré significativement l'influence de la génétique sur l'étiologie des troubles anxieux. L'importance de cette influence varie d'un trouble à l'autre (TORGENSEN, 1983).

3) *La reproduction d'attaques de panique au moyen d'injections de lactate de sodium.*

COHEN fut le premier à observer au cours des années 1940 que le niveau sanguin de lactate de sodium était plus élevé chez les sujets anxieux souffrant d'attaques de panique que chez les sujets normaux. Il se demanda si cette élévation du lactate sanguin n'était pas responsable des attaques de panique. Par la suite, PITTS et McLURE injectèrent des solutions intraveineuses de lactate de sodium à des patients ayant déjà présenté des attaques de panique ; ils arrivèrent à reproduire des attaques semblables chez environ 75 % de ces patients. Si une médication anti-panique, comme l'alprazolam (Xanax®) ou l'imipramine (Tofranil®), était administrée avant l'injection de lactate, les attaques étaient supprimées (LEIBOWITZ *et al.*, 1984-1985).

Cette possibilité de reproduire à volonté, par des moyens purement biologiques, des attaques de panique constitue un argument quasi irréfutable en faveur de l'origine biologique de ces attaques. On obtient également là des conditions idéales pour effectuer des recherches sur la nature et le traitement des attaques de panique.

4) *La réponse au traitement pharmacologique.*

On constate depuis quelques années que les troubles anxieux les plus sévères répondent bien à plusieurs antidépresseurs utilisés jusqu'ici dans le traitement de la dépression biologique. Même si l'on ne connaît pas encore à fond les causes de cette forme de dépression, on l'attribue généralement à un déficit du métabolisme des neurotransmetteurs. Or, on commence à croire qu'un mécanisme assez semblable serait à l'origine des troubles

anxieux, ce qui expliquerait certaines similitudes entre ces derniers et les troubles affectifs, entre autres la présence fréquente d'anxiété accompagnant la dépression et d'épisodes dépressifs chez les sujets souffrant de troubles anxieux. Il est donc probable qu'il existe un lien de parenté entre ces deux types d'affections et, même si cette hypothèse n'est pas encore entièrement prouvée, elle se trouve renforcée par l'efficacité, dans les deux cas, d'une médication identique.

Ce ne sont là que quelques exemples des recherches et des observations concernant l'origine biologique des troubles anxieux. Si l'on considère maintenant l'ensemble des travaux effectués sur le sujet, on peut conclure à l'existence certaine dans ces troubles d'une atteinte biologique dont le rôle serait variable d'un trouble à l'autre. Il reste à savoir où se situe cette atteinte et quel est son mécanisme. Deux hypothèses sont avancées, qui se complètent l'une l'autre :

1) Dans la plupart des troubles anxieux, l'atteinte serait située au niveau du système nerveux central et, comme nous venons de le voir, elle résulterait d'un déficit du métabolisme des neurotransmetteurs (BREIER, 1985).

2) Chez les sujets souffrant d'attaques de panique, l'atteinte serait située simultanément au niveau du système nerveux périphérique, plus spécifiquement au niveau du système nerveux autonome sympathique. Celui-ci serait hyperréactif chez ces patients, ce qui expliquerait la rapidité et l'intensité de leurs symptômes consécutifs à des stress mineurs, de même que l'apparition des attaques de panique. Plusieurs hypothèses ont été avancées afin d'expliquer le mécanisme de cette hyperréactivité, mais aucune n'est encore vraiment prouvée (LEIBOWITZ *et al.*, 1985).

ASPECTS FAMILIAL ET SOCIOCULTUREL

Plusieurs écoles de pensée ont tenté d'expliquer le rôle de la famille et de la société dans l'étiologie des troubles anxieux. Les trois plus connues sont les écoles psychanalytique (chapitre 40), cognitive-comportementale (chapitres 41-42) et humaniste. Nous ne reprendrons pas ici leurs différentes théories qui sont exposées plus loin dans le présent ouvrage. Pour faciliter toutefois la compréhension de notre chapitre, nous reverrons brièvement quelques notions fondamentales qui, à notre avis, ne sont en désaccord avec aucune de ces écoles.

On admet généralement que c'est au sein du milieu familial et socioculturel que se forge chez les êtres humains la majeure partie des croyances et des attitudes qui influenceront par la suite toute leur existence, c'est-à-dire leur façon de vivre au quotidien et d'entrer en relation avec leur entourage. Certains sont plutôt anxieux, pessimistes ou méfiants ; d'autres sont plutôt optimistes, calmes et confiants. Ces croyances et ces attitudes sont parfois conscientes ou semi-conscientes, ou encore totalement inconscientes. Plusieurs croyances sont en elles-mêmes chroniquement anxiogènes : par exemple, certains pensent que, pour se considérer comme un être humain valable, on doit toujours être efficace en tout, rarement se tromper et toujours se classer parmi les premiers. D'autres croyances deviennent anxiogènes parce qu'elles s'opposent l'une à l'autre et qu'il en résulte un conflit : par exemple, un individu passif-dépendant de par sa structure de personnalité peut se sentir misérable dans une famille ou un milieu socioculturel qui prônent l'autonomie, le travail et la réussite à tout prix (DEFFENBACHER *et al.*, 1986).

Quels traumatismes, quelles situations familiales ou socioculturelles vont favoriser davantage l'apparition, au cours de l'enfance, de croyances ou d'attitudes prédisposant à l'anxiété ? Les recherches à ce sujet sont décevantes parce qu'elles se révèlent souvent floues ou contradictoires. Donnons tout de même quelques exemples de ces situations ou traumatismes parmi les plus reconnus ou les plus souvent cités :

— un milieu familial ou socioculturel perturbé ou instable ;

— la perte réelle ou symbolique d'un parent ou d'un être important par un décès, un divorce, la crainte d'un divorce, l'absence prolongée d'un parent, etc. ;

— la présence d'un stress sévère et prolongé comme une maladie chronique, une infirmité, un manque de l'essentiel, etc. ;

— un sérieux traumatisme physique ou psychique tel qu'un accident grave, une situation d'inceste ou autre ;

— des parents surprotecteurs ou trop exigeants ;

— des parents brutaux ou dévalorisants ;

— le sentiment pour un enfant de ne pas être aimé ou désiré par ses parents ou son entourage.

TRAITS DE PERSONNALITÉ

Tels que définis dans le DSM-III, les traits de personnalité désignent les modalités habituelles selon lesquelles on perçoit, on réagit à, et on conçoit son environnement et sa propre personne. Ils s'expriment dans une vaste gamme de situations importantes, sociales et personnelles.

L'ensemble des traits de personnalité constitue ce qu'il est convenu d'appeler la **structure de la personnalité**, et l'on s'accorde maintenant pour dire que celle-ci est à la fois la cause et la résultante des troubles mentaux.

Dans les troubles anxieux, on constate que certains traits de personnalité caractérisent plus souvent un trouble en particulier, tandis que d'autres sont communs à tous. Les plus fréquemment rencontrés sont les suivants :

— une tendance à l'anxiété chronique ;

— une tendance à la dépression pouvant se manifester par de légers symptômes dépressifs fluctuants ou par des épisodes dépressifs plus sévères ;

— une tendance à l'angoisse de séparation, surtout marquée chez l'agoraphobe mais pouvant colorer d'autres troubles anxieux ;

— une tendance à craindre exagérément l'opinion d'autrui, accompagnée d'une difficulté à s'affirmer, ces traits étant plus spécifiques au phobique social mais se retrouvant aussi chez l'agoraphobe ou dans d'autres troubles anxieux ;

— une tendance à la passivité et à la dépendance, plus marquée chez l'agoraphobe mais se remarquant assez souvent chez l'obsessionnel-compulsif ou dans d'autres troubles anxieux ;

— une tendance à la méticulosité et au perfectionnisme, surtout caractéristique chez l'obsessionnel-compulsif mais, là encore, pouvant se retrouver dans d'autres troubles anxieux.

Sans qu'il s'agisse vraiment d'un trait de personnalité, notons qu'il existe fréquemment chez les sujets souffrant d'un trouble anxieux une tendance à présenter des symptômes mineurs d'autres troubles anxieux. Par exemple, l'agoraphobe présente souvent de légers symptômes obsessionnels, l'obsessionnel-compulsif peut souffrir de phobies légères, le trouble : panique et le trouble : anxiété généralisée s'accompagnent fréquemment de phobies mineures ou de légers symptômes obsessionnels.

7.2.2. FACTEURS PRÉCIPITANTS

Les troubles anxieux débutent souvent de façon insidieuse, sans qu'on puisse trouver de facteur déclenchant précis. Plus un trouble anxieux survient en bas âge et moins il y a de stresseurs psychosociaux en présence, plus le trouble doit être considéré comme sévère et plus le pronostic est réservé.

Mais la plupart du temps, il existe des stresseurs psychosociaux qui contribuent à déclencher la symptomatologie et dont l'importance est variable d'un sujet ou d'un épisode à l'autre. En voici quelques-uns :

1) **traumatismes physiques**   accident, agression, maladie grave subite, etc.;

2) **traumatismes psychiques ou stresseurs aigus**   décès ou maladie grave d'une personne impor-

tante, divorce, perte d'emploi, perte financière, etc. ;

3) **stresseurs chroniques**   mésententes conjugales ou familiales chroniques, tensions chroniques au travail ou sur le plan social, maladie sérieuse chronique, etc.

Il ne s'agit là que de quelques exemples. On peut compléter le tableau en consultant le DSM-III qui définit à l'axe IV la sévérité des stresseurs psychosociaux (p. 26-28), de même que le chapitre 8 du présent ouvrage.

7.2.3. FACTEURS PERPÉTUANTS

Ce sont des facteurs qui contribuent à maintenir ou à accentuer la symptomatologie.

FACTEURS COGNITIFS

1) **Croyances irréalistes**   Dans presque tous les troubles anxieux, les patients entretiennent de multiples peurs dont la plupart sont irréalistes ou grossièrement exagérées. Au moment des attaques de panique, par exemple, ceux qui en souffrent ont peur de mourir, de devenir fous ou de perdre le contrôle d'eux-mêmes ; d'où le sentiment de catastrophe imminente et le comportement de fuite qui en résultent. Tant que ces peurs persistent, il va de soi qu'elles contribuent à perpétuer la maladie.

2) **Angoisse d'anticipation ou anxiété anticipatrice ou « peur d'avoir peur »**   Après avoir souffert d'une ou de plusieurs attaques de panique, l'individu se sent effrayé à la seule pensée d'être dans l'obligation de revivre une telle expérience. Lorsqu'il prévoit devoir affronter des circonstances identiques, cette frayeur entraîne chez lui une accentuation de son anxiété, sans même qu'il ne soit encore dans l'endroit ou la situation phobogènes. Cette angoisse d'anticipation, ou « peur d'avoir peur » comme on dit fréquemment, prédispose davantage la personne à la

fuite ou à l'évitement, contribuant ainsi à maintenir ou à accentuer sa symptomatologie.

ASPECT COMPORTEMENTAL OU RENFORCEMENT POSITIF

Selon SKINNER (théorie du conditionnement opérant), le renforcement positif est une forme de récompense qui suit immédiatement un comportement et qui incite l'individu à répéter ce même comportement. Le renforcement positif est particulièrement fréquent dans les phobies ou le trouble obsessionnel-compulsif. Dans une phobie par exemple, lorsque l'individu fuit une situation phobogène, il ressent immédiatement un soulagement qui devient une forme de récompense. Dans le trouble obsessionnel-compulsif, c'est le rituel qui procure le soulagement, se transformant par le fait même en récompense. Dans les deux cas, le renforcement positif constitue un facteur perpétuant qu'il importe d'éliminer dans le cadre d'un traitement efficace.

BÉNÉFICES SECONDAIRES

On observe, bien sûr, des bénéfices secondaires dans la plupart des maladies physiques et psychiques. Mais dans certains troubles anxieux, surtout l'agoraphobie et le trouble obsessionnel-compulsif, de tels bénéfices sont particulièrement nombreux et importants. Les malades sont souvent sévèrement atteints d'incapacité et c'est l'entourage qui doit assumer une bonne partie de leurs tâches. Par exemple, une femme agoraphobe ne sortira plus seule, ne fera plus ses emplettes, ne conduira plus ses enfants à l'école ; c'est son conjoint ou sa famille qui s'en occuperont à sa place. Il en résulte un handicap, mais aussi une diminution des responsabilités qui peut être vécue comme un soulagement, devenant par le fait même un renforcement positif qui contribue à perpétuer ou à accentuer la maladie.

FACTEURS SITUATIONNELS

Si un stresseur chronique persiste, comme une mésentente conjugale ou une insatisfaction au travail, il peut devenir à la fois un facteur précipitant et un facteur perpétuant parce qu'il augmente chroniquement le niveau global d'anxiété. Il en est de même d'une hygiène de vie déficiente : abus de drogues, de médicaments, manque de repos, d'exercice, etc.

CROYANCES ET ATTITUDES ANXIOGÈNES

Comme nous l'avons vu, certaines croyances ou attitudes plus ou moins conscientes peuvent rendre l'individu plus fragile et le prédisposer aux troubles anxieux. Une fois la maladie déclenchée, ces croyances et ces attitudes contribueront à la maintenir ou même à l'accentuer en augmentant chroniquement le niveau global d'anxiété.

7.3.
TRAITEMENT DES TROUBLES ANXIEUX

Une meilleure compréhension de l'étiologie des troubles anxieux a amené une meilleure détermination de leur traitement. Là aussi, les écoles de pensée traditionnelles, en particulier les écoles psychanalytique et comportementale, ont été reléguées au second plan pour faire place à une approche bio-psycho-sociale, plus globale et tenant compte davantage de tous les aspects du malade et de sa maladie. Les résultats sont d'ailleurs de plus en plus encourageants, et il est rare qu'un thérapeute expérimenté ne soit pas en mesure d'apporter une aide substantielle à un malade souffrant d'un trouble anxieux.

Malgré ces progrès, il demeure utopique, dans l'état actuel des connaissances médicales, de vouloir guérir complètement et à jamais tous les troubles anxieux, surtout si la composante biologique joue un rôle important dans leur étiologie. Dans bien des cas, le but du traitement consistera avant tout à rendre le patient fonctionnel et à lui permettre de mener une vie normale. Mais celui-ci n'est pas toujours à l'abri d'une rechute et il ressentira, dans certaines situations (par exemple les situations phobogènes chez le phobique), un sentiment de crainte et de malaise avec lequel il devra apprendre à vivre. Il est essentiel que le clinicien formule ces réserves clairement dès le début s'il veut éviter au patient de sérieuses déceptions par la suite.

Ceci dit, venons-en aux principaux aspects du traitement des troubles anxieux, soit les aspects pharmacologique, cognitif et comportemental. Nous terminerons en disant quelques mots sur d'autres formes de traitement couramment utilisées dans ce type de maladie.

7.3.1. ASPECT PHARMACOLOGIQUE

*ANTIDÉPRESSEURS**

L'utilité des antidépresseurs dans les troubles anxieux a été clairement démontrée par des recherches nombreuses et convaincantes (BALLENGER, 1984). Les tricycliques et les inhibiteurs de la monoamine-oxydase (IMAO) ont des effets assez semblables, quoiqu'on se demande depuis quelque temps si certains IMAO, la phénelzine (Nardil®) notamment, ne seraient pas supérieurs aux tricycliques. Cette hypothèse n'étant pas prouvée, nous nous limiterons ici aux tricycliques qui sont préférés aux IMAO par la plupart des cliniciens parce qu'ils semblent plus sécuritaires et plus faciles à prescrire.

Indications

Les antidépresseurs sont surtout efficaces dans les troubles anxieux sévères résultant princi-

palement d'une atteinte biologique. Les indications les plus importantes sont énumérées ci-dessous :

1) **Attaques de panique**   Dans le trouble : panique et l'agoraphobie avec attaques de panique, les antidépresseurs réussissent la plupart du temps à supprimer les attaques de panique, procurant ainsi un soulagement rapide au patient et facilitant de beaucoup la poursuite du traitement. Ils n'ont toutefois aucun effet sur l'angoisse d'anticipation qui est souvent responsable de l'évitement dans l'agoraphobie. L'imipramine (Tofranil®) demeure le meilleur choix parce que son efficacité a été largement prouvée en recherche, mais d'autres tricycliques comme l'amitriptyline (Elavil®) ou la clomipramine (Anafranil®) sont probablement tout aussi efficaces.

2) **Trouble obsessionnel-compulsif**   Les antidépresseurs sont surtout utiles dans le trouble obsessionnel-compulsif pour contrôler les pensées obsessionnelles et les symptômes dépressifs associés. Ils n'ont pas d'effet sur les compulsions. L'antidépresseur de choix est la clomipramine dont on s'est servi de façon presque exclusive dans les recherches sur le sujet (ANANTH, 1983).

3) **Trouble : anxiété généralisée**   On utilise parfois les antidépresseurs dans le trouble : anxiété généralisée lorsque ce trouble est sévère et s'accompagne de symptômes dépressifs chroniques. Cette indication demeure toutefois incertaine à cause du manque de recherche.

Posologie

Les petites quantités d'imipramine (Tofranil®), de 25 à 50 mg par jour, sont parfois suffisantes pour contrôler les attaques de panique, mais il est le plus souvent nécessaire de prescrire des doses allant de 150 à 200 mg par jour. Il arrive que les attaques disparaissent rapidement après trois ou quatre jours, mais on doit parfois attendre de trois à six semaines avant que la médication ne fasse effet.

---

* Voir aussi le chapitre 37.

Dans le trouble obsessionnel-compulsif, on administre des doses assez substantielles de 150 à 300 mg de clomipramine (Anafranil®) par jour. La médication agit lentement, prenant souvent cinq semaines ou plus avant de produire des résultats.

Rappelons ici que les sujets souffrant de troubles anxieux sont particulièrement sensibles aux effets secondaires des antidépresseurs. On doit commencer par prescrire de petites doses et augmenter lentement, tout en adoptant une attitude très motivante. Rappelons également que les rechutes sont des plus fréquentes lorsque le patient cesse de prendre les antidépresseurs. Il importe qu'on l'en prévienne et qu'on lui indique clairement la conduite à tenir dans cette éventualité.

BENZODIAZÉPINES*

Les benzodiazépines constituent la médication la plus efficace pour diminuer rapidement l'anxiété dans les troubles anxieux (NOYES *et al.*, 1986 ; HOLLISTER, 1986), quoiqu'elles n'aient pas vraiment d'effet à moyen ou à long terme sur les crises de panique, les obsessions et les compulsions. Contrairement aux antidépresseurs qui ne sont pas assez utilisés, on les prescrit trop souvent, sans raison suffisante, pour des périodes beaucoup trop longues et sans aucune autre forme sérieuse de traitement — comme une psychothérapie ou la prescription d'un antidépresseur.

Indications

Les principales indications des benzodiazépines dans les troubles anxieux sont les suivantes :

1) Lorsque le niveau d'anxiété d'un patient est très élevé, au point d'entraver son fonctionnement quotidien ou de produire un inconfort sérieux,

la prescription d'une benzodiazépine pour une période de quelques semaines soulage la personne, la rend plus fonctionnelle et facilite la mise en marche des autres aspects du traitement.

2) Deux nouvelles benzodiazépines sont maintenant utilisées dans le traitement des attaques de panique, soit l'alprazolam (Xanax®) et le clonazépam (Rivotril®). Prescrit à faible dose de 1,5 mg par jour en trois ou quatre prises, l'alprazolam est anxiolytique comme les autres benzodiazépines, mais il possède en plus un effet antidépresseur faible mais réel. À plus fortes doses, soit de 4 à 6 mg par jour ou plus, il devient efficace contre les attaques de panique au même titre que les antidépresseurs (LEIBOWITZ *et al.*, 1986). Il en est de même pour le clonazépam, une puissante benzodiazépine utilisée jusqu'ici dans le traitement de l'épilepsie. Prescrit à des doses variant de 3 à 6 mg par jour, il possède lui aussi une action antipanique efficace et sa longue durée d'action (demi-vie de 20 à 40 heures) lui confère l'avantage de pouvoir être prescrit en une ou deux prises quotidiennes seulement et de produire moins de symptômes de sevrage (CHOUINARD *et al.*, 1985).

Comparés aux antidépresseurs dans le traitement des attaques de panique, l'alprazolam et le clonazépam provoquent moins d'effets secondaires et sont supérieurs en ce sens qu'ils suppriment l'angoisse d'anticipation précédant les attaques. Ils comportent par ailleurs les inconvénients d'être plus toxicomanogènes et de produire plus de symptômes de sevrage.

3) La prescription de petites doses de benzodiazépines au besoin chez les sujets chroniquement anxieux peut être défendable à condition qu'on limite la prise à de courtes périodes espacées et qu'on exerce un contrôle strict. Cette façon de faire, quoique très fréquente dans la pratique, demeure toutefois controversée.

---

* Voir aussi le chapitre 35.

BÊTA-BLOQUANTS

Les agents bloquants des récepteurs adrénergiques bêta sont habituellement utilisés pour le traitement de l'hypertension et des arythmies cardiaques supraventriculaires, à cause de leur potentiel sédatif sur le système nerveux autonome sympathique. Cette propriété leur confère un pouvoir anxiolytique réel et c'est pourquoi on s'en sert parfois chez les sujets souffrant de troubles anxieux, surtout ceux dont le système nerveux autonome est hyperréactif (KELLY, 1985).

Ce pouvoir anxiolytique est cependant inférieur à celui des benzodiazépines, et les bêta-bloquants présentent en plus l'inconvénient de provoquer des effets secondaires indésirables comme des chutes de tension artérielle. C'est la raison pour laquelle on leur préfère généralement les benzodiazépines dans le traitement de l'anxiété.

Leurs deux seules véritables indications seraient dans le traitement de la phobie sociale et du trouble : anxiété généralisée lorsque ce dernier s'accompagne de nombreuses somatisations et que les autres médications se sont révélées inefficaces.

Le bêta-bloquant le mieux connu pour cet usage est le propranolol (Indéral®) ; on le prescrit habituellement à des doses variant de 80 à 160 mg par jour.

7.3.2. ASPECT COGNITIF

INFORMATION CLAIRE ET COMPLÈTE AU PATIENT SUR SA MALADIE

Les troubles anxieux, comme nous l'avons vu, s'accompagnent fréquemment de peurs irréalistes ou grossièrement exagérées. Les plus fréquentes sont la peur de mourir subitement au cours d'une attaque de panique ou de souffrir d'une maladie grave qui serait à l'origine des attaques.

Or, l'absence de diagnostic ou d'informations claires contribue à accentuer ces peurs chez la personne souffrante, qui ira d'une urgence ou d'un médecin à l'autre dans l'espoir de trouver une explication ou une solution à ses malaises. Si on persiste à lui dire, comme c'est souvent le cas, qu'elle n'a rien ou qu'elle est simplement « nerveuse », son inquiétude s'accroîtra et toutes sortes de complications pourront en résulter : tendance à l'hypocondrie, abus d'alcool ou d'anxiolytiques, dépression secondaire ou autre. Sans compter les innombrables examens ou investigations inutiles qui se répéteront d'un endroit à l'autre. De là l'importance, pour les soignants, d'expliquer avec beaucoup de soin au malade la nature et les conséquences de sa maladie ainsi que les principales étapes du traitement. Ces explications le rassurent énormément, lui donnent confiance et l'amène à mieux collaborer au traitement, tout en contribuant à prévenir les complications à long terme.

Ce qui est vrai pour les attaques de panique l'est aussi pour la plupart des autres troubles anxieux, quoiqu'à un degré moindre et dans un contexte différent comme nous le verrons un peu plus loin.

MODIFICATION DU DISCOURS INTÉRIEUR DU PATIENT*

L'angoisse d'anticipation, ou « peur d'avoir peur », est présente à divers degrés dans toutes les formes de phobies. Nous avons expliqué plus tôt qu'elle résulte d'une appréhension consécutive à la peur intense ressentie au moment d'une attaque de panique ou dans une situation phobogène. L'individu craint de revivre de tels moments et, lorsque des circonstances semblables surviennent, son discours intérieur prend immédiatement une forme alarmante et anxiogène. Il se dit par exemple : « Que

---

* Voir aussi le chapitre 42.

va-t-il se passer ? Une catastrophe m'arrivera peut-être ! Je ne serai pas à la hauteur de la situation. » Son niveau d'anxiété s'élève alors et il devient plus vulnérable sans même avoir encore fait face à l'objet de sa peur.

C'est la raison pour laquelle on nomme cette anxiété la « peur d'avoir peur ». Une fois en situation phobogène ou en pleine attaque de panique, le discours intérieur du malade devient encore plus dramatique, du genre : « Je subis une crise cardiaque, je vais perdre connaissance, je suis complètement ridicule. » L'anxiété augmente alors à nouveau, provoquant une symptomatologie accrue pouvant aller jusqu'à un comportement d'évitement.

Le traitement consistera dans un premier temps à faire prendre conscience à la personne de la présence de son discours intérieur ainsi que du rôle qu'il joue dans l'apparition et l'accentuation des symptômes. Dans un second temps, on lui apprendra à modifier ce discours de telle sorte qu'elle puisse s'en servir en situation de crise pour contrôler son anxiété. Au tout début, lorsqu'apparaît l'angoisse d'anticipation, le nouveau discours intérieur sera surtout rassurant : « La peur est désagréable mais non dangereuse. Elle ne m'empêche pas de penser et d'agir selon ma volonté. Aucune catastrophe ne peut m'arriver. » Lorsque la situation devient plus difficile, le discours contiendra des auto-instructions visant à produire des comportements mieux adaptés (MEICHENBAUM, 1985), par exemple : « J'inspire profondément et, en expirant, je détends ma musculature. Je cesse de penser à ma peur et je me concentre sur l'activité en cours. J'écoute attentivement la personne qui me parle. »

Ces modifications du discours intérieur ne sont généralement pas suffisantes en elles-mêmes pour guérir les troubles anxieux mais, combinées aux autres aspects du traitement, elles peuvent jouer un rôle appréciable dans sa réussite.

7.3.3. ASPECT COMPORTEMENTAL*

Les thérapies comportementales constituent un élément essentiel dans le traitement de plusieurs troubles anxieux, plus particulièrement dans les troubles phobiques ou le trouble obsessionnel-compulsif (WILSON, 1984). Quatre techniques figurent parmi les plus utilisées : l'exposition progressive *in vivo*, la désensibilisation systématique en imagination, l'immersion et la prévention de la réponse. Elles ont toutes pour but de mettre le sujet en contact avec l'objet de son anxiété ou de sa peur pour qu'il puisse apprendre à l'affronter efficacement dans le futur. Nous ne les verrons que brièvement ici car elles sont décrites au chapitre 41.

EXPOSITION PROGRESSIVE IN VIVO OU DÉSENSIBILISATION SYSTÉMATIQUE IN VIVO

Après avoir établi avec son thérapeute une hiérarchie de ses peurs allant des plus bénignes aux plus aiguës, le patient s'expose *in vivo* (dans la réalité) à chacune d'entre elles en suivant cette hiérarchie. La tâche lui sera facilitée par la relaxation, les techniques respiratoires et la modification du dialogue intérieur dont il aura fait l'apprentissage au préalable.

Cette technique regroupant trois méthodes est la mieux connue, la plus utilisée et la plus efficace dans le traitement des phobies ou du trouble obsessionnel-compulsif. Elle n'est pas aussi simple qu'il n'y paraît à première vue et l'expérience du thérapeute joue ici un rôle notable. Voici quelques suggestions pour augmenter les chances de réussite :

1) **Bien préparer le sujet au préalable** Lui enseigner la relaxation ou tout au moins des rudiments de relaxation, une technique respiratoire, lui apprendre à modifier son discours

---

* Au Québec, on dit aussi « behavioral ».

intérieur avant et pendant l'exposition, etc.

2) **Être clair**   Expliquer minutieusement le pourquoi et les différentes étapes de la technique.

3) **Être ferme**   Certains patients, surtout les agoraphobes, ont souvent tendance à trouver mille et un prétextes pour ne pas accomplir les tâches auxquelles ils se sont engagés. Si le thérapeute n'intervient pas vigoureusement dès le début, ils abandonnent presque à coup sûr quelques séances plus tard.

4) **Être disponible**   Accepter de voir le sujet plus souvent ou lui suggérer de téléphoner si des difficultés se présentent en cours de route.

5) **Procéder rapidement**   « Il faut battre le fer tandis qu'il est chaud. » Éviter de commencer l'exposition *in vivo* en tant que telle avant des absences prévues ou des vacances (du thérapeute ou du patient). Y aller rondement une fois le processus enclenché.

DÉSENSIBILISATION SYSTÉMATIQUE EN IMAGINATION

Dans cette technique, le patient apprend d'abord la relaxation, puis il établit avec son thérapeute une hiérarchie des situations phobogènes. Il repasse ensuite en imagination chacune des situations en se servant de la relaxation pour bloquer l'angoisse qu'elles suscitent. À la toute fin du traitement, il pourra penser à la situation la plus difficile sans trop d'anxiété et on présume qu'il lui sera par la suite plus facile de l'affronter dans la réalité.

La désensibilisation systématique en imagination est moins efficace que l'exposition progressive *in vivo*, mais elle peut se révéler utile lorsque la situation phobogène est peu accessible, comme dans le cas de la phobie de l'avion ou des orages électriques.

IMMERSION OU FLOODING

L'exposition *in vivo* se fait plus rapidement avec cette technique, soit en deux ou trois séances et parfois même en une seule qui peut durer plusieurs heures. De façon progressive et rapide, le sujet est mis en contact avec l'objet de ses peurs et le demeure tant que l'anxiété n'a pas considérablement diminué.

L'obtention de résultats rapides constitue le principal avantage de l'immersion.

PRÉVENTION DE LA RÉPONSE

Cette technique présente des avantages surtout pour le traitement du trouble obsessionnel-compulsif. Elle consiste à placer le patient dans une situation où il répète habituellement ses compulsions, le lavage répété des mains par exemple, et à l'en empêcher. L'anxiété augmente au début mais finit par diminuer après quelque temps.

7.3.4. AUTRES FORMES DE TRAITEMENT

CONSEILS SUR L'HYGIÈNE DE VIE

On néglige souvent de parler d'hygiène de vie dans le traitement des troubles anxieux. Quelques conseils judicieux sur ce sujet pourtant essentiel sont parfois plus utiles que bien des techniques sophistiquées. Les aspects suivants sont les plus importants :

1) **Usage et abus de divers médicaments et drogues**

— La caféine est vraiment nuisible chez la personne qui souffre d'un trouble anxieux. Il est bon de le lui signaler tout en lui rappelant que non seulement le café mais le thé, le chocolat et certaines boissons gazeuses et médications contre la grippe en contiennent aussi. On a d'autant plus intérêt à donner ce conseil qu'il est souvent suivi et produit des résultats immédiats.

— La nicotine, la cocaïne et les amphétamines sont évidemment nuisibles aussi.

— L'anxiété chronique incite souvent à l'abus d'alcool ou de médications anxiolytiques. Il est bon de le garder en mémoire et d'en avertir les patients.

2) **Repos**
   — Le surmenage et le manque de sommeil de même qu'une vie irrégulière ou trop trépidante sont de nature à accentuer l'anxiété. Tout le monde le sait mais beaucoup l'oublient et on a souvent avantage à le rappeler aux patients.

3) **Exercice physique**
   — À condition de ne pas être trop violent, l'exercice physique pratiqué régulièrement a tendance à diminuer l'anxiété.

RELAXOTHÉRAPIE*

La relaxation n'est pas suffisante en soi pour guérir les crises de panique, les phobies ou les troubles obsessionnels-compulsifs. Elle se révèle par contre très utile dans presque tous les troubles anxieux, surtout dans le trouble : anxiété généralisée, pour diminuer le niveau global d'anxiété du sujet et atténuer la symptomatologie à moyen et à long terme. La relaxation est également indispensable dans la désensibilisation systématique en imagination. Elle peut aussi devenir un adjuvant précieux dans d'autres techniques comme l'exposition progressive *in vivo* ou l'apprentissage aux auto-instructions où elle sert surtout de mécanisme d'aide en cas d'urgence (MEICHENBAUM, 1985).

La technique de relaxation la plus utilisée en Amérique du Nord est la relaxation progressive et différentielle de JACOBSON, probablement parce qu'elle s'enseigne rapidement et facilement.

---

* Voir aussi le chapitre 44.

PSYCHOTHÉRAPIE DE COUPLE OU FAMILIALE

Des difficultés relationnelles ou des dynamiques complexes résultant de la pathologie sont souvent vécues dans les familles des sujets atteints de troubles anxieux. Dans l'agoraphobie par exemple, le conjoint peut profiter de la vulnérabilité de l'agoraphobe pour le dominer. Parfois, c'est ce dernier qui prend prétexte de sa maladie pour en tirer toutes sortes de bénéfices secondaires, comme de multiples délégations de tâches qui, à la longue, vont provoquer beaucoup d'irritation et de rancœur chez les autres membres de la famille. Il en est de même dans le trouble obsessionnel-compulsif où la manipulation et l'exploitation de l'entourage par le malade prennent parfois des proportions quasi incroyables.

Dans des situations de ce genre, une psychothérapie de couple ou familiale est non seulement utile mais souvent indispensable. La recherche a cependant démontré qu'il est presque toujours préférable de commencer par traiter le trouble anxieux avant d'entreprendre la psychothérapie de couple ou familiale plutôt que de procéder à l'inverse (EMMELKAMP, 1982, p. 119).

Soulignons également qu'il est souvent utile d'engager à titre de cothérapeute le conjoint, un proche ou parfois toute la famille dans le traitement de l'agoraphobie ou du trouble obsessionnel-compulsif. Certains cliniciens le font systématiquement et obtiennent ainsi beaucoup de succès.

ENTRAÎNEMENT À L'AFFIRMATION DE SOI

Les problèmes d'affirmation de soi surviennent fréquemment dans les troubles anxieux et sont surtout consécutifs à l'anxiété et aux peurs inhérentes à ces troubles. On les rencontre davantage chez les phobiques sociaux qui sont presque toujours de grands timides craignant exagérément l'opinion d'autrui. L'apprentissage à l'affirmation de soi est alors utile. Il consiste essentiellement à enseigner à l'individu à mieux communiquer ses pensées et ses sentiments et à mieux faire respecter ses droits.

PSYCHOTHÉRAPIES INTROSPECTIVES*

Nous savons que certaines croyances et attitudes, pour la plupart inconscientes et acquises au cours de l'enfance, contribuent à produire ou à entretenir une anxiété chronique favorable à l'éclosion des troubles anxieux (DEFFENBACHER *et al.*, 1986). Si ces croyances ou attitudes sont suffisamment nombreuses et accentuées, on doit les modifier sinon l'individu demeurera plus sujet aux rechutes.

On peut y parvenir en utilisant diverses formes de psychothérapies dites « introspectives » : elles ont pour but de favoriser la prise de conscience (*insight*) puis le changement des croyances et des attitudes inconscientes ou des conflits qui en résultent. Les plus connues parmi ces méthodes sont la psychanalyse, la psychothérapie d'orientation psychanalytique, les psychothérapies brèves focalisées, également d'orientation psychanalytique (SIFNEOS, MALAN), les psychothérapies cognitives (BECK, ELLIS) et les psychothérapies humanistes. À condition d'être menées par des psychothérapeutes compétents, elles se révèlent toutes valables et constituent des moyens différents pour parvenir à des buts identiques.

ASPECTS SPÉCIFIQUES DES DIVERS TROUBLES ANXIEUX

Nous verrons maintenant les aspects plus spécifiques de chaque trouble anxieux en insistant plus particulièrement sur la description clinique, l'étiologie, l'histoire naturelle de la maladie et le traitement. Soulignons ici que, pour bien comprendre les propos qui vont suivre, il est indispensable que le lecteur prenne d'abord connaissance des considérations générales contenues dans la première partie du présent chapitre.

Nous aborderons les divers troubles anxieux dans l'ordre suivant : les troubles phobiques, les états anxieux, le trouble : état de stress posttraumatique et le trouble anxieux atypique.

7.4.
TROUBLES PHOBIQUES (ou NÉVROSES PHOBIQUES)

Le DSM-III décrit une phobie comme étant une peur persistante d'un objet, d'une activité ou

d'une situation spécifiques comprenant les quatre caractéristiques suivantes :
1) C'est une peur excessive ou démesurée par rapport à la dangerosité réelle de sa cause.
2) Elle est irrationnelle en ce sens que, même si le sujet reconnaît le caractère excessif de sa peur, il ne peut en expliquer l'origine.
3) Elle est indépendante de la volonté du phobique.
4) Elle conduit à l'évitement de l'objet, de l'activité ou de la situation spécifiques en cause.

On regroupe généralement les troubles phobiques sous trois formes : l'agoraphobie avec ou sans attaques de panique, la phobie sociale et la phobie simple.

7.4.1. AGORAPHOBIE AVEC OU SANS ATTAQUES DE PANIQUE

Les récentes études épidémiologiques démontrent que l'agoraphobie est beaucoup plus fréquente qu'on ne le croyait tout d'abord, les résultats variant de 2,5 à 5,8 % dans la population en général

---

* Voir aussi le chapitre 39.

selon les études (WEISSMAN et MERIKANGAS, 1986). C'est également le trouble phobique le plus sévère et celui pour lequel on consulte le plus souvent. On le rencontre surtout chez les femmes.

DESCRIPTION CLINIQUE

Contrairement à ce qu'on pourrait croire au premier abord, le symptôme central de l'agoraphobie n'est pas la peur de certains endroits, mais plutôt de ce qui pourrait s'y passer si le sujet ne parvenait pas à s'en échapper rapidement. Confiné à ces endroits, l'agoraphobe est envahi par une peur extrême accompagnée d'un sentiment de catastrophe imminente, par exemple mourir, souffrir d'une crise cardiaque, perdre connaissance ou être gravement humilié en public. Les principaux endroits dans lesquels surviennent ces peurs sont les moyens de transport en commun (autobus, métro, avion), les foules (centres commerciaux, rues achalandées), les endroits clos (ascenseurs, tunnels), les vastes espaces à découvert (terrains de stationnement, champs à la campagne) ou les hauteurs.

Le trouble commence le plus souvent par des attaques de panique dont l'intensité peut varier et qui surviennent dans un ou plusieurs de ces endroits. Des symptômes brusques et intenses en résultent : étourdissements, tachycardie, sensation d'étouffement, etc. L'agoraphobe a l'impression qu'un bouleversement grave se produit dans son organisme, dont il ne peut ni expliquer ni contrôler l'origine ; de là sa crainte de mourir, de souffrir d'une crise cardiaque ou de perdre connaissance. La plupart du temps, il quitte brusquement les lieux où surviennent les attaques, devenant par la suite anxieux à la simple pensée d'y retourner par crainte de voir se reproduire les mêmes symptômes.

Cette peur, que l'on nomme **angoisse d'anticipation**, engendre fréquemment un comportement d'évitement, c'est-à-dire un refus de fréquenter à nouveau les mêmes endroits. S'il parvient à surmonter sa peur, le sujet demeure tout de même sur ses gardes, prenant soin d'identifier une issue, porte ou fenêtre, par où s'échapper s'il sentait venir une attaque.

Plus les conduites d'évitement se multiplient, plus l'agoraphobe est handicapé. Il circule de moins en moins, réduit ses activités et confie en partie ses responsabilités à son entourage. Lorsqu'il s'éloigne de sa demeure, il préfère être accompagné d'un parent ou d'un ami pour avoir la certitude d'obtenir du secours en cas de danger. Dans les cas extrêmes, il peut devenir incapable de sortir de chez lui.

CRITÈRES DIAGNOSTIQUES DU DSM-III

A) Le sujet a très peur et, pour cette raison, évite de se retrouver seul ou dans des endroits publics d'où il pourrait être difficile de s'échapper ou dans lesquels il pourrait ne pas trouver de secours en cas de malaise subit, par exemple les foules, les tunnels, les ponts, les moyens de transport en commun.

B) Le sujet réduit de plus en plus ses activités habituelles, au point que peurs et conduites d'évitement dominent finalement son existence.

C) La phobie ne résulte pas d'un épisode dépressif majeur, d'un trouble obsessionnel-compulsif, de la personnalité paranoïde ou de la schizophrénie.

ÉTIOLOGIE

Facteurs prédisposants

1) **Aspect biologique**   Présence d'une fragilité biologique réelle, localisée probablement au niveau du système nerveux central en même temps qu'au niveau du système nerveux autonome sympathique périphérique qui est hyper-réactif.

2) **Influences familiale et socioculturelle**   La famille d'origine de l'agoraphobe est souvent instable et présente plus de troubles mentaux,

en particulier des troubles anxieux, que la population en général. Les parents de l'agoraphobe, surtout la mère, sont fréquemment surprotecteurs. L'agoraphobe lui-même aura souvent vécu des traumatismes physiques ou psychiques, ou encore des stress sévères au cours de son enfance.

3) **Traits de personnalité**   On rencontre généralement chez l'agoraphobe les traits de personnalité suivants :
   a) une tendance à l'anxiété chronique et à la dépression ;
   b) une tendance à l'angoisse de séparation — plus cette tendance est marquée, plus l'agoraphobe refusera de sortir seul ou même de rester seul à la maison après les premières attaques de panique ;
   c) une tendance à la passivité et à la dépendance — beaucoup d'agoraphobes évitent les problèmes plutôt que d'y faire face et se fient sur les autres pour les régler.

Facteurs précipitants

Début parfois insidieux et parfois consécutif à des traumatismes ou à des stresseurs psychosociaux.

Facteurs perpétuants

1) **Facteurs cognitifs et comportementaux**
   Dans l'agoraphobie, comme dans toutes les phobies, les peurs irréalistes et l'angoisse d'anticipation jouent un rôle majeur. Combinées au renforcement positif (le soulagement procuré par l'évitement), elles suscitent puis accentuent l'évitement. Les étapes de ce processus sont les suivantes :
   — peurs irréalistes provoquées le plus souvent par des attaques de panique dans une situation phobogène ;
   — angoisse d'anticipation par la suite, au moment d'affronter une situation identique ;
   — anxiété accrue avant même que ne se produise l'affrontement ;
   — évitement de la situation ;
   — soulagement consécutif à l'évitement (renforcement positif) ;
   — évitement plus marqué la fois suivante ; etc.

2) **Bénéfices secondaires, stresseurs chroniques, croyances et attitudes inconscientes anxiogènes**   Ils peuvent tous contribuer à des degrés divers à perpétuer ou à accentuer l'agoraphobie, en augmentant le niveau global d'anxiété de l'individu.

HISTOIRE NATURELLE DE LA MALADIE

L'agoraphobie est fréquemment précédée du trouble : angoisse de séparation de l'enfance ou de l'adolescence. Elle survient ordinairement vers la vingtaine, lorsque l'individu doit quitter sa famille pour se lancer seul dans la vie.

Elle débute presque toujours par de légères attaques de panique qui deviennent de plus en plus sévères au fil du temps. Ces attaques peuvent être consécutives à un traumatisme ou à un stresseur d'origine situationnelle. L'agoraphobe commence alors à éviter les lieux ou les situations qui provoquent les attaques, ou encore il exige d'être accompagné pour s'y rendre. Graduellement, l'évitement s'accentue à tel point que, dans les cas extrêmes, le sujet ne peut plus sortir de son domicile et refuse parfois même d'y rester seul « au cas où une attaque de panique surviendrait ».

Avec le temps, l'agoraphobe confie une bonne partie de ses responsabilités à son entourage dont il devient de plus en plus dépendant. Cette situation constitue un bénéfice secondaire qui contribue à son tour à maintenir et à accentuer la maladie. Il arrive fréquemment par ailleurs que l'entourage n'accepte plus à la longue de jouer ce rôle, qu'il devienne agressif envers le malade, ou qu'il cherche à le dominer. Il peut en résulter toutes sortes de conflits et un inconfort extrême qui, combinés au sentiment de ne plus pouvoir s'en sortir, suscitent l'apparition de diverses complications, les principales étant la dépression ainsi que l'abus d'alcool et d'anxiolytiques.

À un moment ou l'autre au cours de cette évolution, l'agoraphobe cherche de l'aide et consulte, le plus souvent son médecin de famille. L'absence de diagnostic ou de traitement adéquat contribue à accentuer toute la symptomatologie.

TRAITEMENT

Aspect pharmacologique

Si l'agoraphobie s'accompagne d'attaques de panique nombreuses et sévères, on prescrira une médication antipanique, soit de l'imipramine (Tofranil®), entre 150 et 200 mg par jour, de l'alprazolam (Xanax®), entre 4 et 6 mg par jour, ou du clonazépam (Rivotril®), entre 3 et 6 mg par jour.

Aspect cognitif

1) Explication claire au patient de la nature de sa maladie et des principales étapes du traitement.
2) Modification du discours intérieur du patient. Lui faire prendre conscience du contenu dramatique de son discours intérieur en situation phobogène (peur de mourir, de perdre connaissance, de perdre le contrôle de soi, de devenir fou, etc.). Lui expliquer le rôle joué par ces peurs dans l'angoisse d'anticipation et l'évitement. Rectifier ses croyances irréalistes et l'amener à les remplacer par un nouveau discours intérieur plus rassurant et contenant des auto-

instructions utiles pour faire face aux situations redoutées (voir le chapitre 42).

Aspect comportemental

L'exposition progressive *in vivo* est une technique efficace et sans doute la plus utilisée dans le traitement de l'agoraphobie. L'immersion constitue également un bon choix, surtout si les patients sont traités en groupe.

Aspects complémentaires du traitement

1) Amélioration de l'hygiène de vie.
2) Enseignement d'une technique de relaxation si on le juge bon, ou tout au moins des rudiments de détente musculaire combinés à une technique respiratoire.
3) Psychothérapie de couple ou familiale si on constate la présence de problèmes de couple ou familiaux, comme c'est souvent le cas dans l'agoraphobie.
4) Enseignement de l'affirmation de soi si on constate un problème d'affirmation.
5) Psychothérapie introspective, surtout pour prévenir les rechutes si les croyances et les attitudes inconscientes anxiogènes sont trop nombreuses ou trop marquées.
6) Plus les bénéfices secondaires sont nombreux et considérables, comme on le voit souvent dans l'agoraphobie, plus il importe d'en tenir compte précocement dans le traitement.

7.4.2. PHOBIE SOCIALE

On ne rencontre pas beaucoup de cas de phobie sociale en clinique parce qu'elle est mal connue et ne cause généralement pas assez d'inconvénients pour forcer ceux qui en souffrent à consulter. Elle est toutefois probablement beaucoup plus répandue qu'il n'y paraît à première vue, se manifestant sous la forme d'une timidité rebelle qui sert d'écran à ce type de malades (Leibowitz *et al.*, 1985).

DESCRIPTION CLINIQUE

Le thème central dans la phobie sociale est la peur de l'opinion d'autrui. Le sujet a constamment l'impression d'être observé par son entourage et il craint d'être mal jugé s'il se comporte de façon humiliante ou embarrassante. Les peurs les plus fréquentes concernent certains comportements en société (peur de parler, de manger ou d'écrire devant les autres), ou encore les manifestations physiologiques apparentes de l'anxiété (peur de trembler, de transpirer, de rougir ou même de vomir en public).

Plus la situation implique un grand nombre de personnes et plus celles-ci sont en position d'autorité ou sont peu familières au phobique social, plus ce dernier devient anxieux. À mesure que s'accroît son malaise, son comportement s'altère davantage et ses symptômes physiologiques s'accentuent. Il se crée ainsi un cercle vicieux qui engendre souvent une réaction de fuite dans l'immédiat. Par la suite, on assiste à l'apparition d'une angoisse d'anticipation, suivie à la longue d'un comportement d'évitement lorsque le sujet doit faire face à des situations identiques.

CRITÈRES DIAGNOSTIQUES DU DSM-III

A) Peur irrationnelle persistante et désir contraignant d'éviter une situation où le sujet est exposé à l'éventuelle observation attentive d'autrui et où il craint d'agir d'une façon humiliante ou embarrassante.

B) Le patient est considérablement gêné par des craintes dont il reconnaît la nature excessive ou irrationnelle.

C) Le trouble n'est pas dû à un autre trouble mental tel qu'une dépression majeure ou une personnalité évitante.

ÉTIOLOGIE

Facteurs prédisposants

1) **Aspect biologique** Présence d'une fragilité réelle mais moins accentuée que dans l'agoraphobie.

2) **Influence familiale** Il existe peu de données sur ce sujet. Il semble toutefois probable que des parents sévères et dominateurs favorisent l'apparition de la phobie sociale.

3) **Traits de personnalité** On rencontre fréquemment chez le phobique social certaines caractéristiques de la personnalité évitante, notamment la crainte de l'opinion d'autrui et l'hypersensibilité à l'humiliation, à la honte ou au rejet de l'entourage. C'est presque toujours une personne timide qui souvent s'affirme mal.

Facteurs précipitants

Début le plus souvent brusque à l'adolescence et déclenché par des facteurs situationnels d'intensité variable.

Facteurs perpétuants

1) **Facteurs cognitifs et comportementaux** Le phobique social manifeste des peurs irréalistes, c'est-à-dire lourdement exagérées, concernant l'opinion d'autrui. Il croit, par exemple, que les autres l'observent constamment, qu'ils remarquent à tout coup ses signes de malaise et qu'ils le jugent sévèrement à cet effet. Comme dans toutes les phobies sévères, ces peurs créent de l'angoisse d'anticipation suivie d'évitement, le tout combiné au renforcement positif (soulagement procuré par l'évitement) ; elles contribuent à maintenir et à accentuer la maladie. Le processus est le même que dans l'agoraphobie :

— peurs irréalistes vis-à-vis d'une situation phobogène ;

↓

— angoisse d'anticipation par la suite, au moment d'affronter une situation identique ;

↓

— évitement de la situation ;

↓

— soulagement consécutif à l'évitement (renforcement positif) ;

↓

— évitement plus marqué par la suite ; etc.

2) **Conflits familiaux et bénéfices secondaires**
Ils sont peu fréquents dans la phobie sociale. Par ailleurs, des stresseurs chroniques ou des croyances et des attitudes inconscientes anxiogènes peuvent contribuer à entretenir ou à accentuer la maladie.

HISTOIRE NATURELLE DE LA MALADIE

La phobie sociale est fréquemment précédée du trouble : évitement de l'enfance ou de l'adolescence, ou du trouble de personnalité évitante. Elle débute souvent à l'adolescence au moment où s'érotisent les relations entre garçons et filles.

Celui qui en est atteint s'isole graduellement, évitant de plus en plus les rencontres sociales d'envergure. Il se sent plus à l'aise avec de petits groupes ou des personnes qui lui sont familières. Il cache sa ou ses phobies et paraît timide et maladroit aux yeux de son entourage, ce qui est effectivement le cas. En général, il évolue quand même normalement au travail ou sur le plan familial.

En l'absence de traitement, la phobie sociale peut devenir chronique, s'atténuant toutefois avec l'âge surtout si l'individu réussit bien sur le plan social et professionnel. La complication la plus fréquente est l'abus d'alcool ou de médications anxiolytiques auxquels le phobique social a recours pour soulager son anxiété.

TRAITEMENT

Aspect pharmacologique

L'absence de crises de panique rend inutile la prescription d'une médication antipanique ici. Par ailleurs, on recommande parfois l'utilisation d'un bêta-bloquant pour diminuer l'anxiété et les manifestations physiologiques qui accompagnent la maladie (NOYES *et al.*, 1986).

Aspect cognitif

1) Explication claire au patient de la nature de sa maladie et des principales étapes du traitement.

2) Modification du discours intérieur du patient. Lui faire prendre conscience des graves exagérations contenues dans son discours intérieur au moment des situations phobogènes (« ... Tous m'observent, se rendent compte de mes malaises, me jugent durement », etc.). Lui expliquer le rôle joué par ses peurs dans l'angoisse d'anticipation et l'évitement. Rectifier ses croyances irréalistes et l'aider à les remplacer par un nouveau discours intérieur plus rassurant et contenant des auto-instructions utiles pour faire face aux situations redoutées.

Les peurs exagérées des phobiques sociaux concernant l'opinion d'autrui à leur sujet sont la plupart du temps profondément enracinées, rendant l'aspect cognitif du traitement à la fois plus difficile et absolument nécessaire (voir le chapitre 42).

Aspect comportemental

L'exposition aux situations phobogènes est nécessaire dans le traitement de la phobie sociale comme dans celui de n'importe quelle autre phobie. L'exposition progressive *in vivo* est la technique la plus utilisée et sans doute la plus efficace (voir le chapitre 41).

Aspects complémentaires du traitement

Si l'affirmation de soi laisse à désirer, comme c'est souvent le cas chez les phobiques sociaux, on veillera à l'enseigner au patient. On fera appel aussi, selon les besoins, à d'autres aspects utiles ou nécessaires au traitement : hygiène de vie, relaxothérapie, psychothérapie introspective, etc.

7.4.3. PHOBIE SIMPLE

Il s'agit d'un type de phobie fréquent dans la population en général mais, comme elle ne provoque pas souvent de gêne importante, ceux qui en sont atteints se font rarement traiter.

DESCRIPTION CLINIQUE

La caractéristique essentielle de la phobie simple est une peur persistante et exagérée d'objets ou de situations considérés par le sujet comme plus dangereux qu'ils ne le sont en réalité. Il les évite systématiquement et, s'il y est confronté malgré lui, il peut subir de véritables petites attaques de panique. L'évitement lui crée des inconvénients plus ou moins sérieux mais ne l'empêchent généralement pas de vivre normalement.

Les phobies simples apparaissent presque toujours au cours de l'enfance, soit graduellement par l'influence des parents, soit brusquement à la suite d'un traumatisme. Elles disparaissent souvent spontanément une fois l'âge adulte atteint, mais celles qui persistent guérissent rarement sans traitement. Les plus répandues sont les suivantes :

1) la peur des animaux (zoophobie), en particulier des chats, des chiens, des serpents, des insectes et des souris ;
2) la peur du sang et des blessures ;
3) la peur des hauteurs (acrophobie) ;
4) la peur des espaces clos, en particulier des ascenseurs (claustrophobie) ;
5) la peur de l'avion.

CRITÈRES DIAGNOSTIQUES DU DSM-III

A) Peur irrationnelle, persistante et désir contraignant d'éviter un objet ou une situation autre que celle d'être seul ou dans des endroits publics éloignés de la maison (agoraphobie) ou d'être humilié ou embarrassé dans certaines situations sociales (phobie sociale). Les objets phobogènes sont souvent des animaux et les situations phobogènes impliquent souvent des endroits élevés ou des espaces clos.

B) Le sujet est considérablement gêné par ses craintes dont il reconnaît la nature excessive et irrationnelle.

C) Le trouble n'est pas dû à un autre trouble mental tel que la schizophrénie ou à un trouble obsessionnel-compulsif.

ÉTIOLOGIE

On s'accorde généralement pour expliquer l'origine des phobies simples par un phénomène d'apprentissage survenu au cours de l'enfance. Elles sont parfois causées par l'éducation ; par exemple, une mère qui a peur des orages électriques peut communiquer sa peur à ses enfants. Ou encore elles sont consécutives à un traumatisme ; par exemple, un enfant mordu par un chien peut rester par la suite craintif devant les chiens.

La plupart du temps, les phobies simples rentrent spontanément dans l'ordre une fois l'âge adulte atteint. Parfois elles persistent et deviennent un inconvénient sérieux incitant la personne qui en souffre à consulter. Dans ces cas, on se demande actuellement si des peurs aussi exagérées et prolongées ne seraient pas la résultante de traits de personnalité déficients ou d'une structure de personnalité fragile (Fontaine-Delmotte et Van Bogaert-Titeca, 1984). À notre connaissance, la recherche n'a pas encore fourni de réponse satisfaisante à cette interrogation.

Quoi qu'il en soit, deux facteurs bien connus et communs à toutes les phobies ont certainement un rôle à jouer dans le maintien et l'aggravation des phobies simples : le premier est cognitif, c'est l'angoisse d'anticipation ; le second est comportemental, c'est le soulagement consécutif à l'évitement (renforcement positif). Le mode de fonctionnement de même que l'interaction de ces deux facteurs sont les mêmes que dans l'agoraphobie ou la phobie sociale.

TRAITEMENT

Les phobies simples résultant d'abord d'un phénomène d'apprentissage, leur traitement sera surtout comportemental. Les deux techniques les plus utilisées sont l'exposition progressive *in vivo* et l'immersion. On augmente les chances de réussite en enseignant au sujet à se relaxer et à modifier son discours intérieur lorsqu'il fait face à l'objet de ses peurs (voir le chapitre 41).

7.5.
ÉTATS ANXIEUX (ou NÉVROSES D'ANGOISSE)

7.5.1. TROUBLE : PANIQUE

Le trouble : panique et le trouble : anxiété généralisée étaient autrefois connus sous l'appellation commune de « névrose d'angoisse », les attaques de panique étant simplement considérées comme des épisodes aigus d'une maladie chronique. Depuis 1980, le DSM-III en a fait deux entités distinctes, ce que les recherches actuelles tendent à confirmer. Sans doute à cause de l'importante composante biologique entrant dans son origine, le trouble : panique suscite actuellement beaucoup d'intérêt, faisant l'objet de nombreuses recherches et publications. C'est une maladie relativement fréquente, sa prévalence se situant entre 0,4 et 1 % de la population en général (WEISSMAN et MERIKANGAS, 1986).

DESCRIPTION CLINIQUE

Le trouble : panique se caractérise surtout par la présence d'attaques de panique récurrentes survenant le plus souvent de façon imprévisible sans qu'on puisse les relier à un stresseur ou à un traumatisme d'origine situationnelle. Le début des attaques est parfois insidieux, parfois brusque. Le symptôme central consiste en une peur extrêmement intense et pénible, d'où le qualificatif de **peur panique**. Celle-ci s'accompagne de symptômes physiologiques nombreux résultant d'une surstimulation du système nerveux autonome : les principaux sont une douleur ou une gêne thoraciques, une sensation d'étouffement ou d'étranglement, des étourdissements, des vertiges ainsi qu'une sensation d'irréalité ou de dépersonnalisation. L'intensité et la multiplicité des symptômes physiologiques sont à la fois la cause et la résultante de la peur panique, et ils contribuent à créer chez le sujet un sentiment de catastrophe imminente qui se manifeste plus particulièrement par une peur de mourir, surtout d'une crise cardiaque, de perdre connaissance, de devenir fou ou de commettre un acte incontrôlable pendant une attaque. Les attaques atteignent généralement leur intensité maximale après 10 minutes environ et durent rarement beaucoup plus de 20 à 30 minutes. Par la suite, elles se compliquent fréquemment d'une angoisse d'anticipation suivie d'évitement lorsque le sujet doit retourner dans certains endroits où elles se sont produites antérieurement. C'est de cette façon que débute le plus souvent l'agoraphobie.

CRITÈRES DIAGNOSTIQUES DU DSM-III

A) Au moins trois attaques de panique en l'espace de trois semaines, survenant en dehors de circonstances impliquant des efforts physiques importants ou un risque vital. Les attaques ne sont pas déclenchées par l'exposition à un stimulus phobogène déterminé.

B) Les attaques de panique se manifestent par des périodes bien délimitées de crainte ou de peur et

comportent au moins quatre des symptômes suivants au cours de chaque attaque :
— dyspnée,
— palpitations,
— douleur ou gêne thoraciques,
— sensation d'étouffement ou d'étranglement,
— étourdissements, vertiges ou sensation d'instabilité,
— sensation d'irréalité,
— paresthésies (fourmillement dans les mains ou les pieds),
— bouffées de chaleur et de froid,
— transpiration,
— impression d'évanouissement,
— tremblements ou secousses musculaires,
— peur de mourir, de devenir fou ou de commettre un acte incontrôlable au cours d'une attaque.

C) Le trouble n'est pas dû à un trouble physique ou à un autre trouble mental tel qu'une dépression majeure, une somatisation ou la schizophrénie.

D) Le trouble n'est pas associé à l'agoraphobie.

ÉTIOLOGIE

Facteurs prédisposants

1) **Aspect biologique** Présence d'une fragilité biologique réelle localisée probablement au niveau du système nerveux central en même temps qu'au niveau du système nerveux autonome sympathique périphérique qui est hyperréactif.

2) **Influences familiale et socioculturelle** La famille d'origine de la personne atteinte du trouble : panique est souvent instable et présente plus de troubles mentaux, en particulier des troubles anxieux, que la population en général.

3) **Traits de personnalité** La personne souffrant du trouble : panique manifeste presque toujours une tendance à l'anxiété chronique et

aussi, quoiqu'à un degré moindre, à la dépression.

Facteurs précipitants

Le trouble débute le plus souvent spontanément, sans raison apparente, mais il peut aussi être consécutif à des traumatismes ou à des stresseurs psychosociaux.

Facteurs perpétuants

1) **Facteurs cognitifs** Les premières attaques de panique, comme nous l'avons dit, s'accompagnent presque toujours de peurs multiples, variables d'une personne à l'autre : peur de mourir, de commettre un acte incontrôlable, de devenir fou, etc. Ces peurs sont souvent à l'origine d'une angoisse d'anticipation qui se manifeste au moindre signal, pouvant faire croire au début d'une attaque. Elles contribuent ainsi à déclencher certaines attaques et accentuent toujours leur sévérité.

2) **Autres facteurs** Les stresseurs chroniques ainsi que les croyances et les attitudes anxiogènes inconscientes peuvent aussi contribuer, selon divers degrés, à entretenir ou à accentuer le trouble : panique en augmentant le niveau global d'anxiété de l'individu.

HISTOIRE NATURELLE DE LA MALADIE

Le trouble : panique débute le plus souvent autour de la vingtaine mais parfois plus tard dans la vie. Les principales étapes de son évolution sont les suivantes (SHEEHAN, 1983) :

1) L'attaque de panique classique est souvent précédée de légères attaques de panique caractérisées surtout par de la tachycardie, des étourdissements et un sentiment d'oppression.

2) Suivent les attaques de panique sévères que le sujet attribue le plus souvent à une maladie

organique sérieuse et qui l'amènent à consulter d'urgence. Si le diagnostic n'est pas posé ou encore si le traitement est inapproprié, le malade ira d'un médecin à l'autre ou d'une urgence à l'autre et subira d'innombrables examens dans l'espoir de trouver la cause de ses malaises. À ce stade, la préoccupation du sujet pour sa santé, jugée excessive par les cliniciens, amène souvent ces derniers à poser le diagnostic d'hypocondrie.

3) Si les attaques de panique persistent ou se multiplient, le sujet commence à éviter les lieux et les situations où les attaques surviennent le plus souvent. Les phobies s'installent donc graduellement, mais elles ne sont encore que limitées.

4) Par la suite, les phobies s'accentuent et le sujet devient un agoraphobe classique, présentant tous les critères diagnostiques de cette maladie.

5) À ce stade, plusieurs complications peuvent apparaître. Les plus fréquentes sont la dépression due à un sentiment d'enlisement irrémédiable, l'abus d'alcool ou de médications anxiolytiques ainsi qu'une dépendance maladive envers l'entourage.

S'il n'est pas traité, le trouble : panique peut parfois disparaître spontanément, ou son évolution peut s'arrêter à n'importe laquelle de ces étapes. Lorsque la phobie est marquée, on ne diagnostique plus un trouble : panique mais une agoraphobie avec attaques de panique.

TRAITEMENT

Aspect pharmacologique

Si les attaques de panique sont nombreuses et sévères, on prescrira une médication antipanique, soit de l'imipramine (Tofranil®), entre 150 et 200 mg par jour, de l'alprazolam (Xanax®), entre 4 et 6 mg par jour, ou du clonazépam (Rivotril®), entre 3 et 6 mg par jour.

Aspect cognitif

1) Explication claire au patient de la nature de sa maladie et des principales étapes du traitement.

2) Rectification des croyances irréalistes concernant les attaques de panique (il n'y a pas de danger de mourir, de devenir fou, de commettre un acte répréhensible, etc.).

3) Explication du rôle du discours intérieur dans la formation de l'angoisse d'anticipation et dans l'aggravation des attaques de panique qui en résultent. Modification du discours intérieur en le remplaçant par un nouveau discours plus rassurant et contenant des auto-instructions utiles pour diminuer l'intensité des attaques.

Aspects complémentaires du traitement

1) Dans le but de prévenir les phobies, on attirera l'attention du patient sur les dangers de l'évitement et sur l'importance d'apprendre à maîtriser les crises de panique plutôt que de fuir les lieux ou les situations qui les provoquent.

2) Amélioration de l'hygiène de vie.

3) Enseignement d'une technique de relaxation qui ne fera pas disparaître en soi les crises de panique mais qui pourra contribuer à les espacer en diminuant le niveau global d'anxiété.

4) Recours à une psychothérapie introspective qui pourra produire le même résultat en diminuant les croyances et les attitudes anxiogènes inconscientes si celles-ci sont trop nombreuses ou trop marquées.

7.5.2. TROUBLE : ANXIÉTÉ GÉNÉRALISÉE

Si on semble maintenant mieux comprendre le trouble : panique, en particulier son origine et ses complications, il n'en est pas de même pour le trouble : anxiété généralisée dont la nature demeure moins bien connue et plus sujette à controverse. On départage difficilement le rôle des facteurs biologiques et psychologiques dans son étiologie et on n'est toujours pas parvenu à en faire une entité diagnostique clairement définie et bien distincte des autres troubles anxieux (BARLOW *et al.*, 1986). Ces incertitudes semblent devoir persister, les recherches sur le sujet demeurant relativement rares et souvent peu concluantes.

L'épidémiologie du trouble : anxiété généralisée reflète d'ailleurs cette incompréhension, sa prévalence variant considérablement d'une étude à l'autre, soit de 2,5 à 6,4 % de la population en général (WEISSMAN et MERIKANGAS, 1986). Ces chiffres nous permettent tout de même de constater qu'il demeure le plus fréquent des troubles anxieux.

DESCRIPTION CLINIQUE

Le symptôme central dans le trouble : anxiété généralisée consiste en une anxiété chronique et marquée qui se manifeste sous forme de peurs nombreuses, floues, changeantes et qui concerne simultanément plusieurs aspects de la vie du sujet. Les relations interpersonnelles sont généralement les plus touchées et donnent souvent lieu à la crainte d'être dominé, dévalorisé, rejeté ou abandonné.

Quoique moins nombreuses, d'autres peurs surviennent fréquemment, prenant surtout la forme de malheurs susceptibles d'arriver à soi-même ou à autrui : peur d'être blessé ou de tomber malade, de subir une perte matérielle importante, de ne pas réussir ou de ne pas être à la hauteur, de perdre le contrôle, de s'évanouir, de mourir, etc.

L'anxiété chronique, qui est à la fois la cause et le résultat de ces peurs, produit à la longue de nombreux symptômes physiologiques d'origine motrice ou neurovégétative (ils sont énumérés ci-dessous dans les critères diagnostiques du trouble : anxiété généralisée). Ces symptômes varient et fluctuent selon les individus et les circonstances, et c'est

souvent après leur apparition que la personne se décide à consulter pour la première fois. Elle s'adresse alors fréquemment à son médecin de famille, se plaignant autant sinon davantage de ses somatisations que de l'anxiété qui les sous-tend.

CRITÈRES DIAGNOSTIQUES DU DSM-III

A) L'anxiété généralisée persistante se manifeste par des symptômes d'au moins trois des quatre catégories suivantes :

1) *tension motrice* secousses, ébranlements ou tressautements musculaires, tremblements, tension, douleurs musculaires, fatigue, incapacité à se détendre, battements des paupières, froncements des sourcils, crispation du visage, agitation, fébrilité, sursauts ;

2) *troubles neurovégétatifs* transpiration, palpitations ou tachycardie, mains froides et moites, sécheresse de la bouche, étourdissements, tête vide, paresthésie (fourmillements dans les mains ou les pieds), nausées, bouffées de chaleur ou de froid, pollakiurie, diarrhée, gêne au creux de l'estomac, boule dans la gorge, accès de rougeur, de pâleur, pouls et respiration rapides au repos ;

3) *attente craintive* anxiété, inquiétude, peur, ruminations et anticipation de malheurs pouvant arriver à soi-même ou aux autres ;

4) *exploration hypervigilante de l'environnement* attention exagérée conduisant à la distractibilité, difficultés de concentration, insomnie, sensation d'être « à bout », irritabilité, impatience, etc.

B) L'humeur anxieuse a été constamment présente depuis au moins un mois.

C) Le trouble ne résulte pas d'un autre trouble mental tel qu'un trouble dépressif ou la schizophrénie.

D) Le sujet a 18 ans ou plus.

ÉTIOLOGIE

Facteurs prédisposants

1) **Aspect biologique**   Il est possible qu'une certaine fragilité biologique puisse être partiellement responsable du trouble : anxiété généralisée. Nos connaissances sur le sujet demeurent toutefois imprécises et les recherches restent à faire pour déterminer la présence certaine de cette atteinte de même que sa localisation, ses origines et son importance.

2) **Influences familiale et socioculturelle** Les croyances et les attitudes anxiogènes inconscientes qui proviennent de l'éducation au sens large du terme jouent un rôle plus important dans l'étiologie du trouble : anxiété généralisée que dans celle des autres troubles anxieux. Ces croyances et ces attitudes sont souvent responsables d'une tendance chronique à l'anxiété et à la dépression qui peut être exacerbée par des traumatismes ou des stresseurs situationnels. C'est de cette combinaison que résultent le plus souvent les épisodes aigus.

3) **Traits de personnalité**   Le trait de personnalité le plus constant dans le trouble : anxiété généralisée est une tendance chronique à l'anxiété et aussi, quoiqu'à un degré moindre, à la dépression.

Facteurs précipitants

Début le plus souvent insidieux mais parfois brusque, consécutif à un traumatisme ou à un stresseur aigu.

Facteurs perpétuants

Une mauvaise hygiène de vie, des stresseurs chroniques ou encore des attitudes ou des croyances anxiogènes inconscientes peuvent tous contribuer à maintenir et à accentuer le trouble : anxiété généralisée.

HISTOIRE NATURELLE DE LA MALADIE

Le trouble : anxiété généralisée peut se manifester à n'importe quel âge, mais il commence surtout autour de la trentaine. Le début est presque toujours insidieux même si, à première vue, il semble souvent provoqué par des circonstances et des événements stressants. Graduellement les principaux symptômes apparaissent : tension motrice, troubles neurovégétatifs, attente craintive et exploration hypervigilante de l'environnement. Ceux-ci sont souvent accompagnés de préoccupations hypocondriaques et d'éléments dépressifs.

Généralement, le sujet consulte pour la première fois au cours d'un épisode aigu, la raison de la consultation étant parfois l'anxiété mais le plus souvent les somatisations ou les symptômes dépressifs associés. Si le traitement n'est pas adéquat, la maladie devient presque toujours chronique avec des hauts et des bas, mais le plus souvent sans que le fonctionnement social ou professionnel ne soit sévèrement perturbé. Les complications les plus fréquentes sont la dépression majeure et l'abus d'alcool ou de médications anxiolytiques avec lesquels le sujet tente de soulager son anxiété.

TRAITEMENT

Aspect pharmacologique

Sauf si l'épisode anxieux est très sévère ou accompagné de symptômes dépressifs importants, on ne prescrit généralement pas d'antidépresseurs pour le trouble : anxiété généralisée. Par ailleurs, une benzodiazépine à longue durée d'action, comme le diazépam (Valium®) ou le bromazépam (Lectopam®), est souvent utile pour soulager l'anxiété en début de traitement si celle-ci est trop envahissante ; on cesse graduellement après quelques semaines lorsque la relaxothérapie ou les autres formes de psychothérapie commencent à faire effet. Le propranolol (Indéral®) est parfois utile, surtout si les somatisations sont très nombreuses.

Aspect psychothérapique

La psychothérapie est l'arme de choix dans le traitement du trouble : anxiété généralisée. Elle peut prendre trois formes principales :

1) **Relaxothérapie** L'apprentissage de la relaxation est utile pour diminuer le niveau global d'anxiété et espacer les épisodes anxieux.

2) **Psychothérapie introspective** Elle est le plus souvent indispensable dans le trouble : anxiété généralisée. Son objectif sera l'identification et la modification des croyances et des attitudes inconscientes anxiogènes.

3) **Psychothérapie de soutien** Elle est indiquée en combinaison avec la psychothérapie introspective ou en son absence. Elle aura surtout pour but d'améliorer l'hygiène de vie, d'offrir au sujet une écoute empathique et d'identifier et de corriger, dans la mesure du possible, les facteurs situationnels anxiogènes.

7.5.3. TROUBLE OBSESSIONNEL-COMPULSIF (ou NÉVROSE OBSESSIONNELLE-COMPULSIVE)

Le trouble obsessionnel-compulsif semble être plus fréquent qu'on ne le croyait jusqu'ici, les plus récentes études épidémiologiques le situant entre 1,3 et 2 % de la population en général (WEISSMAN et MERIKANGAS, 1986). C'est le plus sévère des troubles anxieux et, si sa symptomatologie est bien connue et facilement identifiable, son traitement demeure difficile et relève généralement du psychiatre.

DESCRIPTION CLINIQUE

La caractéristique essentielle du trouble obsessionnel-compulsif consiste en la présence d'obsessions ou de compulsions récurrentes. Le mot **obsession** signifie ici une idée qui envahit la pensée du sujet malgré lui. Le mot **compulsion** signifie un besoin impérieux qui pousse l'individu vers l'action ; si ce besoin se réalise, il devient un acte compulsif ou un rituel.

Les obsessions et les compulsions ont en commun les caractéristiques suivantes (NEMIAH, 1985) :

1) elles envahissent de façon persistante et incontrôlable la pensée du sujet ;

2) elles sont ego-dystones, c'est-à-dire ressenties par ce dernier comme étrangères à sa volonté ;

3) elles font apparaître une anxiété menaçante qui force l'individu à prendre des moyens pour les contrôler ;

4) celui-ci reconnaît qu'elles sont absurdes et irrationnelles et conserve un bon contact avec la réalité ;

5) il sent le besoin de leur résister.

Les obsessions se manifestent sous les formes les plus diverses. Le sujet peut craindre d'être sali ou contaminé par le contact d'objets qu'il considère comme souillés ; ou bien il est assailli par des pensées de doute, se demandant s'il a bien accompli un acte donné, par exemple s'il a fermé les portes à clef ou éteint le four de la cuisinière électrique avant de se coucher ; ou encore il ressent un besoin impérieux de commettre une action interdite ou absurde comme se jeter devant une voiture en marche ou frapper quelqu'un de son entourage. Ces pensées qui prennent la forme d'un besoin impérieux se nomment **impulsions**. Elles se situent à mi-chemin entre les obsessions et les phobies. Comme les phobies, elles entraînent fréquemment l'évitement des objets ou des situations qui les provoquent mais elles en diffèrent cependant par leur caractère obsessionnel.

Les compulsions se manifestent par des actes répétitifs de l'individu, prenant le plus souvent la forme de rituels et ayant pour but de diminuer l'anxiété causée par les obsessions ou les impulsions. Les rituels les plus fréquents ont trait à la propreté : ce sont les rituels de lavage de mains et de nettoyage, ou le besoin de vérifier répétitivement, par exemple de s'assurer à plusieurs reprises que les portes et les fenêtres sont bien fermées. Il y a aussi les rituels d'évitement, en particulier des microbes ou des couteaux pointus, ainsi que les rituels ayant pour objet la répétition de chiffres ou de gestes.

De façon générale, le trouble obsessionnel-compulsif commence par l'apparition d'obsessions qui, dans plus de 80 % des cas, sont suivies de compulsions, les deux existant alors simultanément. La présence de compulsions seule est rare.

CRITÈRES DIAGNOSTIQUES DU DSM-III

A) Existence d'obsessions ou de compulsions

1) *Obsessions* Idées, pensées, représentations ou impulsions récurrentes, persistantes et ego-dystones, c'est-à-dire ressenties comme étrangères à la volonté du sujet, faisant intrusion dans la conscience, absurdes ou répugnantes. Le sujet fait des efforts pour les ignorer ou les supprimer.

2) *Compulsions* Comportements répétitifs et en apparence sensés, se déroulant selon certaines règles ou de façon stéréotypée. Le comportement n'a pas de but en soi, mais est destiné à produire ou à empêcher un événement ou une situation à venir. Cette activité n'est pas liée de façon réaliste au but qu'elle doit atteindre ou empêcher, ou bien elle est manifestement excessive. Les actes sont accomplis avec un sentiment de contrainte subjective allant de pair avec le désir de résister à la compulsion (au moins au début). Le sujet reconnaît généralement l'absurdité de son comportement (cela peut ne pas être vrai pour de jeunes enfants) et ne retire aucun plaisir de la réalisation de son acte, bien que celui-ci entraîne une réduction de la tension intérieure.

B) Les obsessions et les compulsions gênent considérablement le sujet ou interfèrent avec son fonctionnement social ou professionnel.

C) Le trouble n'est pas dû à un trouble mental tel que la maladie de GILLES DE LA TOURETTE, la schizophrénie, une dépression majeure ou un trouble mental organique.

ÉTIOLOGIE

Facteurs prédisposants

1) **Aspect biologique** Le trouble obsessionnel-compulsif est sans doute le trouble anxieux dans lequel l'aspect biologique joue le rôle le plus important. Cette opinion se fonde, entre autres, sur la précocité de son apparition dans la vie du sujet de même que sur l'efficacité réelle des antidépresseurs dans son traitement. On croit que l'atteinte serait située au niveau du système nerveux central, mais sa nature exacte et son mécanisme sont encore mal connus.

2) **Influences familiale et socioculturelle** Les principales écoles de pensée, en particulier les courants psychanalytique et cognitif-comportemental, ont tenté d'expliquer le rôle des influences familiale et socioculturelle dans l'étiologie du trouble obsessionnel-compulsif. Après avoir révisé soigneusement ces diverses théories, EMMELKAMP (1982, p. 159-188) en est arrivé à la conclusion qu'aucune d'entre elles n'apporte une explication satisfaisante qui soit basée sur des recherches rigoureuses plutôt que sur des impressions ou des opinions. Ce qui est certain, c'est que la famille d'origine de l'obsessionnel-compulsif est souvent instable et qu'elle manifeste plus de troubles mentaux, en particulier de troubles anxieux, que la population en général.

3) **Traits de personnalité** Il existe souvent, quoique pas toujours, des caractéristiques de la personnalité compulsive associées au trouble obsessionnel-compulsif : perfectionnisme, indécision, manque de chaleur, exigence impérative, etc. Par ailleurs, des tendances à l'anxiété chronique et à la dépression sont toujours présentes.

Facteurs précipitants

Dans des proportions à peu près égales, le trouble obsessionnel-compulsif débute ou de façon insidieuse ou rapidement, à la suite d'un traumatisme ou d'un stresseur aigu.

Facteurs perpétuants

1) **Facteurs cognitifs et comportementaux** Les peurs irrationnelles sont nombreuses et accentuées dans le trouble obsessionnel-compulsif ; par exemple, la peur de commettre un acte répréhensible (frapper son enfant avec un couteau) ou de se contaminer. Lorsque les peurs conduisent à l'évitement (ne pas se servir d'un couteau en présence de son enfant) ou à des rituels (se laver les mains), ces comportements réduisent l'anxiété et procurent un soulagement qui devient par le fait même un renforcement positif contribuant à maintenir et à accentuer la maladie.

2) Les conflits familiaux, les stresseurs chroniques ou les croyances et les attitudes anxiogènes inconscientes augmentent le niveau global d'anxiété et peuvent aussi contribuer à maintenir ou à accentuer le trouble obsessionnel-compulsif. Il en est de même des bénéfices secondaires qui sont fréquents et nombreux dans cette maladie.

HISTOIRE NATURELLE DE LA MALADIE

Le trouble obsessionnel-compulsif survient fréquemment, quoique pas toujours, chez des sujets qui possèdent déjà une structure de personnalité compulsive. Il commence quelquefois au cours de l'enfance mais le plus souvent à l'adolescence ou au début de l'âge adulte.

Le début est parfois insidieux ou parfois brusque, à la suite d'un traumatisme ou d'un stresseur aigu. Les premiers symptômes sont généralement des pensées obsessionnelles auxquelles des compulsions s'ajouteront par la suite. Freud a identifié trois mécanismes de défense spécifiques contre ce trouble : la formation réactionnelle, l'annulation rétroactive et l'isolation. Si la maladie n'est pas traitée, l'évolution est le plus souvent chronique avec des fluctuations dans le temps. Le handicap varie de modéré à sévère.

Chez certaines personnes, les rituels prennent une place si importante qu'elles négligent leurs activités essentielles, laissant les autres s'en occuper à leur place. Il en résulte alors une dépendance en même temps que des bénéfices secondaires qui peuvent prendre des proportions considérables. Les complications les plus fréquentes, en plus de la dépendance, sont la dépression majeure ainsi que l'abus d'alcool ou de médicaments anxiolytiques.

TRAITEMENT

Aspect pharmacologique

Les antidépresseurs sont de plus en plus prescrits pour le traitement du trouble obsessionnel-compulsif. Ils sont généralement efficaces pour réduire les obsessions et les symptômes dépressifs associés, mais ils n'ont pas d'effet sur les compulsions. La clomipramine (Anafranil®) est l'antidépresseur de choix. La dose varie de 150 à 300 mg par jour et le médicament peut prendre cinq semaines ou plus avant de produire son effet.

Aspect cognitif

1) Explication claire au patient de la nature de sa maladie et des principales étapes du traitement.

2) Modification du discours intérieur. Il ne s'est fait, jusqu'ici, que de timides tentatives pour modifier le discours intérieur de l'obsessionnel-compulsif. Pour l'instant, ces efforts sont demeurés plutôt infructueux comme l'a démontré EMMELKAMP (1982).

Aspect comportemental

Deux techniques sont utilisées pour traiter les compulsions ou les rituels dans le trouble obsessionnel-compulsif : l'exposition *in vivo* au stimulus anxiogène, suivie de la prévention de la réponse, la réponse étant ici le rituel lui-même. On procède par étapes successives comme pour l'exposition progressive *in vivo* dans les phobies (voir le chapitre 41).

Donnons l'exemple d'un individu obsédé par la crainte de se contaminer en se salissant. Les stimuli anxiogènes sont ici les différents objets considérés comme pouvant être porteurs de microbes : les poignées de portes, le linge sale, les poubelles, etc. S'il touche à un de ces objets, le patient devient aussitôt anxieux à la pensée de s'être contaminé, ce qui déclenche chez lui le rituel du lavage des mains ayant pour but de diminuer l'anxiété. Pour le traiter, on lui demandera donc d'entrer volontairement en contact avec ces divers objets — c'est l'exposition *in vivo* — et de ne pas se laver les mains par la suite — c'est la prévention de la réponse. Pour lui faciliter la tâche, on lui suggérera de commencer par les objets les moins contaminés selon lui, comme les poignées de portes, pour terminer par ceux qui le sont davantage, comme les poubelles — c'est ce qu'on appelle l'exposition progressive *in vivo*. Le thérapeute pose parfois lui-même ces gestes devant le patient pour lui servir d'exemple.

L'efficacité de la combinaison de ces deux techniques est maintenant prouvée et s'avère un atout précieux dans le traitement du trouble obsessionnel-compulsif, surtout lorsque les compulsions constituent le symptôme prédominant.

Aspects complémentaires du traitement

Une psychothérapie de couple ou familiale est nécessaire si on constate la présence de sérieux problèmes de ce type, comme c'est souvent le cas dans le trouble obsessionnel-compulsif.

D'autres formes de psychothérapie peuvent s'avérer utiles selon les besoins : apprentissage de la relaxation, de l'affirmation de soi, psychothérapie introspective, etc.

Plus les bénéfices secondaires sont nombreux et considérables, plus il importe d'en tenir compte précocement dans le traitement.

7.6.
TROUBLE : ÉTAT DE STRESS POST-TRAUMATIQUE

On traite de ce trouble au chapitre 8 intitulé « Troubles psychiatriques reliés au stress ».

7.7.
TROUBLE ANXIEUX ATYPIQUE

Comme le définit le DSM-III, on doit faire appel à cette catégorie lorsque le sujet présente un trouble anxieux qui ne répond aux critères d'aucun des états anxieux décrits plus haut.

BIBLIOGRAPHIE

AMERICAN PSYCHIATRIC ASSOCIATION
1980 *Diagnostic and Statistical Manual of Mental Disorders* (DSM-III), Washington, D.C., A.P.A.

1985 *Diagnostic and Statistical Manual of Mental Disorders in Development* (DSM-III-R), Washington, D.C., A.P.A.

ANANTH, J.
1983 « Clomipramine in Obsessive-Compulsive Disorder : A Review », *Psychosomatics*, vol. 24, p. 723-726.

BALLENGER, J.C.
1984 « Psychopharmacology of the Anxiety Disorders », *Psychiatric Clinics of North America*, vol. 7, p. 757-771.

BARLOW, D.H. *et al.*
1986 « Generalized Anxiety and Generalized Anxiety Disorder : Description and Reconceptualization », *Am. J. Psychiatry*, vol. 143, p. 40-44.

BREIER, A. *et al.*
1985 « The Diagnostic Validity of Anxiety Disorders and their Relationship to Depressive Illness », *Am. J. Psychiatry*, vol. 142, p. 787-797.

CHOUINARD, G. *et al.*
1985 « Neurologic and Psychiatric Aspects of Clonazepam : An Update », *Psychosomatics*, vol. 26, p. 12-18.

CROWE, R.R. *et al.*
1983 « A Family Study of Panic Disorder », *Arch. Gen. Psychiatry,* vol. 40, p. 1065-1069.

DEFFENBACHER, J.L. *et al.*
1986 « Irrational Beliefs and Anxiety », *Cognitive Therapy and Research*, vol. 10, p. 281-292.

EMMELKAMP, P.M.G.
1982 *Phobic and Obsessive-Compulsive Disorders : Theory, Research, and Practice*, New York, Plenum Press.

FOA, E.B. *et al.*
1984 « Deliberate Exposure and Blocking of Obsessive-Compulsive Rituals : Immediate and Long-Term Effects », *Behav. Ther.*, vol. 15, p. 450-472.

FONTAINE-DELMOTTE, M. et E. VAN BOGAERT-TITECA
1984 « Étude de deux cas complexes de phobies : phobie du téléphone, phobie d'impulsion », *Cliniques de thérapie comportementale* (O. Fontaine *et al.*, édit.), Belgique, Pierre Mardaga éd.

HOLLISTER, L.E.
1986 « Pharmacotherapeutic Considerations in Anxiety Disorders », *J. Clin. Psychiatry*, vol. 47, p. 33-36.

KELLY, D.
1985 « Beta-Blockers in Anxiety », *Stress Medicine*, vol. 1, p. 143-152.

LIEBOWITZ, M.R. *et al.*
1984 « Lactate Provocation of Panic Attacks : Clinical and Behavioral Findings », *Arch. Gen. Psychiatry*, vol. 41, p. 764-770.

1985 « Social Phobia : Review of a Neglected Anxiety Disorder », *Arch. Gen. Psychiatry*, vol. 42, p. 729-736.

1986 « Alprazolam in the Treatment of Panic Disorder », *J. Clin. Psychopharmacology*, vol. 6, p. 13-20.

MEICHENBAUM, D.
1985 *Stress Inoculation Training*, New York, Pergamon Press.

NEMIAH, J.C.
1985 « Neurotic Disorders », *Comprehensive Textbook of Psychiatry IV*, Baltimore, Kaplan, Sadock, Ed.

NOYES, R. *et al.*
1986 « Pharmacologic Treatment of Phobic Disorders », *J. Clin. Psychiatry*, vol. 47, p. 445-452.

SHEEHAN, D.V.
1983 *The Anxiety Disease*, New York, Charles Scribner's Sons.

WEISSMAN, M.M. et K.R. MERIKANGAS
1986 « The Epidemiology of Anxiety and Panic Disorders : An Update », *J. Clin. Psychiatry*, vol. 47, p. 11-17.

WILSON, G.T.
1984 « Fear Reduction Methods and the Treatment of Anxiety Disorders », *Annual Review of Behavior Therapy*, vol. 9, Guilford Press.

CHAPITRE 8

TROUBLES PSYCHIATRIQUES RELIÉS AU STRESS

Léon-M. Larouche
M.D., F.R.C.P.(C)
Psychiatre au pavillon Albert-Prévost de l'Université de Montréal
Professeur adjoint de clinique à l'Université de Montréal

PLAN

Si tu ne trouves pas la paix en toi, il est inutile de la chercher ailleurs.

LA ROCHEFOUCAULD
(Maximes)

8.1.
INTRODUCTION

La notion de stress comporte diverses acceptions selon les auteurs. Dans ce chapitre, nous allons utiliser le mot **stresseurs** pour désigner les divers agents ou conditions qui imposent une demande spéciale à l'individu, les mots **stress** et **anxiété** pour désigner les réponses psychologiques de l'individu aux stresseurs ou aux autres conflits internes.

Ainsi conçu, le stress contribue à plusieurs affections médicales ou psychiatriques, et la compréhension de ses mécanismes va permettre à l'omnipraticien de traiter adéquatement bien des problèmes qu'il rencontrera dans la pratique courante. Considéré à tort ou à raison comme « le mal du siècle », le stress pose un défi à notre ingéniosité, soit l'élargissement de notre vision pour appréhender l'individu dans son ensemble écologique, le situer dans son réseau d'interactions physiques, biologiques, psychologiques et sociales. Nous avons besoin de considérer toutes les dimensions de l'humain ; pour ce faire, toutes les branches de la médecine doivent être mises à contribution. Nous approcherons alors de l'idéal formulé par ALEXIS CARREL il y a plus de 50 ans (1935), lorsqu'il entrevoyait que la médecine « devenue science de l'homme, pourrait fournir à la société moderne des ingénieurs connaissant les mécanismes de l'être humain et de ses relations avec le monde extérieur ».

Nous avons aussi besoin de raffiner nos concepts neurophysiologiques pour définir plus en détail le cheminement d'un affect excessif comme l'anxiété dans les dédales du système psychique.

Nous devons développer des stratégies d'intervention qui agissent spécifiquement sur un problème particulier. Comme le dit si bien RENÉ DUBOS (1982), nous avons besoin de « penser globalement et d'agir localement ». Voilà à la fois le dilemme et la solution. Développer une vision assez large pour saisir le phénomène dans son ensemble, mais aussi dans tous ses détails, et être capable d'appliquer ces connaissances à un individu précis, dans un contexte particulier. La compréhension du phénomène de stress nous oblige à faire cette démarche, à passer du général au particulier, de l'ensemble au détail. Autrement dit, la notion de stress est une notion carrefour qui fait appel à toute la phénoménologie humaine, tant normale que pathologique.

Il s'agit d'un thème « très populaire » si l'on en juge par la multitude de publications sur le sujet, certaines s'efforçant de présenter les aspects les plus positifs du stress, allant jusqu'à vanter ses effets bénéfiques, tel le dernier best-seller de PETER HANSON, *The Joy of Stress* (1985).

Dans le présent chapitre, nous tenterons de démontrer :

— que le stress est un concept global qui fait appel à des notions psychosomatiques comme à des notions psychosociales ;

— que le syndrome de stress post-traumatique n'est qu'un « cas limite » d'un ensemble de perturbations moins théâtrales mais non moins réelles, reliées au stress ;

— que les notions de stress et d'anxiété sont complémentaires et doivent être comprises dans un modèle général du fonctionnement humain ;

— que les stresseurs d'ordre déprivatif, tels la carence affective, l'isolement social, l'aliénation personnelle, peuvent être tout autant dévastateurs sur le plan psychologique que les stresseurs d'ordre agressif, tels un bombardement, un hold-up, un viol, un incendie, etc. ;

— que les efforts thérapeutiques devront surtout porter sur la prévention des excès et sur la recherche d'un mieux-être général.

8.2.
ASPECTS THÉORIQUES

8.2.1. DÉLIMITATION DU PHÉNOMÈNE

Il existe beaucoup de confusion autour de la notion de **stress**. Le mot stress est utilisé de trois façons différentes : tantôt pour désigner l'agent ou l'événement stressant, tantôt pour désigner les diverses tensions internes de l'individu en réponse à ces stresseurs et tantôt pour désigner le processus en entier, c'est-à-dire stresseurs, réponses et conséquences. Il y a également danger de confondre cette notion avec celles d'**anxiété** et d'**angoisse** qui réfèrent spécifiquement à un état d'appréhension, de malaise interne (*angustia* signifiant resserrement) relié le plus souvent à un conflit plus ou moins conscient à l'intérieur même de la personne. Un exemple classique est celui de l'anxiété produite lors du refoulement d'une pulsion (agressive ou sexuelle) par un surmoi moralisateur.

La différence fondamentale entre ces deux notions est que le stress décrit principalement un rapport objectif entre l'individu et son environnement, alors que l'anxiété décrit plutôt un rapport subjectif, c'est-à-dire une expérience, à l'intérieur d'un individu, entre deux segments de sa personnalité (voir le chapitre 7).

Nous utiliserons ici les mots « stress » ou « stresseurs » pour désigner les événements ou conditions qui constituent une demande non spécifique de changement, d'adaptation pour l'individu, et « réactions de stress » les manifestations psychologiques, somatiques et comportementales aux stresseurs.

8.2.2. BREF HISTORIQUE

Hans Selye (1936) fut le premier à tenter de préciser expérimentalement la notion de stress. Pour lui, le stress désignait là réponse non spéci-

fique de l'organisme à toute demande qui lui est faite. Ses études furent effectuées sur des animaux de laboratoire. Il décrivit le « syndrome général d'adaptation » en trois phases, qui sont décrites et illustrées à la figure 8.1.

Figure 8.1.   SYNDROME GÉNÉRAL D'ADAPTATION

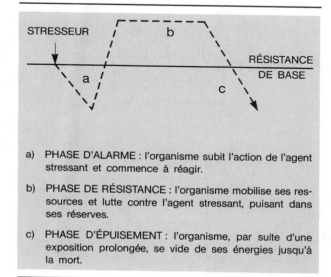

a) PHASE D'ALARME : l'organisme subit l'action de l'agent stressant et commence à réagir.

b) PHASE DE RÉSISTANCE : l'organisme mobilise ses ressources et lutte contre l'agent stressant, puisant dans ses réserves.

c) PHASE D'ÉPUISEMENT : l'organisme, par suite d'une exposition prolongée, se vide de ses énergies jusqu'à la mort.

Les travaux de Selye ont porté surtout sur les aspects biologiques du stress. Depuis, les nombreuses recherches dans ce domaine ont permis de préciser toute la chaîne des médiations chimiques dans la réaction aux stresseurs, allant du système limbique à l'hypothalamus, en passant par l'axe hypophyso-surrénalien (S I R I M , 1984) ; elles sont illustrées à la figure 8.2.

Avec S I R I M (Société internationale de la recherche interdisciplinaire sur la maladie), Henri Laborit a étudié à fond les mécanismes physiologiques et psychologiques qui sous-tendent les réactions de stress : son modèle psychosomatique, schématisé sommairement à la figure 8.3., illustre les trois voies possibles que peuvent prendre les émotions.

Figure 8.2. **MÉDIATIONS CHIMIQUES DANS LES RÉACTIONS DE STRESS**

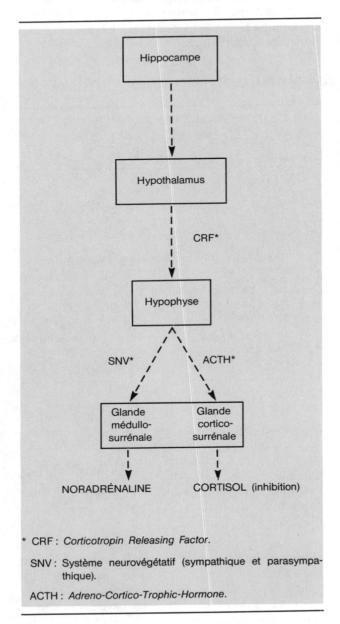

* CRF : *Corticotropin Releasing Factor.*

SNV : Système neurovégétatif (sympathique et parasympathique).

ACTH : *Adreno-Cortico-Trophic-Hormone.*

Parallèlement au développement de la dimension somatophysiologique dans les recherches sur le stress, la Deuxième Guerre mondiale contribua au développement important de la recherche sur des dimensions psychologiques dans les réactions au stress. En effet, les « psychoses de guerre » fournirent le modèle *in vivo* pour l'étude des réactions psychologiques chez des individus soumis à des stresseurs extrêmes (GRINKER et SPIEGEL, 1945). C'est à partir de ces observations qu'on découvrit l'importance d'intervenir précocement dans la « crise », en offrant sur place au sujet le soutien de groupe nécessaire pour l'aider à surmonter l'épreuve.

Durant les années 1960 aux États-Unis, le mouvement de la psychiatrie communautaire fit progresser les notions de stress et de crise. Sous l'impulsion du président JOHN F. KENNEDY qui instaura la loi *The Community Mental Health Act*, de grosses sommes furent investies dans les traitements des maladies mentales : on développa alors les principes de « l'intervention de crise » (CAPLAN, 1961).

La **crise** est provoquée par une demande excessive du milieu ambiant, demande imposée qui dépasse les mécanismes d'adaptation habituels de l'individu et qui fait appel à des ressources supplémentaires cachées. La notion de crise chez l'humain comporte des aspects positifs. L'évolution de cette notion en psychiatrie a obligé un réaménagement de nos conceptions :

— une importance accrue doit être accordée aux facteurs contextuels extérieurs, sociaux, en addition aux facteurs intrapsychiques, internes ;

— la logique monocausale, linéaire, doit être abandonnée au profit d'une logique multicausale (appelée aussi interactionnelle, circulaire, systémique), qui établit une équation dynamique entre les champs interpersonnel et intrapersonnel ;

— l'aspect créatif des crises doit être retenu, car elles font partie intégrante du développement de chacun aux diverses étapes de la vie (SHEEHY, 1977) ;

Figure 8.3. PLACE DES ÉMOTIONS DANS LES RÉACTIONS DE STRESS

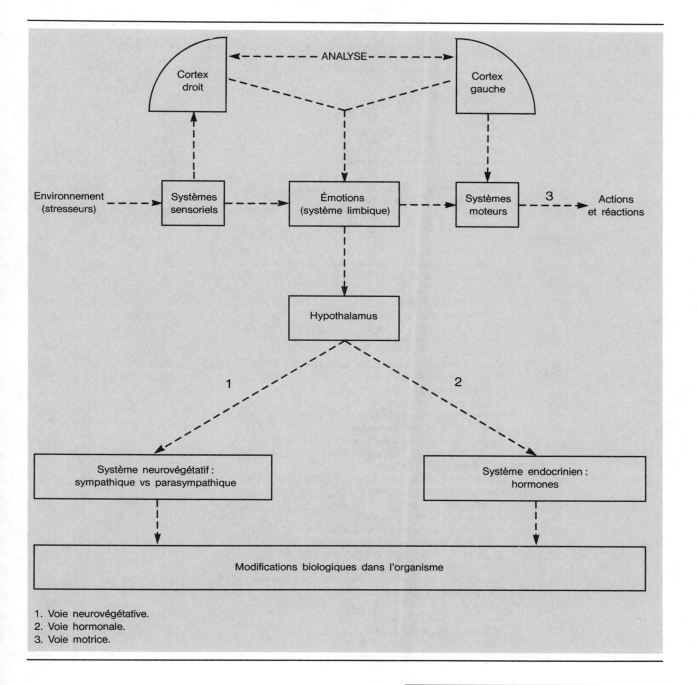

1. Voie neurovégétative.
2. Voie hormonale.
3. Voie motrice.

Tableau 8.1. ÉCHELLE D'AJUSTEMENT SOCIAL DE HOLMES ET RAHE

RANG	ÉVÉNEMENT DE LA VIE	DEGRÉ DE STRESS
1	Mort du conjoint	100
2	Divorce	73
3	Séparation conjugale	65
4	Emprisonnement	63
5	Mort d'un proche dans la famille	63
6	Maladie ou blessures personnelles	53
7	Mariage	50
8	Congédiement	47
9	Réconciliation du couple marié	45
10	Retraite	45
11	Maladie d'un membre de la famille	44
12	Grossesse	40
13	Difficultés sexuelles	39
14	Addition d'un nouveau membre dans la famille	39
15	Changement de travail ou d'emploi	39
16	Changement d'état financier	38
17	Mort d'un ami proche	37
18	Changement de domaine dans le travail	36
19	Changement dans la fréquence des disputes conjugales	35
20	Hypothèque de plus de 10 000 $ (en 1967)	31
21	Emprunt	30
22	Changement de responsabilité au travail	29
23	Enfant qui quitte la maison	29
24	Problème avec la justice	29
25	Succès personnel marquant	28
26	Femme qui entre sur le marché du travail ou qui en sort	26
27	Début ou fin de l'année scolaire	26
28	Changement des conditions de vie	25
29	Transformation des habitudes de vie	24
30	Problèmes avec le patron	23
31	Changement des heures ou des conditions de travail	20
32	Changement de résidence	20
33	Changement d'école	20
34	Changement dans les loisirs	19
35	Changement dans les activités régulières	19
36	Changement dans les activités sociales	18
37	Emprunt de moins de 10 000 $ (en 1967)	17
38	Changement d'habitude de sommeil	15
39	Changement du nombre de membres de la famille	15
40	Changement d'habitudes alimentaires	14
41	Vacances	13
42	Congé de Noël	12
43	Violation mineure de la loi	11

— les intervenants en psychiatrie doivent davantage tenir compte dans leurs interventions des facteurs ambiants qui constituent la matrice existentielle du patient (connaissance du milieu actuel du patient, de ses conditions de vie).

Dans la perspective de la crise, tout changement important chez une personne, soit extérieur soit intérieur, qui modifie de façon significative son vécu, son ressenti, tout changement, donc, est susceptible de provoquer un stress d'adaptation. Même les « stresseurs ordinaires » de la vie, tels un deuil, une maladie physique, une perte financière, le départ d'un être cher, constituent un stress additionnel pour toute personne.

HOLMES et RAHE (1967) ont élaboré une **échelle d'ajustement social** basée sur la présomption que les événements courants de la vie, bons ou mauvais, constituent en soi des événements stressants et déclenchent des mécanismes d'adaptation chez tout individu. Leur échelle inclut 43 événements auxquels une pondération est accordée en fonction du degré d'adaptation qu'ils commandent (tableau 8.1.).

Cette échelle fut validée auprès de marins placés dans des conditions similaires, lors d'un voyage de deux mois en mer. L'étude révéla que les sujets qui avaient accumulé un total de plus de 300 points durant les six mois précédant le voyage développèrent durant le périple, de façon significative, plus de maladies que ceux dont le total de points était en dessous de 300.

L'étude de HOLMES et RAHE a suscité bien des controverses, du fait qu'ils n'ont pas tenu compte des facteurs subjectifs qui influençent la signification donnée à chacun de ces événements. D'ailleurs, RAHE lui-même (1978) a nuancé ses positions dans d'autres études où il a fait intervenir d'autres variables entre les expériences de changements de vie récents et les maladies subséquentes. Il a proposé un modèle explicatif de la maladie qui tente d'intégrer aux événements stressants des facteurs interpersonnels, tels la perception, les mécanismes de défense, les réponses psychophysiologiques et les réponses comportementales.

Nous ne pouvons terminer ce bref historique sans mentionner l'apport considérable, durant les vingt dernières années, des **théories cognitives** (voir le chapitre 42) à la compréhension des mécanismes en jeu dans le phénomène du stress. Pour illustrer brièvement ce courant de pensée, nous citerons deux auteurs représentatifs du groupe : STANLEY SCHACHTER et RICHARD LAZARUS.

D'abord, SCHACHTER fit une découverte intéressante en 1962, qui allait lui permettre de développer ce qu'il appellera la **théorie de l'attribution des émotions**. Il injecta à des sujets volontaires une dose modérée d'adrénaline, en leur disant simplement qu'il s'agissait d'une vitamine. Chaque sujet devait ensuite attendre seul dans une pièce pendant une vingtaine de minutes, tout en étant observé à travers une glace sans tain. Quelques minutes après l'injection de l'adrénaline, le sujet commençait à ressentir une excitation du système nerveux autonome : palpitations, léger tremblement des mains, respiration rapide, etc. À ce moment-là, un acteur préparé à cet effet entrait dans la pièce et simulait soit un état de colère, soit un état d'euphorie et de bonne humeur. SCHACHTER observa que les sujets qui étaient avec l'acteur « fâché » devenaient eux aussi fâchés et que les sujets qui étaient avec l'acteur « euphorique » devenaient comme lui euphoriques. Autrement dit, ils interprétaient les sensations internes dues à l'adrénaline, comme si elles étaient provoquées par le contexte ambiant. Comme contre-preuve, SCHACHTER remplaça l'adrénaline par un placebo et alors les sujets ne devinrent ni fâchés ni euphoriques, quel que fût l'état affectif de l'acteur présent.

SCHACHTER en conclut que les émotions ne sont pas uniquement des événements physiologiques. Une activation physiologique seule ne peut pas créer des sentiments complexes. Par contre, un état d'activation physiologique sans cause apparente amène l'individu à chercher dans l'environnement une explication appropriée, une

« attribution », une cause pour donner un sens à l'excitation. L'explication choisie va déterminer la réponse émotionnelle. SCHACHTER ajouta que l'émotion est en partie créée par notre évaluation des événements internes ou externes. Autrement dit, le caractère stressant d'un événement est déterminé en grande partie par l'évaluation qu'en fait le sujet. Nous verrons que cela est vrai même pour des sujets exposés à des stresseurs extraordinaires, par exemple la guerre du Viêt-nam pour certains soldats américains.

De son côté, RICHARD LAZARUS (1980) a développé le concept de l'**appréciation cognitive** (*appraisal*), selon lequel la réponse (*coping*) du sujet face au stresseur est en grande partie déterminée par l'évaluation qu'il fait de l'événement et de ses propres ressources pour l'affronter, ainsi que des conséquences possibles de ce stresseur. L'auteur met l'accent sur l'aspect « transaction » du phénomène de stress, où les variables de l'environnement et de la personne ne sont pas fixes mais en redéfinition et en réorganisation continuelles, dans un flot cumulatif d'interactions et de rétroactions.

LAZARUS a proposé d'étudier le stress comme un processus phychologique qui procède de transactions psychologiques et physiologiques évoluant de façon temporelle, en fonction d'un contexte donné (figure 8.4.). L'auteur accorde le rôle central à la phase de l'appréciation cognitive du sujet en regard du stresseur situationnel : cette appréciation influencera en quelque sorte chacune des phases subséquentes du processus. On comprend alors que chaque personne réponde différemment à un stresseur selon son « style d'appréciation cognitive » de l'événement.

SELIGMAN (1979) a particulièrement cristallisé ce concept dans sa description du **syndrome d'impuissance apprise** (*learned helplessness*) : l'individu a appris à évaluer systématiquement tout stresseur comme étant fatalement insurmontable et à évaluer ses ressources internes et les ressources externes comme étant inexistantes ou insuffisantes, de sorte qu'il ne lui reste que la dépression comme issue possible.

Figure 8.4. RÔLE DE L'APPRÉCIATION (*APPRAISAL*) DANS L'ÉLABORATION DE LA RÉPONSE DU SUJET AU STRESS, D'APRÈS LAZARUS

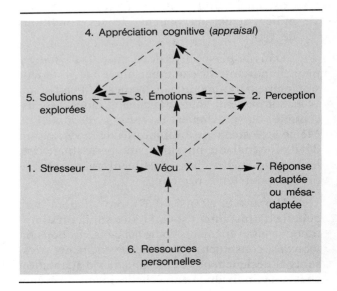

Il semble que maintenant les théories cognitives (voir le chapitre 42) sont en train de combler l'hiatus conceptuel qui existait entre les théories psychodynamiques (voir le chapitre 40) et les théories behaviorales, ou comportementales (voir le chapitre 41), pour expliquer le phénomène du stress.

8.2.3. ÉTUDES EXPÉRIMENTALES

Selon MARDI HOROWITZ (1976), qui a passé en revue toutes les nombreuses études portant sur les réactions psychologiques aux stresseurs extraordinaires, tels les camps de concentration, les situations de combat militaire, les bombardements, les incendies, les agressions sauvages, les tortures, les viols, les hold-up, les maladies terminales, etc., il existe quatre phases générales de réponse aux stresseurs, chacune se manifestant différemment selon deux styles de personnalité, soit le style introverti ou le style extraverti. L'auteur nous démontre que chaque individu va généralement passer à travers les quatre phases selon son style de personnalité (figure 8.5.) :

Figure 8.5. PHASES GÉNÉRALES DE RÉPONSE AUX STRESSEURS

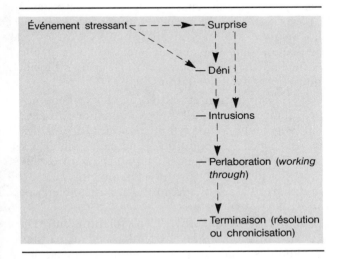

— Tout individu soumis à un stresseur extraordinaire vit une première **phase de surprise**, de choc initial, rapidement suivie d'une phase de déni : « Non, ce n'est pas vrai ; ça ne se peut pas ; pas à moi que ça arrive ; je ne le crois pas ! », etc.

— La **phase de déni** varie beaucoup selon les personnes. Par exemple, la personne hystérique subit beaucoup de refoulement, de conversion ou de dissociation et vit difficilement le passage à la phase suivante, où les images et les sentiments reliés à l'événement stressant reviennent progressivement à la conscience (intrusions) pour être traités. De son côté, la personne obsessionnelle a tendance à se remémorer seulement une partie des souvenirs reliés à l'événement stressant : elle se coupe de la composante affective, s'accrochant aux détails et aux aspects cognitifs de l'événement. La personne extravertie, démonstrative, passe beaucoup plus rapidement à la phase d'intrusions répétitives et de rappels que la personne introvertie, inhibée.

— La **phase d'intrusions** est nécessaire pour qu'un travail d'assimilation, de digestion, de traitement cognitif des divers aspects de l'événement stressant puisse se faire par l'appareil psychique. Les intrusions répétitives peuvent survenir la nuit sous forme de cauchemars, ou le jour sous forme de rappels d'images (*flashback*), de sensations, de souvenirs, de réactions somatiques, soit spontanément soit stimulés à la vue d'objets ou de personnes rappelant l'événement.

— La **phase de perlaboration**, c'est-à-dire d'assimilation psychologique et physiologique de l'événement, détermine le degré de récupération de l'individu. Cette phase est favorisée si la perlaboration peut se faire progressivement, par étapes, avec un soutien adéquat.

À titre d'illustration des phases générales d'adaptation décrites par HOROWITZ devant des stresseurs extraordinaires, citons les études sur les **maladies terminales** ou sur le viol.

ELISABETH KUBLER-ROSS (1969) a bien décrit ces phases chez les personnes atteintes de cancer :

— D'abord, la personne réagit avec surprise et incrédulité devant l'annonce d'une mort imminente.

— Ensuite, elle devient en colère contre le personnel médical, l'hôpital, la famille, les accusant de ne pas faire plus pour la sauver.

— Puis elle tente de marchander pour sauver du temps, pour essayer d'autres approches, changer le pronostic, etc.

— Finalement, elle commence à accepter progressivement l'inévitable et entre dans une phase dépressive appropriée où elle se sépare peu à peu de ceux qu'elle laisse derrière elle.

Notons que certains patients ne franchissent pas toutes les phases et restent accrochés à la phase de déni ou de marchandage (voir le chapitre 29).

Une étude de BURGESS et HOLMSTROM (1974) portant sur 146 cas de **viols** chez des femmes qui se présentèrent pour traitement démontre les mêmes phases réactionnelles :

— Dans la phase aiguë, caractérisée par une désorganisation du style de vie de la victime, une gamme étendue d'émotions sont exprimées. La phase initiale inclut souvent une réaction de choc et d'incrédulité. Puis les émotions semblent émerger selon deux styles émotionnels particuliers : soit un « style expressif », où les sentiments de peur, de rage et d'anxiété sont exprimés par des pleurs, des rires, de l'agitation ; soit un « style contrôlé », où les sentiments sont masqués ou refoulés et où la victime apparaît comme calme.

— Dans la deuxième phase, qui commence deux ou trois semaines après l'agression, l'activité psychomotrice change, des cauchemars et des phobies sont proéminents. Les rêves représentent alors soit des situations où la victime est de nouveau attaquée mais se réveille avant de pouvoir agir, soit des situations où la victime réussit à s'en sortir.

— Dans la troisième phase, la victime manifeste fréquemment une réaction phobique envers l'événement traumatique, ainsi que des peurs reliées aux situations semblables à la situation traumatique vécue, par exemple les parcs, l'obscurité, la solitude.

— Enfin, dans la quatrième phase, la personne assimile progressivement les diverses réactions reliées à cet événement et réussit, à un degré plus ou moins élevé, à reprendre un fonctionnement à peu près normal.

On retrouve ces mêmes phases générales d'adaptation devant des stresseurs plus « ordinaires » de la vie courante, telles les situations de deuil, de séparation et de divorce.

Les études de LINDEMANN (1944) sur les personnes ayant à vivre le **deuil** d'une personne chère démontrent en effet des phases un peu semblables à celles de personnes atteintes de maladies terminales. Il y a d'abord une phase de choc, avec un sentiment d'incrédulité à l'égard de ce qui arrive, suivie d'une phase de tristesse lucide, accompagnée de sentiments d'impuissance, de culpabilité, de désespoir et d'une sensation de vide. La troisième phase consiste en une récupération progressive où la personne fait son « travail de deuil », c'est-à-dire se libère progressivement des liens affectifs qu'elle entretenait avec le défunt, se réajuste à son milieu et noue de nouvelles relations.

La **séparation** et le **divorce**, deux phénomènes relativement rares il y a une vingtaine d'années, ont augmenté à un rythme effarant depuis les années 1960, à tel point qu'on ne peut ignorer ces problèmes dans la liste des situations de la vie courante des individus. Les phases habituelles de cette rupture sont assez bien connues et ont été bien décrites par WALLERSTEIN :

— Avant la rupture officielle, les relations entre les conjoints sont souvent tendues et même stagnantes pendant plusieurs mois ou même des années (discussions, insultes, silences, coups, etc.), entraînant toutes les conséquences qu'on peut imaginer sur le plan émotionnel : dépression, alcoolisme, passivité, agressivité, etc.

— La première phase du processus de rupture en est une de choc, d'incrédulité et de désarroi : cette rupture signifie un chambardement profond dans une vie et les conjoints sont envahis par des sentiments de culpabilité, d'échec, d'abandon (voir le chapitre 25).

— La deuxième phase comporte habituellement des mouvements de colère, de raidissement, d'agressivité, accompagnés de sentiments de vengeance, de lutte sans revanche. Cette phase est aussi parsemée de périodes oscillatoires, d'indifférence, de déni, de refoulement défensif, comme pour atténuer l'impact de la tragédie.

— La troisième phase comporte des périodes d'activités accrues, avec une recherche de voies nouvelles : on peut assister alors à des décisions impulsives, des fréquentations frivoles, une consommation excessive d'alcool ou de médicaments.

— La quatrième phase amène l'acceptation de la rupture et l'établissement de nouveaux contacts avec le monde extérieur, la formation de nouveaux liens affectifs, le retour à un rendement normal au travail.

Les procédures de divorce sont compliquées à souhait par les législatures et les magistrats. Elles contribuent à augmenter l'animosité entre les conjoints : en effet, des plaintes contre le conjoint doivent être formulées avec précision et preuves à l'appui ; les enfants, s'il y en a, sont tiraillés entre les parties, des clans se forment dans les familles et chez les amis. La séparation ou le divorce ne se fait pas seulement entre les ex-conjoints, mais entre deux clans. Les amis gardent leurs distances, du moins pendant un certain temps, particulièrement ceux qui se sentent menacés dans leur vie conjugale par cette situation qui pourrait être nuisible pour leur propre mariage. Après la séparation ou le divorce, la situation demeure difficile à vivre tant pour les ex-conjoints que pour leurs parents et leurs enfants. La création de nouvelles alliances et d'un nouveau type de communication entre les deux clans témoigne généralement du début du processus de résolution de la crise (voir le chapitre 25).

Heureusement, les mentalités changent envers le divorce et l'on voit de plus en plus de conjoints recourir au Service de médiation à la famille (C.S.S.) pour négocier, avec l'aide d'un professionnel, des conditions humaines et raisonnables de séparation, sans la surenchère de batailles juridiques coûteuses.

Le modèle explicatif du stress proposé par HOROWITZ a l'avantage d'inclure des concepts psychodynamiques ainsi que des concepts cognitifs et informatifs. L'auteur fait la lumière sur certains phénomènes peu compris jusqu'ici. Par exemple, il explique la répétition compulsive des images intrusives qui rappellent l'événement traumatisant comme une tendance spécifique des processus cognitifs vers l'achèvement du traitement cognitif une fois le processus enclenché. Autrement dit, l'appareil psychique est bâti de sorte à suivre un *plan* comportant des étapes successives pour traiter les informations pertinentes à l'événement stressant. Si l'appareil psychique est interrompu dans ses opérations, soit par une anxiété trop forte soit par des mécanismes de refoulement trop puissants, l'information va demeurer emmagasinée dans les mémoires actives et sera soumise à nouveau au traitement dès que les conditions de l'appareil psychique le permettront. Dans cette optique, les défenses psychologiques prennent la forme d'interruptions dans la séquence des programmations qui assurent le traitement de l'information. Le but final du plan est d'achever le cycle idéationnel par l'assimilation complète des informations reliées à l'événement et le retour à zéro des tensions inhérentes au traitement. En effet, toute intention d'atteindre un but entraîne la formation d'un système de tensions qui est actif jusqu'à ce que le but soit atteint.

Comme toutes les informations ne peuvent être traitées en même temps, il se crée une hiérarchisation des demandes selon leur valeur respective de survie pour l'individu. Les mécanismes de défense sont les contrôles qui établissent les priorités. Pour être complètement assimilées, les informations reliées à un événement traumatisant doivent être intégrées aux schèmes résiduels de soi et du monde. Autrement dit, après une expérience très éprouvante, l'individu acquiert une vision altérée de soi et du monde où domine cette nouvelle expérience. S'il s'agit d'une expérience positive, le changement ira dans le sens d'une vision plus fonctionnelle de soi et du monde. Par contre, s'il s'agit d'une expérience traumatisante, l'individu développera une vision restrictive et plus pessimiste de soi et du monde.

D'ailleurs, les travaux de JAY WEISS (1972), à l'Université Duke, ont démontré clairement que même chez les animaux, les rats en l'occurrence, le fait d'être soumis à des stresseurs importants comme des chocs électriques n'entraînera pas de formation d'ulcères, de pertes d'appétit, de troubles du sommeil, si les animaux peuvent exercer un certain contrôle sur les stresseurs.

Habituellement, chez la personne, la plupart de ces opérations se font de façon inconsciente, ce qui permet une grande économie de temps. Dans une situation problématique par contre, l'ajout d'un traitement cognitif conscient, grâce au système verbal, augmente les probabilités de solutions. Ainsi, en psychothérapie, le fait d'amener à la conscience du sujet certains des éléments refoulés permet de reprendre le traitement des affects et des informations qui était bloqué jusque-là.

Une revue récente du modèle d'HOROWITZ par BRETT et OSTROFF (1985) vient confirmer l'importance des imageries répétitives qui font suite au traumatisme et le rôle déterminant des défenses construites pour contrôler ces imageries, tels l'amnésie, l'engourdissement, l'alexithymie, etc.

8.2.4. DONNÉES RÉCENTES SUR LE PHÉNOMÈNE DU STRESS

Nous mettrons l'accent ici sur trois courants de recherche principaux :
— les enfants qui se développent bien malgré des environnements très stressants (**enfants « incassables »**, *unbreakable children, super-kids*) ;
— la participation de deux catégories de conditions comme facteurs de stress ;
— l'influence des stresseurs sur le système immunologique.

Le psychiatre britannique MICHAEL RUTTER (1984) a étudié des groupes d'enfants élevés dans des milieux très défavorisés, exposés quotidiennement à de nombreux stresseurs. Il a pu constater avec surprise qu'un nombre important de ces enfants, souvent brutalisés, devenaient des adultes normaux, équilibrés, fonctionnels. Il a donc tenté d'identifier les facteurs qui aidaient ces enfants à passer à travers des situations stressantes.

Le premier facteur qui semble d'une importance capitale est le sentiment qu'a l'enfant d'exercer un certain contrôle sur ce qui lui arrive, de pouvoir maîtriser quelque chose. Il doit vivre quelques « bonnes expériences » où il est gagnant, où il réussit quelque chose ; souvent ces expériences ne font pas partie du domaine scolaire comme tel mais d'autres domaines comme les sports, la musique, le dessin, le spectacle, etc. Les autres facteurs identifiés sont la présence d'une relation de soutien, la capacité d'adaptation à des conditions changeantes et de résolution rapide des problèmes. Il semble donc absolument nécessaire pour l'enfant de vivre des expériences de succès dans au moins un domaine pour acquérir un sens de l'estime personnelle, quelles que soient les conditions de son milieu de vie.

Selon RUTTER, « le développement affectif est une question de liens établis entre les événements qui surviennent en vous comme personne, et l'environnement où vous vivez », produisant soit un sentiment de maîtrise soit un sentiment d'impuissance. À son avis, il est crucial que les adultes en relation avec l'enfant puissent lui fournir l'occasion de vivre des expériences de maîtrise et de succès.

Les études de RUTTER sont amplement confirmées par celles de MARGARET MAHLER (1980) qui a apporté toutefois des nuances à l'effet dévastateur de conditions stressantes sur le développement de jeunes enfants. Il existe selon elle **deux conditions préalables à un développement pathologique chez l'enfant** : 1) la constitution du nourrisson doit être extrêmement anormale, et 2) les circonstances de l'expérience (stressante) doivent entraîner des tensions et contrecarrer substantiellement le progrès spécifique des sous-phases de différenciation et d'essais.

Ces observations rejoignent en partie celles d'une autre recherche effectuée cette fois chez des adultes par AYALA PINES (1982) qui a démontré l'existence de deux catégories indépendantes de stresseurs en partie responsables de l'**épuisement professionnel** chez les infirmières et infirmiers : la présence de conditions négatives ou l'absence de conditions positives. Comme conditions négatives jouant le rôle de stresseurs « agressifs », PINES cite le nombre trop élevé de patients, les plaintes de ces derniers, le bruit, les longues heures de travail, etc. Comme conditions positives absentes agissant comme stresseurs « privatifs », il cite le manque de soutien, d'appréciation, de succès et l'absence d'un système de valorisation adéquat. Ces constatations rejoignent par l'autre bout les résultats des travaux de RUTTER cités plus haut, qui souligne l'importance d'un sentiment de réussite pour surmonter des situations stressantes.

Comme troisième courant prometteur de recherches actuelles sur le stress, mentionnons les études qui soulignent l'influence des stresseurs sur les **fonctions immunologiques**. STEVEN MAIER et MARK LAUDENSLAGER (1985), à l'Université du Colorado, ont étudié les fonctions immunologiques de deux groupes de rats exposés à des stresseurs, soit des chocs électriques sur la queue. Dans le groupe A, les rats pouvaient faire cesser les chocs en faisant tourner une roue. Les rats du groupe B recevaient la même quantité de chocs électriques mais n'avaient aucun contrôle sur l'arrêt des chocs ; en fait, ils étaient dépendants des rats du groupe A qui, seuls, pouvaient faire cesser les chocs. Un troisième groupe, le groupe témoin C, ne recevait aucun choc mais était placé dans le même appareillage.

Les auteurs ont mesuré le taux de multiplication des **cellules T** (cellules thymo-dépendantes), un type de lymphocytes primordial dans le système immunologique, qui prolifèrent rapidement lorsque l'organisme est menacé par des envahisseurs étrangers. Ce taux s'est révélé significativement plus faible chez les rats qui n'avaient aucun contrôle sur les stresseurs, comparativement à ceux qui pouvaient faire cesser les chocs électriques et à ceux du groupe témoin.

Les mêmes auteurs, dans un deuxième projet en collaboration avec JOHN LIEBESKING, à l'U.C.L.A., ont prélevé chez ces mêmes rats des **cellules NK**

(*natural killer cells*), cellules du système immunologique qui tuent les cellules tumorales ou cancéreuses à mesure qu'elles apparaissent dans le sang. Ils ont étudié la capacité des cellules NK à tuer des cellules tumorales. Encore une fois, ils ont pu constater que les cellules NK des rats exposés à des chocs électriques sans possibilité de contrôle étaient significativement moins capables de tuer des cellules tumorales que les cellules NK des deux autres groupes.

La conclusion est évidente : le degré de contrôle du sujet sur un stresseur influence fortement ses réponses interne et externe au stresseur, incluant même sa réponse immunologique sur le plan cellulaire.

D'autres études ont révélé que les fonctions immunologiques étaient aussi modifiées par des stresseurs d'ordre affectif, telles une séparation d'avec la mère pour de jeunes enfants ou une séparation d'avec le conjoint lors d'un deuil (voir MAIER, 1985).

Récemment, il a été démontré que les lymphocytes du système immunologique ont des récepteurs qui acceptent les substances opioïdes telles la morphine et les endorphines ; on sait que ces substances ont pour effet d'inhiber les fonctions immunologiques. JAMES LEWIS, à l'Université du Michigan, a constaté qu'en utilisant une substance (telle la naloxone) qui bloque l'action des opioïdes, on empêche les stresseurs de diminuer les fonctions immunologiques (voir MAIER, 1985). Il a observé cette réaction chez des rats soumis à des chocs électriques sur lesquels ils n'avaient aucun contrôle et qui n'ont pas manifesté la diminution immunologique prévue. Les endorphines constitueraient donc un pont important entre les niveaux psychologique et physiologique dans le phénomène du stress.

Dans une excellente revue du sujet, S.J. SCHLEIFER (1985) a insisté sur la complexité des mécanismes immunologiques dans le système nerveux central. Il a en outre été démontré que les stresseurs, le deuil, la dépression amènent une diminution des lymphocytes, altérant ainsi les fonctions immunologiques.

Rappelons cependant que l'on doit être prudent avant d'appliquer intégralement aux humains les résultats obtenus dans des études auprès d'animaux ; d'autres facteurs doivent aussi être pris en considération.

8.3.
ASPECTS CLINIQUES

8.3.1. SYNDROME DE STRESS POST-TRAUMATIQUE (SSPT)

Dans le DSM-III, on parle du *trouble de stress post-traumatique* et on le définit comme suit :

Il consiste principalement en l'apparition de symptômes caractéristiques après l'expérience d'un ou plusieurs événements traumatiques, qui se situent en dehors de la gamme des expériences humaines habituellement considérées comme normales. Ces symptômes caractéristiques sont : le fait de revivre l'événement traumatique, accompagné d'un appauvrissement des réponses à l'environnement, au monde extérieur, avec, en plus, une variété de symptômes du système nerveux autonome et des perturbations affectives ou cognitives (p. 238 de la version complète).

Les symptômes sont de divers ordres : sursauts au moindre bruit, pertes de mémoire et difficultés de concentration, troubles du sommeil et sentiments de culpabilité. On remarque habituellement deux types de réaction possibles : une réaction aiguë après l'événement stressant et une réaction chronique plus tardive.

Le syndrome de stress post-traumatique peut survenir aussi chez des gens manifestant déjà des troubles de personnalité : on devra alors distinguer clairement les signes et les symptômes appartenant aux deux catégories diagnostiques.

ÉPIDÉMIOLOGIE

Il n'existe pas de données épidémiologiques précises sur le SSPT : avant l'avènement du DSM-III, les critères diagnostiques ne permettaient pas vraiment de circonscrire de façon standardisée les différents syndromes reliés au stress. Par contre, l'utilisation du DSM-III pour classifier les réactions pathologiques des soldats américains ayant participé à la guerre du Viêt-nam a permis de noter toute une série de faits intéressants.

D'abord, l'existence d'un syndrome bien décrit et connu de même que l'établissement de centres spécialisés de traitement, pouvant donner droit à des compensations financières, ont favorisé l'éclosion de plusieurs cas de simulation d'un syndrome de stress post-traumatique. EDWARD LYNN (1984) rapporte sept sujets qui n'ont jamais, de fait, participé à des situations de combat et qui pourtant prétendaient avoir les symptômes du SSPT.

Par ailleurs, on a observé que la personnalité du soldat avant le combat influençait beaucoup son comportement après le combat. Ainsi, HENDIN (1983) a identifié un sous-groupe de soldats qui n'ont jamais développé de syndrome de stress post-traumatique, même après avoir vécu, pendant de longues périodes, des conditions de combat extrêmement pénibles. Il a pu observer chez ces soldats un sens de la maîtrise, une estime de soi et un sens de la dignité humaine supérieurs à la moyenne, de sorte qu'ils étaient capables de donner un sens humain à des expériences qui, dans la majorité des cas, sont vécues comme déshumanisantes. En aucun cas ces soldats ne posèrent de gestes agressifs et destructeurs pouvant dépasser les limites permises de leur sens moral ; ils refusèrent tout acte de carnage, de vengeance, de pillage et ne tuèrent que lorsqu'ils y furent obligés. Après le combat, ils ne manifestèrent aucun conflit moral, aucune culpabilité, étant donné leur conduite intègre.

On peut comparer ce sous-groupe de **super-soldats**, qui représentaient peut-être de 5 à 10 % du groupe total, aux *super-kids* décrits par MICHAEL

RUTTER, qui se développent de façon admirable dans des conditions de vie nettement défavorables, traumatisantes même pour la majorité. Il semble qu'il existe un sous-groupe minoritaire situé à l'autre bout du *spectrum* et qui constitue l'exception qui confirme la règle.

CAUSES

ANDREASEN (1985) compare le rôle du stresseur dans le syndrome de stress post-traumatique à celui d'une force excessive qui cause la fracture d'une jambe lors d'un accident. On convient qu'il est « normal » pour une jambe de casser si une force de plus en plus grande y est appliquée, bien qu'une jambe cassée soit considérée comme une « condition pathologique ». Comme il y a des jambes de solidité et de robustesse différentes, l'intensité requise de la force appliquée variera considérablement pour produire une fracture. De plus, le temps de guérison sera différent selon le sujet et l'âge ; il en va de même pour le degré de handicap qui en résultera.

Cette analogie illustre assez bien le rôle du stresseur dans la production du trouble post-traumatique : il en est une cause obligatoire mais pas nécessairement suffisante, puisque même les stresseurs les plus sévères ne produisent pas forcément un syndrome post-traumatique chez toutes les personnes soumises à ce stress. En plus du stresseur, des facteurs d'ordre physique, biologique, psychologique et social jouent un rôle à des degrés différents.

NATURE DU STRESSEUR

Des stresseurs de type différent contribuent de façon différente à la production du SSPT. Ces stresseurs doivent être plus sévères que les déboires de la vie courante tels les problèmes d'argent, les conflits conjugaux, les décès ou les maladies chroniques ; ils sont classés en divers types, comme : les désastres naturels (inondations, tremblements de terre) ; les

catastrophes non voulues mais occasionnées par les hommes (des accidents industriels [tel Bhôpal], des accidents d'auto, des incendies) ; les désastres planifiés par les hommes (les guerres, les camps de concentration, les tortures, etc.). Souvent le traumatisme s'accompagne de blessures physiques, comme c'est le cas des accidents de voiture, des agressions sexuelles, etc., mais il comporte toujours une composante phychologique, par exemple des sentiments de peur intense, d'impuissance, une perte de contrôle et une menace d'annihilation. Sur l'axe IV du DSM-III, les stresseurs sont classés selon une échelle d'intensité qui varie de 1 à 7 (tableau 8.2.). Il existe plusieurs genres de stresseurs psychosociaux qui ont été regroupés selon diverses dimensions de la vie ou encore selon leur caractère aigu ou chronique (tableau 8.3.).

Tableau 8.2. **ÉCHELLE D'INTENSITÉ DE STRESSEURS PSYCHOSOCIAUX SELON WEBB (1981)**

CODE	INTENSITÉ	EXEMPLE
1	Aucune	—
2	Minime	Infraction mineure à la loi
3	Légère	Changement de résidence
4	Modérée	Mort d'un ami
5	Sévère	Séparation
6	Extrême	Mort d'un enfant
7	Catastrophique	Détention (camp de concentration)

NATURE DU PATIENT

Différentes caractéristiques personnelles affectent la réponse aux stresseurs. En général, les jeunes et les personnes âgées ont plus de difficulté à répondre aux événements traumatiques que les adultes d'âge moyen. À titre d'exemple, dans les cas de brûlures, on observe que 80 % des jeunes enfants montrent encore des symptômes de SSPT un an après le traumatisme, alors que ce pourcentage

Tableau 8.3.   CLASSIFICATION DES STRESSEURS PSYCHOSOCIAUX SELON CINQ DIMENSIONS DE LA VIE

CATÉGORIES DE STRESSEURS	DEGRÉS D'INTENSITÉ (1 – 7)		
	Exemples d'intensité 1	Exemples d'intensité 4	Exemples d'intensité 7
I — Physiques ou matériels	Panne d'électricité	Déménagement	Incendie majeur
II — Biologiques ou corporels	Jeûne d'un jour	Pneumonie	Cancer
III — Psychologiques ou affectifs	Mariage	Divorce	Viol
IV — Sociaux ou économiques	Perte d'un congé férié	Diminution de salaire	Congédiement
V — Développementaux ou existentiels	Puberté retardée	Retraite précipitée	Mort imminente

baisse à 30 % chez des adultes d'âge moyen. Cet écart important s'explique par le fait que les adultes ont développé plus de mécanismes sociaux d'adaptation pour métaboliser les séquelles du traumatisme. Les personnes âgées sont par contre désavantagées pour affronter certains traumatismes : elles présentent habituellement des dysfonctions des systèmes neurologique et cardiovasculaire, telles une vascularisation cérébrale diminuée, une vision diminuée, des arythmies, etc.

Sur le plan psychologique, les problèmes psychiatriques augmentent l'impact des stresseurs, que ce soit sous forme de troubles de la personnalité ou d'autres maladies psychiatriques.

Finalement, on ne peut négliger le rôle de soutien du réseau social dans la réduction ou l'aggravation de l'impact des stresseurs sur la personne : ce soutien influencera le développement, la sévérité et la durée du SSPT. Par ailleurs, l'habileté de la personne à chercher, trouver et utiliser les ressources de soutien à sa disposition déterminera en grande partie la résolution de la crise (BRUHN et PHILIPPS, 1983). On comprend alors que les personnes isolées, tels les divorcé-e-s, les célibataires, les veufs et les veuves, de même que les pauvres sont des personnes plus vulnérables aux stresseurs.

FACTEURS ORGANIQUES

Les symptômes qui surviennent immédiatement après le traumatisme sont en grande partie produits par une décharge massive du système nerveux autonome sympathique : hypervigilance, rythme cardiaque accru, transpiration excessive, contractions musculaires, agitation et sensation d'anxiété intense.

AUTRES FACTEURS

Plusieurs facteurs psychodynamiques peuvent venir compliquer la réponse aux stresseurs ; mentionnons la culpabilité, le besoin d'être puni, les tendances masochistes, la réactivation d'un souvenir infantile. S'y ajoutent éventuellement des gains secondaires associés au statut de victime, tels les compensations monétaires, la diminution des responsabilités, les petits soins prodigués par les proches, etc., lesquels peuvent contribuer à l'intensification et, surtout, à la chronicisation du SSPT.

CRITÈRES DU DSM-III

Les principaux signes cliniques du SSPT, divisés en quatre catégories dans le DSM-III, sont résumés comme suit :

A) Présence d'un stresseur reconnaissable qui évoquerait des symptômes importants de détresse chez presque n'importe quelle personne.

B) Expériences répétées du traumatisme se manifestant sous forme de :
1) souvenirs répétés, intensifs, de l'événement ;
2) rêves répétés de l'événement ;
3) attitude similaire à celle adoptée lors de l'événement traumatique, causée par un stimulus semblable.

C) Inhibition des réponses au monde extérieur ou diminution de l'engagement social, commençant quelque temps après le traumatisme et se manifestant par :
1) un intérêt très diminué dans une ou plusieurs activités ;
2) un sentiment de détachement ou d'étrangeté envers les proches ;
3) une affectivité réduite.

D) Présence d'au moins deux des symptômes suivants qui n'existaient pas avant le traumatisme :
1) hypervigilance ou sursaut au moindre bruit ;
2) troubles du sommeil ;
3) culpabilité d'avoir survécu aux autres ou d'avoir posé des gestes pour survivre ;
4) pertes de mémoire ou difficultés de concentration ;
5) abandon des activités qui éveillent des souvenirs de l'événement ;
6) intensification des symptômes lors d'événements qui symbolisent ou ressemblent à l'événement traumatique vécu.

A) Ces signes incluent l'existence d'un stresseur qui cause d'importants symptômes de détresse pour presque tout le monde, des souvenirs répétitifs de l'événement traumatique, une diminution des réponses au monde externe et au moins deux parmi une variété de symptômes autonomes, dépressifs ou phobiques.

Le trouble de stress post-traumatique peut commencer n'importe quand après l'impact du stress extrême ou catastrophique. Chez plusieurs, le syndrome commence quelques heures ou quelques jours après le traumatisme, mais chez certaines personnes, la réaction pourra être retardée pendant des mois, voire des années.

B) Le patient qui éprouve un SSPT est nécessairement dérangé par des souvenirs involontaires de l'événement traumatique, de bien des façons. Le mode le plus fréquent de retour de l'événement stressant est sous forme de rêves ou de cauchemars, causant le réveil du patient dans un état de terreur. Souvent le patient va se plaindre de souvenirs répétés, pénibles, de l'événement ; ces souvenirs s'imposent d'eux-mêmes bien que la personne tente de les oublier ou de porter son attention sur d'autres sujets. On rencontre même des cas d'états dissociatifs qui ressemblent à des transes, durant lesquels le patient revit l'expérience du traumatisme ; cet état peut se prolonger pendant des heures, voire des jours.

C) Le patient qui a souffert d'un SSPT démontre toujours une restriction de ses réponses habituelles au monde extérieur. Cette réaction est souvent comparée à un engourdissement, une sorte d'« anesthésie émotionnelle ». Le patient se plaint alors qu'il a perdu la capacité de savourer ses activités habituelles, qu'il se sent étrange, différent. Dans des formes plus sévères, le patient ira même jusqu'à ne plus sentir d'émotions dans ses rapports avec ses proches, à ne plus être capable d'éprouver de tendresse, d'amour dans ses relations intimes.

D) En plus des types de symptômes mentionnés ci-dessus qui amènent le clinicien à poser un diagnostic de SSPT, il existe une variété d'autres symptômes assez caractéristiques. Dans la lignée des symptômes du système nerveux autonome, on pourra observer une hypervigilance, des sursauts, des troubles du sommeil. Le patient pourra aussi éprouver des problèmes à se souvenir d'événements récents, des difficultés de concentration ou des difficultés à achever ses tâches. Ces symptômes cognitifs surviennent particulièrement chez les patients qui ont subi des traumatismes à la fois physiques et psychologiques, comme dans les cas de blessure à la tête, d'accidents graves, ou chez les victimes de camps de concentration. Les personnes ayant subi leur traumatisme en présence d'associés, lors des situations de combat par exemple, éprouveront souvent un grand sentiment de culpabilité d'avoir survécu alors que d'autres ont péri. Par ailleurs, les patients vivant un SSPT auront tendance à développer une phobie vis-à-vis des activités ou des situations évocatrices de l'événement à l'origine du traumatisme. En fait, ils manifesteront presque immanquablement une recrudescence des symptômes du SSPT lors d'une nouvelle exposition à des situations ou des activités semblables au contexte du traumatisme premier. On comprend alors le réflexe défensif de la victime, consistant à éviter ces situations à tout prix.

AUTRES SYMPTÔMES ASSOCIÉS

Le patient souffrant d'un SSPT peut aussi éprouver des symptômes dépressifs, telles une perte d'intérêt, de l'apathie, de l'inappétence, accompagnés de périodes de cafard et de pleurs. Des symptômes d'anxiété sont fréquents, tels de la nervosité, de la fébrilité et des tremblements. Certains patients deviennent irritables, manifestant des explosions à la moindre provocation. Les vétérans de guerre présentent souvent de tels signes. On pourra aussi observer des conduites impulsives comme un voyage soudain non planifié, des absences non expliquées et des changements de style de vie. Plusieurs patients commencent alors à abuser de drogues ou d'alcool.

COMPLICATIONS

Le SSPT peut entraîner une variété de complications. L'appauvrissement affectif pourra causer une détérioration des relations interpersonnelles, pouvant aller jusqu'à une rupture. La peur de revivre le SSPT au contact d'activités ou de situations évoquant la situation traumatique amènera le sujet à éviter bien des activités, même à caractère récréatif. Plusieurs patients tenteront de traiter leurs troubles physiques avec diverses substances incluant l'alcool, la codéine, etc., devenant ainsi dépendants de ces drogues. Les patients recevant une médication à la suite de blessures physiques risqueront eux aussi de développer une dépendance aux drogues. Les sentiments de culpabilité consécutifs, associés à d'autres sentiments dépressifs, mèneront parfois à des désirs de mourir et même à la tentative de suicide, réussie ou non.

ÉVOLUTION ET PRONOSTIC

Le SSPT peut être aigu ou chronique, selon les critères du DSM-III mentionnés au tableau 8.4. Dans les cas de SSPT aigu, les symptômes apparaissent en dedans de quelques heures ou de quelques jours après le traumatisme. La plupart des SSPT tombent d'ailleurs dans cette catégorie. Notons ici que, dans beaucoup de cas, les symptômes du SSPT se résorbent spontanément, sans traitement psychiatrique. Par contre, le SSPT qui dure plus de six mois est, de par sa définition même, plus handicapant, plus débilitant, et comporte un pronostic plus sévère.

Tableau 8.4.   DISTINCTION ENTRE LE SYNDROME DE STRESS POST-TRAUMATIQUE A) AIGU ET B) CHRONIQUE

SYNDROME AIGU	SYNDROME CHRONIQUE
Durée des symptômes de moins de six mois.	Durée des symptômes de plus de six mois.
OU	
Début des symptômes moins de six mois après l'événement traumatique.	Début des symptômes plus de six mois après l'événement traumatique.

DIAGNOSTIC

Pour poser un diagnostic de SSPT, on doit trouver chez le patient les quatre critères du DSM-III mentionnés plus haut. La sous-catégorie « aigu » ou « chronique » doit aussi être indiquée. Habituellement, le diagnostic est posé après une étude approfondie de l'histoire de la maladie du patient.

HISTOIRE PSYCHIATRIQUE

L'élaboration de l'histoire du patient commence par l'examen détaillé de l'événement traumatique et des réactions du patient à l'événement, ce qu'on appelle aussi l'observation. On doit aussi inclure les antécédents médicaux du patient et les résultats qu'il a obtenus aux divers traitements ou consultations reçus depuis l'événement. En passant en revue les capacités d'adaptation du sujet avant l'événement traumatique, ses moyens de passer à travers des crises, incluant son recours à l'alcool ou à d'autres moyens inappropriés, on tentera d'établir son degré de vulnérabilité au stress. On évaluera aussi ses niveaux de fonctionnement antérieur (axe V du DSM-III) dans la famille, à l'école, en société, au travail, afin de déterminer ses capacités intellectuelles et sociales et sa capacité d'aller chercher du soutien.

L'examen mental visera surtout à identifier les autres syndromes psychiatriques possibles, tels la dépression, les troubles anxieux, les phobies ou les troubles mentaux organiques. On explorera en outre le rôle des compensations financières : les attentes du patient, son dossier de rendement au travail, sa perception de son degré d'invalidité et sa perception du futur.

DIAGNOSTIC DIFFÉRENTIEL

Le médecin devra considérer la possibilité d'autres diagnostics, tels une dépression majeure, un trouble anxieux généralisé, un trouble phobique, un trouble d'adaptation ou un trouble mental organique. Il devra aussi envisager la possibilité d'une névrose de compensation ou d'un syndrome de post-comotion cérébrale. Dans le cas d'une névrose, les antécédents révéleront la présence de conflits névrotiques durant l'enfance et la présence de gains secondaires évidents ; dans le cas d'un syndrome de postcomotion cérébrale, le fait d'un traumatisme récent aidera le clinicien à préciser le diagnostic.

Le traitement du SSPT sera abordé à la section 8.4. sous le vocable « Aspects thérapeutiques ».

8.3.2. TROUBLES DE L'ADAPTATION

Dans les troubles de l'adaptation, le stresseur n'est plus un événement extraordinaire, catastrophique, mais plutôt un événement ordinaire de la vie, comme la mort d'un parent, un divorce, une maladie, une perte financière, etc. Le fonctionnement habituel quotidien de l'individu est alors perturbé ; celui-ci peut présenter divers syndromes comme de l'anxiété, de l'irritabilité, un état dépressif, des plaintes physiques ou des troubles du comportement.

Le mécanisme explicatif des troubles de l'adaptation est le même que celui du SSPT. Il s'agit d'un ou de plusieurs événements traumatiques qui imposent une demande excessive d'assimilation à l'appareil psychique, constituant ainsi une surcharge, un dépassement de ses limites fonctionnelles, et dont la réponse est excessivement intense, temporairement déphasée, insuffisante, mal adaptée.

Tout se passe comme si l'appareil psychique de chaque individu fonctionnait normalement en dedans de limites optimales de fonctionnement (avec un minimum et un maximum), en deçà et au-delà desquelles son fonctionnement devient de moins en moins harmonieux et commence à se désorganiser. Devant certains **stresseurs de la vie quotidienne**, la plupart des individus réagissent en s'adaptant rapidement, d'autres éprouvent plus de difficultés et présentent des troubles de l'adaptation.

DÉFINITION

D'après le DSM-III, un trouble de l'adaptation est une réaction mésadaptée à un événement bien identifié, soit un stresseur ou des conditions adverses, qui survient dans les trois mois suivant l'événement stressant. Il s'agit d'une réaction pathologique à ce qu'on appelle généralement les « épreuves de la vie ». Le trouble de l'adaptation disparaît habituellement lorsque le stresseur s'est résorbé. Cette réaction est dite pathologique en ce que le fonctionnement social ou occupationnel de l'individu est diminué, perturbé, occasionnant des symptômes au-delà de ceux auxquels on pourrait s'attendre normalement dans de pareilles circonstances. Naturellement, le trouble sera amplifié si le patient souffre déjà de troubles de la personnalité ou de troubles organiques.

Les stresseurs peuvent être uniques, ponctuels, tel un décès, ou encore continus, tels le chômage, la pauvreté, une maladie chronique, un climat familial continuellement hostile. Les troubles de l'adaptation peuvent aussi être occasionnés par le passage d'une phase développementale de la vie à une autre, comme le début de la fréquentation scolaire, l'adolescence, le départ de la maison, le mariage, la crise du milieu de carrière, la retraite,

etc. (SHEEHY, 1977). La sévérité des stresseurs est fonction de plusieurs facteurs tels que leur intensité, leur quantité, leur durée, leur réversibilité, et dépend aussi de l'impact social ainsi que du soutien disponible. Elle dépend, en outre, de l'état de maturation de l'individu ; à titre d'exemple, la mort d'une mère représente un stress beaucoup plus important pour un enfant de dix ans que pour une personne de quarante ans.

ÉTIOLOGIE

Il est assez difficile de déterminer à l'avance le degré de vulnérabilité d'une personne à tel ou tel stresseur de la vie quotidienne. L'organisation particulière de chaque personnalité, le bagage expérientiel, les défenses privilégiées, les valeurs culturelles, la signification personnelle de l'événement, tous ces éléments et d'autres encore entrent en jeu dans l'adaptation particulière de la personne au stresseur.

FREUD s'intéressa toute sa vie à cette fascinante question de savoir pourquoi tel individu « choisit » tel ou tel symptôme ; il accorda toujours une place importante aux facteurs constitutionnels. WINNICOTT souligna pour sa part l'importance du modelage de la mère, de la « mère suffisamment bonne » qui « effectue une adaptation active aux besoins de l'enfant, une adaptation qui diminue graduellement, en accord avec la capacité grandissante de l'enfant à suppléer et à compenser les échecs d'adaptation de même qu'à tolérer les frustrations inhérentes » (GINSBERG, 1985). Dans un trouble de l'adaptation, tout se passe comme si un événement ayant une signification très stressante pour une personne apparemment normale touchait une zone particulièrement vulnérable de sa personnalité.

CRITÈRES DU DSM-III

Les critères diagnostiques du DSM-III pour les troubles de l'adaptation sont résumés comme suit :

A) Une réaction mal adaptée à un stresseur psychosocial identifiable apparaît dans les trois mois suivant l'impact du stresseur.

B) Le caractère mal adapté de la réaction est indiqué par un des points suivants :
   1) diminution du fonctionnement social ou occupationnel ;
   2) apparition de symptômes qui dépassent la réaction habituellement prévisible à un tel stresseur.

C) Le trouble est plus qu'un simple cas de réaction exagérée au stress ou qu'une exacerbation d'un trouble psychiatrique déjà existant.

D) On présume que le trouble va disparaître lorsque le stresseur cessera ou, si le stresseur persiste, lorsque l'individu trouvera un nouveau palier d'adaptation.

E) Le trouble ne répond pas aux critères d'un autre diagnostic ou d'un deuil simple.

DIAGNOSTIC DIFFÉRENTIEL

Étant donné qu'il n'y a pas de critères absolus pour distinguer un trouble de l'adaptation des autres problèmes non attribuables à un trouble psychiatrique, le médecin devra exercer son jugement clinique. Il devra éliminer la dépression majeure, la réaction psychotique brève, le trouble anxieux généralisé, le trouble de somatisation, les troubles d'abus de substances toxiques, les troubles de conduite, les troubles d'identité et le syndrome de stress post-traumatique. Ces diagnostics auront toutefois préséance sur celui de trouble de l'adaptation.

SOUS-CATÉGORIES DES TROUBLES DE L'ADAPTATION

On peut spécifier la nature des troubles de l'adaptation selon la prédominance des symptômes présentés :
— avec humeur dépressive ;
— avec humeur anxieuse ;
— avec émotions mixtes ;
— avec désordre de la conduite ;
— avec désordre combiné des émotions et de la conduite ;
— avec inhibition au travail * ;
— avec retrait social.

8.3.3. AUTRES PROBLÈMES PSYCHIATRIQUES RELIÉS EN PARTIE AU STRESS CHRONIQUE

Comme nous l'avons vu dans la première partie du chapitre, les stresseurs aigus sont classés selon des degrés différents : d'abord, au plus haut degré, les **stresseurs extraordinaires** qui surviennent de façon exceptionnelle, comme une guerre, une catastrophe écologique, un hold-up occasionnant des blessures, un viol, etc. ; ensuite les **événements spéciaux** de la vie courante, c'est-à-dire des événements graves mais qui arrivent nécessairement dans la vie de tout le monde, comme la mort d'un parent, d'un ami, les maladies, les déménagements, etc. ; enfin les **petits stresseurs chroniques** qui constituent l'ensemble des événements répétés causant des tensions, comme les sollicitations, les frustrations, les déceptions, les privations, les critiques, les agressions bénignes, les confrontations, les compétitions, etc., que nous devons tous affronter jour après jour et qui, additionnés, constituent probablement la charge la plus lourde, la plus taxante, la plus éprouvante des stresseurs pour l'organisme humain. Et ils sont omniprésents, ces petits stresseurs, ils constituent en quelque sorte le « pain quotidien » du citoyen moyen ; ils affectent, pour le meilleur ou pour le pire, chacune des fonctions de la personnalité. Certes les individus ne sont pas tous équipés de la même façon pour faire face à ces événements négatifs répétés, mais même

---

* Cette entité diagnostique correspond au syndrome d'épuisement professionnel (*burn out*) qui sera décrit dans le chapitre 29.

pour les personnes ayant une attitude positive et des ressources personnelles adéquates, ils sont un facteur d'usure et de surcharge psychologique. Pour d'autres moins favorisés, ils pourront contribuer à l'éclosion ou à l'aggravation d'une maladie telle qu'un trouble somatoforme, une dysfonction sexuelle, un trouble affectif ou même une rechute schizophrénique. Certains auteurs vont jusqu'à proposer que le stress intense peut amener un vieillissement prématuré (THYGENSEN, 1970).

Pour plus de détails sur chaque trouble, on se référera au chapitre approprié dans ce manuel. Nous nous attarderons ici à explorer quelques exemples illustrant l'omniprésence des stresseurs en psychopathologie.

TROUBLES ANXIEUX ET STRESS

CROCQ (1983), dans une excellente revue de la documentation sur les névroses traumatiques, soutient que la *névrose traumatique* (équivalent de SSPT et de trouble de stress post-traumatique) soulève le problème de « l'unité des névroses » et pourrait être considérée, sous l'angle du traumatisme originel, comme le modèle exemplaire de toute névrose, ou de tout trouble anxieux.

Cent ans après que CHARCOT eut abordé la question de « l'hystéro-neurasthénie traumatique » à la Salpêtrière en 1885, une question fondamentale demeure : *Quelle est la part exogène et quelle est la part endogène dans la névrose traumatique ?* Il est clair que la composante exogène y est prépondérante et qu'à l'inverse, dans le trouble anxieux généralisé, la composante endogène est majeure.

Même FREUD, au début de sa carrière en 1896, postula une origine externe aux symptômes hystériques qui surviendraient au moment où la personne se défend en oubliant ou en tentant de réprimer le souvenir d'un événement récent désagréable, lequel servirait d'écran à un événement plus lointain qu'une enquête associative révélera être une expérience sexuelle prématurée. Rapidement FREUD réalisa que l'expérience évoquée n'était

le plus souvent qu'une construction fantasmatique de la personne, donc d'origine interne.

Dans le trouble de stress post-traumatique, on peut souvent identifier un terrain d'anxiété préexistante qui vient embrouiller la démarcation entre anxiété d'origine externe et anxiété d'origine interne. Il semble qu'en attendant des critères de classification plus précis des troubles anxieux, comme le prétend PETER TYRER (1984), les cliniciens devront s'en remettre à leur jugement clinique pour pondérer l'apport exogène et l'apport endogène dans la production d'un syndrome anxieux. Le plus souvent, en clinique, le médecin note chez la personne anxieuse un mélange de divers traumatismes répétés, échelonnés sur de longues périodes, combinés à des conflits internes d'ordre pulsionnel plus ou moins identifiés, qui produisent un tableau mixte d'anxiété et de somatisations, souvent compliqué d'auto-médication, d'abus d'alcool, etc.

Des études tendent à démontrer que certaines personnes souffrent de façon chronique de niveaux de tension élevés et de mauvaise santé, alors que d'autres jouissent d'une meilleure santé et de bas niveaux de tension, ce qui laisse supposer qu'il y a des personnes plus prédisposées au stress que d'autres (BILLINGS, 1982).

ABUS DE SUBSTANCES TOXIQUES ET STRESS

Pour contrer le stress de la vie courante, des milliers de personnes recourent à des anxiolytiques, à des drogues illicites ou encore à l'alcool. On estime qu'environ 5 % de la population québécoise adulte est alcoolique (Conseil des affaires sociales et de la famille, 1985). Cette fausse solution entraîne d'autres complications : dépendance, accidents de la route, familles brisées, carrières ruinées, maladies hépatiques, etc. L'alcool est parfois utilisé comme moyen de contrôle des tensions reliées aux stresseurs quotidiens ; les gens qui s'en servent ainsi auraient avantage à trouver des moyens plus naturels de détente.

TROUBLES SOMATOFORMES ET STRESS*

Bien des troubles somatoformes sont développés ou aggravés par des attitudes négatives à l'égard des stresseurs quotidiens ; dans le cas de l'infarctus du myocarde, on a déjà démontré qu'un type particulier de personnalité, le type A (hyperactif, toujours pressé, exigeant, compétitif, engagé, incapable de se détendre) y était particulièrement prédisposé (Rosenman et Friedman, 1964). Il est maintenant établi de façon irréfutable qu'un programme visant à modifier le type A de comportement stressé apporte une réduction du taux de rechute après un premier infarctus ; l'étude a été menée auprès de plus de 800 patients ayant subi un premier infarctus : après trois ans, le groupe ayant participé au programme de modification du type A de personnalité a obtenu un taux de deuxième infarctus de 9 % des sujets, alors que le groupe recevant le traitement médical habituel a présenté un taux de deuxième infarctus de 19 % (Powell et Friedman, 1964).

Dans une étude récente, Norman et McFarlane (1985) ont démontré qu'il n'y a pas de sous-classe particulière de maladies qui seraient plus spécifiquement développées en réponse à de nombreux stresseurs, mais plutôt que l'ensemble des maladies sont augmentées de façon générale.

TROUBLES SEXUELS ET STRESS**

La fonction sexuelle est une fonction délicate et complexe : elle reflète l'état affectif de la personne à chaque jour dans son rapport avec l'autre. La réponse sexuelle comporte une phase parasympathique (érection, lubrification) et une phase sympathique (éjaculation, orgasme). Comme l'ont démontré les études récentes de Beltrami (1985, p. 68), la phase parasympathique demande un état de détente chez la personne pour survenir :

si l'individu vit dans des conditions où il n'a jamais le temps de relaxer, son organisme aura du mal à s'installer dans cette phase parasympathique seulement au moment des relations sexuelles.

On comprend dès lors que les stresseurs quotidiens doivent être mis en échec ou contrôlés car ils peuvent contribuer à occasionner ou à aggraver des dysfonctions sexuelles.

TROUBLES AFFECTIFS ET STRESS

Le Québec présente un taux très élevé de **suicides chez les jeunes**. Ce phénomène est-il associé à l'augmentation des stresseurs sociaux, tels la désunion des familles, le chômage, l'allongement des années d'études universitaires faute de débouchés professionnels suffisants, la complexification des rôles sociaux, la violence omniprésente ? Dans une étude récente effectuée auprès d'étudiants de quatre collèges situés dans la région de Montréal, les résultats tendaient à démontrer que les jeunes qui faisaient une tentative de suicide après une rupture amoureuse étaient ceux qui n'avaient pas de réseau affectif établi, ni avec leurs parents ni avec un groupe d'ami-e-s (Tousignant, 1984).

RECHUTE SCHIZOPHRÉNIQUE ET STRESS*

Depuis 1960, les travaux de Georges Brown et de Julian Leff, en Angleterre, ont démontré le rôle que peuvent jouer les **émotions négatives exprimées** (E E) par les familles de personnes schizophrènes sur le taux de réhospitalisation de ces patients. Une excellente revue de ces travaux a été faite par Seywert (1984).

De ces études, il ressort clairement que le patient ayant eu un épisode schizophrénique est particulièrement vulnérable aux stresseurs d'ordre affectif dans son milieu familial immédiat, c'est-à-dire aux critiques, aux commentaires hostiles et au

---

* Voir aussi le chapitre 18.

** Voir aussi le chapitre 22 et en particulier la figure 22.2.

---

* Voir aussi le chapitre 13, section 13.7.

surinvestissement affectif de la part de ses proches ; leur contact intime prolongé augmente son stress ; il a besoin de périodes de solitude pour se détendre et reprendre contact avec lui-même, métaboliser les stimulations et les impulsions produites par ses expériences. Cela ne veut pas dire que les stresseurs d'ordre affectif causent la schizophrénie, qui est une maladie principalement endogène, mais ils contribuent largement à son aggravation après une première désorganisation psychotique. Les études tentant de délimiter la part des facteurs stressants externes dans le développement de la schizophrénie sont nombreuses, mais elles comportent de savantes considérations méthodologiques qui dépassent la visée du présent ouvrage (voir à ce propos NEUFELD, 1982).

VIEILLISSEMENT ET STRESS

On peut se demander quels sont les effets à long terme du stress excessif et répété qui agresse continuellement l'organisme, non seulement sur la qualité de la vie, mais aussi sur sa durée. On sait déjà que les gens ayant survécu à l'expérience d'emprisonnement dans des camps de concentration durant la Deuxième Guerre mondiale montrèrent des signes de vieillissement prématuré (THYGENSEN, 1970). PETER EBBESEN (1980) croit qu'un des effets à long terme du stress extrême serait un dérèglement permanent de l'horloge biologique : des segments entiers du programme génétique qui gère la durée de la vie seraient escamotés, amputant ainsi des années de vie.

8.3.4. TENSIONS QUOTIDIENNES NON CONSIDÉRÉES COMME PROBLÈMES PSYCHIATRIQUES

À la limite, tout événement provenant du milieu extérieur ou de l'organisme peut être considéré comme un stresseur, en ce sens qu'il impose à la personne une certaine demande d'adaptation, de traitement cognitif, de changement. Et de telles demandes sont incalculables à chaque jour, à chaque heure dans la vie tumultueuse, remplie de stimulations, de sollicitations, de désirs et de frustrations. La façon dont elles sont perçues et l'attitude que l'individu adopte pour y répondre détermineront en grande partie leur impact, positif ou négatif. Nous développerons ce point dans les aspects thérapeutiques.

En résumé de la deuxième partie, notons :

1) qu'il existe divers **stresseurs** selon leur intensité
   — stresseurs extraordinaires et catastrophiques,
   — stresseurs graves mais ordinaires,
   — stresseurs quotidiens liés à certaines maladies,
   — tensions quotidiennes chez des personnes normales ;

2) que l'impact des stresseurs, indépendamment de leur intensité, de leur durée et de leur fréquence, dépend de cinq **groupes de facteurs**
   — facteurs reliés aux conditions du milieu physique,
   — facteurs biologiques,
   — facteurs psychologiques,
   — facteurs socioculturels,
   — facteurs reliés aux phases du développement ;

3) qu'il existe des critères diagnostiques spécifiques pour le syndrome de stress post-traumatique et les troubles de l'adaptation, mais qu'il n'en existe pas, excepté le jugement clinique, pour évaluer l'impact des stresseurs sur le fonctionnement quotidien.

8.4.
ASPECTS THÉRAPEUTIQUES : MESURES PROPOSÉES

Nous allons aborder le traitement des problèmes psychiatriques reliés au stress en commençant par les problèmes les plus simples, soit les tensions quotidiennes et les autres problèmes psychiatriques où les stresseurs jouent un rôle mineur, pour ensuite aborder le traitement des problèmes plus spécifiquement reliés au stress, soit les troubles de l'adaptation et le syndrome de stress post-traumatique.

Nous allons tenter d'utiliser un modèle général de santé qui est fondé sur le **modèle bio-psycho-social** préconisé par ENGEL (1977), en y ajoutant la **dimension écologique** de la santé proposée par ELLEN CORIN (1985). Dans ce modèle, la santé mentale est définie comme un processus de développement optimal de l'individu, c'est-à-dire de son être biologique et psychologique, par stades, dans des contextes physiques et sociaux, à travers des échanges interpersonnels, menant à la réalisation de son identité individuelle et sociale comme partie intégrée de l'ensemble humain.

8.4.1. POUR LES TENSIONS QUOTIDIENNES

Dans une perspective préventive de la maladie, tous les facteurs qui influencent l'état de santé d'un individu doivent être considérés. À la figure 8.6., on peut voir que ces facteurs sont nombreux et intimement reliés : facteurs biologiques, niveaux de tension, conditions extérieures de vie, habitudes de vie et système de soins (BRUNET *et al.,* 1985).

Il est intéressant de constater dans ce schéma que chaque groupe de facteurs influence l'ensemble du processus de santé. Le système de soins ne forme qu'un élément du processus et l'individu a lui aussi une responsabilité : maintenir et améliorer sa santé par des habitudes de vie saines. Dans cette perspective, l'individu est l'agent principal de la **gestion de sa santé**, de ses tensions quotidiennes (ARDELL, 1982) : il peut gérer ses tensions quotidiennes en se donnant des conditions de vie décentes, une alimentation saine, des exercices réguliers, des pauses récréatives à son travail et une gestion équilibrée de son temps. Il doit aussi apprendre à se détendre de façon régulière, par exemple en pratiquant une *mé-*

Figure 8.6. APPROCHE ÉCOLOGIQUE DE LA SANTÉ

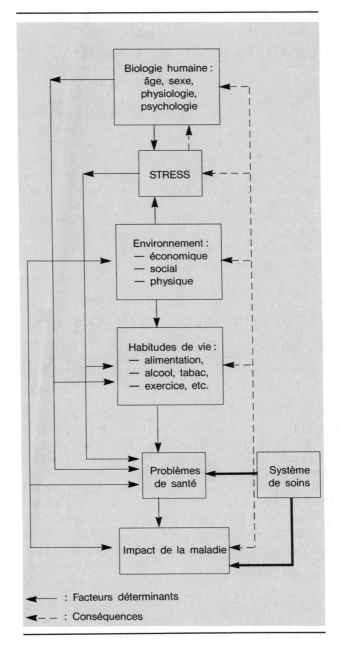

SOURCE : BRUNET *et al.* (1985, p. 65).

thode de relaxation : training autogène, relaxation progressive, biofeedback, détente subliminale, etc. (BORGEAT, 1984 ; BELZILE, 1985 ; voir aussi le chapitre 44).

Chez les étudiants en médecine, par exemple, le modèle du « super-docteur » que plusieurs seraient tentés de suivre doit être démystifié, comme le souligne LOWY (1984). La quantité de connaissances à acquérir en médecine constitue en soi un stresseur inquiétant ; il importe de garder un équilibre, de combattre les tensions quotidiennes en développant des facteurs positifs de santé, comme la créativité, les arts, le sens de l'humour, un engagement social gratifiant. Celui qui veut se réaliser pleinement doit être en contact avec sa vie subconsciente, sa vie fantasmatique, c'est-à-dire la source vive de son être ; BURROWS (1980) suggère de le faire par l'auto-analyse de ses rêves, par les arts, la musique, la peinture, etc.

8.4.2. POUR CERTAINS PROBLÈMES PSYCHIATRIQUES RELIÉS AU STRESS

Nous allons souligner ici brièvement l'apport du stress dans les troubles anxieux, les troubles somatoformes et les rechutes schizophréniques.

Devant les réactions d'anxiété d'un patient, il est utile pour le médecin d'adopter une approche bifocale, axée à la fois sur la recherche des conflits internes et des problèmes extérieurs qui assaillent l'individu. Les pressions du milieu, les demandes reliées aux rôles sociaux contribuent souvent à l'apparition des crises d'angoisse. L'identification des stresseurs psychosociaux, préconisée dans la nouvelle classification américaine (DSM-III), permet une compréhension plus complète des symptômes d'anxiété et, de là, une approche thérapeutique plus spécifique et plus efficace.

Dans les troubles somatoformes, nous avons mentionné que le fait, par exemple, de modifier par un programme spécial le style de personnalité de patients qui ont fait un infarctus peut diminuer le danger d'en subir un deuxième (POWELL, 1984). Il semble évident que la façon avec laquelle la personne aborde ses stresseurs psychosociaux influence la gravité et les conséquences de sa maladie. Il est permis de penser que cette approche sera également bénéfique pour des patients porteurs d'autres affections somatoformes.

Pour prévenir les rechutes schizophréniques, il semble important que le clinicien tienne compte des facteurs de stress dans la famille du patient (SEYWERT, 1984), en suggérant au besoin une approche familiale axée sur la diminution des critiques et des commentaires négatifs, de l'hostilité et du surinvestissement affectif.

8.4.3. POUR LES TROUBLES DE L'ADAPTATION

La **psychothérapie brève** demeure le traitement de choix pour les troubles de l'adaptation. La thérapie de groupe sera particulièrement utile pour les patients ayant subi des épreuves semblables, par exemple des personnes vivant une situation de chômage, de divorce ou une maladie commune, tels le diabète, la dépression. La psychothérapie individuelle permettra d'explorer les significations de l'événement stressant et les évocations de traumatismes antérieurs réactivées.

On pourra aussi prescrire des anxiolytiques (*benzodiazépines*) pour de courtes périodes, en se rappelant qu'ils ne peuvent remplacer ni une psychothérapie focalisée, ni l'enseignement d'une méthode naturelle de relaxation pour réduire les niveaux de tension. Durant la psychothérapie, le patient devra prendre conscience de ses modes inefficaces ou inappropriés d'adaptation et rechercher des façons plus matures et plus positives de faire face aux événements difficiles.

Le thérapeute devra aussi tenir compte des gains secondaires possibles rattachés à la dysfonction en question, telles une indemnisation salariale, une diminution des responsabilités personnelles, une attention accrue de la part des proches, etc.

Dans le cas où les troubles de l'adaptation incluent des écarts de conduite, tels l'abus d'alcool ou de substances toxiques, les délits, etc., le clinicien doit tenir le patient responsable de ses actes et de leurs conséquences. Le thérapeute qui protège indûment le patient coupable de conduites nuisibles ou destructrices le prive d'occasions de croître en tant que personne.

Les avantages de la psychothérapie dans les cas de troubles de l'adaptation sont de limiter ou de raccourcir la durée de la dysfonction et de servir d'intervention préventive pour préparer l'individu à mieux réagir à d'autres stresseurs éventuels.

8.4.4. POUR LE SYNDROME DE STRESS POST-TRAUMATIQUE

Le traitement du syndrome de stress post-traumatique vise à réduire les symptômes, à prévenir l'incapacité chronique et à assurer une réhabilitation occupationnelle et sociale. Conformément au modèle d'HOROWITZ déjà discuté à la section 8.2.3., la psychothérapie sera orientée selon les modes de présentation manifestés par la victime ayant subi l'événement extraordinaire et aussi selon l'une ou l'autre des quatre phases spécifiques où la

Tableau 8.5. STYLES ET PHASES DE RÉACTIONS AU STRESS SELON HOROWITZ

PHASES	STYLE A : RÉPRESSIF	STYLE B : EXPRESSIF
I	Surprise mitigée	Surprise exprimée
II	Déni prolongé	Déni abrégé
III	Intrusions saccadées, tardives	Intrusions intenses, précoces
IV	Perlaboration ralentie	Perlaboration accélérée

Résultat : degré de rémission ou d'invalidité.

victime est bloquée (voir le tableau 8.5.). Le travail principal du thérapeute consistera à faciliter les tendances naturelles de l'individu à métaboliser les aspects émotionnels et cognitifs de la situation stressante.

Chaque personne développe des modes caractéristiques pour résoudre ses problèmes ou pour se défendre contre des idées ou des émotions troublantes : par exemple, la personne histrionique va tendre à inhiber les représentations de l'événement stressant, la personne compulsive va considérer des contenus représentationnels substitutifs, évitant ainsi la reconnaissance des contenus plus pénibles ; par contre, la personne narcissique tendra à donner une signification personnelle gratifiante aux événements pour réparer un concept déficient de soi. Par conséquent, l'approche thérapeutique gagnera beaucoup à être orientée selon le style personnel du patient plutôt que selon le modèle théorique particulier du thérapeute ; autrement dit, le thérapeute doit être capable d'utiliser des techniques variées, selon les besoins du patient à chaque phase de la crise, plutôt que de se cantonner dans une même technique thérapeutique rigide.

L'orientation générale du traitement variera principalement selon l'oscillation du patient entre la phase peu contrôlée d'intrusions répétitives et les phases trop contrôlées de déni, de refoulement et d'inhibition. Dans la phase peu contrôlée, les traitements qui offrent un soutien et de la sédation visent à suppléer aux contrôles personnels déficients. Au besoin, une hospitalisation permettra la prise en charge de certains aspects du contrôle, en réduisant les probabilités de déclenchement de remémorations répétitives d'émotions et d'idées reliées au stress. À l'opposé, les traitements abréactifs diminueront les défenses du patient par la suggestion, l'exhortation, l'hypnose, les médications hypnotiques. Le but des traitements abréactifs n'est pas de réduire le contrôle personnel, mais au contraire de réduire la nécessité ultérieure de contrôles extérieurs en aidant le patient à franchir le cycle d'assimilation des réponses émotionnelles et idéationnelles reliées à la situation stressante. L'ensemble des

Tableau 8.6. CLASSIFICATION DES TRAITEMENTS POUR LE SYNDROME DE STRESS POST-TRAUMATIQUE

SYSTÈME EN CAUSE	PHASE DE DÉNI, D'INHIBITION	PHASE D'INTRUSIONS RÉPÉTITIVES
Aider l'assimilation cognitive	• Encourager l'abréaction. • Encourager une description détaillée de l'événement par les moyens suivants : — associations ; — verbalisations ; — images associées ; — psychodrame ; — jeux de rôle ; — dessins. • Reconstituer l'événement.	• Éliminer les facteurs déclenchants de remémorations, interpréter leurs significations. • Diminuer les ruminations par la sédation (benzodiazépines). • Détourner l'attention de l'événement stressant. • Différencier : — réalité et fantasmes ; — anciens schèmes de soi et du monde, avec schèmes actuels ; — attributs personnels et attributs d'autrui. • Travailler à clarifier, à réorganiser l'information reliée au stress. • Renforcer des idées contraires aux idées obsédantes par une thérapie occupationnelle par exemple.
Aider l'assimilation émotionnelle	• Encourager la catharsis. • Explorer les aspects émotionnels des relations et des expériences du Soi. • Fournir des relations objectales et encourager les relations affectives.	• Soutenir psychologiquement. • Évoquer d'autres émotions. • Supprimer les émotions trop intenses par la sédation. • Utiliser des méthodes de désensibilisation.
Aider le contrôle personnel	• Réduire les contrôles : — en interprétant les défenses ; — en recourant à l'hypnose, aux suggestions ; — en utilisant des situations évocatrices comme le psychodrame, l'imagerie. • Changer les attitudes qui nécessitent les contrôles. • Faire appel aux interprétations exploratives.	• Augmenter les contrôles : — en structurant le temps, les événements pour le patient ; — en assistant les fonctions du Moi par l'organisation de l'information. • Amorcer une thérapie comportementale avec récompense.
Optimiser le niveau d'activation physiologique	• Stimuler la vigilance par la présence active. • Recourir à la narco-hypnose.	• Amener au repos par la sédation. • Réduire le niveau de stimulation externe. • Amener à la relaxation par le biofeedback.

Tableau 8.7.   LISTE DES PRIORITÉS D'INTERVENTION SELON HOROWITZ

ÉTAT DU PATIENT DÉTERMINANT L'ORDRE DE PRIORITÉ	BUT DU TRAITEMENT
Si le patient est encore sous l'impact du stresseur :	• Le soustraire à la situation ou faire disparaître le stresseur si possible. • Lui fournir une présence temporaire. • L'aider à prendre des décisions, à planifier.
Si le patient oscille de façon extrême entre des phases de déni et d'intrusions :	• L'aider à réduire l'amplitude des oscillations. • Lui fournir un soutien émotionnel et cognitif. • Recourir aux techniques déjà citées de relaxation, de sédation.
Si le patient est comme paralysé dans le déni tout en passant par de courtes phases d'intrusions :	• L'aider à doser ses remémorations de l'événement. • Durant les périodes de remémorations, l'aider à exprimer ses émotions, à organiser l'information reliée à l'événement stressant.
Si le patient est capable de revivre et de tolérer les phases émotionnelles et idéationnelles :	• L'aider à associer et à assimiler les implications émotionnelles, idéationnelles et relationnelles de l'événement. • L'amener à relier ce stress à d'autres situations stressantes, à réorganiser ses schèmes de soi et du monde.
Si le patient est capable de revivre par lui-même les aspects émotionnels et cognitifs :	• Dissoudre la relation thérapeutique. • Mettre fin au traitement.

techniques principales préconisées pour l'une ou l'autre des phases de la réaction est présenté au tableau 8.6.

Une des difficultés majeures survenant dans le traitement du trouble de stress post-traumatique est la détermination des priorités d'intervention. HOROWITZ (1976) a proposé une liste de priorités qui peut aider le clinicien à résoudre cette difficulté (tableau 8.7).

Comme médication, les benzodiazépines tel les que le diazépam, le chlordiazépoxide et le lorazépam peuvent être utiles dans les phases aiguës d'anxiété intense. Cependant, le danger d'accoutu-

mance est grand et d'autres moyens devront être substitués rapidement. Dans les cas où un syndrome dépressif s'est installé, on pourra prescrire une médication antidépressive (voir les chapitres 35 et 37).

Lorsqu'un degré d'invalidité accompagne le SSPT, une thérapie de réadaptation devra être entreprise aussitôt que possible pour éviter une chronicisation avec dysfonction permanente. Enfin, dans les cas présentant un tableau phobique avec évitement incapacitant, une thérapie comportementale avec désensibilisation progressive devra être administrée (voir le chapitre 41).

8.5.
CONCLUSION

En somme, la notion de stresseur est bien relative et on ne peut l'interpréter sans référence à un « sujet » vulnérable. Comme l'ont si bien démontré les études faites auprès de soldats américains ayant vécu les situations atroces de la guerre du Viêt-nam, il est possible pour certains sujets d'être exposés à des stresseurs intenses sans développer d'états pathologiques. Cette observation tend à prouver l'importance des facteurs personnels, subjectifs, face à l'adversité. Comme l'explique LAMONTAGNE (1979), le stress est, dans une large part, « une question de *mentalité* ». Le sujet dont la mentalité est positive, ouverte, à l'égard de tel événement stressant sera beaucoup mieux préparé à vivre cette expérience que le sujet dont la mentalité est défaitiste, négative. Autrement dit, il est impossible de prédire avec certitude la réponse d'un sujet à tel ou tel stresseur sans connaître, au départ, ses dispositions intérieures envers ce stresseur, son niveau actuel d'anxiété, la signification personnelle qu'il attribue à cet événement.

Ainsi, les notions de stresseur et d'anxiété sont inséparables chez un sujet donné : pour évaluer l'expérience totale du sujet devant tel ou tel événement, on doit tenir compte à la fois de données objectives comme la nature du stresseur, son intensité, sa durée, la concurrence d'autres événements, le réseau de soutien externe, etc., et de données subjectives telles que la signification de l'événement pour le sujet, son état affectif, ses expériences antérieures face à des événements semblables, etc. Comme nous y invite KANDEL (1983) dans son étude poussée sur la nature de l'anxiété, nous devons élargir notre compréhension de ce phénomène pour en saisir la globalité ; souvent, dans la réaction d'anxiété, l'individu a perdu, refoulé le lien significatif avec l'objet stresseur : il ne lui reste que l'état anxieux, apparemment sans lien avec un événement externe.

Nous en sommes venu à conclure que les notions de stress et d'anxiété sont complémentaires sur un **axe psychosocial**, et il apparaît de plus en plus évident que, sur un **axe psychosomatique**, la notion d'anxiété comporte immanquablement un pôle cognitif et un pôle somatique : les études de GARY SCHWARTZ (1978) sur les effets de la méditation et de l'exercice physique délimitent clairement ces deux composantes, illustrant de façon lumineuse que toute expérience anxieuse se manifeste par des composantes à la fois cognitives et somatiques.

En contrepartie, comme mesure préventive pour éviter aux patients les réactions pathologiques aux stresseurs, nous pouvons, en tant que médecins, favoriser le développement d'une mentalité positive face à la vie, qui valorise les qualités de jeunesse, d'ouverture telles que le jeu, l'harmonie, la curiosité, l'imagination, l'humour, le rire, la créativité, etc., ce que l'anthropologue ASHLEY MONTAGU (1981) appelle les traits de « néoténie », ou traits propres à la jeunesse.

BIBLIOGRAPHIE

AMERICAN PSYCHIATRIC ASSOCIATION
1980 *Diagnostic and Statistical Manual of Mental Disorders*, 3ᵉ éd., Washington, D.C., American Psychiatric Association.

ANDREASEN, N.
1985 « Post-traumatic Stress Disorder », *Modern Synopsis of Comprehensive Textbook of Psychiatry* (H.I. Kaplan et B.J. Sadock, édit.), 4ᵉ éd., Baltimore, Williams and Wilkins, p. 335-339.

ARDELL, D.B. et M.J. TAGER
1982 *Planning for Wellness, a Guidebook for Achieving Optimal Health*, 2ᵉ éd., Kendall, Hunt Publishing Co.

BELTRAMI, E.
1985 « La nouvelle sexothérapie : le rôle de la relaxation », *L'actualité médicale*, 6 mai, p. 68.

BELZILE, G. et J. HUOT
1985 *Enquête rétrospective sur le diagnostic et l'efficacité du traitement behavioral de 146 victimes de violence*, Clinique psychosomatique Cherrier de Montréal.

BILLINGS, A.C. et R.H. MOSS
1982 « Stressfull Life Events and Symptoms : Longitudinal Model », *Health Psych.*, vol. 1, nº 99, p. 117.

BORGEAT, F.
1984 « Les méthodes d'autorégulation et le médecin », *L'union médicale du Canada*, tome 113, p. 1049.

BRETT, E.A. et R. OSTROFF
1985 « Imagery and Posttraumatic Stress Disorder : An Overview », *American Journal Psychiat.*, vol. 142, nº 4, p. 417-424.

BROWN, G.W., T.L.T. BIRLEY et J.K. WING
1972 « Influence of Family Life on the Course of Schizophrenic Disorders : A Replication », *Brit. Int. Psychiat.*, vol. 121, p. 241-258.

BRUHN, J.G. et B.U. PHILIPPS
1984 « Measuring Social Support : A Synthesis of Current Approaches », *Journal of Behavioral Medicine*, vol. 7, nº 2, p. 151-169.

BRUNET, J. *et al.*
1985 «Objectifs de santé pour le Québec », *Le médecin du Québec*, septembre, p. 81-91.

BURGESS, A.W. et L. HOLMSTROM
1974 « Rape Trauma Syndrome », *American Journal Psychiat.*, vol. 131, p. 981-986.

BURROWS, T.
1980 « Managing Stress : Stress and the Medical Profession, part 3 », *Canadian Doctor*, p. 57-67.

CAPLAN, G.
1961 *Approach to Community Mental Health*, New York, Grune and Stratton.

CARREL, A.
1935 *L'homme, cet inconnu*, Librairie Plon, p. 153.

CONSEIL DES AFFAIRES SOCIALES ET DE LA FAMILLE
1985 *Le virage santélogique, scénario pour l'an 2000*, Québec, Direction générale des publications gouvernementales.

CORIN, E.
1985 *La santé mentale : de la biologie à la culture*, Québec, ministère des Affaires sociales, Comité sur la santé mentale du Québec, 3ᵉ trimestre, p. 4.

CROCQ, L., M. SAILHAN et C. BARROIS
1983 *Névroses traumatiques, névroses d'effroi, névroses de guerre*, Paris, Encyclopédie méd.-chir., psychiatrie, p. 1-12.

DUBOS, R.
1982 *Les célébrations de la vie*, Paris, Éditions Stock, p. 137.

EBBESEN, P.
1980 « Experimental Studies of Premature Ageing », *Dan. Med. Bull.*, vol. 27, nº 5, p. 248-250.

ENGEL, G.
1977 « The Need for a New Medical Model : A Challenge for Biomedicine », *Science*, vol. 196, nº 4286, p. 129-136.

1980 « The Clinical Application of the Biopsychosocial Model », *American Journal of Psychiatry*, vol. 137, nº 5, p. 535-544.

FREUD, S.
1975 *Early Psychoanalytic Publications*, London, The Hogarth Press and the Institute of Psychoanalysis, vol. III, p. 191-221.

GINSBERG, G.
1985 « Adjustment and Impulse Control Disorder », *Modern Synopsis of Comprehensive Textbook of Psychiatry*

(H.I. Kaplan et B.J. Sadock, édit.), 4ᵉ éd., Baltimore, Williams and Wilkins, p. 477.

GRINKER, R. et J. SPIEGEL
1945 *Men Under Stress*, New York, McGraw-Hill.

HANSON, P.
1985 *The Joy of Stress*, Ontario, Hanson Stress Management Organization.

HENDIN, H. et A.P. HAAS
1984 « Combat Adaptations of Vietnam Veterans without Post-traumatic Stress Disorders », *American Journal of Psychiatry*, vol. 141, p. 956-960.

HOLMES, T. et R.H. RAHE
1967 « The Social Readjustment Rating Scale », *Journal Psychosom. Res.*, vol. II, p. 213.

HOROWITZ, M.J.
1976 *Stress Response Syndrome*, New York, Jason Aronson.

KANDEL, E.R.
1983 « From Metapsychology to Molecular Biology : Explorations into the Nature of Anxiety », *American Journal of Psychiatry*, vol. 140, nº 10, p. 1277-1293.

KUBLER-ROSS, E.
1969 *On Death and Dying*, New York, MacMillan.

LAMONTAGNE, Y.
1979 *Vivre avec son anxiété*, traduction de *Living with Fear* (I.M. Marks), Montréal, Les éditions La Presse, p. 163.

LAZARUS, R.S. et J.C. COYNE
1980 « Cognitive Style, Stress Perception, and Coping », *Handbook on Stress and Anxiety* (I. Kutash *et al.*), Jossey-Bass Publishers, p. 145-158.

LINDEMANN, E.
1944 « Symptomatology and Management of Acute Grief », *American Journal of Psychiatry*, vol. 101, p. 141-148.

LOWY, F.
1984 « Pour le bien-être du médecin, des dispositions s'imposent », *L'actualité médicale*, 22 octobre, p. 5.

LYNN, E.J.
1984 « Factitious Posttraumatic Stress Disorder : The Veteran Who Never Got to Vietnam », *Hospit. Community Psychiatry*, vol. 35, juillet, p. 697-701.

MAHLER, M.S., P. PINE et A. BERGMAN
1980 *La naissance psychologique de l'être humain*, Paris, Payot, p. 242.

MAIER, S.F. et M. LAUDENSLAGER
1985 « Stress and Health : Exploring the Links », *Psychology Today*, août, p. 48.

MONTAGU, A.
1981 *Growing Young*, New York, McGraw-Hill.

NEUFELD, R.W.J.
1982 *Psychological Stress and Psychopathology*, New York, McGraw-Hill, p. 13-66.

NORMAN, G.R., A.H. McFARLANE et D.L. STREINER
1985 « Patterns of Illness among Individuals Reporting High and Low Stress », *Canadian Journal of Psychiatry*, vol. 30, octobre, p. 400.

PINES, A.M. et A.D. KANNER
1982 « Nurses' Burnout : Lack of Positive Conditions and Presence of Negative Conditions as Two Independent Sources of Stress », *Journal P. N. MHS.*, vol. 20, nº 8, p. 30-35.

POWELL, L.P. *et al.*
1984 « Can the Type A Behavior Pattern Be Altered after Myocardial Infarction ? A Second Year Report from the Recurrent Coronary Prevention Project », *Psychosomatic Medicine*, vol. 46, nº 4, p. 293.

RAHE, R. et J.A. RANSOM
1978 « Life Change and Illness Studies : Past History and Future Directions », *Journal of Human Stress*, mars, p. 3-15.

ROSENMAN, R.H. *et al.*
1964 « A Predictive Study of Coronary Heart Disease », *J.A.M.A.*, vol. 189, p. 113-124.

RUTTER, M.
1984 « Resilient Children », *Psychology Today*, mars, p. 57-65.

SCHACHTER, S. et J.E. SINGER
1962 «Cognitive, Social and Physiological Determinants of Emotional States », *Psychological Review*, vol. 69, p. 379-399.

SCHLEIFER, S.J., S.E. KELLER et M. STEIN
1985 « Stress Effects on Immunity », *Psychiatric Journal of the University of Ottawa*, vol. X, nº 3, p. 125-131.

SCHWARTZ, G.E., R.J. DAVIDSON et D.J. GOLEMAN
1978 « Patterning of Cognitive and Somatic Processes in the Self-regulation of Anxiety : Effects of Meditation Versus Exercice », *Psychosomatic Medicine*, vol. 40, nº 4, p. 321-328.

SELIGMAN, M.E.P., L.Y. ABRAMSON et A. SEMMEL
1979 « Depressive Attributional Style », *Journal of Abnormal Psychology*, vol. 88, nº 3, p. 242-247.

SELYE, H.
1936 *A Syndrome Produced by Diverse Nocious Agents*, London, Nature, p. 32.

SEYWERT, F.
1984 « "Expressed Emotion" (E.E.) : revue de la littérature »,
L'évolution psychiatrique, vol. 49, n° 3, p. 827-841.

SHEEHY, G.
1977 *Les crises prévisibles de l'âge adulte*, Montréal, Press
Select.

S I R I M
1984 *Alors survient la maladie*, Montréal, Les Éditions du
Boréal Express, Société internationale de la recherche
interdisciplinaire sur la maladie, p. 114.

THYGENSEN, P., K. HERMAN et R. WILLANGER
1970 « Concentration Camp Survivors in Denmark ; Perse-
cution, Disease, Disability, Compensation », *Dan. Med.
Bull.*, vol. 17, p. 65-108.

TOUSIGNANT, M., D. HANIGAN et L. BERGERON
1984 « Le mal de vivre : comportements et idéations suicidaires chez les cégépiens de Montréal », *Santé mentale
au Québec*, vol. IX, n° 2, p. 122-133.

TYRER, P.
1984 « Classification of Anxiety », *Brit. Journal Psychiat.*,
vol. 144, p. 78-83.

WALLERSTEIN, J. et J.B. KELLY
1980 *Surviving the Beak-up ; How Children and Parents Cope
with Divorce*, New York, Basic Books.

WEBB, L.J. *et al.*
1981 *DSM-III Training Guide*, New York, Brunner Mazel.

WEISS, J.
1985 « Stress, Disease, and the Feeling of Control », *Brain,
Mind and Behavior* (F. Bloom, A. Lazerson et L. Hofsta-
der, édit.), New York, W.H. Freeman and Co., p. 172.

CHAPITRE 9

ÉTATS DISSOCIATIFS ET DÉPERSONNALISATION

Jean-Pierrre Losson
M.D., C.S.P.Q.
Psychiatre-psychanalyste, chef du Département de psychiatrie de l'Hôtel-Dieu de Montréal
Professeur agrégé de clinique à l'Université de Montréal

PLAN

9.1.
ÉTATS DISSOCIATIFS

9.1.1. ÉVOLUTION DU CONCEPT

L'étude et la présentation des états dissociatifs sont liées aux vicissitudes du concept d'hystérie dans les classifications psychiatriques contemporaines ; elles se heurtent par conséquent à un problème de définition ou mieux de délimitation au sein de la psychopathologie.

Depuis le début des études sur les états psychopathologiques telles que nous les envisageons dans le monde moderne, c'est-à-dire, ne l'oublions pas, en gros depuis la fin du XVIII\ :sup:`e` siècle, les arrangements nosographiques n'ont cessé d'être remaniés, et on peut considérer les classifications actuelles comme des étapes dans une évolution d'ensemble qui en comportera vraisemblablement d'autres.

Le concept d'**hystérie** auquel on se réfère généralement en clinique psychiatrique de nos jours est né vers la fin du XIX\ :sup:`e` siècle. Classiquement, il associait des troubles constatés dans le champ somatique, au niveau de l'organisation de la conscience et au niveau du comportement, de la personnalité et du caractère. Le lecteur aura compris que le mot « hystérie » désignait par conséquent un ensemble de troubles affectant la personne dans la totalité de son être. Cette conception d'ensemble a prévalu jusqu'à l'époque de la Seconde Guerre mondiale environ.

Mais depuis un demi-siècle approximativement, la recherche d'une compréhension dynamique des psychonévroses a entraîné un éclatement de la conception classique de l'hystérie. Cette évolution est due à des facteurs multiples, parmi lesquels on doit faire une large part au fait qu'il n'a jamais été possible d'isoler de manière convaincante des mécanismes et des processus dynamiques qui rendraient compte de manière satisfaisante des troubles situés à des niveaux aussi divers que ceux énumérés plus haut.

C'est ainsi que, progressivement, l'usage du mot « hystérie » a été restreint à une entité aux contours cliniques relativement précis : l'hystérie de conversion, pour couvrir l'essentiel ce que nous appelons maintenant les **troubles somatoformes**. En effet, dans la première édition du *Diagnostic and Statistical Manual* de 1952 (DSM-I) on établissait une distinction nette entre les « réactions de conversion » situées dans le champ somatique d'une part, et les « réactions dissociatives » d'autre part, ces dernières concernant essentiellement des troubles situés au niveau de l'organisation de la conscience et se manifestant par des phénomènes tels que des amnésies, des fugues, des personnalités multiples, etc.

Notons toutefois que cette distinction tranchée, établissant des catégories nosographiques bien séparées pour ces deux types de « réactions », était surtout retenue par les psychiatres américains, cependant que leurs collègues européens restaient attachés à une conception plus classique de l'hystérie. Ce fait n'est sans doute pas étranger à l'évolution subséquente et, en 1968, dans la seconde édition du DSM (DSM-II), on exprimait un souci d'uniformisation plus générale des catégories nosographiques, en réintroduisant l'usage du terme « hystérie » englobant des troubles somatoformes et dissociatifs toujours envisagés comme des tableaux différents mais situés au sein d'une même entité.

Il eût sans doute été logique et raisonnable, dans ce mouvement évolutif du DSM-II par rapport au DSM-I, que l'on approfondisse les connaissances sur ce qui reliait ces deux sous-catégories au sein de l'hystérie. Mais ce n'est pas ce qui s'est produit et le DSM-III de 1980 devait consacrer l'éclatement du concept d'hystérie, le terme lui-même n'étant plus retenu pour désigner une quelconque entité spécifique, et disparaissant de ce fait du vocabulaire officiel de l'*American Psychiatric Association*, pour être remplacé par « histrionique ».

Il reste à voir si cette évolution est satisfaisante. On notera tout de même l'apparition, notamment en France, de plusieurs publications visant à

« réhabiliter la folie hystérique ». Ainsi s'exprimait une tendance inverse s'appuyant sur des considérations structurales qui seraient propres à l'hystérie, centrées sur l'organisation de la personnalité et un certain dépassement de l'Œdipe dans son développement et sa maturation. Par ailleurs, sur le plan strictement clinique, il convient de ne pas perdre de vue les altérations du champ de la conscience qui accompagnent souvent les troubles somatoformes. Enfin, aux États-Unis même, il ne manque pas de contestations de cette évolution, qui reposent sur des bases fort diverses.

Quoi qu'il en soit, le DSM-III est précis dans ses énoncés et situe les troubles dissociatifs comme une entité séparée des troubles somatoformes. Reconnaissons à cette distinction le mérite d'une clarté qui s'inscrit en faux contre l'énorme confusion à laquelle prêtait l'usage devenu inconsidéré du terme «hystérie».

9.1.2. ÉTUDE CLINIQUE

GÉNÉRALITÉS

La clinique des états dissociatifs envisagés dans le DSM-III rassemble des états dissemblables quant à leur aspect mais comportant des caractéristiques communes.

Leur élément commun essentiel est le caractère automatique, incoercible de l'événement qui survient dans un contexte d'altération profonde du champ de la conscience. Cette modification, située au cœur de la clinique de tous les états dissociatifs, constitue une sorte de point de jonction entre des perturbations qui se manifestent à tous les niveaux où s'exprime normalement l'intégration des diverses fonctions qui définissent la personne dans sa totalité. C'est ce qui justifie le regroupement des troubles proprement mnésiques avec des troubles psychomoteurs qui s'appréhendent avant tout dans des conduites tangibles et avec, enfin, des troubles situés principalement au cœur de l'identité même du sujet.

Découlant presque comme une évidence de cet élément central, une autre caractéristique est commune aux divers tableaux dont il est question ici : le sujet est incapable d'en rendre compte spontanément, et c'est toujours « de l'extérieur » que la pathologie est désignée.

Enfin, si ces troubles peuvent se retrouver sur une longue période chez un même sujet, ils se présentent généralement sous la forme d'épisodes à durée limitée dont le début et la fin sont clairement repérables.

AMNÉSIES PSYCHOGÈNES

Le symptôme principal se présente comme un oubli qui survient brusquement et qui porte sur des épisodes complexes et décisifs dans la vie du sujet. Ce symptôme survient en dehors de toute pathologie organique et sa durée est d'une grande variabilité, allant de quelques heures à quelques mois dans les cas extrêmes.

Il s'agit d'un trouble fréquemment rencontré dans les urgences où, généralement, c'est la police qui conduit un sujet « perdu » et incapable de rendre compte de sa situation. Le tableau clinique n'est pas univoque et comporte plusieurs variantes possibles :

1) Le cas le plus fréquent est celui de l'amnésie focalisée concernant tous les événements d'une période déterminée et survenant brusquement à la suite d'événements traumatisants tels qu'un accident, un deuil ou tout événement vécu comme un désastre personnel. Dans cette catégorie, il est fréquemment fait mention d'individus ayant commis des actes violents ou criminels, qui ponctuent ainsi la conclusion d'une crise et qui n'en conservent aucun souvenir.

   Ces épisodes donnent lieu à des tableaux où le sujet est comme hébété, étranger à tout, ayant perdu ses liens avec sa réalité habituelle.

   La restitution des souvenirs est la règle et l'amnésie ne laisse aucune séquelle.

2) Très rarement le sujet ne recouvre pas la mémoire et le trouble déclenché par un événement brutal prend un caractère permanent. On parlera alors d'amnésie continue tant que cet état persistera.

3) Parfois, mais rarement, l'amnésie se fait sélective et concerne pendant sa durée une catégorie particulière d'événements. Par exemple, un accidenté de la route se souviendra d'avoir été impliqué dans une collision, mais sera incapable de se rappeler les personnes qui l'accompagnaient dans son véhicule au moment de l'accident.

4) Enfin, et beaucoup plus rarement encore, l'amnésie est généralisée et concerne l'intégralité de la « biographie » pendant une période très prolongée. La littérature psychiatrique fait état de cas ayant duré de nombreuses années.

Il convient d'ajouter, sur le plan de la description clinique, que généralement le sujet paraît totalement indifférent et non concerné par le trouble de mémoire. De semblables tableaux sont décrits dans toutes les cultures, avec une fréquence accrue à l'occasion d'événements tragiques comme les guerres, les batailles, les révolutions, ou encore lors de certaines grandes catastrophes naturelles.

FUGUES PSYCHOGÉNIQUES

L'élément essentiel du tableau clinique est le brusque départ d'un sujet apparemment normal, qui entreprend de manière inattendue une errance loin de son cadre de vie habituel.

Au cours de ce changement de lieu, le sujet pourra assumer une identité nouvelle et, dans ce cas, se révélera incapable de se remémorer les circonstances de sa vie « normale », celle qui a précédé la fugue. Ici encore le tableau n'est pas univoque. Parfois, au cours de la fugue, le sujet pourra entreprendre des activités fort complexes et se comporter de manière beaucoup plus désordonnée voire désinhibée qu'à l'ordinaire. Mais plus souvent il s'agit d'un déplacement en apparence banal, au cours duquel le sujet ne fera rien de particulier et s'abstiendra de toute activité sociale structurée. Enfin, il n'est pas rare que le sujet en fugue se fasse remarquer par l'impression qu'il donne d'errer sans but avec un air plus ou moins confus.

Quelles que soient la modalité du tableau clinique et la durée de l'épisode, la restitution sera généralement intégrale et le patient ne conservera aucun souvenir de l'épisode lui-même.

Le diagnostic de fugue psychogénique est porté en l'absence de toute pathologie organique. Par ailleurs, il est associé le plus souvent à un contexte de stress psychosocial élevé. Il n'est pas rare qu'il s'agisse d'un sujet connu pour son intempérance éthylique. Enfin, comme pour les amnésies, les situations de catastrophe sociale, économique ou naturelle agissent comme des facteurs précipitants déterminants.

PERSONNALITÉS MULTIPLES

De tous les troubles dissociatifs, ce sont les plus spectaculaires, les plus propres à stimuler l'imagination du romancier : ils sont aussi très fréquents. De fait, la littérature romanesque met en scène des cas de personnalité multiple, le plus célèbre étant sans doute le « Dr Jeckyll et Mr Hyde » de R.L. STEVENSON : un honorable citoyen le jour se transforme la nuit en un personnage complètement opposé au premier, et tout à fait antisocial ...

Cliniquement, le diagnostic repose sur la coexistence, chez un même individu, de deux personnalités distinctes l'une de l'autre, parfois davantage. Le sujet passe de l'une à l'autre brusquement et sans préavis. Pendant qu'il assume une de ses personnalités, rien ne transparaît de l'autre ou des autres ; cette caractéristique est toutefois plus inconstante et il semble exister assez souvent une vague conscience de discontinuité et de rupture dans le vécu du sujet.

Chacune des identités comporte une vie complète avec tous les attributs d'une existence normale : une identité, le plus souvent un nom propre, des activités structurées et complexes, un système de relations sociales, des souvenirs, bref une histoire cohérente qui est sans rapport avec les autres identités. La plupart des auteurs rapportent de franches oppositions entre les diverses personnalités d'un même sujet, et H. ELLENBERGER signale même le cas d'un sujet dont les tracés EEG de deux personnalités présentaient des différences marquées !

À noter également qu'une des identités peut comporter des déficiences fonctionnelles ou des traits psychopathologiques marqués, tandis qu'une autre aura tous les aspects d'une vie riche et épanouie ...

Ici encore cette pathologie survient plus souvent dans le contexte d'un stress psychosocial plus ou moins important. Elle est rarement diagnostiquée avant l'adolescence, et c'est essentiellement une pathologie de l'adulte.

Sa durée est variable, mais c'est certainement celui des troubles dissociatifs qui a le caractère le plus chronique. C'est ainsi qu'un assassin en série présentant une double personnalité a pu tenir en haleine la police de Los Angeles pendant plusieurs années, avant d'être pris à cause d'un changement de résidence.

SOMNAMBULISME*

Le somnambulisme survient généralement au cours de l'enfance et, pour cette raison, n'est pas classifié parmi les troubles dissociatifs dans le DSM-III. Néanmoins, ses caractéristiques cliniques sont tellement évocatrices de ces troubles que nous en proposons une brève description dans le présent chapitre.

Soulignons, en premier lieu, que l'accès de somnambulisme est très fréquent. Typiquement, on aura affaire à un sujet qui, au cours de son sommeil, s'anime brusquement et paraît vivre une

situation complexe, généralement avec une très forte charge émotionnelle. Le sujet se lève, parle et agit, les yeux grands ouverts et l'air hagard. Il semble totalement engagé dans une situation intense à caractère hallucinatoire, cependant que tout contact avec la réalité ambiante est momentanément rompu.

Ces épisodes durent généralement quelques minutes. Puis le sujet retourne à son sommeil et ne conservera aucun souvenir de son accès de somnambulisme, dont le caractère le plus souvent dramatique aura vivement impressionné l'entourage.

FORMES CLINIQUES

Les tableaux que nous venons de décrire sont typiques et classiques. Mais il en est qui le sont moins et dont le caractère pathologique n'est pas toujours évident, surtout lorsqu'ils sont en relation avec certains aspects de la vie culturelle. Parmi ces derniers, mentionnons certaines formes de **transes** induites ou qui surviennent spontanément dans le contexte d'expériences à caractère religieux. Ces états se présentent généralement comme l'aboutissement d'un processus rituel plus ou moins compliqué, au terme duquel le sujet paraît effectivement absent à lui-même, indifférent à sa réalité ordinaire ; il est généralement hagard, livré à un monde de perceptions qui ne sont pas accessibles autrement que dans ces états particuliers et dont il ne peut rendre aucunement compte.

Dans certains cas, on sera en présence d'**extases mystiques** accompagnées parfois d'altérations somatiques spectaculaires. Mais généralement il s'agit de situations dont l'occurrence est volontaire, bien que ce ne semble pas être toujours le cas.

Entre les épisodes de transes, il n'y a pas de pathologie spécifique.

En fait, les états dissociatifs survenant en dehors de toute pathologie organique comme en dehors de toute intoxication sont fréquents et prennent des allures cliniques variables en fonction du degré d'altération du niveau de conscience. On re-

* Voir aussi le chapitre 20.

trouve presque toujours un facteur précipitant rattaché aux circonstances et à l'environnement ayant occasionné un stress. Celui-ci peut se limiter à une hypostimulation perceptuelle, comme celle qui émane de certaines situations monotones et répétitives. Et le trouble peut varier d'une simple hébétude accompagnée d'une rêverie incoercible à un état dissociatif manifeste avec apparition d'un état second de type oniroïde.

9.1.3. DIAGNOSTIC DIFFÉRENTIEL

ÉTATS PSYCHOTIQUES

Parfois, seul un examen psychiatrique attentif permettra au clinicien de poser un diagnostic précis, tant il est vrai que la discordance schizophrénique peut être proche de certains états dissociatifs sur le plan clinique. Il est notamment malaisé de faire la distinction entre certaines formes de stupeur catatonique et certaines amnésies psychogènes.

De même, les psychoses délirantes évoluant par accès comportent des états transitoires plus ou moins confusionnels ; et pour peu que les hallucinations ne soient pas absolument typiques, on pourrait penser à des états dissociatifs.

Enfin, la capacité de déni de certains psychotiques est telle qu'elle peut faire penser aux troubles mnésiques dissociatifs.

Ce sont le contexte d'ensemble et l'évolution générale qui donneront la clé du diagnostic véritable. De plus, lorsque la communication s'établit avec le patient, elle est dépourvue des troubles de l'organisation de la pensée qui ne font pas défaut dans la schizophrénie. Enfin, on ne confondra pas une expérience oniroïde, labile dans son organisation, avec une idée délirante dont l'expression met en jeu un autre niveau de structuration.

SOMNAMBULISME

Nous avons déjà envisagé le somnambulisme dans son statut particulier au sein de la présente classification des états dissociatifs. En tout état de cause, on ne le confondra pas avec les troubles verbomoteurs extrêmement fréquents et multiformes qui surviennent au cours du sommeil ; ici, à l'évidence, le sujet dort d'un sommeil agité, mais rien n'évoque vraiment un état dissociatif.

PATHOLOGIES ORGANIQUES

Épilepsie temporale

Les états exprimant cette forme d'épilepsie représentent l'un des diagnostics différentiels les plus difficiles à poser. À la seule considération de la clinique, c'est même parfois impossible. En effet, ici aussi on peut se trouver en présence de conduites fort complexes et structurées avec une apparence d'intentionnalité, comme c'est le cas pour certaines fugues psychogéniques. Si les épisodes sont de plus courte durée, il sera difficile de les distinguer d'un somnambulisme authentique.

C'est le contexte d'une maladie épileptique connue qui fera la différence, ou encore la présence d'anomalies à l'EEG systématiquement demandé devant un état dissociatif qui permettra d'affirmer une étiologie épileptique. Une telle éventualité entraînera évidemment une intervention thérapeutique différente. Il reste que l'intérêt des anciens auteurs pour l'« hystéro-épilepsie », entité qui n'est plus retenue de nos jours, était justifié et que la clinique est riche de tableaux ambigus nécessitant des examens neurologiques et psychiatriques approfondis.

Crises généralisées

Elles donnent lieu généralement à une obnubilation postictale accompagnée parfois d'automatismes moteurs non spécifiques. Ici, c'est la présence d'une crise, rarement passée inaperçue, ainsi que des perturbations à l'EEG qui imposeront le diagnostic.

États post-traumatiques

Ils peuvent s'accompagner de troubles mnésiques dont on veillera à répertorier soigneusement les caractères ; s'ils sont massifs, ils pourront donner le change avec des amnésies psychogènes. Il leur manquera le caractère systématique qui infléchirait le diagnostic en direction d'une pathologie dissociative.

De même, l'obnubilation qui fait suite à un traumatisme crânien pourra évoquer une altération dissociative de la conscience. La proximité du traumatisme de même que d'éventuelles lésions associées permettront le diagnostic.

SIMULATION

Elle reste toujours une possibilité à envisager. Mais le clinicien ne sera guère abusé, d'autant qu'elle sera le fait d'un sujet en situation particulière, par exemple sous le coup d'une inculpation judiciaire, aux prises avec un problème d'assurances ou encore impliqué dans une situation indésirable dont il cherche à se soustraire.

Depuis longtemps on connaît le syndrome de GANSER, caractérisé par une propension systématique à donner des « réponses à côté » ... Mais une véritable simulation est difficile à tenir et le caractère volontaire de la démarche prive l'intéressé de cette aura, difficile à définir mais bien réelle, qui donne à l'interlocuteur l'impression que le sujet « n'est pas là ».

TROUBLES FACTICES

Les troubles factices sont développés au chapitre 19.

9.1.4. ÉTIOPATHOGÉNIE

Envisager l'étiopathogénie des troubles dissociatifs, c'est nécessairement reposer le problème de l'unicité d'un cadre commun à toutes les manifestations « hystériques ». On sait comment le problème de la classification a été réglé dans le DSM-III. Mais malgré cette évolution, il reste vrai que l'ensemble des troubles regroupés sous l'hystérie, dont les troubles dissociatifs, se caractérisent par des phénomènes qui les affectent au même titre. L'élément le plus significatif est la reproductibilité des symptômes au cours de l'expérience hypnotique, plus précisément par la suggestion posthypnotique.

Sous hypnose, comme pendant certains épisodes dissociatifs, le sujet semble entièrement engagé dans un vécu dont il n'a aucune conscience des déterminants. On lui aura donné un ordre pendant la phase hypnotique, et cet ordre, parfois d'une grande complexité, sera exécuté au sortir de l'hypnose sans que le sujet conserve le souvenir de l'ordre donné. Presque tous les symptômes de la série hystérique peuvent être reproduits dans des conditions expérimentales.

Cette réalité, qui peut se vérifier scientifiquement, place la pathogénie des troubles dissociatifs avant tout dans le domaine de la détermination psychique et de l'organisation des signifiants. Cela ne veut pas dire qu'il n'y a pas de déterminants ou de composantes spécifiquement biologiques. Mais ce qui est reproduit dans la suggestion posthypnotique est un ordre donné par quelqu'un qui « imprime » en quelque sorte un élément de sa propre volonté (c'est-à-dire de son Désir) dans le psychisme du sujet sous hypnose, et ce, sans que ce dernier en ait la moindre conscience.

Il y a là un modèle du fonctionnement psychique qui conduit à des interrogations et à des développements fascinants. D'une certaine manière, c'est précisément à ces interrogations que la psychanalyse s'est employée à répondre depuis un siècle. Ce qui est en jeu, c'est la place et la fonction du Désir (l'ordre donné ...) d'un Autre dans le fonctionnement psychique du Sujet, ainsi que dans ses dysfonctionnements dont les troubles dissociatifs sont une manifestation évidente.

La perspective suggérée ici est une psychogenèse impliquant tous les éléments de l'histoire du sujet dans ses rapports et ses interactions avec son milieu. Et un peu métaphoriquement, on peut dire que ce milieu comprend la somme des Désirs (conscients ou non) et des ordres (conscients ou non également) émanant des personnes qui auront constitué l'entourage. C'est donc au sein de ce contexte relationnel sans cesse mouvant que se seront mis en place les éléments qui apparaîtront lors de l'irruption du trouble dissociatif. Cela suppose évidemment que les éléments qui ne font pas partie de la conscience immédiate soient « stockés » quelque part. Et comme le démontrent les expériences de suggestion posthypnotiques, ces éléments non conscients continuent d'« agir » (en faisant agir le sujet ...) et viennent justifier le concept freudien d'inconscient dynamique.

En résumé, nous proposons ici d'envisager la pathogénie selon une perspective psychogénique où la succession des événements qui constituent l'histoire de chaque sujet intervient non seulement pour déterminer les contenus exprimés par le trouble dissociatif, mais aussi pour modeler et structurer ce qu'exprime ce trouble, c'est-à-dire le sujet lui-même et son psychisme. Naturellement, il faut expliquer pourquoi certains événements ou leur représentation sont maintenus hors du champ de la conscience, pour y paraître, y faire irruption dans certaines circonstances. Cette réalité suppose une force, une énergie qui maintient les choses dans leur fonctionnement. Obéissant aux nécessités de la vie, et « réglementant » ce qui doit faire partie de la vie consciente, comme ce qui ne doit pas y figurer, se trouve en effet une force qui est celle du refoulement. Et c'est à la défaillance de celui-ci que correspond l'apparition du trouble hystérique et des manifestations dissociatives.

On voit donc que c'est à défaut de maintenir un certain ordre dans l'organisation des signifiants qu'apparaît « l'ordre dissocié ». Les conditions qui permettent son émergence font l'objet des mêmes discussions, sous des formes diverses et renouvelées, depuis plus d'un siècle. Ces discussions expriment des points de vue qui valorisent tantôt une psychogenèse tantôt une organogenèse. De ce débat, quelques jalons doivent être connus.

Il y a d'abord J.M. CHARCOT qui régnait sur la Salpêtrière et la neurologie française vers la fin du siècle dernier. Il était l'exemple parfait du neurologue organiciste, et il soutenait avec véhémence que l'hystérie est un trouble neurologique et organique. Paradoxalement, c'est grâce à lui que l'hypnose a connu une énorme vogue, et c'est dans son service à la Salpêtrière que FREUD, neurologue lui aussi, a « rencontré » l'hypnose, à partir de quoi il a élaboré le concept d'inconscient dynamique.

Exprimant un point de vue opposé à celui de CHARCOT, BERHNEIM et LIÉBAULT à Nancy soutenaient que l'hystérie n'est pas une maladie organique et que ses mécanismes répondent à un déterminisme purement psychique. Ils y voyaient la preuve dans le fait que les symptômes sont reproductibles par la suggestion ; ils récusaient aussi la thèse de CHARCOT parce que ce dernier ne pouvait faire la preuve de l'organicité avec des lésions dûment constatées. Ce débat, qui trouve son origine dans sa forme moderne à l'époque de CHARCOT, est toujours actuel ; il faut reconnaître que si l'argument psychogénique ne manque pas de mérite en ce qui concerne l'hystérie et les troubles dissociatifs, il est loin d'être complet. Cependant que l'organicité reste encore à documenter ...

D'autres perspectives ont été développées aussi. Retenons en particulier les travaux de JANET pour qui l'hystérie correspond à un déficit de la tension psychique. Pour lui, c'est une énergie spécifique — qui se manifeste par un degré de tension — qui permet la synthèse et l'intégration des fonctions psychiques. Et lorsque cette énergie fait défaut, l'intégration se fait défectueuse. Et c'est alors son contraire, la dissociation, qui se produit. Selon JANET, le facteur essentiel dans ces états de déplétion énergétique est d'ordre constitutionnel, et les divers aspects de l'hystérie constituent une indication de « dégénérescence », ce mot désignant à l'époque un concept fort à la mode.

FREUD et JANET élaborèrent des avenues théoriques fort différentes, mais ils partageaient certains points de vue. Pour l'un et l'autre par exemple, les troubles mnésiques correspondaient à un processus altérant les affinités associatives, expliquant ainsi leur caractère lacunaire. Les auteurs étaient toutefois moins d'accord sur les causes, FREUD y voyant un processus actif de refoulement, JANET considérant qu'il s'agissait d'un manque d'énergie psychique.

Il faut reconnaître qu'au cours des dernières années, aucune découverte majeure n'est venue bouleverser les connaissances dans ce domaine. On n'a pas encore pu invoquer une étiologie qui aurait une quelconque valeur spécifique. Il est clair toutefois que les troubles dissociatifs ne surviennent pas n'importe comment chez n'importe qui : un terrain prédispose à leur apparition ; et lors de la survenue de circonstances à indice de stress élevé, les capacités défensives de certains sujets se trouvent débordées. Autrement dit, les troubles dissociatifs surviennent chez des sujets dont le Moi est insuffisamment fort et structuré. Et lorsqu'il en est ainsi, c'est le résultat non d'une seule cause particulière — sauf exception bien entendu — mais d'un ensemble de facteurs qui, ensemble, donnent un environnement déficient et impropre à une maturation harmonieuse.

C'est ainsi que dans une étude récente, PUTNAM *et al.* (1986) ont démontré que près de 75 % d'un échantillon comptant une centaine de patients présentant des personnalités multiples avaient manifesté des troubles dépressifs diagnostiqués préalablement à l'épisode dissociatif ; que, de plus, environ 90 % de ces mêmes patients avaient été victimes d'abus sexuels pendant leur enfance, que 80 % avaient été des enfants battus et que 3 % seulement ne présentaient aucun antécédent de traumatisme infantile significatif.

9.1.5. TRAITEMENT

Il n'y a pas de traitement spécifique. Il faut toutefois distinguer ce qui doit être fait dans l'immédiat, pendant la crise, de ce qu'il convient de proposer au patient à plus long terme.

Dans l'immédiat, il importe de parer aux conséquences d'une situation où le sujet n'est plus maître de sa réalité. Théoriquement, on devrait lui faire retrouver ses souvenirs perdus, ce qui s'avère parfois possible en quelques entretiens de style non directif. Par ailleurs, le thérapeute n'hésitera pas à utiliser la suggestion lorsque la situation lui semblera propice. Le plus souvent, il faudra hospitaliser le patient de façon à le placer dans un relatif isolement, c'est-à-dire dans des conditions où il sera protégé et dans un milieu qui n'alimentera pas sa fiction. En outre, la notion de stress étant souvent présente, on traitera l'anxiété par les méthodes appropriées usuelles (benzodiazépines, relaxation, etc.).

En dehors des situations de crise, on proposera les traitements habituels pour les états névrotiques, en accordant une place prépondérante à une approche psychothérapique. Il s'agit d'aider le sujet en profondeur, de façon à favoriser le réaménagement nécessaire de la structure même de ses défenses. Un problème technique majeur sera de maintenir le sujet dans la position du « demandeur » par rapport au thérapeute : ceci est souvent malaisé lorsque les bénéfices secondaires sont trop importants, comme c'est souvent le cas pour l'hystérie.

Enfin, le thérapeute n'oubliera pas que, dans la clinique des états dissociatifs, il est confronté à des réalités comportant des aspects médico-légaux qui peuvent être importants. Il n'y a pas de situation type, chaque cas est singulier. Néanmoins, le déroulement d'activités complexes, hors de tout contrôle conscient de la part du sujet, soulève évidemment des questions touchant à la responsabilité civile. Or il existe une tendance de plus en plus marquée à interpeller le médecin sur ce terrain.

Celui-ci sera donc particulièrement prudent et attentif lorsqu'il devra juger de la capacité de son patient.

9.2.
DÉPERSONNALISATION

Dans le DSM-III, la dépersonnalisation est classifiée avec les troubles dissociatifs. Dans l'étude clinique qui suit, nous ferons ressortir les raisons évidentes de ce parti-pris nosographique, et nous tenterons aussi de comprendre pourquoi cet élément de classification n'est pas universellement admis. Disons d'emblée que la symptomatologie comporte ici un caractère qui la sépare des autres troubles dissociatifs envisagés jusqu'à maintenant : le patient reste toujours conscient de ce qui lui arrive et conserve la capacité d'en rendre compte à tout moment.

Le premier document proposant une description clinique exhaustive de la dépersonnalisation est l'œuvre de deux auteurs français, DUGAS et MOUTIER. *La dépersonnalisation*, parue en 1911, est une monographie à laquelle rien d'important n'a été ajouté depuis sa parution, tant il s'agit d'un ouvrage complet et précis.

Notons toutefois que le tableau clinique avait été signalé auparavant par un autre clinicien français, KRISHABER. Il en avait fait un élément important d'une entité clinique qu'il avait cru pouvoir individualiser sous le nom de « névropathie cérébro-cardiaque », laquelle n'eut guère de fortune après lui ... Par la suite, dans la littérature psychiatrique et psychanalytique, il a souvent été question de la « dépersonnalisation », le plus souvent considérée en tant qu'élément associé à divers tableaux cliniques de manière non spécifique.

Ce n'est que récemment qu'on l'a envisagée comme un syndrome autonome, correspondant à un processus non encore précisé avec certitude mais qui serait spécifique. C'est en tout cas ainsi qu'elle est considérée de nos jours par la plupart des auteurs européens.

9.2.1. ÉTUDE CLINIQUE

La dépersonnalisation est un trouble dissociatif très fréquemment rencontré. L'élément clinique principal est un sentiment d'étrangeté et d'irréalité qui envahit le champ de la conscience et qui altère la perception de la réalité externe comme la perception de soi. Il s'ensuit une impression de mise à distance, le sujet devenant étranger à lui-même, à son corps comme à la réalité environnante. Ce sentiment s'accompagne souvent de l'impression pénible d'être incapable de ressentir quelque affect que ce soit et d'être, malgré soi, indifférent à tout.

De tels états surviennent par épisodes récurrents, à début généralement brusque, et durent un temps très variable allant de quelques instants à plusieurs heures. Ils se terminent le plus souvent de façon progressive.

Comme nous l'avons déjà indiqué, le sujet est tout à fait conscient du processus qui se déroule en lui et en perçoit le caractère pathologique. Par ailleurs, la dépersonnalisation n'affecte pas les autres aspects de la vie mentale qui demeurent en activité, ce qui explique sans doute cet élément essentiel pour le diagnostic : la capacité d'autocritique maintenue.

La dépersonnalisation est vécue sur le mode de l'inquiétante étrangeté et s'accompagne d'une angoisse plus ou moins importante. De plus, les distorsions perceptuelles du corps donnent lieu à des symptômes de nature hypocondriaque plus ou moins marqués. Si l'altération fonctionnelle est rarement très grave, on n'en relève pas moins des symptômes tels que des vertiges, des palpitations associés à la crainte de perdre tout contrôle ou de « devenir fou » ...

Certains auteurs ont voulu établir une distinction nette entre la dépersonnalisation, qui concerne l'altération de la perception de soi, et la **déréalisation**, qui concerne l'altération de perception de la réalité externe. Cette affection apparaît généralement chez l'adulte jeune, très rarement après la quarantaine. Elle se manifeste aussi bien chez l'homme que chez la femme. Aucun facteur précipitant spécifique n'est connu, mais la dépersonnalisation tend à être associée à des situations de stress et de moindre résistance psychologique.

9.2.2. DIAGNOSTIC DIFFÉRENTIEL

La symptomatologie franche est assez typique et facile à reconnaître. On se méfiera néanmoins, et plusieurs autres diagnostics sont à éliminer.

Ainsi, les altérations perceptuelles au niveau du corps peuvent être atypiques et suggérer une hystérie de conversion ou des troubles somatoformes. En général, le contexte et la persistance d'un registre émotionnel caractéristique de la personnalité histrionique devraient permettre de faire la part des choses.

Pareillement, on évitera de se laisser abuser par une simple attaque d'angoisse qui ne s'accompagne pas des mêmes troubles perceptuels que la dépersonnalisation.

La plus grande difficulté sera le plus souvent d'éliminer un processus psychotique, voire une schizophrénie débutant par un épisode de dépersonnalisation. Cette éventualité rend nécessaire un examen psychiatrique complet et rigoureux devant toute dépersonnalisation, et le médecin prendra un soin tout particulier à évaluer l'ensemble des fonctions psychiques. On se souvient en effet que la dépersonnalisation ne s'accompagne pas d'altérations de l'organisation de la pensée, et en principe le jugement ne révèle aucune des perturbations qui sont la règle dans une dissociation psychotique, à fortiori schizophrénique. En fait, le clinicien réservera ce diagnostic aux états qui comportent la dépersonnalisation comme élément clinique central.

9.2.3. ÉTIOPATHOGÉNIE

On a pu dire et écrire beaucoup de choses sur la question, mais il n'existe aucune explication étiopathogénique véritablement satisfaisante à ce jour. Les similarités entre les distorsions perceptuelles de la dépersonnalisation et celles induites par certaines substances toxiques et/ou psychodysleptiques ont donné lieu à des spéculations sur une étiologie organique ou métabolique. Cependant, aucun élément spécifique n'a pu être mis en évidence.

Sur un autre registre, les auteurs d'approches psychodynamiques, tout en se prêtant à des développements plus riches, n'ont pas non plus épuisé le sujet. Comme pour d'autres tableaux cliniques, JANET y voyait la marque d'une déplétion d'énergie psychique, affectant un des éléments déterminants dans la constitution d'une identité : la perception de soi. C'est d'ailleurs cette altération de l'identité qui justifie la place de la dépersonnalisation au sein des troubles dissociatifs.

Après JANET, ce sont des auteurs psychanalytiques, parmi lesquels nous citerons plus particulièrement SCHILDER, NUNBERG et FEDERN, qui ont traité de ce sujet. Deux ordres de considérations principales émergent de leurs écrits :

— Ils concernent d'une part un élément déjà mentionné, à savoir l'identité du sujet, ce sur quoi elle repose et les vicissitudes de ses désordres. On insistera particulièrement sur le caractère défensif de la dépersonnalisation, qui soustrait le sujet à sa situation de manière efficace. Mais encore faudra-t-il mettre ce mouvement défensif en rapport avec une conflictualité intrapsychique, ce qui n'est pas toujours évident.

— D'autre part, il y a beaucoup à dire sur le fonctionnement psychique dans la dépersonnalisation. Sur le plan de la relation d'objet, c'est le désinvestissement de soi comme de la réalité externe qui est l'élément principal. Cet élément évident doit être bien compris car il ouvre la voie à des considérations sur les facteurs qui motivent ou qui rendent nécessaire ce désinvestissement et, partant, à un éventuel travail psychique.

Il n'en reste pas moins que la dépersonnalisation réalise un tableau curieux, et si les choses sont parfaitement claires et connues sur le plan de la description clinique, il n'en va pas de même de son étiopathogénie.

9.2.4. TRAITEMENT

Il n'existe pas de traitement spécifique pour cet état et un ensemble de mesures doivent être envisagées. C'est ainsi qu'on mettra en œuvre une pharmacothérapie appropriée au degré d'anxiété qui accompagne la dépersonnalisation. Certains auteurs ont rapporté des résultats intéressants avec des barbituriques qui ne sont toutefois plus guère utilisés ; le clinicien n'hésitera pas à recourir à l'emploi de doses faibles de neuroleptiques ou de benzodiazépines.

Les approches psychothérapeutiques, quant à elles, se limiteront essentiellement aux circonstances qui ont favorisé l'éclosion du tableau, ainsi que ce qu'il est convenu d'appeler de manière peu spécifique la force du Moi. Une présence rassurante dans un milieu protégé doit être l'objectif principal à atteindre.

BIBLIOGRAPHIE

AMERICAN PSYCHIATRIC ASSOCIATION
1980 *Diagnostic and Statistical Manual of Mental Disorders*, 3ᵉ éd., Washington, D.C., APA.

BERNHEIM, H.
1987 *Suggestive Therapeutics*, New York, G.P. Putnam & Sons.

BREUER, J. et S. FREUD
1964 *Standard Edition of the Complete Psychological Works of Sigmund Freud*, vol. 2 : *Studies on Hysteria*, London, Hogarth Press.

CHODOFF, P. et H. LYONS
1958 « Hysteria, the Hysterical Personality, and "Hysterical" Conversion », *Am. J. Psychiatry*, vol. 114, p. 734.

DUGAS, L. et F. MOUTIER
1911 *La dépersonnalisation*, Paris, Félix Alcan.

EY, H., P. BERNARD et C. BRISSET
1963 *Manuel de psychiatrie*, Paris, Masson.

FENICHEL, O.
1945 *The Psychoanalytic Theory of Neuroses*, New York, W. W. Norton.

FREUD, S.
1964 *Standard Edition of the Complete Psychological Works of Sigmund Freud*, vol. 3 : *The Neuro-psychoses of Defense*, London, Hogarth Press.

1964 *Standard Edition of the Complete Psychological Works of Sigmund Freud*, vol. 7 : *Fragment of an Analysis of a Case of Hysteria*, London, Hogarth Press.

1964 *Standard Edition of the Complete Psychological Works of Sigmund Freud*, vol. 22 : *A Disturbance of Memory on the Acropolis*, London, Hogarth Press.

GUZE, S.B.
1967 « The Diagnosis of Hysteria : What Are We Trying to Do ? », *Am. J. Psychiatry*, vol. 124, p. 491.

GUZE, S.B. et M.J. PERLEY
1963 « Observations on the Natural History of Hysteria », *Am. J. Psychiatry*, vol. 119, p. 960.

ISRAEL, L., J.C. DEPOUTOT, J.J. KRESS et J.P. SICHEL
1985 « Hystérie », *Encycl. Méd. Chir.*, Paris, Psychiatrie 37340 A10.

JACOBSON, E.
1959 « Depersonalization », *J. Am. Psychoanal. Assoc.*, vol. 7, p. 581.

JANET, P.
1909 *Les névroses*, Paris, Flammarion.

KRISHABER, M.
1873 *De la névropathie cérébro-cardiaque*, Paris, Masson.

MAYER-GROSS, W.
1935 « On Depersonation », *Br. J. Med. Psychol.*, vol. 15, p. 103.

NEMIAH, J.C.
1980 « Dissociative Disorders (Hysterical Neuroses, Dissociative Type) », *Comprehensive Textbook of Psychiatry* (H.I. Kaplan, A.M. Freedman et B.J. Sadock, édit.), vol. 2, Baltimore, London, Williams & Wilkins.

PUTNAM, F.W., J.J. GUROFF, E.K. SILBERMAN, L. BARBAN et R.M. POST
1986 « The Clinical Phenomenology of Multiple Personality Disorders : Review of 100 Recent Cases », *J. Clin. Psychiatry*, vol. 47, p. 6.

RANGELL, L.
1959 « The Nature of Conversion », *J. Am. Psychoanal. Assoc.*, vol. 7, p. 632.

SCHILDER, P.
1968 *L'image du corps. Études des forces constructives de la psyché*, Paris, Gallimard.

SLATER, E.
1961 « Hysteria », *J. Ment. Sci.*, vol. 107, p. 359.

CHAPITRE 10

ALCOOLISMES

MAURICE DONGIER

M.D., F.R.C.P.(C)
Directeur de l'Unité de recherches sur l'alcool de l'hôpital Douglas (Verdun)
Professeur de psychiatrie à l'Université McGill (Montréal)

Avec la collaboration de :

SYLVETTE MARTINEZ

M.D. (Montpellier, France)
Résidente, stagiaire de recherches (échanges France - Québec) au Département de psychiatrie de l'Université McGill
(1986-1987)

PLAN

10.1.
PROBLÈMES DE DÉFINITIONS

Le terme d'alcoolisme recouvre des réalités très diverses. Il devrait dans un proche avenir donner lieu à des subdivisions plus précises et dont les définitions seront mieux établies. Certaines formes correspondent clairement au modèle de l'**alcoolisme-maladie**, avec une composante biologique importante dans l'étiopathogénie, l'évolution et les complications ; d'autres se rattachent plutôt à un **problème social** ou à la **théorie de l'apprentissage**. L'identification de ces catégories, qui n'en est qu'à ses balbutiements, devrait permettre de réduire les controverses souvent passionnelles entre les tenants de points de vue radicaux et exclusifs : aux théories et idéologies à prétentions universelles devrait se substituer une pluralité de descriptions empiriques.

L'Organisation mondiale de la santé (*Classification internationale des maladies*, 9ᵉ édition, **CIM-9**), tout comme l'Association psychiatrique américaine (*Diagnostic and Statistical Manual*, 3ᵉ édition, **DSM-III**) n'utilisent pas le terme d'alcoolisme mais font la distinction entre deux syndromes : l'abus d'alcool et la dépendance, et proposent des critères qui permettent de les définir.

En fait, aucune définition de l'alcoolisme dans son ensemble n'est satisfaisante. En outre, beaucoup de spécialistes ne sont pas persuadés que la distinction entre abus et dépendance ait une signification pronostique et thérapeutique réelle.

CRITÈRES DIAGNOSTIQUES DU DSM-III

Le **DSM-III** propose les critères suivants pour l'**abus d'alcool** (sans préciser si un seul est suffisant pour le diagnostic ; il est certain cependant que la présence de tous les critères n'est pas nécessaire) :

A) Caractère anormal de l'usage de l'alcool
   — Besoin quotidien d'alcool pour fonctionner adéquatement ;
   — perte du contrôle de la quantité absorbée, incapacité de se limiter ou de cesser de boire (c'est là l'élément le plus classique de la définition de l'alcoolisme) ;
   — tentatives répétées d'abstinence (*going on the wagon*), paroxysmes d'intoxication (*binges*) durant au moins deux jours ;
   — consommation occasionnelle d'une bouteille entière de spiritueux ou de son équivalent en bière ou en vin, soit de 15 à 20 consommations en 24 heures ;
   — accès d'amnésie lacunaire (*blackout*) suivant une intoxication ; persistance de l'abus même en présence de complications physiques sérieuses connues du sujet ; consommation d'alcool non destiné à cet usage (alcool pour frictions, etc.).

Divers auteurs ont critiqué la signification de ces critères : ainsi, beaucoup d'alcooliques ne boivent que par intermittence et l'on ne peut donc dire que leur besoin est quotidien ; d'autres boivent trop pour pouvoir jouer leurs rôles familial et professionnel, le « fonctionnement adéquat » (ni une façade de celui-ci) n'étant donc plus un critère dans leur cas ; un grand nombre d'alcooliques n'ont jamais tenté de s'abstenir ; le *blackout*, amnésie lacunaire brève, n'est pas un trouble spécifique à l'alcoolisme caractérisé et peut s'observer lors d'une ivresse occasionnelle chez des sujets qui ne deviendront jamais alcooliques.

B) Perturbation, par l'alcool, du comportement social ou professionnel
   Par exemple : violence, absentéisme, perte d'emploi, ennuis avec la justice tels qu'arrestation ou inculpation pour conduite d'un véhicule en état d'ivresse, mésentente avec la famille ou avec les amis.

C) Durée des troubles
   Au moins un mois (mais nous devons souligner ici qu'un abus de quelques semaines ou de quel-

ques mois ne signifie pas la chronicité générale-ment supposée dans le terme d'alcoolisme ; des complications médicales, mentales ou sociales occasionnelles n'ont pas de valeur pronostique). Il y a donc une distinction à faire entre l'abus d'alcool temporaire et l'alcoolisme chronique.

À partir de quand, en termes quantitatifs, pourrait-on parler d'abus d'alcool ? Quatre (4) consommations par jour de 350 cc (12 onces) de bière, ou un (1) verre de 120 cc (4 onces) de vin, ou 40 cc (une once et demie) de spiritueux, soit au total environ 70 cc d'alcool absolu (100°) par jour, sont généralement acceptés comme la limite supérieure de la consommation « normale » pour un sujet de poids moyen. Mais il existe des variations indivi-duelles considérables dans la dose qui provoquera le développement des désordres énumérés plus haut. Incontestablement, certains sujets présentent de multiples signes d'abus et de dépendance pour des doses bien inférieures à ce point de repère, d'autres absorbent deux (2) litres de vin par jour, pendant une longue vie sans jamais paraître en subir de conséquences. L'abus ne peut se définir de façon générale par une quantité.

* * *

Les critères pour le diagnostic d'**alcoolo-dépendance** sont identiques, auxquels s'ajoute la présence de tolérance augmentée et/ou de symptômes de sevrage. La **tolérance** se définit par l'augmenta-tion des doses nécessaires pour obtenir le même effet subjectif (ou par la réduction de cet effet sub-jectif si la dose reste la même) ; le **sevrage** se mani-feste par des troubles tels que des tremblements matinaux, de l'anxiété, de la transpiration, un malaise ou des nausées déclenchés par une absti-nence même brève et calmés par l'absorption d'al-cool. Le syndrome d'alcoolo-dépendance a été bien étudié par EDWARDS *et al.* (1981) et comporte en outre les éléments constitutifs suivants :

1) restriction du répertoire du comportement vis-à-vis de l'alcool (tendance à la stéréotypie, horaire régulier de consommation quasi quotidienne) ;

2) priorité donnée à l'alcool dans l'existence, celui-ci tendant à occuper une place éminente dans la vie en dépit des conséquences néfastes inévi-tables ;

3) consommation « thérapeutique préventive », c'est-à-dire évitement des symptômes de sevrage décrits ci-dessus par l'absorption d'alcool, en particulier le matin ;

4) compulsion à boire par obsession de l'alcool, ainsi que diminution du contrôle sur la quantité et la fréquence de la consommation ;

5) propension à la rechute, le syndrome réappa-raissant rapidement quand le sujet recommence à boire après une période d'abstinence.

Dans la dépendance, on peut décrire, *prima facie*, des aspects psychologiques et physiologiques. Les premiers apparaissent comme davantage ratta-chables à l'alcoolisme « mauvaise habitude », alcoolisme d'apprentissage, induit socialement, les seconds au modèle de l'alcoolisme-maladie. Mais cette distinction est trompeuse. Prenons par exemple l'échelle de dépendance (*Alcohol Dependence Scale*) établie par SKINNER (1981), qui comporte 25 ques-tions ; la plupart d'entre elles impliquent les deux aspects de la dépendance. Ainsi les suivantes :

— Pensez-vous presque constamment à boire ou à la boisson ?

— Après avoir pris un ou deux verres, pouvez-vous habituellement vous arrêter là ?

— Avez-vous une bouteille à la portée de la main ou sur vous ?

— Éprouvez-vous un sentiment de panique à l'idée de ne pas pouvoir prendre un verre quand vous en sentez le besoin ?

D'autres questions détectent exclusivement la dépendance physiologique, telles celles-ci :

— Avez-vous éprouvé des tremblements (des mains par exemple, ou intérieurs) en vous dégri-sant ?

— Avez-vous eu le délirium tremens (DT), c'est-à-dire avez-vous vu, senti ou entendu des choses irréelles, en vous sentant très angoissé, agité, surexcité ?

10.2.
GÉNÉRALITÉS

La consommation d'alcool fait partie de la culture occidentale depuis des millénaires. Son abus est perçu (par le public, par les gouvernements et par les médecins) comme un phénomène essentiellement social dont l'incidence considérable sur la société doit être, s'il se peut, contrôlée par des mesures sociopolitiques telles que l'élévation des taxes, la sévérité des lois contrôlant l'ivresse au volant, l'élévation de l'âge minimal de la consommation dans les lieux publics, etc. En dépit des influences législatives, la consommation d'alcool semble en déclin lent depuis quelques années dans la plupart des pays occidentaux. (Au Québec, elle a décru de plus de 10 % dans la décennie 1974-1983.)

Le coût de l'alcoolisme pour la société est souvent sous-estimé. Aux États-Unis par exemple, il atteint par an au moins 60 milliards de dollars, au Canada 6 milliards, au Québec 1 milliard et demi, ces totaux incluant les coûts directs, les complications médicales et psychiatriques, la perte de production due à l'absentéisme et aux accidents de travail, le coût des accidents de la route, la criminalité et la violence familiale.

Les auteurs d'un rapport récent (Saxe *et al.*, 1983) estiment que près de 15 % des coûts de la santé aux États-Unis peuvent être attribués à l'abus d'alcool et que 85 % des problèmes liés à l'alcool ne sont pas traités en tant que tels.

Les médecins méconnaissent l'envergure du problème et trop souvent leur approche de l'alcoolisme se limite au traitement de ses complications telles que la gastrite, la cirrhose hépatique, les polynévrites ou les encéphalopathies. Dans des complications moins spécifiques comme l'hypertension artérielle essentielle, les coronaropathies et l'artériosclérose cérébrale, le rôle de l'alcool est souvent ignoré. Une majorité d'alcooliques n'est pas détectée malgré de multiples hospitalisations et des visites répétées à des cabinets de médecins. Par exemple, un patient qui vient à l'urgence pour une fracture du coude lors d'une chute liée à un état alcoolique chronique verra sa fracture traitée sans que l'alcoolisme soit pris en considération. Ou encore une tentative de suicide sera reliée à une dépression et celle-ci sera traitée, mais l'abus d'alcool générateur de la dépression sera négligé sinon méconnu.

L'absence de motivation du médecin à dépister l'abus d'alcool et à offrir un traitement à l'alcoolique tient à diverses raisons :
— l'image stéréotypée de l'alcoolique clochard (le « robineux » en québécois), épave sociale sans autre préoccupation que le désir de continuer à boire (en fait ce type d'alcoolique semble ne guère correspondre qu'à 5 % environ de ceux qui abusent de l'alcool) ;
— l'opinion répandue selon laquelle il n'existe pas d'approche thérapeutique efficace ;
— la conviction que l'alcoolique n'est pas un patient fiable, que sa coopération est toujours incertaine, bref qu'on perdra son temps avec lui.

Il importe de démontrer, plus qu'il n'a été fait jusqu'ici, aux étudiants en médecine, aux médecins et aux autres professionnels de la santé que l'alcoolisme n'est pas seulement un phénomène social, un abus lié aux mœurs d'une société, une complication du chômage, etc., mais également *une maladie au sens propre du terme où des facteurs biologiques participent à l'étiologie*. Notons que le médecin de famille est particulièrement bien placé pour dépister l'alcoolisme à son stade initial : il connaît ses malades à plus long terme, et l'intimité avec leur famille lui permet de recueillir des informations additionnelles. Penser systématiquement à un problème d'alcool comme facteur étiologique dans toutes sortes de pathologies physiques, mentales ou relationnelles devrait devenir une habitude.

D'autre part, il faut promouvoir une approche thérapeutique bio-psycho-sociale, comme on le fait pour traiter une coronaropathie ou une psychose. Les données récentes sur la génétique de certains alcoolismes devraient contribuer à fonder une telle perspective, et c'est pourquoi nous commencerons par là notre revue de l'étiologie des alcoolismes.

10.3.
ÉTIOLOGIE

10.3.1. FACTEURS GÉNÉTIQUES

L'alcoolisme est souvent familial. Mais sa transmission à l'intérieur d'une famille se fait-elle par l'environnement, sous forme d'influences ou de conflits psychologiques, ou par mécanisme génétique ? Les données actuelles suggèrent que la prédisposition génétique joue un rôle dans une large proportion des cas, bien que les attitudes sociales vis-à-vis de la boisson puissent réduire significativement la prévalence de l'alcoolisme, quels que soient les facteurs génétiques.

Un fils d'alcoolique court environ quatre fois plus de risques de devenir lui-même alcoolique que la moyenne de la population (soit 20 % au lieu de 5 %). Cette prédisposition familiale concerne surtout le sexe masculin. Les études de sujets adoptés, accomplies en particulier au Danemark et en Suède, ont montré que la transmission génétique a lieu même si l'enfant est adopté immédiatement après la naissance par une famille non alcoolique. Des études de jumeaux, effectuées en Suède, en Finlande et aux États-Unis, confirment l'importance de cette vulnérabilité héréditaire à l'effet de dépendance causée par l'alcool.

En outre, la transmission ne se fait pas par l'intermédiaire d'une psychopathologie : c'est seulement à l'alcoolisme que les fils d'alcooliques sont plus vulnérables. Ils ne développent pas plus de dépressions ou de syndromes anxieux que les enfants de non-alcooliques. Les désordres familiaux (séparation des parents, violences, troubles divers induits par l'alcool ou autres) peuvent certes contribuer à engendrer une psychopathologie chez les enfants, mais pas spécialement l'alcoolisme (VAILLANT, 1983).

Quel est le substratum de cette prédisposition ? L'alcool agit sur le cerveau de façon certes différente d'un sujet à un autre, et il est logique de penser que ces variations individuelles sont génétiquement déterminées. Des réactions désagréables à des doses minimes d'alcool (céphalées, malaises divers, « gueule de bois ») se produisent chez certains sujets. Ainsi, environ les deux tiers des Asiatiques présentent des bouffées de chaleur déplaisantes, des palpitations et une hypotension artérielle après une faible dose d'alcool, comme s'ils étaient traités par disulfiram (Antabuse®).

On a pu attribuer la genèse de ces réactions, qui découragent évidemment le développement d'alcoolo-dépendance, à des variantes génétiquement déterminées de l'alcool-déhydrogénase ou de l'acétaldéhyde-déhydrogénase, enzymes hépatiques qui règlent respectivement la dégradation de l'alcool en acétaldéhyde et le catabolisme de celle-ci en acide acétique. Le disulfiram, en inhibant l'acétaldéhyde-déhydrogénase, entraîne ainsi artificiellement l'accumulation d'acétaldéhyde et provoque, dans un but thérapeutique, la réaction toxique déplaisante décrite plus haut qui survient spontanément chez certains sujets. Cet exemple illustre un des mécanismes métaboliques, génétiquement déterminés, pouvant être sous-jacents aux différents comportements, soit de répulsion, soit d'attrait irrésistible pour l'alcool.

En effet, à côté des réactions désagréables qui découragent la consommation, la génétique peut par ailleurs déterminer une propension à l'addiction. On ne peut pour le moment qu'échafauder des hypothèses à ce sujet, en supposant une euphorie plus marquée que la moyenne chez certains sujets ou, dans d'autres cas, une dysphorie secondaire qui pousse le sujet à poursuivre la consommation perçue comme calmant cette dysphorie. Il est en effet admis que l'euphorie apparaît surtout pendant la courbe ascendante d'alcoolémie consécutive à la consommation : si, par exemple, la dysphorie s'installe de façon plus marquée une demi-heure plus tard (par un mécanisme génétique biochimique encore indéterminé), le sujet prédisposé verra dans la consommation suivante le seul moyen accessible de couper court à la dysphorie.

10.3.2. FACTEURS PSYCHOLOGIQUES ET PSYCHOPATHOLOGIQUES

De nombreuses théories ont été avancées quant à la psychogenèse de l'alcoolisme, et son apparition a été imputée à divers traits de personnalité, en particulier ceux témoignant, suivant la théorie psychanalytique, d'une dépendance orale. Selon le consensus actuel, il n'existe pas de traits de personnalité qui soient particulièrement prédisposants, et les diverses théories psychanalytiques ont été proposées à partir d'échantillons biaisés, non représentatifs de la majorité des alcooliques. Les troubles de la personnalité initialement décrits incluaient des troubles de l'estime de soi, des tendances homosexuelles latentes, des pulsions autodestructrices inconscientes, souvent une pathologie limite (*borderline*), etc.

Les auteurs d'études longitudinales et prospectives (VAILLANT, 1983) tendent à considérer que la dépression et l'anxiété sont plus souvent secondaires que préexistantes à l'abus d'alcool. Il n'en reste pas moins que l'alcool a des effets sédatifs temporaires sur les symptômes d'anxiété et de dépression, et qu'il est très courant d'entendre un alcoolique expliquer son histoire par l'usage de l'alcool comme automédication. Un individu habituellement tendu, anxieux et légèrement déprimé peut être transformé en un bon vivant par un ou deux verres de vin ou de bière. Par quels mécanismes ?

On peut les décrire soit en langage neurophysiologique : réduction des afférences anxiogènes, sensorielles ou mnésiques (début d'anesthésie), soit en termes psychodynamiques : réduction de l'autocritique (culpabilité), facilitation du déni et du refoulement. Ainsi les inhibitions névrotiques sont levées, la sociabilité facilitée, l'esprit apparemment activé, bien qu'en fait il existe un léger degré de déstructuration de la conscience. Les processus primaires (prédominance de l'imaginaire, des mécanismes de la pensée onirique tels que la condensation et le déplacement) commencent à se libérer de l'emprise du Moi. On a pu dire aussi que le Surmoi était « soluble dans l'alcool », signifiant par là que l'alcool atténue les sentiments de culpabilité.

Une proportion non négligeable (peut-être de 15 à 20 %) des alcooliques présentent antérieurement à tout abus d'alcool des troubles du caractère et de la personnalité : personnalité antisociale ou cas limites (*borderline*), sujets impulsifs, se contrôlant mal, vivant au jour le jour. Dans bien des cas cependant, il est difficile sinon impossible d'évaluer ce qui est primitif et secondaire dans l'intrication des troubles du comportement et de l'abus d'alcool.

Quelques troubles affectifs uni- ou bipolaires (maniaco-dépressifs) présentent la forme périodique d'abus d'alcool connue sous le nom de **dipsomanie**. WINOKUR considère même que la présence d'alcoolisme dans la famille est un équivalent dépressif à rechercher dans l'histoire des maniaco-dépressifs. Le concept de « spectre dépressif » demeure néanmoins controversé.

Pendant longtemps on a cru que les relations de couple pouvaient jouer un rôle crucial dans la genèse de l'abus d'alcool. Le scénario typique était le suivant : le futur alcoolique, très attaché à l'image maternelle et dépendant d'elle, épouse une femme avec laquelle il va développer une relation ambivalente. Il va chercher dans l'alcool un substitut à ce que sa femme, qui le domine et l'infantilise, ne lui donne pas. La clientèle de la taverne ou du club où se retrouvent, dans une ambiance homosexuelle, de grands enfants malheureux est « rassemblée » par l'influence de leurs mères et leurs épouses. Les psychothérapies de groupe pour les femmes d'alcooliques étaient censées ouvrir ces dernières à ce problème et les aider à contribuer à la maturation de leurs époux. Cette vision des choses n'a plus guère de défenseurs de nos jours, sauf de façon anecdotique.

Les traits paranoïdes (en particulier la paranoïa conjugale ou délire de jalousie) sont particulièrement fréquents pendant l'intoxication alcoolique aiguë, le sevrage d'alcool (avec ou sans délirium tremens) ou comme complication de l'alcoolisme chronique. De brefs épisodes psychotiques peuvent même apparaître chez des sujets prédisposés, accentuant, par exemple, des tendances paranoïdes latentes ; ainsi, certaines intoxications pathologiques se caractérisent, sous l'effet d'une dose modérée d'alcool, par l'apparition d'idées paranoïdes auparavant bien compensées et contrôlées. Le délire peut exploser, souvent avec passage à l'acte agressif, sous l'effet d'un verre ou deux. Après quelques heures de sommeil, l'épisode peut être complètement recouvert par l'amnésie.

10.3.3. FACTEURS SOCIAUX

Les mœurs varient considérablement d'une société à l'autre en ce qui concerne le comportement vis-à-vis de l'alcool. Ainsi, un paysan français ou italien pourra boire son litre de vin à chaque repas et mourir prématurément sans jamais avoir été ivre ni considéré comme alcoolique. Les cultures irlandaise et amérindienne incitent souvent à l'intoxication hors du foyer, qui aboutit à une ivresse majeure et limitée à la fin de semaine. Le chômage, le célibat, le veuvage et certaines professions contribuent à un taux élevé d'alcoolisme. Par exemple, plus vulnérables semblent être les serveurs de bars et de restaurants, les travailleurs des ports, les musiciens, les journalistes, les policiers et les militaires. GOODWIN signale que, sur huit Américains prix Nobel de littérature, quatre étaient manifestement alcooliques (EUGENE O'NEILL, SINCLAIR LEWIS, WILLIAM FAULKNER, ERNEST HEMINGWAY) et un autre, JOHN STEINBECK, était un gros buveur.

L'**accessibilité** de l'alcool est un élément essentiel : quel que soit le degré de prédisposition biologique, le risque est réduit dans une société qui bannit ou réprime l'absorption d'alcool, comme dans les pays musulmans (par contre, le musulman immigré en Europe ou en Amérique est loin d'être protégé contre l'alcoolisme). L'Italien est habitué à boire du vin à tous les repas en famille, tandis que l'Irlandais ne boit qu'à la taverne (les Irlandais assimilent traditionnellement grosse consommation d'alcool et virilité, et centrent sur l'alcool une bonne partie de leur vie sociale) ; néanmoins, la consommation *per capita* en Irlande est modérée (l'équivalent de 8 litres d'alcool pur par an, soit environ le niveau des États-Unis et du Canada) par rapport à l'Italie (13 litres) ou à l'Espagne (14 litres), car il existe en Irlande un nombre important d'abstinents totaux.

Le **prix** des boissons alcooliques (et en particulier les taxes qui en constituent une portion importante) influence la consommation moyenne *per capita* dans chaque pays. Les gouvernements peuvent-ils ainsi contrôler, et éventuellement réduire, le nombre d'alcooliques, ou bien le nombre d'alcooliques est-il relativement indépendant de la consommation globale de la population ? Le débat demeure ouvert : par exemple, des études récentes en Iowa et d'autres au Canada ont montré l'absence de parallélisme entre l'évolution globale de la consommation au cours de la dernière décennie et la proportion de sujets victimes de l'alcoolisme. Des pays comme l'Italie, où la quantité de vin consommée est considérable, semblent connaître relativement peu de cas d'alcoolisme. Néanmoins, il semble y avoir parallélisme dans la plupart des pays entre consommation globale et mortalité par cirrhose, un indicateur souvent utilisé pour la prévalence de l'alcoolisme.

Le rôle de la **publicité** est également controversé. Au Canada, la télévision associe constamment la bière et la joie de vivre (images de sports, de loisirs, de gaieté, de jeunesse). Au Canada comme aux États-Unis, des groupes de pression cherchent à faire limiter ou même interdire ce type de publicité. L'alcoolisme diminuerait-il pour autant ? Rien n'est moins sûr, et on sait que l'abus d'alcool est considérable en URSS où il n'existe aucune publicité.

La **contagion par l'entourage** joue un rôle évident dans bien des cas, en particulier chez les jeunes, et l'alcoolique est alors la victime, plutôt que d'une prédisposition biologique, d'une habitude contractée auprès d'amis, comme dans le cas du tabagisme, des jeux de hasard ou de l'héroïnomanie.

Dès que les marqueurs génétiques seront disponibles, ils aideront à faire la part de la sociogenèse et de la génétique dont les rôles étiologiques sont probablement complémentaires. Dans la plupart des cas, l'environnement doit jouer son rôle facilitateur pour que la prédisposition génétique se révèle sur le plan du comportement.

10.4.
ÉPIDÉMIOLOGIE

Les données dont on dispose concernent la consommation totale d'alcool dans une nation ou une région déterminées. Elles sont habituellement exprimées en litres d'alcool absolu (100°) par habitant de plus de 15 ans. Le nombre d'alcooliques est beaucoup plus difficile à préciser car la plupart d'entre eux ne formulent pas de demande d'aide ou de soins. Une vaste enquête américaine (*Epidemiology Catchment Area Program*) montre que l'alcoolisme constitue le diagnostic psychiatrique le plus fréquemment rencontré chez les hommes dans la population en général. Diverses études (États-Unis, Allemagne, Suisse, Royaume-Uni) fixent l'incidence de l'alcoolisme autour de 4 % chez l'homme et de 1 % chez la femme. En dépit des variations de définition, on peut avancer les proportions suivantes dans les pays occidentaux industrialisés :
— abstinents, 15 % ;
— buveurs « sociaux » (normaux), 65 % ;
— buveurs excessifs (mais sans problèmes évidents majeurs), 10 % ;
— buveurs à problèmes, 7 % ;
— alcoolo-dépendants, 3 %.

La prévalence de l'alcoolisme, comme d'ailleurs la consommation globale d'alcool, semble en régression depuis quelques années dans divers pays, y compris le Canada et la France, après une augmentation régulière depuis au moins 200 ans. La consommation la plus élevée s'observe dans les pays méditerranéens producteurs de vin : la France, l'Espagne et l'Italie dépassent 14 litres d'alcool par an et par habitant ; la Grande-Bretagne, l'Irlande, les États-Unis, le Canada, la Pologne et la Suède atteignent environ 8 litres par an et par habitant. Si le taux caractérisant le gros buveur est fixé à plus de 150 cc d'alcool pur par jour, on trouve par 100 habitants de plus de 14 ans :
— 9 sujets en France ;
— 7 en Italie ;
— 5 en Espagne ;
— 2 en Grande-Bretagne, en Irlande, en Suède, en Pologne et au Canada.

Il n'y a donc pas de parallélisme entre le nombre des gros buveurs dans une nation donnée et la consommation totale de la population, phénomène dont le législateur doit tenir compte dans ses efforts de prévention.

10.5.
CLASSIFICATION DES ALCOOLISMES

Comme nous l'avons déjà souligné, on peut espérer assister dans un proche avenir à une fragmentation des comportements confondus à l'heure actuelle sous le terme générique d'alcoolisme. On doit viser à décrire diverses entités définies cliniquement et biologiquement, et qui relèvent d'approches thérapeutiques différenciées. On peut comparer la situation présente à celle qui prévalait il y a un siècle dans le domaine de l'*anémie*, syndrome qui a été fragmenté en de multiples formes cliniques et étiologiques : déficiences nutritionnelles, anomalies génétiques, anémies secondaires post-hémorragiques, etc., qui requièrent chacune des traitements spécifiques.

La distinction admise actuellement par l'OMS et par l'APA entre **abus d'alcool** et **alcoolo-dépendance** demeure discutable bien qu'elle soit à priori séduisante. Comme tout diagnostic, elle n'a d'intérêt que validée par une signification pronostique et thérapeutique qui, pour le moment, peut être mise en doute (SCHUCKIT, 1985).

La distinction entre alcoolisme primaire et secondaire est mieux établie. L'**alcoolisme primaire** se développe en l'absence de troubles psychiques antérieurs évidents. L'**alcoolisme secondaire** apparaît comme une complication d'une psychopathologie nettement préexistante : personnalité antisociale, trouble anxieux, dépression, schizophrénie, etc. D'après SCHUCKIT, 70 % des alcooliques qui s'adressent à une institution spécialisée sont des alcooliques primaires. Cet échantillon n'est évidemment pas représentatif de la totalité des alcooliques, puisque la grande majorité d'entre eux ne demandent à aucun moment de leur existence à recevoir de l'aide pour leurs abus d'alcool.

La description des formes familiale et non familiale d'alcoolisme a également une signification certaine pour le clinicien. D'après GOODWIN, l'**alcoolisme familial** se spécifie par son début précoce, sa gravité particulière (pronostic plus mauvais) et la fréquence des complications somatiques. Les recherches en cours qui visent à explorer les marqueurs génétiques et les mécanismes biochimiques propres à diverses familles sont susceptibles, en théorie, de mener à la description de multiples sous-catégories. Ainsi, une forme récemment individualisée par CLONINGER est limitée aux hommes (touchant environ 25 % de tous les alcooliques mâles dans la population en général), débute précocement, est grave et s'accompagne souvent de complications délictueuses et somatiques. Une telle description prendra encore plus de valeur le jour où l'on mettra en évidence des marqueurs génétiques qui en signeront l'authenticité.

10.6.
CLINIQUE

10.6.1. DÉPISTAGE SYSTÉMATIQUE ET PRÉCOCE

Diverses méthodes peuvent être utilisées, au cabinet du médecin ou en milieu hospitalier, pour dépister l'abus d'alcool et ouvrir ainsi la porte à une étude plus approfondie. Il semble que le meilleur procédé consiste à combiner un questionnaire simple et un examen biologique.

QUESTIONNAIRE

Comme exemple de questionnaire, on peut citer le **MAST** (*Michigan Alcoholism Screening Test*) dont nous donnons, au tableau 10.1., la version abrégée qui comporte 10 questions au lieu des 25 de la version complète. Chaque réponse soulignée correspond à un certain nombre de points et tout total dépassant 5 points signale au clinicien la nécessité de procéder à une investigation plus complète.

EXAMENS BIOLOGIQUES

Les plus utiles semblent être la mesure du volume globulaire moyen (VGM) des hématies et le dosage de la gamma-glutamyl-transférase dans le plasma. Cette enzyme hépatique demeure en général à un niveau élevé (limite supérieure de normalité : 55 unités) même plusieurs semaines après l'interruption de l'abus d'alcool.

10.6.2. CLINIQUE DE L'ALCOOLISME CHRONIQUE

Les critères de diagnostic « officiel » que nous avons présentés au début du présent chapitre sont

Tableau 10.1. VERSION ABRÉGÉE DU MAST

1. Buvez-vous comme tout le monde ?	OUI	NON	2
2. Vos parents ou vos relations pensent-ils que vous buvez normalement ?	OUI	NON	2
3. Avez-vous déjà assisté à une réunion de l'association des Alcooliques Anonymes ?	OUI	NON	5
4. Vous est-il déjà arrivé de rompre avec votre « blonde » ou votre « chum » ou de perdre des amis à cause de la boisson ?	OUI	NON	2
5. Avez-vous déjà eu des ennuis à votre travail à cause de la boisson ?	OUI	NON	2
6. Vous est-il déjà arrivé de négliger vos obligations, votre famille ou votre travail pendant deux ou plusieurs jours parce que vous aviez bu ?	OUI	NON	2
7. Avez-vous déjà eu un délirium tremens (DT), des tremblements très importants ? Avez-vous déjà entendu des voix ou vu des choses qui n'existaient pas, après avoir bu ?	OUI	NON	2
8. Avez-vous déjà demandé de l'aide à quelqu'un à cause de la boisson ?	OUI	NON	5
9. Avez-vous déjà été hospitalisé-e à cause de la boisson ?	OUI	NON	5
10. Avez-vous déjà été arrêté-e pour conduite en état d'ébriété, pour avoir trop bu avant de conduire ?	OUI	NON	2

sujets à critique. Ils donnent néanmoins une idée des principaux symptômes. La durée de un (1) mois de troubles, retenue par le DSM-III, paraît nettement insuffisante. Beaucoup d'adolescents ou de jeunes adultes boivent au point d'avoir des difficultés temporaires. Cependant, la plupart d'entre eux n'atteignent pas le stade des problèmes persistants et sérieux qui méritent d'être qualifiés d'alcoolisme.

La préoccupation obsessionnelle de l'alcool, envahissant toute l'existence, est bien décrite dans des romans tels que le chef-d'œuvre de MALCOLM LOWRY : *Au dessous du volcan*. Il semble d'ailleurs que le personnage du consul soit largement autobiographique. On peut aussi citer la description de BAUDELAIRE à propos d'EDGAR ALLAN POE :

> Il buvait, non comme un épicurien, mais de façon barbare, avec une rapidité toute (sic) américaine, comme s'il accomplissait un geste homicide, comme s'il devait tuer quelque chose à l'intérieur de lui-même, un ver qui ne voudrait pas mourir.

La méconnaissance et le déni de l'abus d'alcool et de ses complications sont des aspects essentiels de la psychologie de l'alcoolique chronique. Cette dénégation est en grande partie responsable du fait que l'alcoolique moyen n'est en général pas traité, ou entre en traitement au moment où il est « au bout de son rouleau », contraint et forcé après avoir détruit son ménage, sa carrière et sa santé. Cette autodestruction est dramatique dans l'ouvrage de MALCOLM LOWRY cité plus haut.

Il serait simpliste de penser que l'alcool procure un paradis artificiel et que c'est là ce qui pousse le buveur d'un verre à l'autre. En fait, l'alcool apporte un soulagement très temporaire à un état de manque, amélioration bientôt suivie d'une nouvelle exacerbation et souvent d'un comportement de manipulation de l'entourage qui peut devenir frustrant pour le médecin. L'agressivité réactionnelle du clinicien augmente, menant souvent jusqu'au rejet du patient.

Les cercles vicieux « masochistes » sont le résultat d'une interaction complexe entre les réactions physiologiques induites par l'alcool, les facteurs de prédisposition biologique caractéristiques de l'alcoolique, les effets « psychotropes » de l'alcool, les mécanismes de défense « psychodynamiques », autonomes ou perturbés par l'éthyle, et les interactions sociales y compris avec le médecin.

VAILLANT (1983) a souligné qu'il faut toujours considérer l'alcoolisme dans le diagnostic différentiel des troubles de la personnalité. Beaucoup d'alcooliques paraissent tout à fait normaux avant de commencer à abuser de l'alcool, comme en témoignent les études longitudinales accomplies à Boston. VAILLANT cite entre autres l'observation d'un homme détenteur d'un Ph.D., suivi depuis l'enfance, considéré comme sans problèmes personnels ou familiaux. Apparemment honnête et consciencieux, à 37 ans il est surpris à voler de l'équipement à son employeur pour financer son alcoolisme. Après dix ans d'abus d'alcool continu et de chômage, il entre aux AA. Cinq ans plus tard, à 53 ans, il n'existe plus aucun trouble de la personnalité, il vit en famille et travaille régulièrement.

Tout naturellement, l'alcoolique souvent déprimé ou anxieux fournira au clinicien sa propre interprétation psychogène : « J'ai commencé à boire pour oublier ... ou ... pour lutter contre mes sentiments d'infériorité en société. » Nous ne voulons pas dire que ce n'est pas vrai dans nombre de cas, mais simplement qu'on aurait tort de prendre cette explication pour argent comptant, ou de considérer les troubles de la personnalité comme constamment préexistants.

10.7.
FORMES CLINIQUES PARTICULIÈRES ET COMPLICATIONS

10.7.1. INTOXICATION ALCOOLIQUE AIGUË

L'alcool est un dépresseur neuronal dont l'effet subjectif initial d'excitation est dû à l'inhibition de certaines structures sous-corticales. Les symptômes de l'ivresse sont connus de chacun : le sujet est d'abord désinhibé, loquace, discrètement euphorique (le brouhaha monte dans le salon où se tient le cocktail) ; puis surviennent les signes cliniques de la dépression neuronale : diminution de la concentration, de l'attention, embarras de la parole, troubles du jugement, incoordination motrice, démarche incertaine, vasodilatation cutanée, état mental fluctuant de la somnolence à l'irritabilité,

nystagmus. Cet état d'ivresse « normal » (c'est-à-dire la réaction habituelle du cerveau sain à une dose d'alcool excessive, par opposition à l'ivresse pathologique) correspond à une alcoolémie entre 1 et 2 grammes. À noter que l'alcootest doit indiquer en deçà de 0,80 mg par litre de sang pour que le sujet soit légalement apte à conduire un véhicule. En moyenne, ce taux est atteint après environ deux consommations (telles que définies plus haut) à l'heure.

10.7.2. IVRESSE PATHOLOGIQUE

On entend par ce terme, soit une hypersensibilité à l'alcool qui fait qu'un tableau d'ivresse sera atteint avec une alcoolémie beaucoup plus basse que la normale, soit des manifestations associées : violence, agitation psychomotrice, état crépusculaire.

Les effets de l'alcool sont majorés, entre autres, quand celui-ci est combiné aux divers psychotropes (benzodiazépines, tricycliques, neuroleptiques). Les troubles indiqués plus haut peuvent se manifester alors avec une dose d'alcool très minime et atteindre l'intensité d'un état confuso-onirique avec divagations délirantes.

10.7.3. SYNDROME DE SEVRAGE

Lorsque la consommation excessive est interrompue ou fortement diminuée, la dépendance à l'alcool se manifeste par des troubles neurovégétatifs (tachycardie, transpiration, nausées, malaises, fluctuations de la tension artérielle). On peut observer aussi des tremblements accentués des mains, de la langue et des paupières.

Un syndrome cérébral organique mineur (obnubilation, troubles de l'attention et du jugement, troubles de la mémoire) peut se prolonger de quelques jours à quelques semaines. À des degrés divers, cet état (*wet brain*) se manifeste chez la majorité des alcooliques graves en cure de désintoxication ou en réhabilitation consécutive. À la différence de ce qu'on observe dans la psychose de KORSAKOFF, les troubles de la mémoire sont influencés favorablement par le soutien affectif et les suggestions.

10.7.4. DÉLIRIUM TREMENS

Le délirium tremens peut survenir dans la semaine qui suit le sevrage ; il est souvent déclenché par une maladie physique associée (par exemple une fracture, une maladie infectieuse, une intervention chirurgicale). Le tableau est celui d'un état confusionnel grave, avec fièvre, déshydratation, déséquilibre électrolytique, troubles neurovégétatifs, panique, hallucinations visuelles (typiquement, animaux [« bibites »] sur les murs de la chambre ou sur les draps). Le délirium peut être précédé par une obnubilation progressive, ou éclater sous forme de crises d'épilepsie grand mal. Plus souvent le tableau est moins dramatique et fait d'anxiété et de sub-agitation, de désorientation, de nausées et d'insomnie.

Il y a quelques années encore, le délirium tremens menait à la mort dans 10 à 15 % des cas. Les progrès thérapeutiques sont tels que ce chiffre est tombé à moins de 0,5 %.

L'**hallucinose** auditive ou visuelle (sans croyance délirante contrairement aux phénomènes hallucinatoires) peut survenir indépendamment du délirium tremens. Malgré l'ambiguïté provenant de ce terme, il faut noter que le délirium tremens est rarement accompagné d'idées délirantes, à la différence de la schizophrénie où les hallucinations sont presque toujours associées à un délire.

10.7.5. COMPLICATIONS PSYCHIATRIQUES SECONDAIRES AU SEVRAGE, INDÉPENDANTES DE LÉSIONS CÉRÉBRALES CONNUES

Insomnie, anxiété et dépression peuvent persister des semaines ou des mois, à des degrés divers d'intensité. On doit souvent résister cependant à la demande de médications tranquillisantes ou antidépressives faite par les patients.

Le suicide, l'homicide, les accidents de voiture comportent l'alcool dans leur étiologie dans environ la moitié des cas. Il faut aussi garder en mémoire que la dépression semble beaucoup plus souvent secondaire que primaire par rapport à l'alcoolisme (VAILLANT, 1983) : par conséquent, il sera souvent plus efficace de traiter l'alcoolisme que la dépression pour prévenir le suicide.

10.7.6. COMPLICATIONS PSYCHIATRIQUES ORGANIQUES CÉRÉBRALES

Le **syndrome de WERNICKE-KORSAKOFF** s'accompagne de lésions nécrotiques spécifiques des corps mamillaires, du thalamus et du tronc cérébral.

La **psychose de KORSAKOFF**, vraisemblablement due à une déficience en thiamine, associe de la confabulation au déficit mnésique. Le trouble de mémoire est rétrograde (perte de souvenirs bien établis avant le début de la maladie) et antérograde (troubles de la mémoire de fixation après le début de la maladie). Si l'amnésie de fixation est majeure, elle entraîne de la désorientation. Le pronostic est réservé : moins de 25 % des patients s'améliorent suffisamment pour reprendre leurs activités antérieures, et 25 % requièrent une institutionnalisation permanente.

L'**encéphalopathie de WERNICKE**, dont le début est souvent brutal, peut être fatale. Elle comporte de la confusion mentale, des troubles mnésiques, de la confabulation, de l'apathie et des troubles neurologiques (paralysie des muscles oculomoteurs, latéraux en particulier, et ataxie cérébelleuse). Décrite voici plus d'un siècle sous sa forme complète, elle est beaucoup plus fréquente qu'on ne le croit et échappe souvent au diagnostic, du fait qu'elle se manifeste le plus souvent de façon incomplète et purement cognitive. Elle constitue le substratum neuropathologique le plus fréquent des déficits cognitifs chroniques chez les alcooliques. Sa prévalence à l'autopsie dépasse de beaucoup le nombre de diagnostics *in vivo* (environ 1 % des autopsies dans la population en général et 12 % chez un groupe d'alcooliques). Elle peut être considérée comme une urgence neuropsychiatrique, dont le traitement par thiamine amène une amélioration qui prédomine habituellement sur le plan oculaire, qui atteint un moindre degré sur le plan moteur et qui demeure souvent limitée sur le plan mental. La majorité des patients conservent un syndrome de KORSAKOFF.

La **maladie de** MARCHIAFAVA-BIGNAMI n'est pas cliniquement différente de l'encéphalopathie alcoolique chronique, mais progresse vers la mort en 4 à 6 ans. Certains vins italiens de fabrication artisanale de même que le déficit nutritionnel général semblent particulièrement responsables de sa pathologie caractéristique : la démyélinisation de la partie médiane du corps calleux.

10.7.7. CAS PARTICULIERS SUIVANT L'ÂGE ET LE SEXE

ENFANTS

Les enfants tolèrent mal l'alcool, même à des doses proportionnelles à leur poids. L'intoxication alcoolique aiguë, lorsqu'elle survient, est le plus souvent accidentelle et peut avoir de graves conséquences. Cependant, dans certaines régions ou certains pays, les enfants sont habitués dès le jeune âge à consommer de l'alcool dans le cadre familial et peuvent commencer à présenter dès la préadolescence les diverses complications physiques et mentales de l'abus d'alcool.

ADOLESCENTS

L'alcool vient souvent en complément ou en remplacement d'autres drogues chez les jeunes qui présentent, comme principales raisons de boire, leur ennui, leur apathie, leur sentiment de non-valeur, d'impuissance et de démotivation, les mauvaises relations dans la famille. Ils ne perçoivent pas l'abus, ni même l'ivresse, comme un comportement anormal.

La définition de l'alcoolisme chez les adolescents est encore plus difficile que chez les adultes : la dépendance physique est exceptionnelle et les complications somatiques sont rares. La majorité d'entre eux ne poursuivront pas à l'âge adulte dans l'alcoolisme chronique. Néanmoins, quand c'est le cas, il s'agira souvent d'un alcoolisme grave : on observera une corrélation entre début précoce, à l'adolescence, et gravité de l'alcoolisme. La notion d'un alcoolisme familial chez un adolescent rend aussi le pronostic plus réservé.

FEMMES

Traditionnellement, les femmes boivent moins que les hommes, et leur taux d'alcoolisme est d'environ un quart à un tiers de celui des hommes. Avec la transformation des mœurs et l'augmentation du nombre de femmes au travail, il semble qu'on assiste à une augmentation de la prévalence dans leur cas. De l'abus d'alcool caché de la femme décrit par le passé, on passe à un alcoolisme social et professionnel, encore différent de l'alcoolisme mondain qui avait toujours existé. En outre, il est établi que la dépression est, plus souvent que chez l'homme, préexistante au début de l'addiction ; si l'alcool à petites doses soulage les symptômes dépressifs, il les aggrave au contraire quand la dose s'élève, établissant un cercle vicieux. Il semble que l'organisme féminin soit plus sensible à l'abus d'alcool, et que les diverses complications somatiques et psychiques surviennent à des doses moins élevées. Bien que les données épidémiologiques soient partielles, il est fort possible qu'on assiste à un accroissement de l'alcoolisme féminin lié à l'évolution de la société.

SUJETS ÂGÉS

Chez eux, l'alcoolisme est moins souvent détecté par l'entourage et par les médecins, en particulier en raison de l'isolement fréquent de ces personnes. Beaucoup de détériorations intellectuelles liées à l'alcool sont attribuées à la sénilité. On peut diviser les alcooliques âgés en deux groupes : ceux qui boivent depuis longtemps, bien avant l'âge de la retraite (les complications biologiques et psychosociales sont alors plus graves) et ceux qui ont commencé tardivement à abuser de l'alcool, autour de l'âge de la retraite, souvent à la suite de la perte du conjoint ou d'un plus grand isolement. Le pronostic de ces derniers est bien meilleur s'ils bénéficient d'un programme psychosocial de soutien.

10.8.
ÉVOLUTION ET PRONOSTIC

Ici comme ailleurs dans ce chapitre, le problème est que nous devons encore considérer globalement « l'alcoolisme » et non les catégories distinctes que nous espérons être en mesure de différencier dans un proche avenir. D'où les aspects parfois contradictoires des publications sur le sujet.

L'alcoolisme est rarement un processus inexorable de détérioration et son histoire a été éclairée remarquablement dans l'ouvrage de GEORGE VAILLANT (1983). Les aspects optimiste et pessimiste se juxtaposent : ainsi la plupart des alcooliques travaillent régulièrement, ont une situation financière et professionnelle supérieure à la moyenne, font vivre leur famille, et leur santé n'est pas gravement détériorée. Ils ont alors un maximum de chances de répondre favorablement aux efforts thérapeutiques. Pourtant, la majorité des alcooliques n'entrent en traitement de façon sérieuse qu'après au moins 15 ou 20 ans d'évolution de la maladie (c'est-à-dire depuis l'apparition des symptômes et non depuis le début de l'abus d'alcool), avec un pronostic dès lors

moins favorable. L'alcoolique qui n'a plus rien à perdre (femme, enfants, amis, emploi, santé) a évidemment le pire pronostic.

C'est pourquoi les programmes d'aide aux employés connaissent un taux élevé de réussite. L'employeur est en position de faire état de l'absentéisme et des autres signes de baisse de performance ; il peut ainsi aider efficacement l'alcoolique à passer la « barrière du déni ». Malheureusement, beaucoup de patients abandonnent le traitement prématurément ; d'autre part, le taux de rechute dans l'année qui suit le traitement est élevé : une rémission observée après un (1) an de suivi ne garantit en rien la stabilité ultérieure. Des mois et des années d'abstinence ne signifient pas l'invulnérabilité aux rechutes.

Longtemps après la réaction initiale au sevrage (qui dure en moyenne de 3 à 5 jours), des symptômes déplaisants, psychiques ou physiologiques, peuvent persister ou resurgir, pendant des mois ou des années : troubles du sommeil, anxiété, sub-agitation, tremblements, dépression, troubles neurovégétatifs. Nous verrons plus loin que diverses médications ont été proposées pour réduire les signes tardifs de sevrage et ainsi prévenir le besoin de recourir à l'alcool pour les soulager.

Dans une revue des résultats à long terme obtenus dans des centres de réadaptation, POLICH *et al.* (1981) ont trouvé que seulement 7 % de l'échantillon d'alcooliques traités sont demeurés abstinents de façon continue pendant les 4 ans qui ont suivi leur sortie du centre. La consommation de la plupart des sujets fluctue au cours des années entre l'abus, l'abstinence et l'usage normal, spontanément ou grâce à un traitement. La mortalité est élevée. Néanmoins, les groupes d'individus traités ont des taux d'amélioration le plus souvent supérieurs aux groupes témoins peu ou pas traités.

Jusqu'ici les chercheurs ont échoué dans l'identification de méthodes thérapeutiques supérieures ou mieux adaptées à des types spécifiques de patients. Les événements vécus (contexte extra-thérapeutique) jouent un rôle majeur dans l'évolution et s'associent aux facteurs endogènes à l'origine de chaque rechute. Le sujet a naturellement tendance à mettre l'accent sur les facteurs exogènes. Notons enfin que les troubles intellectuels des alcooliques chroniques semblent partiellement réversibles par l'abstinence. Les capacités de récupération sont inversement proportionnelles à l'âge.

10.9.
TRAITEMENT

Nous devons envisager successivement :

1) les principes généraux et l'attitude du médecin ;

2) la désintoxication et le traitement du syndrome de sevrage éventuel ;

3) le traitement de l'alcoolisme chronique et de ses complications.

10.9.1. PRINCIPES GÉNÉRAUX ET ATTITUDE DU MÉDECIN

1) Il s'agit d'une stratégie à long terme : le programme de réhabilitation doit, le plus souvent, s'étendre sur des années. Lors du contact initial, on doit en maximiser l'impact en formulant au patient le diagnostic en termes simples, en soulageant sa honte et sa culpabilité, en lui proposant un espoir réaliste si la « barrière du déni » est franchie et en lui offrant un suivi régulier.

2) L'abstinence totale est un but optimal. Une amélioration de la qualité de vie, un raccourcissement de la durée des rechutes et une réduction de leur fréquence sont souvent plus accessibles.

3) Aucune approche n'est une panacée : il importe de ne pas être dogmatique. Par exemple, les *Alcooliques Anonymes* (AA) sont une admirable organisation dont les succès sont certains, mais ils rebutent certains sujets.

4) Dans la mesure du possible, on doit aider l'alcoolique à rompre avec le milieu qui, antérieurement, a favorisé sa dépendance à l'alcool.

5) Le réseau social du patient (famille et employeur) doit autant que possible être impliqué. L'aide de personnes-clés dans la famille peut être indispensable. On a pu montrer que, lorsque le conjoint de l'alcoolique peut être associé à lui dans une évaluation complète suivie d'une brève séance de conseils et de directives, les résultats obtenus sont aussi bons que lors d'un séjour prolongé en centre de réadaptation, du moins pour certains sujets. D'autre part, les succès obtenus par les programmes d'assistance aux employés dans de nombreuses entreprises témoignent de l'efficacité de l'implication des employeurs.

6) Les ressources locales disponibles dans la communauté doivent être bien connues du médecin (voir l'appendice en fin de chapitre). Il ne suffit pas de référer aux *Alcooliques Anonymes* un patient souvent craintif, sensible aux frustrations, se sentant inférieur et socialement malhabile : on s'assurera qu'un membre de l'organisation le prendra littéralement par la main pour l'amener à sa première réunion.

7) Le *concept d'alcoolisme-maladie* doit être présenté au patient sans pour cela le décharger de sa responsabilité dans son traitement : demeurer sobre est son problème, non celui du ou des thérapeutes.

8) Une petite minorité d'alcooliques (autour de 10 % dans diverses études) peut éventuellement retourner à la consommation modérée, mais on doit sans exception conseiller à un gros buveur l'abstinence totale. Celle-ci est nécessaire pour diagnostiquer un trouble psychiatrique associé ; d'autre part, il est important que le patient réapprenne à faire face aux problèmes habituels de son existence sans recourir à l'al-

cool. Rien jusqu'ici ne permet de prédire qu'il fait partie de la minorité de ceux qui peuvent bénéficier du « boire contrôlé » et redevenir des « buveurs sociaux ».

9) Les *programmes spécialisés pour alcooliques* (voir la liste en appendice) fonctionnent sur une base résidentielle (le plus souvent 3 ou 4 semaines) ou ambulatoire. Les médecins devraient connaître les ressources disponibles dans leur région ; l'évaluation des problèmes complexes (physiques, psychiatriques, sociaux) d'un alcoolique réclame la collaboration du médecin et de l'institution.

10) Un pessimisme excessif est trop répandu et conduit à un désintérêt souvent observé dans la profession médicale. Le médecin doit être fermement convaincu de l'efficacité du traitement. S'il connaît, par expérience personnelle ou par la littérature, les résultats des diverses approches thérapeutiques que nous allons passer en revue, il devient aussi plus tolérant vis-à-vis des rechutes, plus compréhensif, moins moralisateur ; il peut alors établir une relation essentielle pour réduire les tendances autodestructrices du sujet et aider l'alcoolique déprimé et désespéré à développer une motivation.

10.9.2. DÉSINTOXICATION ET TRAITEMENT DU SYNDROME DE SEVRAGE

Le **sevrage** ne nécessite pas constamment, et de loin, l'hospitalisation : celle-ci peut, néanmoins, être utile dans certains cas pour assurer une coupure d'avec le milieu en même temps que pour des raisons médicales. La plupart des désintoxications peuvent être conduites en toute sécurité et de façon efficace à domicile. Cette approche, encore controversée il y a quelques années, est maintenant admise de façon quasi universelle. L'équipe thérapeutique doit cependant toujours avoir la possibilité de recourir à la structure hospitalière en cas d'apparition de troubles graves (délirium tremens, hallucinose, etc.).

La période de sevrage dure en général de 3 à 5 jours, après quoi les symptômes subjectifs et objectifs d'anxiété (tremblements, angoisse, sub-agitation, troubles de l'humeur, troubles du sommeil, troubles neurovégétatifs divers, irritabilité) s'estompent. La réaction normale du sujet est de se tourner vers l'alcool pour apaiser ses malaises.

Le chlordiazépoxide ou d'autres benzodiazépines (diazépam, flurazépam, oxazépam, etc.) peuvent être utilisés à ce stade, mais on gardera en mémoire qu'ils sont potentiellement générateurs de dépendance. Le chlordiazépoxide (Librium®) peut être prescrit à une dose de 25 à 100 mg p.o. ou i.v., répétée au besoin toutes les 2 à 4 heures (jusqu'à 300 mg par jour), ou encore le diazépam (Valium®), de 5 à 20 mg toutes les 2 à 4 heures (jusqu'à 60 mg par jour). Cette médication sera poursuivie jusqu'à l'amélioration de l'état du patient, mais on évitera d'y recourir systématiquement, beaucoup de sujets pouvant s'en passer sans trop de difficulté.

Pendant les premières 24 heures suivant le sevrage, une hypomagnésiémie peut survenir, contribuant à abaisser le seuil convulsivant et nécessitant un apport de magnésium (sulfate de magnésium i.v., 2 g le premier jour du sevrage).

La thiamine, à raison de 100 mg i.m. 2 fois par jour, peut être administrée conjointement pendant les 3 à 5 premiers jours, suivie par des capsules de complexe B 2 fois par jour les 15 jours suivants et quotidiennement par la suite pour prévenir un syndrome de KORSAKOFF. Les alcooliques ont en effet presque toujours des troubles d'absorption (altérations biochimiques et lésions de la muqueuse intestinale) qui légitiment cet apport vitaminique même si leur alimentation est suffisante.

La réhydratation intraveineuse est rarement nécessaire, et indiquée seulement en cas de signes objectifs de déshydratation.

Des **crises convulsives** généralisées peuvent survenir : on pourra les traiter par diazépam à raison de 5 mg i.v. 3 fois par jour ou davantage si nécessaire.

Le **délirium tremens** requiert une surveillance attentive des fonctions vitales et métaboliques. L'halopéridol, à raison de 1 à 5 mg i.m. ou p.o. toutes les 2 heures, administré jusqu'à 8 fois par jour, contrôle les hallucinations et l'excitation si elles sont prédominantes. Sinon, une médication sédative et anticonvulsivante (benzodiazépines) est préférable en raison de l'abaissement du seuil convulsivant.

Les **complications psychiatriques organiques** du type syndrome de WERNICKE OU KORSAKOFF nécessitent un traitement d'urgence par thiamine i.v. à une dose de 100 mg initialement.

La période de désintoxication est suivie d'une phase de sobriété instable, avec fluctuations des fonctions neurovégétatives et physiologiques en général. La vulnérabilité à la rechute est élevée à ce stade, d'où la prescription fréquente de 3 à 4 semaines de séjour dans une institution où un programme de réadaptation prépare la phase de sobriété stable (voir plus loin, à la page 232, « Thérapies institutionnelles »).

10.9.3. TRAITEMENT DE L'ALCOOLISME CHRONIQUE

Nous devons ici envisager les aspects médicamenteux, psychothérapique et institutionnel du traitement, en mentionnant la controverse persistante entre les partisans de l'abstinence et ceux du « boire contrôlé » comme but primordial.

TRAITEMENT MÉDICAMENTEUX

Médicaments visant à traiter les troubles psychiques préexistants

L'alcool peut souvent apparaître comme une tentative d'automédication (alcoolisme secondaire). Il est alors logique de traiter la maladie mentale préexistante (par exemple phobie, anxiété généralisée, dépression), à condition que soit clairement établie l'antériorité de la pathologie psychique.

a) **Benzodiazépines** Comme nous l'avons vu, elles peuvent être utiles au stade de la désintoxication et de ses suites immédiates. Aucun effet à long terme n'a été démontré dans la prévention des rechutes, ou pour faciliter la réadaptation. Le risque de dépendance doit être présent à l'esprit pour tout traitement dépassant une ou deux semaines.

b) **Antidépresseurs** Ils sont fréquemment prescrits par les médecins pour traiter la dépression souvent observée chez les alcooliques. Rien ne semble justifier cette pratique, et l'abstinence est le meilleur traitement, sauf s'il existe une histoire de troubles affectifs majeurs, uni- ou bipolaires, clairement antérieurs à l'abus d'alcool.

Médicaments visant à réduire l'appétence d'alcool

a) **Lithium** On l'essaie chez les alcooliques depuis une quinzaine d'années, dans l'hypothèse d'une causalité dépressive ; ce traitement demeure en cours d'étude. Aussi bien chez le rat « alcoolique » que chez l'homme, il semble *réduire l'appétence* d'alcool par action cérébrale, plutôt que d'agir sur une dépression préexistante. Il se peut que cette action se fasse par l'intermédiaire du système sérotoninergique (en élevant le taux de sérotonine cérébrale). Le pourcentage d'alcooliques demeurant abstinents est élevé (75 %) chez ceux qui sont demeurés fidèles quotidiennement au lithium après 6 mois de traitement, alors qu'il n'est que de 50 % chez ceux qui ont reçu un placebo au lieu du lithium (pourcentage analogue aux résultats du traitement institutionnel en centre de réadaptation). Mais il faut noter qu'il s'agit de sujets sélectionnés (motivation et persévérance dans le traitement). La méthode mérite certainement des essais plus approfondis.

b) **Agonistes de la dopamine** (*apomorphine, bromocriptine*) Ils ne sont utilisés que depuis récemment. Un des effets à long terme de l'alcool est de diminuer la sensibilité des récepteurs dopaminergiques : les agonistes mentionnés ci-dessus réactivent cette sensibilité. Quelques études pilotes donnent à penser que l'appétence d'alcool peut être réduite, avec amélioration concomitante de l'anxiété et de la dépression. Là encore, il est trop tôt pour suggérer la généralisation de l'emploi de ces médications.

L'avenir semble néanmoins plein de promesses pour la compréhension des mécanismes neurobiologiques de la régulation de la consommation d'alcool, avant et après l'abus. Avant l'abus, on peut espérer individualiser des processus de prédisposition ; après l'abus, on pourra améliorer les processus sous-jacents à des phénomènes tels que l'augmentation de la tolérance et la dépendance. Plusieurs systèmes de neurotransmetteurs sont en interaction, et tous sont influencés par l'abus d'alcool : norépinéphrine, acide gamma-hydroxybutyrique, sérotonine, dopamine, etc. Comme indiqué plus haut, le progrès des connaissances de base dans ce domaine peut faire espérer des applications thérapeutiques.

Médicaments induisant une réaction négative à l'alcool

Chez les sujets présentant une motivation appropriée, on peut proposer des médicaments susceptibles de les rendre physiquement malades s'ils boivent, les aidant donc à maintenir une abstinence malgré une motivation encore fragile.

a) **Disulfiram** (Antabuse®)   C'est le plus connu. Il agit en inhibant l'acétaldéhyde-déshydrogénase (ALDH), entraînant ainsi une élévation sanguine de l'acétaldéhyde, premier produit de métabolisme de l'alcool, qui entraîne un certain nombre de réactions désagréables (bouffées de chaleur faciales, hypotension, nausées, vomissements). L'Antabuse® (dont aucune étude contrôlée n'a établi l'efficacité) a acquis une réputation douteuse à cause de décès au cours des années qui ont suivi son introduction dans

les années 1950 (infarctus, accidents vasculaires cérébraux). Actuellement, les doses sont moindres (à raison de 125 à 250 mg par jour) et les accidents mortels, rarissimes. L'Antabuse® provoque néanmoins quelques inconvénients (somnolence, hépatotoxicité, polynévrites). En outre, elle est perçue comme incompatible avec l'esprit des *Alcooliques Anonymes*, car elle constitue une sorte de béquille à leur faiblesse plutôt que de les responsabiliser.

GOODWIN (1981) a proposé d'administrer l'Antabuse® en présence du médecin, tous les 3 ou 4 jours puisque c'est la durée d'action du médicament. Il estime que cette méthode favorise le contact psychologique et peut rendre d'autres approches possibles.

Longtemps on a recommandé d'effectuer une ou plusieurs fois une « épreuve à l'alcool » avec le disulfiram, en administrant au sujet sa boisson favorite de façon à lui démontrer les réactions désagréables induites par le médicament. Cette approche est maintenant considérée comme inutile, en particulier à cause de l'extrême variabilité individuelle des réactions, qui risque de rendre la « démonstration » pas forcément convaincante.

La durée du traitement par l'Antabuse® est individuelle : ce dont il s'agit essentiellement, c'est d'aider l'alcoolique à acquérir les ressources et l'état d'esprit qui lui permettront de maintenir l'abstinence : on doit donc considérer cette approche comme un adjuvant des traitements psychosociaux et comportementaux, qui peut être utile pendant quelques mois.

À noter que le disulfiram a de nombreuses interactions avec d'autres médicaments (entre autres les neuroleptiques, les tricycliques, les inhibiteurs de la monoamine-oxydase), qui peuvent entraîner des réactions disulfiram-acétaldéhyde graves. D'autres médicaments (tel le diazépam) réduisent au contraire la réaction disulfiram-acétaldéhyde.

b) **Carbimide de calcium** C'est également un inhibiteur de l'ALDH qui a une action plus immédiate et moins durable que le disulfiram. Il est donc recommandé de l'administrer toutes les 12 heures (à raison de 50 à 100 mg). La durée de la réaction carbimide-acétaldéhyde ainsi que son intensité et sa stabilité varient d'un individu à l'autre et chez le même sujet au cours du temps. Aucune étude convenable de son efficacité n'a été conduite.

PSYCHOTHÉRAPIES

Les psychothérapies individuelles, de couple ou de groupe font habituellement partie des programmes suivis dans les centres de réadaptation et des programmes ambulatoires. Elles comportent généralement une composante cognitive, didactique et directive, et plus rarement une dimension psychodynamique prépondérante. L'alcoolisme n'est généralement pas considéré comme une bonne indication des psychothérapies dynamiques à long terme ou de la psychanalyse, sauf lorsqu'il n'est qu'un épiphénomène dans un tableau de névrose ou de troubles de la personnalité.

Thérapies familiales

Les effets destructifs de l'alcoolisme sur le couple et la cellule familiale sont évidents. On pourrait donc espérer que l'efficacité de l'approche psychothérapique du couple ou de l'ensemble de la famille soit bien documentée, ce qui n'est pas le cas jusqu'ici.

Thérapies comportementales : la controverse abstinence - boire contrôlé

Les thérapies de conditionnement par aversion sont utilisées depuis plus de cinquante ans : l'ingestion d'alcool est couplée avec une substance émétique telle que l'émétine ou l'apomorphine, produisant ainsi nausées et vomissements. Ou encore un médicament provoquant une réaction déplaisante s'il est combiné à l'alcool, tel le disulfiram discuté plus haut, est administré avant l'ingestion d'alcool. L'émétine et l'apomorphine ne sont plus guère utilisées comme agents d'aversion, leur capacité d'engendrer un dégoût durable pour l'alcool étant mise en doute.

Dans les années 1970, des psychologues behavioristes publièrent des travaux montrant l'efficacité d'un programme visant à limiter la consommation au lieu de promouvoir l'abstinence totale : entraînement à la maîtrise des situations de stress, conditionnement aversif électrique et autres procédés destinés à renforcer le boire modéré.

Depuis lors, les techniques comportementales ont évolué ; les méthodes d'aversion électrique sont tombées en discrédit, au profit de divers apprentissages : relaxation, affirmation de soi, entraînement au contrôle du stress, exercices physiques, modifications du style de vie, résistance aux pressions sociales incitant à boire, etc. Plusieurs études publiées au cours de la dernière décennie concluent que le boire contrôlé peut être un but plus approprié que l'abstinence pour des sujets plus jeunes, sans alcoolo-dépendance grave. L'abstinence, par contre, peut demeurer l'objectif de choix pour les sujets plus âgés avec dépendance physique sérieuse.

La controverse, souvent passionnelle, a entraîné des procès retentissants et n'est pas exempte de positions dogmatiques plutôt qu'empiriques. Elle implique aussi des batailles de territoire : si l'alcoolisme est une maladie, et si l'absorption d'alcool induit des mécanismes biologiques entraînant la rechute, alors l'alcoolisme appartient au domaine de la médecine ; s'il s'agit au contraire d'un mode d'existence, d'un comportement dangereux pour la santé, d'une mauvaise habitude, d'une réaction mal adaptée au stress et qui peut se combattre par l'apprentissage, les psychologues en revendiquent légitimement le traitement. Dans l'état présent des choses, on peut conclure que toutes les approches comportent des risques d'échec, que leurs indications respectives sont mal précisées et qu'elles sont encore à un stade expérimental. De toute façon, la tendance actuelle vise davantage l'intégration des aspects psychologiques, biologiques et sociaux, tant dans la pathogenèse que dans le traitement.

THÉRAPIES INSTITUTIONNELLES

Le centre de réadaptation typique pour alcooliques reçoit en résidence, pour 3 ou 4 semaines le plus souvent, des sujets volontaires, immédiatement après une cure de désintoxication. Les activités thérapeutiques, souvent menées par des conseillers qui peuvent être d'anciens alcooliques réadaptés, comprennent par exemple des séances didactiques (l'alcoolisme et ses conséquences) suivies de psychothérapies de groupe, d'entrevues individuelles, de discussions sur des films, d'éducation physique et d'activités ergothérapiques diverses, de participation à des réunions d'*Alcooliques Anonymes*, etc.

La postcure est évidemment capitale et inclut souvent les AA, mais on devrait y ajouter régulièrement et avec persévérance d'autres ressources, ce qui est loin d'être le cas.

10.10.
ASSOCIATIONS D'ENTRAIDE

La plus connue est celle des *Alcooliques Anonymes* (AA). Elle comporte trois dénominateurs communs aux thérapies de groupe :

— l'assurance pour le membre d'être écouté avec sympathie et attention ;
— le sentiment que le problème est pris au sérieux par des gens expérimentés ;
— la découverte que d'autres individus sont dans des situations très comparables et prêts à échanger leurs expériences vécues.

Le mouvement AA offre au sujet le réconfort d'aider les autres, rétablit son estime de soi et substitue aux compagnons de boisson un milieu favorable. En un sens, il fournit un substitut non chimique à la dépendance vis-à-vis de l'alcool. Il rappelle au sujet de façon rituelle qu'un seul verre peut mener à la rechute. Le mouvement, qui a acquis une extension mondiale, a probablement aidé autant d'alcooliques que toutes les autres modalités thérapeutiques réunies.

La plupart des professionnels travaillant avec les alcooliques estiment que ceux-ci doivent être encouragés à assister aux réunions AA, quel que soit le degré de leurs problèmes liés à l'alcool. Un nouveau membre trouve habituellement un parrain qui lui apportera support et oreille attentive aussi longtemps que nécessaire. Le mouvement AA ne convient certes pas à tous les alcooliques et certains ne s'y adaptent pas. Mais il a amené à une sobriété durable tellement de sujets de tous niveaux sociaux et tous types de personnalité qu'il mérite à priori d'être recommandé à tous.

10.11.
PROGRAMMES D'AIDE AUX EMPLOYÉS

De nombreuses sociétés commerciales, industrielles, financières, etc., ont pris conscience de la nécessité d'accorder une aide organisée à ceux de leurs cadres et employés dont le comportement, au travail en particulier, montre des signes de détérioration du fait de leur abus d'alcool (absentéisme, productivité déclinante, etc.). Elles ont donc organisé des programmes mettant à la disposition de leur personnel des conseillers et des psychologues cliniciens. Les superviseurs jouent un rôle important en stimulant l'entrée en traitement des employés alcooliques et en facilitant leur implication dans le programme. La plupart de ces programmes répondent aussi à d'autres difficultés que celles liées à l'alcool : problèmes conjugaux, financiers, émotionnels et problèmes de santé en général sont pratiquement inséparables du comportement vis-à-vis de l'alcool. Dans l'ensemble, on s'accorde pour conclure que les résultats de tels programmes mis en place par l'employeur donnent des résultats supérieurs (TRICE et BAYER, *in* PATTISON et KAUFMAN, 1982).

10.12.
CONCLUSION

Les études sur l'alcool (biologiques, psychologiques, psychophysiologiques, sociales) dépassent largement le champ de l'alcoolisme clinique qui a fait l'objet du présent chapitre. Par exemple, l'étude comparée de l'alcool et d'autres drogues, sur le plan des mécanismes communs de tolérance et de dépendance, semble pleine de promesses.

L'alcool est probablement la plus ancienne et la plus universellement utilisée des drogues modificatrices de l'humeur. En même temps (sous la forme du vin en particulier), il est une des richesses de notre patrimoine culturel : contenu religieux, symbole d'hospitalité, gastronomie, accompagnement des cérémonies marquantes de la vie (naissances, mariages, funérailles), etc.

L'abus d'alcool et l'alcoolisme sont maintenant reconnus dans le monde entier comme l'un des principaux problèmes de santé publique. Nous espérons avoir suffisamment souligné dans ce chapitre combien il importe d'en raffiner les définitions, les classifications, le diagnostic et les indications thérapeutiques pour que la médecine apporte une meilleure contribution à leur compréhension et à leur traitement.

BIBLIOGRAPHIE

ADES, J.
> 1984 « Les conduites alcooliques », *Encyclopédie médico-chirurgicale*, Paris, France, Psychiatrie 37398 A10 et A20, 16 p. et 24 p.

BEAN, M.
> 1975 *Alcoholics Anonymous*, New York, Insight Communications.

EDWARDS, G., A. ARIF et R. HODGSON
> 1981 « Nomenclature and Classification of the Drug and Alcohol-related Problems : A W.H.O. Memorandum », *Bulletin of the World Health Organization*, vol. 59, n° 2, p. 225-242.

GOODWIN, D.W.
> 1981 *Alcoholism : The Facts*, Oxford, Oxford University Press.

PATTISON, E.M. et E. KAUFMAN (édit.)
> 1982 *Encyclopedic Handbook of Alcoholism*, New York, Gardner Press.

POLICH, J.M., D.J. ARMOR et H.B. BRAIKER
> 1981 *The Course of Alcoholism : Four Years After Treatment*, New York, Wiley.

SAXE, L., D. DOUGHERTY et J. ESTY
> 1983 « The Effectiveness and Costs of Alcoholism Treatment », *Congressional Office of Technology Assessment Case Study*, publication n° 052-003-00902-1, Washington, D.C., U.S. Government Printing Office.

SCHUCKIT, M.A. *et al.*
> 1985 « Clinical Implications of DSM-III Diagnoses for Alcohol Abuse and Alcohol Dependence », *Am. J. Psychiatry*, vol. 142, p. 1403-1408.

SKINNER, H.A. et B.A. ALLEN
> 1982 « Alcohol Syndrome : Measurement and Validation », *J. Abnorm. Psychol.*, vol. 41, p. 199-209.

VAILLANT, G.
> 1983 *The Natural History of Alcoholism*, Cambridge, Harvard University Press.

APPENDICE

CENTRES D'ACCUEIL ET DE RÉADAPTATION

Où doit-on diriger un alcoolique ?

Dans chaque localité, l'annuaire téléphonique donne l'adresse des groupes A.A. locaux. Les pages jaunes, sous la rubrique « Alcoolisme, centres de traitement et de renseignements », fournissent de nombreuses adresses d'institutions et de services de traitement ambulatoire, soit privés soit publics.

La liste ci-dessous, fournie par le ministère de la Santé et des Affaires sociales du Québec, est loin d'être complète et ne comporte aucune institution qui n'appartienne au réseau public.

Région de l'Abitibi

Centre Normand
621, Harricana Ouest
Amos
J9T 2P9
☎ (819) 732-8241

Région de la Côte-Nord

Centre N.-A. Labrie
659, boul. Blanche
Hauterive
G5C 2B2
☎ (418) 589-5704

Région de la Gaspésie

Centre « L'Escale »
Hôpital des Monts
C.P. 790
Sainte-Anne-des-Monts
G0E 2G0
☎ (418) 763-2261

Région de Hull

Pavillon Jellinek
25, rue Saint-François
Hull
J9A 1B1
☎ (819) 776-5584

Région de Montréal

Centre d'accueil Préfontaine
3100, rue Rachel Est
Montréal
H1W 1A2
☎ (514) 521-1280

Centre de réadaptation Alternatives
3440, chemin de la Côte-des-Neiges
Montréal
H3H 1T8
☎ (514) 931-2536

Domrémy - Montréal
15 683, boul. Gouin Ouest
Sainte-Geneviève
H9H 1C3
☎ (514) 626-7750

Pavillon André Boudreault
910, rue Labelle
Saint-Jérôme
Terrebonne
J7Z 5M5
☎ (514) 432-1395

Pavillon Foster (centre anglophone)
6, rue Foucreault
Saint-Philippe-de-Laprairie
Laprairie
J0L 2K0
☎ (514) 659-8911

Région du Saguenay—Lac-Saint-Jean

Centre hospitalier de Jonquière
Département de toxicologie
2230, rue de l'Hôpital
Jonquière
G7X 7X2
☎ (418) 547-3651

Hôtel-Dieu d'Alma
300, boul. Champlain Sud
Alma
G8B 5W3
☎ (418) 662-3421

Région de Sherbrooke

Maison Saint-Georges
433, rue Marquette
Sherbrooke
J1H 1M5
☎ (819) 562-1533

Hôtel-Dieu de Roberval
140, avenue Lizotte
Roberval
G8H 1B9
☎ (418) 275-0110

Région de Trois-Rivières

Domrémy - Trois-Rivières
2931, rue Notre-Dame
Pointe-du-Lac
Saint-Maurice
G0X 1Z0
☎ (819) 377-2441

CHAPITRE 11

TOXICOMANIES

Roch Tremblay

M.Ps., M. Crim.
Psychologue, directeur des services de réadaptation et des services professionnels du Centre de réadaptation
Alternatives (Montréal)
Chargé de cours à l'Université de Montréal

PLAN

Le recours aux drogues (psychotropes)
est un phénomène trop complexe,
mettant en jeu trop de cofacteurs,
tant au plan de la personne
qu'à celui de la société,
pour que quelques mesures simples —
si énergiques soient-elles — suffisent.

M.-F. DELORME

(« L'alcool », *Alcoologie*, 1984, p. 20)

11.1.
INTRODUCTION

La plupart des spécialistes reconnaissent aujourd'hui que le dogmatisme et l'explication unidimensionnelle n'ont plus leur place dans le champ des toxicomanies. Celles-ci constituent en effet des phénomènes complexes qui s'inscrivent dans un continuum de comportements ou de modèles de consommation auxquels un grand nombre de variables sont associées de façon non linéaire. Parmi ces variables, certaines sont endogènes (physiologiques ou psychologiques), alors que d'autres sont exogènes (socioculturelles, économiques, professionnelles, familiales ...).

Ce nouveau paradigme, qui s'inscrit dans le cadre des approches bio-psycho-sociales ou systémiques, s'appuie sur une causalité circulaire et est endossé par de nombreuses recherches fondamentales comme appliquées. Pensons, entre autres, aux études de ROBINS (1973, 1974, 1975) effectuées auprès de soldats américains cantonnés au Viêt-nam. Les observations qu'elle y a faites ont pratiquement déclenché une révolution dans le domaine des toxicomanies. Certaines explications théoriques de cette problématique ont été sévèrement critiquées ; la plupart des concepts reconnus et non remis en question depuis des décennies ont vu leur tranquillité ébranlée.

Ainsi, de plus en plus de cliniciens sont convaincus que la compréhension des toxicomanies exige qu'on puisse transcender la définition mécanique cartésienne selon laquelle l'effet d'une drogue ne dépendrait que de l'action pharmacologique ou biochimique de la substance sur l'organisme. Seule une approche systémique et multidisciplinaire peut rendre compte des nombreuses variables interagissant dans le processus évolutif de la consommation occasionnelle, récréative ou sociale vers la consommation compulsive, chronique, voire pathologique. Ce nouveau regard, il va sans dire, ne simplifie pas la tâche de réadaptation ou de traitement des toxicomanies ; au mieux, espérons-nous, il permettra des interventions plus complètes ou, du moins, mieux adaptées.

11.2.
PRÉCISIONS TERMINOLOGIQUES

La multitude des significations données au terme drogue, ajoutée à la diversité des regards que les différentes sociétés portent sur l'usage des drogues, font que le discours sur le phénomène drogue est porteur d'interprétations nombreuses, souvent contradictoires. (C.-A. DESROCHERS, 1986, p. 113)

Il est impossible de prétendre à l'objectivité du langage en matière de drogues psychoactives. Il n'existe, par exemple, aucun critère scientifique ou clinique clair de ce que sont les toxicomanies. On parlera tantôt de dépendance, tantôt d'assuétude, d'habitude, d'asservissement, d'accoutumance, d'addiction, de pharmacodépendance, d'abus de consommation de psychotropes ... et de quoi d'autre encore ? Dans le contexte présent, nous utiliserons ces différents termes de façon plus ou moins synonyme en les inscrivant dans le cadre de consommations problématiques répétées dont l'individu a plus ou moins perdu la maîtrise.

L'ambiguïté terminologique dans laquelle baigne la toxicomanie exige un emploi critique des concepts le plus fréquemment employés. À cette fin, nous recommandons à tous ceux et celles qui veulent approfondir leur démarche en vue de mieux connaître cette problématique de se référer au guide terminologique du NIDA (*National Institute on Drug Abuse* ; 1982, *Research Issues* 26) et au *Dictionnaire critique des drogues* de VERBEKE (1978). Nous nous limiterons ici à la présentation de certains concepts-clés.

11.2.1. PSYCHOTROPE

Le terme psychotrope, utilisé tantôt comme adjectif tantôt comme substantif, définit toute drogue dont une des actions principales s'exerce sur le système nerveux central, entraînant des modifications du psychisme et du comportement.

11.2.2. TOXICOMANIE

On réserve habituellement le vocable toxicomanie à l'abus de substances autres que l'alcool. Il est cependant exact de considérer que l'alcool, qui est un psychotrope, puisse induire une toxicomanie.

Jusqu'en 1964, l'Organisation mondiale de la santé (OMS) suggéra l'utilisation de ce terme pour signifier « un état d'intoxication périodique ou chronique engendré par la consommation répétée d'une drogue naturelle ou synthétique ». Ce phénomène, appelé *addiction* en anglais, se caractérisait essentiellement par :

1) un désir ou besoin invincible de consommer une drogue et de se la procurer par tous les moyens ;
2) une tendance à augmenter la dose (tolérance) ;
3) une dépendance psychologique et souvent physique à l'égard des effets de la drogue ;
4) des conséquences nuisibles d'ordres émotif, social et économique pour le toxicomane.

Cette définition, bien qu'utile, traînait une réputation accusatrice, lourdement chargée d'émotivité et d'imprécision. On a donc proposé, depuis, de remplacer ce terme par celui de **pharmacodépen-**

dance, traduisant par là un état psychique et parfois physique qui résulte de l'interaction d'un organisme vivant et d'un psychotrope. Un tel état n'implique pas le développement d'une tolérance, pas plus qu'un syndrome de sevrage.

Malgré les complications inhérentes au vocable toxicomanie, on continue de l'employer à défaut de mieux, en s'assurant de l'exactitude du sens qu'on lui attribue. Le DSM-III, par ailleurs, a délaissé ce terme et propose plutôt de parler de « trouble induit par des substances toxiques ».

11.2.3. DÉPENDANCE PHYSIQUE

La notion de dépendance physique se définit, entre autres, à partir d'un syndrome de sevrage qui lui est consécutif. On parle généralement de dépendance physique pour exprimer l'adaptation d'un organisme vivant à un psychotrope de façon telle qu'un arrêt de la consommation du produit suscite des réactions d'ordre psychophysiologique. Un tel état induit parfois d'importants troubles cardiorespiratoires et neurovégétatifs. La qualité et l'intensité des symptômes diffèrent selon les substances, l'individu et les habitudes de consommation.

En dépit des nombreuses controverses qui découlent du manque de clarté de ce concept, on s'entend pour reconnaître que les psychotropes les plus susceptibles d'engendrer cette dépendance sont les opiacés, les barbituriques, les tranquillisants mineurs et l'alcool. Il demeure cependant impossible d'identifier scientifiquement ou empiriquement le rôle exact des changements physiques ou métaboliques dans la dynamique d'une telle dépendance à un psychotrope. Plusieurs modèles explicatifs de la dépendance physique, reposant pour la plupart sur l'étude des mécanismes d'action de la morphine et du système morphinique endogène, attribuent ce phénomène à un processus biochimique soit d'inhibition des neurones producteurs d'endorphine, soit de fatigue ou d'usure des récepteurs morphiniques. Ainsi, le syndrome d'abstinence et le phénomène de tolérance (que nous décrirons plus loin) résulteraient d'un déséquilibre ou dysfonctionnement neurologique qui se rétablirait après un certain temps (environ 7 à 10 jours).

11.2.4. DÉPENDANCE PSYCHOLOGIQUE

La dépendance psychologique à un psychotrope, au même titre que la dépendance affective ou « comportementale » à quelque moyen que ce soit (une personne, une activité comme le jogging, un objet), s'inscrit dans un processus plus ou moins compulsif consistant pour la personne à recourir à ce moyen pour se sentir bien et mieux s'adapter à la réalité. C'est, en quelque sorte, un mécanisme d'adaptation coûteux, voire destructeur, qui pousse l'individu à utiliser régulièrement une substance pour se sentir à l'aise, bien dans sa peau.

Ce désir profond de prendre de la drogue participe généralement d'un style de vie où de nombreuses habitudes sont fortement ancrées. Ainsi, l'expérience recherchée prend ses racines dans un contexte psychosocial où la drogue elle-même n'est que la pointe de l'iceberg. On parle alors de dépendance reliée à l'expérience subjective que procure le psychotrope, plutôt qu'à son effet neurobiologique sur le système nerveux central. Il s'agit donc, encore une fois, d'un concept vague qui, ultimement, n'a rien à voir avec les psychotropes. La dépendance reposerait plutôt sur certaines caractéristiques du sujet, dont sa façon d'interpréter l'effet de la drogue, voire sa façon d'envisager la vie.

11.2.5. TOLÉRANCE

On a longtemps considéré la tolérance comme un phénomène exclusivement physiologique, une conséquence de l'adaptation de l'organisme à absorber et à métaboliser un produit consommé régulièrement, de sorte qu'il faille de plus en plus de ce même produit pour atteindre l'effet recherché.

Dans sa perspective, la tolérance est nécessairement associée et consécutive à la dépendance physique.

Aujourd'hui, la plupart des cliniciens reconnaissent que cette baisse dans la réponse à un psychotrope repose sur des facteurs tant psychologiques que physiologiques. À cet effet, DEWS (1978) identifie trois scénarios possibles de tolérance pharmacologique :

1) La **tolérance génétique** (*dispositional*) apparaît consécutivement à la modification des processus physico-chimiques, induite par la consommation répétée de drogue qui a pour effet de réduire la concentration d'éléments agissant sur les récepteurs neuronaux. De façon plus spécifique, il parle d'une augmentation du taux de métabolisation de la substance, résultant de son administration répétée.

2) La **tolérance physiologique**, pour sa part, découle d'une modification des récepteurs neuronaux entraînant une réduction des effets malgré l'absorption d'une même concentration (dose) de substance.

3) Enfin, la **tolérance comportementale** (*behaviorale*) implique qu'il faut une consommation plus forte que dans le passé pour obtenir le même effet, du fait que l'influence de l'environnement sur l'expérience vécue n'est plus la même.

On observe également, à l'occasion et pour certains produits, une **tolérance inversée**. Il s'agit d'une condition dans laquelle la réponse à une même dose devient plus rapide ou plus intense à la suite d'un usage répété. Les habitués du cannabis en témoignent fréquemment. On peut penser cette fois que la connaissance et l'anticipation des effets par le sujet entraînent une apparition plus rapide de ces effets.

Une autre forme d'évolution dans la consommation de psychotropes est celle de la **tolérance croisée**, c'est-à-dire de la généralisation de la tolérance à certaines substances dont l'action ou la composition chimique est semblable à celle de la substance à la base de la toxicomanie. La mieux connue et la plus répandue de ces tolérances croisées est celle de l'alcoolique qui réagit peu ou pas à une faible dose d'anxiolytique.

11.2.6. SEVRAGE

On appelle syndrome de sevrage ou d'abstinence un ensemble de symptômes caractéristiques provoqués par l'arrêt brusque de consommation d'un psychotrope. L'intensité de ces réactions est extrêmement variable selon le type de substance consommée, les doses habituellement utilisées, la fréquence et la durée des intoxications. On reconnaît également, surtout depuis les études de LEE N. ROBINS auprès des combattants du Viêt-nam, que le syndrome varie non seulement d'un sujet à l'autre, mais également en fonction du cadre physique ou du contexte socioculturel dans lequel le toxicomane se trouve au moment du sevrage. Au même titre que les autres concepts que nous venons de définir, le syndrome de sevrage n'est pas facile à décrire en termes médicaux précis. On l'associe surtout à l'arrêt brusque de consommation d'opiacés ou de barbituriques. Les principaux symptômes, qui varient selon le type de substance, apparaissent au tableau 11.1. situé à la fin du chapitre.

Comme on pourra le voir plus loin (cycle de l'assuétude), le diagnostic de toxicomanie (ou d'alcoolisme) dépend de jugements subjectifs où doivent entrer des facteurs associés à la fois à la substance, à l'individu et au contexte, et non pas une tentative d'explication linéaire ou réductionniste par une relation directe de cause à effet. L'évaluation multifactorielle peut cependant être systématisée à partir des généralités ou traits communs reconnus comme éléments étiologiques ou interactifs. Une telle démarche exige qu'on puisse s'élever au-dessus des limites disciplinaires et conceptuelles qui, trop souvent, nous aveuglent. La compréhension d'une toxicomanie, et par conséquent le plan individualisé de traitement qui lui convient, nécessite donc l'analyse systémique d'un ensemble de facteurs interactifs, associés aussi bien au contexte socioculturel dans lequel la toxicomanie évolue, qu'aux caractéristiques du consommateur et à ses habitudes de consommation.

11.3.
FACTEURS ASSOCIÉS À LA SUBSTANCE

> ... circonscrire les effets d'une drogue aux seules propriétés de la substance est nécessairement réducteur et en nette opposition avec les données de l'expérience, tout autant qu'avec les résultats de nombreuses études. (C.-A. DESROCHERS, 1986, p. 123)

Malgré la nécessité de relativiser l'importance de la drogue dans une problématique d'assuétude, on ne doit pas pour autant en scotomiser ou en invalider le rôle ; sans la drogue, il va sans dire, la toxicomanie n'existerait pas. Ce qu'on doit éviter, c'est de construire des théories différentes pour expliquer les dépendances spécifiques à chacune des substances.

11.3.1. NATURE OU PROPRIÉTÉS PHARMACOLOGIQUES DES PSYCHOTROPES

L'expérience associée à la consommation d'un psychotrope, et par le fait même l'assuétude à une telle substance, repose en grande partie sur ses propriétés chimiques. De façon plus spécifique, l'expérience qu'entraîne la consommation d'un psychotrope varie selon l'action neurobiologique du produit sur le système nerveux central. Bien que cette prémisse semble une lapalissade, on doit toutefois reconnaître qu'en dépit de nombreux, voire d'énormes, progrès accomplis par la neurobiologie au cours des quinze dernières années, on ignore encore l'essentiel de la micromécanique cérébrale. Comme le sous-titrait HUBEL (1984, p. 3) dans son article sur le cerveau : « *The central problem about neurobiology is this : how does the human brain work ?* »

Dans l'état actuel du savoir médical, il est impossible de relier chaque propriété d'un psychotrope à un mécanisme neurobiologique précis. On sait d'ailleurs qu'il serait erroné de vouloir emprisonner arbitrairement l'action d'une substance dans un territoire limité ou spécifique du cerveau (CRICK, 1984). La récente découverte des récepteurs opiacés et des facteurs endogènes analogues à la morphine (enképhaline, endorphine) permet d'espérer un éclatement à court terme de la connaissance scientifique des mécanismes d'action des psychotropes sur le système nerveux central. L'avancement de la science dans ce domaine devrait, entre autres, rendre moins énigmatiques les phénomènes de tolérance et de dépendance physique.

D'ici là, on peut continuer de s'appuyer sur la clinique qui regroupe les drogues psychoactives suivant une classification tripartite : les dépresseurs, les stimulants et les perturbateurs (dépersonnalisateurs). L'appartenance à une même classe, faut-il le préciser, n'implique pas un égal potentiel toxique ou toxicomanogène.

Il est cependant probable, mais non encore prouvé scientifiquement, que l'action dominante des drogues d'une même catégorie repose sur le fait qu'elles interviennent sur les mêmes mécanismes ou médiateurs cérébraux. Ainsi les narcotiques sont-ils associés aux récepteurs d'endorphines, les benzodiazépines aux récepteurs GABA et la cocaïne aux récepteurs dopaminergiques ou noradrénergiques. Toutefois, la distribution des psychotropes à l'intérieur des trois grandes catégories ne réduit pas pour autant leurs effets aux généralités de ces catégories.

DÉPRESSEURS

Les dépresseurs ont comme principal effet de ralentir les processus normaux de l'organisme. Ils offrent tous des propriétés sédatives et anxiolytiques. C'est dans ce groupe, en raison probablement de leur effet anesthésique sur la conscience, qu'on classe les substances reconnues comme les plus « addictives » ou toxicomanogènes (narcotiques, barbituriques).

D'un point de vue épidémiologique, on n'a qu'à penser à l'alcoolisme et à la dépendance aux benzodiazépines pour se convaincre du fléau occasionné par les substances de cette catégorie dans nos sociétés. De plus, ces drogues, parce qu'elles entraînent un ralentissement psychomoteur, constituent un facteur important de risques d'accidents de toutes sortes. Paradoxalement, c'est dans cette famille de psychotropes que se trouvent les plus nombreux et les plus efficaces médicaments prescrits par des médecins.

STIMULANTS

Les stimulants, contrairement aux dépresseurs, augmentent ou accélèrent les processus normaux de l'organisme, dont l'activité du système nerveux central. Ces drogues maintiennent l'individu en état d'éveil et, secondairement, réduisent la faim tout en procurant un état de bien-être ou d'euphorie. La poussée d'énergie qu'engendrent ces drogues est relativement rapide mais de courte durée.

On peut distribuer l'éventail de ces substances selon la polarisation suivante : stimulants de la vigilance d'une part, stimulants de l'humeur (ou antidépresseurs) d'autre part (voir le tableau 11.1.). L'utilisation médicale des stimulants de la vigilance est plutôt limitée ; jusqu'à maintenant, on parle surtout des risques d'une dépendance psychologique marquée à ces produits. Par contre, les antidépresseurs, utilisés selon les règles de l'art (voir le chapitre 37), permettent de soulager la souffrance de bien des patients déprimés.

PERTURBATEURS

Les perturbateurs, drogues psychodysleptiques qui altèrent plus spécifiquement les perceptions, les émotions et l'ensemble des processus psychologiques, se caractérisent par leurs effets hallucinogènes ou illusionogènes. Entrent dans cette catégorie (voir le tableau 11.1.) :

— les dérivés indoles du tryptophane (LSD, DMT, psilocybine, ibogaïne ...) ;

— les cannabinoïdes naturels et synthétiques (tétra-hydro-cannabinol (THC), cannabamines, diméthyl-heptyl-piran ...) ;

— des phényl-éthyl-amines (mescaline, MDA, STP, PMA) ;

— des alcaloïdes de la belladone (atropine, scopolamine) ;

— des dérivés d'acides aminés présents dans le champignon *amanita muscaria* ;

— divers autres agents chimiques.

Ce sont des drogues dont les résultats sont moins prévisibles que ceux des deux autres classes (dépresseurs, stimulants) ; elles occasionnent des effets tantôt stimulants, tantôt dépresseurs. Le contexte socioculturel dans lequel elles sont prises et l'état affectif ou l'expérience passée du consommateur jouent un rôle particulièrement important dans le déroulement de l'expérience. Certaines classifications les identifieront comme des substances « psychédéliques », c'est-à-dire des substances « qui ouvrent l'esprit, le psychisme, qui le rendent manifeste » (VERBEKE, p. 125). Le prototype des drogues de cette famille est le LSD, drogue psychédélique à action particulièrement puissante dont l'usage à des fins non médicales décupla aux États-Unis durant les années 1960.

À ce jour, les mécanismes d'action de ces perturbateurs demeurent essentiellement énigmatiques, bien qu'on ait avancé l'hypothèse d'une stimulation dopaminergique sous-jacente à la production de symptômes psychotiques. On sait cependant que leur usage régulier ou chronique n'entraîne pas de syndrome de sevrage associé à ce qu'il est convenu d'appeler une dépendance physique.

11.3.2. QUANTITÉ DE DROGUE ABSORBÉE, OU DOSAGE

L'effet d'un psychotrope commence à se faire sentir à compter d'un dosage minimal qui varie d'un individu à l'autre et chez un même individu, en fonction de différents facteurs. Il va de soi que l'intensité de l'effet dépend de la quantité de drogue qui pénètre dans le tissu cérébral. Cependant, des phénomènes comme la tolérance et la dépendance physique à une substance font qu'à un moment donné, une dose préalablement efficace ne sera plus suffisante pour procurer le même effet. D'autres variables, comme la synergie de divers psychotropes (cocktail de drogues), la condition physique et mentale du sujet, le mode d'administration de la substance et le contexte socioculturel dans lequel l'expérience se déroule, font en sorte que, pour une même substance, on ne peut parler d'une dose nécessairement active, toxique ou létale. Les généralités reconnues relativement au dosage s'appuient donc sur des observations empiriques où les exceptions sont nombreuses.

La quantité de drogue absorbée n'agit pas que sur l'intensité de l'effet ; elle peut également en influencer la qualité. Personne n'ignore le fait que l'alcool, qui exerce une action sédative et anxiolytique sur le plan psychique, est souvent utilisé comme stimulant passager lorsqu'il est pris à faible dose. Ainsi, tous les psychotropes ont des effets multiples selon la dose absorbée, notamment des effets comportementaux parfois paradoxaux.

11.3.3. MODES OU VOIES D'ADMINISTRATION ET D'ABSORPTION

Selon la substance, les habitudes adoptées ou les fins visées, les psychotropes peuvent être pris de multiples façons ou via différentes routes. La qualité de l'expérience ou de l'effet sera essentiellement la même, peu importe le mode d'administration utilisé ; par contre, l'intensité et la rapidité de l'apparition des effets varieront en fonction du mode. Puisque le véhicule des molécules actives est le sang et que la cible principale de son action est le système nerveux central, la drogue consommée sera d'autant plus efficace et son action d'autant plus rapide, voire plus intense, qu'il n'y aura pas trop d'obstacles (paroi intestinale, métabolisme hépatique, etc.) à franchir. La connaissance empirique et scientifique de cette mécanique explique en grande partie le fait que les toxicomanes privilégient très souvent l'injection et l'inhalation comme modes d'absorption (on ne doit pas non plus exclure le caractère rituel de certains modes de consommation). Ces deux modes d'introduction des drogues dans l'organisme permettent au sujet de « rouler sur une autoroute », comparativement au « chemin de campagne » que représente l'ingestion d'une substance (absorption via le système digestif). Dans ce dernier cas, l'alcaloïde doit franchir plusieurs frontières avant d'atteindre sa cible et une quantité beaucoup moins grande d'éléments actifs y parvient.

L'action de s'éloigner de la toxicomanie peut donc, pour ceux qui ne veulent pas le faire radicalement (sevrage brutal), commencer par un changement de mode d'administration. Ainsi, certains toxicomanes apprivoisent l'idée du sevrage en arrêtant de s'injecter la substance (ce qui constitue pour plusieurs une rupture du rituel) pour la priser pendant quelque temps, avant de passer à l'abstinence totale.

11.3.4. DURÉE, FRÉQUENCE ET RYTHME DE CONSOMMATION

L'expérience ou l'effet recherché dans une drogue peut varier, chez un même individu, selon la fréquence à laquelle il consomme, les intervalles qui séparent les expériences de consommation et la dernière consommation régulière. Ici, il va sans dire, intervient pour certaines substances la notion de tolérance. Par ailleurs, les phénomènes de dépendance psychologique comme de dépendance physique, indépendamment des critiques qu'on en a faites, résultent nécessairement d'un processus plus ou moins lent où l'individu en arrive, par répétition de l'expérience, à remettre peu à peu le contrôle de sa vie « entre les mains » d'une ou de certaines substances. On verra plus loin (cycle d'assuétude) que la fonction assumée par la drogue dans la vie du sujet explique en grande partie cet abandon ou cette compulsion dans l'usage ; toutefois, ce rôle joué par un psychotrope dans une dynamique d'assuétude n'était pas nécessairement présent lors des premières expériences de consommation. Autrement dit, les conséquences de la consommation d'une drogue ne sont pas les mêmes selon qu'il s'agit d'une consommation modérée et occasionnelle ou d'une consommation abusive et chronique. Par ailleurs, on doit reconnaître l'ignorance des scientifiques relativement aux effets cumulatifs à long terme d'une consommation modérée.

11.3.5. QUALITÉ ET INTERACTION DES SUBSTANCES

Les produits licites commercialisés (alcool, tabac, café) et les psychotropes prescrits médicalement peuvent mener à des toxicomanies, mais le fait qu'ils sont soumis à des contrôles ou surveillances assure à l'utilisateur la qualité et l'authenticité de la substance.

L'altération ou falsification des psychotropes illicites est un élément de risque majeur dans leur consommation. Comment peut-on s'assurer de la qualité d'un produit vendu sur le marché noir et distribué par des gens qui, souvent, en consomment eux-mêmes abusivement ? Tout le monde sait que des drogues comme l'héroïne et la cocaïne sont amalgamées à toutes sortes de poudres blanches inodores, qui non seulement en rendent le prix plus élevé que celui de l'or, mais surtout en font des produits de qualité douteuse. La qualité même de l'expérience, et par conséquent son pouvoir toxicomanogène, variera selon que le produit est dilué par l'ajout d'une substance physiologiquement inactive, comme le lactose, ou altéré par une substance aussi, voire plus, active que la drogue recherchée, comme c'est le cas pour la cocaïne coupée d'amphétamine, de strychnine ou d'atropine et pour le cannabis trempé dans une solution de phencyclidine.

De plus, le taux de substance active dans un produit qui circule sur le marché varie passablement d'un vendeur à l'autre et d'un moment à l'autre, selon les lois économiques ponctuelles de ce genre de commerce. Cette réalité est à l'origine de certaines morts par surdosage (*overdose*), particulièrement chez les héroïnomanes.

Indépendamment de leur altération, les drogues interagissent souvent avec d'autres psychotropes simultanément présents dans l'organisme. C'est le cas des polytoxicomanies qui se propagent dans la société occidentale. Cette interaction joue parfois un rôle de synergie additive et de plus grande potentialisation des différentes substances, comme dans le cas des tolérances croisées, mais elle provoque fréquemment des réactions imprévisibles et relativement dangereuses.

Les habitudes de plus en plus répandues d'autodiagnostic et d'automédication, ajoutées à l'innombrable quantité de produits pharmaceutiques accessibles même en vente libre, ne facilitent pas l'intervention médicale en cas de toxicomanie-s ou d'effets secondaires troublants. Ce problème ne touche pas que les polytoxicomanes ; son incidence est également très élevée auprès de certaines populations à risques : patients psychiatriques, malades hospitalisés, personnes âgées ... qui abusent parfois de médicaments. Chez ces « gobeurs de pilules », qu'on hésite à affubler de l'étiquette déshonorante de « toxicomanes », on arrive d'autant plus difficilement à mettre de l'ordre dans leurs habitudes qu'elles sont généralement justifiées à leurs yeux (insomnie, stress, ennui, céphalées, etc.). On ne doit pas non plus négliger le fait que l'action synergique de ces nombreuses substances est à la fois plus forte et plus complexe que la somme de leurs effets individuels.

11.4.
FACTEURS RELIÉS À L'INDIVIDU

11.4.1. FACTEURS BIOLOGIQUES

Il n'est pas exclu que des difficultés ou particularités d'ordre métabolique, génétique ou physiologique expliquent la plus grande vulnérabilité de certaines personnes à l'alcool ou à certains psychotropes ; pour autant, la conception de la toxicomanie en tant que maladie résultant uniquement d'un déterminisme génétique ou biochimique sur lequel l'individu n'a aucune emprise, ne recrute plus tellement d'adhérents. La part des facteurs biologiques dans le développement d'une toxicomanie n'est ni simple, ni exclusive.

Bien que certains souhaitent ou croient fermement que la recherche en neurobiologie viendra un jour à découvrir certains facteurs étiologiques à l'origine de l'alcoolisme ou de toute autre toxicomanie, on doit reconnaître que les récents développements en ce domaine en sont encore à des approximations préliminaires (voir à cet effet PEELE, 1987 ; TARTER et EDWARDS, 1987 ; ALEXANDER, 1987 ; WUNDERLICH, 1978). Bien sûr, quelques recherches ont démontré que la toxicomanie peut être déclenchée ou aggravée par des facteurs biologiques, voire héréditaires, mais le recours à ces explications de façon réductionniste peut mener à ce que d'aucuns ont appelé le « piège biologique ».

Ainsi, aucune étude n'a pu prouver à ce jour l'existence d'une prédisposition constitutionnelle qui accablerait à ce point certains individus qu'il leur serait impossible de consommer modérément ou occasionnellement. En outre, la conception de la « rechute inévitable », en raison de facteurs héréditaires pour tout ex-alcoolique qui aspirerait au boire modéré, repose sur une pédagogie de la peur ou du conditionnement que la science n'a pas encore pu étayer. Il n'est pas dit non plus que l'alcoolique ou le toxicomane qui s'est désintoxiqué grâce à une période de sevrage saura par la suite s'adonner modérément à une substance dont la consommation l'avait préalablement entraîné dans l'assuétude.

11.4.2. FACTEURS PSYCHIQUES ET DÉVELOPPEMENTAUX

La recherche d'une structure spécifique de personnalité prédisposant à la toxicomanie n'a pas obtenu plus de succès que celle postulant l'existence d'un substrat biologique. Cependant, comme le souligne BERGERET (1984), le fait de ne pouvoir attribuer au toxicomane un mode de personnalité particulier n'exclut pas toute influence de celle-ci dans la compréhension du cheminement vers la toxicomanie.

Une revue des écrits sur l'alcoolisme a permis à BARNES (1979) d'affirmer que la distribution des alcooliques dans l'éventail des personnalités est évidente et de souligner en même temps l'importance que semblent jouer certains traits de caractère dans le développement et l'entretien d'une telle assuétude. Les alcooliques et autres toxicomanes auraient en commun, selon cet inventaire et celui de LEIGH (1985), les attributs suivants :
— de forts sentiments d'anxiété, d'insécurité et d'hostilité envers autrui ;
— des attitudes antisociales bien enracinées ;
— de l'impulsivité difficilement maîtrisée ;
— de l'instabilité affective.

Ces caractéristiques ne s'exprimeraient cependant pas uniformément chez tous puisqu'elles n'appartiennent pas à un seul profil de personnalité. Par ailleurs, de nombreux chercheurs et cliniciens ont démontré que la préférence pour une drogue ou un type de drogues ne résulte pas du hasard ou d'une accessibilité indifférenciée à telle ou telle substance. Les drogues de choix des toxicomanes répondraient, selon ces observations, à des besoins spécifiques dus à la structure de personnalité du sujet et à certaines faiblesses du Moi. Ainsi, les dépresseurs (*downers*) attireraient des individus parta-

geant des caractéristiques communes, alors que les stimulants (*speed*) solliciteraient un groupe fort différent. Pour tous, ou la plupart, la drogue servirait d'automédication en vue d'anesthésier des sentiments de frustration, de souffrance ou de stress associés à des problèmes d'adaptation.

Les études de MILKMAN et FROSCH (1980), menées au *Bellevue Hospital Center* de New York, font voir que les héroïnomanes et les cocaïnomanes répondent différemment au stress. Alors que les premiers sont généralement portés à fuir ou à s'isoler devant les situations de forte tension, les seconds recourent plutôt à la confrontation, à la violence et à l'action lorsqu'ils se trouvent en de telles situations. Des constatations analogues sont fournies par différents auteurs cités par KHANTZIAN (1985) qui en déduit que les narcomanes se servent des psychotropes pour éviter de céder à la rage, à la honte ou à l'agressivité contre lesquelles ils se défendent, tandis que les cocaïnomanes profitent de l'énergie que leur procure cette substance pour mieux satisfaire leurs besoins de performance, d'hyperactivité, d'expression, d'hostilité et d'affrontement devant les résistances du monde extérieur. Autrement dit, ces derniers ne fuient pas le stress, ils le défient, l'utilisent et même le recherchent.

Quant aux toxicomanes qui préfèrent les hallucinogènes ou perturbateurs du système nerveux central, leur mode privilégié d'adaptation au stress consisterait à se replier dans l'imaginaire, la rêverie et la fantaisie. On trouve parmi eux des gens qui poursuivent compulsivement l'originalité, la créativité et les expériences à caractère spirituel ou mystique.

Soulignons enfin l'importance de facteurs cognitifs combinés à des facteurs affectifs dans le dénouement d'une toxicomanie. Les attentes et les convictions associées à la drogue contribuent pour beaucoup à l'expérience qu'elle engendre. À la limite, nous pourrions avancer que l'expérience dépend moins des propriétés chimiques du produit ou de son action pharmacologique sur le système nerveux central que des croyances entretenues par le consommateur à son sujet. Sans nier l'effet biochimique de la substance, nous sommes d'avis que l'assuétude naît surtout de l'effet subjectif ressenti par l'utilisateur qui accorde tellement de pouvoir à cette substance qu'il la préfère à tout autre centre d'intérêt. Ce processus est, en soi, indépendant de l'activité biochimique de la drogue ou du médicament, puisqu'il peut être déclenché par un placebo.

L'assuétude à un psychotrope constituerait donc une stratégie d'adaptation du sujet, exprimant une façon de voir la vie et de considérer les événements quotidiens comme des défis ou des sources de souffrance. La principale fonction de la drogue, pour reprendre l'analyse qu'en a faite PEELE (1981), serait alors d'alléger la conscience de ces souffrances ou de ces stress en lui permettant de les fuir ou de les affronter selon le cas. Nous développerons plus loin cette perspective en décrivant la dynamique du cycle d'assuétude.

11.5.
FACTEURS RELIÉS AU CONTEXTE SOCIOCULTUREL

11.5.1. FACTEURS CULTURELS

Le rapport qu'établissent les gens avec les psychotropes s'inscrit dans un cadre général d'attitudes, de valeurs et de comportements prescrits par la culture de la société d'appartenance. Ainsi, on verra certaines sociétés accorder une signification positive à l'utilisation d'une drogue que d'autres sociétés proscriront. Rappelons simplement l'interdit qui frappe l'utilisation de l'alcool chez les musulmans, alors que le même produit est considéré comme un « lubrifiant social » dans nos sociétés occidentales, et même comme un symbole (le sang du Christ) dans certaines cérémonies religieuses (la messe). De même, on peut voir que dans certaines nationalités, comme chez les Juifs et les Italiens, l'alcool est intégré de telle façon dans les us et coutumes que

son abus y est beaucoup moins fréquent que dans d'autres sociétés. L'éducation reçue et les comportements ou rituels d'initiation peuvent donc conditionner ou déterminer les cadres à l'intérieur desquels une drogue peut être prise et, conséquemment, en favoriser ou en réduire l'abus.

Les attitudes et les politiques sociales d'une même culture peuvent également varier dans le temps, en raison des fonctions nouvelles ou différentes accordées aux drogues. C'est le cas, par exemple, des opiacés et de la cocaïne qu'on pouvait consommer sans avoir à contourner de lois à la fin du siècle dernier, puisqu'il leur était attribué essentiellement un rôle médical. Rappelons que SIGMUND FREUD lui-même fut un adepte de la cocaïne et qu'il en préconisait une utilisation libérale. À compter du moment où l'utilisation récréative de ces substances se mit à prendre de l'ampleur, les toxicomanies qui leur sont associées se multiplièrent et des lois vinrent en interdire ou en restreindre l'usage ; les attitudes sociales à l'égard de ces substances changèrent aussitôt, de même que l'impact sur leurs utilisateurs qui devinrent par le fait même des criminels.

11.5.2. FACTEURS CONTEXTUELS D'ENVIRONNEMENT

Deux autres facteurs d'influence dans la compréhension des toxicomanies ou de l'utilisation abusive des psychotropes sont leur accessibilité et l'encouragement à leur consommation. Ainsi, la plupart des études (LEBLANC et TREMBLAY, 1987) qui portent sur la consommation de drogues chez les adolescents mettent en évidence l'importance des facteurs d'accessibilité et de pressions par les pairs.

Sans abuser de l'anthropomorphisme, rappelons également que des recherches en laboratoire (PICKENS *et al.*, 1978) effectuées sur des rats ont démontré que, placés en situations d'accès permanent à certaines drogues, ces animaux ne se comportent pas de la même façon envers chacune. Ainsi, il s'établirait une interaction entre l'accessibilité à une substance et ses propriétés intrinsèques de renforcement ou d'attraction (*inherent attractiveness*). À titre d'exemple, mentionnons que dans la plupart de ces études, l'accès illimité à la cocaïne incitait l'animal à en consommer compulsivement jusqu'à une mort rapide, alors qu'un accès limité à une ou des périodes par jour (pendant 6 heures par exemple) donnait la même utilisation compulsive durant les périodes d'accès sans entraîner de réactions de sevrage entre temps. Par ailleurs, l'auto-administration d'héroïne, de sédatifs et d'alcool ne s'inscrivait pas dans un tel rituel de compulsivité ; même si les rats étaient portés à augmenter leur dose après quelque temps, ils ne se fixaient pas à l'alimentateur comme pour la cocaïne et s'accordaient même des périodes d'abstinence dans le cas de l'alcool, sans manifester de syndrome de sevrage.

Ce type d'études a également permis d'observer l'influence de l'environnement sur l'effet fonctionnel des psychotropes. Placés en situation d'exiguïté, les rats devenaient tendus, agressifs, intolérants et, lorsqu'on leur donnait accès à un opiacé ou à un sédatif, ils y recouraient plus fréquemment que lorsqu'ils disposaient d'un plus grand territoire. On a également observé un retour plus rapide à une morphinomanie préalablement installée lorsque les animaux étaient replacés dans l'environnement où s'était établie la dépendance.

Les études de Robins auprès des soldats américains cantonnés au Viêt-nam l'ont amenée à faire les mêmes observations quant à l'influence de l'environnement sur l'utilisation des psychotropes par l'humain. Les nombreux soldats qui s'étaient adonnés régulièrement à différentes drogues, dont l'héroïne, pendant qu'ils étaient au Viêt-nam, ont pour la plupart cessé toute consommation une fois revenus dans leurs familles. Après cinq ans, certains reconnaissaient avoir réexpérimenté l'héroïne à quelques occasions, sans jamais revenir à un rapport d'assuétude envers la substance. Ce qui a fait dire à Richard S. Wilbur, sous-secrétaire d'État à la Défense :

> Tout ce que j'ai appris à la faculté de médecine, à savoir que quiconque prenait une seule fois de l'hé-

roïne était intoxiqué de façon instantanée, totale et irrémédiable, ne m'a pas préparé à faire face à cette situation. (Cité par S. Peele, 1982, p. 4)

La situation des soldats américains au Viêtnam remplit trois conditions sociales qui, selon Charles Winick (1983), favorisent l'incidence de la dépendance à certains psychotropes :

1) une facilité à se procurer les substances ;
2) un désengagement par rapport aux interdits qui frappent leur utilisation ;
3) une tension ou une privation liée aux rôles.

Est donc susceptible d'expliquer en partie une toxicomanie, toute situation sociale qui provoque du stress ou de l'ambiguïté liés aux exigences du rôle qu'une personne doit jouer pour répondre aux attentes associées à cette situation. Ainsi peut-on interpréter comme sources de tensions par rapport aux rôles les attitudes négatives envers l'autorité ou les figures parentales, une évolution désordonnée dans l'apprentissage culturel, l'absence de rituels de passage ou d'affirmation d'identité sociale comme personnelle. Autrement dit, on observe bien souvent parmi les toxicomanes des gens qui éprouvent des difficultés à identifier clairement leurs rôles ou leur sens du Soi. Le traitement de la toxicomanie, dans ces cas, passe donc par le traitement des attitudes et des états de stress reliés aux tensions ou aux privations de rôles, lesquels conditionnent partiellement le style de vie de l'individu.

11.6.
STRATÉGIES D'ADAPTATION

Bien sûr, la toxicomanie repose sur le rapport de dépendance qu'entretient une personne à l'égard d'une (ou de) substance(s) mais, comme nous l'avons montré, elle n'est pas exclusivement liée à l'action pharmacologique du produit lui-même. La relation de dépendance à une drogue, quelle qu'elle soit, n'est pas le résultat inévitable de sa consommation ; elle est plutôt le résultat de la fonction qu'elle occupe dans la vie du consommateur.

De fait, le concept le plus juste pour traduire notre propos est celui d'**assuétude** dans le sens entendu par STANTON PEELE (1976, 1977, 1981) lorsqu'il parle d'***addiction***. La toxicomanie s'inscrit alors, au même titre que tout comportement excessif, dans un cycle qui croît de lui-même en devenant de plus en plus nuisible. Elle résulte, comme nous l'avons dit plus haut, non seulement de l'effet pharmacologique répété d'une drogue sur le système nerveux central, mais surtout, pour reprendre la formule de ZINBERG (1975) et d'OLIEVENSTEIN (1984), de l'interaction produit - personne - période socioculturelle (*substance/set/setting*) ; ce qui a fait dire à LOUISE NADEAU (1985, p. 10) :

Comprendre l'assuétude, pour un chercheur comme pour un clinicien de la première ligne, c'est tenter de saisir, pour un sujet donné à un moment donné de son histoire, la relation qu'il a établie avec un produit ou une conduite donnée.

Dans cette perspective, un simple arrêt de consommation ne suffit pas pour régler une problématique d'assuétude ; le thérapeute doit aller bien au delà et, souvent, amener le toxicomane à changer complètement son style de vie, voire sa relation avec le monde. L'expérience que procure un psychotrope et, surtout, l'importance de la dépendance associée à cette expérience résultent d'un ensemble d'éléments ou conditions qui n'excluent pas l'action pharmacologique de la drogue mais la transcendent.

Comme pour beaucoup d'autres problèmes de santé, la toxicomanie exige qu'on se penche sur l'interdépendance de nombreux facteurs pour en comprendre la nature. On doit se défaire de cette conception par trop mécanique et simpliste représentant le corps ou l'organisme humain comme une machine qui dépend de structures fondamentales autonomes, sans lien avec aucun autre processus dynamique sous-jacent. Son traitement exige donc une approche bio-psycho-sociale, écologique et systémique, considérant la santé en fonction de processus continus et interactifs :

Le cadre conceptuel qui se trouve à la base d'une telle approche inclura non seulement la nouvelle biologie systémique, mais également une nouvelle psychologie systémique, une science de l'expérience et du comportement humain qui perçoit l'organisme comme un système dynamique impliquant des modèles physiologiques et psychologiques interdépendants, inclus dans des systèmes interactifs plus larges de dimensions physiques, sociales et culturelles. (CAPRA, 1983, p. 343)

Une telle vision rend cependant difficile et complexe la démarcation précise entre la toxicomanie et certains modèles de consommation. On doit donc accepter qu'un phénomène multidimensionnel comme celui de la toxicomanie ne puisse être exclusivement évalué par une mesure quantitative ou une lecture cartésienne. Ultimement, chaque toxicomane se distingue de tous les autres par un cheminement spécifique et par l'interaction de variables différemment pondérées à l'origine de sa dépendance.

Comme l'a démontré STANTON PEELE dans *How Much Is Too Much* (1981) « l'expérience le plus directement associée à l'assuétude est celle de l'oubli, de l'effacement de la conscience ». Cette fonction d'anesthésie de la conscience remplie par un psychotrope est particulièrement susceptible d'être recherchée lorsque le consommateur se trouve dans une situation de difficultés affectives ou sociales. Ainsi, la personne qui se sent exagérément écrasée par le poids de frustrations, d'échecs ou de pressions sociales pourra éprouver, sous l'effet de la drogue, un soulagement de sa souffrance qui rendra celle-ci d'autant plus difficile à supporter une fois l'action du psychotrope disparue.

Cette expérience, faut-il le rappeler, n'est pas le propre des individus malheureux. Si plusieurs y cèdent pour compenser un manque de satisfaction ou de confiance en soi pour réussir leur vie, comme c'est le cas pour ceux qui ont l'impression d'avoir toujours été perdants, d'autres en abusent ou en consomment régulièrement pour compenser l'impression de payer trop cher le maintien d'un équilibre psychologique ou social fragile. Parmi ces derniers se trouvent ceux pour qui tout semble réussir dans la vie, mais dont cette apparence implique un coût très élevé en matière de tensions ou de stress à supporter.

Lorsque la consommation d'alcool ou de toute autre drogue s'inscrit dans l'un ou l'autre de ces contextes de stress ou de frustrations psychosociales, elle contribue à épuiser un réservoir d'énergie psychique déjà fortement hypothéqué. Ce réservoir d'énergie, sur lequel repose la capacité d'adaptation et de fonctionnement psychosocial adéquat, s'alimente non seulement du rapport « satisfaction/ frustration » vécu dans le présent, mais également d'un passé où l'individu pourra puiser des réserves lors de périodes difficiles. C'est ce qui fait que celui qui n'a pu combler ses besoins primaires (sécurité affective et matérielle, plaisirs sensuels, expériences de partage, créativité) au cours de la petite enfance sera d'autant plus porté à rechercher et à éprouver l'effet anesthésique d'une drogue lorsqu'il en prendra. Pour les gens qui traînent un tel passé, le seul fait de réfléchir à leur vie est source de souffrance. Par ailleurs, l'apaisement de leur douleur par des psychotropes va également diminuer leur capacité à résoudre leurs problèmes. En tels cas, le besoin de connaître l'oubli, de fuir une conscience de plus en plus culpabilisante et angoissante s'intensifie avec l'utilisation de psychotropes. C'est ainsi que leur consommation s'intègre dans un cycle qui croît de lui-même pour devenir leur centre d'intérêt, leur outil d'adaptation (voir la figure 11.1.).

Contrairement à ce type de réaction, les personnes qui se croient ou se savent intérieurement capables d'affronter leurs frustrations grâce à leurs ressources personnelles se serviront de l'anxiété suscitée par leur condition pour entreprendre des démarches qui leur permettront de sortir de leur impasse.

Le chômage ou la peur de perdre son emploi, les difficultés financières ou interpersonnelles, les conditions de vie qui mènent essentiellement et régulièrement à la frustration, parce qu'ils contribuent à alimenter l'angoisse, la culpabilité, le mépris de soi, les sentiments d'impuissance et d'échec, favorisent le recours à la drogue en tant qu'exutoire. Toutefois, le travail ou la richesse n'immunisent pas contre la toxicomanie pour autant. Le stress ou la pression qu'entraîne pour certains le besoin de pro-téger une image ou une situation qu'ils craignent de perdre peuvent également être une source de souffrance, d'inconfort, que la drogue fait oublier. Cette pseudo-solution aliène davantage l'individu par l'hostilité qu'elle sème entre lui et son entourage, de même que par la culpabilité qu'elle provoque. Lorsqu'une sphère importante de la vie cause de trop grandes frustrations, les risques de contamination sur les autres aires de vie sont très élevés. Cette réalité se traduit souvent dans l'image ou la sagesse populaire où le conjoint reçoit les coups qui devraient être destinés au patron par exemple. Tout thérapeute ou éducateur d'expérience sait à quel point cette loi du « gros bon sens » perd son évidence pour l'individu qui essaie d'y voir clair dans une période où tout s'écroule dans sa vie. C'est le cas, il va sans dire, d'un grand nombre d'alcooliques ou de toxicomanes pour qui les causes et les effets se confondent trop souvent. La psychothérapie doit donc d'abord permettre au patient de dénouer le vécu afin qu'il puisse y voir clair et entreprendre des changements (figure 11.2.).

11.7.
CONSIDÉRATIONS THÉRAPEUTIQUES

On comprendra, à partir de cette lecture, que le traitement des toxicomanies doit prendre des formes et des degrés d'intensité relatifs à la complexité et à la force d'ancrage des habitudes de chaque patient. En raison des nombreux facteurs interactifs dans une telle problématique, aucune intervention isolée, qu'elle soit médicale ou psychothérapeutique, ne peut suffire dans la majorité des cas. L'omnipraticien en cabinet privé est bien placé pour faire du dépistage ; il peut également s'intégrer à une équipe spécialisée en toxicomanie et contribuer au plan de réadaptation qui convient au patient, mais il ne pourra jamais suffire seul à la tâche. D'ailleurs, la plupart des cliniciens (NEGRETE, 1981 ; MARQUIS et LAMBERT, 1980) reconnaissent aujourd'hui qu'une cure de désintoxication sans encadrement psychosocial ou sans programme global de réadaptation est pratiquement vouée à la récidive à plus ou moins long terme. Les stratégies d'intervention doivent être multiples et variées.

Il est essentiel, quoique souvent difficile, de maintenir des attitudes de soutien et d'empathie envers les toxicomanes ; on doit continuellement s'assurer que les interventions contribuent non pas à maintenir mais à modifier les habitudes de consommation et le style de vie du sujet. Les gens qui sont les plus enracinés dans leur toxicomanie sont, généralement, issus d'un milieu familial ou social très déficient, présentent des traits majeurs de dyssocialité et de troubles de la personnalité, et s'inscrivent dans un style de vie marginal où les habitudes et les valeurs sont acquises depuis longtemps. D'autres, par ailleurs, sont devenus toxicomanes de façon plutôt réactionnelle ou circonstancielle.

Pour faire face à toutes ces situations, les services doivent être polyvalents et appartenir à un réseau coordonné de ressources. La configuration d'un tel réseau a déjà été délimitée (TREMBLAY, 1983), mais nous devons reconnaître que son implantation n'est pas facile à réaliser. Pour répondre à *tous* les besoins, il faut instaurer non seulement des formules d'internat dont peu de patients ont besoin, mais surtout des programmes de jour, des appartements supervisés ou partagés, des foyers de groupe ouverts sur le milieu naturel, un réseau de soutien formé de pairs, de la famille, de professionnels et d'anciens toxicomanes. Sans un tel amalgame de programmes, la cohorte des toxicomanes poursuivra alors la croissance qu'on observe impuissamment depuis vingt ans.

Figure 11.1. CYCLE D'ASSUÉTUDE

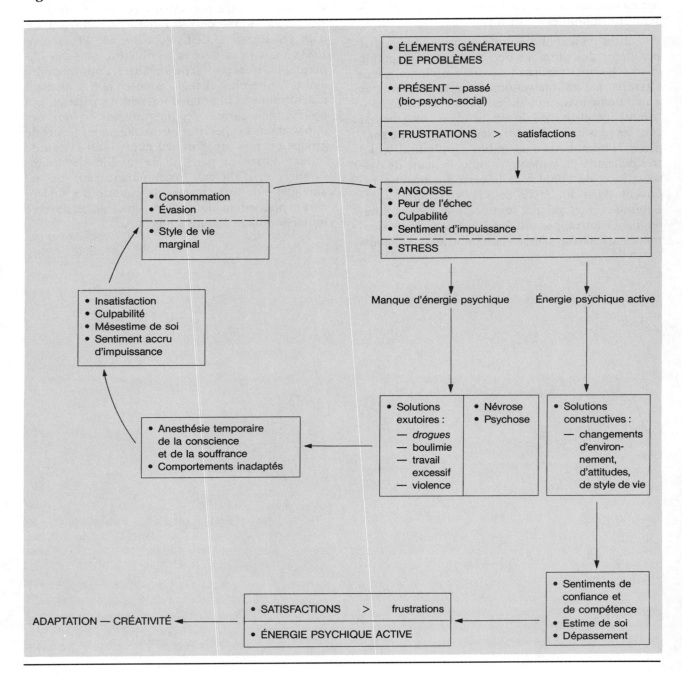

Figure 11.2.   SOURCES DE SATISFACTION - FRUSTRATION ET LEURS CONSÉQUENCES

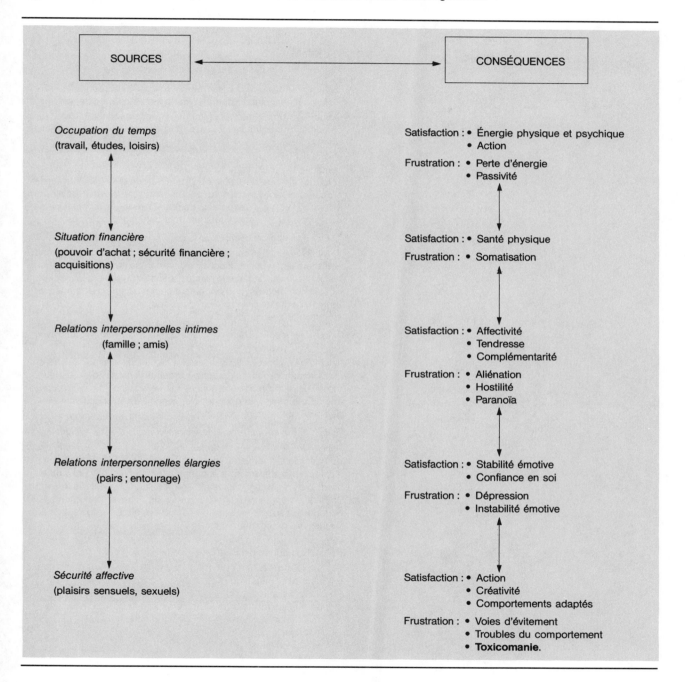

Tableau 11.1. CLASSIFICATION DES PSYCHOTROPES

SUBSTANCES	QUELQUES CARACTÉRISTIQUES
1) DÉPRESSEURS **A)** *Alcool*[1] (bière, vin, spiritueux)	• Liquide transparent, pouvant être synthétisé ou produit naturellement par fermentation de fruits, de légumes ou de céréales. • Combiné à un autre dépresseur, il en accentue l'effet, alors que combiné à un stimulant ou à un perturbateur, il en complexifie l'effet. • L'alcoolisme, phénomène hétérogène, constitue la principale toxicomanie à l'échelle mondiale, Plusieurs typologies ont été proposées, depuis celle de JELLINEK en 1946, afin de diviser les buveurs à problèmes selon certains traits communs. Mentionnons celle de MULFORD (1970) qui s'appuie sur des caractéristiques psychosociales pour partager les alcooliques en trois catégories ou types : *TYPE A. Alcooliques chroniques* Ils totaliseraient 5 % de tous les buveurs à problèmes, dont un grand nombre d'itinérants ou clochards ; ils représentent les alcooliques les plus affectés, tant sur le plan de la santé physique que mentale. Ils sont peu motivés au changement ou au traitement et leur alcoolisme les entraîne bien souvent dans des situations qui les placent en difficulté avec la justice. *TYPE B. Alcooliques avancés sans difficultés chroniques avec la justice* Ils ont également une longue histoire de difficultés associées à leur consommation d'alcool, sans pour autant avoir perdu tous leurs moyens. L'alcool représente tout de même la source de nombreuses complications physiques, affectives et sociales. Ils constituent 20 % de l'ensemble des alcooliques. *TYPE C. Buveurs à problèmes, sans complications physiques* Leur situation n'exige pas de soins médicaux, comme c'est le cas pour les deux premiers types. Leurs habitudes d'ivresse répétée leur nuisent socialement et suggèrent des interventions préventives afin qu'ils ne glissent pas davantage vers la déchéance. Ils forment 75 % de la population alcoolique : le fait qu'ils traversent de longues périodes de sobriété les incite très souvent à refuser toute aide ou suggestion de changements. • Les complications à long terme de la consommation régulière d'alcool comprennent : — la gastrite ; — la cirrhose hépatique ; — la pancréatite ; — les troubles mentaux (délirium tremens, psychose de KORSAKOFF, hallucinose) ; — l'artériosclérose ; — les polynévrites.

1. Voir aussi le chapitre 10.

Tableau 11.1.   (SUITE)

SUBSTANCES	QUELQUES CARACTÉRISTIQUES
B) *Hypnotiques* (somnifères et sédatifs) **a)** *Barbituriques* — action courte (thiopental, Pentothal®) — action intermédiaire (amobarbital, Amytal® ; sécobarbital, Seconal®) — action longue (phénobarbital, Gardénal®) **b)** *Non barbituriques* (glutéthimide, Doriden® ; méthaqualone, Mandrax®)	• Ces dépresseurs de la vigilance ont une action sédative à faibles doses et certains barbituriques sont utilisés en anesthésie. Ils ne devraient plus être prescrits comme somnifères dans la pratique contemporaine. Leurs effets varient énormément selon la composition chimique du produit, la dose, le mode d'administration et le sujet. Des doses excessives peuvent entraîner une perte de conscience, le coma et même la mort. • De nombreux suicides ou morts accidentelles leur sont imputables ; les risques sont particulièrement élevés lorsque ces substances sont combinées à l'alcool. • Le mode d'administration le plus courant est par voie orale, mais l'injection intraveineuse est également utilisée, entre autres par certains toxicomanes. Comme le souligne TOUZEAU (dans BERGERET, LEBLANC *et al.*, 1984, p. 17) : Injectés par voie intraveineuse, ils (les barbituriques) procurent un flash particulier, suivi d'une ivresse barbiturique qui peut entraîner un épisode confuso-onirique suivi d'un coma avec défaillance cardio-respiratoire, hypothermie et collapsus. • Généralement, ces substances réduisent les capacités d'attention et de production intellectuelles ; toutefois, chez certains individus, elles exerceront, à dose modérée, une action paradoxale de stimulation plutôt que de sédation. • On les considère parmi les drogues qui présentent les plus grands risques de tolérance et de dépendance physique comme psychologique. Il existe également une tolérance croisée (potentialisation réciproque des effets) entre les hypnotiques et les autres dépresseurs du système nerveux central. Ainsi, les héroïnomanes et les morphinomanes s'en servent souvent comme produit de substitution ou d'apaisement lorsqu'ils se trouvent en état de manque. • À la naissance, les enfants de mères qui en ont fait un usage chronique durant leur grossesse éprouvent très souvent des difficultés de tous genres : troubles respiratoires, insomnie, fièvre. • Parmi les symptômes de sevrage, pour ceux qui ont fait un usage régulier à long terme, on signale les suivants : agitation, anxiété, insomnie, délire, convulsions et, parfois, mort.

Tableau 11.1. (SUITE)

SUBSTANCES	QUELQUES CARACTÉRISTIQUES
C) *Anxiolytiques*[2] (chlordiazépoxide, Librium® ; diazépam, Valium® ; méprobamate, Équanil®)	• Longtemps considérés comme médicaments sans risques en raison de leur faible toxicité, les anxiolytiques suscitent aujourd'hui beaucoup de controverses (voir le chapitre 35). Les centres de traitement (réadaptation) pour toxicomanes reçoivent en effet de plus en plus de gens (des femmes surtout) qui souhaitent se libérer d'une assuétude à ces substances, souvent considérées comme une panacée à ce qu'on identifie comme le mal du siècle : le stress. Cette banalisation des risques inhérents aux benzodiazépines repose en partie sur le fait qu'on ne leur reconnaît pas de dose létale, à moins qu'elles ne soient combinées à d'autres psychotropes, dont l'alcool. Cette combinaison est d'ailleurs fréquente dans les tentatives de suicide. • Relaxants musculaires et anxiolytiques, ils peuvent affecter la coordination, le sens de l'équilibre, la vigilance et les réactions émotives. Il est donc essentiel que le thérapeute connaisse bien le type de travail et de loisirs auxquels s'adonne le sujet avant de lui prescrire une telle médication (conduite automobile, manipulations d'outils, etc.). • Leur utilisation entraîne parfois chez certaines personnes des réactions paradoxales : insomnie, agressivité, agitation. Une tolérance se développe chez certains patients et amène parfois une augmentation de la dose pour qu'ils puissent atteindre l'effet désiré. • Les réactions au sevrage lors d'un arrêt brusque ne présentent pas de risque, mais sont parfois suffisamment pénibles pour que l'individu soit réticent à interrompre sa médication : insomnie, sudation, crampes d'estomac, agitation, tremblements, délire, convulsions, etc. C'est pourquoi on recommande généralement un sevrage progressif, étendu sur une dizaine de jours.

D) *Narcotiques*
 	
(analgésiques : opium et ses dérivés)
  a) *Naturels*
    (morphine, codéine)
 	
  b) *De synthèse*
    (mépéridine, Demerol® ;
    méthadone, Dolophine® ;
    oxycodone, Percodan®)
	• S'il est une potion magique qui, dans l'histoire de l'humanité, a dominé toutes les autres, c'est bien l'opium et ses dérivés. Le suc du pavot, cette plante dont HOMÈRE vantait les mérites dans l'*Odyssée*, a entraîné dans la toxicomanie des personnages aussi différents que MARC-AURÈLE, RONSARD, le cardinal RICHELIEU, DE MAUPASSANT et COCTEAU. Ce n'est cependant qu'au XIXe siècle qu'on parvint à en extraire le principal alcaloïde : la morphine. Celle-ci, utilisée autrefois pour le traitement de l'opiomanie, engendre aussitôt une nouvelle toxicomanie. Le même scénario se répéta quelques années plus tard avec l'héroïne, dont on voulut se servir pour désintoxiquer les morphinomanes. Aujourd'hui, au Canada, ces substances sont régies par la Loi sur les stupéfiants, qui prévoit de fortes sentences envers ceux qui les utilisent à des fins autres que médicales.
	• En consommation illicite, l'opium se mange, se boit en tisane ou en élixir et se fume, alors que ses dérivés (qui se présentent sous forme de poudre blanche) sont généralement prisés ou injectés.

2. Les neuroleptiques qui ont une action essentiellement antipsychotique ne se prêtent à peu près pas à un usage toxicomaniaque.

Tableau 11.1. (SUITE)

SUBSTANCES	QUELQUES CARACTÉRISTIQUES
	• À court terme, les opiacés provoquent généralement une intense sensation de bien-être. Il n'est pas rare cependant que les premières expériences de consommation provoquent de l'agitation, des nausées, voire des vomissements. • Après une forte dose, les pupilles se contractent, la peau devient froide et humide, la respiration ralentit au point d'entraîner parfois la mort (surdosage). • À long terme, les sujets éprouvent de sérieux problèmes de constipation ; des troubles pulmonaires sont également fréquents. L'utilisation de seringues dans des conditions peu hygiéniques (aiguilles non stérilisées) peut induire des infections par septicémie, des abcès, une hépatite, le tétanos et le SIDA. • L'altération du produit ajoute aux risques. • Le pouvoir toxicomanogène des opiacés n'est plus à démontrer. La tolérance est rapide, de même que la dépendance physique et psychologique. • Les principaux symptômes de sevrage, qui peuvent durer jusqu'à 10 jours, sont les suivants : angoisse, insomnie, agitation, sueurs, spasmes musculaires, frissons, diarrhée, douleurs dans le dos, les jambes et les articulations, nausées, vomissements, céphalées. Ces symptômes sont particulièrement intenses lorsque la drogue est administrée par injection. La forte dépendance psychologique explique les rechutes nombreuses une fois le sevrage terminé.

2) STIMULANTS
 	
  A) *Stimulants de la vigilance*
 	
    a) *Stimulants majeurs*
    (amphétamines, anorexigènes, cocaïne)
 	
    b) *Stimulants mineurs*
    (caféine : thé, café, cola ; nicotine)
 	
  B) *Stimulants de l'humeur*
  (antidépresseurs)
	• Les stimulants toxicomanogènes sont ceux qui ont pour principal effet d'accroître la vigilance, c'est-à-dire l'énergie physique et psychique.
	• À l'origine, c'est-à-dire au milieu du xxᵉ siècle, les amphétamines furent utilisées dans le traitement de la dépression (avant la découverte des tricycliques et des IMAO) et de l'obésité (comme anorexigène).
	• En réalisant les nombreux risques que ces psychotropes pouvaient occasionner, la plupart des gouvernements ont, depuis, imposé des contrôles sur leur distribution. Au Canada, on ne peut donc s'en procurer légalement qu'au moyen d'une prescription médicale. Il n'est cependant pas difficile, pour un toxicomane, de s'en procurer sur le marché noir. Quant à la cocaïne, poudre blanche cristalline, elle est régie au Canada par la Loi sur les stupéfiants et sa possession illégale constitue un délit criminel.
	• À court terme, les stimulants de la vigilance procurent des effets qui se ressemblent. Le consommateur se sent euphorique, voire excité, plus agressif et parfois hostile. Son rythme cardiaque et respiratoire est accéléré, il perd le sentiment de faim et transpire plus que d'ordinaire. De fortes doses risquent de donner lieu à un trouble paranoïde, à des convulsions et même à la mort par hémorragie cérébrale ou par insuffisance cardiaque.

Tableau 11.1. (SUITE)

SUBSTANCES	QUELQUES CARACTÉRISTIQUES
	• À long terme, la consommation chronique peut provoquer des problèmes reliés à la malnutrition et des symptômes psychotiques (hallucinations et délire).
	• Les amphétamines et la cocaïne prises régulièrement entraînent une forte dépendance psychologique. Certaines expériences, avec des rats de laboratoire, ont même démontré que l'assuétude à la cocaïne est plus difficile à interrompre que la dépendance à l'héroïne.
	• À forte dose, par voie intraveineuse, l'expérience des amphétamines comme de la cocaïne est extrêmement violente et risquée, mais elle est recherchée par certains toxicomanes (*speed freaks*) en raison de la puissante exaltation qu'elle provoque. C'est ce qu'on appelle le *flash*. Ce type de toxicomanie s'inscrit facilement dans un rituel compulsif qui mène à la polytoxicomanie où les stimulants se combinent ou alternent avec les dépresseurs, afin de réduire la tension provoquée par les premiers, ou encore pour trouver le sommeil. Une autre combinaison passablement fréquente chez les héroïnomanes consiste à agréger héroïne et cocaïne, ce qui produit l'effet *speed-ball* qui, pour reprendre la description de TOUZEAU (dans LEBLANC *et al.*, 1984, p. 25) :
	... permet d'obtenir la stimulation idéative et sexuelle de la cocaïne, la détente des opiacés, tout en prévenant les effets dysphoriques survenant lors de l'usage exclusif de la cocaïne.
3) PERTURBATEURS (psychodysleptiques) **A)** *Hallucinogènes* **a)** LSD (acide lysergique)	• Le LSD est un dérivé de l'ergot de seigle qu'on peut assez facilement synthétiser. Il se présente généralement sous forme de capsule (*cap*), de comprimé (*tab*) ou de buvard (imbibé du produit). ALBERT HOFMAN, chercheur des laboratoires Sandoz à Bâle, en réussit la première synthèse en 1938. Il en révéla les propriétés psychotropiques cinq ans plus tard.
	• Selon certains, dont J.-L. BRAU (1968, p. 160) :
	Toutes questions de morale et de danger social mises à part, le LSD a incontestablement fait progresser la connaissance de l'expérience mystique, a permis de mieux comprendre certaines pratiques rituelles ... et il n'est pas exclu que l'expérience psychédélique permette d'établir une méthode d'analyse aussi rigoureuse que la méthode psychanalytique.
	• Une dose de moins de 100 mg, habituellement prise par voie orale, suffit pour entreprendre, après une attente de moins de 30 minutes, un voyage qui durera de 8 à 12 heures.

Tableau 11.1. (SUITE)

SUBSTANCES	QUELQUES CARACTÉRISTIQUES
	• Les effets psychophysiologiques du LSD servent de référence pour tous les produits hallucinogènes. Comme l'indique le nom « psychodysleptiques », ces substances *altèrent les perceptions* en provoquant une hyperesthésie sensorielle par action sur le système nerveux central (SIEGEL, 1986). Les illusions et les hallucinations les plus fréquentes, sinon les plus recherchées par les adeptes de ces drogues, sont visuelles. On note également des synesthésies sensorielles, comme la perception visuelle d'un son (ou l'inverse), et des troubles de la somatognosie où l'expérience subjective du corps est modifiée. Ces drogues sont également de puissants *perturbateurs affectifs, intellectuels et comportementaux*. Pour ces raisons, certains les identifieront comme étant des « dépersonnalisateurs ». L'humeur, la mémoire, la conscience, la concentration et la perception de la réalité seront affectées, entraînant parfois des comportements bizarres ou inhabituels. Malgré tout, le sujet reste habituellement en contact avec la réalité ; il peut se critiquer et analyser ses illusions ou hallucinations, même s'il ne peut en maîtriser l'apparition. Toutes ces réactions psychiques s'accompagnent parfois, en début d'expérience, de *réactions neurovégétatives* : nausées, vomissements, fièvre, sudation, étourdissements, malaises abdominaux.
b) *Champignons ; végétaux* (peyotl : mescaline ; psilocybine)	• On n'a probablement pas encore fini d'identifier tous les végétaux hallucinogènes qui poussent à l'état naturel sous les différents climats de notre globe. La plupart d'entre eux produisent des effets qui s'apparentent à ceux du LSD, bien qu'ils soient généralement moins puissants. • Le peyotl, petit cactus sans épine, contient plusieurs alcaloïdes dont la mescaline. La durée de son effet varie de 3 à 10 heures selon la dose et la personnalité du consommateur. • Il faut signaler que ce qui se vend sur le marché noir comme étant de la mescaline (*mess*) n'en est généralement pas. Il s'agit plutôt de LSD ou de PCP. • La psilocybine constitue le principal ingrédient actif de plusieurs espèces de champignons qui poussent sous tous les climats. Les psilocybes les mieux connus sont certainement ceux que les autochtones du Mexique (Aztèques, Mayas) utilisent à des fins médicales ou religieuses (chair des dieux). Les effets de ces champignons sont de durée et d'intensité moins grandes que ceux du LSD et de la mescaline. Les risques de complications sont également moindres.
c) *Produits de synthèse* (DOM, PCP - phencyclidine)	• La DOM (diméthoxy-méthyl-amphétamine), communément appelée STP (sérénité, tranquillité et paix), a une structure et des propriétés pharmacologiques analogues à la fois à celles de la mescaline et de l'amphétamine. Son action d'assez longue durée (de 16 à 24 heures) varie selon la dose et le sujet. Elle peut être absorbée par voie orale, prisée ou injectée.

Tableau 11.1.   (SUITE ET FIN)

SUBSTANCES	QUELQUES CARACTÉRISTIQUES
	• Le PCP, utilisé en médecine vétérinaire comme anesthésique, entraîne à dose moyenne des distorsions perceptives qui en font une substance recherchée par les amateurs d'hallucinogènes.
B) *Cannabinoïdes* (marijuana ; haschisch : résine, huile ; THC)	• Le cannabis peut pousser sous presque tous les climats, mais sa teneur en THC (tétra-hydro-cannabinol) varie selon les conditions atmosphériques. Son utilisation remonte à la plus haute Antiquité, particulièrement dans les régions d'Asie centrale d'où il provient. Il est généralement fumé, mais peut aussi être consommé sous forme de tisane ou d'ingrédient ajouté à la nourriture (salade, gâteau ...).
	• Les effets du cannabis, lorsqu'il est fumé, apparaissent en quelques minutes et se prolongent sur une période de 2 à 4 heures. Par contre, s'il est ingéré, l'action est plus lente et de plus longue durée.
	• Bien que l'expérience varie d'un individu, d'un contexte ou d'un moment à l'autre, certaines réactions apparaissent de façon plus fréquente chez l'utilisateur occasionnel : tendance inhabituelle à parler et à rire, sentiment de détente, boulimie, perception modifiée du temps et de l'espace, altérations sensorielles.
	• On ne reconnaît pas de dépendance physique à cette substance, pas plus que de symptômes graves de sevrage ; toutefois, la dépendance psychologique et sociale peut entraîner, lorsque le sujet arrête d'en prendre après une utilisation chronique, des réactions d'angoisse, de la nervosité, de l'insomnie et parfois une perte d'appétit.
	• Fumé quotidiennement pendant plusieurs années, le cannabis provoque de sérieux problèmes laryngo-trachéaux et bronco-pulmonaires. Sa concentration en goudron, plus élevée que dans le tabac, renferme des agents cancérigènes qui en rendent la consommation régulière d'autant plus risquée. On reconnaît aussi un « syndrome amotivationnel » chez les utilisateurs chroniques.
C) *Solvants volatils* (colles, essences, dissolvants, diluants)	• Ces solvants entraînent des effets d'ivresse et de vertige semblables à ceux de l'alcool. Leur durée est d'environ une demi-heure, au cours de laquelle les perceptions seront généralement altérées.
	• L'assuétude à ces substances affecte aussi bien l'organisme (foie, reins, gorge) que le psychisme (confusion mentale, hostilité, fatigue).

SOURCE : Tableau constitué par l'auteur et inspiré des brochures gracieusement offertes par Santé et Bien-être social Canada (1983) et par le Service de toxicomanie du Québec (1986).

NOTE : Pour le traitement d'urgence de l'intoxication à ces divers psychotropes, voir le chapitre 21, section 21.12.

BIBLIOGRAPHIE

ALEXANDER, B.K.
1987   « The Disease and Adaptive Models of Addiction : A Framework Evaluation », *The Journal of Drug Issues*, vol. 17, n° 1, p. 47-66.

BARNES, G.E.
1979   « The Alcoholic Personality : A Reanalysis of the Literature », *Journal of Studies on Alcohol*, vol. 40, p. 571-634.

BARRUCAND, D. *et al.*
1984   *Alcoologie*, Riom Laboratoires, CERM, édition du Département d'alcoologie thérapeutique.

BERGERET, J. et J. LEBLANC (édit.)
1984   *Précis de toxicomanie*, Presses de l'Université de Montréal ; en particulier : « La personnalité du toxicomane », p. 63-74.

BRAU, J.L.
1968   *Histoire de la drogue*, Paris, Tchou.

CAPRA, F.
1983   *Le temps du changement*, Éditions du Rocher.

CORMIER, D.
1984   *Toxicomanies : styles de vie*, Chicoutimi, Gaëtan Morin éditeur.

CRICK, F.H.
1984   « Thinking About the Brain », *Scientific American Offprint*, p. 13-20.

DELORME, M.F.
1984   « L'alcool », *Alcoologie* (D. Barrucand *et al.*), RIOM.

DESROCHERS, C.A.
1986   « Programme de formation des éducateurs — Cahier du formateur », *La consommation de drogues chez les jeunes. Modèles d'éducation préventive*, Commission des écoles catholiques de Montréal, Bibliothèque nationale du Québec.

DEWS, P.B.
1978   « Behavioral Tolerance », *Behavioral Tolerance : Research and Treatment Implications*, National Institute on Drug Abuse (NIDA), Research Monograph n° 18, Washington, D.C., Supt. of Docs, U.S. Government Printing Office.

HUBEL, D.H.
1984   « The Brain », *Scientific American Offprint*, p. 3-12.

JELLINEK, E.M.
1946   *Phases in the Drinking History of Alcoholism*, New Haven, Hillhouse.

KHANTZIAN, E.J.
1985   « The Self-medication Hypothesis of Addictive Disorders : Focus on Heroin and Cocain Dependance », *American Journal of Psychiatry*, vol. 142, n° 11, p. 1259-1264.

LEBLANC, M. et R. TREMBLAY
1987   « Drogues illicites et activités délictueuses chez les adolescents de Montréal : épidémiologie et esquisse d'une politique sociale », *Psychotropes*, vol. III, n° 3, p. 57-72.

LEIGH, G.
1985   « Psychosocial Factors in the Etiology of Substance Abuse », *Alcoholism and Substance Abuse : Strategies for Clinical Intervention* (T.E. Bratter et G.G. Forest, édit.), MacMillan.

MARQUIS, P.A. et J. LAMBERT
1980   « Alcoolisme et toxicomanie », *Psychiatrie clinique : approche contemporaine* (P. Lalonde et F. Grunberg, édit.), Chicoutimi, Gaëtan Morin éditeur, p. 175-209.

MILKMAN, H. et W. FROSH
1980   « Theory on Drug Use », *Theories on Drug Abuse : Selected Contemporary Perspectives* (M. Lettieri, M. Sayers et H.W. Pearson, édit.), National Institute on Drug Abuse (NIDA), Research Monograph n° 30, Rockville.

MILKMAN, H. et S. SUNDERWITH
1983   « The Chimistry of Craving », *Psychology Today*, p. 36-44.

MULFORD, H.A.
1970   *Meeting the Problems of Alcohol Abuse : A Testable Action for Iowa*, Cedar Rapids, Iowa Alcoholism Foundation.

NADEAU, L.
1985   « Les théories de l'assuétude ou l'épidémiologie revue et non corrigée », *L'intervenant*, vol. 2, n° 1, p. 10-12.

NATIONAL INSTITUTE ON DRUG ABUSE
1982   *Guide to Drug Abuse Research Terminology*, Research Issues 26, U.S. Department of Health and Human Services.

NEGRETE, J.C.
1981 « Les toxicomanies », *Précis pratique de psychiatrie* (R. Duguay et H.F. Ellenberger, édit.), Paris, Maloine, p. 211-244.

OETTING, E.R. et F. BEAUVAIS
1987 « Common Elements in Youth Drug Abuse : Peer Clusters and Other Psychosocial Factors », *Journal of Drug Issues*, printemps, p. 133-151.

OLIEVENSTEIN, C.
1984 *La drogue ou la vie*, Paris, Éditions Robert Laffont.

PEELE, S.
1981 *How Much is Too Much ?* Englewood Cliffs, N.J., Prentice-Hall.

1982 *L'expérience de l'assuétude*, Montréal, Faculté de l'éducation permanente, Université de Montréal.

1983 « La dépendance à l'égard d'une expérience : une théorie socio-psycho-pharmacologique de la dépendance », *Psychotropes*, vol. 1, n° 1, p. 80-83.

1985 *The Meaning of Addiction : Compulsive Experience and its Interpretation*, Lexington, M.A. Lexington Books.

1987a « Introduction to "Visions of Addiction" : The Nature of the Beast », *The Journal of Drug Issues*, p. 1-7.

1987b « A Moral Vision of Addiction : How People's Values Determine Whether They Become and Remain Addicts », *The Journal of Drug Issues*, vol. 17, n° 2, p. 187-215.

PICKENS, R., R.A. MEISCH et T. THOMPSON
1978 « Drug Self-Administration : An Analysis of the Reinforcing Effects of Drugs », *Handbook of Psychopharmacology* (L.L. Iversen, S.D. Iversen et S.H. Snyder, édit.), vol. 12, New York, Plenum Press.

POMERLEAU, O.-F. et C.-S. POMERLEAU
1987 « A Biobehavioral View of Substance Abuse and Addiction », *Journal of Drug Issues*, printemps, p. 111-131.

POROT, A. et M. POROT
1987 *Les toxicomanies*, Paris, PUF, coll. Que sais-je ? n° 586.

ROBINS, L.N.
1973 *The Vietnam Drug User Returns*, Washington, D.C., Superintendant of Documents, U.S. Government Printing Office.

ROBINS, L.N., D.H. DAVIS et D.W. GOODWIN
1974 « Drug Use by U.S. Army Enlisted Men in Vietnam : A Follow-up on their Return Home », *Journal of Epidemiology*, vol. 99, n° 4, p. 235-249.

ROBINS, L.N. et J.E. HELZER
1975 « Drug Use among Vietnam Veterans ... Ten Years Later », *Medical World News — Psychiatry*, 27 oct., p. 44-49.

SANTÉ ET BIEN-ÊTRE SOCIAL CANADA
1983 *Les drogues : faits et méfaits*, ministère des Approvisionnements et Services Canada, n° de cat. H39-65/1983F (brochure).

SERVICE DE TOXICOMANIE DU QUÉBEC
1986 *La drogue, si on s'en parlait*, Bibliothèque nationale du Québec, ISBN 2-550-1608-6 (brochure).

SIEGEL, R.K.
1986 « Hallucinations », *The Mind's Eye, Readings from Scientific American*, New York, Freeman, p. 109-116.

TARTER, R.E. et K.L. EDWARDS
1987 « Vulnerability to Alcohol and Drug Abuse : A Behavior-genetic View », *The Journal of Drug Issues*, hiver, p. 67-81.

TREMBLAY, R.
1983 « Un modèle de réseau d'intervention pour la clientèle dite toxicomane », *Psychotropes*, vol. 1, n° 2, p. 71-78.

VERBEKE, R.
1978 *Un dictionnaire critique des drogues*, Christian Bourgeois éditeur.

WINICK, C.
1983 « La dépendance : une théorie basée sur les rôles sociaux, l'accessibilité des drogues et les attitudes à leur égard », *Psychotropes*, vol. 1, n° 2, p. 87-94.

WUNDERLICH, R.C.
1978 « Neuroallergy as a Contributing Factor to Social Misfits : Diagnosis and Treatment », *Ecologic-biochemical Approaches to Treatment of Delinquents and Criminal* (L.J. Hippchen, édit.), New York, Litton Educational Publishing, p. 229-253.

ZINBERG, N.
1975 « Addiction and Ego Function », *Burglass Classic Contribution in the Addiction* (M.E. Shaffer, édit.), New York, Brunner/Mazel, p. 173-190.

CHAPITRE 12

TROUBLES DE LA PERSONNALITÉ

WILFRID REID
M.D., C.S.P.Q., F.R.C.P.(C)
Psychiatre, psychanalyste, membre de la Société canadienne de psychanalyse
Coordonnateur de l'enseignement au Pavillon Albert-Prévost de l'hôpital du Sacré-Cœur de Montréal
Professeur adjoint de clinique à l'Université de Montréal

JEAN-GUY FONTAINE
M.D., C.S.P.Q., F.R.C.P.(C), F.A.P.A.
Psychiatre à l'hôpital Notre-Dame de Montréal
Professeur agrégé de clinique à l'Université de Montréal

PLAN

12.1.
INTRODUCTION

WILFRID REID et JEAN-GUY FONTAINE

Pour traiter des troubles de la personnalité, nous nous inspirerons de la classification fournie par le DSM-III, laquelle a l'avantage de recourir à des critères opérationnels pour poser un diagnostic. Cette façon de faire tient compte des différents « axes » nécessaires à l'établissement du diagnostic. Au fait, l'évaluation de la personnalité répond aux exigences de l'axe II, l'axe I correspondant au syndrome clinique, l'axe III à la composante physique ou biologique, l'axe IV au stresseur et l'axe V au fonctionnement habituel de l'individu. Rappelons que l'axe II peut à certains moments devenir le diagnostic principal, voire unique.

La section des personnalités pathologiques comprend onze catégories spécifiques qui sont divisées en trois grands groupes.

1) Le premier groupe se caractérise par l'aspect émotif et dramatique ; il comprend :
   — la personnalité histrionique,
   — la personnalité narcissique,
   — la personnalité limite,
   — la personnalité antisociale.

2) Le deuxième groupe se caractérise par l'aspect bizarre et excentrique ; il englobe :
   — la personnalité paranoïde,
   — la personnalité schizoïde,
   — la personnalité schizotypique.

3) Le troisième groupe est anxieux et craintif ; il comporte :
   — la personnalité évitante (*avoidant*),
   — la personnalité dépendante,
   — la personnalité compulsive,
   — la personnalité passive-agressive.

La douzième catégorie est appelée personnalité atypique, mixte ou autre ; on y recourt lorsqu'un temps d'observation s'avère nécessaire, lorsque le patient ne manifeste pas de trait vraiment dominant ou encore lorsque le clinicien juge qu'un diagnostic spécifique est plus approprié, par exemple dans les cas de personnalité masochiste ou de personnalité impulsive. De fait, dans le DSM-III révisé (DSM-III-R), on envisage d'ajouter la personnalité masochiste. Il importe de signaler que, dans la perspective du DSM-III, le clinicien ne doit pas nécessairement se restreindre à une catégorie diagnostique dans son évaluation de la personnalité : il peut inscrire simultanément plusieurs catégories si le sujet répond aux critères de chacune d'elles.

Le clinicien est invité à faire une distinction entre le trait de personnalité et la personnalité pathologique. Le trait de personnalité consiste en une modalité persistante de perception, de relation et de pensée à propos de soi et de l'environnement. Ce n'est qu'à partir du moment où les traits deviennent particulièrement rigides et mésadaptés, entraînant une atteinte significative du fonctionnement social ou occupationnel ou encore produisant une souffrance subjective, qu'ils constituent une personnalité pathologique.

Les troubles de la personnalité se reconnaissent premièrement à des conduites mésadaptées, inflexibles et profondément ancrées, qui deviennent plus apparentes en situation de stress, deuxièmement à une distorsion de la perception de soi et de l'environnement au point d'altérer la capacité d'adaptation, et troisièmement à un sentiment d'inconfort variable en intensité.

Par rapport au DSM- II, le DSM-III, en plus d'introduire un axe propre à la personnalité pathologique et de la définir exhaustivement, apporte des changements en ce qui a trait à ses diverses catégories. La personnalité cyclothymique est maintenant incluse dans le groupe des troubles affectifs, ce désordre apparaissant comme un précurseur des troubles affectifs majeurs ; ajoutons que le potentiel thérapeutique du lithium, substance de plus en plus utilisée depuis le début des années 1970, est relié à cette modification. La personnalité explosive se situe maintenant dans le groupe des troubles explosifs, dans la mesure où il s'agit d'un phénomène intermittent. Dans la personnalité autre ou atypique, il demeure possible d'inclure une personnalité impulsive si les accès d'impulsivité s'avèrent profondément inscrits dans le caractère. On assiste de plus à l'abandon de la catégorie personnalité inadéquate, utilisée dans les organisations militaires pour décrire une pathologie du caractère considérée comme faisant partie du spectre schizophrénique. L'abandon de cette catégorie est surtout justifié par le fait qu'elle définissait une atteinte du fonctionnement plutôt qu'une modalité particulière de comportement. Est aussi mise au rancart la personnalité asthénique, soit la contrepartie caractérologique de la névrose neurasthénique, avec fatigabilité facile en l'absence de maladies physiques. Outre que cette catégorie était très peu utilisée, elle semblait difficile à distinguer de la dépression chronique légère.

Cinq nouvelles catégories sont introduites dans le DSM-III, soit les personnalités schizotypique, narcissique, limite, évitante et dépendante. Cinq catégories sont maintenues, soit les personnalités paranoïde, antisociale, obsessionnelle-compulsive devenue compulsive, hystérique devenue histrionique et enfin la personnalité schizoïde. Cette dernière est quelque peu modifiée ; on en a détaché la personnalité schizotypique, qui fait ressortir les excentricités de la communication ou du comportement, dans la mesure où certaines études d'adoption tendent à démontrer la présence d'antécédents familiaux de schizophrénie chronique chez de tels sujets.

Mais au fait, comment en est-on arrivé à la classification actuelle ? Pour JAMES P. FROSCH (1983), cette classification est l'aboutissement de quatre grands courants. Il y eut d'abord la tradition psychiatrique du XIXᵉ siècle qui décrivait certains patients manifestant des troubles sévères du comportement sans symptôme psychotique ; ainsi la « folie morale » de PRICHARD. Un second grand courant provient de la théorie psychanalytique du caractère. Par la suite s'est ajoutée la contribution des psychiatres à l'emploi des forces armées lors de la Seconde Guerre mondiale. Enfin, on retrace les tentatives des psychologues expérimentalistes pour classifier les êtres humains en divers types de personnalité.

Afin d'améliorer la fiabilité de la classification, c'est-à-dire l'entente entre plusieurs utilisateurs sur les diagnostics de séries de cas, le DSM-III a introduit la notion de critères diagnostiques spécifiques pour chacune des catégories. Cependant, pour les troubles de la personnalité, ces critères spécifiques se présentent selon des modalités descriptives différentes : tantôt il se dégage un profil purement comportemental avec même la présentation quantifiée d'événements survenus dans le monde extérieur (par exemple dans la personnalité antisociale) ; tantôt on fait appel à des éléments qui tentent de cerner la subjectivité des sujets (ainsi, dans la personnalité limite, le critère du trouble de l'identité se manifeste par une incertitude à propos de plusieurs aspects reliés à l'identité, tels l'image de soi, l'identité de genre, les buts à long terme ou le choix de carrière, les modes d'amitié, les valeurs et loyautés).

Comme il était peut-être prévisible, les « essais sur le terrain » ou la mise à contribution des cliniciens dans le processus d'élaboration des critères diagnostiques du DSM-III ont révélé une moindre fiabilité pour les troubles de la personnalité que celle obtenue pour les troubles affectifs ou les troubles schizophréniques. Selon A. FRANCES (1986), cette fiabilité modérée s'explique non seulement par les modalités diverses des critères diagnostiques, mais également par deux autres causes.

La première a trait à la présence d'un continuum entre la normalité et les troubles de la personnalité de même qu'entre une catégorie et l'autre à l'intérieur de l'ensemble de ces troubles. Il est plus facile de fournir un diagnostic de catégories quand celles-ci se distinguent clairement l'une de l'autre et se révèlent mutuellement exclusives. Si les troubles organiques, affectifs ou schizophréniques comportent certes des zones grises, on peut néanmoins observer souvent une discontinuité certaine entre l'une et l'autre et entre chacune avec la normalité. Les troubles de la personnalité ne présentent pas ce caractère de double discontinuité. On sait qu'il y a passage des traits aux troubles de personnalité quand les traits deviennent « rigides, mésadaptés et responsables soit d'une altération significative du fonctionnement social ou professionnel, soit d'une souffrance subjective ». Cette distinction demeure utile ; cependant, malgré la présence de critères opérationnels des catégories, il n'existe ni définition ni, à fortiori, quantification des termes « rigides », « mésadaptés » ou « significative ». Chaque clinicien doit faire appel à son jugement personnel pour déterminer si le degré d'atteinte du fonctionnement suppose un trouble ou un simple trait.

La seconde cause évoquée par FRANCES pour expliquer la fiabilité modérée se rapporte à la difficulté de distinction entre **trait** ou **trouble** et **état** ou **rôle**. En théorie, le trait comprend un mode persistant de comportements « s'exprimant dans une vaste gamme de situations importantes, sociales et professionnelles ». Apparu à l'adolescence, le trait ou le trouble persiste la vie durant. En pratique cependant, dans une évaluation *transversale* (et non *longitudinale*), il devient parfois difficile de déterminer si le comportement actuel et le tableau clinique ou constituent un mode persistant ou bien sont fortement influencés par la pathologie actuelle. De plus, l'interaction éventuelle entre trait et état est parfois difficile à analyser. Le trait fait référence à un aspect ou à une facette alors que l'état représente un ensemble. Il en est ainsi de la distinction entre trait et rôle, ce dernier se rapportant à la fonction qu'un individu est appelé à remplir à la demande d'un organisme ou de la société. Ainsi on parle du rôle de dirigeant, du rôle de patient. À travers une modalité globale de la personnalité, chaque sujet présente un éventail de comportements à partir duquel il formule des choix différents selon les contingences, les attentes ou les assignations d'un rôle par l'environnement actuel. En théorie, le trait de personnalité correspond à une modalité rigide et persistante alors que la réaction pathologique à un stimulus particulier et inhabituel constitue un trouble d'adaptation ; en pratique, le jugement du clinicien est de nouveau sollicité et l'analyse parfois

difficile de l'interaction entre le trait et le rôle demeure à effectuer.

Nous devons enfin rappeler une dernière considération générale à propos du DSM-III. Destinée à servir d'instrument utile pour l'ensemble des cliniciens, cette classification se présente comme « a-théorique » en regard de l'étiologie, dans la mesure où l'inclusion de diverses spéculations étiologiques pourrait constituer un obstacle à l'utilisation de la classification par des cliniciens d'orientations doctrinales diverses, compte tenu qu'il ne serait pas possible d'introduire l'ensemble des théories étiologiques pour chacun des troubles. En outre, il s'agit d'une classification « descriptive », les définitions des troubles consistant en une description des éléments cliniques des maladies, et ce, au plus bas niveau d'inférence considéré comme nécessaire pour fournir les éléments caractéristiques de ces troubles.

Divers auteurs (KERNBERG, FRANCES et COOPER) ont mis en doute le caractère a-théorique du DSM-III. À leur avis, l'étude des troubles de la personnalité comporte des positions théoriques implicites. Ainsi, la normalité et la pathologie constituent-elles des phénomènes continus ou discontinus (voir le chapitre 1) ? KERNBERG souligne que, selon que l'on adopte une perspective behavioriste ou psychodynamique, on obtiendra une organisation différente des éléments pathologiques de la personnalité.

L'un des participants au groupe de travail du DSM-III sur les troubles de la personnalité, THEODORE MILLON, a élaboré un système théorique très personnel : sur le plan de la personnalité, il distingue une modalité détachée passive qui correspond à la personnalité schizoïde et une modalité détachée active qui correspond à la personnalité évitante, les deux types étant différenciés selon le degré de souffrance personnelle face à un retrait, degré de souffrance plus marqué dans le second cas. Ce système a semblé à GUNDERSON une fondation un peu fragile pour introduire une nouvelle catégorie ; d'ailleurs, celle-ci ayant une base théorique rationnelle, elle ne peut qu'entraîner un questionnement sur le caractère a-théorique du DSM-III.

Il en va de même de l'introduction de la personnalité schizotypique. À partir des études d'adoption, on a pu déceler une fréquence plus grande de schizophrénie chronique chez les membres des familles de sujets décrits comme schizophrènes limites par rapport à la population en général. Le concept de spectre schizophrénique se dégage ainsi à partir de recherches portant sur l'aspect génétique de la schizophrénie. Il s'agit là d'un raisonnement théorique attrayant pour la création d'une catégorie. Mais là encore on s'éloigne du caractère « a-théorique » de la classification.

Enfin, selon KERNBERG, les données obtenues à partir d'une relation étroite entre clinicien et patient en situation d'analyse méritent de retenir l'attention même si ces observations ont un caractère personnel et subjectif ; sinon, plutôt qu'une objectivité a-théorique on risque d'obtenir un biais anti-analytique. De fait, GUNDERSON, qui a passé en revue la documentation sur les troubles de la personnalité, y entrevoit la présence d'un biais subtil mais récurrent contre la pensée psychanalytique. Ainsi, le fait de vouloir éviter l'inférence conduirait parfois à une description sommaire des cas, entraînant une perte de la richesse clinique présente dans la littérature et utile aux cliniciens pour la compréhension de ces troubles.

Certes, dans l'esprit des auteurs du DSM-III, poser un diagnostic selon les termes propres de cette classification ne constitue que la première étape dans une évaluation d'ensemble menant à la formulation d'un programme thérapeutique. Si une psychothérapie psychanalytique est envisagée, on devra ajouter certains éléments comme des considérations transférentielles et, généralement, une formulation diagnostique psychodynamique. Le clinicien qui songe à prescrire une thérapie comportementale devra faire une analyse fonctionnelle du trouble de comportement en présence ; il en va ainsi de manière spécifique pour une thérapie familiale ou pour toute thérapie somatique. Les auteurs du DSM-III soulignent d'ailleurs, non sans pertinence, que les diverses catégories ne représentent pas des entités réelles ; il ne s'agit pas de classer des individus, mais des troubles dont des individus seraient ou non porteurs.

De fait, dans la pratique courante, la démarche d'évaluation peut apparaître comme tenant compte plus naturellement de cette distinction, quand le diagnostic psychiatrique n'est pas orienté tant vers la recherche d'entités réelles que vers un processus opérationnel où le motif de l'opération devient partie intégrante de la définition des termes ou du déroulement de l'évaluation. Ainsi, une organisation militaire a certes des besoins différents de ceux d'un chercheur investigant l'effet spécifique d'une médication ou encore d'un clinicien qui a à apprécier la pertinence d'une modalité thérapeutique spécifique (thérapie comportementale, etc.). Dès lors émerge la nécessité de pouvoir disposer de systèmes de classification différents, taillés selon les besoins mais comportant cependant une certaine interdépendance. Il s'agit peut-être là de l'une des difficultés d'implantation clinique du DSM-III, système axé sur un besoin particulier, celui de la recherche expérimentale, dont il est d'ailleurs issu dans ses caractéristiques fondamentales.

Avant d'aborder chacune des personnalités décrites dans le DSM-III, il est bon de rappeler la définition de la personnalité et les caractéristiques générales se rapportant à chacune des personnalités pathologiques. La personnalité est généralement définie comme la totalité des tendances qui vont déterminer le comportement d'un sujet ou encore comme l'ensemble des traits de caractère, des attitudes ou des habitudes qui caractérisent un individu.

Si chacun a certes sa personnalité, située sur le continuum délimitant la santé mentale relative d'une population, la psychiatrie considère généralement la **personnalité pathologique** comme s'insérant et colorant la névrose et la psychose. Selon VAILLANT et PERRY (1980), il s'agit du groupe de malades le plus souvent rencontré en psychiatrie ; c'est aussi celui qui montre très souvent les limites de l'expertise psychiatrique, car il est fortement représenté dans les échecs, les abandons de traitement et les références à d'autres milieux. Un grand pourcentage de ce type de patients se retrouve dans les salles d'attentes des omnipraticiens, dans les agences sociales, voire dans les prisons.

On dit que les sujets ayant une personnalité pathologique sont incapables de percevoir les expériences et les sentiments de soi et d'autrui d'une manière différente de celle qui répond à leurs besoins personnels. C'est comme si leur palette perceptuelle était réduite. Contrairement au sujet névrotique qui, devant une difficulté, va opter pour une solution autoplastique, c'est-à-dire qu'il introduira un changement en lui-même, le sujet pathologique choisira une solution alloplastique, c'est-à-dire qu'il introduira un changement dans le monde qui l'entoure. De là découlent les quatre caractéristiques dégagées par VAILLANT et PERRY (1980) :

1) Il s'agit d'un mode rigide et mésadapté de perception et de pensée à propos de soi-même et de l'environnement, dont la sévérité est suffisante pour porter atteinte au fonctionnement social ou professionnel, ou encore pour entraîner une détresse subjective. Le sujet fonctionne avec succès pour autant que le monde extérieur se présente de manière complémentaire à sa personnalité.

2) La personne éprouve des difficultés à aimer et à travailler ; si elle s'aventure au-delà de l'armure protectrice constituée par sa perception biaisée de soi et d'autrui, correspondant à ses seuls besoins personnels, elle expérimente l'angoisse et la dépression. La dépendance, l'égocentrisme, le doute de soi sont observés chez à peu près tous les malades présentant une personnalité pathologique. En outre, ils ont difficilement

recours à la colère, voire à tout autre sentiment au moment approprié.

3) La psychopathologie se situe d'emblée dans un contexte interpersonnel ; le sujet à personnalité pathologique se plaint essentiellement de son entourage qu'il fait d'ailleurs souffrir. De par la réduction de sa perception, il ne peut se voir comme les autres le voient et il manque d'empathie pour autrui. Un cercle vicieux s'instaure quand la relation interpersonnelle déjà précaire devient plus complexe encore par la difficulté d'adaptation de la personne. La personnalité pathologique représente une sorte de « trêve douloureuse », car le malade ne peut vivre avec les autres ni non plus vivre sans eux.

4) Le sujet manifeste une capacité certaine à gêner autrui profondément ; la personnalité pathologique affecte autrui de la manière subtile et inconsciente dont les conjoints ou les mères et leurs enfants peuvent s'influencer mutuellement. On peut ainsi comprendre l'inhumanité souvent reprochée aux gardiens envers les prisonniers. De fait, le soignant risque constamment de perdre son jugement professionnel et de se laisser entraîner dans une réaction personnelle ou contre-transférentielle.

Si le trouble de la personnalité comme mode prédominant de pensée et de comportement est perçu par le sujet comme ayant un caractère protecteur, adapté et gratifiant, c'est dire à quel point celui-ci ne peut généralement en percevoir le caractère pathologique ; l'aspect syntone au Moi représente donc un élément distinctif de cette entité nosographique.

PERSONNALITÉS BIZARRES ET CRAINTIVES

Jean-Guy Fontaine

12.2.
PERSONNALITÉS BIZARRES

12.2.1. PERSONNALITÉ PARANOÏDE*

GÉNÉRALITÉS

Le mot « paranoïde », souvent utilisé dans la conversation courante sous la forme verbale : « Paranoïe pas », serait connu depuis la Grèce antique. En effet, l'étymologie du mot révèle qu'il vient de *para* (à côté) et *noïa* (connaissance) et qu'il signifie donc une « connaissance à côté », pas tout à fait juste, souvent subjective, c'est-à-dire découlant de préjugés.

Au XIXᵉ siècle, Magnan en France et Kraepelin en Allemagne abordent la notion de délire (par bouffées ou chronique) et distinguent le délire paranoïde de la paraphrénie et de la paranoïa. À cette époque déjà, les sentiments de méfiance, de suspicion, de grande sensibilité, d'affectivité restreinte et de tendance à voir des motifs cachés dans le comportement des autres caractérisent la personnalité paranoïde**.

ASPECT CLINIQUE

On a dit de cette personnalité qu'elle est sur la défensive, se sentant constamment attaquée par l'entourage. Elle se défend en contre-attaquant, le plus souvent en blâmant les autres, en les jalousant, en les enviant. Dans les situations difficiles, le sujet paranoïde tend à devenir soupçonneux et à prendre ses précautions pour ne pas se faire rouler. Porté à

argumenter, il a tendance à exagérer les problèmes et à les monter en épingle. Facilement critiqueur, il prend par contre très mal les remontrances. Pour ne pas perdre pied, ni face, il se garde bien de réagir et de laisser aller ses émotions, besoin qu'il a de se contrôler ; il conserve donc un air sérieux et tente de demeurer *cool* dans les diverses situations qu'il vit, invoquant l'objectivité. Peu enclin aux compromis, il a la réputation d'être énergique, stoïque ou encore entêté. Il rend les gens mal à l'aise et quelques-uns en viennent à le craindre.

Cette façon de ne compter que sur soi par peur des autres lui donne une coloration égocentrique et un sentiment de soi ampoulé. Il recherche la position dominante, enviant les plus forts et méprisant les plus faibles. À cause de son manque de confiance envers les autres, le sujet paranoïde doit demeurer vigilant afin de se garantir contre une déception soudaine ou encore contre une attaque. Détestant être pris au dépourvu, il essaie de tout prévoir, de tout se rappeler, d'où l'hypervigilance et l'hypermnésie qui le caractérisent.

Pour rétablir son sens d'autonomie et de pouvoir, le paranoïde doit recourir à la fantaisie pour se fabriquer une image de soi agrandie, voire grandiose. Souvent isolé, il a tendance à renoncer à la réalité environnante (et plus objective) pour se laisser aller à des fantaisies de puissance et de talents qui lui permettent de s'élever au-dessus des tracasseries et des jalousies attribuées à son entourage. À la fin, il croit que les autres lui en veulent à cause de ses nombreux talents et de sa supériorité.

Il existe aussi chez le paranoïde un sentiment profond de ressentiment à l'égard de ceux qui ont réussi ; pour lui, ces personnes n'ont pu atteindre le succès que par tricherie et de façon injuste.

Le sujet paranoïde ne peut dépendre des autres parce que ce serait alors concéder une faiblesse et aussi parce qu'il ne doit pas leur faire confiance ;

---

* Voir aussi le chapitre 14.

** En France, on a adopté l'adjectif paranoïaque pour qualifier cette personnalité.

pour ne pas être déçu ni trahi, il doit se prendre en main et ne dépendre que de lui-même. Cette autonomie qui repose sur des bases fragiles le rend vulnérable à tout changement souvent perçu comme une menace ou une attaque. L'hostilité qui le caractérise a une double fonction, celle de se défendre (contre les attaques potentielles des ennemis) et celle de restaurer son image de personne autonome et déterminée. Le climat d'animosité qu'il entretient est alimenté par les rebuffades passées et les souvenirs de mauvais traitements à son endroit. À la limite, la personnalité peut éclater assez violemment, mais le paranoïde ne veut pas paraître désorganisé ni dépassé par les événements ; il s'empresse alors de rationaliser sa crise, de refaire ses défenses pour maîtriser l'angoisse envahissante, quitte à projeter ses problèmes sur les autres.

Au point de vue affectif, on parle souvent de l'aspect instable du paranoïde ..., instabilité qui provient de diverses frustrations comme celle de ne pouvoir jouir de la vie, de se sentir constamment menacé, d'être surchargé de travail, d'éprouver des difficultés à se concentrer (souvent à cause de sa tendance à jongler, à ruminer toutes les calamités et injustices du monde). Son angoisse peut se produire somatiquement sous forme de tension, de palpitations, de dérangements gastriques, c'est-à-dire sous forme de symptômes non spécifiques, ou encore elle peut éclater sous forme de panique. Mais le sujet peut aussi avoir tendance à multiplier ses activités pour regagner son statut et son sentiment de supériorité dans un déploiement qui s'apparente à la manie.

Lorsque la pression interne ou externe n'est plus tenable, le paranoïde peut alors exploser de rage et aller jusqu'à assaillir ses proches sans raison apparente. Les symptômes de catatonie, lorsqu'ils sont présents, reflètent à la fois un besoin de contrôler l'hostilité et un besoin d'attaquer.

Selon MILLON (1981), la personnalité paranoïde peut se combiner principalement à quatre autres types de personnalité :

— La *personnalité narcissique* lui donne l'allure de toute-puissance et de grandeur. Se croyant le centre du monde, le sujet tente de se faire valoir en exhibant sa compétence et ses pouvoirs. Il peut entreprendre bien des démarches pour défendre sa cause et souvent ses droits. Il va même jusqu'à rechercher les positions de contrôle pour affirmer sa supériorité, par exemple en se faisant élire président, député, et en proposant des politiques qui vont sauver le monde.

— La *personnalité antisociale*, elle, lui donne une coloration d'arrogance, de force, de brutalité qui lui permet de s'imposer et de triompher coûte que coûte. Cette personnalité a tout ce qu'il faut pour épouser le rôle de « bouc émissaire » ou encore de « mouton noir ».

— Le mélange *paranoïde-compulsif* donne une personnalité axée sur l'indépendance, la rigidité et le perfectionnisme. Le sujet recherche la clarté des règlements et impose l'ordre dans le système, toujours dans le but de conserver le pouvoir. Les détails sont scrutés à la loupe et l'intellectualisation sert de paravent à l'angoisse générée par un sentiment de faiblesse que cette personne essaie de refiler aux autres.

— Enfin, chez le paranoïde *passif-agressif*, MILLON souligne le mécontentement, l'entêtement et le pessimisme. Incapable d'entretenir des relations interpersonnelles à cause de son attitude négative et accusatrice, cette personne renonce à l'affection et à l'amitié et continue d'entretenir l'idée d'avoir été mal servie et exploitée. Ce type de personnalité prendrait origine chez des parents inconsistants et vacillant entre l'affection et l'hostilité.

CRITÈRES DU DSM-III

Selon le DSM-III, la personnalité paranoïde présente les critères ci-dessous :

A) Méfiance générale injustifiée reconnaissable dans au moins trois des manifestations suivantes :

   1) peur d'être trompé ou d'être la victime ;

   2) hypervigilance aux signes de menace ou prise de précautions injustifiée ;

3) méfiance, dissimulation ;

4) refus de la critique venant d'autrui ;

5) doute de la loyauté d'autrui ;

6) recherche de la confirmation de ses idées préconçues ;

7) recherche de motifs cachés et de significations particulières ;

8) jalousie pathologique.

B) Hypersensibilité s'exprimant dans deux des manifestations suivantes :

1) tendance à se sentir dédaigné, froissé ;

2) tendance à se faire des montagnes avec des riens ;

3) réaction prompte à ce qui est perçu comme une attaque ;

4) incapacité à se détendre.

C) Restriction de l'affectivité se manifestant dans au moins deux des manifestations suivantes :

1) apparence de froideur (*cool*) ;

2) prétention d'être toujours objectif et rationnel ;

3) manque de sens de l'humour ;

4) absence de sentiment de douceur et de tendresse.

D) Élimination de la schizophrénie ou de l'état paranoïde.

THÉORIES EXPLICATIVES

Les théories servant à expliquer la formation de cette personnalité sont nombreuses. Selon l'explication psychodynamique, le développement d'une telle pathologie prend naissance dans un milieu familial où règne l'insécurité, où une relation de confiance (*basic trust*) ne peut s'installer à cause d'un parent inadéquat qui mine le processus d'identité chez un enfant souvent sensible. L'enfant en vient à craindre et à douter de ses parents et il transpose cette attitude dans son entourage, particulièrement en présence de personnes représentant l'autorité.

Une autre approche dérive de la pulsion agressive qui domine la vie affective de l'individu, lequel cherche à s'en départir en projetant son agressivité sur l'autre.

Les freudiens disent de la personne qu'elle est fixée au stade anal, en lutte contre le mauvais objet représentant la mère phallique qui pousse l'individu à se sentir passif et à avoir peur de l'homosexualité. C'est d'ailleurs ainsi que FREUD explique le cas SCHREBER.

MELANIE KLEIN propose la position paranoïde comme phase initiale de développement de l'enfant, laquelle sera suivie par la position dépressive. La position paranoïde réfère à la période où la mère est perçue comme frustrante et mauvais objet. L'utilisation de la négation et de la projection est alors courante.

D'autres auteurs préfèrent délaisser la problématique intérieure pour mettre l'accent plutôt sur les conflits interpersonnels, tout en n'écartant pas la possibilité de trouver chez le sujet le déni (de sa faiblesse et de sa malveillance), la projection (de ses traits hostiles sur les autres) et la rationalisation, défenses pas tellement spécifiques puisqu'elles se rencontrent tout aussi bien chez la personnalité antisociale.

DIAGNOSTIC

Le diagnostic de personnalité paranoïde pose peu de problèmes, l'histoire antérieure de suspicion, de belligérance, de jalousie, de tendance à blâmer les autres étant classique. Chez plusieurs auteurs, la personnalité paranoïde est souvent décrite avec la personnalité compulsive, toutes deux étant considérées comme un trouble de la pensée à cause de l'emploi abusif de la raison ou du raisonnement à des fins défensives. Les deux types de sujets ont tendance à être solitaires, niant leur besoin de dépendance et adoptant un style réactionnel d'allure autonome. Ils ont encore en commun l'aspect contrôlant et combatif ; souvent intelligents et efficaces, ils manient bien leur vie émotionnelle et restent célibataires ou se marient tardivement. Là s'arrête le parallélisme, surtout lorsqu'il est question de traitement puisque le paranoïde évite toute démarche sauf lorsqu'il se trouve décompensé en réaction aiguë.

On ne doit pas confondre la personnalité paranoïde avec la réaction paranoïde temporaire qui peut être vécue dans des situations de stress et qui peut être reliée à des facteurs ethniques, comme c'est le cas chez l'immigrant. Ce dernier ne connaît pas toujours les us et coutumes de son pays d'adoption, ni parfois même la langue. Il se sent isolé, aux prises avec les responsabilités de s'installer, de trouver un logement, un travail. Il est parfois rejeté à cause de son accent ou de ses habitudes différentes. Cette réaction, pour la majorité des immigrants, constitue un phénomène normal qui se résorbe de six mois à un an après leur arrivée au pays.

TRAITEMENT

Psychothérapie

La psychothérapie du paranoïde n'est pas facile en soi à cause de la tendance du sujet à la méfiance, de son discours souvent agressif et provocateur, de son déni, de sa rationalisation, de sa projection. Tous ces mécanismes de défense nuisent à l'*insight* et à la perlaboration. Le paranoïde endure mal son rôle de « malade » qui nécessite un abandon à l'autre et un certain rapprochement de l'autre.

Le thérapeute doit éviter la séduction tout comme l'ambiguïté. Le message, le contrat doivent être clairs et les interprétations, simples, concrètes pour ne pas prêter le flanc à l'imaginaire du patient. Lorsque ce dernier accuse les autres, ou se plaint, le thérapeute doit éviter de l'appuyer ou de le contredire ; argumenter ou se défiler est vu par le paranoïde comme un signe de faiblesse. Lorsque c'est possible, on devrait tenter de l'intégrer dans des activités où il assume un rôle actif.

SALZMAN (1960) suggère d'introduire le doute dans la pensée rigide de la personnalité paranoïde, afin de lui faire voir d'autres points de vue et de miner son système monolithique. Dans les situations complexes, le sujet paranoïde a tendance à trop simplifier, à tout considérer comme blanc ou noir ; le thérapeute doit l'aider à nuancer sa pensée. Enfin, on doit se rappeler que la jalousie pathologique est rebelle au traitement.

Pharmacothérapie

Dans leurs études génétiques, KETY (1968) et ROSENTHAL (1968) classent la personnalité paranoïde sur le large spectre des maladies schizophréniques et, en ce sens, sont d'avis qu'elle pourrait profiter, du moins à certaines occasions, des neuroleptiques.

REYNTYENS (1972) a administré pendant deux mois du pimozide à 120 patients de clinique externe souffrant de troubles de la personnalité ; il aurait noté une amélioration globale chez environ deux tiers des patients, particulièrement chez les paranoïdes et les schizoïdes.

BARNES (1971) a conduit une étude auprès de 30 adolescents de 13 à 18 ans souffrant de troubles de la personnalité. Après six semaines d'essai à la mésoridazine à une dose quotidienne moyenne de 44,7 mg, l'analyse statistique a démontré la supériorité de la médication sur le placebo principalement pour les symptômes suivants : tendance à blâmer les autres, agressivité verbale, faible tolérance à la frustration, hostilité, conflit avec l'autorité, crise de rage. Malheureusement, les résultats manquent de précision.

Thérapie comportementale

Cette thérapie stipule que la personne paranoïde a été entraînée très tôt à être hypersensible aux jugements des autres, à se voir différente, à s'isoler. Le thérapeute verra à diminuer cette sensibilité en recourant à la relaxation musculaire progressive ou encore en construisant des échelles de situations sociales susceptibles d'engendrer des tensions chez le patient. La thérapie cognitive s'est montrée utile à la correction des idées d'inadéquation.

12.2.2. PERSONNALITÉ SCHIZOÏDE

GÉNÉRALITÉS

Déjà, à la fin du XVIIIᵉ siècle, on avait observé que certaines personnes étaient retirées, introverties et même peu sociables. Si BLEULER avait alors remplacé le terme de démence précoce par schizoïdie, KRAEPELIN, lui, notait que les schizophrènes avaient été des enfants tranquilles, timides, réservés. De plus, certains schizophrènes (simples) semblaient récupérer de leur état psychotique de désorganisation pour maintenir un minimum d'adaptation.

KRETSCHMER est probablement responsable de la distinction entre la personnalité schizoïde (anesthésique) et la personnalité évitante (hyperesthésique) et plus active. La personnalité schizoïde présente de l'indifférence, un manque de réponse affective, un ennui pour l'entourage.

Avec le temps, le terme schizoïde en est venu à embrasser un segment plus large de la population, marqué par le retrait social. Selon MELANIE KLEIN, il peut référer à un stade de développement de la personnalité, c'est-à-dire à la position paranoïde-schizoïde. Il désigne aussi un syndrome considéré comme prémorbide et, finalement, un type de personnalité précurseur de la schizophrénie.

ASPECT CLINIQUE

Plusieurs auteurs ont décrit les différents aspects de cette personnalité (on pense au type introverti de JUNG) où le sujet présente en surface une allure calme, réservée, asociable, retirée, timide, mais aussi une grande sensibilité aux stimuli. Ce type de personne fait très peu de demandes à son entourage, excepté pour le strict nécessaire. Si comme enfant il est retiré, comme adolescent il ne s'intéresse ni aux sports ni aux activités sociales. Il est porté à agir seul, par exemple à lire, à regarder la télévision, à faire de l'exercice physique. Il évite les situations chargées émotivement et tente de se conformer même s'il lui faut refouler son hostilité.

Devenu adulte, il choisira un travail qui nécessite peu d'échanges interpersonnels, un travail qu'il peut accomplir seul, par exemple comme gardien de sécurité, horticulteur, programmeur d'ordinateur.

Moins capable d'exprimer son agressivité que le paranoïde, le schizoïde est tout aussi mal à l'aise lorsqu'il s'agit de sentiments chaleureux ; en ce sens il se distingue du sujet dépressif. Il appartient à la catégorie des introvertis et se caractérise par un penchant pour la vie fantaisiste pas toujours créatrice.

En groupe, le schizoïde a tendance à demeurer à l'écart, même dans le cadre d'activités sociales agréables. Son langage est calme, lent, monotone, sans véritable émotion. On a parlé d'anémie affective, de déficit, d'indifférence, d'apathie, de manque de sensibilité pour le décrire.

Sous le stress, le schizoïde peut présenter des idées de dépersonnalisation, des désordres hypochondriaques (douleurs changeantes) et parfois de brefs épisodes psychotiques.

Selon MILLON (1981), le schizoïde peut montrer des traits de dépendance surtout s'il est atteint d'une maladie physique chronique. Il manque de vitalité, d'énergie et se fatigue vite. Sa vie se déroule sans changement, en un quotidien monotone et répétitif. Il peut aussi emprunter à la personnalité schizotypique des symptômes comme une pensée autistique et tangentielle, des excentricités, des bizarreries, surtout s'il a séjourné en institution pour malades chroniques.

CRITÈRES DU DSM-III

Selon le DSM-III, la personnalité schizoïde se reconnaît par les traits caractéristiques ci-dessous :

A) Froideur, réserve, absence de chaleur humaine.

B) Insensibilité aux éloges, aux critiques.

C) Amitiés limitées à une ou deux personnes.

D) Absence de bizarreries dans le discours ou le comportement qui sont plutôt l'apanage de la personnalité schizotypique.

E) Absence de trouble psychotique, par exemple schizophrénie ou état paranoïde.

THÉORIES EXPLICATIVES

En ce qui a trait aux antécédents, quelques auteurs ont évoqué des facteurs biologiques, par exemple un tempérament adynamique constitutionnel, alors que d'autres ont choisi le point de vue psychodynamique. Ainsi, la personnalité schizoïde prendrait naissance à la période orale sadique décrite par MELANIE KLEIN (position paranoïde-schizoïde).

Pour protéger l'intégrité du Moi, le schizoïde recourt au clivage, séparant les bons sentiments des mauvais, et aussi à l'idéalisation du bon objet. Dans sa relation avec l'autre, le schizoïde a peur que son besoin de l'autre ne le détruise. ARIETI y voit une défense contre la vulnérabilité profonde à la douleur que provoque le rejet. L'angoisse provient habituellement de la peur de l'autre comme objet de dépendance ... et de l'atteinte de sa propre intégrité. On parle de rapport toxique avec la figure maternelle, rapport qui nuirait à la différenciation de soi et de l'autre.

DIAGNOSTIC

Le diagnostic est basé sur l'absence d'émotion, de chaleur, de réponse affective. Le schizoïde paraît insensible aux remarques de l'entourage. Si l'amitié existe, elle est confinée à une ou deux personnes seulement.

Finalement, la personnalité schizoïde diffère de la personnalité évitante (*avoidant*) qui souhaite être acceptée socialement et qui désire une vie affective, mais qui demeure recluse par peur du rejet et de l'humiliation.

TRAITEMENT

Psychothérapie

Dans la pratique, le schizoïde consulte rarement et semble se complaire dans sa routine et sa solitude à cause de son incapacité à établir des relations sociales. La thérapie aura comme but premier de créer un pont entre le patient et le thérapeute, dans un climat d'acceptation et de détente.

Par la suite, on lui suggérera des façons de se mêler aux autres et de prendre part à certaines activités, au moins de façon minimale. On encouragera sa participation aux activités sociales en tenant compte de sa sensibilité et de sa crainte d'être rejeté, et sans espérer sa collaboration entière. On découragera son attitude de retrait en montrant l'intérêt à partager, à participer dans un climat inspirant la sécurité et le respect de l'autre.

Il faut se rappeler qu'un trait caractéristique de cette personnalité est la tendance à nier la maladie et à vouloir adopter une attitude calme vis-à-vis cette réalité.

Pharmacothérapie

Il a déjà été mentionné que la personnalité schizoïde appartient au groupe schizophréniforme comme la personnalité paranoïde et la personnalité schizotypique, et que l'emploi des neuroleptiques s'est montré fort utile dans ces cas. Une autre démarche repose sur le rapprochement entre la personnalité schizoïde et la personnalité évitante, qui ont en commun une hypersensibilité au rejet et à la critique de même qu'une tendance à l'isolement. Si tel est le cas, les bloqueurs bêta-adrénergiques et les inhibiteurs de la monoamine-oxydase qui sont efficaces pour le traitement de la personnalité évitante devraient l'être pour celui de la personnalité schizoïde.

Thérapie comportementale

L'incitation au développement de la sociabilité constitue une approche intéressante pour le traitement des patients schizoïdes. Dans la pratique cependant, les résultats sont peu encourageants car ces personnes font preuve d'un réel manque de motivation à changer leur comportement et leur style de vie.

12.2.3. PERSONNALITÉ SCHIZOTYPIQUE*

GÉNÉRALITÉS

Introduit au début des années 1950 par S. RADO, le concept « schizotypique » faisait référence à la schizophrénie et plus particulièrement à l'incapacité d'intégrer le plaisir et à un trouble proprioceptif. Tout comme la personnalité schizoïde et la personnalité évitante, la personnalité schizotypique se caractérise par une vie sociale appauvrie, par un éloignement des relations interpersonnelles et par un mode de pensée autistique. Le sujet mène souvent une vie insignifiante, comme au neutre, une existence sans but et sans accomplissement, passant d'une activité à une autre sans ambages, sans s'engager vraiment.

ASPECT CLINIQUE

Excentrique dans sa conduite et dans son accoutrement (par exemple vêtements de couleurs barbares, port de médailles ou d'autres apparats sur le veston), la personne schizotypique l'est aussi dans sa pensée magique, dans ses illusions, ses idées de référence (c'est-à-dire qu'elle donne un sens aux choses et les met en relation avec elle-même), dans son discours circonstantiel et imprécis. Elle se coupe du groupe et de la réalité pour vivre en marginalité, remarquée des autres mais non intégrée ; elle se sent parfois désincarnée, étrangère, plus morte que vivante.

---

* Voir aussi le chapitre 13.

On dit de cette personnalité qu'elle se caractérise par des affects négatifs, un manque de confiance en soi, des préoccupations bizarres, un manque de spontanéité. Désappointé dans la vie, incapable d'aimer, le sujet schizotypique entretient une certaine aversion pour la socialisation ; il est anhédoniste. Son langage présente un trouble d'association, signe d'une organisation intellectuelle déficiente. Les termes « caractère psychotique, schizophrénie latente et/ou ambulatoire et/ou pseudonévrotique » ont souvent été utilisés comme synonymes.

Dans le DSM-III, les troubles cognitifs sont considérés comme les principaux alors que les troubles affectifs et interpersonnels sont classés comme secondaires. Les sentiments d'irréalité, d'illusion, de pensée magique, d'idées de référence jouent ici un rôle important. La personne schizotypique a un faible pour les superstitions, la clairvoyance, la télépathie, le « sixième sens », la prémonition, la capacité de lire dans les pensées.

Les idées de référence sont au centre de la symptomatologie, le sujet schizotypique ayant tendance à relier les phénomènes qui se passent autour de lui à sa propre personne. Un autre critère est celui de la distorsion perceptuelle qui prend la forme de la dépersonnalisation, de la déréalisation, de l'illusion. Le discours est souvent vague, circonstantiel, digressif, sans toutefois tomber dans l'incohérence du schizophrène. Enfin, le sujet fait souvent preuve de méfiance, de réserve vis-à-vis des autres.

Si le stress devient trop important, la personne présente une conduite incongrue, fragmentée, désorientée et confuse, grimaçant, ricanant ou affichant d'autres formes de maniérisme. Son langage devient incohérent, parsemé de néologismes et parfois comparable à une salade de mots ; son monde perceptuel erre dans l'illusion et les hallucinations. Ses habitudes sociales se détériorent, entraînant parfois l'encoprésie et l'énurésie, ou encore la boulimie.

Cette personnalité peut se rencontrer dans sa forme pure ou encore combinée à la personnalité schizoïde et/ou à la personnalité évitante.

CRITÈRES DU DSM-III

Selon le DSM-III, au moins quatre des manifestations suivantes sont nécessaires à la détermination de la personnalité schizotypique :

A) Pensée magique avec intérêt pour la superstition, la clairvoyance, la télépathie, le sixième sens.

B) Idées de référence.

C) Isolement social.

D) Illusions récurrentes, sentiments de dépersonnalisation et de déréalisation (par exemple sentir une force spéciale).

E) Bizarreries du discours, digressions, métaphores, accumulation de détails, propos évasifs.

F) Peu d'échanges dans une relation à deux, contact froid, distant.

G) Méfiance, sentiment de persécution.

H) Crainte des contacts, hypersensibilité à la critique.

I) Exclusion de la schizophrénie comme diagnostic.

THÉORIES EXPLICATIVES

On croit que le sujet schizotypique a été exposé à un excès de stimuli qui découlent des demandes sociales et des attentes de son entourage. C'est comme s'il réagissait en se coupant du monde, en se réfugiant dans un autre univers fait de fantaisies et d'aménagements différents de la réalité. À moins de pression extrême, la personne arrive à se maintenir « entre deux eaux », l'air perdu, le discours relâché dans sa syntaxe ; elle présente un faible pour l'imaginaire, la folle du logis.

Le concept aurait évolué depuis la démence précoce (MOREL), en passant par l'hébéphrénie (KAHLBAUM), la catatonie, la schizophrénie ambulatoire (ZILBOORG), la préschizophrénie, la schizophrénie latente, la schizophrénie pseudo-névrotique (HOCH-POLATIN), jusqu'à ce qu'on en arrive à qualifier cette personnalité de schizotypique (1950). Ce rapport évolutif n'est pas sans évoquer la notion de spectre schizophrénique et, par voie de conséquence, un aspect constitutionnel, génétique.

DIAGNOSTIC

Le diagnostic de personnalité schizotypique se fait à partir de l'observation des symptômes décrits plus hauts. Cependant, on veillera à ne pas confondre cette personnalité avec une schizophrénie de type résiduel qui a été précédée par un épisode aigu de maladie schizophrénique, ni avec la personnalité schizoïde qui, malgré son retrait, son repliement, ne présente pas les mêmes excentricités. La personnalité schizotypique est également différente de la personnalité évitante qui, malgré sa timidité, se caractérise par la recherche d'affection et d'acceptation. Enfin, il arrive que certains états limites (*borderlines*) présentent des symptômes semblables à ceux de la personnalité schizotypique. Ces états limites sont plus instables, plus enclins aux pulsions agressives et ils recourent aux mécanismes de défense tels que le clivage et la projection identificatoire.

TRAITEMENT

Psychothérapie

Eu égard au traitement, la personne schizotypique, tout comme la personne schizoïde, est peu portée à chercher de l'aide dans le but de modifier son excentricité, sa timidité, sa fluidité. La thérapie de face-à-face, le contact visuel et auditif, est nécessaire pour ce genre de patient qui tolère mal l'isolement mais qui a pourtant tendance à se tenir à distance. Tout rapprochement requiert du tact et de la sensibilité de la part du thérapeute qui doit porter attention aux fonctions du Moi, par exemple au sens de la réalité, à la relation objectale, au contrôle des pulsions, au processus de pensée, et à leur intégration, plutôt qu'aux interprétations hâtives. On conseille la thérapie individuelle pour établir un premier lien et pour bâtir une relation basée sur une certaine confiance.

L'approche cognitive s'est révélée supérieure à l'approche analytique pour aider le sujet à comprendre que sa sensibilité l'empêche de nouer des relations de peur d'être blessé ; le thérapeute doit reconnaître cette limitation et proposer au patient des activités où il pourra éprouver du plaisir et de l'agrément mais qui engagent moins sur le plan interpersonnel, comme les hobbies, les voyages.

Pharmacothérapie

Par son lien de parenté avec la schizophrénie, la personnalité schizotypique a été soumise à des études où l'on a utilisé les neuroleptiques.

Ainsi, LIEBOWITZ (1984) a traité 20 sujets qui répondaient aux critères de la personnalité schizotypique avec de faibles doses d'halopéridol durant une période de six semaines. Malgré des effets secondaires, il observa une amélioration globale et une baisse des symptômes d'isolement et d'idées de référence.

SERBAN (1984), dans une étude contrôlée et à double insu, a comparé 52 malades utilisant la thiothixène et l'halopéridol durant une période de 6 à 12 semaines. Il a noté une amélioration chez 56 % des patients et les meilleurs résultats ont été obtenus avec la thiothixène.

Ces études récentes ajoutées à celles de KLEIN (1967), d'HEDBERG (1971) et d'AONO (1981) démontrent l'efficacité des neuroleptiques même à faibles doses.

Thérapie comportementale

Plusieurs techniques comportementales ont été employées avec succès chez des groupes de schizophrènes. Cette information semble prometteuse pour la personnalité schizotypique qui pourrait ainsi améliorer son niveau d'attention, ses habiletés sociales et diminuer son angoisse en société. Côté pronostic, il ne faudrait pas être trop optimiste.

12.3.
PERSONNALITÉS CRAINTIVES

12.3.1. PERSONNALITÉ ÉVITANTE (*AVOIDANT*)*

GÉNÉRALITÉS

MILLON (1969), s'inspirant de KRETSCHMER (1925), a été le premier à utiliser le terme *avoidant* qui fut repris plus tard par le groupe de travail du DSM-III. L'auteur voulait alors décrire la personnalité qui, tout en étant détachée comme la personnalité schizoïde (détachement passif), paraît sensible aux stimuli sociaux et hyperréactive aux émotions et aux sentiments des autres. Son angoisse extrême non seulement envahit sa pensée et interfère avec son comportement, mais la prédispose à garder ses distances par rapport à son entourage pour se protéger contre la souffrance morale qu'elle anticipe.

Pour les analystes et les behavioristes, ce type de personnalité s'apparente aux caractères phobiques, alors que pour les tenants des théories biologiques il s'agirait plutôt d'une forme de schizophrénie, si l'on admet la notion de « spectre schizophrénique » (S. KETY, 1968). Quoi qu'il en soit, au point de vue descriptif les caractéristiques qui reviennent son celles de distanciation, de retrait, d'évitement.

ASPECT CLINIQUE

La personne évitante voudrait bien se joindre aux autres et participer à la vie sociale, mais elle craint d'y perdre son bien-être à moins qu'on lui

---

* En français, on a traduit le terme par « évitante », mais le qualificatif « timorée » aurait été plus descriptif.

garantisse une acceptation sans réserve. Portée à se dévaloriser, vulnérable à la critique, elle risque d'être humiliée, ridiculisée, ce qui renforce son manque de confiance en soi et dans les autres et sa tendance au retrait. C'est une personne timide et craintive, souvent gauche et mal à l'aise dans les situations sociales, et qui met les autres dans un état de malaise ou de gêne par le fait même. Elle ne se livre pas spontanément mais gagne à être connue. Son langage est discret, feutré et sa gestuelle limitée. Sa vigilance et sa grande sensibilité lui font détecter les moindres changements et les dangers possibles.

Sur le plan affectif, la personne évitante se sent anxieuse, triste et solitaire, différente des autres, ambivalente entre son désir d'accepter l'affection et la peur d'être trompée. Elle doute de sa valeur, de sa capacité de séduire et demeure craintive. Son attitude de souffre-douleur ouvre la porte aux railleries ou aux attaques blessantes de la part des personnes qui ont besoin de montrer leur supériorité ou qui ne peuvent retenir leur sadisme. Comme elle ne peut exprimer ses besoins affectifs ouvertement, elle trouve un dérivatif dans les activités artistiques comme le roman, la peinture, la sculpture ou même encore dans le dessin de mode ou la cuisine. Préoccupée par les détails, hésitante dans ses choix, elle demeure sur ses gardes afin de ne pas être blessée par son entourage.

Lorsqu'elle est soumise à des pressions, cette personne peut présenter un tableau d'angoisse généralisée, des phobies sociales, des comportements compulsifs (rituels), des troubles somatoformes, des états dépressifs, des désorganisations schizophréniques.

La personnalité évitante se colore assez souvent de traits passifs-agressifs ; le sujet se retrouve alors en consultation externe, médicale et psychiatrique. Une autre combinaison possible est celle de la personnalité évitante et de l'état limite ... surtout si les épisodes psychotiques sont répétitifs.

Comme la personnalité schizoïde et la personnalité paranoïde, la personnalité évitante possède une grande sensibilité. Elle a tendance à

s'isoler non par manque ou par déficit, comme c'est le cas pour la personnalité schizoïde, mais par restriction et par protection. On doit la distinguer de la personnalité schizotypique qui fait plus bizarre et plus portée aux phénomènes irréels. La personnalité évitante peut aussi avoir des traits de ressemblance avec la personnalité dépendante, à la différence qu'elle recherche moins l'intimité et qu'elle n'essaie pas de reconquérir l'autre à tout prix en cas de brouille ou d'abandon.

Enfin, que penser de certains états limites qui arborent un sentiment de solitude et qui anticipent un échec social ? Disons que ces signes peuvent apparaître chez la personnalité évitante de façon transitoire, mais que dans l'ensemble les personnalités limites présentent plus d'instabilité, d'impulsivité et de mésadaptation sociale.

CRITÈRES DU DSM-III

Selon le DSM-III, la personnalité évitante manifeste les caractéristiques énumérées ci-dessous :

A) Hypersensibilité au rejet, par exemple crainte de faire rire de soi.

B) Réticence à se lier aux autres à moins d'être assuré d'une acceptation inconditionnelle.

C) Retrait social, confinement au second plan, réticence à l'attachement.

D) Désir d'être aimé et approuvé.

E) Faible estime de soi, exagération de ses défauts.

THÉORIES EXPLICATIVES

Il existe plusieurs théories sur la formation du caractère évitant, depuis celle de l'hérédité (spectre schizophréniforme), de la vulnérabilité aux stimuli aversifs (hypervigilance), jusqu'à celle de l'attitude parentale comportant du rejet et de la dévalorisation. En effet, l'enfant exposé constamment aux critiques malveillantes et aux remarques désobligeantes se sent humilié et ridiculisé. Il perçoit le monde comme dangereux, hostile et tend à s'en éloigner en se retirant. Il en vient à se considérer lui-même comme faible, sans valeur et incapable de se défendre, contrairement à l'enfant agressif qui, lui, contre-attaque.

DIAGNOSTIC

Les critères du DSM-III, comme la sensibilité au rejet, l'évitement des contacts et le désir de rapprochement nous aident certes à poser le diagnostic, à condition toutefois qu'on ne confonde pas ce comportement avec les phobies sociales. Dans le cas des phobies, le sujet conserve une intégrité et un fonctionnement normaux sauf dans les situations phobiques qui sont habituellement bien circonscrites. De plus, le phobique n'affiche pas les autres traits propres à la personnalité évitante, telles une faible estime de soi et une réticence à se lier aux autres. Par ailleurs, la personnalité évitante souffre de son isolement et désire être acceptée, ce qui n'est le cas ni de la personnalité schizoïde qui est indifférente aux aspects sociaux, ni de la personnalité schizotypique qui est bizarre et qui présente des troubles avec la réalité, ni de la personnalité limite qui montre plus d'impulsivité, d'instabilité et d'ambivalence.

TRAITEMENT

Psychothérapie

À cause de son manque de confiance dans les autres, ce type de patient est peu motivé à rechercher et à maintenir une relation thérapeutique. Une fois en traitement, il va faire en sorte de mettre à l'épreuve la sincérité et l'authenticité du thérapeute. Inconsciemment, il va tenter de reproduire la situation où il attendait de l'affection et où il n'a reçu qu'humiliation et rejet.

Pour réussir le traitement, le thérapeute doit amener le patient à découvrir un environnement plus gratifiant et la possibilité d'augmenter son estime de soi. Il devra lui accorder une certaine dose de thérapie de soutien avant de pouvoir aborder les émotions et les pensées pénibles. L'approche cognitive a été éprouvée et s'est révélée efficace pour les fausses perceptions de soi et les attentes irréalistes de la part de l'entourage.

Si l'angoisse est trop forte, on peut prescrire des anxiolytiques et recourir à des méthodes de relaxation qui empruntent des exercices à la thérapie de comportement. En tout dernier lieu, la thérapie de groupe servira à développer chez le patient de nouvelles attitudes et de nouvelles habiletés dans un contexte plus restreint et moins menaçant.

Le pronostic demeure pauvre principalement à cause du manque d'établissement d'une relation significative dans la vie, ce qui a donné lieu à un climat profond de méfiance.

Pharmacothérapie

Certaines études ont démontré que l'angoisse sociale extrême est amenuisée par la prise de certains médicaments. LIEBOWITZ (1984) a prescrit la phénelzine dans des cas de dépression atypique où la sensibilité interpersonnelle était élevée et il a obtenu de meilleurs résultats qu'avec l'imipramine ou le placebo. Il semblerait que la médication a un effet de blocage sur les symptômes périphériques appartenant au système nerveux autonome, comme le tremblement, le rougissement, la transpiration et la tachycardie.

Thérapie comportementale

Comme le trouble de personnalité évitante semble chevaucher les phobies sociales, on peut recourir à la désensibilisation systématique, à la restructuration cognitive et à l'apprentissage d'aptitudes sociales. On peut aussi traiter la peur du rejet en construisant des échelles progressives d'angoisse que le patient doit tenter de maîtriser par la relaxation musculaire, la rétroaction biologique, la thérapie cognitive et les autres méthodes éprouvées. Le thérapeute, au début « acceptant », devient petit à petit « confrontant ».

12.3.2. PERSONNALITÉ DÉPENDANTE*

GÉNÉRALITÉS

Historiquement, la personnalité dépendante faisait partie de la catégorie dite personnalité psychopathique, laquelle était caractérisée par un manque de développement émotionnel et par de l'immaturité. Sous l'influence de FREUD et d'ABRAHAM, la personnalité dépendante se subdivisa en personnalité passive-dépendante (stade oral-suçant), passive-agressive, agressive (stade oral-mordant) et pseudo-indépendante. Le DSM-III a retenu la personnalité dépendante (ou passive-dépendante) et la personnalité passive-agressive.

Les termes le plus souvent utilisés pour décrire les individus à personnalité dépendante sont les suivants : des gens réceptifs, suggestibles, complaisants, passifs, soumis, dociles, pacifiques, de peu de volonté, de bonne nature, etc. Leur centre de gravité repose sur les autres et non sur eux-mêmes. Ils adaptent leur conduite à celle des personnes dont ils dépendent. Ils laissent aux autres la responsabilité de gouverner leur vie à cause de leur propre incapacité à fonctionner de façon autonome. Ils ont tendance à se déprécier et à manquer de confiance en eux-mêmes. Ils ne trouvent pas en eux la motivation et les ressources nécessaires pour entreprendre une démarche ni pour se prendre en mains. Ils essaient d'être agréables, dociles et polis afin de garder leurs contacts, leurs relations.

ASPECT CLINIQUE

Ce que la personne dépendante craint le plus ou encore ce qui lui crée le plus d'angoisse, c'est la peur d'être abandonnée, rejetée. Ainsi, une épouse dépendante endurera les pires traitements pour ne

_____

* Voir aussi le chapitre 18.

pas perdre son mari, ses enfants, sa maison, de peur de se retrouver seule.

La personne dépendante laisse les autres décider à sa place. Elle passe souvent inaperçue et paraît causer moins de problèmes du fait qu'elle est souvent amicale, voire flatteuse pour gagner sa dépendance. En langage populaire, on lui prête souvent les sobriquets suivants : « chouchou du professeur », « lècheux de bottines », « siffonneux », «parasite». Cette personne semble avoir besoin d'une attention spéciale. Elle se confie assez facilement. Même si parfois elle apparaît généreuse et dévouée pour autrui, elle espère beaucoup des autres en retour. Sa tolérance à la frustration est faible et, si ses besoins demeurent non gratifiés, elle est portée à la colère, à la dépression ou à l'apathie, rongée par le sentiment que personne ne veut l'aider.

Sa vie passée et présente étant souvent faite de désappointements, cette personne vient consulter avec l'arrière-pensée qu'au fond, le médecin ne peut pas faire grand-chose pour elle. Elle peut être encline à manger ou à boire plus que de raison, ou encore à prendre des médicaments par compensation. On reconnaît là une fixation au jeune âge, à la période où l'enfant, sans défense, compte sur sa mère pour la nourriture, la protection, l'affection. Le patient fixé à ce niveau peut facilement y régresser lors de maladies ou encore lors de conflits.

Dans la pratique, la personne passive-dépendante paraît manquer de confiance en elle, ce qui transparaît dans sa posture, dans ses manières et dans sa voix. Elle aime rendre service et se montrer aimable et généreuse. Dans les moments difficiles, elle cherche l'attention, l'encouragement et l'aide de façon désespérée, prête à faire tous les compromis pour les obtenir. Elle ne souligne que le bon côté des choses, préférant souffrir en silence. Derrière ce vernis se cachent des sentiments d'insécurité, d'inadéquation et d'infériorité.

Tout en admettant sa faiblesse, la personnalité dépendante se soustrait à ses responsabilités ; en se dépréciant, elle attire l'attention et la sympathie des autres et arrive à provoquer chez eux de la culpabilité. On aura reconnu, jusqu'ici, beaucoup des attributs rencontrés dans les communautés religieuses sous la bannière des béatitudes : « Bienheureux les doux car ils posséderont la terre ». La personnalité dépendante ne craint pas de jouer un rôle inférieur pour satisfaire ses besoins de sécurité et d'affection.

Dans les moments particulièrement difficiles, la personnalité dépendante devient extrêmement vulnérable aux angoisses de séparation ou d'abandon qui peuvent prendre la forme de crises de panique ou encore de crises phobiques. Pour les moins sophistiquées de ces personnalités, la somatisation et les préoccupations hypochondriaques servent deux grandes fonctions : d'abord celle de confirmer et de consacrer la dépendance, le besoin de l'autre, puis celle d'obtenir d'autres gratifications (par exemple un congé) appelées aussi « gains secondaires ». D'autres cherchent leur gratification « oralement », dans le recours à la drogue ou dans l'abus de boisson alcoolique. Bon nombre recèlent un fond de dépression quand ce n'est pas une maladie typique.

Les symptômes affectent le dos et les membres, ce qui rend ces personnes impotentes et incapables de travailler (la CSST* en dénombre de nombreux cas au Québec). De là à sauter dans les troubles factices, il n'y a qu'un pas … assez facilement franchi.

La personnalité dépendante peut se rencontrer en association tantôt avec la personnalité évitante, tantôt avec la personnalité histrionique.

CRITÈRES DU DSM-III

Selon le DSM-III, la personnalité dépendante se caractérise par les manifestations suivantes :

A) Tendance à laisser ses proches assumer toutes les responsabilités dans les secteurs importants de sa vie, à cause de son propre manque d'autonomie (par exemple laisser le conjoint décider).

---

* Commission de la santé et de la sécurité du travail du Québec.

B) Subordination de ses propres besoins à ceux des personnes dont elle dépend pour éviter d'avoir à compter sur elle-même.

C) Manque de confiance en soi (par exemple se sentir abandonnée, sans recours, stupide).

THÉORIES EXPLICATIVES

Parmi les théories visant à la compréhension de la personnalité dépendante, on peut penser à l'aspect tempéramental, par exemple à l'enfant docile décrit par STELLA CHESS, ou encore à l'intensification de la relation mère - enfant, soit parce que l'enfant a souffert de maladie, soit parce que la mère insécure lui porte plus d'attention. Le langage psychiatrique fait usage de deux expressions pour souligner la relation intense entre deux personnes : la « symbiose » qui a trait à la période où le jeune enfant dépend entièrement de sa mère comme objet de gratification (ils forment un système fermé) et l'anaclitisme qui signifie le fait de se reposer sur une autre personne pour sa subsistance et son bien-être personnel.

DIAGNOSTIC

La personnalité dépendante se reconnaît par des traits de passivité, de soumission, d'effacement, de docilité. Elle est habituellement moins grégaire et moins séductrice que la personnalité histrionique et elle montre plus de confiance que la personnalité évitante.

La personnalité dépendante se distingue du schizophrène chronique, lequel présente souvent des symptômes négatifs comme l'amotivation, l'aboulie, l'anhédonie qui lui confèrent une allure passive. On se rappellera aussi que le schizophrène a tendance à être plus retiré, à se socialiser peu et à éprouver de la difficulté à passer le test de réalité. La personnalité dépendante diffère également de la personnalité schizoïde qui est introvertie, qui a peu d'amis et dont l'affectivité est plus terne. Enfin, le patient atteint d'un syndrome cérébral peut apparaître ralenti, voire dépendant, tout comme le retardé mental qui, par contre, accomplit moins de choses dans la vie.

TRAITEMENT

Psychothérapie

En général, la personnalité dépendante accepte facilement de commencer une thérapie mais elle parvient difficilement à en sortir pour les raisons déjà énumérées. En effet, elle connaît les bienfaits d'une relation avec autrui, elle est réceptive, elle a tendance à admirer le thérapeute et à lui vouer toute sa confiance au point souvent d'attendre trop de lui et au risque d'être grandement déçue. La psychothérapie axée sur l'indépendance et l'autonomie va certes créer de l'angoisse ; les attentes du patient doivent être ramenées à des niveaux accessibles sinon le désenchantement qui s'ensuivra conduira à la dépression. Il ne faut pas minimiser la possibilité de découragement et les idées de suicide. La personnalité dépendante peut manifester son angoisse en se présentant en retard, en manquant des séances, en essayant de manipuler le thérapeute, voire en se montrant trop indépendante. Le clinicien doit savoir reconnaître jusqu'à quel point il peut satisfaire les besoins du patient et le gratifier tout en lui montrant les limites.

Pharmacothérapie

La dépendance comme telle n'est peut-être pas affectée par un traitement médicamenteux, mais la dépendance résultant de l'agoraphobie et des crises de panique peut certainement être diminuée par le recours aux tricycliques et aux IMAO. De la même façon, l'alprazolam s'est montré efficace pour bloquer les attaques de panique.

Thérapie comportementale

Les exercices d'entraînement à l'affirmation de soi de même que les cours populaires de personnalité qui sont donnés en groupe constituent un traitement de choix quand le patient accepte d'y participer.

12.3.3. PERSONNALITÉ PASSIVE-AGRESSIVE

GÉNÉRALITÉS

Il semble que cette personnalité provienne du groupe autrefois appelé « personnalité immature et irritable ». La nouvelle appellation a été utilisée lors de la Seconde Guerre mondiale afin de déterminer l'aptitude physique et mentale des soldats.

ABRAHAM, décrivant la phase « orale-mordante », avait reconnu la présence « active » de l'ambivalence (par opposition à l'ambivalence de la personnalité compulsive) et le mode sadique-mélancolique chez ce sujet qui a tendance à blâmer les autres et à leur trouver des travers, qui se plaint que les choses vont mal, qui se fait des ennemis et qui passe pour un éternel insatisfait.

FREUD, reprenant les propos de KRAFFT-EBING, soulignait l'aspect masochiste de ce caractère, le sujet se servant de la provocation et du défi pour obtenir de l'amour. Il atteint l'autre en se déclarant la victime, le souffre-douleur, le dépourvu. Il se maintient à la limite de l'agressivité ouverte. Pour montrer son opposition, il utilise le sabotage et non le combat.

ASPECT CLINIQUE

Selon les études américaines, le sujet de type passif-agressif se retrouve assez fréquemment en consultation externe (environ 40 % des cas) ; les principaux symptômes d'accompagnement sont l'angoisse et la dysthymie. On a souvent comparé ce patient à un enfant qui apprend par essais et erreurs, qui change rapidement d'attitude, passant de l'affirmation de soi à la soumission ou de l'exploitation à l'obstination.

Son trait caractéristique essentiel repose sur sa résistance aux demandes extérieures : il est non coopératif, il critique, il essaie de se soustraire aux règlements, de trouver des failles au système ... Mais il y a plus : il manifeste une irritabilité fréquente, des sautes d'humeur, une frustration facile, un sentiment d'être incompris, du pessimisme, un manque de rendement au travail, de l'insatisfaction, une facilité à démoraliser les autres et à chercher la bête noire. En groupe, il contribue peu et donne moins qu'il ne reçoit. Si on exige quoi que ce soit de lui, il se sent frustré, il rouspète et s'exécute mais avec peu de soin. Son comportement est souvent impulsif et se traduit par des crises d'agression verbale, des pleurs, des gestes suicidaires et de nombreuses plaintes physiques sans pathologie organique décelable.

Contrairement aux autres personnalités, le sujet passif-agressif présente des difficultés non pas à cause de l'aspect rigide de son caractère mais à cause de son inconstance. Il vacille entre la dépendance et l'indépendance, entre la passivité et l'action, entre une attitude d'adulte ou d'enfant, entre l'amour et la haine.

La personnalité passive-agressive peut comporter des traits histrioniques ou des traits apparentés à ceux de la personnalité limite.

CRITÈRES DU DSM-III

Selon le DSM-III, la personnalité passive-agressive se reconnaît par les manifestations suivantes :

A) Résistance aux demandes qu'on lui fait de fournir une activité adéquate dans son fonctionnement aussi bien professionnel que social.

B) Résistance exprimée indirectement par au moins deux des manifestations suivantes :
1) procrastination ;
2) perte de temps ;
3) entêtement ;
4) inefficacité délibérée ;
5) oublis.

C) Inefficacité durable et globale sur les plans social et professionnel comme conséquence de A et B.

D) Persistance de ce type de conduite malgré la possibilité d'agir de façon assurée et efficace.

E) Absence des critères du trouble oppositionnel.

THÉORIES EXPLICATIVES

Plusieurs auteurs ont tenté d'expliquer la formation de cette personnalité par diverses théories. Selon certains, il s'agirait d'une disposition biologique innée qu'on pourrait remarquer chez des enfants difficiles et irritables dès la naissance. Dans la même veine, on a observé chez certains enfants un débalancement entre leurs capacités intellectuelles souvent élevées et leur immaturité affective, rendant leurs réactions et leur comportement imprévisibles. Par ailleurs, les atteintes cérébrales mineures et diffuses qui produisent des enfants hyperactifs, distraits, excités et irritables pourraient bien contribuer à la formation de cette personnalité.

Les parents auraient aussi un rôle à jouer dans l'établissement et la configuration de la personnalité passive-agressive, soit en n'arrivant pas à s'ajuster, soit encore, si la personnalité est relativement normale, en faisant preuve d'attitudes inconstantes et même contradictoires. Ainsi, ils peuvent différer d'opinion entre eux ou encore balancer entre l'affection et l'amour d'une part et le rejet et l'hostilité d'autre part. L'enfant est alors sujet à développer des conflits internes autour de la confiance, de l'initiative, de la compétence et de l'identité. Contrairement à la personnalité antisociale et à la personnalité évitante, la personnalité passive-agressive ne peut s'attendre, de façon constante, au rejet puisqu'il existe à d'autres moments des périodes d'acceptation. Cette oscillation entre des sentiments contradictoires fait que la personne est toujours sur le qui-vive car elle ne sait jamais à quoi s'attendre. Elle ne peut développer de stratégies pour obtenir la sécurité et la récompense qu'elle recherche, ni apprendre à savoir comment réagir dans la vie.

Pour sa part, FREUD a avancé l'explication de la fixation à la période orale caractérisée par la dépendance, par la gratification et aussi par la frustration, par l'agressivité envers un seul et même objet d'amour, la mère. Si ces attitudes opposées ne sont pas unifiées par la mère et métabolisées par l'enfant, il s'ensuit chez ce dernier une alternance de conduites de plaisir et de déplaisir qui engendrent de l'insécurité, une ambivalence entre la soumission et l'agression. L'enfant n'arrive pas à modeler sa conduite sur des parents inconstants ni à intérioriser ce qui deviendrait la capacité de se contrôler, de maîtriser ses émotions.

La personne passive-agressive fait face à un dilemme entre agir selon son goût, satisfaire ses besoins (ce qui risque d'entraîner la désapprobation et de mettre sa dépendance en danger) ou se soumettre aux désirs de l'autre (et se sentir déçue d'agir à son propre détriment).

DIAGNOSTIC

Le diagnostic de la personnalité passive-agressive ne paraît pas poser de problème, du moins à première vue dans sa conception théorique. Dans la pratique quotidienne cependant, le clinicien doit faire face à des mosaïques faites de traits de dépendance, de composantes anxieuses, d'éléments dépressifs. La plupart des patients reconnaissent avoir un fond d'agression qui se situe sur un continuum entre la passivité et l'agressivité franche. Ils présentent une dynamique un peu particulière en ce sens que leur agressivité se transforme en dépendance par la culpabilité et la peur des représailles ; la dépendance est à son tour transformée en pulsion pseudo-agressive par la culpabilité et la frustration des besoins non satisfaits.

SMALL et SMALL (1970), dans une étude de 100 malades suivis sur une période de 15 ans, en

sont venus à reconnaître trois grands groupes de passifs-agressifs : un premier dans lequel 52 % des sujets répondaient aux critères d'un trouble psychiatrique additionnel important ; un second dans lequel 18 % optaient pour l'alcoolisme ; un troisième présentant des signes et des symptômes de dépression. Les trois groupes présentaient de l'agressivité verbale, des épisodes de pleurs, des gestes suicidaires et de nombreuses plaintes somatiques.

Le diagnostic de personnalité passive-agressive est plutôt rare parce qu'il n'est pas toujours facile de distinguer entre les différentes formes d'activités énergiques, voire héroïques, et l'agressivité dite pathologique comportant un aspect de destructivité. D'ailleurs, les adultes et la société en général tolèrent mal l'agressivité exprimée en public, au travail ou sur la rue.

TRAITEMENT

Psychothérapie

Habituellement, le passif-agressif ne consulte pas de lui-même ; il est référé pour un traitement à cause de son rendement inadéquat et de ses relations interpersonnelles difficiles. Le thérapeute décèle de la procrastination, de l'entêtement et un refus de répondre aux demandes de la famille, de l'employeur et de la société, en raison de l'agressivité sous-jacente. L'attitude désagréable du patient n'est qu'une forme de résistance parmi les autres : retards aux rendez-vous, oublis (de la carte d'assurance-maladie par exemple), incapacité de raconter un rêve, périodes de silence ...

La thérapie de soutien qui repose sur les bons conseils progresse peu car la personne passive-agressive est passée maître dans l'art de mettre l'autre en échec, de faire en sorte que le traitement ne fonctionne pas, parce qu'elle ne veut pas reconnaître la compétence du thérapeute qui lui rappelle l'humiliante soumission à des parents exigeants. Le thérapeute doit résister à la tentation de faire les efforts à la place du patient et de le rescaper pour réussir à tout prix, comme l'ont fait les parents ; il doit mettre le patient en face de ses responsabilités et aussi l'accepter même si ce dernier présente des faiblesses ou essuie des échecs. Le thérapeute doit amener le patient à se rendre compte de sa conduite et des avantages qu'il aurait à changer.

Dans sa relation avec le thérapeute, le patient doit prendre conscience de ses manques et s'en sentir responsable. Le thérapeute doit reconnaître le besoin de dépendance et la frustration facile du patient qui nage dans l'ambivalence et peut même, à l'occasion, recourir à la provocation. La dépression et le risque suicidaire sont en effet souvent présents.

On ne doit pas se surprendre que la thérapie se prolonge très longtemps : les sujets très dépendants et qui retirent des gains secondaires de la relation thérapeutique en viennent à ne plus vouloir guérir, à préférer leur statut de malade. S'ils sont hospitalisés, ils essaient de prolonger leur séjour par tous les moyens et montrent souvent des signes de détérioration quand le congé approche.

Pharmacothérapie

Il ne semble pas que la médication soit efficace dans ce trouble de la personnalité. Cependant, si l'on reconnaît que le trait passif-agressif provient d'inhibitions reliées à l'anxiété d'expression et d'affirmation de soi, on peut prescrire quelques médicaments à action désinhibitrice, par exemple des benzodiazépines, des IMAO. On doit alors s'assurer que le patient suit bien l'ordonnance, car ce type de personne est reconnu pour être peu responsable.

Thérapie comportementale

Les exercices d'entraînement à l'affirmation de soi de même que les cours populaires de personnalité qui sont donnés en groupe constituent un traitement de choix quand le patient accepte d'y participer.

12.3.4. PERSONNALITÉ COMPULSIVE*

GÉNÉRALITÉS

Le terme, qui viendrait de l'Allemagne, désigne tantôt l'aspect compulsif tantôt l'aspect obsessionnel de la personnalité. À une certaine époque, il fut remplacé par le mot « anankastique » qui réfère au caractère anal défini par ABRAHAM. Son contemporain FREUD avait décrit trois traits principaux se rapportant à ce caractère : l'ordre, la parcimonie et l'obstination. Dans le DSM-III, le terme compulsif remplace l'appellation obsessionnel-compulsif, du fait que la personnalité se décèle avant tout dans des attitudes, des comportements plutôt que dans le mode « obsessionnel » de la pensée. Cette restriction permet aussi de mieux différencier la personnalité compulsive de la névrose obsessionnelle dans laquelle les symptômes d'obsession et de compulsion deviennent comme étrangers et désagréables à la personne (ego-dystones).

ASPECT CLINIQUE

Le sujet compulsif dégage un air d'austérité dans sa tenue et dans ses gestes. Il apparaît contrôlé, réservé, froid et éprouve de la difficulté à avoir du plaisir. Certains de ces traits sont renforcés par la société (par exemple l'esprit consciencieux) et n'apparaissent comme pathologiques que lorsqu'ils interfèrent avec le rendement ou encore lorsqu'ils sont trop rigides.

Pour l'entourage, cette personne paraît responsable, appliquée, efficace, ayant le souci du détail et de la précision, toujours en quête de perfection. Intolérante envers les lacunes et particulièrement celles des autres, elle se montre exigeante au

---

* Voir aussi le chapitre 7, section 7.5.3.

point de verser dans la critique exagérée. Son besoin de contrôle et sa grande ambition lui donnent un sentiment d'omnipotence. Même si elle a tendance à manquer d'imagination et de créativité, elle a du talent pour l'organisation, pour l'établissement de politiques, pour les positions d'autorité mais risque alors de devenir autocratique et hautaine pour les subalternes. En s'identifiant aux structures, à l'autorité, la personne compulsive se trouve à contrôler ses propres pulsions et aussi le comportement des autres. Elle se sent obligée à eux et ne veut pas les décevoir ni leur déplaire.

La personne compulsive peut présenter des problèmes de doute de soi et d'incertitude qui la font hésiter devant telle ou telle décision à prendre. Elle est très préoccupée par la propreté, le temps et l'argent. Ses énergies sont plus orientées vers la recherche de la sécurité que vers la satisfaction. Ayant tendance à être méticuleuse, elle s'attarde aux détails plutôt qu'à la résolution des gros problèmes. Ce trait en fait un bon exécutant (par exemple secrétaire ou trésorier) mais rarement un leader ou un président.

Elle arrive à vivre une vie relativement satisfaisante mais sans beaucoup de plaisir ; on dit qu'elle pense plutôt qu'elle ressent. Elle aime discuter à fond mais évite de s'engager émotionnellement. Toujours son sentiment de défiance l'empêche de partager la chaleur et la tendresse et l'amène plûtôt à développer sa force et sa puissance. Son sens exagéré du devoir et des responsabilités nuisent à sa capacité de se relaxer et une certaine culpabilité lui fait éviter la recherche du plaisir.

Sur le plan sexuel, la personne compulsive manque de spontanéité et d'imagination. Son faible pour la compulsion la rend sujette à la masturbation même hétérosexuelle. Son besoin de contrôle et de supériorité l'amène à être plus préoccupée par sa performance que par son bien-être.

Elle éprouve certaines peurs : peur de prendre une décision et de se tromper ; peur d'essuyer un échec qui viendrait ternir son image ; peur de ses pensées morbides si elles devaient s'actualiser. Tout ce qui sort de la règle, tout imprévu lui crée beaucoup d'angoisse, de tension.

Sur le plan physique, elle n'admet pas facilement la maladie qu'elle perçoit comme une faiblesse. Par contre, elle accepterait mieux de souffrir d'une maladie physique que d'éprouver des problèmes psychologiques ou d'être atteinte d'une maladie psychiatrique qui lui ferait perdre l'esprit, objet capital de sa personnalité.

MILLON voit cette personnalité comme ambivalente tout comme la personnalité passive-agressive et, à ce titre, il les considère comme modérément sévères par rapport aux personnalités dépendante, histrionique, narcissique et antisociale. L'un des traits caractéristiques de la personnalité compulsive est que le sujet « se prend à son propre piège », du fait qu'il est assiégé par des conflits intenses dont il ne peut ni s'échapper ni trouver de solution à l'extérieur de lui-même. Même si la plupart des gens ont en eux une certaine dose d'ambivalence du seul fait de vivre et d'avoir à opérer des choix, la personne compulsive, elle, n'arrive pas à choisir entre se tourner vers elle-même, comme le font la personne narcissique et la personne antisociale, ou se tourner vers les autres, comme le font la personne histrionique et la personne dépendante.

La personnalité compulsive appartient au type ambivalent-passif par rapport à la personnalité passive-agressive où le sujet extériorise son ambivalence de façon active. En surface, il paraît avoir réglé ses conflits à travers une sorte d'obéissance et de conformisme, mais à un niveau plus profond il lutte entre la soumission à l'autre ou le défi. Pour mater ses impulsions d'opposition et de rébellion, il a tendance à coller à la règle, ce qui lui donne un aspect légaliste, conformiste et même moraliste.

La personnalité compulsive peut ne comporter que ses traits spécifiques ou encore présenter un tableau mixte, combiné à des traits de dépendance ou bien à des traits paranoïdes.

CRITÈRES DU DSM-III

Selon le DSM-III, la personnalité compulsive présente au moins quatre des manifestations énumérées ci-dessous :

A) Restriction de la capacité à exprimer des émotions tendres et chaleureuses (par exemple la personne est sérieuse, conventionnelle).

B) Perfectionnisme, préoccupation exagérée des détails et de l'ordre qui nuisent à une vue d'ensemble.

C) Exigence que les autres se soumettent à sa propre façon de faire sans se soucier de leurs idées ou de leurs sentiments.

D) Dévouement excessif au travail et excès de productivité aux dépens des loisirs et des amis.

E) Indécision, c'est-à-dire que la prise de décision est soit évitée soit ajournée soit retardée (par exemple des ruminations excessives sur les priorités avant d'agir).

THÉORIES EXPLICATIVES

Du côté étiologique, on peut se demander d'où vient cette personnalité ou encore comment elle se forme. Les théories biologiques sont peu explicites. Quant aux théories psychologiques, on pense à l'approche comportementale préconisant que, dans ce cas, la pathologie germe dans la relation avec des parents qui portent beaucoup d'attention à leurs enfants, non pas en les surprotégeant (comme c'est le cas pour la personnalité dépendante), mais en voulant les contrôler, en étant fermes et directifs. Ces parents recourent à la punition non pas n'importe quand (ce qui se produit dans le cas de la personnalité antisociale), mais lorsque l'enfant désobéit ou se conduit mal. Les parents veulent imposer leurs normes, leur mode de vie, leurs valeurs. Par opposition à la personne histrionique, qui reçoit de l'attention et des compliments seulement lorsqu'elle fait bien et peu de punitions lorsqu'elle se comporte mal, la personne compulsive reçoit l'attention de façon plus constante et subit un peu plus de punitions. Pour elle, la bonne conduite est une chose tenue pour acquise : l'inconduite doit, elle, être réprimandée.

Cette méthode d'éducation des enfants donne certains résultats mais expose l'enfant à des pathologies comme le développement d'une personnalité compulsive, ou d'une personnalité évitante avec repli sur soi, ou d'une personnalité dépendante par honte ou par peur de la punition. Elles manquent toutes d'identité propre, d'imagination et de créativité.

L'explication analytique de la formation du caractère compulsif souligne l'importance de la fixation à la période anale, laquelle symbolise toute la problématique de l'autonomie, du contrôle. Alors que chacun ressent le besoin d'exercer une certaine maîtrise sur l'environnement tant intérieur qu'extérieur, le désir de l'omniscience et de l'omnipotence colore le tableau clinique des patients compulsifs et s'accompagne souvent de grandiosité, de ritualisme ou d'indécision.

Le compulsif vit un conflit entre l'obéissance et la révolte, entre la soumission et l'autonomie, entre la peur d'être pris et puni et la rage d'avoir à se soumettre, entre la victoire et la défaite. La peur de l'autorité donne naissance à la ponctualité, à la propreté, à l'entêtement, voire au sadisme.

La personne compulsive recourt à l'isolation pour éviter d'exprimer sa charge émotionnelle, à l'annulation rétroactive en passant aux actes pour ensuite « réparer » selon un mode souvent répétitif ou ritualiste, à la formation réactionnelle en agissant par opposition ou par contraste, par exemple en substituant au sentiment de colère un sentiment de tendresse et de compassion. Les deux techniques les plus efficaces pour transformer les pulsions négatives en pulsions positives sont l'identification à un modèle positif d'autorité et la sublimation à travers une occupation (comme sergent-major, chirurgien, juge ou doyen par exemple).

DIAGNOSTIC

Le diagnostic de personnalité compulsive se résume aux traits de caractère déjà décrits et surtout aux mécanismes de défense comme l'isolation, la rationalisation, la formation réactionnelle et l'annulation rétroactive. L'**isolation** fait référence à la tendance du sujet à séparer l'idée de l'émotion qui l'accompagne normalement. La **rationalisation** consiste en l'utilisation de la raison pour expliquer, justifier et contrôler l'angoisse vue comme inacceptable (par exemple, lors d'une erreur, le sujet cherche à se justifier par tous les moyens). La **formation réactionnelle** est le mécanisme qui conduit le sujet à développer des attitudes contraires à ses sentiments et qui vise à refouler les pulsions désagréables (par exemple, pour masquer l'hostilité, il déploie des gestes de bonté souvent exagérés et qui deviennent obséquieux). L'**annulation rétroactive** est le mécanisme par lequel le sujet défait ce qu'il a fait, en réalisant l'inverse de l'acte ou de la pensée précédente.

TRAITEMENT

Psychothérapie

La personnalité compulsive, comme les autres personnalités, se caractérise par la difficulté, pour ne pas dire le refus, du sujet à changer son style de comportement parce qu'il a acquis des habitudes de vie et de fonctionnement qui se perpétuent automatiquement même si elles créent certains problèmes. Le sujet essaie de maintenir une approche systématique, planifiée voire routinière, évitant d'explorer d'autres avenues qui mèneraient à un changement.

Souvent la personne compulsive consulte à cause de malaises physiques, de fatigue excessive (par refoulement de l'agression), d'angoisses, de troubles sexuels, de symptômes paranoïdes, obsessionnels ou dépressifs. Le stress peut prendre la forme de pertes réelles ou symboliques ; il peut survenir lors d'une promotion, ce qui surprend à première vue mais qui s'explique par la peur du sujet de perdre les gratifications rattachées aux traits de dépendance et aussi par crainte de perdre le contrôle devant l'augmentation de la tâche.

La thérapie de soutien peut suffire pour ce type de personne qui aime garder les choses en main. Ainsi, lors de moments difficiles, on lui permettra de s'exprimer et de ventiler ses conflits, ce qui aura un effet de soutien et d'encouragement. Pour certains, on devra recourir à la thérapie analytique qui aura pour buts d'identifier leurs tendances à privilégier la raison, la logique, l'ordre, souvent de façon excessive, et de leur faire prendre conscience du fait qu'ils vivent éloignés de leurs émotions qu'ils considèrent comme de la faiblesse. On peut commencer ce travail en abordant les rêves, surtout si le sujet manifeste quelques dispositions pour la psychologie et pour la remise en question. On prendra le temps d'établir une relation de confiance, d'empathie, de neutralité pour amener le patient, petit à petit, à découvrir pourquoi il se retrouve constamment en situation d'échec. En lui soulignant sa tendance aux réalisations utopiques ou encore à l'honnêteté démesurée, on amène le patient à se rendre compte d'une certaine anomalie, ce qui lui crée une angoisse abordable ensuite en analyse.

Le thérapeute, habituellement compulsif de nature et de fonctionnement, doit prendre garde de se retrouver dans la position délicate de « qui contrôle qui ? », soit par une attitude trop respectueuse du patient soit par des affrontements directs. Selon le comportement adopté, la thérapie pourra prendre fin assez brusquement ou se poursuivre indéfiniment.

Le clinicien doit éviter de viser des buts trop élevés et inviter le patient à exprimer ses pensées et ses sentiments à sa façon, donc pas nécessairement sans aucun contrôle, ce à quoi celui-ci n'a pas l'habitude. Il vaut mieux éviter les discussions et les affrontements directs, un peu comme en judo, en pliant temporairement et en montrant au patient qu'il a besoin d'être fort, intelligent, voire le meilleur, mais que cette attitude peut devenir épuisante à la longue et rendre sa vie et celle de son entourage ennuyantes, voire impossibles. On peut aussi avoir recours à la thérapie cognitive en invitant la personne à se détendre et à envisager la possibilité d'avoir du plaisir dans cet univers de travail.

Pharmacothérapie

Il existe plusieurs façons d'amener les gens à se détendre, à se relaxer et à jouir de la vie. On n'a qu'à penser aux rencontres amicales, aux « parties » où l'on fait sauter le Surmoi au son de bouchons de champagne ; c'est l'effet anxiolytique de l'alcool qui détend et qui assouplit les conventions sociales. La personne compulsive fait preuve d'un peu plus d'aisance dans ces circonstances.

On connaît aussi l'effet positif de l'antidépresseur clomipramine (THOREN, 1980) dans les troubles obsessionnels-compulsifs.

Thérapie comportementale

Dans la pratique, cette technique a peu à offrir mais pourrait s'avérer intéressante en combinaison avec le traitement des troubles obsessionnels-compulsifs par arrêt de la pensée et prévention de la réponse. On pourrait encore travailler avec le patient sur sa façon d'exprimer ses émotions et l'amener à délaisser sa manière trop rationnelle d'aborder la vie.

12.4.
DÉMARCHE DIAGNOSTIQUE

Plusieurs auteurs, tels GUNDERSON, FRANCES et MILLON, croient qu'il n'est pas facile de poser un diagnostic de trouble de personnalité pour plusieurs raisons : premièrement, le nombre de personnalités peut varier de quelques-unes à cent ; deuxièmement, il est rare de trouver une personnalité « pure » car, même si des traits principaux prédominent, ils sont souvent accompagnés de traits accessoires différents ; troisièmement, la distinction

entre ce qui est normal ou anormal pour tel ou tel individu dans telle ou telle circonstance n'est pas toujours facile à établir ; quatrièmement, il est nécessaire de distinguer entre la personnalité et le rôle que la personne doit jouer (par exemple le rôle de médecin) ; finalement, il faudrait pouvoir différencier le comportement habituel d'une personne de celui découlant d'un trouble de l'adaptation.

Quoi qu'il en soit, un effort de clarification nous paraît essentiel pour arriver à cerner les principaux éléments qui contribuent à la formation de la personnalité et qui nous facilitent l'utilisation de l'axe II dans la mise en place du diagnostic multiaxial du DSM-III. Nous proposons quatre approches : l'histoire clinique, l'analyse du développement, le recours aux tests psychologiques, la thérapeutique.

12.4.1. HISTOIRE CLINIQUE

L'histoire clinique nous renseigne sur l'évolution de la personne depuis son enfance, son milieu familial, ses habitudes de vie, son comportement, son travail, ses loisirs, etc. C'est donc à partir des renseignements rapportés par un membre de la famille qu'on arrive à mieux connaître le comportement d'une personne. L'anamnèse, surtout si le sujet a un peu d'*insight*, permet au clinicien de terminer l'évaluation. Restent encore l'entrevue et l'observation directe qui renseignent sur le comportement (par exemple comportement retiré chez le schizoïde), sur le mode cognitif (par exemple pensée obsessionnelle chez le compulsif), sur la tonalité affective (par exemple belle indifférence chez l'histrionique).

12.4.2. ANALYSE DU DÉVELOPPEMENT

La deuxième approche repose sur la démarche analytique, c'est-à-dire sur l'étude des différents stades du développement affectif (stades oral, sadique-anal, phallique, génital, œdipien), en tenant compte des phénomènes de fixation et de régression, en précisant la nature des conflits (dépendance, agression, etc.), en appréciant la qualité et la nature de l'angoisse (morcelante, etc.), en identifiant les principaux mécanismes de défense, en analysant les rêves et aussi en prenant conscience de son contre-transfert (la personne dépendante nous fait sentir le poids de ses demandes alors que la personne compulsive tente d'avoir le dernier mot).

12.4.3. TESTS PSYCHOLOGIQUES

La troisième façon de porter un diagnostic de personnalité consiste à recourir aux différents tests psychologiques qu'on peut diviser en deux groupes : les tests dits généraux et les tests particuliers.

TESTS GÉNÉRAUX

Les tests généraux comprennent :
1) des questionnaires
   — le MMPI, *Minnesota Multiphasic Personality Inventory*,
   — les 16 PF, *Personality Factors* ;
2) des techniques projectives
   — le RORSCHACH ;
   — le TAT, *Thematic Aperception Test*,
   — le DAP, *Draw A Person*,
   — le SCT, *Sentence Completion Test*.

Nous les aborderons brièvement en nous inspirant du chapitre de VIGUIÉ (1981) portant sur les tests psychologiques.

Le MMPI, *Inventaire multiphasique de personnalité du Minnesota (1943)*

Il s'agit d'un instrument psychométrique comprenant 550 questions à choix multiples. Il couvre 26 sujets qui en font non seulement un test de personnalité mais aussi un test psychiatrique et psychosomatique, un test d'attitudes et d'intérêts. Afin d'accélérer le temps de réponse, on a conçu des versions abrégées. Dans sa forme classique, le test comprend 14 échelles, 4 touchant à la validité et les 10 suivantes se rapportant à la clinique : hypochondrie, dépression, hystérie, psychopathie, masculin-féminin, paranoïa, psychasténie, schizophrénie, hypomanie, introversion. Les notes obtenues par le sujet sont converties en un profil, en une courbe qui présente une valeur diagnostique. Parmi les profils possibles, celui de trouble de la personnalité apparaît.

Les 16 PF, *Facteurs de personnalité, de* CATTEL *(1950)*

Ce test a pour objet de recouvrir systématiquement les aspects différentiels de la personnalité révélés par l'analyse factorielle et ne se limite pas aux aspects anormaux du comportement. Ces facteurs correspondent à des traits fondamentaux de la personnalité et portent sur les aptitudes, le tempérament, la dynamique de base. L'ensemble de ces traits permet l'établissement d'un profil que l'on peut comparer à des profils caractéristiques de différentes pathologies. Ce test se différencie du MMPI par le fait qu'il est établi non pas sur une nosologie psychiatrique mais sur des structures et des traits mentaux. La neutralité de ses questions a l'avantage de le rendre moins perturbant, d'éviter le plus possible la falsification plus ou moins consciente.

Quant aux techniques projectives, elles découlent d'une conception globale, syncrétique, dont les résultats aboutissent à un portrait qualitatif de la personnalité.

Le RORSCHACH *(1921)*

Ce test est composé de 10 planches ou taches d'encre noire ou colorée que le sujet doit interpréter en faisant intervenir ses facultés intellectuelles et ses émotions. Sa réponse sera analysée en fonction du mode d'organisation perceptive choisi, du déterminant, du contenu, de l'originalité. À partir de ces éléments, deux catégories plus importantes seront retenues, soit le type d'appréhension (qui renseigne sur l'aspect formel de la personnalité et sur les aptitudes intellectuelles) et le type de résonnance (qui renseigne sur les couches affectives).

Le TAT, Test d'aperception thématique (1935)

Il se présente sous la forme d'une série de planches montrant des scènes de personnages à signification équivoque. Le sujet aura tendance à interpréter les situations présentées en se référant à ses propres expériences, en exprimant ses besoins conscients et inconscients. La synthèse des résultats permettra à l'évaluateur de dégager des renseignements sur la dynamique de la personnalité, ce qui l'aidera à comprendre l'origine des problèmes éventuels non résolus du sujet et à identifier le degré d'adaptation de ce dernier aux divers types de situations.

Le DAP, Dessin d'une personne

Il s'agit d'un test projectif ayant la valeur d'un « test-recoupement » par rapport aux autres tests projectifs. Il donne une bonne idée de l'image de soi, de la perception du schéma corporel. Il peut être fort intéressant en tant qu'indice révélateur. On doit néanmoins l'interpréter en tenant compte des dispositions, bonnes ou mauvaises, du sujet en dessin, car ce test suppose à priori une abstraction de l'esthétique du tracé.

Le SCT, Test des phrases à compléter

Il s'agit en l'occurrence de débuts de phrases écrites, formulées sur une page (forme simplifiée) ou deux, que le sujet complète en « faisant des associations spontanées ». L'exploration de ces phrases permet au psychologue d'élucider les interrogations qu'il se pose en cours de passation. Ce test constitue une matière riche en soi : il fait référence aux temps présent, passé, futur ; de plus, il met en relief la ou les préoccupations constantes du sujet, son degré de réalisme, ses attentes futures. C'est un test semi-dirigé qui part de peu d'éléments mais qui conduit assez loin, aussi loin que la clarification des processus primaires, du fait qu'il sollicite en permanence les associations spontanées du sujet. Il arrive souvent qu'un trop-plein émotionnel cède soudainement, lors d'une phrase explicitée et pourtant banalement complétée, comme pourrait l'illustrer une valve qui céderait sous la pression. Ce test est essentiellement dynamique ; il contribue à renforcer le diagnostic différentiel.

TESTS PARTICULIERS

Parmi ces tests, surtout utilisés aux États-Unis, mentionnons les trois suivants :
— le PSE, *Present State Examination*, de WING-COOPER-SARTORIUS (1974) ;
— le DIS, *Diagnostic Interview Schedule*, de ROBINS (1981) ;
— le SADS, *Schedule for Affective Disorders*, de SPITZER (1979).

Ajoutons les trois suivants en les décrivant brièvement.

Le PDE, Personality Disorder Examination, de LORANGER (1985)

Ce test comprend 250 questions réparties selon 6 thèmes : le travail, le Soi, les relations, les affects, la réalité, le contrôle des pulsions. Il est complété par l'observation du sujet en 78 aspects ou points, effectuée par le clinicien. Validé à partir de 60 malades, le PDE s'est montré fiable pour l'ensemble des personnalités (entre 90 et 100 %).

Le SIPD, Structured Interview for the DSM-III Personality Disorders (1985)

Ce test comprend 160 questions réparties en 16 sections. Il a montré un certain chevauchement entre diverses personnalités, notamment entre la personnalité limite et la personnalité histrionique.

Le DIB, *Diagnostic Interview for Borderline*, de GUNDERSON (1981)

Ce test comporte 123 items qui permettent de dégager 29 caractéristiques limites, chaque item étant présenté sous la forme d'un énoncé pouvant être gradué.

12.4.4. DÉMARCHE THÉRAPEUTIQUE

La démarche thérapeutique peut s'avérer précieuse pour cerner le diagnostic de personnalité, que ce soit en thérapie individuelle (comportementale, analytique, cognitive), en thérapie de groupe, de famille ou de couple, ou en thérapie pharmacologique.

12.5.
STRATÉGIES THÉRAPEUTIQUES

On s'est longtemps demandé si la personnalité, le caractère pouvait être changé, modifié et, si oui, de quelle façon. La réponse paraît affirmative quand on pense aux gens qui ont vécu la terrible expérience des camps de concentration, aux patients qui ont séjourné pendant de longues années dans des institutions psychiatriques et encore aux personnes qui sont atteintes de maladie physique grave ou débilitante (par exemple de maladie cardiaque, de sclérose en plaques, etc.).

Si certains changements peuvent se produire dans la personnalité à travers les expériences de vie, est-il possible, par des méthodes thérapeutiques, d'agir sur la configuration et le fonctionnement de la personnalité ? Rappelons-nous qu'il n'y a pas si longtemps les troubles de la personnalité étaient une contre-indication à la psychothérapie, voire à l'hospitalisation ; mais les choses ont évolué depuis et ce qui n'était que « cuivre » autrefois est maintenant considéré comme « l'or » des thérapeutes contemporains.

Il nous faut aussi nous demander si nous devons traiter les troubles de la personnalité seulement lorsqu'ils constituent le diagnostic principal (axe I) ou aussi lorsqu'ils servent de véhicule à la pathologie principale, affectant sa présentation et commandant l'établissement d'un rapport thérapeutique variable selon la famille ou le type de personnalité (axe II).

FRANCES (1986) propose d'aborder le problème à partir de trois modalités principales ou trois approches différentes et souvent complémentaires : la psychothérapie, la psychopharmacologie et la thérapie comportementale.

12.5.1. PSYCHOTHÉRAPIE

La psychothérapie nous permet de reconnaître des traits pathologiques de personnalité, d'aider le sujet à développer un meilleur contrôle de ses comportements indésirables, un équilibre entre l'alloplasticité et l'autoplasticité. Mentionnons trois types de psychothérapie :

— La **thérapie relationnelle**, ou d'accompagnement, est basée sur l'acceptation de l'autre, sur l'expérience parfois nouvelle d'une relation vraie, stable, durable, qui favorise la distinction entre soi et l'autre, qui permet l'acquisition de sentiments de confiance mutuelle, qui fournit un modèle et pave la voie à l'identification. Cette thérapie peut être utile pour le traitement de la personnalité schizoïde et de la personnalité schizotypique, ou encore peut servir d'exercice de préparation à une forme plus engagée de thérapie.

— La **thérapie de soutien** met l'accent sur la relation, la ventilation, l'encouragement, la suggestion. On l'appelle la thérapie du Moi parce qu'elle est basée sur la réalité, sur la résolution de problèmes concrets, sur la vie consciente, par opposition à la thérapie d'*insight*. On peut y recourir principalement pour la personnalité limite, la personnalité paranoïde et, lors de régression, pour d'autres types de personnalité.

— La **thérapie** d'*insight* repose sur l'association libre, l'identification des conflits, le jeu des mécanismes de défense, l'exploration des rêves ; elle permet au sujet de ramener le refoulé à la conscience dans une situation où une relation privilégiée permet l'utilisation et l'analyse du transfert et du contre-transfert. Cette thérapie peut s'appliquer aux personnalités histrionique, compulsive, passive-agressive, narcissique et limite si le patient a connu l'expérience d'une relation significative dans sa vie, s'il montre une certaine capacité à internaliser ou au moins à reconnaître les conséquences de ses actes, si la motivation interne existe, c'est-à-dire si c'est lui qui désire un changement, s'il accepte que l'alliance thérapeutique ne soit pas le point de départ mais l'aboutissement du travail de thérapie (par opposition au traitement de la névrose), et enfin, si le contre-transfert est vite reconnu par le thérapeute.

12.5.2. PSYCHOPHARMACOLOGIE

De son côté, la psychopharmacologie doit pouvoir diminuer la vulnérabilité aux maladies psychotiques, aider à normaliser l'activité humaine, corriger les dérégulations, améliorer la capacité de bien-être.

Pour les personnalités de la lignée schizophrénique, soit les personnalités limite, schizoïde et schizotypique, KETY recommande trois classes de psycholeptiques : les phénothiazines, les butyrophénones et les thioxanthènes, surtout si le sujet est au bord de la désorganisation ou encore s'il a de la difficulté à garder le contact avec la réalité. Plus récemment on a ajouté à la liste des médicaments le clonazépam et la carbamazépine.

Pour les personnalités de la lignée affective, les personnalités histrionique, antisociale et bon nombre de personnalités limites, WINOKUR suggère les tricycliques pour diminuer la vulnérabilité à la dépression.

Les IMAO peuvent être utiles pour les états dépressifs atypiques et les états phobiques, le lithium pour réduire les traits d'hypomanie, la cycloïdie et l'instabilité émotionnelle, la clomipramine pour les traits obsessionnels.

Enfin, certaines personnalités peuvent colorer une dysfonction cérébrale pour laquelle on prescrira des stimulants (méthylphénidate, pémoline) et des anticonvulsivants.

12.5.3. THÉRAPIE COMPORTEMENTALE*

Quant à la thérapie comportementale, elle tente de préciser le mécanisme responsable du fonctionnement pathologique, d'identifier l'étiologie des problèmes, de prédire le comportement du patient dans les situations à venir.

Une description plus exhaustive de l'approche behavioriste se trouve à la deuxième section du présent chapitre, où il est question des personnalités dramatiques et de leur traitement. Il en est de même pour le recours à l'hospitalisation qui s'avère nécessaire en période de crise, et qui peut être indiqué lorsqu'on doit établir une relation ou encore lorsqu'on fait appel à la thérapie de milieu.

---

* Voir aussi le chapitre 41.

PERSONNALITÉS DRAMATIQUES

WILFRID REID

12.6.
DÉMARCHE CLINIQUE

12.6.1. PERSPECTIVE PSYCHIATRIQUE

PERSONNALITÉ HISTRIONIQUE

La psychiatrie s'intéresse de longue date à l'**hystérie**. Au XVIIe siècle, sous ce terme remontant à HIPPOCRATE, THOMAS WILLIS réunit la moitié des maladies chroniques, y incluant, outre les symptômes névrotiques, certaines psychoses, l'épilepsie et la maladie de PARKINSON. Au XIXe siècle, la psychiatrie française, avec CHARCOT et BABINSKI, distingua de manière précise les symptômes de l'hystérie ou du pithiatisme et ceux de la neurologie lésionnelle. L'hystérie devint un ensemble de symptômes physiques, sans cause organique connue, auxquels on attribuait une origine psychologique. En 1895, en s'intéressant à l'hystérie ainsi définie, FREUD introduisait le champ de la psychanalyse dans un ouvrage intitulé *Études sur l'hystérie*, en collaboration avec JOSEPH BREUER.

Progressivement, dans le milieu analytique, l'accent sera déplacé de l'étude des symptômes vers l'étude de la personnalité. W. REICH (1966), figure importante dans cette évolution, a présenté en 1933 l'étude psychanalytique la plus complète à l'époque sur le caractère hystérique. Que FENICHEL en ait retenu l'essentiel dans son ouvrage-synthèse paru en 1945, souligne comment les formulations de REICH ont été généralement acceptées. Plusieurs de ses éléments se retrouvent d'ailleurs dans la personnalité histrionique du DSM-III. REICH a décrit un comportement ouvertement sexualisé avec une agilité corporelle à nuance sexuelle dans le regard, la démarche, le discours, de la coquetterie chez la femme, une douceur et un comportement féminin chez l'homme, une appréhension surtout marquée

au moment de la relation sexuelle avec une réaction de retrait ou de passivité, une impression générale d'excitabilité facile, une inconstance des réactions avec de fortes tendances à la déception, de la suggestibilité, un attachement sexuel à caractère infantile, une imagination facile allant jusqu'au mensonge pathologique.

Subséquemment, plusieurs auteurs, en particulier CHODOFF et LYONS ont insisté sur le fait que les patients présentant des symptômes de conversion manifestent souvent des troubles sévères du caractère qui sont autres que ceux du caractère hystérique. Afin de marquer clairement la différenciation entre les symptômes hystériques et la personnalité hystérique, voire de couper cette personnalité de toute appartenance à l'hystérie, on a adopté le terme **personnalité histrionique** au début des années 1960, mettant l'accent sur l'impression du jeu de mauvais comédiens (histrion), du manque d'authenticité manifesté par ces sujets. Comme l'a suggéré WHITEHORNE, si tous les êtres humains peuvent être considérés comme jouant un rôle, la personnalité histrionique le joue de façon si peu convaincante que notre attention est d'emblée portée sur le jeu de rôle.

Dans ce contexte, la personnalité hystérique du DSM-II est devenue la personnalité histrionique du DSM-III. Simultanément, on souhaitait abolir toute association entre cette entité et l'utérus, voire la féminité.

Critères du DSM-III

Les critères diagnostiques du DSM-III sont formulés comme suit :

Les manifestations suivantes caractérisent le fonctionnement habituel, au long cours, du sujet, sans être limitées à des épisodes pathologiques et sont à l'origine soit d'une altération significative du fonctionnement social ou professionnel, soit d'une souffrance subjective.

A) Comportement dramatisé, hyperactif et intensément exprimé comme en témoignent au moins trois des manifestations suivantes :
  1) dramatisation, par exemple hyperexpressivité des émotions ;
  2) tentatives incessantes pour attirer l'attention d'autrui ;
  3) besoin impérieux d'activités et de sensations fortes ;
  4) réactivité excessive à des événements mineurs ;
  5) accès irrationnels de colère ou de mauvaise humeur.

B) Perturbations caractéristiques des relations interpersonnelles comme en témoignent au moins deux des manifestations suivantes :
  1) perception par autrui d'une superficialité et d'un manque d'authenticité, malgré une apparence de chaleur et de charme ;
  2) égocentricité, préoccupation de soi-même sans égard pour autrui ;
  3) vanité et exigence envers autrui ;
  4) dépendance, faiblesse, quête constante de réconfort ;
  5) tendance à des menaces, des gestes ou des tentatives de suicide à visée manipulatrice.

Dans le DSM-III, la présentation générale de cette catégorie se poursuit ainsi :

Typiquement, ces personnes sont attrayantes et séduisantes. Elles tentent d'exercer un contrôle sur l'autre sexe ou d'entrer dans une relation de dépendance. Elles s'évadent volontiers dans la fantaisie romanesque. Pour les deux sexes, le comportement manifeste est souvent une caricature d'attitudes féminines. La qualité réelle de leurs relations sexuelles est variable. Certaines sont très volages, d'autres ingénues et frigides. Mais d'autres encore ont une adaptation sexuelle apparemment normale.

À titre de phénomène associé, soulignons enfin que, dans un contexte situationnel particulièrement éprouvant, on peut observer des manifestations psychotiques dont la durée ou la sévérité ne sera pas suffisante pour justifier un autre diagnostic.

Plusieurs auteurs, notamment POPE, GUNDERSON (1983) et KERNBERG (1984), ont remarqué un chevauchement fréquent des personnalités histrionique et limite dans les définitions du DSM-III. En effet, les deux catégories ont une présentation dramatique et manifestent de la dépression, de l'impulsivité et des accès psychotiques occasionnels.

Dans une étude auprès de 33 patients présentant une personnalité limite, POPE *et al.* ont identifié les critères de la personnalité histrionique chez 73 % d'entre eux. Or dans la littérature, GUNDERSON (1983) le souligne, une distinction claire est établie entre les personnalités hystérique et limite, voire la catégorie limite qui comprend les personnalités limite et schizotypique. Selon cet auteur, on aurait intérêt à ne plus considérer l'impulsivité et les expériences psychotiques occasionnelles comme critères de la personnalité histrionique, afin de faire ressortir nettement, à l'intérieur de cette catégorie, une personnalité infantile ayant des besoins psychothérapiques généralement différents de ceux de la personnalité hystérique dont le fonctionnement, souvent meilleur, se révèle également plus stable.

Selon KERNBERG (1984), la personnalité hystérique comprend une plus grande force du Moi, des relations interpersonnelles plus profondes et un rôle explicite et central occupé par la sexualité. Ainsi le comportement régressif survient uniquement dans des circonstances réellement ou symboliquement sexuelles. La maturité affective de l'hystérique contraste avec le caractère dépendant, infantile, présent dans l'ensemble des relations interpersonnelles du sujet à personnalité infantile. Celui-ci montre une labilité émotionnelle diffuse, des relations peu différenciées avec autrui et une implication émotionnelle superficielle. Ses besoins sont d'emblée ouvertement sexualisés de manière plus crue.

Toujours d'après KERNBERG (1984), il serait avantageux de définir à partir de la personnalité histrionique, un continuum allant de la personnalité hystérique à la personnalité infantile, ce qui serait conséquent avec une longue tradition d'observations phénoménologiques et psychodynamiques que nous esquisserons dans la section 12.6.2. intitulée « Démarche clinique, perspective psychanalytique ».

PERSONNALITÉ NARCISSIQUE

Le **narcissisme**, formellement introduit par FREUD dans la théorie psychanalytique en 1914, a fait l'objet de nombreux développements au cours des dernières décennies. LAPLANCHE et PONTALIS le définissent simplement comme « l'amour porté à l'image de soi ». MOORE et FINE, dans le glossaire de l'Association psychanalytique américaine, le présentent comme « la concentration de l'intérêt psychologique sur le Soi ». Au-delà de ces définitions très générales, divers auteurs ont utilisé le terme dans des acceptions souvent très différentes.

PULVER rappelle d'abord que la psychanalyse a emprunté ce mot à la psychiatrie. En effet, il fut employé en 1898 par HAVELOCK ELLIS pour désigner une perversion sexuelle où le sujet traite son propre corps, ou l'image de celui-ci dans le miroir, comme un objet sexuel. De là, la psychanalyse a élargi le terme dans diverses directions que PULVER ramène à six significations différentes :

1) le narcissisme comme concept théorique général — d'après la définition de FREUD reformulée par HEINZ HARTMANN en 1950, il consiste en l'investissement libidinal du Soi ;

2) le narcissisme comme stade du développement — le stade narcissique représente un stade primitif du développement libidinal où les limites du Soi et de l'objet ne sont pas encore clairement définies ;

3) le narcissisme comme choix d'objet — le sujet choisit comme objet d'amour une personne qui lui ressemble en ce sens qu'elle s'apparente à ce qu'il a été, est, sera ou voudrait être ;

4) le narcissisme comme retrait de l'intérêt pour les objets externes — il s'agit d'un mode de comportement visible, manifeste, où il y a focus sur le Soi à l'exclusion des autres ; ainsi le sommeil et la maladie sont considérés comme des états narcissiques et, en ce sens, on a pu dire que les dimensions du monde se réduisent parfois à celles d'une dent douloureuse ;

5) le narcissisme comme relation d'objet — l'accent est mis alors sur le Soi au point où le sujet n'envisage l'autre qu'en fonction de lui-même et ne peut reconnaître l'existence de besoins ou de désirs propres chez autrui ;

6) le narcissisme comme plus ou moins synonyme de l'estime de soi — il s'agit de décrire un lien entre la présence d'affects positifs et la représentation de soi (on évoque ici la « vulnérabilité narcissique »).

Les travaux de KERNBERG (1979a) et de KOHUT ont grandement contribué à l'introduction de la personnalité narcissique comme nouvelle catégorie du DSM-III. Au début des années 1960, ANNIE REICH a décrit certains troubles narcissiques comme étant des tentatives avortées de restauration de l'estime de soi. Puis KOHUT a popularisé, dans le milieu psychanalytique, le diagnostic de **trouble narcissique de la personnalité**. L'auteur n'offre pas un diagnostic descriptif ou phénoménologique. À cet égard, il est explicite : il ne regarde pas les phénomènes cliniques « selon le modèle médical traditionnel, i.e. des entités de maladies ou des syndromes pathologiques qui sont diagnostiqués et différenciés sur la base de critères comportementaux » ; son champ d'intérêt porte sur la situation psychanalytique. Dès lors, son diagnostic n'est pas fonction de l'évaluation de la symptomatologie présentée ou de l'anamnèse ; il est fonction de la nature du transfert spontanément développé en situation analytique.

KOHUT a décrit deux modalités de **transfert narcissique**, soit le transfert en miroir et le transfert idéalisant, selon qu'il observe la résurgence de l'une ou l'autre des configurations narcissiques primitives que sont le Soi grandiose et l'imago parentale idéalisée. Dans le **transfert en miroir**, l'analyste devient le reflet ou simple miroir du Soi grandiose ; dans le **transfert idéalisant**, le sujet participe de la perfection et de l'omnipotence propres à l'analyste, devenu l'imago parentale idéalisée. Sur le plan phénoménologique, les patients qui présentent ce type de personnalité consultent parfois pour des malaises vagues, souvent pour des inhibitions sévères relatives au travail, à la créativité ou à l'empathie ; ils feront preuve parfois de sentiments de honte à connotation quasi délirante, également de grandiosité infantile manifeste.

KERNBERG (1979a) s'est attaché à déterminer les traits cliniques de la personnalité narcissique. Le principal problème consiste en une perturbation de l'estime de soi, reliée à des difficultés relationnelles spécifiques. Les sujets peuvent parfois laisser paraître une très bonne adaptation sociale de surface et un bon contrôle pulsionnel. Un examen un peu plus attentif révélera cependant que, dans leurs relations interpersonnelles, ils font souvent référence à eux-mêmes et manifestent un très grand besoin d'être aimés et admirés. On note paradoxalement que ces sujets nourrissent une très haute opinion d'eux-mêmes et ont besoin simultanément des louanges fréquentes. Leur affectivité se révèle déficiente en profondeur. Ils manifestent assez peu d'empathie, se montrent assez peu réceptifs aux sentiments d'autrui. Ils éprouvent fréquemment des sentiments de vide et d'ennui, car la vie leur est peu source de plaisir si ce n'est celui qu'apportent les louanges ou leurs fantaisies de grandeur. Leur estime de soi est d'ailleurs très fluctuante et demande à être constamment alimentée par des louanges. Ils idéalisent facilement les personnes susceptibles, selon eux, de leur fournir un soutien narcissique et méprisent ou déprécient les gens dont ils n'attendent rien. Ils se montrent exploiteurs, se sentant autorisés à contrôler et à accaparer autrui dans leur propre intérêt et sans se sentir le moindrement coupables.

Parmi les personnalités narcissiques, KERNBERG (1979a) distingue trois niveaux de fonctionnement, dans la mesure où ils commandent un abord psychothérapique différent. Dans un premier groupe, les sujets font preuve, de par leurs talents, d'une réussite sociale assez remarquable, qui leur permet de recevoir les louanges et l'admiration dont ils ont besoin ; ces patients ne consultent que s'ils développent des symptômes névrotiques ou s'ils connaissent des tensions dans leurs relations intimes. Dans le second groupe, les sujets présentent les perturbations relationnelles décrites ci-dessus et ce, de manière assez marquée ; ils éprouvent de sérieuses difficultés à établir des relations affectives et sexuelles durables et présentent des symptômes névrotiques ou sexuels. Les sujets du troisième groupe offrent un fonctionnement encore plus profondément perturbé ; ils manifestent des signes non spécifiques de faiblesse du Moi, soit une faible tolérance à l'angoisse, un manque de contrôle pulsionnel et une carence du développement des voies de sublimation, auxquels peuvent s'ajouter des tendances antisociales plus ou moins prononcées.

Critères du DSM-III

Les travaux psychanalytiques de KERNBERG ont conduit les auteurs du DSM-III à définir les critères de la personnalité narcissique comme suit :

Les manifestations suivantes caractérisent le fonctionnement habituel, au long cours, du sujet, sans être limitées à des épisodes pathologiques et sont à l'origine soit d'une altération significative du fonctionnement social ou professionnel, soit d'une souffrance subjective.

A) Sentiment grandiose de sa propre importance où de son caractère exceptionnel, par exemple surestimation de ses réalisations et de ses capacités. Focalisation sur le caractère spécifique de ses problèmes personnels.

B) Préoccupation par des fantaisies de succès sans limite, de pouvoir, d'éclat, de beauté ou d'amour idéal.

C) Exhibitionnisme : réclamation constante d'attention et d'admiration.

D) Indifférence froide ou sentiments marqués de colère, d'infériorité, de honte, d'humiliation ou de vide, devant la critique, l'indifférence d'autrui ou l'échec.

E) Au moins deux des manifestations suivantes sont caractéristiques des perturbations des relations interpersonnelles :

1) sentiment d'« avoir droit », attente de faveurs spéciales sans assumer les responsabilités correspondantes, par exemple manifestation de surprise et de colère lorsqu'autrui n'agit pas selon ses propres désirs ;

2) exploitation des relations interpersonnelles par l'abus d'autrui pour satisfaire ses propres désirs ou pour se faire valoir, et par le dédain pour l'intégrité et le droit des autres ;

3) relations oscillant de façon caractéristique entre les positions extrêmes d'idéalisation et de dévalorisation d'autrui ;

4) manque d'empathie, c'est-à-dire de ressentir les sentiments d'autrui, par exemple d'apprécier la détresse d'une personne gravement malade.

Nous devons souligner que la personnalité narcissique est l'expression explicite de la grandiosité et de l'égocentrisme. Il ne s'agit évidemment pas de la seule catégorie qui présente une problématique narcissique, c'est-à-dire un tableau clinique où se manifeste de façon marquée un trouble de l'estime de soi. Selon cette dernière acception, l'ensemble des personnalités pathologiques contenues dans le DSM-III comportent une problématique narcissique, quoique à des degrés divers.

PERSONNALITÉ ANTISOCIALE

À partir de la « manie sans délire » de PINEL et de « l'imbécillité morale » de PRICHARD, en passant par « l'infériorité psychopathique constitutionnelle » de KOCH, jusqu'à la « personnalité psychopathique » de CLECKLEY, cette catégorie diagnostique possède une très longue tradition en psychiatrie. Mentionnons qu'à l'inverse de la personnalité histrionique, on en fait le diagnostic beaucoup plus souvent chez les hommes que chez les femmes. Sous la nouvelle appellation de **personnalité antisociale**, elle reçoit une nouvelle définition dans le DSM-III, laquelle doit beaucoup à une « étude sociologique et psychiatrique de la personnalité sociopathique » publiée par LEE ROBINS en 1966 et souvent citée depuis.

ROBINS (1974) a fait partie du comité aviseur du DSM-III, pour les personnalités pathologiques. Nous croyons donc du plus grand intérêt de tracer les grandes lignes de cette étude magistrale. Elle est le fruit de dix années de recherche de l'auteur afin d'établir le statut adulte de 524 enfants évalués dans une clinique de pédopsychiatrie, en comparaison avec un groupe témoin de 100 enfants, apparenté en matière d'âge, de sexe, de race, de niveau intellectuel et de milieu de vie. Cette étude longitudinale avait pour objectif de présenter une histoire naturelle de la personnalité psychopathique.

ROBINS avait défini ce type de personnalité comme « un syndrome caractérisé par un échec majeur, répétitif, à se conformer aux normes sociales dans plusieurs domaines de la vie, en l'absence de troubles de la pensée, suggérant la psychose ». Cette définition, apparentée à celle de « réaction antisociale » du DSM-I alors en vigueur, avait par ailleurs la particularité de s'appuyer sur des critères diagnostiques spécifiques, indiquant l'échec à se conformer dans 19 domaines de la vie du sujet, soit :

— la vie professionnelle,
— la dépendance financière,
— les arrestations,
— la vie conjugale,
— la consommation d'alcool,
— la vie scolaire dont l'école buissonnière,
— l'impulsivité,
— le comportement sexuel,
— une adolescence « sauvage » (de 18 à 20 ans, bagarres, abus d'alcool, excès de vitesse, dépenses extravagantes, etc.),

— l'errance,
— l'agressivité physique,
— l'isolement social,
— l'absence de culpabilité,
— les plaintes somatiques,
— l'utilisation de faux noms,
— une piètre performance dans les forces armées,
— les mensonges pathologiques,
— l'abus de drogues,
— les tentatives de suicide.

Plusieurs critères furent quantifiés, tels des antécédents de troubles conjugaux :

— deux divorces ou plus,
— mariage avec une femme ayant des problèmes sévères de comportement,
— séparations répétées.

De plus, on décida à priori que la présence d'un échec dans cinq de ces domaines serait nécessaire avant d'envisager un diagnostic de personnalité sociopathique ; cependant, pour établir le diagnostic dans chaque cas, une impression clinique en ce sens demeurerait nécessaire, quel que soit le nombre de critères positifs.

Trente ans plus tard, ROBINS localisa 90 % des enfants ayant consulté à la clinique dans les années 1920 ou faisant partie du groupe témoin. Parmi les enfants évalués, on distingua ceux qui avaient consulté pour des symptômes antisociaux par rapport à ceux qui l'avaient fait pour divers autres symptômes (problèmes d'apprentissage, accès de colère, etc.). Parmi les patients, 82 % firent l'objet d'entrevues structurées ; pour 93 % d'entre eux, l'auteur utilisa l'information disponible dans les dossiers de divers organes gouvernementaux, tels la police, la cour et les organismes sociaux. Il put ainsi déterminer le statut psychiatrique adulte d'une population non hospitalisée.

Parmi les enfants évalués à la clinique de pédopsychiatrie, le sujet type le plus susceptible de recevoir ultérieurement un diagnostic de **personnalité sociopathique** se révéla être le jeune garçon référé pour vol ou agression, qui avait manifesté dès l'âge de 7 ou 8 ans un comportement antisocial diversifié comportant plusieurs épisodes, dont l'un l'avait conduit en cour juvénile. Son comportement antisocial impliquait non seulement ses parents et ses enseignants, mais aussi des étrangers et des organisations. Figuraient à son dossier l'école buissonnière, le vol, les sorties tardives et le refus d'obéir à ses parents. Il pouvait mentir gratuitement et montrait peu de culpabilité en regard de son comportement. Intéressé à la sexualité, il avait fait l'expérience d'activités homosexuelles. Plus de la moitié des garçons présentant ce tableau clinique reçurent ultérieurement un diagnostic de personnalité sociopathique. Il est particulièrement intéressant d'observer qu'aucun enfant sans comportement antisocial fréquent ou sérieux n'allait devenir une personnalité sociopathique. Les filles avaient un comportement antisocial similaire qui débutait cependant un peu plus tardivement ; dans leur cas, la consultation avait été motivée davantage par des activités sexuelles.

En tant qu'adulte, le sociopathe montre une piètre vie professionnelle : il est financièrement dépendant des organismes sociaux ou de ses proches et il éprouve des problèmes conjugaux. Dans l'étude de ROBINS, 75 % des sujets avaient connu des arrestations suivies de séjours en prison. Ils présentaient des abus d'alcool, étaient impulsifs et pratiquaient la promiscuité sexuelle. Ils avaient des périodes d'errance, étaient agressifs physiquement, socialement isolés et incapables de s'acquitter de leurs dettes. Plus de la moitié se considéraient comme « nerveux » et manifestaient de multiples symptômes somatiques. Les critères les distinguant le mieux des autres catégories diagnostiques étaient leurs difficultés conjugales majeures, leur impulsivité, leur errance et leur utilisation de faux noms. Leurs taux de blessures et de mort violente étaient plus élevés que ceux de la population en général.

Ce tableau clinique était similaire dans toutes les classes sociales, le sujet de classe moyenne se distinguant par une plus grande consommation de drogue et davantage de tentatives de suicide. Tous ces patients suivaient peu de traitements psychiatriques en clinique externe. Ils étaient généralement hospitalisés lors de tentatives de suicide ou encore en vue d'échapper aux condamnations pour divers délits. Environ le tiers d'entre eux, surtout entre 30 et 40 ans, montraient une réduction plus ou moins marquée du comportement antisocial ; ils continuaient à présenter des difficultés interpersonnelles, de l'irritabilité, de l'hostilité envers leurs proches ou leur entourage ; ils avaient cependant cessé d'être une menace pour la vie ou la propriété d'autrui de même qu'une charge financière pour la société.

Cette étude, remarquable sur le plan de la méthodologie, s'est révélée novatrice dans l'établissement de critères diagnostiques spécifiques, dans leur quantification et dans l'articulation du comportement de l'enfant avec celui de l'adulte qu'il est devenu. Elle a influé grandement sur la définition de la personnalité antisociale du DSM-III qui, incidemment, constitue la seule catégorie diagnostique adulte à se référer explicitement au comportement de l'enfant.

Critères du DSM-III

Dans le DSM-III, les critères diagnostiques de la personnalité antisociale se présentent comme suit :

A) Âge actuel : au moins 18 ans.
B) Début, avant l'âge de 15 ans, d'au moins trois des manifestations suivantes :
   1) école buissonnière (au moins cinq jours par an durant un minimum de deux ans, la dernière année scolaire non comprise) ;
   2) exclusion temporaire ou renvoi de l'école pour mauvaise conduite ;
   3) délinquance (avec arrestation ou saisine du Tribunal pour enfants, pour inconduite) ;
   4) au moins deux fugues, durant toute la nuit, du domicile des parents ou des tuteurs ;
   5) mensonges fréquents ;
   6) rapports sexuels répétés au cours de relations éphémères ;
   7) ivresse répétée ou abus de substances toxiques ;
   8) vols ;

   9) vandalisme ;
   10) niveau scolaire nettement inférieur à ce que laisserait supposer le quotient intellectuel estimé ou connu (ce qui se traduira par un ou des redoublements) ;
   11) violations répétées des règles familiales et/ou scolaires (en dehors de l'école buissonnière) ;
   12) tendance aux bagarres.

C) Au moins deux des manifestations suivantes depuis l'âge de 18 ans :
   1) incapacité de conserver une profession régulière comme l'indique une des manifestations suivantes :
      a) changements trop fréquents d'emploi (par exemple trois postes différents dans les cinq années précédentes) en tenant compte de la nature du travail et des fluctuations économiques et saisonnières,
      b) chômage prolongé (par exemple six mois ou davantage en cinq ans dans l'attente d'un emploi),
      c) absentéisme occupationnel (par exemple trois jours ou plus de retards ou d'absences par mois),
      d) abandon de plusieurs emplois sans en avoir d'autres en vue (note : ce critère est remplacé par la constatation d'un comportement équivalent dans un cursus universitaire au cours des dernières années chez des étudiants qui, en raison de leur âge et des circonstances, n'ont pu faire la preuve de leur adaptabilité professionnelle) ;
   2) inaptitude à assumer un rôle de parent responsable comme le démontrent une ou plusieurs des manifestations suivantes :
      a) malnutrition d'un enfant,
      b) maladie d'un enfant liée au manque d'hygiène élémentaire,
      c) négligence à faire traiter un enfant gravement malade,
      d) négligence à l'égard d'un enfant laissé à la charge de voisins ou de proches n'ha-

bitant pas à domicile, pour la nourriture et le gîte,

e) absence de gardiennage d'un enfant de moins de six ans lors de l'absence des parents du domicile,

f) gaspillage répété, pour un usage personnel, de l'argent nécessaire au ménage ;

3) incapacité de respecter les normes sociales telles qu'elles sont définies par la loi, comme en témoigne l'une ou l'autre des manifestations suivantes :

a) vols répétés,

b) activités illégales,

c) proxénétisme,

d) prostitution,

e) recel,

f) trafic de drogues,

g) arrestations multiples ou condamnations pour crimes ;

4) incapacité de s'attacher de façon durable à un partenaire sexuel, comme l'indiquent au moins deux divorces ou séparations (qu'il y ait eu mariage légal ou non), un abandon du conjoint ou une sexualité désordonnée (dix partenaires sexuels ou plus dans une année) ;

5) irritabilité et agressivité manifestées par une agression physique ou des bagarres répétées (non justifiées professionnellement, ni pour défendre quelqu'un ou se défendre) incluant la violence faite à un conjoint ou à un enfant ;

6) incapacité de respecter des engagements financiers (par exemple dettes impayées de façon répétée), incapacité de subvenir aux besoins des enfants, incapacité de faire face régulièrement à d'autres charges de famille ;

7) imprévisibilité ou impulsivité se manifestant par des voyages sans raisons professionnelles, sans but précis et sans idée claire du moment où ils se termineront, ou encore absence d'adresse fixe pendant un mois ou plus ;

8) mépris pour la vérité, mensonges répétés, usage de faux noms, « abus de confiance » pour un profit personnel ;

9) insouciance témoignée par la conduite en état d'ivresse ou par un excès de vitesse.

D) Mode de comportement antisocial continu avec violation des droits d'autrui, c'est-à-dire qu'il n'y a pas eu d'intervalle libre d'au moins cinq ans sans conduite antisociale entre l'âge de 15 ans et le moment présent (sauf en cas d'hospitalisation, d'incarcération ou d'alitement forcé).

E) Conduite antisociale qui n'est pas due à un retard mental grave, à une schizophrénie ou à des épisodes maniaques.

Parmi les personnalités pathologiques, la personnalité antisociale est la catégorie diagnostique qui a fait preuve de la plus grande fidélité interjuges pour une série de malades, ce qui représente certes un objectif non négligeable. Néanmoins, la définition retenue par le DSM-III n'est pas sans soulever certaines difficultés sur les plans conceptuel et clinique.

Comme le souligne STOJANOVICK, il devrait être théoriquement possible de poser un diagnostic de personnalité antisociale sans antécédents de délits criminels, ce qui ne se produit jamais en pratique dans la mesure où l'évaluation psychiatrique ne survient qu'au moment où le sujet a déjà rencontré des problèmes avec la loi. Les sujets sont d'abord étiquetés socialement comme criminels de par leurs agirs avant d'être considérés comme antisociaux au point de vue psychiatrique de par leur personnalité. Ce problème survient quand une catégorie diagnostique lie *de facto* un jugement clinique et un jugement légal. Il en ressort de fait, même si la théorie ne va pas dans ce sens, que la personnalité antisociale devient un sous-groupe parmi les criminels.

Dans une étude portant sur la psychopathologie de la criminalité, GUZE note que 78 % des hommes et 65 % des femmes répondent à des critères de sociopathie similaires à ceux du DSM-III. Comme le précise GUZE, ces données nous indiquent combien de criminels se qualifient pour un diagnostic de personnalité antisociale et non pas quelle portion des personnalités antisociales s'engage dans des activités criminelles ; selon l'auteur, ce deuxième aspect laisserait vraisemblablement entrevoir un pourcentage moins élevé.

À propos du psychopathe, McCord et McCord (1964) écrivent :

> Vu que son comportement [du psychopathe] est si menaçant, plusieurs personnes perdent de vue le trouble qui le produit. Une grande partie de la confusion de la psychologie à propos du psychopathe peut être rattachée à une erreur fondamentale : poser une équivalence entre comportement déviant et psychopathie.

À leur avis, le comportement déviant n'est qu'un simple indicateur, non un critère adéquat de psychopathie. Aussi soulignent-ils l'intérêt à approfondir notre compréhension de l'esprit du psychopathe. Dans ce sens, ils reprennent à leur compte les critères avancés par Cleckley pour décrire la **personnalité psychopathique**, soit l'absence de culpabilité, l'incapacité d'aimer, l'absence de profondeur émotionnelle, l'égocentrisme, l'impulsivité, l'absence de motivation à long terme, l'incapacité d'apprendre par l'expérience, etc.

Malgré les nuances très importantes, voire les réserves que nous formulerons ci-après à l'égard de ces critères, ils prêtent moins le flanc aux reproches que la définition du DSM-III, critiquée par plusieurs. Ainsi, T. Millon (1981) considère qu'elle met trop l'accent sur le comportement criminel ou délinquant et non suffisamment sur les caractéristiques de la personnalité qui sous-tendent ces comportements. Pour sa part, Hare a mis en parallèle les critères du DSM-III et les traits de personnalité ou processus psychologiques considérés comme partie intégrante de la psychopathie ; il en est venu à la conclusion que le DSM-III n'identifie pas des individus qui, tout en correspondant au tableau classique de la psychopathie, sont parvenus pour diverses raisons à éviter un contact fréquent ou précoce avec le système judiciaire. Toujours selon Hare, les critères du DSM-III sont ici surtout utiles dans le diagnostic différentiel des populations criminelles.

À cet égard rappelons que, dans les années 1940 et 1950, criminalité et délinquance étaient liées de manière inextricable à la psychopathie. Cleckley, en dégageant les caractéristiques de la personnalité psychopathique, a permis d'établir des distinctions utiles. Selon Guze, trois diagnostics psychiatriques sont rencontrés plus fréquemment dans la population criminelle ayant reçu une sentence que dans la population en général : ce sont la sociopathie, l'alcoolisme et la toxicomanie. Finalement, précisons qu'un comportement antisocial peut être observé dans la schizophrénie, les accès psychotiques brefs et les maladies affectives sévères (la promiscuité dans la manie, le meurtre d'enfants ou d'adultes souvent suivi du suicide dans la mélancolie).

PERSONNALITÉ LIMITE

La **problématique limite** est éminemment présente dans la littérature psychiatrique des dernières décennies. Elle a comporté certes de nombreuses définitions que les auteurs ont progressivement tenté de mieux délimiter dans leurs travaux.

Au point de départ, dans les années 1930, l'entité fut introduite par les psychanalystes dont l'un d'eux, Stern, contribua à populariser le terme même de *borderline*. Les psychanalystes avaient en effet observé que certains patients d'allure névrotique, présumés analysables, apparaissaient très résistants à développer un processus psychanalytique. Alors que l'histoire clinique et la présentation du patient ne révélaient pas une psychopathologie sévère, sur le divan le sujet manifestait une régression sévère difficilement mobilisable par une thérapie ; ainsi se manifestait un écart entre un bon comportement social apparent et une structure psychique relativement pauvre.

D'abord ces états furent considérés comme des formes larvées de schizophrénie : ainsi apparurent la personnalité *as if* de HELEN DEUTSCH, la schizophrénie ambulatoire de ZILBORG, la schizophrénie pseudo-névrotique de HOCH et POLATIN. Puis, de par la « stabilité dans l'instabilité » selon l'expression célèbre de SCHMIDEBERG, on en est venu à considérer ces états comme formant une entité distincte, nommée « patient limite » par SCHMIDEBERG, « états limites » par R. KNIGHT puis, plus près de nous, « organisation limite de la personnalité » par KERNBERG (1979b) et « états limites » par BERGERET (1974a). Nous esquisserons plus loin les conceptions de ces deux derniers auteurs, plus contemporains.

Subséquemment sont apparues diverses définitions psychiatriques de cette entité, orientées dans une perspective formelle de recherche. Des chercheurs ont tenté en effet d'en élaborer une description facilement définie et, soucieux de fidélité et de validité, ont eu recours pour ce faire à une revue de la littérature, à des protocoles standardisés de recherche et à des analyses statistiques. Se sont ainsi dégagés trois grands types de définitions psychiatriques.

Un premier type, représenté par GUNDERSON *et al.* (1978 et 1984), met l'accent sur certaines modalités comportementales ou traits de la personnalité qui définissent une personnalité limite distincte des autres personnalités pathologiques. Un second type, représenté par la « schizophrénie limite » de KETY et ROSENTHAL, est issu d'études d'adoption destinées à mettre en lumière une composante génétique dans la schizophrénie. Pour ce faire, les auteurs ont senti la nécessité d'une classification faisant une place explicite aux cas frontières pour le diagnostic des parents ou des proches. Ils ont dès lors dégagé un **spectre schizophrénique** comprenant la schizophrénie aiguë, la schizophrénie chronique et la « schizophrénie limite », soit des sujets manifestant des distorsions cognitives et des bizarreries de la communication. Enfin, plus récemment, on a conceptualisé les personnalités limites comme des variantes ou des formes larvées de troubles affectifs.

Les travaux de GUNDERSON (1978 et 1984) ont beaucoup influé sur la définition du DSM-III et

méritent conséquemment d'être soulignés. En 1975, après avoir passé en revue la littérature, GUNDERSON et SINGER ont décrit six éléments caractéristiques du patient limite, soit :

1) un affect intense hostile ou dépressif ;
2) un comportement impulsif ;
3) une certaine adaptation sociale superficielle ;
4) de brèves expériences psychotiques en période de stress ;
5) une laxité de la pensée en situations non structurées, qui peut être vérifiée par le test RORSCHACH ;
6) des relations interpersonnelles oscillant entre la superficialité et une dépendance marquée.

En 1978, au moyen d'un protocole de recherche utilisant le DIB (*Diagnostic Interview for Borderline*), GUNDERSON et KOLB ont identifié sept items qui distinguent les patients limites des névrotiques et des schizophrènes, soit :

1) une piètre performance scolaire ou professionnelle ;
2) de l'impulsivité ;
3) des tentatives de suicide à caractère manipulateur ;
4) une forte affectivité ;
5) des épisodes psychotiques légers ;
6) un besoin effréné d'être avec autrui ;
7) des relations intimes perturbées.

La présence de ces éléments permet de reconnaître un trouble limite de la personnalité, entité diagnostique spécifique (voir la figure 12.1.).

Les auteurs du DSM-III (1979) ont pris note des deux manières largement répandues, dans la littérature psychiatrique, de définir le terme *borderline* : soit à la GUNDERSON (1978 et 1984) et KERNBERG (1979b et 1984), c'est-à-dire par une constellation d'éléments de vulnérabilité et d'instabilité, soit à la KETY, WENDER et ROSENTHAL, c'est-à-dire par certains aspects psychopathologiques stables dans le temps, tels un mode de pensée magique, des illusions récurrentes, etc., aspects potentiellement liés à une composante génétique de la schizophrénie.

Figure 12.1. SCHÉMA-CONCEPT DES TROUBLES LIMITES

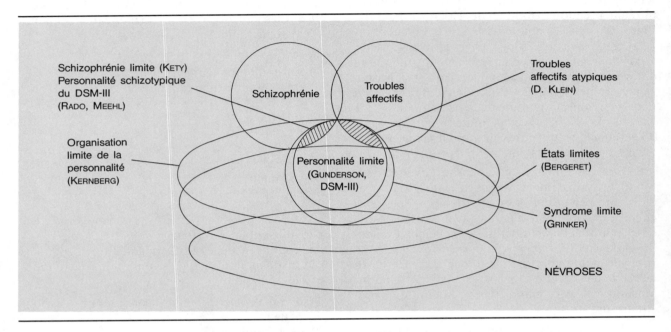

SOURCE : GUNDERSON (1984). Traduction et ajout des « états limites de BERGERET » par JEAN LEBLANC et WILFRID REID.

Après avoir dressé une liste de critères pour chacune de ces définitions, les auteurs ont procédé à des essais sur le terrain, avec la collaboration des psychiatres américains ; ils ont mis en lumière, pour ces deux entités, une sensibilité et une spécificité très bonnes qui se comparaient favorablement à celles des autres catégories diagnostiques reconnues. Cette démarche les a conduits à introduire dans le DSM-III les personnalités limite et schizotypique : cette dernière est décrite à la section 12.2.3. ; quant à la personnalité limite, le DSM-III la présente comme suit.

Critères du DSM-III

Les manifestations suivantes caractérisent le fonctionnement habituel, au long cours, du sujet, sans être limitées à des épisodes pathologiques, et sont responsables soit d'une altération significative du fonctionnement social ou professionnel, soit d'une souffrance subjective.

A) Au moins cinq des manifestations suivantes sont exigées :

1) impulsivité et imprévisibilité dans au moins deux domaines dommageables pour soi-même, par exemple : dépenses, sexualité, jeu, drogues, vol à l'étalage, excès de table ou conduite dommageable pour sa santé physique ;

2) instabilité et excès dans le mode de relations interpersonnelles, par exemple : changements marqués d'attitude, idéalisation, dévalorisation ou manipulation d'autrui (utilisation régulière des autres pour son intérêt personnel) ;

3) accès de colère intense et inapproprié ou manque de contrôle de la colère, par exem-

ple : fréquentes sautes d'humeur, colère permanente ;

4) perturbation de l'identité caractérisée par une incertitude dans divers domaines relatifs à l'identité comme l'image de soi, l'identité sexuelle, les objectifs à long terme ou le choix d'une carrière, les types de relations amicales, les valeurs et la loyauté, par exemple : « Qui suis-je ? », « J'ai l'impression d'être ma sœur quand je suis bon » ;

5) instabilité affective marquée par des changements d'humeur accentués, se prolongeant habituellement pendant quelques heures et rarement plus de quelques jours, et caractérisés par le passage d'une humeur normale à la dépression, à l'irritabilité ou à l'anxiété puis le retour à une humeur normale ;

6) difficulté à supporter la solitude, par exemple : efforts effrénés pour éviter de rester seul, accès de déprime en cas de solitude ;

7) conduites dommageables pour sa santé physique, par exemple : tentatives de suicide, automutilation, accidents ou bagarres à répétition ;

8) sentiments permanents de vide ou d'ennui.

B) Avant 18 ans, le sujet ne répond pas aux critères du trouble de l'identité.

Plusieurs études ont corroboré la validité des critères diagnostiques de la personnalité limite. GUNDERSON et KOLB (1978) ont présenté leurs critères diagnostiques à partir de patients hospitalisés, et SHEEHY a démontré qu'ils étaient tout aussi applicables pour les patients externes.

KOENIGSBERG a voulu vérifier si les patients limites hospitalisés et les patients limites externes constituaient une même entité diagnostique, dans la mesure où le patient hospitalisé risquait de manifester une plus grande susceptibilité aux accès psychotiques transitoires et un moindre contrôle des impulsions. L'étude qu'il a faite au moyen du DIB a révélé un comportement suicidaire plus fréquent chez les patients hospitalisés (ce comportement entraînant souvent l'hospitalisation) et un plus grand abus de drogues (ce type de patients pro-

fitant peu des services de consultation externe). Par ailleurs, il n'a noté aucune différence entre les deux groupes pour ce qui a trait à une faible régulation de l'affect, à une adaptation sociale superficielle, à des épisodes psychotiques transitoires, à un contrôle déficient des impulsions, à des relations interpersonnelles caractérisées par la manipulation, l'hostilité, la dévaluation. Cependant, dans une autre étude, KOENIGSBERG et KERNBERG ont constaté qu'il est plus difficile de distinguer phénoménologiquement le patient limite et le patient psychotique en phase de rémission, de par la ressemblance entre une symptomatologie psychotique résiduelle et une symptomatologie limite moins accentuée.

Plus récemment, divers auteurs ont classé la personnalité limite comme une forme larvée de **trouble affectif**. Selon D. KLEIN (1978), plusieurs patients désignés comme « limites » à des fins thérapeutiques seraient mieux définis par l'expression « troubles affectifs atypiques ». Dans ce contexte, KLEIN a décrit divers syndromes dont la phobie anxieuse, l'instabilité émotionnelle du caractère et particulièrement la dysphorie hystéroïde, une modalité propre de symptomatologie affective. Les personnes atteintes de ces troubles, habituellement mais non exclusivement des femmes, déploient beaucoup d'énergie afin de recevoir éloges et approbation, le plus souvent dans une relation amoureuse qui assure la régulation de l'humeur. Le trait caractéristique de ce trouble consiste en une intolérance extrême aux situations de rejet, doublée d'une vulnérabilité particulière à la rupture amoureuse. Ce syndrome répondrait favorablement aux antidépresseurs du type inhibiteur de la monoamine-oxydase.

STONE a aussi considéré la personnalité limite comme s'inscrivant dans le spectre des troubles affectifs, à partir de l'observation d'une prévalence élevée de psychopathologie affective dans les familles des personnalités limites ainsi que de l'incidence élevée d'épisodes affectifs durant l'évolution de ces mêmes patients.

AKISKAL récuse également la perspective selon laquelle l'instabilité affective de la personnalité limite serait toujours partie intrinsèque d'un trouble du caractère. Se basant sur des manifestations symptomatiques, des antécédents familiaux souvent riches en maladies affectives, une diminution du temps de latence du sommeil MOR, une réponse positive à diverses médications antidépressives ou au lithium, il décrit divers syndromes particuliers, soit des troubles cyclothymiques, des troubles bipolaires II (avec accès hypomaniaques non suffisamment marqués pour entraîner *per se* une hospitalisation) et certains troubles dysthymiques (formes sub-unipolaire et sub-bipolaire) qui tous sont considérés comme des troubles sub-affectifs ou des formes atypiques de troubles affectifs. Pour AKISKAL, la psychopathologie limite devient d'abord la manifestation d'un trouble affectif avec une dysfonction secondaire de la personnalité, sauf pour une « dépression caractérologique proprement dite » où la pathologie du caractère serait primaire.

De nombreux auteurs ont contesté cette perspective affective. POPE *et al.*, se référant aux méthodes préconisées par ROBINS et GUZE pour tester la validité d'une entité diagnostique, soit la phénoménologie, les antécédents familiaux, la réponse thérapeutique et l'évolution à long terme (l'étude comprend un suivi s'échelonnant entre quatre et sept ans), concluent à l'existence de la personnalité limite et du trouble affectif comme deux entités distinctes même si elles peuvent fréquemment coexister chez le même sujet.

Par ailleurs, dans une très vaste étude effectuée à Chestnut Lodge, inspirée également des paramètres de ROBINS et GUZE, McGLASHAN distingue personnalité limite et trouble affectif. Il signale que la dépression n'est pas seulement un syndrome mais également un complexe symptomatique courant dans divers états psychopathologiques. Le fait que la dépression accompagne le syndrome limite ne nierait en rien la validité de ce dernier comme entité distincte. Cette question demeurée ouverte est appelée à connaître des développements au cours des prochaines années ; de même en est-il du chevauchement de la personnalité limite et des autres

personnalités pathologiques du groupe dit « dramatique, émotionnel », en particulier la personnalité histrionique. Néanmoins, cette première introduction du terme *borderline* dans une classification psychiatrique officielle a reçu un accueil très favorable.

12.6.2. PERSPECTIVE PSYCHANALYTIQUE

CONSIDÉRATIONS GÉNÉRALES

Selon FRANCES et COOPER (1981), dans leur souci de parvenir à des descriptions précises, clairement définies, en vue d'augmenter la fiabilité des critères diagnostiques, les auteurs du DSM-III ont introduit une « séparation artificielle des méthodes descriptives et des méthodes dynamiques ». Leur démarche reposait sur deux postulats sous-jacents certes discutables, à savoir que la phénoménologie pourrait être dégagée de toute référence théorique et que la perspective dynamique ou psychanalytique ne porterait que sur des concepts étiologiques. Or, de l'avis de FRANCES et COOPER, contrairement à l'affirmation du premier postulat :

> Les observations dites descriptives sont nécessairement influencées par la formation, les préoccupations, les théories et le style d'entrevue du clinicien. Chaque observateur apporte à la situation clinique un ensemble d'attitudes et des méthodes de collecte de données qui déterminent ce qui est perçu.

En regard du second postulat, les deux auteurs rappellent qu'il existe une base de données descriptives, issues de l'observation psychanalytique, qui pourrait utilement être incluse dans une classification psychiatrique future.

Nous ne pouvons ici retracer l'historique des travaux psychanalytiques sur le caractère. Mentionnons pour mémoire que, dès 1908, FREUD décrivait une triade devenue classique — l'ordre, la parcimonie et la propreté — comme formant les traits de ce qui deviendra la personnalité compulsive. En 1916, il présentait « certains caractères rencontrés dans la pratique analytique », soit les sujets qui deviennent criminels par sentiment de culpabilité, ceux qui ne peuvent tolérer le succès et ceux qui se considèrent comme des êtres d'exception. Vers 1920, l'intérêt clinique des psychanalystes se déplaça progressivement des symptômes névrotiques vers l'ensemble de la personnalité.

Dans l'*Analyse du caractère*, un ouvrage d'abord paru en 1933 et qui fera époque, REICH (1966) soulignait les résistances au processus analytique, issues du caractère. Il présentait alors une perspective unanimement reconnue depuis, en psychanalyse, soit l'existence d'une structure névrotique du caractère, sous-jacente à toute névrose symptomatique.

GLOVER, NUMBERG et ALEXANDER ont utilisé, avec des nuances, le terme *neurotic character* ou « caractère névrotique » pour décrire les personnalités pathologiques. ALEXANDER a insisté davantage sur l'aspect asocial de ces sujets, GLOVER, sur les rationalisations associées à leurs agirs pathologiques. En France, SAUGUET, DIATKINE et FAVREAU ont étudié la « névrose de caractère ».

PERSONNALITÉ HYSTÉRIQUE

Comme nous l'avons mentionné précédemment, c'est REICH (1966) qui, parmi les psychanalystes, a offert la première synthèse clinique sur le caractère hystérique. Reprenant implicitement à son compte le modèle explicatif de FREUD et ABRAHAM qui rattachaient les divers états psychopathologiques à divers stades du développement libidinal, REICH a relié le caractère hystérique au stade infantile le plus évolué, c'est-à-dire au stade génital infantile. Il se dégage de cette opinion la perspective d'une entité relativement saine, et partant, plus accessible au processus analytique, impression qui sera partiellement infirmée par la clinique ultérieurement.

En effet, entre 1965 et 1968, introduisant des distinctions importantes, EASSER et LESSER (1965), KERNBERG (1979b) de même que ZETZEL (1969) fournissent quasi simultanément des contributions qui viendront enrichir la description clinique de cette entité. EASSER et LESSER dégagent deux sous-

groupes : la personnalité hystérique et la « personnalité hystéroïde ».

Dans le premier sous-groupe, soit la **personnalité hystérique**, les femmes manifestent des performances scolaires et professionnelles tantôt bonnes, tantôt supérieures. Elles sont d'allure vive, énergiques. D'apparences diverses, elles sont toutes féminines et attirantes, d'un charme sans éclat ni flamboyance. Elles ne montrent d'aucune manière une allure provocante, séductrice et exhibitionniste, classiquement associée au caractère hystérique. Le principal motif de la consultation tourne autour du comportement sexuel ou d'un objet sexuel imaginaire. Elles sont déçues de leur vie amoureuse. Ayant un fonctionnement sexuel qui varie de l'inhibition totale à une normalité apparente, elles sont toutes préoccupées par le caractère passionnel de leur sexualité. Un autre motif de consultation a trait à leur appréhension sociale malgré un engagement profond dans ce domaine. Elles font preuve d'intérêts culturels et sociaux prononcés et sont capables d'entretenir des amitiés à long terme. Elles ont un sens prononcé de la famille : toutes ont conservé un lien marqué avec leur père dans la réalité ou dans leur imaginaire. Leurs mères se révèlent, dans la réalité, constantes et responsables, profondément préoccupées de leurs enfants et de leurs foyers.

De multiples manières, la **personnalité hystéroïde** se présente comme une caricature du caractère hystérique, chaque élément révélant une composante dramatique. L'agressivité latente, l'exhibitionnisme, la compétitivité deviennent ici évidents, insistants, bizarres. Le fonctionnement est erratique, marqué au coin de l'inconstance et de l'irresponsabilité. Les mêmes qualités illustrent la démarche scolaire et vocationnelle, qui est semée de moments de troubles sérieux du fonctionnement. Les amitiés, oscillant de l'enthousiasme à l'amertume, durent peu ; les ruptures entraînent le retrait, la dépression voire des attitudes paranoïdes. La vie familiale de la patiente « hystéroïde » se révèle beaucoup plus désorganisée et inconstante. Le problème central apparaît dans la relation avec la mère, où se manifeste une carence affective réelle causée par divers facteurs (ou le décès, ou la maladie physique ou émotionnelle). L'enfance a été perturbée ; on y note la création d'un monde de fantaisies évoluant vers un compagnon imaginaire, voire l'invention de scénarios complexes avec divers rôles dans un monde imaginaire.

En général, le second groupe fait preuve d'un moindre contrôle émotionnel, d'une capacité réduite à contenir et à tolérer la tension, d'une plus grande propension à l'action impulsive et à la dépression. Selon EASSER et LESSER, si l'évaluation diagnostique est parfois difficile, c'est que ces deux tableaux ne constituent de fait que les deux pôles d'un même continuum.

ZETZEL (1968) reprend la phénoménologie anamnestique décrite par EASSER et LESSER (1965), s'intéressant en particulier aux modalités d'insertion et d'évolution à l'intérieur de la situation analytique. Dans ce contexte, elle distingue quatre sous-groupes, les deux premiers composés de « vraies hystériques », les deux derniers étant désignés par l'expression *so-called good hysterics* ou « soi-disant bonnes hystériques » et présentant une composante dépressive marquée sous forme hystérique. ZETZEL déploie alors un éventail partant du groupe I, qui constitue une indication classique de psychanalyse, jusqu'au groupe IV, pour lequel la psychanalyse est à son avis contre-indiquée, dans la mesure où les fantaisies sexuelles à la fois intenses et manifestes sont souvent considérées comme un secteur potentiel de gratifications réalistes, de par une incapacité à distinguer la réalité interne et la réalité externe.

Quant aux vues de KERNBERG (1979b), elles s'inscrivent dans une conception d'ensemble des pathologies du caractère ; nous en traiterons dans la présentation de l'organisation limite de la personnalité, à la section suivante.

PERSONNALITÉ NARCISSIQUE

Les travaux psychanalytiques sur le sujet ont suscité la création de cette nouvelle entité dans le DSM-III ; ils ont été résumés à la section 12.6.1.

PERSONNALITÉ ANTISOCIALE

La perspective psychanalytique, de par son objet même, le fonctionnement psychique, s'inscrit dans l'examen des processus mentaux ou dans « l'approfondissement de l'esprit du psychopathe » selon le vœu de McCORD et McCORD. Dans ce sens, les auteurs analytiques reconnaissent généralement la pertinence des observations de CLECKLEY sur la personnalité antisociale, quant à l'absence de culpabilité, l'incapacité d'aimer, l'égocentrisme, l'absence de profondeur émotionnelle, l'impulsivité, à cela près que ces manifestations ne sont que l'expression apparente du mécanisme de fuite (*absconding mechanisms*) selon CORMIER (1966). Elles ne font que décrire « le dos du patient qui fuit le traitement » selon les termes de VAILLANT (1975). Ces défenses sont d'autant plus difficiles à percevoir qu'elles sont peu propices à susciter l'empathie de l'observateur. Dans le langage imagé de VAILLANT, les modalités défensives du patient névrotique sont aussi tolérables à autrui « qu'une roche dans le soulier du voisin » ; celles de la personnalité antisociale sont aussi tolérables au sujet et intolérables à autrui « qu'un fumeur de cigare dans un ascenseur bondé ».

Le groupe de recherche de CORMIER (1966) rejoint la pensée de VAILLANT (1966), de KAUFMAN et de REINES, en mettant l'accent sur les défenses primitives face à l'éventualité d'un vécu dépressif. L'agir antisocial apparemment rationnel et bien organisé représente l'expression d'une dépression cachée ; celle-ci ne devient perceptible qu'au moment où le sujet est empêché d'agir. Elle se manifeste par un sentiment de vide et de solitude, accompagné d'une rage intense, persistante envers les objets et/ou le Soi. La personnalité antisociale représente une forme sévère de pathologie narcissique. Afin d'éviter la rage, la honte et l'envie associées à une relation d'objet authentique, le sujet répare son narcissisme par le contrôle de l'objet. L'objet a pour seul intérêt de satisfaire les besoins du sujet et constitue une simple extension du Soi. Sous le bon raisonnement apparent, il existe une pensée magique permettant au sujet de restaurer son sentiment d'omnipotence le protégeant contre la dépendance, les griefs réels et les fantaisies de destruction mutuelle. L'incapacité de manier l'ambivalence entraîne le retour aux mécanismes de clivage des objets d'amour et de haine.

CORMIER rapporte que ce phénomène s'observe de manière exemplaire dans la relation thérapeutique, par une transition rapide de l'idéalisation à la haine irrationnelle pour le même objet. Selon l'auteur, la haine du sujet devient sa seule arme offensive, aussi inefficace soit-elle dans le but d'être aimé. À l'adolescence, le sujet joint le milieu criminel afin de se tailler une place. Il renonce à trouver toute solution à sa problématique dépressive sous-jacente, en clivant le monde en deux groupes opposés, la « bonne » société criminelle et la « mauvaise » société conventionnelle. Au début de la trentaine, il sera parfois en proie à des « crises émotionnelles » ; elles peuvent revêtir une grande signification dans la vie du criminel qui n'a jamais « appris à déprimer ». Plutôt qu'un tableau mélancolique classique, il présentera de l'agitation, une idéation paranoïde, une agressivité vacillante entre le Soi et l'objet de la culpabilité, des autoreproches. Cette « crise » correspond à la mise en échec des mécanismes primitifs et peut contribuer parfois à faire naître une certaine diminution de l'activité criminelle.

PERSONNALITÉ LIMITE

Dans le prolongement des travaux de STERN, DEUTSCH et KNIGHT, nous résumerons ici deux contributions particulièrement significatives, celles de KERNBERG (1979b) et BERGERET (1974a, 1974b et 1980).

L'organisation limite de la personnalité, selon KERNBERG

Il s'agit d'une organisation stable du caractère, se distinguant des névroses, ou des pathologies moins sévères du caractère, et des psychoses. C'est un concept plus large que celui de personnalité limite : il englobe de fait plusieurs personnalités pathologiques du DSM-III, dont les personnalités narcissique et histrionique. La personnalité histrionique inclut la personnalité infantile à l'intérieur du continuum déjà mentionné (voir page 300).

La distinction entre les **organisations limite, névrotique** et **psychotique** s'opère à partir de trois critères « structuraux » :
1) le degré d'intégration de l'identité ;
2) la nature des modalités défensives ;
3) la capacité d'épreuve de la réalité.

Si le sujet présentant une organisation névrotique possède une identité bien intégrée, les sujets à organisations limite et psychotique révèlent un syndrome de diffusion de l'identité, c'est-à-dire une manière incertaine et contradictoire de se définir à travers leurs projets et/ou leurs valeurs. Le sujet à identité diffuse manifeste un sentiment permanent de vide et entretient des images contradictoires de lui-même et d'autrui.

L'organisation névrotique se caractérise par des mécanismes de défense plus évolués, centrés autour du refoulement qui s'accompagne d'isolation, de formation réactionnelle, d'annulation rétroactive et d'intellectualisation. Les organisations limite et psychotique se distinguent par des mécanismes de défense plus primitifs centrés autour du clivage, exprimé par la présence simultanée d'états contradictoires du Moi, par exemple un clivage entre comportement verbal et non verbal. Ce clivage s'accompagne de déni, de dénégation, d'identification projective, d'idéalisation primitive, d'omnipotence et de dévaluation. Le patient limite aménage ces mécanismes de défense pour résoudre un conflit intrapsychique alors que le patient psychotique y a recours pour prévenir le morcellement du Moi. Par ailleurs, l'épreuve de la réalité ou la distinction entre l'origine ou interne ou externe des stimuli différencie les organisations limite et psychotique, par le maintien chez l'une et la carence chez l'autre.

À ces trois critères structuraux essentiels, KERNBERG ajoute des signes non spécifiques de faiblesse du Moi dont la présence est aléatoire : ce sont le manque de tolérance à l'angoisse, le manque de contrôle pulsionnel et le manque de développement des voies de sublimation. La présence de ces symptômes révèle un fonctionnement limite manifeste, parfois (mais non toujours) observé dans l'organisation limite (latente) de la personnalité. KERNBERG insiste sur la nécessité de maintenir un diagnostic descriptif formulé à partir du comportement manifeste. Pour lui, le diagnostic structural fournit un complément utile pour le pronostic et pour le choix des méthodes psychothérapiques à employer dans chaque cas ; il permet par exemple de différencier le caractère hystérique et le caractère infantile, ou encore de déterminer le degré de sévérité pathologique d'une personnalité infantile dans la mesure où ces critères structuraux influent sur l'approche psychothérapique (voir la figure 12.1.).

États limites selon BERGERET

Dans le monde francophone, avec ses réflexions sur les « états limites », BERGERET a produit une synthèse vaste et originale de la nosographie psychanalytique. Il a posé le caractère comme étant situé simultanément hors du champ de la psychopathologie et en continuité avec celui-ci. Il a aussi identifié trois notions fondamentales, soit : la structure, le caractère et le symptôme ou la pathologie.

La **structure** de la personnalité est définie comme

l'ensemble des mécanismes psychiques mis en jeu chez un individu en même temps que la façon spécifique dont ces mécanismes s'articulent entre eux pour réaliser un mode de fonctionnement mental original, du point de vue intrinsèque tout autant que dans ses activités relationnelles extérieures.

Une fois la crise de l'adolescence franchie, la structure se révèle stable tout au long de la vie. Étant elle-même latente ou invisible, elle se manifeste extérieurement ou bien par le caractère quand le mode de fonctionnement se révèle adapté aux réalités extérieures et intérieures du sujet, ou bien par le symptôme quand le mode de fonctionnement présente une inadaptation à ces mêmes réalités.

BERGERET distingue deux types de structure : névrotique et psychotique. Dans la **structure névrotique**, le conflit psychique inconscient se situe entre le Surmoi et le Ça, le Surmoi étant l'instance dominante. La nature profonde de l'angoisse est centrée autour de la castration ; il s'agit d'une menace touchant le futur et reliée à l'accomplissement imaginaire ou réel de l'activité sexuelle. La relation d'objet est « génitale » en ce sens qu'elle fait appel dans l'inconscient à un échange entre deux sujets égaux clairement différenciés sexuellement, dans un contexte de rivalité avec un tiers. Le refoulement constitue la défense principale. Dans la **structure psychotique**, le conflit psychique inconscient se situe entre le Ça et la réalité extérieure, le Ça devenant l'instance dominante. La nature profonde de l'angoisse est centrée autour du morcellement ; il s'agit d'une menace située imaginairement dans le passé et reliée à une néantisation du sujet. La relation d'objet est fusionnelle dans la mesure où, dans l'inconscient, elle fait appel à une indifférenciation du sujet et de l'objet. Le déni de la réalité extérieure constitue la défense principale.

La structure névrotique comprend le mode hystérique (apparenté à la personnalité hystérique selon EASSER et LESSER ou KERNBERG) et le mode obsessionnel, chacun avec son versant normal — le caractère hystérique ou obsessionnel — et son versant pathologique — le symptôme ou la névrose hystérique ou obsessionnelle. Quant à la structure psychotique, elle comporte les modes schizophrénique et paranoïaque avec, d'une part, les caractères schizoïde et paranoïaque et, d'autre part, la schizophrénie et la paranoïa.

L'**état limite** représente une « a-structuration » en ce sens qu'il constitue un équilibre toujours fragile sans véritable stabilisation structurelle. Afin de souligner cette fragilité, BERGERET (1974a, 1974b et 1980) parle d'une « organisation limite » (non d'une structure) dont le conflit psychique inconscient se situe entre l'Idéal du Moi d'une part et le Ça et la réalité d'autre part, l'Idéal du Moi devenant l'instance dominante. L'angoisse de séparation prédomine : elle est centrée autour de la perte de l'objet externe ou de la peur de l'abandon ; elle est perçue comme concernant et le passé et le futur, un passé malheureux sur le plan narcissique, un futur aux allures de sauvetage dans une relation de dépendance. Ainsi la relation objectale est anaclitique, faisant appel dans l'inconscient à un échange entre deux sujets inégaux, l'un grand sauveteur et/ou persécuteur, l'autre petit, faible et démuni. Le clivage de l'objet, l'identification projective et la formation réactionnelle constituent les défenses principales.

L'expression manifeste de l'organisation limite est représentée par le « caractère narcissique » qui ne peut jamais se constituer en solution adaptée aux réalités extérieures et intérieures du sujet, car il n'a pour fonction que de lutter contre la menace dépressive. Le caractère narcissique de BERGERET (1970) comprend des expressions phénoménologiques plus larges que la personnalité narcissique du DSM-III. L'auteur y regroupe en effet les caractères dépressif, hypochondriaque, phobique-narcissique, abandonnique, psychasthénique, hypomaniaque, phallique (ce dernier étant assez près de la personnalité narcissique du DSM-III).

Toujours selon BERGERET (1974a, 1974b), dans la mesure où les difficultés de l'autorégulation narcissique s'accentuent, où la lutte contre la menace dépressive devient plus vive, le caractère narcissique prendra des degrés progressifs de pathologie, soit, par ordre de gravité, la névrose de caractère et la perversion de caractère. L'échec de ces défenses caractérielles conduira à une symptomatologie franche, soit la « dépression limite », un état dépressif d'allure névrotique ou une évolution mélancolique, voire maniaco-dépressive (voir la figure 12.1.).

12.6.3. SYNDROMES CLINIQUES ASSOCIÉS AUX PERSONNALITÉS PATHOLOGIQUES

Très souvent en clinique, un sujet présentant une personnalité pathologique consultera d'abord et avant tout, sinon exclusivement, pour un syndrome clinique associé. La pathologie du caractère, syntone au Moi, motive rarement en soi une consultation. Le praticien plus spécialisé dans le champ de la psychothérapie, voire de la psychanalyse, pourra rencontrer des sujets dont les difficultés relationnelles répétitives incitent à une remise en question de ces modalités relationnelles. En dehors de ce contexte particulier, il importe que le clinicien connaisse les syndromes cliniques souvent associés aux troubles de la personnalité, afin d'être sensible à la présence simultanée des deux ordres de psychopathologie ; sinon, il risque de sous-estimer la pathologie de la personnalité de par le caractère souvent plus « bruyant » du syndrome clinique associé.

DIVERS SYNDROMES DÉPRESSIFS

Tout un champ d'étude, celui de la pathogenèse, s'intéresse aux attributs de la personnalité qui favorisent l'émergence de **troubles affectifs**. En regard des diverses hypothèses abordées précédemment quant au chevauchement fréquent entre troubles de la personnalité et troubles affectifs, le DSM-III a retenu celle de deux troubles concomitants ayant leur axe spécifique dans le schéma multiaxial. À titre de complications, le DSM-III signale la présence possible de troubles affectifs majeurs et de troubles dysthymiques dans les personnalités histrionique et limite, ce qui n'exclut pas leur présence éventuelle, peut-être moins courante, dans les personnalités narcissique et antisociale. Rappelons que les personnalités histrionique et limite comportent dans leur description même une phénoménologie « affective » telle qu'une humeur dépressive, des tentatives de suicide à visée manipulatrice et diverses conduites autodestructrices. Le clinicien doit dès lors observer une symptomatologie affective plus élaborée pour porter un diagnostic additionnel sur l'axe I.

Diverses études ont mis en évidence les différentes façons dont la présence d'une personnalité pathologique peut modifier les manifestations et l'évolution du trouble affectif. CHARNEY *et al.* signalent comment le trouble affectif non mélancolique est nettement plus associé à un trouble de la personnalité que les troubles affectifs bipolaires ou unipolaires mélancoliques. Dans une étude devenue classique, LAZARE et KLERMAN ont indiqué que le patient à personnalité hystérique — apparentée à la personnalité histrionique du DSM-III — en cours d'hospitalisation pour dépression va paraître moins déprimé qu'il ne l'est en réalité de par son attitude de demande et de séduction. Il pourra néanmoins souffrir d'une dépression sévère demeurée méconnue, pouvant même aboutir au suicide.

Plus récemment, POPE *et al.* ont mis en évidence une relation étroite entre la personnalité limite et le trouble affectif majeur. Leur étude révèle la présence d'un trouble affectif majeur chez 50 % des patients ayant cette personnalité. Par rapport aux personnalités limites « pures », les sujets porteurs de deux entités montrent une plus grande incidence familiale de trouble affectif majeur, une plus grande susceptibilité de recevoir une médication et des électrochocs, une meilleure réponse thérapeutique à ces traitements, un meilleur pronostic à long terme quant au fonctionnement social, à la symptomatologie résiduelle, au statut occupationnel et à l'évolution globale.

ALCOOLISME ET AUTRES TOXICOMANIES

Les sujets manifestant l'une des personnalités pathologiques ici décrites sont susceptibles de développer un **trouble d'abus d'alcool**. En étudiant 94 patients admis à un programme interne de désintoxication d'alcool, NACE *et al.* en ont repéré 39,2 % avec une personnalité limite largement définie et 12,8 % avec une personnalité limite étroitement définie. Les alcooliques présentant une personnalité limite sont plus jeunes que les autres types d'alcooliques. Ils ont un fonctionnement psychique plus perturbé, manifestent plus souvent une dysphorie généralisée dans leurs relations sociales ou leur vie en général et des passages à l'acte plus nombreux. Ils ont un comportement autodestructeur plus marqué, dont une plus grande fréquence

de tentatives de suicide ou d'accidents. Ils montrent peu de différence dans leurs comportements reliés à l'alcool, sauf de fortes envies de boire en période de bien-être relatif. Ils font davantage abus de drogues.

La personnalité antisociale présente un risque plus élevé d'alcoolisme. Le sujet est plus exposé aux habitudes de boire pathologiques et, par le fait même, éprouve de plus grandes difficultés à se maîtriser dans la consommation d'alcool. Il connaît davantage de pertes de mémoire, d'arrestations et de troubles de la conduite automobile. R.T. RADA a bien étudié les liens entre la personnalité antisociale et l'alcoolisme. Après avoir observé que plusieurs sociopathes abusent de l'alcool et que certains alcooliques ont des problèmes avec la loi, il a établi des distinctions entre ces deux entités, décrivant quatre modalités d'interaction entre elles.

1) Il y a le *sociopathe buveur*. Moins sociable, plus impulsif que l'alcoolique, c'est un autodestructeur sans culpabilité.

2) Il y a le *sociopathe alcoolique*. Son comportement antisocial a débuté antérieurement à son alcoolisme, sous forme d'école buissonnière, de fugues avant 15 ans, etc. L'alcoolisme se manifeste ou précocement à l'adolescence ou tardivement.

3) Il y a l'*alcoolique sociopathe*, dont le comportement antisocial s'est manifesté après l'âge de 15 ans. Si l'on note chez cet individu l'impulsivité du sociopathe, il fait montre néanmoins d'une plus grande culpabilité et il est plus accessible au traitement. Le boire excessif apparaît dès l'adolescence et entraîne des difficultés à l'école, au travail et dans la famille. On peut observer une adhésion éventuelle à des groupes engagés dans des activités criminelles. Un diagnostic porté avant le développement de difficultés antisociales sévères peut amener chez ce patient la cessation du comportement antisocial et le contrôle de la dépendance.

4) Il y a enfin l'*alcoolique primaire*, qui présente peu de traits de la personnalité antisociale. Son comportement antisocial se révèle secondaire à la

détérioration sociale résultant de la dépendance.

Selon RADA, le sociopathe alcoolique est celui qui nie davantage son problème d'alcool ; l'association des deux entités chez ce sujet constitue un défi thérapeutique d'une telle envergure qu'elle justifie la création de programmes spécifiques.

Rappelons que, sans toujours développer un abus spécifique d'alcool ou de drogues, les sujets à personnalité pathologique présentent souvent des tendances toxicophiliques ; aussi l'utilisation de toute médication psychotrope doit-elle faire l'objet d'une attention très minutieuse.

PSYCHOSE RÉACTIONNELLE BRÈVE

Dans la personnalité histrionique et surtout la personnalité limite, on observe, sous l'effet d'un stress particulièrement accentué, des **accès psychotiques** de très courte durée (généralement moins d'une semaine), avec *restitutio ad integrum*. On a même envisagé d'introduire ces épisodes psychotiques comme critère diagnostique de la personnalité limite. Une symptomatologie plus élaborée est donc nécessaire avant d'introduire un diagnostic additionnel de psychose réactionnelle brève.

AUTRES SYNDROMES CLINIQUES

Le DSM-III mentionne les **troubles de somatisation et de conversion** ; à cet égard, rappelons l'étude de LAZARE et KLERMAN qui met en évidence une relation de réciprocité entre ces symptômes physiques et la dépression, les premiers masquant la seconde, en particulier dans la personnalité hystérique.

12.7.
DÉMARCHE ÉTIOLOGIQUE

Avant d'examiner succinctement les facteurs biologiques, psychologiques et sociaux susceptibles d'intervenir dans le développement des personnalités pathologiques, soulignons d'abord que l'un ou l'autre de ces aspects se garde bien de revendiquer une exclusivité étiologique, faisant place au contraire à une nécessaire multiplicité des perspectives. Ainsi REICH, LUNINGER et GUZE ont élaboré formellement un modèle multifactoriel de transmission de la maladie, qui prend en considération l'hérédité, l'environnement familial et le milieu social ou l'apprentissage, et ce, sans formuler « d'énoncés sur l'importance relative des facteurs génétiques et environnementaux ». Les travaux récents semblent refléter le vœu exprimé par LIEBOWITZ :

> L'idée des camps divisés en psychiatrie est en voie d'être une ère révolue ; pour le développement de notre discipline comme pour le bénéfice de nos patients, plus tôt il en sera ainsi, mieux ce sera.

12.7.1. PERSPECTIVE BIOLOGIQUE

Cette perspective a des origines historiques très anciennes ; rappelons la théorie humorale dans la médecine hippocratique. À l'époque contemporaine, THOMAS et CHESS ont fait œuvre de pionniers en identifiant, par des études longitudinales, des qualités du tempérament qui, présentes chez le nourrisson, sont repérables tout au long de l'enfance et au-delà. Ces qualités concernent :
— le niveau d'activité,
— l'intensité de la réaction,
— la rythmicité des fonctions biologiques,
— l'approche ou le retrait vis-à-vis de nouveaux stimuli,
— le seuil de réponse à la stimulation,
— la qualité positive ou négative de l'humeur,
— l'adaptabilité,
— la distractivité,
— l'étendue de l'attention.

Certains regroupements de qualités, dont le haut degré d'irrégularité, la forte tendance au retrait, l'intensité élevée de la réaction, l'humeur négative et l'adaptation lente sont plus susceptibles d'entrer en interaction négative avec le milieu.

PERSONNALITÉ ANTISOCIALE

FROSCH (1983) a précisé que la perspective bio-génétique est sous-tendue par une conception du caractère où celui-ci devient une modalité de maniement d'un déficit cognitif ou affectif sous-jacent. En regard des catégories spécifiques, la personnalité antisociale regroupe les études les plus nombreuses.

WILLIAM H. REID a mentionné les difficultés rencontrées dans l'interprétation de ces études. Il a d'abord posé les problèmes méthodologiques dont le plus considérable a trait à la définition des critères diagnostiques. Plusieurs études ont porté sur la criminalité et la déviance sociale plus accessibles que le noyau dur de la sociopathie ; or il importe de distinguer syndrome antisocial et personnalité sociopathique, contrevenant sociolégal et sociopathe. De plus, peu de chercheurs ont utilisé les microtechniques d'examen chromosomial présentement accessibles. Ainsi, la découverte de chromosomes XXY ou XYY chez les criminels a d'abord été reliée à des manifestations cliniques de violence, quoique cette hypothèse se soit peu confirmée dans des études subséquentes, la présence des mêmes anomalies chromosomiques ayant été décelée dans la population en général. L'auteur souligne aussi les difficultés à déterminer la zygosité et à obtenir une fidélité comparable pour les données concernant les parents biologiques et les parents adoptifs. Ceci dit, les études de jumeaux et les études d'adoption, en particulier celles de SCHULSINGER et de CROWE, laissent entrevoir une forte probabilité d'influence prénatale surtout génétique dans la personnalité antisociale.

HARE s'est intéressé pour sa part à la recherche de **marqueurs physiologiques** dans la sociopathie. Sur le plan psychophysiologique, L'E.E.G. montre certains indices d'une « immaturité corticale » manifestée par une augmentation de la présence d'ondes lentes avec occasionnellement des pointes-ondes. On note parfois une récupération corticale lente après la stimulation et un seuil plus bas de sédation, ce qui suggère un faible éveil corti-cal. Cet éveil cortical réduit, associé éventuellement à une désinhibition excessive des systèmes nerveux autonome et musculo-squelettique, pourrait favoriser l'agir impulsif aux dépens du ressenti d'un vécu anxieux ou encore, dans une perspective d'apprentissage, entraîner un déficit des réponses conditionnées. Par ailleurs, cet éveil diminué du système nerveux central pourrait ne pas signifier nécessairement une anomalie structurale mais refléter plutôt une différence dans le processus motivationnel ou cognitif.

En matière de corrélats autonomiques, l'activité électrodermique étudiée au moyen de la conductance palmaire est considérée comme un indice de l'activité autonomique du psychopathe. Celle-ci, plus faible au repos, connaît une augmentation moins forte dans un contexte désagréable ou menaçant, laissant entrevoir une réduction de l'anxiété ou de l'appréhension. La réponse aux stimuli intenses ou aversifs est également réduite. L'anticipation de stimuli aversifs génère de plus une hausse relativement faible de l'activité électrodermique, d'où l'hypothèse d'une diminution de la peur anticipatrice.

Certains auteurs ont établi un lien entre une dysfonction cérébrale minime — déficit de l'attention chez l'enfant — et un comportement antisocial. Ce trouble de l'attention dans l'enfance peut se prolonger, à l'âge adulte, sous forme de trouble impulsif du caractère, voire de personnalité impulsive, sans cependant offrir le tableau complet d'une personnalité antisociale. Ce tableau partiel est également observé lors d'atteintes neurologiques plus définies, tels l'encéphalite léthargique, un traumatisme crânien ou l'épilepsie temporale.

PERSONNALITÉ LIMITE

Quant à la personnalité limite du DSM-III, STONE et AKISKAL ont formulé l'hypothèse d'une association génétique avec le trouble affectif majeur de par la haute incidence familiale de maladies affectives et la présence relativement fréquente d'épisodes affectifs majeurs dans l'évolution de ce type de personnalité (une fréquence de 37 % dans une étude de 100 patients répondant aux critères de GUNDERSON *et al.*). De plus, selon AKISKAL, parmi les patients souffrant de « dépressions caractérologiques », où la dépression est intimement liée au caractère et au style de vie, le sous-groupe affecté de « dysthymie sub-affective » (voir la sous-section « Personnalité limite » de la section 12.6.1.) partage avec la maladie affective majeure une réduction du temps de latence MOR en début de sommeil. Un argument pharmacologique, soit la réponse favorable à une médication antidépressive, est présenté à l'appui de cette perspective.

PERSONNALITÉS HISTRIONIQUE ET NARCISSIQUE

Pour la personnalité histrionique, on a évoqué un modèle psychophysiologique analogue à celui de la personnalité antisociale, à la différence d'une plus grande réactivité autonomique. La personnalité narcissique, d'introduction plus récente dans la nosographie psychiatrique, n'a pas fait l'objet, *per se*, de recherche à caractère biologique. Rappelons en terminant que l'étude des facteurs biogénétiques des personnalités pathologiques représente un champ relativement récent d'exploration et que, dans les prochaines années, ce domaine connaîtra certes de nouvelles stratégies de recherche et de nouveaux progrès.

12.7.2. PERSPECTIVE PSYCHOLOGIQUE

POINT DE VUE PSYCHANALYTIQUE

Afin de situer historiquement les contributions contemporaines, présentons quelques repères ayant marqué l'étude psychanalytique du caractère. En 1908, dans le cadre de sa **théorie libidinale**, FREUD faisait état d'une observation clinique reliant d'une part l'ordre, la parcimonie et l'entêtement, et d'autre part l'intérêt porté dans l'enfance à la fonction d'excrétion. Comme l'ont souligné AUCHINCLOSS

et MICHELS, cette observation a plus tard fait l'objet d'un malentendu, la pensée de FREUD étant comprise dans le sens d'une causalité attribuée à la lutte entourant le contrôle sphinctérien dans la formation de cette triade caractérielle. Pour FREUD, alors, la lutte autour de l'entraînement à la propreté et la triade caractérielle étaient l'une et l'autre des manifestations d'une « accentuation érogène fortement marquée de la zone anale dans la constitution sexuelle ». En 1914, il fut on ne peut plus explicite :

> Mais face à la question de savoir quels sont les facteurs qui peuvent provoquer de tels troubles du développement (l'accentuation érogène d'une zone donnée), le travail psychanalytique se démet et abandonne le problème à la recherche biologique.

À ce moment, FREUD distinguait ainsi le développement du caractère et celui de la névrose : dans cette dernière a lieu l'échec du refoulement et le retour du refoulé, alors que dans le caractère les forces pulsionnelles s'expriment directement ou se voient entièrement refoulées de par les formations réactionnelles ou les sublimations. Le caractère se montre dès lors moins accessible à la psychanalyse que la névrose.

En 1924, ABRAHAM prolongeait la théorie libidinale du caractère en décrivant les manifestations de celui-ci en regard des stades oral, anal et phallique. Il mit en valeur la composante narcissique, en particulier la surestimation infantile de la fonction d'excrétion, surestimation demeurée présente quand le « trône » évoque autre chose que le siège réservé au roi. Dans ce contexte narcissique, ABRAHAM établit un lien entre la fixation anale et l'éducation sphinctérienne quand celle-ci est vécue sur le mode de la blessure narcissique.

Au moment où ABRAHAM achevait ses travaux, FREUD venait d'introduire un deuxième modèle de fonctionnement psychique en distinguant trois instances à l'intérieur de la personnalité : le **Moi**, le **Ça** et le **Surmoi**. Le Moi instance (à distinguer du Moi sujet *versus* l'objet) a pour fonction de concilier les exigences du Ça, du Surmoi et de la réalité extérieure. Le caractère représente maintenant la manière habituelle pour le Moi de fournir une réponse combinée à cette triple exigence. La maturité ou force du Moi implique une différenciation progressive des trois instances Ça, Moi, Surmoi au cours du développement. Dans la structure névrotique, cette différenciation permet l'internalisation des conflits infantiles, ceux-ci recevant une résolution pathologique interne avec perception d'une conflictualité intérieure. Dans les troubles sévères du caractère, la différenciation inachevée des trois instances empêche l'intériorisation complète des conflits avec les objets infantiles. Un sens intrapsychique stable de soi et d'autrui ne peut être créé ; les conflits demeurent externalisés sous forme de lutte avec l'environnement. Par exemple, le sentiment de culpabilité sera décrit sous forme de reproches formulés par autrui.

En 1953, KNIGHT publiait un article qui allait faire époque et qui portait précisément sur les *borderline states*. Ses propos étaient on ne peut plus explicites en regard de la théorie libidinale :

> Les tentatives pour construire une classification des troubles mentaux, en liant une certaine condition clinique à un niveau propre de fixation libidinale, ont présenté une théorie libidinale du fonctionnement psychique, théorie à une seule facette. Cette contribution psychanalytique a été d'une grande valeur, mais elle demande à être complétée de manière extensive par les découvertes de la psychologie du Moi qui n'ont pas jusqu'à maintenant été suffisamment intégrées à la théorie de la libido.

L'étude du Moi instance, dans la mesure où sa formation résultait de l'identification aux « objets perdus », mettait désormais l'accent sur l'examen des liens avec l'objet réel et l'objet fantasmatique. La notion de « relation d'objet » allait progressivement remplacer la notion de « stade libidinal » ; ainsi, la vie pulsionnelle, les mécanismes de défense et le degré de développement du Moi allaient être envisagés dans le cadre particulier de telle ou telle relation d'objet. Nous ne pouvons ici que mentionner les noms de BOUVET, SPITZ, KLEIN et WINNICOTT dont les apports s'inscrivent dans cette perspective. En ce qui concerne KERNBERG et BERGERET, pour faire suite à la présentation de leurs descriptions cliniques (section 12.6.2.), nous résumerons un peu plus loin leurs conceptions étiopathogéniques.

PERSONNALITÉS HISTRIONIQUE ET HYSTÉRIQUE

À propos de la personnalité histrionique, nous devons rappeler la distinction établie, dans la sous-section « Personnalité hystérique » de la section 12.6.2., entre d'une part la « personnalité hystéroïde » d'EASSER et LESSER, ou « *so-called good hysteric* » de ZETZEL ou « personnalité infantile » de KERNBERG, et d'autre part la personnalité hystérique. Quant à la personnalité hystérique étroitement définie, selon la pensée psychanalytique courante, elle relève d'une fixation à la problématique œdipienne ; la différenciation progressive des diverses instances (Ça, Moi, Surmoi) s'y est déroulée de façon optimale, sans avatars majeurs.

PERSONNALITÉ NARCISSIQUE

En ce qui concerne la personnalité narcissique du DSM-III, KERNBERG la situe surtout à l'intérieur de l'organisation limite de la personnalité. Pour KOHUT, le « trouble narcissique de la personnalité » représente un arrêt, à des stades primitifs du développement, du narcissisme normal, c'est-à-dire le Soi grandiose et l'imago parentale idéalisée. Toujours selon KOHUT, la réalité parentale ne doit présenter que progressivement et graduellement un retrait des rôles de miroir pour le Soi grandiose et de soutien pour l'imago parentale idéalisée. Dans l'un ou l'autre rôle, toute déception trop brutale, dans l'enfance, voire à la période de latence, empêche l'« internalisation mutative » du Soi grandiose et de l'imago parentale idéalisée, partant, le développement de formes plus évoluées du narcissisme, en particulier l'autorégulation de l'estime de soi.

Pour KERNBERG (1979a), le **Soi grandiose** constitue une configuration d'emblée pathologique, c'est-à-dire une condensation du Soi réel (les particularités réelles de l'enfant, soulignées par le vécu propre), du Soi idéal (les images idéalisées de toute-puissance du sujet) et de l'objet idéal (l'imago parentale idéalisée). Cette condensation constitue une vaste modalité défensive devant l'agressivité primitive.

PERSONNALITÉ ANTISOCIALE

En regard de la personnalité antisociale, MISÈS rassemble bien les vues psychanalytiques sur l'évolution vers la psychopathie en s'inspirant largement de WINNICOTT. MISÈS considère « absurde de nier les facteurs socio-culturels » et reconnaît d'emblée la part de l'inné dans cette structuration pathologique. Par ailleurs, son étude psychanalytique des parents révèle chez la mère une pathologie de la personnalité qui déborde le champ de la névrose. La régulation de son propre fonctionnement psychique est prédominante par rapport aux besoins propres de l'enfant ; on y observe en particulier l'élaboration d'un Moi mégalomaniaque qui amène des phases répétitives de rupture dans le soutien de l'enfant. Le père, dévalorisé par sa femme, ne pouvant assumer par lui-même une fonction organisatrice, n'est pas en mesure de constituer un appui en vue d'une identification œdipienne. Il s'agit d'un homme toxicomane ou alcoolique, ou encore porteur d'une faille affective du même type, sous-jacente à une bonne intégration socio-professionnelle éventuelle.

WINNICOTT décrit un **processus d'illusion** nécessaire à la maturation de l'enfant, processus au cours duquel l'enfant a l'illusion de créer la réalité extérieure. L'entrave à ce processus, de par le manque de soutien maternel, empêche le renoncement à l'omnipotence et crée ainsi une faille narcissique majeure. Celle-ci se voit comblée par la mise en place d'un Idéal du Moi mégalomaniaque, c'est-à-dire la création d'idéaux factices avec refus de toute restriction à l'omnipotence, et partant, la recherche active de la transgression de tout interdit. Seul le recours à l'agir fournit une homéostasie narcissique

devant l'absence de mentalisation ou de construction d'un scénario interne conflictualisé. L'acte est recherché non en ce qu'il entraîne la punition, mais en ce qu'il fournit un soulagement à la tension psychique : c'est ce qui le différencie de l'agir névrotique.

PERSONNALITÉ LIMITE

Quant à l'organisation limite de la personnalité, les vues étiopathogéniques de KERNBERG (1979b) font une large place à la notion de **condensation oro-génitale**. L'agressivité prégénitale, en particulier orale, y joue un rôle fondamental. C'est une agressivité excessive qui provient ou d'un manque constitutionnel de tolérance à l'angoisse, ou de l'intensité constitutionnelle des pulsions agressives, ou des frustrations précoces sévères. Cette agressivité projetée entraîne une déformation des images parentales précoces, surtout celle de la mère ; l'agressivité initialement projetée sur la mère est étendue aux deux parents à partir d'une contamination de l'image du père, d'où la combinaison d'une image dangereuse père - mère entravant toute relation d'objet. Afin d'échapper à la rage et à la crainte orales, l'enfant procède à un développement prématuré de la conflictualité œdipienne, d'où une condensation oro-génitale. Cette prédominance de l'agressivité sur la libido est à l'origine de la faille majeure dans le développement et caractérise l'organisation limite de par la nécessité du clivage du Moi ou l'incapacité d'effectuer la synthèse des images positives et négatives du Soi et de l'objet.

Pour BERGERET (1974a), la genèse de l'état limite réside dans un **trauma désorganisateur précoce**. Au moment où le sujet va entrer dans la problématique œdipienne, la relation triangulaire n'est pas abordée normalement : un fait de la réalité extérieure, voire un ensemble de faits, a un impact majeur, est vécu comme une perte d'objet ; il s'agit d'un trauma affectif, c'est-à-dire un émoi pulsionnel survenu en présence d'un Moi trop peu mature ; le milieu, de façon réelle et non uniquement fantasmatique, vient accentuer la tension libidinale ou agressive ; le refoulement est insuffisant ; le sujet a recours à des mécanismes de défense plus archaïques, tels le déni, le clivage de l'objet, l'identification projective, le maniement omnipotent de l'objet. Le trauma affectif vient stopper l'évolution libidinale et établir une **pseudo-latence**. Celle-ci se distingue de la latence normale sous divers aspects : il y a repli défensif devant l'Œdipe, non pas déclin de l'Œdipe. Le refoulement ne parvenant pas à réduire les tensions sexuelles et agressives, celles-ci, demeurées intenses, sont simplement inhibées sans véritable métabolisation. Les investissements parentaux sont conservés dans leur ambivalence tant sur le plan de l'objet externe que sur le plan de l'objet interne. Les identifications déficientes sont remplacées par des idéalisations primitives ou des mécanismes obsessionnels tels que la rationalisation, l'intellectualisation ou le surinvestissement de la réalité extérieure. Cette pseudo-latence, qui est à la fois plus précoce et plus durable, peut se prolonger durant l'adolescence (celle-ci se déroulant alors sans la crise propre à cette période), voire même à l'âge adulte à moins qu'un **trauma désorganisateur tardif** ne produise divers états symptomatiques manifestes, en particulier la dépression limite.

Enfin, on peut le rappeler, ces considérations étiologiques psychanalytiques n'excluent pas les facteurs biologiques et sociaux. Dans son *Introduction à la psychanalyse*, FREUD formulait la notion de séries complémentaires : ainsi, pour la disposition à la maladie, la constitution et les facteurs accidentels de l'enfance et, pour l'établissement de la maladie, la disposition et les expériences traumatiques ultérieures ; dans l'une et l'autre série, chaque élément peut être d'autant plus faible que l'autre est plus fort. Ce schéma, introduit pour l'étude étiologique des névroses, peut certes être repris en termes plus contemporains pour d'autres états psychopathologiques.

POINT DE VUE BEHAVIORISTE

Avant de présenter les modèles étiopathogéniques propres à la perspective behavioriste, rappelons pour mémoire un certain postulat fondamental qui sous-tend cette perspective ; ce rappel nous aidera à comprendre pourquoi ces modèles ne sont pas élaborés en fonction des catégories diagnostiques abordées ici.

La thérapie comportementale cherche à mettre l'accent sur le comportement mésadapté considéré comme le motif de la consultation *per se*, plutôt que de concevoir ce comportement comme le signe d'un état pathologique sous-jacent. En mettant ainsi l'accent sur un **comportement-cible** spécifique, on s'éloigne des catégories traditionnelles qui sont peu pertinentes dans la détermination de ce comportement-cible.

Dans ce contexte, GOLDFRIED (1982) cite JOHNSON :

> Ce que le psychiatre a à faire ... c'est d'amener le sujet à lui dire non pas ce qu'il est ou ce qu'il a, mais ce qu'il fait et les conditions dans lesquelles il le fait. Quand le sujet cesse de parler du type de personne qu'il est, de ce que sont ses traits les plus évidents et de quel type de trouble ou pathologie il souffre, quand il cesse de faire de ces thèmes des énoncés de base et commence à utiliser des termes d'action pour décrire son comportement et les circonstances qui l'ont entraîné, lui et le psychiatre commencent à voir ce qui, de manière spécifique, peut être fait en vue de changer à la fois le comportement et les circonstances.

La personnalité apparaît comme une variable qui fournit un sommaire des réactions d'un individu dans une large variété de solutions vitales ; comme le souligne GOLDFRIED, ce concept de personnalité revêt peu d'utilité pratique pour l'évaluation du comportement, dans la mesure où il s'avère impossible d'obtenir des échantillons systématiques de toutes les situations quotidiennes.

Habiletés sociales

Si les modèles de personnalité établissent le postulat tacite selon lequel chacun a la capacité d'entrer en interaction de manière efficace, les modalités fautives d'interaction résultent dès lors de difficultés situées dans la structure de la personnalité. Dans le mouvement behavioriste, au début des années 1960, ZIGLER *et al.* ont fourni une perspective radicalement différente en introduisant la notion de **compétence sociale**, reliant le fonctionnement social efficace à un ensemble d'habiletés pouvant faire défaut à un individu, d'où, dans ce contexte, le concept-clé d'**habileté sociale**.

Si chacun peut intuitivement connaître la signification de ce terme, plusieurs définitions proposées se sont heurtées à des critiques. Néanmoins, on s'entend généralement sur les données fondamentales de ce concept. Le terme habileté souligne que le comportement interpersonnel représente un ensemble de capacités de performance résultant de l'apprentissage. Cette possibilité de réponse est donc acquise et consiste en un ensemble identifiable d'habiletés spécifiques. On a distingué trois composantes des habiletés sociales :

1) des éléments expressifs (le contenu du discours, des éléments paralinguistiques comme le volume de la voix, etc.) ;

2) des éléments réceptifs (l'attention, le décodage, etc.) ;

3) des éléments interactifs (le moment de la réponse, etc.).

Dans ce cadre général, on peut aborder certains comportements-cibles, tels que l'angoisse à s'exprimer en public, l'inhibition à l'expression des opinions personnelles dans un contexte interpersonnel, l'angoisse dans les relations avec l'autre sexe, etc. Si la notion d'habileté sociale peut être pertinente dans le champ des personnalités pathologiques, il est très clair qu'elle transcende ces catégories et rejoint les problèmes de fonctionnement social présent dans plusieurs états psychopathologiques dont la schizophrénie, la dépression, etc.

La notion d'habileté sociale implique la qualité et la quantité des comportements sociaux, et elle est fonction du répertoire de comportements sociaux qu'un sujet aura appris. A. BELLACK, tout en précisant l'absence de données définitives sur les moments et les modalités d'apprentissage des habiletés sociales, signale que l'enfance est sans doute une période critique et, de citer KAGAN et MOSS (1962) :

> Le retrait passif de situations stressantes, la dépendance de la famille, la facilité d'éveil de la colère, l'implication dans la maîtrise intellectuelle, l'anxiété dans l'interaction sociale, l'identification au rôle propre au sexe et les modalités de comportement sexuel de l'adulte furent tous reliés à des dispositions comportementales raisonnablement analogues durant les premières années scolaires.

Les théoriciens de l'apprentissage social, en particulier BANDURA (1977), considèrent le *modeling* comme un facteur fondamental. L'enfant observe l'interaction de ses parents avec lui et avec autrui et modèle son comportement sur le style parental. À l'adolescence, les pairs jouent également un rôle de modèle et deviennent sources de renforcement.

Dans la littérature, quatre modèles étiologiques différents tentent d'expliquer les troubles de l'habileté sociale :

1) Un premier modèle, déficitaire, suggère que l'individu n'a jamais appris le comportement approprié ou encore a appris un comportement inapproprié.

2) Un second modèle fait référence à une angoisse conditionnée : le sujet a les habiletés requises dans son répertoire, cependant que des réponses d'angoisse conditionnée viennent inhiber l'expression d'un comportement social approprié. De par des expériences ou un conditionnement vicariant, certains indices reliés à l'interaction sociale, indices neutres préalablement, sont devenus associés à des stimuli aversifs.

3) Un modèle cognitif suggère que la source du comportement social inadéquat a trait à une perception cognitive erronée de la performance sociale et à l'expectative de conséquences aversives. L'évaluation négative de soi et les énoncés négatifs sur soi-même alimentent l'angoisse sociale et/ou l'évitement social.

4) Un quatrième modèle met en relief une discrimination erronée, le sujet ne sachant comment

associer des comportements sociaux spécifiques et des situations où une réponse comportementale présente dans son répertoire serait appropriée. Il pourra alors ne pas répondre ou répondre inadéquatement, malgré un répertoire adéquat de comportements interpersonnels.

Chaque modèle a généré des techniques thérapeutiques particulières (voir les chapitres 41 et 42).

12.7.3. PERSPECTIVE SOCIALE

Les anthropologues, les psychologues et les psychiatres qui ont étudié les déterminants sociaux et culturels ont pu observer que ces facteurs ont un effet significatif sur la formation du caractère, voire de sa pathologie.

TALCOTT PARSONS a étudié le sens de l'internalisation des modalités de valeurs dans la structuration de la personnalité. Son analyse est basée sur une **théorie de l'action** selon laquelle le comportement apparaît comme un système comportant quatre composantes majeures : l'organisme, la personnalité, le système social et le système culturel. Selon PARSONS, la structure de la personnalité dérive surtout des systèmes social et culturel à travers la socialisation. À tous les stades du processus de socialisation, le concept de rôle est fondamental. Le **rôle** est défini par l'ensemble des manœuvres, des performances et des interactions affectives d'un sujet en vue d'exercer une influence sur un autre sujet.

Par exemple, au stade oral du développement psychosexuel, PARSONS met l'accent sur l'interaction sociale mère - enfant. La mère devient un objet très puissant dans la mesure où elle détermine le temps et les modalités de l'alimentation comme l'ensemble des soins. En fonction du lien établi par l'enfant, les réponses de la mère organisent son système motivationnel. L'enfant fait face à deux dilemmes cognitifs : il doit d'abord comprendre les conditions favorisant ou non la gratification ; il doit de plus conceptualiser et organiser les indices externes avant d'établir une action plus favorable à la gratification. S'il reçoit un ensemble clair de sanctions,

d'attentions et d'obstacles de la part de la mère, il pourra internaliser des modalités transactionnelles heureuses. L'identification devient un processus par lequel l'enfant apprend un rôle complémentaire à celui de la mère. L'absence de clarté dans les attentes ou les sanctions crée une restriction des réponses comportementales, ce qui va à l'encontre de l'objectif de cette période, soit l'« initiative autonome ». Cette carence devient un déterminant socioculturel d'une pathologie du caractère, dans la mesure où celle-ci implique un répertoire limité de moyens en vue d'atteindre ses objectifs.

Le concept de **tension** (*strain*) va de pair avec celui de rôle. L'inflexibilité quant au rôle caractérise la pathologie du caractère où l'on observe une incapacité d'empathie ou de renversement de rôle. Le sujet ayant une personnalité pathologique est particulièrement intolérant à la tension générée par le monde extérieur. Cette tension le conduit souvent à une augmentation de la déviance, alors que le sujet ayant une personnalité saine pourra tolérer la tension psychologique et prendre des initiatives heureuses afin de découvrir des formes modifiées d'adaptation.

Dans ce même contexte, MERTON étudie comment une **structure sociale** peut exercer une pression sur une personne et, de ce fait, favoriser la déviance. Il décrit à cet égard deux types de culture. Dans la première, l'accent est mis sur le but à atteindre sans insister sur le respect des règles institutionnelles dans l'utilisation des moyens ; peu d'attention est accordée aux normes sociales. Dans la seconde, les activités originellement envisagées comme instrumentales deviennent des pratiques autosuffisantes, détachées de leurs objectifs. La conformité devient surévaluée, une fin en soi. Dans la première culture, le processus le plus favorable au « succès » est favorisé, qu'il soit légitime ou non. Ce processus se développant, la société se caractérise de plus en plus par l'anomie ou l'absence de normes. MERTON reprend ce concept de DURKHEIM pour décrire la société nord-américaine actuelle qui favoriserait l'incidence des troubles de la personnalité.

CAUDILL note la tendance à effacer la distinction entre les dimensions sociale et culturelle du comportement, par l'utilisation du terme « socioculturel » ; les anthropologues envisagent parfois la structure sociale comme un aspect de la culture et les sociologues mettent l'accent sur la structure sociale en ignorant la composante culturelle. CAUDILL considère le **champ culturel** comme relié à des modes de penser, de sentir, d'agir qui, dérivés de l'histoire, sont partagés en grande partie par tous les membres d'une société ; ainsi les qualités qui rendent les Anglais différents des Français. La **dimension sociale** a trait à la structure industrielle et occupationnelle qui, dans plusieurs sociétés, se développe selon l'évolution technologique ; c'est ce qui produit une société stratifiée en classes sociales ou niveaux de responsabilité reliés étroitement à la structure occupationnelle. Selon CAUDILL, les dimensions sociale et culturelle exercent une influence relativement indépendante sur le comportement ; par conséquent, elles méritent chacune une attention particulière.

CAUDILL a fourni de nombreuses études de la dimension culturelle du comportement, en particulier en comparant les cultures japonaise et américaine. Dans une étude portant sur 30 nourrissons américains et 30 nourrissons japonais issus de la classe moyenne, il a observé très minutieusement le comportement du nourrisson à 3 ou 4 mois, en regard de l'interaction avec sa mère et des modalités de soins qu'elle lui prodiguait. Il en a dégagé les éléments suivants : si l'expression des besoins biologiques et leur prise en charge par la mère sont similaires, le style varie néanmoins quant aux soins maternels et au comportement du nourrisson. Le bébé japonais semble passif et repose tranquillement ; il émet parfois des sons aux consonances pénibles. Sa mère chantonne, porte et berce son enfant ; elle semble vouloir l'apaiser et communiquer avec lui physiquement plutôt que verbalement. Le bébé américain est plus actif, émet plus de sons à caractère enjoué, explore davantage son environnement. Sa mère le regarde et lui parle davantage ; elle semble le stimuler à l'activité et à la réponse vocale. C'est comme si la mère américaine voulait un enfant actif et vocal alors que la mère japonaise voulait un enfant plus calme. L'observation montre qu'à 3 ou 4 mois, le nourrisson a appris à devenir Japonais ou Américain en répondant aux attentes maternelles. Hors de la conscience des participants se déroule donc un processus d'apprentissage culturel. Ces modalités distinctives de comportement, déjà apprises à 3 ou 4 mois, se poursuivent la vie durant, entraînant certes des différences importantes dans l'expression émotionnelle. De la sorte, il n'est pas étonnant d'observer que la vie familiale au Japon mette l'accent sur l'interdépendance et l'appui sur autrui, alors que la vie familiale aux États-Unis se caractérise par l'apprentissage de l'indépendance et de l'affirmation personnelle. Ces différences se reflètent dans une conception apparemment antithétique du nourrisson selon les cultures. Le bébé japonais apparaît davantage comme un organisme biologique séparé dès le départ qui se doit d'être ramené progressivement vers une interdépendance avec autrui au cours de son développement. Le nourrisson américain serait conçu comme un organisme biologique dépendant, qui, de par son développement, deviendra de plus en plus indépendant.

Si ce n'est par analogie, tel le rapprochement effectué par BATESON et MEAD entre la personnalité schizoïde et le « caractère balinais », on constate que les études portant sur la genèse sociale ou culturelle du caractère ont très peu porté sur les catégories diagnostiques psychiatriques.

12.8.
DÉMARCHE DIAGNOSTIQUE

En général, cette démarche repose essentiellement sur l'entretien clinique, qui peut être de type directif ou non directif (voir le chapitre 6). L'**entretien directif**, impliquant un interrogatoire plus spécifique, permet un meilleur recensement phénoménologique des symptômes et des autres éléments psychopathologiques ; il permet aussi une discrimination plus rapide des divers troubles de la personnalité traités dans le DSM-III. L'**entretien non directif** consiste davantage à suivre l'ordre des associations spontanées du sujet qui a ainsi une plus grande autonomie dans la structuration de la séance. Ce type d'entretien fournit davantage de données psychodynamiques, notamment la nature de la conflictualité inconsciente, les résistances et l'ébauche d'une relation transférentielle ; il permet également au clinicien de relever plus facilement des indices sur des données phénoménologiques que le sujet ne voudrait pas révéler.

Dans la littérature, les deux approches sont parfois présentées comme non opposées, complémentaires. Dans la pratique, le clinicien optera souvent pour l'une ou l'autre selon son orientation théorique ou la nature des informations privilégiées. Cependant, le contexte clinique peut se révéler un facteur important. Lors d'une évaluation au service des urgences, sans qu'il s'agisse d'exclure une saisie plus intime du malade, le poids des données phénoménologiques sera plus marqué, favorisant un entretien plus directif. Par ailleurs, s'il s'agit de déterminer la pertinence ou les modalités d'une psychothérapie, le clinicien atteindra davantage ses objectifs en accordant une part plus grande à la non-directivité.

Très souvent, le sujet présentant une personnalité pathologique consultera d'abord et avant tout pour un syndrome clinique associé. Ce dernier a généralement des manifestations plus flamboyantes que celles du trouble de personnalité sous-jacent ; aussi le clinicien doit-il être particulièrement à l'affût s'il veut éviter de « scotomiser » le diagnostic de personnalité. Si l'examinateur est attentif, il pourra, dans l'anamnèse, mettre en évidence des modalités répétitives de perturbations relationnelles, ainsi que des similitudes entre le contexte actuel et le contexte développemental ; ces similitudes échappent souvent à la conscience du malade, sinon pour s'y présenter parfois sur le mode de l'intellectualisation. La manière avec laquelle le patient fournira cette anamnèse sera tout aussi, sinon plus, révélatrice que son contenu ;

aussi est-il nécessaire que le clinicien porte attention aux divers canaux de communication, soit le verbal, le non-verbal vocal, le comportement observé, le comportement rapporté et la voie neurophysiologique. Il observe particulièrement l'expression affective qui peut ne présenter que de fines perturbations ; il identifiera la composante émotionnelle manifeste, également les diverses défenses contre des affects rendus inaccessibles.

Dans ce contexte, l'examinateur pourra utiliser ses propres réactions affectives (c'est-à-dire son contre-transfert). Si, a certains moments, elles peuvent relever de la psychopathologie personnelle du clinicien, très souvent elles peuvent fournir des renseignements utiles sur la modalité relationnelle « proposée » par le malade. Nous touchons là la composante interactionnelle omniprésente dans la pathologie du caractère. Ainsi, certains troubles subtils de la perception déterminent un comportement qui provoque une réponse en conséquence chez autrui ; cette réponse devient une « preuve » qui entérine le trouble subtil de la perception.

Par exemple, une personne perçoit les autres comme très exigeants à son endroit et vit avec le sentiment de toujours être en deçà des attentes des gens. Elle aura diverses réactions : par exemple, elle accueillera une nouvelle demande comme tout à fait excessive, quand déjà il lui semble ne pas répondre de façon satisfaisante ; ou encore son impression d'être inadéquate se reflétera dans sa manière de se présenter. Des réactions de cet ordre peuvent amener chez l'autre diverses réponses négatives, par exemple la tentation de formuler des demandes excessives ou encore simplement une difficulté à manifester de la reconnaissance à quelqu'un qui se déprécie ; ces réponses d'autrui peuvent devenir la « preuve » qui entérine le trouble subtil de la perception. C'est de cette manière que l'on met en lumière le monde psychologique interne du patient car ses sentiments, ses impressions et ses croyances non reconnus en tant que tels sont souvent présentés comme relevant de la réalité extérieure. En quelque sorte, les « faits » rapportés par le sujet font partie de sa psychopathologie, et tout le travail de l'examinateur consiste à la fois à créer l'atmosphère favorable à leur expression et à savoir les reconnaître sous leur déguisement de réalité extérieure apparente.

Au cours des dernières années, pour les personnalités pathologiques et particulièrement pour la personnalité limite, certains modes spécifiques d'entretien ont été développés à titre d'outils de recherche. GUNDERSON a introduit le **DIB** (*Diagnostic Interview for Borderline*) qui comporte 123 items permettant de dégager 29 caractéristiques limites décrites dans la littérature, chaque item étant présenté sous la forme d'un énoncé qui peut être gradué. Ces 29 caractéristiques couvrent 5 secteurs :
— 4 items pour l'adaptation sociale ;
— 5 items pour les modalités d'action-impulsion ;
— 5 items pour les affects ;
— 8 items pour les phénomènes psychotiques ;
— 7 items pour les relations interpersonnelles.

Par ailleurs, KERNBERG a décrit une **entrevue structurale** où, au moyen de la clarification, de la confrontation et de l'interprétation, le clinicien cherche à déterminer si le sujet possède une organisation névrotique, limite ou psychotique.

12.9.
DÉMARCHE THÉRAPEUTIQUE

12.9.1. CONSIDÉRATIONS PRÉLIMINAIRES

La consultation étant le plus souvent motivée par un syndrome clinique associé, c'est-à-dire un trouble sur l'axe I, le médecin, après avoir décelé lui-même le trouble sur l'axe II, devra décider si le traitement sera ou non centré sur le trouble sur l'axe II. Pour ce faire, il prendra en considération les objectifs thérapeutiques explicites et implicites du patient. De plus, le clinicien appréciera le degré d'articulation entre les deux niveaux de psychopathologie. Si cette articulation paraît très étroite, tout traitement du syndrome clinique se devra de comprendre certains aspects thérapeutiques de la personnalité pathologique. À titre d'exemple :

Une malade, dans la cinquantaine, consulte pour un syndrome dépressif au moment où elle est confrontée à l'éventualité d'une perte d'objet ; son mari vient de subir une nouvelle chirurgie cardiaque et son état de santé demeure incertain. L'anamnèse illustre une forte dépendance, voire une attitude infantile à l'endroit du conjoint. Dans son abord psychologique du syndrome dépressif, le médecin devra prendre en considération cette immaturité affective afin, si possible, de promouvoir une certaine autonomie sans laquelle le syndrome dépressif risque de perdurer car la pathologie du caractère peut compromettre toute métabolisation de l'éventualité d'une perte d'objet. Dans son abord pharmacologique, il devra aussi tenir compte de la présence d'un trouble de la personnalité.

En regard de l'utilisation des benzodiazépines, il importe de se rappeler la forte tendance à l'abus de drogues chez les personnalités histrionique, antisociale et limite. Par ailleurs, la pathologie de la personnalité influence parfois de manière inattendue un traitement biologique. Ainsi, TIERCE *et al.* ont observé que, dans le maintien de la méthadone pour le traitement de la narcomanie, les personnalités du premier groupe du DSM-III, ou personnalités dites bizarres (schizoïde, schizotypique et paranoïde), commandent des doses nettement plus élevées (plus de 75 mg) que les personnalités dites craintives (deuxième groupe) et dramatiques (troisième groupe). Dans la littérature, on fait également état du faible taux de réponse aux électrochocs pour le trouble affectif majeur quand celui-ci est associé à une personnalité limite. De même, FRANCES rapporte que les patients déprimés présentant un trouble du caractère ont le taux de réponse le plus faible aux antidépresseurs.

Par ailleurs, la personnalité peut colorer grandement la présentation d'un syndrome clinique. Dans ce sens, nous avons cité LAZARE *et al.* qui soulignent comment, dans la personnalité hystérique, une attitude de séduction et de demande, voire des symptômes hystériques tels que des fugues, peuvent masquer la dépression. FRIEDMAN *et al.* ont, quant à eux, comparé le comportement suicidaire chez les personnalités limites déprimées hospitalisées avec celui des autres personnalités pathologiques et des patients déprimés sans trouble de la personnalité. Il s'est avéré que les personnalités limites déprimées posent beaucoup plus fréquemment des gestes suicidaires et que le niveau de létalité de ces gestes, selon une échelle de létalité médicale de SPITZER et ENDICOTT, se révèle nettement plus élevé.

La présence d'un trouble de la personnalité peut également influer sur l'évolution d'un syndrome dépressif. WEISMANN *et al.* ont étudié l'évolution à long terme (pendant quatre ans) de 150 femmes présentant une dépression unipolaire et bénéficiant d'un traitement ambulatoire. Ils ont observé que l'évaluation de la personnalité (en l'occurrence un névrotisme élevé selon le *Maudsley Inventory Personality Test*) représentait un prédicteur plus utile du maintien de la dépression après 48 mois que peuvent l'être des prédicteurs classiques tels que la sévérité initiale de la symptomatologie, le diagnostic (endogène-réactionnel) ou l'histoire antérieure de dépression.

McGLASHAN, ayant observé l'évolution à long terme des patients traités à Chesnut Lodge, abonde dans le même sens. Ainsi, il a noté qu'un diagnostic de personnalité limite introduit une différence dans l'évolution, et ce, dans une direction modérément négative ; inversement, un diagnostic de personnalité schizotypique modifie l'évolution d'une schizophrénie, et ce, de manière légèrement positive. Il a alors formulé l'hypothèse que le diagnostic de personnalité pourrait ajouter une force défensive et une certaine capacité de ressort face à la fragmentation schizophrénique.

D'autre part, LION nous rappelle que l'existence d'un trouble de la personnalité ne peut en aucune manière constituer une protection sans faille contre la psychose ou le trouble affectif. Aussi chez un patient bien connu, atteint d'un trouble de la personnalité, qui se présente au service des urgences, le clinicien ne doit pas , lors de son évaluation, écarter d'emblée la possibilité d'une décompensation psychotique imminente.

Enfin, de nombreux auteurs, dont FRANCES, KAHANA et BIBRING, ont maintes fois souligné que les facteurs de personnalité chez le patient et chez le médecin influencent l'évolution de la relation thérapeutique dans tout contexte médical ou psychiatrique, d'où le besoin de toujours prendre en compte les défenses caractérologiques d'un patient.

12.9.2. TRAITEMENT EN EXTERNE

Nous aborderons globalement ici le traitement des personnalités histrionique, narcissique et limite ; la personnalité antisociale fera l'objet de considérations particulières. Rappelons d'abord qu'il ne faut pas sous-estimer les très grandes difficultés inhérentes au traitement de ces malades, difficultés qui sont de deux ordres.

Elles tiennent d'abord à la nature même de cette psychopathologie qui représente en soi une tentative d'éviter un état interne dysphorique, l'anxiété, l'ambivalence, la dépression, et ce, par un comportement mésadapté qui gêne souvent plus autrui que le sujet. Ce **mouvement d'externalisation** rend le patient peu porté à l'introspection, au désir de changement et à l'alliance thérapeutique.

De plus, quelle que soit l'orientation théorique de la thérapie, le thérapeute risque d'être confronté à de forts **mouvements contre-transférentiels** : il peut être amené à adopter une attitude moraliste devant le comportement manipulateur, l'expression ouverte des impulsions, le non-respect des règles sociales ; il peut aussi se sentir désarmé, coupable devant l'absence d'amélioration, ce qui peut l'entraîner à éprouver une hostilité profonde se manifestant par un retrait émotionnel ou, par formation réactionnelle, l'amener à prendre une trop grande responsabilité dans le devenir du patient.

Par ailleurs, un processus particulier est souvent noté, soit une **identification projective**. Le clinicien est amené à expérimenter les affects que le patient évite de ressentir. Par exemple, se sentant rejeté et souffrant d'une faible estime de soi, le patient, plutôt que d'éprouver le désespoir associé à cet état, dévalue constamment son thérapeute, insistant constamment sur l'inefficacité du traitement, entraînant le clinicien à se sentir dévalorisé, voire désespéré.

Ces mouvements peuvent toutefois constituer un outil utile si le thérapeute sait utiliser ses réactions comme un moyen de comprendre comment le patient traite les objets importants pour lui et comment il se sent traité par eux.

POINT DE VUE PSYCHOLOGIQUE

Psychothérapie exploratrice

Rappelons que les sujets présentant les troubles de la personnalité ici étudiés peuvent le plus souvent recevoir un diagnostic structural d'organisation limite de la personnalité selon KERNBERG et qu'un tout petit nombre, nous y reviendrons, relèvent d'une organisation névrotique. Le traitement de l'organisation limite peut être envisagé selon deux perspectives.

Selon la première, celle de KNIGHT, ZETZEL, etc., une psychothérapie exploratrice s'avère dans ce cas contre-indiquée de par le potentiel régressif des patients et l'établissement de liens transférentiels difficilement analysables. Ces auteurs proposent plutôt une approche de soutien, axée sur l'établissement de limites et l'adaptation à la réalité. Selon la seconde perspective, plus récente, celle de BERGERET (1974a et 1980), KERNBERG (1979b et 1984), ADLER, etc., l'approche exploratrice est plus utile dans la mesure où elle fait place à des aménagements. Une documentation psychanalytique vaste et riche porte précisément sur la nature de ces aménagements ; nous ne pouvons ici que l'esquisser à grands traits.

Pour la majorité des organisations limites, KERNBERG (1979a, 1979b et 1984) propose une **psychothérapie exploratrice en face-à-face** au rythme de deux séances par semaine. Cette psychothérapie comporte les caractéristiques suivantes :

1) l'élaboration systématique du transfert négatif manifeste et latent, uniquement dans l'ici et maintenant — le clinicien doit éviter de rechercher des reconstructions complètes avec référence au passé, dans l'examen du transfert négatif et de ses effets sur les relations actuelles du malade avec l'entourage ;

2) une confrontation avec les opérations défensives pathologiques et l'interprétation de celles-ci quand elles apparaissent dans le transfert négatif ;

3) une mise en place de limites à l'intérieur de la thérapie par l'établissement de mesures actives pour bloquer le passage à l'acte en cours de séance ;

4) l'utilisation de structures telles que l'hôpital et le centre de jour, dont nous verrons les indications ultérieurement — le rôle de soutien imparti au thérapeute selon ZETZEL est ici offert par une ressource hors de la psychothérapie ;

5) l'accent porté sur les domaines qui, dans le transfert ou la vie du patient, illustrent des opérations défensives pathologiques qui affaiblissent le Moi ou diminuent l'épreuve de la réalité ;

6) la formulation des interprétations de manière à clarifier les déformations que le patient fait subir aux interventions du thérapeute.

KERNBERG considère cependant la cure analytique classique comme le traitement de choix pour certains sujets présentant une organisation limite avec une pathologie moins sévère du caractère.

Les états limites de BERGERET (1974a, 1974b et 1980) recouvrent en partie l'organisation limite de la personnalité de KERNBERG (1978), si ce n'est que les formes les plus sévères deviennent des **structures psychotiques** pour BERGERET. Celui-ci les distingue des formes légères des états limites : ce sont des patients capables de verbaliser explicitement un vécu dépressif et de formuler une demande de traitement ; leur insertion sociale est préservée. Ces formes légères relèvent ou d'une psychothérapie exploratrice ou d'une cure psychanalytique se déroulant en deux étapes, la première consacrée à la restauration narcissique (elle peut prendre la forme d'une démarche pré-analytique), la seconde centrée sur la conflictualité pulsionnelle inconsciente.

Si l'on ne peut combiner l'approche exploratrice et l'hospitalisation, KERNBERG (1974) propose une **psychothérapie de soutien** axée sur la clarification de la relation patient - thérapeute et sur la correction des distorsions en regard des interventions du clinicien. Le thérapeute, plutôt que de demeurer neutre, se range tantôt du côté du Ça, tantôt du côté de la réalité. Il interprète les défenses primitives dans la vie du patient et favorise l'expression des fantaisies conscientes à l'endroit du thérapeute.

Pour la psychothérapie de soutien, indiquée dans les états limites graves, BERGERET (1974a) évoque l'utilisation de la relation transférentielle sans l'analyser. Il insiste sur la nécessité de mettre l'accent sur l'occupation du patient. On peut envisager soit une rééducation en ergothérapie, soit une reprise des fonctions sociales, car il est risqué de prolonger la rupture avec des conditions autonomes de vie. La problématique limite se jouant essentiellement autour de la perte et de la récupération de l'objet, la reprise des fonctions familiales et occupationnelles revêt la plus haute importance. La famille et le travail s'avèrent les soutiens naturels menant à une meilleure expérimentation relationnelle ; ces objectifs visés peuvent être atteints non pas par le biais d'injonctions, mais plutôt par une « transfusion d'apport narcissique » afin de restaurer l'estime de soi.

Plusieurs auteurs ont enrichi la compréhension et le traitement psychanalytique de ce type de malades. Rappelons les travaux de KOHUT sur le maniement des transferts narcissiques. ADLER a insisté pour sa part sur un défaut d'intériorisation du bon objet, défaut entraînant un état d'*aloneness* et de perte de la mémoire évocatrice avec des répercussions techniques spécifiques. Il a « revalorisé » la notion de « confrontation » en précisant bien sa définition, ses indications et contre-indications. GUNDERSON, MASTERSON, RINSLEY, CHESSICK ont aussi fourni des contributions importantes.

W. REID (1985), dans le prolongement des travaux de WINNICOTT, de BERGERET et d'ANZIEU, s'est intéressé aux difficultés de la symbolisation souvent signalées chez ces malades. Il a introduit la distinction entre une « expression imaginaire » et une « expression perceptuelle du symbolisme », ce qui a entraîné des répercussions techniques en matière d'élargissement de l'« écoute psychanalytique » ; sa démarche consiste, dans la relation analytique, à faire parfois une certaine place à divers modes de figuration, soit des dessins, des photos, des écrits, de menus cadeaux, etc.

Approche familiale et approche de groupe

Outre la perspective individuelle, il y a place parfois pour l'approche familiale ou de groupe. En effet, le caractère habituellement syntone au Moi de la pathologie et la tendance à introduire dans l'agir le conflit interne en manipulant l'environnement ont souvent des répercussions cruciales pour la famille dont les membres sont fréquemment blâmés par le patient. La perspective systémique, envisageant une causalité circulaire plutôt que linéaire, analyse le contexte interactionnel dans lequel la psychopathologie individuelle devient un chaînon dans une séquence de communication en marche, d'où l'intérêt à identifier les propriétés autorégulatrices de ces séquences. On portera une attention particulière aux réponses des membres de la famille devant le phénomène psychopathologique, surtout en ce qui a trait aux conséquences communicationnelles et comportementales.

L'approche familiale peut être privilégiée si le patient fournit surtout une définition conjugale ou familiale de ses malaises et manifeste peu de motivation pour un traitement individuel. Sans procéder à une thérapie familiale formelle, on ne doit pas sous-estimer l'intérêt des rencontres familiales d'appoint quand une psychothérapie individuelle voit sa démarche paralysée par des interactions familiales trop vives. De toute manière, dans les cas de pathologies sévères du caractère, le psychothérapeute individuel doit absolument avoir une vue d'ensemble des interactions familiales et surtout ne jamais sous-estimer le potentiel évolutif des conjoints, éventuellement délestés des incitations pathologiques du patient au fur et à mesure que celui-ci évolue favorablement.

Certains auteurs, en particulier HOROWITZ, BERGERET, GUNDERSON (1974), reconnaissent des avantages à l'approche de groupe pour les formes plus sévères de personnalités pathologiques. Le groupe permet une dilution des réactions transférentielles intenses, des opportunités plus nombreuses pour des identifications empathiques multiples ; face à des modalités impulsives ou interpersonnelles mésadaptées, la confrontation avec les pairs est souvent accueillie plus favorablement.

BERGERET signale cependant le risque de cette approche : le groupe peut être vécu sous la forme d'une « opération magique » où, sous le couvert de préoccupations altruistes, le patient évite l'effondrement narcissique grâce à un leurre relationnel ; en effet, le patient peut ne s'intéresser à ses propres difficultés que de manière vicariante, à travers leur présence simultanée chez autrui, et courir le risque d'une « accoutumance » au groupe sans véritable mobilisation thérapeutique.

Approche comportementale*

Dans un tout autre contexte, la perspective behavioriste, ou comportementale, s'intéresse de plus en plus au traitement des troubles de la personnalité. Cette perspective a d'abord porté son attention sur les symptômes, en particulier les phobies. En regard des comportements mésadaptés

---

* Voir le chapitre 41.

rencontrés dans les personnalités pathologiques, c'est d'abord en milieu hospitalier que se sont développées les techniques d'intervention comportementales, en particulier l'économie de jetons. Du point de vue du conditionnement opérant, le changement comportemental demande la mise à jour et le contrôle des données pertinentes antérieures et postérieures au comportement mésadapté. Ce contexte comportemental s'est révélé plus facile à contrôler en milieu institutionnel.

En général, la démarche comportementale détermine d'abord un comportement-cible. Celui-ci peut se montrer différent du motif de consultation. KAZDIN (1982) fournit l'exemple suivant.

Un patient consulte pour des difficultés conjugales : l'analyse comportementale révèle que les disputes surviennent plus fréquemment sous l'effet de l'alcool ; or la consommation d'alcool est plus marquée quand le patient a eu une journée de travail particulièrement difficile, la tension au travail semblant reliée aux standards très élevés que le sujet s'impose. Ces standards peu réalistes d'auto-évaluation deviendront le symptôme-cible. Dans le cadre de l'intervention, nous avons alors identifié une variable organismique, c'est-à-dire les états cognitifs et physiologiques du patient, en l'occurrence ses standards d'auto-évaluation. D'autres variables pourraient être les stimuli précédant le comportement, le comportement lui-même ou ses conséquences dans l'environnement, en particulier la réaction d'autrui.

En ce qui a trait aux comportements mésadaptés reliés aux catégories de troubles de la personnalité du DSM-III, STEPHENS *et al.* ont dégagé des **comportements-cibles** partagés par au moins deux des onze catégories ; ce sont :

— le retrait social,
— l'absence d'émotivité,
— la recherche d'attention,
— la faible estime de soi,
— la difficulté à demeurer seul,
— le comportement manipulateur,
— les tentatives de suicide,
— l'indécision,
— l'excitabilité,
— les impulsions agressives.

Plusieurs de ces comportements se retrouvent dans les quatre personnalités étudiées ici.

Diverses techniques de modification du comportement peuvent être utilisées dans ce contexte. La **méthode d'extinction** s'appuie sur l'évitement d'un renforcement après un comportement indésirable. La **désensibilisation systématique** fait suite à l'établissement d'une hiérarchie de situations d'anxiété. L'**entraînement à l'affirmation** vise l'expression adéquate de toute émotion positive ou négative, sauf l'anxiété ; cette thérapie demande la construction de situations hypothétiques où le sujet peut remplacer un comportement mésadapté par une action plus acceptable ; de là, grâce au jeu de rôle et au renversement de rôle, le *modeling* par le thérapeute et la pratique comportementale du patient peuvent induire des changements positifs.

POINT DE VUE PHARMACOLOGIQUE

Traditionnellement, la psychothérapie analytique a été considérée comme le traitement de choix des troubles de la personnalité, la psychopharmacologie y jouant un rôle très modeste. De pair avec l'intérêt de plus en plus marqué pour la dimension biologique dans la psychiatrie américaine, la psychopharmacologie a davantage été mise à contribution au cours de la dernière décennie. Il existe deux approches pharmacologiques, celle suivant l'hypothèse d'une anomalie biologique de base et celle, plus traditionnelle et demeurée plus courante, du symptôme-cible.

L'hypothèse d'une **anomalie biologique** est soutenue dans les recherches de quelques auteurs. Ainsi, pour AKISKAL, D. KLEIN (1978) et LIEBOWITZ, dans la catégorie limite, groupe hétérogène, on peut dégager un sous-groupe où la pathologie du caractère serait la réponse à un défaut sous-jacent de la régulation de l'humeur. AKISKAL (1980, 1981) distingue parmi les « dépressions caractérologiques » une dysthymie sub-affective qui répondrait favorablement aux antidépresseurs tricycliques. RIFKIN isole parmi les « personnalités limite et antisociale » un sous-groupe dénommé « personnalité émotionnellement instable », caractérisé par des changements rapides et intenses de l'humeur de même que par un comportement explosif de type non prémédité. Ces patients répondraient favorablement au lithium ou aux neuroleptiques. D. KLEIN (1978), parmi les personnalités histrionique, narcissique et limite, distingue une « dysphorie hystéroïde » répondant favorablement aux IMAO qui induisent une stabilisation de l'humeur ; selon LIEBOWITZ, il y aurait cependant persistance de la mésadaptation personnelle et professionnelle. Dans la personnalité antisociale, selon ANDRULANIS, certains patients dont le comportement agressif impulsif correspondrait à une dysfonction cérébrale minime, répondraient favorablement au méthylphénidate. Inversement, plusieurs auteurs décrivent l'absence de réponse favorable aux traitements somatiques (électrochocs ou médication) pour les personnalités pathologiques. Selon eux, cette réponse serait également faible pour un état dépressif associé à un trouble du caractère.

Aussi est-ce l'approche du **symptôme-cible** qui est le plus souvent favorisée dans les travaux sur la question (KLAR et SIEVER, GUNDERSON (1984), SARWER-FONER etc.). On recommande les neuroleptiques à faible dose pour les états psychotiques transitoires. Pour le comportement impulsif avec affect prononcé et accès irrationnels de colère, comportement parfois rencontré dans les personnalités histrionique, antisociale et limite, on suggère un neuroleptique à faible dose ou parfois le lithium. Pour traiter une impulsivité, qui ne paraît pas d'emblée trouver un sens sur le plan relationnel, surtout en présence, mais parfois en l'absence, d'anomalie à l'EEG, on propose un anticonvulsivant ou encore la carbamazépine. Devant un syndrome dépressif particulièrement marqué avec ralentissement psychomoteur, on fera un essai aux antidépresseurs.

Un traitement uniquement médicamenteux est rarement indiqué, car les perturbations chroniques des relations personnelles et professionnelles nécessitent une intervention psychothérapique. Enfin, la plus grande prudence est de mise dans l'utilisation de toute médication, car le sujet pourra en abuser simplement pour étouffer sa souffrance émotionnelle ; de plus, le fait de recevoir une médication pourra diluer le sens de sa responsabilité personnelle dans le changement du comportement. Il importe que le clinicien surveille les signes d'intoxication ou de médication auto-administrée et qu'il accorde une attention particulière aux substances à haut risque d'abus comme les benzodiazépines, de même qu'aux substances souvent utilisées à des fins suicidaires comme les tricycliques.

12.9.3. TRAITEMENT EN MILIEU HOSPITALIER

La nature thérapeutique du séjour hospitalier repose d'abord sur le caractère pertinent de l'hospitalisation. Or les personnalités pathologiques, et particulièrement la personnalité limite, posent parfois un problème clinique considérable à cet égard.

Ainsi en est-il du patient qui se présente fréquemment à l'urgence pour une tentative ou une menace de suicide, et dont le dossier montre plusieurs hospitalisations pour ce même motif ; la consultation survient dans un contexte de stress vital relié à un abandon réel ou imaginaire. Son attitude vise souvent à prévenir ou à annuler la séparation, ou bien à punir un autre membre d'une diade (mari, épouse, parent, enfant), ou encore à manipuler le système de soins afin de recevoir attention, médication ou hospitalisation. Le tableau s'échelonne de la tentative très sérieuse de suicide aux mouvements impulsifs courants pour éviter le flot d'affects intolérables de rage, de désespoir ou de vide. Ce type de patient, qui paraît abuser du service des urgences suscite, tout particulièrement chez les soignants, des sentiments d'amour ou de colère, de culpabilité ou de rejet. Mais de fait ce malade, lui, souffre intensément de manière chronique.

Pour le patient en psychothérapie, SKODOL mentionne que « la *crise* (responsable de la consultation) ne peut être comprise en dehors du contexte de la thérapie en cours ». Dans le cas de consultations fréquentes, il propose une articulation étroite entre le service des urgences et le psychothérapeute autour des éléments suivants : définir la situation où le thérapeute doit être averti, les situations où une hospitalisation est essentielle, le type d'intervention et de confrontation utiles lors des consultations, la nature du soutien familial et social, des suggestions sur le maniement des menaces suicidaires.

Concernant les préoccupations suicidaires, OHLIN (1976), SCHWARTZ *et al.* (1974) distinguent d'une part une situation d'urgence et d'autre part un mode d'adaptation à la vie ou une manière de vivre. La première éventualité, qui se manifeste par du désespoir, de la culpabilité et conséquemment un état d'urgence habituellement de courte durée, nécessite une intervention immédiate. La seconde éventualité, qui représente une perturbation dans la manière de se relier aux objets et à l'environnement, demande que l'on mette l'accent sur la responsabilité du patient quant à sa décision de vivre ou de mourir.

À ce sujet, GUTHEIL (1985) rappelle quelques repères utiles sur le plan médico-légal, dans ce contexte spécifique : d'abord il importe de se rappeler que les patients limites ont la capacité particulière de susciter de violents mouvements contre-transférentiels, de colère tout spécialement ; aussi faut-il s'assurer que la décision envisagée reflète véritablement les besoins thérapeutiques du malade et non pas le mouvement contre-transférentiel du clinicien ; enfin, la consultation fréquente et la documentation du dossier demeurent les assises d'une situation médico-légale plus confortable.

Par ailleurs, après avoir bien supputé le risque d'une hospitalisation par rapport au bénéfice escompté, le clinicien pourra renforcer les défenses du malade par les clarifications, le soutien, les confrontations et l'épreuve de la réalité ; il aura, de plus, intérêt à assister le patient dans son désir de consulter à l'urgence quand le besoin autodestructeur deviendra trop marqué, en le prévenant cependant que la visite ne se terminera généralement pas par une hospitalisation. Cette « disponibilité tranquille » vise à favoriser, chez le sujet, l'utilisation des mots au lieu des gestes comme mode privilégié de communication. Comme l'exprime PERLMUTTER, le défi consiste à offrir au patient un « petit coin du monde » qui ne risque ni de l'engouffrer ni de l'abandonner.

Pour le traitement intrahospitalier, le plus souvent on offrira une admission à court terme. KERNBERG (1984) en formule ainsi les indications :

1) un épisode psychotique sous l'effet de l'alcool ou de la drogue, ou un bouleversement émotionnel majeur ;

2) une situation de vie chaotique et une incapacité à fournir une information significative en vue d'un diagnostic et d'un plan de traitement ;

3) une crise qui représente une réelle menace pour la vie ou un risque élevé de conséquences très négatives à long terme ;

4) une situation sociale en train de se détériorer ;

5) un passage à l'acte avec répercussions judiciaires éventuelles pour le sujet.

KNIGHT a déjà souligné le risque de régression comportementale en milieu hospitalier et le caractère fragile du lien avec la réalité sociale. Cette régression se distingue de la régression schizophrénique en ce qu'elle est clairement reliée à un objet externe dont elle vise à assurer un contrôle omnipotent, alors que la régression schizophrénique représente un débordement du Moi, dans une attitude plus difficile à comprendre immédiatement. De par ce risque de régression, le traitement doit être axé simultanément sur trois volets, soit : la psychothérapie, la thérapie de milieu et le maintien voire l'amélioration des relations familiales et sociales.

Comme le rappelle HARTOCOLLIS, la « carrière hospitalière » de ces malades est souvent jalonnée de crises répétitives : ce sont des épisodes de bouleversement émotionnel ou comportemental qui ont souvent une saveur délirante ; le patient psychotique ou non manifeste durant ces épisodes impulsifs une très grande faiblesse de jugement. Les expressions comportementales les plus typiques sont des tentatives suicidaires, des autolacérations ou des brûlures, des fugues ou des menaces de départ, des états amoureux avec ou sans promiscuité sexuelle, des plaintes de manque d'affection et d'incompréhension de la part d'autrui. Devant ces patients qui donnent une impression de force et ne semblent pas psychotiques, les soignants éprouvent souvent des réactions contre-transférentielles très vives, considérant par exemple la régression comportementale comme un « mauvais » comportement effectué volontairement.

De par le clivage et l'identification projective à l'œuvre chez ses patients, on a souvent souligné le risque de clivage chez les soignants. Ce clivage provient de la projection des parties positive et négative chez deux soignants différents ; les cliniciens agissent alors en conformité avec les images projetées, l'un adoptant exclusivement une attitude de compréhension, l'autre une attitude d'allure punitive. C'est dire toute la place de la thérapie de milieu qui vise à favoriser la communication verbale et non verbale soignant - soigné, soignant - soignant, soigné - soigné. La **thérapie de milieu** comprend quatre éléments :

1) l'acceptation (différente de l'approbation), c'est-à-dire une tolérance suffisante à la réactualisation du conflit ;

2) le soutien, c'est-à-dire le respect, l'empathie et le feedback ;

3) le contrôle ou la nécessité d'établir des limites de manière empathique, sans caractère punitif, en clarifiant avec le patient la complexité des interactions soignant - soigné ;

4) l'apprentissage ou l'expérimentation de nouvelles possibilités relationnelles.

Cette thérapie de milieu gagne à s'inscrire dans un climat axé sur la responsabilisation du patient quant à son attitude, plutôt que sur une perspective « médicale » étroite de soumission à une intervention médicale active.

L'hospitalisation à court terme demeure la pratique la plus courante. Au Canada, il y a dix ans, GREBEN, SADAVOY et SILVER (1983) ont entrepris, au

Mont-Sinaï à Toronto, une expérience de traitement hospitalier intensif à long terme (entre six mois et un an) pour certains troubles sévères du caractère. À partir d'un programme thérapeutique large, comprenant les trois volets préalablement mentionnés, ces auteurs ont déterminé cinq buts du traitement hospitalier :

1) convertir en verbalisation la tendance au passage à l'acte ;

2) nommer, différencier, confronter, interpréter le comportement manifeste et les sentiments vécus, en soulignant la réaction d'autrui ;

3) comprendre la nécessité d'y mettre du temps pour des changements du caractère ;

4) aider le patient à renouer avec les personnes significatives dans sa vie, dont les membres de sa famille ;

5) manier le transfert et la relation thérapeutique réelle.

Selon eux, cette modalité thérapeutique permet parfois à certains malades une réinsertion socio-occupationnelle que l'on aurait difficilement imaginée autrement, réinsertion leur permettant d'être productifs et autonomes financièrement. Ajoutons que les indications de l'hospitalisation intensive à long terme résident essentiellement dans les situations qui empêchent l'engagement d'un traitement en externe ou qui conduisent ce dernier à une impasse.

McGlashan, après avoir étudié le devenir à long terme des personnalités limites (selon le DSM-III) traitées à Chestnut Lodge durant deux ans, semble confirmer la valeur thérapeutique de cette approche, en observant une évolution à long terme (après quinze ans en moyenne) plus favorable que celle généralement rapportée dans les autres études. Notons que ces patients de Chestnut Lodge ont également reçu une psychothérapie en externe de longue durée. Ceci dit, tout traitement hospitalier d'un trouble sévère du caractère demande une étroite articulation avec le traitement en externe ultérieur.

Personnalité antisociale

En terminant, une note thérapeutique à propos de la personnalité antisociale. Reid (1978), Carney (1978) et Vaillant (1975) ont insisté sur la nécessité de dissiper l'idée courante du caractère présumément intraitable de cette entité. Par ailleurs, Carney entérine l'opinion de Gunn, selon laquelle les hôpitaux psychiatriques ne sont pas des endroits appropriés pour traiter les personnalités antisociales ; celles-ci nécessitent un traitement dans des centres spéciaux offrant une continuité de l'interne à l'externe, avec un traitement différencié selon leur dangerosité. Si la consultation survient le plus souvent dans un contexte de psychiatrie légale, la motivation ne semble pas représenter un préalable pour le succès de plusieurs approches thérapeutiques. On doit s'orienter vers un traitement résidentiel dans un établissement carcéral à sécurité maximale ; le sujet y est admis sur une base volontaire, pouvant choisir la prison plutôt que le programme thérapeutique.

En 1966, Cormier coordonnait une communauté thérapeutique à la prison Clinton de New York, en vue de réhabiliter des criminels récidivistes. Il s'agissait d'une approche d'équipe avec accent sur le groupe. Chez les patients admis entre six et dix-huit mois, l'auteur a rapporté plusieurs changements positifs en matière de force du Moi, de relation d'objet, de plus grande confiance et de plus grande sensibilité par rapport à autrui, de même qu'une réduction des sentiments de tension et de frustration. Le taux de récidive s'est révélé moins marqué que dans un groupe témoin. Dans la même perspective, Patuxent, au Maryland, offre un programme résidentiel intensif de quatre ans, dans une prison à sécurité maximale où 95 % des patients reçoivent une psychothérapie. Cette institution présente un taux de récidive de 7 %, taux nettement inférieur à celui généralement rencontré dans les prisons.

G.E. Vaillant (1975) mentionne que le contrôle réel du comportement représente une condition *sine qua non* du traitement ; ce contrôle s'avère important pour prévenir le passage à l'acte, défense primaire contre l'affect. L'auteur attire l'attention sur le déni de la dépression et sur le déni de la négligence parentale, ce dernier étant tel que le clinicien ne peut se fier à l'histoire de l'enfance initialement présentée par le sujet. VAILLANT insiste surtout sur la communauté thérapeutique et ses possibilités d'identification et de récupération narcissique.

Pour sa part, LION met davantage l'accent sur la psychothérapie. Il recommande d'éviter une attitude de neutralité, de favoriser une position où le thérapeute se présente davantage comme une personne réelle. Une confrontation soutenue avec les défenses pathologiques est tempérée par une reconnaissance de la fragilité fondamentale du patient. L'accent est placé sur le développement des fantaisies et des affects, particulièrement de la dépression. L'examen des aspects contre-transférentiels est de toute première importance. Selon la formula-tion de VAILLANT (1975), le programme thérapeutique doit faire en sorte que le psychopathe travaille pour sa liberté, plutôt que de payer pour ses fautes passées.

12.10.
CONCLUSION

En guise de conclusion, soulignons tout l'intérêt porté actuellement aux personnalités pathologiques abordées dans ce chapitre. Certes la problématique limite, ayant suscité des travaux à partir des horizons intellectuels les plus variés au cours des deux dernières décennies, y a fortement contribué. Il ne fait pas de doute que ce mouvement doit se poursuivre si l'on veut éventuellement répondre adéquatement aux défis thérapeutiques que posent ces entités pathologiques.

BIBLIOGRAPHIE

AKISKAL, H.S.
1980 « Characterological Depressions », *Arch. Gen. Psychiatry*, vol. 37, juillet.

1981 « Sub-affective Disorders Dysthymic, Cyclothymic and Bipolar II Disorders in the Borderline Realmn », *Psychiatric Clinics of North America*, avril, « Borderline Disorder ».

BERGERET, J.
1974a *La dépression et les états limites*, Paris, Payot.

1974b *La personnalité normale et pathologique*, Paris, Dunod.

1978 *La personnalité normale et pathologique*, Poitiers, Dunod, coll. Psychismes dirigée par D. Anzieu.

1980 « Caractère et Pathologie », *Encyclopédie médico-chirurgicale*, Paris, coll. Psychiatrie - 37320A[10].

CARNEY, F.L.
1978 « Inpatient Treatment Programs », *The Psychopath, a Comprehensive Study of Antisocial Disorders and Behaviors* (W.H. Reid, m.d., édit.), New York, Brunner/Mazel.

CORMIER, B.
1966 « Depression and Persistent Criminality », *Canadian Psychiatric Ass. Journal*, vol. 11.

EASSSER, B.R. et S.R. LESSER
1965 « Hysterical Personality : A Re-evaluation », *Psychoanal. Quarterly*, vol. 34, p. 390-405.

FRANCES, A.
1982 « The DSM-III. Personality Disorders Section : A Commentary », *Am. J. Psychiatry*, vol. 137, n° 9, p. 1050-1054.

FRANCES, A. et A. COOPER
1981 «Descriptive and Dynamic Psychiatry : A Perspective on DSM-III », *Amer. Journ. of Psychiatry*, vol. 138, p. 1198-1202.

FRANCES, J.A. et R.E. HALES
1986 *A.P.A. Annual Review*, American Psychiatric Press, vol. 5, p. 233-394.

FROSCH, J.P.
1983 *Current Perspectives on Personality Disorders*, Washington, Ed. James P. Frosch, m.d.

GOLDFRIED, M.R.
1982 « Behavioral Assessment, an Overview », *Intern. Handbook of Behavior Modification and Therapy* (A.S. Bellack et A.E. Kazdin, édit.), chap. 4.

GREBEN, S.E.
1983 « The Multi-dimensional Inpatient Treatment of Severe Character Disorder », *Can. Journ. Psych.*, vol. 28, mars.

GUNDERSON, J.G.
1983 « DSM-III Diagnosis of Personality Disorders », *Current Perspectives on Personality Disorders* (James Frosch, m.d., édit.), American Psychiatric Press.

1984 *Borderline Personality Disorder*, American Psychiatric Press.

GUNDERSON, J.G. et J.E. KOLB
1978 « Discriminating Features of Borderline Patients », *Amer. Journ. of Psychiatry*, vol. 135, n° 7, p. 792-796.

GUTHEIL, T.G.
1985 « Medicolegal Pitfalls in the Treatment of Borderline Patients », *Amer. Journ. of Psychiatry*, vol. 142, n° 1, p. 9-12.

HOROWITZ, M. *et al.*
1984 *Personality Styles and Brief Psychotherapy*, New York, Basic Books.

HORTON, P.C.
1976 « The Psychological Treatment of Personality Disorder », *Amer. Journ. of Psychiatry*, vol. 133, n° 2, p. 262-265.

KAZDIN, A.E.
1982 « History of Behavior Modification », *Intern. Handbook of Behavior Modification and Therapy* (A.S. Bellack et A.E. Kazdin, édit.), chap. 1.

KERNBERG, O.
1979a « La personnalité narcissique », *Domaine de la psychiatrie*, Toulouse, Privat.

1979b *Les troubles limites de la personnalité*, Toulouse, Privat.

1984 *Severe Personality Disorders*, Yale University Press.

KLEIN, D.
1978 « Psychopharmacological Treatment and Delineation of Borderline Disorders », *Borderline Personality Disor-*

ders ; *The Concept, the Syndrome, the Patient* (P. Harto-collis, édit.), Criminal Mind, Intern. Univ. Press.

LION, J.R.
1981 *Personality Disorders. Diagnosis and Management*, Balti-more, Williams & Wilkins.

MAC KINNON, R.A. et R. MICHELS
1971 *The Psychiatric Interview in Clinical Practice*, W.B. Saun-ders Coy.

McCORD, J. et W.J. McCORD
1964 *The Psychopath. An Essay on the Criminal Mind*, New Jer-sey, Princeton.

MILLON, T.
1981 *Disorders of Personality, DSM-III ; Axis II*, New York, John Wiley & Sons.

PICHOT, P., J.D. GUELFI *et al.*
1985 *DSM-III, Manuel diagnostique et statistique des troubles mentaux*, Masson.

REICH, W.
1966 *Character Analysis*, 6ᵉ éd., The Noonday Press.

REID, WILFRID
1985 « Réflexions métapsychologiques sur le transfert limite », *Psychiatrie - Psychanalyse*, Chicoutimi, Gaëtan Morin éditeur.

REID, WILLIAM H.
1978a « Diagnosis of Antisocial Syndromes », *The Psycho-path, a Comprehensive Study of Antisocial Disorders and Behaviors*, New York, Brunner/Mazel.

1978b « Genetic Correlates of Antisocial Syndromes », *The Psychopath, a Comprehensive Study of Antisocial Disor-ders and Behaviors*, New York, Brunner/Mazel.

ROBINS, L.N.
1974 *Deviant Children Grown-up*, 2ᵉ éd., Huntington, New York, Robert E. Krieger Publ.

SILVER, BOOK, HAMILTON, SADAVOY & SLONIM
1983 « The Characterologically Difficult Patient : A Hospi-tal Treatment Model », *Can. Journ. of Psychiatry*, vol. 28, mars.

SPITZER, L.R.
1982 *Diagnostic and Statistical Manual of Mental Disorders. DSM-III*, 3ᵉ édition, A.P.A.

SPITZER, ENDICOTT, GIBBON
1978 « Crossing the Border into Borderline Personality and Borderline Schizophrenia », *Arch. Gen. Psych.*, vol. 36, janvier.

VAILLANT, G.E.
1975 « Sociopathy as a Human Process », *Arch. Gen. Psych.*, vol. 32, février.

VAILLANT, G.E. et J.C. PERRY
1985 « Personality Disorders », *Comprehensive Textbook of Psychiatry*, 4ᵉ édition (H.I. Kaplan et B.J. Sadock, édit.), Baltimore, Williams and Wilkins, p. 958-986.

VIGUIÉ, F.
1981 « Les tests psychologiques », *Précis pratique de psy-chiatrie* (R. Dugay et H.F. Ellenberger, édit.), Montréal, Chenelière et Stanké, Paris, Maloine, p. 63-87.

ZETZEL, E.R.
1968 « The So-called Good Hysteric », *Intern. Journ. of Psy-choanal.*, vol. 49, p. 256-260.

N.B. Sont ici mentionnées uniquement les références princi-pales. Une bibliographie plus complète est disponible auprès des auteurs.

CHAPITRE 13

SCHIZOPHRÉNIE

PIERRE LALONDE

M.D., F.R.C.P.(C)
Psychiatre, directeur du Programme Jeunes Adultes à l'hôpital Louis-H. Lafontaine (Montréal)
Professeur agrégé à l'Université de Montréal

FRANÇOIS BORGEAT

M.D., M.Sc., F.R.C.P.(C)
Psychiatre, chef du Département de psychiatrie de la Cité de la Santé de Laval
Professeur agrégé à l'Université de Montréal

PLAN

NATURE DE LA SCHIZOPHRÉNIE

François Borgeat

L'étude des facteurs contribuant au développement et à l'évolution des troubles schizophréniques constitue une des aventures scientifiques les plus complexes de notre époque. Certes, une multitude de données expérimentales de plus en plus précises et solides s'accumulent ; ces progrès ont permis d'écarter d'anciennes théories étiologiques, comme celle d'une méthylation anormale de l'adrénaline conduisant à l'adénochrome et produisant des effets hallucinogènes, proposée dans les années 1950.

Pourtant, malgré le déploiement de l'arsenal technologique de pointe, au fur et à mesure des progrès scientifiques, la schizophrénie tient toujours les chercheurs en échec. Maintes et maintes fois elle les a conduits vers des culs-de-sac, les a acculés à des constatations contradictoires ou les a précipités vers des cris de victoire prématurés. Rappelons-nous, à titre d'exemple, qu'il y a moins d'une dizaine d'années les journaux clamaient victoire sur la schizophrénie par l'hémodialyse, puis ce fut grâce au diazépam ...

13.1.
CONSIDÉRATIONS GÉNÉRALES

La masse de données et de théories disponibles s'avère facilement déroutante pour l'étudiant. Cette complexité tient à ce que les données potentiellement pertinentes, d'ailleurs souvent contradictoires, proviennent de domaines aussi divers que la sociologie et la biologie moléculaire, en passant par l'anthropologie, la psychologie, la psychanalyse, la psychophysiologie, la neurophysiologie, la virologie et la génétique. Ce foisonnement illustre à lui seul l'absence d'une théorie étiologique globale, tenant compte de l'ensemble des observations les plus solidement établies et possédant un pouvoir explicatif suffisamment vaste pour rallier la majorité des chercheurs. Ainsi, l'étudiant peut se sentir balloté d'une théorie partielle à une autre sans pouvoir les relier.

À l'instar d'autres affections qui résistent aux assauts de la recherche médicale (le cancer par exemple), la schizophrénie semble poser ce que J. de Rosnay a appelé le « défi de l'infiniment complexe ». Perdus au milieu des arbres et occupés à les identifier un à un, les chercheurs n'ont pas encore pris le recul nécessaire pour apercevoir la forêt. Tout en synthétisant les principales avenues de la recherche, nous proposerons dans le présent chapitre des hypothèses de convergence qui apparaissent plausibles dans l'état actuel de nos connaissances. Dans un premier temps, il sera utile de nous arrêter à quelques considérations épistémologiques générales, inhérentes à toute recherche sur la nature des troubles schizophréniques.

13.1.1. RECHERCHE D'UNE CAUSE UNIQUE

Un problème conceptuel majeur, souvent décrié mais très tenace, réside dans la recherche d'une cause unique qui, par un ou des mécanismes simples et linéaires, produirait directement la maladie. Or, dans un système biologique, une cause unique est à peu près inexistante puisqu'elle engendre immédiatement et nécessairement une cascade d'interactions avec les autres éléments du système, de sorte que l'effet final sera constitué par la somme de toutes ces interactions. Cette notion générale de causalité circulaire ou polyvalente prend encore plus de poids lorsqu'on aborde le niveau de fonctionnement et d'organisation le plus élevé de l'être humain, soit le niveau mental et comportemental. Ainsi, devant une réalité aussi polymorphe et changeante que la schizophrénie, la recherche d'une cause unique et simple apparaît de plus en plus illusoire. Pourtant, malgré une adhésion de principe à cette position épistémologique, bien des chercheurs continuent souvent de se comporter comme si leur hypothétique virus ou trouble des catécholamines allait ultimement expliquer tout le tableau.

L'acceptation d'un modèle explicatif possiblement multifactoriel et non linéaire conduit l'investigateur à chercher des convergences dans les observations rapportées et à tenter de dégager un principe organisateur éventuel (CORBETT, 1976). S'il doit éliminer ce qui est erroné et explorer de nouvelles avenues, il doit également intégrer les données les mieux établies, déterminer ce que chacune peut expliquer de l'ensemble et tenter de cerner les interactions des principaux facteurs.

13.1.2. PROBLÈMES DU DIAGNOSTIC

L'établissement du diagnostic de schizophrénie constitue l'une des difficultés majeures de la recherche psychiatrique. Cette difficulté est reliée à l'absence de critères diagnostiques objectifs : lésion observable, marqueur biologique ou même dysfonction psychophysiologique spécifique. À défaut de tels critères, le diagnostic repose sur un ensemble de symptômes dont beaucoup sont essentiellement subjectifs (les hallucinations par exemple) et parfois, ce qui fut souvent critiqué, sur le pronostic ou l'évolution du tableau clinique.

Les définitions et les conceptions de la schizophrénie varient et posent ainsi des problèmes de validité du diagnostic. Qu'est-ce qu'on entend par schizophrénie ? S'agit-il d'une maladie unique ou d'un ensemble de pathologies hétérogènes ? À partir de quel degré de dysfonction quelqu'un devient-il schizophrène ? La réponse extrême à ce problème de définition fut celle des antipsychiatres (SZASZ, LAING, ...) populaires dans les années 1960, qui niaient l'existence même de la schizophrénie et rejetaient l'utilisation d'une telle étiquette diagnostique qui aurait, à leur avis, des visées essentiellement politiques !

En outre, même en s'entendant sur une définition de la schizophrénie, il n'est pas certain que des investigateurs différents aient étudié des groupes de malades vraiment comparables car, lorsqu'ils décrivent leurs résultats, la fidélité du diagnostic demeure faible. Ainsi, il n'est pas certain que deux examinateurs posent le diagnostic de la même façon ou que le même examinateur procède de la même façon d'une fois à une autre. Le DSM-III constitue une amélioration considérable à ce sujet et, par ses critères diagnostiques plus précis, a contribué à améliorer la fidélité du diagnostic.

Les chercheurs ont aussi tenté de déterminer des sous-groupes homogènes à l'intérieur de la schizophrénie. Les patients sont souvent classifiés selon leur fonctionnement prémorbide, leur degré de chronicité (durée des hospitalisations), l'axe paranoïde - non paranoïde ou la dimension réactionnelle - processuelle. Les études génétiques ont conduit à la création d'un spectre schizophrénique regroupant les troubles schizophréniques proprement dits et certains troubles de la personnalité (schizoïde et schizotypique) qui leur seraient génétiquement apparentés.

13.1.3. DISTANCE ENTRE LE COMPORTEMENT ET L'ÉTIOLOGIE PROPOSÉE

La schizophrénie débute habituellement à l'adolescence ou au début de la vie adulte. Or, la majorité des théories étiologiques postulent un facteur précoce : hérédité, défaut biologique ou milieu familial pathogène dans l'enfance. Pourtant, de nombreuses années s'écoulent entre l'apparition du facteur étiologique proposé et le déclenchement de la maladie manifeste ; pendant tout ce temps, le sujet a été exposé à une multitude d'influences et de facteurs en interactions complexes. Par exemple, telle constellation génétique contribuera au développement d'un style particulier de personnalité. Ce type de personnalité influencera à son tour le mode de relation avec l'entourage. Or, des événements vécus dans l'environnement sont fréquemment associés au déclenchement d'un épisode schizophrénique. Les questions suivantes se posent donc : Quelle partie du comportement pathologique observé à l'âge adulte peut être expliquée par la théorie proposée (les gènes soupçonnés par exemple) ? Quels mécanismes intermédiaires faut-il invoquer en plus ?

13.1.4. VARIABILITÉ DES OBSERVATIONS EXPÉRIMENTALES ET CLINIQUES

La variabilité des observations rapportées, tant dans les études biologiques que psychosociales, constitue paradoxalement l'une des seules constantes de la recherche sur la schizophrénie. Ainsi, une investigation se solde souvent par des données fort différentes, sinon contradictoires, de celles d'une investigation antérieure, ou encore rapporte une variation intersujets considérable dans le groupe des patients schizophrènes par rapport au groupe témoin. À ce sujet, l'hétérogénéité du concept de schizophrénie, mentionnée plus haut, doit être à nouveau considérée. Cette variabilité est aussi à l'image des observations cliniques où la symptomatologie apparaît également très changeante d'un patient à un autre et d'un moment à un autre. Certains auteurs en ont été suffisamment frappés pour en faire une caractéristique de la schizophrénie (LEHMANN et CANCRO, 1985 ; VAN DER VELDE, 1976).

13.2. ÉTUDES GÉNÉTIQUES

Les études génétiques, qui se succèdent avec des méthodologies de plus en plus raffinées depuis le début du siècle, ont fourni les conclusions jusqu'ici les plus probantes quant à la nature de la schizophrénie. Elles sont habituellement axées sur la question fondamentale du départage entre l'inné et l'acquis, entre le biologique et l'environnement, ce qui n'est que partiellement exact comme nous

l'avons déjà souligné. Trois types d'investigations génétiques ont été utilisées : les études du risque familial, celles de la concordance chez les jumeaux et celles de sujets adoptés en bas âge.

13.2.1. ÉTUDES DU RISQUE FAMILIAL

Toutes ces études reposent sur un principe fort simple : si un facteur génétique est présent, le risque de morbidité devrait s'accroître avec le degré de parenté et être plus élevé dans la famille d'un malade que dans la population en général. De fait, les enquêtes confirment ces hypothèses. Dans l'ensemble, elles démontrent que le risque est environ dix fois plus élevé pour les enfants d'un sujet schizophrène que pour la population en général, c'est-à-dire de 10 % au lieu de 1 % environ.

D'autre part, le risque de schizophrénie semble bien s'accroître avec le degré de parenté à des sujets schizophrènes. Selon ROSENTHAL, alors que ce risque varie de 0,3 à 2,8 % dans la population ou chez des beaux-frères ou belles-sœurs de schizophrènes, il se situe entre 0,2 et 12 % chez les pères et mères de schizophrènes, entre 3 et 14 % chez leurs frères et sœurs, et entre 8 et 18 % chez leurs enfants. Si les deux parents sont schizophrènes, le risque est de 15 à 55 % ; il baisse à environ 2,5 % pour la famille au deuxième degré (petits-enfants). Ces chiffres ont toutefois été tirés de registres hospitaliers et ils en accusent les faiblesses. En effet, outre la difficulté générale du diagnostic de schizophrénie déjà discutée, la fidélité des diagnostics de dossiers d'hôpitaux est encore plus faible et ces dossiers ne représentent pas nécessairement la totalité des cas dans une population.

Dans une étude récente avec groupe témoin (familles de sujets sains) et basée sur des critères diagnostiques rigoureux (*Research Diagnostic Criteria*), BARON *et al.* (1985) rapportent également une incidence de schizophrénie environ dix fois plus élevée dans la parenté au premier degré des sujets schizophrènes que dans celle des sujets du groupe témoin : 5,8 % au lieu de 0,6 %. Les troubles de personnalité schizotypique et paranoïde sont aussi plus fréquents, ce qui suggère un lien génétique avec la schizophrénie. Par contre, la signification de tous ces chiffres demeure obscure, puisque les familles ont bien d'autres choses en commun qu'un bagage génétique. Les études de jumeaux et d'adoptés précoces tentent de clarifier la variable majeure constituée par l'influence du milieu familial.

13.2.2. ÉTUDES DE JUMEAUX

L'évaluation de la concordance schizophrénique entre des jumeaux monozygotes et des jumeaux hétérozygotes vise à distinguer l'apport génétique proprement dit de l'influence de l'environnement sociofamilial. Si un facteur génétique est présent, la concordance devrait en effet être plus élevée chez les monozygotes (génétiquement identiques) que chez les hétérozygotes (génétiquement des frères ou sœurs). Cette stratégie expérimentale a donné des résultats très variés d'une étude à une autre. Ainsi, vers la fin des années 1940, le pionnier KALLMANN rapportait dans ses travaux une différence considérable entre le taux de concordance chez les monozygotes et celui chez les hétérozygotes : 86 % et 15 % respectivement. Les études subséquentes, basées sur des méthodologies plus rigoureuses, ont abouti à des taux de concordance plus faibles chez les homozygotes. Ici encore les critères diagnostiques en particulier de même que les critères de détermination de la zygocité font varier les données. Il faut souligner aussi que les enquêtes ayant comme point de départ les registres institutionnels, comme celle de KALLMANN, concluent à des concordances plus élevées que les études de population générale, sans doute parce qu'elles portent sur un échantillonnage de personnes plus malades. En effet, il semble que plus la maladie est sévère, plus l'hérédité est habituellement lourde.

Les meilleures études de jumeaux indiquent un taux de concordance moyen de 47 % chez les jumeaux monozygotes et de 15 % chez les hétérozygotes (CANCRO, 1982). Il s'agit là d'une différence hautement significative qui appuie fortement l'hypothèse d'un facteur génétique. Dans son excellente étude longitudinale (allant au-delà de l'âge à risques), FISHER (1973) a conclu à une concordance de 56 % chez les monozygotes. Il a également démontré que chez les jumeaux monozygotes non concordants pour la schizophrénie, le jumeau non affecté transmettait à ses descendants le même risque de schizophrénie que son jumeau schizophrène, résultat qui vient étayer nettement les hypothèses génétiques.

Les études de jumeaux ont été critiquées parce qu'elles ne tiennent pas compte de l'impact créé par le fait d'être un jumeau et surtout un jumeau identique sur le développement psychologique, en particulier sur l'établissement de l'identité. On peut toutefois conclure qu'elles appuient fortement le rôle de l'hérédité dans la genèse de la schizophrénie. Par contre, les taux élevés de non-concordance doivent aussi être considérés car ils semblent indiquer que le facteur génétique n'est pas suffisant pour expliquer toute la maladie.

13.2.3. ÉTUDES D'ADOPTION

Il s'agit de la méthodologie la plus apte à départager les apports de l'hérédité et de l'environnement dans la genèse de la schizophrénie. Depuis une vingtaine d'années, utilisant en particulier les excellents registres de naissance danois, des chercheurs ont retracé des sujets adoptés à la naissance pour évaluer l'incidence de la schizophrénie chez ces sujets. Deux approches ont été privilégiées : l'étude des enfants de parents biologiques schizophrènes et la comparaison des familles biologiques et adoptives d'adoptés schizophrènes et non schizophrènes.

Ces recherches ont toujours appuyé la notion du rôle de l'hérédité dans la genèse de la schizophrénie. Ainsi, KETY et al. (1971) ont rapporté que la prévalence de la schizophrénie ou d'états reliés à la schizophrénie (schizophrenia spectrum) est plus élevée chez les parents biologiques de sujets schizophrènes adoptés en bas âge que dans la population en général et chez leurs parents adoptifs.

Dans une autre étude du même groupe, ROSENTHAL *et al.* (1971) ont comparé 76 enfants adoptés ayant un parent biologique schizophrène à 67 enfants adoptés venant de parents biologiques sans diagnostic psychiatrique. Le taux de schizophrénie s'est révélé de 31,6 % dans le premier groupe et de 17,8 % dans le second. Notons que la méthode diagnostique utilisée était celle du spectre des états schizophréniques, couvrant donc un champ beaucoup plus vaste que les critères cliniques courants, ce qui explique en partie le taux élevé de schizophrénie même dans le groupe témoin.

Quelques années plus tard, WENDER *et al.* (1974) reprenaient la même stratégie en y ajoutant un groupe d'enfants issus de parents biologiques normaux et adoptés par des parents dont l'un avait un diagnostic de la lignée schizophrénique. Ici encore le taux de morbidité s'est révélé plus élevé seulement dans le groupe d'enfants dont l'un des parents biologiques était schizophrène.

Soulignons que ces recherches laborieuses ne reposaient en fin de compte que sur des groupes restreints de sujets, ce qui en limite la signification statistique. De plus, elles ont été critiquées du fait que le niveau de signification statistique ne peut être atteint que si l'on utilise des critères diagnostiques très peu restrictifs (ABRAMS et TAYLOR, 1983). Ajoutons aussi que ces études ne nous renseignent pas sur la nature de ce qui est transmis : s'agit-il d'une anomalie spécifique ou d'une prédisposition générale à la psychopathologie ?

Les études danoises portant sur des entrevues détaillées avec les sujets adoptés et les membres de leurs familles ont aussi permis l'analyse des relations entre diverses catégories diagnostiques. Ainsi, à partir des critères du DSM-III, KENDLER *et al.* (1981) ont trouvé des liens génétiques entre la schizophrénie et la personnalité schizotypique, de même qu'entre la schizophrénie et des difficultés de socialisation dans l'enfance, ce qui vient consolider l'hypothèse d'une gamme d'états apparentés à la schizophrénie. Par contre, pour ces auteurs, il n'existe pas de relation génétique entre les psychoses paranoïdes et les troubles schizophréniques.

13.2.4. MODE DE TRANSMISSION GÉNÉTIQUE

Si peu de chercheurs nient encore la réalité d'une contribution héréditaire, nous ne connaissons toujours pas la nature de ce qui est transmis ni le mode de transmission génétique. À ce sujet, trois modèles ont été proposés et l'argumentation demeure ouverte. La **théorie monogénique** postule une transmission mendélienne par un gène unique et suffisant de type récessif ou dominant ; cette théorie n'est toutefois défendable que par référence à des concepts de pénétrance ou d'expressivité diminuées à cause de l'incidence insuffisante dans les familles des sujets atteints. Un deuxième modèle est celui de l'**hétérogénéité génétique** qui postule l'action nécessaire de deux ou plusieurs gènes spécifiques. Un troisième modèle propose une **transmission polygénique** par l'effet cumulatif de plusieurs gènes non spécifiques à plusieurs sites chromosomiques. Ce modèle s'accommode bien du principe d'une prédisposition ou vulnérabilité à la schizophrénie, dont l'intensité est variable selon le nombre de gènes présents et, compte tenu d'un environnement activateur ou inhibiteur, dont le seuil est marqué par le comportement manifestement schizophrénique du sujet.

La nature de ce qui est transmis demeure encore indéterminée et il n'est pas évident que ce soit d'emblée du domaine de la pathologie. En effet, certaines études ont conclu à une incidence plus élevée de sujets très créateurs dans la parenté au premier degré de malades schizophrènes. Il se pourrait donc que les traits transmis favorisent une évolution soit **vers la créativité**, soit **vers la psychose** schizophrénique.

L'ensemble des études génétiques appuie fortement l'hypothèse d'un apport génétique à l'apparition de la schizophrénie. Toutefois, bien des interrogations demeurent car la majorité des schizophrènes n'ont pas de parents atteints et la moitié des jumeaux monozygotes demeurent non concordants en ce qui a trait à la schizophrénie. Le modèle le plus vraisemblable est celui d'une **vulnérabilité** qui, habituellement, ne se manifestera ou n'évoluera vers le tableau clinique qu'en présence de facteurs activateurs dans l'environnement.

13.3.
ÉTUDES NEUROPHYSIOLOGIQUES ET NEUROANATOMIQUES

Dès les premières descriptions de KRAEPELIN et BLEULER, on a soupçonné l'existence de déficits cérébraux à la base des manifestations schizophréniques. De plus, il est bien établi que des lésions cérébrales de natures et de localisations diverses produisent fréquemment des symptômes de type schizophrénique. Pourtant, des études ont démenti à maintes reprises des trouvailles neuroanatomiques décrites antérieurement ou ont conclu à l'existence d'anomalies non spécifiques.

Trois catégories d'observation retiennent notre attention et semblent confirmées par des recherches récentes basées sur une technologie de pointe : la **dilatation des ventricules cérébraux**, la **diminution de l'activité des lobes frontaux** et des **difficultés interhémisphériques**. Dans ce domaine, l'observation la plus connue, étayée par la majorité des études, est que plusieurs malades schizophrènes (mais pas tous) auraient des ventricules cérébraux dilatés, phénomène qui s'accompagnerait d'une certaine atrophie cérébrale. Ces données, originellement rapportées à partir de mesures pneumo-encéphalographiques, ont été plus récemment confirmées par la tomographie axiale. De plus, l'élargissement des ventricules cérébraux serait associé à une réponse défavorable au traitement ainsi qu'à la présence de symptômes négatifs (retrait social, affect émoussé, etc.) plutôt que positifs (hallucinations, délires). Toutefois, les dilatations ventriculaires ne sont pas spécifiques à

la schizophrénie (observées aussi dans les troubles affectifs) et n'ont donc pas de valeur diagnostique.

Ces anomalies cérébrales pourraient être causées par des facteurs divers, non nécessairement génétiques, tels que des complications prénatales ou des infections virales. Actuellement, des recherches se poursuivent sur des hypothèses d'infections cérébrales virales, soit anciennes, soit causées par des virus lents comme ceux présents dans la maladie démentielle de CREUTZFELDT-JAKOB.

Côté neurophysiologique, des hypothèses concernant une distribution particulière de l'activité cérébrale ont été proposées. Ainsi, l'étude de la circulation sanguine cérébrale par isotope radioactif (gaz xénon-133) a démontré une diminution de la circulation sanguine dans la région frontale. Ce phénomène, appelé hypofrontalité, est interprété comme signifiant une diminution de l'activité du cortex frontal. Il apparaîtrait en particulier lors de l'exécution de tâches cognitives (WEINBERGER *et al.*, 1986).

Certains signes de difficultés dans les rapports interhémisphériques ont aussi été rapportés, lors d'études électroencéphalographiques par exemple. Les hypothèses le plus fréquemment formulées sont celle d'une dysfonction de l'hémisphère gauche et celle d'un renversement de l'asymétrie habituelle des deux hémisphères cérébraux. Ainsi, la **latéralisation hémisphérique** différerait de la normale. On a même rapporté un épaississement du corps calleux qui constitue la principale voie de communication interhémisphérique.

En somme, une vieille histoire, mais encore rien de définitif ni surtout de spécifique. Retenons en particulier la forte présomption d'une dilatation des ventricules cérébraux chez certains schizophrènes, surtout chez les plus réfractaires au traitement. Les hypothèses concernant une anomalie de la spécialisation des hémisphères sont intrigantes et se rattacheraient bien aux observations concernant les difficultés à traiter l'information. Elles demandent toutefois à être précisées et confirmées.

13.4.
ÉTUDES BIOCHIMIQUES

L'abord biochimique de la schizophrénie a suivi trois approches principales :

1) la recherche d'une substance anormale dans l'organisme des sujets atteints ;
2) l'étude des drogues qui exacerbent ou miment la maladie ;
3) l'étude des mécanismes d'action des médicaments qui l'améliorent.

L'histoire des recherches biochimiques chez les schizophrènes regorge d'espoirs déçus et les culs-de-sac les plus connus ont été causés par des variables non contrôlées chez des schizophrènes chroniques institutionnalisés, en particulier des habitudes ou des déficiences alimentaires (par exemple l'hypovitaminose, l'ingestion accrue de café).

13.4.1. SUBSTANCE ANORMALE ET IMMUNITÉ

HEATH (1966) a rapporté la présence d'une protéine anormale, la taraxéine, dans le sérum des schizophrènes. Par la suite (1967), il a proposé une théorie auto-immunitaire de la schizophrénie, selon laquelle la taraxéine, une immunoglobuline, se fixerait à la région septale, perturbant ainsi le comportement et produisant des changements électroencéphalographiques.

Cette théorie auto-immunitaire n'a pu être ni confirmée ni réfutée. D'autres courants de recherche ont aussi évoqué des perturbations immunitaires, mais les conclusions sont compliquées par la découverte d'un effet immuno-suppresseur causé par les neuroleptiques.

Dans la même logique mais plus récemment, lorsqu'on a clamé faussement la victoire sur la schizophrénie grâce à l'hémodialyse, on a cherché en vain une substance anormale dans le dialysat des schizophrènes.

13.4.2. HYPOTHÈSES D'UN « HALLUCINOGÈNE » ENDOGÈNE

Inspirées des travaux sur les psychodysleptiques, plusieurs pistes ont été explorées. L'hypothèse de la transméthylation, qui remonte à plus de trente ans, postulait une méthylation anormale des catécholamines pouvant produire dans l'organisme des substances hallucinogènes, voire de la mescaline. On s'intéressa particulièrement à la diméthoxyphényléthylamine (DMPEA) capable d'induire de la catatonie chez l'animal et responsable de la tache rose dans les études chromatographiques de l'urine des schizophrènes. Ces hypothèses reçoivent actuellement peu d'appui sur le plan expérimental.

13.4.3. NEUROLEPTIQUES ET NEUROTRANSMETTEURS

Les neurotransmetteurs constituent un groupe de substances de plus en plus nombreuses, auxquelles on reconnaît un rôle de plus en plus complexe et important dans le fonctionnement du système nerveux. Or les neuroleptiques agissent sur la neurotransmission, ce qui a amené les chercheurs à scruter le rôle des neurotransmetteurs dans la schizophrénie. Ainsi, l'hypothèse biochimique qui, depuis plusieurs années, apparaît la plus prometteuse postule un **accroissement de l'activité dopaminergique**. Cette hypothèse est d'abord dérivée de l'étude des médicaments antipsychotiques qui causent tous des symptômes parkinsoniens. Or, la maladie de PARKINSON est reliée à une déficience en dopamine. En outre, les antipsychotiques exercent une action de blocage sur les récepteurs dopaminergiques alors que la lévodopa et les amphétamines, qui accroissent l'activité dopaminergique, peuvent provoquer et exarcerber une psychose schizophréniforme (SNYDER *et al.*, 1974).

Plusieurs travaux appuient l'hypothèse de la dopamine. Toutefois, on ignore quel mécanisme du système dopaminergique pourrait être en cause : une quantité accrue de dopamine aux terminaisons nerveuses, une sensibilité accrue des récepteurs dopaminergiques ou une augmentation de leur nombre ... De plus, quelques problèmes demeurent. Ainsi, il reste à expliquer le fait que l'action anti-psychotique retarde de plusieurs jours par rapport au blocage dopaminergique, si ce blocage est bien la cause de l'effet thérapeutique.

STEVENS (1973) a proposé une théorie de la schizophrénie basée sur l'hypothèse de l'action de la dopamine sur une région du système limbique, le striatum limbique. Cette théorie relie les problèmes d'attention et de filtration inadéquate des stimuli sensoriels à une augmentation de l'activité dopaminergique dans cette zone qui servirait normalement de filtre et de modulateur du champ de conscience.

Certaines variantes de l'hypothèse de la dopamine suggèrent des déséquilibres dans le rapport entre la dopamine et un autre neurotransmetteur, notamment la norépinéphrine, la sérotonine et l'acétylcholine (MCGEER, 1977 ; KETY, 1976). Actuellement, le GABA et l'équilibre GABA-dopamine font aussi l'objet d'investigations.

L'hypothèse de la dopamine apparaît toujours très vraisemblable, mais il demeure impossible de déterminer ce qu'elle peut expliquer de la maladie, ni où elle se situe dans une conception multifactorielle de la schizophrénie. Soulignons de plus que cette hypothèse n'a pas progressé beaucoup depuis plusieurs années, bien que ce champ d'investigation soit le plus actif et le plus financé de la recherche sur la schizophrénie. Dans la plupart des études biochimiques, la chasse à la molécule anormale ou à la différence qualitative a laissé la place à l'étude de différences quantitatives ou de déséquilibres entre des substances normales, concepts qui s'intègrent mieux aux données venant des autres champs d'investigation, en particulier le psychophysiologique et le psychologique.

13.5.
ÉTUDES PSYCHOPHYSIOLOGIQUES

L'appellation « psychophysiologique » s'applique aux études et aux théories qui se situent à la jonction du psychologique et du physiologique. Les recherches dans ce secteur ont porté le plus souvent sur des fonctions comme l'attention, la perception, l'activation ou l'apprentissage.

Cette approche de la schizophrénie présente le net avantage d'intégrer des observations comportementales et psychologiques à des observations physiologiques. Par contre, elle se complique par le nombre considérable de variables à contrôler qui peuvent facilement obscurcir la signification des données. Ainsi, les travaux rapportés ont été souvent caractérisés par des résultats complexes et variables, voire parfois contradictoires.

13.5.1. ATTENTION ET TRAITEMENT DE L'INFORMATION

Déjà KRAEPELIN et BLEULER notaient des problèmes d'attention chez les schizophrènes. Puis en 1949, BERGMAN et ESCALONA ont décrit chez de jeunes enfants prédisposés à la schizophrénie une sensibilité particulière à la qualité et à l'intensité des impacts sensoriels. Depuis plusieurs années, de nombreuses observations convergent et tendent à proposer des **problèmes de perception, d'attention et de traitement de l'information** au cœur des manifestations schizophréniques (CORBETT, 1976).

En 1965, au terme d'une revue critique et exhaustive, LANG et BUSS concluaient que les schizophrènes sont habituellement en état d'hyper-activation physiologique et que la théorie de l'interférence est la seule théorie générale du déficit schizophrénique compatible avec l'ensemble des données. Cette théorie postule une difficulté du sujet à réagir aux stimuli appropriés et à inhiber ou **filtrer les stimuli inappropriés** qui viennent interférer avec le traitement de l'information et la production d'une réponse adéquate.

SHAKOW (1971) a postulé pour sa part une incapacité à maintenir un état de préparation (*major set*) pour une réponse optimale à un stimulus, parce que le schizophrène est distrait par des aspects non pertinents de la situation ou de son passé personnel. Un des aspects intéressants de ces théories psychophysiologiques est leur pertinence clinique. Il est fréquent d'observer en clinique des malades schizophrènes qui apparaissent hyperdistractibles et hypervigilants en ce sens qu'ils semblent incapables de mettre de côté des stimuli sans signification, comme des bruits de circulation dans la rue. À l'occasion, on observe également une hyperattention inappropriée à des phénomènes intérieurs ou subjectifs. Ainsi, ce patient croisé par hasard dans la rue et qui, instantanément, me demande le sens d'une question posée, dix ans auparavant, dans une entrevue familiale. Il a semblé se comporter comme si cette question était restée tout ce temps présente dans son champ de conscience. Ce malade était de fait non fonctionnel depuis le début de sa maladie. Ce phénomène qu'on appelle « ecmnésie » donne parfois l'impression que le schizophrène est désorienté dans le temps.

HOLZMAN (1977) a constaté une perturbation des mouvements oculaires (*eye tracking*) chez une forte proportion de schizophrènes et de leurs parents au premier degré. On a espéré que ce phénomène, relié à la perception, pourrait constituer un marqueur génétique de vulnérabilité. Malheureusement, des travaux récents indiquent que ces perturbations des mouvements oculaires ne sont pas spécifiques à la schizophrénie.

Les travaux de MIRSKY et DUNCAN (1986), qui ont utilisé la méthode des potentiels évoqués cérébraux, apportent un soutien aux théories postulant une perturbation du traitement de l'information. En effet, les auteurs ont noté à plusieurs reprises une réduction de l'amplitude de l'onde P-300. Or, il semble que cette onde soit reliée à la capacité de traiter des stimuli pertinents.

Ici encore, nous devons conclure à l'absence de réponses définitives. Par contre, de nombreuses observations et formulations théoriques tendent à dégager un problème d'attention sélective aux stimuli pertinents et un problème de filtration des stimuli non pertinents.

13.6.
ÉTUDES PSYCHOLOGIQUES

Dans ce domaine, les théorisations psychanalytiques sont les plus connues, bien que la schizophrénie n'ait jamais constitué le champ d'investigation préféré des psychanalystes. Dès 1914, FREUD proposait sa conception de la psychose débutant par un retrait de la libido du monde extérieur, suivi d'un surinvestissement du Moi par cette libido (narcissisme secondaire), puis, en troisième lieu, d'une tentative pathologique de reconstruction du monde extérieur perdu conduisant à l'élaboration d'un délire.

Depuis, un grand nombre d'autres conceptions ont été introduites. LACAN, en France, a situé au cœur de la psychose un mécanisme de rejet total d'un signifiant, la forclusion. ARIETI (1974) a proposé le concept de régression téléologique progressive. Les auteurs kleiniens en Grande-Bretagne et les tenants de l'école de la psychologie du Moi aux États-Unis ont accordé un rôle majeur à l'**agressivité** dans la genèse de la psychose (HARTMANN, 1953).

Une autre approche consiste en l'identification du déficit psychologique fondamental. On a ainsi décrit des problèmes concernant les limites ou **frontières du Moi** (FEDERN, 1952 ; BLATT et WILD, 1976). Ces dernières conceptions se relient bien aux théories psychophysiologiques proposant des problèmes de filtration des stimuli.

Ici comme ailleurs, les théories psychanalytiques se prêtent mal à l'investigation expérimentale et peu d'efforts ont été fournis en ce sens. Une exception notable toutefois : L.H. SILVERMAN et sa méthode de stimulation subliminale psychodynamique. Depuis de nombreuses années, SILVERMANN (1982) étudie les conflits inconscients derrière les symptômes de diverses psychopathologies dont, en premier lieu, la schizophrénie, à partir de cette approche expérimentale qu'il a développée. Il a ainsi démontré que la stimulation de fantasmes agressifs inconscients, à l'aide d'images subliminales présentées au tachistoscope, s'accompagne d'une augmentation temporaire des troubles de la pensée ; à l'opposé, la stimulation de fantasmes symbiotiques inconscients s'accompagne d'une diminution de ces troubles chez les schizophrènes manifestant un degré de différenciation soi - objet plus élevé. Ces études expérimentales montrent l'importance des conflits inconscients autour des pulsions agressives et symbiotiques (ou fusionnelles) chez les schizophrènes.

Bien que les théories psychanalytiques de la schizophrénie soient fort diverses, elles ne s'avèrent pas le plus souvent irréconciliables, mais leur synthèse est ardue car chacune véhicule ses observations et son vocabulaire. De plus, elles partent souvent de postulats théoriques différents (par exemple concernant la nature de l'agressivité). Il se dégage souvent de ces conceptions l'impression qu'elles nous renseignent davantage sur la nature de ce qui se passe que sur le pourquoi, en décrivant les phénomènes observés à des niveaux d'abstraction et de généralisation plus élevés. En ce sens, les diverses théories psychanalytiques semblent plus utiles à la compréhension des phénomènes cliniques qu'à l'explication de la genèse de la schizophrénie.

13.7.
ÉTUDES FAMILIALES

PIERRE LALONDE

Pendant plus de cinquante ans, les chercheurs ont envisagé la possibilité d'un lien étiologique entre la famille et le développement subséquent de la schizophrénie. La popularité des théories de FREUD sur l'effet des expériences précoces de l'enfant en milieu familial a porté certains de ces successeurs à accuser les parents de relations pathogènes inductrices de psychose. C'est ainsi qu'on a avancé le concept de la « mère schizophrénogène », encore mentionné de nos jours malgré qu'aucune preuve de sa validité n'ait été apportée.

Mentionnons, à cause de leur importance historique, quelques grandes théories, maintenant périmées, basées sur l'hypothèse que le malade constitue un symptôme d'une pathologie familiale.

— BATESON   La double-contrainte (*double bind*) consiste en des injonctions contradictoires sur les plans verbal et non verbal, comportant une menace de punition. La victime se réfugie dans la psychose devant cette ambiguïté exaspérante.

— LIDZ   Les parents transmettent l'irrationalité à leur enfant en vivant une relation conjugale pathogène : dans la distorsion conjugale, la mère perturbée mentalement entraîne l'enfant dans son sillage à cause de la passivité du père qui n'intervient pas ; dans le schisme conjugal, les parents se déchirent et l'enfant internalise cette tension.

— WYNNE   La pseudomutualité est une interaction illusoire entre les membres de la famille, tout le monde semblant partager les mêmes attentes sans divergences possibles.

Ces conceptions linéaires, où l'on présumait que la communication perturbée des parents entraînait une réaction psychotique chez leur enfant, ont été remplacées par une conception systémique, basée sur une causalité circulaire. On admet plus facilement que l'attitude d'un membre de la famille influence l'attitude d'un autre et réciproquement. L'approche systémique tend maintenant à remplacer l'approche psychanalytique dans la compréhension du fonctionnement familial même dans la schizophrénie. Elle prend davantage en considération les interactions familiales, plutôt que les processus intrapsychiques.

Les deux types d'approches tendent cependant à s'ériger en dogmes, en systèmes philosophiques visant une explication englobante ; peu soucieuses de réalisations pratiques, elles deviennent davantage des jeux d'esprit pour intellectuels ; et, surtout, elles n'ont pas d'efficacité démontrée dans le traitement de la schizophrénie. Néanmoins, toutes ces études ont largement contribué à la compréhension du fonctionnement familial, sans toutefois prouver l'existence d'une variable familiale nécessaire et suffisante au développement de la schizophrénie.

Il a fallu attendre les années 1975 pour voir enfin certains chercheurs qualifier diverses variables du comportement familial qui ont une incidence directe sur les plans étiologique et thérapeutique. C'est ainsi que les recherches de BROWN puis de VAUGHN et LEFF (1981) en Angleterre ont permis de clarifier le concept des **émotions exprimées (EE)** par la famille en tant que prédicteur d'une rechute. Les auteurs avaient observé l'expression de ces émotions tant dans les mots utilisés que dans l'intonation de la voix et dans l'attitude qui les accompagnaient. Ils ont qualifié ainsi les émotions suivantes :

1) les commentaires critiques et les reproches, formulés dans des phrases comme : « Je ne l'aime pas quand il jette de la cendre sur le plancher. » ... « Il passe son temps au lit parce que c'est juste un grand paresseux. » ;

2) l'hostilité, qui implique une généralisation de la désapprobation ou un rejet du patient en tant que personne, celui-ci étant critiqué pour ce qu'il est plutôt que pour ce qu'il fait ; cette hostilité est formulée dans le genre de discours suivant : « Il y a des fois que j'aimerais mieux le voir mort. » ... « Il n'aide jamais, il n'est jamais propre et c'est le pire dépensier du monde. » ;

3) la surimplication émotionnelle, qui se manifeste par une anxiété constante et excessive pour des problèmes mineurs et par une attitude intrusive, inquisitrice, surprotectrice, et qui est formulée dans des paroles du type : « C'est une pression continuelle que de vivre ensemble. » ... « Je ne peux jamais sortir parce que je dois toujours le surveiller. » ;

4) la chaleur, la sympathie exprimées dans ce genre de phrase : « C'est un soulagement que ses voix le laissent tranquille. »

On a démontré clairement que les rechutes n'ont pas de liens avec l'expression de la chaleur, mais qu'elles sont corrélées avec les trois autres émotions. Ces conclusions ont une importance thérapeutique majeure.

VAUGHN et LEFF ont regroupé 128 patients schizophrènes pour évaluer l'impact des émotions exprimées (EE) sur le pourcentage de rechutes après 9 mois de réinsertion dans leur famille. Ils ont divisé les familles en deux groupes :

1) celles qui manifestaient une faible expression émotive (**fee**), c'est-à-dire une sorte de bénigne indifférence ;

2) celles qui, à cause d'une expression intense de critiques hostiles et d'intrusions, étaient considérées comme ayant une forte expression émotive (**FEE**).

Puis ils ont subdivisé le groupe de familles FEE en deux selon le nombre d'heures-semaine de face-à-face entre le patient et ses parents : plus de 35 heures − moins de 35 heures (figure 13.1.).

Les auteurs ont inclus dans leur étude une autre variable qui a fait ses preuves dans le traitement de la schizophrénie : la prescription de neuroleptiques (**R**).

L'étude a démontré que deux facteurs sont prépondérants dans la prédiction des rechutes schizophréniques :

1) la présence ou l'absence de neuroleptiques (**R**) — les schizophrènes qui vivent dans des familles FEE sont protégés des rechutes dans deux circonstances :

   a) s'ils passent moins de temps en face-à-face avec leurs parents,

   b) s'ils prennent un neuroleptique ;

2) la présence ou l'absence de forte expression émotive (FEE) par les parents — les schizo-

Figure 13.1.   TAUX DE RECHUTE (%) CHEZ 128 PATIENTS SCHIZOPHRÈNES APRÈS 9 MOIS DE RÉINSERTION DANS LEUR FAMILLE

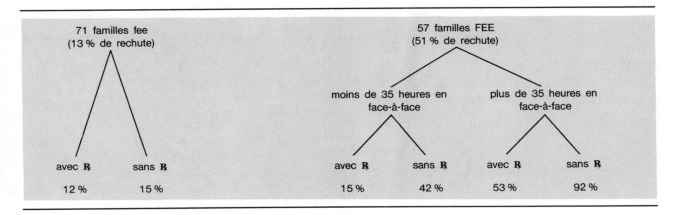

phrènes qui vivent dans des familles fee rechutent moins (13 %) que ceux qui vivent dans des familles FEE (51 %).

Leurs conclusions ont amené le développement de stratégies thérapeutiques ayant une influence déterminante sur l'évolution de la schizophrénie (voir la section 13.17.).

13.8.
ÉTUDES SOCIOCULTURELLES

L'étude classique de HOLLINGSHEAD et REDLICH (1959) rapportait une prévalence de la schizophrénie beaucoup plus élevée dans des classes socio-économiques inférieures que dans les classes supérieures. Cette relation s'observe surtout dans les grandes villes où les schizophrènes habitent surtout les quartiers défavorisés des centres-villes. Il semble bien que la majeure partie de cette relation puisse s'expliquer par le fait que la mobilité sociale des schizophrènes s'effectue beaucoup plus vers le bas que vers le haut (dérive sociale vers le bas). Par contre, il se pourrait aussi que le fait d'appartenir à une classe sociale défavorisée augmente l'incidence des facteurs de stress et contribue ainsi à l'apparition de la maladie. En effet, des études sur les **événements stressants** (*life events*) montrent qu'il y a une augmentation de ces événements dans la période précédant la décompensation psychotique, particulièrement dans les dernières semaines.

Du côté des facteurs culturels, l'étude internationale sur la schizophrénie, menée par l'Organisation mondiale de la santé (OMS) dans neuf pays, a montré beaucoup de similitudes entre les observations cliniques effectuées dans ces neuf centres. Par contre, l'évolution clinique différait considérablement d'un pays à l'autre : elle semblait nettement plus favorable dans les pays en voie de développement que dans les pays dits développés et industrialisés (58 % asymptomatiques au Nigéria après deux ans contre 8 % au Danemark). Ces différences pourraient s'expliquer par des pressions et des attentes sociales différentes ou par des relations sociofamiliales où le soutien est plus accentué dans les pays en voie de développement.

Des facteurs sociaux ou culturels ne sont pas suffisants pour provoquer une schizophrénie véritable, mais il est maintenant établi que des événements stressants et des facteurs culturels peuvent influencer l'apparition et l'évolution des troubles schizophréniques.

Figure 13.2.   **TENTATIVE D'INTÉGRATION DES DIVERS FACTEURS**

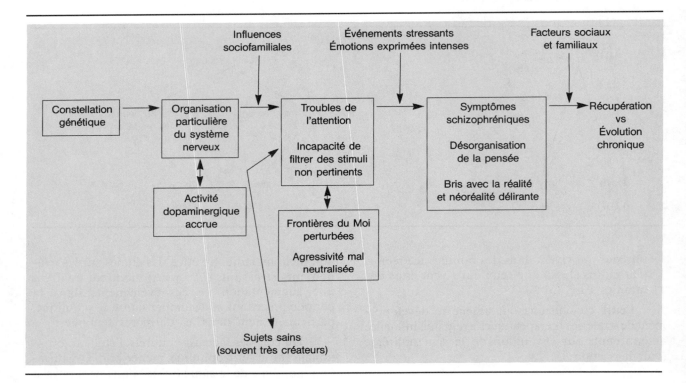

13.9.
TENTATIVE D'INTÉGRATION

Le survol des études sur les facteurs étiologiques dans la schizophrénie nous laisse avec beaucoup plus d'hypothèses, de questions et d'observations isolées que de faits établis s'emboîtant bien les uns dans les autres. S'il n'existe pas encore de théorie globale qui tienne compte de l'ensemble des données et qui fasse consensus, d'importants progrès ont été réalisés : les méthodes se sont raffinées et des convergences se dessinent dans les théories proposées qui font de plus en plus appel à des principes de causalité multiple et à des modèles multifactoriels.

À l'heure actuelle, l'existence d'une prédisposition génétique a été établie sans toutefois qu'on n'ait pu déterminer encore sa nature. D'autre part, il est aussi reconnu que des facteurs environnementaux jouent un rôle dans le déclenchement et l'évolution des manifestations schizophréniques. Les modèles les plus vraisemblables et les plus populaires comprennent donc à la fois des notions de **vulnérabilité** et de **stress**.

La prédisposition ou vulnérabilité est habituellement conçue comme étant d'origine génétique mais ne conduisant pas nécessairement à la schizophrénie. Quant à l'environnement, il ne produit pas uniquement des facteurs de stress mais aussi des facteurs potentiellement protecteurs. À la figure 13.2., nous proposons une intégration plausible des principaux facteurs déjà discutés.

SCHIZOPHRÉNIE — TABLEAU CLINIQUE

PIERRE LALONDE

Avant d'arriver à la définition contemporaine de la schizophrénie telle qu'énoncée dans le DSM-III, la conceptualisation de cette maladie a été élaborée progressivement par divers auteurs. En effet, comme il ne s'agit pas d'un syndrome qui peut être confirmé par des tests de laboratoire, on doit plutôt se baser sur la précision de la description clinique pour reconnaître cette entité diagnostique. La possibilité existe même qu'il y ait plus d'une maladie en cause. Il n'y a donc pas de définition de la schizophrénie qui soit unanimement acceptée. Au cours des cent dernières années, différents auteurs ont contribué à définir les symptômes de cette maladie.

13.10.
SÉMÉIOLOGIE CLINIQUE

En 1856, MOREL introduisait le terme « démence précoce » pour décrire l'apparition de troubles mentaux chez un adolescent. C'est aussi à cette époque qu'on commençait à faire la distinction entre « idiotie », déficit psychique de nature congénitale et irréversible, et « démence », trouble psychique et réversible.

En 1896, KRAEPELIN contribuait à la définition du concept en attribuant une évolution morbide à la démence précoce par opposition à la psychose maniaco-dépressive qui n'évoluait pas vers la détérioration mentale.

En 1911, BLEULER introduisait le terme « schizophrénie » qui signifie littéralement « esprit divisé ». Il avait remarqué surtout la fragmentation de la personnalité, ce qui a pu induire en erreur certaines personnes qui ont conclu que la schizophrénie serait « une double personnalité ». En fait, il s'agit beaucoup plus d'une discordance, d'une dissociation entre les idées énoncées et l'affect qui leur est associé ; l'affect est inadéquat par rapport à la situation.

BLEULER a conceptualisé la schizophrénie comme un ensemble de **symptômes primaires** qui sont énumérés ci-dessous.

- **Affect inadéquat**   Il s'agit d'une réponse émotive incongrue et excessive, par exemple l'anxiété morcelante qui accompagne certains délires. En parlant de leur enfant schizophrène, les parents rapportent qu'ils le voient rire tout seul devant le téléviseur fermé ou bien rire de façon inappropriée en parlant de sujets macabres. L'affect peut aussi être émoussé ou même aplati, surtout après quelques années d'évolution de la maladie : par exemple, ce patient amené à l'urgence après s'être amputé les doigts avec un couteau pour obéir aux ordres de ses hallucinations et qui dit, avec un faciès inexpressif et une voix monotone : « Vous feriez mieux de m'hospitaliser avant que je me coupe la main. »

- **Ambivalence**   C'est la coexistence d'émotions intenses et opposées à l'égard d'une même personne : « Ma mère, je l'aime ; c'est la personne la plus précieuse pour moi. Non, en fait, je veux la tuer. »

- **Association d'idées perturbées**   Ce trouble de l'organisation de la pensée amène un langage qui perd sa valeur d'échange. Les associations d'idées sont obscures, incohérentes et vides de sens pour l'observateur. Dans la phase aiguë de la schizophrénie (et souvent aussi dans la manie), on remarque surtout :
  - des *associations d'idées relâchées* (*loose associations*) appelées aussi « déraillement » ou glissement d'idée dans un discours spontané ;
  - la *tangentialité*, une réponse qui s'éloigne de la question qui vient d'être posée ;
  - l'*illogisme*, une forme de discours où les con-

clusions émises ne suivent pas les règles de la logique (par exemple : « J'ai vu à la télévision que "l'Hydro-Québec, c'est à tout l'monde". Eh bien, je viens travailler ici. ») ;

— les *néologismes*, un symptôme rare mais particulièrement typique de la schizophrénie (par exemple : « La charge de l'orignal épormyable. ») ;

— l'*incohérence*, appelée aussi salade de mots ou jargonaphasie, produisant un discours quasi incompréhensible.

• **Autisme**   Ce symptôme se manifeste dans le comportement et la pensée. Il s'agit, d'une part, d'un isolement, d'un retrait social traduisant un malaise dans les relations humaines. D'autre part, la pensée autistique est une pensée très subjective, parfois incommunicable, d'où les faits objectifs sont distordus ou exclus.

Pour illustrer les symptômes précités, voici un extrait des textes d'un patient.

La science naturelle et amoureuse doit se cultiver avec la correction de nos défauts d'une manière simple mais en inspirant beaucoup de volonté et une harmonie avec la nature. Explication : selon la science naturelle, homme, médical et moral, soigner la nature et nature vous soignera. Morale : Dieu est l'équivalent de ce qui pense, réfléchit ou simplement vit ; vous voyez sa force. Il nous a laissé son talent à nous tous dans un domaine ou l'autre que nous acquérons par la volonté lorsqu'il n'est pas naturel. Dieu est moitié vous, alors il ne vous reste que l'autre moitié à faire preuve à l'appui.

Les mots sont juxtaposés sans lien et forment des phrases vides d'information. Ce trouble de la forme de la pensée consiste en une incapacité à suivre les règles sémantiques ou syntaxiques du langage ; et ce n'est pas dû à un manque d'éducation ni d'intelligence. La communication livre un message embrouillé, incompréhensible, qui peut parfois cependant être poétique ou symbolique chez certains patients plus intelligents.

Selon BLEULER, c'est une lésion biologique du cortex cérébral qui cause les déficits manifestés dans les symptômes primaires de la schizophrénie.

Inspiré par le neurologue H. JACKSON, qui avait décrit la réapparition des réflexes primitifs archaïques lors d'une lésion du cortex cérébral, BLEULER considère que les **symptômes secondaires** de la schizophrénie seraient une manifestation du psychisme originel archaïque ; c'est ainsi que les hallucinations, les délires, les bizarreries de la pensée émergeraient, par compensation en quelque sorte.

• **Hallucinations**   Les hallucinations du schizophrène sont le plus souvent *auditives*. Il peut s'agir de mots, de phrases ou de sons confus prononcés par des voix que le patient peut parfois identifier. Ou bien il perçoit des ordres : « Déshabille-toi. » ou « Marche. » Ou bien ce sont des commentaires : « Tiens, il se lève. » ou encore des insultes : « Salaud ! Putain ! » À la limite, il peut s'agir de toute une conversation à laquelle le patient peut parfois répliquer.

Les hallucinations *visuelles* portent de façon typique sur la vision de personnages distincts ou flous, réels ou mystiques (un oncle, le diable, un visage grimaçant, etc.). Les hallucinations d'animaux, de « bibites » appartiennent d'habitude aux psychoses organiques.

Les hallucinations *olfactives*, par exemple l'impression de dégager de mauvaises odeurs incitant le patient à des lavages compulsifs, sont plus rares. Les hallucinations *cénesthésiques* produisant des perceptions tactiles bizarres (brûlures, chocs électriques) ou des attouchements inconvenants, peuvent survenir dans la schizophrénie mais aussi dans les psychoses toxiques (amphétamines, cocaïne).

Notons que, contrairement aux psychoses organiques, les hallucinations schizophréniques surviennent sur un fond de conscience claire chez un patient bien éveillé. Elles sont aussi toujours accompagnées d'un délire qui les justifie et les explique : « Ça jase entre eux ; ça veut dire que je suis possédé du démon. » Au début de la maladie, les patients sont très angoissés par ce phénomène. Quand on les questionne sur leurs hallucinations, il faut procéder avec tact, car la plupart sont conscients que « c'est de la folie », et ils ne révèlent leurs perceptions bizarres que dans un climat de confiance.

• **Délires schizophréniques** Ces délires se caractérisent par leur bizarrerie basée sur des élucubrations manifestement absurdes, grinçantes selon la compréhension usuelle. On a pu laisser croire que le délire se rapprochait de la poésie, qu'il avait une signification sublime, éclairante, révélatrice, exaltante, ce qui est vrai parfois ; mais la plupart des patients vivent plutôt le délire comme un tourment, une souffrance, un cauchemar incitant davantage à la compassion qu'à l'admiration.

FREUD et les psychanalystes ont introduit et défini les concepts de névrose et de psychose. Pour eux, il s'agit moins d'une énumération de symptômes que d'une tentative de compréhension dynamique. Ainsi la schizophrénie, qui est le prototype de la psychose, est comprise comme un arrêt du développement au stade primitif de la phase orale (voir le chapitre 5, section 5.3., page 83).

En 1939, LANGFELDT différenciait le **processus schizophrénique** (ou schizophrénie vraie) avec apparition insidieuse des symptômes et détérioration effective ou prévisible de la personnalité, et la **réaction schizophrénique** (ou psychose schizophréniforme) qui se manifeste par une symptomatologie flamboyante et aiguë à la suite d'un événement traumatisant, puis la résorption des symptômes et le retour à la personnalité antérieure, relativement saine. Pour sa part, RÜMKE parle du *praecox feeling*, qui est un sentiment de malaise ressenti par un clinicien d'expérience à l'égard d'un schizophrène, même au tout début de sa maladie.

L'Américain MEYER (1951), fondateur de l'école psychobiologique de psychiatrie, a eu une grande influence dans le développement du concept de la schizophrénie. Inspiré en partie par FREUD, il considérait la schizophrénie comme une « réaction » inadaptée à des situations de vie traumatisantes. C'est d'ailleurs sur cette conception que fut fondé le DSM-I, dans lequel chaque maladie était considérée comme une réaction mésadaptée à l'environnement, provoquée chez le patient par une fragilité psychodynamique idiosyncrasique.

À la suite de CLÉRAMBAULT (1942), SCHNEIDER (1957) a basé son diagnostic de schizophrénie sur des **symptômes de premier ordre**, qui sont selon lui pathognomoniques.

• **Perception délirante ou idées de référence** Le patient acquiert subitement la conviction qu'une observation anodine prend une signification personnelle majeure : « En voyant la flèche sur le panneau, j'ai tout de suite compris qu'il fallait que j'aille immédiatement à l'hôpital. » ... « L'annonceur des nouvelles à la télévision m'a envoyé le message que mon amie est en danger de mort. »

• **Sentiment délirant d'étrangeté** Le patient est très intrigué et mal à l'aise parce qu'il sent que quelque chose d'inhabituel survient dans l'environnement et que cette activité le concerne : « Bon, quel jeu voulez-vous que je joue, qu'est-ce que c'est que cette pièce de théâtre, avec tout ce monde qui sont des faux patients ? Est-ce qu'ils sont là pour me faire devenir fou ? »

• **Pensée imposée** ou **automatisme de la pensée** (*thought insertion*) Les pensées qui surgissent dans son esprit ne proviennent pas de sa propre activité mentale, mais sont plutôt gouvernées par une source étrangère : « C'est le diable lui-même qui met ces pensées dans ma tête, comme "Tue Dieu". »

• **Divulgation de la pensée** (*thought broadcasting*) Le patient sent que ses pensées quittent sa tête et sont diffusées ; il ne peut même plus contrôler ses pensées les plus intimes : « Je n'ai pas besoin de répondre à cette question ... Vous avez entendu ma pensée. »

• **Écho de la pensée** Le patient entend sa pensée dite à voix haute dans sa tête, ou bien il entend sa pensée qui est répétée comme un écho : « J'entends quelqu'un qui répète la ligne que je viens de lire dans mon livre. »

- **Vol de la pensée** (*thought withdrawal*)   Ce symptôme ressemble à un blocage où le train de pensée s'interrompt brusquement, le patient se sentant l'esprit vide et ayant l'impression qu'on lui a retiré les pensées de la tête : « La nuit, quand je dors, on enlève les pensées de ma tête ; alors le matin, j'ai la tête vide. »

- **Hallucinations auditives**   Selon SCHNEIDER, cette hallucination a ceci de particulier que le patient entend une voix ou plusieurs voix qui parlent de lui à la troisième personne ; ou bien il s'agit d'une voix qui commente ses pensées et ses actions : « Tiens, voici un avant-goût de sa paresse. Bon, il va se lever maintenant. C'est bien le temps. »

- **Délire de contrôle**   Le patient n'a plus le contrôle de ses paroles, de ses désirs, puisque ses sentiments, ses actes sont influencés par une force : « Le bonhomme qui pense dans ma tête décide toujours de ce que je dois faire ; je ne peux pas vraiment y résister et je pense même qu'il vous contrôle aussi. »

- **Expériences somatiques passives** ou **hallucinations cénesthésiques**   Le patient attribue à une influence extérieure une sensation sur sa peau ou dans son corps : « Bon, ils viennent encore de me tirer un balle dans la jambe. » ... « Quand allez-vous m'opérer pour enlever la bibite qui a mangé la moitié de mon cerveau ? »

Plusieurs de ces symptômes s'agencent dans un continuum de la pensée délirante. Ils ne sont pas absolument typiques de la schizophrénie puisqu'on les remarque parfois dans d'autres formes de psychose.

En 1972, FEIGHNER présentait ainsi les critères diagnostiques de schizophrénie en fonction de la recherche :

a) — durée d'au moins six (6) mois de la maladie,
 — absence de symptômes de dépression ou de manie ;

b) — délire ou hallucination sur un fond de conscience claire,
 — logique du discours difficile à comprendre et rendant la communication obscure ;

c) — célibataire,
 — pauvre insertion sociale ou au travail,
 — histoire familiale de schizophrénie,
 — début de la maladie avant 40 ans.

Le patient doit manifester les deux A, au moins un B et trois C pour que l'on retienne le diagnostic de schizophrénie.

En 1973, l'Organisation mondiale de la santé publiait une étude sur la schizophrénie avec la collaboration de neuf pays, dans le but de spécifier le contenu et la forme du syndrome schizophrénique dans différentes parties du monde. À l'aide de regroupements basés sur trois méthodes diagnostiques, on a pu identifier que, partout dans le monde, les psychiatres reconnaissent les symptômes suivants chez les patients atteints de schizophrénie :

— 97 % manquent d'*insight* ;
— 74 % ont des hallucinations auditives ;
— 70 % entendent des voix ;
— 70 % ont des idées de référence ;
— 67 % ont un délire de référence ;
— 66 % sont méfiants ;
— 66 % ont un affect aplati ;
— 64 % entendent des voix qui leur parlent ;
— 64 % ont un affect inapproprié ;
— 64 % ont un délire de persécution ;
— 64 % ont une pensée imprécise (font des descriptions obscures) ;
— 52 % ont une pensée autistique ;
— 50 % entendent leurs pensées répétées à voix haute (écho de pensée) ;
— 48 % ont l'impression délirante d'être contrôlés ;
— 44 % entendent des voix qui prononcent des phrases complètes ;
— 43 % ont une pauvre socialisation.

CRITÈRES DU DSM-III

Enfin, en 1980 est paru le DSM-III. Cette classification américaine est à finalité *a-théorique* et *descriptive*. Elle reprend donc certains éléments des descriptions antérieures et définit la schizophrénie comme suit.

A) SYMPTÔMES CARACTÉRISTIQUES

1) **Délire**

a) Bizarre, c'est-à-dire manifestement absurde, sans aucune base réelle possible : délire d'être contrôlé, divulgation de la pensée, pensée imposée, vol de la pensée ;

b) somatique, mégalomane, mystique, nihiliste ;

c) de persécution ou de jalousie, à condition d'être associé à des hallucinations.

2) **Hallucinations auditives**

a) Une voix commente le comportement ou les pensées ; deux ou plusieurs voix conversent entre elles ;

b) hallucinations fréquentes et élaborées mais qui ne sont pas en rapport avec un affect dépressif ni expansif.

3) **Incohérence des associations d'idées**

Pensée nettement illogique ou pauvreté marquée du contenu du discours, accompagnée d'au moins une des manifestations suivantes : affect émoussé, aplati ou inapproprié, délire ou hallucinations, comportement manifestement désorganisé ou catatonique.

B) DÉTÉRIORATION DU FONCTIONNEMENT

Dans le travail, les relations sociales et l'hygiène.

C) DURÉE

Au moins six mois incluant le prodrome, la phase aiguë et la phase résiduelle.

D) DÉBUT DE LA MALADIE

Avant l'âge de 45 ans. — Il faut noter que le DSM-III-R ne retient pas ce critère puisqu'on y a ajouté le diagnostic de « schizophrénie à début tardif » (*late onset*).

E) ORIGINE

Maladie ne dépendant pas d'un trouble cérébral organique ou d'un retard mental.

En plus des symptômes caractéristiques de la phase aiguë décrits en A, le DSM-III énumère une série de symptômes précédant (prodromiques) ou suivant (résiduels) la phase aiguë de la maladie :

1) isolement social ou repli sur soi ;

2) net handicap dans le rôle de travailleur, d'étudiant ou de ménagère ;

3) comportement bizarre (par exemple collectionner des ordures, se parler seul en public, stocker des aliments) ;

4) déficit dans l'hygiène et l'apparence personnelle ;

5) affect émoussé, aplati ou inapproprié ;

6) discours digressif, vague, tangentiel, circonstancié ou métaphorique ;

7) idéation étrange ou bizarre, pensée magique (par exemple superstition, clairvoyance, télépathie, « sixième sens », conviction que « les autres peuvent éprouver mes sentiments »), idées surinvesties, idées de référence ;

8) expérience perceptive inhabituelle (par exemple illusions récurrentes, sensation de la présence d'une force ou d'une personne en réalité absente).

L'expérience de nombreux psychiatres montre que les symptômes suivants sont ceux qui ont le plus de poids dans la confirmation d'un diagnostic de schizophrénie :

— hallucinations auditives quotidiennes ;
— délire de persécution organisé ;
— délire d'un contrôle extérieur sur son corps ;
— délire non congruent à l'humeur.

La présence de deux ou plus de ces symptômes est presque pathognomonique de la schizophrénie ; on leur reconnaît également une valeur pronostique qui permet de prédire l'évolution vers la chronicité. En effet, si ces symptômes sont présents, on peut présumer qu'il s'agit probablement d'un processus schizophrénique évoluant vers la détérioration, même si le patient en est encore au tout début de la maladie.

Les symptômes les plus caractéristiques de la manie, par contre, sont les suivants :
— expansivité et sociabilité augmentées récemment ;
— grand besoin de parler (logorrhée).

13.11.
PERSONNALITÉ PRÉMORBIDE

GOLDSTEIN (1975) a précisé certaines caractéristiques constituant des signes précurseurs de schizophrénie chez l'adolescent :
1) n'a pas de camarade de son âge ;
2) n'assume jamais la direction de groupes, attend toujours les autres ;
3) n'a pas d'engagement affectif avec une personne de l'autre sexe ;
4) ne s'organise pas de rendez-vous ;
5) ne montre pas d'intérêt pour les activités sexuelles ;
6) ne participe pas aux activités à l'extérieur de la maison (danse, cinéma, pique-nique, etc.) ;
7) ne fait partie d'aucune organisation (scouts, équipes sportives, etc.).

Plus ces traits sont accentués chez un individu, plus la morbidité s'intensifie. Moins ces traits sont présents, meilleur est le pronostic.

En outre, les parents, les proches, les enseignants ont souvent remarqué les caractéristiques suivantes depuis l'enfance et l'adolescence : « Ce n'était pas un enfant comme les autres » ... « bohème » ... « original » ... « bizarrre » ... « Il avait des réactions excessives devant des situations banales. » Les difficultés de socialisation ont habituellement été manifestes : soit qu'il ait été un enfant inhibé, timide, renfermé, « restant dans son coin », soit qu'il ait été envahissant, accaparant, intrusif, nerveux. Mais on rapporte rarement qu'il avait des relations souples, faciles, agréables, harmonieuses avec ses pairs et les adultes.

13.12.
MODE D'APPARITION DE LA PSYCHOSE

Le patient atteint de schizophrénie commence à consulter vers la fin de l'adolescence ou au début de l'âge adulte. Exceptionnellement, on peut diagnostiquer cette maladie chez le jeune enfant ou chez l'adulte d'âge mur. Le patient est parfois amené à l'urgence par sa famille, à la suite d'une série d'actes ou de paroles bizarres ou encore lors d'un épisode d'agitation ou de stupeur.

La maladie débute par un sentiment de malaise, une angoisse qui s'intensifie à mesure que croît la perception, par l'individu, de sa désorganisation mentale progressive : « Depuis quelques semaines, je me sens malade, tourmenté, anxieux. » Le patient est envahi par l'appréhension de perdre le contrôle de ses pensées et peut-être de ses actes. Progressivement, il s'isole davantage, en proie à des perceptions étranges sur son entourage ou sur son propre corps, perceptions qu'il interprète de façon perplexe. L'anxiété devient morcelante et peut se transformer en panique devant ce monde environnant ou interne de plus en plus menaçant : « Je sens un tumulte dans ma tête. » ... « Je me sens pénétré par le monde des autres. » ... « C'est comme si j'étais un jouet avec lequel on joue beaucoup, qui se détériore puis tombe en morceaux. » ... « Je me sens devenir fou. » Il perd le sommeil, ses rêves deviennent effrayants. Les activités usuelles déclinent, l'hygiène se détériore. La schizophrénie implique toujours une désorganisation du niveau antérieur de fonctionnement.

La grande crainte du jeune est de perdre le contrôle devant l'envahissement psychotique ; il essaie alors diverses tentatives de solution.

- **Retrait**   L'adolescent s'éloigne de ses amis, s'isole en rêvassant dans sa chambre, se promène seul avec son baladeur (*walkman*). Il s'irrite ou répond de façon évasive si ses parents s'informent de ce qui ne va pas.

- **Toxicomanie**   Curieusement, plusieurs ressentent dans les drogues une sorte d'effet apaisant. Sans le savoir cependant, ils précipitent ainsi le processus psychotique.

- **Mécanismes compulsifs**   Le jeune classifie plusieurs fois ses objets personnels, planifie un emploi du temps rigide prévoyant ses moindres gestes, élabore des rituels de lavage, d'habillage, d'exercices physiques.

- **Découverte mystique**   Il lit des livres ésotériques, s'applique intensément à une tâche intellectuelle ou à des réflexions religieuses ou philosophiques. Il approfondit cependant ainsi une pensée de plus en plus autistique. Il peut parfois écrire un journal rempli d'idées obscures s'associant dans une logique incohérente.

Sur le point d'« éclater », le patient peut chercher à consulter en s'adressant à une ressource thérapeutique locale ; ou bien il fait une tentative de suicide et expliquera par après qu'il a agi ainsi pour obéir à ses voix ou pour éviter de poser les gestes répréhensibles que ses voix lui ordonnaient. Parfois le suicide peut être perçu comme un moyen de sortir de ce tourment de désintégration psychique ; parfois il s'agit d'automutilations qui ont pour but de redonner au patient des sensations douloureuses qu'il craignait de ne plus ressentir. La famille peut aussi amener le malade à l'urgence parce qu'il vient de poser un geste agressif contre des personnes ou des objets, ou encore parce qu'elle-même est exaspérée par son retrait ou son apragmatisme. Pendant la phase aiguë, qu'il s'agisse d'un premier épisode ou d'une rechute, les symptômes psychotiques sont proéminents : délires, hallucinations, incohérence du discours, désorganisation du comportement.

13.13.
SYMPTÔMES NÉGATIFS

ANDREASEN (1982) oppose les symptômes positifs aux symptômes négatifs dans la schizophrénie.

Les **symptômes positifs** sont en fait les manifestations productives de la phase aiguë qu'on appelle parfois la décompensation psychotique. Ils correspondent aux symptômes délirants et hallucinatoires du DSM-III. Ils sont reliés à un trouble de la transmission dopaminergique.

Les **symptômes négatifs** sont plus difficiles à identifier car ils se caractérisent en fait par une *absence* de comportement normal. Ils persistent après la disparition des symptômes positifs. Ce sont donc des symptômes résiduels, déficitaires, permanents. S'ils apparaissent insidieusement dès le début de la maladie, ils présagent une évolution plus morbide. Ils sont en relation avec un élargissement des ventricules qui provoque une atrophie cérébrale.

1) **Affect aplati ou émoussé**
   — fixité et inexpressivité faciales ;
   — diminution des mouvements spontanés des membres et du corps ;
   — rareté des gestes expressifs ;
   — pauvreté du contact visuel, regard terne ;
   — perte du sourire ;
   — manque d'intonation vocale, discours monotone sans accent sur les mots importants.

2) **Alogie**
   — pauvreté du discours, réponses évasives et brèves ;
   — pauvreté du contenu du discours, les répliques mêmes longues donnant peu d'informations ;
   — blocage, interruption du discours ;

— augmentation du délai de réponse à une question.

3) Avolition et apathie

— manque d'énergie et d'intérêt pour commencer et terminer diverses tâches ;

— manque de persistance au travail ou dans les études, donnant l'impression d'insouciance ou de négligence ;

— négligence dans l'hygiène et l'apparence personnelles ;

— manque d'énergie physique, le patient passant la plupart de son temps assis à ne rien faire.

4) Anhédonie et asociabilité

— perte d'intérêt dans les activités de détente, pas de plaisir à participer à des activités habituellement considérées comme agréables ;

— diminution de la qualité et de la quantité des activités de récréation ;

— diminution de l'intérêt et des activités sexuels ;

— incapacité à nouer des relations intimes avec les membres de la famille ;

— pauvreté des relations avec les amis et les pairs.

5) Déficit d'attention

— inattention sociale, la personne regardant ailleurs pendant une conversation ou n'entretenant pas une discussion ;

— manque d'attention pendant des tests demandant de la concentration.

L'étude d'ANDREASEN montre que, la plupart du temps, les malades sont agnosiques par rapport à leurs symptômes négatifs. Le clinicien devra donc élaborer des stratégies de traitement pour sensibiliser les patients à ces symptômes qu'ils ignorent, mais qui sont pourtant bien évidents pour n'importe quel observateur.

13.14.
ÉPIDÉMIOLOGIE

Des sociologues avaient observé dans les années 1940 que les schizophrènes appartenaient surtout aux classes sociales inférieures et qu'ils habitaient dans le milieu défavorisé et anonyme des centres-villes. On avait mal interprété cette donnée autrefois, en laissant entendre que la pauvreté engendrait la schizophrénie. En fait, on sait maintenant que ce sont surtout les symptômes négatifs de la maladie elle-même qui entraînent une déchéance sociale : soit que le patient appartienne à une classe sociale inférieure à celle de ses parents, soit qu'il ne manifeste pas de mobilité ascendante par rapport à sa classe d'origine.

Une autre observation étonnante est que les schizophrènes sont nés plus souvent qu'autrement pendant les mois d'hiver. On a alors laissé entendre que la maladie pourrait être due à une infection virale néonatale.

En révisant les statistiques mondiales, on arrive à une incidence de la schizophrénie (exprimée par le nombre de *nouveaux* cas diagnostiqués chaque année) de 1,7 pour 10 000 de population, qu'il s'agisse de l'Africain habitant un village primitif ou du citadin américain. On peut donc présumer qu'il apparaît environ 1000 nouveaux cas de schizophrénie par année au Québec. La prévalence (c'est-à-dire le nombre *total* de cas atteints par la maladie en tout temps) est de 4,5 pour 1000 habitants.

Si on transpose les conclusions de l'étude du comté de Monroe (États-Unis, 1951), estimant qu'environ 1 % de la population suivie de 0 à 60 ans (prévalence à vie) développe un syndrome schizophrénique, on pourrait évaluer à 60 000 le nombre de Québécois qui souffriront potentiellement de schizophrénie au cours de leur vie.

L'OMS a démontré qu'un peu plus d'hommes (56 %) que de femmes (44 %) souffrent de schizophrénie. On sait que la dopamine et les autres neurotransmetteurs sont distribués asymétriquement dans le cerveau et que l'asymétrie cérébrale distingue les hommes et les femmes. Il semble que la testostérone fœtale retarderait la croissance de l'hémisphère gauche et que les œstrogènes auraient peut-être un effet antidopaminergique.

À cause de sa ressemblance avec les troubles du langage, on a avancé l'hypothèse que la schizophrénie serait une dysfonction de l'hémisphère gauche. On a aussi observé que les gauchers, tout comme les femmes, à cause d'une latéralisation cérébrale droite, ont un meilleur pronostic que les hommes droitiers.

Imagerie cérébrale

Des techniques sophistiquées d'imagerie cérébrale ont permis de déceler des anomalies dans le cerveau des schizophrènes. Mentionnons pour le moment les divers **scanners** car leur usage est encore très peu répandu et reste au stade expérimental en ce qui concerne les maladies mentales : il s'agit de la tomodensitométrie (*computerized tomography : CT-Scan*) et de l'imagerie par résonance nucléaire magnétique (RNM) qui donnent des informations sur la structure du cerveau. Ces techniques montrent l'élargissement des ventricules, l'asymétrie cérébrale, l'élargissement du sulcus, l'atrophie du vermis cérébelleux ainsi que des changements de densité du cerveau.

Les techniques dynamiques, comme le flot sanguin régional (*regional cerebral blood flow : RCBF*) et la tomographie par émission de positons (*PET-Scan*), permettent une étude fonctionnelle. On sait ainsi que la région frontale est moins active dans la schizophrénie (hypofrontalité) ; par ailleurs, l'activité de la région temporale gauche augmente chez les patients hallucinés.

13.15.
DIAGNOSTIC DIFFÉRENTIEL

Devant un tableau psychotique comportant un délire, des hallucinations, une incohérence du discours et un comportement bizarre, on doit d'abord penser à un syndrome organique : syndrome délirant organique ou état hallucinatoire causé notamment par des drogues.

Il est plutôt rare mais il arrive qu'un individu mime des symptômes psychotiques ; on diagnostiquera alors une simulation ou un trouble factice.

Si l'histoire de la maladie révèle un événement extérieur très perturbant, on pourra envisager une psychose réactionnelle brève ou une psychose atypique.

Si les diagnostics précités ont été éliminés et que les symptômes durent depuis moins de six mois, on conclura alors à une psychose schizophréniforme. Ce n'est qu'après avoir constaté la persistance des symptômes psychotiques pendant plus de six mois qu'on retiendra le diagnostic de schizophrénie.

Trouble schizo-affectif

Il est parfois difficile de différencier chez certains patients, surtout au début de la maladie, un trouble affectif d'un trouble schizophrénique. Il arrive en effet que les symptômes affectifs (anxiété, tristesse, rumination suicidaire, etc.) s'entremêlent avec les troubles de la pensée (incohérence, délire, etc.). On doit dans ces cas attendre l'évolution de la maladie et, entre autres, une période de rémission avant d'arriver à une précision diagnostique. Si la contamination des troubles de la pensée et de l'affect persiste, on pourra conclure à un trouble schizo-affectif.

KASANIN (1933) fut l'un des premiers à préciser le concept d'une psychose présentant des caractéristiques mixtes de schizophrénie et de trouble affectif. Avant l'ère du DSM-III, les psychiatres américains avaient tendance à utiliser une définition élargie de la schizophrénie, incluant dans cette catégorie diagnostique la psychose schizo-affective. Depuis les années 1980, la plupart des chercheurs tendent plutôt à considérer le trouble schizo-affectif comme une variante atypique de maladie affective. L'histoire génétique de ces patients tend d'ailleurs à confirmer cette dernière hypothèse : il y a en effet plus de maladies affectives que de schizophrénies dans la famille des schizo-affectifs. La disparition complète de tout symptôme pendant les périodes de rémission oriente aussi vers le diagnostic d'une maladie affective. Enfin, l'efficacité fréquente d'un traitement au lithium, qu'il faut toujours tenter dans les cas de trouble schizo-affectif, confirme également l'hypothèse affective.

Néanmoins, l'existence même du trouble schizo-affectif nous permet de formuler une théorie unifiante de la psychose. Le spectre clinique de la psychose pourrait en effet s'étendre sur un continuum entre la schizophrénie « pure » et la maladie affective « pure », selon le degré d'interaction entre la vulnérabilité biologique, le stress causé par l'environnement et les réactions psychologiques de l'individu.

Formes cliniques de schizophrénie

Les formes cliniques de schizophrénie se subdivisent comme suit :

1) **Type désorganisé (hébéphrénie)** Affect très discordant, délire fragmenté, incohérent. Comportement très désocialisé, auquel s'ajoutent des bizarreries persistantes.

2) **Type catatonique** Trouble de comportement surtout, se manifestant soit par la stupeur, le négativisme, la rigidité ou la flexibilité cireuse, soit par l'excitation ou l'agitation parfois agressive et même destructrice.

3) **Type paranoïde** Idées délirantes et hallucinations ayant un contenu de persécution ou de grandeur. Avant la prise de neuroleptiques, manifestations d'agressivité et même de violence envers autrui, l'individu se sentant attaqué personnellement par diverses remarques ou attitudes.

4) **Type indifférencié** Symptômes psychotiques aigus, pourtant évidents, ne permettant pas de classer le sujet dans l'un des types précédents.

5) **Type résiduel** Forme évolutive de la schizophrénie, après que les symptômes aigus se sont résorbés. Il persiste alors un affect émoussé, un retrait social, un comportement excentrique et une pensée illogique. Cependant, le délire et les hallucinations sont soit moins fréquents, soit moins chargés émotivement.

13.16.
TRAITEMENT HOSPITALIER

Dès le début de la maladie, le traitement de la schizophrénie nécessite une approche bio-psychosociale.

Il n'y a actuellement aucun moyen efficace de prévenir ni de détecter précocement un premier épisode schizophrénique. Le début du traitement commence donc souvent par une hospitalisation consécutive à un geste agressif ou suicidaire, à une angoisse massive, à une régression accompagnée de bizarreries.

13.16.1. ASPECT BIOLOGIQUE

Grâce aux médications neuroleptiques (voir le chapitre 36) apparues il y a maintenant une quarantaine d'années, l'évolution des symptômes positifs ou productifs de la schizophrénie a été grandement modifiée. La phase aiguë est maintenant abrégée : le délire, les hallucinations, l'incohérence de la pensée résistent rarement à une médication neuroleptique efficace. Tous les neuroleptiques ont un effet de blocage de la dopamine sur les récepteurs post-synaptiques. On a donc conclu, peut-être un peu hâtivement, que la schizophrénie était liée à un trouble de la transmission dopaminergique. Par ailleurs, il est généralement admis qu'à un dosage équivalent, tous les neuroleptiques ont un effet similaire sur la réduction des symptômes psychotiques ; ce sont leurs effets secondaires qui varient davantage.

Il y a quelques années, on avait tendance à commencer un traitement neuroleptique par la chlorpromazine (Largactil®) souvent associée à une polypharmacie. Aujourd'hui, cette pratique est généralement considérée comme désuète et on utilisera de préférence un seul neuroleptique, soit :
— une phénothiazine (Moditen®, Stélazine®) ;
— une butyrophénone (Haldol®) ;
— un thioxanthène (Navane®, Fluanxol®).
Pour en démontrer l'utilisation clinique, prenons l'exemple d'un patient agité et halluciné qui arrive à l'urgence pour la première fois.

Une période d'observation de quelques heures est recommandée, avec une sédation éventuelle par une benzodiazépine (Rivotril®), afin de préciser le diagnostic et, entre autres, d'éliminer la possibilité d'une psychose toxique.

Une fois confirmé le diagnostic de psychose schizophréniforme, on commence souvent le traitement avec l'Haldol®, surtout si on cherche à obtenir une sédation en plus de l'effet antipsychotique. On opte pour le Navane® ou le Moditen® si l'effet sédatif n'est pas recherché. On augmente la dose progressivement pendant la première semaine pour atteindre habituellement Haldol 5 à 10 mg t.i.d. ou l'équivalent avec un autre neuroleptique.

On maintient le neuroleptique à cette dose thérapeutique pendant presque toute la durée de l'hospitalisation. Cependant, si les effets secondaires, en particulier l'akathisie (la « bougeotte »), sont trop pénibles pour le patient, il vaudra mieux changer de classe de neuroleptique après deux ou trois semaines. On doit en effet prévoir que le patient prendra un antipsychotique pendant plusieurs mois et qu'il risque d'abandonner la médication s'il se sent trop incommodé.

Avec un traitement neuroleptique efficace, on pourra observer une réduction de la symptomatologie psychotique d'une semaine à l'autre. (Il ne faut pas s'attendre à des résultats d'un jour à l'autre.) À la fin de la première semaine, le patient est d'habitude plus calme, plus cohérent dans ses propos. Au cours de la deuxième semaine, les hallucinations perdent de l'intensité et diminuent de fréquence. Le patient devient alors moins anxieux. Vers la troisième ou la quatrième semaine, les hallucinations ont disparu, le patient ne parle de son délire que si on l'incite à le faire et souvent il peut même le critiquer. C'est pendant cette phase que le médecin devra renseigner le patient sur sa maladie et commencer à l'inciter à poursuivre une médication à dose décroissante, à long terme. Au cours de la cinquième ou sixième semaine, le patient se sent souvent très bien, il est asymptomatique et il commence à envisager l'avenir avec intérêt. Il est alors prêt à obtenir son congé.

13.16.2.   ASPECT PSYCHOSOCIAL (thérapie de milieu)

Cette dimension centrale du traitement intrahospitalier a donné lieu à diverses polémiques. Certains ont accusé l'hôpital d'être un milieu infantilisant et répressif, une garderie où cacher la folie, menant finalement le patient au « syndrome de déchéance sociale ». D'autres ont voulu en faire un milieu permissif allant jusqu'à laisser faire ou « laisser vivre sa psychose jusqu'au bout ». La plupart des milieux thérapeutiques se situent cependant entre ces deux extrêmes, utilisant au mieux les ressources humaines et matérielles à l'intérieur d'un programme thérapeutique personnalisé.

La thérapie de milieu a évolué, au cours des années, selon les écoles de pensée. On a cependant abandonné aujourd'hui les groupes de délibération et de décision ; l'expérience que MAXWELL JONES avait menée avec les psychopathes s'est révélée peu pertinente avec les psychotiques. L'analyse institutionnelle et la compréhension du fonctionnement du patient à partir d'une grille psychanalytique persistent encore dans divers milieux. Mais la plupart du temps, on s'attardera surtout à la résolution de problèmes concrets en se basant sur les principes suivants :

— réduction des stimuli, le schizophrène ayant plutôt besoin d'un milieu calme ;

— surveillance et apaisement, surtout en début d'hospitalisation, au cours des moments de désorganisation psychotique ;

— encouragement à l'hygiène personnelle ;

— renseignements complets sur la maladie, les symptômes et le traitement.

À la fin de l'hospitalisation, le patient et sa famille devraient bénéficier d'une rencontre avec les thérapeutes responsables de la suite du traitement, afin de considérer les aspects bio-psycho-sociaux de cette maladie à long terme.

13.17.
TRAITEMENT EXTERNE

13.17.1. ASPECT BIOLOGIQUE

Après une première hospitalisation pour un diagnostic de psychose schizophréniforme ou de schizophrénie, il est recommandé au patient de poursuivre une médication neuroleptique, souvent sous forme injectable, pour environ un an à dose décroissante. Le médecin choisira entre divers neuroleptiques-retard selon leur effet plus ou moins sédatif (ou, plus précisément, cataleptique). Il choisira le neuroleptique qui assurera le meilleur contrôle des symptômes et qui sera le mieux toléré par le patient, parmi les suivants :

— Haldol LA® (50 ou 100 mg/ml), 100 à 400 mg aux 3 - 4 semaines ;

— Modécate® (25 mg/ml), 12,5 à 75 mg aux 3 - 4 semaines ;

— Fluanxol® Dépôt (20 ou 100 mg/ml), 10 à 200 mg aux 3 - 4 semaines.

On a démontré que les patients privés de neuroleptiques sont réhospitalisés dans une proportion de 80 % pendant l'année qui suit l'arrêt de la prise

Figure 13.3. **TAUX CUMULATIF DE RECHUTES**

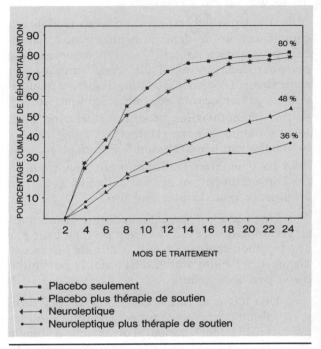

SOURCE : HOGARTY (1974).

du médicament (figure 13.3.). Malgré ce haut taux de rechute, le médecin devrait tout de même diminuer progressivement la dose du neuroleptique en surveillant de près la réapparition des symptômes psychotiques. On sait, en effet, que 20 % des patients évolueront, sans médication, vers un ajustement social convenable. Cependant, après un premier épisode, bien des malades décideront d'arrêter trop vite la médication, lui imputant le manque d'énergie qu'ils ressentent. Dans ce cas, le médecin doit aviser le patient des risques d'un arrêt prématuré, mais néanmoins l'assurer qu'il sera prêt à intervenir en cas de rechute. D'une façon assez typique, alors, les mêmes symptômes que ceux du premier épisode réapparaîtront progressivement. Le patient et sa famille en étant avisés, ils pourront consulter plus rapidement. Souvent la reprise à dose thérapeutique, pendant quelques semaines, du neuroleptique qui avait été efficace en premier lieu suffira à contrôler les symptômes sans nécessiter d'hospitalisation. La récidive des symptômes orientera alors le clinicien vers le maintien d'une médication pour une période de cinq (5) ans environ. Une troisième rechute l'incitera à prescrire un neuroleptique à vie.

HOGARTY (1974) a réalisé une étude fondamentale permettant de prédire l'évolution de schizophrènes après leur sortie de l'hôpital. Il a prélevé un échantillon de 400 patients hospitalisés pour schizophrénie, qu'il a regroupés au hasard en quatre groupes offrant une modalité de traitement différente :

1) placebo,
2) placebo plus thérapie de soutien,
3) neuroleptique seulement,
4) neuroleptique plus thérapie de soutien.

En observant le graphique de la figure 13.3., on peut conclure que :

— 4 schizophrènes sur 5 sont réhospitalisés durant la première année s'ils reçoivent un placebo, c'est-à-dire dans les mois suivant l'arrêt du neuroleptique ;

— la psychothérapie de soutien additionnée au placebo n'est pas plus efficace que le placebo utilisé seul, ces deux modalités de traitement n'ayant pas d'influence sur l'évolution de la schizophrénie qui, de toute façon, a une issue favorable dans 20 % des cas ;

— un traitement neuroleptique protège la moitié des schizophrènes d'une réhospitalisation.

13.17.2. ASPECT PSYCHOLOGIQUE

Les résultats de la psychothérapie de soutien se manifesteront après plusieurs mois de traitement. En effet, au cours de la première année, le neuroleptique constitue le traitement qui protège le mieux les schizophrènes d'une réhospitalisation. C'est seulement au cours de la deuxième année que l'effet de la psychothérapie de soutien se manifeste,

quand elle est additionnée au neuroleptique (figure 13.3.). Pour le patient, tout comme pour sa famille d'ailleurs, l'aspect essentiel de l'approche psychothérapique est l'information détaillée sur la maladie et le traitement. Cette approche dite « psycho-éducative » amène le thérapeute à trouver les mots et les moments appropriés pour répondre aux questions et pour motiver le patient dans la prise en charge de sa maladie et de son traitement.

Encore aujourd'hui, certains thérapeutes se sentent mal à l'aise de ne pas offrir une psychothérapie d'exploration et d'*insight* à leurs patients schizophrènes. Contrairement aux ambitions antérieures, où chaque école voulait démontrer la prépondérance de son approche dans l'obtention d'un effet thérapeutique, il est maintenant démontré que seule une combinaison de diverses méthodes thérapeutiques peut arriver à une efficacité optimale. Plusieurs études évaluant l'efficacité de la psychothérapie dans la schizophrénie ont en effet amené un changement de la question initiale : Est-il conforme à l'éthique de ne pas offrir de psychothérapie à un patient schizophrène ?, qui est devenue : Est-il approprié d'offrir une psychothérapie alors que sa valeur n'est pas démontrée ?

Dans une étude récente menée par le *Boston Psychotherapy Group* (1984), on a comparé les effets de la psychothérapie d'exploration et d'*insight* (PEI) à ceux de la psychothérapie de soutien et d'adaptation à la réalité (PSAR). On a mesuré plusieurs variables afin de préciser les résultats de ces deux formes de psychothérapie sur une période de deux ans. Comme beaucoup de controverses persistent, voyons quelques conclusions de cette étude faite par des thérapeutes expérimentés.

— Les patients en PSAR passent beaucoup plus de jours ($\overline{X} = 213$) dans un travail à temps plein que les patients en PEI ($\overline{X} = 77$). Il semble que, pour un schizophrène, le travail à temps plein soit incompatible avec la psychothérapie intensive d'*insight*.

— Les patients en PEI sont hospitalisés plus longtemps que les patients en PSAR.

— Les patients en PSAR sont moins dépendants de leur famille et prennent davantage part aux tâches domestiques que les patients en PEI.

— Ces deux formes de psychothérapie diminuent de la même façon le retrait et l'apathie après deux ans de thérapie, comparativement à l'état initial.

Contrairement aux présomptions, la conclusion générale de cette étude montre que, pour la schizophrénie, la thérapie de soutien est au moins aussi efficace que la psychothérapie plus intensive d'inspiration psychanalytique basée sur une compréhension psychodynamique.

Les tableaux 13.1., 13.2. et 13.3. illustrent les résultats des variables affectées ou non par la psychothérapie d'exploration et d'*insight* (PEI) et/ou par la psychothérapie de soutien et d'adaptation à la réalité (PSAR). Le nombre de flèches indique le degré de variation des variables en fonction du temps et le chiffre 0 indique que la variable varie peu ou ne varie pas avec cette forme de thérapie. On note que ces deux formes de psychothérapie n'ont eu aucun effet sur plusieurs variables (tableau 13.3.).

Tableau 13.1.   VARIABLES MARQUÉES PAR UNE DIFFÉRENCE SIGNIFICATIVE ENTRE LA PSAR *ET* LA PEI

VARIABLES	PSAR	PEI	VARIATION SIGNIFICATIVE
Emploi à plein temps	↑↑↑	↓↓↓	+++
Jours d'hospitalisation	↓↓	0	++
Participation aux tâches domestiques	↑	↓	++
Expansivité paranoïde	0	↓↓	++
Pensée magique	↓↓	0	+
Niveau de fonctionnement	↑	0	+

Tableau 13.2.   VARIABLES MARQUÉES PAR UNE MODIFICATION SIGNIFICATIVE GRÂCE À LA PSAR *OU* À LA PEI[1]

VARIABLES	PSAR	PEI	EFFET SIGNIFICATIF
Régression adaptative	↓↓	0	++
Anxiété - dépression	↑↑	0	++
Déni de la maladie	↓	↓↓	+
Ralentissement - apathie	↓	↓↓	+
Dysfonctionnement social	0	↑	+
Prise d'antipsychotiques	↑	0	+
Changements d'emplois	↓	0	+

1. La différence est significative par rapport à l'état initial de ces symptômes. Cependant, elle n'est pas significative quand on compare la PSAR avec la PEI.

Tableau 13.3.   VARIABLES MODIFIÉES *NI* PAR LA PSAR *NI* PAR LA PEI

VARIABLES	PSAR	PEI
Désorganisation conceptuelle	0	0
Faiblesse du Moi	0	0
Attitude optimiste	0	0
Attitude pessimiste	0	0
Productivité verbale	0	0
Hostilité	0	0
Troubles de comportement	0	0
Réhospitalisations	0	0
Relations significatives	0	0

Pourtant, après deux ans, on aurait pu s'attendre à quelques modifications comparativement à l'état initial.

13.17.3. ASPECT SOCIAL*

Depuis les années 1980, pour la première fois dans l'histoire du traitement psychosocial de la schizophrénie, les approches thérapeutiques sont fondées sur des observations validées scientifiquement plutôt que sur des impressions subjectives et souvent fantaisistes. Les progrès de la psychopharmacologie ont permis d'éliminer (ou presque) l'hospitalisation à long terme. Cependant, les effets prophylactiques des neuroleptiques s'avèrent limités : le tiers des patients sont réhospitalisés en moins d'un an ou deux à cause de rechutes. Quelles sont donc les autres variables en cause ?

APPROCHE PSYCHO-ÉDUCATIVE

L'effet de la famille sur la schizophrénie a été largement exploré au cours des cinquante dernières années. Et si, aujourd'hui, les chercheurs évitent de suggérer que la famille est responsable de la maladie, ils peuvent facilement avancer qu'elle est responsable des rechutes. Les attitudes culpabilisantes sont tenaces, même chez les professionnels. En fait, il a été démontré que la famille peut effectivement contribuer aux rechutes par ignorance des faits, mais qu'elle peut jouer un rôle beaucoup plus constructif en étant bien informée et appuyée.

VAUGHN et LEFF ont montré l'interdépendance de deux facteurs de prédiction des rechutes chez les schizophrènes :

— la médication neuroleptique ;
— la forte expressivité émotive (FEE) à l'intérieur de la famille (voir la section 13.7.).

---

* Voir aussi le chapitre 41, section 41.5.

Diverses stratégies basées sur l'approche psycho-éducative ont été développées :
— rencontres avec la famille ;
— rencontres avec des groupes de parents et des professionnels ;
— jeux de rôle ;
— groupes d'entraide pour les familles.

Les modalités de rencontres avec les familles consistent à :
— les informer sur les connaissances contemporaines relatives aux divers aspects de la schizophrénie : étiologie, symptômes, traitements, etc. (cet aspect éducatif a une importance fondamentale, car de nombreux commentaires critiques de la part des parents illustrent une mauvaise compréhension de la maladie et des raisons pour lesquelles la médication est nécessaire) ;
— diminuer leur sentiment de culpabilité ;
— les entraîner à restreindre leurs critiques hostiles et leur attitude intrusive (FEE) ;
— briser leur isolement, ces familles ayant l'impression d'être aux prises avec un problème immense, honteux et insoluble ;
— spécifier des attentes réalistes pour les tâches à accomplir.

Ce type d'intervention psycho-éducative est basé sur une approche pragmatique qui privilégie le rôle actif de la famille ; les objectifs visés sont moins ambitieux que ceux de la thérapie familiale traditionnelle qui avait pour but de restructurer les relations et de guérir la schizophrénie.

FALLOON (1985) a comparé, sur une période de deux ans, l'efficacité de l'intervention familiale à celle de la thérapie individuelle de soutien pour deux groupes de schizophrènes prenant un neuroleptique régulièrement. Il a pu constater que l'approche familiale permet non seulement une réduction de la dose de neuroleptique et des symptômes schizophréniques, mais aussi une diminution impressionnante du nombre et de la durée des hospitalisations (voir le tableau 13.4.).

Tableau 13.4.   COMPARAISON ENTRE LA THÉRAPIE FAMILIALE ET LA THÉRAPIE INDIVIDUELLE DANS LE TRAITEMENT DE LA SCHIZOPHRÉNIE, APRÈS 2 ANS DE TRAITEMENT EXTERNE

VARIABLES	THÉRAPIE FAMILIALE (18 patients)	THÉRAPIE INDIVIDUELLE (18 patients)
Observance de la prise de neuroleptique	meilleure	abandon intermittent fréquent
Dose de neuroleptique nécessaire	plus faible	plus forte
Persistance de symptômes schizophréniques après 2 ans	33 %	83 %
Rémission complète après 2 ans	50 %	17 %
Réapparition de symptômes mineurs	36 épisodes	54 épisodes
Récurrence de symptômes schizophréniques aigus au cours des 2 années	7 épisodes pour 3 patients	41 épisodes pour 15 patients
Réadmission à l'hôpital au cours des 2 années	4 patients à 5 reprises Total : 66 jours	10 patients à 24 reprises Total : 408 jours

ENTRAÎNEMENT AUX HABILETÉS SOCIALES

Il est généralement admis que la schizophrénie implique toujours une détérioration qualitative et quantitative du niveau de fonctionnement antérieur. Le patient et sa famille devraient donc tenir compte du fait que la maladie cause un handicap qui se manifestera en particulier par une difficulté de réinsertion sociale. Le clinicien veillera à leur faire les diverses recommandations suivantes, susceptibles de diminuer la probabilité de rechute :

— Le patient devra reprendre des activités progressivement, à temps partiel, que ce soit aux études ou au travail.

— Il évitera les stress causés en particulier par des situations de compétition ou de performance. Même pour le patient vivant dans une famille à faible expression émotive (fee), il est démontré que les événements stressants de la vie quotidienne (*life events*) sont inducteurs de rechute.

— Il évitera les pressions sociales, les relations interpersonnelles trop intenses (proximité) ; la famille lui permettra de se retirer seul pour laisser baisser son niveau de stimulation. Les neuroleptiques diminuent la vulnérabilité du schizophrène à l'expression d'émotions fortes et aussi à l'impact d'événements inhabituels, mais il y a une limite à la quantité de stress que les neuroleptiques peuvent contrôler.

— Il évitera la consommation de drogues hallucinogènes et l'abus d'alcool.

Bien des schizophrènes souhaitent reprendre une implication sociale qui leur apportera, comme à tout le monde, une valeur d'utilité sociale. Plusieurs préféreront cependant travailler dans un environnement où les rapports humains émotifs sont réduits, par exemple un emploi ayant trait surtout aux animaux, aux plantes, aux ordinateurs, etc. En effet, tout travail impliquant des relations humaines intenses sera beaucoup plus pénible à supporter pour un schizophrène.

Un progrès récent dans le domaine de la réhabilitation offre aujourd'hui un avenir plus satisfaisant aux schizophrènes : il s'agit de l'**entraînement aux habiletés sociales**. Cette approche dérive de la thérapie comportementale et du jeu de rôle (voir la

Figure 13.4.   SYNTHÈSE : ÉVALUATION - RÉHABILITATION

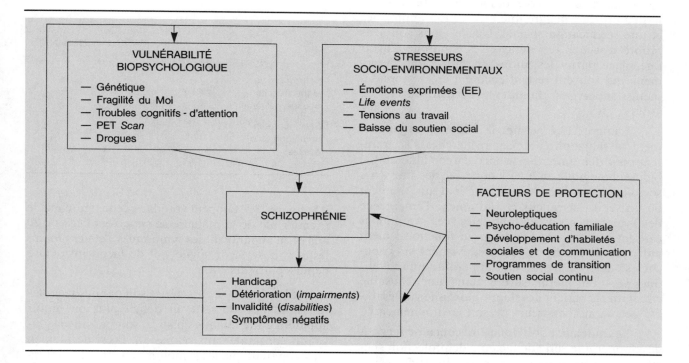

section 41.5.). Elle consiste pour le clinicien d'abord à évaluer la nature du handicap, puis à entraîner le patient à le corriger par une méthode appropriée. Le patient doit donc trouver une solution à un problème concret : par exemple, apprendre à faire une demande pour obtenir un service, ou bien apprendre les rudiments de la politesse. Le schizophrène manifeste en effet divers déficits :

— il ne perçoit pas adéquatement la situation ;

— il ne pense pas à donner une réponse assez juste ;

— il ne peut mettre à exécution la réponse choisie.

Le traitement est compliqué du fait que souvent le patient ne perçoit pas le problème ou n'est pas motivé à y chercher une solution. La thérapie de réhabilitation sera donc échelonnée sur des mois et aura plus de chances de succès si toutes les personnes impliquées tiennent compte des particularités de la schizophrénie, c'est-à-dire qu'elles devront :

— admettre l'existence de la maladie ;

— tenir compte des fluctuations de la maladie ;

— entretenir et améliorer la motivation du patient pour l'amener à atteindre un but.

Le processus d'entraînement est répétitif et procède par petites étapes. On évitera au patient la stimulation émotive déclenchant une catharsis dangereuse. En effet, de trop fortes pressions causent souvent une aggravation des symptômes. À l'opposé, l'isolement social entraîne le patient vers l'apathie.

Un débat idéologique et peu scientifique a favorisé la fermeture des asiles, prétextant leur effet pathogène. Malgré tout, la schizophrénie chronique continue d'exister comme entité clinique. Certains des malades ont encore besoin de vivre dans un milieu protégé, malgré une médication appropriée et une rééducation sociale. L'asile, dans son sens propre d'accueil des défavorisés, continue d'avoir une place parmi les autres ressources d'héberge-ment, qui souvent restent encore à créer : apparte-ments supervisés, familles d'accueil, foyers de groupe, etc.

La figure 13.4. permet de comprendre globale-ment la schizophrénie. Les recherches s'accumu-lent pour démontrer l'existence d'une vulnérabilité biopsychologique en interaction avec des stresseurs socio-environnementaux : il survient un moment où un seuil est franchi, ce qui amène l'émergence des symptômes schizophréniques ; ces symptômes causent bien sûr un handicap au fonctionnement antérieur de l'individu ; progressivement ses capa-cités se détériorent, laissant apparaître une invali-dité plus ou moins sévère ; dans une causalité circulaire, le patient développe alors une vulnérabi-lité accrue aux stresseurs de son environnement.

Le traitement doit donc être conçu de façon à développer une série de facteurs de protection spé-cifiques aux problèmes particuliers identifiés géné-ralement dans la maladie schizophrénique, mais aussi individualisés selon les besoins de chaque individu souffrant de schizophrénie.

13.18.
PRONOSTIC

REYNAUD et BEAUREPAIRE ont compilé diverses études sur l'évolution de la schizophrénie ; les résul-tats, présentés au tableau 13.5., révèlent une grande différence selon les catégories diagnostiques utili-sées. Dans tous les cas, les patients ont été suivis pendant dix (10) ans ou plus, ce qui permet d'assu-rer la validité du pronostic.

CIOMPI a dessiné une évolution variable de cette maladie qu'il a subdivisée en huit (8) catégo-ries. Nous les avons regroupées comme il est illustré

Tableau 13.5. PRONOSTIC DE LA SCHIZOPHRÉNIE

MALADIE	GUÉRISON	AMÉLIO-RATION	ÉTAT INCHANGÉ
Schizophrénie aiguë (réaction - bouffée délirante)	49 %	35 %	16 %
Schizophrénie chronique (pro-cessus)	17 %	24 %	60 %

à la figure 13.5. On peut voir dans cette figure que le premier pic de la maladie se situe vers l'âge de 20 ans et qu'auparavant les symptômes s'étaient mani-festés soit de façon aiguë soit de façon insidieuse depuis plusieurs années.

L'évolution se caractérise soit par des rechutes intermittentes, laissant un déficit plus ou moins apparent entre chaque épisode, soit par une aggra-vation constante sans rémission. Il est de plus en plus apparent que les symptômes de la schizophré-nie se stabilisent après l'âge de 40 ans, mais il sub-siste alors des séquelles sociales. On pense même de plus en plus que les symptômes fluctuent surtout pendant les cinq (5) premières années de la mala-die ; d'où la nécessité de concentrer les efforts de réhabilitation pendant les années qui suivent le premier épisode, afin de restreindre le plus possible la détérioration bio-psycho-sociale.

Une étude réalisée au Vermont (États-Unis) par HARDING *et al.* (1987) montre que plus de la moitié des schizophrènes hospitalisés dans les années 1950 voient aujourd'hui leur état considéra-blement amélioré ou sont même guéris. Cette étude récente montre que l'évolution de la schizophrénie est finalement moins morbide que les prédictions pessimistes classiques ont pu le laisser croire.

En combinant l'expérience accumulée au cours des années avec les découvertes thérapeutiques

Figure 13.5. ÉVOLUTION VARIABLE DE LA SCHIZO-PHRÉNIE

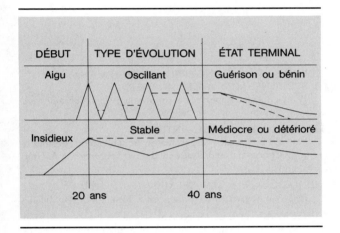

récentes, nous pouvons résumer ainsi l'évolution de la schizophrénie :

— de 20 à 25 % des patients auront à court terme une évolution favorable

- soit par une rémission spontanée,
- soit par une seule hospitalisation et *restitutio ad integrum*,
- soit par un ajustement social convenable sans besoin d'aucun des traitements jugés efficaces ;

— de 50 à 60 % des patients verront, grâce à une médication neuroleptique continue, disparaître (ou presque) leurs symptômes aigus et pourront mener une existence tranquille à l'extérieur de l'hôpital.

Pour compléter cette protection déjà intéressante offerte par les neuroleptiques, on pourra ajouter une approche familiale psycho-éducative et un entraînement aux habiletés sociales. Avec la combinaison de ces trois méthodes thérapeutiques, ANDERSON est parvenu à prévenir la réhospitalisation chez 100 % des schizophrènes ayant suivi cette triple thérapie. Il nous reste à faire connaître et à répandre l'usage de ces modalités thérapeutiques qui améliorent grandement la qualité de vie des schizophrènes et de leur famille.

BIBLIOGRAPHIE

ANDERSON, C.
1986 *Schizophrenia and the Family*, New York, Guilford.

ANDREASEN, N.C.
1982 « Negative Symptoms in Schizophrenia », *Arch. Gen. Psychiatry*, vol. 39, n° 7.

ARIETI, S.
1974 *Interpretation of Schizophrenia*, New York, Basic Books.

BARON, M., R. GRUEN, V.D. RAINER, J. KANE, L. ASNIS et S. LORD
1985 « A Family Study of Schizophrenics and Normal Control Probands : Implications for the Spectrum Concept of Schizophrenia », *Am. J. Psychiatry*, vol. 142, p. 447-455.

BOSTON PSYCHOTHERAPY GROUP
1984 « Effects of Psychotherapy on Schizophrenia », *Schizophrenia Bulletin*, vol. 10, n° 4.

BOUCHER, L. et P. LALONDE
1982 « La famille du schizophrène, interférente ou alliée », *Santé mentale au Québec*, vol. 7, n° 1.

CORBETT, L.
1976 « Perceptual Dyscontrol : A Possible Organizing Principle for Schizophrenia Research », *Schizophrenia Bulletin*, vol. 2, p. 249-256.

CURRAN, J.P. et P.M. MONTI
1982 *Social Skills Training*, New York, Guilford.

FALLOON, I.R. *et al.*
1985 « Family Management in the Prevention of Morbidity of Schizophrenia », *Arch. Gen. Psychiatry*, vol. 42, n° 9.

GOLDSTEIN, M.J.
1981 *New Developments in Interventions with Families of Schizophrenics*, San Francisco, Jossey-Bass.

HARDING, C.M. *et al.*
1987 « The Vermont Longitudinal Study of Persons with Severe Mental Illness, II : Long-Term Outcome of Subjects Who Retrospectively Met DSM-III Criteria for Schizophrenia », *Am. J. Psychiatry*, vol. 144, n° 6, p. 718-735.

HOGARTY, G. *et al.*
1974 « Drug and Sociotherapy in the Aftercare of Schizophrenic Patients », *Arch. Gen. Psychiatry*, vol. 31, n° 11.

KEITH, S.V., J.G. GUNGERSON, A. REIFMAN, S. BUCHSBAUM et L.R. MOSHER
1976 « Special Report : Schizophrenia 1976 », *Schizophrenia Bulletin*, vol. 2, p. 509-565.

LIBERMAN, R.P. et W.A. ANTHONY
1986 « The Practice of Psychiatric Rehabilitation : Historical Conceptual and Research Base », *Schizophrenia Bulletin*, vol. 12, n° 4.

MENUCK, M.N. et M.V. SEEMAN
1985 *New Perspectives in Schizophrenia*, New York, MacMillan.

MIRSKY, A.F. et C.C. DUNCAN
1986 « Etiology and Expression of Schizophrenia : Neurobiological and Psychosocial Factors », *Ann. Rev. Psychol.*, vol. 37, p. 291-319.

REYNAUD, M. et R. BEAUREPAIRE
1981 « Évolution et pronostic de la schizophrénie », *L'information psychiatrique*, vol. 57, n° 10.

ROSENTHAL, D. et S.S. KETY (édit.)
1968 *The Transmission of Schizophrenia*, New York, Pergamon Press.

SEYWERT, F.
1984 «*Expressed Emotions* (EE), Revue de la littérature », *Évolution psychiatrique*, vol. 49, n° 3.

SILVERMAN, L.H., F.M. LACHMANN et R.H. MILICH
1982 *The Search for Oneness*, New York, International Universities Press.

VAUGHN, C.E. et J.P. LEFF
1981 « Patterns of Emotional Response in Relatives of Schizophrenic Patients », *Schizophrenia Bulletin*, vol. 7.

LIVRES À RECOMMANDER AU PATIENT ET À SA FAMILLE

LALONDE, P.
1988 *La schizophrénie expliquée*, Montréal, Gaëtan Morin éditeur.

SEEMAN, M.V. *et al.*
1983 *Vivre et travailler avec la schizophrénie*, traduit par Y. Lamontagne et A. Lesage, Saint-Hyacinthe, Edisem.

CHAPITRE 14

TROUBLES DÉLIRANTS (PARANOÏDES)

PIERRE LALONDE

M.D., F.R.C.P.(C)
Psychiatre, directeur du Programme Jeunes Adultes à l'hôpital Louis-H. Lafontaine (Montréal)
Professeur agrégé à l'Université de Montréal

PLAN

14.1.
DÉFINITION DES TERMES

Le terme **paranoïa** existe depuis l'Antiquité, où il désignait alors la folie en général. Traduit littéralement du grec, paranoïa signifie « pensée à côté » ou « connaissance altérée ». HIPPOCRATE appelait paranoïa l'état mental associé à une fièvre élevée ; aujourd'hui, on utilise le mot **délirium** pour qualifier ce syndrome.

14.1.1. EN ALLEMAGNE

Au XIXe siècle, les psychiatres allemands, dont KAHLBAUM, discutaient encore pour restreindre le terme à une condition mentale chronique, tandis que d'autres l'appliquaient à un stade tardif de la démence, qu'on appelait aussi la « vésanie ». Même si on s'entendait pour toujours inclure le noyau délirant dans la définition de paranoïa, on donnait au terme plusieurs nuances, et on l'affectait à diverses conditions cliniques. La fréquence du diagnostic variait donc grandement selon les zones d'influence.

Même l'opinion de KRAEPELIN évolua au cours des années : en 1892, il considérait que le terme paranoïa devait être restreint à un système délirant, chronique, persistant, incurable. Il rejetait donc de cette catégorie les autres conditions paranoïdes comportant des élaborations délirantes moins structurées et plus accessibles au traitement. En 1912, après avoir été tenté de rejeter le terme paranoïa à cause de son ambiguïté, il y apporta la nuance du développement endogène, insidieux, d'un délire inaltérable, tandis que la personnalité demeurait intacte. Il utilisa le mot « paraphrénie » pour désigner le trouble paranoïde de la personnalité qui se développe plus tard que la démence précoce et qui comporte un pronostic moins grave.

BLEULER considérait que les hallucinations pouvaient être un symptôme accessoire de paranoïa, tandis que KRAEPELIN en faisait un critère

d'exclusion. BLEULER soulignait également, tout comme HEINROTH, que la paranoïa était d'abord un trouble de l'intellect qui entraîne secondairement des répercussions affectives. KRETSCHMER (1918) introduisit le terme « paranoïa des sensitifs » pour souligner la susceptibilité, la vulnérabilité, la perception pessimiste de ces patients et leur tendance à développer des idées de référence.

14.1.2. EN FRANCE

Les psychiatres français eurent recours à divers termes pour désigner cette catégorie clinique :

— monomanie, folie raisonnante (ESQUIROL, 1838) ;
— délire ambitieux (FALRET, 1878) ;
— délire chronique à évolution systématisée (MAGNAN, 1893) ;
— paranoïa était un terme moins usité en France, mais LACAN, un linguiste-psychanalyste, le mit en vogue dans son interprétation personnelle des écrits freudiens.

On verra plus loin que le DSM-III-R (1987) se rapproche davantage de la terminologie française par l'utilisation de la catégorie « Trouble délirant » par opposition à « Trouble paranoïde » du DSM-III (1980).

14.1.3. AUX ÉTATS-UNIS

Les psychiatres américains n'ont pas la même préoccupation descriptive que leurs homologues européens ; ils sont moins enclins à décrire de façon subtile et littéraire les détails de la séméiologie psychiatrique. Ils cherchent moins à définir des mots ; ils présument plutôt que le sens est compris d'emblée et ils adoptent une attitude pragmatique opérationnelle pour classer les symptômes. CAMERON (1967) considérait l'état paranoïde comme une forme mineure de paranoïa.

Tableau 14.1. **LE SPECTRE PARANOÏDE**

PERSONNALITÉ PARANOÏDE	TROUBLE PARANOÏDE AIGU	PARANOÏA	PARAPHRÉNIE	SCHIZOPHRÉNIE PARANOÏDE	AUTRES SCHIZOPHRÉNIES
• Hypersensibilité	• Réaction paranoïde	• Érotomanie • Jalousie paranoïde • Psychose hypocondriaque • Délire de grandeur • Paranoïa quérulente	• État paranoïde • Psychose paranoïde • Paraphrénie sénile • Paraphrénie involutionnelle • Délire chronique fantastique		

SOURCE : Tableau modifié, d'après MUNRO (1982).

Selon la tradition nord-américaine, le mot « paranoïaque » est utilisé uniquement comme nom pour désigner un patient souffrant de paranoïa. Les Français l'utilisent cependant aussi comme adjectif (personnalité paranoïaque). Les Américains se servent plutôt du terme « paranoïde », soit comme nom (un « paranoïde » désigne un patient souffrant de troubles paranoïdes), soit comme adjectif (personnalité paranoïde, délire paranoïde).

14.1.4. AU CANADA

Le psychiatre canadien MUNRO (1982) a proposé une gradation des syndromes comportant des éléments paranoïdes. Ces troubles peuvent être soit primaires (psychogéniques), soit secondaires à un abus de drogue ou à des maladies physiques ou psychiatriques (voir le tableau 14.1.).

14.2.
ÉPIDÉMIOLOGIE

Il est particulièrement compliqué de faire des statistiques sur une maladie dont la définition est imprécise et que les auteurs décrivent différemment selon les époques et les pays. Peut-être même que le contexte social peut faire varier les perceptions. Après des siècles d'anxiété où les **besoins** de survie ont dominé, nous vivons maintenant dans une ère de paranoïa où chacun veut faire respecter ses **droits**, où chacun défend jalousement ses prérogatives contre un envahissement présumé venant des autres. L'ennemi est projeté à l'extérieur de soi ou à l'extérieur du groupe.

WINOKUR évalue à 1 sur 1000 le taux des patients hospitalisés chez qui on a diagnostiqué une paranoïa. Il utilise cependant une définition très restrictive du syndrome, ce qui en fait une maladie fort rare. Cependant, 12 % des patients admis manifestent des symptômes de psychose paranoïde. On estime la prévalence à vie (c'est-à-dire le risque de développer cette maladie au cours d'une vie) entre 0,05 et 0,1 %.

Le niveau d'intelligence de ces patients suit la courbe normale. On compte une proportion de 70 % d'hommes et 30 % de femmes qui souffrent d'un trouble délirant, ce qui est passablement différent des proportions observées pour la schizophrénie, qui sont à peu près égales pour les deux sexes (55 et 45 % respectivement), et pour les maladies affectives, qui sont de un homme pour deux femmes (33 et 66 % respectivement). D'autres études aboutissent cependant à une proportion équivalente d'hommes et de femmes dans les cas de trouble délirant.

L'âge d'apparition des symptômes se répartit à peu près également entre les décennies de 20-30, 30-40 et 40-50 ans, quoique certaines études arrivent à une incidence concentrée entre 40 et 55 ans.

Beaucoup de paranoïdes et de paranoïaques ne demandent jamais de consultation ; convaincus de l'authenticité de leurs perceptions, ils ne sont pas conscients de leur morbidité. Parfois, ils seront amenés à l'urgence par leurs proches à cause de bizarreries du comportement découlant de leur délire. Mais sans doute souvent, surtout dans le milieu rural où ils vivent isolés, cherchant parfois querelle mais demeurant quand même productifs et autonomes, ils sont simplement considérés comme des originaux à éviter. Habituellement, ces personnes ont une apparence et un comportement normaux, tant qu'il n'est pas question de leur délire.

Winokur estime que les trois quarts des patients présentent des symptômes depuis plus de un an avant de consulter et la moitié depuis plus de quatre ans.

14.3.
ÉTIOLOGIES

14.3.1. BIOLOGIQUES

ÉTUDES GÉNÉTIQUES

Les études de jumeaux et d'antécédents familiaux montrent qu'il n'y a pas de relation génétique entre la schizophrénie et les psychoses paranoïdes. La fréquence de schizophrénie chez les parents de patients souffrant de troubles paranoïdes approche la fréquence dans la population en général. D'autre part, les paranoïdes n'engendrent pas plus de schizophrènes que les autres. On n'a pas constaté non

plus de relation génétique entre les maladies affectives d'une part et les psychoses paranoïdes ni la schizophrénie paranoïde d'autre part. Au moins d'un point de vue génétique, il y a donc une distinction claire entre ces trois catégories diagnostiques.

Contrairement à la schizophrénie et aux maladies affectives, il n'y a pas d'études biochimiques rigoureuses qui ont porté sur les psychoses paranoïdes.

PERTURBATIONS ORGANIQUES

Diverses perturbations organiques peuvent induire un trouble délirant souvent associé à un certain degré d'obnubilation de l'état de conscience, pouvant aller jusqu'au délirium à cause d'une modification du métabolisme cérébral :

1) Altérations produites par des **substances toxiques**
   a) l'alcool ;
   b) les drogues – haschisch, marijuana, LSD, phencyclidine (PCP), amphétamine, cocaïne ;
   c) certains médicaments – stéroïdes, digitaliques, benzodiazépines, anticonvulsivants, antihistaminiques, cimétidine, etc.
2) Altérations associées à une **maladie physique**
   a) endocrinopathies – thyrotoxicose, diabète (hypo- ou hyperglycémie) ;
   b) trouble de vascularisation cérébrale – artériosclérose, infarctus multiples ;
   c) modification du tissu cérébral – démence, envahissement tumoral, épilepsie, traumatisme crânien ;
   d) forte fièvre.
3) Altération des **perceptions de l'environnement** provoquée par la surdité et la cécité, induisant ainsi des interprétations erronées.
4) **Chirurgie**, surtout si le patient y accorde une signification symbolique.

14.3.2. ÉTIOLOGIES PSYCHODYNAMIQUES

Selon les données actuelles, il semble donc que les troubles paranoïdes ou délirants proviennent, pour la plupart, de perturbations psychogéniques dans le développement de l'enfant ou de l'adulte. Selon un mécanisme encore inconnu, il apparaît secondairement une perturbation de la biochimie cérébrale que les neuroleptiques pourront régulariser.

SELON S. FREUD

Dans divers écrits évoluant sur une quinzaine d'années, mais surtout à partir de l'analyse des *Mémoires d'un névropathe* (le cas SCHROEBER), FREUD (1911) interpréta la paranoïa comme une psychonévrose fondée sur l'homosexualité latente refoulée. Il identifia deux mécanismes de défense :

— la **négation**, qui consiste en une incapacité à assumer des émotions déplaisantes ou des désirs intérieurs inacceptables pour soi-même ;
— la **projection**, qui est la transposition chez les autres de ces sentiments et de ces idées.

Ainsi, plutôt que de se sentir coupable ou anxieux, le patient nie ses pulsions et les projette sur autrui. Évidemment, tout ce processus se déroule inconsciemment ; le patient peut donc proclamer sa conviction : « J'aime tout le monde (négation de l'hostilité), mais eux me détestent et veulent me détruire (projection de l'agressivité). » Bien que, aujourd'hui, on diagnostiquerait plutôt chez SCHROEBER une « schizophrénie paranoïde » et que les conditions paranoïdes ne comportent pas toujours d'homosexualité sous-jacente — de même que les homosexuels ne sont pas toujours paranoïdes —, il reste que FREUD a introduit une compréhension psychodynamique du phénomène délirant.

SELON M. KLEIN

MELANIE KLEIN définit un premier stade de développement de la personnalité qu'elle nomma la **position paranoïde-schizoïde**.

L'opération défensive normale de cette période est le **clivage**, c'est-à-dire une séparation des objets et des pulsions en bons et en mauvais. La grande préoccupation du Moi à cette époque est la survie. Tout ce qui est frustrant est perçu comme persécutoire et mauvais, et est projeté à l'extérieur ; les bons objets sont totalement introjectés. L'équilibre entre l'**introjection** et la **projection** forme la base de l'organisation mentale de l'individu et détermine la qualité de ses relations avec les autres personnes significatives ultérieurement. Les autres mécanismes de défense de cette période sont :

— l'**idéalisation**, c'est-à-dire l'exagération de toutes les bonnes qualités des objets internes et externes ;
— le **déni**, c'est-à-dire la négation de sa propre agressivité et des aspects désagréables des objets d'amour ;
— l'**identification projective**, c'est-à-dire la projection de parties du Moi, surtout l'agressivité, dans des objets externes qui deviennent alors persécuteurs.

La position paranoïde-schizoïde évolue normalement vers la position dépressive, mais peut se réactiver pour se manifester sous la forme d'une psychose paranoïde ou schizophrénique.

SELON E. ERIKSON*

ERIKSON, dans la description de son premier stade de développement — **confiance de base** (*basic trust*) ou méfiance fondamentale —, présenta aussi des éléments d'explication de la perception paranoïde.

Certains individus vivent leurs premières années de vie dans un contexte inadéquat (insécurité, hostilité, surprotection anxieuse, etc.). Ils n'apprennent pas à développer une confiance de base en soi et envers leur entourage ; et la vie, par la suite, ne corrige pas cette difficulté à faire confiance aux autres.

_____

* Voir aussi le chapitre 5, section 5.3.2.

Les parents par exemple n'ont pas su rassurer leur enfant devant ses anxiétés ou n'ont pas su doser adéquatement ses frustrations. L'enfant devient alors vulnérable et peut développer une interprétation biaisée et négative des informations venant de l'environnement ou des perceptions internes ; il aboutit ainsi à une conception selon laquelle tout est mauvais et persécuteur.

Par contre, l'enfant qui a un développement sain apprend que, quelles que soient ses appréhensions, la tournure des événements sera assez souvent agréable ; une fois devenu adulte, il va de soi qu'il craindra moins les attaques.

Une étude portant sur 80 patients paranoïdes montre que :
— 79 % ont eu des parents erratiques et non fiables ;
— 71 % ont été battus physiquement et traités avec cruauté ;
— 33 % viennent d'un foyer désuni ;
— 23 % ont eu des parents exigeants et perfectionnistes ;
— 19 % ont eu des parents laxistes.

L'accumulation de déceptions, d'humiliations amène l'enfant à penser que l'entourage lui est hostile. En entrevue, le patient rapporte fréquemment que, pendant son enfance, il n'était jamais assuré de chaleur, de confiance, d'amour, d'affection, mais qu'on attendait de lui d'impossibles performances. Il se souvient avec dépit des mises en garde, des remontrances qu'on lui a faites et des punitions excessives et injustifiées qu'on lui a administrées. À mesure qu'il grandissait, il s'attendait à être entouré d'hostilité et apprenait à être sur la défensive. Pour éviter les blessures, il s'est isolé et a développé une personnalité renfermée, critique, hostile, froide. La méfiance le caractérise. Il devient très attentif à divers événements jugés anodins par les autres, mais que lui perçoit comme particulièrement significatifs. Arrive un moment où le délire survient pour « expliquer » ses échecs.

SELON P. WATZLAWICK

WATZLAWICK soutient que l'élaboration de la symptomatologie paranoïde peut fort bien se retracer dans une confusion de la **communication**. Il a d'abord posé le principe selon lequel « la survie des êtres vivants dépend de l'information convenable ou non qu'ils reçoivent sur leur environnement ». Puis il a exposé une situation où un individu prédisposé pourrait manifester des symptômes paranoïdes (1976, p. 35) :

Imaginons que tout le monde se mette à rire au moment où j'entre dans une pièce. — Voilà qui me confond parce que les autres, ou bien ont un point de vue très différent du mien sur la situation, ou bien sont en possession d'une information qui m'échappe. Ma réaction immédiate sera de chercher des indices, — depuis regarder si quelqu'un se trouve derrière moi, jusqu'à demander s'ils étaient justement en train de parler de moi, — depuis aller voir dans une glace si j'ai le visage barbouillé, jusqu'à exiger une explication. Passé le désarroi initial, la confusion déclenche une recherche immédiate de la signification, afin de diminuer l'angoisse inhérente à toute situation incertaine. Il en résulte un accroissement inhabituel de l'attention, doublé d'une propension à établir des relations causales, même là où de telles relations pourraient sembler tout à fait absurdes.

Il est particulièrement évident dans cet exemple que le vice d'interprétation du paranoïde est de percevoir de la *causalité* où il n'y a que de la *contingence*. Une multitude d'événements surviennent chaque jour de façon fortuite ; le paranoïde y perçoit trop souvent une référence, une relation à lui-même.

14.3.3. ÉTIOLOGIES SOCIALES

L'**immigration**, qui expose l'individu à un contexte nouveau, insolite et parfois inquiétant, met à rude épreuve ses facultés d'adaptation. L'ignorance de la langue et des coutumes du pays d'adoption peut induire diverses réactions psychiatriques dont l'anxiété, la dépression, mais aussi une attitude interprétative paranoïde. On peut observer les mêmes phénomènes chez les gens qui vivent dans **l'isolement social** pour diverses autres raisons (vieillesse, handicap physique ou mental, emprisonnement). Le stress, quelle qu'en soit la cause, peut déboucher sur une réaction psychotique et même sur un trouble délirant.

14.4.
SYMPTÔMES

14.4.1. DÉFINITION

Le symptôme central du trouble délirant consiste en un délire relativement plausible, présenté de façon claire par un patient cohérent et parfois convaincant. Les éléments de définition d'un délire comportent une :

1) ... **conviction** — pas seulement une croyance ou une opinion ;

2) ... **erronée** — il faut parfois vérifier auprès de l'entourage pour conclure que l'interprétation du patient est fausse ;

3) ... **irréductible par la logique** — ce n'est pas en présentant des preuves qu'on peut convaincre un patient délirant de ses erreurs de raisonnement, car il se sentirait alors plutôt incompris ;

4) ... **non conforme aux croyances de son groupe** — l'individu qui partage les croyances d'un culte, d'une religion, d'une idéologie de groupe n'est pas délirant, sauf si les membres du groupe même reconnaissent qu'il va beaucoup plus loin qu'eux dans ses convictions ; il y a donc un **aspect autistique** dans le délire, qui est basé sur les perceptions et les déductions personnelles du malade.

Le délire se différencie de l'*obsession* qui est ego-dystone et que le patient perçoit comme une intrusion parasitant sa pensée ; par exemple : « Est-ce que j'ai bien éteint le four de la cuisinière avant de partir ? » L'*idée surinvestie*, appelée aussi **idée fixe**, est moins irréaliste que le délire, mais le sujet s'en préoccupe plus que la plupart des gens, quoiqu'il puisse quand même la critiquer ; par exemple : « Dans le contexte de tension internationale actuelle, est-ce qu'une bombe atomique ne risque pas de tomber près de ma maison ? » ... « À cause de la pollution dont on parle tant, est-ce que je ne risque pas d'attraper une maladie mortelle ? »

Le délire est par ailleurs teinté par la culture d'un individu : un Blanc américain se sentira surveillé par un système électronique, la police ou la pègre, tandis qu'un Noir haïtien aura plus souvent l'impression d'être menacé par les esprits et les influences du vaudou.

14.4.2. FORMATION DE LA PSEUDO-COMMUNAUTÉ

Avant d'arriver à la cristallisation finale du délire, le patient passe par diverses étapes :

1) Il commence par observer nombre de faits suspects et difficilement explicables.

2) Il développe des idées de référence en remarquant l'hostilité et les sarcasmes dirigés contre lui par des inconnus. Il s'aperçoit bien que les gens se moquent *de lui* dans la rue, que la serveuse du restaurant a renversé *intentionnellement* du café sur lui. La télévision commence à émettre des messages qui *lui* sont destinés. Toutes ces perceptions intrigantes, sans lien, forment le **délire primaire** et rendent le patient perplexe.

3) Il cherche intensément une explication ; puis, subitement, il est frappé par une révélation : il comprend qu'il s'agit d'une vaste organisation dont tous les membres sont ligués pour lui faire du tort. C'est l'**élaboration délirante secondaire** où les événements prennent enfin une signification cohérente pour lui ; il vient de créer sa **pseudo-communauté** (CAMERON,

1959). Il peut maintenant « expliquer » les liens entre ces divers actes, attitudes dont il est victime.

La grandiosité du paranoïde, qui se perçoit comme le centre d'intérêt d'une machination, découle bien souvent d'une estime de soi déficiente. Le Surmoi exigeant du patient est projeté sur des persécuteurs harassants.

14.4.3. SYMPTÔMES ASSOCIÉS

Divers symptômes peuvent être associés au délire dans le trouble délirant :

1) **Hypervigilance** Le patient adopte une attitude exploratrice et devient très attentif aux indices qui confirment sa perception délirante. Il faut bien souligner que les faits observés par le délirant existent vraiment ; c'est son interprétation qui est erronée. Il note d'ailleurs avec hypermnésie les dates et les événements qui confirment sa vision paranoïde ; comparativement, sa mémoire des événements non significatifs pour lui est plutôt médiocre.

2) **Interprétation personnelle** Au lieu d'envisager d'autres explications plausibles, le patient interprète systématiquement ses observations dans un sens univoque qui confirme sa théorie délirante.

3) **Hallucinations auditives ou visuelles** Elles sont rares dans le trouble délirant par opposition à la schizophrénie où elles constituent un symptôme caractéristique. Quand elles existent, elles concordent avec le délire.

4) **Comportements intempestifs** Le patient qui perçoit des provocations peut répliquer par la défensive, la crainte, l'arrogance ou l'agressivité. Certains se barricadent dans leur logement, d'autres posent des gestes agressifs et même homicidaires.

5) **Affect dépressif** Il peut devenir épuisant de vivre dans un climat de tension et certains patients fondent en larmes quand ils trouvent une personne réceptive à leur souffrance.

6) **Geste suicidaire** Pour échapper aux supplices anticipés de la part de leurs présumés persécuteurs, certains patients préfèrent se suicider.

14.5.
VARIÉTÉ DIAGNOSTIQUE SELON LE DSM-III-R

Le DSM-III (1980) proposait la distinction entre :
— **Trouble paranoïde**, caractérisé par un délire de persécution ou de jalousie sans hallucinations qui dure depuis au moins une (1) semaine, et
— **Paranoïa**, différenciée du trouble paranoïde par la durée de plus de six (6) mois seulement.

Devant l'insatisfaction des psychiatres à l'égard de la définition de ces catégories diagnostiques, on a supprimé, dans le DSM-III-R (1987), le trouble paranoïde *et* la paranoïa, pour proposer la formulation suivante : **trouble délirant (paranoïde)** qui se subdivise en six catégories ou « types ». On avait en effet constaté que le mot paranoïde soit prêtait à confusion à cause de la diversité des définitions, soit restreignait le diagnostic à un délire de persécution où l'attitude du patient était caractérisée par la méfiance. Le DSM-III-R met donc moins l'accent sur la *suspicion agressive* et davantage sur les *variétés de délire* dans le trouble délirant. Cependant, la personnalité paranoïde conserve cet aspect de méfiance envers des menaces amplifiées. On retrouve la vieille controverse des psychiatres allemands du début du siècle.

14.5.1. CRITÈRES DIAGNOSTIQUES DU DSM-III-R

Trouble délirant (paranoïde) — 297.10

A) Délire(s) sans bizarreries de la pensée qui dure depuis au moins un (1) mois. Les thèmes délirants concernent des situations de vie réelle :
— sentir quelqu'un derrière soi ;

— craindre d'avoir une maladie, une infection, un empoisonnement ;

— avoir la conviction de vivre une relation amoureuse inaccessible, ou une infidélité de la part de son-sa partenaire.

B) S'il survient des hallucinations auditives ou visuelles, elles ne sont pas envahissantes (comme dans la schizophrénie).

C) Le comportement n'est pas d'emblée étrange ou bizarre, sauf pour quelques aberrations en rapport avec le délire.

D) Si des symptômes dépressifs ou maniaques surviennent, ils sont transitoires par rapport à la durée totale du délire.

E) Les autres symptômes du critère **A)** de schizophrénie sont absents et on ne peut mettre en évidence aucun facteur organique qui induise ou maintienne le délire.

Il faut ensuite spécifier le thème délirant dominant. Le DSM-III-R en définit six qui sont énumérés ci-dessous ; les parenthèses entourent les termes synonymes dans diverses autres terminologies de la littérature psychiatrique.

14.5.2. THÈME DÉLIRANT DOMINANT

1) **Type érotomane** (érotomanie de CLÉRAMBAULT, délire passionnel)   Le thème délirant dominant porte sur le soit-disant amour qu'une personne, habituellement de statut élevé, manifeste au sujet. Il s'agit beaucoup plus souvent d'un amour idéalisé et romantique, d'une union spirituelle et platonique, que d'une attraction sexuelle. Bien des personnages publics ont eu à faire face à ce type de harcèlement érotique. Par exemple, une femme acquiert la conviction qu'un homme prestigieux (chanteur, comédien, politicien) est amoureux d'elle. Elle peut ne l'avoir vu qu'un bref instant ou même ne l'avoir jamais rencontré. Mais elle remarque que ses chansons d'amour sont des messages qui lui sont adressés ; ou bien elle croit qu'il la regarde intensément quand il parle à la télévision. Elle peut alors lui écrire des lettres enflammées, chercher à le rejoindre au téléphone, lui envoyer des cadeaux. Elle est aussi convaincue qu'il ne peut lui manifester plus ouvertement son amour, ni répondre à ses avances parce qu'il est empêché par ses proches ou par une organisation qui cherche à l'éloigner d'elle. Dans tous les cas, la négation et la projection des pulsions érotiques du-de la malade sont évidentes.

2) **Type grandiose** (délire de grandeur, délire ambitieux, mégalomanie)   Le thème délirant dominant porte sur une inflation de sa valeur, de son pouvoir, de son savoir, de son identité, ou sur une relation spéciale que le sujet entretient avec une divinité ou une personne célèbre. Ainsi, une patiente vivant dans des conditions sociales déplorables, mais convaincue d'être la reine de l'univers, m'ordonnait d'organiser son mariage solennel à Versailles. L'individu cherche souvent à faire part de ses découvertes ou de son analyse transcendante à des agences gouvernementales. Le délire grandiose peut porter sur des thèmes mystiques ou politiques ; certains leaders (JIM JONES, HITLER, FRANÇOIS DUVALIER) ont pu néanmoins accéder à des postes de pouvoir et entraîner des foules dans leur sillage.

3) **Type jaloux** (délire de jalousie, délire passionnel, paranoïa conjugale, syndrome d'OTHELLO)   Le thème délirant porte sur la conviction des infidélités de son-sa partenaire sexuel-le. Une personne se met à accuser son conjoint d'infidélité. Le délire se développe à partir de l'amplification et de la mauvaise interprétation de faits anodins. Si l'épouse se maquille pour accompagner son mari, celui-ci en déduit qu'elle s'attend à rencontrer un amant. S'il voit une tache sur une robe, il conclut qu'il s'agit de sperme. Le jaloux devient de plus en plus soupçonneux, acariâtre devant la dénégation outrée de son épouse. Il peut engager un détective pour la suivre, la confiner à la maison, parfois même utiliser la violence. On reconnaît aisément la négation et la projection des désirs propres du malade.

4) **Type persécutoire** (état paranoïde, délire de persécution, délire de revendication, paranoïa litigieuse ou quérulente) Le sujet est convaincu que lui ou l'un de ses proches est traité de façon malveillante. Il perçoit une conspiration, des escroqueries, une surveillance à son égard. Il craint d'être empoisonné ou drogué. Il se sent harcelé. On l'empêche de réaliser ses projets. Ces patients peuvent itérativement porter à l'attention des autorités légales les malversations dont ils sont l'objet. Ils deviennent amers, irritables, agressifs et parfois même violents contre ceux qu'ils perçoivent comme des persécuteurs. Le thème délirant du syndrome de CAPGRAS porte sur la conviction qu'une personne a été remplacée par un double presque identique.

5) **Type somatique** (psychose hypocondriaque, trouble somatodysmorphique, dysmorphophobie, parasitophobie) Le sujet est convaincu d'être le porteur d'un défaut physique ou d'une maladie. Le plus souvent, la personne est convaincue de dégager des odeurs nauséabondes par la peau, la bouche, le rectum ou le vagin. Elle croit que des insectes se promènent dans ou sur sa peau, qu'un parasite habite son corps. Certaines parties de son corps lui paraissent déformées ou laides, ou bien certains organes (ses intestins par exemple) ne fonctionnent plus. Les patients de ce type consultent fréquemment divers médecins (autres que les psychiatres) pour obtenir une investigation ou un traitement de leur trouble qu'ils considèrent comme physique et non mental. Le thème délirant du syndrome de COTARD porte sur une détérioration, un pourrissement et même une disparition de divers organes dans le corps (délire nihiliste).

6) **Type non spécifié** (atypique) Le trouble délirant ne peut être précisé par aucune des catégories précédentes ; on note la coexistence de thèmes délirants de persécution et de grandeur sans prédominance de l'un ni de l'autre, ou un délire de référence sans contenu malveillant.

La folie à deux a souvent été considérée comme une variante du syndrome paranoïde. Il est plus juste de définir cette condition psychiatrique plutôt rare par l'un des deux délires suivants :

1) **Délire induit** (folie imposée) Une personne vivant avec une autre dans une relation intime depuis longtemps développe un délire paranoïde auquel les deux partenaires viennent à croire par identification. Par exemple, une mère dominatrice induit chez sa fille passive et soumise une peur délirante de l'agression brutale des hommes. Elles en viennent à couper tout contact avec l'extérieur, à ne plus pouvoir sortir dans la rue. Le traitement consiste à briser cette symbiose et à traiter l'« inducteur » du délire par hospitalisation et neuroleptisation ; chez le partenaire qui est plus influençable que délirant, le délire disparaît d'habitude facilement par psychothérapie, quoique la méfiance et l'introversion persistent.

2) **Délire simultané** Il peut arriver que deux malades cohabitent et partagent un thème délirant similaire.

14.6.
DIAGNOSTIC DIFFÉRENTIEL

Devant un cas de délire, le clinicien doit examiner diverses possibilités avant de conclure à un trouble délirant.

14.6.1. CAUSES ORGANIQUES

On doit penser d'abord à éliminer une **cause organique** (voir la section 14.3.1.). L'état de conscience obnubilé et même confus donne un indice important. On dit alors que le patient est **délirieux** plutôt que délirant. La langue anglaise fait bien la distinction entre ces deux syndromes :

— *delirium* qui est restreint à l'étiologie organique ;
— *delusion* qui se traduit par « délire » fonctionnel ou psychogénique.

14.6.2. MALADIES MENTALES ASSOCIÉES

Trois grands syndromes psychiatriques peuvent être associés à un délire paranoïde. Un dialogue imaginé par deux résidents en psychiatrie, J. GOULET et S. DENIS, nous permettra de différencier, selon l'évolution du questionnaire, une maladie affective majeure, phase maniaque (branche 1), ou phase dépressive (branche 2), et une schizophrénie paranoïde (branche 3).

Au début, l'entrevue commence de façon similaire.

Psychiatre : *Bonjour, Monsieur X !*

M. X. : *Bonjour !*

— *Pouvez-vous m'expliquer un peu ce qui vous a amené à l'hôpital aujourd'hui ?*

— *Tout ce qui est arrivé, c'est parce qu'ils essaient de me garder enfermé.*

— *Pouvez-vous m'en dire davantage ?*

— *Vous savez, ces gens-là cherchent à tout savoir, ils écoutent tout. Je sais qu'ils ont posé des micros chez moi. Ils m'en veulent.*

— *Avez-vous une idée de qui il pourrait bien s'agir ? Qui pourraient être ces gens ?*

— *Je ne le sais pas exactement ... C'est soit l'Église, soit la police.*

— *Pouvez-vous m'expliquer un peu ce que ces gens-là pourraient bien vous vouloir ?*

— *En fait, c'est l'Église qui organise tout ça ... J'ai bien entendu la dame au magasin qui a dit : « Il est sorti de chez lui, il va payer. »*

— *Est-ce que l'Église aurait des raisons particulières de vous suivre comme ça ?*

Puis on constate que, selon son diagnostic, le patient explique différemment son délire paranoïde.

BRANCHE 1 : ÉTAT MANIAQUE

(Avec un ton animé et une attitude expressive)

M. X. : *Oui Monsieur, vous savez ces gens-là ne peuvent pas faire autrement que de s'intéresser à moi et à mon argent ; l'argent, les agents, les agents de police.*

Psychiatre : *Avez-vous beaucoup d'argent ?*

— *Pas encore, mais j'ai toutes les raisons de croire que j'ai gagné un très gros montant à la loterie et qu'on cherche à me le cacher. Vous savez quand on est comme moi, on fait des jaloux. Je veux me marier mais l'Église n'est pas d'accord car elle va me perdre et elle ne peut pas se permettre de perdre Jésus. Jésus, fils de Dieu, qui est en moi et qui me donne tous mes pouvoirs.*

BRANCHE 2 : DÉPRESSION PSYCHOTIQUE

(Avec une voix faible et une attitude abattue, ralentie)

M. X. : *Je ne sais pas ... Peut-être ... C'est moi ...*

Psychiatre : *C'est vous ? Qu'est-ce que vous voulez dire ?*

— *Ils ont raison ... Je les comprends ...*

— *Vous dites que c'est vous et que vous les comprenez ? Vous voulez essayer de m'expliquer ?*

— *C'est ma faute ... j'ai tué ma femme. Si je ne m'étais pas absenté ce jour-là, elle serait encore ici ... L'Église a compris.*

— *Avez-vous parfois l'impression de mériter ce qui vous arrive ?*

— *Je paie ma dette. Je ne finirai jamais de la payer.*

BRANCHE 3 : SCHIZOPHRÉNIE PARANOÏDE

(Avec un regard hagard et une apparence négligée)

M. X. : *Oui, Dieu est partout. Rouge, le sang va couler.*

Psychiatre : *Est-ce que l'Église aurait des raisons de s'intéresser à vous ? Avez-vous des dons spéciaux ?*

Tableau 14.2. CRITÈRES DIFFÉRENTIELS DU SPECTRE PARANOÏDE

CRITÈRES	PERSONNALITÉ PARANOÏDE	TROUBLE DÉLIRANT	SCHIZOPHRÉNIE PARANOÏDE
Âge du début	?	40-50 ans	20-30 ans
Délire	Absent	Bien systématisé, cohérent, plausible	Peu systématisé, bizarre Pensée incohérente
Hallucinations	Absentes	Rares, non envahissantes	Habituelles, envahissantes
Contact avec la réalité	Préservé	Bon, sauf en ce qui concerne le délire	Gravement perturbé
Durée de l'hospitalisation	Nil	2-3 semaines	2-3 mois
Style de comportement	Réservé, méfiant	Rigide, défensif, agressif	Bizarre
Détérioration du fonctionnement	Aucune	Légère, sauf si le délire devient envahissant	Progressive, jusqu'à l'invalidité
Adaptation sociale	Performance au travail convenable mais contaminée par de nombreux conflits interpersonnels Difficultés conjugales fréquentes	Lutte pour réussir son travail, la pensée étant contaminée par le système délirant	Retrait autistique Perte d'habiletés sociales

— *Dons ? Il y en a trois, trois personnes en moi, c'est organisé, j'ai tout compris. Quand j'ai vu les yeux se poser ... Ils me l'ont dit, ils veulent que je fasse tout ce qu'ils disent. Ils veulent me contrôler par leurs machinations. L'armée fait la guerre des tranchées depuis Mathusalem.*

Le tableau 14.2. permet par ailleurs de différencier les critères de trois maladies paranoïdes.

14.7.
TRAITEMENTS

14.7.1. BIOLOGIQUES

Si on identifie une **maladie physique** comme facteur précipitant, il faut bien sûr traiter d'abord cet aspect : par exemple diminuer la fièvre par des antipyrétiques ou antibiotiques, rétablir l'équilibre métabolique, etc.

Si le délire est associé à une autre **maladie mentale**, il faut la traiter en priorité : par exemple donner d'abord un antidépresseur dans le cas d'une dépression majeure avec symptômes psychotiques, commencer un traitement au lithium et tenter d'obtenir une sédation avec le clonazépam (Rivotril®) dans le cas d'un état maniaque. Dans ces deux situations, l'ajout d'un neuroleptique (Haldol®) est maintenant sujet à controverse et doit être considéré avec circonspection.

S'il s'agit d'une réaction psychotique brève — que les psychiatres français appellent « bouffée délirante » —, on doit s'attarder à trouver un facteur précipitant récent. Dans ce cas, l'hospitalisation dans un milieu sécurisant, le retrait ou la clarification du stimulus perturbant, de même que la prescription d'une benzodiazépine au besoin suffisent souvent à ramener le patient au calme.

Le délire flamboyant et fantaisiste, d'apparition récente, non relié à une autre maladie physique ni mentale, est probablement l'un des symptômes psychiatriques les plus faciles à faire disparaître. Divers neuroleptiques ont été utilisés avec succès, mais la documentation récente favorise maintenant le pimozide (Orap®) à raison de 4 mg b.i.d. ou t.i.d. p.o. au début, quitte à doubler le dosage selon la réaction du patient. S'il faut restreindre l'agitation, on optera souvent pour l'Haldol® 5 mg b.i.d. ou t.i.d. p.o. ou i.m. Un antiparkinsonien doit être ajouté à la prise de ces neuroleptiques incisifs (procyclidine-Kémadrin®, 5 mg b.i.d. ou t.i.d. p.o.).

Quand la période aiguë est passée, il reste au clinicien à convaincre le patient de continuer à prendre un neuroleptique pendant trois à six mois afin de prévenir les récidives. Quand, après cette période, on cesse la prescription du traitement médicamenteux, il faut continuer à suivre le patient pendant quelques mois afin de détecter rapidement la résurgence délirante possible et, le cas échéant, de réinstituer une cure neuroleptique sur le champ. En cas de rechute, on envisagera le maintien de la « neuroleptisation » pour quelques années.

Dans la paranoïa (au sens restrictif), on considère que les neuroleptiques sont peu efficaces. Dans la schizophrénie paranoïde, ils sont essentiels.

14.7.2. APPROCHE PSYCHOTHÉRAPEUTIQUE DU DÉLIRE

Quand il arrive à l'urgence, le patient espère trouver un refuge contre ses agresseurs. Souvent il est confiant envers le personnel de l'hôpital qu'il considère comme ses sauveurs, mais parfois il devient méfiant quand il croit découvrir qu'ils font aussi partie du complot.

Comme, par définition, le délire est une conviction, il est inutile et même néfaste de contredire directement ou de ridiculiser les certitudes du patient. Les réflexions du genre « Ça n'a pas de bon sens ce que tu penses ! » ne servent qu'à renforcer l'hostilité et le sentiment d'incompréhension du malade. Par ailleurs, comme cette conviction est irréductible par la logique, il est inutile que l'on fasse des démonstrations savantes pour pouvoir prouver l'irrationalité de ces élucubrations.

Ce n'est pas par une attitude raisonnante et moralisatrice qu'on peut atteindre un délirant. Au début, on doit plutôt s'attarder à créer une relation de confiance où le patient peut exprimer à l'aise ses idées et ses appréhensions réprimées par crainte du ridicule. Le délire comporte habituellement une souffrance, et c'est par l'empathie qu'on obtiendra la confiance du malade. Le calme et la compréhension du médecin pourront même parfois avoir un effet apaisant sur un malade agité. C'est d'ailleurs dans ce contexte — pour soulager la souffrance, calmer l'appréhension — qu'on doit convaincre le patient de la nécessité de prendre un neuroleptique, et non pour rectifier sa façon de penser. Cette attitude accueillante ne veut cependant pas dire que le thérapeute fait semblant de croire au délire du patient. Il doit adopter une position intermédiaire entre la confrontation et l'adhésion.

La deuxième étape consiste à semer le doute chez le patient par rapport à son délire. Le thérapeute lui posera alors des questions pour l'amener à réfléchir sur ses déductions délirantes et à en douter : « Pourquoi en êtes-vous venu à croire que tous ces gens se liguaient contre vous ? » ; ou bien il émettra un commentaire susceptible de rétablir une vision moins persécutoire de la réalité : « Peut-être qu'en fait, les gens ne riaient pas de vous dans la rue. » Sans contredire les perceptions du patient, le thérapeute doit se situer comme un individu différent qui perçoit les événements sous un autre aspect et qui offre son opinion de façon respectueuse. Le patient en vient alors de lui-même à douter de ses perceptions et déductions délirantes et à les critiquer. D'ailleurs, en élaborant ainsi devant un thérapeute qui ne le juge pas mais qui lui reflète de façon neutre ses perceptions, le patient parvient à remettre lui-même en question les conclusions qu'il en tire.

Parfois le patient n'accepte aucunement de remettre en question ses convictions et, malgré une médication adéquate, le délire persiste. Le thérapeute peut alors tenter d'« encapsuler » le délire pour en restreindre les effets délétères sur la vie sociale du patient. Cette approche est particulièrement utile pour les délires mégalomanes. Par exemple, le médecin pourra suggérer à son malade qui se prend pour le Christ : « Si vous voulez, nous discuterons de ce sujet quand vous viendrez me voir seulement ; les gens autour de vous pourraient mal accepter que vous vous disiez le Christ. »

De rares patients pourront bénéficier d'une psychothérapie plus approfondie. Les conditions suivantes doivent cependant être réunies avant qu'on aborde un tel traitement : un thérapeute d'expérience prêt à s'engager dans une relation prolongée, un patient assez intelligent pour comprendre les interprétations, assez motivé pour se remettre en question et assez fort psychologiquement pour bénéficier de l'*insight*.

14.8. PRONOSTIC ET ÉVOLUTION

Le diagnostic de trouble délirant reste stable au cours des années subséquentes chez 93 % des patients qui ont reçu ce diagnostic lors de leur première admission. Quelques-uns évolueront vers une schizophrénie paranoïde.

Les schizophrènes paranoïdes ont généralement une personnalité prémorbide plus saine que les autres schizophrènes. La même dichotomie se produit en regard de l'évolution, les personnalités prémorbides saines ayant un pronostic plus favorable. Le destin des schizophrènes est fréquemment les hospitalisations répétées ; les psychotiques paranoïdes s'adaptent habituellement à la vie dans la communauté sociale.

Cependant, l'ambiguïté historique de la catégorie paranoïde - paranoïa empêche de prédire l'évolution de ces patients car les études sont contradictoires à ce sujet.

BIBLIOGRAPHIE

AMERICAN PSYCHIATRIC ASSOCIATION
1987 *DSM-III-R.*

CAMERON, N.
1959 « The Paranoid Pseudo-community Revisited », *American J. Sociology*, vol. 64, p. 62.

ERIKSON, E.
1974 *Enfance et société*, Neuchâtel, Delachaux et Niestlé.

FREUD, S.
1911 « Remarques psychanalytiques sur l'autobiographie d'un cas de paranoïa », *Cinq psychanalyses*, Paris, PUF, 1967.

KENDLER, K. et K. DAVIS
1981 « The Genetics and Biochemestry of Paranoid Schizophrenia and Other Paranoid Psychoses », *Schizophrenia Bulletin*, vol. 7, n° 4, p. 689-709.

LEWIS, A.
1970 « Paranoia and Paranoid : A Historical Perspective », *Psychological Medicine*, vol. 1, n° 1, p. 2-12.

MUNRO, A.
1982 « Paranoia Revisited », *Brit. J. Psychiatry*, vol. 141, p. 344-349.

TANNA, V.
1974 « Paranoid States : A Selected Review », *Comprehensive Psychiatry*, vol. 15, n° 6, p. 453-470.

WATZLAWICK, P.
1976 *La réalité de la réalité*, Paris, Seuil.

WINOKUR, G.
1977 « Delusional Disorder (Paranoia) », *Comprehensive Psychiatry*, vol. 18, n° 6, p. 511-521.

CHAPITRE 15

MALADIES AFFECTIVES

GÉRARD COURNOYER

M.D., F.R.C.P.(C)
Psychiatre, responsable de l'Unité des soins intensifs à l'hôpital Louis-H. Lafontaine (Montréal)
Professeur adjoint de clinique à l'Université de Montréal

CLAUDE DE MONTIGNY

M.D., F.R.C.P.(C)
Psychiatre-chercheur à l'Institut Allan Memorial (Montréal)
Professeur titulaire à l'Université McGill (Montréal)

PLAN

15.1.
HISTORIQUE ET CLASSIFICATIONS

Les maladies affectives constituent un groupe de troubles mentaux dont la caractéristique prédominante est une perturbation soutenue de l'humeur, à laquelle se greffe une multitude d'autres symptômes tant psychiques que physiques. L'humeur fait ici référence à une tonalité émotionnelle qui colore la vie psychique entière de la personne et qui se manifeste par de la dépression, de l'exaltation ou de l'irritabilité.

Si on parle souvent de la dépression comme étant « le mal du siècle », on ne retrouve pas moins, chez les auteurs grecs antiques, les premières descriptions de la mélancolie qu'on croyait être une maladie causée par la présence de bile noire dans le cerveau. Au XVIᵉ siècle, l'Anglais BURTON publiait *The Anatomy of Melancholy*. À la fin du XIXᵉ siècle, autour du noyau de la « folie circulaire » discutée par FALRET et BAILLARGER, KRAEPELIN distinguait la psychose maniaco-dépressive de la démence précoce qui allait devenir plus tard, sous BLEULER, la schizophrénie. La différence entre ces deux psychopathologies portait principalement sur un critère évolutif, l'auteur ayant pu observer qu'entre les épisodes pathologiques, les malades souffrant d'une psychose maniaco-dépressive montraient une rémission symptomatique complète, alors que les malades atteints de démence précoce montraient une détérioration progressive de la personnalité et du fonctionnement psychosocial.

GARFIELD, humaniste scientifique, éditeur de la revue *Current Contents*, écrivait en 1981 un éditorial sur la dépression qu'il qualifiait de « problème médical sérieux souffrant d'une ″crise d'identité″ ». En effet, la diversité des syndromes dépressifs a incité les cliniciens à proposer divers systèmes de classification dans le but de définir et de délimiter ces entités pathologiques. Dans la classe des syndromes affectifs, on a pu assez facilement s'entendre sur les caractéristiques du syn-

drome maniaque ; il en a été tout autrement du syndrome dépressif pour lequel on a proposé de très nombreuses classifications afin d'en décrire la complexité. Ces classifications, trop souvent dichotomiques, peu nuancées, provenaient de différentes écoles dont les tenants énonçaient trop rapidement des hypothèses étiologiques sous-tendant la classification proposée.

Avant d'aborder l'historique et les classifications proprement dites des syndromes dépressifs, il importe que nous démontrions l'utilité d'une classification des différentes psychopathologies. En effet, une telle classification, loin de n'être qu'un exercice intellectuel, repose sur la nécessité fondamentale d'établir le diagnostic le plus précis possible afin d'arriver, pour une entité nosologique donnée, à choisir le traitement le plus approprié. En psychiatrie, comme dans tout autre domaine de la médecine, un regroupement de symptômes dans un syndrome devra être validé par plusieurs paramètres avant qu'on puisse confirmer sa valeur diagnostique. Les principaux paramètres permettant de valider un diagnostic sont les suivants :

— une phénoménologie commune ;
— une évolution naturelle commune (en l'absence de traitement) ;
— une réponse thérapeutique uniforme ;
— des variations semblables de certains paramètres biologiques ;
— un bagage génétique distinct.

En ce qui a trait aux maladies affectives, la classification de LEONHARD (1962), basée sur une distinction entre la dépression unipolaire et la dépression bipolaire, est la seule qui a véritablement résisté au processus de validation décrit ci-dessus.

Une première dichotomie, qui a reçu une très large acceptation dans les milieux psychiatriques, opposait la dépression névrotique et la dépression psychotique. Cette classification se basait avant tout sur des notions psychodynamiques et une théorie psychanalytique de la dépression que nous verrons plus loin. Nous devons dès maintenant souligner que le DSM-III (1980), qui a été révisé en 1987 (DSM-III-R), est justement basé sur une approche a-théorique descriptive et ne retient pas les classifications étiologiques non prouvées. Le DSM-III ne comporte donc pas cette dichotomie névrotique - psychotique au sens psychodynamique. Cependant, le terme « psychotique » y est conservé pour décrire la sévérité du syndrome dépressif et n'est utilisé strictement que lorsque le médecin constate la présence de certains symptômes indiquant une perte de contact avec la réalité, par exemple un délire de pauvreté, d'indignité, de culpabilité dans la phase dépressive ou, à l'opposé, un délire mégalomane dans la phase maniaque.

Au début des années 1970, ROBINS et FEIGHNER insistèrent sur l'importance d'une distinction entre la dépression primaire et la dépression secondaire. Ces auteurs avaient constaté qu'un syndrome dépressif pouvait constituer l'élément principal d'une maladie affective proprement dite : c'est ce qu'ils ont appelé la dépression primaire. Par opposition, la dépression peut être secondaire à d'autres pathologies soit psychiatriques (schizophrénie, trouble de la personnalité, etc.) soit physiques (maladie chronique débilitante, cancer, hypothyroïdie, maladie d'ADDISON). Bien que cette classification n'ait pas été intégralement retenue dans le DSM-III, les critères diagnostiques opérationnels des maladies affectives comportent des critères d'exclusion tant physiques que psychiatriques. De plus, cette distinction entre dépression primaire et dépression secondaire s'inscrit dans la démarche diagnostique normale de tout clinicien par rapport à un syndrome affectif, qu'il soit d'ordre dépressif ou maniaque ; on doit préciser la présence possible de toute autre pathologie physique ou psychiatrique avant d'instaurer le traitement.

Une autre dichotomie qui a aussi occupé une place notable dans l'évaluation diagnostique de la dépression est la distinction « endogène - réactionnelle », laquelle provient de l'école de Heidelberg, sous SCHNEIDER (1920). L'un des pères de la psychiatrie américaine, MEYER (1957), élabora ce concept de réaction qui faisait référence à une réaction psycho-biologique globale de l'organisme en réponse à un événement. On pourrait presque envisager ce modèle comme un précurseur de l'approche bio-psycho-sociale contemporaine.

On a réduit le concept de dépression réactionnelle à la présence de stresseurs psychosociaux clairement identifiés comme précipitant la survenue d'un épisode dépressif. Paradoxalement, on a considéré le concept de dépression endogène comme synonyme de biologique, ou encore on l'a utilisé lorsque la dépression comportait des symptômes neurovégétatifs graves ; de plus, on ne retrouvait pas de facteur précipitant clairement identifié et la personnalité prémorbide était saine. Des analyses statistiques multidimensionnelles n'ont pu mettre en évidence des caractéristiques symptomatiques distinctes entre les patients chez qui on ne pouvait déceler de facteur précipitant et ceux dont la dépression semblait reliée à des stresseurs psychosociaux. De plus, la réponse thérapeutique et l'évolution du syndrome n'ont pas permis de discriminer la dépression dite endogène de la dépression dite réactionnelle. En pratique, ce qui était classiquement décrit comme une réaction dépressive « situationnelle » a été retenu dans le DSM-III sous l'entité « Trouble de l'adaptation avec humeur anxieuse, dépressive ou mixte ». Néanmoins, s'il est vrai que parfois un état dépressif majeur ou un état maniaque n'est précédé d'aucun stresseur psychosocial identifiable, il n'en demeure pas moins que, dans la majorité des cas, on peut repérer des stresseurs psychosociaux dans l'année qui a précédé l'apparition de l'état dépressif ou maniaque.

D'autres classifications moins importantes ont été élaborées par diverses écoles. Elles reposaient sur la symptomatologie rapportée par le patient ou les données objectives de l'examen psychiatrique. On a ainsi opposé la dépression avec ralentissement psychomoteur (*retarded*) à la dépression avec agitation (*agitated*), ou encore la dépression anxieuse à la dépression hostile.

On a également parlé de la dépression « masquée » (que certains auteurs ont qualifié de dépression souriante ou de dépression « sans dépression ») pour décrire un sous-groupe de patients qui présentaient comme principale plainte des malaises somatiques et chez qui la tristesse était très peu apparente, ou même niée ; cet état dépressif pouvait néanmoins répondre à un traitement antidépresseur adéquat. De façon similaire, on a aussi constaté que la dépression pouvait être masquée par des troubles des conduites (surtout chez les adolescents) de même que par la toxicomanie ou l'alcoolisme.

SCHNEIDER a également parlé de la dépression vitale pour décrire un état dépressif d'intensité sévère avec un désinvestissement dans toutes les sphères de l'activité, un désarroi et un désespoir extrêmes, s'accompagnant d'un risque suicidaire élevé. Selon le DSM-III-R, ce tableau dépressif pourrait être classé sous la rubrique « Trouble dépressif majeur d'intensité sévère avec présence de mélancolie ».

On a également parlé de dépression atypique ou de dysphorie hystéroïde pour décrire un état dépressif où l'anxiété prédomine, accompagnée d'hypersomnie, d'hyperphagie et de traits histrioniques. Pour LEIBOWITZ (1981) et D. KLEIN (1980), ce sous-groupe de patients déprimés répondrait plus favorablement à l'administration d'un inhibiteur de la monoamine-oxydase qu'à l'administration d'un antidépresseur tricyclique. Cependant, aucune de ces classifications n'a reçu de confirmation suffisante pour laisser supposer qu'elles définissent une entité pathologique distincte.

C'est LEONHARD qui fut le premier à proposer une distinction entre les troubles affectifs bipolaires et la dépression unipolaire. La catégorie bipolaire est retenue si le patient a présenté au moins un épisode maniaque ou hypomaniaque dans le passé, par opposition à la catégorie unipolaire où le patient ne souffre que d'épisodes dépressifs. Même si certaines études ont montré qu'il existe parfois un chevauchement entre les troubles bipolaires et les troubles unipolaires, l'ensemble des données cliniques, neurobiologiques et génétiques concordent assez bien pour suggérer qu'il s'agit là de deux entités pathologiques différentes. On a d'ailleurs rapporté que la réponse thérapeutique des patients bipolaires aux antidépresseurs tricycliques était différente de celle des patients unipolaires. Cette distinction unipolaire - bipolaire a été retenue intégralement par les auteurs du DSM-III.

D'autres distinctions basées sur les paramètres neurobiologiques (voir la section 15.4.4.) ont suscité beaucoup d'intérêt chez les chercheurs, mais elles ont encore peu d'impact sur la pratique psychiatrique puisqu'on est dans l'impossibilité d'appliquer sur une large échelle les tests cliniques qui permettent l'établissement de ces distinctions.

CLASSIFICATION SELON LE DSM-III-R

Le DSM-III-R propose la classification suivante pour les maladies affectives :

Troubles affectifs majeurs

L'état actuel du patient, que ce soit un épisode maniaque ou dépressif, est codifié avec un cinquième chiffre (X), soit :

1 : léger ;

2 : modéré ;

3 : sévère sans symptômes psychotiques ;

4 : sévère avec symptômes psychotiques (en spécifiant s'ils sont congruents ou non à l'humeur) ;

5 : en rémission partielle ;

6 : en rémission complète ;

0 : non spécifié.

Pour un épisode dépressif majeur, on doit de plus préciser s'il est d'intensité mélancolique et s'il évolue de façon chronique. Pour une maladie bipolaire ou une maladie dépressive récurrente, on doit spécifier l'existence d'une récurrence saisonnière.

Troubles bipolaires ✶

296.4X   Phase maniaque.
296.5X   Phase dépressive.
296.6X   Phase mixte.
296.70   Trouble bipolaire non spécifié.
301.13   Trouble cyclothymique.

Troubles dépressifs

296.2X   Dépression majeure, épisode isolé.
296.3X   Dépression majeure récurrente.
300.40   Trouble dysthymique (névrose dépressive) pour lequel on doit spécifier le type primaire ou secondaire et le début précoce ou tardif.
311.00   Maladie dépressive non spécifiée.

En somme, si l'on fait abstraction des deux diagnostics non spécifiés qui sont des catégories résiduelles, les dimensions importantes retenues dans cette classification des maladies affectives majeures sont :
— la sévérité ;
— la présence ou l'absence d'épisode maniaque ;
— la chronicité ;
— le profil de récurrence saisonnière ;
et, pour le trouble dysthymique :
— le type primaire ou secondaire ;
— le début précoce ou tardif.

Si la dépression, à travers plusieurs classifications, a fait l'objet de nombreuses polémiques, l'état maniaque, étant donné l'homogénéité beaucoup plus claire du tableau clinique, n'a pas suscité autant d'efforts nosographiques. On s'accorde pour dire que la manie signe l'existence d'un trouble bipolaire, encore appelé parfois psychose maniaco-dépressive. Des auteurs d'études récentes suggèrent la présence de la manie récurrente « unipolaire » chez un petit sous-groupe de patients qui ne souffrent que d'épisodes maniaques à répétition sans phase dépressive évidente. L'existence de cette

entité pathologique est cependant controversée (BLAND, 1985), car d'autres auteurs croient que ces patients présentent néanmoins des épisodes dépressifs peu sévères pour lesquels ils ne consultent pas.

15.2.
INCIDENCE ET ÉPIDÉMIOLOGIE

On comprendra que les multiples divergences au sujet des maladies affectives ont rendu difficile l'évaluation précise de l'incidence de ces entités diagnostiques. On peut ainsi expliquer les écarts considérables dans les résultats des premières études épidémiologiques basées surtout sur les diagnostics d'admission en milieu psychiatrique.

15.2.1. TROUBLE AFFECTIF UNIPOLAIRE

Depuis la fin des années 1970, on a réalisé des études épidémiologiques à partir d'échantillons de personnes dans la population en général et fondées sur des critères diagnostiques plus rigoureux (WEISSMAN, 1983). La maladie affective unipolaire regroupe une plus grande hétérogénéité de pathologies incluant :
— la dépression majeure (épisode unique et récurrent),
— la maladie dysthymique,
— la maladie dépressive non spécifiée (atypique),
qui forment un groupe de pathologies où prédomine un affect dépressif.

Les données statistiques obtenues proviennent de pays occidentaux industrialisés et ne devraient pas être généralisées.

Dans ces études, les données épidémiologiques concernant la dépression unipolaire oscillent, pour la **prévalence** (nombre de personnes atteintes à un moment donné), entre les pourcentages suivants :

— hommes : 1,8 à 3,2 % ;
— femmes : 2,0 à 9,3 %.

Quant à l'**incidence annuelle**, on l'évalue ainsi :
— hommes : 82 cas sur 100 000 ;
— femmes : 247 à 598 cas sur 100 000.

L'étude des facteurs de risques a montré les résultats suivants :

- **Sexe**   On observe une proportion de 2 femmes pour 1 homme.
- **Âge**   L'incidence et la prévalence chez la femme montrent un pic entre l'âge de 35 et 45 ans, diminuent entre 45 et 55 ans et s'accroissent à nouveau après l'âge de 55 ans. Chez l'homme, il semble exister une augmentation de l'incidence et de la prévalence à mesure que l'âge avance, sans qu'on puisse identifier de pics proprement dits.
- **Ménopause**   Contrairement à la croyance répandue, on n'a pu démontrer aucune tendance à l'augmentation de la dépression unipolaire après la ménopause ; on a même observé l'inverse, c'est-à-dire une diminution entre 45 et 55 ans.
- **Classe sociale et race**   Aucun profil de distribution de la dépression unipolaire n'a pu être relié à ces deux variables épidémiologiques.
- **Antécédents familiaux**   Sans qu'on puisse préciser clairement s'il s'agit d'une influence génétique, culturelle ou environnementale, on note que la présence de dépression unipolaire chez l'un des parents augmente à 30 % le risque, pour leurs enfants, de développer une maladie affective au cours de leur vie.
- **Expérience infantile**   Dans certaines études, on a montré que la mort d'un parent durant l'enfance ou l'adolescence constitue un facteur de risque ; mais la controverse persiste. Des auteurs s'accordent cependant pour dire qu'un enfant ayant vécu dans un environnement hostile, affecté par des séparations multiples et une suite d'événements traumatisants, court plus de risques

de développer une dépression unipolaire au cours de sa vie.

- **Personnalité**   On n'a pu mettre en évidence une personnalité prémorbide typique de déprimé. Les résultats de certaines études suggèrent cependant que les personnes ayant des traits de personnalité anxieuse, dépendante ou obsessionnelle puissent être plus susceptibles de présenter une dépression unipolaire.
- **Stresseurs psychosociaux**   L'accumulation de stresseurs psychosociaux négatifs, en particulier les pertes répétées d'êtres chers, augmente le risque de dépression unipolaire. De même, chez la femme soumise à un stress important, l'absence d'intimité avec un conjoint ou un confident accroît ce risque.
- **Post-partum**   Que ce soit pour des raisons neurobiologiques reliées aux variations hormonales ou encore aux changements psychosociaux survenant durant cette phase, les six mois qui suivent la naissance d'un enfant marquent une période où il y a, pour la mère, une augmentation du risque de présenter une dépression unipolaire. D'ailleurs, si une maladie mentale survient au cours du post-partum, il s'agira plus fréquemment d'une maladie affective que d'une autre affection psychiatrique.

La durée d'un épisode dépressif majeur est très variable, pouvant s'étendre de deux mois à plus de six ans ; la moyenne s'établit à treize mois et on a rapporté que la durée augmente avec l'âge. Le premier épisode de dépression survient à des âges très variables. On estime que 50 % des individus affectés d'une dépression ne présenteront qu'un seul épisode au cours de leur vie ; 10 % des patients risquent de souffrir d'un épisode maniaque par la suite. Dans la majorité des cas, l'évolution naturelle d'un épisode dépressif aboutit à une rémission complète des symptômes. On estime cependant qu'environ 20 % des cas évolueront vers la chronicité avec une altération du fonctionnement.

Il y aurait apparemment une corrélation entre la fréquence des rechutes et le risque de chronicité. En particulier, chez les patients affectés d'une dépression « double » où l'on observe la superposition d'un état dépressif majeur plus sévère sur un fond dépressif chronique, la rémission complète est plus rare (KELLER, 1982).

15.2.2. TROUBLE AFFECTIF BIPOLAIRE

Dans la maladie affective bipolaire, l'homogénéité est plus évidente et les données relatées ci-dessous se rapportent à la phase maniaque, dépressive ou mixte.

Le **risque de morbidité** (prévalence à vie) varie de 0,24 à 0,88 %.

L'**incidence annuelle** est évaluée comme suit :
— hommes : 9 à 15,2 cas sur 100 000 ;
— femmes : 7,4 à 32 cas sur 100 000.

La **prévalence** de la maladie affective bipolaire est de beaucoup inférieure à celle de la maladie affective unipolaire ; selon les études, on a rapporté 1 malade bipolaire pour 3 ou 4 malades unipolaires.

L'étude des facteurs de risques pour le trouble bipolaire a montré les résultats suivants :
* **Sexe**   Bien qu'il existe des variations entre les différentes études, les auteurs s'entendent pour dire que le pourcentage de la maladie affective bipolaire est à peu près équivalent pour les deux sexes.
* **Âge**   L'âge du début de la maladie se situe entre 24 et 31 ans. Le cycle bipolaire, c'est-à-dire la récurrence entre deux épisodes du même type (par exemple deux épisodes maniaques), est assez variable et peut se situer entre 2,7 et 9 ans. Comme dans la dépression unipolaire, on croit que la sévérité des épisodes de même que leur fréquence peuvent augmenter avec l'âge. Sans traitement, un épisode maniaque dure en moyenne trois mois.
* **Classe sociale et race**   Certaines études ont rapporté une prépondérance de la maladie bipo-

laire dans la classe sociale plus favorisée, mais ces résultats sont inconstants ; il n'y a aucune distribution raciale particulière.
* **Antécédents familiaux**   La transmission génétique de la maladie bipolaire est un fait reconnu et des antécédents familiaux positifs représentent donc un facteur de risque. On considère aussi que l'alcoolisme constitue parfois un équivalent de maladie affective. Il y a donc lieu d'approfondir cet aspect des antécédents familiaux.

Certains patients bipolaires ont des cycles rapides, c'est-à-dire qu'ils présentent dans une année au moins deux épisodes dépressifs et deux épisodes maniaques. Ils répondent très peu ou pas du tout à un traitement au lithium et présentent une évolution plus morbide de la maladie.

15.3.
SYMPTOMATOLOGIE

15.3.1. DÉPRESSION

Le phénomène dépressif est classé dans les troubles affectifs à cause de la prédominance d'un trouble de l'humeur, mais la symptomatologie ne se limite pas uniquement à cette sphère. Au contraire, chez les déprimés sévères, on pourra identifier aisément une atteinte globale touchant aussi la fonction cognitive, la vie neurovégétative, le système moteur.

Le symptôme principal qu'on retrouve chez presque tous les déprimés est la tristesse, expérience subjective que certains déprimés tentent de dissimuler. Elle se manifeste par un affect dysphorique accompagné d'un goût de pleurer, d'un sentiment d'être complètement dépassé par les événements. Elle peut avoir une intensité très variable, survenir par bouffées de quelques minutes, de quelques heures ou encore s'étendre sur toute la journée sans que la souffrance du patient n'ait de cesse. D'ailleurs, le déprimé ressent souvent sa tristesse comme une douleur morale extrême qu'il identifie lui-même à un vécu très différent d'un sentiment de tristesse normale. (« Je ne me sens pas triste mais ça fait mal en dedans. ») Les auteurs du DSM-III, dans sa première version, avaient d'ailleurs tenté d'expliquer cette qualité distincte de l'humeur dépressive comme un sentiment de tristesse différent de celui qu'on ressent lors de la perte d'un être cher. Nombreux sont les auteurs qui ont parlé de la tristesse et du vécu d'un déprimé comme d'un sentiment unique, incompréhensible pour la majorité des gens. La tristesse du déprimé s'accompagne presque invariablement d'une sensation de tension intérieure marquée pouvant parfois atteindre l'intensité de la panique.

La réduction de la capacité de jouir de la vie est caractéristique de la dépression et pourra quelquefois en être le principal symptôme. Cette incapacité de ressentir normalement le plaisir dans ses activités ou avec son entourage habituel est toujours vécue par le déprimé comme particulièrement pénible. On observe une constriction de la réaction émotive normale. Le patient déprimé s'en veut beaucoup de ne plus ressentir autant d'intérêt et d'affection envers ses amis et ses proches et, à la limite, il rapporte une sorte d'indifférence, d'anesthésie affective qui lui est extrêmement pénible et qui va parfois jusqu'à un délire de culpabilité. (« Je ne peux plus aimer mes enfants comme ils le méritent. »)

L'atteinte de l'humeur s'accompagne souvent de sentiments de culpabilité, de pessimisme et d'indignité. Le patient déprimé se reproche ses échecs, s'accuse, se déprécie pour toutes sortes d'événements de sa vie passée. Si ces ruminations dépressives peuvent paraître parfois fondées sur des situations réelles dans l'histoire du patient, il arrive souvent qu'elles prennent une intensité inappropriée, délirante. Ainsi, le déprimé psychotique s'accusera d'une façon absurde de crimes qu'il n'a pas commis. (« Je suis responsable de la pauvreté dans le monde. ») Il sera en proie à des remords incessants et pourra parfois entendre la voix du diable qui lui

promet un châtiment pleinement mérité pour ses fautes.

Tous les déprimés rapportent une diminution de leur entrain (lassitude) et de leur énergie (fatigabilité), une réduction de leur résistance physique à l'effort. Ainsi, ils se plaignent de se fatiguer très vite et très facilement lors de l'accomplissement de leurs activités routinières, ils sont souvent forcés de se reposer, parfois exténués pour un rien, ce qui diffère beaucoup de leur capacité de travail habituelle. (« Tout me paraît une montagne. ») Ils ont énormément de difficultés à amorcer leurs activités quotidiennes et, à la limite, deviendront complètement inertes, incapables d'effectuer même les activités de base reliées à l'hygiène corporelle, sans l'aide d'autrui.

Le patient déprimé rumine sans cesse de façon morbide le passé et il est incapable de se projeter dans l'avenir sans une apprehension énorme ; pour lui, le passage du temps est ralenti comme une éternité. Il anticipe volontiers des catastrophes dans l'avenir. Les moindres détails de la vie courante deviennent souvent des sources d'angoisse douloureuse que rien ni personne ne peut soulager. Ces ruminations peuvent prendre un caractère obsédant et être associées à des rituels compulsifs de vérification.

Les symptômes neurovégétatifs prennent une place notable dans le tableau dépressif. Dans la majorité des cas, on observe une perte d'appétit et de sensibilité gustative. (« Je n'ai pas faim et je dois me forcer pour manger. ») Cette perte d'appétit est souvent associée à une perte de poids. On constate également de l'insomnie, surtout matinale, c'est-à-dire un éveil précoce, au moins deux heures plus tôt qu'habituellement. Quand le tableau dépressif est installé depuis plusieurs mois et a atteint une intensité marquée, il n'est pas rare de rencontrer alors des perturbations très marquées du sommeil avec insomnie initiale, moyenne et terminale. À ce stade, le patient a l'impression qu'il n'est virtuellement plus capable de dormir ou que le peu de sommeil qu'il peut avoir est très léger, entrecoupé de cauchemars fréquents. Cette symptomatologie révélée par le patient est confirmée par les enregistrements de sommeil à l'EEG qui montrent un début précoce du sommeil paradoxal, ainsi qu'une diminution des stades 3 et 4 du sommeil (KUPFER et al., 1978 ; VOGEL, 1980). Les antidépresseurs ont d'ailleurs pour effet de retarder l'apparition des phases de sommeil paradoxal.

Il y a aussi des dépressions marquées par une augmentation de l'appétit et une hypersomnie.

Le patient déprimé manifeste souvent des perturbations autonomiques : palpitations, sensations de pression thoracique, vertiges, diaphorèse, sécheresse de la bouche, diarrhée ou constipation, mictions plus fréquentes. Ces symptômes autonomiques sont précipités habituellement par des stresseurs émotionnels et sont de fréquence et d'intensité variables au cours de la journée, pouvant parfois devenir très incapacitants. On note aussi une diminution de la libido dans la grande majorité des cas.

L'atteinte du fonctionnement de la pensée et de la sphère cognitive est également notable chez le déprimé et passe trop souvent inaperçue, probablement en raison de la proéminence des symptômes affectifs et somatiques nombreux. On observe fréquemment une diminution de la capacité de concentration, de la capacité d'abstraction et une perturbation de la mémoire. Le patient déprimé révélera qu'il est moins alerte sur le plan intellectuel et que, parfois même, il éprouve beaucoup de difficulté à lire un article de journal, à suivre une émission de télévision ou une conversation. Il sera volontiers tenté d'attribuer ces phénomènes à ses ruminations obsédantes. Chez la personne âgée, ces atteintes de la sphère cognitive sont parfois assez sérieuses pour suggérer un diagnostic de démence. Il s'agit en fait d'une pseudo-démence traitable en quelques semaines avec l'arsenal thérapeutique habituel (voir le chapitre 16, section 16.3.1. et tableau 16.8.).

Chez la majorité des patients déprimés, la motricité est réduite. Le débit verbal, la gestuelle, la démarche sont ralentis. Mais on observe aussi, dans bien des cas, une agitation qui consiste en des gestes stéréotypés, improductifs et qui est reliée à l'état de tension intérieure ressenti par le déprimé qui n'arrive pas à tenir en place. Il ne s'agit donc pas ici d'une augmentation de l'activité motrice normale, mais plutôt d'une hyperactivité anxieuse. C'est sur la foi de ces observations cliniques qu'on avait établi une distinction entre la dépression ralentie (retarded) et la dépression agitée (agitated). Dans sa forme clinique la plus sévère, la dépression ralentie peut atteindre la stupeur ; la dépression agitée, qu'on retrouve dans la forme mélancolique, peut aboutir à une agitation extrême, incessante, que personne ne peut calmer verbalement et qui mène parfois à un geste suicidaire imprévisible. Dans ces deux formes cliniques extrêmement graves de dépression, l'électroconvulsivothérapie (ECT) produit habituellement une amélioration spectaculaire en l'espace de 48 à 72 heures.

On constate, dans environ 15 % des cas, des symptômes psychotiques associés à la dépression majeure. Les délires ou les hallucinations sont le plus souvent congruents à l'humeur, c'est-à-dire qu'ils font référence à des thèmes dépressifs typiques tels que l'autodévalorisation, le sentiment de culpabilité pour des vétilles, la conviction inébranlable d'une mort imminente, la pauvreté, l'indignité, l'anéantissement de soi ou la punition méritée. On observe aussi des délires hypocondriaques portant sur la conviction d'avoir une maladie physique grave. On remarque chez certains patients des idées paranoïdes mais qui demeurent vagues ; le patient se sent persécuté pour ses propres fautes, ce qui vient corroborer l'interprétation psychodynamique qu'a faite FREUD (1917) de la dépression mélancolique, en la définissant comme un retournement de l'agressivité contre soi-même.

L'ensemble des symptômes dépressifs décrits ci-dessus évolue habituellement de façon insidieuse et progressive sur une période de plusieurs semaines à plusieurs mois. Le patient va souvent d'abord consulter en médecine générale pour des malaises somatiques. La plupart du temps, le bilan physique ne révéla aucune anomalie et le tableau clinique continuera d'évoluer. Après de multiples tentatives pour s'en sortir, le patient manifestera des sentiments de désarroi (*helplessness*), d'autodévalorisation (*worthlessness*) et de désespoir (*hopelessness*). Ces trois sentiments, classiquement identifiés comme la « triade dangereuse », augmentent énormément le risque suicidaire. On reconnaît également que la présence de symptômes psychotiques aggrave le risque suicidaire (voir le chapitre 21, section 21.10.).

CRITÈRES DIAGNOSTIQUES DU DSM-III-R

Selon le DSM-III-R, un syndrome dépressif majeur est défini selon les critères ci-dessous.

A) Au moins cinq (5) des symptômes suivants ont été présents au cours d'une période continue de deux (2) semaines ; le patient les ressent comme une altération de son fonctionnement habituel, associée soit à une humeur dépressive, soit à une perte d'intérêt ou de plaisir (anhédonie) :

1) humeur dépressive (ce peut être une humeur irritable chez l'enfant ou l'adolescent) qui s'étale sur presque toute la journée, tous les jours ou presque, qui est révélée par le patient lui-même ou observée par son entourage ;

2) perte marquée d'intérêt ou de plaisir dans toutes ou presque toutes les activités habituelles, qui s'étale sur presque toute la journée, tous les jours ou presque, et qui s'accompagne d'une apathie à peu près continuelle, révélée par le sujet ou observée par son entourage ;

3) perte ou gain de poids significatif sans restriction diététique volontaire (c'est-à-dire plus de 5 % du poids corporel en un mois), ou encore diminution ou augmentation presque quotidienne de l'appétit — chez l'enfant, on doit considérer le retard de gain pondéral attendu selon la courbe de croissance normale ;

4) insomnie ou hypersomnie presque quotidienne ;

5) agitation ou ralentissement psychomoteur presque quotidien (observé par l'entourage, qui n'est pas simplement un sentiment subjectif d'être incapable de tenir en place ou de se sentir ralenti) ;

6) fatigue ou perte d'énergie presque quotidienne ;

7) sentiment d'autodévalorisation ou de culpabilité excessive ou inappropriée (qui peut être délirant) presque quotidien ; il ne s'agit pas simplement de se faire des reproches ni de se sentir coupable d'être malade ;

8) diminution de la capacité de penser ou de se concentrer, ou indécision presque quotidienne (révélée par le patient ou observée par son entourage) ;

9) idées de mort récurrentes (pas seulement une peur de mourir), ou idéation suicidaire récurrente sans plan suicidaire, ou tentative de suicide ou plan suicidaire bien organisé.

B) Critères d'exclusion :

1) il n'est pas possible d'établir la présence d'une pathologie organique qui aurait pu déclencher ou maintenir l'état dépressif ;

2) l'état dépressif n'est pas une réaction normale associée à la mort d'un être cher (réaction de deuil normale).

C) À aucun moment, au cours de l'état dépressif, des délires ou des hallucinations d'une durée d'au moins deux (2) semaines n'ont été présents, en l'absence d'une atteinte prédominante de l'humeur.

D) Il n'existe pas de trouble surajouté tel que schizophrénie, trouble schizophréniforme, trouble délirant ou trouble psychotique atypique.

Le DSM-III-R précise aussi des critères permettant de spécifier certains facteurs :
— la sévérité de l'état clinique
1) léger,
2) modéré,

3) sévère sans symptômes psychotiques,
4) avec symptômes psychotiques
   congruents à l'humeur,
   non congruents à l'humeur,
5) en rémission partielle,
6) en rémission complète ;
— la chronicité (durée de deux (2) ans et plus) ;
— le type mélancolique ;
— la récurrence saisonnière.

15.3.2. MANIE

Les éléments les plus distinctifs de la phase maniaque sont certes l'expansivité et la désinhibition du comportement. Le patient maniaque est d'emblée enjoué, exubérant. Il est cependant très irritable, en particulier lorsqu'il est limité dans ses actions ou contrarié dans ses projets. En plus de l'exaltation ou de l'irritabilité, on observe une labilité affective qui se traduit par le passage rapide d'une euphorie contagieuse à une tristesse accompagnée de pleurs incoercibles. Cette variation rapide de l'humeur, fluctuant selon les thèmes abordés au cours d'une entrevue psychiatrique, renforce la probabilité d'un diagnostic de manie.

En plus de la perturbation de l'humeur, c'est toute l'activité du patient en phase maniaque qui sera modifiée. Il semble infatigable, dort beaucoup moins mais ne s'en plaint nullement. Certains ont relié l'hypomanie à une augmentation de la créativité et de la productivité. Cependant, la manie provoque chez le patient une perturbation marquée du fonctionnement psychosocial, en raison de l'atteinte de son jugement et de l'activité désorganisée et futile qu'il déploie. L'hyperactivité erratique démontrée par le patient maniaque, que ce soit socialement, au travail ou dans sa vie sexuelle, le place parfois dans des situations potentiellement dangereuses ou lourdes de conséquences. Ainsi, il pourra dilapider son argent dans des achats futiles, investir dans des projets irréalistes et démesurés, ou vivre une hypersexualité désordonnée.

Le patient maniaque présente également des troubles de la pensée — cours de la pensée accéléré, pression du discours, logorrhée, fuite des idées, association d'idées par consonance — qui provoquent chez lui d'énormes difficultés à exprimer sa pensée. Sa concentration est perturbée par la distractibilité, le patient devenant hypervigilant aux stimuli environnants et internes.

Comme pour la dépression majeure, la manie peut s'accompagner de symptômes psychotiques. Dans ce cas, ces symptômes sont congruents à l'humeur, c'est-à-dire qu'ils correspondent à des thèmes maniaques typiques de mégalomanie, d'inflation d'estime de soi, de puissance ou de savoir démesurés, d'identification à Dieu ou à des personnages célèbres, ou de relation privilégiée avec ces derniers. Si les délires de grandeur et les délires paranoïdes peuvent être identifiés dans 20 à 25 % des cas de manie, ils n'en sont cependant pas pathognomoniques. Nous devons en effet souligner que les délires de persécution, de grandeur ou d'érotomanie sont plus souvent rencontrés dans les troubles délirants et la schizophrénie que dans la manie.

En somme, la triade exubérance, logorrhée et hyperactivité est plus caractéristique d'un processus maniaque que n'importe quel autre symptôme psychotique.

CRITÈRES DIAGNOSTIQUES DU DSM-III-R

Le DSM-III-R retient les critères énumérés ci-dessous pour définir le trouble bipolaire, phase maniaque.

Note : un syndrome maniaque est défini par l'inclusion des critères A, B et C. Un syndrome hypomaniaque est défini par l'inclusion des critères A et B mais non C, c'est-à-dire qu'il n'existe pas d'altération sévère du fonctionnement de la personne.

A) Une période délimitée (appuyée sur un dossier bien documenté) et persistante d'exaltation ou d'humeur anormalement expansive ou irritable.

B) Durant cette période du trouble de l'humeur, au moins trois (3) des symptômes ci-dessous ont persisté (quatre (4) si l'humeur n'était qu'irritable) et ont été suffisamment intenses :

1) inflation de l'estime de soi et grandiosité ;

2) diminution du besoin de sommeil, c'est-à-dire que le patient se sentait tout à fait reposé après seulement trois (3) heures de sommeil ;

3) augmentation du débit verbal usuel ou pression du discours ;

4) fuite des idées ou sensation subjective d'une accélération du cours de la pensée ;

5) distractibilité, c'est-à-dire une attention qui fluctue rapidement au gré de stimuli externes futiles, sans importance ;

6) hyperactivité (qui peut se manifester dans les activités sociales, au travail, à l'école ou par de l'hypersexualité) ou agitation désordonnée ;

7) implication excessive dans des activités récréatives, ludiques, qui pourrait provoquer des conséquences fâcheuses pour la personne, par exemple si elle dépense de façon démesurée, si elle s'adonne à des activités sexuelles débridées ou si elle s'engage dans des transactions financières irréfléchies.

C) Le trouble de l'humeur est suffisamment sévère pour causer une altération grave du fonctionnement normal de la personne, soit dans ses occupations régulières, soit dans ses activités sociales habituelles, soit dans ses relations interpersonnelles, ou pour nécessiter une hospitalisation visant à prévenir un danger pour la personne elle-même ou pour son entourage.

D) Des délires ou des hallucinations n'ont jamais duré aussi longtemps que deux (2) semaines, en l'absence de symptômes affectifs évidents.

E) Il n'existe pas de trouble surajouté tel que schizophrénie, trouble schizophréniforme, trouble délirant ou trouble psychotique atypique.

F) Il n'est pas possible de mettre en évidence une pathologie organique qui aurait pu déclencher

ou maintenir l'état clinique actuel. Note : on ne doit pas considérer comme un facteur étiologique que la possibilité qu'un traitement antidépresseur (médicament, ECT) ait pu apparemment précipiter un trouble de l'humeur.

Tout comme pour le syndrome dépressif, le DSM-III-R énonce des critères permettant de spécifier la sévérité du trouble bipolaire, phase maniaque.

15.4.
ÉTIOLOGIE

La maladie affective, sous sa forme unipolaire ou bipolaire, est vue, de nos jours, comme une résultante de l'interaction complexe et très partiellement élucidée d'un ensemble de variables neurobiologiques, psychodynamiques et sociales. Les progrès de la psychiatrie contemporaine et l'évolution des différentes écoles de pensée ont amené une fragmentation disciplinaire et des champs de surspécialisation ayant peu de communication entre eux. La controverse classique oppose, d'une façon dichotomique, les aspects psychodynamiques et les aspects neurobiologiques de la dépression. Trop souvent, malheureusement, on adopte une position réductionniste marquée par une tendance à établir un lien de causalité linéaire directe entre une théorie donnée et la dépression cliniquement observée.

En fait, dans sa phase d'état, la maladie affective semble être, comme l'a proposé AKISKAL (1973a), la résultante de différents processus convergeant dans les régions du diencéphale, responsable de la modulation de l'éveil et de l'humeur, de la motivation et de l'activité psychomotrice. La forme clinique particulière prise par le syndrome chez un individu donné dépendrait de l'interaction de plusieurs facteurs comme la vulnérabilité génétique, les événements marquants dans le développement de la personnalité, les stresseurs psychosociaux précédant l'épisode morbide, les stresseurs physiologiques et les traits de personnalité. AKISKAL (1973b) a tenté d'élaborer une compréhension clinique globale de la dépression, intégrant divers modèles conceptuels. Nous allons ici plutôt énoncer les principales théories qui permettent une compréhension globale et ouverte de l'étiopathogénie d'une maladie affective.

15.4.1. ÉTUDES GÉNÉTIQUES

La transmission héréditaire de la psychose maniaco-dépressive fut postulée dès la première description de ce syndrome par KRAEPELIN en 1895. Il avait observé, en effet, « des tendances dépressives chez 37 % des parents de ses patients maniaco-dépressifs ».

La preuve d'une transmission génétique, non reliée à l'influence de l'environnement, repose sur des études où l'on a comparé des jumeaux homozygotes et des jumeaux hétérozygotes, et sur des études où l'on a comparé les parents biologiques et les parents adoptifs de patients maniaco-dépressifs adoptés en bas âge.

Les études d'adoption de jumeaux permettent de découvrir s'il existe une vulnérabilité à une pathologie donnée, due à l'existence d'une influence génétique. Les études de familles apportent une certaine preuve de la transmission héréditaire d'une pathologie et, ainsi, permettent la vérification d'hypothèses sur le mode de transmission génétique impliqué (dominant, récessif ou polygénique).

Les études de jumeaux effectuées au cours des cinquante dernières années montrent clairement l'existence d'une composante génétique dans les maladies affectives (GERSHON, 1985). On a en effet observé une différence très nette entre la concordance élevée de la maladie chez des jumeaux homozygotes (50 à 93 %) et la concordance beaucoup moindre chez les hétérozygotes (15 à 25 %). BERTELSEN (1979), utilisant le registre danois pour retracer les paires de jumeaux du même sexe nés

entre 1870 et 1920, a pu montrer dans son étude que le degré de concordance est relié à la sévérité de la maladie de la façon suivante :
— les jumeaux homozygotes bipolaires I (dépression alternant avec manie) ont un taux de concordance de 80 % ;
— les jumeaux homozygotes bipolaires II (dépression alternant avec hypomanie) ont un taux de concordance de 78 % ;
— les jumeaux homozygotes unipolaires ayant présenté au moins trois épisodes dépressifs ont un taux de concordance de 59 % ;
— les jumeaux homozygotes unipolaires ayant présenté moins de trois épisodes dépressifs ont un taux de concordance de 33 %.

Fait intéressant, si, dans la très grande majorité des cas de jumeaux homozygotes, on a noté une concordance pour l'existence d'une maladie affective et une concordance pour la bi- ou l'unipolarité, on a pu cependant déceler quelques paires de jumeaux homozygotes dont l'un souffrait de trouble affectif unipolaire et l'autre de trouble affectif bipolaire. Ce fait soulève donc la possibilité qu'un tableau clinique unipolaire et bipolaire puisse être associé au même bagage génétique.

On a également observé que des enfants adoptés, issus de parents biologiques atteints d'une maladie affective, présentaient une fréquence beaucoup plus élevée de troubles affectifs que des enfants adoptés, issus de parents biologiques atteints d'un trouble psychiatrique autre ou non atteints de maladie mentale.

MENDLEWICZ et RAINER (1977) ont effectué une étude portant sur 29 enfants adoptés qui ont développé un trouble bipolaire. Les auteurs ont observé une incidence de 31 % de maladies affectives chez les parents biologiques de ces enfants, par rapport à 12 % chez les parents adoptifs. Le risque de morbidité hérité par ces enfants adoptés était comparable au risque trouvé chez des patients atteints d'un trouble bipolaire élevés par leurs parents biologiques (26 %). Par ailleurs, le risque de développer une maladie affective chez des personnes nées de parents normaux est de 2 % si elles ont été élevées par leurs parents biologiques et de 9 % si elles ont été adoptées.

De nombreuses études familiales effectuées au cours des vingt dernières années ont montré que, par rapport à la population en général, le risque de développer un trouble affectif unipolaire ou bipolaire s'accroît si l'enfant est élevé en présence d'un parent au premier degré atteint d'un trouble affectif bien identifié :
— la parenté au premier degré d'un patient *bipolaire* présente un risque variant, selon les études, de 5 à 15 % de souffrir d'un trouble bipolaire et de 5 à 20 % de souffrir d'un trouble unipolaire ;
— la parenté au premier degré d'un patient *unipolaire* identifié présente un risque variant, selon les études, de 0,1 à 4 % de souffrir d'un trouble bipolaire (risque similaire au risque observé dans la population en général) et de 6 à 18 % de souffrir d'un trouble unipolaire.

Si les données mentionnées ci-dessus confirment indéniablement l'existence d'une composante génétique dans les maladies affectives, la plupart des auteurs estiment que c'est probablement la vulnérabilité à cette maladie qui est transmise.

Les études génétiques effectuées au cours des dernières années avaient pour but d'établir le mode de transmission génétique. Diverses hypothèses en ont résulté :
— gène unique dominant avec pénétrance incomplète (KALLMAN, 1952) ;
— gène situé sur le bras court du chromosome X, à proximité du gène responsable du daltonisme (WINOKUR, 1969) ;
— association de la maladie affective avec la transmission de l'antigène AHLA-BW16 situé sur le bras court du chromosome 6 (SHAPIRO, 1976) ;
— localisation d'un gène dominant situé sur le bras court du chromosome 11, responsable

d'une prédisposition à la dépression bipolaire dans la communauté Amish (EGELAND, 1987).

Cependant, le peu de données actuellement disponibles n'autorisent pas encore de conclusion valide quant à la localisation, au mode de transmission, à la pénétrance du défaut génétique. En outre, la nature de l'anomalie biologique transmise demeure encore plus hypothétique et n'a pas encore été identifiée avec un degré de certitude satisfaisant.

Certains auteurs suggèrent une transmission génétique différente pour la dépression unipolaire et la maladie affective bipolaire ; mais d'autres, au contraire, sont d'avis qu'il existe dans la famille des déprimés un « spectre affectif allant de la personnalité cyclothymique au trouble schizo-affectif » (WINOKUR, 1974).

15.4.2. THÉORIES PSYCHODYNAMIQUES

THÉORIES PSYCHANALYTIQUES

On retrace les premières contributions psychodynamiques à la genèse des états dépressifs, au début du XXe siècle, dans les travaux d'ABRAHAM et de FREUD. Par la suite, de nombreux auteurs se sont penchés sur l'étiologie de la dépression, dont KLEIN, JACOBSON, BIBRING, SPITZ et BOWLBY. Des psychanalystes classiques aux tenants de la psychologie du Moi, d'innombrables formulations se sont succédé, où l'on a tenté d'expliquer la dépression par des traumatismes ou des carences infantiles, par des conflits entre les instances inconscientes du Moi et du Surmoi, par des fixations à des stades de développement précoce ou encore par une hypertrophie de certains mécanismes de défense primitifs. La revue détaillée de ces théories dépasse le cadre du présent chapitre. Le lecteur intéressé pourra consulter à cet effet la revue des principales contributions de l'école psychanalytique, réalisée par ROBERTSON (1979, a et b).

S'il existe des divergences entre les différentes théories psychanalytiques de la dépression, on y trouve des notions communes : les pertes d'objets et les carences, qu'elles soient réelles ou fantasmatiques, viennent appauvrir l'espace intérieur de la personne ; le sentiment de vide, le retournement de ses pulsions agressives contre soi pourraient être déterminants dans l'apparition de la dépression ; l'ambivalence (la coexistence de l'amour et de la haine envers un même objet), la culpabilité, le sentiment d'autodévalorisation et le désarroi rendraient difficile la réparation des dommages inconscients.

Pour MELANIE KLEIN (1964), certains sujets sont incapables de vivre une position dépressive et ne peuvent alors réparer suffisamment leur sentiment de manque intérieur. Le besoin de réparation est central dans la théorie kleinienne. Ces sujets peuvent feindre d'avoir tout réparé intégralement, faire comme si rien ne s'était passé dans leur position paranoïde antérieure ; mais cet effort de négation n'aurait d'autre but que de diminuer leur douleur dépressive.

Il semble par ailleurs que l'existence de traits de personnalité dépendante, de névrotisme pourrait prédisposer à la dépression.

L'exploration, dans le cadre de la relation psychothérapeutique, de l'agressivité non exprimée par le patient déprimé est considérée comme la pierre angulaire du traitement par plusieurs auteurs. Cette démarche est souvent bénéfique dans la dépression mineure. À l'inverse, dans le trouble affectif unipolaire ou bipolaire, l'approche psychothérapeutique d'orientation analytique ne semble pas modifier le cours de la maladie. On a même rapporté que l'aide thérapeutique la plus profitable pouvait alors être le soutien offert par le conjoint pendant l'épisode dépressif du patient.

THÉORIES COMPORTEMENTALES ET COGNITIVES

Les théories comportementales de la dépression comprennent le modèle cognitif de BECK (1979) et les modèles comportementaux de SELIGMAN (1967) (voir aussi le chapitre 42).

Pour BECK, la dépression est causée par des perturbations du processus de la pensée (cognitions), qui sont des attentes négatives. La « triade dépressive » englobe une perception négative de soi (*worthlessness*), une interprétation négative de ses expériences de vie (*helplessness*) et une vision négative de l'avenir (*hopelessness*). Le désarroi et le désespoir qui en découlent constituent l'essence du vécu dépressif (voir la section 42.4.2.).

SELIGMAN soutient pour sa part, dans son hypothèse de l'« impuissance apprise » (*learned helplessness*), que la dépression est due à des stimuli aversifs incontrôlables devant lesquels le sujet a appris avec le temps et l'expérience vécue qu'il n'y avait pas d'issue, donc aucun soulagement possible. Une telle perception laisse donc le sujet désarmé, découragé, passif, convaincu qu'il ne peut rien changer à son état. Même si la situation extérieure se modifie, il ne fournit pas de réponses appropriées aux nouveaux stimuli et continue ainsi de se comporter selon des schèmes anciens et maintenant inadaptés à la situation nouvelle.

Ces comportements répétitifs basés sur des cognitions « dépressogènes », décrits par BECK et SELIGMAN, pourraient de plus être maintenus par le sujet afin d'adopter un « rôle de malade » et d'en tirer des gains secondaires appréciables.

15.4.3. THÉORIES SOCIOPHILOSOPHIQUES

Le sociologue voit la dépression comme une conséquence de la structure sociale qui rendrait certains de ses membres plus vulnérables en raison de la faiblesse de leur statut social. L'exemple typique serait la ménagère d'âge moyen, sans emploi rémunérateur, n'ayant aucun véritable contrôle sur sa destinée.

Pour le philosophe existentialiste, la dépression n'est que la conséquence logique de la prise de conscience, par l'individu, du fait que le monde n'a plus aucun sens et que la vie ne mène nulle part.

15.4.4. THÉORIES NEUROBIOLOGIQUES

C'est le caractère « endogène » qui, depuis toujours, a suggéré la présence d'une altération biologique dans les maladies affectives majeures. En effet, la mélancolie demeure, pour beaucoup de cliniciens, synonyme de maladie biologique composée d'un ensemble de perturbations touchant les fonctions neurovégétatives et ayant une évolution et une réponse favorables à un traitement biologique.

FREUD lui-même, à la suite d'HIPPOCRATE et de KRAEPELIN, supposait l'existence d'une anomalie biologique dont la mise en lumière fournirait une base biologique à sa formulation psychodynamique.

ANOMALIES ÉLECTROLYTIQUES

Dans les premières investigations biologiques de la psychose maniaco-dépressive, on tenta de mettre en évidence une anomalie de la distribution des ions dans les compartiments intra- et extracellulaires. À l'heure actuelle, aucune preuve formelle ne soutient l'hypothèse qu'une altération de la balance ionique puisse être un agent causal de la maladie affective majeure.

La découverte de l'efficacité du lithium a néanmoins donné une impulsion à la recherche biologique et, dans de nombreuses études, on a pu démontrer l'existence d'une anomalie du transport transmembranaire du lithium dans la cellule érythrocytaire. Le ratio du lithium érythrocytaire est défini comme le rapport entre la concentration de lithium dans l'érythrocyte et sa concentration dans le plasma. Ce ratio est relativement stable chez un même individu et serait en partie sous contrôle génétique (OSTROW, 1978). Diverses études bien

documentées ont pu établir une augmentation du ratio érythrocytaire du lithium chez un sous-groupe de patients bipolaires. Certains auteurs ont formulé l'hypothèse que, chez les patients bipolaires, une anomalie du transport transmembranaire du sodium puisse être reliée à l'apparition de la maladie (DORUS, 1979).

ANOMALIES NEUROENDOCRINIENNES

L'endocrinologie fut le second cheval de bataille des chercheurs intéressés à la biologie de la dépression. L'hypothalamus contrôle la libération des hormones hypophysaires. De plus, l'hypothalamus reçoit une riche innervation monoaminergique. Ainsi, l'approche neuroendocrinienne permet d'évaluer chez l'homme, de façon non invasive, la sensibilité neuronale aux monoamines.

Les premiers rapports de GIBBONS (1964) montrant une élévation des cortico-stéroïdes chez les patients déprimés furent confirmés par ceux d'autres investigateurs. On a pu établir qu'il existait chez le déprimé une anomalie de l'inhibition circadienne de la sécrétion d'ACTH. Le test de suppression à la dexaméthasone confirme ces travaux. On sait que l'administration de 1 ou 2 mg de dexaméthasone (Decadron®) exerce normalement un freinage de la production de cortisol pendant environ 24 heures. De 40 à 50 % des patients atteints d'une maladie affective majeure montrent un échappement à ce freinage (CARROLL, 1982). L'absence de freinage à la dexaméthasone n'est cependant pas spécifique aux maladies affectives majeures. En outre, on n'a pu relier la positivité de ce test à une anomalie génétique, ni aux différentes phases de la maladie, ni à la réponse au traitement. Si certains considèrent que les niveaux anormalement élevés de cortisol plasmatique sont liés plutôt au degré d'anxiété et de désorganisation qu'au trouble de l'humeur lui-même, d'autres pensent qu'ils sont un indice d'un dérèglement physiologique inhérent au trouble de l'humeur. De plus, il n'est pas certain que la concentration du cortisol rachidien soit corrélée avec celle du cortisol plasmatique et l'on a même rapporté une concentration diminuée de cortisol dans le cerveau des déprimés. De nombreuses autres études neuroendocriniennes ont été effectuées, mais nous ne retiendrons que les résultats concernant l'hormone de croissance, la TSH et la prolactine.

La réponse de l'hormone de croissance à une hypoglycémie provoquée par l'administration d'insuline est réduite chez certains déprimés (MUELLER, 1969). Les différentes autres stimulations par l'amphétamine, la clonidine et la désipramine ont également permis d'observer un émoussement de la réponse physiologique de l'hormone de croissance.

La libération de la TSH, induite par l'administration intraveineuse de TRH, est moindre que la réponse qu'on attendrait normalement chez 25 à 35 % des patients présentant une maladie affective majeure, qu'elle soit unipolaire (EXTEIN, 1981) ou bipolaire, en phase dépressive ou maniaque (KIRKE-GAARD, 1978).

L'administration intraveineuse de L-tryptophane, le précurseur alimentaire de la sérotonine, produit une augmentation de la prolactine. Cette augmentation est moindre chez les patients déprimés unipolaires que chez des volontaires sains ; toutefois, cette réponse diminuée en prolactine peut être corrigée par un traitement antidépresseur — désipramine ou amitriptyline (CHARNEY, 1984). L'effet des antidépresseurs tricycliques est vraisemblablement attribuable à la sensibilisation des récepteurs postsynaptiques sérotoninergiques. De tels résultats suggèrent que le système sérotoninergique soit hypofonctionnel dans la dépression et que le traitement antidépresseur corrige cette anomalie.

En conclusion, nous pouvons dire que de multiples anomalies neuroendocriniennes ont été analysées dans différentes études menées auprès de patients porteurs d'une maladie affective majeure. Bien qu'aucune de ces anomalies n'ait été retrouvée chez *tous* les patients souffrant d'une maladie affective majeure, et qu'aucune non plus n'ait été encore démontrée comme pathognomonique, il reste néanmoins que ces données indiquent la présence de dysfonctions neurobiologiques chez ces patients, vraisemblablement reliées à l'apparition de la maladie.

HYPOTHÈSES MONOAMINERGIQUES

C'est à partir d'observations pharmacologiques cliniques qu'on formula les hypothèses monoaminergiques de la dépression vers la fin des années 1960. En premier lieu, on avait rapporté des dépressions provoquées par la réserpine, un déplétéur monoaminergique chez des hypertendus. En second lieu, les deux types de substances efficaces dans le traitement de la dépression, soit les antidépresseurs tricycliques et les inhibiteurs de la monoamine-oxydase, avaient en commun la propriété d'augmenter l'efficacité des systèmes monoaminergiques : les premiers en bloquant le récaptage au niveau des terminaisons synaptiques, les seconds en diminuant la dégradation des monoamines. Ce sont ces observations qui ont servi de base à SCHILDKRAUT (1965) aux États-Unis et à COPPEN (1967) en Angleterre pour formuler leur hypothèse d'une diminution de l'efficacité de la transmission synaptique monoaminergique dans la dépression et d'une augmentation dans la manie.

Au début, les chercheurs tentèrent de déceler une anomalie présynaptique, c'est-à-dire une anomalie du système monoaminergique ; on recherchait alors un déficit dans la cellule émettrice responsable de la synthèse de la norépinéphrine ou de la sérotonine. Ces travaux conduisirent à des résultats souvent contradictoires : certains rapportèrent une diminution du métabolite principal de la sérotonine, le 5-HIAA (5-hydroxy-indol-acetic-acid), dans le liquide céphalo-rachidien des déprimés ; d'autres ne purent mettre en évidence de différence entre les déprimés et les sujets témoins (VAN PRAAG, 1984).

Des études concernant les métabolites de la norépinéphrine dans le liquide céphalo-rachidien se soldèrent aussi par des résultats contradictoires (Post, 1984). On a par la suite tenté de rapprocher certains de ces résultats en faisant entrer en ligne de compte des facteurs techniques (utilisation ou non du probénécide (Benemid®), inclusion, dans l'étude, de malades à des époques différentes de leur maladie, etc.), mais sans grand succès. Les seules conclusions que permettent de tirer l'ensemble de ces travaux sont les suivantes :

— premièrement, le métabolite principal de la sérotonine, le 5-HIAA, diminue dans le liquide céphalo-rachidien d'un sous-groupe de déprimés qui ne peuvent cependant pas être distingués cliniquement des patients avec un 5-HIAA normal ;

— deuxièmement, le métabolite principal de la norépinéphrine centrale, le MHPG (3-méthoxy-4-hydroxy-phényléthylène-glycol), est diminué dans l'urine d'un sous-groupe de déprimés qui ne sont pas non plus symptomatiquement distincts des déprimés avec un MHPG normal (il est à noter qu'on n'a pu établir que les déprimés avec un MHPG abaissé étaient plus susceptibles d'avoir un 5-HIAA diminué et vice versa) ;

— troisièmement, ces deux anomalies ne semblent pas être directement liées à l'état clinique, puisqu'elles ne se corrigent pas toujours au cours de la rémission spontanée ou thérapeutique ;

— quatrièmement, les métabolites de la norépinéphrine et de la sérotonine ne sont pas anormalement élevés dans la manie.

Même si elles n'apportent pas de confirmation définitive à l'une ou l'autre des hypothèses monoaminergiques, les observations précitées ne les réfutent pas pour autant. Ces hypothèses postulent une diminution de l'efficacité des systèmes monoaminergiques dans les régions cérébrales responsables du contrôle de l'affect. D'une part, chez l'homme, on est actuellement dans l'impossibilité de mesurer le taux de renouvellement (*turnover*) réel de ces amines, et encore moins leur efficacité. D'autre part, les régions cérébrales en cause dans le contrôle de l'humeur ne sont pas

encore bien identifiées ; même si elles l'étaient, on ne dispose pas de techniques permettant d'investiguer l'efficacité ou le métabolisme régional des monoamines chez l'homme, sauf pour certaines fonctions neuroendocriniennes de l'hypothalamus sous le contrôle des systèmes monoaminergiques.

L'échec relatif des efforts déployés par les chercheurs en vue de déceler une anomalie présynaptique a suscité une réorientation de la recherche vers les récepteurs aminergiques postsynaptiques. Nous avons déjà mentionné à ce chapitre l'utilisation du paradigme endocrinien. Une autre approche utilisée a été l'étude des effets postsynaptiques des substances thérapeutiques. Vetulani et Sulser (1975) ont mis en évidence, au moyen d'une méthode biochimique *in vitro*, une diminution de l'efficacité de la norépinéphrine au niveau du système limbique prosencéphalique par l'administration chronique d'antidépresseurs. Cette observation les a conduits à énoncer une hypothèse inverse à celle originellement formulée par Schildkraut, soit une efficacité anormalement élevée du système noradrénergique dans la dépression, due à une hypersensibilité du récepteur postsynaptique. Par ailleurs, nous avons pu déceler électrophysiologiquement, *in vivo*, une sensibilisation du récepteur prosencéphalique sérotoninergique par l'administration chronique d'antidépresseurs (de Montigny, 1978). Cette dernière observation concorde avec l'abolition de la rémission thérapeutique pharmacologique par la para-chlorophénylanine (un inhibiteur de la synthèse de la sérotonine) rapportée par Shopsin (1975).

Des études chez l'animal ont également montré que l'administration d'une série d'électrochocs avait un effet similaire aux tricycliques et sensibilisait les neurones postsynaptiques à la sérotonine. On a également établi que l'administration chronique d'inhibiteurs de la monoamine-oxydase produisait une augmentation de la neurotransmission sérotoninergique. Enfin, on a pu démontrer chez l'animal que l'efficacité de la neurotransmission sérotoninergique était augmentée par le lithium, ce qui a débouché sur une application thérapeutique dans le champ de la psychopharmacologie humaine. Ces études fondamentales nous permettent donc de conclure que l'ensemble des traitements biologiques efficaces dans la dépression majeure augmente la neurotransmission sérotoninergique (BLIER, 1985).

Bien que ces observations ouvrent de nouvelles voies étiologiques et thérapeutiques, nous devons rappeler qu'elles n'ont qu'une valeur indicative quant à l'étiologie de la maladie. En d'autres termes, même s'il était démontré que les antidépresseurs exercent leurs effets cliniques via un système donné, on ne pourrait pas pour autant conclure à une anomalie de ce même système ni considérer cette anomalie comme cause de la dépression.

15.5.
APPROCHE THÉRAPEUTIQUE

15.5.1. DÉPRESSION

La décision thérapeutique ne peut être prise qu'après l'identification de la nature du processus dépressif en cause. En tout premier lieu, on doit établir si la dépression est primaire ou secondaire.

Dans le cas d'une **dépression secondaire**, c'est la condition initiale qu'il faudra traiter. Ainsi, chez un schizophrène qui manifeste des symptômes dépressifs, c'est la schizophrénie qui devra d'abord être traitée avec un neuroleptique. De même, l'hypothyroïdien déprimé devrait être traité d'abord pour sa condition endocrinienne. Si on soupçonne une dépression pharmacologique chez un malade traité avec des antihypertenseurs (par exemple la réserpine, le propranolol), le phénomène dépressif surimposé s'améliorera souvent après un ajustement de la médication en cause. Le clinicien observera l'évolution sur une période assez longue avant d'instaurer une thérapeutique antidépressive.

S'il s'agit d'une **dépression primaire**, on doit déterminer le caractère pathologique ou « normal » du syndrome dépressif. En effet, une dépression de brève durée, même sévère, survenant après la perte d'un être cher ne sera pas considérée comme pathologique. Sans aucune intervention pharmacologique, le sujet récupérera spontanément. Si une aide psychothérapeutique de soutien et une pharmacothérapie anxiolytique ponctuelle peuvent être jugées utiles pour faciliter le travail de deuil et soulager l'état d'angoisse du patient dans certains cas, un traitement pharmacologique à long terme est habituellement contre-indiqué dans le cas d'un trouble de l'adaptation avec affect dépressif.

Dans le cas d'une **dépression primaire pathologique**, on doit d'abord établir une distinction entre une dépression majeure (trouble affectif majeur selon le DSM-III-R) et une dépression mineure (autres troubles affectifs spécifiques, ou troubles dépressifs non spécifiés selon le DSM-III-R), puisque la réponse thérapeutique diffère radicalement. De plus, le DSM-III-R facilite la tâche du clinicien par une liste claire et détaillée des critères d'inclusion et d'exclusion. Cependant, on ne doit pas perdre de vue que, malgré la clarté et la précision des critères donnés, c'est en dernier ressort l'expérience et le jugement du clinicien qui assurent la qualité du diagnostic.

DÉPRESSION MINEURE

Intervention psychothérapeutique

Il est toujours plus satisfaisant, tant pour le chercheur qui étudie un médicament nouveau que pour le clinicien dans sa pratique quotidienne, de pouvoir déterminer avec un certain degré de certitude l'effet des mesures thérapeutiques adoptées. Dans le cas de la dépression mineure, l'expérience nous a montré qu'il est préférable, chez la majorité des patients, de limiter au moins initialement l'intervention thérapeutique à l'établissement d'une relation empathique. En effet, la plupart des patients souffrant de dépression mineure répondent favorablement au soutien apporté par un psychothérapeute bienveillant. Une fois le transfert positif établi, l'interprétation (ou la mise à jour) des pulsions agressives dans le cadre du contexte transférentiel peut porter ses fruits.

L'expression de l'agressivité est cependant une tâche délicate en psychothérapie ; le clinicien doit pouvoir la contrôler dans le contexte transférentiel. Ainsi, on ne doit pas inciter le patient à manifester une agressivité intempestive dans toutes sortes de situations sociales ni contre des figures familiales significatives même s'il ressent une forte rancœur. Le patient qui devient trop manifestement agressif risque de se faire rejeter par ses proches ou encore de se sentir coupable d'avoir été hostile à ce point.

Kohut (1966) a posé l'hypothèse selon laquelle, dans un premier temps, la blessure narcissique associée à la dépression deviendrait moins cuisante par l'identification du patient au thérapeute ou encore par l'appropriation (d'où l'expression « mon » docteur) du « bon » thérapeute par le patient. Ce serait seulement une fois cette douleur calmée grâce au soutien transférentiel que les pulsions agressives pourraient être assumées. La thérapie cognitive est cependant la forme de psychothérapie où l'efficacité a été le mieux démontrée pour soulager le patient de sa dépression et prévenir les rechutes (voir le chapitre 42).

Quoi qu'il en soit, le recours immédiat à un anxiolytique ne se justifie que dans de rares cas où l'anxiété du patient atteint un niveau intolérable. D'ailleurs, on doit bien réaliser que, même si le patient peut manifester envers le médecin une certaine hostilité devant son refus de lui prescrire une médication sédative, il perçoit souvent le recours immédiat aux anxiolytiques comme une forme de rejet (« Il préfère me donner des pilules plutôt que de m'écouter. ») ou encore comme une indication du manque de confiance du thérapeute dans l'efficacité de la relation thérapeutique.

Pharmacothérapie

Anxiolytiques

La prescription d'un anxiolytique est indiquée quand la relation thérapeutique ne parvient pas à réduire à elle seule l'anxiété à un niveau tolérable. Cette prescription devrait de toute façon être transitoire, en raison de la tolérance qui se produit pour tous les types d'anxiolytiques. Le médecin qui prescrit un anxiolytique doit également être attentif à la possibilité d'une aggravation du syndrome dépressif. Certains patients tirent en effet leur satisfaction de l'action et, s'ils devaient voir le rendement de leurs activités diminué à cause de l'effet sédatif de l'anxiolytique, ils pourraient se sentir plus angoissés, plus déprimés et plus dévalorisés. Il est possible également que certaines actions centrales des anxiolytiques, en particulier sur les systèmes monoaminergiques, puissent contribuer à l'aggravation des symptômes dépressifs. Mentionnons qu'on ne devrait pas prescrire des doses élevées d'anxiolytiques. En effet, la relation dose - effet n'est pas linéaire. Il est par exemple bien démontré que certaines benzodiazépines peuvent, à doses élevées, provoquer une réaction paradoxale et précipiter un épisode de panique.

Contrairement aux autres psychotropes (antidépresseurs et antipsychotiques), on devrait recommander au patient de limiter lui-même sa consommation d'anxiolytiques. La prescription d'une benzodiazépine, par exemple le lorazépam (Ativan®), à raison de 1 ou 2 mg p.r.n. ad t.i.d., améliore souvent le confort du patient au début du traitement, en attendant l'effet de l'antidépresseur dans les cas de dépression majeure. Non seulement cette façon de procéder est-elle pharmacologiquement valable, mais elle favorise une participation plus active du patient à son traitement.

On observe cependant parfois une aggravation du trouble chez un patient déprimé mineur, dans la première semaine qui suit le début d'un traitement anxiolytique. Le patient peut se sentir moins tendu, moins anxieux mais paraître beaucoup plus triste, pleurer souvent, se décrire comme beaucoup plus anergique et anhédonique. Ce changement dans le tableau clinique sera souvent interprété comme le dévoilement d'un état dépressif majeur qui était camouflé par une façade anxieuse. Le soulagement de l'anxiété par l'anxiolytique permet de préciser plus clairement un diagnostic de dépression majeure qui pourrait nécessiter un traitement antidépresseur.

Antidépresseurs

L'emploi d'un antidépresseur tricyclique dans la dépression mineure ne devrait être envisagé que si la réponse à la relation psychothérapeutique s'est révélée insatisfaisante. Il est en effet généralement reconnu que l'efficacité des tricycliques dans ce type de dépression est à peine supérieure à celle du placebo. Mentionnons aussi qu'une bonne réponse aux antidépresseurs devrait amener le clinicien à réexaminer son diagnostic, pour s'assurer qu'il n'est pas en présence d'un cas de dépression majeure.

DÉPRESSION MAJEURE

Hospitalisation

Le premier facteur dont le clinicien doit tenir compte pour conclure à la nécessité d'hospitaliser une personne déprimée est le risque suicidaire (voir le chapitre 21, section 21.10.). Des échelles d'évaluation ont été spécialement conçues à cette fin, mais il est généralement possible au clinicien d'évaluer avec une assez bonne précision l'ampleur de ce risque.

Quatre facteurs aggravent le risque suicidaire :

1) la dimension espoir - désespoir ;
2) la présence d'un délire de culpabilité, d'indignité ou des hallucinations auditives qui incitent le patient à se tuer ;
3) l'expression de désirs ou d'idées suicidaires, ou des tentatives de suicide lors d'épisodes antérieurs ;

4) l'absence d'un soutien familial ou social adéquat.

Un patient sévèrement déprimé, présentant un risque suicidaire élevé et des symptômes psychotiques, nécessite d'emblée une hospitalisation. Par ailleurs, lorsque le médecin opte pour un traitement externe, il importe qu'il informe le patient et sa famille du délai thérapeutique et des malaises dus aux effets secondaires de l'amorce d'un traitement antidépresseur. On peut ainsi prévenir une réaction de désespoir chez le patient qui constate que son état est inchangé, voire légèrement aggravé après une semaine ou deux de traitement. En prenant l'une ou l'autre décision, le clinicien doit tenir compte du fait que, malgré l'amorce immédiate d'un traitement avec un antidépresseur tricyclique, il est peu probable qu'une amélioration survienne en deçà de deux semaines. On constate souvent d'ailleurs que le traitement antidépresseur, en raison de ses effets secondaires, aggrave transitoirement la symptomatologie neurovégétative reliée à la dépression.

Pharmacothérapie

Antidépresseurs tricycliques*

Même si la dépression majeure constitue la première indication des antidépresseurs tricycliques, ceux-ci ne sont pas efficaces chez tous les patients. Les études les plus positives rapportent un taux de succès thérapeutique d'environ 80 %. Cependant, la réponse au placebo étant de l'ordre de 30 %, l'efficacité véritable des tricycliques se situe autour de 50 % (KLEIN, 1980). Le médecin devra donc entretenir chez le patient un espoir réaliste de soulagement grâce au traitement pharmacologique, mais l'établissement d'une relation thérapeutique positive conserve une importance capitale. Il faudra en effet qu'il répète au patient que le médicament antidépresseur le soulagera progressivement et que le trai-

---

* Voir aussi le chapitre 37.

tement devra être poursuivi tout au long de la durée de la maladie dépressive qui, de par son histoire naturelle, tend vers une rémission spontanée après environ un an.

L'histoire pharmacologique du patient constitue le premier facteur qui devrait guider le clinicien dans le choix d'un antidépresseur. En effet, en prescrivant à nouveau un antidépresseur qui s'est avéré efficace lors d'un épisode antérieur, on minimise le risque d'un échec thérapeutique. Il semble même qu'une bonne réponse à un médicament chez un membre de la famille accroisse la probabilité d'une bonne réponse à ce même médicament chez le patient. D'où la nécessité d'approfondir cette question auprès du patient ou des membres de sa famille. Par ailleurs, de nombreux patients rapportent avoir été traités antérieurement sans succès avec des antidépresseurs ; mais il apparaît souvent que la posologie prescrite était insuffisante.

Divers principes pharmacologiques peuvent également guider le médecin. Pour des patients dont l'anxiété est élevée, certains recommandent l'emploi de composés tertiaires (telles l'amitriptyline ou l'imipramine) en raison de leur effet sédatif. Les composés secondaires (telles la désipramine ou la nortriptyline), qui peuvent avoir un effet stimulant, sont souvent préférés quand le ralentissement psychomoteur est marqué. Des études cliniques ont démontré l'innocuité relative de la nortriptyline, de la désipramine ou de la doxépine quant à leurs effets sur le système cardio-vasculaire.

En fait, tous les antidépresseurs actuellement offerts sur le marché, qu'ils soient de la première ou de la deuxième génération, ont une efficacité clinique équivalente. Le médecin sera donc porté à amorcer le traitement avec un médicament qu'il a l'habitude de prescrire et qu'il choisira en fonction des effets secondaires indésirables ou recherchés. Par exemple, chez un déprimé présentant de l'insomnie, il pourra opter pour un antidépresseur comme la doxépine ou l'amitriptyline, reconnues pour leur propriété sédative. Chez un patient présentant une hypertrophie prostatique, il pourra préférer un anti-

dépresseur comme la désipramine, reconnue pour sa faible activité anticholinergique.

Principalement à cause des effets secondaires, les doses doivent être augmentées progressivement pour la plupart des antidépresseurs ; la dose initiale ne devrait pas dépasser 100 mg die. Il est préférable, pour minimiser les effets secondaires au début du traitement, qu'on administre des doses quotidiennes fractionnées. On peut augmenter progressivement la médication à 150, 200 et même parfois 300 mg die en deux semaines. Quand la dose thérapeutique est atteinte, l'administration d'une dose unique au coucher simplifie la posologie (donc accroît l'observance) et réduit les effets secondaires diurnes. La protriptyline (Triptil®) et la nortriptyline (Aventyl®) sont prescrites à doses moindres : la dose de maintien est d'environ 100 mg die. Le traitement à la trazodone (Desyrel®) est amorcé à 50 mg t.i.d. et la dose de maintien usuelle est de 300 mg die, bien qu'une dose de 600 mg die soit parfois nécessaire. Notons qu'on doit ajuster la médication à mesure que le patient avance en âge. Habituellement, après 70 ans, on réduira les doses d'adulte de moitié et, après 80 ans, on les diminuera des deux tiers. Cependant, l'optimisation du traitement pharmacologique chez la personne âgée nécessitera parfois l'utilisation d'un dosage antidépresseur standard, à doses thérapeutiques habituelles, qui sera atteint plus graduellement afin de minimiser les effets secondaires.

Si, après trois semaines d'un traitement antidépresseur à dose thérapeutique, les symptômes dépressifs persistent, on pourra envisager diverses possibilités :

- Le patient ne prend pas sa médication. Un dosage sanguin indique alors le niveau sérique atteint.
- Le lithium potentialise l'effet de l'antidépresseur utilisé en augmentant la libération de sérotonine. Une dose de lithium de 300 mg t.i.d. est habituellement suffisante et bien tolérée (DE MONTIGNY, 1983). L'antidépresseur est maintenu à une dose thérapeutique. On a souvent constaté alors que

les symptômes dépressifs disparaissaient en quelques jours. Si tel est le cas, il est suggéré de maintenir la combinaison de lithium et d'antidépresseur pendant environ un mois. Par la suite, on poursuivra le traitement avec l'antidépresseur seul. Par contre, si l'ajout de lithium n'a pas amélioré les symptômes dépressifs après une semaine, il est habituellement superflu de prolonger la combinaison du lithium avec cet antidépresseur.

- La triiodothyronine peut aussi potentialiser les antidépresseurs tricycliques. Dans ce cas, une dose de Cytomel®, à raison de 25 à 50 µg die, est recommandée (GOODWIN, 1982).

- Après avoir fait un dosage sérique d'antidépresseur, on peut augmenter la dose jusqu'à 450 mg die si le patient la tolère bien. Cependant, la notion de « fenêtre thérapeutique », démontrée pour la première fois en 1977 avec la nortriptyline, pourrait s'appliquer à divers antidépresseurs. En effet, non seulement une dose trop faible, mais aussi une dose trop élevée peut se révéler inefficace. On doit alors ajuster la dose à l'intérieur d'un écart optimal.

La détermination systématique des niveaux plasmatiques d'antidépresseur se répand rapidement dans la pratique médicale. Il serait cependant prématuré que l'on fixe la posologie uniquement sur la foi du dosage sérique. La corrélation entre la réponse thérapeutique et le niveau plasmatique, si elle existe, n'est sûrement pas étroite. De plus, il y a une énorme variation de ces taux d'un individu à l'autre, ce qui rend difficile la formulation d'une règle générale. Donc, sauf quand on veut vérifier l'observance d'un patient quant à sa médication, la détermination du niveau plasmatique de tricycliques n'a pas encore sa place dans la pratique quotidienne (APA, 1985).

Une réponse différentielle au traitement à l'amitriptyline et à l'imipramine, selon l'excrétion urinaire de MHPG, fut rapportée par BECKMANN et GOODWIN (1975) chez les patients unipolaires. Cependant, le dosage du MHPG urinaire n'étant pas encore disponible dans les hôpitaux et ce rapport n'ayant pas encore été confirmé par des études prospectives, il n'y a pas lieu de penser immédiatement à une application clinique. On recommande, en cas d'absence de réponse à l'un des antidépresseurs après une période de plus d'un mois, de faire un essai thérapeutique avec un autre. On peut prescrire un tricyclique tertiaire (par exemple l'amitriptyline (Elavil®), l'imipramine (Tofranil®), la doxépine (Sinéquan®), la clomipramine (Anafranil®)), quand, dans un premier temps, un tricyclique secondaire (par exemple la désipramine (Pertrofane®, Norpramin®), la nortriptyline (Aventyl®), la protriptyline (Triptil®)) s'est révélé inefficace, et vice versa.

La présence de symptômes psychotiques au cours d'une dépression majeure pose un dilemme thérapeutique. Plusieurs des patients qui en présentent semblent répondre moins bien aux tricycliques que les déprimés non psychotiques. Jusqu'à preuve du contraire, il est raisonnable, dans ces dépressions résistant au traitement pharmacologique usuel, qu'on associe un neuroleptique et un tricyclique. Au moins théoriquement, le risque d'exacerbation des symptômes psychotiques comme le risque d'aggravation de la dépression comme telle sont amoindris. En l'absence de réponse favorable à cette association, l'état de la grande majorité de ces patients s'améliorera par l'électroconvulsivothérapie.

Quant à l'efficacité prophylactique des antidépresseurs, il existe une forte probabilité qu'elle soit significative (NIMH-NIH, 1985). Quand le patient a montré une récupération satisfaisante et stable pendant un mois ou plus, on peut réduire progressivement la dose du tiers, tous les deux mois. Il importe qu'on ramène la dose à son niveau antérieur aussitôt que des symptômes avant-coureurs réapparaissent, tels l'insomnie, la diminution de l'appétit, les pleurs, etc. Les ayant déjà vécus, le patient pourra souvent lui-même reconnaître de légers signes avant-coureurs (par exemple l'apparition de préoccupations financières) qui passeraient inaperçus aux yeux du clinicien. Ils disparaissent à nouveau rapidement lorsque l'antidépresseur est ramené à la dernière dose qui s'avérait suffisante pour contrôler tous les symptômes.

Inhibiteurs de la monoamine-oxydase

Les inhibiteurs de la monoamine-oxydase (IMAO) sont moins utilisés depuis le développement de l'arsenal thérapeutique des tricycliques. On a prétendu que certaines dépressions comportant d'importants éléments phobiques ou encore des dépressions dites « atypiques » pouvaient répondre particulièrement bien aux IMAO, mais ces observations demandent à être confirmées.

Les IMAO occupent donc une place de deuxième choix dans le traitement de la dépression (TOLLEFSON, 1983). On n'est pleinement justifié à les utiliser que dans les cas de dépression chronique sévère réfractaire aux tricycliques et à l'électroconvulsivothérapie. Les risques d'effets secondaires sont significativement plus élevés à cause de la possibilité d'une réaction hypertensive à la tyramine contenue dans plusieurs aliments et boissons. Toutefois, de nouveaux IMAO ne présentant pas ce risque de complications hypertensives sont actuellement en phase de développement.

Neuroleptiques

Dans quelques études psychopharmacologiques, on a suggéré que certains neuroleptiques, en particulier la thioridazine (Mellaril®), exerçaient une action antidépressive. En fait, cette propriété antidépressive est loin d'avoir été démontrée. La seule étude extensive faite avec un neuroleptique, la chlorpromazine (Largactil®), montre clairement que l'antipsychotique réduit l'anxiété et l'agitation mais qu'il n'améliore pas l'humeur (RASKIN, 1970). Par ailleurs, même si on pouvait démontrer un réel effet antidépresseur pour certains neuroleptiques, leur toxicité élevée à long terme devrait justifier l'utilisation préférentielle des antidépresseurs tricycliques dont la toxicité est moindre et l'efficacité bien établie.

Ces restrictions faites, soulignons que, dans certains cas où l'agitation et l'anxiété sont incontrôlables par des benzodiazépines, ou dans des cas où les symptômes psychotiques sont sévères, on pourra associer un neuroleptique à l'antidépresseur ; mais on devra maintenir la dose à un niveau minimal et faire cesser la prise de cette médication aussitôt qu'apparaissent les premiers signes d'amélioration des symptômes psychotiques associés à la dépression.

Électroconvulsivothérapie (ECT)*

La controverse qu'ont toujours suscitée les « électrochocs » n'est pas éteinte mais n'a plus la virulence d'antan. L'efficacité de la thérapie électroconvulsive est en effet généralement reconnue aujourd'hui, comme en font foi, par exemple, des rapports exhaustifs de la *British Psychiatric Association* et de l'*American Psychiatric Association*. On croit même que l'efficacité de la thérapie électroconvulsive est supérieure à celle de toute autre forme de traitements antidépresseurs actuels, ce qui ne justifie cependant pas le recours immédiat à cette thérapie pour tout déprimé majeur : l'anesthésie qu'on utilise maintenant de routine à chaque traitement électroconvulsif et l'ECT elle-même affectent en effet la mémoire ; on sait toutefois que l'emploi d'une électrode unilatérale placée du côté de l'hémisphère non dominant diminue considérablement cette altération de la mémoire. Enfin, on évalue le risque de mortalité entre 3 et 6 pour 100 000 interventions, ce qui représente un taux inférieur à celui de la plupart des interventions chirurgicales mineures, taux négligeable si l'on considère le risque suicidaire élevé que présentent certains patients pendant la phase de délai de l'action thérapeutique des antidépresseurs.

Comme le délai d'efficacité de l'ECT est plus court que celui de la médication antidépressive, on

---

* Voir aussi le chapitre 37, section 37.12.

peut décider de l'utiliser comme traitement de premier recours dans trois circonstances :

1) lorsqu'un risque suicidaire est trop élevé même en milieu hospitalier ;

2) lorsqu'une souffrance morale extrême est jugée trop intense pour en retarder le soulagement ;

3) lorsqu'il y a absence de réponse aux traitements pharmacologiques administrés à dose thérapeutique, après un délai minimal de trois à six semaines.

On peut considérer les points de repère suivants pour préciser les indications de l'électro-convulsivothérapie :

1) une bonne réponse antérieure à ce traitement, alors que la pharmacothérapie avait eu peu d'efficacité ;

2) la présence de symptômes psychotiques, de délire somatique ou de nihilisme ;

3) enfin, l'existence d'une contre-indication relative ou absolue à l'utilisation de médicaments antidépresseurs, une maladie cardio-vasculaire sérieuse, une grossesse ou d'autres problèmes médicaux qui pourraient contre-indiquer un essai thérapeutique adéquat avec les antidépresseurs.

15.5.2. MANIE

Le patient en phase maniaque représente peut-être le défi thérapeutique le plus exigeant pour le praticien de service à l'urgence. Quiconque a l'expérience de ce type de patient en état de manie franche saura que tout essai de « raisonner » le malade est peine perdue. La seule attitude valable à adopter dans ces cas en est une de fermeté, mais on évitera cependant de provoquer le patient irritable en le contredisant ou en le menaçant. Il est d'ailleurs surprenant de constater comment un patient jugé incontrôlable répond positivement au clinicien qui se borne à lui répéter calmement mais fermement qu'il a besoin d'un traitement et qu'on le lui donnera.

Pharmacothérapie

On doit procéder au contrôle de l'agitation psychomotrice extrême dans les plus brefs délais afin de protéger aussi bien le patient que son entourage. L'utilisation de moyens de contention par une équipe spécialisée est souvent nécessaire. Si le patient accepte de prendre une médication per os, le clonazépam (Rivotril®), à raison de 1 ou 2 mg, produit une sédation de quelques heures. On répétera la prise t.i.d. ou q.i.d. pendant quelques jours, en attendant que le lithium exerce son effet thérapeutique. Puis on augmentera progressivement le dosage jusqu'à 12 ou 16 mg par jour, en doses fractionnées, à cause de la tolérance rapide à l'effet sédatif de cette benzodiazépine.

L'administration parentérale ou per os de doses relativement fortes et répétées de neuroleptique est parfois nécessaire si le patient refuse le clonazépam per os ou si cette benzodiazépine ne parvient pas à contrôler son agitation. Par exemple, on peut administrer une première dose de 5 mg d'halopéridol (Haldol®) intramusculaire ou per os à un patient de poids normal et, s'il ne se produit pas de dystonie sévère ni de variation de la tension artérielle, on pourra administrer, si nécessaire, une seconde dose semblable une heure plus tard. Dans certains cas extrêmes, quand le patient s'épuise ou risque de blesser des gens à cause de son agitation désordonnée, cette dose peut être répétée toutes les heures jusqu'à ce que l'agitation diminue. Le patient devrait rester alité pendant cette phase initiale de sédation à cause des risques d'hypotension orthostatique et de chutes.

Dès que le patient accepte, on peut administrer une médication par la voie orale (clonazépam avec ou sans halopéridol), ce qui le maintiendra calme sans induire trop de somnolence. L'ajout du lithium à ce traitement doit être fait le plus tôt possible afin de minimiser l'exposition du patient au neuroleptique.

Bien qu'il y eût autrefois une controverse à ce sujet, on administre maintenant de routine un antiparkinsonien avec un neuroleptique incisif comme l'halopéridol. Au départ, on prescrit habituellement de la procyclidine (Kemadrin®) à raison de 5 mg b.i.d. ou t.i.d. Mais on n'hésitera pas à augmenter la dose de cet anticholinergique à 30 ou 40 mg par jour en doses fractionnées, pour éviter au patient des dystonies ou une akathisie désagréables. En cas de dystonie aiguë, une injection intramusculaire de diphénhydramine (Benadryl®), à raison de 25 ou 50 mg, contrôlera les symptômes extrapyramidaux en plus d'induire une sédation due à sa propriété antihistaminique.

Lithium *

L'efficacité thérapeutique et prophylactique du lithium dans le traitement du trouble affectif bipolaire n'est plus à démontrer. L'évolution naturelle de cette maladie occasionne en moyenne un ou deux épisodes aigus de dépression ou de manie par année (nécessitant souvent une hospitalisation), sans compter les conséquences néfastes, sur les plans psychologique et social, qui en découlent. La lithothérapie espace les rechutes en moyenne de cinq ans et en diminue l'intensité.

Avant d'entreprendre un traitement au lithium, on doit évaluer :
— la fonction rénale, surtout la filtration, car le lithium est presque entièrement éliminé par le rein (Il y a quelques années, des rapports alarmistes à propos de la néphrotoxicité du lithium ont été publiés. Cependant, depuis lors, on a bien démontré que, si le lithium peut effectivement induire, chez 10 à 20 % des patients traités chroniquement, des changements morphologiques au niveau du rein (atrophie du néphron, fibrose interstitielle focale, sclérose glomérulaire, vacuolisation dans les cellules du tubule distal et du tubule collecteur), il n'existe pas de preuves que de tels changements réduisent le taux de filtration glomérulaire ou provo-

quent une insuffisance rénale (VESTERGAARD, 1982).) ;
— la fonction cardiaque, car le lithium déséquilibre la balance K/Na et peut aggraver un trouble du rythme cardiaque ;
— la fonction thyroïdienne, car le lithium cause dans 15 % des cas un goitre hypo- ou euthyroïdien qui sera d'ailleurs facilement corrigé par du Synthroïd®.

Ces tests devront être répétés au moins chaque année pendant toute la durée du traitement au lithium.

On amorce habituellement le traitement au lithium avec une dose de 300 mg t.i.d. Puis on ajuste la dose jusqu'à obtention d'une concentration plasmatique de 1 mmol/l.

On constate souvent une réduction de l'expansivité maniaque en deux ou trois semaines et on peut alors diminuer et même cesser la médication sédative concomitante.

Après un premier épisode maniaque, on préconise un traitement prophylactique au lithium pour une durée d'environ un an. Après cette période, il faudra envisager avec le patient les risques de continuer ou de cesser la lithothérapie. On considérera en particulier la gravité d'une rechute dans la vie professionnelle et sociale du patient. Il est primordial qu'on informe bien le patient et sa famille des symptômes précurseurs et qu'on les incite à consulter rapidement en cas de récidive.

Si le patient a déjà présenté plus d'un épisode, on connaît alors mieux la fréquence des récurrences de sa maladie et on est en meilleure position pour évaluer la nécessité d'une lithothérapie prophylactique à long terme.

Électroconvulsivothérapie

La nécessité de recourir à la thérapie électroconvulsive est beaucoup plus rare dans le traitement de la manie que dans celui de la dépression. En effet, les épisodes d'agitation maniaque sont habituellement contrôlés par l'administration con-

---

* Voir aussi le chapitre 38.

comitante de lithium et de clonazépam, auxquels on ajoute parfois de l'halopéridol.

15.6.
CONCLUSION

Les maladies affectives demeurent, en raison de leur prévalence et de leur morbidité, un des problèmes médicaux les plus sérieux. La recherche a permis de grands progrès dans la compréhension et le traitement de ces entités cliniques, grâce à une approche bio-psycho-sociale. Il persiste néanmoins beaucoup de préjugés et d'ignorance à ce sujet dans la population qui est d'autant privée des soins appropriés. Mais l'information populaire diminuera progressivement l'ostracisme dont souffrent les malades affectifs ; sachant qu'il s'agit effectivement d'une maladie, les personnes affectées accepteront plus volontiers de suivre un traitement médical conforme aux données scientifiques contemporaines.

BIBLIOGRAPHIE

AKISKAL, H.S. *et al.*
1973a « Depressive Disorders : Toward a Unified Hypothesis », *Science*, vol. 182, p. 20-29.

1973b « Overview of Recent Research in Depression Integration of Ten Conceptual Models Into a Comprehensive Clinical Frame », *Arch. Gen. Psychiat.*, vol. 32, p. 285-305.

AMERICAN PSYCHIATRIC ASSOCIATION
1978 *Electro-convulsive-therapy — Report # 14 of the Task Force of the American Psychiatric Association*, Washington, D.C., APA.

1985 « Tricyclic Antidepressants — Blood Level Measurements and Clinical Outcome : An APA Task Force Report — Task Force on the Use of Laboratory Tests in Psychiatry », *Am. J. Psychiat.*, vol. 142, p. 155-162.

1987 *Diagnostic and Statistical Manual of Mental Disorders — Third Edition Revised (DSM-III-R)*, Washington, D.C., APA.

BECK, A.T. *et al.*
1979 *Cognitive Therapy of Depression*, New York, Guilford Press.

BECKMAN, H. *et. al.*
1975 « Antidepressant Response to Tricyclics and Urinary MHPG in Unipolar Patients Clinical Response to Imipramine or Amitriptyline », *Arch. Gen. Psychiat.*, vol. 32, p. 17-21.

BERTELSEN, A.
1979 « A Danish Twin Study of Manic-depressive Disorders », *Origin, Prevention and Treatment of Affective Disorders* (M. Schou et E. Stromgren, édit.), London, Academic Press, p. 227.

BLAND, R.C.
1985 « Clinical Features of Affective Disorders I : Diagnosis, Classification, Rating Scales, Outcome, and Epidemiology », *Pharmacotherapy of Affective Disorders — Theory and Practice* (W.G. Dewhurst et G.B. Baker, édit.), Kent, Croom Helm, p. 191-192.

BLIER, P. *et al.*
1985 « Neurobiological Basis of Antidepressant Treatments », *Pharmacotherapy of Affective Disorders —

Theory and Practice (W.G. Dewhurst et G.B. Baker, édit.), Kent, Croom Helm, p. 338-381.

BRITISH PSYCHIATRIC ASSOCIATION
1971 « Memorandum on the Use of Electro-convulsivetherapy. The Royal College of Psychiatrists », *Br. J. Psychiat.*, vol. 131, p. 261-272.

CARROLL, B.J.
1982 « Use of Dexamethasone Suppression Test in Depression », *J. Clin. Psychiat.*, vol. 43, p. 44-50.

CHARNEY, D.S.
1984 « Serotonin Function and Mechanism of Action of Antidepressant Treatment, Effects of Amitriptyline and Desipramine », *Arch. Gen. Psychiat.*, vol. 41, p. 359-365.

COPPEN, A.
1967 « The Biochemistry of Affective Disorders », *Br. J. Psychiat.*, vol. 113, p. 1237-1264.

DE MONTIGNY, C. *et al.*
1978 « Tricyclic Antidepressants : Long Term Treatment Increase Responsivity of Rat Forebrain Neurons to Serotonin », *Science*, vol. 202, p. 1303-1306.

1983 « Lithium Carbonate Addition in Tricyclic — Resistant Unipolar Depression. Correlations with the Neurobiologic Actions of Tricyclic Antidepressant Drugs and Lithium Ion on the Serotonin System », *Arch. Gen. Psychiat.*, vol. 40, p. 1327-1334.

DORUS, E. *et al.*
1979 « Lithium Transport Across Red Cell Membrane : A Cell Membrane Abnormality in Manic-depressive Illness », *Science*, vol. 205, p. 932-934.

EGELAND, J.A. *et al.*
1987 « Bipolar Affective Disorders Linked to DNA Markers on Chromosome 11 », *Nature*, vol. 325, p. 783-787.

EXTEIN, I. *et al.*
1981 « The Thyrotropin-releasing Hormone Test in the Diagnosis of Unipolar Depression », *Psychiatr. Res.*, vol. 5, p. 311-316.

FREUD, S.
1917 « Mourning and Melancholia », *The Standard Edition*, London, Hogarth Press, p. 243-258.

GARDFIELD, E.
1981   « What Do We Know About Depression ? — Part 1 : Etiology », *Current Contents*, Institute for Scientific Information, 11 mai, n° 19, p. 5-12.

GERSHON, E.S.
1985   « Affective Disorders : Genetics », *Comprehensive Textbook of Psychiatry/IV* (H.I. Kaplan et B.J. Sadock, édit.), Baltimore, Williams and Wilkins Company, p. 778-786.

GIBBONS, J.L.
1964   « Cortisol Secretion Rate in Depressive Illness », *Arch. Gen. Psychiat.*, vol. 10, p. 572-575.

GOODWIN, F.K.
1982   « Potentiation of Antidepressant Effects by L-Triiodothyronine in Tricyclic Non Responders », *Am. J. Psychiat.*, vol. 139, p. 34-38.

HIRSCHFELD, R.M.A. *et al.*
1986   « Psycho-social Predictors of Chronicity in Depressed Patients », *Br. J. Psychiat.*, vol. 148, p. 648-654.

KALLMAN, F.J.
1952   « Genetic Principles in Manic-depressive Psychosis », *42th Annual Meeting of the American Psychopathologists' Association*.

KELLER, M.B. *et al.*
1982   « Double Depression : Superimposition of Acute Depressive Episodes on Chronic Depressive Disorders », *Am. J. Psychiat.*, vol. 139, p. 438-442.

KIRKEGAARD, C. *et al.*
1978   « Thyrotropin Releasing Hormone Simulation Test in Manic Depressive Illness », *Arch. Gen. Psychiat.*, vol. 35, p. 1017-1021.

KLEIN, D.F. *et al.*
1980   « Review of the Literature on Mood-stabilizing Drugs », *Diagnosis and Drug Treatment of Psychiatric Disorders : Adults and Children — Second Edition*, Baltimore, Williams and Wilkins Company, p. 268-303.

KOHUT, H.
1966   « Forms and Transformations of Narcissism », *J. Am. Psychoanal. Ass.*, vol. 14, p. 243-273.

KRAEPELIN, E.
1921   *Manic-depressive Insanity and Paranoia*, Edinburgh, E.S. Livingstone.

KUPFER, D.J. *et al.*
1978   « The Application of EEG Sleep for the Differential Diagnosis of Affective Disorders », *Am. J. Psychiat.*, vol. 135, p. 69-74.

LEIBOWITZ, M.R. *et al.*
1981   « Interrelationship of Hysteroid Dysphoria and Borderline Personality Disorder », *Psychiat. Clin. North Am.*, vol. 4, p. 67-88.

LEONHARD, K. *et al.*
1962   « Temperaments in Families of Monopolar and Bipolar Phasic Psychosis », *Psychiat. Neurol.*, vol. 143, p. 416.

MENDLEWICZ, J. *et al.*
1977   « Adoption Study Supporting Genetic Transmission in Manic Depressive Illness », *Nature*, vol. 268, p. 327-329.

MEYER, A.
1957   *A Science of Man*, Springfield, Illinois, Charles C. Thomas.

MUELLER, P.S.
1969   « Insuline Tolerance Test in Depression », *Arch. Gen. Psychiat.*, vol. 21, p. 587-594.

NIMH-NIH
1985   « Mood Disorders : Pharmacologic Prevention of Recurrences, Consensus Development Panel », *Am. J. Psychiat.*, vol. 142, p. 469-476.

OSTROW, D.G. *et al.*
1978   « A Heritable Disorder of Lithium Transport in Erythrocytes of a Subpopulation of Manic-depressive Patients », *Am. J. Psychiat.*, vol. 135, p. 1070-1078.

POST, R.M. *et al.*
1984   « Cerebrospinal Fluid Norepinephrine and its Metabolites in Manic-depressive Illness », *Neurobiology of Mood Disorders* (R.M. Post et J.C. Ballenger, édit. — *Frontiers of Clinical Neuro-Science, vol. I*), Baltimore, Williams and Wilkins Company, p. 539-558.

RASKIN, A. *et al.*
1970   « Differential Response to Chlorpromazine, Imipramine, and Placebo », *Arch. Gen. Psychiat.*, vol. 23, p. 164-173.

ROBERTSON, B.M.
1979a « The Psychoanalytic Theory of Depression, Part I — The Major Contributors », *Can. J. Psychiat.*, vol. 24, p. 341-352.

1979b « The Psychoanalytic Theory of Depression, Part II — The Major Themes », *Can. J. Psychiat.*, vol. 24, p. 557-574.

ROBINS, E. *et al.*
1972   « Primary and Secondary Affective Disorders », *Disorders of Mood* (J. Zubin et F.A. Freyhan, édit.), Baltimore, John Hopkins University Press.

SCHILDKRAUT, J.J.
1965   « The Catecholamines Hypothesis of Affective Disorders », *Am. J. Psychiat.*, vol. 122, p. 509-522.

SCHNEIDER, K.
1959 *Clinical Psychopathology* (M.W. Hamilton, Trans.), New York, Grune and Stratton.

SEGAL, A.
1964 *Introduction to the Work of Melanie Klein*, 2ᵉ éd., New York, Basic Books.

SELIGMAN, M. *et al.*
1967 « Failure to Escape Traumatic Shock », *J. Exp. Psycho.*, vol. 74, p. 1-9.

SHAPIRO, R.W. *et al.*
1976 « Histocompatibility Antigens and Manic Depressive Disorders », *Arch. Gen. Psychiat.*, vol. 33, p. 823-825.

SHOPSIN, B. *et al.*
1975 « The Use of Synthesis Inhibitors in Defining a Role for Biogenic Amines During Imipramine Treatment in Depressed Patients », *Psychopharmacol. Commun.*, vol. 1, p. 239-249.

TOLLEFSON, G.D.
1983 « Monoamine Oxidase Inhibitors : A Review », *J. Clin. Psychiat.*, vol. 44, p. 280-288.

VAN PRAAG, H.M.
1984 « Depression, Suicide, and Serotonin Metabolism in the Brain », *Neurobiology of Mood Disorders* (R.M. Post et J.C. Ballenger, édit. — *Frontiers of Clinical Neuro-Science, vol. I*), Baltimore, Williams and Wilkins Company, p. 601-618.

VESTERGAARD, P. *et al.*
1982 « Monitoring of Patients in Prophylactic Lithium Treatment : An Assesment Based in Recent Kidney Studies », *Br. J. Psychiat.*, vol. 140, p. 185-187.

VETULANI *et al.*
1975 « Action of Various Antidepressant Treatment Reduces Activity of Noradrenergic Cyclic — AMP Generating System in Limbic Forebrain », *Nature*, vol. 275, p. 495-496.

VOGEL, G.W.
1980 « Improvement of Depression by Rem Sleep Deprivation », *Arch. Gen. Psychiat.*, vol. 37, p. 247-253.

→ WEISSMAN, M.M. *et al.*
1983 « The Epidemiology of Bipolar and Non Bipolar Depression : Rates and Risks », *The Origins of Depression : Current Concepts and Approaches* (J. Angst, édit.), Dahlem Konferensen, Berlin, Heidelberg, New York, Tokyo, Springer-Verlag, p. 27-37.

WINOKUR, G.
1974 « The Division of Depressive Illness Into Depression Spectrum Disease and Pure Depressive Disease », *Int. Pharmaco-psychiat.*, vol. 9, p. 5-13.

WINOKUR, G. *et al.*
1969 « Possible Role of X-linked Dominant Factor in Manic-depressive Disease », *Dis. Nervous. Syst.*, vol. 30, p. 87-94.

CHAPITRE 16

SYNDROMES CÉRÉBRAUX ORGANIQUES

Maryse Charron

M.D., L.C.M.C., C.S.P.Q., F.R.C.P.(C)
Psychiatre, chef du Programme de psychiatrie gériatrique à l'hôpital Louis-H. Lafontaine (Montréal)
Chargée de formation clinique à l'Université de Montréal

Jacques Clément

M.D., L.C.M.C.
Omnipraticien, chef du Service de psychiatrie gériatrique à l'hôpital Louis-H. Lafontaine (Montréal)

Johanne Fréchette

M.D., C.S.P.Q., F.R.C.P.(C)
Psychiatre au Service de psychiatrie gériatrique de l'hôpital Louis-H. Lafontaine (Montréal)
Chargée de formation clinique à l'Université de Montréal

PLAN

16.1.
INTRODUCTION

Les syndromes cérébraux organiques ont déjà été décrits au siècle dernier dans la littérature et certains d'entre eux ont même été décrits dès l'Antiquité. Toutefois, ils ont été longtemps négligés tant du point de vue clinique que du point de vue de la recherche, lacune qui semble en voie d'être corrigée, du moins pour certains syndromes (par exemple la maladie d'ALZHEIMER).

Dans le présent chapitre, nous entendrons, par syndromes cérébraux organiques, des syndromes cliniques où, par l'anamnèse, l'examen physique et les examens de laboratoire, on constate un facteur organique que l'on peut raisonnablement supposer étiologiquement relié au syndrome.

C'est cette notion de syndrome que nous utiliserons dans le cadre du *Diagnostic and Statistical Manual* (DSM-III-R), classification la plus récente et la plus globale avec son évaluation multiaxiale et ses critères diagnostiques. Par ailleurs, lorsque la situation s'y prêtera, nous ferons le parallèle avec la *Classification internationale des maladies* (CIM-9).

Les syndromes cérébraux organiques les plus fréquents sont : le délirium, les démences, les intoxications et les syndromes de sevrage. Ils peuvent survenir à tout âge, mais le délirium se produit surtout aux deux extrémités de la vie, tandis que les démences sont plus fréquentes chez les personnes âgées.

Il s'agit de « maladies coûteuses », tant sur le plan social qu'économique, en raison de la perte d'autonomie des personnes touchées et, partant, du besoin de soins que leurs problèmes exigent. Pour prévenir les hospitalisations, de même que les coûts et les conséquences qui s'ensuivent, il apparaît de plus en plus important qu'on arrive à dépister ces pathologies dès leur apparition, au moment où les malades sont encore à domicile.

L'approche des syndromes cérébraux organiques doit être multidisciplinaire et globale : identification précise des syndromes, dépistage efficace,

Tableau 16.1. ÉLÉMENTS D'ÉVALUATION DANS LE DIAGNOSTIC DU SYNDROME CÉRÉBRAL ORGANIQUE

1) EXAMEN MENTAL

- Aspect général
- Comportement
- Affect
- Pensée
- État de conscience
  — Attention (sensorium)
  — Orientation
- Fonctions mentales supérieures
  — Fonctions cognitives (phasies, gnosies, praxies)
  — Mémoire (verbale, non verbale)
    - Enregistrement
    - Consolidation
    - Évocation
- Autocritique

2) CAPACITÉS FONCTIONNELLES

- Activités de la vie quotidienne
  — Alimentation
  — Hygiène personnelle
  — Habillement
  — Continence
- Mobilité
- Communication
- Tâches domestiques

3) RESSOURCES

- Humaines — Famille
            — Amis
- Matérielles — Logement
              — Revenu
              — Commodités particulières

évaluation de l'impact sur l'autonomie fonctionnelle du patient et orientation de l'approche thérapeutique en conséquence. Encore une fois, soulignons l'importance pour le clinicien d'établir le diagnostic du syndrome, d'en rechercher l'étiologie et d'évaluer l'état fonctionnel du patient avec précision, afin d'éviter des erreurs qui pourraient être dramatiques.

L'un des éléments majeurs dans le diagnostic du syndrome cérébral organique est l'examen mental du patient, où l'on portera une attention particulière aux fonctions mentales supérieures. On doit également évaluer la capacité fonctionnelle du patient ainsi que ses ressources de soutien pour mieux orienter l'approche thérapeutique. Nous avons inscrit au tableau 16.1. les principaux éléments d'évaluation.

Il existe aussi des tests abrégés, dont le petit examen de FOLSTEIN et le test de JACOB qui comportent une révision des principales fonctions mentales supérieures et aident le clinicien à préciser les déficits cognitifs majeurs (voir les tableaux 16.11. et 16.12.).

16.2.
SYNDROMES CLINIQUES

16.2.1. DÉLIRIUM

CRITÈRES DIAGNOSTIQUES DU DSM-III

Le délirium se définit comme suit, selon le DSM-III :

A) Atteinte de l'état de conscience avec capacités réduites de maintenir, de soutenir ou de déplacer son attention aux stimuli extérieurs.

B) Au moins deux des points suivants :
1) changements perceptuels (mauvaises interprétations, illusions, hallucinations ;
2) langage parfois incohérent ;
3) modification du cycle veille-sommeil avec insomnie ou somnolence diurne ;
4) augmentation ou diminution de l'activité psychomotrice.

C) Désorientation et troubles de la mémoire (si vérifiables).

D) Manifestations cliniques qui évoluent sur une courte période de temps (habituellement de quelques heures à quelques jours) et qui ont tendance à fluctuer au cours de la journée.

E) Mise en évidence, d'après l'histoire de la maladie, l'examen physique ou les tests de laboratoire, d'une cause organique spécifique.

Ce qui différencie surtout le délirium des autres syndromes cérébraux organiques, c'est qu'il s'agit avant tout d'un trouble de la conscience empêchant la personne de maintenir son attention à l'environnement tant interne qu'externe. Dans son acception présente, le terme délirium ne signifie pas « délire » (en anglais *delusion*), mais avant tout « atteinte de l'état de conscience et de la vigilance ».

Dans le délirium tremens, par exemple, on peut parfois retrouver des éléments paranoïdes délirants, mais ils ne dominent pas le tableau clinique. D'autre part, l'individu éprouve habituellement des troubles perceptuels hallucinatoires, auditifs ou visuels selon l'étiologie du délirium.

Comme autres éléments de diagnostic, retenons l'évolution temporelle : un début rapide en général, une fluctuation de l'intensité des symptômes et de la vigilance, et une courte durée si l'étiologie est corrigée. Il y a des déliriums avec hyperactivité et d'autres avec hypoactivité.

On trouve dans la littérature médicale de nombreux synonymes de ce syndrome, soit : l'état confusionnel aigu, la psychose toxique, l'encéphalopathie métabolique ...

Rappelons qu'en plus de l'atteinte de l'état de conscience, on observe une perturbation des autres fonctions mentales, laquelle découle directement de l'atteinte de l'état de conscience.

Sur le plan émotif, en général, l'individu est grandement affecté, son humeur est très labile et son comportement est potentiellement dangereux.

Sur le plan moteur, on peut remarquer des mouvements anormaux (tremblements, myoclonie,

Tableau 16.2.   MALADIES ET CONDITIONS CAUSANT LE DÉLIRIUM

ATTEINTES SYSTÉMIQUES	ATTEINTES CÉRÉBRALES	AUTRES CAUSES
• Intoxication avec des médicaments : probablement la cause la plus fréquente du délirium.	• Vasculaires : athérosclérose, encéphalopathie hypertensive, ischémie cérébrale transitoire, accident cérébral vasculaire, hématome.	• Déprivation sensorielle.
• Problèmes cardio-vasculaires : hypotension, insuffisance cardiaque, infarctus, arythmie.	• Épilepsie et état postictal.	• Stresseurs sociofamiliaux (par exemple un deuil, un déménagement).
• Infections : pneumonie, infection urinaire, septicémie.	• État post-traumatique.	• Hypothermie, hyperthermie.
• État postopératoire.	• Infections.	
• Intoxication et retrait des substances toxiques.	• Néoplasies.	
• Fécalome et rétention urinaire.		
• Problèmes métaboliques : troubles électrolytiques et des échanges gazeux, troubles hépatiques, troubles endocriniens (par exemple hyperthyroïdie silencieuse), hypovitaminoses.		
• Traumatismes divers.		

astérixis). On peut noter aussi des signes autonomiques : fluctuation des signes vitaux, sudation, mydriase, incontinence urinaire.

Le délirium correspond à une insuffisance cérébrale aiguë potentiellement réversible, d'où l'importance pour le clinicien d'agir promptement. Il s'agit d'une urgence médicale au même titre qu'une insuffisance respiratoire ou coronarienne aiguë. On doit corriger l'étiologie, sinon l'évolution peut se faire vers un syndrome cérébral organique chronique ou même vers la mort. Notons également qu'un délirium peut se surajouter à un état démentiel chronique, à une dépression ou à tout autre trouble psychiatrique.

Finalement, comme facteurs prédisposants, on peut retenir l'âge (ce syndrome atteignant surtout les enfants et les personnes âgées), les lésions cérébrales préexistantes et les épisodes de délirium antérieurs, la malnutrition, l'éthylisme, les maladies physiques, la polypharmacie, les déprivations sensorielles et les troubles du sommeil.

ÉPIDÉMIOLOGIE

Au point de vue épidémiologique, peu de recherches ont porté sur ce syndrome, tout comme pour la plupart des autres syndromes cérébraux organiques, quoique ce soit l'un des plus fréquents. L'incidence varie selon le milieu où les études ont été faites : entre 5 et 10 % chez les patients hospitalisés pour des conditions aiguës en médecine-chirurgie ; 40 % chez les patients gériatriques et 10 à 50 % chez les patients de certaines unités psychiatriques.

Au point de vue étiologique, on trouve la cause dans 80 à 90 % des cas. On doit retenir que l'incidence est deux fois plus élevée chez les gens

Tableau 16.3.   DIAGNOSTIC DIFFÉRENTIEL ENTRE DÉLIRIUM ET DÉMENCE

OBJET	DÉLIRIUM	DÉMENCE
Début	• Rapide, nocturne	• Insidieux
Durée	• Heures, jours ou semaines	• Mois, années
Évolution	• Fluctuation, aggravation durant la nuit, périodes lucides	• Stable
Conscience	• Atteinte	• Normale
État d'éveil	• Diminution ou augmentation — fluctuation	• Normal
Orientation	• Toujours atteinte	• Peut être intacte
Mémoire	• Récente atteinte	• Récente et ancienne atteintes
Pensée	• Ralentie ou accélérée	• Capacité d'abstraction pauvre
Perception	• Hallucinations visuelles	• Pas d'hallucination
Cycle veille-sommeil	• Modifié, inversé	• Sommeil fragmenté
Maladie physique ou intoxication	• Présente	• Absente

âgés de 75 ans et plus que chez ceux de 65 à 74 ans. Soulignons que le pronostic est beaucoup plus sombre chez les personnes âgées. Dans ce groupe, on observe jusqu'à 30 % de décès après deux ans. On constate donc que le délirium est un syndrome fréquent et grave.

ÉTIOLOGIE

Il existe de nombreuses classifications du délirium. Nous nous en tiendrons à une classification étiologique (tableau 16.2.), car c'est selon cette perspective que nous entreprendrons, par la suite, notre approche thérapeutique. En fait, toutes les maladies physiques peuvent aboutir à un délirium qui peut être également le premier et le seul signe du début d'une maladie physique. Ce fait est particulièrement important à signaler en ce qui concerne les personnes âgées chez lesquelles on observe beaucoup moins de signes et de symptômes classiques. On doit se rappeler aussi que, souvent, le délirium a une étiologie multifactorielle et qu'il ne faut pas négliger les stresseurs psychosociaux

dans la genèse du délirium (par exemple les changements environnementaux chez les déments, un deuil).

Les causes varient selon l'âge. Cependant, chez les personnes âgées, la prise de médicaments (généralement prescrits) est l'une des principales causes de délirium. Par ailleurs, l'étiologie est fréquemment multifactorielle ou complexe. Les causes restent inconnues dans 5 à 20 % des cas.

DIAGNOSTIC DIFFÉRENTIEL

1) **Schizophrénie et autres psychoses**   Dans le délirium, les symptômes sont non systématisés et ils fluctuent. On observe une atteinte de l'état de conscience et une atteinte cognitive globale. Le patient présente souvent des hallucinations visuelles mais rarement un délire. Dans la schizophrénie, les hallucinations sont surtout auditives et s'accompagnent d'un délire interprétatif.

2) **Démence**   Ici l'état de conscience est normal malgré une atteinte cognitive. La démence et le délirium peuvent coexister. LIPOWSKI a établi un

tableau comparatif des éléments différenciant ces deux syndromes (voir le tableau 16.3.).

3) **Troubles factices avec symptômes psychologiques** L'évaluation régulière de l'état mental démontre des variations du tableau clinique qui ne cadrent pas avec le délirium.

4) **Autres syndromes cérébraux organiques** Ils ne comportent pas d'atteinte globale des fonctions mentales supérieures.

On doit donc retenir avant tout que le délirium consiste en une atteinte de l'état de conscience accompagnée de troubles de l'attention et qu'on peut le détecter dans tous les champs de la médecine, que ce soit en psychiatrie, en médecine interne ou en chirurgie. Il est essentiel que l'on connaisse à fond ce syndrome car, en général, il est réversible si le diagnostic est posé assez tôt. Il peut arriver que l'étiologie, même corrigée, ne mette pas fin au syndrome, ou encore qu'elle demeure inconnue ; dans ces cas, le tableau prend souvent la forme d'une démence.

ÉVALUATION CLINIQUE

L'élément crucial dans l'évaluation du délirium est l'histoire de la maladie. Comme il s'agit fréquemment d'une urgence médicale, il est impérieux que l'on procède rapidement et efficacement en portant une attention particulière à la prise de médicaments (prescrits et non prescrits), de drogues illicites ou d'alcool par le patient.

Le clinicien a tout intérêt à faire appel à des personnes de l'entourage du patient puisque, souvent, celui-ci ne peut pas fournir une anamnèse exacte et adéquate. Encore ici, il importe que le clinicien connaisse globalement le fonctionnement antérieur du patient.

Le patient a-t-il des hallucinations et son état change-t-il durant la journée ? On doit penser aux possibilités de traumatismes crâniens, de dépriva-

Tableau 16.4. TESTS DE LABORATOIRE POUR LES SYNDROMES CÉRÉBRAUX ORGANIQUES

- Formule sanguine complète, sédimentation
- SMA-12 (urée, glycémie, albumine, acide urique, bilirubine totale, créatinine, protéines totales, SLDH, phosphatases alcalines, SGOT, SGPT)
- Calcium et phosphore
- Électrolytes
- T3, T4, IFT4, TSH
- Vitamine B_{12}, acide folique
- Analyse et culture des urines
- VDRL
- Radiographies du crâne et des poumons
- EEG
- ECG
- Recherche de substance toxique prn
- Liquide céphalo-rachidien
- Tomodensitométrie cérébrale
- Résonance nucléaire magnétique
- Anti-Hiv

tions sensorielles, de problèmes respiratoires, cardiaques, urinaires et digestifs.

Par la suite, on procède à l'examen physique en vérifiant d'abord l'état de conscience (l'attention) du patient. Présente-t-il de la somnolence ou de l'excitation ? Il faut également noter les signes vitaux, les mouvements anormaux. Suivra l'examen physique complet, car on a affaire à un patient qui manifeste un syndrome et il faut décrire précisément tous les éléments qui le composent.

La prochaine étape consiste en des tests de laboratoire (voir le tableau 16.4.). On demande en premier lieu un rapport de base qui s'applique d'ailleurs en général aux autres syndromes cérébraux organiques. Après cette première série d'examens, on doit parfois procéder à des examens plus détaillés selon les recommandations des consultants (ponction lombaire, tomodensitométrie axiale ...).

Électroencéphalogramme (EEG)

Notons l'utilisation fréquente de l'électroencéphalographie dans l'évaluation des syndromes cérébraux organiques. Cette technique permet la représentation de l'activité électrique du cerveau, laquelle est modifiée par les changements de l'état de conscience et la réponse à des stimuli divers. L'EEG peut être normal dans les syndromes cérébraux organiques si les lésions sont petites, profondes ou anciennes. Il n'y a pas d'anomalie spécifique à l'EEG dans les syndromes cérébraux organiques. Par contre, on observe souvent une activité lente ou de bas voltage dans les syndromes cérébraux organiques causés par des maladies métabolique ou dégénérative. On utilise également l'EEG dans le diagnostic du délirium.

TRAITEMENT DU DÉLIRIUM

Il n'existe aucun traitement spécifique ; le traitement dépend essentiellement de l'étiologie (infection, troubles cardiaques, troubles métaboliques, etc.). Comme nous l'avons mentionné précédemment, le délirium est souvent une urgence médicale et, s'il n'est pas traité immédiatement et adéquatement, la mortalité peut atteindre 25 % pendant le premier mois suivant. En plus d'orienter le traitement en fonction de la pathologie étiologique soupçonnée, on doit porter attention à certains éléments de soutien général :

1) Entretenir les fonctions vitales, respiratoires et cardio-vasculaires. Fournir une alimentation et une hydratation adéquates, et bien contrôler les électrolytes. Parfois, on doit ajouter des suppléments vitaminés.

2) Veiller à ce que le patient soit dans un environnement calme et bien éclairé, lui fournir des points de repère et permettre à un membre de la famille ou à un proche, lorsque c'est possible, de demeurer aussi souvent qu'il le peut auprès du malade.

3) Encourager les contacts visuels et verbaux du personnel avec le patient, ce qui permet, d'une part, de rassurer le patient et, d'autre part, de suivre de près l'évolution de la maladie.

4) Surveiller la température, les signes vitaux, la constipation et la rétention urinaire. Mobiliser le patient fréquemment.

De plus, il est possible que le patient en délirium nécessite une médication pour contrôler l'agitation, l'insomnie et les gestes impulsifs potentiellement dangereux pour lui-même ou pour son entourage. Les médicaments de choix sont les benzodiazépines et les neuroleptiques. On optera pour l'un ou l'autre selon les symptômes cibles et l'étiologie du délirium. Les neuroleptiques puissants tels que l'halopéridol sont préférés parce qu'ils causent moins d'effets anticholinergiques que les neuroleptiques moins puissants. En ce qui concerne les benzodiazépines, le lorazépam et l'oxazépam sont indiqués à cause de leur demi-vie courte et de leur métabolisme simple.

Rappelons en terminant que la protection physique du patient doit être assurée en tout temps. Certains patients sont potentiellement dangereux pour eux-mêmes ou pour les autres.

16.2.2. DÉMENCES

CRITÈRES DIAGNOSTIQUES DU DSM-III

La démence se définit comme suit, selon le DSM-III :

A) Perte des capacités intellectuelles, de sévérité suffisante pour nuire au fonctionnement social ou occupationnel (travail) du sujet.

B) Trouble de la mémoire, d'intensité variable.

C) Au moins un des quatre éléments suivants :
   1) atteinte de la pensée abstraite ;
   2) perturbation du jugement ;
   3) autres atteintes corticales (aphasie, apraxie, agnosie, etc.) ;
   4) changement de la personnalité impliquant une accentuation ou une déviation des traits morbides.

Tableau 16.5. POURCENTAGE DE DÉMENTS PAR GROUPE D'ÂGES (HOMMES ET FEMMES)

ÂGE	NOMBRE		DÉMENTS « VRAIS »		DÉMENTS « LATENTS »	
	H	F	H	F	H	F
65 - 69	61	81	2 %	4 %	2 %	7 %
70 - 74	48	75	0 %	3 %	6 %	5 %
75 - 79	35	60	6 %	7 %	6 %	17 %
80 et +	33	50	6 %	16 %	15 %	32 %
TOTAL :	177	266	3 %	6 %	6 %	13 %

SOURCE : GURLAND, DEAN, CROSS et GOLDEN (1980, p. 45).

D) Pas d'atteinte de l'état de conscience.

E) L'un des deux éléments suivants :

1) soit la mise en évidence, à partir de l'histoire clinique, de l'examen physique ou des tests de laboratoire, d'un facteur spécifique organique existant qui est retenu comme étiologique du syndrome démentiel ;

2) soit, en l'absence d'une telle évidence, l'hypothèse que ce facteur organique puisse exister si les autres conditions susceptibles d'être à l'origine de ce syndrome ont été éliminées raisonnablement et si le changement comportemental s'accompagne d'un déficit cognitif dans plusieurs sphères.

Auparavant, le diagnostic de démence impliquait irréversibilité et chronicité. Aujourd'hui, on essaie de mieux préciser l'étiologie du syndrome démentiel et, quelle qu'en soit la cause, de se fixer des objectifs thérapeutiques.

La présentation clinique du syndrome démentiel dépend de son étiologie.

ÉPIDÉMIOLOGIE

Les taux de prévalence de la démence rapportés par GURLAND et associés à partir de 17 études

(1948 à 1975) sont en moyenne d'environ 5 % de la population âgée de plus de 65 ans. Ce taux croît avec l'âge pour atteindre environ 20 % après 80 ans (voir le tableau 16.5.).

Selon l'étude de la *United States - United Kingdom Cross National Geriatric Community*, qui a été effectuée à New York et à Londres en 1979, il y aurait un plus fort taux de démence chez les femmes que chez les hommes.

On rapporte en outre un plus haut taux de dépression parmi les membres de famille de déments qui demeurent à domicile et qui dépendent de l'environnement familial. Ce taux atteindrait 14 %, comparativement à 4 % dans le reste de la population. Cette situation doit sensibiliser les cliniciens aux conséquences parfois délétères pour les proches du malade dément quand ils doivent lui offrir un soutien familial.

ÉTIOLOGIE

Dans une étude, WELLS (1978) indiquait que chez 100 déments âgés de plus de 65 ans :

— il avait été possible de trouver une cause traitable dans 15 cas ;

Tableau 16.6.   MALADIES ET CONDITIONS CAUSANT UNE DÉMENCE

1) MALADIES DÉGÉNÉRATIVES DU SYSTÈME NERVEUX CENTRAL
- Maladie d'ALZHEIMER
- Démence sénile
- Atrophie corticale simple
- Maladie de PICK
- Chorée de HUNTINGTON
- Maladie de PARKINSON*
- Paralysie supranucléaire progressive

2) TROUBLES VASCULAIRES
- Démence par infarctus multiples
- Maladie obstructive de l'artère carotide
- Artérite temporale
- Hémorragie sous-arachnoïdienne
- Malformation artério-veineuse
- Embolie cérébrale
- Maladie de BINSWANGER

3) TROUBLES MÉTABOLIQUES, ENDOCRINIENS ET NUTRITIONNELS
- Insuffisance hépatique, rénale ou pulmonaire*
- Démence du dialysé
- Endocrinopathies : hypothyroïdie, hypopituitarisme, hypo-parathyroïdie, maladie d'ADDISON, syndrome de CUSHING, hyperinsulinisme
- Trouble chronique du métabolisme des électrolytes : hyper- ou hypocalcémie, hyper- ou hyponatrémie
- Hypoxie ou anoxie de toute origine (ex. : secondaire à l'arrêt cardiaque ou à l'insuffisance cardiaque*)
- Dégénérescence hépatolenticulaire (maladie de WILSON*)
- Porphyrie*
- Maladie de PAGET
- Avitaminoses : B_{12}, folate, acide nicotinique, thiamine*
- Intoxication aux vitamines A et D
- Effets à long terme de carcinomes ou de lymphomes

4) LÉSIONS INTRACÉRÉBRALES
- Tumeurs : bénignes* ou malignes
- Hématome sous-dural chronique
- Abcès chronique
- Kyste parasitaire
- Tuberculose
- Lymphome ou leucémie

5) TRAUMA CRÂNIEN

6) ÉPILEPSIE*

7) INFECTIONS
- Méningite de toute cause*
- Encéphalite de toute cause*
- Brucellose*
- Syphilis*
- Panencéphalite sclérosante subaiguë
- Maladie de CREUTZFELDT-JAKOB
- Kuru
- Leucoencéphalopathie multifocale
- Syndrome d'immuno-déficience acquise (SIDA)

8) INTOXICATION
- Alcool*
- Métaux lourds : mercure, plomb, arsenic, thallium*
- Monoxyde de carbone
- Médicaments (ex. : barbituriques*)

9) HYDROCÉPHALIE NORMOTENSIVE*

10) INSOLATION

11) ÉLECTROCUTION

12) TROUBLES DU SYSTÈME HÉMATOPOÏÉTIQUE
- Polycythémie
- Purpura thrombocytopénique thrombotique

13) MALADIE DU COLLAGÈNE

14) MALADIES DIVERSES D'ORIGINE INCONNUE
- Sarcoïdose
- Histiocytose X
- Sclérose en plaques

* Causes traitables.

— 20 déments souffraient de démence causée par des infarctus multiples ;

— 45 malades avaient une maladie cérébrale dégénérative du type ALZHEIMER ;

— 20 autres malades présentaient d'autres étiologies secondaires à leur démence.

Au tableau 16.6. figure une liste exhaustive des causes possibles du syndrome démentiel. Dans tous les cas, il est bon de noter la prépondérance du tableau démentiel relié à la maladie d'ALZHEIMER. Nous analyserons davantage les hypothèses étiologiques de la démence dégénérative (du type ALZHEIMER) et des démences mixtes (dégénérative et vasculaire), qui sont les plus fréquentes.

Maladie d'ALZHEIMER

Les études sur les aspects génétiques de la maladie d'ALZHEIMER portent les chercheurs à envisager la possibilité d'une certaine influence héréditaire. Même s'il existe un risque accru parmi les proches parents, la majorité des cas sont sans antécédents familiaux.

On a démontré qu'il existait une étroite association entre le **syndrome de DOWN** et la démence sénile du type ALZHEIMER (DSTA). En effet, les patients souffrant de trisomie 21 qui survivent après l'âge de 40 ans présentent presque inévitablement les mêmes lésions neuronales que les malades atteints de la maladie d'ALZHEIMER. On a noté que la gravité de la maladie et les changements cellulaires dans l'hippocampe étaient étroitement similaires chez les malades atteints du syndrome de DOWN ou de la maladie d'ALZHEIMER. On a aussi constaté dans les familles de malades souffrant de maladie d'ALZHEIMER d'autres types de démence, dont la maladie de CREUTZFELDT-JAKOB, et l'inverse est également possible.

Comme le vieillissement peut affaiblir le **système immunitaire**, on a également émis l'hypothèse que des facteurs immunologiques pourraient jouer un rôle dans la maladie d'ALZHEIMER. Il est possible que les malades atteints de ce syndrome présentent un plus grand dysfonctionnement des cellules T que les témoins qui leur sont appariés en fonction de l'âge. L'analyse de l'amyloïde des plaques séniles a révélé la présence d'immunoglobulines, laissant ainsi supposer qu'une interaction antigène - anticorps serait à l'origine du dépôt de cette substance. Les anticorps « antineuronaux » identifiés chez les souris et les rats âgés seraient

aussi présents chez les personnes atteintes de la maladie d'ALZHEIMER, mais ce fait n'est pas confirmé. Un groupe de chercheurs a même affirmé que, chez les malades souffrant d'atteinte des fonctions cognitives, les teneurs en IgG* et en IgA* sont significativement plus élevées, et que l'IgG sérique constitue un indice supplémentaire de leur déficit évalué par des tests d'intelligence.

La spectrophotométrie d'absorption atomique d'échantillons de plusieurs métaux présents en quantités infinitésimales dans l'organisme a révélé des concentrations accrues d'**aluminium** dans le cerveau de certains malades. Même si l'aluminium provoque la précipitation d'une certaine forme de dégénérescence neurofibrillaire aiguë chez quelques espèces animales, l'ultrastructure des enchevêtrements diffère passablement de celle des filaments hélicoïdaux pairés observés chez l'humain. La concentration élevée en aluminium peut simplement refléter l'âge du malade sans pour autant indiquer un processus démentiel. L'analyse au moyen d'une sonde radiologique a révélé la présence d'aluminium à proximité des noyaux des neurones porteurs d'enchevêtrements.

L'hypothèse selon laquelle un **virus lent** incomplet ou latent serait associé à la sénescence ou à une dégénérescence chronique du cerveau est également populaire. Il est probable que les infections à virus se produisent chez les malades atteints de leucoencéphalopathie multifocale progressive ou de leucoencéphalopathie sclérosante subaiguë. Parmi les encéphalopathies spongiformes subaiguës attribuables à un virus lent transmissible, on trouve le kuru, maladie rare chez l'homme, la démence présénile du type CREUTZFELDT-JAKOB, la scrapie des moutons et des chèvres et l'encéphalopathie du vison. Cependant, les expériences menées auprès de 36 malades atteints de la maladie classique d'ALZHEIMER n'ont pas permis de démontrer le pouvoir transmissible des virus lents. La seule preuve intéressante a été fournie dans une étude où

---

* IgG et IgA = immunoglobuline G et A.

l'on a démontré la possibilité d'induire, dans le cortex des rongeurs, à l'aide du virus lent de la scrapie, des plaques séniles similaires à celles que l'on trouve chez l'homme.

On a également reconnu une forte prédilection des lésions pour le système limbique — les régions sous-frontales et mésotemporales dans l'encéphalite herpétique aiguë — soit les sites impliqués également dans la maladie d'ALZHEIMER.

Habituellement, chez les individus porteurs de l'herpesvirus, le virus demeure latent dans le ganglion semi-lunaire du nerf trijumeau et se déplace en périphérie lorsqu'il produit l'herpès récurrent de la lèvre. Il a récemment été suggéré que la réactivation de l'herpesvirus chez d'autres individus aurait tendance à le rapprocher du cerveau et à induire des lésions dégénératives typiques de la maladie d'ALZHEIMER.

Les études plus récentes orientent de plus en plus les chercheurs vers des hypothèses étiologiques impliquant les **neurotransmetteurs**. On sait maintenant que la choline-acétyltransférase, l'enzyme de synthèse de l'acétylcholine, est réduite de 90 % dans le cortex des patients souffrant de la maladie d'ALZHEIMER. Le nombre de neurones cholinergiques concentrés dans le noyau basal de MEYNERT est très diminué, ce qui correspond à une mort cellulaire considérable. De plus, on a rapporté que l'acide gamma-aminobutyrique (GABA) était diminué dans le cerveau de patients souffrant de la démence d'ALZHEIMER. Cependant, cette diminution serait peut-être un artefact dû à l'intervalle entre la mort des sujets et l'analyse de leur cerveau. Pour ce qui est de la norépinéphrine, ce neurotransmetteur serait diminué dans 20 % des cas ; la diminution serait alors notable, de même que la perte cellulaire dans le locus cœruleus. Il semble que les patients présentant cette anomalie sont, en général, plus jeunes. À ce point-ci des études, on ne sait pas encore s'il s'agit d'un sous-groupe de la maladie d'ALZHEIMER ou plutôt de patients atteints simultanément de la maladie de PARKINSON. En ce qui concerne la sérotonine, certains types de récepteurs sérotoninergiques

seraient diminués, quoiqu'il s'agisse d'une opinion controversée. La dopamine ne semble pas avoir de rôle à jouer dans la maladie d'ALZHEIMER.

Quant aux neuropeptides, la somatostatine serait réduite de 50 à 75 % dans le cortex cérébral des patients souffrant d'ALZHEIMER. On a trouvé une corrélation entre la distribution des neurones somatostatinergiques, la présence de plaques séniles et la dégénérescence neurofibrillaire. De plus, le CRF (*corticotrophin releasing factor*) et la substance P seraient également impliqués dans la maladie d'ALZHEIMER. Le CRF est réduit jusqu'à 80 % et la substance P de 30 à 50 % dans les cas avancés. Il est à noter que la diminution la plus élevée du CRF se localise surtout dans la région occipitale, alors que la dégénérescence neurofibrillaire est marquée surtout dans le cortex temporal et frontal.

En conclusion, il semble que le système cholinergique soit irréfutablement impliqué dans la maladie d'ALZHEIMER. On sait que ce système joue un rôle considérable dans le processus de la mémoire, ce qui expliquerait le déficit cognitif dû à cette pathologie. Cependant, les études récentes montrent que d'autres neurotransmetteurs et des neuropeptides sont également responsables du déclenchement de la maladie : ce sont la somatostatine, la substance P, le CRF et la norépinéphrine.

Histopathologie

Sur le plan macroscopique, on observe une atrophie du cerveau assez généralisée. Sur le plan microscopique, on note une perte neuronale notable avec prolifération gliale. Les plaques séniles se font plus nombreuses que chez le vieillard normal, surtout au niveau de l'hippocampe et de l'amygdale. La dégénérescence neurofibrillaire est elle aussi majeure et essentielle au diagnostic. On peut également constater dans le cerveau des dépôts semblables à l'amyloïde dans les plaques séniles, les régions de dégénérescence neurofibrillaire et les parois des artérioles.

Tableau clinique

La maladie apparaît généralement après 40 ans (et encore davantage après 65 ans) et consiste en une détérioration graduelle des fonctions mentales dans leur ensemble, mais principalement de la mémoire. On a pu reconnaître des phases évolutives dans cette maladie, dont le début est insidieux.

Au cours des premières années, il y a perte de mémoire, désorientation temporo-spatiale, inefficacité progressive dans les activités quotidiennes. L'humeur peut être touchée en matière de perplexité, d'agitation, de dépression.

La seconde phase entraîne une perte plus rapide des fonctions intellectuelles, une modification de la personnalité et l'apparition de symptômes plus précis : dysphasie, apraxie, agnosie et acalculie. Certains déficits moteurs peuvent survenir : rigidité, pertes d'équilibre, parkinsonisme. Des phénomènes de délire et d'hallucinations sont fréquents à ce stade.

La phase terminale consiste en une apathie profonde, une régression de l'état du patient et une incontinence double. Les problèmes neurologiques sont majeurs à ce stade et sont dominés par la présence de réflexes primitifs et de crises convulsives. Le patient devient cachectique bien qu'il soit alimenté. La mort du malade survient généralement à l'intérieur des dix années suivant le début de la maladie.

Démences vasculaires

Les démences vasculaires regroupent les pathologies suivantes, que nous décrirons en détail :
— états lacunaires ;
— démences par infarctus multiples ;
— encéphalopathie artériosclérotique sous-corticale (maladie de Binswanger).

Les démences vasculaires représentent environ 10 à 20 % des cas de démence. Ce qu'il y a de commun entre toutes ces pathologies, c'est leur début situé entre 55 et 70 ans.

Cette maladie frappe davantage les hommes que les femmes (trois hommes pour une femme). Les facteurs de risques sont les suivants :
— hypertension artérielle ;
— hyperlipidémie, diabète, obésité, tabagisme ;
— hérédité ;
— atteinte cardiaque (infarctus, arythmie).

Tableau clinique

Le tableau clinique comprend généralement une détérioration progressive en paliers avec une récupération partielle des fonctions cognitives entre chaque crise (accident cérébral vasculaire avec déficit plus ou moins grave). On observe également des signes et des symptômes neurologiques spécifiques : une association variable de paralysie pseudo-bulbaire, de dysphasie, de dysarthrie, de parésie, de convulsions, etc., en plus des éléments plus constants de la démence : une labilité affective, des troubles mnésiques et une désorientation dans les trois sphères (temporelle, spatiale, interpersonnelle).

Le tableau homogène aphaso-apraxo-agnosique est moins fréquent que dans la maladie d'Alzheimer. Le niveau de vigilance est plus variable et l'humeur est encore plus marquée par l'hyperémotivité.

Avant de décrire les spécificités des maladies cérébrales vasculaires retenues, nous devons rappeler que, lors de l'autopsie de personnes âgées de 65 ans et plus, on constate normalement dans 50 % des cas des infarctus cérébraux. Cependant, le volume de tissu neuronal détruit est plus limité que dans les cas de démence vasculaire.

État lacunaire

En 1854, Durand et Fardel appelèrent « état criblé » ce qu'ils avaient identifié, dans les lobes frontaux et temporaux de certains déments, comme étant des lésions semblables à de multiples trous d'aiguille. Ces lésions se situaient à la limite des artères perforantes. En 1901, PIERRE MARIE parla plutôt d'« état lacunaire ».

Les lacunes sont de minuscules espaces ischémiques résultant de l'obstruction des petites branches perforantes des artères cérébrales. Elles sont localisées surtout dans la région périventriculaire (striatum, thalamus, protubérance, matière blanche du cerveau et du cervelet).

On observe davantage les états lacunaires chez des hommes âgés de plus de 65 ans, la plupart du temps en concomitance d'un déficit moteur d'allure pseudo-bulbaire. On note chez ces patients de l'hypertension artérielle dans près de 60 % des cas.

Démence par infarctus multiples

Il y a quelques années, on attribuait spontanément la démence à un trouble de vascularisation cérébrale dû à l'athérosclérose. On ne parle plus maintenant de démence athérosclérotique dans le cas d'une ischémie chronique cérébrale avec conséquences démentielles, mais plutôt d'infarctus cérébraux consécutifs à l'atteinte vasculaire athéromateuse extracérébrale et cardiaque. Dans un petit nombre de cas seulement, la maladie athéromateuse atteint les vaisseaux cérébraux eux-mêmes. En général, les infarctus multiples sont le fait d'une embolie cérébrale, donc d'origine extracérébrale.

La symptomatologie dominante est la démence accompagnée de signes neurologiques focaux. HACHINSKI a établi une liste de symptômes et de signes pouvant servir au diagnostic de l'atteinte cérébrale vasculaire (voir le tableau 16.7.). Les valeurs cumulatives des symptômes cotés au tableau d'HACHINSKI orientent l'étiologie de la démence. Les patients qui ont une cote de 7 et plus ont une plus grande probabilité de présenter une démence vasculaire alors que ceux qui ont une cote de 4 ou moins présenteraient davantage une démence dégénérative (*parenchymatous*). Il existe

Tableau 16.7. **GRAVITÉ DE L'ISCHÉMIE CÉRÉBRALE SELON HACHINSKI**

SYMPTOMATOLOGIE	VALEUR
Début soudain des symptômes	2
Évolution fluctuante	2
Accident cérébral vasculaire	2
Symptômes neurologiques focaux	2
Signes neurologiques focaux	2
Détérioration en paliers	1
Confusion nocturne	1
Personnalité préservée	1
Dépression	1
Plaintes somatiques	1
Labilité émotionnelle	1
Hypertension	1
Athérosclérose	1

SOURCE : HACHINSKI *et al.* (1975, p. 634).

une zone grise entre les cotes 4 et 7, où se situent fréquemment les personnes âgées.

On constate une corrélation positive entre l'échelle d'HACHINSKI et l'évidence *post-mortem* de multiples infarctus cérébraux. C'est dans le groupe le plus atteint, déterminé par l'échelle d'HACHINSKI, que l'on observe davantage à l'EEG des ondes intermittentes delta sur un fond de ralentissement généralisé, ou une atteinte focale ou latéralisée. L'angiographie montre alors des signes d'athéromatose (ulcération, irrégularité de la paroi ou rétrécissement de la lumière artérielle). L'étude du flot cérébral montre aussi une corrélation positive entre la diminution du flot et la sévérité de l'état démentiel. Dans les cas de démence dégénérative, la perfusion est diminuée dans les zones frontale, pariétale et temporale surtout. Dans les cas de démence par infarctus multiples, la baisse de perfusion est généralisée.

Aujourd'hui, on a tendance à utiliser davantage la tomodensitométrie axiale cérébrale pour investiguer cette pathologie.

Souvent, on remarque une démence mixte — vasculaire et dégénérative — et c'est l'aspect vasculaire qui demeure quelque peu accessible au traitement : contrôle de l'hypertension, traitement de la maladie cardiaque, anticoagulant, endartériectomie.

Encéphalopathie artériosclérotique sous-corticale

BINSWANGER décrivit dès 1894 l'existence d'une démence à progression lente comportant des déficits neurologiques focalisés, débutant entre 50 et 60 ans et se manifestant par une forte labilité affective. L'encéphalopathie de BINSWANGER affecte également les patients qui souffrent d'hypertension artérielle ou de maladie artériosclérotique. Elle entraîne des déficits neurologiques aigus et subaigus et la démence.

À la tomodensitométrie axiale (EMI-Scan), on note une atrophie sous-corticale, frontale, pariétale, une atrophie de la capsule interne avec effacement (démyélinisation) de la substance blanche de manière symétrique et la présence de multiples petits infarctus avec œdème cérébral.

DIAGNOSTIC DIFFÉRENTIEL

1) **Sénescence** (ou processus normal du vieillissement) Ce phénomène est associé à divers changements des fonctions intellectuelles qui peuvent être perçus comme pathologiques ou non selon l'optique des chercheurs dans le domaine. Il est à noter que l'ensemble de ces changements n'entrave pas le bon fonctionnement de l'individu vieillissant ni sa capacité de demeurer intégré dans son environnement sociofamilial. Rappelons que le vieillissement n'équivaut pas à la démence.

2) **Délirium** En plus de l'atteinte des facultés intellectuelles, il se produit une altération de l'état de conscience, ce qui n'est pas le cas dans la démence. De plus, l'évolution clinique des deux syndromes diffère. Dans le délirium, les symptômes fluctuent. Dans la démence, ils sont généralement plus stables. Si le syndrome cérébral organique persiste depuis plusieurs mois, on sera enclin à diagnostiquer davantage la démence, mais on doit être prudent et éliminer tous les facteurs étiologiques curables.

3) **Schizophrénie chronique** Cette maladie peut être associée à une détérioration intellectuelle après une longue évolution. La présence d'une pathologie cérébrale identifiable aidera le clinicien à confirmer le diagnostic de démence si les autres critères diagnostiques sont déjà concordants.

4) **Dépression** Les malades souffrant de dépression majeure se plaignent souvent de troubles de la mémoire, de difficultés de réflexion ou de concentration et d'une diminution générale de leurs capacités intellectuelles. Ils peuvent répondre inadéquatement à l'examen mental ou aux tests neuropsychologiques ; on parlera alors de « pseudo-démence ». Le diagnostic est quelquefois difficile à poser mais c'est la présence du trouble affectif prédominant et l'apparition secondaire des troubles cognitifs qui orienteront le médecin. Chez le dément, l'affect est généralement labile ; s'il est dépressif, c'est de manière moins persistante et moins profonde. Les détails de l'histoire clinique sont ici d'une grande importance : l'apparition des symptômes et leur progression, les antécédents psychiatriques et la variation des déficits cognitifs d'un examen à l'autre (voir le tableau 16.8.). Il vaut mieux, dans un cas douteux, poser un diagnostic de trouble affectif et faire un essai thérapeutique aux antidépresseurs ou à l'électroconvulsivothérapie (ECT).

5) **Trouble factice** Il s'agit d'un trouble rare, caractérisé par une production volontaire de symptômes psychologiques graves suggestifs d'un trouble mental comme la démence. Le but de l'individu est de s'identifier au rôle de patient. Le tableau clinique correspond aux connaissances de l'individu sur la maladie et

Tableau 16.8. DÉMENCE ET PSEUDO-DÉMENCE

PSEUDO-DÉMENCE	DÉMENCE
1) *ÉVOLUTION ET HISTOIRE*	
• La famille se rend rapidement compte du déficit.	• Au début, la famille ne se rend pas compte du déficit.
• Début assez précis dans le temps.	• Début vague dans le temps.
• Court délai avant la première consultation médicale.	• Long délai avant la première consultation médicale.
• Progression rapide.	• Progression lente.
• Antécédents psychiatriques fréquents (en particulier la dépression).	• Antécédents psychiatriques rares.
2) *TABLEAU CLINIQUE ET PLAINTES DU PATIENT*	
Affect	
• Pessimisme.	• Optimisme.
• Le patient communique à l'observateur une certaine détresse.	• Le patient semble indifférent à son état.
• L'affect est généralement stable et teinte tout le tableau clinique (souvent affect triste).	• L'affect est labile et fréquemment émoussé.
Intellect	
• Le patient fait peu d'efforts pour se situer dans le temps et l'espace.	• Le patient fait des efforts, prend des notes, se fie à un calendrier, etc.
• L'accentuation nocturne des symptômes est rare.	• L'accentuation nocturne des symptômes est fréquente.
• L'attention et la concentration sont conservées.	• L'attention et la concentration sont considérablement diminuées.
• Aux tests d'orientation, le patient répond fréquemment qu'il ne sait pas.	• Le patient confond le non-familier avec le familier (l'hôpital — sa maison).
• L'atteinte de la mémoire récente est égale à l'atteinte de la mémoire des faits anciens.	• La mémoire des faits récents est beaucoup plus atteinte que celle des faits anciens.
• Présence possible de trous de mémoire autour de périodes ou d'événements précis.	• De tels trous de mémoire sont rares.
Comportement	
• Le patient se plaint beaucoup de ses déficits cognitifs.	• Le patient s'en plaint peu.
• Il s'en plaint de façon détaillée.	• Il s'en plaint de façon vague.
• Il amplifie ses troubles.	• Il minimise ses troubles.
• Il met en relief ses échecs.	• Il se satisfait de réussites banales.
• Il fait peu d'efforts pour réussir des tâches simples.	• Il fait des efforts pour réussir ses tâches.
• Il a perdu tout intérêt ou porte peu d'intérêt aux gestes de bienséance (ex. : tendre la main à l'arrivée et au départ de l'observateur).	• Il conserve les rites sociaux.
• Le comportement observé est discordant avec la sévérité des troubles cognitifs perçus par le patient.	• Le comportement est objectivement aussi désorganisé que les troubles cognitifs sont sérieux (ex. : le patient se perd dans l'hôpital).
• Les réponses du type : « Je ne sais pas » aux questions de l'observateur sont fréquentes.	• Le patient a plutôt tendance à répondre avec une certaine assurance et souvent à côté de la question.
• Il y a des variations de performance pour une même tâche.	• Le patient maintient les mêmes performances pour une même tâche.

SOURCE : Wells (1979). vol. 136, n° 7).

non pas nécessairement aux critères diagnostiques : syndrome de GANSER, pseudo-psychose (fausse démence).

En résumé, les pertes fonctionnelles progressives des déments se caractérisent par la réapparition de stades antérieurs du développement de l'individu (par exemple concrétude de la pensée et régression du comportement), la réapparition des conduites instinctivo-réflexes primitives (par exemple préhension forcée et réflexe de succion dans les phases avancées de démence) et, enfin, par l'apparition de néo-comportements pathologiques (par exemple stéréotypies motrices).

ÉVALUATION CLINIQUE

Lorsqu'on soupçonne une démence, l'évaluation clinique doit comporter l'anamnèse, l'examen physique et neurologique, l'examen mental et l'évaluation des capacités fonctionnelles. Les tests de laboratoire complètent l'évaluation.

Anamnèse

Dans le cas d'une démence ou de tout autre syndrome cérébral organique, l'anamnèse doit presque toujours être faite par un membre de la famille ou un proche du patient. Les éléments essentiels de l'anamnèse concernent évidemment l'évolution de la maladie et la perception de la maladie par le malade lui-même et par son entourage.

On doit s'enquérir de la quantité d'ingestion d'alcool, le phénomène de l'alcoolisme étant très souvent mésestimé chez les personnes âgées. Les médicaments consommés par le patient font également partie des renseignements essentiels à connaître.

Le questionnaire doit aussi être conçu de façon à ce que le clinicien puisse poser les diagnostics différentiels concernant l'étiologie de la démence ;

on peut avoir à l'esprit plusieurs démences réversibles d'origine endocrinienne, métabolique ou autre. L'anamnèse comporte, de plus, l'évaluation des capacités fonctionnelles du patient.

Examen physique et neurologique

Un examen physique systématique et attentif est essentiel dans tous les cas de démence. L'examen neurologique peut mettre en évidence des signes de lésions focales. On recherche également des signes tels que l'agrippement et les autres réflexes primitifs.

Certains signes neurologiques sont normaux chez les personnes âgées ; ainsi, on ne doit pas accorder trop d'importance à la découverte de problèmes tels que l'asymétrie des réflexes profonds, l'absence de réponse abdominale, le ralentissement de la marche, la diminution du balancement des bras, une position légèrement fléchie et une raideur

Tableau 16.9. ÉLÉMENTS DE BASE DE L'EXAMEN MENTAL

1) Apparence générale : habillement et hygiène du patient
2) Niveau de conscience : de bien éveillé à somnolent, fluctuation
3) Mouvements spontanés : tremblements, rigidité, etc.
4) Langage : cohérence et qualité
5) Affect : qualité et profondeur (ou intensité)
6) Orientation : dans le temps, l'espace et par rapport aux personnes
7) Attention : mesure de l'empan numérique par l'énumération de 7 chiffres ou par l'épellation d'un mot à l'envers)
8) Mémoire à court terme
9) Mémoire à long terme
10) Exercice de dessin et reconnaissance d'objets usuels
11) Abstraction : proverbes et similitudes
12) Jugement

Tableau 16.10.   ÉCHELLE D'ÉVALUATION DU DEGRÉ DE DÉMENCE — *DEMENTIA RATING SCALE* (DRS)

Note : Ce questionnaire est rempli par les membres de la famille, auxquels on demande de se référer au comportement du sujet durant les six derniers mois.

FONCTIONS COGNITIVES ET MÉMOIRE	SCORE[1]		
	Symptôme présent		*Symptôme absent*
1) Incapacité de faire des tâches domestiques	1	½	0
2) Incapacité de gérer une petite somme d'argent	1	½	0
3) Incapacité de se rappeler trois articles à acheter	1	½	0
4) Incapacité de s'orienter dans la maison	1	½	0
5) Incapacité de s'orienter dans les rues avoisinantes	1	½	0
6) Incapacité de comprendre les situations et les explications	1	½	0
7) Incapacité de se rappeler les événements récents	1	½	0
8) Tendance à se réfugier dans le passé	1	½	0

HABITUDES

1) *Alimentation*

- Mange proprement, avec des ustensiles.   0
- Mange malproprement, avec une cuillère seulement.   1
- Se nourrit avec les mains.   2
- Doit être nourri.   3

2) *Habillement*

- S'habille sans aide.   0
- Fait des erreurs occasionnelles de boutonnage.   1
- Erreurs ou oublis fréquents.   2
- Présente une incapacité totale.   3

3) *Fonctions d'élimination*

- Les contrôle très bien.   1
- A des « accidents » occasionnels.   2
- Ne les contrôle pas : incontinence urinaire ou incontinence mixte.   3

1. Score maximal atteint : 17 (indice du degré de démence atteint).

SOURCE : Tableau modifié, tiré de : BLESSED, TOMLINSON et ROTH (1968, p. 808-809).

généralisée, la diminution de l'audition pour les hautes fréquences, la diminution de la masse musculaire, des fasciculations, la rigidité oppositionnelle, la diminution de la sensibilité, l'hyperréflexie des membres supérieurs et la disparition des réflexes achilléens.

Examen mental*

Un examen mental s'impose dès qu'on soupçonne un diagnostic de syndrome cérébral organique.

---

* Voir aussi le chapitre 6, section 6.6.

Nous couvrirons, ici, les éléments de base. Quelquefois, un examen plus approfondi sera nécessaire, incluant des tests des fonctions mentales supérieures. Cet examen présuppose une bonne audition, une bonne vision et un état mental sans trouble de l'attention et sans aphasie. Il comporte les éléments énumérés au tableau 16.9. Le petit examen de FOLSTEIN et le test de JACOB permettent au clinicien de quantifier cet examen mental (voir les tableaux 16.11. et 16.12.).

Évaluation des capacités fonctionnelles

L'évaluation des capacités fonctionnelles informe le clinicien sur les aptitudes du patient dans ses activités quotidiennes, ses soins personnels et sa mobilité. On y inclut également les ressources tant matérielles que sociales dont dispose le patient.

Cette évaluation permet au clinicien de préciser le diagnostic et aussi d'orienter le programme d'intervention. Souvent, on conclut trop facilement qu'on ne peut aider un patient souffrant d'une démence d'ALZHEIMER parce qu'il s'agit d'un syndrome irréversible. En fait, un programme d'intervention complet doit viser le maintien et même la restauration de certaines fonctions cognitives et motrices. Une étude détaillée de l'environnement peut indiquer au médecin traitant les modifications nécessaires pour mieux répondre aux besoins du patient.

Tests de laboratoire (voir le tableau 16.4.)

L'utilité des examens de laboratoire ne doit pas être surestimée : ils servent à compléter une bonne évaluation clinique globale. Si, après avoir procédé aux analyses de base, l'étiologie demeure obscure, ou si la détérioration du patient est récente et a été rapide, on doit procéder à des analyses supplémentaires (résonance nucléaire magnétique, consultation en neurologie, en psychiatrie, en médecine interne).

16.2.3. SYNDROME AMNÉSIQUE

CRITÈRES DIAGNOSTIQUES DU DSM-III

Le syndrome amnésique se définit comme suit, selon le DSM-III :

A) Troubles de la mémoire à court et à long terme, ce qui constitue la caractéristique principale.

B) Absence de trouble de la conscience ou d'atteinte globale des autres fonctions intellectuelles.

C) Présence probable d'un facteur organique étiologique.

L'individu atteint de ce syndrome ne peut plus retenir de nouvelles données (mémoire antérograde) et, à un stade plus avancé, ne peut pas se souvenir d'éléments appris antérieurement (mémoire rétrograde). Cependant, il peut se remémorer certains événements du passé très éloigné. Notons que la mémoire immédiate, vérifiée par l'empan numérique, n'est pas touchée ; mais il s'agit alors davantage d'un test d'attention. L'amnésie provoque fréquemment de la désorientation. Il peut y avoir également, au début du syndrome, de la confabulation pour compenser les pertes de mémoire.

ÉPIDÉMIOLOGIE

Au point de vue épidémiologique, on reconnaît les syndromes de KORSAKOFF et de WERNICKE, de même que les traumatismes crâniens comme les causes les plus fréquentes du syndrome. Celui-ci est par ailleurs rare, car on donne maintenant de la thiamine de façon prophylactique aux patients éthyliques vus dans les urgences.

ÉTIOLOGIE

La classification étiologique du syndrome amnésique apparaît au tableau 16.13.

Dans l'éthylisme, la perturbation mentale peut s'expliquer par un déficit en thiamine. Ce syndrome amnésique survient après un épisode

Tableau 16.11. PETIT EXAMEN DE FOLSTEIN SUR L'ÉTAT MENTAL

Nom .... *Âge* .... *Date de naissance* .... *Date* ....

DEMANDEZ AU SUJET DE DIRE :

Son nom .... *Sa date de naissance* .... *Sa profession* ....

	Cote maximale	Cote du sujet
ORIENTATION		
1) Demandez au sujet le jour de la semaine ( ), la date ( ), le mois ( ), l'année ( ), la saison ( )	5	( )
2) Demandez-lui ensuite d'identifier où il est : province ( ), ville ( ), rue ( ), immeuble ( ), étage ( )	5	( )
ENREGISTREMENT		
3) Mentionnez trois objets (MAISON, ARBRE, VOITURE). Prenez une seconde pour prononcer chaque mot. Par la suite, demandez au sujet de répéter les trois mots. Donnez un point par bonne réponse. Répétez la démarche jusqu'à ce que le sujet apprenne tous les mots. Comptez le nombre d'essais et notez-le. Nombre d'essais : _____	3	( )
ATTENTION ET CALCUL		
4) Demandez au sujet de faire la soustraction par intervalles de 7 à partir de 100 : $100 - 7 = ( )$ $93 - 7 = ( )$ $86 - 7 = ( )$ $79 - 7 = ( )$ $72 - 7 = ( )$ Donnez un point par bonne réponse. (Une autre épreuve serait de demander au sujet d'épeler le mot « MONDE » à l'envers.)	5	( )
ÉVOCATION		
5) Demandez au sujet de nommer les trois objets déjà mentionnés : MAISON ( ), ARBRE ( ), VOITURE ( ).	3	( )
LANGAGE		
6) Montrez au sujet un crayon et une montre et demandez-lui de les nommer (2 points). Demandez au sujet de répéter la phrase suivante : « PAS DE SI, NI DE MAIS » (1 point). Demandez au sujet d'obéir à un ordre en trois temps : « Prenez ce morceau de papier avec la main droite, pliez-le en deux et mettez-le sur le plancher (3 points). Demandez au sujet d'écrire une phrase (1 point). Demandez au sujet de lire cette phrase tout en suivant l'instruction suivante : « FERMEZ VOS YEUX » (1 point). Demandez au sujet de copier le dessin ci-dessous (1 point).	9	( )

Indiquez dans quel état se trouve le patient : vigilance, somnolence, stupeur, coma. ....

COTE TOTALE : ( )

Le résultat obtenu est un indice des diagnostics suivants :
- 10 et − : Démence
- 20 et − : Pseudo-démence
- 25 et − : Dépression
- 27 et + : État normal

Tableau 16.12.   TEST DE JACOB

Nom .... *Adresse* ....

Travail .... *Éducation* ....

Âge .... *Coopération* .... *Diagnostic* ....

Note : *Un (1) point est accordé par numéro. La cote maximale est de 30. Au-dessous de 20, il y a atteinte des fonctions cognitives et on doit suspecter une atteinte cérébrale organique.*

SCORE

1) Quel jour de la semaine sommes-nous ? ....

2) Quel mois ? ....

3) Quel jour du mois ? ....

4) En quelle année sommes-nous ? ....

5) En quel endroit sommes-nous ? ....

6) Répétez 8, 7, 2 ....

7) Répétez 8, 7, 2 à rebours ....

8) Répétez 6, 3, 7, 1 ....

9) Comptez de 1 jusqu'à 10 puis répétez 6, 9, 4 ....

10) Comptez de 1 jusqu'à 10 puis répétez 8, 1, 4, 3 ....

11) Nommez à rebours les jours de la semaine (dimanche, samedi...) ....

12) 9 et 3 font ....

13) Plus (+) 6 (ajouter à la réponse précédente) ....

14) Moins (−) 5 (soustraire de la réponse précédente) ....

    Répétez après moi : chapeau, auto, arbre, vingt-six ....

    Je vais vous demander de les répéter à nouveau dans quelques instants

15) L'opposé de rapide est lent. L'opposé de « en haut » est ....

16) L'opposé de grand est ....

17) L'opposé de dur est ....

18) L'orange et la banane sont des fruits ; le rouge et le bleu sont des ....

19) Un vingt-cinq cent et un dix cent sont de la ....

    Quels sont les mots que je vous ai demandé de répéter il y a un moment ?

20) Chapeau ....

21) Auto ....

22) Arbre ....

23) Vingt-six ....

24) Comptez à rebours à partir de 100 par tranches de 7 (100, 93, 86 ...) ....

25) Moins 7 (79) ....

26) Moins 7 (72) ....

27) Moins 7 (65) ....

28) Moins 7 (58) ....

29) Moins 7 (51) ....

30) Moins 7 (44) ....

TOTAL

Tableau 16.13. MALADIES ET CONDITIONS CAUSANT LE SYNDROME AMNÉSIQUE[1]

- Traumatisme crânien
- Syndromes de KORSAKOFF et de WERNICKE (déficit en thiamine)
- Amnésie globale transitoire
- Lésions néoplasiques, chirurgicales
- Foyers épileptiques
- Intoxication à certaines substances : monoxyde de carbone, isoniazide, arsenic, plomb
- Électroconvulsivothérapie
- Hypoxie, anoxie postopératoire ou postarrêt cardio-respiratoire
- Encéphalite

1. Partiellement ou complètement réversibles.

d'encéphalopathie de WERNICKE, d'où l'importance de traiter la maladie de WERNICKE avec de la thiamine pour prévenir le syndrome amnésique.

Même si le déficit en thiamine est associé fréquemment à l'alcoolisme ou à la malnutrition, on doit retenir qu'il y a d'autres personnes à risques :

— les femmes qui ont des vomissements incoercibles lors de la grossesse ;

— les patients en coma prolongé ou en état postopératoire, dont l'alimentation parentérale est prolongée ;

— les patients souffrant d'infection disséminée ou de néoplasie, en raison d'une diminution importante de l'appétit et de troubles d'absorption ;

— les patients soumis à des jeûnes prolongés et en traitement d'hémodialyse.

Lorsque le syndrome résulte d'un abus d'alcool et d'une déficience en thiamine, on décèle fréquemment d'autres symptômes et signes neurologiques tels que la polynévrite, une ataxie ou du nystagmus.

DIAGNOSTIC DIFFÉRENTIEL

1) **Délirium** Ici, il y a atteinte de l'état de conscience.

2) **Démence** Il y a d'autres fonctions intellectuelles atteintes que la mémoire.

3) **Trouble factice avec symptômes psychiques** Les tests de mémoire sont inconstants et on ne trouve pas de cause organique.

16.2.4. SYNDROME DÉLIRANT ORGANIQUE*

CRITÈRES DIAGNOSTIQUES DU DSM-III

Le syndrome délirant organique se définit comme suit, selon le DSM-III :

A) Délire comme élément prédominant du tableau clinique.

B) Pas d'atteinte de la conscience (délirium), pas de perte des capacités intellectuelles (démence), pas d'hallucinations fréquentes (hallucinose organique).

C) Mise en évidence, à partir de l'histoire de la maladie, de l'examen physique ou des tests de laboratoire, d'un facteur organique spécifique, étiologiquement relié au syndrome.

Le tableau clinique varie selon l'étiologie. Les délires de persécution sont les plus fréquents : délire de persécution simple ou complexe, délire de grandeur ou délire associé à des déficits neurologiques spécifiques. L'usage d'amphétamines peut entraîner l'apparition d'un tableau clinique d'allure schizophrénique et une lésion cérébrale peut provoquer chez le sujet la conviction délirante de l'absence d'un membre.

Les symptômes secondaires sont les suivants :

— atteinte légère ou modérée des fonctions cognitives ;

— allure perplexe, habillement excentrique ;

---

* Voir aussi le chapitre 14.

— discours incohérent ;
— anomalie psychomotrice (apathie, hyperactivité) ;
— comportement ritualisé ou stéréotypé ;
— pensée magique ;
— humeur dysphorique fréquente.

Ces symptômes vont généralement de pair avec un dysfonctionnement social et occupationnel.

On doit se rappeler que le risque de suicide ou de violence est accru chez ces malades.

Les états délirants simples répondent mieux que les états délirants complexes au traitement qui doit viser à réduire le délire et à éliminer le facteur étiologique connu si possible.

ÉPIDÉMIOLOGIE

Il s'agit d'une problématique probablement fréquente, mais encore peu étudiée de façon systématique.

ÉTIOLOGIE

La classification étiologique du syndrome délirant organique apparaît au tableau 16.14.

Tableau 16.14. MALADIES ET CONDITIONS CAUSANT LE SYNDROME DÉLIRANT ORGANIQUE

1) ATTEINTES DU SYSTÈME NERVEUX CENTRAL
- Intoxication (par les amphétamines, la cocaïne, le cannabis, les hallucinogènes, etc.)
- Épilepsie temporale
- Chorée de Huntington et maladies dégénératives du système nerveux central
- Lésions cérébrales de l'hémisphère non dominant
- Infections du système nerveux central

2) ATTEINTES SYSTÉMIQUES
- Maladies endocriniennes
- Troubles métaboliques
- Déficit en vitamines
- Maladies du collagène

DIAGNOSTIC DIFFÉRENTIEL

1) **Schizophrénie et troubles délirants (paranoïdes)** On arrive facilement à préciser la différence quand on peut identifier l'étiologie du syndrome délirant organique. Le diagnostic est facilité si le délire est aigu et apparaît après l'âge de 30 ans, mais le délire peut aussi survenir chez un schizophrène ou un psychotique paranoïde.

2) **Hallucinose organique** Les hallucinations prédominent alors sur le délire.

3) **Syndrome affectif organique** Ici, le délire et les hallucinations ont un caractère « affectif » particulier qui diffère du délire du syndrome délirant organique.

16.2.5. HALLUCINOSE ORGANIQUE (ÉTAT HALLUCINATOIRE ORGANIQUE)

CRITÈRES DIAGNOSTIQUES DU DSM-III

L'hallucinose organique se définit comme suit, selon le DSM-III :

A) Hallucinations persistantes ou récurrentes comme symptôme principal.

B) Pas d'atteinte de la conscience (délirium), pas d'atteinte des fonctions intellectuelles (démence), pas de trouble majeur de l'humeur (syndrome affectif organique), pas de délire (syndrome délirant organique).

C) Présence d'un facteur étiologique probable.

Le mode hallucinatoire dépend de l'agent étiologique : hallucinose auditive causée par l'alcool et la surdité ; hallucinose visuelle causée par les hallucinogènes et la cécité. Il s'agit d'un syndrome à ne pas confondre avec le syndrome délirant organique.

ÉPIDÉMIOLOGIE

On dispose de peu de données épidémiologiques sur ce syndrome dans les écrits spécialisés.

Tableau 16.15.   MALADIES ET CONDITIONS CAUSANT L'HALLUCINOSE ORGANIQUE

- Hallucinogènes et alcool : causes les plus fréquentes
- Déprivation sensorielle : cécité, surdité
- Épilepsie (temporale, occipitale)
- Médicaments : cimétidine, lévodopa, bromocriptine, amantadine, éphédrine, pentazocine, méthylphénidate, benzodiazépine, β-bloquant
- Tumeurs cérébrales
- Autres : artérite temporale, migraines, hypothyroïdie, neurosyphilis, chorée de HUNTINGTON

ÉTIOLOGIE

La classification étiologique de l'hallucinose organique apparaît au tableau 16.15. Les types d'hallucinose les plus connus sont l'hallucinose alcoolique et l'hallucinose associée aux hallucinogènes.

DIAGNOSTIC DIFFÉRENTIEL

1) **Délirium**   Il y a une atteinte de l'état de conscience.

2) **Démence**   Il y a une perte des fonctions intellectuelles globales.

3) **Syndrome délirant organique**   Le délire prédomine.

4) **Schizophrénie et maladies affectives**   On observe des phénomènes hallucinatoires sans cause organique spécifique.

5) **Hallucinations hypnagogiques et hypnopompiques**   Elles peuvent se produire chez des individus sains mentalement et surviennent lors de l'endormissement ou du réveil.

16.2.6. SYNDROME AFFECTIF ORGANIQUE

CRITÈRES DIAGNOSTIQUES DU DSM-III

Le syndrome affectif organique se définit comme suit, selon le DSM-III :

A) Atteinte prédominante de l'humeur et au moins deux des symptômes associés énumérés au tableau 16.16. selon le type de pathologie du patient.

B) Pas d'atteinte de la conscience (délirium), pas de perte de facultés intellectuelles (démence), pas de délire prépondérant (syndrome délirant organique), pas d'hallucination prépondérante (hallucinose organique).

C) Mise en évidence, à partir de l'histoire de la maladie, de l'examen physique ou des tests de laboratoire, d'un facteur organique étiologique responsable de ce syndrome.

Le tableau clinique est celui des états dépressifs ou maniaques décrits au chapitre 15. L'atteinte du fonctionnement peut être modérée ou grave. Il peut y avoir un délire et des hallucinations, mais ils ont une coloration affective. On note souvent une atteinte légère ou modérée des fonctions cognitives. On peut observer les symptômes reliés classiquement aux états dépressifs : appréhension, irritabilité, rumination morbide, somatisation, phobie, attaque de panique, soupçons, tendance à pleurer et apparence triste. Un délire de persécution ou d'indignité peut apparaître. Si l'état est maniaque, il peut être accompagné d'irritabilité et de labilité de l'humeur. Les hallucinations et les délires sont plus fréquents dans la forme maniaque.

Le syndrome peut connaître les mêmes complications que les états dépressifs ou maniaques fonctionnels. Chez les maniaques, on peut craindre l'abus de substances toxiques, les dilapidations

Tableau 16.16. SYMPTÔMES ASSOCIÉS AU SYNDROME AFFECTIF ORGANIQUE

MANIAQUES	DÉPRIMÉS
1) Augmentation de l'activité motrice ou impatience motrice	1) Agitation (nervosisme) ou ralentissement moteur
2) Distractibilité facile	2) Perte d'énergie, fatigue
3) Activités qui entraînent des conséquences nuisibles	3) Perte d'intérêt ou de plaisir — diminution de la libido
4) Augmentation de l'expression verbale (logorrhée) ou pression de la parole	4) Diminution de la concentration, impression de pensée vide, indécision
5) Fuite des idées ou accélération des idées	5) Sentiment d'inadéquation, auto-accusation, autoculpabilité
6) Surestime de soi, grandiosité	6) Pensées de mort, idées suicidaires, geste suicidaire
7) Perte du besoin de dormir	7) Insomnie ou hypersomnie
	8) Diminution de l'appétit et diminution ou augmentation de poids

financières et les activités illégales dues au manque de jugement. Chez les déprimés, on doit toujours évaluer le risque de suicide.

ÉPIDÉMIOLOGIE

On dispose de peu de données épidémiologiques sur ce syndrome dans les écrits spécialisés.

ÉTIOLOGIE

La classification étiologique du syndrome affectif organique apparaît au tableau 16.17.

Tableau 16.17. MALADIES ET CONDITIONS CAUSANT LE SYNDROME AFFECTIF ORGANIQUE

- Facteurs toxiques : la réserpine, le méthyldopa, les hallucinogènes peuvent entraîner une dépression.
- Facteurs métaboliques : l'hyper-ou l'hypothyroïdie de même que les maladies de CUSHING et d'ADDISON peuvent donner des tableaux cliniques de dépression ou de manie.
- Néoplasie : des états dépressifs ont été décrits comme symptôme paranéoplasique dans le cancer du pancréas.
- Infection du système nerveux central.
- Maladie dégénérative du système nerveux central.

DIAGNOSTIC DIFFÉRENTIEL

1) **Trouble affectif majeur** Il n'y a pas de facteur organique décelable actuellement dans le trouble affectif majeur. Cependant, une prédisposition héréditaire semble dominante ; on peut l'identifier grâce à l'histoire personnelle et familiale.

2) **Personnalité organique** Le changement de personnalité prédomine sur le trouble affectif.

16.2.7. SYNDROME D'ANXIÉTÉ ORGANIQUE*

CRITÈRES DIAGNOSTIQUES DU DSM-III-R

Selon la classification du DSM-III-R, l'élément essentiel de ce syndrome est la présence d'anxiété causée par un facteur organique. Les critères diagnostiques sont les suivants :

A) Présence d'anxiété généralisée ou d'attaques de panique récidivantes.

* Voir aussi le chapitre 7.

B) Mise en évidence, à partir de l'histoire de la maladie, de l'examen physique ou des tests de laboratoire, d'un facteur organique spécifique, étiologiquement relié au syndrome.

C) Déclenchement ne se produisant pas exclusivement dans le cadre d'un délirium.

La phénoménologie clinique est identique à celle du trouble : anxiété généralisée ou du trouble : panique fonctionnel (non organique). La sévérité de ce syndrome dépend des facteurs étiologiques, du processus pathophysiologique et du contexte psychosocial.

On remarque, fréquemment associée à ce syndrome, une atteinte légère des fonctions cognitives touchant surtout l'attention. Par ailleurs, ce diagnostic est exclu si l'anxiété est accompagnée d'une altération globale des fonctions cognitives (démence ou délirium) ou si le tableau est dominé par un trouble de l'humeur, de la personnalité, des perceptions ou de la pensée. On peut identifier divers signes et symptômes : diaphorèse, tachycardie, tension artérielle systolique élevée, dyspnée, douleur thoracique, sensation d'étouffement, étourdissement, tremblement, diarrhée, irritabilité, fatigue, etc.

Plusieurs conditions médicales induisent de l'anxiété chez le patient du fait de la signification symbolique psychologique de la maladie, plutôt qu'en raison d'un effet direct sur les structures médiatrices de l'anxiété dans le SNC. Il est donc nécessaire qu'on puisse mettre en évidence une relation étiologique entre la cause organique et l'anxiété : la cause organique suspectée devrait produire les mêmes symptômes dans un contexte expérimental ; par exemple, l'infusion de lactate produit une crise de panique chez un patient prédisposé.

L'étiologie de ce syndrome est le plus souvent d'origine endocrinienne, mais peut aussi être reliée à l'abus ou au retrait de substances toxiques.

On sait que les patients souffrant d'un trouble anxieux ont une certaine prédisposition à éprouver de l'anxiété lorsqu'ils sont exposés à un trouble physiologique spécifique jugé étiologique du syndrome d'anxiété organique (par exemple un phéochromocytome).

Cependant, on ne doit pas pour autant négliger la possibilité de ce syndrome chez un patient dont l'histoire personnelle et familiale est exempte de troubles anxieux, d'autant plus s'il est âgé de plus de 35 ans (car le trouble : panique fonctionnel survient habituellement avant cet âge).

L'évolution du syndrome dépend de l'étiologie sous-jacente et de l'efficacité du traitement. D'autres syndromes cérébraux organiques peuvent se surajouter si l'étiologie n'est pas traitée ; par exemple, des hypoglycémies répétées peuvent éventuellement mener à une démence. Les complications sérieuses sont donc dues à la non-reconnaissance du facteur organique étiologique de l'anxiété, ce qui a pour conséquence l'utilisation non conforme de psychotropes et/ou d'une psychothérapie.

ÉPIDÉMIOLOGIE

On dispose de très peu de données épidémiologiques dans les écrits spécialisés. On soupçonne que les femmes sont plus souvent atteintes que les hommes, quoique cette hypothèse reste à confirmer.

ÉTIOLOGIE

La classification étiologique du syndrome d'anxiété organique apparaît au tableau 16.18.

DIAGNOSTIC DIFFÉRENTIEL

1) Trouble anxieux et trouble : panique fonctionnel sans facteur organique jugé spécifiquement étiologique Ces maladies surviennent généralement avant l'âge de 35 ans, tandis que le syndrome d'anxiété organique survient à tout âge mais de façon plus fréquente après

Tableau 16.18. MALADIES ET CONDITIONS CAUSANT LE SYNDROME D'ANXIÉTÉ ORGANIQUE

- Endocrinopathies : hypo- et hyperthyroïdie, phéochromocytome, hypoglycémie, hypercorticisme, intoxications
- Intoxication aux psychostimulants (caféine, cocaïne, amphétamine
- Intoxication aux métaux lourds
- Intoxication à l'aspirine
- Retrait des dépresseurs du SNC (alcool, sédatifs)
- Déficience en vitamine B_{12}
- Tumeurs cérébrales (impliquant le troisième ventricule)
- Épilepsie (impliquant le diencéphale)
- Maladies pulmonaires obstructives chroniques, embolies
- Maladies du collagène
- Brucellose
- Maladies démyélinisantes

35 ans. De plus, une histoire familiale de facteurs organiques tels que l'hyperthyroïdie peut orienter le diagnostic.

2) Syndrome affectif organique Présence prédominante d'une altération de l'humeur ; dans certains cas, cette altération coexiste avec le syndrome d'anxiété organique.

3) Délirium et démence Présence fréquente d'anxiété, mais également altération globale des fonctions cognitives.

4) Syndrome de personnalité organique Le changement de personnalité prédomine malgré la présence possible d'anxiété.

16.2.8. SYNDROME DE PERSONNALITÉ ORGANIQUE

CRITÈRES DIAGNOSTIQUES DU DSM-III

Le syndrome de personnalité organique se définit comme suit, selon le DSM-III :

A) Changement marqué du comportement ou de la personnalité touchant au moins un des points suivants :
1) labilité émotionnelle (par exemple émotions explosives : colères, pleurs soudains) ;
2) perte du contrôle pulsionnel (par exemple jugement social inadéquat, délit sexuel, vol à l'étalage) ;
3) apathie ou indifférence ;
4) idées de référence ou paranoïdes.

B) Pas d'atteinte de la conscience (délirium), pas d'atteinte des fonctions intellectuelles (démence), pas de trouble de l'humeur (syndrome affectif organique), pas de délire organique, pas d'hallucinose organique.

C) Présence d'un facteur étiologique organique probable.

D) Diagnostic non appliqué à un enfant ou à un adolescent si le tableau clinique se limite aux éléments caractéristiques des troubles déficitaires de l'attention.

Chez l'enfant, la personnalité organique peut survenir avant même qu'il n'ait une modalité relationnelle bien déterminée à son environnement. On reconnaît alors le syndrome par les changements du comportement habituel de l'enfant.

Le tableau clinique dépend de la localisation du traumatisme et du processus pathologique impliqué. On observe classiquement ce syndrome dans l'atteinte du lobe frontal et dans l'épilepsie temporale.

Le syndrome peut être de courte durée si l'étiologie est due à l'influence d'une substance ou d'un médicament ; il peut persister si elle est secondaire à une atteinte structurale du cerveau. Occasionnellement, le syndrome précède l'apparition d'un syndrome démentiel (sclérose en plaques).

On peut remarquer simultanément une atteinte légère à modérée des fonctions cognitives ainsi que de l'irritabilité.

Même si les fonctions cognitives ne sont pas toutes atteintes, le patient peut avoir un si mauvais jugement qu'il doit être gardé sous surveillance étroite.

Ce syndrome peut se compliquer de comportements socialement inacceptables et entraîner l'ostracisme ou des difficultés d'ordre légal. Les patients peuvent présenter une certaine dangerosité envers eux-mêmes ou envers autrui à cause de leur agressivité et de leur impulsivité.

ÉPIDÉMIOLOGIE

On dispose actuellement de peu de données épidémiologiques sur ce syndrome dans les écrits spécialisés.

ÉTIOLOGIE

La classification étiologique du syndrome de personnalité organique apparaît au tableau 16.19.

Tableau 16.19.   MALADIES ET CONDITIONS CAUSANT LE SYNDROME DE PERSONNALITÉ ORGANIQUE

---

* Dommage structural : néoplasie (par exemple méningiome du lobe frontal), traumatisme crânien, maladie vasculaire, épilepsie (entre les crises), sclérose en plaques, chorée de HUNTINGTON.
* Causes endocriniennes : atteinte de la thyroïde et des surrénales surtout.
* Abus de substances toxiques.

DIAGNOSTIC DIFFÉRENTIEL

1) **Démence**   En plus des changements de personnalité, on note des déficits des fonctions mentales supérieures.

2) **Trouble affectif organique**   Dans ce tableau clinique, le trouble affectif domine le changement de personnalité.

3) **Trouble déficitaire de l'attention chez les enfants et les adolescents**   On ne diagnostique alors qu'un trouble de l'attention accompagné d'impulsivité.

4) **Schizophrénie, trouble paranoïde, trouble affectif, trouble du contrôle pulsionnel non classé ailleurs**   Dans toutes ces pathologies, il n'y a pas de cause organique prouvée.

16.2.9. SYNDROMES D'INTOXICATION ET DE SEVRAGE*

CRITÈRES DIAGNOSTIQUES DU DSM-III

Le syndrome d'intoxication se définit comme suit, selon le DSM-III :

A) Syndrome spécifique induit par l'ingestion récente de substances et par leur présence dans l'organisme.

B) Troubles du comportement durant l'éveil, dus à l'effet de la substance sur le système nerveux central (troubles du jugement, agressivité).

C) Tableau clinique ne correspondant pas aux autres syndromes cérébraux organiques spécifiques.

Le syndrome de sevrage se définit comme suit, selon le DSM-III :

A) Syndrome spécifique suivant l'arrêt complet ou la réduction de la prise d'une substance utilisée régulièrement par un individu pour provoquer un état d'intoxication.

B) Tableau clinique ne correspondant pas aux autres syndromes cérébraux organiques spécifiques.

Il existe donc un syndrome spécifique pour chaque substance, mais, dans l'intoxication, on relève fréquemment des troubles perceptuels, des troubles de vigilance, d'attention, de pensée, de jugement, de contrôle des émotions et des troubles du comportement psychomoteur, surtout de l'agitation.

---

* Voir aussi les chapitres 10 et 11.

L'intoxication telle que définie ici exclut l'usage simple et modéré de substances qui n'aboutit pas à des troubles du comportement. Si la substance est utilisée plusieurs fois par mois, sa consommation peut conduire à l'abus ou à la dépendance.

ÉPIDÉMIOLOGIE

Au point de vue épidémiologique, la fréquence de ce syndrome dépend des substances absorbées.

ÉTIOLOGIE

Au point de vue étiologique, plusieurs substances altèrent l'humeur ou le comportement : l'alcool, les barbituriques et les autres sédatifs et hypnotiques, les opiacés, la cocaïne, les amphétamines et les autres sympathomimétiques, la phencyclidine (PCP), les hallucinogènes, le cannabis, le tabac et, finalement, la caféine.

DIAGNOSTIC DIFFÉRENTIEL

Il s'agit d'un diagnostic d'exclusion surtout par rapport aux autres syndromes cérébraux organiques : syndrome délirant, hallucinose et syndrome affectif organique.

Quant au syndrome de sevrage, il faut le différencier des maladies physiques spécifiques qui ont quelquefois des symptômes similaires (par exemple influenza et sevrage aux opiacés).

16.2.10. SYNDROME ORGANIQUE ATYPIQUE OU MIXTE

CRITÈRES DIAGNOSTIQUES DU DSM-III

Le syndrome organique atypique ou mixte se définit comme suit, selon le DSM-III :

A) Déclenchement durant l'état d'éveil et non correspondance aux critères d'aucun des syndromes cérébraux organiques antérieurement décrits.

B) Présence d'une cause organique probable.

Il s'agit d'une catégorie résiduelle. Un exemple donné dans la documentation est celui de la neurasthénie observée dans la maladie d'ADDISON. Cette catégorie est surtout utilisée quand un sujet présente un syndrome cérébral organique dont les critères se retrouvent dans plus d'un des syndromes sans toutefois recouvrir totalement l'un des syndromes.

ÉPIDÉMIOLOGIE

On ne dispose d'aucune donnée épidémiologique sur ce syndrome dans les écrits spécialisés.

ÉTIOLOGIE

Au point de vue étiologique, il s'agit surtout de maladies ayant des répercussions sur le système nerveux ; elles sont énumérées au tableau 16.20.

Tableau 16.20.   **MALADIES ET CONDITIONS CAUSANT LE SYNDROME ORGANIQUE ATYPIQUE OU MIXTE**

- Problèmes neurologiques : épilepsie, maladie de PARKINSON, chorée de HUNTINGTON, hydrocéphalie normotensive, sclérose en plaques, sclérose latérale amyotrophique.
- Maladies systémiques ayant une origine neurologique : lupus érythémateux, porphyrie.
- Néoplasies intracérébrales.
- État postopératoire de chirurgie cardiaque.
- Amnésie globale transitoire.

16.3.
APPROCHE THÉRAPEUTIQUE BIO-PSYCHO-SOCIALE*

16.3.1. TRAITEMENTS SYMPTOMATIQUES

Comme nous l'avons vu précédemment, plusieurs syndromes cérébraux organiques sont traitables médicalement ou chirurgicalement quand on réussit à identifier la cause organique du trouble du fonctionnement cérébral. Dans le cas des démences, 20 % sont potentiellement réversibles (hydrocéphalie normotensive, anémie pernicieuse, hypothyroïdie, etc.). Il demeure donc un fort pourcentage de patients qui évolueront vers un état démentiel permanent. Ces patients pourront toutefois profiter de traitements symptomatiques.

TRAITEMENT DES TROUBLES DES CONDUITES ASSOCIÉS À LA PSYCHOSE

Les troubles paranoïdes, l'errance nocturne, l'hostilité et l'impulsivité répondent bien aux neuroleptiques. Plus le problème est aigu, plus la pathologie a une forte probabilité de bien répondre au traitement.

Les symptômes psychotiques incluent les délires, la méfiance, les hallucinations, l'agitation, l'hyperactivité et les comportements agressifs. Tous les neuroleptiques ont une efficacité antipsychotique reconnue. On préconise souvent l'utilisation de l'Haldol® en commençant par des dosages plus faibles (1 ou 2 mg b.i.d. ou t.i.d.) que pour l'adulte psychotique.

Cependant, on doit tenir compte des nombreux effets secondaires :
- **Effets anticholinergiques** Rétention urinaire, constipation, xérostomie, vision trouble, crise de glaucome, délirium ou psychose atropinique.

- **Effets extrapyramidaux** Le parkinsonisme affecte 50 % des patients de plus de 60 ans ; l'akathisie et la dyskinésie tardive surviennent aussi fréquemment. L'utilisation concomitante d'antiparkinsoniens et de neuroleptiques est discutée au chapitre 36.

- **Hypotension orthostatique** Elle entraîne un risque de fracture causée par une chute ; en effet, les accidents cérébraux vasculaires et les troubles cardiaques surviennent souvent la nuit lorsque le malade se lève rapidement. En conséquence, il vaut toujours mieux qu'on commence le traitement à un très faible dosage chez ces malades que l'état démentiel a rendus fragiles.

TRAITEMENT DE L'ÉTAT DÉPRESSIF

Les déments peuvent également souffrir de troubles affectifs. On doit être prudent dans l'administration d'antidépresseurs tricycliques à cause des effets secondaires, surtout des effets anticholinergiques, de l'hypotension orthostatique et de la somnolence. La désipramine aurait moins d'effets anticholinergiques et la nortriptyline aurait moins d'effets hypotenseurs. On doit aussi prescrire des doses plus faibles au dément qu'à l'adulte déprimé.

Les inhibiteurs de la monoamine-oxydase (IMAO) sont toujours susceptibles de causer une crise hypertensive en cas d'interaction avec la tyramine par le biais de l'alimentation ou par l'interaction avec d'autres médicaments ; mais l'hypotension est l'effet secondaire le plus fréquent pour cette catégorie de médicaments.

L'utilisation du lithium est indiquée à l'occasion ; on doit toutefois respecter scrupuleusement les recommandations d'usage au sujet de cette médication et de ses effets secondaires. Les doses nécessaires à l'obtention d'un taux sérique thérapeutique sont souvent inférieures aux doses usuelles et on doit demeurer prudent dans leur administration.

---

* Voir aussi le chapitre 27, sections 27.8 et 27.9.

On recommande parfois l'utilisation de stimulants du SNC comme le méthylphénidate (Ritalin®) à faible dosage chez des malades déments apathiques et dépressifs si les autres médicaments se sont révélés inefficaces ou s'ils sont contre-indiqués.

Enfin, l'électroconvulsivothérapie fait toujours partie de la liste des traitements efficaces pour les états dépressifs et comporte moins de risques et d'effets secondaires, en plus d'agir plus rapidement que la pharmacothérapie d'usage actuel. L'ECT peut aussi être utilisée dans les cas douteux de pseudo-démence.

TRAITEMENT DES TROUBLES ANXIEUX

Le tiers des personnes âgées hospitalisées pour des problèmes médicaux reçoivent un traitement benzodiazépinique. Chez les malades souffrant du syndrome cérébral organique, cette proportion est sans doute encore plus élevée. Les benzodiazépines sont devenues le traitement de choix de l'état anxieux (auparavant, on utilisait les barbituriques).

Chez les déments, on doit en faire usage avec circonspection, comme chez toute personne âgée en fait. On doit faire preuve de prudence du fait des effets secondaires qui ressemblent aux symptômes cliniques mêmes des malades à traiter : somnolence, coordination motrice déficitaire, apathie, confusion, désorientation et dysarthrie.

On aura avantage à prescrire surtout des benzodiazépines à demi-vie intermédiaire comme l'oxazépam et le lorazépam qui ont également l'avantage d'être simplement conjugués au foie sans métabolites actifs. On se rappellera également l'effet paradoxal d'excitation (par désinhibition) des benzodiazépines chez certains individus qui deviennent alors plus confus et agités.

Les benzodiazépines à demi-vie trop courte (triazolam) et celles métabolisées par le foie sont à éviter en raison des réactions de sevrage et des effets rebonds qu'elles induisent.

TRAITEMENT DES TROUBLES DU SOMMEIL

La personne âgée a un sommeil différent de celui de l'adulte moyen : latence prolongée à l'endormissement, sommeil moins profond et réveils plus fréquents durant la nuit avec tendance à somnoler durant le jour (voir le chapitre 20). Il est important que les habitudes de sommeil soient surveillées de près et que les longues siestes le jour ou les stimulations en soirée soient évitées.

Le dément est plus souvent anxieux et désorganisé à l'approche de la nuit. Il a fréquemment besoin de sédation pour corriger ses troubles du sommeil. On doit réévaluer la prescription diurne et tâcher de la concentrer le soir, afin d'optimiser l'effet hypnotique tout en évitant le surdosage et les effets secondaires indésirables. Encore une fois, les benzodiazépines ont ici éclipsé les autres catégories de médicaments. L'usage du flurazépam est des plus répandu, mais on doit tenir compte de sa demi-vie de 2 à 13 jours et du risque d'effets toxiques dus à l'accumulation chez la personne âgée. Ainsi, 20 % des résidents d'un centre d'accueil auraient présenté de l'ataxie, de la confusion ou des hallucinations par suite de la prise régulière de flurazépam, à raison de 15 mg h.s., ou d'une autre benzodiazépine à demi-vie plus courte (lorazépam, 1 mg h.s.). La prescription est à réévaluer selon la réponse clinique.

Certains auteurs recommandent les antihistaminiques de type diphénhydramine (25 mg h.s.) et l'hydrate de chloral (500 mg h.s.).

TRAITEMENT DES TROUBLES COGNITIFS

L'atteinte de la mémoire, lorsque reliée à la démence, est très difficile à traiter et demeure un thème encore à l'étude.

L'Hydergine® (mésylate d'ergoloïde) est utilisée pour le traitement des troubles de mémoire légers ou modérés à raison de 3 à 6 mg par jour. Diverses substances font également l'objet de recherches dans ce domaine : béthanéchol, tétrahydroamino-acridine, physostigmine, médications cholinomi-métiques.

16.3.2. THÉRAPIES PSYCHOSOCIALES

THÉRAPIE D'ORIENTATION DANS LA RÉALITÉ (TAULBEE ET FOLSOM, 1966)

Il s'agit de sessions de groupe de quatre malades dirigés par un thérapeute, qui se rencontrent 30 minutes par jour, cinq jours par semaine, toujours dans la même pièce.

L'outil de travail est un tableau sur lequel sont inscrits en lettres de grand format : la date, l'heure, le lieu, le nom des malades, la température, le menu du jour et certains événements significatifs extraits des journaux. On utilise des renforçateurs visuels et auditifs pour attirer et maintenir l'attention des membres du groupe et pour parvenir à obtenir leur participation. Durant le reste de la journée, le personnel soignant ou la famille, selon le cas, sont encouragés à répéter les mêmes informations de manière pertinente.

Le résultat positif de cette thérapie a été démontré par plusieurs auteurs. Il y a une amélioration de l'orientation spatio-temporelle des malades et aussi une augmentation de leur expression verbale, une amélioration de leur socialisation et une diminution des verbalisations « bizarres » antérieures au traitement. Cependant, d'autres auteurs ont indiqué des résultats néfastes à la suite de ce traitement : dépression ou absence d'effet de la thérapie sur les fonctions cognitives. On peut donc conclure que cette thérapie ne peut s'appliquer à tous les malades mais qu'elle se révèle fort utile dans certains cas.

THÉRAPIE DE MILIEU ADAPTÉE AUX PERSONNES ÂGÉES*

On utilise l'environnement total comme modalité thérapeutique. L'environnement est structuré afin de permettre à la personne de vivre davantage d'expériences valorisantes et pour l'aider à maintenir son rôle social. On dresse des listes de comportements désirables et réalisables que le personnel soignant et la famille renforcent positivement pour permettre au patient d'atteindre les objectifs fixés.

IMPLICATION DE LA FAMILLE

La famille demeure un élément majeur dans le traitement. Le personnel soignant doit lui apporter du soutien car la situation est souvent pénible à vivre pour tous les membres de la famille. On doit également leur fournir des renseignements pertinents sur les symptômes de la maladie et son évolution probable.

Des associations de familles de malades souffrant de démence (d'ALZHEIMER en particulier) se forment à travers le pays depuis quelques années dans un but de soutien mutuel et de participation au traitement et à la recherche médicale (par exemple la Société ALZHEIMER de Montréal, 3974, Notre-Dame Ouest, Montréal, H4C 1R2, tél. : 931-4211).

16.3.3. PRÉVENTION TERTIAIRE

Une fois qu'on a posé le diagnostic de syndrome cérébral organique irréversible, il faut éviter les facteurs qui accélèrent la détérioration du malade, c'est-à-dire :
— éviter, si possible, tout excès d'émotions positives ou négatives (congé des fêtes, déménagement), tout changement psychosocial brutal ;

---

* Institut de gérontologie de l'Université du Michigan.

— éviter les situations d'échec autant que possible, favoriser les activités selon les capacités du patient (on a souvent tendance à restreindre abusivement les faits et gestes de ces malades);

— porter une attention particulière aux infections ou aux autres maladies intercurrentes, de même qu'à leur traitement;

— entourer le malade de calme et favoriser son repos dans un contexte affectif de soutien respectueux en s'assurant la collaboration de la famille, des amis et du personnel soignant.

Voici certains conseils qui peuvent contribuer à prévenir le développement d'un syndrome cérébral organique irréversible:

— bien surveiller les traumatismes crâniens;

— retirer ou changer une médication inappropriée, modifier les habitudes de consommation d'alcool;

— identifier et traiter une anémie pernicieuse;

— traiter l'épilepsie;

— traiter les troubles sensoriels;

— identifier et traiter les endocrinopathies.

Néanmoins, on doit souvent en arriver au placement du malade à cause de sa perte élevée d'autonomie, lorsqu'il n'est plus possible pour sa famille de le garder, même avec un maximum de soutien psychosocial à domicile. Le placement peut se faire dans une famille d'accueil, un pavillon, un centre d'accueil général ou avec unité spécifique ou, enfin, un centre hospitalier de soins prolongés, selon le degré de l'atteinte fonctionnelle et le comportement du malade.

16.4. CONCLUSION

Nous avons revu les différents syndromes cérébraux organiques ainsi que l'approche qu'on doit préconiser sur le plan tant diagnostique que thérapeutique. Nous nous sommes attardés aux deux principaux syndromes cérébraux organiques rencontrés par les cliniciens : le délirium et la démence. Nous voulons souligner qu'ils sont plus fréquents chez les personnes âgées du fait, entre autres, qu'elles font une consommation importante de médicaments. Nous avons également souligné le problème de la pseudo-démence et les conséquences que ce diagnostic entraîne sur le plan clinique en matière de réversibilité.

Nous avons insisté sur l'approche multidisciplinaire et bio-psycho-sociale. Il faut également signaler que ce domaine des syndromes cérébraux organiques pose de multiples problèmes au personnel traitant. Il y a en effet un manque de ressources alternatives à l'hôpital pour les déments, en particulier dans les centres d'accueil. On manque également de ressources humaines pour dépister et maintenir à un niveau fonctionnel acceptable les patients à risques (par exemple CLSC, hôpital de jour ...). De plus, la tendance actuelle est le statu quo dans les services offerts, alors que la population cible augmente continuellement. Le problème existe et il est connu ; il reste maintenant à faire montre d'une volonté ferme dans tous les secteurs de la société pour agir à court, à moyen et à long terme. Sinon l'an 2000 ne sera peut-être pas l'âge d'or pour 10 à 15 % de la population.

BIBLIOGRAPHIE

AMERICAN PSYCHIATRIC ASSOCIATION
1987 *DSM-III-R*, Washington, D.C., APA.

BLESSED, G., B.E. TOMLINSON et M. ROTH
1968 « The Association Between Quantitative Measures of Dementia and Senile Change in the Cerebral Grey Matter of Elderly Subjects », *British J. of Psychiatry*, vol. 114, n° 515, p. 797-811.

CUMMINGS, J.L.
1985 « Organic Delusions : Phenomenology, Anatomical Correlations and Review », *British J. of Psychiatry*, vol. 146, p. 184-197.

DAVIES, P. et B.L. WOLOZIN
1987 « Recent Advances in the Neurochemistry of Alzheimer's Disease », *J. Clin. Psychiatry*, vol. 48, n° 5 (suppl. de mai), p. 23-30.

GURLAND, B.J., L. DEAN, P. CROSS et R. GOLDEN
1980 « The Epidemiology of Depression and Dementia in the Elderly : The Use of Multiple Indicators in these Conditions », *Psychopathology of the Old Age* (J. O'Cole et J. Barrett, édit.), New York, Raven Press.

HACHINSKI, V.L., N.A. LASSEN et J. MARSHALL
1974 « Multi-infact Dementia : A Cause of Mental Deterioration in the Elderly », *Lancet*, vol. 2, p. 207-210.

HACHINSKI, V.L. *et al.*
1975 « Cerebral Blood Flow in Dementia », *Arch. Neurol.*, sept., vol. 32, p. 632-637.

HESTIN, L.L. et A.R. MASTRI
1981 « Dementia of the Alzheimer Type : Clinical Genetics, Natural History and Associated Conditions », *Arch. Gen. Psychiatry*, vol. 38, p. 1085-1090.

LALONDE, P. et F. GRUNBERG (édit.)
1980 *Psychiatrie clinique : approche contemporaine*, Chicoutimi, Gaëtan Morin édit., chapitre 13.

LIPOWSKI, Z.J.
1983 « Transient Cognitive Disorders », *Am. J. Psychiatry*, vol. 140, n° 15, p. 1426-1435.

1984 « Organic Brain Syndromes : New Classification, Concepts and Prospects », *Can. J. Psychiatry*, vol. 29, p. 198-204.

LISHMAN, W.A.
1987 *Organic Psychiatry*, Oxford, Blackwell.

LISTON, H.L.
1982 « Delirium in the Aged », *Psychiatric Clinics of North America*, vol. 5, n° 1, p. 49-65.

MACKENZIE, T.B. et M.K. POPKIN
1983 « Organic Anxiety Syndrome », *Am. J. Psychiatry*, vol. 140, n° 3, p. 342-344.

REISBERG, B. et J. BORENSTEIN
1987 « Behavioral Symptoms in Alzheimer's Disease : Phenomenology and Treatment », *J. Clin. Psychiatry*, vol. 48, n° 5, (suppl. de mai), p. 9-15.

SPAR, J.E.
1982 « Dementia in the Aged », *Psychiatric Clinics of North America*, vol. 5, n° 1, p. 67-86.

TOMLINSON, B.E., D. IRVING et G. BLESSED
1981 « Cell Loss in the Locus Coeruleus in Senile Dementia of Alzheimer Type », *J. Neurol. Sci.*, vol. 49, p. 418-419.

WELLS, C.E.
1978 « Chronic Brain Disease : An Overview », *Am. J. Psychiatry*, vol. 135, p. 1-12.

1979 « Pseudo-dementia », *American J. Psychiatry*, vol. 136, n° 7.

1984 « Diagnosis of Dementia : A Reassessment », *Psychosomatics*, vol. 25, n° 3, p. 183-190.

CHAPITRE 17

RETARD MENTAL

DANIEL PAQUETTE

M.D., F.R.C.P.(C)
Psychiatre à l'hôpital Louis-H. Lafontaine (Montréal)
Chargé de formation clinique à l'Université de Montréal

PLAN

17.1.
INTRODUCTION

Parler du retard mental n'est pas chose facile. Nous avons en effet l'impression, même en ce XXᵉ siècle, de discuter d'un sujet tabou. À notre avis, il devient néanmoins de plus en plus important pour les médecins d'avoir des connaissances solides dans le domaine. Le besoin de telles connaissances s'accentue sous la pression de plusieurs facteurs sociaux tels que : l'espérance de vie prolongée de plusieurs personnes atteintes de retard mental, les politiques de réinsertion communautaire, le besoin toujours plus grand de prévention et de dépistage précoce, etc.

L'état de retard mental s'insère souvent dans un contexte socioculturel et économique rejetant ; il y a peu de place dans la société pour les personnes qui en souffrent, l'histoire étant éloquente à ce sujet. Bien que de notables améliorations aient été apportées dans l'approche de ce problème, il reste quand même un bout de chemin à parcourir.

La littérature en général fait usage de plusieurs synonymes pour désigner la réalité du « retard mental ». Les termes déficience mentale, déficience intellectuelle ou handicap mental semblent aujourd'hui plus socialement acceptables. Toutefois, du point de vue linguistique, ils sont de mauvais synonymes puisque l'état de déficience ou de handicap peut résulter d'une dégradation ou détérioration d'une intelligence qui s'était normalement développée. Les termes arriération mentale et retard mental, quant à eux, font nettement appel dans leur définition à une évolution progressive du développement de l'intelligence. En fait, l'état du retard mental correspond à un ralentissement du développement de l'intelligence puis à un arrêt de ce développement à un niveau plus ou moins déficitaire. En Amérique du Nord, le terme le plus utilisé est celui de retard mental, terme qui semble satisfaire à la fois à certains principes linguistiques et sociaux.

17.2.
DÉFINITION ET CLASSIFICATION

Selon les différents modèles (biomédical, sociopsychologique), le retard mental pourrait être défini de plusieurs façons. Cependant, la définition la plus acceptée est celle de l'Association américaine de la déficience mentale (1977) :

> La déficience mentale se définit comme un fonctionnement intellectuel significativement sous la moyenne, accompagné de déficits dans la capacité d'adaptation de l'individu, survenant durant la période de croissance.

Cette définition a l'avantage d'éviter toute référence à un modèle étiologique particulier. Il n'en demeure pas moins qu'il pourrait être difficile d'appliquer objectivement cette définition sans la mise en place de critères « standardisés ».

La notion de quotient intellectuel (QI) est devenue le critère de référence dans l'appréciation du fonctionnement intellectuel. La mesure du QI se fait au moyen de tests psychologiques. Cette notion, bien qu'à l'occasion contestée, permet une évaluation particulièrement utile quand elle est combinée avec l'histoire du patient et les observations cliniques. L'application de tests à la population normale a permis de définir le QI moyen à 100. Selon une courbe de répartition normale (figure 17.1.), 50 % de la population a un QI entre 90 et 110, 3 % un QI plus élevé que 130 et 3 % un QI plus bas que 70 (− 2 déviations standards par rapport à la moyenne).

CRITÈRES DU DSM-III

À partir du QI, il est possible d'établir une classification. Selon le DSM-III, les critères diagnostiques du retard mental sont :

A) un QI de 70 et moins ;

B) des déficits dans les comportements d'adaptation (en tenant compte de l'âge) ;

C) le début de la pathologie avant l'âge de 18 ans.

Figure 17.1. COURBE DE DISTRIBUTION NORMALE
DU QUOTIENT INTELLECTUEL

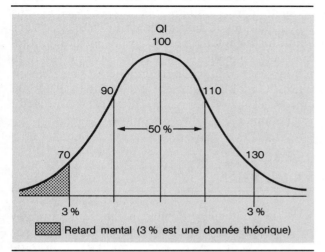

Retard mental (3 % est une donnée théorique)

Le retard mental est divisé en quatre sous-types :

a) retard mental léger (QI de 50 à 70) ;
b) retard mental modéré (QI de 35 à 49) ;
c) retard mental sévère (QI de 20 à 34) ;
d) retard mental profond (QI plus petit que 20).

N.B. : Un QI de 70 à 85 est défini comme fonctionnement intellectuel limite.

À ces différents sous-types sont rattachées certaines caractéristiques développementales particulièrement utiles à connaître pour le clinicien :

— Dans le **retard léger**, les personnes atteintes peuvent développer des habiletés sociales et de communication. Du point de vue scolaire, elles peuvent atteindre une sixième année. Elles requièrent habituellement un soutien minimal, sauf dans certaines situations stressantes où le soutien devra être plus accentué. Dans ce groupe, le retard est minime sur le plan des capacités sensorimotrices.

— Dans le **retard modéré**, les atteintes sensorimotrices sont plus sérieuses. La scolarité peut atteindre la deuxième année. L'autosuffisance partielle est possible dans des conditions de travail en milieu protégé.

— Dans le **retard sévère**, les personnes peuvent apprendre à communiquer mais l'entraînement est plus long et les résultats moindres. Elles peuvent développer une certaine forme d'autosuffisance, à condition d'être sous supervision complète.

— Dans le **retard profond**, la prise en charge des personnes atteintes requiert des soins et un soutien continus. Le développement de la communication est très limité et les atteintes sensorimotrices sont sévères.

On doit tout de même garder à l'esprit que la classification n'est pas une fin en soi. Chaque personne peut exploiter son potentiel au maximum si on lui donne les ressources et les conditions nécessaires. Dans le cas du retard mental, la classification selon le QI n'est qu'un des éléments dans le vaste et complexe processus d'évaluation et de traitement.

17.3.
ÉPIDÉMIOLOGIE

Selon les études les plus récentes, la prévalence du retard mental semble s'établir autour de 1 %. Le chiffre de 3 % longtemps mentionné dans la littérature était en fait tiré d'une courbe de distribution normale théorique et ne correspondait pas à la réalité. La prévalence semble stable aux États-Unis et au Canada. L'incidence, par contre, est variable selon les groupes d'âges, ces variations étant dues surtout au dépistage plus facile lors des années de scolarité où l'incidence atteint un pic entre l'âge de 10 et 14 ans. On observe une plus haute prévalence dans les segments défavorisés de la population ; on l'estime entre 10 et 30 %. Cependant, cet écart par rapport à la prévalence générale concerne surtout le sous-type de retard mental léger. La disproportion selon les classes socio-économiques disparaît dans les catégories de retard mental plus sévère.

Environ 80 % des cas de retard mental sont du sous-type léger, 12 % du sous-type modéré, 7 % du sous-type sévère et 1 % du sous-type profond (APA, 1980). Comme autres données épidémiologiques, mentionnons une prévalence deux fois plus élevée chez les hommes. En ce qui a trait à l'espérance de vie, 98 % des gens atteints de retard mental léger et modéré et 92 % du sous-type sévère atteignent l'âge de 20 ans. Il faut noter que, de l'âge de 1 à 19 ans, le taux de mortalité des sous-types léger et modéré est deux fois plus élevé que celui de la population en général. Ces taux augmentent à sept fois pour le sous-type sévère et à trente et une fois pour le sous-type profond (Munro, 1986).

Il importe de se rappeler que la prévalence de certains autres désordres mentaux se trouve le plus fréquemment associée avec le retard mental ; ainsi, l'autisme infantile, le déficit de l'attention avec hyperactivité et les mouvements stéréotypés sont observés de trois à quatre fois plus souvent dans le retard mental que dans la population en général. Les épisodes psychotiques seraient aussi plus fréquents, bien que les statistiques à ce sujet proviennent surtout d'études de patients institutionnalisés. Ces études mentionnent en effet une prévalence de 5 à 12 % de désordres psychotiques chez les patients institutionnalisés et souffrant de retard mental. Il est intéressant de noter que, sur l'ensemble des consultations psychiatriques menées auprès de gens souffrant de retard mental et vivant dans la communauté, 21 % aboutiront au diagnostic de schizophrénie et 10 % au diagnostic de dépression. En ce qui a trait aux autres catégories psychiatriques, on estime la prévalence des névroses à environ 5 % ; quant aux troubles de personnalité, peu d'études en traitent et les chiffres concernant leur prévalence sont actuellement peu fiables.

En tant que médecins, il faut aussi garder en mémoire les statistiques suivantes concernant la prévalence de handicaps associés au retard mental.

Ainsi, on estime à environ 8 % les troubles de vision de divers degrés de sévérité. Les pertes d'audition seraient de trois à quatre fois plus élevées que dans la population normale. Au moins 60 % des gens souffrant de retard mental éprouvent des problèmes de langage associés dont la sévérité serait, la plupart du temps, proportionnelle à la sévérité du retard mental. La prévalence de l'épilepsie se situe entre 6 et 40 %, augmentant selon la sévérité du retard mental.

17.4.
ÉTIOLOGIES

Les étiologies du retard mental sont multiples mais peuvent être divisées en facteurs **psychosociaux** (75 % des cas de retard mental) et **biologiques** (25 %).

17.4.1. FACTEURS BIOLOGIQUES

Ils se subdivisent en facteurs pré-, péri- et postnataux.

FACTEURS PRÉNATAUX

Infections intra-utérines

1) **Rubéole** S'il y a infection durant le premier trimestre de la grossesse, on peut déceler les atteintes suivantes : microcéphalie, cataractes, microphtalmie, rétinopathie et surdité.
2) **Toxoplasmose** Elle se caractérise surtout par des calcifications intracrâniennes, une choriorétinite et une microcéphalie.
3) **Infection au cytomégalovirus** Comme la toxoplasmose.
4) **Syphilis** Transmise *in utero* après le quatrième mois de grossesse, elle peut provoquer une choriorétinite, une atteinte méningo-encéphalitique, la surdité.

Troubles métaboliques

Acides aminés

1) **Phénylcétonurie** Cette maladie est transmise génétiquement selon un mode autosomal récessif. Son incidence est de 1/10 000 à 1/20 000. Le défaut biochimique consiste en une déficience de l'enzyme phénylalanine-hydroxylase, entraînant une accumulation cérébrale de phénylalanine à un niveau toxique pour un cerveau en développement. Sur le plan clinique, on note : des convulsions (1/3 des cas), des troubles du comportement et de la coordination motrice, des problèmes perceptuels et de langage ; enfin, il peut exister une microcéphalie. Le diagnostic est fait à travers un dépistage biochimique systématique chez tous les nouveau-nés. Le traitement consiste en l'administration d'une diète pauvre en phénylalanine, qui doit être commencée avant l'âge de 3 mois et pourrait être cessée vers l'âge de 6 ans. Le traitement permet souvent d'éviter le retard mental.

2) **Maladie du sirop d'érable (maladie de MENKES)** Transmis selon un mode autosomal récessif, ce désordre provient d'une déficience biochimique entraînant une accumulation de leucine, d'isoleucine et de valine. L'amino-acidurie subséquente a une odeur caractéristique, d'où provient le nom de la maladie. Les symptômes cliniques progressent rapidement s'il n'y a pas de traitement. On peut observer des convulsions, de l'ataxie, de la rigidité, des problèmes respiratoires et la mort dans les premiers mois de vie. Heureusement, une diète appropriée (pauvre en acides aminés responsables de ce trouble) permet la reprise d'un développement normal.

Il existe plusieurs autres troubles génétiques occasionnant une déficience des acides aminés, qui ont un pronostic beaucoup plus sombre, le traitement étant souvent inexistant.

Lipides

Les enfants atteints de ce type d'erreur métabolique meurent très jeunes, souvent avant l'âge de 5 ans. Dans ces maladies, outre le retard mental, on observe de la spasticité, des convulsions et de l'ataxie. Les maladies les plus représentatives de ce groupe sont les **maladies de TAYSACHS,** de NIEMANN-PICK et de GAUCHER.

Hydrates de carbone

1) **Galactosémie** La transmission est autosomale récessive. La déficience enzymatique se situe dans la transformation du galactose en glucose. Cliniquement, on observe une hépatomégalie avec jaunisse, vomissements et diarrhée. Il y a aussi un retard de développement, des convulsions et des cataractes. Une diète sans galactose permet un développement normal.

2) **Hypoglycémie néonatale** Ce trouble peut être secondaire à un diabète maternel, une toxémie, etc. En l'absence de traitement, il se développe des séquelles neurologiques. L'administration rapide de glucose prévient l'apparition des complications.
N.B. Il existe plusieurs autres types d'anomalies dans cette catégorie.

Troubles endocriniens

• **Hypothyroïdie congénitale** (*crétinisme*)
Il peut y avoir plusieurs étiologies à cette anomalie. Dans les régions socio-économiquement favorisées, c'est la transmission transplacentaire d'anticorps antithyroïdiens qui en est la cause la plus fréquente. (Dans ces cas, il y a absence congénitale de thyroïde.) Cliniquement, on peut observer un nanisme, de l'ataxie, de la rigidité, des tremblements, une peau sèche, une langue large et un goître dans d'autres formes étiologiques. Une fois le dépistage effectué,

le traitement consiste en l'administration d'hormones thyroïdiennes. Un traitement hâtif permet d'éviter le retard mental et les autres anomalies décrites.

Divers

Mentionnons à titre d'information les troubles suivants : le **syndrome de** CRIGLER-NAJJAR (kernictère par métabolisme altéré de la bilirubine), la **maladie de** WILSON (dégénérescence hépatolenticulaire, accumulation toxique de cuivre au niveau du foie et du cerveau) le **syndrome de** LESCH-NYHAN (trouble récessif lié au chromosome X, avec accumulation d'acide urique sanguin, retard mental et comportement automutilatoire) et les diverses **mucopolysaccharidoses** (syndrome de HURLER, syndrome de HUNTER).

Anomalies chromosomiques

Syndrome de DOWN

Le syndrome de DOWN ou **mongolisme** est l'anomalie chromosomique la plus connue. La grande majorité des cas de mongolisme (95 %) est la conséquence d'une trisomie 21 (trois chromosomes 21 au lieu de deux). L'incidence de cette anomalie congénitale est de 1/700 et elle augmente avec l'âge de la mère. Ainsi, après 35 ans, elle est de 1/100. Le syndrome de DOWN entraîne un retard mental de modéré à sévère qui est souvent plus manifeste après 6 mois d'âge. On observe de plus une hypotonie générale, un petit crâne, des fentes palpébrales obliques, du strabisme et une langue protubérante. En ce qui a trait aux extrémités, on note des mains larges et épaisses, dont les plis sont différents et presque caractéristiques : en effet, on peut voir souvent un pli transversal unique. Les pieds présentent un affaissement de la voûte plantaire.

Le tempérament du mongolien est décrit comme généralement affectueux et docile. Cependant, les problèmes comportementaux sont fréquents à l'adolescence. L'espérance de vie est fortement compromise par plusieurs facteurs comme les atteintes cardiaques fréquentes, la leucémie, les infections et autres anomalies immunologiques, etc. Cependant, l'espérance de vie des personnes atteintes de ce syndrome s'est considérablement améliorée depuis les 25 dernières années. L'espérance de vie actuelle est plus élevée que 30 ans, et 25 % des personnes atteintes peuvent espérer vivre jusqu'à 50 ans. Cette population vieillissante a donné lieu à plusieurs observations intéressantes concernant une certaine ressemblance entre le syndrome de DOWN et la maladie d'ALZHEIMER (DALTON, 1986 ; TURKEL et NURBAUM, 1986) ; cependant, une revue de la littérature nous a permis de constater qu'il y a des ressemblances beaucoup plus marquées sur le plan neuropathologique que sur les plans psychologique et clinique. Plusieurs recherches restent à faire à ce sujet.

N.B. Le syndrome de DOWN peut être causé par un mosaïsme (ensemble de cellules normales et anormales résultant d'une non-disjonction après fertilisation). Il peut aussi être dû à une translocation (fusion de deux chromosomes), ce dernier trouble se transmettant génétiquement.

Syndrome du X fragile

Ce syndrome, décrit récemment, serait dû à une anomalie du long bras du chromosome X, qui aurait une apparence brisée. La fréquence de cette anomalie serait élevée, affectant un mâle naissant sur mille. Environ une femme hétérozygote sur trois serait affectée, à un degré moindre que les hommes. Après la trisomie 21, c'est le genre de retard mental le plus commun pouvant être diagnostiqué cytogénétiquement. Au point de vue clinique, on observe le phénotype suivant : un retard mental de léger à modéré, une tête relativement large, un visage étroit, des oreilles larges et une petite taille. Les testicules peuvent augmenter beaucoup de volume après la puberté. Le comportement de ces individus est souvent caractérisé par l'hyperactivité, la distractibilité et une tendance à l'anxiété.

Le langage serait caractérisé par de longues pauses, des phrases automatiques, de la persévération, une tonalité vocale et une prosodie variable (MADISON *et al.*, 1986). Le diagnostic prénatal peut être fait à partir de l'amniocentèse. Des améliorations comportementales auraient été rapportées après l'administration d'acide folique, mais cette observation demande à être confirmée.

Autres anomalies chromosomiques

En plus du syndrome de DOWN et du syndrome du X fragile, plusieurs autres anomalies chromosomiques peuvent causer un retard mental : signalons le **syndrome du cri du chat** (délétion du chromosome 5), les **trisomies 13, 18 et 22** ; il y a aussi les anomalies des chromosomes sexuels, tels le **syndrome de KLINEFELTER** (XXY) et le **syndrome de TURNER** (XO), bien que dans ces deux derniers cas le retard mental ne soit pas universel, l'intelligence pouvant être normale.

Autres anomalies prénatales

Cette section regroupe plusieurs atteintes dont l'étiologie n'est pas toujours bien connue. Elles comprennent les dysplasies neurocutanées telles que la **neurofibromatose de VON RECKLINGHAUSEN**, l'**angiomatose cérébrale de STURGE-WEBER**, la **sclérose tubéreuse de BOURNEVILLE**, etc. On croit que ces maladies sont liées à des gènes autosomaux dominants avec expression et pénétrance variables. Sont également classées dans cette section les malformations cérébrales diverses : **anencéphalie, porencéphalie, microcéphalie, agyrie, pachygyrie, hydrocéphalie, méningo-encéphalocèle, méningo-myélocèle**, etc.

FACTEURS PÉRINATAUX

Le facteur le plus important dans ce groupe est la **prématurité** qui peut être à l'origine de plusieurs déficits intellectuels, sensoriels et moteurs.

Seule une minorité de nourrissons pesant moins de 1,5 kg n'aura pas de séquelles. Comme autres facteurs, nous devons mentionner le **retard de croissance intra-utérin**, les **accidents à l'accouchement** (trauma et anoxie) et le **kernictère**.

FACTEURS POSTNATAUX

Cette catégorie englobe la **malnutrition**, les **infections du système nerveux central**, les **spasmes infantiles** et la **paralysie cérébrale** ; dans cette dernière atteinte, la fréquence du retard mental est très variable selon les types de paralysie.

17.4.2. FACTEURS PSYCHOSOCIAUX

Nous devons préciser de nouveau ici que, malgré le besoin (pour des raisons didactiques) de séparer les facteurs biologiques des facteurs psychosociaux, il faut garder à l'esprit l'interaction souvent étroite de ces différents facteurs. Le concept de l'approche bio-psycho-sociale est particulièrement indiqué quand on parle du retard mental (l'exemple de la malnutrition associée au manque de stimulation psychologique dans les classes sociales défavorisées en est une bonne illustration).

Il n'est pas toujours facile de discuter des facteurs psychosociaux. Une des raisons principales est la difficulté pour les chercheurs de faire des études aussi bien contrôlées que les études de facteurs biologiques. On comprend facilement qu'il est plus difficile d'isoler des variables sociales.

STATUT SOCIO-ÉCONOMIQUE

Mentionnons, comme premier facteur, le **statut socio-économique** (SSE). La plupart des études sur le sujet rapportent une corrélation étroite entre le QI et le SSE (BRADLEY et TEDESCO, 1982). En fait, selon la revue de la littérature effectuée par

GOLDEN et BIRNS (1976), il semble clair que les mesures cognitives qui impliquent le langage sont en relation avec la classe sociale dès la première année de vie et qu'à partir de 2 ans, ces mesures verbales sont en corrélation très étroite avec les performances des enfants aux tests standards d'intelligence. Une certaine prudence s'impose toutefois quant à l'interprétation des données scientifiques concernant le SSE. En effet, ce facteur, on s'en doute, peut en comprendre plusieurs autres. Dans les segments défavorisés de la population, on observe plus souvent des problèmes médicaux dus à l'absence relative de soins pré- et postnataux. On y remarque aussi plus fréquemment divers problèmes sociaux et émotifs pouvant interférer avec le développement de l'intelligence.

STIMULATION DU LANGAGE

Un autre facteur important à mentionner est la **stimulation du langage**. La qualité et la quantité du langage utilisé à la maison sont en forte corrélation avec les mesures du développement cognitif.

AUTRES FACTEURS

Parmi les autres facteurs environnementaux impliqués dans le développement de l'intelligence, mentionnons la **variété des stimulations** (sous forme d'expériences sensorielles et sociales), les **« pressions » parentales pour la réussite professionnelle et sociale** de l'enfant, l'**interaction mère - enfant** (surtout durant la première année de vie) ; ce dernier facteur demande confirmation par des études ultérieures. Il y aurait aussi des corrélations à des degrés divers entre les facteurs suivants : **soins et affection, disponibilité de jouets et de matériel d'apprentissage** à la maison et **stabilité de l'environnement** (GOLDEN et BIRNS, 1968). L'importance de ces divers facteurs serait plus manifeste durant les premières années de vie.

17.5.
ÉVALUATION

Le diagnostic du retard mental est souvent l'aboutissement d'un processus complexe. Il doit reposer sur les éléments suivants : l'histoire médicale, l'histoire familiale et sociale, l'histoire du développement infantile, un examen physique approfondi, y compris l'examen des différentes habiletés motrices et neurologiques (centrales et périphériques), un testing psychologique et des tests de laboratoire pertinents. Ce processus diagnostique doit aussi comprendre plusieurs diagnostics différentiels : les **déficits sensoriels** (cécité, surdité), les **déficits de langage**, la **paralysie cérébrale**, certains **déficits spécifiques du développement**, l'**autisme infantile**, la **schizophrénie infantile** et le **fonctionnement intellectuel limite**.

17.5.1. HISTOIRE MÉDICALE

Cette évaluation doit comprendre l'histoire génétique, l'histoire de toutes les grossesses de la mère et particulièrement celle concernant le patient. On doit recueillir toutes les informations à propos du travail et de l'accouchement, des incompatibilités sanguines, etc. Il faut prendre note des épisodes significatifs dans la vie de l'enfant : infections, accidents, réponses aux diverses thérapies, histoire de convulsions, de perturbations comportementales et émotives et toute histoire indiquant une détérioration cérébrale progressive.

17.5.2. HISTOIRE FAMILIALE ET SOCIALE

On note toute information concernant la présence de maladies héréditaires dans la famille et de consanguinité. On doit aussi évaluer les interactions familiales et leurs effets possibles sur le comportement de l'enfant, détecter les signes de carence parentale et le manque de stimuli adéquats, enfin s'enquérir du statut socio-économique de la famille.

17.5.3. HISTOIRE DU DÉVELOPPEMENT INFANTILE*

Ces informations devront être recueillies auprès de toutes les personnes pertinentes. Nous reproduisons ici un guide de référence** qui permet d'évaluer plus précisément le développement de l'enfant. Il importe de connaître ces données qui peuvent souvent nous mettre sur la piste du diagnostic.

DÉVELOPPEMENT PSYCHOMOTEUR SELON L'ÂGE

4 SEMAINES

Motricité grossière	1) Elle est marquée surtout par les positions du réflexe tonique du cou ; 2) en position assise, il y a chute avant de la tête.
Motricité fine	1) Le bébé garde les poings fermés ; 2) a le réflexe de préhension.
Comportement adaptatif	1) Fixe un objet dans le champ de vision seulement ; 2) suit l'objet jusqu'au centre ; 3) échappe immédiatement l'objet qu'il saisit dans la main.

---

* Pour de plus amples informations, voir les chapitres 31, 32, 33 et 34, sur la pédopsychiatrie.

** Ce guide a été tiré et adapté de : EISENBERG, L. 1980 « Normal Child Development », *Comprehensive Textbook of Psychiatry/III* (H.I. Kaplan *et al.*), Baltimore, Williams & Wilkins.

Langage	1) Vocalise (sons gutturaux) ; 2) a un regard vague, indirect.
Comportement sociopersonnel	1) Réagit au langage d'autrui, l'activité diminue quand il regarde le visage de l'observateur et quand il entend une voix.

16 SEMAINES

Motricité grossière	1) Prend surtout des postures symétriques ; 2) peut tenir la tête stable (en position assise).
Motricité fine	1) Palpe et agrippe avec les mains.
Comportement adaptatif	1) Suit bien du regard un objet bougeant lentement ; 2) regarde un jouet dans sa main et le porte à la bouche ; 3) agite les bras à la vue d'un objet suspendu et ballant.
Langage	1) Rit fort ; 2) s'excite et respire profondément.
Comportement sociopersonnel	1) A un sourire social spontané ; 2) s'amuse avec ses mains ; 3) anticipe la nourriture en la voyant.

28 SEMAINES

Motricité grossière	1) Saute activement quand on le tient debout ; 2) reste assis de courtes périodes en s'appuyant sur les mains (cependant, ne s'assoit pas seul).

Motricité fine	1) Exécute la prise « mitaine » radio-palmaire ; 2) devient plus habile mais pas avec de petits objets.
Comportement adaptatif	1) A une approche unidextre (approche d'une seule main) ; 2) transfère un objet d'une main à l'autre.
Langage	1) Babille à son entourage ; 2) vocalise « m-m-m » en pleurant.
Comportement sociopersonnel	1) Porte ses orteils à sa bouche ; 2) essaie de toucher son image dans le miroir.

40 SEMAINES

Motricité grossière	1) S'assoit seul et reste assis sans appui ; 2) rampe (9 mois), se traîne à « quatre pattes » (10 mois).
Motricité fine	1) Exécute la pince inférieure (approche avec le pouce et le côté de l'index).
Comportement adaptatif	1) Essaie d'imiter les coups de crayons (griffonnage) ; 2) compare deux cubes et les cogne.
Langage	1) Répond à son nom ou surnom ; 2) dit « papa » et « maman ».
Comportement sociopersonnel	1) Répond aux jeux sociaux (ex. : *pat-a-cake*, le jeu de cache-cache) ; 2) tient son biberon, prend et mange un biscuit.

52 SEMAINES (1 AN)

| Motricité grossière | 1) Marche quand on le tient par la main ; |

2) momentanément, se tient debout seul.

N.B. L'âge moyen de la marche est entre 12 et 14 mois ; quand l'enfant ne marche pas à 18 mois, c'est anormal.

Motricité fine	1) Exécute la pince « pouce-index ».
Comportement adaptatif	1) Tente de construire une tour de deux cubes.
Langage	1) Utilise un jargon expressif ; 2) donne un jouet sur demande.
Comportement sociopersonnel	1) Participe à son habillement.

15 MOIS

Motricité grossière	1) Trottine seul, fait des chutes occasionnelles ; 2) grimpe les escaliers.
Comportement adaptatif	1) Construit une tour de deux cubes.
Langage	1) A un vocabulaire de quatre à six mots significatifs.
Comportement sociopersonnel	1) Indique ses besoins en les pointant ou en les vocalisant ; 2) rejette les objets par jeu ou par refus.

18 MOIS

| Motricité grossière | 1) Marche, chutes rares ;
2) s'assoit seul sur une petite chaise. |
| Comportement adaptatif | 1) Construit une tour de trois ou quatre cubes ;
2) imite les traits de crayons et griffonne spontanément. |

Langage	1) A un vocabulaire de dix mots ; 2) peut identifier une photo ; 3) obéit à des ordres directionnels (ex. : « Donne à maman »).
Comportement sociopersonnel	1) Tire un jouet avec une corde ; 2) transporte et serre sa poupée dans ses bras ; 3) se nourrit lui-même partiellement.

2 ANS

Motricité grossière	1) Court bien, sans chute ; 2) monte et descend les escaliers seul.
Motricité fine	1) Tourne une à une les pages d'un livre.
Comportement adaptatif	1) Construit une tour de six ou sept cubes ; 2) imite les traits de crayon circulaires et verticaux.
Langage	1) Utilise les pronoms ; 2) formule des phrases de trois mots.
Comportement sociopersonnel	1) Se réfère à lui par son nom ; 2) revêt des vêtements simples ; 3) imite le travail domestique. N.B. La propreté à la toilette est atteinte environ vers 24-27 mois.

3 ANS

Motricité grossière	1) Pédale sur un tricycle ; 2) alterne les pieds en montant les escaliers.
Comportement adaptatif	1) Construit une tour de neuf ou dix cubes ;

	2) copie un cercle et imite une croix avec un crayon.
Langage	1) Emploie le pluriel ; 2) dit son sexe et son nom ; 3) décrit l'action dans les livres d'images.
Comportement sociopersonnel	1) Met ses souliers et se déboutonne ; 2) mange proprement ; 3) comprend le sens de « chacun son tour ».

4 ANS

Motricité grossière	1) Alterne les pieds en descendant les escaliers ; 2) lance la balle « pardessus ».
Comportement adaptatif	1) Copie une croix avec un crayon ; 2) compte trois objets en les pointant ; 3) dessine une personne avec deux parties (tête et corps).
Langage	1) Nomme une ou deux couleurs correctement ; 2) obéit à cinq prépositions (sous, sur, en arrière, en avant, à côté).
Comportement sociopersonnel	1) Joue de façon coopérative avec les autres enfants ; 2) lace ses souliers ; 3) se brosse les dents, se lave et s'essuie le visage et les mains.

5 ANS

Motricité grossière	1) Saute en alternant les pieds ; 2) habituellement, a un contrôle sphinctérien complet.

Comportement adaptatif	1) Compte dix objets correctement ; 2) copie un carré et un triangle.
Comportement sociopersonnel	1) S'habille et se déshabille seul ; 2) écrit quelques lettres ; 3) joue à des jeux compétitifs (ex. : certains sports).

6 ANS

Motricité grossière	1) Se tient alternativement sur chaque pied les yeux fermés.
Comportement adaptatif	1) Dessine un bonhomme avec le cou, les mains et les vêtements ; 2) copie un losange ; 3) additionne et soustrait jusqu'à cinq.
Langage	1) Possède un vocabulaire de 2500 mots.
Comportement sociopersonnel	1) Connaît la droite et la gauche ; 2) peut différencier avant-midi et après-midi ; 3) attache ses lacets (fait le nœud et la boucle).

17.5.4. EXAMEN PHYSIQUE

À cette étape, on doit rechercher les signes physiques particuliers associés aux diverses étiologies du retard mental. On doit aussi évaluer le développement psychomoteur décrit plus haut.

Les points suivants sont à noter :

1) **Crâne**   Des mesures répétées de la circonférence crânienne sont importantes si l'on a affaire à un enfant en croissance. On peut noter une macro- ou microcéphalie. L'élargissement du diamètre bipariétal peut être un indice sérieux d'hématome sous-dural. La transillu-

mination chez le nourrisson peut orienter le diagnostic de kystes porencéphaliques, d'hydrocéphalie ou d'hématome sous-dural.

2) **Faciès**   Les indices sont ici les disproportions crânio-faciales et certains faciès typiques, par exemple le visage mongoloïde.

3) **Yeux**   Il faut porter attention aux fentes palpébrales (mongolisme). Les autres signes possibles sont : la microphtalmie (toxoplasmose congénitale), les cataractes et la rétinite (rubéole congénitale), la choriorétinite (toxoplasmose congénitale, maladie du cytomégalovirus), l'atrophie optique et l'œdème (pathologie intracrânienne). On doit aussi vérifier l'acuité visuelle !

4) **Langue**   Une langue large est compatible avec l'hypothyroïdie congénitale, le syndrome de Down et la trisomie 18.

5) **Oreilles**   Outre la fonction auditive, il faut noter les anomalies de la configuration externe, par exemple les oreilles larges, l'implantation basse qui peut être compatible avec le syndrome du cri du chat, les trisomies 13 et 18. L'audition, dans la majorité des cas, devra faire l'objet d'une évaluation en audiologie, étant donné son lien, dans le diagnostic différentiel, avec la surdité sans retard mental.

6) **Peau**   L'eczéma peut être un indice de phénylcétonurie, l'adénome sébacé peut être associé à la sclérose tubéreuse. Dans la neurofibromatose, on peut voir des taches de couleur café au lait et dans le syndrome de Sturge-Weber, l'angiomatose faciale.

7) **Extrémités**   On y remarque souvent des signes d'atteinte chromosomique, par exemple les anomalies dermatoglyphiques particulières du syndrome de Down. Dans ce même syndrome, on va aussi observer une brachyphalangie et souvent un gros orteil qui a tendance à s'écarter du deuxième orteil avec un sillon cutané profond entre les deux. Dans la trisomie 13, on peut souvent observer de la polydactylie, une flexion et un croisement des doigts, un pli pal-

maire transversal unique. Dans la trisomie 18, on constate fréquemment une contracture en flexion des doigts, avec croisement de l'index sur le médius, une dorsiflexion du premier orteil, ainsi que des anomalies dermatoglyphiques. Dans le syndrome de TURNER, il faut mentionner le cubitus-valgus.

8) **Examen neurologique**   Les anomalies de ce type peuvent être très diverses selon les étiologies. On peut observer différentes atteintes motrices et sensorielles, par exemple une ataxie, des mouvements anormaux, une surdité, une cécité, du nystagmus. On peut aussi remarquer l'altération de plusieurs fonctions neurologiques concernant le langage, les praxies, la mémoire, l'orientation, etc.

17.5.5. TESTING PSYCHOLOGIQUE*

L'évaluation psychologique permet d'établir le QI, d'évaluer de façon plus standardisée certaines fonctions neuropsychologiques telles que le langage, les différentes fonctions perceptuelles et motrices. Il existe aussi des tests pour évaluer l'adaptation et la maturité sociales. Il est souvent très utile de compléter l'examen par une évaluation de la personnalité quand c'est possible.

Malheureusement, nous devons signaler l'absence presque complète d'instruments normalisés au Québec, servant à mesurer le quotient intellectuel. Devant cette lacune, on présume qu'une adaptation sommaire du questionnaire américain et que l'utilisation des normes américaines constituent une approximation raisonnable de la performance réelle des sujets évalués. Cependant, on estime que plus le sujet est profondément retardé, plus les ins-

truments de mesure du QI perdent leurs propriétés psychométriques et plus les marges d'erreur augmentent.

L'instrument le plus utilisé pour mesurer le QI des enfants de 6 à 16 ans est le **WISC-R** (*Weschler Intelligence Scale for Children-Revised*). Quand l'enfant est trop jeune ou le degré de déficience plus élevé, on utilise le **Stanford-Binet** (quatrième version révisée). Ce test évalue l'intelligence de 2 ans à l'âge adulte. D'autres types d'échelles sont utilisés : le **WIPPSI** (*Weschler Pre-School and Primary Scale of Intelligence*) pour les enfants de 4 à 6 ans et le **WAIS-R** (*Weschler Adult Intelligence Scale Revised*) pour les adultes. Il semble qu'on utilise encore le **Barbeau-Pinard**, mais ce dernier test a perdu beaucoup de sa valeur.

Certains instruments utilisés moins fréquemment permettent une meilleure mesure si des handicaps nuisent à un test habituel. À cet effet, mentionnons, pour un sujet muet ou affecté d'un handicap moteur, le **Leiter** ou le **Columbia**. Le **Hiskey-Nebraska** peut être utilisé dans les cas de personnes sourdes-muettes. Dans les cas de retard mental grave, des tests de développement peuvent être utilisés comme approximation du QI, par exemple le **Bailey** et le **Griffith**.

Il existe aussi des échelles plus récentes qui permettent d'évaluer les comportements adaptatifs. L'instrument principalement utilisé est l'**Échelle de comportements adaptatifs** (traduction de l'*Adaptative Behavior Scale* de l'AAMD, *American Association on Mental Deficiency*). L'aspect adaptatif est aussi évalué par des instruments descriptifs du développement et des habiletés adaptatives. Il semble que la meilleure mesure des comportements adaptatifs soit le *Vineland Adaptative Behavior Scale*, instrument qui n'a pas encore été traduit cependant. Au Québec, plus spécifiquement, une équipe de l'UQAM (Université du Québec à Montréal) est à développer une échelle québécoise de comportements adaptatifs.

---

* **N.B. :** Nous désirons remercier monsieur PAUL MAURICE, D.Ps., professeur à l'UQAM, pour les informations précieuses qu'il nous a données au sujet du testing psychologique au Québec.

17.5.6. TESTS DE LABORATOIRE

Cette étape comprend toutes les mesures techniques jugées utiles. Les analyses sanguines et urinaires permettront de déceler des anomalies métaboliques. Quelquefois, il sera très utile de faire un cariotype afin de trouver des anomalies chromosomiques. On fera aussi un électroencéphalogramme et, si indiqué, une tomodensitométrie (CT-Scan).

17.5.7. DIVERS

Dans l'évaluation diagnostique, le médecin de première ligne doit souvent consulter d'autres professionnels. La liste peut comprendre le pédagogue scolaire, le travailleur social, le psychologue, l'audiologiste, l'orthophoniste, l'orthopédagogue, le conseiller en orientation, de même que plusieurs spécialistes médicaux comme le pédiatre, le neurologue, le psychiatre, l'ophtalmologiste, l'oto-rhino-laryngologiste, l'orthopédiste. Bien que cette liste puisse paraître longue, on doit toujours se rappeler que l'approche multidisciplinaire est une réalité indissociable du retard mental. En tenir compte est un signe de compétence professionnelle.

17.6.
CONSÉQUENCES DU RETARD MENTAL

Les conséquences du retard mental sont multiples et entravent le développement de la personnalité sur divers plans, par des problèmes secondaires au retard mental. On observe souvent chez les personnes souffrant de déficience intellectuelle une incapacité à s'adapter et à intégrer des niveaux de stimulation normaux pour les autres. Une surcharge de stimuli peut entraîner une désorganisation comportementale telle que l'évitement, l'irritabilité ou l'hyperactivité.

Les personnes souffrant de retard intellectuel présentent souvent un seuil de tolérance diminué à la frustration, pouvant contribuer à l'apparition de troubles comportementaux. Malheureusement, le retard mental suscite souvent le rejet et la stigmatisation. Quelquefois, en guise de défense, le déficient aura recours à l'isolement social ou s'insensibilisera progressivement face au monde extérieur ; apparaîtront ainsi plusieurs psychopathologies dites secondaires.

Malgré certaines mentions occasionnelles, dans la littérature, de la « gratuité » de certains comportements agressifs ou auto-agressifs, on remarquera que, dans la très grande majorité des cas, il y a souvent une cause « environnementale » à l'origine de ce problème, cause qu'il importe de toujours chercher.

Exemple clinique

Jean est un jeune garçon de 13 ans atteint du syndrome de DOWN. Il réside actuellement dans un centre d'accueil spécialisé. Depuis deux semaines, il manifeste des comportements auto-mutilatoires importants, se frappant la tête contre les murs et se mordant la langue. L'équipe d'éducateurs a de la difficulté à contrôler ce genre de comportements, surtout qu'ils ne sont pas habituels chez Jean. On fait alors appel à l'omnipraticien de l'établissement qui prescrit des neuroleptiques. Le tableau clinique ne change aucunement. Une consultation psychiatrique est demandée. Le psychiatre consultant rencontre l'équipe et l'enfant, procède à une histoire complète et apprend un événement qu'on a eu tendance à négliger, soit le départ pour quelques jours de l'éducatrice habituelle de l'enfant. Pour compenser cette absence, on lui propose alors comme traitement d'accorder, à des heures fixes et stables, une attention particulière à Jean. Celui-ci semble affectionner particulièrement l'heure du bain. C'est pourquoi on décide que, pendant une certaine période de temps, toujours à la même heure, on lui permettra de prendre un bain toujours avec le même éducateur à ses côtés. Sans résoudre totalement les problèmes de Jean, cette simple

*approche thérapeutique a permis une réduction consi-
dérable de ses comportements automutilatoires et le retrait
complet de tous les neuroleptiques.*

Évidemment, il n'est pas toujours aussi facile de
contrer les comportements auto-agressifs ou agressifs, mais cet exemple illustre la nécessité, pour
l'équipe soignante, de chercher l'origine de l'apparition d'un tel comportement.

Comme autres effets du retard mental, on
note des difficultés dans le processus de socialisation, ou encore une faible estime de soi qui peut
entraîner des éléments dépressifs ou des équivalents dépressifs assez graves, tels un comportement
délinquant et antisocial ou des troubles du comportement divers. La somatisation est une autre présentation d'équivalents dépressifs dans ces cas.

Outre les effets du retard mental sur les déficients eux-mêmes, on ne doit pas oublier les effets
sur l'entourage. Il est en effet difficile, surtout pour
la famille, de s'ajuster à une réalité dont l'acceptation passe souvent par un long processus. Cette
situation peut occasionner chez les différents
membres de la famille plusieurs problèmes psychologiques. Toutefois, elle peut avoir aussi des effets
plus positifs : en effet, le vécu d'une situation de vie
difficile peut se traduire par une plus grande
« maturation » tant chez les parents que chez la
fratrie. On doit de plus être bien conscient des
diverses émotions qui peuvent habiter les différents
professionnels et paraprofessionnels susceptibles
d'intervenir auprès des gens souffrant de retard
mental. Ces émotions (contre-transfert) peuvent
souvent influencer de façon subtile le travail des
intervenants en question.

17.7.
PRÉVENTION

La prévention est un des éléments primordiaux à considérer dans le domaine du retard mental.
Elle s'articule à trois niveaux : primaire, secondaire
et tertiaire.

17.7.1. PRÉVENTION PRIMAIRE

La prévention primaire concerne les mesures
qu'on prend afin d'éviter l'apparition de la pathologie. L'**éducation publique** en est le premier
jalon. Elle doit viser dans un premier temps à informer le plus possible les gens sur la réalité de la déficience. Ce que nous ne connaissons pas fait
souvent peur et ce sentiment peut provoquer le
rejet. Les informations données comprendront toutes les connaissances sur les moyens actuels (médicaux ou psychosociaux) de prévenir le retard
mental. Ces informations peuvent être fournies sur
une base individuelle, mais ce genre de prévention
requiert une information de masse pour donner des
résultats significatifs.

Un autre volet de la prévention primaire est
l'**amélioration des conditions socio-économiques**.
Nous avons vu précédemment que le milieu socio-
économiquement défavorisé est associé à plusieurs
problèmes reliés étroitement au retard mental. Rappelons la malnutrition, la prématurité, la sous-
stimulation intellectuelle et verbale, le manque de
soins et le bas niveau de scolarité.

Troisièmement, il faut promouvoir les **mesures médicales préventives**. Elles comprennent
l'amélioration des soins prénataux y compris, s'il y
a lieu, l'amniocentèse. Durant la grossesse, on doit
tenter d'éviter la prématurité, la malnutrition. On
doit détecter et contrôler le diabète, les infections,
les incompatibilités sanguines et les états prétoxé-
miques. Il existe aussi des mesures préventives ob-
stétricales et pédiatriques qui touchent la prévention
de diverses infections, déséquilibres métaboliques,
convulsions, etc. Le médecin de première ligne joue
ici un rôle primordial qui dépasse les frontières biologiques. Étant souvent le premier professionnel
consulté, par exemple lors de la grossesse, il peut
identifier les cas à risques et mettre en place rapidement une série de mesures de prévention biologique ou psychosociale et faire appel sans tarder, si
nécessaire, à d'autres intervenants spécialisés.

Un quatrième aspect de la prévention primaire est le **conseil génétique**. Ce type d'interven-

tion délicate consiste, quand c'est possible, en l'évaluation des risques de mettre au monde un enfant atteint de retard mental. Il est préférable que ce conseil soit fait par des spécialistes familiers avec ce travail.

17.7.2. PRÉVENTION SECONDAIRE

La prévention secondaire consiste à identifier rapidement des facteurs prédisposants et à en limiter, le plus possible, les effets nocifs. Elle comprend l'identification et le traitement précoces des maladies héréditaires, le traitement médical et chirurgical des conditions pathologiques sous-jacentes, la reconnaissance rapide et la prise en charge des enfants avec déficit isolé. Ajoutons évidemment l'identification précoce d'un retard mental existant.

17.7.3. PRÉVENTION TERTIAIRE

La prévention tertiaire consiste, une fois le diagnostic posé, en des soins visant à limiter les conséquences du retard mental. À cette étape, on peut envisager toutes les facettes de la réadaptation et de l'éducation spécialisée. Quelquefois on devra recourir à l'institution, autant que possible dans une perspective de court terme. Tous les soins biologiques et psychosociaux nécessaires seront appliqués.

17.7.4. TABLEAU DE FACTEURS DE RISQUES

Pour compléter cette discussion sur la prévention, nous reproduisons, de façon adaptée, le tableau de l'Association médicale américaine sur les bébés à risques élevés (CRAFT, 1979). Les facteurs suivants sont à rechercher :

• **Histoire familiale**
1) histoire d'atteinte du système nerveux central ;
2) un membre de la fratrie déjà déficient ;
3) consanguinité entre parents ;
4) problèmes génétiques ;

5) groupe socio-économique défavorisé ;
6) désordre émotionnel intrafamilial.

• **Histoire médicale de la mère**
1) problème de nutrition inadéquate ;
2) histoire d'irradiations fréquentes ;
3) hypertension ;
4) maladie cardiaque ou rénale ;
5) maladie de la thyroïde ;
6) toxicomanie ;
7) retard mental.

• **Facteurs obstétricaux**
1) âge maternel de moins de 16 ans ou de plus de 40 ans ;
2) primipare âgée avec histoire d'infertilité prolongée ;
3) multiparité importante ;
4) parturiente âgée de plus de 30 ans avec histoire de courts intervalles entre les grossesses ;
5) histoire de prématurité, d'enfant mort-né, d'avortement spontané ;
6) pré-éclampsie et éclampsie ;
7) avortement précédant immédiatement la présente grossesse.

• **Histoire de la grossesse actuelle**
1) diabète ;
2) maladie cardio-vasculaire hypertensive ;
3) hyperthyroïdisme traité ;
4) nutrition inadéquate ;
5) atteinte rénale ;
6) maladies infectieuses ;
7) irradiation ;
8) toxicomanie ;
9) médicaments ;
10) pré-éclampsie, éclampsie ;
11) multiparité ;
12) grossesse non désirée ;
13) polyhydramnios supérieur à 1500 ml, oligohydramnios.

• **Accouchement**
1) absence de soins pendant la grossesse ;
2) accouchement difficile avec complications ;

3) présentation anormale du bébé ;
4) rupture prolongée des membranes ;
5) poids de moins de 1500 g à la naissance ;
6) hémorragies ;
7) cœur fœtal anormal ;
8) apgar peu élevé (1, 5, 10 min) ;
9) postmaturité ;
10) anoxie ou hypoxie intra-utérine.

- Placenta

1) artère ombilicale unique ;
2) inflammation ;
3) infarcissement massif.

- Période néonatale

1) hyperbilirubinémie ;
2) hypoglycémie ;
3) apnée ;
4) convulsions ;
5) asphyxie ;
6) septicémie ;
7) fièvre ;
8) malformations congénitales ;
9) maladie hémolytique grave ;
10) survie après une méningite, une encéphalite ou un traumatisme crânien ;
11) absence de reprise du poids à la naissance après 10 jours.

17.8.
CONSIDÉRATIONS THÉRAPEUTIQUES

17.8.1. PSYCHOPHARMACOLOGIE

Il nous paraît très important de discuter de la psychopharmacologie car la littérature, à ce sujet, démontre malheureusement un certain degré de négligence (NIMH, 1985). Les dosages sont parfois excessifs, le choix de la médication quelquefois inadéquat et le suivi pas assez régulier. Ces problèmes sont symptomatiques de l'insuffisance de la formation clinique en ce qui a trait à la problématique du retard mental. Il est pourtant clair que les gens atteints de déficience intellectuelle peuvent avoir en

parallèle une autre psychopathologie qui n'est pas toujours un effet direct du retard mental. Certes, il peut être difficile de diagnostiquer une maladie psychiatrique associée au retard mental, en raison de la présence relativement fréquente d'éléments atypiques prenant la forme surtout de troubles comportementaux. On est généralement d'accord pour dire que la schizophrénie et les psychoses sont probablement surdiagnostiquées, tandis que les troubles affectifs, les troubles anxieux et les troubles de panique sont sous-évalués. Le désordre psychiatrique le plus diagnostiqué et pour lequel on prescrit le plus de médicaments est celui de troubles de comportement.

NEUROLEPTIQUES

Les neuroleptiques constituent la classe de médicaments la plus prescrite pour les personnes qui souffrent d'un retard mental. Ils sont ordonnés dans les cas de retard mental associé à des troubles du comportement, des psychoses, de l'hyperactivité ou des comportements stéréotypés. Mentionnons cependant que les recherches visant à déterminer l'efficacité thérapeutique réelle de ces médicaments par rapport à d'autres modes de thérapie sont peu nombreuses.

Il faut garder à l'esprit qu'en raison des dommages cérébraux qu'on peut retrouver chez les patients atteints d'un retard mental, ces derniers peuvent être plus sensibles à toute médication affectant le système nerveux central et, généralement, aux effets secondaires. Traditionnellement, les neuroleptiques les plus employés chez les déficients institutionnalisés sont la chlorpromazine et la thioridazine (de 50 à 60 % des prescriptions). Mais il manque d'études pour déterminer leur véritable supériorité sur d'autres types de neuroleptiques.

Les auteurs d'écrits sur le sujet ont tendance à reprocher beaucoup aux praticiens les hauts dosages prescrits et le manque de suivi de la médication dans le cas des personnes souffrant d'un retard mental. En raison des effets secondaires sérieux des neuroleptiques, on veillera donc à bien préciser le diagnostic d'abord et à surveiller par la suite étroitement les dosages et les effets secondaires. Il serait préférable souvent qu'on prescrive cette médication pour un court ou moyen terme. Cependant, un petit groupe de personnes requerront un traitement aux neuroleptiques à plus long terme pour des troubles psychiatriques et des troubles comportementaux sévères qui seraient réfractaires à tout autre type de traitement.

ANTIDÉPRESSEURS

Si les neuroleptiques sont surutilisés, les antidépresseurs sont probablement sous-utilisés. Dans les études de patients institutionnalisés, le taux d'utilisation d'antidépresseurs varie autour de 5 %. Et la littérature, malheureusement, semble indiquer que les antidépresseurs sont souvent mal prescrits.

Les **tricycliques** pourraient être efficaces dans l'amélioration du comportement et de la durée d'attention des patients atteints d'un retard mental sévère. On peut recommander aussi des tricycliques aux patients qui présentent en plus un déficit de l'attention avec hyperactivité et des troubles du comportement. Les tricycliques les plus étudiés dans le cadre du retard mental sont l'imipramine et l'amitriptyline. Il est évident aussi que les antidépresseurs doivent être prescrits dans les cas de dépression majeure ou de dépression suffisamment intense dès qu'on les soupçonne chez le patient souffrant de retard mental.

LITHIUM

Le lithium, comme d'habitude, est indiqué pour le traitement et la prophylaxie des troubles affectifs bipolaires ainsi que pour la prophylaxie des dépressions unipolaires récurrentes. Dans le cadre du retard mental, il peut aussi y avoir une indication spécifique pour le traitement de certaines formes d'agressivité (GOETZE, GRUNBERG et BERKOU-

RITZ, 1977). On pourrait également le prescrire pour tous problèmes comportementaux sévères qui ne répondraient pas à d'autres types de traitement.

Il est à noter que, chez le patient souffrant d'un retard mental, la maladie bipolaire peut souvent se présenter sous l'équivalence de troubles comportementaux épisodiques ou cycliques. Le lithium pourrait aussi avoir une certaine efficacité dans le cas des comportements automutilatoires. Mais beaucoup d'études restent à faire dans ce domaine.

ANXIOLYTIQUES ET SÉDATIFS

Nous discuterons ici uniquement des **benzodiazépines**. Elles sont idéales dans le traitement à court terme de l'anxiété, mais cette situation clinique semble plus difficilement identifiable chez le patient souffrant d'un retard mental. Devant la levée de boucliers concernant les neuroleptiques, on a aujourd'hui tendance à utiliser plus fréquemment les benzodiazépines dans les troubles du comportement.

Cependant, plusieurs études ont démontré que les benzodiazépines comportaient un risque élevé, soit celui de désinhiber souvent le comportement et ainsi de l'aggraver. Avec le temps, ces observations semblent bien se confirmer, au moins pour le comportement agressif. Il ne faut pas oublier non plus que, chez la plupart des patients atteints de lésions cérébrales, la médication cause quelquefois des réactions paradoxales et les benzodiazépines ne font pas exception. Une benzodiazépine joue un rôle dans le traitement de certains types d'épilepsie ; il s'agit du clonazépam qui est employé particulièrement dans les absences généralisées et les convulsions myocloniques. Dans les cas d'insomnie, on peut prescrire des benzodiazépines hypnotiques, de préférence à court terme.

PSYCHOSTIMULANTS

Les psychostimulants font partie des médicaments les plus prescrits pour les enfants retardés vivant dans la communauté. Cependant, une revue de la littérature nous a permis de constater des résultats particulièrement décevants à ce propos. Bien que l'hyperactivité et les troubles de l'attention soient fréquents chez les personnes atteintes d'un retard mental, ces problèmes répondent mal aux stimulants. En général, les stimulants améliorent la performance des enfants normaux. Par contre, ils semblent avoir l'effet inverse chez les enfants retardés. Les rares études démontrant un effet bénéfique ont été faites auprès d'enfants légèrement retardés. Comme autre conséquence de l'administration de stimulants chez les enfants atteints de retard mental, notons l'augmentation des comportements stéréotypés, ce qui aggrave d'autant la situation d'apprentissage. Donc, en général, nous pouvons dire qu'il y a peu d'indications en faveur de l'administration de stimulants à des enfants ou à des patients souffrant d'un retard mental, même s'ils manifestent des problèmes d'attention et d'hyperactivité.

ANTICONVULSIVANTS

Il est important de discuter de cette médication car environ un tiers des patients retardés mentalement et institutionnalisés sont sous traitement anticonvulsivant à long terme. La principale indication de la prescription est évidemment l'épilepsie.

Cette médication ne doit pas être prescrite à la légère puisqu'elle occasionne des effets neurocomportementaux graves en psychiatrie. Mentionnons les comportements agressifs, les altérations de la concentration, de la motivation et de la mémoire, les altérations de l'humeur et l'excitation paradoxale ; on peut aussi noter de la léthargie et de la somnolence, de l'insomnie et des terreurs nocturnes. Le diagnostic et le traitement de l'épilepsie, chez le patient souffrant d'un retard mental, sont particulièrement complexes. Comme on s'en doute, les étiologies chez ce groupe de patients peuvent être multiples. Nous ne pouvons que recommander un suivi très étroit de tous les patients souffrant d'un retard mental et prenant des anticonvulsivants comme traitement.

Cette médication a aussi été employée comme psychotrope. En fait, le but recherché était soit l'amélioration des troubles du comportement ou des troubles affectifs, soit l'amélioration de l'attention ou de la concentration. Les études sur le sujet, peu nombreuses, sont loin d'être concluantes. Il nous faut ajouter que, dans la plupart des cas, les anticonvulsivants ont tendance à diminuer les performances cognitives et que l'altération s'aggrave avec l'augmentation des taux sériques de la médication. La carbamazépine ferait cependant exception selon les études menées jusqu'à maintenant, car elle ne provoquerait pas cette altération des fonctions cognitives. Cependant, on a décrit un « syndrome de toxicité comportementale » comme effet de la carbamazépine, lequel pourrait entraîner de l'hyperactivité, de l'irritabilité, de l'insomnie, de l'agitation ou même une psychose. Ce problème, semble-t-il, n'est pas relié au taux sanguin.

Pour conclure en ce qui a trait aux anticonvulsivants, nous pouvons dire qu'ils ont déjà une indication connue dans les cas d'épilepsie mais que, pour des raisons d'ordre psychiatrique, leur utilisation dans les cas de retard mental devrait demeurer pour le moment une mesure exceptionnelle applicable avec la plus grande prudence.

17.8.2. THÉRAPIE COMPORTEMENTALE*

Dans le cadre du retard mental léger, les thérapies comportementales diffèrent habituellement peu dans leurs techniques par rapport à celles appliquées aux personnes dites intellectuellement normales. Par contre, pour des sujets beaucoup plus atteints et surtout moins « verbaux », les techniques doivent être modifiées en conséquence.

Les principes de base demeurent cependant les mêmes : une évaluation systématique non seulement du comportement mais aussi de l'environnement dans lequel survient un comportement à

---

* Voir aussi le chapitre 41.

modifier ; un traitement appliqué, le plus souvent possible, dans « l'environnement naturel » du sujet ; le soutien actif et l'entière participation des personnes-clés et significatives pour le patient tout au long du traitement.

La thérapie comportementale tend à renforcer les comportements désirables et à décourager les comportements indésirables. En fait, de plus en plus on a tendance à combiner les techniques de réduction des comportements indésirables avec les techniques de renforcement des comportements désirables. Pour augmenter les fréquences d'une réponse, on peut utiliser les techniques qui font appel au renforcement positif par présentation d'une récompense. Pour diminuer la fréquence d'une réponse indésirable, on peut faire appel aux techniques d'extinction, de punition, ou de retrait de la récompense. On peut aussi recourir aux techniques de réponses incompatibles et aux techniques d'augmentation du coût de la réponse.

Dans tous les cas de thérapie comportementale appliquée aux patients atteints d'un retard mental, le clinicien doit toujours avoir à l'esprit qu'il vaut mieux utiliser le renforcement positif ou l'extinction, de préférence à la punition. À notre avis, toute technique comportementale ne devrait être appliquée que par des personnes entraînées à ce type de thérapie. Ces techniques peuvent alors produire d'excellents résultats, seules ou en combinaison avec d'autres types de thérapie.

17.8.3. RELATION THÉRAPEUTIQUE (*COUNSELLING*)

À partir de l'instant où une personne consulte le thérapeute, quel que soit le problème, il y a établissement d'une relation interpersonnelle entre un « aidant » et un « aidé ». Ce dernier se présente, non seulement avec son problème, mais avec une série d'interrogations souvent chargées d'angoisse. Il demande au thérapeute une solution, une réponse mais aussi beaucoup plus. Ce « plus » n'est souvent pas exprimé et il cache une demande d'empathie, de compréhension et de soutien. C'est sur cette base que repose la relation thérapeutique qui est un ingrédient essentiel dans la prise en charge d'un problème comme le retard mental. Cette empathie devra se manifester en tout temps, que ce soit durant l'entrevue initiale, le processus diagnostique ou la mise en place d'un programme d'intervention.

Le diagnostic de retard mental est difficile à accepter : les familles et les parents qui y sont confrontés vivent plusieurs émotions et réactions pénibles avant d'accepter cette réalité. Il peut malheureusement arriver que cette acceptation soit impossible de la part de l'un ou des deux parents, entraînant alors une rupture conjugale ou un rejet de l'enfant atteint. Le fait d'avoir un enfant retardé produit un impact qui varie d'une famille à l'autre et qui peut dépendre jusqu'à un certain degré des aspirations des parents envers leur enfant. Les réactions sont diverses et peuvent comprendre le déni, la colère, l'angoisse, la culpabilité. Le médecin, souvent, devra encourager les parents à explorer les sentiments qu'ils ressentent face à la situation et face à leur enfant ; il pourra les aider à accepter cet enfant avec son potentiel et ses limites. Il ne faut pas oublier que, s'il y a déception, c'est qu'il y a aussi un investissement affectif sous-jacent. L'énergie peut alors être mobilisée dans le défi représenté par l'éducation d'un enfant retardé et, heureusement, cette implication a ses récompenses.

Comme nous l'avons mentionné plus tôt dans ce chapitre, le médecin pourra et souvent devra faire appel à d'autres intervenants. Parmi eux figurent les diverses associations pour déficients mentaux (voir l'appendice en fin de chapitre). Les membres de ces différents groupements représentent une aide inestimable, non seulement pour les familles et les déficients mais aussi pour le médecin. La capacité et l'intérêt que celui-ci démontrera à rechercher le maximum de ressources seront vivement appréciés par les parents qui le consulteront. Cette appréciation renforcera la relation thérapeutique et ne pourra qu'améliorer son travail.

Le médecin aura aussi à intervenir directement avec la personne souffrant d'un retard mental à différents stades de son existence. Il pourra alors être confronté à divers problèmes organiques et d'adaptation sociopsychologique. Dans les interventions, les mêmes règles d'empathie, de respect et de compréhension s'appliquent, et il ne faut jamais commettre l'erreur de sous-estimer l'intelligence du patient. Il nous est arrivé, à quelques reprises, de voir des intervenants ne pas parler à des enfants mongoliens, croyant que c'était inutile ! Ce genre d'attitude révèle souvent un profond malaise qu'il est important de reconnaître, si on veut éviter de perturber la relation thérapeutique. Il peut arriver aussi (plus rarement) qu'on surestime les capacités intellectuelles du patient. On risque alors de le surcharger de stimuli, ce qui pourrait amener une rupture de la communication ou une désorganisation temporaire du comportement, du psychisme.

Il y a certaines périodes critiques du développement où le clinicien peut être consulté :

— dans les années préscolaires, quand il y a retard du développement moteur ou du langage ;

— dans les premières années scolaires, lors de la manifestation plus claire de déficits ou d'un retard d'apprentissage (à ce moment apparaissent aussi des problèmes d'adaptation sociale) ;

— à l'adolescence, lors de l'éveil de la sexualité (les problèmes de cet ordre sont très variables, pouvant comprendre tous les problèmes rencontrés à l'adolescence normale, mais aussi des demandes aussi complexes qu'une stérilisation potentielle).

On devra, dans ces cas, tenir compte d'un récent jugement de la Cour suprême du Canada, rendu le 23 octobre 1986. Ce jugement interdit toute stérilisation à des fins non thérapeutiques. Un paragraphe est adressé notamment aux médecins :

Les affaires portant sur des demandes de stérilisation à des fins thérapeutiques peuvent soulever les questions du fardeau de la preuve nécessaire pour justifier une ordonnance de stérilisation et les précautions que les juges devraient, dans l'intérêt de la justice, prendre pour traiter ces demandes. Étant donné que, sauf dans les situations d'urgence, une intervention chirurgicale sans consentement constitue des voies de fait, il ressort que le fardeau de démontrer la nécessité de l'acte médical incombe à ceux qui en demandent l'exécution. Le fardeau de la preuve, bien qu'il soit civil, doit correspondre à la gravité de la mesure proposée. Dans ces affaires, un tribunal doit procéder avec une très grande prudence et la personne atteinte de déficience mentale doit être représentée de manière indépendante.

L'abord des problèmes concernant la sexualité demande beaucoup de délicatesse. On n'hésitera pas, dans les cas difficiles, à demander l'avis d'autres professionnels. Cependant, devant plusieurs problèmes concernant la sexualité, les familles ont plus besoin d'une occasion d'explorer leurs craintes à l'égard de la sexualité du patient que d'un avis spécifique.

Il y a bien d'autres situations pour lesquelles le médecin pourrait être consulté par des familles mais aussi par la personne souffrant d'un retard mental. Effectivement, plusieurs déficients du sous-type léger sont intégrés à la communauté et font face aux mêmes problèmes sociaux que d'autres personnes, mais avec plus d'acuité encore. Les problèmes rencontrés pourront être associés au travail, au mariage, aux rôles parentaux, au budget, etc. On n'arrivera pas toujours facilement à déterminer le rôle joué par le retard intellectuel dans ces difficultés. Pourtant, dans certains cas, une telle précision pourra modifier l'approche thérapeutique. Par exemple : un patient vous consulte pour un état d'angoisse et d'insomnie ; l'histoire de cas vous fait découvrir que, depuis un mois, le patient occupe un nouvel emploi dont les exigences sont à la limite de ses capacités intellectuelles et adaptatives ou les dépassent ...

Comme on peut le voir, l'intervention médicale ou, plus globalement, la relation thérapeutique peut se faire à plusieurs points de vue. Elle est rarement simple mais peut être facilitée par les attitudes décrites plus tôt. De plus, certaines « règles » de pratique aideront grandement le clinicien. Mentionnons la mise à jour régulière des connaissances sur le sujet du retard mental, englobant les aspects bio-psycho-sociaux. On devra aussi se renseigner sur les politiques sociales et gouvernementales actuelles et à venir dans le domaine, qui peuvent avoir un impact sur l'intervention du médecin de première ligne.

Le travail du médecin sera de beaucoup facilité s'il y a stabilité de la relation thérapeutique. Le patient retardé mental est généralement plus sensible et plus fragile au stress occasionné par le changement de ses relations interpersonnelles, surtout quand ces dernières sont investies affectivement.

Un autre facteur favorable consiste en une meilleure connaissance de soi-même. Certaines attitudes préjudiciables à la personne souffrant de retard mental proviennent des mauvaises perceptions, des préjugés ou des conflits internes plus ou moins bien connus des médecins eux-mêmes ...

17.9.
CONCLUSION

Comme on a pu le constater, le retard mental se situe à un carrefour complexe où s'entremêlent différents facteurs bio-psycho-sociaux. Malgré cette complexité et l'importance épidémiologique et sociale de cette problématique, nous devons avouer qu'il y a encore une nette déficience de ressources thérapeutiques efficaces nécessaires dans le domaine. Plusieurs éléments peuvent expliquer cet état de choses :

1) *Manque de formation théorique et pratique des différents intervenants* À ce sujet, les facultés de médecine ne font pas exception. Paradoxalement, les politiques actuelles de désinstitutionnalisation et de réinsertion communautaire auront, entre autres effets, de mettre plus souvent le médecin de première ligne en contact avec le problème du retard mental ...

2) *Manque de recherches scientifiques* Cette situation lacunaire rend souvent difficile une planification bien articulée des ressources thérapeutiques.

3) *Manque de communication et de concertation* entre les différents groupes d'intervenants, les associations de parents et les déficients eux-mêmes.

4) *Contexte de restrictions budgétaires dans le domaine de la santé* Cette conjoncture contribue à une insuffisance de ressources thérapeutiques, tant institutionnelles que communautaires.

Toutes ces difficultés devront être soumises à une réflexion et à une analyse sérieuses, sinon les personnes souffrant d'un retard mental continueront de subir les conséquences d'une structure sociale et de soins mal adaptés à leurs besoins.

BIBLIOGRAPHIE

AMERICAN ASSOCIATION ON MENTAL DEFICIENCY
1977 *Manual on Terminology and Classification in Mental Retardation*, Washington, H.J. Grossman.

AMERICAN MEDICAL ASSOCIATION
1965 « Mental Retardation. A Handbook for the Primary Physician », *JAMA*, vol. 191, n° 3, p. 183-231.

AMERICAN PSYCHIATRIC ASSOCIATION
1980 *Diagnostic and Statistical Manual of Mental Disorders (DSM-III)*, Washington, D.C., APA.

BRADLEY, R.H. et L.A. TEDESCO
1982 « Environmental Correlates of Mental Retardation », *Psychopathology in Childhood* (J.R. Lachenmeyer et M.S. Gibbs, édit.), New York, Gardner Press.

COUR SUPRÊME DU CANADA
1986 *Jugement n° 86-1051* (23 octobre).

CRAFT, M.
1979 *Tredgold's Mental Retardation*, London, Baillière Tindall.

CROME, L. et J. STERN
1972 *Pathology of Mental Retardation*, Edinburgh and London, Churchill Livingstone.

CYTRYN, L. et R.S. LOURIE
1980 « Mental Retardation », *Comprehensive Textbook of Psychiatry/III* (H.I. Kaplan, M.A. Freedman et B.J. Sadock, édit.), Baltimore, Williams and Wilkins Company.

DALTON, J.R.
1986 « Clinical Expression of Alzheimer's Disease in Down's Syndrome », *Psychiatric Clinic of North America*, vol. 9, n° 4, Philadelphie, W.B. Saunders.

FERRIER, P.E.
1978 *Précis de pédiatrie*, Lausanne, Payot.

GIBSON, D. et R.I. BROWN
1976 *Managing the Severely Retarded*, Springfield, Illinois, Charles C. Thomas.

GOETZE, U., F. GRUNBERG et B. BERKOURITZ
1977 « Lithium Carbonate in the Management of Hyperactive Aggressive Behavior of the Mentally Retarded », *Comp. Psychiat.*, vol. 18, n° 6, p. 599-606.

GOLDEN, M. et B. BIRNS
1968 « Social Class and Cognitive Development in Infancy », *Merrill-Palmer Quarterly*, vol. 14, p. 139-149.

L'ABBÉ, Y. et A. MARCHAND
1984 *Modification du comportement et retard mental*, Brossard, Behavoria.

LAPIERRE, Y.D. et R. REESAL
1986 « Pharmacology Management of Aggressivity and Self-mutilation in the Mentally Retarded », *Psychiatric Clinics of North America*, vol. 9, n° 4, Philadelphie, W.B. Saunders.

LEZAK, M.D.
1983 *Neuropsychological Assessment*, New York, Oxford University Press.

MADISON, L.S. *et al.*
1986 « Cognitive Functioning in the Fragile-X Syndrome : A Study of Intellectual, Memory and Communication Skills », *J. Ment. Defic. Res.*, vol. 30, p. 129-148.

MUNRO, J.D.
1986 « Epidemiology and the Extent of Mental Retardation », *Psychiatric Clinics of North America*, vol. 9, n° 4, Philadelphie, W.B. Saunders.

NATIONAL INSTITUTE OF MENTAL HEALTH
1985 *Psychopharmacology Bulletin, Special Feature : ADD-H and Mental Retardation*, vol. 21, n° 2, p. 258-326, 329-333.

ROBERTS, J.K.A.
1986 « Neuropsychiatric Complications of Mental Retardation », *Psychiatric Clinics of North America*, vol. 9, n° 4, Philadelphie, W.B. Saunders.

SYZMANSKI, L.S. et A.C. CROCKER
1985 « Mental Retardation », *Comprehensive Textbook of Psychiatry/III* (H.I. Kaplan et B.J. Sadock, édit.), Baltimore, Williams and Wilkins Company.

TURKEL, H. et I. NURBAUM
1986 « Down Syndrome and Alzheimer's Disease Contrasted », *Journal of Orthomolecular Medicine*, vol. 1, n° 4, p. 219-229.

APPENDICE

ASSOCIATIONS DU QUÉBEC POUR LES DÉFICIENTS MENTAUX (novembre 1986)

Région 01 : Bas Saint-Laurent — Gaspésie

Association des handicapés des Îles
C.P. 358
Fatima (Québec)
☎ (418) 986-4354

Association rimouskoise de la déficience mentale
C.P. 312
Rimouski (Québec)
G5L 7C3

The Gaspe English Mentally Handicapped Association
P.O. Box 500
New Carlisle (Québec)
G0C 1Z0
☎ (418) 752-2247

Région 02 : Saguenay — Lac-Saint-Jean

Association d'aide aux personnes déficientes
mentales du Lac-Saint-Jean inc.
601, boul. Auclair
Saint-Félicien (Québec)
G0W 2N0
☎ (418) 679-3611

Comité de bénéficiaires de la Villa des Lys inc.
400, boul. Champlain Sud
C.P. 578
Alma (Québec)
G8B 5W1
☎ (418) 662-3447

Association pour la promotion des
droits de l'handicapé
C.P. 1005
Jonquière (Québec)
G7S 4K6
☎ (418) 548-5832

Association pour le développement de
l'handicapé intellectuel du Saguenay inc.
329, rue Albany
Chicoutimi (Québec)
G7H 2X8
☎ (418) 543-0093

Région 03 : Québec

Association de parents pour inadaptés inc.
C.P. 383
Rivière-du-Loup (Québec)
G5R 3Y9

Association des personnes handicapées
de Bellechasse
55, rue Saint-Gérard
Saint-Damien Cté Bellechasse (Québec)
G0R 2Y0
☎ (418) 789-2170

Association pour déficients mentaux
Région du Québec
525, boul. Wilfrid-Hamel Est
Local A 23
Québec (Québec)
G1M 2S8
☎ (418) 529-9710

Association Renaissance de la région
de l'Amiante
37, rue Notre-Dame Sud
Thetford Mines (Québec)
G6G 1J1
☎ (418) 335-5636

L'Entraide aux inadaptés Pascal-Taché inc.
La Pocatière
C.P. 520

La Pocatière (Québec)
G0R 1Z0
☎ (418) 354-2984

Nouvel Essor inc.
197, 3ᵉ Avenue
Lac-Etchemin (Québec)
G0R 1S0

Région 04 : Trois-Rivières

Association d'aide aux personnes handicapées
mentales des Bois-Francs
C.P. 253
Victoriaville (Québec)
G6P 3Z0
☎ (819) 758-8612

Association de parents d'enfants déficients
mentaux du centre de la Mauricie
2091, rang Saint-Félix
C.P. 214
Saint-Maurice (Québec)
G0X 2X0
☎ (819) 376-3868

Association des parents d'enfants handicapés du
Centre du Québec inc.
1150, rue Goupil
Drummondville (Québec)
J2B 4Z7
☎ (819) 472-1318

Région 05 : Estrie

Association pour les déficients mentaux de
Sherbrooke inc.
636, rue Québec
Sherbrooke (Québec)
J1H 3M2

Club Les Soupapes de la Bonne Humeur inc.
2981, rue Agnès
Lac-Mégantic (Québec)
J6G 1K8
☎ (819) 583-1655

Région 06A : Île de Montréal

Association d'aide à l'enfance inadaptée
de l'Est de Montréal inc.
8985, rue Asselin
Saint-Léonard, Montréal (Québec)
H1R 2C9

Association de l'Ouest de l'île pour les handicapés
intellectuels inc.
111, rue Donégani
Pointe-Claire, Montréal (Québec)
H9R 2W3
☎ (514) 694-7090

Association de Montréal pour les déficients
mentaux inc.
8605, rue Berri
Bureau 300
Montréal (Québec)
H2P 2G5
☎ (514) 381-2307

Association l'Ami du déficient mental
5777, rue d'Iberville
Montréal (Québec)
H2G 2B8
☎ (514) 727-9862

Association pour déficients mentaux de
Laval inc.
1748, rue Fred-Barry
Chomedey, Laval (Québec)
H7S 2P8
☎ (514) 663-2364

Corporation Compagnons des Marronniers
812, rue Cherrier
Montréal (Québec)
H2L 1H4
☎ (514) 521-4444

Corporation l'Espoir du déficient inc.
Hôtel de Ville
55, rue Dupras
Lasalle (Québec)
H8R 4A8
☎ (514) 367-3757

Regroupement pour l'intégration dans la
communauté Rivière-des-Prairies
3418, Place Désy
Fabreville, Laval (Québec)
H7P 3J2
☎ (514) 323-7260

Région 06B : Laurentides — Lanaudière

Association de Saint-Jérôme pour les déficients
mentaux inc.
C.P. 541
Saint-Jérôme (Québec)
J7Z 5V3

Association pour déficients mentaux
« La Libellule »
Blainville Deux-Montagnes inc.
865, 43ᵉ Avenue
Pointe-Calumet (Québec)
J0N 1G0
☎ (514) 472-4532

Association pour handicapés physiques
et mentaux « La Rose Bleue »
C.P. 23
Terrebonne (Québec)
J6W 3L5
☎ (514) 471-9983

Les Amis des déficients mentaux de la région
de Repentigny
C.P. 207
Repentigny (Québec)
J6A 5J1
☎ (514) 585-3632

Région 06C : Rive-Sud de Montréal

Action-Intégration Brossard
C.P. 28
Brossard (Québec)
J4Z 3J1
☎ (514) 676-5058

Association de la Vallée-du-Richelieu
pour les déficients mentaux

Vallée-du-Richelieu
C.P. 183
Belœil (Québec)
J3G 4T1

Association des handicapés mentaux
du Haut-Richelieu
C.P. 294
Saint-Jean-sur-Richelieu (Québec)
J3B 6Z4
☎ (514) 347-2324

Association des parents d'enfants handicapés
de la région de Saint-Hyacinthe
5200, rue Frontenac
Saint-Hyacinthe (Québec)
J2S 2E5

Association des parents et des handicapés
de la Rive-Sud métropolitaine
360, rue Cherbourg
Longueuil (Québec)
J4J 4Z3
☎ (514) 655-0809

Association du District de Bedford pour les
déficients mentaux inc.
C.P. 51
Cowansville (Québec)
J2K 3H1
☎ (514) 295-3331

Association du Québec pour les déficients
mentaux, région Rive-Sud
C.P. 127
Saint-Lambert (Québec)
J4P 3N4
☎ (514) 671-5344

Association pour déficients mentaux de
Sorel-Métropolitain
189, rue Du Prince
Local 303A
Sorel (Québec)
J3P 4K6
☎ (514) 793-0664

*Chateauguay Valley Association for the
Mentally Retarded*
Box 824
Huntingdon (Québec)
J0S 1H0

Région 07 : Outaouais

Association de la déficience mentale du
Sud-Ouest de l'Outaouais inc.
7, rue Nicolet
Hull (Québec)
J8Y 2J3
☎ (819) 771-6219

Association de Maniwaki pour les déficients
mentaux et handicapés physiques inc.
C.P. 524
Moncerf (Québec)
J9E 3G9
☎ (819) 449-2827

Association pour enfants exceptionnels de
Papineau
CLSC Vallée-de-la-Lièvre
578, boul. Cité-des-Jeunes
Buckingham (Québec)
J8L 2W1
☎ (819) 985-2255

Association pour la défense des intérêts des
handicapés physiques et mentaux de
Mont-Laurier
515, boul. Albiny Paquette
Mont-Laurier (Québec)
J9L 1K8
☎ (819) 623-5258

Région 08 : Abitibi — Témiscamingue

Association de parents pour personnes
handicapées région Val-d'Or
1306, rue Harricana
Val-d'Or (Québec)
J9P 3X6

Association des parents d'enfants handicapés
du Témiscamingue inc.
C.P. 1228
Ville-Marie (Québec)
J0Z 3W0
☎ (819) 622-1126

Association de Témiscamingue pour les
déficients mentaux inc.
C.P. 172
Témiscamingue (Québec)
J0Z 3R0
☎ (819) 627-3241

Comité de parents d'enfants handicapés
de Rouyn-Noranda
327, rue Ménard
Rouyn (Québec)
J9X 4W1
☎ (819) 762-9632

Région 09 : Côte-Nord

Module d'épanouissement à la vie
B.E.S.T. inc.
C.P. 10
Grandes-Bergeronnes (Québec)
G0T 1G0

Module d'épanouissement à la vie
de Forestville inc.
24, route 138
Forestville (Québec)
G0T 1E0

Module d'épanouissement à la vie
de Havre-Saint-Pierre inc.
C.P. 728
Havre-Saint-Pierre (Québec)
G0G 1P0

Module d'épanouissement à la vie
de Manicouagan
C.P. 324
Baie-Comeau (Québec)
G4Z 2H1

Module d'épanouissement à la vie
de Port-Cartier inc.
3, rue Wood
C.P. 54
Port-Cartier (Québec)
G5B 1V3
☎ (418) 766-3202

Module d'épanouissement à la vie
de Sept-Îles inc.
700, boul. Laure
Sept-Îles (Québec)
G4R 1X9

CHAPITRE 18

MALADIES PSYCHOSOMATIQUES ET TROUBLES SOMATOFORMES

Jacques Monday

M.D., F.R.C.P.

Psychiatre aux Services de psychosomatique de l'hôpital du Sacré-Cœur (Montréal) et de la Cité de la Santé de Laval

Professeur agrégé à l'Université de Montréal

PLAN

18.1.
INTRODUCTION

Psychosomatique ..., le terme fait toujours l'objet d'une controverse. Étymologiquement, il est composé des mots *psycho* (esprit) et *soma* (corps) dont la réunion exprime à la fois dichotomie et unicité. Il se veut signifiant, croyons-nous, de l'influence du psychisme sur la physiologie et son pendant, le terme **somatopsychique**, de l'effet des mécanismes physiologiques sur le psychisme. L'un et l'autre mot comme la composition de chacun d'eux signifient l'interrelation de deux instances. Leur nomination distincte crée cependant un paradoxe et favorise les échanges nombreux entre professionnels de la santé, tant cliniciens que chercheurs, en ce domaine. De telles discussions évitent la stagnation et confèrent à ce champ particulier de la préoccupation médicale un intérêt de plus, celui d'une linguistique correctement appliquée.

Pour JENKINS (13)*, cette terminologie est déterminante d'une psychogenèse partielle ou totale de certaines maladies. Pour LIPOWSKI (20), elle signifie davantage une approche où la coopération, le dialogue médecin - patient revêt une importance plus grande, où l'écoute du malade est prépondérante. Dans un dictionnaire célèbre (*Oxford English Dictionary*), on définit le terme comme un adjectif signifiant que l'esprit et le corps sont envisagés comme deux entités interdépendantes ; on ajoute qu'il fait référence en général à des troubles physiques causés ou augmentés par des facteurs psychologiques et parfois à des troubles mentaux causés par des facteurs physiques ; que c'est une branche de la médecine dont les intérêts sont centrés sur les relations esprit - corps ; et que ce champ d'études a trait aux relations esprit - corps. Dans leur dictionnaire psychiatrique, HINSIE et CAMPBELL définissent la psychosomatique comme un type

---

* Dans le présent chapitre, les numéros entre parenthèses renvoient à la référence correspondante de la bibliographie située en fin de chapitre.

d'approche dans l'étude et le traitement de certains troubles de la fonction du corps et s'opposent à la dichotomie esprit - corps contenue dans le terme.

Dans le présent chapitre, nous aborderons le sujet du point de vue d'une étiologie psychogénétique inspirée surtout d'auteurs psychanalystes et d'un point de vue plus actuel et plus large, c'est-à-dire l'orientation bio-psycho-sociale. Nous traiterons donc de la maladie, du malade et de l'approche psychosomatique en définissant clairement les termes employés.

18.2.
HISTORIQUE

C'est à HEINROTH, en 1818, qu'on doit la première utilisation du mot psychosomatique (il traitait alors de l'insomnie) conformément à la mode littéraire germanique du XIXe siècle consistant à combiner deux mots pour n'en faire qu'un, tels : psycho-physique ou somato-psychique. Puis, en 1857, BUCKNILL, psychiatre anglais, distingua trois théories de l'insanité, soit : la psychique, la somatique et la somato-psychique ; il fut mal cité par GRAY, éditeur de l'*American Journal of Insanity* qui mentionna « psycho-somatique » au lieu de « somato-psychique » quant à sa troisième théorie possible. Lapsus ? Erreur de typographie ? Quoi qu'il en soit, le mot persiste et est toujours utilisé de nos jours.

C'est FELIX DEUSTCH qui, en 1922, sera le premier auteur à employer l'expression « médecine psychosomatique » et c'est en 1939 que sera publiée la première revue scientifique sur le sujet, soit la *Psycho Somatic Medicine*, définissant sa raison d'être comme suit (23) :

... a pour objet d'étudier dans leurs interrelations les aspects psychologiques de toutes les fonctions corporelles normales et anormales et d'intégrer ainsi la thérapie somatique et la psychothérapie.

C'est FRANZ ALEXANDER qui s'inscrira d'emblée comme le père de la psychosomatique (aux États-

Unis) et son école de pensée (École de Chicago) produira plusieurs noms célèbres dans ce domaine : Dunbar, Benedeck, Mirsky, Engel.

À partir de ces premiers travaux sur la spécificité des conflits dans l'étiologie des maladies psychosomatiques « classiques », une nouvelle tendance s'est manifestée par l'étude des facteurs non spécifiques dans le déclenchement et l'évolution de plusieurs maladies : Schmale, Engel et leurs collaborateurs de l'Université de Rochester ont décrit ainsi le syndrome d'abandon - démission, détresse - désespoir (*giving up - given up, hopelessness - helplessness syndrome*).

Parallèlement aux études psychanalytiques, des recherches psychophysiologiques se sont multipliées à partir des observations cliniques, entre autres celles d'Alexis Saint-Martin (3,14) qui a fourni les premiers travaux sur la fistule gastrique. La **psychophysiologie** influencée par Pavlov, Masserman et plusieurs autres a pris un essor considérable surtout aux États-Unis, et ce n'est que depuis quelques années qu'un rapprochement commence à s'établir entre cette approche expérimentale et l'approche plus interpersonnelle subjective de la psychanalyse.

Dans les années 1950, un groupe de psychanalystes français (Marty, De M'Uzan, Fain, David et autres) commençaient une réflexion analytique à partir de l'observation de malades psychosomatiques, réflexion qui aboutit à l'élaboration de concepts tels que : l'investigation psychosomatique selon l'anamnèse associative inspirée de Felix Deustch, l'approche psychosomatique, la maladie psychosomatique et enfin le malade psychosomatique. Par la suite, ils ont précisé des notions telles que : la pensée opératoire, la carence fantasmatique, la reduplication pseudo-projective, qui aboutissent à l'élaboration du concept psychosomatique (21). Enfin, le concept de désorganisation progressive de Marty rejoint à notre avis celui de syndrome d'abandon - démission de Schmale. Il est intéressant aussi de constater comment deux groupes n'ayant presque aucune communication entre eux

en sont arrivés à développer des notions conceptuelles qui se recoupent ; nous faisons allusion ici à l'alexithymie de Nemiah et Sifneos (Boston) (28) et à la pensée opératoire de Marty et De M'Uzan (21).

Depuis 1970, le Service de psychosomatique de l'hôpital du Sacré-Cœur de Montréal s'est consacré à ce domaine particulier situé, selon certains, dans une zone frontière entre la médecine et la psychiatrie. Influencées par des courants à la fois américains et européens, psychanalytiques et psychophysiologiques, nos discussions cliniques et théoriques dans le cadre de la consultation - liaison avec différents services médicaux nous ont amené à préciser certaines notions qui sont à l'origine de ce chapitre.

18.3. DÉFINITIONS

La situation ambiguë de la psychosomatique nécessite une définition des termes qui seront employés.

Par **psychosomatique**, nous entendons dans ce texte un ensemble de connaissances portant sur :

a) des théories élaborées pour nous permettre de comprendre le développement des troubles psychosomatiques ;

b) la compréhension psychosociale du malade atteint dans son corps et de sa maladie dans une optique globale (bio-psycho-sociale) ;

c) les relations existant chez tout être humain entre, d'une part, le comportement, la pensée, l'affect et, d'autre part, le corps.

Le qualificatif psychosomatique sera employé pour désigner :

1) une approche plus spécifique du malade, dite **approche psychosomatique**, visant à mettre en lumière les différents facteurs psychologiques qui ont pu être prédisposants ou précipitants ou qui ont été concomitants à sa maladie — le

terme aura ici un sens restreint rejoignant l'orientation psychanalytique ;

2) un ensemble d'états pathologiques dits **maladies psychosomatiques**, comprenant non seulement les sept maladies classiques décrites par ALEXANDER, mais aussi tout état physique pathologique avec modification anatomique ou physiologique, dont l'apparition et l'évolution ont été sous l'influence de facteurs psychologiques. L'importance de ces facteurs est variable suivant la maladie et suivant les malades. Son synonyme, le trouble psychosomatique, est fort contesté ; certains auteurs tels que LIPOWSKI ainsi qu'un comité expert de l'OMS (20) en déplorent l'utilisation qui détermine trop la dichotomie corps - esprit et ils en suggèrent l'abolition.

Par **psychophysiologie**, nous entendons l'étude expérimentale des variations physiologiques associées à des facteurs psychologiques. Cette approche s'intéresse entre autres aux variations des catécholamines circulantes chez les individus présentant un comportement de type A (13), facteur de risque dans la maladie coronarienne d'après FRIEDMAN et ROSENMAN.

Par **simulation**, nous entendons le fait pour une personne de mimer une symptomatologie douloureuse ou autre qu'elle ne ressent nullement et qu'elle est consciente de feindre ; en anglais on dit *malingering*. Le **trouble factice** implique pour sa part une modification anatomique causée consciemment par l'individu mais pour un motif inconscient.

Le terme **somatisation** crée un problème. Pour nous, il signifie toute plainte somatique à composante psychologique avec ou sans modification anatomophysiologique transitoire ou prolongée. Par conséquent, à l'intérieur de la classification que nous proposons plus loin, il inclut : la conversion, l'hypocondrie, la maladie psychofonctionnelle, les troubles psychosomatiques aigus ou chroniques mais non la simulation ou toute plainte physique accusée que l'individu est conscient de feindre. Le DSM-III lui confère un sens différent et

l'inclut dans sa classification sous le grand thème des « troubles somatoformes » ; nous y reviendrons ultérieurement.

Par **hypocondrie**, nous entendons un syndrome constitué par des préoccupations excessives du malade à l'égard de sa santé physique (il se croit atteint d'une maladie sévère ou beaucoup plus grave que celle hypothétiquement ou réellement avancée), lesquelles donnent lieu à une symptomatologie physique qui ne se manifeste pas par des changements organiques démontrables. (Un peu plus loin nous serons amené à discuter d'un concept non encore décrit comme tel mais très réel en clinique et que nous appelons « hypocondrie secondaire ». Il fait référence à une attitude hypocondriaque qui survient à la suite d'une maladie dont les changements organiques ont été démontrés.)

Par **conversion**, nous faisons ici référence à la notion définie par LAPLANCHE et PONTALIS (17) en ces termes : « la transposition d'un conflit psychique et une tentative de résolution de celui-ci dans des symptômes moteurs ou sensitifs ». L'aspect symbolique exprimé dans le symptôme est important même si, dans sa description des critères diagnostiques à cet effet, le DSM-III n'en fait pas mention.

Les **troubles somatoformes** constituent une appellation nouvelle qui a été introduite dans la littérature scientifique par les auteurs du DSM-III. L'équivalent anglais est *somatoform disorders* et la traduction correcte sur le plan étymologique aurait été « troubles somatomorphes ». Des traducteurs ont adopté la terminaison « forme » plutôt que « morphe » étant donné le large usage en médecine de termes construits sur le même modèle (2). Les caractéristiques essentielles de ce groupe consistent en des symptômes physiques évoquant des affections somatiques (d'où le qualificatif somatoforme), sans qu'aucune anomalie organique ne puisse être décelée ni qu'aucun mécanisme physiopathologique ne soit connu. Il existe cependant de fortes présomptions qui nous incitent à lier ces symptômes à des facteurs ou à des conflits psychologiques. En effet, à la différence des troubles factices ou de la simulation, l'apparition des symptômes dans les troubles somatoformes n'est pas sous le contrôle de la volonté : l'individu n'a pas le sentiment de contrôler le déclenchement de ses symptômes. En outre, bien que les symptômes des troubles somatoformes soient de nature physique, les processus physiopathologiques spécifiques concernés ne sont pas démontrables ou compréhensibles à partir des examens complémentaires existants. Ce sont des modèles psychologiques qui nous permettent de les conceptualiser le plus clairement, ce qui explique qu'ils ne soient pas classés comme « troubles physiques » (2).

18.4.
CLASSIFICATIONS

Pour regrouper toutes les entités qui entrent dans le champ des préoccupations de ce chapitre, nous croyons opportun de présenter et de commenter deux classifications : d'abord celle que l'on trouve dans le DSM-III, ensuite une autre ... plus personnelle, plus pratique et plus simple.

18.4.1. CLASSIFICATION SELON LE DSM-III

1) Troubles somatoformes

300.81 Somatisation.

300.11 Conversion (ou névrose hystérique du type conversion).

307.80 Douleur psychogène.

300.70 Hypocondrie (ou névrose hypocondriaque).

300.70 Trouble somatoforme atypique (300.71).

2) Facteurs psychologiques influençant une affection physique

Spécifier l'affection physique sur l'axe III.

316.00 Facteurs psychologiques influençant une maladie physique.

3) Troubles factices*

300.16 Trouble factice avec symptômes psychologiques.

301.51 Trouble factice chronique avec symptômes physiques.

301.19 Trouble factice atypique avec symptômes somatiques.

CRITÈRES DU DSM-III

Les critères diagnostiques de la classification selon le DSM-III sont énumérés ci-dessous.

Troubles somatoformes

Somatisation

A) Antécédents de symptômes physiques ayant débuté avant l'âge de 30 ans et durant depuis plusieurs années.

B) Parmi la liste des 37 plaintes somatiques suivantes, au moins 14 doivent être réunies chez la femme et 12 chez l'homme. Le symptôme est considéré comme présent s'il a conduit le patient à prendre des médicaments (autres que l'aspirine) ou à voir un médecin et si son mode de vie a changé. Le médecin doit estimer que les symptômes ne sont pas expliqués d'une façon adéquate par un trouble ou une lésion physique et ne constituent pas des effets secondaires à la prise de médicaments, d'alcool ou de drogues. Il n'est pas nécessaire que le clinicien soit certain de la présence effective du symptôme, par exemple que des vomissements aient vraiment duré toute une grossesse ; la description du symptôme par la patiente suffit.

— **Mauvaise santé** : Le patient croit qu'il a été en mauvaise santé pendant une longue partie de sa vie.

---

* Voir aussi le chapitre 19.

— **Symptômes de conversion ou pseudo-neurologiques** : Difficultés de déglutition, aphonie, surdité, diplopie, vision brouillée, cécité, évanouissement ou perte de conscience, perte de mémoire, crises ou convulsions, troubles de la marche, faiblesse musculaire ou paralysie, rétention urinaire ou dysurie.

— **Symptômes gastro-intestinaux** : Douleur abdominale, nausées, vomissements (en dehors de la grossesse), ballonnements (gaz), intolérance à des aliments divers (par exemple « rendu malade » par ces aliments), diarrhée.

— **Symptômes gynécologiques** : La patiente juge que ses symptômes sont plus sévères ou plus fréquents que chez la plupart des autres femmes : menstruations douloureuses, irrégulières ou excessives, vomissements durant la grossesse, soit sévères soit responsables d'une hospitalisation.

— **Symptômes psychosexuels** : Pendant la majeure partie de sa vie et lorsque l'occasion d'une activité sexuelle se présente, le sujet manifeste de l'indifférence, une absence de plaisir ou des douleurs pendant les rapports sexuels.

— **Douleurs** : Douleurs dans le dos, dans les articulations, aux extrémités, à la sphère génitale (en dehors de l'acte sexuel), douleurs lors de la miction, autres douleurs (en dehors des céphalées).

— **Symptômes cardio-respiratoires** : Respiration courte, palpitations, douleurs dans la poitrine et étourdissements.

Conversion

A) Le trouble prédominant est une perte ou une altération des fonctions physiques faisant suggérer une maladie somatique.

B) On estime que des facteurs psychologiques sont impliqués dans l'étiologie du symptôme, comme l'une des manifestations suivantes le met en évidence :

1) il existe une relation temporelle entre un stimulus environnemental (lié apparemment à un conflit ou à un besoin psychiques) et l'installation ou l'exacerbation du symptôme ;

2) le symptôme permet à l'individu d'éviter des activités qui lui sont désagréables ;

3) le symptôme permet à l'individu d'obtenir de son entourage un soutien qu'on ne lui aurait pas offert autrement.

C) Le symptôme n'est manifestement pas sous le contrôle de la volonté.

D) Le symptôme ne peut pas, après investigations appropriées, être expliqué par une maladie physique ou par un mécanisme physiopathologique connu.

E) Le symptôme ne se limite pas à une douleur ou à une perturbation des fonctions psychosexuelles.

F) Le symptôme n'est pas causé par une somatisation ou par la schizophrénie.

Douleur psychogène

A) La perturbation prédominante est une douleur sévère et durable.

B) La douleur se présente comme un symptôme, mais ne correspond pas à la systématisation neuro-anatomique ; après un examen approfondi, la douleur ne peut être rattachée à aucune pathologie organique ni à aucun mécanisme physiopathologique ; dans le cas où une quelconque pathologie organique est décelée, la plainte douloureuse dépasse de très loin ce qu'on pourrait inférer des résultats de l'examen physique.

C) On estime que des facteurs psychologiques sont impliqués dans l'étiologie du symptôme, comme l'une des manifestations suivantes le met en évidence :

1) il existe une relation temporelle entre un stimulus environnemental (lié apparemment à un

conflit ou à un besoin psychiques) et l'installation ou l'exacerbation de la douleur ;

2) la douleur permet à l'individu d'éviter des activités qui lui sont désagréables ;

3) la douleur permet à l'individu d'obtenir de son entourage un soutien qu'on ne lui aurait pas offert autrement.

D) La douleur n'est pas due à un autre trouble mental.

Hypocondrie

A) La perturbation prédominante consiste en une interprétation erronée de certaines somatisations ou de certains signes physiques que le patient juge anormaux. La crainte ou la conviction d'être atteint d'une maladie sérieuse devient alors très préoccupante.

B) Un examen physique minutieux ne permet de faire le diagnostic d'aucun trouble physique en rapport avec les sensations ou les signes allégués par le malade, ou avec l'interprétation erronée qu'il en donne.

C) Malgré les examens médicaux rassurants, la crainte ou la conviction erronée d'être atteint d'une maladie persiste et est responsable d'un handicap du fonctionnement social ou professionnel.

D) La perturbation n'est pas due à un trouble mental comme la schizophrénie, un trouble affectif ou une somatisation.

Facteurs psychologiques influençant une affection physique

A) Existence de stimuli provenant de l'environnement, ayant une signification psychologique et une relation temporelle avec la survenue ou l'exacerbation d'une maladie physique (codée sur l'axe III).

B) La maladie physique repose soit sur une pathologie organique démontrable (par exemple la polyarthrite rhumatoïde), soit sur un processus physiopathologique connu (par exemple les migraines, les vomissements).

C) La maladie n'est pas due à un trouble somatoforme.

Troubles factices

Trouble factice chronique avec symptômes « physiques (6) »

A) Présentation plausible de symptômes physiques apparemment sous le contrôle de la volonté du sujet, assez prononcés pour entraîner de multiples hospitalisations.

B) Le but de l'individu est apparemment de jouer un rôle de « malade » et ne peut être compris autrement à la lumière du contexte (contrairement à la simulation).

18.4.2. AUTRE CLASSIFICATION

La classification suivante est personnelle à l'auteur de ce chapitre.

1) Simulation (aspect conscient).

2) Somatisations

   A) Volontaires avec aspect insconscient :
      Troubles factices ;

   B) Involontaires avec aspect inconscient :
      Conversion
      Hypocondrie
      Décompensation psychophysiologique aiguë épisodique (DPPAE)
      Maladie psychosomatique
      Maladie fonctionnelle.

Cette classification que nous trouvons plus pratique est influencée dans sa conception par une dimension étiologique d'inspiration analytique. Pour ne pas créer de confusion cependant, restons-en aux définitions élaborées précédemment pour

Tableau 18.1. CLASSIFICATION PSYCHODYNAMIQUE

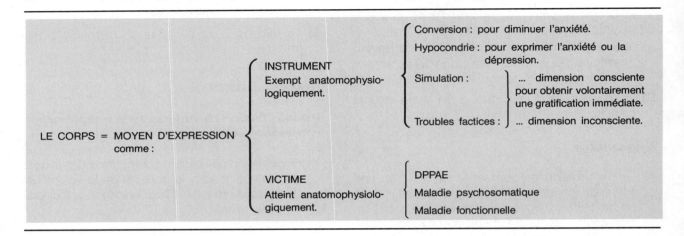

chaque terme sauf pour celui de « somatisations » qui, ici, ne se limite pas à l'entité clinique autrefois connue sous le nom de syndrome de Briquet (et inclus dans la classification du DSM-III comme faisant partie des troubles somatoformes). Le terme **somatisations** signifie ici l'ensemble des manifestations pathologiques somatiques dont l'une des facettes multicausales est relative (à divers degrés) à un phénomène inconscient ou conscient. Les somatisations peuvent être transitoires (DPPAE) ou prolongées.

Brièvement, notre classification considère le **corps**, moyen d'expression, soit comme un INSTRUMENT, soit comme une VICTIME.

Dans la simulation, qui n'est pas une maladie mais un simulacre, il sert d'INSTRUMENT pour l'obtention d'une gratification quelconque souvent immédiate (par exemple une exemption de faire face à la Justice ou encore une injection de Demerol®) et son utilisation pour manipuler ou tromper l'autre, l'observateur, est consciente et volontaire.

Dans le trouble factice, qui est une maladie ... provoquée volontairement et consciemment par le malade, le corps est aussi un INSTRUMENT qui sert à obtenir quelque chose mais il entre en jeu ici une

dimension inconsciente, malgré la présence de la volonté. (Celui qui infecte ses lésions pour prolonger les soins par exemple ... ignore en partie pourquoi il agit ainsi, d'où la dimension inconsciente.)

Dans la conversion, le corps sert d'INSTRUMENT pour diminuer l'anxiété. En fait, l'anxiété causée par le symptôme de conversion accusé est moindre que celle qui serait vécue si le conflit inconscient (ou sous-jacent) n'était pas refoulé et transposé en symptôme(s) physique(s). Ce conflit en fait est plus menaçant pour l'équilibre de l'individu que le symptôme dont il souffre. (La paralysie par conversion du bras droit et l'anxiété qui l'accompagne sont plus « acceptables », ou moins angoissantes, par exemple que le désir inconscient refoulé d'étrangler avec ce bras-là.)

Dans l'hypocondrie, le corps sert d'INSTRUMENT pour exprimer l'anxiété et/ou la dépression sous-jacentes au trouble accusé. (Par exemple, le sentiment d'hostilité ou de rejet que provoquent les doléances sans cesse renouvelées de ces malades n'est parfois que la reproduction du propre rejet de soi, témoignant d'une intense autodépréciation.)

Par contre, le corps est VICTIME dans la décompensation psychophysiologique aiguë épisodique

(DPPAE) et la maladie psychosomatique, car une partie de son anatomophysiologie est atteinte et parfois de façon sévère (cas de colite ulcéreuse, de polyarthrite, etc.).

18.5.
ÉCOUTE SPÉCIFIQUE

En somme, et pour en terminer avec tout cet aspect sémantique, le champ psychosomatique demeure vaste et ses frontières, passablement imprécises. La **maladie psychosomatique** peut prendre une signification spécifique et ne concerner que les sept maladies classiques décrites par ALEXANDER (3,14), soit : l'ulcus peptique, l'asthme, la colite ulcéreuse, les dermites atopiques, les maladies cardio-vasculaires, l'arthrite rhumatoïde, la thyrotoxicose, auxquelles peuvent s'ajouter celles que les recherches plus contemporaines amènent à considérer comme telles : certaines néoplasies, autres collagénoses et dermites, etc. Pour certains, le terme peut se confondre avec ce qui a été décrit précédemment comme des troubles somatoformes ou encore des somatisations. Pour d'autres, il englobe en plus les réactions somatopsychiques, c'est-à-dire les répercussions psychologiques secondaires à certaines maladies dont le point de départ ne concerne en rien la dimension psychologique. Et, malheureusement, quelques-uns l'envisagent comme toute manifestation d'angoisse de la part de malades, en y attachant un sens péjoratif.

Le **malade psychosomatique** au sens strict est considéré comme atteint d'une maladie psychosomatique spécifique (section 18.6.) présentant, selon l'orientation, des traits d'organisation psychosomatique (le groupe de Paris) ou alexithymique (le groupe de Boston) ou certains traits plus ou moins caractéristiques mais non spécifiques, tel le *giving up - given up syndrome* (le groupe de Rochester). Au sens large, il pourra s'agir du malade souffrant d'hypocondrie, de somatisations, de conversions, etc., ou de troubles somatopsychiques.

Quant à l'**approche psychosomatique**, c'est le thème qui devrait ressortir davantage dans toute cette discussion. Cette approche implique un aspect tant biologique, psychologique que social, c'est-à-dire que l'on doit considérer avec autant d'importance tous les éléments pertinents à l'éclosion, à l'évolution et éventuellement à la guérison d'une maladie chez un patient ; chaque fait observé est inscrit dans un tableau global, soit le contexte du malade. Par exemple, la brûlure située au creux épigastrique, survenant la nuit, sera un indice biologique qui orientera le clinicien vers un diagnostic d'ulcère peptique ; l'antécédent familial d'ulcère sera un autre élément suggestif (ici un facteur biogénétique) qui contribuera à mieux faire connaître au praticien l'étiologie multifactorielle. La séparation du milieu familial, la crainte d'un échec, la migration d'un milieu rural vers un milieu urbain qui seraient concomitants à l'apparition de la symptomatologie, sont autant de facteurs psychosociaux qui permettent de mieux comprendre les circonstances entourant ce moment particulier dans la vie du malade.

L'approche psychosomatique implique aussi une dimension psychosomatique proprement dite. Une **écoute** particulière du malade permettra au clinicien de retrouver ou de découvrir des caractéristiques psychologiques qui ont pu jouer en tant que facteurs prédisposants, précipitants ou concomitants. Ainsi, dans une attitude neutre, bienveillante, le médecin, après avoir invité le malade à parler de lui-même, par une formule ouverte sans question précise (du genre « Je vous écoute » ou « Racontez-moi ça »), gardera le silence et laissera au malade le soin de se présenter tel qu'il est. Dans ce contexte, le patient se trouvera dans une situation favorisant les associations libres, situation qui peut se révéler difficile et angoissante. Cette technique d'anamnèse associative lui permettra de mettre en évidence sa capacité d'établir une relation avec l'objet (au sens psychanalytique) que représente le médecin selon son mode propre et caractéristique (5). Il pourra faire montre de différentes particularités que l'on rencontre fréquemment chez des malades psychosomatiques, mais qui ne sont pas des conditions nécessaires, suffisantes ou spécifiques à leurs pathologies.

18.5.1. UNE ÉCOUTE À LA RECHERCHE DE FACTEURS SIGNIFICATIFS

Dans cette optique d'approche où prime l'écoute très attentive et suffisamment étalée dans le temps, on prend donc en considération le vécu du malade, les multiples facteurs prédisposants, précipitants, perpétuants et concomitants à sa ou à ses maladies ainsi que les facteurs curatifs (voir la section 6.7.1.).

FACTEURS PRÉDISPOSANTS

« Ce n'est pas n'importe qui ... »

On entend par ces facteurs non seulement ceux qui sont transmis génétiquement (on sait que les nouveaux concepts de la génétique distinguent la transmission d'une prédisposition à la maladie et la transmission d'une maladie comme telle), mais aussi ceux de la « pseudo-hérédité », c'est-à-dire des facteurs psychosociaux éducatifs et culturels qui accompagnent le développement de tout être humain. Ils expliquent un peu pourquoi tel individu plutôt que tel autre souffre de telle ou telle pathologie.

FACTEURS PRÉCIPITANTS

« Ce n'est pas n'importe quand ... »

Il s'agit ici de facteurs tant biologiques, psychologiques que sociaux qui n'ont pas tous la même importance spécifique mais qui contribuent tous à l'éclosion d'une maladie. Certains sont essentiels pour déclencher le processus pathologique, mais ils ne sont pas nécessairement suffisants. Par exemple, prenons le cas des bacilles de KOCH responsables de la tuberculose : toute personne en contact avec ces bacilles ne devient pas nécessairement tuberculeuse. D'autres facteurs ne

sont ni essentiels ni suffisants mais sont nécessaires au facteur plus spécifique reconnu souvent comme étiologique : quel que soit leur degré d'importance, difficile à apprécier objectivement, ces facteurs multiples éclairent la lanterne du médecin quant à la situation, au lieu et au moment précipitants (7).

FACTEURS PERPÉTUANTS ET CONCOMITANTS

« Ce n'est pas n'importe comment ... »

Ce sont des facteurs tant psychologiques, biologiques que sociaux qui accompagnent la maladie tout au cours de son évolution. Par exemple, un ulcéreux peptique pourrait hypothétiquement accuser une stase gastrique secondaire à l'inflammation duodénale (facteur biologique), être exempté d'une responsabilité professionnelle par un certificat médical (facteur psychosocial), retourner habiter en un endroit plus cher à ses aspirations (facteur psychosocial) pour y poursuivre sa convalescence. Ces facteurs peuvent impliquer agréments ou désagréments (gains secondaires souhaitables ou non) et influent sur l'évolution de la maladie en l'accompagnant ou en la perpétuant.

FACTEURS CURATIFS

Outre les facteurs bien connus qui relèvent de l'ordonnance médicale, n'oublions pas que l'art de traiter les malades implique pour le médecin un ensemble d'attitudes et de recommandations qui vont toucher non seulement aux aspects biologiques mais également aux aspects psychosociaux de chaque patient. Ainsi, une attitude chaleureuse et empathique du médecin de famille qui traiterait l'ulcéreux peptique mentionné précédemment pourrait rassurer ce dernier et satisfaire ses besoins de dépendance de telle façon qu'une amélioration globale puisse survenir.

Ajoutons d'autres facteurs curatifs souvent ignorés : les ressources personnelles du malade fréquemment non exploitées à leur juste mesure ainsi que les ressources de son milieu ou de son environnement.

18.5.2. UNE ÉCOUTE ATTENTIVE À DIVERSES PARTICULARITÉS PSYCHOSOMATIQUES

Outre la recherche des facteurs significatifs qui s'applique à TOUT malade en ce qui a trait au malade psychosomatique (c'est-à-dire souffrant d'au moins une des maladies psychosomatiques « classiques »), une attention particulière pourra être portée aux particularités qui suivent. Cependant, ces particularités ne sont ni nécessaires ni suffisantes en soi pour éclairer à elles seules l'étiologie linéaire ou directe de ces maladies ; par conséquent, l'évaluateur devra prendre garde de tomber dans le piège du « préjugé », c'est-à-dire, avant même d'entreprendre l'écoute de son malade, d'avoir des idées préconçues et de lui trouver des traits particuliers là où il n'y en a pas ... ou si peu.

ALEXITHYMIE

Il s'agit de l'incapacité pour un individu de s'exprimer verbalement sur les émotions qu'il peut ressentir ou avoir ressenties plus ou moins fortement. Ce terme, créé par SIFNEOS et NEMIAH (26), tire son étymologie du grec : *a, lexis, thymos*, c'est-à-dire une « humeur sans mot ». C'est une carence souvent rencontrée chez la plupart des malades atteints d'une maladie psychosomatique comme chez certains toxicomanes, chez les polytraumatisés ou encore chez d'autres patients ayant subi un choc intense. Si l'on comparait les malades ainsi « particularisés » à d'autres qui, eux, présenteraient des traits plus « névrotiques » (voir plus loin « Organisation psychosomatique »), on pourrait en schématiser les différences comme au tableau 18.2.

PENSÉE OPÉRATOIRE

Il s'agit là d'une pensée consciente qui : a) paraît sans lien organique avec une activité fantasmatique ni niveau appréciable ; b) double et illustre l'action, parfois la précède ou la suit mais dans un champ temporel limité.

C'est ainsi que MARTY et DE M'UZAN (21) décrivaient leur concept de pensée opératoire en 1963. Le discours du malade est factuel, ressemblant en quelque sorte à un constat écrit par un policier. Le patient décrit une action telle qu'elle se déroule, sans chercher à lui trouver une signification, sans interruption ou comparaison avec des produits de l'imaginaire. La relation avec l'évaluateur, comme probablement avec toute personne, prend un style caractéristique que ces auteurs ont décrit comme la « relation blanche », c'est-à-dire une relation qui n'est pas vraiment établie.

ORGANISATION PSYCHOSOMATIQUE

Les auteurs du groupe de Paris (MARTY et DE M'UZAN (21), FAIN, DAVID) ont élaboré, à partir du concept de pensée opératoire, l'hypothèse d'une organisation psychique propre au malade psychosomatique, c'est-à-dire au sujet atteint d'une maladie psychosomatique ou prédisposé à l'être. Cette organisation se distingue de celles du névrotique et du psychotique par une absence de « mentalisation », en fait surtout une sécheresse de l'imaginaire qui peut être évaluée dans ce que l'individu raconte en entrevue ou rapporte de ses rêves, rêveries et loisirs.

Pour NEMIAH et SIFNEOS comme pour le groupe de Paris, le caractère particulier de cette organisation est d'ordre « carentiel ». La carence peut être spécifique à l'expression des émotions, à la perception des émotions, à l'élaboration de la pensée, à l'élaboration imaginaire (carence fantasmatique), à l'établissement de la relation avec l'autre (relation objectale). Dans tous les cas, de l'avis des deux groupes, il s'agit d'une lacune quasi congénitale ou structurale sans caractère défensif, comme c'est le cas de l'intellectualisation ou isolation, mécanisme de défense névrotique manifesté entre autres par l'obsessionnel.

Pour d'autres, l'organisation psychosomatique (il ne s'agit pas de « structure » proprement dite) a un caractère défensif, bien que celui-ci ne puisse

Tableau 18.2.   TABLEAU COMPARATIF DU PATIENT ALEXITHYMIQUE ET DU PATIENT NÉVROTIQUE

CARACTÉRISTIQUES	PATIENT ALEXITHYMIQUE	PATIENT NÉVROTIQUE
1) Plaintes principales :	symptômes physiques décrits avec force détails (aspect somatique seulement) ;	symptômes physiques moins accentués, certaines difficultés psychologiques prenant plus d'importance.
2) Autres plaintes :	tension, irritabilité, douleur, nervosité, agitation, etc. ;	anxiété exprimée davantage sous forme de fantaisies ou de pensées que sous forme de sensations physiques.
3) Contenu de la pensée :	peu de fantaisies et description de détails triviaux de l'environnement ;	riche en fantaisies et en fantasmes.
4) Langage :	difficulté à trouver les mots propres à décrire les émotions ;	mots appropriés aux émotions ressenties.
5) Pleurs :	rares ou par « salves », non reliés à une émotion (du genre colère ou tristesse) ;	appropriés aux émotions ressenties.
6) Rêves :	rares ;	fréquents.
7) Affect :	inapproprié ;	approprié.
8) Activité :	prédominante comme mode de vie, très favorisée ;	adaptée à la situation.
9) Relations interpersonnelles :	pauvres avec une tendance soit à la dépendance « outrancière », soit à la solitude exagérée ;	conflits spécifiques avec certains individus mais, en général, bonnes relations interpersonnelles.
10) Traits de personnalité :	patient narcissique, « retiré », parfois passif-agressif ou passif-dépendant ;	variables.
11) Posture :	rigide ;	flexible.
12) Contre-transfert :	ennuyeux ;	intéressant.
13) Corrélation au passé social, éducationnel, économique ou culturel :	aucune ;	considérable.

être inclus, à strictement parler, dans une grille de compréhension d'inspiration uniquement psychanalytique (comme c'est le cas pour les mécanismes de défense élaborés surtout par ANNA FREUD).

NARCISSISME

L'approche psychosomatique a amené plusieurs cliniciens à constater la présence d'une problématique narcissique très fréquente chez ce type particulier de malades. Il s'agit au fond d'une carence d'estime de soi, amenant le sujet à chercher constamment à prouver sa valeur dans le but de mériter d'être aimé, et ce, avec une remarquable apparence de pauvreté émotionnelle. KERNBERG mentionne que les patients ayant une personnalité narcissique ne présentent pas en surface un comportement perturbé. Leur adaptation semble très convenable. Ils semblent très sûrs d'eux-mêmes, rendant ainsi la relation interpersonnelle souvent pénible pour l'autre, mais cette attitude n'est qu'une façade camouflant un profond malaise probablement secondaire à l'intériorisation primitive d'objets effrayants. C'est en cela notamment que la personne dite narcissique se distingue de la personne ayant une organisation psychosomatique mais qui ne présente pas nécessairement ce type de fantasmes. (Selon DE M'UZAN, il y a carence fantasmatique chez le malade psychosomatique.)

STYLE DE VIE

On entend par là le reflet, dans le comportement, des caractéristiques mentionnées précédemment auxquelles s'ajoutent certaines autres pour constituer, en quelque sorte, la façon d'être, la manière de vivre de l'individu, qui lui fera dire souvent (s'il cherche une explication à donner pour justifier tel ou tel comportement) : « J'suis comme ça ; j'ai toujours été de même ; j'suis comme tout le monde. »

Cette impression de ne se distinguer en rien des autres, de n'avoir aucune particularité propre et qui convainc le psychosomatique de sa « norma-

lité » a été qualifiée de reduplication pseudo-projective par le groupe de Paris ; si cet aspect de la vie n'a rien de trop spectaculaire, c'est pourtant l'une des sphères les plus valorisées par le sujet. « Agir, agir à tout prix comme les autres », c'est aussi le moyen de passer toute son énergie, de réaliser son ambition, de se faire « une place au soleil », en somme un moyen d'être dans l'environnement actuel (occidental ?).

Le **rythme de l'agir** peut varier de l'hyperactivité continue à la passivité la plus récalcitrante, suivant les individus et la situation. Par exemple, le sujet peut manifester un comportement compétitif, agressif, impatient, courant entre deux échéances sans jamais pouvoir tolérer un repos (pourtant bien mérité) ou un délai dans la poursuite d'un but déjà fixé ; une voix forte, accélérée, accompagnée de gestes saccadés (du genre pointer du doigt ou frapper du poing sur la table) pour illustrer la détermination et influencer l'action en l'accélérant, complète le tableau comportemental du type A (*behavior pattern type A*) décrit par FRIEDMAN et ROSENMAN (12). C'est là un exemple de mode de vie adopté par l'individu psychosomatique. Cette hyperactivité compulsive, parfois conformiste, n'est pas exclusive à certains coronariens. (Voir le chapitre 29, section 29.3.)

On ne doit cependant pas « généraliser » et accoler d'emblée cette « façon d'être » caricaturale, ou presque, à tous les malades souffrant de troubles psychosomatiques. Complètement à l'opposé, on rencontre parfois un comportement très passif, où toutes les composantes sont antithétiques à celles du comportement hyperactif. Ce contraste peut se marquer à l'intérieur du processus évolutif du même individu selon le moment de sa maladie. Ainsi l'ulcéreux peptique, après avoir subi une gastrectomie totale ou partielle, peut présenter une désorganisation psychosociale sous forme d'une passivité extrême, même s'il était pourtant très ou suffisamment actif avant l'apparition de ses symptômes.

Qu'il soit hyperactif ou hyperpassif, le comportement traduit deux facettes d'un même problème : un profond conflit relié au **besoin de dépendance** qui ne peut être satisfait de façon convenable. Issu de la tendre enfance lorsque les besoins oraux étaient exprimés par le nourrisson et satisfaits suivant une qualité particulière dans la relation mère - enfant, relation influencée tant par l'intensité du besoin du nourrisson que par la capacité de la mère à y répondre, le besoin de dépendance sera aménagé par la suite tout au long de la vie d'une façon plus ou moins fragile et adéquate. Il deviendra un style de vie qui marquera tous les domaines de la vie quotidienne de l'individu psychosomatique.

Ainsi, dans sa vie familiale, le conjoint aura un rôle déterminé plus ou moins explicitement par son besoin de conformisme et son besoin de dépendance. Sa vie sexuelle n'aura rien de fantaisiste, se limitant à une pratique visant la décharge de la tension sexuelle plutôt que l'épanouissement érotique poussé et expansif. Le travail sera le lieu habituellement privilégié où toute l'énergie sera concentrée sur la productivité plutôt que sur la créativité.

Bien sûr, cette description a une tendance caricaturale, une grande proportion de nos malades n'y correspondant qu'à des degrés fort variés et qu'à certains moments de leur vie.

SYNDROME D'ABANDON - DÉMISSION (GIVING UP - GIVEN UP)

Une perte survenant dans la vie d'un individu peut engendrer un syndrome particulier décrit par SCHMALE et ENGEL sous le vocable anglais *giving up - given up* (25). Cet état psychologique de prémaladie comporte plusieurs caractéristiques :

1) Un vent de pessimisme peut submerger le patient qui s'exprime alors en des termes comme : « C'en est trop, ça ne sert à rien, j'abandonne ... ».

2) Le patient se perçoit comme atteint dans son intégrité, dans ses aptitudes, dans sa maîtrise, dans sa possibilité de recevoir des satisfactions

et dans sa capacité de fonctionner d'une manière relativement autonome.

3) Le patient ressent les relations objectales comme moins sûres, lui apportant moins de satisfaction ; il peut se sentir abandonné par ses objets ou encore s'abandonner lui-même.

4) Le patient peut percevoir l'environnement extérieur comme s'écartant significativement de ses attentes fondées sur l'expérience passée, laquelle ne semble plus un guide aussi utile à son comportement actuel ou futur.

5) Le patient peut éprouver une perte de confiance dans l'avenir.

6) Le patient a tendance à revivre des sentiments, des souvenirs et un comportement associé à des circonstances qui, dans le passé, ont eu une qualité analogue.

Les affects principaux de ce complexe sont l'état de détresse (*helplessness*) et l'état de désespoir (*hopelessness*). Selon SCHMALE et ENGEL, l'apparition du complexe n'est ni nécessaire ni suffisante au développement d'une maladie psychosomatique. Le complexe peut toutefois agir comme facteur précipitant d'une maladie physique ou d'une dépression plus ou moins intense en sévérité. Il peut également évoluer vers une résolution spontanée.

ADAPTATION AUX CHANGEMENTS DE VIE*

S'inspirant des travaux d'ADOLF MEYER sur l'histoire de vie (*life chart* : aspect psychosocial de la maladie), HOLMES et RAHÉ (9) ont produit une échelle pouvant mesurer l'impact pathogénique des adaptations à certains événements impliquant un changement dans le cheminement habituel des individus.

Ils ont ainsi identifié 43 événements et leur ont attribué une valeur en points (unités de changement de vie) variant de 100 à 11. Ces événements, tels la mort d'un conjoint (100 points), le divorce (73 points), la séparation (63 points), l'emprisonne-

---

* Voir le chapitre 8, tableau 8.1.

ment (63 points) et ainsi de suite jusqu'aux délits mineurs comme les contraventions (11 points), s'accumulent et l'on additionne les points qui sont alloués à chacun au cours d'une même année. Une étude statistique à corrélation positive de 0,65 en ce qui a trait à la maladie chronique a démontré qu'une personne accumulant plus de 300 unités de changements de vie au cours d'une même année est davantage prédisposée à souffrir d'une maladie chronique de modérée à sévère. Par contre, une personne accumulant moins de 100 points au cours d'une même année est moins prédisposée à ce type de maladie d'une part, et le degré de la maladie éventuelle, si tant est que cette personne doive en souffrir, sera de léger à modéré d'autre part.

D'autres échelles ont été mises au point. Reste que la plus célèbre, la plus employée et la plus « collée à la réalité » est celle que nous venons de citer.

MALADIE SOMATOPSYCHIQUE-PSYCHOSOMATIQUE

À la suite des travaux de MIRSKY sur l'ulcus peptique (à cette époque le diagnostic clinique s'appuyait sur la démonstration par radiologie digestive haute, alors qu'aujourd'hui ce diagnostic n'est considéré comme valable que par suite d'une endoscopie), ENGEL a voulu montrer clairement l'origine biologique des grandes maladies psychosomatiques, d'où l'emploi du terme somatopsychique-psychosomatique (3).

À son avis, un déficit biologique initial, par exemple une hypersécrétion de pepsine héritée génétiquement, va influencer le développement psycho-affectif du nourrisson qui aura plus de difficulté à satisfaire sa faim et, par le fait même, qui aura un besoin affectif oral plus intense. Pour répondre à ce besoin plus intense, la mère devra le satisfaire mais sans excès et, à cette fin, développer des capacités équivalentes à l'intensité du besoin de l'enfant. Mais si le besoin est trop intense, la « meilleure des mères » ne pourra l'assouvir. S'il n'y a pas

de satisfaction harmonieuse, un conflit pourra prendre naissance et marquer l'enfant profondément. Par la suite, quand ce conflit sera réveillé lors de la frustration d'un besoin oral, par exemple au moment où une relation de dépendance est menacée, une réactivation du processus physiologique pourra survenir et ainsi déclencher un ulcus peptique. En fait, au départ une anomalie « physique » a marqué le développement psycho-affectif, créant une faille qui à son tour, dans un temps ultérieur, pourra avoir des répercussions sur le système physiologique touché.

Si le concept est très séduisant et semble assez probable dans une maladie comme l'ulcus peptique, il demeure néanmoins très hypothétique dans la majorité des autres maladies, faute de connaissances sur le déficit initial ayant servi de facteur prédisposant.

ANGOISSE ET STRESS* (22)

Chez tout individu, l'angoisse est une partie constituante inhérente à la vie même, survenant de façon plus ou moins intense et selon différents degrés productifs ou destructifs suivant les obstacles, les menaces, les dangers, les rencontres. Cette émotion s'exprime d'abord et avant tout par un ensemble de manifestations psychophysiologiques : tachycardie, sudation, tremblements, péristaltisme accéléré, hyperventilation, tension musculaire accrue, etc. Si l'angoisse atteint un certain niveau d'intensité critique, elle provoquera des manifestations psychophysiologiques plus marquées qui, bien que transitoires habituellement, peuvent devenir permanentes (maladies psychosomatiques) si elles surviennent dans un système prédisposé héréditairement.

L'angoisse pourra rester presque ignorée quant à sa perception affective chez certains individus qui se diront « tendus » mais « pas nerveux ».

---

* Voir les chapitres 7 et 8.

Moult recherches en psychophysiologie ont porté sur l'angoisse et ses effets sur tous les systèmes. Pour certains même, les tenants de la non-spécificité, elle est le dénominateur commun de toute maladie psychosomatique en tant que facteur précipitant.

Pour HANS SELYE (voir le chapitre 8), l'angoisse s'organise dans une forme particulière qualifiée de syndrome d'adaptation à l'agression, quelle qu'en soit la cause. Il a adopté le terme **stress** pour dénommer le tout. L'agression psychologique peut provenir de **stresseurs** (par exemple les changements de vie) comme elle peut provenir d'une cause physiologique (par exemple chez les grands brûlés). Ce syndrome d'adaptation se déroule en trois temps : d'abord la réaction d'alarme, puis la période de résistance, enfin le stade d'épuisement. La persistance dans le temps de ce syndrome, ou sa non-résolution, expliquerait selon SELYE la chronicité de certaines maladies qui font l'objet de ce chapitre.

RÉACTIONS PSYCHOLOGIQUES À LA MALADIE

Si le stress, d'après SELYE, n'est pas une maladie en soi, la maladie par contre peut être considérée comme une source de stress. En effet, la personne qui devient malade est en quelque sorte « victime » d'une agression et elle doit s'adapter à ce nouvel état. Nous voulons traiter ici plus spécifiquement de telles réactions psychologiques.

L'une de ces réactions est la **régression**. Quiconque subit une maladie, aussi bénigne soit-elle, décrira que, sous l'effet de la douleur ou du malaise, il ne peut ni penser, ni agir, ni aimer comme d'habitude. Il devient plus « susceptible », plus irritable et plus impatient ; sa concentration est moins bonne, son mode de fonctionnement, moins efficace. On pourra dire de lui en langage populaire : « Quand il est malade, c'est un grand bébé » ; c'est ce que nous entendons par régression.

Une autre réaction psychologique à la maladie est l'**anxiété**. Anxiété face à la gravité actuelle ou éventuelle de la maladie, face au traitement comme peut l'imaginer celui qui n'a jamais vécu l'expérience ou qui l'a vécue de façon pénible auparavant, anxiété face aux conséquences matérielles en perte de temps, de travail, d'argent, mais aussi anxiété face à soi-même, suscitée par la remise en question de la perception de soi qui vient d'être brutalement modifiée. Les vieux conflits intrapsychiques qui avaient été suffisamment enfouis pour permettre un fonctionnement harmonieux sont alors susceptibles d'être ravivés. Le degré d'anxiété peut varier de la simple inquiétude à la quasi-panique et dépend de la force du Moi, de sa qualité d'adaptation aux situations pénibles et d'autres facteurs tant intrapsychiques qu'interpersonnels. Retenons finalement que l'anxiété, à des degrés divers, est une composante de TOUTE maladie.

L'importance de la perte secondaire à la maladie déterminera si une réaction de **deuil** doit survenir. Par exemple, l'amputation d'un membre à la suite d'un accident de travail revêtira un caractère définitif et majeur pour l'employé de la construction, signifiant une perte corporelle considérable en plus de répercussions tant sociales que psychologiques. En perdant l'usage de son membre, l'accidenté non seulement perd une fonction physique, mais il est aussi blessé dans son estime de soi (blessure narcissique). Il doit « faire son deuil », c'est-à-dire s'adapter à ce manque et « cicatriser » sa blessure non seulement sur le plan physique mais également sur le plan affectif.

Le processus de deuil comporte différentes phases qui ne suivent pas nécessairement l'ordre dans lequel nous allons les énumérer et qui peuvent s'entremêler. Il s'agit :
1) de la négation,
2) de la révolte,
3) du marchandage,
4) du désespoir,
5) de l'acceptation (voir le chapitre 28).

Ainsi, l'amputé pourra nier cette perte réelle au tout début, se révolter contre le médecin qui a procédé à l'amputation, passer par des périodes dépressives avec ou sans idées suicidaires et, finalement, accepter la perte au moment où il prend conscience que TOUT n'est pas perdu, qu'une réadaptation peut être envisagée.

Si le deuil est évident dans le cas d'un amputé, il est plus subtil à discerner pour d'autres « maladies », telle la maladie coronarienne où il s'agit pourtant là aussi d'une perte : « le cœur de ses vingt ans » ; ici, l'individu réalise qu'il est à la merci d'une nouvelle attaque et que son sentiment d'immortalité n'est que fantasme. L'épreuve « d'effort » risque d'être quotidienne chez beaucoup de ces malades pour qui la moindre activité prendra des proportions alarmantes.

La maladie, en favorisant une régression, en suscitant l'anxiété, en provoquant un deuil, ébranle plus ou moins intensément les défenses psychologiques habituelles. Selon la force du Moi, la résistance physique de la personne et la gravité de la maladie (selon le potentiel pathogène de l'agression), un processus de décompensation psychologique peut survenir. L'organisation de la personnalité en cause influence alors l'apparition de symptômes franchement névrotiques, parfois psychotiques, ou même des troubles du comportement.

Ainsi, un cardiaque ou un asthmatique pourrait développer une phobie l'empêchant de s'éloigner de la proximité d'un centre hospitalier ; un cancéreux pourrait se mettre à délirer sur un mode paranoïde de persécution par rapport à la maladie et aux médicaments qui le rongent, ou encore se comporter comme un délinquant.

Si ces réactions psychologiques ne sont pas aménagées adéquatement, elles peuvent compliquer l'évolution de la maladie ou retarder le processus de convalescence et rendre le traitement plus ardu. Ces « complications » sont parfois prévisibles et le médecin traitant doit être aux aguets pour en tenir compte dans un programme de soins éventuel.

18.6.
MALADIES PSYCHOSOMATIQUES SPÉCIFIQUES

Dans le contexte restreint de ce chapitre, les considérations suivantes sont le reflet d'une expérience clinique partagée avec d'autres « psychosomaticiens », ainsi qu'une synthèse d'une abondante littérature d'inspiration psychanalytique qui, au cours des ans, a influencé la perspective « étiologique » des maladies psychosomatiques. Cependant, on ne devrait pas leur accorder plus d'importance qu'elles n'en ont vraiment. Les auteurs les plus sages n'ont jamais prétendu que ces considérations étiologiques puissent éclairer à elles seules la compréhension et éventuellement l'approche des maladies psychosomatiques spécifiques. On ne doit donc pas y voir ou penser y trouver une explication exhaustive spécifique, nécessaire et suffisante, mais se rappeler que ces particularités sont souvent présentes, à des degrés divers et à des périodes constantes ou temporaires, chez bon nombre de nos malades. Nous les présentons car nous croyons que leur connaissance peut aider le clinicien dans ce qu'il y a actuellement de plus spécifique à la psychosomatique par rapport à d'autres spécialités, c'est-à-dire l'*approche*.

Une mise en garde s'impose au point de départ : c'est l'idée préconçue, voire le préjugé que peut entretenir l'évaluateur avant même d'avoir vu son malade. Par exemple, il serait absurde de penser que tous les asthmatiques ont eu une mauvaise mère (ou mère asthmatogène) et que tous les ulcéreux sont des passifs-agressifs. Les « découvertes » de nature psychologique faites auprès des malades ont eu le tort d'être malheureusement généralisées alors que, méthodologiquement parlant, certaines de ces « vérités » diffusées comme absolues étaient très contestables. Cependant, l'écoute attentive, le questionnement incessant, les échanges de points de vue entre les chercheurs de bonne foi ont le mérite d'attirer notre attention de clinicien sur cer-

Tableau 18.3. ULCUS PEPTIQUE

PARTICULARITÉS PSYCHOSOMATIQUES :					
	Personnalité spécifique ?	**Conflit spécifique ?**	**Événement précipitant spécifique ?**	**Considérations thérapeutiques**	**Aspects somato-psychiques**

1) L'alexithymie
2) La pensée opératoire
3) L'organisation psychosomatique
4) Les troubles narcissiques
5) Un style de vie perturbateur
6) Le syndrome d'abandon - démission
— La désorganisation progressive
7) Des adaptations difficiles (stress)
	• Types :
	  I. Indépendant
	  II. Équilibré
	  III. Alternant
	  IV. Dépendant
		• Dépendance	• Opposition ?	• Variables selon les types	• Anxiété plus ou moins contrôlée selon les types

tains « points » à considérer avec importance chez beaucoup de nos malades.

Nous allons aborder maintenant les principales entités cliniques pour lesquelles les diverses particularités psychosomatiques précédemment décrites (18.5.2.) revêtent beaucoup d'importance.

18.6.1. ULCUS PEPTIQUE (4)

On distingue quatre types d'ulcéreux peptiques :
- **Le type I : indépendant** Celui qui, par son attitude, nie tout besoin de dépendance, cherche à prouver aux autres qu'il n'est pas du tout sous leur domination affective. Il éprouvera aussi une instabilité familiale et professionnelle.
- **Le type II : équilibré** Celui qui adopte, dans un secteur de sa vie, l'attitude de l'indépendant et qui, dans un autre secteur, devient à l'opposé très dépendant. Ainsi, il peut donner l'image de l'homme très autoritaire au travail et se comporter comme un « jeune enfant » auprès de son épouse.
- **Le type III : alternant** Celui qui démontre une attitude très dépendante pendant un certain nombre de mois, voire des années, pour devenir

plus tard à l'opposé très indépendant. Il éprouvera fréquemment des problèmes familiaux et, souvent associé, un problème d'éthylisme.
- **Le type IV : dépendant** Celui qui manifeste un besoin de dépendance jamais totalement satisfait. Il s'accroche, demande, supplie encore et encore et, malgré tout ce qu'il peut recevoir, ne trouve jamais d'amélioration. Habituellement, il sombre rapidement dans l'invalidité sociale et devient un lourd fardeau tant pour sa famille que pour la gent médicale. Une intervention chirurgicale chez ce type de malade, la plupart du temps rebelle à toute forme de traitement médical, s'avère fréquemment désastreuse ; elle est en effet souvent suivie d'une désorganisation psychosociale encore pire et de problèmes physiques comme le syndrome de chasse (*dumping syndrome*).

Le conflit de base le plus évoqué est celui de la dépendance ; l'événement précipitant le plus fréquent serait une situation d'opposition remettant en question la dépendance du sujet préalablement mentionnée. Les relations établies avec le thérapeute sont variables selon les quatre types décrits ci-dessus et seront traitées ultérieurement sous le titre « Approche thérapeutique ». La réaction psy-

Tableau 18.4.   ASTHME

PARTICULARITÉS PSYCHOSOMATIQUES :

1) L'alexithymie

2) La pensée opératoire

3) L'organisation psychosomatique

4) Les troubles narcissiques

5) Un style de vie perturbateur

6) Le syndrome d'abandon - démission
— La désorganisation progressive

7) Des adaptations difficiles (stress)

Personnalité spécifique ?	Conflit spécifique ?	Événement précipitant spécifique ?	Considérations thérapeutiques	Aspects somato-psychiques
• Tendance à la fusion	• Individuation • Identité • Appel à la mère	• Séparation • Colère	• Tendance à « fusionner » ou à se défendre contre cette fusion par distance	• Anxiété secondaire à la dyspnée • Recherche de la proximité des soins médicaux

chologique à la maladie ou l'aspect somatopsychique témoigne ici d'une anxiété variable mais souvent contrôlable en dehors des temps d'exacerbation (du genre hématémèse ou méléna par exemple).

18.6.2. ASTHME

En plus de l'alexithymie, de la pensée opératoire et de l'organisation psychosomatique souvent observées chez les asthmatiques, on peut noter un type particulier de relation interpersonnelle affective, dite objectale, qui a été nommée « relation objectale allergique » par MARTY ou « relation fusionnelle ». Cette relation se caractérise par un trouble profond dans le processus d'individuation - identité. Le patient semble avoir de la difficulté à percevoir le caractère unique de son identité qu'il tend à confondre, à des degrés divers, avec celle de la personne aimée (objet). Ainsi, il aura tendance à donner à l'autre des caractéristiques qui lui sont propres et, inversement, à s'approprier des caractéristiques de l'autre (reduplication pseudo-projective). Cette confusion d'identité peut prendre des visages différents et il faut savoir les distinguer

d'un problème de dépendance excessive, ou symbiose, qui reflète une atteinte du processus d'autonomie. La présence de l'un n'exclut pas celle de l'autre, ce qui vient souvent compliquer l'observation de ces types de problèmes. Quant à la tendance fusionnelle, l'asthmatique peut soit s'y adonner et devenir fort envahissant pour son thérapeute, soit s'en défendre et être fort distant, imprévisible même.

Chez ce type de patient, la menace d'une séparation, la survenue d'un drame dans la vie de l'être aimé ou une manifestation de domination agressive de la part de ce dernier peuvent être des facteurs précipitants ou contribuant au déclenchement de la maladie. Une perte sérieuse (ravivant un conflit inconscient du genre « appel à la mère ... qui ne vient pas ») ou perçue comme telle peut entraîner un état d'abandon-démission, avec affects de détresse et de désespoir, qui à son tour peut contribuer en partie à déclencher des désorganisations ou décompensations sévères.

En réaction psychologique à la maladie, on comprendra facilement que la représentation mentale qui accompagne un symptôme de dyspnée puisse être terrifiante car ce symptôme comporte un élément d'urgence indéniable. Il n'est donc pas

Tableau 18.5.   COLITE ULCÉREUSE

PARTICULARITÉS PSYCHOSOMATIQUES :

1) L'alexithymie

2) La pensée opératoire

3) L'organisation psychosomatique

4) Les troubles narcissiques

5) Un style de vie perturbateur

6) Le syndrome d'abandon - démission
   — La désorganisation progressive

7) Des adaptations difficiles (stress)

Personnalité spécifique ?	Conflit spécifique ?	Événement précipitant spécifique ?	Considérations thérapeutiques	Aspects somato-psychiques
• Certains traits d'immaturité émotive dans certains domaines • Traits obsessionnels	• Agressivité • Dépendance • Ambivalence vis-à-vis d'une personne-clé	• Séparation • Sensibilité au rejet	• Attachement excessif à l'un de ses thérapeutes	• Omniprésence du thérapeute • Le « bon » docteur

rare de trouver, parmi les préoccupations d'asthmatiques ou de parents d'asthmatiques, celle d'habiter à proximité d'un lieu où les soins d'urgence peuvent être dispensés, et ce, tant en ce qui concerne les voyages planifiés que le lieu de séjour habituel.

18.6.3. COLITE ULCÉREUSE

Les maladies du tube digestif inférieur ont également fait l'objet de plusieurs publications en psychosomatique, particulièrement la colite ulcéreuse ou rectocolite hémorragique. ENGEL et DE M'UZAN ont constaté sensiblement les mêmes phénomènes chez les malades souffrant de cette affection : une certaine immaturité affective, une relation de dépendance par rapport à une personne-clé, habituellement la mère, des manifestations psychonévrotiques variables, obsessionnelles, parfois hystérophobiques et même prépsychotiques. C'est souvent une séparation, une situation agressive ou un changement important dans la vie d'un individu (mariage, déménagement, nouvelles responsabilités professionnelles) qui servira de facteur émotionnel précipitant. C'est comme si, inconsciemment, il se produisait une blessure narcissique

chez la personne dont l'estime de soi est le plus souvent très fragile.

Pour ce type de malade, le clinicien doit envisager une prise en charge à long terme suivant ses ressources psychologiques ainsi que son intérêt. Une thérapie de relaxation ou même une psychothérapie plus introspective pourront être des adjuvants précieux au traitement biologique. Le médecin traitant doit tenir compte de l'attachement profond que lui porte souvent ce type de malade ; ce lien deviendra un atout thérapeutique important, mais le médecin devra préparer très prudemment son malade à ses absences (vacances ou autres) ou à des consultations auprès d'autres cliniciens, en l'informant à l'avance et en lui expliquant clairement les circonstances pour éviter que ces séparations inévitables soient perçues comme des rejets.

18.6.4. DERMITES ATOPIQUES

Les personnes atteintes de dermatose, les eczémateux entre autres, présentent fréquemment la relation objectale allergique. L'approche thérapeutique sera alors la même que pour les asthma-

Tableau 18.6. **DERMITES ATOPIQUES (ECZÉMA)**

PARTICULARITÉS PSYCHOSOMATIQUES :

	Personnalité spécifique ?	Conflit spécifique ?	Événement précipitant spécifique ?	Considérations thérapeutiques	Aspects somato-psychiques
1) L'alexithymie 2) La pensée opératoire 3) L'organisation psychosomatique 4) Les troubles narcissiques 5) Un style de vie perturbateur 6) Le syndrome d'abandon - démission — La désorganisation progressive 7) Des adaptations difficiles (stress)	• Narcissisme • Semi-perméabilité • Tendance à la fusion	• Carence affective • Dépendance	• Séparation ou • Perte objectale	• Relation objectale allergique	• « Complexe de la lèpre »

tiques, sauf que le clinicien devra tenir compte d'une nouvelle dimension : la notion du « complexe de la lèpre » marquant chez le patient une modification dans ses rapports objectaux qui deviennent ambivalents, oscillant entre le rapprochement et l'éloignement, l'individu se sentant « repoussant » et par là-même « repoussé » par les autres, comme un « lépreux ». Le médecin prendra en considération cette ambivalence relationnelle en préservant davantage le côté « bienveillant » ou accueillant de la relation que le côté dédaigneux.

Autre point d'importance : l'atteinte massive de la peau, notamment au visage, peut s'associer à un trait de personnalité dit de semi-perméabilité (MUSAPH). Il s'agit d'une hypersensibilité du sujet aux tensions émotives qui surviennent chez les personnes-clés de l'entourage, un peu comme si le patient se les accaparait alors qu'il a de la difficulté à maîtriser ses propres émotions ; il devient donc semi-perméable à celles des gens importants pour lui. On en revient toujours, au fond, au trouble perceptuel et expressif des émotions propres du sujet et à sa perception exagérée ou erronée des émotions des autres.

De plus, le sujet présente souvent des traits dépressifs ainsi que des signes d'une hostilité ou d'une sexualité très refoulées (acné). L'aspect narcissique ressort aussi fréquemment (sous forme d'atteinte ou de blessure profonde) et rend plus difficile l'approche thérapeutique.

Mentionnons, en passant, que MONTAGU a constaté, chez plusieurs malades atteints de dermatose, qu'il y avait eu un manque ou une absence totale de contact peau sur peau au temps de la relation « mère - enfant », soit au moment de l'allaitement ou de la période symbiotique. L'auteur est d'avis que le clinicien devrait suggérer aux mères et aux pères de se dévêtir jusqu'à la taille et de mettre à nu leur nourrisson à l'heure du biberon, en soulignant aux parents l'aspect de plaisir réciproque que peuvent alors y prendre les acteurs de cette dyade : le père ou la mère (ou leur substitut) et l'enfant.

18.6.5. MALADIES CARDIO-VASCULAIRES (HTA ET MALADIE CORONARIENNE)

Les maladies cardio-vasculaires de même que la physiologie du système cardio-vasculaire ont fait l'objet des recherches les plus nombreuses en psychosomatique et en psychophysiologie. L'incidence

Tableau 18.7.   HTA ESSENTIELLE ET MALADIE CORONARIENNE

PARTICULARITÉS PSYCHOSOMATIQUES :

1) L'alexithymie

2) La pensée opératoire

3) L'organisation psychosomatique

4) Les troubles narcissiques

5) Un style de vie perturbateur

6) Le syndrome d'abandon - démission
— La désorganisation progressive

7) Des adaptations difficiles (stress)

Personnalité spécifique ?	Conflit spécifique ?	Événement précipitant spécifique ?	Considérations thérapeutiques	Aspects somato-psychiques
• Types : A : impatient compétitif B : « pas pressé » (Maladie coronarienne)	• « Rage » quand sa « tendance agressive » doit se soumettre à l'autorité	• Pleurs retenus ou • Tension intérieure non exprimée	• Non-observance fréquente du traitement prescrit (HTA)	• Hypocondrie secondaire possible

aux allures épidémiques de la maladie coronarienne en est probablement à l'origine. Certains facteurs émotionnels étaient déjà bien connus dans les cas d'hypertension essentielle et ALEXANDER avait posé l'hypothèse d'un conflit spécifique touchant l'agressivité réprimée qui activait de façon indue le système nerveux autonome sympathique, tenu responsable de l'hypertension. Si l'on peut remettre en question les théories trop spécifiques de l'époque, soit celle des conflits spécifiques (ALEXANDER) soit celle des personnalités types (DUNBAR), il demeure une tendance générale, chez la majorité des auteurs d'aujourd'hui, à chercher des facteurs de risques dans une orientation de spécificité relative.

Ainsi, dans la maladie coronarienne, les travaux de FRIEDMAN et ROSENMAN puis de JENKINS aux États-Unis (12) ont mis en évidence le rôle d'un ensemble de comportements et d'affects particuliers, qualifié en anglais de *behavior pattern type A*, qui serait dans la population nord-américaine un facteur de risque prédisposant à la maladie coronarienne au même titre que le tabagisme. Ce **type A** de comportements et d'affects est caractérisé par une ambition continue, un goût pour les défis et

pour la compétition, une difficulté à déléguer les responsabilités, un besoin excessif de réussir, une préoccupation constante pour les échéances à respecter, de l'impatience, une sensation profonde et continue d'être constamment pressé par le temps, de devoir aller toujours plus vite, et une difficulté à accepter tout ce qui peut causer des retards. Le tout se manifestera plus concrètement dans la forme que dans le contenu du discours de la personne. Ainsi, une voix à tonalité explosive, un discours sec, rapide, des réponses brèves ponctuées de gestes saccadés (comme pointer du doigt ou frapper du poing sur la table) et une façon de faire accélérer le discours de l'autre en le pressant par des intonations marquées vont amener le clinicien à apposer l'étiquette de type A à cette personne, même si elle se dit calme, détendue, et qu'elle prétend prendre le temps de vivre. À l'opposé, le **type B** reflète par son attitude, sa voix et son discours, le calme et la détente de celui qui n'est pas pressé et qui prend la vie comme elle vient. Il s'intéresse aux autres même s'il n'est pas directement impliqué et tolère les retards ou les obstacles inévitables.

Une étude prospective (12) a démontré un plus haut taux de maladie coronarienne chez les A

Tableau 18.8.   ARTHRITE RHUMATOÏDE

PARTICULARITÉS PSYCHOSOMATIQUES :

	Personnalité spécifique ?	Conflit spécifique ?	Événement précipitant spécifique ?	Considérations thérapeutiques	Aspects somato-psychiques
1) L'alexithymie	• Traits psycho-névrotiques	• Soumission	• Séparation ou	• Limitations à établir conjointement	• Handicap et
2) La pensée opératoire			• Perte d'objet	• Contrôle difficile de la maladie	• Douleurs chroniques
3) L'organisation psychosomatique					
4) Les troubles narcissiques					
5) Un style de vie perturbateur					
6) Le syndrome d'abandon - démission — La désorganisation progressive					
7) Des adaptations difficiles (stress)					

que chez les B. Les pertes répétées, les échecs, les blessures d'amour-propre sont souvent des facteurs précipitants tant au début de la maladie que lors de rechutes, notamment dans l'insuffisance cardiaque. De plus, ces personnes éprouvent fréquemment des problèmes d'alexithymie, de pensée opératoire, de style de vie conformiste. Si l'hyperactivité est plus souvent rencontrée chez les coronariens, il ne faut surtout pas s'imaginer que les passifs sont protégés contre les maladies vasculaires : le problème chez ces derniers consiste en une difficulté énorme à se réadapter à une vie fonctionnelle, leur maladie les rendant plus facilement invalides que les patients de type A.

À cause d'une lésion réelle cette fois-ci (nécrose tissulaire myocardique) et non pas imaginée (comme c'est le cas pour l'hypocondriaque défini en début de chapitre), il se développe parfois chez ces personnes une attitude hypocondriaque et un syndrome que nous qualifions d'**hypocondrie secondaire**. Ce syndrome a toutes les caractéristiques de l'hypocondrie décrite précédemment, sauf sur le plan de la perception fausse de la maladie. La maladie, qui *fut vraie, ne l'est* souvent *plus*, mais la perception de ce qui en découle par un processus imaginaire devient faussée, créant des moments

d'angoisse inutiles. Cette angoisse risque d'entraîner une « rechute » ou de favoriser une attitude passive contrastant trop avec les habitudes antérieures ... causant ainsi une autodévalorisation dépressive. L'approche thérapeutique en est subtile, nous y reviendrons plus loin quand nous traiterons plus spécifiquement du traitement de l'hypocondriaque.

18.6.6. ARTHRITE RHUMATOÏDE

Certains auteurs ont décrit trois groupes possibles de patients rhumatoïdes : un premier sans prédisposition héréditaire connue et dont la maladie a un début aigu associé à des événements de vie traumatiques ; un deuxième avec prédisposition héréditaire et dont la maladie a un début insidieux mais sans lien avec un événement traumatique ; enfin, un troisième à tendance dépressive ou ayant des traits psychonévrotiques et réagissant mal à tout événement traumatique, dont la maladie a un début lent ou insidieux. Ce qui souligne plus particulièrement l'importance de l'événement de vie traumatique (stresseur) comme facteur précipitant. Du point de vue social, on a rapporté chez les trois groupes des incongruités sur le plan conjugal et, du

Tableau 18.9. THYROTOXICOSE

PARTICULARITÉS PSYCHOSOMATIQUES :

	Personnalité spécifique ?	Conflit spécifique ?	Événement précipitant spécifique ?	Considérations thérapeutiques	Aspects somato-psychiques
1) L'alexithymie 2) La pensée opératoire 3) L'organisation psychosomatique 4) Les troubles narcissiques 5) Un style de vie perturbateur 6) Le syndrome d'abandon - démission — La désorganisation progressive 7) Des adaptations difficiles (stress)	• Traits psycho-névrotiques	• Dépendance • Agressivité	• Séparation	• Limitations à établir conjointement • Contrôle difficile de la maladie	• Anxiété • Dépression

point de vue psychologique, une certaine répression de l'action agressive se manifestant par un état de tension musculo-squelettique.

Le conflit le plus spécifique, remarqué chez ces patients, est relatif à la soumission à une personne-clé, combinée à une révolte intérieure ou à un désaccord profond avec soi-même quant à cette soumission.

La relation avec le thérapeute peut varier selon l'évolution, souvent décevante, de cette maladie : dépendance au thérapeute, à la corticothérapie ou à d'autres traitements, anxiété relative à la limitation des mouvements comme aux « limites » du thérapeute et de la thérapie. Les douleurs chroniques s'ajoutent et contribuent à causer de l'irritabilité, aléa relationnel à toujours considérer par le clinicien.

18.6.7. THYROTOXICOSE

Les observations cliniques dans l'hyperthyroïdie ont mis en évidence l'importance des conflits psychologiques comme facteur précipitant, en particulier ceux reliés à la séparation d'un être cher. Le patient manifeste ici aussi très souvent une alexi-thymie importante, des problèmes de dépendance, des relations ambivalentes ainsi qu'une difficulté d'expression adéquate de l'agressivité. La relation avec le thérapeute est parfois précaire parce qu'elle est décevante pour le malade. Le contrôle de la fonction glandulaire, une fois le traitement établi, peut se révéler difficile, nécessitant des ajustements constants car les symptômes varient ostensiblement selon l'hyper- ou l'hypofonctionnement occasionné par la médication ou la correction chirurgicale. Les « limitations » à l'intérieur de la relation médecin - malade doivent être établies et discutées. Une approche psychologique — que ce soit une thérapie corporelle, une psychothérapie plus analytique ou enfin une simple approche de soutien permettant une ventilation des affects retenus longtemps sous pression — semble entraîner une amélioration importante. À notre avis, elle est un adjuvant thérapeutique qui, sans être suffisant, constitue un atout fort intéressant et valable pour le malade.

18.6.8. TROUBLES DE L'ALIMENTATION (1, 27)

C'est sous cette appellation que le DSM-III classe les troubles caractérisés par des perturbations importantes du comportement alimentaire.

Tableau 18.10.   **TROUBLES DE L'ALIMENTATION – ANOREXIE MENTALE**

PARTICULARITÉS PSYCHOSOMATIQUES :

1) L'alexithymie

2) La pensée opératoire

3) L'organisation psychosomatique

4) Les troubles narcissiques

5) Un style de vie perturbateur

6) Le syndrome d'abandon - démission
   — La désorganisation progressive

7) Des adaptations difficiles (stress)

Considérations psychosomatiques	Considérations somatopsychiques	Considérations thérapeutiques

• État dépressif (?)
 • Triade :
   1) Trouble perceptuel
   2) Trouble du schéma corporel
   3) Sentiment d'inefficacité
 • Trouble d'identité
	• Débalancement physiologique morbide
	 • Taux de mortalité : 15-20 %
		• Hospitalisation à considérer (anorexie)
		 • Danger pour la vie
		 • Médication neuroleptique, antidépressive ou antihistaminique
		 • Approche comportementale et cognitive
		 • Approche familiale

Cette sous-classe comprend l'anorexie mentale, la boulimie, le pica, le mérycisme (petite enfance) ainsi que le trouble atypique de l'alimentation.

Il est à noter que l'obésité en est exclue. L'obésité simple n'y figure pas parce que l'on considère aujourd'hui qu'elle n'est généralement pas associée à un syndrome psychologique ou comportemental distinct. Si on veut à tout prix l'inclure dans une sous-classe diagnostique, on le fera sous le titre « Facteurs psychologiques influençant une affection physique : obésité ».

Le **pica** consiste en une ingestion répétée d'une substance incomestible (comme la peinture) depuis au moins un mois. Le **mérycisme** est une régurgitation répétée depuis au moins un mois, après une période de fonctionnement normal, sans nausée ni autre trouble gastro-intestinal et avec perte ou stabilité de poids. Nous renvoyons le lecteur au chapitre 32 pour ces deux entités cliniques (section 32.2.1.).

ANOREXIE MENTALE*

L'anorexie mentale, décrite par GULL (1868) et LASÈGUE au siècle dernier, a fait l'objet de nombreuses recherches. L'incidence de cette pathologie est à la hausse et son taux de mortalité, très élevé (15 à 20 %). Il s'agit d'une maladie qui touche le plus souvent des jeunes filles ; les garçons en sont atteints beaucoup plus rarement. La maladie, qui débute entre les âges de 10 et 26 ans, se caractérise comme suit sur le plan diagnostique.

Critères du DSM-III

A) Peur intense de devenir obèse, qui ne diminue pas au fur et à mesure de l'amaigrissement.

B) Perturbation de l'image du corps (la jeune fille se sent grosse même quand elle est décharnée).

C) Perte d'au moins 25 % du poids initial.

_____

* Voir le chapitre 34, section 34.2.3.).

D) Refus de maintenir son poids au-dessus d'un poids normal minimal, compte tenu de l'âge et de la taille.

E) Absence de maladie physique identifiée qui pourrait expliquer la perte de poids.

HILDE BRUCH a subdivisé la maladie en primaire et secondaire. **L'anorexie primaire** comprend comme critères diagnostiques la triade suivante : 1) trouble du schéma corporel (pouvant atteindre des proportions délirantes) ; 2) trouble perceptuel (interprétation altérée des stimuli physiques de l'organisme : faim mal perçue) ; 3) sentiment d'inefficacité paralysante qui se reflète dans toutes les pensées et dans le comportement de l'anorexique, celle-ci cherchant en vain à atteindre la perfection pour être reconnue par les autres. La lutte pour le contrôle, la recherche d'une identité personnelle seront les premières difficultés rencontrées par la malade avant que la symptomatologie s'installe. L'anorexie mentale est dite **anorexie secondaire** quand elle dépend d'une maladie autre : psychose, troubles affectifs majeurs, etc. Plusieurs cliniciens envisagent cette entité clinique d'abord et avant tout, qu'elle soit primaire ou secondaire, comme un équivalent dépressif sévère (dépression masquée ?), mais certains auteurs aiment mieux nuancer leur pensée diagnostique (1), considérant que l'étiquette dépressive est accolée trop « facilement ».

L'approche thérapeutique demeure subtile et difficile : l'hospitalisation s'impose souvent pour sauvegarder la vie de la patiente. Selon les milieux hospitaliers, la présentation clinique ou simplement la façon de procéder d'un centre à l'autre, on dirigera ces malades au département de médecine (interne ou générale) ou au département de psychiatrie.

Une médication neuroleptique (chlorpromazine, halopéridol) s'avérera utile. Si les symptômes dépressifs sont évidents ou si l'on soupçonne la dépression masquée, les antidépresseurs (surtout l'amitriptyline) seront utiles sinon nécessaires pour espérer une réponse convenable au traitement.

Enfin, on a souvent mentionné l'efficacité de la cyproheptadine (Periactin®) pour stimuler l'appétit.

Une évaluation familiale comme une thérapie familiale brève ou prolongée sont particulièrement indiquées dans la plupart des cas. Pour une thérapie individuelle, les auteurs s'entendent généralement sur l'approche cognitive comportementale plutôt que sur l'approche psychanalytique.

BOULIMIE

La boulimie se caractérise par des épisodes de grande « bouffe rapide » (en moins de deux heures) avec conscience du caractère anormal de ce comportement alimentaire, la peur de ne pas pouvoir s'arrêter volontairement de manger et l'état ou l'humeur dépressive avec autodépréciation après les accès boulimiques. Les épisodes boulimiques ne sont pas dus à une anorexie mentale ou à un autre trouble physique identifié. Ce trouble, qui commence habituellement à l'adolescence ou au début de l'âge adulte, est beaucoup plus fréquent chez les femmes. Son approche thérapeutique est tout aussi difficile que pour l'anorexie car, parmi les critères diagnostiques, on retrouve entre autres au moins trois des manifestations énumérées ci-dessous.

Critères du DSM-III

1) Absorption de nourriture hypercalorique facilement absorbable durant un accès boulimique.

2) Ingestion en cachette durant ces accès.

3) Fin de ces épisodes par des douleurs abdominales, un endormissement, un événement extérieur ou des vomissements provoqués.

4) Tentatives répétées pour perdre du poids par des régimes très restrictifs, des vomissements provoqués ou l'usage de laxatifs ou de diurétiques.

5) Fréquentes fluctuations pondérales supérieures à 5 kilos dues à l'alternance d'accès boulimiques et de jeûnes.

Tableau 18.11.   TROUBLES DE L'ALIMENTATION – BOULIMIE

PARTICULARITÉS PSYCHOSOMATIQUES :

	Considérations psychosomatiques	Considérations somatopsychiques	Considérations thérapeutiques
1) L'alexithymie 2) La pensée opératoire 3) L'organisation psychosomatique 4) Les troubles narcissiques 5) Un style de vie perturbateur 6) Le syndrome d'abandon - démission — La désorganisation progressive 7) Des adaptations difficiles (stress)	• Humeur dépressive préboulimique (?)	• Humeur dépressive postboulimique(?)	• Hospitalisation à considérer (anorexie) • Danger pour la vie • Médication neuroleptique, antidépressive ou antihistaminique • Approche comportementale et cognitive • Approche familiale

Le point à souligner ici nous semble la recherche de l'humeur dépressive tant préboulimique que postboulimique ; si tant est qu'on la trouve, l'approche thérapeutique (antidépressive) en sera influencée et deviendra peut-être gage d'un meilleur pronostic.

18.6.9. OBÉSITÉ

Condition beaucoup plus fréquente que l'anorexie dans notre société, l'obésité simple (qui n'est pas une maladie) demeure un problème complexe tant pour ceux qui en souffrent que pour leurs thérapeutes. Classiquement, un poids dépassant de 20 % le poids idéal (établi selon l'échelle de la compagnie d'assurances Métropolitaine) était un signe d'obésité. Aujourd'hui, il existe d'autres façons de mesurer les matières grasses en excès dans le corps et le qualificatif « obésité » ne s'applique que si une personne excède de 30 % son poids normal, toujours calculé selon des actuaires de compagnies d'assurances.

Il n'y a pas de spécificité psychologique propre à l'obèse ; chaque cas doit êre étudié individuellement quant à la recherche d'un conflit sous-jacent ou à l'explication du trouble d'apprentissage ayant présidé ou contribué à la mauvaise alimentation responsable du déséquilibre import-export calorique. Ce qui est heureux, c'est qu'on ait exclu cette entité clinique comme diagnostic à « saveur psychologique », les gens qui en sont affectés étant victimes non seulement des calamités prédites par les campagnes de prévention (maladies cardio-vasculaires, mortalité précoce, etc.) — ce qui se révèle faux si cette condition n'est pas associée au diabète, à l'hypertension artérielle ou à des troubles lipidiques et métaboliques —, mais aussi des préjugés défavorables qui en font des marginaux dans notre société.

L'approche thérapeutique est complexe parce que les objectifs sont souvent vagues ou trop exigeants et que la relation avec le thérapeute fluctue selon une dynamique d'approche - retrait. Que ce soit en thérapie de groupe ou individuelle, la « persévérance » du sujet au traitement demeure fra-

Tableau 18.12. OBÉSITÉ

PARTICULARITÉS PSYCHOSOMATIQUES :

	Considérations psychosomatiques	Considérations somatopsychiques	Considérations thérapeutiques
1) L'alexithymie 2) La pensée opératoire 3) L'organisation psychosomatique 4) Les troubles narcissiques 5) Un style de vie perturbateur 6) Le syndrome d'abandon - démission — La désorganisation progressive 7) Des adaptations difficiles (stress)	• Problème non « spécifique » d'un patient à l'autre	• Patients victimes de : — calamités (mortalité précoce) — Préjugés	• Relations fragiles avec le thérapeute sous le signe approche - retrait

gile ... comme c'est le cas pour tout traitement de ce qui n'est pas d'emblée considéré comme une maladie.

18.6.10. ALGIES (2, 23)

La composante affective dans la douleur est très variable bien que toujours présente. Certains troubles psychosomatiques ont fait l'objet de recherches dans ce cadre ; ainsi les céphalées, tant la migraine que la céphalée de tension et la céphalée mixte, les lombalgies, les cervicalgies, les causalgies, les membres fantômes ont tous fait l'objet de publications abondantes.

La douleur est un symptôme qui peut dépendre d'une manifestation de conversion ou d'hypocondrie. Le DSM-III décrit une entité particulière, la douleur psychogène (2), dont les critères diagnostiques se lisent comme suit.

Critères du DSM-III

A) La perturbation dominante est une douleur sévère et durable.

B) La douleur se présente comme un symptôme mais ne correspond pas à la systématisation neuro-anatomique : après un examen appro-

fondi, la douleur ne peut être rattachée à aucune pathologie organique ni à aucun mécanisme physiopathologique ; dans le cas où une quelconque pathologie organique est décelée, la plainte douloureuse dépasse de très loin ce qu'on pourrait inférer des résultats de l'examen physique.

C) On estime que des facteurs psychologiques sont impliqués dans l'étiologie des symptômes, comme l'une des manifestations suivantes le met en évidence :

1) il existe une relation temporelle entre un stimulus environnemental (lié apparemment à un conflit ou à un besoin psychiques) et l'installation ou l'exacerbation de la douleur ;

2) la douleur permet à l'individu d'éviter des activités qui lui sont désagréables ;

3) la douleur permet à l'individu d'obtenir de son entourage un soutien qu'on ne lui aurait pas offert autrement.

D) La douleur n'est pas due à un autre trouble mental.

On évitera de poser le diagnostic de douleur psychogène pour une douleur associée à des maux de tête avec contraction musculaire, appelée « céphalée de tension », puisqu'un mécanisme physiopathologique est à l'origine de la douleur.

Souvent, les algies sont des manifestations de troubles psychofonctionnels, conséquences d'une « tension nerveuse » chez des malades qui présentent des caractéristiques psychosomatiques telles que : pensée opératoire, alexithymie, comportement conformiste, conflit de dépendance. Un échec, une frustration, une contrariété peuvent servir de facteurs précipitants qui accentuent la tension dans un système déjà vulnérable ou fragile (prédisposé) : un accroissement de la tension musculo-squelettique au niveau du crâne provoquera ainsi une céphalée de tension ; si c'est au niveau rachidien, la tension pourra provoquer une lombalgie, une cervicalgie, ou encore pourra favoriser l'apparition d'une hernie discale à la suite de mouvements inhabituels ou accidentels ; enfin, dans les cas de migraine, le problème se situe plus au niveau vasculaire mais on retrouvera chez ces patients les mêmes caractéristiques classiques. On a noté la présence d'impulsions hostiles refoulées ou réprimées comme facteur précipitant de la migraine, de même qu'une amélioration de l'épisode migraineux après une prise de conscience et une verbalisation de l'agressivité (3).

Le traitement de la douleur est habituellement fort simple pour le médecin qui se contentera de prescrire un analgésique si la condition sous-jacente ne nécessite pas d'autre intervention. Si le phénomène est aigu, inhabituel chez le patient, tout rentrera dans l'ordre avec le temps et ce dernier sera satisfait d'avoir été soulagé. Hélas, il arrive très souvent que la douleur revienne fréquemment ou persiste, tandis que le traitement devient de moins en moins efficace à mesure que la chronicité s'installe.

En plus du problème de la douleur, le malade développe une complication fréquente dans ces cas, souvent iatrogène d'ailleurs, soit une toxicomanie aux analgésiques et même parfois aux hypnotiques divers à cause de problèmes d'insomnie secondaire. D'autres complications s'ajoutent souvent, les interventions chirurgicales répétées ont peu de succès et, malheureusement, aggravent souvent une désorganisation psychosociale progressive. Le malade

devient invalide, vit centré sur sa douleur et les limites qu'elle entraîne, tant et si bien qu'il ne fait plus rien sauf peut-être récriminer. Il n'a pas tout à fait tort d'ailleurs, car il aura souvent été victime d'un système médico-social déficient à cet égard. Une erreur diagnostique, une consultation retardée ou multipliée, des arrêts de travail prolongés, des compensations financières promises mais toujours retardées, enfin un système de travail où l'on doit être constamment ou en parfaite santé ou complètement invalide favorisent ce long mais sûr processus de désorganisation. Une fois le patient devenu « chronique », on l'accusera même parfois d'être un simulateur ou un malade mental. C'est d'ailleurs trop souvent à ce moment qu'il est reçu en consultation psychosomatique.

C'est, bien sûr, avant que le phénomène en soit rendu à cette phase quasi irrémédiable qu'une intervention globale doit avoir lieu. Ce n'est pas seulement la douleur qui doit faire l'objet d'une étude mais aussi et surtout celui qui souffre. L'identification de ce que le phénomène douloureux représente pour le malade est primordiale.

S'il s'agit de la migraine par exemple, une psychothérapie d'inspiration analytique pourra, si le patient a la capacité psychologique nécessaire comme c'est souvent le cas chez les migraineux, amener une amélioration importante avec diminution de la fréquence, de l'intensité et de la durée des épisodes, si ce n'est une guérison. Dans d'autres cas, une thérapie d'autorelaxation progressive pourra donner des résultats similaires.

Dans les cas d'amputation suivis d'une impression de membres douloureux (phénomène du membre fantôme), on doit intervenir rapidement, avant même l'amputation si possible, par une approche psychosociale. Les problèmes relatifs aux accidents de travail ou aux compensations financières tardives devraient toujours être réglés au plus tôt car ils tendent à renforcer l'état d'invalidité du patient sans même qu'il en soit conscient.

L'approche par une équipe multidisciplinaire semble, dans les cas les plus rebelles, l'atout principal des « cliniques de la douleur ». Mais c'est sur-

Tableau 18.13. ALGIES

PARTICULARITÉS PSYCHOSOMATIQUES :

1) L'alexithymie

2) La pensée opératoire

3) L'organisation psychosomatique

4) Les troubles narcissiques

5) Un style de vie perturbateur

6) Le syndrome d'abandon - démission
   — La désorganisation progressive

7) Des adaptations difficiles (stress)

Entité	Considérations psychosomatiques	Considérations somatopsychiques	Considérations thérapeutiques
• Céphalée de tension et rachialgie • Migraine et troubles vasculaires	• Notion d'équivalents anxio-dépressifs • Notion symbolique : « ce qui se passe » dans la tête du patient • Impulsions hostiles refoulées ou réprimées, éventuellement considérées comme facteurs précipitants	• Stresseurs ou mauvaises postures accentuant une tension musculaire déjà accrue • Individus dépendants et anxieux à cause de l'imprévisibilité de leurs crises douloureuses	• Aspect contre-transférentiel à analyser constamment car toxicomanie iatrogène possible chez le patient • Aspect transférentiel d'espoir massif en la toute-puissance du thérapeute

tout au médecin de famille que revient le rôle difficile de suivre les patients souffrant de douleur chronique réfractaire. Il doit éviter d'aggraver leurs conditions mais ne peut, dans certains cas, les priver complètement d'analgésiques. La toxicomanie sera tolérée alors, mais dans un cadre ouvert où médecin et malade savent où ils en sont. En d'autres termes, l'effort du patient doit être centré sur l'acceptation mais non sur la résignation. Le médecin peut aider son patient à apprendre à vivre avec sa douleur et à parvenir à un fonctionnement aussi satisfaisant que possible.

18.6.11. NÉOPLASIES

Dans une optique de multicausalité, on considère que les néoplasies peuvent être influencées, quant à leur point de départ ou à leur évolution, par certains facteurs psychologiques. Ces facteurs sont souvent présents sans toutefois être nécessaires ni suffisants en soi pour déclencher une néoplasie. Comme ils ont été précédemment décrits ou discutés, nous nous limiterons à les énumérer succinctement : il y a les états de détresse et de désespoir observés non seulement après, mais aussi préalablement à l'énoncé diagnostique du cancer, l'état de désorganisation progressive, les deuils intenses non résolus. L'approche suggérée dans le cas des patients « néoplasiques » en phase terminale est discutée au chapitre 28. Nous voulons cependant insister sur certains traits caractéristiques de ces malades. D'abord, ils manifestent une sensualité différente qui se concrétise par un plus grand besoin, exprimé plus ou moins clairement, d'être « pris dans les bras » ou simplement d'être « touchés » par leur entourage. Ajoutons que ces observations sont cliniques et donc empiriques. Ce qui

Tableau 18.14. NÉOPLASIES ET MALADIES CHRONIQUES DÉBILITANTES

PARTICULARITÉS PSYCHOSOMATIQUES :

1) L'alexithymie

2) La pensée opératoire

3) L'organisation psychosomatique

4) Les troubles narcissiques

5) Un style de vie perturbateur

6) Le syndrome d'abandon - démission
— La désorganisation progressive

7) Des adaptations difficiles (stress)

Considérations psychosomatiques	Considérations somatopsychiques	Considérations thérapeutiques
• Syndrome : — abandon-démission — état de détresse — désorganisation	• État de détresse • Besoin accru d'une sensualité différente (être touchés)	• Aspect contre-transférentiel à analyser constamment car toxicomanie iatrogène possible • Aspect transférentiel d'espoir excessif en la toute-puissance du thérapeute

est remarquable aussi, c'est l'*aspect transférentiel massif* que les malades établissent avec le thérapeute, sans doute dans une perspective de désir introjecté de toute-puissance chez celui-ci, suivi souvent d'un état de détresse quand ils apprennent que le « miracle » se produit rarement.

18.7.
THÉRAPEUTIQUE ET ASPECTS PRATIQUES

18.7.1. APPROCHE GLOBALE SELON L'ASPECT PSYCHOLOGIQUE

Nous avons précédemment insisté sur l'importance de l'approche auprès du malade (*des* approches devrions-nous dire car toute approche comporte des nuances d'un malade à l'autre), la qualifiant même de spécifique à la « spécialité » psychosomatique. L'approche du thérapeute doit participer à la fois de l'art et de la science, ainsi que de la bonne connaissance tant de son métier que de son malade.

Qu'on applique à l'un les thérapies dites corporelles (chapitres 44, 45, 46) ou cognitives (chapitre 42), à l'autre une forme de psychothérapie de soutien ou d'inspiration analytique (chapitres 39 et 40), qu'on se serve d'une médication psychotrope comme adjuvant (chapitres 35 à 38), l'art consistera toujours en l'application de chacune de ces connaissances au *moment opportun*. C'est l'évaluation adéquate de la dimension relationnelle qui justifiera le moment de mettre en pratique telle démarche plutôt que telle autre.

Par exemple, pour le traitement d'un ulcéreux peptique (4), la connaissance globale du malade ainsi que de son type habituel de relation déterminera l'attitude du thérapeute : directive ou permissive, favorisant la dépendance ou l'indépendance, prescriptive ou proscriptive.

APPROCHE DIFFÉRENTIELLE ... AUPRÈS DE L'ULCÉREUX PEPTIQUE

S'il s'agit d'un malade de type I ou indépendant, on sait que :

1) la plupart de ses relations s'établissent sous l'influence d'une tendance à l'indépendance et à la rivalité ;
2) il a tendance à être obsessionnel et compulsif ;
3) il est hyperactif et compétitif ;
4) sa vie familiale est souvent déséquilibrée ;
5) il se défend inconsciemment en rejetant ses tendances passives-réceptives.

Ce patient aura tendance à prendre l'initiative au cours de la consultation ; on le laissera faire, on tolérera cette attitude. Pour la médication, on lui accordera une certaine liberté, on utilisera son côté obsessionnel en le laissant lui-même assumer la rigueur prescriptive. On saura qu'il est difficile de lui imposer repos et « régime » en dehors des périodes de crise.

Dans le cas du malade de type II ou équilibré, on sait que :
1) son vécu relationnel oscille entre la dépendance et le désir d'indépendance ;
2) ses manifestations névrotiques ne sont que mineures ;
3) il est stable et modérément compétitif ;
4) sa vie familiale est relativement équilibrée ;
5) ses mécanismes défensifs témoignent du rejet de la passivité dans un domaine (vie professionnelle par exemple) et de l'acceptation dans un autre (vie familiale).

L'approche sera par conséquent différente. Au cours de la consultation, le clinicien fera davantage appel au Moi du patient par des formulations du genre : « Il y aurait intérêt à ce que ... ». Il sera préférable ici que le médecin « obsessionnalise » lui-même la prescription pharmacologique. Quant aux périodes de repos ou de régime, le malade les suggère souvent lui-même.

Le malade de type III ou alternant se caractérise ainsi :
1) dans ses relations, il alterne entre la dépendance et l'opposition agressive ;

2) ses manifestations psychonévrotiques sont fréquentes et sévères, souventes fois associées à des « périodes » éthyliques ;
3) il est instable sur le plan social ;
4) sa vie familiale est « carencée » ;
5) son mode défensif témoigne d'une alternance entre l'expression et le rejet des tendances passives-réceptives.

La consultation devient ici plutôt difficile. L'ajustement en cours d'entrevue sera « délicat », dépendra de l'attitude active ou passive du patient. Le clinicien devra afficher une certaine raideur, tolérer la dérogation du malade aux prescriptions tout en affichant de la fermeté (le thérapeute devient un objet « restructurant »). Tout écart aux périodes de repos et de régime prescrites devient une provocation dont le clinicien évitera d'être le jouet en la comprenant ... et en l'interprétant parfois.

Enfin, le type IV ou dépendant se distingue par les traits suivants :
1) sa relation avec le thérapeute est franchement dépendante ;
2) il est anxio-dépressif ;
3) c'est un désadapté social ;
4) sa vie familiale est absente ou disloquée ;
5) son mode défensif est l'expression positive de tendances passives-réceptives.

Ce type de patient est lui aussi très difficile d'approche. En consultation, il craint le rejet ; le clinicien prendra alors l'initiative du prochain rendez-vous. Il verra également à valoriser davantage la prescription administrée (effet placebo). Une attitude de maternage fermement régie, notamment quant au retour au travail, sera plus souhaitable et plus profitable pour ce type de malade.

APPROCHE AUPRÈS DE L'ALEXITHYMIQUE

Pour l'alexithymique (voir le tableau 18.2.), rappelons brièvement qu'il s'agit d'un malade :

1) atteint d'une affection somatique vraie (c'est-à-dire démontrable du point de vue médical) ;

2) accusant une carence perceptuelle et expressive de ses affects ;

3) manifestant peu de fantaisies et « somatisant » tout (c'est-à-dire que, dans son discours, on risque de ne trouver que des descriptions interminables de symptômes *réels*).

La difficulté d'approche ici réside plus dans la dimension relationnelle malade - médecin que dans la relation médecin - malade, et ce, justement parce que le malade ne se sent pas « atteint » psychologiquement ou émotivement. Par conséquent, dans sa stratégie d'approche (16), le clinicien devra souvent faire appel au processus suivant :

1) D'abord aider le patient à **observer la nature de ses troubles alexithymiques** en établissant avec lui :

— les corrélations entre certains événements marquants de sa vie et ses *sensations* — et non pas ses sentiments (par exemple, un stresseur tel qu'une confrontation avec un subalterne est concomitant d'une brûlure épigastrique ou d'une dyspnée) ;

— la compréhension de ses réactions physiologiques par rapport aux réactions psychologiques observées par lui chez d'autres personnes (par exemple, un stresseur tel qu'une confrontation avec un subalterne rend sa secrétaire « dramatique » ou « hystérique » : elle crie, jure ou devient triste ...).

2) Ensuite, aider le patient à **développer une tolérance à l'affect** en observant ses émotions plus qu'en les exprimant, en observant sa façon de les expérimenter et en lui signifiant l'aspect *limité* tant de leur durée que de leur intensité. (Par exemple, un stresseur tel qu'une confrontation avec un subalterne lui cause une frustration qui peut lui faire ressentir une sensation certes [brûlure ou dyspepsie] mais aussi un sentiment de colère ou de tristesse. On insistera alors sur le fait que ces « affects » sont furtifs et peu intenses

chez lui à ce moment précis. On aura souvent avantage à lui démontrer qu'il n'a pas perdu son contrôle et qu'on ne perd pas nécessairement son contrôle quand on est triste ou en colère.)

3) Poursuivre par ce qu'on pourrait appeler une **pédagogie des émotions** en favorisant une verbalisation graduelle, quitte à trouver avec son malade les « mots pour le dire » (par exemple : « Une confrontation avec un subalterne, ça me met *en rogne*, ça me fâche ou ça m'attriste », etc.).

4) Une fois cette dimension verbale expérimentée, entreprendre une **démarche psychothérapique analytique** plus classique. Simultanément ou ultérieurement, recourir à une thérapie d'auto-relaxation progressive ou « corporelle », la garantie du bon pronostic résidant dans l'évaluation du malade, de son problème et de sa capacité ou non à tolérer la passivité ou l'activité de telle ou telle technique.

APPROCHE AUPRÈS DE L'HYPOCONDRIAQUE

L'hypocondriaque nécessite une stratégie d'approche différente. Si, dans l'esprit du « docteur », l'alexithymique est le **somatique vrai**, c'est-à-dire avec lésion démontrable, l'hypocondriaque est le **somatique faux**, celui qui se plaint sans lésion démontrable.

Nous ouvrons ici une parenthèse pour souligner la notion de l'hypocondrie secondaire qui survient chez ceux qui ont eu effectivement une lésion démontrable et qui ont dépassé les critères diagnostiques de la réaction anxieuse ou de la névrose d'angoisse secondaire à la lésion pour atteindre le champ clinique de l'hypocondrie. Le patient fait ici une interprétation *erronée* de la sensation, du symptôme, du signe, comme de la relation avec le docteur qu'il souhaite, au fond, « persistante ». La difficulté relationnelle, son côté « pénible » se retrouve non seulement chez lui mais aussi chez le thérapeute avec plus d'acuité qu'habituellement (relations médecin - malade, malade - médecin).

Une approche d'inspiration cognitive est ici efficace (pour les deux tiers des cas de névrose hypocondriaque selon KELLNER, 1982). La stratégie comporte divers volets qui peuvent être simultanés ou consécutifs mais qui sont présentés comme suit dans un but pédagogique :

1) Le premier volet concerne la **persuasion**. Il s'agit de persuader le patient qu'il entretient de fausses idées sur son mal. Celui-ci est en effet convaincu de souffrir d'une maladie sournoise, progressive et non encore *vraiment* diagnostiquée. Ainsi, dans un premier temps on lui donnera des informations adéquates sur la psychophysiologie du malaise (par exemple tachycardie, symptôme commun à d'autres personnes et pouvant survenir dans des états non pathologiques : course, prélude amoureux, etc.), et dans un deuxième temps on lui démontrera que chaque individu a des perceptions sélectives de ses sensations (par exemple, lui donner des exemples *non* pathologiques au début pour en arriver progressivement au symptôme qu'il perçoit comme pathologique). Dans un troisième temps, on insistera sur l'importance de l'apprentissage individualisé d'un point précis du corps (pour certains, l'accordeur de piano par exemple, l'ouïe sera davantage développée, au détriment du reste ; ainsi, une perception cénesthésique fausse se désapprend aussi lentement qu'elle s'est apprise). On devra être en mesure d'éclaircir certaines situations (par exemple démystifier un faux diagnostic ou un diagnostic mal compris), avoir la patience de répéter plusieurs fois et de vérifier la compréhension de ses propos auprès du malade.

2) Le deuxième volet, concomitant du premier, consiste en l'**apaisement des craintes** relatives à la maladie physique. Pour ce faire, on procédera (ou on fera procéder), au début de la relation thérapeutique, à un *examen physique complet majeur* avec investigation appropriée. Les examens suivants devraient être brefs et localisés et, en cas de panique, une intervention d'urgence rassurante pour le patient devrait être possible dans un lieu propice (par exemple, un service d'urgence où les médecins seraient « avertis » de l'arrivée du cas dans le but d'éviter son rejet). Les discussions thérapeutiques consécutives devraient s'orienter sur la nosophobie ou la thanatophobie du patient durant ses moments de crise. On devrait aussi pouvoir procéder à un traitement des symptômes physiques résiduels (par exemple, un antispasmodique pour les dyspepsies fonctionnelles bénignes).

3) Le troisième volet touche la **compréhension de la nature des symptômes** tant par le thérapeute que par le patient. L'atteinte de cet objectif exige acceptation et empathie de la part du thérapeute et acceptation des frustrations mutuelles sans cesse renouvelées, tant par le malade que par le thérapeute. Une thérapie de soutien et d'*insight* superficiel s'avère la plupart du temps très positive ici (par exemple, établir des corrélations entre certains symptômes et certains événements marquants de la vie du patient).

4) Le quatrième volet concerne le **soulagement des symptômes anxio-dépressifs** (et pas nécessairement leur *guérison*) par l'un ou l'autre des moyens suivants :

   a) une prescription de certaines distractions ou d'exercices physiques (ici il s'agit de savoir *prescrire* plutôt que *proscrire*) ;

   b) des anxiolytiques surtout quand il y a une réponse trop décevante à l'égard de l'alliance thérapeutique ;

   c) des antidépresseurs uniquement quand les symptômes dépressifs sont évidents.

Dans les cas d'hypocondrie secondaire, l'aspect répétitif des explications mentionnées précédemment revêt encore plus d'importance. Enfin, dans les cas extrêmes, c'est-à-dire s'il y a délire hypocondriaque bien identifié ou encore si le diagnostic sous-jacent en est un de schizophrénie, il faut alors recourir à une médication neuroleptique (par exemple l'halopéridol) ; s'il s'agit d'un état dépressif sévère ne répondant pas aux antidépresseurs (par exemple l'amitryptiline), on fera appel à la sismothérapie (ECT).

18.7.2. APPROCHE GLOBALE SELON L'ASPECT SOCIAL

Au cours des dernières années, on a accordé beaucoup d'intérêt à la dimension psychologique de l'approche maintenant baptisée « bio-psycho-sociale » (expression qui devrait, en un jour pas trop lointain, se modifier en « approche [tout court] du malade ou approche médicale »). La littérature en déborde ; la pédagogie médicale en témoigne dans l'élaboration des programmes d'enseignements aux futurs médecins ; l'éducation médicale continue aussi. La dimension « sociale » nous semble plus lente à s'établir dans les « mœurs » médicales. Nous ne faisons pas allusion ici à la dimension « écoute du malade et documentation sur l'aspect social de la vie, qui peuvent contribuer à la compréhension globale de son malaise », mais à l'implication active du médecin par rapport à cette dimension.

DILEMME MÉDICO-SOCIAL

Ainsi, quand il s'agit de recommander, de prescrire ou de justifier un arrêt de travail ou un retour au travail (11, 24), le médecin se sent, aujourd'hui encore, démuni, mal à l'aise, ignorant des critères objectifs sur lesquels s'appuyer ; il doit analyser constamment son *contre-transfert*. Est-il lui-même un travailleur actif, un « gros » contribuable blasé de payer inutilement pour des « paresseux » qui ne veulent pas retourner au travail et qui abusent du pouvoir médical décisionnel quant à leur invalidité permanente ou temporaire avec ce que cela implique comme coût à la société ? Ou bien est-il partisan de l'idée que la société ou les entreprises multinationales abusent de l'individu et ne méritent pas autre chose en retour que d'être

trompées par celui-ci quand l'occasion se présente ? Ou encore essaie-t-il à chaque fois d'objectiver les faits au maximum au prix de l'insécurité que cela comporte ? Cette analyse du contre-transfert demande énergie et courage tout en témoignant du souci personnel d'honnêteté à l'égard du malade et de la société et de globalité dans son approche.

Le dilemme médico-social est ainsi posé. On nous remet à nous, médecins, le pouvoir de décider. Sommes-nous toujours suffisamment compétents pour le faire ? L'autorité tacite qu'on nous confère alors a force de loi et notre responsabilité n'est pas le seul aspect social à considérer, car ce qui reste de plus litigieux semble être la lutte contre les *préjugés* envers certains malades ou certaines maladies ... Et par *préjugés*, entendons autant les nôtres que ceux des autres ...

ASSOCIATIONS DE MALADES

Les adolescents asthmatiques par exemple sont souvent victimes de préjugés. Cette maladie, pleine de « contrastes » pour ne pas dire de « contradictions », se manifeste de façon telle que l'attitude de l'asthmatique alterne rapidement de 1) celle du « grand malade » incapable d'avancer d'un pas au grand vent ... quand il est en crise à 2) celle du « super » coureur de l'équipe de football ... quand il se sent bien. Son absentéisme scolaire risque de choquer si la direction de l'école et les enseignants ne sont pas prévenus de cette attitude très variante ; le jeune peut même être pris en grippe tant par certains enseignants que par ses compagnons de classe et subir un rejet ou un isolement social.

Pour y remédier, si le médecin ne s'implique pas lui-même en informant directement les personnes responsables qui côtoient le jeune, il peut du moins encourager sa participation et celle de sa famille à des associations de malades (Asthme-Action par exemple) qui travaillent à informer convenablement la population par des conférences, des rencontres, de la publicité. Ces informations visent aussi à diminuer, chez l'asthmatique, l'impact dépressif certain des préjugés véhiculés à son endroit et à l'égard de cette maladie.

Ce qui nous apparaît important de souligner ici, c'est la participation active du malade à sa prise en charge ... une façon de contrer la régression psychologique et l'isolement social dans lesquels le plonge parfois son malaise, surtout s'il se chronicise. Il s'agit d'ailleurs d'une règle commune à toutes les associations regroupant les malades qui n'ont pas d'autre choix que de vivre avec leur maladie ou d'apprendre à vivre avec (Association des stomisés [iléostomie-colostomie], des diabétiques, etc.).

Il existe aussi d'autres regroupements de gens qui s'associent temporairement et dont la philosophie est axée davantage sur la prévention en vue d'éviter les rechutes ou la chronicisation du processus pathologique (plutôt que sur l'acceptation de celui-ci ou l'adaptation à son caractère définitif).

PRÉVENTION

Ceci nous amène à aborder brièvement le *souci préventif* du médecin, qui comporte trois dimensions. La **prévention primaire** consiste pour le clinicien à donner au patient certains conseils sur l'hygiène de vie. Ces conseils sont classiques pour la plupart, généralisables à un ensemble de gens : ils ont trait à l'hygiène du sommeil (chapitre 20), à une saine alimentation, à la préparation progressive et adéquate à la vie de retraité, à l'adaptation à un système de valeurs toujours changeant, etc.

La **prévention secondaire** consiste à inciter certains de ses patients à participer aux efforts communautaires en vue de dépister précocement les personnes à risques (souffrant d'hypertension artérielle par exemple). Ces encouragements des médecins auprès de leur clientèle témoignent tant de leur compétence que de leur souci de maintenir l'individu « le plus en santé possible » et non pas « le moins malade possible ». Une telle attitude renforce la dimension relationnelle médecin - malade dont nous soulignons encore une fois l'aspect curatif potentiel à exploiter.

La **prévention tertiaire** concerne la participation des patients à des groupes de rééducation ou de réhabilitation. Ainsi, à la suite d'une expérience d'abord menée par RAHÉ puis reprise par d'autres expérimentateurs (10), il a pu être démontré que la participation à ces groupes avait une influence positive sur les suites de l'accident cardiovasculaire, contribuant à diminuer ses risques de récidive, voire à ralentir ou à neutraliser son processus de chronicisation.

Cependant, on a aussi souligné (18) que ces groupes doivent s'en tenir à l'aspect formatif ou informatif et éviter de toucher à l'aspect dynamique thérapeutique du groupe, comme c'est le cas pour la plupart des thérapies de groupe. Le but du regroupement est ici le partage et l'accroissement d'un savoir, renforcé par le soutien d'un groupe de gens atteints du même malaise ... et c'est en cela que l'activité est thérapeutique. Le rôle de ces groupes n'est pas d'amener les malades à comprendre les interactions, à identifier les transactions ni à procéder à une introspection relative à leur « vécu ». Il a même été démontré que de tels objectifs sont plus nocifs qu'utiles à ce genre de malades.

Autrement dit, on ne doit surtout pas *psychiatriser* ces groupes mais les informer et répondre à leurs questions. Il faut même savoir isoler du groupe les éléments anxiogènes, c'est-à-dire les patients dont l'attitude vise à soulever les « remises en question » personnelles ou collectives.

18.8.
MÉDECINES DOUCES

Médecine alternative, médecine parallèle, médecine holistique, médecine complémentaire, ... autant d'appellations pour désigner ou définir ces différentes techniques médicales, unies cependant par une constante : le mot « médecine ». On les regroupe sous la rubrique « médecines douces », le qualificatif référant sans doute à une sensation agréable, de bien-être, de contentement, et s'opposant d'un point de vue sémantique à des qualificatifs tels que « dur, brusque, agressif », ce qui peut être signifiant en soi. Au delà de la technique proposée, il faut déceler dans la notion de douceur l'aspect surtout « humaniste » qu'elle préconise, comme son opposition à la dimension trop « scientifique » et, partant, d'apparence parfois inhumaine de la médecine dite traditionnelle.

Il est difficile de faire un historique précis de ces techniques, leur philosophie d'approche du malade existant sans doute depuis le début de toute civilisation. On peut par contre les classifier en trois grands groupes, comme l'a fait NIBOYET (19) :

1) Plus courantes :
   • Acupuncture et auriculothérapie
   • Homéopathie et biothérapie, oligothérapie, organothérapie
   • Médecines manuelles — Ostéopathie
                          — Chiropractie
                          — Manipulations
                          — Vertébrothérapie

2) Moins courantes :
   • Phytothérapie
   • Sophrologie
   • Neuralthérapie
   • Mésothérapie
   • Naturopathie

3) Marginales :
   • Radiesthésie
   • Champs magnétiques.

L'acupuncture et les médecines manuelles véhiculent les notions de transfert ou de transmission d'énergie « curative » de même que des notions d'anatomie et de physiologie différentes de celles enseignées en médecine traditionnelle. Il en va de même pour l'homéopathie qui, préconisant l'absorption de substances à très faible dilution, diffère, dans sa philosophie, de la pharmacologie « classique » apprise en médecine. Quant aux techniques « moins courantes et marginales », ce sont les plus contestées par le monde médical et les plus taxées de charlatanisme. Ce classement ne comprend pas des approches telles que la relaxation progressive, la thérapie autogène, le gestaltisme, la rétroaction biologique, etc., lesquelles sont considérées comme des formes de psychothérapie (voir les chapitres 44 et 45).

L'acupuncture est maintenant enseignée au Québec dans un cadre universitaire. Les médecines manuelles le sont depuis longtemps aux États-Unis et plusieurs médecins pratiquent l'une ou l'autre, notamment l'acupuncture, l'homéopathie, l'ostéopathie. Ils les considèrent comme des adjuvants valables à leur arsenal thérapeutique. L'alliance avec le malade, son soulagement, l'approche différente à l'égard de certains malaises flous ou « décourageants », une philosophie basée sur l'amélioration de la condition par rapport à la guérison totale et définitive : voilà les justifications principales. Cependant, les résultats obtenus, qu'ils soient positifs ou décevants, sont plus souvent rapportés de façon anecdotique que rigoureusement scientifique. De plus, sauf en ce qui a trait à la chiropractie, l'ostéopathie et l'homéopathie, les modalités de pratique varient sensiblement d'un thérapeute à l'autre, ce qui peut choquer et éveiller la méfiance du corps médical quand celui-ci se place en position de protecteur de la qualité des soins offerts.

En conclusion, les médecines douces les plus courantes revêtent parfois pour le corps médical un aspect intéressant de complémentarité, mais parfois aussi un aspect inquiétant de dangerosité si elles prétendent tout guérir à elles seules.

18.9.
CONCLUSION

Tous les propos qui précèdent tendaient à valoriser particulièrement l'approche psychosomatique, soulignant de ce fait la *dimension relationnelle* comme facteur thérapeutique, voire curatif, important pour le malade « psychosomatique » comme pour tout malade. Le rôle du médecin ne doit pas se limiter au *savoir* sans cesse renouvelé ou renouvelable, mais aussi au *savoir-faire* ou, si l'on préfère, à l'application pratique du savoir. La préoccupation du savoir-faire doit de plus s'accompagner d'une introspection incessante, d'une connaissance de soi, de ses capacités et surtout de ses limites, lesquelles permettent au clinicien de se fixer des objectifs atteignables. Pour être logique et conséquent avec lui-même dans la poursuite d'une compétence à maintenir et à parfaire sans cesse, il doit rechercher par l'apprentissage de techniques et l'expérience non seulement à mieux aider son malade mais aussi à s'assurer de sa compétence sinon à se rassurer. Vue sous cet angle, l'amélioration sans cesse renouvelée de sa qualité relationnelle avec le malade prend toute son importance.

BIBLIOGRAPHIE

1. ALTS HULER, K.Z. et M.F. WEINER
   1985 « Anorexia Nervosa and Depression : A Dissenting View », *Am. J. Psychiatry*, vol. 142, p. 328-332.

2. AMERICAN PSYCHIATRIC ASSOCIATION
   1980 *Diagnostic and Statistical Manual of Mental Disorders (DSM-III)*, Washington, D.C., A.P.A.

3. ARIETI, S.
   1975 « Organic Disorders and Psychosomatic Medicine », *American Handbook of Psychiatry* (Morton F. Reiser, édit.), 2ᵉ éd., New York, Basic Books, vol. IV.

4. DE M'UZAN, M.
   1969 « Thérapeutique psychosomatique de l'ulcus gastro-duodénal », *La Clinique*, vol. 547, p. 233-238.

5. DEUTSCH, F.
   1939 « The Associative Anamnesis », *Psychoanal. Quart.*, vol. VIII, p. 354-381.

6. EISENDRATH, S.J.
   1984 « Factitious Illness : A Clarification », *Psychosomatics*, vol. 25, p. 110-117.

7. ENGEL, G.L.
   1962 « A Unified Concept of Health and Disease », *Psychological Development in Health and Disease*, Philadelphia, W.B. Saunders Co.

8. GORDON, J.S.
   1981 « Holistic Medicine : Toward a New Medical Model », *J. Clin. Psychiatry*, vol. 42, p. 114-119.

9. HOLMES, T.
   1978 « Life Situations, Emotions and Disease », *Psychosomatics*, vol. 19, p. 747-754.

10. HORLICK, L., L. CAMERON, W. FINOR *et al.*
    1984 « The Effects of Education and Group Discussion in the Post Myocardial Infarction Patient », *J. Psychosom. Res.*, vol. 28, p. 485-492.

11. HYMAN, M.D.
    1975 « Social Psychological Factors Affecting Disability among Ambulatory Patients », *J. of Chronic Diseases*, vol. 28, p. 199-216.

12. JENKINS, C.D.
    1976 « Recent Evidence Supporting Psychologic and Social Risk Factors for Coronary Disease », *New Engl. J. Med.*, vol. 294, nᵒ 18, p. 987-994, vol. 294, nᵒ 19, p. 1033-1038.

13. JENKINS, C.D.
    1985 « New Horizons for Psychosomatic Medicine », *Psychosom. Med.*, vol. 47, p. 3-25.

14. KAPLAN, H.I. et B.J. SADOCK
    1985 *Modern Synopsis of Comprehensive Textbook of Psychiatry*, vol. 1, 4ᵉ éd., chap. 22, p. 488-543.

15. KELLNER, R.
    1982 « Psychotherapeutic Strategies in Hypocondriasis : A Clinical Study », *Am. J. Psychother.*, vol. 36, p. 146-157.

16. KRYSTAL, H.
    1982-83 « Alexithymia and the Effectiveness of Psychoanalytic Treatment », *Int. J. Psychoanal. Psychother.*, vol. 9, p. 353-378.

17. LAPLANCHE, J. et J.B. PONTALIS
    1967 *Vocabulaire de la psychanalyse*, Paris, P.U.F., p. 104 et 106.

18. LAPOINTE, L., J.P. MARTINEAU, J. MONDAY *et al.*
    1984 « Le programme de réadaptation des coronariens à la Cité de la Santé de Laval », *L'union médicale du Canada*, vol. 113, p. 746-749.

19. *Médecines douces*, numéro spécial de la revue *Le médecin du Québec*, 1986, vol. 21, nᵒ 2, p. 64-99.

20. LIPOWSKI, Z.J.
    1984 « What Does the Word "Psychosomatic" Really Mean ? A Historical and Semantic Inquiry », *Psychosom. Med.*, vol. 46, p. 153-171.

21. MARTY, P. et M. DE M'UZAN
    1963 *L'investigation psychosomatique*, Paris, P.U.F.

22. MONDAY, J.
    1978 « Le stress ou : quand l'adaptation devient malaise », *Can. Fam. Physician*, vol. 24, p. 874-875.

23. MONDAY, J. et P. MORIN
    1980 « Les maladies psychosomatiques », *Psychiatrie clinique : approche contemporaine* (P. Lalonde et F. Grunberg, édit.), Chicoutimi, Gaëtan Morin éditeur.

24. MORIN, P.
    1985 « Le médecin face à l'invalide », *Traité d'anthropologie médicale* (J. Dufresne, F. Dumont et Y. Martin, édit.), L'institution de la santé et de la maladie, Éd. U.Q., I.Q.R.C., P.U.L., p. 793-806.

25. SCHMALE, A.H.

    1972 « Giving Up Final Common Pathway to Changes in Health », *Adv. Psychosom. Med.*, vol. 8 : *Psychosocial Aspects of Physical Illness* (Z.J. Lipowski, édit.), New York, S. Karger, vol. 8, p. 20-40.

26. SIFNEOS, P.E., R. APFEL-SAVITZ et F.H. FRANKEL

    1977 « The Phenomenon of Alexithymia », *Psychother. Psychosom.*, vol. 28, p. 47-57.

27. SIMONS, R.C.

    1985 *Understanding Human Behavior in Health and Illness*, 3e éd., chap. 60, p. 658-670.

28. VONRAD, M.

    1984 « Alexithymia and Symptom Formation », *Psychother. Psychosom.*, vol. 42, p. 80-89.

CHAPITRE 19

TROUBLES FACTICES

JEAN-FRANÇOIS DENIS
M.D., L.C.M.C., C.S.P.Q., F.R.C.P.(C)
Psychiatre à la Cité de la Santé de Laval
Professeur adjoint de clinique à l'Université de Montréal

PLAN

19.1.
INTRODUCTION

19.1.1. RELATION MÉDECIN - PATIENT

La relation médecin - patient prend racine dans un postulat implicite : chacune des deux parties collabore honnêtement au diagnostic et au traitement de la maladie. Ce principe est tellement fondamental que c'est avec surprise et frustration que les médecins constatent parfois qu'on les a délibérément induits en erreur. Cette situation n'a rien d'agréable et suscite un contre-transfert négatif ou du moins ambivalent, une expérience émotive qui s'accompagne inévitablement de culpabilité. Il n'est pas étonnant que les médecins soient réticents à admettre que certains de leurs patients peuvent « mentir » ou veulent les « manipuler ». Plusieurs cliniciens éviteront le problème en faisant semblant de ne pas s'en rendre compte ou en se réfugiant derrière le bénéfice du doute accordé au patient.

19.1.2. DISTORSIONS COURANTES DE LA VÉRITÉ DANS L'ANAMNÈSE

Ces entorses à l'honnêteté et à la vérité de la part des patients s'étendent sur un large spectre d'expressions et de variantes cliniques dont les manifestations mineures sont d'ailleurs très courantes. Il n'est pas rare que les patients se trompent dans les informations fournies, qu'ils oublient des détails importants ou modifient les faits spontanément, à leur propre insu, ou par timidité et besoin de se montrer sous un jour meilleur. Le clinicien perspicace arrive habituellement à replacer les faits quand quelques détails sont discordants. D'autres patients mentent carrément et nient la vérité pour protéger des secrets de leur vie privée ou obtenir des faveurs qu'ils craignent de se voir refuser autrement ; ils peuvent aller jusqu'à la simulation, donnant alors des informations fausses en vue d'obtenir un avantage matériel ou financier bien précis. Le mythomane qui verse dans le mensonge pathologique en est conscient mais demeure incapable de se contrôler. Par ailleurs, le patient amnésique qui fabule ou le schizophrène qui délire ne réalisent pas du tout qu'ils « mentent ».

19.1.3. PRINCIPE D'AUTOCONSERVATION

La recherche présumée de la santé et de sa conservation constitue un autre principe préalable à la relation médecin - patient, avec comme corollaire l'évitement des gestes autodestructeurs, des diagnostics erronés et des traitements inutiles. Le médecin favorise la santé par ses interventions, en essayant de nuire le moins possible au patient (*primum non nocere*), et il s'attend à ce que celui-ci fasse de même. Pourtant, beaucoup de malades négligent leur traitement et maintiennent un style de vie qui va à l'encontre de leur santé (abus de tabac et de diverses substances toxiques licites et illicites, propension aux accidents, manque d'hygiène de vie). D'autres vont plus loin et s'automutilent par masochisme, par colère passive ou pour attirer l'attention. Plusieurs vont même jusqu'à mettre leur vie en danger ; ce sont les suicidaires et les pseudo-suicidaires qui n'hésitent pas à jouer à la roulette russe avec leur vie et leur santé. Ici également le contre-transfert du médecin est soumis à rude épreuve.

19.1.4. PLACE DES TROUBLES FACTICES EN MÉDECINE

Le présent chapitre porte sur les troubles factices, des « maladies » qui taxent à plusieurs titres le contre-transfert et qui amènent beaucoup de vicissitudes dans la pratique médicale. Les patients qui en souffrent violent d'emblée les principes mentionnés plus haut : ils ne collaborent pas honnêtement, ils mentent et ils recherchent la maladie, ou

Tableau 19.1. FACTEUR DE LA VOLONTÉ DANS LES TROUBLES MENTAUX CONNEXES

	FACTEURS PSYCHOLOGIQUES INFLUENÇANT UNE AFFECTION PHYSIQUE[1]	TROUBLES SOMATOFORMES[2]	TROUBLES FACTICES[3]	SIMULATION[4]
IMPLICATION DE LA VOLONTÉ	−	+	+	+
CONSCIENCE DU COMPORTEMENT VOLONTAIRE	−	−	+	+
CONSCIENCE DE LA MOTIVATION	−	−	−	+

1. Ou troubles psychosomatiques.
2. Également les troubles dissociatifs.
3. Autant psychologiques que physiques.
4. Le seul cas où il n'y a pas vraiment une « maladie ».

du moins ses apparences, avec toutes les conséquences négatives qui en résultent ; ils y mettent consciemment leur volonté, sans toutefois comprendre leur motivation ; ce sont les éléments-clés du diagnostic différentiel des troubles factices (tableau 19.1.). Ce ne sont pas de simples simulateurs à qui l'on peut donner congé sans condition. Ce n'est que par une méta-analyse de leur problème qu'on peut arriver à les comprendre, ces malades qui « trompent » ceux qui veulent les aider, à prendre une distance plus confortable au plan contre-transférentiel et à leur apporter une aide éclairée.

C'est en 1980 que les « troubles factices » ont fait leur entrée officielle dans la nosographie, par l'intermédiaire du DSM-III (tableau 19.2.) et un an plus tôt par le biais de la CIM-9-MC. Quelques auteurs avaient déjà employé l'expression auparavant, de même qu'une série d'appellations diverses dont la plus célèbre est celle de « syndrome de MÜNCHAUSEN ».

Les critères diagnostiques sont simples mais d'autant plus difficiles à mettre en évidence de façon définitive ; il faut interpréter l'ensemble du comportement pour soupçonner le « contrôle de la volonté du sujet ». Un observateur non averti, trop pressé, sans recul suffisant, trop focalisé sur la belle symptomatologie présentée comme authentique, a peu de chances de poser le diagnostic exact. D'ailleurs, ces patients ont tendance à éviter le médecin qui commence à bien les connaître et à douter de leur « maladie ». Ils ont plutôt recours au « shopping médical » et se présentent à des médecins débordés de travail dans des services d'urgences très achalandés. Le diagnostic de trouble factice est rarement posé d'emblée, mais plutôt après une période de latence, très longue dans certains cas.

L'incidence des troubles factices serait faible, mais peut-être moins qu'on le croit si on considère la subtilité et l'habileté de plusieurs cas qui s'éloignent de la description classique du syndrome de MÜNCHAUSEN. LABRAM (1983) a fait une excellente

Tableau 19.2. TROUBLES FACTICES, CRITÈRES DIAGNOSTIQUES DU DSM-III

TROUBLE FACTICE AVEC SYMPTÔMES PSYCHOLOGIQUES

A) La production des symptômes psychologiques est apparemment sous le contrôle de la volonté du sujet.

B) Les symptômes produits ne sont explicables par aucun autre trouble mental (bien qu'ils puissent être surajoutés à un trouble mental).

C) Le but du sujet est apparemment de jouer un rôle de « malade » et ne peut être compris autrement à la lumière du contexte (contrairement à la simulation).

TROUBLE FACTICE CHRONIQUE AVEC SYMPTÔMES PHYSIQUES

A) Présentation plausible de symptômes physiques apparemment sous le contrôle de la volonté du sujet, au point d'entraîner de multiples hospitalisations.

B) Le but de l'individu est apparemment de jouer un rôle de « malade » et ne peut être compris autrement à la lumière du contexte (contrairement à la simulation).

TROUBLE FACTICE ATYPIQUE AVEC SYMPTÔMES PHYSIQUES

---

revue des troubles factices avec symptômes physiques, pour en venir à conclure que les pathologies mimées et les subterfuges employés sont d'une variété et d'une ampleur surprenantes. Il est donc probable que plusieurs cas passent inaperçus. En psychiatrie, les « psychoses atypiques » sont fréquentes, de même que les tableaux cliniques qui évoluent plus en fonction des mesures administratives (hospitalisations, congés) que des traitements. Combien parmi ces patients souffrent de troubles factices ? Sûrement pas tous, mais ce diagnostic, auquel on devrait penser, semble rarement envisagé.

19.2.
TROUBLES FACTICES CHRONIQUES AVEC SYMPTÔMES PHYSIQUES

19.2.1. SYNDROME DE MÜNCHAUSEN

Le classique syndrome de MÜNCHAUSEN ne manque pas de frapper l'imagination et l'intérêt clinique par son côté pittoresque. Sans en être la manifestation la plus courante, il illustre bien le trouble factice chronique avec symptômes physiques dans toute sa splendeur. Le patient souffrant du syndrome de MÜNCHAUSEN est le « clochard itinérant » de la médecine, sans lieu d'attache fixe, qui voyage beaucoup et se présente dans les services d'urgences de nombreux hôpitaux avec une symptomatologie spectaculaire, fabriquée, suggestive de maladie grave nécessitant des investigations poussées et souvent des interventions majeures.

Familier avec le monde médical et hospitalier, il possède un vocabulaire technique sophistiqué qui contraste avec la description vague et inconsistante de ses malaises, aussitôt qu'on veut en faire une histoire précise et détaillée. Les symptômes peuvent être classiques au début mais varient ensuite et deviennent plus complexes, si la maladie initialement soupçonnée est en voie d'être éliminée comme diagnostic ; d'autres symptômes tout à fait nouveaux peuvent alors prendre le devant de la scène. Il y a souvent évidence de traitements antérieurs, par exemple un « abdomen balafré », sans qu'on puisse en obtenir une information documentée. Autant ces patients se plaignent de leurs symptômes, autant leur collaboration peut être mitigée, surtout quand il s'agit de vérifier des renseignements d'une importance diagnostique capitale et de procéder à des examens qui confirmeraient ou infirmeraient hors de tout doute la présence de la prétendue maladie. Ils refusent de signer une formule de consentement, manquent un rendez-vous décisif avec un spécialiste, émettent des oppositions triviales à certaines investigations ou provoquent sur les lieux de l'examen une esclandre qui les fait ramener « bredouilles » à leur chambre.

Leur comportement est en effet particulier. Ils sont revendicateurs mais évasifs, dépendants mais impolis et truculents dans leurs propos, susceptibles sur la mise en doute de leur bonne foi mais manipulateurs. Ils créent beaucoup de tumulte dans un département hospitalier et ils sont habiles à diviser le personnel et à monter les médecins les uns contre les autres (clivage). Ils ont des caprices et ils versent dans l'hostilité et la colère intense s'ils sont frustrés ou sur le point d'être démasqués. Ils prennent souvent les devants en signant un refus de traitement et en prenant congé contre l'avis médical. Ils sont isolés socialement et ils ont peu de visites, parfois celle d'un « complice » qui apporte du matériel ou des médicaments pour mimer des signes cliniques objectifs.

Le proverbe « A beau mentir qui vient de loin » s'applique très bien à eux. Ils voyagent beaucoup, adoptent plusieurs identités et donnent des détails erronés, à leur avantage, sur leur vie. Ils peuvent raconter des histoires farfelues sur de supposés exploits ou expériences de vie valorisantes ; à ce moment, le mensonge pathologique déborde du strict domaine de la maladie. Ce sont de beaux conteurs qui aiment à se mettre en évidence. De là vient l'étiquette « MÜNCHAUSEN », empruntée à un célèbre baron allemand du XVIIIᵉ siècle dont les exploits enjolivés et en grande partie fictifs ont été écrits par un certain RASPE ... C'est ASHER qui, en 1951, a enrichi la terminologie médicale de cet éponyme pour désigner ce syndrome si fascinant.

Ces individus sont peu soucieux de leur santé et n'hésitent pas à prendre des risques pour parvenir à leurs fins : être considérés comme « malades », hospitalisés, hébergés et jouir d'une attention quasi exclusive de la part des médecins et des infirmières. Ils abusent d'alcool, de drogues, de divers médicaments, ils recourent à l'automutilation pour fournir des signes objectifs, ils ne reculent pas devant la douleur et le danger relatifs aux interventions diagnostiques et chirurgicales qu'ils provoquent et désirent.

Ce sont surtout des hommes qui souffrent de ce syndrome classique débutant assez tôt à l'âge adulte, ou même durant l'enfance. Fréquemment, le patient a déjà fait l'objet d'une hospitalisation pour une maladie réelle ou a été témoin de soins médicaux prodigués à un proche. Il a souvent subi du rejet et de la carence affective ; pour compenser, il en est venu à attirer l'attention par la « maladie ». S'est ensuivie une succession d'hospitalisations, de périodes d'invalidité et de complications rendant de plus en plus inextricable ce qui appartient à une maladie originellement authentique, à des symptômes inventés et à des conséquences iatrogéniques. Le patient échappe souvent à un traitement spécifique de son trouble factice, car il fugue aussitôt qu'on le démasque et recommence son manège ailleurs. Globalement, il est tout à fait incapable d'assumer sa vie et de fonctionner socialement.

Plusieurs facteurs étiologiques sont soupçonnés être à la base du syndrome de MÜNCHAUSEN : carence affective, dépendance, besoin de contrôle, masochisme, suicide partiel ou sub-intentionnel (parasuicide), gratification perverse ...

19.2.2. AUTRES TROUBLES FACTICES CHRONIQUES AVEC SYMPTÔMES PHYSIQUES

Plusieurs auteurs sont d'avis qu'une importance exagérée a été accordée au syndrome de MÜNCHAUSEN, parce que le trouble factice chronique se présenterait le plus souvent sous d'autres formes moins graves et moins voyantes. REICH et GOTTFRIED (1983) ont relevé 41 cas, dont 39 femmes, dans un hôpital général de Boston, sur une période de 10 ans. Il s'agissait surtout de cas d'**infections provoquées**, d'**imitations de maladies par divers trucages**, de **lésions chroniques aggravées** et d'**automédications dissimulées.**

Ces troubles factices touchent le plus souvent des jeunes femmes dont la plupart ont occupé ou occupent encore un emploi dans le domaine de la santé (infirmière par exemple). Contrairement au syndrome de MÜNCHAUSEN classique, elles ne sont

Tableau 19.3. NIVEAUX PROGRESSIFS DE TROUBLE FACTICE

1) Présentation de symptôme(s) seulement.
   Ex. : fausse prétention de douleurs abdominales, d'hallucinations auditives.

2) Production de signe(s) fabriqué(s).
   Ex. : ajout de sang dans l'échantillon d'urine, falsification de la lecture du thermomètre.

3) Prolongation ou exacerbation d'une maladie originellement authentique.
   Ex. : manipulation d'un ulcère cutané pour en empêcher la guérison.

4) Création *de novo* d'une maladie réelle.
   Ex. : provocation d'abcès, d'infection ou de septicémie par inoculation de matières contaminées, déclenchement délibéré d'une psychose induite par un abus dissimulé de drogue(s).

pas itinérantes et exercent consciencieusement leur profession. Elles se sont toujours intéressées aux choses médicales, depuis leur tendre enfance, et elles connaissent souvent ou ont connu personnellement des médecins, dans leur famille ou leur environnement social. Elles sont agréables, passives et dociles, et ne présentent pas les troubles de comportement du MÜNCHAUSEN classique. Elles ont des tendances moralistes, font preuve d'immaturité et d'inhibition dans leurs relations interpersonnelles, particulièrement dans leur sexualité. Elles présentent surtout des infections ou, du moins, de la fièvre inexpliquée.

Celles qui imitent une maladie en se fabriquant des signes objectifs sont plus exigeantes et revendicatrices. Souvent elles veulent prolonger les investigations pour que leur médecin continue à chercher une maladie réelle possible.

Celles qui entretiennent ou aggravent une lésion chronique sont plus âgées. Elle éprouvent des difficultés conjugales, ont subi plusieurs pertes affectives et des problèmes médicaux dans le passé. Elles sont plus frustrées, hostiles, hypocondriaques, et manifestent des tendances à la dépression.

Un dernier groupe de patientes développent des complications secondaires à des abus de diverses substances qu'elles ne révèlent pas, de telle sorte que de longues et coûteuses investigations médicales sont mises en branle. Elles ne désiraient pas au départ passer pour « malades », mais elles laissent aller les choses, profitant de l'occasion imprévue qui s'offre de jouer le rôle de malade avec les gains secondaires qui en découlent. Elles sont des patientes particulièrement manipulatrices et difficiles.

Les troubles factices peuvent prendre différents niveaux d'intensité, d'élaboration et d'interrelation avec des maladies authentiques (tableau 19.3.).

19.2.3. TROUBLE FACTICE PAR PROCURATION

Le plus stupéfiant des troubles factices est sûrement le syndrome de MÜNCHAUSEN par procuration. La protagoniste, habituellement la mère, induit chez son enfant des symptômes qui nécessitent de longs séjours hospitaliers et des investigations pénibles. Les symptômes disparaissent lors d'une séparation de la mère et de l'enfant, à condition que celle-ci n'ait pas l'occasion d'intervenir à l'insu du personnel hospitalier pendant les visites. La mère éprouve d'énormes besoins de dépendance et elle jouit du contact prolongé avec le monde médical, en faisant peu de cas des mauvais traitements qu'elle inflige littéralement à son enfant. Elle peut souffrir elle-même d'un trouble factice.

Les enfants ont habituellement moins de 8 ans. Une fausse histoire de convulsions constitue la plainte la plus fréquente. On a vu aussi des ajouts de sang exogène aux échantillons de laboratoire, des rashs induits par des produits chimiques, l'utilisation de poisons et de laxatifs, l'injection de substances contaminées dans les tubulures endoveineuses et même des arrêts cardio-respiratoires répétitifs déclenchés par la suffocation.

Tableau 19.4. INDICES DE TROUBLE FACTICE PAR PROCURATION (D'APRÈS JONES *ET AL.*)

1) Maladie persistante ou récurrente, d'étiologie indéterminée.
2) Discordances entre l'histoire de la maladie et les signes cliniques.
3) Disparition des symptômes et des signes en l'absence du parent.
4) Symptômes, signes et évolution inhabituels qui n'ont pas de sens au point de vue clinique.
5) Diagnostic différentiel constitué de troubles moins fréquents que le trouble factice par procuration.
6) Échecs répétés et inexpliqués des traitements, par absence de tolérance ou de réponse.
7) Parent moins inquiet que le médecin et qui, parfois, réconforte le personnel.
8) Hospitalisations répétées et investigations médicales extensives du parent ou de l'enfant, sans diagnostic définitif.
9) Parent constamment au chevet de l'enfant, faisant excessivement l'éloge du personnel, étant exagérément lié au personnel ou très impliqué dans les soins aux autres patients.
10) Parent qui accepte inconditionnellement et favorablement tous les tests et examens pour son enfant, même s'ils sont douloureux.

La mère peut raconter une histoire et fabriquer des signes réalistes, d'autant plus que souvent elle a déjà étudié en nursing. Elle se montre attentive, demeure presque continuellement au chevet de l'enfant et suscite un contre-transfert positif chez le personnel. Les indices qui peuvent mettre le médecin sur la piste son énumérés au tableau 19.4.

19.3.
TROUBLES FACTICES AVEC SYMPTÔMES PSYCHOLOGIQUES

Il y a beaucoup moins de documentation sur les troubles factices avec symptômes psychologiques. Le diagnostic en demeure encore plus délicat car il y a bien peu de signes objectifs et d'épreuves de laboratoire pour confirmer ou infirmer la présence d'une psychose ou d'un autre trouble mental fonctionnel. Un tel diagnostic repose essentiellement sur la participation de la volonté du patient à sa symptomatologie (tableau 19.1.), démontrée par diverses évidences indirectes qui passent facilement inaperçues ou sont rejetées prématurément parce que trop discordantes. Le patient n'en retire pourtant aucun gain concret immédiat, comme c'est le cas dans la simulation.

19.3.1. PSYCHOSE FACTICE

D'après POPE *et al.* (1982), « jouer au fou » constitue une maladie *bona fide* dont la morbidité n'a rien à envier à la maladie mentale dite authentique. Parmi 219 patients admis dans une unité de recherche pour troubles psychotiques, les auteurs ont identifié 9 cas de psychose factice (définie par les critères du tableau 19.5.), excluant 5 patients qui semblaient présenter un mélange de symptômes factices et réels. Tous ces « malades » répondaient également aux critères du DSM-III pour un trouble de la personnalité limite (*borderline*) ou histrionique. Les tests psychologiques ont donné des résultats variés et se sont révélés peu utiles pour confirmer le diagnostic. Plusieurs patients présentaient une histoire familiale de trouble psychiatrique, mais non de type psychotique. Ils ont mal évolué au cours des années (4 à 7 ans dans l'étude) : tentatives de suicide, mésadaptation sociale. Aucun des 9 patients classés comme psychotiques factices n'a développé de psychose typique mais plusieurs ont continué à présenter des symptômes factices chroniques ou intermittents ; le diagnostic s'est avéré apparemment stable. Le traitement aux neuroleptiques n'a produit aucune réponse thérapeutique.

Plusieurs patients souffrant de psychoses réelles présentent occasionnellement des symptômes factices, un peu comme des convulsions factices se rencontrent chez de vrais épileptiques. La personnalité limite étant fréquente chez ces patients, on peut se

Tableau 19.5. **PSYCHOSE FACTICE (D'APRÈS POPE ET AL.)**

1) Prétention de délire ou d'hallucinations sans explication par un diagnostic actuel de trouble psychotique selon le DSM-III.
2) Évidence claire de contrôle volontaire manifesté par au moins deux des points suivants :
   a) admission d'un contrôle volontaire (le patient le confie à un membre du personnel) ;
   b) symptôme « psychotique » non conventionnel et fantastique, manquant de stéréotypie (par exemple, un patient nie toute idée de référence ou toute hallucination à l'exception de la vision d'une équipe entière d'émission de télévision bien connue qui sort de sa salle de bain) ;
   c) réponse non conventionnelle des symptômes à l'environnement (par exemple, un patient souffrant d'un « délire paranoïde » de longue date voit sa maladie disparaître en 10 minutes après une seule dose de 5 mg de trifluopérazine, mais la voit réapparaître instantanément un mois plus tard quand on lui apprend qu'il aura son congé ; un autre patient arrête brusquement et complètement d'halluciner quand on lui suggère que son état l'amènera à être transféré dans un autre hôpital).

demander si plusieurs de leurs « brefs épisodes psychotiques » ne sont pas en fait factices.

Par ailleurs, HAY (1983) a rapporté 5 cas de psychose simulée sur 12 000 admissions dans un hôpital psychiatrique anglais, dont 4 ont eu un diagnostic de schizophrénie par la suite. Il a fait ressortir que l'affirmation d'une simulation par le patient n'est pas toujours un critère fiable ; il existe des pseudo-simulateurs qui essaient ainsi de se convaincre et de faire croire aux autres qu'ils ne sont pas franchement malades, pour protéger leur Moi. La simulation pourrait être un prodrome d'un trouble psychotique qui se développe subséquemment. L'auteur semble employer le terme « simulation » dans le sens de « factice », sans faire la distinction indiquée dans le DSM-III. Il reconnaît aussi que les pratiques diagnostiques différentes en Angleterre peuvent amener des conclusions divergentes de celles des cliniciens des États-Unis. Son étude est rétrospective, ce qui explique probablement la prévalence beaucoup plus faible de psychoses factices, par rapport aux résultats de POPE et al. Par définition, les troubles factices peuvent être difficilement détectés et leur prévalence, difficilement précisée.

19.3.2. AUTRES TROUBLES FACTICES AVEC SYMPTÔMES PSYCHOLOGIQUES

La psychose n'est pas le seul trouble mental qui peut faire l'objet d'une construction factice. Par exemple, aux États-Unis, on a accordé beaucoup de publicité aux troubles psychologiques vécus par les vétérans de la guerre du Viêt-nam. Les médias ont décrit en détail les symptômes du **syndrome de stress post-traumatique** chez les anciens soldats. Les centres spécialisés dans le traitement de telles complications ont alors reçu des vétérans prétendument atteints de cette maladie, mais qui en fait n'étaient jamais allés au Viêt-nam. LYNN et BELZA (1984) ont décrit une série de 7 cas parmi les 125 admissions dans un de ces centres.

Ces patients sont particulièrement habiles à donner le change pour faire croire à une réaction post-traumatique au stress, jusqu'à ce que des vérifications auprès de l'armée américaine et une confrontation franche fassent éclater la vérité. Ils recherchent dans le statut du guerrier glorieux l'admiration d'autrui, un stimulant pour leur estime de soi et un camouflage de sérieux problèmes personnels d'adaptation. Ils troquent un statut de soldat sans médaille, retourné à une vie civile vide sans avoir été au front, pour celui plus acceptable de héros militaire détruit psychologiquement par la guerre. Ils jouent le rôle d'un héros incompris et rejeté pour excuser leur propre échec personnel.

Dans notre culture, les gens en deuil reçoivent de la sympathie, du soutien psychologique et de l'attention. De là à ce que certaines personnes utilisent un **deuil factice** pour retirer des gains secondaires médicaux, simplement, sans danger ni douleur, il n'y a qu'un pas à franchir. SNOWDON *et al.* (1978) et PHILLIPS *et al.* (1983) ont rapporté respectivement des séries de 12 et 20 cas de patients qui ont raconté des histoires fausses de perte dramatique, violente, et souvent multiple, d'être(s) cher(s), avec plaintes de la lignée dépressive et idéation suicidaire associées.

Plusieurs de ces patients possèdent déjà une histoire antérieure de symptômes physiques factices, de gestes pseudo-suicidaires manipulateurs, d'abus de diverses substances et de sociopathie. Le deuil factice devient alors une autre façon d'obtenir une attention médicale, à l'intérieur d'un plus vaste syndrome décrit par les auteurs anglosaxons comme un *dysfunctional care-eliciting behavior*. De plus, ces patients souffrent souvent de troubles de la personnalité et entretiennent des relations conflictuelles avec le parent ou le proche supposément décédé.

Selon PHILLIPS *et al.*, il est surprenant de constater que nombre de ces cas ne peuvent être détectés sans une attitude médicale vigilante et ouverte à cette possibilité. Les patients mettent beaucoup d'opposition passive à fournir toute information qui permettrait de vérifier la véracité de leurs prétentions. Leur deuil est lui-même atypique : peu de dysphorie, menaces d'automutilation et exigence ferme d'hospitalisation, inhabituelles dans le deuil authentique. Ils ont peu de visiteurs, connaissent très bien la routine d'un hôpital, refusent de signer des autorisations concernant la réception de résumés de dossier provenant d'autres hôpitaux et réussissent à obtenir de la part du personnel et des autres patients une implication sérieuse pour les aider (sans succès toutefois) à traverser un deuil qui se refuse à évoluer. Ils peuvent avoir appris, lors d'hospitalisations antérieures, des comportements très efficaces pour soutirer de leur entourage une attention rapide et compatissante.

La distinction nette entre un trouble factice et une pure simulation s'avère parfois difficile, par exemple dans le cas d'un patient qui viserait un hébergement hospitalier, le seul gain étant de jouer le rôle de patient (trouble factice), mais ce gain devenant concret (simulation) dans la perspective d'un repos gratuit « à l'hôtel » hospitalier.

Dans le passé, les troubles factices avec symptômes psychologiques se sont retrouvés sous différentes rubriques (psychose hystérique, pseudo-psychose, syndrome de GANSER, pseudo-démence) qui englobaient aussi d'autres pathologies. Encore aujourd'hui, le statut du syndrome de GANSER reste imprécis en psychiatrie ; selon les auteurs, il est considéré comme une simulation, une conversion, une variante entre les deux, un trouble dissociatif, un état crépusculaire d'origine neurologique, en plus de désigner parfois un trouble factice. La pseudo-démence n'est pas un diagnostic proprement dit ; l'expression indique qu'il y a un autre diagnostic sous les apparences de la démence. La pseudo-démence recouvre le plus souvent une dépression, mais parfois un autre diagnostic, dont un trouble factice.

19.4.
TRAITEMENT

19.4.1. PRINCIPES GÉNÉRAUX

Il n'y a pas de traitement spécifique aux troubles factices et plusieurs auteurs sont pessimistes, parlant plus de « management » que de traitement. Le principal problème réside dans l'identification de ce type de patients, ne serait-ce que pour leur éviter des investigations et des traitements non indiqués, douloureux ou dangereux. La difficulté vient de l'habitude des médecins à « jouer sûr » le plus possible, par crainte de manquer une pathologie « réelle » grave et d'en subir par la suite les éventuelles conséquences médico-légales ; elle vient aussi de leur résistance à considérer qu'un patient ment (surtout s'il travaille lui-même dans le domaine de la santé), du préjugé favorable et généreux octroyé d'emblée à tout patient, enfin de la méconnaissance du phénomène des troubles factices.

La possibilité d'un tel diagnostic se pose surtout dans les cas suivants : infections récurrentes inhabituelles, anomalies de laboratoire inconsistantes, demandes répétées d'examens envahissants, comportement dissimulateur, psychoses qui disparaissent une fois l'hospitalisation faite pour réapparaître quand il est question de congé. Le partage de l'information entre médecins, l'obtention de résumés de dossier provenant d'autres hôpitaux et la recherche d'une confirmation extérieure des dires du patient ne devraient pas être négligés. La propension de plusieurs de ces patients à susciter des mésententes à leur sujet entre les médecins (clivage) se révèle idéalement un indice objectif à remarquer dans les discussions de cas.

Malgré la controverse que le geste suivant peut suggérer, plusieurs cas de trouble factice chronique avec symptômes physiques sont identifiés positivement quand on vérifie les effets personnels du patient (seringues, matériel contaminé, médicaments cachés, trucs divers). La preuve sert beaucoup plus à confirmer l'intuition diagnostique du médecin qu'à confondre le patient. À ce moment, un contre-transfert négatif risque fort de survenir chez le médecin qui pourrait réagir précipitamment et devenir lui aussi un « parent rejetant », comme cela a été fréquemment le cas dans l'histoire de ces patients. Les cérémonies de démasquage sont vécues comme punitives et demeurent stériles, personne n'acceptant de perdre la face ; elles provoquent à coup sûr la rupture de tout lien thérapeutique et le départ du patient en catastrophe, dans une atmosphère de frustration mutuelle. La mise en évidence d'un comportement manipulateur ne devrait pas déclencher un arrêt mais plutôt une modification du plan de traitement.

Les avis sont partagés sur la question de la confrontation qui est considérée comme une intervention délicate et habituellement contre-indiquée pour la personnalité limite (*borderline*) qui, juste-

Tableau 19.6. CONDITIONS D'UNE BONNE CONFRONTATION

1) Établir d'abord une alliance thérapeutique avec le patient.
2) L'informer calmement des conclusions auxquelles on est arrivé et des facteurs qui les justifient.
3) Ne pas le rejeter ni le culpabiliser.
4) Ne pas exiger de confession officielle.
5) Interpréter son problème comme un signe de détresse, un appel à l'aide auquel on veut répondre.
6) Lui donner l'assurance du maintien de la relation médecin - patient.
7) Lui faire comprendre que le symptôme n'est plus nécessaire pour justifier une attention médicale.
8) Lui offrir finalement un traitement approprié : une psychothérapie.
9) Adopter la même attitude envers la famille et lui donner les mêmes explications, le cas échéant.
10) Tenir le personnel hospitalier au courant de l'entente finale conclue avec le patient.

ment, se rencontre souvent chez ces patients. On craint, non sans quelque raison, la fin de la relation médecin - patient et la reprise ailleurs du cycle factice, sans qu'il n'y ait jamais de traitement du vrai problème, et, plus à tort, des réactions psychotiques ou suicidaires. Si la confrontation constitue le point crucial du traitement et, malheureusement, la fin souventes fois, elle n'en demeure pas moins essentielle à l'interruption de l'engrenage factice et à l'amorce d'une solution. Tout semble résider dans la manière d'offrir au patient une porte de sortie élégante. Le tableau 19.6. donne les caractéristiques d'une bonne confrontation.

Plusieurs auteurs rapportent des résultats encourageants avec cette attitude, plus marqués chez les patients qui ne présentent pas le syndrome de MÜNCHAUSEN classique. Beaucoup collaborent et améliorent leur attitude envers le personnel quand ils réalisent qu'ils n'ont plus à être esclaves de toute une mise en scène pour recevoir une attention médicale finalement plus appropriée à leur problème.

Faut-il hospitaliser ces patients ? Plusieurs l'ont déjà été à maintes reprises et le sont encore au moment du diagnostic. En principe, on doit éviter le plus possible les hospitalisations et orienter le patient vers un traitement psychothérapeutique en clinique externe. Il n'est pas thérapeutique de prolonger leur rôle de malade pour une maladie qu'ils n'ont pas et, surtout dans les cas de trouble factice avec symptômes psychologiques, de les laisser venir à l'hôpital « apprendre » de nouveaux symptômes. Cependant, la nécessité de préciser le diagnostic, surtout en cas d'opinions médicales divergentes, et les problèmes situationnels immédiats du patient rendent souvent nécessaire l'hospitalisation, jusqu'à ce que la confrontation ait été effectuée et un traitement externe offert. C'est leur incapacité d'assumer globalement une vie autonome qui amène ces patients dans le giron hospitalier ; un simple congé trop rapide les incitera à s'y représenter rapidement avec des « symptômes » nouveaux ou plus marqués, jusqu'à ce qu'ils arrivent à leur but : jouer le rôle de malade afin « qu'on s'occupe d'eux ».

Sur le plan comportemental, la concordance entre toutes les interventions est primordiale : renforcer les comportements plus matures et adaptés (autonomie, attitudes adéquates, prise de responsabilités) et ignorer le plus possible les comportements négatifs (symptômes factices, régression).

La médication est inefficace dans le traitement des troubles factices ; il est donc inutile d'exposer les patients à des risques iatrogéniques. Il est peu recommandable de prescrire à l'aveuglette, par exemple un neuroleptique au cas où le patient serait véritablement psychotique, avant que le diagnostic ne soit raisonnablement sûr. Une réponse thérapeutique devient alors très difficile à interpréter : fluctuation dans l'évolution d'un trouble factice ou effet de la médication ? Des patients restent malheureusement trop longtemps avec un diagnostic incertain ou erroné, sous un traitement provisoire plus ou moins approprié, avant que l'on reconnaisse que l'évolution ne répond essentiellement qu'à des facteurs situationnels ou administratifs.

Ces faits illustrent la difficulté du diagnostic d'un trouble factice et la nécessité de réévaluer en rétrospective les patients atypiques.

Dans le cas du trouble factice par procuration, on adoptera la même attitude que dans le cas d'un enfant maltraité : voir à la protection immédiate de l'enfant, ne pas juger les parents et aviser sans délai les organismes sociaux ou légaux responsables (Direction de la protection de la jeunesse (DPJ) au Québec).

Le patient qui présente un trouble factice garde son contrôle et réalise pleinement les conséquences de ses actions. Il faut donc le considérer comme responsable de ses actes, advenant des troubles de comportement (*acting out* agressif). On doit en effet l'encadrer dans des limites précises, sinon l'escalade de la manipulation va se poursuivre jusqu'à ce qu'il provoque finalement son rejet définitif. L'écoute empathique et le soutien psychologique n'impliquent pas une tolérance inconditionnelle qui serait ici antithérapeutique.

Un trouble factice chronique avec symptômes physiques sera habituellement diagnostiqué par un interniste ou un omnipraticien. La consultation en psychiatrie doit commencer par une concertation entre médecins sur la conduite à suivre. Il est préférable de contourner la tendance au clivage de ces patients en partageant les responsabilités entre deux intervenants, l'un avec un rôle plus médical et confrontant, l'autre avec un rôle plus empathique et tolérant, ce dernier étant désigné comme psychothérapeute.

19.4.2. PSYCHOTHÉRAPIE

Classiquement, l'approche psychothérapeutique est considérée comme impossible avec ces patients, mais certains auteurs (TUCKER, KLONOFF, MAYO) rapportent une expérience différente avec des patients qui ont accepté un tel traitement, après une confrontation empathique.

Tableau 19.7. SENS DU SYMPTÔME

1) Seul moyen appris pour établir une relation positive et obtenir de l'attention (enfance très carencée).

2) Tentative de juguler une crainte profonde d'abandon.

3) Besoin d'encadrer une identité fragile en adoptant un rôle de malade. (« Il vaut mieux être une personne malade plutôt que de n'être personne. »)

4) Préservation d'un équilibre narcissique en contrôlant l'expression de sa dépendance.

5) Besoin de se remettre entre les mains de figures parentales toutes-puissantes idéalisées (médecins).

6) Actualisation de tendances autopunitives et autodestructrices.

7) Évitement d'un double problème de manque d'autonomie et d'habiletés sociales.

La personnalité limite de plusieurs de ces patients fait appel à des principes psychothérapeutiques particuliers (voir le chapitre 12) et demande beaucoup de doigté pour que le fragile équilibre narcissique du patient soit préservé. Le thérapeute doit s'attendre à des *acting out* sous forme de rechutes et de remises en question du traitement pour des détails triviaux, de même qu'à une grande sensibilité interpersonnelle et transférentielle. Il doit montrer de la constance dans son intérêt et fournir au patient l'assurance répétée qu'on ne l'abandonnera pas, rechute ou non ; ainsi, le patient ne considérera plus cette dernière comme nécessaire pour obtenir une attention soutenue. Le thérapeute doit aussi s'attacher à comprendre le sens du symptôme factice (tableau 19.7.) sans porter de jugement, et amener le patient à verbaliser directement ses sentiments, ses attentes et ses problèmes sans recourir à des artifices nocifs pour sa santé.

Les objectifs doivent être adaptés à chaque patient ; généralement, une telle psychothérapie vise plus spécifiquement à augmenter chez le patient les sentiments de maîtrise de soi et d'estime de soi, à améliorer ses relations interpersonnelles, à favoriser des comportements appropriés selon l'âge et la condition sociale, et à diminuer les comportements les plus autodestructeurs.

19.5.
CONCLUSION

Les troubles factices représentent un défi de taille pour le clinicien, à tous les points de vue : contre-transfert, diagnostic et traitement. Leur prévalence est difficile à cerner, mais plusieurs cas passeraient inaperçus en cette époque d'accès facile et gratuit aux soins médicaux, du moins au Québec. Ces patients ne peuvent recevoir de soins appropriés à leur condition que s'ils sont bien identifiés. En effet, « prétendre avoir une maladie physique » et « jouer au fou » constituent une maladie en bonne et due forme, en un sens aussi sérieuse que celle qui est ostensiblement affichée. Le pronostic peut certainement être meilleur par une compréhension éclairée de la maladie en question, mais encore faudrait-il qu'on traite la bonne ...

BIBLIOGRAPHIE

BAYLISS, R.I.S.
1984 « The Deceivers », *Brit. Med. J.*, vol. 288, p. 583-584.

CARNEY, M.W.P. et J.P. BROWN
1983 « Clinical Features and Motives Among 42 Artifactual Illness Patients », *Brit. J. Med. Psychol.*, vol. 56, p. 57-66.

CHENG, L. et L. HUMMEL
1978 « The Munchausen Syndrome as a Psychiatric Condition », *Brit. J. Psychiatry*, vol. 133, p. 20-21.

EISENDRATH, S.J.
1984 « Factitious Illness : A Clarification », *Psychosomatics*, vol. 25, p. 110-117.

HAMILTON, J.D. *et al.*
1986 « The Manipulative Patient », *Am. J. Psychotherapy*, vol. 15, p. 189-200.

HAY, G.G.
1983 « Feigned Psychosis — A Review of the Simulation of Mental Illness », *Brit. J. Psychiatry*, vol. 143, p. 8-10.

HENDERSON, S.
1974 « Care-eliciting Behavior in Man », *J. Nerv. Ment. Dis.*, vol. 159, p. 172-181.

HYLER, S.E. et N. SUSSMAN
1981 « Chronic Factitious Disorder with Physical Symptoms (The Munchausen Syndrome) », *Psychiat. Clin. N. Am.*, vol. 4, p. 365-377.

JONES, J.G. *et al.*
1986 « Munchausen Syndrome by Proxy », *Child Abuse Negl.*, vol. 10, p. 33-40.

KERNS, L.L.
1986 « Falsifications in the Psychiatric History : A Differential Diagnosis », *Psychiatry*, vol. 49, p. 13-17.

KLONOFF, E.A. *et al.*
1983 « Chronic Factitious Illness : A Behavioral Approach », *Int. J. Psychiat. Med.*, vol. X, p. 173-183.

LABRAM, C.
1983 « Les maladies factices et le syndrome de Münchausen », *Rev. Méd. Int.*, vol. 4, p. 343-351.

LYNN, E.J. et M. BELZA
1984 « Factitious Posttraumatic Stress Disorder : The Veteran Who Never Got to Vietnam », *Hosp. Community Psychiatry*, vol. 37, p. 697-701.

MAYO, J.P. et J.J. HAGGERTY
1984 « Long-term Psychotherapy of Munchausen Syndrome », *Am. J. Psychotherapy*, vol. 38, p. 571-578.

MILLARD, L.G.
1984 « Dermatological Pathomimicry : A Form of Patient Maladjustment », *Lancet*, vol. 2, p. 969-971.

PHILLIPS, M.R. *et al.*
1983 « Factitious Mourning : Painless Patienthood », *Am. J. Psychiatry*, vol. 140, p. 420-425.

PICHOT, P. *et al.*
1983 « Troubles factices », *DSM-III : Manuel diagnostique et statistique des troubles mentaux*, Paris, Masson.

POPE, H.G. *et al.*
1982 « Factitious Psychosis : Phenomenology, Family History, and Long-term Outcome of Nine Patients », *Am. J. Psychiatry*, vol. 139, p. 1480-1483.

REICH, P. et L.A. GOTTFRIED
1983 « Factitious Disorders in a Teaching Hospital », *Ann. Intern. Med.*, vol. 99, p. 240-247.

SNOWDON, J. *et al.*
1978 « Feigned Bereavement : Twelve Cases », *Brit. J. Psychiatry*, vol. 133, p. 15-19.

SUSSMAN, N. et S.E. HYLER
1985 « Factitious Disorders », *Comprehensive Textbook of Psychiatry/IV* (H.I. Kaplan et B.J. Sadock, édit.), Baltimore, Williams and Wilkins Company.

TUCKER, L.E. *et al.*
1979 « Factitial Bleeding : Successful Management with Psychotherapy », *Dig. Dis. Sci.*, vol. 24, p. 570-572.

CHAPITRE 20

TROUBLES DU SOMMEIL ET DE LA VIGILANCE

Jacques Montplaisir

M.D., F.R.C.P.(C), Ph.D.
Psychiatre, directeur du Centre d'étude du sommeil de l'hôpital du Sacré-Cœur (Montréal)
Professeur titulaire au Département de psychiatrie et de sciences neurologiques de l'Université de Montréal

Roger Godbout

M.A.
Psychologue et chercheur au Centre d'étude du sommeil de l'hôpital du Sacré-Cœur (Montréal)

PLAN

20.1.
INTRODUCTION

Les troubles du sommeil sont demeurés long-temps ignorés. En effet, le médecin examinait les malades à l'état de veille et, le plus souvent, ces derniers étaient incapables de rapporter ce qui se passait pendant le sommeil. Récemment, les laboratoires d'investigation fonctionnelle des troubles du sommeil se sont multipliés, ce qui a permis l'observation des sujets endormis ; dès lors, on a vu s'édifier une véritable médecine du sommeil. Dans le présent chapitre, nous exposerons d'abord l'essentiel des connaissances sur le sommeil normal. Ensuite, nous aborderons les trois catégories principales des troubles du sommeil et de la vigilance. Ce faisant, nous nous efforcerons de présenter pour chaque pathologie particulière son tableau clinique, les critères de diagnostic et les traitements existants.

20.2.
SOMMEIL NORMAL

20.2.1. DESCRIPTION

La recherche des mécanismes neurophysiologiques sous-jacents au cycle veille - sommeil a débuté avec les études de C. Von Economo qui portaient sur les tissus cérébraux de victimes d'encéphalite léthargique. C'est toutefois la découverte de l'électroencéphalogramme (EEG) chez l'homme qui devait donner l'impulsion critique à cette démarche. En effet, en 1929, H. Berger démontra qu'il était possible d'enregistrer, au moyen d'électrodes placées sur le scalp, une activité électrique spontanée du cerveau, et que cette activité variait selon l'état de vigilance des sujets étudiés. Le ralentissement du tracé et l'augmentation de l'amplitude des ondes cérébrales étaient les indices EEG d'un sommeil de plus en plus profond. Le sommeil était alors considéré comme un état passif de déafférentation cérébrale.

Figure 20.1.   ÉCHANTILLONS DE TRACÉS POLYGRA-PHIQUES DU SOMMEIL CHEZ UN JEUNE ADULTE NORMAL

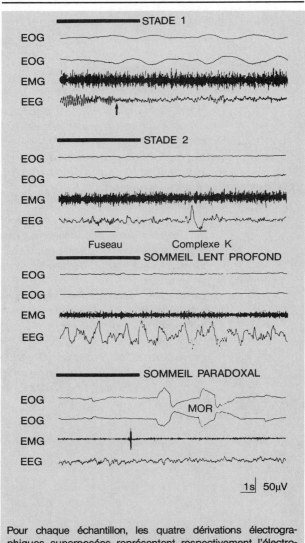

Pour chaque échantillon, les quatre dérivations électrographiques superposées représentent respectivement l'électro-oculogramme gauche, l'électro-oculogramme droit, l'électromyogramme sous-mentonnier et l'électroencéphalogramme monopolaire central gauche. La flèche indique le moment du passage de l'éveil au stade 1.

En 1953, Aserinsky et Kleitman remarquèrent la présence de mouvements oculaires rapides (MOR) regroupés en bouffées au cours du sommeil ; ils étudièrent alors la distribution temporelle de ces mouvements. Ils notèrent que le premier épisode de sommeil avec MOR survenait 90 minutes après l'endormissement et que les autres épisodes se répétaient par la suite à des intervalles réguliers.

En 1959, lors d'expériences sur des animaux, Jouvet et Michel observèrent que le tonus musculaire était complètement aboli au cours de ces épisodes de sommeil avec MOR et que, de plus, le tracé EEG était alors désynchronisé, c'est-à-dire formé d'ondes rapides et de faible amplitude comme à l'endormissement, bien que l'animal fût alors profondément endormi. C'est pourquoi ce stade du sommeil est nommé depuis cette époque « sommeil paradoxal ».

On reconnaît donc maintenant deux types de sommeil : le **sommeil lent**, ou sommeil à ondes lentes, et le **sommeil paradoxal**, ou sommeil avec MOR (que les auteurs anglosaxons nomment *rapid eye movement sleep* ou *REM sleep*). Ces deux types de sommeil se retrouvent chez tous les mammifères dans des proportions variables et propres à chaque espèce.

Dans le présent chapitre, nous adopterons les définitions des stades du sommeil de Rechtschaffen et Kales (1968). Ces définitions sont basées sur l'enregistrement de trois paramètres physiologiques : l'électroencéphalogramme (EEG), l'électro-oculogramme (EOG) et l'électromyogramme (EMG) des muscles sous-mentonniers. Les tracés électrographiques sont divisés en époques (ou segments) de 20 ou 30 secondes et l'on attribue à chaque époque un stade. Les descriptions qui suivront trouveront leur illustration à la figure 20.1.

VEILLE

Chez l'individu éveillé, les yeux ouverts, on note un tracé d'ondes rapides (fréquence supérieure à 20 Hz) et de faible amplitude (ondes bêta). Cependant, des ondes plus lentes (ondes thêta : de 4 à 7 Hz) peuvent être observées dans les régions temporales. Chez le sujet au repos, les yeux fermés, on remarque un tracé très caractéristique formé d'ondes alpha (de 8 à 12 Hz) dont l'amplitude varie selon les sujets. Ce rythme alpha est en général mieux développé dans les régions postérieures du cerveau, et il disparaît le plus souvent à l'ouverture des yeux ou lors d'une tâche mentale difficile. Le tonus musculaire est généralement élevé pendant la veille et les mouvements oculaires sont rapides et adaptés au comportement.

SOMMEIL LENT

Chez le sujet adulte normal, le temps d'endormissement est généralement de 10 à 15 minutes. Au moment de l'endormissement, le rythme alpha disparaît. On observe alors un tracé de bas voltage avec une augmentation de l'activité thêta. Le tracé montre également la présence d'ondes pointues (pointes vertex) qui sont visibles surtout au niveau des régions centrales. On observe aussi des mouvements lents des yeux sous les paupières closes et le maintien du tonus musculaire. C'est le **sommeil de stade 1**, souvent qualifié de *sommeil léger*. Le sujet peut en effet être facilement éveillé au cours de ce stade et il a fréquemment une impression de demi-sommeil et de rêverie.

Après environ 5 minutes de stade 1, les ondes thêta augmentent d'amplitude et des complexes électriques particuliers, soit les fuseaux du sommeil et les complexes K, apparaissent : c'est le **sommeil de stade 2**. Selon plusieurs auteurs, l'apparition du stade 2 serait le véritable indicateur de l'endormissement.

Après un temps pouvant varier de 15 à 40 minutes, le tracé EEG ralentit et on remarque la présence d'ondes delta, dont la fréquence est inférieure à 2 Hz et l'amplitude supérieure à 75μV. Si les ondes delta occupent de 20 à 50 % d'une époque, celle-ci est cotée **stade 3**, et si elles dépassent 50 %, l'époque est cotée **stade 4**. Le sommeil lent des stades 3 et 4 est souvent désigné par les termes de *sommeil lent profond*, ou *sommeil à ondes lentes*. Le seuil d'éveil est plus élevé au stade 4, et le sujet est souvent confus lorsqu'il est éveillé au cours de ce stade.

SOMMEIL PARADOXAL

Après 90 minutes de sommeil lent, la première période de sommeil paradoxal survient. Elle se définit par l'apparition simultanée d'un tracé EEG semblable à celui du stade 1, d'une diminution marquée et soutenue du tonus musculaire et de bouffées de MOR. Il appert que la suppression du tonus musculaire n'est pas une simple détente mais une véritable paralysie qui résulte de l'inhibition active et tonique des motoneurones alpha.

Plusieurs autres phénomènes se produisent de façon sélective pendant le sommeil paradoxal. On observe par exemple des clonies de la face et des extrémités, des contractions des muscles de l'oreille moyenne, des décharges phasiques dans les projections visuelles ponto-géniculo-occipitales (PGO), de même que des irrégularités du pouls et de la respiration. En plus, à chaque période de sommeil paradoxal correspond, chez la femme, une vasodilatation des organes pelviens et, chez l'homme, une augmentation du diamètre et de la rigidité du pénis. La mesure des érections péniennes nocturnes par pléthysmographie est aujourd'hui utilisée couramment quand on veut distinguer les dysfonctions sexuelles organiques et psychologiques.

CYCLES DU SOMMEIL

Les stades du sommeil apparaissent selon une séquence prévisible. Ainsi, après 90 minutes de sommeil lent, une période de sommeil paradoxal survient et cette séquence se répète tout au cours de la nuit. L'association d'une période de sommeil lent et d'une période de sommeil paradoxal forme un cycle du sommeil. Les cycles ne sont pas tous identiques ; par exemple, les périodes de sommeil lent des stades 3 et 4 n'apparaissent presque exclusivement que dans les deux premiers cycles, tandis que les périodes de sommeil paradoxal sont plus longues lors des derniers cycles (figure 20.2.). Plusieurs auteurs croient que cette périodicité de 90 minutes continue au cours de la journée, modulant ainsi un grand nombre de fonctions biologiques et psychologiques. On parle alors de BRAC ou *Basic Rest-Activity Cycle*.

DIFFÉRENCES INDIVIDUELLES

Concernant la durée du sommeil, les différences individuelles sont considérables. En effet, bien que la durée du sommeil chez l'adulte soit de 7 à 8 heures par jour, on remarque que la distribution de cette durée est asymétrique car les « petits dormeurs », c'est-à-dire ceux qui dorment moins de 6,5 heures, sont moins nombreux que les « gros dormeurs », lesquels dorment régulièrement 9 heures ou plus. De plus, on constate que les petits dormeurs ont un temps de sommeil lent profond qui est comparable à celui des gros dormeurs et que la diminution de la durée totale du sommeil se fait aux dépens du sommeil lent léger (stades 1 et 2) et du sommeil paradoxal.

Il existe également des différences individuelles importantes quant aux horaires de sommeil. Les sujets du matin et du soir se distinguent, d'une part, par les heures du coucher et du lever et, d'autre part, par l'évolution circadienne des performances psychomotrices et de la courbe thermique. Ces tendances spontanées semblent s'accentuer avec l'âge, éventuellement à cause d'une rigidité croissante des mécanismes veille - sommeil, ou à cause d'une baisse de l'importance des synchroniseurs sociaux (travail, enfants à la maison) chez les sujets âgés. De plus, on observe chez ces derniers une augmentation du nombre de « sujets du matin », ce qui semble correspondre à un déplacement (avance de phase) de plusieurs rythmes biologiques. Par exemple, l'acrophase de la température corporelle et du

Figure 20.2. HYPNOGRAMME D'UNE NUIT DE SOMMEIL CHEZ UN JEUNE ADULTE NORMAL

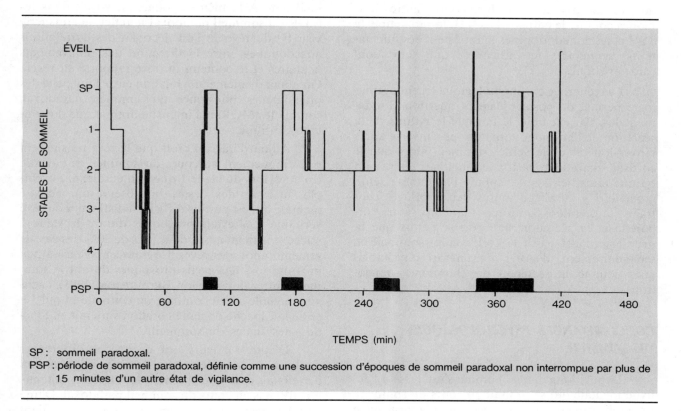

SP : sommeil paradoxal.
PSP : période de sommeil paradoxal, définie comme une succession d'époques de sommeil paradoxal non interrompue par plus de 15 minutes d'un autre état de vigilance.

pic sécrétoire du cortisol surviendrait plus tôt chez les sujets âgés, et le sommeil paradoxal serait, après l'âge de 60 ans, proportionnellement plus abondant en début de nuit.

CONCOMITANCES PHYSIOLOGIQUES DU SOMMEIL

La plupart des variables physiologiques subissent des modifications appréciables au cours du sommeil ; elles ont d'ailleurs été bien décrites dans un ouvrage récent (BENOIT, 1984). Sur le plan végétatif, la tension artérielle de même que la fréquence et le débit cardiaques diminuent. L'organisme maintient sa capacité de thermorégulation pendant le sommeil lent, mais cette capacité semble disparaître pendant le sommeil paradoxal. Lors de l'endormissement, la respiration ralentit et devient parfois périodique. Pendant le sommeil paradoxal, elle est souvent irrégulière, et l'on observe fréquemment des pauses respiratoires qui coïncident avec les bouffées de mouvements oculaires.

Plusieurs sécrétions hormonales sont l'objet de fluctuations circadiennes liées de près au cycle veille - sommeil. Par exemple, l'hormone somatotrope présente, au début du sommeil, un pic sécrétoire qui est en relation étroite avec le sommeil lent profond. Chez l'enfant, des troubles sévères du sommeil pourraient ainsi supprimer le sommeil lent profond et, par voie de conséquence, le pic sécrétoire de l'hormone somatotrope, ce qui produirait des troubles de croissance comme dans les cas de nanisme psychosocial. Beaucoup d'autres hormones comme le cortisol, l'ACTH, la prolactine, la TSH et les gonadotropines manifestent des fluctuations sécrétoires circadiennes qui leur sont caractéristiques.

La recherche chronobiologique en endocrinologie permet de poser plusieurs questions fondamentales. Par exemple, le fait que le rythme de la sécrétion de l'hormone somatotrope s'inverse après l'inversion du cycle veille - sommeil, alors que le cortisol maintient pendant quelque temps un rythme circadien stable, appuie l'hypothèse selon laquelle il y aurait au moins deux horloges centrales : la première contrôlerait la température corporelle et la sécrétion du cortisol, tandis que la deuxième contrôlerait le cycle veille - sommeil et, secondairement, d'autres paramètres physiologiques comme la sécrétion de l'hormone somatotrope.

CONCOMITANCES PSYCHOLOGIQUES DU SOMMEIL

Depuis longtemps l'homme s'intéresse à l'activité mentale qui se produit au cours du sommeil. La publication du *Die traumdeutung* (*L'interprétation des rêves*) de SIGMUND FREUD en 1900 fut sans doute l'un des événements les plus marquants pour l'étude systématique du rêve. Plus récemment, les chercheurs en sciences neurologiques ont tenté de résoudre deux problèmes principaux, soit, d'une part, le moment du sommeil où le rêve apparaît et, d'autre part, les mécanismes de la production et de la **remémoration du rêve**.

Au moment de la découverte du sommeil paradoxal, on croyait que le rêve ne survenait que pendant cette phase du sommeil. Cette hypothèse reposait sur plusieurs observations, en particulier sur celle qui rendait manifeste le grand pourcentage de remémoration des rêves lors des éveils provoqués durant le sommeil paradoxal, et ce, comparativement au pourcentage de remémoration plus faible lors des éveils provoqués durant le sommeil lent. À la même époque, on voyait dans les MOR du sommeil paradoxal le reflet de l'imagerie visuelle du rêve, et l'on décrivait des corrélations anecdotiques entre la direction des mouvements oculaires et le contenu du rêve rapporté au réveil. On notait de même une relation entre l'intensité des phénomènes phasiques du sommeil paradoxal, comme les MOR, et l'intensité dramatique du contenu onirique.

Aujourd'hui, on croit que le rêve ne survient pas uniquement au cours du sommeil paradoxal. En effet, lors du stade 1 que l'on étudie, par exemple, au cours des siestes, on observe une activité mentale qui est parfois difficile à distinguer du rêve véritable. Les éveils provoqués durant le stade 2 s'accompagnent aussi, dans près de 20 % des cas, de remémoration des rêves. Ce pourcentage est à peu près nul lors des éveils provoqués durant le sommeil lent profond. Selon BROUGHTON (1983), l'activité mentale serait continue au cours de la nuit, et seule la capacité de remémoration varierait en fonction des stades du sommeil.

D'autres auteurs ont décrit des différences qualitatives entre les récits de rêves obtenus lors d'éveils au cours du sommeil lent et ceux obtenus lors d'éveils au cours du sommeil paradoxal. D'une part, les rêves durant le sommeil paradoxal seraient plus longs, plus riches en imagerie visuelle, plus « bizarres » et plus chargés d'émotions. D'autre part, les rêves durant le sommeil lent seraient dépourvus du caractère hallucinatoire qui détermine les rêves véritables. Selon la théorie proposée par les neurophysiologistes HOBSON et MCCARLEY (1977), le phénomène serait attribuable à l'interprétation donnée par le cortex aux décharges endogènes spontanées des neurones sensoriels, décharges qui sont nombreuses en sommeil paradoxal.

Quant aux mécanismes responsables de l'élaboration finale ou de la remémoration des rêves, des auteurs d'études récentes (MURRI *et al.*, 1984) ont souligné le rôle des régions postérieures du cortex et, possiblement, le rôle de la région pariéto-occipitale de l'hémisphère non dominant.

20.2.2. DÉVELOPPEMENT ONTOGÉNIQUE

Chez le **nouveau-né**, on n'observe pas les stades du sommeil décrits précédemment, car les paramètres du sommeil dépendent d'un degré supérieur de maturité du système nerveux central. Aussi, à partir des observations comportementales et électrophysiologiques faites sur le nouveau-né, on lui reconnaît généralement deux états physiologiques : un **sommeil « calme »** et un **sommeil « actif »** qui s'accompagne de MOR (ANDERS *et al.*, 1971).

Les études intra-utérines du fœtus par l'utilisation d'ultrasons et l'enregistrement électrographique du sommeil du prématuré montrent que ces deux types de sommeil sont présents dès la 28e semaine de gestation. Par ailleurs, l'apparition d'une activité comportementale caractéristique de l'éveil ne se fera que vers la 35e semaine de gestation. Les fuseaux du sommeil surviennent dès la 6e semaine après la naissance, mais ce n'est que vers l'âge de 3 mois que le sommeil calme deviendra le sommeil lent et que le sommeil paradoxal remplacera le sommeil actif. Par la suite, les changements seront principalement quantitatifs.

Le nouveau-né dort environ 15 heures par jour, par périodes de 2 heures qui sont distribuées tout au long du nycthémère. Un rythme veille-sommeil, qui est d'environ quatre heures, suit la fréquence des repas, mais il n'en dépend pas puisque cette périodicité est maintenue même en cas d'alimentation parentérale du nouveau-né. Ce n'est que vers l'âge de 3 mois que l'enfant développera un horaire de sommeil semblable à celui de l'adulte. Cette périodicité circadienne semble être le résultat combiné de la maturation du système nerveux et des contraintes sociales progressives. Pendant l'enfance, la durée totale du sommeil diminue progressivement jusqu'à atteindre, chez le jeune adulte, une durée moyenne de 8 heures par nuit. Après l'âge de 50 ans, il est fréquent que le sommeil nocturne devienne plus court et que les siestes réapparaissent.

La distribution des stades du sommeil subit également des modifications importantes au cours de l'ontogénie et du vieillissement. D'une part, le **sommeil actif**, précurseur du sommeil paradoxal, occupe à la naissance environ 50 % de la durée totale du sommeil. Ce pourcentage diminuera progressivement et se réduira, au moment de la puberté et durant toute la vie adulte, à des valeurs voisines de 20 à 25 % de la durée totale du sommeil. Récemment, on a montré qu'après l'âge de 70 ans, le sommeil paradoxal recommençait à décroître considérablement et qu'il existait alors une corrélation étroite entre la réduction du sommeil paradoxal et la perturbation de certaines fonctions cognitives. D'autre part, le **sommeil lent profond** est abondant chez l'enfant puisqu'il occupe environ 30 % de la durée totale du sommeil. Ce pourcentage se maintiendra au cours de l'enfance et de l'adolescence. C'est à partir de l'âge de 30 à 40 ans que l'on observe une diminution importante du sommeil lent profond. Du reste, certains auteurs pensent que chez la personne âgée, la quantité absolue d'ondes delta qui caractérise le sommeil lent profond se maintiendrait et que la diminution serait secondaire à une diminution de l'amplitude et non pas de la fréquence des ondes delta. Par contre, l'importance primordiale de cette diminution du sommeil des stades 3 et 4 serait confirmée par l'abolition, chez la personne âgée, du pic sécrétoire de l'hormone somatotrope qui accompagne ces stades de sommeil.

En ce qui concerne la qualité du cycle veille-sommeil, des études récentes (CARSKADON, 1982) ont clairement démontré qu'elle est à son niveau optimal pendant la période prépubertaire. En effet, pendant cette période, l'enfant ne présente aucune difficulté d'endormissement, ne s'éveille pas au cours de la nuit et ne manifeste aucune somnolence pendant la journée. C'est au cours de la puberté et de l'adolescence que l'incidence des troubles du sommeil augmente et atteint, vers l'âge de 16 à 18 ans, des proportions relativement élevées. Cependant, le nombre des éveils au cours du sommeil n'augmente progressivement qu'après l'âge de 30 à

40 ans, et cette augmentation ne s'accentue considérablement qu'après l'âge de 60 ans.

En outre, signalons que l'effet du vieillissement sur l'organisation du cycle veille - sommeil est complexe. Par exemple, on observe, chez les sujets âgés de plus de 60 ans, une plus grande proportion de petits dormeurs que chez les sujets âgés de moins de 30 ans : 20 % des premiers dorment moins de 5 heures par nuit, comparativement à 5 % des seconds. En revanche, on observe également que le pourcentage de gros dormeurs augmente chez les plus de 60 ans. Il semble que le nombre grandissant des éveils nocturnes et la réapparition des siestes diurnes représentent ou induisent un nivellement de la variation circadienne de plusieurs rythmes.

20.2.3. NEUROPHYSIOLOGIE DU SOMMEIL

Selon la conception actuelle la plus répandue, le sommeil lent et le sommeil paradoxal relèveraient de structures cérébrales distinctes. À cet égard, JOUVET (1984) a tenté de concilier, dans ses plus récents travaux, les nouvelles données de la neurophysiologie et les observations antérieures, en apparence contradictoires.

SOMMEIL LENT

On sait que l'activité des neurones sérotoninergiques du raphé rostral (noyaux dorsalis et centralis supérieur) est réglée par des rythmes biologiques et qu'elle est maximale au cours de l'éveil. Pourtant, la destruction de ces neurones s'accompagne d'une disparition sélective du sommeil lent. Or, on a récemment découvert que cette condition pouvait être rétablie par des injections, en quantité infime, du précurseur de la sérotonine, la 5-hydroxytryptophane, dans la partie ventrolatérale de l'hypothalamus postérieur. On pense aujourd'hui que cette dernière structure serait capable de synthétiser et d'accumuler, pendant la veille et sous l'influence du raphé rostral, un facteur hypno-

gène. Au cours du sommeil, alors que les neurones du raphé rostral associés à l'éveil sont silencieux, ce facteur hypnogène pourrait être libéré : d'une part, il produirait des ondes lentes au niveau de l'EEG par une action sur la région pré-orbitaire ; d'autre part, il provoquerait la sécrétion d'hormones somatotropes par une action hypothalamo-hypophysaire.

Ainsi, on recherche de plus en plus des substances dont l'accumulation, au cours de la veille, induirait éventuellement le sommeil. C'est à ce titre que le rôle des peptides endogènes dans la physiologie du sommeil est de plus en plus étudié.

SOMMEIL PARADOXAL

Le sommeil paradoxal fait intervenir des mécanismes qui sont différents de ceux du sommeil lent. Selon JOUVET (1984), les noyaux arqués de l'hypothalamus et les lobes postérieurs de l'hypophyse seraient capables de synthétiser le facteur nécessaire à l'apparition du sommeil paradoxal. Ce facteur agirait ensuite soit par voie neuronale (via les noyaux arqués) soit par voie humorale (via le sang ou le liquide céphalo-rachidien) sur les noyaux magnocellulaires bulbaires. À leur tour, ceux-ci contrôleraient les sous-systèmes responsables de certaines caractéristiques du sommeil paradoxal, notamment l'atonie musculaire, les décharges PGO et les MOR.

Une série d'observations a d'ailleurs permis d'identifier les structures nerveuses particulières qui seraient responsables de ces différentes composantes du sommeil paradoxal.

Un premier sous-système, composé d'un groupe de neurones pontiques localisés au niveau du locus cœruleus alpha, commanderait l'atonie musculaire. Cette commande inhibitrice serait transmise aux motoneurones de la moelle épinière par les projections cholinergiques descendantes du système réticulo-spinal ventrolatéral, issues de la formation réticulée inhibitrice. C'est ainsi que des lésions pratiquées à différents niveaux de ce système produisent, par exemple chez le chat, des comportements stéréotypés d'attaque ou de fuite, d'agression ou de peur, lesquels seraient normalement inhibés au cours du sommeil paradoxal. Chez l'humain, on a observé des cas de dégénérescence olivo-ponto-cérébellaire accompagnés de tels comportements « oniriques » lors du sommeil paradoxal.

Des études de lésions ont également permis de constater l'existence d'un deuxième sous-système. Il est situé dans la partie rostrale, dorsale et latérale de la formation réticulée pontique, et tient entre autres un rôle prépondérant dans la genèse des décharges PGO. On sait maintenant que l'activité PGO n'est pas associée à l'activation électrocorticale du sommeil paradoxal, mais on croit qu'elle pourrait jouer par contre un rôle majeur dans l'organisation et la synchronisation des comportements moteurs phasiques (clonies, MOR) et des manifestations végétatives du sommeil paradoxal. À ce jour, aucune structure destinée sélectivement à l'activation électrocorticale du sommeil paradoxal n'a été identifiée.

Selon JOUVET (1984), la mise en jeu des différents éléments du sommeil paradoxal ne serait possible que si les neurones du raphé dorsal et du locus cœruleus, qui inhibent normalement les noyaux magnocellulaires bulbaires, sont eux-mêmes inhibés comme c'est le cas lors des dernières minutes de sommeil lent précédant le sommeil paradoxal. Par conséquent, le sommeil paradoxal nécessiterait à la fois la présence d'un facteur hypnogène qui serait synthétisé et qui s'accumulerait au cours de la veille, et la suppression de systèmes qui normalement inhibent l'apparition du SP au cours de l'éveil et du sommeil lent.

Il est à noter que les propos qui précèdent ne résument que très brièvement la conception actuelle la plus courante au sujet des mécanismes du sommeil lent et du someil paradoxal. D'autre part, l'interaction des deux types de sommeil décrits ci-dessus fait actuellement l'objet d'études soutenues (McCARLEY et MASSAQUOI, 1986) et les connaissances en ce domaine demeurent malgré tout encore très fragmentaires.

20.3.
PATHOLOGIES DU SOMMEIL

Nous utiliserons ici la classification établie par l'*Association of Sleep Disorders Centers* (1979). Cette classification regroupe les troubles du sommeil en quatre catégories : les insomnies, les hypersomnies, les parasomnies et les troubles des horaires veille - sommeil. Nous nous concentrerons ici sur les trois premières catégories.

20.3.1. INSOMNIES

L'insomnie se définit par une association de symptômes nocturnes : de la difficulté à s'endormir (**insomnie initiale**), des éveils fréquents au cours de la nuit (**insomnie intermittente**) et un éveil matinal précoce (**insomnie terminale**), lesquels réduisent la durée totale du sommeil (MONTPLAISIR, 1984). Et pour que l'on puisse parler d'insomnie, il est essentiel que le sujet manifeste aussi des troubles diurnes de vigilance, de performance ou d'humeur qui sont attribuables à un manque de sommeil. Il importe donc de différencier l'insomniaque du **petit dormeur**, c'est-à-dire de l'individu qui dort régulièrement de 4 à 5 heures par nuit, mais qui se dit satisfait de son sommeil et ne se plaint d'aucun trouble de vigilance. Le petit dormeur présente sur le *Minnesota Multiphasic Personality Inventory* (MMPI) un profil psychologique tout à fait normal et, dans plusieurs cas, il se distingue du gros dormeur par une meilleure adaptation à son environnement.

ÉPIDÉMIOLOGIE

Comme en témoignent de nombreuses études épidémiologiques, l'insomnie est le problème de sommeil le plus fréquent. En effet, de nombreuses enquêtes ont montré que plus de 10 % de la population adulte se plaignait fréquemment de la qualité et de la quantité de son sommeil. Par exemple, dans une étude prospective faite aux États-Unis, on a demandé à 4451 médecins d'évaluer le pourcentage de leur population clinique qui présentait de l'insomnie (BIXLER *et al.*, 1979). Cette enquête a révélé un taux d'insomnie moyen de 17 %. Ce pourcentage variait considérablement selon les spécialités médicales, pour atteindre un maximum de 32,4 % en psychiatrie.

Il est à noter que le taux d'insomnie augmente considérablement avec l'âge. On sait, par exemple, qu'environ 39 % des hypnotiques sont prescrits à des sujets de plus de 60 ans, lesquels ne représentent pourtant que 15 % de la population en général. On a de plus démontré récemment que si l'enfant, au début ou au cours de la phase prépubertaire (8 à 12 ans), ne présente aucun trouble majeur du sommeil, des pourcentages assez élevés peuvent être observés dès l'adolescence. Ainsi, une enquête menée auprès d'élèves de 15 à 18 ans a révélé que 36 % manifestaient des troubles occasionnels du sommeil et que 12,6 % se plaignaient de troubles chroniques et sévères.

Un autre indice de l'amplitude du problème de l'insomnie est la quantité de médicaments prescrits pour ce problème. Aux États-Unis, par exemple, on estime que de 3 à 10 % de la population utilise des hypnotiques au moins occasionnellement. En 1977, plus de 25 millions de prescriptions d'hypnotiques ont été rédigées par les médecins.

En plus de ces données épidémiologiques qui montrent l'ampleur du problème, certaines évidences suggèrent que l'insomnie sévère et l'utilisation chronique de somnifères pourraient représenter un facteur de risque important. Ainsi, lors d'un suivi de 6 ans auprès de 1 064 000 Américains en « bonne santé » (KRIPKE *et al.*, 1979), on a observé un taux de mortalité 2,8 fois plus élevé chez les sujets dormant moins de 4 heures par nuit et 1,5 fois plus élevé chez les consommateurs réguliers de somnifères, et ce, comparativement au dormeur « moyen » non consommateur. Cependant, on doit interpréter avec prudence cette corrélation entre une durée réduite de sommeil et une espérance de vie plus courte, puisque la réduction du temps de sommeil peut résulter de diverses pathologies. Cette conclusion ne s'applique donc pas nécessairement aux petits dormeurs asymptomatiques.

CLASSIFICATION ÉTIOLOGIQUE

Insomnie psychophysiologique transitoire

Cette forme d'insomnie est très répandue. Elle dure généralement moins de 3 à 4 semaines et est associée le plus souvent à une cause facilement identifiable telle que le deuil, la perte d'un emploi ou le décalage horaire. L'intensité de l'insomnie dépend de la nature de l'événement précipitant, mais également d'autres facteurs comme l'âge, la qualité du sommeil avant l'événement de même que la personnalité du patient.

Si le problème persiste, on peut envisager une thérapeutique qui aurait pour but de procurer un soulagement immédiat afin de prévenir un enchaînement d'événements pouvant conduire, comme on le verra plus loin, à une insomnie chronique. Ce type d'insomnie représente donc l'indication première des hypnotiques, bien qu'il soit essentiel d'informer dès le début le patient que ces substances ne lui seront prescrites que pour une période de temps limitée.

Traitement

Les **benzodiazépines** sont les médicaments à prescrire et plusieurs de leurs dérivés sont disponibles comme hypnotiques. Ces médicaments ont entre eux plusieurs différences pharmaco-kynétiques, mais tous sont potentialisés par l'alcool.

Il existe à l'heure actuelle une grande controverse quant aux indications des benzodiazépines à durée d'action différente. D'une part, les hypnotiques de courte durée d'action, comme le triazolam (Halcion®), ont été recommandés contre les insomnies transitoires initiales. Signalons que les benzodiazépines de courte durée d'action produisent souvent des éveils précoces le matin et que, de plus, plusieurs sujets éprouvent des troubles de la mémoire et des bouffées d'anxiété au cours de la journée. Un autre inconvénient des benzodiazépines de courte durée d'action serait l'apparition du syndrome de sevrage lors de l'arrêt du traitement qui survient après l'utilisation prolongée de benzodiazépines à courte durée d'action comme le triazolam (Halcion®) ; il en résulterait une insomnie sévère pouvant durer de 3 à 5 jours (KALES *et al.*, 1983).

D'autre part, chez le patient qui présente une insomnie terminale, on prescrira de préférence des benzodiazépines dont la durée d'action est plus longue. En outre, si le patient a besoin d'une médication anxiolytique au cours de la journée, on pourra lui prescrire des benzodiazépines à action longue, comme le flurazépam (DALMANE®), même si ce médicament peut diminuer ses fonctions cognitives et ses performances psychomotrices au cours de la journée, en particulier s'il s'agit d'une personne âgée.

Pour les raisons mentionnées précédemment, plusieurs cliniciens préfèrent recommander des benzodiazépines d'une durée d'action moyenne de 10 à 12 heures comme le lorazépam (Ativan®) ou l'oxazépam (Serax®).

Insomnie psychophysiologique chronique

Ce type d'insomnie peut être relié à un groupe hétérogène de conditions. Dans la plupart des cas, l'insomnie débute au cours d'une période de stress qui apparaît chez des personnes ayant eu un sommeil relativement normal auparavant. Dans une étude récente, HEALY *et al.* (1981) ont démontré que, pendant l'année précédant le début de l'insomnie, les sujets avaient vécu un grand nombre d'événements stressants par comparaison aux années antérieures ou ultérieures. Les auteurs ont également observé que l'insomniaque présentait souvent une histoire de plusieurs maladies somatiques et de troubles fonctionnels, en particulier de problèmes

d'alimentation ou de sommeil ayant commencé au cours de l'enfance.

De nombreuses études ont été entreprises sur le profil psychologique de ce type d'insomniaque. En général, elles ont montré une augmentation significative de plusieurs échelles du MMPI, dont celles de la dépression, de l'hypocondrie et de l'hystérie. Précisons que le diagnostic d'insomnie psychophysiologique chronique ne doit être posé que chez les sujets qui ne répondent pas aux critères diagnostiques d'une maladie psychiatrique selon le DSM-III. Si l'insomnie chronique commence généralement à la suite d'événements anxiogènes spécifiques, elle persiste, par la suite, comme un symptôme indépendant.

Il existe plusieurs mécanismes par lesquels une insomnie psychophysiologique transitoire peut conduire à une insomnie psychophysiologique chronique. Par exemple, l'insomnie crée une privation de sommeil et engendre une préoccupation accrue relative au besoin de dormir. Il en résulte, chez les sujets en question, une anxiété importante, une activation physiologique, puis un problème d'endormissement. Par exemple, ces sujets peuvent s'endormir en regardant la télévision mais deviennent très éveillés dès qu'ils prennent la décision consciente d'aller se coucher : l'anticipation de ne pas dormir engendre l'insomnie. L'insomnie répétée peut également induire une réaction phobique envers tout ce qui est associé au coucher, que ce soit la brosse à dents, la noirceur ou la sensation de l'oreiller. Conséquemment, il n'est pas rare qu'un insomniaque puisse, dans un environnement non familier, retrouver temporairement le sommeil. Du reste, le dérèglement des rythmes circadiens, qui résulte de l'insomnie et des nombreuses siestes que font les insomniaques, peut également contribuer à la persistance du symptôme.

Traitement

Les différentes approches thérapeutiques qui sont recommandées découlent des observations précédentes. Elles associent en général une meilleure hygiène du sommeil et des thérapies comportementales. Les hypnotiques sont plutôt à déconseiller dans le traitement de l'insomnie chronique, compte tenu des phénomènes de dépendance et de tolérance qui se développent rapidement.

D'une part, l'évaluation du patient insomniaque doit comprendre une description spécifique du problème, une identification des circonstances particulières qui ont entouré le début de la maladie, ainsi qu'un questionnaire détaillé qui porte à la fois sur les habitudes de sommeil (heure du coucher, temps d'endormissement, durée du sommeil, heure du lever), les horaires de veille et l'utilisation ou non de substances pouvant provoquer le sommeil, tels les hypnotiques et l'alcool. D'autre part, on doit porter une attention particulière à la présence possible de maladies psychiatriques ou de symptômes organiques qui peuvent avoir un effet négatif sur le sommeil. En outre, on fera une recherche spécifique d'éventuelles manifestations cliniques du syndrome des apnées au cours du sommeil et du syndrome des jambes sans repos, en particulier chez les sujets âgés. En aucun cas les patients qui présentent l'une ou l'autre de ces conditions ne doivent recevoir d'hypnotiques.

La première démarche thérapeutique dans le traitement de l'insomnie psychophysiologique chronique concerne souvent l'**hygiène du sommeil**. Elle consiste en un rajustement des habitudes. On doit donc d'abord s'informer des conditions physiques qui entourent le patient à l'heure du coucher et, s'il y a lieu, lui faire des recommandations spécifiques à cet effet. Bien qu'il y ait des différences individuelles considérables, le sommeil est généralement meilleur dans un environnement frais, silencieux et sombre. En soirée, l'insomniaque doit éviter les exercices inhabituels de même que l'ingestion d'alcool ou d'aliments contenant de la caféine.

Bien qu'il y ait peu de résultats convaincants au sujet des effets spécifiques des aliments sur le sommeil, plusieurs cliniciens recommandent une collation légère au coucher. Du reste, nous savons que le jeûne et la perte rapide de poids s'accompagnent d'un sommeil court et fragmenté. La principale recommandation demeure cependant l'adoption d'un horaire régulier veille - sommeil. Il est particulièrement important que le patient maintienne une heure d'éveil relativement stable, ce qui a pour effet de renforcer les rythmes circadiens veille - sommeil et de conduire éventuellement à une heure de coucher régulière.

Dans la plupart des cas sévères, il n'est pas suffisant de corriger les habitudes de sommeil du patient ; on devra envisager d'autres moyens de traitement. La **psychothérapie** et les approches comportementales sont des traitements qui conviennent pour soigner l'insomnie psychophysiologique chronique. Dans l'insomnie psychophysiologique transitoire, laquelle est généralement causée par une situation stressante, on peut prescrire temporairement des hypnotiques et avoir recours en même temps aux méthodes non pharmacologiques de traitement.

Quant aux indications des **hypnotiques** dans l'insomnie persistante, il existe des opinions divergentes ; toutefois, on considère en général que les sujets qui ne répondent pas aux méthodes non pharmacologiques peuvent prendre des hypnotiques de façon intermittente. L'utilisation d'un hypnotique une ou deux fois par semaine permettra dans de tels cas de diminuer l'anxiété qui accompagne l'endormissement et amoindrira le risque de développement d'un état d'anxiété chronique pouvant maintenir les symptômes de l'insomnie. Dans tous les cas, on doit maintenir la dose au niveau le plus bas et prescrire le médicament pour la période de temps minimale. Si une tolérance se développe, on ne répétera pas l'ordonnance, et ce, jusqu'à ce que l'efficacité du traitement soit régénérée.

Selon nous, parmi les thérapies non pharmacologiques valables, la **relaxation** dans un cadre thérapeutique individuel est le traitement le plus efficace et le plus pratique pour soigner l'insomnie chronique. Plusieurs techniques de relaxation se sont révélées efficaces pour traiter cette insomnie, notamment l'entraînement autogène de SCHULTZ, la relaxation progressive de JACOBSON, la méditation transcendantale ainsi que la rétroaction biologique (soit de l'activité EMG du muscle frontal ou encore de l'EEG). D'autres méthodes comportementales ont également prouvé leur efficacité : l'intention paradoxale, la thérapie par contrôle du stimulus et la désensibilisation systématique.

Insomnie associée à des pathologies psychiatriques

Il ne fait aucun doute que les troubles du sommeil sont particulièrement fréquents chez les patients qui souffrent de pathologies psychiatriques. On observe souvent de l'insomnie chez les patients qui présentent des diagnostics de phobie, de névrose d'angoisse ou de troubles de la personnalité. De plus, des troubles d'endormissement et de maintien du sommeil apparaissent fréquemment chez les patients qui manifestent des épisodes psychotiques aigus.

Les troubles du sommeil sont également très répandus chez les patients déprimés. En effet, des études passées ont montré des modifications spécifiques de l'organisation de leur sommeil, celui-ci étant fragmenté et raccourci pendant la **dépression unipolaire**. Bien qu'on ait rapporté des cas de dépression unipolaire associée à une hypersomnie, il est inhabituel que les patients déprimés manifestent une véritable somnolence diurne et fassent la sieste pendant la journée. Par contre, dans la **dépression bipolaire**, on a signalé chez certains sujets un sommeil prolongé durant la phase dépressive de la maladie alors qu'on a observé, pendant leurs phases maniaques, un sommeil considérablement raccourci. Certains auteurs ont suggéré que, lors du passage de la dépression à la manie, les modifications de l'organisation du sommeil pouvaient précéder les modifications de la symptomatologie diurne.

Dernièrement, différents aspects du sommeil paradoxal ont été étudiés dans les maladies affectives. Par exemple, on a démontré que la latence du sommeil paradoxal était raccourcie autant dans la dépression unipolaire que bipolaire, et l'on a avancé que cette brève latence du sommeil paradoxal pouvait représenter un marqueur biologique spécifique de la dépression endogène (KUPFER, 1976). Cependant, les auteurs d'études plus récentes remettent en question la spécificité de ces changements du sommeil paradoxal, alléguant que des changements semblables pouvaient être observés chez certains sous-groupes de patients psychotiques.

Parmi les autres modifications de l'organisation du sommeil constatées dans la dépression unipolaire et bipolaire, on note l'augmentation du sommeil paradoxal, la présence d'importantes bouffées de MOR (souvent appelées « orages oculaires ») et la diminution du sommeil lent profond. Ces différentes caractéristiques du sommeil des patients déprimés pourraient avoir un intérêt diagnostique, notamment pour distinguer les dépressions primaires des dépressions secondaires, lesquelles dépendent des maladies organiques du cerveau, particulièrement chez les personnes âgées. En effet, chez ces dernières, le sommeil est également fragmenté mais on note une latence normale du sommeil paradoxal et une diminution de la durée de ce stade. Par ailleurs, certains auteurs ont constaté, dans les syndromes cérébraux organiques, une diminution de la densité des mouvements oculaires au cours du sommeil paradoxal.

Traitement

En général, les troubles du sommeil qui apparaissent dans le cadre d'une maladie psychiatrique doivent être considérés comme un symptôme faisant partie intégrante du tableau clinique. Par conséquent, il n'est habituellement pas indiqué d'ajouter un hypnotique à la médication que reçoit déjà le patient. Ainsi, l'insomnie du patient déprimé devrait être traitée par un ajustement de sa dose d'antidépresseur.

Signalons que plusieurs agents psychotropes ont une action directe sur le sommeil. Par exemple, la plupart des benzodiazépines diminuent considérablement le sommeil lent profond et très souvent le sommeil paradoxal, et ce, au profit du sommeil lent de stade 2 qui se trouve alors augmenté. Par contre, les antidépresseurs tricycliques et les inhibiteurs de la monoamine-oxydase sont des bloqueurs puissants du sommeil paradoxal.

Plusieurs études récentes ont porté sur les manipulations expérimentales du sommeil dans le traitement de la dépression (MONTPLAISIR, 1981). Par exemple, certains auteurs ont montré que la privation totale de sommeil, ou la réduction des heures de sommeil, pouvait avoir un effet antidépresseur. D'autres auteurs ont signalé l'effet antidépresseur d'une privation sélective de sommeil paradoxal, et ont émis l'hypothèse que ce mécanisme était inclus dans les effets thérapeutiques des antidépresseurs. Selon l'opinion la plus courante, il existerait une perturbation des rythmes circadiens dans les maladies affectives primaires, et les manipulations du sommeil auraient pour but de corriger cette perturbation (BORBÉLY et WIRZ-JUSTICE, 1982). Une autre possibilité serait que l'accumulation de substances hypnogènes au cours de la privation de sommeil soit responsable des effets antidépresseurs de cette intervention (MOURET, 1982).

Insomnie associée à la consommation de médicaments ou d'alcool

L'ingestion d'alcool est occasionnellement utilisée chez les insomniaques pour réduire la latence d'endormissement, mais on sait qu'elle provoque des modifications importantes de l'organisation du sommeil. Cette substance a pour effet de diminuer la durée totale du sommeil, d'augmenter le nombre des éveils au cours de la nuit et de diminuer sensiblement la quantité de sommeil lent profond.

D'autre part, l'alcoolisme s'accompagne d'une perturbation majeure du sommeil, et le sevrage produit une augmentation considérable du temps d'endormissement de même que des changements spécifiques de l'organisation du sommeil. Les troubles du sommeil qui accompagnent le sevrage pourront persister pendant plusieurs semaines s'il y a eu auparavant une ingestion considérable et soutenue d'alcool.

La prise de médicaments peut aussi s'accompagner d'insomnie. Par exemple, les stimulants du système nerveux central comme le méthylphénidate (Ritaline®), les amphétamines, de même que l'abus de caféine ou de nicotine peuvent être la cause d'une insomnie. L'utilisation répétée d'autres agents pharmacologiques comme les inhibiteurs de la monoamine-oxydase, l'ACTH, l'alphaméthyldopa (Aldomet®), le propranolol (Indéral®), le méthysergide (Sansert®), les extraits thyroïdiens et les contraceptifs oraux peuvent également occasionner une insomnie.

Parmi les médicaments susceptibles d'interférer avec le sommeil, il faut signaler l'utilisation chronique d'hypnotiques, ce qui peut sembler paradoxal à première vue. Lorsque le patient utilise un hypnotique, quel qu'il soit, son sommeil n'est que temporairement amélioré, car tous les hypnotiques conduisent éventuellement au développement d'une tolérance ; en outre, dans la plupart des cas, le sevrage s'accompagne d'une aggravation du symptôme. En effet, les hypnotiques perdent leur efficacité après deux ou trois semaines d'utilisation continue. À ce moment, le patient augmente généralement la dose et son sommeil devient alors de plus en plus perturbé, sans compter la dépendance psychologique grandissante qui s'ensuit à l'égard de l'hypnotique utilisé. Typiquement, le patient rapporte une fatigue croissante et une diminution de sa performance au cours de la journée, qu'il attribue à la privation chronique de sommeil alors qu'il s'agit des effets secondaires des hypnotiques.

Les études en laboratoire de sujets utilisant chroniquement des somnifères ont montré des modifications importantes de l'organisation du sommeil, notamment une réduction du sommeil lent profond et du sommeil paradoxal. En fait, les stades du sommeil deviennent uniformes et difficiles à distinguer les uns des autres. De plus, on note à l'EEG la présence de fuseaux rapides caractéristiques, de même qu'une augmentation des activités alpha et bêta. Au cours du sevrage, le patient présente, pendant les premiers jours, une insomnie sévère de même que des cauchemars fréquents dus aux rebonds du sommeil paradoxal. La sévérité du syndrome de sevrage dépend du type d'hypnotique utilisé ainsi que de la dose et de la durée d'utilisation.

Traitement

Il est difficile de faire des recommandations générales à ce chapitre. Le traitement de l'alcoolisme comporte évidemment des difficultés spécifiques, et l'arrêt des différents médicaments mentionnés ci-dessus est fonction de la possibilité de trouver des traitements substitutifs (voir le chapitre 10). En outre, le sevrage aux hypnotiques demande certaines précautions. Habituellement, il doit être progressif : on réduit lentement la dose au début et l'on prescrit le médicament à des intervalles de plus en plus longs par la suite. Au cours de la période de sevrage, il est souvent nécessaire de revoir régulièrement le patient de façon à maintenir sa motivation. Il est certain que l'addition de quelque autre modalité de traitement, comme la thérapie de relaxation, facilite l'arrêt des hypnotiques.

Insomnie associée au syndrome des jambes sans repos

Le syndrome des jambes sans repos (*restless legs syndrome*) est décrit généralement comme une sensation profonde et diffuse de fourmillements entraînant le besoin irrésistible de bouger les jambes. « L'impatience dans les jambes » et la « bougeotte » sont des dénominations populaires de ce syndrome.

Cette condition a été identifiée comme une entité clinique indépendante par EKBOM en 1945. L'intensité des mouvements varie considérablement d'un sujet à l'autre, mais le problème, chez tous, atteint son paroxysme au moment du coucher et retarde l'endormissement, car le fait de rester immobile, les jambes allongées, est l'une des situations les plus susceptibles de faire survenir le phénomène. D'autres facteurs peuvent aggraver et même faire apparaître le syndrome, par exemple la grossesse, la consommation de boisson contenant de la caféine, la fatigue de même que l'exposition prolongée à la chaleur ou au froid excessifs. Environ un tiers des patients que nous avons vus en consultation au cours des dernières années présentaient des antécédents familiaux et, dans tous ces cas, la généalogie suggérait une transmission autosomique dominante.

Selon notre expérience, tous les patients qui souffrent du syndrome des jambes sans repos présentent également, au cours de leur sommeil, des phases de mouvements myocloniques répétés et rythmiques (MONTPLAISIR *et al.*, 1985). Cette condition, qui portait autrefois le nom de *myoclonies nocturnes*, est maintenant désignée sous le terme de **mouvements périodiques au cours du sommeil (MPS)**. Il s'agit le plus souvent d'une dorsiflexion du pied et d'une flexion de la jambe qui durent de 1 à 5 secondes et qui surviennent de façon périodique à toutes les 20 à 40 secondes, pour un total variant de 5 à 50 mouvements par heure de sommeil. Certains mouvements d'intensité plus forte peuvent provoquer des éveils répétés, surtout pendant la première moitié de la nuit, et causer ainsi une insomnie. On considère le plus souvent que le syndrome des jambes sans repos et les MPS pourraient être la cause d'environ 13 % des cas d'insomnie référés aux centres d'investigation fonctionnelle des troubles du sommeil. Ces manifestations cliniques pourraient également être associées à une plainte d'hypersomnolence au cours de la journée, hypersomnolence probablement liée à un dérèglement du sommeil nocturne. D'autre part, environ 7 % des personnes souffrant de somnolence excessive au cours de la journée présenteraient le syndrome des jambes sans repos ou les MPS (COLEMAN, 1983).

Si le diagnostic du syndrome des jambes sans repos est d'abord clinique, celui des MPS exige l'enregistrement polygraphique du sommeil et comprend, entre autres, l'EMG du muscle tibial antérieur gauche et droit. Dans ce cas, les résultats montrent à la fois une fragmentation du sommeil, qui est due aux nombreux éveils ou changements de stades, et une diminution marquée du sommeil lent profond. Il n'est pas rare cependant d'observer des patients qui présentent des MPS non accompagnés d'éveils. L'importance fonctionnelle de ces mouvements myocloniques est alors difficile à évaluer adéquatement.

Traitement

Récemment, cinq médicaments ont été étudiés et jugés efficaces pour traiter cette maladie. Ce sont le clonazépam (Rivotril®), le baclofène (Lioséral®), la carbamazépine (Tégrétol®), les opiacés et la L-dopa.

Le **clonazépam** est le médicament le plus étudié et certainement le plus employé. Selon notre expérience, environ 50 % des patients répondent bien à ce médicament lorsqu'il est pris au coucher. Le clonazépam agit sur les impatiences musculaires au cours de la journée et à l'endormissement, de même que sur les MPS.

Bien que des études contrôlées aient montré une diminution des MPS ou des éveils qui les accompagnent avec le **baclofène** et la **carbamazépine**, ces substances ont eu peu d'effets chez les patients que nous avons traités.

L'action thérapeutique des **opiacés** dans cette condition est connue depuis la description originale de cette pathologie. Par contre, les effets secondaires et, en particulier, le développement d'une dépendance à ces médicaments en ont limité considérablement l'utilisation clinique.

Dernièrement, nous avons observé que la **L-dopa** était un inhibiteur puissant des MPS et des impatiences musculaires au cours de la journée (MONTPLAISIR *et al.*, 1986). Pendant longtemps on a cru que la L-dopa avait, au contraire, un effet d'exacerbation des symptômes. Selon nous, cette contradiction apparente résulte de l'aggravation transitoire du symptôme qui se manifeste lorsque l'effet de la L-dopa diminue, soit environ 4 heures après l'administration orale de cette substance.

Puisqu'il n'existe encore aucune étude contrôlée sur les effets à long terme de la L-dopa, le clonazépam demeure, dans les cas légers ou modérés, le meilleur traitement disponible. Un traitement à la L-dopa, qui a une action thérapeutique plus puissante, pourrait être justifié dans les cas les plus sévères.

Insomnie associée à d'autres maladies

Plusieurs symptômes somatiques peuvent être responsables d'une perturbation du sommeil. Les syndromes douloureux, en particulier les douleurs musculo-squelettiques, peuvent apparaître de façon sélective pendant le sommeil, et ce, à cause des positions particulières que prend le sujet endormi. Certains troubles du sommeil s'associent aussi à la dyspnée nocturne paroxystique ou à la pollakiurie.

Toutes ces conditions doivent être recherchées lorsque le sujet se plaint d'un mauvais sommeil caractérisé par des éveils répétés au cours de la nuit, surtout chez les personnes âgées. D'autres causes d'insomnie sont également beaucoup plus fréquentes dans cette catégorie d'âges. En effet, l'incidence des apnées et des MPS augmente avec l'âge avancé, et tous ces facteurs contribuent grandement à la fréquence élevée des troubles du sommeil après 60 ans. On estime habituellement que, si la personne âgée a un sommeil ponctué d'un nombre d'éveils considérable, ce n'est pas dû uniquement aux changements physiologiques de l'organisation du sommeil, mais aussi à la présence des pathologies spécifiques que nous venons d'énumérer.

20.3.2. HYPERSOMNIES

DÉFINITION

L'hypersomnie est une incapacité à maintenir un niveau optimal de vigilance pendant la journée en dépit d'un sommeil d'une durée normale au cours du nycthémère. L'hypersomniaque consulte donc pour une hypersomnolence diurne, parfois même des accès subits et incontrôlables de sommeil, qui l'empêche d'avoir une vie sociale et professionnelle satisfaisante.

Jusqu'à tout récemment, le diagnostic d'hypersomnie reposait entièrement sur l'examen clinique. Aujourd'hui, l'hypersomnolence est couramment évaluée par trois approches distinctes : des échelles subjectives de mesure de la vigilance, des épreuves de performance psychomotrice, des mesures électrophysiologiques, en particulier le **test itératif d'endormissement** (MITLER, 1982). Ce test consiste à mesurer le temps d'endormissement au cours de chacune de 5 brèves siestes réparties à 2 heures d'intervalle au cours de la journée, après une nuit de sommeil passée au laboratoire. Un temps d'endormissement moyen inférieur à 5 minutes pour l'ensemble de ces siestes est un signe d'hypersomnie pathologique.

Contrairement à l'opinion courante, l'hypersomnie sévère n'est qu'exceptionnellement due à une maladie psychiatrique et rarement secondaire à une affection endocrinienne comme l'hypothyroïdie, le diabète ou l'hypoglycémie. On estime en général que 70 % des patients qui consultent pour une hypersomnolence diurne souffrent de l'une au l'autre des deux conditions suivantes, soit la narcolepsie et le syndrome des apnées au cours du sommeil.

CLASSIFICATION ÉTIOLOGIQUE

Narcolepsie

La narcolepsie, qui est une forme d'hypersomnie, a été identifiée comme une entité pathologique indépendante par GÉLINEAU en 1880. Cette maladie se caractérise par quatre symptômes principaux : l'hypersomnolence diurne qui culmine en des accès incontrôlables de sommeil, la cataplexie, les paralysies du sommeil et les hallucinations hypnagogiques.

Tableau clinique

L'**hypersomnolence diurne** des patients narcoleptiques se distingue par trois traits particuliers. D'abord cette somnolence excessive est présente à tout moment au cours du nycthémère. Elle est cependant plus marquée en fin de matinée ou au début de l'après-midi, et il n'est pas rare d'observer des patients dont la vigilance s'accroît en fin de journée. Une deuxième caractéristique spécifique à l'hypersomnolence diurne des patients narcoleptiques est la présence d'accès incontrôlables de sommeil. De fait, ces patients présentent des accès de sommeil dans des situations tout à fait inappropriées, par exemple en conduisant leur voiture, en mangeant ou en conversant. Même si ces accès de sommeil peuvent être subits, ils sont la plupart du temps progressifs et les patients éprouvent des signes de fatigue prémonitoires. Enfin, la dernière caractéristique de cette hypersomnolence diurne est sa disparition après une sieste, quelle que soit sa durée. En général, les patients narcoleptiques se sentent tout à fait reposés après une sieste de 5 à 10 minutes, mais cet effet récupérateur ne dure en moyenne que 1 à 2 heures, après quoi les patients redeviennent somnolents.

La **cataplexie** constitue un symptôme majeur de la narcolepsie. En effet, on ne peut qualifier de narcoleptique un patient qui ne présente pas cliniquement de signes propres aux accès de cataplexie.

Ces accès sont en réalité des chutes brusques du tonus musculaire déclenchées par des émotions soudaines comme le rire, la colère, la surprise. L'atonie musculaire peut toucher soit les muscles du visage, produisant ainsi une dysarthrie transitoire, soit les membres supérieurs ou inférieurs. Au cours d'un épisode cataplectique sévère, le patient pourra même s'écrouler sur le sol. Cet épisode est généralement de courte durée, quelques secondes tout au plus, après quoi le patient retrouve son tonus musculaire normal. Soulignons toutefois qu'en période cataplectique, la personne reste toujours consciente. Elle est donc en mesure de relater tout ce que les gens ont pu dire. Par ailleurs, il arrive à l'occasion que des patients aient des accès de longue durée, pouvant atteindre de 20 à 30 minutes. On constate alors des reprises de quelques secondes du tonus musculaire qui ont pour effet de produire des clonies du visage ou des extrémités, clonies qui peuvent ressembler, à s'y méprendre, à une crise d'épilepsie. Or, la soudaineté des attaques de cataplexie, leur étroite relation avec des émotions spécifiques, leur début et leur fin généralement bien délimités ainsi que leur courte durée sont autant d'indices révélateurs qui en facilitent l'identification.

Les hallucinations et les paralysies du sommeil sont des symptômes moins fréquents que l'hypersomnolence diurne et la cataplexie. Le **hallucinations hypnagogiques** sont presque toujours visuelles ou auditives et sont vécues par le patient dans la phase transitoire située entre l'éveil et le sommeil. En fait, il s'agit d'expériences sensorielles très claires qui ont toutes les caractéristiques du vécu réel et qui n'ont rien des rêveries imprécises accompagnant le moment de l'endormissement de la plupart des sujets normaux. Les **paralysies du sommeil** surviennent habituellement à l'endormissement, mais elles se présentent parfois au moment du réveil et sont souvent associées à des hallucinations hypnagogiques. En outre, il arrive que des patients éprouvent ces symptômes uniquement pendant la journée à l'occasion de siestes. Puisque ces situations sont souvent anxiogènes pour le patient, il est essentiel de bien le renseigner. On lui dira, entre autres, que les hallucinations hypnagogiques ne sont pas un signe de détérioration mentale et que la paralysie du sommeil n'entraîne pas de conséquences graves comme le risque de demeurer paralysé après de tels épisodes. Par ailleurs, il est bon de savoir qu'il y a une forme familiale de paralysie du sommeil qui atteint des personnes non narcoleptiques.

Il existe également d'autres symptômes de la narcolepsie, notamment les **comportements automatiques** au cours desquels les patients peuvent, malgré un état de conscience diminué, poursuivre des activités familières. Ainsi, certains patients ont déjà fait l'expérience de se retrouver dans un lieu inconnu, au volant de leur véhicule, sans savoir comment ils avaient pu s'y rendre. Enfin, la narcolepsie s'accompagne de sérieux **troubles du sommeil** qui apparaissent dès le début de la maladie et s'aggravent progressivement avec l'évolution des autres symptômes. Les patients notent qu'ils s'endorment toujours très rapidement, s'éveillent fréquemment pendant la nuit et se rendorment tout aussi rapidement. Dans certains cas, leurs éveils peuvent durer une heure, et même davantage. Les patients narcoleptiques se plaignent aussi d'une activité onirique trop intense prenant souvent la forme de cauchemars.

Épidémiologie et histoire naturelle

La narcolepsie n'est certes pas une maladie rare puisqu'elle atteint environ 1 personne sur 2000. On croit par ailleurs qu'elle touche un plus grand nombre d'hommes que de femmes, quoique cette particularité ne soit pas confirmée dans toutes les études. Bien que les premiers signes de narcolepsie apparaissent surtout à la fin de l'adolescence ou au début de la vingtaine, il arrive que certaines personnes en soient brusquement atteintes vers l'âge de 50 ou 60 ans.

L'hypersomnolence diurne et les accès incontrôlables de sommeil se manifestent presque toujours en premier. En effet, nous avons constaté que ces symptômes précèdent — souvent de 4 à 5 ans — la manifestation des troubles du sommeil nocturne, ainsi que l'apparition des accès de cataplexie. D'autre part, chez certains patients, la cataplexie apparaît 15 ou même 20 ans après le début de l'hypersomnolence diurne. Pour environ 60 % des patients que nous avons observés, les accès de cataplexie ont débuté à la suite d'événements marquants de leur vie, événements qui ont perturbé leur sommeil, par exemple une naissance, un deuil, un travail à horaire rotatif. Par ailleurs, les paralysies du sommeil et les hallucinations hypnagogiques apparaissent habituellement dès les premiers signes de la maladie et disparaissent le plus souvent après l'âge de 30 ou 40 ans, bien que cette caractéristique ne soit pas absolue.

Étiologie génétique

Il existe plusieurs évidences suggérant que la narcolepsie serait une maladie héréditaire. De fait, la prévalence de la maladie est 60 fois plus élevée dans la famille de patients narcoleptiques que dans la population en général (KESSLER *et al.*, 1974). Au cours des deux dernières années, les études génétiques à ce sujet ont pris une importance particulière. On a alors observé que tous les patients narcoleptiques étaient porteurs de l'antigène HLA-DR2 (POIRIER *et al.*, 1986), ce qui pourrait fournir dès lors un instrument additionnel de diagnostic. Il faut d'ailleurs noter que c'est la première fois qu'un tel marqueur génétique est reconnu chez 100 % des sujets atteints d'une maladie. Ces résultats remarquables sont dus en grande partie au tableau clinique très caractéristique de cette maladie, de même qu'aux méthodes diagnostiques précises qui permettent de regrouper une population très homogène de malades. Soulignons cependant que l'antigène HLA-DR2 caractérise environ 20 % de la population caucasienne et que tous les sujets qui en sont porteurs, même dans les familles de patients narcoleptiques, ne développent pas nécessairement la maladie. Dans les études en cours sur les sujets narcoleptiques, on tente de déterminer la structure spécifique de cet antigène et

d'identifier d'autres facteurs chromosomiques qui peuvent être plus directement reliés à l'apparition de la maladie.

Étiologie neurochimique

Des études neurochimiques et neuropharmacologiques faites chez l'humain (MONTPLAISIR *et al.*, 1982) suggèrent le rôle des neurones dopaminergiques dans la physiopathologie de l'hypersomnolence diurne. Par contre, la cataplexie serait associée à une diminution de la transmission sérotoninergique (MONTPLAISIR et GODBOUT, 1986). Signalons que, chez le chien naturellement cataplectique, la cataplexie répond à des agents anticholinergiques muscariniques, comme l'atropine ou la scopolamine. Ces effets n'ont pas été constatés chez l'humain narcoleptique, et nous pensons qu'il pourrait exister des différences notables entre la narcolepsie animale et la narcolepsie humaine.

Diagnostic

Le diagnostic de narcolepsie est d'abord clinique et repose sur la présence d'hypersomnolence diurne et de cataplexie comme éléments essentiels. Ce diagnostic doit ensuite être confirmé par l'enregistrement polygraphique du sommeil. À cet égard, le test itératif d'endormissement permet tout d'abord de confirmer la tendance excessive à l'endormissement. Ce test permet également de mettre en évidence un phénomène électrophysiologique très spécifique à la narcolepsie, soit le passage au sommeil paradoxal dès l'endormissement.

En effet, alors que chez les sujets non atteints ce stade du sommeil n'apparaît que 90 minutes après le début du sommeil, il survient chez les patients narcoleptiques à l'instant même de l'endormissement ou dans les 10 minutes qui suivent. Ce phénomène ne s'observe que très rarement chez les sujets normaux, sauf dans les cas de privation préalable de sommeil ou au cours du sevrage de divers médicaments. Il est à noter que le passage immédiat de l'endormissement au sommeil paradoxal est plus fréquent pendant les siestes du matin et que le nombre peut varier considérablement d'un sujet à l'autre. Un minimum de deux siestes avec endormissement en sommeil paradoxal sont nécessaires pour confirmer le diagnostic de narcolepsie.

Par ailleurs, les enregistrements de nuit confirment les observations cliniques de sévères troubles du sommeil chez les patients narcoleptiques. En effet, ces patients s'endorment rapidement et environ 40 % des endormissements nocturnes passent directement au sommeil paradoxal. Par contre, les patients narcoleptiques semblent éprouver une difficulté à demeurer en sommeil paradoxal pendant un laps de temps prolongé. Il en résulte que chaque période de sommeil paradoxal est interrompue par de nombreux éveils ou par de fréquents passages à d'autres stades du sommeil. Ce phénomène est qualifié de fragmentation du sommeil paradoxal. Nous pensons qu'il est étroitement associé à l'apparition de la cataplexie au cours de la journée (MONTPLAISIR et al., 1981).

Traitement

Les médicaments efficaces pour le traitement de l'hypersomnolence diurne n'ont en général aucun effet sur la cataplexie des patients narcoleptiques. De la même façon, les agents anticataplectiques ont peu d'effet sur l'hypersomnolence diurne de ces patients (GODBOUT et MONTPLAISIR, 1986). Par conséquent, la maladie est presque toujours traitée par l'association d'un psychostimulant, comme le méthylphénidate (Ritaline®) ou la dexamphétamine (Dexédrine®), et d'une substance exerçant un effet anticataplectique, comme certains antidépresseurs tricycliques et notamment la clomipramine (Anafranil®). L'action anticataplectique de la clomipramine se distingue clairement de son action antidépressive, puisqu'elle apparaît quelques heures seulement après le début du traitement. Des doses généralement faibles sont suffisantes pour contrôler la cataplexie. La thérapie débute le plus souvent par un dosage quotidien de 10 mg, et il est exceptionnel que l'on soit obligé d'augmenter la dose au delà de 75 mg par jour.

Syndrome des apnées au cours du sommeil

Le syndrome des apnées au cours du sommeil (SAS) est une maladie caractérisée par la présence d'un nombre élevé d'arrêts respiratoires (apnées) qui surviennent spécifiquement au cours du sommeil (KRIEGER, 1986). L'apnée se définit comme un arrêt du débit aérien naso-buccal d'une durée supérieure à 10 secondes, le critère de durée permettant de distinguer l'apnée des pauses respiratoires normales au cours du sommeil. Le diagnostic du SAS repose sur un indice d'apnées (nombre d'apnées par heure de sommeil) supérieur à 5.

On distingue trois types d'apnées. Les **apnées centrales ou diaphragmatiques** se caractérisent par l'absence totale d'effort respiratoire, alors que les **apnées périphériques ou obstructives**, plus fréquentes, s'en distinguent par le maintien, voire un accroissement de l'effort respiratoire. Les **apnées mixtes** conjuguent les particularités des deux types précédents. Elles débutent généralement comme les apnées centrales, puis les mouvements respiratoires réapparaissent comme lors des apnées obstructives. Les apnées obstructives et mixtes s'accompagnent généralement d'hypoxémie - hypercapnie et peuvent entraîner des complications cardio-vasculaires. Elles causent notamment de l'hypertension (intrathoracique, pulmonaire et artérielle périphérique) ainsi que des arythmies cardiaques (asystolies, extrasystoles, blocs auriculo-ventriculaires de type 2). L'incidence du SAS augmente avec l'âge (atteignant 30 % chez les personnes de plus de 60 ans) et on l'observe plus souvent chez l'homme.

Tableau clinique

Les patients consultent habituellement pour de l'hypersomnolence diurne et la plupart ne sont pas conscients de leur problème de sommeil. En général, l'hypersomnolence de ces patients n'a pas le caractère impérieux des attaques de sommeil du sujet narcoleptique, mais elle est tout de même souvent confirmée par le test itératif d'endormissement. Occasionnellement, certains patients qui semblent plus sensibles aux perturbations de leur sommeil de nuit font de l'insomnie la raison même de leur consultation. En outre, il semble possible que le SAS avec insomnie soit plus fréquemment associé aux apnées centrales. Parmi les autres symptômes qui composent le tableau clinique du SAS, mentionnons les céphalées au réveil, les troubles de l'attention et de la mémoire, l'irritabilité et la diminution de la libido.

Chez l'enfant, le tableau clinique du SAS est différent : en plus de l'hypersomnolence diurne, on y découvre des troubles de l'apprentissage, un retard staturo-pondéral et psychomoteur, une puberté souvent retardée et une énurésie secondaire.

Physiopathologie

Des conditions pathologiques spécifiques conduisent chacune aux apnées centrales et aux apnées périphériques. Les apnées centrales résultent d'un trouble de contrôle de la respiration par suite d'une atteinte le plus souvent localisée dans le tronc cérébral. Dans le cas de la poliomyélite bulbaire par exemple, on relève des apnées au cours du sommeil, non seulement pendant la phase active de la maladie, mais également après la réapparition d'une respiration normale au cours de la veille.

En ce qui concerne les apnées obstructives, l'obstruction est généralement située au niveau de l'oropharynx. Les causes de cette obstruction peuvent être une malformation des voies respiratoires supérieures (comme la micrognathie ou la rétrognathie), une hypertrophie des amygdales, ou encore une infiltration graisseuse de l'oropharynx observée notamment chez les sujets obèses. L'étiologie peut être multifactorielle ; par exemple, l'obésité deviendra une cause du SAS si le sujet a déjà une conformation particulière des voies respiratoires supérieures qui le prédispose au développement d'irrégularités respiratoires au cours du sommeil.

Diagnostic

L'investigation nocturne des patients soupçonnés de SAS comprend, en plus des paramètres habituels (EEG, EOG et EMG) et de l'ECG, l'enregistrement de nombreuses variables respiratoires dont le débit aérien naso-buccal (par thermocouples ou par mesure du CO_2 expiré), l'effort respiratoire (par sangles thoraco-abdominales, ballon œsophagien ou EMG des muscles intercostaux) et la saturation sanguine en oxygène (par oxymétrie percutanée) au cours du sommeil. En outre, on utilise fréquemment la céphalométrie pour évaluer de façon quantitative l'espace aérien au niveau de l'oropharynx supérieur et inférieur.

Traitement

Dans tous les cas où l'on suspecte un SAS de nature obstructive, on doit toujours d'abord encourager l'élimination des facteurs aggravants. On sait en outre que les dépresseurs du SNC, et en particulier la combinaison benzodiazépine - alcool, favorisent l'obstruction des voies respiratoires supérieures et élèvent le seuil d'éveil. Il a aussi été démontré que le décubitus dorsal facilite l'obstruction ; une méthode d'entraînement à l'évitement de cette position de sommeil est actuellement à l'étude dans certains laboratoires.

Dans le cas des sujets obèses, on doit les informer à la fois des complications possibles associées au SAS et de l'importance du régime alimentaire dans le traitement de leur maladie. Il est rare cependant que cette dernière mesure en vienne à contrôler les apnées au cours du sommeil. En effet, une perte de poids considérable est habituellement nécessaire pour modifier le syndrome, mais les patients obèses ont souvent beaucoup de difficultés à perdre du poids. Après un traitement chirurgical par contre, il n'est pas rare d'observer une perte de poids spectaculaire, comme si l'obésité et les apnées du sommeil se renforçaient mutuellement. Il y aurait lieu de croire en effet que l'anoxie cérébrale associée au SAS toucherait l'hypothalamus et pourrait causer le dérèglement du comportement alimentaire responsable de l'obésité. L'hypersomnolence résultant du SAS chez les patients obèses réduirait à son tour l'activité physique de façon considérable et contribuerait ainsi à accroître le gain de poids.

Une fois le diagnostic confirmé, on peut faire appel à trois types d'approche pour le traitement du SAS. L'**approche pharmacologique** a pour but d'augmenter la sensibilité des centres respiratoires et vise donc d'abord les victimes d'apnées centrales. La protriptyline (Triptil®) et la médroxyprogestérone (Provera®) ont une telle propriété mais les résultats obtenus sont irréguliers.

Parmi les **traitements « mécaniques »** du SAS, retenons entre autres la stimulation phrénique, seul traitement capable de contrôler efficacement les apnées centrales. Malheureusement, cette approche encore expérimentale a le défaut paradoxal d'augmenter la possibilité d'apnées obstructives. Dans les cas d'apnées obstructives, l'administration d'un flot aérien continu par voie nasale, connu sous le nom de CPAP (*Continuous Positive Airway Pressure*), permet d'inhiber l'affaissement des voies respiratoires supérieures associé aux apnées obstructives. Son principal inconvénient est l'utilisation obligatoire d'un équipement spécialisé embarrassant (compresseur, tube et masque).

Les **traitements chirurgicaux** visent essentiellement la correction de malformations des voies respiratoires supérieures dans les cas d'apnées obstructives. Jusqu'à récemment, la principale approche était la trachéotomie, grâce à laquelle le patient pouvait ouvrir une canule trachéale pendant la nuit, outrepassant l'obstruction, et la fermer pendant la journée de façon à retrouver l'usage de la parole. Cette intervention comportait néanmoins de graves risques postopératoires, car l'implantation d'une canule trachéale chez le patient obèse entraînait des problèmes mécaniques et conduisait

à des complications sérieuses. Il existe d'autres types d'intervention dont la plus courante est l'uvulo-palato-pharyngoplastie. Cette opération a pour but de corriger les anomalies morphologiques de l'oropharynx et d'enlever tout excédent de tissus adipeux à ce niveau. Enfin, une autre intervention est l'avancement mandibulaire par lequel l'angle de la mâchoire, après résection d'un segment de la branche horizontale du maxillaire inférieur, est déplacé vers l'avant, ce qui augmente le diamètre des voies aériennes.

Hypersomnie périodique ou maladie de KLEINE-LEVIN

Selon la description classique, ce syndrome plutôt rare se caractérise par la survenue d'épisodes récurrents de somnolence, d'anorexie, de mégaphagie et de troubles du comportement, notamment l'hypersexualité. Ces épisodes, durant plusieurs jours, apparaissent à des intervalles irréguliers allant de quelques mois à quelques années.

À l'origine, on a insisté sur quatre critères essentiels au diagnostic de la maladie (CRITCHLEY, 1962) : 1) début pendant l'adolescence ; 2) prépondérance ou exclusivité du sexe masculin ; 3) apparition rapide de la somnolence qui persiste quelques jours pour disparaître spontanément ; 4) hyperphagie, qui est davantage une mégaphagie compulsive qu'une boulimie véritable. Des études plus récentes s'opposent toutefois à cette conception restrictive de la maladie. Plusieurs ne voient pas dans le sexe masculin et la mégaphagie des critères importants du diagnostic.

Aujourd'hui, la plupart des auteurs s'entendent pour regrouper, sous le même vocable, toutes les formes d'hypersomnie périodique. Il est à noter qu'il existe une relation entre cette maladie et la psychose maniaco-dépressive, et que certains cas ont été traités avec succès par le carbonate de lithium. Il existe également une forme particulière d'hypersomnie périodique qui est associée aux menstruations et qui répond au traitement par les œstrogènes (BILLIARD *et al.*, 1975).

Hypersomnie idiopathique

Tableau clinique

Ce diagnostic est posé pour des patients chez qui l'investigation en laboratoire a confirmé la plainte d'hypersomnolence diurne sans montrer les signes spécifiques de la narcolepsie (incluant l'absence de relation avec l'antigène HLA-DR2) ou du SAS.

Contrairement à l'hypersomnie périodique, l'hypersomnie idiopathique touche un nombre important de personnes. En effet, environ 20 à 25 % des patients investigués pour hypersomnie dans notre Centre présentent le tableau clinique correspondant à cette condition. Cette population possède des caractéristiques cliniques qui n'ont malheureusement pas été bien décrites dans les travaux scientifiques. Il s'agit très souvent de sujets jeunes (âgés de 16 à 30 ans) qui développent une hypersomnolence sans aucun lien apparent avec la survenue d'événements particuliers dans leur vie personnelle. Dans certains cas, il existe des problèmes psychosociaux mais ils ne semblent pas directement associés à l'apparition et à l'évolution de la maladie. L'examen psychiatrique ne met pas en lumière une psychopathologie spécifique chez ces patients et l'administration du MMPI révèle chez plusieurs des valeurs élevées dans différentes échelles, notamment celles de dépression et d'hypocondrie. Aucune étude systématique n'a cependant été entreprise dans ce sens.

Lors du test itératif d'endormissement, ces sujets s'endorment très rapidement mais les siestes n'ont pas le caractère bref et restaurateur ni ne présentent d'endormissement en sommeil paradoxal, comme celles que font les patients narcoleptiques. L'enregistrement du sommeil de nuit met d'autre part en évidence un sommeil que l'on pourrait qualifier de supranormal. En effet, ces patients dorment plus longtemps, s'éveillent moins souvent, ont plus de sommeil lent profond et montrent une efficacité du sommeil supérieure à celle de sujets normaux. Conséquemment, le diagnostic est basé entièrement sur le tableau clinique d'hypersomnie idiopathique et sur la présence de latences d'endormissement très brèves lors du test itératif d'endormissement.

Traitement

Il n'y a pas de traitement spécifique pour cette condition, bien qu'on recommande parfois l'ordonnance de faibles doses de psychostimulants comme le méthylphénidate (Ritaline®) ou la dexamphétamine (Dexédrine®). Le patient utilisera ce médicament avant d'entreprendre des activités qui exigent une vigilance accrue ou qui comportent des risques d'accidents. Bien que la majorité des patients répondent initialement de façon favorable à la médication, ils développent souvent une tolérance rapide aux psychostimulants, laquelle est renversée par un sevrage de 2 ou 3 semaines.

Hypersomnies secondaires et organiques

Plusieurs maladies neurologiques ou psychiatriques, notamment les migraines et les maladies dépressives, peuvent s'accompagner d'hypersomnolence diurne ou de sommeil nocturne prolongé. L'hypersomnie peut également résulter de l'utilisation d'agents pharmacologiques comme les tranquillisants mineurs et les hypnotiques à longue durée d'action. L'ingestion répétée de fortes doses de psychostimulant ou de caféine peut paradoxalement causer une hypersomnolence au cours de la journée. Dans tous les cas de plaintes d'hypersomnolence, on devra donc être vigilant afin de déceler ces causes parfois dissimulées.

Les hypersomnies dites organiques sont habituellement secondaires à des tumeurs, à des lésions vasculaires ou à des traumatismes situés dans la région mésodiencéphalique du tronc cérébral, entraînant un trouble du système réticulaire activateur responsable du maintien de l'éveil (BROUGHTON, 1972). Les encéphalopathies infectieuses et toxiques de même que divers troubles endocriniens et métaboliques peuvent aussi engendrer une hypersomnie.

20.3.3. PARASOMNIES

On peut généralement définir les parasomnies comme une manifestation de phénomènes paroxystiques qui apparaissent exclusivement au cours du sommeil ou qui sont aggravés durant cette période. Un certain nombre de ces manifestations surviennent spécifiquement au cours du sommeil à ondes lentes, d'autres au cours du sommeil paradoxal, d'autres enfin ne sont pas rattachées à un stade spécifique du sommeil.

PARASOMNIES DU SOMMEIL À ONDES LENTES

Plusieurs phénomènes nocturnes paroxystiques comme le somnambulisme, les terreurs nocturnes et l'énurésie apparaissent presque exclusivement dans les premières heures qui suivent l'endormissement, plus précisément lors d'un éveil interrompant le sommeil lent de stade 4. Cette dernière constatation a mené BROUGHTON (1968) à poser l'hypothèse que ces parasomnies devraient être reconnues comme un trouble du mécanisme de l'éveil. Lorsqu'il est éveillé en sommeil lent de stade 4, le parasomniaque se trouverait dans un état modifié de la conscience, état responsable de ces manifestations pathologiques. Puisque le somnambulisme représente en quelque sorte le prototype des parasomnies du sommeil à ondes lentes, nous en ferons une description plus exhaustive.

Somnambulisme

Définition

Le somnambulisme est habituellement défini comme un ensemble de manifestations psychomotrices qui surviennent au cours du sommeil (MONTPLAISIR et DEMERS, 1983). On reconnaît trois types principaux de somnambulisme :
— le **somnambulisme psychophysiologique** qui apparaît surtout chez l'enfant et qui peut persister jusqu'à l'âge adulte ;

— le **somnambulisme épileptique** où l'épisode de somnambulisme peut représenter une crise psychomotrice ;
— le **somnambulisme hystérique** où les gestes sont plus précis, la coordination motrice normale et les mouvements orientés vers un but qui peut facilement être identifié.

À ces trois formes s'ajoutent les déambulations nocturnes des personnes âgées atteintes du syndrome cérébral organique. Nous nous limiterons ici au somnambulisme psychophysiologique.

Il faut distinguer le somnambulisme infantile du somnambulisme adulte. Le premier débute généralement vers l'âge de 5 ou 6 ans et le problème disparaît le plus souvent au cours de l'adolescence. Il est parfois accompagné d'énurésie et s'associe d'ordinaire à un retard de maturation du système nerveux central sans trouble majeur de la personnalité. Le second se manifeste plus tardivement, vers l'âge de 15 ou 16 ans. Le symptôme apparaît fréquemment en association avec un traumatisme psychologique identifiable et ces patients présentent une incidence plus élevée de troubles psychiques que les enfants.

Épidémiologie

Le somnambulisme infantile survient dans la plupart des cas entre 6 et 12 ans. On considère d'emblée que 15 % des enfants présenteront au moins une fois un accès somnambulique et que le phénomène deviendra régulier chez environ 4 %. Les données épidémiologiques pour l'adulte sont toutefois incertaines, car la plupart des cas ne sont pas portés à l'attention du médecin. D'autre part, le somnambulisme est souvent associé à d'autres maladies du sommeil, en particulier l'énurésie et les terreurs nocturnes, et 58 % des enfants somnambules présenteraient d'autres troubles du sommeil. Il n'est pas rare par exemple qu'un enfant soit énurétique jusqu'à l'âge de 6 ou 7 ans et que le somnambulisme apparaisse au moment où cesse ce symptôme.

Un autre aspect important du somnambulisme est l'incidence familiale élevée de parasomnie. En effet, 80 % des enfants somnambules ont des antécédents familiaux de somnambulisme ou de terreurs nocturnes. Selon certaines études, un enfant a six fois plus de risques d'être somnambule si son père ou sa mère est somnambule. En outre, 47 % des jumeaux homozygotes seraient concordants pour le somnambulisme comparativement à 7 % des jumeaux hétérozygotes, ce qui tendrait à souligner l'importance des facteurs génétiques dans cette condition.

Tableau clinique

Le somnambule se lève à peu près toujours dans la première moitié de la nuit et, le plus souvent, moins de 3 heures après l'endormissement. L'épisode peut varier de quelques minutes à 30 minutes, bien qu'il soit généralement difficile d'en préciser la durée exacte. Lorsqu'on observe le somnambule, son aspect extérieur est celui d'une personne éveillée capable de répondre à certaines questions ou à certains ordres, bien que cela puisse l'ennuyer ou même l'irriter. Son langage est d'ordinaire monosyllabique. Le somnambule est conscient de l'environnement, mais il semble être indifférent à ce qui l'entoure. Son activité motrice est dans l'ensemble normale quoique limitée et souvent automatique. On note un ralentissement moteur de même que de légers troubles de coordination. Habituellement, le somnambule retourne de lui-même à son lit ou obéit à une suggestion dans ce sens.

Même si le somnambule est confus lors d'un éveil provoqué au cours d'un épisode, on ne doit pas hésiter à le réveiller s'il se trouve dans une situation délicate. Il n'est pas rare en effet que le somnambulisme conduise à des comportements dangereux comme la déambulation sur des balcons, l'utilisation d'ascenseurs, la manipulation d'appareils ménagers, ou bien à des comportements agressifs envers l'entourage ou encore à des accidents graves comme la défenestration. On constate par ailleurs une diminution des perceptions douloureuses au cours des épisodes somnambuliques. Le patient peut s'infliger des blessures corporelles sans manifester de signes de douleur et sans pour autant que ses blessures n'interrompent le déroulement de l'épisode. Ce sont les accidents consécutifs aux déambulations nocturnes qui incitent les patients à consulter et qui rendent un traitement nécessaire.

Il n'y a pas de remémoration de rêves lors d'un éveil provoqué pendant un épisode de somnambulisme et l'on observe une amnésie rétrograde des déambulations nocturnes lorsque le patient s'éveille spontanément le matin. Cette amnésie rétrograde semble diminuer avec l'âge, de sorte que le somnambule adulte peut garder un souvenir vague de l'épisode nocturne. Ce souvenir est fragmentaire et ne survient pas à chaque occasion, mais il tranche avec l'amnésie complète qui est observée dans la forme infantile.

Physiopathologie

Il existe une controverse quant au niveau de vigilance qui accompagne un épisode de somnambulisme. Nous savons que la plupart des déambulations nocturnes sont précédées de bouffées d'ondes EEG lentes et de grande amplitude. Par contre, le tout début de l'épisode lui-même s'accompagne du passage à un stade de sommeil plus léger. Bien que dans certains cas les ondes lentes persistent pendant quelque temps après le début de l'épisode, l'activité EEG du somnambule est celle d'un sujet éveillé dans la majorité des cas. La présence d'un éveil au début de la déambulation nocturne et la persistance d'un EEG d'éveil au cours de l'épisode appuient l'hypothèse de BROUGHTON (1968), supposant un trouble des mécanismes de l'éveil.

Diagnostic

Le diagnostic différentiel du somnambulisme est souvent celui de l'épilepsie temporale. La distinction entre ces deux conditions ne semble pas toujours facile à établir. Par exemple, on remarque dans les deux conditions une amnésie rétrograde et une confusion à la fin de l'épisode. Plusieurs chercheurs ont d'autre part souligné l'incidence élevée de potentiels EEG anormaux chez les patients somnambules. Certains chercheurs en ont conclu que le somnambulisme, même en l'absence de signes électrographiques spécifiques, pouvait représenter une forme particulière d'épilepsie. Il est à noter que cette position ne correspond pas à l'expérience clinique où il est inhabituel de trouver un tracé EEG caractéristique d'épilepsie chez un malade qui consulte pour le somnambulisme. On doit se rappeler toutefois que les deux conditions peuvent exister chez un même patient.

Certaines distinctions spécifiques permettent habituellement au clinicien de poser le bon diagnostic uniquement à partir du questionnaire. On se rappellera d'abord que les épisodes de somnambulisme sont habituellement isolés et situés presque exclusivement dans le premier tiers de la nuit, alors que dans l'épilepsie temporale la distribution des crises est plus diffuse et la fréquence plus élevée. De plus, le somnambule revient habituellement à son lit et peut répondre adéquatement aux questions, alors que le patient épileptique ne répond pas aux stimuli externes et que ses comportements moteurs sont plus stéréotypés et moins adaptés à l'environnement.

Traitement

Le somnambulisme infantile ne demande pas de traitement spécifique mais peut profiter de mesures préventives. On recommande par exemple de placer l'enfant dans un environnement sécuritaire, afin d'éviter qu'il ne se blesse. Il est aussi très important qu'on rassure les parents et l'enfant, car l'anxiété a pour effet d'aggraver le symptôme. Il est d'ailleurs bien connu que des facteurs psychologiques peuvent augmenter la fréquence des crises nocturnes, par exemple au moment des examens scolaires ou lors de difficultés familiales.

Chez l'adulte, trois approches thérapeutiques se sont révélées efficaces pour traiter le somnambulisme. Il y a d'abord l'**approche pharmacologique** par des benzodiazépines comme le diazépam (Valium®). Ces substances ont pour effet de diminuer ou de supprimer complètement le sommeil des stades 3 et 4, ce qui est généralement efficace pour contrôler les accès somnambuliques. Le plus souvent, les épisodes somnambuliques réapparaissent à l'arrêt du traitement.

Une autre méthode thérapeutique est la **psychothérapie**. Aucune approche psychothérapeutique spécifique pour le traitement du somnambulisme n'a été éprouvée expérimentalement, mais plusieurs thérapeutes ont rapporté une disparition du symptôme au cours d'une thérapie.

La dernière approche, l'**hypnose**, présente un intérêt plus spécifique. En effet, le traitement par l'hypnose repose sur la ressemblance comportementale qui existe entre le patient somnambule et le sujet en transe hypnotique. De plus, les patients somnambules semblent particulièrement sensibles à l'hypnose et il s'est avéré possible, par suggestion hypnotique, d'inciter le patient à rester au lit ou à y retourner dès le début de l'épisode.

Terreurs nocturnes

Souvent associées au somnambulisme, les terreurs nocturnes se caractérisent par un état de peur extrême. Habituellement, le patient pousse un cri strident et s'éveille brusquement. À ce moment, on note une activation autonomique intense avec tachycardie, tachypnée et sudation profuse. Le sujet est alors généralement confus et cette confusion peut persister plusieurs minutes après la fin de l'épisode. Par la suite, le patient ne peut rapporter un rêve précis, mais il a souvent le souvenir d'une vision terrifiante qu'il ne peut décrire avec précision. Cette dernière caractéristique permet entre autres de distinguer la terreur nocturne du cauchemar (KAHN *et al.*, 1978). Comme les accès somnambuliques, les terreurs nocturnes surviennent pendant le sommeil à ondes lentes et sont dans la plupart des cas précédées à l'EEG de bouffées d'ondes lentes de grande amplitude. Cette condition répond aux mêmes traitements que le somnambulisme.

Énurésie nocturne

L'énurésie nocturne atteint environ 15 % des enfants de 5 ans ou moins et sa fréquence diminue avec l'âge. Elle est associée à un éveil lors du sommeil à ondes lentes, au même titre que le somnambulisme et les terreurs nocturnes. On sait que des troubles psychologiques et des facteurs situationnels, comme la naissance d'un frère ou d'une sœur, ou encore la perte d'un parent, peuvent engendrer un comportement régressif et être à l'origine de l'énurésie nocturne. Dans de tels cas, une approche psychothérapeutique est tout indiquée (DOLEYS, 1979). On doit aussi être sensible à la possible apparition subséquente de somnambulisme. Dans tous les cas, il sera d'abord important de s'assurer que l'énurésie n'est pas causée par une pathologie primaire spécifique au système urinaire.

PARASOMNIES DU SOMMEIL PARADOXAL

Il existe d'autres manifestations pathologiques qui surviennent spécifiquement pendant le sommeil paradoxal, notamment les cauchemars, les érections nocturnes douloureuses et les migraines nocturnes latéralisées d'origine vasculaire. Il n'y a pas de traitement éprouvé pour ces conditions, mais on a observé à l'occasion des succès thérapeutiques avec les antidépresseurs tricycliques, en particulier la clomipramine (Anafranil®), lesquels réduisent plutôt le sommeil paradoxal que le sommeil lent.

AUTRES PARASOMNIES

Parmi les parasomnies qui ne sont pas spécifiquement reliées à un stade du sommeil en particulier, on note surtout la somniloquie, le bruxisme et les rythmies nocturnes.

Somniloquie

La somniloquie, c'est-à-dire le fait de parler au cours du sommeil, apparaît plus souvent lors du sommeil lent que lors du sommeil paradoxal. Elle coexiste souvent avec une autre parasomnie du sommeil à ondes lentes chez un même individu (ARKIN, 1978). Lorsque la somniloquie survient durant le sommeil paradoxal, elle interrompt momentanément l'atonie musculaire, laquelle réapparaît dès l'arrêt de la production verbale. En de tels cas, la structure syntaxique est correcte et les inflexions de la voix sont normales. Durant le sommeil lent, au contraire, la somniloquie se présente comme une émission rapide de mots dont le caractère est explosif. Il n'existe pas de traitement spécifique pour la somniloquie et les patients eux-mêmes sont habituellement ignorants du phénomène. Ce sont plutôt les proches qui le remarquent.

Bruxisme nocturne

Le bruxisme nocturne, c'est-à-dire le grincement des dents au cours du sommeil, résulte de la contraction répétée des muscles masticateurs. Il survient le plus souvent lors du sommeil lent et tend à diminuer lors du sommeil paradoxal, compte tenu de l'atonie musculaire caractérisant ce moment. Ce phénomène est plus fréquent chez l'enfant. Il peut entraver le déroulement normal du sommeil et entraîner une sensation de fatigue pendant la veille, des douleurs maxillo-faciales et des problèmes dentaires. On observe parfois ce symptôme lors de traitements à la L-dopa ou aux psychostimulants comme le méthylphénidate et les amphétamines — substances qui ont pour effet d'accroître la transmission dopaminergique dans le système nerveux central. On peut donc émettre l'hypothèse que le mécanisme responsable du bruxisme serait lié à une hyperactivité des neurones dopaminergiques.

Le bruxisme peut être associé à la fois à trois types de facteur : physique, neurophysiologique et psychologique ; ce dernier, sous forme de tension émotionnelle, semble être reconnu comme prédominant (GLAROS et RAO, 1977). Un certain succès thérapeutique a été obtenu par le recours à des méthodes de biofeedback.

Rythmies nocturnes

Les rythmies nocturnes sont désignées chez les auteurs anglosaxons par les termes de *body rocking* ou de *head banging*, et ce, selon l'intensité du phénomène et les parties du corps qu'il atteint. Les rythmies nocturnes peuvent être associées à une psychopathologie sévère de l'enfant, souvent en rapport avec une privation parentale en bas âge ; on les remarque fréquemment chez les enfants en institution. Par contre, les rythmies nocturnes peuvent apparaître chez des enfants qui ne présentent aucune histoire de carence affective et pour lesquels l'approche thérapeutique est incertaine (FREIDIN *et al.*, 1979).

BIBLIOGRAPHIE

ANDERS, T. *et al.*
1971 *A Manual of Standardized Terminology, Techniques and Criteria for Scoring of States of Sleep and Wakefulness in Newborn Infants*, Los Angeles, UCLA Brain Information Service, NINDS Neurological Information Network.

ARKIN, A.M.
1978 « Sleep Talking », *The Mind in Sleep : Psychology and Psychophysiology* (A.M. Arkin *et al.*), Hillsdale, New Jersey, Lawrence Erlbaum, p. 513-532.

ASSOCIATION OF SLEEP DISORDERS CENTERS
1979 « Diagnostic Classification of Sleep and Arousal Disorders », *Sleep*, vol. 2, p. 1-137.

BENOIT, O.
1984 *Physiologie du sommeil*, Paris, Masson.

BILLIARD, M. *et al.*
1975 « A Menstruation-linked Periodic Hypersomnia », *Neurology*, vol. 25, p. 436-443.

BIXLER, E.O. *et al.*
1979 « Sleep Disorders Encountered in Medical Practice : A National Survey of Physicians », *Behav. Med.*, vol. 6, p. 1-6.

BORBÉLY, A.A. et A. WIRZ-JUSTICE
1982 « A Two Process Model of Sleep Regulation. II. Implications for Depression », *Hum. Neurobiol.*, vol. 1, p. 205-210.

BROUGHTON, R.
1968 « Sleep Disorders : Disorders of Arousal ? », *Science*, vol. 159, p. 1070-1078.

1972 « Sleep and Neurological States », *The Sleeping Brain. Perspective in the Brain Sciences* (M.H. Chase, édit.), vol. 1, Los Angeles, Brain Information Service/Brain Research Institute, p. 363-376.

1982 « Human Consciousness and Sleep/Waking Rhythm : A Review and Some Neuropsychological Considerations », *J. Clin. Neuropsychol.*, vol. 5, p. 193-213.

CARSKADON, M.A.
1982 « The Second Decade », *Sleeping and Waking Disorders : Indications and Techniques* (C. Guilleminault, édit.), Palo Alto, Addison Wesley, p. 99-122.

COLEMAN, R.M. *et al.*
« Epidemiology of Periodic Movements During Sleep », *Sleep/Wake Disorders. Natural History, Epidemiology and Long-term Evolution* (C. Guilleminault et E. Lugaresi, édit.), New York, Raven Press, p. 217-229.

CRITCHLEY, M.
1962 « Periodic Hypersomnia and Megaphagia in Adolescent Males », *Brain*, vol. 85, p. 627-656.

DOLEYS, D.M.
1979 « Assessment and Treatment of Childhood Enuresis », *Clinical Treatment and Research in Child Psychopathology* (A.J. Finch et P.C. Kendall, édit.), New York, Spectrum, p. 207-233.

FREIDIN, M.R. *et al.*
1979 « Nocturnal Head Banging as a Sleep Disorder : A Case Report », *Am. J. Psychiatry*, vol. 136, p. 1469-1470.

GLAROS, A.G. et S.M. RAO
1977 « Bruxism : A Critical Review », *Psychol. Bull.*, vol. 84, p. 767-781.

GODBOUT, R. et J. MONTPLAISIR
1986 « The Effect of Zimelidine, a Serotonin-reuptake Blocker on Cataplexy and Daytime Sleepiness of Narcoleptic Patients », *Clin. Neuropharmacol.*, vol. 9, p. 46-51.

HEALEY, E.S. *et al.*
1981« Onset of Insomnia : Role of Life-stress Events », *Psychosom. Med.*, vol. 43, p. 439-451.

HOBSON, J.A. et R.W. McCARLEY
1977 « The Brain as a Dream State Generator : An Activation-synthesis Hypothesis of the Dream Process », *Am. J. Psychiatry*, vol. 134, p. 1335-1348.

JOUVET, M.
1984 « Mécanismes des états de sommeil », *Physiologie du sommeil* (O. Benoit, édit.), Paris, Masson, p. 1-29.

KAHN, E. *et al.*
1978 « Night Terrors and Anxiety Dreams », *The Mind in Sleep : Psychology and Psychophysiology* (A.M. Arkin *et al.*), Hillsdale, New Jersey, Lawrence Erlbaum, p. 533-548.

KALES, A. *et al.*
1983 « Rebound Insomnia and Rebound Anxiety : A Review », *Pharmacology*, vol. 26, p. 121-137.

KESSLER, S. *et al.*
1974 « A Family Study of 50 REM Narcoleptics », *Act. Neurol. Scand.*, vol. 50, p. 503-512.

KRIEGER, J.
1986 « Le syndrome d'apnées du sommeil de l'adulte », *Bull. Eur. Physiopathol. Respir.*, vol. 22, p. 147-189.

KRIPKE, D.F. *et al.*
1979 « Short and Long Sleep and Sleeping Pills », *Arch. Gen. Psychiatry*, vol. 36, p. 103-116.

KUPFER, D.J.
1976 « REM Latency : A Psychobiologic Marker for Primary Depressive Disease », *Biol. Psychiatry*, vol. 11, p. 159-174.

McCARLEY, R.W. et S.G. MASSAQUOI
1986 « A Limit Cycle Mathematical Model of the REM Sleep Oscillator System », *Am. J. Physiol.*, vol. 251, p. R1011-R1029.

MITLER, M.M.
1982 « The Multiple Sleep Latency Test as an Evaluation for Excessive Somnolence », *Sleeping and Waking Disorders : Indications and Techniques* (C. Guilleminault, édit.), Palo Alto, Addison Wesley, p. 145-153.

MONTPLAISIR, J.
1981 « Dépression et rythmes biologiques : effets thérapeutiques de la privation de sommeil », *L'union médicale du Canada*, vol. 110, p. 272-276.

MONTPLAISIR, J. et L. DEMERS
1983 « Le somnambulisme », *L'union médicale du Canada*, vol. 112, p. 619-623.

MONTPLAISIR, J. et R. GODBOUT
1986 « Serotoninergic Reuptake Mechanisms in the Control of Cataplexy », *Sleep*, vol. 9, p. 280-284.

MONTPLAISIR, J. *et al.*
1981 « Nocturnal Sleep of Hypersomniacs : A Positive Correlation Between REM Fragmentation and Cataplexy », *Sleep Res.*, vol. 10, p. 148.

1982 « Narcolepsy and Idiopathic Hypersomnia : Biogenic Amines and Related Compounds in CSF », *Neurology*, vol. 32, p. 1299-1302.

1984 « Insomnia : A Therapeutic Dilemma », *Ann. RCPSC*, vol. 17, p. 405-409.

1985 « Familial Restless Legs With Periodic Movements in Sleep : Electrophysiologic, Biochemical, and Pharmacologic Study », *Neurology*, vol. 35, p. 130-134.

1986 « Restless Legs Syndrome and Periodic Movements in Sleep : Physiopathology and Treatment with L-dopa », *Clin. Neuropharmacol.*, vol. 9, p. 456-463.

MOURET, J.
1982 « Fondements biologiques de la privation de sommeil dans le traitement des dépressions », *Encéphale*, vol. 8, p. 229-250.

MURRI, L. *et al.*
1984 « Dream Recall in Patients With Focal Cerebral Lesions », *Arch. Neurol.*, vol. 41, p. 183-185.

POIRIER, G. *et al.*
1986 « HLA Antigens in Narcolepsy and Idiopathic Central Nervous System Hypersomnolence », *Sleep*, vol. 9, p. 153-158.

RECHTSCHAFFEN, A. et A. KALES
1968 *A Manual of Standardized Terminology, Techniques and Scoring System for Sleep Stages of Human Subjects*, Los Angeles, Brain Information Service/Brain Research Institute, University of California at Los Angeles.

CHAPITRE 21

URGENCES PSYCHIATRIQUES

HENRI GRIVOIS

M.D.
Psychiatre, chef de service à l'Hôtel-Dieu de Paris
Professeur au Collège des médecins des hôpitaux de Paris

CLAUDE VANIER

M.D., L.C.M.C., C.S.P.Q., F.R.C.P.(C)
Psychiatre, chef du Département de psychiatrie de l'hôpital Louis-H. Lafontaine (Montréal)
Chargé de formation clinique à l'Université de Montréal

PLAN

21.1.
GÉNÉRALITÉS

La spécificité de l'activité psychiatrique dont nous traiterons réside dans les situations dites d'urgence plus que dans la nosographie psychiatrique. L'omnipraticien y apparaît souvent désarmé de son savoir médical et donc aussi de son savoir-faire (aptitude) et de son savoir-être (attitude). Cette absence de référence technique l'engage alors à avancer à tâtons, au cours d'engagements intenses mais brefs, où il sert de médiation entre un patient, un groupe familial et un hôpital.

21.1.1. DÉCISIONS ET PARADOXES DE LA PSYCHIATRIE D'URGENCE

L'omnipraticien peut être appelé d'urgence sans pour autant que le trouble relève d'une catégorie diagnostique ou même d'un trouble mental (code V du DSM-III). Plus que psychiatriques, appels et secours sont alors psychologiques, mais la différence — surtout à chaud — reste difficile à établir.

Retirer à un malade le pouvoir et parfois le droit d'utiliser son langage comme tout un chacun et s'en remettre au psychiatre pour le décoder, officialise le fait psychiatrique. Le praticien doit peser les conséquences et les risques de cette grave décision parfois inéluctable et nécessaire.

Si un malade n'a jamais eu de contact avec un psychiatre, le premier appel s'adresse à l'omnipraticien. Si le malade est suivi par un psychiatre, il devrait savoir où s'adresser. Or, précisément, il se détourne momentanément de cette orientation. Comment sortir de cette contradiction ? Quelle chance reste-t-il au psychiatre d'être présent au moment où ces malades peuvent avoir le plus besoin de lui ? L'expression « urgence psychiatrique » implique, à quelques exceptions près, que le malade confus, réticent ou hostile ne se trouve pas déjà en milieu psychiatrique. Y serait-il qu'alors la notion même d'urgence psychiatrique s'atténuerait fortement.

La question comme l'oscillation fondamentale de ces situations est la suivante : l'omnipraticien (ou l'intervenant quel qu'il soit) doit-il assumer la pleine responsabilité des soins du malade ou, simplement médiateur, le diriger vers l'hôpital ? La réponse dépend de chaque cas mais également de la personnalité du praticien et de la proximité des ressources hospitalières.

21.1.2. ORGANICITÉ

L'urgence d'allure psychiatrique peut osciller du médical au psychiatrique. Devant un tableau psychiatrique aigu, l'étiologie ou la participation organiques risquent d'être négligées. L'erreur peut ici engager le pronostic vital ; le patient intéresse donc autant l'omnipraticien que le psychiatre. Mais, dans le domaine des erreurs ou des négligences, il n'y a pas de symétrie ; en effet, la jurisprudence est plus sévère pour les erreurs médicales et les omissions organiques, dont les conséquences sont mesurables. L'omnipraticien doit donc effectuer un bilan physique approprié et éliminer diverses pathologies organiques avant de référer le cas au psychiatre (voir le tableau 21.1.). Ce dernier, lors de son évaluation, sera lui aussi très attentif aux signes et aux symptômes susceptibles d'être reliés à une pathologie organique car le psychiatre demeure avant tout médecin. C'est ce qui lui donne sa spécificité par rapport aux autres professionnels de la santé mentale.

21.1.3. URGENCE PSYCHIATRIQUE ET MÉDICO-SOCIALE

Le travail psychiatrique en urgence comporte presque toujours une dimension sociale. Le service social fait face aux aspects les plus concrets de l'existence du malade. L'omnipraticien peut agir comme travailleur social, mais si le fait de régler seul des questions où s'entremêlent pathologie organique, problématique socio-économique et vécu imaginaire garantit contre le morcellement, cela ne compense pas le manque d'informations. Au sujet des ressources précises d'assistance et des soins, seul un service social pourra le renseigner efficacement.

21.1.4. URGENCE À L'HÔPITAL GÉNÉRAL

Un malade étiqueté comme « psychiatrique » est souvent abandonné au psychiatre et risque d'être coupé de la médecine. En milieu hospitalier, il faut se méfier de la fermeture des spécialités sur elles-mêmes. C'est un des rôles majeurs du psychiatre à l'hôpital général de se tenir en alerte et de mobiliser ses collègues omnipraticiens et spécialistes au moindre soupçon d'organicité, surtout à l'urgence.

21.2.
REFUS DES SOINS PAR LE PATIENT

Cette situation déroutante pour l'omnipraticien comme pour les autres spécialistes doit être analysée avec précision. Une telle démarche permettra au clinicien de poursuivre une action sans être trop atteint émotivement par l'apparente hostilité du patient ; elle facilitera également l'amorce d'un dialogue plus proche de la réalité vécue par le malade. Le fait de reconnaître, même schématiquement, la forme de différents refus de soins peut être d'un grand secours en situation d'urgence.

La peur de la psychiatrie reste très largement répandue. Elle entraîne parfois des refus énergiques de recours à cette spécialité. Cette peur peut devenir pathologique et délirante tout en continuant de répondre à une certaine logique :

- Le *mélancolique* se dit incurable et coupable, tout effort thérapeutique est donc ressenti comme non mérité et accentue culpabilité et indignité.

Tableau 21.1. ÉVALUATION PHYSIQUE DE BASE EFFECTUÉE PAR L'OMNIPRATICIEN AVANT DE RÉFÉRER LE PATIENT AU PSYCHIATRE

EXAMEN PHYSIQUE ET ANAMNÈSE

S'enquérir des informations suivantes :

- origine précise du malade ;
- activité en cours lors des premières manifestations des symptômes psychiatriques (ex. : inhalations toxiques, chute sur la tête, etc.) ;
- ordre d'apparition des symptômes ;
- antécédents personnels et familiaux.

EXAMEN PHYSIQUE ET PARACLINIQUE

Examen physique minutieux qui sera complété, au moindre doute, par les tests nécessaires :

- glycémie ;
- numération - formule sanguine ;
- électrolytes ;
- créatininémie ;
- radiographie du crâne ;
- radiographie des poumons ;
- ECG si nécessaire ;
- recherche de toxiques dans les urines, surtout si le malade est seul ;
- fond d'œil et ponction lombaire non systématiques, comme l'EEG et le scanner, après élimination des causes non neurologiques.

- Le *maniaque* craint que les soins ne lui retirent son masque de fortune triomphant et défensif. Il se sent trop restreint dans le cadre thérapeutique.
- Le *psychotique* voit dans le psychiatre un individu mettant en danger le système précaire de retour à la réalité qu'il a ébauché dans une organisation délirante incertaine et mobile.
- Le *paranoïde* refuse les soins avec la conviction absolue de n'être pas malade. Il doit se défendre contre les autres qui selon lui l'agressent.

Tous ces patients ont en commun l'absence d'autocritique de leur état pathologique, et ce n'est pas un des moindres paradoxes de leur position que d'accepter malgré tout le séjour en service psychiatrique ou au moins le dialogue avec un psychiatre ou un autre médecin.

Comme les traits de chacun s'exacerbent dans les périodes aiguës, la rencontre avec l'omnipraticien est alors moins problématique que le recours au psychiatre. En effet, dans l'expérience délirante aiguë, la solution du patient lui paraît, bien sûr, la meilleure ; à l'opposé, l'effort thérapeutique du psychiatre est à ses yeux dangereux. Pourquoi l'omnipraticien, passant au large du délire, est-il vu de façon moins inquiétante ? Parce qu'il n'atteint pas directement la fracture psychique. Le patient l'a effectivement réduite par un procédé primaire et maladroit ; il craint une approche intempestive, tout comme le fracturé redoute la mobilisation à vif de son foyer de fracture lors d'un examen radiologique. Les questions touchant de trop près l'essentiel donnent à penser au malade que des soins peuvent détruire le fragile équilibre qu'il a trouvé dans le délire. Le praticien doit aborder ce type de malade avec prudence, avec des questions simples, des termes familiers qui l'amènent lentement à considérer que l'action thérapeutique peut comporter des éléments rassurants.

21.3.
PSYCHIATRIE D'URGENCE ET RELATION PATIENT - MÉDECIN

Les praticiens appelés à régler des situations difficiles, hors de tout protocole médical, doivent tenir compte de leurs propres réactions. En effet, s'il existe des individus sympathiques, d'autres le sont moins et, en dehors même de ce fait, tout patient est susceptible d'éveiller, chez le soignant, des images et des sentiments inattendus. Le mimétisme affectif est l'un des pièges de l'urgence psychiatrique : ainsi peut-on adopter les convictions victimaires d'un

sujet persécuté, se décourager avec un mélancolique et se laisser manipuler par un ... manipulateur.

Or, il s'agit en toutes ces situations de conserver son *autonomie* de jugement et d'action.

Peur, élan fusionnel, désir de gratifier, de protéger ou de fuir sont des sentiments légitimes mais à ne pas méconnaître. Il importe donc que le clinicien identifie bien ces éléments de contre-transfert dans sa relation avec le patient à l'urgence. Il doit à tout prix éviter de sombrer dans la persécution, le découragement ou la manipulation. Il doit d'abord être capable de prendre une distance devant ces sentiments qui surgissent, puis, par la suite, de savoir les utiliser en tant qu'outils dans le diagnostic et dans le traitement.

Une psychanalyse personnelle ne met pas à l'abri de l'embarras, tout au plus permet-elle, à postériori, de s'en dégager plus vite. À côté de la compétence et de l'habileté, la capacité de n'être pas débordé par son émotivité repose sur la juste appréciation de ses propres limites, sans accablement ni culpabilité. Si le clinicien doit savoir avancer aux côtés du malade, il doit aussi savoir reculer, conclure et se retirer.

Ces réserves et ces règles de prudence ne devraient pas servir d'alibi à des interventions hâtives et bâclées. Un premier entretien peut être d'une grande fécondité, ouvrir des perspectives psychodynamiques et dépasser le cadre des plaintes et des symptômes. Une action bien menée peut être efficace, sans déboucher pour autant sur une relation personnalisée et approfondie. *Le rôle de premier intervenant n'est jamais négligeable.*

21.4.
PATIENT CONFUS

21.4.1. TABLEAU CLINIQUE

Le délirium du DSM-III correspond, dans la terminologie française, au syndrome confusionnel.

Tableau 21.2. ÉTIOLOGIE À ENVISAGER DEVANT UN PATIENT CONFUS

EN L'ABSENCE D'ORIENTATION

1) Ne pas oublier :
   — l'hypoglycémie (surtout avant midi) ;
   — les causes toxiques et médicamenteuses ;
   — les causes plus rares
     • neurologiques,
     • endocriniennes,
     • métaboliques.

2) Faire la part des manifestations d'origine psychique mimant un désordre organique ou psychiatrique :
   — somatisations diverses de l'angoisse ;
   — troubles simulés ou factices ;
   — véritables conversions (hystériques), plus rares.

3) Ne pas omettre l'existence de pathologies mixtes ou associées.

La notion même de confusion doit entraîner le transport d'urgence à l'hôpital général :
1) Le confus est presque toujours amené par un tiers.
2) Le diagnostic ne fait guère de doute :
   — mimique hébétée, étonnée, égarée ;
   — comportement gestuel et verbal perturbé, discontinu, agité.
3) Seules posent de réels problèmes les formes mineures variables ou à éclipses, nécessitant une exploration minutieuse des fonctions cognitives. Il faut se méfier des réponses à côté données par des sujets sourds ou simplement durs d'oreille.

21.4.2. CONDUITE À TENIR

Le médecin aborde le malade en s'efforçant de saisir :

— la désorientation dans le temps et l'espace, et l'amnésie (tableau 21.2.) ;
— la dissolution de l'état de conscience entrecoupée de quelques secondes de perplexité anxieuse quand le sujet réalise en partie son trouble ;
— les vagues de production onirique visuelles et auditives qui s'organisent parfois en ébauches délirantes à thèmes variés, non systématisées, suggestives.

À l'hôpital, on veillera à placer le malade dans un endroit calme, avec un éclairage tamisé, et à lui éviter surtout toute contention ou un isolement strict.

21.4.3. DIAGNOSTIC DIFFÉRENTIEL

ALCOOLISME*

Les alcooliques fournissent le principal contingent des malades confus.

Ivresse ou intoxication alcoolique

Cette condition engendre parfois un état confusionnel transitoire qui régresse en quelques heures, suivi d'amnésie.

Comme critères diagnostiques, on note une ingestion récente d'alcool et des conséquences néfastes sur le comportement : jugement altéré, propension à l'agression, atteinte du fonctionnement social et occupationnel. À l'examen, on remarque au moins un des signes physiques suivants : trouble d'articulation sur le plan verbal (dysarthrie), incoordination motrice, démarche instable, nystagmus, rougeurs faciales. Quant aux signes psychiques, ils sont de différents ordres : variation de l'humeur, irritabilité, loquacité, trouble de l'attention.

_____

* Voir aussi le chapitre 10.

Il s'agit d'une situation fréquente qui peut entraîner des complications sérieuses. En effet, une très grande proportion des accidents de la route, des meurtres et des suicides est associée à cette condition.

Hallucinose alcoolique

Il s'agit d'un état relativement rare où le patient présente des hallucinations auditives, habituellement 48 heures après la cessation ou la réduction de sa consommation d'alcool.

De façon caractéristique, les hallucinations sont dérangeantes et très déplaisantes pour le patient. Habituellement, le patient adhère à ses hallucinations et, si celles-ci le menacent, il cherchera à obtenir la protection de la police ou pourra devenir très agressif. Occasionnellement, des hallucinations visuelles de même que des convulsions peuvent accompagner le tableau. On remarque parfois une évolution vers le délirium avec, à ce moment-là, une altération de la conscience.

Dans la plupart des cas, l'évolution vers la guérison peut se faire en quelques jours. Par contre, dans 10 % des cas, le tableau persiste pendant plusieurs semaines au moins, donnant lieu parfois au développement d'une forme chronique. Il devient alors difficile d'établir une différence avec la schizophrénie du point de vue clinique ; l'établissement de l'histoire de cas sera donc ici primordial.

Le traitement s'appuie sur un contrôle de l'anxiété et de l'agitation incluant le repos, la réhydratation, les suppléments vitaminiques et nutritionnels. L'utilisation des neuroleptiques est parfois nécessaire.

Confusion alcoolique

Mis à part les deux entités décrites ci-dessus, le médecin doit aussi penser au syndrome de KORSAKOFF et à l'encéphalopathie de WERNICKE.

L'encéphalopathie hépatique est aussi à envisager selon la chronicité et la présence de cirrhose.

Délirium tremens

Le délirium tremens constitue une entité sévère de sevrage alcoolique qui peut parfois mener à la mort ; en plus de présenter un état confusionnel, le patient se montre très paranoïde et accuse souvent une grande frayeur. Cette situation constitue une urgence médicale et le patient nécessite une surveillance étroite. Le traitement comprendra l'utilisation de benzodiazépines (chlordiazépoxide, de 25 à 50 mg, ou diazépam, de 5 à 10 mg toutes les deux ou quatre heures jusqu'à suppression des symptômes ; la dose est ensuite réduite de moitié, à trois ou quatre fois par jour). L'hydratation et l'administration de thiamine, de 100 à 200 mg, peuvent aussi faire partie du traitement.

AUTRES DIAGNOSTICS

Selon la présence ou non de sueurs et/ou de tremblements, on procédera à une classification schématique qui permettra de préciser le diagnostic.

Confusion avec tremblements et sueurs

- Hypoglycémie } Hypothermie
- Prédélirium tremens et délirium tremens
- Fièvre infectieuse } Hyperthermie
- Hyperthyroïdie
- Sevrage de drogues
- Intoxication par le plomb, saturnisme
- Intoxication par les bromures (ex. : achat par les personnes âgées de sédatifs au comptoir, sans prescription). } Température normale

Confusion avec tremblements sans sueurs

* Hypocalcémie
* Barbituriques en intoxication chronique
* Bismuth
* Lithium (très rare)
* Atropine, belladone
* Antiparkinsoniens : tableau de délire subaigu chez un sujet ne présentant pas de signes évocateurs d'un éthylisme chronique avec euphorie.

Confusion sans tremblements ni sueurs

1) **Maladies**

   * Insuffisance rénale anurique
   * Insuffisance surrénalienne aiguë ou subaiguë
   * Accident des corticoïdes (maladie d'ADDISON déséquilibrée à l'occasion d'un stress ou d'une infection)
   * Hypercalcémie
   * Épilepsie postictale, hypertension intracrânienne, hydrocéphalie, tumeur au cerveau, encéphalite
   * Pancréatite aiguë
   * Toutes les causes de collapsus (et notamment l'infarctus du myocarde à forme confuse et à douleur décapitée).

2) **Intoxications**

   * LSD, haschisch, cocaïne, opium
   * Monoxyde de carbone
   * Tricycliques (assez fréquent) surtout chez le sujet âgé et l'alcoolique, corticoïdes, aminophyline
   * Solvants chlorés et notamment l'éthylène glycol (dans les antigels) qui produit un syndrome de KORSAKOFF aigu
   * Benzol, organophosphorés.

Il faut savoir reconnaître, en outre, l'existence d'épisodes confusionnels postopératoires d'étiologie parfois complexe et mixte.

Affections cérébrales et endocriniennes ou métaboliques

* Hémorragie méningée ou méningite aiguë
* Accidents vasculaires
* Traumatisme crânien où la confusion incite à rechercher un hématome avant de diagnostiquer un œdème cérébral ou un syndrome émotionnel post-traumatique, survenant parfois après un intervalle libre
* Tumeurs cérébrales, non pas tant frontales que temporales et basales
* États confusionnels épileptiques, soit états confuso-oniriques faisant suite à une crise ou à une série de crises, soit états crépusculaires causant une obnubilation à début soudain, à durée brève, suivie d'amnésie
* Crise aiguë basedowienne, myxœdème, hypocorticisme, hyperparathyroïdie
* Porphyrie aiguë
* Insuffisance respiratoire avec hypercapnie.

21.4.4. ÉTIOLOGIE PSYCHIATRIQUE

La confusion peut apparaître dans certaines affections psychiatriques, comme symptôme d'accompagnement chez les sujets âgés, mais aussi dans les bouffées délirantes, la schizophrénie, les psychoses post-partum. Certains accès mélancoliques ou maniaques revêtent une symptomatologie confuso-onirique. On peut aussi observer des états où la conscience est dite crépusculaire. Des psychoses hystériques évoquent la confusion mentale. Le contexte de ces tableaux cliniques conduit au diagnostic mais ne permet pas de négliger l'examen clinique à la recherche d'une pathologie organique associée.

L'épuisement et l'insomnie peuvent à eux seuls, chez des sujets fragiles, engendrer des manifestations assez proches de la confusion.

21.5.
PATIENT ANGOISSÉ*

Trois tableaux cliniques peuvent être distingués.

21.5.1. CRISE D'ANXIÉTÉ GÉNÉRALISÉE

Le malade en proie à un sentiment de danger indéfinissable, centré sur une impression d'anéantissement physique (peur de mourir, d'étouffer, de s'évanouir) ou psychique (peur de devenir fou), se plaint de palpitations, d'une sensation de boule dans la gorge, de précordialgie, de striction gastrique, mais aussi de dépersonnalisation, de crainte de perdre conscience ou contrôle de lui-même. Il réclame souvent des examens médicaux : prise de tension artérielle, ECG, scanner, etc., et peut masquer son angoisse par des termes tels que : vertige, douleur, palpitation. Le trouble d'anxiété généralisée du DSM-III s'intègre dans ce tableau.

DIAGNOSTIC DIFFÉRENTIEL

Angoisse liée à une situation

Le fait d'établir un lien entre l'angoisse et le conflit aide à la résolution de cette condition. On doit penser aux crises conjugales et familiales, à la période d'adolescence, à des événements comme le mariage, une séparation, une rupture, enfin aux situations de compétition mal assumées (trouble de l'adaptation du DSM-III).

---

* Voir aussi le chapitre 7.

Angoisse liée au surmenage

Elle est due à l'épuisement, à l'exaspération ou aux stresseurs répétés (*burn-out*).

Manifestations anxieuses post-traumatiques

Elles se produisent à la suite d'un accident, d'une catastrophe, d'un traumatisme physique (état de stress post-traumatique du DSM-III).

Angoisse et affections organiques

Après la cinquantaine surtout, la plus grande prudence s'impose, car on sait l'intrication fréquente de l'agitation et de l'angoisse avec des affections organiques telles qu'une embolie pulmonaire, un infarctus du myocarde, la perforation d'un ulcère, etc.

Crises d'angoisse iatrogènes

1) Un certain nombre de médicaments peuvent être anxiogènes : corticoïdes, amphétamines, certains tuberculostatiques, antidépresseurs, neuroleptiques, surtout les incisifs.

2) Le médecin lui-même peut être à l'origine d'une angoisse par maladresse (énoncé de soupçons diagnostiques ou évocation d'une intervention chirurgicale ou d'une hospitalisation).

3) Au cours d'affections somatiques graves, l'angoisse peut être liée à la peur de la mort certes, mais aussi et surtout à la peur d'être abandonné par le médecin.

4) Paradoxalement, le patient, à l'annonce qu'il n'a rien, peut interpréter cette nouvelle comme la conviction qu'il a une maladie incurable contre laquelle on ne peut rien et qu'on veut lui cacher (troubles somatoformes, hypocondrie).

5) Il faut aussi envisager la possibilité d'une symptomatologie anxieuse lors de l'arrêt brutal d'un traitement aux benzodiazépines (anxiété de

rebond). Ces décompensations sont d'autant plus marquées que la demi-vie du produit est plus courte.

Décompensations névrotiques aiguës

- **Troubles phobiques** L'angoisse est ici liée à une situation ou à une personne précises, mais n'existe plus en leur absence ... Bon nombre de crises d'angoisse vécues à l'hôtel, dans la rue, le train, l'avion sont de ce type ... Phobies simples, phobies sociales ou agoraphobies, elles sont souvent associées entre elles et soulagées artificiellement par l'alcool (DSM-III).
- **Comportement obsessionnel** Chez certains sujets, l'angoisse est canalisée grâce à un mode de vie organisé. Toute dérogation ou imprévu déclenche la crise d'angoisse. Ainsi en est-il de certaines crises d'angoisse dues au repos forcé, à un changement d'habitude professionnelle ou d'appartement (trouble obsessionnel-compulsif du DSM-III).
- **Comportement dépendant** Le sujet se défend de l'angoisse grâce à une relation affective d'allure infantile avec une personne. Celle-ci vient-elle à s'éloigner, est-elle absente, les crises d'angoisse se déclenchent (trouble d'adaptation avec humeur anxieuse chez une personnalité dépendante).

CONDUITE À TENIR

Après avoir écarté l'entourage et limité la dramatisation, il importe de prévenir le malade du temps approximatif dont on dispose afin de ne pas provoquer de ruptures brusques et inattendues car l'entretien est vécu à lui seul comme un soulagement.

- **L'entretien unique** peut suffire, accompagné ou non d'un traitement anxiolytique.
- Le **programme d'entretien** en clinique externe participe aussi à la cure de ces états et à la prophylaxie des rechutes.

- **Quand adresser le malade au psychiatre ?** Ce problème peut se poser (après élimination d'organicité) :
  a) du fait de la répétition des crises ;
  b) parce que l'angoisse survient sur un terrain manifestement psychotique ;
  c) parce qu'on a l'impression que cette angoisse est peut-être le début d'un processus schizophrénique ou dépressif majeur.

21.5.2. TROUBLE : PANIQUE*

Il s'agit d'une entité clinique décrite récemment, distincte des autres troubles d'anxiété. L'élément central consiste en attaques d'anxiété récurrentes, sans événement précipitant, de façon spontanée, avec des sentiments de panique et de terreur. S'ajoutent différents symptômes associés tels que : dyspnée, palpitations, douleurs thoraciques et inconfort, vertige, déréalisation, paresthésie, bouffées de chaleur et de froid, transpiration, impression d'évanouissement, tremblements ou secousses musculaires, peur de mourir, de devenir fou ou de commettre un acte non contrôlé au cours d'une attaque. Selon le DSM-III, le patient doit présenter au moins quatre de ces symptômes durant une attaque typique et accuser au moins trois attaques de panique durant une période de trois semaines.

Les symptômes se présentent en crescendo pour atteindre un sommet après une dizaine de minutes.

DIAGNOSTIC DIFFÉRENTIEL

Seront éliminés différents problèmes physiques tels que l'hyperthyroïdie, l'hypothyroïdie, l'hyperparathyroïdie, le prolapsus de la valve mitrale, les problèmes d'arythmie cardiaque, l'insuffisance coronarienne, le phéochromocytome, l'hypoglycémie.

---

* Voir le chapitre 7, section 7.5.1.

le vertige vrai, le sevrage à certaines drogues et le sevrage alcoolique. Du côté des diagnostic psychiatriques, le tableau clinique ne doit pas être secondaire à l'anxiété généralisée, aux troubles dépressifs, à la schizophrénie, aux troubles de dépersonnalisation, aux troubles somatoformes ou aux troubles de personnalité.

CONDUITE À TENIR

Bien des fois le patient qui se présente à l'urgence en est à sa première attaque de panique. La crise est souvent déjà dissipée lorsque l'équipe soignante évalue le patient, compte tenu de l'apparition soudaine et la durée limitée de la crise, soit entre vingt et trente minutes. Le patient tente de convaincre le personnel de l'urgence de l'extrême acuité du problème médical qu'il a vécu. Même si le plus souvent cette entité survient chez des jeunes femmes dans la vingtaine, apparemment en bonne santé, l'omnipraticien éliminera d'abord un problème cardiaque ; il constatera alors que les examens de laboratoire s'avèrent normaux. Le diagnostic est rarement établi après un premier épisode. Lors d'une deuxième attaque, le patient peut se représenter à l'urgence et, encore une fois, les différents examens cliniques et de laboratoire peuvent être normaux.

Par ailleurs, si le patient est vu en crise et qu'il manifeste de l'hyperventilation, il est contre-indiqué, pour réduire les symptômes, d'utiliser la méthode dite « du sac ». En effet, cette manœuvre aura pour effet d'accentuer la symptomatologie en provoquant l'augmentation du taux sanguin de lactate. Il est préférable alors d'utiliser une benzodiazépine à action rapide comme le lorazépam per os, sous-lingual ou intramusculaire à raison d'une dose de 2 à 4 mg : il aura pour effet de faire cesser la crise mais sans pour autant prévenir l'apparition d'autres attaques.

Il importe donc que le clinicien pense à ce diagnostic à ce stade et qu'il réfère le patient à un consultant externe de psychiatrie pour investiga-tion et traitement. Malheureusement, ce diagnostic est encore trop souvent négligé et différentes approches inadéquates sont alors suggérées : psychothérapies variées ou conseils au patient de prendre des vacances ...

Une fois le patient référé à la clinique externe et l'investigation pour élimination des autres diagnostics terminée, on pourra envisager un traitement pharmacologique : d'abord l'alprazolam (Xanax®) ou le clonazépam (Rivotril®) qui auront pour effet de prévenir d'autres attaques de panique éventuelles ; les patients ne répondant pas à cette médication pourront être traités avec un antidépresseur tel que l'imipramine et, en cas d'échec, avec un IMAO tel que la phénelzine (Nardil®) ou la toloxatone (en France).

21.5.3. CRISE D'ANGOISSE MAJEURE

Cette condition est aussi désignée par l'expression « crise d'intensité psychotique » et se caractérise par les symptômes suivants :
— un sentiment d'anéantissement imminent ;
— une sensation de morcellement, d'éclatement, voire de décomposition :
— une angoisse d'une intensité extrême qui peut se communiquer à l'examinateur d'autant plus que le sujet est quasi mutique.

CONDUITE À TENIR

Ces manifestations entrent dans le cadre des psychoses aiguës ou chroniques (psychose brève ou atypique du DSM-III). Elles nécessitent une consultation rapide en psychiatrie et, si possible, l'administration immédiate d'une médication neuroleptique.

En dehors de causes psychiatriques, on doit tenter de déceler certaines causes organiques (troubles mentaux organiques du DSM-III) :
— l'hypoglycémie ;
— des toxiques comme l'alcool, le haschisch, le LSD, la cocaïne, la phencyclidine (PCP), l'éther,

le monoxyde de carbone, les solvants chlorés d'usage professionnel ou domestique ;
— les sevrages toxicomaniaques au début (y compris le prédélirium tremens), de diagnostic parfois difficile parce que le malade, dominé par son angoisse, peut taire son intoxication chronique ;
— l'éphédrine ;
— les corticoïdes ;
— l'atropine, le sulfure de carbone (solvant industriel qui provoque, en outre, une hyperesthésie génitale et une sensation de froid au scrotum ou aux grandes lèvres que l'on prend à tort pour délirantes, dans les intoxications quantitativement modérées) ;
— l'hypertension intracrânienne, l'hypertension artérielle maligne, le syndrome de Ménière, les hypotensions (hémorragies internes indolores, leucémies, maladie de Hodgkin) où la crise anxieuse peut être au-devant du tableau clinique pendant les heures qui précèdent le choc et le coma ;
— les encéphalites virales.

21.6.
PATIENT AGITÉ ET AGRESSIF

21.6.1. TABLEAU CLINIQUE

On distinguera :
— l'*agitation pure*, perturbation du comportement moteur, gesticulation plus ou moins coordonnée ;
— l'*agitation agressive* qui peut succéder à la précédente ;
— l'*attitude menaçante* qui n'est pas à proprement parler une agitation mais qui, plus que toute autre, fait craindre l'imminence d'un passage à l'acte.

Calme ou agité, mutique ou véhément, le patient représente ici pour plusieurs l'image même de la maladie mentale et entretient parmi le public et chez l'omnipraticien la peur du malade mental. L'omnipraticien, pas plus que le psychiatre, n'a à se montrer plus brave qu'il ne faut. L'un et l'autre ont droit à la peur.

Situation rare, la dangerosité n'appartient pas en propre à une maladie mentale, ni même à la maladie mentale.

Dans le cadre de l'urgence, le risque d'homicide, c'est-à-dire l'agressivité à l'encontre de l'intégrité physique, voire de la vie d'autrui, représente la préoccupation essentielle de l'équipe soignante. Il est essentiel d'évaluer la dangerosité réelle moins de la personne que de la situation, d'autant qu'il existe fréquemment une sommation de facteurs (par exemple une ivresse pathologique chez une personnalité revendicatrice ou jalouse).

21.6.2. CONDUITE À TENIR

Il importe que le clinicien évite de se laisser gagner par les sentiments ambiants et de se précipiter sur un traitement symptomatique sédatif, un moyen de contention ou un corps-à-corps. Les réactions intempestives vis-à-vis du malade entretiennent, voire aggravent, son état en le confirmant parfois dans sa propre crainte. Certaines agitations constituent des témoignages, elles ont un rôle cathartique et, à ce titre, quasi fonctionnel.

Le médecin doit préciser le but de sa visite et être avant tout rassurant. Il ne lui appartient pas de maîtriser physiquement un malade agité. Il doit donc prévoir éventuellement de l'aide parmi les personnes les moins troublées de l'entourage, une médication, voire un moyen de contention provisoire. Le sujet peut être agité mais non agressif, ce qui ne l'empêchera pas parfois de devenir dangereux lorsqu'on va tenter de mettre fin à son agitation. La simple démonstration de force de quelques personnes calmes et décidées permet souvent d'éviter tout pugilat.

L'examinateur doit observer, écouter le discours du patient, l'orienter discrètement au besoin, lui montrer par quelques mots que sa conduite actuelle lui paraît sinon justifiée, tout au moins explicable.

L'examen physique, indispensable, est encore la meilleure approche pour se faire accepter comme médecin.

Ces quelques minutes d'écoute et d'observation permettront quelquefois au clinicien de mettre en évidence :
— des troubles de la marche, un trouble de la coordination ;
— une dysarthrie, une asymétrie faciale, une dystonie ;
— une inégalité pupillaire ;
— un strabisme ;
— un tremblement ;
— des sueurs profuses, etc.

21.6.3. ÉTIOLOGIE PSYCHIATRIQUE

AGITATION MANIAQUE

Dans la plupart des cas, l'état maniaque exige l'hospitalisation en milieu psychiatrique ; on peut ainsi le traiter et éviter les conséquences qui pourraient résulter des troubles du comportement du malade (démarches inopportunes, scandales, dilapidation de ses biens, etc.). De tels patients sont parfois épuisants, peuvent devenir menaçants, violents et s'opposeront à toute idée de soins. D'un maniement difficile, ils nécessitent quelquefois des interventions para- ou extra-médicales : infirmiers, ambulanciers, voire policiers.

On doit savoir que des symptômes en tous points semblables peuvent être provoqués par l'hypoglycémie, l'alcool, les amphétamines, le LSD, le haschisch (crise de rire incoercible), le saturnisme, les tumeurs frontales, l'hypocalcémie, l'avitaminose B$_6$, l'intoxication à la cocaïne.

AGITATION CARACTÉRIELLE

Exacerbée par des situations stressantes ou imprévues, elle survient chez les patients à personnalité limite, hystérique ou psychopathique, et associe à un comportement théâtral des accusations intempestives et exagérées concernant l'entourage, voire rapidement l'interlocuteur. Une attitude neutre est nécessaire car, pour peu que l'intervenant pris à partie cherche à se défendre ou à répondre au patient de la même façon, il perd toute confiance aux yeux de ce dernier et provoque les actes. Il ne lui reste plus que le choix entre la répression ou la fuite.

De tels comportements ne sont pas attribuables systématiquement à un trouble mental (code V du DSM-III).

*AGITATION DÉLIRANTE**

Ce sont les débuts de la schizophrénie qui causent les plus gros risques. Haines, attachements subits, ces sentiments précipitent parfois le malade à frapper, voire à tuer, surtout dans sa propre famille où il est de plus en plus isolé.

L'agitation peut prendre une coloration nettement anxieuse chez certains mélancoliques, certains dépressifs névrotiques, certaines personnes séniles et chez les toxicomanes en état de sevrage.

21.6.4. ÉTIOLOGIE ORGANIQUE

ALCOOLISME

L'éthylisme est l'agent principal de la violence chez la majorité des malades dangereux. La personnalité y joue aussi un rôle fondamental. À l'inverse, lorsqu'on essaie d'évaluer la dangerosité d'un patient, il faut tenir compte d'une alcoolisation surajoutée dans les cas suivants :

---

* Voir la section 21.7., « Patient délirant et halluciné ».

— l'*alcoolisme chronique*, qui cause des problèmes médico-légaux, la perte du sens moral ;

— certaines *ivresses à début brutal*, de type raptus, qui mettent d'emblée le malade au comble de la fureur (le tableau peut se limiter à ce déchaînement, régressant en quelques heures, mais il n'est pas rare que s'insinuent une ou plusieurs idées délirantes qui peuvent être à l'origine de réactions meurtrières brutales ou suicidaires) ;

— l'*intoxication alcoolique pathologique*, où l'on observe des comportements agressifs ou violents vis-à-vis de l'entourage, après l'ingestion récente d'alcool en quantité insuffisante pour provoquer une intoxication chez la plupart des individus ;

— les *délires confuso-oniriques* (voir la section 21.4., « Patient confus »).

Conduite à tenir

Tous ces états doivent être dirigés d'urgence vers un hôpital général dans une ambulance ayant un personnel entraîné.

TOXICOMANIE

La phencyclidine (PCP), de plus en plus utilisée, peut mener à des comportements d'autant plus violents que ce produit a un effet anesthésiant. L'intoxication par le PCP ressemble, plus que celle par le LSD, à un processus schizophrénique, en raison de la prédominance des troubles de la pensée sur les troubles perceptuels. On observe parfois de l'ataxie, du nystagmus, de l'hypertension. La réponse aux attitudes rassurantes des soignants peut être paradoxale et entraîner une augmentation de l'angoisse et de l'anxiété. L'utilisation de contraintes physiques est souvent nécessaire pour diminuer le comportement violent.

Les substances sympathicomimétiques (par exemple l'éphédrine, la dopamine) sont formellement contre-indiquées, en raison du risque de potentialisation de l'effet hypertenseur du PCP. En cas d'intoxication massive, la surveillance des signes vitaux et de l'état de conscience est essentielle. L'administration de chlorure d'ammonium favorisera l'élimination du PCP par l'acidification des urines. Les benzodiazépines, en cas d'angoisse majeure, et surtout l'halopéridol, semblent les produits les plus actifs. Les neuroleptiques moins incisifs tels que la chlorpromazine sont à éviter du fait qu'ils peuvent potentialiser les effets anticholinergiques de la phencyclidine (PCP).

Les autres drogues hallucinogènes énumérées ci-dessous sont plus rarement en cause dans l'agitation :

— le cannabis (consommation élevée et prolongée) ;
— le monoxyde de carbone ;
— les corticoïdes ;
— les amphétamines ;
— certains antituberculeux ;
— les benzodiazépines (des réactions de rage paradoxale ont été rapportées ; voir le chapitre 35).

ÉPILEPSIE

La personnalité de l'épileptique, volontiers caractériel, joue un rôle dans une éventuelle dangerosité. C'est dans les formes temporales, où les détériorations mentales et les troubles du caractère sont les plus graves, que l'on observe :

— soit des accès d'automatisme redoutables avec impulsions clastiques, suicidaires, sexuelles et meurtrières ;
— soit des états crépusculaires, caractérisés par une obtusion intellectuelle survenant brusquement après une ou plusieurs crises.

Les fantasmes affluent et plus rien n'existe de la retenue habituelle. Aussi peut-on voir des conduites agressives, parfois sauvages et dramatiques.

Conduite à tenir

Les deux derniers tableaux imposent à l'évidence l'isolement, même de courte durée. Si les barbituriques représentent le traitement de fond de l'épilepsie, ils ne sont d'aucun secours ici. Pour contrôler l'épisode de crise, une fois que le patient aura été isolé, le diazépam (Valium®), de 5 à 15 mg p.o., ou le clonazépam (Rivotril®), de 0,5 à 2 mg p.o., pourront s'avérer efficaces pour diminuer l'agitation. L'absorption de diazépam par voie intramusculaire étant erratique, le lorazépam (Ativan®), de 2 à 4 mg i.m., s'avère indiqué lorsqu'on choisit la voie parentérale.

L'entrevue à l'urgence, une fois la crise dissipée, visera à aider le patient et sa famille à identifier les situations qui déclenchent les épisodes de violence. Sur le plan pharmacologique, comme traitement préventif à long terme, la carbamazépine (Tégrétol®), à raison de 200 mg b.i.d. ou t.i.d., semble être le traitement de choix chez ces patients.

CERTAINES AFFECTIONS GÉNÉRALES ET MÉTABOLIQUES

- Hypoglycémie +++ qui libère l'agressivité et peut revêtir une allure très violente
- Troubles électrolytiques (hypercalcémie)
- Porphyrie aiguë
- Défaillance cardiaque ou infarctus du myocarde
- Hyperthyroïdie.

ÉTATS INFECTIEUX

CERTAINES AFFECTIONS CÉRÉBRALES

- Syndrome méningé, agitation sans agressivité des hémorragies méningées
- Épilepsie : agitation confusionnelle postictale ou états crépusculaires
- Accidents vasculaires cérébraux, fracture du crâne
- Tumeurs cérébrales (la forme la plus caractéristique est l'agitation des tumeurs frontales ou « moria » et plus encore celle des tumeurs touchant le système limbique et les amygdales)

- Encéphalopathie pancréatique
- Réactions catastrophiques au début des démences.

21.6.5. PATIENT MENAÇANT

Il n'y a pas ici de troubles de la conscience. L'entretien peut permettre un échange, parfois une temporisation, mais il est parfois systématiquement refusé par le patient.

TROUBLE PARANOÏDE

La nature même du délire peut favoriser des passages à l'acte violents dirigés vers autrui et l'hospitalisation du patient est souvent nécessaire. Plus le délire est systématisé, moins il sera facile en entrevue d'amener le patient à une auto-critique et le psychiatre devra alors recourir à la cure fermée. Une médication neuroleptique viendra diminuer l'angoisse du patient et aussi le risque de passage à l'acte.

SCHIZOPHRÉNIE

Des comportements agressifs imprévisibles, insolites, brusques et aberrants peuvent être observés chez des malades présentant une discordance idéo-affective, lors d'un examen médical ou psychiatrique.

PSYCHOPATHIE

Elle correspond à une personnalité dominée par son impulsivité et son agressivité envers l'entourage. Le risque de passage à l'acte est surtout le fait des sujets provocateurs ou présentant des traits de personnalité paranoïdes : méfiance, dissimulation, susceptibilité, jalousie, revendication, orgueil, rigidité (personnalités antisociale et paranoïde du DSM-III).

Il est rare que l'on soit amené à procéder à une hospitalisation d'urgence, si ce n'est le plus souvent pour une cause organique. La jeunesse de ces sujets, leur passé hospitalier et pénal, leur instabilité professionnelle et affective font partie de l'anamnèse.

Cependant, il est des cas où calme, patience et fermeté restent sans effet. Certains caractériels inintimidables, comme certains paranoïaques convaincus de leur bon droit, doivent être signalés à leur secteur et, en cas d'urgence, à la police, s'ils mettent sérieusement en danger une autre personne.

21.6.6. CONTENTION PHYSIQUE

C'est une mesure qui doit rester exceptionnelle (rappelons qu'elle est de pratique quotidienne en chirurgie). Certaines règles nous semblent fondamentales :
- Idéalement, pour procéder à une contention physique, cinq personnes sont nécessaires, une pour superviser et une pour chaque membre. Il devrait toujours y avoir *au moins deux* personnes.
- En milieu hospitalier, s'il n'y a pas de personnel suffisant sur place, il est souvent préférable de laisser partir le patient et de prévenir aussitôt la police en cas de danger imminent.
- On peut tenter de demander à un patient non confus d'accepter volontairement la contrainte physique : on lui expliquera qu'il ne se contrôle plus et qu'on veut donc éviter qu'il ne se blesse ou qu'il blesse d'autres personnes.
- Il ne faut pas tenter de marchander avec le patient. Une fois la décision prise, même en cas de refus, elle doit être appliquée.
- S'il s'agit d'une patiente, mais aussi d'un patient dans certains cas (panique homosexuelle), il est souhaitable qu'une femme soit présente.
- Un patient sous contention ne doit pas être laissé seul. Un membre du personnel doit rester à proximité pour lui permettre de s'exprimer.

- Toute contention doit être contrôlée toutes les quinze minutes, afin d'assurer une bonne circulation au niveau des membres.
- Enfin, un patient sous contention constitue encore et toujours une urgence psychiatrique. L'utilisation d'autres moyens demeure évidemment le but thérapeutique à atteindre rapidement. Le médecin ne devrait pas participer à l'action physique de la contention.

21.6.7. ÉVALUATION DU RISQUE DE COMPORTEMENT VIOLENT OU HOMICIDAIRE

L'établissement d'un pronostic sur la dangerosité dans le contexte de l'urgence comporte plusieurs volets. D'une part, le pronostic viendra guider la décision de cure fermée chez un malade non volontaire. De plus, la prédiction de la dangerosité à l'urgence a des effets sur la planification du traitement intrahospitalier comme la surveillance du malade, la médication choisie ou les attitudes envers le malade.

La prédiction de la dangerosité constitue une tâche souvent difficile. Les connaissances dans le domaine demeurent limitées, compte tenu du peu de recherches sur le sujet. Les études qui forment la base de nos connaissances à ce propos démontrent que les prédictions cliniques du comportement violent chez des patients institutionnalisés présentant des troubles mentaux sont exactes une fois sur trois. Soulignons cependant que ces études demeurent très critiquables puisqu'elles ont été élaborées à partir de patients institutionnalisés et que les prédictions étaient faites à long terme. La fiabilité et la validité des prédictions à long terme sont donc limitées.

Par ailleurs, il est possible de prédire un comportement de dangerosité de façon assez exacte à court terme pour qu'on puisse établir diverses lignes de conduite dans certaines situations. De fait, dans quelques études récentes on rapporte une amélioration dans l'exactitude des prédictions lorsqu'elles sont établies dans un contexte de court terme. ROFMAN *et al.* (1980) ont pu conclure, à partir d'une étude rétrospective de 59 malades examinés à l'urgence et admis en cure fermée par rapport à un groupe témoin du même nombre, que la prédiction de la dangerosité à court terme était significativement valable pour les comportements d'agression à l'intérieur d'un hôpital psychiatrique.

Le tableau 21.3. présente divers paramètres de l'examen psychiatrique, importants à identifier et qui peuvent guider l'omnipraticien et le psychiatre dans l'établissement d'un pronostic sur la dangerosité.

21.6.8. RECONNAISSANCE DU NIVEAU D'URGENCE

Le praticien, en plus de considérer le degré de dangerosité du patient, doit aussi pouvoir déterminer le niveau d'urgence du cas. TUPIN (1975) a différencié trois niveaux d'urgence :

1) le malade présentant un comportement violent aigu ou actif ;
2) le malade agité présentant un comportement violent sub-aigu ;
3) le malade potentiellement violent.

Le patient activement violent est résolu à attaquer ou à frapper l'évaluateur ou quelqu'un d'autre. Il peut s'agir d'un psychotique muni d'une arme quelconque. Le malade présentant un niveau sub-aigu peut être agité, impatient et proférer des menaces. Même s'il semble résolu à passer à l'acte, il n'a pas complètement perdu le contrôle de ses pulsions et il est capable de raisonnement. Le malade potentiellement violent peut avoir passé à l'acte dans le passé, mais au moment de l'entrevue, il peut demander l'aide du médecin et être au moins capable de coopération. Le niveau d'urgence indique le temps disponible pour l'évaluation complète.

Tableau 21.3. PARAMÈTRES À CONSIDÉRER LORS DE L'EXAMEN PSYCHIATRIQUE COMME INDICATIONS DU RISQUE D'HOMICIDE OU DE DANGEROSITÉ POUR AUTRUI

1) **ANTÉCÉDENTS**
   - Exposition à la violence avant l'âge de 15 ans, soit physique soit psychologique
   - Histoire antérieure de comportements violents avec hospitalisation, arrestation ou incarcération
   - Histoire d'alcoolisme et/ou de toxicomanie
   - Habitude de violence dans la famille ou dans le milieu.

2) **HISTOIRE**
   - Menaces ou comportements violents
   - Présence de facteurs de stress personnels, familiaux, au travail ou dans le gang
   - Absence de ressources ou incapacité de demander de l'aide
   - Habitude de violence en réponse à la frustration ou à la provocation
   - Absence de mécanismes d'inhibition ou d'adaptation autres que le passage à l'acte violent comme expression de la colère
   - Accès facile à l'utilisation d'armes
   - Victime potentielle spécifique et accessible
   - Situation conflictuelle spécifique.

3) **EXAMEN MENTAL**
   - Faible capacité chez le patient de contrôler ses pulsions de violence
   - Présence de comportements violents ou de menaces de violence exprimées ouvertement
   - Plans de vengeance
   - Perte de contact avec la réalité
   - Perte de contrôle dans l'expression de la colère
   - Idées intenses de persécution
   - Nature chronique des pulsions de violence
   - Agitation, hostilité, hallucinations, fantasmes de violence.

4) **DIAGNOSTIC**
   - Schizophrénie paranoïde
   - Troubles affectifs majeurs
   - Présence de psychose, d'organicité ou d'intoxication à l'alcool ou aux drogues.

5) **RÉPONSES AU TRAITEMENT**
   - Refus de traitement ou peu de réponse au traitement
   - Attitude négative ou manque de confiance envers le personnel.

21.7.
PATIENT DÉLIRANT ET HALLUCINÉ

Ces états correspondent aux psychoses aiguës (bouffées délirantes) et aux phases aiguës (moments féconds) des psychoses chroniques, et particulièrement de la schizophrénie.

21.7.1. BOUFFÉE DÉLIRANTE

Le début de l'accès étalé sur 48 heures à une semaine, le caractère variable (exaltation et prostration) et volontiers angoissé de cet état, l'ambivalence envers le médecin, l'attitude du malade fasciné par sa vie imaginaire (adhésion au délire, délire non systématisé, à thèmes variés, vécu comme une expérience irrécusable et ineffable), son air absent, son manque d'écoute conduisent le médecin à diagnostiquer l'entité clinique (française) de bouffée délirante comportant ou non une cause précipitante, que le DSM-III appelle psychose réactionnelle brève ou psychose atypique, selon le cas.

21.7.2. SCHIZOPHRÉNIE

Cette pathologie est diagnostiquée devant un début progressif, une discordance, des sourires immotivés, un mauvais contact (dialogue souvent entrecoupé de blocages idéiques), un délire flou, des hallucinations, un discours abstrait. Le diagnostic de schizophrénie repose aussi sur l'anamnèse, sur une évolution d'au moins six mois, faute de quoi, selon les critères du DSM-III, on parle de trouble schizophréniforme.

21.7.3. ÉTATS CONFUSIONNELS

Le diagnostic différentiel est ici parfois difficile à établir. L'étrangeté du contact, les troubles de l'attention rendent aléatoire la relation avec autrui.

On préfère alors parler de désorganisation plutôt que de confusion.

21.7.4. CONDUITE À TENIR

On doit amener le patient à accepter les soins psychiatriques, forcément hospitaliers. Un refus ambivalent vient souvent compliquer l'action de l'omnipraticien (voir la section 21.1.1.).

21.7.5. DIAGNOSTIC DIFFÉRENTIEL

Des états cliniquement identiques peuvent relever de causes organiques. Les plus fréquentes sont toxiques, que l'intoxication soit volontaire ou accidentelle.

* **Abus de substances toxiques**
  — alcool ;
  — haschisch à doses massives ;
  — LSD ;
  — amphétamines.

* **Intolérance ou surdosage médicamenteux**
  — antidépresseur tricyclique ;
  — insuline à dose trop élevée ;
  — corticoïdes ;
  — isoniazide ;
  — antiparkinsonien ;
  — cimétidine ;
  — surdosage en thyroxine.

* **Toxiques professionnels**
  — plomb tétraéthyle ;
  — organo-mercuriels ;
  — bromure de méthyle donnant une riche production hallucinatoire ;
  — sulfure de carbone en cas d'intoxication grave.

Certaines affections neurologiques peuvent aussi se traduire par une bouffée délirante isolée :

— les encéphalites virales et abcès du cerveau sans fièvre ;

— l'épilepsie temporale à dominante hallucinatoire ;
— toutes les hypertensions graves, surtout chez les vieillards et les sujets très jeunes (le diagnostic est aisé) ;
— l'hémorragie méningée, méningites, fractures du crâne à distance du trauma crânien, toutes les hypertensions intracrâniennes ;
— la porphyrie aiguë intermittente ;
— l'insolation (à laquelle on ne pense pas en l'absence de témoin).

21.8.
ÉTATS D'INHIBITION OU DE STUPEUR

Ils doivent tout d'abord être différenciés des troubles de la vigilance et, à l'extrême, du coma. On peut identifier à des degrés divers, les signes cliniques suivants :
— la bradykinésie (ralentissement psychomoteur, inertie, hypotonie, rareté de la parole) ;
— la stupeur, c'est-à-dire perte totale de l'initiative motrice, mutisme, masque de marbre, apparence statufiée, avec un certain degré de catalepsie ;
— l'hébétude correspondant à un certain engourdissement de l'esprit et se manifestant souvent par un affect émoussé ou aplati ;
— le négativisme se traduisant par une attitude d'opposition à diverses suggestions ;
— la rigidité catatonique où le patient maintient une posture rigide malgré l'effort de l'examinateur pour le mobiliser ;
— la posture catatonique (flexibilité cireuse) où le patient conserve une position inappropriée ou bizarre.

21.8.1. ÉTIOLOGIE PSYCHIATRIQUE

Ce syndrome est souvent considéré à tort comme exclusivement psychotique, mélancolique ou schizophrénique. La catatonie peut en fait relever de nombreuses autres étiologies. Le diagnostic différentiel est d'autant plus difficile à établir que ce syndrome s'accompagne, en règle générale, de troubles neurovégétatifs : troubles respiratoires, hypertension artérielle, rétention d'urine, fièvre.

21.8.2. ÉTIOLOGIE ORGANIQUE

Certaines étiologies organiques doivent être considérées :
— l'hypoglycémie, mais l'hypothermie coexiste alors ;
— l'hypercalcémie hyperparathyroïdienne nécessitant que le patient soit bien hydraté d'une part, et que la calciurie soit augmentée par l'administration de furosémide d'aute part ;
— l'insuffisance thyroïdienne aiguë lors d'une interruption du traitement substitutif ;
— les maladies infectieuses du genre encéphalite virale, affections typhoïdes, brucellose méningée ;
— les hypertensions intracrâniennes et certaines tumeurs cérébrales ;
— l'encéphalopathie pancréatique ;
— l'avitaminose B_1 nécessitant une vitaminothérapie parentérale d'urgence ;
— les neuroleptiques sans antiparkinsonien ;
— le syndrome malin des neuroleptiques, rare mais grave et pouvant évoluer vers le coma voire la mort ;
— l'intoxication au monoxyde de carbone provoquant un état de mutisme ou de bradykinésie.

21.9.
PERSONNE ÂGÉE

21.9.1. TABLEAU CLINIQUE

1) L'apparition de thèmes d'allure délirante, de dépossession, de sentiment d'hostilité venant

du voisinage, correspond hélas parfois à certaines réalités chez la personne âgée. Les risques et symptômes doivent être évalués avec précision avant d'être attaqués à coup de neuroleptiques. Ils sont souvent en rapport avec des épisodes dépressifs et des états organiques déficients. Ils cèdent parfois de façon spectaculaire par la simple mise en route d'un traitement antidépresseur léger, le rétablissement d'une bonne condition vasculaire, alimentaire et digestive, l'arrêt d'un surdosage médicamenteux.

2) Certains états dépressifs d'allure confusionnelle sont créés de toutes pièces par des thérapeutiques psychotropes, correspondant alors à un syndrome affectif organique.

3) L'agitation sénile et démentielle constitue une situation fréquente chez la personne âgée souffrant de syndrome cérébral organique. On peut aussi observer :

— des états anxieux ;

— des états régressifs aigus dont les complications somatiques font toute la gravité ;

— des comportements suicidaires ;

— des tentatives de suicide le plus souvent graves.

21.9.2. CONDUITE À TENIR

Même chez un patient aux antécédents psychiatriques chargés, l'examen physique, en situation d'urgence psychiatrique, doit avoir la priorité chez la personne âgée.

L'intolérance habituelle de l'entourage à certaines conduites bruyantes, dépressives ou négativistes, voire agressives, le refus du sujet de s'alimenter et même de boire vont en général conduire à une décision de transfert, parfois urgent, vers un lieu de soins.

La famille comme le clinicien doivent être bien conscients du fait qu'en prenant cette décision :

— le séjour à l'hôpital est vécu par le patient comme une preuve d'hostilité ;

— incapable de concevoir ce transfert, le patient sera encore plus désorienté. Pour la même raison, on doit éviter de transférer les déments séniles de l'hôpital général au département de psychiatrie, parce qu'ils sont simplement désorientés ou turbulents.

La prescription de petites doses d'Haldol® (de 1 à 4 mg) suffit le plus souvent à ramener le patient au calme. On doit cependant connaître le risque attribué aux butyrophénones, de provoquer des dystonies aiguës et même des dyskinésies tardives.

On veillera à maintenir autant que possible le patient dans son circuit de vie habituel. Par ailleurs, la plus grande prudence est recommandée en pharmacothérapie :

— les doses efficaces sont de deux à trois fois moindres que chez les adultes ;

— les résultats et les effets secondaires sont à surveiller ;

— le démarrage et les changements de traitement doivent être effectués dans le respect de certains délais.

21.10.
PATIENT SUICIDAIRE

21.10.1. TABLEAU CLINIQUE

Le médecin peut être confronté au suicide au cours de plusieurs types de circonstances.

RAPTUS ET TENTATIVE GRAVE RÉALISÉS

Le médecin à domicile est le premier recours. Il doit d'abord assurer la sécurité organique et, pour ce faire, connaître :

— la toxicité cardiaque des tricycliques ;

— les ingestions médicamenteuses associées entre elles et arrosées d'alcool.

Tableau 21.4.   ÉTATS SUICIDAIRES PAR ORDRE DÉ-
CROISSANT SUR LE PLAN DE L'INTEN-
SITÉ

1) Raptus suicidaire
2) Tentative suicidaire
3) Geste suicidaire
4) Intention suicidaire
5) Rumination suicidaire
6) Idée suicidaire

SOURCE : DENIS (1984).

Ces cas nécessitent, en général, un transport immédiat à l'hôpital général avec une note d'accompagnement :
1) l'heure de l'appel de détresse ou, mieux encore, l'heure à laquelle le geste a été posé, puis découvert ;
2) en cas d'ingestion de produits toxiques, la dose supposée ;
3) les associations de produits absorbés ;
4) l'inhalation des gaz de ville avec intoxication par le monoxyde de carbone ;
5) l'existence d'antécédents psychiatriques ou organiques.

Comme état suicidaire le plus grave, on classe ici le **raptus suicidaire** qui survient toujours de façon subite, sous une impulsion irrésistible chez les psychotiques ou les déprimés graves. On constate souvent cette situation chez le patient qui répond à une bouffée d'angoisse intolérable ou encore à des hallucinations auditives qui lui ordonnent de passer à l'acte. Les auteurs de tels actes utilisent souvent des moyens radicaux qui permettent rarement de rater le suicide, tels une arme à feu, la pendaison ou encore le saut en bas d'un pont ou devant le métro.

La **tentative suicidaire** proprement dite présente une certaine gravité, surtout si le moyen risque d'être efficace. Le patient a posé le geste mais réussit à être sauvé soit par hasard soit par erreur de calcul tout à fait involontaire.

TENTATIVE BÉNIGNE, VOIRE VÉLLÉITAIRE

L'appel vient d'un tiers — voisin, collègue de travail, membre de la famille ou conjoint — ou du sujet lui-même.

On doit éviter ici de dévaloriser un geste qui, par son contexte, son déroulement et parfois la réaction de l'entourage, fait douter de l'authenticité du désir de mort. Le terme de *chantage*, parfois utilisé, ne peut à lui seul résumer la situation ; il soulage de façon simpliste un entourage avide d'être blanchi.

À l'opposé, il convient de ne pas céder à un réflexe d'anxiété excessive conduisant à une dramatisation inopportune.

On situe ici le **geste suicidaire**, lequel décrit un acte autodestructeur incomplet, soit par blessure superficielle soit par appel à l'aide avant de sombrer dans l'intoxication médicamenteuse.

IDÉES DE SUICIDE PLUS OU MOINS EXPLICITES

Il s'agit d'un patient qui vient lui-même parler de ses projets : aveu ambigu, appel au secours qu'il convient de savoir entendre.

Trois niveaux peuvent ici être distingués : l'intention, la rumination et l'idée suicidaire. Lorsque le patient *a pris la décision* d'attenter à ses jours, il veut passer à l'acte et, souvent, il a pris des dispositions en ce sens ; cette étape constitue l'**intention suicidaire**. À un niveau moins grave se situe la **rumination suicidaire**, lorsque le sujet ressasse des pensées suicidaires insistantes. L'**idée suicidaire** constitue le niveau le moins grave ; elle est très fréquente et a probablement effleuré l'esprit de la plupart des gens, l'espace d'un instant.

21.10.2. DIAGNOSTIC DIFFÉRENTIEL

Au total, il est un certain nombre de cas simples pour lesquels le médecin a la conviction d'une affection psychiatrique grave.

DÉPRESSION MAJEURE AVEC MÉLANCOLIE

Elle reste l'urgence type, imposant souvent l'hospitalisation immédiate en milieu spécialisé, surtout en présence de symptômes psychotiques. Outre les symptômes dépressifs tels que la souffrance morale et le désespoir, trois éléments sont d'une grande valeur diagnostique et pronostique :

1) l'insomnie rebelle, surtout pendant la deuxième moitié de la nuit ;
2) la perte d'appétit avec amaigrissement ;
3) les antécédents personnels ou familiaux d'accès maniaques ou mélancoliques.

On peut observer des mélancolies dites souriantes, plus fréquentes chez les sujets d'origine asiatique, et d'autres cachées derrière un trouble unique mais d'intensité majeure, soit une dysphagie, une amnésie d'allure organique, ou encore une irritabilité inhabituelle. On peut reconnaître aussi l'existence de la dépression masquée par des plaintes hypocondriaques, des conduites délinquantes et des problèmes de toxicomanie en particulier chez les adolescents.

SCHIZOPHRÉNIE

La présence d'idées suicidaires signe souvent la présence d'une rechute survenant au cours d'une schizophrénie déjà connue. La possibilité d'une dépression secondaire doit être envisagée.

La conduite suicidaire vient parfois révéler le processus psychotique, au début. Des gestes suicidaires surviennent aussi à la phase de réinsertion et de réadaptation socio-professionnelle, quand le patient ne réussit pas à surmonter ses déficits.

APPRÉCIATION DU RISQUE

L'appréciation du risque de récidive chez un sujet qui vient de tenter de se suicider et l'évaluation du risque de passage à l'acte chez un sujet qui en parle sont difficiles à effectuer :

1) La qualité du contact et du lien qui se crée avec le malade a une valeur primordiale, soit qu'on l'envisage comme le début d'une relation d'aide, véritable contrat de service à plus long terme, soit qu'elle puisse se poursuivre prochainement avec un autre thérapeute.

2) Il n'y a pas de parallélisme entre la véhémence des propos du malade et l'importance de son désir de mort, aussi doit-on tenter la synthèse d'éléments divers :
   — l'existence d'antécédents ;
   — l'intensité du syndrome dépressif et du désespoir ;
   — l'impulsivité du sujet dont les récidives sont susceptibles de s'accélérer ;
   — les relations du sujet avec son entourage.

3) Dans les états dépressifs dits réactionnels ou situationnels (notions d'abandon, de promotion ou d'échec, de deuil, etc.), l'instauration d'une relation rassurante, confiante, aidée d'une thérapeutique anxiolytique et éventuellement antidépressive s'il y a lieu, permet d'éviter la psychiatrisation et surtout l'hospitalisation.

4) Dans les états dépressifs, symptômes de décompensation d'un trouble de la personnalité, la conduite à tenir est délicate :
   — *Faut-il ou non hospitaliser le patient ?* Nombre de dépressions peuvent être traitées d'emblée en clinique externe. Cependant, une hospitalisation peut éviter, dans l'immédiat, l'escalade des appels au secours par passages à l'acte répétés, mais ça n'est pas une thérapeutique en soi. Il est donc important de limiter l'hospitalisation. Le soulagement rapide lié à l'hospitalisation peut orienter vers une approche psychologique progressive.

Tableau 21.5. **COMPARAISON DES PÔLES SUICIDAIRES ET PSEUDO-SUICIDAIRES**

	SUICIDAIRE	PSEUDO-SUICIDAIRE
MOYEN	rapide et efficace	lent et inefficace
RISQUE	élevé : « sauvé par une chance »	faible : « erreur flagrante dans le scénario »
CONTEXTE	en solitaire	besoin de « spectateur », dramatique
RÔLE	victime de lui-même, « a peur de lui-même »	agresseur de lui-même, « se prend en otage »
ATTITUDE	inquiète et traquée	assurée et contrôlante
FIN ENVISAGÉE	inéluctable	conditionnelle
DYADE	moins évidente : personnage internalisé	plus claire : personne significative de l'entourage
BUT	solution à un problème chronique et personnel	appel à l'aide réactionnel
PRONOSTIC	risque de suicide direct et immédiat	risque de récidive de tentatives pseudo-suicidaires ou de suicide réussi par erreur
DIAGNOSTIC	+ psychose, dépression majeure	+ troubles de la personnalité
CONTRE-TRANSFERT ÉVOQUÉ	positif	négatif

SOURCE : DENIS (1984).

— *Faut-il ou non adresser le malade au psychiatre ?* L'appréciation des risques et le choix de l'orientation sont en partie fonction de la tolérance personnelle et de la capacité de chaque praticien à s'engager, à se sentir concerné par les dimensions psychologiques des patients et à leur consacrer du temps.

5) C'est en présence de certains psychopathes impulsifs qu'on se trouve embarrassé étant donné leurs récidives incessantes, leurs difficultés de verbalisation, leur « fuite » devant toute prise en charge entre chaque tentative et le risque de manipulation, dont la tentative de suicide peut être la première manifestation. Ces patients souffrant de troubles de la personnalité, que ce soit limite, histrionique, etc., correspondent parfois à des pseudo-suicidaires (J.-F. DENIS). En effet, les conditions dans lesquelles l'action a été posée déterminent la distinction entre suicidaire et pseudo-suicidaire. Le pseudo-suicidaire n'a pas vraiment l'intention de mourir et le moyen utilisé sera souvent réputé inefficace (voir le tableau 21.5.). Par ailleurs, RESNICK (1968) a démontré que les pseudo-suicidaires constituent, pour le suicide réussi, une population à risques beaucoup plus élevés que la population en général, soit de 35 à 100 fois plus élevés.

ENTREVUE AVEC L'ENTOURAGE

L'entourage peut avoir une certaine part de responsabilité dans le geste. Si tel est le cas, il réagit alors par une culpabilité ou une agressivité exagérées, surtout s'il s'agit d'une récidive. On cherchera :
— des tentatives antérieures ou des intentions suicidaires ;
— des changements récents de caractère, de comportement ou d'humeur.

ENTRETIEN AVEC LE PATIENT

La position intime du médecin sur le suicide en tant que solution pour le malade ne doit pas être floue ni prêter à ambiguïté. Un sujet réceptif et fragile risque de la percevoir et de l'amplifier. Le médecin doit aussi être clair sur sa disponibilité à court terme et ses possibilités d'engagement auprès du patient.

Un certain nombre d'informations sont recueillies dès les premières minutes de l'entretien par la présentation du sujet : faciès, regard, mimique, mouvements. On apprécie, au cours du dialogue, la qualité du contact, de l'expression verbale, des fonctions intellectuelles et surtout la qualité de l'humeur.

Par le dialogue, on essaie de mettre en évidence :
— les circonstances de passage à l'acte et le motif invoqué ;
— l'existence de tentatives antérieures ;
— la présence ou non de désespoir ;
— la présence d'une symptomatologie psychotique ;
— la mort envisagée ou non comme solution unique ;
— la biographie : épisodes dépressifs, quelquefois passés inaperçus ou dissimulés mais parfois retrouvés à travers certains détails de comportement, comme des négligences diverses (vestimentaires ou professionnelles par exemple), une tendance à l'abandon des responsabilités, une alcoolisation progressive, un relâchement des habitudes caractérielles, du style de vie, une détérioration des relations du sujet avec son entourage familial et professionnel.

MYTHOLOGIE MODERNE

Citons quelques *idées fausses* issues d'un véritable travail de méconnaissance que véhicule, après les avoir construites, la mythologie moderne à propos du suicide :
• Ceux qui en parlent ne passent pas à l'acte ! *Faux.*
• On ne peut pas le prévoir ! *Faux.*
• On ne peut rien contre le désir de mort ! *Faux.*
• L'amélioration rapide fait disparaître le risque ! *Faux.*

• Le passage à l'acte suicidaire se répète toujours ! *Faux.*
• C'est héréditaire ! *Faux*, sauf chez les bipolaires et certains unipolaires.
• C'est le propre de la maladie mentale ! *Faux.*
• Le suicide est plus fréquent chez les riches que chez les pauvres ! *Faux.*
• Grave dans les psychoses, bénin dans les névroses ! *Faux.*

Comme l'a souligné GRUNBERG (1985), le suicide dans nos sociétés occidentales est pratiquement toujours pathologique et le suicide soi-disant rationnel est très rare. Parmi les suicides réussis, on constate dans la majorité des cas la présence d'une maladie affective ; les troubles d'alcoolisme et de schizophrénie constituent deux autres entités diagnostiques souvent observées.

21.10.3. CONDUITE À TENIR

L'entretien a pour but de saisir le désir de mort dans l'histoire personnelle du sujet, le contexte de sa personnalité et des événements récents de sa vie (voir le tableau 21.6.).

21.10.4. CONSIDÉRATIONS MÉDICO-LÉGALES

La responsabilité civile du psychiatre et de l'omnipraticien envers le patient constitue un aspect important à considérer.

D'abord, le médecin ne peut être tenu responsable de ne pas avoir prédit le suicide : personne n'est infaillible. Toutefois, il pourrait être tenu responsable s'il avait omis complètement d'évaluer le risque, par exemple chez un patient déprimé qui se serait présenté à l'urgence et à qui le clinicien aurait donné congé. Il apparaît dès lors essentiel de bien consigner au dossier les conclusions de l'évaluation. De plus, si le risque suicidaire est identifié, le médecin pourrait aussi être tenu responsable s'il ne prend pas toutes les précautions nécessaires afin de prévenir le suicide.

21.11.
QUELQUES SITUATIONS CRITIQUES

21.11.1. DÉPRIMÉS NON SUICIDAIRES

Le risque suicidaire ne résume pas à lui seul l'urgence des dépressions. Certains mélancoliques dénutris et insomniaques mettent en jeu leur santé physique et peuvent devenir des cas d'urgence somatique.

La dépression peut être symptomatique d'affections organiques sous-jacentes, mais heureusement ces cas représentent de véritables urgences médicales. Le risque demeure cependant qu'une des pathologies soit négligée ou méconnue (hépatite virale anictérique par exemple). Par ailleurs, de véritables dépressions d'allure mélancolique peuvent découler d'encéphalites virales. Signalons encore les dépressions graves observées dans les cas d'hypertension intracrânienne, d'insuffisance thyroïdienne, d'hyperparathyroïdie, de prise de bromure de méthyle, de déficience en vitamine B_{12}.

21.11.2. CAS MIXTES D'ORIGINE PSYCHO-PHYSIOLOGIQUE

Certaines manifestations physiques sont d'origine psychique de par leur déclenchement ou même leur étiologie : coliques néphrétiques, céphalées de tension, migraines dites accompagnées où des signes neurologiques peuvent être au premier plan, crises d'asthme, angine de poitrine, œdème angioneurotique de QUINKE, douleurs menstruelles intenses, neurodermatite, arthrite rhumatoïde, arythmie cardiaque, cardiospasme, pylorospasme, colite ulcéreuse, etc.

Ces pathologies de plus en plus fréquentes et de plus en plus graves demandent une réponse médicale urgente. La réponse d'ordre psychologique

viendra plus tard. Comme il s'agit de manifestations psychologiques « dépassées », très angoissantes, on ne peut les traiter comme de purs phénomènes de conversion. Elles peuvent parfois mettre en jeu le pronostic vital. C'est un nouveau langage pathologique, employé entre autres par certains patients en cours de traitement psychiatrique ou psychothérapeutique.

CRITÈRES DIAGNOSTIQUES DU DSM-III

Le DSM-III conclut à des facteurs psychologiques influençant une affection physique :

A) Stimulus environnemental (dont l'individu est plus ou moins conscient) ayant un impact psychologique significatif qui est temporairement relié au déclenchement ou à l'exacerbation d'un trouble physique (lequel sera noté à l'axe III).

B) Le trouble physique est dû à une pathologie organique démontrable (arthrite rhumatoïde) ou à un processus physiopathologique connu.

C) Cette condition ne correspond pas à un trouble somatoforme.

Il s'agit donc d'une entité diagnostique qu'on peut utiliser pour toutes conditions physiques où des facteurs psychologiques sont jugés comme ayant contribué à l'éclosion de la maladie, et qui se rattache aux entités psychosomatiques ou psychophysiologiques (voir le chapitre 18).

21.11.3. ÉBRIÉTÉ

Le tableau clinique de l'ébriété peut être une source d'erreur diagnostique lorsque l'examen clinique est incomplet. Les cas où le malade sort de l'hôpital et décède quelques instants plus tard ne sont pas rares.

L'alcoolisme est évidemment la cause la plus fréquente de l'ébriété, mais on lui attribue à tort des affections relatives à d'autres pathologies :

- **Hypoglycémie**   Nombreux sont les diabétiques qui ont fait l'expérience d'insultes sur la voie publique par des gens qui les ont taxés d'alcooliques.
- **Causes neurologiques**   Tumeurs du cervelet, hypertension intracrânienne, méningo-encéphalite, hémorragie méningée indolente.
- **Médicaments**   Bismuth, lithium, barbituriques (notamment dans la toxicomanie aux barbitu-

riques que le malade n'avoue pas) et toutes les associations alcool + psychotropes (même à faibles doses).
- **Intoxication au monoxyde de carbone.**
- **Toxiques industriels**   Benzol, essence, trichloréthylène, tétrachlorure de carbone (le syndrome ébrieux n'apparaît que trois jours après l'intoxication dans ce dernier cas), solvants chlorés ayant un tropisme nerveux, plomb tétraéthyle.

Tableau 21.6.   ÉVALUATION DU RISQUE SUICIDAIRE AVEC CRITÈRES DE DANGEROSITÉ

	DANGEREUX + +		DANGEREUX + ou −
1) ÂGE	> 40 ans		< 40 ans
2) SEXE	masculin		féminin
3) RACE - ETHNIE	noire - immigré		blanche - natif
4) RELIGION	aucune > protestant	>	juif > catholique
5) STATUT	divorcé > célibataire	>	marié
6) EMPLOI RÉGULIER	chômeur > travailleur occasionnel	>	travailleur régulier
7) AMIS	aucun		quelques-uns
8) FAMILLE	aucune		bons liens avec la famille
9) VIE SOCIALE	aucune		bien remplie
10) TENTATIVES ANTÉRIEURES	une ou plusieurs		aucune
11) RUMINATION	présente		absente
12) ÉLABORATION D'UN PLAN	oui		non
13) LETTRE D'ADIEU	oui		non
14) ALCOOLISME	oui		non
15) PATHOLOGIES SOUS-JACENTES	oui		non
16) ÉTAT D'ESPRIT	morbide, cynique, ralenti, taciturne		vivace, expressif
17) ÉTAT AFFECTIF	dépressif, aplati		triste ou autre

SOURCE : MONDAY (1980).).

21.11.4. PANIQUE HOMOSEXUELLE

Elle se rencontre surtout chez le jeune homme qui se trouve dans une situation d'intimité avec un autre homme, par exemple dans un dortoir de collège, dans une barraque militaire, dans le vestiaire d'un centre sportif, dans une taverne, etc. La prise d'alcool ou de drogue précède souvent l'épisode aigu. La panique homosexuelle survient parfois après l'ébauche seulement d'une activité homosexuelle, dont il faudra apprécier discrètement certains caractères : passivité, compulsivité, voire délit.

Ce passage à l'acte peut entraîner des manifestations aiguës d'angoisse, de culpabilité, de honte. Il peut avoir des conséquences sur le sentiment profond d'identité, entraînant la dépersonnalisation et parfois des phénomènes amnésiques transitoires, selon la personnalité sous-jacente ; l'hospitalisation s'impose alors. Ailleurs, il s'agit d'une réaction d'angoisse face à des incertitudes concernant l'objet sexuel ou à des fantasmes plus conscients, désirés ou redoutés, rêveries accompagnées ou non d'images sadomasochistes et de phobies d'impulsion.

Une bonne attitude thérapeutique consiste à rassurer le patient en lui parlant d'ambivalence, de bisexualité universelle et, au besoin, en le déculpabilisant. On peut aussi lui affirmer, quels que soient ses fantasmes, ses rêves, ses incertitudes, qu'il demeurera d'autant plus maître de sa vie sexuelle consciente qu'il aura accepté l'existence d'une vie inconsciente, laquelle ne prendra jamais le dessus au point de lui faire réaliser, à son insu, des actes que sa conscience n'accepte pas.

La panique homosexuelle peut aussi se manifester sous forme de réactions violentes, en particulier dans l'alcoolisme, à l'égard de toute personne vécue comme support symbolique d'un désir de dépendance et mettant donc en cause la virilité et l'estime de soi du sujet.

La thématique homosexuelle se trouve très souvent au cœur des bouffées délirantes ou des délires chroniques hallucinatoires. Il n'est pas rare que le sujet s'entende accuser par ses voix de désirs inavouables. Comme il s'agit le plus souvent d'une psychose réactionnelle brève, on n'a pas à se précipiter ici pour rassurer le patient. Essayer de soutenir une virilité menacée ne servirait à rien et pourrait même avoir un effet anxiogène paradoxal.

21.11.5. URGENCE ET CULTURE

Pour l'immigrant, le fait d'être transplanté constitue, à lui seul, un élément majeur de fragilité et de décompensation psychique. La difficulté du dialogue, la perte des contacts familiers orientent souvent la réponse des médecins vers une pratique plus purement pharmacothérapique. Au rejet de la folie vient s'ajouter le rejet de l'étranger.

Cette situation s'exacerbe dans le cadre de l'urgence où le médecin doit souvent aborder des patients masquant, derrière une violence gestuelle, la violence de leur désespoir et l'exaspération de ne pas être compris. Les gestes l'emportent sur la parole, la violence devient le seul procédé d'appel à l'aide et exprime l'exigence d'être soulagé.

Il est nécessaire qu'on se mette au rythme du patient pour lui permettre la reprise d'un langage moins impulsif. On veillera à lui assurer un retour à domicile dans de bonnes conditions et on lui proposera un second rendez-vous.

21.12. ACCIDENTS DUS AUX PSYCHOTROPES

Tout praticien doit connaître les effets désagréables engendrés par les psychotropes. Quelques tableaux cliniques sévères sont à isoler.

21.12.1. NEUROLEPTIQUES*

RÉACTIONS EXTRAPYRAMIDALES RÉVERSIBLES

Une dystonie aiguë peut survenir :
— au début d'un traitement neuroleptique ;
— au cours des traitements par les neuroleptiques-retard tels que l'énanthate, le décanoate de fluphénazine (Moditen®, Modécate®) et le décanoate d'halopéridol (Haldol LA®) ;
— lorsque la prise d'antiparkinsonien est insuffisante, voire absente ;
— parfois au cours d'un traitement quotidien mal équilibré ;
— lors de l'absorption massive de neuroleptiques dans un but suicidaire. Plus le neuroleptique est incisif, plus les risques d'accident sont grands mais sans être proportionnels aux doses.

Il peut s'agir de syndromes excitomoteurs ou dystoniques parfois alarmants : torticolis, crises oculogyres, opisthotonos, contractures et déformations de la région péribuccale, protrusion de la langue. Ces symptômes peuvent régresser sous l'effet d'injonctions verbales fortes, puis réapparaître aussitôt. Ailleurs, on notera un trismus invincible, des troubles de la déglutition empêchant l'alimentation voire la réhydratation, des contractures pharyngées entraînant des difficultés respiratoires et des accidents mortels.

Dans les cas simples, l'administration d'un antiparkinsonien per os tel que la procyclidine (Kémadrin®), lorsque c'est possible, peut suffire. La benztropine (Cogentin®), à raison de 2 mg, possède l'avantage d'être utilisée, si nécessaire, par voie intramusculaire. La diphenhydramine (Bénadryl®), antihistaminique bien connu, s'avère aussi très efficace à raison de 25 à 50 mg i.m. lors de réactions dystoniques aiguës.

_____
* Voir aussi le chapitre 36.

Par contre, devant le caractère alarmant des symptômes et l'absence d'amélioration rapide sous antiparkinsonien, il faut diriger le malade vers l'hôpital général, voire procéder à une réanimation transitoire.

En résumé, les réactions extrapyramidales dites réversibles se divisent en trois catégories :
1) les réactions dystoniques ;
2) les réactions parkinsoniennes hyperkinétiques (akathisie et tremblements) ;
3) les réactions parkinsoniennes hypokinétiques (akinésie et rigidité).

L'akathisie et les tremblements doivent être différenciés de l'agitation psychotique ; un mauvais diagnostic de l'akathisie pourra entraîner une aggravation de cette condition, surtout si on la traite par les contentions ou l'augmentation des neuroleptiques. De la même façon, les réactions parkinsoniennes hypokinétiques peuvent être confondues avec un état dépressif ; il est donc utile ici de bien poser le diagnostic, puisque la condition du patient pourrait s'améliorer par un meilleur équilibre neuroleptique - antiparkinsonien. Ces réactions extrapyramidales peuvent être rayées ou réduites par diminution des neuroleptiques ou par augmentation du dosage des antiparkinsoniens. Dans le but de prévenir de telles réactions, le médecin devrait toujours prescrire un antiparkinsonien lorsqu'il veut traiter un patient avec des neuroleptiques.

DYSKINÉSIE

La dyskinésie tardive, souvent irréversible, constitue une autre entité importante à diagnostiquer ; elle est reliée à l'utilisation des neuroleptiques. Contrairement au parkinsonisme et à la dystonie, la dyskinésie n'est pas atténuée par les antiparkinsoniens ; au contraire, ils aident à la démasquer.

Lorsque la dyskinésie s'attaque aux voies respiratoires, il s'agit d'une condition urgente nécessitant parfois l'intubation. Comme cette condition peut survenir après l'arrêt brusque des neuroleptiques, il est alors capital de réadministrer des neuroleptiques au patient dans le but de masquer ce type de dyskinésie qui peut être fatale (voir le chapitre 36).

SYNDROME MALIN DES NEUROLEPTIQUES

Tous les neuroleptiques sont susceptibles de provoquer un syndrome malin, mais il est surtout le fait des neuroleptiques incisifs provoquant de nombreux effets secondaires. La posologie ne joue ici qu'un rôle secondaire.

Cliniquement, on observe :
— une élévation thermique (toute fièvre inexpliquée de durée supérieure à 24 heures sous neuroleptiques doit évoquer le diagnostic et entraîner l'arrêt immédiat du traitement) ;
— une rigidité musculaire ;
— des troubles neuropsychiatriques (leur apparition risque de causer, à tort, l'augmentation des doses neuroleptiques) ;
— la confusion, avec augmentation des signes d'imprégnation neuroleptique, ainsi que l'apparition de troubles neurovégétatifs (tachycardie, polypnée, etc.), qui sont des signes diagnostiques importants.

Par ailleurs, toute confusion mentale avec hypertonie variable et perturbation neurovégétative (fièvre, hypertension, tachycardie) chez le patient prenant des neuroleptiques, que ce soit pour la première fois ou depuis déjà longtemps, doit évoquer le diagnostic de syndrome malin des neuroleptiques.

Si aucun traitement n'est fourni au patient, il entrera, dans un délai allant de quelques heures à quelques jours, dans une phase d'état qui comprend :
— de graves perturbations neurovégétatives (fièvre à grandes variations, tachycardie, hypertension, anurie, collapsus) ;
— des troubles neurologiques associant

- des troubles de la conscience, allant de l'obnubilation au coma,
- un syndrome akinéto-hypertonique et dystonique pouvant entraîner des convulsions,
- des troubles respiratoires secondaires aux troubles neurologiques, mettant rapidement en jeu le pronostic vital.

Les examens complémentaires, rapidement faits, montrent une hyperleucocytose à polynucléaires, des signes de déshydratation et une augmentation des CPK. Les soins de réanimation spécialisée doivent être rapides ; le pronostic est négatif : le pourcentage de décès est relativement élevé.

Le traitement du syndrome malin des neuroleptiques nécessite d'abord l'utilisation d'une thérapie de soutien. Tout neuroleptique doit être immédiatement cessé. Une attention particulière à l'hydratation, à la nutrition et à la diminution de la fièvre est essentielle. Les complications secondaires telles que l'hypoxie, l'insuffisance rénale et l'acidose doivent être traitées. Le dantrolène sodique (Dantrium®) semble être le traitement de choix : il produit une relaxation du muscle strié par un effet direct sur le muscle.

21.12.2. LITHIUM*

Les symptômes d'intoxication au lithium sont essentiels à connaître car une telle condition demande un traitement rapide nécessitant parfois les soins intensifs afin d'éviter la mort du malade ou des lésions neurologiques irréversibles. Au niveau du système nerveux central, l'intoxication se manifeste par une atteinte de l'état de conscience pouvant aller de la confusion grave au coma.

Les autres signes observés sont l'hypertonie, la rigidité, l'hyperréflexie, l'hyperextension des membres, les tremblements musculaires et les convulsions généralisées.

---

* Voir aussi le chapitre 38.

Après avoir pratiqué une ponction veineuse afin de mesurer le taux sérique de lithium, on doit administrer des solutés physiologiques (de 5 à 6 litres par 24 heures) et même procéder à une hémodialyse si la condition du malade est grave. On évitera de donner des diurétiques qui favoriseraient la réabsorption du lithium par le rein.

21.12.3. ANTIDÉPRESSEURS*

En plus de leurs effets secondaires atropiniques bien connus, les antidépresseurs peuvent précipiter un épisode maniaque chez les patients bipolaires. À des doses toxiques, les tricycliques provoquent des arythmies cardiaques parfois fatales. On se rappellera qu'une dose de 1000 mg ou plus peut entraîner la mort ; pour cette raison, on doit être prudent en prescrivant de grandes quantités au patient. Il est d'ailleurs rarement indiqué d'amorcer un traitement aux antidépresseurs lorsque le sujet en est à sa première visite à l'urgence. En effet, il est préférable de référer le patient à son médecin traitant qui pourra confirmer le diagnostic. En attendant, on envisagera une période d'observation en interne ou en externe selon la gravité de la dépression.

21.13.
TOXICOMANIES**

21.13.1. INTRODUCTION

La toxicomanie entre, pour une grande part, dans le cadre particulier de l'urgence en psychiatrie. Toxicomanie est un terme peu précis recouvrant des notions hétérogènes dans l'étiologie, la symptomatologie, etc. Le terme de **pharmacodépendance** répond mieux à cette pathologie, abordée ici sous l'angle des urgences.

---

* Voir aussi le chapitre 37.

** Voir aussi les chapitres 10 et 11.

Les produits utilisés par les toxicomanes sont très variés, ce qui explique la diversité des tableaux cliniques. Parallèlement, les mélanges de divers produits sont très fréquents, accentuant les risques de polymorphisme clinique. Schématiquement, les drogues varient selon leurs origines et leurs effets. On distingue habituellement les hallucinogènes (cannabis, LSD), les euphorisants (opiacés, cocaïne), les excitants (amphétamines), les calmants (tranquillisants et barbituriques), les enivrants (alcool, solvants organiques : éther, trichloréthylène). Il convient d'inclure dans le présent chapitre le PCP (phencyclidine), très répandu aux États-Unis et déjà signalé en Europe.

21.13.2. PATHOLOGIES PSYCHIATRIQUES INDUITES PAR LES TOXIQUES

Les différents toxiques produisent diverses réactions physiques et psychiques importantes à reconnaître. Les signes et les symptômes présentés viendront guider le clinicien dans son action thérapeutique selon qu'il s'agisse d'une intoxication ou d'un sevrage.

BOUFFÉES DÉLIRANTES ET ÉTAT PSYCHOTIQUE

La prise de psychodysleptiques, comme le cannabis, les hallucinogènes et les amphétamines, peut induire des dépersonnalisations, des hallucinations et des moments délirants variables, caractéristiques de la bouffée délirante. Les mauvais voyages « sous LSD » sont souvent des formes frustes de la dépersonnalisation.

Toute prise prolongée de ces substances peut entraîner des accès délirants. Les psychoses amphétaminiques peuvent soit tourner en délire de persécution interprétatif, qui s'arrête avec l'interruption de la prise de toxiques, soit prendre l'allure d'une schizophrénie paranoïde.

Tableau 21.7.   **SYMPTÔMES ET SIGNES D'ABUS DE DROGUES**

DROGUE	INTOXICATION AIGUË ET SURDOSAGE	SYNDROME DE SEVRAGE
• **Hallucinogènes** : LSD[1], psilocybine, mescaline, PCP[2], STP[3] ; MDMA[4], Bromo-DMA[5].	— *Pupilles* dilatées (normales ou petites avec le PCP) ; — *TA* élevée ; — *Pouls* accéléré ; — *Réflexes tendineux* augmentés ; — *Température* élevée ; — *Rougeur* de la face ; — *Euphorie*, anxiété ou panique ; — *Réactions* paranoïdes ; — *État* de conscience souvent conservé ; — *Réactions* affectives anormales ; — *Illusions* ; — *Distorsions* temporales et visuelles ; — *Hallucinations* visuelles ; — *Dépersonnalisation* (avec le PCP, coma cyclique ou hyperactivité extrême, paroles incompréhensibles, regard fixe, mutisme, amnésie, analgésie, nystagmus [parfois vertical], démarche ataxique, rigidité musculaire, comportement impulsif, souvent violent).	— Aucun.
• **Stimulants du SNC** : amphétamines ; cocaïne ; méthylphénidate ; phenmétrazine ; phénylpropanolamine ; la plupart des anorexiants.	— *Pupilles* dilatées, réagissant à la lumière ; — *Respiration* superficielle ; — *TA* élevée ; — *Pouls* accéléré ; — *Réflexes tendineux* augmentés ; — *Température* élevée ; — *Arythmies* ; — *Sécheresse* de la bouche ; — *Sudations* ; — *Tremblements* ; — *Sujet* très lucide ou confus ; — *Idées* paranoïdes ; — *Hallucinations* ; — *Impulsivité* ; — *Hyperactivité* ; — *Stéréotypie* ; — *Convulsions* ; — *Coma*.	— Myalgies ; — Douleurs abdominales ; — Frissons, tremblements ; — Faim vorace ; — Anxiété ; — Sommeil prolongé ; — Manque d'énergie ; — Dépression psychique profonde, conduisant parfois au suicide ; — Épuisement.
• **Dérivés du cannabis** : marijuana, haschisch, THC[6] ; huile de haschisch.	— *Pupilles* inchangées ; — *Conjonctives* injectées ; — *TA* diminuée en position debout ; — *Pouls* accéléré ; — *Appétit* augmenté ; — *Euphorie*, anxiété ; — *État* de conscience souvent conservé ; — *Sujet* rêveur, fantaisiste ; — *Distorsions* temporo-spatiales ; — *Hallucinations* (rarement) ; — *Tachycardie*, ataxie et pâleur chez les enfants.	— Symptômes non spécifiques, notamment anorexie, nausées, insomnie, agitation, irritabilité, anxiété.

Tableau 21.7.   (SUITE)

DROGUE	INTOXICATION AIGUË ET SURDOSAGE	SYNDROME DE SEVRAGE
• **Opiacés** : héroïne, morphine, codéïne ; péthidine ; méthadone ; hydro- morphone ; opium ; pentazocine ; propoxyphène.	— *Pupilles* en myosis (peuvent être dilatées avec la péthidine ou lors d'hypoxie extrême) ; — *Respiration* déprimée ; — *TA* diminuée, parfois état de choc ; — *Température* diminuée ; — *Réflexes* diminués ou absents ; — *Stupeur* ou coma : — *Œdème* pulmonaire ; — *Constipation* ; — *Convulsions* avec le propoxyphène ou la péthidine.	— *Pupilles* dilatées ; — *Pouls* rapide ; — « Chair de poule », crampes abdominales ; — Secousses musculaires ; — Syndrome pseudo-grippal ; — Vomissements, diarrhée ; — Tremblements ; — Bâillements ; — Anxiété.
• **Sédatifs du SNC** : barbituriques ; chlordiazépoxide ; diazépam ; flurazépam ; glutéthimide ; méprobamate ; méthaqualone ; autres.	— *Pupilles* en position moyenne et fixes (mais dilatées avec la glutéthimide ou lors d'intoxication grave) ; — *TA* diminuée, parfois état de choc ; — *Respiration* déprimée ; — *Réflexes tendineux* diminués ; — *Somnolence* ou coma ; — *Nystagmus* ; — *Confusion* ; — *Ataxie* ; — *Élocution* perturbée ; — *Délire* ; — *Convulsions* ou hyperirritabilité lors de surdosage de méthaqualone ; — *Intoxication* (rarement) grave avec les benzo-diazépines seules.	— Tremblements ; — Insomnies ; — Sudation ; — Fièvre ; — Réflexes de clignement cloniques ; — Anxiété ; — Collapsus cardio-vasculaire ; — Agitation ; — Délire ; — Hallucinations ; — Désorientation ; — Convulsions ; — Choc.
• **Anticholinergiques** : atropine, belladone ; jusquiame ; scopolamine ; trihexyphénidyle ; mésylate de benztropine ; procyclidine ; bromure de propanthéline.	— *Pupilles* dilatées et fixes ; — *Pouls* accéléré ; — *Température* élevée ; — *Bruits* intestinaux diminués ; — *Somnolence* ou coma ; — *Peau* et muqueuses sèches ; — *État* de conscience perturbé ; — *Amnésie* ; — *Désorientation* ; — *Hallucinations* visuelles ; — *Perception* du corps modifiée ; — *Confusion*.	— Symptômes gastro-intestinaux et musculo-squelettiques.

1. LSD (diéthylamide de l'acide δ-lysergique)
2. PCP (phencyclidine)
3. STP (2,5-diméthoxy-4-méthylamphétamine ; Sérénité - Tranquillité - Paix)
4. MDMA (3,4 méthylènedioxyméthamphétamine)
5. Bromo-DMA (4-Bromo-2,5-diméthoxyamphétamine)
6. THC (delta-9, tétrahydrocannabinol)

SOURCE : Ce tableau a été reproduit grâce à une permission spéciale de l'éditeur de *La lettre médicale*, le docteur MARK ABRAMOWICZ.

Les psychoses cannabiques ou hallucinogènes provoquent le plus souvent des pathologies évoquant une schizophrénie paranoïde. Dans ce cadre, le PCP induit un état difficilement différenciable de la schizophrénie, avec prédominance des troubles du cours de la pensée. L'agitation et même la violence en sont les traits les plus marquants (voir la section 21.6.).

L'excitation induite par les amphétamines est variable et s'accompagne d'euphorie ou d'agressivité ; cette agitation peut être due à un délire systématisé. Soulignons aussi l'effet dépressogène produit lors du sevrage. Les barbituriques en général, surtout ceux à action rapide, peuvent causer des états d'excitation et d'agitation.

La cocaïne entraîne, quelle que soit la prise, une agitation et une logorrhée.

Les manifestations d'ivresse sont polymorphes : colère, agitation, onirisme ou hallucinations. On observe cette sémiologie sous l'effet des barbituriques et des sédatifs. Les solvants organiques sont eux aussi inducteurs d'ivresse onirique.

CONFUSION MENTALE

Elle peut se rencontrer dans toute toxicomanie. Mais confusion ne veut pas dire surdosage : si les mélanges peuvent entraîner un syndrome confusionnel, le sevrage brutal peut également conduire à la confusion. La participation hallucinatoire prédominante est plus marquée sous l'effet des amphétamines et des psychodysleptiques. L'onirisme est plus fréquemment observé dans les intoxications par les barbituriques. Les opiacés induisent des confusions stuporeuses. Un tableau particulier est le *bad trip*, réaction paradoxale éprouvée par les adolescents après l'absorption de drogues douces : hallucinogènes, solvants ou sédatifs.

21.13.3. CONDUITE À TENIR

INTOXICATION

Principes généraux

1) Détermination immédiate de l'état cardio-pulmonaire et du niveau de conscience, suivie d'un traitement de soutien approprié.
2) Établissement d'un diagnostic à partir du tableau clinique et des informations obtenues.
3) Utilisation de mesures visant à éliminer la substance toxique de l'organisme si nécessaire.
4) Utilisation de mesures visant à réduire les effets toxiques au niveau physiologique.
5) Monitoring des paramètres biologiques.
6) Traitement des troubles de comportement qui résultent de l'intoxication.

Principes spécifiques

1) **Intoxication par les barbituriques (ou par des hypnotiques d'action similaire)** Lors d'une intoxication légère ou modérée, la conduite à tenir consiste surtout en la surveillance des signes vitaux et au contrôle de l'agressivité et de l'agitation.
   Le patient doit être placé dans un endroit calme avec supervision étroite. Dans le cas d'une intoxication par des barbituriques à courte action, la diurèse forcée est sans valeur mais peut être très efficace dans une intoxication par le méprobamate (Equanil®). La diurèse forcée et la dialyse peuvent être très utiles pour certaines intoxications par des sédatifs non barbituriques.
2) **Intoxication par les opiacés** Le surdosage peut entraîner des troubles de la conscience, des troubles respiratoires, de l'hypotension et un œdème pulmonaire. On observe souvent un myosis serré et parfois une dilatation des pupilles dans des cas d'intoxication sévère ou d'intoxication mixte.
   Après les gestes de réanimation nécessaires (venti-

lation au masque ou intubation si nécessaire), les antimorphiniques sont utiles : le naloxone (Narcan®), à raison de 0,4 mg i.v., est très efficace. Les bienfaits du traitement se remarquent par l'amélioration de la conscience, de la respiration ainsi que par une dilatation pupillaire. Si une première dose est inefficace, deux doses additionnelles après cinq et dix minutes peuvent être utiles. Le traitement est efficace pour une période de deux à trois heures ; par la suite, des doses additionnelles peuvent être nécessaires pour empêcher la dépression respiratoire. L'apparition d'un œdème pulmonaire est à surveiller et doit être traité.

Un surdosage de naloxone peut entraîner l'apparition d'un syndrome de sevrage qui ne doit pas être traité par la méthadone.

3) **Intoxication par la cocaïne et les amphétamines**   Les complications médicales d'un tel surdosage peuvent être de divers ordres : hypertension sévère, hyperpyrexie, convulsions, syncope, arythmie cardiaque et arrêt respiratoire. Les signes vitaux doivent être surveillés étroitement. Lors d'un surdosage, un traitement au neuroleptique est recommandé ; le médicament de choix est alors l'halopéridol à raison de 5 à 10 mg i.m. Lors d'une intoxication légère ou modérée, il est indiqué de placer le patient dans une chambre calme et de prendre des mesures de sécurité pouvant assurer sa protection et celle du personnel. Ces patients peuvent répondre positivement au réconfort ; autrement, le diazépam (Valium®), à raison de 30 à 60 mg p.o., peut contrôler l'agitation.

Dans le cas d'une intoxication sévère, l'hypertension devrait être traitée par la phentolamine (Rogitine®) intraveineuse et l'hyperpyrexie, par des méthodes médicales standards. L'hydratation et l'acidification des urines par le chlorure d'ammonium peuvent augmenter l'excrétion de la drogue.

4) **Intoxication par le cannabis**   Cette drogue agit comme un sédatif à faible dose et comme un hallucinogène à haute dose. L'intoxication est habituellement bénigne et de courte durée. La panique aiguë qui peut se manifester se résorbe habituellement par une approche verbale de réconfort.

5) **Intoxication par la phencyclidine (PCP)**   Pour une intoxication à faible dose, on réduira les stimuli externes, on assurera une protection du patient qui peut se blesser. On l'installera dans une chambre calme où on pourra le superviser étroitement à distance. Les contentions peuvent être nécessaires si des comportements violents surviennent. Ces patients répondent paradoxalement au réconfort.

L'halopéridol est souvent le médicament de choix. Pour une intoxication plus sévère, la surveillance de la tension artérielle, de la respiration et du niveau de conscience est nécessaire.

L'hydralazine (Apresoline®) et le diazoxide (Hyperstat®) sont efficaces pour réduire le problème d'hypertension sévère. L'acidification des urines par le chlorure d'ammonium favorisera l'excrétion du PCP.

SEVRAGE

Le syndrome de sevrage simple variera selon la substance absorbée. Il existe toutefois des symptômes communs tels que l'anxiété, l'agitation, l'irritabilité, l'insomnie et les troubles de l'attention. L'évolution du sevrage demeure limitée dans le temps à moins qu'il soit compliqué par un délirium.

Syndrome de sevrage aux barbituriques (ou aux sédatifs et hypnotiques d'action similaire)

Les barbituriques et les sédatifs tels que l'ethchlorvynol (Placidy1®), le glutéthimide (Doriden®), la méthyprylone (Noludar®), l'hydrate de chloral (Noctec®), le paraldéhyde, la méthaqualone (Tualone®), le méprobamate (Equanil®) engendrent un syndrome de sevrage semblable à celui produit par l'alcool.

Tableau 21.8.   TRAITEMENT DU SEVRAGE DES DÉ-
PRESSEURS DU SYSTÈME NERVEUX
CENTRAL PAR L'UTILISATION DU TEST
DE TOLÉRANCE AU PENTOBARBITAL

JOUR 1 :   200 mg p.o. de pentobarbital
            — si intoxication (nystagmus, ataxie), de 100
            à 200 mg p.o. aux 6 heures ;
            — si pas d'intoxication, 100 mg p.o. aux
            2 heures, jusqu'au moment où des signes
            d'intoxication apparaissent. La dose totale
            requise pour produire l'intoxication est
            administrée aux 6 heures pour les pro-
            chaines 24 heures.

JOUR 2 :   Administrer le pentobarbital à la même dose que
            durant les premières 24 heures.

JOUR 3   et par la suite : Soustraire 100 mg de pentobar-
            bital par jour, de la dose totale donnée le jour
            précédent jusqu'à désintoxication. Si des signes
            d'intoxication apparaissent, éliminer la dose sui-
            vante puis reprendre 6 heures plus tard. Si des
            signes de sevrage apparaissent, administrer de
            100 à 200 mg de pentobarbital p.o. ou i.m.
            stat.

Le sevrage favorisera souvent l'apparition de crise de grand mal épileptique qui devrait être prévenue ou traitée en tant que telle. Les patients nécessitent une supervision médicale étroite, compte tenu de la possibilité du développement de l'hyperpyrexie, du collapsus cardio-vasculaire et du décès qui peuvent survenir chez les cas non traités. Le traitement du sevrage sera fait par substitution au moyen du pentobarbital (Nembutal®) dans le cas des barbituriques ou par le retrait graduel de l'agent identifié.

Le traitement du sevrage des sédatifs du système nerveux central est souvent compliqué du fait que les patients sont habituellement de mauvais informateurs concernant leur dosage quotidien : d'une part, ils peuvent demander beaucoup plus de « drogues » ; d'autre part, leur mémoire peut être déficitaire en raison d'un usage chronique de drogues.

Pour cette raison, le test de tolérance au pentobarbital est un outil très utile dans le traitement des états de sevrage (voir le tableau 21.8.).

Lorsqu'on obtient une stabilisation avec le pentobarbital, il est souhaitable de lui substituer le phénobarbital (Gardenal®) (30 mg de phénobarbital pour chaque 100 mg de pentobarbital). En effet, le phénobarbital permet d'obtenir un niveau plasmatique plus constant, sa demi-vie étant plus longue. De plus, il permet aussi d'obtenir un degré d'activité anticonvulsivante plus élevé.

Sevrage des opiacés

Une fois l'évaluation du patient terminée, un traitement par la méthode de substitution avec la méthadone pourra être institué. Les données récentes soulignent l'efficacité de la clonidine (Catapres®) pour supprimer les symptômes de manque. Ce médicament est utilisé lors de l'hospitalisation.

Sevrage des amphétamines

Le syndrome peut progresser en deux semaines vers une dépression majeure avec risque suicidaire marqué, laquelle peut persister plusieurs mois. Le traitement devrait se faire en milieu hospitalier. La drogue doit être évidemment cessée et le patient pourra bénéficier de neuroleptiques s'il est agité ou psychotique. L'utilisation des antidépresseurs sera très utile. Un soutien psychosocial doit être institué.

21.14.
CONCLUSION

Nous avons privilégié à l'intérieur de ce chapitre une approche par problèmes en considérant successivement différentes entités cliniques. Nous croyons en effet que l'urgence psychiatrique trouve sa spécificité à l'intérieur même des situations qui se présentent au médecin ; la nosographie constitue l'un des outils permettant de mieux comprendre ces mêmes situations.

Les situations varient bien sûr selon un éventail assez large, allant de la simple demande de refuge, en passant par la demande de soulagement d'une détresse, jusqu'aux demandes venant de la famille, d'un juge ou des policiers qui ne peuvent plus contenir une personne psychotique. Afin de faire face à ces multiples situations « de crise », il est essentiel que le personnel soignant qui reçoit de tels patients soit très bien formé et que les lieux où se trouve l'urgence soient propices au désamorçage des crises. L'omnipraticien, souvent en première ligne, doit développer, en plus de son savoir, les aptitudes (savoir-faire) et les attitudes (savoir-être) requises afin de remplir adéquatement son rôle d'aidant.

BIBLIOGRAPHIE

AMERICAN PSYCHIATRIC ASSOCIATION
1980 *Diagnostic and Statistical Manual of Mental Disorders (DSM-III)*, Washington, D.C., APA.

DEJOURS, C. et H. GRIVOIS
1980 « Les formes psychiatriques aiguës des maladies somatiques », *Feuillets du praticien*, 30 mai, t. IV, nº 10, p. 359-362.

DENIS, J.-F.
1984 « Suicidaire ou pseudo-suicidaire ? Dilemme à l'urgence », *L'union médicale du Canada*, sept., vol. 113, p. 766-770.

GRIVOIS, H.
1978 *La psychiatrie des urgences*, collection Réponses, sept., Éd. Laffont, 408 p.

1986 *Urgences psychiatriques*, collection Les Abrégés, Paris, Masson.

GRUNBERG, F.
1985 « Suicide et maladie mentale », *Annales médico-psychologiques*, vol. 143, nº 8, p. 787-792.

MIRIN, S.M. et R.D. WEISS
1983 « Substance Abuse », *The Practitioner's Guide to Psychoactive Drugs* (E.L. Bassuk, édit.), 2e éd., New York, Plenum Publishing Corporation.

MONAHAN, J.
1984 « The Prediction of Violent Behavior : Toward a Second Generation of Theory and Policy », *Am. J. Psychiatry*, vol. 141, p. 10-15.

MONDAY, J.
1980 « Les urgences psychiatriques », *Psychiatrie clinique : approche contemporaine* (P. Lalonde et F. Grunberg, édit.), Chicoutimi, Gaëtan Morin éditeur.

PASCALIS, G. *et al.*
1981 « Urgence en psychiatrie et psychiatrie en urgence », *Congrès de psychiatrie et de neurologie de langue française*, Colmar, Masson.

RESNICK, H.L.P.
1968 *Suicidal Behaviors*, Boston, Little Brown and Co.

ROFMAN, E.S., C. ASKINAZI et E. FANT
1980 « The Prediction of Dangerous Behavior in Emergency Civil Commitment », *Am. J. Psychiatry*, vol. 137, nº 9, p. 1061-1064.

SOREFF, S.M.
1983 « Emergency Psychiatry », *The Psychiatric Clinics of North America*, vol. 6, nº 2, juin.

TUPIN, J.P.
1975 « Management of Violent Patients », *Manual of Psychiatric Therapeutics* (J.M. Shader, R.I., édit.), Boston, Little Brown et Co.

VANIER, C. et Y.-J. LAVALLÉE
Le malade violent à l'urgence psychiatrique : évaluation et management, texte non encore publié.

Encyclopédie médico-chirurgicale : Psychiatrie clinique et thérapeutique, Éditions Techniques, Paris (France), mises à jour annuelles.

La lettre médicale, vol. 9, nº 12 (M.L. 696), oct. 1985.

« Les toxicomanes », *Revue du praticien*, nº spécial 1981, vol. 32, nºs 45-46, p. 2877-2968.

PARTIE **III**

TROUBLES DE LA SEXUALITÉ

CHAPITRE 22

DYSFONCTIONS SEXUELLES

ÉDOUARD BELTRAMI

M.D., F.R.C.P.(C)
Psychiatre, sexologue clinicien
Professeur au Département de sexologie de l'Université du Québec à Montréal

NORMANDE COUTURE

M.A. (Sexol.)
Sexologue clinicienne au Centre d'évaluation et de traitement du Centre hospitalier Robert-Giffard (Québec)
Chargée de cours à l'Université Laval (Sainte-Foy, Québec)

PLAN

22.1.
INTRODUCTION

22.1.1. DÉFINITION

La caractéristique essentielle des dysfonctions sexuelles est l'inhibition du désir sexuel ou des changements psychophysiologiques qui caractérisent le cycle complet de la réponse sexuelle, avec un-e partenaire et dans des circonstances considérées, par l'individu, comme adéquates. Le médecin devra tenir compte du fait que les difficultés sexuelles sont répétitives et persistantes pour en faire une catégorie diagnostique.

22.1.2. HISTORIQUE

OBSERVATIONS CLINIQUES DU XIXᵉ SIÈCLE

Par le passé, le comportement sexuel était prescrit par des normes religieuses et sociales. Il est resté longtemps dans l'ombre car l'intimité même de ce comportement lui permettait d'échapper aux normes. Les premières tentatives scientifiques ont été faites à partir d'expertises médico-légales menées auprès de criminels, comme celles décrites par le médecin légiste KRAFFT-EBING (1840-1902) dans *Psychopathia Sexualis* ou celles menées auprès de patients psychiatriques par FREUD (1856-1939). Si tous les criminels sexuels et les psychopathes se masturbaient, la tentation était grande pour les chercheurs de voir dans la masturbation l'étiologie de ces pathologies.

Bien que HAVELOCK ELLIS (1859-1939) ait essayé de définir une sexualité plus normale, ses observations restaient appuyées sur la méthode scientifique qui, depuis CLAUDE BERNARD, demeure la pierre angulaire de la médecine moderne.

MÉTHODE SCIENTIFIQUE DU XXᵉ SIÈCLE

On doit à l'obstination persévérante d'un professeur de biologie, ALFRED C. KINSEY, spécialisé dans l'étude des insectes (les cynips), les premières données statistiques sur la sexualité humaine dans ses ouvrages *Sexual Behavior of the Human Male* (1948) et *Sexual Behavior of the Human Female* (1952). Les deux rapports portaient sur la vie sexuelle de plus de 10 000 individus interrogés.

On a dû attendre les études du gynécologue WILLIAM MASTERS et de sa collaboratrice VIRGINIA JOHNSON, publiées dans leur livre *Les réactions sexuelles* (1968), pour connaître la réponse sexuelle vérifiée en laboratoire, sans être obligé de se fier à des fait relatés.

Mais la véritable révolution dans le traitement des problèmes sexuels a éclaté en 1971, année où MASTERS et JOHNSON ont publié *Les mésententes sexuelles*. Les traitements de l'impuissance ou de l'anorgasmie féminine qui jusque-là pouvaient prendre plusieurs années par les techniques psychiatriques habituelles, avec des résultats à peine supérieurs à 20 %, étaient maintenant réduits à un traitement intensif de 15 jours, avec 80 % de succès en fin de traitement et 75 % après cinq ans. Ce résultat retentissant a donné un élan considérable à la recherche sexologique.

Deux gynécologues, CYRIL et BÉATRICE FOX (1971), ont montré au moyen de méthodes de télémétrie que les observations de MASTERS et JOHNSON traduisaient les réactions sexuelles en laboratoire, mais pas nécessairement celle de la vie courante. JOHN MONEY (1972), psychologue de l'hôpital John Hopkins, a clarifié le rôle des hormones et de l'hérédité sur l'identité sexuelle, le dimorphisme sexuel et l'érotisme. LESLIE et JOSEPH LoPICCOLO ainsi que JULIA HEIMAN (1978) ont mis au point un traitement court et très efficace de l'anorgasmie féminine. Les travaux de PERRY, WHIPPLE et LADAS (1981), sur les notions du point de GRÄFENBERG et d'éjaculation féminine, ont étonné la communauté scientifique. Puis, ALAN et DONNA BRAUER (1983) ont continué

Figure 22.1. COURBE DE LA RÉPONSE SEXUELLE EN LABORATOIRE, EN FONCTION DU TEMPS DE CHAQUE PHASE

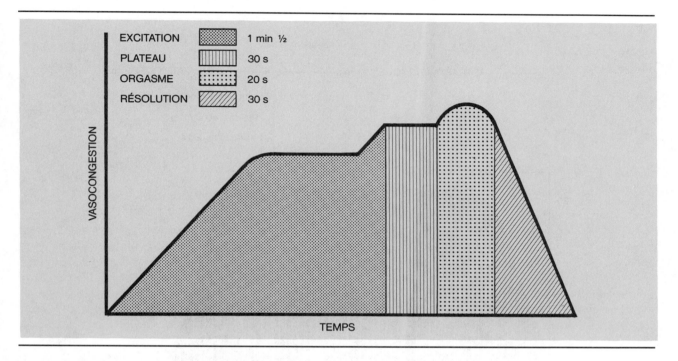

SOURCE : BELTRAMI, figure modifiée, d'après MASTERS et JOHNSON (1968).

cette révolution du côté de l'orgasme masculin, avec la notion de l'« *extended sexual orgasm* » (ESO) selon laquelle l'orgasme masculin ou féminin peut durer 20 minutes, au lieu de 20 secondes, avec un entraînement adéquat.

22.2.
SEXOPHYSIOLOGIE DE LA RÉPONSE SEXUELLE HUMAINE

MASTERS et JOHNSON ont eu le mérite de diviser la réponse sexuelle humaine en quatre phases, selon les réactions physiologiques : l'excitation, le plateau, l'orgasme et la résolution.

Nous décrirons, dans ce chapitre, les réponses sexuelles les plus constantes, les plus caractéristiques et les plus utilisables en clinique.

22.2.1. RÉPONSE SEXUELLE DE L'HOMME ADULTE

DÉSIR SEXUEL

Avant même la phase d'excitation dont parlent MASTERS et JOHNSON, il existe, comme l'a mentionné HELEN KAPLAN (1979), une **phase de désir** liée à des changements physiologiques mesurables (FREÜND, 1973) par pléthysmographie pénienne

Figure 22.2. COURBE DE LA RÉPONSE SEXUELLE DANS LA VIE COURANTE

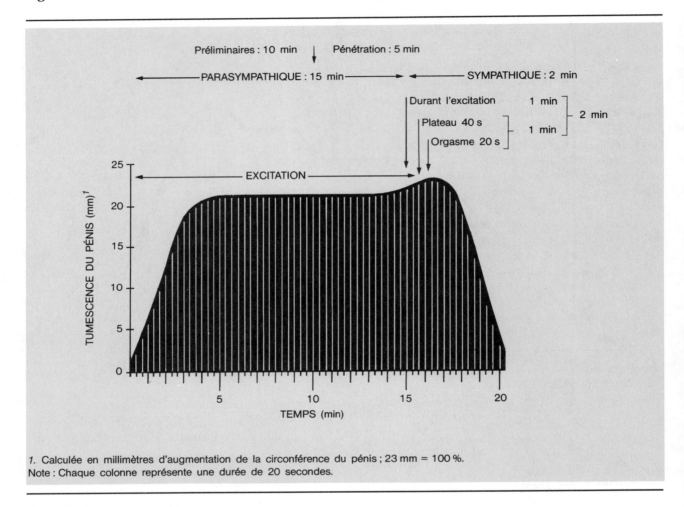

Préliminaires : 10 min | Pénétration : 5 min

←——————— PARASYMPATHIQUE : 15 min ———————→ ← SYMPATHIQUE : 2 min →

Durant l'excitation   1 min ⌉
                              ⌉ 2 min
Plateau 40 s   1 min ⌋
Orgasme 20 s

EXCITATION

1. Calculée en millimètres d'augmentation de la circonférence du pénis ; 23 mm = 100 %.
Note : Chaque colonne représente une durée de 20 secondes.

SOURCE : BELTRAMI, m.d.

diurne. Cette méthode, qui mesure la tumescence discrète du pénis, permet de distinguer efficacement si le désir d'un individu s'oriente vers les femmes ou les hommes, vers les adultes ou les enfants, ou vers tout objet de déviation.

La courbe de la figure 22.1. montre que la vulgarisation des courbes de la réponse sexuelle inspirées de MASTERS et JOHNSON peut donner une fausse impression de l'importance du système de relaxation (le système parasympathique) et de son rôle dans la sexualité humaine.

En effet, les courbes de MASTERS et JOHNSON sont construites à partir d'expériences en laboratoire, où les préliminaires sont moins importants : le facteur temps est précieux pour l'équipe de tournage qui est payée très cher. On se concentre donc sur les changements les plus spectaculaires. Les courbes obtenues laissent donc croire, à tort, que l'excitation ne dure que deux minutes et consiste en une grande animation : contractions de la musculature, augmentation de la respiration, des rythmes cardiaque et respiratoire, et de la pression artérielle.

En fait, ce n'est pas la partie spectaculaire qui est la plus efficace pour favoriser l'excitation de l'homme et de la femme, mais bien plus le côté repos, détente et préliminaires qui facilite une bonne réponse sexuelle. Comme, de plus, les médias de masse ont beaucoup de mal à rendre les émotions tendres, calmes, sereines, il sera important que le thérapeute insiste énormément sur l'importance de la phase parasympathique de la réponse sexuelle.

On voit clairement à la figure 22.2. qu'une relation sexuelle dans la vie courante, durant plus de 15 minutes, est en majorité vécue sous la dominance du système parasympathique, soit le système de repos.

Seules, au plus, deux minutes sont vécues en état de forte activation du système sympathique !

D'autres recherches cliniques (BUREAU, 1976 ; BELTRAMI, 1976) semblent indiquer que, pour qu'un désir sexuel soit maintenu malgré les obstacles de la vie courante, les conditions suivantes sont indispensables :
— une fréquence minimale de fantasmes sexuels (scénarios imaginaires) ;
— une capacité de se concentrer, sans être distrait, sur ses fantasmes sexuels ;
— la conscience de ses propres changements physiologiques et de ceux de son partenaire.

PHASE D'EXCITATION

Érections réflexes

Par l'**érection** du pénis, l'homme montre plus qu'un désir sexuel ; il entre en phase d'excitation, la première des quatre phases du cycle de la réponse sexuelle telles que définies par MASTERS et JOHNSON (1968). Les érections non liées à un vécu érotique sont rares. Elles sont habituellement le fait d'une relâche de l'inhibition corticale, libérant ainsi les influx du centre de l'érection situé au niveau des vertèbres sacrées. La mort par pendaison et l'anesthésie profonde sont les deux conditions dans lesquelles l'érection peut être détachée d'un vécu érotique. Quant aux érections « réflexes » qui peuvent arriver dans la vie d'un homme, il n'est pas impossible qu'elles soient accompagnées de fantasmes sexuels non reconnus consciemment.

Des études récentes ont montré que les érections nocturnes chez les hommes adultes sont significativement reliées aux rêves de type MOR (mouvements oculaires rapides, en anglais : *REM, rapid eye movement*), même si ces rêves ne sont pas à contenu érotique. Néanmoins, les rêves de type MOR à contenu anxiogène sont plus rarement accompagnés d'érection.

Neurophysiologie de l'érection

On peut résumer la neurophysiologie de l'érection de la manière suivante : les sensations de la peau et des muqueuses lors des contacts sexuels empruntent les nerfs sensibles somatiques (au niveau du pénis : nerfs caverneux) puis montent au thalamus spécifique par la voie spinothalamique latérale ; de là, elles se projettent à l'aire sensorielle du cortex où ces zones sensitives sont fidèlement représentées. Simultanément ou antérieurement sont apparus, au cortex frontal d'association, des mémoires et des souvenirs défavorables ou favorables ; dans ce dernier cas, il y a activation du septum du lobe limbique qui donne à l'individu la coloration affective de plaisir. Du septum et de l'hypothalamus, une motricité viscérale descend par le faisceau prosencéphalique médian. Ces influx moteurs se synapsent à la corne intermédiolatérale de la moelle sacrée : S_2, S_3, S_4. Le système parasympathique sacré, par la médiation des nerfs caverneux, amène l'érection des corps caverneux.

Figure 22.3. NEUROPHYSIOLOGIE DE L'ÉRECTION

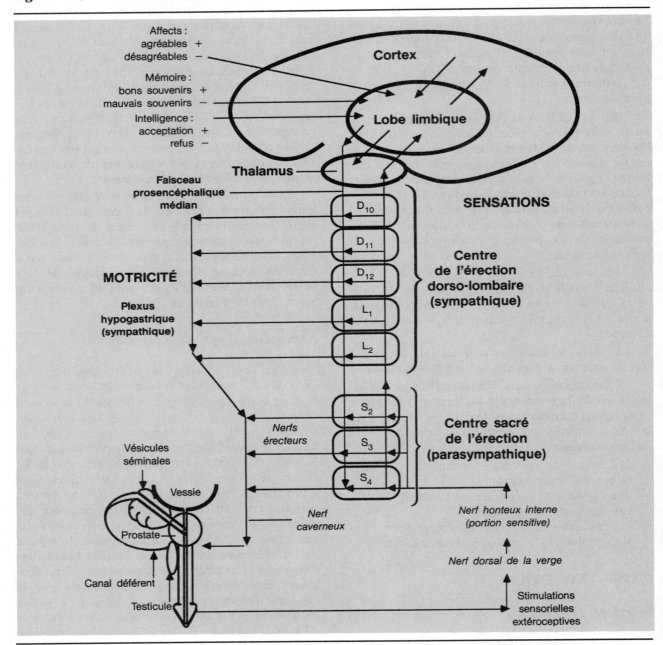

SOURCE : BELTRAMI, COUTURE et ALARIE, m.d. (1988).

L'érection du corps spongieux suit un modèle semblable, mais dépend du système sympathique et des nerfs splanchniques provenant des vertèbres D_{10} à L_2 (CHAPELLE, 1984). Des affects, des émotions et des souvenirs désagréables activent l'amygdale du lobe limbique, donnant une coloration émotionnelle négative qui, par les mêmes voies, aura tendance à inhiber l'érection. On peut donc, en règle générale, considérer l'érection comme un signe spécifique et constant de l'excitation sexuelle chez l'homme.

Bien que le système sympathique participe légèrement à l'érection, c'est le système parasympathique qui est principalement responsable de cette réaction. Donc, malgré son nom, la phase d'excitation correspond à la phase de récupération, de repos, de sieste, de relaxation et de détente musculaire du système nerveux autonome. Tout homme qui contracte ses muscles et respire rapidement lors de cette phase, risque de perdre son érection ou de passer directement à la courte phase en plateau et d'éjaculer précocément.

Remontée des testicules

Ce phénomène qui accompagne l'érection en phase d'excitation est constant mais non spécifique. Les testicules remontent aussi bien par la contraction du dartos que par le raccourcissement du cordon spermatique. Le testicule gauche est plus lourd et plus bas que le droit dans 80 % des cas. En effet, la veine spermatique gauche se jette dans la veine rénale, tandis que la veine spermatique droite se jette dans le tronc de la veine cave inférieure. Ainsi, le testicule droit, mieux drainé, donc moins lourd, est plus rapide à remonter jusqu'à la paroi abdominale. L'élévation des testicules n'est que partielle en phase d'excitation.

PHASE DE PLATEAU

La deuxième phase du cycle de la réponse sexuelle, la phase de plateau, se caractérise par une érection complète et plus prononcée, une augmentation involontaire vasocongestive du diamètre dans la zone de la couronne et du gland, et une augmentation de la coloration rouge violet du gland (inconstant). Le méat urétral, qui était devenu transversal en phase d'excitation, triple son diamètre. La distension du bulbe urétral et la remontée complète du testicule droit signent l'imminence de l'éjaculation. À ce moment, les testicules ont augmenté leur volume d'au moins 50 %. On voit également apparaître une sécrétion incolore, inodore et en faible quantité, venant des glandes de COOPER et ayant une fonction de lubrification du canal urétral.

L'augmentation de la tension musculaire, du rythme cardiaque, de la pression artérielle, de la respiration, qui avait commencé à la fin de la phase d'excitation, se maintient à un haut niveau lors du plateau. Cette phase est courte (environ 40 secondes) et débouche soit sur un retour à la phase d'excitation soit immédiatement sur l'orgasme.

PHASE D'ORGASME

Premier temps : émission

Une stimulation efficace et soutenue du pénis finit par s'accompagner d'une activité sympathique accrue, pour finalement exciter le centre médullaire de l'orgasme situé au niveau des vertèbre D_{10} à L_2, médiatisé par les nerfs splanchniques du plexus hypogastrique.

Cette première phase se caractérise par une mise sous pression des produits excrétés par les vésicules séminales, la prostate et les cordons spermatiques dans l'urètre prostatique fermé à ses deux extrémités par les sphincters interne (lisse) et externe (strié) de la vessie. Le tout est ressenti par l'homme comme une sensation caractéristique d'imminence de l'éjaculation.

Figure 22.4. NEUROPHYSIOLOGIE DE L'ÉJACULATION

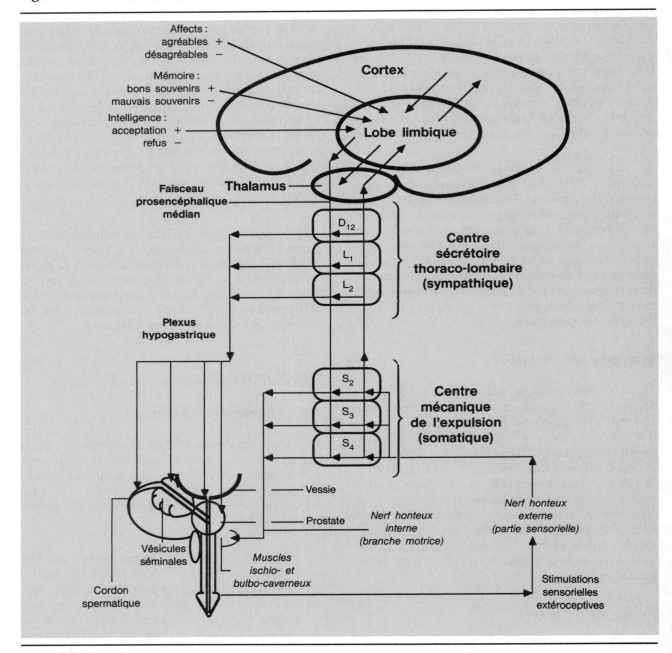

SOURCE : BELTRAMI, COUTURE et ALARIE, m.d. (1988).

Deuxième temps : éjaculation proprement dite

Au deuxième temps, sous l'effet du parasympathique, le sphincter externe de la vessie s'ouvre et se contracte régulièrement, à un intervalle de 0,8 seconde, ainsi que les organes accessoires internes et la portion de l'urètre pénien (6 à 10 contractions). Ce mouvement a pour résultat l'expulsion du liquide spermatique des voies génitales vers l'extérieur, à une vitesse quatre fois supérieure à celle du sang dans les artères. L'orgasme masculin s'accompagne aussi de contractions du rectum (2 à 4) très constantes, de contractions des muscles ischiocaverneux, bulbo-caverneux et des transverses du périnée, d'une augmentation générale du tonus musculaire, d'une augmentation du rythme respiratoire et du rythme cardiaque. Toutes ces activités viscérales sont ressenties d'une manière vague, floue mais très intense et agréable pendant environ 10 secondes.

PHASE DE RÉSOLUTION

Cette phase arrive, d'une manière constante, après l'orgasme masculin. Il s'agit d'un état de détente et de retour à la normale de tous les changements qui ont eu lieu pendant le cycle de la réponse sexuelle. L'individu est alors réfractaire à toute stimulation sexuelle pendant un temps qui varie suivant son âge et la situation. Le système de récupération de l'individu est responsable de cette phase. L'involution du pénis peut prendre de quelques secondes à 20 minutes suivant l'âge et les circonstances.

22.2.2. RÉPONSE SEXUELLE DE LA FEMME ADULTE

DÉSIR SEXUEL

Les lois qui président au désir sexuel de l'homme opèrent de la même manière chez la femme, bien que des éléments quantitatifs différent.

Tandis que l'homme a, dès l'adolescence, un taux d'androgènes suffisant (plus de 500 nanogrammes) pour activer ses fantasmes sexuels, la femme n'en a que très peu (environ 75 nanogrammes). Elle a donc moins de fantasmes sexuels spontanés que l'homme et sa capacité de fantasmer dépend beaucoup plus de l'apprentissage et de l'encouragement du milieu. Une culture ou une famille qui n'encouragent pas ces apprentissages favorisent un manque de désir sexuel.

Le fait de se concentrer et de cultiver systématiquement et volontairement ses fantasmes est rarement encouragé par la société. Aussi est-il moins fréquent de voir chez la femme une capacité soutenue de se concentrer sur un scénario érotique. Le moindre coup de téléphone, la moindre difficulté interactionnelle avec le partenaire, la moindre parole mal interprétée va plus facilement, chez la femme, arrêter le début du désir sexuel qui vient d'apparaître.

En ce qui concerne la prise de conscience des changements physiologiques qui apparaissent, la femme se voit également moins favorisée que l'homme qui, par son érection, a une véritable aiguille de biofeedback lui donnant une information sur sa condition physiologique et l'encourageant à se remémorer ses sensations physiques lors d'activités antérieures.

De plus, chez la femme, la prise de conscience des changements physiologiques du partenaire est fortement découragée dans la majorité des sociétés. Elles considèrent, à tort, que l'intérêt des femmes pour l'érection masculine serait une provocation qui encouragerait les agressions sexuelles.

Par ailleurs, la femme a moins de chances de se centrer sur ses organes génitaux qui sont moins accessibles. Ainsi son érotisme va être moins génital, plus diffus, plus romantique, surtout au début de sa vie sexuelle. De plus, l'entretien de sa maison et le soin de ses enfants peuvent entrer en conflit avec sa sexualité naissante.

Notre expérience clinique montre qu'il est extrêmement important, pour conserver son désir sexuel, que la femme puisse profiter d'une sortie par semaine avec son partenaire, libre de toutes tâches ménagères et maternelles, ainsi que de plusieurs jours de vacances par année où elle est également libérée de ses tâches. Ces points de repère lui permettent de s'imaginer des scénarios romantiques et agréables meublant, consciemment ou inconsciemment, ses fantasmes et entretenant un désir sexuel qui, sans ces diversions, périclite au cours des années.

PHASE D'EXCITATION

Réactions génitales

La réponse caractéristique et typique de l'excitation sexuelle chez la femme est la **lubrification vaginale**, qui ne provient pas des glandes de BARTHOLIN mais d'une transsudation du plasma à travers les capillaires sanguins qui se trouvent dans la muqueuse vaginale. Le liquide apparaît à l'entrée du vagin lorsque la femme est excitée sexuellement.

Pendant le sommeil, la femme a également une lubrification vaginale, lors des rêves de type MOR (mouvements oculaires rapides). Contrairement à l'homme qui est toujours conscient de ses érections, la femme prend moins conscience de ses lubrifications vaginales. On a aussi démontré que des femmes répondent par une lubrification vaginale à des films érotiques, bien qu'elles prétendent ne pas avoir été excitées et ne pas avoir aimé ces films. Le dispositif qui permet de vérifier la lubrification vaginale s'appelle le colorimètre vaginal. Il prend une mesure indirecte de la lubrification par le volume du flot sanguin des capillaires des parois vaginales. Leur capacité de réfléchir la lumière envoyée par une petite sonde est mesurée par une cellule photo-électrique.

Réactions extragénitales

En dehors de ces réactions typiques et caractéristiques, un certain nombre de réactions non spécifiques de la réponse sexuelle ont été notées en laboratoire, bien qu'elles aient une faible importance au point de vue clinique :

- Au niveau des **seins**, il y a tumescence des aréoles, un début d'augmentation du volume de la poitrine et, chez certaines femmes, une apparition plus marquée du réseau veineux.
- Au niveau de l'**épigastre**, s'étendant sur les seins et éventuellement sur le cou et les épaules, apparaît une éruption maculopapulaire, inconstante et appelée rougeur sexuelle.
- À la fin de la phase d'excitation, certains signes qui vont prendre une expansion plus forte lors de la phase de plateau, commencent à se manifester : une tension générale des **muscles volontaires**, une augmentation du **rythme respiratoire**, du **rythme cardiaque** et de la **pression sanguine**.

PHASE DE PLATEAU

Réactions génitales

Cette phase se caractérise essentiellement par le gonflement du tiers externe du vagin, en particulier les structures vasculaires du bulbe vestibulaire. Le tout a été nommé, par MASTERS et JOHNSON, la **plate-forme orgasmique**. Le vagin s'accroît en longueur. L'utérus, dont la taille peut augmenter de 50 %, est complètement élevé et devient plus excitable. Le clitoris quitte sa position saillante normale et se rétracte contre le bord intérieur de la symphyse pubienne. Les grandes lèvres s'engorgent de sang veineux aussi bien chez les nullipares que chez les multipares. Quant aux petites lèvres, elles présentent un phénomène typique et caractéristique appelé **peau sexuelle**. Cette réaction, qui se décrit comme un changement subit de couleur variant du rouge vif au rouge sombre, est pathognomonique de l'imminence de l'orgasme.

Réactions extragénitales de la phase en plateau

Une accentuation des phénomènes qui existaient déjà à la phase d'excitation apparaît : tension musculaire accrue, rythme respiratoire accéléré, rythme cardiaque pouvant monter de 100 jusqu'à 175 battements à la minute. On note également une augmentation de la pression sanguine dont les élévations systoliques peuvent s'élever de 20 à 80 millimètres de mercure, tandis que les élévations diastoliques peuvent augmenter de 10 à 40 mm Hg.

PHASE D'ORGASME

Réactions génitales

La réponse motrice de l'orgasme se manifeste essentiellement au niveau du vagin par des contractions de la plate-forme orgasmique qui se produisent à 0,8 seconde d'intervalle, de 5 à 12 fois, et dont l'intensité diminue après la troisième ou la sixième. Des contractions involontaires du rectum (3 à 6) se produisent à 0,8 seconde d'intervalle et sont caractéristiques de l'orgasme. L'utérus se contracte également à 0,8 seconde d'intervalle. Quant au clitoris, il garde sa position rétractée.

Réactions extragénitales lors de l'orgasme

Ces réactions consistent en des contractions des muscles striés : les muscles des fesses, les transverses du périnée et le muscle pubo-coccygien. Ces groupes musculaires montrent une perte du contrôle volontaire qui se manifeste par des contractions involontaires spasmodiques. On note une augmentation de la pression systolique (jusqu'à 100 mm Hg), une élévation de la pression diastolique (jusqu'à 50 mm Hg) ainsi qu'une augmentation du rythme respiratoire (40 respirations par minute) et cardiaque (maximum possible de 180 battements par minute).

PHASE DE RÉSOLUTION

Cette phase se caractérise par un retour à la normale. Cependant, on note une sudation alors que le sujet ne présente aucun effort. Contrairement à l'homme, il n'y a pas de période réfractaire et la femme peut, à tout moment, obtenir un nouvel orgasme. Quant aux autres réactions extragénitales que l'on note chez l'homme, elles existent également chez la femme.

22.2.3. CONCLUSION

MASTERS et JOHNSON ont eu le grand mérite de nous démontrer en laboratoire la plupart des phénomènes précités. De plus, ils ont pu montrer que la taille du pénis n'est pas proportionnelle au physique de l'individu et que les pénis circoncis ont le même niveau de sensibilité que les non circoncis. Ces deux affirmations n'ont pas été infirmées par d'autres recherches subséquentes.

MASTERS et JOHNSON affirment également que la taille des pénis en érection varie assez peu : de 5,5 à 6,5 pouces (14 à 16,5 cm), que la physiologie lors du coït diffère peu de la physiologie lors de la masturbation et que le plaisir orgastique semble proportionnel au volume de l'éjaculat. Selon eux, l'homme, contrairement à la femme, a une période réfractaire durant laquelle, quelle que soit la stimulation, il ne peut avoir une nouvelle érection.

Ces données ont toutefois été critiquées : FOX, ISMAÏL et LOVE (1972) ont constaté que la testostérone plasmatique augmente significativement chez l'homme, après des relations sexuelles coïtales satisfaisantes. Après la masturbation, ces mêmes changements n'apparaissent pas. Ainsi la similitude entre coït et masturbation n'est que grossière. De plus, l'étude des préadolescents et des hommes du troisième âge montre que l'orgasme n'est pas toujours proportionnel au volume de l'éjaculat. LEVIN et WAGNER (1985) ont repris les études de MASTERS et JOHNSON avec des appareils plus précis et confirment qu'il y a peu de relations entre la satisfaction subjective et les changements physiologiques. ALZATE (1985) parle même d'orgasme cérébral (psychique).

Nous pouvons conclure que MASTERS et JOHNSON ont ouvert la voie en donnant l'essentiel des données actuelles sur la physiologie sexuelle. Néanmoins, cette base devra être nuancée par les recherches modernes qui se préoccupent de plus en plus des critères de qualité et de satisfaction vécues lors des activités sexuelles.

22.3.
VARIATIONS DE LA RÉPONSE SEXUELLE SUIVANT L'ÂGE

22.3.1. SEXUALITÉ À LA PRÉADOLESCENCE

PRÉADOLESCENCE MASCULINE

Les érections se produisent à tout âge et dès la naissance. Comme l'homme adulte, le préadolescent fait un grand nombre de rêves MOR qui s'accompagnent d'érections. KINSEY (1948, p. 244) a noté des orgasmes chez les enfants dès l'âge de cinq mois. On y remarque les phénomènes suivants :

> L'orgasme a été constaté chez les garçons de tout âge, depuis cinq mois jusqu'à l'adolescence. Dans nos dossiers, nous trouvons consigné l'orgasme chez une petite fille de quatre mois. Chez un bébé ou tout autre jeune mâle, l'orgasme est la réplique exacte de l'orgasme chez l'adulte, abstraction faite de l'absence d'éjaculation. Comme il a été décrit plus haut dans ce chapitre, le comportement en implique toute une série de modifications physiologiques progressives : développement de mouvements rythmiques du corps avec palpitations particulières du pénis, changement manifeste des capacités sensorielles, tension finale des muscles, particulièrement de ceux de l'abdomen, des hanches et du dos, déclenchement soudain accompagné de spasmes comprenant des contractions rythmiques de l'anus et suivi de la disparition de tous ces symp-

tômes. Un bébé irritable s'apaise sous l'excitation sexuelle commençante ; il est distrait de ses autres activités, se met à faire des poussées rythmiques du bassin, se contracte au fur et à mesure qu'approche le paroxysme, est amené à des mouvements spasmodiques accompagnés souvent de secousses violentes des bras et des jambes, et parfois de larmes au moment du paroxysme. Après quoi, l'érection disparaît rapidement et l'enfant tombe dans le calme et la paix qui suivent typiquement l'orgasme chez l'adulte. Il peut se passer un certain temps avant que l'érection puisse être provoquée à nouveau après une expérience de cette sorte.

Ces observations ont été rapportées non seulement par les parents des enfants, mais aussi dans des rapports très précis et détaillés donnés par des pédophiles ainsi que dans des rapports d'individus qui ont trouvé que l'expérience de l'orgasme lors de leur préadolescence avait été à peu près identique à celle qu'ils connaissaient à l'âge adulte. Sans qu'on puisse en connaître les proportions exactes, ces réponses sexuelles sont possibles, quoiqu'elles ne soient pas nécessairement normales et statistiquement fréquentes (moins de 10 %) chez le préadolescent.

KINSEY a noté que, chez plusieurs préadolescents, les périodes de temps entre les orgasmes avaient une durée de moins de 10 secondes, ce qu'il a décrit comme étant des orgasmes multiples. Certains jeunes ont eu 9 orgasmes en 7 minutes. La recherche de laboratoire de KINSEY n'étant pas aussi précise et sophistiquée que celle de MASTERS et JOHNSON, il est difficile de savoir s'il s'agissait d'un véritable orgasme multiple.

Il est à noter qu'à cet âge où l'individu n'a pas encore eu d'élaboration de fantasmes personnels, toute personne ou toute situation qui peut provoquer un orgasme chez un préadolescent risque d'entraîner chez le jeune une « fixation » (*imprinting*) qui peut être la source d'une déviation par la suite.

PRÉADOLESCENCE FÉMININE

Dès la naissance, la fille a des lubrifications vaginales et dès l'âge de quatre mois, KINSEY a noté des orgasmes avec la même précision qu'il l'a fait pour les garçons. C'est un point important pour un médecin qui questionne un père incestueux ou un pédophile, de savoir si l'enfant a atteint l'orgasme, ce qui pourrait expliquer une certaine collusion avec l'agresseur qui est souvent mal comprise. Évidemment, l'enfant, même sans rien comprendre, cherche toujours à reproduire ce plaisir intense.

22.3.2. RÉPONSE SEXUELLE À L'ADOLESCENCE

ADOLESCENCE MASCULINE

À l'adolescence, on voit apparaître une forte augmentation du taux d'androgènes et particulièrement de testostérone. La production testiculaire, qui est déclenchée par l'axe hypothalamo-hypophysaire, sécrète une quantité importante de FSH et de LH. Cette sécrétion augmente la production de testostérone qui va atteindre un maximum à l'âge de 18 ans et qui donnera les effets suivants : l'apparition des caractères sexuels secondaires (pilosité, mue de la voix, distribution des graisses et musculature), le développement des caractères sexuels primaires (croissance des testicules, du pénis, de la prostate, des vésicules séminales, des glandes de COOPER) qui se traduit par la possibilité, pour le nouvel adolescent, d'avoir des éjaculations, et l'augmentation des fantasmes sexuels, des scénarios sexuels (MONEY, 1961).

Si l'individu n'a pas eu d'orgasme lors de sa préadolescence, la poussée des androgènes va favoriser l'orgasme dans 90 % des cas entre 12 et 20 ans, quelle que soit la répression de la culture, de la morale, de la religion ou des situations particulières (monastère). HELEN KAPLAN (1979, p. 90) a décrit ainsi l'adolescent :

> Lors de la puberté, les garçons ressentent généralement une intensification soudaine et brutale de leur libido ; les pulsions sexuelles envahissent toute leur existence. Les fantasmes, les rêves érotiques se font pressants, fréquents, et la recherche de partenaires sexuelles devient une préoccupation majeure.

Un jeune homme normal éprouve, entre 20 et 30 ans, le besoin de se soulager sexuellement même s'il n'est pas amoureux ou s'il a d'autres préoccupations telles que les études ou le sport. S'il ne dispose d'aucune partenaire, il parviendra à l'orgasme par la masturbation ou par des éjaculations nocturnes.

Cette forte pulsion sexuelle se traduit par un certain nombre de manifestations physiologiques. L'orgasme atteint sa fréquence maxima. Selon les enquêtes de Kinsey, une moyenne allant de quatre à huit orgasmes quotidiens n'a rien d'exceptionnel. La période réfractaire qui suit le premier orgasme est très courte, ne dépassant souvent pas une minute, voire quelques secondes. L'érection se produit instantanément en réponse à toute stimulation psychique ou physique et un jeune homme peut fort bien se trouver embarrassé par une érection due aux vibrations d'un autobus ... De plus, la détumescence après l'orgasme se produit lentement et l'érection peut se maintenir en grande partie durant une demi-heure environ après l'éjaculation. L'expérience orgastique est souvent d'une extrême intensité et le sperme jaillit avec force du pénis, à une distance pouvant atteindre de 12 à 24 centimètres.

ADOLESCENCE FÉMININE

Les changements importants à la puberté sont une augmentation de FSH et de LH, amenant une augmentation de production d'œstrogènes qui donne à la jeune fille ses caractères sexuels secondaires : distribution particulière des graisses aux hanches, aux fesses et aux seins, lui donnant son apparence féminine. En plus, l'apparition du cycle menstruel complète son image corporelle et sexuelle, incitant la jeune fille à se poser des questions sur la maternité, les relations sexuelles, la fécondation, qui ont un rôle à jouer dans la réponse sexuelle. Ces facteurs sociaux et psychologiques semblent les plus importants pour favoriser la réponse sexuelle féminine. Par contre, la testostérone et les androgènes n'augmentent presque pas, ce qui fait que la jeune fille n'est pas poussée autant que le garçon vers une recherche aussi intransigeante de la satisfaction sexuelle. Néanmoins, la jeune fille qui a une tumeur des surrénales produisant des androgènes d'une manière excessive, souffre d'une tumescence continuelle du clitoris, d'un désir de masturbation ou de copulation frénétique. Mais dans les cas normaux, la jeune fille est beaucoup plus préoccupée par les contacts humains que par la sexualité et la génitalité. Elle n'éprouve pas un besoin urgent d'obtenir un relâchement orgasmique et la masturbation n'est pas aussi fréquente que chez les garçons.

22.3.3. RÉPONSE SEXUELLE CHEZ L'ADULTE

CHEZ L'HOMME

Entre **20** et **30 ans**, l'homme est encore proche du maximum de son potentiel sexuel. Les besoins peuvent être encore très urgents et fréquents. L'érection s'obtient facilement par des stimulations diverses, physiques ou psychiques. Cette excitation est difficilement ralentie par des facteurs psychologiques. C'est dans ce groupe d'âges que se retrouvent les violeurs.

Vers la **trentaine**, trois orgasmes par semaine peuvent devenir une norme pour la majorité des hommes, avec des fantasmes fréquents et des excitations encore rapides. Cependant, les besoins sexuels sont moins fréquents et moins automatiques. Il leur est difficile d'obtenir l'excitation avec une partenaire hostile. Moins de 3 % des violeurs ont plus de cet âge.

Vers la **quarantaine**, les rêves ou les fantasmes érotiques sont moins fréquents s'il n'y a pas de situation sexuellement stimulante ou si le travail est trop préoccupant. La qualité du plaisir a souvent commencé à se modifier sensiblement : elle passe à une volupté plus sensuelle, plus diffuse et plus généralisée. L'orgasme perd peu à peu de son importance dans la totalité de l'expérience sexuelle. La période réfractaire s'allonge peu à peu, pouvant atteindre une ou plusieurs heures.

CHEZ LA FEMME

Dans la **vingtaine**, la jeune femme est habituellement mariée ou a des rapports sexuels beaucoup plus en fonction de son partenaire ou de son mari que de son besoin propre. Les relations avec d'autres que son partenaire régulier sont relativement rares à cet âge. La réponse orgastique est lente et pas aussi stable que plus tard dans la vie.

Dans la **trentaine**, une accumulation d'expériences, de connaissances, de fantasmes, de vécu sexuel réimaginé permet à la femme une réponse sexuelle beaucoup plus stable qui va s'intensifiant jusqu'à la quarantaine. La femme peut demander des relations sexuelles pour son propre plaisir et investit ses organes génitaux d'un intérêt beaucoup plus fort. La lubrification vaginale se fait très rapidement et les orgasmes multiples sont fréquents à cet âge, surtout à l'approche de la quarantaine. Dans notre culture, les réactions sexuelles de la femme atteignent leur maximum d'intensité, comme l'affirment MASTERS et JOHNSON (1968) de même que KAPLAN (1979), vers la fin de la trentaine et le début de la quarantaine. La femme est plus intéressée par le sexe et c'est alors que, d'après KINSEY (1954), les relations extramaritales se produisent le plus fréquemment.

22.3.4. RÉPONSE SEXUELLE AU TROISIÈME ÂGE*

CHEZ L'HOMME

La sexualité au troisième âge (environ 55 ans) est marquée par un certain nombre de changements physiologiques. L'**éjaculation** se produit **en un temps** : le sphincter externe de la vessie ne permet pas une phase de mise sous pression précédant l'éjaculation. Cette phase disparaît donc, ainsi que le sentiment subjectif qui l'accompagne. Quant aux contractions expulsives de l'éjaculation, elles sont moins fortes et moins nombreuses (moins de 3).

---

* Voir aussi le chapitre 27, section 27.4.5.

La période réfractaire après l'orgasme peut s'allonger de 8 à 24 heures. On note un moins grand nombre d'érections d'origine psychique, même dans une situation érotique, et une difficulté à obtenir une érection à moins d'être touché directement sur les parties génitales. La détumescence est très rapide.

Le phénomène le plus typique de cet âge est la possibilité d'apparition d'une **période réfractaire paradoxale** : si une érection est perdue pendant un jeu sexuel, il va falloir entre 8 et 24 heures avant qu'une nouvelle érection apparaisse.

Ces changements ne sont pas absolus à 55 ans : un homme ne les voit pas se produire brusquement le jour de son anniversaire, mais les voit arriver de plus en plus fréquemment à mesure qu'il s'approche de cette période. Certains de ces changements apparaissent plus tôt (vers la trentaine avancée) et plus souvent chez des hommes qui ont eu une vie sexuelle peu active, qui ont peu d'imagination sexuelle, peu de stimulations et qui souffrent parfois de maladies physiques débilitantes telles que l'alcoolisme, l'hépatite ou le diabète. Par contre, chez des hommes en bonne santé, ces changements sexuels arrivent peu fréquemment avant la soixantaine.

Il est important que le médecin connaisse bien ces phénomènes de la sexualité du troisième âge car, si son patient ou la partenaire de ce dernier commencent à se préoccuper de ces changements, il risque fort de se développer une impuissance psychogénique.

Certains hommes diminuent de plus en plus la fréquence de leurs relations sexuelles à cette époque, et ce n'est pas tant en fonction de l'âge que de la frustration ou du manque d'occasions ou encore, éventuellement, d'une dépression sous-jacente. Pourtant, il est encore possible pour eux de jouir d'une vie sexuelle agréable, comme l'a fait remarquer HELEN KAPLAN (1979, p. 93) :

Une homme sain ... est capable de prendre plaisir aux rapports sexuels tout au long de la période qui lui reste à vivre. En fait, libéré du pressant besoin de soulagement orgastique et des inhibitions qui caractérisent la jeunesse, un homme âgé, de même que sa partenaire, bénéficient souvent de jeux amoureux plus imaginatifs et satisfaisants. Pour un homme sûr de lui, l'âge ne constitue jamais une entrave au plaisir, pourvu qu'il jouisse d'une bonne santé et des occasions nécessaires.

CHEZ LA FEMME

La plupart des phénomènes de la ménopause peuvent s'expliquer par la baisse radicale des œstrogènes et de la progestérone. En effet, 90 % des femmes entre 45 et 65 ans voient l'arrêt de leur cycle menstruel se produire. La diminution d'œstrogènes peut favoriser un débalancement psychologique que la femme peut vaincre facilement si les circonstances sociales et psychologiques sont bonnes, mais qui peut devenir problématique si la femme n'a pas su convertir l'intérêt qu'elle portait à ses enfants en un intérêt porté au couple ou à d'autres activités personnelles. La dépression est fréquente dans ces moments-là.

De plus, tout changement de la quantité d'œstrogènes favorise un débalancement du système nerveux autonome, ce qui occasionne divers symptômes tels que des bouffées de chaleur, ou encore des migraines fréquentes lors de changements brusques de la quantité d'œstrogènes. Tous ces facteurs sont non spécifiques à la sexualité mais ils peuvent contribuer à la faire diminuer de beaucoup.

Sur le plan sexuel, la baisse d'œstrogènes va diminuer les caractères sexuels secondaires, soit les graisses aux hanches, aux fesses, au pubis et aux seins. Ce phénomène va amener une image corporelle décevante pour la femme, d'où un manque d'intérêt sexuel. Les réactions des seins diminuent avec le vieillissement : tumescence aréolaire d'intensité réduite, rougeur sexuelle beaucoup plus rare ; contractions musculaires moins fortes ; réactions des grandes lèvres et des petites lèvres moins marquées. Par contre, le phénomène de la peau sexuelle demeure pathognomonique de l'orgasme. Les contractions rectales existent encore mais diminuent (3 au lieu de 6).

C'est au niveau du vagin que les changements sont les plus marqués. Les œstrogènes, responsables du maintien de la muqueuse vaginale comptant sept couches d'épithélium bien vascularisées, diminuent. Ceci entraîne une diminution des couches d'épithélium du vagin et une diminution de la lubrification vaginale, d'où la nécessité de compenser par une stimulation psychologique plus intense. Les minces parois du vagin protègent mal l'urètre et la vessie, et certaines femmes manifestent parfois, au coït, une envie d'uriner et des douleurs apparentées à celles des infections urinaires. De plus, le manque de tissu graisseux au pubis peut provoquer parfois certaines douleurs lors des relations sexuelles.

Quand des réactions aussi précises que celles que nous venons de décrire apparaissent, il est important que la patiente suive une thérapie hormonale de substitution ; d'ailleurs, MASTERS et JOHNSON ne traitaient pas les patientes qui n'avaient pas suivi au moins trois mois de traitement hormonal. Il faut également noter que, plus une femme a eu une vie sexuelle active et agréable, moins l'atrophie du vagin semble être marquée à un âge avancé. Quant à l'intérêt sexuel, il diminue pour seulement un tiers des femmes, il demeure stationnaire pour un autre tiers et il augmente pour un dernier tiers. Les femmes qui voient leur intérêt sexuel augmenter peuvent profiter d'une nouvelle « lune de miel » avec leur conjoint, étant libérées de leur tâche de mère.

Par contraste avec l'homme en général, la femme du troisième âge est capable de jouir d'orgasmes multiples. Il est donc important que l'on reconnaisse et que l'on traite certains symptômes de la ménopause ; il faut aussi comprendre que, même si certaines réponses sexuelles peuvent être moins intenses, il y a toujours une possibilité de sexualité agréable jusqu'à un âge avancé ; l'âge n'est pas un obstacle à une vie sexuelle agréable et satisfaisante.

22.4.
VARIATIONS DE LA RÉPONSE SEXUELLE SUIVANT LES FACTEURS HORMONAUX

22.4.1. FLUCTUATIONS DE LA SEXUALITÉ SUIVANT LE CYCLE MENSTRUEL

Bien que l'on ait déjà essayé de montrer que la femme était plus facilement stimulée au milieu du cycle menstruel (THÉRÈSE BENEDECK, 1942), des auteurs très sérieux comme FORD et BEACH de même que KINSEY ont montré que la femme avait une légère augmentation du désir sexuel en phase prémenstruelle.

La conclusion des recherches menées par BARDWICK (1971) et PERSKY (1976) semble montrer que les facteurs sociaux, culturels et psychologiques ont une influence plus forte que les facteurs biologiques. Néanmoins, d'excellentes études faites par JUDITH BARDWIK ont montré qu'un niveau élevé d'œstrogènes est en relation directe avec une humeur et une performance psychologique meilleures chez la femme. Il existe donc la possibilité d'une légère baisse d'humeur lors de la phase prémenstruelle. Cette réaction est compensée totalement chez certaines femmes et n'apparaît que dans les tests psychologiques fins, tandis qu'elle est dramatique et intense chez d'autres femmes.

22.4.2. CHANGEMENTS PSYCHOPHYSIOLOGIQUES LORS DE LA GROSSESSE ET EN POST-PARTUM

La question le plus souvent posée au médecin est : « Quand les relations sexuelles peuvent-elles reprendre après l'accouchement ? » Les femmes faisant partie de la recherche de MASTERS et JOHNSON ont repris leur vie sexuelle entre deux et quatre semaines après l'accouchement. Afin d'éviter des pressions indues de la part du partenaire pour reprendre les relations sexuelles avant que la femme se sente vraiment à l'aise et bien, et de permettre la cicatrisation complète de l'incision laissée par l'épisiotomie, on recommandera au couple de reprendre les relations à partir de la sixième semaine si tout va bien.

Certains changements qui arrivaient à la femme non enceinte ne réapparaissent pas immédiatement. En effet, l'érection des seins réapparaît environ trois mois après l'accouchement pour les femmes qui allaitent et environ six mois après pour les femmes qui n'allaitent pas et à qui on a arrêté artificiellement la montée laiteuse. Il est à noter que la succion des seins par le bébé peut provoquer des contractions utérines et éventuellement des sensations qui peuvent être vécues comme sexuelles par la femme. Il est important que le médecin la déculpabilise en lui expliquant que ce phénomène est normal et qu'elle doit accepter ces sensations de plaisir qui n'ont rien d'incestueux. De plus, à la fin de la grossesse et au début de l'allaitement, une excitation sexuelle peut amener une certaine montée laiteuse qui est tout à fait normale.

Ce qui caractérise essentiellement la femme en post-partum, c'est un manque d'œstrogènes avec une atrophie vaginale et une moins grande lubrification. En général, les réactions sexuelles sont légèrement moins intenses mais le tout rentre dans l'ordre environ six mois après l'accouchement.

22.5.
CONCEPTIONS SEXOLOGIQUES DE L'ORGASME

22.5.1. ORGASMES FÉMININS

THÉORIE INSPIRÉE DE FREUD : L'ANORGASMIE COMME NÉVROSE

FREUD lui-même n'a pas parlé d'orgasme mais a parlé d'érotisme. Il concevait que la petite fille commençait à être sensibilisée plus facilement au niveau du clitoris qui est externe et dont elle prenait conscience petit à petit. Il a donc parlé d'**érotisme clitoridien**. Par la suite, la jeune femme, à l'occasion de relations sexuelles, découvrait une autre sensibilité : la sensibilité vaginale qu'il a appelé **l'érotisme vaginal**. L'érotisme clitoridien était considéré comme infantile et incomplet, tandis que l'érotisme vaginal était le fait de la femme mûre et ayant vécu un certain nombre d'expériences sexuelles.

Comme, dans la théorie freudienne, la névrose découlait en fait de fixations à des positions infantiles œdipiennes, il a fallu très peu de modifications pour que l'on qualifie les femmes incapables d'obtenir l'orgasme vaginal, de femmes infantiles et névrotiques dont le seul traitement possible était la psychanalyse. Cette position a été soutenue essentiellement par des élèves de FREUD, soit HELEN DEUTSCH (1945) et SYLVIA PAYNE (1935). Ces dernières sont allées plus loin et ont même parlé de l'orgasme clitoridien comme étant infantile et névrotique, et de l'orgasme vaginal comme étant la position mûre de la femme normale.

Bien que cette théorie ait été généralement acceptée, les piètres résultats obtenus par les thérapies psychanalytiques ont démontré que cette conception laissait fortement à désirer.

KINSEY : NÉGATION DE L'ORGASME « VAGINAL »

D'après une étude portant sur 900 femmes, KINSEY (1954, p. 507) a constaté que seulement 14 % de ces femmes avaient une sensibilité vaginale. Pour toutes les autres, le vagin était insensible même à des coupures ou à des brûlures. Il soulignait que :

Chez la plupart des femmes, les parois du vagin sont privées de terminaisons nerveuses tactiles et sont presque insensibles quand elles sont légèrement touchées ou soumises à une pression légère ... et pour la plupart de celles qui eurent quelques réactions, la sensibilité était confinée en certains points, généralement sur la cloison supérieure (antérieure) du vagin et juste à l'intérieur de l'entrée de celui-ci.

Selon KINSEY, il y a six **sources de satisfaction** autres que la sensibilité vaginale elle-même lors d'un orgasme coïtal :

1) satisfaction psychologique, atteinte par une union sexuelle complète ainsi qu'une pénétration profonde — la prise de conscience que le partenaire est satisfait peut être un facteur de satisfaction considérable dans ce cas ;

2) stimulations tactiles venant du contact corporel avec le partenaire et du poids de celui-ci ;

3) stimulations tactiles provoquées par les organes génitaux masculins ou le corps du partenaire se pressant contre les petites lèvres, le clitoris et la vulve (Ce contact serait suffisant pour provoquer un orgasme chez la plupart des femmes. Il se pourrait que certaines d'entre elles attribuent cela à une sensibilité du vagin. Il s'agit alors d'une fausse localisation des sensations.) ;

4) stimulations du muscle pubo-coccygien lors du coït (Ces stimulations peuvent faire apparaître des spasmes qui ont une signification érotique particulière.) ;

5) stimulations des nerfs situés dans les masses musculaires périnéales entre le rectum et le vagin ;

6) stimulation directe, chez quelques femmes, de certains nerfs des parois du vagin lui-même (Mais cet orgasme ne peut être obtenu que par les 14 % des femmes qui sont conscientes d'une stimulation tactile dans cette région. Même dans ces cas, il n'y a aucune raison de croire que le vagin est la seule source de stimulation lors de la pénétration.).

Par conséquent, pour KINSEY, il n'existe pas de véritables différences physiologiques entre l'orgasme « clitoridien » et l'orgasme « vaginal ». Il n'y a qu'une différence d'interprétation psychologique de sensations différentes et diffuses.

MASTERS ET JOHNSON : L'ORGASME UNIQUE

MASTERS et JOHNSON, comme nous l'avons vu dans les descriptions de l'orgasme féminin, considèrent qu'il n'y a qu'un seul orgasme dont la réponse motrice est identique, quels que soient les niveaux de stimulation qui ont pu le provoquer. En effet, ces chercheurs ont fait remarquer que, quelle que soit la stimulation, clitoridienne, ou des seins, ou purement psychologique, l'orgasme provoqué sera le même. De plus, ils ont affirmé que, dans toute pénétration, s'il n'y a pas un contact direct entre le pénis et le clitoris, il y a néanmoins un contact avec les petites lèvres et le mont de Vénus qui produit des stimulations indirectes mais très efficaces du clitoris. Par conséquent, pour MASTERS et JOHNSON, il n'y a aucune raison de distinguer l'orgasme coïtal et l'orgasme clitoridien.

Conséquence au point de vue du traitement : l'exagération journalistique de ces connaissances a amené certains conseillers improvisés à considérer que toute femme atteignant l'orgasme par caresses clitoridiennes ne devait pas chercher à obtenir un autre type d'orgasme. Par ailleurs, certains mouvements féministes extrémistes sont allés jusqu'à prétendre que le plein potentiel de la femme s'obtenait lors des orgasmes multiples et que ces orgasmes pouvaient arriver plus facilement avec la masturbation et éventuellement avec des vibrateurs. On s'appuyait alors sur les travaux de MASTERS et JOHNSON, selon lesquels ces orgasmes multiples amènent une congestion de plus en plus forte à chaque orgasme, pour affirmer que cette congestion était synonyme d'excitation et de plaisir. La femme n'ayant pas d'orgasme coïtal ne devait donc plus être considérée comme névrotique.

CRITIQUE DE LA THÉORIE DE L'ORGASME UNIQUE

Les deux attitudes de l'époque freudienne et de la première époque scientifique étaient extrêmes.

Le raffinement des appareils psychophysiologiques nous permet d'arriver à des conclusions plus mitigées.

Critique neurophysiologique de l'insensibilité vaginale décrite par KINSEY

Le fait que les deux tiers internes du vagin soient insensibles aux stimulations légères, même aux coupures et aux brûlures, est tout à fait normal. En effet, en dehors des muqueuses et de la peau, tous les organes internes dont l'urètre et la prostate présentent cette insensibilité ; néanmoins, tout le monde sait que l'homme peut avoir un orgasme très agréable et très intense à partir de ces organes soit-disant insensibles.

Cependant, les organes internes, s'ils ne sont pas sensibles aux coupures, aux brûlures et aux sensations légères, sont par contre sensibles à la distension et à la contraction. Or, c'est justement le cas du vagin d'être distendu lorsque le pénis y pénètre. De plus, si KINSEY avait très justement précisé l'importance des masses musculaires et de la sensibilité proprioceptive dans l'appréciation sexuelle générale, KEGEL a bien démontré que la masse musculaire du périnée et surtout le muscle pubo-coccygien ont un rôle capital à jouer dans l'appréciation sexuelle. Le muscle pubo-coccygien entoure le vagin : sa face interne innervée par le sympathique (responsable de l'orgasme) est un élément important pour l'obtention du plaisir coïtal.

Expériences de CLARK sur la réceptivité vaginale

Dans des études en laboratoire, LEMON CLARK (1970) a montré, par un processus ingénieux permettant de stimuler le vagin sans stimuler le clitoris et les régions avoisinantes, que les femmes peuvent obtenir l'orgasme par stimulations uniquement vaginales. Il est maintenant prouvé que le vagin peut avoir une sensibilité soit directement par ses parois, soit par les masses musculaires qui l'entourent et qu'une stimulation uniquement vaginale peut mener à l'orgasme (HÖCH, 1983 ; GOLDBERG, 1983 ; ALZATE, 1985).

FOX ET SINGER : ORGASMES VULVAIRE, COMBINÉ ET UTÉRIN

SINGER et SINGER avaient remarqué, après une revue de la littérature, que toutes les femmes n'avaient pas forcément des contractions de la plate-forme orgasmique (contractions de la vulve) lors des relations sexuelles. D'autres travaux physiologiques (FOX et FOX) semblaient leur donner raison. Se pouvait-il que MASTERS et JOHNSON aient pu se tromper, avec des techniques si précises et sur une population aussi grande ? MASLOW a signalé ce qu'il appelle l'**erreur du volontaire**. Il n'est pas prouvé que tout volontaire, acceptant d'aller se faire tester en laboratoire, ait la même réponse sexuelle que tous les individus normaux. MASLOW croit au contraire que ce genre de volontaires est d'un caractère qu'il a appelé dominant, porté vers la masturbation et éventuellement vers un certain nombre de réponses physiologiques particulières.

Avec l'avènement des travaux de FOX et FOX (1971), on s'aperçoit que, dans l'intimité d'une chambre à coucher de deux individus qui se connaissent depuis longtemps et sans l'interférence de l'équipe technique, la réponse sexuelle semble différer de la masturbation et éventuellement de la réponse notée par MASTERS et JOHNSON.

Les FOX, ce couple de gynécologues masculin et féminin, ont utilisé la télémétrie qui permet de faire des enregistrements à distance. Dans leurs travaux, ils se sont aperçus que la respiration, la pression artérielle et le rythme cardiaque étaient moins élevés lors d'un orgasme par pénétration que lors d'un orgasme par stimulations clitoridiennes. Par contre, le niveau de satisfaction pouvait être ressenti comme plus élevé. Ils ont également défini en laboratoire l'**orgasme postéjaculatoire**. Ils ont enregistré des contractions utérines se produisant quelques instants après l'éjaculation, à condition que la femme ait atteint un niveau suffisant d'excitation érotique et qu'elle soit entièrement abandonnée dans le vécu de la rencontre sexuelle. Cet orgasme s'accompagne d'une respiration qui, au lieu d'être haletante comme dans l'orgasme clitoridien, se caractérise par des inhalations d'air successives se terminant par une expulsion violente de l'air avec un mouvement caractéristique du diaphragme et du muscle crico-pharyngien. Certaines femmes ont décrit dans ces circonstances une satisfaction telle qu'elles étaient, psychologiquement au moins, réfractaires à un nouveau coït.

Ces données semblaient confirmer déjà des données de KINSEY selon lesquelles une femme d'une cinquantaine d'années, qui pouvait avoir 60 orgasmes consécutifs par stimulations clitoridiennes, arrêtait après 3 orgasmes si ce troisième était provoqué par une pénétration complète et satisfaisante.

Par la suite, SINGER et SINGER (1973) ont pu identifier un **orgasme vulvaire** qui correspondrait à l'orgasme clitoridien et se caractérise par des contractions utérines et vulvaires, une respiration haletante, une contraction de la plupart des masses musculaires, de même que par une forte concentration sur les fantasmes érotiques et une participation active de la femme. À l'opposé de l'orgasme vulvaire, ils ont identifié un **orgasme utérin** qui dépend d'une pénétration profonde ne durant que 2 minutes, et d'un contact intime entre le pénis et le col de l'utérus. Cet orgasme s'accompagne d'une apnée particulière, d'une tension diaphragmatique et d'une contraction brusque du muscle crico-pharyngien. Le niveau de satisfaction est intense, dure presque une journée et s'accompagne d'un sentiment de réplétion et d'un non-désir de recommencer l'expérience sexuelle. Dans ce type d'orgasmes, il n'y aurait pas de contractions vulvaires. Les SINGER ont également décrit un **orgasme combiné** provoqué par des pénétrations lentes durant les 10 à 20 premières minutes, se terminant par 1 ou 2 minutes de pénétration très profonde et très accen-

tuée. Le niveau de satisfaction, intense ici encore, se caractérise par des contractions à la fois vulvaires et utérines. CRÉPAULT (1981), à la suite d'un questionnaire rempli par plusieurs centaines de femmes, a décrit l'orgasme vulvaire, l'orgasme vaginal et l'orgasme utérin avec des précisions semblables.

LADAS, WHIPPLE ET PERRY : REMISE EN QUESTION

Point de GRÄFENBERG

Dès 1944, le gynécologue allemand ERNST GRÄFENBERG collaborait avec son éminent confrère américain, R.L. DICKINSON, considéré par beaucoup comme le premier sexologue américain. Ils identifièrent une « zone érogène » se trouvant le long de la surface sous l'urètre, mais sur la paroi vaginale antérieure, décrite par GRÄFENBERG (1950) de la manière suivante :

> Il s'est avéré qu'une zone érogène existait chez chaque patiente, sur la paroi antérieure du vagin, le long de l'urètre ... Cette zone semble être entourée de tissus érectiles comparables aux corps caverneux (du pénis) ... Leur stimulation provoquant un élargissement de l'urètre, il devient alors possible de toucher la zone érogène. En fin d'orgasme, celle-ci est fortement gonflée. La partie la plus sensible se trouve à l'arrière de l'urètre et dépasse du col de la vessie. (Cité par LADAS, WHIPPLE et PERRY. 1982, p. 49.)

LADAS, WHIPPLE et PERRY (1982, p. 57) ont repris l'observation de GRÄFENBERG, en décrivant ce point de la manière suivante :

> Nous pouvons dire que le point G se compose d'un réseau complexe de vaisseaux sanguins, de glandes et de conduits para-urétraux, de terminaisons nerveuses et des tissus entourant le col de la vessie. Chez les femmes que nous avons examinées (ou dont les rapports nous ont été transmis), cette zone sensible gonflait sous l'effet de la stimulation et les tissus mous durcissaient pour décrire des contours bien nets. Lorsque la stimulation intervient dans des conditions favorables, le gonflement est très rapide. On ignore encore la structure cellulaire du point G.

En avril 1981, W. MASTERS, en commentant les travaux de PERRY et WHIPPLE, a insisté sur le fait qu'on ne peut pas appeler ce point du mot de prostate. Par contre, pour PERRY et WHIPPLE il n'y a aucun doute que le point G est un vestige de l'équivalence de la prostate chez l'homme. Mais alors que la prostate masculine est très définie et a un contour très net, les tissus des glandes de SKENE et des conduits para-urétraux sont beaucoup plus diffus et flous.

Éjaculation féminine

ARISTOTE aurait été le premier à décrire une éjaculation chez la femme. GALIEN s'intéressa à la question dès le IIᵉ siècle de notre ère. Puis DE GRÄFF, dans son traité sur les organes reproducteurs de la femme, donna quelques détails sur la prostate féminine, disant que pendant l'acte sexuel, elle se déchargeait et lubrifiait abondamment l'appareil génital, à tel point que le liquide s'échappait même à l'extérieur. Selon lui, ce liquide pouvait être un véritable sperme féminin ... jaillissant avec force et d'un seul jet.

En 1926, le Dʳ THÉODORE H. VAN DE VELDE publiait un fascicule à l'intention des couples, dans lequel il disait que certaines femmes émettaient un liquide durant l'orgasme. L'apport notable de MASTERS a été de démontrer que la lubrification féminine, qui commence dès le début de l'excitation, n'apparaît pas d'une manière violente, venant d'un seul conduit et pendant l'orgasme. L'utérus n'expulse aucun liquide pendant l'orgasme.

De son côté, l'anthropologue KILBRATEN (1982) a constaté que l'éjaculation féminine joue un rôle essentiel dans les rites initiatiques d'une tribu africaine : les Batoro d'Ouganda. Ces derniers ont une coutume qu'ils appellent le *cachapati*, ce qui signifie « asperger le mur ». Les jeunes filles de la tribu ne deviennent aptes au mariage qu'une fois que la plus vieille femme du village leur a appris à éjaculer.

GRÄFENBERG (1950) a donné une description relativement détaillée de l'éjaculation survenant chez certaines femmes à la suite d'une stimulation :

> Cette éjection convulsive de liquide se déclenche toujours à l'apogée de l'orgasme et peut se poursuivre par la suite. L'observation de l'orgasme chez ces femmes révèle l'expulsion par jets abondants, d'un liquide clair et transparent, non par la vulve mais par l'urètre. Ces importantes sécrétions libérées par l'orgasme n'ont pas de fonction lubrifiante ; si tel était le cas, l'émission de ce liquide se produirait au début des rapports sexuels et non à l'apogée de l'orgasme. (Cité par LADAS, WHIPPLE et PERRY, 1982, p. 90.)

Vers 1980, une équipe de chercheurs, dont BELZEER, PERRY et WHIPPLE, a analysé des échantillons d'urine et de produits d'émission prélevés chez des femmes volontaires auxquelles on avait demandé de s'abstenir de tout contact avec le liquide séminal masculin, pendant au moins 48 heures avant le prélèvement des urines et des produits d'émission. Sur la base de quatre tests, l'analyse chimique a permis de montrer que la composition du liquide, résultant de l'émission féminine pendant l'orgasme, était qualitativement différente de l'urine. Ainsi les phosphatases alcalines (une enzyme qu'on pensait jusque-là uniquement produite par la prostate de l'homme) et le glucose se trouvaient en quantité supérieure tandis que l'urée et la créatinine étaient en quantité moindre que dans l'urine.

Théorie intégrée : la continuité des orgasmes féminins

LADAS, WHIPPLE et PERRY, utilisant un appareil de mesure du muscle pubo-coccygien muni de deux séries d'électrodes, une profonde placée près du col de l'utérus et une superficielle placée au niveau de la plate-forme orgastique, ont observé des contractions plus intenses au fond du vagin qu'en superficie, contredisant l'**effet de tente** décrit par MASTERS.

Ils l'ont nommé l'**effet en A** lors de l'orgasme. Cette réponse était plus fréquente lors de l'orgasme provoqué par une stimulation vaginale.

Par contre, lors de la stimulation clitoridienne, ils ont reconnu une activité musculaire plus intense au niveau de la plate-forme orgastique. De plus, ils ont distingué des innervations différentes pour ces deux formes d'orgasme. L'orgasme clitoridien emprunte la voie du nerf honteux, tandis que le plexus hypogastrique est responsable de l'orgasme profond ou vaginal.

Ces observations semblent confirmer à première vue les données des FOX et des SINGER. Mais LADAS, WHIPPLE et PERRY ont constaté qu'il n'y a pas de discontinuité totale entre ces deux formes d'orgasme profond et superficiel. Les électrodes ont recueilli un courant moindre mais présent en superficie pour l'orgasme profond et vice-versa. Les auteurs ont conclu à la « continuité (sur un continuum de 1 à 10) entre les différents orgasmes féminins » (voir le tableau 22.1.).

CONCLUSIONS SUR LES ORGASMES FÉMININS

De nos jours, il serait aussi aberrant de dire à une femme qui n'a pas d'orgasme vaginal qu'elle est névrotique, que de priver une femme d'un traitement si elle souhaite améliorer sa capacité sexuelle, avoir une communion plus profonde avec son partenaire et atteindre l'orgasme coïtal. Dans les renseignements donnés aux patientes et à leur conjoint, il est important qu'on souligne les points suivants :

- Une femme n'est pas névrotique parce qu'elle n'atteint pas l'orgasme coïtal.
- Les différents orgasmes, qu'ils soient provoqués par quelque stimulation que ce soit, sont très semblables, comme l'ont montré les recherches de KINSEY et de MASTERS et JOHNSON. Dans certains cas il est utile pour une femme d'atteindre un orgasme par caresses clitoridiennes. Cette pratique permet de continuer une vie sexuelle lors d'une maladie vaginale, d'une opération ou

d'une impuissance temporaire du conjoint ; de plus, il s'agit d'un des seuls moyens thérapeutiques de lever l'anorgasmie primaire qui dure depuis plusieurs années.
- Il existe un orgasme qui se différencie de l'orgasme clitoridien dans ses nuances psychologiques et physiologiques, par un abandon plus grand et un vécu intérieur qui s'exprime peu à l'extérieur sous forme de mouvements et de contractions musculaires. Il est préférable que les partenaires masculins en soient prévenus, afin qu'ils n'interprètent pas ce manque d'expression extérieure comme un vécu non érotique, dévalorisant pour eux. Cet orgasme provient de sensations vaginales beaucoup moins aiguës, beaucoup moins violentes et impressionnantes que les sensations clitoridiennes, et amène probablement une satisfaction plus grande avec parfois un non-désir de continuer les activités sexuelles pour un certain temps. Cet orgasme est néanmoins très sensible au désir de performance et, dès qu'on le recherche avec trop de désir et trop d'avidité, il semble disparaître et s'enfuir, ce qui, paradoxalement, justifie l'attitude de ceux qui disaient qu'il n'était pas important de chercher à l'obtenir.
- Certaines femmes peuvent produire une émission de liquide pendant l'orgasme et il ne s'agit pas forcément d'une pathologie. Il importe que l'on connaisse ce phénomène afin de pouvoir rassurer les patientes s'il y a lieu.
- Il existe une grande variété d'orgasmes féminins et probablement plus qu'il n'a été inventorié par la science. Il importe qu'on respecte l'expérience subjective de toute femme.

22.5.2. ORGASMES MASCULINS

L'orgasme masculin, semblant plus clair et moins mystérieux que l'orgasme féminin, a été pendant longtemps identifié à une éjaculation accompagnée d'un plaisir typique et constant. Déjà en 1973, SINGER et SINGER, dans leur livre *The Goals of Human Sexuality*, avaient intitulé un chapitre

Tableau 22.1. THÉORIE DU CONTINUUM DE LA RÉPONSE ORGASTIQUE PAR PERRY ET WHIPPLE

RÉFÉFENCE	1 2 3	4 5 6	7 8 9 10
CATÉGORIES DES SINGER	Orgasme vulvaire	Orgasme combiné	Orgasme utérin
FOYER DE LA RÉPONSE MUSCULAIRE	Muscle pubo-coccygien	Muscle pubo-coccygien et utérus	Utérus
POINT DE STIMULATION SENSORIELLE	Clitoris	Multiple	Point G
INNERVATION IMPLIQUÉE	Nerf honteux	Nerfs honteux, pelvien et plexus hypogastrique	Nerf pelvien et plexus hypogastrique
NOMBRE D'ORGASMES	Unique ou multiple	Unique ou multiple	Unique terminal
SITE DE PERCEPTION DE L'ORGASME	Plate-forme orgastique	Vagin	Utérus et organes pelviens
CONTREPARTIE MASCULINE	Orgasme sans émission	Orgasme éjaculatoire typique	Émission non éjaculatoire
NOMS COURANTS	Orgasme clitoridien	Orgasme vaginal	Orgasme vaginal

SOURCE : LADAS, WHIPPLE et PERRY (1982). Traduction et adaptation des auteurs.

« *Variations in the Male Orgasm* », montrant que l'homme pouvait avoir une gamme de sensations différentes.

Pour sa part, KINSEY parle clairement d'orgasmes multiples chez les préadolescents. En outre, il est fort probable que l'homme du troisième âge obtienne de orgasmes sans éjaculation.

Plusieurs recherches récentes semblent montrer que l'homme adulte et l'homme du troisième âge peuvent avoir des orgasmes multiples, contrairement à ce que l'on affirmait antérieurement. ROBBINS et GORDON (1974) ont évalué plusieurs hommes et n'ont gardé qu'un échantillon de 13 sujets dont la description de l'expérience ne laissait aucun doute sur le fait qu'ils obtenaient des orgasmes multiples. Un de ces hommes a subi des tests en laboratoire et a démontré pouvoir atteindre trois orgasmes distincts sans détumescence entre chacun.

Plus récemment, lors d'une réunion de l'*Association of Sex Therapists and Counselors* à Montréal, MARIAN DUNN (1985) a questionné 11 hommes adultes, dont 50 % de plus de 35 ans et certains du troisième âge, qui avaient eu des orgasmes multiples. Ils passaient d'un orgasme à l'autre sans aucune détumescence et sans période réfractaire. Ces orgasmes pouvaient avoir lieu avec ou sans éjaculation selon plusieurs variantes.

Finalement, les deux psychiatres ALAN et DONNA BRAUER, dans leur livre *Extended Sexual Orgasm* (ESO, 1983) ont montré que l'orgasme masculin peut durer 20 minutes, au lieu des 20 secondes habituelles, avec l'entraînement adéquat. Les sensations et émotions qui accompagnent un tel orgasme seraient plus intenses que celles qui accompagnent habituellement les orgasmes plus courts.

22.6.
SEMÉIOLOGIE DES DYSFONCTIONS SEXUELLES

Nous rappelons ici que la caractéristique essentielle des dysfonctions sexuelles est l'inhibition ou du désir sexuel ou des changements psychophysiologiques qui caractérisent le cycle complet de la réponse sexuelle, et ce, avec un-e partenaire et dans des circonstances considérées, par l'individu, comme adéquates. Le médecin devra s'assurer du fait que les difficultés sexuelles sont répétitives et persistantes pour en faire une catégorie diagnostique.

22.6.1. CLASSIFICATION DES DYSFONCTIONS ORGANIQUES ET FONCTIONNELLES

Une dysfonction peut être organique ou fonctionnelle. Toute atteinte du **système circulatoire**, artérielle ou veineuse, au niveau du périnée et de ses annexes va occasionner des difficultés d'excitation sexuelle (érection ou lubrification insuffisantes). Toute atteinte du **système nerveux périphérique**, plus précisément une atteinte du parasympathique des niveaux sacrés (S_2, S_3, S_4), affecte les phases d'excitation et de plateau. Il en est de même pour tous les médicaments parasympathicolytiques ou, par antagonisme, pour la majorité des médicaments sympathicomimétiques.

Le système nerveux sympathique ayant aussi un rôle à jouer dans le phénomène de l'érection, son atteinte affecte cette dernière quoique d'une manière moindre que le système parasympathique. Par contre, les médiateurs chimiques au niveau des corps caverneux et spongieux étant sympathiques, tout antagonisme (par exemple les bêta-bloquants) des récepteurs sympathiques nuit à l'érection.

L'orgasme peut être inhibé par l'incapacité d'atteindre une excitation adéquate en raison des facteurs précités, mais peut également être inhibé spécifiquement par toute atteinte du système nerveux sympathique dorsal et lombaire (D_{10} à L_5), de même que par la majorité des sympathicolytiques et, par antagonisme, des parasympathicomimétiques. Une incompétence de tous les muscles cités dans la réponse sexuelle (voir 22.2.1. et 22.2.2.) risque d'entraîner une inhibition orgastique. La musculature lisse des corps caverneux est elle aussi nécessaire pour obtenir une rigidité complète du pénis.

Quant au **système endocrinien**, toute altération majeure de l'hypophyse, de la thyroïde, des surrénales et des gonades peut causer une diminution de la réponse sexuelle.

En ce qui concerne le **système nerveux central**, des atteintes (épilepsie, tumeur, ablation) du septum, de l'amygdale et de l'hypothalamus peuvent porter atteinte à la réponse sexuelle avec parfois possibilité d'hypersexualité (syndrome de KLÜVER BUCY).

On postulait antérieurement que seulement 10 % des dysfonctions étaient organiques. Depuis, les méthodes d'investigation se sont raffinées et montrent une incidence organique entre 25 et 40 %. Dans tous les cas de dysfonctions érectiles où les patients n'ont pas eu dans les 6 derniers mois une érection complète et durant plus de 5 minutes, la pléthysmographie pénienne nocturne (*Nocturnal penile tumescence* : NPT) est indiquée pour détecter, avec un haut taux de précision, une organicité (KARACAN, 1978 ; ALARIE, 1984). De même, les patients qui ont des érections complètes mais qui ont eu une baisse de désir brutale, de même que ceux qui ont des troubles d'éjaculation devraient préférablement passer ce test. Récemment, les études sur la possibilité d'une « fuite veineuse » amenant une perte d'érection rendent suspect le patient dont les érections sont complètes mais affectées par un changement de position ou un effort physique.

La mesure, par effet DÖPPLER, de la pression artérielle dans les artères caverneuses s'avère extrêmement utile. Finalement, la cavernographie pénienne, en vérifiant directement l'érection, décèle des pathologies peu évidentes autrement. L'injection de papavérine intracaverneuse, en provoquant une érection réflexe non dépendante du système nerveux, est également un outil diagnostic précieux.

La plupart de ces méthodes pourraient facilement être adaptées pour détecter les troubles de lubrification chez les femmes.

22.6.2. CLASSIFICATION DES DYSFONCTIONS PRIMAIRES ET SECONDAIRES

Qu'elles soient organiques ou non, les dysfonctions peuvent se classifier également en primaires ou secondaires. On dit qu'elles sont primaires si elles ont toujours existé depuis les premières expé-

riences sexuelles. Par contre, si elles se sont produites après une période de fonctionnement adéquat, on parle de dysfonctions sexuelles secondaires.

22.6.3. FACTEURS ASSOCIÉS

Une dysfonction sexuelle n'est pas forcément associée à une névrose ou à des symptômes névrotiques. Souvent, la personne qui consulte exprime seulement le vague sentiment de ne pas vivre une plénitude sexuelle. Elle peut aussi se plaindre d'anxiété, de culpabilité, de honte, de frustration et de symptômes somatiques. Elle manifeste presque toujours une peur de l'échec et un rôle de spectateur lors des relations sexuelles, ainsi qu'une hypersensibilité aux réactions du partenaire. Ces facteurs inhibent encore plus les capacités et la satisfaction, formant ainsi un cercle vicieux.

FACTEURS GÉNÉRAUX PRÉDISPOSANTS

Tout stress demandant une grande adaptation à l'organisme ou toute augmentation exagérée du système sympathique inhibent l'excitation. Par contre, pour ceux dont l'excitation n'est pas éteinte par un stress modéré, l'orgasme peut être plus intense (goût du risque, du défendu, de la nouveauté).

Par ailleurs, les états dépressifs diminuent le désir et, à la longue, l'orgasme. Les états maniaques sont liés à une augmentation éventuelle de la sexualité, mais vécue dans des circonstances inappropriées. La schizophrénie peut s'accompagner ou non d'une dysfonction sexuelle et occasionne un plaisir général diminué.

Chez l'homme, une structure de personnalité rigide et obsessionnelle est fréquemment liée à l'anorgasmie. Des traits compulsifs sont souvent associés à un manque d'intérêt pour la partenaire régulière. L'anxiété prédispose à l'éjaculation précoce.

Toute attitude négative envers la sexualité, venant du milieu socioculturel, des conflits internes ou des expériences vécues négativement, inhibe au moins partiellement la réponse sexuelle.

DIAGNOSTIC DIFFÉRENTIEL

Les dysfonctions sexuelles doivent être différenciées des paraphilies (perversions ou déviances ; voir le chapitre 24) qui supposent un cycle de réponse sexuelle et un désir adéquats mais pour des objets d'amour inappropriés. On doit aussi les différencier des troubles de l'identité sexuelle (impression subjective d'appartenir au sexe opposé).

22.6.4. CATÉGORIES DIAGNOSTIQUES, DÉFINITIONS ET ÉTIOLOGIES SPÉCIFIQUES

TROUBLES DU DÉSIR SEXUEL : DÉSIR SEXUEL INHIBÉ (DSM-III, 302.71)

Définition

Trouble affectant tout individu qui présente simultanément les deux éléments suivants :
— un sentiment subjectif, provenant de soi ou de son partenaire, d'insatisfaction quant à la fréquence des relations sexuelles malgré des circonstances et un partenaire jugés adéquats ;
— une réponse sexuelle très éloignée, en matière de fréquence, de ce qu'on peut attendre d'un individu en tenant compte de l'âge, de l'état de santé et des circonstances (voir « désir sexuel » aux sections 22.1.1. et 22.2.1.).

Ce diagnostic peut coexister avec d'autres dysfonctions ou être posé seul. Dans ce cas, les rares fois où la personne éprouve du désir sexuel, elle peut passer à travers toutes les phases de la réponse sexuelle. À tout âge, une fréquence de désir de contact sexuel de moins d'une fois par mois risque fort d'être le signe d'un manque d'intérêt sexuel. Il peut être situationnel (avec un partenaire spécifique ou dans des situations spécifiques) ou global (dans toutes les situations).

Étiologie

- Interdiction que l'individu se pose d'avoir des fantasmes sexuels variés et extraroutiniers, ce qui finit par étioler sa sexualité et lui faire perdre tout désir.
- Immense désir de fidélité qui va jusqu'à la volonté de contrôler les pensées intimes du partenaire.
- Routinisation de la vie : absence de vacances et de sorties de couple sans enfants, et travail préoccupant.
- Absence de situations romantiques ou innovatrices.
- Manque de temps pour la sexualité, souvent dû à la présence continuelle des enfants ou d'étrangers à la maison.
- Apprentissage, par influences familiales, à inhiber toute excitation pendant de longues fréquentations prémaritales.
- Stress post-traumatique (viol, prise d'otage).
- Trouble psychiatrique ou conjugal.
- Pathologie organique ou médication.

TROUBLES DE L'EXCITATION : DYSFONCTIONS ÉRECTILES ET MANQUE DE LUBRIFICATION (DSM-III, 302.72)

Dysfonctions érectiles (DSM-III, 302.72)

Définition

Incapacité partielle ou entière d'obtenir ou de maintenir une érection qui permet d'avoir une relation sexuelle complète (coït).

Étiologie

- Trouble secondaire à un manque de désir qui s'est prolongé pendant longtemps.
- Trouble secondaire à l'éjaculation précoce, d'abord parce que l'individu lutte contre son excitation pour prolonger la pénétration, ensuite et surtout parce que la dysfonction est liée à un sentiment d'échec et de faillite.
- Traumatisme physique : toute coïtalgie, quelle qu'en soit la raison, inhibe l'excitation sexuelle de l'homme.
- Traumatisme psychologique : après un échec, l'individu s'observe au lieu de s'abandonner et une dysfonction occasionnelle ou physiologique peut devenir chronique.
- Il est important de connaître et de comprendre la réponse sexuelle de l'homme (voir la section 22.2.1.) avant de poser un tel diagnostic.

Manque de lubrification (DSM-III, 302.72)

Définition

Incapacité partielle ou complète d'atteindre ou de maintenir la lubrification vaginale et le sentiment de désir qui y est habituellement lié pendant les préliminaires et les relations sexuelles.

Étiologie

- Le plus souvent, la même que pour le manque de désir.
- Toute baisse en œstrogènes diminue la lubrification vaginale en affectant moins le désir.
- Observation excessive de soi au lieu d'abandon dans la relation.
- Il importe que l'on connaisse et comprenne la réponse sexuelle de la femme (voir 22.2.2.) avant de poser un tel diagnostic.

TROUBLES DE L'ORGASME : ORGASME PRÉCOCE OU ABSENT (DSM-III, 302.75)

Éjaculation précoce (DSM-III, 302.75)

Définition

Trouble affectant tout individu qui voit son éjaculation apparaître avant qu'il ne la souhaite, qui n'a aucune forme minimale de contrôle, soit pendant les préliminaires, soit lors de la pénétration.

Étiologie

- Manque d'apprentissage du contrôle de l'éjaculation.
- Habitude de vouloir soulager le plus rapidement possible les tensions sexuelles souvent vécues comme désagréables.
- Présence de toute partenaire qui souhaite que la relation sexuelle se termine le plus vite possible.
- Certaines formes de contraception inadéquates telles que le coït interrompu.
- Tout facteur d'anxiété chez un individu prédisposé.

Orgasme précoce chez la femme

Définition

Une forte présomption (LoPiccolo, 1984) existe selon laquelle certaines femmes habituellement très tendues et très orgastiques vaginalement soulagent rapidement leurs tensions sexuelles avec peu de préliminaires. Cette attitude peut entraîner, chez le partenaire, une impuissance ou parfois une éjaculation précoce, favorisant à la longue un manque d'intérêt sexuel dans le couple.

Étiologie

- Apprentissage sexuel inadéquat : survalorisation de la réponse vaginale et non-érotisation lors de la phase d'excitation vécue comme une tension à soulager rapidement.

Éjaculation retardée ou absente (DSM-III, 302.74)

Définition

Trouble affectant tout individu qui dit avoir besoin de grands efforts pour en arriver à l'éjaculation, souvent même sans pouvoir éjaculer à une fréquence compatible avec l'âge, l'état de santé et les circonstances. Ne pas confondre avec certains retards d'éjaculation qui sont normaux au troisième âge (voir la section 22.3.4.). Dans les cas les plus graves, le patient n'arrive plus du tout à éjaculer quelles que soient les circonstances.

Étiologie

- Individus ayant des traits ou un trouble obsessionnels, venant de familles où l'éducation était rigide, ayant une certaine incapacité à accepter le plaisir et mettant toutes leurs énergies dans le travail et l'effort.
- Trop de pressions empêchant d'avoir un enfant (cas de stérilité).
- Conflit plus ou moins conscient d'hostilité refoulée envers la partenaire.
- Pathologies organiques et médication (voir la section 22.6.1.).

Anorgasmie féminine primaire totale (DSM-III, 302.73)

Définition

Trouble affectant toute femme qui, malgré le fait d'avoir eu des relations sexuelles pendant plus d'un an avec un partenaire et dans des circonstances qu'elle juge adéquates, n'a jamais atteint aucun orgasme quelles qu'aient été les stimulations.

Étiologie

- Manque d'apprentissage sensuel et sexuel, manque de connaissances de ses organes génitaux et manque d'exploration.
- Manque de fantasmes et de perception de ses parties génitales.
- Réflexe orgastique inadéquat avec des engrammes neurophysiologiques non formés, ce qui demande une stimulation beaucoup plus forte que la normale pour parvenir à l'orgasme.

Anorgasmie féminine avec partenaire

Définition

Trouble affectant toute femme qui a connu l'orgasme par la masturbation mais qui ne peut l'obtenir ni par les caresses de son partenaire, ni par le coït.

Étiologie

- Manque d'apprentissage des préliminaires et des caresses de couple.
- Manque de communication sur les caresses désirées.
- Désir de « performance » exagéré de la femme ou de son partenaire.
- Fausse honte des réactions corporelles et psychologiques en présence du partenaire.

Anorgasmie féminine coïtale

Définition

Trouble affectant toute femme qui n'arrive pas à obtenir l'orgasme par la pénétration vaginale, malgré une entente adéquate avec son partenaire, des préliminaires de plus de 20 minutes et une pénétration d'une durée de 10 à 20 minutes.

Étiologie

- Manque de perception, de valorisation et de contact au niveau du vagin.
- Manque de contrôle, de force, de tonus et de sensibilité du muscle pubo-coccygien.
- Manque de capacité d'abandon réceptif et confiant.
- Dévalorisation des sensations subtiles et douces du vagin et survalorisation des sensations aiguës et vives du clitoris.
- Trop grand désir d'atteindre l'orgasme et dévalorisation des sensations nuancées qui y mènent.
- Préliminaires inadéquats.

Éjaculation anhédonique (DSM-III, 302.74)

Définition

Trouble affectant tout individu qui passe à travers les quatre phases de la réponse sexuelle en n'éprouvant qu'un plaisir incertain.

Tout homme qui hésite longtemps et ne sait que répondre quand on lui demande si son éjaculation est agréable, rentre automatiquement dans cette catégorie. Les cas les plus graves ne peuvent même pas affirmer s'il y a eu éjaculation ou non après des relations sexuelles complètes.

Étiologie

- Semblable à celle de l'éjaculation retardée ou absente mais se produisant chez des individus habituellement plus jeunes et qui ont conservé leur réflexe éjaculatoire.

DYSFONCTION SEXUELLE GLOBALE

Définition

Trouble affectant toute femme qui répond cumulativement aux diagnostics suivants : manque de désir, de lubrification et d'orgasme. C'est le seul cas où l'on pourrait éventuellement employer le terme « frigidité » qui est souvent utilisé inadéquatement.

Étiologie

- Trouble secondaire à un stress post-traumatique (viol, attentat à la pudeur avec violence).
- La même que pour le manque de désir, de lubrification et d'orgasme.

VAGINISME (DSM-III, 306.51)

Définition

Spasme involontaire des muscles du périnée et de ceux qui entourent le tiers externe du vagin, empêchant la pénétration. Ce spasme entraîne une fermeture très étroite du vagin dès qu'il y a tentative effective, anticipée ou simplement imaginée de pénétration. Les femmes souffrant de ce trouble peuvent présenter des traits phobiques et sont souvent orgastiques par caresses.

Étiologie

- Pathologie organique passée mais ayant laissé des séquelles psychologiques du traumatisme.
- Structure de personnalité phobique ayant tendance à symboliser les conflits à travers la musculature striée.
- Peur de l'homme et de son pénis liée à une méconnaissance de l'anatomie féminine, souvent accompagnée de pensées irréalistes de posséder un vagin inadéquat.

Tableau 22.2. QUESTIONNAIRE SEXOLOGIQUE

A) PROBLÈME(S) PRÉSENTÉ(S)

Homme

- ☐ Manque de désir sexuel
- ☐ Dysfonction érectile
- ☐ Éjaculation précoce
- ☐ Éjaculation retardée ou absente
- ☐ Éjaculation anhédonique

Femme

- ☐ Manque de désir sexuel
- ☐ Manque de lubrification
- ☐ Orgasme précoce
- ☐ Anorgasmie primaire totale
- ☐ Anorgasmie avec partenaire
- ☐ Anorgasmie coïtale
- ☐ Vaginisme

Pour chaque problème, indiquer le moment d'apparition, les périodes de rémission ou d'aggravation en notant à chaque fois les circonstances et l'âge de l'individu.

B) HISTOIRE DU DÉVELOPPEMENT SEXUEL

	Âge
Interaction de l'individu et de sa famille	_____
Présence d'abus sexuels par des adultes	_____
Apparition de la puberté	_____
Premiers intérêts sexuels	_____
Première excitation, réaction de l'individu, des parents	_____
Premiers orgasmes, avec quels fantasmes :	_____
Habitudes de masturbation, avec quels fantasmes :	_____
Premières sorties	_____
Premiers contacts sexuels (baisers prolongés, caresses génitales sans relation)	_____
Premières fréquentations régulières, début :	_____
Premières fréquentations régulières, terminaison :	_____
Autres fréquentations régulières, début :	_____
Autres fréquentations régulières, terminaison :	_____
Premières relations sexuelles	_____
Fréquentations avec le conjoint actuel	_____
Mariage, voyage de noces, durée, conditions :	_____
Naissance de chacun des enfants	_____
Premières difficultés sexuelles ou émotionnelles	_____

Cette liste indique au clinicien les divers aspects à considérer et lui offre l'occasion de discuter avec le patient du contexte et du climat émotif qui ont entouré ces expériences.

Tableau 22.2.   (SUITE)

C) GRILLE DIAGNOSTIQUE DE LA FONCTION SEXUELLE ACTUELLE : FRÉQUENCES MENSUELLES*

	Fait	*Souhaité*	*Fait avec plaisir*	*Fait avec déplaisir*
Fantasmes	____	____	____	____
Excitation sans partenaire	____	____	____	____
Orgasme sans partenaire	____	____	____	____
Attirance par son-sa partenaire	____	____	____	____
Capacité de se montrer nu-e	____	____	____	____
Capacité de voir son-sa partenaire nu-e	____	____	____	____
Capacité de donner des caresses non génitales	____	____	____	____
Capacité de recevoir des caresses non génitales	____	____	____	____
Capacité de toucher aux organes génitaux de son-sa partenaire	____	____	____	____
Capacité d'être touché aux organes génitaux	____	____	____	____
Phase d'excitation avec partenaire	____	____	____	____
Orgasme avec partenaire	____	____	____	____
Pénétration	____	____	____	____
Orgasme par pénétration	____	____	____	____
Résolution et détente	____	____	____	____

* D'après BELTRAMI, DUPRAS et TREMBLAY (1978), avec la permission des auteurs.

- Influences familiales incitant à éviter la pénétration par peur de grossesse et par valorisation de la virginité.

22.7.
TRAITEMENT

22.7.1. GÉNÉRALITÉS

Le traitement le plus fréquemment proposé dure entre 10 et 20 semaines. Dans la majorité des cas, il est fortement avantageux de procéder à une thérapie de couple, ce qui semble améliorer les résultats : c'est ce qui a fait le succès des thérapies de style MASTERS et JOHNSON. Cependant, dans l'impossibilité d'un traitement de couple, il y a quand même possibilité de traiter un patient seul et d'obtenir de bons résultats.

Le traitement se divise en deux parties. Une **partie spécifique** consiste en un certain nombre d'apprentissages spécialisés (exercices de SEMANS ou de compression dans le cas d'une entité diagnostique précise : l'éjaculation précoce). Une **partie non spécifique** s'applique à toutes les dysfonctions et comprend :
— une évaluation et un diagnostic ;
— la clarification du problème en présence du client (table ronde) ;
— des informations sexologiques pertinentes ;
— un apprentissage sensoriel (exercices de sensibilisation corporelle non génitaux et génitaux) ;
— un apprentissage psychomoteur (relaxation).

22.7.2. ÉVALUATION ET DIAGNOSTIC

En plus du questionnaire médical et psycho-social habituel, un questionnaire spécifiquement sexologique mènera le praticien à la démarche suivante.

EXAMEN MÉDICO-SEXOLOGIQUE MASCULIN

Une investigation physique médico-sexologique doit précéder le traitement sexologique. Des consultations endocrinologique, urologique, neurologique et vasculaire doivent avoir lieu au moindre doute.

Mais ces consultations ne seraient pas suffisantes sans des techniques sexologiques spécifiques. La pléthysmographie pénienne nocturne s'impose pendant au moins deux nuits consécutives, si l'individu n'a jamais eu d'érections nocturnes ou matinales complètes ayant duré au moins cinq minutes. S'il y a eu, sans raison, une chute brutale de désir ou une anorgasmie masculine, ce test est recommandé même en présence d'érections matinales complètes et durables.

Au moindre doute sur le plan vasculaire, on demandera une évaluation par effet DÖPPLER de la pression artérielle dans les corps caverneux. On favorisera d'autant plus ces techniques non invasives que l'on aura affaire à un sujet inquiet et anxieux. En effet, il ne faut pas que des investigations, comme des artériographies ou des injections intracaverneuses, provoquent une impuissance secondaire iatrogénique. La cavernographie pénienne est un examen peu invasif, à faible risque, qui donne des informations pertinentes sur la capacité et la forme du pénis en érection.

Sur le plan neurologique, le temps de latence de l'électromyographie du muscle bulbo-caverneux, après stimulation électrique du gland du pénis, fournit des informations précieuses sur l'intégrité de l'arc réflexe nécessaire à l'érection.

EXAMEN MÉDICO-SEXOLOGIQUE FÉMININ

Quant à la femme, l'examen doit obligatoirement se doubler d'une partie thérapeutique où on lui explique les fonctions érotiques de ses organes sexuels externes. Il est important qu'on vérifie les sentiments ou les mythes qu'elle entretient au sujet de ses organes génitaux (par exemple une femme qui veut se faire couper les petites lèvres parce qu'elle les trouve anormales et trop longues).

Questionnaire subjectif

Le thérapeute demande à la patiente de se faire un auto-examen des organes génitaux et lui pose les questions suivantes :

1) **Identification** La patiente est-elle capable d'identifier ses grandes lèvres, ses petites lèvres, son clitoris, le capuchon du clitoris, l'orifice urétral, l'orifice vaginal et son angulation ?

2) **Acceptation** La patiente est-elle satisfaite de son corps : ses organes génitaux, ses seins ? Souhaiterait-elle changer certaines choses ?

3) **Sensations** Perçoit-elle les réactions de ses seins aux stimuli non érotiques (vent, froid), aux stimuli érotiques (caresses du partenaire) ? A-t-elle le désir d'être touchée : aux seins, à la vulve, au clitoris, au vagin ? Éprouve-t-elle du dégoût pour ces mêmes touchers ? Lesquels ? Les moyens contraceptifs ont-ils ou non des effets sur sa sexualité ? A-t-elle des douleurs (coïtalgie) lors des relations sexuelles, à l'entrée du vagin, vers le fond du vagin ? Dans quelles circonstances ? Cela varie-t-il avec l'excitation et la lubrification ?.

4) **Muscle pubo-coccygien** La patiente ressent-elle les contractions de ses muscles périvaginaux ? En quelles circonstances ? Perd-elle de l'urine lors d'efforts physiques ou de rires (incontinence de stress pouvant signer une dysfonction du muscle pubo-coccygien) ?

Examen sexologique objectif

Observation extérieure

La patiente a-t-elle un périnée qui n'est pas en protrusion vers l'extérieur ? Présente-t-elle une vulve fermée et non béante qui empêche un relâchement suffisant des tissus du périnée ? Il est important de vérifier s'il n'y a pas d'adhérence du clitoris, de brides hyménales ou de caroncules hyménales anormales, chaque élément pouvant causer des douleurs.

Examen vaginal

D'après KEGEL, seul le toucher vaginal avec un seul doigt peut informer sur le bon état du muscle pubo-coccygien. On appuie le doigt sur la face postérieure du muscle jusqu'à ce que la patiente perçoive une sensation d'inconfort. On lui demande alors de se contracter et, si la sensation d'inconfort disparaît, tout indique que la patiente a un bon potentiel de sensations vaginales.

Le vagin doit être étroit, la patiente doit être capable de se contracter volontairement sur les doigts qui l'examinent. Une analyse de la tonicité, de la symétrie et de la force de ce muscle est essentielle (HARTMAN et FITHIAN, 1972 ; KEGEL, 1952). On pourra utiliser le périnéomètre électronique de WHIPPLE pour obtenir des valeurs objectives de l'évaluation. Cet appareil électronique a l'avantage d'être plus précis que le périnéomètre de KEGEL et de ne pas être influencé par la pression intra-abdominale.

ÉTABLISSEMENT DU DIAGNOSTIC DÉFINITIF AVEC DIAGNOSTIC DIFFÉRENTIEL ET FACTEURS ÉTIOLOGIQUES

On identifiera les facteurs étiologiques en comparant les changements significatifs survenus dans la vie d'étude, de travail avec l'histoire médicale et en notant l'âge du-de la patient-e à chacun des événements. Par exemple, monsieur X qui travaillait depuis toujours à salaire a entrepris à 32 ans de fonder sa propre entreprise ; à 33 ans, on note un début d'ulcère, à 34 ans, un début de dysfonction érectile.

CLARIFICATION DU PROBLÈME EN PRÉSENCE DU PATIENT (TABLE RONDE)

Ce n'est que lors d'une deuxième ou troisième séance et après avoir évalué le conjoint que le praticien clarifie et vulgarise, auprès de ses patients, son opinion diagnostique et établit un programme d'intervention.

22.7.3. PARTIE NON SPÉCIFIQUE DU TRAITEMENT

La première moitié de cette partie non spécifique (diagnostic, clarification et informations) peut à elle seule régler une grande majorité des cas. Par exemple, une femme se plaint de la dysfonction érectile de son partenaire de 55 ans. Le diagnostic montre qu'il s'agit plutôt d'une période réfractaire paradoxale, qui a été interprétée à tort comme une dysfonction érectile, créant chez le sujet de l'anxiété et le rôle de spectateur qui engendrent un trouble érectile, secondaire à l'anxiété. D'où la nécessité pour le praticien d'une bonne connaissance de la physiologie sexuelle de tous les âges et d'une capacité de pouvoir la clarifier auprès de ses patients.

APPRENTISSAGE DE BASE

Les trois ou quatre séances subséquentes seront vouées au trois thèmes suivants que le clinicien mènera de front. Il s'agit des informations de l'apprentissage sensoriel et de l'apprentissage psycho-moteur.

Informations

- Réponse sexuelle de l'homme et de la femme.
- Modifications de la réponse sexuelle avec l'âge.
- Auto-érotisme.
- Rôle des fantasmes dans la vie sexuelle.
- Styles de vie favorisant la sexualité du couple.

Apprentissage sensoriel

Après une interdiction absolue de relations sexuelles, visant à atténuer l'anxiété de performance génitale et à valoriser l'érotisme, le couple passe par les phases suivantes :

1) **Sensibilisation corporelle I**   Pour la première semaine, le couple reçoit l'instruction de caresser tour à tour leurs corps nus, sans contact sur les parties génitales et sans communication verbale. En plus de ces exercices qui doivent être faits au moins une heure, trois fois par semaine, le couple doit faire une sortie à l'extérieur, libre de toutes tâches ménagères et sans parents, enfants ou amis.

2) **Sensibilisation corporelle II**   La semaine suivante, les mêmes massages et caresses reprendront et devront se terminer par une communication non verbale (en guidant la main de l'autre) sur la préférence des caresses (fréquence, rythme, pression ...).

3) **Sensibilisation corporelle III**   Ensuite, le couple pourra passer aux apprentissages sensoriels III qui consistent en des caresses génitales avec communication non verbale.

Apprentissage psychomoteur

Toutes les démarches précitées seront fortement facilitées si le praticien enseigne à chacun des patients une technique de relaxation facile et leur enjoint de la pratiquer régulièrement deux fois par jour.

22.7.4. PARTIE SPÉCIFIQUE DU TRAITEMENT

La dernière partie du traitement tiendra compte des catégories diagnostiques.

MANQUE DE DÉSIR CHEZ L'HOMME OU CHEZ LA FEMME

- Importance capitale des sorties de couple et des vacances annuelles d'au moins quatre jours sans parents, amis ou enfants.
- Bonne connaissance de l'anatomie et de la physiologie des organes génitaux pour en devenir conscients lors du désir sexuel.
- Entraînement aux fantasmes dirigés : imaginer un scénario romantique ou érotique à la fin de chaque relaxation.
- Lecture pour entretenir l'imaginaire (par exemple *Mon jardin secret* (1979), *Les fantasmes masculins* (1985), *Vénus érotica* (1979)).
- Désensibilisation si un traumatisme vrai ou imaginé, une peur ou un dégoût marqués ont bloqué le désir sexuel. Cette technique consiste à imaginer, par petites doses successives et croissantes, des images traumatisantes sous relaxation pour en faire disparaître les effets émotifs.
- Traitement de la dynamique de couple si nécessaire.

DYSFONCTION ÉRECTILE

- Importance capitale de l'arrêt total de relations sexuelles lors de la partie non spécifique du traitement.
- Abandon du rôle de spectateur et du souci de performance.
- Désensibilisation systématique à la peur de l'échec et aux frustrations consécutives aux dysfonctions érectiles.
- Augmentation poussée des préliminaires et recherche des situations où il n'y a pas de « risques » de pénétration.

- Sensibilisation du partenaire féminin à ne pas survaloriser la pénétration.
- Lors des préliminaires, attente afin que les érections arrivent fréquemment et pendant plus de 5 à 10 minutes avant de passer aux étapes subséquentes : caresses génitales, pénétration.

ÉJACULATION PRÉCOCE

- Apprentissage à percevoir l'érotisme à travers tout son corps et non seulement dans son pénis.
- Apprentissage à ressentir les tensions sexuelles comme agréables.
- Maîtrise des techniques de relaxation brève.
- Perception des sensations qui précèdent l'imminence de l'éjaculation.
- Utilisation de la masturbation thérapeutique pour apprendre à prolonger l'excitation au delà de 10 minutes avant l'éjaculation, soit par relaxations brèves, par arrêt de stimulations, ou par autocompression de la base du pénis.
- Maîtrise du contrôle du muscle pubo-coccygien.
- Avec partenaire, à l'occasion de la sensibilisation corporelle III, utilisation de la technique de compression afin de retarder l'imminence de l'éjaculation : l'homme étant allongé sur le dos, la femme pose son pouce sur le frein du pénis, son index et son majeur de part et d'autre de la couronne et exerce une compression pendant quelques secondes. Après avoir maîtrisé cette technique, le couple ne l'utilise que pour différer une excitation qu'il sent mener à l'éjaculation (MASTERS et JOHNSON, 1971).
- Pénétration avec la femme en position cavalière (les deux genoux de chaque côté de l'homme allongé sur le dos). Après une semaine d'entraînement à la méthode de compression par caresses, la femme insère, dans la position mentionnée, le pénis en elle, puis se soulève, désengage le pénis et effectue une compression, le tout plu-

sieurs fois de suite. Une fois la technique maîtrisée, les partenaires ne s'en servent que pour prévenir une éjaculation imminente. Lorsque le temps de pénétration fixé est écoulé, il importe que les partenaires se laissent aller complètement à l'abandon et au vécu érotique de l'orgasme.

- Arrêt-départ : dans des cas plus légers, le seul fait de ne pas bouger lors des deux premières minutes de pénétration en position cavalière et, par la suite, d'arrêter les stimulations quand l'excitation augmente exagérément peut suffire pour permettre une pénétration de 20 minutes. L'abandon érotique fait ensuite place au contrôle.

ÉJACULATION RETARDÉE OU ABSENTE OU ANHÉDONIQUE

- Si le blocage est sévère, vérification de la nécessité d'une psychothérapie individuelle.
- Apprentissage sensoriel et psychomoteur essentiel, souvent contre le gré et malgré l'irritation croissante du patient qui dit perdre son temps.
- Entraînement aux fantasmes dirigés pour les augmenter et surtout pour en accorder la permissivité et pour déculpabiliser le patient ; il est important que celui-ci imagine volontairement et consciemment un scénario sexuel sans se sentir coupable.
- Développement de l'habitude de prendre du temps pour la sexualité dans sa vie de tous les jours.
- Apprentissage à accélérer l'orgasme par la masturbation thérapeutique qui comprend un scénario préparatoire, des fantasmes élaborés, des mouvements corporels (bassin), une conscience du muscle pubo-coccygien et des autres changements physiologiques.
- Après réussite, même démarche en présence de la partenaire, puis avec l'aide de celle-ci, enfin uniquement par les caresses féminines.
- Désensibilisation imagée pour annihiler les inhibitions possibles à l'égard du vagin.

- Caresses de la partenaire jusqu'à l'éjaculation, le pénis étant maintenu proche de l'entrée du vagin.
- Pénétration intravaginale, la femme continuant de caresser la base du pénis jusqu'à l'éjaculation.
- Éjaculation intravaginale, la femme ayant les cuisses serrées et augmentant les mouvements du bassin ainsi que les contractions de son muscle pubo-coccygien.
- Dans les cas rebelles, utilisation d'un vibrateur à massage facial.

INCAPACITÉ D'EXCITATION CHEZ LA FEMME : MANQUE DE LUBRIFICATION

- Même traitement que pour le manque de désir.
- De plus, s'il y a syndrome de manque d'œstrogènes (ménopause), il y aurait lieu de procéder à une thérapie de remplacement.

ORGASME PRÉCOCE CHEZ LA FEMME

- Informations sexologiques pertinentes et rééducation.

ANORGASMIE PRIMAIRE TOTALE

- Accent sur l'examen sexologique et la connaissance de son corps.
- Auto-examen des organes génitaux à la maison.
- Exploration tactile des organes génitaux.
- Après repérage des parties sensibles et agréables, auto-stimulation de ces parties pendant plus de 20 minutes avec abandon corporel, fantasmes érotiques, mouvements du bassin, etc.
- En cas d'échec malgré la répétition des phases précédentes pendant 3 semaines, utilisation recommandée d'un vibrateur à massage facial jusqu'à obtention de l'orgasme.

ANORGASMIE AVEC PARTENAIRE

- Apprentissage par la femme à son partenaire des caresses qu'elle préfère et de ses zones les plus érogènes.
- Sensibilisations corporelles II et III avec communication non verbale extrêmement importante.
- Dans les cas difficiles, utilisation d'un vibrateur par le partenaire, jusqu'à obtention de l'orgasme.
- Entraînement aux fantasmes dirigés ; scénarios positifs menant à l'atteinte de l'orgasme avec partenaire.

ANORGASMIE COÏTALE

- Importance que la femme ait pu vivre avec facilité pendant au moins 3 à 9 mois l'orgasme avec partenaire.
- Enseignement sur les différences entre l'orgasme coïtal et l'orgasme par caresses.
- Entraînement du partenaire à des préliminaires longs et à des pénétrations de plus de 10 minutes.
- Exercices du muscle pubo-coccygien sans résistance et avec résistance (sur dilatateur de YOUNG n° 4 ; KLINE-GRABER et GRABER, 1978).
- Abandon de la course à l'orgasme et de la recherche de sensations trop vives.
- Entraînement aux fantasmes dirigés orientés vers les sensations vaginales et scénarios positifs permettant d'obtenir l'orgasme avec partenaire.

VAGINISME ET NON-CONSOMMATION

- Informations sexologiques pertinentes ; dimension du vagin et compatibilité pénis - vagin.
- Désensibilisation aux craintes exagérées.

- Entraînement aux fantasmes dirigés, orientés vers les sensations vaginales, et scénarios positifs visant à obtenir l'orgasme avec partenaire.
- Maîtrise de techniques brèves de relaxation en position gynécologique.
- Détente des cuisses et du muscle pubo-coccygien.
- Auto-examen des organes génitaux.
- Insertion des dilatateurs de YOUNG n°s 1, 2, 3, 4, par étapes, selon le rythme de la patiente, tout en lui enseignant l'angle adéquat de pénétration.
- Insertion du pénis du partenaire en position cavalière. Lorsque cette forme de pénétration est maîtrisée, passage à la pénétration de l'homme en position supérieure.
- Entraînement de l'homme à aider sa partenaire à se relaxer, à apprendre avec elle l'angle de pénétration et à insérer à son tour les dilatateurs. Ce procédé contribue à sécuriser la femme et à faciliter l'étape de l'insertion du pénis.

22.8.
CONCLUSION

Depuis la parution des livres de MASTERS et JOHNSON, le praticien dispose d'outils thérapeutiques de plus en plus précis et efficaces dans le domaine de la sexothérapie. Pour s'en servir à bon escient, il doit bien connaître la sexophysiologie et se tenir continuellement à jour en ce qui concerne les nouvelles données sexologiques, afin de pouvoir offrir les meilleurs services possibles à ses patients.

BIBLIOGRAPHIE

ALARIE, P.
1985 « Indices d'organicité en consultation sexuelle : aspects fonctionnel et organique », *Actualité médicale*, vol. 6, n° 11, p. 47.

ALZATE, H.
1985 « Vaginal Erotism and Female Orgasm : A Current Appraisal », *Journal of Sex & Marital Therapy*, vol. 11, n° 4, p. 271-284.

BARDWICK, J.
1971 *Psychology of Women : A Study in Biocultural Conflicts*, New York, Harper & Row.

BELTRAMI, É., A. DUPRAS et R. TREMBLAY
1978 « L'effet de la fréquence mensuelle des fantasmes sexuels sur l'issue du traitement à court terme des insuffisances sexuelles », Acte du Congrès international de sexologie (Montréal, 28 au 31 octobre 1976), *Sexologie : Perspectives actuelles* (A. Bergeron et J.P. Trempe, édit.), Montréal, Les Presses de l'Université du Québec, p. 141-143.

BENEDECK, T. et B.B. RUBENSTEIN
1942 « The Sexual Cycle in Women », *Psychosom. Med. Monographs*, vol. 3, n°s 1 et 2, Washington, D.C., National Research Council.

BONAPARTE, M.
1951 *La sexualité de la femme*, Paris, PUF.

BRAUER, A.P. et D.J. BRAUER
1983 *Extended Sexual Orgasm (ESO) : The New Promise of Pleasure for Couples in Love, an Illustrated Guide*, New York, Warner Books, p. 215.

BUREAU, J.
1976 « L'intérêt sexuel : structure et concepts thérapeutiques », *Études de sexologie*, vol. 1, Ottawa, Educom.

CHAPELLE, A.
1984 « Contrôle médullaire de l'éjaculation, données fournies par l'étude des paraplégiques », *L'éjaculation et ses perturbations* (J. Buvat et P. Jouannet, édit.), SIMEP, Lyon, p. 24-28.

CLARK, L.
1970 « Is There a Difference Between a Clitoral and a Vaginal Orgasm ? », *The Journal of Sex Research*, vol. 6, p. 25-28.

CRÉPAULT, C.
1981 « L'expérience orgastique coïtale », *Sexologie contemporaine* (C. Crépault, J.J. Lévy et H. Gratton, édit.), Presses de l'Université du Québec à Montréal, p. 271-281.

DEUTSCH, H.
1969 *La physiologie de la femme*, Paris, PUF.

DUNN, M.
1985 « Varieties of Male Multiple Orgastic Experience », *12th Annual Meeting of the Association of Sex Therapists and Counselors*, Montréal, 29 mai.

ELLIS, H.
1936 *Studies in the Psychology of Sex*, 2 vol., New York, Random House.

FORD, C.S. et F.A. BEACH
1970 *Le comportement sexuel chez l'homme et l'animal*, Paris, Laffont, p. 388.

FOX, C.A. et B. FOX
1971 « A Comparative Study of Coital Physiology, With Special Reference to the Sexual Climax », *Journal of Reproduction and Fertility*, vol. 24, p. 319-336.

FOX, C.A., A.A. ISMAÏL, D.N. LOVE *et al.*
1972 « Studies on Relationship Between Plasma Testosterone Levels and Human Sexual Activity », *J. Endoc.*, vol. 52, n° 1, p. 51-58.

FREUD, S.
1962 *Trois essais sur la théorie de la sexualité*, trad. par B. Reverchon, Paris, Gallimard.

FREÜND, K.
1973 « Erotic Preferences in Pedophiles », *Behavior Research and Therapy*, vol. 5, p. 339-348.

FRIDAY, N.
1979 *Mon jardin secret : une anthologie des fantasmes sexuels féminins*, Montréal, Éditions Sélect.

1985 *Les fantasmes masculins*, Paris, Laffont.

GOLDBERG, D.C. *et al.*
1983 « The Gräfenberg Spot and Female Ejaculation : A Review of Initial Hypothesis », *Journal of Sex & Marital Therapy*, vol. 9, p. 27-37.

GRÄFENBERG, E.
1950 « The Role of Urethra in Female Orgasm », *International Journal of Sexology*, vol. 3, p. 145-148.

HARTMAN, W.E. et M.A. FITHIAN
1972 *The Treatment of Sexual Dysfunction*, Long Beach, California, Center for Marital and Sexual Studies.

HOCH, Z.
1983 « The G Spot », *Journal of Sex & Marital Therapy*, vol. 9, p. 166-167.

KAPLAN, H.S.
1979 *La nouvelle thérapie sexuelle : traitement actif des difficultés sexuelles*, traduction par Claude Frégnac, préfacée et éditée par le Dr Michel Meignant, Paris, Buchet et Chastel.

1983 *The Evaluation of Sexual Disorders : Psychological and Medical Aspects*, New York, Brunner/Mazel.

KARACAN, I. *et al.*
1978 « Nocturnal Penile Tumescence and Diagnosis in Diabetic Impotence », *The American Journal of Psychiatry*, vol. 135, n° 2, p. 191-197.

KEGEL, A.
1952 « Sexual Functions of the Pubococcygeus Muscle », *Western Journal of Surgery, Obstetrics and Gynecology*, vol. 60, p. 521-524 (c).

KILBRATEN, P.
1982 « Communication personnelle à Alice Ladas », *Le point G et autres découvertes récentes sur la sexualité humaine*, Paris, Robert Laffont, 220 p.

KINSEY, A.C. *et al.*
1948 *Le comportement sexuel de l'homme*, Paris, Édition du Pavois.

1954 *Le comportement sexuel de la femme*, Paris, Amiot Dumont.

KLINE-GRABER, G. et B. GRABER
1978 « Diagnosis and Treatment of Pubococcygeal Deficiencies in Women », *Handbook of Sex Therapy* (J. Lo Piccolo et L. Lo Piccolo, édit.), New York, Plenum Press.

KRAFFT-EBING, R. (Von)
1922 *Psychopathia Sexualis : A Medicoforensic Study*, Brooklyn, Physicians and Surgeons Books.

LADAS, A.K., B. WHIPPLE et J.D. PERRY
1982 *Le point G et autres découvertes récentes sur la sexualité humaine*, Paris, Robert Laffont, 220 p.

LEVIN, R.J. et G. WAGNER
1985 « Orgasm in Women in the Laboratory : Quantitative Studies on Duration, Intensity, Latency, and Vaginal Blood Flow », *Archives of Sexual Behavior*, vol. 14, n° 5, p. 439-449.

LOPICCOLO, J.
1984 « Sexual Dysfunctions », *Conference at the Montreal General Hospital*, Montréal.

LOPICCOLO, J. et L. LOPICCOLO
1978 *Handbook of Sex Therapy*, New York, Plenum Press.

LOPICCOLO, L., J. LOPICCOLO et J. HEIMAN
1979 *Orgasme*, Montréal, Québecor.

MASLOW, A.H.
1965a « Volunteer-error », discussion sur l'article de Frank Beach dans *Sex Research : New Development* (John Money, édit.), Montréal, H.R.W., p. 141.

1965b « Critic and Discussion Following Master's Intervention on Human Female Physiology », *Sex Research : New Development* (John Money, édit.), Holt, Rinehart.

MASTERS, W.H. et V.E. JOHNSON
1968 *Les réactions sexuelles*, Paris, Robert Laffont.

1971 *Les mésententes sexuelles*, Paris, Robert Laffont.

MONEY, J.
1961 « Sex Hormones and Other Variables in Human Eroticism », *Sex and Internal Secretions* (W.C. Young, édit.), Baltimore, Williams and Wilkins Company.

1972 *Man and Woman, Boy and Girl*, Baltimore, Johns Hopkins University Press.

NIN, A.
1979 *Venus Erotica*, Paris, Éditions Stock, p. 303.

PAYNE, S.M.
1935 « A Conception of Feminity », *British Journal of Medical Psychology*, vol. 15, p. 18-33.

PERSKY, H., C.P. O'BRIAN, D. STRAUSS et W. MILLER
1977 « Reproductive Hormone Levels and Sexual Behaviors of Young Couples During the Menstrual Cycle », Acte du Congrès international de sexologie (Montréal, 28 au 31 octobre 1976), *Progress in Sexology* (R. Gemme et C. Wheeler, édit.), New York, Plenum Press, p. 293-310.

ROBBINS, M.B. et D.J. GORDON
1974 « Multiple Orgasm in Males », *Progress in Sexology* (R. Gemme et C. Wheeler, édit.), Plenum Press.

SINGER, J. et I. SINGER
1973 *The Goals of Human Sexuality*, London, Wildwood House.

VAN DE VELDE, T.H.
1974 *Le mariage parfait*, A. Muller (réédition).

CHAPITRE 23

HOMOSEXUALITÉS

ÉDOUARD BELTRAMI

M.D., F.R.C.P.(C)
Psychiatre, sexologue clinicien
Professeur au Département de sexologie de l'Université du Québec à Montréal

NORMANDE COUTURE

M.A. (Sexol.)
Sexologue clinicienne au Centre d'évaluation et de traitement du Centre hospitalier Robert-Giffard (Québec)
Chargée de cours à l'Université Laval (Sainte-Foy, Québec)

ROLAND BOULET

M.D., F.R.C.P.(C)
Psychiatre à l'hôpital Louis-H. Lafontaine (Montréal)
Professeur adjoint de clinique à l'Université de Montréal

PLAN

23.1.
INTRODUCTION

Depuis une dizaine d'années, nous assistons à un changement notable quant à la perception du phénomène de l'homosexualité. Les approches morales, religieuses, émotionnelles et même politiques ont lentement évolué vers une démarche scientifique, malgré la difficulté d'appliquer cette méthode à un domaine humain si difficile à saisir, si complexe et si controversé.

23.2.
DÉFINITION

23.2.1. SELON L'ORIENTATION ANALYTIQUE

Nous retenons ici la définition de JUDD MARMOR (1965, p. 4) :

L'homosexuel clinique est motivé, au cours de la vie adulte, par une attraction érotique préférentielle explicite à l'égard des membres du même sexe et, habituellement (mais non nécessairement), s'engage dans des relations sexuelles manifestes avec eux.

Notons que cette approche inclut l'individu qui a des fantasmes presque exclusivement homosexuels, même s'il n'a jamais eu aucune activité réelle de ce type.

23.2.2. SELON L'APPROCHE DESCRIPTIVE ET COMPORTEMENTALE

Est homosexuelle la personne qui recherche et qui entretient des rapports sexuels avec une personne adulte du même sexe. Les fantasmes ne seraient pas un critère d'homosexualité ; ils sont considérés comme normaux s'ils sont ego-syntones (acceptés sans conflit par l'individu) et comme des obsessions ou des compulsions s'ils sont ego-

dystones (refusés et considérés comme problématiques par le sujet).

23.2.3. IDENTITÉ VERSUS ORIENTATION SEXUELLE

Du fait que la théorie psychanalytique considère que l'homosexuel s'est identifié à sa mère lors de son jeune âge et du fait que cette conception est très répandue, certains médecins confondent identification sexuelle et identité sexuelle.

Alors que le **transsexuel** a un trouble de l'identité sexuelle — ainsi le transsexuel masculin se sent femme —, l'**homosexuel**, lui, voit son désir érotique orienté vers des personnes du même sexe. Contrairement à la transsexualité, l'homosexualité a une dialectique qui se situe sur le plan de l'orientation sexuelle. Le plus souvent, le transsexuel n'éprouvera pas de crainte de se faire enlever le pénis qu'il ne valorise pas beaucoup. Par contre, pour l'homosexuel, le pénis est fortement valorisé ; il se sent un homme qui désire d'autres hommes.

23.3.
HISTORIQUE

23.3.1. CLASSIFICATION DU *DIAGNOSTIC AND STATISTICAL MANUAL* (DSM)

Dans l'ancienne classification de l'*American Psychiatric Association* (APA), le DSM-I de 1952, l'homosexualité était considérée comme une « déviation sexuelle » classée sous la rubrique « Troubles de la personnalité et certains troubles mentaux non psychotiques ».

Dans le DSM-II de 1968, on maintint l'homosexualité dans la catégorie « déviation sexuelle » qui devint alors une rubrique autonome ne faisant plus partie des troubles de la personnalité. Le DSM-II regroupait ainsi l'homosexualité avec le fétichisme, la pédophilie, le travestisme, l'exhibitionnisme, le voyeurisme, le sadisme et le masochisme.

En 1973, le Conseil d'administration de l'Association des psychiatres américains décida de considérer que :

> Comme l'homosexualité en soi n'implique aucune limitation de jugement, de stabilité, de fiabilité ou de capacités générales sociales ou vocationnelles, le Conseil d'administration de l'Association des psychiatres américains (APA) déplore toute discrimination publique ou privée contre l'homosexualité dans des domaines tels que l'emploi, le logement, l'attribution de permis et déclare qu'aucun fardeau de preuve de démontrer ces capacités ne soit placé sur leurs épaules. (APA, 1974, p. 497 ; traduction des auteurs.)

Faisant suite à cette réflexion, le Conseil de l'APA proposa l'élimination du terme « homosexualité » pour lui substituer la dénomination de « perturbation de l'orientation sexuelle ». Un référendum fut tenu où tous les membres de l'*American Psychiatric Association* purent se prononcer ; 58 % des votants se déclarèrent pour l'exclusion du terme « homosexualité » de la nosologie psychiatrique, attendu que :

> Le DSM est fondé sur les prémisses que pour qu'une condition soit considérée comme un **trouble** mental, elle doit soit causer une souffrance subjective soit empêcher un fonctionnement social adéquat.

> Une proportion significative d'homosexuels sont apparemment satisfaits de leur orientation sexuelle, ne montrent pas de signes manifestes de psychopathologie et peuvent fonctionner aussi efficacement que des hétérosexuels. L'homosexualité en tant que telle ne peut donc pas être considérée comme un trouble mental. (« Referendum on Homosexuality », *Psychiatric News*, févr. 1974, p. 5 ; traduction des auteurs.)

Cette opinion fut effectivement retenue dans le DSM-III qui, en 1980, regroupa sous le chapitre « **Troubles psychosexuels** » quatre grandes catégories :

1) troubles de l'identité sexuelle (identité de genre) (302.50, 302.60, 302.85) ;
2) paraphilies (de 302.20 à 302.90) (voir le chapitre 24) ;
3) dysfonctions psychosexuelles (de 302.70 à 302.90, 306.51) (voir le chapitre 22) ;
4) autres troubles psychosexuels :
   a) **homosexualité ego-dystone** (302.00) ;
   b) tout trouble psychosexuel non classé ailleurs (302.90).

En fait, les deux critères pour justifier le diagnostic d'homosexualité ego-dystone reposent sur au moins l'un des deux points suivants :

1) état de détresse provoqué chez l'individu par l'expérience soutenue d'excitations homosexuelles non désirées ;
2) état de détresse du sujet dont l'inclination hétérosexuelle est absente ou insuffisante pour établir et maintenir des rapports hétérosexuels désirés.

Ainsi le DSM-III ne retient pas, dans sa nomenclature des désordres psychiatriques, l'homosexuel bien adapté (ego-syntone) à son orientation sexuelle et qui ne désire pas la changer. Il rappelle que bon nombre d'homosexuels sont apparemment satisfaits de leur orientation sexuelle et démontrent une bonne capacité de fonctionnement, de travail et d'amour. Ces sujets ne présentent pas, en conséquence, les critères de détresse et d'incapacité inhérents à la notion de maladie mentale.

23.3.2. RÉACTIONS AUX NOMENCLATURES DU DSM-II ET DU DSM-III

Un tel changement ne pouvait s'accepter avec facilité, surtout pour les tenants de la théorie psychanalytique, en particulier SOCARIDES (1973) qui signa une pétition en réponse au DSM-II. Il y mentionnait que « l'homosexualité exclusive est un trouble du développement psychosexuel, le résultat d'un conflit de l'enfance, et que les homosexuels sont troublés par la pathologie même qui crée l'homosexualité ». Il maintenait aussi que « les évidences cliniques montrent clairement qu'on trouve des déficits dont le plus grand est d'être incapable de fonctionner dans un rôle sexuel approprié à son sexe et à sa réalité anatomique ». Le débat ne s'est pas terminé là : SCHWANBERG (1985) a relevé 700 écrits sur cette controverse de 1974 à 1983.

23.4.
INCIDENCE

23.4.1. PHYLOGENÈSE

Chez les anthropoïdes supérieurs, certains mâles, pour éviter l'agression de mâles hiérarchiquement supérieurs, prennent l'attitude de la femelle et s'offrent ainsi à la pénétration (MACLEAN, 1962). Depuis, cette notion de soumission (s'offrir à la pénétration du mâle dominant) semble être demeurée dans le folklore humain. Certaines formes de répression (pauvreté, promiscuité dans les prisons) peuvent provoquer une régression à ce niveau phylogénétique, laquelle est à l'origine d'expressions verbales grossières fréquemment utilisées.

23.4.2. HOMOSEXUALITÉ PRÉADOLESCENTE RITUALISÉE

Il est bien connu que le comportement homosexuel se retrouve dans presque toutes les cultures. Parmi les rares sociétés où l'homosexualité n'aurait pas été identifiée, BIEBER (1962) a mentionné les Indiens Utes du Colorado, les Indiens de la Guyane hollandaise et les Nigériens.

Pour beaucoup de sociétés dont la nôtre, l'adolescence est marquée par une phase transitoire de jeux homosexuels auxquels s'adonnent 80 % des individus (KINSEY, 1948). Pour d'autres sociétés dont la Grèce antique, il y a, lors de l'apprentissage de la sexualité, une initiation de l'enfant ou de l'adoles-

cent par un adulte de même sexe. Les enfants issus des classes sociales aisées sont dirigés auprès d'adultes mâles qui ont pour fonction de leur transmettre les plus hauts standards d'éthique de la société : la relation maître - élève prend fin au moment de l'adolescence du jeune homme qui a été honoré du rapprochement et du comportement érotique de son partenaire adulte. Cette homosexualité ritualisée n'ouvre cependant pas la porte à une homosexualité persistante ; elle vise plutôt à renforcer les valeurs de l'adolescent et le prépare à assumer un choix hétérosexuel.

L'exemple le plus frappant et qui déroute plusieurs chercheurs est celui cité par STOLLER et HERDT (1985, p. 400) auprès d'une population papoue de Nouvelle-Guinée :

> Tous les mâles de la tribu sont forcés d'avoir des activités exclusivement homosexuelles (homosociales et homo-érotiques) de 7 à 10 ans, jusqu'à leur mariage. Durant cette période obligatoirement homosexuelle, les femmes et les petites filles de la tribu sont considérées comme sévèrement taboues et ne peuvent être en contact (visuel ou tactile) avec les enfants mâles.

Aucun coït anal n'est présent. La fellation active est rituellement exigée des préadolescents pour devenir passive lors de l'adolescence. Malgré ce que certains pourraient considérer comme une imprégnation (*imprinting*), ces mâles, dans une proportion de 99 %, deviennent tous hétérosexuels après leur mariage.

23.4.3. ANTHROPOLOGIE DE L'HOMOSEXUALITÉ ADULTE

Dans une étude de 76 sociétés, FORD et BEACH (1952) rapportèrent que, pour les deux tiers d'entre elles, l'homosexualité est considérée comme normale et acceptable dans certaines conditions : 1) certains rites d'initiation de l'entrée d'un adolescent dans la vie adulte (masturbation mutuelle, orgies homosexuelles) ; 2) le caractère sacré accordé au chaman de Sibérie qui, au moment de la révélation de ses dons, adopte des attitudes et des comportements féminins, soit le travestisme ; 3) dans certaines tribus d'Amérique, celui qui vit en femme (le berdache) s'accouple avec un homme.

Pour l'autre tiers, l'homosexualité est condamnée mais se pratique de façon plus ou moins secrète et n'empêche pas l'hétérosexualité.

23.4.4. HOMOSEXUALITÉ ADULTE DANS NOTRE SOCIÉTÉ OCCIDENTALE

Plus que toute autre étude sur le sujet, l'enquête KINSEY (1948) réalisée auprès de plus de 5000 Américains de race blanche a rapporté des faits objectifs étonnants.

Pour l'**homosexualité masculine,** on y conclut que : 50 % des hommes ne sont pas exclusivement hétérosexuels ; 4 % sont des homosexuels exclusifs ; 10 % ont pu avoir un comportement homosexuel presque exclusif pour une période minimale de trois années ; 37 % ont déjà eu au moins une expérience homosexuelle jusqu'à l'orgasme ; enfin, 13 % mentionnent avoir éprouvé un potentiel homosexuel (réactions érotiques envers d'autres mâles) sans contact direct cependant.

Pour l'**homosexualité féminine,** on y trouva que : 28 % des femmes sont conscientes d'un attrait érotique envers des personnes de leur sexe et 19 % ont eu au moins un contact homosexuel avant l'âge de 40 ans (avec orgasme dans les deux tiers des cas). Il semble que ces dernières ont un plus grand pourcentage d'orgasmes que les hétérosexuelles strictes ; les techniques homosexuelles sont moins stéréotypées et permettent un engagement émotionnel intense : la relation sexuelle est moins hâtive et programmée qu'avec un homme. L'expérience de l'orgasme est moins importante que la proximité émotionnelle ; la libido relativement faible entre femmes trouve une compensation dans une relation émotionnelle et affective étroite.

23.5. TYPOLOGIE

23.5.1. ÉCHELLE DE KINSEY (1948)

Le rapport KINSEY a pu mettre en lumière un continuum de comportements sexuels entre deux pôles extrêmes, ce que KINSEY a traduit par une échelle graduée de 0 à 6 :

- **niveau 0,** comportement exclusivement hétérosexuel ;
- **niveau 1,** hétérosexualité dominant l'expérience homosexuelle minime de l'individu ;
- **niveau 2,** plus grande expérience homosexuelle qu'au niveau 1, mais l'expérience hétérosexuelle l'emporte ;
- **niveau 3,** expériences tant homosexuelles qu'hétérosexuelles et, malgré l'ambivalence quant au genre de partenaire, l'individu présente habituellement des périodes à partenaire bien identifié ; ce type d'ambisexuel est autant excité par un homme que par une femme ;
- **niveau 4,** à l'inverse du niveau 2, expérience hétérosexuelle significative mais avec prédominance d'interactions homosexuelles ;
- **niveau 5,** expérience homosexuelle dominant nettement et activité hétérosexuelle demeurant minime ;
- **niveau 6,** comportement exclusivement homosexuel, tout à fait à l'opposé du niveau 0.

Il n'y a donc pas de cloisonnement étanche dans l'orientation sexuelle entre hétérosexuels et homosexuels et un certain degré de bisexualité apparaît chez un grand nombre de sujets dans l'échantillonnage de KINSEY.

23.5.2. CATÉGORIES DE BELL ET WEINBERG (1978)

Cette étude a porté sur près de 1500 sujets choisis parmi les 5000 candidats de la baie de San

Figure 23.1. ÉVALUATION HÉTÉROSEXUALITÉ – HOMOSEXUALITÉ BASÉE SUR LES RÉACTIONS PSYCHOLOGIQUES ET LES EXPÉRIENCES MANIFESTES

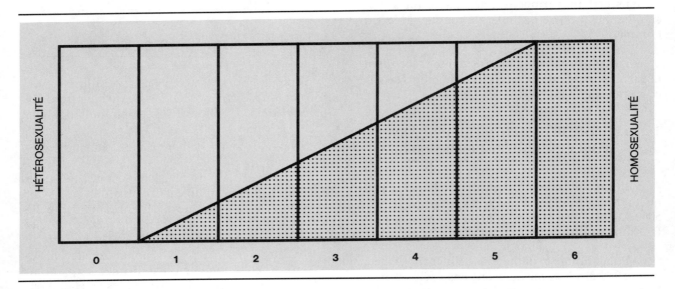

SOURCE : KINSEY *et al.* (1948, p. 638).

Francisco : 979 homosexuels et 477 hétérosexuels des deux sexes, de races blanche et noire. Environ 90 % des sujets se situaient aux échelons 5 et 6 de l'échelle de KINSEY, tant sur le plan du comportement sexuel que sur celui des sentiments sexuels. Tous ont été interviewés individuellement au moyen de questionnaires standardisés qui avaient pour but d'évaluer leur adaptation sociale (travail, religion, politique, mariage, amitiés, activités sociales et difficultés sociales) et psychologique (santé en général, symptômes psychosomatiques, bonheur, exubérance, acceptation de soi, solitude, préoccupations, dépression, tension, paranoïa, idées et impulsions suicidaires, et demandes de services professionnels de la santé). Les auteurs en ont tiré une typologie homosexuelle comportant cinq catégories :

1) **Couples unis** (*close couples*) (15 % des hommes et 38 % des femmes)   C'est le cas de quasi-mariage entre deux hommes ou deux femmes. De tous les homosexuels, ils constituent le groupe le plus stable qui présente le moins de problèmes sexuels et ils sont vraisemblablement les moins portés à regretter leur homosexualité. Ils passent plus de soirées à la maison et s'accordent moins de loisirs individuels : les hommes de ce groupe vont rarement draguer (*cruising*) dans les bars ou les bains publics. Leur vie sexuelle leur est de toute évidence gratifiante, plus active que la plupart des autres répondants. Leur comportement sexuel leur apporte rarement des déboires judiciaires ou des troubles au travail. Ils sont moins tendus ou paranoïdes et plus exubérants que la moyenne. Ils sont bien adaptés à la vie et forment la catégorie la plus heureuse. Il semble que les femmes homosexuelles arrivent plus facilement à vivre le « nous » qui constitue la base de la relation des couples unis. Le couple d'homosexuelles est plus stable que le couple d'homosexuels mais tout aussi centré sur les problèmes de fidélité et de jalousie. Il met davantage en jeu le besoin d'amour et de communication affective.

2) **Couples ouverts** (*open couples*) (25 % des hommes et 24 % des femmes)   Les sujets de ce groupe vivent avec un partenaire du même sexe, mais sont moins satisfaits de leur vie sexuelle de couple et recherchent des satisfactions en dehors du couple. Ils ont tendance à draguer et s'en inquiètent : ils craignent de se faire arrêter et sont tourmentés à l'idée que leurs aventures ne viennent aux oreilles de leur partenaire. Ces couples tendent à être émotionnellement moins attachés et moins dépendants l'un de l'autre. Ils rapportent une activité sexuelle plus active que celle du répondant homosexuel moyen, et un répertoire d'activités sexuelles plus élargi auquel le partenaire répond difficilement. Tout en recherchant une homosexualité plus exclusive, ils sont portés à avoir plus de regrets quant à leur homosexualité.

3) **Homosexuels fonctionnels** (20 % des hommes et 14 % des femmes)   Ils sont célibataires et se caractérisent par de nombreux partenaires sexuels ainsi qu'une activité sexuelle sans aucun regret ni remords. Ce sont les plus jeunes, les plus exubérants et les plus impliqués dans le milieu homosexuel. Ils présentent moins de troubles psychosomatiques. Leur homosexualité est plus ouverte, plus active, moins chargée de sentiments paranoïdes. Ils forment le plus haut pourcentage de la clientèle des bars « gais » et présentent une certaine insouciance quant aux conséquences de leur homosexualité. Les sujets de ce groupe sont d'ailleurs souvent arrêtés pour atteinte à la pudeur publique.

4) **Dysfonctionnels** (20 % des hommes et 8 % des femmes)   Cette classe regroupe le stéréotype des homosexuels tourmentés qui manifestent une mauvaise adaptation sexuelle, sociale et psychologique. C'est chez les dysfonctionnels que l'homosexualité cause le plus de regrets et de remords. Bien qu'ils draguent souvent avec des partenaires relativement nombreux, ils présentent davantage de problèmes sexuels que ceux des autres groupes. Ils s'inquiètent de leur performance sexuelle, éprouvent des difficultés à trouver un partenaire compatible et présentent souvent des problèmes d'impuissance ou d'éjaculation précoce. Les comportements délinquants sont fréquents, vols, voies de faits, extorsions, etc. Une détresse générale les caractérise. Ils sont plus isolés, troublés, paranoïdes, déprimés et malheureux que les autres homosexuels. Ils donnent l'image de mésadaptés sociaux.

5) **Homosexuels asexués** (20 % des hommes et 16 % des femmes)   Ce sont en général les plus âgés. Ils se caractérisent par leur manque de contact avec les autres. Ce sont des isolés qui montrent peu d'intérêt sexuel. Ils se disent seuls et malheureux. Leur vie de retrait témoigne d'une apathie sous-jacente à l'égard de la panoplie des expériences humaines.

En conclusion, BELL et WEINBERG ont fait remarquer que leurs recherches démontrent qu'en tant que groupe, les homosexuels ne diffèrent pas des hétérosexuels. Pour les auteurs, la découverte la moins équivoque de leur enquête réside dans le fait que l'homosexualité n'est pas nécessairement reliée à un comportement pathologique.

23.6.
MODÈLES ÉTIOLOGIQUES

23.6.1. MODÈLE PSYCHANALYTIQUE

RACINES INFANTILES DE L'HOMOSEXUALITÉ ADULTE

Comme pour les névroses ou pour les perversions, le point nodal de l'homosexualité réside dans le **complexe d'ŒDIPE**. L'attachement trop intense du garçon à une mère surprotectrice ou dominatrice favorise la fixation et l'identification à la mère et à son désir des hommes. Une telle orientation peut être renforcée si le père offre une image peu satisfaisante, de faiblesse ou s'il est absent (mort, divorcé, prisonnier).

Selon FENICHEL (1945), la majorité des homosexuels présentent un amour œdipien pour la mère (tout comme c'est le cas chez les névrosés), mais pour la plupart, l'intensité de la fixation à la mère est même plus prononcée. Pour d'autres, les **fantasmes incestueux** font naître des sentiments intenses de culpabilité et de crainte de punition, plus spécialement de mutilation, de castration. Pour abolir la revanche du père tout-puissant, l'homosexuel renonce à la femme.

L'homosexualité peut trouver aussi ses racines plus spécifiquement dans une **fixation à un stade prégénital** : la persistance trop forte de la phase auto-érotique, dite **narcissique** (correspondant à une faille dans le transfert de l'intérêt de l'enfant de son propre corps à celui d'autres personnes). L'adulte recherche plus tard des objets d'amour lui ressemblant, tel un garçon qu'il peut aimer comme sa mère l'aimait ou comme il aurait souhaité être aimé par elle.

Pour MELANIE KLEIN (1952), certains homosexuels présentent une **fixation au stade oral sadique** : le fantasme, issu de l'enfance, de dévorer l'être cher soulève des craintes d'être détruit par cet objet d'amour, d'où le fantasme du vagin « denté » dangereux. L'attitude méticuleuse, cérémonieuse, parcimonieuse et obstinée de certains homosexuels passifs révélerait une fixation à l'érotisme anal, déguisant des désirs refoulés tout à fait opposés à leur souci de propreté excessive, soit de jouer avec leurs selles. Ils sont d'ailleurs souvent adeptes de la sodomie.

L'ensemble des données psychanalytiques situe les conditions déterminantes de l'orientation homosexuelle dans l'enfance. Les événements de l'adolescence mettent à jour les prédispositions. Certains psychanalystes considèrent l'homosexualité comme une perversion ou du moins comme une maladie. D'autres, comme PASCHE (1977), la considèrent comme une option affective et sexuelle dont la forme infantile est, comme celle de l'hétérosexualité, constitutive de la personnalité dite normale où elle subsiste toujours, mais réprimée, refoulée ou sublimée.

Dans l'une des rares recherches structurées de l'approche analytique, BIEBER (1962) et ses collaborateurs concluaient à l'existence d'une constellation familiale typique dans les antécédents des homosexuels mâles. La mère affiche des liens étroits avec son fils, le surprotège, lui accorde du favoritisme par rapport à ses enfants et même à l'égard de son mari ; elle décourage ses attitudes masculines et intervient dans ses intérêts hétérosexuels.

Par ailleurs, le père est habituellement une figure distante, froide ou brutale, préférant ses autres enfants et exprimant ouvertement son mépris pour le fils déviant. La relation conjugale est habituellement pauvre et souvent l'épouse discrédite ou tente de dominer son mari. L'enfant subit souvent le rejet de ses frères et de ses pairs, de sorte que le défaut de rapports masculins le prive des figures nécessaires à son identification masculine. Il cherchera plus tard à compenser cette carence affective dans l'homosexualité, pour y trouver réconfort et acceptation.

Pour SOCARIDES (1968), l'homosexualité est de nature préœdipienne, l'enfant n'ayant pu suffisamment s'affranchir de l'unité mère - enfant pour accéder à l'individuation et établir son identité de genre (vers l'âge de 3 ans). La constellation parentale serait analogue à celle de l'hypothèse de BIEBER.

Selon l'approche psychanalytique, l'homosexualité féminine peut se rapporter à des troubles de l'identité sexuelle et de fixation à la mère ou au père. Dans la fixation à la mère, la fille recherche une femme maternelle et phallique dont la figure toute-puissante compense sa propre castration. Cette compensation peut aussi se faire par une fixation au père, auquel elle s'identifie comme porteur de phallus.

RECHERCHES EMPIRIQUES RELIÉES AU POINT DE VUE PSYCHANALYTIQUE

FRIEDMAN (1980) a confirmé, par une recherche sur une population de non-patients dans deux groupes, les données de BIEBER ; aucun sujet homosexuel n'a rapporté une relation père - fils intacte, positive pendant la préadolescence, contrairement au groupe hétérosexuel.

FREUND (1983), dans une recherche avec groupes témoins comprenant des homosexuels, des hétérosexuels, des pédophiles homo- et hétérosexuels, a constaté que les homosexuels ont eu des pères très distants et froids et qu'ils ont également éprouvé plus de troubles de l'identité durant leur jeunesse. Ce type de pères semble entraîner directement un trouble de l'identité et seulement indirectement un trouble de l'orientation sexuelle chez leur fils.

NOTION D'HOMOSEXUALITÉ LATENTE

Dès le début de sa théorisation, et jusqu'à la fin de sa vie, FREUD a cru au concept de bisexualité. La notion d'une bisexualité organique, qui avait cours en son temps, lui servit de fondement à la bisexualité psychologique qui caractérisait tous les humains : l'envie du pénis chez la femme et la crainte de l'attitude féminine chez l'homme y prennent leurs racines. Pour être bien comprise, cette bisexualité psychologique doit être insérée dans l'ensemble des données psychanalytiques comprenant les investissements précoces de l'enfant envers ses deux parents, les identifications et l'élaboration de l'affirmation de son propre sexe lors de la rencontre du sexe opposé. L'hérédité, la constitution, les rapports neuro-endocriniens et les attitudes parentales en sont également des éléments constitutifs.

L'aboutissement normal s'exprime dans l'orientation du désir vers l'hétérosexualité et la rencontre de personnes du sexe opposé ; l'homosexualité manifeste résulte de la déviation du désir vers la personne du même sexe, s'exprimant dans les rêves, les fantasmes et la rencontre corporelle jusqu'à l'orgasme. Entre ces deux pôles, toutes les nuances sont possibles.

FREUD s'est inspiré du cas SCHROEBER, dont la paranoïa était une défense contre son homosexualité refusée, refoulée et latente, pour postuler cette disponibilité homosexuelle infantile qui subsisterait chez tout être humain à l'âge adulte, manifeste et consciente, ou latente et inconsciente. Lorsqu'elle est latente et inapparente (PASCHE, 1977), l'homosexualité est soit réprimée (quand elle accède à la conscience, elle provoque honte et dégoût), soit refoulée (maintenue inconsciente par des systèmes de défense révélateurs : névroses, paranoïa) ou dégénitalisée (elle s'intègre dans l'amitié, la camaraderie).

APPLICATION CLINIQUE : LA « PANIQUE HOMOSEXUELLE »

La réaction paranoïde provient du fait que l'individu se sent intérieurement menacé par une homosexualité qu'il ne reconnaît pas et n'accepte pas : il la projette alors à l'extérieur en prétendant qu'on veut le forcer à la soumission. Tout ce qui va le mettre réellement ou symboliquement en situation d'infériorité, de passivité, va parfois provoquer des réactions disproportionnées auxquelles les psychiatres ont donné le nom de « panique homosexuelle ». Certaines situations de promiscuité entre hommes (scoutisme, armée, etc.) peuvent précipiter cette réaction de panique.

Le facteur précipitant de cette panique peut tout simplement être une intervention médicale comme une demande de toucher rectal, hâtive et mal expliquée. On voit alors le patient devenir violent, être prêt à battre le médecin, ou même à tout casser dans son bureau. La signification de ces gestes serait la suivante : « Je ne suis pas passif, je ne suis pas efféminé, regardez comme je suis fort et puissant ! » Rendre l'individu responsable du déroulement des événements, d'une manière symbolique ou réelle, peut rétablir la situation. Parfois, une acceptation de la problématique homosexuelle, qui entraînera soit l'acceptation de l'homosexualité soit un renforcement de l'hétérosexualité, permettra une baisse appréciable de l'anxiété.

23.6.2. MODÈLE BIOLOGIQUE

MODÈLE GÉNÉTIQUE

Les recherches de KALLMANN (1952) sur les jumeaux mono- et hétérozygotes ont milité en faveur de cette étiologie. Cependant, il apparaît difficile de donner tout le crédit aux conclusions de l'auteur à cause du peu de rigueur scientifique de ses travaux, comme l'a prétendu GADPAILLE (1972).

SLATER (1962) a enquêté pour sa part sur un groupe d'homosexuels des deux sexes quant à leur rang dans la fratrie et à l'âge de la mère à la naissance. Il en est ressorti que les homosexuels occupent les rangs inférieurs dans la fratrie et sont le fruit d'une maternité tardive. Il subsiste une possibilité (non encore démontrée) de rapprochement, dans le sens d'une anomalie chromosomique, entre ces mères et les mères qui transmettent à leurs enfants le syndrome de DOWN (mongolisme).

INFLUENCE DES HORMONES SUR LE DÉVELOPPEMENT DU CERVEAU FŒTAL

Jusqu'en 1950, les recherches en ce sens furent nombreuses mais peu concluantes. On reconnaissait bien sûr le rôle primordial des stéroïdes androgéniques et œstrogéniques dans le développement des organes sexuels. On n'a pu cependant faire la preuve de l'influence hormonale spécifiquement androgénique ou œstrogénique dans le déterminisme du choix de l'objet sexuel (PERLOFF, 1965).

Par contre, durant les trente dernières années, plusieurs travaux de recherche ont commencé à s'articuler de façon significative. JOST (1953) a pu mettre en évidence l'existence d'une courte période fœtale critique où l'imprégnation du cerveau, en particulier de l'hypothalamus, par les androgènes est nécessaire pour qu'apparaissent les caractéristiques du comportement sexuel mâle chez l'animal. MONEY (1956-65-68-70) a confirmé les conclusions

touchant à l'identité sexuelle chez l'humain par l'étude exhaustive de patients présentant des anomalies chromosomiques (les syndromes étaient les suivants : adrénogénital, TÜRNER, insensibilité aux androgènes et KLINEFELTER). Néanmoins, ces études n'ont pas montré une détermination biologique de l'orientation sexuelle : l'incidence de l'homosexualité n'y est pas plus élevée que dans la population en général.

La plupart des chercheurs, tout en reconnaissant l'importance des découvertes sur la différenciation précoce du cerveau en mâle ou femelle au cours de la vie fœtale (notion de sexe cérébral), cette différence étant liée à la présence ou à l'absence d'androgènes, laissent beaucoup de place cependant à l'influence maternelle postnatale et aux contacts avec les pairs durant l'enfance.

Après l'analyse de ces nombreuses recherches, qui font de plus en plus corps, il semble bien que :
— il existe une courte période fœtale critique où l'imprégnation androgénique du cerveau (hypothalamus) est nécessaire pour aboutir à un comportement et à des attitudes mâles ;
— si cette imprégnation fait plus ou moins défaut, le comportement de type femelle l'emportera (différenciation préférentielle femelle) ;
— l'assignation du genre (par les parents) et l'éducation peuvent transcender les autres déterminants de la sexualité humaine ;
— les jeux sexuels avec les pairs durant l'enfance semblent plus importants que le maternage pour aboutir à une réalisation de la fonction sexuelle adulte ;
— le mâle serait virtuellement plus vulnérable que la femelle quant à sa masculinité (comparativement à la féminité des femmes) et quant à sa fonction sexuelle. La femme peut se permettre passivement le coït malgré des craintes, des conflits, et peut même remplir ses fonctions reproductrices. Quant au mâle, sa performance s'établit à travers des conditions émotionnelles

complexes pour lui rendre possible l'érection et la maintenir jusqu'à l'éjaculation ; cette plus grande vulnérabilité du mâle dans l'exercice de sa sexualité se traduit par une plus grande incidence d'homosexualité et par les perversions.

ORIENTATION VERSUS IDENTITÉ SEXUELLE

La théorie psychanalytique a postulé que l'orientation sexuelle dépend de l'identité sexuelle de l'individu. Ce principe implique qu'un homosexuel doit avoir au moins une partie de sa personnalité de type féminin pour désirer des hommes. Les groupes homosexuels ont fortement contesté cette notion, prétendant que les fameux stéréotypes de l'homosexuel efféminé sont sans fondement scientifique. La notion facile suivant laquelle tout couple homosexuel masculin ou féminin contient une personne masculine et une féminine ne serait pas fondée.

Par la suite, la sexologie s'est appliquée à faire une distinction claire entre les troubles de l'orientation et de l'identité sexuelles ; la classification du DSM-III en témoigne. Les recherches actuelles semblent toutefois indiquer que, si l'homosexualité est essentiellement un trouble de l'orientation sexuelle, il peut y avoir à un moindre degré des troubles de l'identité dans la genèse de l'homosexualité. BELL et WEINBERG (1981) ont montré que la corrélation la plus significative sur un grand échantillonnage est que le futur homosexuel a une « non-conformité à son sexe de genre », qu'il s'agisse de l'homme (1981a) ou de la femme (1981b).

Par la suite, d'autres recherches ont montré que les enfants masculins ayant des troubles de l'identité sont prédisposés à l'homosexualité (ROSS, 1984 ; GREEN, 1985 ; FREUND, 1983). Selon une étude longitudinale de ZÜGER (1984) portant sur 55 garçons présentant un comportement efféminé, 64 % sont devenus homosexuels. D'autre part, une enquête menée par GREEN (1986) révèle qu'aucun sujet d'un groupe témoin d'hétérosexuels pris au hasard ne s'habillait avec les vêtements du sexe opposé durant l'enfance, contre 70 % chez un groupe d'homosexuels.

FACTEURS HORMONAUX À L'ÂGE ADULTE

On a aussi essayé de déterminer si l'individu homosexuel avait une biologie différente par des études hormonales. BRANBURG-MAYER (1976), EVANS (1972), STEPHEN et al. (1979), de même que DÖRNER (1979) ont trouvé des différences hormonales significatives entre des homosexuels et des hétérosexuels : niveau d'œstradiols plus élevé, de FSH et d'androstérone plus bas, ou des réactions différentes à des injections d'œstradiol. RINIERIS et al. (1985) sont même arrivés à différencier, par leur évaluation hormonale, les patients schizophrènes ayant un délire paranoïde à contenu homosexuel.

Au sujet de l'homosexualité féminine, MONEY (1985) a constaté que son incidence est de 37 % pour les femmes ayant souffert du syndrome adrénogénital virilisant, contre 15 % pour la population féminine en général. On a pu également observer d'autres influences néonatales, postnatales ou iatrogéniques ayant provoqué une hypersécrétion androgénique qui a entraîné une masculinisation avec hypertrophie du clitoris. Il y a une corrélation entre la tendance à l'homosexualité et cette androgénisation. Cependant, ces modifications hormonales n'empêchent pas le sujet de s'identifier comme femme mais ajoutent à sa féminité des éléments particuliers (capacité sportives, habiletés mathématiques, etc.).

23.6.3. MODÈLES CULTURELS

D'autres auteurs ont montré que le soi-disant déterminisme biologique n'est qu'apparent et que l'éducation et la culture ont un effet substantiel qui peut parfois renverser les facteurs biologiques.

La première critique a trait au fait que, trop souvent, les études sur l'homosexualité ont porté sur une population de patients et non sur des individus ne souffrant pas de leur homosexualité.

PATTERSON et O'GORMAN (1984) ont en effet critiqué les études biologiques faites en majorité auprès de populations cliniques, donc d'homosexuels insatisfaits. Elles citent BRODIE *et al.* (1974) de même que JAMES *et al.* (1977) qui ont démontré que les homosexuels satisfaits ont des niveaux de testostérone plus élevés que les homosexuels qui désirent un traitement orienté vers l'hétérosexualité. Puis elles ont fait une étude contrôlée pour établir que les niveaux d'anxiété de ces deux groupes sont très différents. Leur conclusion est qu'il ne faut pas généraliser les études cliniques à des populations non cliniques.

En 1983, dans une étude transculturelle menée auprès de sujets homosexuels mâles d'Australie, de Suède et de Finlande, ROSS a observé qu'il n'y a pas de relation entre l'apparence de « féminité » et le degré d'homosexualité. Plus les structures sociales et culturelles sont rigides et anti-homosexuelles, plus l'individu est considéré comme féminin. Puis, en 1984, pour les mêmes pays et en ajoutant l'Irlande, ROSS a démontré que le nombre de partenaires des homosexuels est plus fonction de la société qui les entoure que de leurs traits de personnalité. En outre, l'auteur a constaté que même l'incidence des maladies transmises sexuellement chez les homosexuels varie suivant les facteurs culturels et sociaux.

23.6.4. MODÈLES INTÉGRÉS (BIOLOGIQUE, CULTUREL ET SOCIAL)

WARD (1980) a postulé que, pendant une période de stress, une mère enceinte produit des stéroïdes anormaux qui ont une configuration très semblable à la testostérone du fœtus avec laquelle il y a antagonisme aux sites récepteurs. Si ce phénomène arrive à une période critique du développement, lors des trois premiers mois de gestation, le cerveau du fœtus ne se masculinise pas normalement. L'enfant naît avec de légères dispositions féminines qui entraînent l'éloignement du père et

poussent la mère à s'en occuper davantage. L'enfant s'identifie à cette dernière et son désir sexuel s'oriente comme celui de sa mère.

Ainsi, on peut comprendre que l'aspect biologique n'a pas un déterminisme absolu et que l'issue dépend largement de l'atmosphère familiale et de la culture à des périodes critiques du développement. Ainsi, un père chaleureux et présent va contrebalancer l'influence biologique. Une culture rigide va pousser l'enfant à s'isoler dans son monde, tandis qu'une culture libérale lui permettra de s'intégrer au lieu de se différencier.

L'opposition « nature - culture » (*nature/nurture*) semble également réconciliée par MONEY (1985) dans sa notion de « période critique du développement » (*nature/crucial-périod/nurture*).

Toujours d'après MONEY (1984, 1985), la théorie de « transposition de genre » (selon laquelle le trouble de l'identité sexuelle a différents degrés, passant d'extrême chez les transsexuels à modéré chez les travestis et à faible mais présent chez les homosexuels) permet d'intégrer les influences biologiques prénatales et sociales postnatales pour arriver à comprendre la relation entre les phénomènes d'identité (transsexualisme), de paraphilie (travestisme) ainsi que d'orientation sexuelle (homosexualité).

Le **transsexualisme** est un exemple extrême de la transposition homme - femme avec un rôle sexuel fixé définitivement depuis la période prénatale et qui résiste à toutes les influences sociales (*fixity of gender-identity/role*).

Dans ce que MONEY a appelé le **gynémisme** (*gynemism*), un homme s'habille *continuellement* en femme et peut même prendre des hormones féminines, mais il garde son pénis. Le **travestisme** est une transposition *épisodique* homme - femme, avec conservation de sa garde-robe, de son identité sociale et de son occupation masculines.

L'**homosexualité** comporte des degrés variés de transposition, dont les extrêmes sont un « mâle efféminé » ou une « femme masculine ». Mais il existe aussi des homosexuel-les dont l'identité est conforme à leur sexe biologique et dont l'érotisme s'oriente vers les personnes de leur sexe.

23.7.
RÉPONSE SEXUELLE EN LABORATOIRE

MASTERS et JOHNSON (1979) ont fait état d'une étude expérimentale sur l'homosexualité, où ils ont comparé deux groupes témoins de couples hétérosexuels, soit mariés soit assignés, à deux groupes cibles de couples homosexuels d'hommes et de femmes, soit engagés soit assignés. Les auteurs entendent par « couple engagé » l'union de deux personnes, d'orientation homosexuelle ou hétérosexuelle, qui se sentent proches l'une de l'autre et qui ont choisi de partager une vie commune. Sur les 42 couples homosexuels mâles engagés, 11 couples avaient une vie commune de plus de 10 années et 14 autres couples vivaient ensemble depuis plus de 5 ans.

Les couples assignés étaient composés d'hommes et de femmes réunis en couples transitoires homosexuels, hétérosexuels ou ambisexuels par un processus de sélection effectué par l'équipe de recherche. Aucune des personnes sélectionnées ne connaissait son partenaire avant leur accouplement en situation de laboratoire. Les sujets des quatre catégories avaient tous une vie sexuelle active. L'échantillonnage couvrait l'étendue de l'échelle de KINSEY avec des concentrations aux niveaux 0, 3, 5 et 6 (voir la figure 23.1.).

Les comportements observés en laboratoire comprenaient la manipulation génitale du partenaire, la masturbation, la fellation, le cunnilingus et le coït, en plus de quelques expériences de coït anal et de substitut pénien. Les observations ont porté sur des milliers de cycles orgastiques atteints et sur l'incidence des échecs.

L'étude comparative du comportement sexuel des différentes catégories de couples a démontré certaines différences. Les jeux masturbatoires entre partenaires homosexuels engagés, masculins ou féminins, étaient plus élaborés dans un contexte non génital, avec temps de régression et répétition des « cycles d'agacement » produisant un haut niveau de tension sexuelle. Chez les hétérosexuels mariés, la stimulation se concentrait plus spécifiquement au niveau génital (stimulation pénienne - clitoridienne). On a noté quelques différences entre les deux populations de couples dans la pratique de la fellation ; chez les homosexuel-les, l'empathie intragenre de l'activité masturbatoire se manifestait dans la performance cunnilinguale. L'époux hétérosexuel se faisait beaucoup moins expert dans ce domaine, l'influence culturelle le ramenant à l'efficacité coïtale comme objectif final de son rôle dans les rapports sexuels.

Cette différence marquée dans le comportement sexuel entre les couples homosexuels engagés et les couples hétérosexuels mariés s'est estompée à l'étude comparative des comportements sexuels des couples assignés, homosexuels et hétérosexuels. Ces deux groupes accordaient beaucoup moins de temps aux techniques préliminaires d'agacement sexuel et de stimulation de tout le corps. En général, dès le départ, l'approche directe aux organes génitaux demeurait manifestement la procédure de choix. Les auteurs ont aussi observé le manque d'implication subjective profonde chez les partenaires. En bref, ces deux populations de couples assignés ont démontré essentiellement une orientation vers la performance, la réussite du but visé, soit : la détente orgastique.

Pour MASTERS et JOHNSON, l'ambisexuel (niveau 3 de l'échelle de KINSEY) « est un homme ou une femme qui, sans réserve, apprécie, sollicite ou répond avec intérêt aux occasions sexuelles manifestées ; il ou elle montre une égale aisance quel que soit le sexe du partenaire ; comme adulte sexuellement mature, il ou elle n'a jamais montré d'intérêt pour une relation continue ». On doit le distinguer du bisexuel car, suivant la théorie psychanalytique, la bisexualité serait présente chez tous les êtres humains, sous une forme latente.

Tous les partenaires présentés aux ambisexuels étaient de niveau 0 ou 6 à l'échelle de KINSEY. Que ce soit dans des rapports homosexuels ou hétérosexuels, l'ambisexuel masculin n'a démontré aucun signe de baisse dans ses réponses physiologiques, ni aucune différence dans son implication subjective. La femme ambisexuelle a présenté également des réponses multi-orgastiques indépendamment du genre de son partenaire. Enfin, l'efficacité fonctionnelle des ambisexuels se comparait tout à fait à celle des trois catégories.

Pour expliquer le niveau apparemment plus élevé de l'implication subjective chez les couples homosexuels engagés, MASTERS et JOHNSON ont relevé les trois éléments suivants :

1) Les homosexuels ont un avantage sexuel immédiat, l'**empathie intragenre**. En effet, qui peut être le meilleur expert dans l'anticipation et l'appréciation subjectives du plaisir de l'autre qu'un individu du même sexe ?

2) La **sécurité dans la performance** sexuelle est un autre avantage sexuel immédiat pour les homosexuels, hommes et femmes. La réussite fonctionnelle n'est ni dépendante ni articulée à celle du partenaire, comme c'est le cas dans le coït. Chez les homosexuels, cette réussite fonctionnelle dépend plutôt de la bonne coopération volontaire du partenaire dans la perspective « mon tour, ton tour ». Cela réduirait l'incidence des craintes de la performance.

3) Enfin, l'homosexualité présente un désavantage à long terme du fait que les partenaires n'ont que **deux techniques stimulantes de base**, soit la manipulation génitale du partenaire et la fellation-cunnilingus (peu de sujets ont pratiqué la masturbation mutuelle et les deux techniques pseudo-coïtale ; coït anal et substitut pénien). C'est pourquoi les homosexuels doivent, pour éviter une baisse de l'efficacité stimulante sur une longue période, constamment varier et raffiner ces deux techniques par nécessité.

La plupart des couples homosexuels assignés ont fait peu d'efforts pour établir une communication émotive ; ils préféraient un recrutement continuellement renouvelé de partenaires pour assaisonner leur satisfaction. Par ailleurs, les quelques couples mariés qui ont utilisé librement la communication pour rehausser leurs satisfactions sexuelles étaient aussi subjectivement impliqués que la plupart des couples homosexuels engagés. Les couples hétérosexuels qui ont eu recours à la technique de l'agacement sexuel ont montré des niveaux de tension sexuelle aussi élevés que les couples homosexuels.

MASTERS et JOHNSON ont relevé un autre fait intéressant : la plupart des homosexuels, hommes et femmes, ont mentionné entretenir des fantasmes d'activité hétérosexuelle, tout comme la plupart des hétérosexuels des deux sexes imaginent des rapports homosexuels. Par ailleurs, ce genre de fantasmes n'est pas apparu chez les ambisexuels ; ces derniers, hommes et femmes, ont indiqué savourer plutôt une opportunité sexuelle, en se rappelant les détails d'épisodes sexuels antérieurs particulièrement stimulants, indépendamment du genre de partenaire.

La fréquence du coït rectal, contrairement à la croyance populaire, s'est révélée relativement faible. La physiologie de cette pénétration ne différait pas de celle que pratiquent certains hétérosexuels. Parmi l'échantillonnage, 11 femmes sur 14 sont parvenues à l'orgasme par cette voie, tandis que seulement 2 hommes sur 10 ont obtenu l'orgasme par voie rectale, et encore ils devaient se masturber en même temps le pénis pour y arriver.

L'orgasme anal était semblable à l'orgasme vaginal : il consistait essentiellement en 3 à 6 contractions réflexes à des intervalles de 0,8 seconde.

Malgré ces différences dans les nuances, les homosexuels comme les hétérosexuels sont passés par les quatre phases de la réponse sexuelle humaine : l'excitation, le plateau, l'orgasme, la résolution. MASTERS et JOHNSON considèrent que cette similarité élimine une origine génétique de l'homosexualité, la physiologie étant identique pour les deux groupes.

23.8.
MÉDECINE ET HOMOSEXUALITÉ

23.8.1. MALADIES POUVANT FAVORISER LES COMPORTEMENTS HOMOSEXUELS

Il importe de distinguer l'homosexualité habituelle des actes homosexuels isolés ou symptomatiques d'une maladie psychiatrique. La manie (THORNELOE, 1981), l'alcool (MARTIN, 1982 ; LEWIS, SAGHIR et ROBBINS, 1982) et la drogue (CROUGHAN *et al.*, 1982) sont des facteurs qui favorisent des comportements homosexuels même chez des individus non prédisposés.

23.8.2. MALADIES FRÉQUEMMENT ASSOCIÉES À L'HOMOSEXUALITÉ

INCIDENCE

Les **maladies transmises sexuellement** (MTS) semblent avoir une incidence qui varie suivant les pratiques sexuelles : alors que les urétrites non spécifiques sont prépondérantes chez les hétérosexuels, la gonorrhée, l'hépatite et la syphilis le sont chez les ambisexuels et les homosexuels (FULFORD *et al.*, 1983).

Chez les homosexuels, « les facteurs comme l'empathie intragenre, la sécurité dans la performance, une réussite fonctionnelle qui n'est pas dépendante ni articulée à celle du partenaire, comme c'est le cas dans le coït » (MASTERS, 1979) favorisent un grand nombre de relations sexuelles. En plus de la centration de l'homme sur les organes génitaux, l'importance de la testostérone dans le désir sexuel fait que le nombre de partenaires est souvent très élevé : jusqu'à 50 partenaires par mois. Ce facteur de promiscuité semble favoriser certaines MTS. On remarque par ailleurs une plus grande incidence de l'hépatite B dans cette population.

Néanmoins, des recherches systématiques ont montré que ce ne sont pas les seuls déterminants. Dans une importante étude transculturelle, on a insisté sur certains facteurs psychologiques et culturels qui contribueraient dans une proportion de 10 à 40 % à la transmission des MTS.

De même, le type de pratiques sexuelles affecte cette incidence, surtout pour la maladie la plus grave, soit : le **syndrome d'immuno-déficience acquise** (SIDA). Dans ce cas, comme la transmission du virus se fait essentiellement par voie sanguine, la pénétration anale multiplie les risques. En effet, l'anus, contrairement au vagin qui contient sept couches d'épithélium, est moins protégé contre des traumatismes extérieurs.

Ainsi, les homosexuels sont considérés comme groupe à risques pour les raisons suivantes (MORISSET et DELAGE, 1986, p. 143-144) :

— ils constituent environ 75 % des SIDAtiques reconnus virtuellement ;
— ils ont souvent un nombre très élevé de partenaires sexuels, ce qui augmente leurs risques de contamination ;
— ils ont souvent des relations sexuelles anales qui entraînent l'abrasion ou la déchirure des parois de l'anus et du rectum, de sorte que le virus, s'il est dans le sperme, peut se retrouver plus facilement dans le sang ;
— lorsqu'ils sont actifs sexuellement, ils sont huit fois plus atteints d'hépatite B, une autre infection qui se transmet par le sang et les contacts sexuels, que le reste de la population ;
— ils sont connus pour avoir souvent des maladies transmises sexuellement (MTS) et certaines de ces maladies peuvent affaiblir le système immunitaire et/ou servir de facteurs favorisants du SIDA ;
— certains aiment prendre des drogues qui sont connues pour réduire la défense immunitaire, comme la marijuana et le nitrite d'amyle ;
— ils sont souvent infectés par le *Cytomegalovirus*, un autre virus qui pourrait jouer un rôle favorisant le SIDA.

IMPORTANCE DE L'INTERVENTION PSYCHIATRIQUE

Le rôle du médecin sera de connaître les faits objectifs reliés aux MTS fréquemment rencontrées chez les homosexuels, sans pour autant accepter le climat de panique que la gravité du SIDA a pu provoquer et qui pourrait favoriser une nouvelle forme de discrimination vis-à-vis des homosexuels. On a rapporté des cas de conversion manifestant tous les symptômes du SIDA (LIPPERT, 1986) qui ont bien réagi à une approche médicamenteuse et psychothérapique à court terme.

Un tiers des patients souffrant du SIDA développent des symptômes neurologiques avant leur mort. La mémoire et les fonctions mentales sont affectées. Le fait d'apprendre qu'on est atteint du SIDA provoque une dépression réactionnelle ou une réaction maniaque (KERMANI *et al.*, 1985) qui demandent un traitement de soutien psychiatrique. Les effets psychosociaux sur la famille et les amis sont notables et doivent être pris en considération.

Les plus touchés sur le plan psychologique ne sont toutefois pas ceux dont le diagnostic de SIDA a été fermement établi et dont l'avenir est sombre mais certain ; les plus touchés sont les porteurs du HTLV-III, donc sujets à risques pour le SIDA, qui souffrent des affres d'une incertitude angoissante et qui doivent être aidés et soutenus sur le plan psychiatrique (WOLCOTT, FAWZY et PASNAU, 1985).

Plus d'un tiers des malades s'étant présentés dans une clinique spécialisée pour faire traiter une MTS n'avaient aucun symptôme organique mais étaient hypocondriaques. L'action au niveau psychologique est capitale puisqu'il devient de plus en plus évident que les facteurs psychologiques sont pour une bonne part (19 à 42 % selon ROSS, 1984) à l'origine de l'incidence des MTS dont souffrent les homosexuels. Même les facteurs de promiscuité et de types d'activités sexuelles, qui sont les autres facteurs majeurs de la transmission des MTS (FULFORD *et al.*, 1983), sont modifiables par psychothérapie.

23.8.3. PROBLÉMATIQUES PSYCHOSOCIALES

Les homosexuel-les sont souvent aux prises avec des problèmes reliés à la discrimination, à la clandestinité et, occasionnellement, au chantage. On leur accole des qualificatifs péjoratifs, on les observe comme s'ils étaient des phénomènes rares, surtout dans les localités rurales ou dans les petites villes. Souvent, la société leur renvoie l'image qu'ils ne sont pas conformes, qu'ils sont minoritaires, déviants et, à la limite, dangereux ou contagieux (SIDA).

Une des problématiques maintes fois soulevées par les intervenants des services sociaux est de savoir si un enfant éduqué par un-e homosexuel-le célibataire ou un couple d'homosexuel-le-s va présenter des troubles du développement. Une étude menée auprès de 27 enfants éduqués par des couples d'homosexuelles comparés à un groupe témoin (GOLOMBOK *et al.*, 1983) a montré que les deux groupes ne diffèrent pas sur les plans de l'identité du genre, de l'orientation et du comportement sexuels. Il y a même une indication que les enfants de familles monoparentales présentent plus de problèmes psychiatriques que les enfants des couples de lesbiennes.

Au Canada, depuis l'avènement du *Bill Omnibus*, les homosexuel-le-s voient leurs droits davantage respectés : leur orientation sexuelle ne constitue plus un critère défavorable dans la sélection des candidats à un poste offert. De plus, les associations de personnes homosexuelles travaillent à faciliter l'affirmation et l'intégration sociale de leurs membres.

23.9.
TRAITEMENTS SEXOLOGIQUES ET HOMOSEXUALITÉ

23.9.1. RÔLE DU THÉRAPEUTE

Il est évident que le thérapeute qui conserve des préjugés socioculturels et religieux vis-à-vis de l'homosexualité obtiendra très peu de succès thérapeutique. Partant, le thérapeute doit adopter certaines attitudes de base qui se résument à peu près ainsi : l'homosexualité n'est pas une maladie ; les problèmes sexuels de tout-e homosexuel-le ne seront traités qu'à la demande du sujet ; l'entreprise thérapeutique ne débutera qu'après une évaluation globale du patient (l'histoire du développement de la personnalité et de la sexualité, les traumatismes physiques et psychologiques), la connaissance détaillée des difficultés sexuelles éprouvées et l'établissement d'un diagnostic précis. Il importe aussi que le thérapeute soit familier avec les données récentes sur l'homosexualité et avec les nouvelles techniques d'approche thérapeutique.

En somme, le but de toute approche thérapeutique est formulé par le patient. Le système des valeurs du thérapeute n'a aucune place dans le traitement ; celui du patient doit être accepté et s'inscrire dans le processus thérapeutique.

23.9.2. MOTIFS DE CONSULTATION DES PATIENTS

Il importe de distinguer dès le début les deux grandes catégories de pathologie qui font l'objet de consultation chez les homosexuel-le-s :

1) **dysfonctions sexuelles**, primaires et secondaires, superposables aux dysfonctions sexuelles chez les hétérosexuel-le-s ;

2) **insatisfactions sexuelles**, c'est-à-dire sentiments éprouvés par les homosexuels des deux sexes, non satisfaits de leur homosexualité, qui requièrent la **conversion** ou la **réversion** à l'hétérosexualité. Le terme conversion à l'hétérosexualité s'applique à ceux qui désirent devenir exclusivement hétérosexuels et qui rapportent peu ou aucune expérience hétérosexuelle antérieure (niveaux 5 ou 6 de KINSEY) ; les personnes classées aux niveaux 2, 3 et 4, qui ont eu une plus ou moins grande expérience hétérosexuelle antérieure, sont considérées comme requérant une réversion à l'hétérosexualité. Ces distinctions cliniques sont l'œuvre de MASTERS et JOHNSON.

Enfin, il faut noter que des homosexuel-les peuvent requérir un traitement pour n'importe quelle maladie physique ou mentale sans pour autant remettre en cause leur orientation sexuelle. Les problèmes de couple (ruptures, jalousies, insatisfactions affectives de la relation) peuvent parfois amener ces patients en consultation pour anxiété, dépression, gestes suicidaires. Il s'agit encore là de répondre à la demande du patient sans forcément remettre en question son orientation sexuelle.

23.9.3. TYPES DE THÉRAPIE

Pour les thérapeutes avertis, toute demande de traitement par une personne homosexuelle n'apparaît pas chose aisée : en effet le symptôme principal, l'homosexualité, entraîne un fort potentiel de gratification et peut passer du pôle ego-dystone au pôle ego-syntone.

Les techniques thérapeutiques s'étalent de l'approche psychodynamique, avec la psychanalyse (quatre ou cinq entrevues par semaine durant plusieurs années) et la psychothérapie d'orientation analytique (une à trois entrevues par semaine durant de nombreux mois), à la thérapie de groupe et à l'approche comportementale (stimuli aversifs et de renforcement). Les techniques psychodynamiques visent une amélioration plus globale et plus profonde de la personnalité du patient et pas simplement un changement de l'orientation sexuelle. Toutes ces approches sont longues et très peu de statistiques sont disponibles quant à leur succès.

L'approche comportementale, uniquement par la technique de l'aversion, ou celle de la punition - récompense, ne semble pas avoir beaucoup d'adeptes. Il apparaît peu utile d'appliquer une telle méthode à un sujet qui n'aurait pas déjà des moyens acceptables d'expression sexuelle. Le fait de réduire un attrait homosexuel ne favorise pas automatiquement une hétérosexualité substitutive.

L'approche de MASTERS et JOHNSON (1980) diffère des techniques habituelles en ce sens qu'elle amalgame l'exploration psychodynamique, les tâches comportementales et les données socioculturelles qui correspondent au patient. Elle a l'originalité de considérer sans préjugé les dysfonctions des homosexuels et de les traiter presque en tous points comme celles des hétérosexuels. Il s'agit d'une co-thérapie mixte (un couple thérapeute, homme et femme) intensive de deux semaines, sept jours par semaine. Le patient doit être accompagné d'un partenaire compréhensif, habituel ou occasionnel.

MASTERS et JOHNSON suivent un protocole thérapeutique relativement standardisé et très semblable pour les homosexuels et les hétérosexuels. Même certaines techniques spécifiques sont identiques à celles utilisées dans le traitement des dysfonctions sexuelles (voir le chapitre 22).

Chacun des deux membres du couple thérapeute mène une entrevue initiale séparément et alternativement avec les deux partenaires, complétée par un rapport médical (examen physique et routine de laboratoire). Les thérapeutes discutent par la suite de leurs perceptions personnelles du problème à partir de l'histoire sociale, psychosexuelle et du rapport médical.

L'équipe thérapeutique identifie ensuite les influences qui ont pu jouer un rôle étiologique dans le développement de la dysfonction ou de l'insatisfaction sexuelles. Ces influences seront reflétées au couple patient avec une approche réflexive impartiale, dépourvue de tout préjugé ; tout au long du traitement, le couple thérapeute s'attaquera à ces influences cibles pour renverser leurs effets, sinon les neutraliser.

23.9.4. DYSFONCTIONS SEXUELLES CHEZ L'HOMOSEXUEL-LE EGO-SYNTONE

Pour les cas de dysfonction sexuelle, MASTERS et JOHNSON abordent dès le début les deux éléments fondamentaux du traitement : 1) la confrontation directe et 2) la solution thérapeutique, en s'assurant de la compréhension et de la coopération maximales du partenaire du patient.

Le thérapeute de même sexe place d'abord le dysfonctionnel en confrontation directe avec sa dysfonction (par exemple une impuissance primaire, secondaire ou situationnelle chez l'homme, ou l'anorgasmie chez la femme) et ses craintes de performance. Il importe que le caractère indélébile attaché à la crainte de la performance soit approché d'une façon très sereine et très habile par le thérapeute pour éviter toute panique, toute anxiété massive. Pour MASTERS et JOHNSON, la coopération et la compréhension du partenaire constituent à cet égard un élément vital du traitement, et les rencontres quotidiennes du couple consultant et du couple thérapeutique permettent une intervention rapide en situation de crise.

MASTERS et JOHNSON ont ainsi traité 56 couples d'homosexuels et 25 couples d'homosexuelles dont l'un des partenaires présentait une dysfonction sexuelle (manque de désir, trouble érectile, éjaculatoire et anorgasmie féminine). Les résultats se sont révélés satisfaisants et semblables à ceux obtenus dans les cas de dysfonctions chez les hétérosexuels (voir le chapitre 22).

23.9.5. TRAITEMENT DE L'HOMOSEXUEL-LE EGO-DYSTONE (INSATISFACTION HOMOSEXUELLE)

GÉNÉRALITÉS

Jusqu'à la parution des travaux de MASTERS et JOHNSON, on considérait la conversion d'un-e homosexuel-le insatisfait-e comme longue, très difficile, sinon impossible : FREUD affirmait que la psychanalyse ne garantissait pas le changement d'orientation sexuelle qui était considérée comme faisant partie d'une structure de personnalité profonde et presque inaltérable.

Les résultats obtenus par MASTERS et JOHNSON auprès de 54 hommes et de 13 femmes indiquent un taux de 80 % de succès à la fin du traitement pour conversion et réversion et de 70 % après une période de cinq ans (SCHWARTZ et MASTERS, 1984).

Après avoir constaté que les théories étiologiques de l'homosexualité (biologique, psychologique et sociologique) étaient complexes et ne s'arrêtaient pas à un seul élément, les auteurs ont postulé que l'orientation sexuelle change spontanément au cours de la vie, ce que KINSEY avait déjà remarqué (1948). Ils ont également montré que la fantasmatique des homosexuel-le-s comporte beaucoup plus de fantasmes hétérosexuels qu'on ne le pensait jusqu'alors. De même, les hétérosexuel-le-s de leur recherche présentaient un fort taux de fantasmes homosexuels. Ainsi, pour ces auteurs, c'est un mythe que la fantasmatique détermine le comportement sexuel.

Bien qu'ils aient distingué le traitement de conversion pour les sujets n'ayant jamais eu de relations hétérosexuelles, du traitement de réversion pour ceux qui en avaient déjà eu, ils ont noté que l'expérience hétérosexuelle antérieure n'affecte pas le traitement d'une manière significative.

Dans les cas d'insatisfaction sexuelle, les plus grandes embûches au traitement résident en premier lieu dans la problématique de l'attitude du thérapeute et de l'homme ou de la femme insatis-faits. Le thérapeute doit se départir de tous les préjugés, se maintenir constamment dans la neutralité ; il doit par contre aborder les systèmes de valeurs sociales et sexuelles du patient, les identifier, les évaluer et discuter ouvertement avec ce dernier des conséquences positives et négatives de ces systèmes sur son style de vie. Le schème de référence du patient, y compris ses propres restrictions psychosociales, s'impose comme étant le seul champ d'action.

Les deux autres points majeurs portent sur la motivation du patient à changer son orientation sexuelle et sur la plus grande compréhension possible des raisons de son orientation homosexuelle. Enfin, le potentiel de satisfaction espérée dans la conversion hétérosexuelle joue aussi un rôle notable. Il est intéressant de souligner que la majorité des gens ayant requis un traitement pour leur insatisfaction étaient mariés.

PRÉTRAITEMENT

Pour ceux qui n'ont pas de partenaire, le prétraitement consiste en un entraînement aux habiletés sociales qui leur permet d'être à l'aise en situation de séduction avec les personnes du sexe opposé. Ils doivent faire des répétitions de leurs techniques d'approche en insistant autant sur les attitudes non verbales que verbales. Ces techniques diminuent l'anxiété provoquée par la rencontre hétérosexuelle. On entraîne ces personnes, trop souvent centrées sur elles-mêmes, à développer une empathie envers des êtres humains différents. Elles apprennent à percevoir les signaux positifs qui leur sont faits et auxquels elles étaient auparavant inattentives. Ces acquisitions doivent être maîtrisées avant de passer au traitement.

TRAITEMENT

Partie non spécifique

Les bases du traitement proprement dit consistent à apprendre au dysfonctionnel masculin voulant une conversion à délaisser son rôle de spectateur de sa propre érection et son anxiété de performance pour se concentrer sur l'excitation de sa partenaire. Selon MASTERS et JOHNSON, cette technique d'observation du partenaire est un moyen thérapeutique de plus pour augmenter le niveau d'implication sexuelle du dysfonctionnel homosexuel.

Ces chercheurs tiennent pour acquis que toute sexualité est une réponse innée de l'organisme. Si elle a été inhibée, on doit en détecter les causes principales et les expliquer au patient :

— identité de genre confuse à l'adolescence ;
— auto-étiquetage renforcé par la sous-culture « gaie » et les remarques désobligeantes des hétérosexuels ;
— fausse croyance que les fantasmes déterminent l'orientation sexuelle ;
— préoccupation de la performance sexuelle ;
— difficulté d'accepter un contact intime et profond ;
— narcissisme extrême ;
— absence d'habiletés sociales dans une situation de séduction hétérosexuelle ;
— peur du sexe opposé souvent reliée à tous les points mentionnés ci-dessus ;
— séquelles développementales provenant de la relation parentale.

Une psychothérapie intensive visant une « *reconstruction cognitive* » est indiquée pour éliminer ces facteurs inhibiteurs (voir le chapitre 42).

Partie spécifique

La conquête de l'**intimité** est une autre phase nécessaire à la réussite du traitement. Il est essentiel que des notions telles que l'échange, l'écoute et la négociation quotidienne sur un plan égalitaire soient mises en pratique. Parfois, une psychothérapie d'orientation psychodynamique est indiquée à cet effet. Par la suite, on passe à une rééducation touchant l'expression et le partage des émotions, qui d'ailleurs semble plus facile pour l'homosexuel. Finalement, la notion de confiance et d'implication dans la relation met un terme aux trois étapes de la phase d'intimité.

Le manque de désir hétérosexuel, fréquent chez ce groupe d'individus, disparaît peu à peu, au fur et à mesure de l'amélioration de l'intimité relationnelle et de la levée des dysfonctions éventuelles.

On procède à une restructuration cognitive pour faire disparaître la culpabilité et l'autodévalorisation qui résultent de mythes sur l'homosexualité vue souvent comme un phénomène contre nature, une monstruosité. Le patient doit traverser une phase d'acceptation de son homosexualité avant d'accéder à l'hétérosexualité.

Un point capital consiste à combattre l'état de forte excitation créé par l'attrait du défendu. Comme ces personnes ont connu de nombreux orgasmes dans des situations très tendues et stressantes, elles finissent par érotiser l'activation sympathique et ont du mal à vivre des relations tranquilles dans l'intimité quotidienne.

Dans certains cas de fixations particulières, on doit recourir à la technique de saturation fantasmatique qui consiste à répéter *ad nauseam* les fantasmes les plus fixés, c'est-à-dire jusqu'à ce qu'ils deviennent ennuyants.

Une attitude d'acceptation de certains rôles non typiquement masculins par l'équipe thérapeutique et la société consolide l'individu dans une identité masculine acceptable. Par contre, toutes les attitudes séductrices et typiques de la culture « gaie » sont fortement découragées.

23.10.
CONCLUSION

En conclusion, il ressort de ces études que l'homosexualité n'est pas un fait culturel singulier.

Elle est présente dans toutes les classes sociales sans exclusion. De nombreux homosexuels ont une excellente adaptation sociale et certains occupent même des postes importants dans la société ; ils sont capables de relations sociales chaleureuses mais ils doivent bien souvent garder secrète leur orientation sexuelle à cause de l'opprobre public.

Cependant, dans l'ensemble, l'opinion publique évolue vers une tolérance et une meilleure acceptation de l'homosexualité en tant que telle. Plusieurs pays (Canada, France, Pays-Bas, Angleterre, huit États des États-Unis) ont décriminalisé les relations homosexuelles entre adultes consentants, dans l'intimité.

BIBLIOGRAPHIE

AMERICAN PSYCHIATRIC ASSOCIATION
1974 « Position Statement on Homosexuality and Civil Rights », Official Actions of the APA, *Am. J. Psychiatry*, avril, vol. 13, n° 4, p. 497.

1980 TASK FORCE on Nomenclature and Statistics of the American Psychiatric Association, *DSM-III*, Washington.

AUDIO DIGEST FOUNDATION
1978 « The Gay Adolescent », *Psychiatry*, juil., vol. 7, n° 13.

BELL, A. et M. WEINBERG
1978 *Homosexualities*, New York, Simon and Schuster.

BELL, A., M. WEINBERG et S.K. HAMMERSMITH
1981a *Sexual Preference : Its Development in Men and Women*, an official publication of the Kinsey Institute for Sex Research, Indiana, Bloomington, p. 224.

1981b *Sexual Preference : Statistical Appendix*, an official publication of the Kinsey Institute for Sex Research, Indiana, Bloomington, p. 316.

BIEBER, I.
1973 « Homosexuality — An Adaptative Consequence of Disorder in Psychosexual Development », *Amer. J. Psychiatry*, nov., vol. 130, n° 11.

BIEBER, I. *et al.*
1962 *Homosexuality : A Psychoanalytic Study*, New York, Basic Books.

BRODIE, H.K., N. GARTRELL, C. DOERING. et T. RHUE
1974 « Plasma Testosterone Levels in Heterosexual and Homosexual Men », *Amer. J. Psychiatry*, vol. 131, p. 82-83.

DEUTSCH, H.
1944 *The Psychology of Women*, New York, Grune and Stratton.

DÖRNER, G.
1979 « Hormone Dependent Differenciation, Maturation and Function of the Brain and Sexual Behavior », *Progress in Sexology* (R. Gemme et C. Wheeler, édit.), New York, Plenum Press, p. 21-42.

FENICHEL, O.
1945 *The Psychoanalytic Theory of Neurosis*, New York, W.W. Norton.

FREUD, S.
1962 *Trois essais sur la théorie de la sexualité*, Paris, Gallimard.

FREUND, K. et R. BLANCHARD
1983 « Is the Distant Relationship of Fathers and Homosexual Sons Related to the Sons' Erotic Preference for Male Partners, or to the Sons' Atypical Gender Identity, or to Both ? », *J. Homosex.*, automne, vol. 9, n° 1, p. 7-25.

FRIEDMAN, R.C. et L.O. STERN
1980 « Fathers, Sons, and Sexual Orientation : Replication of a Bieber Hypothesis », *Psychiatr.-Q.*, automne, vol. 52, n° 3, p. 175-189.

FULFORD, K.W., R.D. CATTERALL, E. HOINVILLE, K.S. LIM et G.D. WILSON
1983 « Social and Psychological Factors in the Distribution of STD in Male Clinic Attenders, III Sexual Activity », *Br. J. Vener. Dis.*, déc., vol. 59, n° 6, p. 386-393.

GADPAILLE, W.
1972 « Research into the Physiology of Maleness and Femaleness », *Arch. Gen. Psychiat.*, mars, vol. 26.

GOLOMBOK, S., A. SPENCER et M. RUTTER
1983 « Children in Lesbian and Single-parent Households : Psychosexual and Psychiatric Appraisal », *J. Child Psychol. Psychiatry*, oct., vol. 24, n° 4, p. 551-572.

HARLOW, H.F. et M.K. HARLOW
1962a « Social Deprivation in Monkeys », *Sci. Amer.*, vol. 207, p. 136-146.

1962b « The Heterosexual Affectional System in Monkeys », *Amer. Psychol.*, vol. 17, p. 1-9.

JAMES, S., R.A. CARTER ET A. ORWIN
1977 « Significance of Androgen Levels in Etiology and Treatment of Homosexuality », *Psychol. Med.*, vol. 7, p. 427-429.

JOST, A.
1953 « Problems of Fetal Endocrinology : The Gonadal and Hypophysal Hormones », *Recent Prog. Hormone Res.*, vol. 8, p. 379-418.

KERMANI, E.J., J.C. BOROD, P.H. BROWN et G. TUNNEL
1985 « New Psychopathologic Findings in AIDS : Case Report », *J. Clin. Psychiatry*, juin, vol. 46, n° 6, p. 240-241.

KINSEY, A. *et al.*
1948 *Sexual Behavior in the Human Male*, Philadelphie, W.B. Saunders.

KLEIN, M. *et al.*
1952 *Development in Psychoanalysis*, London, Hogarth Press.

LAPLANCHE, J. et J.B. PONTALIS
1967 *Vocabulaire de la psychanalyse*, Paris, P.U.F.

LIPPERT, G.P.
1986 « Excessive Concern about AIDS in Two Bisexual Men », *Can. J. Psychiatry*, févr., vol. 31, n° 1, p. 63-65.

MACFARLANE, D.F.
1984 « Transsexual Prostitution in New Zealand : Predominance of Persons of Maori Extraction », *Arch. Sex. Behav.*, vol. 13, n° 4, p. 301-309.

MACLEAN, P.D. et D.W. PLOOG
1962 « Cerebral Representation of Penile Erection », *Jour. Neurophysiol.*, vol. 25, p. 29-55.

MARMOR, J.
1965 « Introduction. The Problem of Definition », *Sexual Inversion, The Multiple Roots of Homosexuality*, 2e éd., New York, Basic Books.

1973 « Homosexuality and Cultural Value Systems », *Amer. J. Psychiatry*, nov., vol. 130, n° 2.

1975 « Homosexuality and Sexual Orientation Disturbances », *Comprehensive Text-book of Psychiatry II*, 2e éd. (Freedman, Kaplan, Sadock, édit.), Baltimore, Williams & Wilkins.

MASTERS, W.H. et V.E. JOHNSON
1966 *Les réactions sexuelles*, Paris, Robert Laffont.

1970 *Les mésententes sexuelles*, Paris, Robert Laffont.

1979 *Homosexuality in Perspective*, Boston, Little Brown.

1980 *Les perspectives sexuelles*, Paris, Marabout (MEDSI), 221 p.

McDOUGALL, J.
1965 « Introduction à un colloque sur l'homosexualité féminine », *Revue française de psychanalyse*, vol. 29, p. 357-376.

MEAD, M.
1935 *Sex and Temperament*, London, Gollancz.

MONEY, J.
1965 « Influence of Hormones on Sexual Behavior », *Ann. Rev. Med.*, vol. 16, p. 67-82.

1968 « Influence of Hormones on Psychosexual Differenciation », *Med. Aspects Hum. Sexuality*, vol. 2, p. 32-42.

1970 « Behavior Genetics : Principles, Methods and Examples from XO, XXY and XYY Syndromes », *Sem. Psychiat.*, vol. 2, n° 1, p. 11-29.

1984 « Gender-transposition Theory and Homosexual Genesis », *Journal of Sex & Marital Therapy*, vol. 10, n° 2, p. 75-82.

1985 « Gender : History, Theory and Usage of the Term in Sexology and its Relationship to Nature/Nurture », *Journal of Sex & Marital Therapy*, vol. 11, p. 71-79.

1986 *Lovemaps : Clinical Concepts of Sexual/Erotic Health and Pathology, Paraphilia and Gender Transposition in Childhood Adolescence and Maturity*, New York, Irvington, p. 331.

MONEY, J., J.G. HAMPSON et J.L. HAMPSON
1956 « Sexual Incongruities and Psychopathology : The Evidence of Human Hermaphrodis », *Bull. Hopkins Hosp.*, vol. 98, p. 43-57.

MONEY, J., M. SCHWARTZ et V.G. LEWIS
1984 « Adult Erotosexual Status and Fetal Hormonal Masculinization and Demasculinization : 46,XX Congenital Virilizing Adrenal Hyperplasia and 46,XY Androgen-insensitivity Syndrome Compared », *Psychoneuroendocrinology*, vol. 9, n° 4, p. 405-414.

MORISSET, R., m.d. et J. DELAGE
1986 *Le SIDA. Fléau réel ou fictif?*, éd. La Presse, p. 143-144.

PASCHE, F.
1977 « L'homosexualité masculine », *La revue du praticien*, mars.

PATTERSON, D.G. et E.G. O'GORMAN
1984 « Psychosexual Study of Patients and Non-patient Homosexual Groups », *IRCS Medical Science*, vol. 12, p. 243.

PERLOFF, W.
1965 « Hormones and Homosexuality », *Sexual Inversion, The Multiple Roots of Homosexuality*, 2e éd., New York, Basic Books.

RINIERIS, P., M. MARKIANOS, J. HATZIMANOLIS et C. STEFANIS
1985 « A Psychoendocrine Study in Male Paranoid Schizophrenics with Delusional Ideas of Homosexual Content », *Acta Psychiatr. Scand.*, sept., vol. 72, n° 3, p. 309-314.

ROSS, M.W.
1983 « Feminity, Masculinity, and Sexual Orientation : Some Cross-cultural Comparisons », *Journal of Homosex.*, 1983, vol. 9, n° 1, p. 27-36.

1984a « Predictors of Partner Numbers in Homosexual Men : Psychosocial Factors in Four Societies », *Sex. Transm. Dis.*, vol. 11, n° 3, p. 119-122.

1984b « Sexually Transmitted Diseases in Homosexual Men : A Study of Four Societies », *Br. J. Vener. Dis.*, vol. 60, n° 1, p. 52-55.

SCHWANBERG, S.L.
1985 « Changes in Labeling Homosexuality in Health Sciences Literature : A Preliminary Investigation », *Journal of Homosex.*, vol. 12, n° 1, p. 51-73.

SCHWARTZ, M.F. et W.H. MASTERS
1984 « The Masters and Johnson Treatment Program for Dissatisfied Homosexual Men », *Amer. J. Psychiatry*, vol. 141, n° 2, p. 173-181.

SOCARIDES, C.
1968 *The Overt Homosexual*, New York, Grune and Stratton.

1978 « The Sexual Deviations and the Diagnostic Manual », *Amer. J. Psychiatry*, juill., vol. 32, n° 3, p. 414-426.

SOCARIDES, C., R.J. McDEVITT et A.M. NICHOLI
1973 « Statement by the Petitionners », *Referendum to Change an Actionby the Board of Trustees*, American Psychiatric Association.

SPITZER, R.
1973 « A Proposal About Homosexuality and the APA Nomenclature : Homosexuality as an Irregular Form of Sexual Behavior and Sexual Orientation Distur-bance as a Psychiatric Disorder », *Amer. J. Psychiatry*, nov., vol. 130, n° 11.

STEPHEN, R.N. *et al.*
1979 « Gonadotropin, Estradiol and Testosterone Profiles in Homosexual Men », *Amer. J. Psychiatry*, juin, vol. 136, n° 6, p. 767-771.

STOLLER, R.
1972 « " The Bedrock " of Masculinity and Femenity : Bisexuality », *Arch. Gen. Psychiatry*, mars, vol. 26.

1973 « Overview : The Impact of New Advances in Sex Research on Psychoanalytic Theory », *Amer. J. Psychiatry*, mars.

STOLLER, R. et G. HERDT
1985 « Theories of Origins of Male Homosexuality : A Cross-cultural Look », *Archives of Gen. Psychiatry*, avril, vol. 42, p. 399-404.

WARD, I.L. et J. WEISZ
1980 « Maternal Stress Alters Plasma Testosterone in Fetal Males », *Science*, vol. 207, p. 328-329.

WOLCOTT, D.L., F.I. FAWZY et R.O. PASNAU
1985 « Acquired Immune Deficiency Syndrome (AIDS) and Consultation-liaison Psychiatry », *Gen. Hosp. Psychiatry*, oct., vol. 7, n° 4, p. 280-293.

« Referendum on Homosexuality », *Psychiatric News*, 6 févr. 1974, p. 5.

CHAPITRE 24

PARAPHILIES ET
TROUBLES DE L'IDENTITÉ SEXUELLE

ÉDOUARD BELTRAMI

M.D., F.R.C.P.(C)
Psychiatre, sexologue clinicien
Professeur au Département de sexologie de l'Université du Québec à Montréal

NORMANDE COUTURE

M.A. (Sexol.)
Sexologue clinicienne au Centre d'évaluation et de traitement du Centre hospitalier Robert-Giffard (Québec)
Chargée de cours à l'Université Laval (Sainte-Foy, Québec)

PLAN

24.1.
PARAPHILIES*

24.1.1. DÉFINITION

L'ancien terme de **perversion sexuelle** tombe en désuétude à cause de la connotation amorale et non scientifique qui lui est rattachée. On lui substitue maintenant le terme de **déviance sexuelle**, qui peut être utilisé dans un sens statistique : on exprime alors une déviation par rapport à la norme sexuelle, déviation située à l'une ou l'autre des extrémités (10 % - 10 %) de la courbe de « distribution normale de GAUSS » ; il s'agit donc de tout comportement sexuel inhabituel. Le terme de **délinquance sexuelle** peut être employé d'une manière descriptive pour désigner les individus qui ont commis une infraction sexuelle au sens de la loi et qui, habituellement, ont vu des accusations judiciaires portées contre eux.

Les auteurs du DSM-III ont opté pour le terme de **paraphilie**, exprimant un désir pour ce qui n'est pas conforme à la sexualité dite normale. La caractéristique essentielle des paraphilies est l'utilisation, par le sujet, d'une imagerie ou d'actes non usuels ou bizarres pour obtenir une excitation sexuelle.

En général, les paraphilies impliquent quasi nécessairement, pour l'atteinte d'une excitation sexuelle :
— ou la préférence pour un objet non humain ;
— ou l'activité sexuelle avec des humains mais impliquant une souffrance ou une humiliation réelles ou simulées ;
— ou l'activité sexuelle avec des humains non consentants ;

— ou une association de l'excitation à une activité habituellement non sexuelle.

Les paraphilies caractérisent presque exclusivement les mâles, exception faite du sadisme et du masochisme sexuels qui, quoique plus communs chez ces derniers, ne leur sont pas exclusifs.

24.1.2. IMPORTANCE DE LA PROBLÉMATIQUE

Bien que les paraphilies n'entravent pas forcément la liberté d'autres êtres humains, tous les individus en état d'infériorité risquent d'en être les victimes, les enfants étant les plus touchés. Au Canada, la Commission fédérale BAGLEY (1984) sur l'enfance abusée sexuellement a conclu qu'une véritable épidémie se propage actuellement. Neuf pour cent (9 %) de la population en général a révélé avoir subi des abus sexuels en bas âge. Parmi les demandes d'aide reçues à la Direction de la protection de la jeunesse, 47 % concernent de tels abus. Le problème ne représente plus une « rareté exotique » qu'on peut se permettre d'ignorer.

24.1.3. CLASSIFICATION

PARAPHILIES AVEC PRÉJUDICE

Pédophilie

Cette affection est la source des abus sexuels auprès des enfants. Bien qu'on puisse difficilement obtenir des informations très exactes, l'*American Human Association* a rapporté 22 918 cas d'enfants abusés sexuellement aux États-Unis, pour l'année 1981 seulement.

En incluant les agissements limités à de l'exhibitionnisme ou à des contacts sexuels superficiels, KINSEY estime que de 20 à 25 % des femmes ont eu, dans leur jeunesse, une interaction avec un adulte sur le plan sexuel. Ces chiffres concordent avec ceux des sondages effectués dans les années 1980.

---

* Nous remercions le docteur ROLAND BOULET de nous avoir permis de reproduire certaines parties de son texte sur les paraphilies, paru dans la précédente édition du présent ouvrage (chapitre 20).

MOHR et TURNER (1967) de même que COHEN *et al.* (1969) ont distingué trois types de pédophiles. Le **pédophile immature** n'a jamais pu établir ou maintenir une relation interpersonnelle avec un homme ou une femme pendant son adolescence ou pendant sa vie adulte. Le **pédophile régressé** semble avoir eu un développement normal pendant son adolescence mais, à l'occasion d'un événement stressant, régresse à une attitude infantile et commence des activités pédophiliques. Il peut être marié et avoir une adaptation sociale en apparence satisfaisante. Le **pédophile agressif** constitue une incidence moindre mais plus spectaculaire pour les médias et l'opinion publique. L'agression est son but premier, elle prédomine sur l'obtention de l'orgasme lors des abus sexuels. Un relâchement orgastique n'arrive que rarement lors de ces activités, mais peut être atteint par la masturbation après de tels actes. La pédophilie hétérosexuelle est deux fois plus fréquente que la pédophilie homosexuelle.

Il faut tenir compte du fait que les enfants de tous âges peuvent atteindre l'orgasme lors de ces activités. Ce fait explique la longue durée de certaines relations pédophiliques sans dénonciation, surtout quand un garçon en est la victime consentante. On ne doit pas pour autant nier la part importante que la menace, faite par un adulte envers un enfant influençable, joue la plupart du temps.

La majorité des auteurs reconnaît que l'âge de la victime se situe entre 6 et 12 ans environ. On remarque cependant une fréquence maximale entre 8 et 11 ans. Généralement, la victime est choisie dans un milieu connu du pédophile (parenté, voisinage, amis) ; ce dernier a parfois une responsabilité vis-à-vis de ses victimes (enseignant, entraîneur sportif) dont il abuse en les entraînant dans la sexualité par l'utilisation de son pouvoir.

Les **conséquences** sur la fille sont nombreuses à long terme (BAGLEY, 1984 ; WILLIAMS et FULLER, 1987) :

— cauchemars répétitifs et irruption spontanée de souvenirs traumatiques ;

— moments de dissociation et de rupture avec la réalité associés à toute stimulation qui, de près ou de loin, rappelle, même symboliquement, le traumatisme (pour un cinquième des cas, cette dissociation évoluera jusqu'au syndrome de personnalité multiple) ;

— dysfonctions sexuelles (promiscuité excessive lors de dissociation avec emprunt d'une personnalité hypersexuée, inhibition totale de toutes les activités sexuelles ou encore sexualité passive, « comme une statue de marbre », en état de dissociation dont aucun souvenir ne reste le lendemain) ;

— changements d'humeur accompagnés d'insomnies fréquentes et de sentiments de dépression, d'irritabilité, d'anxiété, de phobie ;

— manque de concentration, diminution des capacités intellectuelles ;

— ruminations ou passages à l'acte suicidaires ;

— problèmes physiques (nausées, vomissements, diarrhée) ;

— image de soi et image corporelle diminuées et inadéquates ;

— évitement sytématique de la plupart des activités courantes reliées symboliquement à l'abus, réduisant notablement le fonctionnement et l'autonomie.

Le garçon abusé par un homme ou par une femme, en plus de ces phénomènes, manifeste une tendance à devenir pédophile lui-même (WILLE et FREYSCHMIDT, 1978 ; PENDERGAST, 1985 ; BELTRAMI et COUTURE, 1980) ou homosexuel (JOHNSON et SHRIER, 1987).

Inceste*

Inceste père - fils

L'inceste entre un père et son fils véritable ou adoptif est un phénomène rare et peu rapporté que nous estimons à 0,04 % (BELTRAMI, COUTURE et GAGNÉ, 1979). Pour MEISELMAN (1978) :

---

* Voir aussi le chapitre 30, section 30.4.3.

Le père incestueux est habituellement un homme intelligent, qui n'a pas d'histoire de problèmes psychologiques avant son acte incestueux. Ce n'est pas un psychopathe. Il sent un profond attachement pour son fils qu'il choisit comme victime de l'inceste. Il ressent de la culpabilité et de la dépression quand il se rend compte qu'il s'est aliéné son fils et lui a fait du tort sur le plan psychologique.

Par contre, pour Dixon (1978) :

Ces pères sont violents, ont un jugement précaire, manquent de contrôle et sont souvent sous l'influence de l'alcool.

Environ 50 % de ces hommes auraient été victimes ou témoins d'actes incestueux dans leur propre famille. Un grand nombre d'entre eux auraient également des activités sexuelles avec leurs filles.

Inceste père - fille

Selon les études sociologiques (Hunt, 1974), l'inceste père - fille touche 5 % de la population féminine interviewée. Les pères sont les initiateurs des contacts sexuels. Les enfants choisis ont de 2 à 14 ans. Le déroulement de l'abus sexuel se fait en 5 phases prévisibles, d'après Sgroi (1986) :

1) **Phase d'engagement**   Elle comprend l'accessibilité et l'occasion propice, l'incitation qui se fait habituellement sous forme de jeux subtils sans recourir à la force ; des récompenses et des présents peuvent même être offerts.

2) **Phase d'interaction sexuelle**   Elle comporte l'exhibition de l'abuseur qui convainc l'enfant d'en faire autant, ne serait-ce que pour comparer, puis l'autostimulation et la masturbation en présence l'un de l'autre. Par la suite, l'activité peut s'étendre aux caresses, aux massages non génitaux, puis génitaux faits à l'enfant. L'instigateur peut persuader l'enfant de l'imiter et se faire ainsi caresser. Des baisers accompagnent souvent ces caresses et peuvent devenir génitaux. Plus rarement, la pénétration anale du doigt ou d'un objet précède la pénétration vaginale.

3) **Phase du secret**   Après avoir initié l'enfant à la moindre forme de comportement sexuel, le premier souci de l'abuseur est d'imposer le secret qui permet impunément la répétition des actes. Parfois ce secret est assuré par des menaces diverses (envers l'enfant, envers ses proches) ainsi que par des menaces de séparation et de suicide. Bien que 44 % d'un échantillon de Williams et Fuller (1987) ait révélé avoir divulgué ce secret, 27 % seulement des adultes mis au courant ont entrepris une action contre l'abuseur.

4) **Phase de divulgation**   Elle peut être **accidentelle** (observation par un tiers, blessures rapportées par l'enfant, M.T.S. inhabituelle chez un enfant de cet âge, grossesse, activité ou intérêt sexuels précoces). Dans ce cas, les deux protagonistes ne sont pas préparés au bris du secret et la divulgation précipite une crise qui demande une intervention professionnelle d'urgence. Quand la divulgation est **préméditée**, c'est l'enfant le plus souvent qui le décide, soit pour arrêter la relation incestueuse, soit pour en retirer d'autres bénéfices comme une plus grande liberté. Une intervention planifiée s'impose (signalement à la Direction de la protection de la jeunesse), dont les responsables tiendront compte du système familial global.

5) **Phase répressive**   La famille cherche à étouffer le « scandale » et peut même aller jusqu'à nier les conséquences des actes posés envers l'enfant. Parfois des menaces verbales à l'enfant accompagnent et renforcent cette négation ; l'abuseur cherche alors à saper la crédibilité de l'enfant pour le pousser à retirer sa plainte.

Les **conséquences de l'inceste** sur les enfants sont identiques à celles de la pédophilie mais comportent plus d'hospitalisations psychiatriques, ainsi que des tendances à l'automutilation et au suicide chez les garçons victimes d'inceste père - fils. Pour leur part, les filles apprennent tôt dans leur vie à négocier des avantages affectifs et matériels contre des actes sexuels : 70 % des prostituées (Silbert, 1981) affirment avoir subi des abus sexuels qui ont influencé leur engagement sur la voie de la prostitution.

Bien que les hommes adultes soient responsables de 95 % des abus sexuels, les adolescents s'y adonnent de plus en plus. En outre, les femmes, quoiqu'en faible proportion, commettent plus d'abus sexuels, à la fois pédophiliques et incestueux, qu'on en rapporte, dans une proportion qui représente de 22 à 40 % des cas (Finkelhor et Russel, 1984 ; Beltrami et Ravart, 1986 ; Johnson et Shrier, 1987).

Viol*

L'ancienne notion de viol, qui ne s'appliquait qu'à la pénétration hétérosexuelle et qui passait sous silence les sévices hétérosexuels sans pénétration ou les abus commis contre des hommes, laissait fortement à désirer.

La notion légale de viol n'existe plus dans le Code criminel canadien depuis février 1983. Elle a été remplacée par celle d'**agression sexuelle** dont la gravité, comme n'importe quelle autre voie de fait, dépend du degré de violence exercée.

En 1978, un viol se produisait toutes les dix-sept minutes au Canada et toutes les treize secondes aux États-Unis. À Montréal, le viol constitue 20 % des infractions d'ordre sexuel.

Cohen, Boucher et Seghorn (1971) ont décrit quatre types de viol : le **viol agressif**, dont le but est de sadiser et de maltraiter la victime ; le **viol sexuel**, motivé par le désir de la décharge sexuelle avec une violence d'intimidation ; le **viol mixte**, comprenant les deux composantes mentionnées ; finalement, le **viol impulsif**, non planifié et sans but particulièrement agressif.

---

* Voir aussi le chapitre 8, section 8.3.1.

Le viol est commis habituellement par des individus de moins de 30 ans pouvant être atteints de pathologies psychiatriques diverses, mais pouvant aussi en être exempts, comme dans le cas du viol impulsif.

Plusieurs auteurs admettent que le viol est plus un **geste de pouvoir, de rage et d'agression** que de sexualité, qu'il soit hétérosexuel ou homosexuel (en prison surtout). Il importe qu'on se rappelle cet aspect trop souvent passé sous silence antérieurement, alors qu'une société masculine avait tendance à normaliser et à justifier le viol. Par contre, il faut également garder en mémoire qu'après 35 ans, l'homme ne viole presque plus (seulement 2 %) et que l'injection d'antiandrogènes (Provera® ou Euflex®) fait disparaître ce comportement.

Les **conséquences** du viol sont dévastatrices et consistent essentiellement en symptômes de stress post-traumatique : réaction de choc, anxiété massive, désorganisation psychologique, troubles somatiques et sexuels. Les cauchemars répétitifs, l'insomnie, la perte de mémoire et de concentration gênent les activités habituelles. La barrière du Soi corporel a été détruite ainsi que l'intégrité corporelle. Malgré l'accent mis par les professionnels sur la nécessité de déculpabiliser la victime, celle-ci continue d'éprouver un sentiment d'autoaccusation et d'autodépréciation difficile à vaincre.

Les investigations médicales, sociales et judiciaires ajoutent un lourd fardeau à un Moi déjà surchargé par une tâche de survie précaire. Une thérapie par un intervenant entraîné à traiter les états de stress post-traumatique s'impose. Sans cette conception du stress post-traumatique, les victimes refusaient la nature psychiatrique du traitement, arguant qu'elles ne souffraient pas de troubles psychiatriques et que c'était le violeur, et non elles, qui était anormal. Il est essentiel qu'on leur fasse comprendre que l'état de stress post-traumatique ne vient pas de l'intérieur (ce que Freud appelait les psychonévroses), mais d'une calamité extérieure à laquelle le Moi a de la difficulté à résister.

CLASSIFICATION DES PARAPHILIES COURANTES D'APRÈS LE DSM-III

Voir le tableau 24.1.

CLASSIFICATION DES PARAPHILIES ATYPIQUES D'APRÈS LE DSM-III

Voir le tableau 24.2.

24.1.4. THÉORIES ÉTIOLOGIQUES

APPROCHES BIOLOGIQUE ET PHYSIOLOGIQUE

Certaines paraphilies comme le voyeurisme n'ont pas pu être liées à des étiologies organiques. Par contre, toute détérioration mentale semble favoriser l'exhibitionnisme. L'épilepsie, la sénilité, la confusion mentale favorisent ce comportement. Mais il s'agit plus, en fait, de désinhibition des contrôles corticaux que d'une véritable excitation privilégiée.

Quant au fétichisme et au travestisme, ils ont été associés à l'épilepsie temporale par EPSTEIN (1961), sans confirmation toutefois par d'autres chercheurs. Cette même hypothèse a été proposée, sans preuve substantielle, au sujet du sadomasochisme.

Par contre, les travaux neurophysiologiques de FLOR-HENRY (1974, 1986) ont montré que, dans les cas de paraphilies avec préjudice et violence, il y a un trouble de la latéralisation cérébrale. Les délinquants et particulièrement les délinquants sexuels montrent une prédominance significative de l'hémisphère droit, contrairement aux témoins normaux qui présentent une activation initiale de l'hémisphère dominant (gauche). La prédominance de l'hémisphère droit étant plus fréquente chez les hommes que chez les femmes, l'auteur en infère que cela pourrait expliquer l'incidence plus élevée de paraphilies masculines.

Comme pour tous les actes inadéquats, toute levée d'inhibitions du cortex cérébral va favoriser l'éclosion des paraphilies avec préjudice : mentionnons comme exemples l'alcool, dans 30 % des cas (VETTER, 1972), et l'artériosclérose (QUINSEY et BERGENSEN, 1977). Ces facteurs ne peuvent néanmoins expliquer les paraphilies sans organicité.

APPROCHE PSYCHANALYTIQUE

Approche freudienne classique

Dans ses *Trois essais sur la théorie de la sexualité* publiés en 1905, FREUD élabora sa thèse du développement psychosexuel et innova en parlant de sexualité infantile. Il rapprocha l'agir « sexuel » de l'enfant du comportement pervers et des activités préliminaires de la sexualité normale adulte. Il considérait l'enfant comme un « pervers » polymorphe érotisant des activités retrouvées lors des préliminaires sexuels des adultes. Néanmoins, dans son désir de bien faire une distinction, FREUD avança que, si les activités sexuelles de l'adulte aboutissent à la pénétration, elles sont normales. Dans le cas contraire, elle représentent une forme bénigne de « perversion ». Cette vision de la sexualité a fortement contribué à valoriser l'union pénis - vagin comme seule activité sexuelle acceptable. Le but normal de l'individu est de se libérer des stades de développement infantile, de dépasser le complexe d'ŒDIPE et la peur de la castration pour accéder à l'union génitale hétérosexuelle.

Pour FREUD, ceux qui sont complexés par la peur de la castration peuvent aboutir soit à la névrose qui les inhibe, qui leur cause de l'anxiété et d'autres symptômes, soit à la perversion qui concrétise les désirs érotiques infantiles dans un « passage à l'acte ». Pour lui, la névrose est le négatif de la perversion.

Le « pervers » ne peut accepter d'admettre que les femmes n'ont pas de pénis car cela signifierait dans la mentalité magique de l'enfant que lui aussi pourrait perdre un jour son pénis par une

Tableau 24.1.   CLASSIFICATION DES PARAPHILIES COURANTES D'APRÈS LE DSM-III

NOM	DESCRIPTION	CRITÈRES DIAGNOSTIQUES
TRAVESTISME (302.30)	Nécessité pour un homme de se vêtir en femme pour obtenir des excitations sexuelles.	1) Déguisements récurrents et persistants. 2) Utilisation du déguisement pour obtenir une excitation sexuelle. 3) Frustration intense si l'activité ne peut avoir lieu.
FÉTICHISME (302.81)	Utilisation d'objets inanimés comme moyen préféré ou exclusif d'obtenir une excitation sexuelle.	1) Utilisation d'objets inanimés comme moyen préféré d'obtenir une excitation sexuelle. 2) Fétiches non limités aux vêtements féminins ni aux objets utilisés couramment comme stimulants (vibrateurs).
ZOOPHILIE (302.10)	Utilisation d'animaux pour obtenir une excitation sexuelle.	Utilisation d'animaux d'une manière répétitive ou exclusive, comme moyen préféré d'obtenir une excitation sexuelle.
PÉDOPHILIE (302.20)	Utilisation d'enfant(s) ou de fantasmes d'enfant(s) pour obtenir une excitation sexuelle.	Acte ou fantasme envers un enfant d'âge prépubère, d'une manière répétitive ou exclusive, comme moyen préféré d'obtenir une excitation sexuelle.
EXHIBITIONNISME (302.40)	Exposition de ses organes génitaux à une personne étrangère pour obtenir une excitation sexuelle.	Actes répétés consistant à montrer ses organes génitaux, sans tenter d'aller plus loin dans les activités sexuelles.
VOYEURISME (302.82)	Observation d'une personne étrangère dévêtue ou ayant une activité sexuelle, à son insu, pour obtenir une excitation sexuelle.	1) Actes répétés d'observation sans tenter d'aller plus loin dans les activités sexuelles. 2) Mode d'excitation le plus fréquent ou préféré.
MASOCHISME (302.83)	Utilisation de sa propre souffrance comme moyen préféré ou exclusif d'excitation sexuelle.	1) Recherche de souffrances : être battu, attaché, humilié pour s'exciter sexuellement. 2) Engagement délibéré dans une activité destructrice afin de s'exciter sexuellement.
SADISME SEXUEL (302.84)	Action d'infliger à l'autre des souffrances physiques ou psychologiques comme moyen d'excitation sexuelle.	1) Souffrances infligées volontairement à un individu non consentant afin de s'exciter sexuellement. 2) Brutalités (battre, attacher, humilier) infligées à un partenaire consentant pour s'exciter sexuellement. 3) Sévices graves, permanents ou mortels infligés à un partenaire consentant pour s'exciter sexuellement.

Tableau 24.2. CLASSIFICATION DES PARAPHILIES ATYPIQUES D'APRÈS LE DSM-III (302.90)

NOM	DESCRIPTION
NÉCROPHILIE	Utilisation de cadavres ou de fantasmes de cadavres comme moyen d'obtenir une excitation sexuelle.
COPROPHILIE	Utilisation des fèces ou de tout ce qui y est relié pour atteindre une excitation sexuelle.
UROPHILIE	Utilisation de l'urine ou de tout ce qui y est relié pour atteindre une excitation sexuelle.
KLYSMAPHILIE	Utilisation de lavements ou de tout ce qui y est relié pour atteindre une excitation sexuelle.
MYSOPHILIE	Utilisation de la saleté ou de tout ce qui y est relié pour atteindre une excitation sexuelle.
SCATOLOGIE TÉLÉPHONIQUE	Utilisation du téléphone pour exprimer à des étrangers des propos sexuels obscènes afin d'atteindre une excitation sexuelle, habituellement accompagnée d'une masturbation.
VIOL PARAPHILIQUE	Utilisation de la force, de menaces et de l'agression envers un individu non consentant pour obtenir une excitation sexuelle.

castration perçue comme menaçante. Il niera donc, dans une partie de son Moi, que les femmes n'ont pas de pénis, tandis que l'autre partie de ce même Moi sera bien obligée de reconnaître la réalité. On parlera de « clivage du Moi » dont la théorie psychanalytique se sert pour expliquer que certains « pervers » ont un côté de leur vie tout à fait normal. En ce sens, cette affection ne touche qu'une partie du Moi, l'autre restant intacte.

D'après la psychanalyse, pratiquement toutes les perversions sont une manière de fuir l'anxiété de castration. Dans cette vision originale, l'homosexualité est incluse : il s'agit d'éviter au maximum les femmes et leur vagin qui rappellent constamment qu'on pourrait ne pas avoir de pénis.

Approche de ROBERT STOLLER

ROBERT J. STOLLER est psychanalyste et professeur de psychiatrie à l'Université de Californie. Il est connu surtout pour ses recherches cliniques depuis plus de trente ans sur la sexualité, particulièrement sur la masculinité et la féminité, c'est-à-dire l'**identité de genre** et ses vicissitudes, dont la perversion. Sa théorisation s'étaye sur nombre de cas cliniques de déviations sexuelles de toutes sortes, observées à tous âges y compris chez des enfants de 4 à 5 ans, sur l'observation de la dynamique familiale et sur l'analyse des parents, particulièrement de la mère. Il a présenté des perspectives nouvelles qui seront reprises par plusieurs auteurs (TORDJMAN, MONEY, 1986).

Pour STOLLER, la perversion s'accompagne d'un scénario systématisé et répétitif : au centre domine une **hostilité** dirigée contre le partenaire dans une mise en scène où un **mystère** est résolu ; le **risque** (danger de la castration ou dommage à l'identité de genre) a été surmonté et un **triomphe** (érection et orgasme) est célébré. Ce scénario du sujet renverse la situation traumatisante de son enfance : de victime, il devient vainqueur, et les bourreaux de son enfance sont maintenant transformés en victimes. La perversion permet cette **revanche** avec l'accès au plaisir. Mais la victoire est éphémère et le scénario est toujours à recommencer.

Dans ce cadre, l'étude de la perversion relève davantage de l'analyse de l'hostilité que de celle de la libido. L'hétérosexualité est une réalisation à accomplir qui n'apparaît pas d'emblée toute faite.

Dans l'histoire de tous les « pervers », des situations vécues comme traumatisantes au cours de l'enfance sont repérables. Ces traumatismes sont immanquablement d'ordre sexuel, visant le sexe anatomique ou l'identité de genre (masculinité - féminité). Ils sont associés à la fois à l'intérêt, la curiosité de l'enfant (l'excitation précoce de ses organes génitaux, la différence des sexes, la scène primitive, les désirs œdipiens) et à l'attitude parentale frustrante, inhibitrice, qui a pour effet d'augmenter l'excitation en même temps qu'un sentiment de danger, créant une atmosphère de **mystère** sur la sexualité.

La mystification de l'anatomie, des fonctions et des plaisirs sexuels est chose courante dans notre société et se reflète dans les attitudes parentales. Quand cette mystification se fait trop intense ou bizarre, elle devient une plus importante source de frustration pour l'enfant et, de ce fait, contribue à la perversion future par son potentiel traumatique. Ces pressions sociales et parentales, perçues comme une **hostilité**, échappent à la compréhension de l'enfant, en font une **victime**. L'enfant ne sait comment échapper au **danger** (la punition) ni comment accéder au plaisir (la récompense).

Plus tard, l'acte « pervers » sera précisément la reviviscence de la situation traumatique ou frustrante vécue dans l'enfance, qui avait fait démarrer le processus, mais cette fois-ci avec un résultat merveilleux, échappant au danger et accédant au plaisir orgastique, dans un revirement complet de la situation. Le mystère se dissout par de nombreux stratagèmes : la femme phallique, le désaveu, le clivage, le fétiche, etc., autant de mécanismes pour proclamer qu'il n'y a plus de mystère. Et le processus se renouvelle sans cesse. La fantaisie sexuelle du « pervers » contient en son sein, cachées, les réminiscences des expériences de l'enfant.

Apport de MARTY, FAIN et DE M'UZAN

Cette équipe de psychanalystes français a lancé en 1972 le concept de **pensée opératoire** qui devait servir à résoudre les problèmes rencontrés lors de l'analyse des malades psychosomatiques. En effet, malgré les travaux très poussés de psychanalystes tels qu'ALEXANDER, il était difficile, à moins de forcer la réalité dans des concepts préétablis, d'assigner une signification aux symptômes psychosomatiques. On trouvait au contraire un vide fantasmatique là où, dans d'autres maladies psychiatriques, émergeait une élaboration fantasmatique consciente ou inconsciente. Les chercheurs en ont déduit que la maladie résultait beaucoup plus d'un vide fantasmatique que d'une élaboration particulière des fantasmes.

Ils ont également appliqué cette notion aux passages à l'acte de la personnalité déviante. Devant les frustrations de la vie courante dépassant ses capacités d'adaptation, le psychotique croit ses fantasmes, le névrosé les refoule, le malade psychosomatique ne ressent rien dans son psychisme mais est frappé dans son corps. Quand à l'antisocial, on dit qu'il réalise ses pulsions : il passe à l'acte.

L'école américaine (SIFNEOS, 1972), tout en connaissant la pensée opératoire, a préféré utiliser le terme plus général d'**alexithymie** pour décrire la pathologie d'individus qui ont de la difficulté à exprimer leurs sentiments et de la difficulté à élaborer des fantasmes. Le terme vient du grec : *a* privatif, *lexi* pour « mots », *thymie* pour « humeur », le tout signifiant « ne pas avoir les mots pour nommer ses sentiments ». Ce concept semble pouvoir s'appliquer non seulement aux malades psychosomatiques, mais aussi aux patients souffrant de névrose traumatique et de toxicomanie (KRYSTAL, 1968 ; KRYSTAL et RASKIN, 1970). RAD (1984) a remarqué que les patients alexithymiques, quel que soit leur diagnostic, réagissent avec l'impulsivité typique des délinquants sexuels.

Non seulement la « structure perverse » est de plus en plus reliée à l'alexithymie, mais elle est plus particulièrement présente dans la délinquance sexuelle (MCDOUGALL, 1982 ; BELTRAMI, 1985). MCDOUGALL prétend que, de tous les antisociaux, les « pervers sexuels » ont probablement « la forme d'expression libidinale la plus alexithymique qui existe ». Ces auteurs ont constaté que les délinquants sexuels sont atteints de maladies psychosomatiques dans une forte proportion.

APPROCHE COMPORTEMENTALE

Cette approche considère que les paraphilies ne sont pas nécessairement rattachées à un trouble profond de la personnalité. Les déviations sexuelles s'apprennent, comme tout comportement, et peuvent être remplacées par d'autres apprentissages. Mais le renforcement qui les maintient est plus intense encore que pour le tabagisme. Au moment de l'orgasme, une décharge au niveau du lobe limbique donne un plaisir intense (HEATH, 1972 ; BELTRAMI, 1985) accompagné de sécrétion d'endorphine, ce qui contribue à renforcer le comportement déviant.

Cette force biologique est telle que, si elle se produit à l'adolescence, elle peut favoriser une fixation très stable. L'individu est alors très sensible à des influences extérieures qui peuvent le marquer pour toute la vie. De plus, étant sous l'influence de la poussée hormonale (testostérone), cette sensibilité

s'accroît encore dans le domaine sexuel. On a pu comparer cette étape aux différentes **périodes critiques** qui existent chez les animaux.

La grande « faim sexuelle » dont souffre l'adolescent masculin va faire de lui une victime consentante lorsqu'il s'agira de subir des contacts sexuels qui le mèneront à l'orgasme. Il suffit d'un seul orgasme obtenu par une relation avec un adulte pour que la décharge qui se produit au niveau du lobe limbique provoque un renforcement positif des plus puissant, incitant l'individu à rechercher des situations semblables.

Le behaviorisme classique reconnaît que les actions peuvent nous conditionner. Mais le **behaviorisme cognitif** stipule qu'un fantasme peut devenir un stimulus puissant. Les tenants de cette approche considèrent donc que les fantasmes seront colorés par ces désirs et favoriseront d'autres actions inadéquates.

Les déviations commencent à l'adolescence sous forme de rapports sexuels où le sujet est la victime consentante (aime être abusé), pour se transformer plus tard en son contraire : le sujet aime abuser des enfants qui ont l'âge que lui-même avait à cette période critique.

Les preuves scientifiques attestant que l'adolescent est lui-même un abuseur commencent à ressortir. Déjà en 1982, LEBLANC a constaté que la délinquance non sexuelle des adolescents était plus fréquente que soupçonnée : 90 % avaient commis des actes considérés comme des infractions à la loi. Mais le problème le plus nouveau est que de plus en plus d'adolescents commettent des crimes sexuels envers des enfants ou des adultes (KNOPP, 1983 ; APPATHURAI, 1985). Leur relative impunité semble favoriser ce phénomène. Une recherche rétrospective (BELTRAMI, 1986) nous a montré que 50 % des délinquants de l'échantillon constitué avaient commencé leurs abus à l'adolescence et ont continué par la suite.

En 1979, SEGHORN et BOUCHER ont observé que les pères incestueux avaient, dans une proportion de 50 %, subi eux-mêmes l'inceste. La victime d'un inceste court donc des risques infiniment plus grands que la majorité de la population de commettre elle-même cet acte contre d'autres personnes plus tard dans sa vie. GAGNÉ (1981, 1985) affirme que 80 % des délinquants masculins ont été eux-mêmes abusés en bas âge ! Ces chiffres contrastent avec l'incidence générale des abus sexuels subis par les garçons que FINKELHOR (1984) estime, après une revue exhaustive de la documentation scientifique sur le sujet, de 2,5 à 8,7 % !

Les recherches récentes confirment donc la théorie de l'apprentissage qui, mise en pratique dans la théorie comportementale, s'est surtout fait connaître pour ses traitements courts et souvent très efficaces.

APPROCHE DE JOHN MONEY

Notion de scénario amoureux (lovemap)

Pour JOHN MONEY, la déviance sexuelle ne peut se comprendre sans l'utilisation de la notion d'une image idéalisée et hautement idiosyncrasique que tout individu se fait d'un partenaire sexuel imaginaire. L'auteur définit cette image comme un « scénario amoureux » (lovemap). En effet, à son avis, la plupart des auteurs laissent de côté l'essentiel de la paraphilie qui est le fait d'être amoureux. Est pédophile un individu qui peut être amoureux d'un enfant, est homosexuel un individu qui peut être amoureux d'une personne du même sexe.

Ce scénario amoureux n'existe pas à la naissance, il se nourrit des perceptions de l'enfance. Au début, il s'agit essentiellement d'une image qui pourra se transformer plus tard en action avec un ou des partenaires. Dans des conditions optimales favorisées par des influences pré- et postnatales, ce scénario amoureux va se développer sous forme d'hétérosexualité sans complexités.

Il est indispensable que l'enfant expérimente des **répétitions sexoérotiques** (jeux sexuels infantiles ayant une valeur d'apprentissage) pour atteindre un développement normal. Une privation

de la capacité ou de la possibilité de pratiquer ces répétitions ou, au contraire, une exposition trop abrupte à des expressions sexoérotiques considérées comme taboues par la société peuvent entraver la formation du scénario amoureux.

Les pathologies liées à la mauvaise expérimentation de ce scénario, bien qu'ayant leur origine très tôt dans la vie, ne se manifestent pleinement qu'à la puberté. Elles peuvent se présenter sous l'une des trois formes suivantes : **hypophilie** (dysfonctions sexuelles), **hyperphilie** (érotomanie), **paraphilie**. À l'inverse des dysfonctions sexuelles, les paraphilies ne comportent pas de troubles des quatre phases de la réponse sexuelle (excitation, plateau, orgasme, résolution). Mais ces fonctions ne sont possibles qu'à travers un scénario amoureux qui, ayant souffert de « vandalisme », s'est reconstitué d'une manière inadéquate et, très souvent, compulsive.

Une partie de la paraphilie existe en imagination tandis que l'autre passe à l'action. L'imaginaire du paraphilique s'est constitué avec des distorsions, des omissions, des déplacements et des inclusions, en réponse à la négligence, à la suppression ou aux traumatismes subis durant sa formation.

Classification des paraphilies d'après JOHN MONEY

Les religions sont des modèles sociaux qui contribuent à provoquer ces distorsions, en particulier la religion chrétienne où, d'après JOHN MONEY, l'amour de la sexualité est vu comme un péché. Cette dichotomie (entre plaisir sexuel et péché) va être à l'origine d'une catégorie importante de paraphilies : sacrificielle - expiatoire.

La classification de MONEY comporte six catégories principales regroupant plus de quarante paraphilies où le triomphe du plaisir sexuel ne peut s'obtenir qu'en combattant les interdits sociaux et religieux pour fuir une tragédie, et en incorporant le désir inacceptable dans le « scénario amoureux » aux conditions suivantes :

- **Sacrifice - expiation** S'exprime sous forme de sacrifice par le paiement d'un tribut. Le sadisme est plus axé sur le triomphe, tandis que le masochisme prend la part de l'expiation. La coprophilie, l'urophilie et la mysophilie peuvent procéder de la même nécessité d'être humilié.

- **Maraudage - prédation** S'exprime sous forme d'imposition de force. Le viol, la séduction forcée, la somnophilie (le fait de vouloir faire l'amour uniquement avec une partenaire endormie) et la nécrophilie en font partie.

- **Mercantilisme - érotisme** S'exprime sous forme de paiement, d'échange, de trafic ou autre. De cette manière, on est sûr qu'il ne s'agit pas d'un « amour sanctifié », c'est-à-dire interdit. Cette catégorie est originale car MONEY considère comme déviations certaines formes de sexualité admissibles dans nos sociétés : salons de massage, prostitution, téléphones érotiques payants, etc. Il insinue même que le mariage ferait partie de cette forme de corruption.

- **Fétichisme - talismanisme** S'exprime par la substitution d'un fétiche, d'un talisman, d'un objet ayant appartenu à la personne désirée, cette dernière étant tellement béatifiée qu'on ne peut se permettre directement un désir impur à son égard. MONEY explique ainsi le fétichisme et le complète par la notion des sensations et des odeurs reliées à cette personne, qui peuvent être l'objet de vénération menant à la klysmaphilie (érotisation du lavement).

- **Stigmatisme - élitisme** S'exprime par l'amour porté à un partenaire qui ne peut, à cause d'une limitation quelconque, prétendre à la « pureté ». Cela explique des désirs compulsifs et incontrôlables pour des paralytiques, des amputés ou des estropiés, pour des individus d'un âge extrêmement disproportionné par rapport à celui du sujet (pédophilie, gérontophilie), pour des individus d'une autre race ou même d'une autre espèce (zoophilie). Pour MONEY, l'inceste n'est pas une paraphilie en soi s'il se produit entre deux adultes consentants : il s'agit plus d'un amour sanctionné par les lois.

- **Sollicitation - séduction** S'exprime par un acte appartenant à la phase proceptive (préliminaires), qui est substitué au coït pour assurer de ne pas être sacrilège vis-à-vis d'un amour inaccessible. Le voyeurisme, l'exhibitionnisme, le frotteurisme, la scatologie téléphonique et la pornographie peuvent entrer dans cette catégorie.

La phylogenèse (notre situation dans le monde des espèces animales) ainsi que l'ontogenèse (le développement de l'embryon jusqu'à la vie adulte) peuvent en partie expliquer ces transformations. Une paraphilie peut comporter un niveau variable de « transposition de genre », comme c'est le cas du travestisme. Les facteurs biologiques peuvent renforcer ces distorsions : épilepsie, drogue, artériosclérose. Les expériences de jeunesse (séduction) peuvent aussi avoir une influence néfaste ; néanmoins, il est simpliste de considérer que tout enfant exposé à un contact sexuel ou à la pornographie présente un haut risque de devenir déviant.

24.1.5. TRAITEMENTS

TRAITEMENTS PSYCHODYNAMIQUES

Malgré les nombreuses explications psychodynamiques, le traitement issu de ces théories n'a pas donné les résultats escomptés. Les délinquants sexuels n'ont pas la force du Moi nécessaire pour passer à travers un tel processus. La liberté que demande une psychothérapie d'orientation analytique est peu compatible avec les responsabilités sociales du thérapeute devant les mesures d'urgence à prendre ou les comparutions en cour.

TRAITEMENTS BIOLOGIQUES, MÉDICAUX ET PSYCHIATRIQUES

Il est évident qu'à toute étiologie organique correspond un traitement organique, comme il est présenté au tableau 24.3. (Le traitement des paraphilies d'étiologie non organique est présenté au

Tableau 24.3.   TRAITEMENTS DES PARAPHILIES À ÉTIOLOGIE ORGANIQUE

FACTEURS ÉTIOLOGIQUES	ÉLÉMENTS DE TRAITEMENT
RETARD MENTAL	— Rééducation sexuelle sommaire — Enseignement d'exutoires simples et socialement acceptables
TROUBLES MENTAUX ORGANIQUES (syndrome délirant organique, syndrome affectif organique)	— Diagnostic précoce — Traitement et contrôle — Surveillance constante des mineurs lorsqu'ils sont en présence de ces patients
INTOXICATION — par l'alcool (40 % des cas de pédophilie et d'inceste) — par des drogues prescrites ou non, surtout les sympathicomimétiques — par prescription « sauvage » de testostérone sans raison	— Surveillance constante des enfants en présence d'un parent alcoolique ou buveur régulier — Diagnostic et traitement — Contrôle et surveillance par la DPJ si nécessaire — Diagnostic endocrinien précis préalable ; danger de viol
ÉPILEPSIE TEMPORALE (avec comportements imprévisibles)	— Recherche avec soin de cette condition — Consultation en neurologie — Traitement
SYNDROME D'HYPERSEXUALITÉ DE KLÜVER BUCY (tumeur de l'amygdale du lobe limbique)	— Recherche avec soin de cette condition — Consultation en neurologie — Traitement
HYPERANDROGÉNIE (ex. : tumeur des surrénales avec androgènes excessifs, hypersexualité et agressivité exagérée)	— Prise en considération du danger social représenté par ces patients — Rééducation sexologique du patient et de sa conjointe
HYPOGONADISME avec tentatives de sexualité déviante compensatoire (ex. : syndrome de STEIN LEVENTHAL, syndrome de STEINHART)	— Diagnostic de la condition sexuelle — Rééducation proposée au moindre doute — Danger plus grand lors de thérapie hormonale aux androgènes
KARIOTYPE YYX (déviance sociale et sexuelle plus élevée sans être absolue)	Si autres symptômes : — Recherche de cette condition pour les déviants sexuels — Traitement palliatif après information donnée à l'individu et à sa famille
PSYCHOSE (schizophrénie, trouble paranoïde, phase maniaque)	— Diagnostic — Médication appropriée — Contrôle familial
PERSONNALITÉ ANTISOCIALE (Si diagnostic confirmé, dangerosité extrême : mélange de comportements antisociaux avec alcool et drogues, et expériences déviantes préalables bien que non avouées)	— Non acceptation du diagnostic sans consultation psychiatrique — Traitement à l'hôpital ou dans un centre hospitalier à sécurité maximale, recommandé — Hormonothérapie très utile (antiandrogènes)

Tableau 24.4.   TRAITEMENTS DES PARAPHILIES À ÉTIOLOGIE NON ORGANIQUE

FACTEURS ÉTIOLOGIQUES	ÉLÉMENTS DE TRAITEMENT

Individu non psychotique ou non antisocial
Habituellement mélange de traits :
• Obsessionnels
• Antisociaux légers
• Psychosomatiques
avec les caractères communs suivants :
• Insensibilité corporelle
• Insensibilité à des stimulations non intenses
• Sensibilité exagérément centrée sur le pénis
• Érotisation des émotions fortes et des facteurs de danger pouvant mener à de l'hypertension artérielle
• Hyper- et pseudo-conformisme social
	— Traitement sexologique
	  Durée : 4 mois, 12 à 16 entrevues
	  Axes : rééducation et apprentissage
	  Résultats : 80 % de réussite
	  Suivi : 2 ans au minimum, rencontres aux 3 mois avec probation si nécessaire ou contrôle de la DPJ
	— Exercices de sensibilisation corporelle aux sensations non génitales
	— Entraînement à des exercices non génitaux mais sensuels
	— Entraînement à la relaxation
	
	— Dédramatisation et thérapie cognitive corrigeant les idées irrationnelles (RET)[1]

• Incapacité de masturbation sans une stimulation immédiate et réelle • Alexithymie (manque d'expression des sentiments) • Manque d'habiletés sociales vis-à-vis des femmes • Manque d'imaginaire • Intolérance à la frustration • Difficulté à planifier l'avenir • Manque de connaissances de la sexualité normale, habituellement partagé par la partenaire	— Entraînement au reconditionnement orgastique — Déculpabilisation — Entraînement à l'expression des sentiments dans le couple, si possible — Entraînement aux habiletés sociales, surtout pour les célibataires — Entraînement aux fantasmes dirigés et anticipation de l'avenir par des exercices quotidiens — Cours de sexologie audiovisuel, et explications axées sur les besoins du client et de sa partenaire

N.B. Si les fantasmes déviants sont très enracinés et tenaces, la thérapie hormonale avec antiandrogènes est à recommander. S'il y a présence d'inceste, la thérapie familiale est habituellement nécessaire.

Dans tous les cas, le clinicien devra proscrire les contacts de nudité entre parents et enfants. Entre 3 et 7 ans, le fait de prendre un bain, que ce soit avec le parent du même sexe ou l'autre, stimule excessivement l'enfant qui, bien souvent, fait de l'énurésie, des cauchemars et a un sommeil agité.

Le fait pour les enfants de coucher dans le lit parental empire la situation, surtout si parents et enfants se promènent et couchent nus. Si le père a bu la veille, le danger est encore plus grand. Selon notre expérience, un nombre important de cas d'inceste ont commencé de cette manière. On ne naît pas incestueux ou pédophile, on le devient avec les circonstances.

1. RET : *Rational Emotive Therapy* (ALBERT ELLIS).

tableau 24.4.) On doit de plus tenir compte de la détresse familiale et sociale provoquée par les actes déviants que les soins organiques ne sauraient réparer. Une consultation et un traitement adéquat de la victime, en service social, en psychologie ou en rééducation sexophysiologique sont essentiels.

Le traitement le plus original des dernières années est celui de la castration chimique réversible (GAGNÉ, 1981). Il s'agit de diminuer le désir sexuel de l'individu en provoquant une « castration chimique » au moyen d'un antagoniste de la testostérone. Résultat : les fantasmes auxquels l'individu est fixé ainsi que la pulsion du passage à l'acte disparaissent. Au bout de six mois, les engrammes cérébraux des circuits neuroniques facilités ont perdu leur facilitation : il n'y a plus de fixation aux fantasmes déviants. On peut alors annuler la médication et une sexualité plus saine s'installe. Les résultats sont très encourageants, démontrant plus de 80 % de succès.

THÉRAPIE FAMILIALE

Dans les cas d'inceste, beaucoup d'auteurs considèrent qu'il s'agit d'un trouble systémique et que l'action curative doit se situer au sein du système familial (LEMIEUX, 1979). Le secret familial doit être révélé à tous aussitôt que possible. Le père doit échanger son autorité absolue contre une concertation familiale. La mère doit prendre ses responsabilités, augmenter son affirmation de soi et la protection de ses enfants. Les enfants doivent connaître les ressources sociales qui leur permettront de se défendre en cas de récidive.

INTERVENTION SOCIOLÉGALE ET GROUPES DE CONFRONTATION

Au Québec, la création d'une structure dans chaque service social, dont la responsabilité est de protéger les enfants abusés sexuellement (Direction de la protection de la jeunesse, DPJ), a permis un dépistage massif et des formules de traitement originales. Cet organisme a permis de déjudiciariser les procédures incluses dans le dépistage des abus sexuels. Avant sa création, une famille où un enfant était abusé craignait de voir le revenu familial disparaître si le père était emprisonné. Cet état de choses renforçait la « loi du silence ». Actuellement, les interventions sont dirigées essentiellement vers une action psychosociale, un traitement de l'abuseur et de la victime et, dans certains cas, une thérapie familiale.

Si ses recommandations ne sont pas suivies, la DPJ a le pouvoir de faire appel aux instances légales pour renforcer ses décisions. La tendance actuelle est de faire intervenir un jugement du Tribunal de la jeunesse assez tôt dans le dossier pour favoriser un suivi régulier des activités thérapeutiques, par ordre de la cour. Les thérapeutes qui avaient une aversion contre les traitements « forcés » ont fini par réaliser qu'il y a moyen de travailler efficacement ainsi. Un système semblable en Californie, appliqué à 4 000 enfants et à 14 000 adultes, a permis à 90 % des enfants victimes de tels abus de retourner dans leur famille et n'a connu qu'un taux de récidive de moins de 1 % (GIARRETTO, 1982).

Les traitements préconisés vont de la thérapie familiale à des rencontres thérapeutiques de groupe. Il y a des groupes de pères incestueux accompagnés de leur conjointe. D'autres groupes sont destinés aux enfants victimes d'abus sexuels. Parfois, il y a confrontation entre les victimes et les agresseurs. Ces traitements ont aussi l'avantage de pousser l'abuseur à faire traiter médicalement ou psychiatriquement son alcoolisme, sa psychose ou toute autre étiologie organique de sa délinquance. Ils sont néanmoins orientés vers une clientèle d'individus qui n'ont pas forcément une pathologie psychiatrique et qui sont des délinquants circonstanciels.

THÉRAPIE DE MILIEU

Un certain nombre d'individus, à cause de leur dangerosité, ne peuvent être traités d'une manière externe et nécessitent un traitement en institution, qui s'applique à des diagnostics de personnalité antisociale, de troubles cérébraux organiques, souvent à un mélange des deux.

À Montréal, l'institut Philippe-Pinel utilise le modèle inspiré de la thérapie de milieu de MAXWELL JONES pour faire un traitement original. Il s'agit d'un hôpital à sécurité maximale comportant un pavillon réservé aux délinquants sexuels. Pour y être admis, le sujet doit avoir à purger une peine de deux ans ou plus ou avoir accepté une hospitalisation de deux ans.

Le traitement (AUBUT, 1980) a pour but de faire disparaître les comportements sexuels inadéquats, d'augmenter les comportements adéquats et la compétence sociale. On procède à des réunions de groupe thérapeutique incluant tous les patients de cette unité. D'autres groupes plus petits sont centrés sur des activités non sexologiques (sports, travail, loisirs) ou sexologiques (éducation sexuelle, reconditionnement fantasmatique). Les thérapies individuelle, de couple et familiale sont également incluses dans le traitement.

TRAITEMENTS COMPORTEMENTAUX, COGNITIFS ET MULTIMODAUX

La thérapie comportementale, par son souci de la mesure et d'une évaluation objective, appuyée si nécessaire par des données physiologiques, a un net avantage dans un domaine où toute erreur est gravement préjudiciable à un être humain. La possibilité d'offrir des traitements courts et centrés sur l'efficacité renforce la popularité de cette approche qui est maintenant utilisée aussi bien en thérapie individuelle, familiale ou de groupe pour le traitement de la délinquance sexuelle.

Les plus grands reproches qu'on a faits à cette forme de thérapie reposent sur l'utilisation des techniques aversives qui rappelaient un univers concentrationnaire, le manque de considération pour le monde intérieur de chaque patient, la réduction de l'humain à un comportement animal

ainsi que l'étroitesse du champ d'action (travail sur un seul symptôme). Mais l'avènement de la thérapie comportementale cognitive qui tient compte des cognitions du sujet et de son monde fantasmatique, de l'utilisation de procédures multimodales touchant à de nombreuses facettes du problème, a grandement amélioré ce tableau.

Les techniques le plus souvent utilisées en sexothérapie de la délinquance sexuelle sont : la rééducation sexuelle, les exercices de resensibilisation corporelle, le reconditionnement orgastique, l'entraînement aux habiletés sociales et aux fantasmes dirigés (voir le tableau 24.4. ; BELTRAMI et COUTURE, 1984).

24.2. TROUBLES DE L'IDENTITÉ SEXUELLE

24.2.1. TRANSSEXUALITÉ

HISTORIQUE

RICHARD GREEN (1966) remarqua que la littérature classique, d'HÉRODOTE à SHAKESPEARE, faisait déjà mention de personnes désirant une transformation de leur sexe. Puis la littérature clinique, avec KRAFFT-EBING (1877), y vit une forme de paranoïa ; FREUD (1910) parla d'inversion sexuelle, comme pour l'homosexualité ; HIRSCHFELD (1910) créa le terme de « transvestisme ». Mais c'est CAUDWELL (1949) qui, le premier, utilisa le terme de « transsexualisme » dans *Psychopathia Transsexualis*. Finalement, BENJAMIN (1953-1966) popularisa le terme de « transsexualité » et devint le pionnier dans ce domaine.

Enfin, en 1952, un chirurgien plastique danois procéda à l'opération d'un ex-sergent de l'armée américaine qui devint, après sa transformation, CHRISTINE JORGENSON. Même s'il ne s'agissait pas de la première opération du genre, ce fut celle qui reçut la plus grande couverture journalistique et qui fit connaître au grand public la possibilité de réassignation sexuelle chirurgicale. Puis, l'hôpital John Hopkins fonda la clinique de « *Gender Identity* » en 1965.

Sur le plan des concepts, les psychologues MONEY et HAMPSON (1955) se distinguèrent particulièrement pour définir les bases de la formation de l'identité. Puis MONEY et GREEN (1969) éditèrent le premier manuel dans ce domaine : *Transsexualism and Sex Reassignment*. Ensuite, le psychanalyste STOLLER (1968) ajouta la dimension biologique et familiale au modèle psychanalytique.

DESCRIPTIONS

Description phénoménologique

Le syndrome est caractérisé par une préférence du sujet, tout au long de sa vie, pour jouer le rôle du sexe opposé et par une conviction profonde d'appartenir au sexe opposé, malgré des organes génitaux et un physique normaux, en l'absence de psychose. Les caractères sexuels primaires et secondaires, dès leur apparition, déclenchent un profond dégoût chez le sujet.

Le transsexuel rejette habituellement un partenaire homosexuel. Son partenaire sexuel est un individu de tendances ouvertement hétérosexuelles. Dans le cas de l'homme, le pénis n'est pas source de plaisir mais un avatar dont il cherche à se défaire par une castration chirurgicale ; aucune anxiété n'apparaît à l'idée de la castration ou lors de sa réalisation. En général, les sujets parviennent à se faire prescrire des hormones du sexe opposé. Les hommes prennent des œstrogènes qui produisent un antagonisme entre leur testostérone et ces hormones et qui développent leurs seins. Les femmes obtiennent des injections de testostérone qui développe leur musculature et leur pilosité. Leur apparence devient de plus en plus conforme au sexe opposé choisi et, après plus d'un an d'hormonothérapie, s'y confond facilement. Ils ont alors plus de facilité, avec leur nouvelle apparence, leurs expé-

riences sociales et de travail, à convaincre les professionnels de la santé de recommander pour eux une réassignation sexuelle chirurgicale. Celle-ci consiste pour l'homme en une castration et une vaginoplastie, et pour la femme en une mastectomie, une hystérectomie, une ovariectomie et une prothèse pénienne.

Description suivant le DSM-III

À la section des **troubles de l'identité sexuelle**, le DSM-III énonce les critères suivants pour un diagnostic de transsexualisme (302.5) :

A) *Non-acceptation de son anatomie sexuelle.*

B) *Souhait de se débarrasser de ses organes génitaux et de vivre comme une personne de l'autre sexe.*

C) *Les deux critères mentionnés ci-dessus doivent dater de plus de deux ans de façon continue et être présents depuis les premiers souvenirs d'enfance.*

D) *Absence d'anormalité génétique ou physique, d'hermaphrodisme.*

E) *Condition non causée par une pathologie psychiatrique comme la schizophrénie.*

DIAGNOSTIC DIFFÉRENTIEL D'APRÈS LAUB et FISK (1974)

Il faut savoir distinguer le transsexualisme classique décrit par BENJAMIN, des autres syndromes suivants :

- **Travestisme** Le transsexuel se distingue du travesti en ce qu'il ne tire pas de satisfaction érotique de son habillement selon le sexe opposé. Il n'investit pas ses organes génitaux alors que le travesti en tire du plaisir.

- **Homosexualité mâle efféminée** ou **lesbianisme masculinoïde** Ces individus sont érotisés par des personnes du même sexe biologique et prennent plaisir à la stimulation de leurs organes génitaux lors des activités sexuelles.

- **Délire psychotique d'identité**   Dans ces cas, la conviction d'appartenir à l'autre sexe disparaît lors des phases de rémission. Cette conviction dure tout au long de la vie chez le transsexuel.
- **Personnalité antisociale**   Ici les gains secondaires (atteindre la notoriété ou des bénéfices financiers) sont évidents et connexes à d'autres symptômes de la sociopathie.

Il est important de vérifier auprès des parents les allégations du sujet concernant son désir de changer de sexe depuis l'enfance. En effet, les personnes qui recherchent une réassignation sexuelle sont au courant de la littérature scientifique et peuvent facilement tromper un professionnel.

INCIDENCE

Tous les auteurs s'accordent pour trouver une incidence plus forte chez les hommes qui souhaitent une réassignation sexuelle chirurgicale, que chez les femmes. La proportion varie de 8/1 à 2,8/1 (hommes/femmes). Néanmoins, une étude suédoise (WALLINDER, 1979) rapporte une proportion égale : 1/1.

Selon les études menées sur le sujet, la proportion de transsexuels mâles par rapport à la population en général varie de 1/25 000 à 1/100 000 et chez les femmes de 1/100 000 à 1/400 000.

ÉVALUATION

Problématique

Pour qu'une évaluation soit complète, elle doit habituellement être faite par un psychiatre ou un psychologue dûment certifié. Cependant, au Québec où le Département de sexologie de l'Université du Québec à Montréal a évalué, conjointement avec des services hospitaliers, plus de 300 demandes de réassignation, il devient courant qu'un sexologue certifié et possédant l'expérience pertinente soit jugé apte à procéder à une telle évaluation.

Au départ, cette exigence venait du fait que l'on considérait cette affection comme psychiatrique, ce que les personnes demandant la réassignation ont la plupart du temps nié ; aujourd'hui, elles vont consulter directement un chirurgien. Même si l'on est d'accord avec l'hypothèse que cette affection n'est pas premièrement psychiatrique, il importe de procéder à une bonne évaluation psychologique, psychiatrique et sexologique afin d'éviter d'opérer des psychotiques non transsexuels. De plus, la longue démarche à suivre demande une adaptation psychologique et sexologique considérable qui doit, de préférence, être supervisée par un professionnel.

La première phase de l'évaluation, surtout si elle est faite par un professionnel autre qu'un médecin, doit comporter une évaluation médicale (physique et endocrinologique). Puis on reconstitue l'histoire personnelle qui prend une importance capitale. Il faut vérifier si la conviction d'appartenir à l'autre sexe est enracinée depuis longtemps et si elle est confirmée par les attitudes, les jeux ou les activités antérieures et actuelles. Comme nous l'avons déjà noté, ces personnes connaissent habituellement la littérature scientifique ou vulgarisée sur le sujet et sont fortement motivées à ce que l'évaluation les confirme dans leur demande de réassignation sexuelle ; elles peuvent donc simuler et transformer leur histoire personnelle pour rendre le tableau plus favorable à leur demande. Pour contrer les tentatives de simulation, on aura avantage à se procurer tous les documents attestant l'histoire présentée (certificats d'études, de travail, etc.).

Standards d'évaluation

Les standards d'évaluation demandent que l'évaluateur étende son évaluation sur une période de plusieurs mois et cherche à confirmer ou à infirmer les informations obtenues auprès de personnes indépendantes (employeur, supérieur immédiat, etc.). Si on éprouve de la difficulté à rencontrer des membres de la famille à cause de l'isolement social dont souffrent souvent ces personnes, la durée de l'évaluation doit encore s'allonger. Il importe également de consulter un autre professionnel qui connaissait le patient avant le début du traitement pour obtenir une évaluation indépendante.

Sur le plan psychiatrique, un examen mental soigneux s'avère nécessaire. On doit rechercher la possibilité d'un délire caché, d'une dépression ou d'idées suicidaires. Sur l'axe I du DSM-III, il est possible de mentionner à la fois transsexualisme et trouble affectif majeur (dépression). Par contre, on inscrira sur l'axe II les diagnostics de personnalité tels que : personnalité limite, ou antisociale, ou passive-dépendante.

Tests d'évaluation

Le diagnostic peut être facilité par des tests de l'image corporelle. D'une manière constante, les transsexuels sont très insatisfaits de leurs caractéristiques sexuelles primaires, ce qui apparaît clairement à l'échelle de l'image corporelle de LINDGREN-PAULY. Les résultats obtenus sont également utiles pour évaluer l'évolution de ces patients lors du suivi postopératoire.

Dans certaines formes de transsexualité primaire, les patients peuvent obtenir un test positif à l'antigène H-Y ; il s'agit d'un test récent, détectant une anormalité du phénotype de cet antigène qui affaiblirait la formation de la masculinité. L'antigène H-Y, qui est responsable de l'induction des testicules, n'est présent que chez les hommes. EICHER *et al.* (1980) prétendent que les transsexuels possèdent un antigène H-Y dont le phénotype est différent de celui des hommes faisant partie de groupes témoins. La recherche de ces anormalités pourrait servir d'élément objectif dans le diagnostic de transsexualisme. Pour leur part, WACHTEL *et al.* (1986) ont pu montrer, par l'étude de 21 cas de transsexuels, qu'il n'y avait aucune évidence d'anormalité du phénotype H-Y.

Le MMPI, avec son échelle Masculinité - Féminité, permet de confirmer une dysfonction de ce type et de poser un diagnostic différentiel en regard d'autres catégories. Un test d'intelligence sert à détecter si le quotient intellectuel du patient est suffisant pour que celui-ci comprenne les implications d'une telle opération. On peut utiliser aussi d'autres instruments discriminants tels que le *Standardized Rating Format for the Evaluation of Sex Reassignment Surgery* (SRS) de HUNT et HAMPSON (1980).

Critères préopératoires

Voici les critères préopératoires recommandés par l'**Association HARRY BENJAMIN de la dysphorie de genre** :

1) Un traitement hormonal ou une réassignation sexuelle basés uniquement sur la demande du sujet sont contre-indiqués. Ils doivent être précédés d'une recommandation faite par un psychiatre ou un psychologue certifié.

2) Le professionnel qui fait une telle recommandation devra démontrer :
   — qu'il existe un transsexualisme depuis au moins deux ans ;
   — qu'il connaît le sujet depuis au moins trois mois ;
   — que le sujet a vécu selon le sexe qu'il a choisi depuis au moins trois mois ;
   — que le patient a passé un examen médical complet, dont une investigation hépatique complète à cause du risque de toxicité de l'hormonothérapie.

3) Le professionnel qui ne recommande pas une réassignation chirurgicale non génitale (réduction ou augmentation mammaires) devrait expliquer au patient que les critères précédents ne s'appliquent pas et exiger que celui-ci vive au moins six mois dans le sexe opposé à son sexe biologique avant de recommander une telle intervention.

4) Le professionnel qui recommande une réassignation sexuelle génitale (pénectomie, orchidectomie, vaginoplastie, hystérectomie, ovariectomie, salpingectomie, vaginectomie, phalloplastie) devra démontrer :

— qu'il y a présence de transsexualisme depuis au moins deux ans ;

— qu'il connaît le sujet depuis au moins six mois ;

— que le sujet a été évalué par un autre professionnel qui recommande également la réassignation ;

— que cet autre professionnel traitant ou professionnel évaluateur est un psychiatre certifié ;

— que le patient a vécu au moins un an dans le rôle du sexe qu'il a choisi.

Avant de recommander une réassignation sexuelle par chirurgie, on exigera également du patient qu'il passe le test que WALKER (1979) a nommé le **test de la vie**. BLANCHARD *et al.* (1987) vont jusqu'à dire que le meilleur critère reste le fait pour le patient d'avoir vécu pendant deux ans en travaillant ou en étudiant avec succès selon le sexe de son choix.

Mais le **test de la vie** peut être utilisé par certains transsexuels pour se soustraire aux exigences préopératoires mentionnées. Ils se procurent des hormones illégalement, vivent sans aucun soutien thérapeutique dans le rôle du sexe de leur choix et, après deux ans, font une demande de réassignation sexuelle. Devant le fait accompli, il devient alors difficile pour le clinicien de refuser leur demande.

D'autres préfèrent attendre l'accord et le soutien du thérapeute avant de changer de style de vie et de se soumettre à l'hormonothérapie qui facilite alors une mise en confiance par les modifications d'apparence ainsi provoquées. Quoi qu'il en soit, un test de la vie d'au moins deux ans est une condition préalable essentielle à la réassignation sexuelle par chirurgie.

Certaines personnes préfèrent vivre leur fantasme de changement plutôt que la réalité, et entretiennent la pensée magique que l'opération va changer leur vie automatiquement. Si le patient recule devant la réassignation sexuelle chirurgicale, il peut bénéficier de thérapies qui aident les individus à accepter leur sexe biologique. La *Case Western*

Reserve Gender Clinic obtient 70 % de succès pour ceux qui décident de revenir à leur sexe biologique (LOTHSTEIN et LEVINE, 1981).

TRAITEMENTS

Traitement hormonal

Le but du traitement endocrinologique est la suppression des caractères sexuels secondaires existants, le développement et le maintien des caractères sexuels opposés. On utilise avec succès les œstrogènes avec ou sans progestérone pour développer les attributs sexuels féminins. Parfois, l'hormonothérapie provoque également une poussée des seins suffisamment esthétique et adéquate ; autrement, une plastie des seins est nécessaire. Par contre, ce traitement ne supprimera pas la pilosité existante qui ne disparaîtra qu'après plusieurs séances d'électrolyse. Chez les transsexuels, le désir sexuel est souvent diffus et éloigné du désir masculin habituel ; la transformation physique accentue et augmente la congruence entre le vécu sexuel et le sexe de choix.

Évidemment, le pénis ne subit pas de changements majeurs avec l'hormonothérapie et une intervention chirurgicale est nécessaire pour donner l'apparence féminine. Néanmoins, la prescription d'hormones provoque des changements qui peuvent être irréversibles, tels que l'atrophie des testicules et l'arrêt de la spermatogenèse ; la transformation physique n'est donc pas une décision à prendre à la légère.

Pour la transformation d'une femme en homme, la testostérone permet la pousse de la barbe et l'apparition d'une pilosité typiquement masculine, ainsi qu'une diminution des graisses et une augmentation de la masse musculaire, qui complètent l'apparence masculine. On a cependant rapporté des cas de rupture du foie causée par ce traitement. On peut évaluer le résultat de la thérapie hormonale à l'échelle de l'image corporelle de LINDGREN-PAULY.

Réassignation sexuelle chirurgicale

La transformation sexuelle par chirurgie d'homme en femme est pratiquée plus fréquemment que l'opposée. La personne ressent un grand soulagement lorsqu'elle peut aller uriner dans des toilettes de femmes sans crainte de se faire arrêter.

Lorsqu'une plastie vaginale est réussie, les relations coïtales sont possibles. Un tiers des sujets va même arriver à atteindre l'orgasme. La lubrification vaginale peut exister car elle provient de vaisseaux sanguins suivant le même principe de vasodilatation qui provoquait l'érection. La stimulation de la prostate et du muscle pubococcygien (qui entoure le pseudo-vagin) contribue à augmenter les sensations érotiques et permet de déclencher l'orgasme lors de la pénétration.

Les relations sexuelles avec des hétérosexuels, qui pour beaucoup de transsexuels étaient impossibles ou limitées avant la chirurgie, deviennent maintenant possibles, enrichissant grandement leur vie émotionnelle. L'apparence des organes génitaux externes devient de plus en plus adéquate au fur et à mesure des progrès de la chirurgie.

Une chirurgie esthétique de la pomme d'Adam, des cordes vocales et du nez peut compléter la transformation si nécessaire. Le médecin doit prévenir le patient des complications possibles et l'informer des modifications de la réponse sexuelle après l'opération.

Dans les cas de transformation de femme en homme, la fabrication d'un pénis artificiel est possible, bien qu'elle doive souvent se faire en plusieurs étapes. Il est plus difficile de faire un pénis fonctionnel qu'un vagin fonctionnel : certaines interventions chirurgicales donnent un résultat qui permet la pénétration mais qui ne permet pas de tumescence lors de l'excitation. D'autres méthodes chirurgicales basées sur l'hypertrophie du clitoris permettent une tumescence de ce dernier mais non la pénétration. Parfois, les sujets sont déjà habitués à une vie sexuelle avec leur partenaire malgré ces limitations et ne souhaitent qu'un pénis leur permettant d'uriner debout, ce qui leur évite d'être détectés dans un groupe d'hommes.

Il est important que les sujets comprennent bien ce qu'ils peuvent attendre de ces transformations et qu'ils soient conscients des limites fonctionnelles qui y sont inhérentes. C'est pourquoi les diverses étapes doivent leur être clairement expliquées.

On doit entreprendre une psychothérapie surtout durant la phase préopératoire, afin de traiter particulièrement les syndromes dépressifs. Très souvent un suivi postopératoire s'avérera nécessaire. Il est prouvé de par notre expérience qu'une sexothérapie basée sur la rééducation est capitale à cette étape. L'ignorance de la réponse sexuelle, avec la nouvelle configuration des organes génitaux, est souvent grande, surtout si le chirurgien n'a pu donner tous les détails au patient et encore moins les lui expliquer selon ses particularités propres.

Résultats de la réassignation

PAULY (1981) a fait une revue de 11 études de suivi après des réassignations sexuelles par chirurgie, de 1969 à 1979, et a constaté un niveau de satisfaction de 70 %. LUNDSTRÖM et al. (1984), à partir de 17 études, ont conclu pour leur part à 87,8 % de satisfaction. À la suite de ces travaux, on a pu noter une vague de demandes et un élargissement des critères.

Plus récemment, des recherches ont montré un niveau de satisfaction plus équivoque ; certains transsexuels regrettaient même clairement leur opération et souhaitaient un retour à leur situation antérieure. L'étude de LINDEMALM et al. (1986) sur 13 cas montre un taux de 30 % d'insatisfaction.

Néanmoins, aucune de ces études ne mentionne s'il s'agissait au départ de transsexuels primaires ou secondaires et s'ils présentaient ou non une pathologie psychiatrique. Les opérations, que l'on pratiquait autrefois sur des sujets jeunes, commencent à se faire sur des personnes de 50 ans et plus. En règle générale, les insatisfactions risquent de survenir plus fréquemment chez :

— les sujets âgés de plus de 35 ans ;
— les transsexuels secondaires ;
— les sujets qui ont interrompu leur thérapie hormonale ;
— les personnalités instables des types limite, antisocial, schizotypique, etc. ;
— les sujets incapables de pourvoir à leurs besoins ;
— les personnes qui ont des antécédents d'activités illégales ;
— les personnes qui manquent de soutien de la part de leur groupe et de leur famille ;
— les sujets qui ne sont pas acceptés par leur famille dans leur nouveau genre.

24.2.2. TROUBLES DE L'IDENTITÉ CHEZ L'ENFANT

DÉFINITION

Certains enfants, de conformité anatomique pourtant normale, éprouvent un sentiment persistant d'inconfort et d'insatisfaction devant leur sexe anatomique, associé à un désir d'affirmer leur sentiment d'appartenance au sexe opposé ou même à la manifestation de cette appartenance. Ils expriment en plus un refus persistant de leurs caractères sexuels primaires et secondaires. Il ne s'agit pas que du rejet d'un stéréotype exagéré des rôles sexuels traditionnels, comme chez les filles masculines ou les garçons efféminés, mais plutôt d'un trouble profond de la perception de leur masculinité ou de leur féminité.

DESCRIPTION

Les **filles** qui présentent cette dysfonction recherchent les groupes de garçons et manifestent un intérêt avide pour les sports de contact. Elles n'aiment pas les jeux de poupées, ni les jeux dans la maison, à moins d'y jouer un rôle masculin. Plus rarement, certaines prétendent qu'en grandissant elles vont devenir un homme, qu'elles ne pourront pas avoir d'enfants, que leurs seins ne se développeront pas et qu'un pénis va pousser. Parfois, d'autres symptômes pathologiques tels que des cauchemars, des phobies et autres sont présents.

Les **garçons**, eux, sont préoccupés par des activités traditionnellement considérées comme féminines. Ils montrent une préférence pour s'habiller en fille, allant même jusqu'à utiliser les tissus disponibles à la maison pour se confectionner ces vêtements s'ils ne peuvent les obtenir autrement. Pour le diagnostic différentiel de ces sujets avec les travestis, il importe de noter que cet habillement ne provoque dans le cas présent aucune excitation sexuelle. Ces garçons ont le désir intense de participer aux jeux et aux passe-temps des filles ; les poupées sont souvent leurs jouets préférés et ils recherchent les filles comme partenaires de jeux. Quand ils jouent dans la maison, ils adoptent un rôle typiquement féminin. Le plus souvent, ils évitent les sports de contact. Ils croient parfois que leur pénis et leurs testicules vont disparaître plus tard et ils préféreraient ne pas en avoir. L'examinateur perçoit leur gestuelle et leur comportement comme allant à l'encontre de tous les stéréotypes masculins. Les problèmes s'accentuent à l'âge scolaire. Ces garçons sont rejetés par leurs pairs qui se moquent d'eux en les affublant de sobriquets. Parfois, le conflit peut se muer en phobie scolaire. Les sujets ne se sentent pas indécis dans leur choix d'identité sexuelle et ils prétendent même que tous leurs problèmes viennent de la réaction de leur environnement.

Dans une étude portant sur 25 garçons présentant ces troubles de l'identité, COATES et PERSON (1985) ont constaté que 84 % avaient aussi des troubles du comportement, 64 % des difficultés avec les pairs comparables aux difficultés d'enfants hospitalisés en psychiatrie, et 60 % répondaient aux critères du DSM-III pour la réaction d'anxiété de séparation.

ÉVOLUTION

Les trois quarts des garçons commencent à s'habiller en fille à partir de l'âge de 4 ans et à jouer avec des poupées durant la même période. L'ostracisme social augmente durant les premières années scolaires et le conflit social devient significatif quand l'enfant atteint l'âge de 7 à 8 ans. Pour certains, les comportements féminins peuvent s'atténuer durant les années scolaires subséquentes. Quelques-uns deviennent transsexuels. Par ailleurs, dans une étude longitudinale de plus de 11 ans portant sur un échantillon de 66 enfants d'un groupe cible comparés à 56 enfants d'un groupe témoin, GREEN (1985) a montré que les deux tiers des enfants ayant ce problème deviennent par la suite bisexuels ou homosexuels.

Les filles commencent à adopter des comportements masculins aussi tôt que les garçons qui font l'inverse, mais les abandonnent plus souvent devant la pression sociale qui s'exerce sur elles à l'adolescence. Une minorité garde des comportements masculins et certaines évoluent vers une orientation homosexuelle.

FACTEURS PRÉDISPOSANTS

Un contact physique et émotionnel excessif et prolongé avec la mère ainsi qu'une relative absence du père durant les premières années de la vie peuvent contribuer au développement d'un trouble de l'identité chez le garçon.

Chez la fille, dès son jeune âge, sa mère lui aura paru non disponible psychologiquement et physiquement, à cause de maladie ou d'abandon. Elle développe alors une identification compensatoire au père, qui la mène à l'adoption d'une identité masculine.

TRAITEMENT

Deux types d'intervention peuvent être bénéfiques selon GREEN (1976). Dans le premier type, le thérapeute aide le jeune garçon à développer une relation individuelle avec un autre garçon. En même temps, les parents sont vus en couple ou séparément pour réajuster leurs interventions conformément à la démarche thérapeutique.

Le second type comporte des rencontres de groupe du jeune avec plusieurs garçons atypiques ainsi que des rencontres de groupe de parents de jeunes patients. Le thérapeute masculin sert d'objet d'identification. On décourage les comportements qui peuvent attirer sur l'enfant un ostracisme social de ses compagnons ; les poupées sont remplacées par des jeux de table et d'artisanat. On fait appel à des garçons du voisinage qui sont moins durs et agressifs que la majorité pour accompagner le jeune patient dans ses jeux. Il réalise ainsi une de ses premières expériences sociales non menaçantes.

Le groupe des parents donne l'occasion à chaque couple de partager ses inquiétudes et ses expériences de rééducation. Ceux qui, dans le passé, ont encouragé les comportements atypiques sont sensibilisés à leurs rôles dans la production de ces comportements chez leur enfant. On diminue le rejet du père vis-à-vis du fils en soulignant aux pères que leur enfant a besoin d'eux comme figure d'identification et on incite les pères à prendre part ensemble à des activités mutuellement agréables. On décourage les mères dans leur tendance à renforcer, plus ou moins consciemment, les comportements féminins de leur garçon. Les pères réalisent ainsi qu'ils ne sont pas les seuls responsables de la féminisation de leur fils ; leur tension baisse et ils sont plus motivés au traitement.

Pour les filles, le traitement n'est pas aussi systématique mais il suit des lignes similaires ; on aura recours à des thérapeutes féminins pour servir de modèles d'identification.

BIBLIOGRAPHIE

AMERICAN PSYCHIATRIC ASSOCIATION
1983 *DSM-III, Diagnostic statistique des maladies mentales*, Montréal, Somabec.

APPATHURAI, C.
1985 « Characteristics of Adolescent Sexual Offender Types : Preliminary Findings », *Programme et résumé des communications, Colloque Jeunesse et Sexualité*, Montréal, imprimerie UQAM, p. 18.

AUBUT, J., B. LAMOUREUX et G. LEBHOURIS
1980 « Le traitement des délinquants sexuels », *Cahiers internationaux Pinel*, mai, p. 21-31.

BAGLEY, C. et M. McDONALD
1984 « Adult Mental Health Sequels of Child Sexual Abuse », *Canadian Journal of Community Mental Health*, vol. 3, n° 1, p. 15-26.

BELTRAMI, E.
1985 « Orgasme et extase : différences neurophysiologiques », *Cahiers de Sexologie Clinique*, vol. 11, n° 61, p. 43-47.

BELTRAMI, E., C. BOUDREAU et N. COUTURE
1984 « Traitement intensif de la délinquance sexuelle non violente », *Sexualité et difficultés d'adaptation*, actes du Second Symposium sur la sexualité des personnes en difficulté d'adaptation (A. Dupras, J. Lévy et M.-A. Auclair, édit.), Montréal, Éditions Iris, p. 384-414.

BELTRAMI, E., N. COUTURE et F. GAGNÉ
1980 « Abus sexuel d'enfants : inceste père - fils comparé à la pédophilie homosexuelle », *Enfance et sexualité : actes du symposium international* (J.-M. Samson, édit.), Montréal, Paris, Éd. Études Vivantes, p. 694-704.

1982 « La pédophilie homosexuelle incestueuse et non incestueuse au Québec », *La sexualité au Québec : perspectives contemporaines* (J.J. Lévy et A. Dupras, édit.), Montréal, Iris, p. 165-180.

BELTRAMI, E. et M. RAVART
1987 « Vingt ans après, impact des abus sexuels subis lors de l'adolescence », *Actes du colloque Jeunesse et Sexualité* (J.J. Lévy et A. Dupras, édit.) Montréal, Iris, p. 387-405.

BELTRAMI, E., M. RAVART et J. JACOB
1987 « Alexithymia in Sexual Delinquences », Abstract of the Eight World Congress of Sexology, Heidelberg, 14-20 juin ; *Med. Tribune* (G. Kockott et V. Herms, édit.), Wiesbaden, p. 201.

BENJAMIN, H.
1953 « Travestism and Transsexualism », *Int. J. Sexol.*, vol. 7, n° 2, p. 14.

1966 *The Transsexual Phenomenon*, New York, Julian Press.

BERGERON, A.
1980 « La pédophilie comme source d'éducation sexuelle ? », *Enfance et sexualité : actes du symposium international* (J.-M. Samson, édit.), Montréal, Paris, Éd. Études Vivantes, p. 682-687.

BERNARD, F.
1975 « An Enquiry Among a Group of Pedophiles », *Journal of Sex Research*, vol. 11, p. 242-255.

BLANCHARD, R., B.W. STEINER, L.H. CLEMMENSEN et R. DICKEY
1987 « Prediction of Regrets in Postoperative Transsexuals », *Abstracts : 8th World-Congress for Sexology*, Heidelberg, 14-20 juin.

CAUDWELL, D.O.
1949 « Psychopathia Transsexualis », *Sexology*, vol. 16, p. 274-280.

COATES, S. et E.S. PERSON
1985 « Extreme Boyhood Feminity : Isolated Behavior or Pervasive Disorder ? », *Journal of the American Academy of Child Psychiatry*, nov., vol. 24, n° 6, p. 702-709.

DIXON, K.N., E. ARNOLD et K. CALESTRO
1978 « Father-son Incest : Underreported Psychiatry Problem ? », *American Journal of Psychiatry*, vol. 135, n° 7, p. 835-838.

EICHER, W. *et al.*
1980 « Transsexualitat und H-Y antigen », *Geburt-Shilfe-Fravenheilkd*, vol. 40, n° 6, p. 529-540.

EPSTEIN, A.
1961 « Relationship of Fetishism and Transvestism to Brain and Particularly to Temporal Lobe Dysfunction », *Journ. Nervous Mental Disorders*, vol. 133, p. 247-253.

FINKELHOR, D.
1984 *Child Sexual Abuse : New Theory & Research*, New York, The Free Press, p. 255.

FINKELHOR, D. et D. RUSSEL
1984 « Women as Perpetrators : Review of the Evidence », *Child Sexual Abuse : New Theory & Research* (D. Finkelhor, édit.), New York, The Free Press, p. 171-187.

FREUD, S.
1910 *Three Contributions to the Theory of Sex*, New York, Nervous and Mental Publishing Co.

GAGNÉ, P.
1981 « Treatment of Sex Offenders with Medroxyprogesterone Acetate », *American Journal of Psychiatry*, vol. 138, n° 5, p. 644-646.

1985 « Les approches médicales modernes : le traitement des délinquants sexuels », *Les abus sexuels chez les enfants et les adolescents : les solutions*, Formation continue, Département de psychiatrie, Faculté de médecine, Université de Sherbrooke, Compton, 6 novembre.

GIARRETTO, H.
1982 « A Comprehensive Child Sexual Abuse Treatment Program », *Child-Abuse-Negl.*, vol. 6, n° 3, p. 263-278.

GREEN, R.
1966 « Mythological, Historical and Cross-cultural Aspects of Transsexualism », *The Transsexual Phenomenon* (H. Benjamin, édit.), New York, Julian Press.

1985 « Gender Identity in Childhood and Later Sexual Orientation : Follow-up of 78 Males », *Am. J. Psychiatry*, mars, vol. 142, n° 3, p. 339-341.

GREEN, R. et J. MONEY (édit.)
1969 *Transsexualism and Sex Reassignment*, Baltimore, John Hopkins Press.

GROTH, N.A., W. HOBSON et T. GARY
1982 « The Child Molester : Clinical Observations », *Social Work and Child Sexual Abuse* (J. Conte et D. Shore, édit.), New York, Haworth.

HEATH, R.G.
1972 « Pleasure and Brain Activity in Man : Deep Surface Electroencephalograms During Orgasm », *Journal of Nervous and Mental Disease*, vol. 154, n° 3.

HUNT, D.D. et J.L. HAMPSON
1980 « Transsexualism : A Standardized Psychosocial Rating Format for the Evaluation of Results of Sex Reassignment Surgery (SRS) », *Arch. Sex. Behav.*, vol. 9, p. 255-263.

HUNT, M.
1974 *Sexual Behavior in the 1970's*, New York, Dell Publishing Co.

JOHNSON, R.L. et D. SHRIER
1987 « Past Sexual Victimization by Females of Male Patients in an Adolescent Medicine Clinic Population », *American Journ. Psych.*, mai, vol. 144, n° 5, p. 650-652.

KAPLAN, H.S.
1974 *The New Sex Therapy : Active Treatment of Sexual Dysfunction*, Montréal, Book Center.

KNOPP, F.H.
1983 « Adolescents : The Forgotten Sex Offenders », *Human Sexuality in the 80s : Current Research, Professional Directions and Future Trends, A Special Report Compiled by the Staff of Sexuality Today*, New York, Atcom Publishing, 13.

LAUB, D. et N. FISK
1974 « A Rehabilitation Program for Gender Dyphoria Syndrome by Surgical Sex Change », *Plast. Reconstr. Surg.*, vol. 53, p. 388-403.

LEBLANC, M.
1982 « Les activités délinquantes et les activités sexuelles », *La sexualité au Québec : perspectives contemporaines* (J.J. Lévy et A. Dupras, édit.), Montréal, Iris, p. 220-264.

LEMIEUX, M.
1979 « Approche systémique de l'inceste », *Le médecin du Québec*, vol. 14, n° 9, p. 65-71.

LESSER, I.M.
1985 « Current Concepts in Psychiatry Alexithymia », *England Journal of Medicine*, vol. 312, n° 11, p. 690-692.

LINDEMALM, G., D. KÖRLIN et N. UNDENBERG
1986 « Long-Term Follow-up of Sex Change in 13 Male-to-Female Transsexuals », *Arch. Sex. Beh.*, vol. 15, n° 3, p. 187-210.

LOTHSTEIN, L. et S. LEVINE
1981 « Expressive Psychotherapy with Gender Dysphoric Patients », *Arch. Gen. Psychiatry*, vol. 38, p. 924-929.

LUNDSTRÖM, B., I. PAULY et J. WALINDER
1984 « Outcome of Sex Reassignment Surgery », *Acta. Psychiatr. Scand.*, vol. 70, p. 289-294.

MacFARLANE, K. et J. BUCKLEY
1982 « Treating Child Sexual Abuse : An Overview of Current Program Models », *Journal of Social Work and Human Sexuality*, vol. 1, n°s 1-2, p. 69-91.

MARTY, P. et M. DE M'UZAN
1963 « Aspects fonctionnels de la vie onirique », *Revue française de psychanalyse*, vol. 27, p. 345-356.

McKIBBEN, A.
1985 « L'évaluation des délinquants sexuels », *Rapport d'activité présenté à l'Université du Québec comme exigence partielle de la maîtrise en sexologie*, Montréal.

MEISELMAN, K.C.
1978 *Incest : A Psychological Study of Causes and Effects with Treatment Recommendations*, San Francisco, Jossey-Bass Publishers.

MONEY, J.
1986 *Lovemaps : Clinical Concepts of Sexual/Erotic Heath and Pathology, Paraphilia and Gender Transposition in Childhood Adolescence and Maturity*, New York, Irvington.

MONEY, J. et A. EHRHARDT
1972 *Man and Woman : Boy and Girl*, Baltimore, John Hopkins Press.

MONEY, J., J.G. HAMPSON, J.L. HAMPSON
1955 « Hermaphroditism : Recommendations Concerning Assignment of Sex, Change of Sex and Psychological Management », *Bull. Hosp.*, vol. 97, p. 284-300.

PAULY, I.
1981 « Outcome of Sex Reassignment Surgery for Transsexuals », *Aust. N. Z. J. Psych.*, vol. 15, p. 45-51.

1985 « Gender Identity Disorders », *Human Sexuality : Psychosexual Effects of Disease* (Martin Farber, édit.), New York, MacMillan, p. 295-316.

PENDERGAST, P.
1985 « Treat One Sex Offender and Prevent 10 Children from Falling Victims », *Sexuality Today*, 3 juillet.

PUMMER, K.
1979 « Images of Pedophilia », *Love and Attraction : An International Conference, Swansea 1977* (M. Cook et G. Wilson, édit.), Willowdale, Ont., Pergamon Press, p. 537-540.

ROSSMAN, P.
1976 *Sexual Experience Between Men and Boys*, New York, Association Press.

SEGHORN, T.K. et R.J. BOUCHER
1984 « Sexual Abuse in Childhood as a Factor in Adult Sexually Dangerous Criminal Offenses », *Enfance et sexualité : actes du symposium international* (J.-M. Samson, édit.), Montréal, Paris, Éd. Études Vivantes, p. 694-704.

SGROI, S.M.
1986 *L'agression sexuelle et l'enfant : approche et thérapies*, Québec, Éditions du Trécarré.

SILBERT, M.H. et A.M. PINES
1981 « Sexual Child Abuse as an Antecedant to Prostitution », *Child Abuse & Neglect*, vol. 5, n° 4, p. 407- 411.

TAYLOR, G.J.
1984 « Alexithymia : Concept, Measurement, and Implications for Treatment », *Am. J. Psychiatry*, juin, vol. 141, n° 6, p. 725-732.

WACHTEL, S. *et al.*
1986 « On the Expression of H-Y Antigen in Transsexuals », *Arch. Sex. Behav.*, vol. 15, n° 1, p. 51-68.

WALKER, P., J. BERGER, R. GREEN, D. LAUB, C. REYNOLDS et L. WOLLMAN
1979 *Standard of Care : The Hormonal and Surgical Sex Reassignment of Gender Dysphoric Persons*, San Francisco, H. Benjamin International Gender Dysphoria Association.

WILLE, R. et A. FREYSCHMIDT
1978 « Follow-up Investigations on the Victims of Homosexual Offenses », présentation faite au *Congrès mondial de sexologie*, Rome.

WILLIAMS, V.W. et W. FULLER
1987 « Psychiatric Problems of Adults Abused Sexually as Children », *Psychiatric News*, 17 avril.

PARTIE IV

ASPECTS SPÉCIFIQUES DE LA PSYCHIATRIE

CHAPITRE 25

COUPLE ET FAMILLE

ROGER LEDUC

M.D., F.R.C.P.(C)
Psychiatre au Pavillon Albert-Prévost de l'hôpital du Sacré-Cœur (Montréal)
Professeur adjoint à l'Université de Montréal

PIERRE LALONDE

M.D., F.R.C.P.(C)
Psychiatre à l'hôpital Louis-H. Lafontaine (Montréal)
Professeur agrégé à l'Université de Montréal

GUY AUSLOOS

M.D., C.S.P.Q.
Psychiatre en chef du Département de psychiatrie à l'hôpital Rouyn-Noranda
Professeur agrégé à l'Université McGill (Montréal)

PLAN

25.1.
COUPLE

25.1.1. ORIENTATION DU COUPLE DANS LES ANNÉES 1980

Est-il vrai que, dans les années 1980, les relations intimes sont vraiment plus difficiles et plus menacées ? Selon les statistiques, la réponse semble affirmative. Ainsi, le taux de divorces, dans les pays occidentaux, a augmenté de 241 % entre 1960 et 1980. Chaque année, la durée moyenne des mariages diminue de quelques années. Plus de 40 % des mariages se soldent par un divorce. On peut présager qu'avant l'an 2000, il y aura autant de personnes divorcées que de gens mariés. WRIGHT (1985) souligne sept causes du taux élevé de séparations :

1) **Existence d'attentes « excessives » — le mariage comme remède universel**   Depuis les vingt dernières années, les conjoints s'attendent à recevoir beaucoup plus de gratifications de leur partenaire, depuis les enfants et la sécurité financière jusqu'à l'amitié, l'accomplissement partagé des tâches domestiques et le plaisir sexuel.

2) **Changements d'attitudes envers la sexualité**   Beaucoup plus qu'autrefois, les couples se plaignent de difficultés sexuelles, ce qui en amène plusieurs à rechercher le plaisir sexuel avec de nouveaux partenaires, plutôt qu'à résoudre leurs problèmes avec leur conjoint.

3) **Changement dans l'attribution des rôles dévolus aux hommes et aux femmes**   L'évolution des mentalités concernant 1) la place qui revient aux femmes dans la famille (rôle d'égale importance à celui du père), au travail (salaires et conditions de travail se rapprochant de plus en plus de celles des hommes) et dans la société (élargissement de l'éventail des rôles) ; 2) l'éducation des enfants (partage des responsabilités parentales) ; 3) l'instruction accessible à tous et à toutes, pouvant mener à une carrière tant pour les femmes que pour les hommes : autant de transformations qui ont bouleversé les valeurs patriarcales traditionnelles. Une multitude de questions se posent, que nos propres parents n'ont jamais eu à considérer : Qui va élever les enfants et comment ? Quelle carrière aura priorité, celle du mari ou de la femme ? Jusqu'à quel point les membres du couple pourront-ils être à la fois indépendants et engagés ?

4) **Moins de soutien de la part des parents**   Autrefois, la famille élargie traditionnelle offrait un soutien moral, financier et social inestimable, ce qui n'est plus le cas aujourd'hui.

5) **Changement des lois sur le divorce**   En raison des dispositions plus souples des lois modernes, les couples insatisfaits de leur relation choisissent maintenant de se séparer plutôt que de souffrir ensemble durant des années comme le firent leurs parents et leurs aïeux.

6) **Attitudes sociales plus tolérantes à l'égard du divorce**   Les personnes divorcées sont maintenant acceptées comme des êtres normaux, plutôt que comme des ratés ou des perdants.

7) **Génération du Moi**   Nos parents ont grandi dans une mentalité de sacrifices, de services, pour le bien de la famille et de la communauté. La génération moderne est exposée aux valeurs de l'expression de soi, de la croissance personnelle, de la libération sexuelle et de la liberté individuelle.

En résumé, comme le souligne WRIGHT, les couples modernes exigent plus de la vie en général et des relations intimes en particulier que leurs parents ne l'ont fait. En outre, l'expression de soi et la libération sexuelle ont incité nombre d'individus à obtenir un degré plus élevé de satisfaction personnelle et sexuelle. Mais ces nouvelles exigences exercent une plus grande pression qu'autrefois sur les relations intimes.

Malgré ces statistiques quelque peu pessimistes, *la relation intime stable qui procure une satisfaction égale aux deux partenaires est considérée comme le plus grand bonheur d'une vie* par la majorité des adultes occidentaux. Dans une telle relation, les conjoints tentent de découvrir le sentiment d'être aimés, d'être compris, d'être acceptés. Une bonne relation intime permet de surmonter plus aisément le stress et les difficultés de notre époque. La conception, la naissance et l'éducation des enfants demeurent parmi les expériences les plus enrichissantes d'une vie. La satisfaction de la sexualité n'est vraiment atteinte que si les deux partenaires connaissent leurs besoins physiques et émotionnels respectifs et réciproques.

25.1.2. MYTHES DE LA RELATION AMOUREUSE

Dans les années 1980, notre société véhicule encore une variété de croyances qui sont non seulement irrationnelles, mais également nuisibles au partage efficace de l'amour entre deux personnes vivant une relation intime. Dans certains cas, ces mythes constituent une résistance à la thérapie conjugale.

1) « Nous sommes fous l'un de l'autre, rien ne peut nous arriver. »   Au plan cognitif, ce type d'amour implique souvent que l'être aimé est placé sur un piédestal et qu'il incarne la perfection.

2) « On naît avec la capacité d'être un bon partenaire. »   La capacité d'aimer se développe de l'enfance à l'âge adulte, par les expériences vécues avec les parents, la fratrie, les amis, les partenaires. Mais la confiance en soi et dans les autres se développe tout au long de la vie.

3) « Une relation heureuse ne dépend que du choix du bon partenaire. »   Il est vrai que l'on peut convenir mieux à certains types de personnes en raison d'affinités, de compatibilités diverses. Vivre ensemble suppose cependant une communication efficace et une constante négociation des différences individuelles.

4) « Un bon mariage réussit de lui-même. On n'a pas à le construire. »   Comme s'il s'agissait d'un cadeau du Ciel !

5) « Si mon-ma partenaire m'aimait vraiment, il-elle saurait quoi faire pour que je me sente aimé-e. »   Comme si le conjoint devenait un miroir et qu'il pouvait facilement se laisser deviner.

6) « Nous devrions aimer les autres comme nous voudrions être aimés. »   On semble de ce fait nier la différence des individus entre eux.

7) « Un amour véritable ne change jamais. »   Tout comme il est inévitable que les personnes changent, évoluent au fil des ans, l'amour se transforme aussi, inéluctablement. Par exemple, l'homme qui, au début de l'union, est attiré par l'apparence physique et la joie de vivre de sa femme peut, après quelques années, apprécier davantage ses capacités intellectuelles et son soutien moral. Les couples perturbés se plaignent souvent du fait que le conjoint a changé, qu'il n'est plus ce qu'il était. Puisque les changements sont dans l'ordre des choses, il faut présumer que quelques-unes ou plusieurs des caractéristiques qui ont attiré chacun des partenaires vers l'autre disparaîtront ou se modifieront avec le temps.

25.1.3. DYNAMIQUES DE L'INTERACTION CONJUGALE

Dans notre société, on constate à la fois un taux très élevé de mariages, de divorces, de remariages et de « redivorces » ... sans compter le nombre des unions de fait. Tous ces éléments semblent indiquer que le mariage demeure une institution très populaire, mais pas nécessairement de très longue durée.

Pourquoi certains hommes et certaines femmes se querellent-ils, se battent-ils, souvent sans comprendre pourquoi ? À cette question, on connaît bien peu d'éléments de réponse ...

D'autres questions non moins importantes préoccupent les thérapeutes conjugaux :

— Sur quelle base se fait la sélection du conjoint ?

— Qu'est-ce qui détermine la nature psychologique du mariage ?

— Qu'est-ce qui conduit à l'harmonie conjugale plutôt qu'à un conflit ?

— Quels sont les facteurs intrapsychiques et interpersonnels qui conduisent au succès ou à l'échec de la relation conjugale ?

INTERACTION CONJUGALE

L'interaction conjugale réussie semble moins reliée au degré de santé ou de pathologie émotive des conjoints qu'à la façon dont ils peuvent fonctionner ensemble et répondre chacun à leurs besoins respectifs et réciproques, conscients ou inconscients. Avant que l'on puisse arriver à une attente réaliste du mariage, on traverse une période initiale marquée par des tentatives de changer ou de modifier son conjoint de façon à ce qu'il puisse trouver la clé magique pour satisfaire nos besoins de façon absolue.

Comme l'a si bien dit le nouvelliste et journaliste britannique WELLS (1916) :

Les processus mystérieux de la nature ont implanté en lui (l'homme) une conviction obstinée que, quelque part dans le monde, chez un autre être humain, il est encore possible de trouver l'ultime satisfaction de chaque besoin impérieux. La moitié des gens imaginatifs succombent à cette croyance. (Cité par GOLDBERG, 1982, p. 454)

Différents chercheurs ont tenté de démontrer quels facteurs étaient responsables du conflit conjugal. Voici, dans l'ordre, les principaux qui ont été mis en évidence :

1) argent ;
2) sexe ;
3) éducation des enfants ;
4) beaux-parents ;
5) grossesse ;
6) alcool et toxicomanie.

GREENE (1970) a étudié les plaintes spécifiques de 700 couples et les a situées dans l'ordre suivant :

1) manque de communication ;
2) disputes constantes ;
3) besoins émotionnels non satisfaits ;
4) insatisfaction sexuelle ;
5) mésentente financière ;
6) conflit au sujet des beaux-parents ;
7) infidélité ;
8) conflit au sujet des enfants ;
9) conjoint-e dominateur-trice ;
10) conjoint-e jaloux-se ;
11) alcoolisme ;
12) violence physique.

Derrière ces différentes insatisfactions ou plaintes, il importe qu'on découvre les modalités qui prennent une importance cruciale, en déterminant le degré de dysharmonie conjugale et les causes sous-jacentes du conflit apparent. Ces différentes dynamiques ne sont pas séparées par des frontières définies mais interreliées de façon très complexe.

TYPES D'INTERACTION DYNAMIQUE CONJUGALE (GOLDBERG, 1982)

Pouvoir ou contrôle

Tout thérapeute impliqué dans une relation conjugale doit s'attarder à définir « qui contrôle quoi », « de quelle façon » et « dans quel domaine ». Cette investigation lui permettra de situer *qui a le pouvoir*, *comment il est exercé* et *comment il est partagé*.

Par exemple, un mari amène sa femme en thérapie pour qu'on traite sa frigidité. La frigidité est souvent une façon pour l'épouse de contrôler son mari. Derrière des plaintes concernant les problèmes sexuels, les pratiques religieuses, les questions d'argent ou les beaux-parents, on décèle fréquemment une lutte pour le pouvoir. Il est essentiel que le thérapeute identifie ce phénomène s'il y a lieu puisqu'à ce stade, une référence en thérapie sexuelle avec modification comportementale sera absolument insuffisante pour le traitement efficace des conjoints.

La lutte pour le pouvoir se développe non pas parce qu'un conjoint veut contrôler l'autre, mais parce que les conjoints ont tous deux peur d'être contrôlés ou ont tous deux envie de le faire. Il va sans dire qu'ils peuvent adopter à la fois des mesures passives et des mesures actives, comme arme effective dans cette lutte pour le pouvoir. Ainsi, dans un couple, le conjoint le plus agressif n'est pas nécessairement le plus fort.

Le désir de pouvoir n'entraîne pas nécessairement le conflit. Par exemple, si l'homme éprouve un fort besoin de dominer et de contrôler et qu'il épouse une femme qui éprouve un besoin complémentaire d'être dominée et contrôlée, ce couple peut vivre de façon relativement heureuse. Il en est de même pour une femme dominatrice et un homme soumis ou pour deux conjoints qui ont le goût de *partager* le contrôle et le pouvoir. Les problèmes surviennent lorsque les deux ont peur de la domination du conjoint et donc ne veulent pas et ne permettent pas à l'autre l'exercice d'un certain contrôle.

En thérapie conjugale, les différents moyens pour le couple de se sortir de cette impasse sont les suivants :

1) identifier le conflit ;
2) reconnaître la contribution des deux conjoints au conflit ;
3) découvrir le mécanisme en action (l'initiateur, le répondeur et le feedback) ;
4) utiliser d'autres mécanismes plus adaptés, l'antidote étant évidemment la *confiance mutuelle*.

Maternage *(nurture)*

« Qui va prendre soin de qui ? »

Si les deux conjoints veulent prendre soin l'un de l'autre et qu'ils en sont capables, le résultat est des plus heureux. Il ne se créera pas tellement de problèmes non plus si l'un a une grande capacité de materner et que l'autre éprouve des besoins prédominants de se faire materner.

Les difficultés surviennent lorsque les deux époux ressentent de grands besoins d'être pris en charge et que ni l'un ni l'autre n'est capable d'en assumer la responsabilité. C'est dans une telle situation que l'on peut parler de couples doublement dépendants. Ces couples cherchent souvent à combler leurs besoins réciproques à l'extérieur de la relation, que ce soit auprès d'amis, d'amants, d'agents sociaux, de thérapeutes, de médecins, ou encore dans la prise d'alcool ou de drogue (processus de triangulation).

Notons que l'équilibre de la « prise en charge » est susceptible d'être modifié au cours des années, par exemple lors de la naissance d'un enfant, ou en présence de maladie physique ou mentale d'un conjoint ou d'un enfant. Évidemment, le problème surgit aussi lorsque la demande excède la capacité.

Le danger d'une thérapie conjugale dans ce type d'interaction vient du fait que la thérapie peut devenir une partie permanente du système (triangulation). Pour éviter ce piège, le thérapeute aidera les époux à développer de nouvelles sources d'« approvisionnement » à l'extérieur de son bureau.

Intimité

Soulignons que les besoins d'intimité varient beaucoup d'une personne à l'autre et qu'il ne saurait être question pour le clinicien de poser des jugements de valeur sur ces différents besoins.

Certaines personnes ont besoin de contacts très intimes, incluant la communication, le toucher, les sentiments aussi bien que le rapprochement émotionnel, alors que d'autres se contentent de se tenir à une certaine distance à la fois physique et mentale.

Si le mari et la femme sont tous deux enclins soit au rapprochement, soit à la distance, il y a beaucoup de chances que l'évolution du couple soit favorable. Mais lorsqu'un conjoint a besoin d'un certain rapprochement alors que l'autre a besoin d'une certaine distance, il y a alors matière à désaccord conjugal.

La question de distance physique varie beaucoup d'une culture à l'autre. Ainsi, un Nord-américain de passage à Istanbul sera très surpris de voir le rapprochement physique entre les hommes turcs lorsqu'ils se parlent. Les normes nord-américaines diffèrent beaucoup de celles de la Turquie ou d'autres cultures ethniques. Le degré d'intimité est également influencé par les antécédents familiaux de chacun.

En thérapie, il est important d'accorder autant d'importance à l'intimité qu'à l'individualité (*privacy*). L'équilibre entre les deux, dans un mariage donné, n'est pas statique : il varie au gré des circonstances extérieures et intérieures. Les variations s'effectueront selon l'évolution du couple.

Par exemple, lors de la naissance d'un enfant, le mère peut trouver dans cette nouvelle forme d'amour une réponse à ses besoins et un meilleur équilibre. Plus tard, le départ de l'adolescent de la maison pourra engendrer le syndrome du « nid vide » (*empty nest*). Par ailleurs, lorsque le mari a besoin de plus d'individualité que la femme, il va souvent trouver un équilibre au travail, dans une carrière, dans des activités sociales. Au moment de sa retraite, il arrive souvent que le mari tende à se rapprocher de son épouse.

Confiance

Il s'agit du sentiment que l'on a de pouvoir compter sur l'autre et aussi de compter pour l'autre, de sentir qu'il prend nos intérêts à cœur et qu'il ne va pas nous blesser volontairement. Cette confiance s'acquiert dans l'enfance, dans les toutes premières relations mère - enfant, dans un vécu verbal et non verbal (*basic trust*).

Si les deux conjoints sont confiants de nature, leur relation évoluera favorablement. Par contre, un certain degré de méfiance individuel ou partagé conduira à différents problèmes. Certains vont trouver un équilibre en déplaçant leur méfiance en dehors du couple, par exemple en prenant de la drogue, en participant à des activités dans des sous-groupes marginaux ou à des activités politiques ou, de façon plus générale, en s'élevant contre la société, contre les exploiteurs, contre le capitalisme, etc.

Dans certaines unions, l'un des conjoints a une personnalité très forte et méfiante, tandis que l'autre a une personnalité plus soumise et confiante à la base. À l'extrême, ce type de liaison peut conduire à une forme de folie à deux. Le rôle du thérapeute dans ce type de dynamique est très clair. Il doit :
1) créer une alliance thérapeutique avec le couple ;
2) aider les membres du couple à reprendre chacun confiance en soi et en l'autre (*réconciliation*) ;
3) sinon, en l'absence de véritable confiance mutuelle, la relation ne peut être restaurée et le thérapeute doit aider le couple à affronter la séparation.

Fidélité

La fidélité constitue une interaction conjugale à la fois semblable et différente de la confiance. Elle implique la conservation d'une promesse et d'un vœu : « chérir l'autre plus que n'importe qui ». Cette notion de fidélité déborde quelquefois la sexualité proprement dite.

Différentes études concernant les **causes des relations extraconjugales** mettent en évidence (HUMPHREY, 1982) :
1) des raisons sexuelles, par exemple l'insatisfaction d'un conjoint ;
2) des problèmes de distance et de rapprochement, par exemple dans les relations professionnelles ;
3) un conflit conjugal ;
4) une cause intrapsychique, tel le besoin d'augmenter son estime de soi.

L'infidélité conduit un tiers des couples au divorce. Peu de ces conjoints vont continuer leur relation extraconjugale par la suite. Les deux autres tiers des couples demeurent mariés, vivant dans un degré variable d'harmonie conjugale.

Style de vie et sens de l'ordre

Le style de vie comporte les schèmes de pensée, la façon personnelle de ressentir les choses et de fonctionner au quotidien. Par exemple, lors d'un jour de repos, une dame peut vouloir faire la grasse matinée, puis prendre un bon café, se faire un feu de foyer et écouter la télévision, alors que son mari préférerait jouer au tennis, rencontrer des amis ou faire une sortie au théâtre.

Certains couples s'accordent relativement bien au point de vue du style cognitif et des mécanismes de défense. Par exemple, un mari utilise davantage la négation, le refoulement, mettant de côté certains faits comme s'ils n'existaient pas, alors que sa femme est plutôt rationnelle, ayant besoin d'analyser et d'examiner les solutions. Ces deux façons de se comporter devant le stress de la vie sont complémentaires.

Les dynamiques de l'interaction conjugale reliées au sens de l'ordre méritent une mention spéciale. Chaque individu ordonne sa vie de manière à ce qu'elle soit pour lui confortable. Par exemple, concernant la notion de temps, on pense à l'importance d'être toujours à l'heure pour certaines personnes et, à l'opposé, au fait d'être en retard de façon chronique pour certaines autres. Deux personnes mariées ayant un sens très différent de l'ordre éprouvent de multiples problèmes touchant le rangement des choses, la ponctualité aux rendez-vous, l'hygiène personnelle, la propreté, etc. Si les différences prennent trop d'ampleur, les problèmes se répercutent dans d'autres sphères, tels le pouvoir, la confiance et l'intimité.

L'examen de ces six facteurs dynamiques de l'interaction conjugale permet au thérapeute de donner au couple une meilleure vision du degré de satisfaction des besoins individuels et réciproques.

25.1.4. PORTRAIT D'UN COUPLE EN SANTÉ : RÉALITÉ OU ILLUSION ?

KASLOW a tenté de nous démontrer à quoi pourrait ressembler un couple en santé :

1) Le couple en santé doit privilégier une orientation systémique. Il se considère comme formant une unité dans laquelle la relation demeure primordiale. Le tout (l'union) est plus grand que les parties (les conjoints). La confiance et le respect mutuels dominent, et la sphère dépendance - indépendance demeure bien nuancée en ce qui a trait aux fonctions parentales, conjugales et personnelles.

2) Un couple en santé a des frontières bien délimitées tant sur le plan *intraconjugal* (intimité - individualité) que sur le plan *interconjugal* (avec les enfants et les parents) et sur le plan *extraconjugal* (avec le monde extérieur).

3) Le rapprochement n'est pas vécu comme une intrusion et l'équilibre entre la distance et le rapprochement demeure stable. La sexualité demeure perméable aux sentiments d'affection et de tendresse.

4) Un couple en santé a une communication authentique basée sur la clarification et la rétro-action.

5) Dans la dynamique du « pouvoir », le couple heureux se situe davantage dans un rapport adulte d'égalité et de soutien mutuel. Chacun prend la responsabilité de ses propres pensées, de ses besoins, de ses désirs, de sa communication.

6) Dans l'expression de l'affectivité, les émotions peuvent être variables. Chacun peut rire, pleurer, exprimer sa joie, sa tristesse, son besoin d'affection lorsqu'il en éprouve le besoin. Les deux membres peuvent partager des émotions douloureuses, comme les pleurs lors de la perte d'un emploi, lors d'un accident ou de la perte d'un parent.

7) Concernant la négociation et la division des tâches, la communication demeure ouverte ;

chacun est à l'écoute des besoins et des exigences de l'autre et ensemble on tente de trouver une solution.

8) Chaque couple a son système de croyances et de valeurs, relié à son style de vie, au sentiment d'être relié dans le temps et dans l'espace ; il maintient des liens avec son passé, son histoire familiale et le reste du monde.

Ce portrait du couple paraît évidemment idéal, même s'il n'existe que dans l'absolu. Toutefois, un couple a plus de chances d'être en santé s'il se rapproche de ces huit éléments majeurs.

25.1.5. CONFLIT CONJUGAL

Certains auteurs ont tenté de cerner les différents paramètres qui mènent au conflit conjugal. SAGER et FELDMAN ont proposé chacun un modèle conceptuel, intégrant les forces intrapsychiques et interpersonnelles, et les divers facteurs menant à une compréhension et à une thérapie éventuelles.

MODÈLE CONCEPTUEL SELON SAGER

Pour SAGER (1976), le contenu du contrat conjugal se situe à trois niveaux : conscient et verbalisé, conscient non verbalisé, inconscient (voir le tableau 25.1.).

Les **sources de conflit** dans ce contrat conjugal sont les suivantes :
1) contrat comportant trois différents niveaux où peuvent survenir des conflits ;
2) différence culturelle dans les attentes vis-à-vis des rôles masculin et féminin ;
3) demandes paradoxales concernant les besoins et les désirs ;
4) attentes non réalistes et contradictoires.

Les objectifs du **traitement** sont les suivants :
1) clarifier les termes du contrat de façon plus réaliste ;

2) prendre conscience des facteurs intrapsychiques et interpersonnels en cause ;
3) ouvrir la communication aux trois niveaux du contrat et verbaliser les aspects cachés ;
4) se servir du troisième niveau comme hypothèse de travail à vérifier.

L'avantage de cette approche pour le thérapeute est qu'il lui est possible d'intervenir sur un mode intrapsychique aussi bien que sur un mode interactionnel dans les aspects de la dynamique familiale et conjugale.

MODÈLE CONCEPTUEL SELON FELDMAN

D'après FELDMAN (1979), le conflit serait relié de près ou de loin à la question de l'**intimité**, inhérente à toute relation interpersonnelle et aux différentes anxiétés qui s'y rattachent. Par intimité, l'auteur désigne une relation interpersonnelle amoureuse et intime incluant les relations sexuelles. Le développement d'une telle relation implique une communication, une série d'attentes, de désirs, de besoins et d'inquiétudes qui sont fonction du type de relation désiré par les conjoints (voir la figure 25.1.).

Le modèle de FELDMAN repose sur trois postulats :
1) Le comportement conflictuel conjugal, répétitif et non productif, comporte un objectif précis et est maintenu par des renforcements.
2) Dans une perspective intrapsychique, l'un des buts majeurs du comportement conflictuel est de prévenir l'émergence à la conscience d'une anxiété inconsciente trop intense, découlant de l'augmentation actuelle ou anticipée de l'intimité.
3) Une fois le comportement conflictuel amorcé, le niveau d'agressivité verbale ou physique s'élève et l'escalade commence. Elle est cependant maintenue à l'intérieur de limites spécifiques au système par deux facteurs :
1) l'émergence de l'anxiété reliée au conflit et

Tableau 25.1.   CONTRAT CONJUGAL SELON SAGER (RÉSUMÉ)

NIVEAU I : CONSCIENT ET VERBALISÉ

Femme	*Mari*
Je m'engage à t'aider sur le plan sexuel sans t'humilier, en retour de ta protection contre mon sentiment d'insécurité, ma dépressivité.	Je t'offre mon aide et ma protection si tu m'aides à me sentir plus adéquat et compétent sexuellement, sans m'humilier.

Le niveau I est complémentaire pour les conjoints et compatible avec une relation intime et mutuelle.

NIVEAU II : CONSCIENT NON VERBALISÉ

Femme	*Mari*
Je souhaite que tu demeures insécure sur le plan sexuel car c'est le seul avantage que je possède sur toi. Je ne veux pas que tu m'abandonnes.	Je veux t'aider professionnellement, mais je trouve une autre carrière pour éviter la compétition qui me rend insécure. Je souhaite que tu deviennes suffisamment forte comme ma sœur qui est mon idéal.

Le niveau II implique des attentes, des besoins de chaque conjoint qui diffèrent de ceux du niveau I. De plus, il n'est pas verbalisé à l'autre en raison de la peur et de la honte reliées à cette découverte sur soi et ses réels sentiments.

NIVEAU III : INCONSCIENT

Femme	*Mari*
Utilise ta puissance et ta force pour combler mon insécurité, et je vais me soumettre en échange. Au fond, je souhaite te détruire afin de me sentir forte et active. Je ne t'abandonnerai pas à condition que tu me laisses te diminuer.	Je veux être libre sexuellement, mais seulement avec ta permission. Je vais te faire sentir puissante afin de me dominer. Mais ta domination me rend fou de colère car je déteste me sentir dépendant. Je ne t'abandonnerai pas si tu me laisses te dominer.

Le niveau III comporte des désirs et des besoins contradictoires et irréalistes ; de plus, les conjoints n'en sont pas conscients. Les attentes peuvent ici être semblables ou en conflit avec celles des niveaux I et II, selon le degré d'intégration de l'individu.

SOURCE : Tableau adapté, d'après SAGER (1976, p. 488-491).

Figure 25.1.   CYCLE CONFLIT - INTIMITÉ SELON FELDMAN

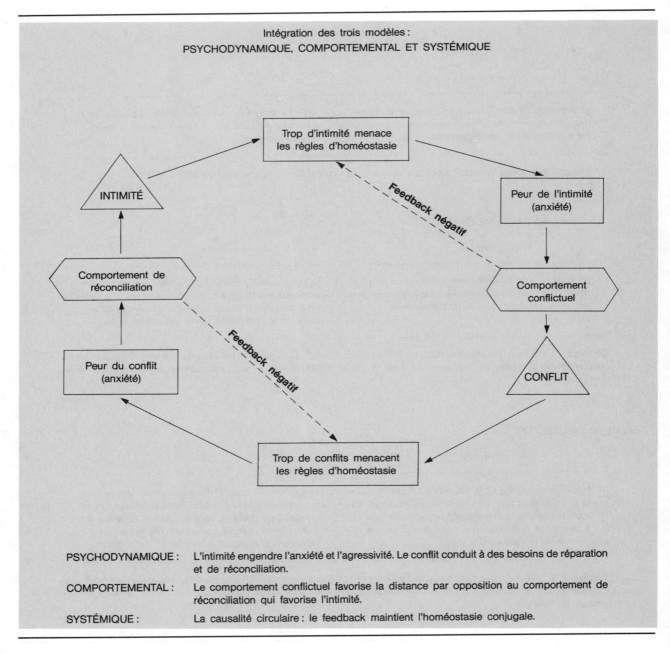

Intégration des trois modèles :
PSYCHODYNAMIQUE, COMPORTEMENTAL ET SYSTÉMIQUE

PSYCHODYNAMIQUE :	L'intimité engendre l'anxiété et l'agressivité. Le conflit conduit à des besoins de réparation et de réconciliation.
COMPORTEMENTAL :	Le comportement conflictuel favorise la distance par opposition au comportement de réconciliation qui favorise l'intimité.
SYSTÉMIQUE :	La causalité circulaire : le feedback maintient l'homéostasie conjugale.

SOURCE : FELDMAN (1979, p. 70).

2) la réémergence d'un besoin fondamental d'intimité.

Quand l'intensité combinée de ces deux forces excède l'angoisse provoquée par l'intimité, un comportement de conciliation est adopté qui conduit à un accroissement de l'intimité. On obtient alors une satisfaction transitoire car, très tôt, l'intimité engendre à nouveau l'anxiété et le conflit défensif se réamorce.

Niveau intrapsychique

Le concept conflit-intimité se trouve à la source de toute relation d'attachement intime. L'intimité fait vivre à chacun des sentiments positifs très profonds et intenses, sentiments de plénitude, de bien-être, d'appartenance, de compréhension, qui réfèrent aux relations passées avec les personnes significatives de l'enfance et de l'adolescence (parents, fratrie, amis, adultes). Cette même intimité fait naître cependant des sentiments négatifs qui se rapprochent également des sentiments vécus dans les relations antérieures, et elle devient source d'anxiété importante et profonde, consciente ou inconsciente. FELDMAN (1979) en distingue cinq types :

1) **Peur de la fusion**   De façon transitoire, l'intimité éveille une faiblesse relative des frontières du Moi. Cette fusion avec un être aimé peut être stimulante et gratifiante, mais elle peut aussi devenir source d'angoisse et même, à l'extrême, d'angoisse psychotique avec peur d'être incorporé dans l'autre et d'y perdre son identité.

2) **Peur de l'abandon**   Il s'agit du sentiment d'impuissance pour retenir la personne aimée lorsqu'elle veut nous quitter.

3) **Peur de s'exposer**   Si l'estime de soi est suffisamment bonne, la personne ne se sent pas trop menacée de vivre l'intimité. Si l'estime de soi est faible et inadéquate, un sentiment d'infériorité et de honte accompagne l'exposition de soi à l'autre.

4) **Peur de l'agressivité**   Dans l'enfance, beaucoup de relations ont été plutôt insatisfaisantes et n'ont pu satisfaire les besoins personnels. La colère et l'agressivité reliées à l'objet aimé peuvent renaître, rappelant la rivalité inhérente au complexe d'ŒDIPE.

5) **Peur des pulsions destructrices**   L'ambivalence inhérente à toute relation d'intimité fait émerger des fantasmes hostiles et destructeurs envers la personne aimée, accompagnés d'une peur de la détruire et ainsi de la perdre.

Toutes ces angoisses reliées à l'intimité conduisent à des comportements défensifs.

Niveau comportemental

Des **comportements conflictuels** surviennent lorsque l'intimité est à son paroxysme ; on assiste alors à l'émergence d'une angoisse selon l'escalade suivante :

1) Une fois le conflit amorcé, la séquence des événements destructeurs est prévisible — accusations, blâmes, sarcasmes verbaux et comportementaux se succèdent.

2) Suit un retrait hostile de quelques heures ou de quelques jours, se manifestant par le silence, la froideur, la distance ou la contre-attaque de l'autre conjoint.

3) Peu à peu se produit une réduction de l'intimité conduisant à l'émergence d'un besoin plus grand de cette même intimité.

4) Un conjoint décide de « briser la glace » et manifeste à l'autre, verbalement ou non verbalement, son désir de rapprochement (par exemple en lui achetant un cadeau, en lui faisant une caresse ou en lui disant : « Excuse-moi de t'avoir blessé-e ».

5) Réconciliation subite ou progressive — parfois deux ou trois tentatives de rapprochement - retrait sont nécessaires avant la réconciliation.

Dans le cycle conflit-intimité, les deux déviations majeures surviennent lorsque soit l'intimité, soit le conflit dépasse les limites acceptables. Ce cycle a des racines profondes dans l'enfance et l'adolescence.

- Une **intimité trop grande** entraîne un comportement qui engendre le conflit. Un conjoint lance à l'autre un message explicite pour que l'intimité diminue ou même cesse complètement.
- Un **conflit trop sérieux** amène un comportement de réconciliation, où l'on dénote un signal de « cessez-le combat ». Par ces feedback d'équilibration, l'intimité et le conflit sont maintenus à l'intérieur de certaines limites acceptables pour le couple.

Ces comportements sont régis par les règles de l'homéostasie, c'est-à-dire par la tendance de tout système à revenir au statu quo, à son état antérieur après un changement, sans trop de déviation.

Répercussions thérapeutiques de l'approche de FELDMAN

1) C'est une approche globale, c'est-à-dire intrapsychique, interpersonnelle et systémique.
2) Selon cette approche, on peut améliorer la communication par la gestion du conflit conjugal (renversement de rôle, *modeling*, etc.).
3) On est à même de créer une atmosphère dans laquelle l'exploration de l'anxiété liée à l'intimité peut être élucidée.
4) C'est une approche propice à favoriser le développement de la réceptivité et de la confiance mutuelles, qui sont des composantes essentielles d'une intimité durable.
5) L'approche contribue à établir un nouvel équilibre dans lequel une intimité vraie et constructive a plus de chances de devenir durable ; elle peut aussi mener à la résolution des problèmes et des conflits initiaux et, partant, au développement et à la maturation du système conjugal.

25.1.6. ÉVALUATION DU FONCTIONNEMENT CONJUGAL

WRIGHT (1985) a décrit huit éléments qui nous permettent d'évaluer le fonctionnement du système conjugal et ses objectifs (voir le tableau 25.2.) :

1) **Bonne communication**   Le but visé est une compréhension mutuelle. La communication intime permet à chacun de montrer vraiment qui il est et d'être compris et respecté en conséquence. Elle implique un message clair, une écoute attentive et une compréhension de l'autre plutôt qu'une attitude interprétative.

2) **Amour** et **affection**   Le but est une relation intime. Il n'est facile pour personne de savoir exactement ce qu'on entend par amour et de connaître ce qui fait que l'on se sente aimé. Il importe d'identifier les besoins personnels que l'on peut satisfaire et de comprendre que les besoins de son conjoint sont bien différents de ses propres besoins. Une fois cette première étape d'identification terminée, on va tenter de savoir qui va répondre en premier aux besoins de l'autre et exprimer clairement ses besoins d'affection.

3) **Sexualité** et **sensualité**   Le but est une compatibilité sexuelle et des rapports physiques satisfaisants qui ouvrent à une union riche et stimulante. La moitié des couples occidentaux rapportent avoir des difficultés sexuelles depuis longtemps. Près de 100 % révèlent avoir eu au moins une période temporaire d'insatisfaction.

4) **Résolution des problèmes**   Le but est d'arriver à une solution équitable pour les deux parties. Toute relation intime est nécessairement exposée à des obstacles à un moment donné. Vivre ensemble, c'est prendre des décisions et effectuer des choix concernant les deux partenaires. Les conflits sont une composante inévitable de l'intimité, même chez les couples en santé et heureux. La distinction entre couples heureux ou malheureux n'est pas dans le

Tableau 25.2. ÉVALUATION DU FONCTIONNEMENT CONJUGAL SELON WRIGHT

DIMENSIONS	ÉTAPES IMPORTANTES DE LA DÉMARCHE
1) Communication *But : compréhension mutuelle*	1) Choisir un sujet à la fois. 2) Utiliser le « Je ». 3) Émettre un message clair. 4) Écouter attentivement. 5) Comprendre au lieu d'interpréter. 6) Faire des compliments pour manifester son appréciation.
2) Amour et affection *But : relation intime*	7) Identifier des besoins qu'on peut satisfaire. 8) Reconnaître des besoins différents chez les deux conjoints. 9) Exprimer des besoins à tour de rôle. 10) Choisir qui va répondre en premier. 11) Savoir donner et recevoir l'affection. 12) Exprimer clairement son affection. 13) Varier les échanges amoureux.
3) Sexualité et sensualité *But : union riche et stimulante*	*Identifier la cause des problèmes suivants et y remédier :* 14) Manque d'information, entretien de mythes. 15) Rôle de spectateur. 16) Anxiété, culpabilité. 17) Communication inefficace. 18) Maladie physique, alcool, etc. 19) Discorde conjugale. 20) Difficultés psychologiques.
4) Résolution des problèmes *But : solution équitable pour chacun*	21) Former équipe, collaborer. 22) Choisir le moment propice. 23) Parler d'un problème à la fois. 24) Définir clairement le problème. 25) Envisager toutes les solutions possibles. 26) Évaluer différentes propositions. 27) Prendre une décision. 28) Appliquer les solutions retenues et en vérifier l'efficacité.
5) Négociations et compromis *But : compromis équitables*	29) Discuter d'une seule question à la fois. 30) Proposer tous les compromis possibles. 31) Suggérer un nouveau compromis plutôt que de blâmer l'autre. 32) Appliquer des ententes négociées durant un temps défini. 33) Définir les termes du compromis. 34) Identifier les différences irréconciliables. 35) Souligner le rôle de la récompense dans la négociation en couple.

Tableau 25.2.   (SUITE)

DIMENSIONS	ÉTAPES IMPORTANTES DE LA DÉMARCHE
6) Expression de l'agressivité *But : combat loyal (quand, où, pourquoi)*	36) Savoir quand et où se quereller. 37) Savoir le pourquoi de la colère avant de s'engager dans une dispute. 38) Se quereller pour des problèmes résolubles. 39) Exposer un seul grief à la fois. 40) Se concentrer sur les problèmes en litige. 41) Observer les règles d'équité : — utiliser le « Je » ; — ne pas interpréter ; — spécifier les griefs ; — demander un changement positif ; — reconnaître ses erreurs.

7) Répartition du travail
But : division efficace du travail

Couples à double carrière

Avantages	Difficultés
42) Aspect financier.	Surchage de travail pour chaque conjoint.
43) Protection contre les catastrophes de la vie (maladie, chômage).	Maladies reliées au stress.
44) Estime de soi et stimulation intellectuelle.	Attribution des rôles qui soit juste.
45) « Syndrome de la ménagère » évité.	Partage des tâches ménagères qui soit satisfaisant pour les deux conjoints.
46) Égalité des rôles.	
47) Sympathie et respect.	Répartition des tâches qui soit équitable.

| **8) Relations extraconjugales et indépendance**
But : diminution des facteurs d'insatisfaction dans les liaisons intimes ; stimulation par opposition à sécurité | 48) Déterminer quels besoins sont satisfaits dans une relation extraconjugale.
49) Analyser l'importance de la nouvelle liaison.
50) Évaluer l'influence de la liaison sur la relation conjugale.
51) Décider s'il doit y avoir une communication ouverte des activités extraconjugales.
52) Examiner l'opportunité de dévoiler la relation extraconjugale aux amis, à la famille.
53) Identifier la « proie rêvée ».
54) Considérer si un seul ou les deux partenaires participent.
55) Établir des règles permettant les activités extraconjugales. |

SOURCE : Tableau adapté, d'après Wright (1985).

nombre de problèmes qu'ils affrontent, mais dans la façon dont ils les résolvent.

5) **Négociations** et **compromis** Le but est d'atteindre des ententes équitables. Les divergences d'opinions sur certains sujets sont inévitables, que ce soit sur la manière de se comporter à table ou sur le plan social. WRIGHT a très bien distingué les *couples colombes* qui font constamment abstraction de leurs divergences, et les *couples faucons* qui, au contraire, se relaient dans leurs prises de bec incessantes. Ces attitudes extrêmes conduisent inévitablement à la frustration. L'auteur propose des étapes et des règles précises dans la démarche d'une négociation.

6) **Expression de l'agressivité** L'objectif est le combat loyal où l'on détermine quand, où et pourquoi le combat a lieu. Il existe autant de couples qui ont la phobie de la querelle que de couples qui se disputent sans cesse tout en n'en retirant aucun avantage. La colère est une réaction naturelle à la frustration : elle est inévitable et saine. Il est moins dangereux, semble-t-il, de se quereller que de ne pas le faire du tout. Il importe que les deux « belligérants » adoptent une attitude loyale et qu'ils vivent des affrontements productifs.

7) **Répartition du travail** Le but est la division efficace du travail, plus complexe de nos jours qu'elle ne l'était il y a quelques années au sein de la famille. Certains couples modernes, par exemple, se sentent lésés s'ils adoptent le modèle traditionnel, comme celui de la femme à la maison et du mari au travail. La division efficace du travail conduit au partage des travaux ménagers, du travail professionnel et de l'éducation des enfants, pour une satisfaction mutuelle des conjoints.

8) **Relations extraconjugales** et **indépendance** Les relations extraconjugales visent souvent à diminuer les facteurs d'insatisfaction dans les liaisons intimes et à favoriser un équilibre entre la stimulation et la sécurité. De plus en plus, les couples s'engagent dans des relations sexuelles extraconjugales. Le désaccord des partenaires sur la façon de voir les relations en dehors de leur couple est un des facteurs d'insatisfaction les plus sévères pour les liaisons intimes. La monogamie cependant n'est pas le remède universel. Le conflit entre les partenaires entourant la question du mariage ouvert ou du mariage fermé couvre souvent aussi un conflit à propos des besoins de sécurité et de stimulation. Si une personne accorde plus de valeur à la sécurité qu'à la stimulation, elle risque d'entrer en conflit avec un partenaire qui favorise l'inverse. Ni la monogamie, ni le mariage ouvert, ni la séparation ne permettent la conciliation miraculeuse de ces différences fondamentales. Chaque couple doit choisir parmi ces trois options celle qui lui convient le mieux et se consacrer à tirer le meilleur parti de son choix.

25.1.7. MANIFESTATIONS CLINIQUES MASQUÉES DU CONFLIT CONJUGAL

L'omnipraticien doit savoir qu'il est très rare que les individus se présentent à son bureau après avoir identifié un conflit conjugal. Au contraire, le conflit conjugal se manifeste souvent de manière indirecte ou masquée, ou encore par une symptomatologie individuelle. On sait que le calme chez un couple peut certes être le reflet de sa sérénité, mais qu'il peut tout autant camoufler un conflit. Les symptômes indirects du conflit conjugal sont variés, peuvent induire en erreur le clinicien et, ainsi, masquer le conflit.

Les symptômes individuels sont d'ordre psychique, psychosomatique ou sexuel :

1) Si la pathologie névrotique ou même psychotique d'un individu dépend d'un conflit conjugal, elle ne s'exprime fréquemment que dans la relation conjugale.

2) Quant aux plaintes d'apparence somatique qui traduisent un conflit conjugal, elles ont une importance particulière en médecine. Les nombreuses investigations sur le plan physique sont

habituellement négatives. De plus, les remèdes prescrits n'apporteront pas les résultats attendus. Tant que le praticien n'aura pas soupçonné que les symptômes traduisent l'existence de conflits interpersonnels, le problème ne pourra être résolu. Le praticien devrait donc alors recueillir suffisamment d'indices pour considérer la possibilité d'un dysfonctionnement conjugal. Le symptôme somatique est d'autant plus complexe que la plainte d'allure organique peut aussi bien être la cause que la conséquence du conflit.

3) Les symptômes « sociologiques » tels que le repli du couple sur lui-même, l'investissement excessif dans le travail et parfois l'inefficacité professionnelle, peuvent également être des symptômes de conflit conjugal.

4) La pathologie d'un enfant (par exemple un problème psychosomatique ou caractériel, des difficultés scolaires) dénonce souvent des altérations évidentes ou subtiles de la dynamique psychologique parentale. L'insatisfaction entre les parents se projette alors sur l'enfant qui devient ainsi le bouc émissaire des frustrations et des désirs.

25.1.8. INDICATIONS ET CONTRE-INDICATIONS DE LA THÉRAPIE CONJUGALE

Différentes approches se sont révélées efficaces pour répondre aux différentes demandes. Ainsi, dans le cas où c'est l'un des conjoints qui est malade, le thérapeute se préoccupera de traiter ce dernier et tentera d'obtenir la collaboration de l'autre comme allié thérapeutique. Lorsque la demande vient d'un couple en santé mais non heureux, le thérapeute se préoccupera de traiter le couple lui-même.

Dans une approche systémique, le patient identifié est redéfini comme le signal de la dysfonction dans les attitudes et les relations conjugales. L'approche systémique se caractérise par une flexi-

bilité inhérente et permet une intervention stratégique pour les différents types de problèmes. Dans notre expérience clinique, la thérapie de couple s'est révélée profitable :
— dans les interventions de crise ;
— dans le traitement des troubles de l'adaptation ;
— dans le traitement et la réhabilitation d'un patient psychiatrique en limitant la durée de l'hospitalisation ;
— chez certains couples dont la maturité et la motivation sont suffisantes pour qu'une thérapie de couple soit prolongée de plusieurs mois ou plusieurs années, afin que le couple retrouve l'harmonie qu'il avait connue au début de sa relation.

INDICATIONS DE LA THÉRAPIE CONJUGALE

La thérapie conjugale est indiquée lorsque les conjoints éprouvent des problèmes de communication ou des conflits dans les différents domaines que nous avons examinés concernant la vie conjugale et ses dynamiques d'interaction (par exemple des difficultés sexuelles, des difficultés à établir un rôle social, économique, parental, émotionnel, satisfaisant pour chaque conjoint).

Plus spécifiquement, BEAVERS (1982) a décrit les indications suivantes :

1) demande d'une thérapie conjugale formulée de façon conjointe, partagée, éclairée par les deux personnes en cause — on y perçoit alors un désir mutuel d'améliorer la relation ;

2) désir des deux conjoints de former véritablement un couple, soit dans un mariage ou une union de fait — ils possèdent des affinités réciproques et des intérêts communs et souhaitent investir dans leur relation ;

3) existence d'une « impasse thérapeutique » en psychothérapie individuelle, à cause de la persistance de phénomènes projectifs, de problèmes de pouvoir et de contrôle reliés au conjoint absent ;

4) identification d'un conflit engendré par des difficultés conjugales ;

5) découverte, lors d'une évaluation familiale, de troubles d'apprentissage ou de comportement chez l'enfant ;

6) situation de crise traduite par une psychose aiguë, une dépression, un abus d'alcool ou de drogue, etc. L'intervention individuelle n'étant pas suffisante, on doit souvent ajouter une pharmacothérapie et une intervention de couple.

CONTRE-INDICATIONS

Certaines situations rendent plus difficile la thérapie conjugale :

1) présence, chez un conjoint, d'un désir manifeste de mettre fin à la relation — on doit à ce moment-là aider les gens à la séparation, surtout lorsqu'il y a menace d'agressivité, de violence, ou lorsque des enfants sont en cause ;

2) utilisation des entrevues de la part d'un conjoint dans le but de discréditer l'autre ;

3) présence d'une relation significative avec un amant ou une maîtresse, soit du même sexe soit du sexe opposé — le travail thérapeutique est évidemment compliqué en raison d'abord du manque de confiance mutuelle, ensuite de la difficulté à déterminer si une plainte est fondée sur la réalité ou sur un déplacement de symptômes découlant des émotions provoquées par la relation extraconjugale ;

4) lien transférentiel trop intense entre un des conjoints et le thérapeute ;

5) existence d'un secret, soit une relation extraconjugale, soit la découverte d'une homosexualité ;

6) contre-indications d'ordre psychiatrique, par exemple :

a) *délire de jalousie ou de persécution*   Les entrevues renforcent les mécanismes projectifs à l'origine du délire et le danger de passage à l'acte. Le thérapeute doit éviter de se justifier, se montrer ferme et précis quant à son rôle ;

b) *dépression sévère*   Le déprimé perçoit facilement la critique dans toute communication, ce qui accentue beaucoup son sentiment de culpabilité. Lorsque le partenaire ne comprend pas et ne peut pas supporter l'état dépressif, il tente de se déculpabiliser par des reproches, ce qui enfonce davantage le malade dans sa dépression. On doit, à ce moment-là, envisager une approche individuelle avec le malade et une autre avec le conjoint.

25.1.9. THÉRAPIES CONJUGALES CONTEMPORAINES

Durant la dernière décennie, la thérapie conjugale est devenue un outil thérapeutique très important dans le champ de la maladie mentale et a envahi certains domaines réservés autrefois à la thérapie individuelle, par exemple le traitement des maladies affectives, de l'alcoolisme, des dysfonctions sexuelles, etc.

Selon GURMAN (1978), la recherche sur le devenir des thérapies conjugales restait encore embryonnaire en 1973 et ne comportait que cinquante études empiriques. Depuis les années 1980, plus de deux cents publications sont parues et la plupart d'entre elles répondent aux exigences méthodologiques de la recherche.

Plusieurs études comparent, entre autres, les diverses approches (analytique, systémique et comportementale) à propos de différents paramètres du processus thérapeutique : l'importance du choix conjugal, la signification du problème identifié, le rôle du passé et de l'inconscient, le rôle du thérapeute, les différents objectifs d'apprentissage visés.

THÉRAPIE CONJUGALE D'ORIENTATION PSYCHANALYTIQUE

Selon cette approche, le choix du conjoint repose essentiellement sur l'idéalisation du partenaire et la projection de sentiments ambivalents sur la personne aimée. Ce processus inconscient conduit à une sorte de « transfert conjugal » où l'autre est perçu pour ce qu'il représente et non pour lui-même, ce qui amène tout un cortège de frustrations, de besoins inappropriés et irréalisables (SAGER, 1976).

Le choix conjugal se fait donc sur une base inconsciente axée sur la complémentarité, chacun cherchant dans l'autre la satisfaction des besoins qui ne peuvent être satisfaits par soi-même. L'approche analytique met l'accent sur le passé du patient. Les symptômes sont souvent perçus comme une défense contre la fusion chez des conjoints qui n'ont pas atteint une individuation suffisante.

Rôle du thérapeute

L'intervention du thérapeute porte sur l'individu *et* sur la relation, avec insistance sur les éléments transférentiels basés sur l'interprétation et l'*insight*.

Objectifs du traitement

- Augmentation de l'estime de soi.
- Résolution du conflit névrotique.
- Amélioration de sa propre identité.
- Résolution du transfert.
- Amélioration de l'interaction conjugale.

La thérapie psychanalytique est focalisée sur la pathologie de l'individu qui se plaint de conflits conjugaux, plutôt que sur le conflit lui-même.

THÉRAPIE CONJUGALE COMPORTEMENTALE

Le postulat de ce type de thérapie peut se résumer comme suit : un mariage est d'autant mieux réussi s'il est basé sur la réciprocité (renforcement positif) et l'expression de la satisfaction plutôt que sur la coercition (renforcement négatif). À l'inverse,

dans les mariages malheureux, les partenaires recourent à des stratégies de renforcement moins positives, plus hostiles. Par exemple, dans la résolution de problèmes, l'un des conjoints demande à l'autre un changement immédiat de comportement auquel celui-ci ne peut répondre.

Dans cette approche, l'accent porte sur l'aspect rationnel et logique plutôt que sur l'inconscient, sur l'évaluation du problème et de la relation plutôt que sur l'individu en soi, sur le « ici et maintenant » plutôt que sur les expériences passées.

Rôle du thérapeute

L'intervention **du thérapeute** demeure active :
- Il enseigne au couple des comportements plus adaptés et lui transmet des connaissances.
- Il tente de façonner de nouveaux modes de relations interpersonnelles plus satisfaisants.
- Il structure les entrevues, planifie la séquence des objectifs, conseille, offre son soutien et exige des exercices à la maison.
- Il utilise le contrat thérapeutique en soulignant le symptôme et le comportement à modifier.

Objectifs du traitement

- Redéfinition du problème.
- Clarification des besoins.
- Réduction du blâme et de la critique.
- Le thérapeute ne cherche pas forcément à créer une alliance thérapeutique ni à favoriser l'expression des sentiments.
- Dans une relation de blâme et de critique, le thérapeute tente d'encourager les comportements d'approbation et de diminuer les critiques.
- Cette approche cherche à modifier la circularité action - réaction : un stimulus amène une réponse qui devient elle-même un stimulus accentuant la réponse initiale.

THÉRAPIE CONJUGALE SYSTÉMIQUE

La thérapie systémique, pour sa part, met l'accent sur la relation conjugale : les conjoints se choisissent parce que leur style d'interactions leur est mutuellement familier, en fonction de leurs interactions familiales antérieures. Ce processus de choix est appuyé par des renforcements positifs menant à un équilibre et à une homéostasie dans la dynamique conjugale. L'accent porte donc sur l'interaction et non sur l'individu, et les problèmes présentés sont reliés à des messages (communication) concernant les règles relationnelles, le pouvoir, le contrôle, etc.

Tout comme la théorie systémique, la théorie de la communication conceptualise le conflit comme le résultat d'interactions visant à redéfinir la relation. Les couples conflictuels communiquent à des niveaux multiples de façon simultanée et souvent paradoxale. Les problèmes sont vus comme des métaphores des interactions. Les symptômes acquièrent une signification interpersonnelle dans la relation conjugale. Selon WATZLAWICK (1974), le conflit conjugal survient lorsqu'il y a désaccord sur la définition de la relation. Les interactions deviennent elles-mêmes de plus en plus problématiques, puisque les difficultés conjugales n'ont pu être identifiées et traitées efficacement dès leur apparition.

Rôle du thérapeute

- Il clarifie la communication, structure les entrevues et planifie la séquence des objectifs.
- Il peut inviter en thérapie les autres personnes significatives de l'entourage plutôt que de se limiter au couple.
- Il replace les affirmations et les croyances des individus dans une nouvelle perspective, pour leur permettre d'aboutir à une nouvelle définition de la relation et, donc, des problèmes qui en découlent. Ces recadrages peuvent parfois être volontairement paradoxaux, à des fins thérapeutiques.

- Il demande au couple de faire des exercices à la maison sans allusion au phénomène transférentiel et contre-transférentiel.
- Il utilise l'*insight* un peu comme dans l'approche psychanalytique.

Objectifs du traitement

- Changement des interactions facilitant le changement du système. Si la relation entre une personne et le contexte dans lequel elle vit est changée, il en sera de même de son expérience subjective.
- Redéfinition de la relation par la description des problèmes, la clarification des besoins et des désirs individuels dans la relation.
- Développement de l'écoute et de l'expressivité, diminution du blâme et de la critique, modification positive des styles de communication, encouragés et supervisés par le thérapeute.
- Buts ultimes : flexibilité des rôles, disparition des symptômes, équilibre du pouvoir et clarification de la communication.

EFFICACITÉ DES DIFFÉRENTES THÉRAPIES

Dans leur revue de la documentation sur la thérapie conjugale, GURMAN et KNISKERN (1978) en sont arrivés aux conclusions suivantes en ce qui concerne l'efficacité des différentes approches :

1) La thérapie conjugale produit des effets bénéfiques dans 61 % des cas.
2) Lorsque les deux conjoints sont impliqués dans une thérapie, il y a 65 % d'amélioration contre 48 % lorsqu'un seul conjoint est traité.
3) Le taux de détérioration de la relation conjugale se situe à 5,6 % en thérapie conjointe et à 11,6 % en thérapie individuelle.
4) La durée de la thérapie n'a pas d'influence sur le degré d'efficacité du traitement.
5) L'habileté technique du thérapeute, quelle que soit son orientation, a un impact majeur sur l'évolution de la thérapie.

6) L'approche comportementale n'est pas plus efficace que les autres.

25.1.10. CONCLUSIONS ET PERSPECTIVES D'AVENIR

Bien que les différentes approches apportent des points de vue originaux et divergents, nous demeurons frappés par leurs similitudes.

Dans le futur, la thérapie conjugale évoluera vers la **spécificité** de différentes thérapies adressées à différents couples, afin d'aborder des problèmes différents, à des périodes différentes du cycle de la vie conjugale, etc.

La recherche demeurera toujours un point crucial et fondamental. Les théoriciens, chercheurs et cliniciens devront continuer à défier, modifier et redéfinir les modèles existants, puisque le destin d'une théorie est qu'elle soit éventuellement contredite.

Ainsi, les thérapeutes et les patients doivent conserver une attitude d'optimisme prudent à propos des possibilités offertes par les différentes approches de traitement des dysfonctions conjugales, et accepter qu'aucune d'entre elles ne constitue un produit fini.

25.2.
FAMILLE

25.2.1. INTRODUCTION

Aussi paradoxal que cela puisse paraître, même si l'on répète souvent que la famille des années 1980 est en crise, en mutation, elle demeure la première des valeurs fondamentales pour les Québécois et Québécoises. Plus de 90 % l'ont affirmé dans une *Étude du ministère des Affaires sociales* (1980). L'augmentation des séparations et des divorces, les situations de pauvreté, la croissance des familles monoparentales et la violence familiale constituent les différentes manifestations de cette mutation.

25.2.2. SITUATION DE LA FAMILLE CONTEMPORAINE AU QUÉBEC

CHANGEMENT DANS LE TYPE DE FAMILLE

Les familles monoparentales sont passées de 10 % en 1971 à près de 20 % en 1982. Aux États-Unis, la croissance des familles monoparentales est vingt fois plus rapide que celle des familles biparentales.

Les familles biparentales ont été décimées par les ruptures de couples et la diminution des mariages au Québec, comme on peut le constater ci-dessous.

	1969	1982
Mariages	47 545	38 354
Divorces	2 947 (6,2 %)	21 529 (56,7 %)

POURCENTAGE DE NAISSANCES HORS MARIAGE

1951	1966	1981
3,1 %	5,9 %	15,6 %

— soit une hausse de 12,5 % en trente ans.

CHUTE DE L'INDICE DE NATALITÉ

1951	1971	1982
3,84	1,98	1,57

— soit une baisse de plus de 50 % en trente ans.

INDICE DE NUPTIALITÉ

	Mariage		Célibat	
	Hommes	*Femmes*	*Hommes*	*Femmes*
1961	92,7 %	87,1 %	7,3 %	12,9 %
1979	79,2 %	77,5 %	20,8 %	22,5 %
1981	57,1 %	57,9 %	42,9 %	42,1 %

Le taux de mariages a baissé de 30 % en vingt ans, ce qui entraîne une hausse du taux de célibat de plus de 30 %.

Le mot « célibataire » désigne une personne qui ne s'est jamais mariée légalement, mais il inclut les personnes qui vivent en union de fait ou qui forment des familles monoparentales.

PARTAGE DU TRAVAIL ENTRE HOMMES ET FEMMES

Aujourd'hui, 48 % des femmes mariées travaillent ou se cherchent un emploi. Qu'il s'agisse du groupe des mères d'enfants d'âge préscolaire (38 %), ou des mères de préadolescents (44 %) ou d'adolescents (41 %), le pourcentage varie peu.

L'étude sur le modèle idéal de famille biparentale (M.A.S., 1982) montre que :
— 60 % des femmes de 18 à 29 ans,
— 48 % des femmes de 30 à 39 ans et
— 44 % des femmes de 40 à 55 ans
estiment que le modèle idéal de famille biparentale est constitué de deux conjoints qui retirent un revenu de leur travail et qui se partagent en toute égalité les tâches domestiques, ainsi que les soins et l'éducation des enfants.

25.2.3. DÉFINITION DE LA FAMILLE

Sur le **plan historique**, le mot « famille » n'a pas toujours eu le même sens. GARIGUE (1967), dans son analyse sur le comportement familial, signale que le mot *familia* vient du latin *famulus* qui signifie

« serviteur ». Ce nom désignait alors un groupe élargi comprenant l'ensemble des esclaves et des serviteurs qui vivaient sous le même toit. À d'autres époques, on mit l'accent sur le lien de descendance biologique, ou encore sur les fonctions de la famille ; le nombre d'adultes pouvait varier dans la famille de même que leur type d'association et d'interactions.

GARIGUE définit la famille comme un groupe biosocial, institutionnalisé, composé d'adultes de sexe opposé et de leurs enfants, ayant des fonctions multiples. Il distingue, sur le plan historique, trois types de famille selon le rôle attribué au père, à la mère et à l'ensemble de la famille. Il parle de la famille **patriarcale**, puis de la famille **matriarcale** et enfin, dans les années 1960, de la famille de **compagnonnage** où les fonctions et les rôles sont très diversifiés.

Dans les années 1980, il nous faut distinguer trois types de famille, selon le nombre d'adultes et leur association : **monoparentale**, **biparentale**, **multiparentale**.

25.2.4. ÉVALUATION DU FONCTIONNEMENT FAMILIAL

STEINHAUER (1984) a établi un modèle de fonctionnement familial intéressant, qui intègre bien les sphères psychologique et interpersonnelle. Il a décrit, entre autres, cinq fonctions fondamentales interreliées (voir la figure 25.2.) :
1) accomplissement des tâches ;
2) performance dans les rôles ;
3) communication ;
4) implication affective ;
5) contrôle.

ACCOMPLISSEMENT DES TÂCHES

C'est à travers l'accomplissement des tâches que la famille parvient à atteindre ses objectifs bio-

Figure 25.2.   MODÈLE DE FONCTIONNEMENT FAMILIAL SELON STEINHAUER

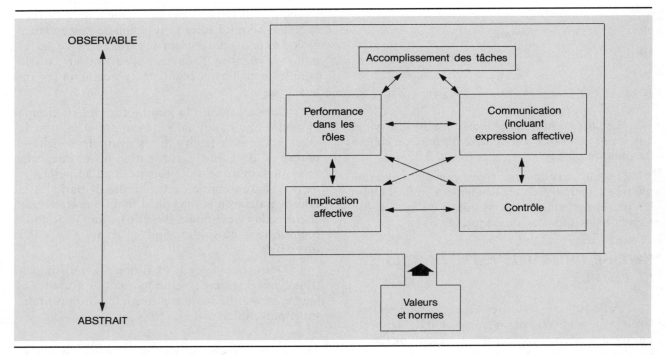

SOURCE : STEINHAUER *et al.* (1984).

logiques, psychologiques et sociaux. Par ailleurs, une cohésion familiale entourant les tâches favorise le développement personnel tout en procurant à chaque membre un sentiment de sécurité de même que la possibilité d'atteindre une certaine autonomie. Deux aspects caractérisent la première fonction :

1) **Le processus essentiel** suivi dans cette fonction passe par les étapes suivantes : l'identification de la tâche, l'exploration d'approches diverses, l'évaluation et l'ajustement préalable de l'objectif, la mise en action et, enfin, l'accomplissement de la tâche.

2) **Le contenu** se résume comme suit en trois types de tâches :

   a) **tâches de base** (prévision du nécessaire comme la nourriture, les vêtements, l'argent et les soins de santé) ;

   b) **tâches développementales** (selon le cycle de vie atteint par l'individu, par exemple la petite enfance, l'adolescence) ;

   c) **tâches en situation de crise** (séparation, deuil, chômage, etc.).

PERFORMANCE DANS LES RÔLES

Les rôles correspondent à des comportements répétitifs et prescrits qui incluent une série d'activités réciproques entre les membres de la famille. L'intégration réussie des rôles comporte, elle aussi, deux aspects :

1) **Le processus essentiel** inclut la répartition des activités, leur assignation, leur acceptation mutuelle et leur réalisation. Les membres de la famille doivent savoir ce que l'on attend d'eux et ce qu'ils peuvent attendre des autres. Une défini-

tion claire et précise des rôles minimise les conflits et augmente le degré de satisfaction.

2) Le **contenu** englobe soit des rôles traditionnels reliés à la tâche (par exemple pourvoyeur, partenaire sexuel, etc.), soit des rôles idiosyncrasiques qui sont indépendants de la tâche (par exemple conciliateur ou mouton noir). La famille peut amener l'un de ses membres à jouer un rôle aberrant, dans le but de conserver sa cohésion ou de satisfaire les besoins des autres membres de la famille (voir le tableau 25.4.).

COMMUNICATION

La communication est porteuse de l'information requise pour obtenir une bonne performance dans les rôles qui favorisera l'accomplissement efficace des tâches. L'objectif de cette fonction est une compréhension mutuelle basée sur des messages clairs, directs et suffisants.

Dans l'étude de la communication, on distingue encore les mêmes aspects :

1) Le **processus essentiel** est ici l'échange d'informations verbales (digitales) ou non verbales (analogiques) qui permet une compréhension mutuelle. Par exemple, dans les situations de tension, l'**émetteur** doit exprimer un message clair, direct et complet, et le **récepteur** doit avoir une certaine disponibilité, une certaine ouverture par rapport au message envoyé.

2) Le **contenu** peut être :
   a) **instrumental**, c'est-à-dire la formulation du problème, la présentation des données ;
   b) **affectif**, c'est-à-dire le type et l'intensité de l'affect accompagnant la communication ;
   c) **neutre**, c'est-à-dire ni instrumental ni affectif.

IMPLICATION AFFECTIVE

Elle correspond au degré et à la qualité de l'implication et de l'intérêt mutuels que se portent les membres de la famille. L'implication optimale apporte cohésion, sécurité, estime de soi, indépendance et autonomie. Le degré et la qualité de l'implication (positive vs destructrice) vont conduire à l'un des types d'implication affective suivants :

1) **Implication sans intérêt** (désintérêt)   Le degré et la qualité d'implication sont très faibles. Les membres de la famille se comportent comme des étrangers vivant dans une même maison. Les résultats sont une séparation émotionnelle prématurée et une pseudo-indépendance des membres qui éprouvent souvent de la difficulté à tolérer l'intimité et qui vivent dans l'insécurité, avec une estime de soi très appauvrie ainsi qu'une perte d'autonomie.

2) **Implication avec intérêt sans sympathie**   La qualité et l'intensité de l'implication sont légères. Les membres de la famille sont liés davantage par le sens du devoir que par un sentiment de sympathie véritable. Ils vivent un vague sens d'appartenance, de la frustration qui se prolonge, de l'insécurité ainsi que des problèmes d'identité, d'acceptation et d'estime de soi.

3) **Implication narcissique**   L'intensité émotive est forte mais demeure peu empathique. C'est un type d'implication qui est destructrice en qualité et excessive en degré d'implication. Par exemple, il peut s'agir de parents qui obligent leur enfant à réaliser des aspirations qu'ils ne sont pas arrivés à accomplir eux-mêmes.

4) **Implication empathique**   L'implication affective est élevée en intensité et en fréquence. C'est une implication positive qui exprime le respect de l'autonomie de l'autre. Les personnes qui vivent ce type d'implication rehaussent leurs sentiments de sécurité, d'autonomie et d'estime de soi. Grâce à une communication claire, directe et suffisante, les tâches sont bien accomplies. Il se crée un équilibre entre la réalisation des besoins individuels et la cohésion nécessaire pour que la famille puisse fonctionner comme groupe ou système.

5) **Implication symbiotique** (*enmeshed*)   Il s'agit d'un genre de pseudo-mutualité où le Moi est

Tableau 25.3. STYLES DE CONTRÔLE ET LEURS CONSÉQUENCES COMPORTEMENTALES

STYLE	PRÉVISIBILITÉ	CONSTRUCTIVITÉ	RESPONSABILITÉ
rigide	élevée	faible	modérée
flexible	modérée	élevée	élevée
laisser-faire	modérée	faible	faible
chaotique	faible	faible	faible

indifférencié, ce qui mène à une disparition des frontières entre les membres de la famille. Ce genre d'implication produit une interférence avec la maturation et l'autonomie, et engendre un affaiblissement pouvant aller jusqu'à l'abolition des frontières du Moi. Les individus touchés vont être prédisposés à des mécanismes de défenses primitifs tels que la projection, l'introjection, le clivage, etc. Ils seront enclins eux aussi à former des relations symbiotiques, amenant une fusion des individus impliqués. Chacun y perd sa capacité de distinguer ses propres pensées, ses propres sentiments, ses propres besoins, par rapport aux autres membres de la famille dont il dépend.

CONTRÔLE

Les familles utilisent différentes stratégies ou techniques pour influencer les comportements de leurs membres, par exemple pour maintenir le *statu quo*, ou pour favoriser un changement et l'adaptation consécutive s'il y a lieu. Les membres de la famille s'interinfluencent pour maintenir des tâches instrumentales quotidiennes, afin d'assurer un certain équilibre. Une interinfluence s'exerce également lorsque des demandes de changements, venant de l'intérieur ou de l'extérieur, sont faites à la famille pour qu'elle arrive à un nouveau niveau d'adaptation.

L'observation de la famille permet de dégager certains traits : la prévisibilité vs l'inconstance, la constructivité vs la destructivité et la responsabilité vs l'irresponsabilité. Ces caractéristiques proviennent de quatre types de contrôle : rigide, flexible, laisser-faire ou chaotique (voir le tableau 25.3.).

La **prévisibilité** découle de la constance du style de contrôle. Si le contrôle est trop fort, il entraîne une perte de spontanéité ; s'il est trop faible, il aboutit à l'anarchie ; s'il est approprié, il permet l'autonomie responsable. Le degré de **constructivité** correspond à des techniques de contrôle soit éducatives ou maternantes (*nurturant*), soit, au contraire, culpabilisantes et donc destructrices pour l'estime de soi. Le troisième aspect du contrôle permet soit la réussite et l'internalisation d'un sentiment de **responsabilité personnelle**, soit une irresponsabilité détachée. C'est là une dimension de la maturité personnelle qui a des répercussions sur la capacité de productivité et de collaboration avec les autres.

Voici la description des différents styles de contrôle du comportement :

1) **Style rigide** Il est fortement prévisible puisque le contrôle, qui est très fort, laisse peu d'initiative ; par conséquent, la constructivité de même que l'adaptation y sont faibles.

2) **Style flexible** Il est modérément prévisible mais permet beaucoup de constructivité. Cha-

Tableau 25.4.   ÉVALUATION DU FONCTIONNEMENT FAMILIAL SELON STEINHAUER (1984, p. 99)

DIMENSIONS	TÂCHES À RÉALISER
A) Accomplissement des tâches *BUT : réalisation réussie des tâches de base, développementales et en situation de crise*	1) Identification de la tâche 2) Exploration d'approches diverses 3) Évaluation et ajustement de ces approches 4) Utilisation des approches appropriées 5) Accomplissement des tâches de base 6) Accomplissement des tâches développementales 7) Réponse à la situation de crise
B) Performance dans les rôles *BUT : intégration réussie des rôles*	8) Répartition des rôles bien comprise 9) Répartition des rôles complémentaire 10) Répartition des rôles flexible 11) Accord selon la répartition des rôles : — conflits minimaux — satisfaction maximale 12) Rôles assignés bien remplis
C) Communication *BUT : compréhension mutuelle*	13) Communication claire 14) Communication directe 15) Communication suffisante 16) Disponibilité et ouverture du récepteur 17) Communication instrumentale 18) Communication neutre 19) Étendue de l'expression affective 20) Ajustement et intensité de l'expression affective
D) Implication affective *BUT : sécurité et autonomie*	21) Capacité de répondre aux besoins émotionnels (sécurité) 22) Soutien dans l'autonomie de pensée 23) Degré de l'implication 24) Qualité de l'implication
E) Contrôle *BUT : maintien et adaptation*	25) Maintien du fonctionnement 26) Capacité d'adaptation 27) Prévisibilité du contrôle (constance) 28) Constructivité du contrôle 29) Répartition des responsabilités (discipline personnelle)
F) Valeurs et normes	30) Conformité de la famille avec son groupe et sa culture 31) Conformité entre les idées et les règles explicites et implicites 32) Latitude appropriée 33) Normes appropriées (standards de comportement : ce qui est accepté)

que membre doit négocier avec les autres pour arriver à une entente.

3) **Style laisser-faire** Il est peu prévisible et les contrôles, qui sont convenables par moments, deviennent vite irréguliers ou anarchiques ; par conséquent, la constructivité est faible. L'inertie et l'indécision ou l'impulsivité prennent alors le pas sur l'organisation. On fait ce que l'on veut, pour autant que l'on ne dérange pas trop les autres. L'accomplissement des tâches se fait au hasard et la communication demeure insuffisante, indirecte et mélangée. Le style laisser-faire conduit à l'insécurité ou à l'impulsivité.

4) **Style chaotique** Il est très peu prévisible et la constructivité y est très faible. Il varie entre le style laisser-faire et le style rigide. Il conduit à l'incohérence et à l'instabilité.

Les diverses dimensions du fonctionnement familial ainsi que les tâches à réaliser aux différentes étapes sont présentées au tableau 25.4.

25.2.5. DYSFONCTIONNEMENTS FAMILIAUX

La famille fonctionnant comme un système ouvert dans lequel les membres sont en interaction constante, il ne s'agit plus, comme dans la causalité linéaire, de rendre la famille responsable d'une maladie psychiatrique. Le malade exerce une influence sur les autres membres de la famille qui, en retour, influent sur lui de façon nocive ou bienfaisante. La théorie systémique définit cette interaction selon trois principes : totalité, équifinalité, rétroaction.

DANS CERTAINES MALADIES PSYCHIATRIQUES

Soulignons brièvement quelques corrélations entre les troubles familiaux, la psychopathologie individuelle et les syndromes psychiatriques. Le DSM-III, par sa classification multiaxiale, favorise la compréhension de ces interactions. Plusieurs auteurs ont tenté de souligner l'importance de l'attitude des parents envers différentes pathologies individuelles, sans nécessairement y voir une relation linéaire de cause à effet. La notion de dysfonctionnement familial doit inclure, globalement, différents types d'intégration : génétique, personnelle, sociale, sans oublier la dynamique de groupe. En voici quelques exemples :

1) **Comportement antisocial** Le comportement antisocial survient souvent dans une famille où un enfant répond aux besoins et aux désirs conscients ou inconscients des parents. JOHNSON et SZUREK (1952) ont fort bien décrit cette dynamique en faisant remarquer comment certains comportements rattachés à la délinquance, au vol, à la déviation sexuelle, sont induits par l'attitude des parents. Souvent, on observe aussi une admiration plus ou moins secrète et camouflée de la part d'un des deux parents envers le comportement délinquant de leur enfant.

2) **Problèmes de drogue et d'alcoolisme** Certains problèmes de drogue et d'alcoolisme sont reliés à une trop grande rigidité ou, au contraire, à un comportement trop indulgent des parents. L'adolescent recourt à ce moment-là à la drogue ou à l'alcool en vue d'éviter un stress et l'inconfort chronique.

3) **Maladies affectives bipolaires et unipolaires** Même s'il n'y a pas de relation directe de cause à effet, certaines études ont démontré une surimplication des parents dans la performance de leur enfant, par exemple l'aspiration à un prestige social grâce à une profession. Comme l'a exprimé FLECK (1985), de telles attitudes parentales sont introjectées par l'enfant et le prédisposent à une forte ambivalence, ainsi qu'au sentiment d'être aimé et utile uniquement s'il a une performance supérieure et du succès. Par ailleurs, si un parent dépressif meurt, l'enfant éprouve une perte objectale précoce qui constitue un traumatisme sérieux. Certains

auteurs rapportent que, dans les cas de dépression psychotique, au moins 10 % des patients ont eu à faire face à une perte précoce. Il s'agit évidemment d'un élément fragmentaire contribuant à la genèse de la dépression, auquel s'ajoutent des facteurs intrapsychiques, biologiques et génétiques.

4) **Schizophrénie** Longtemps envisagée selon une étiologie génétique, nombre de chercheurs l'on étudiée en regard d'une pathologie familiale sous-jacente. Ainsi, SINGER et WYNNE (1958) puis LIDZ (1965), ont souligné des problèmes qui relevaient de la structure et du fonctionnement de la famille, ainsi que de divers troubles de communication et de déficits dans l'organisation des tâches essentielles pour chacun des membres de la famille. Ces auteurs ont démontré que les parents des patients suivis présentaient un modèle d'identification très déficient, qui conduisait l'enfant ou l'adolescent à une identité diffuse ou obscure et qui engendrait des problèmes sur le plan des frontières de la famille, du développement du Moi et de l'individuation.

Ces études préliminaires ont malheureusement amené bien des thérapeutes à culpabiliser les familles en tentant de leur faire assumer une part excessive de responsabilité dans le développement de la maladie de leur enfant. Les études récentes modifient grandement la répartition des responsabilités en fonction de la prévention des rechutes dans cette maladie (voir le chapitre 13, section 13.7.).

Citons également les travaux de BATESON et de l'école de Palo Alto qui ont mené à la théorie de la « double contrainte » (*double bind*), ceux de SELVINI qui ont porté sur le paradoxe et le « contre-paradoxe », ainsi que ceux de BOWEN (1978) qui, sans avoir abouti à la formulation précise d'une théorie familiale de la schizophrénie, ont cependant beaucoup contribué à sa compréhension.

DANS LE SYSTÈME FAMILIAL

Déficit conjugal et parental

1) Sur le plan clinique, on ne peut séparer la structure familiale des fonctions ou dysfonctions familiales. Par exemple, l'immaturité d'un conjoint peut le conduire à rechercher une position dépendante ; il est alors constamment en quête d'affection, soit auprès de son conjoint, soit auprès de son propre enfant. Ainsi, tout trouble psychiatrique chez un parent prédispose à une relation parentale défectueuse, c'est-à-dire une situation qui va désorganiser les tâches essentielles dont l'enfant a besoin pour un sain développement.

2) L'incapacité des parents à fournir un modèle d'identification selon leur sexe prédispose l'enfant à un problème de confusion dans son identité de genre.

3) La surimplication émotionnelle d'un parent envers sa propre famille d'origine affaiblit le système et la structure de sa famille actuelle, causant alors des problèmes de communication, d'implication affective, etc.

Déficit des frontières interpersonnelles

1) Dans son concept de **pseudo-mutualité**, WYNNE (1958) a décrit une relation familiale marquée par une forte attraction mutuelle des divers membres de la famille, aux dépens de la différenciation des identités. Comme exemples, mentionnons le cas du père qui se conduit comme un détective à l'égard des fréquentations de sa fille, ou le cas de la mère qui accompagne son fils et sa bru lors de leur lune de miel.

2) Si les frontières sont trop fermées et trop rigides, la famille repliée sur elle-même, sans autres liens d'amitié ni participation communautaire, s'isole ; des idées de méfiance envers tout ce qui est extérieur à la cellule familiale, voire des pensées paranoïdes, s'immiscent alors dans le noyau familial.

3) Lidz (1965) a parlé du **schisme conjugal** pour décrire un type de relation où les conjoints gardent chacun un attachement excessif envers leurs propres parents ; partant, ils éprouvent des difficultés à assumer leur propre rôle de complémentarité père - mère. Ils se divisent en deux clans qui s'affrontent, chacun tentant d'attirer les enfants dans son propre sillage.

4) Lidz a décrit aussi le concept de **biais conjugal**, c'est-à-dire un type de relation où l'un des parents domine l'autre jusqu'à contrôler ses idées, en déviant sa pensée vers la voie qu'il veut bien lui faire emprunter. Le parent dominé voit donc ses schèmes de pensée « biaisés » par l'influence énorme du parent dominateur. On observe souvent un parent pathologique (paranoïde, compulsif, etc.) qui domine tous les autres membres de la famille de façon absolue et rigide. Sa pathologie le conduit à une négligence grave des besoins affectifs et psychologiques des enfants. Il en résulte parfois une dyade qui domine le groupe familial de façon tangible et émotionnelle. Par exemple, on classe ici une relation symbiotique mère - enfant à laquelle les autres membres de la famille doivent se subordonner.

5) **L'inceste** confirme un sévère déficit dans la structure familiale. Le plus commun est l'inceste frère - sœur, suivi de l'inceste père - fille ; il y a souvent responsabilité des deux parents, de façon consciente ou inconsciente. On a tenté d'expliquer l'inceste comme venant rajuster un équilibre très fragile dans une famille qui cherche à éviter à tout prix la désintégration et dont les membres sont peu ouverts sur le monde extérieur. Il est fréquent, dans ces cas, que la fille assume plusieurs fonctions parentales. Par ce système, les parents maintiennent une certaine façade et cachent ainsi leur incompétence à préparer leurs enfants à la vie sociale.

Déficit des tâches familiales

1) Le déficit dans la **prise en charge** du jeune enfant (*nurturant*) se traduit par des cas de négligence des parents envers leur-s enfant-s. Il peut s'agir d'enfants victimes de malnutrition, qui sont surtout identifiés par les pédiatres et les omnipraticiens. Le syndrome de l'enfant battu en constitue la manifestation la plus grave, bien que les victimes ne soient pas nécessairement mal nourries. Les dénominateurs communs dans cette situation reposent souvent sur une maladie psychiatrique des parents, une anxiété trop grande envers les besoins de leur-s enfant-s et un manque d'empathie. Les parents qui battent leurs enfants ont souvent connu le même sort dans leur propre enfance.

2) Les problèmes dans la **maîtrise de la séparation** affectent surtout les mères incapables d'élever leur-s enfant-s d'une façon appropriée, en raison de tendances symbiotiques trop grandes.

3) L'incapacité des parents à développer chez leur-s enfant-s les inhibitions nécessaires et la tolérance adéquate devant la **frustration**, rend plus difficile la phase d'individualisation.

4) Les troubles de la **communication** caractérisent souvent les familles qui présentent des difficultés psychiatriques. Les enfants qui apprennent tôt des modes de communication défectueux vont développer des problèmes d'ordre perceptuel, conceptuel, cognitif et linguistique. Si la communication est confuse et inefficace, les enfants seront évidemment privés d'un élément de socialisation essentiel en dehors de la famille.

5) Le cas du **bouc émissaire** représente un enfant investi de sentiments négatifs par les parents ou par toute la famille, à un point tel qu'il pourra être identifié au conflit parental ou familial en présence. « Si ce n'était pas de lui, dit-on souvent dans la famille, nous serions tous heureux. » Le rôle pathologique tenu par l'enfant identifié sert souvent de diversion aux parents par rap-

port à leurs propres conflits et offre un alibi pour des fonctions parentales déficientes. Une approche systémique nous apprend que le phénomène du bouc émissaire constitue l'un des symptômes permettant au thérapeute de détecter une pathologie familiale : en effet, c'est souvent le patient qui tient ce rôle qui peut sauver la famille en la conduisant en thérapie.

Déficit affectif

1) Comme dans le cas du bouc émissaire, souvent un enfant peut amener sur lui un sentiment négatif, ce qui déplace l'attention d'un conflit entre les parents. L'abus de pouvoir des parents est une des manifestations des problèmes affectifs. À l'extrême, ce déficit peut conduire au **syndrome de l'enfant battu** et, dans certains cas, à la mort de l'enfant.

2) Dans ce type de famille, les enfants ne sont pas nécessairement non désirés. On observe cependant, chez les parents, une oscillation affective extrême entre la satisfaction de leurs propres besoins et de ceux de leurs enfants, ce qui se traduit soit en **surprotection**, soit en crises de colère et en **comportement abusif** à l'égard des enfants. Par ailleurs, un climat familial froid est souvent relié à la dépression et crée, chez les membres de la famille, des problèmes d'estime de soi.

25.2.6. APPROCHE SYSTÉMIQUE ET FONCTION DU SYMPTÔME

AUSLOOS (1980) conçoit ainsi la fonction du symptôme et sa signification :

1) L'individu ne devrait pas être considéré seulement comme « porteur de symptômes », mais comme porteur d'un message familial.

2) Le danger de fixer l'attention sur le symptôme est de contribuer davantage à le « fixer » dans l'individu.

3) L'individu doit être étudié comme élément d'un système : il vit dans une famille qui, à son tour, est immergée dans son environnement ; il y a donc une interaction constante entre l'individu, la famille et l'environnement ; c'est ce qui constitue le système.

4) On voit ainsi l'**aspect fonctionnel** du système en ce qui concerne l'individu et la famille. Pour pouvoir jouer certaines fonctions dans un système, l'individu devient « symptomatique ».

Jamais le thérapeute ne pourra amener son patient à s'améliorer sans favoriser une modification significative des relations de ce dernier à l'intérieur du système dont il fait partie. Par ailleurs, produire un symptôme, c'est communiquer au système ou à l'environnement qu'il y a, momentanément du moins, incompatibilité entre les finalités du système et celles d'un de ses membres. Le symptôme devient alors fonctionnel, non pas simplement pour l'individu, mais pour l'ensemble du système familial. La fonction du symptôme est tridimensionnelle :

1) Ce symptôme montre quoi ?

2) Il le montre à qui et selon quelles règles ?

3) Sa mise en place produit quels effets ?

Ces trois questions traduisent de façon simple ce que WATZLAWICK avait appelé l'aspect sémantique, l'aspect syntaxique et l'aspect pragmatique de la communication.

Du point de vue systémique, le symptôme est assimilé à un comportement. Mais ce comportement est dicté différemment des autres comportements de la vie quotidienne, ce qui lui mérite un statut différent. Ainsi, en se référant à l'approche systémique, qu'on soit en présence d'un schizophrène présentant des hallucinations ou un délire, ou d'une adolescente souffrant d'anorexie, ou d'un enfant accusant une phobie scolaire, on aura à s'interroger sur ce que ces individus veulent bien dévoiler par leurs symptômes. Ainsi, le symptôme et la maladie ne sont plus vécus nécessairement comme une pathologie qu'il faut aborder de façon individuelle et faire taire à tout prix, mais comme un moyen de communication à l'intérieur d'un système, venant indiquer un déséquilibre ou une dysfonction à l'intérieur de ce système.

Souvent, comme le souligne AUSLOOS, « produire un symptôme c'est mettre en scène, au dehors de la famille, ce qui ne peut être verbalisé au dedans ». Par exemple, devant un adolescent qui fait une fugue, on peut déceler dans 50 à 60 % des cas un problème d'autonomie dans la famille et un problème de différenciation et d'individuation ; donc, problème de séparation, problème à quitter la famille. Dans cette famille, il est fort probable que d'autres personnes aient eu envie de partir, mais elles n'en ont pas eu la possibilité. Dans cette perspective, le système a un aspect pragmatique. Il sert à faciliter les équilibrations, souvent à susciter une intervention et, parfois même, à trouver une solution.

25.2.7. DIFFÉRENTS TYPES DE THÉRAPIE FAMILIALE

La thérapie familiale est devenue très populaire depuis les deux dernières décennies. Une revue de littérature nous a permis de retracer une variété de modèles théoriques, mais aucun consensus n'est ressorti à propos d'un schéma ou d'une structure générale. Chaque thérapeute se forme un modèle de compréhension de la famille et un schéma conceptuel lui servant de guide dans son approche thérapeutique. Nous retenons quatre types de thérapie familiale basés sur des techniques bien documentées, qui ont été développés dans le milieu nord-américain :

— la thérapie systémique centrée sur un problème précis (N.B. EPSTEIN et D.S. BISHOP) ;
— la thérapie stratégique (J. HALEY et C. MADANES) ;
— la thérapie structurale (S. MINUCHIN) ;
— la thérapie brève selon le modèle de Palo Alto (R. FISCH, J. WEAKLAND, J. SEGAL).

Pour obtenir de plus amples informations sur ces types d'interventions, le lecteur pourra se référer aux ouvrages cités dans la bibliographie en fin de chapitre.

25.3.
DIVORCE

25.3.1. INTRODUCTION

Il y a seulement vingt-cinq ans, aucune forme possible de dissolution (sauf dans de rares cas extrêmes) n'était offerte au mariage monogame considéré comme une union éternelle. Nos parents se sont donc mariés « jusqu'à ce que la mort les sépare ». Aujourd'hui, il serait plus juste de dire, à la suite de KASLOW (1981) dans son chapitre sur le divorce, « jusqu'à ce que la mort du mariage les sépare ».

De nos jours, le divorce n'est plus synonyme de dysfonction ; il est plutôt vu comme une tentative d'échapper à une relation conflictuelle et insatisfaisante ou, mieux encore, comme une démarche vers la santé, vers un mieux-être.

En ce tournant du vingtième siècle, beaucoup de couples choisissent l'union de fait plutôt que le mariage. Lorsque le mariage se décide à l'intérieur de cette union, il correspond à un but précis, par exemple celui d'élever des enfants. Dans ce même ordre d'idées, plusieurs couples choisissent de vivre une monogamie « en série » plutôt qu'une monogamie à vie.

25.3.2. STATISTIQUES

Aux États-Unis, de 1963 à 1968, le taux de divorce a augmenté de 5 % par année. De 1968 à 1976, cette augmentation s'est élevée à 8 %. En 1970, 6,9 % des individus mariés âgés de 25 à 54 ans étaient soit séparés soit divorcés. En 1975, ce pourcentage s'est élevé à 10,1 %. En 1976, trois millions d'Américains vivaient une séparation ou un divorce. De 1963 à 1975, la longévité des mariages a diminué de 12 mois, passant de 7,5 à 6,5 années en moyenne. Les statistiques indiquent également que les gens se marient plus vieux.

25.3.3. FACTEURS QUI CONDUISENT AU DIVORCE

Peu d'individus ont connu une famille d'origine parfaitement saine, sans dysfonctionnements plus ou moins importants. Cet héritage émotionnel (enfance maltraitée, chaos conjugal, tension chronique, éducation rigide, stéréotypie des rôles, parents alcooliques ou souffrant de maladie mentale) pèse très lourd sur celui qui décide de s'impliquer dans une relation stable.

Plusieurs couples se précipitent dans le mariage, y reproduisant le désaccord conjugal de leur famille d'origine. Le mariage est lié au fantasme que le conjoint va, de façon magique, remplir les attentes grandioses et compléter les parties manquantes de soi-même. Aucun partenaire ne peut arriver à remplir totalement les désirs conscients et inconscients de l'autre (parents nourriciers, amoureux tendres, enfants dépendants, amis véritables ; voir LYNCH, 1983). Graduellement, les conjoints tolèrent de moins en moins que leurs attentes ne soient pas remplies, ce qui les conduit à des sentiments de privation, de dépression et de rage. Le prince et la princesse se transforment en acteurs d'une guérilla, comme l'illustre la pièce : « *Who's afraid of Virginia Wolf* ».

Certains partenaires entretiennent une relation du type rejet - intrusion : l'un cherche le rapprochement et le soutien, alors que l'autre a besoin d'éloignement et d'indépendance (NAPIER, 1978). L'un des conjoints se voit rejeté et abandonné comme un enfant, tandis que l'autre se sent envahi. D'autres types de relations conjugales sont la relation sado-masochiste, la relation dominant - soumis et la relation ambitieux - léthargique.

Les cycles de la vie individuelle et conjugale sont un autre facteur important à considérer. L'arrivée du premier enfant vient parfois troubler l'harmonie et former un sous-système, une dyade mère - enfant qui peut parfois conduire jusqu'à la symbiose (MINUCHIN, 1974). D'autres situations de crise peuvent survenir, comme l'arrivée d'un enfant handicapé, la mort d'un enfant, la perte d'un emploi, le départ d'un adolescent. Si, à ces différentes étapes de crise ou de cycles de la vie conjugale, se surajoutent d'autres conflits intrapsychiques, la chance de survie du couple diminue d'autant.

Certaines personnes vont se satisfaire d'une relation inconfortable en prétendant qu'aucun mariage n'est parfait et en sublimant dans le travail, le sport, les activités bénévoles, les différentes organisations sociales ; une fois parvenus à un certain âge, ou lors du départ des enfants, quelques-unes décideront que le sacrifice est terminé. D'autres vont s'impliquer dans une relation extraconjugale qui servira alors de catalyseur à un changement bienfaisant, ce qui mettra fin aussi à la motivation des conjoints quant à la recherche d'un soutien ou d'une thérapie.

25.3.4. STADES DU DIVORCE

KESSLER (1975) a identifié sept stades dans l'évolution d'une séparation ou d'un divorce :

1) **Désenchantement** C'est l'insatisfaction reliée au manque de vitalité de la relation. C'est le moment où l'on prend conscience du dysfonctionnement du couple et de l'incapacité de l'un ou des deux conjoints à exprimer ses émotions et ses besoins à l'intérieur du couple. À cette étape, si les conjoints réussissent à introduire une communication claire et directe avec ou sans aide thérapeutique, tout peut rentrer dans l'ordre, sinon l'évolution conduit au second stade.

2) **Érosion** L'insatisfaction se manifeste verbalement ou non verbalement par des critiques ouvertes, un mouvement de retrait, le « mariage ouvert ». On remarque souvent, comme symptôme, une impuissance ou une anorgasmie pou-

Tableau 25.5. STADES DANS LE PROCESSUS DU DIVORCE SELON KASLOW

STADES	SENTIMENTS	SOLUTIONS ADOPTÉES
Prédivorce *Période de délibération*	I — Désillusion — Mécontentement — Aliénation	— Confrontation avec le conjoint — Dispute — Recherche d'aide (médiation) — Négation
	II — Crainte — Colère — Ambivalence — Vide — Baisse d'estime de soi	— Retrait physique et émotionnel — Tentative de regagner l'affection — Prétention que tout est correct
Divorce *Période de litige*	III — Dépression — Détachement — Colère — Désespoir — Apitoiement	— Marchandage — Cris — Menaces — Tentative de suicide — Travail de deuil
	IV — Confusion — Rage — Peine — Solitude — Soulagement	— Séparation physique — Arrangements financiers — Garde des enfants — Discussion avec parents et amis — Deuil — Divorce légal
Postdivorce **Rééquilibrage**	V — Regret — Résignation — Excitation — Curiosité — Optimisme	— Achèvement du divorce — Recherche de nouveaux amis — Nouvelles activités — Nouveau style de vie — Retour à la stabilité pour les enfants
	VI — Acceptation — Confiance en soi — Énergie renouvelée — Estime de soi augmentée — Intégrité — Indépendance — Autonomie	— Sentiment d'identité retrouvé — Fin du divorce psychique — Recherche de relations stables — Aide aux enfants dans l'acceptation du divorce — Relation « pacifique » poursuivie par les parents

NOTE : Les individus prennent généralement un ou deux ans entre le moment de la séparation et le divorce psychique pour parvenir à une adaptation acceptable et pour revenir à une vie productive. Le travail de deuil et l'ajustement à un nouveau style de vie se font de façon graduelle et lente.

SOURCE : KASLOW (1981, p. 676).

vant évoluer pendant plusieurs années, chez les conjoints qui ne peuvent envisager le divorce ou qui ne peuvent accepter leur erreur dans leur choix conjugal. La durée de ce stade est également influencée par la peur de l'échec ou de la désapprobation familiale ou sociale, par le sentiment d'obligation envers les enfants, par la peur des difficultés financières, par la crainte de la solitude ou par les convictions religieuses.

3) **Détachement** et **ennui** Ils se manifestent par la dispersion des énergies dans le travail, le sport, les différentes organisations ou par une union symbiotique avec un des enfants. Des somatisations, des éléments dépressifs, des relations extraconjugales surviennent fréquemment. BOWEN voyait dans ces manifestations un effort de triangulation, c'est-à-dire l'implication d'un tiers (personne ou travail) en vue d'un rééquilibrage de la relation conjugale devenue de plus en plus faible et inconsistante.

4) **Séparation physique** Cette séparation survient lorsque la situation devient intolérable. Il ne s'agit pas, en général, d'un geste d'intimidation envers l'autre ou d'une manipulation. C'est souvent l'homme qui quitte sa femme pour retrouver une autre partenaire mais, depuis 1975, il arrive de plus en plus que la femme choisisse d'habiter un autre logement où elle peut vivre avec ses enfants. Certains couples, par contre, désirent malgré tout rester ensemble le temps de décider finalement « qui » va quitter la maison librement.

5) **Deuil** On observe surtout, à ce stade, un sentiment de perte (conjoint, amis, enfants, maison, biens, style de vie). Indépendamment de toutes les tensions antérieures, les souvenirs des bons moments partagés avec le conjoint reviennent. Il arrive parfois qu'un partenaire continue de « chérir son conjoint », évitant temporairement le sentiment d'abandon et de rejet. C'est une phase parfois très difficile à traverser, qui peut même conduire à une dépression sévère. La mort d'un conjoint est parfois plus facile à absorber car il y a une fin dans la mort et un deuil possible. Mais la mort d'un mariage est autre chose : les deux conjoints restent vivants, ainsi que les enfants. Ils sont amenés à communiquer entre eux, à négocier différents problèmes, financiers ou éducatifs entre autres. Ils entendent parler l'un de l'autre quand ils rencontrent leurs amis.

6) **Seconde adolescence** À ce stade, chacun se sent renouvelé, rajeuni. Chacun des conjoints se met à la recherche de ses propres besoins et intérêts. On assiste souvent à une multiplication des contacts sociaux, à une recherche de nouveaux horizons. Souvent, au cours de cette période, les individus tentent de varier leurs expériences sexuelles, ou de remplacer « l'autre » le plus tôt possible. Mais progressivement, plus l'estime de soi s'améliore, plus l'individu devient sélectif dans le choix de ses partenaires. Graduellement, chacun stabilise son implication sociale et revient à une certaine intimité (JOHNSON, 1977).

7) **Intégration** Les conjoints séparés intègrent progressivement leur expérience vécue dans les derniers mois pour parvenir à assumer une nouvelle identité et à acquérir de nouvelles valeurs. Au cours de ce stade, le sentiment de responsabilité et de compétence personnelles s'accentue, ce qui permet à chacun de se sentir plus apte à diriger sa propre vie. On possède maintenant plus d'aptitudes pour faire face au présent et au futur. C'est le temps d'investir dans une relation stable à plus long terme.

Au tableau 25.5., KASLOW présente la variété des sentiments rattachés aux différents stades du divorce ainsi que les solutions adoptées par les conjoints.

25.3.5. STRATÉGIES D'INTERVENTION DANS LA THÉRAPIE DU DIVORCE

PHASE DE PRÉDIVORCE

WHITAKER et MILLER (1969) ont souligné l'importance, pour les professionnels, de rencontrer le couple au cours de cette phase plutôt que les individus séparément. Ils recommandent que les conjoints, ainsi que les enfants et d'autres membres de la famille participent à la thérapie, afin de promouvoir une évolution favorable.

KASLOW et LIEBERMAN (1980) ont recommandé pour les mariages en état de crise une approche de groupe pour les couples, et ce, pour deux raisons principales :

1) Ce type d'approche semble préférable lorsqu'un couple a besoin de plus de renforcement positif que ne peut lui en apporter un seul thérapeute. Le groupe fonctionne alors comme « thérapeute auxiliaire » (exemple : *mariage encounter*).

2) Certains couples éprouvent un besoin d'appartenance à un groupe ou un besoin de soutien venant d'un groupe. Celui-ci leur permet une compréhension de leur style d'interactions et contribue à augmenter leur sensibilité à l'égard du conjoint et des enfants.

PHASE DE DIVORCE

Durant cette phase, les conjoints ressentent intensément leur sentiment d'échec, de colère et d'autres sentiments explosifs.

En 1978, COOGLER a proposé une nouvelle approche : la **médiation structurée** dans le règlement du divorce. Cette approche s'applique dans différents domaines : partage des biens ou des propriétés, terminaison du lien de dépendance, degré de responsabilité envers les enfants et nécessité de suivre les règles conjugales de médiation. Le médiateur évite de décider pour les conjoints lorsqu'il y a controverse ; il les aide plutôt à prendre leurs propres décisions.

La médiation structurée comporte plusieurs avantages :

1) Les sujets discutés sont définis et clarifiés.

2) Toutes les options possibles sont examinées et soupesées à l'intérieur de la médiation.

3) Le temps alloué à la résolution des conflits demeure flexible et les impasses sont résolues par un genre d'arbitrage.

4) Le but de cette approche est la négociation d'une entente écrite pour les couples qui veulent se diriger vers une séparation légale. C'est une solution de rechange efficace au modèle légal traditionnel qui force les conjoints à engager un combat déloyal.

KRESSEL *et al.* (1980) ont comparé les couples en processus de médiation avec les couples qui vivent le modèle traditionnel de séparation légale ; ils ont ensuite proposé un ajustement postdivorce basé sur trois paramètres du conflit conjugal (voir le tableau 25.6.) :

— le niveau et l'ouverture du conflit ;

— le degré d'ambivalence ;

— la fréquence et l'ouverture de la communication.

Les auteurs ont fait ressortir les facteurs qui influencent la qualité de la négociation, son succès et l'ajustement postdivorce entre les deux ex-conjoints. Ils ont utilisé la médiation structurée comme modèle d'intervention, mettant surtout en relief deux facteurs qui influencent la négociation :

1) La **non-mutualité** signale un manque de consensus sur la décision du divorce. Dans leur étude sur quatorze couples, trois seulement en sont arrivés à la décision mutuelle de se séparer. Parmi les autres couples, même après la négociation et l'entente sur le divorce, cinq seulement se sont déclarés prêts et aptes à mettre un terme à leur mariage. Il y a une grande différence de vécu entre celui qui quitte et celui qui est quitté. Celui qui n'est pas l'instigateur du divorce est évidemment moins préparé à cette situation émotionnelle.

2) Le **nombre et le niveau élevés de conflits** conduisent davantage à des procédures de divorce qu'à la médiation. KRESSEL *et al.* ont distingué quatre types de conflit :

1) **Conflit symbiotique** Il s'agit d'un conflit très sérieux, qui se définit par une ambivalence et un problème de communication notables résultant de la relation trop intriquée, trop rapprochée des conjoints. Le

Tableau 25.6.   TYPES DE CONFLIT SELON KRESSEL *ET AL.*

TYPES DE CONFLIT	PARAMÈTRES DU CONFLIT CONJUGAL			AJUSTEMENT POSTDIVORCE
	Niveau de conflit	*Ambivalence*	*Communication*	
symbiotique	élevé	élevée	fréquente mais fermée	moins bon
autistique	faible	faible	absente	moins bon
direct	élevé	élevée à faible	fréquente et ouverte	réussi
désengagé	faible	faible	faible	réussi

SOURCE : Tableau adapté, d'après KRESSEL *et al.* (1980).

devenir de ce couple est aussi pauvre que la négociation elle-même. Ce type de conflit comporte souvent un blâme mutuel qui peut conduire jusqu'à la violence physique entre les partenaires, ainsi qu'un problème d'adaptation chez les enfants. La médiation, dans ce cas, peut même devenir le moyen d'entretenir la relation pathologique.

2) **Conflit autistique**   Ce conflit est l'antithèse du premier, par son absence de communication et de conflit ouvert. Chaque conjoint tente tout simplement d'éviter de s'impliquer physiquement et émotivement. L'ambivalence n'est pas un problème. La médiation repose, dans ce cas, sur la tentative d'améliorer la communication et le respect des deux partenaires.

3) **Conflit direct**   Le degré d'ambivalence varie d'élevé à faible et la communication est fréquente et ouverte concernant le sujet du divorce. La médiation consiste ici à promouvoir le processus du divorce psychologique en diminuant le sentiment de culpabilité, d'échec et la peur de la séparation. De plus, elle fait appel à la bonne volonté des époux l'un envers l'autre pour favoriser la négociation. L'issue est souvent positive.

4) **Conflit désengagé**   Ce conflit comporte un faible degré d'ambivalence, de communication et de conflit en raison d'un manque d'intérêt. Le traitement vise à créer un climat coopératif et à éviter l'aggravation du conflit. Le médiateur tente de promouvoir une base de négociation satisfaisante pour les deux parties. Dans ce type de conflit, l'ajustement postdivorce est souvent réussi.

L'étude de KRESSEL *et al.* a permis de déterminer *quel type de couple* doit recevoir *quel type d'intervention* en vue de la réussite de la négociation. Les auteurs ont observé de bons résultats dans les cas de conflit direct et désengagé, et de moins bons résultats dans les cas de conflit autistique et symbiotique, en raison soit de divergences de positions, soit d'un trop grand attachement psychique ou d'une absence d'attachement.

D'autres études, comme celle de KRESSEL et DEUTSCH (1977) incluant 21 thérapeutes expérimentés, ont fait ressortir les critères essentiels à un divorce constructif :

— une attitude coopérative des conjoints favorisant un contact nécessaire pour offrir le soutien aux enfants et pour permettre au couple une séparation psychologique ;
— la négociation qui minimise le traumatisme psychique vécu par les enfants ;
— l'absence ou, du moins, la minimisation du sentiment d'échec.

PHASE DE POSTDIVORCE

GOLDMAN et COANE (1977) ont proposé un modèle d'intervention en quatre points :

1) Redéfinir la famille en y incluant la présence symbolique du parent absent.
2) Accentuer la frontière entre parents et enfants pour éviter que l'un des enfants prenne un rôle parental.
3) Aider la famille à revoir l'histoire du mariage, pour en corriger les distorsions et offrir à chacun une chance de faire le deuil de la famille intacte.
4) Faciliter le divorce psychique.

GRANVOLD et WELCH (1977) ont suggéré une série de séminaires intensifs basés sur une approche comportementale et cognitive. Chaque séminaire, dirigé par des cothérapeutes, s'étale sur une période de sept semaines à raison de trois heures par semaine. Les principaux objectifs sont :

— la résolution des problèmes ;
— l'impact émotionnel du divorce ;
— l'ajustement sexuel des partenaires.

L'intervention des thérapeutes vise la réhabilitation affective, la restructuration cognitive et l'adaptation comportementale de chaque membre de la famille « amputée ».

25.3.6. RECHERCHES SUR LE DIVORCE ET SON DEVENIR

Au plan de la *recherche*, les écrits scientifiques sur le divorce et la thérapie du divorce demeurent encore embryonnaires. Peu d'études portent sur l'évolution des divorces à la suite de traitements spécifiques reçus par les personnes en cause. THIESSEN (1981) a comparé un groupe témoin de femmes récemment divorcées à un groupe cible de femmes en thérapie pendant une période de cinq semaines, dans le but d'évaluer leur adaptation en phase de postdivorce. Il a remarqué une amélioration significative dans l'augmentation de l'estime de soi, dans la qualité des rapports humains et dans l'adaptation générale chez le groupe de femmes qui ont suivi le traitement jusqu'au bout.

Quant à l'*avenir*, peut-on en avoir une vision optimiste ? Il semble que la spirale du divorce pourrait être ralentie par :

— l'augmentation des relations de compagnonnage ;
— la décision de reporter le mariage à un âge plus adulte et plus mature ;
— la réforme légale sur le divorce qui devrait s'orienter dans la direction du divorce à l'amiable, ce qui amènerait une diminution du sentiment de blessure et de culpabilité chez les conjoints ;
— l'expérimentation de plusieurs moyens d'intervention auprès des parents et de leurs enfants afin qu'ils soient plus en mesure de faire face au stress et aux affects douloureux inhérents à une séparation.

25.4.
ENFANTS DU DIVORCE

25.4.1. ÉTUDE PROSPECTIVE DE JUDITH WALLERSTEIN

Cette étude a débuté en 1971 dans le cadre d'un programme préventif de counseling d'une durée de six semaines. Elle a porté sur 60 familles, incluant 131 enfants (48 % de garçons et 52 % de filles). La répartition des enfants, par groupes d'âges, était la suivante au moment du divorce : de 3 à 5 ans, 26 % ; de 6 à 8 ans, 27 % ; de 9 à 12 ans, 33 % ; de 13 à 18 ans, 14 %.

- La majorité faisait partie de la classe moyenne, seulement 28 % des familles appartenaient à la classe socio-économique inférieure.
- Chaque membre de la famille a bénéficié de quatre à six rencontres initiales.
- Les enfants ont été revus à trois reprises, par la suite, après dix-huit mois, après cinq ans et après dix ans.
- Il s'agissait de familles qui n'avaient pas consulté d'elles-mêmes, qui n'avaient pas exprimé de besoin d'aide (*non-clinical*).

L'étude de WALLERSTEIN nous a fourni des renseignements pertinents sur les réactions *immédiates* des enfants face au divorce, réactions variant selon l'âge et le sexe, et sur leur adaptation après cinq ans et dix ans.

25.4.2. RÉACTIONS SPÉCIFIQUES SELON L'ÂGE DE L'ENFANT AU MOMENT DU DIVORCE

La réponse initiale de l'enfant au divorce est conditionnée par son âge et son stade de développement qui délimitent ses besoins dominants, sa capacité plus ou moins grande de percevoir et de comprendre les événements, son répertoire de défenses et de stratégies d'adaptation, son type de relation avec ses parents.

GROUPE PRÉSCOLAIRE (DE 3 À 5 ANS)

- L'enfant démontre une régression sociale et affective après le départ d'un parent de la maison, régression accompagnée d'angoisses plus intenses, de troubles du sommeil, de la peur d'abandon de la part des deux parents, du désir intense de revoir le parent absent.

- L'enfant devient souvent instable, exigeant, agressif envers ses parents, ses amis et sa fratrie.
- Il semble très perturbé, démontre beaucoup de culpabilité et se croit responsable de la séparation de ses parents.
- Il est plus souvent malade, se blesse davantage et accuse des signes de dépression et des troubles du comportement.

GROUPE DE 6 À 8 ANS

- L'enfant de ce groupe d'âges présente une douleur et un deuil intenses, des préoccupations à l'endroit du parent « visiteur », des fantasmes « terrifiants » de remplacement du genre : « Est-ce que mon papa va avoir un nouveau chien, une nouvelle maman, un autre petit garçon ? »
- Il se crée des fantasmes au sujet du retour du parent absent et de la famille intacte.
- Il s'enferme dans la négation face à la réalité du divorce.
- Au moins 50 % des enfants voient leur rendement scolaire diminuer.
- À partir de l'âge de 6 ans, l'enfant se sent souvent coincé dans un conflit de loyauté et exprime davantage sa colère envers le parent qui reste, le tenant pour responsable du départ de l'autre.
- Pour compenser le parent manquant, l'enfant devient possessif et exige beaucoup d'objets matériels.
- La perte d'un parent peut être vécue comme une trahison et se traduire par une perte de confiance en l'adulte.
- Se surajoute la crainte de perdre un modèle auquel l'enfant s'identifie, c'est-à-dire la personne qui exerce le contrôle et la discipline.

GROUPE DE 9 À 12 ANS

- La réponse immédiate est une colère intense envers l'un des parents ou les deux que l'enfant tient pour responsable-s du divorce.

- Puis survient un deuil concernant la perte de la famille intacte, accompagné de sentiments d'angoisse, de solitude, d'humiliation et d'impuissance.
- Les plus jeunes ont tendance à identifier un bon et un mauvais parent, étant vulnérables à l'« affabilité » du parent qui cherche à l'impliquer dans la bataille conjugale.
- Les plus vieux sont souvent capables de jouer un rôle de soutien à l'endroit du parent qui en a besoin.
- Au moins 50 % accusent une baisse de leur rendement scolaire et de leurs relations avec leur cercle d'amis.

GROUPE D'ADOLESCENTS (13 À 18 ANS)

- Ce groupe est très vulnérable à la situation de divorce des parents.
- Les adolescents accusent souvent une dépression subite, accompagnée d'idées suicidaires qui peuvent aller jusqu'au passage à l'acte.
- On observe chez eux beaucoup de colère, pouvant même conduire à la violence physique envers l'un des parents.
- D'aucuns jugent la conduite de leurs parents durant le mariage et le divorce, et s'identifient ou font alliance avec l'un ou l'autre des parents.
- La majorité des adolescents expriment une angoisse concernant leur futur et leur entrée dans le monde des adultes.
- Parfois, de façon étonnante, on assiste chez certains à une capacité de croître en maturité et en autonomie dans leur façon de répondre à la crise familiale et aux besoins d'aide de leurs parents.

25.4.3. DIFFÉRENCES SELON LE SEXE

En général, les garçons sont plus vulnérables que les filles au stress aigu engendré par la rupture conjugale.

Dix-huit mois après le divorce, le développement psychologique des garçons se sera détérioré sérieusement dans 50 % des cas.

Dans une étude menée au Texas et comprenant une trentaine de garçons, les résultats semblent indiquer que le garçon qui vit avec son père acquiert plus de maturité, devient plus sociable, plus indépendant et moins exigeant que celui dont la garde est accordée à la mère. Le nombre d'enfants n'est cependant pas suffisant pour qu'on en arrive à une conclusion définitive.

25.4.4. ÉVALUATION DES ENFANTS APRÈS CINQ ANS

Cinq ans après la rupture, WALLERSTEIN et KELLY ont réévalué 58 des 60 familles et 101 des 131 enfants de l'enquête initiale, et ont discuté avec l'enseignant de chacun des enfants. Les auteurs ont constaté que, dans l'ensemble, les résultats varient selon trois facteurs :
— l'âge et le sexe de l'enfant ;
— la mésentente conjugale avant et après la rupture ;
— la qualité de la relation parents - enfant et parents entre eux.

RÉACTIONS DES ENFANTS APRÈS CINQ ANS

Presque tous les enfants espèrent longtemps une réconciliation magique reconstituant la famille initiale. Mais après cinq ans les opinions ont beaucoup évolué :
- 28 % des enfants approuvent fortement le divorce.
- 42 % s'accommodent du changement mais entretiennent des sentiments ambivalents.
- 30 % le désapprouvent fortement, alors qu'au moment du divorce, 75 % le condamnaient à cause de l'attachement à l'image familiale antérieure au divorce.

- 34 % des enfants et des adolescents ont un bon fonctionnement psychologique, évalué par la qualité du rendement scolaire, ainsi qu'un bon fonctionnement social et un bon comportement à la maison. La vulnérabilité du jeune enfant, et du jeune garçon en particulier, identifiée dans l'étude initiale de WALLERSTEIN, ne se perpétue pas après cinq ans. Ils ont développé un sentiment de confiance même si, de temps en temps, ils se sentent seuls et malheureux face au divorce.

- 29 % ont une santé psychologique convenable malgré une légère baisse d'estime de soi, et continuent de vivre des moments de colère qui les épuisent parfois. Mais ils fonctionnent moyennement à l'école, dans leurs relations avec les adultes et avec le monde extérieur.

- 37 % présentent cependant des troubles de l'adaptation, se disent malheureux, insatisfaits de leur nouveau style de vie. D'aucuns manifestent même une dépression de modérée à sévère, quoique plusieurs conservent cependant dans quelques sphères un développement approprié à leur âge. Ces enfants expriment une solitude plus intense que lors de la phase postdivorce. Ils rentrent dans une maison vide après l'école et attendent le retour du parent. Au cours du week-end, ils ne participent pas aux activités sociales que leurs parents organisent souvent pendant leur absence.

25.4.5. ÉVALUATION DES ENFANTS APRÈS DIX ANS

Trente jeunes adolescents qui avaient entre 3 et 5 ans au moment du divorce ont raconté leurs souvenirs et leurs perceptions de cette expérience.

- Les enfants se souviennent peu de la famille intacte et de la rupture conjugale, même si on avait constaté chez eux un trouble sévère juste après l'expérience du divorce.

- La plupart ont un rendement scolaire normal.

- Un nombre significatif de jeunes ont exprimé leur peine de la perte subie sur les plans financier et affectif par suite de la rupture conjugale, et leur désir de retrouver une relation chaleureuse ou maternante et plus protectrice à l'intérieur d'une famille intacte.

- Des fantaisies de réconciliation surviennent dans la moitié du groupe.

- La relation avec la mère qui a obtenu la garde est souvent empreinte de chaleur, d'acceptation. Mais plusieurs enfants démontrent un certain mécontentement devant le manque de disponibilité émotive et physique de leur mère engagée dans ses propres préoccupations et son travail.

- La relation avec le père visiteur reste chargée d'émotions pour ces adolescents, que les visites aient été ou non fréquentes jusqu'à ce moment. Certains démontrent un intérêt marqué, une compassion pour leur père dans le besoin même s'il s'est montré très irrégulier dans ses visites au cours des années.

- Un sentiment de forte désapprobation a été exprimé par les enfants dont le père n'a pas rempli le soutien économique promis lorsqu'il avait la capacité de le faire.

- Le besoin très grand d'établir une relation avec le père absent survient surtout dans le groupe d'adolescentes.

- La majorité de ces jeunes envisage le mariage et la vie familiale de façon optimiste.

La conclusion principale de cette recherche est la découverte intéressante que, dix ans après la rupture de leurs parents, les enfants qui étaient d'âge préscolaire au moment de la rupture sont les moins perturbés par cette expérience. Ils ne conservent que très peu de souvenirs de leur famille intacte, d'où leur optimisme et leur foi en l'avenir.

Même s'ils ont témoigné une plus grande souffrance que les enfants des groupes d'âges scolaires et les adolescents lors de la rupture, en raison de leur immaturité, ils se sont mieux remis que les plus vieux. Ceux-ci ne parviennent pas à effacer de leur mémoire le souvenir nostalgique de la famille intacte ; ils ont très peur de répéter l'échec conjugal et familial de leurs parents et de s'impliquer dans une relation stable.

Cette découverte va à l'encontre des théories psychologiques et psychanalytiques qui pensaient avoir démontré qu'un traumatisme survenu chez un enfant en bas âge le rend plus vulnérable par la suite.

25.4.6. IDENTIFICATION DES ENFANTS À RISQUES À LA SUITE D'UN DIVORCE

Quatre groupes d'enfants à risques nécessitent une attention particulière de la part des médecins et des professionnels de la santé :

1) Pour certains enfants, le maternage cesse subitement avec le divorce. Ces enfants laissés à eux-mêmes font face à un risque de maturation prématurée.

2) D'autres enfants prennent la responsabilité du parent et deviennent en quelque sorte un « enfant parental ». Ces divers rôles de parent, de protecteur, de confident, d'amant, de concubin interfèrent sûrement avec le propre développement et la maturation de ces enfants.

3) Certains enfants doivent répondre strictement aux besoins d'un parent, leurs propres besoins physiques, psychologiques et émotionnels devant passer au second rang.

4) Certaines adolescentes vivent un rejet affectif de la part de leur père, accompagné d'un manque de soutien financier qui les empêche de prolonger leurs études universitaires. Elles accusent souvent divers symptômes tels que des sentiments dépressifs, des rapports sexuels précoces et le décrochage scolaire (*drop out*).

En plus de ces quatre exemples, ajoutons un groupe particulier d'enfants utilisés comme otages. Certaines familles continuent à vivre dans une atmosphère de conflit et de mésentente, très dommageable pour les enfants. Ceux-ci devenant en quelque sorte des otages, comme alliés ou messa-gers, risquent de présenter un problème de dépression, de délinquance ou d'autres troubles importants du développement.

25.4.7. FACTEURS DE BON PRONOSTIC

L'étude prospective de WALLERSTEIN (1984) nous permet de conclure à l'existence de certains facteurs de bon pronostic qui influencent positivement la réponse des enfants face au divorce. Parmi ces facteurs, citons les suivants :

— la diminution de la colère chez le parent visiteur et chez celui qui a la garde de l'enfant ;

— l'évolution du parent qui a la garde, vers un meilleur maternage (*parenting*) ;

— le sentiment d'acceptation de la part du parent visiteur, et l'établissement d'un lien stable et continu avec l'enfant ;

— l'atténuation, par le divorce, d'une relation pathologique parent - enfant préexistante ;

— le niveau d'adaptation de l'enfant, c'est-à-dire son degré d'intelligence, sa capacité de fantasmer, son degré de maturité ;

— la possibilité pour l'enfant de bénéficier d'un réseau de soutien (amis, adultes, etc.) ;

— l'absence chez l'enfant de colère continue et de dépression ;

— l'âge et le sexe de l'enfant ;

— la capacité de maîtriser les tâches psychologiques (colère, détachement, deuil, etc.) impliquées dans le processus de divorce ;

— la continuité de la relation avec ses deux parents, qui augmente l'estime de soi d'une part et la qualité du lien avec le parent qui a obtenu la garde d'autre part ; elles sont la clef de voûte d'un bon fonctionnement et d'une bonne adaptation chez l'enfant. Par une intimité et un attachement sains, l'enfant s'oriente vers une meilleure performance scolaire, une maturité sociale et des relations souples avec les adultes et son entourage.

BIBLIOGRAPHIE

AUSLOOS, G.
1980 « Conférence sur l'approche systémique et la fonction du symptôme », Pavillon Albert-Prévost, hôpital du Sacré-Cœur de Montréal.

BATESON, G.
1981 *Vers une écologie de l'esprit*, tome 1, Paris, Seuil.

1983 *Vers une écologie de l'esprit*, tome 2, Paris, Seuil.

BEAVERS, R.
1982 « Indications and Counter-indications for Couples Therapy », *Psychiatric Clinics of North America*, vol. 5, n° 3, déc., p. 469-478.

BOWEN, M.
1978 *Family Therapy in Clinical Practice*, New York, Jason Aronson.

1984 *La différenciation du soi* (traduction française du titre précédent), Paris, ESF.

COOGLER, O.J.
1978 *Structured Mediation in Divorce Settlement*, Lexington, Mass., Lexington Books.

EPSTEIN, N.B. et D.S. BISHOP
1981 « Problem-centered Systems Therapy of the Family », *Handbook of Family Therapy* (A. Gutman et D. Kniskern, édit.), New York, Brunner/Mazel, p. 444-482.

FELDMAN, L.
1979 « Marital Conflict and Marital Intimacy, an Integrative Psychodynamic - Behavioral - Systemic Model », *Family Process*, vol. 18, mars, p. 69-78.

FISCH, R., J. WEAKLAND et L. SEGAL
1982 *The Tactics of Change*, Jossey Bass.

FLECK, S.
1985 « The Family and Psychiatry », *Comprehensive Texbook of Psychiatry* (H. Kaplan et J.S. Benjamin, édit.), 4e éd., vol. 1, p. 279-294, Williams & Wilkins Company.

GARIGUE, P.
1967 *Analyse du comportement familial*, Montréal, Presses de l'Université de Montréal.

GOLDBERG, M.
1982 « The Dynamics of Marital Interaction and Marital Conflict », *Psychiatric Clinics of North America*, vol. 5, n° 3, déc., p. 449-466.

GOLDMAN, J. et J. COANE
1977 « Family Therapy After the Divorce : Developing a Strategy », *Family Process*, vol. 16, p. 357-362.

GOUVERNEMENT DU QUÉBEC
1980 *Étude du ministère des Affaires sociales*, Service des études sociales, Québec, sept.

1982 *Étude sur les femmes et le marché du travail*, ministère des Affaires sociales, Québec.

GRANVOLD, D.K. et G.J. WELCH
1977 « Intervention Post Divorce Adjustment Problems : the Treatment Seminar », *Journal of Divorce*, vol. 1, p. 81-91.

GREENE, B.L.
1970 *A Clinical Approach to Marital Problems*, Springfield, Ill., Charles C. Thomas.

GURMAN, A.S.
1978 « Contemporary Marital Therapies : A Critique and Comparative Analysis of Psychoanalytic, Behavioral and Systemic Therapy Approaches », *Marriage and Marital Therapy* (B. Paolino et S. McCrady, édit.), New York, Brunner/Mazel, p. 445-566.

GURMAN, A.S. et D.P. KNISKERN
1978 « Research in Marital and Family Therapy : Progress, Empirical, Clinical and Conceptual Issues », *Handbook of Psychotherapy and Behavior* (S.L. Garfield et A.E. Bergin, édit.), New York, Wiley.

HALEY, J.
1981 *Nouvelles stratégies en thérapie familiale*, Montréal, France-Amérique.

HALEY, J. *et al.*
1980 *Changements systémiques en thérapie familiale*, Paris, Éd. E.S.F.

HUMPHREY, F.G.
1982 « Extramarital Affairs : Clinical Approaches in Marital Therapy », *Psych. Clin. of North America*, vol. 5, n° 3, déc., p. 581-593.

JOHNSON, A. et S.D. SZUREK
1952 « The Genesis of Antisocial Acting Out in Children and Adults », *Psychoanalytic Quarterly*, vol. 21, p. 323-343.

JOHNSON, S.M.
1977 *First Person Singular : Living the Good Life Alive*, Philadelphia, Lippincott.

KASLOW, F.W.
   1981 « Divorce and Divorce Therapy », *Handbook of Family Therapy* (A. Gurman et D. Kniskern, édit.), New York, Brunner/Mazel.

KASLOW, F.W. et E.J. LIEBERMAN
   1980 « Couples Groups Therapy, Rational, Dynamics and Process », *A Handbook of Marriage, Marital Therapy and Divorce* (P. Sholevar, édit.), New York, Spectrum Edition.

KESSLER, S.
   1975 *The American Way of Divorce, Prescription for Change*, Chicago, Nelson-Hall.

KRESSEL, K. et M. DEUTSCH
   1977 « Divorce Therapy : An In-Depth Survey of Therapists' Views », *Family Process*, vol. 16, p. 413-443.

KRESSEL, K. *et al.*
   1980 « A Typology of Divorcing Couples : Implication for Mediation and the Divorce Process, *Family Process*, vol. 19, n° 2, p. 101-116.

LIDZ, T. *et al.*
   1965 *Schizophrenia and the Family*, New York, International University Press.

   1986 *Le schizophrène et sa famille* (traduction française du titre précédent), Navarin Édit.

LYNCH, C. et M. BLENDER
   1983 « The Romantic Relationship : Why and How People Fall in Love, the Way Couples Connect, and Why They Break Apart », *Family Therapy*, vol. X, n° 2, New York, Libra Publishers.

MADANES, C.
   1981 *Strategic Family Therapy*, San Francisco, Jossey-Bass.

MINUCHIN, S.
   1974 *Families and Family Therapy*, Cambridge, Mass., Harvard University Press.

MINUCHIN, S.
   1980 *Familles en thérapie* (traduction française du titre précédent), Montréal, France-Amérique.

NAPIER, A.Y.
   1978 « The Rejection-intrusion Pattern : A Central Family Dynamic », *Journal of Marriage and Family Counselling*, vol. 4, p. 5-12.

SAGER, C.J.
   1976 *Marriage Contracts and Couple Therapy*, New York, Brunner/Mazel.

STEINHAUER, P.D. *et al.*
   1984 « The Process Model of Family Functioning », *Canad. J. Psychiatry*, vol. 29, p. 77-88.

THIESSEN, J.D., S.W. AVERY et H. JOANNING
   1981 « Facilitating Post Divorce Adjustment among Women : A Communication Skills Training Approach », *Journal of Divorce*, vol. 4, p. 35-44.

WALLERSTEIN, J.S.
   1984 « Children of Divorce, Preliminary Report of a Ten-year Follow up of Young Children », *Amer. J. Ortho-psychiat. Today*, vol. 54, n° 3.

WALLERSTEIN, J.S. et J.B. KELLY
   1980 *Surviving the Break up*, Basic Books.

WATZLAWICK, P., J. WEAKLAND et R. FISCH
   1974 « Change : Principles of Problem Formation and Problem Resolution », *Family Process*, vol. 13, p. 141-168.

WHITAKER, C.A. et M.H. MILLER
   1969 « A Re-evaluation of "Psychiatric Help" when Divorce Impends », *American Journal of Psychiatry*, vol. 126, p. 57-64.

WRIGHT, J.
   1985 *La survie du couple*, Montréal, La Presse.

CHAPITRE 26

MALADE CHRONIQUE

JACQUES VOYER
M.D., C.S.P.Q., F.R.C.P.(C)
Psychiatre à l'Institut Philippe-Pinel, à l'hôpital Royal-Victoria et à l'Institut de réadaptation de Montréal

PLAN

Quand je vois un grand arthritique
s'avancer vers la porte avant de mon bureau,
j'ai envie de fuir par la porte arrière.

WILLIAM OSLER
(1849-1919)

26.1.
INTRODUCTION

De façon générale, la chronicité tend à démoraliser et les soignés et les soignants. HIPPOCRATE consacra même une grande partie de son œuvre à décrire ces malades que les médecins devaient éviter de soigner. Précisons qu'à l'époque, des échecs thérapeutiques répétés contribuaient à ternir la réputation du médecin, l'obligeant par là au nomadisme ...

Or, au cours des cent dernières années, les spectaculaires résultats de la recherche médicale et l'amélioration des conditions de vie dans les pays industrialisés ont amené une hausse de la longévité de la population en général, y compris celle des grands malades. Mais la réduction de la létalité de plusieurs maladies ne s'est pas pour autant accompagnée d'une diminution de la morbidité consécutive à ces maladies. Le clinicien se voit donc de plus en plus confronté aux problèmes de la chronicité en attendant que la recherche fournisse plus de réponses.

Notre propos se veut une sensibilisation aux nombreux problèmes chroniques rencontrés en psychiatrie et en médecine de même qu'aux diverses approches couramment utilisées pour y remédier. Par maladie chronique, nous entendons, suivant la définition de MATTSON (1972, p. 801) :

> ... un désordre avec un cours prolongé qui peut être progressif et fatal ou associé avec une durée de vie relativement normale, en dépit d'un fonctionnement diminué au plan physique et mental. Ces maladies s'accompagnent épisodiquement de rechutes aiguës exigeant une attention médicale intensive.

26.2.
CHRONICITÉ PSYCHIATRIQUE

26.2.1. HISTORIQUE

Le sort réservé aux malades mentaux tend à varier, selon les périodes et les humeurs sociétales en vogue. D'abord considérés comme « possédés du démon » à expulser ou à brûler sur le bûcher, les « fous » devinrent ensuite des « incurables » à enfermer. Ce n'est que depuis 1800, grâce à PHILIPPE PINEL, que la folie a obtenu le statut de « maladie plus ou moins distincte et traitable » au fur et à mesure ue l'avancement de la recherche. La fin du XIXe siècle et la première moitié du XXe se caractérisèrent surtout par un véritable engorgement des asiles psychiatriques, accompagné d'une détérioration de plus en plus grande des conditions de vie et de traitement.

C'est à partir de vocables comme « hospitalisme » (GOFFMAN) et « institutionnalisme » (WING) que différents auteurs alertèrent l'opinion publique sur ce qui paraissait résulter des méfaits de l'hospitalisation à long terme. Ces dénonciations, couplées à l'évolution psychopharmacologique au début des années 1950 et à des pressions juridiques nouvelles, furent à l'origine du vaste mouvement de désinstitutionnalisation qui marqua profondément la pratique des soins psychiatriques des trente dernières années. Avec l'aide et la pression des gouvernements, on vida massivement les asiles.

Malheureusement, les nombreux « affranchis » sont demeurés souvent sans autres ressources ni mise en place préalable des services nécessaires tant à leur réinsertion qu'à leur maintien en société. Si bien que le traitement des grands malades mentaux consiste surtout, encore aujourd'hui, en hospitalisation brève, en intervention de crise et en médication en phase aiguë. L'inconsistance et le manque de ressources communautaires de traitement, d'hébergement, d'emploi ou de socialisation dans le suivi s'ajoutent à la lourdeur des pathologies et font que plus de 75 % des malades n'arrivent pas à demeurer plus de trois ans dans la communauté. On a d'ailleurs donné le nom de « syndrome de la porte tournante » (DORVIL, 1987) au cycle « admission - congé - réadmission » si caractéristique de tant de maladies mentales et tellement démoralisant pour les malades, leur famille et les intervenants.

La politique d'hospitalisation à court terme, avec la quasi-disparition de l'institutionnalisation à long terme, serait d'ailleurs à l'origine d'une nouvelle génération de malades que PEPPER a appelé « les jeunes malades mentaux chroniques ». Ne vivant plus une vie docile et enfermée à l'hôpital psychiatrique, ils seraient plutôt dans la rue, instables, agressifs et très souvent délinquants, présentant une symptomatologie non contrôlée et aggravée par la prise de drogues illicites, tout en demeurant sans racine et sans avenir. Avec les malades déjà désinstitutionnalisés, ils formeraient un fort pourcentage des millions de sans-abri errant à travers l'Amérique du Nord et l'Europe.

26.2.2. DESCRIPTION

DIAGNOSTICS

La clinique et les études récentes ont bien démontré qu'en psychiatrie, la chronicité n'est pas liée uniquement au diagnostic posé en phase aiguë mais bien au fonctionnement à long terme du malade, reflété par le nombre de symptômes psychiatriques et leur intensité, les rechutes, les conditions de vie et le fonctionnement professionnel et social.

Selon la classification du DSM-III, les pathologies suivantes sur l'axe I peuvent évoluer vers la chronicité :
— démences débutant durant la sénescence et le présenium ;
— troubles liés à la consommation de substances toxiques ;

— troubles schizophréniques ;
— troubles paranoïdes ;
— troubles schizo-affectifs ;
— psychoses atypiques ;
— troubles affectifs majeurs ;
— troubles factices chroniques avec symptômes somatiques.

La chronicité psychiatrique affecte aussi, à l'âge adulte, les individus souffrant de complications et de séquelles des troubles apparus durant la première et la deuxième enfance ou pendant l'adolescence, tels :
— retard mental ;
— troubles déficitaires de l'attention ;
— troubles de mouvements stéréotypés ;
— troubles globaux résiduels du développement (autisme infantile, trouble global du développement débutant dans l'enfance, troubles atypiques).

Pour les mêmes raisons, on peut aussi inclure les formes sévères de pathologies autrefois décrites comme névrotiques, tels certains :
— troubles anxieux ;
— troubles dissociatifs ;
— troubles somatoformes.

Vu leur pronostic clinique souvent très sombre, sont aussi compris les troubles sévères de la personnalité situés sur l'axe II.

Enfin, l'inclusion de l'axe IV (sévérité des facteurs de stress psychosociaux) et de l'axe V (niveau d'adaptation et de fonctionnement le plus élevé dans l'année écoulée) dans le système multiaxial du DSM-III apparaît comme un pas vers une meilleure précision diagnostique de la chronicité psychiatrique.

DIMENSIONS

Un des effets les plus réguliers que suscite la chronicité psychiatrique chez plusieurs intervenants est le regroupement de ces patients dans un magma homogène frustrant et désespérant pour ceux-ci et leur entourage, sans considération pour les spécificités des sous-groupes et, surtout, de chaque individu atteint.

STRAUSS et GLAZER (1982) ont suggéré quatre dimensions de la chronicité psychiatrique, qui permettent au clinicien d'individualiser davantage les problèmes et donc les traitements, suivant les malades et suivant les étapes de l'évolution de leur maladie :

1) **Chronicité des symptômes**   Bien décrite sur l'axe I et l'axe II du DSM-III, cette dimension ne reflète pas pour autant la globalité du malade. Ainsi, certains patients atteints de symptômes sévères et prolongés n'en fonctionnent pas moins bien sur le plan professionnel et social, gardant un bon contact avec leur environnement humain et prenant soin d'eux-mêmes et de leurs proches avec compétence.

2) **Chronicité du dysfonctionnement professionnel et relationnel**   Par contre, d'autres malades, bien qu'en complète rémission symptomatologique, n'en gardent pas moins un fonctionnement très limité, reflété sur l'axe V du DSM-III.

3) **Chronicité du traitement**   D'autres patients semblent plus chroniquement dépendants des soins que chroniquement malades, surtout quand des gains secondaires se sont établis, telle une compensation financière. Ce sont des patients qui recherchent plus un contact médical et un traitement qu'une guérison.

4) **Chronicité de l'attitude**   Une combinaison faite de peur, d'apathie, de dépendance, de résistance et de désespoir garde souvent le malade dans sa symptomatologie et son impuissance. L'expression varie en qualité et en intensité suivant le cours de la maladie. Une attitude chronique sévère signifie donc une grande résistance au changement. Par conséquent, des cliniciens et des malades en viennent à craindre les améliorations du fonctionnement, lesquelles s'accompagnent souvent de rechutes.

Pour STRAUSS et GLAZER, ce facteur exerce une influence déterminante sur le choix des modalités thérapeutiques à privilégier, qui seront acceptées par le patient. Nous y reviendrons dans la partie organisationnelle des approches de traitement.

26.2.3. ÉPIDÉMIOLOGIE

Jusqu'à maintenant, les difficultés rencontrées au cours des recherches épidémiologiques portant sur les maladies mentales chroniques n'ont pas permis aux chercheurs d'en arriver à des conclusions statistiques définitives. Étant donné la complexité des facteurs individuels et environnementaux concernant l'étiologie, la phénoménologie et les approches, les résultats apparaissent souvent parcellaires. C'est ainsi que les différents critères diagnostiques utilisés et les divers degrés d'insistance des chercheurs à identifier les cas font que les taux d'incidence et de prévalence des différentes maladies mentales chroniques tendent à varier suivant les études.

Néanmoins, les études de FARIS et DUNHAM à Chicago au milieu des années 1930, puis celles de HOLLINGSHEAD et REDLICH, de SROLE *et al.* et de LEIGHTON *et al.* ont bien démontré que les plus grandes concentrations de malades mentaux chroniques se trouvent dans les milieux défavorisés. On avait cru autrefois que c'était justement ces milieux défavorisés qui causaient la maladie mentale. On sait aujourd'hui que c'est plutôt la maladie mentale qui fait glisser les patients atteints vers la détérioration sociale. La part exercée par la génétique, les stresseurs sociaux ou la sélection sociale reste à déterminer dans ce glissement.

Il y aurait par exemple 100 000 nouveaux cas de schizophrénie par année aux États-Unis, 12 000 au Canada et 3 000 au Québec. De 10 à 30 % de ces personnes deviendront des malades chroniques. Plus de 300 000 Canadiens seraient atteints de la maladie d'ALZHEIMER et 2 millions d'autres auraient des problèmes d'alcool.

Les coûts de traitement et de réadaptation deviennent rapidement prohibitifs. Ainsi, on estime qu'en Amérique du Nord, les schizophrènes consomment à eux seuls 40 % des journées d'hospitalisation à long terme et 20 % des dépenses de sécurité sociale. Au Québec, les problèmes de santé mentale occupent le premier ou le deuxième rang au chapitre des dépenses de santé publique selon qu'on estime la part du budget à 18 ou 13,5 % suivant les études. Or, sans exclure la présence de nombreux malades chroniques dans les départements d'hospitalisation de courte durée des hôpitaux généraux, plus de 65 % des dépenses sont réparties entre 14 hôpitaux psychiatriques spécialisés dans les hospitalisations de longue durée.

L'importance évidente des problèmes actuels mais aussi le manque de données précises rendent donc impératives des études dirigées conjointement par des psychiatres et des chercheurs des sciences connexes, afin de mieux délimiter les problèmes en cause et les solutions à y apporter.

26.2.4. APPROCHES

PSYCHOPHARMACOLOGIQUES

Nous abordons ce sujet en premier étant donné qu'au cours des trente dernières années, et ce, pour la première fois de l'histoire de l'homme et de la médecine, les découvertes pharmacologiques ont rendu possible, pour beaucoup de malades, le traitement à long terme de leur psychose.

Neuroleptiques

Tout de suite après la découverte des neuroleptiques, en 1952, par DELAY et DENIKER, leur usage clinique prouva leur efficacité pour diminuer les symptômes aigus de psychose et tout particulièrement les symptômes dits « positifs » de la schizophrénie : hallucinations, délires, agitation et catatonie. Les données concernant leurs effets sur le cours naturel des différentes maladies mentales furent nécessairement plus lentes à venir. Ainsi, petit à petit, plusieurs études ont contribué à établir leur efficacité dans la prévention des rechutes de schizophrénie.

Cependant, les neuroleptiques ne guérissent aucune des grandes maladies mentales. Et dans la schizophrénie résiduelle, ils n'ont pas d'effet sur les symptômes dits « négatifs » : émoussement de l'affect, manque d'énergie et perte d'initiative. Ces symptômes pourraient même parfois s'aggraver par l'ajout insidieux d'effets secondaires tels que l'akinésie et l'akathisie. De fait, comme les patients en rémission ressentent souvent davantage les effets secondaires que les effets bénéfiques de leur médication, l'alliance thérapeutique et l'observance du traitement s'en trouvent régulièrement diminuées, augmentant les risques de rechutes.

À long terme, les dyskinésies tardives demeurent l'effet secondaire le plus redouté. Même si la majorité des malades semble y échapper et que certains facteurs de risques ont été identifiés, il n'en reste pas moins que l'explication en demeure hypothétique, qu'on ne peut en prédire l'apparition et qu'il n'y a pas encore de traitement efficace généralement accepté. Si bien que le but de la neuroleptisation de maintien consiste à minimiser la détresse et le dysfonctionnement des patients en prévenant les rechutes. Les modalités cliniques de cette approche sont expliquées au chapitre 13.

Lithium et antidépresseurs

Après que CADE, en 1949, eut découvert fortuitement les effets antimaniaques du lithium, l'usage clinique en révéla les effets prophylactiques dans la psychose maniaco-dépressive (SCHOU, 1960). La condition des malades atteints fut, dans l'ensemble, considérablement améliorée. Cependant, l'administration à long terme du lithium s'accompagne parfois d'effets secondaires et de complications (mentionnés au chapitre 38) qui peuvent forcer le clinicien à en discontinuer la prescription. De plus, chez environ 25 % des patients maniaco-dépressifs, le lithium n'a que peu ou pas d'effet.

La valeur prophylactique des antidépresseurs tricycliques dans les dépressions unipolaires récurrentes a été beaucoup plus longue à démontrer ; en outre, ils occasionnent souvent des effets secondaires anticholinergiques. L'effet prophylactique des inhibiteurs de la monoamine-oxydase reste à prouver. Enfin, les risques reliés à leurs interactions alimentaires et médicamenteuses en limitent l'indication.

APPROCHES PSYCHOTHÉRAPEUTIQUES

Psychothérapies individuelles

C'est surtout dans les cas de psychoses chroniques (schizophrénie, trouble bipolaire) que l'expérience des psychothérapies individuelles a été remise en question récemment. Pessimiste, FREUD considérait les schizophrènes comme incapables d'établir une névrose de transfert et il voyait leur pathologie comme résultant d'un conflit entre le Moi et le monde extérieur. En dépit de cette opinion, différents psychanalystes se sont livrés à des expériences et des conceptualisations qui, encore aujourd'hui, éveillent l'admiration de quelques cliniciens. Malheureusement, peu d'expériences cliniques rigoureuses et encore moins de recherches méthodiques ont pu étayer les espoirs suscités par ces approches psychanalytiques.

Pour l'heure, dans le cadre de la schizophrénie, l'approche individuelle psychothérapeutique s'est orientée vers l'éducation des malades au sujet des différents aspects de la psychose, permettant par là le développement de structures cognitives qui visent l'amélioration des relations avec l'environnement. Les fonctions du Moi ainsi améliorées sont principalement l'adaptation à la réalité, l'observation du fonctionnement personnel, l'habileté à établir des limites, à définir des problèmes et des buts et la capacité d'intégrer des expériences apparemment discontinues pour le sujet entre ses relations passées et présentes. Finalement, comme pour d'autres maladies chroniques, la relation de soutien doit permettre un certain réaménagement narcissique par rapport aux différentes pertes occasionnées par la maladie.

Psychothérapies de groupe

Les différentes interventions de groupe visent de moins en moins à explorer les difficultés intrapsychiques et interrelationnelles des malades, et de plus en plus à favoriser le soutien mutuel entre patients présentant des difficultés similaires dans leur apprentissage d'habiletés sociales. Le mouvement des **Alcooliques Anonymes**, qui compte plus d'un million de membres aux États-Unis seulement, demeure l'un des utilisateurs les plus connus de ce type d'approche.

Thérapie de milieu

Descendante en ligne directe du traitement moral du XIXe siècle, la thérapie de milieu bénéficia d'abord des travaux psychanalytiques de SIMMEL vers 1929, puis des clarifications sociopsychiatriques de SULLIVAN et MAIN. D'autres, comme MAXWELL JONES, vinrent par la suite essayer de prévenir les effets insidieusement acculturants et détériorants de l'approche hospitalière autoritaire et asilaire. Parmi les conséquences bénéfiques de ces actions, les hôpitaux psychiatriques se sont mieux équipés surtout au point de vue de leurs ressources humaines.

Mais la valeur significative de la thérapie de milieu chez les malades mentaux chroniques, et particulièrement chez les schizophrènes, n'a pas encore pu être démontrée objectivement. Sa mise en place est basée encore surtout sur des considérations d'humanisme et de conscience sociale. Ainsi, en 1969, SPADONI et SMITH démontrèrent les résultats désastreux obtenus, malgré des efforts extrêmement dévoués en thérapie de milieu, chez des schizophrènes non neuroleptisés. En 1973, VAN PUTTEN alla même jusqu'à suggérer que les milieux thérapeutiques enrichis pouvaient avoir des effets toxiques et même antithérapeutiques par hyperstimulation environnementale, chez de nombreux schizophrènes atteints de déficits de l'attention et des perceptions.

Par conséquent, on en est venu à préconiser une approche beaucoup plus discriminante dans le choix des modalités thérapeutiques, en tenant compte de la variété des maladies et des réponses objectives au traitement. On essaie aussi de plus en plus d'assurer une meilleure continuité entre la thérapie de milieu et la réinsertion sociale en postcure.

Psychothérapies familiales

Dans les années 1950, les pionniers de la thérapie familiale (ACKERMAN, JACKSON) développèrent une approche basée sur la théorie de la communication et sur la théorie systémique, visant surtout à traiter les schizophrènes. Au fils des ans, l'expérience orienta progressivement les thérapeutes vers la restriction de cette approche à des patients beaucoup moins sévèrement atteints. Cependant, par suite des travaux de BROWN *et al.* (1972) et de VAUGHN et LEFF (1976) auprès de familles de schizophrènes à « faible » et à « forte expression émotive » (fee - FEE), une approche comportementale et éducative tend de plus en plus à s'imposer dans ce secteur (voir à ce sujet le chapitre 13).

Groupes d'entraide

Suivant l'exemple d'**Al-Anon**, mouvement créé en 1951 pour les conjoints et les enfants d'alcooliques, d'autres associations de soutien mutuel des familles se créent de plus en plus pour venir en aide à d'autres catégories de pathologies. C'est ainsi que les « Parents et Amis des Malades Mentaux » et la « Société ALZHEIMER de Montréal » s'adressent, dans leur secteur respectif, aux familles et aux malades qui vivent quotidiennement ces graves

problèmes, qui sont encore trop souvent affligés, stigmatisés, oubliés et même maltraités. Ces mouvements offrent aussi de l'information à leurs membres et ils tendent à devenir des porte-parole exerçant des pressions sociales de plus en plus efficaces.

APPROCHES RÉADAPTATIVES*

En réadaptation, on vise essentiellement à aider le patient à fonctionner de façon aussi autonome que possible sur les plans personnel, social et professionnel. L'approche de réadaptation comportementale pour malades mentaux chroniques, proposée par LIBERMAN et EVANS en 1985, propose un programme en trois volets qui fait école pour l'heure.

Ainsi, dans un premier temps, les malades sont soumis à un programme d'entraînement à dix habiletés sociales qui comprend :
1) l'éducation au traitement neuroleptique ;
2) l'hygiène personnelle ;
3) les habiletés de conversation ;
4) la réadaptation professionnelle incluant la recherche d'emploi et les habiletés au travail ;
5) la recherche et le maintien du logement ;
6) la gérance des loisirs ;
7) l'utilisation des transports publics ;
8) la préparation des aliments ;
9) la gérance de l'argent ;
10) l'utilisation des services communautaires.

On vise par là à aider l'individu à améliorer ses capacités, à maîtriser les défis et les problèmes inhérents à la vie quotidienne en communauté.

Dans un deuxième temps, on éduque le malade au maintien du traitement, en lui démontrant les effets de stabilisation, de prévention des rechutes et de facilitation de l'apprentissage que permet la médication neuroleptique. Pour ce faire, on renseigne le malade et sa famille sur l'action

---

* Voir aussi le chapitre 41, section 41.5.

bénéfique des neuroleptiques et leurs effets secondaires, on encourage la régularité aux rendez-vous, on fournit au malade différents moyens mnémotechniques pour favoriser la prise des médicaments.

Finalement, on procède à une structuration cognitive, en mettant l'accent sur la discussion et la négociation des questions et des problèmes au sujet des médicaments. Par ailleurs, pendant tout ce temps, on utilise une approche familiale comportementale et éducative.

APPROCHES ORGANISATIONNELLES

La documentation pertinente et l'expérience des cliniciens travaillant auprès de cette population de patients chroniques font ressortir un manque de continuité et de variété dans les services offerts, qui tendent plutôt à être fragmentés et insuffisants.

STRAUSS et GLAZER (1982), se référant aux quatre dimensions de la chronicité décrites plus haut, suggèrent que la planification des services tienne compte des niveaux d'intensité et de la variété des modalités réadaptatives, psychothérapeutiques et psychopharmacologiques que peuvent nécessiter différents malades à différentes étapes de l'évolution de leur maladie.

C'est ainsi que des patients qui manifestent des attitudes chroniques très marquées (qui sont donc très résistants aux changements) répondront mal à des efforts psychothérapeutiques ou réadaptatifs intensifs, surtout si on doit les référer à de nouveaux intervenants dans des locaux moins familiers. Des rendez-vous bimensuels en clinique de maintien psychopharmacologique avec intégration progressive à de petits groupes « café et brioches » seront moins « intoxicants » pour cette catégorie de patients. Certains malades pourront y acquérir diverses ressources psychologiques et des habiletés interpersonnelles leur permettant d'accéder à des programmes de soins plus exigeants. STRAUSS

et GLAZER parlent donc de traitements de « faible intensité » dans ces cas, à l'opposé des traitements « d'intensité élevée » qui comprennent la réadaptation aux habiletés professionnelles et sociales, la gérance de la médication, les psychothérapies et l'adaptation aux différents milieux de vie.

La disponibilité et les besoins des malades servent donc d'indices au clinicien pour régler la fréquence des contacts et l'augmentation des attentes.

APPROCHES MÉDICO-LÉGALES

L'influence occidentale libérale, mettant l'accent sur la valorisation de la liberté et, par là, sur les droits des malades, a profondément marqué les décisions médico-légales de la deuxième moitié du XXe siècle. En psychiatrie, les décisions des tribunaux ont davantage sanctionné le droit au refus de traitement que le droit au traitement indiqué, alternative beaucoup plus coûteuse socio-économiquement. Ainsi, aux États-Unis, le verdict dans les causes ROUSE vs CAMERON en 1964 et DONALDSON vs O'CONNOR en 1974 a clairement établi que, pour les malades psychiatriques non dangereux, l'internement hospitalier doit être nécessairement associé à des interventions cliniques actives et non à un simple gardiennage. Malheureusement, il n'existe pas de corollaire à ces décisions, obligeant le développement des ressources de réinsertion communautaire qui sont indéniablement nécessaires à de tels malades une fois « libérés ». Par conséquent, des milliers d'entre eux en sont venus à joindre les rangs des sans-abri et des itinérants. Pis encore, faute de moyens, plusieurs de ces malades « désinstitutionnalisés » se livrent à une « criminalité de survie » qui aboutit à leur judiciarisation à un rythme de plus en plus élevé. Enfin, quand la chronicité psychiatrique se combine à la dangerosité, on tend à oublier plus rapidement les souffrances des malades pour les judiciariser et les pénaliser davantage.

26.3.
CHRONICITÉ PHYSIQUE

26.3.1. HISTORIQUE

À travers les âges, les civilisations et les pays, on tend généralement à rejeter et à ostraciser les malades mais à valoriser le beau corps, le corps entier.

Ainsi, des études de ce phénomène de rejet menées auprès de cultures dites « primitives », particulièrement les travaux de MAISEL en 1953 qui portaient sur 50 tribus, révèlent qu'on y pratique souvent l'infanticide envers les nouveau-nés malformés ou fragiles et qu'on tend à abandonner les malades chroniques et les infirmes.

La société occidentale semble encore influencée par quatre grands courants d'attitudes :

1) Dans la Grèce antique, on associait maladies et malformations avec infériorité sociale. Les bébés difformes étaient précipités au pied des falaises et on marquait le corps des personnes handicapées, pour les signaler comme tarées, à éviter dans les endroits publics.

2) Dans la culture juive d'origine, maladies et malformations physiques équivalaient à une faute morale. Les personnes ainsi affligées se voyaient considérées comme impures et faisaient l'objet d'ostracisme.

3) Initialement, chez les chrétiens, on voyait la souffrance comme une façon de se purifier et de gagner des mérites. Cette croyance n'impliquait toutefois pas l'acceptation de l'individu malade par les membres « normaux » de cette société, mais elle stimula le développement d'un système de soins asilaires pour les malades et les grands invalides, ce qui reste une des plus grandes contributions de la chrétienté. Au Moyen-Âge cependant, sous l'influence des superstitions, on se mit à considérer les infirmes, les malformés et les individus visiblement malades comme maudits, possédés du démon, représentants des esprits mauvais et causes des malheurs affligeant les villes et leurs habitants. Comme tels, on les craignait, on les détestait et on les persécutait.

4) À notre époque, une perspective « scientifique » prévaut, du moins chez les gens éduqués, selon laquelle maladies, accidents et incapacités sont le résultat d'absurdités du sort indépendantes de la volonté des personnes frappées.

26.3.2. DESCRIPTION

Nous allons aborder les pathologies chroniques sous l'angle de leurs effets sur l'individu, la famille, la société, les soignants.

IMPACTS SUR L'INDIVIDU

Plan psychodynamique

Les exigences de la maladie ravivent inévitablement des conflits infantiles chez l'individu atteint ; parmi les principaux stresseurs on remarquera les suivants :

1) **Menaces à l'estime de soi**   La maladie aiguë constitue pour le patient une menace à l'intégrité narcissique et aux fantasmes d'indestructibilité et même d'immortalité, de maîtrise de sa destinée ; la chronicité et les changements qui y sont associés dans le temps obligent le sujet à modifier l'image de soi relativement stable déjà formée. Les menaces les plus sérieuses à l'image de soi sont : les changements de l'apparence physique, de la mobilité et du fonctionnement sexuel, la perte du contrôle des fonctions physiologiques et la diminution de l'acuité mentale.

2) **Menaces à l'autonomie**   Dans la dispensation des soins, la chronicité force l'individu à dépendre d'un groupe de personnes de plus en plus réduit, soit : le médecin, l'équipe traitante

ou les proches à la maison. Et l'individu très dépendant comme le très indépendant sont ceux qui en souffrent le plus. Ainsi, le premier voit ses besoins de dépendance gratifiés par les différentes interventions, ce qui favorise sa régression et l'amène à se complaire dans la maladie et le traitement, ses traits de caractère le portant davantage vers la compensation que vers les efforts de réadaptation. Au contraire, la personne indépendante, qui valorise particulièrement son autonomie, percevra les soins comme des menaces à son estime de soi et y répondra de façon dépressive, anxieuse ou agressive, ou encore elle s'engagera dans des actions tendant à nier la sévérité de la maladie et la nécessité de se faire traiter.

3) **Autres menaces**   En phase aiguë de la maladie, la peur des étrangers (que vit le bébé vers le neuvième mois) est ravivée au moment où le malade remet sa vie entre les mains des étrangers que constitue l'équipe soignante. L'anxiété de séparation peut être revécue lorsque la personne handicapée se voit séparée de son environnement familial. La peur de la perte d'amour des proches peut survenir secondairement aux incapacités physiques et mentales et à la dépendance. La culpabilité et l'anxiété de castration peuvent aussi réapparaître, tout comme la peur de la douleur dont la présence peut souvent amplifier l'intensité des différents stresseurs.

Chez le malade chronique, ces menaces et ces conflits sont souvent atténués et moins « purs » dans leur expression symptomatique. Ils n'en sont pas moins présents, surtout en fin d'hospitalisation lorsque le retour à la communauté met à l'épreuve les capacités résiduelles de l'individu. L'intensité pourra aussi se réamplifier lors de rechutes ou de complications secondaires qui remettent souvent en question l'équilibre psychologique jusqu'alors atteint. Mais en général, le temps aide souvent à diminuer l'impact psychologique de la maladie. Ainsi, la permanence et l'aggravation progressive d'une incapacité permettent souvent l'adaptation.

Plan sexuel

Quoiqu'il y ait encore un manque notable de données précises, on sait que la chronicité tend à diminuer le fonctionnement sexuel pour des raisons surtout physiques. Les pathologies arthritiques, musculaires, neurologiques et la débilitation générale tendent particulièrement à restreindre l'activité sexuelle. Psychologiquement, l'anxiété et la dépression secondaires à ces maux contribuent à diminuer la libido, tout comme elles menacent l'identité sexuelle.

Plan financier

La productivité de l'individu est presque toujours touchée et une diminution ou une perte des revenus, réelle ou appréhendée, constitue régulièrement un facteur de stress considérable pour le malade et sa famille. Ces inquiétudes sont souvent aggravées par des attitudes sociales associant productivité et valeur personnelle.

IMPACTS SUR LA FAMILLE

De nos jours, les fonctions traditionnelles de la famille sont remises en question ; la protection des vieillards et des malades, entre autres, devient de plus en plus difficile à assurer. Dans la famille nucléaire moderne, l'équilibre n'est maintenu qu'au prix de l'activité continuelle des différents individus, à l'école et au travail. La maladie chronique nécessite donc un nouvel équilibre et, si elle a pour effet de rapprocher les membres de certaines familles, il n'en reste pas moins que plusieurs ont beaucoup de difficultés à s'adapter.

IMPACTS SUR LA SOCIÉTÉ

Au Canada, dans des études récentes effectuées pour le compte du Conseil national de la recherche, on a estimé le coût des soins consacrés aux malades chroniques à plus de 8 milliards de dollars par année. On y a même ajouté qu'avec le vieillissement de la population, on aurait besoin, d'ici l'an 2021, de près de 1 000 hôpitaux dotés chacun de 300 lits réservés aux soins à long terme pour répondre aux seuls besoins des personnes âgées. Le tout devrait représenter un coût supplémentaire de 30,5 milliards de dollars et un accroissement annuel des frais d'exploitation de 13,7 milliards de dollars.

IMPACTS SUR LA RELATION THÉRAPEUTIQUE

Les maladies physiques aiguës représentent souvent pour le médecin un défi à ses connaissances, à ses habiletés et à son puissant arsenal thérapeutique, devant lequel la confiance et l'optimisme sont raisonnablement de mise. Cependant, la chronicité ne montre que très rarement d'améliorations symptomatiques quotidiennes ; au contraire, elle évolue le plus souvent vers une détérioration à long terme contre laquelle le médecin se révèle impuissant. Ces frustrations, ajoutées à celles des malades et de leurs familles, viennent nécessairement constituer une menace à sa propre estime, à son désir de pouvoir et à son intégrité narcissique, ce qui peut le mener à l'abandon de ses patients ou à un acharnement thérapeutique tout aussi nocif pour lui-même que pour ses malades.

26.3.3. ÉPIDÉMIOLOGIE

Comme en épidémiologie psychiatrique, on ne peut qu'estimer la prévalence des maladies physiques chroniques. Des problèmes de nomenclatures, de classifications et de méthodologies ainsi que la tendance à comptabiliser les personnes atteintes de handicaps multiples par conditions séparées, conduisent à une sur- ou à une sous-énumération des cas. Malgré ces difficultés, il est clair que les maladies physiques chroniques constituent le plus grand problème de santé des pays développés. Ainsi, aux États-Unis, en 1978, le Département de la santé estimait que 30 millions de personnes, soit 12 % de la population non institutionnalisée, étaient limitées dans leurs activités, à des degrés divers, en raison de maladies chroniques ou de déficiences physiques. Dans le même rapport, on estimait aussi que 3,2 % de la population était limitée dans sa mobilité à cause de conditions chroniques.

26.3.4. COMPLICATIONS PSYCHOLOGIQUES

RÉACTIONS DÉPRESSIVES ET SUICIDE

Tous les malades chroniques vivent des pertes. Ainsi, leurs déficits fonctionnels ou anatomiques s'accompagnent régulièrement de diminutions de leur force, de leur énergie, de leur bien-être, et aussi de leur autonomie et de leur espérance de vie. Enfin, ils subissent souvent des baisses de revenu et de statut social.

Par conséquent, la dépression comme émotion, comme humeur ou comme syndrome affecte régulièrement ce type de malades. Le degré et la durée sont fonction du type de maladie et de son évolution, tout comme du réseau de soutien disponible et, enfin, des traits de caractère et des ressources du Moi de la personne.

Quant aux comportements suicidaires qui pourraient en découler, l'expérience de plusieurs cliniciens travaillant auprès de ces malades révèle effectivement des taux de suicides plus élevés. Cependant, sauf pour ABRAM (1970) qui rapportait une incidence de suicides beaucoup plus grande chez les hémodialysés que dans la population en général, il y a très peu de données statistiques fiables sur les autres conditions.

RÉACTIONS ANXIEUSES

La capacité des différents mécanismes de défense à maîtriser l'anxiété peut être attaquée par les nombreux aléas d'une maladie à long terme, surtout quand il y a danger pour la vie.

RÉACTIONS PSYCHOTIQUES

Une réponse psychotique aux stresseurs occasionnés par une maladie physique chronique peut survenir chez certains patients, surtout chez ceux qui sont prédisposés. Cependant, on ne peut pas vraiment prédire de telles réactions, d'autant que chez certains psychotiques, une menace de danger réel peut stimuler les ressources saines de leur personnalité.

Enfin, une multitude de pathologies secondaires aux maladies chroniques et/ou à leurs traitements peuvent affecter le système nerveux central et, par là, occasionner des syndromes cérébraux organiques d'intensité et de qualité psychotiques variables.

PASSAGE À L'ACTE

Ces complications, résultant en grande partie de la personnalité des individus, peuvent provoquer une gamme de comportements extrêmement variés. Les catégories de problèmes rencontrés le plus fréquemment demeurent les suivantes :

1) **Régression** Régresser n'est pas anormal en soi. Adopter un style de vie dépendant peut être adaptatif dans certaines conditions chroniques (par exemple chez les blessés médullaires nécessitant une assistance respiratoire mécanique ou chez des patients en rechute aiguë). Il devient pathologique quand les attitudes d'impuissance et de dépendance du malade excèdent ses limitations physiques et mentales.

2) **Non-observance du traitement** Certaines études ont démontré que chez les malades chroniques suivis en médecine, plus de 50 % ne prenaient pas leurs médicaments selon la prescription. Les motivations sous-jacentes sont extrêmement variées et complexes, allant de la négation de la pathologie et de sa sévérité au déplacement de l'hostilité non exprimée à l'endroit du personnel soignant « impuissant » et « en santé » et à l'expression d'une réaction dépressive, anxieuse ou psychotique.

26.3.5. APPROCHES

APPROCHE PSYCHIATRIQUE

Consultation

Toute évaluation auprès des malades chroniques, que ce soit en médecine, en chirurgie ou en réadaptation, doit comprendre :

1) une évaluation psychiatrique complète permettant au clinicien de préciser le diagnostic et d'évaluer les risques de complications éventuelles comme le suicide ;

2) l'identification de facteurs psychosociaux contributifs, comme la présence ou l'absence de soutien, l'ajustement familial, professionnel et social, le fonctionnement sexuel, la perception du schéma corporel, la signification symbolique de la maladie chez l'individu en question ;

3) l'identification des conditions physiques sousjacentes qui pourraient avoir contribué au tableau clinique, par exemple un trouble endocrinien ou métabolique, une néoplasie, un problème infectieux, etc. ;

4) l'évaluation des risques et des bénéfices du traitement psychiatrique envisagé pour la pathologie physique en cause ;

5) l'éducation de l'équipe soignante aux facteurs bio-psycho-sociaux en cause dans l'évaluation et le traitement du malade ;

6) l'intervention directe spécialisée auprès du malade, quand l'adaptation à la maladie et/ou l'observance du traitement l'obligent.

Psychothérapie

Ce type d'intervention permettra au clinicien d'explorer les pertes et les conflits à l'origine des complications psychologiques qui pourraient survenir en cours de traitement ou de réadaptation.

L'adaptation sera particulièrement prometteuse quand la personne atteinte arrivera progressivement, non pas tant à accepter son sort, comme le soutiennent certains auteurs, mais bien à s'accepter avec son handicap.

APPROCHE MÉDICALE HORS PSYCHIATRIE

La relation patient - médecin demeure le véhicule privilégié du soutien requis tout au long de la maladie. Le médecin, tout en assurant un suivi compétent des problèmes physiques, est aussi à même de fournir l'information et le soutien nécessaires à l'adaptation progressive du patient et de sa famille. Les explications psychodynamiques du psychiatre consultant contribueront tout particulièrement à enrichir la compréhension du médecin sur la réponse intrapsychique du malade à sa maladie, mais aussi à l'instruire sur ses propres réponses (contre-transfert) au malade et à la pathologie en cause, favorisant par là un maintien plus harmonieux de cette relation d'aide.

APPROCHE ORGANISATIONNELLE

Devant la multiplicité des problèmes auxquels doivent faire face quotidiennement le malade et sa famille, STRAUSS (1975) a proposé une approche coordonnée qui est selon lui essentielle et qui doit tenir compte de :

1) la prévention des rechutes et leur traitement immédiat en phase aiguë ;
2) le contrôle des symptômes ;
3) l'observance des traitements et le suivi de leurs effets secondaires ;
4) la prévention de l'isolement social ou l'adaptation, le cas échéant ;
5) l'ajustement aux changements du cours de la maladie, que ce soit les rechutes ou les rémissions ;
6) les essais de normalisation du style de vie et des interactions du patient avec autrui ;
7) le soutien financier des traitements et des autres coûts résultant de l'incapacité du malade.

APPROCHE MÉDICO-LÉGALE

Au point de vue légal, les complications psychiatriques de la chronicité physique posent différents problèmes, entre autres celui de la capacité vs l'incapacité, mais aussi ceux du refus de traitement, du consentement éclairé, de la garde d'enfants et de l'abandon du malade par le médecin (voir le chapitre 48 à ce sujet). Enfin, on notera que, dans le cadre d'expertises évaluant la sévérité des complications psychiatriques, il faut s'en remettre au jugement du tribunal. Au Québec, la CSST (Commission de santé et sécurité au travail) a cependant établi des normes d'incapacité en vertu de la Loi sur les accidents de travail et les maladies professionnelles.

26.4.
CONCLUSION

L'énormité des chiffres et des souffrances qui caractérisent la chronicité en fait le plus grand défi à relever par les différents professionnels intéressés à la maladie et à l'incapacité. Et beaucoup de recherches restent à poursuivre, avant qu'on en arrive sinon à guérir, du moins à améliorer encore les traitements offerts aux malades chroniques. En attendant ces réponses scientifiques, préjugés, idéologies et naïvetés risquent de s'immiscer dans l'hiatus et d'exercer ensuite de bien néfastes influences.

C'est ainsi que l'insertion communautaire des patients psychiatriques se trouve compliquée par des préjugés les qualifiant d'« indésirables », de « parasites », de « paresseux » et même de « dangereux individus ». À l'égard des personnes atteintes de déficiences physiques, des attitudes tout aussi corrosives pervertissent l'application des mesures antidiscriminatoires qui favorisent l'intégration sociale des personnes handicapées, en rangeant ces mesures au chapitre des « aumônes aux invalides » plutôt qu'à celui du respect de leurs droits de citoyens à part entière.

Certaines idéologies, alléguant que les maladies mentales n'existeront plus quand les asiles et les psychiatres auront disparu, ont été à l'origine de malencontreuses désinstitutionnalisations massives dans la Californie du gouverneur REAGAN et plus récemment en Italie. En Chine, quatre millions de schizophrènes sont réapparus après la chute de la Bande des Quatre, ayant été dissimulés sous d'autres vocables par la pensée maoïste.

Sur les plans physique et psychiatrique, une abondance d'approches sans standards professionnels ou scientifiques gagnent de plus en plus la faveur populaire, se qualifiant de « non tradition-nelles, alternatives, parallèles, douces, anti- ou paramédicales ».

Entre temps, les médecins doivent et devront toujours continuer de travailler avec des outils imparfaits comme ils l'ont toujours fait. Nous espérons que les informations qui précèdent leur permettront de poursuivre leur mission en tenant compte de cette autre opinion de WILLIAM OSLER :

> Ce qui compte ce n'est pas tant la sorte de maladie qu'a une personne, mais la sorte de personne qui a cette maladie.

BIBLIOGRAPHIE

BROWN, G.W., J.L.T. BIRLY et J.K. WING
1972 « Influence of Family Life on the Course of Schizophrenic Disorders : A Replication », *Br. J. Psychiatry*, vol. 121, p. 241-250.

CADE, J.F.J.
1949 « Lithium Salts in the Treatment of Psychotic Excitement », *Med. J. Aust.*, vol. 2, p. 349-352.

DAVID, H.
1987 « Les caractéristiques du syndrome de la porte tournante à l'hôpital Louis-H. Lafontaine », *Santé mentale au Québec*, vol. XII, n° 1, p. 79-82.

DELAY, J. et P. DENIKER
1952 « Le traitement des psychoses par une méthode neurolytique dérivée de l'hibernothérapie », *Congrès des médecins, aliénistes et neurologistes de France*, p. 497-502.

DORVIL, H.
1987 « Les caractéristiques du syndrome de la porte tournante à l'hôpital Louis-H. Lafontaine », *Santé mentale au Québec*, vol. 12, n° 1.

GOFFMAN, E.
1961 *Asylums*, New York, Doubleday.

HOLLINGSHEAD, A.B. et F.C. REDLICH
1958 *Social Class and Mental Illness*, New York, John Wiley & Sons.

JONES, M.
1953 *The Therapeutic Community*, New York, Basic Books.

LEIGHTON, D.C. *et al.*
1963 « The Character of a Danger : Psychiatric Symptoms in Selected Communities », *Stirling County Study*, vol. III, New York, Basic Books.

LEVY, N.B. (M.D.)
1979 « The Chronically Ill Patient », *Psychiatric Quarterly*, vol. 51, n° 3, automne, p. 189-197.

LIBERMAN, R.P. et C.C. EVANS
1985 « Behavioral Rehabilitation for Chronic Mental Patients », *Journal of Clinical Psychopharmacology*, vol. 5, n° 3, suppl.

MAISEL, E.
1953 *Meet a Body. A Manuscript*, New York, Institute for the Crippled and Disabled.

MATTSON, A.
1972 « Long-term Physical Illness in Childwood : A Challenge to Psychosocial Adaptation », *Pediatrics*, vol. 50, novembre, p. 801-811.

PEPPER, B., M.C. KIRSHNER et H. RYGLEWICZ
1981 « The Young Adult Chronic Patient : Overview of a Population », *Hospital J. Community Psychiatry*, vol. 32, p. 463-469.

POSTEL, J. et C. QUETEL
1983 *La nouvelle histoire de la psychiatrie*, Toulouse, Éditions Privat.

RAFAELSON, O.J.
1985 « Long-term Treatment of Psychosis : A Challenge to Patients and Professions », *Psychiatry in the 80's*, vol. 3, n° 1.

SIMMEL, E.
1929 « Psychoanalytic Treatment in a Sanatorium », *Int. J. Psychoanalysis*, vol. 10, p. 70.

SOFILIOS-ROTHSCHILD, C.
1970 *The Sociology and Social Psychology of Disability and Rehabilitation*, New York, Random House.

SPADONI, A.J. et J.A. SMITH
1969 « Milieu Therapy in Schizophrenia », *Arch. Gen. Psychiatry*, vol. 20, p. 547.

SROLE, L. *et al.*
1962 « Mental Health in the Metropolis », *The Midtown Manhattan Study*, vol. I, New York, McGraw-Hill.

STRAIN, J.J. (M.D.)
1979 « Psychological Reactions to Chronic Medical Illness », *Psychiatric Quarterly*, vol. 51, n° 3, automne, p. 173-183.

STRAUSS, A.L.
1975 *Chronic Illness and the Quality of Life*, St. Louis, C.V. Mosby.

STRAUSS, J.L. et W. GLAZER
1982 « Treatment of the So-called Chronically Psychiatrically Ill », *Current Psychiatric Therapies*, vol. 21.

SULLIVAN, H.S.
1931 « Sociopsychiatric Research : Its Implications for the Schizophrenia Problem and for Mental Hygiene », *Am. J. Psychiatry*, vol. 10, p. 977.

VAN PUTTEN, T.
  1973 « Milieu Therapy. Contraindications ? », *Arch. Gen. Psychiatry*, vol. 130, p. 52.

VAUGHN, C.E. et J.P. LEFF
  1976 « The Influence of Family and Social Factors on the Course of Psychiatric Illness : A Comparison of Schizophrenic and Depressed Neurotic Patients », *Br. J. Psychiatry*, vol. 129, p. 125-137.

WING, J.K. (M.D.)
  1978 « Who Becomes Chronic », *Psychiatric Quarterly*, vol. 50, n° 3.

CHAPITRE 27

PSYCHOGÉRIATRIE

Michel Fréchette
M.D., F.R.C.P.(C)
Psychiatre au Service de gériatrie du Centre hospitalier de l'Université Laval (Sainte-Foy, Québec)
Professeur de clinique à l'Université Laval (Sainte-Foy, Québec)

Bernard Gauthier
M.D., F.R.C.P.(C)
Psychiatre au Pavillon Albert-Prévost de l'hôpital du Sacré-Cœur (Montréal)
Professeur adjoint de clinique à l'Université de Montréal

PLAN

27.1.
INTRODUCTION

Dans les pays industrialisés de l'hémisphère occidental, la portion âgée de la population s'accroît progressivement. Au Québec, environ 9 % de la population atteint aujourd'hui l'âge de 65 ans. En l'an 2000, le taux se chiffrera entre 12 et 15 %. Dans cette population âgée, les femmes sont en plus grand nombre que les hommes : en 1976, il y avait au Québec 74 hommes pour 100 femmes ; en l'an 2000, on prévoit qu'il n'y en aura que 61 pour le même nombre de femmes. Selon les probabilités statistiques, le Québécois âgé de 65 ans peut espérer vivre pendant huit ans en bonne santé et survivre ensuite jusqu'à 79 ans ; pour la Québécoise, on parle de dix ans en bonne santé et ensuite, de la maladie jusqu'à 83 ans.

Figure 27.1.   **PRÉVALENCE DES PROBLÈMES DE SANTÉ MENTALE PAR GROUPE D'ÂGES AU QUÉBEC, 1978-79**

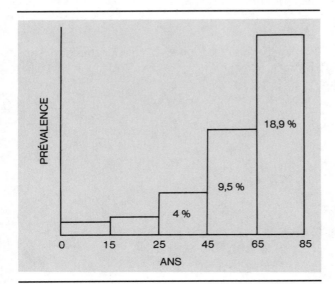

SOURCE : STATISTIQUE CANADA, *Enquête Santé Canada*, calculs du Conseil des affaires sociales et de la famille, 1979.

Parmi les maladies, les troubles psychiatriques prennent une place importante (figure 27.1.). Il est évident que les changements sociaux qui surviennent depuis les dernières décennies ont un impact sur la population âgée. Qu'il suffise de mentionner, par exemple, le phénomène de la mise à la retraite obligatoire, le problème des pensions de vieillesse, la multiplication des foyers pour personnes âgées, la gratuité des services de santé et des services sociaux. Le nombre de centres d'accueil s'accroît et une grande proportion des lits d'hôpitaux est occupée par des malades gériatriques. Bon nombre de ces derniers souffrent de troubles psychiatriques. La capacité d'hébergement et de traitement devient progressivement saturée et il est évident que la gériatrie devra se développer et s'exercer aussi en dehors des institutions hospitalières.

27.2.
VIEILLISSEMENT BIOLOGIQUE

Le vieillissement est un processus dégénératif qui entraîne une diminution de la viabilité et une augmentation de la vulnérabilité de l'être vivant. Il est omniprésent dans les systèmes biologiques complexes ; comme tous les êtres vivants, l'humain vieillit. Toutes ses cellules, tous ses organes et systèmes subissent le vieillissement.

Le système nerveux central vieillit : dans les neurones s'accumulent des dépôts de lipofuscine ; il se produit des enchevêtrements neurofibrillaires et une dégénérescence granulovacuolaire. Les plaques séniles s'accumulent entre les cellules nerveuses. La décroissance neuronale cérébrale se fait inexorablement : on considère qu'environ 50 000 neurones meurent chaque jour. Le volume global du cerveau diminue : les circonvolutions du cortex cérébral s'atrophient. La fonction synaptique est moins performante : la viscosité des membranes synaptiques augmente ; la qualité des arborisations dendritiques se détériore ; les neurotransmetteurs diminuent (dopamine, sérotonine, acétylcholine, noradrénaline). On constate une réduction de certaines enzymes nécessaires à la synthèse des neurotransmetteurs (acétyl-choline-transférase). Par ailleurs, la concentration de monoamine-oxydase s'élève dans le cerveau ; cette enzyme contribue au catabolisme de plusieurs neurotransmetteurs cérébraux. Le débit sanguin et la consommation de glucose diminuent au niveau cérébral. On observe enfin un ralentissement global à l'électroencéphalogramme.

27.3.
ASPECTS SOCIAUX DU VIEILLISSEMENT

Le vieillissement nécessite une adaptation sociale : les rôles changent ; le retrait du travail entraîne chez certains un isolement, un sentiment d'inutilité ; pour d'autres, il procure un soulagement, une délivrance, un sentiment de satisfaction. En général, sur le plan social, la personne âgée n'est plus sollicitée à produire, à performer. La société ne lui demande plus que de maintenir une autonomie convenable. Au cours de la période de l'âge adulte, on s'attend à ce que l'individu soit « engagé » dans une activité créatrice, productive, utile pour lui-même et pour son entourage, pour son milieu familial et social. Au moment de la période qu'on appelle « vieillesse », la société et l'individu procèdent à un « désengagement » : on ne s'attend plus à ce que la personne âgée soit créatrice et productive ; c'est la période au cours de laquelle augmente le temps disponible pour les loisirs, pour s'occuper de soi-même. Le désengagement n'est pas synonyme d'inactivité, de passivité ; l'activité n'est cependant plus orientée vers les mêmes buts. La famille a changé : les enfants sont eux-mêmes devenus des adultes autonomes. Le milieu social ne compte plus sur les *vieux* pour s'organiser et se structurer. L'État ne compte pas sur la contribution économique des *vieux* : il se considère plutôt comme un pourvoyeur de services à leur égard ; ces services, les pensions de vieillesse, les facilités d'hébergement et les soins médicaux sont au premier rang.

27.3.1. RETRAITE

Dans ce contexte de désengagement, la retraite constitue certainement un moment critique de l'adaptation psychologique et sociale. C'est un processus qui comporte plusieurs étapes, comme l'a démontré ATCHLEY (voir le tableau 27.1.). La majorité des gens réussit à passer au travers, sans difficultés importantes ; certaines personnes vont par contre éprouver des troubles de l'adaptation.

Le passage est plus facile s'il ne survient pas trop d'événements stressants au cours de cette période. Une vie équilibrée (travail - famille - loisirs) représente un avantage. La retraite est mieux acceptée s'il n'y a pas de chute brusque du revenu, ni de l'activité. En outre, le fait d'avoir réalisé ses ambitions au travail est un facteur favorable à l'adaptation à la retraite. Enfin, la vitesse de transition est un facteur majeur du processus : on s'adapte plus facilement à un changement qui s'opère progressivement et lentement.

Tableau 27.1.   **PRINCIPALES PHASES DE LA RETRAITE**

1) Phase éloignée : plusieurs années auparavant
2) Phase rapprochée : la retraite est une réalité imminente
3) Phase de lune de miel : nouvelle liberté
4) Phase de désenchantement :
   revenu insuffisant et pertes multiples
5) Réorientation et restabilisation :
   nouveau statut et nouvelle routine établie
6) Phase terminale

27.3.2. LE COUPLE ET LA RETRAITE

La plupart des couples souffrent peu de la mise à la retraite ; toutefois, certains vivent difficilement cette étape.

Après la mise à la retraite et l'éloignement des enfants, le couple se retrouve comme au début du mariage, sans l'effet tampon apporté par le travail et l'éducation des enfants. Le choc de la retraite sera d'autant plus difficile à métaboliser que celle-ci sera survenue de façon abrupte et que le travail et l'éducation des enfants auront été surinvestis au détriment d'une intégration sociale plus équilibrée. Il est important que des loisirs, des hobbies, des liens d'amitié, etc., préexistent et puissent prendre le relais, remplir le vide laissé par l'arrêt du travail et l'éloignement des enfants.

La cessation du travail s'accompagne pour l'homme d'une perte de prestige lié au rôle social, l'homme du troisième âge d'aujourd'hui étant plus identifié à la vie professionnelle que la femme. Pour le couple où les deux conjoints cessent de travailler, il y a une perte de l'apport extérieur que chacun rapportait de sa journée. Pour le couple où seul l'homme travaillait à l'extérieur, il se produit un envahissement du territoire de la femme, ce qui ne va pas sans heurts. L'époux cherche souvent à se redéfinir en se taillant un nouveau rôle dans ce territoire que l'épouse estime être le sien.

Ce rééquilibrage des rôles et du leadership à l'intérieur du couple crée parfois de grandes tensions étalées sur plusieurs mois. On note aussi une compétition pour le contrôle de la vie du couple. Apparaît alors parfois, chez l'un des conjoints, un état dépressif comme point culminant d'une escalade agressive dirigée vers le conjoint qui prend de l'ascendant. D'ailleurs, en rétrospective, on remarquera que très souvent c'est le conjoint déprimé qui, par la modulation de son humeur, prend le contrôle réel en déterminant les activités du couple. Il est intéressant de noter que ces dépressions sont, à l'occasion, teintées de délire de jalousie et d'idéation homicidaire.

Ces couples atteints évoluent difficilement et doivent recevoir un soutien pendant quelques années. On tentera de diluer leur face-à-face quotidien en les intéressant à des activités de groupe à l'extérieur de la maison et de préférence chacun de son côté. Toutefois, cette tâche est généralement ardue car souvent ces couples se liguent contre les intervenants en boycottant ces activités de dilution.

Cette réaction s'explique en partie par le fait que ces couples se sont repliés sur eux-mêmes, dans une immobilité relationnelle. Les contacts sociaux sont devenus de plus en plus rares et n'ont pas comblé le vide affectif laissé par ceux qui sont morts, l'éloignement des enfants, des amis, des collègues de travail. L'échange est alors vécu comme une intrusion qui provoque un réflexe de fermeture ; ce comportement protège les partenaires des conflits et confrontations avec l'extérieur.

27.3.3. ÉLOIGNEMENT DES ENFANTS

Les parents deviennent en quelque sorte orphelins. Les couples qui ont souffert de mésentente au début de leur vie commune et qui s'étaient arrangés par un compromis pour ne pas perturber les enfants vont reprendre leurs anciennes querelles. Sans la médiation ni le soutien des enfants, ils ne retrouveront plus jamais cette entente qui, tout en n'ayant jamais été intense, avait pu autrefois exister.

Les conflits du couple âgé amènent certains parents à chercher du réconfort auprès des enfants en abusant parfois de leur disponibilité affective. Ce nouveau rapport naît généralement d'une faible intégration sociale au moment de la retraite ; le couple n'a pas fait le deuil des enfants, ne s'est pas préparé à l'éloignement ; il n'a pas comblé ce vide par d'autres investissements, d'autres loisirs, d'autres plaisirs, qui auraient permis le maintien d'une intégration sociale.

27.3.4. RÈGLEMENT DE COMPTE

Le clinicien est parfois confronté à un patient qui présente des symptômes modérés mais dont le conjoint et la famille amplifient démesurément l'intensité et surtout les inconvénients qui en découlent. Cette problématique peut amener une escalade de tension et d'agressivité entre l'équipe soignante et la famille, de même que des passages à l'acte plus ou moins appropriés de part et d'autre.

À l'anamnèse, on constatera souvent que le patient a toujours été perçu par son conjoint et ses enfants comme un pourvoyeur tyrannique. Le déclin de vitalité dû à l'âge, une maladie chronique ou encore une maladie aiguë, tel un accident cérébral vasculaire sans trop de séquelles, ouvrent la porte à un renversement des positions ; le conjoint qui s'est longtemps perçu comme une victime règle à présent ses comptes avec l'autre, souvent avec la complicité plus ou moins consciente des enfants. L'ancien « tyran » est traité par la famille comme un être incapable de décider, un objet que l'on déplace, que l'on case parfois à l'hôpital ou en résidence. Dans ces cas, des rencontres entre le médecin et la famille sont essentielles pour clarifier la situation et éviter les placements indus.

27.3.5. ENTRÉE EN RÉSIDENCE

Dans notre société, passé le cap des 70 ans, il devient de plus en plus courant pour une personne âgée d'entrer dans une résidence spécialisée.

Les gens âgés en mal de sécurité cherchent un asile pour se mettre à l'abri d'évictions possibles, d'agresseurs potentiels, pour recevoir des soins rapides le cas échéant, pour bénéficier d'activités et d'aménagements adaptés à leur âge, enfin pour apaiser leur appréhension de l'avenir, renforcée par l'attitude de leurs enfants. En effet, cet attrait pour la sécurité physique et émotive est attisé par la famille et les proches qui anticipent l'avenir avec anxiété, en se demandant ce qui va se passer si l'état du parent âgé se détériore. La solution préconisée et publicisée par les promoteurs est la résidence pour personnes âgées avec tous ses services, si ce n'est carrément le « village » de personnes âgées.

L'entrée en résidence n'est pas toujours chose aisée : la dépression, les plaintes hypocondriaques, les sentiments de solitude et d'abandon se remarquent régulièrement chez les nouveaux arrivants. Ces personnes ont souvent vendu leur maison et une bonne partie de leur ameublement avant d'entrer en résidence ; elles ont laissé leur environne-ment rempli de souvenirs, quitté leur quartier. Elles vivent donc un deuil du passé en même temps qu'elles doivent s'adapter à de nouvelles conditions de vie. Souvent, après quelques mois, une fois passé le tourbillon euphorisant de l'attrait du nouveau, ces personnes se rendent compte à quel point elles étaient attachées à leur milieu de vie antérieur, à leur chien, à leur jardin, à leur épicier du coin.

C'est alors la phase de désillusion qui surgit : l'individu prend amèrement conscience qu'il a troqué sa liberté pour la sécurité. Toutes les résidences ont des contraintes plus ou moins lourdes à supporter par les pensionnaires : horaires stricts pour les repas à la cafétéria, transports en groupe à heures fixes pour aller dans les magasins, pressions diverses pour participer aux offices religieux, aux loisirs organisés, etc. Subitement, l'individu se trouve plongé dans une vie de pensionnat avec ses rites, ses rumeurs. Les personnes sociables, dont les valeurs sont syntones aux us et coutumes de telles résidences, s'adaptent fort bien. Par contre, les personnes qui avaient beaucoup valorisé leur autonomie, les misanthropes, les originaux, ceux qui sont moins sociables ne se trouvent pas à l'aise dans un tel milieu. Ils peuvent présenter des symptômes dépressifs, hypocondriaques, ou encore un retrait social marqué, comportements qui inquiètent les infirmières attachées à ces résidences et qui motivent souvent la consultation médicale.

Certaines mesures favorisent l'intégration d'un nouveau pensionnaire : une petite fête pour souligner l'événement, le parrainage par un ancien, etc. On doit être particulièrement vigilant auprès de ceux qui ont des antécédents dépressifs, ceux dont l'âge est bien inférieur à la moyenne des résidents et enfin ceux qui, avant leur entrée, idéalisent démesurément ce type de milieu. La prévention est donc importante et toute personne âgée désirant entrer en résidence devrait :

1) éviter de le faire trop tôt (seule exception, les personnalités passives dépendantes) ;
2) bien jauger le pour et le contre de cette formule si la personne n'a pas un tempérament sociable ;

3) chercher une résidence où les contraintes sont conciliables avec ses habitudes et ses valeurs personnelles — horaires, religion, alcool, règlements, etc. ;

4) chercher une résidence dans un quartier où elle se sent bien, généralement là où elle vit ou a déjà vécu, à proximité des services. Éviter les résidences éloignées du tissu social familial.

Le médecin demandé en consultation pour un problème de dépression, d'hypocondrie, de retrait, chez un nouvel arrivant rencontrera bien sûr l'intéressé mais puisera aussi de l'information auprès du personnel infirmier de la résidence et auprès de la famille. Cette démarche qui peut sembler laborieuse lui permettra pourtant de dégager plus rapidement les facteurs pertinents d'un fatras d'informations souvent contradictoires. Dans tel cas, il deviendra évident à la revue des antécédents que la personne a déjà fait des dépressions, que l'entrée en résidence n'a été que le facteur précipitant d'une nouvelle rechute dépressive ; dans tel autre, une personnalité peu grégaire, ayant entraîné les railleries d'autres pensionnaires et la mise à l'écart par les leaders de groupes, sera à l'origine d'une réaction de retrait.

Dans la mesure du possible, les recommandations du médecin seront axées sur le replacement des problèmes du patient dans leur contexte bio-psycho-social, sur l'utilisation des ressources existantes plutôt que sur la simple médication. Dans cette optique, des rencontres régulières avec le médecin et le soutien continu du personnel infirmier sont souvent à la base de l'amélioration. Trop souvent, malheureusement, les services de récréation et d'ergothérapie des résidences investissent beaucoup de temps avec les personnes qui vont bien et négligent celles qui ont des difficultés, les laissant aux bons soins du personnel infirmier. Celui-ci est entraîné à son insu à entreprendre un conditionnement opérant nocif de ces pensionnaires : celui qui est isolé, déprimé ou anxieux se rend rapidement compte qu'il peut obtenir attention et affection lorsqu'il a un problème physique, et peu ou pas lorsqu'il va bien. Cette perception renforcera l'hypocondrie ou tout au moins le recours fréquent au service infirmier.

Pour éviter un recours trop fréquent au service infirmier, on doit s'assurer que la résidence offre des activités non infantilisantes suscitant l'intérêt des pensionnaires, qu'elle crée des groupes d'affinité, aménage des lieux de socialisation où tout n'est pas prédéterminé et réglementé, un café-bistrot par exemple.

Enfin, pour certains pensionnaires, en particulier ceux qui sont entrés trop jeunes, le départ de la résidence peut être la meilleure solution.

27.4. CARACTÉRISTIQUES PSYCHO-PHYSIOLOGIQUES

27.4.1. VIEILLISSEMENT DES FONCTIONS INTELLECTUELLES

Toutes les personnes ne vieillissent pas au même rythme. Certains vieillards de 90 ans sont encore « verts », alors que des « jeunes » de 65 ans sont déjà bien affaiblis sur le plan cognitif. À ce sujet, il est toujours difficile de faire la part des choses entre la détérioration due au vieillissement normal et celle qui est reliée à une pathologie. La qualité diminuée de la performance cognitive est reliée au vieillissement de l'individu, mais aussi à sa motivation, à son intérêt, à son humeur, à son niveau de culture. Le vieillissement normal s'accompagne d'un ralentissement psychomoteur global. La capacité d'apprendre diminue et c'est surtout la vitesse d'apprentissage qui est atteinte. La capacité de compréhension et d'abstraction diminue, particulièrement lorsqu'il est question de notions complexes et multiples. Plus on vieillit, plus on est susceptible de manquer de souplesse dans les stratégies qu'on doit utiliser pour saisir les données pertinentes et les analyser.

La mémoire, surtout, présente des altérations. Il faut faire la distinction entre une amnésie reliée à une pathologie et une amnésie bénigne reliée au vieillissement ; au tableau 27.2. s'opposent les différentes caractéristiques des deux types d'amnésie. La motivation, la volonté et la persévérance peuvent compenser dans le cas d'une détérioration de la performance intellectuelle. Rappelons enfin que la dépression s'accompagne fréquemment d'une détérioration intellectuelle réversible.

Tableau 27.2.   CARACTÉRISTIQUES DES TROUBLES MNÉSIQUES BÉNINS VERSUS PATHOLOGIQUES

OUBLI SÉNESCENT BÉNIN	SYNDROME AMNÉSIQUE PATHOLOGIQUE
• Oubli de certains détails reliés à un événement	• Oubli global de l'événement
• Souffrance subjective et anxiété reliées à l'oubli	• Peu ou pas d'anxiété ; tendance à la fabulation pour combler les « trous de mémoire »
• Orientation préservée	• Désorientation
• Progression lente	• Progression rapide

27.4.2. ANXIÉTÉ

Les insuffisances physiologiques reliées au vieillissement de l'organisme entraînent une diminution de la capacité d'adaptation ; cette incapacité physique, cette perte d'autonomie engendrent de l'anxiété. La mise à l'écart du monde du travail, les décès multiples dans l'entourage, l'éparpillement de la famille, tous ces facteurs contribuent à l'isolement de la personne âgée et à sa perte de contacts quotidiens avec la réalité sociale qui l'entoure ; l'anxiété augmente. L'individu se replie alors naturellement sur lui-même, se préoccupe beaucoup plus de sa santé physique, apporte une plus grande attention à ses habitudes quotidiennes de vie, s'intéresse de plus en plus à ses souvenirs ; il devient facilement égocentrique.

La détérioration du niveau socio-économique et de la capacité d'apprentissage causent de l'insécurité. Le moindre changement est susceptible de provoquer de l'anxiété. Pour la maîtriser, le vieillard peut avoir tendance à recourir à des modes de comportement qui étaient, dans son passé, satisfaisants et sécurisants ; il peut facilement devenir rigide, traditionnaliste et conservateur. Cette rigidité et ce conservatisme sont donc, d'une certaine manière, des mécanismes de défense contre l'anxiété. Cependant, il peut s'installer ici un cercle vicieux qui contribue à augmenter l'anxiété : dans un monde en perpétuel changement, celui qui s'immobilise se trouve à se mettre à part, à s'isoler et, ainsi, à devenir plus insécure et plus anxieux. Le vieillard isolé, rigide et anxieux est particulièrement susceptible de bénéficier d'une intervention médicale et sociale.

Pour le médecin, la tentation de prescrire un médicament anxiolytique est grande, d'autant plus qu'il est souvent soumis à des pressions en ce sens par son patient âgé et par l'entourage immédiat de celui-ci. Les benzodiazépines sont des médicaments efficaces et utiles ; on doit cependant se rappeler que ces anxiolytiques peuvent démasquer un syndrome dépressif en plus de causer une diminution du niveau de vigilance et une hypotonie musculaire, ce qui peut provoquer des chutes et ainsi augmenter, par exemple, le risque de fracture de la hanche. S'il est indiqué de prescrire une benzodiazépine, on doit éviter à tout prix que le patient en absorbe excessivement et ajuster régulièrement la posologie pour maintenir autant que possible la dose minimale efficace. L'intervention préventive concernant la réorganisation du mode de vie au moment de la retraite, les mesures favorisant l'intégration sociale et le maintien de l'activité physique et intellectuelle sont évidemment d'une importance primordiale pour donner à la personne âgée le plus de chances possible de « réussir » sa retraite.

27.4.3. COMPORTEMENT ALIMENTAIRE

L'alimentation est une activité indispensable à la vie dès la naissance et jusqu'à la mort. Chez le tout jeune enfant, le fait de s'alimenter est associé à l'attention, à la tendresse, à l'amour. Chez l'adulte, prendre un bon repas représente une circonstance particulière qui favorise la socialisation ; l'alimentation est d'ailleurs souvent associée aux grands événements et aux réjouissances.

La personne âgée manifeste souvent des inquiétudes au sujet des repas. La sécurité affective et matérielle, la socialisation, l'affection sont liées au fait de manger. L'anorexie et la répugnance pour l'alimentation sont des manifestations de l'incapacité de jouir de la vie. Chez certaines personnes âgées, on observe parfois des épisodes d'abus alimentaires compulsifs, mais il est encore plus fréquent de constater des épisodes d'anorexie et de refus de s'alimenter. Il est toujours important dans ces cas qu'on se réfère à l'aspect symbolique des comportements adoptés afin d'être en mesure de les modifier efficacement. Citons une situation fréquente : le veuf qui devient complètement démuni quant à son alimentation après la mort de sa femme. Comme il a toujours été habitué à se faire servir et n'a jamais eu à se préoccuper de choisir un menu et encore moins de préparer les repas, il peut présenter le syndrome du « scorbut du célibataire » s'il ne se nourrit que de conserves ; l'adaptation « alimentaire » fait partie de son deuil. Rappelons enfin que la malnutrition, de quelque origine qu'elle soit, peut entraîner des carences (vitaminiques et autres) catastrophiques.

27.4.4. SOMMEIL*

La structure du sommeil varie en fonction de l'âge. Ce qui caractérise particulièrement le sommeil de la personne âgée, c'est la diminution considérable du sommeil profond de stades III et IV,

---

* Voir aussi le chapitre 20, sections 20.2.2. et 20.3.1.

associée à une fréquence plus élevée de réveils nocturnes. En vieillissant, le temps qu'on met à s'endormir est plus long et le sommeil a tendance à être nettement insatisfaisant, la fatigue diurne qui s'ensuit favorise les courtes siestes pendant le jour. Même si la durée totale du sommeil diminue, la personne âgée a tendance à passer plus de temps dans son lit au cours d'une période de 24 heures. Parce qu'elle s'ennuie et qu'elle ressent de la fatigue, elle sera souvent portée à se coucher tôt le soir ; conséquemment, elle s'éveille tôt le matin. Ainsi s'installe facilement un cercle vicieux.

Les stades III et IV diminuent progressivement au cours de la vie adulte et on considère que le sommeil profond (sommeil delta) ne représente que moins de 5 % du sommeil total après l'âge de 60 ans. Pour contrer cette insomnie relative, l'utilisation d'un somnifère ou d'un autre médicament en vue de « normaliser » le sommeil est une pratique grandement critiquable. Il est surprenant de voir comment on peut rassurer un patient et son entourage en leur donnant des explications claires et simples au sujet de cette pseudo-insomnie.

D'autres troubles et pathologies peuvent être responsables de l'insomnie chez la personne âgée. Mentionnons les pathologies douloureuses, les myoclonies nocturnes, le syndrome des jambes sans repos (*restless legs syndrome*), les troubles anxieux, les troubles affectifs, les syndromes psychotiques. Les troubles du sommeil reliés au ronflement et à l'obstruction des voies respiratoires supérieures sont particulièrement fréquents chez les personnes âgées. Certains médicaments peuvent être en cause, mais aussi des substances plus banales comme la caféine, l'alcool et la nicotine.

27.4.5. COMPORTEMENT SEXUEL

Au sens large du terme, la sexualité implique les désirs, les pulsions et les émotions qui sont étroitement reliés au corps en général et aux organes génitaux en particulier.

Figure 27.2.   COMPARAISON ENTRE LE PROFIL DE SOMMEIL DE LA PERSONNE ÂGÉE ET CELUI DU JEUNE ADULTE

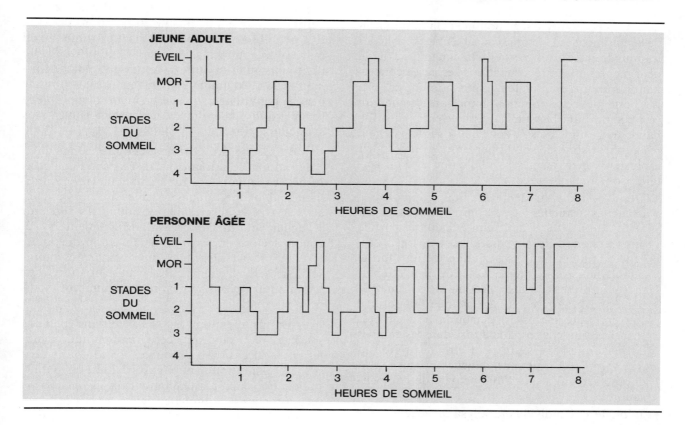

La sexualité génitale est la forme principale de la sexualité. Il existe aussi des formes prégénitales : la sexualité orale comporte une focalisation sur la bouche et les activités orales ; la sexualité anale est focalisée sur l'anus, l'urètre et les comportements associés aux fonctions excrétoires. Au cours du développement de l'être humain, la sexualité génitale apparaît la dernière et disparaît la première. La sexualité prégénitale existe avant et persiste après la sexualité génitale. Chez le vieillard, il peut y avoir moins d'intérêt pour la sexualité coïtale et plus d'intérêt pour les autres activités sexuelles. Certaines personnes se comportent comme si la performance sexuelle devait être parfaite pour exister ; à partir du moment où la performance est nettement moins bonne, elles abandonnent complètement toute activité sexuelle (voir le chapitre 22, section 22.3.4.).

Les personnes qui ont eu des activités sexuelles régulières et qui y ont trouvé du plaisir dans leur vie adulte ont plus de chances de conserver une vie sexuelle active et agréable lorsqu'elles atteignent le troisième âge. Il est bien évident qu'à partir d'un certain moment, le sexe n'a plus de fonction procréatrice : il devient exclusivement récréatif. Chez les personnes âgées, l'activité sexuelle passe souvent du génital à d'autres formes prégénitales, et son but est souvent de développer et de maintenir l'excitation plutôt que de décharger la tension sexuelle.

PROBLÈMES SEXUELS FRÉQUENTS*

L'impuissance chez l'homme et la diminution de la pulsion chez la femme constituent les problèmes les plus fréquents. La perte de la capacité sexuelle peut mener à des préoccupations sérieuses concernant la rupture éventuelle d'une relation de couple. La perte de cette fonction importante peut être vécue comme une blessure narcissique entraînant une baisse de l'estime de soi. Pour maîtriser l'anxiété et restaurer l'estime de soi, la personne peut recourir à plusieurs mécanismes psychologiques, dont certains sont pathologiques :

- **Déni**   L'individu dénie la diminution de ses capacités sexuelles et se comporte comme s'il avait 20 ou 30 ans de moins ; il donne parfois l'impression d'être hypersexuel. Une recrudescence d'intérêt pour la sexualité est une forme quand même assez bien adaptée de déni, qui permet une préservation de l'estime de soi chez la personne qui arrive à un âge avancé. On observe souvent que, moins la personne a d'activités sexuelles, plus elle en parle. Ainsi, dans les groupes de personnes âgées, on peut être surpris de la forte propension pour les blagues grivoises et à double sens. Il s'agit d'une activité de compensation.

- **Jalousie**   L'individu qui voit sa capacité sexuelle diminuée peut éprouver la crainte de perdre l'amour de son conjoint. Ce sentiment entraîne éventuellement une attitude de jalousie ; ce comportement pathologique s'accompagne le plus souvent de méfiance et de soupçons. Le sujet utilise la projection et identifie son conjoint ou un présumé rival comme les causes de son problème.

- **Somatisation**   Une autre façon de réagir à une diminution de sa capacité sexuelle consiste à adopter une attitude régressive plus ou moins hypocondriaque ; ainsi, les malaises physiques servent de prétexte pour éviter la confrontation avec l'incapacité sexuelle.

Dans les couples où le mari est beaucoup plus âgé, la diminution de l'intérêt sexuel chez celui-ci entraîne fréquemment une frustration chez la femme. Elle n'arrive souvent pas à exprimer à son mari sa déception et sa colère par crainte de perdre l'affection qu'il lui porte. Elle devient plutôt déprimée ; elle se reproche d'avoir épousé un homme beaucoup plus vieux qu'elle, en même temps qu'elle se culpabilise d'éprouver des désirs d'aventures extraconjugales.

Il existe des problèmes reliés à des maladies, mais non nécessairement causés par la maladie. Ainsi, le patient souffrant d'une maladie invalidante qui touche l'un des systèmes du corps peut en arriver à généraliser son invalidité et à se sentir sexuellement fini. Il en va ainsi de la patiente hystérectomisée qui en arrive à la conviction que, puisqu'elle est stérile, elle ne peut plus jouir sexuellement ; la même chose peut se produire chez l'homme ayant subi une prostatectomie ou souffrant de diabète.

Enfin, mentionnons que certains patients souffrant d'un syndrome cérébral organique manifestent à l'occasion des troubles du comportement sexuel : exhibitionnisme, masturbation en public, sollicitation compulsive, manque de jugement dans les approches relationnelles. Dans ces cas, les réactions de l'entourage entraînent parfois plus de problèmes que le comportement même du malade.

27.5.
MORT

27.5.1. ATTITUDE FACE À LA MORT*

La maladie et la vieillesse confrontent l'homme à la réalité de sa propre mort. Les pensées et les préoccupations au sujet de la mort sont en effet plus fréquentes et plus intenses chez les gens d'âge avancé et particulièrement chez ceux dont

---

* Voir aussi le chapitre 22, section 22.6.

* Voir aussi le chapitre 28, section 28.2.

l'état de santé est médiocre. L'anxiété est la réaction émotive la plus fréquente devant l'idée de la mort. Certains vont faire usage d'alcool ou de médicaments en espérant atténuer leur angoisse. D'autres auront tendance à être très actifs et continueront à produire et à créer. D'autres encore vont procéder calmement à une revue de leur vie : ils feront un bilan de ce qu'ils ont vécu, se réjouissant de leurs réussites et s'attristant de leurs échecs. Selon que leur vie aura été plus ou moins satisfaisante et réussie, il en résultera soit un état dépressif ou hypocondriaque, soit un sentiment de quiétude et d'accomplissement.

27.5.2. DEUIL*

C'est un phénomène qui survient à la suite du décès d'une personne affectivement importante pour le survivant. Celui-ci éprouve une douleur morale profonde accompagnée de pensées et de souvenirs intenses se rapportant au disparu, ainsi que d'une perte d'intérêt pour ses préoccupations et ses activités habituelles. Le processus de deuil consomme beaucoup d'énergie psychique ; l'épuisement peut survenir lorsque les deuils se succèdent à un rythme trop rapide. Les personnes âgées sont particulièrement à risques.

Le deuil peut prendre une allure pathologique surtout lorsque le survivant éprouve des sentiments ambivalents ou même de la rancune envers la personne disparue ; lorsqu'elle est refoulée et retournée contre soi-même, l'hostilité engendre un vécu dépressif constitué par du remords, de l'autodévalorisation et de l'anxiété. Le deuil peut prendre d'autres formes pathologiques comme l'hyperactivité intense ou le déni catégorique ; dans ces cas, une intervention thérapeutique est nécessaire. Les illusions et les hallucinations visuelles et auditives concernant le disparu sont des phénomènes fréquents et normaux chez la personne en deuil. On

---

* Voir aussi le chapitre 28, section 28.5.3.

doit éviter de les considérer comme des symptômes pathologiques.

Le deuil à proprement parler est associé à la mort d'une personne ; on parle de deuil symbolique lorsqu'il s'agit de la perte d'une situation, de la santé, d'un objet, de biens matériels, d'argent, de prestige.

Notons que plusieurs études récentes tendent à démontrer que la personne en période de deuil est plus susceptible de contracter des maladies infectieuses et même de décéder. Il semble que le deuil induit une diminution passagère, étalée sur quelques mois, du nombre de lymphocytes, donc une altération des défenses immunitaires.

Le deuil est une période à travers laquelle le survivant doit passer. L'aide qu'on peut lui apporter consiste d'une part à le soutenir de manière empathique afin qu'il puisse exprimer sa douleur, son chagrin. Il est primordial que l'endeuillé pense intensément à la personne disparue et qu'il en parle. D'autre part, il doit envisager de nouvelles activités et de nouvelles relations interpersonnelles ; ainsi lui deviendra-t-il possible d'utiliser l'énergie qui était auparavant rattachée à la personne disparue et de reprendre goût à la vie.

Le médecin doit être particulièrement prudent en regard de l'utilisation de médicaments. Le deuil ressemble beaucoup à une dépression, mais les antidépresseurs ne sont pas utiles en général dans ce cas-ci. Si des anxiolytiques et des somnifères doivent être prescrits, on doit se limiter, autant que possible, à des périodes brèves.

27.6. PROBLÈMES PSYCHIATRIQUES

On retrouve, en psychiatrie gériatrique, tous les genres de symptomatologie que l'on rencontre chez l'adulte plus jeune, en plus des syndromes cérébraux organiques plus fréquemment associés au vieillissement. Le diagnostic est la base du traitement. Plus il est précis, plus le traitement est susceptible d'être spécifique et efficace.

En gériatrie, il est souvent difficile de faire la distinction entre une maladie mentale et un processus réactionnel d'adaptation à une situation stressante. Les personnes âgées tolèrent moins bien le stress, et la fatalité veut que les stresseurs soient plus nombreux dans leur vie. L'individu réagit le plus souvent de façon globale, c'est-à-dire aussi bien psychologiquement que somatiquement. Ainsi doit-on évaluer globalement les pathologies qui se présentent.

27.6.1. TROUBLES DE LA PERSONNALITÉ*

Les personnes souffrant de troubles de la personnalité ont un mode de comportement inadapté continu tout au long de leur vie ; cette inadaptation est flagrante face à leur environnement. Par opposition à ce que l'on remarque dans les cas de névrose, ces malades n'éprouvent généralement pas de malaise intérieur ni d'anxiété sévère. On pourrait penser que les troubles de la personnalité s'améliorent avec les années pour disparaître à peu près complètement au cours du troisième âge, car ce diagnostic est rarement posé chez la personne âgée. Il est probablement plus réaliste de considérer que ces troubles évoluent avec le temps vers des syndromes pathologiques plus graves : dépression, trouble délirant, alcoolisme.

L'individu qui a un trouble de la personnalité ne se rend pas compte que la cause de ses difficultés se trouve en lui, qu'il s'agit de ses propres comportements qui sont mal adaptés dans les situations de la vie courante. Puisqu'il ne reconnaît pas ses propres déficiences, il ne va pouvoir identifier que les déficiences qui se trouvent dans l'entourage ; ainsi sera-t-il porté à blâmer les autres pour tout ce qui lui arrive de désagréable. À la période du troisième âge, on verra ces gens déçus, revendicateurs, insatis-

*Voir aussi le chapitre 12.

faits, d'humeur aigrie, le plus souvent mal acceptés par leur entourage, et pour cause !

Chez les personnalités schizoïdes et paranoïdes, on remarque habituellement une accentuation des traits caractéristiques : l'isolement, le retrait, le repli sur soi chez l'un, la méfiance et la projection chez l'autre. Cette accentuation peut aller même jusqu'aux idées délirantes paranoïdes ou, à tout le moins, aux idées surévaluées.

À cause de leur personnalité histrionique, certains individus utilisent pendant de longues années la séduction et la dramatisation pour qu'on s'occupe d'eux, pour qu'on satisfasse leurs besoins de dépendance ; avec le temps, on constate souvent une plus grande indifférence de l'entourage et l'individu peut décompenser sur un mode hypocondriaque ou dépressif. Le déclin de la beauté physique chez la femme et la diminution de la force chez l'homme sont vécus par certains sujets comme des blessures narcissiques qui peuvent prendre une telle importance qu'elles favorisent l'apparition de la dépression.

Chez le passif-agressif qui vieillit, on remarque souvent d'abord une accentuation des traits et des comportements agressifs et, plus tard, un effondrement dépressif où les besoins de dépendance submergent complètement l'individu. Comme il a en quelque sorte réagi pendant toute sa vie de façon agressive à ses immenses besoins de dépendance, il arrive très difficilement à conserver la façade agressive lorsqu'il est confronté à la dépendance indéniable de la vieillesse. Il en est tout autrement du passif-dépendant qui s'adapte beaucoup plus facilement à la situation de dépendance de la vieillesse, à condition de trouver les ressources suffisantes.

La personnalité obsessionnelle se caractérise par la rigidité morale et le contrôle exigeant de soi-même et de l'entourage. À la période d'involution, il se produit inévitablement une diminution des performances de toute nature, une perte de contrôle envers l'entourage et soi-même (diminution de la capacité intellectuelle). La personnalité obsessionnelle est particulièrement susceptible de développer un état dépressif involutif.

27.6.2. ALCOOLISME*

Beaucoup d'alcooliques meurent des complications de leur maladie avant d'avoir atteint le troisième âge. De plus en plus d'éthyliques cependant se rendent à un âge vénérable et continuent de traîner leurs problèmes. Chez ces alcooliques de longue date, on diagnostique assez fréquemment des troubles neuropsychiatriques tels que le syndrome de KORSAKOFF qui se manifeste par des troubles mnésiques et aussi le plus souvent par de la fabulation.

L'alcoolisme peut débuter aussi à un âge avancé. Dans les cas d'alcoolisme tardif, on observe souvent une problématique d'anxiété chronique ou de dépression que le sujet essaie de maîtriser à l'aide de l'alcool ; il se produit alors un cercle vicieux qui vient compliquer le problème. Il est bien évident que, dans ces cas, la désintoxication n'est utile que si elle est combinée à une intervention thérapeutique visant à résoudre les problèmes de base.

27.6.3. TOXICOMANIE**

Les problèmes de toxicomanie sont fréquents chez les gens âgés. Les anxiolytiques et les hypnotiques sont souvent des médicaments en cause. La dépendance aux benzodiazépines est fréquemment reliée à la perturbation du sommeil qui survient lorsque le sujet cesse la médication : il tolère mal l'insomnie due au sevrage et continue à prendre ses médicaments, malgré les conséquences néfastes sur son humeur et son tonus musculaire.

---

* Voir aussi le chapitre 10.

** Voir aussi le chapitre 11.

27.6.4. HYPOCONDRIE*

Les préoccupations excessives qu'entretient l'hypocondriaque à propos de son corps font qu'il s'intéresse de moins en moins à son entourage, qu'il investit de moins en moins d'intérêt et d'énergie dans les objets extérieurs. L'hypocondriaque est souvent triste, solitaire, anxieux et hostile. L'isolement social et la fréquence des malaises physiques contribuent à favoriser le développement de ce syndrome chez le sujet âgé. L'individu qui se sent insatisfait de ce qu'a été sa vie se trouve dans une position inconfortable : il est anxieux par rapport à ce qui lui apparaît être l'échec de sa vie. L'identification d'une « cause physique » à cet échec vient prévenir un effondrement complet de l'estime de soi ; c'est ce qui explique pourquoi l'hypocondriaque tient absolument à conserver sa « maladie ». Celle-ci devient sa raison de vivre, mais il s'agit bien là d'une raison de vivre douloureuse et pénible. Après le syndrome dépressif, le syndrome hypocondriaque est probablement celui qu'on observe le plus fréquemment chez les personnes âgées.

L'intervention thérapeutique est délicate. Il est inutile d'expliquer au patient qu'il n'a aucune maladie physique et que ses malaises sont dus à des conflits psychologiques. Rappelons que l'hypocondriaque a besoin de ses symptômes pour maintenir son estime de soi et qu'en même temps ses symptômes le font souffrir. Dans sa relation avec le patient, le médecin a avantage à reconnaître qu'il y a un problème sérieux dont la cause n'est pas évidente au premier abord et à assurer le malade qu'il fera tout ce qu'il peut pour l'aider. Une disponibilité suffisante à l'écoute en même temps qu'une position claire et ferme du médecin quant aux demandes répétées d'examens et de médicaments par le patient sont rassurantes pour l'hypocondriaque. L'objectif de la thérapie est d'amener le patient à démontrer plus d'intérêt pour son entourage et à investir plus d'énergie dans des activités susceptibles

---

* Voir le chapitre 18, section 18.4.

de l'intéresser ; ainsi le problème de repli sur soi diminuera progressivement. Les médicaments devraient toujours être prescrits avec précaution puisque le moindre effet secondaire est susceptible de constituer un nouveau symptôme.

27.6.5. SOMATISATION*

Lorsque les manifestations physiologiques d'une émotion ou d'une maladie affective sont au premier plan, la dimension psychologique demeurant cachée, on parle de somatisation. Dans ce mode de réaction, l'expérience émotionnelle subjective est pratiquement inexistante alors que les manifestations physiologiques sont très marquées. Les symptômes somatiques deviennent en quelque sorte des équivalents émotionnels. Ainsi rencontre-t-on les équivalents dépressifs caractérisés par la dominance des symptômes physiologiques : insomnie, fatigue, symptômes digestifs, syndrome douloureux, tout ceci en absence de souffrance morale, de tristesse, de découragement ou de dévalorisation. L'intervention thérapeutique doit alors se diriger vers la problématique dépressive.

27.6.6. CONVERSION

Il s'agit d'un phénomène qui est assez rare chez les personnes âgées. Dans ce genre de réaction, un conflit psychologique est converti en symptôme physique. Ce mécanisme de conversion a pour effet de diminuer l'anxiété liée au conflit psychique (bénéfice primaire) et d'apporter un bénéfice secondaire : l'attention et la compassion de l'entourage. Les symptômes sont surtout constitués par une diminution ou une perte fonctionnelles reliées au système moteur volontaire ou au système perceptuel sensoriel. Le symptôme de conversion constitue l'expression symbolique du conflit. Puisque, par la conversion, une pulsion inacceptable est en quelque sorte exprimée et qu'en même temps le patient souffre de la perte fonctionnelle que représente le symptôme, il se produit un équilibre se manifestant souvent par ce qu'on appelle « la belle indifférence ». Le diagnostic de conversion se fait d'une part à partir de l'évidence d'un conflit psychique et de son expression somatique symbolique, d'autre part après l'élimination d'une pathologie physique.

Exemple clinique

Ainsi cette dame de 66 ans qui vivait avec sa fille, son gendre et leurs enfants. Elle devint subitement aphone le jour où elle découvrit que sa fille avait une liaison amoureuse secrète avec un autre homme. La paralysie des cordes vocales lui permit de résoudre le conflit : déclarer la vérité à son gendre risquait de faire éclater le couple et elle aurait pu ainsi se retrouver elle-même sans famille ... Le symptôme de conversion disparut lorsqu'elle put se rendre compte que la situation avait été clarifiée et réglée entre sa fille et son gendre.

27.6.7. FACTEURS PSYCHOLOGIQUES INFLUENÇANT UNE MALADIE PHYSIQUE*

Ce phénomène se produit fréquemment chez les personnes âgées. L'exagération histrionique est tout à fait différente de la manipulation volontaire et consciente qui prédomine dans la simulation. L'aspect dramatique qui caractérise le phénomène est inconscient, même si le patient a bien conscience de sa maladie et de ses symptômes. Les motifs inconscients de l'exagération sont d'abord l'obtention rapide d'un traitement efficace de la maladie, ensuite le besoin d'attention, de sympathie et de compassion de la part de l'entourage, enfin, dans certains cas, l'obtention d'une assistance financière.

---

* Voir le chapitre 18, section 18.4.

* Voir le chapitre 18, section 18.4.

27.6.8. DÉPRESSION*

Dans la majorité des cas, la dépression chez le sujet âgé comporte, sur le plan clinique, les mêmes symptômes principaux que chez les sujets plus jeunes, c'est-à-dire l'affect triste, l'insomnie, l'anorexie, l'asthénie, la perte d'intérêt et l'auto-dévalorisation.

Toutefois, on peut dégager certaines caractéristiques plus spécifiques sur le plan des antécédents, du contenu et de l'évolution de la maladie. Ainsi, à la revue des antécédents, on note fréquemment des épisodes dépressifs antérieurs. De plus, lorsque la dépression est sévère, on constate souvent que le patient a perdu l'un de ses parents avant l'adolescence.

Quand au contenu, on est souvent frappé par l'intensité de l'autoculpabilisation. Ce sentiment franchit souvent le seuil délirant et il est courant de voir en clinique de ces vieillards persuadés de mériter la mort pour des écarts de conduite anodins qu'ils ont commis dans leur jeunesse ; la vétille resurgit du passé mémorisé de l'individu et l'envahit en teintant tout de noir. Les anciens appelaient ce syndrome la *mélancolie*, la maladie où la bile noire sécrétée en trop grande quantité débalance l'individu, selon la théorie des quatre humeurs des médecins grecs qui a persisté jusqu'au XVIIIᵉ siècle. Il est plus fréquent d'observer un tremblement des extrémités et de petits gestes répétitifs chez les personnes âgées dépressives que chez les sujets plus jeunes. Les patients décrivent aussi des frétillements ou fourmillements sous-cutanés fugaces. Ils manifestent surtout une douleur morale intense, ce qu'on appelle l'**agitation mélancolique** qui est bien différente de l'agitation exubérante du maniaque.

Enfin, pour ce qui est de l'évolution de la maladie, la récupération d'un épisode dépressif chez le vieillard est plus longue et les rechutes plus rapprochées. Souvent une médication antidépres-

---

* Voir le chapitre 15.

sive prophylactique doit être maintenue ; parfois même un traitement au lithium est amorcé passé l'âge de 65 ans. Dans certains cas, il semble assez évident qu'il s'agit de patients porteurs du trouble affectif majeur unipolaire, ayant présenté deux ou trois épisodes dépressifs au cours de leur vie ; avec l'âge, les périodes de rémission se raccourcissent de plus en plus.

27.6.9. MANIFESTATIONS ATYPIQUES (DÉPRESSION MASQUÉE)

Par ailleurs, dans environ 20 % des cas, la présentation clinique des états dépressifs est moins classique. Une symptomatologie hypocondriaque, anxieuse, cachectique ou encore d'allure démentielle pourra dominer le tableau et reléguer à l'arrière-scène les symptômes habituels de la dépression, qu'on peut cependant retrouver par une recherche minutieuse. Ces présentations cliniques moins typiques dictent parfois des traitements erronés, alors qu'un antidépresseur à dose thérapeutique donne souvent une amélioration spectaculaire. Quelquefois, dans les cas les plus graves, l'électro-convulsivothérapie peut être envisagée.

Certains patients par exemple se plaignent de problèmes physiques divers, intenses par moments, le plus souvent centrés sur l'abdomen, les fonctions digestives et en particulier sur la constipation opiniâtre. Ils ont généralement subi des examens gastro-entérologiques sans résultat probant, alors que les symptômes subjectifs persistent et s'intensifient. Parfois, ils sont convaincus d'être atteints de cancer ou d'une autre maladie terminale. La symptomatologie peut parfois simuler un infarctus inférieur ou une angine postprandiale. L'anxiété est grande, la négation des problèmes psychologiques habituelle. L'insomnie, l'anorexie sont présentes mais frappent moins l'attention.

D'autres patients sont excessivement anxieux, akathisiques, ce qui dicte fréquemment la prescription d'anxiolytiques. Ces personnes décrivent une tension intérieure intense et appréhendent une catastrophe imminente difficile à préciser, comme un pressentiment inéluctable d'un tremblement de terre prochain, de l'emprisonnement de leurs enfants, de la mort de leurs petits-enfants ou de l'explosion de leur « fournaise à l'huile » (chaudière de chauffage central) qui va mettre le feu à la maison et à tout le quartier.

Il y a aussi les patients qui ont perdu beaucoup de poids, qui refusent toute nourriture et qui arrivent à l'hôpital dans un état de déshydratation et de dénutrition modéré. Laconiques dans leurs réponses, ils ont le faciès terreux, les yeux creux, les gestes ralentis ; leur physionomie cachectique fait presque toujours suspecter au médecin une maladie physique sous-jacente et dicte une investigation globale. Le personnel infirmier rapporte généralement un comportement oppositionnel : le patient serre les dents quand on lui présente de la nourriture à la cuillère ; il se couche quand on lui demande de s'asseoir ; il présente parfois une incontinence fécale.

Cette symptomatologie se rapproche de celle du **syndrome de glissement**. Il s'agit d'un concept d'origine européenne, dont les principales caractéristiques sont exposées au tableau 27.3. Il décrit essentiellement une détérioration subite dans la phase de convalescence d'une maladie. Le tableau clinique évoque une régression majeure, la condition du patient se dégrade rapidement et peut même aboutir à la mort.

Enfin, chez d'autres patients la symptomatologie évoque la maladie d'ALZHEIMER. Les troubles de concentration et la perte d'intérêt pour le milieu environnant ont entraîné une désorientation spatio-temporelle ; la performance lors de l'évaluation de la mémoire et des fonctions cognitives est mauvaise. Cette présentation atypique de la dépression est appelée depuis quelques années **pseudo-démence**, terme qui, souvent, ne fait qu'embrouiller encore plus l'investigation déjà difficile des dépressions atypiques. Une démarche plus opérationnelle devant ce type de dépression consiste à

Tableau 27.3. SYNDROME DE GLISSEMENT

- Anorexie, adipsie : amaigrissement et déshydratation
- Syndrome confuso-dépressif : désintérêt, régression, refus de s'alimenter, dépression, retrait, obnubilation
- Troubles urinaires et intestinaux : rétention, incontinence, constipation, fécalome
- Œdème, hypotension, escarres
- Évolution rapide : 1 à 4 semaines
- Causes :
  — troubles physiologiques : • infection
                                • troubles métaboliques
                                • troubles nutritionnels
                                • troubles cérébraux
  — troubles phobiques : • dépression
                          • anxiété ou retrait
                          • perte d'objet
                          • stress social
- Traitement : • soutien psychologique
               • traitement spécifique
               • alimentation et hydratation
               • antidépresseurs
               • maternage stimulant
               • psychothérapie affective

faire un examen minutieux des fonctions cognitives et à en suivre l'évolution au cours d'un essai thérapeutique aux antidépresseurs (voir le chapitre 16, tableau 16.8.).

TRAITEMENT DE LA DÉPRESSION

Le traitement de la dépression chez les gens âgés est le même que chez les sujets plus jeunes. Pour les dépressions légères et modérées, une psychothérapie, des rencontres de couple ou familiales suffisent souvent à rétablir une perception plus sereine. Pour les dépressions plus intenses, une médication d'antidépresseur tricyclique est nécessaire. Lorsqu'elle donne peu de résultats, on peut ajouter du lithium à l'antidépresseur pour potentialiser l'effet. Les IMAO seront indiqués si l'essai des antidépresseurs tricycliques n'a donné aucun résultat après deux ou trois mois. Enfin, si la médication classique de la dépression cause une hypotension trop marquée, empêchant l'atteinte de posologies thérapeutiques, si l'intensité de la dépression est très sévère, l'état général très perturbé, le risque suicidaire omniprésent, on doit recourir aux ECT qui apportent généralement une amélioration notable. Souvent, les personnes âgées souffrant d'une dépression majeure supportent mieux les ECT que les antidépresseurs, même à un âge très avancé.

27.6.10. SUICIDE*

On a généralement tendance à sous-estimer l'importance du suicide chez les personnes âgées ; pourtant, 20 % des suicides sont commis par des gens âgés au Québec alors qu'ils ne représentent que 8 % de la population. Le risque de suicide varie avec l'âge : l'incidence augmente chez la femme jusqu'à 65 ans, chez l'homme elle atteint son maximum dans le groupe des 85 ans et plus. Une tentative de suicide est plus susceptible d'être fatale chez l'homme que chez la femme. Alors que chez les jeunes et les adultes le geste suicidaire a souvent un aspect de manipulation sur l'entourage et un caractère ambivalent, chez les personnes âgées il a une signification beaucoup moins ambiguë et représente beaucoup plus profondément un réel désir de mourir. Les vieillards en parlent moins et 50 % des tentatives aboutissent à un décès. Les personnes âgées sont particulièrement sensibles aux difficultés économiques, à l'altération de leur statut social et à la maladie.

La perte d'une personne significative est habituellement reconnue comme l'un des facteurs principaux dans l'élaboration d'une idée et d'une conduite suicidaires. La mort du conjoint représente habituellement la perte la plus importante ; la solitude, la perte de la sécurité affective et la rupture d'une relation d'interdépendance de longue date sont des facteurs majeurs dans l'apparition d'une maladie physique ou dans l'éclosion d'un état dé-

pressif accompagné d'idées suicidaires. La vulnérabilité à la maladie et au suicide est plus grande au cours de la première année suivant la perte du conjoint.

Le risque suicidaire est une complication fréquente de la dépression. Malgré cette relation souvent observée entre le suicide et la dépression, d'autres circonstances peuvent induire un risque suicidaire. En effet, dans la maladie physique qui représente un stress important et fréquent pour les personnes âgées, la douleur chronique, l'invalidité, la dépendance, l'isolement social, l'inactivité et le désespoir sont des facteurs significatifs qui contribuent au développement de la dépression et des idées suicidaires. Ainsi observe-t-on assez souvent la résolution d'une crise suicidaire par l'instauration d'un traitement analgésique efficace chez un malade souffrant d'une douleur intense.

L'identification des patients suicidaires est évidemment très importante. La grande majorité de ceux-ci sont habituellement ambivalents à propos de leur désir de mourir. Ils ressentent pour la plupart le besoin de communiquer aux autres le dilemme dans lequel ils se trouvent. Cependant, l'entourage demeure souvent sourd à cette communication, refusant d'écouter de telles préoccupations, ou réagissant avec beaucoup d'anxiété et éprouvant un sentiment d'impuissance. Le médecin qui reçoit de telles confidences d'une personne âgée ressent souvent une tension douloureuse lorsque le patient exprime ses sentiments de crainte, de désespoir et de découragement. Il peut parfois avoir l'impression que poursuivre la discussion sur un tel sujet engendrera chez son patient un désir encore plus intense de poser le geste suicidaire. Il aura donc le réflexe d'éviter de s'informer des idées précises du patient. En réalité, un patient déprimé est rarement vraiment surpris lorsqu'on lui demande la nature de ses pensées en rapport avec son découragement. Si le médecin s'informe précisément de ses idées suicidaires, le patient lui sera habituellement reconnaissant de s'intéresser à sa souffrance et il se sentira soulagé de parler à quelqu'un qui le comprend et lui offre son aide. Une tentative de sui-

---

* Voir aussi le chapitre 21, section 21.10.

cide antérieure est un facteur qui augmente le risque. Un mauvais état de santé ou une invalidité de même que toutes les autres modifications défavorables dans la vie de l'individu contribuent aussi à accroître le risque. Il en va de même quand la symptomatologie dépressive intense commence à s'améliorer grâce à la médication. Dans l'évaluation du risque suicidaire, on doit tâcher d'obtenir la collaboration du patient ; c'est souvent lui qui peut préciser l'intensité du risque et l'imminence du geste dans son cas. Lorsque c'est possible, il est important qu'on entre en contact avec l'entourage familial et social afin d'obtenir des informations plus complètes et surtout d'établir un réseau d'intervention qui assurera un meilleur soutien au patient. Les proches peuvent parfois fournir une présence ou une disponibilité permanentes au patient et ainsi diminuer sa solitude et son sentiment d'abandon.

27.6.11. MANIE

La phase maniaque est rare chez les personnes âgées. Devant une perte d'objet ou d'autres situations pénibles, le vieillard aura tendance à adopter un comportement dépressif plutôt qu'une agitation maniaque ; il faut en effet beaucoup d'énergie pour utiliser efficacement l'excitation maniaque dans le but de refouler les pensées pénibles et intolérables ; cette énergie n'est souvent plus disponible au vieillard. Lorsqu'on se trouve en présence d'un état psychotique avec excitation psychique et motrice chez un sujet âgé, il faut éliminer la possibilité d'un syndrome confusionnel (délirium). Chez les patients âgés qui souffrent de maladies affectives bipolaires (psychose maniaco-dépressive), on observe la plupart du temps une diminution qualitative et quantitative des épisodes maniaques simultanément à une augmentation des épisodes dépressifs. Il est rarement indiqué de commencer un traitement au lithium chez un patient gériatrique. Certains malades doivent cependant continuer une lithothérapie jusqu'à un âge avancé.

27.6.12. PSYCHOSES SCHIZOPHRÉNIQUES

La schizophrénie se manifeste habituellement au début de l'âge adulte. Rendus à un âge avancé, les malades schizophrènes peuvent présenter encore certaines caractéristiques de leur maladie, telles que le retrait social et les troubles de la pensée. On note cependant une diminution de l'intensité des hallucinations, une atténuation de l'anxiété et une cristallisation des idées délirantes qui deviennent de moins en moins éclatantes. Il est bien évident cependant que le « vieux schizophrène » aura tendance à réagir aux situations de stress par une exacerbation de sa symptomatologie schizophrénique.

Habituellement, un traitement d'entretien à faibles doses d'antipsychotiques suffit, mais on parvient assez souvent à faire cesser complètement la médication sans aucun problème. On doit éviter de prescrire la thioridazine (Mellaril®) susceptible de causer des troubles du rythme cardiaque et des effets anticholinergiques désagréables. Par ailleurs, on trouve souvent chez les schizophrènes âgés des séquelles du traitement aux neuroleptiques ; dans l'état actuel des connaissances médicales, il est difficile de traiter efficacement ces dyskinésies tardives installées depuis longtemps.

27.6.13. TROUBLES DÉLIRANTS*

Dans le trouble paranoïde, une idée délirante bien structurée, habituellement de type persécutoire ou grandiose, est à la base des troubles du comportement. L'idéation délirante apparaît en général brusquement à la suite d'un événement précipitant. Le patient est habituellement anxieux et irritable ; il ne manifeste pas de trouble du processus de la pensée et la présence de sentiments de méfiance et d'hostilité est reliée aux idées délirantes paranoïdes ; le comportement qui y est associé est souvent aberrant et peut même représenter un danger pour le

---

* Voir aussi le chapitre 14.

patient lui-même ou pour son entourage. Souvent l'événement précipitant est une perte d'objet et la dépression sous-jacente est évidente. Le sujet souffre fréquemment d'isolement social et il est primordial, sur le plan thérapeutique, qu'on améliore ses conditions de vie dans ce sens, en brisant cette solitude accablante.

Dans la grande majorité des cas, lorsqu'un délire apparaît subitement chez une personne âgée, il s'agit d'un **délire de persécution**. Ce délire aigu est très peu spécifique ; il est un peu comme la fièvre qui accompagne une multitude de problèmes physiques allant des infections bactériennes et virales aux effets secondaires de certains médicaments. Il s'accompagne généralement d'une grande anxiété, rarement d'hallucinations. Il peut être le symptôme principal et le plus manifeste d'une affection physique telle qu'un infarctus silencieux, une pneumonie, un sub-coma hépatique, etc. Les gens âgés ont souvent des maladies chroniques et leur équilibre homéostatique est d'autant plus fragile ; une banale grippe chez un emphysémateux, une baisse inopinée de la tension artérielle chez un hypertendu, une augmentation de l'ammoniémie chez un cirrhotique ou la simple déshydratation chez un octogénaire lors d'une canicule prolongée peuvent causer la rupture de ce frêle équilibre et précipiter l'apparition d'un délire. C'est dire à quel point on doit être prudent devant l'émergence d'un délire chez une personne âgée, car il peut masquer une pathologie sous-jacente et dicter au clinicien une conduite thérapeutique erronée.

Partant, il est logique et impératif d'entreprendre un examen physique complet et de procéder aux analyses de laboratoire pertinentes. Le cas échéant, on traitera la maladie ou le déséquilibre physiologique générateur du délire avant de vouloir colmater ce dernier ; à ce stade, on ne saurait trop insister sur la correction de la déshydratation lorsqu'elle est présente, même de façon ténue. Une fois le traitement amorcé, et si le délire persiste, on prescrira, à dose prudente, un neuroleptique incisif ayant peu d'effet hypotenseur jusqu'à la disparition du délire, et on fournira au malade une thérapie de soutien.

Chez les personnes ayant atteint un âge avancé, on rencontre parfois un délire chronique accompagné d'hallucinations, qu'on appelle paraphrénie ou psychose hallucinatoire chronique. Le plus souvent, il s'agit d'idées de préjudice et de persécution. Chez certains, il s'agit de la symptomatologie paranoïde hallucinatoire de la démence sénile ; chez d'autres, c'est plutôt une forme de compensation au déficit d'un sens tel que la vue ou l'ouïe, ou encore un mécanisme de maintien de l'estime de soi faisant contrepoids à une diminution de la mémoire à court terme, liée à l'âge. Ainsi un vieillard qui oublie ses objets usuels, ses lunettes, ses clefs, peut accuser les autres de les lui avoir volés pour se protéger d'une prise de conscience trop douloureuse de son déficit mnésique. Ces idées de préjudice peuvent, avec le temps, s'accentuer et culminer en un délire de persécution. Il n'est pas rare de voir arriver à l'hôpital des vieillards dans un état de dénutrition marquée parce qu'ils ont cessé de se nourrir, persuadés que leur entourage tente de les empoisonner.

Un neuroleptique incisif à dose progressive et qui affecte peu la tension artérielle entraîne généralement une amélioration appréciable. Parfois l'amélioration n'est que partielle : ainsi, cette personne qui avait cessé de manger parce qu'elle était persuadée de se faire empoisonner, continuera néanmoins à imaginer que quelque facétieux lui cache sciemment ses lunettes. L'augmentation de la médication dans un tel cas ne balaie pas nécessairement les idées de préjudice ; en outre, elle apporte fréquemment d'autres problèmes tels que la somnolence diurne, la confusion, l'hypotension orthostatique, le risque de chute et de fracture de la hanche. Ces effets secondaires sont incompatibles avec un fonctionnement adéquat et le clinicien doit alors trouver le juste milieu entre des symptômes délirants trop perturbateurs et des effets secondaires indésirables, en ajustant la dose optimale qui permettra un fonctionnement viable malgré un résidu délirant. On envisagera, chez les patients rendus à ce stade, l'alternative d'un milieu protégé et tolérant plutôt qu'une escalade constante de la médication.

Le **délire d'imagination** est un délire bien structuré qui apparaît le plus souvent chez des personnes âgées souffrant de solitude et maintenant, en dehors de leur délire, un bon contact avec la réalité. Ces personnes prennent l'habitude de dénoncer aux autorités les agissements d'individus ou de groupes d'individus qui, d'après elles, s'adonnent à toutes sortes d'agissements répréhensibles, tels des vols, des orgies, etc. Ces dénonciateurs délirants sont souvent bien connus des services de police de leur quartier qui ont eu à répondre à leurs multiples appels. Le délire semble ici combler un vide, dû à la solitude, par un univers imaginaire des plus rocambolesque et souvent coloré de fantaisies sexuelles.

Chez ces personnes, un traitement aux neuroleptiques donne généralement des résultats peu concluants. Il semble plus efficace de porter l'effort thérapeutique sur une diminution de l'isolement social, par leur intégration à des groupes de socialisation ; toutefois, cette démarche est la plupart du temps difficile car ces patients, de par leur personnalité misanthrope, sont souvent en grande partie les artisans de leur solitude.

27.6.14. TROUBLES HALLUCINATOIRES

Les hallucinations tout comme les délires peuvent accompagner toutes sortes de troubles. On doit tenter d'en déterminer l'étiologie, afin d'établir le traitement le plus approprié.

Les hallucinations associées aux psychoses sont habituellement auditives ; chez la personne âgée, elles sont moins intenses que chez le jeune adulte. La consommation excessive d'alcool pendant de nombreuses années peut entraîner l'hallucinose alcoolique, caractérisée par l'apparition soudaine de voix aux propos très menaçants envers le patient, en l'absence de sevrage et malgré le maintien d'un sensorium clair. Dans ces deux cas, une médication neuroleptique est indiquée.

Le patient déprimé entend parfois des voix qui le culpabilisent ou le dénigrent. Un traitement aux antidépresseurs s'impose alors.

On peut aussi observer des hallucinations dans la phase aiguë de maladies physiques ou lors d'une intoxication médicamenteuse ; elles sont le plus souvent visuelles. Le traitement de la maladie sous-jacente ou l'arrêt de la médication responsable les fait disparaître.

Dans les deuils, il peut arriver que l'endeuillé voie le disparu pendant quelques instants ; il s'agit d'une réaction normale et aucun traitement n'est alors indiqué.

Certains troubles hallucinatoires sont plus spécifiques à la personne âgée. Il y a les hallucinations qui émergent à la suite d'un déficit ou de la perte d'un sens : ainsi, une personne dont la vue ou l'ouïe baisse de façon marquée sur une courte période, pourra avoir des hallucinations relevant du sens atteint. Une stimulation des sens préservés diminuera graduellement les hallucinations.

Dans les démences dégénératives, le patient a souvent des hallucinations teintées d'idéations paranoïdes concernant ses proches : membres de sa famille, voisin familier, infirmière qui s'en occupe. Certains vont pendant quelques semaines se comporter comme s'ils étaient en compagnie d'une personne imaginaire : ils vont converser avec elle, lui garder une place à la table, etc.

Enfin, chez les vieillards très âgés, on peut être témoin du syndrome de CHARLES BONNET. Il s'agit d'hallucinations visuelles qui apparaissent en soirée ; elles semblent être précipitées par la baisse de luminosité ; le patient décrit des visages, des animaux, etc. qui se déplacent lentement dans son champ visuel ; ces images ne l'effraient pas et, avec le retour de la clarté, il critique ces visions qu'il qualifie lui-même de « farfelues ».

On remarque donc qu'à l'exception du deuil, les hallucinations auditives pointent vers l'étiologie psychique tandis que les hallucinations visuelles orientent vers l'étiologie somatique. Chaque étiologie dictera un traitement spécifique.

27.6.15. SYNDROMES CÉRÉBRAUX ORGANIQUES*

Les problèmes psychiatriques des personnes âgées sont souvent reliés à un trouble cérébral organique (SCO). De là l'utilité d'une évaluation médicale appropriée incluant un examen neurologique et neuropsychologique, ainsi que des analyses de laboratoire et des examens spéciaux comme l'EEG, la tomodensitométrie cérébrale, la scintigraphie, la cisternographie radio-isotopique.

Les fonctions cérébrales susceptibles d'être altérées dans un SCO sont la vigilance, la mémoire, l'orientation, l'attention et la concentration, la capacité d'abstraction, le jugement, la compréhension du langage oral et écrit, l'expression par le langage, les capacités praxiques et les gnosies. L'état affectif et le contenu idéique sont souvent perturbés ; le niveau d'anxiété s'accroît. Les perceptions sensorielles peuvent être bouleversées, ce qui se traduit fréquemment par des hallucinations visuelles, auditives et tactiles.

Tous les types de troubles mentaux organiques sont susceptibles de se manifester chez les personnes âgées. Le chapitre 16 est consacré à ces pathologies et le lecteur est prié de s'y référer. Parmi tous ces troubles, ce sont le délirium et les démences qui

Tableau 27.4.   FACTEURS ÉTIOLOGIQUES DU DÉLIRIUM

- Infections
- Troubles cardiaques
- Maladies cérébrales vasculaires
- Traumatismes
- Néoplasies
- Troubles métaboliques
- Médicaments
- Anesthésie

---

* Voir aussi le chapitre 16.

Tableau 27.5.   FACTEURS ÉTIOLOGIQUES DES DÉMENCES

- **DÉMENCES PRIMAIRES DÉGÉNÉRATIVES**
  - *corticales*
    - maladie d'ALZHEIMER
    - maladie de PICK
  - *sous-corticales*
    - chorée de HUNTINGTON
    - maladie de CREUTZFELDT-JAKOB
    - maladie de PARKINSON
    - paralysie supranucléaire progressive
- **DÉMENCES SECONDAIRES**
  - *irréversibles*
    - vasculaire
    - hémorragique
    - anoxique
    - postencéphalitique
    - traumatique
  - *réversibles*
    - intoxication
      - alcool
      - médicaments
      - bromure
      - métaux lourds
    - troubles métaboliques
      - hypothyroïdie
      - hypoparathyroïdie
      - déficience en vitamine B_{12}
      - encéphalopathie de WERNICKE
      - syndrome de KORSAKOFF
      - insuffisance rénale, hépatique et pulmonaire
      - infections
        neurosyphilis
        méningite mycotique
        abcès cérébral
    - traumatiques
      - hématome sous-dural chronique
      - hématome intracérébral
      - contusions cérébrales
    - néoplasies
      - primaires
      - métastatiques
    - hydrocéphalie à pression normale
    - dépression

surviennent le plus souvent. Les tableaux 27.4. et 27.5. mettent en lumière les étiologies les plus fréquentes. La médication antipsychotique est habituellement efficace et la thérapie de soutien convient particulièrement bien au traitement de ces troubles.

27.7.
ÉVALUATION PSYCHOGÉRIATRIQUE

Lorsqu'on fait l'évaluation de l'état mental, on doit considérer certaines caractéristiques particulièrement importantes chez la personne âgée. On devra par exemple tenir compte de sa fatigabilité et de sa moins grande rapidité d'expression. Assez souvent le médecin se trouve devant une personne démunie qui a tendance à régresser ; il faut bien comprendre qu'il n'a vraiment aucune raison d'adopter une attitude infantilisante et souvent humiliante sous prétexte d'être empathique. Le respect a toujours sa place. Il est désolant de voir certains professionnels tutoyer les vieilles personnes et les traiter avec désinvolture. Les propos du genre « Viens ! mémère, on va se laver » ne devraient pas être tolérés.

Il arrive qu'un vieillard dont le rendement intellectuel est altéré réagisse de façon désemparée lorsqu'on lui pose beaucoup de questions auxquelles il n'arrive pas à répondre convenablement : son niveau d'anxiété monte, son humeur change brusquement et toute collaboration devient impossible. On devrait savoir doser ses exigences selon les capacités du patient.

Plus particulièrement chez la personne âgée, il est nécessaire de bien évaluer les facteurs organiques responsables de symptômes psychiatriques par un examen neurologique. La mémoire des faits anciens et récents et la capacité de garder en mémoire de nouvelles informations sont relativement faciles à mesurer. Il suffit de demander au patient comment il s'est rendu à la clinique, puis de vérifier auprès de ceux qui l'accompagnent. Ainsi en est-il de l'orientation dans le temps et l'espace. À ce sujet, on doit se rappeler que l'individu qui ne sait ni la saison, ni l'année est significativement plus perturbé que celui qui confond le mardi avec le jeudi. La performance intellectuelle est tributaire d'un ensemble de fonctions diverses ; l'évaluation globale sommaire est cependant facile à faire. Le patient dont la mémoire et l'orientation sont convenables, qui est capable de soustraire 3 de 30 et ainsi de suite jusqu'à zéro, ne souffre certainement pas de détérioration organique globale significative. Même chez les patients dont la collaboration à l'examen est médiocre, on peut rechercher les signes neurologiques qui reflètent une atteinte organique : le réflexe de préhension forcée (*grasping*), le réflexe glabellaire, le réflexe oral et l'hypertonie d'opposition par exemple. L'évaluation de la sensibilité verticale contribue à la discrimination ; lorsque l'examinateur touche du doigt simultanément la main et la jambe et ensuite la joue et la main du sujet et que celui-ci peut sentir les deux stimulations simultanées et les identifier les yeux fermés, on peut éliminer avec une assez grande certitude la présence d'un syndrome cérébral organique. Chez le sujet qui souffre d'une détérioration organique, on observe une extinction verticale de la sensibilité : des deux stimulations simultanées, il n'a connaissance que de celle qui est le plus près de son cerveau.

27.8.
APPROCHES THÉRAPEUTIQUES

On rencontre souvent un certain pessimisme parmi les médecins dans leur opinion sur l'utilité du traitement pour les malades âgés, particulièrement ceux qui éprouvent des troubles psychiatriques. Il existe évidemment des pathologies, des démences par exemple, dans lesquelles les efforts thérapeutiques sont assez peu efficaces, mais on doit se rappeler que la plupart des affections sont traitables. En psychogériatrie, tous les moyens thérapeutiques habituels sont utilisables ; il s'agit de bien choisir celui ou ceux qui seront utiles pour chaque patient. L'avantage du travail en équipe est évident : les aspects biologiques, psychologiques, familiaux et sociaux des problèmes gériatriques nécessitent une approche pluridisciplinaire. La prévention devra prendre une place de plus en plus grande dans les interventions de l'équipe qui se préoccupe du bien-être global de la personne âgée.

27.8.1. PSYCHOTHÉRAPIE

Le but de cette approche pour le thérapeute est de comprendre pourquoi et comment le patient réagit d'une façon qui lui cause des problèmes, ensuite de l'aider à modifier ses attitudes et ses comportements. La psychothérapie de soutien est fréquemment utilisée et se révèle efficace, alors que la psychothérapie dynamique d'inspiration psychanalytique est plus rarement indiquée ; quant aux thérapies cognitives, elles peuvent donner de bons résultats. Chez les patients gériatriques, il est habituellement facile d'identifier, de clarifier et de comprendre les conflits qui tournent autour de la dépendance, de la crainte de la mort, de la baisse de l'estime de soi.

Souvent, en cours de thérapie, le vieillard aura tendance à répéter les mêmes formulations et les mêmes discussions. On se rappellera sa tendance à interpréter tout mouvement d'impatience de son thérapeute comme un rejet. Son estime de soi est souvent vacillante et les attitudes surprotectrices et paternalistes du thérapeute sont fréquemment néfastes dans ce cas. Au cours des entretiens, le thérapeute ne doit pas hésiter à s'exprimer chaleureusement, à s'approcher tout près de son patient et à le toucher à l'occasion. Une certaine quantité d'activité verbale du thérapeute sera également nécessaire pour conserver l'attention et l'intérêt du patient. Il est souvent approprié de poursuivre une relation thérapeutique pendant très longtemps, même si la fréquence des entretiens est progressivement réduite.

27.8.2. PHARMACOTHÉRAPIE

Certaines caractéristiques propres à la personne âgée doivent guider le médecin dans le traitement pharmacologique. Ainsi, le métabolisme et l'excrétion rénale des médicaments sont en général ralentis, ce qui amène rapidement une accumulation. Des effets secondaires et toxiques sont conséquemment plus susceptibles de survenir. Les erreurs dans la prise des médicaments sont particulièrement dangereuses. L'administration de substances pharmacologiquement actives pendant de longues périodes est rarement utile.

Les antipsychotiques ne doivent être utilisés que s'ils sont nécessaires, les dyskinésies tardives étant des complications sérieuses. Il est en général préférable d'utiliser les antipsychotiques qui entraînent le moins d'effets sédatifs et anticholinergiques, par exemple l'halopéridol. Les antidépresseurs doivent être utilisés avec précaution à cause de leurs effets secondaires et toxiques. L'efficacité des anxiolytiques diminue avec le temps, ce qui peut créer une habituation. On se gardera d'utiliser des médicaments psychotropes pour contrôler les troubles du comportement qui sont modifiables autrement.

En général, en ce qui a trait à la posologie, on doit considérer que le malade âgé a besoin d'une dose beaucoup moindre que l'adulte pour obtenir un effet thérapeutique équivalent. En pratique, tout patient qui prend des médicaments et qui présente tout à coup des troubles du comportement est susceptible de souffrir d'un surdosage.

27.8.3. PHARMACOCINÉTIQUE

Les diverses modifications physiologiques liées au vieillissement entraînent les changements pharmacodynamiques et pharmacocinétiques suivants :

1) sensibilité des récepteurs augmentée ;
2) distribution tissulaire modifiée ;

Figure 27.3.   **PHARMACOCINÉTIQUE — 1**

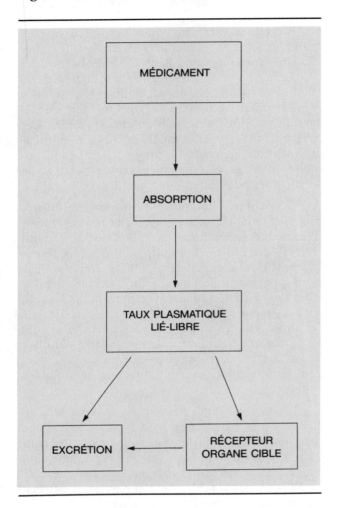

Figure 27.4.   **PHARMACOCINÉTIQUE — 2**

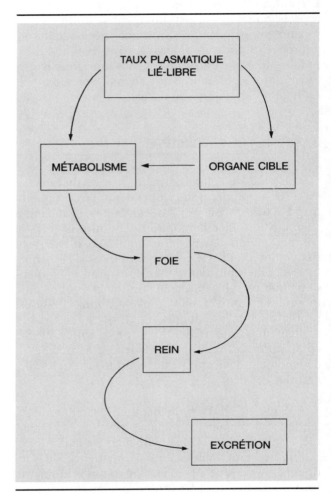

3) liaison aux protéines modifiée ;

4) métabolisme hépatique altéré ;

5) fonction rénale diminuée.

La plupart des psychotropes administrés par voie orale sont bien absorbés par la personne âgée et ce, malgré une diminution, lors du vieillissement, de la sécrétion acide de l'estomac ; également, les études ont démontré que le fonctionnement de l'in-

testin grêle est peu modifié, sinon par une diminution du débit sanguin. Somme toute, l'absorption des médicaments psychotropes n'est pas significativement modifiée par le vieillissement.

Une fois absorbés dans le sang, les médicaments se lient aux protéines circulantes. L'effet du médicament sur l'organe cible dépend de l'équilibre entre la fraction libre et la fraction liée aux protéines. C'est l'albumine qui représente la principale protéine sérique de liaison. Chez la personne âgée, on constate une réduction du taux d'albumine sérique. La solubilité du médicament est reliée à ses caractéristiques propres, mais aussi à la composition corporelle. Avec le vieillissement, la masse musculaire, ainsi que l'eau corporelle totale diminuent, au détriment d'une augmentation des tissus adipeux. Ainsi, les médicaments liposolubles occupent un plus grand volume et sont plus susceptibles de s'accumuler. Les psychotropes sont à peu près tous des médicaments fortement liposolubles.

Avec le vieillissement, le parenchyme hépatique perd de son efficacité à métaboliser les médicaments : les réactions d'oxygénation, de déshydrogénation et d'hydrolyse sont moins efficaces. Le débit sanguin diminue, ainsi que l'excrétion biliaire. Le flot sanguin rénal, la filtration glomérulaire et la sécrétion tubulaire diminuent tous les trois avec le vieillissement. La réduction de l'évacuation de la créatinine reflète la baisse des performances du rein à éliminer les médicaments psychotropes et leurs métabolites. Tous ces ralentissements entraînent une plus grande sensibilité et une plus grande toxicité des médicaments.

Le « mouvement » du médicament (ou pharmacocinétique) a son importance, mais la force et l'efficacité du médicament dans les récepteurs (pharmacodynamique) sont encore plus importantes. Ainsi, le cerveau du vieillard est beaucoup plus sensible à l'effet des psychotropes. Même les médicaments « non psychotropes » induisent des effets secondaires souvent désagréables à cause de leur action non spécifique au niveau cérébral.

27.8.4. ÉLECTROCONVULSIVOTHÉRAPIE (ECT)

L'âge avancé n'est pas une contre-indication au traitement des états dépressifs par électrochocs, surtout avec la technologie moderne. Lorsque le traitement est appliqué avec les précautions habituelles, le risque de complications est minime. La sismothérapie est indiquée dans les états dépressifs graves avec inhibition ou agitation ; elle est alors un moyen efficace d'éviter la mort du patient soit par suicide, soit par épuisement ; ce traitement est également indiqué dans les états dépressifs qui n'ont pas répondu aux autres formes de traitement. La confusion post-ECT est souvent assez sévère, mais sa durée est brève ; les troubles mnésiques disparaissent habituellement quelques semaines après la fin du traitement.

27.8.5. THÉRAPIE COMPORTEMENTALE

Jusqu'à maintenant, les techniques classiques comme la désensibilisation systématique, le conditionnement opérant, le renforcement négatif ont été assez peu planifiées par les médecins dans le traitement des maladies psychogériatriques. Cependant, en nursing on utilise de plus en plus des approches comportementales. En effet, il semble que certains comportements mésadaptés se sont modifiés avec succès grâce à des méthodes jusqu'à maintenant utilisées surtout chez les adultes et les enfants. La relaxation musculaire fréquemment utilisée en même temps que ces techniques est particulièrement difficile à atteindre pour les personnes âgées. Enfin, surtout chez les patients qui présentent des troubles de la mémoire et de l'attention, on arrive difficilement à obtenir la collaboration minimale nécessaire pour utiliser ces techniques.

27.8.6. AMÉNAGEMENTS POUR FAVORISER L'ORIENTATION

Il faut donner au patient le plus de paramètres possibles pour l'aider à se réorienter autant dans le temps et dans l'espace que par rapport aux personnes. On pense en particulier aux gens très âgés qui vivent en institution, à domicile ou encore à ceux qui, à cause d'une maladie (par exemple des séquelles d'ACV), ont des périodes de confusion.

ORIENTATION DANS LE TEMPS

Il s'agit de fournir au patient le maximum d'instruments qui lui permettent de se réorienter dans le temps. Ainsi, dans sa chambre on peut installer un calendrier avec de gros chiffres. On doit s'assurer que la personne a une montre qui fonctionne, lui procurer les journaux du jour, lui servir ses repas à heures fixes et lui organiser des activités répétitives. Ainsi, dans certains hôpitaux pour malades chroniques, chaque matin, par la voie du haut-parleur, un membre du personnel souhaite le bonjour aux patients en leur rappelant la date ainsi que les activités prévues pour la journée.

Si l'on est orienté dans le temps, c'est qu'il y a toutes sortes d'indices pour se resituer dans le temps : une montre, un calendrier, l'heure de la pause café, l'heure du repas, la fin de semaine, etc. Notons qu'il est très facile pour un individu de devenir désorienté dans le temps. Chacun a pu constater qu'après deux ou trois semaines de vacances, on ne sait plus exactement quel jour on est, et encore moins quelle date. C'est en demandant au patient des questions sur le jour, la date qu'on évalue son orientation dans le temps.

ORIENTATION DANS L'ESPACE

Tout d'abord, pour orienter le patient dans l'espace, on doit s'assurer qu'il voit bien : porte-t-il toujours ses lunettes ? Souffre-t-il de cataracte ? Il faut le faire sortir aussi fréquemment que possible de sa chambre. Pour l'aider à la retrouver, on peut mettre son nom en grosses lettres sur son lit et même, idéalement, peindre les lits de couleurs différentes. De même, si les portes des différents locaux sont de diverses couleurs, le patient qui commence à se lever peut se repérer dans le corridor et trouver sans difficulté la porte de sa chambre, celle de la salle de bain, celle de la salle de séjour.

ORIENTATION PAR RAPPORT AUX PERSONNES

Pour aider le patient à identifier le personnel qui s'en occupe, chaque membre répète fréquemment son nom ainsi que sa fonction lorsqu'il rencontre le patient. On s'assure aussi que le patient a des photos des gens de sa famille, de ses amis et on les incite à le visiter fréquemment. Quand il commence à aller mieux, on peut envisager de lui procurer un téléphone avec lequel il pourra rejoindre ses connaissances et ainsi s'orienter de plus en plus par rapport aux personnes et à la réalité en général. Enfin, il est souhaitable de favoriser autant que possible les visites hors de l'hôpital lorsque le patient doit être hospitalisé de façon prolongée. Dans les démences vraies cependant, les sorties peuvent avoir un effet délétère à cause de l'exposition à des situations nouvelles et trop stimulantes dépassant les capacités d'adaptation du patient.

AMÉNAGEMENTS PARTICULIERS À LA DÉMENCE*

On peut diviser les aménagements particuliers à la démence en deux temps : avant le placement en institution et au moment du placement.

Avant le placement en institution

Une équipe, constituée d'un médecin et d'autres professionnels (service social, nursing, etc.), qui se rend à domicile permet de retarder le départ du domicile ; ainsi le patient ne sera hospitalisé que pour la phase terminale de la maladie. Une diète adéquate peut être assurée par un service de repas à domicile, telle la « popote roulante », ou encore par la famille qui prépare à l'avance des plats et rappelle au patient, par une visite ou un coup de téléphone, l'heure des repas. Dans certains endroits, il existe des centres de jour qui s'occupent de tels

---

* Voir le chapitre 16, section 16.3.

patients pendant le jour, tandis que la famille en reprend la charge durant la nuit et les fins de semaine.

Avec la collaboration de la famille, on procure au patient un environnement stable et familier, des activités à heures fixes telles que des marches, des visites, etc. Dans le logis de ces patients, on installe des calendriers avec de gros chiffres, des horloges, etc., qui aideront le patient à s'orienter dans le temps et dans l'espace, et qui diminueront l'anxiété induite nécessairement par l'impression qu'il a de perdre le contact avec ces paramètres.

Une telle approche permet le maintien du patient chez lui plus longtemps, ce qui diminue la culpabilité de la famille qui, en général, n'aime pas placer ses vieux mais qui y est souvent contrainte faute d'infrastructures qui puissent l'épauler ; de plus, cette approche permet d'éviter un placement prématuré qui provoque chez le patient une importante perte d'estime de soi, laquelle accélère souvent le processus dégénératif de la maladie.

Institutionnalisation

Arrive un moment où le placement en institution devient nécessaire, lorsque le patient se met à errer dans son quartier, lorsqu'il risque de mettre le feu à son logis, etc. On s'assure alors qu'il puisse apporter avec lui des objets familiers ; par la suite, on favorise les visites de la famille et des vieux amis. Les aménagements de l'espace ont été décrits à la section 27.8.6. À partir de ce moment, on évitera les changements majeurs ; ainsi a-t-on remarqué que les voyages ou les vacances en des lieux nouveaux se soldent souvent par un échec, le patient en revenant plus confus et anxieux ; il est préférable que ses sorties se fassent toujours au même endroit. Pour ce qui est de la médication dans les cas de démence, voir le chapitre 16, section 16.3.

27.9.
SOINS HOSPITALIERS AUX PATIENTS CHRONIQUES*

Plusieurs patients qui souffrent d'un syndrome cérébral organique sont obligés de faire de longs séjours dans les hôpitaux ; en particulier ceux qui souffrent de démence peuvent y rester indéfiniment. Pour ces derniers, nous retiendrons les quatre principes suivants :

1) Tenter de conserver le métabolisme général du patient au mieux. Par exemple : surveiller l'anémie, s'assurer que le patient se nourrit suffisamment, s'assurer qu'il est bien hydraté, etc.

2) Tenter de conserver les capacités du patient à un niveau de fonctionnement optimal. Si, par exemple, on note une diminution de la vue ou de l'ouïe, on tentera de la corriger soit par des lunettes soit par un appareil auditif. Si la prothèse dentaire est mal adaptée, on la fera ajuster. Dans l'ensemble, il s'agit d'éviter qu'à l'hôpital les capacités du patient diminuent. À cette fin, on doit avoir une vue d'ensemble et en même temps considérer des détails apparemment insignifiants : éviter de rendre les planchers trop glissants pour des patients qui ont de la difficulté à marcher, éviter une prescription intempestive de somnifères qui peut rendre le patient plus confus, etc.

3) Tenter de conserver l'intégrité du patient. Par exemple, ne pas le diminuer en le traitant comme un enfant, respecter son territoire, ses objets personnels qu'il a amenés à l'hôpital, respecter autant que possible ses habitudes. Ainsi, on sait que les personnes âgées dorment moins d'heures la nuit mais font souvent de petites siestes le jour ; il s'agit alors de leur permettre de se lever et de se bercer à quatre heures du matin plutôt que de leur donner un somnifère. Dans ces institutions pour malades chroniques, il faut

---

* Voir aussi le chapitre 26.

de façon générale tenter d'adapter l'hôpital et le personnel aux patients au lieu de forcer les patients à s'adapter à l'hôpital et au personnel.

4) Tenter de conserver l'intégrité sociale du patient. Il s'agit d'éviter autant que possible de donner à la famille l'impression que le personnel va s'occuper de tout, qu'elle peut se désintéresser du patient. On doit s'assurer que les liens avec l'entourage seront maintenus. Dans la mesure du possible, on permettra au patient de garder contact avec ce qui se passe à l'extérieur par le biais d'un poste de radio ou de télévision, de journaux, de sorties en groupe si possible, etc.

27.10.
CONCLUSION

Le vieillard qui souffre de troubles psychiatriques est trop souvent négligé tant par lui-même que par son entourage. Quand un adulte de 40 ans ne se présente pas à son travail, qu'il ne sort pas de chez lui pendant plusieurs jours et qu'il manifeste de l'anxiété, on reconnaît rapidement qu'il y a un problème. Le sujet se présente assez vite chez son médecin avec ou sans la pression de son entourage. Un comportement semblable chez une personne de 70 ans est beaucoup moins susceptible d'entraîner une intervention rapide et le risque d'évolution vers des problèmes plus complexes et chroniques est évidemment accru.

L'évolution sociale et le progrès des connaissances médicales permettent de plus en plus des interventions appropriées auprès des personnes âgées. Particulièrement en ce qui concerne les troubles psychiatriques, on peut espérer que l'intervention précoce et efficace du médecin de famille aura un impact de plus en plus perceptible sur la qualité de vie des personnes âgées. Souvent dépourvues de leur énergie d'antan, celles-ci sont sensibles à l'attitude courtoise du clinicien qui leur redonne un sentiment de dignité.

BIBLIOGRAPHIE

ARCAND, R. et R. HÉBERT
1987 *Précis pratique de gériatrie*, Saint-Hyacinthe (Québec), Edisem, Paris, Maloine.

LISHMAN, W.A.
1987 « Organic Psychiatry », *The Psychological Consequences of Cerebral Disorder*, 2e éd., Oxford, Blackwell Scientific Publication.

MULLER, C.H. et J. WERTHEIMER
1981 *Abrégé de psychogériatrie*, Paris, Masson.

SALZMAN, C.
1984 *Clinical Geriatric Psychopharmacology*, New York, McGraw-Hill.

SIMOENE, I. et G. ABRAHAM
1984 *Introduction à la psychogériatrie*, Lyon, Simep.

« Aging », *Psychiatric Clinic of North America*, Philadelphie, Saunders, avril 1982.

CHAPITRE 28

PSYCHOLOGIE DU MOURANT

BRIAN BEXTON

M.D., F.R.C.P.(C)
Psychiatre, chef de service interne à la Clinique adulte, Pavillon Albert-Prévost de l'hôpital du Sacré-Cœur
   de Montréal
Chargé de formation clinique au Département de psychiatrie de l'Université de Montréal

HENRI-PAUL VILLARD

M.D., C.R.C.P.(C)
Psychiatre au Service de psychosomatique de l'hôpital du Sacré-Cœur de Montréal
Professeur adjoint de clinique au Département de psychiatrie de l'Université de Montréal

PLAN

28.1.
INTRODUCTION

Depuis la parution, en 1969, des premiers écrits de KÜBLER-ROSS et de CICELY SAUNDERS sur leurs expériences auprès de malades mourants, on a assisté à travers le monde occidental à un renouveau d'intérêt pour un sujet qui demeure enveloppé de mystère et d'angoisse. L'idée de la mort, inéluctable, constitue l'un des tabous les plus tenaces de nos sociétés « évoluées », en plein virage technologique. Pour d'autres sociétés, dites primitives, la mort n'a jamais cessé d'être considérée comme « l'ultime étape de la croissance ». On est en droit de se demander jusqu'à quel point la peur de la mort ne demeure pas aujourd'hui le symptôme et le fondement d'une psychopathologie, au même titre que la peur de la sexualité a pu l'être au tournant du siècle dernier.

On connaît, d'une part, la floraison des modes naturistes, culturistes : en maintenant son corps en santé par l'alimentation et l'exercice, on s'assure une éternelle jeunesse et l'on vaincra la mort. D'autre part, on observe la multiplication des sectes religieuses orientalistes : en visant à la sagesse éternelle, on prépare son âme à la vie éternelle. On assiste enfin à la formation de groupements de toutes dénominations, à la popularité grandissante des cours de thanatologie qui se donnent pour mission d'humaniser les soins au malade mourant en lui permettant de se réapproprier sa mort, parfois contre son gré.

La médecine traditionnelle, bastion du pouvoir médical, oppose encore une résistance certaine à l'implantation d'unités de soins palliatifs dans différents milieux hospitaliers. L'approche bio-psycho-sociale pénètre lentement, et par îlots seulement, le monde médical. Le personnel médical formé à l'approche du malade mourant fait souvent cruellement défaut. Et pourtant, les progrès de la médecine, ça existe. « On peut vaincre le cancer » n'est pas un simple slogan publicitaire au profit du pouvoir médical. Les connaissances approfondies en immunologie et les raffinements technologiques viennent constamment sous-tendre l'espoir du médecin et de son malade ainsi que leurs fantasmes de toute-puissance. Le nombre d'individus bien informés et lucides qui souhaiteront tenter le traitement de la « dernière chance » continuera d'excéder largement les limites imposées par l'économie et la politique.

28.2.
SITUATION CLINIQUE DU MALADE MOURANT

S'il est vrai que, malgré toutes les connaissances théoriques, malgré l'arsenal diagnostique et thérapeutique dont la médecine moderne dispose, on meurt encore de diverses maladies, c'est le malade cancéreux qui représente pour nous le paradigme clinique du processus de la mort lente à partir duquel nous fondons l'essentiel de nos réflexions. Nous croyons utile de décrire le problème tel qu'il se présente dans la clinique.

Le début insidieux de la maladie est susceptible, dans la plupart des cas, de favoriser une certaine négation tant chez le patient que chez le médecin, ce qui peut retarder le diagnostic. La peur excessive de la maladie et les campagnes de dépistage ne constituent pas non plus une garantie de prévention.

Une fois les investigations en cours, la négation de la réalité n'est plus possible ni pour l'un ni pour l'autre des protagonistes. Ils en arrivent bientôt à la minute de vérité. « Comment vais-je partager ce savoir avec mon patient ? », se demande KÜBLER-ROSS (1977). La réponse n'est pas aussi univoque qu'elle paraît et dépend avant tout du type de relation établie entre le médecin traitant et le patient.

On est en droit de se demander ce qu'il reste de cette fameuse relation médecin - malade dans un système de soins qui tend à l'« anonymisation » rapide sous prétexte d'efficacité. Est-il encore possible de s'attendre à ce moment crucial où notre médecin viendra s'asseoir avec son patient, et si possible avec certains membres de sa famille, pour lui annoncer les résultats des examens, les mesures thérapeutiques envisagées et les résultats escomptés ? Et pourtant, parallèlement, on a assisté à une érosion du pouvoir médical, qui tend à favoriser la meilleure circulation du savoir à l'intérieur de la relation médecin - malade.

28.2.1. NÉGATION

Quand enfin la **vérité** aura été révélée, et même dans les meilleures conditions, le malade continuera à nier. WEISMAN a décrit trois niveaux de négation :

1) **Négation des faits** « Non, ce n'est pas moi, le médecin s'est trompé de diagnostic, de malade. Allez raconter vos histoires à d'autres. »

2) **Négation des répercussions** « Je suis guéri, l'opération a réussi, le médecin m'a dit qu'il a tout enlevé. Je n'ai pas besoin de radiothérapie, de chimiothérapie. Je me sens en pleine forme. »

3) **Négation de l'issue fatale** Devant les signes les plus évidents de sa déchéance terminale, le malade continue à faire des projets comme si la vie allait reprendre son cours normal.

Dans certains cas, la sécurité financière de la famille pourra être mise en cause par cet état de négation et nécessiter des interventions délicates de la part du clinicien. Le mot « négation » ayant souvent pris une connotation psychopathologique, il faut souligner qu'on doit résister à la tentation de démolir une défense au service de la vie.

28.2.2. COLÈRE

D'autres malades comprennent qu'ils sont mortellement atteints et c'est la colère qu'ils vivent. Accusant tout le monde et le Ciel lui-même, l'incompétence des médecins qui ont tant tardé à poser un diagnostic, leur entourage qu'ils tiennent responsable de leur état, ils deviennent difficiles à supporter pour leur famille et pour le personnel médical. (« Les soins sont inadéquats, insuffisants, douloureux ; la nourriture de l'hôpital est infecte », etc.) Il est pourtant nécessaire que quelqu'un soit en mesure d'entendre, d'écouter et d'accepter cette révolte de façon à éviter la rupture de contact en phase terminale.

28.2.3. MARCHANDAGE

Souvent, devant l'évolution de la maladie, la cachexie, l'asthénie, les infections intercurrentes, le patient en vient à demander à son médecin traitant un sursis : il lui faut absolument assister au mariage d'un neveu, effectuer le voyage promis à son conjoint, participer aux célébrations entourant l'obtention d'un diplôme universitaire par un de ses enfants, etc. Malgré toutes les statistiques dont il dispose, le médecin est rarement en mesure de fixer à l'avance un délai précis au malade qui l'interroge. Le patient sait très bien qu'il est impossible au médecin de répondre à sa question : « **Combien de temps ?** ». Répliquer par : « **Combien de temps espérez-vous ?** » permet souvent au clinicien d'en arriver à concevoir avec le patient des projets personnels qui favoriseront et motiveront la continuation de la vie. Les délais fixés par le malade lui-même sont souvent respectés ; aussitôt l'objectif atteint, l'acceptation et la mort s'ensuivent.

Dans d'autres cas, le malade promet de mieux suivre ses traitements, de cesser de fumer, de mener une meilleure vie, en échange d'une semaine, d'un mois, d'une année de vie. Il arrive rarement à tenir ses promesses ; la culpabilité s'ensuit et l'angoisse augmente ; la fin approche.

28.2.4. DÉPRESSION

Bientôt, le malade en vient à reconnaître que c'est la fin, qu'il n'y a plus d'espoir. Il pleure sur son passé, ses épreuves, ses déceptions. Puis il se referme, s'isole, refuse les visites, sauf celles de quelques personnes qui peuvent maintenir une communication souvent non verbale, le toucher de la main, le son de la voix. Le malade fait le deuil de lui-même d'une façon préparatoire et anticipée. Certains patients donnent à leur maladie une signification : une juste punition pour leurs vieux péchés, ou même la solution souhaitée à tous leurs problèmes.

Parfois, la réaction affective prend une dimension clinique nécessitant une intervention psychothérapeutique et même médicamenteuse quand une pathologie dépressive se manifeste, au-delà des signes physiques attribuables à la maladie et au traitement. Certains malades cancéreux réussissent leur suicide au cours de cette phase, mais l'incidence de cette situation ne justifie pas la crainte de certains médecins, souvent entretenue dans le milieu médical, de dire la vérité aux patients en question.

28.2.5. ACCEPTATION

Finalement, le malade en vient à se dire : « Mon heure est arrivée et tout est bien. » Ce **moment** est décrit comme **vide de sentiment, ni heureux ni malheureux**. Le malade fait lui-même ses arrangements funéraires, il désinvestit son entourage. Il rassure sa famille et le personnel hospitalier, qui se sentent alors abandonnés et impuissants. Il est prêt à mourir et il en parle clairement, pendant que les gens s'agitent encore autour de lui pour tenter un nouveau traitement, négocier un transfert en neurologie pour métastases cérébrales, ou en psychiatrie pour dépression.

28.2.6. CONCLUSION

Voilà donc un résumé des diverses réactions possibles dans le processus de deuil que le sujet fait de lui-même et de son entourage. Ce processus recoupe les « stades » décrits par KÜBLER-ROSS (1970). Au cours de l'évolution, selon les atteintes spécifiques de la maladie et du traitement, on assiste à ce processus de deuil, morceau par morceau, avec des retours plus ou moins longs à la vie normale pendant les phases de rémission. La famille et le personnel médical sont soumis aux mêmes mouvements. Ces considérations aident l'équipe soignante à comprendre diverses réactions possibles et à intervenir sans trop se laisser emporter par ses propres angoisses. Toutefois, il n'est question en aucun cas de considérer cette description d'étapes comme l'indice d'un cheminement que le malade devra obligatoirement suivre.

28.3.
SOINS À DONNER AU MALADE

Les gens meurent de plus en plus à l'hôpital. De même que le système scolaire n'est surtout pas organisé en fonction de l'élève, MAUKSCH considère que le système hospitalier n'est pas plus organisé en fonction du malade, dont la vie privée est littéralement envahie. Même son lit, en chambre privée, n'est pas à l'abri des bruits, des cris et des incursions de quelques intrus.

L'administration semble hors d'atteinte ; les préposés aux soins sont immunisés, se sentent débordés et s'éloignent ; le médecin se réfugie dans des considérations techniques et scientifiques ; quant au malade, il subit, souffre, s'isole et, généralement, se tait.

Il en va ainsi pour toutes les catégories de malades dans un hôpital. Mais quand il s'agit d'un malade en phase préterminale ou terminale, la situation risque de s'aggraver encore : il représente l'échec du système de soins, et ses besoins sont exacerbés au moment même où il n'a plus les moyens de les faire valoir.

CASSEM et STEWART (1975) ont décrit un certain nombre de **règles à suivre dans le traitement des** malades mourants ; elles sont énumérées ci-dessous. Mais, à bien y penser, n'y aurait-il pas lieu de mettre ces règles en pratique bien avant la phase terminale, pour ne pas dire en tout temps ?

— Tout malade a besoin de se sentir confié à des mains expertes, capables de lui prodiguer les meilleurs soins possibles.

— La compétence ne suffit pas : le malade a besoin de se sentir traité comme une personne. Cette attitude suppose, pour les préposés aux soins, une certaine capacité de se mettre à la place du malade, non pas pour « souffrir avec lui », ou pour user de pitié, mais pour arriver à reconnaître et à comprendre sa souffrance.

— Les soins du malade exigent que le personnel puisse veiller à son confort, ce qui implique aussi de lui assurer soutien et réconfort : bien l'installer, mettre les objets de nécessité à sa portée, être disponible, etc., sont des attentions indispensables.

— Les soins à donner à la bouche, cet organe fondamental qui établit la relation avec le monde extérieur et intérieur, sont si importants qu'ils ont déjà fait l'objet d'un livre entier. KUTSCHER et ses collaborateurs (1973) ont souligné dans les détails tout ce que peut exiger de soins attentionnés la cavité buccale du malade mourant.

— Le traitement de la douleur a récemment été abordé d'une façon exemplaire dans une monographie publiée par Santé et Bien-Être social du Canada. Qu'il suffise de souligner, par exemple, que le meilleur moyen d'éviter de rendre narcomane un malade cancéreux, c'est de lui assurer une analgésie adéquate tout au cours du nycthémère plutôt que sur demande.

— Certains malaises ne nécessitent pas une analgésie narcotique mais d'autres types de traitement, par exemple : une attention portée aux ulcérations des muqueuses, des précautions dans les soins de la peau, une mobilisation des articulations, une surveillance des fonctions d'évacuation, etc.

— Quoi dire au malade et comment le lui dire ? La réponse consiste bien plus à adopter une attitude qui lui permettra de dire ce qu'il a à dire parce qu'il saura que quelqu'un est prêt à l'écouter sans le juger, le ridiculiser ou lui servir une leçon de morale. Le sujet de la mort sera abordé par le malade lui-même une fois la communication établie.

— Le conjoint, les enfants, les parents, les amis participent tous quelque part au processus. Une attention toute particulière doit leur être accordée, ne serait-ce que dans un but préventif.

— Une chambre de malade n'est pas un lieu où il est de mise d'afficher des têtes d'enterrement. Il y a place pour la lumière, les couleurs et la musique préférées de ce dernier, les objets qui ont pour lui une valeur sentimentale, les conversations qui stimulent l'humeur. Il est même possible d'y rire ...

— La constance, la continuité des soins n'implique pas une présence continuelle ni de la part du personnel ni de celle de la famille. Il est simplement nécessaire que cette présence compte et qu'elle soit maintenue régulièrement au long des jours, des semaines.

— On doit parfois intervenir auprès des membres de la famille pour leur permettre de prendre un peu de repos, de se changer les idées, de se préparer à revenir à la vie normale, un jour ou l'autre.

28.4.
CONSIDÉRATIONS ÉTHIQUES, JURIDIQUES ET IMPLICATIONS THÉRAPEUTIQUES

Bien que nous ayons déjà abordé plusieurs de ces questions dans le présent chapitre, nous croyons qu'il peut être intéressant de revenir sur certaines considérations éthiques et juridiques en regard de leurs implications thérapeutiques.

28.4.1. DÉNI DE LA MORT PAR LA SOCIÉTÉ ET RÔLE DU MÉDECIN

Les médecins se sont faits les « complices » de la société en transition par le maintien du silence, voire du déni, envers la mort, pourtant **partie normale et intégrante de la vie**. Nous pourrions même dire que la mort devrait être l'objet d'un **consentement éclairé** face à la vie, contrairement à notre tendance à envisager la mort comme un *échec* ou une *faute à « éviter »*.

Devant les progrès technologiques et pour donner suite aux études épidémiologiques, il est du devoir du médecin d'informer ses malades aussi bien que ses patients en santé apparente des avantages et des effets néfastes de certaines habitudes de vie (les vaccins, une alimentation saine, l'exercice, l'activité sexuelle, les MTS [par exemple le SIDA], le tabac, etc.).

N'est-il pas aussi du devoir du clinicien de participer à l'éducation des gens qui le consultent et de leur parler de la **prévention** de problèmes psychologiques, somatiques et financiers qui touchent l'individu et sa famille ? Ne serait-il pas normal, au cours d'une histoire de cas, qu'on s'informe des **démarches normales** que le patient doit entreprendre afin d'assurer sa quiétude d'esprit et celle de sa famille (assurance-invalidité, assurance-vie, testament) ?

Que le médecin s'informe de la situation financière du patient, des recours économiques et communautaires auxquels celui-ci a accès pendant et après une maladie qui risque de se prolonger, peut éviter des malaises, des conflits, tant pour le malade et son entourage que par rapport au système de soins.

28.4.2. DÉNI DU MALADE MOURANT ET SA FAMILLE

Lorsque la « prévention primaire » n'a pas permis d'assurer la sécurité de la famille, que peut-on envisager devant un malade en pleine négation dont l'entourage est laissé sans ressources ? La négociation avec le malade peut mettre en relief des questions concernant la longueur des traitements. Par ailleurs, il peut arriver qu'un psychiatre soit appelé à se prononcer sur la capacité du malade à administrer ses biens.

28.4.3. REFUS DE TRAITEMENT PAR LE MALADE MOURANT

Le psychiatre peut être amené à décider de la capacité du malade à juger de la pertinence du traitement : le devoir du médecin est de traiter et le patient a le droit de consentir au traitement ou de le refuser, dans la mesure où on l'a dûment informé des bénéfices escomptés et des effets nocifs prévisibles, et dans la mesure où ses facultés lui permettent de prendre sa décision.

28.4.4. ENFANT MOURANT ET SA FAMILLE

Dans certains cas, on doit recourir aux tribunaux pour trancher des questions ayant trait aux soins requis pour des enfants mineurs ou des adultes incapables, particulièrement quand il s'agit de conflits concernant les convictions religieuses des parents ou des tuteurs, ou encore touchant des considérations humanitaires et philosophiques.

28.4.5. ANALGÉSIE

Nous avons déjà souligné la nécessité d'assurer une analgésie suffisante au malade. Les douleurs cancéreuses répondent mieux que d'autres douleurs chroniques aux doses adéquates des narcotiques usuels et la crainte d'induire des narcomanies n'est guère justifiée.

28.4.6. SOINS PALLIATIFS

La médecine à visée curative a eu tendance à écarter les malades qui ne répondent pas à ses critères, oubliant ses fonctions de soulagement et de soutien auprès du malade et de son entourage, au moment le plus crucial. La mise en place des **unités de soins palliatifs** dans plusieurs centres hospitaliers au Québec a permis au personnel soignant d'apporter plus de soutien et une approche plus humanitaire à beaucoup de patients et à leur famille. Ces unités, constituées de professionnels et de bénévoles, ont redonné aux familles « nucléaires » l'appui qu'elles trouvaient autrefois dans la communauté, la famille élargie, la tradition.

Cependant, le transfert aux soins palliatifs signifie à plus ou moins court terme sentence de mort pour le patient et sa famille. Une discussion franche et honnête entre toutes les personnes impliquées constitue l'étape préalable essentielle à un tel transfert.

D'autres solutions peuvent aussi être envisagées : le maintien à domicile si possible, le maintien de l'hospitalisation pour les soins intensifs, afin d'assurer au malade une transition et, ainsi, de lui éviter des psychopathologies autant qu'à sa famille. Personne n'est tenu d'aimer l'idée qu'il va mourir, qu'il n'y a plus « rien à faire » et qu'on va le reléguer aux oubliettes, aussi confortables et gaies ou feutrées qu'on puisse les rendre.

Avec de l'aide, le patient et sa famille peuvent arriver à accepter un transfert. Leur acceptation est une condition *sine qua non*.

28.4.7. CONTINUATION DES SOINS ET QUALITÉ DE VIE

Lorsqu'un patient a accepté la réalité de sa maladie et sa nature terminale, on pourra envisager avec lui et sa famille les avantages des mesures thérapeutiques (chirurgie, radiothérapie, chimiothérapie, réanimation, etc.) par rapport à la **qualité de vie** du patient. Dans un débat de cet ordre, la norme c'est le patient. Si l'intervention proposée lui offre la possibilité d'un soulagement de la douleur ou de l'inconfort, d'une rémission temporaire avec une prolongation de vie qu'il souhaite pour accomplir un geste désiré, tout le monde sera d'accord pour procéder au traitement.

Cependant, lorsque l'intervention offre peu d'espoir de prolongation d'une vie de qualité et qu'elle sera suivie d'effets secondaires sérieux (par exemple déformation, inconfort, etc.), on doit respecter les critères de qualité de vie de chaque patient et de sa famille. L'espoir ne doit pas mourir avant le patient, a-t-il été dit. Pour certains, prolonger leur vie de quelques mois, de quelques semaines, de quelques heures ... et espérer peut-être encore guérir, à n'importe quel prix, représente une perspective souhaitable et souhaitée. D'autres envisagent surtout une nouvelle intervention comme la prolongation d'un mal, d'une douleur non contrôlée, d'une perte d'autonomie insupportables. Dans chaque cas, il importe de reconnaître et d'accepter le choix de la personne.

Le médecin doit contrôler son besoin d'agir, son désir de toute-puissance, sa peur de la mort pour éviter de verser dans l'acharnement thérapeutique devant le désir du patient d'avoir une mort digne et naturelle. Refuser de traiter contre tout espoir et à n'importe quel prix, pour maintenir une forme de vie végétative, ne va pas à l'encontre de l'éthique médicale ni de la loi quand la situation est discutée ouvertement avec toutes les personnes impliquées.

28.4.8. EUTHANASIE

Nous réservons ce terme à l'euthanasie active, c'est-à-dire le fait de provoquer la mort par une médication mortifère. Aujourd'hui, de nombreux groupes et personnes réclament le droit à l'euthanasie. Cette forme de mise à mort est même décriminalisée dans certains pays. Cependant, l'euthanasie constitue pour nous une problématique éthique et juridique, car elle représente à la fois une forme de **suicide** pour le patient et une forme de **meurtre** pour celui qui y collabore.

Il est difficile de s'imaginer comment la loi peut élucider cette question, car on entrevoit mal les limites de son application. (Sur quels critères peut-on se baser ? L'âge, la nature de la maladie, le coût social ? ...) Un changement de loi ne peut pas modifier la question éthique car l'euthanasie va à l'encontre du code de déontologie médicale.

Enfin, en dernière analyse, l'euthanasie peut s'avérer un faux problème si l'on analyse les motifs de cette demande. Si le patient demande l'euthanasie à cause de sa souffrance, on essaiera de soulager plus efficacement sa douleur. Si le patient réclame l'euthanasie parce qu'il est déprimé et n'a plus d'espoir, on tentera de diminuer sa dépression par un traitement approprié (médication, psychothérapie). Si le patient ne peut plus supporter l'inconfort (par exemple la sécheresse de la bouche, les plaies de lit, la constipation, etc.) on traitera plus spécifiquement ces difficultés.

Enfin, le rôle du médecin est de donner traitement et confort au patient, de respecter ses désirs face à l'évolution naturelle de sa maladie. Il n'a jamais été question qu'il puisse s'arroger un droit de vie ou de mort sur ses patients.

28.5.
ACCOMPAGNEMENT DU MALADE ET DE SA FAMILLE

De plus en plus, c'est dans le milieu hospitalier que les malades viennent mourir. Nous avons souligné les écarts possibles entre le système de distribution des soins et les besoins du malade mourant.

Les efforts déployés par CICELY SAUNDERS à l'hôpital Saint-Christopher de Londres ont inspiré tout un mouvement d'implantation, dans les hôpitaux, de ce qu'on a appelé des **unités de soins palliatifs**. Dans le cadre de ce système de soins, des psychiatres peuvent intervenir auprès de malades mourants qui présentent des états psychotiques confusionnels, dépressifs, ou des états d'agitation maniaque ou paranoïde. Parfois ce sont les membres de la famille qui, franchissant les mêmes étapes, peuvent nécessiter une aide thérapeutique. Les préposés aux soins ont aussi besoin d'un certain encadrement.

Ce n'est pas que le « mourir » soit en passe de devenir une nouvelle maladie psychiatrique. La question est de savoir comment la psychiatrie peut apporter une aide dans une telle situation. L'approche thérapeutique dépend à la fois de la personnalité du thérapeute et de ses bases théoriques. KÜBLER-ROSS a mis l'accent sur l'importance de la maturité du thérapeute, qui devra avoir analysé ses propres attitudes face à la mort et être prêt à partager cette expérience dans une communication sans angoisse paralysante.

28.5.1. SOUTIEN AU MALADE

La première qualité du thérapeute devrait être une attitude de profond respect qui l'engage à établir une communication franche et honnête avec le malade. « Comment vais-je partager ce savoir avec mon malade ? » dit KÜBLER-ROSS ; ce questionnement ne signifie pas qu'il faille dire la vérité à tout prix.

ARONSON (1959) a décrit certaines règles à suivre dans l'approche du malade mourant :
— Il faut respecter les défenses et les limites du patient, ne rien lui dire qui puisse provoquer une psychopathologie. Les stades décrits par KÜBLER-ROSS ne sont aucunement obligatoires et universels.
— *L'espoir ne doit pas mourir avant le patient.* Selon les circonstances, il y a l'espoir d'une guérison, d'une rémission, ou simplement d'une prochaine visite, d'une autre conversation, d'une présence maintenue.

— Il faut conserver une relation honnête et sincère, sans tenter de minimiser la gravité de la maladie quand le malade est prêt à en discuter.

— Il est toujours essentiel d'évaluer le **présent psychologique** et les possibilités pour le malade d'assumer l'éventualité de sa mort dans les délais qui lui restent.

— Il faut utiliser la relation transférentielle au lieu d'interpréter et de viser à résoudre divers conflits.

Plutôt que de parler d'une *approche*, il y aurait peut-être lieu de parler d'un **contact**. Roose (1969) a souligné l'importance de la confiance du malade envers son thérapeute ; on doit établir une relation qui permette de reconnaître et de respecter les peurs, les désirs, les limites, les défenses, les besoins du patient. Il importe aussi de maintenir l'estime de soi du malade, de souligner ses ressources et les choses qu'il a accomplies, de façon qu'il garde le sens de son identité et de son rôle.

28.5.2. SOUTIEN À LA FAMILLE

La famille vit une période difficile quand une maladie terminale atteint l'un de ses membres. Elle fait face à la solitude, à l'insécurité financière, à la dépendance, à la crainte de communiquer directement au malade ses sentiments. Elle est soumise aux mêmes phases de négation, de colère, de culpabilité et d'angoisse que le malade, avec leur cortège de réactions comportementales ou somatiques. On connaît les répercussions de la maladie d'un enfant sur les parents ou la fratrie.

Toute la question des dons d'organes fait actuellement l'objet de nombreuses publications ; c'est la famille la plus proche qui se trouve directement impliquée dans cette situation, laquelle peut provoquer des remous d'ambivalence.

Le thérapeute est appelé à favoriser la communication et une meilleure relation de partage entre les membres de la famille. Les situations les plus pénibles surviennent lorsqu'on se bute au refus d'un membre de la famille, souvent le parent d'un adolescent mourant, de dire la vérité au malade. La tâche de chacun s'en trouve compliquée et c'est le malade lui-même, encore plus isolé, qui risque de souffrir davantage et de mourir parfois plus rapidement, sûrement plus malheureux.

Le rôle du médecin est ici avant tout de trouver un équilibre entre les services que la famille est prête à offrir et les besoins qu'elle éprouve. On doit respecter son besoin de respirer, de nier de temps en temps et de vivre sans se sentir coupable.

28.5.3. MOMENT DU DÉCÈS

On a souligné l'importance pour les parents de voir le corps du défunt. Au salon funéraire, la famille décrit inlassablement, en présence de parents et d'amis, les faits et gestes qui ont entouré la fin de la personne souffrante. Malgré l'embarras de certains, l'artificiel qu'on reproche à la situation, cette étape d'émois ne doit pas être escamotée, c'est à ce moment que le processus de deuil s'amorce.

Après les funérailles, la famille se retrouve seule et manifeste à nouveau sa colère et son désespoir. C'est alors qu'elle a le plus besoin de soutien pour parler, pour pleurer, pour accepter graduellement la perte qu'elle vient de subir. Il est nécessaire que quelqu'un soit prêt à écouter et à accepter l'expression de ces sentiments ; la compréhension et le réconfort apportés permettront de diminuer la culpabilité, la honte et la peur d'une punition, et favoriseront la résolution du deuil. Des études épidémiologiques répétées ont démontré les effets du deuil sur l'augmentation de la morbidité et de la mortalité au cours de l'année qui suit le décès d'un être cher. C'est faire œuvre de prévention que d'offrir un bon soutien aux familles éprouvées.

28.6.
REPRÉSENTATIONS DE LA MORT OU LA MORT COMME REPRÉSENTATION

28.6.1. CONCEPTIONS THÉORIQUES DE LA MORT

Au début des années 1920, FREUD fut touché personnellement par une série de deuils d'êtres chers. Il émit alors l'hypothèse d'un instinct de mort (THANATOS), faisant pendant à l'instinct de vie (ÉROS). À la même époque, il subit les premiers signes du cancer oropharyngé qui devait l'emporter en 1939. La controverse au sujet de l'existence d'un instinct de mort continue de faire rage dans les milieux psychanalytiques.

FREUD a par ailleurs affirmé que l'inconscient ne saurait avoir de représentation de la mort. Les angoisses de mort masqueraient des craintes sous-jacentes de la blessure corporelle, de l'abandon total, de l'impuissance. Dans les états dépressifs, l'idée de la mort recouvrirait la peur de la punition, de la castration, de la perte de l'estime de soi et du rejet de toutes les forces protectrices.

Ainsi, la psychanalyse nous a permis de mieux comprendre l'angoisse de mort universelle comme une **représentation** ou un symbole d'autres angoisses existentielles. La mort n'ayant pas de représentation directe dans l'inconscient, l'anxiété qui s'y rattache serait un déplacement ou une condensation d'autres angoisses reliées aux diverses phases du développement. En effet, l'angoisse de mort diminue chez les patients lorsqu'on analyse et clarifie avec eux leurs préoccupations sous-jacentes.

Ces considérations ne suffisent cependant pas quand il s'agit de comprendre le travail du malade mourant et ses tentatives pour trouver une **représentation de la mort** comme fin biologique et transformation psychologique. On doit pousser la réflexion plus loin, par exemple en se demandant, avec SERGE LECLAIRE (1956) :

Comment le sujet, qui au cours de sa formation analytique, de son expérience didactique, n'a jamais pu aborder la question de la mort qu'en s'entendant répondre agressivité, castration ou intellectualisation, comment un tel sujet se croyant familier d'un inconscient qu'il ignore peut-il connaître plus que la peur névrotique de la mort ou l'agressivité de certains fantasmes de mort ?

En fait, la psychanalyse s'intéresse à l'ordre symbolique. La mort atteint le corps biologique situé en extériorité par rapport à l'ordre symbolique. Ce principe rejoint les distinctions de FREUD entre l'*angoisse automatique* et l'*angoisse signal*, et celles d'ISI BELLER à propos du *corps actuel* et du *corps mémoré*. JEAN IMBEAULT (1985) reprend :

> Le corps mémoré est celui qui s'est intégré à l'histoire du sujet à travers le jeu de la symbolisation pour constituer la trame de la scène inconsciente. Le corps actuel est rejeté hors de la scène inconsciente, ce qui n'exclurait pas qu'il puisse avoir un langage propre, indéchiffrable dans l'ordre symbolique.

28.6.2. CONCEPT DE LA MORT CHEZ L'ENFANT

Par ailleurs, comment comprendre la thanatophobie chez le jeune enfant ? WAHL a décrit une angoisse de mort qui apparaîtrait dès l'âge de 3 ans, donc bien avant l'organisation de l'ŒDIPE.

Pour le très jeune enfant, les besoins et les désirs doivent nécessairement être suivis par la satisfaction. Il distingue incomplètement le dedans et le dehors. Il vit dans sa toute-puissance narcissique immortelle. Graduellement, les frustrations réelles, aussi inéluctables qu'essentielles, viennent pondérer cette vision du monde. Entouré de parents « suffisamment bons », il développe un sentiment de confiance en son entourage. Il peut s'identifier à la force de ses parents, ce qui lui permet de se défendre contre son angoisse de mort. Si l'entourage se révèle trop hostile, trop précocement, cette défense narcissique risque de demeurer inefficace en regard de l'angoisse de mort.

Le sentiment magique de toute-puissance constitue en soi une défense majeure contre l'angoisse de mort, mais ce même sentiment peut aussi la provoquer. En effet, si l'enfant se croit invincible, qu'advient-il de ses souhaits de mort à l'endroit de la personne aimée qui l'a frustré ? L'enfant de 3 à 5 ans perçoit la mort comme un départ, un bannissement temporaire. Plus tard, il apprend avec le développement de la perception du temps que la mort n'est pas réversible et son angoisse augmente devant ses souhaits de mort. Il tente de les réprimer, de les annuler par des mots, des rites. En vertu d'abord du principe de justice immanente, plus tard en vertu de la loi du talion, il en vient à craindre pour sa propre vie. Normalement, grâce au refoulement immédiat et efficace, ce processus demeure inconscient.

L'enfant aux prises avec ses angoisses et ses contradictions peut difficilement trouver une réponse adéquate à ses questions en s'adressant à l'adulte. Celui-ci se défend en se disant que, de toute manière, l'enfant ne peut concevoir la mort et n'a pas besoin d'être rassuré. Ce comportement nous ramène à la même attitude face à la sexualité infantile !

28.6.3. PEUR DE MOURIR SEUL

À diverses étapes du développement de la personne et à l'occasion de multiples événements, le refoulement efficace de l'angoisse de mort se trouve menacé. Qu'en advient-il au moment où le sujet est réellement confronté à sa fin ultime ? Tous les auteurs soulignent que l'intensité de l'angoisse augmente avec l'isolement, la solitude, le manque de soutien par l'entourage. Comme l'enfant a eu besoin d'une présence pour se séparer de sa mère et apprendre à être seul, le malade mourant a aussi besoin d'une présence pour affronter la mort. Tout le monde meurt un jour. (C'est la seule justice sur cette terre, a-t-il été dit.) Chacun se trouvera seul pour faire face à sa propre mort, mais la peur la plus tenace, selon Lawrence Roose, c'est la **peur de mourir seul**.

28.7.
PSYCHANALYSE DU MALADE MOURANT

Les premiers travaux de Kübler-Ross sur cette étape concernaient la partie consciente du Moi. Depuis lors, ils ont débouché sur une conception plus mystique de ce passage.

Félix Deutsch, interniste puis psychanalyste, fut sans doute l'un des premiers à livrer une interprétation psychanalytique du mourir à partir d'expériences cliniques vécues. Il était d'avis que la diminution des capacités vitales s'accompagne d'une réduction des énergies instinctuelles. La maladie étant vécue comme une agression venant de l'extérieur ou comme une punition imposée par le Surmoi, le travail thérapeutique consisterait ou bien à diriger l'agression vers l'extérieur ou bien à réduire le masochisme. La psychothérapie, pour Deutsch, visait à la résolution des conflits autour de l'agression et, ultérieurement, à l'atteinte d'une paix intérieure et d'une paix avec l'extérieur.

Eissler (1955), pour sa part, relata son expérience avec deux malades qui furent atteints d'une maladie mortelle en cours d'analyse. Il souligna la nécessité pour le thérapeute de reconnaître et de combler les souhaits des patients avant même qu'ils n'aient été exprimés. Le thérapeute doit parvenir à transmettre à son malade le sentiment de sa disponibilité absolue. Le malade peut ainsi transformer l'horreur d'avoir été « choisi par la mort » en un sentiment de mort partagée avec un autre qu'on entraîne avec soi ... Le fait d'avoir reconnu l'intensité du transfert chez ces malades n'empêcha toutefois pas Eissler de suggérer que l'agonie serait allégée si le malade arrivait à faire le deuil de ses objets d'amour. La contradiction entre l'observation et la théorie est remarquable.

Janice Norton (1963) a relaté la psychothérapie d'une jeune femme pendant la période terminale d'un cancer généralisé. L'entourage procéda hâtivement à un deuil anticipé, ce qui provoqua chez la patiente un besoin exacerbé de communiquer avec la thérapeute. Celle-ci y répond spontanément, à tel point que la malade avait parfois le sentiment que sa thérapeute était près d'elle vingt-quatre heures sur vingt-quatre. JANICE NORTON affirme que l'essentiel, dans cette psychothérapie, fut de favoriser le développement de la relation transférentielle régressive pour protéger la patiente contre tout sentiment de perte objectale. Or, pourquoi, se demande DE M'UZAN, JANICE NORTON souscrit-elle aux vues de KURT EISSLER sur le bienfait que serait, pour le mourant, le deuil anticipé de ses objets ? « Comment pouvait-elle aider la jeune femme à mourir en lui évitant tout vécu de perte objectale et croire en même temps qu'il est plus facile de mourir quand on est séparé de ses objets ? », poursuit-il. Contradiction encore entre la clinique et l'effort de théorisation.

Les travaux de LAWRENCE ROOSE (1969), par contre, nous ont toujours semblé respecter une certaine ligne du destin libidinal. Pour lui, la dénégation facilite le mouvement de régression jusqu'au fantasme de réunion et d'immortalité. Les frontières intrapsychiques sont progressivement effacées en faveur d'une fusion du Moi et du Surmoi ainsi que d'une expression plus directe des pulsions du Ça. Cet état de régression permet la répétition de l'état de fusion extatique original avec le sein. Le patient y perd le sens de la temporalité et de l'espace. Le thérapeute est perçu comme la mère archaïque, immortelle, toute-puissante. La mort se transforme en une vie éternelle.

Il est intéressant de suivre la pensée de MICHEL DE M'UZAN à travers trois textes qui touchent le thème de la mort. C'est lui qui a souligné les contradictions de KÜBLER-ROSS, d'EISSLER et de NORTON entre leurs descriptions cliniques et leurs conclusions théoriques. Dans son essai de 1977 intitulé *Le travail du trépas*, DE M'UZAN a qualifié le stade de résignation et d'acceptation, au-delà du stade de dépression, comme un état provoquant un clivage du Moi et soulevant deux lignes de pensées contradictoires :

— D'une part, un déni de la mort sous l'égide du Moi-plaisir, où l'on assiste à un surinvestissement passionnel de la relation, une paradoxale expansion libidinale, une exaltation de l'appétence relationnelle, le tout accompagné d'un retour à l'indifférenciation originale du « Je » et du « non-Je » où le mourant englobe, absorbe et digère l'objet dans son espace érotique, parfois si totalement qu'il n'en ressent plus l'absence. Pour que le processus se réalise, il est nécessaire qu'une personne-clé serve de support dans la réalité, puis de représentation au niveau fantasmatique, en acceptant qu'une partie d'elle-même soit incluse dans l'orbite funèbre du mourant ; position inconfortable certes, en raison des craintes archaïques éprouvées par les vivants d'être entraînés, dévorés, dissous par le moribond, mais expérience par ailleurs incomparablement remplie de richesse « maturante » pour la personne qui accepte de tenir ce rôle.

— D'autre part, le Moi-réalité est en mesure d'évaluer la situation et peut manifester un certain retrait par rapport à l'entourage, une résignation devant la mort imminente et même un appel pour hâter la fin.

Dans une étude antérieure datant de 1974, DE M'UZAN s'était interrogé sur les frontières entre l'intérieur et l'extérieur, le dedans et le dehors, et il s'était demandé jusqu'à quel point on pouvait en affirmer une distinction absolument étanche, établie une fois pour toutes. Il en est arrivé à la conclusion que : « Entre le moi et le non-moi, il n'y a pas de frontière, mais un espace transitionnel. »

En dehors du champ de la psychose et de la perversion, les identifications primaires seraient toujours prêtes à fonctionner. DE M'UZAN a suggéré que le mourant pouvait en arriver à cet état de clivage. On pourrait imaginer que cette situation se répète chaque fois que l'intensité d'une relation à soi-même ou à l'autre le permet.

Finalement, DE M'UZAN a rapporté en 1981 l'analyse d'une malade atteinte d'un cancer métastatique, qu'il a suivie pendant près d'un an jusqu'à trois jours avant sa mort.

La patiente demande une deuxième tranche d'analyse (la première, plusieurs années auparavant avec un autre analyste, s'étant centrée sur la relation avec la mère qui lui aurait « passé son venin »). Elle veut s'engager de nouveau dans un « processus créateur ». Le cancer lui-même semble devenir un protagoniste à côté de la malade, de son corps et du thérapeute. Il semble venir combler un vide, création comparable à une grossesse, rejeton fantasmatique de la patiente et du thérapeute. La patiente met en scène son autre, son double, la maladie cancéreuse participant directement à inscrire un plan de clivage permettant à la projection, mécanisme plus puissant que le déni, d'évacuer la quantité de libido narcissique en excès qui va se fixer dans cette « néoplasie ».

Il s'agit bien dans ce cas d'un état de dépersonnalisation lié au clivage que favorise la maladie somatique mais qui n'atteint pas le sentiment de persécution. Le double est ce qui doit mourir à la place de la malade, donc ce qui assure sa survie. Une certaine boucle est bouclée. Le double de la fin procéderait de celui des tout débuts. La dernière dyade rappellerait la première. La mort serait la porte d'accès à la vie éternelle, une *transformation* comme le stipule la première loi de la thermodynamique.

28.8.
CONCLUSION

Il n'est pas donné à tout le monde d'atteindre ces niveaux de perception et de verbalisation, ni de la part du malade ni de la part du thérapeute. Le tableau clinique dépend de la personnalité du malade, de sa capacité de relation avec un autre et de celle de l'intervenant. Certains malades restent fixés dans une dénégation dont ils ne sortiront jamais, sans pour autant verser dans un état psychotique. Le niveau d'acceptation signe probablement le degré de maturité et d'intégrité du Moi auquel le malade et le thérapeute en sont arrivés.

Contrairement à la maxime de LA ROCHEFOUCAULT, il serait possible de « regarder la mort en face » et de l'intégrer davantage à notre vie. Déjà MONTAIGNE, suivant l'enseignement des stoïciens de l'Antiquité, disait : « **Pour apprivoiser la mort, je trouve qu'il n'y a que de s'en avoisiner.** » (Essai 11, chap. V) Ou encore : « **La préméditation de la mort est préméditation de la liberté ... Qui a appris à mourir, il a désappris à servir.** » (Essai 1, chap. XX) Puis JUNG reprit (1959) : « **Seul celui qui est prêt à mourir dans sa vie, reste vivant de façon vitale.** » Enfin, pour le sociologue genevois JEAN ZIEGLER, le tabou de la mort, tel qu'il est maintenu dans les sociétés capitalistes, a pour fonction d'éviter la maturation de l'individu afin qu'il continue d'être un bon consommateur.

Non seulement est-il possible d'entrer en contact avec le mourant, mais le fait de faire face à la mort a permis à certains individus d'établir des liens avec les autres, liens que les jeux habituels de la vie n'auraient jamais permis. Au lieu de se demander : « Que doit-on dire au malade mourant ? », on devrait plutôt voir la question sous un autre jour : « **Que peut-on apprendre du malade mourant ?** » Les personnes qui ont eu la chance de vivre cette expérience jusqu'au bout en ont retiré, autant les malades mourants que les intervenants, un véritable sentiment de plénitude et de plus grande maturité. Celui qui refuse d'assumer ce rôle, selon DE M'UZAN, « **s'expose à rater lui-même son deuil et à échouer plus tard au moment de sa propre mort** ».

BIBLIOGRAPHIE

ARONSON, G.J.
1959 « Treatment of the Dying Person », *The Meaning of Death* (H. Feifel, édit.), chap. 14.

BARTROP, R.W. *et al.*
1977 *Depressed Lymphocyte Function After Bereavement*, Lancet, p. 834-836.

CASSEM, N. et R. STEWART
1975 « Management and Care of the Dying Patient », *Int. L. J. Psychiatry in Medicine*, vol. 6 (1/2), p. 293-304.

DE M'UZAN, M.
1974 « S.J.E.M. », *Nouvelle revue de psychanalyse*, printemps ; *Le dehors et le dedans*, Paris, Gallimard.

1977 « Le travail du trépas », *De l'art à la mort*, chap. IV, Paris, Gallimard, coll. Connaissance de l'inconscient.

1981 « Dernières paroles », *Nouvelle revue de psychanalyse*, printemps ; *Dire*, Paris, Gallimard.

EISSLER, K.
1955 *The Psychiatrist and the Dying Patient*, New York, Int. University Press.

FEIFEL, H.
1959 *The Meaning of Death*, New York, McGraw-Hill.

IMBEAULT, J.
1985 « Hystérie et névroses actuelles », *Psychiatrie - Psychanalyse* (A. Amyot, J. Leblanc et W. Reid), Chicoutimi, Gaëtan Morin éditeur, p. 139-150.

JUNG, C.
1959 « The Soul and Death », *The Meaning of Death* (H. Feifel, édit.), chap. 2.

KUTSCHER, A.H., B. SCHOENBERG et A.C. CARR
1973 *The Terminal Care : Oralcare*, New York, Columbia University Press.

KÜBLER-ROSS, E.
1970 *On Death and Dying*, New York, MacMillan Publishing Co.

1977 *La mort : dernière étape de la croissance*, Montréal, Éditions Québec/Amérique.

LECLAIRE, S.
1956 « La mort dans la vie de l'obsédé », *La Psychanalyse*, vol. 2, p. 112-140.

NORTON, J.
1963 « Treatment of a Dying Patient », *Psychanalytic Study of the Child*, vol. XVIII, p. 541-560.

ROOSE, L.
1969 « The Dying Patient », *Int. J. Psycho. Anal.*, vol. 50, p. 385-395.

SANTÉ ET BIEN-ÊTRE SOCIAL DU CANADA
1984 *Douleurs cancéreuses*, rapport du Comité consultatif d'experts pour le traitement des algies chroniques intenses chez les cancéreux.

CHAPITRE 29

TRAVAIL, CHÔMAGE ET SANTÉ MENTALE

DOMINIQUE SCARFONE

M.D., F.R.C.P.(C)

Psychiatre-psychanalyste au Département de psychiatrie de l'hôpital Saint-Luc de Montréal

Professeur adjoint de clinique et responsable du Programme d'études spécialisées au Département de psychiatrie de l'Université de Montréal

PLAN

29.1.
INTRODUCTION

Le travail est une des marques distinctives de l'homme. La production des moyens de survie de l'espèce est identifiée depuis longtemps comme étant centrale à l'organisation sociale. De MARX, dont l'utopie communiste devait faire du travail le premier besoin humain, à FREUD, pour qui l'objectif thérapeutique était de restituer aux patients la capacité d'aimer et de travailler, en passant par une multitude de penseurs, on s'entend pour donner au travail une signification centrale dans l'existence humaine.

Sur le plan individuel, le travail se situe à l'intersection de plusieurs ensembles de valeurs essentielles. Gagne-pain, bien sûr, mais beaucoup plus que cela. Occasion privilégiée de *socialisation*, source importante d'*estime de soi*, fonction majeure d'*identité* et d'*appartenance* au groupe social, le travail remplit, il va sans dire, un rôle essentiel dans l'équilibre psychique de l'individu. En plus de son aspect vital, visant à l'autoconservation de l'individu et de l'espèce, le travail se présente aussi comme une importante voie de décharge pulsionnelle, que cette décharge soit directe ou sublimatoire ; l'économie libidinale a donc autant à voir avec le travail que l'économie tout court.

S'il ne faut nommer qu'un indice de l'importance psychologique du travail dans la société occidentale, mentionnons les effets nocifs du chômage sur la santé mentale et physique des individus. On constate avec BRENNER (1973) que les périodes de chômage élevé sont en corrélation avec une élévation significative du **taux de suicides** et des admissions dans les services psychiatriques. En plus de la mauvaise santé économique des sociétés, le chômage est donc corrélatif à la mauvaise santé des chômeurs et de leurs proches.

Si le travail constitue une valeur primordiale allant bien au delà de sa valeur marchande, cela n'en fait pas pour autant un garant de bonne santé pour ceux qui l'exercent. De nombreux facteurs reliés au travail lui-même ou au milieu dans lequel il s'effectue peuvent influer négativement sur le fonctionnement psychique des individus. La **médecine du travail** s'intéresse depuis longtemps aux facteurs physico-chimiques qui, présents dans le milieu de travail, causent des maladies professionnelles diverses. Ce n'est que récemment que l'on a commencé à s'intéresser à des facteurs moins palpables mais potentiellement aussi nocifs que les facteurs physiques et les agents toxiques. Ces facteurs, dits psychosociaux, sont en corrélation avec de nombreux troubles psychiques et physiques, et ils font l'objet d'une attention grandissante, notamment depuis l'apparition de la notion de ***burn out*** dans la littérature spécialisée comme dans les médias.

Dans ce chapitre, nous laissons de côté les problèmes reliés directement aux agents toxiques et aux facteurs physiques nocifs (bruit, températures extrêmes, dangers physiques divers), même s'ils ont des effets sur le système nerveux central. Ces effets sont à classer parmi les syndromes cérébraux organiques. Nous allons plutôt nous attarder aux problèmes, non spécifiques et spécifiques , qui relèvent de la dimension psychosociale du travail, pour ensuite examiner les conséquences du chômage. Dans une dernière partie, nous discuterons de l'approche clinique.

29.2.
L'INDIVIDU FACE AU TRAVAIL

La notion de **travail mental** est inhérente à notre façon de nous représenter le fonctionnement psychique humain. Quelle que soit la nature de l'énergie postulée comme entrant dans ce travail, l'appareil psychique en dépense une certaine somme pour son propre fonctionnement, le reste étant appliqué à la manipulation des données du monde intérieur et extérieur qui le sollicitent. La notion de travail apparaît donc comme coextensive à la vie mentale et, certainement, à la vie tout court.

Cette capacité de travail physique et psychique de l'organisme est une condition préalable à l'insertion de l'individu dans le processus de travail au sens socio-économique du terme. Le développement de l'individu de même que sa maturation psycho-affective, suivant les aléas de l'histoire personnelle et les prédispositions issues de l'hérédité ou du milieu intra-utérin, auront des répercussions sur les rapports qu'il établira avec le travail, sur le sens que prendra celui-ci dans sa vie. De même, le sujet subira les influences et les déterminations sociales et culturelles propres à son milieu, et celles-ci moduleront évidemment ses rapports avec le travail.

Il est hors de notre propos d'examiner les « afférences » socioculturelles sur le sens que prend le travail pour des sujets donnés dans une société comme la nôtre. Nous croyons par contre important de nous attarder quelque peu aux corrélations possibles entre développement et structure mentale individuelle d'une part et travail d'autre part. Cette réflexion nous amènera à examiner les problèmes non spécifiques, c'est-à-dire en majeure partie indépendants des conditions particulières de travail.

29.2.1. TRAVAIL ET PSYCHODYNAMIQUE

Suivant un modèle psychodynamique, on considère l'être humain comme étant doté de pulsions qui doivent nécessairement trouver une voie de décharge, que ce soit dans l'agir (modification du monde extérieur réel), dans la somatisation (modification du corps propre) ou dans l'élaboration mentale (sublimations, activités créatrices diverses, mais aussi production de symptômes psychiques, névrotiques ou psychotiques). La psychanalyse étudie tout particulièrement les « destins » des pulsions au cours du développement.

Le travail, quant à lui, participe au monde de l'échange, monde inauguré par l'échange mère - enfant qui s'instaure dès le début de la vie mais qui prend une forme plus « instituée » lors du stade anal, et particulièrement au deuxième sous-stade anal, celui de la **rétention**. La capacité de rétention implique le pouvoir de donner ou de garder pour soi, situation prototype de l'échange socialement reconnu.

La rétention au sens large, dont la rétention anale est le paradigme, permet ensuite d'effectuer un travail psychique sur ce qui est retenu et de marquer ainsi d'une empreinte personnelle l'objet d'échange. On imagine aisément les rapports qu'entretient le monde du travail avec les vicissitudes de la capacité de l'individu à échanger avec son entourage. La relation de cette situation avec le travail est encore plus évidente si l'on se rappelle que le stade anal correspond aussi pour l'enfant à l'étape de la station debout et de la marche, c'est-à-dire à la libération de ses membres supérieurs et à l'acquisition d'une plus grande autonomie physique.

La rétention d'un objet mental est aussi la marque d'une plus grande autonomie psychique, corrélative de l'autonomie motrice. ERIKSON (1963) y a fait correspondre l'étape qu'il dénomme « autonomie » par opposition à « honte et doute ». Les étapes suivantes (« initiative » par opposition à « culpabilité » et « activité » [*industry*] par opposition à « infériorité ») s'appréhendent également comme des moments significatifs dans l'élaboration d'une activité prototype du travail. L'aménagement du complexe d'ŒDIPE scelle par ailleurs l'inscription de l'individu dans l'ordre symbolique et en fait un sujet capable de renoncer à la satisfaction des pulsions partielles et capable de sublimer celles-ci en activités socialement valorisées (voir le chapitre 5, section 5.3.2.).

Pour MENNINGER, la sublimation est la source de l'activité et du plaisir que peut procurer le travail (WASYLENKI, 1984). Cette capacité de sublimation dans le travail s'accompagne en outre de la prédominance du principe de réalité. Le travail met à contribution les diverses fonctions du Moi. Les conflits névrotiques ou les troubles structurels de la personnalité auront une résonance inévitable dans les rapports de l'individu avec le travail.

29.2.2. SYNDROMES NON SPÉCIFIQUES

Ainsi, il n'est pas inutile de remarquer que bon nombre de premières **décompensations psychotiques** chez les jeunes schizophrènes surviennent au moment de l'entrée sur le marché du travail. Quels que puissent être les autres déterminants du moment de la première décompensation, il apparaît clairement que l'incapacité d'assumer une place et une fonction dans l'ordre symbolique représenté dans le travail y contribue de manière significative. Les conflits de travail peuvent également servir de déclencheurs d'une psychose en venant déranger l'équilibre précaire qu'un sujet prédisposé avait réussi à maintenir au travail, comme l'illustre la vignette clinique suivante.

Exemple clinique

Monsieur A. est un homme dans la vingtaine, marié et père de deux enfants. Il est conduit à l'urgence psychiatrique en proie à un délire de persécution (ses camarades de travail ourdissent des complots contre lui) et à des hallucinations effrayantes. Le tout a débuté lors du déclenchement d'une grève perlée dans son milieu de travail. Enfant maltraité et, plus tard, fraudé financièrement par son père adoptif, il avait obtenu son emploi grâce à l'amitié du père de son épouse avec le directeur du personnel de l'endroit. Le conflit de travail, qui l'obligeait à prendre parti soit pour ses camarades de travail soit pour son supérieur bienveillant, l'a conduit à la solution psychotique dont un des sens se laisse facilement deviner : ce n'est pas lui qui trahit ses camarades, ce sont eux qui fomentent des complots contre lui ; par ailleurs, sa décompensation l'oblige à se retirer de la situation conflictuelle et donc à ménager sa fidélité aux deux parties belligérantes.

L'inhibition au travail et la peur de la réussite constituent deux exemples de **troubles névrotiques** en rapport avec le travail. Ce sont des troubles non spécifiques en ce sens qu'ils ne dépendent pas directement des conditions réelles de travail mais sont plutôt l'expression de la dynamique interne du sujet.

L'inhibition au travail se manifeste par une diminution du plaisir de travailler, une exécution inadéquate du travail ou des phénomènes réactionnels lorsque le sujet s'est forcé à poursuivre son travail (fatigue, vertiges, vomissements, etc.). De façon générale, l'inhibition est l'expression d'une limitation fonctionnelle du Moi, soit que les organes concernés par la fonction inhibée sont l'objet d'une trop forte érotisation, soit qu'il s'agisse d'un mécanisme visant l'autopunition : le plaisir, le succès ou le gain sont des issues interdites au sujet (FREUD, 1951).

Des conflits autour de l'agressivité et de la passivité entrent également en ligne de compte. FENICHEL (WASYLENKI, 1984) a souligné quatre aspects de l'inhibition au travail :

1) Le travail mène à l'indépendance et à la réussite ; donc, des conflits concernant la dépendance et l'indépendance ou l'ambition peuvent se présenter sous forme d'inhibition au travail.

2) L'inhibition peut être l'expression d'un conflit sur le thème de l'obéissance ou de la rébellion, vu l'aspect contraignant que prend souvent le travail, par opposition à un plaisir.

3) Lorsque le travail exécuté de façon compulsive sert à un but antipulsionnel, contraire au plaisir, une recrudescence pulsionnelle peut venir inhiber le travail.

4) L'inhibition au travail peut aussi résulter de troubles névrotiques de l'attention et de la concentration.

La névrose d'échec doit être mise en rapport avec un conflit œdipien ; le sujet ne peut tolérer la réussite à cause de la culpabilité qu'elle soulève, la réussite représentant l'accomplissement d'un désir de supplanter le père. Plus encore, un succès implique pour le sujet la poursuite de succès ultérieurs, donc d'autres possibilités de réaliser ses désirs œdipiens ou encore d'autres risques d'échec, dommageables pour l'estime de soi. Paradoxalement, un échec peut faire partie d'une stratégie défensive face à la peur de « tomber de haut » la fois suivante.

Chez les femmes, la peur de la réussite résulte souvent du conflit avec les valeurs sociales ambiantes : une femme qui réussit professionnellement passe pour moins féminine que ses consœurs ; pour réussir, elle doit assumer une part d'agressivité qui vient aussi contredire les stéréotypes courants sur la femme et s'expose donc, si elle réussit, à une mise au ban, réelle ou imaginaire, du reste des femmes.

29.3.
STRESS AU TRAVAIL

La recherche sur les facteurs psychosociaux qui affectent la santé physique et mentale de l'individu au travail est principalement axée autour de la notion de « stress au travail ». Le terme de stress, dans son sens rigoureux, réfère au **syndrome général d'adaptation** décrit par HANS SELYE (1962) (voir le chapitre 8). Ce syndrome est une réaction non spécifique de l'organisme à un stimulus, qu'il soit nocif ou pas. On pourrait dire qu'il s'agit de la « mise sous tension » de l'organisme en vue d'effectuer un certain travail, dans le cadre du fameux modèle de CANNON, *fight or flight* (le combat ou la fuite), et qui comporte trois phases : une phase d'alarme, une phase de résistance et une phase d'épuisement.

Précisons immédiatement que cette mise sous tension n'a en soi rien de nocif et qu'elle est au contraire indissociable de l'activité humaine, physique ou mentale. Cette précision est nécessaire parce que la notion de stress a pris, par sa vulgarisation, une connotation essentiellement négative, y compris dans les ouvrages sur le stress au travail. C'est plutôt l'inadéquation entre l'importance de la demande et la capacité de réponse de l'organisme qui est potentiellement nuisible. Ainsi, une demande insuffisante peut être aussi dommageable qu'une demande excessive. En réponse à une demande, l'organisme met en marche des mécanismes d'adaptation (sécrétions hormonales, excitation de certains centres nerveux, élévation de la tension artérielle, etc.) qui constituent ce que l'on appelle la **réaction de stress**.

On imagine bien qu'au travail il est justement question de demandes faites à l'organisme et des réponses de celui-ci. Pour que le travail se déroule de la façon la plus « normale », il faut que le niveau de la demande corresponde à la capacité de réponse de l'individu. L'inadéquation entre ces deux facteurs produira à la longue des effets nocifs sur la santé de l'individu qui y est exposé.

LEVI (1972) a conçu un modèle général du processus pathogénique lié aux facteurs psychosociaux sur les lieux de travail (figure 29.1.). Dans ce modèle, des stimuli psychosociaux interagissent avec le « programme psychobiologique » de l'individu, entraînant des mécanismes d'adaptation à la nouvelle situation (stress). Une boucle de feedback à partir de ce moment viendra modifier l'un ou l'autre des premiers facteurs (ou les deux) et le processus pourra s'arrêter là, dans un état d'équilibre dynamique. Mais si les mécanismes sont insuffisants ou si la demande se prolonge au delà de la phase de résistance, il y aura production de signes et de symptômes précurseurs propres à susciter un premier ordre d'interventions correctrices, qu'elles soient thérapeutiques ou administratives. Si ces mesures sont à leur tour inadéquates, on atteindra alors le stade de la maladie proprement dite. Des variables intercurrentes modulent ce mécanisme tout au long de son déroulement : il peut s'agir du soutien social dont jouit le sujet en question, des interventions préventives secondaires, des interventions curatives, etc. Dans ce qui suit, nous allons examiner une après l'autre les étapes de ce mécanisme.

29.3.1. STIMULI PSYCHOSOCIAUX SUR LES LIEUX DE TRAVAIL

Le tableau 29.1. contient la liste des principaux stimuli de nature psychosociale, propres à induire une réaction de stress. Le tableau n'est évi-

Figure 29.1. SCHÉMA DE LA PATHOGÉNIE LIÉE AU STRESS D'ORIGINE PSYCHOSOCIALE

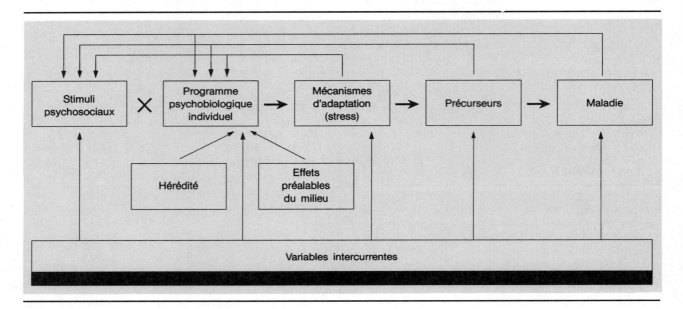

SOURCE : Figure modifiée, tirée de LEVI (1972).

demment pas exhaustif mais contient les principales catégories de facteurs autres que les effets directs des agents physico-chimiques. On a coutume de subdiviser ces sources de stress en deux groupes : les sources intrinsèques, c'est-à-dire reliées à la nature de la tâche elle-même, et les sources extrinsèques, c'est-à-dire reliées au contexte dans lequel s'accomplit la tâche en question.

FACTEURS INTRINSÈQUES

Si nous classons les facteurs intrinsèques comme sources psychosociales de stress, c'est qu'il faut tenir compte du double impact des mauvaises conditions de travail. Ainsi, la **rotation des horaires de travail** a un effet négatif direct, psychobiologique, en entraînant un dérèglement des rythmes chronobiologiques. La demande constante de réajustement des cycles circadiens est en soi une source de stress à un niveau somatique direct : les fonctions neuroendocriniennes sont décalées par rapport aux besoins du moment de la journée pour l'individu qui, une semaine, travaille de jour, la semaine suivante, de soir et l'autre semaine, de nuit. Les courbes de sécrétions hormonales (**cortisol, hormone de croissance**, etc.) n'ont pas le temps de s'ajuster aux changements de la deuxième semaine que déjà un nouveau régime horaire s'installe à la troisième semaine (ÅKERSTEDT et FRÖBERG, 1981).

Mais l'alternance des horaires ne suffit pas à elle seule pour causer le stress de nature psychosociale. Elle constitue une dimension qui s'ajoute aux autres effets du facteur en question. Ainsi, la rotation des horaires hebdomadaires de travail entre en conflit avec d'autres sphères de la vie de l'individu : sa vie de couple, sa vie familiale, sa vie sociale, ses relations amicales, etc. La fatigue physique et mentale le rend moins apte à faire face aux autres facteurs potentiels de stress sur les lieux de travail

Tableau 29.1.   SOURCES DE STRESS AU TRAVAIL

1) SOURCES INTRINSÈQUES À LA TÂCHE
   — Mauvaises conditions physiques de travail
   — Surcharge quantitative et/ou qualitative
   — Pression en matière de temps d'exécution
   — Danger physique
   — Stimulation excessive ou insuffisante
   — Rotation des horaires de travail (*shifts*)
2) RÔLE DANS L'ORGANISATION
   — Ambiguïté des rôles
   — Conflit de rôles
   — Responsabilité envers des personnes
   — Conflit quant aux limites de l'organisation
3) CARRIÈRE
   — Avancement prématuré
   — Stagnation (pas assez d'avancement)
   — Absence de sécurité d'emploi
4) RELATIONS DE TRAVAIL
   — Mauvais rapports avec les supérieurs, les collègues ou
     les subordonnés
   — Délégation insuffisante de responsabilités
5) STRUCTURE ET AMBIANCE DE L'ORGANISATION
   — Peu ou pas de participation à la prise de décisions
   — Restriction des comportements
   — Bureaucratie
   — Manque de véritable consultation

SOURCE : Tableau modifié, tiré de COOPER et MARSHALL (1976, vol. 49, p. 12).

comme à l'extérieur. Il s'installe donc un cercle vicieux dont les conséquences néfastes pour la santé ne se font pas attendre.

LEVI (1981) a pris appui sur les études du Laboratoire de recherche clinique sur le stress ainsi que sur une revue critique de la littérature pour en venir aux conclusions suivantes : les plaintes d'ordre physique, somatique et social augmentent avec l'introduction de l'horaire de nuit et diminuent lorsqu'on élimine cet horaire ; chez les travailleurs qui font la rotation, les plaintes sont au plus haut niveau durant l'horaire de nuit (il s'agit surtout de **troubles du sommeil** et de **troubles digestifs**) ; il n'y a pas d'adaptation à ce type de rotation, quelle que soit la durée de l'exposition à ce régime de travail ; des problèmes de santé et des problèmes sociaux tendent à se développer chez les mêmes individus.

On voit donc comment un facteur en apparence purement physiologique est en fait multidimensionnel et entraîne des conséquences importantes sur la santé des personnes exposées à ce type de travail.

Le même raisonnement s'applique, *mutatis mutandis*, aux autres facteurs intrinsèques que nous allons brièvement passer en revue.

La **surcharge quantitative** signifie trop de travail à accomplir par unité de temps. C'est un problème qui touche par exemple les travailleurs affectés aux chaînes de montage, quand les cadences sont trop élevées. Mais on le retrouve aussi dans le travail à la pièce, où le renforcement positif (récompense) du surplus de productivité incite les travailleurs à produire de plus en plus vite, au mépris des mesures de sécurité comme au mépris de leur fatigue et des signaux d'alarme que lance l'organisme trop sollicité. La fatigue, l'anxiété, l'irritabilité, les accidents plus nombreux sont le lot des travailleurs à la pièce. Sans compter que ce type de rémunération caractérise en particulier les emplois où les tâches sont principalement fragmentaires et répétitives, ce qui est en soi une autre cause potentielle de stress excessif.

Le **danger physique**, en plus de la menace directe à l'intégrité physique du sujet, constitue une source de préoccupation constante, qui demande un effort défensif tout aussi constant pour maîtriser l'angoisse générée. Il s'agit, pour les travailleurs en question, d'employer des défenses comme le déni de la réalité dangereuse ou la répression de l'affect pour pouvoir continuer à s'exposer à une telle situation.

FACTEURS EXTRINSÈQUES

Les facteurs extrinsèques, quant à eux, appartiennent d'emblée à la sphère psychosociale. Définissons d'abord brièvement les facteurs dont la signification est la moins évidente.

L'ambiguïté des rôles découle de mauvaises informations sur le rôle au travail, d'un manque de clarté concernant les objectifs de la tâche à accomplir, les attentes des collègues et l'étendue des responsabilités personnelles. FRENCH et CAPLAN (1970) ont montré une corrélation significative entre ambiguïté des rôles et signes subjectifs (insatisfaction, sentiment de menace à la santé physique et mentale) et objectifs (élévation de la tension artérielle, pouls accéléré) chez des ingénieurs, des scientifiques et des administrateurs de la NASA.

Le **conflit de rôles** naît de situations où l'individu est déchiré entre des exigences contradictoires à son poste de travail, où il doit faire des choses qu'il juge incorrectes ou extérieures à sa tâche. COOPER et MARSHALL (1976) ont également constaté une forte corrélation entre ce facteur et divers troubles cardio-vasculaires (notamment des anomalies à l'ECG) chez les « cols blancs ».

L'avancement prématuré est un facteur de risque dans la mesure où il engendre une inadéquation entre l'individu et la tâche : le sujet n'est pas encore prêt à assumer des responsabilités d'un niveau supérieur (surcharge qualitative) ou un plus grand nombre de responsabilités (surcharge quantitative). L'avancement peut aussi signifier une ambiguïté ou un conflit de rôles, ou bien des responsabilités à l'égard de vies humaines, etc. C'est donc une variable complexe, dépendante de plusieurs autres variables du même ordre.

La stagnation est potentiellement nocive en ce qu'elle brime les aspirations ou les idéaux de l'individu. Elle peut aussi signifier que ses capacités sont laissées en friche, ce qui crée une discordance et donc une perte d'intérêt et de satisfaction pour sa tâche actuelle, de la frustration, de mauvaises relations avec les pairs ou les supérieurs, etc.

29.3.2. PROGRAMME PSYCHOBIOLOGIQUE INDIVIDUEL

Ce que LEVI, dans le modèle présenté à la figure 29.1., appelle le « programme psychobiologique individuel » comporte d'une part les composantes héréditaires, les prédispositions innées qui caractérisent chaque individu, et d'autre part ce qu'il appelle les effets préalables du milieu. Pour nous, ce deuxième aspect fait plus spécifiquement référence à l'histoire individuelle, au développement psycho-affectif, aux fixations établies durant ce développement, aux relations d'objet, aux mécanismes de défense prédominants, bref à ce qui détermine une structure ou un profil psychiques particuliers. Sous la plume d'autres auteurs, cela s'appelle aussi le type de personnalité.

Il est clair que l'*interaction*, indiquée par un « × » dans la figure 29.1., entre les stimuli psychosociaux et la structure psychique (ou programme psychobiologique) est la clé de tout le mécanisme. C'est la combinaison de ces deux variables qui explique qu'en soi un stimulus n'est pas nocif pour tout le monde (sauf dans des cas extrêmes) ou que des stimuli différents peuvent entraîner une même réponse chez le même individu.

L'étude de la composante individuelle est donc essentielle à la compréhension des effets du stress au travail. Nous laisserons ici de côté la question des prédispositions héréditaires ou innées, sur lesquelles nous avons peu d'emprise théorique et pratique. Attardons-nous plutôt aux facteurs de personnalité et à leur contribution au type de réponse fournie pour une situation de travail donnée.

Plusieurs études ont porté sur les interactions entre certaines conditions de travail et le comportement de type A décrit par FRIEDMAN et ROSENMAN (FRIEDMAN, 1979) et dont on trouvera les caractéristiques au tableau 29.2. Plus récemment, on a combiné ce style de comportement avec la typologie dite de « contrôle interne - contrôle externe » (ROTTER, 1966, voir le tableau 29.3.), donnant ainsi naissance à une typologie plus complexe. Le **type A** (*Hot*) et le **type B** (*Cool*) se combinent avec le **contrôle interne** (*Cat*) et le **contrôle externe** (*Dog*), pour donner quatre types nouveaux, soit : *Hot Cat* (type A interne), *Hot Dog* (type A externe), *Cool Cat* (type B interne) et *Cool Dog* (type B externe).

Tableau 29.2.   CARACTÉRISTIQUES DE LA PERSON-
NALITÉ DE TYPE A

1) Désir depuis longtemps d'exceller dans un domaine particulier.
2) Insécurité profonde apaisée par une série ininterrompue de petites et de grandes victoires sur des adversaires humains.
3) Méconnaissance de sa dépendance envers autrui.
4) Désir constant de régler les pensées, les sentiments, les désirs et les actions de ceux dont la personne se sent responsable.
5) Tendance à recourir, là où c'est possible, à l'action au lieu de la pensée créatrice ou de la méditation introspective.
6) Désir insatiable d'accomplir de plus en plus de choses dans le plus court laps de temps possible.
7) Détérioration des aspects de la personnalité non reliés à la compétition (ex. : goût pour les lettres, les arts, etc.).
8) Tendance à ressentir et à exprimer de l'agressivité lorsque tout n'est pas conforme à ses désirs.
9) Incapacité de s'intéresser à des valeurs ne relevant pas de ses préoccupations professionnelles.
10) Assuétude particulière pour des activités qui provoquent une excitation, même si elle est de nature déplaisante.

SOURCE : Tableau modifié, tiré de FRIEDMAN (1979, vol. 2, n° 2, p. 243-248). Voir aussi le chapitre 18, section 18.6.5.

Tableau 29.3.   DIFFÉRENCE ENTRE INTERNALITÉ
ET EXTERNALITÉ

CONTRÔLE INTERNE : L'individu considère généralement qu'il peut influer lui-même sur ce qui lui arrive.
CONTRÔLE EXTERNE : L'individu considère généralement que ce qui lui arrive dépend surtout de facteurs extérieurs, hors de son contrôle.

ARSENAULT et DOLAN (1983a,b), dans une importante étude, ont mis en relation les quatre styles de comportement précités, les conditions de travail dans un ensemble d'hôpitaux du Québec en tant que sources potentielles de stress et les conséquences de l'interaction entre ces deux ensembles de facteurs sur les plans psychologique (dépression, anxiété, irritabilité, insatisfaction au travail, fatigue) et somatique (symptômes somatiques divers). La combinaison de ces deux plans leur a fait dégager un « indice psychosomatique ». Leur étude comportait, parmi les nombreuses voies explorées, la démonstration que tout le monde ne réagit pas de la même façon aux mêmes conditions de travail, mais que chaque personne réagit suivant des voies qui sont influencées par ses propres traits de personnalité.

C'est ainsi que, pour ce qui est de la **perception du stress**, les personnalités de type A (*Hot*) perçoivent significativement plus les facteurs de stress intrinsèques que les personnalités de type B (*Cool*), et ce, indépendamment du type interne ou externe. Pour ce qui est des facteurs extrinsèques, il en va bien autrement : les *Hot Dogs* (type A externe) sont les plus sensibles à ces sources de stress ; les *Cool Cats* (type B interne) le sont le moins ; les *Hot Cats* (type A interne) et les *Cool Dogs* (type B externe) se situent tous deux dans la moyenne. Aucune des deux typologies prises séparément n'aurait donc pu rendre compte de la différence de perception par rapport aux sources extrinsèques de stress (voir le tableau 29.4.).

L'expression de symptômes, tant psychiques que somatiques, semble suivre quant à elle une autre logique. Ce sont ici les *Dogs* (lieu de contrôle externe) qui prédominent. La typologie A-B ne contribue pas significativement à une distinction mais indique néanmoins une tendance à une plus grande expression de symptômes chez les *Hot Dogs* que chez les *Cool Dogs*.

Nous avons résumé au tableau 29.4. les données concernant la réaction aux sources intrinsèques et extrinsèques de stress au travail à partir de la recherche d'ARSENAULT et DOLAN.

Malgré le grand intérêt et la maniabilité de la typologie « A-B, contrôle interne - contrôle externe »,

Tableau 29.4.   COMPARAISON DES RÉACTIONS AU STRESS SELON LES TYPES DE COMPORTEMENT

HOT CATS	*COOL CATS*
Compétition, autonomie ;	Non compétition, autonomie ;
Sensibilité au stress intrinsèque ;	Perception la plus faible des deux sources de stress ;
Sensibilité moyenne au stress extrinsèque ;	Réactivité la plus faible ;
Peu de symptômes ;	Irritabilité face au stress intrinsèque ;
Somatisation sur l'axe cardio-vasculaire.	Anxiété face au stress extrinsèque.
HOT DOGS	*COOL DOGS*
Compétition, hétéronomie ;	Non compétition, hétéronomie ;
Perception la plus forte des deux sources de stress ;	Sensibilité la plus faible au stress intrinsèque ;
Expressivité de symptômes la plus grande ;	Sensibilité moyenne au stress extrinsèque ;
Somatisation face au stress intrinsèque ;	Grande réactivité somatique et psychique.
Irritation face au stress extrinsèque.	

nous avons indiqué, quant à nous, la pertinence d'une approche individuelle qui puisse diagnostiquer plus finement la structure psychique des individus (SCARFONE, 1986). Nous avons suggéré qu'à partir de la théorie psychosomatique de l'École de Paris (MARTY, 1976, 1980), il y avait lieu d'étudier le fonctionnement mental des individus pour en déterminer le degré plus ou moins grand de « mentalisation », par opposition à un degré plus ou moins grand de tendance à la somatisation.

La classification des structures psychiques mise au point par MARTY identifie des structures essentiellement mentales (psychoses et névroses mentales), des structures essentiellement portées à l'agir et à la somatisation (névroses de comportement) et des structures intermédiaires, plus ou moins bien mentalisées, selon le cas, au fonctionnement psychique irrégulier (névroses de caractère). Les névroses de caractère regoupent, toujours selon MARTY, la majorité des adultes dans la société occidentale. Leur fonctionnement psychique est susceptible d'être mis hors d'état par un traumatisme, ce qui peut donner lieu à des tableaux plus ou moins subtils qui sont en fait les précurseurs d'une décompensation somatique (dépression essentielle, état opératoire).

Si l'on considère, avec DEJOURS (1980), que l'incidence de la symptomatologie névrotique ou psychotique classique reste assez stable quel que soit le milieu de travail et que c'est la somatisation qui est surtout développée, on peut voir tout l'intérêt d'une approche psychosomatique dans l'étude de la psychopathologie reliée au travail.

29.3.3. MÉCANISMES D'ADAPTATION, SIGNES ET SYMPTÔMES PRÉCURSEURS

Les mécanismes évoqués ici sont de nature différente selon que l'on considère les choses d'un point de vue biologique, comportemental ou psychodynamique.

POINT DE VUE BIOLOGIQUE

D'un point de vue biologique, l'exposition à un agent stressant entraîne une série de réactions non spécifiques, neuroendocriniennes, qui préparent l'organisme au combat ou à la fuite. Pour LABORIT (1985), il s'agit essentiellement d'une préparation à l'action, une action qui, dans le cadre de l'organisation du travail, doit être inhibée, d'où l'inadéquation de ces mécanismes d'adaptation ; d'où également le surgissement de l'angoisse à la suite d'un ensemble de phénomènes neurophysiologiques centraux.

Cette **angoisse biologique** reflète un état d'inadéquation entre les mécanismes adaptatifs archaïques et une situation sociale complètement décalée par rapport à eux. De cette noncorrespondance entre les exigences de la situation et les réponses stéréotypées de l'organisme résulte un échec de l'adaptation qui, si rien n'est changé à la situation, conduira à la phase d'épuisement décrite par SELYE et à l'apparition de troubles fonctionnels ou lésionnels.

POINT DE VUE COMPORTEMENTAL

D'un point de vue comportemental, il s'agit d'une sorte de **conditionnement opérant** qui adapte pour un certain temps l'individu à la situation stressante, mais le renforcement positif sur un plan est en contradiction avec l'absence de renforcement ou l'aversion causée sur un autre plan. Ainsi, le travailleur à la pièce est récompensé lorsqu'il produit bien au-dessus d'un niveau de base donné, mais il y a d'autre part un stimulus aversif sous forme de fatigue, de risques d'accidents ou d'accidents réels. Le travailleur essaiera alors d'établir une concordance entre ces deux plans en diminuant sa perception des stimuli aversifs ou de leurs conséquences, par exemple par l'usage d'alcool ou de drogue, ce qui semble agir pendant un temps mais entraîne bientôt une aggravation de la situation par une baisse de sa productivité d'une part (et donc une diminution des récompenses attendues) et par une aggravation des stimuli aversifs dans les périodes d'abstinence d'autre part. Encore une fois, c'est vers l'apparition de signes précurseurs (fatigue, irritabilité, abus d'alcool ou de drogue, « dépressivité ») ou de troubles plus sérieux encore qu'il se dirige inexorablement si rien ne change à la situation.

POINT DE VUE PSYCHANALYTIQUE

D'un point de vue psychanalytique, les mécanismes d'adaptation concernent avant tout le fonctionnement mental de l'individu. Il s'agit des mécanismes de défense que celui-ci déploie pour faire face à une situation de conflit. La situation au travail comporte nécessairement une restriction dans l'expression des pensées, des affects et des comportements. Vue sous l'angle de la **première topique freudienne** (*inconscient, préconscient, conscient*), la situation au travail exige souvent une mise hors-circuit du préconscient, c'est-à-dire que les représentations de mots sont coupées de leurs correspondants inconscients. La psyché de l'individu est réduite trop souvent à un fonctionnement instrumental d'où sont absentes les dimensions métaphorique et symbolique, et où les fantasmes en général sont laissés au vestiaire.

Ce fonctionnement mental n'est pas sans évoquer le concept de *pensée opératoire* de MARTY et DE M'UZAN (1968), décrite comme annonciatrice de possibles dérèglements somatiques. Une telle instrumentalisation de la pensée peut être vue comme une défense face à l'émergence de matériel inconscient qui perturberait le fonctionnement d'horlogerie d'une chaîne de montage par exemple. Pour DEJOURS (1980) se trouve ainsi exécuté le premier pas vers une désorganisation psychosomatique expérimentale.

Sous l'angle de la **deuxième topique freudienne** (*Ça, Moi, Surmoi*), la situation de travail éveille fréquemment des configurations conflictuelles où la soumission à l'autorité (structure hiérarchique de l'entreprise), le renoncement aux satisfactions (organisation imperturbable du processus de production), les frustrations sur le plan narcissique (dépersonnalisation et fragmentation des tâches empêchant de s'identifier au processus dans son ensemble ou de s'attribuer le mérite du produit fini) sont au premier plan. ELLIOTT JAQUES (1985) soutient par ailleurs que le trop grand nombre de paliers hiérarchiques dans la plupart des entreprises est de nature à éveiller des angoisses de persécution.

Les **mécanismes de défense** dans une telle situation sont de l'ordre de la régression, du retrait, de l'évitement et de la répression des affects, ce qui conduit l'individu à chercher des voies de décharge substitutives ou des moyens pour atténuer son angoisse. C'est alors qu'apparaissent des signes précurseurs de maladie du type toxicomanie et alcoolisme, si fréquents dans le monde du travail, ainsi que des comportements comme l'absentéisme ou l'abandon pur et simple. Dans une situation où ces voies défensives sont bloquées, c'est l'appareil psychique lui-même qui est menacé de désorganisation, fragilisant l'individu du point de vue somatique : dépression essentielle, état opératoire sont alors des signes précurseurs plus subtils que les comportements décrits ci-dessus mais pas moins sérieux pour autant.

Par **dépression essentielle** (MARTY, 1980), on entend un état où manquent les symptômes et signes positifs de dépression (dévalorisation de soi, auto-accusation, désespoir, idées de suicide), bien que l'on puisse déceler une perte effective du tonus psychique. Le sujet peut continuer à vaquer à ses occupations habituelles sans formuler aucune plainte, mais « quelque chose a changé » et c'est son entourage immédiat qui s'en rend compte d'abord. L'individu n'est plus souriant, ne prend plus plaisir à une bonne blague ; il n'a plus de désirs mais garde des intérêts machinaux. Un entretien clinique sensible à ces faits montrerait que les rêves ont disparu ou changé de nature, que le langage s'est appauvri de sa dimension métaphorique et qu'il a diminué quantitativement sans pour cela s'accompagner de l'affect typique de la dépression. Cet état particulier incite l'entourage à s'en préoccuper et non sans raison puisque, surtout lorsqu'il se prolonge, il peut devenir le prodrome d'une décompensation somatique.

En résumé, une situation de stress excessif ou prolongé peut soit entraîner des mécanismes de défense et d'adaptation qui conduisent à des comportements précurseurs visibles et alarmants d'une maladie (alcoolisme, toxicomanie), soit déborder les capacités de défense psychique et entraîner des états plus discrets de dysfonctionnement mental dont la symptomatologie est essentiellement négative (dépression essentielle, état opératoire).

29.3.4. MALADIES

Il sera probablement déjà devenu évident au lecteur qu'il n'y a pas de psychopathologie caractéristique du monde du travail. S'il y a une particularité, elle consiste en ce que c'est la somatisation qui devient le plus souvent la voie finale commune à des situations diverses. Cette « solution » semble correspondre d'ailleurs à l'ambiance idéologique, à la sous-culture du travail où la souffrance psychique n'a pas vraiment droit de cité, alors que l'expression somatique est plus respectable (DEJOURS, 1980). Deux chercheurs américains, SCHOTTENFELD et CULLEN (1985), ont confirmé ce point de vue de façon empirique en décrivant un *occupation-induced posttraumatic stress disorder* qui, à la différence des troubles post-traumatiques décrits dans le DSM-III, se caractérise par la prévalence de symptômes d'ordre somatique. Les patients étudiés revivaient le traumatisme non sous la forme classique du retour de mots, d'images ou de rêves intrusifs, mais plutôt sous la forme de l'expérience somatique vécue.

Il n'y a donc pas lieu de dresser une liste des pathologies caractéristiques du monde du travail, psychiques ou somatiques, car ce que notre point de vue nous permet de dégager, c'est une continuité indiscutable entre le fonctionnement psychique et ses aléas d'une part, et la voie d'expression somatique d'autre part, que celle-ci soit fonctionnelle (maux de dos sans substrat anatomique, céphalées, troubles digestifs, etc.) ou lésionnelle (maladies cardiovasculaires, rénales, ulcères gastro-duodénaux, etc.). Cette même filière psychosomatique (au sens large du mot) se retrouve dans le syndrome qui a le plus de notoriété en ce moment : le syndrome d'épuisement professionnel (*burn out*) auquel nous allons nous attarder maintenant.

29.3.5. ARDEUR ET USURE : LE SYNDROME D'ÉPUISEMENT PROFESSIONNEL

On n'a probablement jamais autant parlé de santé psychique au travail que depuis une dizaine d'années, c'est-à-dire depuis qu'est apparue dans la littérature psychologique nord-américaine l'appellation de *burn out*. Cette expression désigne un syndrome qui serait le lot des professionnels des services publics en particulier, mais aussi des cadres de l'entreprise privée.

Dans la description originale du syndrome, FREUDENBERGER (1975) notait :

— la présence de *signes* et de *symptômes non spécifiques* tels que la fatigue, les céphalées, les troubles digestifs, les grippes répétitives ;

— des *comportements inhabituels* comme le retrait et le silence d'un sujet qui s'exprimait auparavant très librement, les réactions d'irritation, une sensibilité accrue aux frustrations, la méfiance envers les collègues, les comportements de toute-puissance menant à poser des gestes héroïques, risqués, la consommation d'alcool et de drogue ;

— finalement, des *attitudes défensives* telles que la rigidité, la résistance au changement, un pessimisme, un pseudo-activisme où le sujet passe de plus en plus de temps au travail mais accomplit, sans s'en rendre vraiment compte, de moins en moins de travail.

CHRISTINA MASLACH, une des principales chercheuses sur le sujet, a ramené le vaste ensemble des données amassées sur le syndrome à une triade principale :

— l'épuisement physique et/ou psychique ;

— la déshumanisation des rapports avec les patients ou les clients ;

— une attitude dévalorisante envers soi-même et envers ses accomplissements, une baisse du moral, un retrait et une baisse de productivité au travail.

Les **populations à risques** sont les professionnels des services d'aide ou ceux qui en général sont responsables de la santé, de la sécurité, de l'éducation, de l'assistance, etc. On observe donc ici un des agents de stress importants identifiés au tableau 29.1. : la responsabilité envers des personnes.

Les **situations à risques** sont celles où existe un déséquilibre entre les tâches assignées et les moyens mis à la disposition des professionnels pour en effectuer la réalisation (surcharge quantitative et/ou qualitative). Mais on peut penser que, dans le domaine des soins de santé, des services sociaux et dans les autres domaines apparentés, la surcharge qualitative et quantitative est inévitable, dans la mesure où la demande est potentiellement illimitée et où le résultat est toujours comparé à une norme idéale (par exemple la guérison complète d'un patient).

D'autres facteurs sont également impliqués, notamment l'**ambiguïté** et le **conflit de rôles**. Un exemple parmi d'autres est celui des travailleurs sociaux québécois en milieu hospitalier : officiellement à l'emploi d'un Centre de services sociaux (CSS) mais « prêtés » à un centre hospitalier, affectés à un travail clinique mais responsables de la filière bureaucratique, formés pour le travail social mais plutôt valorisés comme thérapeutes, ils sont dans une position pour le moins ambiguë sur le plan de leur allégeance, de leur tâche et de leur identité professionnelle. On pourrait trouver des contradictions analogues chez la plupart des professions vouées au service de la population.

Mais si la profession et les conditions de son exercice sont des facteurs importants, le facteur décisif semble résider dans la personne elle-même. L'épuisement a plus de risques de survenir chez le professionnel animé d'un grand idéal de performance et de réussite, celui qui investit sa profession d'une valeur narcissique vitale à la régulation de l'estime de soi, celui qui n'a pas d'autres sources significatives de satisfaction et qui trouve dans son travail professionnel un abri contre les problèmes qu'il éprouve dans d'autres sphères de sa vie. C'est le besoin de se conformer à l'image d'un Moi idéalisé, de répondre aux exigences excessives de l'idéal, qui agit comme moteur chez les individus ainsi prédisposés à connaître éventuellement ce que Paul Lefebvre (1980) appelle une *impasse narcissique* prédisposant à des **troubles psychosomatiques**.

Plusieurs auteurs (Lebigot et Lafont, 1985 ; Scarfone, 1985 ; Stebenne, 1985) ont souligné, au Vingtième Congrès de l'**Association des psychiatres du Québec**, l'importance de la dimension narcissique de l'investissement de la profession dans l'évolution vers ce qu'on appelle le syndrome d'épuisement professionnel.

Certains auteurs contestent tout simplement l'existence de ce syndrome ; d'autres mettent en doute la nécessité de créer une nouvelle entité nosographique, étant donné le caractère non spécifique de la présentation clinique, le recoupement avec la notion de stress au travail en général et les facteurs de personnalité qui apparaissent plus contributifs que les conditions de travail elles-mêmes. Ceci dit, on doit sans doute éviter de « jeter le bébé avec l'eau du bain », c'est-à-dire de nier tout problème en niant l'existence d'un syndrome spécifique qui s'appellerait « épuisement professionnel ». Quelle que soit l'appellation, en effet, ce qui importe c'est de savoir s'il y a une souffrance et si celle-ci peut être attribuée à l'interaction de conditions de travail particulières (stimuli psychosociaux, figure 29.1.) avec des traits de personnalité spécifiques (programme psychobiologique individuel). Que l'un ou l'autre de ces deux facteurs soit prédominant ne change rien d'essentiel à la situation, puisqu'il s'agit toujours de l'adéquation entre la personne et son environnement et que, dans l'intervention préventive ou curative, on doit en tout temps tenir compte de tous les facteurs si l'on veut éviter le piège de la **causalité linéaire**.

L'épuisement professionnel, donc, n'est pas une maladie en soi. Relié au travail, il est diagnostiqué, en principe, chez un sujet qui est toujours à son poste et qui s'efforce de s'y maintenir même au prix de sa santé. Contrairement au travailleur « usé » par une charge ou une intensité excessives

de travail, le travailleur « brûlé » ne réalise pas qu'il se débat dans une situation devenue pour lui impossible. L'idéal qu'il poursuit inconsciemment lui impose de ne pas démissionner. En cela résiderait une des caractéristiques du syndrome authentique par opposition à une entité autodiagnostiquée.

Il s'agit certes ici d'une conception beaucoup plus stricte par rapport au sens que le mot a pris dans le vocabulaire courant, mais en cela elle ne diffère pas des autres notions qui prétendent à un minimum d'utilité clinique et scientifique. Car si tout est *burn out*, rien ne l'est vraiment et si l'on n'a pas le moyen de dire que tel état d'insatisfaction au travail *n'est pas* l'épuisement professionnel, alors cette notion n'aura servi à rien. Il s'agit ni plus ni moins que d'appliquer le critère de falsifiabilité, cher au philosophe des sciences Karl Popper.

Plus strictement défini, le concept de *burn out* aurait entre autres l'avantage d'attirer l'attention du clinicien sur un état précurseur, non encore décompensé, et donc de lui permettre d'intervenir dans un but de prévention secondaire et non dans le but d'apposer un nom sur un processus parvenu à son issue morbide.

Résumons la question de l'épuisement. Il y a l'épuisement dû à l'**usure** (*wear out*) : c'est l'épuisement du travailleur manuel soumis à des conditions de travail antiphysiologiques, excessives en quantité et en qualité, dangereuses, dans un milieu toxique, avec une rémunération inadéquate. Il y a par ailleurs l'épuisement dû à l'**ardeur au travail** (*burn out*) : il résulte de la poursuite incessante de buts inaccessibles, avec un idéal de réussite, dans une profession censée aider ceux qui sont en détresse et où les satisfactions professionnelles, la gratitude et la renommée ne sont pas aussi grandes que ce qu'on attendait.

Le deuxième type d'épuisement est plus difficile à diagnostiquer parce que les sujets atteints ne s'en plaignent pas nécessairement et parce que beaucoup d'autres se l'attribuent indûment. Il est à différencier d'un syndrome dépressif d'une part et de la banale insatisfaction au travail d'autre part.

On doit le prendre au sérieux dans la mesure où il peut être le prodrome de troubles plus graves, surtout à expression somatique.

Comme le soulignent CORIN et BIBEAU (1985), la notion d'épuisement professionnel est une donnée anthropologique, quelle que soit sa validité nosographique. À la manière de l'acception populaire du terme « dépression », le terme *burn out* permet de nommer un malaise, plus ou moins grave selon le cas, de générer une attitude générale de sympathie et de contrecarrer l'effet d'isolement de la maladie. Nous dirions quant à nous que cette notion a eu comme avantage certain d'attirer plus fortement que jamais l'attention sur les problèmes de santé psychique au travail et sur le décalage trop fréquent entre les objectifs et les moyens dont on dispose pour les atteindre dans l'exercice des professions susceptibles de causer l'épuisement professionnel. Le prix à payer, à savoir l'émergence d'un certain nombre de diagnostics ou d'autodiagnostics discutables, n'est en fin de compte pas si élevé puisque la naissance d'une nouvelle étiquette ne dispense jamais les cliniciens de faire une évaluation de la situation individuelle, unique en soi, du sujet souffrant.

29.4.
EFFETS DU CHÔMAGE

Si le travail est le propre de l'homme, le chômage est le propre de certaines époques de l'histoire humaine, dont celle que nous traversons. Au sortir d'une importante crise, en effet, tous les indices économiques se mettent au beau, sauf un : le taux de chômage. On parle de plus en plus de chômage structurel qu'il nous faut apprendre à distinguer du chômage conjoncturel puisque, contrairement à celui-ci, le premier est là pour rester.

L'informatisation et la **robotisation** des entreprises, si elles allègent certaines tâches pénibles, allègent surtout les listes de salariés et alourdissent d'autant le bilan désastreux des effets du chômage.

Car celui-ci n'est pas qu'un indicateur économique parmi d'autres. Chaque unité de pourcentage de ce triste taux recèle un cortège de souffrances matérielles et psychiques. Les conséquences matérielles (perte de revenu, baisse du niveau de vie, endettement) semblent évidentes. Le sont moins les répercussions sur l'équilibre psychique des individus et des familles. Car les chômeurs et les sans-emploi ne sont pas ces Robinsons bucoliques qu'une certaine bonne conscience voudrait imaginer, jouissant de leur temps et profitant du « système ».

Selon le *Group for the Advancement of Psychiatry* (1982), la personne qui perd son emploi vit la situation comme une dévalorisation de soi, ce qui précipite une sorte de réaction de deuil et peut constituer une menace ou une rupture effective de l'intégrité du Soi, se traduisant en angoisse, en dépression, en maladie somatique ou en réaction psychotique.

Les statistiques viennent malheureusement confirmer cette affirmation. Les études de BRENNER (1973) ont démontré une corrélation indiscutable entre l'élévation du taux de chômage et l'accroissement du taux de suicides, des admissions en institution psychiatrique, des homicides, des emprisonnements, de la mortalité par cirrhose du foie, de la mortalité par maladie cardio-vasculaire et rénale, et de la mortalité totale. Une augmentation du taux de chômage de 1,4 % en 1970, aux États-Unis, affectant 1,5 million de personnes, était directement responsable de 51 750 morts au total, incluant 1 540 suicides additionnels et 1 740 homicides additionnels ; il y eut 5 520 admissions de plus en psychiatrie dans les cinq années qui ont suivi (HAGEN, 1983). Cette corrélation a d'ailleurs été démontrée par BRENNER pour chacun des cycles économiques depuis cent vingt-sept ans ; les suicides et les homicides augmentent dans l'année qui suit l'accroissement du chômage, les maladies cardio-vasculaires apparaissent deux ou trois ans après. L'augmentation du taux de suicides touche plus particulièrement les hommes entre 45 et 64 ans, alors que le taux de suicides chez les femmes demeure inchangé (AHLBURG et SCHAPIRO, 1983).

TANAY (1983) a souligné que le travail est une voie de décharge ou de satisfaction pour les pulsions agressives et que le chômage constitue en conséquence une frustration qui est vécue comme une perte. Assumer un rôle de chômeur, c'est aussi assumer une perte de statut. La réponse à la perte d'emploi sera évidemment déterminée par la personnalité du chômeur. EISENBERG et LAZARFELD, cités par GRUNBERG (1983) ont, dès les années 1930, décrit trois phases caractéristiques faisant suite à la perte d'un emploi :

1) une période de choc et de déni, suivie de sentiments optimistes et de l'impression d'avoir des vacances bien méritées ;

2) une phase de détresse croissante au cours de laquelle l'individu et sa famille se rendent compte de la dure réalité et de la gravité du problème ; apparaissent alors de l'irritabilité, une dépression et une tension accrue qui engendrent des querelles dans la famille, lesquelles sont caractéristiques de cette deuxième phase ;

3) la troisième phase est celle où le chômeur se décourage et se résigne, développant une « identité de chômeur » ; il cherche du travail, mais avec peu d'espoir de réussir, et développe des sentiments d'infériorité, de soumission et de désespoir quant à sa capacité de pourvoyeur pour sa famille.

En décrivant une dépression par privation de travail (*work deprivation depression*), TANAY est arrivé à des observations analogues quant aux réactions à la perte d'un emploi :

1) un faux optimisme (« Je vais bien trouver quelque chose ») ;

2) la panique, une angoisse intense et une incapacité de chercher un autre emploi ;

3) des sentiments de honte et de défaite, le sujet cachant son état de chômeur ;

4) un dérèglement du système familial (par exemple l'image du père est dévalorisée).

L'auteur a remarqué que les femmes sont, par certains côtés, moins affectées que les hommes par la perte de leur emploi, étant donné que cela ne signifie pas nécessairement pour elles une transition à l'inactivité. Mais les femmes pour qui le travail hors de la maison signifie l'acquisition d'un sentiment d'autonomie souffrent de la régression de leur état causée par la perte d'emploi et éprouvent des réactions de colère. De plus en plus de femmes présentent le même tableau que les hommes, un tableau à la fois semblable à la dépression classique et spécifiquement relié à cette perte d'une dimension significative de la vie quotidienne : le travail.

Les jeunes chômeurs constituent un groupe particulièrement exposé aux conséquences néfastes, pour ne pas dire désastreuses, du chômage. Le taux de suicides élevé, l'alcoolisme, la toxicomanie, la délinquance et la pathologie psychique au sens large ne sont certes pas étrangers au sort qui attend les jeunes à un moment charnière de leur vie, celui de l'entrée dans le monde adulte, celui de l'acquisition de l'indépendance personnelle et de l'identité. Dans une revue récente du sujet, MARIE-CARMEN PLANTE (1984) a décrit la cohorte de problèmes engendrés par le chômage des jeunes : dépendance, ennui, diffusion de l'identité, troubles de l'estime de soi, culpabilité et honte, anxiété et peur, colère, dépression.

Le chômage et ses conséquences sur la vie des jeunes ont aussi des effets sur la vie de la famille d'origine dont le jeune adulte reste dépendant au delà de la période normale. La gravité du problème est accrue par le fait que ce sont les jeunes qui ont, en ce moment, le plus de difficultés à accéder à un emploi. Il est difficile de prédire ce que donnera, à moyen ou à long terme, cette situation de chômage, de sous-emploi chronique, mais ce qu'on peut dès maintenant observer ne présage rien de réjouissant. Il y a ici à faire un travail de prévention primaire dont les outils nécessaires sont évidents : donner à la génération montante la possibilité d'actualiser son potentiel créateur dans un travail qui, en plus de garantir un revenu décent, accorde une place et un rôle authentiques dans le tissu social.

29.5.
INTERVENTIONS

Par un bref retour à la figure 29.1., on peut constater que, dans le modèle général du stress, l'intervention se situe du côté des variables intercurrentes. Et comme le montre le schéma, ces variables exercent leur effets à n'importe quelle étape du processus. L'intervention peut donc être préventive, curative, palliative ou constituée d'une combinaison de ces trois types : il s'agit soit de prévenir en modifiant les facteurs qui interagissent négativement dans le milieu de travail et chez l'individu, soit de soutenir l'individu à son travail comme à l'extérieur face à l'expérience de stress afin d'en éviter le plus possible les effets néfastes, soit de traiter des signes et des symptômes pathologiques déjà apparus.

29.5.1. PRÉVENTION

La prévention, dans le domaine de la santé au travail comme ailleurs, n'est ni une affaire strictement médicale, ni une question d'improvisation et de simple bon sens. C'est avant tout la volonté politique et la conjoncture économique qui déterminent dans quelle mesure on accordera une importance prioritaire à la question de la santé au travail. Pour ce qui est de la santé mentale, le problème est encore plus vaste si l'on considère que les instances concernées commencent à peine à accorder quelque importance à ce domaine particulier de la santé et de la sécurité au travail (VINET, 1983).

La volonté politique détermine par exemple quelle importance sera accordée à la recherche sur les maladies industrielles, combien d'argent y sera consacré, quels aspects seront privilégiés. Un problème de conceptualisation, mais aussi de « visibilité », rend les questions de santé mentale au travail passibles de négligence dans le vaste domaine de la recherche. Mais c'est aussi un problème d'avantages économiques et de compréhension de la part des parties en présence dans le monde du travail. Il semble à ce point de vue aller de soi que la recherche et la large diffusion des découvertes concernant la santé mentale dans ses rapports avec le travail soient le premier pas à franchir dans une œuvre de prévention valable.

La **prévention primaire**, c'est-à-dire celle qui tend à empêcher l'apparition de problèmes en s'attaquant aux sources, pose dès le départ la question des intérêts économiques en jeu, et donc celles de la conjoncture économique et du rapport des forces en présence. Dans un contexte de chômage élevé et de main-d'œuvre facilement disponible, donc remplaçable, on notera une tendance à ne pas chercher à investir dans des moyens de prévention primaire, mais plutôt à se contenter d'un roulement de personnel plus grand, surtout dans les lieux de travail où les tâches sont grandement fragmentées et simplifiées à outrance. En effet, les mesures de prévention primaire, tels le changement du système de production afin d'éliminer la monotonie de la tâche, la rotation des horaires de travail ou le travail à la pièce, pour ne donner que quelques exemples, ne promettent pas nécessairement une augmentation automatique de la productivité, ce qui intéresse le patronat, ou heurtent certaines prérogatives, chères aux syndicats (clause d'ancienneté par exemple).

Devant l'absence d'avantages directs ou immédiatement observables, on aura tendance à négliger ce type de prévention. On continuera donc à demander que l'homme s'adapte au travail plutôt que de tenter d'adapter le travail à l'homme. Les choses étant ainsi, on voit tout l'intérêt à ce qu'une tierce partie, l'État, fixe des normes minimales de santé et de sécurité sur les lieux de travail. Toutefois, dans les milieux de travail où la tâche est plus complexe et demande une période d'entraînement et d'orientation des employés, ou dans les domaines où la main-d'œuvre est spécialisée, les employeurs ont au contraire tout intérêt à prévenir la maladie et à soutenir leurs employés atteints, par des programmes d'aide spécifiques.

Les mesures de prévention primaire en santé mentale au travail, auxquelles on peut le plus facilement penser à partir des études conduites à ce jour, concernent bien sûr avant tout les points énumérés au tableau 29.1. De telles mesures devraient viser à améliorer le processus de production (conditions intrinsèques) comme le milieu de travail (conditions extrinsèques).

Un milieu de travail où les conditions matérielles sont adaptées à l'organisme humain et non l'inverse, où l'on sait éviter la surcharge et la monotonie, où il y a des possibilités d'avancement sans cependant qu'on exige trop tôt une performance qui ne vient qu'avec les années d'expérience ; un milieu où les principaux intéressés sont consultés quant à l'organisation de leur tâche ou quant aux changements à y apporter ... un tel milieu, c'est le milieu idéal qui n'existe probablement pas. Il n'en demeure pas moins l'étalon auquel on devrait mesurer les milieux réels, afin d'en dégager les points forts et les points faibles et d'y apporter les améliorations nécessaires.

Une politique de prévention devrait aller au delà du cas-par-cas. Selon LEVI (1981), une telle politique devrait comporter :

1) une conception *globale* de l'être humain et de son environnement, c'est-à-dire une considération égale pour les aspects physiques, psychiques, sociaux et économiques ;

2) une stratégie *écologique*, tenant compte de l'interaction individu tout entier - milieu tout entier, et de la dynamique au sein de ce système complexe ;

3) une stratégie *cybernétique*, comportant une évaluation continuelle des effets de différents milieux de travail et des changements en leur sein, ainsi qu'un ajustement continu et une redéfinition du milieu de travail en fonction de ces changements ;

4) une stratégie *démocratique*, accordant aux individus la plus grande influence possible sur leur propre situation ainsi que des canaux de communication directs et efficaces avec les responsables.

Ces principes semblent évidemment idéalistes, parce que la réalité actuelle du monde du travail est loin de leur correspondre même minimalement. Mais si nous prenons l'exemple de la stratégie démocratique, les études menées par FRENCH et CAPLAN (1973) sur les effets positifs de la participation des employés aux décisions concernant l'organisation de leur tâche ne révèlent rien d'utopique. De nombreuses autres études portant sur diverses branches de l'industrie dans des pays à système économique different ont démontré que, lorsque les travailleurs sont consultés et participent activement à la prise de décisions à propos de leur travail, ils manifestent :

— un haut degré de satisfaction au travail ;

— un faible sentiment de menace ;

— une estime de soi élevée ;

— un faible sentiment d'aliénation ;

— peu d'ambiguïté quant à leur rôle ;

— une plus grande utilisation de leurs habiletés ;

— de bons rapports avec les gens sur les lieux de travail ;

— une attitude de plus grand engagement envers leur travail ;

— de la créativité ;

— peu d'absentéisme ;

— une haute productivité, etc.

Ce qu'on peut remarquer, c'est qu'une seule mesure appliquée sérieusement a un effet d'entraînement positif sur d'autres facteurs psychosociaux (ambiguïté des rôles, aliénation dans le processus de production, etc.). L'effet global est lui aussi positif. Seuls pourront en souffrir ceux qui ont un besoin impérieux de contrôler totalement autrui. Par exemple, les usines suédoises et norvégiennes qui encouragent la participation jusqu'à éliminer les chaînes de montage dans l'industrie automobile (telle l'usine Volvo à Kalmar) ont favorisé l'émergence de groupes autonomes de travailleurs et n'ont pas eu à y perdre en productivité.

Outre l'absence d'une planification rigoureuse de la prévention, il existe des conditions de travail encore fort répandues qui posent de sérieux problèmes de stress au travail et qu'il serait souhaitable d'éliminer dans la mesure du possible. Le travail à la pièce, la rotation des horaires de travail (*shifts*), le travail monotone, à la chaîne de montage, aux cadences accélérées, figurent parmi ces conditions. Lorsque leur élimination est impossible, un souci de prévention dictera des mesures atténuantes : sélectionner les individus qui seront exposés à de telles tâches en fonction de leur histoire médicale et de leur situation globale, limiter le temps d'exposition à une situation nocive (par exemple ne pas exposer un travailleur à un travail monotone plus de la moitié de la journée), multiplier les pauses.

La question de la rotation des horaires de travail est des plus difficiles à résoudre puisqu'il n'y a pas de bonne formule d'adaptation. En effet, si les changements sont moins fréquents en vue de favoriser une meilleure adaptation physiologique (rythmes biologiques), c'est la situation familiale et sociale qui en souffre (longue période de travail de nuit par exemple). Et de toute manière, les jours de congé constituent une rupture du rythme acquis lors des jours de travail ...

Attitude du clinicien

La contribution du clinicien à l'amélioration des conditions de travail de l'un de ses patients devra se dérouler selon les étapes suivantes : il s'informera d'abord des conditions de travail de son patient pour identifier les facteurs potentiellement nocifs dans un but de prévention primaire ; il transmettra ensuite les informations pertinentes au patient et à son employeur, après s'être assuré que le contact employé - employeur n'est pas perçu par le patient comme une pression ou une ingérence, et ce, afin de ne pas lui nuire dans ses rapports avec son employeur. Une fois que la relation de confiance employeur - employé est assurée, il fera des recommandations quant à l'affectation la meilleure pour le patient.

29.5.2. GROUPES À RISQUES

Un autre angle sous lequel on peut amorcer l'action préventive, c'est celui de l'identification de certains groupes de travailleurs qui, en raison de conditions particulières de travail, sont exposés plus que d'autres aux effets nocifs du stress au travail. Il s'agira alors d'adopter des mesures spécifiques susceptibles de pallier l'accumulation de facteurs de stress chez les membres de ces groupes.

FEMMES

Les femmes mariées qui occupent un travail rémunéré démontrent une plus grande satisfaction dans la vie en général, s'acceptent mieux et ont moins de symptômes psychiatriques que les femmes qui travaillent à la maison (HAW, 1982). Mais s'il semble évident que le travail en général a un effet bénéfique sur la vie des femmes, cela n'en fait pas pour autant des « superfemmes » à l'abri de tout problème. Les femmes occupant un travail de bureau auraient ainsi deux fois plus de maladies cardio-vasculaires que les femmes à la maison.

Les femmes qui occupent un emploi rémunéré vivent en outre des conflits par rapport à l'image et au rôle qui leur étaient traditionnellement réservés dans la société. Que ce soit la compétition avec le rôle traditionnel de pourvoyeur qu'occupait le mari ou le compagnon, la deuxième journée de travail qui les attend au retour à la maison ou les conflits entre critères de féminité et caractéristiques de l'emploi, les femmes ont à résoudre ces conflits d'une manière ou d'une autre afin de pouvoir se maintenir dans le monde du travail rémunéré. D'où le fait que, malgré les avantages psychologiques et matériels que procure l'emploi, il comporte des risques pour la santé des femmes si elles ne trouvent pas une solution adéquate à ces conflits.

Le moins que l'on puisse souhaiter est donc une attention particulière de la part des professionnels de la santé envers les femmes au travail. Il va de soi que la prise en considération par l'employeur des conditions particulières des femmes et que l'adoption de mesures préventives sur les lieux mêmes du travail sont aussi éminemment souhaitables.

Attitude du clinicien*

Le clinicien s'efforcera de surmonter certains obstacles habituels :

1) les *stéréotypes* pouvant l'amener à conclure que la femme qui éprouve des problèmes reliés au travail ferait mieux de quitter tout simplement son emploi et de laisser l'homme demeurer le pourvoyeur ;

2) le *paternalisme* qui, allié au préjugé d'une soi-disant faiblesse constitutionnelle de la femme, lui ferait adopter une attitude infantilisante envers les travailleuses en difficulté (par exemple : « C'est normal que vous ayez ce type de problème au travail, vous êtes émotive comme toutes les femmes »), au lieu d'évaluer sérieusement les conditions de travail de la patiente en question ;

3) la *rigidité* qui, à l'inverse du paternalisme, se refuse à considérer les conditions vraiment spécifiques des femmes, notamment leur double journée de travail, leur plus grande responsabilité envers les enfants, partant leurs problèmes avec les horaires traditionnels (concilier horaire au travail et horaires scolaires par exemple) et le fait que, généralement, les femmes sont cantonnées dans des emplois subalternes et sont moins bien rémunérées que les hommes pour un travail égal.

TRAVAILLEURS IMMIGRANTS

Le fait d'être de nouveaux venus, de race, de couleur, de langue ou de religion différentes de celles de la majorité, constitue en soi un facteur considé-

rable de stress pour les travailleurs immigrants. Si l'on considère en plus qu'ils sont généralement employés dans les emplois les moins attrayants et les moins rémunérés, la plupart du temps non syndiqués, qu'ils ignorent souvent leurs droits les plus élémentaires en matière de santé et de sécurité au travail, et que leurs responsabilités de pourvoyeurs dépassent parfois le cadre de leur noyau familial immédiat, on comprendra aisément que ces travailleurs sont tout particulièrement en danger de décompensations psychiques et/ou somatiques.

Attitude du clinicien

Le clinicien tentera d'aider les travailleurs immigrants à briser leur isolement, les orientera vers des ressources et des organismes appropriés, leur fera connaître leurs droits, adoptera une attitude de soutien et d'empathie lors de l'évaluation de leurs problèmes de santé. Ce sont les premiers pas dans la direction d'un effet tant curatif que préventif. Cette attitude commande encore une fois de surmonter les préjugés, les stéréotypes, le paternalisme qui sont plus fréquents et insidieux que l'on croit.

TRAVAILLEURS APPROCHANT L'ÂGE DE LA RETRAITE

Une époque comme la nôtre, avec son culte de la jeunesse, de la bonne forme physique, du neuf, de la mobilité, avec aussi le chômage massif des jeunes qui les met en compétition avec les aînés pour l'emploi, est une époque où il ne fait pas toujours bon vieillir.

Les travailleurs vieillissants voient diminuer leur endurance et leur flexibilité face au changement. Dans un monde du travail où c'est la quantité qui prime, les plus âgés ne sont pas valorisés pour l'expérience accumulée. Les changements technologiques rapides rendent d'ailleurs l'expérience caduque.

---

* Voir aussi le chapitre 30.

L'approche de la retraite signifie quant à elle une transition d'importance majeure dans la vie de l'individu qui a le plus souvent tendance à en minimiser les effets. La diminution du revenu, les modifications de l'emploi du temps (temps libre = temps vide ?), la maladie ou la mort du conjoint ou des amis, autant de réalités pénibles auxquelles le travailleur âgé doit faire face et qu'il est tenté de nier, pour se retrouver face à face avec elles au lendemain de la retraite.

Le travailleur qui approche de la retraite est donc assailli de deux côtés à la fois : sa situation présente au travail est plus précaire par le fait de l'inadéquation de la tâche à ses caractéristiques de personne vieillissante ; le futur proche est porteur de demandes nouvelles d'adaptation. La dernière étape de la vie, inédite et souvent négligée, ou au contraire idéalisée comme une ère de délicieux farniente, peut signifier des problèmes plus sérieux encore si les difficultés au travail durant les dernières années conduisent à des troubles psychiques ou physiques sévères. La prévention au travail est donc interreliée à la prévention des problèmes du troisième âge.

Attitude du clinicien

Parmi les moyens à la disposition des cliniciens traitant les travailleurs âgés, il y a la consultation auprès de l'employeur en vue d'une meilleure adaptation de la tâche aux capacités actuelles de l'employé, les conseils à ce dernier quant à sa situation présente et future, l'assistance dans la planification réaliste de la retraite, le soutien du couple et la préparation des conjoints au fait d'avoir à vivre de plus longues périodes en présence l'un de l'autre, etc. Divers organismes dispensent des cours de préparation à la retraite et organisent des lieux de rencontre et de loisirs pour les personnes de ce groupe d'âges (CLSC, associations de retraités et préretraités, clubs de l'âge d'or, etc.).

29.5.3. MESURES DE SOUTIEN

À côté des mesures préventives, il y a une large place pour des interventions qui, sans nécessairement modifier les sources de stress au travail, en atténuent néanmoins l'impact nocif. Ces mesures sont de types variés mais pourraient être classées en deux catégories : le soutien social et les techniques antistress. Ici comme ailleurs, la distinction n'est pas absolue ; les techniques (la relaxation par exemple) ont aussi une fonction appréciable de soutien social et ce dernier peut prendre des formes concrètes précises (supervision, consultation, groupes de rencontre).

Le **soutien social** est décrit comme ce qui permet à un individu de se sentir l'objet d'attention et d'affection, d'estime et de valorisation, et de développer un sentiment d'appartenance à un réseau de communication et d'obligations mutuelles (COBB, cité par PINES, 1983). Les compagnons de travail, les supérieurs, la famille, les amis ou d'autres groupes d'appartenance peuvent remplir cette fonction de soutien qui a un effet tampon entre les sources de stress et les conséquences.

PINES distingue six fonctions dans le soutien social :

1) **Écoute**   Une écoute active de la part de quelqu'un qui ne juge pas et ne donne pas de conseils, qui peut partager joies et peines et qui démontre un intérêt et un souci authentiques est indispensable.

2) **Soutien technique**   Ce type d'aide demande d'être un expert en son domaine, intègre et digne de confiance. Il faut par exemple pouvoir comprendre les complexités de la tâche de celui qu'on soutient et pouvoir lui fournir un feedback honnête.

3) **Défi technique**   La possibilité d'échanger avec un ou des collègues qui en savent autant ou plus que soi-même dans le domaine professionnel, ce qui incite à un progrès, à un plus grand intérêt et à plus de créativité au travail, se révèle un atout majeur.

4) **Soutien émotionnel**   Ce type d'aide est fourni par quelqu'un capable de prendre parti pour la personne en difficulté, même s'il n'est pas en accord total avec ce que fait cette personne. C'est un soutien inconditionnel dont nous avons tous besoin de temps en temps.

5) **Défi émotionnel**   C'est l'attitude que prend un ami ou une personne en qui l'on a confiance, lorsqu'il remet en question les prétextes que l'on se donne pour rester dans une situation insatisfaisante.

6) **Partage de la réalité sociale**   C'est la possibilité de se faire confirmer ou infirmer dans ses impressions ou opinions personnelles, surtout lorsque les difficultés rencontrées brouillent l'appréciation du point de vue d'autrui.

De manière analogue, Bozzini et Tessier (1985) soulignent quatre composantes :

1) **Soutien affectif**   Écoute, réconfort, amour, etc.

2) **Soutien cognitif**   Transmission des informations, appui des efforts du sujet pour maîtriser intellectuellement un problème, etc.

3) **Soutien matériel**   Facilitation de l'accès à certaines ressources matérielles, aide apportée au sujet dans la modification de son environnement, etc.

4) **Soutien normatif**   Validation du comportement du sujet, suggestion de comportements adéquats, eu égard à des modèles ou à des normes, aidant ainsi à maintenir élevée l'estime de soi.

Les gens ne réagissent pas tous aux mêmes composantes, mais il semble démontré empiriquement que le soutien social est un moyen efficace, et même indispensable, de protection contre les effets nocifs du stress au travail et du stress en général. Favoriser des mesures de soutien, sur les lieux de travail comme au dehors, paraît donc une façon logique de lutter contre les effets nocifs du stress au travail.

La **famille** est considérée comme une des sources principales de soutien. Source d'information et de feedback, organisatrice du système de croyances, aide à la résolution de problèmes, source de services concrets, lieu de repos et de récupération physique et mentale, la famille joue en effet un rôle tampon notable (Caplan cité par Payne, 1980). Mais on doit se rappeler, dans la perspective écologique suggérée par Levi, que les mauvaises conditions dans un système (au travail par exemple) peuvent avoir un effet désorganisateur sur d'autres systèmes (ici la famille) et entraîner le tout dans un cercle vicieux où l'effet tampon d'un sous-système est neutralisé. Il ne faut donc pas compter sur l'appartenance à une famille ou à un autre groupe de soutien pour contrer de manière absolue les effets d'un milieu de travail inadéquat. Le concept de soutien ne nous dispense en aucune façon de chercher les moyens d'alléger le poids sur les épaules des personnes à soutenir ... Les mesures tampons ne sont pas une alternative à la prévention.

Les mesures plus particulières expérimentées dans divers milieux de travail incluent les techniques de relaxation (par exemple la méthode de Jacobson ou training autogène — voir le chapitre 44), le biofeedback, l'exercice physique sur les lieux de travail, etc. Une revue de la question effectuée par Murphy (1984) laisse en suspens la question des facteurs qui sont efficaces dans ces moyens : est-ce la technique elle-même ou le simple fait de prendre le temps de se détendre, même à ne rien faire ? Les groupes témoins, en effet, montrent eux aussi des changements significatifs dans les variables physiologiques lors des recherches sur la relaxation en milieu de travail. L'effet de soutien, pour les employés, de voir l'employeur se préoccuper de leur santé en leur accordant un temps de repos durant les heures de travail n'est certes pas négligeable. Quant à l'employeur, il y trouve aussi son compte puisqu'on a fixé une estimation du rapport coût/bénéfices à 1/5,52, c'est-à-dire que, pour chaque dollar dépensé, l'employeur réalise un bénéfice de 5,52 dollars si l'on tient compte de l'interférence du stress avec le travail, de l'effet sur les superviseurs et les compagnons de travail, du temps de travail perdu à cause de symptômes secondaires au stress, les visites médicales et de l'absentéisme. L'auteur met toutefois le lecteur en garde contre le fait que l'adoption de ces mesures tampons a tendance à faire négliger la prévention véritable sur les lieux de travail.

En plus de ces mesures spécifiques, on doit penser qu'à l'intérieur même du processus de production il y a des mesures simples de soutien pour contrer le stress : la supervision de la part de cadres ou d'autres employés plus expérimentés, la possibilité pour les employés de consulter ces personnes-ressources au besoin, les stages de perfectionnement, la constitution de groupes autonomes définissant l'organisation et la répartition de leur tâche, etc., sont autant de moyens reconnus pour permettre aux employés et aux cadres les plus exposés à des conditions difficiles de mieux y faire face sans s'épuiser ou en devenir malades.

29.5.4. TRAITEMENT

L'intervention curative dépend essentiellement du trouble ou de la maladie qu'il s'agit de traiter et n'est donc pas spécifique au milieu de travail. Toutefois, à partir de tout ce que nous avons discuté jusqu'ici, il est clair que les professionnels de la santé (médecins omnipraticiens et spécialistes, infirmières, psychologues, etc.) doivent tenir compte des particularités de l'expression de la pathologie liée au travail, surtout au moment de l'évaluation diagnostique. Rappelons quelques conclusions que nous avons tirées d'une réflexion sur l'approche psychosomatique en santé du travail (SCARFONE, 1986) :

1) Les cliniciens spécialisés dans le champ de la psychiatrie et de la santé mentale auraient avantage à s'interroger tout particulièrement sur les conditions objectives et subjectives que connaissent leurs patients au travail. Force est de constater que cette dimension est souvent passée sous silence dans l'investigation clinique, les praticiens étant plus naturellement portés vers les sphères affectives concernant la vie relationnelle au sein de la famille, des amis ou des proches. Il importe de se rappeler que la majorité de la population passe la moitié de sa vie éveillée au travail ... Il faut d'ailleurs considérer le fait que ce ne sont pas nécessairement les patients qui vont attirer l'attention du clinicien sur cette dimension. En tout cas pas ceux qui, dans leur milieu de travail, ont développé ce que DEJOURS appelle une « idéologie défensive » servant à masquer les difficultés éprouvées au travail pour éviter une exclusion du groupe d'appartenance. C'est le cas, par exemple, dans les emplois les plus rudes.

2) L'envers de la santé mentale n'est pas exclusivement la maladie mentale. Tout au contraire, il est plus probable que les signes avant-coureurs d'une désorganisation seront peu criants en tant que symptômes psychiques, comme nous l'avons vu à propos de la dépression essentielle, et qu'ils conduiront vers une décompensation somatique qui variera selon les individus. Les cliniciens d'obédience plus strictement médicale doivent porter une attention spéciale à l'état subjectif de leurs patients, même en l'absence de signes et de symptômes somatiques. Un état de détresse psychique peut en effet signifier l'apparition prochaine de troubles somatiques plus ou moins graves selon le cas. Les cliniciens qui s'intéressent avant tout aux aspects psychologiques du fonctionnement humain doivent être particulièrement sensibles aux signes et aux symptômes négatifs, c'est-à-dire aux troubles du fonctionnement mental qui peuvent facilement passer inaperçus. En effet, l'intervention psychothérapique spécialisée peut souvent faire la différence — jusque dans la réponse aux traitements médicaux spécifiques — dans l'évolution de ces cas que l'on aurait tendance à ne pas considérer comme relevant de ce type d'approche.

3) Les présentations cliniques, différentes selon la structure individuelle, sont aussi modulées par l'organisation du milieu de travail. Certaines conditions de travail (travail répétitif, à la pièce, etc.) peuvent constituer une « vie opératoire »

Figure 29.2. ARBRE DE DÉCISION DANS L'ÉVALUATION ET LE TRAITEMENT DE LA PATHOLOGIE LIÉE AU TRAVAIL

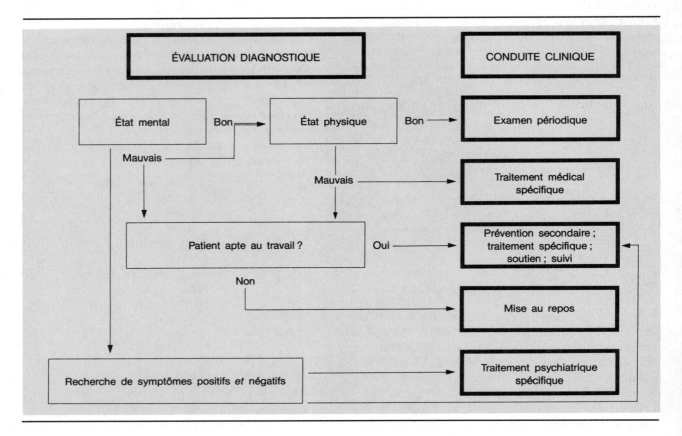

expérimentale, alors que d'autres (professions d'aide) engagent plus particulièrement l'idéal du Moi et peuvent mener à des pertes narcissiques importantes. Lorsque le professionnel en question n'est pas en mesure de « dramatiser » cette perte sur le mode névrotique, c'est alors l'impasse narcissique, terrain propice à une désorganisation somatique (LEFEBVRE, 1984). C'est dans ce cadre qu'il est possible de situer ce qu'on appelle l'épuisement professionnel.

Un protocole d'évaluation et de traitement de la pathologie liée aux conditions de travail pourrait se présenter sous forme de séquence logique comme celle de la figure 29.2. Ce protocole, comme

on peut le voir, invite le clinicien à tenir compte de l'état mental et physique tout à la fois, vu la prévalence plus grande de la présentation somatique en milieu de travail. Dans l'évaluation de l'état mental, on tient compte des symptômes négatifs autant que des symptômes positifs pour les raisons expliquées plus haut.

Un point souvent épineux dans les questions de santé au travail est celui des **congés de maladie** ou des **mises au repos**. C'est surtout le médecin qui est ici aux prises avec un jeu complexe de forces : le patient qui a ou n'a pas besoin d'être mis au repos, qui le demande ou ne le demande pas, qui l'accepte ou s'y oppose ; l'employeur qui y voit une complaisance du médecin envers son patient ; la compagnie d'assurances qui se met à réclamer certificat sur certificat, etc. En dehors des cas patents d'incapacité totale, la conduite à tenir n'est pas évidente. Notre regretté collègue PIERRE MORIN (1985) a fait là-dessus une recherche et une réflexion très intéressantes dont nous recommandons à tous la lecture attentive. Retenons-en ici quelques points majeurs :

1) Les causes de l'incapacité dont le malade se plaint incluent le plus souvent les facteurs psychosociaux qui entourent la maladie physique (par exemple l'angoisse du coronarien face au retour au travail après un infarctus). Le médecin doit donc évaluer cet aspect et lui accorder beaucoup d'importance même si son patient a retrouvé une fonction physiologique compatible avec le travail.

2) L'influence de la société sur le médecin dans les cas d'invalidité le pousse indirectement à se porter plus facilement du côté de l'employeur et à ne pas remettre en question les conditions de travail. Le médecin a donc à faire un effort délibéré pour ne pas aller dans le sens de la moindre énergie ; il doit s'efforcer de juger de la situation de manière impartiale et se rappeler qu'il doit avant tout veiller au traitement et à la réadaptation de son patient. Les questions purement financières viennent après celle du meilleur traitement possible. Il ne doit pas hésiter à se porter à la défense de son patient devant des conditions de travail qu'il juge nuisibles à la santé de ce dernier. Entre la non-indifférence et la complaisance, il y a une marge appréciable ...

3) La lenteur dans les règlements monétaires des cas de compensation est un facteur qui prolonge l'invalidité, d'autant plus si la pathologie est de nature psychiatrique. « Plus les facteurs psychologiques influencent la symptomatologie, plus un règlement légal final pourrait favoriser la réadaptation. » Bien que cet aspect soit indépendant de la volonté du médecin, il doit s'en souvenir et faire son possible pour favoriser

un règlement rapide du contentieux (envoyer ponctuellement et consciencieusement ses rapports aux organismes concernés, accorder des rendez-vous dans des délais raisonnables, etc.).

4) « Tout système devrait répondre avec dignité [...] aux besoins de la majorité des patients qui sont vraiment malades et non viser essentiellement au dépistage des simulateurs. » Le médecin, sans pour cela se laisser manipuler par le premier venu, ne doit se considérer comme le chien de garde d'aucune agence, d'aucun intérêt privé ou public. Son premier engagement est à l'égard de son patient. Ses devoirs envers la société passent d'abord par le souci de prodiguer des soins de qualité. Lorsque les facteurs économiques contredisent ce postulat, il doit se faire l'avocat des soins et non celui de l'économie. Rappelons que ce principe n'a rien de nouveau ni de radical, mais qu'il fait tout simplement partie de la déontologie qui remonte à HIPPOCRATE.

29.6. CONCLUSION

Même s'il est souvent question de travail partagé, d'emploi à temps partiel, ou autre, même s'il devrait occuper une place quantitativement moins importante, le travail demeurera pour longtemps encore une donnée centrale dans la vie humaine et dans l'organisation sociale. Nous souscrivons donc volontiers à cette maxime : « On ne peut penser la santé sans penser le travail. » (ABENHAIM, 1985) Au terme de ce chapitre, on pourrait avoir l'impression que l'on ne peut penser travail sans penser maladie. Mais ce serait le résultat inévitable du fait que c'est la pathologie liée au travail qui nous intéressait tout particulièrement. Il nous faut donc souligner l'aspect salutaire, protecteur, du travail vis-à-vis de la maladie physique et psychique. Les méfaits du chômage mentionnés dans ce chapitre l'indiquent clairement.

En fait, le sujet est tellement vaste qu'il nous aurait fallu infiniment plus d'espace, de temps et d'efforts pour en traiter de façon satisfaisante. La question prête aussi facilement à controverse. Les conflits de travail, les fermetures d'usines, le chômage massif des jeunes, etc., nous rappellent incessamment combien les problèmes du travail sont au cœur des plus sérieux débats sociaux actuels. Adopter en ce domaine une position qui se voudrait tout à fait neutre ou objective relève probablement de l'illusion. Lois économiques et lois sociales ne s'accordent pas spontanément ; pas plus que ne s'harmonisent d'emblée les désirs des individus et les besoins de l'industrie. Les impératifs économiques et les exigences du corps et du psychisme humains sont souvent aux antipodes. Réussir une interaction synergique dans ce domaine relève du plus grand art de la conciliation, de la bonne foi et de la bonne volonté de toutes les parties en présence.

Les professionnels de la santé ont pour premier devoir de se préoccuper de la santé, de sa protection comme de sa promotion sur les lieux de travail. Ils ne peuvent que témoigner des faits qu'ils observent sur les effets néfastes de certaines conditions de travail et collaborer, avec tout leur art et toute leur science, à la recherche de solutions pratiques. Mais cette attitude ne signifie pas d'adopter une froide neutralité qui risquerait de paralyser leur action et de nier leur nécessaire parti-pris de base en faveur de la santé des gens.

Pour Dolan et Arsenault (1980), la santé des individus et la « santé » de l'entreprise peuvent trouver un terrain commun dans le concept de « santé du milieu de travail », par lequel on entend qu'un milieu bien organisé, exempt des défauts majeurs identifiables à ce jour, est un milieu susceptible de ne pas menacer la santé des employés et de profiter en retour de la bonne santé physique et mentale de ceux-ci, de leur faible roulement, de leur faible absentéisme et de leur plus grande implication dans leur tâche. Il reste que, dans ce concept, c'est encore le mot « santé » qui donne la clé ; pour nous, c'est une autre façon de dire que ce n'est pas l'homme qui doit à tout prix s'adapter aux conditions de travail mais bien le travail qui doit de plus en plus être adapté aux besoins, aux capacités et aux aspirations de l'être humain.

BIBLIOGRAPHIE

ABENHAIM, L.L.
1985   « Travail et santé : dialectique d'un rapport social », *Traité d'anthropologie médicale* (J. Dufresne, F. Dumont et Y. Martin, édit.), Québec, Presses de l'Université du Québec.

AHLBURG, D.A. et M.O. SCHAPIRO
1983   « The Darker Side of Unemployment », *Hospital and Community Psychiatry*, vol. 34, n° 5, p. 389.

ÅKERSTEDT, T. et J.E. FRÖBERG
1981   « Night and Shift Work Effects on Health and Well-being », *Society, Stress and Disease* (L. Levi, édit.), Toronto, Oxford University Press.

ARSENAULT, A. et S. DOLAN
1983a   *Le stress au travail et ses effets sur l'individu et l'organisation*, Rapport de recherche, Montréal, IRSST.

1983b   « The Role of Personality, Occupation and Organization in Understanding the Relationship Between Job Stress, Performance and Absenteeism », *Journal of Occupational Psychology*, vol. 56, p. 227-240.

BOZZINI, L. et R. TESSIER
1985   « Support social et santé », *Traité d'anthropologie médicale* (J. Dufresne, F. Dumont et Y. Martin, édit.), Québec, Presses de l'Université du Québec.

BRENNER, M.H.
1973   *Mental Illness and the Economy*, Cambridge, Harvard University Press.

COOPER, C.L. et J. MARSHALL
1976   « Occupational Sources of Stress : A Review of the Literature Relating to Coronary Heart Disease and Mental Ill Health », *Journal of Occupational Psychology*, vol. 49, p. 11-28.

CORIN, E. et G. BIBEAU
1985   « Le burn-out : une perspective anthropologique », *Annales médico-psychologiques*, vol. 143, n° 7, p. 621-627.

DEJOURS, C.
1980   *Travail : usure mentale. Essai de psychopathologie du travail*, Paris, Le Centurion.

DOLAN, S. et A. ARSENAULT
1980   *Stress, santé et rendement au travail*, Montréal, École de relations industrielles, monographie n° 5.

ERIKSON, E.H.
1963   *Childhood and Society*, New York, W.W. Norton.

FRENCH, J.R.P. et R.D. CAPLAN
1970   « Psychosocial Factors in Coronary Heart Disease », *Industrial Medicine*, vol. 39, p. 383-397.

1973   « Organizational Stress and Individual Strain », *The Failure of Success* (A.J. Marrow, édit.), New York, AMACOM.

FREUD, S.
1951   *Inhibition, symptôme et angoisse*, Paris, PUF.

FREUDENBERGER, H.
1975   « Staff Burnout Syndrome in Alternative Institutions », *Psychotherapy Theory Research and Practice*, vol. 12, n° 1, p. 73-82.

FRIEDMAN, M.
1979   « Qualities of Patient and Therapist Required for Successful Modification of Coronary-Prone (Type A) Behavior », *The Psychiatric Clinics of North America*, vol. 2, n° 2, p. 243-248.

GROUP FOR THE ADVANCEMENT OF PSYCHIATRY
1982   *Job Loss — A Psychiatric Perspective*, G.A.P. Publication 109, Mental Health Materials Center.

GRUNBERG, F.
1983   *Unemployment and Mental Health*, manuscrit non publié.

HAGEN, D.Q.
1983   « The Relationship Between Job Loss and Physical and Mental Health », *Hospital and Community Psychiatry*, vol. 34, n° 5, p. 438-441.

HAW, M.A.
1982   « Women, Work and Stress : A Review and Agenda for the Future », *Journal of Health and Social Behavior*, vol. 23, p. 132-144.

JAQUES, E.
1985   « Structures d'organisation et créativité individuelle », *La rupture entre l'entreprise et les hommes* (A. Chanlat et M. Dufour, édit.), Montréal, Québec/Amérique.

LABORIT, H.
1985   « Niveaux d'organisation biologiques, comportements et structures psychosociales productivistes »,

La rupture entre l'entreprise et les hommes (A. Chanlat et M. Dufour, édit.), Montréal, Québec/Amérique.

LASCH, C.
1979 *The Culture of Narcissism*, New York, W.W. Norton and Co.

LEBIGOT, F. et B. LAFONT
1985 « Psychologie de l'épuisement professionnel », *Annales médico-psychologiques*, vol. 143, n° 8, p. 769-775.

LEFEBVRE, P.
1980 « The Narcissistic Impasse as a Determinant of Psychosomatic Disorder », *Psychiatric Journal of the University of Ottawa*, vol. 5, p. 5-11.

1984 « La psyché de la somatose en quête de névrose, le sentier obstrué », *Revue française de psychanalyse*, vol. XLVIII, n° 5, p. 1173-1182.

LEVI, L.
1972 *Stress and Distress in Response to Psychosocial Stimuli*, Oxford, Pergamon Press.

1981 *Preventing Work Stress*, Reading (Mass.), Addison-Wesley.

MARTY, P.
1968 « La dépression essentielle », *Revue française de psychanalyse*, vol. XXXVIII, n° 3, p. 595-598

1976 *Les mouvements individuels de vie et de mort. Essai d'économie psychosomatique*, Paris, Payot.

1980 *L'ordre psychosomatique*, Paris, Payot.

MARTY, P. et M. DE M'UZAN
1963 « La pensée opératoire », *Revue française de psychanalyse*, vol. XXVII, p. 345-356.

MASLACH, C.
1982 « Understanding Burnout », *Job Stress and Burnout* (W.S. Paine, édit.), London, Sage Publications.

MORIN, P.
1985 « Le médecin face à l'invalide », *Traité d'anthropologie médicale* (J. Dufresne, F. Dumont et Y. Martin, édit.), Québec, Presses de l'Université du Québec.

MURPHY, L.R.
1984 « Occupational Stress Management : A Review and Appraisal », *Journal of Occupational Psychology*, vol. 57, p. 1-15.

PINES, A.
1983 « On Burnout and the Buffering Effects of Social Support », *Stress and Burnout in the Human Service Professions* (B.A. Farber, édit.), Toronto, Pergamon Press.

PLANTE, M.-C.
1984 « La santé mentale des jeunes et le chômage », *Santé mentale au Québec*, vol. IX, n° 2, p. 17-25.

ROTTER, J.B.
1966 « Generalized Expectancies for Internal vs. External Control of Reinforcement », *Psychological Monographs*, vol. 80, n° 609.

SCARFONE, D.
1985 « Le syndrome d'épuisement professionnel (*burnout*) : y aurait-il de la fumée sans feu ? », *Annales médico-psychologiques*, vol. 143, n° 8, p. 754-761.

1986 « Pour une approche psychosomatique de la santé au travail », *Santé mentale au Québec*, vol. XI, n° 2.

SCHOTTENFELD, R.S. et M.R. CULLEN
1985 « Occupation-Induced Posttraumatic Stress Disorders », *American Journal of Psychiatry*, vol. 142, p. 198-202.

SELYE, H.
1962 *Le stress de la vie*, Paris, Gallimard.

STEBENNE, R.
1985 « Le burn-out et l'idéal du moi », *Annales médico-psychologiques*, vol. 143, n° 7, p. 606.

TANAY, E.
1983 « Work Deprivation Depression », *Psychiatric Journal of the University of Ottawa*, vol. 8, n° 3, p. 139-144.

VINET, A.
1983 « Travail et santé mentale, une problématique à bâtir », *Santé mentale au Québec*, vol. VIII, n° 1, p. 21-29.

WASYLENKI, D.A.
1984 « Psychodynamic Aspects of Occupational Stress », *Canadian Journal of Psychiatry*, vol. 29, p. 295-301.

CHAPITRE 30

FEMME ET PSYCHIATRIE

Suzanne Lamarre

M.D., C.S.P.Q., F.R.C.P.(C), F.A.P.A.
Psychiatre et directrice de l'Urgence et des Soins intensifs au centre hospitalier Douglas (Verdun)
Professeure adjointe au Département de psychiatrie de l'Université McGill (Montréal)
Chargée de clinique au Département de médecine familiale de l'Université de Montréal

Herta Guttman

M.D., C.S.P.Q., F.R.C.P.(C)
Psychiatre et directrice du Service de consultation-liaison à l'hôpital général juif Sir Mortimer
   B. Davis (Montréal)
Professeure agrégée au Département de psychiatrie de l'Université McGill (Montréal)

PLAN

> *Le mal ne vient pas d'une perversité*
> *individuelle — et la mauvaise foi commence,*
> *lorsque chacun s'en prend à l'autre —*
> *il vient d'une situation contre laquelle*
> *toute conduite singulière est impuissante.*
> *Les femmes sont « collantes », elles pèsent,*
> *et elles en souffrent ; c'est qu'elles ont*
> *le sort d'un parasite qui pompe la vie*
> *d'un organisme étranger ; qu'on les doue*
> *d'un organisme autonome, qu'elles puissent*
> *lutter contre le monde et lui arracher*
> *leur subsistance, et leur dépendance sera abolie :*
> *celle de l'homme aussi. Les uns et les autres*
> *sans nul doute s'en porteront beaucoup mieux.*
>
> SIMONE DE BEAUVOIR

30.1.
INTRODUCTION

Depuis les quinze dernières années, le monde de la psychiatrie n'a cessé d'être la cible des féministes. On ne peut donc se permettre d'éditer un manuel de psychiatrie en 1988 avec une « approche contemporaine » sans y amorcer une certaine réflexion sur la femme et la psychiatrie. Nous nous sommes donc fixé quatre objectifs :

1) situer la problématique des femmes dans le champ de la psychiatrie et faire connaître les principaux paradoxes soulignés par les féministes ;

2) décrire le tableau du développement de la femme, de sa naissance jusqu'à sa mort ;

3) permettre aux médecins et aux autres cliniciens de se sensibiliser aux préjugés qui se reflètent dans leur compréhension des maladies qui affectent les femmes ainsi qu'aux différences symptomatologiques dues à leur sexe ;

4) fournir des outils ou des concepts d'intervention auprès des femmes et aussi auprès des patients qui leur ressemblent dans leurs tableaux symptomatiques et dans les réactions qu'ils suscitent chez les intervenants.

30.2.
PROBLÉMATIQUE DE LA FEMME EN PSYCHIATRIE

Quelle est cette problématique féministe qui s'en prend à l'institution psychiatrique, à ses théories et à ses pratiques ?

P. SUSAN PENFOLD et GILLIAN A. WALKER, dans leur livre *Women and the Psychiatric Paradox*, nous décrivent en détail l'histoire de cas de Linda et sa carrière dans l'institution psychiatrique. Elles font appel à un article d'A. LAZARE, intitulé « Des modèles conceptuels cachés en psychiatrie clinique » et publié en 1973 dans le *New England Journal of Medicine*, et elles rappellent les quatre modèles mentionnés par cet auteur : les modèles médical, psychologique, comportemental et social. Nous vous recommandons de lire la description de Linda vue selon chaque modèle ainsi que les chapitres sur la psychologie médicale, les psychothérapies et les thérapies psychophysiologiques.

Ce n'est pas que les concepts théoriques de ces approches soient inadéquats, c'est le fait que, lorsqu'une patiente (ou un patient dans certains cas) ne répond pas favorablement à leur application, ou qu'elle y résiste passivement ou activement, elle risque de se voir rejeter comme une personne inadéquate et d'être laissée à son sort. Le traitement ne donne pas ou ne donne plus les résultats escomptés. La relation se détériore et entraîne le rejet de la personne en besoin et la perte de sa crédibilité comme être responsable et autonome.

Comment reconnaître une relation qui se détériore et qui devient nuisible au patient, à la patiente ?

Chez le thérapeute, les signes d'une relation nocive sont à la fois l'impression de lourdeur que lui donne son patient et le besoin qu'il éprouve de le faire agir autrement. Chez le patient, on observe une tendance plus marquée aux plaintes et aux demandes d'aide, à mesure que le « faire agir » l'emporte sur les possibilités de confrontation dans ses relations tendues avec son thérapeute. La visite à l'urgence d'un patient suivi régulièrement par son médecin pour un problème déjà traité par ce dernier, sans consultation préalable, est un exemple fréquent d'un manque d'entente entre le patient et son médecin. Les signes d'évitement peuvent être de tout genre, comme l'administration de médicaments sans explication pertinente pour faire taire les plaintes qui se sont généralisées, etc.

Voici un exemple d'une relation qui s'est détériorée dans les derniers mois aux dépens d'un médecin et d'une patiente.

Exemple clinique

Une femme de 44 ans, récemment déménagée, se présente au bureau de son omnipraticien en se plaignant depuis quelques mois de bouffées de chaleur qui la réveillent la nuit. Elle ressent des palpitations, de l'angoisse, a l'impression qu'elle va mourir et transpire énormément. Elle s'est même rendue à l'urgence de l'hôpital dernièrement pour ce qu'elle croyait être une crise cardiaque. Après les examens nécessaires pour éliminer une cause cardio-vasculaire, on lui a dit qu'il s'agissait de sa ménopause liée à des problèmes d'angoisse et on l'a référée à son médecin de famille.

Celui-ci commence pour sa part à se sentir quelque peu bousculé par les demandes plus fréquentes et plus dramatiques de sa patiente. Il la traite depuis déjà deux ans, c'est-à-dire depuis qu'elle est établie dans le quartier pour être plus près de sa sœur après le décès de leur mère. Il régnait jusqu'à présent un bon esprit de collaboration entre eux, la patiente se faisant suivre surtout pour de l'anxiété qui répondait bien à l'administration sporadique de tranquillisants.

Mais quatre mois auparavant, la patiente s'était fracturé la cheville et avait eu des problèmes durant le traitement orthopédique, un plâtre trop serré lui ayant causé une esquarre qui fut longue à guérir. Son anxiété ayant augmenté, elle avait eu besoin de prendre régulièrement des tranquillisants et des somnifères. Une semaine auparavant, elle était revenue consulter son médecin et lui demander de prolonger son congé de

maladie, se disant incapable de se concentrer en raison de sa trop grande anxiété. Son médecin lui avait accordé quinze jours supplémentaires et avait changé sa médication tranquillisante.

Après sa visite à l'urgence, elle le rappelle. Il lui donne rendez-vous une semaine plus tard mais, entre temps, ne répond pas à ses appels téléphoniques, malgré ses demandes insistantes. La patiente se rend donc elle-même à l'hôpital psychiatrique avec sa nièce. Elle se présente dans un état de très grande détresse, ne sachant que faire avec tout ce qui lui arrive. Elle craint son retour au travail, s'inquiète d'une nouvelle prolongation et s'avoue certaine de ne pouvoir reprendre son emploi à la date indiquée par son médecin. Elle se sent abandonnée de tous.

Lors de notre entrevue, il devient évident que la patiente a perdu confiance en son médecin et en sa sœur, et qu'elle ne parvient pas à retrouver son équilibre antérieur. Elle s'accroche à sa jeune nièce comme dernier espoir. Nous constatons que la patiente avait toujours vécu avec sa mère et qu'elle n'avait pas vraiment appris à s'en passer. Inconsciemment, elle croyait renouer la même relation avec sa sœur qu'elle aimait beaucoup, jusqu'à ce qu'elle habite plus près de chez elle. En s'en rapprochant, elle l'a perdue comme amie à son grand désespoir. Sa lésion au pied lui a apporté une autre preuve de l'impossibilité de faire confiance à qui que ce soit. En effet, l'orthopédiste n'avait rien fait malgré les nombreuses plaintes de la patiente à propos de son plâtre.

Son âge, 44 ans, aurait pu nous permettre de croire à un début de ménopause si nous n'avions pas pris la peine d'écouter plus attentivement la description des symptômes et le cadre dans lequel ils avaient pris place. Notre intervention à l'urgence psychiatrique a eu comme objectif de réorganiser les relations de la patiente avec sa sœur et son médecin en allégeant la tâche de chacun, en leur faisant savoir à tous trois que les événements récents avaient entraîné une régression et des comportements de dépendance chez la patiente, ainsi que des comportements de protection parmi les personnes qui tentaient de l'aider. En effet, les gens de son entourage avaient pris de plus en plus le rôle d'agents de la patiente et se sentaient d'autant frustrés dans ces rôles. Ils tentaient de mettre fin à ses demandes en les ignorant plutôt qu'en reconnaissant la nécessité de faire appel à une aide extérieure. Il aurait été des plus profitable, par exemple pour le médecin, de demander à la famille son aide et de là, après discussion, une consultation auprès des spécialistes appropriés. La patiente, dans ce cas-ci, a pu vite retrouver son équilibre avec une aide psychiatrique de courte durée.

Bien d'autres exemples pourraient être donnés où la fin n'a pas été aussi heureuse et où la patiente ou le patient ont vécu une détérioration des relations avec leur médecin qui les ont amenés à adopter des comportements désagréables de dépendance qui ne pouvaient susciter que du rejet chez leurs thérapeutes et des effets destructeurs sur ces personnes en demande d'aide.

Dans la nouvelle perspective que nous proposons, deux aspects sont à considérer :

1) celui de connaître les conditions de vie et les attributs biologiques spécifiques aux femmes qui ne les rendent ni supérieures, ni inférieures, mais différentes ;

2) celui d'aider les femmes et les hommes qui sont ou qui glissent dans une position de dépendance ou d'infériorité et qui ne parviennent, dans leur relation avec les autres, qu'à se faire confirmer dans leur état d'êtres peu valables.

30.2.1. PARADOXES SOULEVÉS PAR LE FÉMINISME

FEMME LIMITÉE À SON RÔLE DE REPRODUCTRICE

Le féminisme fait partie des mouvements contraculturels qui se sont attaqués de façon plus directe à la médecine, probablement en raison de la définition qu'elle donnait de la nature de la femme. Depuis des siècles, depuis que l'on s'intéresse à définir l'être humain, on a toujours décrit la femme par rapport à son rôle de reproductrice. Le fait qu'elle soit capable de donner naissance la mettait

non seulement à l'ombre mais faisait disparaître ses autres qualités créatrices en tant qu'individu. Il a été longtemps soutenu qu'une femme qui voulait faire carrière ou démarrer une entreprise ne pouvait le faire qu'en délaissant son rôle de mère. De plus, elle était perçue comme une femme qui avait renié sa nature, sa féminité.

Betty Friedan, par son livre maintenant fort connu *La femme mystifiée* (1964), est considérée comme une des premières en Amérique, depuis la Seconde Guerre mondiale, à avoir dénoncé les conditions de vie de la femme et les attentes du milieu qui l'empêchaient d'avoir d'autres aspirations que celle de s'oublier en devenant une épouse et une mère. *Le deuxième sexe* de Simone De Beauvoir, publié en 1949 en France, qui n'avait pas connu le même impact, allait cependant dans la même direction. Une femme qui n'a choisi que d'être mère constatera vite que sa carrière est fort courte. Avec une famille de deux enfants, la période où les enfants ne sont pas à l'école équivaut environ à 10 ans. Que fera-t-elle de ses 35-40 ans de vie en bonne santé qui lui restent ?

FEMME IDENTIFIÉE À UNE PERSONNE DE DEUXIÈME CLASSE ET STÉRÉOTYPES SEXUELS

Une enquête américaine menée par Broverman en 1970 sur les jugements cliniques de santé mentale et les stéréotypes sexuels des cliniciens et cliniciennes a éloquemment démontré qu'il existait un double standard de santé mentale selon le sexe. On a distribué aux 79 personnes de l'échantillon (psychiatres, psychologues et travailleurs sociaux : 46 hommes, 43 femmes) un questionnaire composé de 122 items bipolaires décrivant un trait caractéristique comme : très agressif - pas du tout agressif ; ne cache pas du tout ses émotions - cache ses émotions ; etc. On a divisé le groupe de répondants en trois sous-groupes : le premier devait décrire les traits caractéristiques d'un adulte en bonne santé, mature, le deuxième une femme adulte et saine et le troisième un homme adulte et sain.

Les hypothèses de l'enquête étaient les suivantes :

1) que les jugements cliniques à propos des individus en bonne santé différaient en fonction de la personne jugée et que ces différences corroboraient les différences dans les stéréotypes sexuels ;

2) que les comportements et les caractéristiques évalués comme des signes de bonne santé pour un adulte en général étaient des qualités presque exclusivement réservées aux hommes.

Les résultats de l'enquête ont confirmé les deux hypothèses : les thérapeutes appliquent dans leur jugement de la santé mentale d'un patient un double standard basé sur le sexe du patient. Les traits de santé mentale pour un adulte masculin se sont révélés les suivants : compétence, agressivité, indépendance, objectivité, activité, compétitivité, logique, rationalité. Les traits de santé mentale classifiés pour un adulte féminin ont ressorti comme suit : chaleur, douceur, expressivité, émotivité, générosité, préoccupation du sort des autres, passivité, insécurité.

Cette définition de la « normalité » en santé mentale selon ces stéréotypes sexuels place les femmes dans une double contrainte et suscite un conflit important : soit qu'elles sont des adultes correctes et n'assument pas alors leur statut de femme, soit qu'elles sont complètement femmes selon les normes sociales et deviennent par le fait même des individus de seconde classe.

Dans les année 1970, les thérapeutes, hommes ou femmes, éveillés par ces propos se sont mis à examiner les théories qui sous-tendaient leurs préjugés et qui méritaient une réévaluation. Ils ont tenté de discerner les comportements qui relevaient de la nature et ceux qui relevaient du milieu ou du conditionnement. Cette remise en question n'est certes pas terminée et n'a pas encore changé radicalement les attitudes et les comportements des professionnels de la santé (les comportements prenant plus de temps à changer que les idées).

Colère

L'étude des stéréotypes sexuels a suscité beaucoup d'intérêt quant à l'expression de la colère et à ses effets selon que le sujet est un homme ou une femme. Le rôle de pacificatrice de la femme jetait un interdit sur le recours à cette émotion qui est fort utile dans la défense de son territoire. C'est ainsi que l'épithète « agressif » décrivait, associé à un homme, le signe de l'affirmation de soi, mais lié à la femme, le signe d'une perte de contrôle et d'une attaque injustifiée. Depuis, bien des groupes d'affirmation de soi ont vu le jour pour venir en aide aux femmes, et une réflexion s'est élaborée sur la colère mal utilisée et retournée contre soi comme cause possible de la dépression chez la femme.

THÉORIES ET CONCEPTS RÉÉVALUÉS

Envie du pénis

FREUD a eu une influence considérable dans la définition de la nature de la femme. Il aurait été accusé injustement dans ses énoncés, dit-on (CHESSICK, 1984), car il ne voulait pas *définir* la femme mais *donner sa compréhension* des femmes qu'il avait analysées. Mais ce message n'est pas passé. Les disciples de FREUD ont pris sa compréhension comme une définition.

Selon la théorie psychanalytique découlant des travaux de FREUD, la fillette commence son enfance en constatant l'absence d'un pénis comme un manque à corriger. Lorsqu'elle se rend compte qu'elle ne pourra pas changer cet état de fait, elle se met à en chercher la cause. Elle est certaine qu'on le lui a coupé. Elle blâme sa mère qui elle aussi l'a perdu et se retourne vers son père pour la restauration de cet organe envié. Avec l'absence de résultats, elle se met à souhaiter le pénis de son père et, faute de se l'approprier, elle aspire à avoir un bébé et, bien sûr, un bébé garçon. D'où les rôles de mère et d'épouse qui deviennent essentiels et suffisants à l'épanouissement de la femme. La sexualité féminine comporte aussi des changements dans la localisation de la jouissance, ainsi que dans l'objet érotique, contrairement au garçon. Ainsi, à la puberté, le plaisir procuré par le clitoris est transféré au vagin. Par ailleurs, la fille doit changer d'objet d'amour en passant de la mère au père.

Ces difficultés multiples dans le développement rendent la femme plus vulnérable et plus susceptible de devenir hystérique. Elle porte donc en elle obligatoirement les trois composantes de la féminité : le masochisme, le narcissisme et la passivité (HELEN DEUTSCH). Comme elle ne craint pas d'être castrée, l'étant déjà, elle ne craint pas la colère du père et n'aura donc pas à s'identifier au père en réaction à sa peur. C'est cette résolution du complexe d'ŒDIPE qui permet au garçon de former son Surmoi. La femme aura donc un sens moral moins développé mais en sera d'autant plus obéissante.

Les conséquences fâcheuses de ces théories sont nombreuses :

1) On ouvrait ainsi la porte aux problèmes d'**inceste** où la fille serait vue comme l'instigatrice des relations sexuelles avec le père.

2) Le **viol** ne pouvait pas exister, à cause de ce désir du pénis difficile à réprimer.

3) Les aspirations à d'autres activités que celles de mère ou d'épouse étaient vues comme pathologiques.

4) En ramenant la libido à l'instinct sexuel, on oubliait l'importance de la qualité affective dans les rapports enfants - parents et on négligeait l'instinct d'autoprotection.

5) Tous les aspects de l'affirmation de soi devenaient masculins et, partant, hors de la portée des femmes.

6) Le rôle secondaire de la femme dans la société venait d'être entériné par la science et ne pouvait plus être remis en question.

L'envie du pénis n'était plus une hypothèse à vérifier, comme l'aurait souhaité FREUD, mais une théorie qui venait valider les attentes qu'on avait de la femme et le statut social auquel on la confinait. La femme se définissait par l'homme qu'elle choisissait et la progéniture qu'elle portait. En prenant de la maturité, le besoin de liberté qui animait la femme ne pouvait que lui faire envier cet attribut sexuel masculin et tout ce qu'il représentait socialement et individuellement. Se confirmait ainsi la théorie postulée : la femme avait vraiment envie d'un pénis.

Durant les dix dernières années, l'intérêt porté au développement du *Self* a permis de replacer dans une perspective plus globale cette préoccupation dite centrale jusque-là chez la femme.

Théories de la personnalité

Les théories de la personnalité, dont celle d'ERIC ERIKSON (voir le chapitre 5), ont elles aussi donné lieu à plus d'un débat. En effet, dans les huit étapes du développement de la personnalité, on se rend compte qu'il y a là encore des stéréotypes sexuels : il s'agit des étapes de développement d'un être masculin plutôt que féminin.

On a omis de mentionner qu'une femme qui a des enfants à la fin de son adolescence devra passer à la période de créativité et de don de soi sans avoir consolidé son identité dans la période d'intimité de la vie à deux. Lorsqu'une jeune femme a un enfant, elle doit s'oublier pour se donner à cet enfant. Alors qu'elle n'a pas encore atteint la maturité dans sa relation avec son conjoint pour l'établissement de son propre territoire, elle doit déjà renoncer à la construction de son autonomie devant les soins à donner à son enfant. On ne parle pas de la période de rattrapage qu'une femme doit faire si ces étapes ont été escamotées. On s'est d'ailleurs très peu intéressé à la façon spécifique dont les femmes se développent.

Les femmes se différencient et s'actualisent en travaillant leurs relations avec les autres, alors que les hommes se développent en favorisant leurs capacités d'agir sur des réalités autres que les relations. Les femmes thérapeutes du groupe du *Stone*

Center Counseling Service de Wellesley (Mass.) ont été parmi les premières à écrire sur ces différences du développement particulier à chaque sexe (BAKER-MILLER, 1976 ; GILLIGAN, 1977 ; JORDAN *et al.*, 1983).

Maladies des femmes et attitudes des médecins

Non seulement le monde de la psychiatrie a été attaqué, mais surtout ceux de la gynécologie et de l'obstétrique ont été sérieusement remis en question. On a accusé la médecine, d'une part, d'avoir vu des maladies dans tous les problèmes suscités par le système reproducteur de la femme et, d'autre part, d'avoir ignoré des maladies qui auraient pu être étudiées sérieusement par la médecine moderne ; les médecins portaient trop peu attention aux symptômes des femmes, les considérant comme faibles et plaignardes de nature.

Les femmes qui expriment des plaintes au sujet de leur système reproducteur, inconnu subjectivement par les hommes, rencontrent souvent l'incompréhension chez les consultants. On néglige de faire une histoire objective de leurs plaintes, les attribuant à la nervosité ; ou bien on surinvestit médicalement un malaise en ignorant les conditions de vie du sujet qui ont rendu le malaise insupportable. L'évaluation reste morcelée et détériore la relation patiente - médecin en déformant les caractères de chacun et en risquant l'éclatement de la relation au détriment de la patiente. Un geste chirurgical ou une prescription de médicaments comme seule réponse au problème ne fait que confirmer la femme dans son impuissance à agir sur les causes de sa souffrance.

Maladie mentale ou folie

C'est dans ce contexte d'attentes contradictoires de part et d'autre que la discussion sur les concepts de maladie mentale et de folie s'est faite. La maladie mentale existe-t-elle vraiment ou n'est-ce qu'une révolte contre des conditions oppressantes ? Sont-ce les conditions de vie qui rendent la personne folle ou la maladie mentale qui cause des comportements erratiques ou jugés erratiques ?

Jusqu'à maintenant, les découvertes de nouveaux traitements pour la maladie mentale ont été loin de mettre fin aux ravages qu'elle laisse dans son sillon.

30.3.
LA FEMME EN SANTÉ : SON CYCLE DE VIE

Chaque étape de développement représente une crise vitale durant laquelle la personne est obligée de faire face à des expériences nouvelles exigeant une adaptation et le développement de nouvelles capacités. Selon ERIKSON et LEVINSON, chaque stade comporte des tâches spécifiques (voir le chapitre 5). Malheureusement, les conclusions de ces auteurs sont basées sur l'observation de sujets masculins.

De plus en plus de spécialistes du comportement ont observé que la femme dans notre société ne suit pas la même trajectoire que l'homme. Par exemple, comme nous le disions plus haut, la crise d'identité chez la femme suit, au lieu de précéder, la période de relation d'intimité avec une autre personne signifiante (NOTMAN et NADELSON, 1982). De même, chez la fillette, les stades d'initiative et d'activité peuvent être escamotés parce qu'elle n'a pas été encouragée à atteindre ce niveau jugé satisfaisant pour les garçons.

Nous devons donc partir de l'idée qu'il ne nous est pas possible d'évaluer la femme en suivant les mêmes schèmes que ceux employés pour l'évaluation des hommes. Nous soulignerons les aspects développementaux qui, à l'heure actuelle, semblent marquer les femmes à différents stades de leur développement.

30.3.1. PETITE ENFANCE (DE 0 À 5 ANS)

Le sexe primaire de tout embryon, y compris celui du cerveau, est féminin (REINISCH, 1974). Ce n'est qu'à partir de l'apparition des hormones mâles, au troisième mois de la vie intra-utérine, que le fœtus se masculinise. On commence seulement à investiguer la portée de ces faits sur le développement ultérieur du sujet.

Les bébés masculins et féminins ne semblent pas présenter de grandes différences entre eux. Mais dès le berceau on constate la façon particulière dont les parents traitent les bébés garçons et les bébés filles. On a ainsi démontré que les adultes sont beaucoup plus doux et protecteurs avec un bébé habillé en fille qu'avec un bébé habillé en garçon (MACCOBY et JACKLIN, 1974).

L'identité sexuelle s'établit entre 18 mois et 2 ans. Les fillettes tout comme les garçons reconnaissent l'appartenance à leur propre sexe et manifestent une attitude de rejet envers « l'autre sexe ». Mais ils ne semblent pas voir, à cette étape du développement, de différence entre le fait d'appartenir au sexe « supérieur » ou au sexe « inférieur ».

30.3.2. ENFANCE (DE 6 À 12 ANS ENVIRON)

C'est la période de la résolution du complexe d'ŒDIPE, du développement de relations familiales plus structurées et ainsi du début des expériences avec des personnes en dehors du réseau familial : c'est l'intégration à l'école et à des groupes extra-familiaux, etc.

Au point de vue psychophysiologique, les filles se distinguent des garçons par leur plus grande aptitude scolaire. On attribue d'ordinaire ces succès scolaires, supérieurs à ceux des garçons, à la plus grande facilité d'élocution des filles et à leur conditionnement précoce en tant que personne ordonnée et obéissante, ainsi qu'à une meilleure coordination neuromotrice.

La fillette court plus de risques d'être encouragée dans ce qu'elle peut devenir, c'est-à-dire cette femme sage et serviable avec une sexualité estompée aux dépens d'un excès de « féminité ». C'est l'image même de la petite fille tranquille qui fera du ballet mais ne jouera pas au baseball, qui fera son travail mais ne présentera pas cette turbulence qui accompagne souvent les périodes d'essais de créativité et d'autonomie. Dans les cliniques de pédopsychiatrie, il est bien connu que les filles sont beaucoup moins nombreuses que les garçons, en partie parce qu'elles répondent mieux aux attentes de leur milieu.

30.3.3. ADOLESCENCE (DE 13 À 18 ANS ENVIRON)

C'est à l'adolescence, pendant les grandes crises d'adaptation, que les jeunes filles commencent à présenter des difficultés à se conformer au rôle qui leur est conféré par la société.

CRISE PSYCHOPHYSIOLOGIQUE

La **menstruation** constitue une crise développementale qui nécessite une adaptation majeure pour la jeune fille. Il ne s'agit pas seulement des inconvénients du flux menstruel qui peut certes causer une entrave à l'activité physique, mais surtout de l'adaptation à un nouveau corps. Le développement marqué des seins chez des jeunes filles qui aspirent à se voir très minces et la prise de poids considérable sont des sources de préoccupation quotidienne pour plus d'une jeune fille. L'acceptation de son corps et la perception et l'image de soi sera plus ou moins favorable selon les réactions de son milieu, et dans la mesure où elle se sentira valorisée ou dévalorisée dans sa féminité par la famille et par la société.

Le choix de l'**orientation sexuelle** se fait en général pendant l'adolescence ; bien que ce choix semble être « naturel » pour la plupart des jeunes filles, la possibilité d'homosexualité suscite beaucoup d'angoisse chez certaines filles. Celles qui optent pour une vie lesbienne doivent faire face à beaucoup de conflits vis-à-vis de leur entourage. Ce qui est moins reconnu, c'est le prix de l'hétérosexualité qu'il faut payer dans une société qui valorise les hommes plus que les femmes, et qui s'attend à ce que la femme subordonne sa vie à celle de l'homme. Cet aspect de subordination, cependant, affecte moins l'adolescente que la femme de 30 ans et plus.

L'adolescente doit aussi faire face à son **identité de femme adulte** sur le plan biologique, car elle peut devenir enceinte. L'augmentation constante du nombre de grossesses indésirées chez les adolescentes laisse supposer que l'information sur le contrôle des naissances n'a pas suivi de près les nouvelles croyances et pratiques qu'a engendrées la liberté sexuelle.

Il n'est pas certain que l'accès à la vie sexuelle vienne du besoin ou du désir de la jeune fille, car il est bien connu que la majorité ne semble se sentir vraiment à l'aise dans cette intimité physique qu'entre l'âge de 20 et 25 ans environ (MASTERS et JOHNSON, 1968). Ce n'est que plus tard que la réponse sexuelle féminine permet des orgasmes faciles et fréquents (voir le chapitre 22).

Le **romantisme** rattaché à l'union au conjoint constitue un autre aspect d'une vie sexuelle active. On dit dans les milieux féministes que la pornographie est à l'homme ce que les romans feuilletons sont à la femme. Il y a souvent une telle divergence entre les aspirations des jeunes garçons et celles des jeunes filles dans l'accouplement qu'il faut s'attendre, surtout chez les plus jeunes, à des ruptures violentes avec des sentiments d'exploitation mutuelle, alors qu'on avait assisté, quelques mois ou quelques années auparavant, à une union « éternelle » des partenaires.

CRISE PSYCHOSOCIALE

Relations familiales

La principale tâche de l'adolescente est de développer son identité et de devenir autonome à travers des expériences de différenciation en tant qu'individu, surtout par rapport aux parents. D'abord, ce processus peut prendre la forme d'une rébellion ou d'une confrontation par rapport aux valeurs parentales : le développement d'une amitié avec un enseignant, un groupe d'amis, un amoureux, ou encore l'adhésion à une idéologie, bref tout ce qui peut aller à l'encontre du désir des parents. Cette période d'amorce d'une séparation reste toujours difficile et pénible autant pour la fille que pour sa famille.

Les difficultés peuvent être d'autant plus sérieuses que les relations familiales ont été conflictuelles antérieurement et que les enfants se voient attribuer un rôle dont ils ne peuvent s'échapper (par exemple la fille qui devient la confidente exclusive de l'un des parents ou la famille dont les parents ne maintiennent leur relation qu'en raison d'un problème commun, comme dans le cas de la délinquance). On constate aussi que les filles, éduquées à se sentir responsables du maintien des bonnes relations familiales, manifestent souvent un manque d'autonomie à la suite d'un surinvestissement affectif dans leur famille, plutôt qu'un comportement de délinquance ou de retrait comme chez les garçons.

Cependant, quand les relations familiales ont été satisfaisantes dans le passé, elles facilitent un changement graduel de rôle selon l'âge de l'enfant et cette période se termine d'ordinaire harmonieusement.

Relations romantiques

Comme les jeunes filles ont été conditionnées à survaloriser les relations d'intimité et d'affection, elles peuvent employer toute leur énergie à développer des relations romantiques permanentes au mépris de leur autonomie, particulièrement en ce qui concerne leur avenir scolaire ou professionnel. Celles qui souhaitent entretenir des relations leur conférant un rôle non traditionnel éprouvent beaucoup de difficultés à réaliser cette aspiration ; en effet, à l'adolescence, garçons et filles se sentent encore insécures par rapport à leur individualité, et ils fondent leur définition d'eux-mêmes sur des modèles traditionnels. En voici un exemple familier : la jeune fille, qui ne pense qu'à devenir la partenaire idéale de son amoureux et, pour ce faire, néglige sa formation professionnelle, se sent des plus démunie lorsque ce dernier se met à s'intéresser presque uniquement à ses propres activités de travail sans l'y impliquer ou, pire encore, lorsqu'il s'éprend d'une autre personne dans son milieu de travail. La tradition a entraîné la jeune personne à miser sur le pouvoir d'attraction plutôt que sur le pouvoir d'action.

Choix scolaires et professionnels

La tendance féminine à privilégier l'intimité et le fait « d'être avec l'autre », au détriment de l'autonomie et de la « séparation d'avec l'autre », désavantage nettement les filles dans un monde qui sanctionne le modèle masculin de compétition, d'individualisme et d'affirmation de soi.

Malgré qu'à l'école primaire les filles réussissent mieux que les garçons, à l'adolescence elles ont tendance à devenir plus préoccupées par un idéal romantique et mettent ainsi en péril leur succès scolaire et leur carrière professionnelle. Ce n'est souvent que plus tard dans leur développement que bien des femmes commencent à réaliser ce potentiel. Cette option des jeunes explique partiellement la rareté des femmes à des postes élevés lorsqu'elles sont d'un âge plus avancé.

L'observation selon laquelle les jeunes femmes craignent le succès peut être due au fait que la jeune fille manifeste l'intérêt marqué d'être la partenaire idéale dans une relation romantique (HORNER, 1972). Notons cependant que, au cours des dernières années, on a beaucoup progressé pour aller à l'encontre de cette tendance et pour encourager le développement d'activités autonomes chez les adolescentes.

30.3.4. JEUNE ADULTE (DE 18 À 30 ANS)

Lorsque l'adolescence cède le pas à l'âge adulte, la jeune femme a d'ordinaire fait la paix avec ses parents en conservant une identité satisfaisante sans coupure extrême. Néanmoins, pour la femme contemporaine, cette période initiale dans la vie d'adulte est probablement la plus difficile à traverser parce qu'elle essaie de concilier des attentes contradictoires tant sur le plan personnel que sur le plan social.

SUCCÈS DANS LE TRAVAIL OU LA CARRIÈRE

S'engager sérieusement et activement dans son travail ou sa carrière implique le rejet des attentes sociales traditionnelles, à savoir trouver ses plus grandes satisfactions dans les succès de son mari et/ou de ses enfants. De plus, pour avoir de l'ambition, la femme doit développer son affirmation de soi et son esprit de décision, habiletés qui sont souvent perçues comme de « l'agressivité » — un attribut péjoratif chez la femme. Dans ces circonstances, plus d'une jeune femme subordonne ses aspirations personnelles à son besoin excessif de plaire. D'autres, bien sûr, parviennent à réussir dans le « monde extérieur » mais déploient beaucoup d'efforts pour aller contre cette tendance. Pour réussir, elles ont besoin de soutien, de valorisation, de légitimation. C'est là où les psychothérapeutes, les éducateurs et les superviseurs peuvent avoir une influence bénéfique ou, au contraire, nocive.

MARIAGE

À cette période de leur vie, les femmes font face à la question : « Me marier ou ne pas me marier ? » Le mariage jouit encore de nos jours d'un statut social hautement valorisé, même si des études nous indiquent que les femmes mariées présentent plus de risques de développer des maladies émotionnelles et physiques que les femmes non mariées (GOVE, 1972).

En dépit de l'idéal romantique du conjoint comme meilleur amant et meilleur ami, il y a encore des déceptions inévitables dans le mariage qui proviennent des différences dans les habitudes des hommes et celles des femmes, les femmes insistant sur la relation et l'expression, les hommes sur les projets de réussite professionnelle, comme dans le cas cité plus haut de la jeune fille amoureuse. Pour qu'un mariage puisse survivre et devenir un lieu de développement individuel, ces différences doivent être reconnues. De plus, chaque partenaire peut avoir besoin de son réseau d'amis sans pour autant qu'il y ait malhonnêteté envers l'autre.

MATERNITÉ

Dans la vingtaine ou au début de la trentaine, les jeunes femmes font face à deux demandes fort exigeantes : 1) décider d'avoir ou non des enfants, 2) entreprendre une carrière ou investir dans leur travail. La tendance de notre société est de favoriser une organisation sociale de compétition qui récompense ceux qui arrivent les premiers. Cette coutume est contradictoire avec le développement des femmes.

Les attitudes à l'égard de la maternité sont à la fois sexistes et paradoxales : la société n'a pas encore changé ses habitudes sur l'exclusivité du lien mère - enfant ni sa croyance que la maternité est le rôle le plus satisfaisant pour la femme, malgré le nouveau discours qui va dans le sens du partage des tâches. Les parents, en particulier les mères avec leurs nourrissons, se sentent des plus démunis s'ils veulent se conformer au discours sur l'égalité des chances. Ainsi, on n'est pas encore prêt, dans le milieu du travail, à accepter le dérangement occasionné par un parent retenu à la maison trop souvent par ses enfants, mais on ne se sent pas pour autant obligé de s'assurer que ces parents bénéficient de services de garderie nécessaires à une bonne implication au travail. La société hésite beaucoup à redéfinir le rôle de l'homme dans l'entretien quotidien des enfants. En effet, devant l'aspiration à l'égalité et à l'autonomie des femmes, notre société, encore dominée par les hommes, a tendance à s'attendre à ce que les femmes, si elles veulent obtenir l'égalité, continuent de s'occuper de leurs tâches soi-disant « féminines ».

Les jeunes femmes ont donc tendance à résoudre ces conflits soit en devenant des « superfemmes », soit en rejetant simplement la maternité ou en la remettant à un âge plus avancé. Elles se sentent bien souvent impuissantes à changer la définition des rôles parentaux pour y faire participer pleinement les hommes. Néanmoins, la maternité garde toujours son attrait irrésistible. Elle offre un sentiment d'identité fort valorisé et immédiat, une impression profonde d'utilité et de possibilité unique de joie et d'intimité avec une autre personne. De plus en plus de jeunes femmes se présentent dans les cabinets de médecins ou les cliniques de santé mentale pour discuter de ce problème d'être ou de ne pas être mère. Pour les aider, il est important que les clinicien-ne-s reconnaissent autant les dimensions sociales que personnelles de ce conflit.

GROSSESSE ET ACCOUCHEMENT

Les progrès dans les méthodes de contraception et de contrôle des naissances ont permis à la femme de planifier ce qui auparavant était laissé complètement au hasard de la nature. Contrairement à l'expérience des hommes, le rythme physiologique du corps des femmes a totalement conditionné leur vie.

Les femmes deviennent cependant de plus en plus conscientes de tous les aspects concernant leur corps dans les différentes étapes de leur vie et dans l'orientation qu'elles peuvent lui donner. Par exemple, en ce qui concerne la grossesse et la période périnatale, elles se soumettent moins et s'impliquent plus dans les décisions à prendre relativement aux moyens contraceptifs, aux possibilités d'interruption de grossesse, aux différents modes et lieux d'accouchement, aux soins et aux contacts personnels à apporter au nouveau-né.

Les femmes transforment ainsi progressivement et fondamentalement leurs rapports avec elles-mêmes et les autres (le Collectif de Boston). Leur revendication de participation plus active aux soins médicaux qu'on leur accorde soulève des questions de plus en plus pertinentes pour les médecins et le personnel traitant. Comment nous assurons-nous de la participation de la patiente à la prise en charge de sa grossesse et de son accouchement, tout en lui assurant des soins médicaux de la meilleure qualité ? Comment aidons-nous les femmes à être des patientes plus informées ? Comment partageons-nous le processus décisionnel avec nos patientes mieux renseignées sur l'emploi d'une technologie de plus en plus complexe ?

La diminution du nombre d'enfants rend les grossesses et les accouchements d'autant plus importants. L'accent mis sur la participation des femmes à l'accouchement dans des conditions appropriées font que celles qui ne « réussissent » pas à accoucher de façon idéale se sentent privées d'une expérience qui ne pourra peut-être pas se renouveler. La crainte de l'accouchement a été remplacée par des attentes quelque peu irréalistes d'un accouchement parfait, ce qui entraîne comme corollaire des sentiments d'anxiété et de honte si cet idéal n'est pas atteint.

RÔLE DE MÈRE

Être mère de tout jeunes enfants ou d'enfants en bas âge signifie, de nos jours, adopter des comportements selon de nouvelles normes sans avoir accès à l'expérience de celles et ceux qui nous ont précédés ni pouvoir compter sur un soutien social satisfaisant. Dans une société pluraliste et d'évolution rapide quant aux modes de vie, les attitudes vis-à-vis de l'éducation des enfants ne sont pas les mêmes pour tous. Comment ne pas se laisser envahir par les enfants tout en leur laissant suffisamment de territoire ? Comment ne pas les terroriser par des exigences au delà de leurs capacités tout en les stimulant et en les aidant à se réaliser ? Les parents craignent que leur façon d'agir ne soit jamais la bonne : ils ne sont jamais certains d'adopter le comportement adéquat.

La période du mariage où surviennent les jeunes enfants est celle qui entraîne le plus d'insatisfaction chez chacun des membres du couple (ROLLINS et CANNON, 1974). Puisque la mère est considérée comme l'élément central dans l'éducation des enfants, les femmes sont particulièrement vulnérables dans cette étape de vie, se sentant alors fatiguées et anxieuses.

30.3.5. FEMME ADULTE (DE 30 À 50 ANS)

TRAVAIL

Pour les femmes qui ont toujours travaillé, ces années sont les plus productives puisqu'elles ont atteint déjà un certain niveau de compétence et de savoir. C'est au cours de ces années cependant que ces femmes courent le plus de risques d'être confrontées à la réalité de rester toujours au second rang dans une société dominée par les hommes. Au Canada, les femmes gagnent un revenu qui équivaut en moyenne à 67 % de celui des hommes. Elles sont moins rémunérées pour le même emploi et le même nombre d'années de service.

Plusieurs femmes sont conscientes de cet état de fait et tentent sans cesse de le dénoncer ouvertement, tandis que d'autres ont tendance à exprimer leur frustration à travers des troubles physiques et psychologiques qui les amènent en consultation clinique. Enfin, pour d'autres encore, le sentiment de manque de confiance en soi ou de respect de soi n'est pas toujours reconnu comme étant le résultat d'attitudes sociales mais plutôt de problèmes personnels.

Les femmes au travail qui ont choisi de revenir à la maison à plein temps pour éduquer leurs enfants et qui sont maintenant à l'étape du retour sur le marché du travail doivent envisager un recyclage ou une nouvelle formation. Cette expérience peut créer des conflits qui relèvent du passage de l'état de femme compétente à la maison à celui d'étudiante ou d'employée à ses débuts sur le marché du travail.

Il est aussi connu que les femmes ne sont pas promues facilement à des postes de hautes responsabilités comme le sont les hommes. Quand elles réussissent à obtenir un poste élevé, elles doivent apprendre à manœuvrer avec le pouvoir et l'autorité — un rôle auquel elles ne sont pas habituées. Une femme cadre peut aussi se trouver dans la situation étrange et quelque peu aliénante d'être la seule femme à occuper ce poste de prestige, dans l'entreprise où elle travaille, se sentant parfois isolée parmi ses collègues masculins.

MARIAGE

Les crises conjugales surviennent fréquemment après quelques années de mariage, quand les enfants grandissent et que les conjoints sont confrontés à toutes sortes de pressions : le sentiment de devenir étrangers l'un à l'autre, chacun s'étant développé selon une trajectoire différente ; le sentiment que son-sa partenaire est plus proche des enfants que soi ; le sentiment que l'autre n'est plus aussi aimant ou n'est plus l'idéal de l'être aimé ; le sentiment d'être peu satisfait de soi-même et de ses accomplissements.

C'est aussi la période du blâme de la part du conjoint : soit que la femme n'ait pensé à se réaliser qu'à travers son mari et que ce dernier ne s'intéresse

plus à elle, soit que l'un des conjoints se soit laissé aller dans une relation de dépendance, ou encore que les besoins de réalisation personnelle de la femme deviennent de plus en plus importants. Cette période de crise pourra favoriser ou défavoriser l'un ou l'autre ou chacun des membres du couple selon le mode de résolution du conflit.

CÉLIBAT

Si une femme est divorcée, veuve, n'a jamais été mariée ou est homosexuelle, elle trouvera fort pénible de se sentir évaluée en se comparant avec des femmes mariées. Quoique les femmes lesbiennes réussissent mieux que les hommes homosexuels dans la formation de relations à long terme, elles développent souvent une ambivalence marquée et une attitude d'autodévalorisation en raison de leur style de vie. Toute femme célibataire a probablement besoin de se faire confirmer dans ce qu'elle est, de se sentir mieux acceptée socialement et d'être encouragée à considérer les autres femmes comme des personnes de valeur elles aussi.

Le statut de femme célibataire a longtemps entraîné des restrictions sociales qui forçaient toute femme seule à s'isoler chez elle. Même si ces normes se sont assouplies depuis quelques années, les dangers d'agression physique restent toujours aussi présents. Il est difficile pour une femme ou un petit groupe de femmes d'être en sécurité dans les lieux publics ou des endroits de villégiature. Leur présence suscite encore tout genre d'agressions sexuelles.

DIVORCE

Le divorce est souvent fort difficile à vivre pour les femmes parce que la plupart du temps elles prennent en charge les enfants, même dans les cas où la cour attribue aux deux parents la garde dite alors partagée (partagée quant aux décisions et non quant au lieu d'habitation). Les femmes doivent donc éduquer les enfants et s'occuper de leurs besoins quotidiens en comptant souvent sur très peu de ressources financières, plusieurs pères négligeant souvent de payer leur part. Les femmes divorcées avec des enfants sont souvent isolées et vivent dans un état appauvri par rapport à leur statut social antérieur.

VIE DE FAMILLE

Les femmes entre 30 et 50 ans sont d'ordinaire des mères d'adolescents. Il est généralement difficile pour des parents d'accepter cette période où l'adolescent tente de devenir autonome en oscillant entre la dépendance et l'indépendance. Il est encore plus difficile pour les mères célibataires et les mères qui n'ont vécu que pour leur famille, de se sentir dévalorisées par leurs enfants dans leur processus de croissance ou encore de se sentir devenir inutiles après leur départ.

À cette période, un ou deux des parents ou des beaux-parents de la femme peuvent aussi nécessiter des soins. Cette situation peut réactiver bien des conflits surtout si la relation avec le ou les parents en question n'a pas été très heureuse auparavant. La mort d'un parent éveille aussi chez la femme une profonde perception de sa propre mortalité, ce qui peut l'amener à souhaiter changer sa vie avant qu'il ne soit trop tard.

RÉSEAU D'AMIS

Les femmes entretiennent d'ordinaire plus de liens affectifs entre elles tout le long de leur vie que la plupart des hommes entre eux. Durant cette période de 30 à 50 ans, elles se sentent souvent plus conscientes d'elles-mêmes et plus féministes dans leurs aspirations. Quand on aide des femmes qui se plaignent d'ennui et de solitude et qui éprouvent des difficultés à accepter la perte de leurs parents ou de leurs enfants, il faut certes penser aux groupes de femmes comme source possible de compagnonnage, d'estime de soi, de soutien réciproque.

ASPECTS PHYSIOLOGIQUES

Cette période est d'ordinaire sans problème de ce côté puisque les grossesses sont terminées et que la ménopause n'est pas encore arrivée. Cependant, certaines crises peuvent survenir entre 30 et 50 ans ; les grossesses accidentelles avec la décision d'avorter ou de garder un enfant plus ou moins désiré ; l'essai tardif de résoudre des problèmes d'infertilité qui ne répondront peut-être plus aux traitements ; la ménopause prématurée souvent en raison d'une ovariectomie accompagnée de maladies sérieuses ; le cancer du sein qui est souvent fatal s'il survient avant l'âge de 50 ans. Bref, tout changement dans l'apparence physique de la femme ou tout problème susceptible d'affecter subjectivement son impression d'intégrité physique peuvent causer une dépression ou des tensions chez la femme.

30.3.6. FEMME MÛRE (DE 50 À 65 ANS)

ASPECTS PSYCHOPHYSIOLOGIQUES

Quoique les symptômes de la ménopause commencent d'ordinaire vers la fin de la quarantaine, la plupart des femmes cessent d'être menstruées entre 50 et 55 ans. Comme il en va de la période de tension prémenstruelle, ainsi en va-t-il de la ménopause ; il y a de grandes divergences d'opinions médicales qui circulent quant à la possibilité de traiter la ménopause comme un phénomène physiologique d'abord. Il y eut un temps où les problèmes rapportés par les femmes étaient attribués à leur sentiment de perte de jeunesse, de beauté et de fertilité. Plus récemment, on a constaté que le traitement par les hormones œstrogéniques avait de bons effets tant sur le plan physiologique que psychologique.

L'opinion actuelle oscille entre les avantages d'une thérapie de remplacement aux œstrogènes à court et à long terme (sentiment de bien-être et diminution possible de l'ostéoporose sénile, des bouffées de chaleur et de la sécheresse des muqueuses) et le danger minime mais possible de carcinome de l'endomètre. Plus de 75 % des femmes ressentent les deux signes majeurs qui sont reliés de façon évidente au manque d'œstrogènes : les bouffées de chaleur, causées par un excès d'hormones lutéinisantes non inhibées lorsque le taux d'œstrogènes est très bas, et le prurit vaginal et vulvaire associé à une atrophie épithéliale des muqueuses. Ces symptômes peuvent durer d'un an à cinq ans ; mais l'inconfort qu'ils occasionnent varie en fréquence et en intensité de même que selon la capacité de la femme à les tolérer. Plusieurs femmes se méfient de la thérapie de remplacement aux œstrogènes, non seulement parce que l'information objective parle de dangers dans son emploi, mais aussi parce qu'elles veulent s'assurer que la décision de les prendre vient d'elles. Pas plus de 15 % des femmes en période de ménopause prennent des œstrogènes.

Pour la plupart des femmes, l'instabilité psychologique lors de la période de la ménopause semble secondaire aux troubles occasionnés par les changements physiologiques. Cependant, quelques-unes se plaignent aussi de réactions émotionnelles et cognitives : difficultés à se souvenir de nouvelles connaissances, variabilité de l'humeur, perte de l'estime de soi, particulièrement chez celles dont le corps vieillissant est un rappel douloureux de la perte de l'attrait féminin.

La ménopause peut entraîner un changement radical dans l'équilibre d'une femme auparavant bien adaptée, comme a pu le faire la période de puberté chez d'autres. Plusieurs femmes ont besoin de compréhension, de méthodes d'aide plus appropriées sur les plans physiologique et psychologique, pour passer à travers cette étape de la vie.

VIE DE FAMILLE

Entre 50 et 65 ans, pour celles qui ont eu des enfants, il y a d'ordinaire une période d'ajustement à leur absence. Le « nid vide » est souvent moins problématique que l'on a pensé, en autant que la femme puisse compenser le sentiment inévitable de regrets qu'une certaine période de la vie soit déjà passée. Elle éprouve souvent un soulagement d'avoir plus de temps à elle pour poursuivre ses propres intérêts et pour jouir de la vie sans trop de responsabilités.

Pour les couples, un ajustement est nécessaire à la vie sans enfants, une bénédiction dans quelques cas, une déception dans d'autres, surtout pour ceux qui découvrent qu'ils dépendaient de leurs enfants, plutôt que de l'un et de l'autre, pour le compagnonnage et les satisfactions de la vie de famille.

Pour les femmes célibataires avec enfants, cette période peut se révéler difficile, car elles doivent alors se décider à chercher d'autres compagnons ou d'autres activités pour combler leur solitude.

Le sentiment de productivité qui marque cette période de la vie (ERIKSON) devrait être élevé chez les femmes qui sentent avoir réussi comme mères, lorsqu'elles constatent que leurs enfants ont eux-mêmes une vie productive et jouissent de relations agréables. Peut-être que ce sentiment de productivité est particulièrement puissant chez celles qui deviennent grands-mères et qui peuvent se projeter dans le futur à travers la génération suivante. De plus, la relation mère - enfant peut devenir fort satisfaisante à cette étape si les deux parties arrivent à créer une nouvelle façon d'entrer en relation en tant qu'adultes.

Le besoin de productivité se manifeste de différentes façons ; plusieurs femmes sans enfant ont réussi à développer des amitiés durables avec des personnes plus jeunes dans leur famille, à leur travail ou dans leurs relations sociales, amitiés qui comblent bien ce besoin de confirmer l'autre dans ses capacités.

TRAVAIL

Pour les femmes qui sont entrées ou retournées sur le marché du travail relativement tard dans leur vie, cette période de 50 à 65 ans peut engendrer l'impression d'avoir été privées d'une expérience importante parce qu'elles n'ont pas été capables d'aller aussi loin qu'elles l'auraient souhaité. Cette sensation de manque de temps entraîne chez elles et dans leur milieu un état de tension non favorable à l'harmonie des relations. Pour plusieurs femmes cependant, c'est à ce moment qu'elles obtiennent des postes de commande ou de prestige dans le champ où elles évoluent depuis plusieurs années.

Pour elles comme pour les hommes, les dernières années de cette période de vie impliquent un ajustement à une retraite éventuelle, laquelle constitue une autre crise existentielle ordinairement accompagnée d'un sentiment transitoire de perte dans cette nouvelle réorganisation de la vie.

30.3.7. FEMME ÂGÉE (DE 65 À 75 ANS)

Après l'âge de 65 ans, il y a une augmentation marquée du nombre de femmes vivant seules (LAVOIE, 1982) ; en outre, 60 % de ces femmes vivent sous le seuil de la pauvreté. Ces faits constituent le fond de scène des difficultés traversées par les femmes dans cette période de vie.

CRISE PSYCHOPHYSIOLOGIQUE

Quoique la majorité des femmes continuent de voir à leurs propres besoins, plusieurs éprouvent les premiers signes de maladies qui iront en s'aggravant, dont les problèmes cardio-vasculaires ou arthritiques. À cet âge, les femmes commencent aussi à manifester les effets de l'ostéoporose postménopausique, comme les fractures de hanches et la cyphose dorsale. Quoique l'atrophie vagi-

nale devienne plus marquée avec l'âge, l'intérêt et le plaisir sexuels varient grandement selon les femmes.

CRISE PSYCHOSOCIALE

Cette période de vie entre 65 et 75 ans se caractérise souvent par des pertes de plus en plus nombreuses, allant de la perte progressive de sa santé jusqu'à celle du conjoint, de membres de la famille ou d'amis chers, ou encore de son statut de citoyenne active et productive. Un vaste réseau social permet à plusieurs de se réorganiser à la suite d'un deuil important. Les femmes sont d'ordinaire plus favorisées à cet égard que les hommes : leur facilité à établir des relations avec les gens qui les entourent leur donne un plus grand réseau de connaissances et d'amis en dehors du mariage.

Malgré tout, les femmes semblent prendre conscience que la vie a ses limites et plus d'un état d'âme est relié à cette finitude. Chez quelques-unes, cette réaction se manifeste par des projets concentrés de plus en plus sur le présent et le court terme. D'autres n'ont de cesse de faire la revue de leur vie, évaluant leurs succès, leurs échecs et leurs gains. Pour les femmes de cet âge, le deuil réel et symbolique devient le vécu quotidien.

RELATIONS FAMILIALES

Comme la vie des hommes est actuellement de six ans plus courte que celle des femmes (BRUNET et al., 1985), un grand nombre de femmes de 65 à 75 ans sont veuves. D'autres doivent alors prendre soin d'un conjoint plus âgé, malade.

Même si les personnes âgées n'ont plus d'enfants à la maison, la plupart restent en contact étroit avec eux. La qualité de cette relation dépend de ce qu'elle était par le passé. Un aspect important est la possibilité pour la mère et les enfants de renverser quelque peu les rôles à cette étape, la mère pouvant accepter de bénéficier des soins de ses enfants.

Pour venir en aide aux femmes de cet âge, le médecin doit être préparé non seulement à leur donner des recommandations spécifiques concernant un traitement, mais aussi à s'intéresser à leur vécu afin de les aider dans leurs réactions de deuil aux pertes tant externes qu'internes. Il a été démontré que l'isolement dû à un décès, particulièrement dans le cas d'un veuvage, augmente l'incidence de la maladie tant mentale que physique. Il importe donc que le professionnel de la santé soit sensibilisé à cet aspect de deuil dans la vie des personnes âgées.

30.3.8. VIEILLE FEMME (75 ANS ET PLUS)

On devrait se souvenir que plusieurs personnes atteignent maintenant leur quatre-vingtième anniversaire dans un état de santé qui leur permet de vivre d'une façon relativement indépendante et constructive. Mais que ce soit dans la quatre-vingt-dixième plutôt que dans la soixante-dixième décennie, la perte progressive d'autonomie se fait sentir de même que les besoins de services de plus en plus importants. (On prévoit par exemple, dans la conception de logements pour personnes âgées, une transformation progressive de l'édifice à étages, permettant de donner des services aux personnes en perte d'autonomie.)

DÉPENDANCE

S'adapter à une dépendance accrue par rapport aux autres — soit les enfants, soit le personnel de maison pour personnes âgées ou d'institution de soins chroniques — revêt pour la plupart des personnes âgées l'aspect le plus handicapant de cette dernière période de vie. Dans le passé et dans certaines cultures, la personne âgée était ou est encore sous l'entière responsabilité de la famille.

Dans notre société contemporaine occidentale, avec le vieillissement de la population, la famille restreinte au couple et l'appropriation gra-

duelle des problèmes familiaux par l'État, chacun de nous doit se pencher sur la problématique de l'aide à la personne âgée pour y apporter des solutions nouvelles appropriées. Nous nous orientons vers l'utilisation des services publics, ce qui auparavant aurait été vu comme l'abandon à la fois de l'aïeul-e et de nos responsabilités. En cette période de changements de valeurs et d'habitudes, nous voyons trop de familles attendre trop longtemps pour s'adresser aux services publics affectés à l'aide à apporter aux vieillards. Ce sont ces familles épuisées qui posent le geste de désespoir qu'est celui de l'abandon d'un des leurs à l'urgence de l'hôpital.

Il est certes favorable pour la personne âgée d'être maintenue dans son environnement familial. Mais ce maintien à domicile ne doit pas se faire aux dépens des activités normales des autres membres de la famille. Une solution épuisante n'est valable qu'à court terme. Une réévaluation du problème s'impose pour trouver des solutions plus appropriées.

Il est essentiel et même vital que la personne âgée ne se sente pas abandonnée des siens. Si la solution est de la placer dans un autre milieu, il importe que la famille encourage ceux et celles qui s'en occupent à continuer de s'intéresser à celle des leurs qui y vit.

L'insécurité est un problème important en vieillissant et plus d'une personne âgée, même en bonne santé, s'est sentie soulagée, malgré la perte de son milieu familial, de se retrouver dans un endroit protégé avec d'autres personnes de son âge.

SOLITUDE

L'aspect le plus difficile de cette étape de vie est l'impression de plus en plus persistante que l'on a perdu et que l'on continue de perdre ses amis ou ses parents, les plus anciens et les plus chers. Quelquefois on est même frappé par la mort d'un enfant qui précède la sienne. Il n'est pas toujours possible, ou encore facile d'accepter de remplacer ces pertes. C'est probablement la raison principale pour laquelle le taux de suicides chez les personnes âgées est le plus élevé parmi tous les groupes d'âges.

APPROCHE DE LA MORT

La mort n'est d'ordinaire pas désirée dans une vie active ; mais pour ceux qui ont eu une vie satisfaisante et réussie, la mort est probablement acceptée comme un dénouement inévitable d'une vie bien vécue. Pour ceux qui souffrent d'un problème physique ou moral, en raison de pertes variées, la mort peut même devenir un soulagement. Souvent les personnes qui n'ont pas eu une vie satisfaisante sont celles qui ont le plus de regrets par rapport aux tâches non réalisées, et celles qui appréhendent la mort dans l'amertume. Les vieillardes qui perçoivent la mort comme une fin normale à la suite d'une vie menée à bien jouissent de stabilité affective.

* * *

En décrivant les cycles de vie de la femme, nous les avons répartis selon des périodes d'âges approximatives. Évidemment, certaines femmes traversent ces étapes à des âges différents, comme dans le cas de la femme qui subit une hystérectomie très tôt dans sa vie d'adulte, ou encore celle qui devient sénile à un âge relativement jeune. Les cycles de vie chez la femme ressemblent autant à ceux de l'homme qu'ils en diffèrent. On doit donc savoir reconnaître les stresseurs qui sont plus spécifiques aux femmes tout comme les mécanismes d'adaptation qui leur sont particuliers. Le médecin peut avoir un rôle déterminant à jouer par l'intérêt approprié qu'il portera aux aspects de la symptomatologie reliés à une période critique de la vie de la patiente.

30.4.
STÉRÉOTYPES SEXUELS ET MALADIES CHEZ LA FEMME

30.4.1. MÉDECINE GLOBALE ET MÉDECINE SCIENTIFIQUE

Le débat cherchant à déterminer si le mal est dans le corps ou dans l'esprit n'est pas terminé. La médecine a été holistique jusqu'à ce qu'elle devienne scientifique. Le modèle positiviste s'est construit sur la doctrine qu'une maladie avait une étiologie spécifique ; mais avec l'expérience, on constate qu'elle a plus d'une cause et que divers facteurs l'influencent, tant des facteurs facilitateurs qu'inhibiteurs du processus pathogène. La contribution des aspects psychosociaux devient de plus en plus évidente. Cependant, il semble que leur compréhension est inégale tant entre médecins et patients qu'entre les médecins eux-mêmes.

Les patientes viennent au cabinet de consultation pour une douleur, une sensation physique. Le médecin doit alors en examiner et en évaluer l'origine physique. Diagnostiquer si la souffrance a un lieu de localisation dans le corps donne à cet acte médical une connotation sociale. La personne est souvent soulagée de trouver une raison physique à son mal, craignant que ce mal ne soit interprété comme une preuve de perte de contrôle de ses émotions (ou de son environnement) : être folle et perdre le contrôle sont synonymes pour plusieurs.

Selon la patiente, la définition qu'elle a attribué à son malaise a toutes les chances d'être physique si elle a consulté un médecin. Que le mal soit redéfini par celui-ci en termes non physiques est bien souvent mal accueilli par la patiente, tout comme le fait pour le clinicien d'en rester à l'étape du symptôme suscite également le blâme. Les femmes se plaignent soit de ne pas être aidées pour résoudre leurs maux physiques si on les a attribués à des causes psychologiques, soit de n'avoir pas eu le secours nécessaire dans leurs problèmes de vie si on se limite à leurs problèmes somatiques.

Si le médecin ne voit pas le diagnostic comme un processus relationnel qui se déroule dans le temps, il se trouvera dans une situation paradoxale avec plus d'un patient. Qu'il s'occupe des problèmes de vie plutôt que de la plainte physique ou qu'il s'en tienne aux phénomènes biologiques aux dépens des aspects personnels, le médecin sentira un malaise relationnel s'il n'adapte pas ses évaluations et ses interventions aux réactions de la patiente tout au cours des rencontres. ENGELS a bien souligné ces aspects lorsqu'il a comparé l'approche cartésienne du médecin qui se veut objectif à l'approche globale du nouveau modèle qu'il propose.

SOMATISATION, HYPOCONDRIE ET ANXIÉTÉ

Dans une revue des études épidémiologiques sur l'anxiété et la panique, WEISSMAN et MARIKANGAS (1986) ont constaté une incidence de ces maladies de 4 à 8 % dans diverses populations. De tels problèmes surviennent surtout chez les femmes, les jeunes et les moins éduquées. L'anxiété a aussi un lien avec l'incidence de la maladie dépressive et ces maladies apparaissent dans les mêmes familles. Elles sont aussi plus associées à des troubles de somatisation et d'hypocondrie.

Les troubles de somatisation constituent les 20 à 84 % des raisons de demandes de soins dans les cabinets de médecins et les femmes en sont les principales victimes. Il est donc prévisible que les médecins soient fréquemment confrontés avec des femmes qui ont mal, qui ont peur, qui ne savent plus où elles en sont et pour lesquelles le processus diagnostique a plus d'une facette.

Si les femmes vivent plus longtemps que les hommes, elles ont à peu près le même nombre d'années de vie en bonne santé qu'eux. Au Québec, en 1980, un homme de 35 ans avait une espérance de vie en bonne santé de 28,6 années, la femme de 29,4 années, l'espérance de vie de la femme dépassant de 6 ans celle de l'homme, dans un état malade cependant.

Malgré l'effort de précision des définitions auquel se sont attardés les auteurs du DSM-III, la douleur psychogène, les troubles de somatisation et l'hypocondrie ne sont pas faciles à distinguer par les médecins. Ces troubles sont généralement perçus comme des signes de faiblesse dans les mécanismes de défense d'un individu et réservés au sexe « faible ». Son diagnostic chez une personne a plutôt un effet dévalorisant sur la perception de soi.

Une personne qui ne peut verbaliser son conflit, soit en raison d'un manque de mots, soit en raison d'une situation trop contradictoire, ne peut exprimer son désarroi que par ses cellules. Elle somatise en attendant de pouvoir un jour se sortir de la situation qui l'immobilise, si ce jour vient. Ou encore elle se dissocie de ses conflits par des comportements hystériques réservés d'ordinaire aux individus de deuxième classe. La dissociation ne se produit pas chez celle qui a le pouvoir de reformuler la relation dans laquelle se situe le conflit ou qui a l'habitude du pouvoir d'action plutôt que de culpabilisation.

30.4.2. MALADIES DU SYSTÈME REPRODUCTEUR

Le fonctionnement du système reproducteur de la femme n'est pas seulement un lieu de somatisation, il est aussi le site de manifestations diverses aux sens multiples dont les secrets ne sont pas tous connus.

PROBLÈMES RELIÉS AU CYCLE MENSTRUEL

Flux menstruel

La menstruation a encore une connotation péjorative parmi les hommes et les femmes. De 30 à 90 % des écolières auraient des problèmes menstruels, les principaux étant la dysménorrhée et l'aménorrhée. Dans l'ensemble de la littérature, les recherches sur la menstruation sont encore rares ; on s'en tient aux mythes et à la tradition verbale.

Par définition, les troubles menstruels incluent :
— les troubles prémenstruels ;
— l'aménorrhée, primaire et secondaire ;
— l'oligoménorrhée ;
— l'hypoménorrhée ;
— la polyménorrhée ;
— la ménorrhagie ;
— la dysménorrhée spasmodique ou congestive.

C'est le « mensuel » de la femme (en opposition au quotidien), la menstruation. Un retard entraîne vite l'inquiétude en cas de méthodes non hormonales de contraception. Un excès est plutôt embarrassant dans une vie active. La cessation des règles après quelques mois devient un problème médical pour lequel il faut consulter ; elle peut aussi être le signe d'une ménopause précoce avec une autre série de mythes qui y est rattachée.

Somme toute, la présence ou l'absence de menstruation doit sans cesse être décodée, mais ce décodage se fait d'ordinaire dans l'isolement et le secret. Le médecin peut être d'une grande aide aux femmes en reconnaissant la complexité de ce phénomène comme l'embarras qu'il crée chez celle qui consulte.

Tension prémenstruelle

C'est l'un des troubles qui attirent le plus l'attention actuellement et l'on en a fait un diagnostic à part dans le DSM-III révisé, pour permettre de mieux cerner le syndrome. Il s'agit encore d'un syndrome mal défini et nous devons l'aborder avec l'idée que nous en sommes encore à l'étape des hypothèses à vérifier. En anglais, on utilise le terme *premenstrual syndrome* pour décrire cet état. Pour notre part, vu le manque de clarification de cette entité, nous préférons parler de « changements pré-

menstruels ». Le *National Institute of Mental Health* (NIMH) a énoncé, en 1983, les critères suivants pour décrire le syndrome prémenstruel :
1) une baisse marquée d'intensité (environ 30 %) des symptômes décrits plus bas, observée à partir du jour cinq jusqu'au jour dix du cycle, comparativement à l'intervalle des six jours avant le début des menstruations ;
2) l'observation de ce changement pendant au moins deux cycles consécutifs.

En phase prémenstruelle, de 20 à 30 % des femmes manifestent des changements physiques ou d'humeur modérés et 50 %, des changements légers ; il semble que 5 % présentent des changements sévères. Y a-t-il un rapport entre ces changements prémenstruels et les troubles psychopathologiques ? Pour le moment, les liens entre les fluctuations hormonales et d'humeur n'ont pas encore été clairement établis. On a voulu attribuer à la tension prémenstruelle une incidence plus marquée de suicides ou de décompensations psychotiques chez certaines femmes prédisposées.

Les **symptômes** le plus souvent rapportés d'après HAMILTON *et al.* (1984) sont les suivants :
1) **psychologiques** — de la dysphorie, de l'anxiété et de la tension, de la léthargie et de la somnolence, de l'irritabilité, de l'hostilité, une humeur dépressive, des pensées dévalorisantes, des troubles obsessionnels à propos de la nourriture, etc. ;
2) **somatiques** — douleurs abdominales ou sensibilité des seins, gonflement ou œdème, céphalées ou changement vasculaire, troubles allergiques ou cutanés et tendance aux accidents ;
3) **comportementaux** — l'évitement de contacts sociaux, un changement dans les routines quotidiennes, des pleurs inusités.

Ces auteures donnent un guide pratique pour l'évaluation et le traitement des changements prémenstruels. Elles le subdivisent en trois parties :
1) clarification de l'expérience et validation des plaintes ;

2) indications pour une consultation ou une évaluation plus poussées ;

3) indications pour un traitement quand les symptômes sont confirmés et persistent.

Pour le médecin généraliste, la première partie nous semble fort importante et se présente comme suit :

- La patiente doit procéder à une auto-observation avec une méthode de journal quotidien pendant au moins deux mois, de préférence trois (L.R. REID, 1985).

- La patiente doit jouer un rôle actif, ce qui lui donne le sentiment de participer à son traitement et d'avoir un meilleur contrôle sur les symptômes.

- Durant la période d'évaluation de deux à trois mois, le principe thérapeutique majeur est d'abord de ne pas nuire. Les recommandations générales peuvent inclure :

  — des améliorations dans la diète quotidienne par des repas équilibrés accompagnés de fruits et de légumes, des collations avec une bonne quantité de protéines ou des repas à de plus courts intervalles, la diminution de l'emploi du sucre, du sel, de la caféine, de l'alcool et de la cigarette durant la période prémenstruelle ;

  — de l'exercice physique plus régulier ;

  — la possibilité de diminuer les stresseurs ou de favoriser le recours aux techniques de détente ;

  — des traitements plus spécifiques tels que les vitamines, les diurétiques, etc., qui sont laissés à la discrétion du clinicien car ils n'ont pas encore été prouvés scientifiquement efficaces.

La *Revue canadienne de psychiatrie* a fait de ce syndrome le thème principal de son numéro de novembre 1985. Un des auteurs, WILLIAM R. KEYE, mentionnait que tous les traitements précités restaient non fondés scientifiquement ; il les subdivisait en trois catégories :

1) traitement orienté vers les symptômes, tels les anxiolytiques, les antidépresseurs, les alkaloïdes de la belladone, les analgésiques, l'exercice physique et le changement dans l'alimentation ;

2) traitement orienté vers une présumée étiologie, comme les vitamines (B_6), les diurétiques, les agonistes de la dopamine (bromocriptine), la progestérone, etc. ;

3) traitement orienté vers un cycle anovulatoire.

KEYE concluait à l'imprécision du traitement de ce syndrome devant la multitude de traitements dont l'efficacité n'a pas encore été vérifiée systématiquement. Il attribuait cette incertitude au fait que certains croient que le syndrome prémenstruel est dû à une anormalité métabolique ou neuroendocrinienne, tandis que d'autres l'imputent à une réponse anormale de l'organisme à un cycle menstruel normal. Mais il faisait remarquer l'importance de reconnaître le syndrome malgré le manque de certitude dans le traitement, et d'amener la patiente à développer ses forces du Moi pour supporter ces malaises encore mal connus scientifiquement.

À notre avis, il semble indiqué pour le médecin de connaître les centres de recherche sur ce syndrome, afin d'y référer surtout les cas sévèrement ou moyennement touchés. Les gynécologues recommandent généralement comme source d'information les deux revues récentes de la littérature sur le sujet, l'une écrite par K. DALTON (1983) et l'autre par L.R. REID (1985).

GROSSESSE ET ACCOUCHEMENT

Nous avons discuté des différents aspects de la grossesse à la section 30.3.4. et nous y dénoncions les rapprochements trop fréquents entre médicalisation et attitudes non humanistes quand il s'agit de l'accouchement à l'hôpital : être scientifique ne veut pas dire être déshumanisé. Le non-recours à la médecine se ferait au détriment de la femme, mais la médecine devra de son côté développer des services plus appropriés au vécu des femmes durant la période si importante de la grossesse, de l'accouchement et du post-partum.

L'intégration de tous les services reliés aux étapes de reproduction dans la vie des femmes, des couples et des familles permettrait une prévention de bien des troubles, si fréquents durant cette période. La multitude de stresseurs et les moments de crise rendent propice la création de bonnes ou de mauvaises habitudes ; une approche humaniste pourrait avoir un effet d'entraînement sur le maintien ou le développement de bonnes relations intrafamiliales. L'équipe clinique pourrait établir des rapports de confiance avec la patiente et sa famille dès le début de la grossesse et les maintenir pendant les deux premières années du nouveau-né. La participation active du père aux soins des jeunes enfants pourrait mieux se faire s'il avait déjà été intégré aux étapes de la grossesse et de l'accouchement et s'il pouvait joindre les mêmes personnes-ressources en cas de problèmes dans les soins à donner au nouveau-né. Un lieu unique, comme un *centre des naissances*, permettrait des rencontres entre parturientes et cliniciens, basées sur le souci du maintien de la santé plutôt que sur la disparition des symptômes seulement.

Les troubles relationnels de la mère avec son enfant, qu'elle vive avec son conjoint ou seule, qu'il y ait eu prématurité ou handicap chez l'enfant, qu'il y ait eu insémination artificielle ou « emprunt d'utérus », font partie bien sûr des problématiques à considérer dans un tel regroupement de services (KLAUS *et al.*, 1972). Ici nous nous en tiendrons à la psychose post-partum et aux problèmes psychiatriques qui affectent principalement les femmes.

PSYCHOSE POST-PARTUM

S'agit-il d'une entité ? Quelle est la relation entre la grossesse et les troubles psychiatriques ? Y a-t-il des troubles psychiques exclusifs à la période puerpérale ? Est-ce que la psychopathologie diffère des autres uniquement par le moment d'apparition ?

Les tenants de l'école anglaise parlent de troubles spécifiques au post-partum et les répartissent en trois groupes : 1) la période des « bleus », 2) la réaction névrotique et 3) la psychose. Les Américains, pour leur part, ne distinguent pas ces troubles des autres troubles psychiatriques. Mais ils reconnaissent aussi la période des « bleus » de la maternité.

Ces changements d'humeur commencent le troisième jour après l'accouchement et durent au maximum deux semaines. Les symptômes touchent de 50 à 70 % des femmes et sont, par ordre décroissant d'importance : l'insomnie, les pleurs, la dépression, la fatigue, l'anxiété, la céphalée, un manque de concentration et de la confusion. La majorité des femmes s'améliorent après deux semaines, mais chez quelques-unes cette réaction se transforme en dépression névrotique et même parfois en psychose.

Durant les épisodes psychotiques qui surviennent dans les semaines suivant l'accouchement, on a constaté :

1) que les femmes qui ont déjà fait un épisode de maladie maniaco-dépressive, aigu ou bipolaire, présentent des risques plus élevés ;

2) qu'une femme qui a déjà fait une psychose post-partum présente de plus grands risques de développer une maladie affective ou de refaire une psychose post-partum ;

3) que les facteurs de stress durant la grossesse et après l'accouchement augmentent la vulnérabilité de la femme au développement d'une psychose durant cette période (GARNEY *et al.*, 1983 ; LITTLE *et al.*, 1981 ; O'HARA *et al.*, 1983 ; KENDELL *et al.*, 1987).

Les facteurs de risques seraient :
— la primiparité ;
— l'accouchement par césarienne ;
— une mort périnatale ;
— le célibat ;
— des psychoses antérieures, post-partum ou autres, sauf la schizophrénie.

Il importe de se rappeler que la psychose post-partum survient surtout dans les 30 jours suivant l'accouchement, mais que les risques demeurent fort élevés dans les 90 jours et quelque peu élevés dans les deux années subséquentes. Dans certaines études, on parle d'un taux allant jusqu'à 17 ou 19 % de cas avec un diagnostic bien fondé. Dans ce processus diagnostique, on ne doit pas se contenter simplement de confirmer la présence du syndrome psychotique : il faut, autant que possible, déterminer les facteurs de stress du milieu. La confusion est un symptôme fréquent dans les épisodes dépressifs lors du post-partum.

On doit surtout se rappeler que la relation enfant - parents peut être grandement touchée par ces épisodes dépressifs. Comme il est fort difficile pour la mère de venir en traitement à la clinique externe ou au bureau, il est nettement plus indiqué qu'un membre du personnel soignant se rende à domicile dans ces circonstances. De telles visites permettront un soutien simultané à la personne déprimée et à son entourage, et contribueront à l'évolution progressive de la relation mère - enfant, parents - enfant.

MÉNOPAUSE

Comme nous l'avons mentionné plus haut dans le stade de la femme mûre, les symptômes psychiatriques, s'ils existent, ne peuvent disparaître avec l'hormonothérapie. Une amélioration de l'humeur peut être observée cependant avec l'administration d'hormones ovariennes chez les femmes qui ne présentent pas de signes pathologiques de dépression ni d'anxiété. Il faut cependant éviter de faire croire aux femmes à leur retour d'âge que les hormones auront raison de tout problème. D'autre part, on doit continuer à suivre les recherches sur la prévention de l'ostéoporose avec ou sans exercice physique, avec ou sans surplus de calcium. L'utilisation des androgènes associés aux œstrogènes reste aussi à évaluer. Dans l'état actuel des connaissances

médicales, il est accepté scientifiquement que les œstrogènes ont comme symptômes cibles les bouffées de chaleur et la sécheresse des muqueuses.

30.4.3. MANIFESTATIONS FÉMININES DES MALADIES PSYCHIATRIQUES

*SCHIZOPHRÉNIE**

La *Revue canadienne de psychiatrie* a publié les conférences présentées lors d'un symposium sur le sexe et la schizophrénie, tenu en août 1985. Voici quelques thèmes qui se dégagent des textes. Une revue des recherches épidémiologiques confirme le fait que la schizophrénie est plus sévère et d'apparition plus précoce chez les hommes que chez les femmes. L'hypothèse d'un effet protecteur des œstrogènes par leur activité antidopaminergique semble de plus en plus évidente et expliquerait que les symptômes schizophréniques sont plus marqués chez les hommes. Les œstrogènes permettraient aussi plus de symétrie dans le développement du cerveau et dans sa capacité à se réorganiser à la suite des traumatismes de la grossesse ou de l'accouchement. La symptomatologie moins sévère chez la femme schizophrène porterait même à croire qu'elle développe des problèmes d'ordre affectif plutôt que schizophrénique.

MARY SEEMAN est d'avis que la femme serait protégée aussi contre les manifestations intenses de la schizophrénie par sa grande sociabilité. Chez les femmes qui ont développé cette maladie, on a effectivement constaté que, dans leur personnalité prémorbide, elles étaient plus timides et moins sociables dès leur jeune âge. Chez les hommes, on a noté plus d'agressivité et de gestes délinquants dans les années qui ont précédé l'apparition de la schizo-

---

* Voir aussi le chapitre 13.

phrénie. Ces observations impliqueraient que la sociabilité protège les filles et que l'hyperactivité est un facteur précurseur chez les garçons.

Par ailleurs, les attentes sociales moins élevées pour les femmes quant à la réussite professionnelle pourraient aussi constituer un facteur facilitateur chez les femmes schizophrènes en réduisant la pression à la performance. L'âge du début de la maladie étant plus tardif, elles sont aussi mieux intégrées dans leur milieu. Par contre, elles sont plus sujettes aux actes de violence des gens qui les entourent et ont plus tendance à être victimes de viol ou de grossesses non désirées.

Avec la longévité qui favorise les femmes, la désinstitutionnalisation et les grossesses plus fréquentes qu'auparavant chez les femmes souffrant de ce trouble, on peut s'attendre à une incidence plus marquée de la schizophrénie dans la population en général.

Quant aux troubles affectifs, on remarque une disproportion marquée en fonction du sexe dans l'incidence de la dépression unipolaire et des troubles phobiques et anxieux ; ils sont en effet deux fois plus nombreux chez les femmes que chez les hommes.

DÉPRESSION *

La tendance à faire des dépressions semble héréditaire, mais les preuves qui permettraient de localiser le gène de la dépression sur le chromosome X sont encore bien aléatoires. La relation entre dépression et hormone n'est pas non plus évidente. Par ailleurs, le terme même de « dépression » crée encore beaucoup de confusion. Il est fort difficile de distinguer le découragement momentané causé par des pertes qui entraînent un affect dépressif ou triste et une maladie dépressive. Même si les auteurs du DSM-III ont voulu clarifier les symptômes de la maladie dépressive, chaque femme

distingue mal la partie biologique de cette maladie de la partie circonstancielle incluant les attitudes devant les événements et les événements eux-mêmes.

La **chronicisation** de la dépression en effraie plus d'une. Les patientes se demandent si cet affect dépressif persistera, ou si elles pourront éliminer les rechutes dépressives en changeant leurs attitudes. Elles se dévalorisent en perpétuant la croyance qu'elles manquent de volonté ou de courage. Elles craignent d'être accusées d'aspirer aux bénéfices secondaires de la maladie si elles acceptent d'être traitées pour ce que les médecins appellent une dépression. Il y a encore très peu d'études qui nous permettent de recourir à des concepts clairs ou à des moyens concrets de prévention de la dépression et encore moins de la prévention de sa chronicisation (KLERMAN et al., 1984 ; ROUNSAVILLE et al., 1980).

Enfin, malgré l'évidence des conséquences nocives de la maladie dépressive d'un des parents sur les enfants (WEISSMAN, 1987), on n'en est encore qu'au traitement de la maladie une fois que le diagnostic a été posé. L'approche familiale qui permettrait aux membres de la famille de se protéger de la personne dépressive tout en restant en relation avec elle n'est pas encore entrée dans les habitudes des thérapeutes. Ils en sont encore souvent à opposer les origines biologiques aux origines psychologiques de la dépression.

Problèmes conjugaux

Le mariage protège mieux l'homme que la femme de la dépression. Par ailleurs, les célibataires ont plus de risques de faire une dépression que les gens mariés. Mais l'on constate que, dans le célibat, c'est la femme qui est la plus résistante à la dépression, tandis que dans le mariage c'est l'homme. BROWN et HARRIS (1978) ont aussi démontré qu'une relation détériorée dans le couple devient un facteur important de dépression. On constate que les troubles conjugaux sont fréquents

---

* Voir aussi le chapitre 15.

chez les gens déprimés. Sont-ils l'origine ou la conséquence de la maladie dépressive ?

KLERMAN *et al.* (1984) mentionnent qu'une recherche est en cours à leur centre pour déterminer si une thérapie de couple serait plus avantageuse qu'une thérapie individuelle dans les cas de dépression. Cette recherche pourra apporter une réponse au rôle des troubles conjugaux dans la dépression. Des recherches ultérieures pourront aussi jeter un meilleur éclairage sur les liens entre la maladie dépressive, les attitudes du sujet et les modes relationnels maintenus entre lui et son environnement.

Les autres facteurs de vulnérabilité à la dépression, d'après BROWN et HARRIS (1978), sont la présence de trois enfants de moins de 14 ans, l'absence de travail à l'extérieur et la perte de sa propre mère avant l'âge de 11 ans.

D'autres études ont fait état d'une chronicisation de la dépression chez les femmes qui ne travaillent pas à l'extérieur de la maison. L'attitude de désespoir qui caractérise une personne dépressive proviendrait non pas des difficultés encourues pour atteindre un but, ni même des échecs dans la poursuite de ce but, mais plutôt de la perte de confiance en soi d'arriver à un but d'importance au cours de sa vie. Lorsque les femmes et la société en général dévaluent le rôle de mère de famille et d'épouse et que des femmes se voient dans l'incapacité d'élargir leur champ d'activités, elles se jugeraient comme incompétentes pour toujours et deviendraient de ce fait plus vulnérables à la dépression, surtout si elles n'ont pas réussi dans leur rôle de mère.

Thérapies antidépressives

AARON BECK a mis l'accent sur l'aspect cognitif dans la dépression et a développé une approche thérapeutique qui semble faire ses preuves (voir le chapitre 42).

KLERMAN *et al.* (1984) ont pu prouver la supériorité du traitement biologique associé à la psychothérapie interpersonnelle (PTI) par rapport au traitement biologique ou psychothérapeutique seul ; les critères de cette thérapie sont très précis et bien décrits dans leur livre. Les patients qui souffraient de dépression non situationnelle, à caractère endogène, et qui ne recevaient qu'une forme de traitement, se sont plus améliorés avec les antidépresseurs qu'avec la PTI. Les personnes qui présentaient une dépression à caractère situationnel ont aussi bien réagi aux antidépresseurs seuls qu'à la PTI, mais se sont améliorées davantage avec les deux formes de traitement administrées simultanément.

Médicaments

On prescrit plus de tranquillisants mineurs et d'antidépresseurs aux femmes ! La question ici n'est pas d'affirmer qu'elles devraient moins en recevoir, mais de chercher à déterminer dans quel but et de quelle façon ces médicaments sont administrés. Plusieurs patientes ont été mal guidées dans l'emploi des médicaments, ayant appris à ne miser que sur eux non seulement pour l'amélioration de leur état mais pour les changements à apporter à leur vie. C'est l'expérience acquise dans le traitement de la douleur chronique qui s'applique ici dans la dépression chronique. Les médicaments ont un effet favorable plutôt que nocif à long terme, à condition de faire partie d'un ensemble thérapeutique et à condition d'être perçus par la patiente comme un moyen de diminuer l'impact de la maladie sur sa vie et non comme un moyen de contrôle de sa personne par le médecin.

La façon d'administrer les antidépresseurs n'a pas été étudiée de façon particulière, mais K. MOGUL (1985) nous rappelle à quel point il est important de présenter aux patients les antidépresseurs comme faisant partie d'un traitement global plutôt que comme seul traitement. En effet, un grand nombre de malades ne prennent pas leurs antidépresseurs tels que prescrits. Bien des femmes se sentent contrôlées par la médication plutôt qu'aidées par elle à retrouver le contrôle de leur situation de vie. Il serait par ailleurs malheureux qu'elles ne puissent profiter de cette aide biologique en croyant faussement échapper à une camisole chimique, comme trop souvent les médias le laissent croire.

PROBLÉMATIQUE SUICIDAIRE

On sait que les femmes font trois fois plus de tentatives de suicide que les hommes, mais que ceux-ci réussissent leur suicide trois fois plus souvent que les femmes. En 1981, au Québec, il y avait environ 34 hommes entre 25 et 34 ans par 100 000 habitants qui se suicidaient, tandis que chez les femmes le taux était de 10 par 100 000 habitants. D'autre part, on constate une hausse de suicides chez les femmes de 55 à 64 ans depuis une dizaine d'années : près de 15 femmes par 100 000 habitants se sont suicidées en 1981. Mais il reste toujours que les femmes font beaucoup plus de tentatives que les hommes et qu'elles meurent moins par suicide que ces derniers.

Il n'y a pas de données sur le nombre de menaces de suicide tant chez les hommes que chez les femmes. On sait toutefois que la majorité de ceux et celles qui tentent de se suicider, comme ceux et celles qui réussissent, souffrent d'une maladie mentale. On sait aussi que la maladie dépressive et l'acte suicidaire sont fortement associés. Les femmes souffrent de dépression de deux à six fois plus souvent que les hommes.

Si nous prenons l'angle anthropologique pour comprendre ces différences, nous pouvons émettre des hypothèses quant aux différences dans les aspirations et les comportements relationnels basés sur les stéréotypes sexuels. Est-ce que ce taux différentiel signifierait que les femmes sentent inconsciemment qu'elles peuvent miser sur la pitié des autres en ne perdant pas nécessairement leur statut de femme normale, alors que les hommes sentent qu'un geste d'appel à l'aide leur ferait perdre leur statut d'homme normal définitivement ? Le taux de suicides des femmes médecins, qui est aussi élevé que celui de leurs confrères masculins, confirme quelque peu cette hypothèse (*Am. J. Psychiatry*, 1981).

ALCOOLISME*

Dans un rapport de recherche, Louise Nadeau *et al.* (1984) rapportent que, chez les femmes alcooliques, on constate plus fréquemment la présence d'antécédents psychiatriques que chez les hommes alcooliques. Elles ont aussi commis plus de tentatives de suicide que leurs homologues masculins, observation qui doit être pondérée par la constatation que ce comportement est plus fréquent en général chez les femmes que chez les hommes. Cependant, cette variable distingue les femmes alcooliques des femmes non alcooliques.

Certains événements stressants ou des crises reliées à un passage de la vie (deuil, séparation) précipiteraient la consommation abusive d'alcool chez plusieurs femmes. Elles ont une plus faible estime de soi que les hommes alcooliques et que les femmes non alcooliques. Enfin, l'alcoolisme et la dépression ont une prévalence élevée chez ces femmes, mais l'association entre les deux phénomènes n'est pas clairement démontrée dans les documents consultés.

Il y a quatre fois moins de femmes que d'hommes qui souffrent d'alcoolisme. Leur alcoolisme est d'ordinaire familial et se transmettrait surtout de mère en fille. L'âge d'apparition de ce problème serait plus tardif que chez les hommes, soit 28 ans. Les femmes les plus jeunes, qui vivent seules, qui occupent un emploi rémunéré et habitent les grands centres, sont invariablement signalées comme les plus vulnérables à une consommation inappropriée d'alcool. L'alcoolisme deviendrait

_____

* Voir aussi le chapitre 10.

donc un problème de plus en plus grave chez ce groupe puisqu'il s'accroît de plus en plus en nombre. Les auteures de la recherche signalent que les deux groupes aux extrémités de l'échelle sociale, les femmes chômeuses et à faible revenu et les femmes dont la scolarité et le statut professionnel sont les plus élevés, sont plus vulnérables que les femmes de la classe moyenne.

Devrions-nous nous réjouir du fait que les stéréotypes sexuels ont protégé jusqu'à maintenant la femme de cette « maladie », celles-ci profitant enfin de leur statut de minoritaires ? Sans doute non. Dans la période d'oppression, les femmes ont été refrénées dans leur consommation d'alcool, mais elles n'ont pas appris nécessairement à la contrôler. Le médecin doit s'en souvenir et demeurer éveillé à ce problème qui atteindra de plus en plus les femmes.

TROUBLES ANXIEUX*

L'incidence plus marquée des troubles anxieux chez les femmes s'associe naturellement beaucoup mieux avec leur conditionnement à la peur qu'avec leurs déterminants biologiques.

Un éminent psychiatre (KOLB, 1982) a tenté de tirer des conclusions de ses observations cliniques vers la fin de sa carrière, et il a mentionné que le courage est le facteur le plus important dans le pronostic favorable d'une maladie. Une personne courageuse parvient à maîtriser bien des handicaps mentaux, alors qu'une personne non courageuse ne pense qu'à s'accrocher à quelqu'un d'autre, par exemple son partenaire si elle vit en union, et ce, au détriment des deux personnes en relation.

Il a expliqué cette tendance en donnant l'exemple d'un groupe de mères accompagnant leur enfant à la mer ; neuf des dix mères s'émerveillaient de la bravoure de leur rejeton tout en délimitant le territoire où leurs enfants pouvaient risquer

_____

* Voir aussi le chapitre 7.

leurs ébats sans danger. La dixième mère, au bord de l'eau, restreignait continuellement les gestes de sa petite fille. Elle lui apprenait la peur comme mécanisme de protection plutôt que des comportements lui permettant de vérifier le danger et ses capacités à le maîtriser.

Il est des plus prévisible que la fille de cette femme risque plus que les autres d'avoir besoin d'anxiolytiques plus tard si son expérience de vie se continue de la même façon. Le médecin qui l'accueillera et voudra l'aider devra reformuler le problème et procéder à des étapes de reconditionnement, tout en veillant à confirmer, pour la première fois, les capacités d'agir de cette personne. Ce n'est pas en la blâmant ou en la protégeant qu'il incitera la patiente à bâtir sa confiance en soi, mais plutôt en surveillant ses premiers pas et en s'en émerveillant. C'est aussi en s'occupant de l'entourage, en évitant entre autres de le faire agir par culpabilité, que la personne dévalorisée et malade aura plus de chances de recevoir de l'aide de son milieu.

Bref, c'est en devenant un expert des relations et des communications que le médecin sera le meilleur psychothérapeute pour les femmes craintives et anxieuses, en y intégrant si nécessaire les anxiolytiques.

EXPÉRIENCES DE VIOLENCE VÉCUES PAR LES FEMMES

Les problèmes de violence contre la femme adulte retiennent de plus en plus l'attention du corps médical psychiatrique. Au Québec, en 1986, on comptait une cinquantaine de centres pour femmes violentées. Quoique leur existence soit toujours remise en cause, il n'en reste pas moins qu'ils ont participé à sortir la violence du secret familial. En parallèle, l'aide apportée aux victimes de **viol** commence à émerger de sa période de noirceur. Jusqu'à tout récemment, il valait mieux pour une femme ne pas se plaindre d'avoir été violée, si elle ne voulait pas être traumatisée une deuxième fois par la violence des intervenants, tant ceux de la justice que ceux des services sociaux et de la santé.

Quelques questions-clés nous apparaissent importantes à poser lorsque le médecin ne saisit pas bien les plaintes formulées par la patiente qui consulte : « Avez-vous un domicile ? » Si la réponse est affirmative, il peut ajouter : « Vous sentez-vous chez vous, à la maison ? » ou encore : « Avez-vous peur de quelque chose ? » ou « Avez-vous peur de quelqu'un ? » Il est surprenant de voir combien de femmes vivent dans la peur de leur conjoint depuis qu'un geste de violence a été posé, même si la situation remonte à plusieurs années et qu'elle ne s'est pas répétée. Malheureusement, la victime vit dans la peur depuis ce moment et tous ses gestes vis-à-vis de l'autre n'ont pour but que d'empêcher la violence pressentie d'éclater. La patiente ne se présente en consultation qu'après avoir développé des comportements d'antiviolence qui sont à l'opposé des comportements nécessaires pour prendre sa place dans une relation à deux et vivre en harmonie avec l'autre.

ÉLAINE CARMEN *et al.* (1981) ont mené une enquête auprès de patientes admises en psychiatrie et ont relevé un nombre surprenant de personnes ayant subi un ou des **abus physiques ou sexuels** dans leur jeune âge. Il y avait proportionnellement plus de femmes que d'hommes qui avaient subi de tels sévices. L'auteure a déploré le fait qu'elle n'ait pas pu obtenir un groupe témoin d'hommes dans les prisons. Elle a tout de même émis l'hypothèse que les femmes se retrouvaient à l'hôpital, les hommes dans le système carcéral.

Les victimes d'**inceste** ont elles aussi été jusqu'à maintenant fort maltraitées, la croyance populaire voulant que la jeune fille ait séduit le père et que la mère n'ait pas tenu son rôle de protectrice de sa fille. On sait maintenant qu'il s'agit d'un renfermement excessif du milieu familial. Le père contrefait sa peur de l'extérieur en devenant dictateur par pitié ou par force à l'intérieur de la famille. Il y impose ses besoins aux dépens de ceux des autres.

Le dévoilement du secret dans le milieu, l'ouverture sur le monde extérieur sont les premières étapes du traitement. D'après une étude de DIANE RUSSELL (1986), 4 % des filles subissent l'inceste avec leur père ou un homme de leur famille.

Il est impérieux que le médecin se sensibilise à cette problématique afin de savoir comment la prévenir et d'être suffisamment à l'écoute pour la découvrir. Il devra aussi apprendre à aider la victime et sa famille autant dans les circonstances où l'inceste est encore pratiqué que lorsqu'il a cessé et que les plaies sont encore ouvertes ou mal cicatrisées.

TROUBLES DE LA PERSONNALITÉ*

Les plus connus des troubles de la personnalité, les plus étudiés, sont la **personnalité limite** (*borderline*) et la **personnalité antisociale**. La première est deux fois plus fréquente chez les femmes que chez les hommes, tandis que la deuxième est nettement plus fréquente chez les hommes. L'une donne des troubles de l'identité, l'autre des troubles des conduites.

Un diagnostic de troubles de la personnalité relève plus des comportements observés que de concepts opérationnels bien définis. Mais il est tentant de faire un parallèle entre ces deux types de personnalité qui semblent partager des similarités dans leurs troubles perceptuels, malgré des différences marquées dans les troubles de comportements manifestés. En effet, les personnes caractérisées par ces personnalités pathologiques démontrent toutes une difficulté à intégrer le court terme et le long terme dans le moment présent ainsi qu'à utiliser simultanément les dimensions du passé, du présent et du futur. Elles manifestent très peu d'habileté à établir des relations interpersonnelles stables et sont incapables d'empathie. Elles n'arrivent presque jamais à se mettre à la place de l'autre pour

---

* Voir aussi le chapitre 12.

évaluer une relation. Elles ne peuvent que réagir à l'autre en prenant leurs projections pour des réalités.

Avec de telles difficultés de perception et d'intégration de soi dans les relations interpersonnelles et dans le temps, on peut s'attendre à ce qu'un garçon éprouve des problèmes d'ordre social dont l'environnement se plaindra, une fille des problèmes de sentiments de perte d'identité et de vide dont elle viendra se plaindre. Les hommes se retrouveront plus souvent dans le milieu carcéral, les femmes dans les cliniques de santé. Une clarification des comportements masculins et féminins qui relèvent du conditionnement permettrait de mieux comprendre les handicaps qui amènent tant d'individus à développer les problèmes interpersonnels appelés troubles de la personnalité (voir « Expériences de violence... » page 873).

La sensibilisation aux stéréotypes sexuels dans l'observation des comportements permettra peut-être aux médecins d'être plus conscients aussi de ces préjugés envers différents groupes d'individus qui ne répondent pas aux normes de la majorité. Les homosexuels, les gens sans éducation ou de milieu défavorisé, les alcooliques, les toxicomanes ont-ils été suffisamment le sujet d'études pour permettre des interventions plus appropriées ? Le questionnement plutôt que la simple répétition des idées reçues devient la participation normale à l'évolution d'une société. Plus un groupe de personnes a un fort pouvoir d'influence, plus il doit participer à ce renouvellement.

30.5.
THÉRAPIE TRADITIONNELLE ET THÉRAPIE FÉMINISTE

Plus d'une auteure s'est intéressée à décrire les objectifs de la thérapie féministe après avoir brossé le tableau de la problématique de la thérapie traditionnelle.

30.5.1. THÉRAPIE FÉMINISTE ET ASSOCIATIONS PROFESSIONNELLES

Selon la sociologue BRIGITTE DUMAS (1980) :

Les critiques de l'approche thérapeutique traditionnelle s'articulent autour de quatre arguments principaux :

1) La thérapie traditionnelle vise à ajuster les femmes à des situations injustes plutôt qu'à leur procurer des instruments de révolte.
2) Elle postule que la source des problèmes est intrapsychique alors qu'elle est sociale et culturelle. La psychothérapie renforce alors la névrose.
3) Elle est bâtie à la manière du système social global fondé sur des principes de pouvoir et d'autorité. Le thérapeute renforce le sentiment d'impuissance de la patiente à mobiliser les ressources qu'elle a en elle pour transformer la situation. La relation thérapeutique traditionnelle a même donné lieu à des abus de pouvoir sexuels.
4) Enfin, la psychothérapie traditionnelle, en insistant sur l'aspect discursif du processus thérapeutique, encouragea la passivité des patientes plutôt que de susciter chez elles la prise en charge de leurs problèmes par l'action.

D'autres ne mentionnent pas les abus de pouvoir sexuel mais soulignent les abus de pouvoir dus à une attitude paternaliste, autoritaire, suscitant la dépendance.

À partir de leur critique des thérapies traditionnelles, les thérapeutes féministes se sont regroupées en différentes associations et en sont même venues à proposer une liste de principes qui devraient guider toute thérapie ou aide apportée aux femmes. C'est dans ce sens que l'Association canadienne des psychologues a adopté en 1980 un ensemble de principes dont voici l'essentiel :

1) Le-la thérapeute vise à aider la femme à se trouver d'autres activités dans la vie que celles reliées à son statut de femme, c'est-à-dire aux rôles de mère et d'épouse.

2) Le-la thérapeute réalise que les femmes ne portent pas toutes la responsabilité du succès du mariage et de l'éducation des enfants.

3) Le-la thérapeute explore la possibilité que les problèmes présentés par la patiente puissent être dus aux demandes imposées par son rôle de femme dans la société plutôt que par sa personne elle-même.

4) Le-la thérapeute peut choisir une stratégie thérapeutique pour sa patiente mais doit être sensibilisé-e aux concepts théoriques qui servent à renforcer les stéréotypes féminins de dépendance et de passivité.

5) Le-la thérapeute évite d'interpréter les problèmes psychologiques qui surviennent lors des changements biologiques de la femme (exemple : ménopause, grossesse) seulement en fonction de son fonctionnement reproducteur et biologique.

6) Le-la thérapeute évite l'emploi d'un vocabulaire ou de plaisanteries sexistes (exemple : l'emploi d'une expression comme « la petite madame » serait à éliminer).

7) Le-la thérapeute reconnaît la violence physique et les abus sexuels comme des crimes et n'encourage pas les femmes à les considérer comme légitimes ou à se sentir coupables d'être une victime.

8) Le-la thérapeute reconnaît le droit à la femme d'avoir un rôle d'adulte dans la relation thérapeute - patiente, et doit l'aider à éviter de se laisser subjuguer par un homme.

9) Quand le-la thérapeute parle d'activités sexuelles avec la patiente, il-elle évite de se référer à un double standard de permissivité basée sur le sexe.

10) Le-la thérapeute ne traite pas la femme comme un objet sexuel.

L'Association des psychiatres canadiens, devant les problèmes spécifiques des hommes et des femmes, a créé pour sa part la section de la « Nouvelle psychologie des hommes et des femmes » en

1984. On transformait ainsi le comité des femmes fondé en 1975.

La Corporation des médecins du Québec a créé son comité de femmes médecins en 1984.

Quant à l'Association des psychiatres américains, elle possède son comité de femmes depuis 1971 et a nommé en 1985 un comité ad hoc (*Task Force*) pour étudier les abus sexuels dans la relation psychothérapeutique (GARTRELL *et al.*, 1986 ; HERMAN *et al.*, 1987).

Dans la recherche sur les abus dans les cabinets de consultation comme dans l'intimité du foyer, il importe de se rappeler qu'un geste prend son sens selon la relation établie et définie par les parties constituantes de cette relation. Un contact physique de sympathie peut, selon le contexte, être perçu comme un geste de séduction par l'autre, tandis qu'un manque de contact peut, dans un autre contexte, être perçu comme une absence d'intérêt, plutôt que comme une marque de respect de l'autre.

Une certaine ambiguïté a régné ces dernières années sur l'innocuité des contacts sexuels entre thérapeutes et patientes. Bien des corporations professionnelles ont fait des rappels vigoureux à l'éthique, interdisant ces gestes et comportements (BOUHOUTSOS, 1985). Plusieurs cliniciens soutenaient que ces rapports intimes s'étaient établis en accord mutuel avec leurs patientes ; on sait que les contacts sexuels se font en très grande majorité entre hommes thérapeutes et femmes patientes. C'est oublier le pouvoir du thérapeute et cette relation supérieur - inférieure dans laquelle il ne peut y avoir de mutualité, tout comme dans la relation parents - enfants d'ailleurs. Le pouvoir du thérapeute, à l'image de celui du parent, ne devrait servir qu'à confirmer l'autre dans la valeur de son être et de ses capacités d'agir, plutôt qu'à l'attirer et à le séduire. La patiente dans sa position d'infériorité peut tenter de séduire le thérapeute, mais il appartient à ce dernier de l'aider dans son apprentissage de relations plus satisfaisantes à long terme et de l'inciter à un détachement nécessaire à son autonomie. Le comportement séducteur du thérapeute envers sa patiente est similaire au comportement incestueux d'un parent avec son enfant.

30.5.2. THÉRAPEUTES MASCULINS ET FÉMININS

Devant toute cette problématique du pouvoir masculin et médical, les patientes ont réagi en recherchant des femmes thérapeutes. Toutefois, mêmes les femmes thérapeutes ne pouvaient saisir exactement les pour et les contre de cette demande. À l'expérience, elles se sont aperçues que si les patientes désiraient se tourner vers une autre femme comme thérapeute, c'était pour les raisons suivantes : par incapacité d'être naturelle ou de se trouver dans un rapport « fraternel » avec un homme ; par impossibilité d'éviter de tomber dans le piège du rôle de petite fille ou du rôle de femme séductrice en présence de ce type d'homme ; par peur des hommes, après avoir subi la violence de certains d'entre eux. Bien des femmes thérapeutes ont craint d'être choisies soit parce qu'elles représentaient l'idéal de la patiente, ce qui risquait d'éloigner celle-ci de son propre développement, soit parce qu'elles permettaient à la patiente de demeurer du côté des personnes de son sexe, pour ainsi pouvoir mieux attaquer les tenants de la thérapie traditionnelle. Mais avec le temps, les femmes thérapeutes se sont rendu compte à quel point leurs relations entre femmes comportaient des aspects essentiellement différents des relations entre hommes ou entre hommes et femmes.

Alexandra G. Kaplan (1985) résume bien ces différences, dans une revue des divers travaux qui supportent de plus en plus la thèse soulignant l'existence de différences significatives et majeures dans la vie psychologique des hommes et des femmes, qui les amènent à vivre dans deux mondes étrangers. Elle fait ressortir deux thèmes qui caractérisent ces différences reliées au sexe (p. 112-113) :

1) Quand le « statut » est en cause, par exemple dans les rôles tenus à l'intérieur de la famille et au travail, la communication verbale et non verbale des hommes reflète la prise de position de dominance, tandis que celle des femmes reflète la prise de position de subordination (Baker-Miller, 1976).

2) Dans d'autres secteurs d'expression qui relèvent directement ou indirectement du « sens du *self* » (une argumentation morale, la prise de rôles à la maison et au travail), les femmes donnent au *self* un sens relationnel, tandis que les hommes révèlent systématiquement un sens du *self* autonome et séparé (Gilligan, 1977).

Kaplan continue ainsi plus loin (p. 113) : De façon plus spécifique, ceci peut vouloir dire qu'une thérapeute femme peut être très sensible aux considérations interactionnelles présentes dans son travail clinique et plus réceptive à ce qui se passe chez son-sa patient-e au point de vue affectif. Elle aura tendance à se servir de son empathie à travers laquelle elle aura une meilleure compréhension de son-sa patient-e. Elle pourra aussi être très sensible au danger de dépasser les frontières de son autorité, inquiète de prendre des décisions arbitraires ou capricieuses à son propos. [...] Un thérapeute masculin d'autre part aura tendance à travailler beaucoup moins sur l'exploration mutuelle de l'interaction thérapeutique actuelle que sur le questionnement objectif des remarques du patient, de la patiente. Il se sentira probablement plus à l'aise dans les aspects dominants de son rôle de thérapeute et moins porté à s'inquiéter de dépasser les frontières de son autorité, comme aussi moins inquiet de soupeser ses décisions en fonction des réactions de son-sa patient-e.

Ces différences rejoignent les expériences des femmes et des hommes occidentaux : la femme tente de développer son *self* en restant en relation avec l'autre et en prenant soin de cette relation, tandis que l'homme s'attend automatiquement à de bonnes relations en accomplissant ses tâches d'adulte et en développant son expertise dans un domaine particulier.

30.5.3. DIMENSIONS D'UNE APPROCHE SYSTÉMIQUE

Après avoir tenté d'expliquer quelle serait l'approche « idéale » dans la relation médecin-patiente, nous croyons indispensable d'aborder quatre dimensions importantes dans les relations professionnelles et personnelles. Il s'agit de : 1) l'espace (le *self* et le territoire), 2) le temps, 3) les relations, 4) les communications. Ces quatre dimensions sont constamment interreliées. Si l'on observe un individu vivant dans son contexte spatio-temporel, on ne peut isoler une dimension d'une autre. Nous nous limiterons dans ce texte à expliquer brièvement le sens de chacune de ces dimensions en laissant au lecteur le soin de développer graduellement son regard systémique.

ESPACE

Il s'agit du **territoire** que l'individu considère comme essentiel pour le développement de sa personne, de son *self*. Il n'aura de cesse de protéger ce territoire et de l'agrandir, selon ses besoins, mais il restera toujours le seul à pouvoir le protéger vraiment. Il saura aussi qu'il ne peut avoir de relations équilibrées qu'avec une personne qui a et défend aussi son propre territoire.

Négliger son territoire marque le début de la détérioration d'une relation, même si le but de cet oubli était de sauver temporairement cette relation. Il n'y a pas de *self* sans territoire. Inutile de penser à aider quelqu'un sans d'abord l'aider à définir cette dimension. Les psychanalystes le savent bien : ils ne traitent que des gens aptes à être responsables d'eux-mêmes et de leurs gestes.

TEMPS

Le temps est fait de moments ou se définit comme une éternité. Plus une personne est dépri-mée, plus le temps est ressenti comme immobilisé et éternel. Ce n'est plus un moment difficile, c'est une vie impossible. Le sujet s'inscrit aussi dans le temps. Il est le fils, elle est la fille de ses parents, de ses grands-parents et des générations passées, il est le père, le grand-père, elle est la mère, la grand-mère des générations futures.

Les modèles relationnels des parents sont fort importants, tout comme le rôle dévolu au patient pour résoudre les conflits de son milieu à court et à long terme. Si le sujet est mobile et sent ses capacités d'agir, il assimilera les notions du court terme (le temps présent) et du long terme (le futur), et aussi l'expérience et la mémoire du passé. Le passé comme le futur peuvent se subdiviser en passé et futur récents par rapport aux passé et futur lointains.

MILTON ERICKSON mentionnait que les gens ne consultaient pas pour un problème qui durait depuis quelques jours ou quelques semaines, mais depuis quelques mois. L'expérience nous apprend en effet que lorsque les derniers mois ont été heureux, une expérience douloureuse est moins affligeante. Si, par ailleurs, depuis quelques mois les catastrophes s'accumulent, la dernière devient la goutte qui fait déborder le vase.

Les **routines** font partie aussi du temps. Le simple fait de suspendre des routines est une source de stress importante. Le retour aux routines de la maison permet l'intégration d'un événement traumatisant. On conseille aux personnes âgées de se donner trois mois de stabilité avant de changer à nouveau d'endroit, afin de se créer des routines à l'endroit nouveau où elles se sont installées. Paradoxalement, pour le personnel soignant, s'occuper d'un cas urgent c'est d'abord voir à créer du temps, à rétablir les priorités d'action dans le temps. Pour le patient, pouvoir être malade, plutôt que de se hâter à être bien, permet une grande détente dans les relations.

RELATIONS INTERPERSONNELLES

WATZLAWICK *et al.* (1972) mentionnent qu'il y a deux types d'interaction : complémentaire et symétrique. La **relation complémentaire** situe les partenaires dans deux positions possibles, la position haute et la position basse ; la **relation symétrique** est celle dans laquelle l'un des partenaires tente d'être un peu plus en avant que l'autre, d'avoir la suprématie. Ces relations peuvent osciller : pour un moment, c'est l'un qui est en position basse et à un autre moment, c'est l'autre qui occupe cette position. Ces relations peuvent aussi alterner : une relation complémentaire peut se changer en relation symétrique puis redevenir complémentaire. Cependant, si une relation complémentaire devient rigide et que les deux partenaires de la relation ou les deux groupes se maintiennent dans la même position en refusant les possibilités de changement, une déformation des caractères s'ensuit et un éclatement de la relation survient aux dépens des deux protagonistes. Si la relation symétrique persiste de façon intransigeante, elle se détériore en rivalité hargneuse et risque aussi d'éclater. Une relation saine est une relation où l'on passe d'un type d'interaction à l'autre.

Quant au sentiment de contrôle de la relation, J. HALEY mentionne que c'est celui qui définit la relation qui en a le contrôle. Alors, même si on est en position basse, du moment qu'on choisit librement cette position, on ne se sent pas contrôlé par l'autre qui est en position haute ; c'est le cas de la position prise dans tout processus d'apprentissage ou encore dans toute décision d'appartenance à un groupe dont on doit respecter la hiérarchie existante pour y être intégré. Si par ailleurs c'est l'autre qui nous force à prendre l'une des positions sans qu'il nous soit possible de la choisir, nous avons l'impression d'être contrôlé par l'autre même s'il ne le fait pas consciemment. Si le contrôle est limité dans le temps, il n'est pas vécu comme étouffant. Mais si, au contraire, la personne contrôlée ou contrôlante ne voit pas d'issue à ce type d'interaction, une déformation des caractères s'ensuit et l'éclatement de la relation risque sans cesse de survenir au détriment des deux membres de la relation.

POUVOIRS

Nous avons observé que les pouvoirs dans les relations interpersonnelles peuvent être de deux sortes : **directs** (l'argent, la connaissance ou la possession de certains talents, un poste de direction) ou **indirects** (l'attrait, la culpabilisation). Seuls les pouvoirs directs donnent au sujet qui les possède des territoires avec des possibilités d'agir et de créer dans le plaisir, mais ils peuvent aussi être utilisés comme les pouvoirs indirects, dans le but de contrôler l'agir des autres. Comme ce type d'utilisation est fréquent et qu'il se manifeste comme un abus des autres, plus d'une personne « abusée » n'a appris qu'à craindre les pouvoirs directs et à les éviter. Une telle attitude n'entraîne que le blâme et la tendance à se culpabiliser et à culpabiliser les autres, c'est-à-dire le maintien des pouvoirs indirects.

Une relation dure en autant qu'elle crée du plaisir et des projets. Lorsqu'une relation stagne ou suscite de la souffrance, les membres se laissent s'ils ont encore accès à leurs pouvoirs directs et à leurs territoires. Sinon, ils se maintiennent dans cette relation en utilisant leurs pouvoirs indirects. C'est alors que se produit une accentuation des caractères des personnes trop longtemps soumises aux autres ou en situation de contrôle des autres. Dans notre monde occidental actuel, les contrôleurs sont plus souvent des protecteurs qui, par bonne intention, se sont substitués à leurs protégés dans la défense de leur propre personne et de leurs propres territoires. Ils en sont venus à prendre toutes leurs décisions et à se tenir reponsables de leur bien-être. Toute souffrance devient matière au blâme pour le contrôlé contre le contrôleur. Les deux parties ne savent plus comment sortir de cette relation. Il n'y a plus de territoires, il n'y a que des gestes de manipulation.

Quant aux femmes, elles n'ont eu jusqu'à maintenant que très peu d'accès aux pouvoirs directs et surtout pas aux territoires qui vont avec ces pouvoirs. Elles pouvaient avoir une grande culture par exemple, mais ne la mettaient pas au service d'une profession ou d'une œuvre. Elles étaient orientées vers la famille où les territoires individuels sont difficiles à distinguer. Pour contrôler les situations, elles ont dû se replier sur les pouvoirs indirects ou sur leurs pouvoirs directs intrafamiliaux, en oubliant les territoires. Elles ont oscillé entre les positions de contrôleuses et de contrôlées. Si, durant leur jeunesse, elles ont pu se servir de leur pouvoir de séduction, plus vieilles, elles ont souvent dû employer leur capacité de culpabiliser les autres de ne pas agir selon leurs propres désirs (après avoir tant fait pour réaliser les désirs des autres en s'oubliant !) ...

COMMUNICATION

Les échanges interpersonnels verbaux et non verbaux sont d'autant plus agréables et remplissent bien leur rôle d'information, lorsqu'ils confirment l'autre dans son existence et dans sa capacité d'agir. Par contre, les mécanismes de manipulation rendent les messages très peu clairs, embrouillant la communication. Celle-ci n'a plus comme but que de faire réagir les autres, de les commander indirectement.

Comme thérapeute, tout en s'intéressant à l'amélioration de ses patients, on doit surtout pouvoir les soutenir dans leur période d'incapacité. La patiente a grand avantage à savoir qu'elle a le droit d'être malade et que son médecin continuera à la suivre avec intérêt même si le traitement n'est pas efficace. Toutefois, le désir de guérir démontré par le thérapeute l'empêche souvent de laisser au patient le temps nécessaire pour s'améliorer. Le médecin doit transmettre l'espoir par une attitude d'accompagnement plutôt que par des promesses de guérison, et aider l'entourage à ne pas se laisser détruire par la maladie. Lorsque la maladie est chronique, la relation peut se détériorer au point qu'on se demande si les rôles attribués à chacun ne maintiennent pas la maladie, sinon l'attitude maladive.

L'hostilité du thérapeute est toujours nocive. On peut utiliser la colère pour rétablir son territoire, mais non pour faire agir l'autre. C'est ce qui arrive entre thérapeute et patient, entre conjoints, entre parents et enfants lorsque la relation se fige dans la complémentarité (relation de dépendance ou de protecteur - protégé). On perd son territoire personnel et chacun se sent mal traité et mal reconnu par l'autre. Les échanges ne servent plus à se confirmer l'un l'autre dans son espace et sa capacité d'agir, mais à se blâmer et à se culpabiliser. La culpabilité, oscillant avec le blâme, maintient la relation de surprotection et de dépendance.

Le médecin ne peut plus s'occuper uniquement de la maladie lorsque les relations se sont ainsi détériorées. Il doit « débrider la plaie » en redéfinissant les rôles de chacun et en procédant à des délégations de responsabilité selon les incapacités reconnues par chacun (donc la dévalorisation des personnes en cause disparaît), et ce, pour une période de temps définie. Par exemple, il ne doit jamais confier la responsabilité des médicaments au partenaire de la patiente, sans avoir l'appui et l'accord de cette dernière. Le rappel des territoires et des juridictions est d'une aide précieuse selon notre expérience. Il n'y a pas de *self* sans territoire. Il n'y a pas de communication saine sans *self* ni territoire, et il est essentiel que la juridiction de ces espaces soit clarifiée dans le temps.

Une approche féministe devient alors une approche humaniste orientée vers la remobilisation du système relationnel plutôt que vers le blâme des individus.

30.6.
ÉPILOGUE

Au cours des vingt dernières années, différents groupes minoritaires ont contesté leur statut et revendiqué leurs droits et leur place dans la société.

Les femmes n'ont pas fait exception. Elles ont manifesté leur volonté de voir en leurs différences des composantes de leur identité et non plus des raisons pour être reléguées dans une classe inférieure.

Mais en quoi les thérapeutes peuvent-ils être liés à cette transformation de rôle et à ce changement de statut ? Les uns les autres se confirment mutuellement dans leurs compétences ou leurs incompétences. Nous avons souligné, dans les diverses théories sur la nature de la femme et les différents discours contestataires, les aspects qui pouvaient soutenir chez les thérapeutes des attentes et des attitudes dévalorisantes envers les femmes. Nous avons voulu mettre l'accent sur la relation

thérapeute - patiente basée sur le respect plutôt que sur la pitié.

Il est naturel qu'on éprouve des sentiments de rejet ou de mépris à l'égard des personnes sans compétence reconnue ou observée, mais il appartient aux thérapeutes sensibilisés à leur pouvoir relationnel de chercher les compétences de leurs patients plutôt que de réagir à leurs incompétences.

Enfin, nous avons brossé un tableau de développement de la femme contemporaine en bonne santé et discuté des problèmes auxquels elle est confrontée lorsqu'elle souffre d'une pathologie réservée aux femmes ou encore d'une maladie psychiatrique commune aux deux sexes.

BIBLIOGRAPHIE

AMERICAN PSYCHIATRIC ASSOCIATION
1987 *DSM-III-Revised*, Appendix A, p. 367-369.

BAKER-MILLER, J.
1976 *Toward a New Psychology of Women*, Boston, Beacon Press.

BEAUVOIR, S. DE
1949 *Le deuxième sexe*, tome I, Paris, Gallimard.

BOUHOUTSOS, J.C.
1985 « Therapist-Client Sexual Involvement : A Challenge for Mental Health Professionnels and Educators », *Amer. J. Orthopsychiat.*, vol. 55, n° 2, p. 177-182.

BROVERMAN et BROVERMAN
1970 « Sex Role Stereotypes and Clinical Judgment of Mental Health », *Journal of Consulting and Clinical Psychology*, vol. 34, p. 1-7.

BROWN, G.W. et T. HARRIS
1978 *Social Origins of Depression : A Study of Psychiatric Disorders in Women*, New York, Free Press MacMillan Publishing Co.

BRUNET, J. *et al.*
1985 « Objectifs de santé pour le Québec », *Le médecin du Québec*, sept., p. 81-91.

CANADIAN PSYCHOLOGICAL ASS.
1980 « Guidelines for Therapy and Counselling with Women » (short version), *Canadian Psychologist*, vo. 21, n° 4.

CARMEN (HILBERMAN), E.
1984 « Victims of Violence and Psychiatric Illness », *Am. J. Psychiatry*, vol. 141, n° 3, p. 379-383.

CARMEN (HILBERMAN), E. *et al.*
1981 « Inequality and Women's Mental Health : An Overview », *Am. J. Psychiatry*, vol. 138, n° 10, p. 1319-1330.

CHESSICK, R.D.
1984 « Was Freud Wrong about Feminine Psychology ? », *Amer. J. of Psychoanal.*, vol. 44, n° 4, p. 355-367.

DALTON, K.
1983 *The Premenstrual Syndrome and Progesterone Therapy*, 2ᵉ éd., Chicago, Yearbook Medical Publ.

DEUTSCH, H.
1945 *The Psychology of Women : A Psychoanalytic Interpretation*, New York, Grune & Stratton.

DRAINAND, B.D.
1985 « Panic Attacks, Hypocondriasis and Agoraphobia : a Self Psychology Formulation », *Am. J. of Psychother.*, vol. XXXIX, n° 1.

DUMAS, B.
1980 *Les idéologies et les thérapies féministes : un renversement de perspective*, Service de la recherche C.S.S.Q., document n° 12, juin.

EHRENREICH, B. et D. ENGLISH
1978 *For Her Own Good : 150 Years of the Experts' Advice to Women*, New York, Anchor Press/Double Day.

FRIEDAN, B.
1964 *La femme mystifiée*, Paris, Denoël/Gonthier.

GARNEY, M.J. *et al.*
1983 « Occurrence of Depression in the Postpartum State », *J. Affect. Disord.*, vol. 5, p. 97.

GARTRELL, N. *et al.*
1986 « Psychiatrist-Patient Sexual Contact : Results of a National Survey, 1 : Prevalence », *Am. J. Psychiatry*, vol. 143, p. 1126-1131.

GILLIGAN, C.
1977 « In a Different Voice : Women's Conceptions of Self and Morality », *Harvard Educational Review*, vol. 47, n° 4.

GOLD, J.
1984 « Menstrual Disorders : Implications for Clinical Psychiatry », *Psychiatric Annals*, vol. 14, n° 6, p. 424-425.

GOMBERG, E. et V. FRANKS
1979 *Gender and Disordered Behavior*, New York, Brunner/Mazel.

GOUVERNEMENT DU QUÉBEC
1985 *Les Québécoises, faits et chiffres*, ministère du Conseil exécutif, Secrétariat à la condition féminine, Bibliothèque nationale du Québec.

GOVE, W.R.
1972 « The Relationship Between Sex Roles, Marital Status and Mental Illness », *Social Faces*, vol. 7, p. 127-135.

HALEY, J.
1984 *Un thérapeute hors du commun : de Milton H. Erickson,* traduction française, Paris : Hommes et Groupes, EPI.

HAMILTON, J.A. *et al.*
1984 « Premenstrual Mood Changes : A Guide to Evaluation and Treatment », *Psychiatric Annals*, vol. 14, n° 6, p. 426-435.

HAUSER, P. *et al.*
1985 « Risks and Protective Factors in Schizophrenia : Clinical and Social Implications », *Modern Medicine of Canada*, vol. 40, n° 6, p. 579-584.

HERMAN, J.L. *et al.*
1987 « Psychiatrist-Patient Sexual Contact : Results of a National Survey, II : Psychiatrists Attitudes », *Am. J. Psychiatry*, vol. 122, n° 2, p. 164-169.

HORNER, M.
1972 « Toward an Understanding of Achievement = Related Conflicts in Women », *Journal of Social Issues*, vol. 28, p. 157-176.

HYLER, E.H. et N. SUSSMAN
1984 « Somatoform Disorders : Before and After DSM-III », *Hosp. & Comm. Psych.*, vol. 35, n° 5, p. 469-478.

JORDAN, J.V. *et al.*
1983 *Work in Progress, Women and Empathy — Implications for Psychological Development and Psychotherapy*, Stone Center for Developmental Services and Studies, Wellesley, Mass., Wellesley College.

KAPLAN, A.G.
1985 « Female or Male Therapists for Women Patients : New Formulations », *Psychiatry*, vol. 48, p. 111-121.

KELLNER, R.
1985 « Functional Somatic Symptoms and Hypocondriasis, A Survey of Empirical Studies », *Arch. Gen. Psychiatry*, vol. 42, p. 821-833.

KENDELL, R.E. *et al.*
1987 « Epidemiology of Puerperal Psychoses », *British Journal of Psychiatry*, vol. 150, p. 662-673.

KLAUS, M. *et al.*
1972 « Maternal Attachment : Importance of the First Postpartum Days », *New England Journal of Medicine*, vol. 286, n° 9.

KLERMAN, G.L. *et al.*
1984 *Interpersonal Psychotherapy*, New York, Basic Books.

KOLB, L.
1982 « Assertive Traits Fostering Social Adaptation and Creativity », *The Psychiatric Journal of the Univ. of Ottawa*, vol. 7, n° 4, p. 217-225.

LAMARRE, S.
1983 « Découverte de son poste d'observation », *Le médecin du Québec*, vol. 18, n° 11, p. 81-86.

LAVOIE, F.
1982 « Le veuvage : problèmes et facteurs d'adaptation », *Santé mentale au Québec*, vol. 7, p. 127-135.

LITTLE, B.C. *et al.*
1981 « Personal and Psychophysiological Characteristics Associated with Puerperal Mental State », *J. Psychosom. Res.*, vol. 25, n° 5, p. 395.

MACCOBY, E.E. et C.N. JACKLIN
1974 *The Psychology of Sex Differences*, Stanford, Calif., Stanford U. Press.

MARKSON, E.W.
1983 *Older Women : Issues and Prospects*, Toronto, Lexington Books.

MASTERS, W.H. et V. JOHNSON
1968 *Les réactions sexuelles*, Paris, Robert Laffont.

MERSKEY, H.
1983 « Does Hysteria Still Exist ? », *Annals RCPSC*, vol. 16, n° 1, p. 25-299.

MOGUL, K.
1985 « Psychological Considerations in the Uses of Psychotropic Drugs with Women Patients », *Hosp. & Comm. Psychiatry*, vol. 36, n° 10, p. 1080-1085.

NADEAU, L. *et al.*
1984 *Les femmes et l'alcool*, Québec, Les Presses de l'Université du Québec.

NOTMAN, M.T. et C.C. NADELSON (édit.)
1982 « Women in Context : Development and Stresses », *The Woman Patient*, vol. 1, 2 et 3, New York.

O'HARA, M.W. *et al.*
1983 « Postpartum Depression : a Role for Social Network and Life Stress Variables », *J. Nerv. Ment. Dis.*, vol. 171, n° 6, p. 336.

O'NEIL, M.K. *et al.*
1984 « Fluctuations in Mood and Psychological Distress During the Menstrual Cycle », *Can. J. Psychiatry*, vol. 29, p. 374-378.

PENFOLD P. et A. GILLIAN
1983 *Women and the Psychiatric Paradox*, Montréal, London, Eden Press.

REID, L.R.
1985 « Premenstrual Syndrome », *Obstetrics Gynecology and Fertility* (J.M. Leventhal *et al.*, édit.), vol. VII, n° 2, Chicago, Year Book Medica Publishers.

REINISCH, J.M.
1974 « Fetal Hormones, the Brain and Human Sex Differences : A Heuristic Integrative Review of the Recent Literature », *Arch. Sex. Behav.*, vol. 3, p. 51-90.

ROBINSON, G.E. et D.E. STEWART
1986 « Postpartum Psychiatric Disorders », *Can. Med. J.*, vol. 134, n° 1, p. 31-37.

ROLLINS, B.C. et K.L. CANNON
1974 « Marital Satisfaction over the Family Life Cycle : A Reevaluation », *J. Marr. Fam.*, vol. 36, p. 271-282.

ROUNSAVILLE, B.J. *et al.*
1980 « The Course of Marital Disputes in Depressed Women : A 48 months follow-up Study », *Comprehensive Psychiatry*, vol. 21, p. 111-118.

RUESCH, J. et G. BATESON
1968 *Communication, the Social Matrix of Psychiatry*, New York, W.W. Norton & Co.

RUSSELL, D.E.H.
1986 *The Secret Trauma : Incest in the Lives of Girls and Women*, New York, Basic Books.

WATZLAWICK, P. *et al.*
1972 *Une logique de la communication*, Éditions du Seuil.

1981 *Changements : paradoxes et psychothérapie*, Éditions du Seuil.

WEINGOURT, R.
1985 « Wife Rape : Barriers to Identification and Treatment », *Am. J. of Psychother.*, vol. XXXIX, n° 2, p. 187-192.

WEISSMAN, N.M. *et al.*
1987 « Children of Depressed Parents », *Arch. of Gen. Psychiatry*, vol. 44, n° 10, p. 847-854.

WEISSMAN, N.M. et K.R. MARIKANGAS
1986 « The Epidemiology of Anxiety and Panic Disorders : An Up Date », *J. Clin. Psychiatry*, vol. 47, n° 6 (suppl. de juin), p. 11-17.

« Personal and Professional Issues for Women : Editorial and Special Section », *Am. J. Psychiatry*, 1981, vol. 138, n° 10, p. 1317-1361.

« Symposium : Gender and Schizophrenia », *Revue canadienne de psychiatrie*, vol. 30, n° 5, p. 311-322.

PARTIE V

PÉDOPSYCHIATRIE

INTRODUCTION

Cette section sur la psychiatrie de l'enfant et de l'adolescent n'a pas pour objectif de présenter l'ensemble de la psychopathologie de ces groupes d'âges. Si on tente de situer cette psychopathologie en regard des différentes phases du développement, le rappel ne fait que souligner certains des principaux éléments du développement ; il ne peut d'aucune manière être substitué à une bonne connaissance de l'enfant et de l'adolescent normaux, essentielle à l'appréciation des problèmes de santé mentale qu'ils peuvent présenter.

Les auteurs de la présente section exposent les problématiques qui méritent d'être identifiées de façon particulière par les praticiens non spécialistes qui doivent prendre des décisions thérapeutiques. L'étude de l'ensemble de ces chapitres devrait permettre aux praticiens de situer les principaux types de problèmes rencontrés chez les enfants et les ado-lescents, d'en mesurer la gravité relative et d'en évaluer suffisamment la nature pour pouvoir juger de l'orientation que prendra la démarche théra-peutique.

On se rendra compte à la lecture des chapitres que divers symptômes identifiables, comme des troubles des conduites ou du développement, sont à peine abordés. Ce n'est pas que ces troubles ne méritent pas d'être présentés. Comme on en traite en détail dans les manuels de pédiatrie, le lecteur aura tout avantage à consulter ces ouvrages pour y chercher les renseignements qui pourraient lui être utiles. À la fin du chapitre 33, on trouvera par ail-leurs une bibliographie générale annotée qui per-mettra à ceux et celles dont le besoin de connaissances en pédopsychiatrie est plus accentué d'orienter leurs lectures.

CHAPITRE 31

ÉVALUATION PÉDOPSYCHIATRIQUE

Laurent Houde

M.D., C.S.P.Q., C.S.C.R.(C)
Psychiatre à l'hôpital du Haut-Richelieu (Saint-Jean-sur-Richelieu)
Coordonnateur de l'enseignement à l'hôpital Rivière-des-Prairies (Montréal)
Professeur titulaire à l'Université de Montréal

PLAN

31.1.
PSYCHOPATHOLOGIE CHEZ L'ENFANT

31.1.1. ÉPIDÉMIOLOGIE

Si l'on peut établir avec relativement de précision les taux de prévalence de la déficience mentale et de quelques entités pathologiques graves comme l'autisme (2 à 4 pour 10 000), les études épidémiologiques sont loin d'être concordantes pour déterminer les taux de prévalence de la psychopathologie chez les enfants.

Une étude regroupant 45 enquêtes de santé mentale auprès de populations d'enfants aux États-Unis et en Grande-Bretagne indique des taux de prévalence variant entre 0,3 et 37 % (GOULD *et al.*, 1980). La variation de ces résultats dépend de la norme utilisée par les auteurs pour décider ce qui sépare la pathologie de la normalité. C'est là une difficulté souvent rencontrée par le clinicien qui doit porter un jugement sur le comportement des enfants.

Aux États-Unis, un comité d'experts (*Select Panel*, 1981) a analysé 31 études épidémiologiques américaines et a évalué qu'environ 11,8 % des enfants de ce pays présentent des mésadaptations à caractère clinique pour lesquelles ils devraient recevoir une aide particulière. Cette aide, ils ne la recevront pas tous, loin de là. Une part limitée seulement des enfants vus le sont par des praticiens spécialisés en santé mentale.

Au Québec, des statistiques incomplètes mais cependant révélatrices, provenant des fichiers de la Régie de l'assurance-maladie du Québec, indiquent que des médecins non psychiatres diagnostiquent et traitent, en nombre considérablement plus élevé que les psychiatres, des enfants qui présentent des troubles psychiatriques (Comité de la santé mentale du Québec, 1985).

Les omnipraticiens et les pédiatres sont les médecins le plus souvent consultés pour les troubles psychiatriques des enfants. Le diagnostic et les décisions thérapeutiques leur incombent également le plus souvent. La connaissance et la compréhension de la psychopathologie infanto-juvénile revêtent donc une grande importance pour les praticiens de premier recours.

31.1.2. COMPRÉHENSION DE LA PSYCHO-PATHOLOGIE

Les problèmes de santé mentale des enfants et des adolescents sont liés à des facteurs variés. Certains facteurs d'ordre biologique ou constitutionnel, telles des lésions ou dysfonctions cérébrales ou des caractéristiques tempéramentales exagérées, influencent les capacités et les modes d'adaptation et accroissent significativement les risques de psychopathologie. Comme pour la psychopathologie adulte cependant, les processus par lesquels les facteurs d'origine biologique agissent sur le comportement sont, sauf pour quelques exceptions, encore insuffisamment connus.

Par ailleurs, la pédopsychiatrie, tant dans sa pratique que dans ses références théoriques, fait largement appel aux explications d'ordre psychologique et social dans sa compréhension de la psychopathologie. Bien que, dans nos milieux, la compréhension psychodynamique des comportements des enfants se réfère souvent à la théorie psychanalytique, la place de cette théorie est moins prépondérante qu'il y a une vingtaine d'années et les programmes de formation des divers professionnels qui auront à s'occuper de la santé mentale des enfants les familiarisent avec diverses approches théoriques de ces questions. Dans les faits, le praticien aura avantage à se rappeler que certains problèmes pédopsychiatriques peuvent se comprendre mieux si l'on se réfère à des modèles explicatifs particuliers et qu'il n'est pas nécessaire de toujours recourir au même modèle pour obtenir une compréhension efficace.

Le **Comité de la santé mentale du Québec** (1985) considère que les problèmes de santé men-

tale des enfants peuvent être envisagés de différentes façons ; ils peuvent :
— résulter de conflits interpersonnels actuels ;
— être les témoins de conflits intrapsychiques ;
— traduire le vécu de situations de stress ;
— résulter de mauvais apprentissages dans le développement des habitudes ou des relations sociales ;
— être la conséquence de carences ou d'une déviation dans les apports psychosociaux passés ou actuels ;
— exprimer des problèmes de fonctionnement du système familial ;
— être causés ou aggravés par la qualité inadéquate de divers éléments du système social : milieu scolaire inadéquat, communautés désorganisées ou non suffisamment organisées, etc. ;
— traduire des déficiences ou des dysfonctions neurologiques ou neuropsychologiques ;
— être liés à des difficultés du développement cognitif ;
— être liés à l'existence de maladies organiques ou de handicaps ou en être la conséquence plus ou moins directe.

Il importe de noter que la compréhension d'une situation donnée peut être envisagée selon une combinaison de ces diverses perspectives.

31.2.
ÉVALUATION PÉDOPSYCHIATRIQUE

31.2.1. DES MOTIFS DE CONSULTATION AU PLAN DE TRAITEMENT

Des parents sont inquiets, confus ou agacés devant les comportements de leur enfant. Ils ont décidé de demander de l'aide ou bien on le leur a conseillé. Selon l'importance du problème présenté, l'évaluation pourra nécessiter une ou plusieurs consultations pour être raisonnablement adéquate ; ce qui ne signifie pas qu'elle soit d'une complexité hors de la portée du praticien non spécialisé en pédopsychiatrie. Au contraire, le type de questions qu'on se pose pour tenter de résoudre un problème clinique pédopsychiatrique suit la même démarche intellectuelle qu'on utilise face à n'importe quel problème clinique, mais on doit mettre davantage l'accent sur l'anamnèse et l'observation directe que sur le recours aux examens de laboratoire.

MOTIFS DE LA CONSULTATION

De quoi vient-on nous parler ?

L'objet de la plainte n'est pas toujours clair. Le praticien veillera à bien faire décrire aux parents les comportements ou les situations constituant les motifs de la consultation. Les termes agressivité, désobéissance, hyperactivité, etc., peuvent recouvrir des réalités très disparates.

Le praticien consulté doit aussi être conscient qu'on ne dit pas tout d'emblée, qu'il y a des problèmes dont on a plus ou moins envie de parler et qu'il y a des choses qu'on ne sait trop comment exprimer.

Au fait, quand l'enfant est amené en consultation, d'où la plainte provient-elle vraiment ?
— Qui vient consulter et qui n'est pas venu ?
— Qui souffre de quoi ?
— Qui souhaite voir disparaître ou modifier quoi ?
— Qui désigne qui comme problème ?
— Qui ne perçoit pas le problème ou le voit tout autrement ?

Le malaise relié à tout problème d'enfant doit être bien situé dans son contexte familial et environnemental.

Les comportements identifiés comme problématiques ont-ils une signification pathologique ?
— A-t-on, par exemple, affaire à un problème de développement véritable affectant un ou

plusieurs domaines du fonctionnement de l'enfant ?

— Le problème se manifeste-t-il vraiment comme une anormalité comportementale, affective, relationnelle ou cognitive ?

— À quel point le problème est-il important en matière de gravité et de durée, et quel degré de souffrance, d'incapacité ou de désavantage cause-t-il à l'enfant, à sa famille, à son milieu ?

Quels facteurs tant passés qu'actuels peuvent contribuer à expliquer les difficultés présentées ?

— L'enfant a-t-il vécu ou vit-il encore des conditions susceptibles de rendre son adaptation difficile :
  • maladie ou handicap physiques ;
  • atteinte du système nerveux central ;
  • retard ou anomalie dans le développement du langage, de la psychomotricité, des fonctions cognitives ;
  • caractéristiques tempéramentales particulières ?

— L'enfant a-t-il vécu des situations traumatisantes ou particulièrement stressantes :
  • séparations et pertes ;
  • discontinuité et crises répétées de la vie familiale avec discordes des parents ;
  • maladie mentale des parents ;
  • négligence et abus ;
  • échecs scolaires répétés ;
  • manque de stimulation lié à l'isolement ou autres causes ;
  • situation de crise quelconque vécue par la famille ?

— Quelles ont été et quelles sont les attitudes parentales habituelles dans les domaines suivants :
  • manifestation d'affection et d'intérêt mutuels et envers les enfants ;
  • communication avec les enfants ;
  • expression des émotions dans le cours de la vie quotidienne ;

  • établissement de contrôles et développement de l'autonomie ?

— Dans quel environnement vivent cet enfant et sa famille :
  • type de milieu sur les plans économique et social (défavorisé ou non) ;
  • incidence des problèmes de santé et d'adaptation plus élevée qu'ailleurs ?

— Quelle est l'organisation psychique de l'enfant :
  • compte tenu de son âge, comment fonctionne-t-il ?

(Ce point est développé à la section 31.2.2. sous le titre : « Guide pour l'examen objectif de l'enfant ».)

— Enfin, dans une perspective d'ensemble, quel est le degré relatif de chacun de ces facteurs pour expliquer l'état actuel du problème ?

En vue d'un traitement, sur quelles ressources peut-on compter ?

— Grâce à quoi le développement normal de l'enfant s'est-il maintenu et continue-t-il de se maintenir ?

— Quelles sont les forces et les compétences de l'enfant ?

— Quelles sont les ressources de la famille ?

— Quelles sont les ressources accessibles du milieu : éducatives, sanitaires, sociales, récréatives, d'entraide, etc. ?

PLAN DE TRAITEMENT

Faut-il ou non agir ?

Il faut d'abord reconnaître parmi les problèmes identifiés celui ou ceux qui nécessitent une intervention. Que pourrait-il arriver si l'on ne faisait rien ? Et si l'on pense devoir agir, qu'est-ce qu'on vise à changer ?

Dans la famille, sur qui et quoi peut-on compter pour un traitement ?

— Qui désire changer et qu'accepte-t-on de changer ?

— Qui serait apte à évoluer positivement et à fournir une collaboration active?

— Y a-t-il résistance à une intervention de nature psychologique ou psychopharmacologique?

— Si oui, d'où vient-elle?

— Comment pourrait-on y faire face?

— Faut-il regarder en dehors de la famille?

À quoi s'attaquer d'abord?

— Toute menace immédiate à la vie ou à la santé de l'enfant requiert évidemment une correction immédiate de la situation.

— Une intervention urgente peut être requise pour une condition aiguë qui handicape le fonctionnement de l'enfant et qui risque d'entraîner des effets chroniques (par exemple le refus scolaire catégorique).

— Dans le cas habituel où plusieurs difficultés sont présentes depuis un certain temps, le problème à attaquer n'est pas toujours celui qui paraît le plus grave. On peut avoir intérêt à aborder celui pour lequel la collaboration de l'enfant et de la famille semble davantage acquise et pour lequel ils démontrent une motivation au changement. Le succès thérapeutique en sera facilité et pourra entraîner la coopération de tous pour s'attaquer aux problèmes les plus graves.

Quelle participation le médecin peut-il apporter à la résolution du problème psychiatrique?

— Consacrer du temps pour écouter, comprendre davantage et chercher avec l'enfant et ses parents des solutions réalistes.

— Offrir du soutien à l'enfant et aux parents, les éclairer, les orienter au besoin vers les ressources du milieu.

— Prescrire une médication, s'il y a lieu.

— Collaborer avec d'autres soignants dans un programme thérapeutique à court ou à plus long terme.

— Référer l'enfant et sa famille à des services spécialisés, le cas échéant.

31.2.2. TECHNIQUE DE L'EXAMEN PÉDOPSYCHIATRIQUE

Il est souhaitable que les deux parents et l'enfant soient présents lors de la consultation à son propos. Cette entrevue où chacun sera encouragé à exprimer, selon ses capacités, sa perception du ou des problèmes fournira une excellente occasion à l'examinateur d'observer les modes d'interaction entre les parents et entre ceux-ci et l'enfant. C'est à ce moment qu'on se fera expliquer comment les choses se passent dans le milieu familial et en quoi des comportements sont jugés problématiques. L'histoire du développement de l'enfant dans son contexte gagne aussi à être faite en commun.

Si l'enfant peut être séparé de ses parents, il convient ensuite de le voir seul, surtout s'il est apte à s'exprimer verbalement. Il pourra alors faire part de faits, de pensées et d'émotions qu'il n'aurait peut-être pas pu exprimer en présence de ses parents. Selon son âge, un cadre où il aura à sa disposition un peu de matériel de jeu ou de dessin contribuera à le mettre à l'aise et facilitera son expression.

Il est également utile de voir les parents seuls, car ils peuvent se sentir mal à l'aise de verbaliser en présence de leur enfant certains de leurs problèmes personnels ou conjugaux que le clinicien a avantage à connaître pour bien évaluer l'ensemble de la situation.

Dans certains cas, une rencontre familiale au bureau ou à domicile pourra, si elle est possible, apporter une contribution très éclairante à la compréhension d'un problème dont on a de la difficulté à bien saisir toutes les dimensions.

GUIDE POUR L'EXAMEN OBJECTIF DE L'ENFANT

Comme nous venons de le démontrer, l'évaluation d'un problème de santé mentale chez l'enfant comporte celle des milieux où il a évolué et continue de le faire. L'observation directe de l'enfant dans ce contexte tient une place importante. Le guide suivant, bien connu en pédopsychiatrie, est présenté comme une aide tant pour l'exploration des diverses dimensions du fonctionnement psychique de l'enfant que pour l'organisation de la synthèse de l'évaluation.

1) **Apparence générale et traits dominants de l'enfant.**

2) **Comportement moteur :** niveau de motricité globale, mouvements particuliers, intégration neuromusculaire.

3) **État du langage et de la parole** (voir l'échelle de développement psychomoteur, à la section 17.5.3. du chapitre 17).

4) **Orientation, perception et intelligence**
   — Quelle est la connaissance de l'enfant à l'égard des objets et des personnes, lui compris, dans leur relation avec le temps et l'espace ?
   — Peut-il dire son nom, son adresse, sa date de naissance, situer les saisons de l'année, nommer l'occupation de ses parents, dire où il est ? Où en est-il dans son développement du concept du temps ?
   — Quelle est sa perception des choses et des événements ? Dans quelle mesure distingue-t-il le réel de l'imaginaire ?
   — Lequel de ses sens utilise-t-il surtout pour percevoir les choses : le toucher, le goût, la vue, l'ouïe ?
   — Par rapport à son groupe d'âges, comment se situe-t-il dans ses fonctions d'orientation et de perception ?
   — De l'ensemble de son comportement, que peut-on déduire de sa capacité de compréhension et de son niveau approximatif d'intelligence ?

5) **Modes et contenu de la pensée** révélés spontanément, obtenus par questionnaire, par récit de rêves, ou exprimés dans le dessin ou le jeu. Le monde des fantasmes de l'enfant peut être très révélateur de sa façon de percevoir et de comprendre la réalité. Le jeu de l'enfant, les histoires qu'il raconte indiquent aussi souvent les problèmes qu'il vit, les conflits avec lesquels il est aux prises et les affects qui constituent son vécu.

Les fantasmes qui se réfèrent à des problèmes de la vie réelle traduisent généralement un état plutôt sain ou peut-être légèrement névrotique. Ainsi, dans un contexte de rivalité ou d'amour à partager, les fantasmes où l'enfant se voit le meilleur ou doté des attributs les plus attrayants sont des représentations imaginaires habituellement normales. Ceux qui expriment des thèmes de peur, de punition, de blessure, de culpabilité évoquent des conflits névrotiques. Par ailleurs, les histoires remplies de thèmes de dévoration, de sadisme, de catastrophes et de destruction disproportionnés à la situation réelle de l'enfant sont habituellement le signe d'organisations psychopathologiques graves. Chez certains enfants dominent des thèmes d'abandon, de perte d'amour et de dévalorisation révélateurs d'états dépressifs importants.

6) **Humeur et affect**
   — Quelle est la qualité de l'humeur dominante manifestée par l'enfant ?
   — Est-il capable de se détendre, de manifester un état de sécurité et de bien-être approprié ou paraît-il dominé par l'angoisse ou la dépression ?
   — Dans quelle mesure exprime-t-il des émotions variées, tant positives que négatives, appropriées aux circonstances de l'examen ?

7) **Modes de relation** manifestés envers les parents et l'examinateur
   — Dans quelle mesure l'enfant est-il capable d'autonomie à l'égard des figures parentales ?
   — Est-il capable de prendre une distance par rapport à elles ? Semble-t-il avoir son identité propre ? A-t-il besoin de la présence ou

de l'approbation constantes de ses parents pour sa valorisation ?

— Dans quelle mesure son attachement est-il caractérisé par l'ambivalence ? Est-il particulièrement agressif ou opposant dans ses rapports avec les autres ?

— Semble-t-il percevoir les autres en tant que personnes, en tenant compte de leurs valeurs et de leurs sentiments, ou les utilise-t-il surtout à ses propres fins ?

8) **Mécanismes d'adaptation** utilisés : moyens dont l'enfant se sert pour faire face aux exigences de la réalité quotidienne, et pour maintenir son équilibre psychique. Ces mécanismes d'adaptation (ou de défense en langage psychanalytique) servent à contrôler les pulsions dont l'expression est inadmissible soit par le milieu soit par l'enfant lui-même ; ils servent aussi à contrôler les affects trop douloureux que l'enfant ne peut admettre à sa conscience.

L'utilisation de certains mécanismes d'adaptation plutôt que d'autres caractérise l'organisation psychique d'une personne donnée. Il est utile d'identifier ceux qui prédominent chez l'enfant examiné en appréciant dans quelle mesure ils sont appropriés à son âge et aux circonstances où ils sont employés. Ce qu'il importe surtout de noter, c'est l'efficacité de ces mécanismes, par exemple pour soulager l'enfant de ses sentiments d'angoisse et pour lui faciliter un fonctionnement satisfaisant.

La présence d'une angoisse diffuse, de passages à l'acte fréquents, d'instabilité témoignent de mécanismes de contrôle mal établis, alors que l'usage excessif de la projection, de l'évitement, du déni sont des exemples de contrôles exagérés.

9) **Concept de soi et concept de ce qui est bon et mauvais**

— Quelle idée l'enfant a-t-il de lui-même ? Comment se situe-t-il par rapport aux autres ? Quels sont ses idéaux, ses objets d'identification ?

— Quelle est sa conception de ce qui est bon et mauvais, et dans quelle mesure cette conception influence-t-elle son comportement ? Par exemple, est-il trop rigide ou manque-t-il de contrôle ?

10) **Niveau de conscience** de l'enfant à l'égard de ses problèmes ou de ceux qui lui sont imputés.

Ces données obtenues de l'observation directe de l'enfant sont complétées par l'anamnèse et, si possible, par divers rapports dont ceux de l'école s'il y a lieu. Elles permettent de situer le fonctionnement de l'enfant, d'asseoir les orientations d'un plan de traitement et de mesurer une évolution ultérieure par comparaison.

31.3.
CLASSIFICATION DIAGNOSTIQUE

31.3.1. DIFFICULTÉS DE CLASSIFICATION EN PÉDOPSYCHIATRIE

Les classifications proposées concernant les troubles psychiatriques de l'enfance ont beaucoup évolué au cours des récentes décennies, en particulier grâce aux efforts de groupes d'études dont ceux de l'Organisation mondiale de la santé, du *Group for the Advancement of Psychiatry* et, plus récemment, du *Task Force on Nomenclature and Statistics* qui a préparé le *Diagnostic and Statistical Manual-III* aux États-Unis. Dans la pratique toutefois, il est loin d'être toujours facile d'y situer l'évaluation diagnostique posée, même au terme d'un examen approfondi.

La **Classification internationale des maladies (CIM-9)** marque un progrès par rapport à l'édition précédente en ce qui concerne la classification des troubles spécifiques de l'enfance et de l'adolescence qui ne seraient pas couverts par la classification générale. Les grandes catégories attribuées à l'enfance et à l'adolescence sont les suivantes :

299 psychoses spécifiques de l'enfance ;
313 troubles de l'affectivité spécifiques de l'enfance et de l'adolescence ;
314 instabilité de l'enfance ;
315 retards spécifiques du développement.

Quelques catégories générales sont également d'un intérêt particulier pour la pédopsychiatrie :

307 symptômes ou troubles spéciaux non classés ailleurs, comme le bégaiement, etc. ;
309 troubles de l'adaptation ;
312 troubles de la conduite non classés ailleurs ;
317-319 retard mental.

Une autre classification, celle du *Group for the Advancement of Psychiatry* (GAP), recoupe la CIM-9 et est encore employée dans certains milieux pédopsychiatriques. Les grandes catégories sont les suivantes :

1) variations de la normale ;
2) troubles réactionnels ;
3) déviation du développement ;
4) troubles névrotiques : névroses ;
5) troubles de la personnalité et du caractère ;
6) troubles psychotiques ;
7) troubles psychophysiologiques (psychosomatiques) ;
8) syndrome cérébral organique ;
9) déficience mentale.

On remarque immédiatement, particulièrement dans la classification diagnostique CIM-9, comment on diagnostique déjà chez l'enfant des pathologies décrites à l'âge adulte, comme la psychose, la névrose et les troubles de la personnalité. On note peu de différence avec la description de la pathologie adulte jusqu'à ce qu'intervienne toute la lignée des diagnostics d'ordre adaptatif comme les troubles de l'adaptation, les troubles du développement ou les symptômes particuliers. Là, la classification semble refuser le diagnostic à long terme et tenir compte beaucoup plus de l'immense mobilité de l'enfant qui peut présenter un tableau grave à ce moment donné et se réadapter presque sans

séquelle lors d'une nouvelle poussée de croissance, d'un réajustement de l'attitude parentale ou d'un changement approprié de milieu au moment opportun.

31.3.2. CLASSIFICATION DU DSM-III

Dans sa présentation des troubles mentaux affectant les enfants et les adolescents, le DSM-III distingue ceux qui commencent généralement durant l'enfance et l'adolescence des autres troubles de la classification générale qui peuvent aussi affecter les deux groupes d'âges.

1) TROUBLES COMMENÇANT GÉNÉRALEMENT DURANT L'ENFANCE OU L'ADOLESCENCE

Retard mental
— léger ;
— modéré ;
— grave ;
— profond.

Troubles déficitaires de l'attention
— avec hyperactivité ;
— sans hyperactivité ;
— de type résiduel.

Troubles des conduites
— type mal socialisé - agressif ;
— type mal socialisé - non agressif ;
— type socialisé - agressif ;
— type socialisé - non agressif ;
— trouble atypique des conduites.

Troubles anxieux de l'enfance ou de l'adolescence
— angoisse de séparation ;
— évitement de l'enfance ou de l'adolescence ;
— hyperanxiété.

Autres troubles de l'enfance et de l'adolescence
— trouble réactionnel de l'attachement de la petite enfance ;
— trouble schizoïde de l'enfance et de l'adolescence ;

— mutisme électif ;
— trouble oppositionnel ;
— trouble de l'identité (adolescence).

Troubles de l'alimentation

— anorexie mentale ;
— boulimie ;
— pica ;
— mérycisme de la petite enfance ;
— trouble atypique de l'alimentation.

Troubles : mouvements stéréotypés

— tic transitoire ;
— tic moteur chronique ;
— maladie de GILLES DE LA TOURETTE ;
— tic atypique ;
— mouvement stéréotypé atypique.

Autres troubles avec manifestations physiques

— bégaiement ;
— énurésie fonctionnelle ;
— encoprésie fonctionnelle ;
— somnambulisme ;
— terreurs nocturnes.

Troubles globaux du développement (axe II)

— autisme infantile, syndrome complet ;
— autisme infantile, stade résiduel ;
— trouble global du développement débutant dans l'enfance (après 30 mois), avec présence du syndrome complet ;
— trouble global du développement débutant dans l'enfance, stade résiduel ;
— trouble global atypique du développement.

Troubles spécifiques du développement (axe II)

— trouble de l'acquisition de la lecture ;
— trouble de l'acquisition de l'arithmétique ;
— trouble de l'acquisition du langage, type expressif ;
— trouble de l'acquisition du langage, type réceptif ;
— trouble de l'acquisition de l'articulation ;
— trouble spécifique mixte du développement ;
— trouble spécifique atypique du développement.

2) TROUBLES POUVANT ATTEINDRE LES ENFANTS, LES ADOLESCENTS ET LES ADULTES

— troubles mentaux organiques ;
— troubles liés à l'utilisation de substances toxiques ;
— troubles schizophréniques ;
— troubles affectifs ;
— troubles anxieux ;
— troubles somatoformes ;
— troubles de la personnalité ;
— troubles psychosexuels ;
— troubles de l'adaptation ;
— facteurs psychologiques influençant une affection physique.

3) TROUBLES POUVANT ATTEINDRE LES ADULTES ET PARFOIS LES ADOLESCENTS ET LES ENFANTS

— troubles dissociatifs.

Troubles du contrôle des impulsions non classifiés ailleurs

— kleptomanie ;
— pyromanie ;
— trouble explosif intermittent ;
— trouble explosif isolé ;
— trouble atypique du contrôle des impulsions.

La rédaction du DSM-III a nécessité des efforts considérables de réflexion ; ce qu'on y propose dans le domaine de la psychopathologie infanto-juvénile reflète à plusieurs points de vue tant l'évolution des connaissances que l'incertitude des explications en cours, relativement aux phénomènes observables dont le regroupement recherche un consensus et une utilité en devenir.

Les pédopsychiatres nord-américains font beaucoup d'efforts pour utiliser la classification du DSM-III. La pratique quotidienne montre cependant que, si pour certaines entités le diagnostic est assez facile à poser à partir des critères du DSM-III, il n'en va pas de même pour un grand nombre de problèmes rencontrés fréquemment. Il y a encore beaucoup à faire pour mettre au point un système de classification des troubles pédopsychiatriques qui soit vraiment satisfaisant.

31.3.3. AXES DU DIAGNOSTIC ET FORMULATION DYNAMIQUE

Le processus d'évaluation décrit ci-dessus conduit à l'identification des problématiques de l'enfant en les situant dans le contexte d'une perspective bio-psycho-sociale sur laquelle se fonde l'action thérapeutique.

Les axes de diagnostic proposés dans le DSM-III sont particulièrement pertinents pour aider le praticien à formuler son évaluation des difficultés de l'enfant :

— L'**axe I** identifie le diagnostic principal.

— L'**axe II**, dans le cas des enfants, est réservé aux troubles du développement dont il est toujours important de tenir compte dans tout plan de traitement. Tout trouble du développement est inscrit à cet axe quand il ne constitue pas le diagnostic primaire qui doit être indiqué à l'axe I.

— L'**axe III** rappelle l'importance de reconnaître la présence de troubles ou de conditions physiques chez l'enfant amené en consultation pour un problème psychologique.

— L'**axe IV** permet d'identifier la présence et la gravité des stresseurs psychosociaux qui contribuent à la compréhension du fonctionnement global de l'enfant. Cet axe permet au clinicien de formuler son opinion sur le rôle de soutien qu'exerce le milieu où évolue l'enfant ou, au contraire, sur la nature stressante de ce milieu. Les conditions de milieu et les événements particulièrement significatifs ont avantage à être rappelés ici avec une appréciation de leur importance étiologique.

— L'**axe V** mesure le plus haut degré de fonctionnement de l'individu au cours de la dernière année. Cette mesure permet au praticien de se faire une idée des ressources possibles de l'enfant et l'aide à établir un pronostic et un plan de traitement. Le niveau de fonctionnement est évalué dans trois secteurs : relations sociales, performance scolaire et utilisation des moments de loisir.

La **formulation dynamique** tirée de la considération de l'ensemble de ces axes rend possible une approche plus globale de l'enfant et de ses besoins thérapeutiques. Elle facilite l'accès à une autre dimension qui est celle de la compréhension des processus psychodynamiques en jeu dans l'explication de la psychopathologie. Selon ses connaissances théoriques dans le domaine et la maîtrise qu'il en possède, le clinicien intègre la formulation dès l'étape du diagnostic dans son action au service du patient.

* * *

Pour consulter la bibliographie, le lecteur se reportera à la fin du chapitre 33.

CHAPITRE 32

PETITE ENFANCE : DE 0 À 5 ANS

MICHÈLE LOSSON

M.D.
Diplômée de neuropsychiatrie (France)
Responsable de l'enseignement aux résidents à l'hôpital Rivière-des-Prairies (Montréal)
Professeure adjointe à l'Université de Montréal

PLAN

32.1.
INTRODUCTION

Depuis vingt ans environ, l'intérêt pour le développement normal et pathologique du jeune enfant, et plus récemment du nourrisson, s'est beaucoup développé en raison de nombreux travaux et recherches dus à des pédiatres, des psychanalystes, des psychologues et des psychiatres. Rappelons entre autres : J. BOWLBY (1978), T. BRAZELTON (1983), S. CHESS et A. THOMAS (1980), A. FREUD (1976), M. KLEIN (1980), D. STERN (1981), D. WINNICOTT (1969). Une association internationale de psychiatrie du nourrisson a pris naissance et comptait déjà à son actif, en 1986, trois congrès internationaux marquants.

Le développement de l'enfant peut être considéré de façon schématique selon quatre axes : bio-tempéramental, affectif ou émotionnel, socio-familial et cognitif.

C'est en fonction des données constitutionnelles au sens large que chaque nourrisson établit dans un contexte familial et social particulier, une relation affective au sein de laquelle il développe ses diverses capacités neuropsychomotrices et communicationnelles, ses capacités d'apprentissage multiples ainsi que ses structures mentales.

Toute évolution de l'enfant suppose une interaction constante des différents axes de développement ; ainsi, des relations affectives pauvres ou mal adaptées, un encadrement sociofamilial inadéquat peuvent entraîner un retard de développement et des difficultés d'apprentissage.

Les descriptions cliniques sont abordées ici en référence à des étiologies multiples et à des structures mentales différentes. Nous essaierons d'y montrer le dynamisme interactionnel particulièrement évident chez le nourrisson et le jeune enfant, et l'intérêt que son étude présente en psychopathologie.

En effet, si le psychisme avant 6 mois au moins est hors de notre portée, c'est par l'observa-tion des premières interactions du nourrisson avec son environnement, interactions conduisant aux premières interrelations affectives, que l'on pourra percevoir la genèse du développement mental, comme l'a montré D. STERN (1981).

Il existe quatre grands types de **pathologies de l'interaction** :
— l'insuffisance ou la carence sous ses différentes formes ;
— la surcharge, soit par excès d'excitation, soit par insuffisance de protection du nourrisson par sa mère vis-à-vis des stimulations extérieures ;
— les incohérences quantitatives, qualitatives et temporelles souvent liées à la pauvreté socio-économique et affective de l'environnement familial de l'enfant ;
— les discordances, lorsque la mère privilégie certaines fonctions de sa relation avec le nourrisson — alimentation (anorexie ...), excrétion (constipation ...), — ou l'éveil d'une fonction particulière du développement (langage).

32.2.
NOURRISSON DE 0 À 30 MOIS, OU PREMIER ÂGE*

En rappelant la phrase de WINNICOTT : « Un nourrisson, seul sans sa mère, n'existe pas », on comprend tout l'intérêt de considérer le développement du bébé et du jeune enfant dans leur interaction avec la mère (ou le substitut maternel), et les troubles symptomatiques comme des troubles de la relation mère - enfant.

On n'en est plus à faire porter par les mères toute la responsabilité de ce qui peut être incorrect dans le développement de l'enfant. Les nombreux et récents travaux sur le tempérament des bébés (THOMAS et CHESS, 1980), de même que sur le déve-

---

* Selon une convention proposée lors du Premier Congrès mondial de la psychiatrie du nourrisson, le *premier âge* recouvre les 30 premiers mois de la vie.

loppement de l'interaction avec la mère en particulier et avec l'entourage (BRAZELTON, 1983 ; STERN, 1981) éclairent d'un jour nouveau le développement normal et pathologique du nourrisson. On a décrit notamment des *signes de vulnérabilité particulière* de la mère ou du nourrisson, soit sur le plan biologique proprement dit, soit sur le plan psychologique.

On sait que chaque nourrisson a son niveau personnel d'activité, d'attention, son rythme propre, sa capacité de supporter la frustration, et que, selon l'adaptabilité et la sensibilité de sa mère, une adéquation de l'un et l'autre va pouvoir se développer ou non : c'est ce qui définit le **champ interactionnel** dans lequel se situe l'enfant dès sa naissance.

Avant même sa naissance, dès le moment de sa conception, l'enfant à naître est situé dans le **champ désirant** de sa mère, de son père et de sa lignée familiale. En effet, les souhaits, les désirs conscients et inconscients des parents envers le nouveau-né vont influer sur la qualité de leur acceptation du bébé dès qu'il manifestera et exprimera ses caractéristiques particulières. L'actualisation des potentialités du nourrisson puis de l'enfant dépend largement de la qualité des attentes de son entourage.

Dans la description des symptômes cliniques rencontrés, on se rappellera que des symptômes semblables peuvent correspondre à des étiologies diverses et à des structures mentales différentes. Par exemple :

— un retard de développement peut être dû à une atteinte cérébrale organique, à une carence affective, à un trouble de la personnalité, ou à la combinaison de deux ou trois de ces facteurs ;

— un défaut relationnel chronique de l'attachement peut provoquer des manifestations aussi différentes qu'un trouble somatique, un retard de développement, un trouble de l'humeur ou de la personnalité ;

— une anorexie peut correspondre à des difficultés affectives variées, comme une réaction oppositionnelle ou un état dépressif ou psychotique.

Les troubles du premier âge le plus fréquemment rencontrés sont de trois ordres :

1) troubles somatiques ;
2) troubles développementaux ;
3) troubles des conduites et de la relation.

32.2.1. TROUBLES SOMATIQUES

Alors qu'un enfant plus âgé manifeste son malaise par la parole et les agirs, le nourrisson parle essentiellement par son corps, selon des modifications touchant surtout les fonctions physiologiques du sommeil, de l'alimentation et parfois de la respiration, ou encore par l'atteinte de certaines parties du corps, en particulier la peau (voir L. KREISLER, 1979, 1981, 1987).

On peut dire que de nombreux symptômes somatiques chez le nourrisson peuvent être envisagés comme des symptômes psychosomatiques. Les nourrissons sont le plus souvent conduits chez le pédiatre ou l'omnipraticien, et ce n'est que dans l'habitude d'une pratique transdisciplinaire que la réponse du pédiatre pourra être plus adéquate. En fait, tout symptôme chez le nourrisson peut être abordé globalement.

*TROUBLES DU SOMMEIL**

Ces troubles sont relativement fréquents et ont une fonction d'appel aussi bien au père qu'à la mère.

Rappelons qu'il est « normal » que le nourrisson pleure un moment durant la nuit jusque vers 3 ou 4 semaines ; dans ce cas, les parents ne devraient pas s'inquiéter outre mesure. L'insomnie peut apparaître soit vers 3 mois, soit plus tard dans la deuxième ou la troisième année.

---

* Voir aussi le chapitre 20.

Insomnie

L'insomnie du troisième et du quatrième mois se situe durant un moment de fragilité particulière du nourrisson où le sommeil est léger, superficiel, et où la mère tient un rôle important de « gardienne du sommeil ». Le nourrisson sort en effet progressivement d'une première phase où la mère comblait presque tous ses besoins ; si celle-ci devient inadéquate dans ses stimulations ou ses réponses au nourrisson, ou si elle manifeste une trop grande anxiété, ou encore si l'environnement est particulièrement bruyant, un cercle vicieux peut très vite s'installer.

Le plus souvent, il s'agit d'une insomnie bénigne qui disparaît sitôt que les parents réagissent favorablement à quelques conseils éducatifs centrés sur le calme et la régularité.

L'insomnie de la deuxième et de la troisième année peut se manifester sous forme de difficultés d'endormissement parfois liées à un trop grand laxisme de l'encadrement parental au cours de la phase du coucher. L'enfant refuse d'aller se coucher seul et exige la présence d'un parent ; il peut développer des rituels plus nombreux qu'habituellement : il suce son pouce, réclame des chansons, veut boire, se relève … L'insomnie de cette période peut aussi se caractériser par un sommeil agité entrecoupé de pleurs et de cauchemars.

Le plus souvent, il s'agit de difficultés passagères, liées au stade d'évolution psycho-affective que l'enfant traverse et qui correspond à la phase de séparation - individuation décrite par Margaret Mahler (1973). L'insécurité et les peurs d'abandon peuvent se manifester par différents symptômes cliniques, en particulier au cours de la phase de sommeil pendant laquelle l'enfant doit faire face à une séparation réelle d'avec sa mère.

Il est important que le clinicien s'informe du tempérament de l'enfant pendant la journée et des événements sociofamiliaux intercurrents. S'agit-il d'un enfant colérique, impulsif, hyperactif ou anxieux, pour différentes raisons qu'on tente de déterminer ? Le contexte révèle-t-il une maladie physique, une intervention chirurgicale, une grossesse de la mère ou la naissance d'un frère ou d'une sœur, une séparation d'avec la mère, un déménagement, ou d'autres situations parfois banales mais mal vécues par l'enfant ?

Plus rarement, certains signes associés peuvent évoquer un trouble de la personnalité plus sérieux : balancement du corps, de la tête, masturbation répétée, difficulté de contact, retard de développement.

Traitement

Le traitement des troubles du sommeil peut être *préventif*, par l'établissement d'une routine de coucher régulière ou, en cas de séparation prévue, par la préparation des parents et du bébé à l'événement. Le traitement *curatif* est fonction de la cause trouvée. Cette cause est le plus souvent simple mais, en cas d'insomnie tenace et d'association à d'autres symptômes, un évaluation spécialisée précisera les troubles de la relation mère - enfant et pourra être suivie d'un traitement. Notons ici la grande réserve qui doit être faite à l'égard de la prescription trop facile et prolongée de sédatifs. L'usage des sédatifs n'aide pas les parents à comprendre ce qui se passe et, d'autre part, ils diminuent artificiellement la capacité du jeune enfant à supporter l'angoisse.

TROUBLES ALIMENTAIRES

Anorexie simple et anorexie complexe

Le symptôme le plus fréquemment rencontré est l'anorexie, sous deux formes : une forme bénigne et une forme complexe plus rare mais plus sérieuse. L'anorexie peut être le symptôme de troubles organiques à éliminer en premier lieu, en particulier s'il y a perte de poids. Mais assez fréquemment elle ne s'accompagne d'aucun signe organique décelable.

L'**anorexie simple** s'installe plus ou moins rapidement vers 5 ou 6 mois. Appelée aussi **anorexie d'opposition**, on peut l'interpréter comme une résistance du nourrisson à la nourriture donnée. En général, on ne trouve pas d'autres troubles du comportement. Cependant, une interaction négative peut s'établir si la mère heurte de front le refus de nourriture manifesté par le bébé. On peut remarquer parfois un éveil intellectuel et une autonomisation assez précoce chez ces enfants.

Traitement

Pour le traitement, il faut faire reconnaître à la mère le tempérament « petit mangeur » du nourrisson ainsi que l'éventuel événement précipitant. Le pronostic est en général bon.

L'**anorexie complexe** a un pronostic plus réservé. Il s'agit de troubles de l'appétit plus ou moins graves qui parfois sont associés à des vomissements, des crises de colère, des spasmes du sanglot ou des troubles du sommeil. Le bébé semble ne pas s'intéresser à la nourriture ou s'en détourner.

Les échanges initiaux les plus significatifs entre la mère et le nourrisson se font en effet par l'intermédiaire du sein ou du biberon, et c'est dans ce type d'échange que se manifestent généralement les difficultés d'interaction et d'interrelation mère - nourrisson.

Cette anorexie peut correspondre chez le nouveau-né à différentes perturbations mentales telles que la phobie ou la dépression, mais aussi à une déprivation affective chronique ou, plus rarement, à une forme très initiale de psychose.

Traitement

Si le trouble est durable, le clinicien doit s'adresser à un spécialiste qui saura prendre le temps nécessaire pour bien évaluer la nature du problème et, au besoin, proposer le traitement de la relation mère - enfant.

Coliques

C'est le nom que l'on donne aux pleurs de certains nourrissons au cours des trois premiers mois, pleurs incoercibles qui tendent à se produire cycliquement, surtout en fin d'après-midi ou en début de soirée, après les repas, et qui ne correspondent pas à un stimulus connu.

Les mères mettent volontiers en relation ce symptôme avec des troubles intestinaux, mais cette hypothèse n'est pas certaine ; plusieurs théories physiopathologiques sont évoquées à ce sujet. L'évolution de ce trouble est spontanément favorable, avec une résolution vers 3 ou 4 mois.

Traitement

S'il n'y a pas d'explication médicale au symptôme, il convient que le clinicien rassure la famille afin d'éviter l'installation d'un cercle vicieux entre la fatigue et la tension des parents d'une part, et l'augmentation du malaise du bébé avec les réactions consécutives d'autre part. Le bercement et la succion sont ici souvent de bons adjuvants thérapeutiques.

Pica et mérycisme

Il s'agit de deux formes beaucoup plus rares de troubles alimentaires.

Le pica est l'ingestion répétée de substances non nutritives : cheveux, vêtements, morceaux de bois ou de plastique, peinture, etc. Ce symptôme apparaît entre 12 et 24 mois et est très souvent associé à des signes de retard majeur du développement ou de carence affective.

Le mérycisme est la régurgitation répétée de nourriture ingérée, avec rumination. Il apparaît entre 6 et 12 mois. L'enfant, le plus souvent lorsqu'il est seul, mâchonne les aliments ramenés dans sa bouche puis en rejette une partie pour n'en déglutir parfois qu'une bouchée. Des signes de dénutrition peuvent alors apparaître. Ce symptôme à caractère auto-érotique est le plus souvent lié à une carence affective en soins maternels. L'évolution peut être favorable si la carence est comblée.

TROUBLES RESPIRATOIRES

Asthme

L'asthme (voir la section 18.6.) est une maladie relativement fréquente du nourrisson et du jeune enfant. Sans entrer dans la description clinique de la crise d'asthme, notons que l'**asthme du nourrisson** apparaissant au deuxième semestre disparaît très fréquemment vers 2 ou 3 ans, contrairement à l'**asthme de la deuxième enfance**, qui a tendance à persister plusieurs années, au moins jusqu'à l'adolescence.

La plupart des auteurs s'accordent pour admettre une étiologie multiple à l'asthme : la sensibilité bronchique à l'infection serait probablement héréditaire ; les facteurs allergiques et psychologiques seraient associés en proportion variable. Il semble que l'importance relative des différents facteurs somatiques et psychologiques soit variable selon qu'il s'agit de l'asthme du nourrisson ou de l'asthme de la deuxième et de la troisième enfance. En effet, GAUTHIER *et al.* (1977) n'ont pas trouvé, dans leur étude sur l'interaction mère - nourrisson, des caractéristiques spécifiques d'une relation pathologique, en dehors d'une inquiétude un peu excessive liée à l'éloignement maternel chez les nourrissons. Par contre, plus tardivement, compte tenu du caractère particulièrement dramatique et inquiétant que peuvent revêtir les crises d'asthme, des interactions pathogènes secondaires peuvent s'installer : inquiétude et surprotection de la mère, recherche de bénéfices secondaires pour l'enfant.

Traitement

L'approche thérapeutique devrait être le plus souvent multiple et fonction de l'importance des différents facteurs étiologiques.

Spasmes du sanglot

Les spasmes du sanglot sont relativement fréquents, atteignant de 4 à 5 % des enfants. Il s'agit d'une brève perte de connaissance chez un enfant de 6 à 18 mois survenant dans des conditions précises. Deux formes sont décrites. La **forme bleue** est la plus fréquente et survient à l'occasion de pleurs dans un contexte de frustration, de réprimandes, de douleurs ; l'enfant sanglote, sa respiration s'accélère, se bloque, il se cyanose et perd connaissance quelques secondes. La **forme pâle** survient à l'occasion d'un événement désagréable ; l'enfant pousse un cri bref, pâlit et tombe.

Les enfants faisant des spasmes du sanglot à forme bleue semblent avoir un tempérament assez différent de la deuxième catégorie. Ils sont décrits comme énergiques, actifs, opposants, coléreux, à l'inverse des enfants faisant des spasmes à forme pâle, qui sont décrits comme étant passifs et calmes. L'évolution est bénigne sur le plan somatique s'il y a absence en particulier de signe neurologique et de séquelles.

Traitement

L'approche thérapeutique est importante pour les conséquences éducatives à moyen terme. En effet, la mère qui s'inquiète des troubles respiratoires de son enfant risque d'être maintenue dans la crainte par celui-ci. Elle doit donc éviter que la peur du spasme ne devienne le prétexte à abandonner toute attitude éducative. Si la mère se désintéresse relativement de ces manifestations, elles tendent à cesser.

32.2.2. TROUBLES DU DÉVELOPPEMENT

Le développement du nourrisson et du jeune enfant dans ses divers aspects : motricité, langage, adaptabilité (comportement à l'égard des objets inanimés), sociabilité (comportement à l'égard des personnes) (L. KREISLER, 1982-1983), est certes sujet à des variations individuelles que le praticien cherchera à connaître. Mais dans tous les cas, il est sous la dépendance étroite du développement affectif et des interrelations de l'enfant avec sa mère et son milieu familial (voir le chapitre 17, section 17.5.3.).

Sur le plan affectif, retenons avec SPITZ (1968) et MAHLER (1973) que le nourrisson passe par trois phases successives :

— une phase de *symbiose* avec la mère dans les premiers mois ;

— une phase d'*angoisse de séparation* vers 7 et 9 mois ;

— une phase d'*autonomisation* progressive entre 18 et 30 mois.

Durant cette période, le nourrisson est d'abord centré sur lui-même au cours de la première année pour s'ouvrir ensuite au monde avec l'apparition, à la fin de la première année, de la marche puis du contrôle des sphincters. L'affirmation de soi au cours de la phase du « non » se fait à partir de 18 mois. Cette évolution est facilitée par une relation chaleureuse, stimulante et adéquate avec la mère.

Cliniquement, les troubles peuvent être globaux (retard, accélération, dysharmonie) ou spécifiques, touchant électivement la motricité, le langage, l'adaptabilité, la sociabilité.

Tout comme les troubles somatiques, les troubles du développement peuvent être isolés ou inclus dans un système interactif ou mental défini (réactionnel, déficitaire ou dysharmonique). Leur étiologie est plurifactorielle en ce sens qu'il peut y avoir des facteurs organiques associés ou non à des facteurs interactifs, sociofamiliaux ou relationnels.

Les troubles du développement sont faciles à repérer et à quantifier ; ils occupent une place importante dans la clinique pédiatrique quotidienne, les bilans de santé périodiques et les repérages des programmes de prévention. Il existe, pour les étudier avec précision, des échelles de développement et d'interaction mère - nourrisson.

RETARD LÉGER

Le retard léger est une lenteur du développement que l'on peut parfois retracer de façon analogue chez un des ascendants de l'enfant atteint. Les parents peuvent être inquiets, particulièrement ceux qui ont des attentes considérables à l'égard de leur enfant. Une évaluation répétée tous les six mois au moyen du test de Denver (*Denver Developmental Screening Test*, DDST) permet le plus souvent au clinicien de rassurer les parents et d'identifier avec eux les motifs conscients ou inconscients de leur inquiétude.

RETARD MODÉRÉ ET GLOBAL

Le retard modéré et global est souvent associé à des carences affectives larvées. Bien que les manifestations soient modérées, il importe de les repérer : manque d'initiative du bébé, passivité dans les contacts sociaux, pauvreté des acquisitions en fonction de l'âge. De telles carences se voient surtout dans les milieux défavorisés, ou lorsque la mère souffre d'une maladie mentale ou démontre peu d'accessibilité affective.

Ce type de retard comporte un risque d'appauvrissement sur les plans du développement et de l'apprentissage ainsi qu'un risque de fragilité affective qui pourront entraîner des décompensations à l'adolescence si, dès l'enfance, une thérapeutique appropriée n'est pas instaurée.

RETARD SPÉCIFIQUE

Le retard spécifique du développement de la motricité, du langage ou des relations interpersonnelles constitue une autre catégorie repérable chez l'enfant plus âgé, de 3 à 5 ans.

Évaluation

Les retards de développement précédemment identifiés, qu'ils soient globaux ou partiels, doivent toujours être pris au sérieux et bien évalués. Dans son évaluation, le clinicien doit certes chercher à préciser toute cause organique possiblement responsable du retard. Il devra aussi s'attarder à faire ressortir nettement les aspects fonctionnels de l'enfant et à mettre en évidence non seulement ses limites mais ses ressources et les modes particuliers qu'il peut utiliser dans l'exercice de ses fonctions motrices, communicationnelles et interactionnelles. Le clinicien s'intéressera à comprendre l'impact affectif du retard de l'enfant chez les parents et, en particulier, à déceler toute perception de leur part qui pourrait les empêcher de répondre adéquatement aux besoins d'un tel nourrisson.

Traitement

La thérapeutique s'adresse à la fois au bébé et à sa famille. On verra à l'installation d'un programme de stimulation approprié aux besoins du nourrisson. Le rôle des parents à cet égard a plus de chances d'être adéquat s'ils sont amenés à participer à l'évaluation fonctionnelle de leur enfant et à développer leur aptitude à observer et à apprécier objectivement ses véritables capacités. Pour que cette aptitude se développe chez eux, certaines familles auront besoin de beaucoup de soutien, que ce soit pour surmonter la blessure narcissique engendrée par les déficits de l'enfant ou pour apprendre à bénéficier de différents services de leur milieu.

ARRÊT DU DÉVELOPPEMENT

On observe aussi chez certains bébés un arrêt du développement de plus ou moins longue durée, souvent lié à des **séparations**. C'est le cas, par exemple, de l'enfant qui, après une séparation d'avec sa mère, perd l'utilisation du langage ou arrête sa progression motrice.

Comme l'a décrit BOWLBY (1978), le jeune enfant passe normalement par trois phases après une séparation brutale d'avec sa mère : protesta-

tion, désespoir, détachement (apparente acceptation) ; quand il retrouve sa mère, il manifeste un attachement anxieux auquel succèdent de l'agressivité, puis un certain désintérêt. Il importe que le clinicien garde en mémoire ces différents stades, aussi bien dans un but préventif que curatif.

Les enfants soumis à des séparations et à des déplacements répétés ont du mal à s'installer dans une relation affective confiante ; très rapidement ils peuvent présenter des troubles développementaux ainsi que des troubles affectifs.

Traitement

Pour éviter ces effets, les parents doivent bien préparer les séparations avec leur tout-petit dès qu'il atteint 8 ou 9 mois et éviter au maximum des déplacements prolongés. En effet, toute séparation répétée, particulièrement au cours des deux premières années de vie, risque de fragiliser l'enfant, ce que le praticien doit faire comprendre clairement aux parents en les aidant à trouver des moyens pour éviter ces situations ou en minimiser les impacts. Il leur soulignera entre autres qu'au cours d'une séparation, l'expression de colère et même de rage est un signe normal et moins grave que la soumission ou le détachement apparent (voir la section 32.2.3.).

32.2.3. TROUBLES DES CONDUITES ET DE LA RELATION

Dès les premiers mois et les premières années de vie, on peut observer des troubles moteurs et des troubles de la relation qui dénotent des perturbations de la vie mentale du nourrisson. C'est artificiellement et pour la clarté du texte que ces aspects sont séparés des précédents alors que, cliniquement, ils sont le plus souvent très intriqués.

Ces troubles psychomoteurs diffèrent des troubles organiques purs car ils ne correspondent pas à une lésion en foyer au sens neurologique du terme, et ne présentent pas les caractéristiques de dérèglement d'un système défini.

L'observation clinique du nourrisson, de ses attitudes, de ses comportements, de ses expressions faciales nous transmet quantité d'informations intéressantes. Le bébé peut être excité ou apathique, collé à sa mère ou plongé dans n'importe quelle activité, intéressé aux objets plutôt qu'aux personnes. Il peut être curieux, souriant, joueur, aimant les activités variées, ou au contraire craintif ou répétitif dans ses gestes ou ses activités ; son attitude vis-à-vis de l'examinateur peut être trop familière ou indifférente, ignorante de son existence.

Durant l'examen, l'observation peut aussi mettre en lumière des attitudes très variées des parents : ignorance vis-à-vis des manifestations du bébé, anxiété, réactions adéquates ou non aux comportements de l'enfant. De cette observation attentive, on peut tirer des données sur l'adaptabilité du nourrisson à la réalité, sur les pulsions qui l'animent et le soutien qu'il peut recevoir de ses parents.

En dehors de toute pathologie, certains bébés sont calmes, plutôt apathiques, supportant facilement la frustration, alors que d'autres sont actifs, colériques, impulsifs. Il est du ressort des intervenants variés de faire accepter aux parents le tempérament de leur enfant et de les aider à trouver les réponses adéquates à ses attentes.

Voici quelques types de tableaux cliniques appartenant à la catégorie des troubles des conduites et de la relation.

TROUBLES D'ATTACHEMENT

Les troubles liés à la fonction d'attachement à la mère ou à son substitut, identifiés par le DSM-III, sont de trois ordres :
- **L'angoisse de séparation**, caractérisée par une anxiété excessive lors de séparation d'avec la mère, se manifeste aussi par d'éventuels troubles du sommeil et de l'alimentation, par de la colère ou du retrait.
- Le **trouble d'évitement**, qui se voit surtout à partir de l'âge de 2 ans et demi (2½), se mani-

feste par un retrait du contact avec les étrangers et une tendance à rester au sein de la famille.
- Le **trouble réactionnel de l'attachement** se manifeste avant l'âge de 8 mois et résulte d'une carence des soins qui, ordinairement, conduisent à l'établissement des liens avec les autres. Le nourrisson ne manifeste pas les signes de réactivité sociale appropriée à son développement chronologique : il sourit peu ou pas du tout et manifeste peu ou pas d'intérêt en réaction aux approches gestuelles, visuelles ou sonores. Son humeur est apathique, son développement physique marque un retard.

Traitement

Après un traitement visant à ramener le nourrisson dans une relation maternelle sécurisante, ces symptômes peuvent s'améliorer d'autant plus rapidement que la psychopathologie ne se situe pas dans un registre individuel ou sociofamilial trop sévère.

AUTISME INFANTILE

Il s'agit d'une forme majeure et rare de psychose de la première enfance (1 pour 10 000), qui est identifiable en fonction des caractères suivants selon le DSM-III : début avant 30 mois, retrait, repli, absence de langage ou troubles importants du langage. Parfois la mère décrit un bébé qui fut déconcertant dès ses premiers jours. Le plus souvent, le trouble se repère entre 12 et 18 mois. Le portrait type est un bébé trop sage, trop calme, qui ne paraît pas intéressé par un objet qu'on lui tend ni par un échange avec l'adulte. Il arrive que les parents le trouvent éveillé la nuit, les yeux ouverts sans pleurer ; il sourit très peu ou pas du tout.

Il ne manifeste pas d'angoisse de séparation au huitième mois. Vers 2 ou 3 ans, le diagnostic devient plus évident : l'enfant est replié, retiré, paraît intelligent mais fuit le regard, regardant ailleurs, au delà ou de côté (il voit sans en avoir l'air). Son contact est caractéristique : il est peu intéressé aux objets qu'il effleure ou qu'il prend de façon stéréotypée en les faisant tourner ; il entre bizarrement en relation avec les personnes en manipulant une partie de leur corps (bras, figure) comme un objet.

Il garde toujours une certaine distance affective ou même ne manifeste aucun échange apparent ; il se montre très attaché à l'immuabilité de l'environnement et de la place des objets (*sameness*). Il ne présente pas de retard moteur évident. Par contre, son langage est soit inexistant soit très perturbé, avec absence de « je », quelques mots répétés sans dialogue, des néologismes ou un chantonnement fréquent. La fonction cognitive se développe de façon parfois retardée, souvent dysharmonieuse.

Traitement

Dans le traitement de l'autisme infantile, on tente de s'attaquer à une pathologie dont les causes ne sont pas encore connues et dont le pronostic est généralement réservé. Ce pronostic peut cependant être amélioré par un repérage et un traitement intensif précoces de la condition. En effet, si des ébauches de langage communicatif peuvent s'installer avant l'âge de 5 ans et si l'enfant a un bon potentiel intellectuel, on peut espérer qu'il atteigne un degré de développement cognitif et d'adaptation sociale qui s'approcherait d'un niveau de fonctionnement aux limites de la normalité. Une telle évolution n'apparaît cependant possible que pour une minorité de cas d'autisme infantile et ne se conçoit pas sans la présence d'un traitement spécialisé prolongé faisant appel au concours d'un ensemble de ressources.

DÉPRESSION DU NOURRISSON

SPITZ (1968) et BOWLBY (1978) ont décrit les réactions de détresse profonde consécutives à la perte de l'objet d'amour privilégié, mère ou substi-

tut maternel. Ces états majeurs sont devenus rares mais, depuis quelques années, par l'observation plus systématique des nourrissons, de leur tempérament ainsi que de leur état mental en interaction avec leur mère, on a appris à détecter des formes mineures et masquées de réactions dépressives : désintérêt, pauvreté de réaction à la sollicitation, une certaine tristesse associée à des perturbations du développement psychomoteur ou à de fréquents symptômes somatiques.

La reconnaissance de cet état et la recherche du ou des facteurs précipitants permettent l'instauration d'un traitement approprié. On peut ainsi éviter de qualifier de débilité, des retards de développement liés à un état dépressif ou carentiel ; le pronostic en est alors plus favorable.

32.3.
ENFANT DE 3 À 5 ANS, OU DEUXIÈME ÂGE

Au cours de sa troisième année, le jeune enfant achève sa phase d'autonomisation et d'individuation par rapport à sa mère. On peut dire qu'il se pose en s'opposant, et ce processus n'est pas toujours facile à vivre, en particulier pour la mère qui découvre parfois un jeune enfant actif, curieux alors que, jusque-là, son nourrisson pouvait être calme et peu exigeant.

L'enfant va continuer simultanément son développement sur les plans affectif, moteur, verbal et cognitif, et être prêt à l'entrée en maternelle à 5 ans, puis à l'apprentissage de la lecture à 6 ans. Rappelons brièvement son évolution dans ces différents domaines instrumentaux et affectifs.

Sur le **plan moteur**, le raffinement de la motricité globale et le développement de la motricité fine manuelle vont permettre à l'enfant de profiter de son autonomie, de prendre plaisir à des jeux moteurs de plus en plus élaborés, ainsi qu'au graphisme dans le dessin.

Sur le **plan verbal**, l'évolution du langage se fait parallèlement. À partir de quelques mots qu'il possède avant 2 ans, l'enfant va organiser des phrases simples puis plus complexes et développer ainsi ce que PIAGET appelle la *fonction symbolique du langage*, c'est-à-dire la capacité de se représenter par des mots les objets absents.

Le développement concomitant de ses capacités motrices et de son langage va permettre à l'enfant une plus grande tolérance à la frustration de ses désirs. Ses capacités de communication plus développées lui permettent une emprise nouvelle sur le monde, l'exercice de sa curiosité et de sa soif de connaissances, de même que l'acquisition d'apprentissages.

Il traverse en même temps sur le **plan affectif** une phase de maturation capitale que FREUD a appelée la *phase œdipienne*. En effet, au sortir des phases orale puis anale, l'évolution pulsionnelle de l'enfant se fait vers une identification progressive au parent du même sexe. L'organisation de la personnalité se précise dans une relation à trois : de la relation duelle préférentielle vécue pendant les deux premières années, l'enfant sort progressivement et se situe par rapport aux relations du couple formé par ses parents ou des adultes s'occupant de lui. À partir des interdits, qu'il subit d'abord, puis qu'il fait siens, à partir de sentiments d'exclusion, de jalousie parfois très intenses, il va être poussé à créer des liens extrafamiliaux, bref à se socialiser. En même temps se mettent en place, dans la structure de sa personnalité, les instances nécessaires au bon fonctionnement de son Moi (Surmoi, mécanismes de défense).

L'enfant de 5 - 6 ans sera alors normalement devenu un être sociable, capable d'apprentissages systématisés, de stabilité, d'attention, de participation à un groupe et de respect de la loi.

MOTIFS DE LA CONSULTATION

Durant le deuxième âge, l'enfant est amené en consultation le plus souvent par sa famille, parfois sur les conseils d'une gardienne ou d'une éducatrice de garderie ou de maternelle, pour des symptômes très variés.

Les troubles évoqués le plus fréquemment concernent le développement ou le comportement, et peuvent être associés à des troubles des fonctions corporelles. Les troubles affectifs sont le plus souvent masqués par des troubles des conduites (instabilité, hyperactivité, etc.) et ne sont pas mentionnés en tant que tels : on sait que l'anxiété et la dépression restent facilement méconnues à ce stade car, si l'enfant n'est pas amené à parler de ce type de problèmes, de lui-même il ne parle pas volontiers de son vécu ou de sa vie intrapsychique. La plupart des troubles correspondent à des difficultés de nature bénigne ou réactionnelle. Les états graves de nature psychotique sont rares.

Il importe de garder en mémoire qu'à ce stade en particulier, un même symptôme peut avoir une valeur psychopathologique très variable d'un enfant à l'autre.

32.3.1. NOTIONS DE NORMALITÉ ET DE PATHOLOGIE

Depuis les apports de la psychanalyse concernant le développement de la personnalité de l'enfant et le modèle de compréhension de la psychopathologie de l'adulte, on sait qu'il n'y a pas de ligne de démarcation franche entre ce qui est normal et ce qui est pathologique.

Chez l'enfant, on sait bien que, même si des stades de développement neurologique et affectif ont été décrits, correspondant à des périodes de temps définies, on peut dire qu'il n'y a pas qu'une façon d'être normal. Selon l'âge, le sexe, le milieu familial et culturel, les facteurs biologiques, héréditaires, postnataux, l'histoire personnelle, chaque enfant organise son propre comportement et son propre développement.

Au cours de son développement, l'enfant fait face à des difficultés externes ou internes auxquelles il réagit par de l'angoisse, parfois par des symptômes qui sont transitoires et n'annoncent pas forcément une évolution pathologique. Ainsi, à 2 - 3 ans, il peut manifester des *peurs du noir* ou des animaux, des rituels du coucher, des réactions de peur ou d'inhibition devant une nouvelle personne ; à 4 - 6 ans, il peut présenter des *terreurs nocturnes*, du *somnambulisme*, des *rêves d'angoisse*. L'*hyperactivité motrice*, qui peut être jugée normale à 4 ans, ne sera plus admise, en général, en première année de primaire. Par ailleurs, le milieu familial et scolaire est plus ou moins tolérant à ce type de comportement et le transforme ou non en symptôme.

C'est l'intensité du symptôme, sa fréquence, sa durée, le fait qu'il soit isolé ou qu'il fasse partie d'une personnalité perturbée, ainsi que la tolérance de l'entourage qui permettent au clinicien d'évaluer la tendance pathologique de ce symptôme et de la personnalité de l'enfant.

Nous ne saurions trop insister sur l'intérêt *préventif* du clinicien à conseiller aux parents de développer chez leur enfant, dès la petite enfance, la capacité à parler de soi, de ses difficultés, de ses petits problèmes. Quand, parallèlement, les parents développent leur capacité d'écoute, la relation peut éviter l'installation d'une pathologie déterminée.

32.3.2. TROUBLES DE L'ADAPTATION

Ces troubles ne témoignent pas d'une structure psychopathologique de personnalité : ils sont réactionnels, situationnels, limités dans le temps et se développent en réponse à des stresseurs de différentes natures.

Précisons d'abord que, plus l'enfant est jeune, moins l'organisation de sa personnalité est fixée, plus les troubles sont mobilisables, variables et plus l'influence des événements et de l'entourage est grande. Ainsi, chez l'enfant de 3 à 5 ans, différents événements peuvent avoir un retentissement développemental et émotionnel : la naissance d'un frère

ou d'une sœur, la séparation d'avec la mère, la séparation des parents, une intervention chirurgicale de l'enfant (phimosis, amygdalectomie) un deuil. Ces événements peuvent entraîner chez l'enfant soit des manifestations d'angoisse, en particulier des troubles du sommeil, soit des manifestations de régression : l'enfant va reprendre son biberon, redevenir passagèrement énurétique.

Les réactions de l'enfant à des situations stressantes peuvent être normales. On parle de troubles de l'adaptation quand ces réactions se prolongent au delà de ce qu'on est en droit d'attendre chez un enfant d'un âge donné ou quand elles deviennent d'une intensité ou d'une étendue qui justifient une certaine inquiétude de la part de l'entourage.

Traitement

La thérapeutique passe par une évaluation adéquate de la nature de la situation. On tient compte de la réaction des parents, on leur explique le sens de la réaction de l'enfant et on recherche avec eux les changements d'attitude et de situation susceptibles de sécuriser l'enfant, que ce soit en lui fournissant de l'information, en reconnaissant la justification de ses sentiments anxieux, dépressifs ou agressifs, ou en l'aidant à les exprimer de façon acceptable.

Beaucoup de parents ne font pas le lien entre les comportements de l'enfant et des situations qui, à leurs yeux, n'ont pas tellement d'importance. Par ailleurs, quand eux-mêmes sont aux prises avec des situations difficiles, ils peuvent être moins sensibles aux effets de leur vécu sur celui de l'enfant. La thérapeutique consiste alors à tenter de leur en faire prendre conscience, tout en les aidant à trouver des solutions personnelles qui tiennent mieux compte des besoins de l'enfant.

Dans le cadre des consultations liées à la santé des familles, le praticien averti peut faire œuvre préventive quand, par exemple, il souligne aux parents l'importance de préparer les enfants à des interventions médicales physiques sur sa personne ou à tout événement familial susceptible de l'inquiéter ou de le traumatiser.

32.3.3. TROUBLES PLUS DURABLES

Dans le contexte de situations stressantes qui se prolongent, des troubles de l'adaptation peuvent atteindre une certaine durabilité et témoigner d'une organisation de la personnalité qui prend un caractère pathologique risquant de n'être plus spontanément réversible. Des modes d'adaptation défensifs commencent à se structurer en états névrotiques ou caractériels.

Un symptôme isolé s'additionne peu à peu à un ensemble de manifestations qui témoignent de la difficulté croissante de l'enfant à poursuivre un développement positif. Ainsi voit-on de l'instabilité motrice s'associer à de l'insomnie, de l'énurésie et des difficultés relationnelles avec l'entourage. Ou bien des somatisations variées se répètent, alternant ou coexistant avec des expressions d'insécurité, de peur, des troubles de l'appétit. Certains enfants développent des gênes excessives, manifestent des craintes persistantes devant les étrangers et de l'inhibition sociale. D'autres deviennent difficiles, opposants de façon persistante, portés à transgresser les normes éducatives, familiales ou sociales. Certains nous frappent par leur immaturité, leur intolérance à la frustration, leur refus apparent de vieillir.

Le pronostic de ces états est difficile à déterminer car il dépend beaucoup de l'évolution de la qualité du milieu familial de l'enfant et des apports psychosociaux dont il pourra bénéficier en dehors de sa famille : cercle d'amis, école, autres adultes que ses parents. Les états d'inadaptation qui, à cet âge, ont une certaine durée méritent qu'on leur accorde une attention sérieuse, car le risque qu'ils se perpétuent n'est pas à négliger. Le recours à des services spécialisés comme la pédopsychiatrie est trop peu fréquent pour ce genre de condition, à cause d'une certaine attitude qui incline trop de parents à penser que ce genre de problème chez un enfant finira toujours par s'arranger.

Exemple clinique

P., un garçon de 5 ans, est amené en consultation sur les conseils de l'enseignant de maternelle. À la maison, il est hyperactif et depuis six mois, il souffre de cauchemars. À la maternelle, il présente des difficultés notables d'attention.

On ne trouve rien de particulier dans les antécédents de l'enfant en dehors d'une instabilité ancienne pour laquelle sa mère n'avait pas consulté. L'histoire révèle cependant la mort brutale du père, huit mois auparavant, électrocuté pendant son travail ; la mère attend six semaines, tellement elle est traumatisée, pour révéler le décès à son fils.

À l'examen, l'enfant est très remuant, évoquant dans ses jeux et ses dessins des thèmes de catastrophe, de cimetière de voitures, de croix dans le cimetière ; son affect n'est pas triste en première apparence, mais le garçonnet est hanté par la mort qui, dans sa tête d'enfant de 5 ans, lui permettrait de retrouver son père.

La mère traverse elle-même une phase dépressive et se sent incapable de répondre aux besoins de son fils.

Bien que la symptomatologie puisse apparaître réactionnelle au décès du père, plusieurs éléments évoquent des difficultés psychopathologiques touchant la personnalité de l'enfant : l'instabilité ancienne associée plus récemment à de l'anxiété, la stabilité des symptômes depuis déjà huit mois sans amélioration, la difficulté qu'a l'enfant à parler de ses affects, ce qui le rend inaccessible aux apprentissages scolaires, la présence de fantasmes catastrophiques expliquant probablement les cauchemars répétitifs et, enfin, la fragilité de la mère elle-même.

Le suivi psychothérapeutique individuel de l'enfant pendant quelques mois, associé à une relation de soutien à la mère, a procuré une nette amélioration des deux patients en aidant au travail de deuil qu'ils ont eu à effectuer.

32.3.4. TROUBLES À EXPRESSION SOMATIQUE

Les troubles alimentaires et surtout les troubles du sommeil décrits chez le nourrisson peuvent continuer de se manifester à cet âge. Il est cependant rare qu'ils soient isolés, témoignant de difficultés dans la relation enfant - parents ou des problèmes dont il a été fait mention plus haut. Les difficultés du contrôle sphinctérien commencent à être jugées maintenant comme de véritables troubles.

ÉNURÉSIE FONCTIONNELLE

L'énurésie se définit comme une miction active, complète et involontaire une fois passé l'âge de la maturation physiologique qui est habituellement acquise entre 3 et 4 ans. L'énurésie n'est généralement pas liée à un trouble physique. Selon le DSM-III, le diagnostic ne se pose qu'à partir de l'âge de 5 ans.

Cette difficulté est fréquente et atteint environ deux fois plus les garçons que les filles. On dit qu'elle est primaire lorsque l'enfant n'a jamais connu de période prolongée de propreté. L'énurésie est le plus souvent nocturne.

Il y a diverses explications à l'énurésie, le symptôme pouvant avoir des significations différentes selon les cas. Elle a parfois un caractère héréditaire et familial et, dans certains cas, témoignerait d'une immaturité neuromotrice de la vessie. Elle peut faire partie d'anomalies de la fonction du sommeil.

Le fait que la présence de l'énurésie corresponde souvent à la survenue d'événements émotionnellement stressants met en évidence le rôle des facteurs psychologiques dans la condition. Il est par ailleurs assez évident, dans de nombreux cas, qu'elle est le fait de négligences éducatives ou de situations conflictuelles concernant le contrôle des conduites de l'enfant.

Traitement

Le traitement de la condition s'avérera plus difficile en présence de traits de personnalité assez marqués : enfants opposants, passifs, immatures, ou manifestant divers signes de carence affective. La façon dont l'entourage peut entretenir le symptôme en rejetant l'enfant énurétique ou au contraire en lui manifestant des soins particuliers favorisant les conduites régressives est à considérer dans l'approche thérapeutique.

Quelle qu'en soit la cause, le traitement de l'énurésie devrait d'abord viser à susciter ou à améliorer la motivation de l'enfant à résoudre le problème que pose le contrôle urinaire. Le clinicien aura pour tâche d'aider les parents à adopter des attitudes plus adéquates, plus réconfortantes et qui soutiennent les désirs de maturation de l'enfant ; il les éclairera sur les moyens d'améliorer des situations stressantes qui peuvent contribuer à entretenir le symptôme. Le rôle du médecin comme personne significative aux yeux de l'enfant peut s'avérer dans certains cas déterminant, en ce sens que le clinicien lui permettra d'exprimer ses peurs de maturation, ses inquiétudes, sa culpabilité. Il pourra aussi lui proposer des objectifs précis de contrôle et des moyens pratiques pour y arriver : éviter de boire après le souper, tenir compte régulièrement de ses progrès, etc. Dans ce contexte, à partir de 6 ans, l'usage d'imipramine peut parfois aider rapidement l'enfant à contrôler définitivement une énurésie.

ENCOPRÉSIE

C'est un symptôme plus rare que l'énurésie ; il est aussi plus fréquent chez les garçons que chez les filles. Il s'agit d'une incontinence fécale sans lésion organique, persistant ou survenant à l'âge où la propreté est normalement acquise (entre 2 et 3 ans). Généralement, ce symptôme est en relation avec des troubles affectifs dans la relation mère - enfant ; l'encoprésie est souvent associée à de la constipation et peut s'inscrire alors dans une dynamique familiale particulière, faite d'ambivalence et de sadomasochisme, où l'apprentissage à la propreté a marqué le début d'oscillations entre culpabilité, indulgence et hostilité, sévérité.

Traitement

Cette organisation pathologique peut disparaître assez rapidement dans un grand nombre de cas, surtout quand on intervient à la demande spontanée de la famille. L'entrevue d'évaluation devrait alors impliquer conjointement l'enfant et ses parents et conduire à un changement d'attitude, tant chez l'un que chez les autres. On soulignera l'infantilisme et l'agressivité du symptôme chez l'enfant, et les parents seront amenés à transformer leurs attitudes de complicité ambivalente envers les symptômes, en des attitudes plus saines, basées sur un meilleur respect du droit de l'enfant à grandir. Dans bien des cas, la poursuite du traitement impliquera d'abord une aide aux parents dans leur recherche d'attitude positive et cohérente, pour remplacer la relation d'opposition où ils s'étaient enlisés avec l'enfant.

32.3.5. TROUBLES DU DÉVELOPPEMENT

Il n'a pas été question, dans ce chapitre sur les enfants de 0 à 5 ans, de retards du développement qui caractérisent un état de déficience mentale, cette problématique étant traitée au chapitre 17. Un tel diagnostic est à poser quand un retard global assez prononcé se présente en l'absence de troubles notables de la personnalité. Quand la déficience mentale est très nette parce qu'assez marquée, l'évaluation est en général assez précoce et nécessite la mise en place d'un programme d'aide pour l'enfant et sa famille.

Entre 2½ et 5 ou 6 ans, la certitude de troubles du développement notés antérieurement se précise et d'autres troubles se manifestent, les parents de l'enfant ou leurs substituts jugeant que les performances ne prennent pas l'essor attendu.

À l'examen, on peut identifier plusieurs troubles spécifiques. Il importe de voir jusqu'à quel point ces troubles s'additionnent et dans quelle mesure ils accompagnent ou non de véritables retards du développement intellectuel et social.

TROUBLES SPÉCIFIQUES

Le praticien a intérêt à connaître les légers troubles qui peuvent se manifester à ce stade, afin de les traiter pour éviter à l'enfant des difficultés d'adaptation scolaire lors de l'entrée en maternelle et surtout en première année de primaire.

Sur le **plan moteur** on peut constater :
— des *troubles de la coordination* persistants,
— une *maladresse manuelle* exagérée,
— un *défaut de latéralisation* à droite ou à gauche qu'il faut surveiller surtout après 5 ans.
Ces retards peuvent ne traduire qu'une simple lenteur de maturation. S'ils ne s'améliorent pas progressivement, on devra recourir à une consultation en neuropédiatrie où un programme de stimulation appropriée pourra être envisagé. Certains services d'ergothérapie ou de physiothérapie sont spécialisés pour répondre aux besoins de ces enfants. Dans les cas où les problèmes sont accompagnés de troubles relationnels ou affectifs, les enfants peuvent bénéficier de services pédopsychiatriques.

Sur le **plan verbal**, on note les problèmes suivants :
— des *troubles de l'articulation*, comme le zézaiement, le zozotement ou la confusion de certaines consonnes, par exemple ch, z, j ou f, v, s ;
— des *troubles de la parole*, l'enfant continuant à « parler en bébé » en déformant les mots, parfois en les raccourcissant, par exemple « chacheu » pour « chasseur » ;
— des *troubles du langage*, la structure de la phrase étant atteinte par l'absence de pronom ou de liaison, des verbes utilisés à l'infinitif, par exemple « Manger pomme » pour « Je veux manger

une pomme », « Papa parti bureau » pour
« Papa est parti au bureau » ;
— le *bégaiement transitoire*, normal entre 3 et 5 ans
et survenant parfois après un choc émotif ou
une situation émotionnelle précise. Un *bégaiement persistant* au delà de quelques mois, surtout s'il s'associe à des troubles de la parole et
du langage, ne doit plus être considéré
comme banal.

Traitement

Le traitement des troubles du langage dépend
évidemment de leur nature.

Les troubles articulatoires sont certes les plus
bénins. À ce stade, la thérapeutique est préventive,
le praticien expliquant aux parents combien il est
important d'encourager l'enfant à parler correctement. Lire régulièrement des histoires aux enfants
permet non seulement de préciser et d'enrichir leur
langage, mais aussi de développer leur monde
imaginaire.

Dans le cas d'un bégaiement « normal », on
rassurera les parents en leur conseillant de ne pas
faire répéter à l'enfant des mots mal prononcés et
d'être tolérants ; le plus souvent le bégaiement s'estompe de lui-même. S'il persiste, une consultation
en orthophonie est recommandable. On peut envisager une consultation en pédopsychiatrie là où le
bégaiement fait partie d'un tableau de problèmes
affectifs et relationnels qui, manifestement, ne
découlent pas uniquement de ce trouble du
langage.

TROUBLES GLOBAUX* OU PSYCHOSES PRÉCOCES

Il peut s'agir d'un tableau de trouble global du
développement, analogue à celui décrit chez le
nourrisson. Ce tableau, semblable à celui de l'au-

---

* *Pervasive Developmental Disorders*, selon le DSM-III.

tisme, n'apparaît de façon évidente qu'après 2½
ans ; l'enfant, qui a « l'air intelligent », reste isolé,
fuit le contact et évolue de façon très inégale. Il peut
rester dans son coin pendant des heures ou manifester des crises soudaines et inexpliquées de rage
ou d'anxiété. Il a souvent des mouvements ou des
postures bizarres ; il est parfois étonnamment doué
pour les jeux de casse-tête ou pour chanter une
mélodie mais n'est pas « testable » par les tests psychologiques habituels. Le langage est anormal, la
voix peut être monotone ou contenir des intonations déroutantes.

L'évolution de ces formes d'autisme apparues
plus tardivement paraît meilleure. Elles sont moins
handicapantes sur le plan du développement, mais
restent tout de même des formes sévères de
psychose.

Il peut s'agir aussi d'un tableau de **psychose
précoce**. Les modalités d'aménagement clinique
sont plus polymorphes que dans l'autisme et chaque enfant présente un tableau séméiologique particulier. Ces formes de psychose précoce sont plus
fréquentes que les formes autistiques, et il importe
qu'on les repère le plus tôt possible.

Différents auteurs ont décrit des tableaux cliniques en fonction de leur mode de compréhension
de la psychose. Retenons la **psychose symbiotique**
décrite par MARGARET MAHLER (1973) : elle comporte une absence apparente de troubles chez l'enfant tant que la relation fusionnelle et l'illusion de
toute-puissance peuvent être maintenues. À partir
de la deuxième ou de la troisième année apparaissent des symptômes de nature psychotique : panique
extrême sans motif connu, désorganisation du comportement ou des acquisitions motrices ou verbales,
en particulier lorsque l'enfant doit affronter la séparation ou l'indépendance. Ce type d'enfant vivrait
sur le plan affectif une relation fusionnelle recherchée, mais redoutée car angoissante par la menace
d'anéantissement qu'elle représente ; ainsi l'enfant
peut mordre et embrasser en même temps, caresser
et pincer à la fois.

Traitement

Le dépistage précoce permet la mise en route d'un traitement par une équipe spécialisée en collaboration avec les services communautaires (en particulier le service scolaire). Le traitement peut durer plusieurs années à la fois sur les plans individuel et familial, et nécessite la plupart du temps une approche thérapeutique de milieu : centre ou hôpital de jour, ou parfois milieu scolaire spécialisé. Le traitement comporte différentes approches complémentaires :

— thérapie individuelle adaptée aux besoins et aux capacités de l'enfant ;

— soutien dans les secteurs de développement et d'apprentissage déficients ;

— soutien à la famille.

En l'absence de traitement, l'évolution de ces enfants peut se faire vers une débilisation ou une exagération des mécanismes psychotiques ou autistiques.

* * *

Pour consulter la bibliographie, le lecteur se reportera à la fin du chapitre 33.

CHAPITRE 33

ENFANCE : DE 6 À 12 ANS

Laurent Houde

M.D., C.S.P.Q., C.S.C.R.(C)
Psychiatre, coordonnateur de l'enseignement à l'hôpital Rivière-des-Prairies (Montréal)
Professeur titulaire à l'Université de Montréal

Denis Laurendeau

M.D., C.S.P.Q., F.R.C.P.(C)
Psychiatre, responsable de l'enseignement en pédopsychiatrie au Pavillon Albert-Prévost de l'hôpital
    du Sacré-Cœur de Montréal
Professeur adjoint de clinique à l'Université de Montréal

Lise Brochu

M.D., C.S.P.Q.
Pédopsychiatre à l'hôpital Rivière-des-Prairies (Montréal)
Professeure adjointe de clinique à l'Université de Montréal

PLAN

33.1.
INTRODUCTION

33.1.1. TÂCHES DÉVELOPPEMENTALES

Du début de la scolarisation jusqu'à l'adolescence, l'enfant continue sa maturation physique et intellectuelle ; il aura à développer un ensemble d'aptitudes affectives, cognitives et sociales qui lui permettront, à l'adolescence, de délaisser son statut d'enfant dépendant pour acquérir graduellement celui d'adulte autonome.

Au cours de cette étape de son existence, il devrait donc, moyennant une bonne santé physique et intellectuelle, développer ce qui suit :

— une autonomie personnelle grandissante dans toutes les situations (scolaire, familiale, sociale, etc.) ;

— un intérêt et une capacité acceptables dans la situation d'apprentissage scolaire constituant le tiers de son temps d'éveil ;

— une capacité de se distancer brièvement de la protection parentale et du vécu familial pour entamer des relations avec d'autres adultes et d'autres enfants ;

— une capacité de se baser sur son autonomie personnelle pour vivre des situations de groupe nécessaires comme la classe, l'équipe sportive, le groupe d'amis ou encore le camp de plein-air ;

— un comportement acceptable qui lui permettra de respecter en tout temps les personnes, les objets et les valeurs sociales jalonnant sa route ;

— un équilibre émotif et affectif lui permettant de faire face aux difficultés imprévues et aux attitudes diverses des différentes personnes qui le percevront et l'affronteront chacune à leur manière.

33.1.2. PATHOLOGIE DE CETTE PHASE DU DÉVELOPPEMENT

Plusieurs des problèmes psychopathologiques qu'on rencontre entre l'âge de 6 et 12 ans environ ont pris racine antérieurement et, dans certains cas, ne manifesteront que l'évolution de problèmes préalablement présents. Par contre, d'autres troubles témoignent des différentes tâches d'adaptation liées aux nouvelles démarches développementales mentionnées plus haut.

Cette section ne peut couvrir de façon complète l'ensemble de la psychopathologie des enfants de 6 à 12 ans. Nous y présentons cependant les principales catégories de problèmes psychiatriques que le praticien a avantage à connaître pour situer la nature et la gravité des difficultés qui amènent les parents à rechercher l'aide d'un professionnel. L'étude de ces divers types de troubles devrait permettre au clinicien de les situer les uns par rapport aux autres et de faciliter le choix d'orientations thérapeutiques et, par la suite, la détermination plus précise des interventions thérapeutiques souhaitables. Pour les troubles non signalés ici, le lecteur est invité à consulter les ouvrages plus élaborés dont il trouvera les références en fin de chapitre.

33.2.
TROUBLES DE L'ADAPTATION

Appelés aussi **troubles transitoires situationnels**, **troubles** ou **états réactionnels**, ils occupent une place intermédiaire entre les manifestations symptomatiques normales occasionnées par les difficultés d'adaptation que tout enfant est susceptible de rencontrer au cours de son développement, et des troubles plus profonds, névrotiques ou autres, révélant l'intériorisation de conflits et la présence de structures psychopathologiques.

Les troubles de l'adaptation peuvent prendre différentes formes : comportements difficiles, régression, manifestations anxieuses ouvertes ou déguisées, manifestations à caractère dépressif, difficultés relationnelles, etc. L'expression du trouble peut parfois revêtir un caractère bruyant ou inquiétant, faisant penser à un trouble grave.

Les manifestations sont d'apparition récente, se trouvent liées étroitement à la situation précipitante et constituent une réponse actuelle qui, même si elle peut laisser son empreinte sur la personnalité, ne détermine pas l'avenir. Ces troubles ne renvoient pas à une pathologie préexistante de la personnalité ; ils témoignent le plus souvent d'une régression consécutive à des situations stressantes, compte tenu de la phase développementale que traverse l'enfant, de ses ressources psycho-affectives et de celles de son milieu au moment où il doit s'aventurer dans des adaptations nouvelles ou réagir à des événements qu'il vit comme traumatisants : maladies physiques, séparation, arrivée dans un nouveau milieu, naissance d'un frère ou d'une sœur, troubles familiaux, divorce des parents, perte d'êtres chers. Ces événements sont aménagés dans la structure préexistante de l'enfant qui les médiatise par son appareil psychique, ce qui donne aux réactions leur coloration particulière ; ils sont également soumis à la dramatisation ou à la dédramatisation de la part des parents dont l'influence dans de tels contextes est souvent prépondérante pour l'évolution.

DIAGNOSTIC

Le diagnostic de ces états implique l'identification des facteurs qui les ont fait naître, de même que leur situation dans le contexte d'un développement global jusque-là plutôt normal et d'un fonctionnement de la personnalité dans l'ensemble satisfaisant : l'intégrité du Moi est préservée, le simple fait d'extérioriser le conflit sur un terrain « choisi » plutôt que de le refouler massivement témoigne de la capacité de l'enfant à affronter la situation et à faire un retour en arrière, à cause de

sa mobilité suffisante, en vue d'obtenir activement réconfort, sécurité et gratifications nécessaires dans le moment présent, par le truchement de modes relationnels plus anciens qu'il avait dépassés.

Le retour à la normalité et la poursuite d'un développement psycho-affectif progressif viendront confirmer le caractère transitoire et réactionnel des troubles de l'adaptation, que ces résultats aient été obtenus grâce à des changements dans le milieu de l'enfant ou à sa propre capacité de se ressaisir.

TRAITEMENT

Le traitement dépend évidemment de l'appréciation des ressources de l'enfant et de son milieu, ainsi que du jugement qu'on portera sur leur capacité d'utiliser ces ressources pour réintégrer à plus ou moins court terme un fonctionnement normal.

Le praticien aura donc intérêt dans les cas douteux — puisque souvent la symptomatologie polymorphe et changeante ne permet pas, à elle seule, de trancher entre trouble réactionnel et névrose par exemple — à faire subir à l'enfant une épreuve thérapeutique. Une juste évaluation lors d'une consultation permettra habituellement de trouver avec l'enfant et ses parents les réaménagements souvent mineurs qui lui permettront de dépasser la situation.

On obtiendra une dédramatisation du conflit ou son déconditionnement par une action thérapeutique basée sur une attitude compréhensive et sur une écoute attentive. Parfois le recours à un tiers étranger à la famille ou à l'école peut réorienter l'enfant. L'usage judicieux d'une légère sédation peut aider à briser un cycle qui risque de s'installer ; ou encore quelques entrevues plus ou moins espacées où la famille est mise à contribution permettent habituellement de faire rentrer le tout dans l'ordre en peu de temps. Le développement ultérieur de ces enfants ne se distinguera alors pas vraiment de celui d'enfants normaux du même âge.

33.3.
TROUBLES ANXIEUX OU TROUBLES NÉVROTIQUES

33.3.1. PARTICULARITÉ DES TROUBLES NÉVROTIQUES DE L'ENFANCE

Quelques-uns des troubles de l'enfance, qu'ils soient réactionnels ou qu'ils se soient développés plus insidieusement à partir de l'influence combinée de divers facteurs constitutionnels, traumatiques et dynamiques, en viennent à acquérir un certain caractère de permanence si l'on ne parvient pas à prévenir, modifier ou éliminer les facteurs qui les sous-tendent. Bien qu'il soit très difficile de préjuger du devenir des troubles réactionnels qui se prolongent et qu'une distinction entre ceux-ci et une **névrose**, *trouble relativement fixe*, s'avère souvent malaisée, on sait que certains états réactionnels évoluent progressivement vers une névrose (MISÈS, 1981 ; SOULÉ, 1974).

Dans l'introduction du DSM-III (1980, p. 9-10), on souligne qu'il n'y a pas de consensus dans le champ de la psychiatrie sur la manière de définir la névrose. Sur le plan descriptif :

> le terme de trouble névrotique fait référence à un trouble mental dans lequel la perturbation prédominante est un symptôme ou un groupe de symptômes faisant souffrir l'individu et reconnu par lui-même comme inacceptable et étranger à sa personne ; le sens de la réalité est, globalement, intact ; le comportement n'est pas activement opposé aux principales normes sociales (bien que le fonctionnement puisse être sérieusement altéré) ; la perturbation est relativement constante et récurrente en l'absence de traitement, et ne se limite pas à une réaction transitoire à des facteurs de stress ; il n'y a pas d'étiologie ou de facteur organique démontrable.

Dans ce chapitre, nous retiendrons sous la rubrique de troubles névrotiques les catégories his-toriques adoptées dans la CIM-9 et la perspective psychodynamique fournie par la psychanalyse pour les expliquer.

Le fait qu'une organisation psychique soit solidement structurée lui confère son degré de fixité. Chez l'enfant en développement, les modes défensifs utilisés pour résoudre les conflits intrapsychiques dits névrotiques ne se structurent pas de façon aussi bien délimitée, organisée et durable que chez l'adulte. Dans le cours du développement normal, tout enfant peut présenter des fonctionnements en apparence névrotiques et utiliser pour résoudre ses conflits intrapsychiques des mécanismes adaptatifs présents aussi dans la névrose ; ainsi, les comportements de type hystérique autour de la période de l'Œdipe et les comportements obsessionnels pendant la période de latence n'ont alors aucune signification pathologique (BERGERET, 1980). Parfois, l'utilisation de ces modes défensifs a un caractère très isolé sans signification profonde, ou encore se manifeste dans un fonctionnement ouvert qui ne paraît pas engager l'avenir.

Par contre, il existe des fonctionnements névrotiques fermés qui sont des défenses très importantes, soit des organisations qui cicatrisent des troubles plus profonds (phobie ou obsession rencontrée en surface et sous-tendue par une structure psychotique), soit des névroses en train de se fixer sans grande possibilité de rémission spontanée. Enfin, il existe des ensembles de symptômes qui s'intègrent dans une organisation floue dont il est difficile de dire, sur le moment, si elles correspondent à une psychose ou à un état limite.

Bien qu'on retrouve chez les enfants des réactions névrotiques semblables aux types classiques rencontrés chez les adultes, la symptomatologie y est en général plus diversifiée et changeante, et tient compte des possibilités comportementales liées à l'âge pour canaliser les tensions affectives. Ainsi le conflit névrotique se manifeste fréquemment dans des troubles des conduites tels que l'hyperactivité ou l'agressivité. Il peut également se cacher sous de l'inhibition et expliquer certains échecs dans les apprentissages scolaires.

Il n'existe pas nécessairement de continuité entre la symptomatologie infantile, par exemple obsessionnelle, et la névrose (obsessionnelle) de l'adulte. Néanmoins, la névrose se développe en deux temps séparés par une période en apparence asymptomatique : les manifestations névrotiques variées entre 3 et 6 ans (que certains appellent *prénévrose*) ; la période de latence au cours de laquelle les premières manifestations des conflits sont souvent transformées en traits de caractère, en troubles du comportement ou en inhibition, en particulier intellectuelle ; enfin l'éclosion de la forme plus adulte à la fin de la période de latence ou à l'avènement de la puberté et de l'adolescence. À ce moment, il y a reconstruction après coup du vécu infantile auquel est conférée une signification traumatique (LEBOVICI et DIATKINE, 1968).

Pour peser chacun et l'ensemble de ces éléments, on doit parfois procéder à plusieurs rencontres qui permettront d'évaluer s'ils s'inscrivent dans une organisation ouverte, transitoire, maturationnelle ou dans un système fermé, répétitif, incapacitant.

Le DSM-III évite systématiquement de proposer des diagnostics structuraux et regroupe les troubles anxieux de l'enfant sous trois appellations : les troubles d'angoisse de séparation, d'évitement de l'enfance et d'hyperanxiété. Les autres troubles anxieux sont considérés comme n'étant pas différents des troubles de l'âge adulte. Toutefois, à cause de leur importance historique, dynamique et de leur évocation fréquente dans la pratique, nous les aborderons pour l'enfant dans l'ordre classique, ce qui nous permettra quelques commentaires, tout en référant le lecteur aux chapitres portant sur les manifestations adultes de ces troubles pour les données de base. Les appellations classiques et celles du DSM-III sont présentées pour chacun des troubles.

33.3.2. NÉVROSE D'ANGOISSE OU TROUBLE D'HYPERANXIÉTÉ

L'angoisse constitue ici le symptôme principal et se distingue de l'épisode d'angoisse aigu : elle se manifeste sous forme de crises qui réunissent des phénomènes psychiques traduisant un malaise intense, du désarroi, un sentiment de catastrophe imminente, ainsi que des phénomènes somatiques fonctionnels divers (vomissements, céphalées, douleurs abdominales, tremblements, dyspnées). Il existe également un fond permanent d'attente anxieuse, comme en témoigne un pessimisme persistant qui provoque un repli et une fuite excessifs, fréquemment accompagnés de troubles variés du sommeil, d'irritabilité et d'hyperémotivité.

Les crises aiguës nécessitent habituellement, avant l'âge de 7 ans, la présence d'un parent pour calmer l'accès, lors de terreurs nocturnes par exemple. Une attitude parentale de contrôle psychologique voire physique de l'enfant, de façon ferme mais bienveillante et qui limite sa destructivité, procure les meilleures conditions pour un retour au calme.

Quand les crises sont répétitives (plus de six mois d'après le DSM-III) et s'accompagnent des symptômes évoqués plus haut, elles suggèrent la présence d'un état névrotique dans lequel les mécanismes de défense contre l'angoisse sont continuellement débordés et laissent l'enfant aux prises avec des terreurs nocturnes persistantes et des angoisses engendrées par la représentation imaginaire d'un conflit inconscient plutôt que par une situation réelle, et ce, sur un mode répétitif, stéréotypé.

La névrose d'angoisse dans laquelle, selon Freud, l'angoisse due à la libido réprimée est détournée sur les différents organes somatiques traduit l'absence d'une structure névrotique suffisamment élaborée et peut subsister telle quelle à l'âge adulte.

33.3.3. NÉVROSE PHOBIQUE OU TROUBLE D'ÉVITEMENT

Ce trouble se caractérise par des peurs intenses et irraisonnées devant des objets ou des situations qui ne comportent aucun danger réel, par des conduites d'évitement à l'égard de ces objets ou de ces situations ainsi que par l'utilisation d'objets rassurants ou « contraphobiques » permettant de les affronter sans angoisse.

Les phobies sont fréquentes chez les petits. Chez les enfants d'âge scolaire, elles peuvent atteindre une dimension de névrose lorsque la crainte qu'elles manifestent est nettement disproportionnée par rapport à la capacité de jugement de la réalité qu'a l'enfant et lorsqu'elle entraîne une réduction notable de ses domaines d'intérêt et d'activité. Une durée de la symptomatologie d'au delà de six mois est une indication sérieuse que le problème risque d'être fixé.

PHOBIES SCOLAIRES

Les phobies scolaires renvoient à l'angoisse de séparation et parfois à des organisations psychiques archaïques. Elles se caractérisent par une peur et un refus d'aller à l'école, accompagnés de malaises physiques vagues survenant les jours de semaine.

Ces symptômes sont précipités par divers événements récents vécus comme des pertes : maladie, mort dans la famille ou l'entourage, séparation des parents, naissance d'un enfant, perte d'emploi d'un parent, déménagement, etc. Ces événements font ressurgir chez l'enfant et souvent chez les parents des angoisses de séparation généralement — mais pas toujours — reliées à une constellation familiale particulière : mère surprotectrice, père « absent », enfant démontrant un attachement excessif à sa mère, présentant un comportement plutôt inhibé à l'école et tyrannique à la maison.

BOWLBY (1978) a décrit quatre types d'*interactions familiales* dans de tels cas :

1) La mère, ou moins fréquemment le père, souffre d'anxiété chronique et retient l'enfant à la maison comme compagnon.
2) L'enfant craint que quelque chose de catastrophique ne survienne à sa mère (ou à son père) pendant qu'il est en classe et il reste à la maison pour le prévenir.
3) L'enfant craint que quelque chose de catastrophique ne lui arrive s'il est éloigné de la maison et il y reste pour le prévenir.
4) La mère (ou le père) craint que quelque chose de grave ne survienne à l'enfant à l'école et le retient à la maison.

Les signes qui alertent le clinicien sont les absences scolaires récidivantes, le maintien de l'enfant à la maison, l'attitude de parents qui « excusent l'enfant ». Toute phobie scolaire constitue une urgence relative. Les *principes d'intervention* sont les suivants :

1) Avoir comme objectif de retourner l'enfant à l'école afin de briser le cercle vicieux « peur - retrait - peur », de lui procurer un entourage plus propice à l'ensemble de son développement et de promouvoir le côté sain de sa personnalité.
2) Établir un plan de retour à l'école, dans le cadre d'une collaboration médecin ou intervenant - parents - école, permettant un sevrage graduel à doser selon la fixité ou non du symptôme et la contre-attitude provoquée chez l'enfant ; habituellement, dans les cas les plus difficiles, la contrainte ne fait que renforcer le symptôme.
3) Éviter d'être complice en prescrivant des congés de maladie.
4) Rencontrer les parents pour leur permettre d'aménager leur ambivalence et de diminuer les résistances à la séparation.
5) Éviter la prescription de médicaments dans la mesure du possible. La médication ne peut se substituer à la disponibilité du médecin pour

une rencontre personnalisée qui permette à l'enfant d'élaborer ses difficultés et ses craintes. De même ne peut-elle être un substitut à une intervention plus globale. À l'occasion cependant, l'utilisation d'une légère médication anxiolytique peut avoir pour effet de diminuer l'anxiété et de favoriser la collaboration.

6) Envisager, si l'absentéisme scolaire persiste, une consultation pédopsychiatrique où une approche impliquant l'enfant et ses parents, voire une hospitalisation temporaire dans certains cas plus ou moins chroniques, sera considérée.

33.3.4. HYSTÉRIE DE CONVERSION OU TROUBLE DE CONVERSION

Le polymorphisme de ce groupe de manifestations (normales durant la période de l'ŒDIPE) fait douter de l'existence d'une unité structurale bien identifiée durant l'enfance. On distingue classiquement des traits de personnalité histrionique et des symptômes de conversion.

Les **traits de personnalité histrionique** sont souvent habituels et normaux à un moment ou l'autre chez l'enfant : égocentrisme, besoin d'être aimé et admiré, labilité affective, théâtralisme du tout jeune qui aime se mettre en scène et « faire le drôle », qui apprend à simuler et à mentir pour se soustraire à l'emprise des adultes et faire l'expérience de son pouvoir sur eux, qui se montre volontiers tyrannique et exigeant.

Les **symptômes de conversion**, plutôt rares avant 11 - 12 ans, peuvent cependant apparaître dès la petite enfance, d'autant plus que le corps est fréquemment utilisé par l'enfant pour exprimer sa souffrance.

TABLEAU CLINIQUE

Le tableau clinique de l'hystérie de conversion se manifeste précisément par des malaises physiques divers : maux de tête, fatigue, étourdissements, maux de ventre, ou encore par des symptômes plus classiques à caractère parfois spectaculaire : boiterie, paralysies temporaires, contractures, aphonies, troubles sensoriels dont la pseudo-cécité. Le trouble peut aussi se manifester par des inhibitions des apprentissages scolaires avec troubles de l'attention et de la mémoire ou encore par certains mutismes.

Les symptômes sont précipités par des circonstances en général clairement repérables : conflits familiaux ou scolaires, traumatisme corporel ou maladie de l'enfant ou d'un proche qui, secondairement, sont « imités » par les symptômes de l'enfant. On retrouvera donc fréquemment dans l'entourage immédiat de l'enfant un symptôme identique.

EXPLICATION PSYCHANALYTIQUE

L'explication psychanalytique reconnaît la place centrale d'une problématique sexuelle phallique et d'un conflit œdipien très angoissant dans l'hystérie. L'enfant étant incapable d'exprimer ce conflit par le langage, il « utilise » son corps pour faire passer un message à son entourage perçu comme frustrant et pour attirer son attention, en se rendant à la fois dépendant et contraignant pour ses proches. L'intérêt suscité peut alimenter son jeu inconscient et fausser son rapport avec les autres.

Mais ce conflit est d'abord un conflit interne entre les instances psychiques : Ça, Moi et Surmoi. Le symptôme de conversion est l'expression, à travers le corps, des conflits psychiques : il représente symboliquement dans le langage du corps à la fois la pulsion et l'interdit qui s'y oppose ; ainsi la pseudo-cécité est-elle déterminée par le désir de voir et la défense contre la vision d'un objet culpabilisant ; la paralysie bloque le désir interdit d'actes à caractère sexuel.

Le diagnostic différentiel avec certains symptômes psychosomatiques et certaines plaintes hypocondriaques (par exemple les céphalées) est souvent bien difficile à poser chez l'enfant. La forte influence du milieu dans l'investissement du corps de l'enfant, lequel appartient aussi à la mère, en fait l'objet d'une complaisance familiale et d'une anxiété qui deviennent vite excessives, de sorte que l'enfant en tire facilement toutes sortes de bénéfices secondaires. Avant l'âge de 10 ans, on doit poser ce diagnostic avec beaucoup de circonspection et seulement après un examen médical minutieux.

DIAGNOSTIC DIFFÉRENTIEL

Le diagnostic différentiel, selon le DSM-III (WILLIAMS, 1985), se fera avec la douleur psychogène, l'hypocondrie, le trouble factice et la simulation. Voici une esquisse des principales caractéristiques de ces entités :

1) **Trouble de conversion** Il se caractérise par une perte ou une altération du fonctionnement physique, suggérant un trouble physique mais apparaissant plutôt comme l'expression d'un besoin ou d'un conflit psychologiques. L'investigation médicale appropriée ne met en évidence aucun trouble physique ni mécanisme physiopathologique connu. Le rôle des facteurs psychologiques peut être déduit de leur relation temporelle avec le début ou l'aggravation des symptômes, par la présence de stimuli de l'entourage qui réactivent un conflit psychologique, par le fait que les symptômes permettent à l'enfant d'échapper à une rencontre, une activité ou une situation angoissantes, et en plus de recevoir de l'entourage un soutien qu'il ne pourrait obtenir autrement.

2) **Douleur psychogène** Cette entité a reçu un statut particulier dans le DSM-III, mais elle peut être considérée comme une sous-catégorie de la précédente. C'est la plainte de douleur qui ici se trouve au premier plan du tableau clinique, et ce, en l'absence de trouble physique positif. Il existe une évidente association de la douleur avec des facteurs d'ordre psychologique, comme dans le trouble de conversion.

3) **Hypocondrie** Il s'agit d'une interprétation irréaliste de signes physiques ou de sensations qui sont vécus comme anormaux et qui engendrent chez l'enfant la peur et/ou la croyance d'être affecté d'une maladie grave. Cette croyance persiste en dépit de l'évaluation médicale négative et des tentatives de réconfort de la part de l'entourage. Elle altère le fonctionnement social ou occupationnel et peut se chroniciser. L'hypocondrie vraie est rare chez les enfants.

4) **Trouble factice** Il est constitué par des symptômes physiques ou psychologiques produits par l'enfant ou qui sont sous son contrôle volontaire. Il n'y a que le jugement clinique d'un observateur extérieur qui puisse mener à ce diagnostic basé sur l'observation de comportements ou d'attitudes suggérant la dissimulation, et en l'absence de toute autre cause. Ces comportements révèlent un caractère compulsif et ne semblent procurer à l'enfant aucun avantage immédiat autre que celui d'assumer un rôle de malade. Ainsi en est-il d'un enfant dont on découvre que les épisodes de fièvre inexpliquée sont provoqués par le fait qu'il frotte un thermomètre sur sa couverture pour faire monter la température.

5) **Simulation** On a ici affaire à la production volontaire et à la présentation de symptômes physiques ou psychologiques faux ou grossièrement exagérés dans la poursuite d'un but identifiable : évitement de l'école, obtention d'argent ou de choses matérielles allant de bonbons jusqu'aux drogues, annulation d'une rencontre au Tribunal de la jeunesse, etc. Le diagnostic est parfois difficile à effectuer et place le clinicien dans une position délicate quant à la poursuite de la relation thérapeutique. Dans les cas ambigus, il convient de donner la chance au coureur pour préserver cette relation et espérer des changements subséquents.

33.3.5. NÉVROSES OBSESSIONNELLES OU TROUBLES OBSESSIONNELS-COMPULSIFS

L'utilisation de mécanismes de défense typiques d'une organisation obsessionnelle est normale chez l'enfant durant la période de latence pour contrer les désirs œdipiens directs. Aussi est-il banal de rencontrer des rituels jusqu'à l'âge de 7 - 8 ans ; de plus, l'émergence de mécanismes comme le contrôle et l'isolation pour tenir à distance les besoins pulsionnels est favorisée durant cette période par la considérable poussée vers la maturation, l'accroissement des exigences de la socialisation et la diminution des exigences pulsionnelles internes.

Il est rare que l'on puisse diagnostiquer de véritables symptômes obsessionnels avant 10 - 12 ans. Dans l'**obsession** l'enfant cherche à éviter l'angoisse en se créant une obligation intérieure de penser, tandis que dans la **compulsion** il se construit une obligation d'agir, de façon à rendre méconnaissables, dans les deux cas, les désirs inconscients interdits. Comme ceux-ci cherchent sans cesse à se réaliser, une lutte épuisante s'engage entre désir et interdit, expression et annulation, menant à un état d'ambivalence, d'indécision, de manque de spontanéité et de baisse de dynamisme, le tout pouvant se traduire par un comportement d'enfant sage et inhibé. Le plaisir à jouer s'estompe, cède la place à des préoccupations inquiètes d'acquisition de connaissances scolaires continuellement remises en question, à des doutes et des scrupules concernant la moindre imperfection qui suscite des sentiments de culpabilité intenses, à des tendances à la possession jalouse et à l'ordre qui contrastent avec des explosions de colère et de désordre agressif (LEMAY, 1973).

Cette description schématique et incomplète donne un aperçu de l'ampleur que peuvent prendre des manifestations obsessionnelles et compulsives quand elles s'accompagnent d'un certain modèle d'adaptation à la réalité qui tend à se structurer. Elle peuvent alors aboutir à l'organisation d'une personnalité rigide, conformiste, terne et sans dynamisme.

Ces organisations peuvent également survenir chez des enfants dont les traits prémorbides se caractérisent par de l'opposition et de la turbulence. On note chez eux l'irruption d'anxiétés, de doutes et des scrupules incessants déclenchés par le début de l'activité masturbatoire, une prépondérance de la pensée magique contrastant avec leur pauvreté d'expression, des inhibitions variées, notamment intellectuelle et relationnelle. Ils peuvent être en proie à des phobies invalidantes, manifester quelques rituels, une restriction des affects ainsi qu'une intellectualisation sommaire. Plus rarement peuton observer l'émergence de comportements antisociaux d'allure compulsive (vols, fugues, exhibitionnisme). Le tout s'accompagne d'une angoisse parfois vive, qui peut mener à des sentiments de dépersonnalisation, et d'une conscience de l'aspect morbide de ces manifestations, sans perte réelle de la capacité de perception de la réalité.

Il importe cependant de retenir qu'une telle organisation peut être la résultante d'un mode de défense contre des processus psychotiques ou dysharmoniques anciens, ou encore constituer l'inauguration d'un processus psychotique. Enfin, cette symptomatologie peut faire partie des manifestations phobiques, obsessionnelles et dites hystériques, avec ou sans symptômes de conversion.

ÉLÉMENTS D'UN DIAGNOSTIC DE NÉVROSE

Les éléments qui permettent dans leur ensemble l'établissement d'un diagnostic de névrose et de son degré de gravité sont les suivants :

— l'intensité, la fréquence, la persistance (au delà de l'âge habituel) et la fixité des symptômes d'angoisse et/ou des mécanismes (par exemple, l'évitement) pour la contrer. Ainsi la présence persistante d'angoisse considérable, de sentiments de haine et de culpabilité deviennent d'autant plus préoccupants pour le clinicien qu'ils entraînent chez l'enfant une inhibition du désir de connaître, de la curiosité, du plaisir et de la capacité de jouer, et qu'une certaine fixité des symptômes et des défenses s'est installée. Cette fixité peut s'évaluer par le manque de souplesse et de réversibilité des symptômes et des défenses, par le besoin qu'éprouve l'enfant d'obliger son entourage à lui donner une réponse qui le cantonne dans un rôle fixe, réduit, répétitif et qui appauvrit sa pensée, empêchant l'apparition d'éléments nouveaux qui permettraient la constitution de nouvelles formes de fonctionnement mental. ANNA FREUD (1968) a abordé ce sujet en faisant appel aux concepts de ralentissement, d'arrêt ou de régression du développement avec prévalence du conflit interne sur l'événement immédiat ;

— la présence, dans l'entourage immédiat (par exemple chez les parents), d'une névrose ou de forts traits névrotiques ;

— la conscience du caractère pathologique des symptômes et des défenses (que l'enfant cherche souvent à cacher aux autres) ;

— la conservation du sens de la réalité ou l'absence de confusion entre le monde intérieur et le monde extérieur.

TRAITEMENT DE LA NÉVROSE

Quand un doute subsiste sur la signification des troubles, quand on n'est pas certain s'il s'agit d'un état réactionnel ou névrotique, il est préférable, vu les passages possibles de l'un à l'autre et la résolution souvent rapide des problèmes réactionnels, d'intervenir en proposant, de façon graduelle, des actions thérapeutiques ainsi que des rencontres avec l'enfant et les personnes significatives de son milieu. Pour les cas qui ne répondent pas à cette approche ou qui paraissent plus franchement névrotiques, on envisagera une psychothérapie plus systématisée.

33.4.
TROUBLES DE L'AFFECTIVITÉ*

On a longtemps été réticent à reconnaître chez l'enfant l'existence de véritables troubles de l'humeur. Le fait que des enfants puissent être véritablement déprimés est maintenant accepté et, selon les auteurs du DSM-III, on peut utiliser pour évaluer la **dépression** chez les enfants, les mêmes critères qu'on emploie pour diagnostiquer la dépression chez les adultes. De fait, les recherches actuelles dans plusieurs milieux suggèrent avec de plus en plus de convergence qu'il existe chez les enfants un syndrome dépressif clinique dont les traits essentiels sont similaires à ceux qu'on trouve chez les adultes.

La mise en évidence de ce syndrome requiert cependant un examen attentif de même que la recherche active et systématisée des signes et des symptômes de la dépression. En effet, au premier abord la dépression de l'enfant peut être masquée par des symptômes associés qui peuvent traduire d'autres problèmes ou même une lutte contre la dépression. L'entrevue traditionnelle non structurée conduit souvent le clinicien à ignorer la présence des critères qui permettront le diagnostic de dépression.

Il importe également de retenir que la sémiologie habituelle de la dépression présente chez l'enfant des variations en fonction de l'âge, du niveau de développement, du sexe. Elle varie aussi dans une certaine mesure selon le type même de dépression.

33.4.1. AFFECT DÉPRESSIF ET SYNDROME DÉPRESSIF

Il est utile, quand on parle de dépression, de distinguer affect dépressif et syndrome dépressif. Comme l'angoisse, le sentiment dépressif est une

---

* Voir aussi le chapitre 15.

expérience subjective universelle du développement humain, l'un des moyens par lesquels l'homme tente de maîtriser les conflits, les frustrations, les déceptions et les pertes (DUGAS et MOUREN, 1980).

Dans sa forme primaire, cet affect, conscient ou inconscient, s'exprime par un sentiment d'impuissance et de désespoir face à l'atteinte de certains buts (DORPAT, 1977). Au cours du développement de l'enfant, l'émergence de cet affect joue un rôle positif dans l'adaptation quand il conduit l'enfant à inhiber des actions spécifiquement reliées à des buts inatteignables. L'abandon de ces buts pour en trouver et en poursuivre d'autres qui soient plus réalistes et accessibles favorise l'adaptation.

Il peut arriver toutefois que des expériences de perte, d'échec, de rejet, ou d'autres conditions viennent donner une force particulière et tenace à ces sentiments sous-jacents d'impuissance et de désespoir, entraînant pour une durée plus ou moins longue une position dépressive face à la vie. L'affect dépressif pourra s'élaborer de diverses façons : honte, culpabilité, deuil, et entraîner diverses manifestations de douleur morale et de comportements mésadaptés.

DIAGNOSTIC

Essentiellement, le DSM-III propose d'utiliser pour les enfants les mêmes catégories diagnostiques des troubles de l'affectivité que celles utilisées pour les adultes. En pratique, on retiendra surtout les diagnostics de trouble dépressif majeur, moins commun que chez les adultes, et de trouble dysthymique qui tend à être sous-utilisé. Avant la puberté, la manie est très rare mais on peut poser un diagnostic d'hypomanie.

Le DSM-III retient les mêmes critères de diagnostic que chez l'adulte pour la **dépression majeure** chez l'enfant, tout en soulignant certaines modalités pour l'appréciation des symptômes avant l'âge de 6 ans : expression faciale révélant l'humeur dysphorique, perte de poids anormale, compte tenu des gains de poids attendus de la croissance, tendance à une certaine hypo-activité plutôt qu'à l'agitation et tendance à l'apathie en réaction à une invitation à l'activité. On posera le diagnostic de **trouble dysthymique** quand les symptômes se manifestent depuis un an plutôt que deux pour les adultes. Les symptômes sont les mêmes que dans la dépression majeure chez l'adulte, mais à un degré moindre.

33.4.2. SÉMIOLOGIE DE LA DÉPRESSION

SÉMIOLOGIE SELON L'ÂGE

L'expérience et l'expression de la dépression par l'enfant sont étroitement liées à son développement affectif et cognitif. La symptomatologie qui traduit la tension du vécu dépressif et la lutte contre ce vécu se manifeste par les voies d'expression naturellement disponibles selon les âges :

— À l'âge préscolaire (3 - 5 ans), l'enfant est peu apte à verbaliser ses sentiments dépressifs. Ceux-ci se traduiront par un visage triste, un regard affligé, de l'irritabilité et un affect sombre et labile.

— De 6 à 8 ans domine l'expression de tristesse, de sentiments d'impuissance et parfois de désespoir.

— De 9 à 12 ans se développent les idées et les sentiments centrés sur une estime de soi négative avec, à l'approche de 12 ans, une présence plus nette de sentiments de culpabilité. Le désespoir et le pessimisme commencent à être courants après 10 ans.

AFFECTIVITÉ NÉGATIVE

Même s'ils ne sont pas permanents, la tristesse et les pleurs sont ici les manifestations les plus fréquentes. Parfois le faciès souffrant de l'enfant traduit non pas la tristesse mais une impression intérieure pénible qu'on appelle la **douleur morale**. Avoir du plaisir étant une caractéristique de la vie de l'enfant, l'anhédonie, qui en est la perte, caractérise chez lui avec évidence la dépression. Elle prend la forme d'ennui, de désintérêt, d'indifférence, d'incapacité de vibrer avec autrui.

L'altération de l'humeur, essentielle au diagnostic, n'est pas toujours exprimée subjectivement par l'enfant. On la reconnaît par l'observation des comportements et au besoin par l'intermédiaire de moyens d'expression libre : histoires, dessins commentés, tests projectifs. Ces moyens peuvent faciliter l'expression d'attitudes négatives que le sujet entretient à l'égard de lui-même, du monde et de l'avenir : sentiments d'infériorité, d'incapacité, d'abandon, de culpabilité, de persécution. Les idées morbides sont plus fréquentes qu'on est porté à le croire : idées et désirs de mort, menaces suicidaires et aussi tentatives explicites ou remplacées par une « tendance aux accidents ».

Chez l'enfant, l'**anxiété** est fréquente dans la dépression et il n'est pas rare qu'il manifeste en particulier de l'anxiété de séparation et diverses formes de sociophobie.

Les manifestations d'**hostilité** sont également fréquentes sous forme d'irritabilité, de colères ou de conduites d'opposition.

RALENTISSEMENT

L'**inhibition du fonctionnement cognitif** entraîne habituellement une baisse du rendement ou des difficultés scolaires. On note des troubles de l'attention et de la concentration, un ralentissement du raisonnement, une pauvreté de l'imagination et des troubles de mémoire.

Typiquement, *l'activité est perturbée* : l'enfant tend à s'isoler et refuse de participer aux jeux collectifs. Il fait preuve d'inertie et exécute avec difficulté et lenteur les tâches imposées. Il manque d'énergie et est fatigable.

TROUBLES SOMATIQUES

On peut mettre en évidence une anorexie et une perte de poids ou au contraire une boulimie.

Le sommeil est souvent altéré : difficulté à s'endormir, réveils fréquents, cauchemars, éveil précoce ou, au contraire, difficulté à se lever et hypersomnie.

Les plaintes somatiques les plus habituelles sont la fatigue, les céphalées et les maux de ventre.

ÉTATS HYPOMANIAQUES

Le DSM-III mentionne l'extrême rareté de la manie avant la puberté. Les derniers auteurs qui ont écrit sur le sujet sont réticents à parler de manie mais expriment que, bien qu'il soit rare, un diagnostic d'hypomanie peut s'avérer juste avant l'adolescence.

DUGAS et MOUREN (1980) ont rapporté neuf observations de cas d'hypomanie. Les symptômes les plus caractéristiques chez les neuf cas étaient : l'instabilité psychomotrice, l'euphorie, la labilité de l'attention et la logorrhée. L'agressivité était présente huit fois et la familiarité sept fois. D'autres comportements typiques de la manie étaient présents à un degré moindre.

Des défenses de type maniaque se remarquent cependant chez les enfant déprimés sans qu'on puisse parler d'états hypomaniaques : il s'agit d'idées de grandeur, de sentiments transitoires de toute-puissance, de déni de situations douloureuses ...

33.4.3. ÉTIOLOGIE DE LA DÉPRESSION

Il y a plusieurs explications possibles à la dépression et, dans les faits, plusieurs facteurs y contribuent habituellement chez un enfant donné.

Divers modèles théoriques proposés dans le cas de la dépression chez l'adulte ont une pertinence dans le cas de la dépression chez l'enfant (AKISKAL et MCKINNEY, 1975 ; KASHANI, 1981).

Chez l'enfant, on considère davantage les explications psychologiques de la dépression, mais les recherches récentes indiquent qu'on ne peut éliminer des causes génétiques ou biologiques possibles. Du point de vue psychologique, les vécus prolongés de pertes non compensées sont susceptibles d'entraîner le sentiment qu'un état de bien-être affectif est inatteignable. Ces pertes peuvent être liées à la perte, à la séparation ou au retrait psychologique des figures parentales, à leur désapprobation ou à leur rejet, à l'incapacité de satisfaire leurs désirs ou leur idéal. Le désespoir peut aussi découler d'un vécu d'impuissance occasionné par un handicap ou une maladie physique chronique, un trouble du développement ayant entraîné des situations d'échec répétées, par exemple des difficultés cognitives accompagnées de troubles d'apprentissage.

On est maintenant plus conscient que la dépression chez les parents risque d'entraîner une dépression chez leurs enfants, ce qui devrait alerter les cliniciens du besoin d'une approche familiale quand la dépression est identifiée chez un des membres d'une famille. Les enfants victimes d'abus ou de négligence sont également de sérieux candidats à la dépression.

33.4.4. DIAGNOSTIC DIFFÉRENTIEL

Le diagnostic de dépression comme entité clinique se pose lorsque le trouble affectif est primaire et non secondaire à un autre trouble psychiatrique, mais ce diagnostic peut aussi être concomitant d'un autre. Cette distinction peut s'avérer importante quand on aura à choisir le traitement le plus adéquat.

Le DSM-III souligne les fortes associations qui existent entre la dépression majeure d'une part et certains troubles des conduites de même que le trouble d'angoisse de séparation d'autre part.

Par ailleurs, le trouble dysthymique est aussi fréquemment associé aux troubles déficitaires de l'attention, aux troubles des conduites, aux troubles spécifiques graves du développement et au retard mental. Ces troubles produisent souvent une certaine démoralisation persistante qui entraîne des comportements dépressifs typiques. Des maladies physiques prolongées peuvent aussi s'accompagner d'humeur dépressive, mais on doit alors distinguer entre l'apathie associée à la maladie et un véritable affect dépressif. Des états psychotiques avec affect dépressif existent également : réactions traumatiques, réactions à des médicaments ou drogues, schizophrénie.

Les troubles de l'adaptation peuvent être associés à une humeur dépressive. Dans ces cas, on identifie un facteur de stress psychosocial récent et le trouble disparaît habituellement avec la disparition du stress ou lorsque le sujet est parvenu à s'y adapter positivement.

La réaction de deuil non compliqué peut se manifester comme un véritable syndrome dépressif après la mort d'un être aimé. Cette réaction est liée à la capacité qu'a l'enfant d'avoir une certaine conception de la mort, conception qui évolue avec l'âge. Il n'est cependant pas nécessaire, pour « faire son deuil », que l'enfant ait une conception exacte ou complète de la mort. Quand il la comprend comme une séparation définitive, soit vers l'âge de 4 ans environ, de vraies réactions de deuil sont possibles. Grosso-modo, le travail intérieur du deuil chez l'enfant est identique à celui chez l'adulte, sauf que l'enfant peut éprouver plus de difficultés à en franchir les étapes, surtout si la mort d'un parent par exemple a entraîné des carences de soins et une insécurité prolongée liée à l'absence d'une substitution parentale adéquate. Dans la réaction de deuil non compliqué, l'enfant, compte tenu de son âge, apprend graduellement à faire face à la réalité et à être capable d'exprimer adéquatement son humeur déprimée puis des sentiments d'ambivalence à l'égard de la personne disparue. Si la réaction de deuil se complique, elle peut se transformer en une véritable dépression.

33.4.5. APPROCHE THÉRAPEUTIQUE

Comme les facteurs de la dépression chez un enfant peuvent être multiples, le traitement devra généralement emprunter plusieurs modalités et tenter de s'attaquer à ce qui est mobilisable tant chez l'enfant que dans le milieu où il évolue.

Un premier point à considérer dans le traitement concerne la sévérité et la durée de la dépression. Dans le cas d'une dépression prolongée, il importe qu'on obtienne l'implication des parents ou des substituts parentaux et qu'on s'assure de leur collaboration soutenue. Ce genre de dépression est souvent tenace et peut requérir des interventions variées. Il faudra tenter de solutionner les facteurs qui entretiennent la dépression, comme la dépression des parents ou leurs attitudes envers l'enfant. Si l'enfant s'avère incompétent à bénéficier de son milieu social, il pourra avoir besoin d'un encadrement spécial qui l'aidera à développer cette compétence sociale grâce à laquelle il pourra parvenir à se valoriser. Des échecs scolaires répétés sont particulièrement démoralisants et devront faire l'objet de mesures correctives appropriées. Si la gravité de la dépression est telle qu'il y a altération grave du fonctionnement ou danger de suicide, une référence en psychiatrie avec hospitalisation peut s'avérer nécessaire.

Dans les cas où la dépression paraît avoir été précipitée par une situation particulière, il importe qu'on en tienne compte. Ainsi, il pourra s'agir d'apporter du soutien à une famille qui vient de vivre le décès de l'un de ses membres ou une séparation ou toute autre condition éprouvante.

Que la dépression soit prolongée ou qu'elle soit un phénomène plus récent, des entrevues de *psychothérapie individuelle* peuvent avoir un impact important sur l'enfant qui en souffre, en contribuant à le revaloriser et en stimulant chez lui le sentiment qu'il est compris, qu'il n'est plus seul ou abandonné. Cette intervention, qui peut donner un bon coup de pouce dans les dépressions réactionnelles, devient cependant exigeante pour le thérapeute dans des dépressions chroniques, car elle implique un rôle de soutien actif que celui-ci peut trouver difficile à maintenir quand une amélioration notable tarde à se manifester.

ANTIDÉPRESSEURS

L'effet des antidépresseurs dans le traitement de la dépression chez les enfants n'est pas encore bien délimité. Si les recherches bien contrôlées sont encore peu nombreuses en ce domaine, il est à prévoir que leur rôle se précisera dans les prochaines années, en particulier celui des **antidépresseurs tricycliques**. En effet, cette médication pourrait s'avérer particulièrement indiquée là où la dépression est grave, quand on met en évidence une histoire familiale de dépression, et là où des mesures psychosociales se révèlent inefficaces. Le dosage doit cependant être suffisant pour permettre d'atteindre un niveau plasmatique de 150 ng/ml ou plus. Ce niveau est habituellement atteint par une posologie ne dépassant pas 5 mg/kg/jour. Le traitement exige une surveillance médicale étroite pour la détection des effets secondaires anticholinergiques et des effets cardio-vasculaires plus graves. C'est pourquoi on juge souvent préférable d'établir un tel traitement pharmacologique en milieu hospitalier.

33.4.6. ÉVALUATION DU RISQUE SUICIDAIRE

Bien qu'il soit peu fréquent avant la puberté, le suicide existe chez les enfants. Il survient surtout chez des enfants présentant des caractéristiques psychopathologiques importantes et/ou vivant des situations particulièrement pénibles. Le risque de suicide devient de plus en plus élevé quand les facteurs suivants s'additionnent (PFEFFER, 1979) :

1) Présence durant plusieurs mois d'une dépression avec sentiments de désespoir, de dévalorisation et désir de mourir ; passé marqué de façon chronique par un sentiment de dévalorisation et l'entretien d'un désir de mourir.

2) Mère déprimée ; des parents déprimés *et suicidaires* accroissent le degré de dangerosité du comportement suicidaire de l'enfant.

3) Préoccupation d'idées de mort ; mort possible de quelqu'un dans la famille, mort vécue d'une personne considérée comme importante pour l'enfant. Croyance que la mort est un état agréable et temporaire.

4) Inquiétude chronique au sujet d'une mauvaise performance scolaire.

5) Ces facteurs spécifiques de risque suicidaire ne font qu'amplifier le rôle d'autres conditions qui sont le lot de perturbations psychopathologiques graves : anxiété élevée, agressivité marquée, déficits multiples du développement cognitif et social, climat familial abusif, négligence, trop grande sévérité, etc.

Il importe donc, en face d'une dépression qui dure chez un enfant jugé mésadapté, que le praticien recherche la présence de préoccupations de mort et de comportements autodestructeurs. Il devra aussi considérer sérieusement dans ce cas une situation d'échecs scolaires persistante, puis envisager les mesures qui pourraient en amoindrir l'impact ou y remédier. (Voir aussi le chapitre 21, section 21.10.)

33.5.
TROUBLES DE LA PERSONNALITÉ

La formation de la personnalité et du caractère est un long processus dont la durée dépasse la période de l'enfance. À cette époque cependant et surtout à partir de l'âge prépubertaire, des modes d'être caractéristiques de l'individu apparaissent déjà, qui sont assez fixés pour être reconnus comme des traits dominants et passablement stables de sa personnalité (par exemple de l'agressivité ou des conduites opposantes tenaces). Ces façons d'être représentent un équilibre adaptatif entre les ressources dont le jeune a disposé dans le passé et les exigences auxquelles il a eu à faire face dans la réalité. Elles expriment également ses capacités et ses moyens de faire face aux situations de la vie, particulièrement dans le domaine des relations interpersonnelles.

On parle de troubles de la personnalité et du caractère quand l'adaptation à la réalité qui résulte de l'équilibre atteint est trop rigide ou restrictive, quand elle limite le développement de l'enfant, entretient des conflits avec l'entourage ou dévie de façon trop marquée et soutenue des normes sociales. Les troubles de la personnalité et du caractère sont difficiles à modifier autant chez l'enfant que chez l'adulte, car leurs racines sont profondes et sont le plus souvent nourries par des milieux eux-mêmes peu faciles à changer.

Le DSM-III identifie chez les enfants les troubles de la personnalité suivants :
— trouble schizoïde de l'enfance ;
— évitement de l'enfance ;
— trouble des conduites ;
— trouble oppositionnel.

À ces troubles nous pouvons ajouter ceux-ci :
— personnalité dépendante et
— personnalité limite dont nous traiterons plus loin dans ce chapitre sous l'appellation de prépsychose. Nous nous limiterons dans cette catégorie de troubles à présenter brièvement les troubles des conduites.

33.5.1. TROUBLES DES CONDUITES

On retrouve sous cette appellation les aspects autrefois décrits comme des troubles du comportement, des troubles du caractère de type antisocial (les « caractériels ») et des délinquances. Le DSM-III les regroupe maintenant sous le vocable de troubles des conduites et établit les différences nosographiques suivantes :
— trouble des conduites, type mal socialisé - agressif ;
— trouble des conduites, type mal socialisé - non agressif ;

— trouble des conduites, type socialisé - agressif ;
— trouble des conduites, type socialisé - non agressif ;
— trouble atypique des conduites.

Tous les enfants présentant ces personnalités ont en commun de déroger gravement aux attentes de l'entourage par des actes antisociaux divers. Ils le font généralement depuis plus de six mois, ce qui les distingue des enfants pouvant avoir perpétré des actes isolés de conduite antisociale, symptôme d'une autre dynamique personnelle.

La qualité du milieu de ces enfants laisse à désirer. On détecte parfois dans la personne de leurs parents le modèle comportemental recherché. Ils commettent eux aussi les mêmes actes antisociaux ou sont heureux de voir leur enfant réaliser leurs propres fantaisies d'agression envers la société, selon l'hypothèse de JOHNSON et SZUREK (1952). Dans d'autres cas, leur famille est surtout affaiblie par des problèmes socio-économiques, des maladies ou des querelles parentales. L'enfant laissé seul n'a pas les ressources suffisantes à son bien-être et se livre à des actes délinquants, seul ou en groupe. On verra souvent chez lui des problèmes de santé, des antécédents de mauvais traitements ou de négligence et des problèmes d'apprentissage scolaire, c'est-à-dire des symptômes qui marquent toute sa difficulté à reconnaître aux adultes une fonction protectrice, aidante ou structurante. Tous les liens avec les adultes s'en ressentent tant à l'école qu'en société.

Dans les critères diagnostiques du DSM-III, on a tenté de répartir en sous-groupes les dynamiques sous-jacentes à la problématique générale. Ainsi a-t-on établi cinq critères qui indiquent une capacité d'attachement et de socialisation :
1) L'enfant a une ou plusieurs relations amicales dans son groupe d'âges, qui dure depuis plus de six mois.
2) Il se donne du mal pour les autres même sans compter sur un avantage immédiat.

3) Il ressent apparemment de la culpabilité ou du remords quand de telles réactions sont appropriées (et non seulement quand il est pris sur le fait ou en difficulté).
4) Il évite de dénoncer ou d'accuser ses camarades.
5) Il se préoccupe du bien-être de ses amis et de ses camarades.

Ces cinq critères départagent les conduites socialisées des conduites mal socialisées. L'enfant mal socialisé ne répond pas à plus d'un de ces critères, tandis que l'enfant capable d'attachement répond à au moins deux.

Le type d'acte posé départage aussi les agressifs des non-agressifs. **L'enfant agressif** s'attaque violemment aux personnes et aux choses (vandalisme, viol, incendie, agression, voies de fait, extorsion, vols d'une personne ou vol à main armée). **L'enfant non agressif** présente des comportements difficiles sans atteinte toutefois aux biens et aux personnes (école buissonnière, abus de substances toxiques, fugues, mensonges et vols mineurs).

La classification prévoit également une catégorie fourre-tout pour les problèmes atypiques ne correspondant à aucune catégorie déjà inscrite.

Le traitement de ces enfants pose des difficultés inhérentes à leur dynamique. Leur milieu de vie inadéquat peut nécessiter leur déplacement vers un nouveau milieu axé sur la rééducation et un travail de réintégration sociale. Pour certains d'entre eux, des mesures temporaires ponctuelles devront parer à leur dangerosité. Pour d'autres, la capacité d'attachement dont ils font preuve sera utilisée dans une approche thérapeutique individuelle complémentaire. Une aide à la famille et un service d'appoint du côté scolaire viendront compléter la démarche globale.

Dans l'ensemble, le pronostic demeure fonction des réelles possibilités de chaque enfant, quant à son intégration ou à sa réintégration dans un milieu familial et social capable de le stimuler, de le valoriser et de soutenir des modes de comportement adéquatement socialisés.

33.6.
TROUBLES D'APPRENTISSAGE SCOLAIRE

Un nombre important d'enfants éprouvent des difficultés d'adaptation et d'apprentissage scolaire. L'échec scolaire, qui peut avoir des explications variées, entraîne des répercussions parfois graves et durables sur le vécu affectif de l'enfant et sur les attitudes que l'entourage adopte à son égard. On reconnaît aujourd'hui les liens étroits qui peuvent exister entre les troubles d'apprentissage et la dépression chez l'enfant et l'adolescent.

Quand un enfant ne réussit pas à l'école, il n'est pas toujours facile d'en comprendre les raisons. On pourra s'en faire une idée en évaluant :
— les capacités de base dont il est doué pour aborder et poursuivre la tâche scolaire ;
— les dispositions affectives qui orientent la manière dont il utilise ses capacités ;
— le soutien qu'il reçoit des milieux tant scolaire que familial dans l'exercice de ses apprentissages.

CAPACITÉS DE L'ENFANT

La situation d'apprentissage comprend des matières à apprendre et un milieu auquel l'enfant doit avoir les moyens de s'adapter : enseignant-s, groupe-s d'élèves, règles de vie, etc.

Sur le plan cognitif, diverses atteintes peuvent limiter les capacités d'apprentissage :
— retard mental (voir le chapitre 17) ;
— atteinte de l'ouïe ou de la vision ;
— retard de l'acquisition du langage ;
— maladie réduisant la résistance générale ;
— difficultés perceptivo-cognitives touchant la discrimination, la mémoire, l'orientation temporo-spatiale ;
— limites des capacités d'attention, de concentration, de persévérance ;
— style cognitif particulier.

Certains enfants immatures peuvent manquer du niveau de compétence sociale nécessaire pour suivre les règles de fonctionnement qu'exige l'apprentissage en groupe.

DISPOSITIONS AFFECTIVES DE L'ENFANT

La motivation à l'apprentissage de matières scolaires peut être entravée par le fait que, pour des raisons variées, l'enfant ne perçoit pas cette activité comme valorisante à ses yeux ou aux yeux des personnes qui comptent pour lui. Ainsi, l'effort demandé pour s'actualiser par ce genre d'activités peut lui paraître trop grand pour les résultats produits. Ou bien des échecs antérieurs peuvent l'avoir conditionné négativement face aux apprentissages.

Il peut arriver aussi que des conflits affectifs entravent la capacité de l'enfant à investir ses énergies dans l'apprentissage. Par exemple, l'enfant peut refuser d'apprendre par opposition consciente ou non à ses parents ou à ses enseignants. Dans certains cas, l'apprentissage est bloqué par une profonde inhibition intellectuelle de nature névrotique. Par ailleurs, certains enfants sont tellement perturbés par leurs problèmes émotifs qu'ils ne sont tout simplement pas disposés à apprendre, tout occupés qu'ils sont à essayer de contrôler une anxiété, une dépression ou même une tendance à la désintégration personnelle. Dans ce cas, les problèmes d'apprentissage ne constituent qu'un des éléments du dysfonctionnement de la personnalité.

SOUTIEN DU MILIEU

Si l'apprentissage scolaire n'est aucunement valorisé par le milieu familial ou encore si le soutien apporté à l'enfant est à peu près nul, incohérent ou habituellement conflictuel, on ne doit pas s'attendre à ce que l'enfant s'oriente seul vers la performance scolaire à moins d'être particulièrement doué, autonome et spontanément attiré de ce côté. Le soutien familial requis est plus souvent déficient dans les milieux très défavorisés, mais il l'est aussi dans des familles mieux nanties où les parents n'ont pas le temps requis pour s'intéresser à leur enfant et à son apprentissage scolaire parce qu'ils sont trop occupés à d'autres tâches ou intérêts.

Le milieu scolaire peut aussi être en cause et s'avérer inadéquat pour répondre aux besoins particuliers de certains enfants. Il peut ne pas reconnaître certaines des déficiences qui nécessiteraient une approche spéciale. D'autre part, des conflits de personnalité peuvent survenir entre un enseignant et un élève en particulier.

Il convient également de ne pas négliger le caractère stressant ou difficile que peuvent représenter pour la fonction d'apprentissage les déménagements et changements d'école, les absences scolaires, les changements d'enseignants.

33.6.1. PRINCIPAUX TROUBLES D'APPRENTISSAGE

Ces troubles affectent de façon caractéristique l'apprentissage des matières de base : lecture et orthographe, écriture et arithmétique. Il s'agit de déficiences qu'on peut relier à des lacunes dans les processus perceptuels, reposant elles-mêmes sur des dysfonctions neuropsychologiques. Elles peuvent se manifester chez des enfants d'intelligence normale et même supérieure.

La **dyslexie** est une incapacité à saisir le sens du langage écrit, l'enfant ne parvenant pas à établir spontanément la corrélation entre le langage oral qu'il possède et sa transcription dans les symboles écrits. La lecture est très ardue, l'enfant peut confondre les sons du langage à consonance voisine tels que f et v, p et b, ou les lettres dont la configuration ne se distingue que par une orientation ou une disposition différentes des parties comme u et n, p et g, b et d. Il saisit mal l'ordre de succession des lettres et même des mots, toutes ces difficultés faisant de sa lecture un défrichage de signes imprécis formant eux-mêmes des regroupements confus dont l'évocation verbale a plus ou moins de sens.

À la dyslexie s'associe invariablement la **dysorthographie** caractérisée par les mêmes phénomènes de confusion, d'inversion, de transposition et d'omission de la graphie. Pour ajouter au problème, l'enfant présente également assez souvent des difficultés de contrôle moteur fin entraînant de la **dysgraphie**. La **dyscalculie** pour sa part est une difficulté particulière à maîtriser les opérations mathématiques élémentaires : addition, soustraction, multiplication, division.

L'impact de ces difficultés comme éléments de dévalorisation de l'enfant est souvent méconnu ou sous-estimé et l'absence de traitement ou un traitement inadéquat sont la source de nombreux problèmes d'adaptation.

33.6.2. PROBLÈMES D'APPRENTISSAGE LIÉS À UN TROUBLE DE L'ATTENTION AVEC OU SANS HYPERACTIVITÉ

On peut retrouver ici à des degrés variables les troubles spécifiques mentionnés précédemment, mais tel n'est pas toujours le cas. Le tableau est davantage dominé par la fluctuation de la performance et les comportements dérangeants de l'enfant dont les manifestations dépassent la situation du cadre scolaire. (Voir la section 33.7., « Troubles déficitaires de l'attention ».)

La présence de ces troubles d'apprentissage spécifiques ou liés à des troubles de l'attention risque d'engendrer des mésadaptations chez l'enfant, tant à cause du sentiment de dévalorisation que les échecs répétés peuvent induire, que des conséquences de ces échecs sur les attitudes du milieu à son égard. Certains parents, par exemple, manifestent une incapacité à accepter l'imperfection de l'enfant, à faire le deuil de l'enfant idéal pour le voir et l'accepter comme il est. Il peut s'ensuivre un rejet ouvert ou plus subtil de l'enfant qui déçoit ou qui met lui-même en cause son propre sentiment de compétence. La difficulté de comprendre le développement de l'enfant peut entraîner chez les parents la mise en place d'attitudes éducatives peu cohérentes ou inadéquates, trop exigeantes à certains égards, trop peu stimulantes à d'autres égards. Il pourra en découler un sous-développement de l'enfant qui se montre incapable de répondre à des exigences trop grandes pour ses capacités et, par ailleurs, trop peu stimulé pour développer d'autres de ses fonctions importantes.

33.6.3. AUTRES PROBLÈMES D'APPRENTISSAGE

Les deux types de troubles d'apprentissage décrits plus haut sont liés à des atteintes dans les fonctions perceptivo-cognitives ou neuro-psychologiques et nécessitent des approches thérapeutiques spécifiques.

D'autres problèmes d'apprentissage ne présentent pas de tableaux si précis. Reliés aux dispositions affectives de l'enfant ou à des conditions de milieu, ils peuvent s'inscrire dans le cadre de problèmes plus larges de personnalité ou de réactions d'adaptation.

Quelle qu'en soit la nature, les troubles d'apprentissage ont un impact important sur l'affectivité de l'enfant, laquelle se situe, comme il a été mentionné, dans un système d'interactions et d'influences impliquant la famille et l'école. En particulier, lorsque les troubles d'apprentissage sont graves et persistants, on doit les aborder dans toutes les dimensions pour tenter d'éviter un échec étendu non seulement pour la personne de l'enfant mais aussi pour son milieu.

33.6.4. PROGRAMME D'INTERVENTION

Il doit débuter par une évaluation correcte de la situation pour qu'on puisse ensuite, autant que possible, s'attaquer à la cause. Si la présence de difficultés cognitives est décelée, la nature de ces troubles nécessitera une évaluation spécialisée par un psychologue et/ou un éducateur spécialisé (orthopédagogue ou autre).

Les parents ont souvent besoin d'un soutien pour chercher de l'aide dans le milieu scolaire ; on pourra alors soit communiquer avec l'enseignant de l'enfant ou demander pour ce dernier une évaluation psychologique.

Si un trouble de l'attention avec ou sans hyperactivité est diagnostiqué, la prescription de méthylphénidate peut contribuer efficacement au traitement.

Dans tous ces cas, il importe de reconnaître la contribution de facteurs affectifs, et particulièrement les éléments dépressifs qui peuvent affecter tant l'enfant que ses parents. Au besoin, on dirigera l'enfant et ses parents vers des services spécialisés de psychologie ou de psychiatrie.

Là où les difficultés d'apprentissage sont le moindrement notables, une aide pédagogique appropriée est indiquée.

Dans bien des cas, surtout lorsque les ressources d'aide paraissent lacunaires, une mise en relation des parents avec une association, telle que l'Association québécoise pour les troubles d'apprentissage (AQETA)*, sera judicieuse.

33.7.
TROUBLES DÉFICITAIRES DE L'ATTENTION

Le DSM-III désigne sous ce terme des troubles du développement dont les traits essentiels sont l'inattention et l'impulsivité. Le syndrome se présente avec ou sans hyperactivité. Il a reçu plusieurs appellations dans le passé dont celles de dysfonction cérébrale légère (*minimal brain syndrome*) et de syndrome hyperkinétique. On en connaît encore mal la physiopsychopathologie mais la symptoma-

---

* 1181, de la Montagne, Montréal ; numéro de téléphone : (514) 861-5518.

tologie paraît, du moins en partie, liée au fonctionnement cérébral.

33.7.1. SYMPTOMATOLOGIE

INATTENTION

On note d'abord une déficience dans la capacité de soutenir l'attention du sujet qui s'avère fatigable et inapte pour les tâches longues. Le sujet peut cependant fort bien fonctionner en réaction à des stimuli brefs ; il se montre d'habitude plus facilement attentif aux stimuli cinétiques que statiques. On remarque chez certains enfants une distractivité caractéristique qui les met à la merci des stimuli ambiants, ce qui les empêche de centrer leur attention de façon sélective sur un stimulus approprié.

Il arrive fréquemment que le défaut d'attention varie dans le temps et selon les circonstances, ce qui donne la fausse impression que son contrôle n'est qu'une affaire de volonté chez l'enfant.

Souvent, ce type d'enfant ne finit pas ce qu'il commence, paraît ne pas écouter, est facilement distrait. Il se concentre mal sur tout travail nécessitant une attention continue et, au jeu, éprouve de la difficulté à s'en tenir à l'activité en cours.

IMPULSIVITÉ ET « TOUCHE À TOUT »

L'enfant paraît incapable de se retenir de toucher, de bouger, de manipuler des objets, spécialement dans un nouveau milieu. Il peut en venir à manipuler les choses avec rudesse et, quand il est trop stimulé, à détruire. Ce manque d'inhibition peut s'étendre à tous les aspects du fonctionnement social et se manifester sous forme d'exhibition sexuelle, d'agression sans provocation, de décharges verbales.

On décrit cet enfant comme agissant souvent avant de penser, passant d'une activité à une autre de façon excessive. Il ne parvient pas à organiser son travail et requiert beaucoup de surveillance. Il faut souvent le rappeler à l'ordre en classe et il a de la difficulté à attendre son tour dans les jeux ou situations de groupe.

HYPERACTIVITÉ

Elle est plus souvent rapportée à cause de son caractère frappant ou ennuyeux pour l'entourage. En fait, ce qui est jugé anormal ce n'est pas toujours le volume de l'activité mais la forme qu'elle prend. Elle est sans direction claire, sans but, sans objet. Elle a lieu souvent là où elle ne devrait pas. Ses manifestations varient selon l'âge et certains enfants sont nettement plus hyperactifs que d'autres.

L'enfant court et grimpe excessivement, il a de la difficulté à rester tranquille ou assis. On le perçoit comme très nerveux, il paraît mu comme par un moteur, il bouge dans son sommeil.

DIFFICULTÉS ASSOCIÉES

L'inattention et les difficultés perceptivo-cognitives qui les accompagnent fréquemment entraînent souvent des problèmes d'apprentissage scolaire (voir la section 33.6.).

Sur le plan neurologique, ces enfants éprouvent des difficultés de coordination motrice, de la maladresse et des difficultés de discrimination droite - gauche. L'EEG chez ces enfants présente plus d'anomalies que chez les normaux. Les difficultés d'adaptation sont fréquentes car la maladresse, l'immaturité, l'incompétence sociale, la difficulté à contrôler ses pulsions agressives peuvent susciter le rejet des autres enfants et particulièrement des pairs. Il n'est pas rare de voir ces enfants se tenir surtout avec des plus jeunes qu'eux.

Ces enfants ne sont pas exempts d'affectivité et expriment souvent de l'insécurité et des sentiments dépressifs quand ils perçoivent leur incompétence à contrôler leur impulsivité et à répondre aux exigences du milieu.

33.7.2. ÉVOLUTION DE L'HYPERACTIVITÉ ET DES TROUBLES DE L'ATTENTION

Certains enfants manifestent de l'hyperactivité dès leur première année de vie, mais le syndrome se manifeste surtout à partir de 3 ans environ. Il attire habituellement davantage l'attention des parents lorsque commence la fréquentation scolaire. On lui reconnaît généralement trois types d'évolution : une persistance de la symptomatologie durant l'adolescence et même jusqu'à l'âge adulte, une disparition des symptômes avec la puberté, et une disparition de l'hyperactivité vers la puberté mais avec persistance éventuelle de l'inattention et de l'impulsivité jusqu'à l'âge adulte.

COMPLICATIONS

L'existence persistante de troubles de l'attention, surtout avec hyperactivité, peut avoir un impact important sur le devenir de l'enfant. Les difficultés d'apprentissage scolaire et d'adaptation qui y sont souvent associées entraînent des réactions parfois inadéquates de l'entourage et des problèmes d'organisation de la personnalité. On pourra dès lors constater l'établissement d'une situation d'échecs scolaires répétés, de troubles des conduites persistants pouvant même conduire à une organisation de personnalité antisociale.

DIAGNOSTIC

Le diagnostic de cette condition ne doit pas être fait à la légère. Des enfants carencés ou vivant dans des milieux particulièrement désorganisés peuvent présenter un tableau symptomatique difficile à distinguer de ce trouble. L'hyperactivité et l'inattention peuvent être des manifestations d'anxiété ou de dépression, ou traduire des états de stress. C'est la forme particulière de l'hyperactivité et de l'inattention de même que leur persistance sur une longue période de temps qui permettent le mieux d'établir le diagnostic.

TRAITEMENT

Avant de prescrire un traitement, il importe qu'on obtienne un tableau d'ensemble du fonctionnement de l'enfant, des principaux domaines où ses difficultés se manifestent et des conditions de milieu où il évolue. En effet, si les problèmes qu'il éprouve en rapport avec ces conditions commencent à s'étendre et se multiplier, il y a fort à parier qu'ils vont aller croissant et entraîner des mésadaptations considérables et persistantes.

Une approche globale offre les meilleures chances de prévenir une évolution négative du trouble ; elle s'attachera à répondre le mieux possible aux besoins d'apprentissage de l'enfant, à soutenir ses efforts de socialisation sans négliger les besoins de soutien et d'orientation manifestés par les parents. L'établissement d'un cadre de vie adéquat pour ces enfants doit découler d'une connaissance précise de leurs limites autant que de leurs ressources particulières. Ainsi, on ne peut exiger plus de ces enfants qu'ils ne peuvent fournir sur le plan de l'attention, tout en étant conscient que leurs capacités évoluent avec la maturation. On les fera bénéficier de situations d'apprentissage qui conviennent à leur état. On utilisera avec eux des messages simples, clairs, directs, de la constance et de la cohérence dans les directives et les exigences auxquelles ils devront répondre. Ils ont besoin d'un environnement stable où les routines sont bien établies et où l'on évite les stimulations inutiles.

La prescription de **méthylphénidate** (Ritalin®) peut contribuer significativement à améliorer le comportement de ces enfants en réduisant leur hyperactivité et leur impulsivité et en accroissant leur capacité d'attention. L'établissement d'un dosage efficace requiert souvent un suivi étroit au cours des premières semaines et des révisions périodiques. L'enseignant de l'enfant est souvent le mieux placé pour percevoir les effets de la médication : enfant plus calme et plus attentif dont le comportement en classe s'améliore parfois grandement. Il n'est pas rare d'entendre des enseignants affirmer qu'ils peuvent facilement reconnaître quand l'enfant prend ou ne prend pas sa médication. Le médecin doit être conscient que l'usage de cette médication peut être perçu avec beaucoup d'ambivalence tant par les parents que par l'enfant et revêtir dans les faits un caractère nuisible. Le traitement par médication ne devrait jamais faire perdre de vue l'ensemble des besoins psycho-éducatifs de l'enfant et l'attention qu'on doit leur porter.

33.8.
AFFECTIONS PHYSIQUES ET APPROCHE PSYCHOSOMATIQUE CHEZ L'ENFANT

Comme nous l'avons souligné en traitant des troubles du nourrisson, plus l'enfant est jeune, plus les tensions qu'il subit dans son entourage se déchargent par la voie somatique et plus les symptômes risquent d'insécuriser le milieu qui ne sait comment les expliquer.

La maladie de l'enfant et ses symptômes physiques devraient toujours être analysés dans une perspective psychosomatique ou bio-psycho-sociale axée, d'une part, sur l'examen tant des facteurs d'ordre biologique que psychosocial qui peuvent avoir contribué à l'origine, au développement et au maintien de la maladie et, d'autre part, sur l'identification des émotions et des réactions suscitées à cet égard chez l'enfant et sa famille.

Cette approche globale de l'enfant malade utilisée même dans les cas de maladies aiguës se révèle particulièrement indiquée dans les cas de symptômes mal explicables, réapparaissant plus ou moins périodiquement ou prenant un certain caractère de chronicité. Qu'on pense, par exemple, à des maux de ventre ou des céphalées qui peuvent fort bien traduire un malaise d'être qu'une exploration psycho-affective permettra souvent de mettre à jour.

Dans certains cas, la famille a besoin d'un enfant malade ou qui joue ce rôle. Cette situation est d'autant plus possible si, dans le passé, l'enfant a effectivement suscité de graves inquiétudes. Chez cet enfant, la maladie ou une supposée fragilité nécessitant une protection particulière devient un moyen de maintenir un équilibre familial pathologique ; essayer de modifier cet équilibre peut susciter de fortes résistances et expliquer des échecs thérapeutiques.

33.8.1. DES TROUBLES FONCTIONNELS AUX MALADIES PSYCHOSOMATIQUES*

Le DSM-III a remplacé la désignation de *trouble psychosomatique* par celle de **facteurs psychologiques influençant une affection physique**. On peut utiliser cette catégorie pour toutes les affections physiques qu'on juge influencées par des facteurs psychologiques.

Comme il existe diverses manifestations physiques où l'on peut être amené à envisager chez l'enfant une participation affective, rappelons avec MAZET et HOUZEL (1978) ce qu'elles peuvent signifier :

— La formulation d'une souffrance essentiellement psychique en termes somatiques du genre : « J'ai mal à la tête. » ... « J'ai mal au ventre. » ... « Je suis malade. » peut être pour l'enfant des façons d'exprimer sa déception, sa tristesse, son mécontentement ou son angoisse.

— Une conduite ou une attitude corporelle peuvent dénoter des difficultés dans les relations interpersonnelles. Ainsi, l'anorexie ou l'encoprésie peuvent traduire des désirs d'opposition ; la boulimie peut être une façon de lutter contre la dépression ou l'anxiété.

— Un comportement hystérique, comme on l'a vu dans la névrose, semble témoigner d'une conduite relevant de mobiles inconscients.

— Les troubles fonctionnels proprement dits concernant la vie des organes, la vie végétative ou les régulations métaboliques peuvent signaler une difficulté à surmonter le stress. Les dysfonc-

---

* Voir aussi le chapitre 18.

tions physiologiques transitoires comme les gastralgies, les vomissements ou la diarrhée, que beaucoup d'adultes éprouvent dans des situations de stress, sont relativement fréquentes chez certains enfants. Certains vomissent à chaque fois qu'une situation particulière les excite, tandis que d'autres répondent à des stresseurs d'origine variée par de l'insomnie, des céphalées, de l'anorexie, des coliques, de la constipation. Des réactions hypoglycémiques ou hyperthermiques et des syncopes ont également été rapportées.

— S'il arrive que les situations stressantes ou responsables de troubles fonctionnels durent ou ne trouvent pas d'autre issue, il peut en résulter des altérations organiques constituant ce que classiquement on désignait sous le vocable de *maladies psychosomatiques*. Il importe de souligner ici que, malgré la contribution importante des émotions dans la maladie psychosomatique, ces facteurs ne sont pas nécessairement les seuls en cause. Dans les faits cependant, leur importance est plus souvent oubliée qu'exagérée.

Chez les enfants de 6 à 12 ans, les maladies où les facteurs affectifs semblent le plus fréquemment associés sont l'asthme, la recto-colite ulcéro-hémorragique, l'ulcère gastro-duodénal, la migraine et les maladies de peau comme la pelade, la dermite atopique et la névrodermite.

Si l'on ne considère, pour simplifier, que les facteurs affectifs dans la maladie psychosomatique de l'enfant de 6 à 12 ans, on peut se demander pourquoi une souffrance ou un conflit psychiques se manifestent ainsi de façon somatique plutôt qu'autrement. Un exemple clinique servira à illustrer comment les choses peuvent se passer.

Exemple clinique

Simon, 12 ans, est hospitalisé en pédiatrie pour traitement d'un ulcère duodénal récent. Il se plaint de maux de ventre depuis des années. Il est né d'une mère célibataire qui voulait un enfant pour elle et il n'a jamais connu son père naturel dont il ignore même le nom. Au cours de sa première année de vie il a souffert de « fièvres » pour lesquelles il a été hospitalisé quatre fois. Sa mère le jugeait comme un jeune enfant malade et avoue l'avoir gâté et surprotégé, se sentant incapable de le frustrer et de lui faire de la peine. Entre 4 et 5 ans, il a vécu de façon assez traumatisante trois hospitalisations pour dilatation de la vessie. Sa mère s'est mariée quand Simon avait 5 ans et à 7 ans, il a réagi en devenant renfermé à la naissance d'une sœur. À l'examen, Simon se révèle tendu et sensible mais il tend à le nier. Il avoue par contre être nerveux, sursauter, avoir peu d'amis, garder ses sentiments en dedans. Il dort bien et ne se souvient jamais de ses rêves. Il n'a pas de doute que ses parents soient parfaits et ne peut se permettre d'exprimer une quelconque agressivité à leur égard.

Au cours d'une thérapie familiale, l'ambivalence des parents, leur insécurité personnelle et leur contrôle excessif sur l'expression de l'émotivité et de l'agressivité sont rapidement apparus. D'emblée, son père adoptif avertit qu'il ne croit pas qu'il y ait quelque chose d'affectif dans l'ulcère de Simon, et celui-ci renchérit en affirmant être bien dans sa peau.

Quand son père parvient à se détendre un peu et à accepter l'aide qu'on lui offre, il conseille à Simon d'exprimer les sentiments qu'il ressent mais du même souffle il raconte qu'il a été élevé durement par son propre père de qui il a appris qu'il faut endurer sa souffrance. Son message à Simon peut se résumer ainsi : «Confie-toi mais c'est à toi de vaincre ta peur de moi. J'ai pris trente ans à vaincre la peur de mon propre père. » Le père est perçu par la mère comme un bon époux mais des signes de malaises non avoués dans leur relation ne tardent pas à poindre.

Ces quelques éléments de l'histoire de Simon et de sa famille permettent de comprendre comment une dynamique familiale particulière facilite l'expression somatique de tensions affectives auxquelles d'autres issues sont refusées. Dans ce cas, l'approche familiale comportait un élément de sécurité en permettant que les interdits sur l'expression affective ne soient levés qu'en présence des intéressés et avec leur commun accord. Elle a nécessité un soutien de chacun de la part du thérapeute. La verbalisation de l'insécurité familiale face à l'expression d'idées agressives et, par la suite, l'acceptation de l'expression même de ces idées ont permis à Simon de s'affirmer dans différents comportements extérieurs en même temps que disparaissait chez lui toute trace d'ulcère et que diminuaient ses signes de tension somatique.

Comme le mentionnent AJURIAGUERRA et MARCELLI (1984, p. 353) :

L'impossibilité tant chez l'enfant que chez le (les) parent(s) d'exprimer le versant agressif de la nécessaire ambivalence relationnelle semble être à l'origine d'un bon nombre de manifestations somatiques. Celles-ci permettent la réflexion sur le corps de l'enfant de l'agressivité habituellement socialisée et son renversement en sollicitude excessive ou en relation purement thérapeutique de soin.

Dans ce domaine si important mais encore mal connu des troubles psychosomatiques de l'enfance, il importe peu que l'on trouve si la cause en est ou psycho-affective ou organique pour ensuite entreprendre une thérapeutique qui exclurait l'un de ces aspects ; il importe davantage de toujours considérer l'enfant malade comme une personne souffrante dont la maladie survient et évolue dans un contexte bio-psycho-social seul capable de donner la clé d'une évaluation complète et d'une thérapeutique judicieuse.

33.9.
PATHOLOGIES DE LA LIGNÉE PSYCHOTIQUE

La période de développement de 6 à 12 ans présente aussi des pathologies graves de la lignée psychotique pour lesquelles les informations étiologiques, nosologiques et descriptives prêtent à plusieurs interprétations selon les auteurs. Le pronostic est toujours perçu comme très réservé. L'approche clinique nécessite l'élaboration d'une gamme de traitements prolongés et complexes, comme l'organisation de soins de jour, l'hospi-

talisation et les thérapies relationnelles à long terme.

La classification de ces pathologies est constamment remise en question, et nous tenterons plutôt ici de décrire trois groupes de pathologies graves en évitant de se perdre dans les dédales de tous les essais de classification. Il s'agit des groupes diagnostiques les plus reconnus par les cliniciens pour ce groupe d'âges :
— les dysharmonies du développement ;
— les psychoses déficitaires ;
— la schizophrénie infantile.

33.9.1. DYSHARMONIES DU DÉVELOPPEMENT

On reconnaît que certains enfants présentent une fragilité constitutionnelle doublée souvent de problèmes relationnels graves qui apparaissent d'abord dans la relation mère - enfant. Ils grandissent en donnant toujours une impression de « porcelaine fissurée ». L'enfant semble avoir des possibilités, mais présente toujours cette fragilité qui laisse croire à la fois à une réussite et à l'imminence d'un éclatement.

On remarque la présence d'une anxiété flottante se canalisant parfois dans de nombreux cauchemars, dans des phobies ou des peurs incontrôlées. À cela s'ajoutent souvent des rituels ou des obsessions d'une intensité disproportionnée. Sur le plan relationnel, l'enfant se sent seul, est souvent triste, mais il ne sait pas franchir la distance vers l'autre d'une façon qui devienne régulière et satisfaisante ; on le verra chaleureux et avide face à l'adulte, mais en même temps vide, distant et souvent peu gratifiant. Parfois il se perd dans une hyperactivité et une impulsivité déroutantes et anxiogènes ; il passe aussi à des actes comme la crise de colère, la fugue ou la perte de contrôle pulsionnel. Pourtant, cet enfant a souvent tous les atouts qui, « en apparence », lui permettraient de bien évoluer aux points de vue intellectuel et cognitif ; il désarme le thérapeute et le rend impuissant devant sa relation fuyante.

L'enfant présente des inégalités marquées entre les différentes sphères de son développement, d'où leur appellation de dysharmonies. Il conserve le contact avec la réalité, mais on sent chez lui la précarité de ce contact tellement fragile qu'il entraîne une distance avec tout ce qui entoure l'enfant.

On a tenté de regrouper ces pathologies sous différents vocables, mais celui de **dysharmonie** semble trouver un assentiment plus général. D'autres expressions demeurent, telles que *structure psychotique* et *prépsychose*. Certains utilisent les termes d'*état limite* ou de *personnalité limite* qui ne sont pas couramment acceptés par le DSM-III avant l'âge de 18 ans. Dans cette dernière classification, on utilise l'expression de *troubles atypiques du développement*, signifiant ainsi que le retard de développement demande plus qu'une thérapie instrumentale ou qu'une stimulation accélérée. On sous-entend une composante relationnelle certaine, une gravité du pronostic et la possibilité d'une décompensation psychotique en période de stress spécifique.

Exemple clinique

Daniel est l'illustration clinique d'une telle situation. Il est amené en consultation à 4 ans parce qu'il ne sait pas jouer, demeure solitaire, communique peu et manifeste des crises de colère et des rituels exagérés. Son histoire décrit une grossesse et un accouchement normaux, un développement moteur rapide sans maladie, accident ou inquiétude particulière. Seule la mère a un passé dépressif. À l'examen, Daniel se méfie de l'examinateur et de tout le matériel présenté ; il est anxieux, se sent menacé et ne cherche même pas le secours de sa mère. À l'âge de 13 ans, Daniel est un garçon perçu comme intelligent, brillant en certaines matières et d'allure normale sur les plans moteur et cognitif. Sur le plan relationnel, la communication est encore faible et l'agressivité est mal contrôlée. En thérapie, il demeure distant et à l'école, on ne le sent toujours pas prêt pour

un milieu scolaire autre que thérapeutique avec un nombre restreint d'enfants. Les matières scolaires touchant l'expression et l'imaginaire sont faibles, mais par contre il saisit le langage d'un ordinateur de façon surprenante.

Pour Daniel, toutes les mesures possibles dans son cas sont présentes, incluant une aide à la famille, une thérapie individuelle pour sa mère dépressive, un environnement thérapeutique de soins de jour et une psychothérapie individuelle à long terme pour lui-même. Ces mesures évitent une détérioration mais la pathologie est toujours présente au seuil de l'adolescence. Il est difficile de prévoir si le garçon évoluera vers la psychose ou se consolidera après les remous de l'adolescence.

33.9.2. PSYCHOSES DÉFICITAIRES

Ces maladies ont comme caractéristique d'entraîner un déficit dans un ou plusieurs secteurs du développement. Elles empêchent, par exemple, le développement du langage ou le développement intellectuel. Il devient difficile de savoir si le déficit a entraîné la psychose ou vice-versa, mais les deux éléments demeurent intriqués pour atteindre gravement l'enfant.

Cette catégorie regroupe des psychoses survenant plus fréquemment sur un terrain de maladie organique ou de déficit neurologique. Des maladies toxiques ou des complications de maladies infectieuses telles que l'encéphalite ou la méningite se répercutent sur la vie psychique de l'enfant. Dans certains cas, la composante organique n'est pas toujours évidente.

AUTISME

L'autisme débute à la petite enfance avant 30 mois, mais ses séquelles se répercutent à long terme. Entre l'âge de 6 et 12 ans, on notera des symptômes toujours présents comme le retrait, les problèmes de l'organisation du langage et les réponses bizarres à l'égard de l'environnement. La présence de symptômes neurologiques a amené certains chercheurs à regrouper les autismes dits « purs » et les autismes à composantes neurologique ou déficitaire. On ajoute aussi l'apparition possible mais variable de tous les autres symptômes de la lignée psychotique (maniérismes, bizarreries du comportement, écholalie et plusieurs autres).

Le tableau clinique est bien installé et la discussion tourne autour de toutes les mesures thérapeutiques et éducatives à prendre pour éviter la déficience ou la pseudo-déficience éventuelles en cas de non-utilisation des capacités de l'enfant.

Traitement

Le traitement s'oriente toujours vers une thérapie de milieu où les proches de l'enfant ont un rôle de protection privilégié. Le maintien du lien avec la famille est primordial et il existe des ressources d'entraide à l'autisme*, dont le but est de préserver le contact du malade avec sa famille en leur offrant des ressources et en exerçant les pressions sociales nécessaires à l'obtention d'aide gouvernementale pour leur organisation.

L'équipe pédopsychiatrique offre aussi une aide à la famille. Elle devient en outre consultante pour le milieu scolaire spécialisé qui accueille l'enfant. Des établissements spécialisés dans différentes approches dispensent aussi des services aux autistiques.

Dans le passé récent, ces enfants étaient placés en milieu hospitalier à long terme et risquaient de développer des symptômes carentiels reliés à la vie institutionnelle. Aujourd'hui, on doit encore recourir dans certaines situations à des alternatives à la famille ; la création de foyers thérapeutiques et un suivi plus individualisé en milieu hospitalier permettent à l'enfant de mieux faire face aux problèmes reliés à la séparation d'avec la famille.

---

* Société québécoise de l'autisme, 6, Weredale Park, Montréal ; numéro de téléphone : (514) 931-2215.

33.9.3. SCHIZOPHRÉNIE INFANTILE

Cette psychose apparaît vers l'âge de 8 ans. L'enfant a eu un développement d'apparence normale et la pathologie se présente alors comme désintégrative ou régressive. Elle laisse entrevoir, sous l'enveloppe pseudo-normale, une marginalité évidente et des problèmes de personnalité antérieurs qui n'ont pas suscité de consultation. Cette forme clinique rappelle la pathologie des adultes psychotiques.

Les symptômes primordiaux seront d'abord des troubles de la pensée qui sont évidents dans les verbalisations de l'enfant. Vers l'âge de 10 ans, on note souvent des hallucinations et des délires bien organisés. On remarque aussi de façon variable d'autres symptômes de la lignée psychotique, tels du retrait, un affect inapproprié, des troubles de l'attention et de la concentration, de même que des désordres bizarres du développement moteur, cognitif ou intellectuel. Souvent ces bizarreries expriment des intérêts supérieurs à la moyenne pour des thèmes intéressant les jeunes du même âge, mais vécus sur un mode psychotique.

L'évolution de cette psychose régressive est la même que pour les schizophrénies adultes comportant une atteinte constante de la personnalité de l'individu qui rend précaire son interaction avec le milieu environnant. Elle se double du risque constant d'épisodes franchement psychotiques de durée variable.

TRAITEMENT

Le traitement regroupe les mêmes mesures à long terme que celles décrites précédemment. Pour certains malades sélectionnés, la pharmacothérapie est possible et utile ; pour d'autres, la psychothérapie individuelle à long terme est plus indiquée. La pathologie est sévère et des mesures thérapeutiques peuvent demeurer nécessaires même à l'âge adulte. Le contact avec l'environnement habituel du patient est à préserver autant que la chose est possible et souhaitable. (Voir aussi le chapitre 13.)

33.10.
TRAITEMENT DES PROBLÈMES PSYCHIATRIQUES DE L'ENFANCE

Tout au long de ce chapitre et des deux précédents, nous avons donné des indications sur les approches thérapeutiques appropriées aux différentes pathologies présentées.

Le praticien de premier recours a un rôle majeur à jouer dans la thérapeutique des troubles psycho-affectifs de l'enfant. Ce rôle est lié de près au soin qu'il apportera à évaluer les problèmes présentés dans le cadre du contexte familial et dans la perspective de la continuité du développement. C'est d'ailleurs le temps qu'il prend à écouter parents et enfants et à les observer qui permet surtout au psychiatre pour enfants d'identifier la plupart des facteurs à l'origine des troubles relationnels parent-s - enfant. C'est de cette même écoute qu'il peut aussi très souvent déduire les moyens de remédier aux problèmes présentés, surtout quand l'approche thérapeutique se fonde sur la périodicité continue de consultations qui favorisent l'établissement d'une relation famille - médecin où la participation s'instaure par la voie d'un soutien éclairé et persistant. Nous ne saurions trop insister sur les effets préventifs d'une telle approche, surtout pour l'enfant très jeune.

33.10.1. APPROCHE PRÉVENTIVE

Comme il a déjà été souligné pour les enfants de 0 à 5 ans, le praticien a la possibilité d'intervenir en faveur de certains enfants avant même qu'ils ne développent des troubles psychiatriques auxquels on pourrait difficilement remédier par la suite. La première condition pour une approche préventive en santé mentale est, pour l'intervenant, de s'intéresser au **contexte** où naît et va se développer un jeune enfant : antécédents personnels et familiaux, situation familiale, conditions de vie, milieu.

FACTEURS DE RISQUES

On sait aujourd'hui que la présence de certaines conditions représente un risque pour l'adaptation ultérieure et le développement d'une psychopathologie. La littérature contemporaine cite souvent les enfants suivants comme étant à risques :

— les enfants dont les parents ont dû être pris en charge et qui, pour cette raison, font l'objet de placements répétés ;
— les enfants qui ont vécu des séparations et des placements répétés ;
— les enfants de certains parents immigrants éprouvant des difficultés d'intégration ;
— les enfants qui ont souffert d'une atteinte cérébrale à la naissance ;
— les enfants prématurés de très petit poids ;
— les enfants qui sont passés par un service de néonatalogie ou de réanimation ;
— les enfants qui ont présenté plusieurs troubles fonctionnels ou psychosomatiques dans les deux premières années de vie ;
— les enfants maltraités ;
— les enfants hyperkinétiques ou instables, ou qui souffrent de maladies au long cours ou répétitives (SOULÉ et NOËL, 1983).

Dans une étude épidémiologique récente, CHOQUET, FACY, LAURENT et DAVIDSON (1982) ont mis en évidence une série d'indicateurs dont le cumul devrait, dès l'âge de 18 mois, sonner un signal d'alarme sur l'existence d'une situation à risques élevés pour la santé mentale. Les enfants qui cumulent cinq ou six des caractères suivants méritent une évaluation poussée de leur contexte de vie :

- **Troubles du sommeil**
  - se réveiller souvent la nuit ;
  - avoir le sommeil agité ;
  - avoir le coucher et l'endormissement difficiles ;
  - avoir des cauchemars la nuit.
- **Troubles de santé physique**
  - être, selon l'avis de la mère, en mauvaise santé ;
  - avoir de l'asthme ;
  - avoir fréquemment des rhino-pharyngites ;
  - avoir des otites à répétition ;
  - avoir été hospitalisé pendant plus de trois jours entre 18 mois et 3 ans.
- **Troubles des conduites**
  - être souvent en colère ;
  - être souvent mécontent ;
  - avoir un appétit capricieux ;
  - ne pas avoir d'objet transitionnel ;
  - ne jamais jouer seul ;
  - recevoir des médicaments sédatifs ;
  - avoir eu plusieurs accidents entre 18 mois et 3 ans.

Par ailleurs, les parents de ces enfants à hauts risques :

ont été, plus souvent que les autres, « placés » pendant leur enfance. Les mères se décrivent plus souvent comme insomniaques, épuisées, énervées, déprimées et disent avoir peu de relations intimes avec l'enfant en question. (Soulé et Noël, 1983)

FACTEURS PROTECTEURS

Avant de planifier l'aide à apporter à l'enfant à risques, il importe d'identifier les facteurs positifs sur lesquels on peut compter pour contrer le danger d'évolution vers la psychopathologie. En effet, le degré d'adaptation que l'enfant à risques est susceptible d'atteindre dépend de l'équilibre qui peut exister entre, d'une part, les facteurs de risques auquel il est exposé et le stress qui en résulte et, d'autre part, les facteurs protecteurs liés à sa compétence (ou ses capacités propres) et au soutien tiré de son milieu.

Les facteurs suivants sont reconnus comme des éléments de protection susceptibles d'accroître la résistance de l'enfant à des situations de risques pour sa santé mentale :

- une bonne santé physique avec intégrité du fonctionnement psychomoteur, du langage et des processus perceptivo-cognitifs de base ;
- la possibilité d'actualiser ses capacités individuelles particulières ;
- la présence, dans son milieu, d'un adulte avec lequel une relation significativement positive s'établit ;
- l'exposition à des conditions de stimulation perceptivo-cognitive et sociale, par exemple des aires de jeu, la garderie.

MISE EN PLACE D'UNE APPROCHE GLOBALE

Face à un enfant évalué comme étant à risques élevés pour sa santé mentale, il est nécessaire que le praticien qui aura évalué l'existence de ces risques joue un rôle actif pour la mise en place d'un programme de soins global.

Cette approche implique nécessairement un travail de concert avec d'autres intervenants, le tout coordonné par un leadership qui, dans un service approprié, puisse réunir les aides requises et assurer leur continuité. En effet, là où les risques sont jugés élevés, il est primordial qu'un soutien approprié et suffisamment continu et persistant soit assuré à l'enfant de même qu'à sa famille ou à son substitut.

33.10.2. RESSOURCES THÉRAPEUTIQUES

L'observation soignée et continue du développement ou de l'évolution de comportements jugés anormaux permet au clinicien de mieux mesurer sa capacité de répondre aux besoins qu'ils posent. À mesure que ces besoins se précisent, la nécessité du recours à diverses disciplines spécialisées pour les enfants peut s'affirmer : neurologie infantile, psychologie, orthophonie, pédopsychiatrie. Les spécialistes de ces disciplines pourront dans certains cas rechercher la collaboration d'autres spécialistes avec lesquels ils sont plus familiers.

Les praticiens du service social qui travaillent dans les Centres de services sociaux (CSS), dans les Centres locaux de services communautaires (CLSC) et dans certains hôpitaux constituent également des ressources de premier plan pour aider les familles en difficulté, que ce soit sur le plan matériel ou psychosocial. Dans les cas d'enfants carencés, de ceux qui ont besoin de protection, là où se pose la question du recours à des substituts parentaux, les CSS constituent l'élément de nos systèmes communautaires où se font l'évaluation des besoins et l'orientation vers les ressources spécialisées. Pour les enfants dont une partie des problèmes est liée à la scolarité, le système scolaire est doté de services spéciaux de plus en plus répandus : psychologie scolaire, orthopédagogie, éducation spéciale.

À côté de ces ressources professionnelles, il existe une variété d'organismes ou d'associations bénévoles qui peuvent apporter une aide précieuse tant à certains enfants qu'à leurs parents. Certaines de ces associations sont très bien structurées, en particulier celles qui œuvrent dans les secteurs de la déficience mentale et des troubles d'apprentissage. Elles sont en mesure de fournir des renseignements fort utiles aux praticiens dont elles souhaitent la collaboration en plus du soutien moral. Elles offrent aussi des services pratiques qu'elles mettent à la disposition des familles.

TRAITEMENT

Selon l'importance et la nature des problèmes, l'évaluation et le traitement des troubles psychopathologiques de l'enfant peuvent exiger de la part du praticien un investissement personnel surtout en temps, que bien des praticiens ne se sentent pas capables de consentir. On peut alors être tenté de recourir à une médication sans trop prendre soin d'évaluer les facteurs psychosociaux pour lesquels une action serait souhaitable. L'usage quasi exclusif de médication est très rarement indiqué en pédopsychiatrie et risque fort de constituer un abus thérapeutique. De façon générale, la médication ne devrait être utilisée que dans un but précis de soutien temporaire dans le cadre d'une aide plus globale.

L'utilisation prolongée du méthylphénidate (Ritalin®) dans certains cas de troubles de l'attention peut s'avérer utile mais nécessite une surveillance continue et ne doit pas se continuer au delà des besoins de l'enfant. L'usage des neuroleptiques chez les enfants ne devrait être envisagé que dans le cadre de traitements spécialisés. Quant aux antidépresseurs et aux anxiolytiques, ils n'ont pas encore fait leur preuve chez les enfants ; par prudence, on les prescrira avec parcimonie.

On peut affirmer que l'omnipraticien qui consent à investir le temps qu'il faut peut, avec l'expérience, offrir des services fort adéquats dans le cas des psychopathologies infanto-juvéniles mineures ou modérément graves. Il lui sera par contre difficile de répondre de façon appropriée aux pathologies névrotiques et caractérielles marquées, à la psychose, à certains troubles psychosomatiques rebelles. Il s'agit là entre autres de conditions où les services spécialisés en pédopsychiatrie sont habituellement requis. Leurs équipes multidisciplinaires ont en général une orientation communautaire. On y utilise des formes variées de thérapies adaptées à l'enfant et à sa famille, dispensées en général dans le cadre de consultations externes à durées variées. Certains services disposent de soins en hospitalisation de jour pour les cas nécessitant une approche intensive ; l'hospitalisation complète est également possible sur référence appropriée dans quelques centres. Quelques hôpitaux sont en mesure d'offrir des placements en foyers thérapeutiques, et le rôle communautaire de la pédopsychiatrie se prolonge dans les soins à domicile et dans la consultation structurée aux services à l'enfance de la communauté.

SUGGESTIONS DE LECTURES

Le lecteur désireux d'avoir une vue d'ensemble plus poussée du domaine de la pédopsychiatrie pourra se référer à l'un ou l'autre des ouvrages suivants :

AJURIAGUERRA, J.D. et D. MARCELLI
1984 *Psychopathologie de l'enfant*, 2ᵉ édition revue et complétée, Paris, Masson, 520 p.

Excellent ouvrage de psychiatrie de l'enfant écrit dans une perspective didactique. La compréhension clinique de l'enfant et de sa pathologie y est présentée selon quatre axes de référence : l'étude des conduites, de la structure mentale, de l'environnement et de la visée diachronique où l'on s'intéresse à la croissance et à la genèse de l'enfant. L'éclairage réciproque que ces axes s'apportent est régulièrement souligné. La dernière partie de l'ouvrage est une introduction à la démarche thérapeutique.

ARFOUILLOUX, J.C.
1975 *L'entretien avec l'enfant*, Toulouse, Éducateurs, collection Privat.

Cet ouvrage, qui a pour sous-titre : « L'approche de l'enfant à travers le dialogue, le jeu et le dessin », est plus qu'un livre portant sur la technique de l'entretien. On y présente l'enfant avec qui l'adulte cherche à communiquer véritablement. L'enfant est donc décrit non seulement dans sa manière de s'exprimer mais également dans l'évolution de cette manière de s'exprimer, que ce soit par le langage ou par d'autres modalités. Rédigé d'abord pour les éducateurs dans le but pratique de faciliter l'approche éducative à partir des données fournies par les sciences humaines et cliniques, il comporte des exposés très accessibles en même temps que très utiles sur la communication, la psychologie du développement et de la relation, et les techniques de l'entretien.

BALANT-GORGIA, A.E. et G. GARONE
1984 « Les thérapeutiques psychopharmacologiques chez l'enfant », *Neuropsychiatrie de l'enfant*, vol. 32, nº 9, p. 415-431.

Cet article à visée pratique fait d'abord le point sur la classification et la pharmacologie des principaux psychotropes dont l'usage s'est révélé utile chez les enfants. On y passe ensuite en revue les entités psychopathologiques où un traitement médicamenteux s'avère bénéfique : psychose infantile, dépression, manie, syndrome hyperkinétique, syndrome anxieux, syndrome de GILLES DE LA TOURETTE, tics et énurésie. Pour chaque entité, les auteurs suggèrent des indications précises, l'action du médicament est bien expliquée ainsi que les précautions à prendre le cas échéant. L'article est basé sur l'expérience de l'équipe pédopsychiatrique à laquelle les auteurs appartiennent et sur une revue de la littérature à jour.

GROSSMAN, H.J. *et al.*
The Physician and the Mental Health of the Child.
1979 vol. I : *Assessing Development and Treating Disorders within a Family Context* ;
1980 vol. II : *The Psychological Concomitants of Illness* ; publiés par l'American Medical Association, P.O. Box 821, Monroe, W. 53566.

Ces ouvrages d'une centaine de pages chacun ont été publiés spécialement à l'intention des médecins. L'approche y est très pratique et l'accent est mis sur les types de problèmes susceptibles d'être rencontrés dans l'exercice de la médecine générale ou familiale.

HOUDE, L., G. SÉGUIN-TREMBLAY, M. FITZGÉRALD, M. ROY et M. LAJOIE
1985 *La santé mentale des enfants et des adolescents : vers une approche plus globale*, Québec, Direction générale des publications gouvernementales.

Cet avis du Comité de la santé mentale du Québec sur la protection et le développement de la santé mentale des jeunes s'adresse en grande partie aux intervenants de divers milieux qui œuvrent auprès des jeunes ou qui ont un intérêt pour leur santé mentale. Après avoir brossé un tableau des principaux facteurs qui influencent le développement et la qualité de la santé mentale des jeunes, on y présente une vue d'ensemble des différents moyens, services et programmes mis à la disposition des jeunes et de leurs parents dans les réseaux de l'éducation et des affaires sociales.

Dans la perspective d'une approche globale des questions de santé mentale où la prévention trouve sa place, on traite de réalisations québécoises qui illustrent concrètement les interventions susceptibles de contribuer à transformer des situations et des milieux de façon à ce qu'ils répondent davantage aux besoins de santé mentale des jeunes et de leurs familles.

KAPLAN, H.I. et B.J. SADOCK
1985 *Comprehensive Textbook of Psychiatry*, 4ᵉ édition, Baltimore, Williams & Wilkins Co.

La portion de ce manuel consacrée à la pédopsychiatrie offre une revue d'ensemble du sujet assez élaborée pour être considérée comme source de référence. Les parties consacrées au traitement et à l'évaluation y sont importantes. Les entités pathologiques sont présentées selon la classification officielle du DSM-III.

KREISLER, L.
1983 *La psychosomatique de l'enfant*, 2ᵉ édition, Paris, PUF, collection Que Sais-je ?

L'auteur est pédiatre et possède une vaste expérience clinique. Il dégage le concept de maladie psychosomatique chez l'enfant en le distinguant de l'ensemble des états où le corps est utilisé comme véhicule pour traduire et manifester divers états de tension affective.

LEBOVICI, S.
1983 *Le nourrisson, la mère et le psychanalyste : les interactions précoces*, Paris, Le Centurion, collection Paidos.

L'auteur passe en revue et explique la théorie de l'attachement de même que les données récentes de la science contemporaine touchant la connaissance du nouveau-né et du nourrisson. Les interactions précoces entre l'enfant et son milieu sont décrites en détail. Le point de vue d'un psychanalyste, qui est aussi pédopsychiatre éminent à l'égard de ces nouvelles acquisitions de la psychologie du développement, est ensuite exprimé dans un essai d'intégration à la pratique clinique.

LEBOVICI, S., R. DIATKINE et M. SOULÉ
1985 *Traité de psychiatrie de l'enfant et de l'adolescent*, 3 volumes, Paris, PUF.

Cet ouvrage considérable s'adresse d'abord à des spécialistes ; 82 auteurs de langue française y ont contribué. Il comporte 121 chapitres touchant l'ensemble de ce qui est relié à la pédopsychiatrie. C'est un ouvrage de référence à consulter pour chercher un éclairage non seulement sur diverses entités de la psychopathologie infanto-juvénile, mais sur les diverses sciences auxquelles puise la pédopsychiatrie. On traite aussi dans de nombreux chapitres des aspects psycho-sociologiques de la pathologie.

LEMAY, M.
1973 *Psychopathologie juvénile*, 2 tomes, Paris, Fleurus.

Il ne s'agit pas d'un manuel à proprement parler mais d'un effort de synthèse et d'explication de la psychopathologie infanto-juvénile. Le point de vue psychodynamique y est très développé et les chapitres sur les carences affectives et les troubles du caractère sont particulièrement intéressants.

McKNEW, D.H., L. CYTRYN et H. YAHRAES
1985 *Pourquoi ne pleures-tu pas ?*, Montréal, Éd. le Jour.

Cet ouvrage présente de façon vulgarisée la compréhension actuelle qu'on a de la dépression de l'enfant. Les auteurs sont deux psychiatres reconnus pour leurs travaux sur la question. L'ouvrage est bien fait et, quoiqu'il s'adresse à un large public, il peut présenter un grand intérêt pour le praticien confronté avec ce genre de problème.

MAZET, P. et D. HOUZEL
1975 et   *Psychiatrie de l'enfant et de l'adolescent*,
1978   2 volumes, Paris, Maloine S.A. éd.

La présentation graphique dégagée et le style de ce texte en facilitent la lecture. Moins synthétique et éclectique que le livre d'AJURIAGUERRA et MARCELLI, l'ouvrage présente de façon claire les notions de base sur le développement psychologique de l'enfant. L'examen de l'enfant, sa symptomatologie, la description des structures psychopathologiques y sont bien exposés. L'orientation générale des auteurs est psychodynamique.

SIMMONS, J.E.
1981 *Psychiatric Examination of Children*, 3ᵉ édition, Philadelphie, Lea & Febiger, 311 p.

Cette monographie sur l'examen psychiatrique de l'enfant présente la question d'une façon claire, concrète et détaillée de tout ce que peut souhaiter connaître celui qui veut approfondir le sujet. L'ouvrage, d'abord destiné aux psychiatres en formation, est aussi accessible dans sa présentation aux divers praticiens qui, sans se spécialiser en psychiatrie, manifestent de l'intérêt pour la santé mentale des enfants. L'ouvrage est bien organisé, comporte de multiples exemples cliniques et des tableaux fort utiles pour faciliter la compréhension et l'apprentissage de la méthode et des techniques de l'examen psychiatrique de l'enfant.

STEINHAUER, P.S. et Q. RAE-GRANT
1983 *Psychological Problems of the Child in the Family*, 2e édition, New York, Basic Books, 784 p.

Ce volume, surtout préparé pour les étudiants en médecine, est également d'un grand intérêt pour le praticien. Écrit surtout dans une perspective de psychologie médicale, une grande part est consacrée aux aspects psychosociaux de la maladie chez l'enfant et l'adolescent.

BIBLIOGRAPHIE

AKISKAL, H.S. et W.T. McKINNEY
    1975 « Overview of Recent Research in Depression », *Archives of General Psychiatry*, vol. 32, p. 285-303.

AMERICAN PSYCHIATRIC ASSOCIATION
    1983 *DSM-III : Manuel diagnostique et statistique des troubles mentaux*, Paris, Masson.

ANTHONY, E.J., C. CHILAND et C. KOUPERNIK
    1980 *L'enfant à haut risque psychiatrique*, Paris, PUF.

BERGERET, J. et J.J. LUSTIN
    1980 « Les organisations névrotiques de l'enfant et leurs frontières », *Revue de pédiatrie*, vol. 16, n° 4, p. 199-210.

BOWLBY, J.
    1978 *Attachement et perte*, Paris, PUF.

BRAZELTON, T.B.
    1983 « Assessment Techniques for Enhancing Infant Development », *Frontiers of Infant Psychiatry*, New York, Basic Books, p. 347-362.

    1983 *Neonatal Behavioral Assessment Scale*, Londres, Heinemann.

CALL, J.D.
    1983 « Toward a Nosology of Psychiatric Disorders in Infants », *Frontiers of Infant Psychiatry*, New York, Basic Books, p. 117-128.

CHOQUET, M., F. FACY, F. LAURENT et F. DAVIDSON
    1982 « Les enfants à risque en âge préscolaire », *Archives françaises de pédiatrie*, vol. 39, p. 185-192.

COMITÉ DE LA SANTÉ MENTALE DU QUÉBEC
    1985 *La santé mentale des enfants et des adolescents : vers une approche plus globale*, chap. 5.

DONGIER, M. et H. LEHMANN
    1982 « Nouveaux systèmes de classification diagnostique (DSM-III et ICD-9) », *Encyclopédie médico-chirurgicale : psychiatrie*, Paris, 37065A10.

DORPAT, T.L.
    1977 « Depressive Affect », *Psychoanalytic Study of the Child*, vol. 32, p. 3-27.

DUGAS, M. et M.C. MOUREN
    1980 *Les troubles de l'humeur chez l'enfant de moins de 13 ans*, Paris, PUF.

FREUD, A.
    1968 *Le normal et le pathologique chez l'enfant* (traduction par D. Widlocher), Paris, Gallimard.

    1976 *L'enfant dans la psychanalyse*, Paris, Gallimard.

GAUTHIER, Y. *et al.*
    1977 « L'asthme chez l'enfant de 4 à 6 ans », *L'union médicale du Canada*, vol. 106, n° 7, p. 974-984.

GOULD, M.S., R. WUNSCH-HITZIG et B. SOHRENWEND
    1981 « Estimating the Prevalence of Childhood Psychopathology », *Journal of the American Academy of Child Psychiatry*, vol. 20, p. 462-476.

GREENBERG, N.A.
    1970 « Comportement atypique de l'enfant en bas âge », *L'enfant et sa famille* (E.J. Anthony et C. Koupernik, édit.), Paris, Masson, p. 76-108.

GROUP FOR THE ADVANCEMENT OF PSYCHIATRY
    1966 *Psychopathologic Disorders in Childhood : Theoretical Considerations and Proposed Classifications* (rapport n° 62), New York.

JOHNSON, A.M. et S.A. SZUREK
    1952 « The Genesis of Antisocial Acting Out in Children and Adults », *Psychoanalytic Quarterly*, vol. 21, p. 323 et ssq.

KASHANI, J.H. *et al.*
    1981 « Current Perspectives on Childhood Depression : An Overview », *American Journal of Psychiatry*, vol. 138, p. 143-153.

KLEIN, M.
    1980 *Essais de psychanalyse*, Paris, Payot.

KREISLER, L.
    1982 « Le bébé du désordre : à propos des conduites alimentaires à haut risque du nourrisson (mérycisme, vomissements, anorexie primaire) », *La dynamique du nourrisson* (T.B. Brazelton *et al.*), Paris, Les éditions ESF, p. 84-101.

    1983 « Le bébé en bon ordre psychosomatique », *Les bons enfants* (M. Soulé *et al.*), Paris, Les éditions ESF, p. 42-47.

LEBOVICI, S. et R. DIATKINE
    1968 « À propos de la notion de troubles réactionnels », *Psychiatrie de l'enfant*, vol. 11, n° 2, p. 523-531.

LEMAY, M.
1973 *Psychopathologie juvénile*, vol. 1, Paris, Fleurus.

MAHLER, M.
1973 *Psychose infantile*, Paris, Payot.

MISÈS, R.
1981 *Cinq études de psychopathologie de l'enfant*, Toulouse, Privat.

PFEFFER, R.
1979 « Suicidal Behavior in Latency-age Children : An Empirical Study », *Journal of the American Academy of Child Psychiatry*, vol. 18, n° 4, p. 679-692.

SOULÉ, M. et J. NOËL
1983 *La prévention médico-psycho-sociale précoce*, Paris, Copes.

SOULÉ, M. et N. SOULÉ
1974 « Les troubles réactionnels en psychiatrie de l'enfant », *Confrontations psychiatriques*, vol. 12, p. 63-80.

SPITZ, R.
1968 *De la naissance à la parole ; la première année de la vie*, Paris, PUF.

STERN, D.N.
1981 *Mère et enfant ; les premières relations*, Bruxelles, Mardaga.

THOMAS, A.D. et S. CHESS
1980 *The Dynamics of Psychological Development*, New York, Brunner/Mazel.

U.S. DEPARTMENT OF HEALTH AND HUMAN SERVICES. SELECT PANEL FOR THE PROMOTION OF CHILD HEALTH
1981 *Better Health for Our Children ; A National Strategy.*

WEBER, M.L.
1985 « Le nourrisson qui pleure ou les coliques infantiles », *L'union médicale du Canada*, vol. 114, n° 6, p. 524-526.

WILLIAMS, D.T.
1985 « Somatoform Disorders », *The Clinical Guide to Child Psychiatry* », New York, Free Press, chap. 10.

WINNICOTT, D.W.
1969 *De la pédiatrie à la psychanalyse*, Paris, Payot.

CHAPITRE 34

ADOLESCENCE : DE 13 À 18 ANS

Jean-Jacques Bourque
M.D., L.C.M.C., C.S.P.Q., F.R.C.P.(C)
Psychiatre à l'hôpital Charles LeMoyne (Greenfield Park, Montréal)
Chargé de clinique de l'Université de Montréal

PLAN

34.1.
PSYCHOLOGIE DE L'ADOLESCENT

Qu'est-ce que l'adolescence ? Un processus dynamique d'adaptation à la puberté, dirait PETER BLOS ; une phase régressive au service d'une maturation, dirait ERIK ERIKSON ; bref, une sorte de tiraillement entre le fini (le passé) et le devenir (le futur). Avant de se réaliser pleinement, l'adolescent doit s'immuniser contre un très séduisant passé, et briser sa dépendance parentale.

Ces deux épreuves accomplies, il lui est possible de réaliser ce que BLOS nomme la « seconde individuation » et ce qu'ERIKSON appelle plus simplement l'« identité ». La connaissance que l'adolescent acquiert alors de lui-même lui permettra éventuellement de trouver sa place dans la société.

34.1.1. STYLE DE RELATIONS DE L'ADOLESCENT

Au début de l'adolescence, les imprévisibles et successifs changements physiologiques que le jeune subit, le désir qu'il a de poser des gestes défendus et son incontrôlable besoin de sous-estimer ses parents augmentent son angoisse et diminuent l'amour qu'il se porte. Pour réparer ses blessures psychiques, l'adolescent tente de se lier à d'autres êtres humains.

STYLE DE RELATIONS AVEC LA FAMILLE

L'adolescent, malgré qu'il reste dépendant du cadre familial de son enfance, réclame de son entourage immédiat la reconnaissance de sa nouvelle autonomie et de son individualité. En tentant de développer celles-ci, il doit différencier ses goûts des attentes parentales. Or, si ses parents interprètent cette distanciation uniquement comme un acte dirigé contre eux, ils lui résisteront et créeront chez lui plus de tensions.

Il est donc bien important de distinguer l'adolescent qui utilise son énergie pour se distinguer de ses parents et celui qui l'emploie pour les offenser. Le comportement offensant peut être névrotique, tandis que l'autre fait partie du développement normal de l'adolescent.

Autant l'adolescent a besoin d'être aimé, autant il a besoin d'être guidé. Le fait de connaître l'opinion précise de ses parents, même s'il ne la met pas en application, le sécurise. Avant tout, il a besoin de modèles et de soutien affectif. Selon T. LIDZ (1969, p. 110) :

> L'adolescent peut avoir besoin de déprécier ses parents, mais il ne souhaite pas les détruire comme modèle. L'estime qu'il a pour lui-même est étroitement liée à l'estime qu'il porte à ses parents. Il doit dépasser l'image des parents omniscients et parfaits qu'il avait dans son enfance ; mais il a toujours besoin d'un parent auquel il puisse s'identifier et qui lui servira de modèle pour sa vie d'adulte, et d'un autre parent dont il recherche l'affection et l'admiration.

Les parents, ces médiateurs entre l'enfant et la société, remplissent deux fonctions. D'abord, ils s'occupent de socialiser le tout-petit en lui inculquant leurs valeurs et leurs normes. Ensuite, à l'adolescence, ils permettent l'éclosion de sa personnalité.

On retrouve une forme d'organisation familiale dans toutes les sociétés de l'espèce humaine. Du matriarcat au patriarcat, elle se voit continuellement modifiée par le genre de société qui l'entoure (famille solidaire, nucléaire et monoparentale). Ainsi, à travers les siècles, aux quatre coins du globe, la famille, c'est-à-dire l'ensemble géniteurs - progéniture coexistant sous un même toit, demeure.

Depuis les dix dernières années cependant, les séparations, les divorces et les remariages nombreux ébranlent la structure familiale. Et ses fondations, les parents, que l'on croyait fixes, deviennent des pièces amovibles. Malgré ces perturbations qui la handicapent, la famille n'en continue pas moins d'exercer ses fonctions. C'est elle qui reproduit, en miniature, certains schèmes sociaux comme la solidarité et la rivalité. De son ou de ses parents, l'enfant obtient l'amour et l'autorité nécessaires à son sain développement. Avec ses frères et ses sœurs, il apprend à se socialiser au sein d'une atmosphère sécurisante.

Divorce

Aujourd'hui, entre l'homme et la femme mariés, de nouvelles règles régissent le couple. L'arrivée de la femme sur le marché du travail, son autonomie financière et sa contribution monétaire au budget familial modifient son statut. En période de transition, d'aussi radicaux changements ne peuvent se faire sans créer de tensions et de conflits entre les époux. Au pire, ces conflits ne peuvent être réglés et le couple divorce.

SAUCIER et AMBERT (1982), à partir d'une étude faite à Montréal auprès d'adolescents francophones, ont constaté que les jeunes provenant de familles brisées attendent moins de l'avenir que les autres.

Cependant, la plupart des observateurs scientifiques s'accordent sur le fait suivant : ce qui affecte le plus gravement les adolescents, ce n'est pas le divorce mais la discorde qui l'a précédé.

L'adolescent qui réussit à prendre une distance par rapport au conflit s'en tire beaucoup mieux ... comme, d'ailleurs, celui qui continue de recevoir de ses parents divorcés l'amour essentiel à son développement normal. (Voir aussi le chapitre 25, section 25.4.)

STYLE DE RELATIONS AVEC L'ÉCOLE

À l'école, l'enfant puis l'adolescent continue son apprentissage social. Ce milieu lui offre des modèles d'identification (les adultes) et des pairs avec qui se socialiser (les écoliers). Ces nouveaux modèles d'identification permettent à l'adolescent de dissoudre graduellement sa dépendance parentale et, ainsi, d'établir son identité propre.

Le comportement de l'élève peut révéler d'intéressantes indications quant à son degré d'évolution socio-affective. Un hyperinvestissement scolaire, c'est-à-dire un intérêt exclusif pour les activités et la réussite scolaires, cache souvent sous des apparences de maturité une inaptitude à se retirer du monde de l'enfance. Cette hyperactivité scolaire monopolise toute l'énergie de l'adolescent et l'enferme dans un univers-refuge. Le comportement opposé, soit le fléchissement scolaire, peut indiquer également des troubles émotifs ou relationnels. En général, donc, l'attitude qu'adopte un adolescent à l'école révèle son degré de maturité sociale et émotive.

STYLE DE RELATIONS AVEC LA SOCIÉTÉ

La société a sûrement une part de responsabilité dans la conduite des adolescents. Très sensible, le jeune régit son comportement en fonction des pressions qu'il subit. Autrement dit, son comportement reflète, sous un angle différent, les valeurs mises en place par les adultes. La violence ou l'immaturité chez les jeunes reproduit les mêmes attitudes constatées ou perçues chez les adultes.

Durant les années qui précèdent son entrée active dans la société, l'adolescent doit découvrir un sens à sa vie, une voie d'orientation. Si, une fois celle-ci établie, il se voit dans l'impossibilité de la suivre, il manifestera son mécontentement et accusera la société, qu'il considérera comme la responsable de son inactivité.

En fait, la société se préoccupe mal des besoins de la jeune génération. Elle refuse de les écouter. Or, l'opposition des jeunes est saine, elle ne signifie pas nécessairement le rejet des valeurs en place ; généralement, elle exprime leur besoin de différenciation. Les adultes qui comprennent ce besoin éprouvent beaucoup plus de facilité dans leurs rapports avec les jeunes.

Cette réticence des adultes à l'endroit des jeunes gagne toutefois à être analysée, parce qu'elle n'est pas sans fondements. En fait, c'est la peur qui intervient pour soulever chez les adultes de fortes appréhensions. Les nombreux changements physiologiques et psychologiques (grandeur, force, facilité à exprimer des opinions de plus en plus nuancées et justes) qui surviennent à cette phase, rendant l'adolescent plus vigoureux, menacent la sécurité des adultes. Anxieux, ceux-ci réagissent alors de deux façons. Ou bien ils attaquent pour mieux soumettre ces adolescents « dangereux », en utilisant de fortes contraintes, ou encore ils tentent de les séduire en jouant avec eux le rôle d'adolescent. Aucune de ces réactions ne donne de bons résultats. La première option démontre clairement la disproportion entre la faute commise et la punition, et la deuxième ne trompera pas l'adolescent qui percevra l'adulte comme aussi immature que lui.

L'enfant incorpore depuis sa naissance les valeurs de ses parents. Il surmonte sa séparation physique d'avec eux par le truchement du Surmoi qui maintient une présence parentale. À l'adolescence, il recherche une séparation plus profonde, ce qui l'amène à modifier le système de valeurs qu'on lui a imposé. Il élaborera un nouveau système de valeurs à partir de ses expériences, de ses besoins et des influences de son milieu. Cette distanciation provoque chez lui de l'insécurité. Pour y faire face, il se joint à d'autres jeunes, tout aussi insécures que lui. Faisant désormais partie d'un groupe, il se sent plus apte à affronter la difficile tâche qui l'attend, celle de se forger une place au sein de la société.

34.1.2. PHASES DU DÉVELOPPEMENT À L'ADOLESCENCE

On divise généralement l'adolescence en deux phases. La première se caractérise par une augmentation des instincts et de la force physique. Soudainement, l'enfant ressent de fortes pulsions érotiques et agressives ; elles le prennent au dépourvu. Vers 15 ans, débute la seconde phase, celle d'un meilleur contrôle des pulsions soit parce qu'elles ont diminué, soit parce que l'adolescent les maîtrise mieux.

PREMIÈRE ADOLESCENCE

Durant cette période, l'adolescent ne se soumet plus docilement aux autorités qui le contrôlent. Ses résistances font de lui un être de moins en moins transparent, de plus en plus difficile à rejoindre et à comprendre. Les tensions produites par ses nouvelles impulsions trouvent souvent une accalmie grâce à une dépense énergétique plus grande (par exemple dans les activités sportives, la danse).

C'est à ce stade-ci que se manifestent les premiers signes pubères. Le rythme de croissance et de volume corporels, relativement stable depuis plusieurs années, augmente progressivement pour atteindre un sommet quelques années plus tard. La vraie puberté physique débute au moment où les seins, les ovaires, l'utérus, les testicules, la prostate et les vésicules séminales commencent à prendre soudainement du volume.

À ce moment, la valeur que l'adolescent accordait à ses parents commence à diminuer à ses yeux. Le besoin de leur soutien affectif s'atténue, comme l'influence qu'ils exercent sur lui. L'adolescent recherche plutôt chez d'autres adultes, ses enseignants, ses entraîneurs, le soutien dont il ne peut se passer. Cette retraite, nécessaire, amène une certaine dépression et un sentiment de solitude, comblés par de temporaires gratifications comme l'ingestion immodérée de nourriture ou la masturbation. Ces gratifications « coupables » accroissent son sentiment dépressif.

Les plaintes et les insatisfactions exprimées à cet âge combattent les trop grandes tensions intérieures. Par exemple, un adolescent peut s'intéresser rapidement à une activité pour l'ignorer totalement peu de temps après. Pour compenser ses états dépressifs, il s'exalte devant de nouveaux objets d'amour, formant ainsi une espèce de cercle vicieux. La formation ou la destruction, réelle ou non, de relations d'amitié provoquent chez le jeune adolescent d'excessives sautes d'humeur. Parfois, ses pulsions sont si intenses qu'il craint de perdre le contrôle et de devenir fou. Dans le but de diminuer ses tensions intérieures et de maintenir le contrôle de ses pulsions, l'adolescent de la première phase devient souvent actif physiquement et rigide moralement. Il perd sa spontanéité.

Selon PIAGET, la capacité intellectuelle d'opérations formelles se développe au début de l'adolescence. Cet accès aux pensées abstraites permet à l'adolescent d'élaborer ses propres idées, partant, de construire des théories générales d'interrelation de différents faits, problèmes et idées. Fasciné par son nouveau talent, il l'utilise comme un jouet. L'employant abondamment, ce qui lui donne un sentiment d'omnipotence, il croit que tous les problèmes peuvent facilement être résolus par la logique. (Voir aussi le chapitre 5, section 5.2.5.)

DEUXIÈME ADOLESCENCE

Après l'âge de 15 ans, la lutte entre le Moi et le Ça se stabilise en faveur du Moi. Il est probable que ce phénomène se réalise en partie par une régulation hormonale et biologique, en partie par une augmentation de la confiance en soi. Conséquemment, le jeune utilise davantage le raisonnement et la logique pour obtenir ce qu'il désire. Il s'intéresse à l'amour et donne ou accepte des rendez-vous amoureux. Le processus de coupure affective et parentale s'accomplit alors avec moins de heurts.

Malgré tout, les variations d'humeur et de comportement demeurent fréquentes ; l'adolescent manque d'assurance. L'orage passé, les crises épuisées, des périodes de tranquillité s'installent. Dans ces moments d'accalmie, l'adolescent reçoit volontiers l'aide et les conseils dispensés par ses parents ou d'autres adultes. Durant cette phase, il répond mieux aux psychothérapies individuelles.

À mesure que l'adolescent vieillit, les attentes sociales se font plus pressantes. On cherche à compenser le relâchement des liens familiaux de l'adolescent par des contrats sociaux. On veut l'inciter à suivre les sentiers battus qui sillonnent la dure réa-

lité. Tous les adolescents ne se conforment pas à cette volonté. Leur besoin de dépassement incitera certains à entrer en compétition avec les adultes déjà en place, de manière à les supplanter. D'autres refuseront de jouer ce jeu social par besoin d'innover. Ils craignent trop de devenir de simples pantins, sans âme ni cœur. Leur solution ... devenir décrocheurs (*drop-out*).

À cette époque, l'adolescent possède une sensibilité du genre dramatique. Un peu à la manière des comédiens, il joue avec conviction et candeur tous les rôles, aussi contradictoires et éphémères soient-ils, sans se rendre compte du manque sous-jacent de cohérence. Il vit intensément chaque minute et sa perspective temporelle déficiente le rend impatient. Seule compte la réalisation de ses désirs dans l'immédiat ; quant à l'avenir, il reste vague et lointain, comme une fantaisie, un rêve. Comme il n'existe plus que l'*ici et maintenant*, tout acte posé ne saurait impliquer de graves conséquences. Quand le jeune décide de quitter définitivement l'école, il ne pense pas que la reconnaissance de son potentiel en souffrira ; quand il s'engage dans des relations sexuelles multiples, il ne se préoccupe pas d'utiliser des moyens contraceptifs ; quand il conduit dangereusement une voiture, loin de lui l'idée qu'il risque de tuer un être humain y compris lui-même ; quand il absorbe ou s'injecte des drogues dangereuses, il ne croit pas mettre sa santé en danger.

FIN DE L'ADOLESCENCE

L'adolescence se termine quand une relative stabilité psychologique succède à l'instabilité, quand s'installe un équilibre entre les forces du Moi, du Ça et du Surmoi. Idéalement, le Surmoi s'allie à l'énergie instinctive et créatrice du Ça pour faciliter l'adaptation du Moi à la réalité.

Attention aux adolescents modèles ! Trop de sagesse est signe d'inhibition, non de maturité. S'ils n'y prennent garde, ils demeureront immatures toute leur vie. Cette conformité exagérée provient d'une trop grande rigidité de leur Surmoi qui retient la marche constructive des changements et bouleversements normaux à l'adolescence.

D'autres souhaitent s'ancrer à ce stade éternellement. Ils convertissent leur adolescence en un style de vie ; adultes, ils conservent des attitudes et des allures d'adolescents.

Quelquefois, l'adolescence s'achève par l'établissement d'une névrose, d'un trouble de la personnalité ou d'un trouble psychotique. Cet équilibre précaire engendre une diminution de l'adaptabilité et de la productivité de l'adolescent.

Idéalement, la fin de l'adolescence se caractérise par :
1) une indépendance à l'égard des influences parentales ;
2) la formation d'une identité sexuelle ;
3) l'engagement dans une occupation ;
4) le développement d'un système personnel de valeurs morales ;
5) la capacité d'entretenir des relations intimes et durables ;
6) l'établissement de relations d'amitié avec les parents.

L'adolescence, qui s'amorce sur le plan biologique, se conclut sur le plan psychosocial. (Voir aussi le chapitre 30, section 30.3.3.)

34.1.3. CRISES DU DÉVELOPPEMENT

On appelle **crise de l'adolescence** le déséquilibre temporaire qui remet en question la stabilité du sujet. La portée de la crise varie selon les individus. N'oublions pas que l'adolescence est un moment de réorganisation psychique, avec des interrogations sur l'identité sexuelle et sociale.

Les conduites d'opposition et les « passages à l'acte » ne signalent pas nécessairement la présence d'une pathologie grave. Plusieurs spécialistes nous mettent cependant en garde contre la banalisation des manifestations atypiques des psychopathologies sévères. Une crise qui se prolonge anormalement mérite une attention particulière.

AGRESSIVITÉ

L'adaptation de l'humain à son environnement exige, selon LORENZ, une certaine agressivité. L'agressivité, définie comme une réaction d'opposition, répond à une attaque ou à une pression. En même temps qu'elle défend l'individu assailli, elle est l'exutoire des pressions intérieures. L'expression de l'agressivité chez l'adolescent varie de l'usage plus ou moins contrôlé du langage aux gestes violents, destructeurs des autres ou de lui-même.

Chaque famille et chaque société déterminent leurs propres limites et leurs propres techniques de contrôle des actes agressifs. À l'intérieur de ce cadre, l'individu doit pouvoir non pas refouler sa colère, mais l'exprimer de manière acceptable. Les parents qui condamnent, indistinctement, toutes les formes d'expression de l'agressivité investissent cette dernière d'un pouvoir maléfique. Les enfants élevés dans la crainte de leurs pulsions manquent d'initiative et d'assurance.

La colère non extériorisée menace l'équilibre psychologique de l'individu. Sans l'exprimer physiquement et violemment, celui-ci peut user du langage pour dire sa souffrance. Même si, à l'occasion, l'adolescent a recours à des jurons, l'expression de sa colère reste saine.

L'adolescent a besoin de défier les normes sociales. Les parents qui acceptent l'usage courant d'un mauvais langage privent leurs enfants d'un outil d'opposition peu dangereux. De même, les parents qui empêchent inconditionnellement l'usage des jurons poussent leurs enfants à user d'autres moyens. Idéalement, le « mauvais langage » ne devrait être toléré que dans les moments cruciaux comme exutoire non destructeur.

RÉGRESSION

La fuite est un moyen d'éviter des tensions psychologiques trop fortes. Elle s'accomplit par un retrait physique ou émotionnel. La régression, ou recréation d'une situation agréable de l'enfance, est aussi une forme de fuite. L'engourdissement heureux et même euphorique que procurent certaines drogues fait penser à l'état de doux bonheur de l'enfance. La prise de drogue peut donc être vécue dans certains cas comme un retour à un état émotionnel sans angoisse.

Durant l'adolescence, certaines activités régressives font partie d'une structure défensive normale. L'adolescent a recours au sommeil, à la masturbation, à l'oisiveté, à l'imagination, à l'isolement social ou à l'isolement dans un groupe de pairs comme mécanismes de défense contre le stress.

Une autre forme de régression est la création de fantasmes. Jusqu'à l'âge de 5 ans, les enfants éprouvent de la difficulté à départager rêves et réalité. L'adolescent retourne à l'univers des fantasmes quand la réalité se charge de tensions intolérables pour lui. Souvent, ces déformations de la réalité par l'adolescent sont prises pour des mensonges par les adultes. En fait ces « mensonges » s'apparentent aux manœuvres régressives qui ne consistent pas tant à mentir à l'autre qu'à soi-même et qui représentent un moyen de rendre la vie présente plus tolérable.

SEXUALITÉ

Depuis une dizaine d'années, on observe des changements dans l'attitude et les valeurs chez les jeunes de notre culture : plus de liberté, à un âge plus jeune, avec moins de sentiments de culpabilité. Cette évolution se vérifie surtout dans les classes moyennes et supérieures. Il y a quinze ans, 27 % des jeunes hommes vivaient leur première relation sexuelle avec une prostituée. La même étude, effectuée dix ans plus tard, révèle un taux de 2 % seulement.

D'autres études, dont celle de Meyer-Bahlburg effectuée en 1985, démontrent que l'âge de la puberté n'influence pas l'âge des premières activités sexuelles chez les adolescentes. On en conclut que des facteurs psychosociaux plus que des facteurs bio-

logiques incitent les jeunes filles d'aujourd'hui à entreprendre tôt des activités sexuelles.

À degré de maturité équivalent, on concède aux jeunes d'aujourd'hui une latitude plus grande. Dans nombre de familles, les parents discutent très aisément de sexualité, ils parlent ouvertement de leur vie sexuelle avec leurs enfants. Cette attitude, en plus d'être très stimulante sexuellement pour eux, leur cause confusion et anxiété.

On doit se demander s'il est si sain pour un-e adolescent-e d'avoir des relations sexuelles. Doit-on prescrire et encourager l'usage de la pilule ou d'autres modes de **contraception** ? Chaque cas demande une évaluation. On doit d'abord essayer de déterminer l'état du jeune. L'adolescente n'est pas nécessairement plus mature émotivement et physiologiquement que les adolescentes d'autrefois. Par contre, aujourd'hui elle se sent moins coupable de ses impulsions sexuelles et elle a plus d'occasions de les gratifier. Si elle vit un conflit, on doit tenter de comprendre ses doutes et ses hésitations et l'aider à éviter les situations qui l'amèneraient à se détester et à devenir déprimée. Il faut surtout aider celles qui ne se sentent pas prêtes à vivre cette expérience. En général, les adolescents ont besoin d'adultes qui peuvent les aider à définir les frontières de leur comportement.

La plupart du temps, on ne consulte pas le médecin avant qu'il soit question de contraception. À ce moment, les adolescents ont déjà eu des relations sexuelles ou sont déterminés à en avoir. Si un-e adolescent-e demande un moyen contraceptif, il est indiqué de répondre à sa requête même si les parents l'ignorent. Ce n'est pas au médecin de les informer, mais au jeune lui-même de le faire. Face à un individu déterminé à avoir des relations sexuelles, le rôle du clinicien se limite à le guider afin de lui éviter de sérieuses complications. En cas de problèmes psychologiques ou d'activités sexuelles jugées prématurées, il convient d'offrir à l'adolescent-e une aide psychologique.

Du côté des garçons, la mentalité n'a pas vraiment changé. La pression sociale continue de gratifier l'assouvissement de leurs désirs sexuels. Quand un désir survient prématurément, il semble qu'un transfert s'opère, qu'à la place des parents c'est la petite amie qui prend en charge le jeune homme. Ce dernier risque de s'attacher au point d'entretenir avec elle une relation du type mère - fils. Le développement de son identité sexuelle s'en trouve perturbé.

Presque tous les garçons et la majorité des filles se masturbent à l'adolescence. La **masturbation** associée aux fantasmes sexuels prépare une relation sexuelle significative avec un autre humain. En elle-même, la masturbation est normale, c'est la qualité des fantasmes et la compulsion qui l'accompagne qui risquent de la rendre pathologique. D'ailleurs, BLOS souligne que l'absence de cette activité, à l'adolescence, est un indice de blocage du développement psychosexuel. La masturbation s'avère donc utile et constructive lorsqu'elle permet à l'adolescent de passer à la phase suivante de son développement. Par contre, elle est nuisible et régressive si elle contribue à l'établissement d'une personnalité compulsive ou narcissique. (Voir aussi le chapitre 22, sections 22.3.1. et 22.3.2.)

Grossesse

Seulement 10 % des grossesses chez les adolescentes proviennent d'un manque d'information. En général, des problèmes de nature psychodynamique expliquent les 90 % qui restent. Par exemple, des adolescentes tentent par ce moyen de remplacer la perte d'un être aimé, de guérir une mère dépressive, de compenser un vide intérieur par une identification avec le bébé.

Les trois hypothèses psychodynamiques responsables des grossesses à cet âge se trouvent dans :
1) la correction d'une carence émotionnelle ;
2) la résolution d'un problème œdipien ;
3) la maturation par une expérience intégrée à une culture particulière.

Interrompue ou non, la grossesse découlant d'un problème psychologique provoque chez l'adolescente des conséquences qui nécessitent un soutien moral, psychologique et social.

ANXIÉTÉ

L'adolescence serait-elle « l'âge de l'anxiété » ? Oui, assurément ! Parce que les adolescents subissent de profondes transformations sur les plans physiologique, anatomique et psychologique ; parce qu'ils doivent apprendre à composer avec de multiples frustrations. Dans ce combat contre leur anxiété, ils ne peuvent compter que sur leur force de caractère. Celle-ci provient en partie de leur bagage génétique, en partie de leurs relations avec la famille nucléaire et l'environnement. Aussi insistons-nous tant sur le bon développement relationnel entre enfants et pairs qu'entre enfants et adultes (parents et non-parents). BOWLBY souligne l'importance de ces contacts pour l'établissement de la personnalité du jeune. MILLER acquiesce : l'importance des parents durant l'enfance et ensuite l'influence d'autres adultes sont incontestables. La perte d'un de ces soutiens produit de l'anxiété chez l'adolescent. Et la famille nucléaire ne peut à elle seule suffire aux besoins du jeune en évolution.

Les nombreuses pressions intérieures et extérieures, ajoutées à l'intensité de la compétition avec les pairs, rendent l'adolescent particulièrement vulnérable à l'anxiété. Le soutien émotionnel d'un ami s'avère donc primordial pour contrebalancer ces tensions. Auprès de ce dernier, l'adolescent vérifie le bien-fondé de ses anxiétés et peut s'ajuster en conséquence. Comme il se confie de moins en moins à ses parents qu'il trouve exaspérants (par hypersensibilité), il n'acceptera pas facilement d'eux l'apaisement et l'encouragement dont il a besoin.

Si l'intensification des activités diminue le stress à l'adolescence, leur relâchement (l'inactivité) peut l'augmenter et causer de sévères problèmes d'ordre émotif. La sublimation des tensions par l'activité physique contribue à maintenir un niveau d'anxiété supportable dans un cadre socialement acceptable. Cette solution offre l'avantage suivant : elle permet à l'adolescent de sentir qu'il contrôle son propre corps, qu'il se maîtrise.

34.2. PSYCHOPATHOLOGIE

34.2.1. ÉTIOLOGIE

Les facteurs qui contribuent à l'apparition de perturbations à l'adolescence sont les suivants :

Distance avec le passé

L'enfant reçoit tout de ses parents, y compris la protection. En retour, on ne lui demande rien. Pour l'adolescent supposément moins dépendant, plus fort, les parents manifestent moins d'empressement et plus d'exigences. Acculé à cette prise de position parentale, le jeune doit faire le deuil de son statut d'enfant.

Affirmation de l'indépendance

La notion d'indépendance touche de près celle de liberté. Pour affirmer son autonomie, l'adolescent ressent l'impérieux besoin de briser toutes les contraintes familiales, scolaires et sociales qui l'étouffent. On le verra donc se révolter avec éclats contre ses parents, l'école et la société.

Pulsions sexuelles et agressives

Les changements de types endocrinien, physique et psychologique contribuent à l'intensification des pulsions émotionnelles. L'adolescent impatient d'exercer ses nouveaux pouvoirs accomplit l'acte sexuel et pose des gestes agressifs. Ce qu'il ne prévoit pas, ce sont les conséquences sérieuses que peuvent entraîner de tels comportements, comme une grossesse, une maladie vénérienne, une blessure ou même la mort.

Méfiance à l'égard de l'adulte

Devant l'adulte, deux attitudes contraires tiraillent l'adolescent. D'une part, il l'admire et s'y intéresse comme modèle d'identification, d'autre part, il le perçoit comme dangereux par sa puissance et son autorité envahissantes. L'admiration et la méfiance que l'adolescent éprouve envers l'adulte l'empêchent de se confier à lui sans réserve.

Conformité et individualité

La société enseigne les bienfaits de la conformité et de l'individualité. On presse l'adolescent de se conformer « pour réussir dans la vie », mais on loue également les héros du passé qui, eux, ne se sont pas conformés aux normes de leur temps. Voilà qui ne facilite en rien l'apprentissage de l'insécure adolescent.

Pression des pairs

Pour vaincre sa profonde solitude, l'adolescent cherche par tous les moyens et à n'importe quel prix le soutien et l'acceptation de ses pairs. Il négocie donc son acceptation dans un groupe de jeunes afin de partager ses angoisses et sa culpabilité avec des gens de son âge.

Identité et avenir

Tout arrive en même temps, l'adolescent ne doit pas simplement découvrir son identité, il doit aussi la définir en fonction de l'avenir à préparer. Fréquemment, il aura des préoccupations comme le choix d'une profession et sa capacité de réaliser ses ambitions.

Le chômage élevé chez les jeunes accentue les craintes de l'adolescent face à l'avenir. La difficulté d'obtenir du travail retarde son entrée dans la vie active, risque de différer l'établissement de son identité et de prolonger sa dépendance envers la famille.

La grande majorité des jeunes désire travailler même si les motivations individuelles diffèrent grandement. Certains veulent gagner de l'argent pour améliorer leur qualité de vie, d'autres pour acquérir la satisfaction intrinsèque que procure le travail.

Plus l'adolescent quitte tôt l'école, plus il risque de devenir un chômeur. Par contre, l'instruction ne garantit pas un travail. Cette situation paradoxale découle du fait qu'il n'existe pas assez d'emplois sur le marché du travail.

Masturbation et culpabilité

La masturbation, pourtant presque universelle chez les garçons et les filles à l'adolescence, s'accompagne, dans la majorité des cas, d'un sentiment de culpabilité. L'inquiétude par rapport aux dommages physiques et mentaux imaginés, consécutifs à la pratique masturbatoire, se manifeste par des sentiments de gêne, d'insuffisance, de timidité, de méchanceté ou de retrait.

Menstruations

L'avènement des menstruations témoigne d'une indéniable maturité physiologique. L'adolescente prend conscience, alors, de son état de femme et non plus d'enfant. Elle réagit à cet événement selon la préparation qu'elle aura reçue. Une mère bien dans sa peau de femme et un père respectueux auront une influence positive sur l'attitude qu'adoptera leur fille lors de ses menstruations.

Sensibilité aux différences

L'adolescent réagit fortement aux différences réelles ou imaginées chez les pairs ou chez les membres de son environnement immédiat, peu importe qu'elles soient d'ordre physique (acnée, obésité, stature), d'ordre économique (pauvreté, richesse) ou autres (ethnie, religion).

Attributs masculins et féminins

Au sortir de l'enfance, le garçon s'inquiète d'être suffisamment viril, c'est-à-dire fort, brave, athlétique et non pas faible, peureux, efféminé, inefficace. La fille, elle, attendra la deuxième adolescence pour se préoccuper de sa féminité, c'est-à-dire de ses charmes sexuels et autres, de sa tendresse, de ses aptitudes maternelles ...

MORT ET DIVORCE

La perte d'un parent, par la mort ou le divorce, augmente considérablement l'anxiété d'un adolescent. Pour surmonter cette grande peine et maîtriser sa perte, l'adolescent a besoin d'un adulte autre que le parent qui demeure.

L'équilibre psycho-émotionnel de l'adolescent reste précaire. Dans le cas d'un événement aussi affligeant que la perte d'un être cher, le jeune peut être menacé. Il importe qu'il puisse vivre sainement son deuil, c'est-à-dire qu'il puisse exprimer librement sa souffrance. Pleurs, regrets, remémorations et lamentations concrétisent et extirpent la douleur ressentie. La cérémonie du deuil, réunissant autour du mort famille et amis, permet à chacun de manifester ses émotions : chagrin, colère, culpabilité et désespoir. Chez l'adolescent, ces sentiments complexes n'arrivent que très difficilement à la surface de son être. Par son écoute et son attention, un adulte autre que le parent peut lui apporter le secours dont il a besoin. (Le parent restant, étant lui-même troublé, n'a pas la disponibilité affective nécessaire pour aider son enfant.) La négation des sentiments éprouvés lors d'un deuil est un phénomène fréquent chez les adolescents. Ce reniement berne l'entourage qui croit l'adolescent capable de se contrôler et donc étonnamment mature pour son âge ! (Voir aussi le chapitre 28, section 28.5.)

Les situations de divorce sont aussi très pénibles pour l'adolescent qui a besoin de se sentir également aimé par son père et par sa mère. Les sollicitations et les pressions, faites par l'entourage ou les parents eux-mêmes pour le forcer à prendre parti pour l'un et contre l'autre, ne réussissent qu'à le confondre davantage. Le thérapeute appelé à venir en aide à cet adolescent doit l'inviter à éviter une telle prise de position. (Voir le chapitre 25, section 25.3.)

34.2.2. ÉVALUATION

Pour MEEKS, six points s'imposent lors de l'évaluation d'un adolescent :

Niveau de fonctionnement

Il s'agit de déterminer l'état actuel du développement psychologique. Le jeune est-il en état de régression, ou vit-il une fixation ? La distinction est cruciale pour le pronostic ; une régression a plus de chances de s'améliorer qu'une fixation.

Relation établie par l'adolescent avec ses parents

Le genre de relation établie par l'adolescent avec ses parents renseigne le clinicien sur ses conflits potentiels. En général, plus un enfant a été dépendant de ses parents, plus il aura de peine à s'en séparer. Plus il proteste contre le fait que ses parents le traitent comme un bébé, plus il est probable qu'il se défende, en fait, contre ses propres désirs de dépendance.

Perturbation actuelle de l'adolescent

Généralement, le patient vu à l'adolescence traîne son problème depuis plusieurs années. Par contre, il arrive que des patients soient en crise à cause d'un événement récent traumatisant, ou qu'ils éprouvent une difficulté précise dans une phase de leur développement. L'anxiété éprouvée à l'égard des changements dus au développement est répandue et normale. La part étiologique des pathologies doit être investiguée avec discernement.

Souffrance de l'adolescent

L'adolescent souffre-t-il de son état, de sa mésadaptation ou de son comportement ? Rares sont ceux qui vous le diront ! Aussi la découverte des indices permettant d'élucider cette question importe-t-elle. La mise à jour du douloureux conflit permet au thérapeute d'offrir son aide au patient. Il ne faut surtout pas se surprendre de l'ambivalence du jeune devant l'offre d'aide. S'il a besoin de temps pour juger de la crédibilité du thérapeute, on doit le lui donner, en lui proposant une thérapie sans engagement définitif.

Aptitude à l'auto-observation et à la communication

L'introspection nécessite une certaine aptitude intellectuelle. Si l'adolescent possède cette capacité et s'il est disposé à communiquer avec un clinicien, alors la psychothérapie dynamique est tout indiqué.

Résistance de la famille au changement de l'adolescent

Parfois, les parents veulent maintenir un lien pathologique avec leur enfant, même si l'adolescent fait de grands efforts pour s'en défaire. Ces parents demandent alors au médecin son alliance pour forcer l'adolescent à demeurer sous leur contrôle infantilisant.

La considération de ces six aspects permet à l'évaluateur de préciser son diagnostic et de proposer un traitement approprié.

ADOLESCENT EN ÉTAT DE CRISE

La consommation de drogue, la promiscuité, l'échec scolaire, la délinquance, la fugue, les difficultés avec les pairs, la grossesse, la maladie vénérienne, l'avortement, l'alcoolisme et le vagabondage sont des comportements indicateurs d'un état de crise chez l'adolescent. Comme il est très sensible à la situation conjugale, le clinicien doit s'enquérir de celle-ci. Ses parents songent-ils à la séparation, au divorce ?

On doit se rappeler qu'une psychose à l'adolescence peut n'être que temporaire et pas nécessairement de nature schizophrénique. La drogue et un surplus d'anxiété causent parfois des réactions psychotiques. Dans ce cas, on vérifie les antécédents du patient. Retrace-t-on un trouble du comportement durant l'enfance ? une phobie ? de l'énurésie ? de l'épilepsie ? Et récemment, a-t-il été question de conflit entre lui et ses parents, ses frères ou ses sœurs ? Les parents abusent-ils de l'alcool ? Note-t-on un changement majeur dans l'entourage immédiat du jeune : perte de travail, d'argent, mort d'un proche ? Un nouveau membre s'est-il ajouté à la famille ? Le patient présente-t-il des troubles de la pensée, de l'affect et du comportement ? Est-il solitaire et bizarre ? À l'école, que remarque-t-on de différent, de nouveau ?

Les états de crise de l'adolescent démasquent sa profonde angoisse. Qu'il s'agisse d'un événement pénible comme un divorce, une mort, ou qu'il s'agisse tout simplement d'une impossibilité de communication entre l'adolescent et ses parents, ces expériences tracent un chemin privilégié pour l'amorce de la relation thérapeute - patient. Le thérapeute doit s'en servir d'abord pour aider l'adolescent à surmonter ses épreuves, ensuite pour désamorcer le conflit et rétablir la communication. Si le conflit persiste, le thérapeute peut juger préférable d'éloigner l'adolescent du foyer familial.

34.2.3. CONDUITES PSYCHOPATHOLOGIQUES

Prudence ! nous conseille, fort justement, LAUFER (1983, p. 17) quand il s'agit de poser un diagnostic chez un adolescent :

Ce qui importe, c'est la façon avec laquelle nous pourrions oublier que des manifestations de la pathologie à l'adolescence (aussi semblables qu'elles puissent être aux pathologies adultes) ont en elles-mêmes une différence fondamentale qui doit affecter notre évaluation et notre traitement.

Aucune classification actuelle ne réussit à bien s'adapter à la réalité psychopathologique de l'adolescent. Pour pallier cette lacune, nous avons pensé apporter les précisions suivantes sur différents troubles psychiatriques rencontrés à cet âge.

TROUBLES DÉPRESSIFS

À l'adolescence, pertes et ruptures se succèdent : séparation d'avec le milieu familial, les amis d'enfance et les enseignants du primaire. Ces ruptures se font, bien sûr, au profit de nouvelles rencontres, mais chacun de ces changements exige tout de même une certaine adaptation. Couramment on observe des traits dépressifs chez l'adolescent qui lutte pour conserver son équilibre émotif.

En fait, la dépression est la maladie mentale la plus fréquente chez les adolescents. Elle se manifeste le plus souvent sous forme de transgression ou de somatisation. Comme cette dépression ne ressemble en rien à la dépression classique, plutôt rare à l'adolescence, il est facile de la méconnaître. Aussi faut-il distinguer les traits dépressifs habituels et normaux dans le développement, des signes de troubles dépressifs souvent masqués par des conduites et des symptômes variés.

La présence des signes suivants confirme un trouble dépressif :

1) le ralentissement psychomoteur (c'est l'indication la plus fiable d'une maladie dépressive à l'adolescence) ;

2) le manque d'appétit et les troubles du sommeil ;

3) le désintérêt et l'autodévalorisation (pas toujours présents) ;

4) la tristesse (pas toujours évidente).

Avec son entourage, l'adolescent déprimé s'impatiente aisément. Ses proches remarquent qu'il se retire souvent, qu'il est instable émotivement, qu'il refuse d'accomplir ses travaux scolaires ou même d'aller à l'école. Notons que la plupart des céphalées, à l'adolescence, sont reliées à un trouble dépressif.

La dépression se manifeste parfois par l'ennui, le besoin de bouger, l'incapacité de demeurer seul et la recherche continuelle de nouvelles activités. Fréquemment, les adolescents déprimés se regroupent et prennent de la drogue ou de l'alcool ensemble pour essayer d'oublier leur malaise. D'autres optent pour la délinquance, avec le même désir inavoué d'échapper au sentiment dépressif. Pour ces derniers, il semble préférable de se sentir méchants et forts que déprimés et faibles. D'autres encore s'engagent sur la voie de la promiscuité sexuelle. Chacun de ces gestes, mille fois répétés, donne et redonne à l'adolescent l'impression d'une amélioration, d'une victoire transitoire sur la dépression.

Le transgresseur, celui qui désobéit, exprime ainsi son ressentiment, son hostilité au monde qui le rend malheureux. Il éprouve plus de facilité à exprimer son agressivité qu'à traduire les profonds malaises qui l'envahissent.

Il arrive que l'adolescent, à l'exemple de l'adulte, manifeste des symptômes dépressifs à travers des malaises physiques. Ceux-ci permettent d'entrer en contact avec un médecin. La fatigue et les céphalées accompagnent généralement de persistantes préoccupations dépressives. Il est bon, à ce moment-là, que le clinicien évalue les rêves et les fantasmes qui dévoileront cette dépression masquée.

Une étude menée par HILL (1969) sur le rapport suicide/décès d'un parent démontre un accroissement des tentatives de suicide chez les adultes qui ont perdu leur mère pendant les dix premières années de leur vie. Dans son étude, le taux de suicide était particulièrement élevé chez les femmes ayant perdu leur père entre 10 et 14 ans, et également, mais à un moindre degré, chez celles l'ayant perdu entre 15 et 19 ans. Cette étude suggérerait la présence d'une dépression refoulée depuis la mort du parent, qui serait passée inaperçue à l'adolescence. (Voir aussi le chapitre 15.)

Geste suicidaire

Le taux de suicide, chez les adolescents, a considérablement grimpé depuis vingt ans. Une tentative de suicide effectuée vers la fin de l'adolescence a beaucoup plus de chances d'être fatale qu'avant cette période. Les garçons réussissent plus souvent leur suicide que les filles. Par contre, celles-ci font plus de tentatives.

On associe généralement les préoccupations et les gestes suicidaires soit à une névrose, soit à une psychose. Cependant, il arrive que l'adolescent les utilisent comme mécanismes de dramatisation hystérique pour attirer l'attention. C'est alors un appel à l'aide désespéré, un appel à l'autre (parent, ami-e, thérapeute). Entre le geste spontané et irréfléchi et le geste longuement ressassé et posé, il y a tout l'espace de l'appel à l'aide, au désespoir, à la dépression grave.

Certains signes évidents ne trompent pas : la tristesse, les pleurs, le retrait, la perte d'intérêt pour les études ou le travail, la désapprobation de soi, l'auto-accusation, l'insomnie, la perte d'appétit. Un jeune habituellement calme et d'humeur égale qui, soudainement, montre des signes de dépression n'agit pas ainsi sans raisons.

Les conditions entourant le geste suicidaire, ainsi que le moyen employé pour l'accomplir révèlent l'intention derrière le geste. Un lieu peu propice à la découverte ou un moyen irrémédiable signalent une préméditation et témoignent de la gravité de l'entreprise. Quant aux gestes mutilants ou bizarres, posés par conviction et non pour épater, ils indiquent habituellement un processus psychotique.

Certains comportements délinquants cachent une motivation suicidaire. L'adolescent qui déclare que les conséquences de ses actions délinquantes ne lui importent aucunement suggère qu'il est prêt au pire. Plusieurs adolescents songent au suicide. Heureusement, la plupart en seront protégés par l'amour que leur portent leurs parents ou encore par leur facilité à établir de nouvelles relations. (Voir aussi le chapitre 21, section 21.10.)

Suicide

Depuis les années 1970, l'augmentation de la mortalité par le suicide chez les adolescents a soulevé beaucoup d'émotions. Comment accepter que des jeunes s'enlèvent la vie avant même d'atteindre l'âge adulte ? Personnellement, nous pensons que ce phénomène existait auparavant, mais qu'alors on le cachait en disant : « C'est un accident. » L'augmentation des suicides indiquée par les statistiques n'est peut-être pas aussi prononcée en réalité. Le fait demeure cependant, et il semble refléter un manquement aux besoins essentiels du jeune en périodes difficiles (pathologies individuelle ou familiale).

Au Québec, de 1975 à 1979, plus de 10 % des suicides réussis sont survenus chez des jeunes de 15 à 19 ans. Les statistiques démontrent que le taux global de mortalité par suicide a doublé en dix ans. L'âge moyen de ces décès décroît, atteignant des couches de plus en plus jeunes de la population. Tousignant a démontré dans une enquête récente qu'un cégépien sur douze a déjà tenté de se suicider et que un sur cinq y a sérieusement pensé. Cependant, il faut souligner que son échantillon de cégépiens n'était pas strictement aléatoire, ce qui mitige quelque peu l'alarmisme de ses constatations.

TROUBLES NÉVROTIQUES

La disparition de la classe diagnostique des névroses dans le DSM-III ne cause pas de problème majeur pour la plupart des cliniciens de l'adolescence. En effet, plusieurs auteurs dont Blos et Ladame contestent la présence d'une névrose constituée avant l'âge adulte. Le lien entre une conduite symptomatique et une structure psychopathologique est particulièrement lâche à l'adolescence. Blos affirme (1985, p. 40) :

> Je pense à la métaphore de l'arche dont la construction demeure inachevée et qui ne peut pas tenir seule tant que la clef de voûte n'a pas été mise en place. De façon analogue, la névrose organisée, c'est-à-dire la névrose adulte, demeure incomplète

jusqu'à la fin de l'adolescence, qui sonne le glas à cette période psychobiologique que nous appelons l'enfance.

Les symptômes névrotiques à l'adolescence ne représenteraient alors que des compromis ou des aménagements momentanés qui ne seraient pas nécessairement liés à une structure névrotique précise.

ÉTATS PSYCHOTIQUES

Quatre facteurs constituent des indices qui peuvent mener au diagnostic précoce d'un état psychotique à l'adolescence : les prédispositions génétiques, le niveau de fonctionnement, les symptômes spécifiques et le stress vécu. Voyons chacun de ces facteurs :

1) La *schizophrénie* chez l'un des parents accroît de 10 à 15 % le risque pour l'enfant de développer cette maladie. Chez un individu, la présence d'un *trouble affectif majeur* dans sa famille augmente le risque de développer cette même maladie de 6 à 25 %.

2) Le recours à des *mécanismes de défense psychotiques*, comme le déni et les distorsions, prépare une décompensation psychotique au moment d'un stress plus important.

3) Une *modification du comportement* marque habituellement le début de la maladie. Le retrait de l'école, en raison de l'augmentation des difficultés scolaires, et l'isolement social et familial sont des comportements fréquemment rencontrés au début d'un état psychotique.

4) Le *stress social et scolaire*, vécu au cours de la deuxième adolescence, provoque parfois chez un adolescent déjà vulnérable une décompensation psychotique. Le seuil de tolérance au stress varie en fonction de l'hérédité et des forces acquises durant le développement.

Un patient soupçonné d'être potentiellement psychotique mérite une attention particulière. Le diagnostic de schizophrénie ne peut être retenu qu'après six mois de perturbations évidentes. On évitera de nommer « schizophrénie » ce qui ne pourrait être qu'un trouble psychotique transitoire.

De plus en plus, on croit que plusieurs troubles affectifs majeurs commencent à l'adolescence. Cependant, la symptomatologie y est si souvent atypique que seule l'évolution de la maladie permet de poser le diagnostic avec certitude.

ÉTATS LIMITES (BORDERLINE)

L'état limite se reconnaît à l'adolescence essentiellement par l'importance de l'angoisse, les accès de colère inappropriés, la facilité au *passage à l'acte*, la dépendance à la drogue, à l'alcool, le sentiment de vide intérieur, le désintérêt scolaire, la sensibilité aux pertes et le clivage des objets.

Ce syndrome correspond à la phase de « séparation - individuation » élaborée par MAHLER. L'enfant qui, entre 18 et 36 mois, n'arrive pas à franchir la phase de la séparation et de l'individuation deviendra vulnérable à toute perte ou rupture anticipées. Il va lutter continuellement pour remplir son vide et se livrera à des actes spectaculaires pour provoquer une intervention de l'entourage. Il faut donc retenir que le mode privilégié de communication de l'adolescent à « l'état limite » se fait par des actes et non par des mots.

TROUBLES DES CONDUITES

L'adolescent caractériel cherche perpétuellement la résolution de ses conflits par un *passage à l'acte*, et ce, dans le but de réduire sa tension intérieure, son anxiété et ses frustrations. En concrétisant sa souffrance, il croit s'en libérer.

Voilà une explication, mais il en existe d'autres. Comme le mentionne LEMAY, les désordres des conduites peuvent découler d'une carence relationnelle, d'un état névrotique, d'un état psychotique, d'une déficience mentale ou encore d'un problème organique. Un trouble du comportement n'est pas nécessairement chronique, il peut être transitoire et situationnel.

Les troubles des conduites les plus rencontrés sont le mensonge, le vol, la fugue et l'agressivité. On remarque cependant que le **vol** n'a pas toujours la même signification, s'il est fait seul ou en groupe, de façon impulsive ou planifiée, dans la famille ou chez des étrangers.

La **fugue** est un départ impulsif, sans but précis. Elle intervient souvent à la suite d'un conflit soit avec la famille, soit avec l'institution que fréquente l'adolescent. Il ne faut pas la confondre avec un voyage qu'entreprendrait le jeune, contre le gré de ses parents, vers une destination connue. Tandis que le but de la fugue est la fuite, celui du voyage non autorisé est de se rendre là où un intérêt appelle le jeune.

La colère et l'hostilité sont deux sentiments distincts. Les parents et les adultes qui savent les reconnaître facilitent leur contact avec les adolescents. La **colère** exprime un mécontentement temporaire à l'intérieur d'une relation qui se poursuit. Elle ne met pas en danger cette relation. Elle permet simplement à l'un de communiquer à l'autre son insatisfaction, son désaccord. Ainsi, elle génère le changement. L'**hostilité** et la **haine**, par contre, mettent fin à toute communication. Au lieu de solidifier une relation, elles la détruisent. Une saine colère améliore une relation, la haine la détruit. La première apaise l'individu ; la seconde creuse autour de lui un profond abîme.

Le **transgresseur primaire**, c'est-à-dire le délinquant structuré, donne des signes évidents de conduite antisociale avant et après l'adolescence. Le **transgresseur secondaire** ou fonctionnel pose des actes de délinquance qui résultent d'un déséquilibre psychique temporaire durant le processus de maturation.

Trois critères essentiels se rencontrent chez le transgresseur primaire :

1) **Égocentricité**   Le jeune se préoccupe de combler rapidement ses désirs aux dépens des gens qui l'entourent.

2) **Froideur affective**   L'adolescent calcule ses manifestations émotives dans le but d'obtenir

un avantage ; rarement perçoit-on chez lui des émotions authentiques.

3) **Pseudo-culpabilité** Un sentiment qui ressemble à la culpabilité peut se produire lorsque ce type d'adolescent est pris en défaut. Il exprime alors une déception de l'échec et une pseudo-culpabilité pour impressionner favorablement l'entourage et atténuer les conséquences de ses actes.

Son mode de relation basé sur la méfiance, l'hostilité sourde et la manipulation le rend intolérant aux frustrations. Une tension le pousse à combler tous ses désirs rapidement. Il combine ingénieusement un Moi faible, vulnérable aux frustrations et aux attentes, avec un Moi fort, lucide et dynamique, pour se défendre et contrôler son entourage.

TROUBLES SOMATIQUES

La période de l'adolescence se caractérise par l'utilisation du corps comme mode d'expression des difficultés ressenties et comme instrument d'entrée en relation. L'adolescent observe minutieusement son corps ; il notera tout écart à la norme, aussi sensible soit-il.

Tandis que le garçon se préoccupe de son apparence physique en matière de taille, de musculature et de peau, la fille, elle, s'inquiète de sa silhouette, de ses seins, de sa grandeur, de sa peau et de sa chevelure. Tous deux réagissent fortement à leurs défauts physiques, à toutes les incapacités ou limitations qui menacent leur image.

Les adolescents associent facilement leurs problèmes à leurs faiblesses. Ils ont l'impression de montrer ainsi leurs secrets, leur intimité. Une poussée d'acnée, par exemple, génère la honte et l'humiliation.

L'anxiété entraîne de fortes réactions aux variations physiologiques. L'adolescent attache une importance démesurée à tout problème somatique. Voyons quelques-uns de ces troubles psychosomatiques propres à l'adolescence.

Anorexie mentale*

L'anorexie mentale se caractérise par un refus volontaire et inquiétant de s'alimenter. Une sévère perte de poids s'ensuit inévitablement. Cette maladie commence entre 12 et 18 ans, et 90 % des anorexiques sont de sexe féminin. Résumons l'histoire de Marie, 14 ans.

Exemple clinique

Enfant, elle était un modèle de docilité. Mais depuis six mois, Marie s'entête, elle se trouve trop grasse et veut maigrir. Exagérément préoccupée par son alimentation, elle n'écoute plus les conseils de ses parents et de son entourage. La visibilité de ses seins, de son ventre et de ses fesses l'inquiète tout particulièrement. Pourtant, son poids est normal pour son âge et sa taille. Obsédée par les calories, elle réduit de plus en plus son régime alimentaire. Elle perd cinq kilos mais continue de vouloir maigrir. Son père se fâche et sa mère essaie de la raisonner, sans succès.

Marie augmente alors son activité physique, elle fait du jogging, de la natation et de longues promenades. Voyant leur fille fondre littéralement, les parents, désespérés, acceptent l'hospitalisation. À son arrivée à l'hôpital, Marie ressemble à un cadavre ambulant. Mais là encore, elle se perçoit comme trop grasse. Depuis quelques mois ses menstruations se sont interrompues.

À l'hôpital, on soumet Marie à un programme de soins ; si elle prend du poids, elle obtient des privilèges de liberté progressive. Après trois semaines, Marie peut passer le week-end dans sa famille. Deux semaines encore, et elle reçoit son congé de l'hôpital. Elle a atteint son poids normal, son jugement s'est amélioré et elle reconnaît son entêtement antérieur comme maladif.

Durant l'hospitalisation, Marie a commencé une psychothérapie qui va durer plus d'un an. À la fin de la thérapie, elle entre dans une relation amoureuse et ses menstruations reprennent.

---

* Voir le chapitre 18, section 18.6.8.

Boulimie

La boulimie se caractérise par des épisodes conscients de grandes bouffes. L'adolescent a peur de ne pas pouvoir s'arrêter de manger. Après l'excès alimentaire, l'humeur dépressive et l'autodépréciation augmentent.

Les épisodes de consommation rapide de grandes quantités de nourriture ne durent pas plus de deux heures. L'ingestion, faite le plus souvent en cachette, est suivie de douleurs abdominales, de vomissements provoqués ou d'utilisation de laxatifs. Les tentatives répétées de perdre du poids par des régimes sévères contribuent à une baisse pondérale. Ainsi, l'adolescent oscille entre l'excès et la privation alimentaire.

Obésité*

On définit l'obésité comme un excès de 20 % du poids idéal pour l'âge et la taille de l'adolescent. L'obésité se rencontre plus souvent chez les filles que chez les garçons.

Il ne s'agit pas d'un problème spécifique à l'adolescence, 25 % des adolescents obèses l'étaient avant l'âge de 1 an, 50 % avant l'âge de 4 ans et 75 % avant l'âge de 6 ans. Cependant, même si l'obésité ne se déclenche pas à l'adolescence, cette période demeure critique pour l'obèse. Soudainement très intéressé à plaire, très sensible à la pression des pairs et aux transformations corporelles dues à la puberté, il désire maigrir.

À noter qu'il ne faut pas se méprendre et nommer « obésité » la présence banale et normale d'une discrète surcharge pondérale prépubertaire. Cette erreur risquerait de troubler inutilement le préadolescent hypersensible.

Définissons l'hyperphagie et le grignotage, deux conduites spécifiques de l'obèse. L'**hyperphagie** consiste en un apport alimentaire excessif ; ce comportement s'acquiert habituellement dans la famille. Le **grignotage** se produit en dehors des repas et se poursuit durant toute la journée. Il accompagne les activités du sujet, activités passives puisque, en règle générale, l'obèse bannit de sa vie toute forme d'exercices physiques. Ce n'est pas la faim qui pousse l'obèse à manger, mais une tension vague et insupportable. L'ingestion supplémentaire d'aliments entraîne presque toujours un sentiment de culpabilité.

L'anorexique est un hyperactif physique qui mange peu. L'obèse est un hypoactif qui mange beaucoup.

Asthme*

L'anxiété provoque ou augmente une crise asthmatique mais ne la cause pas. Lorsqu'un asthmatique éprouve une grande difficulté à respirer, son anxiété augmente et l'attaque s'aggrave en proportion.

À l'adolescence, une attaque asthmatique sera précipitée par l'anxiété et la colère que cause la menace de séparation. Pris dans le dilemme de sa liberté et de ses besoins de soutien parental, l'adolescent se sent traqué. Cette situation explique l'immédiate amélioration du débit respiratoire dès l'arrivée du médecin ou d'un parent lorsque le jeune est en état de crise. Le médecin consciencieux s'enquerra de la situation familiale et de l'état du patient. Il déterminera ainsi la part d'anxiété dans le déclenchement de la crise.

Retard menstruel

Le retard menstruel survient souvent dans les cas où la féminité est niée. En voici un exemple :

Sylvie, une adolescente de 16 ans, aménorrhique sans déficience hormonale, rejetait sa féminité. Excellente sportive, elle ne portait jamais de robes et essayait par tous les moyens de cacher ses seins sous d'amples vête-

---

* Voir le chapitre 18, section 18.6.9.

* Voir le chapitre 18, section 18.6.2.

ments. Après consultation psychiatrique, elle a pu accepter son identité sexuelle et ses menstruations ont commencé.

Une grossesse, une maladie chronique, la malnutrition, l'anorexie mentale, l'obésité et plusieurs autres troubles émotifs peuvent causer une aménorrhée secondaire. Il n'est habituellement pas indiqué de provoquer les menstruations avec des hormones. On ne le fera que dans le cas d'un réel déficit hormonal. La correction du trouble émotif ou physique entraîne le retour des menstruations. (Voir aussi le chapitre 30, section 30.4.2.)

Dysménorrhée et tension prémenstruelle

On ne trouve pas d'origine organique à la plupart des crampes menstruelles des adolescentes. La douleur, due au processus de menstruation, est physiologique. Il est important de bien leur expliquer ce processus et de leur prescrire un traitement symptomatique analgésique. L'adolescente n'imagine pas ses crampes, elle les subit. Il faut donc la prendre au sérieux et voir si elle n'a pas quelque difficulté à accepter son identité sexuelle.

TOXICOMANIES*

Depuis quelques décennies, les adolescents abusent de drogue et d'alcool. Est toxicomane celui qui développe une dépendance croissante à une ou plusieurs drogues.

La dépendance joue sur deux plans : physique et psychique. La *dépendance physique* se crée directement dans des tissus et des cellules de l'organisme. Si l'on interrompt la prise de drogue, divers malaises physiques surviennent. La *dépendance psychique* provient du désir ou du besoin incontrôlables de s'échapper, de fuir la réalité.

Chez le toxicomane, on remarque le phénomène de l'escalade. Le besoin de prendre davantage d'un produit, de passer à un autre ou de faire des associations de drogues, le distingue nettement des

---

* Voir le chapitre 11.

utilisateurs sporadiques. Souvent la toxicomanie retarde un diagnostic de psychose, tout en aggravant la maladie.

Voici les principaux produits utilisés par les toxicomanes :

1) Le **cannabis** vient en tête. Il entraîne des rêves sub-euphoriques et de rares hallucinations. Malgré que l'on conteste encore les conséquences de son utilisation, certains cliniciens ont constaté des réactions psychotiques.

2) Les **hallucinogènes** (par exemple le LSD) provoquent un « voyage », c'est-à-dire une modification perceptive, une dépersonnalisation, un sentiment de libération bénéfique. Parfois, de « mauvais voyages » s'accompagnent d'anxiété aiguë, d'impulsion suicidaire, d'angoisse de persécution, de dislocation ou d'interprétation mystico-métaphysique. Le *flash-back*, ou réapparition des hallucinations, peut se produire spontanément des semaines après l'absorption.

3) Les **sédatifs** et les **tranquillisants** (par exemple Mandrax® et autres benzodiazépines) apportent l'oubli dans la torpeur. Les utilisateurs non prudents risquent le surdosage et l'intoxication aiguë.

4) Les **amphétamines** créent des états d'hyperactivité physique et d'exaltation psychique, suivis par une intense fatigue et par une grande tristesse. L'intoxication aux amphétamines mime la symptomatologie d'une schizophrénie paranoïde.

5) Les **opiacés** grisent leurs utilisateurs. Induisant une dépendance physique et psychique, ils provoquent chez le sujet en sevrage une agitation anxieuse, de la soif, des sueurs, des vomissements, une mydriase, des céphalées, des vertiges et surtout des douleurs intenses abdominales et lombaires. L'asservissement, la peur d'être en état de manque peuvent entraîner un surdosage fatal.

6) La **phencyclidine**, appelée communément la **PCP** et en termes populaires *Peace Pill*, *Angel*

Dust ou *Crystal*, est l'une des drogues les plus dangereuses consommées par les jeunes. Les trafiquants la substituent souvent au THC, à la mescaline ou au LSD, quand ils ne la mêlent pas à la marihuana. Ainsi plusieurs consommateurs ignorent qu'ils en ont absorbé.

À dose modérée, la PCP cause du nystagmus, de l'anxiété sévère, de l'agitation psychomotrice, de l'engourdissement et une diminution de la réponse à la douleur. La psychose induite par cette substance ressemble à un épisode aigu de schizophrénie avec comportements bizarres, violents et suicidaires.

À forte dose, la PCP cause une dépression respiratoire, grave, pouvant entraîner la mort.

7) La **cocaïne**, le champagne des drogues illicites, coûte très cher à ses consommateurs. Ce stimulant, qu'on dit sans danger, peut au contraire causer des troubles somatiques sévères et parfois la mort.

La cocaïne apporte euphorie, énergie et augmente l'excitation sexuelle. Après, suit une phase de dépression intense accompagnée d'une baisse d'appétit, d'insomnie, d'une élévation du rythme cardiaque et de la tension artérielle, d'une dilatation des pupilles et parfois d'une élévation de la température corporelle. Comme l'amphétamine, la cocaïne peut mimer une schizophrénie paranoïde. Bien qu'elle s'injecte, se fume ou se mange, elle est habituellement inhalée. Elle entraîne une forte dépendance psychologique.

Une nouvelle manière d'absorber la cocaïne à un prix beaucoup plus compétitif vient d'apparaître sur le marché. On appelle ce mélange de cocaïne, de bicarbonate de soude et d'eau, le **crack**. Séché, il se fume dans une pipe. Cette nouvelle version crée une dépendance instantanée à cause de la rapidité et de l'intensité des effets recherchés.

8) **L'alcoolisme** à l'adolescence ne diffère de celui à l'âge adulte que par le risque plus élevé d'une évolution vers la polytoxicomanie.

34.3.
THÉRAPEUTIQUE

Les adolescents hésitent à recevoir une aide thérapeutique. Ils se méfient de leur vulnérabilité, de leur tendance à être influençables et à devenir trop dépendants. La reconnaissance et l'exploration de cette crainte permettent l'établissement d'une relation de confiance.

ROGERS recommande, dans les cas de résistance à l'aide thérapeutique, de donner à l'adolescent le droit de refuser le traitement. L'adolescent a donc la possibilité de faire le choix qui lui convient, selon ses besoins. Dans ces conditions, l'alliance thérapeutique s'établira simplement.

À l'adolescence, l'évolution thérapeutique dépend directement de la qualité de la relation avec le thérapeute. Seule une relation positive permet à l'adolescent d'analyser lucidement et sans méfiance ses désirs paradoxaux de se contrôler et d'être dirigé.

34.3.1. CLINICIENS ET PATIENTS ADOLESCENTS

Notre système multidisciplinaire met en contact le patient adolescent avec plusieurs professionnels. Étant donné la complexité de l'approche avec l'adolescent, les thérapeutes doivent acquérir une formation spécifique et une expérience clinique. Ceux qui éprouvent un fort besoin de guérir ne sont pas de bons candidats, dans la mesure où leur désir cache un besoin de domination. Ils n'auront pas la souplesse nécessaire lorsque les conflits du type parents - adolescents se reproduiront en situation thérapeutique.

Idéalement, le thérapeute doit être à la fois souple et ferme, il doit pouvoir communiquer sa pensée et son opinion directement. Sans ces qualités, il ne réussira pas le test d'acceptation que lui fera passer l'adolescent réticent. En effet, celui-ci a habituellement vécu des déceptions avec les adultes de son entourage. Il va tout naturellement mettre à l'épreuve le thérapeute.

Avant de s'exposer, l'adolescent va vérifier la solidité et la sécurité du thérapeute. En amitié, une anxiété égale à la sienne passe très bien, mais à l'égard d'un thérapeute, les exigences de l'adolescent diffèrent. Si le thérapeute est souple, ferme et direct, l'adolescent acceptera son aide quel que soit son statut professionnel. Quand le trouble émotif de l'adolescent, jugé d'intensité moyenne ou sévère, requiert une thérapie intensive ou prolongée, le professionnel tout indiqué est le psychiatre spécialisé en adolescence.

Après avoir rencontré l'adolescent avec ses parents et l'adolescent seul, le clinicien leur recommande le traitement qu'il juge le plus adéquat. Ces premières rencontres contiennent un énorme potentiel thérapeutique. Aussi s'agit-il, pour l'évaluateur, de se montrer à la fois allié de l'adolescent et empathique aux problèmes des parents. Si l'alliance ne s'établit pas clairement entre le thérapeute et l'adolescent, celui-ci refusera toute aide. Par ailleurs, si le thérapeute ne gagne pas la sympathie des parents, ceux-ci pourront intervenir négativement dans le processus thérapeutique.

Durant la première phase de l'adolescence, on recommande un thérapeute de même sexe que le patient, ce qui facilitera le besoin d'identification du jeune à un modèle précis et évitera des complications. (De nombreuses adolescentes éprouvent de la difficulté à désexualiser leur relation avec un thérapeute masculin.)

34.3.2. INTERVENTIONS THÉRAPEUTIQUES

PSYCHOTHÉRAPIE INDIVIDUELLE

Psychothérapie de soutien

Ce type de thérapie s'impose dans les cas de troubles transitoires, de troubles d'anxiété et de troubles plus sévères, quand le patient ne possède pas la capacité d'entrer en lui-même, c'est-à-dire de faire de l'introspection. Seuls des conseils pratiques aideront l'adolescent ainsi limité à mieux composer avec ses conflits actuels.

Pour ce genre de thérapie, le thérapeute gagnera à se présenter comme une personne compréhensive, chaleureuse et sympathique ; il écoutera, encouragera, répondra aux questions et fera ses suggestions jusqu'à ce que l'adolescent puisse de lui-même régler ses problèmes.

La fréquence des sessions thérapeutiques varie d'une fois par semaine à une fois par mois. Elle peut aussi se régler selon le besoin et la demande de l'adolescent.

Psychothérapie dynamique

Un patient capable d'introspection, qui éprouve des difficultés de développement, fonctionne particulièrement bien en psychothérapie dynamique. Par ce traitement, le psychothérapeute amène le jeune à comprendre le pourquoi de ses réactions. Éventuellement, l'adolescent utilisera cette compréhension pour surmonter ses propres tensions, comme celles qui viennent de l'extérieur. Une délivrance s'opérera quand, à travers ses expériences vécues et des associations émotionnelles pertinentes, le patient déterrera la signification sous-jacente d'une anxiété particulière.

L'approche dynamique nécessite une formation en thérapie analytique ou en thérapie d'orientation analytique. À l'occasion, le thérapeute devra également dispenser son soutien. La fréquence des entrevues varie d'une à plusieurs fois par semaine pour une période indéterminée.

THÉRAPIE DE GROUPE

La thérapie de groupe convient au traitement de la plupart des troubles de l'adolescence. Selon les cas, on la fera à court ou à long terme, hétérogène ou homogène, mixte ou non.

La thérapie de groupe est dite homogène quand tous les participants partagent un même type de problème. Elle s'avère très efficace avec les adolescents psychotiques, déficients et transgresseurs primaires. Trois types d'adolescents réagissent mal à l'approche hétérogène : dans le cas du transgresseur primaire, son égocentricité, sa froideur affective et sa grande difficulté à se sentir coupable s'interposent pour désactiver la cohésion thérapeutique du groupe ; il en va de même pour le psychotique, surtout quand il traverse une phase aiguë ; enfin, le déficient n'a tout simplement pas les habiletés intellectuelles et sociales pour s'intégrer au groupe hétérogène.

Par ce genre de thérapie, le patient vérifie auprès de ses pairs le fondement de ses inquiétudes. Il apprend à se mieux connaître, en se regardant agir à l'intérieur d'un groupe, et à établir des relations interpersonnelles.

THÉRAPIE FAMILIALE

La thérapie familiale s'impose quand l'adolescent souffre d'une perturbation impliquant le système familial. Elle rétablira une communication déficiente ou interrompue entre les membres de la famille et l'adolescent. On l'emploiera aussi dans les cas d'angoisse, de séparation, de transgression primaire et de psychose fonctionnelle.

PSYCHOPHARMACOLOGIE

La posologie des neuroleptiques, des anxiolytiques et des antidépresseurs, pour les adolescents dont la physionomie est arrivée à maturité, égale celle des adultes. Les hyperactifs, les déprimés et les psychotiques réagissent bien à la médication.

La prescription d'**anxiolytiques** exige une certaine prudence, car l'adolescent normalement anxieux à cette période de sa vie risque de développer une dépendance à ce médicament.

Les adolescents répondent aussi bien que les adultes aux **neuroleptiques**. Par contre, les phéno-thiazines provoquent chez eux des réactions très variées. Parfois, une dose infime réussit à provoquer une forte réponse, alors que dans d'autres cas, seule une dose maximale entraîne un résultat thérapeutique. La prudence dicte un dosage progressif jusqu'à l'apparition d'un effet thérapeutique satisfaisant.

Les **antidépresseurs tricycliques** sont moins efficaces chez les adolescents que chez les adultes, à moins que l'on note un ralentissement psychomoteur associé à des symptômes somatiques.

Le **lithium** est efficace dans le traitement et la prévention des troubles affectifs majeurs comportant des épisodes maniaques. La symptomatologie de cette maladie, souvent atypique à l'adolescence, exige de la vigilance. En présence d'un patient présentant les symptômes d'une psychose, le thérapeute devrait l'envisager. Un diagnostic juste évitera un traitement inadéquat. Mais une fois que le médecin aura posé ce délicat diagnostic, il lui restera à convaincre l'adolescent de prendre du lithium régulièrement. Tant que les symptômes persisteront, le patient se pliera à son ordonnance, mais dès que ceux-ci cesseront, il se croira guéri pour toujours. S'il cesse le lithium, il y a possibilité de rechute.

Lors d'un premier épisode d'agitation psychotique, on évitera de prescrire du lithium. On attendra de préciser le diagnostic avant d'entreprendre un traitement aussi prolongé. (Voir aussi les chapitres 35, 36, 37, 38.)

CENTRE DE JOUR

Le centre de jour est un milieu thérapeutique qui :
1) remplace une hospitalisation pour certains adolescents ;
2) diminue la durée de l'hospitalisation pour d'autres ;
3) sert de transition pour ceux qui ne se sentent pas prêts à retourner dans la société après une hospitalisation ;

4) permet la poursuite d'une évaluation dans les cas complexes, exigeant une plus longue observation du sujet.

HOSPITALISATION

L'hospitalisation d'un adolescent comporte des risques de régression et d'augmentation des conflits de dépendance. Selon EASSON, seuls les adolescents qui ne contrôlent plus leurs impulsions et qui ne peuvent trouver personne dans leur entourage pour les aider devraient être hospitalisés. Il est préférable de ne pas hospitaliser un adolescent qui peut compter sur le soutien d'au moins un membre de sa famille ou de son entourage immédiat.

En situation de crises aiguës, une hospitalisation brève s'avère efficace. On entend par crises aiguës : les états d'extrême confusion, les réactions de panique ou de stress et les impulsions suicidaires et « homicidaires ». On hospitalise le jeune suicidaire juste le temps de favoriser la formation d'un bon lien thérapeutique et de désamorcer les conflits qui l'opposent à ses parents. Une communication ouverte et positive entre les parents et l'adolescent doit exister au moment du congé. Si l'adolescent ne peut retourner chez lui, on le dirige vers un centre d'accueil spécialisé.

Une plus longue hospitalisation s'impose lorsque le degré de sévérité de la maladie psychiatrique est telle que l'adolescent n'arrive plus à fonctionner à l'école et à la maison, même avec une aide extérieure.

34.3.3. PRONOSTIC

L'évaluation du pronostic de l'adolescent pose une difficulté majeure : l'impossibilité de prévoir son comportement. Autant il peut régresser rapidement, autant, en un rien de temps, il peut faire de remarquables progrès. Si l'adolescent agit de manière inattendue, c'est que sa personnalité, contrairement à celle de l'adulte, n'est pas encore fixée ;

elle demeure sujette à changements. Dans ces conditions, on ne peut se servir des critères applicables aux adultes pour juger de l'évolution de la personnalité du jeune.

Les symptômes aigus, même de forte intensité, surtout en présence d'un facteur catalyseur, suggèrent un pronostic favorable. Celui-ci s'améliore si l'environnement est modifiable et si l'adolescent réussit à établir une relation intense, positive et durable avec une autre personne. En d'autres mots, l'adolescent aimé par une personne importante à ses yeux et qui peut l'aimer en retour a de bonnes chances de retrouver son équilibre mental.

Un pronostic moins favorable sera prononcé si le symptôme dure, s'il succède à une histoire de troubles émotionnels prolongés depuis l'enfance, si la famille est perturbée et l'entourage nocif, et si aucune relation stable n'a jalonné la vie de l'adolescent.

34.4.
RÔLE DE L'OMNIPRATICIEN

L'omnipraticien joue un rôle crucial dans l'orientation thérapeutique d'un adolescent en difficulté. Parce qu'il est le premier à être consulté, parce que son attitude déterminera si oui ou non l'adolescent décidera de recevoir de l'aide, son approche doit être impeccable. N'oublions pas que l'adolescent, contrairement à l'adulte, se méfie du clinicien ; celui-ci doit donc lui prouver sa compétence à le secourir. S'il n'y arrive pas, l'adolescent « solutionnera » son problème autrement, en se droguant, par exemple. L'omnipraticien, qui connaît la famille et l'adolescent depuis de longues années, est véritablement le mieux placé pour répondre à cet appel à l'aide. Sa personnalité, sa sensibilité, sa patience, sa perception du monde de l'adolescent, ses connaissances de base en psychiatrie sont avant tout des facteurs déterminant la réussite de ce premier contact.

Beaucoup de généralistes, à cause de leur surcharge de travail, éprouvent de la difficulté à s'occuper des problèmes psychiatriques de leurs patients. KALOGERAKIS propose de contourner cette difficulté par la planification d'un horaire de travail. Une demi-journée réservée à la rencontre des adolescents et des parents permettra au généraliste de consacrer plus de temps à l'adolescent sans être bousculé par d'autres occupations urgentes. L'entrevue initiale dure le temps d'un examen complet. Il suffit de profiter de l'examen physique pour s'informer de la situation scolaire, familiale et sociale de l'adolescent.

34.4.1. DIAGNOSTIC

Généralement le problème se présente sous une forme somatique. On s'assure d'abord qu'aucun problème physiologique n'est à la base du malaise. Ensuite, on cherche la cause psychologique du problème. Un faux réconfort à la suite d'un examen physique négatif risque de diminuer la confiance de l'adolescent envers l'omnipraticien. Quand les symptômes persistent, le médecin doit ou traiter son patient ou le référer à un spécialiste. On ne minimise pas la valeur d'un symptôme, même si l'adolescent semble dépressif, histrionique ou simulateur.

Après l'examen physique et les tests de laboratoire, une exploration complète de la situation du patient est nécessaire avant qu'on puisse poser un diagnostic. L'état émotionnel ne s'évalue pas facilement. L'adolescent troublé ressentira au moment de sa première visite de l'anxiété, de la honte, de la dépression, de l'irritation, de la haine ou de l'hostilité. Mais sa fierté l'empêchera d'exposer ses sentiments. Il se montrera timide pour cacher sa dépression, hyperactif plutôt qu'anxieux. Le médecin obtiendra une meilleure collaboration de l'adolescent en s'informant de son état émotif sans détours. Si celui-ci semble mélancolique, le clinicien dira : « Tu as l'air triste aujourd'hui. » Ainsi, il amènera le jeune à parler de lui-même sans le brusquer.

KALOGERAKIS propose l'investigation des cinq fonctions vitales suivantes :

1) **École**   Quel est son fonctionnement scolaire, disciplinaire et social ? Ses résultats scolaires sont-ils conformes à ses capacités intellectuelles ?

2) **Amis**   À quand remonte sa dernière visite à son meilleur ami ? Quel genre de relations entretient-il avec ses amis ?

3) **Adultes**   Recherche-t-il leur compagnie ?

4) **Situation familiale et relations avec les parents**   Plus difficile à aborder, cette question exige du tact. On dira : « Je suppose que tes parents se chicanent comme tous les parents ? », au lieu de : « Tes parents se chicanent-ils ? »

5) **Sexualité et amours**   Où en est-il dans cette sphère, éprouve-t-il des difficultés, a-t-il des succès ?

34.4.2. RÉFÉRENCE PSYCHIATRIQUE

Avant d'envisager de traiter lui-même un patient, le médecin détermine à l'avance si le cas en question nécessite d'être référé rapidement en psychiatrie.

1) Les comportements ci-dessous exigent une hospitalisation rapide :

   a) comportement franchement psychotique avec hallucinations, délire et attitude bizarre ;

   b) intoxication aiguë avec de sévères perturbations émotionnelles ;

   c) grave dépression avec des préoccupations suicidaires sans possibilité de déterminer la source de la dépression ;

   d) tentative de suicide sérieuse, à distinguer du geste suicidaire manipulateur de l'entourage ;

   e) crainte de perdre le contrôle et de commettre des actes violents.

2) Dans les autres cas, le médecin évalue le degré de coopération de l'adolescent et son désir d'être aidé.

3) Le patient poursuit-il un traitement avec un autre thérapeute ? Si oui, le médecin contacte le thérapeute afin de coordonner leurs efforts.

4) Le médecin note-t-il des signes de perturbations névrotiques ou des troubles de personnalité sérieux ?

Si tous les comportements envisagés plus haut relèvent de la psychiatrie, la fonction de l'omnipraticien ne se limite pas simplement à référer son patient à un psychiatre. Il doit préparer l'adolescent à cette nécessité. Un patient mal préparé peut avoir peur d'être fou ou d'être manipulé éventuellement. Il refusera alors le rendez-vous, ne s'y présentera pas ou résistera à l'intervention du psychiatre. L'omnipraticien évitera des complications en rassurant son patient, et en lui indiquant clairement les raisons qui motivent la référence. Il l'orientera préférablement vers un psychiatre qu'il connaît, idéalement vers un psychiatre pour adolescents.

34.4.3. RÉFÉRENCE SOCIALE

La Loi sur la protection de la jeunesse exige que tout professionnel signale à la *Direction de la protection de la jeunesse* tout enfant de 0 à 18 ans dont la sécurité et le développement sont menacés. Voici les conditions susceptibles d'affecter la sécurité et le développement de l'enfant :

— abandon de l'enfant,
— absence de soins appropriés,
— privation des conditions matérielles convenables,
— surveillance par une personne non responsable,
— exploitation sexuelle,
— mauvais traitements physiques,
— troubles du comportement,
— obligation de mendier ou de se produire en spectacle,
— obligation de faire un travail au-dessus de ses forces,

— fugue d'un établissement des affaires sociales ou d'une famille d'accueil,
— absentéisme scolaire et abandon du foyer familial.

34.4.4. TRAITEMENT

Le traitement commence dès l'entrée du patient dans le bureau, ou parfois au moment où le patient décide de consulter. Voici des techniques utiles, quand l'omnipraticien décide de ne pas référer son patient en psychiatrie :

1) *Écoute attentive et compréhensive* L'adolescent apprécie qu'un adulte l'écoute « pour de vrai », c'est-à-dire sans le reprendre, le censurer, le sermonner pour ensuite le dominer.

2) *Orientation* À l'adolescent qui parle peu, on pose des questions précises afin qu'il puisse répondre en quelques mots ; à celui qui parle beaucoup, on n'intervient que pour préciser et cerner le problème.

3) *Réconfort*, tout en restant scrupuleusement honnête Il vaut mieux avouer, franchement, ne pas connaître la solution immédiate au problème que de lancer un « Tout va s'arranger » hésitant. La meilleure façon de rassurer l'adolescent est de lui démontrer de l'intérêt. Même sans solution actuelle, le médecin peut continuer de s'en occuper et de lui apporter son soutien moral.

4) *Médication* On ne doit jamais y recourir trop rapidement. Rien ne sert de s'occuper du symptôme avant d'éclaircir l'origine du problème. La médication demeure une solution dangereuse, elle encourage une dépendance et accentue l'espoir d'une solution magique sans efforts. L'anxiété fait partie de la vie de tout adolescent. Il faut qu'il apprenne à la tolérer et à la diminuer par des exercices, du sport, de la relaxation ou toute autre activité bénéfique.

À l'occasion, on prescrira un anxiolytique pour apaiser de grandes anxiétés. On réserve les neuroleptiques pour les psychoses, les anxiétés sévères et les agitations. Les antidépresseurs ne servent que pour les dépressions franches avec ralentissement psychomoteur.

5) *Intercession*   Le clinicien doit représenter le point de vue de l'adolescent auprès de la famille, de l'école ou de la cour pour démystifier une situation conflictuelle. Dans les affrontements sévères, on tente de rétablir le dialogue entre l'adolescent et ses parents, afin que ceux-ci puissent mieux le comprendre. Un contact avec les enseignants leur permettra de mieux s'ajuster aux difficultés du jeune. Par contre, on ne doit pas prendre l'habitude d'éviter à l'adolescent tout affrontement, ce qui ne lui rendrait pas service. Il s'agit d'être l'allié de l'adolescent et non son avocat. Et le but de ces intercessions n'est pas d'éviter les conséquences disciplinaires de son comportement, mais d'expliquer aux autorités responsables le pourquoi de tels comportements.

34.5.
CONCLUSION

Le rôle de l'omnipraticien, nous venons de le voir, détermine en grande partie le succès du traitement d'un adolescent troublé. Bien que cette pratique diffère de l'habituelle routine, elle n'est pas dénuée d'intérêt. À moi, qui en ai fait ma spécialité, elle m'apprend tous les jours de « qui » demain sera fait.

BIBLIOGRAPHIE

BLOS, P.

1962 *On Adolescence: A Psychoanalytic Interpretation*, New York, Free Press.

1967 « The Second Individuation Process of Adolescence », *Psychoanalytic Study of the Child*, vol. 22, p. 162-186.

1984 « Son and Father », *Journal of the American Psychoanalytic Association*, vol. 32, p. 301-324.

1985 « Fils de son père », traduit par F. Ladame, *Adolescence*, Paris, vol. 3, nº 1.

BOURQUE, J.J.

1979 « Dépression masquée à l'adolescence », *Cahier pédopsychiatrique*, nº 12, p. 51-64.

BOWLBY, J.

1969 *Attachment & Loss*, vol. 1 : *Attachment*, New York, Basic Books.

CLOUTIER, R.

1982 *Psychologie de l'adolescence*, Chicoutimi, Gaëtan Morin éditeur.

DOUVAN, E. et J.B. ADELSON

1966 *Adolescent Experience*, New York, Wiley.

EASSON, W.M.

1969 *The Severely Disturbed Adolescent : Inpatient Residential & Hospital Treatment*, New York, International Universities Press.

ERIKSON, E.H.

1972 *Adolescence et crise ; la quête de l'identité*, Paris, Flammarion.

FREUD, A.

1973 *Le Moi et les mécanismes de défense*, Paris, PUF.

GOLOMBEK, H.

1983 *The Adolescent and Mood Disturbance*, New York, International Universities Press.

GREENACRE, P.

1970 « Youth, Growth and Violence », *Psychoanalytic Study of the Child*, vol. 25, p. 340-359.

HILL, O.W.

1969 « The Association of Childhood Bereavement with Suicidal Attempts in Depressive Illness », *British Journal of Psychiatry*, vol. 115, p. 301-304.

KALOGERAKIS, M.G.

1973 *The Emotionally Troubled Adolescent and the Family Physician*, Springfield, Charles C. Thomas.

KESTENBAUM, C.J.

1985 « Putting it All Together : A Multidimensional Assessment of Psychotic Potentiel in Adolescence », *Adolescent Psychiatry*, vol. 12, p. 5-15.

LADAME, F.

1981 *Les tentatives de suicide des adolescents*, Paris, Marsan.

LAMONTAGNE, Y.

1985 « L'ampleur des maladies mentales au Québec », *Québec Science*, Presses de l'Université du Québec.

LAUFER, M.

1983 « Psychopathologie de l'adolescent — Quelques principes d'évaluation et de traitement », *Adolescence*, tome I, nº 1, p. 13-27.

LEMAY, M.

1981 *Psychopathologie juvénile*, Paris, Fleurus, vol. 1 et 2.

LIDZ, T.

1969 « The Adolescent and His Family », *Adolescence : Psychosocial Perspectives* (G. Caplan et S. Lobevici, édit.), New York, Basic Books, p. 105-112.

LORENZ, K.

1977 *L'agression : une histoire naturelle du mal*, Paris, Flammarion.

MARCELLI, D. et A. BRACONNIER

1984 *Psychopathologie de l'adolescent*, Paris, Masson.

MASTERSON, J.F.

1971 « Diagnostic et traitement du syndrome " borderline " chez les adolescents », *Confrontations psychiatriques : Psychopathologie de l'adolescence*, nº 7, p. 125-155.

MEEKS, J.E.

1971 *The Fragile Alliance : An Orientation to the Outpatient Psychotherapy of the Adolescent*, Baltimore, Williams & Wilkins Company.

MEYER-BAHLBURG, H.F.L. *et al.*

1985 « Idiopathic Precocious Puberty in Girls », *Journal of Youth and Adolescence*, New York, vol. 14, nº 4, p. 339-353.

MILLER, D.
1974 *Adolescence : Psychology, Psychopathology & Psychotherapy*, New York, Jason Aronson.

MORDRET, C.
1978 « L'anorexie mentale essentielle des jeunes filles », *La vie médicale au Canada français*, vol. 7, août.

NOVELLO, J.R.
1979 *The Short Course in Adolescent Psychiatry*, New York, Brunner/Mazel.

OFFER, D.
1973 *The Psychological World of the Teenager*, New York, Basic Books.

OLIEVENSTEIN, C.S.
1973 *Écrits sur la toxicomanie*, Paris, Éditions universitaires.

PATOINE, C.
1978 « Qu'est-ce qu'un adolescent ? », *Le médecin du Québec*, avril.

PIAGET, J.
1964 *Six études de psychologie*, Paris, Gonthier.

ROGERS, R.
1970 « The Unmotivated Adolescent Who Wants Psychotherapy », *American Journal of Psychotherapy*, vol. 24, p. 411-418.

SAUCIER, J.F. et A.M. AMBERT
1982 « Parental Marital Status and Adolescents, Optimism About Their Future », *Journal of Youth and Adolescence*, vol. II, n° 5, p. 345-354.

SCHONFELD, W.A.
1971 « La psychiatrie de l'Adolescent : un défi pour tous les psychiatres », *Confrontation psychiatrique : Psychopathologie de l'adolescence*, n° 7, p. 9-36.

TOUSIGNANT, M. *et al.*
1985 « Le mal de vivre, comportements et idéations suicidaires chez les cégépiens de Montréal », *Santé mentale au Québec*, Québec, vol. IX, n° 2.

WILKINS, J.
1985 *Médecine de l'adolescence, une médecine spécifique*, CISE (Centre d'information sur la santé de l'enfant).

PARTIE VI

TRAITEMENTS PSYCHIATRIQUES

CHAPITRE 35

ANXIOLYTIQUES ET HYPNOTIQUES

Linda Beauclair

M.D., F.R.C.P.(C)
Psychiatre à l'hôpital Royal Victoria (Montréal)
Professeure adjointe de psychiatrie à l'Université McGill (Montréal)

Guy Chouinard

M.D., M.Sc. (Pharmacol.), F.R.C.P.(C)
Psychiatre-chercheur au Centre de recherche de l'hôpital Louis-H. Lafontaine (Montréal)
Titulaire de recherche au Département de psychiatrie de l'Université de Montréal
Professeur au Département de psychiatrie de l'Université McGill (Montréal)

PLAN

35.1.
HISTORIQUE

La découverte des substances anxiolytiques telles qu'on les connaît aujourd'hui fut associée à la révolution pharmacologique liée à l'introduction de la chlorpromazine (Largactil®). Pendant de nombreuses années, les barbituriques furent employés dans le traitement de l'anxiété et de l'insomnie ; cependant, leur marge d'efficacité par rapport à leur toxicité était faible. C'est en 1955, avec l'apparition du méprobamate (Equanil®), que l'on vit surgir un espoir dans le traitement de l'anxiété. Cependant, cet espoir, quoique prometteur, fit place à la déception puisque l'efficacité du méprobamate, à des doses non toxiques, demeure douteuse.

Ce n'est vraiment qu'avec l'apparition des benzodiazépines que débuta l'ère des anxiolytiques à efficacité plus grande et à toxicité plus faible. Le noyau benzodiazépinique avait été synthétisé par STERNBACH, en Pologne, dans les années 1930 ; mais ce n'est qu'en 1955 que ce chercheur, en voulant produire une réaction chimique avec l'une de ses quinazolines (benzophénones) et la méthylamine, obtint une substance à laquelle il ne s'attendait pas, le chlordiazépoxide (Librium®). Comme tous les dérivés benzophénoniques antérieurs étaient inactifs, il abandonna ce nouveau produit.

En 1957, RANDALL fit l'essai du R05-0690 et il constata un effet hypnotique sédatif dans les tests de pharmacologie animale. Les essais cliniques commencèrent peu de temps après cette découverte et on employa le chlordiazépoxide dans le traitement de diverses maladies psychiatriques. C'est dans le traitement de l'anxiété que la nouvelle substance se révéla le plus efficace ; on l'approuva pour utilisation clinique aux États-Unis puis au Canada en 1960.

Le diazépam (Valium®) fut synthétisé en 1959 et approuvé en 1963 pour utilisation clinique par la FDA (*Food & Drug Administration*) américaine et canadienne. Le diazépam présentait un net avantage sur le chlordiazépoxide à cause de sa puissance 10 fois

supérieure dans les tests d'anxiété chez l'animal pour une même toxicité. C'est dans les années 1970 seulement que le diazépam devint l'une des substances les plus prescrites sur le marché nord-américain.

Depuis ce temps, on a vu apparaître plusieurs benzodiazépines. Leur grand succès peut s'expliquer par le fait qu'elles sont supérieures à tout ce dont on disposait auparavant pour traiter l'anxiété, que leur toxicité est faible et qu'elles sont virtuellement à l'épreuve du suicide par surdosage. On peut noter également une faible tolérance métabolique ainsi que peu d'interactions médicamenteuses.

35.2.
CLASSES D'ANXIOLYTIQUES ET D'HYPNOTIQUES

Il existe six classes de substances proposées comme anxiolytiques ou hypnotiques (voir le tableau 35.1.) et ces produits diffèrent considérablement en efficacité et en toxicité.

1) Les **benzodiazépines** sont de loin les plus efficaces et les moins toxiques. Elles provoquent moins fréquemment de la somnolence que les barbituriques et le méprobamate, ont un potentiel d'assuétude relativement peu élevé et une faible toxicité dans les cas de surdosage. Il a été démontré qu'elles étaient significativement supérieures au placebo et aux barbituriques. Par ailleurs, il n'a pas été prouvé que les antidépresseurs ou les antipsychotiques leur soient supérieurs dans les cas d'anxiété, et ces derniers entraînent des effets secondaires graves à long terme.

2) On a d'abord présenté les **propanédiols** comme des médicaments quasi miraculeux contre l'anxiété, mais des études contrôlées ont par la suite démontré que le méprobamate n'était que douteusement supérieur au placebo et certainement pas plus efficace que les barbituriques. De plus, leur potentiel d'assuétude et leur toxicité sont élevés.

3) Certains **antihistaminiques** (hydroxyzine, Atarax®) sont également employés comme anxiolytiques. Leur utilisation n'est pas plus rationnelle comme anxiolytiques que comme hypnotiques et ils comportent un risque élevé d'effets anticholinergiques chez les vieillards. Leur effet secondaire est l'induction de somnolence par le blocage des récepteurs d'histamine (H$_1$). Une tolérance se développe rapidement à cet effet secondaire et on ne connaît pas les conséquences à long terme du blocage produit.

4) Plusieurs manifestations somatiques de l'anxiété résultent de l'excès de l'activité bêta-adrénergique. Aussi le **propranolol** (Indéral®) est-il efficace chez les sujets où prédominent des manifestations somatiques telles que la tachycardie, les palpitations, l'hyperventilation et les tremblements. Il est toutefois contre-indiqué chez les patients qui souffrent de maladies cardiaques dont la compensation cardiaque dépend de la stimulation sympathique et chez les patients atteints d'asthme ou de maladie pulmonaire obstructive. Cependant, il n'existe pas suffisamment d'études contrôlées pour qu'on puisse conclure à sa supériorité sur le placebo dans le traitement de l'anxiété, même chez les malades anxieux ayant des symptômes somatiques. Il est utilisé apparemment avec succès par les musiciens avant leurs spectacles pour diminuer les symptômes somatiques d'anxiété tels que les tremblements.

5) On employait autrefois les **barbituriques d'action intermédiaire ou de longue durée** comme anxiolytiques ou hypnotiques, mais une telle pratique ne se justifie plus. Ils produisent une dépression généralisée du système nerveux central, sans avoir beaucoup d'effets anxiolytiques spécifiques. Ils entraînent fréquemment de la somnolence durant la journée en plus d'être dangereux en cas de surdosage ; ils induisent de l'assuétude, de la dépendance physique et de la tolérance. Prescrits comme hypnotiques, ils présentent les mêmes risques et désavantages.

6) Enfin, on peut rassembler dans un sixième groupe diverses substances employées surtout comme **hypnotiques**. Ces médicaments présentent un potentiel d'assuétude élevé, une efficacité limitée et un risque toxique sérieux lors de surdosage, puisque même de petites doses peuvent produire un coma profond et entraîner le décès. Mentionnons le **glutéthimide** (Doriden®), le **méthyprylon** (Noludar®), la **méthaqualone** (Tualone®) et l'**ethchlorvynol** (Placidyl®). Cette dernière substance est un alcool et peut entraîner chez certains patients un comportement véritablement alcoolique (abus, ébriété, usage pathologique). L'hydrate de chloral (Noctec®) n'occasionne pas les mêmes inconvénients mais il y a des réserves quant à son efficacité. La plupart de ces substances stimulent les microenzymes hépatiques, entraînent une induction enzymatique et augmentent ainsi le métabolisme de substances qui pourraient être prises simultanément. L'hydrate de chloral n'entraîne pas d'induction enzymatique mais se lie aux protéines plasmatiques et peut ainsi déplacer d'autres substances liées aux protéines ; ceci entraîne une augmentation de l'effet thérapeutique des autres médicaments qui peuvent être pris simultanément, tout particulièrement la warfarine (Coumadin®).

Le principal désavantage de ce groupe d'hypnotiques est qu'ils ne sont plus efficaces après deux semaines. En outre, la plupart de ces substances provoquent une diminution importante du sommeil MOR, ce qui entraîne un effet rebond de ce cycle du sommeil. Lorsque l'effet rebond du sommeil MOR se manifeste, il est associé à de l'insomnie et à des cauchemars. Le malade tend alors à augmenter la dose pour améliorer son sommeil. L'effet rebond du sommeil MOR peut durer plusieurs jours et il est donc normal que le malade se plaigne de mal dormir même une fois qu'il a arrêté de prendre ces médicaments. Pour l'hydrate de chloral, les études rapportent des résultats contradictoires quant à son effet sur le sommeil MOR.

Tableau 35.1.   CLASSES D'ANXIOLYTIQUES ET D'HYPNOTIQUES

CLASSES	NOM GÉNÉRIQUE	NOM COMMERCIAL®
1) *BENZODIAZÉPINES*	Chlordiazépoxide	(Librium)
	Diazépam	(Valium)
	Clorazépate	(Tranxène)
	Flurazépam	(Dalmane)
	Lorazépam	(Ativan)
	Oxazépam	(Sérax)
	Bromazépam	(Lectopam)
	Alprazolam	(Xanax)
	Clonazépam	(Rivotril)
	Triazolam	(Halcion)
	Nitrazépam	(Mogadon)
	Kétazolam	(Loftran)
	Témazépam	(Restoril)
2) *PROPANÉDIOLS*	Méprobamate	(Equanil)
3) *ANTIHISTAMINIQUES*	Prométhazine	(Phénergan)
	Diphénydramine	(Bénadryl)
	Hydroxyzine	(Atarax)
4) *β-ADRÉNERGIQUES*	Propranolol	(Indéral)
5) *BARBITURIQUES*	Phénobarbital	(Luminal)
	Amobarbital	(Amytal)
	Pentobarbital	(Nembutal)
	Sécobarbital	(Séconal)
	Amobarbital et Sécobarbital	(Tuinal)
6) *DIVERS*	Hydrate de chloral	(Noctec)
	Glutéthimide	(Doriden)
	Méthyprylon	(Noludar)
	Ethchlorvynol	(Placidyl)
	Méthaqualone	(Tualone)
NOUVELLES NON-BENZODIAZÉPINES	*Buspirone*	*(Buspar)*
	Zopiclone	

Deux nouveaux composés, le **buspirone** (Buspar®) et le **zopiclone**, et subséquemment d'autres, formeront les septième et huitième classes d'anxiolytiques et d'hypnotiques. Le buspirone et le zopiclone diffèrent par leur structure chimique et par leur mécanisme d'action. Le zopiclone est une substance non benzodiazépinique qui a un effet sur les récepteurs benzodiazépiniques. Quant au buspirone, son mécanisme d'action dans l'anxiété demeure sous investigation ; plusieurs hypothèses ont été émises : il ne provoquerait pas d'assuétude et causerait très peu, sinon pas, de rebond d'anxiété ou d'insomnie. Même si des études ont rapporté que le buspirone a des propriétés anxiolytiques, il aurait toutefois un début d'action plus lent et une efficacité moindre que le diazépam (JACOBSON *et al.*, 1985). Quant au zopiclone, il s'est montré aussi efficace que le triazolam comme hypnotique, sans l'inconvénient de causer autant de rebond d'insomnie.

35.3.
PHARMACOLOGIE DES BENZODIAZÉPINES

L'absorption et la distribution sont les facteurs déterminants de l'activité benzodiazépinique lors d'une dose unique, alors que le métabolisme et l'excrétion déterminent cette activité lors de l'utilisation sur une base répétée ou continue.

35.3.1. ABSORPTION ET DISTRIBUTION

Les doses uniques de benzodiazépines sont utilisées lors de situations cliniques différentes (voir le tableau 35.2.). Le premier facteur pharmacocinétique à considérer lors de la prescription d'une benzodiazépine à dose unique est son taux d'absorption du tractus gastro-intestinal à la circulation systémique. Plus vite le médicament est absorbé, plus rapide sera son début d'action après une dose unique. Ainsi, les benzodiazépines administrées oralement peuvent être divisées en trois catégories selon leur taux d'absorption : rapide, intermédiaire et lent (voir le tableau 35.3.). Les benzodiazépines à taux d'absorption rapide ont un début d'action rapide quant à leurs effets sédatifs et anxiolytiques.

Lors d'une dose orale unique d'une benzodiazépine, on prescrira de préférence un agent avec un début d'action rapide. Si un patient souffre d'insomnie ou devient anxieux dans une situation traumatisante, on optera pour une benzodiazépine avec

Tableau 35.2. PHARMACOLOGIE DES BENZODIAZÉPINES

Indications des benzodiazépines
Dose unique et dose d'attaque
DOSE UNIQUE
— Induction de sommeil
— Anxiété situationnelle
— Induction d'anesthésie
— Prémédication
— Épilepsie
DOSE D'ATTAQUE (*loading dose*)
— Crise d'anxiété aiguë
— Sevrage alcoolique
— Réaction défavorable aux hallucinogènes

Tableau 35.3. TAUX D'ABSORPTION DES BENZODIAZÉPINES

RAPIDE < ½ h	INTERMÉDIAIRE ½ - 2 h	LENT > 2 h
Bromazépam	Alprazolam	Kétazolam
Clorazépate	Chlordiazépoxide	Oxazépam
Diazépam	Clonazépam	Témazépam
Flurazépam	Lorazépam	
	Nitrazépam	
	Triazolam	

un début d'action rapide. La plupart des personnes vivant ces situations souhaitent un soulagement rapide de leurs symptômes.

D'autres facteurs reliés à l'absorption peuvent être pertinents cliniquement. Par exemple, si un patient absorbe un médicament avec de la nourriture, ou s'il prend un antiacide contenant de l'aluminium, le début d'action sera retardé. D'autre part, les comprimés sont absorbés plus rapidement que les capsules.

Figure 35.1. LIPOSOLUBILITÉ DES BENZODIAZÉPINES

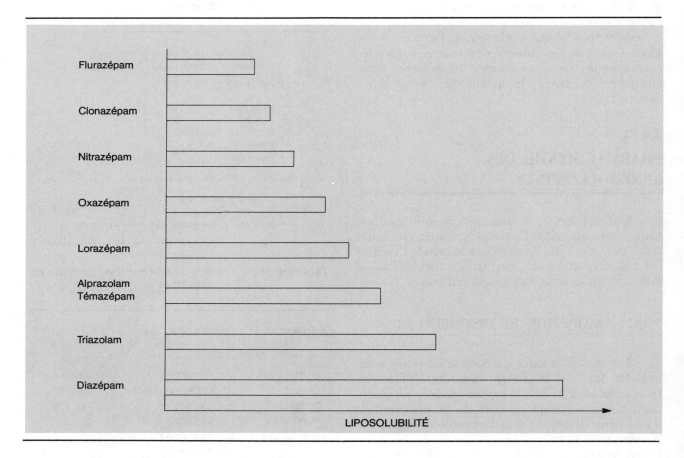

Lorsque les benzodiazépines sont administrées par voie intraveineuse, le début de l'action anxiolytique et de l'action sédative est toujours rapide, soit de 15 secondes à quelques minutes. Le début d'action dépend du dosage, de la sensibilité du patient et du degré de liposolubilité de la benzodiazépine administrée.

La distribution est un autre facteur pharmacocinétique important. Après une dose unique, la distribution du médicament détermine sa durée d'action. La distribution est en retour déterminée par la liposolubilité du médicament. Plus un médi-cament est liposoluble, plus il est distribué en périphérie, principalement dans le tissu adipeux. Ainsi, un agent très liposoluble laissera le cerveau et le sang rapidement pour s'accumuler dans le tissu adipeux, devenant ainsi inactif. À l'opposé, un médicament moins liposoluble aura un effet plus prolongé dans le cerveau parce qu'il n'est pas distribué aussi rapidement en périphérie. Ainsi, lorsqu'un médicament est administré en une dose unique, la distribution est plus importante que la demi-vie. Les benzodiazépines à longue demi-vie peuvent donc avoir une plus courte durée d'action que les benzodiazépines à courte demi-vie. Par

Tableau 35.4. MÉTABOLISME DES BENZODIAZÉPINES

DÉRIVÉS 2-KÉTO BENZODIAZÉPINES	DÉRIVÉS TRIAZOLO
Oxydation et conjugaison	*Oxydation et conjugaison*
Bromazépam	Alprazolam
Chlordiazépoxide	Triazolam
Diazépam	
Flurazépam	
Kétazolam	
DÉRIVÉS 3-HYDROXY	DÉRIVÉS 7-NITRO
Conjugaison	*Réduction azotée et conjugaison*
Lorazépam	Clonazépam
Oxazépam	Nitrazépam
Témazépam	

exemple, le diazépam, qui a une demi-vie plus longue que le lorazépam après une dose unique, aura une durée d'action plus courte que celle du lorazépam au niveau du système nerveux central. La durée d'action plus longue du lorazépam s'explique par le fait qu'il est moins liposoluble, donc qu'il demeure dans le cerveau plus longtemps que le diazépam (voir la figure 35.1.). Ainsi, après une dose unique, une demi-vie courte ne signifie pas nécessairement une courte durée d'action et une demi-vie longue ne signifie pas obligatoirement une longue durée d'action.

35.3.2. MÉTABOLISME ET EXCRÉTION

Lors de l'administration prolongée de benzodiazépines, le métabolisme et l'élimination du médicament sont des facteurs importants, d'abord parce que ces facteurs influencent le taux et le degré d'accumulation du médicament, ensuite parce que la demi-vie a un rapport étroit avec les effets rebonds lors du retrait du médicament.

Le foie est responsable de la clairance et de l'élimination de presque toutes les benzodiazépines. Les deux principales voies métaboliques sont l'oxydation et la conjugaison. La structure chimique du composé va déterminer la façon dont il sera métabolisé. Les 2-kéto benzodiazépines et les dérivés triazolo ont besoin d'être oxydés et conjugués avant d'être excrétés. Les dérivés trihydroxy ont seulement besoin d'être conjugués. Finalement, les dérivés 7-nitro requièrent une réduction azotée pour être acétylés (voir le tableau 35.4.).

Plusieurs facteurs influent sur l'oxydation : ainsi, l'âge, la cirrhose hépatique, certaines maladies, les médicaments tels que la cimétidine, les œstrogènes, l'isoniazide et autres peuvent diminuer l'oxydation microsomale hépatique. La conjugaison par contre est rarement affectée par ces facteurs. Lorsque le métabolisme des médicaments est ralenti, il en résulte une accumulation et une augmentation de leur concentration sanguine. Certains auteurs ont ainsi suggéré que les benzodiazépines métabolisées uniquement par conjugaison hépatique seraient indiquées chez les personnes âgées, chez les patients atteints de maladies hépatiques, chez ceux qui prennent des médicaments interférant avec l'oxydation. Cependant, peu de cas cliniques viennent étayer cette conclusion. Bien que l'oxyda-

Tableau 35.5. DEMI-VIE DES BENZODIAZÉPINES

LONGUE - INTERMÉDIAIRE (19 - 100 h)	INTERMÉDIAIRE (12 - 28 h)	COURTE (2,5 - 8 h)
Chlordiazépoxide (25 - 50 h)	Alprazolam (12 - 15 h)	Triazolam (2,5 - 5 h)
Clorazépate (100 h)	Bromazépam (12 - 16 h)	Oxazépam (6 - 8 h)
Clonazépam (19 - 42 h)	Lorazépam (12 - 14 h)	
Diazépam (33 - 40 h)	Témazépam (12 - 14 h)	
Flurazépam (65 - 100 h)	Nitrazépam (28 h)	
Kétazolam (30 - 35 h)		

tion hépatique altérée retarde la clairance des dérivés 2-kéto, cette accumulation ne semble pas avoir d'effet nocif significatif lorsque la dose est ajustée adéquatement. De plus, l'indice thérapeutique des benzodiazépines est très élevé.

L'élimination est un autre facteur pharmacocinétique important (voir le tableau 35.5.). On a suggéré pendant longtemps que les benzodiazépines à demi-vie plus longue étaient plus susceptibles d'être associées à des effets secondaires — tels que la sédation et la détérioration des fonctions intellectuelles et psychomotrices — que les benzodiazépines à demi-vie plus courte. Cependant, la plupart des études ont démontré que de tels effets secondaires parmi les benzodiazépines à longue demi-vie étaient minimes lors d'une administration prolongée. De plus, il n'y a pas de différence significative entre les benzodiazépines à longue demi-vie et les benzodiazépines à courte demi-vie. Quand les effets secondaires se produisent, ils tendent à apparaître au début du traitement et à s'atténuer par la suite, ce qui s'explique par la tolérance relativement rapide aux effets sédatifs. Les benzodiazépines sont des agents très sécuritaires quand elles sont prises sans rien d'autre, même en cas de surdosage. Si elles sont prises avec de l'alcool ou d'autres dépresseurs du système nerveux central, elles peuvent présenter des risques.

La dose létale 50 est la plus petite dose d'une substance qui, administrée à un échantillon de rats de laboratoire, provoque la mort de 50 % des animaux de l'échantillon. Cette dose est très élevée pour les benzodiazépines. Ainsi, les toxicologues n'ont jamais été capables de déterminer la dose létale du clonazépam chez le rat, même en administrant des doses aussi élevées que 4000 mg/kg. L'accumulation d'une benzodiazépine ne produit donc pas nécessairement un effet nocif, et peut même être désirable dans certains cas. Par exemple, si un malade cesse brusquement de prendre une benzodiazépine, il se produit souvent un effet rebond causant une réapparition brusque des symptômes de la maladie (CHOUINARD *et al.*, 1983). Le problème de rebond d'anxiété s'aggrave encore quand le patient prend une benzodiazépine à courte demi-vie ou dont le métabolisme produit peu ou aucune accumulation, tel le lorazépam. Les benzodiazépines à courte demi-vie ou sans accumulation entraîneront une dépendance chez les malades qui prennent ce type de médication, puisqu'ils évitent ainsi les rebonds d'anxiété ou d'insomnie qui apparaissent quand ils cessent le traitement.

La figure 35.2. résume les implications cliniques de l'accumulation des benzodiazépines. La demi-vie d'une benzodiazépine détermine son taux d'accumulation et la clairance métabolique totale détermine son accumulation totale. S'il y a peu ou aucune accumulation, les bénéfices sont minimes, mais les désavantages sont considérables en matière de rebond d'insomnie et d'anxiété.

Figure 35.2.   IMPLICATIONS CLINIQUES DE L'ACCUMULATION DES BENZODIAZÉPINES

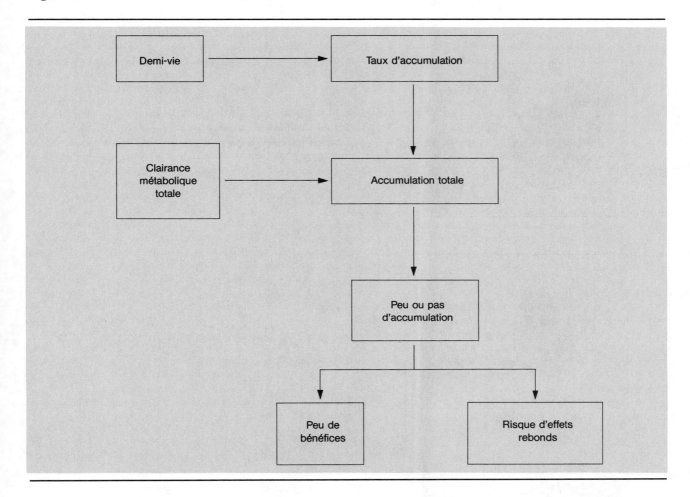

35.4.
MÉCANISME D'ACTION

Chez l'animal, les benzodiazépines ont des effets pharmacologiques spécifiques. Elles diminuent le comportement agressif de même que les comportements provoqués par la frustration, la peur ou la punition. On croit que les benzodiazépines pourraient agir sur le système limbique. Les récepteurs benzodiazépiniques ne sont pas distribués uniformément dans le cerveau : ils sont surtout concentrés dans le cortex cérébral et dans le système limbique. Les benzodiazépines produiraient un effet inhibiteur sur la transmission nerveuse de l'amygdale à l'hippocampe. Elles diminueraient également la transmission nerveuse de l'hypothalamus et permettraient ainsi une diminution de la décharge du système nerveux autonome. Le méca-

Figure 35.3. MÉCANISME D'ACTION DES BENZODIAZÉPINES

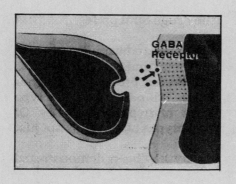

a) RÉCEPTEUR GABAergique

Libération de GABA dans la fente synaptique ; le GABA va interagir avec les récepteurs GABAergiques.

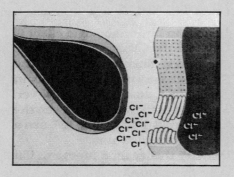

b) CANAL IONIQUE

Ouverture du canal ionique ; les ions chlorés (Cl^-) migrent à l'intérieur de la cellule nerveuse.

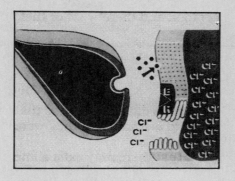

c) RÉCEPTEURS BENZODIAZÉPINIQUES

Les benzodiazépines interagissent avec les récepteurs benzodiazépiniques ; cette interaction augmente la migration des ions chlorés à l'intérieur de la cellule nerveuse.

SOURCE : MÖHLER (1987, p. 5).

nisme par lequel les benzodiazépines produisent leur effet anxiolytique n'est pas parfaitement élucidé. Leur effet thérapeutique dans l'anxiété apparaît en relation avec leur action sur les récepteurs benzodiazépiniques couplés aux récepteurs GABA (acide gamma-aminobutyrique). Le GABA est un des principaux neurotransmetteurs inhibiteurs du cerveau et les benzodiazépines augmentent l'efficacité du système GABAergique, comme un interrupteur de courant (voir la figure 35.3.).

Sous l'effet de la stimulation neuronale, le GABA est libéré dans l'espace synaptique pour interagir avec les récepteurs GABAergiques sur la surface du neurone. Cette action produit l'ouverture d'un canal dans la membrane cellulaire spécifique pour les ions chlorés plus abondants à l'extérieur de la cellule. Quand le canal est ouvert, les ions chlorés pénètrent dans la cellule et y augmentent la charge négative. Maintenant hyperpolarisée, la cellule est plus résistante à la stimulation excitatrice, ce qui constitue l'effet inhibiteur du GABA. Quand la benzodiazépine entre en contact avec les récepteurs benzodiazépiniques couplés au récepteur GABA, plus d'ions chlorés migrent vers l'intérieur de la cellule. Si l'inhibition physiologique n'est pas activée par le GABA, les benzodiazépines ellesmêmes ne peuvent pas opérer le système. Les benzodiazépines produisent leurs effets quand l'inhibition GABA est au minimum. Par exemple, à une faible concentration de GABA, l'addition d'une benzodiazépine augmente l'efficacité inhibitrice. À l'opposé, quand l'inhibition maximale a déjà été accomplie par le GABA, l'effet des benzodiazépines est minime. Les benzodiazépines n'ont pas toutes la même action fondamentale : certaines sont principalement antiépileptiques, d'autres principalement anxiolytiques et d'autres encore hypnotiques. Ce profil thérapeutique différent pourrait s'expliquer par leur différence d'affinité avec les récepteurs benzodiazépiniques. Par exemple, le clonazépam est la seule benzodiazépine qui se lie de façon spécifique aux récepteurs benzodiazépiniques du type du système nerveux central et non aux récepteurs du type périphérique.

35.5.
INDICATIONS

35.5.1. ANXIÉTÉ

L'anxiété peut être situationnelle, par exemple lors d'une entrevue, de tests, d'une intervention chirurgicale, et, d'une certaine façon, elle peut être nécessaire au fonctionnement de l'être humain, s'inscrivant sur une sorte de courbe où la performance augmente moyennant un certain niveau d'anxiété et diminue en l'absence d'anxiété. Cependant, si l'anxiété devient trop forte, elle entraîne une diminution de la performance. Elle devient pathologique quand elle traduit une peur sans objet ou une réponse exagérée à un stress réel. Les anxiolytiques agissent sur les deux aspects de l'anxiété : sur l'aspect psychologique ou l'appréhension, et aussi sur les comportements acquis associés à l'anxiété. L'anxiété est accompagnée de plusieurs manifestations physiques du système nerveux autonome.

Il importe de distinguer l'anxiété primaire et l'anxiété secondaire. L'anxiété est appelée primaire quand elle représente le symptôme principal dans les troubles anxieux. Elle est appelée secondaire quand elle accompagne des maladies psychiatriques comme la dépression, la schizophrénie, la manie, etc., et également certaines maladies physiques telles que l'hyperthyroïdie, l'hypoglycémie, l'hypertension, l'obésité, l'asthme, le côlon irritable, l'ulcère peptique, l'eczéma, l'hyperventilation, etc.

Les benzodiazépines ne possèdent aucun effet antidépresseur propre mais peuvent être utiles dans le traitement de la dépression quand l'anxiété est élevée ; elles servent à améliorer le confort du patient. On peut aussi les utiliser au besoin pendant les deux premières semaines d'un traitement en attendant que les antidépresseurs agissent (nous ne recommandons pas l'utilisation de cette pratique de façon routinière). Il n'est pas exact que les benzodiazépines peuvent aggraver ou provoquer un syndrome dépressif. Cependant, chez certains malades, l'angoisse et l'anxiété peuvent masquer la symptomatologie d'une dépression sous-jacente. Dans ce cas, l'administration des benzodiazépines, en réduisant l'anxiété, rend les symptômes dépressifs plus manifestes. On a également noté, chez certains malades dont le niveau d'anxiété n'était pas pathologiquement élevé, que les benzodiazépines pouvaient causer une dépression par une sorte de désinhibition.

On distingue habituellement deux sortes d'anxiété primaire (DSM-III) : une anxiété généralisée sans attaque de panique et une anxiété accompagnée d'attaques de panique (voir le chapitre 7). On doit apprendre à bien différencier ces deux formes d'anxiété car leur traitement peut être différent.

ANXIÉTÉ GÉNÉRALISÉE

Les benzodiazépines constituent le traitement pharmacologique spécifique pour réduire ou éliminer les symptômes des patients qui souffrent d'anxiété généralisée depuis au moins un mois. Certains auteurs préconisent la psychothérapie et affirment que les benzodiazépines interfèrent avec le traitement. Toutefois, il est de plus en plus évident que les deux formes de traitement (benzodiazépines et psychothérapie) ont un effet thérapeutique synergique. Quant à l'anxiété situationnelle, ou de courte durée, la psychothérapie brève ou les anxiolytiques ont la même efficacité thérapeutique.

ATTAQUE DE PANIQUE

Traditionnellement, les antidépresseurs tricycliques tels que l'imipramine étaient administrés dans le traitement des attaques de panique (KLEIN, 1982). Les inhibiteurs de la monoamine-oxydase (IMAO) ont aussi été utilisés. Les tricycliques se sont révélés efficaces mais provoquent des effets secondaires notables (hypotension orthostatique, effets atropiniques, etc.). Deux benzodiazépines, l'alprazolam et le clonazépam, ont prouvé leur effi-

cacité dans le traitement des attaques de panique avec ou sans agoraphobie (CHOUINARD *et al.*, 1982 ; BEAUDRY *et al.*, 1986). Environ 20 % des patients ne répondent pas adéquatement à la médication et requièrent une thérapie comportementale telle que la désensibilisation systématique. Nous recommandons d'amorcer le traitement avec une faible dose de clonazépam (0,5 mg b.i.d.) puis d'augmenter de 0,5 mg aux deux jours selon l'effet thérapeutique et les effets secondaires produits. La dose quotidienne requise varie entre 2 et 4 mg. L'emploi de l'alprazolam, même si son efficacité est presque comparable, est plus hasardeuse à cause des phénomènes de rebond qui surgissent entre les doses (les malades sont anxieux à l'attente de la prochaine prise de médicaments). La plupart des malades qui ont été traités à l'alprazolam pourront poursuivre leur traitement avec le clonazépam. Cependant, pour des raisons que nous ignorons, dans une faible proportion de cas, l'alprazolam devra être donné comme médication concomitante du clonazépam. En cas d'échec avec le clonazépam, nous recommandons l'emploi de l'imipramine (Tofranil®).

35.5.2. INSOMNIE*

Comment définir un hypnotique idéal ? La principale cause d'insomnie étant l'anxiété, la prolongation de l'action du médicament durant la journée peut être souhaitable. Cependant, l'effet hypnotique devrait être de courte durée et à début rapide puisque l'induction du sommeil est importante. De plus, l'hypnotique idéal ne devrait pas avoir comme effet secondaire la somnolence le lendemain matin, ni perturber les activités de la journée. Cependant, une demi-vie prolongée ne signifie pas nécessairement une longue durée d'action après administration d'une dose unique au coucher.

---

* Voir aussi le chapitre 20.

Lorsqu'une pharmacothérapie hypnotique est nécessaire, les benzodiazépines comportent des avantages certains sur les autres hypnotiques. Elles semblent moins perturber le sommeil MOR que les barbituriques, le glutéthimide, le méthyprylon et possiblement aussi l'hydrate de chloral ; elles entraînent rarement une assuétude, contrairement aux barbituriques, au glutéthimide et au méprobamate. Elles comportent un faible risque de toxicité par surdosage et demeurent efficaces durant une thérapie à long terme, à l'encontre des autres hypnotiques qui cessent d'être efficaces après quelques jours de traitement seulement (KALES et KALES, 1974). Lors d'une étude incluant 1689 malades hospitalisés dans un département de médecine, qui avaient besoin d'un hypnotique, on considéra le diazépam comme l'hypnotique de premier choix. Les benzodiazépines diminuent le stade IV du sommeil (ondes lentes). Cet effet peut être employé de façon thérapeutique dans des conditions où le stade IV est anormal, comme dans des cas de somnambulisme, d'énurésie et de cauchemars. Cependant, on n'a pas encore démontré les effets à long terme des benzodiazépines sur ces troubles du sommeil.

35.5.3. MALADIE AFFECTIVE BIPOLAIRE

Comme il est mentionné au chapitre 38, le clonazépam est un nouvel agent thérapeutique dans le traitement des maladies affectives bipolaires (CHOUINARD, 1985). Il potentialise l'effet du lithium lors du traitement de la manie aiguë et lors du traitement d'entretien subséquent. On l'utilise également dans le traitement d'entretien quand le lithium ou la combinaison lithium - tryptophane ne contrôlent pas les symptômes de la maladie bipolaire. Le clonazépam peut être donné également comme agent thérapeutique unique dans la première semaine de traitement en phase aiguë, avant l'ajout du lithium ; il évite alors l'administration d'antipsychotiques. Il commence en outre à remplacer les antipsychotiques (Haldol® ou Largactil®) comme agent sédatif dans l'agitation maniaque.

35.5.4. SCHIZOPHRÉNIE

Il n'existe aucune preuve actuelle que les benzodiazépines soient supérieures au placebo ou bénéfiques dans le traitement de la schizophrénie. Elles sont toutefois prescrites comme adjuvant pour soulager l'anxiété ou l'insomnie. Le lorazépam est utilisé par certains cliniciens comme médication concomitante des antipsychotiques, mais cette combinaison devrait être prescrite avec circonspection.

Si on souhaite ajouter un anxiolytique sédatif, on pourra choisir le clonazépam 2 mg p.o. comme médication en PRN — et non de façon continue — lorsque la dose maximale de l'antipsychotique a été atteinte. Cette technique permet d'éviter l'emploi de doses élevées d'antipsychotiques.

35.5.5. SEVRAGE ALCOOLIQUE ET RÉACTION AUX HALLUCINOGÈNES

Dans le traitement du sevrage alcoolique, les benzodiazépines sont aussi efficaces et moins dangereuses que les antipsychotiques. Elles ne présentent pas de risques d'hypotension et de convulsions comme les phénothiazines, presque pas de risques de dépression respiratoire comme les barbituriques, ni de problèmes dans l'administration comme le paraldéhyde qui a une odeur désagréable ou qui cause des complications au site d'injection.

Le désavantage des benzodiazépines est qu'il faut les administrer en très grande quantité pour qu'elles produisent un effet thérapeutique. Des changements aux sites récepteurs des cellules nerveuses, qui se produiraient durant le sevrage, seraient responsables du haut dosage requis. La même technique de mégadose (*loading*) avec le diazépam est habituelle dans le sevrage alcoolique et le traitement des réactions indésirables aux hallucinogènes.

35.5.6. RELAXANTS MUSCULAIRES

La relaxation musculaire induite par les benzodiazépines a été récemment mise en doute. Le diazépam est souvent prescrit comme thérapie adjuvante pour les spasmes lombaires douloureux et pour certains troubles spastiques. En clinique, on observe qu'il réduit notablement la tension musculaire chez les anxieux. Son indication comme relaxant musculaire demeure controversée.

35.5.7. ANTICONVULSIVANTS

Les benzodiazépines ont aussi leur utilité dans le traitement des troubles convulsifs : le diazépam par voie intraveineuse dans le traitement du *status epilepticus* et le clonazépam dans la prévention des crises de myoclonie et de petit mal. L'activité épileptiforme causée par les antidépresseurs et les antipsychotiques peut aggraver les symptômes psychiques et somatiques. Dans ce cas, une benzodiazépine, comme le clonazépam, administrée oralement corrigera les changements épileptiformes observés à l'électroencéphalogramme et améliorera l'état du patient ; toutefois, on devrait éviter une administration prolongée du médicament chez de tels malades.

35.5.8. PRÉANESTHÉSIE

Les benzodiazépines, et plus particulièrement le diazépam, peuvent être utiles pour produire une certaine sédation avant une cardioversion, pour faciliter une gastroscopie, une sigmoïdoscopie, une péritonéoscopie ou une bronchoscopie. On peut également les administrer comme médication concomitante des analgésiques locaux et systémiques durant les accouchements et comme prémédication avant une anesthésie générale. Dans ce dernier cas,

elles sont aussi efficaces que les opiacés et moins toxiques ; de plus, elles produisent une amnésie antérograde qui devient un effet recherché.

35.5.9. MALADIES PSYCHOSOMATIQUES

Le diazépam accroît les chances de survie chez les personnes ayant subi un infarctus du myocarde. Plusieurs maladies du système digestif telles que l'ulcère peptique, la gastrite, la colite spastique sont améliorées entre autres par le bromazépam. Les malades souffrant de maladies cardio-vasculaires telles que l'angine, les arythmies, l'hypertension peuvent bénéficier de l'action du diazépam ou du bromazépam.

35.6.
CONTRE-INDICATIONS ET PRÉCAUTIONS

Les benzodiazépines sont contre-indiquées chez les alcooliques et les malades abstinents qui ont déjà souffert d'alcoolisme. Une prise à long terme est également déconseillée chez le malade schizophrène qui devient facilement dépendant, même à de faibles doses. Les benzodiazépines ne devraient pas non plus être prescrites aux gens qui tendent à abuser des drogues. L'emploi de ces anxiolytiques est également contre-indiqué chez les patients dont l'anxiété est due à l'hypoxie, à une douleur d'étiologie indéterminée, à l'hypoglycémie ou à l'œdème cérébral. En début de traitement, les benzodiazépines peuvent nuire à la conduite automobile ou à la manipulation d'outils mécanisés ; de plus, elles potentialisent l'effet de l'alcool et des autres dépresseurs du système nerveux central, ce qui les rend alors dangereuses dans les cas de surdosage ; le malade doit être informé de tous ces effets. Enfin, leur emploi à long terme doit être justifié puisque les effets secondaires sont inconnus lors d'une administration prolongée.

35.7.
CHOIX ET ADMINISTRATION DU MÉDICAMENT

L'efficacité des benzodiazépines dépend de la façon dont elles sont prescrites. Les besoins varient énormément selon la personne et selon la façon dont chacun absorbe et transforme le médicament ; aussi doit-on adapter la dose aux besoins de chaque malade et selon la réponse clinique. L'efficacité dépend aussi de leurs propriétés pharmacocinétiques. Le chlordiazépoxide, le diazépam, le flurazépam, le clorazépate, le kétazolam et le clonazépam sont des produits à longue demi-vie qui peuvent être administrés deux fois par jour en traitement d'entretien ; durant la phase aiguë, l'administration en trois ou quatre doses par jour est préférable. Une seule dose au coucher peut suffire et favoriser du même coup le sommeil.

Contrairement à la plupart des médicaments, les benzodiazépines sont absorbées plus rapidement et peut-être aussi plus complètement après une administration orale qu'après une administration intramusculaire, à l'exception du lorazépam qui est bien absorbé par cette voie. L'absorption du chlordiazépoxide administré par voie intramusculaire n'est équivalente à l'absorption du même médicament administré par voie orale qu'après 72 heures. Quant à l'administration par voie intraveineuse, elle assure un accès complet et rapide du médicament mais requiert une procédure incommode en plus de provoquer des douleurs locales et des inflammations chez plusieurs patients. Certains cas de phlébites et d'arrêts respiratoires ont même été rapportés à la suite d'injections intraveineuses de benzodiazépines.

Le triazolam est une benzodiazépine à demi-vie ultracourte et constituerait l'hypnotique idéal pour une prescription à court terme. Cependant, une prise continue pour une période de plus de deux semaines peut entraîner un rebond d'insomnie et d'anxiété en fin d'après-midi, ce qui pourrait favoriser une dépendance psychologique. Le triazolam est une benzodiazépine très puissante qui rend la personne confuse et amnésique pendant quelques heures suivant la prise, ce qui l'empêche alors de prendre des décisions adéquates. En outre, les malades à qui on prescrit le triazolam devraient être avertis de ne pas se lever la nuit à cause d'un risque de chute.

Le tableau 35.6. présente les doses habituelles prescrites pour chaque benzodiazépine. Cependant, dans le traitement de l'anxiété aiguë, du sevrage alcoolique et des réactions au LSD ou aux amphétamines, nous recommandons l'emploi de mégadoses (*loading*) de diazépam à cause de sa grande liposolubilité. La dose initiale est de 10-20 mg répétée toutes les 20-30 minutes jusqu'à sédation. Parfois 100 mg de diazépam sont requis en dedans de deux heures pour contrôler une crise d'anxiété aiguë.

Dans les années 1970, on véhiculait le mythe que toutes les benzodiazépines étaient similaires. Cependant, dans les études récentes, on a démontré au contraire que les benzodiazépines diffèrent les unes des autres. Dans une étude à double insu, on a comparé le bromazépam et le diazépam dans le traitement de l'anxiété généralisée : les deux se sont révélés supérieurs au placebo ; le bromazépam n'était pas meilleur que le diazépam pour soulager les symptômes psychiques de l'anxiété, mais il lui était supérieur pour soulager les symptômes somatiques (FONTAINE *et al.*, 1983).

Au tableau 35.7., les benzodiazépines sont classifiées selon leur puissance clinique. Ainsi, une benzodiazépine de puissance intermédiaire est recommandée pour les patients qui présentent une anxiété légère reliée à l'environnement, de même que pour les patients qui souffrent d'anxiété généralisée. Pour les attaques de panique, les benzodiazépines de haute puissance seraient le meilleur choix, en particulier le clonazépam ou l'alprazolam. Pour les malades souffrant d'anxiété généralisée sévère avec somatisation, le bromazépam est recommandé. Le flurazépam est la benzodiazépine idéale pour sevrer les malades de benzodiazépines

Tableau 35.6.   POSOLOGIE DES BENZODIAZÉPINES (EN MG/JOUR)

NOM GÉNÉRIQUE	NOM COMMERCIAL®	DOSE MINIMALE[1]	DOSE HABITUELLE	DOSE MAXIMALE
Alprazolam	Xanax	0,125	0,25 - 3	10
Bromazépam	Lectopan	3	6 - 18	60
Chlordiazépoxide	Librium	5	10 - 100	150[2]
Clonazépam	Rivotril	0,5	1 - 6	10[3]
Clorazépate	Tranxène	7,5	15 - 30	60
Diazépam	Valium	0,5/q 2 j	10 - 60	100
Flurazépam	Dalmane	15/q 2 j	15 - 30	60
Kétazolam	Loftran	15	15 - 60	100
Lorazépam	Ativan	0,5	1 - 3	6
Nitrazépam	Mogadon	2,5	2,5 - 10	20
Oxazépam	Sérax	15	30 - 60	120
Témazépam	Restoril	15	15 - 30	60
Triazolam	Halcion	0,125	0,25 - 0,5	1

1. Malades âgés ou affaiblis.
2. Peut être plus élevée, jusqu'à 400 mg par jour et plus, dans le traitement du délirium tremens.
3. Peut être plus élevée, jusqu'à 40 mg par jour dans les cas de manie aiguë.

Tableau 35.7.   CLASSIFICATION DES BENZODIAZÉPINES SELON LEUR PUISSANCE CLINIQUE

HAUTE PUISSANCE[1]	PUISSANCE INTERMÉDIAIRE	FAIBLE PUISSANCE
Alprazolam	Clorazépate	Chlordiazépoxide
Bromazépam	Diazépam	Oxazépam
Clonazépam	Flurazépam	Témazépam
Lorazépam	Kétazolam	
Triazolam	Nitrazépam	

1. La puissance d'une benzodiazépine s'évalue en comparant le nombre de milligrammes nécessaire au nombre de milligrammes nécessaire d'une autre benzodiazépine pour obtenir un effet anxiolytique équivalent.

à courte demi-vie ou sans accumulation (lorazépam, oxazépam) ; on peut également l'utiliser dans le sevrage alcoolique.

Chez la personne âgée, le choix d'une benzodiazépine est difficile à faire. Les benzodiazépines à longue demi-vie tendent à s'accumuler et peuvent augmenter le risque de fractures. Par contre, les benzodiazépines à courte demi-vie (triazolam) ou à demi-vie intermédiaire sans accumulation (lorazépam) tendent à entraîner une dépendance psychologique en raison des effets rebonds consécutifs à une diminution ou à un arrêt du traitement ; elles favorisent donc une administration prolongée. Le lorazépam et l'oxazépam ont cependant l'avantage « théorique » de ne pas être métabolisés par le foie, ce qui diminuerait le risque d'accumulation chez certaines personnes âgées dont la fonction hépatique est ralentie. Nous déconseillons, cependant, l'emploi du lorazépam à cause de sa trop grande puissance chez la personne âgée et de ses effets rebonds sérieux. On peut aussi prescrire le diazépam (2 ou 5 mg) ou le flurazépam (15 mg h.s.) toutes les deux ou trois nuits. À notre avis, les doses de benzodiazépines utilisées sont souvent trop élevées. Une approche globale est nécessaire chez la personne âgée, d'autant plus que l'incidence de réactions paradoxales est plus élevée. Les benzodiazépines de faible puissance devraient être favorisées dans le traitement de la personne âgée.

35.8.
EFFETS SECONDAIRES

35.8.1. EFFETS NEUROLOGIQUES

Un dosage trop élevé peut entraîner une dépression excessive du système nerveux central qui se traduit par de la fatigue, de la somnolence, de la faiblesse musculaire, de l'ataxie, des étourdissements, de la dysarthrie et du nystagmus. Ces effets peuvent s'atténuer par la diminution du dosage et disparaître lorsque la médication est interrompue. Une tolérance se développe rapidement aux effets secondaires et plus particulièrement à la somnolence. Les benzodiazépines, comme les autres anxiolytiques, sont des dépresseurs non spécifiques du système nerveux central et leurs effets secondaires principaux sont en relation avec cet effet dépresseur.

Dans nos propres études, nous avons trouvé une incidence relativement élevée de somnolence, variant entre 10 et 50 %. Par ailleurs, nous n'avons pas été capables de différencier les étourdissements causés par l'anxiété de ceux provoqués par les médicaments. GREENBLATT et SHADER (1974) ont rapporté une incidence de 3,9 % pour la somnolence et de 1,7 % pour l'ataxie.

35.8.2. EFFETS PSYCHIATRIQUES

Les benzodiazépines peuvent entraîner des réactions paradoxales telles que l'excitation, la rage, la violence, et des comportements destructeurs pouvant aller jusqu'à l'idéation autodestructrice. Dans certains rapports anecdotiques, on suggère qu'elles pourraient également entraîner des troubles du sommeil. La fréquence de ces réactions n'a toutefois pas encore été établie et on les considère plutôt comme des réactions idiosyncrasiques que comme des effets secondaires. Quelques cas ont été rapportés où l'alprazolam aurait précipité un état maniaque. Le triazolam et le lorazépam produiraient une plus grande détérioration de la mémoire (amnésie antérograde) que le flurazépam et d'autres benzodiazépines.

35.8.3. AUTRES EFFETS

Les effets hématopoïétiques et hépatiques (si jamais ils existent) sont très rares. Des cas de pancytopénie et de leucopénie ont été rapportés, mais ces rapports doivent être interprétés avec réserve. De rares réactions allergiques (incluant des réactions urticariennes, de l'œdème angioneurotique et des éruptions maculo-papuleuses) ont également été décrites.

35.9.
GROSSESSE ET BENZODIAZÉPINES

Les benzodiazépines peuvent être tératogènes. Leur utilisation pendant le premier trimestre de la grossesse a été associée à un risque augmenté de fente labiale avec ou sans fente palatine pour le fœtus (SAFRA et OAKLEY, 1975). Les bébés de mères ayant pris des benzodiazépines durant leurs derniers mois de grossesse et durant l'allaitement ont développé une hypotonie musculaire, aussi connue comme le « syndrome de l'enfant mou » (GELENBERG, 1979).

On a également décrit des symptômes de retrait chez les enfants de mères ayant pris des benzodiazépines durant les deux à quatre derniers mois de grossesse. Les bébés ont en outre développé des tremblements, de l'hypertonie, de l'hyperréflexie qui peuvent durer aussi longtemps que huit mois en post-partum. On a aussi rapporté un retard de croissance intra-utérine, de l'hyperbilirubinémie et de l'hypothermie qui pourraient être dus à l'utilisation de benzodiazépines.

Durant la période de travail, on donne parfois du diazépam à la patiente pour traiter son anxiété. À doses faibles, le diazépam n'apparaît pas nocif ; des doses supérieures à 100 mg peuvent déprimer la respiration néo-natale, affaiblir les réflexes et causer une asphyxie sévère, de l'hypoactivité, de l'hypotonie et de l'hypothermie.

35.10.
ASSUÉTUDE ET SURDOSAGE

Tous les médicaments utilisés dans le traitement de l'anxiété peuvent entraîner une dépendance physique. Les anxiolytiques, qui auraient un pic d'action très rapide, pourraient être l'objet de plus d'abus. Le cas des benzodiazépines est cependant controversé. Des études de laboratoire ont montré une tolérance certaine des animaux aux benzodiazépines et des cas de symptômes de sevrage ont été rapportés chez l'homme après l'administration prolongée de doses élevées. Cependant, de tels cas demeurent rares et l'on peut se demander dans quelle mesure ces symptômes ne sont pas confondus avec ceux de l'anxiété pathologique qui refont surface après l'arrêt de la médication. Quoi qu'il en soit, le risque de dépendance rattaché aux benzodiazépines est moindre que celui rattaché à d'autres sédatifs-hypnotiques (barbituriques, glutéthimide, méthaqualone ou méprobamate). Par mesure de prudence, les doses élevées devraient être évitées et les prescriptions réévaluées régulièrement. Les séquelles graves à la suite d'un surdosage sont rares

s'il n'y a pas de prise concomitante d'autres médicaments.

Les abus de benzodiazépines sont devenus un sujet à la mode ; c'est pourquoi nous croyons utile de faire les distinctions suivantes pour permettre une meilleure compréhension du problème. L'abus est un terme général qui englobe trois situations où l'on peut parler d'usage abusif.

Il y a d'abord l'utilisation par un trop grand nombre de malades, soit la **surutilisation** (*overuse*). Cet aspect dépend surtout des patients eux-mêmes. La surutilisation survient par exemple lorsque le malade se présente pour une condition triviale et désire être soulagé de son anxiété. Les gens endurent de moins en moins leur anxiété, ils ne veulent pas souffrir. Qui peut les en blâmer ? L'argument principal qu'on peut invoquer contre cet emploi est que le médicament empêche le malade de voir ses problèmes. Bien souvent, lorsqu'on parle d'abus, on cherche un bouc émissaire qui peut être le médecin qui prescrit, le malade qui demande ou encore l'industrie qui fabrique le médicament.

La deuxième situation est le **mauvais usage** (*misuse*). Le mauvais usage peut signifier une prescription de benzodiazépines à des gens qui n'en ont pas besoin, par exemple pour le traitement de la dépression au lieu d'une prescription d'antidépresseurs, ou encore une prescription non appropriée sur une période prolongée sans vérification périodique du besoin effectif de médicament. Pour ce type d'abus, les médecins pourraient facilement exercer un contrôle en se montrant plus vigilants.

Enfin, la troisième situation est l'**abus** proprement dit (*abuse*). Il y a les gens qui abusent des benzodiazépines comme ils abusent des narcotiques, des amphétamines ou des barbituriques. Ce sont les polytoxicomanes qui existeront toujours, et les benzodiazépines, comme beaucoup d'autres médicaments, continueront d'être trafiquées sur le marché noir. Nous pouvons cependant dire qu'il n'y a pas plus d'abus de benzodiazépines que d'autres psychotropes et qu'il y a peut-être même un plus grand abus des autres psychotropes.

Une nouvelle forme d'abus a été décrite récemment au sujet des benzodiazépines à courte demi-vie (triazolam et oxazépam) ou sans métabolite actif (lorazépam). Cet abus s'explique par l'apparition d'un rebond d'anxiété ou d'insomnie lorsque le malade cesse de prendre sa médication, ce qui l'entraîne à recommencer le traitement.

35.11.
SEVRAGE ET EFFETS REBONDS

L'arrêt brusque des benzodiazépines après un emploi prolongé entraîne deux sortes de réactions : réactions de rebond et réactions de sevrage.

Les premières sont caractéristiques des benzodiazépines et consistent en un rebond d'anxiété ou un rebond d'insomnie qui peuvent être soudains et prolongés. Ils peuvent survenir lors du sevrage ou entre les prises de médicament (*interdose*), ou encore en fin d'après-midi. Le deuxième groupe consiste en des réactions de sevrage classiques qui sont divisées en deux sous-groupes de symptômes (mineurs et majeurs) et qui ne sont pas spécifiques aux benzodiazépines mais propres à tous les dépresseurs du SNC (barbituriques, etc.). Dans le cas des benzodiazépines, on a surtout décrit des symptômes mineurs (insomnie, nausées, tremblements, vomissements, etc.). Contrairement à l'effet des barbituriques, les symptômes majeurs (psychose, convulsions et mort) ne surviennent que chez des malades prédisposés (épileptiques, alcooliques, etc.).

35.12.
INTERACTIONS MÉDICAMENTEUSES

Plusieurs facteurs influencent le métabolisme des benzodiazépines : l'âge, le sexe, la fonction hépatique et le tabagisme. Le fait de fumer augmente l'activité enzymatique, diminuant ainsi les niveaux benzodiazépiniques dans le sang.

Les interactions benzodiazépines - alcool sont complexes, impliquant des facteurs pharmacocinétiques et pharmacodynamiques. Les effets de l'alcool sur l'absorption et l'élimination des benzodiazépines sont imprévisibles et apparaissent cliniquement bénins. La principale interaction se situe au point de vue pharmacodynamique, où l'administration d'une benzodiazépine concomitante de l'ingestion d'alcool peut aggraver une dépression du système nerveux central, dépression qui peut aussi être présente lors de l'utilisation de l'alcool seul ou d'une benzodiazépine seule. La consommation d'alcool par le patient qui prend une benzodiazépine a été associée à une plus grande détérioration des habiletés psychomotrices, dont l'habileté à conduire un véhicule automobile. Lors d'un surdosage aux benzodiazépines, les risques de létalité sont plus élevés s'il y a utilisation simultanée de l'alcool ou d'autres dépresseurs du système nerveux central.

Plusieurs autres médicaments produisent une inhibition de la clairance des benzodiazépines (voir le tableau 35.8.). En outre, les antiacides diminuent l'absorption des benzodiazépines. Le meilleur conseil qu'on puisse donner au patient est de prendre ses benzodiazépines au moins 30 minutes avant ou encore entre une et deux heures après la prise de l'antiacide.

Même s'il peut y avoir une augmentation de la concentration sérique d'une benzodiazépine quand elle est utilisée en même temps que divers autres médicaments, ce changement n'est pas cliniquement significatif puisque les benzodiazépines ont une très grande marge de sécurité. GREENBLATT et ses collaborateurs (1984) ont étudié l'interaction diazépam - cimétidine et ont rapporté que, malgré une augmentation significative des taux de concentration sanguine du diazépam durant la coadministration avec la cimétidine, il n'y avait aucun changement significatif dans les tests de performance ni une plus forte sédation. Toutefois, il est recommandé d'ajuster la dose et d'observer les patients qui utilisent une combinaison de ces médicaments : si des effets secondaires apparaissent, on

Tableau 35.8. **INTERACTIONS MÉDICAMENTEUSES**

INHIBITION DE LA CLAIRANCE DES BENZODIAZÉPINES	
Inhibition de l'oxydation	*Inhibition de la conjugaison*
Cimétidine	Probénécide
Isoniazide	
Propoxyphène	
Œstrogènes	
Propranolol	
Disulfiran	
Éthanol	

diminuera graduellement le dosage de la benzodiazépine jusqu'à la disparition des effets secondaires.

Des interactions plus complexes peuvent se produire entre les benzodiazépines et les médicaments anticonvulsivants. L'effet clinique de ces interactions est imprévisible et souvent négligeable ; mais les médecins devraient prévoir la possibilité d'ajuster les doses des benzodiazépines quand elles sont utilisées comme médication concomitante des anticonvulsivants. Le clonazépam en association avec l'acide valproïque peut produire un *status epilepticus* ou des convulsions de type petit mal. Quand le diazépam est ajouté ou retiré brusquement du régime médicamenteux du patient épileptique, il peut augmenter la fréquence ou la sévérité des convulsions de type grand mal.

35.13.
BENZODIAZÉPINES ET ALCOOLISME

Les benzodiazépines devraient être prescrites avec circonspection aux alcooliques ou aux malades ayant déjà souffert d'alcoolisme, sauf dans les états de sevrage alcoolique. On a observé quelques cas où des malades qui avaient été abstinents d'alcool pendant de nombreuses années rechutèrent

après avoir pris une prescription de benzodiazépine pour traiter leur insomnie.

35.14.
CONCLUSION

Chaque année, plusieurs milliers de personnes consultent leur médecin pour des problèmes d'insomnie et d'anxiété. La plupart des médecins sont convaincus que les anxiolytiques sont des substances qui aident ces malades. Les agents psychopharmacologiques ne constituent cependant pas une cure pour tous les problèmes psychiques. Mais, en diminuant les symptômes d'anxiété et de tension, ces médicaments aident le malade à contrôler son stress et peuvent lui permettre de mieux comprendre les causes de sa détresse.

Paradoxalement, le problème des benzodiazépines et en particulier du diazépam résulte de leur succès : ils sont efficaces et peu toxiques. Le diazépam reflète en même temps le problème de la communication médecin - malade. Il est prescrit dans 75 % des cas par le médecin généraliste ou interniste. Bien souvent, on reproche aux cliniciens de ne pas prendre le temps de parler avec leurs patients. (Voir le chapitre 7, section 7.3.)

Dans le traitement de l'anxiété aiguë, la psychothérapie à court terme et le diazépam sont plus efficaces que le placebo. Quant à l'anxiété chronique, on peut l'aborder de deux façons, soit par psychothérapie (voir les chapitres 39, 40, 42, 43) soit par traitement pharmacologique. Autant il existe de cas interminables de psychanalyse ou de psychothérapie, autant il existe de cas interminables d'emploi des benzodiazépines. Les malades nécessitant un traitement à long terme ont le droit d'être soulagés de leur anxiété.

De plus, comme il existe des cas de dépendance « chronique » envers des psychothérapeutes (psychothérapies et psychanalyses interminables), il existe des cas de dépendance « chronique » aux anxiolytiques pour certains individus qui ne peuvent fonctionner sans cet appoint. Favoriser une forme d'approche plutôt qu'une autre tient plus à un jugement de valeur qu'à un jugement scientifique. Cependant, l'emploi chronique devra se faire prudemment et être accompagné de consultations régulières. Les benzodiazépines se sont révélées très efficaces pour soulager le malade de son anxiété ou de son insomnie. Toutefois, l'introduction des benzodiazépines puissantes à courte demi-vie ou sans accumulation a entraîné un nouveau problème d'assuétude.

BIBLIOGRAPHIE

BEAUDRY, P., R. FONTAINE, G. CHOUINARD et
L. ANNABLE
1986 « Clonazepam in the Treatment of Patients with Recurrent Panic Attacks », *J. Clin. Psychiat.*, vol. 47, n° 2, p. 83-85.

CHOUINARD, G.
1985 « Antimanic Effects of Clonazepam », *Psychosomatics*, vol. 26 (suppl. 12), p. 7-11.

CHOUINARD, G., L. ANNABLE, R. FONTAINE et
L. SOLYOM
1982 « Alprazolam in the Treatment of Anxiety and Panic Disorders : A Double-blind Placebo-controlled Study », *Psychopharmacology*, vol. 72, p. 229-233.

CHOUINARD, G., A. LABONTÉ, R. FONTAINE et
L. ANNABLE
1983 « New Concepts in Benzodiazepine Therapy : Rebound Anxiety and New Indications for the More Potent Benzodiazepines », *Prog. Neuro-Psychopharmacol. Biol. Psychiat.*, vol. 7, p. 669-673.

FONTAINE, R., L. ANNABLE, G. CHOUINARD et
R.I. OGILVIE
1983 « Bromazepam and Diazepam in Generalized Anxiety : A Placebo-controlled Study with Measurement of Drug Plasma Concentrations », *J. Clin. Psychopharmacol.*, vol. 3, p. 80-87.

GELENBERG, A.J.
1979 « Psychotropic Drugs During Pregnancy and the Perinatal Period », *Mass. Gen. Hosp. Newslett. Biol. Ther. Psychiat.*, vol. 2, p. 41-42.

GREENBLATT, D.J., D.R. ABERNETHY, D.S. MORSE,
J.S. HARMATZ et R.I. SHADER
1984 « Clinical Importance of the Interaction of Diazepam and Cimetidine », *N. Engl. J. Med.*, vol. 310, n° 25, p. 1639-1643.

GREENBLATT, D.J. et R.I. SHADER
1974 *Benzodiazepine in Clinical Practice*, Raven Press Books Limited.

JACOBSON, A.F., R.A. DOMINGUEZ, B.J. GOLDSTEIN et
R.M. STEINBOOK
1985 « Comparison of Buspirone and Diazepam in Generalized Anxiety Disorder », *Pharmacotherapy*, vol. 5, n° 5, p. 290-296.

KALES, A. et J.D. KALES
1974 « Sleep Disorders », *N. Engl. J. Med.*, vol. 290, p. 487-499.

KLEIN, D.F.
1982 « Medication in the Treatment of Panic Attacks and Phobic States », *Psychopharmacol. Bull.*, vol. 18, n° 4, p. 85-90.

MÖHLER, H.
1987 « The Benzodiazepines Today : Mechanisms of Action of the Benzodiazepines », *Medicine North America* (premier supplément de trois), p. 3-7.

RANDALL, L.O.
1960 « Pharmacology of Methaminodiazepide », *Dis. Nerv. Syst.*, vol. 20, p. 7-10.

ROTH, T., K.M. HARTSE et P.G. SAAB
1980 « The Effects of Flurazepam, Lorazepam, Triazolam on Sleep and Memory », *Psychopharmacology*, vol. 70, p. 231-237.

SAFRA, M.J. et G.P. OAKLEY
1975 « Association Between Clefs Lip With or Without Clefs Palate and Prenatal Exposure to Diazepam », *Lancet*, vol. 2, p. 478-480.

CHAPITRE 36

ANTIPSYCHOTIQUES

GUY CHOUINARD

M.D., M.Sc. (Pharmacol.), F.R.C.P.(C)
Psychiatre-chercheur au Centre de recherche de l'hôpital Louis-H. Lafontaine (Montréal)
Titulaire de recherche au Département de psychiatrie de l'Université de Montréal
Professeur au Département de psychiatrie de l'Université McGill (Montréal)

LINDA BEAUCLAIR

M.D., F.R.C.P.(C)
Psychiatre à l'hôpital Royal Victoria (Montréal)
Professeure adjointe de psychiatrie à l'Université McGill (Montréal)

PLAN

36.1.
INTRODUCTION

La psychopharmacologie moderne a débuté avec la découverte, au début des années 1950, de l'effet thérapeutique de deux médicaments sur les maladies psychiatriques : la chlorpromazine et la réserpine. On remarqua que la réserpine, autrefois employée dans le traitement de l'hypertension, avait aussi des effets anxiolytiques chez les patients hypertendus. De plus, la racine de *rauwolfia serpentina*, source de la réserpine, était utilisée dans la médecine hindoue pour le traitement des maladies mentales.

Le docteur PIERRE LABORIT, un chirurgien français, observa pour sa part que la chlorpromazine produisait chez ses patients un calme et une tranquillisation sans sédation importante. Il ajouta donc ce médicament à son « cocktail lytique », une combinaison de médicaments donnés aux patients en stade préopératoire pour contrecarrer les réponses excessives du corps humain au stress chirurgical. Peu après, deux psychiatres français, J.P. DELAY et P. DENIKER, donnèrent ce médicament à des malades schizophrènes et observèrent non seulement un effet tranquillisant mais aussi une réduction des symptômes psychotiques.

Ce fut le point de départ d'une révolution du traitement pharmacologique des maladies psychiatriques. Ces découvertes ont conduit les compagnies pharmaceutiques à synthétiser les antidépresseurs tricycliques et les benzodiazépines, des substances dont on espérait obtenir un effet semblable à la chlorpromazine, mais qui se sont avérés inefficaces dans le traitement des symptômes schizophréniques.

La supériorité des antipsychotiques sur le placebo a largement été démontrée dans le traitement de la schizophrénie (KLEIN et DAVIS, 1969). Une étude du NIMH, menée en 1964 auprès de malades de neuf hôpitaux, a montré que 75 % des schizo-phrènes aigus présentaient une amélioration marquée ou modérée après six semaines de traitement aux antipsychotiques, comparativement à 23 % pour le groupe placebo. Le traitement de la schizophrénie par les antipsychotiques s'est, de plus, révélé significativement supérieur aux autres formes de traitement (psychothérapie, thérapie de groupe, thérapie de milieu et électrochocs) chez le schizophrène nouvellement hospitalisé (MAY, 1969).

36.2.
CLASSIFICATION

On peut classer les antipsychotiques selon leur structure chimique, leurs effets chimiques et leur sélectivité pour les récepteurs dopaminergiques.

LAMBERT et REVOL (1960) furent les premiers à élaborer une classification des antipsychotiques selon leurs effets cliniques. Ils classèrent les antipsychotiques de gauche à droite, du plus sédatif situé à l'extrême gauche au plus incisif situé à l'extrême droite. Les incisifs se prescrivent à une dose moindre pour donner les mêmes effets thérapeutiques (voir la figure 36.1.).

Les antipsychotiques qui sont une à quatre fois plus puissants que la chlorpromazine sont nommés les antipsychotiques de faible puissance (*low potency*). Un exemple est la thioridazine (dérivé de gauche). Les antipsychotiques qui sont vingt fois et plus plus puissants que la chlorpromazine sont nommés les antipsychotiques de haute puissance (*high potency*). Un exemple est la fluphénazine (dérivé de droite). Le mot « puissance » n'égale pas efficacité mais indique le nombre de milligrammes nécessaire pour provoquer un effet thérapeutique. À une posologie équivalente, les neuroleptiques ont un effet antipsychotique comparable.

La puissance des antipsychotiques est significativement reliée à leur affinité avec les récepteurs

Figure 36.1. CLASSIFICATION ET PROFIL D'ACTIVITÉ CLINIQUE DES PRINCIPAUX NEUROLEPTIQUES[1]

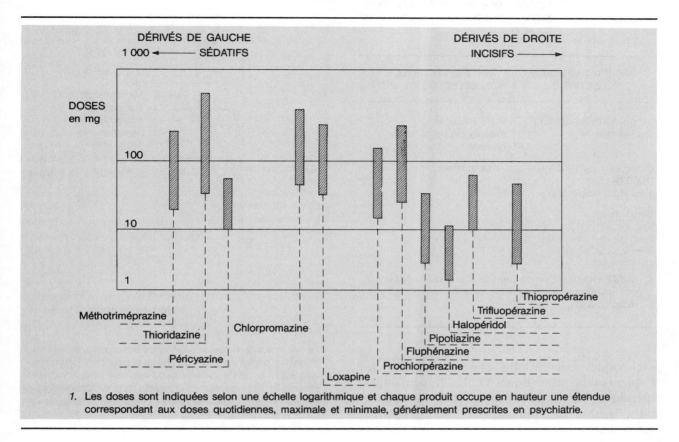

1. Les doses sont indiquées selon une échelle logarithmique et chaque produit occupe en hauteur une étendue correspondant aux doses quotidiennes, maximale et minimale, généralement prescrites en psychiatrie.

SOURCE : LAMBERT (1980, p. 54).

dopaminergiques. Les antipsychotiques se divisent en trois classes selon leur spécificité relative pour les récepteurs dopaminergiques (voir le tableau 36.1.) :

— les antipsychotiques de faible puissance *(low potency)* ou dérivés de gauche ;
— les antipsychotiques de haute puissance (*high potency*) ou dérivés de droite ;
— les antipsychotiques sélectifs pour les récepteurs dopaminergiques D_2.

Les antipsychotiques de faible puissance ne sont pas spécifiques pour les récepteurs dopami-nergiques, aux doses requises pour produire un effet thérapeutique. Ils bloquent également les récepteurs cholinergiques muscariniques, alpha-adrénergiques, H_1-histaminiques, H_2-histaminiques et sérotoninergiques. Les antipsychotiques de haute puissance (dérivés de droite) sont plus spécifiques pour les récepteurs dopaminergiques, aux doses requises. L'utilisation de l'halopéridol a mené à l'apparition de substances plus sélectives pour les récepteurs dopaminergiques D_2 (récepteurs non liés à l'adénylcyclase).

Cette recherche de spécificité a conduit un peu plus tard les chercheurs à synthétiser des anti-

Tableau 36.1. CLASSIFICATION DES ANTIPSYCHO-TIQUES PAR RAPPORT À LEUR SÉLEC-TIVITÉ POUR LES RÉCEPTEURS D_1 et D_2

ANTIPSYCHOTIQUES SÉLECTIFS D_2	ANTIPSYCHOTIQUES NON SÉLECTIFS D_1 et D_2
Butyrophénones (200X)[1] (halopéridol)	Phénothiazines (dérivés de droite et de gauche)
Diphénylbutylpipéridines (1000X)[1] (pimozide, fluspirilène)	Thioxanthènes
Benzamides (aucune affinité connue avec les récepteurs D_1) (rémoxipride, sulpiride)	

1. (200X), (1000X) : Comparaison de la puissance de liaison des antipsychotiques aux récepteurs D_2 par rapport aux récepteurs D_1.

Figure 36.2. VOIES DOPAMINERGIQUES DU CERVEAU

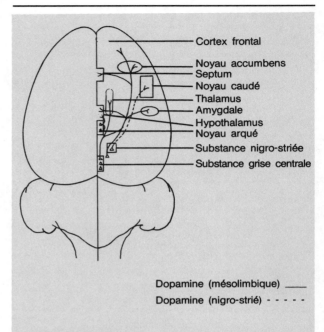

Dopamine (mésolimbique) _____
Dopamine (nigro-strié) - - - - -

Le système mésolimbique provient du cerveau moyen, se lie à différentes parties du système limbique et projette des neurones au cortex frontal. Ce système serait impliqué dans la schizophrénie. Le système nigro-strié projette de la substance nigro-striée aux noyaux caudé et putamen. Ce système est impliqué dans la maladie de PARKINSON et le syndrome parkinsonien induit par certains médicaments.

SOURCE : Figure adaptée, inspirée de UNGERSTEDT (1971) et de LINDVALL et BJORKLUND (1974).

psychotiques encore plus spécifiques pour les récepteurs dopaminergiques D_2, les diphénylbutyl-pipéridines (pimozide et fluspirilène) et les benzamides (sulpiride, rémoxipride) qui bloquent préférentiellement les récepteurs dopaminergiques D_2 (CHOUINARD et ANNABLE, 1982a ; CHOUINARD *et al.*, 1985, 1986b). Ils constituent ainsi un traitement plus spécifique pour la schizophrénie. Les équipes de recherches actuelles essaient de développer des substances encore plus sélectives pour les récepteurs dopaminergiques D_2 et de préférence pour les régions mésolimbiques (voir la figure 36.2.). Pour notre part, nous venons de terminer une étude de la phase II précoce du rémoxipride (un dérivé benzaminique) durant laquelle nous avons observé un effet antipsychotique de cette substance qui est reconnue pour ne pas avoir d'effets sur les récepteurs D_1 (CHOUINARD *et al.*, 1985). Il n'est donc pas nécessaire de bloquer les récepteurs dopaminergiques D_1 pour obtenir une effet thérapeutique.

36.3.
INDICATIONS

Les antipsychotiques sont à l'origine d'effets secondaires dont certains (les dyskinésies tardives) peuvent être irréversibles. Il est donc recommandé d'en limiter l'administration aux indications suivantes en raison des risques qu'ils présentent. Les trois indications primaires de l'emploi des antipsychotiques sont : la schizophrénie, la phase maniaque de la maladie bipolaire et la maladie de GILLES DE LA TOURETTE.

La **schizophrénie** est la principale indication des antipsychotiques. Ils agissent sur les symptômes positifs et négatifs de la pathologie, mais leur effet thérapeutique est plus rapide et plus important sur les symptômes positifs.

Lors de la **phase maniaque de la maladie bipolaire**, les antipsychotiques réduisent l'excitation, l'agitation, le comportement agressif, la grandiosité et les délires. Leur utilisation doit être brève car le risque de dyskinésie tardive est accru chez les patients atteints de cette maladie. Une description plus détaillée du traitement pharmacologique de ces patients est donnée aux chapitres 15 et 38.

Dans la **maladie de GILLES DE LA TOURETTE**, certains antipsychotiques réduisent les tics moteurs et verbaux. L'halopéridol a été le premier traitement reconnu. Le pimozide est cependant mieux toléré par les patients et le risque de dyskinésie tardive serait moindre. La clonidine, la clomipramine et le clonazépam sont des médicaments parfois efficaces.

Les indications secondaires ou non spécifiques sont les phases d'agitation dans la démence et l'agitation dans les psychoses toxiques lorsque les benzodiazépines se sont montrées inefficaces. À faibles doses et pendant une période courte, ils peuvent être associés aux antidépresseurs chez les malades présentant des dépressions résistantes aux médicaments conventionnels, en particulier lors d'hallucinations ou de délires.

Leur emploi est déconseillé dans les cas de névrose et de réactions défavorables aux psychodysleptiques. Il arrive souvent que les malades ayant pris des psychodysleptiques aient en fait ingurgité simultanément des substances anticholinergiques, de sorte que cette réaction indésirable peut être, au moins en partie, due à une psychose atropinique. L'usage d'antipsychotiques dérivés de gauche pourrait dans ces cas exacerber l'état du malade et entraîner une tachycardie ventriculaire éventuellement fatale.

36.4.
ADMINISTRATION

36.4.1. POLYPHARMACIE

La pratique de la polypharmacie est ici fortement déconseillée. Il n'a pas été démontré qu'une association de médicaments soit supérieure à un seul médicament employé adéquatement. Un seul antipsychotique à dose adéquate est plus efficace qu'une combinaison d'antipsychotiques à faibles doses. L'emploi concomitant d'antidépresseurs, d'anxiolytiques et d'hypnotiques est également déconseillé. Ces substances n'augmentent en rien l'effet des antipsychotiques et peuvent interférer avec l'action de ces derniers.

Récemment, lors d'études ouvertes, certains chercheurs ont suggéré l'emploi des benzodiazépines dans le traitement de la schizophrénie. Toutefois, aucune des benzodiazépines, clonazépam inclus, n'a une activité antipsychotique reconnue (KARSON *et al.*, 1982). Même si on les utilise parfois brièvement pendant la phase aiguë en raison de leur effet hypnotique ou anxiolytique, les benzodiazépines sont déconseillées à long terme, surtout chez le malade schizophrène qui présente une tendance à la dépendance à ces médicaments.

La dépression, l'anxiété et l'insomnie que l'on observe chez les malades psychotiques peuvent être corrigées par les antipsychotiques, ces symptômes étant secondaires à leur psychose ou aux effets extrapyramidaux. On doit éviter de confondre les symptômes dépressifs qui peuvent survenir au cours de la maladie schizophrénique avec l'akinésie qui est un effet secondaire des antipsychotiques et avec les symptômes négatifs qui surviennent dans la phase résiduelle de la maladie. Les antidépresseurs tricycliques interfèrent avec l'effet thérapeutique des antipsychotiques au site d'action.

Tableau 36.2.   POSOLOGIE DES PRINCIPAUX ANTIPSYCHOTIQUES ET ÉQUIVALENCE PAR RAPPORT À L'HALOPÉRIDOL

				ÉCARTS DE LA DOSE QUOTIDIENNE TOTALE (mg/die)		
				PHASE AIGUË	DOSE D'ENTRETIEN	ÉQUIVALENCES
Antipsychotiques	Phénothiazines	Aliphatiques	Chlorpromazine (Largactil®)	200-1200 (2000)[2]	50-400	50 : 1 (100)
			Méthotriméprazine (Nozinan®)	25-200 (300)	25-50	50 : 1 (100)
		Pipéridines	Thioridazine (Mellaril®)	200-600 (800)	50-400	50 : 1 (100)
			Mésoridazine (Serentil®)	100-400 (600)	25-200	25 : 1 (50)
		Pipérazines	Fluphénazine (Moditen®)	10-80 (120)	2-10	1 : 1 (2)
			Trifluopérazine (Stelazine®)	10-60 (80)	2-10	2,5 : 1 (5)
			Perphénazine (Trilafon®)	8-64 (64)	8-24	5 : 1 (10)
			Thiopropérazine (Majeptil®)	5-60 (100)	2-40	1 : 1 (2)
	Butyrophénone		Halopéridol (Haldol®)	10-40 (80)	2-40	1 : 1 (2)
	Thioxanthènes		Chlorprothixène (Tarasan®)	200-800 (1200)	50-400	50 : 1 (100)
			Thiothixène (Navane®)	10-60 (80)	2-10	2 : 1 (4)
			Flupenthixol (Fluanxol®)	6-30 (40)	3-12	1 : 1 (2)
	Dibenzoxazépine		Loxapine (Loxapac®)	40-140 (160)	15-60	7,5 : 1 (15)
Antipsychotiques retards injectables	Énanthate de fluphénazine (Moditen® i.m.)			25-100 (200)	2,5-200/2 sem	25 i.m. : 10
	Décanoate de fluphénazine (Modecate® i.m.)			25-100 (150)	2,5-150/2-4 sem	25 i.m. : 10
	Palmitate de pipotiazine (Piportil® L4)			25-400 (400)	12,5-400/4 sem	25 i.m. : 2,5
	Décanoate d'halopéridol (Haldol® LA)			75-300 (600)	15-900/2-4 sem	25 i.m. : 5
	Décanoate de flupenthixol (Fluanxol® Dépôt)			20- 60 (80)	20-80/2-4 sem	40 i.m. : 10
Antipsychotiques atypiques	Diphénylbutylpipéridines		Pimozide (Orap®)	10-20 (30)	2-20	2 : 1
			Fluspirilène (Imap® i.m.)	6-60 (120)	2-60/1 sem	1 : 1
	Benzamides[3]		Sulpiride			
			Rémoxipride			7 : 1

1. Équivalence signifie, par exemple, que 1 mg d'Haldol® a le même effet antipsychotique que 50 mg de Largactil®, ou encore que 2 mg d'Haldol® équivalent à 100 mg de Largactil® selon les équivalences entre parenthèses. Par ailleurs, pour les injectables on constate, par exemple, que l'emploi de Moditen® 25 mg/2 semaines équivaut à une prise quotidienne de 10 mg d'Haldol® per os.
2. Dans le traitement de la phase aiguë, la dose inscrite entre parenthèses est une dose maximale qui ne doit être employée que dans les cas de non-réponse aux doses habituelles.
3. Les benzamides ne sont pas offerts sur le marché au Canada.

36.4.2. CHOIX DU MÉDICAMENT

Le tableau 36.2. présente la posologie des différents antipsychotiques et leur équivalence par rapport à l'halopéridol. Les antipsychotiques sont efficaces pour contrôler les symptômes psychotiques de la schizophrénie ; leur puissance antipsychotique est significativement reliée à leur affinité avec les récepteurs dopaminergiques D_2. Le choix de l'antipsychotique peut se faire en fonction de cette affinité.

Les antipsychotiques de faible puissance (dérivés de gauche) sont maintenant peu utilisés pour les raisons suivantes :

1) ils causent de l'hypotension orthostatique lors du traitement en phase aiguë ;

2) ils provoquent des effets atropiniques sévères ;

3) certains (par exemple la thioridazine) peuvent causer des arythmies cardiaques fatales en cas de surdosage ;

4) enfin, la raison la plus importante est la difficulté d'arriver à la dose thérapeutique minimale en traitement prolongé ; des phénomènes de rebond multiples se produisent lors du retrait ou de la réduction de l'antipsychotique, d'où la difficulté d'arrêter le traitement et, partant, la prolongation inutile du traitement à une dose plus élevée que nécessaire.

Dans notre clinique de suivi à long terme, nous avons observé que l'utilisation des phénothiazines (bloqueurs non spécifiques des récepteurs D_1 et D_2) semble induire une plus grande incidence de maladies de supersensibilité (dyskinésie tardive et psychose de supersensibilité). Quant aux antipsychotiques puissants tels que l'halopéridol ou la fluphénazine, ils comportent un risque de réaction parkinsonienne avec laryngospasme ou d'hyperthermie fatale (ce qui peut être facilement prévenu par l'administration d'un antiparkinsonien). À noter que le Mellaril®, à cause de sa toxicité, et le Nozinan®, parce qu'il n'a jamais été démontré supérieur au placebo, ne sont plus recommandés en phase aiguë.

Selon notre opinion, le décanoate d'halopéridol administré de façon intramusculaire toutes les deux ou quatre semaines constitue à ce jour le traitement antipsychotique de premier choix. Les diphénylbutylpipéridines présentent également certains avantages : le pimozide peut être administré une fois par jour, le matin, par voie orale (chez certains malades deux ou trois fois par semaine) et le fluspirilène une fois par semaine par voie intramusculaire. Avant de prescrire du pimozide, on verra à faire passer au patient un électrocardiogramme : si l'intervalle QT est plus grand que 0,52 seconde, le pimozide est à éviter ; si l'intervalle est normal mais s'allonge de plus de 25 % lors d'un traitement au pimozide, la posologie du pimozide doit être diminuée. Si le pimozide est associé au lithium, la dose maximale est alors de 10 mg. On ne doit pas l'administrer avec des bêta-bloqueurs et il faut l'utiliser avec prudence lorsqu'il est concomitant d'un antidépresseur.

36.4.3. RÉGIME

Un régime t.i.d. ou même q.i.d. peut être nécessaire durant le traitement de la phase aiguë de la maladie. Il est cependant recommandé d'adopter le régime q.d. ou b.i.d. aussitôt que la stabilisation est atteinte après quelques semaines. L'action des antipsychotiques est suffisamment prolongée pour permettre une telle pratique.

L'halopéridol et le pimozide doivent être parfois administrés en une dose unique le matin car ils peuvent provoquer de l'akathisie et conséquemment de l'insomnie ; mais l'akathisie est tout aussi inconfortable le jour et, si on ne réussit pas à la contrôler par l'ajustement du dosage d'antipsychotique ou d'antiparkinsonien, il faut changer d'antipsychotique.

36.4.4. TRAITEMENT DE LA PHASE AIGUË DE LA SCHIZOPHRÉNIE*

Le dosage doit parfois être augmenté durant la phase aiguë jusqu'à l'obtention d'une amélioration clinique ou jusqu'à la manifestation d'effets secondaires. Le sous-dosage et le surdosage sont déconseillés à ce stade de la maladie. La tendance actuelle est d'utiliser l'halopéridol intramusculaire ou oral sous forme liquide à cause de ses avantages pharmacologiques (plus grande spécificité pour les

---

* Voir aussi le chapitre 13, section 13.16.1.

récepteurs D_2) sur les autres antipsychotiques de haute puissance. L'halopéridol liquide est insipide, incolore et n'est pas dilué dans l'alcool. Nous suggérons le processus suivant en phase aiguë :

1) Le médicament devrait être administré oralement sous forme liquide pendant au moins les deux premières semaines pour qu'on s'assure de la prise du médicament par le malade (la non-prise des médicaments en comprimés est fréquente à ce stade de la maladie). En clinique externe, nous recommandons l'emploi du décanoate d'halopéridol à cause de la non-prise des médicaments par la majorité des malades en période d'entretien à long terme.

2) L'halopéridol p.o. liquide, à raison de 5-15 mg q.i.d., pendant 10-14 jours, atténuera habituellement les symptômes psychotiques aigus ; une faible réponse est souvent reliée à un délai d'absorption ou au fait que le patient ne prend pas son médicament.

3) Si ces doses sont insuffisantes, on peut ajouter, en PRN, 5-10 mg i.m. ou 5-10 mg p.o. d'halopéridol liquide toutes les 4 heures, accompagné de 5 mg de procyclidine en comprimé ou liquide. Si ces doses PRN d'halopéridol ne sont pas suffisantes pour contrôler le malade, nous recommandons de donner 2 mg de clonazépam puis, 30 minutes plus tard, le PRN d'halopéridol comme mentionné. Répéter ce processus toutes les 4 heures si nécessaire (le clonazépam permet d'éviter l'utilisation de hautes doses d'halopéridol).

4) La médication intramusculaire doit être employée pour les situations d'urgence. Le médicament est habituellement administré dans le muscle grand fessier, quadrant supéro-externe. L'administration dans le muscle deltoïde peut être préférable à cause de son absorption plus rapide (toutefois cette administration devrait être limitée à des cas d'exception).

5) La procyclidine (Kemadrin®), une médication anticholinergique antiparkinsonienne, devrait être administrée initialement et régulièrement,

à raison de 5-10 mg q.i.d., pour prévenir les réactions parkinsoniennes.

6) Si une médication antiparkinsonienne est requise par injection intramusculaire, 50 mg de diphénhydramine (Benadryl®) peuvent être administrés. La diphénhydramine présente une demi-vie plus courte et un risque moindre de toxicité centrale anticholinergique que la benztropine.

7) Il n'est plus recommandé de donner des doses élevées d'antipsychotiques (neuroleptisation rapide), parce qu'elles conduisent à une tolérance du médicament et à une ascension excessive des doses.

36.4.5. TRAITEMENT D'ENTRETIEN

Comme antipsychotique pour le traitement à long terme, nous recommandons l'halopéridol (décanoate d'halopéridol), les diphénylbutylpipéridines (pimozide et fluspirilène) ou les benzamides (sulpiride, rémoxipride). L'halopéridol a peu d'effets sur les récepteurs dopaminergiques D_1 et sur les récepteurs non dopaminergiques ; les diphénylbutylpipéridines ont également peu d'effets sur les récepteurs dopaminergiques présynaptiques, ce qui atténue la supersensibilité des récepteurs dopaminergiques postsynaptiques. Ces derniers semblent convenir aux patients ayant un bon pronostic même s'ils semblent moins efficaces lors d'un traitement en phase aiguë, surtout chez les patients de sexe masculin très agités.

Le choix entre la médication orale ou la médication intramusculaire dépend principalement de la fidélité du patient à suivre son traitement. Pour passer de la médication orale à la médication intramusculaire, on se basera d'abord sur les équivalences : 5 mg par jour d'halopéridol oral équivalent à 100 mg i.m. de décanoate d'halopéridol donné toutes les 4 semaines (donc on multiplie la dose orale par 20 pour obtenir une dose toutes les 4 semaines). Si l'injection est donnée toutes les 2 semaines, la dose sera divisée par 2, donc 50 mg à la fois. Si le malade est traité à l'énanthate de fluphénazine (Moditen®) ou au décanoate de fluphénazine (Modecate®), la dose doit être multipliée par 2 pour obtenir l'équivalence en décanoate d'halopéridol et l'intervalle peut demeurer le même. Après 5-6 mois de traitement, la dose d'antipsychotique injectable peut être diminuée comme nous le décrirons ultérieurement.

Dans une étude menée aux États-Unis, on a démontré que 80 % des malades traités au placebo rechutaient à l'intérieur d'une période de deux ans lorsque leur médication avait été interrompue à leur sortie de l'hôpital et que la proportion n'était plus que de 48 % pour les malades qui continuaient de recevoir une médication antipsychotique (HOGARTY et GOLDBERG, 1974). Nous avons également observé que certains malades développaient une tolérance à l'action antipsychotique, plus particulièrement lorsqu'ils étaient traités à partir de fortes doses (CHOUINARD *et al.*, 1978b, 1978c, 1980a). Une révision périodique de la médication s'impose car le processus schizophrénique est dynamique et les besoins du malade sont par conséquent sujets à variations. Le médecin doit s'efforcer continuellement de trouver la dose thérapeutique *minimale* pour chaque patient. En effet, un patient peut bénéficier d'une période de rémission pendant quelques années ou peut être placé dans une situation de vie lui causant moins de stress qu'auparavant, de sorte que le maintien d'une dose thérapeutique d'entretien trop élevée ne fera qu'accroître son inconfort quant aux effets secondaires et, ce qui est plus grave, augmentera ses risques d'être atteint de dyskinésie tardive. Ce syndrome que nous décrirons plus loin est parfois irréversible ; pour éviter son apparition, on peut diminuer de 10 à 20 % la dose tous les trois mois, tout en surveillant la résurgence des symptômes psychotiques.

De la même façon, un suivi régulier pourra amener le médecin à augmenter la médication pour un certain temps, par exemple lorsque le patient subit un stress spécial (nouvel emploi, pressions familiales ou sociales), puis à ramener graduellement la médication aux doses antérieures si l'ajustement du patient est bon. Il n'est cependant pas impossible, à cause de la tolérance à l'effet antipsychotique, qu'un malade requière, pour une période échelonnée en mois ou en années, des doses progressivement plus élevées. Pour éviter le plus possible ce phénomène, on essaiera de maintenir la dose d'entretien (en administrant plutôt des doses en PRN deux fois par semaine) et, si nécessaire, on aura recours aux diphénylbutylpipéridines (pimozide ou fluspirilène) ou aux benzamides.

36.4.6. MÉCANISME D'ACTION

Il est généralement accepté que l'effet thérapeutique des antipsychotiques dans la schizophrénie soit en relation avec leur action bloquante sur les récepteurs dopaminergiques D_2 post-synaptiques, possiblement dans les régions mésolimbiques (voir la figure 36.3.). Certains auteurs ont d'abord suggéré qu'il pouvait s'agir d'une inhibition de l'activation, par la dopamine, de l'adénylcyclase sur les récepteurs dopaminergiques D_1. Cependant, comme les butyrophénones, et plus particulièrement l'halopéridol, produisent peu d'effets sur l'adénylcyclase, on a cherché une autre preuve de la relation entre l'effet thérapeutique des antipsychotiques et leur activité bloquante dopaminergique.

Par la suite, SNYDER *et al.* (1975) ont rapporté une corrélation hautement significative entre l'effet thérapeutique du spiropéridol (en mg) et sa capacité à se lier aux sites récepteurs dopaminergiques D_2, corrélation mesurée par la méthode des radiorécepteurs. La tendance actuelle est de développer des bloqueurs spécifiques pour les récepteurs D_2. Nous avons récemment rapporté que l'un de ces bloqueurs, le rémoxipride*, avait une activité à la fois antischizophrénique et antimaniaque.

---

* Non offert sur le marché au Canada en 1988.

Figure 36.3.   MÉCANISME D'ACTION DES ANTIPSYCHOTIQUES

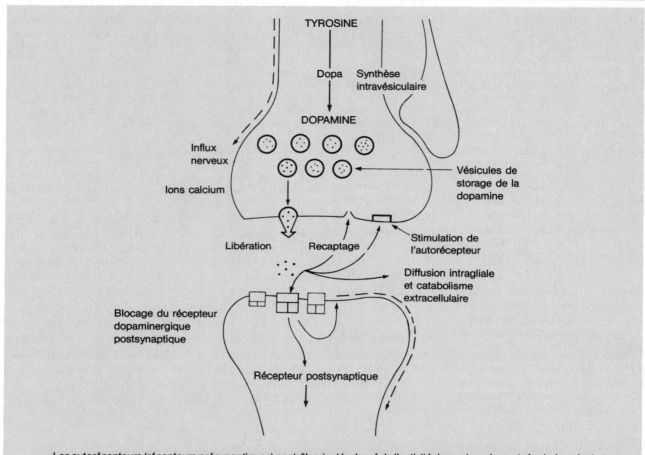

Les autorécepteurs (récepteurs présynaptiques) contrôleraient le degré de l'activité dopaminergique et régulariseraient la libération présynaptique de la dopamine pour maintenir une homéostasie. Le blocage des récepteurs dopaminergiques postsynaptiques dans la région mésolimbique améliore les symptômes schizophréniques et le blocage au niveau striatal produit des réactions extrapyramidales.

36.5.
EFFETS SECONDAIRES

36.5.1. EFFETS EXTRAPYRAMIDAUX

Comme les antipsychotiques affectent les faisceaux dopaminergiques du système nerveux central, les effets secondaires majeurs seront reliés au système extrapyramidal. L'akathisie et l'akinésie donnent parfois une image clinique semblable soit à l'agitation soit à l'apathie schizophrénique, créant ainsi des difficultés de diagnostic différentiel. Les symptômes extrapyramidaux induits par les antipsychotiques sont différents du syndrome de PARKINSON idiopathique ; généralement, ils ne sont pas progressifs et sont réversibles sauf pour ce qui est de la dyskinésie tardive. De plus, ils montrent une plus grande variabilité dans leurs présentations cliniques.

Les syndromes extrapyramidaux induits par les antipsychotiques sont divisés en trois catégories : parkinsonisme, dystonie et mouvements dyskinétiques choréo-athétosiques. Le parkinsonisme et la dystonie se manifestent tôt après le début du traitement aux antipsychotiques, alors que les mouvements dyskinétiques choréo-athétosiques (dyskinésie tardive) apparaissent en général plus tardivement. On estime que 80 % des patients traités avec des antipsychotiques de haute puissance présentent au moins un symptôme parkinsonien significatif et que 60 à 70 % nécessitent une médication antiparkinsonienne même durant le traitement d'entretien. Ces données contrastent avec les résultats des études menées dans les années 1960, qui suggéraient la non-nécessité d'une médication antiparkinsonienne d'entretien. Ces études incluaient un nombre significatif de patients traités avec des antipsychotiques de faible puissance à activité anticholinergique et des malades qui ne prenaient pas leur médicament.

PARKINSONISME

On doit d'abord établir le diagnostic différentiel entre les symptômes parkinsoniens reliés aux antipsychotiques et les symptômes schizophréniques.

Akinésie versus dépression, retrait émotionnel ou affect émoussé

L'akinésie est un symptôme difficile à distinguer de la schizophrénie résiduelle avec retrait émotionnel et affect émoussé, d'une dépression ou d'un état de démoralisation. L'examen neurologique extrapyramidal (section 36.5.2.) est essentiel pour poser un diagnostic. Dans les cas de doute, un diagnostic pharmacologique peut être nécessaire : l'augmentation de la dose des antipsychotiques exacerbe les symptômes parkinsoniens et améliore les symptômes schizophréniques ; par ailleurs, l'augmentation de la dose des antiparkinsoniens et la diminution de la dose de neuroleptiques améliorent les symptômes akinésiques.

L'akinésie, ou bradykinésie, peut être définie comme un ralentissement des mouvements qui entraîne une diminution de la spontanéité des gestes et du débit verbal, qui cause de l'apathie et de la difficulté à amorcer des mouvements et à s'adonner aux activités habituelles. L'akinésie est généralement plus accentuée le matin et moins marquée durant le jour ; elle répond relativement bien aux médicaments antiparkinsoniens anticholinergiques. Les formes les plus sévères d'akinésie s'observent au début d'un traitement aux antipsychotiques ou chez les malades non traités avec des antiparkinsoniens.

On constate assez fréquemment une augmentation du tonus musculaire secondaire à la prise d'antipsychotique. Cette rigidité peut toucher les quatre membres, mais la sévérité peut varier entre les côtés gauche et droit ou entre les bras et les jambes. Comme dans la maladie de PARKINSON, les articulations proximales sont plus affectées que les articulations distales. On note souvent une diminution des mouvements pendulaires des bras qui persiste durant les traitements à long terme aux antipsychotiques et qui paraît s'accentuer avec l'âge. Les formes les plus sévères d'anomalies de la démarche et de la posture atteignent les patients qui ne reçoivent pas d'antiparkinsonien. On croit que la sialorrhée serait due en grande partie à une diminution du réflexe de déglutition chez le patient, à cause de la bradykinésie ou encore de la rigidité de la musculature de la mâchoire (la quantité absolue de salive n'étant pas augmentée).

Ces différents symptômes peuvent généralement être enrayés ou réduits soit par l'interruption soit par la diminution de la médication antipsychotique ou encore par l'administration d'un antiparkinsonien qui, tout en soulageant les effets secondaires, permet de maintenir le dosage de l'antipsychotique au niveau souhaité. Comme les symptômes parkinsoniens peuvent être facilement confondus avec les symptômes schizophréniques dits négatifs, il est important de les prévenir.

Akinésie versus catatonie

L'akinésie sévère peut quelquefois donner une image clinique semblable à la catatonie avec flexibilité cireuse. Dans ce cas, l'akinésie peut être sans rigidité. Le diagnostic différentiel est posé à la suite de l'administration d'un médicament antiparkinsonien anticholinergique qui amènera un soulagement rapide des symptômes akinétiques.

Akathisie versus agitation et insomnie

L'akathisie (*restless legs* ou bougeotte) est un symptôme extrapyramidal relativement rare dans le parkinsonisme idiopathique mais fréquent dans le parkinsonisme induit par les antipsychotiques. Ce syndrome cause une détresse sévère chez le patient, le conduisant parfois à des gestes erratiques, même suicidaires. Dans sa forme plus légère, le patient est nerveux, impatient, inconfortable et ressent le besoin de bouger ou de changer de position (balancer les jambes, taper du pied, piétiner). Dans sa forme la plus sévère, le patient bouge au moins une extrémité presque constamment, est incapable de demeurer assis et est forcé de bouger presque tout le temps.

L'akathisie peut ressembler à une augmentation de l'agitation psychotique parfois accompagnée d'agressivité, mais elle répond aux médicaments antiparkinsoniens et est aggravée par les antipsychotiques. L'akathisie peut aussi se manifester comme de l'insomnie, le patient étant incapable de rester au lit pendant une période prolongée. Il existe également une forme tardive d'akathisie qui apparaît après plusieurs années de traitement et qui est souvent associée à la dyskinésie tardive tronculaire.

Tremblements

Au début d'un traitement aux antipsychotiques, on décèle habituellement un tremblement de haute fréquence (10-12 cycles/seconde) et de petite amplitude, qui apparaît lorsque les bras sont étendus ou lors du test de la copie de la spirale. Plus tard, ces tremblements peuvent progresser jusqu'à une plus grande amplitude, c'est-à-dire jusqu'aux tremblements parkinsoniens classiques (4-5 cycles/seconde).

Le tremblement peut commencer dans un membre avant de se généraliser et peut être augmenté par l'anxiété du patient. Le tremblement classique (*pill-rolling*) apparaît en général tardivement, soit après deux ans de traitement, et se manifeste lors du repos ou de la marche.

DYSTONIE AIGUË ET TARDIVE

Les mouvements dystoniques apparaissent et disparaissent spontanément et ont une durée allant de quelques minutes à plusieurs heures. Ils consistent en des contractions soutenues et anormales de groupes de muscles, en des positions bizarres et en des expressions faciales étranges (trismus, torticolis, crise oculogyre, opisthotonos). Le début est soudain ou progressif et cause souvent un handicap majeur aux patients. La dystonie aiguë demande un traitement immédiat et se voit rarement durant un examen de routine. La seule exception est la crise oculogyre (réaction dystonique des muscles extraoculaires, fixant les yeux dans une attitude déterminée, le plus souvent le regard tourné vers le haut) qui peut être précipitée par le stress de l'entrevue.

La dystonie chronique ou tardive consiste en une position anormale des mains, des bras, des pieds ou du tronc qui se produit habituellement après quelques années de traitement aux antipsychotiques. Dans sa forme légère, la position anormale est de courte durée, d'amplitude légère et ne handicape pas le patient. Les mouvements dystoniques peuvent être facilement confondus avec un maniérisme. La dystonie d'apparition tardive apparaît comme un stade réversible et intermédiaire entre le parkinsonisme et la dyskinésie tardive. Dans sa forme sévère, la dystonie tardive accompagne souvent les formes très sévères de dyskinésie tardive ; on pourra alors observer une alternance entre un mouvement dyskinétique et dystonique de la langue.

DYSKINÉSIE TARDIVE

La dyskinésie tardive est un syndrome neurologique hyperkinétique potentiellement irréversible, de nature extrapyramidale. Sa neuropharmacologie est à l'opposé de celle du parkinsonisme et de la dystonie : les médicaments qui soulagent les symptômes parkinsoniens exacerbent ou découvrent la dyskinésie masquée par l'antipsychotique. Elle se caractérise par des mouvements involontaires, répétitifs et sans but, qui varient de lieu et de forme et qui touchent le plus souvent la bouche, les lèvres, la langue et la mâchoire (dyskinésie bucco-linguomasticatoire), de même que par des mouvements choréo-athétosiques du cou, du tronc ou des membres. Ces mouvements diminuent pendant le sommeil ou lorsque le patient est somnolent. Les patients sont souvent inconscients de ces mouvements dyskinétiques pourtant très visibles pour l'observateur.

Comme les tremblements et l'akathisie, la dyskinésie tardive est un syndrome hyperkinétique répétitif mais, contrairement aux tremblements, non rythmique. Comme tout autre trouble hyperkinétique de ce genre, les mouvements dyskinétiques sont habituellement augmentés par la tension émotionnelle ou par les mouvements volontaires d'autres groupes musculaires. Toute méthode qui utilise ces deux caractéristiques, comme le test du dessin de la spirale, est très utile pour mettre en évidence la dyskinésie. Cependant, les deux meilleures méthodes de mise en évidence de la dyskinésie sont pharmacologiques : la prise de médicaments antiparkinsoniens anticholinergiques et la diminution des antipsychotiques.

Il y a trois types de dyskinésie : manifeste (*overt*), couverte ou masquée (*covert*) et de retrait (*withdrawal*), qui sont décrits au tableau 36.3. (GARDOS *et al.*, 1978). La **dyskinésie couverte ou masquée** demeure camouflée sous traitement antipsychotique ; elle se distingue cliniquement de la **dyskinésie manifeste** où l'on observe des mouvements anormaux même en présence d'antipsychotiques. Elle n'est pas décelable pendant le traitement, apparaît lors d'une réduction de la dose ou d'un arrêt du traitement aux antipsychotiques ; elle ne disparaît pas spontanément et peut, en fait, devenir permanente. La **dyskinésie de retrait** apparaît dans les mêmes circonstances mais elle disparaît spontanément en six à douze semaines. Des symptômes de retrait peuvent survenir fréquemment lorsqu'il y a arrêt brusque des médicaments antipsychotiques. En plus de différents symptômes somatiques (nausées, vomissements, crampes abdominales, diarrhée, insomnie), des symptômes dyskinétiques peuvent émerger au moment même du retrait.

La pathophysiologie de ces trois types cliniques de dyskinésie, tardive proprement dite ou manifeste, couverte et de retrait, consisterait en une supersensibilité des récepteurs dopaminergiques dans les ganglions de la base, consécutive à une adaptation progressive de ces récepteurs aux médicaments antipsychotiques qui les bloquent. Cette supersensibilité est d'autant plus évidente lorsqu'on diminue ou cesse les antipsychotiques. Dans les cas de la dyskinésie de retrait, la supersensibilité serait réversible.

On croit que les différentes formes de dyskinésie s'étendent sur un continuum à partir des cas légers complètement réversibles jusqu'à la dyskinésie tardive irréversible. La dyskinésie couverte se situerait au milieu de ce continuum. Cette dernière forme, même si elle est facile à distinguer de la dyskinésie de retrait, présente un grand intérêt sur le plan de la prévention. Elle pourrait prévenir la dyskinésie tardive proprement dite ou manifeste. Cette situation suggère alors, lorsque c'est possible, une réduction de la dose des antipsychotiques et une

Tableau 36.3.   TYPES DE DYSKINÉSIE SECONDAIRE À LA PRISE D'ANTIPSYCHOTIQUES

TYPE	DÉBUT	TEST AUX ANTI-PARKINSONIENS	ÉVOLUTION	TRAITEMENT
Dyskinésie manifeste ou tardive proprement dite (overt)	Pendant le traitement, de 1 mois à 2 ans après le début des antipsychotiques	Aggravée par les antiparkinsoniens	Irréversible dans la plupart des cas. Plus marquée en l'absence d'antipsychotiques	Maintien ou augmentation des antipsychotiques si handicap sérieux pour le malade
Dyskinésie masquée (covert)	Six (6) premières semaines du sevrage ou lors de la diminution des antipsychotiques	Mise à découvert par les antiparkinsoniens ou par diminution ou sevrage des antipsychotiques	Amélioration partielle	Aucun, dose thérapeutique minimale d'antipsychotiques
Dyskinésie de retrait (withdrawal)	Six (6) premières semaines (souvent la première du sevrage aux antipsychotiques)	Mise à découvert par diminution des antipsychotiques. Inchangée par les antiparkinsoniens	Rémission totale	Aucun, arrêt ou diminution des antipsychotiques si possible

plus grande vigilance en ce qui a trait aux premiers signes de la dyskinésie manifeste.

Nous avons constaté, dans une étude récente, que la dyskinésie apparaissait chez au moins 40 % des schizophrènes traités aux antipsychotiques (CHOUINARD *et al.*, 1986a) et que son incidence avait doublé sur une période de cinq ans. Nous avions précédemment observé que son incidence était supérieure chez les sujets âgés. Les antiparkinsoniens anticholinergiques se sont révélés inefficaces pour réduire les mouvements dyskinétiques. On peut cependant les utiliser pour faire apparaître ces mouvements lorsqu'ils sont sous-jacents (et ainsi éviter possiblement qu'ils ne deviennent irréversibles), et comme test pour découvrir la forme masquée de la dyskinésie ou encore la partie masquée de la dyskinésie manifeste. Les mouvements dyskinétiques peuvent être réversibles chez certains patients à condition qu'on cesse le traitement aux antipsychotiques. Lorsque la vie du malade est

menacée, dans les cas de dyskinésies de l'œsophage ou du diaphragme par exemple, on doit alors éviter les doses élevées de médicaments antiparkinsoniens anticholinergiques (la dose de procyclidine devrait être de 2,5 mg b.i.d. ou q.i.d.) et remplacer la médication antipsychotique par de l'halopéridol administré q.i.d.

En général, on peut dire que la dyskinésie tend à devenir irréversible après l'âge de 40 ans et peut être mortelle après l'âge de 60 ans s'il y a arrêt brusque des antipsychotiques chez des malades atteints de dyskinésie respiratoire ou de déglutition. Dans une étude prospective de cinq ans portant sur l'évaluation des facteurs reliés à l'apparition de nouveaux cas de dyskinésie, nous avons constaté que la sévérité et l'augmentation du parkinsonisme étaient les facteurs les plus significatifs pour prédire l'apparition de nouveaux cas de dyskinésie (CHOUINARD *et al.*, 1986a).

Pour une évaluation systématique des réactions extrapyramidales, on peut se servir de l'Échelle

d'évaluation des symptômes extrapyramidaux de
CHOUINARD et ROSS-CHOUINARD (1979b, 1980b, 1984)
(voir le tableau 36.4.).

EXAMEN EXTRAPYRAMIDAL

Un examen neurologique standard des symptômes extrapyramidaux est recommandé à chaque
visite. D'abord le médecin remplit un questionnaire
sur le parkinsonisme et la dystonie, qui inclut une
évaluation des symptômes rapportés par le
malade.

L'examen neurologique suivant est recommandé :

1) On demande d'abord au patient d'enlever tout
   ce qu'il peut avoir dans la bouche (par exemple
   de la gomme à mâcher), excepté les pro-
   thèses dentaires.

2) On observe l'expression faciale, le discours et
   l'attitude générale du patient pendant l'entrevue
   (recherche de mouvements expressifs automatiques, akathisie, sialorrhée, dystonie aiguë et
   dyskinésie spontanée).

3) On demande au patient d'étendre les bras en
   face de lui en pronation, les yeux fermés (recherche de tremblements).

4) On demande au patient de tourner alternativement les mains en pronation et en supination
   aussi rapidement que possible et d'effectuer
   également des mouvements rapides alternés des
   deux poignets (recherche de bradykinésie, de
   dyskinésie oro-faciale).

5) On demande au patient de dessiner une spirale
   avec chaque main et de signer son nom. Si
   nécessaire, on peut lui demander d'écrire la
   date de son anniversaire (recherche de tremblements, de dyskinésie oro-faciale et des membres
   inférieurs).

6) On procède à l'examen du tonus musculaire
   des extrémités supérieures et inférieures (recherche de rigidité).

7) On demande au patient de marcher normalement sur une distance de quatre à cinq mètres
   et de revenir (démarche et posture, dystonie
   chronique, dyskinésie des membres supérieurs).

8) On demande au patient de se tenir debout les
   yeux ouverts. On tape légèrement sur chaque
   épaule, le dos et la poitrine en demandant au
   malade de garder son équilibre. Cet examen est
   optionnel en cas de parkinsonisme induit par
   des médicaments, mais obligatoire en cas de
   parkinsonisme idiopathique. Chez les malades
   âgés, il importe qu'on évalue le réflexe de
   posture.

36.5.2. EFFETS SUR LE SYSTÈME NERVEUX AUTONOME

Les principaux effets secondaires sur le système nerveux autonome sont : la tachycardie, la
congestion nasale, la constipation, la sécheresse de
la bouche, les troubles d'accommodation visuelle,
la rétention urinaire et la psychose toxique atropinique. Ces effets sont dus à l'action anticholinergique des antipsychotiques. Grâce à l'emploi
d'antipsychotiques spécifiques aux récepteurs
dopaminergiques, ces effets secondaires peuvent
être de beaucoup diminués.

36.5.3. RÉACTIONS SUR LE MÉTABOLISME ET LE SYSTÈME ENDOCRINIEN

L'action des antipsychotiques sur le métabolisme et le système endocrinien peut se manifester
par un gain de poids, des irrégularités du cycle
menstruel, de l'aménorrhée, de la glucosurie, de la
galactorrhée, de l'impuissance, une diminution de
la libido et une perturbation de la régulation de la
température du corps. Elle peut également faire
apparaître les symptômes d'un diabète mellitus
latent ou l'aggraver. Une analyse d'urine et une glycémie doivent être faites tous les ans.

Tableau 36.4.   ÉCHELLE DES SYMPTÔMES EXTRAPYRAMIDAUX

I. SYMPTÔMES PARKINSONIENS ET DYSTONIQUES : QUESTIONNAIRE ET ÉCHELLE DU COMPORTEMENT

Évaluation des symptômes rapportés par le malade	Absent	Léger	Modéré	Sévère
1) *Lenteur ou faiblesse, difficulté à exécuter les tâches routinières*	0	1	2	3
2) *Difficulté à marcher ou équilibre incertain*	0	1	2	3
3) *Difficulté à avaler ou à parler*	0	1	2	3
4) *Raideur, posture rigide*	0	1	2	3
5) *Crampes ou douleurs dans les membres, le dos ou le cou*	0	1	2	3
6) *Besoin de bouger continuellement, nervosité, incapacité de rester immobile*	0	1	2	3
7) *Tremblements*	0	1	2	3
8) *Crises oculogyres ou réactions dystoniques*	0	1	2	3
9) *Sialorrhée*	0	1	2	3
10) *Mouvements involontaires anormaux (dyskinésie) des extrémités ou du tronc*	0	1	2	3
11) *Mouvements involontaires anormaux (dyskinésie) de la langue, de la mâchoire, des lèvres ou de la figure*	0	1	2	3
12) *Étourdissements en se levant (surtout le matin)*	0	1	2	3

II. SYMPTÔMES PARKINSONIENS : EXAMEN DU MÉDECIN

1) *Mouvements expressifs automatiques* (masque facial, élocution)	0 : normaux 1 : très légère diminution de l'expression faciale 2 : légère diminution de l'expression faciale 3 : rare sourire spontané, voix légèrement monotone, diminution du clignement des yeux 4 : absence de sourire spontané, fixité du regard, faiblesse et monotonie de l'élocution, bredouillement 5 : masque facial marqué, incapacité de froncer les sourcils, marmonnement 6 : masque facial extrêmement sévère accompagné d'une élocution inintelligible
2) *Bradykinésie*	0 : mouvements normaux 1 : impression générale de lenteur des mouvements 2 : lenteur certaine des mouvements 3 : légère difficulté à amorcer un mouvement 4 : difficulté modérée à amorcer un mouvement 5 : difficulté à amorcer ou à interrompre quelque mouvement que ce soit ou à poser une geste volontaire 6 : rares mouvements volontaires, immobilité presque complète

Tableau 36.4. **(SUITE DE LA SECTION II)**

3) *Rigidité*	0 : tonus musculaire normal
	1 : à peine perceptible, très légère
bras droit _____	2 : légère (certaine résistance au mouvement passif)
bras gauche _____	3 : modérée (résistance clairement présente au mouvement passif)
jambe droite _____	4 : modérément sévère (résistance modérée mais certaine facilité à bouger le membre)
jambe gauche _____	5 : sévère (résistance marquée avec difficulté à bouger le membre)
	6 : très sévère (presque figé)

4) *Démarche et posture*	0 : normales
	1 : légère diminution des mouvements pendulaires des bras
	2 : diminution modérée des mouvements pendulaires des bras, anormaux
	3 : absence des mouvements pendulaires des bras, tête fléchie, démarche encore plus ou moins normale
	4 : posture rigide (cou, dos), démarche à petits pas
	5 : difficulté plus marquée, grande difficulté à tourner
	6 : triple flexion, à peine capable de marcher

5) *Tremblement*

bras droit _____	tête _____
bras gauche _____	menton/mâchoire _____
jambe droite _____	langue _____
jambe gauche _____	lèvres _____

		occasionnel	fréquent	presque continuel
absent	: 0			
douteux	: 1			
petite amplitude	:	2	3	4
amplitude modérée	:	3	4	5
grande amplitude	:	4	5	6

6) *Akathisie*	0 : absente
	1 : agitation, nervosité, impatience, inconfort
	2 : besoin de bouger au moins un des membres
	3 : besoin de bouger un membre souvent ou de changer de position
	4 : besoin presque continuel de bouger un membre si assis ou de piétiner si debout
	5 : incapacité de rester assis plus que quelques instants
	6 : mouvement ou marche continuels

7) *Sialorrhée*	0 : absente
	1 : très légère
	2 : légère
	3 : modérée (altère l'élocution)
	4 : modérément sévère
	5 : sévère
	6 : très sévère (bave)

8) *Stabilité posturale*	0 : normale
	1 : hésitation lorsqu'on pousse le patient, mais sans rétropulsion
	2 : rétropulsion mais le patient se redresse sans aide
	3 : rétropulsion exagérée sans chute
	4 : absence de réponse posturale, le patient tomberait s'il n'était retenu
	5 : instable lorsque debout, même sans être poussé
	6 : incapable de se tenir debout sans assistance

Tableau 36.4. **(SUITE, SECTIONS III ET IV)**

III. DYSTONIE : EXAMEN DU MÉDECIN

1) *Dystonie aiguë de torsion*

bras droit	_____	tête	_____	0 : absente 4 : modérément sévère
bras gauche	_____	mâchoire	_____	1 : très légère 5 : sévère
jambe droite	_____	langue	_____	2 : légère 6 : très sévère
jambe gauche	_____	lèvres	_____	3 : modérée

2) *Dystonie non aiguë ou chronique ou tardive*

bras droit	_____	tête	_____	0 : absente 4 : modérément sévère
bras gauche	_____	mâchoire	_____	1 : très légère 5 : sévère
jambe droite	_____	langue	_____	2 : légère 6 : très sévère
jambe gauche	_____	lèvres	_____	3 : modérée

IV. MOUVEMENTS DYSKINÉTIQUES : EXAMEN DU MÉDECIN

1) *Mouvements de la langue* (mouvements latéraux lents ou de torsion de la langue)

		occasionnels*	fréquents**	presque continuels
absents	: 0			
douteux	: 1			
clairement présents à l'intérieur de la bouche	:	2	3	4
avec protrusion partielle occasionnelle	:	3	4	5
avec protrusion complète	:	4	5	6

2) *Mouvements de la mâchoire* (mouvements latéraux, mâchonnement, serrement des dents, mordillement)

absents	: 0			
douteux	: 1			
clairement présents mais de légère amplitude	:	2	3	4
amplitude modérée mais sans ouverture de la bouche	:	3	4	5
grande amplitude avec ouverture de la bouche	:	4	5	6

3) *Mouvements bucco-labiaux* (plissement, claquement des lèvres, moue, etc.)

absents	: 0			
douteux	: 1			
clairement présents mais de légère amplitude	:	2	3	4
amplitude modérée, mouvement des lèvres vers l'avant	:	3	4	5
grande amplitude, claquement bruyant des lèvres	:	4	5	6

*   Rarement spontanés ou présents lorsque activés.
** Fréquents de façon spontanée et présents lorsque activés.

Tableau 36.4.   (SUITE DE LA SECTION IV)

4) *Mouvements du tronc* (balancement, torsion, giration pelvienne)

absents	: 0			
douteux	: 1			
clairement présents mais de légère amplitude	:	2	3	4
amplitude modérée	:	3	4	5
grande amplitude	:	4	5	6

5) *Mouvements des membres supérieurs* (seulement mouvements choréo-athétosiques des bras, des poignets, des mains, des doigts)

absents	: 0			
douteux	: 1			
clairement présents, de légère amplitude, n'impliquant qu'un membre	:	2	3	4
mouvements d'amplitude modérée impliquant un membre ou de légère amplitude impliquant les deux membres	:	3	4	5
mouvements d'amplitude plus marquée impliquant les deux membres	:	4	5	6

6) *Mouvements des membres inférieurs* (n'incluant que les mouvements choréo-athétosiques des jambes, des genoux, des chevilles, des orteils)

absents	: 0			
douteux	: 1			
clairement présents, de légère amplitude, n'impliquant qu'un membre	:	2	3	4
mouvements d'amplitude modérée impliquant un membre ou de légère amplitude impliquant les deux membres	:	3	4	5
mouvements d'amplitude plus marquée impliquant les deux membres	:	4	5	6

7) *Autres mouvements involontaires* (déglutition, froncement des sourcils, clignement des yeux, soupirs, grimaces, dyspneumie, etc.)

absents	: 0			
douteux	: 1			
clairement présents mais de petite amplitude	:	2	3	4
amplitude modérée	:	3	4	5
amplitude plus grande	:	4	5	6

Spécifier _____

Tableau 36.4. (SUITE ET FIN, SECTIONS V, VI, VII)

V. SÉVÉRITÉ DE LA DYSKINÉSIE TARDIVE : IMPRESSION CLINIQUE GLOBALE

Considérant votre expérience clinique, quelle est présentement la sévérité de la dyskinésie tardive ?

0 : absente	3 : légère	6 : marquée
1 : douteuse	4 : modérée	7 : sévère
2 : très légère	5 : modérément sévère	8 : extrêmement sévère

VI. SÉVÉRITÉ DES SYMPTÔMES PARKINSONIENS : IMPRESSION CLINIQUE GLOBALE

Considérant votre expérience clinique, quelle est présentement la sévérité des symptômes parkinsoniens ?

0 : absents	3 : légers	6 : marqués
1 : douteux	4 : modérés	7 : sévères
2 : très légers	5 : modérément sévères	8 : extrêmement sévères

VII. STADE DU PARKINSONISME (HOEHN et YAHR)

0 : normal
1 : atteinte unilatérale seulement, absence ou légère atteinte du fonctionnement (*stade I*)
2 : atteinte bilatérale ou de la ligne médiane, sans atteinte de l'équilibre (*stade II*)
3 : incapacité de légère à modérée : premiers signes d'atteinte du « réflexe postural »
(manque de stabilité lorsque le patient se tourne ou lorsqu'on le pousse s'il est en équilibre, les pieds ensemble et les yeux clos) ;
le patient est physiquement indépendant dans la vie quotidienne (*stade III*)
4 : incapacité sévère : le patient est encore capable de marcher et de se tenir debout sans assistance, mais est sérieusement frappé
d'incapacité (*stade IV*)
5 : incapacité totale : le patient est confiné à la chaise roulante ou alité (*stade V*)

SOURCE : CHOUINARD et ROSS-CHOUINARD (1979b, 1980b, 1984).

En augmentant le taux de prolactine, les antipsychotiques provoquent souvent de l'aménorrhée chez la femme, des vomissements matinaux et une diminution de l'activité sexuelle chez l'homme, ce qui peut d'ailleurs être évalué par la mesure de la prolactine plasmatique. Cette élévation de la prolactine se fait via le blocage, par les antipsychotiques, de l'effet de la dopamine sur les récepteurs dopaminergiques du faisceau tubéro-infundibulaire, la dopamine ayant une action inhibitrice sur la sécrétion de prolactine. On peut aussi utiliser cliniquement la mesure de la prolactine plasmatique pour ajuster la dose des antipsychotiques lors des diminutions de dose (les malades ayant des taux élevés de prolactine devraient avoir une réduction très graduelle de leur dose). On peut aussi, par le dosage de la prolactine, évaluer la prise des antipsychotiques per os. Nous recommandons de faire un dosage annuel de la prolactine plasmatique.

36.5.4. EFFETS CARDIO-VASCULAIRES

Plusieurs antipsychotiques, et plus particulièrement la thioridazine (Mellaril®) et la mésoridazine (Serentil®), entraînent des anomalies qui apparaissent sur l'électrocardiogramme. Nous avons constaté, lors d'études antérieures, que 34,1 % des malades traités à la chlorpromazine présentaient des anomalies de l'onde T (repolarisation) (CHOUINARD et al., 1975) et que l'incidence de ces anomalies était supérieure après l'ingestion de glucose (CHOUINARD et ANNABLE, 1977). Nous ne recommandons pas l'emploi de la thioridazine à cause de ses effets sur le rythme cardiaque. C'est d'ailleurs la seule phénothiazine à avoir produit des arythmies ventriculaires qui ont entraîné la mort de malades. C'est aussi la phénothiazine la plus dangereuse dans les cas de surdosage (DONLON et TUPIN, 1977). Elle peut de plus induire des arythmies fatales lorsqu'elle est prise avec des produits contenant des substances ressemblant à l'éphédrine (décongestionnants nasaux (CHOUINARD et al., 1978a) et avec des antidépresseurs tricycliques. Le blocage des récepteurs alpha-adrénergiques par les antipsychotiques peut provoquer de l'hypotension orthostatique et des crises hypotensives aiguës ; ce sont les dérivés de gauche, surtout la chlorpromazine et la thioridazine, qui occasionnent ces effets hypotenseurs.

Le pimozide peut allonger l'espace QT à l'ECG. Lorsque le pimozide est employé avec le lithium, nous recommandons un ECG annuel après l'âge de 40 ans et un contrôle annuel des fonctions thyroïdiennes, une hypothyroïdie pouvant aggraver l'effet du lithium sur le rythme sinusal.

36.5.5. EFFETS DERMATOLOGIQUES ET OPHTALMOLOGIQUES

Des prurits, des dermatites, des érythèmes multiformes, différents types d'urticaire, des réactions de photosensibilité (augmentation des risques de coup de soleil), le syndrome œil-peau et la réti-nopathie pigmentaire peuvent survenir quelques semaines après le début du traitement. Les réactions dermatologiques et l'ictère par cholangéite d'hypersensibilité sont plus fréquents lorsqu'on emploie la chlorpromazine.

36.5.6. SOMNOLENCE

Environ 80 % des malades traités aux antipsychotiques souffrent de somnolence au début du traitement. Cette réaction ne dure habituellement qu'une à deux semaines, la plupart des malades développant une certaine tolérance à cet effet secondaire. L'action alpha-adrénolytique des antipsychotiques serait ici en cause.

36.5.7. PSYCHOSES INDUITES PAR LES ANTI-PSYCHOTIQUES

Tout comme une substance antiarythmique peut induire des arythmies cardiaques, les antipsychotiques peuvent induire des psychoses. En effet, trois types de psychose ont été associés à l'emploi des antipsychotiques (voir le tableau 36.5.).

La **psychose extrapyramidale** se manifeste sous forme de dépression, d'irritabilité, d'agitation et d'exacerbation de la psychose schizophrénique. Il a été démontré lors d'une étude contrôlée que les antiparkinsoniens constituaient un excellent traitement pour les exacerbations de psychose consécutive à l'absorption d'antipsychotiques. Ce phénomène est probablement lié à une réaction extrapyramidale et doit par conséquent être traité comme tel (UNGERSTEDT, 1971).

La **psychose toxique d'origine atropinique** survient principalement lors de la prise de fortes doses de chlorpromazine (Largactil®) et de thioridazine (Mellaril®). Le patient est confus, désorienté, agité. À l'examen physique, les pupilles sont dilatées bien qu'elles répondent à la lumière, les muqueuses sont sèches et la peau est chaude et rouge. De la tachycardie et une diminution du

Tableau 36.5. PSYCHOSES ASSOCIÉES AUX ANTIPSYCHOTIQUES

TYPES DE PSYCHOSE	SIGNES ET SYMPTÔMES	MÉCANISME	TRAITEMENTS
Psychose extrapyramidale	• Dépression • Irritabilité • Exacerbation	• Réaction extrapyramidale	• Antiparkinsonien
Psychose toxique (atropinique)	• Agitation • Désorientation • Hallucinations • Délirium	• Blocage des récepteurs muscariniques	• Arrêt de l'antipsychotique • Physostigmine si coma ou dépression respiratoire sévère
Psychose de supersensibilité	• Semblable à la schizophrénie	• Supersensibilité des récepteurs dopaminergiques	• Réduction graduelle des antipsychotiques

péristaltisme sont souvent présentes. L'administration intraveineuse de physostigmine (1 à 2 mg à infuser très lentement) renversera les signes centraux et périphériques de cette toxicité atropinique. Un moniteur cardiaque et un respirateur sont requis à cause des risques d'arrêt cardiaque et de détresse respiratoire. La physostigmine est un inhibiteur central de l'acétylcholinestérase ; elle augmente donc la quantité d'acétylcholine nécessaire aux récepteurs cholinergiques et contrecarre ainsi le blocage anticholinergique produit par l'action de l'antipsychotique. La physostigmine ne devrait être donnée que dans les cas sévères et par un médecin familier avec la pharmacologie de ce médicament et les signes de toxicité cholinergiques (hypersécrétion, détresse respiratoire, convulsions).

La psychose schizophréniforme semblable à la schizophrénie, que nous avons appelée **psychose de supersensibilité** à cause de la ressemblance pharmacologique avec la dyskinésie tardive, apparaît tout comme cette dernière plutôt lentement et lors de la diminution ou de l'arrêt de l'antipsychotique. Ce type de psychose est probablement causé par une supersensibilité des récepteurs postsynaptiques dopaminergiques dans les régions mésolimbiques (CHOUINARD *et al.*, 1978b, 1978c, 1980a), secondaire à une adaptation compensatrice de ces récepteurs à leur blocage par les antipsychotiques. Le résultat net, lors du retrait partiel ou total des antipsychotiques, est l'hyperfonctionnement dopaminergique, c'est-à-dire le substratum biophysiologique de la psychose schizophrénique. Lors de nos recherches cliniques, nous avons noté une incidence de psychose de supersensibilité (incluant les formes peu sévères) de 40 % causée par la fluphénazine, de 20 % causée par l'halopéridol et de 10 % causée par les diphénylbutylpipéridines.

36.5.8. AUTRES EFFETS SECONDAIRES

Il existe deux effets secondaires graves qui exigent l'arrêt immédat de l'antipsychotique. D'abord l'**agranulocytose**, dont l'incidence est rare (1/500 000 patients), se produit surtout durant les deux ou trois premiers mois du traitement aux antipsychotiques. Les dérivés de gauche, surtout la chlorpromazine, sont le plus souvent responsables. Le début est brusque et consiste en l'apparition soudaine de maux de gorge, d'ulcérations buccales et de fièvre. Le taux de mortalité est élevé, soit 30 % ou plus. La médication antipsychotique doit être cessée immédiatement et le patient doit être hospitalisé. S'il se plaint de maux de gorge, de fièvre, de malaise ou d'autres signes et symptômes d'infection, on doit procéder immédiatement à une analyse de sang (formule blanche et différentielle).

Un deuxième effet secondaire grave est le **syndrome malin** ou réaction hypothalamique qui se manifeste par de l'hyperthermie, de la tachycardie, une élévation des CPK, de la sudation profuse, des tremblements sévères et d'autres symptômes parkinsoniens (rigidité très sévère). Cette réaction peut entraîner la mort du malade si l'antipsychotique n'est pas interrompu immédiatement et si un antiparkinsonien anticholinergique n'est pas sitôt administré. Nous recommandons de procéder toutes les semaines à la mesure des CPK durant le traitement aigu. La prévention du syndrome malin se fait par l'administration de doses adéquates d'antiparkinsonien. Une fois déclenché, le syndrome malin doit être traité vigoureusement : administration de dantrolène i.v. (1-7 mg/kg) et hémodialyse en cas d'insuffisance rénale par myoglobinurie. Chez les malades ayant souffert de syndrome malin, le dantrolène sodique (un relaxant musculaire par action directe) peut être donné de façon prophylactique (2-8 mg/kg q.i.d.) lorsqu'un neuroleptique est prescrit (de préférence le pimozide).

36.5.9. GROSSESSE

Les phénothiazines et les butyrophénones ne sont généralement pas considérées comme tératogènes (GELENBERG, 1978). La trifluopérazine (Stelazine®) est l'antipsychotique qu'on a le plus souvent mis en cause, en raison du risque de réactions extrapyramidales chez le nouveau-né. Les antipsychotiques traversent la barrière placentaire et passent dans le lait maternel (GELENBERG, 1979) ; par conséquent, l'allaitement maternel est déconseillé.

36.6. ANTIPARKINSONIENS

Les antiparkinsoniens anticholinergiques sont les médicaments généralement utilisés pour éviter ou contrecarrer les effets secondaires neurologiques. Ils préviennent ou diminuent l'akinésie, les dystonies alarmantes, la rigidité et les tremblements, et concourent ainsi à rendre plus acceptable pour le malade la poursuite du traitement. Toutefois, la benztropine (Cogentin®) et le trihexyphénidyle (Artane®) ont été rapportés comme pouvant interférer avec l'action thérapeutique des antipsychotiques.

Les antiparkinsoniens ont aussi le potentiel d'entraîner des effets secondaires anticholinergiques tels que la confusion mentale (psychose atropinique), des troubles visuels, la sécheresse de la bouche, la rétention urinaire et la constipation. Ils sont de plus contre-indiqués en cas de glaucome à angle fermé et de prédisposition à la rétention urinaire.

Quelques auteurs soulignent que les antiparkinsoniens ne doivent être administrés qu'aux seuls malades qui manifestent des symptômes extrapyramidaux. Nous recommandons cependant de les administrer de façon prophylactique en début de traitement aux malades qui reçoivent des antipsychotiques de haute puissance tels que l'halopéridol et la fluphénazine, dont l'action sur les récepteurs dopaminergiques nigro-striés est particulièrement forte.

Certains auteurs sont d'avis qu'une période de traitement de trois mois peut être suffisante, les malades pouvant développer une certaine tolérance aux effets extrapyramidaux induits par les antipsychotiques. La tolérance aux effets parkinsoniens existe fort probablement, mais elle n'élimine pas complètement les symptômes parkinsoniens tels que l'akinésie. Nos études révèlent que 60 à 85 % des malades traités en clinique externe avec de la fluphénazine ou de l'halopéridol ont besoin d'anti-parkinsoniens (CHOUINARD *et al.*, 1982b). Un autre avantage des antiparkinsoniens anticholinergiques réside dans le dépistage précoce des dyskinésies tardives. Nous croyons qu'ils peuvent rendre plus manifestes les dyskinésies déjà induites par les antipsychotiques sans toutefois augmenter leur incidence.

Le choix des antiparkinsoniens est assez réduit. Des trois le plus souvent utilisés, soit la procyclidine (Kemadrin®), la benztropine (Cogentin®) et le trihexyphénidyle (Artane®), la procyclidine serait le plus sûr. À dose élevée, les antiparkinsoniens sont susceptibles d'entraîner des psychoses atropiniques et des psychoses hallucinatoires. La dose de procyclidine recommandée est de 5 à 10 mg pour chaque 10 mg d'halopéridol ou leur équivalent. La procyclidine peut être administrée à des doses assez élevées, étant peu toxique et possédant une courte durée d'action (5-80 mg/die, dose moyenne 30 mg/die). Sa demi-vie d'élimination est de 12 à 14 heures, ce qui permet une administration b.i.d. Si une médication antiparkinsonienne est requise de façon intramusculaire, la diphénhydramine (Benadryl®), à raison de 50 mg, peut être administrée.

36.7.
SEVRAGE

L'arrêt brusque des antipsychotiques provoque un syndrome de sevrage qui s'amorce de deux à sept jours après l'arrêt. Ce syndrome consiste en nausées, vomissements, diaphorèse, insomnie, irritabilité et céphalées. De plus, l'arrêt brusque peut occasionner une dyskinésie de retrait ou démasquer une dyskinésie couverte (voir « Dyskinésie tardive », à la section 36.5.1.). Il peut aussi causer une psychose de supersensibilité. Pour éviter ces problèmes, on diminuera graduellement les antipsychotiques.

36.8.
SURDOSAGE

Le surdosage par antipsychotique, sans ingestion d'autres médicaments, provoque rarement la mort (sauf pour la thioridazine et la mésoridazine). Les symptômes possibles lors d'un surdosage sont les suivants : agitation, coma, mouvements dystoniques, convulsions, myosis des pupilles, tachycardie, hypotension orthostatique, arythmies cardiaques, hypothermie suivie parfois d'hyperthermie, détresse respiratoire. Le patient doit être gardé sous observation continue aussi longtemps que la dépression du système nerveux central persiste.

Les effets anticholinergiques des antipsychotiques retardent la vidange gastrique et ainsi, lors du lavage gastrique, une quantité considérable d'antipsychotiques peut être retirée. L'instillation de charbon activé diminue l'absorption. Comme les antipsychotiques se lient fortement aux tissus et aux protéines, la dialyse est inefficace. Les convulsions se traitent mieux avec des injections intraveineuses de diazépam (Valium®) ou de diphényl-hydantoïne sodique (Dilantin®). Un stimulateur des récepteurs bêta-adrénergiques peut être requis pour traiter l'hypotension : la norépinéphrine est le choix logique.

Comme nous l'avons mentionné antérieurement, la physostigmine peut renverser les effets atropiniques des antipsychotiques sur le système nerveux central. Toutefois, elle peut aggraver les arythmies cardiaques, diminuer le seuil convulsif et entraîner un arrêt respiratoire. On doit donc l'utiliser avec beaucoup de prudence.

36.9.
INTERACTIONS MÉDICAMENTEUSES

Il y a deux types d'interaction médicamenteuse : une interaction pharmacocinétique et une interaction pharmacodynamique. **L'interaction pharmacocinétique** survient quand un médica-

Tableau 36.6.   INTERACTIONS DES ANTIPSYCHOTIQUES AVEC DIFFÉRENTS TYPES DE MÉDICAMENTS OU DIFFÉRENTES SUBSTANCES

MÉDICAMENTS	EFFETS CLINIQUES
Alcool	Hypotension, dépression du système nerveux central, atteinte de la coordination motrice.
Antacides contenant aluminium et magnésium	Diminution de l'absorption et de l'effet thérapeutique des antipsychotiques.
Anticonvulsivants	Augmentation de la fréquence des convulsions après la prise de doses élevées d'antipsychotiques, d'où ajustement de la posologie des anticonvulsivants si nécessaire.
Antidépresseurs	Diminution du métabolisme des antidépresseurs, d'où le risque de toxicité. Augmentation de l'activité anticholinergique (surtout les phénothiazines).
Antihypertenseurs	Hypotension.
Antiparkinsoniens	Augmentation de l'effet anticholinergique.
Barbituriques	Augmentation du métabolisme des antipsychotiques, donc diminution de leurs effets.
Bloqueurs bêta-adrénergiques	Diminution du métabolisme de la chlorpromazine et du propranolol, donc augmentation de l'effet de ces deux médicaments.
Caféine	Lors de prise concomitante, précipitation du médicament antipsychotique et diminution de l'absorption.
Carbamazépine	Augmentation des niveaux sanguins des antipsychotiques.
Cimétidine	Augmentation des niveaux sanguins des antipsychotiques.
Clonidine	Syndrome cérébral organique (mécanisme inconnu).
Épinéphrine	Blocage de l'activité vasopressive de l'épinéphrine.
Guanéthidine	Diminution de l'effet antihypertenseur de la guanéthidine par blocage de la captation.
Lévodopa	Diminution de l'effet de la lévodopa et des antipsychotiques.
Lithium	Augmentation des effets parkinsoniens (tremblements et akathisie), dommages cérébraux irréversibles rapportés.
Narcotiques	Potentialisation des effets analgésiques, augmentation de la toxicité des neuroleptiques.

ment interfère avec l'absorption, la distribution, le métabolisme, l'excrétion, les niveaux sanguins et tissulaires d'un autre médicament. L'**interaction pharmacodynamique** est produite par un médicament qui se combine à un autre pour accroître ou atténuer ses effets sur un organe cible. Un patient peut recevoir simultanément plus d'un médicament pour les raisons suivantes : augmentation de l'effet thérapeutique, présence d'autres maladies requérant un type différent de médication, besoin d'un autre médicament pour contrecarrer les effets indé-

sirables du premier. Lorsque deux types ou plus de médicaments sont prescrits simultanément, le praticien a donc tout intérêt à connaître leurs interactions.

36.10.
CONCLUSION

En conclusion, signalons que les antipsychotiques ont permis à plusieurs malades schizophrènes d'être traités en clinique externe. Toutefois, l'emploi prolongé de ces médicaments entraîne des effets secondaires neurologiques parfois irréversibles, qu'il importe de prévenir par une évaluation régulière, psychiatrique et neurologique, de façon à établir la dose thérapeutique minimale efficace.

Nos études présentement en cours suggèrent que les antipsychotiques dopaminergiques D_2 induisent moins de maladies de supersensibilité comme la dyskinésie tardive ou la psychose de supersensibilité. Notre orientation actuelle est donc de prescrire des bloqueurs dopaminergiques D_2 comme l'halopéridol, les diphénylbutylpipéridines, les benzamides qui présentent l'avantage d'avoir une plus grande spécificité pour les récepteurs dopaminergiques D_2. Mais, en plus de l'aspect pharmacologique, d'autres considérations cliniques doivent être examinées lors de la prescription des antipsychotiques. Pour certains malades, l'efficacité de la pharmacologie atteint son effet maximal lorsqu'on lui associe des interventions psychosociales auprès des patients et de leur famille (voir le chapitre 13).

BIBLIOGRAPHIE

AYD, E.J. (édit.)
1972 « Once-a-day Neuroleptic and Tricyclic Antidepressant Therapy », *Int. Drug. Ther. Newsletter*, vol. 7, p. 33-40.

CHOUINARD, G., L. ANNABLE, J. MELANÇON et M. CHABOT
1975 « Chlorpromazine-induced Electrocardiogram Abnormalities », *Int. J. Clin. Pharmacol.*, vol. 11, p. 327-331.

CHOUINARD, G. et L. ANNABLE
1977 « The Effect of a Glucose Load on Phenothiazine-induced Electrocardiogram Abnormalities », *Arch. Gen. Psychiatry*, vol. 34, p. 951-954.

CHOUINARD, G., A.M. GHADIRIAN et B.D. JONES
1978a « Death Attributed to Ventricular Arrythmia Induced by Thioridazine in Combination with a Single Contac-C Capsule », *Can. Med. Ass. J.*, vol. 119, p. 729-731.

CHOUINARD, G. et B.D. JONES
1978b « Schizophrenia as Dopamine-deficiency Disease », *Lancet*, vol. 11, p. 99-100.

CHOUINARD, G., B.D. JONES et L. ANNABLE
1978c « Neuroleptic-induced Supersensitivity Psychosis », *Am. J. Psychiatry*, vol. 135, p. 1409-1410.

CHOUINARD, G., L. ANNABLE et A. ROSS-CHOUINARD
1979a « Facteurs reliés à la dyskinésie tardive », *L'union médicale du Canada*, vol. 108, p. 356-368.

CHOUINARD, G., L. ANNABLE, A. ROSS-CHOUINARD et M. KROPSKY
1979b « Ethopromazine and Benztropine in Neuroleptic-induced Parkinsonism », *J. Clin. Psychiatry*, vol. 40, n° 3, p. 147-152.

CHOUINARD, G. et B.D. JONES
1980a « Neuroleptic-induced Supersensitivity Psychosis : Clinical and Pharmacologic Characteristics », *Am. J. Psychiatry*, vol. 137, p. 16-21.

CHOUINARD, G., A. ROSS-CHOUINARD, L. ANNABLE et B.D. JONES
1980b « Extrapyramidal Symptom Rating Scale », *Can. J. Neurol. Sci.*, vol. 7, p. 233.

CHOUINARD, G. et L. ANNABLE
1982a « Pimozide in the Treatment of Newly Admitted Schizophrenic Patients », *Psychopharmacology*, vol. 76, p. 13-19.

CHOUINARD, G., L. ANNABLE et A. ROSS-CHOUINARD
1982b « Fluphenazine Decanoate and Fluphenazine Enanthate in the Treatment of Schizophrenic Outpatients : Extrapyramidal Symptoms and Therapeutic Effect », *Am. J. Psychiatry*, vol. 139, p. 312-318.

CHOUINARD, G., A. ROSS-CHOUINARD, S. GAUTHIER, L. ANNABLE et D. MERCIER
1984 « An Extra-pyramidal Rating Scale for Idiopathic and Neuroleptic-induced Parkinsonism and Dyskinesia », *14th CINP Congress*, Abst. F-13.

CHOUINARD, G., L. TURNIER et M.A. KALLAI-SANFAÇON
1985 « Remoxipride in Schizophrenia : Effects on Plasma Prolactin », *Prog. Neuro-Psychopharmacol. Biol. Psychiat.*, vol. 9, p. 599-603.

CHOUINARD, G., L. ANNABLE, P. MERCIER et A. ROSS-CHOUINARD
1986a « Five-year Follow-up Study of Tardive Dyskinesia », *Psychopharmacol. Bull.*, vol. 22, p. 259-263.

CHOUINARD, G., L. ANNABLE et S. STEINBERG
1986b « A Controlled Clinical Trial of Fluspirilene, a Long-acting Injectable Neuroleptic in Schizophrenic Patients with Acute Exacerbation », *J. Clin. Psychopharmacol.*, vol. 6, p. 21-26.

DONLON, P.T. et J.P. TUPIN
1977 « Successful Suicides with Thioridazine and Mesoridazine », *Arch. Gen. Psychiatry*, vol. 34, p. 955.

GARDOS, G., J.O. COLE et D. TARSY
1978 « Withdrawal Syndromes Associated with Antipsychotic Drugs », *Am. J. Psychiatry*, vol. 135, p. 1321-1324.

GELENBERG, A.J. (édit.)
1978 « More on Phenothiazines During Pregnancy », *Biol. Ther. Psychiat. Newsletter*, vol. 1, n° 2, p. 7-8.

1979 « Of Human Milk », *Biol. Ther. Psychiat. Newsletter*, vol. 2, n° 12, p. 45-46.

HOGARTY, G.E. et S.C GOLDBERG
1974 « THE COLLABORATIVE STUDY GROUP : Drug and Socio-therapy in the After Care of Schizophrenic Patients. Two Years Relapse Rates », *Arch. Gen. Psychiatry*, vol. 31, p. 603-618.

KARSON, C.N., D.R. WEINBERGER, L. BIGELOW *et al.*
1982 « Clonazepam Treatment of Chronic Schizophrenia : Negative Results in a Double-blind, Placebo Controlled Trial », *Am. J. Psychiatry*, vol. 139, p. 1627-1628.

KLEIN, D.F. et J.M. DAVIS
1969 *Diagnosis and Drug Treatment of Psychotic Disorders*, Baltimore, The Williams & Wilkins Company.

LAMBERT, P.A.
1980 « *Psychopharmacologie clinique : les médicaments psychotropes*, Toulouse, Privat.

LINDVALL, O. et A. BJORKLUND
1974 « The Organization of the Ascending Catecholamine Neuron Systems in the Rat Brain : As Revealed by the Alyoxylic Acid Fluorescence Method », *Acta Physiol. Scand.*, (suppl.), vol. 412, p. 1-98.

MAY, P.
1969 « The Hospital Treatment for the Schizophrenic Patient », *Int. J. Psychiatry*, vol. 8, p. 699-722.

NIMH, The National Institute of Mental Health Psychopharmacology Service Center Collaborative Study Group
1964 « Phenothiazine Treatment in Acute Schizophrenia », *Arch. Gen. Psychiatry*, vol. 10, p. 246-261.

SNYDER, S.H., I. CREESE et D.R. BURT
1975 « The Brain's Dopamine Receptor : Labelling with (^{3}H) Dopamine and (^{3}H) Haloperidol », *Psychopharmacol. Commun.*, vol. 1, p. 663.

UNGERSTEDT, J.
1971 « Stereotoxic Mapping of the Monoamine Pathways in the Rat Brain », *Acta Physiol. Scand.*, (suppl.), vol. 367, p. 1-48.

VAN PUTTEN, T., I.R. MUTALIPASSI et M.F. MALKIN
1974 « Phenothiazine-induced Decompensation », *Arch. Gen. Psychiatry*, vol. 30, p. 102-105.

CHAPITRE 37

ANTIDÉPRESSEURS ET ÉLECTROCONVULSIVOTHÉRAPIE

Linda Beauclair

M.D., F.R.C.P.(C)
Psychiatre à l'hôpital Royal Victoria (Montréal)
Professeure adjointe de psychiatrie à l'Université McGill (Montréal)

Guy Chouinard

M.D., M.Sc. (Pharmacol.), F.R.C.P.(C)
Psychiatre-chercheur au Centre de recherche de l'hôpital Louis-H. Lafontaine (Montréal)
Professeur titulaire de recherche au Département de psychiatrie de l'Université de Montréal
Professeur au Département de psychiatrie de l'Université McGill (Montréal)

PLAN

ANTIDÉPRESSEURS

37.1.
INTRODUCTION

La dépression est une maladie à cours souvent cyclique où les rémissions spontanées sont fréquentes et la réponse thérapeutique, variable. On peut donc difficilement évaluer l'efficacité de son traitement.

De 1920 à 1930, 40 % des malades hospitalisés pour une dépression guérissaient en moins d'un an et 60 % en moins de deux ans (KLERMAN, 1973). En 1940, l'emploi de l'électroconvulsivothérapie a réduit la durée des hospitalisations et le taux de mortalité. À présent, grâce à l'emploi des antidépresseurs tricycliques, de 50 à 75 % des malades déprimés présentent une amélioration significative en quelques semaines. Il a également été démontré que le lithium et l'imipramine possèdent un effet prophylactique dans le traitement de la dépression (PRIEN *et al.*, 1973, 1974). Quant aux inhibiteurs de la monoamine-oxydase (IMAO), leur emploi est moins recommandé à cause de leur toxicité et des problèmes de restriction alimentaire (tyramine) qu'ils occasionnent. Les IMAO sont parfois utilisés comme deuxième choix pour le traitement des dépressions atypiques (RASKIN *et al.*, 1974).

37.2.
TRAITEMENT DES DIFFÉRENTS TYPES DE DÉPRESSION

Le DSM-III classifie les dépressions sous différentes rubriques, comme on peut le voir au tableau 37.1. (voir aussi le chapitre 15).

Tableau 37.1.   CLASSIFICATION DES DÉPRESSIONS SELON LE DSM-III

TROUBLES AFFECTIFS	TROUBLES MENTAUX ORGANIQUES	TROUBLES DE L'ADAPTATION
• Troubles affectifs majeurs : — dépression majeure, épisode unique ou récurrent — maladie affective bipolaire, phase dépressive • Autres troubles affectifs spécifiques : — trouble dysthymique (névrose dépressive) • Troubles affectifs atypiques : — dépression atypique	• Syndrome cérébral organique : — syndrome affectif organique, avec dépression	• Troubles de l'adaptation avec humeur dépressive

37.2.1. TROUBLES AFFECTIFS

DÉPRESSION MAJEURE, ÉPISODE UNIQUE OU RÉCURRENT

Cette forme de dépression, nommée aussi dépression unipolaire, requiert un traitement pharmacologique. Que ce soit une dépression majeure avec ou sans psychose, avec ou sans mélancolie, le risque suicidaire peut être élevé et l'hospitalisation peut s'avérer nécessaire. Parfois, l'électroconvulsivothérapie est nécessaire lors d'une réponse insatisfaisante aux antidépresseurs, lors d'une contre-indication aux antidépresseurs ou lors d'une situation d'urgence où la vie du patient est en danger (refus de s'alimenter, risque suicidaire élevé). Les antidépresseurs sont utilisés pour prévenir les épisodes dépressifs récurrents de la dépression unipolaire.

MALADIE AFFECTIVE BIPOLAIRE, PHASE DÉPRESSIVE

L'emploi du carbonate de lithium est préférable à celui des antidépresseurs tricycliques dans la prévention des épisodes dépressifs chez les malades bipolaires. Les antidépresseurs tricycliques sont aussi efficaces que le lithium, mais ils peuvent précipiter un épisode maniaque. Cependant, il est parfois nécessaire de les associer au carbonate de lithium lorsque ce dernier n'a pu prévenir les épisodes dépressifs. On doit utiliser cette combinaison (lithium - antidépresseur) sur une courte période car, selon GOODWIN, les antidépresseurs accéléreraient l'évolution de la maladie bipolaire en augmentant le nombre de cycles de la maladie et en induisant ainsi une maladie à cycles rapides (WEHR et GOODWIN, 1979).

TROUBLE DYSTHYMIQUE (NÉVROSE DÉPRESSIVE)

Les antidépresseurs tricycliques constituent un traitement efficace contre les cas de dépression chronique. Parfois, un épisode majeur dépressif se surajoute au trouble dysthymique (on parle dans ce cas de « dépression double ») ; l'emploi des antidépresseurs est alors recommandé.

DÉPRESSION ATYPIQUE

Même si certains auteurs recommandent l'emploi des IMAO pour ce type de dépression, il est d'usage d'essayer en premier les antidépresseurs tricycliques (désipramine ou nortriptyline) ou encore les nouveaux antidépresseurs spécifiques pour l'inhibition du recaptage de la sérotonine (fluoxétine).

37.2.2. SYNDROME AFFECTIF D'ORIGINE ORGANIQUE

Certains médicaments tels que la réserpine, l'alphaméthyldopa, les bêta-bloqueurs, les amphétamines, l'ACTH, la cortisone et le LSD peuvent entraîner des épisodes dépressifs[*], lesquels seront traités avec des antidépresseurs tricycliques dans les cas de dépression induite par les antihypertenseurs et les amphétamines, et par l'arrêt de la médication dans la plupart des autres cas. Pour le traitement de l'hypertension artérielle associée à la dépression, nous recommandons l'emploi de diurétiques et des inhibiteurs de l'angiotensinase. Il est contre-indiqué d'employer la guanéthidine (Ismelin®) avec les antidépresseurs tricycliques parce que ceux-ci en bloquent les effets.

Une étude récente a montré que 23 % des malades traités avec des bêta-bloqueurs reçoivent également des antidépresseurs[**]. L'incidence des dépressions sévères est toutefois beaucoup moins élevée chez les malades qui prennent des bêta-bloqueurs que chez ceux qui prennent de la réserpine

---

[*] « Drugs that Cause Depression », *Med. Lett. Drugs Ther.*, 1972, vol. 14, p. 35-36.

[**] *Reactions*, février 1986, vol. 138, n° 6.

ou de l'alphaméthyldopa. L'aténolol (Tenormin®) serait le bêta-bloqueur recommandé, étant peu lipophilique (donc passant moins la barrière hémato-encéphalique). On a rapporté qu'un certain antihypertenseur, le captopril (Capoten®), aurait amélioré les symptômes dépressifs ; il est actuellement sous investigation pour l'évaluation de son action antidépressive.

37.2.3. TROUBLE DE L'ADAPTATION AVEC HUMEUR DÉPRESSIVE

Ce trouble de l'adaptation se résout habituellement lorsque le stress cesse ou qu'une solution d'adaptation est trouvée. Si le désordre perturbe le fonctionnement de l'individu, les benzodiazépines peuvent être prescrites. Elles peuvent cependant démasquer parfois une dépression chez certains malades. Il s'agit d'une réaction paradoxale mise à jour par la désinhibition provoquée par les anxiolytiques.

37.2.4. AUTRES INDICATIONS

Les indications premières des antidépresseurs sont la dépression majeure et les autres troubles affectifs quand la phase dépressive domine le tableau clinique. On leur reconnaît une efficacité pour traiter l'énurésie, mais leurs effets bénéfiques disparaissent avec la cessation de la médication. Ils sont utilisés dans les troubles de l'alimentation, comme la boulimie et l'anorexie mentale, qui peuvent être reliés à la dépression. Certains antidépresseurs, principalement ceux qui bloquent le recaptage de la sérotonine (comme la clomipramine, la fluoxétine), se sont révélés efficaces pour le traitement des troubles obsessionnels-compulsifs. Les antidépresseurs tels que l'imipramine sont administrés dans le traitement des états de panique, des troubles phobiques et aussi des douleurs chroniques.

37.3. CLASSIFICATION DES ANTIDÉPRESSEURS

Il y a les antidépresseurs dits classiques (première génération) comme les tricycliques ou les tétracycliques, et les antidépresseurs dits nouveaux (deuxième génération) comme le trazodone, la miansérine, le bupropion, la fluoxétine, parmi lesquels certains sont encore sous investigation clinique. Deux autres classes d'antidépresseurs peuvent être ajoutées : les inhibiteurs de la MAO et les amphétamines. De plus, certaines études rapportent qu'une benzodiazépine, l'alprazolam, aurait une activité antidépressive (FEIGHNER *et al.*, 1983).

Nous ne traiterons ici que des antidépresseurs classiques et nouveaux car les IMAO sont moins souvent recommandés dans le traitement de la dépression, en raison de l'importance de leurs effets secondaires. Quant aux amphétamines, qui sont des stimulants et non des antidépresseurs, elles sont déconseillées dans le traitement de la dépression à cause de la tolérance développée par les malades et de la forte probabilité de rechute lors de l'arrêt du traitement.

37.4. MÉCANISME D'ACTION

Le mécanisme d'action des antidépresseurs le plus souvent proposé consiste dans le blocage du recaptage des neurotransmetteurs par les terminaisons présynaptiques. Ce blocage survient dès le début de la prise d'antidépresseurs et aurait pour conséquence d'augmenter les concentrations de noradrénaline, de sérotonine ou de dopamine dans les récepteurs postsynaptiques. La sensibilité des récepteurs postsynaptiques, qui s'accentue sur une période de quelques jours, expliquerait probablement mieux le délai d'action des antidépresseurs (voir la figure 4.2. au chapitre 4).

Tableau 37.2. ANTIDÉPRESSEURS CLASSIQUES ET NOUVEAUX

CLASSIQUES (PREMIÈRE GÉNÉRATION)

- *Tricycliques*

  Dibenzazépines
  — clomipramine (Anafranil®)
  — désipramine (Pertofrane®, Norpramin®)
  — imipramine (Tofranil®)
  — trimipramine (Surmontil®)

  Dibenzocycloheptènes
  — amitriptyline (Elavil®)
  — nortriptyline (Aventyl®)
  — protriptyline (Triptil®)

  Dibenzoxépine
  — doxépine (Sinequan®)

- *Tétracycliques*

  Dibenzo-bicyclo-octadiène
  — maprotiline (Ludiomil®)

NOUVEAUX (DEUXIÈME GÉNÉRATION)

Dibenzoxazépine
— amoxapine (Asendin®)

Triazolopyridine
— trazodone (Desyrel®)

Proprophénone
— bupropion (Wellbutrin®)[1]

Fluoxétine (Prozac®)[1]

INHIBITEURS DE LA MONOAMINE-OXYDASE (IMAO)

Hydrazine
— phénelzine (Nardil®)

Benzylcarbamyle
— nialamide (Niamid®)

Phényléthylamine
— tranylcypromine (Parnate®)

1. Sous investigation clinique au Canada, mais pourrait bientôt être offert sur le marché.

Tableau 37.3. ACTIVITÉS RELATIVES DES ANTIDÉPRESSEURS QUANT AU BLOCAGE DU RECAPTAGE DES AMINES BIOGÈNES

GÉNÉRATIONS	5-HT	NA	DA
• *Première*			
Amitriptyline	++++	0	0
Clomipramine	++++	0	0
Doxépine	+++	+	0
Trimipramine	+++	+	0
Imipramine	+++	++	+
Nortriptyline	++	++	0
Protriptyline	+	+++	0
Désipramine	0	++++	0
Maprotiline	0	++++	+
• *Deuxième*			
Fluoxétine	++++	0	0
Trazodone	++	0	0
Amoxapine	+	+++	+
Bupropion	0	0	+++

5-HT = sérotonine ; NA = noradrénaline ; DA = dopamine.

Chaque croix représente une différence significative de 10^1.

Comme on peut le constater au tableau 37.3., il existe des différences considérables entre les antidépresseurs quant à leur capacité de bloquer le recaptage de la noradrénaline, de la sérotonine et de la dopamine. Il est toutefois difficile de savoir si ces différences ont des répercussions thérapeutiques.

Les progrès en neurophysiologie ont permis aux chercheurs d'émettre de nouvelles hypothèses pour expliquer l'effet thérapeutique des antidépresseurs : sensibilisation des récepteurs sérotoninergiques postsynaptiques (DE MONTIGNY et AGHAJANIAN, 1978), blocage du recaptage dopaminergique (HIRSCH *et al.*, 1973), hyposensibilisation des récepteurs présynaptiques alpha-adrénergiques (CREWS et SMITH, 1978) et diminution des récepteurs bêta-adrénergiques (SULSER, 1983). (Voir le chapitre 15, section 15.4.4.)

37.5.
ADMINISTRATION

37.5.1. CHOIX DE L'ANTIDÉPRESSEUR

Aucun des antidépresseurs tricycliques n'est reconnu pour être plus efficace que les autres. La réponse antérieure du malade à un antidépresseur peut guider le médecin. Certains malades peuvent répondre mieux à telle catégorie d'antidépresseurs tricycliques, alors que d'autres répondent mieux à telle autre (BECKMANN et GOODWIN, 1975).

MAAS (1975) a proposé l'existence de deux types de dépression à la suite de l'analyse des résultats de dosages urinaires de 3-méthoxy-4-hydroxyphényl-éthylène glycol (MHPG), qui est l'un des métabolites de la noradrénaline (NA) cérébrale. Le premier type inclurait les malades dont le taux de MHPG est peu élevé ; ces malades répondraient bien à l'imipra-mine ou à la désipramine qui bloquent le recaptage de la noradrénaline, mais ils ne répondraient pas à l'amitriptyline. Le second type de dépression groupe-rait les malades dont le taux de MHPG urinaire est normal ou élevé ; ces malades répondraient à l'ami-triptyline ou à la nortriptyline mais ne répondraient pas à l'imipramine. L'hypothèse de MAAS n'a toute-fois pas été confirmée par tous les investigateurs.

Les nouveaux antidépresseurs ont un profil thérapeutique similaire à celui des antidépresseurs classiques. Ils peuvent présenter des avantages pour certains patients à cause de leur profil d'effets secon-daires qui, lui, est différent de celui des antidépres-seurs tricycliques. Ainsi, pour le bupropion entre autres, les effets anticholinergiques sont absents. Toutefois, les nouveaux antidépresseurs occasionnent eux aussi des effets secondaires démontrés et d'autres effets pourront s'ajouter dans l'avenir.

37.5.2. DOSAGE

Les antidépresseurs tricycliques peuvent être administrés une ou deux fois par jour. L'adminis-tration des antidépresseurs tricycliques par voie in-traveineuse ou intramusculaire ne s'est pas révélée plus efficace que l'administration par voie orale, même si en France la pratique du soluté est cou-rante, peut-être à cause de son effet placebo. Pour amorcer un traitement, on recommande l'emploi de la désipramine ou de la nortriptyline, amines secondaires et métabolites actifs de l'imipramine (désipramine) et de l'amitriptyline (nortriptyline) La dose recommandée pour les amines secondaires est la moitié de celle utilisée pour les amines tertiaires correspondantes (imipramine ou amitriptyline).

Pour les malades souffrant de dépression rela-tivement sévère, et ayant moins de 60 ans, la posolo-gie de la **désipramine** est de :
— 25 mg le matin et 25 mg le midi la première semaine ;
— 50 mg et 25 mg la deuxième semaine ;
— 50 mg et 50 mg la troisième semaine.
On peut augmenter la dose jusqu'à 200 mg par jour.

La **nortriptyline** se prescrit ainsi :
— 25 mg le matin et 25 mg le midi la première semaine ;
— 50 mg et 25 mg la deuxième semaine.
La posologie maximale de la nortriptyline est de 150 mg par jour, mais la majorité des malades répondent à 75 mg par jour. Ce dosage peut cepen-dant varier selon la réponse thérapeutique et les effets secondaires (voir le tableau 37.4.).

Chez les personnes âgées, la posologie est moindre, soit :
— 10 mg de nortriptyline, b.i.d. ou
— 25 mg de désipramine la première semaine ;
— 35 mg (nortriptyline) ou 50 mg (désipramine) la deuxième semaine ;
— 50 mg (nortriptyline) ou 75 mg (désipramine) la troisième semaine en doses fractionnées.

Les effets secondaires et surtout la réponse thérapeutique mènent habituellement à l'ajuste-ment de la dose pour chaque patient. Les conclu-

Tableau 37.4. POSOLOGIE DES ANTIDÉPRESSEURS

NOM GÉNÉRIQUE	NOM COMMERCIAL®	DOSE (mg/die)
Amitriptyline	Elavil	75-300
Amoxapine	Asendin	150-600
Bupropion[1]	Wellbutrin	300-600
Clomipramine	Anafranil	75-300
Désipramine	Norpramin, Pertofrane	75-200
Doxépine	Sinequan	75-300
Fluoxétine[2]	Prozac	60-80
Imipramine	Tofranil	75-300
Maprotiline	Ludiomil	75-150
Nortriptyline	Aventyl	20-150
Protriptyline	Triptil	15-60
Trazodone	Desyrel	100-600
Trimipramine	Surmontil	100-300

1. Produit non offet au Canada.
2. Produit qui sera bientôt offert au Canada.
N.B. Pour usage pédiatrique ou gériatrique, prescrire des doses plus faibles.

sions au sujet de la corrélation entre les concentrations plasmatiques des antidépresseurs et leur effet clinique ainsi que leurs effets secondaires demeurent incomplètes. Les concentrations de désipramine inférieures à 100 ng/ml sont probablement inefficaces et les concentrations supérieures à 200 ng/ml provoqueraient des effets secondaires. L'amine secondaire, la nortriptyline, aurait une courbe dose-effet curvilinéaire, ce qui signifie que les concentrations sanguines trop faibles (150 ng/ml ou 190 nmol/l) ou trop élevées (150 ng/ml ou 470 nmol/l) n'auraient pas d'effet thérapeutique. Il peut être utile de mesurer les concentrations plasmatiques dans les conditions suivantes :

1) pour s'assurer que le patient respecte bien son traitement ;
2) lors d'une toxicité sévère à faible dose ;
3) lors d'une réponse peu marquée à une dose thérapeutique ;
4) en l'absence d'effets secondaires à une dose élevée ;
5) chez les patients à risques — malade suicidaire, sujet âgé ou ayant des problèmes cardiaques.

(Voir aussi le chapitre 15, pages 413 à 416.)

37.5.3. DURÉE DU TRAITEMENT

La dose maximale devrait habituellement être maintenue pendant une période de quatre à cinq mois après la rémission clinique complète (absence de symptômes significatifs). En effet, PRIEN et KUPFER (1986) ont suggéré, à la suite de leur étude multicentrique du NIMH, que les malades asymptomatiques pendant quatre à cinq mois avant la cessation du traitement ont un taux de rechute beaucoup plus faible. De plus, la majorité des malades (71 %) qui rechutent le font en dedans d'une période de deux mois suivant l'arrêt des antidépresseurs. Un traitement d'entretien continu peut être nécessaire dans les cas de dépression majeure avec épisodes récurrents et/ou trouble dysthymique. On estime dans l'étude que 20 % des malades, un an après le début de leur maladie, vont demeurer symptomatiques et que leur état évoluera vers la chronicité de la maladie (KELLER *et al.*, 1986), tandis que 80 % vont devenir asymptomatiques après quatre ou cinq mois de traitement ; après cette période asymptomatique, l'antidépresseur est cessé graduellement par une diminution de la dose de 25 % par mois.

37.5.4. POLYPHARMACIE

Il est fortement recommandé au praticien d'éviter d'administrer ou de prescrire plusieurs médicaments à la fois. Par ailleurs, la majorité des malades n'a pas besoin d'hypnotiques, lesquels sont trop souvent prescrits à cause de l'insistance des patients ou du personnel infirmier. Même si les hypnotiques soulagent l'insomnie au début, bien des patients vont continuer d'en réclamer par la suite, ce qui rendra le sevrage d'autant plus difficile.

La combinaison de benzodiazépines et d'antidépresseurs améliore le confort du patient au début, mais elle n'est pas recommandée dans le traitement à long terme, et ce, même s'il ne semble pas y avoir d'interaction pharmacocinétique entre les deux classes de médicaments (ROBINS et GUZE, 1972 ; SILVERMAN et BRAITWAITE, 1973). Une interaction pharmacologique est toujours possible. Nous avons observé que certains malades s'améliorent lorsque les antidépresseurs produisent une activité épileptiforme à l'EEG. Les benzodiazépines, en réduisant l'activité épileptiforme, pourraient ralentir le processus de guérison chez certains malades. La gravité des effets secondaires causés par les antipsychotiques, plus particulièrement la dyskinésie tardive, restreint leur emploi en association aux antidépresseurs dans le traitement de la dépression. On ne devra employer qu'un seul antidépresseur à la fois. Il est essentiel de chercher à obtenir le dosage adéquat et d'attendre suffisamment longtemps avant de songer à changer de médicament. Les antidépresseurs nécessitent en effet un certain laps de temps avant de produire l'effet recherché (environ deux à trois semaines). Chez certains malades, une période de six à douze semaines peut être nécessaire avant qu'on puisse observer un effet thérapeutique cliniquement significatif.

37.5.5. DÉPRESSION RÉSISTANT AUX ANTIDÉPRESSEURS CLASSIQUES ET NOUVEAUX

Un malade est considéré comme résistant aux traitements conventionnels après un insuccès thérapeutique subi avec trois antidépresseurs (deux classiques et un nouveau) prescrits chacun pendant au moins quatre semaines à un dosage adéquat. Une fois le diagnostic de dépression résistante établi, on doit veiller à envisager différents modes de traitement. L'un est la potentialisation de l'antidépresseur par l'ajout de triiodothyronine (T_3) à raison de 20 à 50 μg par jour ou de lithium à raison de 900 à 1200 mg par jour (DE MONTIGNY *et al.*, 1981). Si, après deux semaines, le patient ne répond pas à cette combinaison, on cessera le traitement. De telles combinaisons occasionnent toutefois un risque accru de cardiotoxicité. D'autres modes de traitement sont l'utilisation d'un IMAO seul, l'utilisation de la carbamazépine et l'utilisation des électrochocs. En cas d'échec dans le traitement aux électrochocs, on peut ajouter une faible dose de neuroleptique (1 à 2 mg/die d'halopéridol) à l'antidépresseur, ce qui pourra avoir un effet bénéfique chez certains malades.

37.6.
PRÉCAUTIONS ET MISES EN GARDE

Les antidépresseurs sont contre-indiqués chez les malades souffrant d'hypertrophie prostatique ou présentant un angle étroit de la chambre antérieure de l'œil. La dilatation pupillaire induite par les antidépresseurs peut provoquer une crise de glaucome aigu. Le glaucome à angle fermé traité par iridectomie ou par iridotomie au laser et le glaucome à angle ouvert ne constituent pas des contre-indications aux antidépresseurs. Il serait sage pour le médecin d'obtenir une consultation en ophtalmologie pour les patients de 40 ans et plus et pour les hypermétropes.

Les antidépresseurs doivent être administrés avec prudence chez les vieillards et chez les malades ayant des antécédents de schizophrénie, de manie, de troubles paranoïdes, de maladies cardiovasculaires. À cause de son potentiel épileptogène plus élevé que les autres antidépresseurs, la maprotiline est à éviter chez les patients épileptiques déprimés ou chez les malades neurologiques. Les antidépresseurs tricycliques ont un rapport dose efficace/dose létale faible ; c'est pourquoi il est recommandé de demander aux membres de la famille du patient de conserver le médicament hors de sa portée lorsqu'il existe un risque de suicide. En effet, on estime qu'une dose supérieure à 1000 mg peut être mortelle lors d'un surdosage. Aussi la provision de médicaments remise au patient devrait-elle être inférieure à 1000 mg, surtout au début du traitement, quand le risque suicidaire est plus élevé.

37.7.
EFFETS SECONDAIRES

37.7.1. EFFETS ANTICHOLINERGIQUES

Les antidépresseurs peuvent causer des effets anticholinergiques comme la sécheresse de la bouche, la diminution ou la perte de l'accommodation visuelle, la constipation, la rétention urinaire, la tachycardie. Le tableau 37.5. présente une comparaison de l'activité anticholinergique des différents antidépresseurs, activité qui traduit leur potentiel à causer des effets secondaires anticholinergiques. C'est l'amitriptyline qui a la plus grande activité anticholinergique, alors que le bupropion et la fluoxétine ont la plus faible activité.

37.7.2. EFFETS CARDIAQUES ET CARDIO-VASCULAIRES

Il est à présent reconnu que les antidépresseurs possèdent physiologiquement des effets significatifs sur la conduction, le rythme et la contractilité cardiaques, de même que sur la régulation de la tension artérielle. Ces effets semblent reliés directement au niveau plasmatique de l'antidépresseur. Des cas d'insuffisance cardiaque, de thrombose coronarienne, d'arythmie cardiaque, de mort soudaine, d'anomalies de la repolarisation à l'électrocardiogramme (onde T aplatie ou inversée) ont été observés en présence de surdosage, de maladies cardiaques et chez les gens âgés.

Jusqu'à récemment, le doxépine était considérée comme moins cardiotoxique que l'imipramine ou l'amitriptyline. Des études plus spécifiques ont

Tableau 37.5.   **ACTIVITÉ ANTICHOLINERGIQUE, TOXICITÉ CARDIO-VASCULAIRE ET EFFET SÉDATIF**

GÉNÉRATIONS	ACTIVITÉ ANTI-CHOLINERGIQUE	TOXICITÉ CARDIO-VASCULAIRE	EFFET SÉDATIF
• *Première*			
Amitriptyline	+++	+++	+++
Clomipramine	+++	++	+++
Maprotiline	++	++	+++
Trimipramine	++	++	+++
Doxépine	++	++	+++
Imipramine	++	+++	++
Nortriptyline	++	++	++
Protriptyline	++	++	+
Désipramine	+	++	+
• *Deuxième*			
Amoxapine	++	++	+
Trazodone	+	++	+++
Fluoxétine	+	0	0
Bupropion	0	0	0

démontré que la doxépine augmente le rythme cardiaque et cause de l'hypotension orthostatique ainsi qu'une anomalité de conduction (allongements des intervalles PR/QRS) à un degré comparable aux autres tricycliques, lorsque la posologie de la doxépine égale celle des autres tricycliques.

Les auteurs d'études cliniques et précliniques ont suggéré que la trazodone serait moins cardiotoxique que les tricycliques. Toutefois, certaines études ont montré que la trazodone n'était pas sans danger chez les patients souffrant de troubles du rythme ou sujets à développer des troubles du rythme ou de conduction. De plus, la trazodone, par le blocage des récepteurs alpha-adrénergiques, cause fréquemment de l'hypotension orthostatique. Il n'y a pas de cas de toxicité cardio-vasculaire rapporté jusqu'à maintenant avec l'emploi de la fluoxétine et du bupropion (tableau 37.5.).

37.7.3. EFFETS SUR LE SYSTÈME NERVEUX CENTRAL

Les effets secondaires sur le système nerveux central consistent en des tremblements, de la confusion, des spasmes, des convulsions, de la dysarthrie, des paresthésies, de la paralysie et de l'ataxie. Les antidépresseurs peuvent également précipiter une psychose maniaque ou démasquer une schizophrénie chez les psychotiques latents (NEWMAN et FISHER, 1964). Le meilleur traitement de ces effets consiste en la diminution de la dose ou en l'arrêt de la prise du médicament.

La maprotiline présente des risques plus grands de convulsions que les autres antidépresseurs, que ce soit en présence de surdosage ou même à doses thérapeutiques. Quant à l'amoxapine (dérivé déméthylé de l'antipsychotique loxapine), elle peut causer l'apparition de la dyskinésie tardive et des effets extrapyramidaux.

37.7.4. AUTRES EFFETS

Des cas de réaction cutanée (surtout avec la maprotiline) ainsi que, plus rarement, d'agranulocytose, d'ictère cholostatique et d'iléus paralytique ont également pu être observés lors de traitements aux antidépresseurs. Hyperprolactinémie, galactorrhée, aménorrhée sont des effets secondaires dus à l'amoxapine en raison de son activité neuroleptique. Dans les écrits scientifiques, au moins vingt cas de priapisme dus à la trazodone ont été rapportés ; ces cas sont apparus en général à l'intérieur de une à deux semaines de traitement, à des doses de 100 à 300 mg par jour. Enfin, on a noté des cas d'hépatotoxicité dus à la trazodone dans les premières semaines de traitement.

37.7.5. GROSSESSE

Les antidépresseurs tricycliques ont été administrés durant le premier trimestre de la grossesse sans provoquer d'effets tératogènes évidents. Parfois, le nouveau-né d'une mère qui a pris des tricycliques peut manifester de l'irritabilité, de l'hyperhidrose, de la tachycardie, de la tachypnée et de la cyanose pendant plusieurs jours après l'accouchement. Ces symptômes ne causeraient pas de morbidité à long terme. Toutefois, le médecin doit toujours peser le pour et le contre de l'utilisation d'antidépresseurs durant le premier trimestre de la grossesse.

37.8. SEVRAGE

Une diminution rapide ou un arrêt brusque de la prise d'antidépresseurs peut causer un syndrome de rebond cholinergique caractérisé par des nausées, des vomissements, de la diarrhée, de la diaphorèse, des céphalées, des frissons, du coryza, des douleurs musculaires, de l'anxiété, de l'agitation motrice, de l'insomnie et des cauchemars. Pour éviter ces effets désagréables, le patient doit diminuer graduellement le traitement, jusqu'à l'arrêt total. Si l'on doit procéder à un sevrage relativement rapide, l'administration d'une benzodiazépine et d'un antihistaminique antinauséeux (dimenhydrinate [Gravol®] et diphénydramine [Benadryl®]) est recommandée.

37.9. SURDOSAGE

Les antidépresseurs tricycliques sont responsables de la plupart des morts causées par un surdosage. Les symptômes apparaissent de une à quatre heures après l'ingestion. Une dose de 1000 mg est potentiellement toxique (bien que des doses de moins de 1000 mg puissent occasionnellement causer des réactions sévères et même la mort) et des doses de 2500 mg et plus sont communément fatales. Les effets secondaires, telles la sécheresse de la bouche, la vision embrouillée, la tachycardie sinusale, sont reliés aux propriétés anticholinergiques des antidépresseurs. Les signes plus sévères et potentiellement létaux comme l'hypotension, les troubles de conduction cardiaque, les arythmies ventriculaires, la dépression respiratoire, les convulsions, le coma sont attribués également aux autres propriétés pharmacologiques, soit le blocage des récepteurs alpha-adrénergiques et les effets sur la conduction cardiaque.

Comme nous l'avons déjà mentionné, la maprotiline comporte en tout temps des risques élevés de convulsions. Le surdosage à l'amoxapine, principalement lorsque la dose ingérée excède 1,5 g, est caractérisé par une intoxication du système nerveux central pouvant aller jusqu'à un dommage neurologique sévère et persistant. Des cas d'insuffisance rénale aiguë réversible dus à un surdosage d'amoxapine ou de maprotiline ont été rapportés ; la cause pathophysiologique spécifique de l'insuffisance rénale est inconnue, quoique l'hypotension, la rhabdomyolyse et la néphrotoxicité directe semblent les explications les plus probables.

Pour la trazodone et la fluoxétine, on n'a noté aucun cas de mort ou de convulsions lors de surdosage, sauf lorsque le surdosage avait été combiné à une ingestion d'alcool.

Le processus à suivre en présence de surdosage aux antidépresseurs est le suivant :

- Aspiration et lavage gastrique.

- Charbon activé à raison de 20 à 30 g toutes les 4 ou 6 heures pendant 24 à 48 heures.

- Installation d'une intraveineuse.

- Monitorage de la fonction cardiaque pendant au moins 2 jours.

- Ventilation adéquate.

- Dosage des antidépresseurs, des analyses sanguines de base, du gaz artériel et du pH, car l'hypoxie et l'acidose métabolique prédisposent aux arythmies.

- En cas de confusion, de délirium, d'agitation ou de coma, administration de physostigmine à rai-

Tableau 37.6. INTERACTIONS DES ANTIDÉPRESSEURS

ANTIDÉPRESSEURS	EFFETS CLINIQUES
Antipsychotiques et méthylphénidate	Inhibition du métabolisme des antidépresseurs, d'où augmentation des niveaux plasmatiques, de l'efficacité antidépressive et des effets secondaires.
Antipsychotiques (dérivés de gauche) et antiparkinsoniens de type anticholinergique	Augmentation des effets anticholinergiques (rétention urinaire, constipation, iléus paralytique, confusion).
Contraceptifs oraux et œstrogènes	Réduction possible des niveaux plasmatiques des antidépresseurs (diminution de l'effet thérapeutique ?).
Alcool, barbiturique, hydrate de chloral, nicotine (tabac)	Diminution possible des niveaux plasmatiques des antidépresseurs (diminution de l'effet thérapeutique ?).
Guanéthidine et dérivés	Renversement de l'effet hypotenseur par les antidépresseurs.
Antihypertenseurs et thiazides	Augmentation possible de l'effet hypotenseur.
Inhibiteurs de la monoamine-oxydase	Agitation, tremblements, excitation, convulsions, hyperpyrexie, coma, mort (contre-indication).
Sympathomimétiques	Selon le type de médicament et la posologie, potentialisation des effets des sympathomimétiques. Crise hypertensive.
Médicaments thyroïdiens (extraits)	Efficacité thérapeutique accrue des antidépresseurs mais risque d'intoxication cardiovasculaire.
Mépéridine et narcotiques	Amplification possible de la dépression respiratoire.
Carbamazépine	Psychose, confusion ou agitation surtout chez les gens âgés, leucopénie, agranulocytose.

son de 1 à 2 mg intraveineux toutes les 30 à 60 minutes et surveillance étroite des fonctions cardiaque et respiratoire. La physostigmine pouvant occasionner de la bradycardie ou de la détresse respiratoire, on ne doit l'administrer qu'en milieu hospitalier où il y a une unité de soins intensifs pour monitorer le rythme cardiaque de façon continue et pour assurer une intubation rapide le cas échéant.

- En cas de convulsions, administration de phénytoïne (Dilantin®) intraveineuse ou de diazépam intraveineux. Les barbituriques sont à proscrire car ils causent une dépression respiratoire.

- L'hyperthermie est traitée par refroidissement.

- Les arythmies ventriculaires sont traitées avec de la lidocaïne, les blocs de branche avec de la lidocaïne ou de la phénytoïne, et les arythmies supraventriculaires avec de la néostigmine. Si un trouble sévère du rythme persiste, il faut recourir à la cardioversion ou à l'implantation d'un cardio-stimulateur.

- Les patients qui récupèrent ne gardent généralement pas de séquelles permanentes.

37.10.
INTERACTIONS MÉDICAMENTEUSES

Il est toujours très important que le praticien s'informe de l'histoire médicamenteuse du patient afin d'éviter des interactions toxiques parfois fatales. Les antidépresseurs interagissent avec de nombreux médicaments couramment utilisés (voir le tableau 37.6.).

37.11.
CONCLUSION

Bien qu'ils aient une faible marge de toxicité et un début d'action lent, les antidépresseurs tricycliques et les nouveaux antidépresseurs demeurent le traitement de premier choix pour les dépressions qui nécessitent un traitement pharmacologique. Le choix de l'antidépresseur repose principalement sur l'effet thérapeutique obtenu et le profil de ses effets secondaires. Il existe cependant une proportion non négligeable de malades qui ne répondent pas à ces médicaments, d'où la nécessité d'associer d'autres substances aux antidépresseurs pour obtenir un effet de potentialisation.

ÉLECTROCONVULSIVOTHÉRAPIE (ECT)

37.12.
INTRODUCTION

L'électroconvulsivothérapie (appelée aussi sismothérapie ou thérapie convulsive) fut introduite en psychiatrie par VON MEDUNA. Les premiers traitements consistaient en des convulsions provoquées par des médicaments, en particulier le pentylènetétrazol (Métrazol®). Ce sont les Italiens CERLETTI et BINI qui, en 1938, remplacèrent la thérapie convulsive pharmacologique par la thérapie électroconvulsive. D'abord utilisée dans le traitement de la schizophrénie, l'électroconvulsivothérapie est devenue le principal traitement des dépressions majeures.

L'apparition des antidépresseurs tricycliques dans les années 1950 a introduit une nouvelle forme de traitement des dépressions unipolaires et bipolaires. Les antidépresseurs tricycliques et l'électroconvulsivothérapie sont actuellement considérés comme les traitements les plus efficaces. L'action de l'électroconvulsivothérapie est plus rapide que celle des antidépresseurs tricycliques, et il semble qu'elle soit efficace chez un plus grand nombre de sujets (GREENBLATT *et al.*, 1964 ; ministère des Affaires sociales du Québec, 1977). Les antidépresseurs sont toutefois utilisés plus fréquemment à cause de la forte probabilité de rechute rattachée aux électrochocs donnés sans autre forme de traitement. Il a en effet été démontré que les antidépresseurs tricycliques possèdent un effet prophylactique dans les cas de dépression récurrente (PRIEN *et al.*, 1973). L'électroconvulsivothérapie présente l'intérêt d'apporter une amélioration plus rapide, ce qui constitue certainement un avantage lorsque le risque suicidaire est élevé.

37.13.
MÉCANISME D'ACTION

L'électroconvulsivothérapie constitue véritablement un traitement pharmacologique car elle modifie l'action des amines cérébrales. Il a été démontré que les mêmes modifications pharmacologiques se produisent quelle que soit la façon dont les traitements sont administrés (bilatéralement ou unilatéralement, sur l'hémisphère dominant ou non dominant), à la condition que la transmission nerveuse soit affectée dans les deux hémisphères. L'effet thérapeutique de l'électroconvulsivothérapie pourrait être attribué à l'augmentation de la noradrénaline au niveau du récepteur ainsi que le suggèrent les résultats obtenus en pharmacologie animale (HENDLEY, 1976 ; WELCH *et al.*, 1974). GRAHAM *et al.* (1978) ont cependant montré que l'électroconvulsivothérapie pouvait agir en sensibilisant les récepteurs sérotoninergiques postsynaptiques.

37.14.
INDICATIONS

37.14.1. DÉPRESSION

Les types de dépression qui répondent le mieux à l'électroconvulsivothérapie sont les dépressions unipolaire et bipolaire. Les dépressions que l'on rencontre chez les personnes âgées y réagissent également assez bien lorsqu'elles ne sont pas accompagnées d'artériosclérose ou de sénilité. Les autres troubles affectifs répondent peu à l'ECT et les manifestations ressemblant à la dépression qui sont associées à la schizophrénie n'y réagissent habituellement pas ; il s'agit d'ailleurs souvent d'anhédonie et d'apathie qui font davantage partie des symptômes résiduels de la schizophrénie que d'une dépression véritable.

37.14.2. AUTRES

L'électroconvulsivothérapie est parfois associée à la pharmacothérapie dans le traitement de la manie lorsque les malades sont très agités. Ses effets sont encore mal connus lorsqu'elle est associée au carbonate de lithium ; il semble que les épisodes confusionnels soient alors plus prolongés après le traitement. Elle peut être employée dans le traitement de l'agitation schizophrénique lorsque le traitement pharmacologique s'est révélé inefficace et peut « potentialiser » l'effet des antipsychotiques. Certains cliniciens l'emploient dans le traitement de la stupeur catatonique ; nous croyons cependant que la majorité des cas de schizophrénie peuvent être traités uniquement avec les antipsychotiques.

37.15.
PRÉCAUTIONS

La seule contre-indication absolue au traitement à l'électroconvulsivothérapie est la tumeur cérébrale en raison de l'augmentation soudaine de la pression intracrânienne lors des traitements. Certaines précautions sont nécessaires chez les malades souffrant de maladie cardiaque artériosclérotique et chez les malades ayant fait récemment un infarctus du myocarde. Il est préférable, dans de tels cas, de ne pas employer de barbituriques en prétraitement à cause de l'effet qu'ils peuvent avoir sur le muscle cardiaque. Certaines précautions sont également requises chez les malades souffrant de glaucome à angle fermé à cause de la succinylcholine (Anectine®) qui leur est donnée comme relaxant musculaire.

Il est recommandé, avant le traitement, de faire passer à tout malade un électroencéphalogramme, un électrocardiogramme, des radiographies du crâne et de la colonne vertébrale ainsi que des analyses biochimiques (SMA-12) et sanguines de routine (hémoglobine, hématocrite, compte absolu et relatif des globules blancs). On recommande également, pour les individus à risques (antécédents familiaux ou personnels d'hypopseudo-cholinestérasémie), de mesurer l'activité hydrolysante pseudo-cholinestérasique avant d'administrer des traitements. Le clinicien aura enfin tout intérêt à obtenir, auprès de tout candidat à l'électroconvulsivothérapie, une anamnèse concernant des réactions allergiques aux substances employées durant le traitement.

37.16.
TECHNIQUE

37.16.1. APPAREILLAGE

L'appareil le plus employé est un appareil qui fonctionne par courant alternatif. La fréquence utilisée peut varier de 50 à 60 cycles. Un voltage de 70 à 150 volts est appliqué durant une période allant de 0,1 à 1 seconde. Le voltage minimal est de 70 volts. Un voltage inférieur ne produit pas d'inconscience et un voltage se situant entre 70 et 80 volts peut ne pas produire de convulsions. Le seuil de convulsion varie beaucoup d'un individu à l'autre et d'une période d'âges à l'autre : ainsi, celui des sujets jeunes est inférieur à celui des personnes âgées et celui des femmes est supérieur à celui des hommes. On peut diminuer la résistance de la peau par l'application d'une solution saline ou d'une gelée.

L'efficacité thérapeutique ne dépend ni du choix des électrodes ni de celui de l'appareil. On n'a pas démontré la supériorité d'un type d'électrodes ou d'appareil par rapport aux autres. Certains appareils peuvent cependant provoquer des effets nocifs sur le cerveau lorsque l'énergie électrique employée est trop élevée. On recommande l'utilisation d'appareils à faible énergie et qui permettent l'enregistrement simultané d'un électroencéphalogramme. Les enregistrements d'EEG permettent :

1) de voir immédiatement s'il y a eu une onde de convulsions généralisées et

2) d'évaluer la durée de l'onde convulsive et le moment de sa terminaison.

On estime que l'apparition de cette onde convulsive assure l'efficacité de l'électroconvulsivothérapie. Il est évidemment contre-indiqué d'induire une nouvelle convulsion lorsque l'activité cérébrale est absente à la fin d'une convulsion.

37.16.2. POSITION DES ÉLECTRODES

La technique classique consiste à placer les électrodes de façon bilatérale sur les régions frontotemporales. La seule innovation réside dans la stimulation unilatérale de l'hémisphère non dominant. Certains auteurs ont rapporté que la technique unilatérale ne semblait pas aussi efficace que la technique bilatérale, contrairement à ce que laissaient croire les études contrôlées (STROMGREN, 1975 et 1976). Il est en effet plus difficile d'obtenir une onde convulsive avec une stimulation unilatérale et certains traitements ont pu être inefficaces par manque de convulsion. Sans enregistrement électroencéphalographique simultané, on peut parfois déterminer assez difficilement s'il y a eu convulsion ou non. Il ne fait pas de doute cependant que la stimulation unilatérale diminue la confusion et les troubles de mémoire qui suivent immédiatement le traitement. SQUIRE et CHACE, dans une étude menée en 1975, n'ont pu démontrer l'existence de déficits de mémoire à long terme chez les sujets ayant reçu des traitements électroconvulsifs unilatéraux sur l'hémisphère non dominant, tandis que les malades ayant reçu des traitements bilatéraux se plaignaient de plus de troubles de mémoire.

Dans une autre étude, D'ELIA *et al.* (1976) ont montré que l'électroconvulsivothérapie unilatérale pariétale non dominante avait un effet négatif sur la mémoire visuelle, alors que la thérapie électroconvulsive sur l'hémisphère dominant avait un effet négatif sur la mémoire verbale, ce qui est tout à fait compréhensible étant donné le rôle primordial de l'hémisphère non dominant dans la mémoire visuelle et celui de l'hémisphère dominant dans la mémoire verbale. On peut conclure de cette étude que les sujets qui se servent surtout de leur mémoire verbale auraient intérêt à recevoir des traitements sur l'hémisphère non dominant. La technique unilatérale sur l'hémisphère non dominant (hémisphère droit) est la technique le plus fréquemment utilisée. Il suffit, dans la majorité des cas, de demander au patient s'il est droitier ou gaucher pour identifier l'hémisphère non dominant. Les électrodes peuvent être placées unilatéralement sur les régions fronto-temporales (LANCASTER *et al.*, 1958) ou pariétales (D'ELIA *et al.*, 1976).

37.16.3. MARCHE À SUIVRE

Le malade doit être à jeun durant une période d'au moins quatre heures avant le traitement proprement dit (de préférence à partir de minuit si le traitement est administré le matin) et ne doit recevoir aucun médicament et à plus forte raison un médicament pouvant avoir un effet hypotenseur. Le sulfate d'atropine (0,5 - 1,0 mg) est injecté par voie intramusculaire environ 30 minutes avant le traitement ou par voie intraveineuse immédiatement avant. Il est préférable d'administrer un agent anticholinergique quaternaire (scopolamine, méthylbiomide, methscopolamine ou parmine) plutôt que l'atropine, de façon à éviter une psychose toxique, ces agents ne passant pas la barrière hémoencéphalique.

Dans le rapport du *Task Force* de l'*American Psychiatric Association* (1978), on recommande l'emploi d'un anticholinergique (methscopolamine) par voie intraveineuse ; cette pratique permet l'ajustement de la dose administrée, de façon à ce qu'on puisse obtenir une augmentation du rythme cardiaque de 10 %. L'ajustement de la dose est important puisque la plupart des malades psychiatriques prennent des substances ayant une activité anticholinergique. Le but recherché n'est pas tant de diminuer la salivation que de prévenir la bradycardie et les troubles du rythme cardiaque qui peuvent en résulter.

On procure au patient une anesthésie superficielle en lui administrant, par voie intraveineuse, de 1 à 1,25 mg de méthohexital (Brietal®) par kilogramme (50-100 mg).

La succinylcholine (Anectine®) est habituellement employée comme relaxant musculaire à raison de 5 à 50 mg selon l'activité pseudo-cholinestérasique. L'électroconvulsivothérapie utilisant la succinylcholine, qualifiée d'ECT modifiée, est maintenant généralisée.

L'oxygène pur est administré manuellement au moyen du masque Ambu. Lorsqu'un tracé électroencéphalographique est enregistré simultanément, l'oxygène est administré pendant toute la durée du traitement. Il est fortement conseillé d'administrer de l'oxygène avant et immédiatement après la convulsion afin de prévenir les arythmies cardiaques. McKENNA *et al.* (1970) ont démontré que les arythmies sont significativement moins fréquentes lorsqu'on applique cette technique. Les principales complications de la technique modifiée sont surtout reliées aux barbituriques administrés en prétraitement.

37.16.4. FRÉQUENCE

La fréquence des traitements électroconvulsifs se situe aux environs de trois par semaine. On peut observer une amélioration après trois ou quatre traitements seulement dans les cas de dépression, bien que deux ou trois autres traitements puissent être nécessaires mais à intervalles plus espacés. Dans les cas de manie aiguë, des traitements quotidiens sont parfois requis. En électroconvulsivothérapie multiple, on doit laisser s'écouler de trois à cinq minutes entre la fin de la convulsion et la prochaine stimulation. SQUIRE et CHACE (1975) ont démontré qu'on peut donner les traitements unilatéraux quatre fois par semaine sans augmenter les troubles de mémoire. Le maximum de traitements varie entre douze et seize ; un nombre plus élevé de traitements n'augmenterait pas l'effet thérapeutique. En phase aiguë, l'électroconvulsivothérapie induit une rémission des symptômes mais pour une période brève. L'électroconvulsivothérapie ne prévient pas les rechutes. Un traitement pharmacologique d'entretien est requis.

37.16.5. COMPLICATIONS

Les complications graves sont plutôt rares. Elles sont surtout reliées aux problèmes cardiaques qui peuvent aller jusqu'à l'arrêt cardiaque et qui augmentent avec l'âge et les antécédents cardiaques du malade. L'emploi de barbituriques, de succinylcholine et l'anoxie augmentent le risque d'arythmie cardiaque. Des cas de thrombose coronarienne ont été observés immédiatement ou environ une heure après le traitement. L'incidence des arythmies cardiaques varie beaucoup, de 8 à 41 %. La majorité des arythmies rapportées sont des arythmies ventriculaires ou consistent en une bradycardie avec bloc auriculo-ventriculaire. Dans les cas de tachycardie induite physiologiquement par l'électroconvulsivothérapie, une ischémie myocardique absolue ou relative peut se produire. C'est pourquoi il est nécessaire de garder le malade sous observation durant au moins une heure.

Les principales complications rencontrées avant l'introduction de la technique modifiée consistaient en des fractures de la colonne dorsale, situées entre la quatrième et la huitième vertèbre, et en des fractures de la tête de l'humérus ou du fémur. On expliquait ces fractures par le fait que les convulsions commencent soudainement, contrairement à celles de la crise d'épilepsie qui commencent graduellement. Les cas de fractures sont presque inexistants depuis l'introduction de la technique modifiée.

L'emploi de la technique bilatérale entraîne de la confusion et une atteinte de la mémoire récente et immédiate qui peut persister de quatre à six semaines. On peut également noter une période de confusion et d'agitation postictale. Des crises d'épilepsie spontanées de même que des psychoses confusionnelles ont été rappportées. Ces complications sont cependant considérées comme rares et pourraient être reliées à une mauvaise technique d'anesthésie. L'électroconvulsivothérapie ne cause pas de lésions cérébrales ; lorsqu'elles surviennent, elles sont en relation avec une hypoxie qui peut être prévenue par une bonne oxygénation. Certains malades se plaignent d'une atteinte permanente de la mémoire mais il s'agit, en général, de malades ayant reçu un nombre considérable de traitements.

37.17.
ASPECT ÉTHIQUE

L'électroconvulsivothérapie doit être utilisée avec une extrême prudence et le consentement du patient. Le *Task Force* de l'*American Psychiatric Association* recommande, dans le but de protéger les malades, que les éléments suivants apparaissent au dossier : nature et histoire de la condition clinique qui justifie l'emploi de ce type de thérapie, examen détaillé des traitements antérieurs, raisons du choix de ce type de traitement, opinions professionnelles concordantes ou contradictoires lorsqu'elles existent, consentement écrit du malade et description détaillée du ou des traitements électroconvulsifs. La protection du malade exige de plus que les traitements soient administrés dans les meilleures conditions, c'est-à-dire dans un centre bien équipé et par du personnel qualifié. L'enregistrement simultané de tracés encéphalographiques permet une utilisation rationnelle de l'électroconvulsivothérapie.

La formule de consentement devrait inclure, toujours selon le *Task Force*, la nature et la sévérité de la maladie pour laquelle on envisage ce type de traitement, ainsi que l'évolution probable de la maladie avec ou sans électroconvulsivothérapie, une description du processus, une explication brève des complications possibles et des possibilités d'atteintes de la mémoire, une description des autres traitements possibles, les raisons pour lesquelles on désire employer ce type de thérapie et, enfin, une clause stipulant que le malade a le droit de refuser ou d'accepter la thérapie électroconvulsive et aussi de retirer son consentement.

Il existe au Québec une formule de consentement, recommandée par le ministère des Affaires sociales, différente de la formule de consentement à l'anesthésie. C'est une formule très simple qui comporte le consentement du malade à l'électroconvulsivothérapie ainsi que l'affirmation selon laquelle le médecin l'a informé de la nature des effets du traitement. En prévision du fait que cer-

tains malades sont jugés incapables de comprendre ou de donner leur consentement, le Ministère a recommandé, en 1976, à la suite du rapport du Comité de la santé mentale du Québec, que l'ECT ne soit administrée que dans les cas urgents ou semi-urgents.

La Corporation professionnelle des médecins du Québec a publié, dans un de ses bulletins (1986), un résumé des recommandations pour l'utilisation de l'électroconvulsivothérapie, lesquelles sont similaires à celles énumérées ci-dessus. La Corporation conclut qu'on doit avant tout soupeser les avantages de l'électroconvulsivothérapie dans l'amélioration de l'état psychiatrique du malade par rapport aux inconvénients que le malade peut subir au cours de cette thérapie.

BIBLIOGRAPHIE

AMERICAN PSYCHIATRIC ASSOCIATION
1978 *Electroconvulsive Therapy*, Task Force Report, p. 14.

BECKMANN, H. et F.K. GOODWIN
1975 « Antidepressant Response to Tricyclics and Urinary MHPG in Unipolar Patients », *Arch. Gen. Psychiatry*, vol. 32, p. 17-21.

CORPORATION PROFESSIONNELLE DES MÉDECINS DU QUÉBEC
1986 *Bulletin*, vol. XXVI, n° 4, p. 12-13.

CREWS, F.T. et C.B. SMITH
1978 « Presynaptic Alpha-receptor Subsensitivity After Long-term Antidepressant Treatment », *Science*, vol. 202, p. 322-324.

D'ELIA, G., S. LORENTZSON, H. RAOTMA et K. WIDEPALM
1976 « Comparison of Unilateral Dominant and Non Dominant ECT on Verbal and Non Verbal Memory », *Acta Psychiat. Scand.*, vol. 53, p. 85-94.

DE MONTIGNY, C. et G.K. AGHAJANIAN
1978 « Tricyclic Antidepressants : Long-term Treatment Increases Responsivity of Rat Forebrain Neurons to Serotonin », *Science*, vol. 202, p. 1303-1306.

DE MONTIGNY, C., F. GRUNBERG, A. MAYER et J.-P. DESCHÊSNES
1981 « Lithium Induces Rapid Relief of Depression in Tricyclic Antidepressant Drug Non-responders », *Brit. J. Psychiat.*, vol. 138, p. 252-256.

FEIGHNER, J.P., G.C. ADEN, L.E. FABRE, K. RICKELS et W.T. SMITH
1983 « Comparison of Alprazolam, Imipramine, and Placebo in the Treatment of Depression », *JAMA*, vol. 249, p. 3057-3064.

GOODWIN, F.K., M.H. EBERT et W.E. BUNNEY Jr.
1972 « Mental Effects of Reserpine in Man : A Review », *Psychiatric Complications of Medical Drugs* (I. Richard, édit.), New York, Raven Press, p. 73-101.

GRAHAM, E., D.G. SMITH, A.R. GREEN et D.W. COSTAIN
1978 « Mechanism of the Antidepressant Action of Electroconvulsive Therapy », *The Lancet*, vol. 1, p. 254-257.

GREENBLATT, M., G.H. GROSSER et H. WECHSLER
1964 « Differential Response of Hospitalized Depressed Patients to Somatic Therapy », *Am. J. Psychiatry*, vol. 120, p. 935-943.

HENDLEY, E.D.
1976 « Electroconvulsive Shock and Norepinephrine Uptake Kinetics in the Rat Brain », *Psychopharmacol. Commun.*, vol. 2, p. 17-25.

HIRSCH, S.R., R. GAIND, P.D. ROHDE *et al.*
1973 « Outpatient Maintenance of Chronic Schizophrenic Patients with Long-acting Fluphenazine. Double-blind Placebo Trial », *Br. Med. J.*, vol. 1, p. 633-637.

KELLER, B.M., P.W. LAVORI, J. RICE, W. CORYELL et R.M.A. HIRSCHFELD
1986 « The Persistent Risk of Chronicity in Recurrent Episodes of Nonbipolar Major Depressive Disorder : A Prospective Follow-up », *Am. J. Psychiatry*, vol. 143, p. 24-28.

KLERMAN, G.L.
1973 « Pharmacological Aspects of Depression », *Separation and Depression* (J.P. Scott et E.C. Senay, édit.), Washington, American Association for the Advancement of Science, publication 94, p. 69-89.

LANCASTER, N.P., R.P. STEINERT et I. FROST
1958 « Unilateral Electroconvulsive Therapy », *J. Ment. Sci.*, vol. 104, p. 221-227.

MAAS, J.W.
1975 « Biogenic Amines and Depression », *Arch. Gen. Psychiatry*, vol. 32, p. 1357-1361.

McKENNA, G., R.P. ENGLE Jr, H. BROOKS et J. DALEN
1970 « Cardiac Arrhythmias During Electroshock Therapy : Significance, Prevention and Treatment », *Am. J. Psychiatry*, vol. 127, p. 530-533.

MEDICAL RESEARCH COUNCIL
1965 « Clinical Trial of the Treatment of Depressive Illness », *Br. Med. J.*, vol. 1, p. 881-886.

MINISTÈRE DES AFFAIRES SOCIALES
1977 *Psychochirurgie & sismothérapie*, Comité de la santé mentale du Québec, Direction générale de la planification.

NEWMAN, R.A. et W.R. FISHER
1964 « Imipramine as a Psycho-mimetic Drug in Borderline Schizophrenics », *Am. J. Psychiatry*, vol. 121, p. 77-78.

PRIEN, R.F., J. KLETT et E.M. CAFFEY Jr
1973 « Lithium Carbonate and Imipramine in Prevention of Affective Episodes », *Arch. Gen. Psychiatry*, vol. 29, p. 420-425.

1974 « Lithium Carbonate and Imipramine in Prevention of Affective Episodes », *Arch. Gen. Psychiatry*, vol. 30, p. 66-75.

PRIEN, R.F. et D.J. KUPFER
1986 « Continuation Drug Therapy for Major Depressive Episodes : How Long Should It Be Maintained ? », *Am. J. Psychiatry*, vol. 143, p. 18-23.

RASKIN, A., J.G. SCHULTERBRANDT, N. REATING *et al.*
1974 « Depression Subtypes and Response to Phenelzine, Diazepam, and a Placebo », *Arch. Gen. Psychiatry*, vol. 30, p. 66-75.

ROBINS, E. et S.B. GUZE
1972 « Classification of Affective Disorders : The Primary-secondary, the Endogenous-reactive, and the Neurotic-psychotic Concepts », *Recent Advances in the Psychobiology of the Depressive Illness : Proceedings of a Workshop Sponsored by NIMH* (T.A. Williams, M.M. Katz et J. Shield, édit.), Washington, U.S. Gov. Printing Office.

SCHILDKRAUT, J.J.
1973 « Neuropharmacology of the Affective Disorders », *Annual Review of Pharmacology* (R. Okun et R. George, édit.), Palo Alto, CA, Annual Reviews, vol. 13, p. 427-454.

SILVERMAN, G. et R.A. BRAITWAITE
1973 « Benzodiazepines and Tricyclic Antidepressant Plasma Levels », *Br. Med. J.*, vol. 3, p. 8-20.

SQUIRE, L.R. et P.M. CHACE
1975 « Memory Functions Six to Nine Months After Electro-convulsive Therapy », *Arch. Gen. Psychiatry*, vol. 32, p. 1557-1564.

STROMGREN, L.S.
1975 « Therapeutics Results in Brief-interval Unilateral ECT », *Acta Psychiat. Scand.*, vol. 52, p. 246-255.

STROMGREN, L.S., A.L. CHRISTENSEN et P. FROMHOLT
1976 « The Effects of Unilateral Brief-interval ECT on Memory », *Acta Psychiat. Scand.*, vol. 54, p. 336-346.

SULSER, F.
1983 « Deamplification of Noradrenergic Signal Transfer by Antidepressants : A Unified Catecholamine-serotonin Hypothesis of Affective Disorders », *Psychopharmacol. Bull.*, vol. 19, n° 3, p. 300-304.

WEHLAGE, D.F.
1973 « Letters to the Editor », *Am. J. Psychiatry*, vol. 130, p. 1293.

1976 « Letters », *Convulsive Therapy Bulletin with Tardive Dyskinesia Notes*, vol. 1, p. 27.

WEHR, T.A. et F.K. GOODWIN
1979 « Rapid Cycling in Manic-depressive Induced by Tricyclic Antidepressants », *Arch. Gen. Psychiatry*, vol. 36, p. 555-559.

WELCH, B.L., E.D. HENDLEY et I. TUREK
1974 « Norepinephrine Uptake Into Cerebral Cortical Synaptosomes After one Fight or Electroconvulsive Shock », *Science*, vol. 183, p. 220-221.

« Drugs that Cause Depression », *Med. Lett. Drugs Ther.*, vol. 14, p. 35-36, 1972.

Reactions, vol. 138, p. 6, 22 février 1986.

CHAPITRE 38

STABILISATEURS DE L'HUMEUR ET ANTIMANIAQUES

GUY CHOUINARD

M.D., M.Sc. (Pharmacol.), F.R.C.P.(C)
Psychiatre-chercheur au Centre de recherche de l'hôpital Louis-H. Lafontaine (Montréal)
Titulaire de recherche au Département de psychiatrie de l'Université de Montréal
Professeur au Département de psychiatrie de l'Université McGill (Montréal)

LINDA BEAUCLAIR

M.D., F.R.C.P.(C)
Psychiatre à l'hôpital Royal Victoria (Montréal)
Professeure adjointe de psychiatrie à l'Université McGill (Montréal)

PLAN

38.1.
HISTORIQUE

Le **lithium** fut introduit en médecine il y a environ un siècle comme hypotenseur, diurétique, anticonvulsivant et sédatif. Il ne fut jamais populaire car la plupart de ses applications se révélèrent inefficaces ou même contre-indiquées. Les recherches effectuées sur le lithium connurent cependant un regain d'intérêt lorsqu'on l'introduisit en psychiatrie à la fin des années quarante. C'est en 1949 que l'Australien CADE traita avec succès l'excitation maniaque aiguë et chronique avec le citrate de lithium. Quelques années plus tard, le Danois SCHOU et ses collaborateurs (1954) confirmèrent l'efficacité du lithium dans le traitement des états maniaques. Toutefois, ce n'est qu'en 1969 que l'agence américaine de contrôle des aliments et des drogues (FDA) approuva le médicament pour le traitement des états maniaco-dépressifs, suivie peu de temps après (1970) par l'organisme canadien de contrôle des médicaments (Direction générale de la protection de la santé).

38.2.
STRUCTURE CHIMIQUE

Le lithium est un cation monovalent qui fait partie des métaux alcalins et qui est situé dans la famille 1A du tableau périodique. On ne le trouve pas à l'état brut à cause de l'arrangement spécifique de ses électrons et de la haute densité de la charge positive de son noyau.

Les principaux sels de lithium sont : le carbonate, le chlorure, le citrate et le sulfate. Le carbonate est la forme la plus utilisée en raison des avantages pratiques qu'elle présente par rapport aux autres formes. Un comprimé de carbonate de lithium peut en effet contenir une quantité de lithium environ deux fois plus grande que les autres sels.

Le carbonate de lithium (Li_2CO_3) a un poids moléculaire de 73,89. Il est présenté au Canada sous forme de comprimé (Lithane®) ou de capsule (Carbolith®) contenant 300 mg, équivalant à 8,1 mEq ou millimole de lithium. Le lithium étant monovalent, un milliéquivalent égale une millimole. Des comprimés à libération prolongée (Duralith®, Lithizine®) sont également offerts sur le marché. Les avantages des comprimés à libération prolongée ne sont pas encore clairement établis.

38.3.
PHARMACOLOGIE

38.3.1. ABSORPTION

Le lithium est absorbé presque entièrement par le tractus gastro-intestinal, tout comme le sodium et le potassium auxquels il peut se substituer dans une proportion de 60 à 70 %. Le lithium intracellulaire n'est toutefois pas rejeté de la cellule aussi efficacement que le sodium. La substitution du lithium au sodium dans les cellules intestinales diminue l'absorption d'eau et de glucose (dont le transport cellulaire est lié au sodium), ce qui explique l'apparition précoce d'effets secondaires et de symptômes d'intoxication d'ordre gastro-intestinal (nausées, vomissements ou diarrhée). Il s'agit là d'un indice de la concentration intracellulaire du lithium dans l'organisme. Si les symptômes gastro-intestinaux sont ignorés, des complications majeures d'une intoxication au lithium (convulsions, dommages cérébelleux et mort) peuvent survenir.

38.3.2. DISTRIBUTION

Contrairement au sodium, le lithium s'accumule à l'intérieur de la cellule. Il traverse la barrière hémo-encéphalique et sa concentration dans le liquide céphalo-rachidien atteint un pic 24 heures après l'ingestion. Sa concentration dans le liquide céphalo-rachidien est environ la moitié de sa concentration plasmatique. Le captage du lithium par les différents tissus n'est pas uniforme ; il est capté rapidement par le rein mais plus lentement par le foie, les os et les muscles et encore plus lentement par le cerveau.

38.3.3. EXCRÉTION

Le lithium est excrété presque entièrement par voie rénale et se comporte de façon semblable au sodium dans le glomérule et le tubule proximal. De 60 à 70 % des deux ions sont réabsorbés par le tubule proximal à l'encontre des gradients électriques et de concentrations. Au delà du tubule proximal, le lithium et le sodium sont toutefois traités différemment par l'organisme. Contrairement au sodium, le lithium n'est pas réabsorbé dans les parties distales du néphron. Chez au moins le tiers des malades traités au lithium, on observe un diabète insipide néphrogénique qui ne répond pas à l'hormone antidiurétique.

Il existe une grande variation individuelle en ce qui concerne l'excrétion du lithium. Elle peut effectivement fluctuer de 200 % d'un individu à l'autre. La clairance du lithium suit celle de la créatinine. Par conséquent, on ajuste la posologie du lithium selon le taux d'excrétion de chaque individu.

Il est recommandé d'administrer le lithium après les repas aux malades qui présentent une légère intolérance. Cette pratique a pour avantage de minimiser les effets secondaires en diminuant les pics d'absorption. L'absorption se fait plus lentement et plus régulièrement de cette façon et l'efficacité thérapeutique demeure inchangée.

Il est possible de retrouver dans l'urine d'un malade ayant absorbé une dose unique de carbonate de lithium le tiers ou même les deux tiers de cette quantité entre 6 et 12 heures après son administration. Le reste peut subsister dans l'organisme de 10 à 14 jours avant d'être complètement éliminé. La demi-vie du lithium varie beaucoup d'une personne à l'autre. On estime qu'environ la moitié du lithium ingéré est excrétée après 24 heures, soit durant la phase rapide d'excrétion, et 90 % après 48 heures. La concentration plasmatique maximale de lithium est obtenue de 2 à 4 heures après son ingestion.

L'absorption à jeun de 300 mg de carbonate de lithium entraîne une lithémie de 0,4 mEq/l après 2 heures et de 0,2 mEq/l après 4 heures, alors que l'absorption de 600 mg en entraîne une de 0,6 à 0,3 mEq/l après les mêmes périodes de temps. Lorsqu'il est pris après le repas, sa concentration maximale est habituellement atteinte après 4 ou 6 heures et est plus soutenue bien que moins élevée. La période d'absorption varie de 3 à 6 heures. Si un malade prend une capsule de lithium avant sa prise de sang pour lithémie, on doit ajuster les valeurs mentionnées précédemment en tenant compte de la dose ingérée (300 ou 600 mg) et de l'heure du prélèvement pour obtenir un niveau de base. Par exemple, si un malade a une lithémie 2 heures après avoir pris 300 mg de lithium, on devra alors soustraire 0,4 mEq/l de la valeur obtenue.

38.4.
FACTEURS DE VARIATION DE LA CONCENTRATION PLASMATIQUE DU LITHIUM

Le niveau sanguin demeure plus stable quand on administre le lithium de façon fractionnée (t.i.d. ou q.i.d.) au cours de la journée. Il existe cependant certains facteurs de variation que l'on doit connaître, de façon à éviter une intoxication. Mentionnons d'abord le fait que la clairance du lithium est influencée par l'**âge**. Plus le malade est âgé, plus les doses devront être faibles pour produire l'effet thérapeutique souhaité et éviter l'intoxication. L'**irrégularité** dans la prise du médicament est le facteur qui fait le plus souvent varier la lithémie. De plus, les **diurétiques** augmentent de façon significative les taux plasmatiques de lithium. Les **modifications** dans la prise des liquides peuvent également provoquer des variations dans les concentrations plasmatiques. Si un malade absorbe une plus grande quantité de liquides, il en résultera une diminution de la perméabilité tubulaire tant pour le sodium que pour le lithium, ce qui entraînera une augmentation de l'excrétion du lithium.

Trois phénomènes peuvent amener un **déséquilibre liquidien** : l'induction d'un diabète néphrogénique par le lithium, les gastro-entérites qui réduisent l'absorption de liquides et les polydipsies de tension (potomanie) que l'on rencontre chez certains malades anxieux. La variation de la prise de sodium provoque, tout comme la prise de diurétiques, un changement dans l'excrétion du lithium : une diminution de la prise de sodium entraîne une augmentation de la réabsorption du lithium, car cette diminution de sodium provoque un changement de perméabilité cellulaire dont le but est d'augmenter la réabsorption. Le lithium participe également à cette réabsorption puisqu'il est un cation monovalent semblable au sodium. Quant aux diurétiques, ils provoquent une augmentation de l'excrétion de sodium qui, elle-même, entraîne une réabsorption rénale plus importante de lithium.

Certaines substances comme les xanthines (l'aminophylline, la théophylline et la caféine) augmentent l'excrétion du lithium et peuvent ainsi diminuer les concentrations plasmatiques ; il est donc possible qu'une ingestion importante de café, de thé ou de cola diminue les concentrations de lithium et que le fait d'en cesser la consommation augmente la toxicité du lithium. D'autres facteurs peuvent aussi modifier la clairance du lithium, notamment l'exercice, la température ambiante, la posture et la grossesse.

38.5.
MÉCANISME D'ACTION

Le déficit biologique de la maladie bipolaire n'est que partiellement connu. Le mécanisme d'action du lithium dans cette maladie ne peut donc pas être déterminé avec certitude. Les quatre mécanismes d'action le plus souvent proposés sont les suivants :

1) Le lithium agirait dans la manie à cause de son action sur les catécholamines. Il augmente en effet le recaptage de la noradrénaline et pourrait, de ce fait, entraîner une diminution du taux de noradrénaline dans les synapses, ce qui expliquerait son efficacité dans la manie aiguë.

2) Une autre hypothèse suggère que le lithium pourrait interférer dans la conduction nerveuse en se substituant au sodium ou au magnésium. Tout comme le sodium, le lithium entre dans le neurone suivant des gradients de concentration mais, contrairement au sodium, son transport hors de la cellule n'est pas aussi efficace. Il pourrait également se substituer au magnésium car il possède la même stéréochimie. Même si le magnésium se trouve en très faible concentration dans l'organisme, une faible variation du rapport magnésium-calcium peut entraîner un changement de conduction nerveuse. On aurait avantage à procéder au dosage du magnésium sanguin lorsque des patients traités au lithium, et plus particulièrement les sujets âgés, présentent des signes de confusion, afin d'éliminer la possibilité d'une déficience en magnésium. Selon cette hypothèse, le lithium agirait par un effet sur les gradients de concentration en relation avec la conduction nerveuse.

3) Une autre hypothèse concerne l'adénylcyclase. Le lithium agirait sur le système nerveux central (SNC) en inactivant l'adénylcyclase, elle-même activée par les neurotransmetteurs (acéthylcholine, sérotonine et catécholamines). Le lithium est reconnu pour agir en inhibant l'adénylcyclase activée par les neurotransmetteurs au niveau de la glande thyroïde et du rein, et en inhibant l'adénylcyclase activée par la TSH et l'ADH.

4) Enfin, le lithium semble avoir un effet potentialisateur sur le système neuronal sérotoninergique, ce qui expliquerait son effet de potentialisation par le tryptophane et son effet « stabilisateur de l'humeur ».

Selon Schou (1986), l'efficacité du lithium en tant que « stabilisateur de l'humeur » pour les malades bipolaires ne fait plus de doute. C'est le premier représentant de cette nouvelle classe de médicaments, bien que son mécanisme d'action dans la maladie affective bipolaire reste encore à préciser.

38.6.
INDICATIONS

38.6.1. MALADIES AFFECTIVES BIPOLAIRES

Le lithium est l'agent thérapeutique et prophylactique de choix dans le traitement des maladies affectives bipolaires. Un grand nombre d'études contrôlées ont démontré son efficacité dans les états de manie aiguë, le taux d'amélioration étant de 70 à 80 % dans un intervalle de 10 à 14 jours. À cause de cet intervalle de 10 à 14 jours nécessaire au lithium pour atteindre son efficacité et de l'état souvent très agité des patients en manie aiguë, on doit presque toujours administrer dans les premiers jours soit un antipsychotique, l'halopéridol, soit une benzodiazépine, le clonazépam, ou les deux. Le clonazépam ou le tryptophane associés au lithium en manie aiguë peuvent permettre un meilleur contrôle des symptômes maniaques et une diminution de la dose des antipsychotiques (Chouinard et al., 1983a et 1983b).

Le lithium est également reconnu pour son efficacité comme traitement prophylactique. Dans une revue de dix études contrôlées d'un traitement au lithium à long terme, Baldessarini (1985) a démontré que le taux de rechutes des patients traités au lithium était de 36,1 %, comparativement à 79,3 % pour les patients traités au placebo. Bien que les bienfaits du traitement au lithium chez certains patients atteints d'une maladie bipolaire sévère ou de changements d'humeur rapides (*rapid cyclers*) puissent ne pas être évidents, le lithium présente toutefois une effet bénéfique surtout en phase maniaque.

38.6.2. DÉPRESSION MAJEURE, ÉPISODE UNIQUE OU RÉCURRENT

Lors du traitement d'un épisode aigu d'une dépression majeure, l'action antidépressive du lithium est moins évidente que pour la prévention des épisodes récurrents de la dépression majeure. La revue des études sur l'évaluation de l'efficacité du lithium pour le traitement d'un épisode dépressif aigu a permis à Baldessarini de constater que le taux de réponse au lithium (42 %) n'était pas beaucoup plus élevé que celui attendu avec un placebo (20 à 30 %). Les épisodes récurrents sont contrôlés avec le lithium et un antidépresseur, les deux traitements étant supérieurs au placebo (Fieve et al., 1975).

Les antidépresseurs demeurent cependant le premier choix pour traiter les épisodes dépressifs, uniques ou récurrents, de la dépression majeure. Certains auteurs recommandent l'utilisation du lithium si le patient manifeste un épisode dépressif tous les 12 mois.

38.6.3. MALADIE SCHIZO-AFFECTIVE ET SCHIZOPHRÉNIE

Pour contrôler l'agitation en phase aiguë de la maladie schizo-affective, les antipsychotiques se sont révélés supérieurs au lithium (Prien et Caffey, 1972). L'effet thérapeutique de ces deux médicaments s'est toutefois révélé équivalent chez les malades moins agités. Selon Taylor et Abrams (1976), les malades diagnostiqués comme schizo-affectifs et qui répondent à un traitement au lithium devraient être plutôt considérés comme des malades souffrant de maladie affective récurrente. Quant à l'emploi à long terme du lithium dans le traitement des psychoses schizophréniques, il n'existe actuellement aucune raison de croire qu'il puisse être efficace sans être associé aux antipsychotiques.

38.6.4. AUTRES INDICATIONS

On a utilisé le lithium dans le traitement de malades souffrant d'épilepsie, de réactions phobiques, d'alcoolisme, de céphalées migraineuses, de tension prémenstruelle et de divers troubles du comportement. Les études à ce sujet ne constituent, pour la plupart, que des rapports anecdotiques, le nombre de sujets étudiés étant trop peu élevé pour que l'on puisse considérer ces applications comme démontrées scientifiquement.

Une indication potentielle intéressante pour le lithium est le traitement du comportement agressif, violent et récurrent, principalement chez les prisonniers qui présentent les caractéristiques suivantes : une réponse agressive à la provocation, un dommage cérébral possible, renforcé par des anormalités non spécifiques à l'électroencéphalogramme, et une longue histoire de criminalité caractérisée par la violence.

38.7.
CONTRE-INDICATIONS

On doit faire montre de beaucoup de prudence dans la prescription de lithium à des malades qui absorbent des diurétiques, des extraits thyroïdiens, qui ont souffert de goître thyroïdien, qui manifestent des troubles de l'équilibre électrolytique et de déshydratation, qui souffrent d'hypertension, de même que chez les femmes enceintes.

Les facteurs favorisant l'accumulation du lithium (fonction rénale réduite, insuffisance cardiaque, diètes pauvres en sel) ainsi que les facteurs influençant le système nerveux central (maladies comportant des atteintes cérébrales, vieillesse) sont des contre-indications qui doivent inciter le clinicien à évaluer sérieusement les risques par rapport aux bénéfices.

Il est préférable d'éviter l'emploi du lithium chez les femmes susceptibles de devenir enceintes, à moins d'une indication spécifique (avantages du lithium clairement démontrés). Ce médicament est maintenant reconnu comme ayant un effet tératogène probablement relié à des concentrations plasmatiques élevées. Lorsque le lithium est malgré tout employé durant la grossesse, on doit éviter les concentrations sanguines élevées en l'administrant en doses fractionnées, en s'assurant d'un apport suffisant en sel et en évitant de lui associer des diurétiques.

Le lithium peut interagir avec plusieurs classes de médicaments (voir le tableau 38.1.). L'association antipsychotique - lithium peut entraîner des lésions neurologiques irréversibles. Les antipsychotiques causent une augmentation des concentrations intracellulaires du lithium en inhibant son transport hors de la cellule, ce qui pourrait expliquer les lésions organiques cérébrales irréversibles observées chez certains malades. Cette association requiert un examen régulier des symptômes parkinsoniens.

En ce qui concerne la combinaison antidépresseurs tricycliques - lithium, les principaux désavantages sont les suivants : induction d'épisodes maniaques, diminution du seuil de convulsion, augmentation du gain de poids et autres effets secondaires du système nerveux autonome et central (perte de mémoire). L'utilisation intermittente ou continue des tricycliques peut accélérer le cycle des rechutes chez certains patients bipolaires. En effet, WEHR et GOODWIN (1979) ont suggéré que 12 à 20 % des patients bipolaires qui ont des cycles rapides, soit au moins quatre épisodes par année (*rapid cyclers*), peuvent en fait souffrir d'un problème induit par les tricycliques plutôt que par la progression

Tableau 38.1. INTERACTIONS MÉDICAMENTEUSES AVEC LE LITHIUM

MÉDICAMENTS	RÉACTIONS
Diurétiques (thiazides, acide éthacrynique, furosémide, diurétiques sulfonamidés)	Augmentation du niveau sérique du lithium, danger d'intoxication surtout avec les thiazides
Carbamazépine	Augmentation de la toxicité de la carbamazépine (leucopénie)
Neuroleptiques (phénothiazines et halopéridol)	Symptômes extrapyramidaux augmentés (tremblements), léthargie, fièvre, confusion, augmentation des concentrations intracellulaires de lithium (toxicité dans le SNC sans autres signes)
Neuroleptique (pimozide)	Augmentation possible de l'intervalle QT pouvant survenir et conduire à des arythmies ventriculaires fatales (la dose maximale de pimozide ne devrait pas dépasser 10 mg/die)
Antidépresseurs tricycliques	Diminution du seuil de convulsions, risque de convulsions de type grand mal, induction de manie
Indométhacine, acide acétylsalicylique (anti-inflammatoires non stéroïdiens)	Augmentation de la toxicité du lithium par diminution de l'excrétion
Méthyldopa	Augmentation de la toxicité du lithium dans le SNC (mécanisme inconnu)
Diazépam (benzodiazépines)	Hypothermie
Bloqueurs neuromusculaires	Prolongation de l'effet bloquant neuromusculaire avec succinylcholine, inhibition de la cholinestérase plasmatique
Propranolol (bêta-bloqueurs)	Bradycardie sinusale pouvant être exagérée surtout en présence d'une hypothyroïdie sub-clinique
Phénytoïne	Augmentation de la toxicité du lithium dans le SNC (mécanisme inconnu)
Tétracycline	Augmentation de la toxicité du lithium par diminution de l'excrétion
Iodure de potassium	Hypothyroïdie
Pénicillines à contenu élevé de sodium	Hypernatrémie, augmentation de l'excrétion du lithium

naturelle de la maladie. Avant qu'un malade traité au lithium ne prenne tout autre médicament, il est essentiel qu'il en avertisse d'abord son médecin. Quant à la potentialisation des antidépresseurs par le lithium, observée dans la dépression réfractaire (DE MONTIGNY *et al.*, 1981), des études contrôlées incluant un plus grand nombre de malades sont nécessaires pour mieux démontrer l'utilisation bénéfique de cette association.

38.8.
ADMINISTRATION

Avant d'amorcer un traitement de ce type, il importe de procéder à un examen physique complet, incluant la palpation de la glande thyroïde, ainsi qu'à des analyses de routine qui seront répétées annuellement (voir le tableau 38.2.). En présence de

Tableau 38.2. EXAMENS PRÉALABLES ET FRÉQUENCE DES CONTRÔLES PÉRIODIQUES DANS LE TRAITEMENT AU LITHIUM

EXAMENS PRÉALABLES	EXAMENS PÉRIODIQUES
Examen physique complet (incluant palpation de la thyroïde)	Tous les ans si aucun problème n'est signalé
Pulsation cardiaque	À chaque visite (patients de plus de 40 ans)
Formule sanguine complète	Annuel
Glycémie	Annuel
Fonction urinaire (azotémie, créatininémie, électrolytes), analyse d'urine (protéines et concentration)	Annuel
Électrolytes	Annuel
Bilan thyroïdien[1] (R_3T, T_4, T_3RIA, FT_4I, TSH, anticorps thyroïdiens)	Annuel
Électrocardiogramme	Après un an Tous les ans (patients de plus de 40 ans) Tous les 2 ans (patients de moins de 40 ans)
Électroencéphalogramme	Sur indications cliniques seulement

N.B. En présence de doutes sur la fonction rénale, demander une consultation en néphrologie.

1. La TSH doit être mesurée tous les 3 mois durant la première année de traitement. Les anticorps thyroïdiens ne sont mesurés qu'en début de traitement.

polyurie au cours du traitement, on doit effectuer périodiquement des examens de concentration urinaire. Chez les malades ayant présenté des symptômes d'intoxication franche, on mesurera la concentration urinaire (ou créatininémie) tous les 6 mois. Quant à l'évaluation de la fonction thyroïdienne, nous conseillons la formule suivante : mesure de la TSH tous les 3 mois durant la première année de la thérapie au lithium puis annuellement. Selon une étude récente, près de 40 % des femmes traitées au lithium après l'âge de 40 ans seraient hypothyroïdiennes.

À cause de l'état physique souvent hypothéqué dans lequel se trouve le malade souffrant de manie aiguë, on devrait user de prudence vis-à-vis des doses recommandées dans le tableau 38.3., en se guidant selon la lithémie. L'emploi précoce du lithium dans le traitement de l'épisode aigu permet une diminution

Tableau 38.3. TRAITEMENT DE LA MANIE AIGUË

DOSAGE RECOMMANDÉ
— 1er jour : 300 mg b.i.d. ou t.i.d.
— 2e jour : 300 mg t.i.d. ou q.i.d.
— 3e jour et jours suivants : selon la condition clinique du patient et la lithémie ; il est parfois nécessaire d'augmenter jusqu'à 600 mg t.i.d.

NIVEAU SANGUIN (dose thérapeutique)
— 0,8 à 1,2 mEq/l : lithémie optimale.
— 1,2 à 1,5 mEq/l : risque d'effets secondaires.
— Au-dessus de 1,5 mEq/l : risque d'intoxication.
— Le niveau sanguin ne doit jamais dépasser 2 mEq/l.

FRÉQUENCE DES LITHÉMIES (dose thérapeutique)
— 3 fois par semaine jusqu'à stabilisation.
— Par la suite, idem à la fréquence des lithémies(dose prophylactique) (voir le tableau 38.4.).

importante des doses d'antipsychotiques nécessaires mais entraîne un risque relativement élevé d'intoxication (voir aussi les pages 417 et 418).

Auparavant, il était fréquent de voir les cliniciens associer des antipsychotiques au carbonate de lithium lorsque les malades étaient trop agités. Toutefois, à cause de la susceptibilité plus grande, chez les malades bipolaires, de développer de la dyskinésie tardive, nous recommandons maintenant d'employer initialement du clonazépam (Rivotril®) au lieu des antipsychotiques qui seront réservés aux malades qui répondent peu au lithium associé au tryptophane ou au clonazépam (8-24 mg/die). Le clonazépam est contre-indiqué chez les malades présentant une intoxication alcoolique ou chez les malades ayant pris des barbituriques. BALLENGER et POST (1980) recommandent quant à eux la carbamazépine. Actuellement, il n'existe aucun médicament qui puisse contrôler la symptomatologie maniaque chez tous les malades. Tout comme le malade hypertendu, le malade maniaque est généralement traité par deux, trois ou quatre agents antimaniaques et stabilisateurs de l'humeur. Nous estimons que seulement 30 à 40 % des malades bipolaires peuvent être traités avec du lithium seul en phase aiguë.

38.8.1. EMPLOI THÉRAPEUTIQUE DANS LE TRAITEMENT DE LA MANIE AIGUË

Le dosage recommandé est de 600 à 900 mg le premier jour, puis une augmentation progressive de la dose jusqu'à 1800 mg/die, avec adaptation selon la condition clinique du malade et la lithémie. Le malade tolère une quantité de lithium deux fois plus grande durant la phase aiguë que durant la période de rémission. Les niveaux sanguins thérapeutiques de la phase aiguë se situent généralement entre 0,8 et 1,2 mEq/l. Il existe un risque d'effets secondaires entre 1,2 et 1,5 mEq/l, et un risque d'intoxication au-dessus de 1,5 mEq/l. Ce risque est accru lorsque le carbonate de lithium est associé à

un antipsychotique. Une fois l'épisode aigu contrôlé, le traitement doit être poursuivi à une dose prophylactique. Dans le cas d'un premier épisode, et même d'un deuxième lorsqu'il se produit plusieurs années après le premier, le traitement au lithium peut être interrompu après la stabilisation de la maladie, c'est-à-dire 8 à 12 mois après disparition complète des symptômes (voir le tableau 38.3.).

38.8.2. EMPLOI PROPHYLACTIQUE

Une fois le traitement de la phase aiguë terminé, on ajuste la dose de lithium jusqu'à l'obtention du niveau sanguin désiré (voir le tableau 38.4.). La dose prophylactique peut se situer entre 450 et

Tableau 38.4.   TRAITEMENT PROPHYLACTIQUE

Par traitement prophylactique, on entend la prévention d'épisodes maniaques ou dépressifs par le maintien de la stabilité de l'humeur.

DOSAGE RECOMMANDÉ
— La dose prophylactique peut se situer entre 450 et 1500 mg par jour. Dose unique au coucher. Ajuster la dose progressivement selon la lithémie.

NIVEAU SANGUIN (dose prophylactique)
— 0,4 à 1,2 mEq/l.
— Le niveau sanguin ne devrait jamais dépasser 1,5 mEq/l.
— Un niveau inférieur à 0,6 mEq/l peut être suffisant chez certains malades, surtout lorsque le lithium est combiné avec le tryptophane.

FRÉQUENCE DES LITHÉMIES (dose prophylactique)
— 1 fois par semaine jusqu'à stabilisation.
— Par la suite, tous les mois pendant plusieurs mois, suivant la condition clinique.
— Tous les 2 ou 3 mois lorsque le traitement est bien instauré et la condition clinique du malade stable.
— Toujours faire une lithémie une semaine après l'augmentation du dosage, car le lithium atteint son état d'équilibre au bout d'une semaine.

SURVEILLANCE DU POIDS
— Pesée tous les 3 mois.

1500 mg/die. Il existe cependant une grande variation selon l'âge du malade : un malade jeune peut avoir besoin d'une dose quotidienne allant jusqu'à 2400 mg, alors qu'un sujet âgé ne nécessitera que 150 à 300 mg/die. Le niveau sanguin devrait normalement se situer entre 0,4 et 1,2 mEq/l et ne devrait jamais dépasser 1,5 mEq/l. La tendance actuelle est d'atteindre des taux de lithémie dont la limite inférieure se situe à 0,4 mEq/l, surtout lorsque le lithium est employé avec un autre stabilisateur de l'humeur, comme le tryptophane, ou avec un antimaniaque, comme le clonazépam ou la carbamazépine.

Le niveau sanguin varie selon le laps de temps écoulé entre l'ingestion et le moment où le prélèvement est effectué. Il est recommandé de faire analyser les niveaux sanguins de lithium une fois par semaine jusqu'à la stabilisation, puis tous les mois. Il n'est pas nécessaire de faire la lithémie à jeun et l'on recommande de la faire 12 heures après la prise du médicament. Il n'existe aucun inconvénient à faire le prélèvement 18 heures après la dernière prise de médicament si le malade vient l'après-midi ; on peut alors évaluer la lithémie de base en sachant que la lithémie n'est que de 0,1 à 0,2 mEq/l plus basse à ce moment. D'autre part, si le prélèvement est fait entre 6 et 12 heures après la prise du médicament, on soustrait alors 0,1 à 0,2 mEq/l pour obtenir le taux de base.

Les fonctions rénales et cardiaques doivent être contrôlées de façon périodique dans le cas d'un traitement à long terme. On doit attendre une semaine après un changement de dose pour faire une lithémie, car l'état d'équilibre du lithium (*steady state*) prend environ une semaine avant d'être atteint.

Le lithium doit être pris de façon continue pour que son efficacité persiste. Il existe toutefois un pourcentage assez élevé de malades qui répondent peu au lithium. Ce sont souvent des malades qui ont des cycles rapides ou des femmes âgées de plus de 40 ans. Chez ces malades, l'association du tryptophane et/ou du clonazépam au lithium produit parfois des résultats très significatifs en permettant l'arrêt de la prise d'antidépresseurs et d'antipsychotiques souvent donnés en association avec le lithium. La carbamazépine peut être une autre solution.

38.9.
TOXICITÉ

38.9.1. EFFETS SECONDAIRES

SHOPSIN et GERSHON (1973) ont dressé une liste de 60 effets secondaires associés à la prise de lithium. Nous présentons au tableau 38.5. ceux que nous croyons les plus importants cliniquement. Les plus fréquents sont la polyurie, la polydipsie, un gain de poids et les tremblements. Les plus incommodants sont le psoriasis, l'alopécie et un changement gustatif (goût métallique). Les plus dangereux sont la bradycardie sinusale, les arythmies cardiaques et les convulsions.

Dans les premières semaines de traitement, certains malades peuvent se plaindre d'irritation gastro-intestinale, de nausées, de douleurs abdominales, d'une légère faiblesse musculaire, de soif, de polyurie, de selles plus fréquentes et d'un léger tremblement des mains. Les symptômes gastro-intestinaux et la faiblesse musculaire, qui coincident habituellement avec l'augmentation des taux sanguins de lithium, sont probablement dus à une absorption rapide et en relation avec le pic d'absorption. Ils disparaissent lorsque l'on cesse l'administration du lithium. La plupart de ces effets peuvent être minimisés si l'on échelonne l'administration de la dose sur 24 heures. Certains malades peuvent également souffrir de crampes abdominales et de diarrhée qui peuvent persister durant toute la durée du traitement. Cet effet secondaire peut être attribuable au lactose qui est employé comme excipient dans la fabrication du comprimé de carbonate de lithium. On changera alors de produit en espérant en trouver un qui ne produise pas cet inconvénient.

Tableau 38.5.   EFFETS SECONDAIRES

A) GASTRO-INTESTINAUX
  a) Irritation gastro-intestinale
  b) Nausées
  c) Douleurs abdominales
  d) Selles plus fréquentes

B) SYSTÈME NERVEUX CENTRAL
  a) Légère faiblesse musculaire
  b) Tremblement des mains (non cérébelleux)
  c) Perte de mémoire
  d) Convulsions

C) THYROÏDIENS
  a) Goître non toxique
  b) Hypothyroïdie

D) RÉNAUX
  a) Soif
  b) Polydipsie
  c) Polyurie
  d) Nycturie

E) MÉTABOLIQUES
  a) Gain de poids

F) CARDIAQUES
  a) Bradycardie sinusale
  b) Arythmies diverses

G) DERMATOLOGIQUES
  a) Induction ou exacerbation de l'acnée
  b) Induction ou exacerbation du psoriasis
  c) Éruptions maculo-papuleuses
  d) Prurit
  e) Alopécie

H) HÉMATOLOGIQUES
  a) Leucocytose

Du point de vue cardiaque, on a signalé des cas d'arythmies sinusales chez des patients âgés de 50 ans et plus. Les sujets présentent habituellement les symptômes suivants : syncope, trouble d'équilibre et dyspnée lors d'exercice, lesquels disparaissent à l'arrêt du lithium. Un électrocardiogramme devrait être fait lors de l'apparition de ces symptômes. Par ailleurs, la manifestation la plus fréquente à l'électrocardiogramme consiste en des anomalies non spécifiques de l'onde T chez 20 à 30 % des patients. Ces changements de l'onde T apparaissent dans les premières semaines du traitement et persistent jusqu'à l'arrêt du traitement.

Les tremblements fins des extrémités (et non pas les tremblements grossiers dus à une intoxication) peuvent handicaper certains patients. Ces tremblements sont aggravés par la fatigue, le stress émotif, la caféine et l'administration concomitante d'antipsychotiques. Afin de diminuer ces tremblements handicapants, il est recommandé au clinicien de suivre les étapes suivantes :

1) inciter le patient à diminuer sa consommation de caféine ;
2) réduire légèrement la posologie du lithium ;
3) donner la majeure partie de la dose au coucher ;
4) potentialiser le lithium par l'addition de tryptophane (ce qui permettra une diminution de la dose de lithium) ;
5) ajouter un agent bêta-bloqueur, comme le propranolol, à raison de 10 à 25 mg le matin et le midi.

Les effets dermatologiques sont rares, mais on a signalé les suivants : induction ou exacerbation de l'acnée ou du psoriasis, éruptions maculo-papuleuses, prurit, alopécie. Pour l'acnée et le psoriasis, une réduction de la dose est parfois suffisante mais l'arrêt du lithium peut être requis. Les éruptions maculo-papuleuses, le prurit peuvent disparaître avec les antihistaminiques, la réduction ou l'arrêt du lithium. En cas d'alopécie, il est très important qu'on vérifie les fonctions thyroïdiennes ; parfois les cheveux repoussent sans qu'il soit nécessaire d'interrompre le traitement au lithium, alors que chez certains patients l'arrêt est nécessaire.

Chez plusieurs patients, une leucocytose apparaît sans inversion de la formule blanche. Cette élévation n'est pas reliée à la posologie ni au niveau sanguin du lithium. La leucocytose peut persister durant le traitement et disparaît lors de l'arrêt.

38.9.2. SYMPTÔMES PRÉCURSEURS D'INTOXICATION

Il existe des symptômes précurseurs d'intoxication qui se manifestent dans le système gastro-intestinal (anorexie, vomissements et diarrhée), dans le système nerveux central (somnolence, confusion légère) et dans le système cérébelleux et musculaire (dysarthrie, tremblements grossiers, contractions musculaires, ataxie). Dans tous ces cas, le traitement

Tableau 38.6. SYMPTÔMES PRÉCURSEURS D'INTOXICATION ET SYMPTÔMES D'INTOXICATION

---

1) SYMPTÔMES PRÉCURSEURS D'INTOXICATION

A) *Stade précoce*

Système gastro-intestinal :
a) anorexie
b) vomissements
c) diarrhée, incontinence fécale

B) *Stade avancé*[1]

Système cérébelleux et musculaire :
a) dysarthrie
b) tremblements grossiers
c) contractions musculaires
d) ataxie

C) *Stade très avancé*[1]

Système nerveux central :
a) somnolence
b) confusion légère

2) SYMPTÔMES D'INTOXICATION

a) atteinte de l'état de conscience (confusion - coma)
b) hypertonie
c) rigidité
d) hyperréflexie
e) tremblements musculaires ou fasciculations généralisées

---

1. Si une intoxication au lithium tarde à être traitée, elle peut entraîner des lésions neurologiques irréversibles et même la mort. La présence d'un ou plusieurs symptômes d'intoxication doit entraîner le transport immédiat du patient dans une unité de soins intensifs où la possibilité d'une hémodialyse doit être envisagée.

---

au lithium doit être immédiatement cessé ; on fera analyser les niveaux sanguins du malade et on le gardera sous observation. Ces phénomènes peuvent cependant être prévenus si l'on procède régulièrement à l'analyse des niveaux sanguins et surtout si l'on évite l'administration concomitante de médicaments (diurétiques, tétracyclines, diphénylhydantoïne, métronidazole, etc.).

38.9.3. SYMPTÔMES D'INTOXICATION

Les symptômes d'intoxication au lithium se manifestent dans le système nerveux central par une atteinte de l'état de conscience pouvant aller de la confusion grave au coma avec absence complète de réponse. On peut également observer de l'hypertonie, de la rigidité dans les muscles, une augmentation des réflexes profonds, des tremblements musculaires ou des fasciculations généralisées. Des convulsions généralisées peuvent aussi apparaître, ainsi que des attaques d'hyperextension des bras et des jambes. La diphénylhydantoïne est contre-indiquée dans le traitement des convulsions associées à l'état d'intoxication. Nous recommandons l'emploi du clonazépam. Dans les cas de convulsions récidivantes, seule l'hémodialyse sera efficace.

Les malades souffrant d'intoxication au lithium doivent être traités dans une unité de soins intensifs où l'on doit déterminer leur taux sérique de lithium, puis procéder immédiatement à l'administration de solutés physiologiques (composés de 5 à 6 litres d'eau et de 0,9 % de NaCl durant une période de 24 heures). Si le taux sérique est supérieur à 4 mEq/l ou s'il se situe entre 2 et 4 mEq/l et que la condition clinique du malade est grave, on procédera le plus tôt possible à une hémodialyse afin d'éviter la mort du malade ou des lésions neurologiques irréversibles. Les diurétiques sont contre-indiqués car l'excrétion sodique qu'ils provoquent entraîne une réabsorption plus importante de lithium par le rein qui tente alors de préserver l'équilibre ionique en augmentant la perméabilité cellulaire au sodium.

38.9.4. ATTEINTES RÉNALES

Dans plusieurs études, on a fait état de la toxicité rénale du lithium (LOKKEGAARD *et al.*, 1985 ; SINANIOTIS *et al.*, 1978). Il n'existe aucun doute que le lithium provoque des lésions rénales tubulaires à court terme et des lésions glomérulaires à plus long terme, mais ces lésions ne sont pas suffisantes pour qu'on s'abstienne de prescrire le lithium. Même si les malades possèdent de 10 à 20 % moins de glomérules à l'âge de 60 ans, il n'existe aucun danger d'insuffisance rénale significative.

Les lésions glomérulaires sont probablement plus importantes chez les malades qui ont souffert d'une intoxication au lithium et le risque d'insuffisance rénale peut être présent. À ce sujet, nous pouvons faire les recommandations suivantes :

1) questionner d'une façon précise le malade pour vérifier s'il existe une histoire de problèmes rénaux ou d'infections urinaires et une histoire de polyurie ou de polydipsie avant de commencer la thérapie au lithium ;

2) vérifier, durant la thérapie, s'il existe un changement par rapport à l'état antérieur ;

3) s'assurer que le malade consomme suffisamment de sel de table pour que ne soit pas altérée la perméabilité cellulaire dans le tubule proximal (l'insuffisance en sodium provoque une plus grande perméabilité à la fois au sodium et au lithium, ce qui entraîne évidemment une plus grande concentration de lithium et probablement plus de lésions tubulaires) ;

4) s'assurer de l'atteinte d'une concentration plasmatique minimale suffisante pour prévenir les rechutes ;

5) ne pas prescrire de lithium s'il n'est pas efficace ;

6) enfin, associer le moins possible des antipsychotiques ou des antidépresseurs tricycliques au lithium durant le traitement prophylactique.

38.9.5. ATTEINTES THYROÏDIENNES

Le lithium modifie la fonction thyroïdienne de plusieurs façons : il inhibe le captage de l'iode, l'iodation de la tyrosine, la libération de T_3 et T_4 et la dégradation périphérique des hormones thyroïdiennes. Le lithium bloque la stimulation de la thyroïde par la TSH en interférant avec l'adénylcyclase sensible à la TSH. Il en résulte une diminution de la fonction thyroïdienne, mais la plupart des malades sont capables de compenser et demeurent euthyroïdiens.

Environ 5 % des malades traités au lithium développent cependant une légère hypothyroïdie et environ 30 % développent un goître bénin non toxique. Même si seulement 5 % des malades sont atteints d'une hypothyroïdie franche, environ 30 % montrent une augmentation de la TSH durant la première année de traitement, ce qui donne à penser qu'il pourrait se produire une très légère diminution des hormones thyroïdiennes. Ces effets sont toutefois réversibles dès l'arrêt de la médication.

Les malades dont le nombre d'anticorps antithyroïdiens est élevé avant le début du traitement seraient plus vulnérables au développement de l'hypothyroïdie. Il n'existe aucune évidence que le lithium stimule en soi le système auto-immunitaire ; il agirait plutôt en démasquant une forme auto-immune de thyroïdite sub-clinique déjà présente. C'est pour cette raison que nous conseillons au praticien de procéder au dosage des anticorps antithyroïdiens avant de commencer un traitement au lithium. Par ailleurs, il n'y a aucune raison de croire qu'il existe un risque élevé de cancer de la glande thyroïde chez les malades traités au lithium. Étant donné que la TSH demeure le meilleur indice d'hypothyroïdie, nous conseillons de faire, durant la première année du traitement au lithium, un dosage de la TSH tous les 3 mois. Si un malade devient hypothyroïdien, on pourra lui prescrire des extraits thyroïdiens en même temps que le lithium. Le dépistage de l'hypothyroïdie est primordial car celle-ci peut aggraver la bradycardie causée par le lithium. De plus, l'hypothyroïdie se manifeste fréquemment sous forme de dépression ; il importe donc de la diagnostiquer afin de ne pas confondre sa manifestation avec une phase dépressive de la maladie affective.

Précisons que le test thyroïdien appelé T_3R est le test de captage à la résine avec du T_3 radioactif ; il ne s'agit pas du dosage de la triiodothyrosine (T_3). Les résultats sont supérieurs lorsqu'il y a une diminution des protéines sériques (androgènes, stéroïdes, salicylates ou diphénylhydantoïne) et sont inférieurs lorsqu'il y a augmentation des mêmes protéines (grossesse, œstrogènes, contraceptifs oraux, dysfonction hépatique). Si on note une modification du T_3R, il devient alors plus important de connaître la thyroxine libre (FT_4I ou *Free* T_4 *Index*) que la thyroxine totale (T_4). En cas de doute sur une dysfonction thyroïdienne, on pourra procéder au test de stimulation à la TRH. Le dosage du T_3 RIA peut être nécessaire s'il y a une anomalie du T_3R.

38.10.
EMPLOI CONCOMITANT DES ANTIMANIAQUES ET DES AUTRES STABILISATEURS DE L'HUMEUR

Il n'existe aucune substance antimaniaque efficace pour tous les malades. Il y a deux principales catégories de médicaments pour les malades bipolaires : les stabilisateurs de l'humeur et les agents antimaniaques (voir le tableau 38.7.). Nous recommandons le processus suivant (voir le tableau 38.8.) :

- **Étape I**
  Amorcer le traitement de tout malade bipolaire avec du lithium (à moins qu'il y ait contre-indication).

- **Étape II**
  Ajouter un autre stabilisateur de l'humeur, le L-tryptophane (12 g/die : 3 g q.i.d.), au lithium en cas de réponse insatisfaisante au lithium.

- **Étape III**
  Si la réponse est encore insatisfaisante, ajouter aux deux stabilisateurs de l'humeur un antimaniaque, le clonazépam. La dose de clonazépam peut varier selon qu'il s'agit d'un traitement d'un état aigu ou d'un traitement d'entretien. La dose est donc très variable, de 0,5 à 24 mg/die. Le malade en phase aiguë tolère beaucoup plus de clonazépam que le malade chronique.

- **Étape IV**
  Ajouter la carbamazépine. Il semblerait que la carbamazépine, un anticonvulsivant, possède des propriétés à la fois antimaniaques et stabilisatrices de l'humeur (BALLENGER et POST, 1980). À notre avis, son usage doit être réservé à cette étape-ci où les antipsychotiques sont nécessaires. La carbamazépine a en effet la propriété d'augmenter la toxicité du lithium (SHUKLA *et al.*, 1984) et ne devrait pas non plus être associée aux antipsychotiques à cause d'une toxicité accrue (KANTER *et al.*, 1984). Le traitement commence par 100 mg/die ou 100 mg aux 2 jours jusqu'à un maximum de 600-800 mg/die. La mesure des niveaux sanguins est obligatoire à cause de la grande variabilité et ainsi du risque d'obtenir des concentrations toxiques. De plus, le risque accru d'anémie aplastique due à la carbamazépine doit obliger le praticien à faire des analyses hématologiques hebdomadaires pour les trois premiers mois et trimestrielles pour les trois prochaines années. S'il y a une réponse insatisfaisante après l'addition de la carbamazépine, passer à l'étape V.

- **Étape V**
  Cesser la carbamazépine et ajouter un antipsychotique D-2 spécifique comme le pimozide ou le fluspirilène. Ces antipsychotiques présentent les avantages suivants : moins de tolérance et de phénomènes de supersensibilité tels que la psychose de supersensibilité et la dyskinésie tardive.

- **Étape VI**
  Chez certains malades, ajouter un antipsychotique comme l'halopéridol. Administrer alors les antipsychotiques classiques pour la période la

Tableau 38.7. DEUX CATÉGORIES DE MÉDICAMENTS POUR LES PATIENTS BIPOLAIRES

STABILISATEURS DE L'HUMEUR	ANTIMANIAQUES
Lithium, tryptophane	*Antipsychotiques, anticonvulsivants* (clonazépam, carbamazépine, acide valproïque)
— Efficacité faible à modérée en phase aiguë, lorsqu'ils sont administrés seuls.	— Efficacité éprouvée en phase aiguë.
— Effet potentialisateur lorsqu'ils sont administrés avec des antimaniaques ou des stabilisateurs de l'humeur.	— Effet potentialisateur lorsqu'ils sont administrés avec des stabilisateurs de l'humeur ou des antimaniaques.
— Efficacité éprouvée pour prévenir les changements d'humeur.	— Efficacité variable pour stabiliser l'humeur.

plus courte possible, ces malades étant plus vulnérables à la dyskinésie tardive que les malades schizophrènes (KANE et SMITH, 1982).

- **Étape VII**
Ajouter des tricycliques lors d'un épisode dépressif qui ne répond pas au lithium où à l'association lithium - tryptophane. Des travaux de GOODWIN ont démontré qu'il existe un groupe de malades chez qui les antidépresseurs tricycliques précipi-

Tableau 38.8. ÉTAPES MÉDICAMENTEUSES DU TRAITEMENT DES MALADIES BIPOLAIRES

I.	Lithium
II.	Lithium + tryptophane
III.	Lithium + tryptophane + clonazépam
IV.	Lithium + tryptophane + clonazépam + carbamazépine
V.	Lithium + tryptophane + clonazépam + pimozide ou fluspirilène
VI.	Lithium + tryptophane + clonazépam + pimozide ou fluspirilène + halopéridol
VII.	Antidépresseurs tricycliques peuvent être ajoutés pour une courte période lors d'un épisode dépressif qui ne répond pas au lithium ni au lithium + tryptophane.

tent des épisodes de manie et augmentent la fréquence des cycles de la maladie (WEHR et GOODWIN, 1979). S'il est nécessaire d'administrer un antidépresseur tricyclique, on recommande de diminuer la dose assez rapidement, dès que l'humeur est revenue à la normale.

38.11.
LITHIUM : INFORMATION À DONNER AUX MALADES

Il est essentiel que l'on discute avec le malade, dans un contexte d'alliance thérapeutique, des avantages et des risques que comporte le traitement au lithium. Nous croyons que le malade doit être au courant de certains conseils à suivre pendant son traitement. Au tableau 38.9., nous décrivons les directives que l'on peut donner au patient après lui avoir fourni des explications verbales. Il existe des formulaires de renseignements sur le traitement au lithium qu'on peut offrir au malade et qui sont plus élaborés, mais ils omettent de souligner les points importants que nous avons ajoutés dans nos directives.

Tableau 38.9.   DIRECTIVES POUR LE PATIENT TRAITÉ AVEC LE LITHIUM

1) Le lithium est un traitement efficace qui est prescrit pour stabiliser votre humeur. Il n'a pas un effet curatif et il doit être pris de façon continue pour que son efficacité persiste. Il est très important pour vous de ne pas l'augmenter, le diminuer ou le cesser sans consulter votre médecin traitant.

2) Même si le lithium est un traitement relativement sûr, il peut être potentiellement toxique et dangereux si vous vomissez ou si vous avez la diarrhée. Si ces symptômes se présentent, arrêtez immédiatement de prendre le médicament et consultez votre médecin.

3) Vous ne devez prendre aucun autre médicament pendant votre traitement au lithium, particulièrement des diurétiques, des antibiotiques et des aspirines, sans en discuter avec le médecin qui vous a prescrit le lithium.

4) Le lithium est présenté sous forme de sel, semblable au sel de table que vous utilisez tous les jours aux repas. Cependant, il ne remplace pas le sel de table et vous ne devez pas suivre un régime pauvre en sel pendant que vous prenez du lithium. Au contraire, utiliser le sel de table vous permettra de diminuer le risque d'atteintes rénales durant votre traitement.

5) Le lithium peut occasionner comme effets secondaires le besoin de boire et d'uriner plus souvent. Il faut alors augmenter votre ingestion de liquides afin d'éviter de vous déshydrater. Le lithium peut vous faire prendre du poids, ce que vous pouvez contrôler en surveillant votre ingestion de calories.

38.12.
CONCLUSION

Le lithium constitue un progrès remarquable dans le traitement des maladies affectives récurrentes bipolaires, et plus particulièrement dans le traitement prophylactique. Les effets secondaires qu'il provoque à long terme nous obligent à le prescrire aux patients qui en bénéficient vraiment et à s'abstenir dans les autres cas. La sévérité de ses effets secondaires n'est pas telle qu'elle doive nous faire hésiter à le prescrire lorsqu'il est indiqué, puisque le lithium demeure le médicament de premier choix pour le traitement des maladies affectives bipolaires (*Consensus Development Panel*, 1985).

BIBLIOGRAPHIE

BALDESSARINI, R.J.
1985 « Lithium Salts and Antimanic Agents », *Chemotherapy in Psychiatry, Principles and Practice*, Cambridge, Mass., London, Harvard University Press, p. 93-129.

BALLENGER, J.C. et R.M. POST
1980 « Carbamazepine in Manic-depressive Illness : A New Treatment », *Am. J. Psychiatry*, vol. 137, p. 782-790.

BURROWS, G.D., B. DAVIES et P. KINCAID-SMITH
1978 « Unique Tubular Lesion After Lithium », *Lancet*, vol. 1, p. 1310.

CADE, J.F.J.
1949 « Lithium Salts in the Treatment of Psychiatric Excitement », *Med. J. Aust.*, vol. 2, p. 349-359.

CHOUINARD, G., S.N. YOUNG et L. ANNABLE
1983a « Antimanic Effect of Clonazepam », *Biol. Psychiatry*, vol. 18, p. 451-466.

CHOUINARD, G., S.N. YOUNG, J. BRADWEJN et L. ANNABLE
1983b « Tryptophan in the Treatment of Depression and Mania », *Adv. Biol. Psychiat.*, vol. 10, p. 47-66.

CONSENSUS DEVELOPMENT PANEL
1985 « Mood Disorders : Phamacologic Prevention of Recurrences », *Am. J. Psychiatry*, vol. 142, n° 4, p. 469-478.

DE MONTIGNY, C., F. GRUNBERG, A. MAYER et J.-P. DESCHÊNES
1981 « Lithium Induces Rapid Relief of Depression in Tricyclic Antidepressant Drug Non-responders », *Brit. J. Psychiatry*, vol. 138, p. 252-256.

DUNNER, D., V. PATRICK et R.R. FIEVE
1977 « Rapid Cycling Manic Depressive Patients », *Compr. Psychiat.*, vol. 18, p. 561-566.

FIEVE, R.R., D.R. DUNNER, T. KUMBARACI et F. STALLONE
1975 « Lithium Carbonate in Affective Disorders. IV. A Double-blind Study of Prophylaxis in Unipolar Recurrent Depressions », *Arch. Gen. Psychiat.*, vol. 32, p. 1541-1544.

HESTEBECH, J., H.E. HANSEN, A. AMDISEN et S. OLSEN
1977 « Chronic Renal Lesions Following Long-term Treatment with Lithium », *Kidney Int.*, vol. 2, p. 205-213.

KANE, J.M. et J.M. SMITH
1982 « Tardive Dyskinesia : Prevalence and Risk Factors, 1959 to 1979 », *Arch. Gen. Psychiatry*, vol. 39, p. 473-481.

KANTER, G.L., B. YEREVANIAN et J.R. CICCONE
1984 « Case Report of a Possible Interaction Between Neuroleptics and Carbamazepine », *Am. J. Psychiatry*, vol. 141, p. 1101-1102.

LOKKEGAARD, H., N.F. ANDERSEN, E. HENRIKSEN, P.D. BARTELS, M. BRAHM, P.C. BAASTRUP, H.E. JORGENSEN, M. LARSEN, O. MUNCK, K. RASMUSSEN et H. SCHRODER
1985 « Renal Function in 153 Manic-depressive Patients Treated with Lithium for More Than Five Years », *Acta Psychiat. Scand.*, vol. 71, p. 347-355.

PRIEN, R.F. et E.M. CAFFEY Jr
1972 « A Comparison of Lithium Carbonate and Chlorpromazine in the Treatment of Excited Schizo-affectives », *Arch. Gen. Psychiatry*, vol. 27, p. 182-189.

PRIEN, R.F., C.J. KLETT et E.M. CAFFEY Jr
1973 « Lithium Carbonate and Imipramine in Prevention of Affective Episodes », *Arch. Gen. Psychiatry*, vol. 29, p. 420-425.

SCHOU, M.
1986 « Lithium Treatment : A Refresher Course », *Br. J. Psychiatry*, vol. 149, p. 541-547.

SCHOU, M., N. JUEL-NEILSEN, E. STROMGREN et H. VOLDBY
1954 « The Treatment of Manic Psychoses by the Administration of Lithium Salts », *J. Neur. Neurosurg. Psychiatry*, vol. 17, p. 250-260.

SHOPSIN, B. et S. GERSHON
1973 « Pharmacology - Toxicology of the Lithium Ion », *Lithium, It's Role in Psychiatric Research and Treatment* (S. Gershon et B. Shopsin, édit.), New York-London, Plenum Press, p. 107-146.

SHUKLA, S., C.D. GODWIN, L.E.B. LONG *et al*
1984 « Lithium-carbamazepine Neurotoxicity and Risk Factors », *Am. J. Psychiatry*, vol. 141, p. 1604-1606.

SINANIOTIS, C.A., M.N. HARATSARIS et C.J. PAPADATOS
1978 « Impairment of Renal Concentrating Capacity by Lithium », *Lancet*, vol. 1, p. 778.

TAYLOR, M.A. et R. ABRAMS
1976 « The Phenomenology of Mania », *Arch. Gen. Psychiatry*, vol. 29, p. 520-620.

WEHR, T.A. et F.K. GOODWIN
1979 « Rapid Cycling in Manic-depressive Induced by Tricyclic Antidepressants », *Arch. Gen. Psychiatry*, vol. 36, p. 555-559.

CHAPITRE 39

FONDEMENTS DE LA PSYCHOTHÉRAPIE

Robert Pelsser

Ph.D.
Psychologue-psychothérapeute à la Cité de la Santé de Laval
Chargé de cours et chargé de clinique à la Faculté de médecine de l'Université de Montréal

PLAN

39.1.
EFFICACITÉ DE LA PSYCHOTHÉRAPIE EN GÉNÉRAL

La psychothérapie constitue l'une des occupations principales des professionnels de la santé mentale ; il importe dès lors que nous en examinions les fondements : son efficacité, ses variables, ses composantes.

EYSENCK, dans un article devenu célèbre (1952), mit sérieusement en doute l'efficacité de la psychothérapie, tentant de démontrer qu'il existait une corrélation inverse entre la psychothérapie et l'état du patient. En effet, EYSENCK estimait à 66 % le taux de rémission spontanée, sur une période de deux ans, de patients névrotiques dont le nom figurait sur une liste d'attente, qui n'avaient donc eu aucun contact encore avec un professionnel de la santé mentale. Par ailleurs, le taux de guérison de patients qui s'étaient soumis à une psychothérapie variait de 44 à 77 % (avec une moyenne de 64 %), et ce, également sur une période de deux ans.

Cet article historique fut à l'origine d'une controverse mettant en opposition, d'une part, EYSENCK et RACHMAN qui critiquaient l'efficacité de la psychothérapie et, d'autre part, une série de chercheurs, surtout LUBORSKY *et al.* (1975) et SMITH *et al.* (1977, 1980), qui firent la revue de nombreuses études et démontrèrent l'efficacité de la psychothérapie.

Il importe dès lors que nous nous arrêtions à deux concepts fondamentaux : 1) la rémission spontanée et 2) l'effet de détérioration, avant d'examiner la question de l'efficacité de la psychothérapie.

39.1.1. RÉMISSION SPONTANÉE

EYSENCK (1952) estimait à deux tiers, sur une période de deux ans, le taux de rémission spontanée de patients névrotiques en attente d'une entrevue avec un professionnel ; RACHMAN et WILSON

(1980) soutiennent les mêmes chiffres. Toutefois, le concept de **rémission spontanée** est actuellement, sinon rejeté, du moins fortement critiqué, pour différents motifs :

1) La rémission spontanée indique que le patient a pu s'améliorer sans l'aide d'un professionnel de la santé mentale. Cependant, on constate dans la pratique que le patient a souvent pu bénéficier de conseils, d'avis et de soutien provenant de différentes sources : soit informelles dans le **réseau social** (conjoint, parenté, amis), soit formelles dans le **réseau des personnes-ressources** (médecin, ministre du culte, professeur). Il est possible que les personnes choisies comme aidants naturels possèdent des qualités personnelles et la capacité d'apporter l'aide et l'assistance demandées. Le patient dont le nom se trouve sur la liste d'attente en vue d'une consultation peut aussi bénéficier d'autres sources d'aide : les **groupes d'entraide** divers (par exemple : Alcooliques Anonymes, Déprimés Anonymes, groupes de femmes battues, de personnes séparées, etc.), les **programmes d'autothérapie** (*self-help*) offerts par des psychothérapeutes sous forme de livres ou de cassettes, les **tribunes téléphoniques** avec des thérapeutes-conseils à la radio, à la télévision ou avec les **organismes d'écoutants anonymes** (Tél-aide). La soi-disant rémission spontanée est en fait l'amélioration du patient qui a eu recours à d'autres moyens que la psychothérapie.

2) Le taux de la soi-disant rémission spontanée doit être reconsidéré. L'examen de nombreuses études sur l'efficacité de la psychothérapie indique que le taux de rémission spontanée chez des sujets non traités est d'environ 30 %, au maximum 43 % (GARFIELD et BERGIN, 1978), avec des variations extrêmes allant de 18 à 67 % selon les différentes études, ce qui est loin des deux tiers suggérés par EYSENCK (1952) et actuellement soutenus par RACHMAN et WILSON (1980). Ce taux de rémission spontanée pourrait monter jusqu'à 50 % au maximum, si l'on ajoutait les

patients qui reçoivent un traitement minimal, par exemple une entrevue d'évaluation, des entrevues occasionnelles de soutien, des appels téléphoniques assurant un suivi (*follow up*), mais non une psychothérapie intensive (GARFIELD et BERGIN, 1978). Les chiffres avancés par EYSENCK, RACHMAN et WILSON sont dès lors sujets à caution.

3) Les taux avancés dans les diverses études sur la rémission spontanée se rapportent toujours à des tableaux cliniques légers, soit les troubles névrotiques (hystérie, obsession, phobie, angoisse), les troubles de la personnalité, les troubles du comportement. Souvent aussi ces taux sont basés sur des échantillons de sujets volontaires, recrutés dans un but de recherche (pour une thèse de doctorat par exemple) à partir d'un appel d'offres (entrevues de psychothérapie gratuites ou à coût minime). Ces faits expliquent le nombre élevé de patients souvent moins perturbés et moins motivés. Dans les études sur le sujet, on prend rarement, sinon jamais, en considération des troubles d'intensité moyenne, voire grave, tels que les troubles psychosomatiques, les toxicomanies et les psychoses. Il est accepté à l'heure actuelle que ces pathologies plus sévères exigent souvent d'autres moyens que l'intervention individuelle (par exemple la psychothérapie de groupe) et que la psychothérapie (par exemple la psychopharmacothérapie ou la sociothérapie). La rémission spontanée et la liste d'attente ne sauraient être invoquées dans le cas de telles pathologies, que ce soit pour en expliquer la diminution ou, encore moins, la disparition.

39.1.2. EFFET DE DÉTÉRIORATION

La psychothérapie n'est pas un processus neutre, puisqu'elle peut entraîner une amélioration ou une détérioration de la pathologie traitée. Les études ont démontré des effets de détérioration variant de 6 à 12 % dans certaines situations, avec des écarts extrêmes pouvant aller de 1 à 50 % (GARFIELD et BERGIN, 1978). L'effet de détérioration est un problème sérieux dans le domaine de la psychothérapie et il n'est pas limité à un type particulier de psychothérapie.

La détérioration désigne généralement l'aggravation du tableau clinique du patient en raison de l'accentuation des symptômes existants ou de l'apparition de nouveaux symptômes, lorsque le tableau symptomatologique est évalué avant et après le traitement. Le terme peut inclure également une stagnation dans le traitement : ainsi, les effets négatifs de la psychothérapie peuvent signifier une dépendance soutenue vis-à-vis du thérapeute ou de la thérapie et le développement d'attentes irréalistes envers la thérapie. Une telle attitude peut aboutir à des échecs, à de la culpabilité, à de l'autodévalorisation, et contribuer à la désillusion et à la méfiance du patient envers toute forme de thérapie et tout thérapeute. Ces derniers effets sont bien sûr plus subtils et consistent avant tout en un manque d'amélioration significative, laquelle devrait avoir lieu normalement dans le contexte en question (BERGIN, 1976).

L'existence d'une détérioration au cours ou à l'issue de la psychothérapie, qu'elle soit comportementale, humaniste ou psychanalytique, a amené les chercheurs à examiner les facteurs négatifs responsables de l'échec du traitement. Il semble donc que le résultat bénéfique ou néfaste de la psychothérapie dépende de plusieurs facteurs :

1) facteurs touchant les attentes thérapeutiques du patient et du thérapeute (congruence ou divergence) ;

2) facteurs interactionnels, c'est-à-dire le type de relation établie par le thérapeute avec le patient et le type de relation établie par le patient avec le thérapeute (relation thérapeutique ou iatrogénique) ;

3) facteurs reliés à la technique thérapeutique (habileté ou maladresse du thérapeute, bonne ou mauvaise utilisation de la méthode thérapeutique) ;

4) facteurs rattachés à la combinaison du type de traitement et du type de pathologie présentée (*What works with whom ?*).

39.1.3. EFFICACITÉ DE LA PSYCHOTHÉRAPIE

La psychothérapie a des effets positifs et différents auteurs ont essayé de chiffrer son efficacité. Selon GARFIELD et BERGIN (1978), environ 65 % des patients présentent une certaine amélioration à l'issue de la psychothérapie. SMITH et GLASS (1977) de même que SMITH, GLASS et MILLER (1980), à la suite de deux recherches portant respectivement sur 375 et 475 études concernant l'efficacité de la psychothérapie, en sont arrivés à la conclusion que le client moyen se soumettant à la psychothérapie est dans un meilleur état au terme du processus que 75 %, et même que 80 %, des sujets non traités du groupe témoin, ce qu'on peut interpréter ainsi : 75 %, et même 80 %, des sujets traités dépassent la moyenne des sujets du groupe témoin.

La psychothérapie démontre hors de tout doute qu'elle est efficace et même, plus précisément, qu'elle est plus efficace que l'effet placebo, la liste d'attente ou la pseudo-thérapie.

Les conclusions sur l'efficacité de la psychothérapie peuvent s'énoncer comme suit :

1) Les patients non traités demeurant sur la liste d'attente connaissent une rémission spontanée dans 43 % des cas, mais ce résultat est dû à l'intervention de personnes, de groupes ou de programmes ayant une fonction d'aide ou d'assistance.

2) La psychothérapie peut entraîner des effets de détérioration, allant en moyenne de 6 à 12 %, principalement dus à un mauvais jumelage du thérapeute et de la méthode utilisée avec le patient et le trouble présenté.

3) La psychothérapie est efficace, puisqu'en moyenne le patient-type allant en thérapie s'en tire mieux que 80 % des individus non traités.

39.2.
EFFICACITÉ DES DIFFÉRENTS TYPES DE PSYCHOTHÉRAPIE

Si la psychothérapie s'avère plus efficace que la liste d'attente, l'effet placebo ou la pseudo-thérapie, une autre question se pose : existe-t-il un type de psychothérapie plus efficace qu'un autre ? Dans la pratique, chaque thérapeute a tendance à affirmer que sa méthode thérapeutique inspirée d'une tendance précise est supérieure aux autres, c'est-à-dire qu'elle parvient à traiter les troubles des patients de façon plus efficace, plus durable et plus profonde. Les auteurs des études les plus récentes (LUBORSKY *et al.*, 1975, SMITH *et al.*, 1977, 1980) ont démontré que les diverses formes de psychothérapie présentent des différences non significatives en ce qui concerne la proportion de patients qui se sont améliorés à la fin du processus.

LUBORSKY *et al.* (1975) ont fait les comparaisons suivantes : a) psychothérapies de groupe et individuelle ; b) psychothérapies brève et à long terme ; c) psychothérapie centrée sur le client (ROGERS) et psychothérapie traditionnelle ; d) psychothérapie et thérapie comportementale. Ils en ont conclu que ces différentes formes de psychothérapie sont équivalentes et ils ont repris à ce sujet le verdict de l'oiseau Dodo (d'après *Les aventures d'Alice au pays des merveilles* de L. CARROLL) : « Tout le monde a gagné et chacun mérite un prix ! » La conclusion des auteurs vaut exclusivement pour la comparaison des psychothérapies individuelles entre elles (à l'exception de la psychanalyse classique, non couverte dans cette étude) et n'inclut pas la comparaison de la psychothérapie avec d'autres formes de traitement (pharmacothérapie, sociothérapie).

SMITH et GLASS (1977) ont comparé pour leur part dix types de psychothérapie : psychodynamique, adlérienne, éclectique, rationnelle-émotive, centrée sur le client, de même que l'analyse transactionnelle, la Gestalt-thérapie, la désensibilisation systématique, la thérapie implosive et la modification du comportement. Ils ont constaté qu'il n'existe que des différences négligeables dans les effets produits par ces différents types de psychothérapie : en fait, les patients se soumettant à l'une ou l'autre de ces thérapies sont en meilleure condition que les individus non traités et le groupe des personnes traitées se situe entre 68 et 82 percentiles ·si on le transpose dans le groupe témoin ; en d'autres termes, les patients traités s'en tirent mieux que 68 à 82 % des personnes non traitées, ce qui donne un écart non significatif entre les différents types de psychothérapies sur le plan des résultats obtenus. Plus spécifiquement, la classe des thérapies comportementales et celle des thérapies non comportementales (thérapie du Moi, psychothérapie dynamique, psychothérapie humaniste) démontrent à peu près le même résultat. SMITH, GLASS et MILLER (1980) ont poussé leur étude plus loin en comparant 18 types de thérapie et en sont arrivés à la même conclusion ; encore une fois, cette revue ne couvrait pas la psychanalyse classique pour laquelle on ne possède pas suffisamment d'études d'efficacité rigoureuses sur le plan méthodologique.

L'efficacité de la psychothérapie d'orientation analytique (ou psychodynamique) et celle de la psychanalyse classique ont été examinées dans certaines études ; alors que la thérapie psychodynamique est considérée comme aussi efficace que les autres formes de thérapie, il reste plusieurs questions en suspens au sujet de la psychanalyse classique, malgré des études sérieuses comme l'étude *Temple* (SLOANE *et al.*, 1975) où l'on a comparé la psychothérapie analytique à court terme, la thérapie comportementale et une liste d'attente avec traitement minimal, ainsi que l'étude *Menninger* (KERNBERG *et al.*, 1972) où l'on a étudié la psychanalyse et la psychothérapie d'orientation analytique. La plupart des auteurs s'accordent sur les points suivants : il est possible que la psychanalyse soit efficace, mais il n'existe pas de preuve irréfutable permettant aux chercheurs de la considérer comme telle ; il s'agit davantage d'une méthode d'introspection que de traitement ; en tant que type de psycho-

thérapie à long terme, elle est difficile à justifier si on la compare à des approches plus courtes (même d'orientation analytique, par exemple celle préconisée par MALAN ou SIFNEOS), particulièrement si l'on évalue des critères symptomatiques de changement plutôt que des critères psychodynamiques ; la question du coût en temps, en énergie et en argent devient cruciale si l'on considère les bénéfices à l'issue du processus.

Il se dessine actuellement un mouvement en faveur de l'éclectisme en psychothérapie (GARFIELD, 1980, 1984 ; LECOMTE, 1984 ; CASTONGUAY, 1984) ; on y préconise une forme de thérapie tenant compte de la valeur des différentes approches et techniques. La conclusion d'une égale valeur des différents types de psychothérapie est tout à fait générale et n'indique pas encore si un type de thérapie est plus efficace pour une pathologie spécifique, un problème précis. Cette question est importante parce qu'elle permet de distinguer les indications ou les contre-indications des différentes psychothérapies par rapport au diagnostic émis pour tel ou tel patient. Des chercheurs ont examiné la combinaison du type de thérapie avec le type de patient (*What works with whom ?*), afin de trouver la spécificité de chaque type d'approche. Il se dégage des recherches qu'il existe seulement quelques jumelages particulièrement bénéfiques. Même s'il est probablement vrai que certains patients peuvent être aidés de façon équivalente par une variété d'approches, il est également vrai que certaines formes de psychothérapie sont davantage indiquées pour certaines conditions que pour d'autres :

1) La psychothérapie, en tant que traitement unique, ne semble pas efficace pour les pathologies de type psychotique (schizophrénie, psychose maniaco-dépressive, dépression majeure). Il convient de lui ajouter la psychopharmacothérapie et éventuellement la sociothérapie pour rendre le traitement plus efficace.

2) La psychothérapie demeure un traitement de soutien, c'est-à-dire complémentaire, dans le cadre de problèmes tels que l'alcoolisme, la toxicomanie, les troubles caractériels et la

délinquance ; ceux-ci exigent souvent une approche de groupe ou de milieu.

3) La psychothérapie permet le soulagement de toute une série de symptômes psychosomatiques lorsqu'elle s'ajoute à un traitement biologique approprié ; une telle combinaison s'avère plus efficace qu'une approche exclusivement biologique.

4) La thérapie comportementale, particulièrement la désensibilisation systématique et la modification du comportement, est spécialement indiquée pour le traitement des phobies simples, c'est-à-dire des anxiétés restreintes et des troubles obsessionnels-compulsifs, surtout si elle est accompagnée d'un entraînement à la relaxation.

5) Les problèmes de couple sont traités plus efficacement lorsqu'ils sont abordés dans un traitement incluant les deux conjoints ; il n'est plus justifié d'utiliser la psychothérapie individuelle dans l'abord de problèmes conjugaux.

6) La thérapie sexuelle, inspirée des principes de MASTERS et JOHNSON, est généralement considérée comme plus efficace que toutes les autres techniques pour traiter les troubles d'ordre sexuel.

7) La thérapie comportementale s'est avérée la plus efficace pour améliorer le fonctionnement de patients déficients mentaux dans plusieurs domaines (socialisation, autonomie, occupation, etc.).

8) Il est préférable d'offrir un type de thérapie plus structuré à des patients dont le niveau d'anxiété est élevé ou dont la personnalité est fragile, alors que les patients moins anxieux, moins fragiles peuvent bénéficier de psychothérapies dont les cadres sont plus lâches ; ainsi, il est possible d'opposer la relaxation progressive de JACOBSON au training autogène de SCHULTZ, la thérapie de réalité à la Gestalt-thérapie, la thérapie comportementale ou cognitive à la psychothérapie analytique.

9) Si le patient présente un trouble aigu d'apparition récente découlant d'un stress intense, alors qu'il possédait auparavant de bonnes ressources, un type d'intervention relativement léger et court est indiqué ; si, par contre, le sujet présente une longue histoire de difficultés d'adaptation et de relations interpersonnelles conflictuelles, une estime de soi déficiente et des perturbations symptomatiques, on doit songer à une thérapie à plus long terme et plus en profondeur.

10) Les diverses formes de psychothérapie — surtout dans ses trois courants principaux : dynamique, comportemental, humaniste — s'avèrent efficaces sans différences significatives pour traiter les troubles névrotiques et les troubles de la personnalité, l'anxiété et la dépression névrotique, de même que les patients non hospitalisés, suivis en traitement ambulatoire.

39.3.
VARIABLES DU PATIENT ET DU THÉRAPEUTE EN PSYCHOTHÉRAPIE

Il est utile de se demander quels facteurs objectifs ont une influence sur le résultat de la psychothérapie (GÉRIN, 1984 ; LAMONTAGNE *et al.*, 1985).

39.3.1. VARIABLES CONCERNANT LE PATIENT

La théorie habituellement soutenue est que la psychothérapie est surtout efficace pour de jeunes adultes anxieux, motivés, souffrant de troubles mineurs, de même que pour des individus ayant un fonctionnement social satisfaisant, une capacité de s'exprimer sur le plan affectif et des ressources personnelles suffisantes. Ces caractéristiques sont souvent résumées par le terme *yarvis* signifiant : *young, attractive, rich, verbal, intelligent, and successful*. En fait, les recherches récentes viennent nuancer quelque peu le portrait de ce patient idéal à plusieurs points de vue (GARFIELD et BERGIN, 1978) :

1) **Statut socio-économique**   Alors que le statut socio-économique est en corrélation étroite avec l'acceptation et la continuation de la psychothérapie, il n'a qu'une faible corrélation avec le résultat de la psychothérapie ; cette constatation va à l'encontre de l'opinion courante selon laquelle les résultats de la psychothérapie seraient meilleurs chez des personnes de classe sociale élevée.

2) **Niveau de scolarité**   Les recherches tendent à indiquer une corrélation positive entre le degré de scolarité de la personne et le résultat de la thérapie, quoiqu'il n'existe pas de conclusions absolument concordantes à ce sujet. Cette observation nuance quelque peu l'opinion courante selon laquelle les patients ayant une scolarité élevée démontreraient inévitablement une amélioration plus grande en thérapie.

3) **Âge**   Les recherches sont contradictoires à ce sujet ; il n'existe pas de preuve claire que l'âge aurait une corrélation avec les résultats de la psychothérapie, à l'encontre de la croyance selon laquelle les patients plus âgés manifestent moins de progrès et présentent un pronostic moins intéressant.

4) **Sexe**   Il n'existe aucune différence significative entre les hommes et les femmes quant au résultat positif de la psychothérapie.

5) **Intelligence**   L'opinion courante veut que les patients ayant un quotient intellectuel (QI) plus élevé s'améliorent davantage que ceux qui ont un QI plus faible. Cette idée est contestable ; les recherches concluent actuellement dans le sens suivant : une intelligence élevée n'est pas une condition préalable à un résultat positif en psychothérapie, même si elle peut être d'une plus grande importance dans certains types de psychothérapie, par exemple dans les thérapies verbales et celles d'introspection. On peut raisonnablement supposer qu'un degré mini-

mal d'intelligence est requis pour assurer l'efficacité d'une psychothérapie ; cependant, aucun degré précis n'a été spécifié et démontré comme étant le degré exigé ; le seul point d'accord est que la psychothérapie chez les déficients mentaux pose des problèmes particuliers. L'intelligence compterait pour moins de 10 % dans la variance des résultats de la psychothérapie.

6) **Degré de perturbation**   L'opinion courante veut que les patients moins perturbés du point de vue de la personnalité ou du diagnostic évoluent plus favorablement que ceux qui sont plus perturbés. Cette affirmation mérite des nuances. Si l'on considère le niveau de fonctionnement général, les patients qui commencent la thérapie à un degré relativement élevé d'ajustement vont probablement, à l'issue du traitement, fonctionner à un niveau plus élevé que ceux qui sont plus perturbés au départ. Par contre, si l'on étudie le degré de changement obtenu au cours de la psychothérapie, les patients plus perturbés peuvent connaître un degré d'amélioration plus élevé que les individus qui ont déjà un résultat élevé à une échelle d'ajustement. Cependant, certaines catégories de patients moins accessibles à la psychothérapie (par exemple les psychotiques) correspondent bien à la thèse selon laquelle plus le diagnostic est sévère, plus le degré d'amélioration et le niveau de fonctionnement sont faibles.

39.3.2. VARIABLES CONCERNANT LE THÉRAPEUTE

Diverses études menées sur les variables provenant du thérapeute et pouvant avoir un effet sur le résultat de la psychothérapie peuvent se résumer comme suit (GARFIELD et BERGIN, 1978) :

1) **Personnalité**   Même si on véhicule encore la théorie selon laquelle il faut posséder des qualités générales pour être thérapeute, il n'existe pas d'étude démontrant clairement la corrélation

entre les résultats de la thérapie et certaines caractéristiques générales de personnalité ; en fait, les recherches démontrent plutôt que les caractéristiques de personnalité utiles pour un travail efficace sont variables et différentes selon les catégories particulières de patients à traiter ou les troubles présentés.

2) **Thérapie personnelle** La contribution d'une psychothérapie personnelle à l'accroissement de l'efficacité du thérapeute reste encore à démontrer ; le degré de compétence thérapeutique n'est pas rattaché uniquement au fait que le thérapeute se soit soumis ou non à une thérapie personnelle. Ce point de vue contredit l'opinion de certains tenants d'autres approches (surtout les psychanalystes) qui considèrent nécessaire, voire indispensable, de se soumettre soi-même à une thérapie avant de la pratiquer.

3) **Santé mentale** Les recherches indiquent clairement que plus le thérapeute présente de troubles psychologiques, plus les résultats du traitement seront pauvres ; la santé mentale du thérapeute est un facteur favorisant l'efficacité du traitement.

4) **Sexe** Il n'est pas possible de tirer de conclusions définitives, à l'heure actuelle, concernant l'effet du sexe du thérapeute sur les résultats de la psychothérapie, même si certains cliniciens croient que le jumelage d'un thérapeute et d'un client peut être à l'origine d'un effet positif ou négatif, selon qu'ils sont de même sexe ou de sexe différent. (Voir aussi la section 30.5.2.)

5) **Degré d'expérience** La preuve que le degré d'expérience du thérapeute est un facteur déterminant dans le résultat de la thérapie est étonnamment faible et non valablement démontrée, contrairement à ce que laisse supposer une croyance courante. Dans quelques études, on a même montré que de jeunes thérapeutes plus ou moins expérimentés obtenaient de meilleurs résultats que des thérapeutes d'expérience, du moins dans plusieurs situations de relation

d'aide. Cette conclusion, aujourd'hui généralement rejetée, s'explique par deux facteurs :

a) les thérapeutes débutants manifestent un plus grand intérêt à l'égard du patient et un plus grand optimisme sur le plan thérapeutique ; il s'agit là d'une attitude générale souvent moins présente chez des thérapeutes expérimentés ;

b) les thérapeutes débutants travaillent avec des patients moins perturbés par opposition aux thérapeutes expérimentés qui prennent souvent en charge des patients plus atteints, moins fonctionnels.

6) **Formation** La combinaison de connaissances théoriques et de techniques pratiques est en corrélation avec l'efficacité de la psychothérapie. Dans certaines études, on a voulu démontrer que des aidants naturels ayant reçu un minimum de formation étaient aussi efficaces que des thérapeutes professionnels, du moins dans plusieurs situations. Cette conclusion est actuellement remise en question. La psychothérapie est plus efficace que l'aide naturelle, même si celle-ci peut être d'une certaine utilité. La psychothérapie se distingue d'autres formes d'aide du fait qu'en principe elle est moins entremêlée avec les besoins du thérapeute et également plus intensive, plus pénétrante envers un problème à régler. En fait, selon certains chercheurs, les thérapeutes se comportent différemment des non-professionnels ; généralement, les thérapeutes sont perçus comme plus acceptants et font plus de remarques suscitant la réflexion, alors que les non-professionnels donnent plus d'opinions, posent plus de questions et font plus de suggestions.

39.3.3. VARIABLES RATTACHÉES À LA RELATION PATIENT - THÉRAPEUTE

Il s'agit d'une série de facteurs provenant de la mise en relation des deux protagonistes de la psychothérapie, à savoir le patient et le thérapeute (FRANK *et al.*, 1978 ; GARFIELD, 1980) :

1) **Concordance des attentes**   Certains auteurs ont supposé intuitivement que, pour autant que les participants à la thérapie ne se contredisaient pas au sujet de sa nature et de ses objectifs, le progrès serait possible et même augmenterait. Cette thèse est actuellement rejetée : la concordance des attentes du thérapeute et du patient n'a pas de rapport démontré avec l'efficacité de la psychothérapie, mais elle peut simplement contribuer à diminuer le taux d'abandon des patients.

2) **Similarité des variables démographiques**   Certains auteurs ont voulu démontrer que la similitude ou la différence de race, de classe sociale ou de sexe exerçait un effet positif ou négatif sur l'interaction thérapeutique ; on a suggéré de jumeler le thérapeute et le patient en vue d'une plus grande efficacité thérapeutique ; en fait, il n'est pas possible de tirer des conclusions fermes au sujet de l'influence d'un tel jumelage sur le résultat de la psychothérapie.

3) **Compatibilité de variables psychologiques**   Il a été suggéré de combiner le thérapeute et le patient selon des facteurs de personnalité et des facteurs cognitifs pour une plus grande efficacité thérapeutique. On a découvert seulement des preuves minimes de l'utilité d'établir une dyade thérapeute - patient compatible à partir de traits de personnalité ou de dimensions cognitives, mais il reste à préciser quels facteurs en particulier devraient être retenus.

4) **Concordance des valeurs**   Les effets de la concordance des valeurs du thérapeute et du patient sur le résultat de la thérapie n'ont pas été démontrés expérimentalement, mais quelques auteurs ont établi que l'amélioration de l'état du patient est partiellement reliée à une convergence accrue entre ses valeurs et celles du thérapeute.

39.4.
INGRÉDIENTS CONTEXTUELS DE LA PSYCHOTHÉRAPIE

Si les différentes formes de psychothérapie se révèlent pareillement efficaces, il est indiqué d'examiner les facteurs généraux que l'on retrouve invariablement dans tout type de psychothérapie. Les facteurs contextuels sont ceux qui, par définition, font partie de la psychothérapie et ne se rattachent pas aux techniques et aux méthodes d'intervention des psychothérapeutes ; ils découlent directement du type de relation particulière qui s'établit entre un thérapeute et un patient (PELSSER, 1986).

39.4.1. RELATION D'AIDE

La psychothérapie consiste en la rencontre d'une personne cherchant de l'aide pour diminuer sa souffrance psychique, voire somatique, et d'une personne ayant une expertise pour apporter de l'aide à autrui ; il se produit une sorte d'adaptation réciproque puisque le patient et le thérapeute cherchent à satisfaire chacun des attentes et des besoins fondamentaux dans la relation thérapeutique. D'une part, tous les patients qui décident d'entreprendre une psychothérapie souffrent d'un état de détresse qui se manifeste par de la vulnérabilité émotionnelle, de l'anxiété et un état de démoralisation. Le degré de désespoir du patient est directement proportionnel à son degré de confiance, d'optimisme par rapport à une aide possible provenant d'une personne qui peut soulager ses souffrances (FRANK *et al.*, 1978). D'autre part, toute personne qui choisit d'être thérapeute s'intéresse à autrui et désire soulager les souffrances d'autrui, apporter de l'aide et de l'assistance ; cette volonté se traduit par une attitude de bienveillance, d'écoute, d'acceptation, de tolérance, ou par ce que certains auteurs ont nommé la chaleur, l'empathie et l'authenticité (ROGERS). Le désir d'aide et le sentiment de compassion du thérapeute correspondent à l'attente du patient d'être soulagé de ses souffrances psychiques, l'un et l'autre se complétant ainsi (GREBEN, 1984).

Le patient et le thérapeute doivent partager la conviction qu'il est possible d'établir une relation de confiance et de découvrir une signification à la souffrance du patient. La convergence des convictions du thérapeute et du patient est utile, sinon nécessaire, pour le succès de la psychothérapie, lequel sera assuré, en partie, par la confiance des deux protagonistes en son efficacité :

— du côté du patient, la confiance dans le thérapeute, l'adhésion à la psychothérapie ;

— du côté du thérapeute, l'assurance personnelle, la confiance en soi, la croyance dans le traitement et ses résultats, l'enthousiasme et l'optimisme thérapeutique.

Il a été démontré que dans presque toute psychothérapie interviennent des facteurs de suggestion : le processus de suggestion commence en fait avant même que les deux protagonistes ne se rencontrent et qu'un seul mot n'ait été prononcé ; l'effet placebo peut jouer un rôle plus ou moins important dans le résultat de la psychothérapie.

39.4.2. DÉSIR DE CHANGEMENT

Le contexte de la relation d'aide et ses principaux aspects (la détresse du patient, l'intérêt du thérapeute et la confiance du patient et du thérapeute dans le traitement) ne peuvent jouer qu'un certain temps, à savoir au début de la relation. La psychothérapie implique plus fondamentalement le changement : « *Therapy means change, not peanuts* » a dit le collectif *Radical Therapist/Rough Times* ; de fait, le désir d'opérer un changement est un facteur crucial qu'on doit trouver tant chez le patient que chez le thérapeute.

Plus les attentes de changement, la motivation et l'engagement à changer sont sérieux chez le patient, meilleurs seront les résultats ou, du moins, auront-ils la chance de l'être. Différents motifs peu-vent cependant inciter le patient à résister au changement :

— les bénéfices qu'il peut tirer en maintenant des symptômes dans la vie quotidienne, comme attirer l'attention, l'intérêt, l'affection d'autrui en raison de ses plaintes, de ses malaises ; obtenir des avantages matériels (cadeaux, compensations monétaires, assurance-invalidité) ; éviter de prendre ses responsabilités face aux tâches courantes ;

— les bénéfices qu'il peut tirer en maintenant ses symptômes dans la relation avec le thérapeute, comme manifester sa bonne volonté (son supposé désir de changement) en se soumettant au traitement ; s'opposer subtilement aux interventions et aux efforts du thérapeute ; préserver la relation où une autre personne s'intéresse à lui et écoute ses plaintes, etc.

Plus grand est le désir du thérapeute de contribuer à des changements positifs chez le patient, meilleurs peuvent être les résultats de la thérapie. Par ses attitudes et ses interventions, le thérapeute peut favoriser plus ou moins fortement les changements chez le patient :

— il peut laisser les choses se dérouler spontanément sans intervenir pour produire effectivement une amélioration ;

— il peut éventuellement trouver des avantages à faire stagner la thérapie :

• désir de préserver une relation où il se sent reconnu comme thérapeute possédant de la compétence, de l'expérience ;

• intérêt à constater, à comprendre, à analyser le problème du patient, mais sans adopter une attitude thérapeutique ;

• crainte de soulever des réactions négatives chez le patient en le confrontant à lui-même ou à la réalité ;

• difficulté à terminer une relation, à vivre une séparation, etc.

Le **changement** est un phénomène multidimensionnel qui peut être visé et obtenu dans différents domaines :

— sur le plan du comportement et des relations, par exemple dans la vie quotidienne, le fonctionnement et le style de vie du patient ;

— sur le plan psychodynamique, par exemple la modification des habitudes de penser, des façons de se sentir, de la manière de percevoir les choses (sentiments de bien-être, d'adaptation, d'estime de soi, d'auto-acceptation) ;

— sur le plan physiologique, par exemple la disparition de malaises physiques diffus ou localisés, légers ou intenses, accompagnant régulièrement les troubles psychologiques.

Les changements peuvent donc être soit observables, visibles, soit subtils, internes ; ils peuvent être soit symptomatiques ou comportementaux, soit dynamiques ou psychiques (affectifs ou cognitifs).

Certains auteurs ont soutenu que l'efficacité de la psychothérapie se fondait exclusivement sur ces variables de contexte ; la thérapie donnerait des résultats simplement parce que le thérapeute et le patient croient qu'elle peut en donner (croyance, effet placebo) et veulent qu'elle en donne (motivation, attentes). Cette thèse est actuellement remise en question : il ne suffit pas de croire au changement et de le vouloir pour que celui-ci se produise effectivement ; il faut en plus que le thérapeute et le patient agissent en fonction de cet objectif à atteindre. Même si les ingrédients contextuels sont nécessaires, voire indispensables, dans la psychothérapie, celle-ci comporte également d'autres facteurs, principalement les techniques et les méthodes précises utilisées par le thérapeute.

39.5.
INGRÉDIENTS STRUCTURAUX DE LA PSYCHOTHÉRAPIE

L'appartenance à un courant thérapeutique, sur le plan théorique, indique souvent peu de choses au sujet de ce que les thérapeutes font effectivement au cours de la thérapie ; il existe des différences de principes entre les divers types de psychothérapie, mais les différences dans la pratique ne sont pas aussi clairement tranchées. L'affiliation à une tendance théorique ne révèle pas convenablement les techniques thérapeutiques concrètement utilisées. La définition que le thérapeute donne de lui-même est souvent différente de la façon dont il est perçu par un observateur ou un de ses patients. On peut dès lors examiner les divers procédés contenus dans toute forme de thérapie ; ce sont eux qui, présents à des degrés variables selon le type de psychothérapie, en expliquent l'efficacité et en constituent les facteurs spécifiques ; il s'agit de facteurs relevant de la structure même de la psychothérapie, définie comme un processus de changement (MARMOR, 1975 ; PELSSER, 1986).

39.5.1. ÉCHANGES VERBAUX

La relation entre le thérapeute et le patient permet à ce dernier de parler de ses difficultés personnelles, de révéler des aspects secrets et intimes de sa personnalité et de sa vie. Il s'agit d'une relation de confiance où le patient se sent écouté, accepté tel qu'il est. Cette possibilité de parler à une personne qui l'écoute et l'accepte de façon non conditionnelle a déjà en soi un effet thérapeutique ; il s'agit d'une situation différente de celle que le patient peut trouver ailleurs, soit dans une relation de voisinage ou d'amitié dans laquelle la réceptivité de l'écoutant et la compétence de l'intervenant sont souvent moins grandes, soit dans la tenue d'un journal intime ou dans l'enregistrement sur magnétophone, puisque le patient sait dans ce cas qu'il n'a pas affaire à une personne qui peut le comprendre et lui donner du feedback.

39.5.2. DÉCHARGE DES AFFECTS (CATHARSIS OU ABRÉACTION)

L'expression des affects peut se faire plus ou moins intensément, selon le type de thérapie, et être considérée comme un moyen et un objectif plus ou moins importants selon l'orientation théorique. Le patient vient consulter le thérapeute en portant une souffrance psychique qui se traduit dans des affects pénibles, désagréables (tristesse, colère, culpabilité, anxiété, etc.). Il est à ce moment dans une situation de fragilité, de sensibilité rattachée à des étapes de l'existence ou à des difficultés intérieures. Le simple fait de pouvoir exprimer sa souffrance psychique, sous forme de décharge affective (pleurer, se fâcher, se plaindre, etc.), a pour le patient un effet de soulagement, de libération et, dès lors, une efficacité thérapeutique. (Voir aussi la section 43.2.3.)

39.5.3. MÉTABOLISATION DES AFFECTS

La psychothérapie non seulement permet la catharsis, mais doit aussi amener une intégration adéquate des affects dans la vie du patient. C'est à partir du moment où le patient rapporte au thérapeute son vécu en y rattachant les émotions et les sentiments appropriés (transfert), et en se permettant de les ressentir, de les éprouver, qu'il peut réussir à faire face à certains événements, situations ou relations survenant à l'extérieur de la thérapie. Le patient arrive ainsi à évaluer la quantité adéquate d'affects qui peuvent ou doivent se rattacher à certaines expériences ; la charge affective est dosée, nuancée, entre le trop peu et le trop ; il peut la ressentir et l'exprimer proportionnellement à la valeur, à l'importance du facteur précipitant, en replaçant celui-ci dans son contexte global ou dans le cours du cycle de vie. Le patient parvient ainsi à une véritable restructuration, à un aménagement de l'affect.

39.5.4. ANALYSE ET COMPRÉHENSION

La plupart des psychothérapies, même celles qui ne visent pas en soi l'introspection (*insight*), entraînent une nouvelle compréhension personnelle de l'individu lui-même. Le patient termine normalement la thérapie :

— en connaissant davantage ses forces et ses faiblesses, son type de relation avec autrui et de comportement habituel (observables dans la psychothérapie et dans la vie quotidienne) ;
— en comprenant l'origine immédiate ou lointaine de ses difficultés, en rattachant ses symptômes à des éléments précipitants, à des facteurs de stress, etc.

La compréhension en elle-même, c'est-à-dire la prise de conscience, n'a pas nécessairement un effet thérapeutique, n'entraîne pas automatiquement un changement, mais devient efficace si elle s'accompagne d'autres conditions. La psychothérapie permet régulièrement au patient de prendre un recul par rapport à lui-même et d'obtenir un feed-back d'une personne neutre (le thérapeute) non directement impliquée dans la situation.

39.5.5. CHANGEMENT DE PERSPECTIVE

La psychothérapie permet au patient non seulement de modifier son optique, mais aussi de corriger différentes conceptions erronées qu'il peut entretenir. Cette action peut se faire soit directement soit subtilement par le biais des interventions, des confrontations du thérapeute qui approuve certaines convictions du patient ou en désapprouve d'autres. Dans toutes les thérapies, le thérapeute est d'accord avec certaines choses et opposé à d'autres, grosso modo en faveur de la santé psychique et en défaveur de la pathologie psychique. Le patient sera amené soit directement soit subtilement à adopter un changement de perspective ; les difficultés présentées seront situées dans un autre cadre, comprises sous un autre angle. Ce travail a été nommé de différentes façons : *restructuration cognitive* (BECK), *expérience émotionnelle correctrice* (ALEXANDER), etc. Lorsque le patient est soumis, confronté de façon répétée au point de vue du thérapeute, il change progressivement sa façon d'envisager les choses.

39.5.6. AMÉLIORATION DANS LA VIE QUOTIDIENNE

La prise de conscience et le changement de perspective ne suffisent pas encore pour induire une amélioration : le patient doit transposer les acquis amassés au long des entrevues de psychothérapie (qui occupent en fait une portion de temps infime dans la semaine ou le mois) dans la vie courante et développer des modèles de comportement et de relation plus adaptés, plus satisfaisants. Le but de toute thérapie doit être le changement (« *Therapy means change, not peanuts* ») et, sans celui-ci, la thérapie est un exercice inutile. Enfin, le changement doit pouvoir être constaté par un observateur dans le fonctionnement quotidien du patient, à l'extérieur du cadre thérapeutique.

39.5.7. REDÉCOUVERTE DU CORPS

Lorsque le patient souffre de symptômes physiques précis d'ordre psychosomatique ou encore de malaises diffus, la psychothérapie peut lui permettre de reprendre contact avec son corps, c'est-à-dire avec les tensions corporelles et leurs sources diverses ; cet exercice est possible dans la mesure où le patient parvient, d'une part, à saisir la relation entre les troubles physiques et les facteurs d'ordre psychique (stress, affects, etc.), à établir un pont entre le physique et le psychique et, d'autre part, à rattacher les malaises à des facteurs stressants en rapport avec le passé, le présent ou l'avenir. Pour ce faire, le patient doit se mettre à l'écoute de son corps, s'abandonner, se laisser aller aux sensations corporelles (par exemple à partir d'une méthode de relaxation).

39.5.8. RESPECT DU CORPS ENTIER

Lorsque le patient parvient, au cours de la psychothérapie, à saisir la relation entre le corps, la vie affective et le style de vie, il peut acquérir ultérieurement une meilleure maîtrise de son corps dans la vie quotidienne, partant un bien-être physique et psychique accru. Il pourra ainsi développer un type de fonctionnement qui respecte et ménage son corps, que ce soit dans ses relations avec autrui, dans sa propre dynamique affective et son rythme de vie (détente ou tension, laisser-aller ou compulsivité) ou dans des mesures physiques (activités, loisirs, sommeil, alimentation, exercice).

La plupart des approches psychothérapeutiques englobent les objectifs spécifiques précités, même si c'est à des degrés variables ; les techniques et les méthodes utilisées pour atteindre ces objectifs peuvent être différentes d'une école à l'autre mais, dans la pratique, les thérapeutes sont plus semblables que ne le laisse entendre leur affiliation à une tendance déterminée. Par ailleurs, même si les critères d'efficacité de la psychothérapie sont définis en termes différents, ils recouvrent souvent les mêmes aspects pratiques. La psychothérapie vise toujours le changement positif : la disparition des symptômes physiques, psychiques ou relationnels et l'amélioration de l'état de santé mentale, voire physique. Le travail thérapeutique se définit selon cinq grands axes : cognitif, affectif, corporel, comportemental, relationnel. La psychothérapie sera variable selon le dosage de chacun de ces aspects, mais elle aura plus de chances d'être efficace si elle est holistique et touche différentes sphères de la vie du patient. (Voir aussi le chapitre 8, section 8.4., le chapitre 18 et le chapitre 43, section 43.2.2.)

BIBLIOGRAPHIE

ABELL, T. et H. WALLOT
1981 «Recherche évaluative et psychiatrie», *L'information psychiatrique*, vol. 57, n° 10, p. 1145-1162.

BERGIN, A.E.
1976 « La psychothérapie peut-elle être dangereuse ? », *Psychologie*, n° 73, p. 41-44.

BORGEAT, F. *et al.*
1985 «Teaching Therapeutic Skills of a Psychological Nature to Future Physicians », *Can. J. Psychiatry*, vol. 30, n° 6, p. 445-449.

CASTONGUAY, L.G.
1984 « Perspectives de rapprochement en psychothérapie », *Rev. québ. psychol.*, vol. 5, n° 1, p. 26-40.

COTTRAUX, J.
1978 « Effets et résultats des psychothérapies », *Psychothérapies médicales* (J. Guyotat, édit.), Paris, Masson, vol. 1, p. 77-85.

DURUZ, N.
1982 « Psychothérapies : une pluralité inquiétante ? », *Psychothérapies*, vol. 2, n° 2-3, p. 67-74.

1983 « Recherches en psychothérapie : 1. L'enjeu épistémologique ; 2. Conditions et buts de l'expérimentation clinique », *Rev. suisse de psychol. pure et appliquée*, vol. 42, n° 4, p. 280-296, 297-310.

EYSENCK, H.J.
1952 «The Effects of Psychotherapy : An Evaluation », *Journal of Consulting Psychology*, vol. 16, p. 319-324.

1966 *The Effects of Psychotherapy*, New York, International Science Press.

FRANK, J.D. *et al.*
1978 *Effective Ingredients of Successful Psychotherapy*, New York, Brunner/Mazel.

GARFIELD, S.L.
1980 *Psychotherapy : An Eclectic Approach*, New York, Wiley & Sons.

1984 « Le rapprochement et l'éclectisme en psychothérapie », *Rev. québ. psychol.*, vol. 5, n° 1, p. 55-67.

GARFIELD, S.L. et A.E. BERGIN (édit.)
1978 *Handbook of Psychotherapy and Behavior Change : An Empirical Analysis*, New York, Wiley & Sons.

GÉRIN, P.
1984 *L'évaluation des psychothérapies*, Paris, Presses Universitaires de France.

GÉRIN, P. *et al.*
1982 « Enquêtes sur les psychothérapies et identification des psychothérapeutes », *Psychol. Méd.*, vol. 14, n° 4, p. 661-667.

GÉRIN, P., M. SALI et J. BAGUET
1985 « Évaluer les psychothérapies : mais quelles psychothérapies ? », *Psychol. Méd.*, vol. 17, n° 1, p. 39-42.

GREBEN, S.E.
1984 *Love's Labour : Twenty Five Years of Experience in the Practice of Psychotherapy*, New York, Shocken Books.

GUAY, J.
1983 « La psychothérapie est-elle efficace ? », *Psychothérapies : attention !* (J. Arseneau *et al.*), Québec, Presses de l'Université du Québec, p. 99-119.

HAYNAL, A.
1982 « Au sujet des recherches en psychothérapie », *Psychothérapies*, vol. 2, n°s 2-3, p. 75-79.

HERMAN, P.
1982 « L'évaluation des effets des psychothérapies », *Psychothérapies*, vol. 2, n°s 2-3, p. 81-91.

KATZ. P.
1986 « Le rôle des psychothérapies dans l'exercice de la psychiatrie », *Rev. can. psychiatrie*, vol. 31, n° 5, p. 466-474.

KERNBERG, O.F. *et al.*
1972 « Psychotherapy and Psychoanalysis : Final Report of the Menninger Foundation's Psychotherapy Research Project », *Bulletin of the Menninger Clinic*, vol. 36, p. 1-275.

LAMONTAGNE, Y., F. LAVOIE et L. TESSIER
1985 *La santé mentale. L'efficacité du traitement*, Québec, Les publications du Québec.

LECOMTE, C.
1982 « L'unification de la personne et la pédagogie du geste thérapeutique », *Les cahiers du psychologue québécois*, vol. 4, n° 2, p. 61-66.

1984 « Crise en psychothérapie : la montée de l'éclectisme », *Rev. québ. psychol.*, vol. 5, n° 1, p. 41-54.

LECOMTE, C. et L.G. CASTONGUAY (édit.)
1987 *Rapprochement et intégration en psychothérapie : psychanalyse, behaviorisme et humanisme*, Montréal, Gaëtan Morin éditeur.

LUBORSKY, L., B. SINGER et L. LUBORSKY
1975 « Comparative Studies of Psychotherapies », *Arch. Gen. Psychiatry*, vol. 32, n° 8, p. 995-1008.

MARMOR, J.
1975 « The Nature of the Psychotherapeutic Process Revisited », *Can. Psychiatr. Assoc. J.*, vol. 20, n° 8, p. 557-565.

PELSSER, R.
1986 « L'efficacité de la psychothérapie : les ingrédients contextuels et structuraux », *L'union méd. du Canada*, vol. 115, n° 5, p. 333-336, 342.

RACHMAN, S.J. et G.T. WILSON
1980 *The Effects of Psychological Therapy*, Oxford, Pergamon Press.

SLOANE, R.B. *et al.*
1975 *Psychotherapy versus Behavior Therapy*, Cambridge, Harvard University Press.

SMITH, M.L. et G.V. GLASS
1977 « Meta-Analysis of Psychotherapy Outcome Studies », *American Psychologist*, vol. 32, n° 9, p. 752-760.

SMITH, M.L., G.V. GLASS et T.I. MILLER
1980 *The Benefits of Psychotherapy*, Baltimore, The Johns Hopkins University Press.

CHAPITRE 40

PSYCHANALYSE

JEAN-PIERRE LOSSON

M.D.

Psychiatre, psychanalyste, chef du Département de psychiatrie à l'Hôtel-Dieu de Montréal
Professeur agrégé de clinique à l'Université de Montréal

PLAN

40.1.
DÉFINITION

Dans leur *Vocabulaire de la psychanalyse*, qui est un ouvrage de référence obligatoire, LAPLANCHE et PONTALIS donnent de la psychanalyse la définition suivante (p. 350-351) :

Discipline fondée par FREUD et dans laquelle, avec lui, on peut distinguer trois niveaux :

A) Une méthode d'investigation consistant essentiellement dans la mise en évidence de la signification inconsciente des paroles, des actions, des productions imaginaires (rêves, fantasmes, délires) d'un sujet. Cette méthode se fonde principalement sur les libres associations du sujet qui sont le garant de la validité de l'interprétation. L'interprétation psychanalytique peut s'étendre à des productions humaines pour lesquelles on ne dispose pas de libres associations.

B) Une méthode psychothérapique fondée sur cette investigation et spécifiée par l'interprétation contrôlée de la résistance, du transfert et du désir. À ce sens se rattache l'emploi de *psychanalyse* comme synonyme de *cure psychanalytique* ; exemple : entreprendre une psychanalyse (ou : une analyse).

C) Un ensemble de théories psychologiques et psychopathologiques où sont systématisées les données apportées par la méthode psychanalytique d'investigation et de traitement.

Cette définition contient un nombre important de mots-clés relatifs à la discipline psychanalytique qu'on doit donc considérer en tant que méthode thérapeutique, en tant que théorie relative au développement et au fonctionnement de l'appareil psychique, en tant que méthode d'investigation et, enfin, en tant que phénomène culturel.

40.2.
PSYCHANALYSE ET THÉRAPEUTIQUE

C'est l'aspect qui intéresse en premier lieu le médecin. C'est aussi un aspect problématique si on le considère du point de vue de la médecine telle qu'on l'envisage habituellement. En fait, la psychanalyse est née d'une ambition thérapeutique, mais elle s'est développée avec une spécificité empreinte de différences marquées par rapport à notre médecine traditionnelle.

Historiquement, c'est la nécessité de guérir des patients souffrant de « troubles nerveux » qui conduisit FREUD à expérimenter des approches thérapeutiques nouvelles, qui lui furent d'ailleurs suggérées par d'autres médecins. En effet, c'est au cours d'un séjour dans le service du célèbre CHARCOT à la Salpêtrière (Paris) que FREUD développa son intérêt pour l'hypnose. Et c'est en travaillant avec un confrère viennois, BREUER, qu'il élabora les éléments de ce qui se nomma, en cette fin du XIXᵉ siècle, la « méthode cathartique », ou la cure par les mots ...

Étant donné par ailleurs que, pour des raisons complexes que nous n'examinerons pas ici, FREUD dut renoncer à une carrière universitaire à Vienne, il fut obligé de se constituer une clientèle privée pour gagner sa vie. Et c'est dans son travail clinique que, très vite, il mit au point les éléments majeurs de sa technique qui subsistent, pour l'essentiel, jusqu'à nos jours. Mais il importe de savoir que FREUD a inventé cette technique en raison des résultats inconstants et insatisfaisants de la première méthode qu'il avait utilisée : l'hypnose.

Précisons cependant que c'est l'hypnose justement qui lui fournit les observations fondamentales dont il tira la notion d'**inconscient** dynamique. Il s'agit d'un premier chaînon essentiel de l'histoire du développement de la psychanalyse. On se rappelle ces expériences : à un sujet en état de transe hypnotique, on donne l'ordre d'exécuter une action inhabituelle voire incongrue lorsqu'il sera sorti de sa transe. Et le sujet, qui ne conserve aucun souvenir de l'ordre donné, exécute cette action, sans savoir pourquoi, mais mû par une impérieuse nécessité ressentie comme inexplicable. FREUD en tira la conclusion qu'il existe en chaque individu une force dynamique échappant au contrôle conscient du sujet.

FREUD avait été précédé par une longue série de médecins et de philosophes qui avaient théorisé sur le thème général de l'inconscient. Mais c'est à lui que revient le mérite d'avoir systématisé cette conception particulière de l'inconscient en ses aspects dynamiques. Aussi FREUD en vint très vite à formuler deux hypothèses qui demeurent les fondements mêmes de la psychanalyse :

1) *Il existe un inconscient dynamique.*

2) *Il existe un principe dit de « causalité psychique »*, ce qui veut dire que la vie mentale est continue et que les ruptures de continuité ne sont qu'une apparence que le travail psychanalytique peut surmonter et annuler en mettant à jour ce qui est inconscient.

Mais revenons à l'histoire de FREUD : il lui fallait guérir ses patients et il « inventa » à cette fin la psychanalyse, laquelle, pour de bonnes raisons, ne fut perçue pendant longtemps que sous l'angle de son intérêt thérapeutique. À ce sujet, précisément, il plane un malentendu persistant dans le public en général et dans le public médical en particulier. On y pense en effet comme à quelque chose qui est de l'ordre d'une « libération » sur le mode d'une levée des inhibitions, d'une expulsion de ce qui « oppresse » (pensons à des expressions telles que « vider son sac ... », pour imager l'action thérapeutique).

En réalité, si cet aspect existe en effet, la psychanalyse est avant tout un travail, une discipline, une astreinte ; quant à la libération qui ne manque pas d'accompagner toute analyse réussie, elle procède d'un cheminement, d'un travail d'élaboration qui aboutit à une meilleure maîtrise et à une meilleure intégration du monde interne. Si bien qu'il s'agit moins d'expulser ce qui est retenu que de faire en sorte que « le sujet advienne en tant que sujet désirant », selon une expression consacrée.

Dès lors, on peut concevoir la psychanalyse comme un acte mental qui vise à placer le sujet dans une situation où il pourra essayer d'exercer un dépassement par rapport à la matérialité de son histoire propre, par rapport à sa contingence cultu-

relle et familiale, et même, dans une certaine mesure, par rapport à sa condition biologique. Cet acte mental se fonde sur une verbalisation qui est au cœur de la méthode, laquelle procède de la discipline rendue possible par l'alliance contractuelle entre un analysant, demandeur de services, et un analyste qui y répond en offrant au sujet une meilleure compréhension de lui-même, c'est-à-dire en offrant essentiellement d'interpréter.

C'est l'aptitude présumée à **interpréter** qui fonde ce que l'on appelle le **transfert**, puisque celui qui interprète est, par définition, porteur d'un « supposé savoir »... Mais, naturellement, pour que le sujet analysant puisse précisément advenir, l'analyste ne peut s'identifier à un oracle qui saurait par avance ce qu'il en est du sujet. Il n'agit, en fait, qu'en tant que révélateur. Ce que l'analyste sait, par contre, c'est que la substance de son interprétation ne peut être qu'une production verbale suscitée par le désir du sujet — et rien que cela. La mise en signification (qui correspond à « l'acte d'interprétation ») exprimée selon cette orientation est celle où l'inconscient apparaît et est reconnu comme ayant un effet dans diverses actions de la vie. Et le travail auquel se livrent, ensemble, l'analyste et son patient consistera à remettre en mouvement une dynamique qui s'est figée dans l'organisation des symptômes ; ce travail réussira par la mobilisation des liens inconscients qui apparaissent au long de chaînes associatives refoulées et qui échappent de ce fait à la vigilance consciente du sujet.

40.3. MÉTHODE

40.3.1. CURE TYPE

Les modalités en furent fixées relativement tôt dans l'évolution du travail de FREUD, et elles ont peu changé depuis. Le but de ces modalités était et reste de mettre le sujet dans des conditions qui lui permettent de s'exprimer avec le moins d'entraves possible et de dire ce qui se passe en lui sans limitations autres que celles qui procèdent de ses propres résistances. En même temps, ces modalités sont constitutives d'un cadre dont les limites sont aussi des repères à partir desquels certaines paroles ou certaines situations peuvent prendre un sens grâce à l'interprétation.

CADRE

Matériellement, le patient prend place sur un divan, en position allongée, tandis que l'analyste s'assoit dans un fauteuil derrière le divan, de façon à être hors du champ de vision du patient. La séance, qui commence et se termine à heure fixe, dure de 45 à 50 minutes. Il existe de légères variations d'un pays à l'autre, mais elles sont minimes, et on peut considérer que d'une manière générale la psychanalyse se pratique de façon assez homogène dans tous les pays.

La séance se déroule toujours en un même lieu, car la **fixité** est un élément important du cadre. Celui-ci est volontiers décrit comme rigide et empreint d'une certaine froideur, mais cet aspect correspond à des considérations pratiques et théoriques impératives. Ainsi, par exemple, à partir du moment où il existe un horaire catégoriquement fixé, les participants peuvent être à temps, en avance ou en retard ; il devient dès lors possible pour l'analyste d'y donner un sens et d'analyser les comportements par rapport au temps. La question des honoraires imposés par l'analyste constitue également un aspect notable du contrat, d'autant que le patient sait qu'il devra payer toutes les séances même s'il ne s'y présente pas.

La **position allongée** répond à une nécessité plus complexe. À l'origine, FREUD considérait que cette position, sans interlocuteur visible, permettait au sujet de se détendre plus facilement et de parler avec moins de contraintes. Pareillement, il trouvait plus confortable de ne pas rester constamment sous le regard de ses patients. Ces raisons restent vraies mais s'associent, curieusement et paradoxalement,

à un autre impératif technique primordial : placer le sujet dans un vécu de frustration, à partir duquel le processus analytique devient possible et sans lequel il ne l'est pas. C'est là un aspect souvent mal compris et pourtant essentiel de la pratique psychanalytique.

Cette question de la **frustration** mérite un éclaircissement. Dans le contexte de la cure psychanalytique, la douleur n'a aucune vertu thérapeutique en elle-même et ne correspond en aucune manière à une quelconque « cure du mal par le mal », comme il en est de quelques principes thérapeutiques fondamentaux en médecine (vaccinations, etc.). La nécessité de la frustration se comprend à partir d'une finalité de l'analyse qui est — répétons-le — de favoriser l'émergence d'un sujet libre et intégré.

Si le **Désir** ne définit pas exhaustivement le sujet, il n'en reste pas moins vrai qu'on ne saurait concevoir un « sujet » qui ne soit pas désirant, et on peut dire que c'est à partir de l'organisation du Désir que le sujet va se constituer. On pourrait paraphraser le « Je pense, donc je suis » de DESCARTES avec une formule du genre « Je désire, donc j'existe ... ». Et c'est sur ce plan que la nécessité de la frustration apparaît comme l'un des fondements indispensables du processus analytique.

En effet, le Désir implique un « je » qui désire, un objet désiré, et un manque ... à satisfaire. Ce manque relève de la frustration et délimite un espace psychique où vont se jouer l'émergence et l'accomplissement du Désir. Cette affirmation peut paraître un peu abstraite, mais le manque, qui est par définition une frustration, fonctionne comme un « appel » et exerce une attraction dans le sens de l'affirmation du sujet à travers son Désir.

Encore nous faut-il préciser que l'analyste devra s'attacher à établir une claire distinction entre le vécu de la frustration et un vécu persécutoire qui, lui, fonctionne comme un obstacle majeur au développement du processus analytique.

Le principe d'**abstinence** découle de la nécessité de maintenir un certain degré de frustration pour éviter que le patient trouve des satisfactions substitutives à ses symptômes. Ce principe amène donc le psychanalyste à adopter une attitude de **neutralité bienveillante** en évitant de répondre aux demandes du patient. Contrairement à l'attitude médicale préconisée, on ne parle pas d'empathie (et encore moins de sympathie) dans une relation psychanalytique.

RÈGLE FONDAMENTALE

À partir du moment où le cadre est fixé à la fois dans le temps et dans l'espace, le sujet analysant est en mesure de se conformer aux termes d'un contrat et de suivre de son mieux la « règle fondamentale ». Il s'agit d'une prescription que le psychanalyste fait au patient et qu'il peut formuler de diverses manières pour l'inviter à exprimer verbalement tout ce qui lui vient à l'esprit, comme tout ce qu'il ressent dans son corps, sans exercer de censure.

De plus, pendant la durée de la séance, le patient est invité à suspendre les règles usuelles de la politesse ou de la bienséance dans ce qu'il dit. Une des formules habituelles du psychanalyste consiste à dire au patient qu'il peut absolument tout dire et que, lorsqu'une barrière viendra s'opposer à la libre expression de sa parole, il devra essayer de comprendre de quoi cette barrière est faite. Cette consigne s'accompagne d'une invitation à la spontanéité ... verbale.

Finalement, si le patient s'exprime selon cette règle fondamentale, son discours se fera sur le mode de la **libre association** : c'est le terme usuel, passé dans le langage courant, qui désigne la nature du discours d'un patient dans le contexte de son analyse.

L'analyse comprendra quatre ou cinq séances par semaine (à la rigueur trois dans certaines circonstances), et sa durée ne sera pas déterminée par avance. Il est à noter que la durée totale d'une cure s'est considérablement allongée depuis les débuts de la psychanalyse. En gros, on peut dire qu'avant la Deuxième Guerre mondiale, elle allait de quelques mois à deux ans environ. À présent, et depuis quelque temps déjà, la plupart des analyses durent entre cinq et dix ans. Précisons toutefois que cette durée ne correspond à aucune règle fixée et que la longueur de l'analyse n'est pas le gage de sa qualité ; corrélativement, un excellent travail approfondi peut se faire dans un temps relativement bref.

L'analyste et son patient n'auront aucune espèce de relation en dehors de la cure, et il est essentiel que l'analysant en sache le moins possible sur la personne et sur la réalité de son analyste.

RÉSISTANCES

La libre association ainsi que les autres productions mentales du sujet (les rêves par exemple ...) le mettent en présence d'aspects de lui-même avec lesquels il n'est guère à l'aise. Cet inconfort mobilise très vite des résistances, conscientes ou non, vécues tantôt comme une gêne, tantôt comme un refus, se manifestant aussi de bien d'autres manières, y compris par des symptômes, des actes manqués ou des oublis. Et c'est à travers l'élaboration de ces résistances que le sujet accède aux représentations du Désir, lesquelles sont par le fait même au cœur de l'analyse.

Le médecin est habitué à considérer l'organisme humain comme le siège de processus que l'on peut ranger en catégories opposées, agonistes et antagonistes. Sur le plan psychique on retrouve ce couple d'opposés, et à toute pression pulsionnelle répond immanquablement le refus de la résistance, exprimant l'un et l'autre quelque chose du Désir. Les symptômes névrotiques sont considérés, dans cette optique, comme des formations de compromis entre deux tendances psychiques opposées. Et dans le déroulement de la cure, c'est très souvent par des résistances que se manifeste le Désir caché. Par conséquent, une approche des phénomènes psychopathologiques qui ne tiendrait pas compte de la réalité des résistances ne pourrait être considérée comme psychanalytique.

TRANSFERT – CONTRE-TRANSFERT – NÉVROSE DE TRANSFERT

Dès le début de son travail, FREUD dut reconnaître qu'il était gêné par l'irruption, dans sa relation thérapeutique avec ses patients, de sentiments qu'il considérait comme « parasites ». Il estima, à ce stade, que la seule chose dont il pouvait être question pendant la cure était leur souffrance névrotique, et rien d'autre. Puis il fut frappé par le caractère systématique des sentiments de ses patients à son endroit et en vint à les accepter comme inéluctables. Ultérieurement, il dut reconnaître qu'il s'agissait d'une espèce de répétition au sein d'un modèle relationnel que chacun a tendance à reproduire dans chacune de ses relations au cours de son existence. Et il attribua à ce phénomène répétitif le terme de **transfert**.

Rapidement, il réalisa aussi que c'est à travers ces manifestations transférentielles que s'actualisent les désirs inconscients au sein même du déroulement de la cure et, par la suite, que la pierre angulaire de l'analyse est ce transfert à partir duquel l'analyste formulera l'essentiel de ses interprétations.

Ce qu'on doit comprendre, c'est que le transfert n'est pas une répétition proprement dite mais plutôt une réactualisation — une « expérience émotionnelle correctrice » selon l'expression d'ALEXANDER — (on dirait, à propos d'une pièce de théâtre : une nouvelle interprétation d'un même thème dans une nouvelle mise en scène) qui se fait dans le contexte de la cure analytique, avec le personnage de l'analyste qui concentre sur lui toutes les réactualisations. Dans les conditions normales du déroulement de la cure, ce dernier reste invisible et discret, et les pensées du patient à son égard exprimeront donc la réalité psychique, interne, du patient. On considère que le transfert réactualisé est constitué essentiellement de prototypes infantiles qui sont vécus comme actuels.

Si l'analyste et son patient devaient entretenir des liens sociaux habituels en dehors de la cure, le transfert en serait rendu inopérant pour la simple raison qu'il deviendrait impossible d'établir une distinction entre la réalité de l'analyste et ce que le patient en imagine. Le patient « verrait » son analyste au lieu de l'imaginer, et ... il faudrait inventer une autre méthode pour rendre intelligibles les productions de l'inconscient du patient.

Lorsque tous les éléments complexes, complémentaires et opposés qui constituent toute relation réelle sont réunis en une organisation psychique, on peut considérer que le patient a réalisé dans sa cure une **névrose de transfert**, dont l'élucidation et l'analyse seront à la fois le but et le terme de toute la démarche.

Pour ce qui est du **contre-transfert**, il faudra attendre les années 1950 pour que le milieu psychanalytique y accorde une réelle importance. Il s'agit de l'ensemble des réactions conscientes et inconscientes que l'analyste vit en réponse au transfert sur lui de son patient.

À ce propos, comme d'ailleurs à propos du transfert, l'idéal de neutralité bienveillante qui était la règle pour tout analyste, avait fait considérer le contre-transfert comme un élément parasite lui aussi, dont il convenait de se garder et de se défendre. Seul le discours du patient devait être pris en considération. Mais sous l'influence de divers auteurs, en particulier ceux qui s'occupaient d'enfants et de psychotiques, il s'est développé une conception nouvelle et surtout plus complète au sujet du contre-transfert.

De nos jours, il est généralement admis que c'est à partir de son élucidation, rendue accessible par le travail constant d'auto-analyse auquel l'analyste procède nécessairement sur lui-même, que ce travail va constituer une des bases sur lesquelles il fondera le choix de ses interprétations. Autrement dit, c'est l'analyse du contre-transfert, analyse évidemment silencieuse et non communiquée au patient, qui sera l'une des clés permettant au praticien de mieux comprendre le transfert.

40.3.2. VARIATIONS PAR RAPPORT À LA CURE TYPE

Théoriquement, on pourrait soutenir que toute rencontre à visée thérapeutique impliquant une volonté de compréhension de la dynamique inconsciente est une variété de la cure type justifiant d'être considérée comme psychanalytique. Par ailleurs, il n'existe pas de critères très précis et universellement acceptés qui viendraient fixer les limites du champ psychanalytique. S'il est relativement facile d'isoler les éléments faisant d'une cure une « cure type », il est beaucoup moins aisé de déterminer à partir de quel moment une entreprise se situe indiscutablement hors des limites de la psychanalyse.

Les critères indispensables concernent l'acceptation de l'existence d'un **inconscient dynamique**, et plus largement une référence aux travaux et à la pensée de Sigmund Freud. Les éléments auxquels il est impossible de renoncer sont ce qu'il est convenu d'appeler la **neutralité bienveillante** du praticien, la reconnaissance du **transfert** en tant que réalité et la volonté corrélative de l'élucider de manière plus ou moins systématique par l'**interprétation**, la reconnaissance des **résistances** au cœur de toutes les situations pathologiques, comme au cœur de toutes les demandes faites au thérapeute, et enfin, de façon générale, l'acceptation du fait que l'intervention psychanalytique doit avoir pour finalité l'émergence de ce qu'on nomme « la vérité du sujet ». Ce terme est certes imprécis, mais il souligne que l'important ici est la **réalité psychique**, qui a préséance sur tout autre type de réalité et sur le fait que c'est l'intégrité psychique qui prendra le pas sur l'adaptation à la réalité, considérée sous un angle étroit.

Ces réserves étant faites, nous devons cependant reconnaître plusieurs types d'intervention comme appartenant au champ de la psychanalyse, même si ces interventions se distinguent très nettement de la cure type. Signalons à ce titre : les thérapies brèves, les analyses d'enfants, les analyses de psychotiques, le psychodrame, les thérapies de groupe et l'analyse institutionnelle, que nous décrivons ci-dessous.

THÉRAPIES BRÈVES

Tout en reconnaissant l'existence et l'importance du transfert, les thérapies brèves ne consistent pas en l'analyse exhaustive de la névrose de transfert. Elles s'attachent plutôt à aider le sujet à travailler certains aspects problématiques de sa vie, clairement identifiés, à l'exclusion d'autres.

Par rapport à la cure type, la détermination au départ d'une date limite, au delà de laquelle la cure sera terminée, est une différence essentielle. On se souviendra que Freud avait introduit cet artifice technique pour l'un de ses patients dont il rapporta le cas en 1910. Il s'agissait de « l'Homme aux loups », un des cas les plus célèbres de toute la littérature psychanalytique. Les opinions divergent quant à l'appartenance de telles entreprises au champ de la psychanalyse, car il est évident qu'un terme préalablement fixé est un puissant allié au service des résistances au changement.

ANALYSES D'ENFANTS

Il est évident que la technique classique ne peut s'appliquer à de jeunes enfants incapables de s'adapter aux restrictions inhérentes au cadre habituel, et qui doivent pouvoir s'exprimer autrement que par des mots uniquement. Les contributions essentielles et initiales dans le développement de ce champ d'activité sont les travaux d'Anna Freud et surtout ceux de Melanie Klein.

C'est à cette dernière, notamment, que l'on doit la fameuse **Technique du jeu** : dans cette technique, ce sont les jeux eux-mêmes ainsi que les commentaires des enfants jouant en séance qui fournissent le matériel de l'analyse. Cette technique a donné lieu à des développements majeurs dans les connaissances du monde mental de l'enfance et de son développement normal ou pathologique. Les variations techniques sont ici innombrables et incluent toutes sortes d'activités, allant du dessin commenté par des enfants qui conservent un certain degré d'adaptation et d'intégrité, à des activités beaucoup plus régressives (jeux dans des bains, repas, participation de plusieurs intervenants, etc.) avec des enfants plus perturbés ou régressés.

Par ailleurs, les buts de l'analyse des jeunes enfants s'apparentent davantage à ceux que l'on peut espérer des psychotiques qu'à ceux d'une analyse classique d'un adulte névrosé ou même à l'état limite, s'étant maintenu dans une autonomie raisonnable. Il s'agit certes, comme dans toute analyse, de saisir les processus inconscients ; mais il est nécessaire aussi de faire en sorte que l'analyse constitue un apprentissage à un type de relation débarrassé des monstrueuses angoisses qui sont le fait de l'enfance. On doit y voir aussi pour l'enfant l'occasion d'un apprentissage à une capacité de symboliser qui sera à la base de la vie mentale.

Il faut bien voir enfin que l'absence d'autonomie du jeune patient par rapport à son milieu place l'analyste dans une position très différente de ce qu'elle est avec des patients adultes. Il sera nécessaire en particulier qu'il interagisse avec la famille afin de l'amener à tolérer le fait que l'enfant ait une relation privée avec son analyste, relation dont elle devra être exclue.

ANALYSES DE PSYCHOTIQUES

Nous pourrions reprendre à ce sujet certains points concernant les analyses d'enfants. L'extension des indications de ces analyses à des patients très perturbés, sur un mode psychotique, a été rendue possible par l'accroissement considérable des connaissances sur la vie mentale sous tous ses rapports, que le travail analytique lui-même a rendues accessibles. Grâce à ce travail, il est devenu possible de voir un sens et de dégager des significations là où auparavant on n'avait noté qu'incohérence. Par cette nouvelle capacité de comprendre, on a été en mesure d'établir des liens, des relations évolu-

tives. À partir du moment où la compréhension fait partie de l'interaction, le rapport entre les protagonistes d'une rencontre se trouve radicalement modifié.

Il est impossible d'isoler telle ou telle connaissance particulière à partir de laquelle le changement d'attitude face au psychotique serait devenu possible. Mais nous devons néanmoins citer en bonne place toutes ces connaissances relatives aux modalités archaïques du fonctionnement mental, avec leurs particularités au niveau des relations d'objet et leurs mécanismes de défense plus ou moins typiques. Au premier rang figurent le déni - forclusion, une tendance excessive à cliver l'objet, une certaine façon de projeter et, ce qui est mieux connu depuis quelques années, l'identification projective avec ses conséquences si importantes dans le contre-transfert. Résumons en disant que ce qui est ici en jeu est une possibilité — au moins théorique — de considérer les symptômes comme porteurs d'une signification dans un ordre symbolique à établir ou à restaurer.

Il n'est guère possible, dans le cadre de ce chapitre, de passer en revue tous les effets de tous les processus psychotiques et d'examiner en quoi la psychanalyse comporterait éventuellement une réponse aux problèmes posés. Mais certains aspects de ce à quoi ouvre la démarche analytique méritent d'être soulignés. Un des effets principaux des processus psychotiques est d'entraîner des failles, et même des ruptures, dans la capacité de communiquer. C'est l'incommunicabilité qui nourrit l'aliénation et rend le sujet étranger au monde. Or, la condition minimale d'une communication est bien l'intelligibilité. On ne communique que si l'on a quelque chose à communiquer à quelqu'un qui peut comprendre. Un des fondements de la réalité humaine est que c'est dans la capacité de communiquer que se trouve la base d'un processus au terme duquel il sera possible au sujet humain de faire la distinction entre ce qui persécute et ce qui gratifie et sécurise. Et l'incapacité d'opérer cette distinction est au cœur des états psychotiques les plus graves.

Or la psychanalyse propose d'intervenir auprès des patients atteints de tels troubles sur un mode différent de la cure type, dans la mesure où il s'agit d'apporter de l'extérieur une dynamique dans ce qui est figé ou apparemment cristallisé ; elle tente aussi, grâce à l'établissement ou au rétablissement d'une capacité à symboliser, d'établir des liens structurés dans ce qui se caractérise au pire comme une agénésie de la structure, et au mieux comme une structure pathologique et déficiente.

Ce travail est certes ambitieux et, pour de nombreuses raisons, souvent trop difficile à réaliser. Mais moyennant des modalités pratiques fort diverses, la démarche psychanalytique s'offre à donner un sens à ce qui, jusque-là, semblait ne plus en avoir.

PSYCHODRAME

Il existe plusieurs sortes de psychodrames d'inspiration analytique. À la base se trouve le projet de placer le sujet dans un cadre bien délimité au sein duquel il lui sera possible d'« agir » divers aspects problématiques ou singuliers de sa relation avec autrui. L'objectif de cette entreprise est de montrer explicitement au sujet quelque chose qui émane directement de lui, de façon à l'inciter à une prise de conscience.

L'intérêt pour le psychodrame a connu des hauts et des bas, et par moments de véritables modes sociales. L'aspect le plus intéressant semble associé à la potentialité de cette approche pour mobiliser des pathologies très fixées grâce au caractère « agi » de leur expression, qui détermine un abord plus clair et plus évident.

À l'inverse, on doit bien reconnaître que le psychodrame ne se prête pas volontiers au travail de perlaboration si essentiel au véritable changement des investissements psychiques, et il n'est pas exagéré de dire que le travail du psychodrame reste toujours entaché d'une certaine superficialité, même si par moments c'est l'approche la plus féconde pour un sujet donné, dans une situation donnée.

THÉRAPIES DE GROUPE

Peu après la Deuxième Guerre mondiale, certains auteurs, comme BION ou BALINT en Grande-Bretagne, ont entrepris d'utiliser les techniques et les concepts analytiques dans un contexte de groupe.

Le but des thérapies de groupe est de soigner l'individu à travers le groupe, et l'interprétation concerne essentiellement les processus qui se déroulent à l'intérieur du groupe. Les catégories du transfert et du contre-transfert ne s'appliquent pas comme dans la cure type et, dans les meilleurs des cas, le groupe fonctionne comme révélateur et comme instrument de réforme vis-à-vis de schémas interactionnels qui seraient pathologiques ou trop inadaptés.

La validité des méthodes de groupe est difficile à établir dans le cas de patients très perturbés, en raison de la complexité des phénomènes qui s'y déroulent. Le patient psychotique en crise est en effet volontiers morcelé, et le ou les thérapeutes impliqués ont affaire à des groupes éclatés de façon trop complexe pour qu'il soit possible d'effectuer un travail analytique vraiment significatif. D'ailleurs, depuis quelques années, on constate un certain éloignement des analystes pour ce type de travail avec des patients très malades et institutionnalisés ; pour ces patients, le groupe reste surtout un précieux instrument de soutien et d'aide à la communication verbale, avec une référence le plus souvent marginale à la psychanalyse.

Par contre, de très nombreuses approches de groupe organisées autour de concepts directement psychanalytiques ou dérivés de la psychanalyse se sont développées, moins pour soigner des malades que pour amener les participants à prendre conscience de la nécessité du développement maximal de leur personnalité. La diversité et l'étendue de ces entreprises sont énormes, certaines d'entre elles pouvant être considérées comme des éléments très visibles de la culture d'une époque au sens large (voir le chapitre 43).

Enfin, il n'est pas sans intérêt de remarquer, à la suite de BION en particulier, que le groupe, en tant qu'entité individualisée, se développe selon un processus et des étapes qui rappellent par certains points le développement du psychisme individuel.

ANALYSE INSTITUTIONNELLE

BETTELHEIM et SEARLES aux États-Unis, RACAMIER et DIATKINE en France, ainsi que bien d'autres auteurs ont montré ce qu'il est possible de faire en utilisant un système théorique pour dégager, au sein de la vie institutionnelle, des significations relatives aux destinées individuelles des malades les plus gravement atteints. De fait, pour ceux qui ont participé à ce genre d'entreprises, il n'y a pas de doute qu'un travail analytique portant sur le contre-transfert, au sein d'une équipe soignante en institution, apporte des aperçus très riches de la réalité psychique des patients et ouvre la voie à des résultats thérapeutiques parfois spectaculaires. Ceux qu'a rapportés BRUNO BETTELHEIM auprès d'enfants autistiques sont une indication de ce qui semble possible en ce domaine.

Mais à ces considérations, nous devons légitimement opposer le fait que l'intervention analytique au sein de la vie institutionnelle soulève des conflits, mobilise des angoisses et sollicite les normes administratives au delà de ce que la plupart des institutions peuvent raisonnablement tolérer. Il s'ensuit que, le plus souvent, la raison administrative et les pesanteurs de la vie quotidienne l'emportent sur les velléités d'analyse systématique au sein des institutions. Partant, il s'ensuit aussi, pour beaucoup de patients (et de soignants), une chronicité qui, théoriquement, aurait pu être évitée.

Il y aurait à ce sujet un très important travail de recherches à effectuer. Malheureusement, les mouvements contemporains de désinstitutionnalisation, nourris ici de bonnes idées et là de navrantes ignorances, ne favorisent guère ces recherches dans la mesure où, justement, l'institution n'est plus

envisagée comme le lieu privilégié et central des soins. Il faudrait réintroduire une véritable réflexion sur la notion d'Institution ...

40.4.
INDICATIONS

C'est à ce sujet que l'on pourra constater particulièrement à quel point la médecine et la psychanalyse ne peuvent se recouper complètement. En effet, dans une perspective médicale traditionnelle, c'est la maladie elle-même qui détermine presque exclusivement les indications et les orientations de la thérapeutique. En psychanalyse, cette orientation n'est que partiellement vraie. Il y a certes des états cliniques idéaux et d'autres qui sont manifestement incompatibles avec une démarche psychanalytique (par exemple les états psychotiques très enracinés et chronicisés, le patient étant statufié dans une existence dont on voit mal comment on pourrait en changer les éléments). Il en va de même dans certains cas de troubles de la personnalité comportant des mécanismes psychopathiques et délinquants trop développés. L'alliance thérapeutique, qui repose sur une entente, un contrat, ne serait alors pas possible. La situation analytique repose en effet sur une sorte de loi implicite qui engage l'analyste et l'analysant, et elle serait impossible à établir si l'un des deux était trop perturbé dans son rapport avec la loi en général.

Pour un grand nombre de patients, l'indication d'une cure repose sur la nature du rapport que le sujet entretient avec sa propre réalité psychique. Prenons un exemple : telle personne peut présenter un ensemble de symptômes comportant des inconvénients bien réels, mais en même temps ne ressentir strictement aucun intérêt pour ce que ces symptômes pourraient éventuellement signifier par rapport à sa dynamique personnelle. Tel insomniaque peut tout simplement vouloir dormir, et avoir beaucoup de mal à imaginer que ses difficultés de sommeil sont l'expression d'un processus actif « à l'intérieur » de lui et dont il n'a pas conscience ... En fait, l'intérêt que les gens portent à leurs propres rêves, comme leur curiosité vis-à-vis de la vie psychique en général, est très variable d'un sujet à l'autre. Mais il s'agit d'un aspect capital que l'analyste devra évaluer aussi précisément que possible dans la détermination de l'indication d'une analyse : il évaluera la capacité du sujet à mobiliser un intérêt pour sa réalité psychique, ses rêves, ses fantasmes, ce qu'il imagine, etc.

Par conséquent, nous estimons qu'il est légitime de signaler que les indications dépendent, en partie, non des symptômes présentés par le malade, mais du type de rapport qu'il entretient avec lui-même.

Par ailleurs, ces indications sont liées à l'évolution des connaissances dans le champ de la psychanalyse. Classiquement, il était admis qu'elles se limitaient aux seuls patients névrosés. Mais, comme nous l'avons déjà signalé, grâce à une meilleure connaissance des mécanismes de la psychose, les analystes entreprennent de traiter des cas qui auraient été considérés comme inaccessibles auparavant.

À l'heure actuelle, un nombre grandissant de malades à l'état limite (*borderline*) s'adressent aux psychanalystes dans l'espoir raisonnable de trouver auprès d'eux un secours efficace. Il s'agit de patients qui présentent des tableaux très divers, mais qui ont en commun une fragilité narcissique et une précarité, dans l'organisation des relations d'objet, qui auraient découragé la plupart des praticiens des générations antérieures. Bien des problèmes pratiques et théoriques sont reliés aux mécanismes de défense archaïques de ces pathologies. Tout en reconnaissant les difficultés de certains cas ainsi que les limites de l'analyse, la plupart des analystes participent à l'élargissement des indications, qui est le fait de l'évolution actuelle.

Par ailleurs, il convient de signaler que, depuis les débuts de l'histoire du mouvement ana-lytique. il s'est toujours trouvé des praticiens pour entreprendre des traitements auprès de cas désespérés ou, à tout le moins, profondément perturbés. Bien qu'il n'y ait pas de résultats thérapeutiques fiables et codifiables, en dehors de quelques cas rares et spectaculaires, certains de ces travaux présentent un intérêt considérable par leur valeur expérimentale ainsi que par les connaissances qu'ils ont apportées. De plus, bien des exemples d'évolutions heureuses et inespérées devraient nous inviter à la circonspection et à la prudence avant de renoncer trop vite ...

Ces considérations soulignent en fait l'importance de la nature de la demande. Il faut cependant examiner d'autres aspects de la situation du demandeur avant de poser correctement une indication d'analyse. Ces aspects sont énumérés ci-dessous.

40.4.1. FORCE DU MOI

La force du Moi se manifeste, en gros, par la capacité de fonctionner et de gérer la réalité. Cette définition convient à la majorité des cas. On doit néanmoins être méfiant à ce sujet et ne pas oublier que l'inverse peut s'appliquer : un « refus » de s'adapter peut effectivement témoigner aussi de la force du Moi. Une absence de vigilance à ce propos favorise une dérive en direction d'une conception réductrice, voire, en certaines circonstances, d'une conception vaguement totalitaire de la santé et de la pathologie mentales.

On sait en effet qu'une des façons de disqualifier une pensée non conforme est de la faire passer pour folle ou dérangée, et de taxer celui qui l'exprime d'individu au Moi déficient. Ce contrepoint étant admis, c'est tout de même l'examen de l'ensemble des performances du sujet dans sa vie qui sera le meilleur indicateur de la force du Moi. C'est de cette façon aussi qu'on arrivera à faire la part entre ce qui revient à une régression liée à des phénomènes pathologiques et ce qui correspond à une structure de base. On y sera particulièrement attentif avant d'entreprendre l'analyse des sujets chroniquement dépendants, ou manifestant une difficulté excessive à assurer leur autonomie.

Mais là encore, ce qui importe est ce qui émerge de l'entretien avec l'analyste : c'est la qualité du contact, la capacité de se situer comme interlocuteur porteur d'une demande véritable, de la part de l'analysant, qui sera le meilleur indice pour le praticien.

40.4.2. INTENSITÉ DES PRESSIONS PULSIONNELLES

Quant à la qualité et à la force pulsionnelles, elles seront élucidées au cours des entretiens préliminaires, par l'examen approfondi des modalités grâce auxquelles le sujet parvient à se procurer des satisfactions. Par exemple, un sujet renfermé, isolé, sans ami, qui ne parvient pas — ou trop difficilement — à fonctionner dans un milieu universitaire ou professionnel, qui n'exprime aucun intérêt pour ses propres loisirs, qui ne préfère aucun secteur où il se procure du plaisir, dont la sexualité est trop restreinte, bref, que rien ne semble motiver doit faire redouter à l'analyste, au delà d'une histoire dépressive en cours évidemment, une organisation pulsionnelle défaillante, laquelle rend problématique l'issue d'une analyse.

40.4.3. CAPACITÉ DE SYMBOLISER

Enfin, une capacité de symboliser trop insuffisante ancre le sujet dans un monde concret et bloque l'émergence d'un transfert avec l'analyste, qui devient avant tout un personnage symbolique dans le déroulement de la cure : écran que l'analysant doit pouvoir reconnaître comme « lieu » de ses projections.

40.5. THÉORIE PSYCHANALYTIQUE*

Il nous est impossible, dans le cadre d'un chapitre comme celui-ci, de résumer adéquatement l'énorme construction théorique de la psychanalyse depuis les premiers travaux de FREUD. Elle est trop multiforme, trop évolutive et touche trop d'aspects divers de la vie mentale pour se prêter à des raccourcis, tout en conservant son sens. Disons néanmoins que cet édifice théorique est à vocation « totalisante », ce qui veut dire qu'il se propose de fournir un commentaire utilisable et cohérent sur l'ensemble de la vie psychique sous tous ses aspects.

La théorie psychanalytique propose, en premier lieu, une vision globale de la structure même du psychisme, envisagé en tant qu'organisme dont les éléments, aux contours relativement précis, seraient discernables. À cela correspond ce qu'il est convenu d'appeler les deux « **topiques** » de FREUD.

Dans la première, énoncée dans *La science des rêves* en 1900, l'appareil psychique est constitué de trois parties ayant des fonctions différentes : le **Conscient (Cs)**, le **Préconscient (Pcs)** et l'**Inconscient (Ics)**. S'il est relativement facile de voir à quoi correspondent le Conscient et l'Inconscient, le Préconscient, lui, a des fonctions plus complexes et plus difficiles à résumer. Une manière traditionnelle d'exprimer la fonction du Pcs est de dire que, si l'Ics est le « lieu » de la représentation de choses, le Pcs est celui de la représentation de mots. Cela veut dire que c'est à ce niveau essentiellement que se font les liaisons et que se constituent les chaînes associatives et, par conséquent, les réseaux signifiants, dont quelques éléments seulement sont présents au Cs à un moment donné. Pour utiliser une métaphore informatique (au demeurant approximative ...), nous pourrions dire que c'est au niveau du

---

* Voir aussi le chapitre 5, section 5.3.

système Pcs que se fait l'équivalent du « formatage », qui consiste à inscrire un langage informatique déterminé sur une disquette, après quoi il devient possible d'y inscrire des données qui y seront reliées de manière signifiante.

Dans la seconde topique, décrite par FREUD dans *Le Moi et le Ça* en 1923, l'appareil psychique est également constitué de trois parties articulées : le **Moi**, le **Ça** et le **Surmoi**. Disons, en gros, que le Moi est l'instance qui gère la réalité et les pulsions en fonction de celle-ci, et qui assure l'adaptation du sujet. Ses fonctions sont évidemment fort complexes, et leur description nécessiterait des développements considérables. Le Surmoi est le système législatif « internalisé » qui régit le fonctionnement du Moi. De lui dépendent des restrictions et des interdits, mais aussi des obligations auxquelles toute personne se trouve assujettie. Dans le langage courant, on définirait le Surmoi comme le « code moral indispensable à la survie des individus et des groupes ». Enfin, on peut dire que le Ça correspond à la représentation psychique des pulsions, qui sont les dérivés culturels de la vie instinctuelle.

Ces deux topiques sont complémentaires et, surtout, correspondent à des axes différents dans la compréhension de la structuration et du fonctionnement de l'appareil psychique. Ce fonctionnement est relié à une énergie psychique — dont on notera que la nature reste indéterminée — qui conditionne ce qu'il est convenu d'appeler une « dimension **économique** ». Il serait inepte d'envisager le fonctionnement psychique sans tenir compte de cet aspect.

La **métapsychologie** est le terme créé par FREUD pour désigner ces modèles conceptuels et leur fonctionnement.

Les observations tirées de la clinique ont permis à FREUD de dégager un déroulement **génétique** — une genèse — de la maturation du psychisme et de la personnalité, selon des stades distincts : les **stades oral**, **anal** et **génital**, qui comportent chacun des subdivisions et des aspects divers. Ces dénominations désignent des « zones » corporelles qui sont le siège des principales satisfactions pulsionnelles à un moment donné de l'évolution de l'individu. Elles correspondent par ailleurs à des prototypes fonctionnels qui conservent leur validité la vie durant.

C'est ainsi, pour prendre un exemple évident, que le **fonctionnement anal** concerne la capacité de retenir et d'expulser. À un moment donné, dans l'évolution du sujet, cette capacité s'instaure. Auparavant, elle n'existait pas et ce fonctionnement particulier échappait au contrôle conscient du sujet. Cette instauration est donc le fait d'une maturation qui comprend une acquisition nouvelle par rapport à ce que le sujet peut expérimenter ... avec une charge de plaisir. C'est donc aussi une acquisition dans le registre pulsionnel qui dépasse en importance, pendant un certain temps, les autres plaisirs. À partir de quoi on sera fondé à envisager un « stade anal » dans le développement du sujet. Par la suite, tout au long de la vie, ce qui concerne les activités de rétention et d'expulsion sera relié à ce prototype anal et on parlera — ce qui est en réalité une métaphore — de fonctionnement anal pour les caractériser.

Tout le développement théorique des stades de la maturation constitue l'une des contributions majeures de la psychanalyse, tant au point de vue de leur description proprement dite qu'au point de vue des mécanismes de défense qui leur sont associés. Cet édifice théorique est considérable et d'un intérêt majeur. Il n'en demeure pas moins qu'on peut le considérer avant tout comme un moyen de codifier ce qui se passe entre l'analyste et l'analysant dans le déroulement de la cure. Celle-ci réalise une situation très particulière, et c'est dans son cadre que se fonde et se valide cette théorisation, laquelle occupe de ce fait un statut épistémologique original. À ce propos, plusieurs points méritent d'être soulignés.

D'abord, ce qui fait l'objet de la psychanalyse n'est pas l'« événement » mais le « dire ». Comme nous l'avons déjà indiqué, il s'agit d'un domaine où il y a prévalence absolue de la réalité psychique sur l'événement « réel ». Donc, ce qui est au centre de l'analyse est ce qui est dit, dans un contexte spécifique, à un interlocuteur également spécifique ; et ce dire doit impérativement s'intégrer dans l'histoire du sujet analysant. Ce cadre fixe les limites de l'ambition analytique qui ne propose aucune intervention dans le domaine des agirs, du fonctionnement et des manipulations de la réalité, et fixe également les limites au sein desquelles l'analyse revendique sa validité.

Pour résumer cette question à l'extrême, nous pouvons dire que la pratique et la théorie analytiques obéissent à un principe de cohérence historique, qui est l'exigence fondamentale au cœur de sa démarche, et qui n'inscrit pas la psychanalyse au nombre des sciences dites « exactes ». Corrélativement, on peut considérer qu'une analyse réussie est une entreprise qui aura restitué au sujet sa propre cohérence mutilée ou détruite par les processus de la psychopathologie. Ce n'est pas là une mince ambition.

Adresse :
Société canadienne de psychanalyse
7000, Côte-des-Neiges, Montréal
H3S 2C1
Téléphone : (514) 738-6105

BIBLIOGRAPHIE

ANXIEU, D.
   1959   *L'auto-analyse*, Paris, PUF.

ELLENBERGER, H.-F.
   1974   *À la découverte de l'inconscient*, Lyon, Simed-Editions.

FENICHEL, O.
   1945   *The Psychoanalytic Theory of Neuroses*, New York, W.W.
          Norton & Co.

FREUD, SIGMUND : La presque totalité des écrits de SIGMUND
FREUD a été traduite en langue anglaise et réunie en une édition
cohérente comportant 24 volumes : *The Standard Edition of the
Complete Psychological Works of Sigmund Freud*. Cette édition est
due à The Hogarth Press, London, et la dernière édition est celle
de 1964. Ci-après, nous désignerons cette édition par le sigle
« S.E. ». Plusieurs de ces textes ont été traduits en français.

   1900   *The Interpretation of Dreams*, S.E., vol. IV et V.

   1901   *The Psychopathology of Everyday Life*, S.E., vol. VI.

   1905a *Fragment of an Analysis of a Case of Hysteria*, S.E.,
          vol. VII.

   1905b *Three Essays on the Theory of Sexuality*, S.E., vol. VII.

   1909a *Analysis of a Phobia in a Five Year Old Boy*, S.E.,
          vol. X.

   1909b *Notes Upon a Case of Obsessional Neuroses*, S.E., vol. X.

   1911   *Psychoanalytic Notes on an Autobiographical Account of
          a Case of Paranoia (Dementia Paranoides)*, S.E.,
          vol. XII.

   1913   *Totem and Taboo*, S.E., vol. XIII.

   1914   *On Narcissism : An Introduction*, S.E., vol. XIV.

   1916-17 *Introductory Lectures on Psychoanalysis*, S.E., vol. XV et
           XVI.

   1920   *Beyond the Pleasure Principle*, S.E., vol. XVIII.

   1923   *The Ego and the Id.*, S.E., vol. XIX.

   1926   *Inhibitions, Symptoms and Anxiety*, S.E., vol. XX.

   1927   *The Future of an Illusion*, S.E., vol. XXI.

   1929   *Civilization and its Discontents*, S.E., vol. XXi.

   1933   *New Introductory Lectures on Psychoanalysis*, S.E.,
          vol. XXII.

JONES, E.
   1958   *La vie et l'œuvre de Sigmund Freud*, Paris, PUF.

LAPLANCHE, J. et J.-B. PONTALIS
   1967   *Le vocabulaire de la psychanalyse*, Paris, PUF.

ROBERT, M.
   1964   *La révolution psychanalytique*, Paris, Payot.

SULLOWAY, F.J.
   1979   *Freud Biologist of the Mind. Beyond the Psychoanalytic
          Legend*, New York, Basic Books.

ZETZEL, E. et W.W. MEISSNER
   1973   *Basic Concepts of Psychoanalytic Psychiatry*, New York,
          Basic Books.

CHAPITRE 41

THÉRAPIES COMPORTEMENTALES

Yvon-Jacques Lavallée
M.D., F.R.C.P.(C)
Psychiatre au Centre hospitalier universitaire de Sherbrooke
Professeur adjoint à la Faculté de médecine de l'Université de Sherbrooke

PLAN

I hear and I forget
I see and I remember
I do and I understand

Ancien proverbe chinois

41.1.
INTRODUCTION : BEHAVIORISME ET PHILOSOPHIE

41.1.1. THÉRAPIE COMPORTEMENTALE COMME APPLICATION DU BON SENS

Les postulats comportementaux existent depuis fort longtemps et font partie du sens commun. Les leaders, les politiciens, les éducateurs, les parents connaissent des tactiques pour inciter les gens à modifier leur comportement. Chacun de nous avons l'intuition de ce qu'il faut dire, faire, ou faire faire pour modifier le comportement.

Alors, qu'est-ce que la thérapie comportementale apporte de nouveau ? Les principes du sens commun se sont amalgamés durant les trois dernières décennies en une technologie thérapeutique puissante, en mesure de réduire les symptômes de plusieurs entités psychopathologiques autrefois sans traitement. Les postulats comportementaux semblent d'une simplicité désarmante, mais peuvent être manifestement difficiles à appliquer. De là la nécessité d'une stratégie et d'un guide (une personne) thérapeutiques. Le traitement comportemental est à plusieurs égards un cadre pour l'application du bon sens aux problèmes comportementaux. Ainsi, on surmonte plus efficacement l'anxiété dans un tel cadre qu'en ordonnant au malade, comme on l'entend trop souvent, de « se ressaisir » ou d'« user de sa volonté ». Le traitement comportemental est en quelque sorte l'approche scientifique de la volonté.

41.1.2. DÉFINITIONS

La thérapie comportementale consiste en l'application clinique de la méthode expérimentale et des théories de l'apprentissage. Considérons l'objet d'étude des trois grands courants psychologiques. La **psychanalyse** étudie l'histoire des stimuli qui nous font agir ; la prise de conscience de ces stimuli dans la vie d'une personne serait thérapeutique. Le **gestaltisme** considère la perception des stimuli ; dans sa perspective, l'apprentissage n'est qu'un phénomène secondaire expliquant comment on peut utiliser aujourd'hui une expérience perceptive passée. Le **behaviorisme** traite des réactions aux stimuli ainsi que des techniques visant à les modifier, et il met l'accent sur la mesure des changements.

41.1.3. IMAGE DE LA THÉRAPIE COMPORTEMENTALE

Il semble que perdure une certaine image négative des techniques comportementales, qualifiées dans plusieurs milieux d'inhumaines, de mécaniques et de simplistes. Pourtant l'attitude thérapeutique de soutien et de confiance reste la base de ces techniques, comme c'est le cas dans n'importe quelle activité de service, que ce soit chez l'avocat, le comptable, le médecin, etc. Pour certains, la thérapie comportementale est restée associée aux techniques aversives (qu'on pense au film *L'orange mécanique*), malgré le fait maintenant établi qu'il est de beaucoup préférable d'utiliser le renforcement positif ou l'extinction. En outre, d'aucuns considèrent simpliste la thérapie comportementale parce qu'elle s'intéresse davantage à la contingence qu'à la complexité de la causalité.

Comme le disait WOLPE (1981), les gens ne sont pas portés à changer d'avis s'ils n'ont pas quelque chose à gagner ou à perdre en retour. Il semble que les thérapeutes soient maintenant amenés à s'interroger sur l'efficacité des traitements psycho-thérapiques, puisqu'aux États-Unis les compagnies d'assurances sont de moins en moins portées à défrayer leurs clients pour les psychothérapies qui n'ont pas démontré leur efficacité. Maintenant que c'est chose faite pour la thérapie comportementale dans certaines entités psychopathologiques, en particulier dans certains troubles névrotiques, son image deviendra meilleure et les thérapeutes utiliseront davantage ses techniques. Car, selon MAHLER (1975), dans un contexte de ressources limitées, le besoin se fait toujours sentir davantage de traduire « en termes objectifs ce qui est efficace, ce qui a de l'importance et ce qu'il en coûte ».

41.1.4. ALÉAS DU CONCEPT DE CAUSALITÉ

Aussi bien à propos de la théorie du conditionnement que de la théorie psychanalytique, les notions sur les « causes » des maladies ont été insatisfaisantes dans leurs rapports avec la pratique. Les modèles psychopathologiques de la psychanalyse et de la théorie générale des systèmes sont sérieusement remis en question par les conclusions répétées de différents chercheurs ayant indiqué que l'amélioration symptomatique, loin de causer chez le malade ou dans sa famille une substitution de symptômes, aboutit en général à des résultats inverses ; en effet, l'amélioration symptomatique s'étend même à des problèmes préalables.

Ainsi l'élaboration de traitements efficaces dépendrait de la combinaison de l'approche expérimentale et de l'approche clinique, ce qui permettrait de raffiner et d'éprouver les traitements pour éliminer graduellement les éléments redondants et ne retenir et exploiter que les ingrédients efficaces. Les progrès seront rapides si l'on consent à soumettre ses idées à l'épreuve « dévastatrice » de l'expérience pour rejeter les pratiques thérapeutiques inertes, en adopter de plus puissantes et perfectionner le système de distribution de soins, de sorte que les malades puissent recevoir les traitements dont la recherche a démontré les avantages.

41.1.5. DIMENSION PHILOSOPHIQUE

L'approche comportementale relève d'une attitude déductive, et adhère au pragmatisme et au positivisme.

L'histoire des idées nous enseigne qu'il existe plusieurs manières d'étudier les phénomènes. Ainsi PLATON, littérateur et inductif, adopta une méthode qui était une dialectique, une analyse développant les idées en tirant tout leur contenu, en découvrant le principe. Quant à ARISTOTE, homme de science, il utilisa une logique déductive et telle qu'on l'applique aux sciences.

L'induction est l'opération mentale qui consiste à remonter de cas donnés, le plus souvent singuliers ou spéciaux, à une proposition plus générale. Pour les cliniciens, la pensée inductive commande une certaine prudence. En effet, s'il n'est pas possible de faire toutes les vérifications voulues autorisant la formulation d'un principe général, la pensée inductive ne peut être respectée dans la rigueur qu'elle commande lorsqu'elle étudie les phénomènes. Il y a alors le risque de fonder les interventions thérapeutiques sur ce qui pourrait être en fait des intuitions trop souvent aléatoires.

La déduction est tout naturellement la méthode propre aux mathématiques, dont les principes premiers sont fournis directement par la raison. Mais la déduction peut encore s'appliquer à des principes antérieurement dégagés par l'*observation*. Dans les sciences de la nature, la déduction intervient ainsi, combinée avec l'induction. L'homme de science, observant la répétition constante d'un phénomène déterminé dans des circonstances déterminées, induira de la multiplicité de ces cas particuliers l'existence d'une loi. *En possession de cette loi, il pourra déduire que tel phénomène dans tel cas devra se produire. La déduction suit donc l'induction et permet de vérifier l'exactitude du principe induit.*

Pouvoir prédire, c'est ce qui fait la force du travail clinique. Ce ne sont pas les observations anecdotiques, faisant l'objet d'interprétations peut-être aléatoires, qui sont importantes, mais le pouvoir de prédiction que peuvent permettre les observations une fois qu'on les a réévaluées d'une façon systématique et quantitative.

Au XVIII⁽ᵉ⁾ siècle, appuyée sur la science expérimentale, la philosophie prit un caractère révolutionnaire et sapa les croyances et les institutions. L'influence de la science donna naissance au pragmatisme et au positivisme.

Le **pragmatisme** est une attitude de l'esprit qui consiste à admettre que les nécessités de l'action doivent être à la base de toute pensée ; les sciences valent pour leurs applications pratiques. D'une façon générale, la vérité est dans l'utilité, dans la réussite.

Le **positivisme logique**, ou néo-positivisme, sans lien direct avec le positivisme d'AUGUSTE COMTE, est une doctrine philosophique contemporaine selon laquelle les problèmes métaphysiques traditionnels sont dépourvus de sens parce que les questions correspondantes, qui ne comportent *aucune méthode de solution*, n'appellent aucune réponse, ni positive ni négative. Seules les questions scientifiques, mathématiques ou expérimentales auraient un sens. Dans ce courant d'idées, on apporta une critique de la causalité, comme en témoignent les écrits de DAVID HUME (1711-1776), et surtout ceux d'ERNST MACH (1838-1916) dans *Connaissance et erreur*, rejoignant en cela la pensée de MARKS qui recommandait de faire moins d'inférences sur l'étiologie et d'adopter une méthodologie clinique et expérimentale.

41.2.
PHÉNOMÉNOLOGIE DE L'APPRENTISSAGE

41.2.1. COMMENT APPREND-ON ?

Les behavioristes considèrent que le changement procède essentiellement d'apprentissages et de désapprentissages. Apprendre, c'est acquérir un ensemble de connaissances par un travail intellec-

tuel ou par l'expérience. L'apprentissage, dans son sens psychologique, concerne les modifications durables du comportement d'un sujet (humain ou animal) grâce à des expériences répétées, ou prévues devoir se répéter, et soumises à un processus de renforcement. Quels sont les paradigmes de l'apprentissage, c'est-à-dire les stratégies types qui sont données comme modèles pour comprendre et modifier le comportement ?

41.2.2. THORNDIKE ET LA LOI DE L'EFFET

Les réponses à une situation qui sont suivies par une récompense seront renforcées en présence de cette situation. En contrepartie, il y a affaiblissement des réponses qui n'accèdent à aucun résultat dans une situation donnée. La loi de l'effet, qui fut établie par THORNDIKE, entre dans la psychologie dite du stimulus-réponse (S-R). Elle anticipait le principe du renforcement de la réponse par ses conséquences, principe qui allait être adopté par de nombreux théoriciens du behaviorisme.

41.2.3. PAVLOV ET LE CONDITIONNEMENT CLASSIQUE

Le conditionnement fait appel à un changement de comportement par suite de l'exposition à des conditions particulières de l'environnement.

Dans l'expérience classique de PAVLOV, un chien placé dans un harnais de contention salive lorsqu'on lui présente de la nourriture. La réponse de salivation est une réaction inconditionnelle à une stimulation inconditionnelle : la nourriture. Le phénomène est inscrit dans la physiologie de l'organisme. Si à chaque présentation de la nourriture, stimulus inconditionnel, on associe par exemple un son de cloche, stimulus dit neutre par rapport à la réaction salivaire, on observera qu'au bout d'un certains nombre d'associations, le son seul entraîne la réaction de salivation.

À ce moment, le son de cloche est devenu un stimulus conditionnel entraînant une réaction con-

Figure 41.1.   CONDITIONNEMENT CLASSIQUE

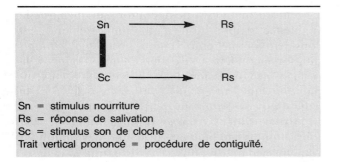

Sn = stimulus nourriture
Rs = réponse de salivation
Sc = stimulus son de cloche
Trait vertical prononcé = procédure de contiguïté.

Figure 41.2.   RÉPONSE D'ÉVITEMENT

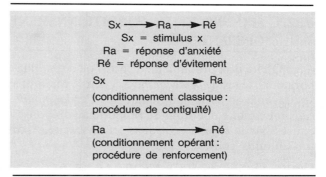

ditionnelle : la salivation. Si le stimulus conditionnel (son) n'est pas renforcé par une nouvelle série d'associations avec le stimulus inconditionnel (nourriture), la réaction conditionnelle de salivation au son seul va progressivement disparaître. C'est le phénomène d'extinction. L'acquisition de l'apprentissage dans le schéma pavlovien relève d'un principe de contiguïté, d'associationnisme, principe que l'on retrouve dans toutes les théories comportementales (voir la figure 41.1.).

Selon MOWRER (1939), les réponses d'anxiété seraient apprises par contiguïté. Ces réponses seraient différentes d'autres types de réponses conditionnelles en ce qu'elles n'ont pas besoin de renforcement continu pour se maintenir. En effet, d'autres réponses conditionnelles s'éteignent en l'absence de renforcement mais, d'après MOWRER, les réponses d'anxiété conditionnelles n'ont pas besoin d'être renforcées par la répétition du « traumatisme » originel. Toute réponse qui se traduit par l'évitement d'un stimulus aversif conditionnel, telle une situation génératrice d'anxiété, est renforcée, même en l'absence d'autre renforcement, parce qu'elle diminue l'anxiété (voir la figure 41.2.).

Une fois apprise, la réponse d'évitement se maintient. On dit que le conditionnement classique de la peur, par contiguïté, se conserve par le conditionnement subséquent (opérant) du comportement d'évitement. Ces notions sont importantes pour la compréhension des phobies et de leur trai-

tement, car les thérapies d'exposition visent à faire disparaître le comportement d'évitement en apprenant au sujet à faire face, d'une façon bien intentionnelle, au Sx pour affaiblir le lien avec la Ra.

41.2.4. MARKS ET LE PRINCIPE D'EXPOSITION

D'une façon empirique, MARKS a déterminé que, dans les techniques comportementales visant à réduire peurs, phobies, rituels et anxiété sexuelle, la composante thérapeutique la plus forte était l'*exposition du malade aux stimuli* qui suscitent ces réactions, jusqu'à ce qu'il s'y habitue. Bien que la réduction de l'anxiété survienne dans des circonstances précises, à la suite du contact répété avec la situation ou l'objet pathogènes, son mécanisme d'action demeure inconnu. Ces circonstances sont les suivantes :

1) confrontation directe du sujet avec l'objet ou la situation phobogènes — cette confrontation devra être organisée en situation réelle (*in vivo*) de préférence à une confrontation en imagination ;

2) exposition au cours de séances prolongées — préférable à de courtes séances répétées, aussi longtemps que l'anxiété persiste ;

3) certaines tâches assignées au malade entre les séances de traitement, à la maison, pour per-

mettre le maintien de l'amélioration atteinte au cours des séances avec le thérapeute.

41.2.5. SKINNER ET LE CONDITIONNEMENT OPÉRANT

On lui doit probablement, ainsi qu'à ses collaborateurs, le terme *behavior therapy*. En se référant à ses travaux, on parle maintenant de *behavior modification*. Le mot « opérant » se rapporte aux réponses émises par le sujet plutôt qu'à celles suscitées par un stimulus connu.

Figure 41.3. CONDITIONNEMENT OPÉRANT

```
Sd ──► Ro ──► Sr

Sd = stimulus de discrimination en regard du Sr éventuel
Ro = réponse opérante
Sr = stimulus renforçateur
```

Par exemple, un sujet, à la suite d'une indication donnée (Sd), pose tel geste (Ro) qui conduira à un renforçateur (Sr), comme de la nourriture. C'est l'apprentissage d'un comportement en fonction des conséquences résultant de l'action (opération) du sujet sur l'environnement.

Les réponses opérantes sont souvent qualifiées de « volontaires », par opposition aux réponses « involontaires » dans le conditionnement classique, ou répondant. Selon le conditionnement opérant, le sujet suscite une action dans des circonstances données, le système musculo-squelettique est mis en mouvement, et le comportement est contrôlé par le stimulus qui suit la réponse. Selon le conditionnement classique, le sujet subit les circonstances données, le système neuro-végétatif est en fonction, et le comportement est contrôlé par le stimulus qui précède la réponse.

Le **renforcement** est un concept-clé dans le conditionnement opérant. Il ressemble à la loi de l'effet de THORNDIKE quant au rôle fondamental des conséquences dans le contrôle des conduites, mais il s'en différencie par le fait que SKINNER élimine les notions subjectives de « récompense » ou de « désagrément ». L'auteur définit en effet le stimulus renforçant d'une manière tout opérationnelle. Le renforcement est une opération qui *augmente* la fréquence d'apparition d'un comportement. Est considéré comme **renforcement positif** tout stimulus qui, survenant à la suite d'une réponse, augmente la probabilité d'émission de cette réponse ; par exemple, dans une entreprise, un bonus est donné à la suite d'un comportement particulièrement productif. Est considéré comme **renforcement négatif** tout stimulus qui peut être évité ou interrompu par l'émission d'une réponse ; par exemple, dans une usine, un bruit désagréable peut être évité par une application d'huile sur les pièces d'une machine-outil ; l'ouvrier apprend ainsi à huiler régulièrement sa machine.

Les notions de renforcement négatif, de punition et d'aversion sont trop souvent confondues. La **punition** réfère toujours à une diminution du comportement. La **punition par addition** (ou punition positive) est une technique basée sur le conditionnement opérant pour *diminuer* la fréquence d'une réponse comportementale. Elle consiste à émettre, à la suite d'un comportement, un stimulus entraînant une diminution de la fréquence d'apparition de ce comportement ; par exemple, on convient avec un jeune adolescent bagarreur qu'il devra « s'expliquer avec le principal de l'école » (addition d'un événement stimulus) s'il s'engage dans une bagarre. Un tel comportement, dont la probabilité d'apparition diminuera, sera passé par une opération de punition positive. La **punition par retrait** (ou punition négative) consiste à enlever un stimulus à la suite d'un comportement, opération entraînant une diminution de la fréquence d'apparition de ce comportement ; par exemple, on convient avec un malade qu'on « cesse de lui accorder de l'attention » dès qu'il commence à se plaindre ; si le comportement de plainte diminue, on pourra parler d'une opération de punition négative. Quant à l'**aversion**, il s'agit d'une technique de conditionnement classique portant sur l'association répétée d'un stimulus agréable, mais indésirable, avec un stimulus déplaisant ; par exemple, chez un alcoolique, on associe un verre d'alcool aux effets malodorants d'une substance chimique donnée. Les techniques de punition et d'aversion sont de moins en moins utilisées en raison de considérations éthiques et de résultats incertains.

41.2.6. BANDURA ET L'APPRENTISSAGE PAR IMITATION

BANDURA est l'un des chefs de file de l'approche cognitive. Il est surtout connu pour ses études sur l'apprentissage social et plus particulièrement sur l'apprentissage par imitation. Cette dernière technique démontre toute sa puissance par son utilisation dans la publicité. Là où SKINNER déclare que le milieu sélectionne la conduite, le « cognitiviste » ajoute que l'environnement peut également être sélectionné par l'humain. Cependant, des chercheurs comme WOLPE croient que les cognitions ne sont pas différentes des réponses comportementales et qu'elles fonctionnent selon les principes du conditionnement. Selon la théorie de BANDURA sur le processus de l'apprentissage par imitation, on distingue deux phases :

1) **Phase d'acquisition**   Lorsqu'un sujet observe le comportement d'un autre, il apprend le comportement du modèle. Dans cette phase, l'apprentissage s'établit sans que des renforcements externes ne soient nécessaires et sans que le sujet ne passe à la pratique du comportement qu'il vient d'observer.

2) **Phase de performance**   Le sujet va imiter le comportement appris par l'observation. Pour BANDURA, le renforcement intervient à partir des performances que l'observateur est capable de fournir dans le comportement acquis par observation.

Ainsi, contrairement à la théorie de SKINNER, l'importance repose sur l'anticipation du renforcement. Plus récemment, BANDURA a développé une théorie générale du changement comportemental, fondée sur le concept d'« efficacité personnelle perçue » (*self-efficacy*). L'augmentation de la perception

d'efficacité personnelle serait un élément renforçateur. En plus de l'apprentissage par imitation, l'approche cognitive comprend d'autres paradigmes, comme la restructuration cognitive, qui sont développés dans le chapitre suivant.

41.2.7. ENTRAÎNEMENT AUX HABILETÉS

Il s'est développé, en fonction de besoins complexes identifiés chez les malades, des programmes spécifiques qui sont devenus des paradigmes puisqu'on les donne de plus en plus comme modèles pour modifier les comportements. Les programmes d'entraînement ont comme caractéristique de comprendre plusieurs éléments qui peuvent relever, à des degrés divers, du conditionnement classique, du conditionnement opérant, de l'apprentissage par imitation, etc. Ainsi, l'entraînement aux habiletés sociales (*social skills training*) est souvent rapporté comme programme pour aider les malades souffrant de phobie sociale, de trouble de la personnalité évitante et même de schizophrénie. Pour leurs problèmes de communication et d'adaptation sociales, des schizophrènes ont aussi bénéficié de l'entraînement à l'adaptation communautaire (*community living training*).

Les habiletés à résoudre des problèmes (*problem solving*) peuvent être utiles pour les gens qui éprouvent de l'anxiété reliée à des difficultés situationnelles, et aussi pour ceux qui présentent des problèmes de comportement. Les principes qui régissent la résolution de problèmes ne sont pas propres à l'esprit humain : les animaux et les machines « pensantes » les partagent. Le psychologue allemand WOLFGANG KOHLER (1924) s'est intéressé le premier à ce phénomène, en particulier chez les primates. En outre, de nombreuses expériences ont été faites en laboratoire sur le processus de résolution de problèmes chez les humains. C'est à partir de ces découvertes que des techniques spécifiques sont apparues aussi bien dans l'industrie qu'en clinique. D'ZURILLA et GOLDFRIED (1971) ont défini la résolution de problèmes comme un processus comportemental, moteur ou cognitif, qui :

1) rend disponible toute une variété de réponses éventuellement efficaces pour solutionner un problème donné ;

2) augmente la probabilité de choisir la réponse la plus efficace parmi ces alternatives.

À partir d'observations faites en laboratoire, on a défini les cinq étapes du processus de résolution de problèmes :

1) **Orientation générale**   Il s'agit de l'attitude du sujet devant toute situation problématique. On informe le sujet, au début du processus, des quatre principes qui peuvent faire l'objet d'un entraînement :

   a) admettre que les situations problématiques font partie de la vie ;

   b) reconnaître qu'une attitude active permet de faire face à ces situations ;

   c) être capable d'identifier les situations problématiques lorsqu'elles apparaissent ;

   d) être capable d'inhiber la tentation de répondre impulsivement.

2) **Définition et formulation du problème** L'efficacité à résoudre les problèmes dépend de la capacité du sujet à les traduire en éléments concrets, tout en gardant une perspective générale.

3) **Production d'alternatives**   Les principes du « remue-méninges » (*brainstorming*) s'appliquent pour trouver un grand nombre de solutions. Dans ce processus, la critique est interdite, la fantaisie débridée est encouragée, la quantité est vue comme un critère de qualité.

4) **Prise de décision**   Après l'évaluation de chaque solution éventuelle et après en avoir pesé les avantages et les inconvénients à court et à long terme, on choisit une solution. Il convient d'avoir considéré aussi bien les aspects émotionnels que matériels reliés à chaque solution.

5) **Vérification**   Après avoir appliqué la solution choisie, le sujet évalue l'impact de son nouveau comportement sur le problème. Cette dimen-sion ne doit pas être négligée, car elle représente un renforcement à court terme et permet à long terme l'apprentissage à faire des liens entre le comportement et les résultats obtenus.

Il convient de noter que l'entraînement à la résolution de problèmes ne vise pas seulement à résoudre des problèmes particuliers, mais aussi à rendre le sujet plus habile à résoudre par lui-même dans le futur n'importe quelle situation conflictuelle. Il importe, pour l'efficacité de cet apprentissage, que les exercices soient bien exécutés et bien supervisés pendant environ deux mois.

41.2.8. INFORMATION

Les connaissances acquises par un processus d'information font-elles partie de l'apprentissage ? Dans le sens général du terme « apprentissage », il est vrai de dire qu'on peut apprendre en acquérant des connaissances par un travail intellectuel. Mais dans son sens psychologique, il semble qu'il faille une pratique, une attitude active, des expériences répétées. Des conseils ou des interprétations ne sont pas susceptibles d'amener des changements rapides et durables. Il reste que des renseignements précis sur les principes du traitement et sur ses objectifs constituent une condition nécessaire, même si elle n'est pas suffisante, à son succès. BREWER a insisté sur le fait que l'information fournie à un sujet sur ce qui va lui arriver, ou ce à quoi il doit s'attendre, explique mieux que les contingences de renforcement les phénomènes d'apprentissage.

41.3.
MANAGEMENT COMPORTEMENTAL

Il existe presque autant de définitions du management que de chercheurs dans le domaine. Le dénominateur commun retrouvé dans les définitions semble être l'accent mis par le manager sur l'atteinte d'objectifs. On peut définir le management comme étant le travail effectué avec et par les individus pour réaliser des objectifs préétablis.

Il importe au départ que le thérapeute identifie avec le malade les éléments qui concernent le management. Ainsi, le thérapeute décrit clairement et brièvement ce qu'on entend par problèmes, objectifs, traitements, mesures et résultats. Des explications claires et concises sur les principes et les stratégies thérapeutiques établissent la confiance et contribuent déjà à soulager l'anxiété initiale. Le thérapeute utilise les comportements observables comme éléments-clés dans toutes les définitions. Il s'enquiert des façons de voir du malade et lui révèle les siennes avec franchise. Il obtient autant que possible un accord mutuel sur les diverses étapes. Il vise à ce que le malade devienne son propre thérapeute. L'attitude dans le management comportemental relève du pragmatisme ; ainsi les décisions sont modulées en fonction des résultats plutôt que des théories.

Une bonne relation thérapeutique est essentielle pour augmenter la fidélité aux exigences thérapeutiques. Le succès du traitement est relié à l'attitude de compréhension et de respect du thérapeute pour les problèmes du malade, à la crédibilité du thérapeute et à la confiance du malade. Le thérapeute doit exercer un leadership, qui se manifeste en quelque sorte chaque fois qu'une personne tente d'influencer le comportement d'une autre.

On s'accorde généralement pour dire qu'il existe trois domaines d'habiletés nécessaires dans le management : les habiletés techniques, conceptuelles et humaines. Les habiletés humaines concernent l'exercice de la capacité et du jugement à travailler avec et par l'intermédiaire des personnes ; elles ont rapport à la compréhension de la motivation et à l'application d'un leadership efficace. Alors que peuvent varier les habiletés techniques et conceptuelles nécessaires dans les diverses tâches d'une organisation, le dénominateur commun qui est capital à n'importe quelle tâche touche aux habiletés humaines. John D. Rockefeller disait : « *I will pay more for the ability to deal with people than any other ability under the sun.* »

L'organisation d'un programme comportemental compte quatre étapes :
1) l'identification des problèmes ;
2) le choix des objectifs ;
3) la prescription d'exercices ;
4) l'évaluation.

41.3.1. IDENTIFICATION DES PROBLÈMES

Il s'agit pour le médecin de recueillir une liste des problèmes observables et mesurables que présente le malade. C'est à cette étape qu'on fait l'analyse fonctionnelle du comportement : il importe de préciser les stimuli qui le précèdent, le comportement en lui-même et les conséquences ou modifications de l'environnement qui lui succèdent. En thérapie comportementale, l'accent porte sur les déterminants actuels du comportement, non pas passés. Il faut que le comportement à changer se répète et se déclenche par des événements bien identifiés. Pour que l'investissement à traiter les problèmes en vaille la peine, le malade doit sentir toute la différence qui se produira dans sa vie s'il vient à bout de ses problèmes. On pourra utiliser une formule pour énumérer les problèmes à traiter, que le malade authentifiera en y apposant sa signature. Cette même formule pourra servir également à estimer l'évolution des problèmes en fonction du traitement (voir le tableau 41.1.).

Plusieurs facteurs empêchent les malades d'être admis à la thérapie comportementale, comme la présence d'une grave dépression rendant l'efficacité du traitement improbable. La consommation régulière d'alcool au point de s'enivrer ou de sédatifs à posologie élevée peut conduire le malade à un apprentissage qui se fait sous leur dépendance (*state-dependent*), de sorte que les effets du traitement disparaissent quand le malade n'est plus sous l'effet de l'alcool ou des médicaments. Dans le cas d'une grave maladie physique telle que

Tableau 41.1. **FORMULE D'IDENTIFICATION DES PROBLÈMES**

NOM : _____ DATE : _____

Voici la liste de vos principaux problèmes. Lire attentivement la liste et signer ou approuver pour chaque problème.

PROBLÈME 1 : _____ Signature : _____

PROBLÈME 2 : _____ Signature : _____

PROBLÈME 3 : _____ Signature : _____

PROBLÈME 4 : _____ Signature : _____

Vous voyez ci-dessous une échelle d'évaluation. Pour chaque problème, choisir le chiffre de l'échelle qui correspond à la sévérité de vos problèmes. Écrire le chiffre choisi dans la case appropriée (vous pouvez choisir aussi les chiffres situés entre les descriptions).

« Ce problème me dérange et/ou perturbe mes activités régulières. »

```
     0        1        2        3        4        5        6        7        8
  |--+--------+--------+--------+--------+--------+--------+--------+--------+--|
Pas           Légèrement         Nettement          Fortement          Très gravement
du tout        et parfois         et souvent        et très souvent    et continuellement
```

	AVANT LE TRAITEMENT	PENDANT LE TRAITEMENT	APRÈS LE TRAITEMENT
DATE			
PROBLÈME 1			
PROBLÈME 2			
PROBLÈME 3			
PROBLÈME 4			

l'angine, l'asthme, l'ulcère peptique ou la colite, l'emploi de méthodes de traitement tendant à provoquer une grande anxiété, par exemple l'exposition rapide, est contre-indiqué, bien que l'exposition lente puisse être sans danger. Enfin, certaines conditions pourraient théoriquement être traitées par des techniques comportementales, mais elles présagent en pratique une si faible collaboration du malade que ce serait peine perdue. Les joueurs compulsifs, par exemple, se présentent rarement avec une régularité suffisante pour que le traitement ait une chance de réussir.

41.3.2. CHOIX DES OBJECTIFS

«Si vous donnez à l'étudiant l'énoncé de ses objectifs, il se peut que dans bien des cas vous n'ayiez rien de plus à faire. » (MAGER, 1972) Dans une visée d'apprentissage, on peut fort bien transposer cette phrase à l'intention des malades : « Aidez vos malades à se fixer des objectifs de modification de comportement, et il se peut que le processus thérapeutique s'enclenche automatiquement. » Le comportement est fondamentalement orienté vers un but et, dans une perspective plus immédiate, il est motivé par le désir d'atteindre des objectifs.

L'étape du choix des objectifs consiste, pour le clinicien, à préciser avec le malade les comportements à modifier en fonction des problèmes présentés. Les objectifs sont l'équivalent des comportements cibles à acquérir (on utilise le mot *target* dans la littérature anglo-saxonne). Pour enrayer un problème qu'on a choisi conjointement de résoudre, on peut retenir comme objectifs plusieurs comportements cibles ; par exemple, si le problème est la phobie du métro, on peut identifier une série de comportements que le patient accomplira progressivement. On aura avantage à s'entendre avec le patient sur les objectifs le plus tôt possible et à y travailler systématiquement. On pourra se servir d'une formule où sont inscrits les objectifs ou comportements à acquérir, et qui permet d'en quantifier l'évolution (voir le tableau 41.2.).

41.3.3. PRESCRIPTION D'EXERCICES

L'unité de base du comportement est l'action. L'apprentissage, tel qu'il est conçu en sciences comportementales, ressemble beaucoup à d'autres types d'apprentissage. On apprend en *faisant* ce qu'on essaie d'apprendre. On peut bien lire sur les choses à apprendre ou encore regarder faire les autres ; il peut s'ensuivre un changement dans les connaissances ou les attitudes. Mais si l'on désire vraiment faire de quelque chose une situation d'apprentissage, on doit « essayer », pratiquer ... En effet, quels que soient les objectifs de changements comportementaux visés (générer, faire cesser ou modifier un comportement), on doit en faire une pratique *régulière*. C'est pourquoi le malade doit être d'accord pour mettre le temps qu'il faut et faire les efforts nécessaires à la réussite du traitement, tout en étant assuré du soutien du thérapeute. L'approche comportementale consiste en grande partie à entraîner le malade à maîtriser son propre comportement. Par conséquent, sa coopération est essentielle et il ne peut être traité contre sa volonté. La fonction du thérapeute est analogue à celle d'un entraîneur d'athlètes, d'un chef d'orchestre, d'un aiguilleur sur le plateau : guider l'action et sa répétition.

Les exercices sont meilleurs en milieu réel qu'en imagination. On peut recommander qu'ils soient exécutés progressivement. Les exercices en imagination ou sous forme de jeux de rôle sont des techniques d'appoint utiles. De plus, il est souvent nécessaire qu'on engage quelques personnes de l'entourage immédiat ou des amis comme aides-thérapeutes, particulièrement lorsqu'il s'agit de rituels compulsifs. La réussite du traitement dépend des exercices accomplis par le malade entre les séances thérapeutiques. Il n'y a pas d'autres méthodes thérapeutiques où la participation du malade est aussi importante qu'en thérapie comportementale. Les attentes du malade vis-à-vis du traitement et son désir de changer le comportement-problème sont des facteurs primordiaux puisqu'ils touchent sa motivation à exécuter les « devoirs » à domicile, en dehors des

Tableau 41.2. CHOIX DES OBJECTIFS

NOM : _____ DATE : _____

Voici une liste des objectifs à atteindre dans l'amélioration de votre comportement. Lire et signer pour approuver chaque objectif.

OBJECTIF 1 : _____ Signature : _____

OBJECTIF 2 : _____ Signature : _____

OBJECTIF 3 : _____ Signature : _____

OBJECTIF 4 : _____ Signature : _____

Évaluer votre progrès réel dans la poursuite de vos objectifs, en considérant *les actions* que vous accomplissez maintenant sur une base régulière et sans difficulté. À partir de l'échelle d'évaluation ci-dessous, choisir, pour chaque objectif, le chiffre qui correspond à votre degré actuel de difficulté (vous pouvez choisir aussi les chiffres situés entre les descriptions).

« J'éprouve une _____ difficulté à améliorer mon comportement et j'évalue mon succès à _____ %. »

0	1	2	3	4	5	6	7	8

Aucune	Légère	Nette	Marquée	Très grande
Succès complet	75 % de succès	50 % de succès	25 % de succès	Pas même un changement

	AU MILIEU DU TRAITEMENT	À LA FIN DU TRAITEMENT	EN POSTCURE
DATE			
OBJECTIF 1			
OBJECTIF 2			
OBJECTIF 3			
OBJECTIF 4			

séances thérapeutiques. Chaque thérapeute, à partir de son expérience, développe ses façons personnelles d'assigner à chaque malade des devoirs à domicile et de l'encourager à les bien accomplir. En structurant les exercices à domicile, et le thérapeute et le malade contribuent à l'atteinte de l'objectif d'apprentissage de comportements cibles spécifiques.

Le malade inscrit chaque jour sur une « formule calendrier » l'heure à laquelle il a commencé et fini ses exercices, et il en formule une brève description (voir le tableau 41.3.). Il indique sa cote d'anxiété durant la pratique et il consigne certains commentaires ainsi que les tactiques utilisées. Il mentionne le nom de son aide-thérapeute qui est invité à signer la formule calendrier pour attester que le malade a bien accompli ses exercices.

41.3.4. ÉVALUATION

En raison du pragmatisme, le management comportemental exige que les changements soient évalués quantitativement. Les mesures constituent un aspect important de la thérapie, puisqu'elles permettent un feedback valable au malade, au thérapeute et au superviseur. Que les choses aillent bien ou mal, les mesures en améliorent la prise de conscience et favorisent les décisions opportunes sur les stratégies à adopter.

Les mesures initiales donnent au malade un avant-goût de la thérapie et établissent déjà un rapport entre l'évaluation et le traitement. En saisissant la pertinence des mesures, le malade apprend à voir son comportement d'une manière plus objective, à situer son anxiété dans un contexte et à consigner avec une plus grande précision les exercices effectués à domicile. La prise de mesures est la première occasion offerte au thérapeute d'amorcer une alliance avec le malade, en vue d'établir des objectifs thérapeutiques bien définis. Le malade se trouve ainsi éduqué à la méthode thérapeutique.

Pour bien traduire ce qui se passe, les mesures doivent être multiples, soigneusement expliquées et appliquées toujours de la même manière. Les évaluations doivent être régulières. Elles devraient comprendre des rapports provenant de l'entourage familial et d'autres observateurs.

Quelles sont les mesures à sélectionner ? On utilise les échelles de type LIKERT (par exemple de 0 à 8, où 8 est un indice de sévérité des problèmes ou de difficulté d'atteinte des comportements cibles, et où 0 est un indice de leur bénignité ou de leur facilité d'atteinte ; voir le tableau 41.1.). Le traitement se termine lorsque le malade s'est amélioré suffisamment (une diminution de 4 points selon une échelle de 0 à 8 pour ses problèmes et ses objectifs comportementaux ou une diminution accrue si le malade le veut) ou encore lorsque l'on constate, après un essai thérapeutique valable, qu'il ne s'est produit aucune amélioration de son état.

Divers questionnaires ont été construits selon le type de problème présenté : anxiété phobique (MARKS et MATHEWS, 1979), anxiété obsessionnelle (COTTRAUX, 1978, p. 81), anxiété dépressive (MARKS et MATHEWS, 1979, sous-échelle anxiété - dépression), anxiété généralisée (BERGERON, 1976), etc. De nouveaux outils de mesures doivent être construits lorsque les mesures habituelles ne sont pas suffisantes pour traduire la condition particulière du malade. Dans de tels cas, on doit établir avec le malade une façon de coter l'*intensité* et/ou la *fréquence* de tout élément que le traitement peut modifier. En cas de doute sur la précision des mesures, on exigera du malade la tenue d'un journal sur son comportement spécifique.

La fréquence minimale pour toutes les mesures est la suivante :
1) avant le traitement (au moins une évaluation, mais il est préférable d'en faire plusieurs) ;
2) pendant le traitement (au moins une évaluation, mais il est encore préférable d'en faire plusieurs) ;
3) à la fin du traitement ;

Tableau 41.3.   FORMULE CALENDRIER

JOUR	SÉANCE DATE	SÉANCE DÉBUT	SÉANCE FIN	EXERCICES D'EXPOSITION ACCOMPLIS	AUTO-ÉVALUATION DE L'ANXIÉTÉ DURANT L'EXERCICE (0 = tout à fait calme ; 8 = panique totale)	COMMENTAIRES ET STRATÉGIES UTILISÉES	SIGNATURE DE L'AIDE-THÉRAPEUTE (s'il y a lieu) ATTESTANT QUE LE TRAVAIL A ÉTÉ ACCOMPLI
Dimanche							
Lundi							
Mardi							
				EXEMPLE D'UNE AGORAPHOBE			
Mercredi		14 h 30	16 h 30	Je suis allée au supermarché local et dans les boutiques environnantes ; j'ai acheté des aliments et des présents pour la famille ; j'ai pris un café au restaurant.	7	Je me suis sentie mal lorsque les boutiques étaient bondées ; j'ai fait des exercices de respiration profonde.	J. Tremblay (mari)
Jeudi		10 h	11 h 30	Je suis allée à pied au parc local, je m'y suis assise pendant une demi-heure jusqu'à ce que je me sente mieux, puis j'ai pris l'autobus en direction du centre-ville et je suis revenue à la maison.	6	J'ai eu des étourdissements et je me suis sentie mal ; j'ai fait l'exercice de m'imaginer morte.	J. Tremblay (mari)
Vendredi		14 h	16 h	À trois reprises, j'ai pris l'autobus aller-retour en direction du centre-ville tant que je ne me suis pas sentie à l'aise.	5	C'était pire quand l'autobus était bondé ; j'ai fait des exercices de respiration profonde.	J. Tremblay (mari)

Programme pour la semaine prochaine : Refaire chaque jour les exercices d'exposition en autobus, au parc et dans les boutiques, jusqu'à ce que mon anxiété soit inférieure à 3, puis commencer à me rendre chez le coiffeur et à faire de courts trajets en train.

JOUR							
Samedi							
Dimanche							
Lundi							
Mardi							
Mercredi							

SOURCE : MARKS (1985, p. 63)

4) à 1, 3 et 6 mois de postcure. Il est évident que certaines mesures doivent être prises plus fréquemment (par exemple, le nombre de tics par heure ...)

Il y a certains points sur lesquels on devra porter une attention particulière lors de la prise des mesures :

1) **Explications**   Lire au malade les explications complètes sur la façon de répondre aux questionnaires ; pour chaque note explicative, en demander l'explication au malade afin de s'assurer qu'il a bien compris ; lui donner des exemples.

2) **Contamination**   Choisir et noter sa propre cote avant de voir celle du malade. S'assurer que le malade ne voit pas ses cotes antérieures, que ce soit les cotes d'une séance à l'autre, ou celles à l'intérieur d'une même séance.

3) **Constance**   Prendre les mesures, autant que possible, selon des explications semblables d'un malade à l'autre et d'une séance à l'autre. Coter au même moment pour chaque occasion (préférablement au début de la séance) afin d'éviter la tendance à coter bas à la fin d'une séance qui se serait avérée particulièrement réussie.

Le fait de transcrire les mesures cliniques sous forme de graphiques permet un contrôle efficace

Figure 41.4.   **EXEMPLE DE GRAPHIQUE**

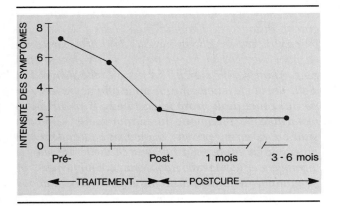

des cas. Le monitoring apporte un feedback rapide et visuel du cas aussi bien pour le malade que pour le thérapeute et le superviseur, et détecte plus facilement l'influence d'un changement de circonstances. En regardant les graphiques, on peut mieux voir l'évolution et faire les ajustements nécessaires pour améliorer la situation (voir la figure 41.4.).

41.4.
THÉRAPIE COMPORTEMENTALE ET MALADES NÉVROTIQUES

41.4.1. SÉLECTION DES MALADES

La plupart des malades névrotiques se présentant pour subir un traitement manifestent une légère dépression et une vague anxiété, et ils sont malheureusement les moins sensibles aux traitements comportementaux. La théorie comportementale n'est pas une panacée ; au contraire, elle ne devient valable que pour les problèmes reconnus comme lui étant sensibles par suite d'études contrôlées. Les principaux syndromes névrotiques particulièrement sensibles à ce type de thérapie sont les troubles phobiques et obsessionnels, les dysfonctions sexuelles, l'anxiété sociale et l'énurésie.

La recherche suppose, mais pas encore de façon concluante, que la thérapie comportementale vaut la peine d'être essayée pour le traitement de certains états névrotiques, notamment les difficultés de communication sociale, certains problèmes conjugaux, le bégaiement, les cauchemars, le chagrin pathologique et les troubles du contrôle pulsionnel comme la trichotillomanie, la boulimie, certains déchaînements de colère provoqués par des circonstances spécifiques, les tics localisés et les crampes professionnelles. Ces états névrotiques affectent presque 25 % des malades névrotiques qui se présentent aux cliniques externes de psychiatrie adulte. Selon une étude épidémiologique menée par MARKS sur la prévalence des problèmes comportementaux dans une population de cliniques de première ligne, les données portent à croire qu'une population de 50 000 personnes compte suffisamment de sujets adultes névrotiques pour tenir occupé à plein temps un thérapeute behavioriste. On ne connaît toutefois pas les chiffres pour les enfants de cette même population.

Soixante-quinze pour cent (75 %) des malades névrotiques traités en externe font peut-être partie de cette catégorie de cas qui ont jusqu'ici résisté aux méthodes comportementales. La plupart du temps il s'agit de cas de dépression ou d'états anxieux où l'anxiété est flottante, sans facteur précipitant. Toutefois, il est possible que dans l'avenir ces conditions puissent devenir sensibles aux méthodes comportementales. Pour diriger efficacement un service de thérapie comportementale, il est de première importance de choisir des malades ayant des problèmes que l'on peut traiter au moyen d'une thérapie de ce type. Sans quoi, non seulement on perd son temps, mais on fait aussi perdre celui du malade, à moins, bien sûr, d'être en train d'étudier de nouvelles méthodes dans un cadre de recherche.

41.4.2. PRINCIPE D'EXPOSITION

À la différence des traitements psychanalytiques, l'approche comportementale n'explore pas les fantasmes inconscients du malade et ne recherche aucune signification cachée. Le thérapeute behavioriste prend soin de relever et de consigner minutieusement les situations redoutées par le malade, afin de lui tracer le plan de traitement qui lui permettra de les affronter et d'apprendre à les tolérer plutôt qu'à les craindre. On doit convaincre le phobique de s'engager dans la situation et d'y demeurer jusqu'à ce qu'il se sente mieux, de le faire à plusieurs reprises pour s'y habituer et ne plus la craindre. C'est le principe d'exposition.

La désensibilisation en imagination, ou désensibilisation systématique, a été la première méthode comportementale utilisée à une grande échelle dans le traitement des phobies, mais depuis on l'a en grande partie remplacée par des formes d'exposition *in vivo* plus efficaces, avec ou sans l'aide d'un thérapeute.

41.4.3. TROUBLES PHOBIQUES

Exemple clinique

Une femme mariée, dans la quarantaine, agoraphobe depuis 15 ans, avait été incapable de sortir de la maison sans son mari l'année précédente. Avant de commencer le traitement, elle fixa avec son thérapeute les deux objectifs principaux qu'elle souhaitait atteindre d'ici la fin du traitement : traverser seule une rue modérément passante et faire des emplettes dans de petits magasins à proximité de chez elle sans avoir à traverser de rues.

Le thérapeute commença le traitement en l'amenant vers la rue située tout près de l'hôpital et en l'aidant à traverser. Après plusieurs fois, le thérapeute s'éloigna progressivement, demeurant d'abord à quelques mètres de distance, puis s'installant un peu plus loin pour la surveiller tandis qu'elle traversait seule. À la fin de la première séance d'une heure et demie, la malade était contente et surprise de son propre exploit. Elle se sentait beaucoup plus calme qu'au cours de la première « traversée » de la rue au début de la séance. Le thérapeute lui conseilla de s'exercer près de chez elle dans des rues à densité de circulation semblable. À la séance suivante, la malade s'aventura à une plus grande distance de l'hôpital mais, cette fois, seule la plupart du temps. Elle avoua qu'elle était encore prise de panique dans la rue et qu'elle s'en remettait aux gens. Étant sur le marché du travail, elle demandait d'ailleurs l'aide d'une collègue amie afin de traverser la rue au cours de la période du lunch. À partir de ce moment-là, le thérapeute lui demanda de se rendre seule au travail et de revenir en autobus au lieu de compter sur les autres pour la ramener chez elle. De plus, le thérapeute et la malade élaborèrent conjointement un programme de trajets plus longs à pied ou en autobus qu'elle devait effectuer entre les séances. À la fin de la huitième séance, la malade faisait seule ses emplettes dans les rues du voisinage et s'était exercée à traverser les rues modérément passantes, sans éprouver d'anxiété. À ce stade, le thérapeute lui donna congé en lui recommandant de continuer à se fixer elle-même des objectifs. Le thérapeute la convoqua six mois plus tard pour la postcure ; l'amélioration s'était poursuivie et la malade était devenue davantage autonome.

41.4.4. TROUBLES OBSESSIONNELS

Dans de nombreuses études ayant porté sur plusieurs années de postcure, on a établi l'efficacité de diverses formes d'exposition *in vivo* pour diminuer les rituels compulsifs. Il n'est pas certain qu'on doive désigner par les termes « habituation », « adaptation » ou « extinction », le processus de diminution des rituels par exposition soutenue. On ne sait pas non plus dans quelle mesure l'amélioration *pendant* les séances mêmes prédit celle qui peut se manifester *entre* les séances, ni quels paramètres influent sur ces variables. En général, l'amélioration des rituels semble supérieure à celle des idées obsessionnelles, mais il reste encore à faire des observations systématiques sur la rapidité de diminution des phénomènes obsessionnels.

Le traitement des rituels compulsifs nécessite plus de temps que le traitement de la plupart des phobies, car les effets de la maladie s'étendent à la vie quotidienne. Le traitement doit souvent s'effectuer à la maison du malade et les membres de la famille doivent s'impliquer à titre d'aides-thérapeutes.

Exemple clinique

Une célibataire de 23 ans employée dans une banque craignait, depuis cinq ans, de devenir enceinte même lorsqu'elle était seulement caressée, bien qu'elle fût vierge. Depuis 18 mois, elle redoutait qu'une petite verrue qu'elle avait sur un doigt évolue en cancer. Elle finit par demander de l'aide. Elle évitait tout contact avec des objets susceptibles de la contaminer par des « germes cancérigènes » et avait peur d'en transmettre à sa famille. C'est alors qu'elle commença à se laver avec excès. Six semaines avant le début du traitement, ses parents partirent en vacances et la laissèrent seule à la maison avec son jeune frère ; l'ami de la jeune femme vint séjourner chez elle pour calmer son anxiété, ce qui empira les choses. La jeune femme commença alors à craindre de se rendre au cabinet de toilette après lui, craignant d'« attraper une grossesse ».

Avant son admission à l'hôpital, elle vérifiait fréquemment les commutateurs parce qu'elle croyait y déceler un danger ; elle jetait souvent un coup d'œil furtif derrière elle pour vérifier s'il y avait une menace quelconque. Elle se lavait les mains 125 fois par jour, faisait usage quotidien de trois pains de savon, mettait trois heures à prendre une douche et se lavait les cheveux à plusieurs reprises de peur d'être contaminée par un germe cancérigène. Elle se disait que le cancer met tellement de temps à se développer qu'elle ne pourrait jamais s'en sentir totalement prémunie.

De concert avec la cothérapeute, la malade se fixa les objectifs de traitement suivants : préparer les repas et faire la cuisine pour ses parents sans effectuer ses rituels de protection, se laver les cheveux sans rituel, se piquer le doigt à l'endroit même de la verrue et en lécher le sang.

Pendant le traitement, la malade regardait la cothérapeute se « contaminer » puis « contaminer le lit, le téléphone, les couverts et la vaisselle » et en faisait ensuite autant. Puis, la cothérapeute lui recommandait d'effectuer des exercices entre les séances de traitement dans le cadre d'un programme destiné à habituer la malade à la contamination et à supprimer systématiquement, un par un, ses rituels de vérification.

Au début, la cothérapeute lui demanda de se limiter à un pain de savon par jour en s'y prenant comme elle voudrait ; elle lui demanda aussi de cesser de se laver en laissant couler l'eau et de mettre plutôt le bouchon du lavabo. La malade diminua d'elle-même le nombre de lavages et le temps qu'elle y consacrait.

La malade allait chez ses parents la plupart des fins de semaine et avait comme programme de se conta-

miner, de contaminer la maison et ses parents et de ne pas exécuter ses rituels. À mesure que diminuait sa peur d'être contaminée, on lui demanda de réduire un à un les éléments de sa liste de vérification, lui permettant de ne vérifier qu'une fois chaque élément.

Par la suite, on s'occupa de sa peur de la grossesse provenant du moindre contact avec son ami : on apporta à l'hôpital le pyjama de son ami, sa serviette de toilette et ses sous-vêtements qu'on plaça à ses côtés, puis on encouragea la malade à les toucher et à les manipuler pour surmonter sa peur de devenir enceinte. On lui fit porter le pyjama de son ami et se servir de sa serviette de toilette. La malade dut aussi dormir avec les sous-vêtements de son ami sous l'oreiller. La cothérapeute discuta avec la malade et son ami d'un programme grâce auquel ils pourraient recommencer à se caresser ; de semaine en semaine, on augmenterait les caresses jusqu'à ce qu'elle puisse toucher le pénis de son ami, d'abord à travers son pantalon et ensuite directement, pour finalement se laisser masturber par son ami.

Après 47 brèves séances de traitement, la malade était en mesure de reprendre le travail et de se limiter à n'utiliser qu'un seul pain de savon par quinzaine. Cette amélioration se maintint au cours de l'année de postcure. La jeune femme put aller en vacances à l'étranger sans avoir peur d'être contaminée, ce qui aurait été impossible auparavant. Au travail, elle fut promue et chargée des vérifications d'usage du dispositif de sûreté de la banque, lequel comprenait 13 serrures ! Elle permit à ses parents d'aller en vacances et de lui laisser la responsabilité de la maison, ce qu'auparavant elle n'aurait pu envisager. Elle était maintenant capable de faire régulièrement ses emplettes, sans sa mère pour l'arracher aux rituels de vérification. À la maison, elle préparait les repas, ce que la peur de la contamination l'aurait empêchée de faire auparavant. En outre, les jeux sexuels avec son ami devinrent normaux.

La réussite de ce genre de programme comportemental nécessite la fidélité du malade à s'engager, sans attitude d'évitement, dans les exercices d'exposition. Lors des séances de thérapie, le malade reçoit les directives de son thérapeute sur la manière d'exécuter les exercices. Entre les séances de thérapie, le malade doit faire les exercices quotidiennement, afin de consolider et de généraliser son apprentissage. La coopération étroite de la famille, et même des amis, est importante pour le succès du programme thérapeutique.

En résumé, les principes du traitement d'exposition, consistant à exposer le malade aux stimuli qui lui causent de l'anxiété jusqu'à ce qu'il s'y habitue, sont communs aux syndromes phobiques et aux syndromes compulsifs. On a accolé de nombreuses étiquettes aux diverses façons d'administrer le traitement d'exposition, mais en général il semble que l'approche la plus efficace soit l'exposition en milieu réel aux situations redoutées (au lieu de l'exposition en imagination), pendant plusieurs heures et à une dose aussi massive que peut le supporter le malade. On peut appliquer le traitement d'exposition à des groupes de malades tout en tenant compte des particularités individuelles. La plupart des malades peuvent être traités avec succès en une à vingt séances dirigées par un thérapeute. En moyenne, on doit prévoir un programme qui dure de deux à quatre mois. Selon plusieurs études effectuées dans divers pays, l'amélioration se maintient à la postcure, après un, deux et trois ans. Une minorité de malades doit cependant suivre un traitement de rappel de courte durée.

Autrefois dirigée exclusivement par le thérapeute, l'exposition assistée a évolué progressivement jusqu'aux exercices d'exposition effectués par le malade lui-même dans son milieu entre les séances, de préférence avec un parent comme aide-thérapeute. Les exercices d'exposition en milieu réel sont consignés par le malade dans un journal approprié et le thérapeute les revoit à intervalles réguliers.

41.4.5. AUTRES TROUBLES D'ANXIÉTÉ DE NATURE NÉVROTIQUE

La thérapie comportementale peut également se révéler efficace dans les conditions cliniques suivantes : anxiété reliée à la communication sociale, troubles dépressifs sans élément psychotique, deuil pathologique, cauchemars, bégaiement, dysfonctions sexuelles.

Ainsi, on vient en aide d'une façon pratique aux malades éprouvant des problèmes d'anxiété reliée à la communication sociale par un entraînement qui incorpore un élément d'exposition à des situations sociales. Les composantes en sont l'apprentissage par imitation, l'exposition à des situations appropriées, les jeux de rôle répétés, les tâches à domicile avec rapport écrit des résultats, et enfin le feedback du thérapeute et du malade. La « technique » est cependant moins avancée que celle de l'exposition appliquée aux problèmes phobiques et obsessionnels.

En ce qui concerne les troubles dépressifs, les méthodes directives visant à la résolution de problèmes, avec ou sans administration d'antidépresseurs, méritent des essais thérapeutiques. Par la technique du deuil dirigé, on aide les personnes présentant un chagrin pathologique — et on peut même résoudre le problème —, bien que la méthode réduise davantage l'évitement des aspects du deuil qu'elle n'améliore l'humeur.

La technique de répétition dirigée aide les gens qui font des cauchemars ; comme le deuil dirigé, elle renferme un élément d'exposition.

Les bègues peuvent également recevoir une aide qui s'avère encore efficace lors de l'évaluation effectuée 18 mois après le traitement. Cette technique comportementale de contrôle respiratoire comprend des exercices répétés dans des situations sociales à difficultés progressives.

L'entraînement à la communication sexuelle est le traitement de choix des dysfonctions sexuelles. La méthode doit être façonnée selon les besoins de chaque couple. Comme dans le cas de l'entraînement à la communication sociale, la méthode comprend l'exposition dirigée. Il n'est aucunement nécessaire que les conjoints aient des séances fréquentes en compagnie du thérapeute pas plus qu'ils n'ont besoin d'une équipe composée d'un thérapeute masculin et d'un thérapeute féminin. Le patient pourra vaincre son anxiété de performance, source d'impuissance, en s'exposant délibérément à une situation où il ne pourra pas atteindre une performance. La technique de la masturbation dirigée est précieuse pour les femmes qui souffrent d'anorgasmie primaire. Le couple peut être traité seul ou en groupe. Il existe aussi des indications pour le traitement de quelques malades sans conjoint.

41.5. THÉRAPIE COMPORTEMENTALE ET MALADES PSYCHOTIQUES

Plusieurs professionnels de la santé mentale croient que la thérapie comportementale n'est utile que pour résoudre les problèmes mineurs et qu'elle ne peut venir en aide aux « vrais » malades. Cependant, comme l'a écrit BELLACK (1986), il y a eu ces dernières années des études sérieuses qui ont démontré la contribution significative de cette thérapie chez les malades présentant de graves problèmes de traitement, de management et de réadaptation (voir aussi la section 13.7.3.).

41.5.1. ENTRAÎNEMENT À L'ADAPTATION COMMUNAUTAIRE (*COMMUNITY LIVING TRAINING*

Le mouvement de désinstitutionnalisation a suscité la tenue d'études sur des stratégies qui permettraient aux malades de mieux s'intégrer dans la société. Ainsi, on a élaboré des programmes pour apprendre au sujet à vivre chez soi (par exemple comment préparer les repas, faire le nettoyage, se servir du téléphone), à utiliser les ressources communautaires, à se servir des transports en commun, à soigner son apparence (par exemple la propreté corporelle, l'habillement approprié), à faire un budget et à prendre soin de sa santé (hygiène alimentaire, médication, soins d'urgence).

Les thérapeutes behavioristes disposent de programmes divisés en trois étapes pour apprendre aux malades les habiletés nécessaires afin de vivre dans la communauté : la conception, l'entraînement et l'évaluation.

CONCEPTION

L'élaboration du programme se déroule en quatre phases :

1) *Évaluer l'environnement où le malade doit vivre.* C'est l'environnement éventuel qui va déterminer en dernier ressort les habiletés nécessaires au malade pour y vivre. L'environnement se définit par le type de quartier, de rue, de gîte où demeurera le malade. Vivra-t-il seul en appartement ou le partagera-t-il avec d'autres personnes ? La réponse à ces questions va permettre au médecin de conseiller au sujet les comportements qu'il devra adopter selon un ordre de priorités.

2) *Évaluer les problèmes reliés au manque d'habiletés pour vivre dans la communauté.* Les habiletés du sujet sont évaluées par l'estimation de ses forces et de ses faiblesses dans des domaines variés d'habiletés. On peut évaluer les habiletés selon deux moyens : 1) l'observation informelle dans l'environnement communautaire ; 2) les listes de comportements (*behavior checklists*), qui doivent inclure des comportements facilement observables, des conditions où ils s'exécutent bien précisées, des critères très clairs pour juger si le malade possède telle ou telle habileté.

3) *Préciser les objectifs de l'entraînement.* Les objectifs de l'entraînement dérivent de l'évaluation de l'environnement et des problèmes d'habiletés qu'éprouve le malade. Ils sont déterminés selon les besoins vitaux, les ressources possibles et les considérations pratiques. Par exemple, les objectifs de l'entraînement peuvent être : savoir compter son argent, faire des courses à l'épicerie, préparer les repas, entretenir le gîte, utiliser les transports en commun, participer à des activités sociales, etc.

4) *Déterminer les questions éthiques et légales.* Les questions éthiques et légales sont à considérer puisque la vie dans la communauté comporte des risques, surtout pour les personnes qui n'y sont pas habituées. Il est suggéré de prévoir dans les programmes d'entraînement des mesures de protection pour les malades. Par exemple, si un malade s'égare dans la ville, il devrait y avoir un endroit déterminé où il puisse communiquer pour demander de l'aide. On recommande aussi d'informer, si possible, la police locale au sujet du programme.

ENTRAÎNEMENT

Le programme d'entraînement s'inspire des principes d'apprentissage. De plus, faut-il rappeler qu'un programme, par définition, doit être écrit à l'avance et faire état d'une suite d'actions que l'on se propose d'accomplir pour arriver à un résultat. La rédaction d'un programme peut être succincte, comportant la description de ses étapes.

L'**environnement** où se fait l'entraînement est important pour la justesse de l'apprentissage. On distingue habituellement trois cadres : 1) l'environnement naturel, 2) l'environnement simulé et 3) l'environnement artificiel. L'**environnement naturel** est le lieu définitif où le malade mettra en pratique les habiletés acquises, alors que le **cadre simulé** est, par exemple, un décor reproduisant un milieu naturel. L'**environnement artificiel** ressemble peu au milieu où le malade exécutera les comportements appris ; il s'agit par exemple d'une salle d'enseignement ou d'un bureau. Le grand inconvénient de l'environnement artificiel est que les stimuli à partir desquels le malade apprend à répondre diffèrent de ceux de l'environnement naturel, ce qui peut empêcher la généralisation de l'apprentissage. Cependant, une revue de la littérature sur l'entraînement à l'adaptation communautaire nous indique que certaines habiletés peuvent fort bien s'enseigner dans un environnement artificiel ou simulé, par exemple apprendre à faire son lit, à préparer les repas.

Après avoir déterminé l'environnement pour l'acquisition de l'apprentissage, on doit ensuite décider si l'entraînement va se faire individuellement ou en groupe. Plusieurs études font valoir l'**enseignement individuel**, mais, à partir des quelques études comparatives consultées, nous pouvons dire que la stratégie de **groupe** s'est révélée au moins aussi efficace. Il semble raisonnable de recommander que les habiletés communautaires soient enseignées en groupe de trois à six malades.

Arrive ensuite l'étape de l'**enseignement des habiletés** proprement dit. On détermine d'abord les étapes d'une habileté. La séquence des exercices peut s'exécuter selon deux modes : 1) la répétition de toutes les étapes, l'apprentissage se faisant sur l'ensemble, 2) la répétition de chaque étape, en ne passant à l'autre que si la précédente est acquise. Le premier mode est le plus souvent utilisé.

Les **directives** sont des éléments primordiaux dans un programme d'apprentissage. Elles peuvent être fournies avant et/ou pendant l'entraînement ; dans ce dernier cas, elles servent de feedback ou de renforcement. Elles peuvent prendre plusieurs formes : il peut s'agir d'instructions verbales, de signes visuels, de *modeling*, d'orientation physique. Dans le cadre des **instructions verbales**, le thérapeute peut décrire le comportement à accomplir ; il peut aussi poser des questions, qui servent ainsi de stimuli au malade pour comprendre le comportement attendu et ses étapes. Les **éléments visuels** sont des stimuli efficaces pour l'apprentissage car ils permettent de retenir l'attention des malades et servent de substrat concret pour guider le comportement. **L'apprentissage par imitation**, ou *modeling*, est reconnu comme étant une stratégie des plus efficaces. Ainsi le thérapeute démontre lui-même le comportement approprié, que le malade exécute ensuite par imitation. Le *modeling* accompagne bien les instructions verbales et a l'avantage de permettre une démonstration directe de la réponse, souvent dans un environnement naturel. L'orientation **physique** consiste à guider concrètement la réponse du malade. Ainsi le thérapeute pose sa main sur celle du malade et exécute le comportement déterminé (compter des pièces de monnaie, composer un numéro de téléphone, régler les boutons d'une cuisinière, retirer des aliments du four, etc.). L'avantage de l'orientation physique est la forte probabilité que le malade exécute bien la réponse demandée et qu'il soit renforcé. L'inconvénient possible tient à la proximité physique entre le thérapeute et le malade.

Les **renforcements** sont des éléments d'apprentissage bien démontrés. En raison de l'efficacité des conséquences positives, il convient de relever et de renforcer les comportements appris et exécutés dans la communauté. Les renforcements sociaux, comme les compliments et les encouragements, sont utilisés dans presque toutes les approches. On identifie aussi d'autres modes de renforcements, comme des menus cadeaux (surprises, friandises ...), les remarques positives venant des autres malades, les graphiques de performance, la tenue d'un journal d'auto-évaluation, etc.

Un programme bien planifié devrait permettre la généralisation de l'apprentissage à l'environnement où vit le malade. Mais il existe un autre élément à considérer pour l'efficacité des interventions : le **maintien de l'apprentissage**. On recommande à ce sujet de prévoir le rappel périodique des directives, la reprise de certains exercices, le renforcement positif intermittent. Le procédé de maintien le plus souvent relevé dans la documentation consiste en un programme comprenant des séances de révision (c'est-à-dire des directives additionnelles, des renforcements, la répétition de comportements, etc.).

ÉVALUATION

Après avoir conceptualisé le programme et enseigné les habiletés à l'adaptation dans la communauté, les thérapeutes doivent développer des stratégies pour évaluer leur programme. Les critères d'évaluation portent sur la performance et le rendement. La **performance** se rapporte au produit final du programme, c'est-à-dire aux changements de comportement du malade. Il suffit de calculer le nombre de comportements accomplis par le malade, en comparaison de ceux exécutés avant l'entraînement. Une mesure typique de performance consiste à calculer le pourcentage d'étapes que le malade réussit à accomplir sans aide pour un comportement donné. Le **rendement** consiste à comparer les résultats d'un programme avec les efforts consentis pour son application. Par exemple, dans un programme d'entraînement à l'adaptation communautaire, on estime les coûts en additionnant le prix du matériel et le salaire du personnel, et en divisant la somme par le nombre de malades. Ensuite, pour chaque malade, on évalue sur une période déterminée la diminution des coûts d'hospitalisation. Et, s'il y a lieu, on peut apprécier la productivité du malade qui aurait réussi à se trouver de l'emploi.

Pour évaluer précisément les rapports entre le programme et les changements comportementaux des malades, il est recommandé d'avoir recours aux devis expérimentaux à cas unique ou de groupes.

RECOMMANDATIONS

Pour les programmes d'entraînement à l'adaptation à la vie dans la communauté, il importe que l'apprentissage ait pour cadre, autant que possible, l'environnement où devra vivre le malade. Les objectifs de l'entraînement et la sélection des exercices doivent respecter ce critère. Les malades doivent recevoir le soutien nécessaire pour exécuter régulièrement leurs exercices d'apprentissage. Les changements de comportements par suite de l'apprentissage sont estimés par des échelles de mesures appropriées. Enfin, on assure le maintien de l'apprentissage par des séances de rappel.

41.5.2. ENTRAÎNEMENT AUX HABILETÉS SOCIALES (*SOCIAL SKILLS TRAINING*)

Les malades psychiatriques chroniques voient leur adaptation non seulement entravée par des symptômes comme les délires, les hallucinations et l'agitation, mais aussi par des problèmes dans de nombreux domaines du fonctionnement humain, comme la socialisation.

La compétence sociale prémorbide et postmorbide est un bon prédicteur de l'évolution des troubles psychiatriques majeurs. L'entraînement aux habiletés sociales devrait donc améliorer le pronostic au long cours des malades chroniques. On sait aussi que beaucoup de malades psychiatriques chroniques ont de sérieux déficits fonctionnels dans le domaine social. On relève enfin que certains modes relationnels dans les familles sont des facteurs de rechute dans la schizophrénie et la dépression. Ainsi, il serait probable que l'amélioration des habiletés de communication, aussi bien chez les membres de la famille que chez les malades eux-mêmes, ait un effet bénéfique sur le taux de rechute, le fardeau familial et l'adaptation sociale.

L'entraînement aux habiletés sociales est habituellement mené dans une salle de réunion aux dimensions appropriées, individuellement ou en groupe. Comme toute autre forme de thérapie, l'entraînement doit être dirigé dans un environnement thérapeutique de confiance et de soutien pour être efficace. Le malade et le thérapeute travaillent en collaboration pour définir les *problèmes*, établir les *objectifs* et formuler les *solutions pratiques*. L'entraîneur joue un rôle directif dans le *monitoring* de la performance du malade, autant que dans le soutien à la motivation.

Comme dans la plupart des stratégies comportementales, on recommande que les renseignements sur le traitement soient écrits, que la liste des problèmes et des objectifs soit bien identifiée, qu'une formule-calendrier soit conçue pour que le malade y consigne les exercices à faire entre les séances de thérapie.

Les techniques employées pour évaluer le déficit des habiletés sociales sont de toute première importance dans l'approche comportementale. Une grande variété de mesures ont été utilisées, comme les inventaires d'auto-observation, les échelles globales d'habiletés et d'anxiété sociales, les observations directes du comportement interpersonnel.

L'entraînement aux habiletés sociales a pour but d'augmenter la compétence sociale des malades psychiatriques chroniques. Il comporte habituellement l'utilisation de techniques comme l'apprentissage par imitation (*modeling*), le jeu de rôle, la rétroaction, le renforcement positif et les devoirs à domicile.

- *Modeling*   Il s'agit d'une technique utilisée pour illustrer différentes manières d'agir dans les situations de la vie quotidienne. Il s'agit d'un apprentissage par observation et par imitation qui s'avère efficace, fidèle et rapide pour l'acquisition de nouveaux comportements. Il favorise l'adoption de comportements déjà appris et réduit la fréquence d'émission de comportements inadéquats. Le *modeling* est d'utilisation courante dans le cadre d'un programme d'habiletés sociales et il s'emploie sur le champ lorsqu'une nouvelle habileté est présentée pour apprentissage.

- **Jeu de rôle**   Il constitue l'élément-clé à partir duquel l'apprentissage de nouveaux comportements peut s'effectuer. En effet, il permet au malade la *pratique* de nouveaux comportements. Les instructions fournies par le thérapeute ont une grande influence sur la qualité thérapeutique du jeu de rôle. Elles sont précises, claires et concrètes, et elles portent sur ce que le malade doit faire, plutôt que sur ce qu'il doit éviter de faire.

- **Rétroaction** (*feedback*)   Elle consiste à donner au malade de l'information sur sa performance dans l'exécution du jeu de rôle. Elle accélère l'ac-

quisition des habiletés. Généralement, elle provient de quatre sources : des participants, de l'acteur principal lui-même, de l'animateur et de moyens audio-visuels.

- **Renforcement positif**   Il consiste à émettre des félicitations qui soient reliées à la réponse bien exécutée. Il s'agit d'un renforcement de nature sociale. On peut aussi trouver d'autres modes de renforcement en fonction du type de malade. Par exemple, un malade présentant un certain degré de régression répondra davantage à un renforcement matériel (friandises, jetons, etc.).

- **Devoirs à domicile**   Entre les séances de thérapie comme telles, ils sont nécessaires car les comportements nouvellement acquis ont besoin d'être mis en pratique. C'est pourquoi on suggère que le malade assimile les nouvelles habiletés au moyen de devoirs progressifs en milieu naturel. Il est important, pour favoriser la généralisation, que les personnes qui côtoient les malades puissent renforcer en milieu réel les comportements nouvellement acquis en laboratoire d'apprentissage. Ainsi, l'entourage doit être sensibilisé à la nature du programme et aux habiletés enseignées.

Les deux programmes décrits, soit l'entraînement à l'adaptation communautaire et l'entraînement aux habiletés sociales, sont en quelque sorte des stratégies globales, auxquelles on peut incorporer diverses techniques spécifiques. Par exemple, la technique d'économie de jetons peut servir de stratégie de renforcement pour des malades répondant moins bien au renforcement social. Elle se définit comme un arrangement du milieu du malade, de telle sorte qu'un comportement approprié lui permet de gagner des jetons qu'il peut échanger contre des récompenses. La valeur des jetons, c'est-à-dire la quantité de récompenses qu'il peut acheter, est révisée périodiquement.

Les études qui servent d'assises au paradigme du *Community Living Training* sont de la première génération, de même que celles du *Social Skills Train-*

ing. Il reste encore beaucoup de recherches à faire touchant l'implantation pratique et courante de la thérapie comportementale dans le système de distribution de soins. Il convient que la pratique clinique les intègre de plus en plus dans des protocoles d'intervention selon une méthodologie rigoureuse afin d'estimer leur applicabilité et de mieux mesurer leur efficacité.

41.6.
CONCLUSION : VALEUR HEURISTIQUE DES THÉRAPIES COMPORTEMENTALES

L'objet d'étude des thérapies comportementales relève d'une problématique de notre temps. En effet, étant donné les ressources limitées et la démocratisation des soins et traitements, un choix s'impose en matière de priorités, lesquelles doivent être basées autant que possible sur des critères établis. Les critères recommandés portent sur la disponibilité de traitements efficaces. Si l'on ne peut, selon une méthodologie rigoureuse, démontrer de changements valables à la suite de traitements à coûts raisonnables, il faut s'en tenir pour un bon nombre de malades aux soins de base (gîte, nourriture, soutien moral, etc.).

Le management comportemental permet tant au malade qu'au thérapeute de participer à un processus de changements observables et mesurables. Ainsi, en établissant les objectifs de changements à la suite de l'identification des problèmes et en faisant les exercices appropriés, le malade est plus en mesure de découvrir, en un temps relativement court, son potentiel d'apprentissage. Le thérapeute, en quantifiant davantage les faits, est plus susceptible de faire preuve de créativité scientifique et, ainsi, de contribuer davantage à l'avancement de la psychothérapie.

BIBLIOGRAPHIE

BACHRACH, A.J.
1985 « Learning Theory », *Comprehensive Textbook of Psychiatry/IV* (H.I. Kaplan et B.J. Sadock, édit.), Baltimore, Williams & Wilkins Company.

BELLACK, A.S.
1986 « Schizophrenia : Behavior Therapy's Forgotten Child », *Behavior Therapy*, vol. 17, p. 199-214.

BERGERON, J. *et al.*
1976 « The Development and Validation of a French Form of the State-Trait-Anxiety Inventory », *Cross-Cultural Anxiety* (C.D. Spielberger et R. Diaz-Guerrero, édit.), New York, Halsted Press/Wiley.

BIRD, J. *et al.*
1984 *Handbook of Clinical Administration for English National Board — Course 650 — (Behavioural Psychotherapy for Adult Neuroses) at The Maudsley Hospital*, London (UK), cahier non publié.

BREWER, W.F.
1974 « There is No Convincing Evidence for Operant or Classical Conditioning in Adult Humans », *Cognition and the Symbolic Processes* (W.B. Weiner et D.S. Palermo, édit.), Hillsdale, N.J., Erlbaum.

COTTRAUX, J.
1978 *Les thérapies comportementales*, Paris, Masson.

CUVO, A.J. et P.K. DAVIS
1983 « Behavior Therapy and Community Living Skills », *Progress in Behavior Modification* (M. Hersen *et al.*, édit.), New York, Academic Press, vol. 14.

D'ZURILLA, T.J. et M.R. GOLDFRIED
1971 « Problem Solving and Behavior Modification », *Journal of Abnormal Psychology*, vol. 78, p. 107-126.

FONTAINE, O.
1978 *Introduction aux thérapies comportementales*, Bruxelles, Mardaga.

FONTAINE, O. *et al.*
1984 *Cliniques de thérapie comportementale*, Bruxelles, Mardaga.

FRANKS, C.M.
1982 « Behavior Therapy : An Overview », *Annual Review of Behavior Therapy — Theory and Practice* (C.M. Franks *et al.*, édit.), New York, The Guilford Press.

GHOSH, A., et I.M. MARKS
1987 « Self-treatment of Agoraphobia by Exposure », *Behavior Therapy*, vol. 18, p. 3-16.

HAMBLY, K.
1983 *Overcoming Tension*, Londres, Sheldon Press.

HERSEY, P. et K. BLANCHARD
1982 *Management of Organizational Behavior : Utilizing Human Resources*, Englewoods Cliffs, N.J., Prentice-Hall.

KAZDIN, A.
1978 *History of Behavior Modification : Experimental Foundations of Contemporary Research*, Baltimore, University Park Press.

LIBERMAN, R.P. *et al.*
1985 « Social Skills Training for Chronic Mental Patients », *Hospital and Community Psychiatry*, vol. 36, p. 396-403.

LUM, L.C.
1975 « Hyperventilation : The Tip of the Iceberg », *Journal of Psychosomatic Research*, vol. 19, p. 375-383.

MAGER, R.F.
1972 *Goal Analysis*, Belmont, Californie, Fearon Publishers.

MAHLER, H.
1975 « Health — A Demystification of Medical Technology », *Lancet*, vol. 92, p. 829-833.

MARKS, I.M. *et al.*
1977 *Nursing in Behavioural Psychotherapy*, Londres, Research Series of Royal College of Nursing.

1978 *Living with Fear*, New York, McGraw-Hill.

1985 *Traitement et prise en charge des malades névrotiques* (traduction par Y.-J. Lavallée), Chicoutimi, Gaëtan Morin éditeur.

MARKS, I.M. et A.M. MATHEWS
1979 «Brief Standard Self-rating for Phobic Patients », *Behav. Res. & Therapy*, vol. 17, p. 263-267.

MOWRER, O.H.
1939 « A Stimulus-response Analysis of Anxiety and its Role as a Reinforcing Agent », *Psychol. Rev.*, vol. 46, p. 553.

OUELLET, R. et Y. LABBÉ
1986 *Programme d'entraînement aux habiletés sociales*, Brossard (Québec), Behaviora.

PAXTON, R. et K. HAMBLY
 1981 « Behaviour Therapy in General Practice », *The Practitioner*, vol. 225, p. 1267-1271.

STRAVYNSKI, A. et J.-P. BOULENGER
 1982 « La thérapie comportementale dans les troubles névrotiques de l'adulte », *Le concours médical*, p. 4509-4515.

WOLPE, J.
 1981 « Behavior Therapy Versus Psychoanalysis. Therapeutic and Social Implications », *American Psychologist*, vol. 36, p. 159-164.

YULEVICH, L. et S. AXELROD
 1983 « Punishment : A Concept that is No Longer Necessary », *Progress in Behavior Modification* (M. Hersen *et al.*, édit.), New York, Academic Press, vol. 14.

APPENDICE A

GUIDE PRATIQUE D'INTERVENTION EN MÉDECINE GÉNÉRALE*

Les problèmes d'anxiété-tension font souvent l'objet de consultations en pratique générale. Il existe des stratégies bien documentées qui peuvent aider les malades à surmonter leur tension. L'efficacité dans l'application de ces stratégies est reliée à la *pratique régulière* des exercices d'apprentissage pendant environ deux mois, et c'est le rôle du médecin d'être l'*entraîneur* de son malade. Les auteurs recommandent à l'omnipraticien de rédiger, à partir des données qui vont suivre, un livret destiné à ses malades qui leur servira de guide pour l'information et la pratique.

Information

De bon renseignements aident les malades à venir à bout de symptômes physiques courants qui sont souvent causés par la tension, le stress, les tracas ou d'autres facteurs psychologiques. Ils permettent aux malades de comprendre et de contrôler leurs symptômes. VOICI LE GENRE DE RENSEIGNEMENTS QU'IL CONVIENT DE FOURNIR AUX MALADES.

Comprendre la tension et les autres symptômes

Quelle peut être la relation entre les symptômes physiques et la tension ? Beaucoup de gens ont déjà éprouvé des symptômes déplaisants comme de la douleur, des maux de tête, des maux d'estomac,

de la tension musculaire, des tremblements, de la difficulté à respirer ou à avaler, de la transpiration profuse, des pertes de connaissance, de l'insomnie, des palpitations ou des sensations de panique. Ces problèmes peuvent indisposer les personnes à un tel point que plusieurs d'entre elles pensent qu'ils sont causés par des maladies graves. Cependant, dans la plupart des cas, ils sont dus à une tension physique accrue, qui peut également être associée aux tracas et à l'anxiété.

Qu'est-ce qui cause la tension, les tracas et l'anxiété ? La tension, les tracas et l'anxiété sont autant de façons de réagir au stress. Ils peuvent parfois se développer après une seule expérience désagréable, mais il est souvent difficile d'en déterminer les causes. Cependant, il n'est pas toujours nécessaire qu'on en connaisse les causes. D'ailleurs, le fait d'essayer de trouver les causes peut souvent augmenter l'anxiété. On a tout avantage à envisager le futur plutôt que de sonder le passé.

Qu'est-ce qu'un problème psychosomatique ? Un problème psychosomatique est une difficulté physique (c'est-à-dire somatique) comme la douleur, reliée au stress ou à d'autres facteurs psychologiques. Certains prétendent que les problèmes psychosomatiques sont situés « dans la tête », mais c'est faux. Lorsque les personnes ressentent une forte douleur, un picotement ou des difficultés à respirer, elles ne sont pas victimes de leur imagination : leurs symptômes sont bien réels ; toutefois ils ne sont pas causés par une maladie physique, mais plutôt par le système nerveux qui réagit trop fortement.

Comment le stress peut-il produire des symptômes physiques ? Les symptômes que les gens éprouvent sous l'effet du stress sont dus en bonne partie à une augmentation de la tension musculaire. L'exemple le plus courant est celui du mal de tête relié à la tension, appelé céphalée de tension. Lorsque la tension des muscles du cou ou la pression du cuir chevelu augmentent, de fortes douleurs surviennent, accompagnées d'une sensation de pression dans la tête.

L'augmentation de la tension peut se produire aussi dans la mâchoire ou même dans les muscles de l'épaule. Certaines personnes se sentent le cou rigide, la mâchoire douloureuse et les épaules crispées, de la même façon que si elles se trouvaient dans un courant d'air froid. La crispation peut être présente continuellement, même le matin au réveil. Ainsi, ces personnes peuvent avoir serré les dents toute la nuit et se réveiller avec la mâchoire endolorie. N'ayant pas trouvé le repos adéquat, il n'est pas surprenant qu'elles se sentent fatiguées et aient de la difficulté à se garder éveillées.

Une augmentation de la tension musculaire peut aussi causer des douleurs au thorax ou dans le dos, ou d'autres symptômes comme des étourdissements ou une sensation de serrement à la poitrine et à la gorge. Certaines personnes auront des maux d'estomac ou de la diarrhée. Ces malaises sont causés par une surproduction d'adrénaline, qui accélère le mouvement du système digestif. Tout le monde a déjà ressenti de tels symptômes juste avant un discours ou une entrevue importante.

Les symptômes précités peuvent être présents tout le temps, mais en général ils apparaissent lors d'un stress spécifique. Quelqu'un de très anxieux sera plus conscient des réactions de son corps qu'on ne l'est habituellement, et il pourra réagir trop fortement. S'il se trouve dans une pièce très chaude, il commencera à transpirer ; il pourra mal réagir à ce changement physique, au point de précipiter d'autres symptômes. Il pourra même paniquer.

Presque tous les symptômes peuvent être reliés au stress, mais ils sont souvent produits par des mécanismes physiques bien connus. En ce sens, les problèmes psychologiques sont semblables à la maladie physique. Il existe des exercices, qui seront détaillés plus loin, pour aider le sujet à arrêter ces mécanismes physiques, même dans des situations difficiles.

Est-ce que la tension et l'anxiété sont normales ? Il est normal d'être tendu et anxieux lorsqu'on est dans une situation stressante ou qu'on fait face à une contrariété. La tension devient un problème lorsqu'on en ressent trop souvent ou encore dans des situations ordinaires où il n'y aurait pas lieu d'être stressé.

Que peut faire le médecin pour aider le malade ?

Compréhension Le médecin voit chaque jour des malades qui éprouvent des symptômes produits par une tension physique ou psychique marquée. Il est donc familier avec ces problèmes. Devant un patient donné, il peut ajouter des explications supplémentaires à celles fournies précédemment, tout en lui assurant un soutien approprié. Le patient trouvera peut-être que les explications en elles-mêmes l'aident déjà à améliorer son état.

Médicaments Il existe plusieurs types de médicaments qui réduisent la tension et l'anxiété, et les médecins les prescrivent fréquemment. Le traitement pharmacologique peut être d'un grand secours pour un court laps de temps, mais dans bien des cas il ne constitue pas la solution. Il est souvent nécessaire que les gens apprennent à surmonter eux-mêmes leur tension.

Autres méthodes de traitement Il existe plusieurs techniques comportementales simples et très utiles. Nous décrirons plus loin des exercices de relaxation, qu'il suffit parfois d'apprendre et de pratiquer pour régler certains problèmes. Pour d'autres problèmes, les méthodes d'exposition s'avèrent efficaces : elles visent à faire face progressivement aux situations ou aux endroits stressants pour la personne. Le médecin, de concert avec le malade, décide quelles stratégies il convient d'employer.

Que peut faire le malade pour s'aider lui-même ?

Comprendre   Une lecture attentive des renseignements décrits précédemment aide le malade à comprendre ses symptômes, ce qui, probablement, l'amènera déjà à se sentir mieux. Il est important que le malade se rende compte que bien d'autres personnes éprouvent les mêmes symptômes et s'en sortent bien. Il peut avoir peur de souffrir d'une maladie physique sérieuse, de devenir fou ou de perdre le contrôle de soi. Ces peurs sont fréquentes et presque toujours non fondées.

Identifier les situations qui aggravent les symptômes   Souvent, les symptômes apparaissent en particulier dans certaines situations précises. Par exemple, il est courant pour certaines personnes de voir leurs symptômes s'aggraver dans les endroits achalandés ou bruyants, comme les autobus, les magasins, etc. Le malade essaie d'identifier les situations qui aggravent son problème. S'il réussit bien cette tâche, il accélérera ses progrès thérapeutiques. S'il ne peut identifier aucune situation précise, on l'aidera en lui fournissant une feuille qu'on pourra intituler : « Liste des situations qui provoquent mon malaise ou mon anxiété ». Il y consignera chaque jour toutes les situations qu'il jugera difficiles à affronter.

Faire face aux situations difficiles   Si le malade a réussi à identifier des situations qui aggravent ses symptômes, il constatera qu'il a tendance à éviter ces situations. Par exemple, les gens qui ont de la difficulté à respirer lorsqu'ils sont dans un autobus ont tendance à voyager à pied ou en taxi afin d'éviter de prendre l'autobus. Il est important que le malade se rende compte qu'en agissant de la sorte il prolonge ses symptômes, et qu'il traînera ses problèmes aussi longtemps qu'il évitera les situations problèmes. Le malade doit arrêter de les éviter, en commençant par s'y exposer progressivement. Ainsi, il peut commencer par faire face à une situation légèrement difficile pour lui, en progressant étape par étape. Par exemple, quelqu'un ayant de la difficulté à aller dans les magasins commencera par une petite boutique où il achètera un article. Par la suite, il en achètera deux ou trois, puis ira dans un plus grand magasin, et ainsi de suite. Tous les jours, le malade doit se fixer des objectifs précis à atteindre, consignés sur une feuille pour améliorer la fidélité au traitement. Le malade ne doit pas trouver des excuses pour éviter les exercices d'exposition. L'encouragement du thérapeute et le rapport écrit des progrès accomplis aideront le malade à progresser. Le sujet aura avantage à informer son entourage de la thérapie qu'il suit et à lui en expliquer le processus. On veillera à informer le malade qu'il pourra ne pas se sentir bien même après s'être exposé plusieurs fois aux endroits redoutés. Normalement, le malade doit s'accorder un certain temps avant que les symptômes diminuent, mais avec de la persévérance ils finiront par disparaître presque entièrement.

Que faire en cas de panique ?   Il est assez courant que certaines personnes éprouvent un sentiment de panique dans un endroit public. Lorsque le malade sent qu'il va paniquer, il doit essayer de rester là où il est. Les symptômes peuvent s'aggraver pendant un moment, mais ils diminueront ensuite assez vite, pour finir par disparaître. Même si le sujet sent qu'il va perdre contrôle ou connaissance, il est très peu probable que cela arrive. On recommande au malade de respirer lentement, d'essayer de se détendre et d'attendre que les symptômes diminuent. Le malade trouvera très satisfaisant de surmonter une attaque de panique et il fera plus facilement face à la situation la fois suivante. Si vraiment il doit quitter l'endroit pendant une attaque de panique, on recommande qu'il le fasse sans se dépêcher.

Apprendre à contrôler son corps   Certaines personnes aggravent leurs symptômes en s'agitant ou en allant trop vite. Si le malade constate qu'il agit ainsi, spécialement dans les situations difficiles, on lui recommande de ralentir ses gestes et ses paroles et de respirer lentement. Il doit apprendre à noter le moment où il commence à se dépêcher, pour être capable de ralentir à temps son rythme.

Les exercices de relaxation musculaire l'aideront à mieux contrôler son corps.

Relaxation

Qu'est-ce que la relaxation ? La relaxation est une habileté physique qui peut aider le malade à surmonter la tension physique et mentale. Les exercices décrits au chapitre 44 permettent au malade de se relaxer. D'abord, il apprend à se rendre compte de l'état de tension et de relaxation des muscles. Ensuite, lorsqu'il s'exerce et devient de plus en plus conscient de l'état de ses muscles, il est capable de les contrôler et de les relaxer plus profondément et plus rapidement. Les exercices aident tout d'abord le sujet à se relaxer à la maison ; lorsqu'il a acquis une certaine habileté, il peut y avoir recours dans les situations stressantes à l'extérieur de chez lui. En apprenant à reconnaître le bien-être que lui procure la relaxation, il peut mieux se rendre compte de son état lorsqu'il devient tendu. Ainsi, il peut recourir à la relaxation avant de se sentir vraiment mal. Le malade ne doit pas penser pouvoir pleinement se relaxer ou se concentrer au début. Il progresse jour après jour.

Autres stratégies

Il est reconnu qu'un grand nombre de malades souffrant d'anxiété présentent de l'hyperventilation qui se manifeste à des degrés divers et provoque en elle-même des symptômes d'anxiété. On recommande, pendant une période de deux mois, que le malade vérifie un certain nombre de fois par jour sa manière de respirer et qu'il y apporte les correctifs appropriés. Les principes du traitement sont les suivants :

1) fournir les explications nécessaires sur le phénomène de l'hyperventilation (dimimution du CO_2 dans le sang, changements de concentration des électrolytes sanguins, symptômes comme la dyspnée, les étourdissements, les paresthésies) ;

2) s'entraîner à une respiration lente, détendue et diaphragmatique ;

3) éliminer les habitudes qui conduisent à l'hyperventilation, comme les soupirs, les bâillements, les reniflements, l'étirement des bras vers la nuque ;

4) s'entraîner au contrôle respiratoire en situation de stress ;

5) respirer dans un sac de papier si l'hyperventilation a atteint une intensité élevée.

Aux malades qui présentent de l'anxiété reliée à des facteurs d'adaptation ou à des circonstances de l'environnement, on fera acquérir l'apprentissage de la *résolution de problèmes (problem-solving)*. Certains malades verront leur anxiété diminuée par des programmes de conditionnement physique. Les malades anxieux ayant des traits de dépendance seront préférablement traités par des soins de soutien au long cours, car ils ne seront pas fidèles aux exercices réguliers que commande l'apprentissage. Enfin, les malades dont l'anxiété est reliée à la dépression profiteront particulièrement des stratégies cognitives (voir le chapitre 42) et d'antidépresseurs.

APPENDICE B

LE SELF-MANAGEMENT COMPORTEMENTAL : GUIDE POUR LE MALADE*

Des études récentes effectuées par l'équipe de Marks indiquent que le malade peut appliquer lui-même le traitement comportemental, en particulier les techniques d'exposition, en étant bien orienté par un guide écrit ou même informatisé.

Pour diminuer la résistance du malade à l'auto-traitement, il importe qu'on évite de simplifier outre mesure les techniques d'auto-exposition. On ne doit pas se contenter de dire tout simplement au malade de s'exposer aux situations redoutées ; on doit plutôt lui expliquer comment faire pour s'y exposer, dans un cadre bien structuré. Comme dans toute tâche d'auto-apprentissage, le processus d'auto-exposition doit être planifié avec soin pour atteindre un maximum d'efficacité, ce qui n'empêche pas un thérapeute avisé d'en enseigner rapidement les principes au patient pour ensuite, par exemple, faire un suivi de l'évolution par téléphone.

Le malade a besoin de renseignements précis sur la manière :
1) d'identifier les problèmes cibles qu'il doit régler un par un ;
2) de faire les exercices d'auto-exposition pour chaque situation cible, régulièrement et pendant au moins une heure et demie, dans la mesure du possible ;
3) de consigner chaque expérimentation dans un agenda spécialement conçu et d'y enregistrer la diminution du degré d'anxiété ou de panique ;
4) de prévoir les revers et d'y faire face ;
5) de recruter, si possible, un aide-thérapeute dans l'entourage.

Le texte qui suit est une traduction adaptée de celui qui est utilisé par l'équipe de Marks*. Le programme :
1) permet au malade de préciser si la thérapie comportementale peut l'aider ;
2) se déroule selon une stratégie de traitement en cinq étapes ;
3) énonce certains principes d'exposition.

QUESTIONNAIRE AU MALADE : la thérapie comportementale peut-elle vous aider ?

Pour diminuer vos phobies ou votre angoisse, vous pouvez appliquer vous-même votre traitement d'exposition sans l'intervention d'experts comme les médecins, les psychologues ou les infirmier-ère-s. Il existe plusieurs exemples d'auto-exposition qu'on peut exécuter sans l'aide d'un thérapeute. Pour que le self-management soit efficace, il est nécessaire qu'il soit bien structuré et exécuté selon les principes que nous allons décrire.

Mais avant d'expliciter les étapes de la thérapie comportementale, il faut d'abord déterminer si ce traitement est susceptible de vous aider. Le self-management comportemental vaut la peine d'être envisagé lorsque le problème n'est pas grave, ou lorsque les thérapeutes professionnels ne sont pas disponibles, ou encore lorsque vous voulez voir ce que vous pouvez faire par vous-même. Ce ne sont pas tous les problèmes qui peuvent répondre aux traitements comportementaux, et même pour ceux

---

* L'éditeur autorise la photocopie de ce guide par les thérapeutes qui désirent le remettre à certains malades souffrant d'anxiété spécifique.

* Marks, I.M., *Living with Fear,* New York, McGraw-Hill, 1978, p. 243-266. Avec la permission de l'auteur, texte traduit et adapté de l'anglais par Y.-J. Lavallée.

qui le peuvent, certaines conditions sont nécessaires pour augmenter les chances de succès. Avant de vous engager à fond dans des exercices qui, au bout du compte, n'en auront pas valu la peine, répondez aux dix questions suivantes, que tout thérapeute vous aurait posées afin de vérifier si vous pouvez bénéficier d'un traitement comportemental.

D'abord, on trouve souvent associées à l'anxiété deux conditions exigeant que vous voyiez un médecin plutôt que de vous traiter vous-même.

QUESTION 1 : Êtes-vous déprimé-e au point de penser sérieusement au suicide ?

Si OUI : Consultez un médecin pour demander de l'aide. Une dépression grave vous empêchera probablement de suivre un programme de self-management, et de graves idées suicidaires commandent un traitement médical rapide, qui peut être très efficace. Ne passez pas à la question 2.

Si NON : Passez à la question 2.

QUESTION 2 : Prenez-vous souvent de l'alcool au point de vous enivrer et/ou de grandes quantités de médicaments contre l'anxiété ?

Si OUI : Soit que vous diminuiez vos consommations à moins de trois par jour, soit que vous réduisiez la posologie des médicaments, ou que vous consultiez un médecin. Le self-management est susceptible d'échouer si vous êtes sous l'effet de l'alcool ou des médicaments durant vos exercices d'apprentissage. Ne passez pas à la question 3.

Si NON : Passez à la question 3.

QUESTION 3 : Un médecin a-t-il diagnostiqué une maladie physique telle qu'un trouble cardiaque, de l'asthme, un ulcère peptique ou une colite ?

Si OUI ou INCERTAIN : Demandez à votre médecin si une crise de panique peut compliquer votre condition.

S'il ne le pense pas, passez à la question 4.

S'il croit qu'il n'y a pas de problème à ce que vous supportiez une anxiété moyenne, vous pouvez appliquer le traitement d'auto-exposition, mais lentement. Vous devrez vous en souvenir lorsque vous ferez vos exercices d'exposition. Passez à la question 4.

S'il croit que toute anxiété peut vous être dommageable, le traitement d'exposition n'est pas indiqué, ne passez pas à la question 4.

Si NON : Passez à la question 4. Votre anxiété doit être spécifique pour que votre programme réussisse.

QUESTION 4 : Est-ce que votre anxiété est déclenchée spécifiquement par des situations, des gens ou des objets ?

Répondez OUI si votre anxiété se manifeste dans des occasions particulières, par exemple à des cocktails, dans des magasins bondés, lorsque vous avez les mains sales, pendant les sorties seul-e à l'extérieur, lorsque vous êtes en présence de chiens, durant les relations sexuelles, au cours de rencontres avec des personnes en autorité, etc. L'anxiété reliée à des situations spécifiques peut être traitée selon l'approche comportementale.

Si OUI : Passez à la question 5.

Répondez NON si vous ne pouvez pas identifier de circonstances qui déclenchent votre anxiété à chaque fois que vous vous y retrouvez.

Si NON : Le traitement d'exposition n'est pas indiqué. Si vous voulez essayer une approche plus générale pour diminuer votre anxiété, entraînez-vous à la relaxation ou à des tactiques pour apprendre à faire face à l'anxiété (voir, plus loin, l'étape 5 de la « Stratégie de traitement »). Ne passez pas à la question 5.

QUESTION 5 : Pouvez-vous définir vos problèmes en éléments précis et observables ?

Si votre réponse est : « OUI, mes problèmes sont, par ordre d'importance » (écrivez-les au crayon à mine de plomb pour pouvoir effacer si nécessaire) :

1) _____
   _____

2) _____
   _____

3) _____
   _____

Comparez vos réponses avec les suivantes :

- Exemples de définitions **PRÉCISES** de problèmes que vous pouvez traiter par la thérapie comportementale :

Problème 1) « Je panique chaque fois que je sors dehors seul-e, de sorte que je reste chez moi si je n'ai personne pour m'accompagner. »

Problème 2) « Je ne peux pas supporter que les gens m'observent, de sorte que j'évite de fréquenter des amis, d'aller à des soirées ou à des réunions sociales. »

Problème 3) « Je suis effrayé-e par l'avion, de sorte que j'évite toujours de voyager par ce moyen de transport. »

Problème 4) « Je suis préoccupé-e par la saleté et les microbes, de sorte que je passe mon temps à me laver les mains et que je ne peux pas travailler. »

Problème 5) « Je deviens tendu-e dès que mon conjoint souhaite avoir une relation sexuelle, et je trouve les relations sexuelles désagréables, douloureuses, « corvéables », bestiales ... »

- Exemples d'énoncés GÉNÉRAUX qui ne se prêtent pas à l'approche comportementale :

— « Je veux être guéri-e, devenir mieux. »
— « Je suis un paquet de nerfs. »
— « Je me sens malheureux-se tout le temps. »
— « Je veux savoir quel genre de personne je suis. »
— « Je veux avoir un but pour donner un sens à ma vie. »

Même si les énoncés généraux ont un sens, ils ne vous permettent pas de franchir les étapes par lesquelles les problèmes peuvent être résolus, et le management comportemental ne peut vous aider à moins que vous décriviez clairement ce que vous voulez en éléments observables.

Si vous le voulez, modifiez les définitions de vos problèmes écrites plus tôt pour les rendre plus précises.

Si vous pouvez maintenant dire : « OUI, mes problèmes sont précis et observables », passez à la question 6.

Si votre réponse est : « NON, mes problèmes sont trop généraux pour être définis », le self-management de l'exposition n'est pas indiqué. Vous pouvez essayer la relaxation (voir le chapitre 44) ou les tactiques pour faire face à l'anxiété (voir l'étape 5 de la « Stratégie de traitement »). Ne passez pas à la question 6.

QUESTION 6 : Pour chaque problème précis écrit à la question 4, pouvez-vous énoncer un objectif spécifique que vous voulez atteindre dans votre traitement ?

Avant de le faire, lisez, à la page suivante, les exemples d'objectifs pour les problèmes 1 à 5 déjà énoncés.

EXEMPLES D'OBJECTIFS

	BIEN DÉFINIS	MOINS BIEN DÉFINIS
Problème 1 :	« Je veux passer deux heures par semaine à magasiner seul-e dans les boutiques et les centres commerciaux du voisinage. »	« Je veux sortir et aller dans les environs seul-e. »
Problème 2 :	« Au moins une fois par semaine, je veux visiter des amis ou aller dans une soirée ou dans une réception, et y rester jusqu'à la fin. »	« Je veux devenir plus sociable. »
Problème 3 :	« Je veux me rendre en avion de Montréal à New York, aller retour. »	« Je veux vaincre ma peur de voyager en avion. »
Problème 4 :	« Je veux être capable de toucher le plancher, mes souliers et la poubelle tous les jours sans avoir à me laver les mains par la suite. »	« Je veux venir à bout de mes préoccupations sur la saleté. »
Problème 5 :	« Je veux avoir des relations sexuelles avec mon conjoint deux fois par semaine et atteindre un orgasme satisfaisant. »	« Je veux que ma vie sexuelle s'améliore. »

Pouvez-vous maintenant écrire un objectif tangible pour chacun de vos problèmes ?

Si votre réponse est : « OUI, les objectifs à atteindre pour résoudre mes problèmes sont :

Problème 1) _____

_____

Problème 2) _____

_____

Problème 3) _____

_____ »,

passez à la question 7.

Si votre réponse est : « NON, je ne suis pas certain-e des objectifs que je veux atteindre dans le traitement », *le « management comportemental » est peu susceptible de vous venir en aide*, à moins que vous puissiez préciser ce que vous voulez en des termes tangibles. Ne passez à la question 7 qu'à cette dernière condition. Sinon, arrêtez immédiatement.

QUESTION 7 : Est-ce que votre vie sera vraiment différente si vous venez à bout de ces problèmes ?

Avant d'établir la liste des avantages que votre famille, vos amis et vous-même obtiendrez si vous vous libérez de vos problèmes, lisez les exemples qui suivent :

- *Agoraphobie*
  — « Nous pourrons aller en vacances ensemble pour la première fois depuis cinq ans. »
  — « Je serai capable d'avoir un emploi. »

- *Phobie scolaire*
  — « Mon enfant recommencera à aller à l'école. »
  — « Il n'y aura plus de discussion chaque matin au déjeuner. »

- *Rituels compulsifs*
  — « Je serai à nouveau capable de serrer mes enfants dans mes bras sans m'inquiéter de leur donner des microbes. »

— « Je serai capable de m'occuper de la maison et de passer du temps en compagnie de ma famille. »

Si, en venant à bout de vos problèmes, votre vie est vraiment différente, écrivez les avantages que vous en retirerez. « Les avantages, en me débarrassant de mes problèmes, seront :

Avantage 1) _____
_____

Avantage 2) _____
_____

Avantage 3) _____
_____ ».

Passez alors à la question 8.

Si votre réponse est : « NON, je ne peux pas voir en quoi ma vie ou celle de ma famille pourraient bénéficier du succès du traitement », alors il se peut qu'il ne vaille pas grand-chose de vous engager dans un programme de self-management. Ne passez pas à la question 8.

QUESTION 8 : *Allez-vous investir le temps et les efforts nécessaires pour venir à bout de vos problèmes ?*

Allez-vous réserver une période de temps régulière pour faire vos exercices chez vous, promettre de ne pas fuir lorsque vous ressentirez de l'anxiété, consigner ce que vous avez fait comme exercices, établir ce que vous aurez à faire la fois suivante pour surmonter encore davantage votre anxiété ? La pratique quotidienne est recommandée ; si votre agenda est déjà rempli, vous devrez laisser tomber certaines activités afin de vous concentrer sur le traitement de vos problèmes.

Si votre réponse est : « OUI, je promets de suivre le programme avec application », passez à la question 9.

Si votre réponse est : « NON, je n'en ai vraiment pas le temps, ou ne n'en suis pas convaincu-e », votre programme de self-management n'est pas susceptible de bien fonctionner, mais vous pourrez vous améliorer un peu avec un entraînement limité, si vous avez de la chance. Si vous ne réussissez pas à vous améliorer, ne soyez pas déçu-e ; attendez d'avoir le temps et l'énergie pour réaliser votre programme au complet, et il y a de fortes probabilités que vous puissiez atteindre les buts que vous vous êtes fixés à la question 4.

Si vous voulez continuer le programme, passez à la question 9.

QUESTION 9 : *Est-ce que votre famille ou vos amis doivent s'engager comme aides-thérapeutes dans votre programme de self-management ?*

La réponse est probablement OUI :

— si vous avez en horreur de respecter des rendez-vous, même ceux que les gens prennent avec vous, et si vous détestez planifier et rapporter par écrit vos activités (Un parent ou un ami peut vous servir d'aide-thérapeute. Il vous aidera à établir le cadre de votre traitement et à faire avec précision le travail qui vous permettra de surmonter vos difficultés. Votre aide-thérapeute pourra régulièrement signer le journal de vos exercices, vous féliciter du progrès que vous aurez accompli et vous aider à planifier les étapes.) ;

— si vous avez si peur de sortir seul-e qu'un parent ou un ami doit vous accompagner partout où vous allez ;

— si vous avez des rituels compulsifs qui vous amènent à convaincre votre famille de laver ou de vérifier des choses pour vous, ou de vous rassurer sans cesse sur votre propreté, votre sécurité, votre santé, etc. (Quelle que soit la personne que vous engagez dans vos rituels, elle doit agir comme aide-thérapeute ; il peut s'agir de votre conjoint, d'un parent, d'un enfant, d'un ami, etc.) ;

— si vous essayez comme parent d'aider votre enfant à guérir une phobie (Votre conjoint serait alors valable comme aide-thérapeute. Il est plus facile, même si ce n'est pas essentiel, que les *deux* parents collaborent à l'instauration et à la réalisation du programme de l'enfant. Cette coopération empêche les parents d'avoir des malentendus et l'enfant de monter les parents l'un contre l'autre.) ;

— si vous avez un problème sexuel (Votre partenaire sexuel-le devrait alors s'engager dans le programme de traitement.).

Question : Qu'arrive-t-il si mon-ma partenaire n'est pas intéressé-e à m'aider à régler mon problème personnel ?

Réponse : Le traitement est peu susceptible de vous aider tant qu'on n'aura pas réussi à convaincre votre partenaire de se joindre à vos efforts.

Question : Qu'arrive-t-il si je n'ai pas de partenaire ?

Réponse : Vous devez vous en trouver un-e.

Question : Qu'en est-il si je suis trop timide pour m'en trouver un-e ?

Réponse : Vous devez restructurer votre programme de self-management en vous fixant l'objectif de surmonter votre anxiété en compagnie des gens et d'établir un lien d'amitié avec une personne qui pourrait devenir partenaire sexuel-le.

Si votre réponse est : « OUI, j'ai besoin d'un-e aide-thérapeute », passez à la question 10.

La réponse à la question 9 est probablement NON :

— si votre problème ne concerne que votre propre façon de faire, s'il n'interfère pas avec les activités des autres, et si ça ne vous dérange pas d'exécuter et de contrôler vous-même votre programme de traitement, par exemple :

— si vos rituels de vérification et de lavage ne vous empêchent pas de dormir la nuit ;

— si votre phobie de voyager ne restreint que vos propres mouvements, pas ceux des autres ;

— si votre crainte des chiens n'incommode que vous, pas vos amis ni vos parents.

Si votre réponse est NON, passez à « Stratégie de traitement ».

QUESTION 10 : *Pouvez-vous vous assurer le concours d'un-e aide-thérapeute si c'est nécessaire ?*

Si OUI : Passez à « Stratégie de traitement ».

Si NON : L'absence d'aide-thérapeute rendra moins probable le succès de votre traitement, mais il vaudrait la peine d'essayer. Passez à « Stratégie de traitement ».

STRATÉGIE DE TRAITEMENT : cinq étapes

ÉTAPE 1 : Tenez-vous-en exactement à ce qui vous fait peur ; ne perdez pas votre temps à traiter des problèmes mal définis.

Dans votre programme de self-management, vous allez faire face délibérément et systématiquement à toutes les choses qui vous dérangent et vous allez rester en leur présence jusqu'à ce que vous vous sentiez mieux à leur sujet. Votre programme de traitement doit être taillé sur mesure, selon vos propres besoins. Si vous détestez aller seul-e dans les endroits publics, est-ce parce que vous avez peur d'avoir l'air ridicule, ou parce que vous craignez d'avoir une crise cardiaque, ou encore parce que vous êtes pris-e d'étourdissements ? Si vous êtes troublé-e par la saleté, est-ce qu'il s'agit seulement de la saleté que l'on trouve habituellement sur le plancher ou dans les poubelles, ou s'il s'agit de certaines maladies qu'on peut attraper ou transmettre ? Dans ce dernier cas, quelles sont-elles ? Si vous avez les « jambes molles » devant une personne attirante, est-ce parce que vous pensez qu'elle vous regarde de haut ou qu'elle vous trouve laid-e ou encore qu'elle trouve que vous sentez mauvais, ou parce que vous éprouvez une attirance sexuelle envers elle, ce qui vous embarrasse ?

Dans la planification de votre traitement, certaines préoccupations peuvent vous échapper. Ainsi, pour voir ce que vous avez pu oublier, il vaut la peine de remplir le questionnaire sur les peurs (voir le tableau 1 ci-après). Si vous avez des problèmes obsessionnels, vous pouvez aussi remplir le questionnaire sur les obsessions (voir le tableau 2). Passez à l'étape 2.

ÉTAPE 2 : *Écrivez d'une manière précise les problèmes que vous voulez régler et les buts spécifiques que vous voulez atteindre.*

Vous l'avez déjà indiqué dans le questionnaire précédent, mais il se peut que vous vouliez changer des choses après avoir répondu au questionnaire et franchi l'étape 1.
« Mes problèmes et mes objectifs sont, par ordre de priorité » :

Problème 1) _____
_____

Objectif 1) _____
_____

Problème 2) _____
_____

Objectif 2) _____
_____

Problème 3) _____
_____

Objectif 3) _____
_____

ÉTAPE 3 : *Préparez votre horaire pour l'auto-exposition aux situations ou aux choses qui vous dérangent. Immédiatement après chaque séance, rapportez par écrit ce qui s'est passé (voir la formule calendrier au tableau 3.). Révisez vos plans chaque semaine à la lumière de votre évolution.*

À combien de séances de pratique par semaine pouvez-vous vous engager ? Quand auront-elles lieu et pendant combien de temps ? Rappelez-vous qu'une séance d'auto-exposition de deux heures permet de vous améliorer davantage que quatre séances d'une demi-heure chacune. Allouez-vous suffisamment de temps pour bien accomplir votre activité. Immédiatement après votre séance, inscrivez le degré maximal d'anxiété que vous avez ressentie, selon une échelle de 0 à 8 où 0 signifie « tout à fait calme » et 8 « panique extrême » ; 2, 4, 6 signifient respectivement anxiété « légère », « modérée », « intense ». Écrivez votre programme pour la semaine prochaine et consignez ce que vous avez fait sur votre formule calendrier (tableau 3.).

Il peut être utile que vous discutiez de votre programme avec un parent ou un ami qui peut jouer le rôle d'aide-thérapeute, identifier vos progrès, signer votre formule calendrier, vous féliciter de vos progrès et vous conseiller sur l'étape suivante. Passez à l'étape 4.

ÉTAPE 4 : *Exprimez les sensations ressenties lorsque vous avez peur.*

Soulignez, parmi les sensations suivantes, celles que vous éprouvez avec le plus de vigueur :
— « Je veux crier ou m'enfuir. »
— « Mon cœur bat fort et vite. »
— « Je fige sur place. »
— « Je me sens étourdi-e, je me sens mal, comme si j'allais perdre connaissance. »
— « J'ai des tremblements ».
— « J'ai de la difficulté à respirer. »

Tableau 1. QUESTIONNAIRE SUR LES PEURS

Choisissez un chiffre, selon l'échelle indiquée plus bas, pour exprimer jusqu'à quel point vous éviteriez, à cause de la peur ou d'autres sensations déplaisantes, chacune des situations décrites ci-dessous. Écrivez ensuite le chiffre que vous avez choisi dans la colonne de droite, sous SCORE.

0	1	2	3	4	5	6	7	8
Je ne l'éviterais pas		Je l'éviterais parfois		Je l'éviterais souvent		Je l'éviterais le plus possible		Je l'éviterais toujours

SITUATIONS
SCORE

1) Voyager seul-e en autobus ou en train .... _____
2) Marcher seul-e dans des rues achalandées .... _____
3) Aller dans des magasins bondés .... _____
4) M'éloigner seul-e de la maison .... _____
5) Fréquenter les grands espaces ouverts .... _____
6) Subir une injection ou une chirurgie mineure .... _____
7) Aller à l'hôpital .... _____
8) Voir du sang .... _____
9) Penser à des blessures ou à des maladies .... _____
10) Aller chez le dentiste .... _____
11) Manger ou boire en compagnie d'un groupe de personnes .... _____
12) Être observé-e ou regardé-e fixement .... _____
13) Parler à des personnes en autorité .... _____
14) Être critiqué-e .... _____
15) Parler en public ou jouer une pièce devant un auditoire .... _____
16) Autres situations (par exemple, affronter certains animaux, écouter le tonnerre, etc.) .... _____
    Écrire ces situations ....

TOTAL .... _____

Décrire en vos propres mots la phobie principale que vous voulez traiter (par exemple, « aller magasiner seul-e dans les centres commerciaux achalandés », ou « affronter les oiseaux ») :

Indiquer par un chiffre à quel point ça vous est pénible. _____

Tableau 2.   LISTE DES ACTIVITÉS OBSESSIONNELLES

Les gens qui éprouvent des problèmes comme les vôtres ont parfois certaines difficultés à accomplir les activités suivantes. Répondez à chaque question en écrivant le chiffre approprié dans la colonne de droite, sous SCORE.

0 = « Je n'ai pas de problème à accomplir l'activité. Je prends le même temps que la moyenne des gens et je n'ai pas besoin de la répéter ou de l'éviter ».

1 = « Je prends environ deux fois plus de temps à accomplir l'activité que la plupart des gens, ou je dois la répéter deux fois, ou je suis porté-e à l'éviter ».

2 = « Je prends environ trois fois plus de temps à accomplir l'activité que la plupart des gens, ou je dois la répéter trois fois ou plus, ou je l'évite habituellement ».

ACTIVITÉS	SCORE
1) Prendre un bain ou une douche	____
2) Me laver les mains ou le visage	____
3) Me laver les cheveux, les peigner, les brosser	____
4) Me brosser les dents	____
5) M'habiller et me déshabiller	____
6) Uriner aux toilettes	____
7) Déféquer aux toilettes (aller à la selle)	____
8) Toucher les personnes ou être touché-e par elles	____
9) Manipuler des détritus ou des sacs à déchets	____
10) Laver des vêtements	____
11) Laver la vaisselle	____
12) Manipuler ou faire cuire la nourriture	____
13) Nettoyer la maison	____
14) Tenir les choses en ordre	____
15) Faire les lits	____
16) Nettoyer les souliers	____
17) Toucher les poignées de porte	____
18) Toucher mes parties génitales ; donner et recevoir des caresses ; avoir des relations sexuelles	____
19) Jeter des choses	____
20) Visiter quelqu'un à l'hôpital	____
21) Éteindre la lumière ou fermer les robinets	____
22) Fermer ou verrouiller les portes ou les fenêtres	____
23) Utiliser un appareil électrique (par exemple un thermostat)	____
24) Faire de l'arithmétique ou des comptes	____
25) Me rendre au travail	____
26) Faire mon travail	____
27) Écrire	____
28) Remplir des formules	____
29) Poster des lettres	____
30) Lire	____
31) Marcher dans les rues	____
32) Voyager en train, en autobus ou en voiture	____
33) M'occuper des enfants	____
34) Manger au restaurant	____
35) Aller au cinéma ou au théâtre	____
36) Aller dans les espaces publics	____
37) Avoir des rendez-vous	____
38) Regarder les gens et leur parler	____
39) Acheter des choses au magasin	____
TOTAL	____

Tableau 3.   FORMULE CALENDRIER

JOUR	SÉANCE			EXERCICES D'EXPOSITION ACCOMPLIS	AUTO-ÉVALUATION DE L'ANXIÉTÉ DURANT L'EXERCICE (0 = tout à fait calme ; 8 = panique totale)	COMMENTAIRES ET STRATÉGIES UTILISÉES	SIGNATURE DE L'AIDE-THÉRAPEUTE (s'il y a lieu) ATTESTANT QUE LE TRAVAIL A ÉTÉ ACCOMPLI
	DATE	DÉBUT	FIN				
Dimanche							
Lundi							
Mardi							
EXEMPLE D'UNE AGORAPHOBE							
Mercredi		14 h 30	16 h 30	Je suis allée au supermarché local et dans les boutiques environnantes ; j'ai acheté des aliments et des présents pour la famille ; j'ai pris un café au restaurant.	7	Je me suis sentie mal lorsque les boutiques étaient bondées ; j'ai fait des exercices de respiration profonde.	J. Tremblay (mari)
Jeudi		10 h	11 h 30	Je suis allée à pied au parc local, je m'y suis assise pendant une demi-heure jusqu'à ce que je me sente mieux, puis j'ai pris l'autobus en direction du centre-ville et je suis revenue à la maison.	6	J'ai eu des étourdissements et je me suis sentie mal ; j'ai fait l'exercice de m'imaginer morte.	J. Tremblay (mari)
Vendredi		14 h	16 h	À trois reprises, j'ai pris l'autobus aller-retour en direction du centre-ville tant que je ne me suis pas sentie à l'aise.	5	C'était pire quand l'autobus était bondé ; j'ai fait des exercices de respiration profonde.	J. Tremblay (mari)

Programme pour la semaine prochaine : Refaire chaque jour les exercices d'exposition en autobus, au parc et dans les boutiques jusqu'à ce que mon anxiété sont inférieure à 3, puis commencer à me rendre chez le coiffeur et à faire de courts trajets en train.

Samedi							
Dimanche							
Lundi							
Mardi							
Mercredi							

SOURCE : MARKS (1985, p. 63).

— « J'ai des nausées. »

— « J'ai des sueurs froides. »

— « J'ai des crampes d'estomac. »

— « J'ai l'impression de devenir fou-folle. »

— Autres sensations : _____

Lisez ce que vous venez de souligner et, chaque fois que vous vous trouvez dans la situation que vous redoutez, rappelez-vous ces sensations, ce qui vous fera penser d'utiliser certains moyens pour y faire face. Passez à l'étape 5.

ÉTAPE 5 : À partir de la liste de tactiques suivante, choisissez-en trois que vous considérez utiles pour vaincre votre anxiété lorsque vous ferez vos exercices d'auto-exposition.

Rappelez-vous d'employer ces tactiques aussitôt que vous percevrez les sensations d'anxiété que vous venez d'identifier à l'étape 4, parce que c'est à ce moment-là que les tactiques sont le plus faciles à faire entrer en jeu. Écrivez les tactiques choisies sur de petites cartes que vous garderez sur vous. Sortez-les et lisez-les à haute voix pour vous-même au moment où l'anxiété surviendra.

Tactiques

a) Je dois respirer lentement et régulièrement, et apprendre progressivement à vivre la situation sans crainte. C'est épouvantable sur le coup, mais ça va passer.

b) Je me sens terriblement tendu-e. Je dois tendre tous mes muscles autant que je le peux, puis les relaxer, puis les tendre à nouveau, puis les relaxer, jusqu'à ce que, tranquillement, je me sente mieux en dedans.

c) Je pense aux pires choses qui puissent m'arriver. Voyons si elles sont si graves après tout. Je m'imagine devenir fou ou folle pour vrai et enfermé-e à l'hôpital psychiatrique, ou m'évanouir sur le trottoir, ou tout simplement tomber raide mort-e. Dans quelle mesure puis-je me décrire ces scènes d'une façon aussi réaliste que possible ? Je commence par l'ambulance qui est là pour m'amener, la bave me coulant de la bouche et les gens se moquant de moi dans la rue, ou ... (imaginez votre propre scène).

d) Que puis-je faire ? Je dois rester ici jusqu'à ce que je puisse tolérer cette panique, même si ça prend une heure. En attendant, je fais exprès pour faire pleinement l'expérience de la peur.

e) Je ressens le besoin de m'enfuir, mais je sais que je dois rester où je suis.

f) Je me sens dans un état terrible. Je peux me sentir mieux si j'imagine quelque chose d'agréable. Pour moi, ce serait d'être étendu-e au soleil, d'entendre le bruit des vagues, ou ... (imaginez votre propre scène agréable).

g) Ces sensations sont affreuses, mais peut-être puis-je transformer leur signification. Le cœur qui me bat si fort, ce pourrait être parce que je viens de faire une course, et ce serait aussi pourquoi je respire si fort. Cette sensation d'étourdissement, ce pourrait être parce que, tantôt, je me suis levé-e trop vite, ou ... (imaginez votre propre modification).

h) Je me sens terrifié-e, mais je vais m'en remettre avec le temps.

i) Je ne m'en sortirai jamais, je crois ; mais c'est seulement une sensation passagère et, avec le temps, je vais me sentir mieux.

j) Je me sens terriblement embarrassé-e, mais c'est une sensation à laquelle je vais finir par m'habituer.

Choisissez maintenant les trois tactiques que vous utiliserez pendant vos exercices et l'ordre dans lequel vous les ferez intervenir.

« Mes tactiques de contrôle seront :

a   b   c   d   e   f   g   h   i   j

— — — — — — — — — —

(Encerclez la lettre appropriée et écrivez 1, 2, 3 en dessous pour indiquer laquelle vous essaierez en premier, laquelle en deuxième, laquelle en troisième.) Maintenant, pendant trois (3) minutes bien calculées sur votre montre, imaginez-vous dans la situation la plus terrible pour vous, et utilisez l'une de vos tactiques choisies pour vaincre votre peur. Répétez au moins trois fois chaque tactique pour être capable de les utiliser *immédiatement* lorsque vous vous sentirez anxieux-se durant vos exercices d'auto-exposition.

PRÊT-E ? Commencez maintenant vos exercices d'auto-exposition et consignez ce qui se produit sur la formule calendrier. Souvenez-vous : vous allez vous sentir anxieux-se et vous allez faire pitié au moins une partie du temps pendant vos exercices. Ne vous laissez pas décourager par ces sentiments, tenez bon jusqu'à ce que vous ayez vaincu votre anxiété. Si vous souffrez d'une maladie physique qui limite le degré d'anxiété dont vous pouvez faire l'expérience, selon l'avis de votre médecin, souvenez-vous d'y aller lentement, graduellement, vos exercices étant à la mesure de l'anxiété qu'on vous permet de supporter.

BONNE CHANCE ! C'est difficile, mais c'en vaut la peine.

Auto-exposition : Recommandations pour vos séances

1) Avant de commencer chaque séance, établissez précisément les objectifs que vous voulez atteindre cette fois-ci pour vaincre vos peurs.

2) Prévoyez suffisamment de temps — jusqu'à plusieurs heures si nécessaire — pour avoir atteint pleinement vos objectifs à la fin de la séance.

3) Pendant la séance, les sensations de nervosité doivent vous faire penser à utiliser les tactiques de contrôle que vous avez choisies. Assurez-vous que ces tactiques sont écrites sur des cartes que vous portez sur vous. Soyez disposé-e à les sortir et à les lire n'importe quand.

4) À la fin de la séance, écrivez sur votre formule calendrier ce que vous avez accompli ; établissez le programme de la séance suivante, et consignez l'heure et la date où vous prévoyez le faire.

Règles d'or en tout temps

- Persuadez-vous que l'anxiété est désagréable mais rarement dangereuse.
- Évitez de fuir.
- Favorisez l'attitude de faire face à la peur.
- Plus longtemps vous affrontez la peur, meilleurs seront les résultats.
- Plus rapidement vous faites face au pire, plus facilement votre peur va diminuer puis disparaître.

Répétez et répétez vos expériences d'anxiété. Passez à travers les premières étapes à une allure raisonnable mais déterminée. Allez-y avec ardeur dans l'affrontement de vos peurs, jusqu'à ce que vous vous aperceviez que les choses d'habitude terrifiantes pour vous sont devenues banales en quelque sorte et que vous en avez oublié les sensations d'effroi ; malgré des reculs toujours possibles, la répétition constante les rendra de moins en moins fréquents. En vous exposant régulièrement à ces situations, vos tactiques d'affrontement feront partie de vous-même et vous rendront capable de surmonter vos peurs de plus en plus facilement.

Conseils provenant d'une ex-agoraphobe

1) Regroupez les situations phobiques selon le degré d'angoisse que *vous* prévoyez dans votre cas particulier. En voici un exemple :
   a) Aller dans une rue tranquille — relativement facile.
   b) Aller dans une rue achalandée — difficile.
   c) Faire un tour d'autobus — très difficile.
   d) Magasiner dans le centre-ville bondé — presque impossible.

2) Choisissez une situation facile, placez-vous-y, et *obligez-vous à y demeurer aussi longtemps que possible, jusqu'à environ une heure.* Il est de toute

première importance que vous ne vous échappiez pas trop tôt de la situation phobique.

3) Répétez l'auto-exposition dans la situation qui est facile à affronter. — La réaction phobique ne devrait pas être trop désagréable.

4) Sélectionnez une situation plus difficile et répétez les étapes 2 et 3.

5) Continuez le processus en affrontant des situations de plus en plus difficiles. Il devrait en résulter une généralisation de l'amélioration, de sorte que vous puissiez reprendre le travail, les activités de loisirs, etc. — Cette approche pour regagner vos capacités est désagréable et comporte de l'anxiété, mais il semble que ce soit le traitement le plus rapide qui existe, où vous pouvez vous aider vous-même. J'ai trouvé qu'il en valait la peine.

6) Si l'auto-exposition en milieu réel n'est pas possible, faites face à vos peurs en imagination. — Il y a des situations phobiques qui ne sont pas facilement accessibles pour ceux qui décident de les affronter. Ainsi, on ne peut obtenir des orages électriques « sur demande » pour les phobiques des éclairs et du tonnerre. Ceux qui ont peur de l'avion trouvent dispendieux de le prendre à plusieurs reprises. Comme alternative, vous pouvez essayer de répéter en imagination vos expériences de peur, et vous disposerez de tout le temps qu'il faut pour la faire disparaître. Faites-le au moins vingt fois, en prenant soin de consigner votre expérience dans un carnet. Lorsque l'événement se produira réellement, souvenez-vous comment vous y avez fait face en imagination.

7) Ne vous laissez pas abattre par les difficultés. — Attendez-vous à des revers et soyez préparé-e à en venir à bout. Vous êtes susceptible de ressentir de la panique et de la dépression à diverses étapes de votre traitement. Par exemple, même après être parvenu-e à traverser une grande rue dans un programme d'agoraphobie, vous échouez à l'étape suivante. Vous êtes sur le trottoir, effrayé-e et déçu-e. Les revers peuvent durer des minutes, des jours ou des semaines. Lorsqu'ils se produisent, vous pouvez vous sentir découragé-e pendant des jours : « Je croyais avoir vaincu cette phobie et, dans une rue donnée, ces sensations me sont revenues, m'empêchant de traverser. » En raison même de la nature des phobies, on se rend compte que les revers font partie du processus même pour les vaincre. Ne perdez pas de temps à chercher pourquoi vous pouvez aller au restaurant un jour et le lendemain, non. Résignez-vous lors des mauvaises journées et réjouissez-vous lors des meilleures. Les revers sont particulièrement susceptibles de se produire si, pour quelque raison que ce soit, vous n'avez pas pu faire vos exercices d'auto-exposition pendant quelque temps. Si vous avez dû garder le lit pendant quelques jours à cause d'une vilaine grippe ou d'une autre maladie, il vous sera plus difficile de reprendre les exercices, mais la persévérance vous permettra de passer au travers. Les revers sont le signe qu'il faut essayer encore jusqu'à ce que vous ayez vaincu la situation. Les revers s'estompent progressivement une fois que vous avez accepté la possibilité de leur réapparition et que vous vous y attaquez : « La semaine prochaine, je vais traverser cette large rue — celle-là même que je n'ai pu traverser cette semaine. J'irai prendre un café au casse-croûte de l'autre côté de la rue. »

8) Soyez convaincu-e que vous pouvez apprendre à faire face aux échecs, qui sont *inévitables*. Ne vous laissez pas dominer par n'importe quelle nouvelle sensation. Il ne sert à rien d'avoir confiance samedi, et de vous laisser abattre dimanche lorsque la panique survient. Vous devez vous y attendre et être prêt-e à en venir à bout, à essayer, essayer et essayer encore jusqu'à ce que vous ayez atteint ce stade décrit par un phobique après le traitement : « Je panique encore de temps en temps, mais c'est différent maintenant, vous savez — maintenant je ne me sens pas obligé de m'enfuir. Tout ce que j'ai à faire, c'est de les vivre et de les laisser passer, tout en conti-

nuant ce que j'étais en train de faire. » La guérison dépend de ce que vous puissiez faire face précisément aux situations que vous redoutez ; ce sont celles où vous avez à vous contrôler.

9) Apprenez à vivre avec votre anxiété et elle va diminuer. — Vous aurez évidemment peur lorsque vous vous placerez en situation phobique. Il faut vous y attendre. Essayez de vivre pleinement votre anxiété lorsqu'elle survient. Profitez de l'occasion pour la surmonter. N'essayez pas d'y échapper ou de la fuir. Souvenez-vous que vos sensations sont des réactions normales de votre corps. Lorsque la peur apparaît, restez là et affrontez-la tant qu'elle n'a pas diminué. Elle va finir par diminuer, même si ça peut vous paraître durer une éternité. Si vous jetez un coup d'œil à votre montre, vous constaterez que la peur commence habituellement à s'atténuer en 20 ou 30 minutes, et exceptionnellement en une heure, pourvu que vous restiez dans la situation et que vous vous concentriez sur les sensations de peur plutôt que de chercher à fuir. Si vous vous en échappez physiquement ou mentalement, votre peur pourra de fait augmenter. En attendant que la peur passe, concentrez-vous là où vous êtes. Restez-y tout simplement jusqu'à ce que vous vous soyez calmé-e. Apprenez à évaluer votre anxiété en la cotant de 0 à 8. Vérifiez si votre peur diminue lentement à mesure que le temps passe. Planifiez ce que vous allez faire ensuite.

10) Sortez de votre poche les cartes de tactiques, lisez-les et faites ce qui est écrit. — Amenez l'anxiété à un niveau supportable en respirant lentement, ou en tendant et relaxant vos muscles, ou en faisant du calcul mental ou des mots croisés, ou tout ce que vous trouvez bénéfique pour vous. Vous apprendrez progressivement à réduire votre anxiété à un niveau raisonnable, même si vous ne pouvez pas la faire disparaître complètement. Apprenez à accomplir vos acti-

vités normales même lorsque vous avez un peu peur.

Nous ne pouvons pas supprimer la peur. Ce que nous pouvons faire, c'est apprendre à vivre avec elle comme nous le faisons pour n'importe quelle autre émotion. Nous pouvons y faire face, l'accepter, laisser le temps passer jusqu'à ce qu'elle soit supportable. Nous devons en vivre les sensations sans résistance. Nous n'avons pas à nous inquiéter de nos peurs ou du battement accéléré de notre cœur. Après tout, nous pouvons pleurer et notre cœur peut battre plus fort autant lorsque nous sommes très heureux que lorsque nous sommes très anxieux ; peu d'entre nous essayons de nous soustraire à une joie intense lorsqu'elle se produit. Nous n'avons pas à avoir peur de nos sensations physiques. L'émergence d'une panique intense est toujours possible, mais elle va finir par disparaître avec le temps si notre attitude est de la « laisser passer » et si nous ne nous sauvons pas.

11) Faites bon accueil au pire et le présent en sera meilleur. — Beaucoup de gens sont soulagés lorsqu'ils apprennent à envisager les conséquences les plus horribles sans broncher. Si vous appréhendez de devenir fou ou folle dans la rue, imaginez-vous, de la façon le plus vivante possible, en train de crier, l'écume à la bouche, tout-e sale, voyant rouge. Ces idées vont finir par vous lasser complètement. Si vous êtes au bord d'une falaise et que vous avez peur d'avoir l'idée de vous jeter en bas, assoyez-vous à une distance sûre du bord et répétez en imagination un saut du haut de la falaise, autant de fois qu'il faudra pour que cette idée perde sa force. Si vous êtes en voiture dans un embouteillage, vous sentant cerné-e, restez assis-e dans votre véhicule et imaginez-vous envahi-e et suffoquant. Vous continuez votre trajet seulement lorsque vous pouvez en rire.

* * *

Nous espérons que ce programme autogéré pourra vous aider. Souvenez-vous que le fait de vous traiter par vous-même exige du travail. L'anxiété que vous allez ressentir en vous traitant n'est pas dangereuse, et vos efforts seront récompensés à partir du moment où vous ferez face à vos peurs d'une façon systématique. BONNE CHANCE DANS VOTRE PROGRAMME !

CHAPITRE 42

THÉRAPIES COGNITIVES

GILBERT D. PINARD

M.D., F.R.C.P.(C), F.A.P.A.
Psychiatre à l'Institut Allan Memorial (Montréal)
Professeur titulaire et directeur du Département de psychiatrie de l'Université McGill (Montréal)

PLAN

42.1.
INTRODUCTION

Depuis plus d'un siècle, surtout sous l'influence de FREUD, on a mis en cause les émotions dans les perturbations psychiques. Il en a donc découlé que les interventions psychothérapeutiques devraient forcément s'adresser au registre des émotions. Les écoles issues de la psychanalyse attribuent à l'inconscient un rôle déterminant dans la genèse de la psychopathologie et postulent que les mécanismes de défense interdisent l'accès à cette instance de la personnalité ; seules les interprétations en cours de traitement peuvent alors démasquer l'inconscient. Par contre, avec l'arrivée plus récente de la psychologie du Moi (KRIS, HARTMANN), l'attention s'est dirigée davantage vers l'adaptation de l'homme à sa réalité quotidienne et vers sa prise de conscience de cette réalité.

42.1.1. DÉFINITION ET RÔLE DE LA COGNITION

Contrairement au courant d'inspiration psychanalytique, le mouvement issu des théories de l'apprentissage a rejeté, jusqu'à dernièrement, toute donnée subjective non observable, donc toute la dimension intrapsychique du vécu des individus en ne tenant compte que du comportement lui-même. Ainsi, on n'accordait aucune validité à la pensée et aux émotions. SKINNER nous a même mis en garde contre l'attrait de la vie intérieure, « le piège fascinant de la pensée ». Cependant, certains auteurs, dont BANDURA, tout en souscrivant à cette psychologie expérimentale, considèrent les **cognitions*** comme

---

* **Cognition** est en fait un anglicisme à peu près synonyme de concept ou d'ensemble de concepts qui forme une conception. Il est cependant préférable de conserver ce néologisme dans le texte français car il réfère à un terme technique. Au long du texte, d'autres termes techniques seront aussi traduits en français avec explication pour en faire saisir le sens au lecteur.

des comportements assujettis aux mêmes lois de l'apprentissage que tout autre comportement ; elles seraient donc susceptibles d'être modifiées. Par ailleurs, l'accent étant toujours mis sur les événements externes, c'est dans l'environnement du sujet qu'on trouverait les stimuli déterminant les comportements mésadaptés. Selon ces théoriciens, le patient ne peut changer ces réponses inadaptées que par des stratégies de déconditionnement définies par le psychothérapeute.

Mais plusieurs auteurs, depuis quelques années, ont remis en question l'exclusion de la pensée dans l'analyse des troubles psychiques. ARIETI écrivait en 1968 que plusieurs facettes de la vie humaine concernent des concepts cognitifs tels que l'estime de soi, l'image de soi, l'identification, la projection de soi dans l'avenir. Il lui paraissait impossible de concevoir et de comprendre l'homme sans cette dimension intellectuelle. MASLOW, quant à lui, considérait que le névrotique n'est pas seulement malade émotionnellement mais qu'il est cognitivement dans l'erreur. MARMOR proposa que, dans toute forme de thérapie, il y a une dimension cognitive consciente, quoique celle-ci puisse être plus ou moins valorisée selon le type de traitement.

C'est dans les années 1960 qu'ELLIS puis BECK en vinrent à envisager la dimension cognitive consciente comme la composante psychologique principalement responsable de certains troubles psychiatriques. Selon cette nouvelle approche, les problèmes de l'individu sont secondaires à des distorsions de la réalité basées sur de fausses prémisses acquises pendant le développement cognitif. Il faut se rappeler que la connaissance de soi et, éventuellement, l'estime de soi se construisent à partir d'interactions avec l'entourage par ce que POPPER appelle « l'effet du miroir ». C'est ainsi que la prise de conscience de soi-même est en somme la réflexion de l'image de soi que l'on pense être perçue par les autres. Mais l'individu est actif, voire interactif dans ce processus et son développement est influencé par d'autres facteurs qui s'ajoutent à l'action de l'environnement sur lui. Il agit lui-même sur son milieu avec ce qu'il est, ses acquis, le niveau de maturation auquel il a accédé, son vécu des liens parentaux. Il est évident que l'éducation parentale peut biaiser les paradigmes d'analyse de la réalité par l'exclusion systématique de certaines données et ainsi apprendre à l'enfant un processus de pensée erroné.

Néanmoins, pour reprendre les propos de POPPER, l'homme participe à son développement en explorant le monde environnant, en affrontant les problèmes et en se proposant des solutions. Pendant les heures d'éveil, les humains sont à l'écoute de leurs pensées, de leurs désirs, de leurs actions et de leurs émotions. Régulièrement, dans une indécision, avant qu'on prenne une décision, ce *monitoring* prend l'allure de ce que PLATON a appelé un « dialogue intérieur ». Si l'individu analyse la réalité en se servant d'une grille construite à partir d'expériences négatives vécues pendant son développement cognitif, il peut aboutir à une interprétation erronée et même à une psychopathologie.

42.1.2. CAUSALITÉ CIRCULAIRE

La causalité circulaire permet une meilleure perception de la complexité du fonctionnement humain (voir la figure 42.1.). On peut ainsi saisir les interactions des aspects biologiques, cognitifs, comportementaux et affectifs. Une modification fortuite ou thérapeutique de n'importe lequel de ces aspects amène forcément un effet sur les autres. Les diverses écoles de thérapie s'attachent à un domaine plus spécifique :

— les médicaments modifient la biologie ;

— la thérapie comportementale influence le comportement ;

— la psychanalyse fait revivre des émotions dans le transfert ;

— l'approche cognitive corrige les cognitions erronées.

Figure 42.1. CAUSALITÉ CIRCULAIRE

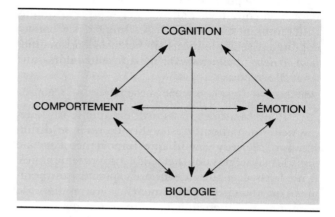

Mais grâce à l'interaction de ces paradigmes, on note une modification globale du fonctionnement quand on intervient sur l'un d'eux.

Il est classique, dans les livres ou les articles traitant de l'approche cognitive, de citer ÉPICTÈTE, philosophe grec qui a écrit : « Les hommes ne sont pas émus par les choses, mais bien par l'interprétation qu'ils en font. » C'est, en général, avec cette notion que l'on a introduit la conception assez nouvelle, voire révolutionnaire en psychopathologie moderne, que la pensée précède l'émotion, que la cognition, en donnant une signification aux événements, produit normalement une variété d'affects, mais peut aussi prédisposer l'individu à développer des symptômes de trouble mental. Par exemple :

« Au moment où je monte dans l'autobus, je reçois un coup dans le dos. Je me dis : « Qui est ce malappris ? » et je ressens une émotion d'irritation. Je me retourne et je m'aperçois que c'est un aveugle. Je me dis alors : « Quel individu débrouillard ! » et je ressens une émotion de compassion. »

42.1.3. IMAGES PERCEPTIVO-COGNITIVES

Il y a quelques années, BANDURA a introduit la dimension intrapsychique dans l'approche dite

« comportementale ». Il postulait ainsi le processus du *modelling* pour corriger un comportement mésadapté : on entraîne le patient à percevoir un stimulus différemment en modifiant ses images perceptivo-cognitives, ses répétitions silencieuses en imagination (*silent assumptions*) ; il apprend alors une nouvelle réponse :

stimulus → images perceptivo-cognitives → réponse.

Pour MAHONEY, il est évident que le discours intérieur du patient, c'est-à-dire ce qu'il se dit en son for intérieur, prend une importance capitale dans les stratégies des thérapies comportementales. Il n'est pas de notre intention d'expliciter ces thérapies, quoiqu'elles contiennent, à notre avis, de nombreuses dimensions cognitives. On n'a qu'à se rappeler l'imagerie dans le processus de désensibilisation ou encore les techniques d'affirmation de soi qui font l'objet du chapitre précédent.

Nous exposerons trois approches dites cognitives. Basées sur différents aspects de la cognition, elles utilisent, comme le souligne GUIDANO, le même paradigme en en accentuant diverses facettes : le patient devient en quelque sorte un observateur scientifique qui collige les données recueillies pour étayer ses conclusions sur la réalité. Nous verrons que GOLDFRIED, D'ZURILLA *et al.* tentent d'enseigner des méthodes de résolution de problèmes (*problem-solving*) et de modification d'adaptation (*coping-style*) ; ELLIS s'attaque d'emblée et avec vigueur aux fausses croyances (*false beliefs*), tandis que BECK vise plutôt à modifier le style de pensée.

42.2.
RÉSOLUTION DE PROBLÈMES ET DÉVELOPPEMENT DES CAPACITÉS D'ADAPTATION

MODÈLE D'ENTRAÎNEMENT

D'ZURILLA et, par la suite, GOLDFRIED ont postulé que la psychopathologie résulte de déficits dans la capacité de résoudre les problèmes (*problem-solving*) et de faire face (*coping skills development*) à des situations nouvelles ou exigeantes. Leurs méthodes procèdent d'une approche commune qui consiste à :

1) enseigner au patient à identifier un problème ;
2) générer des solutions possibles ;
3) les soupeser en imagination ;
4) choisir une solution ;
5) établir les conditions pour mettre en pratique la solution choisie dans la vie courante ;
6) évaluer les résultats obtenus.

L'individu apprend d'abord à réévaluer les situations critiques et à isoler le problème cible ; puis il discrimine stimulus, interprétation et observation objective. En somme, il doit apprendre à critiquer et à réestimer ses perceptions des stimuli. Il expérimente enfin des réponses nouvelles, non prédéterminées, pour trouver une solution pratique au problème qu'il a redéfini. La résolution de problèmes implique une distanciation de la situation et une analyse « à froid » permettant de chercher de nouvelles solutions à expérimenter. Par ailleurs, le développement d'habiletés présuppose des stratégies d'apprentissage à l'adaptation que la personne doit mettre en pratique dans le « feu de l'action », quitte à imaginer d'abord les différentes situations avant de les vivre (anticipation).

MÉTHODE D'INOCULATION CONTRE LE STRESS

Comme modèle d'entraînement, MEICHENBAUM (1985) cite NOVACO qui a donné un bel exemple de stratégie en regard du contrôle de la colère.

Exemple clinique

Un patient se présente pour des troubles de comportement ; il fait des colères littéralement fracassantes. Il est tenu responsable d'une infraction commise dans un magasin lorsqu'il s'en est vu refuser l'accès en dehors des heures d'ouverture. Il avait déjà été accusé de voie de fait pour avoir frappé un compagnon sans provocation suffisante.

Le sujet commence par identifier les situations particulières où le problème de violence survient et, surtout, la nature de la provocation qui déclenche la réaction inadéquate. Lors de cette analyse, le thérapeute lui demande d'identifier les pensées et les émotions vécues, de revoir, comme dans un film, les scènes spécifiques qui ont amené l'incident. Il démontre au patient que certaines de ces pensées engendrent nécessairement sa colère ; par exemple : « Je me suis dit qu'ils me prennent pour un mou qui se laisse monter sur le dos. » Il souligne au sujet que ces pensées l'amènent à une remise en question de sa propre valeur, de son estime de soi. Puis, de façon didactique, il lui enseigne à dissocier la réaction émotionnelle de l'idéation. Afin de réduire la stimulation affective, il peut apprendre au patient des méthodes de relaxation. De plus, il lui propose des moyens de contrôle de la pensée pour contrer la mauvaise interprétation donnée aux gestes de l'autre ; lorsqu'il arrive devant la porte fermée, le sujet doit préparer des phrases qui apportent une réponse différente : « Je ne devrais pas prendre cela personnellement, ils ont dû fermer à cause de l'heure tardive. Je reviendrai plus tard ; de toute façon, ce n'est pas si pressé. »

Ainsi le patient vit en imagination toute une série de situations accompagnées de phrases qui viennent altérer sa perception erronée survenant surtout lorsque sa valeur personnelle est mise en cause. Le thérapeute incite le patient à s'entraîner et à établir par anticipation des listes de réponses cognitives tout en l'entraînant à se détendre lorsqu'il se sent provoqué. En somme, cette technique apprend à l'individu à prendre du recul, à rechercher une solution à un problème perçu plutôt qu'à répondre automatiquement à un stimulus qui éveille sa colère.

En plus de leur méthode d'« inoculation contre le stress », les tenants de cette approche visent à rendre le répertoire d'habiletés du patient non seulement plus étendu, mais aussi plus adapté à la situation maintenant mieux analysée. Pour ce faire, ils préconisent des sessions de simulation, de jeux de rôle, de *modelling* pour éviter que l'individu se sente pris au dépourvu lors d'une nouvelle crise dans sa vie quotidienne.

42.3.
THÉRAPIE RATIONNELLE-ÉMOTIVE SELON ELLIS

ELLIS considère que les troubles émotionnels sont le résultat de pensées irrationnelles, elles-mêmes secondaires — et c'est là son principe fondamental — à de fausses croyances et à des principes de vie erronés à partir desquels le sujet juge le monde environnant.

42.3.1. SYSTÈME « A-B-C-D-E »

De façon schématique, ELLIS décrit ainsi l'« **A-B-C-D-E** » de son système, dénommé thérapie rationnelle-émotive (*rational-emotive therapy*) :
— **A** est l'événement activant ;
— **B** (*belief*) est la croyance erronée ;
— **C** est la conséquence de cette fausse croyance ;
— **D** fait appel à la définition et à la discrimination, parties intégrantes du traitement qui permet l'effet ;
— **E** correspond aux effets bénéfiques attendus (amélioration).

Prenons un exemple donné par ELLIS afin de faciliter la compréhension.

Exemple clinique

Un sujet perd son emploi (événement activant ou précipitant) et conclut que c'en est fait de lui, que les conséquences seront désastreuses. ELLIS, dans son inter-

vention thérapeutique, l'oblige plutôt à reconsidérer d'abord la « fausse croyance » que la perte de l'emploi est insurmontable ou catastrophique. Ensuite, il débat avec le sujet de la conclusion présumée que la valeur de la personne se rattache nécessairement à son travail. Il peut lui démontrer que, bien sûr, il aurait été préférable qu'il conserve son emploi, mais qu'il peut en fait s'en trouver un autre probablement aussi bon avec le temps ; en acceptant cette pensée réconfortante, le patient se sentira moins dépressif.

ELLIS prétend que la plupart des fausses croyances mettent en cause l'estime de soi projetée sur les autres. La détection des « vérités » irrationnelles consiste à mettre en évidence les « Je devrais ... » ou « Il faut que ... » du discours de chacun. Le psychothérapeute enseigne aux patients à rechercher les événements ou les circonstances de vie considérés comme épouvantables, dont les conséquences seraient difficilement supportables. Il souligne les ruminations autodévalorisantes. Pire encore, il fait ressortir les jugements à l'emporte-pièce qui discréditent la valeur personnelle ; par exemple :

— *« Je me dois de bien faire et de gagner l'approbation des autres, sinon je ne vaux rien, je ne serai pas aimé. »*
— *« Les gens doivent me traiter comme je le désire, sinon ils sont méchants et je dois me venger. »*
— *« Les conditions dans lesquelles je vis doivent concorder avec ce que je désire, sinon je ne peux pas être heureux et la vie deviendra inacceptable, injuste. »*
— *« Je ne peux endurer l'inconfort de me sentir anxieux, je dois être un faible, je ne peux pas prendre soin de moi-même. »*

ELLIS, à certains moments, étonne par la véhémence avec laquelle il soutient que les pensées irrationnelles sont en grande partie innées, instinctives ou biologiquement déterminées. Il prétend en avoir la preuve en retrouvant les formes classiques de fausses croyances chez tout être humain, même jusque dans les processus de pensée des tribus isolées. La plupart des irrationalités seraient conformes aux enseignements sociaux, parentaux et ne

semblent pas susceptibles de modification par simple apprentissage, si le sujet n'est pas dirigé par un psychothérapeute. Certaines expériences en psychologie démontrent qu'il serait plus facile d'apprendre des jugements autodestructeurs que des jugements positifs.

Tout comme BECK que nous étudierons plus en détail, ELLIS demande à ses patients d'accumuler des preuves pour corroborer ce qu'ils croient. De plus, il leur enseigne à distinguer besoins et désirs et à discriminer ce qui est indésirable et ce qui est insupportable. En définissant les termes clairement avec le sujet, il combat les jugements globaux, les conclusions erronées et tente de convaincre le patient que ses cognitions sont excessives. Un exemple de dialogue illustrera plus clairement nos propos.

Exemple clinique

[Patient] — *« C'est affreux pour moi d'avoir échoué cet examen. Mes confrères vont me laisser tomber, je ne pourrai plus intéresser mon amie et elle m'abandonnera. »*

[Thérapeute] — *Vous devez vous sentir bien malheureux de penser ainsi !*

— *En effet, je me sens triste et déprimé ; je suis découragé.*

— *Est-ce si terrible d'avoir échoué ce concours qui m'apparaît sans grande importance à vrai dire ?*

— *En fait, j'aurais préféré ne pas échouer mais vous avez raison, je peux me reprendre.*

— *Vous pensez vraiment que votre amie est assez frivole pour vous laisser tomber pour si peu ?*

— *Non, elle vaut mieux que ça ; pourquoi devrais-je réussir à tout coup ? Finalement à bien y penser, même si elle me quittait, je pourrais envisager de continuer à vivre. »*

42.3.2. HABITUATION

Dans son style d'intervention, ELLIS est particulièrement directif, voire vigoureux et provoquant. Il favorise l'autonomie précoce et utilise les forces du malade. Quoique lui-même n'y porte pas beaucoup d'attention dans ses écrits, la relation de confiance qu'il établit avec ses patients est évidente pour l'observateur. Il offre un modèle sur lequel se basera l'adoption de nouvelles croyances mieux conçues pour ne pas engendrer de sentiments d'inaptitude.

La théorie de la thérapie rationnelle-émotive souligne l'habituation, c'est-à-dire que la répétition de nouveaux énoncés parviendra à vaincre des croyances d'autodévalorisation profondément ancrées dans la personnalité de l'individu. La thérapie progresse par une recherche attentive, dans le quotidien, des **A-B-C** (événement activant, fausse croyance, conséquence néfaste) et par leur confrontation avec les **D** (discrimination), ce qui produira les **E** (effets bénéfiques attendus).

42.4.
THÉORIE DE LA DÉPRESSION SELON BECK

C'est en pratiquant la psychanalyse que BECK commença à formuler cette théorie de la dépression au début des années 1960. Il avait en effet constaté que ses patients, tous instruits selon la méthode d'associations libres, taisaient volontairement un monologue parallèle à ce qu'ils rapportaient au psychothérapeute. Parce qu'on ne les avait pas encouragés à analyser le contenu manifeste de leurs cognitions, ils se concentraient sur leurs fantasmes mais ne faisaient aucune auto-évaluation simultanée de leurs processus cognitifs. Cette constatation amena donc BECK à faire prendre conscience aux patients du lien entre leurs formulations cognitives intérieures et les affects associés. Il comprit alors pourquoi certaines associations d'idées faisaient naître des émotions discordantes de leur

contenu. Après avoir étudié une longue série de patients souffrant de dépression, il proposa un modèle qu'il appela « cognitif » et dont la conception reposait sur trois principes de base :
1) une organisation structurelle de la pensée, spécifique à la dépression ;
2) une triade d'évaluation des événements particulière aux déprimés ;
3) le traitement erroné (*faulty processing*) des informations par la pensée. Cette dernière dimension s'applique aussi bien aux phobiques et aux obsessionnels qu'aux déprimés.
(Voir aussi le chapitre 15, section 15.4.2.)

42.4.1. ORGANISATION STRUCTURELLE DE LA PENSÉE : LE CONCEPT DE SCHÉMA

Ce concept est nécessaire à l'explication des raisons pour lesquelles le déprimé persiste dans ses comportements autodestructeurs. Par définition, il s'agit de **schémas cognitifs** relativement stables, souvent non verbalisés (*silent assumptions*), qui forment la grille d'interprétation des événements. En somme, ces principes organisateurs des stimuli permettent de structurer la réalité perçue et forment un discours intérieur qui qualifie, pondère, classe les événements de la vie quotidienne. C'est ainsi qu'on pose des jugements sur les diverses situations. Ces schémas peuvent évidemment se développer à partir des expériences négatives antérieures, particulièrement celles de l'enfance, et dépendent en partie des paradigmes d'interprétation de la réalité parentale.

Ainsi, les schémas peuvent fausser la réalité quand ils sont réactivés par des expériences spécifiques qui déclenchent des réactions affectives non appropriées à la réalité mais plutôt conformes au schéma fautif. De plus, ils empêchent de tirer des conclusions objectives à partir d'expériences nouvelles, d'où la nécessité d'une intervention pour permettre la correction. En somme, ce n'est qu'après avoir identifié ces schémas erronés que le patient apprendra à en construire de nouveaux pour les remplacer.

42.4.2. TRIADE DÉPRESSIVE

Les premières publications de BECK concernaient surtout ce qu'il est convenu d'appeler maintenant la triade dépressive, composée des éléments suivants :

1) **Auto-évaluation négative** *(worthlessness)*   Le patient se perçoit comme inapte, inadéquat, indésirable, incapable, indigne, ne possédant pas les qualités requises pour atteindre ses buts. Il se critique, se dévalorise, se trouve toutes sortes de défauts.

2) **Évaluation négative de l'environnement** *(helplessness)*   Le patient voit le monde extérieur comme trop exigeant, hostile ou jonché d'obstacles qui le mènent inexorablement à la défaite. Tout lui paraît une « montagne ». Il se sent rejeté. Il peut même développer une perception paranoïde congruente avec son affect dépressif et son autodévalorisation.

3) **Évaluation négative de l'avenir** *(hopelessness)*   Le patient croit que le futur ne lui réserve que déceptions, échecs, rejets. Il n'a pas d'espoir de s'en sortir, il va toujours souffrir. Il développe une attitude défaitiste, pessimiste, apathique, du genre « à quoi bon », pouvant le mener à des idées suicidaires.

Ce modèle explique les autres symptômes de la dépression en fonction de cette triade ; par exemple : « Si je me perçois comme rejeté, je me sens seul, triste ; si je m'attends à échouer, je n'ai pas le goût d'entreprendre des projets, je deviens apathique. »

42.4.3. ERREURS SYSTÉMATIQUES DU PROCESSUS DE LA PENSÉE

La contribution la plus originale de BECK porte en fait sur le traitement erroné de l'information et du processus décisionnel qui en découle *(faulty processing)*. Voici une énumération non exhaustive des plus fréquentes erreurs cognitives :

1) **Inférence arbitraire**   Le patient arrive à une conclusion sans avoir de données suffisantes pour juger objectivement la situation. Par exemple, une femme divorcée mentionne : « Les enfants ne m'aiment pas (ceux-ci n'ont rien dit, mais sortent de la maison pour jouer) ; ils préféreraient demeurer avec leur père. » Puis elle ajoute : « Mes voisins ne m'aiment pas : ils ne me laissent jamais de place pour stationner mon auto devant la porte. »

2) **Attention sélective**   Le sujet se concentre sur un détail négatif en dépit d'un ensemble positif. Par exemple, un professeur se dit, lorsqu'un étudiant quitte la salle de classe pendant son cours : « Je ne suis bon à rien, c'est évident, je suis bien ennuyant ! » Il ne tient pas compte de l'intérêt porté par les autres étudiants. — Une secrétaire se dit, en faisant une erreur de frappe : « Ça y est, je ne sais même plus dactylographier ! »

3) **Généralisation avec dramatisation**   Le sujet arrive à une conclusion à partir d'un seul incident. Par exemple, un médecin mécontent maugrée : « C'est toujours comme ça, quand je planifie un voyage, il pleut. Cependant, il fait toujours beau quand c'est mon tour de garde. »

4) **Amplification des erreurs et minimisation des réussites**   Par exemple, un patient, médecin, me parle de sa difficulté à travailler en groupe à cause d'un problème de communication avec une infirmière. Il y voit un signe grave de faiblesse de sa personnalité et il se considère comme un mauvais leader (il omet de mentionner qu'il a créé une équipe pour les visites à domicile qui remporte un grand succès). — Un étudiant mentionne qu'il a réussi un examen, non pas à cause de son étude assidue, mais parce que les questions étaient bien trop faciles.

5) Personnalisation d'événements fortuits en les référant à soi   Par exemple, un enfant échoue son examen et sa mère se sent en faute ; elle oublie que l'enfant n'a pas étudié malgré qu'elle l'y ait fortement incité. — Des amis que j'avais invités à souper ont un accident en se rendant à mon domicile. Je me sens coupable en me disant : « Si je ne les avais pas invités, ce ne serait pas arrivé. » L'erreur cognitive consiste à penser qu'il y a une relation de cause à effet entre l'invitation et l'accident, alors qu'en fait il n'y a qu'une contingence.

6) Pensée dichotomique, bipolaire   Tout est vu dans une dimension d'absolutisme, sans atténuation, en blanc ou en noir, selon le principe du tout ou du rien : « Moi, je suis incapable de travail manuel dans la maison ; je ne suis jamais à temps dans mes affaires ; à chaque jour, c'est la même chose, j'ai beau essayer, je ne réussis jamais. » — « *If I'm not the top, I'm a flop.* »

Afin d'intégrer la théorie à sa pratique psychiatrique, BECK a développé une méthode originale de psychothérapie :

1) Orientée vers certains symptômes cibles spécifiques, identifiés par l'entretien clinique et une échelle d'évaluation.

2) Orientée vers les fausses croyances, les erreurs cognitives   Par exemple, le thérapeute se concentre sur la passivité de son malade ainsi que sur le postulat silencieux (*silent assumption*) qui sous-tend son attitude : « Pour être aimé, pour avoir de l'attention, il faut que je montre que je suis incapable de fonctionner seul. »

3) À court terme   En général, de 10 à 20 séances suffisent car la psychothérapie vise à rendre l'individu autonome, capable de compléter par lui-même le travail thérapeutique. Ce nombre limité d'entrevues est une conséquence de la structure de la psychothérapie mais n'est pas basé sur un principe immuable.

4) Directive   Le psychothérapeute oriente ses échanges avec son patient vers les problèmes perçus. Il lui assigne des devoirs, lui fait des démonstrations graphiques, le questionne, lui demande de s'interroger. Mais il fait toutes ces interventions en acceptant le paradigme du patient, afin de comprendre sa vision, sa sélection des cibles d'action, c'est-à-dire son choix de symptômes ou de situations particulièrement critiques et douloureuses. Par ailleurs, il clarifie les contradictions dans les propos du patient et les failles dans sa logique.

5) Coopérative   Le thérapeute invite le patient à faire des devoirs à domicile. Cette démarche est vue comme une expérimentation scientifique empirique qui permet au patient d'appliquer les notions apprises en thérapie et d'élaborer de nouvelles hypothèses et cognitions.

6) Évolutive   Le style et l'orientation des interventions changent avec le tableau clinique et le temps.

Au début, lorsque le patient est ralenti par la dépression, le thérapeute arrive difficilement à le faire participer à l'analyse cognitive ; on amorce le traitement par des médicaments, du soutien et des techniques dérivées de l'approche comportementale. Avec le temps, le psychothérapeute prend un rôle de guide et montre au patient à identifier ses cognitions puis à les modifier. Pour ce faire, il lui fait d'abord décrire la situation dans laquelle un affect négatif a été ressenti, puis lui demande d'exprimer les pensées qu'il a eues à ce moment. Il lui démontre comment ces pensées sont non seulement « automatiques » mais mènent inévitablement à un affect désagréable.

La progression de la psychothérapie permet d'ouvrir une quatrième dimension : l'élaboration d'alternatives à la pensée biaisée. Finalement, le couple psychothérapeute - patient identifie et attaque les fausses croyances, c'est-à-dire les postulats sur lesquels le patient étaye sa mauvaise interprétation.

42.5.
TECHNIQUES THÉRAPEUTIQUES DE BECK

42.5.1. SÉANCES INITIALES

La première rencontre est habituellement consacrée à l'évaluation du patient, à des explications sur la structure de la psychothérapie, sur l'approche empirique, sur l'utilisation d'échelles psychométriques et, selon le cas, à l'élaboration d'une stratégie comportementale et cognitive. Dès la première entrevue, le psychothérapeute peut faire la démonstration du lien entre l'émotion et la pensée en utilisant les cognitions survenues dans l'esprit du patient au moment où celui-ci était dans la salle d'attente.

Exemple clinique

« Que va-t-il penser de moi ? Il va se dire que je suis une folle. »

[Thérapeute] — *« Comment se sent-on quand on pense ainsi ?*

[Patiente] — *Humiliée, honteuse.*

— *Et depuis le début de l'entrevue, avez-vous confirmé votre supposition ? Ou vous êtes-vous plutôt aperçue que je pensais différemment ?*

— *Oui, je constate que vous ne me traitez pas en personne inférieure. Je me sens un peu moins mal à l'aise. »*

Puis, avec le temps, le psychothérapeute expose également au patient le fait de son interaction avec son milieu, et en particulier l'effet des changements de comportements de ce dernier sur l'entourage. Par exemple, le patient en viendra à se dire : « Si je reste inactif, ils feront les tâches pour moi et je me sentirai encore plus mis à l'écart. » Le thérapeute doit expliquer au patient les fluctuations des symptômes, préciser avec lui les objectifs à long terme de la thérapie ; ceux-ci doivent être clairs, concis et réalistes. Le psychothérapeute doit aussi mettre en garde le patient contre les attentes magiques de guérison trop précoce.

Très tôt, le thérapeute vise un soulagement des symptômes du patient en les identifiant et en définissant les comportements responsables de l'état dépressif. En pédagogue, il expose au patient le déroulement de la psychothérapie tout en étant conscient qu'il devra lui expliquer à plusieurs reprises les techniques et le rationnel sous-jacent de ses interventions thérapeutiques. En scientifique, il expose la notion d'expérimentation en collaboration avec son patient, afin de lui démontrer non seulement la technique mais aussi le fait que toute personne est faillible, y compris le psychothérapeute. Cette prise de conscience facilitera éventuellement l'autonomie du malade.

TECHNIQUE DE TÂCHES GRADUÉES

Au début de la thérapie, la technique de tâches graduées est utilisée pour activer le patient et lui permettre de réussir quelque chose, lui qui est convaincu qu'il en est incapable. Pour ce faire, le thérapeute doit amener le patient à établir une série de tâches à la maison ou au travail, qui deviendront son plan d'action en quelque sorte. Le patient évalue le degré de maîtrise nécessaire pour les accomplir ainsi que la satisfaction qu'il en retirera par la réussite. Le thérapeute le soumettra plus tard à une réévaluation *post facto*, afin de lui démontrer que la difficulté est souvent surévaluée tandis que le plaisir est sous-évalué.

42.5.2. SÉANCES INTERMÉDIAIRES

ENTRAÎNEMENT COGNITIF

Après ces premières étapes, le thérapeute peut amener le patient à faire de l'entraînement cognitif (*cognitive rehearsal*), soit par une répétition en imagination de situations difficiles anticipées, soit par un jeu de rôle portant sur les différentes étapes de la stratégie thérapeutique, avant de les entreprendre seul à la maison. Le patient apprend ainsi à graduer le degré de compétence requis pour maîtriser une situation, ainsi que le degré de satisfaction ressenti. L'exercice vise à contrer l'impression du sujet de n'être bon à rien, d'être incapable de plaisir ; en somme, il s'agit pour le thérapeute d'attaquer le principe du tout ou rien, en faisant remarquer au patient que tout est relatif, y compris son inaptitude.

TECHNIQUE À TROIS COLONNES

Le thérapeute enseigne également au patient la technique à trois colonnes et lui en explique le rationnel. Cette technique est fondamentale dans l'approche de BECK et mérite d'être décrite en détail. Bien des gens pensent encore que les émotions sont déclenchées par diverses situations ; ils oublient d'intercaler la cognition qui oriente l'émotion. Des vécus clairs ou encore des simulations permettent d'illustrer le lien causal « pensée - émotion ». En voici un exemple :

SITUATION	PENSÉE	ÉMOTION
J'entends un bruit la nuit quand je suis seul à la maison.	Il y a quelqu'un dans la maison, un cambrioleur.	J'ai très peur, je crains d'être attaqué.
Même bruit.	C'est un volet qui bat au vent.	Je suis soulagé, un peu ennuyé par le bruit.

Le thérapeute prend soin d'expliquer au patient la notion de **pensée automatique** : il s'agit de l'imagerie, du dialogue interne qui se déroule lors de certains événements ou activités. Il démontre au patient sa tendance à commettre des erreurs cognitives, ce qui occasionne des affects négatifs. Il lui explique que, s'il modifie cette pensée, l'émotion changera aussi pour devenir moins funeste. Le patient apprend à faire des devoirs à la maison : il identifie ses pensées négatives, soit à tout moment de la journée quand il ressent un malaise, soit le soir en se remémorant diverses situations éprouvantes. Il pourra alors reconstruire ces événements avec son thérapeute à la prochaine séance. Ainsi une secrétaire rapporte : « Je me suis sentie malheureuse au travail après avoir remis un texte à mon patron. Il est parti sans rien dire ; je me suis dit : ″Je suis une incapable, une pas bonne.″ »

VÉRIFICATION DES HYPOTHÈSES

La prochaine étape vise à vérifier la réalité des cognitions. Il s'agit pour le patient de faire des expériences ou des tests qui viendront confirmer ou infirmer les hypothèses qu'il a ébauchées. Ici le thérapeute veut créer une brèche dans l'impression entretenue par le patient qu'il n'y a qu'*une* explication, que toute pensée est concluante.

Dans l'exemple ci-dessus, le psychothérapeute enseigne à la secrétaire à s'interroger sur les évidences qui l'amènent à conclure que le patron ne la trouve pas compétente. Ne s'agirait-il pas plutôt d'une inférence arbitraire, d'une erreur systématique typique du déprimé ? La patiente apprend donc une méthode de questionnement pour reconsidérer les évidences sur lesquelles elle avait basé ses impressions.

Elle révise aussi les conséquences catastrophiques qu'elle anticipait. « Admettons que le patron a vraiment trouvé le travail mal fait, vous congédiera-t-il pour autant ? » Si la patiente le craint, il pourrait s'agir d'une amplification sans preuve suffisante.

La secrétaire peut alors rétorquer : « Il ne m'a jamais donné aucun signe d'appréciation » (ce qui en réalité est faux puisque le patron lui avait donné une gratification l'année précédente). Il y a là minimisation et attention sélective, autres erreurs de style de pensée dépressive.

CARACTÉRISTIQUES DES COGNITIONS DÉPRESSOGÈNES

On peut donc constater que les cognitions « dépressogènes » sont :
— involontaires ;
— irrationnelles ;
— plausibles ;
— négatives ;
— génératrices d'affects dépressifs.

On peut également s'apercevoir que l'approche de BECK n'est pas basée sur la pensée positive (*positive thinking*), mais bien sur l'analyse de la réalité par une méthode empirique. Contrairement à la pensée positive où le patient substitue les croyances du thérapeute aux siennes et cherche à s'autosuggestionner, la thérapie cognitive apprend au sujet à vérifier ses pensées de façon consciente et à en relativiser les conséquences.

Après quelque temps le patient peut, avec l'aide du psychothérapeute, identifier ses schèmes de dénigrement, ses erreurs de logique et passer au stade suivant en abordant des techniques spécifiques telles que les suivantes.

RÉATTRIBUTION DU BLÂME

Le patient a souvent l'habitude de se blâmer pour tous les maux de la terre. Il doit réviser les faits menant à cette conclusion ou se demander s'il poserait un jugement aussi sévère pour une autre personne. Le thérapeute lui demande de quantifier le pourcentage de blâme qu'il devrait réellement s'attribuer. Le patient arrive habituellement à s'accorder une note inférieure à 100 %, ce qui n'était pas le cas auparavant ; à cause de sa pensée dichotomique du tout ou rien, il percevait son inaptitude comme étant totale.

SOLUTIONS ALTERNATIVES

Le psychothérapeute doit aider le sujet à trouver des explications rationnelles devant les événements. Celui-ci doit apprendre à vérifier ses conclusions avant de les accepter automatiquement et à envisager des hypothèses différentes qui seraient peut-être moins déprimantes.

Poursuivons l'exemple de la secrétaire. Comme explications possibles à l'attitude de son patron, elle pourrait envisager celles-ci : « Le patron était peut-être préoccupé par autre chose, il a des problèmes avec le fisc, ou sa femme pense au divorce. »

42.5.3. SÉANCES TERMINALES

CROYANCES DÉPRESSOGÈNES

Après avoir appris à identifier les pensées automatiques et en avoir dégagé les thèmes récurrents, le patient doit, s'il veut éviter des rechutes, procéder à la modification de ses fausses croyances à la base de sa dépression.

Ainsi, une patiente en traitement rapportait s'être sentie déprimée à la suite d'une conversation avec sa fille de 20 ans qui terminait ses études collégiales. « Les autres mères ont acheté à leur fille une belle robe dans un grand magasin chic. » La patiente ne pouvait pas, en raison de ses moyens financiers limités, faire une dépense aussi extravagante. Son idéation se poursuivait ainsi : « Si je n'avais pas divorcé, je pourrais la lui payer. Si je n'étais pas si égoïste, j'aurais pensé à elle avant de divorcer. »

On reconnaît là les trois phénomènes classiques de la dépression :
1) pensées automatiques ;
2) exagération et mauvaise attribution du blâme (le mari était en réalité un alcoolique violent qui menaçait constamment les enfants ; la dame

s'était séparée autant pour leur sauvegarde que pour son propre bien-être) ;

3) fausse croyance : « Si je souffre en silence, je suis une bonne personne ; dans ce cas, il ne peut rien m'arriver de mauvais. »

MODIFICATION DES POSTULATS DÉPRESSOGÈNES

Il est nécessaire de développer des alternatives aux fausses croyances en critiquant leur réalité, en formulant des hypothèses vérifiables sur les conséquences de leur soi-disant véracité. Le type de pensée se manifeste fréquemment dans des verbalisations telles que : « Je devrais ..., j'aurais dû ..., il faut que ... », ce qui démontre des exigences difficiles à satisfaire.

Une des multiples techniques de modification des postulats dépressogènes consiste à faire la liste des avantages et des désavantages des différentes actions projetées. Ainsi, dans le cas de la patiente divorcée, nous avons pu identifier quel aurait été le résultat de la décision de rester avec son mari malgré la mésentente, ou encore, dans l'immédiat, le résultat de l'achat d'une robe à sa fille dans un « bon marché ». Mais surtout, nous avons dû explorer avec la patiente la véracité de l'axiome « seuls les bons sont récompensés car, pour être bon, il faut absolument souffrir ! » Adhérer à cette croyance mène nécessairement au masochisme.

Il est donc utile que le thérapeute et le patient développent conjointement des stratégies pour démontrer que les postulats dépressogènes ont des conséquences à long terme qui ne peuvent qu'aboutir à la dépression. On peut prévoir l'effet de ces fausses prémisses sur le patient, même s'il va mieux pour le moment. Par exemple, on imagine quelles seraient les conséquences du décès ou du départ du conjoint si le patient croit que « pour être heureux, il faut vivre à deux ». Mentionnons aussi l'erreur cognitive du perfectionniste : « J'ai fait une faute, donc je suis inapte », et celle du handicapé : « Je ne peux pas travailler, donc je suis inutile. »

En résumé, on constate que la méthode de BECK est interactive et progressive ; elle passe de l'observation du comportement à l'analyse de la pensée pour mener à une modification des faux postulats qui sous-tendent les schèmes de pensée erronés. Le psychothérapeute est actif et, particulièrement au début, utilise une méthode directive pour orienter les efforts du patient. La thérapie a une durée limitée, ne dépassant habituellement pas 20 séances.

42.6.
CONCLUSION

N'eussent été les contraintes physiques auxquelles nous étions limité dans ce chapitre, un souci d'exhaustivité nous aurait permis de décrire plusieurs autres approches telles que la neurolinguistique, l'affirmation de soi, l'analyse fonctionnelle-cognitive, et de mentionner des auteurs importants tels que MAHONEY et MEICHENBAUM.

Ces deux derniers en particulier ont tenté depuis quelques années de réconcilier les courants comportementalistes et cognitifs de la psychologie. Ils ont non seulement emprunté aux écoles originales, mais ont conçu un produit résultant de leur propre élaboration. Ainsi, dans les derniers écrits de MEICHENBAUM, les individus sont envisagés dans des relations transactionnelles avec leur environnement et la symptomatologie devient donc un concept relationnel sous médiation cognitive. MEICHENBAUM retient l'idée de BECK concernant les pensées automatiques et la nécessité de modification du dialogue interne car, pense-t-il, tout comme MAHONEY d'ailleurs :

> L'individu choisit et analyse les stimuli qui sont congruants avec un biais cognitif préalable, confirmant ainsi ce qu'il pense de lui-même, ses croyances, ses interprétations du monde environnant selon des schémas ou structures cognitifs profonds.

On peut constater l'évolution de la théorie de MEICHENBAUM dans sa dernière publication où sont réunies approches comportementales et cognitives. L'entraînement à l'inoculation contre le stress en constitue un bel exemple.

Dans nos propos, nous avons préféré résumer trois prototypes qui non seulement représentent les innovations, mais qui illustrent les grands courants de l'orientation cognitive. Ils se basent tous sur une conception de l'humain qui devient explorateur actif de son monde et sur l'analogie de la transformation du patient en scientifique (POPPER). Nous nous sommes contenté d'esquisser la psychologie, voire la philosophie qui sous-tendent cette approche. Le lecteur intéressé peut consulter, entre autres, GUIDANO et LIOTTI (1983) pour une compréhension plus complète.

Les résultats thérapeutiques des thérapies cognitives dans la dépression ont fait l'objet de recherches comparatives depuis quelques années. Ces différentes méthodes prennent maintenant une place intéressante dans la panoplie des traitements à notre disposition. Plus récemment, un grand nombre de publications ont fait état d'applications de ces thérapies aux troubles de l'anxiété tels que la phobie, l'obsession, l'anorexie mentale et la boulimie.

Des démonstrations scientifiques ultérieures permettront de conclure plus fermement à l'utilité de l'approche cognitive.

Les techniques cognitives, tout en représentant un virage radical par rapport à leurs origines, sont issues de courants qui s'inspirent soit de la pensée psychanalytique, soit des théories de l'apprentissage. MAHONEY avait cependant écrit que ces approches structurales cognitives étaient le fruit soit de la déception des chercheurs devant les applications limitées des techniques comportementales, soit des faibles corrélations entre les résultats expérimentaux et les théories psychanalytiques. Pour notre part, nous les voyons plutôt comme un ajout au répertoire que nous pouvons offrir à nos patients et il nous apparaît futile de débattre de la supériorité de l'une ou de l'autre. L'aspect central des thérapies cognitives est toutefois fondamentalement différent : on se base sur l'identification de la structure cognitive spécifique du patient pour expliquer ses symptômes ou le trouble psychique qu'il présente et on élabore des stratégies appropriées pour corriger ses erreurs cognitives.

BIBLIOGRAPHIE

BECK, A.T.
   1976 *Cognitive Therapy and Emotional Disorders*, New York, International Universities Press.

BECK, A.T. et G. EMERY
   1985 *Anxiety Disorders and Phobias. A Cognitive Perspective*, New York, Basic Books.

BECK, A.T., A.J. RUSH *et al.*
   1979 *Cognitive Therapy of Depression*, New York, The Guilford Press.

ELLIS, A. et E. ABRAHMS
   1978 *Brief Psychotherapy in Medical and Health Practice*, New York, Springer Publishing Co.

ELLIS, A., R. GRIEGER *et al.*
   1977 *Handbook of Rational Emotive Therapy*, New York, Springer Publishing Co.

EMERY, G., S.D. HOLLON *et al.*
   1981 *New Directions in Cognitive Therapy : a Casebook*, New York, The Guilford Press.

GOLDFRIED, M.R.
   1980 « Psychotherapy as Coping Skills Training », *Psycho-therapy Process* (M.J. Mahoney, édit.), New York, Plenum Press.

GUIDANO, V.F. et G. LIOTTI
   1983 *Cognitive Processes and Emotional Disorders*, New York, The Guilford Press.

MEICHENBAUM, D.
   1977 *Cognitive-behavior Modification : An Integrative Approach*, New York, Plenum Press.

   1985 *Stress Inoculation Training*, New York, Pergamon Press.

LIVRES RECOMMANDÉS AUX PATIENTS

AUGER, L.
   1974 *S'aider soi-même*, Montréal, Éditions de l'homme.

BURNS, D.D.
   1980 *Feeling Good : The New Mood Therapy*, New York, William Morrow and Co.

DYER, W.
   1976 *Vos zones erronées*, Montréal, Éditions de Mortagne.

CHAPITRE 43

PSYCHOTHÉRAPIES EXPÉRIENTIELLES

JEAN-CHARLES CROMBEZ

M.D., C.S.P.Q., C.R.C.P.(C) L.Ps.
Psychiatre, chef du Service de consultation-liaison à l'hôpital Notre-Dame (Montréal)
Psychanalyste à l'Institut canadien de psychanalyse (Montréal)
Professeur agrégé de clinique à l'Université de Montréal

PLAN

Mais, seul, loin du bateau et du rivage,
Jonathan Livingstone le Goëland s'exerçait.

R. BACH

43.1.
PRÉSENTATION GÉNÉRALE*

Depuis 1960, un nouveau courant de thérapies a émergé, nouveau car il s'orientait non pas vers la cure de pathologies identifiées mais primordialement vers la croissance des personnes. Ce courant a débuté aux États-Unis et a envahi peu à peu le Canada et l'Europe. Il a aussi été inspiré par un autre déplacement, celui des systèmes de pensée orientaux vers l'Occident, non plus seulement comme auparavant par le biais des écrits, mais par les maîtres eux-mêmes.

L'éclosion de ce mouvement, caractérisée par la profusion des techniques utilisées et une multiplication des étiquettes, a été décrite comme le corollaire d'une augmentation du nombre de patients à la recherche d'une aide psychologique. Cependant, la demande semble avoir graduellement changé de forme : d'un appel à la résolution de symptômes, elle est devenue la recherche d'un sens existentiel. Parmi les raisons données à cette explosion figurent les changements de société et la remise en question des valeurs traditionnelles, ce qui a abouti à ce que ROBERT CASTEL (1982) a nommé « l'inflation du psychologique ». Cependant, on ne devrait pas « occulter la dimension d'expérience individuelle que peut comporter cette quête » (E. LAMBERT, 1982).

On peut d'abord s'interroger sur la validité de qualifier ces approches de « thérapies », dénomination qui a d'ailleurs été remise en question tant par les détracteurs que par les protagonistes de ces approches. Ces dernières abandonnent en effet le schéma classique d'éradication des symptômes ou de résolution des conflits pour privilégier une démarche d'ouverture à l'existence. Et puis elles se réclament de disciplines variées qui, au moins au premier abord, ne semblent pas correspondre à la description habituelle des techniques thérapeutiques : ainsi les massages, la danse, le cri, les méditations, la peinture ...

Cependant, qu'on le souhaite ou non, ces différentes approches se trouvent reliées au champ thérapeutique orthodoxe, et ce, de plusieurs manières : par le biais d'une conception élargie du changement, par la crédibilité de certains professionnels qui les associent à leur pratique, par la publicité qui en est faite, même si elle insiste parfois uniquement et malencontreusement sur de possibles résultats symptomatiques. Nous les incluons donc ici dans le cadre des thérapies parce que leur utilisation est de plus en plus fréquente, alternativement ou parallèlement aux thérapies classiques, et parce qu'un parti pris les excluant empêcherait une reconnaissance de leur fonction. En connaissant mieux ces approches, les soignants pourront en repérer les qualités ou les excès et saisir les multiples sens de leur utilisation par leurs clients, peut-être dans la visée d'une articulation enrichissante avec leurs propres modèles. Différents auteurs notent d'ailleurs qu'en maints endroits les pratiques de ces thérapies sont en évolution. Le fossé qui les séparait de la psychanalyse s'amenuise, les formations deviennent plus longues et plus sérieuses et certains, comme GENTIS (1982), ont même pu les intégrer dans une pratique hospitalière, notamment avec des patients « lourds ». Même certaines attitudes vis-à-vis des honoraires ainsi que les problèmes liés à la pratique de la coanimation y sont étudiés.

Il n'est donc pas question pour nous de présenter ces approches en opposition aux autres courants thérapeutiques, non plus d'ailleurs qu'en opposition entre elles ; il nous semble plus important de les envisager comme le déploiement de dif-

* Nous désirons remercier ici de leur participation CAROLINE COULOMBE (respiration consciente, respiration douce), DENIS LEMIRE (thérapie primale), PHILIPPE LÉVESQUE (intégration posturale, *trager*), JIM LEWIS (*rolfing, focusing*), LOUIS GUÉRETTE (gestalt) et RÉJANE RANCOURT (programmation neurolinguistique).

férents aspects d'un même mouvement et comme la description de divers points de vue d'une seule réalité complexe. Toutefois, une telle intégration est d'autant moins simple que beaucoup de ces techniques naissent souvent en conflit, sinon par conflit, les unes avec les autres et perpétuent leurs querelles. Une pensée intégrative serait pourtant plus cohérente avec l'esprit qu'elles prétendent véhiculer.

43.1.1. ORIGINES

Trois grandes écoles de pensée sont liées au courant expérientiel, ou même à son origine : il s'agit de la psychanalyse, de la phénoménologie et de l'orientalisme. Ces influences se reconnaissent par des convergences théoriques et par les parcours personnels de la plupart des adeptes de ce courant.

PSYCHANALYSE

Tout d'abord, on trouve des traces notables de ce mouvement instauré par FREUD au début du XXᵉ siècle. On peut repérer ainsi la reconnaissance d'un inconscient, la compréhension du symptôme comme le signe d'une histoire et d'un déséquilibre dans l'économie psychique, l'utilisation du langage comme outil d'exploration du sens. Mais ce sont les apports subséquents qui ont coloré plus nettement l'approche expérientielle ; qu'on pense à THEODOR REIK, à WILHELM REICH (l'armure caractérielle inscrite corporellement), à GEORGES GRODDECK (l'intégration corps - esprit), à OTTO RANK (la polarité union - séparation ; l'aspect constructif des résistances, des conflits et des symptômes) et à CARL JUNG (les représentations conçues comme des créations ou comme les signes d'un ordre collectif).

PHÉNOMÉNOLOGIE ET EXISTENTIALISME

On peut associer à ces deux systèmes de pensée les noms de HUSSERL et de HEIDEGGER d'une part, de KIERKEGARD et de SARTRE d'autre part, qui ont eu une influence dans les domaines de la philosophie et de la psychologie. Ces philosophes ont proposé une reconnaissance et une exploration, non pas des idées (les « noumènes » de KANT), mais de la réalité conçue comme un ensemble de « phénomènes » ; ils ont élaboré leur réflexion sur l'existence et non pas sur l'essence, cette dernière étant considérée comme secondaire. Ces auteurs étaient d'avis qu'une causalité de type essentialiste, avec ses explications métaphysiques ou scientifiques, est en elle-même contraire à une possibilité de libération.

Du côté de la psychologie se sont développés les concepts de l'approche organismique et de l'actualisation de soi (KURT GOLDSTEIN), de même que ceux de la perception de gestalt et du phénomène de complétude (la psychologie de la forme, de KOEHLER, KOFFKA et WERTHEIMER). Par ailleurs, certains philosophes ont marqué eux-mêmes le champ clinique et thérapeutique, tels JASPERS par sa « psychopathologie générale » et BUBER (1969) par sa théorie des relations humaines.

PENSÉE ORIENTALE

Les philosophies orientales se décrivent plutôt comme des psychologies. Elles ont pour racine le bouddhisme et plus particulièrement sa branche orientale, le Zen. De ces philosophies provient la notion de *self* : elle est la dénomination d'une existence essentielle, en deçà de toutes les formes mouvantes perçues quotidiennement, et signifie aussi le lieu de rencontre d'une identité personnelle et d'une réalité transpersonnelle. Les événements de la vie, tant corporelle que mentale, sont interprétés comme temporaires, aléatoires et, en fin de compte, illusoires ; ces événements sont paradoxalement dénommés « egos », afin de rappeler comment les individus ont tendance à s'y attacher puis à s'y disperser, à s'y perdre et, finalement, à s'y anéantir, tout ceci à l'encontre d'une position centrée et sereine (TRUNGPA, 1976).

43.1.2. NOTIONS SUR LA PSYCHOLOGIE EXPÉRIENTIELLE

De façon explicite ou implicite, un certain nombre de notions sont véhiculées par les thérapies expérientielles.

Selon BRENNER (1981), la vie est un processus de création rendu réalisable par un échange constant entre une personne et son environnement, entre ses besoins internes et les stimulations externes et entre les différentes parties d'elle-même. Tout est ainsi constamment en étroite relation, même si le tout semble séparé en éléments distincts. C'est par ces relations, par ces contacts que la croissance peut se faire. Même si des formes, des structures sont nécessaires à un développement, celui-ci ne peut se réaliser que si ces formes sont flexibles, permettant ainsi une convergence des mouvements de vie. De l'avis de GUÉRETTE (1982, p. 9) :

> La réalité est un phénomène existentiel, c'est-à-dire posé dans le moment présent et appréhendé subjectivement par l'individu qui, pour sa croissance physiologique et psychologique, entre dans un processus incessant d'échange avec son environnement.

Cet échange est déterminé par l'organisme, par les besoins instinctuels, affectifs, sensoriels ... de la personne.

La vie existe sous forme de polarités : amour - haine, tension - détente, systole - diastole, inspiration - expiration, absorption - élimination, etc. Il est donc illusoire de considérer un quelconque aspect de la réalité comme unique et absolu. Ce point de vue rejoint une notion développée par FRIEDLANDER à la fin du XVIIIe siècle, soit la « pensée différentielle » qui est la conscience de cette polarité intrinsèque ; la perception dialectique est ainsi érigée en outil d'observation et de découverte de l'existence. Dans ces dyades, la vie procède par cycles et il est essentiel que l'individu les vive dans leur totalité,

sinon il se produira chez lui un déséquilibre persistant. C'est avec le soutien de l'environnement et dans un contexte d'acceptation de ces polarités que l'individu pourra compléter des expériences partielles ; dans le cas contraire, il deviendra incapable de ressentir pleinement et dérivera vers une intellectualisation, elle-même souvent admise plus facilement dans les rapports sociaux. Il est donc essentiel que le sujet, pour sa croissance physiologique et psychologique, entre dans un processus où il perçoive ses expériences comme complètes, y compris leurs polarités, dans un mouvement d'échange et de contact avec les instincts, les émotions, les mouvements, les perceptions, les sensations, les représentations et les concepts.

Les événements de vie sont inscrits dans la personne. Certes ce postulat est connu et la notion classique de mémoire en rend compte. Mais il faut bien entendre ici que la mémoire est considérée comme corporelle et mentale à la fois et que le corps « recèle » aussi avec une finesse extraordinaire les événements du passé. Ainsi l'abord du corps est perçu comme tout à fait pertinent pour une reprise de contact avec l'histoire personnelle, comme peut l'être l'abord des rêves ou des systèmes de représentations. Plus particulièrement, si certaines conditions dans l'existence d'un sujet ont bloqué son expérience complète de processus, d'émotions ou de représentations, alors ce blocage s'inscrit dans les formes corporelles et neurophysiologiques et se perpétue, selon GERDA BOYESEN (1985), par des infiltrations du tissu interstitiel conjonctif et de la rétention d'eau, de même que, selon REICH (1971), par l'arrêt des cycles vitaux de charge et de décharge et la fabrication d'une cuirasse caractérielle.

Ces expériences non résolues qui laissent leur trace problématique créent de nouveaux besoins et sont le lieu d'un conflit entre la tendance à les compléter et différentes forces qui s'y opposent. On voit donc que la notion de conflit est ici organisée autour de celle d'incomplétude. Le passé « marque » ainsi le présent par la force des expériences non complétées. Par contre, les expériences complétées sont intégrées et, d'une certaine manière, sont oubliées parce qu'elles sont alors assimilées et qu'à partir d'elles peuvent se construire d'autres expériences.

Les explications données à ces restrictions expérientielles tournent autour des concepts de survie et de dépendance. En effet, lorsque le milieu essentiel à la vie refuse tel vécu d'une personne, celle-ci, si elle veut survivre et si elle ne peut se déplacer vers un environnement plus adéquat, n'a pas d'autre solution que d'emprisonner cette expérience négative. Rétracté et retenu, le sujet s'évade dans une vie mentale coupée du monde extérieur (psychose) ou du monde intérieur (névrose). Cette répression prépare l'enlisement dans la maladie, les douleurs chroniques, les toxicomanies et les symptômes mentaux de culpabilité, de désespoir et d'ennui. Ainsi anéantissement, souffrance et séparation sont évités aux dépens d'une mort à petit feu et d'une diminution de la capacité de plaisir.

Des élans de réparation, de résolution surviennent de temps à autre chez le sujet. Ils pourraient lui permettre de s'en sortir, puisque ses conditions d'existence ont changé quant à la survie et à la dépendance ; cependant, on note qu'il n'en est rien. D'une part, l'expression de ces mouvements de complétude est souvent déguisée en des demandes ou des attitudes indirectes, donc difficilement compréhensibles. D'autre part, ces tentatives s'accompagnent de la reviviscence d'une souffrance que le sujet perçoit comme une aggravation (il peut s'agir de douleurs physiques, de honte, de détresse ...) et qu'il tend en conséquence à réprimer au profit des comportements défensifs habituels. Enfin, tout système créé tend à se perpétuer par lui-même, d'autant plus que les habitudes de vie peuvent être perçues comme des normes, que le système de relations avec l'environnement est fixé par des attentes communes et que les changements sont vécus comme une remise en question dangereuse de l'identité personnelle, accompagnés qu'ils peuvent être de sensations de peur, d'anxiété ou de confusion.

43.1.3. PRINCIPES DES THÉRAPIES EXPÉRIENTIELLES

Nous allons décrire ici différentes fonctions exercées par ces approches. La thérapie, ainsi que la vie, est un processus de croissance, d'exploration et de re-liaison. Elle n'est pas la prise en charge d'un patient par un soignant, mais le lieu du travail d'un sujet dans un cadre où les conditions lui permettent de compléter ses expériences inachevées.

- **Fonction de protection**   La personne a dû suspendre ces expériences afin de survivre ; or, le lieu thérapeutique va permettre leur reprise sans le danger de mort qui leur fut jadis associé.
- **Fonction de soutien**   Lorsque ces expériences sont revécues, la perception d'une douleur survient, ce qui peut être interprété comme le rappel de l'origine. La présence du thérapeute soutient le sujet dans sa démarche d'exploration.
- **Fonction d'unification**   Ces thérapies sont globales, incluant dans le même mouvement le corps et le mental. Le fait que les corps du patient et du thérapeute se manifestent lors des interventions n'est pas à placer dans l'ordre des passages à l'acte mais dans celui du déploiement d'un vécu.
- **Fonction d'exploration**   Ces thérapies sont actives, proposant des expériences comme véhicules d'exploration du présent, lui-même lieu de souvenirs, afin de permettre une reprise du processus de croissance.
- **Fonction de signification**   Il est essentiel qu'un travail de liaison puisse accompagner les expériences vécues, pendant ou entre les phases d'exploration. Il ne s'agit pas pour le sujet de rechercher un ordre historique mais de retrouver une vérité intérieure.

43.1.4. TECHNIQUES DES THÉRAPIES EXPÉRIENTIELLES

Il sera proposé au sujet de se mettre en position d'observateur par rapport aux événements qui vont survenir en lui. Et c'est de cette position que le sujet va gérer sa capacité à supporter ces expériences. C'est ce que nous nommerons la « position de témoin », qui est essentiellement une attitude d'ouverture à ce qui est vécu, sans rejet à priori d'aucune expérience et sans impression de submergement par aucune d'entre elles ; cette approche ressemble à celle que FRIEDLANDER a décrit comme l'« indifférenciation créatrice ». La personne passe donc d'une position de victime, de malade à celle d'un être qui a droit de regard, et ce, sans jugement nécessaire ou compréhension obligatoire.

Par cette position de témoin, la personne s'institue « présente » à elle-même et découvre ainsi les déterminismes de son passé ; cette mise en présence du passé en permet aussi le dégagement. Elle naît alors comme sujet en relation avec les autres, amorçant ainsi un mouvement créateur (ZINKER, 1977). Le terme américain d'*awareness* correspond à cet élargissement de la conscience, un processus par lequel l'individu se met en contact avec la réalité de ses besoins, de ses attitudes et de ses perceptions. L'excitation qui s'ensuit doit être différenciée de la signification d'anxiété pathologique que les patients lui donnent souvent.

La personne se verra proposer des expériences (comme des postures du corps, des respirations, des mises en situation particulières ...) qui seront différentes selon les thérapies (c'est ce qui nous permettra de les classer plus loin.) Ces techniques servent de véhicules d'exploration plutôt que de règles à suivre aveuglément. À partir de ces inductions, la personne est invitée à explorer les différents aspects de son expérience, à la laisser se développer, à en découvrir les polarités, à s'y remobiliser. Le passé n'est pas traité comme un fait lointain dont on parle, mais comme une réalité dont on fait une expérience actuelle, nouvelle et unifiante. C'est donc un travail d'exploration, d'association et d'intégration (CROMBEZ, 1981).

Il est très important que les personnes abordent les thérapies expérientielles de façon active et responsable ; ce point de vue évoque la notion de *self-support* mise en relief par PERLS (1961) et qui

désigne la façon par laquelle les individus envisagent à nouveau la particularité et l'intensité de leur existence. Les techniques sont des véhicules d'apprentissage dont les sujets doivent garder la maîtrise, tout en laissant se produire les effets de généralisation. Cette attitude permettra un impact effectif et assurera la durabilité du changement.

Ainsi le thérapeute utilise les techniques non pas pour elles-mêmes ou pour lui-même mais pour venir en aide au sujet qui le consulte. Il soutient l'autre et agit comme un guide dans l'amorce d'un processus de création. Les problèmes ne sont donc pas considérés dans le sens d'une pathologie mais dans celui d'un processus : les conflits deviennent des polarités, les symptômes, des lieux de compromis et les résistances, des ressources nécessaires.

43.2.
LES DIFFÉRENTES THÉRAPIES EXPÉRIENTIELLES

Nous avons décidé de présenter ces méthodes diverses de façon organisée plutôt que de les proposer en vrac. Pour ce faire, nous avons dû recourir à des biais et d'aucuns ont pu (WILSON, 1982) ou pourraient les classer d'une autre manière.

43.2.1. CRITÈRES DE CLASSEMENT

Nous choisirons trois critères de classement qui nous semblent cohérents par rapport à nos propositions des éléments fondamentaux des thérapies expérientielles.

La classification se fera d'abord selon le **champ de réalité** qui est appréhendé comme zone de représentation. Ce champ peut être mental, ce qui est sa signification coutumière, mais il peut être aussi physique, corporel ou perceptuel. C'est par le passage de telle partie corporelle, de telle perception du niveau d'un réel absolu à celui d'une représentation mouvante que le processus peut s'engager. Par exemple, telle intonation de la voix

Tableau 43.1.   TABLEAU RÉCAPITULATIF DES DIVERSES PSYCHOTHÉRAPIES EXPÉRIENTIELLES

CHAMP DE REPRÉSENTATION	MODE D'APPROCHE	PÔLE	
		STRUCTUREL	PROCESSUEL
CORPS	Postures	— Bioénergies	— Eutonie
	Respirations	— *Rebirth*	— Respiration douce — Techn. néoreichienne
	Massages	— *Rolfing*	— Intégration posturale
	Mouvements	— *Feldenkrais*	— *Trager*
	Méditation		— Abandon corporel
ÉMOTIONS	Contact Régression Méditation		— Gestalt — Thérapie primale — *Focusing*
PERCEPTIONS		— Programmation neurolinguistique	

sera ici considérée comme représentant une certaine réalité et le lieu d'une possible exploration, alors qu'ailleurs ce sont les mots eux-mêmes que l'on envisagera comme significatifs. Ceci rappelle que l'objet de travail de ces thérapies n'est pas un problème ou un symptôme mais la structure sous-jacente de ces derniers.

Nous grouperons ensuite les techniques selon leur **mode d'approche**. Il est entendu que c'est davantage leur abord particulier qui les distingue les unes des autres que leur finalité qui, elle, devrait être globale, non restrictive, incluant physique et psychique, passé et présent, émotions et symbolisme, etc. Pour bien dénoter leur fonction de véhicule, nous les appellerons des **modes d'induction**.

Enfin, on peut parfois classer ces pratiques selon leur **cible privilégiée**. Nous distinguerons le pôle structurel et le pôle processuel. Au **pôle structurel**, l'intervention vise à toucher la structure du sujet, structure qui est issue de son histoire et qui la

détermine ultérieurement en retour ; ce qui est mis en cause, c'est une armature rigidifiée, méconnue, aliénante, et le thérapeute va la mettre en évidence comme point de départ du travail. Au **pôle processuel**, le sujet laisse progressivement s'élaborer les événements qui surviennent suivant un rythme qui lui est propre ; c'est plutôt le support d'un mouvement de vie qui est recherché et le thérapeute n'intervient pas directement dans le processus mais en permet l'amorce embryonnaire et le déploiement ultérieur. Il est évident que cette division n'est valable que si elle est considérée comme relative et, sur le plan de la pratique, comme le choix d'une intervention inaugurale. Par ailleurs, il faut noter que certaines techniques apparaissent avec une idéologie orientée vers le structurel puis évoluent vers une approche processuelle.

Le tableau 43.1. résume l'ensemble des thérapies que nous allons présenter ; elle paraissent ici selon leurs noms usuels.

43.2.2. CHAMP DES REPRÉSENTATIONS CORPORELLES

Nous grouperons ici les techniques qui visent à un changement par la modification des représentations corporelles. Nous présenterons, pour chaque approche, les postulats proposés par leurs auteurs. Nous distinguerons les modes d'induction suivants : les postures, les respirations, les massages, les mouvements et la position méditative.

POSTURES

Pôle structurel : les techniques bioénergétiques

Issues des travaux de WILHELM REICH, décédé en 1957, elles analysent la personne selon un schéma énergétique : une énergie vitale qui circulerait dans le corps et qui permettrait un contact ouvert avec l'environnement. Le concept de bioénergie a été créé par ALEXANDER LOWEN vers 1955 à la suite de son travail avec REICH entre 1940 et 1952 ; tous deux étaient psychiatres et avaient suivi une formation en psychanalyse.

Selon leur conception, le corps est habité par un ensemble de mouvements énergétiques : vers l'avant le désir, vers l'arrière la colère, vers le bas la sexualité. Cette énergie qui part du cœur se dirige vers la gorge et la bouche pour l'ouverture au baiser et à la parole, vers les bras et les mains pour l'ouverture au toucher, vers le pelvis et les organes génitaux pour l'ouverture à la sexualité, vers les jambes et les pieds pour le support. Or, il peut arriver que ces énergies soient bloquées ; au lieu d'un rayonnement extérieur se produisent un retrait et une charge permanents. Ce blocage rend impossible le contact avec les différents niveaux de réalité : corporel, psychique et interpersonnel (LOWEN, 1976).

La technique vise d'une part à réouvrir le corps au niveau des zones de blocage par le levier d'attitudes corporelles critiques (flexions, exten-

sions, arcs-boutants ...), afin que le sujet retrouve ultérieurement une liberté de mouvement. D'autre part, elle a pour but de faire accéder le sujet à une respiration globale qui sera intégrée à l'ensemble de la dynamique corporelle. Cette technique a été enrichie par les apports de JOHN PIERRAKOS (« l'énergie du centre vital »), de BOB ZIMMERMAN et de STANLEY KELEMAN ; ce dernier (1974) a repris ces concepts dans une perspective processuelle et développementale.

Pôle processuel : l'eutonie

Cette technique fut créée dans les années 1930 par GERDA ALEXANDER, une Danoise qui s'intéressait à la danse et à la rythmique. Cette dernière mit au point sa technique lors d'une maladie invalidante qu'elle avait elle-même subie.

Le corps perturbé ne peut réaliser de mouvements harmonieux et devient la source de différentes pathologies ; le tonus musculaire est alors anarchique. Par le moyen d'attitudes corporelles diverses (positions d'équilibre, mouvements en harmonie ...), on axe la concentration mentale sur les zones corporelles puis on prend la position de témoin vis-à-vis des processus qui s'y déroulent. Cet exercice permet l'expression et la résolution des discordances qui y sont mises en évidence (BRIEGHEL-MULLER, 1972).

RESPIRATIONS

Pôle structurel : la palingénésie ou respiration consciente (rebirth)

Créée par LÉONARD ORR, philosophe, cette technique vise à faire revivre aux personnes le traumatisme de la naissance, expérience incomplétée qui persiste avec son cortège d'angoisses et de dépression.

La naissance est en partie, et parfois essentiellement, vécue comme un traumatisme : les contractions, l'expulsion, le bouleversement respiratoire en sont les principales causes. Comme les traumatismes ultérieurs, cette expérience a été refoulée à cause de ses aspects terrifiants. En particulier, la coupure du cordon ombilical a endommagé la croissance de la respiration en la transformant en fonction de survie plutôt qu'en véhicule de passage. Les inhibitions subséquentes s'ajoutant, la respiration restera « naine ». Les syndromes d'hyperventilation doivent être compris comme une incapacité corporelle à supporter les accentuations subites de cette respiration généralement bloquée.

La technique « consiste à fusionner ou unir l'inspiration à l'expiration dans un rythme détendu, c'est-à-dire [...] avec l'impression que la respiration forme un cercle. C'est pourquoi on l'appelle aussi respiration circulaire. [...] Le but de la respiration consciente n'est pas de faire bouger l'air, mais de faire bouger de l'énergie » (ORR, 1986, p. 47). Ainsi la retrouvaille d'une respiration libre permet le décrochage des traumatismes antérieurs et le développement des capacités créatrices. D'abord pratiquée dans l'eau, l'approche s'est peu à peu éloignée de ce contexte littéral, et au demeurant trop intense, vers une conception et une pratique plus générales.

Pôle processuel : la technique de respiration douce et la technique néo-reichienne

La technique de respiration douce est un mode d'intervention où l'on propose l'expérience d'une respiration connectée, relaxée, rythmée, profonde et surtout maintenue. Le résultat recherché n'est pas une hyperventilation mais plutôt la création d'un espace où surviennent des modifications de la respiration et la réapparition d'événements antérieurs ; une sorte de dialogue s'instaure entre ces souvenirs et les mouvements corporels. De ce point de vue, cette technique présente des analogies avec la palingénésie dans ses aspects les plus processuels.

Cependant, elle s'en détache par le fait qu'elle ne conçoit pas la naissance comme un acte historique seulement, mais comme un processus répétitif tout au long de l'existence. D'autre part, elle s'attache particulièrement à une intégration, dans l'ici-et-maintenant, des expériences ainsi produites (COULOMBE, 1986).

La technique néoreichienne a beaucoup en commun avec les approches bioénergétiques déjà décrites. Cependant, son mode d'intervention privilégié est l'accentuation de la respiration dans toutes ses caractéristiques (amplitude, fréquence, intensité, perception) et selon le désir du patient. À partir de là, une attention toute particulière est portée aux processus musculaires et émotionnels qui s'y dévoilent.

MASSAGES

Pôle structurel : l'intégration structurale (rolfing)

IDA ROLF, docteure en philosophie, décédée en 1979, dévoila sa méthode en 1965, en Californie.

Selon la conception de ROLF, les traumatismes de la vie, lorsqu'ils n'ont pas été résolus, amènent une modification de la statique et de la dynamique corporelles. Ces changements restent marqués dans le corps ; en effet, il se produit des épaississements et des rétractions du tissu conjonctif et des aponévroses, rétractions qui deviennent permanentes. Dès lors, les mouvements musculaires sont réduits et dysharmoniques. On aboutit ainsi à un corps en casse-tête où les écarts par rapport aux lignes d'équilibre tendent ensuite à être accentués et chronicisés par la force de gravité ; la personne est alors un être excentré et étranger au monde.

La technique vise à remettre le corps à la verticale et en alignement, à allonger les segments rétrécis, à refaire un espace corporel dans lequel les mouvements puissent être libres et reliés. Elle consiste en des massages de plus en plus profonds des tissus conjonctifs afin de les remobiliser et de les revitaliser, ceci en synergie avec les mobilisations du sujet. Elle se donne en dix séances et s'accompagne d'un apprentissage des nouveaux styles de motricité (ROLF, 1977).

Pôle processuel : l'intégration posturale

JACK PAINTER, qui mit au point cette technique vers les années 1970 en Californie, insistait plus particulièrement, au delà de la levée des blocages, sur l'importance de la libération d'une énergie vivante.

La méthode consiste en un massage en profondeur des tissus conjonctifs, qui vise à remobiliser le flot émotionnel. Elle est dite posturale car elle tente de rebalancer la structure musculaire du corps en modifiant les attitudes physiques, émotionnelles et mentales. Le thérapeute cherche à faire relâcher les muscles de surface, notamment ceux du cou et de la tête, et à réorienter les axes de mouvement, celui du bassin par exemple (PAINTER, 1982).

Cette technique présente de fortes ressemblances avec la précédente. Deux différences majeures l'en distinguent cependant : l'accent mis sur le processus, par l'utilisation de respirations comme véhicule complémentaire à l'intervention du thérapeute, et la place laissée au flot émotionnel et aux paroles, reflets de la mémoire corporelle.

MOUVEMENTS

Pôle structurel : l'intégration fonctionnelle (feldenkrais)

MOSHÉ FELDENKRAIS en est le créateur ; d'abord ingénieur et physicien, il s'orienta ensuite vers l'étude de la psychologie et de la neurophysiologie. Il s'intéressa particulièrement aux relations réciproques entre le système nerveux et le mouvement sur les plans du fonctionnement et du développement.

Selon lui, au cours de la vie, la personne s'est restreinte dans ses mouvements et ses capacités créatrices.

Il s'agit d'une technique de réouverture du corps, et donc de la personne, par le mouvement. Cette exploration se fait par une intégration constante des sensations aux mouvements, à partir de rythmes particuliers d'apprentissage. L'accent porte notamment sur l'effet néfaste de l'effort ; on propose au contraire de trouver des solutions aux limitations sans forcer celles-ci douloureusement (FELDENKRAIS, 1967).

Pôle processuel : l'intégration psychophysique (trager)

Cette technique fut créée par MILTON TRAGER. Né à Chicago en 1908, il fut boxeur, danseur et acrobate, puis devint médecin. C'est dans le cadre de son travail qu'il élabora sa technique ; il l'appliqua d'abord à des sujets porteurs de maladies neuromusculaires. Selon TRAGER, le vieillissement et la rigidité existent plus dans les représentations mentales que dans les tissus.

Le thérapeute propose des mouvements rythmiques qui s'adressent à l'ensemble des tissus et il soutient leur expression. Le but de la démarche est d'amener le sujet à découvrir des perceptions de liberté, de légèreté, de facilité qui lui serviront de mémoire pour des changements corporels ultérieurs. Comme complément aux sessions, le thérapeute demande au client de reproduire mentalement ces nouvelles perceptions.

POSITION MÉDITATIVE (Pôle processuel)

Cette méthode fut élaborée par AIMÉ HAMANN et JEAN-CHARLES CROMBEZ au Québec dans les années 1970. Elle est issue des influences conjointes de la psychanalyse, de la bioénergétique, des conceptions existentielles et orientales. La position méditative est utilisée comme mode d'induction dans la technique de l'abandon corporel.

Une des caractéristiques de cette méthode est la cessation des activités volontaires avec la mise en place d'une position de témoin vis-à-vis des phénomènes corporels, ce qui se rapproche des pratiques méditatives ouvertes. D'autre part, le thérapeute prend lien avec le corps du sujet dans un contact soutenu qui permet à ce dernier d'acquérir l'assurance à partir de laquelle divers phénomènes corporels enfouis peuvent se réactualiser.

Le sujet est convié à une attitude d'écoute et d'abandon à son vécu, ce qui donne lieu à des événements autant intérieurs que moteurs. La durée des séances est en moyenne de une heure et demie, le « temps » corporel étant plus lent que le « temps » verbal (HAMANN, 1978).

43.2.3. CHAMP DES REPRÉSENTATIONS ÉMOTIONNELLES

On doit comprendre ici le terme « émotionnel » non comme l'indice d'une pathologie mais comme le signe d'une vie intérieure. C'est essentiellement l'impression d'une incomplétude des expériences intérieures qui est l'objet de travail de ces techniques ; elles proposent des expériences de résolution.

Nous rassemblerons ici trois techniques : la Gestalt-thérapie qui utilise comme mode privilégié d'induction le contact avec des objets représentatifs, la thérapie primale qui recourt à la régression et le *focusing* qui fait appel à la position méditative.

GESTALT

FRITZ PERLS (1893-1970) fit ses études de médecine et de psychiatrie et travailla d'une part avec KURT GOLDSTEIN qui professait la psychologie de la gestalt, d'autre part avec PAUL SCHILDER, PAUL FEDERN et HELEN DEUTSCH. Puis il entreprit une psychanalyse avec WILHELM REICH et fut supervisé par OTTO FENICHEL et KAREN HORNEY. Après avoir fondé un institut de psychanalyse en Afrique du Sud en 1935, il émigra aux États-Unis en 1946 et pratiqua à New York puis en Californie à partir de 1966, et enfin au Canada vers la fin de sa vie.

Théorie

> Les gestalts sont des appréhensions globales et intégrées de l'environnement, émergeant à la conscience au niveau des zones de contact et réunissant plusieurs modalités perceptuelles (sensorielles, cognitives, émotives) inséparables les unes des autres. Elles correspondent aux « besoins » de l'organisme et s'accompagnent d'excitation. (GUÉRETTE, 1982, p. 11)

Elles sont en évolution constante, suivant un processus allant de l'émergence d'un besoin à sa satisfaction, ce qui libère de nouvelles énergies et laisse la place pour les « gestalts » suivantes.

Les gestalts sont interrompues par différents mécanismes qui empêchent les contacts ultérieurs avec les objets mentaux, émotionnels et matériels ; voici quelques-uns de ces mécanismes :

- **Introjection**   C'est l'introduction d'une réalité à l'intérieur de soi mais sans assimilation ; elle reste donc étrangère et aboutit à un Moi divisé, à un vécu « comme si ».
- **Projection**   C'est l'expulsion d'éléments de réalité hors de soi, c'est-à-dire hors de l'existence du sujet, et leur focalisation sur un objet extérieur.
- **Confluence**   C'est l'abolition de la perception d'une différence avec l'environnement. Ce subterfuge permet de court-circuiter le contact puisqu'il est supposé déjà total ; il s'agit donc d'une fausse conformité. La culpabilité et le ressentiment sont des émotions qui y sont parfois associées car elles sont secondaires au postulat selon lequel les différences ne devraient pas exister.
- **Rétroflexion**   Elle consiste pour le sujet à se faire à lui-même ce qu'il aimerait faire aux autres ou que les autres lui fassent, c'est-à-dire à se substituer à l'environnement.
- **Déflexion**   Elle permet d'éviter un contact direct par la fuite ou l'abstraction. Par exemple,

le sujet tente de ne pas regarder l'autre personne, de ne pas lui répondre directement ...

Méthode

Elle vise à remettre la personne en contact avec l'environnement, à lui faire redécouvrir ses besoins et ses émotions réprimés, à permettre une expression souple de ses désirs. Les techniques proposées permettent de mettre en évidence la façon dont le patient bloque la complétude de ses gestalts. D'aucuns ont noté que PERLS ne s'intéressait pas à l'*insight*, à la prise de signification (GENTIS, 1982).

Le sujet peut parler de ses conflits mais on l'invite surtout à en faire l'expérience « maintenant », dans un contexte sûr. Les événements extérieurs et intérieurs, même les rêves, sont vécus dans le présent et de façon concrète, afin d'être complétés. Il est essentiel que le sujet parle au présent et à la première personne du singulier (Je) de ce qu'il ressent, et ce, en interaction avec des interlocuteurs ou avec des représentations.

On propose donc au sujet d'amplifier les événements, de jouer leurs polarités en s'attachant à percevoir les aspects positifs et négatifs des conflits, des résistances et des symptômes, et de circuler ainsi sur le continuum de ces polarités afin de les rendre acceptables, de les intégrer, de les reconnaître comme vivantes et de les percevoir comme sources possibles de création. Alors les relations interpersonnelles sont vécues comme moins dangereuses et même comme des occasions de contact. Certaines techniques particulières sont utilisées : par exemple, le renversement de rôles ou le jeu de la chaise vide permettent de réapprivoiser les objets écartés (POLSTER, 1973).

THÉRAPIE PRIMALE

ARTHUR JANOV, né en 1924, est psychologue, travailleur social (VERREAULT, 1986) et il a pratiqué la psychanalyse. Il est le fondateur de la thérapie primale qui a aussi profité de l'influence de DANIEL CASRIEL et de RONALD LAING.

JANOV est parti du principe selon lequel les frustrations et les traumatismes, notamment durant les phases précoces de la vie, sont mémorisés dans le cerveau. La souffrance qui leur fut associée a été et continue d'être neutralisée par des mécanismes biologiques endocriniens. D'une part, le potentiel de souffrance reste intact, ce qui se manifeste par les organisations défensives qui limitent la profondeur et l'intensité de l'existence ; d'autre part, cette protection permet à la personne de survivre avec une sensation de bien-être assez superficielle.

La thérapie primale vise à traverser ces comportements restrictifs, à retrouver, par une régression progressive, la souffrance primitive et à la faire émerger de façon consciente et en toute sécurité. Cette expérience est vécue à travers une intense réaction physiologique et avec une impression d'agonie (JANOV, 1982).

CONCENTRATION DIRIGÉE (FOCUSING)

Cette technique a été créée par EUGÈNE GENDLIN, professeur de philosophie et de psychologie à Chicago. Elle a pour objet les perceptions d'événements non complétés se manifestant par des impressions d'inconfort et par la recherche d'une résolution. On n'a qu'à penser à l'état d'esprit dans lequel on est lorsqu'on n'arrive pas à se rappeler le nom d'une personne dont on reconnaît néanmoins le visage.

Il est ainsi proposé au sujet de porter attention à ces événements non complétés et à travailler à leur résolution. Différentes étapes sont suivies, qui amènent le sujet à laisser émerger un problème, à le sentir, à le « questionner », à le laisser prendre place et forme et à en percevoir l'évolution. Ce travail se fait par un dialogue constant avec soi-même (GENDLIN, 1981).

43.2.4. CHAMP DES REPRÉSENTATIONS PERCEPTUELLES

Nous parlerons ici principalement de la programmation neurolinguistique qui appréhende les perceptions comme des systèmes de représentation significatifs pour chaque individu.

PROGRAMMATION NEUROLINGUISTIQUE

La programmation neurolinguistique, créée par JOHN GRINDER, professeur de linguistique, et RICHARD BANDLER, psychothérapeute et docteur en psychologie, est née de la confluence de la neurolinguistique et de la cybernétique. Ces auteurs se sont demandé si l'efficacité des résultats obtenus par les thérapeutes utilisant des méthodes fort diverses pouvait s'expliquer par des éléments implicites communs. Ils ont pour cela analysé leur propre pratique et celle de thérapeutes bien connus tels que MILTON ERICKSON, VIRGINIA SATIR, FRITZ PERLS, SALVADOR MINUCHIN, BOB et MARY GOULDING. Ils en ont ainsi extirpé des modèles communs qui, selon eux, favorisent le changement.

Leur méthode est par conséquent extrêmement concrète, active et enseignable. Elle est basée sur une conception de la réalité constituée de représentations (« la carte du monde »), et en étudie plus particulièrement l'aspect neurophysiologique (systèmes visuel, auditif, kinesthésique et mental). Les changements sont possibles lorsque ces systèmes de représentation sont ouverts et interactifs. Les thérapeutes étudient comment se perpétuent les apprentissages, par ce qu'ils appellent des ancrages qui sont des systèmes de mémorisation multisensoriels. Trois niveaux de changement sont possibles (LANKTON, 1980) :

— le premier permet le transfert de ressources déjà existantes d'une expérience à une autre ;

— le deuxième utilise la modification du cadre dans lequel un problème est exposé, ce qui en change instantanément la structure et la solution ;

— le troisième agit par transformation d'une stratégie.

43.3. DISCUSSION

Les critiques adressées aux thérapies expérientielles sont nombreuses, incluant un mélange de remarques épistémologiques, de réactions, de passions et de beaucoup de préjugés. Elles pourraient d'ailleurs faire l'objet d'une étude en elle-même, d'une critique de la critique. Il est par exemple remarquable de constater que les auteurs jugent parfois ce domaine à partir du leur propre, c'est-à-dire à partir de leur théorie, s'étonnant du même coup de ne point retrouver chez l'autre leurs normes et le qualifiant alors d'absurde ! Ou bien ils notent une des dérives de telle pratique et en profitent pour régler le sort de toute l'affaire. Le problème est qu'ils considèrent l'ensemble du champ expérientiel tantôt comme une erreur, tantôt comme un succédané de cet « essentiel » dont eux, évidemment, se perçoivent comme les représentants. Nous avons rencontré peu de personnes qui énonçaient des propos nuancés à l'endroit de leurs vis-à-vis. Tout cela ressemble aux façons dont les tenants des diverses écoles se critiquent les uns les autres, par exemple les psychanalystes et les behavioristes, souvent en ayant bien pris garde de ne pas s'être « commis » comme sujets de la pratique attaquée.

On a pu noter que les corps de pensée, sûrs de leur vérité, fustigeaient généralement chez le voisin telle caractéristique qu'eux-mêmes avaient tendance à nier : par exemple, les psychanalystes reprochaient aux behavioristes d'être trop objectifs et les behavioristes aux psychanalystes d'être trop subjectifs ! Or la critique la plus insidieuse serait justement l'inverse, c'est-à-dire ce qui bute dans l'idéal recherché : par exemple que les behavioristes ne sont pas assez objectifs et les psychanalystes, pas assez subjectifs !

Nous reprendrons cependant l'intelligence de ces critiques comme nous avons présenté l'intelligence de ce champ, c'est-à-dire non comme des sentences mais comme des mises en garde. Notre position pourrait s'avérer utile pour ceux qui s'y engagent. Quant à ceux qui sont en position de soignants, ils pourront y repérer les abus sans en rejeter les attentes.

Nous allons présenter plusieurs problématiques qui semblent importantes à considérer dans l'évaluation des thérapies expérientielles. Certaines pourraient d'ailleurs être utilisées dans l'analyse d'autres types d'interventions. Nous les grouperons sous quatre rubriques : les perfections, les rejets, les agirs, les formations.

43.3.1. PERFECTIONS

PROBLÈME DE LA PERFECTION COMME NORME

La logique de ce piège se présente de la façon suivante : l'homme naît sain et équilibré et il devient victime ensuite de différents assauts externes qui vont le modifier. Le but de la thérapie serait alors de le rendre à une normalité fictive, de le libérer de ces symptômes étrangers à lui-même. Alors ces symptômes, ainsi d'ailleurs que toute hésitation quant à leur éradication, sont considérés comme des erreurs. Ainsi, selon ALOUIS (1982), « à l'instar des médecines, est substitué à l'ordre subjectif du désir, l'ordre idéologique d'une norme qui est dite naturelle ». Au désir du sujet est préférée une norme et au processus, un but. De ces fantasmes de santé idéale « peuvent germer tous les fascismes », alors que GENTIS (1982) pense au contraire que « la folie pourrait bien être enfin reconnue un de ces jours comme une expérience humaine fondamentale ».

PROBLÈME DE LA THÉORIE PARFAITE

Certains auteurs et certains thérapeutes proposent leur théorie comme totale et exclusive. En

dehors du fait que cette conception met en doute leur démarche heuristique, nous insisterons sur une de ses conséquences : la manipulation qu'ils exercent sur les clients dans le but de les plier à cette vérité « première ». À une cohérence sans faille, le patient ne peut plus répondre que par la soumission ou l'annihilation : il est inclus ou rejeté. Tout doute est alors significatif d'un échec de la thérapie et donc de la guérison promise : c'est le piège du dogmatisme.

On peut repérer cette tendance à l'exclusion dans les déclarations des défenseurs de ce type d'idéologie : ils rejettent toute filiation théorique, toute ressemblance dans les aspects méthodologiques et pratiques. Venus d'ailleurs, ils se considèrent comme les seuls en possession tranquille de la vérité.

PROBLÈME DE LA PRATIQUE COMME RELIGION

Certaines écoles prennent l'aspect de sectes religieuses : rites d'initiation, obédience absolue, impossibilité de séparation d'avec l'institution, extrême pression du groupe. Cet absolutisme est le corollaire des abus majeurs qui se produisent dans la réalité clinique (accidents corporels, décompensations psychotiques) et des poursuites judiciaires (pratiques financières abusives où l'argent devient l'objet d'un don obligatoire à la communauté).

Selon différents auteurs, cette tendance tient au fait que les thérapies en question évacuent souvent le transfert. Pourtant, on constate aussi que les méthodes prônant l'analyse du transfert, comme la psychanalyse, ne sont pas à l'abri de tendances séductrices.

43.3.2. REJETS

PROBLÈME DU REJET DU MENTAL

Il y a là un curieux mouvement de bascule qui caractérise la pensée de certains thérapeutes. En effet, s'ils peuvent reprocher à certaines pratiques antérieures « l'inflation du parolisme » (LIPIANSKY, 1982) et la réduction du corps, ils tombent dans un écueil opposé, tout autant dualiste. Comme l'a souligné PICARD :

> Là où l'esprit était exalté et le corps déprécié, le corps devient le signifiant majeur de l'essence positive de l'homme et le mental est ravalé au rang de verbiage obsessionnel, de l'expression de la vanité du moi ou d'un intellectualisme stérile ; penser devient une forme de perversion. La dichotomie demeure : elle a simplement les pieds en l'air et la tête en bas. (Cité par LIPIANSKY, 1982, p. 88)

PROBLÈME DE L'ABSENCE DU SYMBOLIQUE

Dans ces thérapies, disent LAMBERT (1982) et PAGÈS (1982), le corps est considéré comme une chose matérielle avec ses tensions. On agit sur lui pour le « résoudre » sans prendre garde au monde des représentations. Le mouvement consiste alors à éjecter un malaise de la façon la plus efficace possible, donc avec tout un attirail technique (banc de travail corporel, positions, respirations et mouvements ordonnés ...). Alors, ainsi que l'a écrit PAGÈS (1979) :

> Le corps tend de plus en plus à fonctionner comme référence absolue et non, ainsi que le proposait WILHELM REICH, comme l'espace d'inscription historique de la répression sociale et des trajectoires affectives individuelles. Il devient le lieu de malheur ou de bonheur, de la dysharmonie ou de l'harmonie.

43.3.3. AGIRS

PROBLÈME DU CORPS TOUCHÉ

Un élément souvent perçu comme spectaculaire dans ces pratiques est l'implication corporelle où le thérapeute même peut être inclus. Les questions soulevées sont nombreuses. Certains perçoivent dans cet agir une aliénation, un effet de coupure de la parole ; d'autres y voient une proposition de passage à l'acte acceptée et même partagée par les thérapeutes qui s'en font les acteurs. Si les positions des intervenants à ce sujet varient beaucoup et que certains d'entre eux reconnaissent l'existence de dérapages, il semble néanmoins important que l'on comprenne ces contacts corporels à partir d'un point de vue particulier.

MAX PAGÈS (1982) distingue deux types de conflit. L'un se situe sur le plan des représentations, entre les fantasmes et les interdits, expliquant la règle d'abstinence corporelle du psychanalyste. Mais il y a aussi un tout autre conflit qui, lui, se situe entre le fantasme et la nécessité d'un contact corporel vital ; ici été créée une confusion lorsque, à l'occasion d'expériences antérieures, le sujet a été trahi dans l'utilisation de son corps sous le prétexte et le besoin de contacts corporels chaleureux. Cette interdiction d'un accès sain à la tendresse et la profusion débridée de fantasmes divers empêchent le sujet d'établir des relations corporelles vitales. Ici l'abstinence ne fait que renforcer ce déséquilibre et cette confusion alors qu'une « expérience corporelle non menaçante avec le thérapeute, c'est-à-dire non contaminée de sa part par l'Œdipe et le pré-Œdipe, contribue à débrancher en quelque sorte la sexualité infantile du fantasme » (PAGÈS, 1982, p. 205).

PROBLÈME DE LA DÉCHARGE SALVATRICE

La théorie de la décharge, qui est d'ailleurs issue de la première logique (sic) freudienne, a tendance à mener à une pratique réductrice. Extirpation du mauvais, levée des obstacles à l'expression, soulagement par l'explosion, telles risquent d'être les conséquences spectaculaires d'une démarche superficielle. Il est important de comprendre que « les vraies émotions négatives telles que décrites par les auteurs ne sont pas des manifestations actives et dynamiques. Ce sont des états statiques, des contractures durables » (LOBROT, 1982, p. 102). La décharge doit être considérée non comme une catharsis, comme l'irruption d'un contenu, mais comme le début d'un processus de dégagement, comme une création. Dès lors aucun sujet ne sera mis en obligation d'éjection de lui-même aux dépens de son processus personnel.

43.3.4. FORMATION

La profusion des techniques expérientielles n'a de comparable que la diversité des formations. D'une part, certains intervenants, dont beaucoup de créateurs, n'aboutissent au champ expérientiel qu'après un long cheminement personnel et un laborieux travail thérapeutique. D'autres, au contraire, s'instituent experts après l'assimilation succincte et expéditive d'une technique particulière. Et, pour tout compliquer, ce n'est pas l'existence d'un diplôme professionnel qui garantit pleinement la valeur de ces formations, lesquelles, justement, ne sont pas inscrites dans le cursus des études officielles.

Ces techniques diverses ne devraient pas être utilisées comme des panacées mais comme des outils dans un contexte thérapeutique. Le risque de tomber dans le sensationalisme étant élevé, chaque thérapeute devrait se faire un devoir de connaître suffisamment les processus de changement et les diverses dynamiques humaines, de même qu'il devrait être en mesure de repérer ses propres rapports au savoir, au pouvoir, à l'aliénation et à ses désirs. Enfin, une démarche personnelle sérieuse semble, dans tous les cas, nécessaire.

43.4. CONCLUSION

De ce champ foisonnant de techniques, nous avons tenté de faire ressortir une préoccupation commune, celle de permettre à un sujet de renouer avec son corps, ses émotions et ses perceptions, éléments d'expression de son histoire.

Même si ce courant peut être jugé comme sous-tendu par des tendances culturelles et sociales nord-américaines, même si sa nouveauté peut entraîner craintes et abus, il est signe d'une intelligence, celle de prendre le corps, autant qu'ont pu l'être le rêve et la parole, comme un lieu de langage et d'exploration.

BIBLIOGRAPHIE

ALOUIS, A., F. JANDROT-LOUKA *et al.*
1982 « Chassez le symbolique ... il revient au galop », *À Corps et à cri !*, Autrement, n° 43, octobre, Éd. du Seuil.

BOYESEN, G.
1985 *Entre psyché et soma : introduction à la psychologie biodynamique*, Paris, Payot.

BRENNER, P.
1981 *Life is a Shared Creation*, Californie, De Voss et Cie.

BRIEGHEL-MULLER, G.
1972 *Eutonie et relaxation*, Neuchâtel, Delachaux et Niestlé.

BUBER, M.
1969 *Je et Tu*, Paris, Aubier-Montaigne.

CASTEL, R. et D. FRIEDMAN
1982 « L'homo psychologicus », *À Corps et à cri !*, Autrement, n° 43, octobre, Éd. du Seuil.

COULOMBE, C.
1986 *Guide des ressources*, Montréal, vol. 1, n° 3, printemps, p. 5-8.

CROMBEZ, J.C.
1981 « Un enseignement du savoir-être en psychothérapie », *Santé mentale au Québec*, vol. 7, n° 1.

FELDENKRAIS, M.
1967 *La conscience du corps*, Paris, Laffont.

GENDLIN, E.T.
1981 *Focusing*, Bantam.

GENTIS, R.
1982 « Dépasser la peur, partager l'étrangeté », *À Corps et à cri !*, Autrement, n° 43, octobre, Éd. du Seuil.

GOUPIL, G.
1983 « La tour de Babel », *Psychothérapies, Attention !*, Québec, Québec Science.

GUÉRETTE, L. et D. BOURGAULT
1982 *La Gestalt-thérapie*, Montréal, cours de l'Université de Montréal.

HAMANN, A.
1978 « L'abandon corporel », *Santé mentale au Québec*, vol. 3, n° 1, p. 85-95.

JANOV, A.
1982 *Prisonniers de la souffrance*, Paris, Laffont.

KELEMAN, S.
1974 *Living Your Dying*, New York, Random House.

1975 *Your Body Speaks its Mind*, New York, Simon et Schuster Ed.

LAMBERT, E.
1982 « Vous n'allez tout de même pas rester comme ça », *À Corps et à cri !*, Autrement, n° 43, octobre, Éd. du Seuil.

LAMBERT, L.
1982 « Des souris ou des hommes », *À Corps et à cri !*, Autrement, n° 43, octobre, Éd. du Seuil.

LANKTON, S.
1980 *Practical Magic*, Californie, Metapublications.

LIPIANSKY, E.M.
1982 « Radioscopie de la psychologie humaniste », *À Corps et à cri !*, Autrement, n° 43, octobre, Éd. du Seuil.

LOBROT, M.
1982 « Le groupe à travers les âges », *À Corps et à cri !*, Autrement, n° 43, octobre, Éd. du Seuil.

LOWEN, A.
1976 *La bioénergie*, Paris, Tchou.

ORR, L.
1986 *L'éveil à la respiration*, Québec, L'entier.

PAGÈS, M.
1979 « Une nouvelle religion : la psychothérapie », *Le Monde*, dimanche, 30 septembre.

1982 « Des défis stimulants pour la psychanalyse », *À Corps et à cri !*, Autrement, n° 43, octobre, Éd. du Seuil.

PAINTER, J. et M. BÉLAIR
1982 *Le massage en profondeur*. Montréal, Éd. du Jour.

PERLS, F., R.F. HEFFERLINE *et al.*
1951 *Gestalt Therapy*, New York, Delta Book Ed.

PICARD, D.
1983 *Du code au désir ; le corps dans la relation sociale*, Paris, Dunod.

POLSTER, E. et M. POLSTER
1973 *Gestalt Therapy Integrated*, New York, Brunnel/Mazel.

REICH, W.
1971 *L'analyse caractérielle*, Paris, Payot.

RIEL, M. et L. MORISSETTE
1984 *Guide des nouvelles thérapies*, Québec, Québec Science.

ROLF, I.
1977 *Rolfing : The Structural Integration of Human Structure*, Boulder, Colorado, Rolf Institute.

TRUNGPA, C.
1976 *The Myth of Freedom*, Shambala, Berkeley et London, Shambala Ed.

VERREAULT, R., Y. LAMONTAGNE *et al.*
1986 *L'industrie des psychothérapies*, Montréal, Éd. de la Presse.

WILSON, H.S. et C.R. KNEISL
1982 *Soins infirmiers psychiatriques*, Montréal, Éd. du renouveau pédagogique.

ZINKER, J.
1977 *Creative Process in Gestalt Therapy*, New York, Brunnel/ Mazel.

CHAPITRE 44

RELAXATION

D<small>IANE</small> B<small>ERNIER</small>
M.S.S.
Conseillère en relaxation et en gestion du stress
Professeure agrégée à l'École de service social de l'Université de Montréal

PLAN

44.1.
DÉFINITION ET IMPLICATIONS

Le mot relaxation a été galvaudé au fil des ans et reste encore à ce jour utilisé de façon impropre dans le langage quotidien : par exemple, l'expression « je me relaxe en prenant un café » associe la détente à l'ingestion d'un stimulant. Même si certaines activités favorisent le repos contrairement à d'autres (lire versus jouer au tennis), elles ne permettent pas une expérience de relaxation au sens strict du terme.

L'usage du mot relaxation devrait être restreint à des activités qui amènent une mise au repos à la fois physique et mentale. Les méthodes de relaxation conçues et utilisées dans les pratiques médicale et psychiatrique invitent à une expérience de décontraction, de relâchement, de passivité, associée à un arrêt volontaire des activités mentale et physique.

Il s'agit d'une approche psychothérapique bidimensionnelle impliquant le corps et l'esprit, dont le fondement ultime repose sur l'unicité de la personne. Elle a pour objectif global une amélioration du fonctionnement intellectuel, affectif et physiologique qui se réalise par une régularisation et une harmonisation des fonctions psychophysiologiques. La recherche de cette autorégulation optimale passe par une mise au repos périodique de l'organisme tout entier.

Les techniques de relaxation constituent une ritualisation du processus de détente ; elles sont plus particulièrement destinées aux personnes dont les capacités de relaxation spontanée sont amoindries ou atrophiées. La détente n'est alors pas une fin en soi, mais un moyen de diminuer ou de faire disparaître des inconforts psychologiques (par exemple l'anxiété) ou des symptômes physiologiques (par exemple des céphalées de tension) et d'accéder à une meilleure qualité de vie. Les exigences de ces méthodes, dont celle de la pratique quotidienne, font que peu de personnes s'en servent comme moyen préventif ; on y recourt le plus souvent comme moyen curatif.

La relaxation peut se classer parmi les psychothérapies parce qu'elle implique des changements et qu'elle permet de résoudre des conflits, à tout le moins certains de ceux qui se posent dans les rapports avec le corps. Cette démarche « douce » s'adapte bien au rythme et à la motivation du patient ; elle constitue quelquefois la première étape d'un processus de changement qui débouche sur un autre médium thérapeutique (psychothérapie verbale, groupe de croissance, psychanalyse, etc.).

L'apprentissage de la relaxation, pour une personne chroniquement tendue, est en général lente et quelquefois ardue. Ce processus passe par la découverte du corps, une façon nouvelle de l'aborder. Il implique :

— une prise de conscience de l'expression physiologique des états de tension et de détente ;
— une capacité de modifier l'état de tension ;
— le développement d'une conscience corporelle au sein des activités quotidiennes ;
— enfin, chez les personnes dont les ressources intellectuelles et affectives sont suffisantes, l'identification des sources de tension et la naissance du désir de les modifier.

On peut concevoir les activités de détente sur un continuum et les classer en fonction de la passivité qu'elles impliquent.

44.2.
DESCRIPTION DES MÉTHODES

La relaxation est un état situé sur un continuum entre l'état de veille et le sommeil. La capacité d'atteindre cet état rapidement et « à volonté » constitue l'objectif ultime de l'apprentissage des méthodes de relaxation d'ordre médical. Il s'agit d'un état de conscience altéré, caractérisé sur le plan physiologique par un changement des ondes cérébrales et par des altérations dues à l'activation

Tableau 44.1. MOYENS DE DÉTENTE

MÉTHODES DE RELAXATION	MANIPULATIONS CORPORELLES	EXERCICE PHYSIQUE	GYMNASTIQUE DOUCE
• Mise au repos directe du corps et de l'esprit	• Diminution des tensions corporelles	• Effort, suivi d'une diminution de la tension physique et mentale	• Harmonisation et développement corporels
• *Méthodes médicales* — relaxation progressive — training autogène — rétroaction biologique — hypnose — relaxation psychanalytique • *Méthodes non médicales* — bains flottants — méditation — détente subliminale	• Massages thérapeutiques • Rolfing • Acupuncture • Méthode ALEXANDER	• Sports ou activités qui impliquent une dépense d'énergie substantielle : — tennis — danse aérobique — course — hockey	• Yoga • Tai chi • Méthode BERTHERAT • Méthode FELDENKRAIS

du système nerveux parasympathique : diminution de la tension musculaire, augmentation de la circulation sanguine périphérique, diminution de la pression systolique, diminution du rythme cardiaque et respiratoire.

La mise au repos corporelle s'accompagne d'une modification de l'activité mentale où les dimensions logique et analytique font place à des activités de processus primaire (images fragmentées, dissociées et soudaines, évocations du passé). Des changements dans la conscience de l'espace et du temps ainsi que des modifications sur le plan de la mémoire, de l'imagination et de l'affect sont généralement associés aux états de conscience altérés.

44.2.1. MÉTHODES MÉDICALES

Les deux méthodes décrites dans ce chapitre sont les plus connues, soit celles de JACOBSON et de SCHULTZ. Elles sont plus anciennes que la rétroaction biologique (élaborée à partir des années 1960

aux États-Unis) et que la relaxation psychanalytique (mise au point par SAPIR en France à partir des années 1970). Elles se distinguent de la rétroaction biologique, de l'hypnose et de la relaxation psychanalytique en ce qu'elles peuvent être pratiquées de façon autonome par le sujet, sans l'aide d'un appareil ou d'une autre personne. Les aspects théoriques et pratiques de l'hypnose médicale sont maintenant améliorés en Europe par les sophrologues (RAGER, 1973). Les utilisations cliniques de l'hypnose à des fins de relaxation sont plutôt limitées. Quant à la relaxation d'inspiration analytique (SAPIR, 1975), elle se pratique surtout en France par des thérapeutes d'obédience analytique. La rétroaction biologique est décrite plus en détail au chapitre 45 et l'hypnose, au chapitre 46.

TRAINING AUTOGÈNE

Cette méthode, élaborée par JOHANNES H. SCHULTZ au début du siècle, a été publiée dans son livre *Le training autogène* en 1932. Né en 1884 à

Gothingen, l'auteur, psychanalyste ainsi que professeur de neurologie et de psychiatrie, a toujours exercé en Allemagne. Son enseignement s'est particulièrement répandu en Europe, dans les pays de l'Est et au Japon. L'ouvrage de SCHULTZ a été traduit en français par une équipe de psychiatres français formés par le chercheur lui-même et est paru en 1974.

Au Québec, le Dr WOLFANG LUTHE (1969-1970), disciple de SCHULTZ, clinicien et chercheur, a développé les applications des méthodes autogènes. Il a publié en langue anglaise une série de livres sur la thérapie autogène, qui font partie des documents de référence sur le sujet.

L'enseignement habituel du training autogène se réfère aux « exercices standards du cycle inférieur ». Il s'agit d'exercices qui visent la « déconnexion » mentale et la décontraction physique. L'état mental recherché est une concentration passive. L'attention est ramenée au vécu corporel et soutenue par la répétition de phrases qui décrivent des sensations corporelles (par exemple : « Mon bras droit est lourd. »). On demande au patient de se concentrer sur des formules brèves et répétitives. Il n'a pas à « faire » quelque chose, mais simplement à « penser », par exemple que sa jambe gauche est chaude. Si ces formules servent de support à l'expérience, elles ne constituent pas un but activement recherché. L'objectif est d'accéder à la passivité, ce qui permet aux mécanismes autorégulateurs de l'organisme d'agir efficacement pour détendre le sujet.

Ainsi, l'expérience de la passivité est centrale dans la technique du training autogène qui ne commande aucun mouvement ; on la pratique dans des positions qui favorisent la décontraction musculaire. Les auteurs recommandent la position couchée, semi-allongée dans un fauteuil avec appuie-tête, ou assise avec la tête penchée vers l'avant (position dite du cocher).

Les formules qui décrivent les sensations corporelles possibles et qui font appel à la détente des systèmes musculaire, circulatoire, cardiaque et respiratoire sont les suivantes :

— *mes bras et mes jambes sont lourds ;*
— *mes bras et mes jambes sont chauds ;*
— *mon cœur va calme et bien ;*
— *ça me respire calme et bien ;*
— *mon plexus solaire est chaud ;*
— *mon front est frais.*

Les exercices sont enseignés progressivement, au rythme de rencontres généralement hebdomadaires.

RELAXATION PROGRESSIVE

EDMUND JACOBSON a publié *Progressive Relaxation* en 1938 aux États-Unis. Interniste, psychiatre, professeur et chercheur, il a été fondateur et directeur du Laboratoire de recherche clinique de Chicago.

La relaxation progressive a un point de départ plus corporel que le training autogène. La technique s'adresse d'abord à la détente des muscles striés. Elle est dite « active » parce qu'elle fait appel aux mouvements. Le patient est invité à contracter volontairement des muscles pour observer et localiser les sensations associées à la tension musculaire. Lorsqu'il relâche la contraction, il est invité à observer les sensations associées à la détente musculaire. Le contraste facilite l'identification des sensations par le patient. Le temps de décontraction est allongé quelque peu pour lui permettre une mise au repos globale. Le rituel de contraction - décontraction se poursuit avec plusieurs groupes de muscles : les membres, le tronc, le cou, le visage.

L'auteur a également élaboré une méthode de relaxation dite « différentielle ». Elle vise l'économie de l'énergie dans l'action et préconise l'utilisation différenciée des muscles striés : la personne doit faire travailler au minimum les muscles sollicités dans une action (lire, dactylographier, conduire, etc.) et maintenir les autres détendus.

Malgré l'étiquette « active » assignée à cette méthode, on ne doit pas sous-estimer l'importance que l'auteur accorde à la passivité. Il insiste beaucoup sur l'importance de « ne rien faire », en particulier de « ne pas vouloir » se détendre à tout prix.

De plus, il insiste pour qu'à la fin des exercices proprement dits, ses patients restent tranquilles, allongés, immobiles pendant un certain temps.

JACOBSON postule que la détente des muscles striés a un effet d'entraînement sur les muscles lisses et amène une détente corporelle globale, accompagnée d'un repos émotionnel. Il insiste sur le fait que la détente s'atteint par la passivité et se maintient par une économie d'énergie ; il nous met en garde contre le surmenage associé au mode de vie nord-américain.

On enseigne aujourd'hui une version quelque peu modifiée de sa technique, surtout en ce qui a trait à la longueur de l'apprentissage, à l'importance de la passivité et à l'intensité de la pratique utilisée. WOLPE (1958), entre autres, a mis au point une version abrégée qui a été popularisée par les psychothérapeutes d'orientation comportementale (voir un exemple de cette méthode en appendice).

44.2.2. MÉTHODES NON MÉDICALES

MÉTHODES D'INSPIRATION MÉDITATIVE

Les méthodes de méditation sont d'inspiration orientale et plus particulièrement hindoue. Elles se pratiquent le plus souvent en position assise et l'accent porte sur la détente mentale plutôt que sur la détente physique. Elles impliquent la concentration sur un *mantra* (par exemple un son, la respiration), ce qui permet au sujet de modifier son activité mentale et d'atteindre un détachement vis-à-vis de ses pensées et de ses émotions. Cette attitude de retrait et d'objectivation est associée à une certaine neutralité émotionnelle. L'une de ces méthodes, la **méditation transcendantale**, a connu un essor particulier dans les milieux occidentaux depuis les années 1970. D'origine orientale et popularisée par MAHARESHI MAHESH YOGI (1966), cette technique de méditation s'enseigne dans un cadre commercialisé où les professeurs assignent des mantras aux nouvelles recrues.

BENSON (1976), spécialiste de l'hypertension, a étudié les méthodes de relaxation et les pratiques méditatives tant occidentales qu'orientales. À son avis, tous ces rituels amènent une réponse de relaxation de l'organisme : « *the relaxation response* » devient le concept organisateur de sa réflexion. Cette étude comparative lui a permis d'identifier quatre constantes communes aux méthodes :

— un environnement paisible, donc une réduction des stimuli visuels et auditifs ;
— un outil mental qui aide l'esprit à s'extraire de ses préoccupations habituelles, par la concentration sur une fonction corporelle (la respiration) ou même sur un objet (une bougie) ;
— une attitude passive qui implique une certaine indifférence vis-à-vis des résultats (les distractions constituent un phénomène naturel et ne doivent pas être considérées comme une erreur ou un échec) ;
— une position confortable qui favorise la détente musculaire (des positions moins passives ont été conçues pour éviter l'endormissement des personnes qui méditent durant des périodes prolongées).

S'inspirant de ces principes, BENSON a proposé une technique de détente où le patient se concentre sur sa respiration et pense « *one* » au moment de l'expiration. Le mot « *one* » (un, en anglais) est très voisin du « *om* » traditionnel des techniques orientales. Cet exercice, qui dure de 10 à 20 minutes, doit être suivi de quelques minutes de repos.

AUTRES MÉTHODES

L'apparition des **bains flottants** est assez récente : il s'agit d'une « cage » allongée avec couvercle, dans laquelle on met de l'eau avec une forte concentration de sel ; une personne étendue y flotte sans aucun effort. Des expériences avec cet appareil ont été décrites par LILY (1977). D'utilisation relativement coûteuse, cette méthode ne risque pas de devenir très populaire.

La **détente subliminale** est une technique mise au point par une équipe de psychiatres québécois (BORGEAT, CHABOT, CHALOULT et HUOT). Selon BORGEAT (1982), « la détente subliminale consiste à concentrer son attention passivement sur une musique relaxante qui masque des suggestions auditives de détente ». Des disques et des cassettes de musique subliminale ont été commercialisés.

44.3.
MODALITÉS D'APPRENTISSAGE

44.3.1. CONTEXTE PÉDAGOGIQUE

L'apprentissage avec l'aide d'un conseiller ou d'un instructeur constitue le contexte pédagogique optimal. Les difficultés rencontrées dans la maîtrise des techniques et dans l'acquisition des dispositions pertinentes sont rarement décrites dans les livres et jamais discutées dans les autres outils (disques, cassettes). Un conseiller peut identifier ces difficultés et aider le sujet à les résoudre (nature de la passivité, rythme, temps de contraction, etc.). La motivation et la persévérance sont également mieux alimentées par le dialogue patient - thérapeute. Une étude sur le sujet a d'ailleurs démontré l'efficacité plus grande de l'apprentissage supervisé par une personne comparativement à l'apprentissage au moyen d'une cassette (PAUL et TRIMBLE, 1970).

Les disques et les cassettes peuvent occasionnellement servir d'outils d'appoint pour des patients qui posent des problèmes particuliers, ou alors carrément de substituts dans les régions où il n'existe aucun personnel formé dans l'utilisation des techniques de relaxation. Les auto-apprentissages à partir de livres sont rarement réussis et se révèlent parfois même dangereux : par exemple, l'utilisation erronée des formules du training autogène peut mener à des troubles métaboliques (hypertension, troubles cardiaques, etc.).

Avant de conseiller à un patient d'entreprendre une expérience d'auto-apprentissage, on doit s'assurer qu'il ne fait pas usage de médicaments qui affectent le métabolisme (les analgésiques et les antibiotiques ne posent pas de problèmes), car un contrôle médical du dossier est indiqué pour déterminer les changements possibles de dosage (par exemple dans les cas de troubles rénaux, vasculaires, endocriniens ...).

La pratique dans ce domaine a évolué : beaucoup considèrent qu'il n'est pas nécessaire que le contrôle médical soit exercé par le professionnel qui enseigne la relaxation. Plusieurs professionnels non médicaux ont été formés à l'utilisation de ces techniques : psychologues, infirmières, travailleurs sociaux, ergothérapeutes, physiothérapeutes. Ils connaissent les indications d'un contrôle médical et travaillent en collaboration avec le médecin choisi et avec le patient. Cette pratique se fait le plus souvent dans un cadre médical : Centre local des services communautaires (CLSC) ou milieu hospitalier.

44.3.2. CADRE PÉDAGOGIQUE

On peut enseigner les techniques de relaxation individuellement ou en petit groupe. Le nombre optimal pour un travail de groupe avec un seul enseignant se situe autour de neuf ou dix participants. La démarche individuelle permet un apprentissage « taillé sur mesure » pour les besoins du patient. Quant à l'expérience en groupe, elle engendre un dynamisme précieux pour la motivation, le soutien et la créativité ; cependant, malgré l'intérêt de la technique, les personnes qui n'aiment pas les activités collectives y persévèrent rarement.

44.3.3. CONDITIONS DE RÉUSSITE

La pratique de la relaxation ne prend pas beaucoup de temps : la durée moyenne de chaque période d'exercices se situe autour de quinze minutes. Pour que l'effet des exercices se fasse sentir rapidement, le patient doit les faire de deux à trois fois par jour. La pratique quotidienne substantielle constitue la clé du succès dans la réduction des symptômes. Il importe que le patient connaisse cette exigence avant de s'engager dans l'expérience. En raison de cette perspective d'efficacité par la pratique à domicile, on peut comprendre l'intérêt et la popularité des méthodes que les patients peuvent suivre de façon autonome.

Il existe bien sûr d'autres facteurs de succès ou d'échec d'ordre situationnel et personnel (par exemple la gravité des symptômes), ainsi que des facteurs liés à la façon d'effectuer les exercices (par exemple l'attitude mentale, la passivité), mais la pratique quotidienne et substantielle reste la pierre angulaire de la réussite.

44.3.4. DURÉE

Un apprentissage standard peut durer de huit à douze semaines. Il est souvent plus long chez les patients dont la tension est particulièrement grande ou particulièrement chronique. Les effets de la pratique quotidienne d'une méthode de relaxation peuvent se faire sentir dès les deux ou trois premières semaines et sont cumulatifs au cours des six premiers mois. On observe souvent un plafonnement des acquisitions vers la fin de la première année.

44.4. INDICATIONS

Les méthodes de relaxation sont d'application universelle. Elles sont utilisables auprès des enfants (dès l'âge de 5 ans), des adultes et des personnes âgées (jusqu'à la sénilité). Elle se sont révélées pertinentes chez les personnes peu scolarisées et ont également été enseignées avec succès à des handicapés physiques. La déficience intellectuelle, la psychose et certains troubles de la personnalité antisociale sont des conditions qui empêchent l'apprentissage et la pratique de ces techniques.

L'entraînement est également difficile chez les patients souffrant de crises de panique ou de troubles anxieux aigus ; on a parfois avantage à attendre que le moment le plus intense de la crise soit passé pour commencer l'apprentissage.

44.4.1. INDICATIONS PSYCHIATRIQUES

NÉVROSES

La relaxation constitue un traitement de choix pour la réduction de l'anxiété ; le sujet a été largement documenté par la recherche (BERNIER et GASTON, 1982). Cette pratique permet de contrer l'usage des anxiolytiques. Ces derniers restent toutefois indiqués pendant les crises aiguës et un sevrage progressif doit être planifié dans les cas où l'entraînement à la relaxation est indiqué.

Les états dépressifs réactionnels légers répondent bien et rapidement à la relaxation. Dans ces cas, l'indication est limitée par la capacité du patient à instaurer une pratique régulière et fréquente des exercices.

Les phobies spécifiques sévères sont généralement traitées par la désensibilisation (mise au point par WOLPE en 1958), où la relaxation joue un rôle important. La relaxation seule constitue cependant un traitement utile pour les dispositions phobiques plus diffuses et plus générales.

Pour ce qui est des névroses obsessionnelles, des hypocondries et des névroses hystériques, les résultats sont aléatoires et l'indication se limite aux cas légers.

PSYCHOSES

Le recours à la relaxation pour les psychotiques demande beaucoup de discernement. Son utilisation au cours d'un état proprement psychotique est impossible, mais les périodes de rémission constituent un terrain favorable dans certains cas. Les expériences tentées sont surtout réalisées en milieu hospitalier où la situation est bien contrôlée ; on privilégie souvent la formule des très petits groupes. L'objectif est de permettre au patient une expérience corporelle intégrante. L'expérience doit être assez structurée pour éviter les décompensations et les dépersonnalisations qui peuvent faire suite à une diminution des stimuli extérieurs.

44.4.2. TROUBLES DU COMPORTEMENT

L'insomnie causée par l'anxiété se résorbe habituellement lors d'un entraînement à la relaxation. Cette pratique a par ailleurs des effets sur la qualité du sommeil, comme nous l'ont rapporté de multiples patients.

Le bégaiement constitue une affection pour laquelle la relaxation joue un rôle bénéfique en ce qui a trait aux aspects phobiques et anxieux (ALARCIA et PINARD, 1975) ; mais les résultats objectifs quant au débit verbal et au taux d'hésitation sont peu spectaculaires.

Les toxicomanies constituent un autre état pour lequel la relaxation se révèle un adjuvant bénéfique. On l'enseigne dans les centres pour alcooliques, tant en traitement interne qu'externe. Elle est utile surtout dans les cas où les patients boivent pour soulager leur tension.

Enfin, les troubles sexuels tels que le vaginisme et la frigidité chez la femme, l'impuissance et l'éjaculation précoce chez l'homme, sont en général l'objet d'un traitement où la relaxation joue un rôle substantiel.

44.4.3. AUTRES APPLICATIONS

La relaxation constitue un traitement de choix pour contrer la tension générée par les difficultés quotidiennes, y compris celles de la vie au travail. Elle a généralement un effet bénéfique sur les troubles fonctionnels (céphalées de tension, maux de dos, troubles digestifs, etc.) et ce, dès les premières semaines de pratique.

Cette méthode thérapeutique constitue un facteur appréciable de la gestion du stress. Dans les écrits sur le traitement du stress, on lui accorde généralement un place de choix. Elle permet de contrôler la réaction d'excitation psychophysiologique impliquée dans le stress et favorise le changement de la perception des situations stressantes. La recherche sur l'efficacité différentielle des diverses méthodes de gestion du stress n'est pas concluante pour le moment. De ce point de vue, les résultats de la recherche évaluative sur la gestion du stress ressemblent à ceux de la recherche sur la relaxation (voir la section 44.5.).

Les techniques de relaxation sont également utilisées par des personnes qui doivent fournir des performances physiques, par exemple les athlètes et les artistes. Elles font partie intégrante de plusieurs formations à l'éducation physique et aux disciplines d'interprétation artistique (chant, danse, musique, etc.). Le célèbre inventeur des ondes MARTENOT a lui-même mis au point une technique de relaxation à l'intention des musiciens (1977).

44.5.
EFFICACITÉ DES MÉTHODES DE RELAXATION

Quelques auteurs d'articles récents ont fait l'inventaire des recherches évaluatives sur la relaxation. Ces dernières couvrent la variété des méthodes utilisées par les professionnels auprès des populations normales et cliniques. Les auteurs des articles (THOMPSON *et al.*, 1981 ; SHAPIRO, 1982) sont unanimes pour conclure que les méthodes sont comparables en matière d'efficacité. La majorité des travaux ayant été réalisée aux États-Unis, on doit s'attendre à ce que la relaxation progressive ait été évaluée plus souvent que le training autogène.

HILLENBERG et COLLINS (1982) ont dressé l'inventaire des recherches sur la relaxation (en excluant l'hypnose, la méditation et la rétroaction biologique). Selon les travaux recensés (environ 80), l'efficacité des diverses méthodes ne fait aucun doute. Les principaux problèmes auxquels on avait appliqué ces traitements étaient, par ordre d'importance, les troubles du sommeil, les céphalées, l'hypertension et l'anxiété. Les auteurs ont conclu à l'impossibilité d'identifier une méthode qui soit plus efficace que les autres. En particulier, la diversité des méthodes utilisées (21 variantes), des procédures générales (cassette, livre ou instructeur) et de la durée des traitements (1 à 12 semaines) rendaient la comparaison difficile. QUALLS et SHEEHAN (1981) ont procédé eux aussi à un inventaire comparatif (en incluant la rétroaction biologique) et en sont arrivés aux mêmes conclusions quant à l'efficacité générale et à l'équivalence relative des méthodes.

Les effets des techniques de méditation sur l'activation psychophysiologique sont les mêmes que ceux des techniques de relaxation. « Aucun ensemble de réponses n'est [...] associé à la pratique de la méditation », conclut GASTON (1985, p. 32), au terme d'un inventaire des écrits sur le sujet.

D'après les études effectuées par HILLENBERG et COLLINS (1982) ainsi que par LEHRER (1982), de nombreuses recherches confirment la supériorité de l'entraînement donné par un instructeur sur celui acquis à partir de cassettes en ce qui concerne la généralisation des effets. Il semble cependant que la combinaison de la rétroaction biologique à l'utilisation des cassettes améliore quelque peu l'efficacité de l'apprentissage avec cet outil (LEHRER, 1982).

L'impression subjective de détente rapportée par le patient n'est pas un indice fiable de la qualité de la détente, car il y a une certaine indépendance entre ce type de mesure et d'autres plus objectives (par exemple la tension musculaire mesurée à l'EMG), comme l'ont rapporté ALEXANDER *et al.* (1975), LADER et MATHEWS (1971), MATHEWS et GELDER (1969), de même que RACHMAN (1968). On peut émettre l'hypothèse que la concordance entre les diverses méthodes s'accroît à mesure que l'entraînement se poursuit (REINKING et KOHL, 1975 ; SIME et DEGOOD, 1977), ce qui correspond aux observations notées par les praticiens de la relaxation à partir de leur expérience clinique.

Quant à la stabilité des acquis du traitement, les articles cités n'en font pas mention. Deux éléments contribuent à cette lacune. D'abord la diversité des types de traitements appliqués aux fins de la recherche. Il est de plus assez étonnant de constater que le « traitement » se résume dans quelques cas à une ou deux séances et que la plupart des études portent sur l'évaluation d'interventions qui comprennent de quatre à six séances. Un traitement aussi bref est peu approprié pour des patients psychiatriques, lesquels ont besoin d'une thérapie initiale d'au moins douze à quinze semaines pour espérer des résultats positifs. En outre, peu de bénéfices à moyen ou à long terme sont possibles sans une pratique intensive et soutenue ; pour ce faire, la pratique à domicile est essentielle. Or, près de la moitié des études recensées ne soulignent pas la pratique à domicile des sujets. Chez les auteurs qui en font mention, une infime minorité décrit un contrôle objectif de cette pratique. Il y a donc une absence d'information et peut-être des lacunes notables à ce propos.

DAVIDSON et SWARTZ (cités par GASTON, 1985) estiment que l'anxiété a une composante somatique et une composante cognitive. À partir de cette perspective, ils ont émis l'hypothèse que certaines techniques de relaxation seraient plus efficaces pour soulager l'anxiété somatique, tandis que d'autres pourraient soulager davantage l'anxiété cognitive. Ce point de vue expliquerait peut-être la préférence que les patients manifestent pour une technique plutôt que pour une autre. Il reste à souhaiter que l'hypothèse de DAVIDSON et SWARTZ soit retenue dans des recherches ultérieures pour contribuer à préciser l'efficacité différentielle des méthodes. Enfin, un meilleur contrôle des variables, appliqué d'une manière générale, donnera sans doute lieu à des résultats de recherche plus concluants d'ici quelques années.

BIBLIOGRAPHIE

ALARCIA, J. et G. PINARD
1975 « Le bégaiement », *L'union médicale Canada*, vol. 104, p. 897-903.

ALEXANDER, A.B. *et al.*
1975 « A Comparison of Auditory and Visual Feedback in Biofeedback Assisted Muscular Relaxation », *Psychophysiology*, vol. 12, p. 119-123.

BENSON, H.
1976 *The Relaxation Response*, New York, W. Morrow and Company.

BERNIER, D. et L. GASTON
1982 « Intervention anti-stress auprès de la clientèle des services sociaux et de santé », *Santé mentale au Québec*, vol. VII, n° 1, p. 28-36.

BORGEAT, F.
1982 « Comparaison des effets subjectifs de quatre méthodes de relaxation », *L'union médicale du Canada*, vol. III, p. 889-895, octobre.

GASTON, L.
1986 *Efficacité d'une technique de méditation et d'imagerie pour le traitement du psoriasis*, thèse de doctorat en psychologie, Université de Montréal.

HILLENBERG, B.J. et F.L. COLLINS Jr
1982 « A Procedural Analysis and Review of Relaxation Training Research », *Behavior Research Therapy*, vol. 20, p. 251-260.

JACOBSON, E.
1938 *Progressive Relaxation*, Chicago, University of Chicago Press.

LADER, M.H. et A.M. MATHEWS
1971 « Electromyographic Studies of Tension », *Journal of Psychosomatic Research*, vol. 15, p. 479-486.

LEHRER, P.M.
1982 « How to Relax and How not to Relax : A Re-evaluation of the Work of Edmund Jacobson-1. », *Behavior Research Therapy*, vol. 20, p. 417-428.

LILY, J.C.
1977 *The Deep Self*, New York, Warner Books.

LUTHÉ, W. (édit.)
1969-1970 *Autogenic Therapy*, vol. I, II, III, IV, New York, Grune & Stratton.

MAHARESHI, M.Y.
1966 *The Science of Being and the Art of Living*, London. International SRM Publications.

MARTENOT, M.
1977 *Se relaxer*, Paris, Albin Michel.

MATHEWS, A.M. et M.G. GELDER
1969 « Psychophysiological Investigations of Brief Relaxation Training », *Journal Psychosomatic Research*, vol. 13, p. 1-12.

PAUL, G.L. et R.W. TRIMBLE
1970 « Recorded VS "Live" Relaxation Training and Hypnotic Suggestion : Comparative Effectiveness for Reducing Physiological Arousal and Inhibiting Stress Response », *Behavior Therapy*, vol. 1, p. 285-302.

QUALLS, P. et P.W. SHEEHAN
1981 « Electromyograph Biofeedback as a Relaxation Technique : A Critical Appraisal and Reassesment », *Psychological Bulletin*, vol. 90, n° 1, p. 21-42.

RACHMAN, S.
1968 « The Role of Muscular Relaxation in Desensitization Therapy », *Behaviour Research Therapy*, vol. 6, p. 159-166.

RAGER, G.R.
1973 *Hypnose, sophrologie et médecine*, Paris, Fayard.

REINKING, R.H. et M.L. KOHL
1975 « Effects of Various Forms of Relaxation Training on Physiological and Self Report Measures of Relaxation », *Journal Consulting Clinical Psychology*, vol. 43, p. 595-600.

SAPIR, M. *et al.*
1975 *La relaxation : son approche psychanalytique*, Paris, Dunod.

SCHULTZ, J.H.
1974 *Le training autogène*, Paris, PUF.

SHAPIRO, D.H. Jr
1982 « Overview : Clinical and Physiological Comparison of Meditation with Other Self-Control Strategies », *American Journal Psychiatry*, vol. 139, n° 3, p. 267-274.

SIME, W.E. et D.E. DEGOOD
1977 « Effects of EMG Biofeedback and Progressive Muscle Relaxation Training on Awareness of Frontalis Muscle Tension », *Psychophysiology*, vol. 14, p. 522-530.

THOMPSON, K.J. *et al.*
   1981 « Generalization of Frontalis Electromyographic Feedback to Adjacent Muscle Groups : A Critical Review », *Psychosomatic Medecine*, vol. 43, n° 1, p. 19-24.

WOLPE, J.
   1958 *Psychotherapy by Reciprocal Inhibition*, Stanford, Stanford University Press.

SUGGESTIONS DE LIVRES UTILES

JACOBSON, E.
   1980 *Savoir se relaxer*, Montréal, Éditions de l'Homme (version française de : *You must Relax*, publié en 1957).
LAMONTAGNE, Y.
   1982 *Techniques de relaxation*, Montréal, France-Amérique.

APPENDICE

EXERCICES DE RELAXATION*

YVON-JACQUES LAVALLÉE

Préparation pour les exercices de relaxation

Il convient d'abord que le sujet choisisse un moment et un endroit tranquilles pour entreprendre ses exercices. Une période de 20 à 30 minutes est indiquée. Le sujet commence par s'étendre sur le dos ou s'asseoir confortablement dans un fauteuil, les bras bien appuyés, sans croiser les jambes ni les bras. Il se concentre sur les mouvements respiratoires de la poitrine, du dos et de l'abdomen. Il a le choix de fermer les yeux ou de regarder un objet ou un endroit particulier. Il respire lentement.

Relaxation des mains et des bras

Le sujet essaie de serrer le poing droit et de garder le reste du corps relaxé. Il note la sensation de tension dans les doigts, le pouce, la paume, les articulations et le dos de la main. Il garde le poing fermé et se concentre sur la sensation de tension dans le poignet et l'avant-bras. Il remarque, tout en serrant le poing, comme le bras droit devient tendu. Puis, toujours concentré, il laisse soudainement sa main se décontracter. Il laisse pendre ses doigts et sent combien ils sont chauds lorsqu'il les relaxe. Il remarque aussi comme son bras droit lui semble pesant. Ces sensations de pesanteur et de chaleur sont un signe important de la réussite à se relaxer.

---

* PAXTON, R. et K. HAMBLY, *Overcoming Tension*, Stewarton (Ayrshire, U.K.), Hambly, 1979. Avec la permission des auteurs, texte traduit et adapté en partie de l'anglais par J. HILL et Y.-J. LAVALLÉE.

Le sujet respire lentement et se concentre sur la main droite quelques secondes encore. Il dirige ensuite son attention sur la main gauche. Il répète les mêmes exercices. Il serre le poing, en s'attardant à localiser tous les muscles qu'il contracte lors de cet exercice. Il décontracte soudainement la main gauche et note encore une fois la sensation de pesanteur et de chaleur. Il laisse sa respiration devenir lente et régulière après chaque exercice de tension.

Relaxation des épaules, du cou et de la face

Le sujet se concentre maintenant sur la région des épaules et la partie supérieure des bras, de la poitrine et du dos. Il en contracte tous les muscles en voûtant les épaules. Il les tient dans cette position inconfortable et sent la tension musculaire dans toute cette partie du corps. Il note comme sa respiration est affectée par la contraction de ces muscles. Puis, soudainement, il les relâche. Il laisse les bras devenir mous et pesants, il laisse tomber les épaules aussi bas que possible. Sa respiration redevient lente et régulière, et le sujet se sent beaucoup plus détendu. Les bras sont immobiles et pesants, et les épaules reposent le plus bas possible.

Ensuite, le sujet se concentre sur les muscles du cou. Il les contracte en déplaçant légèrement la tête vers l'arrière. Une certaine prudence commande de ne pas tendre trop fort ces muscles. Le sujet note la sensation de tension derrière le cou, la tête et les épaules. Il sent la tension à la partie antérieure du cou, autour de la mâchoire et de la partie antérieure du visage. Il ramène ensuite la tête vers l'avant et relâche brusquement les muscles du cou. La tête tombe et le sujet sent comme elle est pesante et relaxée. Sa respiration redevient lente et régulière.

Le groupe de muscles suivant est celui du visage. Le sujet commence par plisser le front. Il augmente ensuite la tension en fermant les yeux le plus fort possible. Il note la sensation de tension qu'il produit. Il contracte encore plus le visage en serrant les mâchoires et en pinçant les lèvres, et il presse la langue au haut du palais. Il sent la tension dans les joues et sur l'ensemble du visage. Puis il relâche tout. Il remarque comme la peau devient molle lorsque la mâchoire pend et que le front et les joues se détendent. La bouche peut être entrouverte. Le sujet sent ensuite sa tête et ses bras très pesants ; ses épaules sont effrondrées et son visage semble mou. Il respire lentement.

Relaxation du dos et des muscles de l'abdomen

Le sujet se concentre sur les sensations du dos ; il produit une tension en arquant légèrement le dos. Il tient cette tension et note quels muscles du dos se contractent. Soudainement, il laisse son dos devenir mou et relaxé. Sa respiration ralentit.

Ensuite, il tend les muscles de l'abdomen en rentrant le ventre de façon à avoir l'air aussi mince que possible. Il le tient rentré et se concentre sur la tension. Doucement, il laisse le ventre revenir à la normale et note combien il se sent détendu lorsque ces muscles sont mous et relaxés. Il respire lentement et régulièrement.

Relaxation des pieds et des jambes

Le sujet se concentre sur le pied droit et la jambe droite. Il étend la jambe (s'il est assis dans un fauteuil, le talon ne doit pas toucher le sol) et pointe les orteils vers le sol. Il sent la tension dans les orteils, la plante du pied, la partie supérieure du pied et de la cheville. Puis il note la tension dans la partie inférieure de la jambe, dans le mollet et der-

rière le genou, ensuite dans le genou et la cuisse, jusqu'au haut de la jambe. Il laisse soudainement le pied et la jambe se relaxer. Il sent son pied mou et lâche, et sa jambe lui semble pesante et paresseuse. Encore une fois, sa respiration ralentit. Le sujet répète les mêmes exercices pour la jambe gauche.

Fin de la séance de relaxation

La respiration du sujet est maintenant lente et douce. Les jambes, la tête et les bras sont pesants ; les épaules, le visage et le cou sont détendus. Le sujet apprécie la relaxation complète de son corps, qu'il a lui-même dirigée. Il se dit ensuite : « Je suis calme » chaque fois qu'il expire. Il répète cette pensée de 10 à 20 fois. Il termine progressivement la séance, en préparant ses muscles à bouger de nouveau. Puis, il se dit : « Trois-deux-un, réveille-toi ».

Comment utiliser la relaxation ?

1) Le sujet fait ses exercices chaque jour. Pour commencer, il choisit un moment où il se sent assez calme. Avec plus d'entraînement, il sera capable de se relaxer lorsqu'il se sentira tendu.

2) Il peut être utile que le sujet enregistre sur cassette la technique de relaxation.

3) Il convient que le sujet fasse des exercices de relaxation lorsqu'il rencontre des problèmes dans la vie de tous les jours. Ainsi, il peut commencer à respirer lentement et laisser ses bras devenir immobiles et pesants lorsqu'il sent la tension monter. Il peut même faire certains exercices dans des endroits achalandés.

4) Plusieurs personnes ont constaté que la relaxation les aide à s'endormir et à profiter d'un repos calme, réparateur.

CHAPITRE 45

BIOFEEDBACK

FRANÇOIS BORGEAT
M.D., M.Sc., L.C.M.C., F.R.C.P.(C)
Psychiatre, chef du Département de psychiatrie de la Cité de la Santé de Laval
Professeur agrégé, directeur du Département de psychiatrie de l'Université de Montréal

PLAN

45.1.
DÉFINITION

Dans l'appellation biofeedback, le préfixe « bio » indique que les techniques ainsi nommées portent sur des fonctions biologiques et le terme « feedback », issu de la cybernétique, réfère d'emblée à des mécanismes de rétroaction ou feedback. Ces mécanismes sont omniprésents dans les systèmes biologiques qui comprennent une multitude de boucles de rétroaction permettant aux êtres vivants de maintenir leur équilibre (homéostasie), de s'adapter aux changements de façon appropriée (par exemple un changement de température extérieure) ou d'exécuter des comportements harmonieux (par exemple aller à bicyclette).

Les techniques de biofeedback reposent sur des boucles de rétroaction similaires mais extérieures à l'organisme et rendues perceptibles par un appareil de mesure biologique. On peut définir le biofeedback, ou rétroaction biologique, comme l'utilisation d'appareils de mesure servant à fournir à l'organisme une indication concernant l'état d'une fonction physiologique, habituellement dans le but d'y effectuer un changement. Ce changement apparaît lié à une conscience accrue et à un meilleur autocontrôle des processus physiologiques faisant l'objet de l'entraînement par biofeedback.

45.2.
HISTORIQUE

Le concept du biofeedback est apparu au début des années 1960 dans le contexte de travaux expérimentaux portant sur des sujets plutôt austères, tels que le conditionnement opérant de la réponse electrodermale spontanée chez l'homme ou du rythme cardiaque chez l'animal curarisé. Les travaux sur l'animal (MILLER, 1969) sont considérés comme les fondements scientifiques du biofeedback : ils ont démontré la possibilité du conditionnement opérant de réponses viscérales contrôlées par le système nerveux autonome, c'est-à-dire la possibilité de les modifier par l'administration de punitions ou de récompenses. En outre, ces études excluaient une médiation du conditionnement par le système musculaire, puisque les animaux étaient paralysés par un curare. Jusque-là on croyait que seules les réponses musculaires étaient conditionnables de cette façon et que les réponses viscérales n'étaient accessibles qu'au conditionnement classique de PAVLOV, c'est-à-dire influençables par association d'un stimulus conditionné à un stimulus naturel. Rappelons ici le conditionnement de la salivation à un son de cloche, faisant suite à l'association de la cloche et de la nourriture. La théorie de l'apprentissage et, plus spécifiquement, du conditionnement opérant constitue le cadre théorique auquel le biofeedback est le plus souvent rattaché (voir le chapitre 41, section 41.2.). Pourtant, on peut se demander si, chez l'homme, le signal utilisé en biofeedback a d'abord valeur de renforçateur ou de récompense. Cette théorie tend à négliger la dimension de pure information introduite dans un système biologique avide d'informations.

À peine apparu, le concept de biofeedback fut popularisé et acclamé comme une véritable percée médicale et scientifique (BROWN, 1974). Rapidement est apparu presqu'un culte du biofeedback vu comme un nouveau paradigme et un mouvement libérateur comportant des possibilités innombrables. L'homme pourrait par ce moyen dépasser ses limites habituelles, se guérir lui-même sans médicament, élargir son champ de conscience, contrôler volontairement des aspects de sa physiologie considérés jusque-là comme involontaires. La technologie occidentale rendrait accessibles à une foule de gens les prodiges d'autocontrôle réservés depuis toujours aux gourous et aux yogis. L'industrie s'empara de l'innovation et, particulièrement aux États-Unis, plusieurs compagnies se lancèrent dans la fabrication et la vente d'appareils de qualité très variable, dont plusieurs étaient destinés au grand public. Le biofeedback des ondes cérébrales a beaucoup fasciné, car on a cru un moment que l'entraînement à produire des ondes alpha (ou, moins fréquemment, des ondes thêta) pourrait apporter la paix intérieure ou permettre d'atteindre de nouveaux états de conscience. On a dû déchanter car, bien qu'un entraînement permette réellement d'augmenter la production d'ondes alpha, il n'existe pas de relation entre ces ondes et un état subjectif particulier. De plus, il s'agit d'une mesure délicate, sujette à une multitude d'artefacts musculaires et environnementaux.

Bien sûr, propulsé comme bien des découvertes scientifiques au statut de nouvelle panacée, le biofeedback n'a pu tenir de telles promesses ! Des attentes excessives ont été suivies d'une certaine déception, puis le domaine s'est assagi pour entrer dans une phase de maturité faite de rigueur et de prudence. L'excitation des débuts a été mal tolérée par certains pionniers et chercheurs plus traditionalistes. Ainsi KIMMEL (1986) a insisté sur le fait que l'avènement du biofeedback n'avait rien à voir avec l'expansion de la conscience, ne comportait rien de scientifiquement révolutionnaire et que les premiers travaux se situaient dans un courant scientifique tout à fait conventionnel. Comme c'est souvent le cas, la vérité est ici vraisemblablement mitoyenne : si les travaux scientifiques dont sont issus les fondements et les méthodes du biofeedback s'inscrivent dans une tradition expérimentale qui n'a rien de marginale, les idées d'autocontrôle, d'autoguérison et d'exploration de possibilités méconnues ont immédiatement rejoint les aspirations et préoccupations de la société fébrile et en quête de dépassement des années 1960. Il faut reconnaître que c'est grâce à cet intérêt généralisé que le biofeedback n'est pas demeuré une curiosité de laboratoire.

45.3.
MÉTHODES ET APPAREILS

Trois composantes des appareils et des techniques sont à considérer. Dans toute forme de biofeedback, un signal physiologique est capté, traité et mesuré par un appareil, puis transformé en un feedback utilisable par le sujet à l'entraînement.

45.3.1. CAPTEURS DES SIGNAUX PHYSIOLOGIQUES

Les capteurs sont souvent des électrodes (biofeedback musculaire, électrodermal ou électroencéphalographique) qui sont placées avec une pâte conductrice près de l'organe à mesurer. Ces électrodes varient en forme, en dimension, en composition et en mode d'application. Le type le plus répandu est constitué d'argent et de chlorure d'argent. Dans le cas du biofeedback thermique, le capteur (ou *thermistor*) est constitué d'une superposition de métaux ayant la propriété de conduire plus ou moins le courant électrique selon la température ambiante. Comme les techniques d'installation de ces capteurs sont délicates et que même de légères modifications peuvent perturber grandement les données, des recommandations sont formulées périodiquement par des associations psychophysiologiques et le chercheur gagne à s'y référer pour s'assurer que ses résultats sont comparables à ceux obtenus ailleurs.

45.3.2. SYSTÈME DE MESURE PSYCHOPHYSIOLOGIQUE

Le signal acheminé par le capteur doit être traité par un système électronique semblable à celui qui se trouve dans un électroencéphalographe, un électrocardiographe ou un électromyographe conventionnels. Ces appareils sont avant tout des amplificateurs spécialisés, capables de transformer le signal faible des capteurs en un signal plus fort, proportionnel et dépourvu d'artefacts. Une des qualités essentielles de ces systèmes réside dans leur capacité d'éliminer les signaux non désirés, par exemple le 60 cycles/seconde de nos réseaux électriques. Pour cette raison, les électromyographes sont souvent munis d'une bande passante qui ne laisse pas filtrer les signaux ayant une fréquence inférieure à 100 cycles/seconde.

45.3.3. SYSTÈME DE FEEDBACK

Il s'agit de la portion du système qui complète la boucle de rétroaction en retournant au sujet une information sur la fonction physiologique mesurée. En général, le système de mesure psychophysiologique et le système de feedback se trouvent combinés dans le même appareil de biofeedback qui amplifie le signal physiologique capté, l'analyse et le transforme en un signal audible ou visible, directement interprétable par le sujet. Parmi les principaux systèmes sur le marché, mentionnons les appareils de biofeedback musculaire, thermique, électrodermal, de même que ceux des ondes cérébrales et du rythme cardiaque. Pour le clinicien, l'appareil de base est celui qui effectue le biofeedback de l'activité électromyographique, suivi de l'appareil qui produit le feedback de la température cutanée. Plusieurs entreprises fabriquent des appareils procurant des mesures précises, fidèles et valides ; pour notre part, nous avons surtout travaillé avec les équipements de la compagnie *Autogenic Systems* de Californie.

Le feedback est fourni au sujet par un signal auditif ou visuel, continu ou intermittent. Ce signal peut être analogique : une lumière ou un son dont l'intensité ou la fréquence varient proportionnellement à la fonction physiologique mesurée (par exemple un « bip, bip ... » qui ralentit lorsque l'activité musculaire décroît). Il peut aussi être numérique (*digital*) : un chiffre sur un cadran indiquant des degrés de température cutanée. Le signal obéit parfois à un critère : un son (par exemple une musique) apparaît ou disparaît selon que tel objectif visé est atteint ou non. L'objectif est alors périodiquement modifié selon l'évolution du sujet à l'entraînement. De plus en plus, on a recours aux micro-ordinateurs en biofeedback : ils permettent de produire des signaux sophistiqués portant par-fois sur plusieurs fonctions physiologiques (par exemple des flèches que le sujet essaie de placer au centre d'une cible et qui se déplacent en fonction du rythme cardiaque et de l'activité musculaire). Dans tous les cas, le signal de feedback doit être suffisamment sensible et informatif pour permettre au sujet un apprentissage, mais sans l'être trop pour éviter de submerger le sujet sous un excès d'informations qu'il ne pourrait utiliser.

45.4.
INDICATIONS

Depuis les débuts et dans le contexte de l'engouement initial, le biofeedback a été utilisé dans une multitude de situations et de problèmes. Nous verrons brièvement ses applications les plus reconnues dans le domaine de la psychiatrie et de la médecine psychosomatique.

45.4.1. CÉPHALÉES

Les céphalées se divisent classiquement en céphalées vasculaires ou migraineuses d'une part et céphalées de tension d'autre part. Bien qu'il s'agisse vraisemblablement d'un continuum sans démarcation nette entre les deux catégories et avec beaucoup de conditions mixtes ou intermédiaires, la distinction est commode et des modalités différentes de biofeeback ont été proposées pour ces deux pôles. Rappelons d'abord la fréquence de ces symptômes : l'enquête britannique de TURNER et STONE (1979) a montré que 22,8 % d'un échantillon aléatoire de plus de 1000 personnes souffraient de céphalées une à trois fois par semaine, et que 58,5 % de ces céphalalgiques sentaient leur état peu ou pas amélioré par les traitements pharmacologiques habituels.

Dans le cas des céphalées de tension, les chercheurs ont concentré leurs études sur la rétroaction biologique de l'électromyogramme frontal, depuis les premiers essais de BUDZYNSKI *et al.* (1973).

Dès le début, on a avancé que cette nouvelle approche thérapeutique atteignait le problème à sa source, puisque les céphalées tensionnelles sont classiquement (mais vraisemblablement à tort) considérées comme causées par une tension musculaire chronique et excessive au niveau des muscles de la tête et du cou. Après une revue critique des études sur le traitement de ces céphalées, NUECHTERLEIN et HOLROYD (1980) sont arrivés à la conclusion que le biofeedback musculaire soulage les céphalées de tension au même degré que les techniques de relaxation verbales. BLANCHARD *et al.* (1980) ont abouti à la même conclusion par une revue méta-analytique de plusieurs études : le biofeedback musculaire seul, la relaxation seule ou l'association des deux s'avèrent également efficaces et supérieurs aux placebos psychologiques ou médicamenteux.

Dans le cas des céphalées vasculaires, les essais ont porté sur le biofeedback de la température cutanée, et plus spécifiquement sur l'entraînement au réchauffement des mains dans le but de réduire la réactivité vasculaire. Ici encore, avec le recul maintenant possible, on peut conclure que le biofeedback thermique seul, la relaxation seule ou l'association des deux sont également efficaces et supérieurs aux placebos (BLANCHARD *et al.*, 1980).

La rétroaction biologique requiert un appareillage spécialisé dont la relaxation verbale n'a pas besoin. Les machines sont-elles donc utiles ? Il semble que oui puisque l'équipe de BLANCHARD (1982) a démontré qu'environ 40 % des sujets céphalalgiques (tensionnels ou migraineux) ne répondant pas à la relaxation seule s'améliorent de façon significative lors d'un traitement subséquent par biofeedback. Peut-on prédire la réponse au biofeedback ? Contrairement aux attentes dérivées de la théorie classique des céphalées de tension, cette réponse ne peut être prédite par l'existence d'un lien démontrable entre la douleur et la tension musculaire chez un sujet donné (BORGEAT *et al.*, 1985). Plusieurs questions demeurent donc en suspens quant à la spécificité du biofeedback pour le traitement des céphalées.

45.4.2. RELAXATION GÉNÉRALE*

Le biofeedback seul ou plus fréquemment associé à des techniques verbales de relaxation sert souvent de méthode pour induire un état de relaxation générale et plusieurs indications sont reliées à cet effet non spécifique. Les conclusions des recherches sur les céphalées présentées dans la section précédente indiquent que la rétroaction biologique a beaucoup en commun avec la relaxation, puisque les effets produits sont semblables. On recourt plus couramment au biofeedback musculaire d'un ou plusieurs groupes de muscles pour induire la relaxation, mais on emploie aussi le biofeedback de la température cutanée ou de la conductance électrodermale. En effet, la détente se caractérise non seulement par un relâchement musculaire, mais aussi par un réchauffement cutané des extrémités et par une baisse de la conductance électrodermale.

Le biofeedback, comme avenue vers la relaxation générale, est utilisé dans le traitement de l'anxiété, de l'insomnie et de divers symptômes ou maladies psychosomatiques (ulcère peptique, asthme, etc.). L'hypertension artérielle essentielle constitue l'un des grands champs d'application des méthodes de relaxation et du biofeedback (SHAPIRO et SURWIT, 1979), notamment en raison de l'effet général et utile de détente que ces thérapies procurent. On utilise parfois aussi des techniques spécifiques de biofeedback de la tension artérielle. Ici, l'une des difficultés réside dans la mesure continue de la tension artérielle d'une façon sensible et confortable pour le patient, donc non invasive ; l'usage répété du sphygmomanomètre est possible mais devient agaçant à la longue. La mesure de la rapidité de déplacement de l'onde du pouls semble constituer un bon reflet de la tension artérielle, susceptible d'être utilisé en biofeedback. La rétroaction biologique sert aussi d'adjuvant en thérapie comportementale, par exemple en désensibilisation systématique des phobies, pour induire la relaxation et

---

* Voir aussi le chapitre 44.

mesurer l'anxiété créée par les images servant à la désensibilisation.

Qu'est-ce qui distingue le biofeedback des techniques de relaxation ? L'utilisation d'appareils électroniques exerce un effet motivant chez beaucoup de patients, ce qui favorise leur collaboration si essentielle à l'entraînement. De plus, ces appareils mesurent des fonctions physiologiques, permettant ainsi au clinicien de quantifier et de suivre l'apprentissage d'un sujet.

45.4.3. AUTRES APPLICATIONS

Plusieurs applications importantes de la rétroaction biologique se situent en marge du domaine psychiatrique. Ainsi, on fait fréquemment appel au biofeedback musculaire pour activer la réadaptation physique de malades accidentés ou souffrant de troubles moteurs. Le feedback peut porter sur n'importe quel muscle, selon les besoins de la rééducation, et mettre en relief des activités musculaires autrement non perceptibles. D'ailleurs, en 1963, BASMAJIAN démontrait la possibilité d'entraîner même des unités motrices une par une.

Le biofeedback thermique s'est révélé très profitable dans le traitement de la maladie de RAYNAUD : l'entraînement au réchauffement des extrémités diminue l'incidence des vasospasmes. Du côté de l'électroencéphalographie, l'entraînement au rythme sensorimoteur semble prometteur dans la réduction des crises convulsives des épileptiques ; il s'agit d'un rythme de 12 à 14 cycles/seconde habituellement associé à la suppression des mouvements. Le biofeedback du rythme alpha s'est toutefois montré inefficace dans le traitement de l'épilepsie.

45.5.
PRÉCAUTIONS

La thérapie du biofeedback ne comporte pas de véritables contre-indications : on parlera plus justement de précautions à prendre. Les effets cliniques sont habituellement modestes au début puis graduels, mais ils demeurent fonction de la persévérance du patient dans son entraînement. En ce sens, plusieurs insatisfactions peuvent être dues à un entraînement inefficace. Les facteurs suivants peuvent contribuer à ce manque d'efficacité :

1) pratique insuffisante ;
2) motivation insuffisante ;
3) attentes irréalistes conduisant à une démotivation par désillusion ;
4) appareillage inadéquat, insuffisamment sensible ;
5) incompréhension de la nature du traitement par le patient.

Il est étonnant de constater que plusieurs malades ne comprennent pas, même après plusieurs séances, le sens du traitement par biofeedback : ils s'attendent encore à ce que ce soit l'appareil qui effectue quelque chose en eux. La majorité des entraînements comportent environ dix séances ou davantage ; le thérapeute gagne à insister auprès du patient sur l'importance d'une pratique quotidienne, le plus souvent de relaxation, entre les séances de biofeedback.

Les patients ayant une personnalité obsessionnelle peuvent s'attarder excessivement aux détails de la procédure et ainsi accroître leur anxiété. Les psychotiques peuvent développer un délire à propos de la technique et y voir une tentative de contrôle de l'extérieur. Les malades âgés ou traités pour une maladie physique particulière devraient être suivis de près pour éviter, par exemple, de développer de l'hypotension induite par un besoin moindre d'hypotenseur.

45.6.
IMPLICATIONS

1) La rétroaction biologique redonne au patient une responsabilité active dans son propre traitement. Il ne se soumet pas passivement à la

technique d'un expert, mais s'entraîne plutôt à acquérir un contrôle accru de certaines fonctions physiologiques, un peu comme un sportif ou un musicien qui s'entraîne pour améliorer sa performance.

2) Le biofeedback, comme nous l'avons vu, a beaucoup en commun avec les techniques de relaxation, particulièrement en ce qui a trait aux effets cliniques et physiologiques produits de même qu'à l'accent mis sur l'autocontrôle. Cette similitude donne du poids à l'hypothèse de BENSON (1983) concernant « une réponse de relaxation » qui peut être induite par des approches différentes. Cette réponse se caractérise par une baisse de l'activité musculaire et de l'activité du système nerveux sympathique, un ralentissement respiratoire, cardiaque et électroencéphalographique, une baisse de l'acide lactique sanguin et de la consommation d'oxygène. Le biofeedback produit de tels effets et, en ce sens, il appartient à la même famille que les méthodes de relaxation et de méditation. Cette famille peut être appelée du nom de **méthodes d'autorégulation**.

3) Le biofeedback a contribué au développement d'un courant nouveau : la médecine comportementale, qu'on peut définir comme l'utilisation de techniques dérivées des sciences du comportement pour prévenir ou traiter des maladies physiques et étudier des comportements associés aux problèmes de santé (POMERLEAU et BRADY, 1979).

4) Le biofeedback a sorti la psychophysiologie du laboratoire et l'a rendue accessible aux cliniciens. Il permet la prise de mesures physiologiques répétées dans des contextes thérapeutiques véritables, ce qui lui confère une valeur heuristique évidente (BORGEAT, 1981). Ainsi, il a amené une remise en question du mécanisme musculaire des céphalées dites de tension, puisque la tension musculaire élevée des muscles de la tête et du cou n'est pas la règle observée. De plus, il constitue une situation psychothérapique circonscrite où l'impact physiologique de certaines variables (comme l'activité du thérapeute) peut être mesuré (BORGEAT *et al.*, 1984).

BIBLIOGRAPHIE

BASMAJIAN, J.V.
1963 « Control and Training of Individual Motor Units »,
Science, vol. 141, p. 440-441.

BENSON, H.
1983 « The Relaxation Response : Its Subjective and Objective
Historical Precedents and Physiology », *Trends Neu-rosci.*, vol. 6, p. 281-284.

BLANCHARD, E.B. *et al.*
1980 « Migraine and Tension Headache : A Meta-analytic
Review », *Behav. Ther.*, vol. 11, p. 613-631.

1982 « Sequential Comparison of Relaxation Training and
Biofeedback in the Treatment of Three Kinds of Chronic
Headache or the Machine may Be Necessary Some of
the Time », *Behav. Res. Ther.*, vol. 20, p. 469-481.

BORGEAT, F.
1981 « Quelques rétroactions scientifiques de la rétroaction
biologique », *Acta Psychiat. Belg.*, vol. 81, p. 497-505.

BORGEAT, F. *et al.*
1984 « Psychophysiological Effects of Therapist's Active Pre-sence During Biofeedback as a Simple Psychotherapeutic
Situation », *Psychiat. J. Univ. Ottawa*, vol. 9, p. 132-137.

1985 « Pain Response to Voluntary Muscle Tension Increases
and Biofeedback Efficacy in Tension Headache », *Head-ache*, vol. 25, p. 387-391.

BROWN, B.
1974 « New Mind, New Body », *Biofeedback : New Directions
for the Minds*, New York, Bantam Books.

BUDZYNSKI, T.H. *et al.*
1973 « EMG Biofeedback in Tension Headache. A Controlled
Outcome Study », *Psychosom. Med.*, vol. 35, p. 484-496.

KIMMEL, H.D.
1986 « The Myth and the Symbol of Biofeedback », *Int. J. Psy-chophysiol.*, vol. 3, p. 211-218.

MILLER, N.E.
1969 « Learning of Visceral and Glandular Responses »,
Science, vol. 163, p. 434-445.

NUECHTERLEIN, K.H. et J.C. HOLROYD
1980 « Biofeedback in the Treatment of Tension Headache »,
Arch. Gen. Psychiat., vol. 37, p. 866-873.

POMERLEAU, O.F. et J.P. BRADY
1979 *Behavioral Medicine : Theory and Practice*, Baltimore,
Williams & Wilkins Company.

SHAPIRO, D. et R.S. SURWIT
1979 « Biofeedback », *Behavioral Medicine : Theory and Practice*
(O.F. Pomerleau et J.P. Brady, édit.), Baltimore, Williams &
Wilkins Company.

TURNER, D.B. et A.J. STONE
1979 « Headache and its Treatment : A Random Sample
Survey », *Headache*, vol. 19, p. 74-77.

CHAPITRE 46

HYPNOSE CLINIQUE

GERMAIN LAVOIE

Ph.D.
Psychologue, chef du Service de psychologie de l'hôpital Louis-H. Lafontaine (Montréal)
Professeur titulaire au Département de psychologie de l'Université de Montréal

PLAN

46.1.
HYPNOSE

46.1.1. DÉFINITION

Selon KIHLSTROM (1985, p. 386), l'hypnose peut se définir comme

une interaction sociale dans laquelle une personne, le sujet, répond aux suggestions d'une autre personne, l'hypnotiseur, suggestions visant des expériences subjectives qui impliquent des altérations de la perception, de la mémoire et de l'action volontaire. Dans le cas classique, ces expériences et les comportements qui s'y rattachent sont associés à une conviction subjective qui s'apparente au délire, et revêtent un caractère involontaire qui s'apparente à la compulsion.

46.1.2. HYPNOTISABILITÉ

La recherche contemporaine fait apparaître l'« hypnotisabilité » (ou capacité d'être hypnotisé) comme une *aptitude* du sujet. Avec les échelles de Stanford (WEITZENHOFFER et HILGARD, 1959, 1962) on soumet le sujet, après une procédure d'induction hypnotique, à une séquence de 12 suggestions. Les taux de réussite chez les jeunes adultes (d'après la forme C des échelles de Stanford) sont les suivants ($N = 307$) :

— hypnotisabilité très élevée (11 ou 12 items) : 5 % des sujets ;

— hypnotisabilité élevée (de 8 à 10 items) : 21 % des sujets ;

— hypnotisabilité moyenne (de 5 à 7 items) : 29 % des sujets ;

— hypnotisabilité faible (de 0 à 4 items) : 45 % des sujets (HILGARD, 1965, p. 236).

Les échelles de Stanford servent de critère dans l'évaluation des autres échelles d'induction et de mesure (HILGARD, 1979 ; KIHLSTROM, 1985).

La fidélité des échelles de Stanford (formule 20 de KUDER-RICHARDSON) se situe autour de 0,85. La fidélité test-retest est de l'ordre de 0,90, incluant un changement d'hypnotiseur lors du retest (HILGARD, 1965, p. 216 et 237). MICHAUD, LAVOIE, ELIE et AMAR (1987) ont observé, chez 27 schizophrènes, une corrélation de 0,68 entre deux mesures d'hypnotisabilité, la deuxième ayant eu lieu après un intervalle de 10 à 16 ans. PICCIONE, HILGARD et ZIMBARDO (1987 ; voir HILGARD, 1987) ont rapporté une corrélation test-retest de 0,69 chez 24 sujets normaux testés à 25 ans d'intervalle. Une telle stabilité, sur une aussi longue période, se rapproche de la stabilité des tests d'intelligence. Des études transversales suggèrent que l'hypnotisabilité décroît lentement avec l'âge, après avoir atteint un sommet vers l'âge de 9 ou 10 ans. Mais les auteurs d'études longitudinales récentes (MICHAUD *et al.*, 1987 ; PICCIONE *et al.*, 1987 : voir HILGARD, 1987) n'ont observé aucune diminution de l'hypnotisabilité avec l'âge. Enfin, les corrélations entre la « profondeur » de l'expérience hypnotique et l'hypnotisabilité sont élevées : de l'ordre de 0,85 à 0,88 (PERRY et LAURENCE, 1980).

La réponse hypnotique présente donc, comme l'aptitude, une stabilité substantielle. On observe chez la plupart des sujets des changements minimes de 1 ou 2 points en plus ou en moins ; chez un nombre restreint de sujets, on note des changements de 3 ou 4 points et, exceptionnellement, des changements majeurs. On explique ces changements soit par une modification de l'aptitude elle-même, soit par des facteurs situationnels.

46.1.3. MESURE DE L'HYPNOTISABILITÉ

Le moyen le plus sûr et le plus expéditif de connaître l'hypnotisabilité d'un sujet est de la mesurer. On doit compter 45 minutes avec l'une ou l'autre des formes A, B ou C des échelles de Stanford (WEITZENHOFFER et HILGARD, 1959, 1962), 20 minutes avec les échelles *cliniques* de Stanford pour enfants ou adultes (MORGAN et HILGARD, 1978-79 a et b), de

5 à 10 minutes avec l'*Hypnotic Induction Profile* (HIP) (Spiegel et Spiegel, 1978). La fidélité des échelles longues est naturellement supérieure à celle des échelles brèves (Hilgard, 1982 ; Kihlstrom, 1985). L'ouvrage classique de Weitzenhoffer (1957) reste un excellent point de départ pour le clinicien, qui lira aussi avec profit le texte de Crasilneck (1980) sur l'évaluation et la préparation du patient. Enfin, il aura avantage à s'inscrire aux séminaires de formation des associations scientifiques et professionnelles reconnues.

46.1.4. PHASE D'INDUCTION HYPNOTIQUE

Lorsque l'hypnotisabilité du sujet est élevée, la motivation forte, le contexte favorable, et lorsque l'attitude en est une de curiosité, d'intérêt, de disponibilité, d'engagement total dans la relation, la phase d'induction formelle est réduite à sa plus simple expression. Un mot, un geste, un signe suffisent pour que le patient s'engage dans l'hypnose. On a même rapporté des cas où l'hypnose s'est déclenchée à la simple rencontre du clinicien par qui le patient souhaitait être hypnotisé, et en dehors de toute intention de la part du thérapeute d'induire l'hypnose à ce moment-là. Si la première induction peut prendre de 15 à 45 minutes, les inductions subséquentes à des fins cliniques peuvent souvent se faire en 2 ou 3 minutes.

Exemple ad hoc

Avant tout, le clinicien doit prendre son temps et parler lentement. Il demande au patient de s'asseoir confortablement ; de prendre un instant pour adopter une attitude de détente ; de fixer, en gardant la tête droite, un point quelconque placé dans la partie supérieure de son champ de vision ; de mettre de côté toutes ses préoccupations du moment ; de ne rien faire d'autre que d'écouter sans effort ce qui va lui être dit, sans chercher à comprendre ni à se souvenir. Le clinicien indique au patient qu'il n'a rien à décider, rien à analyser, rien

à planifier pour l'instant ; que tout ce qu'il a à faire, encore une fois, c'est de continuer à écouter librement et sans effort comme il le fait déjà. Le clinicien observe attentivement et reflète au mieux ce que le patient ressent déjà, c'est-à-dire : une fatigue dans les yeux, un clignotement des paupières, « qui ont envie de se fermer » ; une sensation de relaxation croissante ; un intérêt pour ce qui est en train de se passer et pour ce qui va arriver. Il soutient le patient et l'encourage à continuer, à laisser ses paupières se fermer quand *elles* deviennent trop lourdes, à laisser son corps *se* détendre autant qu'*il* en a envie, à porter son attention sur sa respiration en *la* laissant devenir de plus en plus régulière et profonde, en se disant qu'à chaque respiration il devient de plus en plus calme, à l'aise, détendu. Le clinicien fait remarquer au patient que tout cela *lui arrive* facilement, sans effort ; il lui fait constater avec quelle aisance il se laisse pénétrer par la parole de l'autre et il l'encourage encore une fois à continuer.

Si le patient sent réellement que ce qui se passe est vrai à un point tel que sa seule expérience du moment c'est cette voix qui l'enrobe, ou qu'il a déjà intériorisée et faite sienne, et qui moule en quelque sorte son expérience subjective, alors il est fortement engagé sur la voie de l'hypnose.

Ce que le clinicien pourra ensuite faire remarquer au patient, c'est l'extrême facilité avec laquelle il peut laisser son attention se porter sur une cible quelconque : pour commencer, disons l'immobilité totale dans laquelle il se trouve depuis le début et qu'il n'avait sans doute pas remarquée jusqu'alors. Il pourra dire au patient que, s'il ne bouge pas et s'il reste toujours immobile, ce n'est pas parce qu'il n'aurait pas pu le faire ou qu'il ne pourrait pas le faire maintenant, mais bien plutôt parce que la question ne s'est pas posée ou qu'en fait, il n'en a pas envie. Le clinicien lui dira par exemple : « Sans doute vous pourriez vous déplacer si c'était nécessaire, mais votre expérience actuelle vous dicte plutôt que vous êtes bien ainsi et qu'au fond, vous n'avez envie de faire qu'une chose, vous laisser porter par ma parole. »

Dans sa démarche, le clinicien s'efforce d'avoir une perception aussi juste que possible de l'expérience subjective du patient et construit son discours sur ce qu'il perçoit de cette expérience. L'empathie et l'identification jouent ici un rôle de premier plan. Le clinicien renvoie ainsi au patient sa propre image, en disant tout haut ce qu'il croit que le patient ressent en silence. Le patient doit pouvoir se reconnaître dans ces paroles. Si, par exemple, le clinicien intercale dans son laïus la simple question : « N'est-ce pas ? », de manière à valider le degré de proximité du rapport intersubjectif, le sujet laissera typiquement échapper des hochements de tête, des « hm hm » approbatifs signifiant : « Vous avez raison, les choses se passent en moi comme vous le dites. » (ERICKSON, ROSSI et ROSSI, 1976, p. 59 et 310)

Puis le clinicien ajoutera : « Vous faites très bien. Cette expérience vous appartient. Vous pouvez approfondir votre transe autant que vous le désirez, facilement, sans effort, que vous parliez ou gardiez le silence, que je parle ou que je garde le silence. Dans l'hypnose, vous n'avez pas à vous occuper du temps ou de l'espace. De fait, vous pourrez facilement, sans effort, vous transporter n'importe où. Et vous pourrez demeurer dans cet état jusqu'à ce que, en temps et lieu, je vous indique clairement que l'hypnose est terminée. »

46.1.5. RÉSISTANCES INVOLONTAIRES À L'INDUCTION

RÉSISTANCES SITUATIONNELLES

Des résistances situationnelles de toute nature peuvent survenir, auxquelles le clinicien doit être particulièrement attentif. Le faciès se crispe, le sujet se raidit, il transpire, s'inquiète, quand il n'ouvre tout simplement pas les yeux pour déclarer brutalement, ou d'un air déçu : « Ça ne marche pas ». Après avoir invité le patient à révéler ce qui le préoccupe, à dire s'il désire poursuivre la séance mais craint d'en être incapable, et après s'être assuré qu'il n'y a pas de contre-indication ou d'obstacle transférentiel significatif, le clinicien lui rappelle simplement la règle fondamentale : ne rien faire, suspendre le jugement critique. Le patient n'a pas à se demander s'il est capable ou incapable, si ça va bien ou mal, s'il fait correctement ce qu'on lui a demandé (c'est-à-dire ne rien faire). Il peut être prévenu que si des distractions, des interrogations surgissent à son esprit, il n'a qu'à faire de son mieux pour les écarter, de manière à être le plus possible attentif au discours du clinicien. Il n'a qu'à se laisser porter par la parole de l'autre, si c'est bien ce qu'il désire. Le clinicien peut à la limite assurer au patient qu'il sera toujours libre d'interrompre le processus et de rétablir la communication sur son mode usuel. Il faut accorder toute l'attention voulue à cette inquiétude parfois vécue lors d'une première induction hypnotique : elle renvoie toujours à un fantasme de danger, lié à l'émergence de souvenirs d'expériences traumatiques antérieures, et révèle la façon dont le patient vit la relation immédiate avec le clinicien. Cette difficulté est souvent associée au souvenir angoissant et non verbalisé d'anesthésies chirurgicales subies au cours de l'enfance (J. HILGARD, 1979).

TECHNIQUES D'UTILISATION DE LA RÉSISTANCE

Les techniques d'utilisation de la résistance ont atteint un degré considérable de raffinement dans les travaux de M.H. ERICKSON (ERICKSON, ROSSI et ROSSI, 1976, p. 62-83). L'un des points essentiels de cette approche consiste en l'utilisation du paradoxe et de la double contrainte dans le processus d'induction. Ainsi, toute réponse du sujet, quelle qu'elle soit, peut être interprétée comme adéquate :

« Préférez-vous dormir dès maintenant ou attendre quelques minutes ? » ... « Attendons de voir si vos yeux resteront ouverts ou s'ils se fermeront, et si vous vous sentirez plutôt lourd, ou léger, ou encore dans un état tout à fait normal » ... « Voyons si votre esprit sera plutôt clair, ou confus, ou s'il ne percevra pas clairement certaines choses plutôt que d'autres » ... « Peut-être votre main droite sera-t-elle plus légère que votre main gauche. À moins que ce ne soit le contraire. Ou peut-être seront-elles toutes deux également légères ... ou lourdes. » ...« Si votre inconscient est prêt à l'expérience de la transe, votre main droite va s'élever d'elle-même ... sinon, ce sera votre main gauche. »

Chacun de ces énoncés implique que la réponse du sujet, quelle qu'elle soit, sera *la bonne*, et sera au surplus un indicateur du progrès de l'induction.

Ce serait déformer la pensée d'ERICKSON, toutefois, que de s'imaginer qu'il soit possible, par une habile maîtrise de la communication paradoxale, de vaincre toutes les résistances et de « domestiquer » le sujet. Pour le clinicien, ce serait d'abord se placer dans une attitude manipulatrice contraire aux intérêts de son patient et aux siens propres. Ce serait également consolider, dans le rapport intersubjectif, une zone obscure d'illusion, de domination et de soumission, là où il s'agit précisément de découvrir qu'avec le secours de l'autre, il est possible de se libérer de contraintes stériles. L'une des meilleures analyses de l'attitude clinique d'ERICKSON à cet égard est celle qu'en a faite HALEY (1967, p. 548). Par ailleurs, un essai pondéré d'appréciation scientifique a été publié par HILGARD (1984). La vogue actuelle des pratiques ericksoniennes dépasse malheureusement de loin ce qu'elles peuvent avoir de fondement scientifique (BAKER, 1987 ; FROMM, 1987).

46.1.6. ÉTAT HYPNOTIQUE (« TRANSE »)

Les concepts d'« état » ou de « transe » hypnotiques sont loins d'être clairs (HILGARD, 1987), spécialement quand on prend en compte la distribution de l'hypnotisabilité (46.1.2.) et les variations de la « profondeur » de l'hypnose. Il ne s'agit *pas* (*Ibid.*, p. 261) d'un état limité de conscience doté de frontières précises et de caractères physiologiques spécifiques. Le clinicien sera à l'affût d'un ensemble de processus susceptibles de supporter son

action, et qui délimitent plus ou moins ce qu'on désigne, dans la littérature (HILGARD, 1965, 1977 ; GILL et BRENMAN, 1959), comme l'« état » hypnotique :

1) une relation exclusive entre le patient et le clinicien, qui frappe l'observateur, patient et clinicien ne faisant qu'un, comme s'ils étaient l'un et l'autre coupés du monde ambiant ; c'est le « rapport hypnotique » des anciens, ou transfert hypnotique, ancêtre du transfert psychanalytique (LAGACHE, 1952) ;

2) le renoncement *sélectif* du patient
   — au jugement critique,
   — à l'épreuve de réalité,
   — à la fonction de planification, qui est plutôt mise au service du développement et du maintien de la transe ;

3) un sentiment de facilité, ce qui arrive au patient se produisant sur un mode « non voulu » (*effortless experiencing*) ;

4) une mobilité considérable de l'attention, qui peut investir des représentations difficilement accessibles à l'état de veille ;

5) une intense capacité d'absorption et de focalisation sur certains affects et sur certaines représentations ;

6) un fort engagement imaginaire, où le mot peut prendre valeur de chose, et où ce qui est normalement vécu comme imaginaire peut être ressenti comme réel ;

7) la possibilité de produire des altérations transitoires des fonctions du Moi (voir 46.2. : « Phénoménologie de l'hypnose ») ;

8) la possibilité de rétablir un dialogue et une communication intersubjective analogues à ceux de l'état de veille (voir 46.3.4. : « Choix d'une approche ») ;

9) un accroissement de la suggestibilité, qui évoque la plasticité, le patient ayant tendance à faire sienne la parole du clinicien, à vivre « réellement » ce que l'autre exprime en mots, à laisser modeler son expérience subjective par la parole de l'autre, dans un jeu complexe d'intro-

jection, de projection et d'identification (voir 46.2.15. : « Relation d'objet »).

46.1.7. PHASE DE TERMINAISON DE L'HYPNOSE

Elle doit être claire, nette, précise et vérifiée, sans quoi le patient risque de rester dans un état de confusion ou de dissociation. Le clinicien lui dira par exemple : « Dans quelques instants je vais vous éveiller en comptant de 1 à 5 (bien que n'importe quel signal imaginable fasse l'affaire). Au compte de 5, vous vous retrouverez dans votre état normal d'éveil. »

À moins qu'il ait quelque motif pour laisser s'établir une amnésie partielle ou totale (toujours réversible de toute manière), le clinicien pourra ajouter : « Vous vous souviendrez clairement de tout ce que nous avons fait depuis le début, et vous pourrez en parler aussi librement que vous en aurez envie. Vous êtes prêt ? »

Alors, le patient fera signe que oui ou laissera échapper un « hm hm » ou un « oui ». S'il est à ce moment précis profondément engagé dans une expérience subjective quelconque, un vent de scepticisme pourra lui traverser l'esprit : « Comment peut-il s'attendre à ce que je revienne d'aussi loin d'une façon aussi expéditive ? » Et pourtant ... au compte de 5, il se trouvera bien éveillé, dans son état normal d'éveil, et se souviendra progressivement de tout ce qu'il a vécu ; il sera disposé à parler de son expérience, tout en restant libre de s'en abstenir.

Il peut arriver qu'un patient ne s'éveille pas au signal convenu. Il sera simplement arrivé ce que nous venons d'évoquer : le patient aura préféré poursuivre son expérience et vous faire savoir, sans le dire, qu'il aimerait continuer. Si vous lui demandez, il vous le dira et acceptera de bon gré le fait que toute bonne chose a une fin, que le temps est écoulé et qu'il pourra de toute manière y revenir lors d'une prochaine séance.

46.2. PHÉNOMÉNOLOGIE DE L'HYPNOSE

On a pu étudier en laboratoire l'effet de l'hypnose sur toute une gamme de fonctions psychologiques et psychophysiologiques. L'hypnose clinique s'appuie d'une part sur les données de l'hypnose expérimentale, d'autre part sur une formation théorique et pratique suffisante en diagnostic et en psychothérapie. Ces préalables étant acquis, la maîtrise des phénomènes hypnotiques offre au clinicien plusieurs angles d'approche.

46.2.1. SENSATION, PERCEPTION ET MOTRICITÉ

Illusions et hallucinations visuelles, auditives, olfactives, cutanées, kinesthésiques : autant d'expériences que le patient pourra vivre. Sous analgésie hypnotique, le patient pourra ressentir quelque chose là où agit un stimulus douloureux, sans pour autant ressentir la douleur ; ou encore, il pourra ignorer l'un et l'autre (HILGARD et HILGARD, 1975). L'action de l'hypnose sur les systèmes moteurs est classique (paralysies, contractures, automatismes) (WEITZENHOFFER, 1957 ; HILGARD, 1965).

46.2.2. CLIVAGE DE LA CONSCIENCE ET DISSOCIATION

Le clivage, spontané ou suggéré, peut prendre plusieurs formes. Par exemple, nous avons amené une patiente aphone à parler sous hypnose*, à la

---

* L'expression « SOUS hypnose » est consacrée par l'usage en français. Nous la conservons donc, bien qu'en langue anglaise, on dise plutôt « IN *hypnosis* », ce qui atténue le sens de contrainte et élargit l'espace de manœuvre, en conformité avec l'extrême diversité des conduites qu'autorise l'hypnose contemporaine. Nous invitons le lecteur, faute de mieux, à entendre « sous hypnose » dans le sens de « *in hypnosis* ».

condition que « ce ne soit pas *elle* » qui parle, mais plutôt « un double halluciné » d'elle-même capable de parler. Le double, cet autre Moi, devant témoigner à haute voix de la réalité du réveil, la patiente « s'est entendue parler » une fois éveillée, constatant qu'elle avait donc retrouvé la parole (voir HILGARD, 1977 ; 1987).

46.2.3. ATTENTION

Selon la nature de la consigne, l'attention peut se fixer sur des représentations prédéterminées ou suggérées, ou encore se déplacer librement en suivant les voies du processus primaire (GILL et BRENMAN, 1959 ; KARLIN, 1977).

46.2.4. ASSOCIATION

Sous hypnose, le patient peut être davantage capable de libres associations (à l'exclusion des pensées qui auraient pour effet de rompre l'hypnose), ou bien il suivra des réseaux associatifs limités, liés par exemple à un thème (le père, la mère) qui apparaît plus stéréotypé à l'état de veille (WOLBERG, 1964, 1967).

46.2.5. MÉMOIRE

Amnésie, paramnésie, hypermnésie avec conviction intense, mais plus ou moins valide, de retrouver des souvenirs perdus : il s'agit d'un véritable processus de construction de l'histoire propre du sujet, où l'imaginaire se confond largement au réel. Cette ambiguïté pose des problèmes spéciaux dans l'expertise légale (recherche de témoignages). Charnière du passage de l'hypnose à la psychanalyse, le processus de remémoration est central en psychothérapie, avec ou sans hypnose. L'hypnose en facilite la production, mais pas nécessairement l'interprétation (*American Medical Association*, 1985 ; KIHLSTROM et EVANS, 1979 ; ORNE, 1979 ; ORNE, WHITEHOUSE, DINGES et E.C. ORNE, 1988 ; PETTINATI, 1988).

46.2.6. RÉGRESSION TEMPORELLE

Il s'agit d'un terme plus ou moins approprié pour décrire la capacité du patient à revivre, d'une façon extrêmement convaincante sur le plan subjectif, des événements ou épisodes « oubliés » de son enfance, et à se comporter comme l'enfant qu'il a le sentiment d'avoir été (FROMM, 1970). Cette régression n'est pas « réelle » (voir 46.2.5. : « Mémoire »). Certains patients conservent le sentiment de leur âge réel quand ils vivent cette expérience, par une sorte de dédoublement ; cette capacité est étroitement liée au clivage de la conscience (46.2.2.) (LAURENCE et PERRY, 1981).

46.2.7. AFFECT ET REPRÉSENTATION

L'hypnose est un « laboratoire » de choix pour l'étude des liaisons entre l'affect et la représentation. L'affect peut être bloqué, déplacé, amplifié, minimisé. S'il se trouve laissé à lui-même, il devient omniprésent et vient investir fortement des images, des souvenirs, des contenus qui paraissent, à l'état de veille, d'une nature différente. Ainsi, tel patient qui « détestait » sa mère à l'état de veille ressent pour elle, sous hypnose, un amour profond. Tel autre qui affirmait, à l'état de veille, n'avoir « rien à dire aujourd'hui » se met à abréagir avec force, sous hypnose, à propos d'un drame de son enfance. Notons seulement que l'effet thérapeutique de l'hypnose ne se mesure pas à son intensité dramatique (GILL et BRENMAN, 1959), mais plutôt à la manière dont le Moi va parvenir à assumer l'affect.

46.2.8. RÊVES

L'hypnose agit sur l'activité onirique (rêves hypnotiques ou rêves nocturnes) et sur la capacité d'association du patient à partir de ses rêves. Le patient peut apprendre, d'une façon plus ou moins dirigée, à réintégrer le rêve dans sa vie et à en reconnaître la valeur symbolique. L'hypnose elle-même peut, jusqu'à un certain point, prendre valeur de rêve (MOSS, 1967 ; SACERDOTE, 1967 ; WOLBERG, 1967).

46.2.9. MÉCANISMES DE DÉFENSE

L'hypnose s'accompagne d'un réaménagement temporaire des mécanismes de défense et des investissements du Moi. L'épreuve de réalité et le jugement critique étant partiellement suspendus, de manière à permettre justement le maintien de la transe, le patient aura par exemple moins tendance à nier certains désirs ou certains conflits qu'il refusait de voir et surtout de ressentir à l'état de veille, mais il en cachera d'autres, volontairement ou non. Dans l'expertise légale, il importe de savoir que le sujet hypnotisé est parfaitement capable de simuler et de mentir. De plus, l'hypnose camoufle certaines résistances, en particulier celles qui rendent possible le transfert hypnotique lui-même (GILL et BRENMAN, 1959 ; LAVOIE, 1985b).

46.2.10. PENSÉE ET LANGAGE

Le patient hypnotisable a accès à une pensée très concrète, où le mot évoque la chose. C'est tout le secteur de l'idéomotricité et de la suggestion directe qui entre en jeu. Vous dites au patient qu'il dort, il vous répond qu'il dort ; vous lui affirmez qu'il est éveillé, il vous dit qu'il est éveillé ; vous lui suggérez qu'il est sans doute en colère, et vous le voyez rugir ; vous l'assurez qu'il se sent bien, et il se sent bien. Il arrive qu'on puisse abolir un symptôme par une simple directive de cette sorte. Cette possibilité n'est pas négligeable, même si elle n'est pas très subtile. À l'opposé, le patient peut, tout en respectant le « mot à mot » de la consigne, éprouver pour le reste une grande sensibilité au langage et à la pensée métaphoriques et symboliques. L'exploitation de ce potentiel constitue la toile de fond de l'œuvre de MILTON ERICKSON (HALEY, 1967 ; ROSSI, 1980).

46.2.11. ENGAGEMENT IMAGINAIRE

Ce qui est normalement perçu comme imaginaire est souvent ressenti comme réel sous hypnose. Ainsi pouvons-nous dire, à la suite de LACAN, que « le réel envahit l'imaginaire ». Cette capacité d'absorption imaginaire qui caractérise le sujet hypnotisable est très bien documentée dans la recherche contemporaine (J. HILGARD, 1979).

On conçoit dès lors que, sur le plan clinique, l'hypnose peut facilement devenir un lieu d'illusions, d'enthousiasme et de déceptions. L'articulation du potentiel imaginaire et de l'épreuve de réalité, la découverte du sens symbolique de cette expérience dans l'ensemble de la vie du patient constituent la tâche conjointe la plus délicate du patient et du clinicien.

46.2.12. RÉGRESSION AU SERVICE DU MOI

Dans la régression adaptative, le patient est capable de laisser venir à la conscience des représentations normalement tenues à l'écart, à travers lesquelles se glissent des dérivés de l'inconscient. Il est capable, surtout, de maîtriser ce processus et de s'en servir comme mode d'adaptation. Cette expérience, facilitée par l'hypnose, peut amener chez le sujet de nouvelles configurations, de nouvelles façons de voir et de ressentir. Le rôle de la régression adaptative dans l'hypnose constitue le fondement de la théorie de GILL et BRENMAN (1959). On a pu démontrer la validité de cette théorie aussi bien chez des sujets normaux (GRUENEWALD, FROMM et OBERLANDER, 1972) que chez des schizophrènes (LAVOIE, SABOURIN, ALLY et LANGLOIS, 1976).

46.2.13. AUTONOMIE DU MOI

L'hypnose met en relief le caractère tout à fait relatif de l'autonomie du Moi et, surtout, l'interdépendance de deux autonomies : celle qui concerne le monde extérieur et celle qui concerne l'inconscient, soit du côté du Ça (le désir, la poussée érotique ou agressive) soit du côté du Surmoi (interdits inconscients). En modifiant les conditions de la première autonomie par la technique d'induction, on provoque ipso facto une modification des rapports ordinaires de la conscience, du préconscient et de l'inconscient (GILL et BRENMAN, 1959).

46.2.14. FONCTION DE SYNTHÈSE

L'hypnose implique une modification de la hiérarchie coutumière des systèmes de contrôle (HILGARD, 1977). On s'accorde toutefois pour reconnaître la persistance, sous hypnose, d'un « Moi de veille » (GILL et BRENMAN, 1959), d'un « Moi exécutif » (HILGARD, 1977), d'une instance qui « surveille » (FREUD). À cet égard, il faut noter :

1) que l'hypnose peut être l'occasion pour le sujet d'opérer une meilleure synthèse d'éléments conflictuels, voire dissociés ;

2) que l'intégration, dans le Moi, des expériences contradictoires de l'hypnose requiert toujours un processus d'interprétation et d'assistance ;

3) qu'il existe des patients capables de vivre des phénomènes hypnotiques flamboyants, mais qui ne peuvent tirer grand profit de ces expériences dans leurs difficultés quotidiennes ;

4) que certains patients peuvent éprouver des difficultés substantielles à retrouver leur unité après une séance d'hypnose mal conduite (voir la section 46.5. : « Dangers »).

En somme, on ne doit pas, ici plus qu'ailleurs, proposer au patient un travail plus lourd que celui qu'il peut effectuer.

46.2.15. RELATION D'OBJET

L'hypnotisabilité repose sans doute sur une certaine structure des relations d'objet. FREUD (1921) a reconnu, chez le sujet, un désir inconscient de soumission à une figure toute-puissante, une identification à cette figure d'où le Moi tire à son tour son propre sentiment de toute-puissance. GILL et BRENMAN (1959) ont insisté sur le caractère réciproque de ce processus : l'hypnotiseur s'identifie aussi au sujet et participe à son expérience. Selon FREUD, il y a sans aucun doute dans l'hypnose un risque d'idéalisation amoureuse de l'hypnotiseur, du sujet hypnotique (ne le qualifie-t-on pas de sujet « remarquable », « virtuose », « exceptionnel » ?) et de l'hypnose elle-même (le « couple » formé, l'expérience unique à laquelle participent les deux protagonistes) ; en contrepartie, l'hypnose comporte un risque de dévaluation quand les gains thérapeutiques réels ne sont pas à la hauteur de l'image qu'elle avait fait miroiter.

46.2.16. SUGGESTION POSTHYPNOTIQUE

Il s'agit d'une manœuvre par laquelle l'expérimentateur cherche à amener le sujet à accomplir certains actes prédéterminés en dehors de l'état d'hypnose, avec ou sans conscience de la source hypnotique de l'acte. En clinique, on peut s'en servir dans l'espoir de voir le patient accomplir un certain travail psychique à l'état de veille, ou encore dans le but de l'aider à mieux surmonter des handicaps personnels de toute nature, avec ou sans recours à l'autohypnose. Ces handicaps concernent le plus souvent ce que la psychanalyse identifie comme « motifs de défense » : angoisse, honte, culpabilité, dégoût, ou renvoient à des inhibitions, à des attitudes ou à des habitudes malsaines.

On ne doit pas se méprendre sur le « pouvoir » de la suggestion posthypnotique (ORNE et HAMMER, 1974), même si elle paraît pleinement assumée par le patient. Elle peut facilement devenir source de conflit, dans la mesure où le sujet peut la ressentir comme étrangère au Moi. C'est dans tous les cas une manœuvre incertaine et délicate, qui requiert une expérience clinique approfondie.

Dans le cas d'une hypno-analyse apparentée à la technique psychanalytique, ou d'un recours ponctuel à l'hypnose dans une thérapie analytique, la suggestion posthypnotique peut être, en soi, difficilement conciliable avec la théorie de la technique et avec les objectifs poursuivis.

46.2.17. AUTOHYPNOSE

Les patients hypnotisables sont parfois étonnés, au sortir de l'hypnose, de constater que, si on le leur enseigne, ils sont capables de réintégrer l'état hypnotique en s'en donnant eux-mêmes la consigne, et de mettre fin à l'hypnose de la même manière. Cet exercice implique une dissociation (HILGARD, 1977) dans la mesure où le patient est à la fois l'hypnotiseur et l'hypnotisé. Si l'hétérohypnose est une démarche interpersonnelle, l'autohypnose est une démarche privée : ces démarches n'ont pas le même sens ni le même impact. Une fois l'anxiété initiale maîtrisée, l'attention, l'imagerie et le rêve peuvent se déployer d'une façon remarquable (FROMM, BROWN, HURT *et al.*, 1981). Toutefois, les corrélations entre les effets comportementaux de l'hypnose et ceux de l'autohypnose sont modestes : de l'ordre de 0,33 à 0,62 (JOHNSON, DAWSON *et al.*, 1983 ; voir KIHLSTROM, 1985).

Plusieurs thérapeutes intègrent régulièrement la pratique de l'autohypnose à leur plan de traitement (CLARKE et JACKSON, 1983). D'autres la réservent à des fins de contrôle sensorimoteur (douleurs, problèmes de coordination chez des patients qui sous-estiment leur capacité à cet égard). Dans un cas comme dans l'autre, la fonction de l'autohypnose reste subordonnée à la relation thérapeutique. L'autohypnose semble accroître, dans certains cas, la maîtrise de l'anxiété.

Si la recherche sur l'hypnose est solidement établie, la recherche sur l'autohypnose n'en est qu'à ses débuts (ORNE et MCCONKEY, 1981). La prudence est de règle, d'autant que les effets secondaires possibles ont été à peu près ignorés jusqu'ici. En dehors d'un contexte thérapeutique approprié, beaucoup de patients sont des victimes faciles de la « commercialisation » de l'autohypnose (le marché de la cassette) : on y donne parfois à croire que des difficultés interpersonnelles s'y régleront par un « faites-le vous-même avec la machine », en l'absence de tout examen sérieux de la question.

46.2.18. NEUROPSYCHOLOGIE ET PSYCHO-PHYSIOLOGIE

Plusieurs études récentes suggèrent que l'hypnose et l'hypnotisabilité sont liées à une préférence pour le traitement de l'information par l'hémisphère droit du cerveau. L'induction de l'hypnose elle-même s'accompagne d'un déplacement de l'activation corticale de l'hémisphère gauche à l'hémisphère droit (KIHLSTROM, 1985). HILGARD (1977, p. 248) a fait remarquer, à titre de « spéculation analogique », que les divisions de la conscience ne peuvent s'expliquer sans faire appel à la fois aux différences hémisphériques et à l'équilibre relatif du cortex et du système limbique. HEBB (1975) a suggéré qu'il pourrait y avoir une correspondance entre le type de clivage qui sous-tend le contrôle hypnotique de la douleur et son propre concept d'assemblée cellulaire (*cell assembly*), qu'il considère comme le substrat physiologique des structures cognitives (voir aussi HEBB, 1980).

46.2.19. DIFFICULTÉ RELATIVE DES EXPÉRIENCES HYPNOTIQUES

Aucun des phénomènes hypnotiques existants ne suffit à rendre compte de l'hypnose, bien que tous y contribuent (HILGARD, 1965). De plus, leur degré de difficulté varie. Par exemple, les expériences sensorimotrices simples (balancement postural, lourdeur, mouvement involontaire) sont faciles à réaliser : elles sont ressenties par 70 à 90 % des sujets ; le rêve hypnotique et la régression temporelle sont vécus par 45 % des sujets ; les hallucinations visuelles négatives et les hallucinations auditives sont difficiles à atteindre : seulement 9 % des sujets y parviennent.

46.3.
CRITÈRES D'INDICATION CLINIQUE

Le clinicien aura reconnu, dans cette phénoménologie de l'hypnose, les altérations d'un ensemble de *fonctions* qui sont précisément celles qu'il observe et évalue dans le cours normal de l'examen clinique. Le concept de *fonctions du Moi* (BELLAK, HURVICH et GEDIMAN, 1973) lui permet de passer à une lecture psychodynamique des phénomènes observés et de comprendre comment et pourquoi les principes généraux de la psychothérapie, spécialement en situation de crise (BELLAK, FAITHORN et PLISHKA, 1981), ont préséance sur toute décision de recourir à l'hypnose en clinique, ou de s'en abstenir.

À titre indicatif, notons d'abord quatre critères déjà pressentis dans les pages précédentes :

1) **Diagnostic**   Il aura révélé les aspects fonctionnels, affectifs ou interpersonnels d'un symptôme ou d'un syndrome, et n'aura pas décelé de contre-indication.

2) **Hypnotisabilité**   Elle est suffisamment élevée, compte tenu des fins poursuivies. Le moyen le plus sûr et le plus expéditif de connaître l'hypnotisabilité du sujet est de la mesurer (46.1.3.).

3) **Motivation**   Elle est présente, sans être aveugle. Le scepticisme à l'endroit de l'hypnose cache souvent un fort intérêt et n'est pas, en soi, une contre-indication.

4) **Libre consentement**   Le patient doit se sentir tout à fait libre d'accepter ou de refuser l'hypnose ; libre aussi de s'en retirer s'il découvre que la méthode en soi, ou encore la méthode de tel clinicien dans tel contexte, ne lui convient pas.

À ces quatre critères, on peut ajouter trois critères additionnels que nous allons examiner maintenant :

5) **Transfert**   Le clinicien doit avoir une connaissance et une maîtrise suffisantes des désirs et des fantasmes qu'éveille en lui-même, autant qu'en son patient, le recours à l'hypnose.

6) **Activité du Moi**   Le clinicien doit laisser le patient prendre une part aussi active qu'il en est capable, sur le plan psychique.

7) **Nature de la demande**   La demande du patient doit être raisonnable, c'est-à-dire conciliable avec les limites de l'hypnose.

46.3.1. RECONNAISSANCE DU TRANSFERT ET DU CONTRE-TRANSFERT

Tant sur le plan épistémologique que sur le plan historique, l'hypnose précède la psychanalyse*. L'hypnose constitue en quelque sorte un *no man's land* élargi : une zone où il est possible aux deux protagonistes d'effectuer certaines manœuvres dans l'espoir de faire l'économie d'un affrontement général. Cette métaphore est la meilleure qu'ait pu trouver FREUD, quand le temps fut venu d'expliquer non pas son abandon de l'hypnose, mais son « renoncement » à l'hypnose dans sa pratique, sinon dans sa théorie de la pratique.

> Dans l'hypnose, dit-il, la résistance se voit mal, parce que la porte est ouverte sur l'arrière-fond psychique ; néanmoins, l'hypnose accentue la résistance aux frontières de ce domaine, elle en fait un mur de fortification qui rend tout le reste inabordable. (FREUD, 1909, p. 51 (traduction par Y. LE LAY, 1953, p. 139) ; 1917 ; 1921)

---

* Nous avons dû renoncer à tracer ici, faute d'espace, une esquisse de l'histoire de l'hypnose. Pour des raisons semblables, nous avons à peine effleuré le vaste secteur des recherches expérimentales sur la nature de l'hypnose. Disons seulement que les Français avaient déjà, dès la fin du XIXe siècle, cerné plusieurs des problèmes que la recherche universitaire contemporaine s'efforce de tirer au clair (voir BARRUCAND, 1967 ; CHERTOK et DE SAUSSURE, 1973 ; ELLENBERGER, 1970 ; LAURENCE et PERRY, 1988). Ceux qui s'intéressent aux sources trouveront un guide utile dans l'article de M. GRAVITZ (1987). En ce qui concerne les liens entre l'hypnose et la psychanalyse, nous découvrons, au moment d'aller sous presse, l'excellent ouvrage récent de CHERTOK et BORCH-JACOBSEN (1987). Plusieurs collaborateurs y réagissent à un texte de BORCH-JACOBSEN. Notons seulement un point fondamental soulevé par M. GILL (p. 87) : « L'hypnotisabilité, dans ses formes les plus profondes tout au moins, n'est pas universelle, alors que le transfert l'est. »

C'est au prix d'une interdiction qui consolide le refoulement à la frontière de l'inconscient que l'hypnose permet une plus grande liberté de manœuvre entre le conscient et le préconscient, entre l'avant-plan et l'arrière-fond psychique, entre le *mind* et le *back of the mind* auxquels s'intéressait ERICKSON. On saura par d'autres textes que ce qui se cache au delà de ce rempart insurmontable de l'hypnose, c'est l'ensemble de la mise en scène transférentielle, dont la mise à jour a donné naissance à la psychanalyse (LAVOIE, 1985a, 1985b).

Il existe en effet, dans l'hypnose, une intrication des pulsions d'amour et d'agressivité latentes qui se reconnaît déjà dans les questions que posent les patients, quand on leur en donne l'occasion : « Me souviendrai-je de ce que j'aurai dit et fait sous hypnose ? Pouvez-vous amener quelqu'un à dire et à faire, sous hypnose, quelque chose qu'il ne dirait ou ne ferait pas autrement ? Qu'arrivera-t-il si je ne m'éveille pas ? Est-il possible d'hypnotiser quelqu'un contre son gré ? Peut-on pousser quelqu'un à commettre un crime sous hypnose ? »

Il faut entendre ces questions dans leur vrai sens : « Si je m'abandonne à vous, pouvez-vous m'assurer que vous n'abuserez pas du pouvoir que je vous confère ? » Ou encore : « N'est-il pas possible que mon désir vous place dans une situation délicate ? »

Ces questions montrent que la seule évocation de l'hypnose fait déjà surgir à la conscience du sujet des fantasmes de viol, d'abus de pouvoir, de séduction, de domination et de soumission, de sadisme et de masochisme, d'exhibitionnisme et de voyeurisme, de dépendance, de passivité ; fantasmes qui touchent aussi la vérité et le mensonge, la fraude et la simulation, la spoliation possible de la liberté et de la raison. Avant de se soumettre à l'hypnose, par ses questions, le sujet sonde les fantasmes de l'hypnotiseur. On voit tout de suite la dynamique de la projection et de l'introjection qui va jouer un rôle si fondamental dans l'hypnose : « Sont-ce là *mes* désirs ou ceux de *l'autre* ? »

Que cette infrastructure pulsionnelle trouve son écho en la personne de l'hypnotiseur est parfaitement illustré dans le témoignage d'un psychanalyste, rapporté par GILL et BRENMAN (1959, p. 93) :

J'ai abandonné le recours régulier à l'hypnose très tôt dans ma carrière, parce que je suis conscient du fait que pour moi, personnellement, c'était une situation non hygiénique. Sans entrer dans les détails, je peux dire maintenant que ma décision d'hypnotiser un homme était ultimement motivée, et j'en avais une conscience presque immédiate, par quelque impulsion quasi sadique de le dominer. Tandis qu'avec les femmes, la situation se présentait plutôt sous forme d'impulsion érotique. Par conséquent, en ce qui touche mon économie psychique, je dois considérer l'hypnose comme une mise en acte dont les ramifications dépassent même les phénomènes conscients que j'ai énoncés.

On observe d'autres fantasmes : celui, par exemple, d'une régression aux premiers stades de l'enfance, dans l'espoir d'une part de retrouver la pleine jouissance de la toute-puissance maternelle et d'autre part de clarifier les ambiguïtés du désir qui régissait cette étrange union. Déjà, dans cette perspective, FERENCZI (1909) avait distingué des hypnoses maternelle et paternelle. C'est un fait reconnu que la dépendance et la conduite parfaitement obéissante du sujet hautement hypnotisable sont de nature à alimenter le narcissisme et la toute-puissance de l'hypnotiseur.

Dans la mesure où l'hypnotiseur serait incapable de reconnaître ces dynamismes en lui-même et la manière dont le sujet l'aiguillonne subtilement par sa demande même d'hypnose, on voit mal comment le recours à l'hypnose clinique pourrait dépasser le niveau aléatoire du coup de dés.

Gardant bien à l'esprit ces ingrédients fondamentaux de l'hypnose, qui constituent peut-être l'essentiel de son pouvoir et de ses limites, le clinicien constatera que le patient se satisfait habituellement d'une réponse littérale aux questions qu'il pose : « Dans la mesure où vous voulez vous souvenir de tout, vous pourrez vous souvenir de tout. Vous ne direz et ne ferez sous hypnose que ce que vous voudrez bien dire ou faire. Vous vous "éveillerez" comme vous vous serez "endormi" si tant est que vous êtes une personne hypnotisable. Et même si vous êtes une personne hypnotisable, vous ne serez hypnotisée que si vous le voulez bien. » Ces propos reviennent à dire : « Je respecte et réaffirme votre liberté comme sujet. Ce qui m'intéresse est votre mieux-être. Je suis disposé à faire avec vous l'expérience d'une manière d'être différente, qui va peut-être vous aider à modifier votre état de façon significative et durable. »

Sous hypnose en effet, le patient devient extrêmement sensible aux attitudes fondamentales d'empathie, de respect, de bienveillance et d'authenticité, peut-être justement parce qu'il pressent ce que l'hypnose évoque de désirs moins avouables (FROMM, 1968).

46.3.2. ACTIVITÉ ET PASSIVITÉ DU MOI

À ce point-ci on peut imaginer, si on ne l'a pas déjà vécu, que la position naturelle du sujet hypnotisé en est une d'attente, d'expectative, de réceptivité, d'ouverture à l'expérience. Le sujet, dirait-on, a *envie* d'être passif, et il pourrait de fait passer des heures et des jours dans une sorte de « sommeil » continu analogue à la narcose (GILL et BRENMAN, 1959, p. 331).

Le sujet conserve cependant sa capacité de *choisir*. Il peut prendre des initiatives, même en l'absence de toute indication de la part de l'hypnotiseur (SHEEHAN et McCONKEY, 1982), à fortiori si on lui fait prendre conscience de cette capacité d'action retrouvée. On voit ainsi se dessiner la toile de fond de toute expérience hypnotique : celle de la passivité ou de l'activité du Moi (FRANKEL, 1976 ; FROMM, 1972 ; FROMM et HURT, 1980).

Pour travailler efficacement sous hypnose, le Moi doit être actif et assez bon médiateur. Il doit être capable d'un renoncement qui peut aller, comme on le verra, jusqu'au renoncement à l'hyp-

nose elle-même. Il doit être capable, si nécessaire, d'aborder et de métaboliser le conflit sans recours excessif à la dépendance, au déni, au clivage, à l'idéalisation et à la dévaluation. *Le défi fondamental de l'hypnose est de sauvegarder l'activité médiatrice du Moi dans un contexte où l'appel à la passivité est extrêmement fort.*

46.3.3. NATURE DE LA DEMANDE

Un dernier critère réside dans le caractère plus ou moins « raisonnable » de la demande du sujet et de la réponse envisagée. Dans le domaine de la psychopathologie, l'effet thérapeutique de l'hypnose n'est *pas nécessairement* lié à l'hypnotisabilité. Par exemple, le déprimé chronique, le schizophrène halluciné, celui qui souffre d'une névrose obsessionnelle grave, tel homme, telle femme par ailleurs bien établis dans la vie, mais qui traînent des conflits interpersonnels anciens, ou des sentiments profonds d'infériorité, de culpabilité, de doute et d'incertitude, se leurrent s'ils viennent à penser que l'hypnose pourra les libérer *facilement* de leurs conflits. Dans de tels cas, l'hypnose pourrait éventuellement contribuer au processus thérapeutique, mais ne saurait d'aucune façon tenir lieu de thérapie. Encore faudra-t-il que le thérapeute se soit assuré que le recours à l'hypnose ne constitue pas une manœuvre d'évitement ou de diversion pure et simple, auquel cas l'échec est certain à moyen terme, même si on obtient quelque gain immédiat.

De même, la perspective sera différente selon qu'il s'agit pour le clinicien de résoudre un problème psychopathologique, d'éclairer un problème situationnel, ou plutôt d'aider ou de soulager un malade atteint d'une maladie physique.

La maladie s'accompagne d'anxiété, de souffrance et d'un sentiment d'impuissance souvent extrême. Beaucoup de patients hypnotisables, quelle que soit leur maladie, peuvent, grâce à l'hypnose, retrouver leur sens de la maîtrise, réduire leur angoisse et atténuer leur souffrance. L'ouvrage de

HILGARD et LEBARON (1984) sur l'assistance hypnotique aux enfants cancéreux est l'une des démonstrations les plus éloquentes de cette utilisation optimale des potentiels individuels qui, par ailleurs, s'appuie solidement sur la recherche de laboratoire.

46.3.4. CHOIX D'UNE APPROCHE

L'allure que prendra la relation hypnotique va dépendre des caractéristiques de la demande (ORNE, 1980), c'est-à-dire de ce que patient et clinicien considèrent comme exigences spécifiques de la situation, qu'il s'agisse des exigences manifestes ou latentes.

À un extrême, on trouvera des hypnoses où le thérapeute parle continuellement, avec un tempo pacifiant, utilisant à profusion la métaphore et l'évocation, cependant que le sujet consent à se laisser en quelque sorte modeler par tout ce que ce discours éveille en lui (ERICKSON, ROSSI et ROSSI, 1976). À l'autre extrême, on trouvera des hypnoses où le thérapeute se tait après avoir donné la parole au patient et n'intervient que pour aider le patient à surmonter ses blocages associatifs. Dans cette condition, le patient a le sentiment d'une très grande ouverture au préconscient et à son histoire passée, et d'une grande facilité d'association. L'affect est omniprésent et va se traduire sporadiquement par d'intenses abréactions. Cette méthode représente en fait l'étape charnière du passage de la technique hypnotique à la technique psychanalytique proprement dite (FREUD, 1900).

Si cette méthode hypno-analytique est utilisée au long cours, les résistances usuelles ne manqueront pas de se faire sentir (par exemple résistance de transfert, résistance du Surmoi, compulsion de répétition, gain secondaire de la maladie). Il faudrait ajouter une résistance plus spécifique liée à la dépendance et au gain secondaire de l'hypnose elle-même. Dans la névrose de transfert, le patient pourra par exemple reprocher au thérapeute de ne

pas l'aider assez et lui laisser entendre, avec plus ou moins de vigueur, qu'il pourrait, compte tenu de sa maîtrise de l'hypnose, lui faciliter la tâche davantage. De son côté, le thérapeute aura à composer avec cette donnée additionnelle. On voit qu'il y a place ici pour la clarification, la confrontation, l'interprétation, la construction, et que le renoncement possible à l'hypnose, quand elle en vient à servir d'alibi, n'est pas à exclure. Notons seulement qu'il y a des personnes qui paraissent tirer plus de profit de cette approche que de toute autre (voir 46.4.4.), dans la mesure où l'on parvient à mettre l'hypnose au service de l'adaptation plutôt que de la défense.

Entre ces deux pôles, il existe une vaste gamme de dialogues possibles, où la suggestion va jouer un rôle plus ou moins prononcé, selon la référence théorique de chacun, la nature du problème, l'objectif poursuivi et les phénomènes hypnotiques sur lesquels on s'appuie.

Ainsi, le recours à l'hypnose peut s'inscrire dans le cadre de la psychanalyse, des psychothérapies d'inspiration analytique, des thérapies phénoménologiques et existentielles, des thérapies comportementales et de la médecine psychosomatique (BAKER, 1987 ; BOURGEOIS, 1981 ; BROWN et FROMM, 1986, 1987 ; FRANKEL, 1987 ; FROMM, 1987 ; SPINHOVEN, 1987).

C'est pourquoi le terme « hypnothérapie » ne peut désigner, à l'heure actuelle, qu'un ensemble assez hétérogène de techniques. Des dénominations comme « hypnothérapeute » ou « hypnologue » peuvent prêter à confusion, d'autant plus qu'elles sont souvent revendiquées par des personnes sans formation médicale ou psychologique suffisante. Ces termes peuvent laisser entendre que la pratique de l'hypnose clinique reposerait sur un corpus unifié de connaissances distinct de celui des disciplines psychologiques et médicales constituées, ce qui n'est pas le cas. Quoi qu'il en soit, le terme « hypnothérapie » est en voie de passer dans l'usage courant, à mesure que le domaine tend à préciser ses limites et à s'unifier.

Ce qu'il importe de retenir, c'est que, aux fins de la clinique, l'hypnose est un mode de relation, non un système général de thérapie, et que le clinicien peut y recourir comme *adjuvant* dans la conduite de son activité thérapeutique normale.

46.4.
INDICATIONS CLINIQUES

46.4.1. CONDITIONS MÉDICO-PSYCHOLOGIQUES DIVERSES

La recherche expérimentale, en amenant typiquement le sujet hypnotisé à imaginer un effet physiologique, ou à imaginer fortement être dans une situation susceptible de produire l'effet recherché, a mis en évidence une certaine action de l'hypnose sur le rythme cardiaque et sur les fonctions respiratoires, vasomotrices, génito-urinaires, gastrointestinales. L'hypnose agit sur la température orale ou la température superficielle de la peau, sur la conductance électrodermale, sur la transpiration. L'induction s'accompagne souvent de modifications transitoires du schéma corporel, que le clinicien peut explorer dans la période de transe. Les paralysies, les contractures, les catalepsies et les spasmes divers sont des phénomènes classiques de l'hypnose.

Parfois, un changement d'attitude du Moi peut faire une grande différence. Un collègue neuropsychologue m'amena par exemple un jeune patient atteint de la maladie de WILSON qui avait toutes les peines du monde à marcher, à s'asseoir, à se lever, à se faire entendre. Une séance d'hypnose lui permit d'améliorer substantiellement son contrôle moteur dans la vie quotidienne.

Des études contrôlées ont démontré l'utilité de l'hypnose comme technique d'appoint dans le traitement des migraines, de l'asthme, des douleurs aiguës ou chroniques, surtout quand la douleur a une cause organique bien identifiée. La littérature clinique montre que, dans toutes les spécialités médicales, une partie de la clientèle est susceptible de tirer profit de l'hypnose (psychosomatique, anesthésiologie, cardiologie, gastro-entérologie, urologie, obstétrique et gynécologie, dermatologie, oncologie, pédiatrie, médecine dentaire), (BOWERS, 1976 ; BROWN et FROMM, 1987 ; BURROWS et DENNERSTEIN, 1980 ; CLARKE et JACKSON, 1983 ; CRASILNECK et HALL, 1985 ; FRANKEL, 1976 ; GARDNER et OLNESS, 1981 ; KROGER, 1963 ; KROGER et FEZLER, 1976 ; TURK, MEICHENBAUM et GENEST, 1983). Notons enfin que les allégations selon lesquelles l'hypnose agirait sur le système immunitaire et modifierait par exemple l'évolution du cancer sont dépourvues de preuve scientifique (FRANKEL, 1987).

Si l'on examine la question *sous l'angle de la nomenclature psychiatrique*, on peut distinguer six grandes classes.

46.4.2. PROBLÈMES NÉVROTIQUES, D'ADAPTATION OU D'HABITUDE : INTERVENTIONS HYPNOTIQUES PONCTUELLES

On trouve, dans cette première catégorie, des patients pour qui le cadre hypnotique suffit à lever définitivement le symptôme en quelques séances, parfois en une seule. Ces patients ne sont ni naïfs ni crédules. Ils sont souvent très raffinés sur le plan des rapports intersubjectifs, sensibles à ce qui se joue dans une relation, au delà des mots. Ce sont des gens capables d'une démarche introspective et reconstructive, mais qui n'en ont pas le goût ou les moyens à ce moment-ci de leur vie, et qui, typiquement, veulent mettre au service de leur adaptation tout changement de manière d'être qui résulterait de la résolution du symptôme. Souvent, ces personnes pressentent la signification inconsciente du symptôme, mais c'est comme si elles voulaient se contenter de cette « préconnaissance », tout en laissant entendre qu'elle suffirait à liquider le symptôme. Bref, pour revenir à nos critères, l'atteinte psychopathologique, bien que souvent aiguë, n'est pas grave : le Moi est actif et relativement fort ; la demande est raisonnable et on peut espérer, par l'hypnose, une amélioration substantielle ou une rémission définitive.

OBSERVATIONS

Nous avons rencontré ici des cas de la lignée hystérique, soit du côté de la conversion (300.11)* : aphonie, paralysie, spasmes œsophagiens consécutifs à une hernie hiatale déjà réduite par chirurgie, soit du côté de la phobie bénigne (300.29). Les cas de conversion étaient corollaires à des stress récents : mariage, perte d'emploi ou maladie du conjoint, opération chirurgicale, fracture par ailleurs bien guérie. Un examen de contrôle après 4 ans dans le cas des phobies, et de 8 à 14 ans plus tard dans le cas des réactions de conversion révèle une rémission complète, sans substitution de symptôme. Tous les cas, sauf un, avaient été traités en une seule séance variant de 25 minutes à deux heures.

Si certaines phobies cèdent à l'hypnose, d'autres y sont résistantes. On doit examiner soigneusement la fonction du symptôme, la structure de la personnalité et les conséquences possibles d'une attaque du symptôme sur le tableau clinique d'ensemble. FRANKEL (1976) a présenté une analyse nuancée de cette question.

La littérature rapporte de nombreux exemples de traitements très brefs dans des cas variés d'inhibitions excessives ou de blocages sur le plan de la sexualité, du travail, des habitudes alimentaires, de certaines toxicomanies (par exemple le cas de ces 20 ou 25 % de fumeurs qui cessent définitivement de fumer après une seule séance d'hypnose), de problèmes situationnels d'adaptation nécessitant une remise en contrôle du Moi chez des individus ayant par ailleurs une bonne capacité d'adaptation.

---

* Les numéros entre parenthèses correspondent aux catégories diagnostiques du DSM-III.

46.4.3. PROBLÈMES NÉVROTIQUES, D'ADAPTATION OU D'HABITUDE : L'HYPNOSE COMME PORTE D'ENTRÉE EN PSYCHOTHÉRAPIE

Une deuxième catégorie de cas ressemble à la première en ce qui concerne la résolution hypnotique du symptôme. L'hypnose suffit à contrôler le symptôme, mais contrairement à ce qui se passe dans la première catégorie, ne le liquide pas complètement. En général, la fonction du symptôme est plus complexe que dans le premier cas, et sa résolution par l'hypnose conduit à la formulation nouvelle, en mots, des aspects latents de la demande initiale. Cette « nouvelle » demande, qui traduit en mots ce que le symptôme exprimait sur le plan psychophysiologique, se rapporte spécifiquement au statut du sujet sur le plan du travail et de l'amour.

OBSERVATIONS

Nous avons rencontré ici : a) des cas de vaginisme (306.51) ; b) des cas d'anorgasmie (302.73) ; c) des cas de névrose d'angoisse sans structuration phobique avec inhibition au travail (300.01, 309.23) ; d) des cas de névrose d'angoisse avec composantes psychosomatiques et perte d'appétit sexuel (300.01, 300.81, 302.710) ; e) des problèmes d'adaptation à la vie conjugale avec dépression et anxiété (309.00, 309.24) ; f) des troubles du langage parlé en situation de groupe (307.21, 300.23). Dans la plupart de ces cas, le symptôme visé était résorbé après 2 à 10 séances d'hypnose, mais la modification du tableau symptomatique a soulevé une demande immédiate de psychothérapie, qui a duré de 3 mois à 3 ans selon les cas. Les examens de contrôle se sont étalés ici sur une période variant de 10 à 16 ans, et il n'y a pas de doute que l'hypnose a constitué, dans la plupart de ces cas, la plaque tournante d'un changement personnel majeur.

Parmi les exceptions, notons le cas d'une jeune femme chez qui une thérapie hypnotique centrée notamment sur la maîtrise de l'angoisse et du dégoût de certains aliments avait donné des résultats satisfaisants, mais qui est revenue 8 ans plus tard avec un syndrome de panique et de dépression majeure nécessitant une aide psychiatrique et psychothérapique importante. L'épreuve de RORSCHACH suggérait fortement, dans ce deuxième temps, un diagnostic d'état limite (301.83).

Enfin, l'hypnose peut contribuer de façon significative à la psychothérapie des névroses hystériques de type dissociatif (300.12-300.14).

46.4.4. TROUBLES DE LA PERSONNALITÉ ET ÉTATS LIMITES

Divers facteurs font qu'une modification substantielle de la condition du Moi, dans les troubles de la personnalité (301.00-301.89), est une entreprise considérable pour tout clinicien. Les blessures affectives profondes, le clivage du Moi, la tendance à l'idéalisation et à la dévaluation que l'on observe en particulier dans les états limites, le maintien de l'épreuve de réalité et le caractère répétitif et compulsif de la conduite et des efforts que fait le patient pour s'adapter, la sorte de « guerre civile » qui se joue sur la scène psychique, la dépressivité et l'épuisement, les problèmes de la relation d'objet et de l'intériorisation, les profonds besoins de dépendance, tous ces éléments posent souvent un dilemme sur le plan thérapeutique. Si le patient peut avoir besoin de psychothérapie sa vie durant, comme l'ont noté KERNBERG et BERGERET, il arrive qu'il ne puisse pas tirer assez de profit d'une thérapie en face-à-face pour pouvoir y demeurer, ni tolérer l'austérité du cadre analytique.

L'induction hypnotique permet à plusieurs cas limites d'accéder à un état d'esprit qui ne leur paraît pas accessible autrement, sinon par l'usage de certaines drogues : l'expérience affective, le souvenir, l'association, l'introspection sont facilitées, de sorte que le patient éprouve, dans le processus de la psychothérapie sous hypnose, un sentiment accru d'unité intérieure, de maîtrise et d'authenticité.

OBSERVATIONS

Nous avons travaillé avec quelques cas limites sur une période de plusieurs années. Comme en fait foi la littérature autant que notre expérience personnelle, ces patients en viennent parfois à l'hypnose après avoir tout essayé : Gestalt-thérapie, thérapie jungienne, groupes de croissance, un ou deux essais de psychanalyse, thérapie analytique. La méthode hypno-analytique décrite plus haut (46.3.4.) convient bien à certains de ces patients, en leur fournissant à la fois l'atmosphère protectrice et réconfortante dont ils ont besoin, et une possibilité de reconstruction et de réparation à la mesure de leur capacité (BAKER, 1983 ; COPELAND, 1986 ; SCAGNELLI, 1980).

46.4.5. NÉVROSES GRAVES, CAS FRONTIÈRES, PSYCHOSES PSEUDO-NÉVROTIQUES

Une quatrième catégorie de cas ressemble à la seconde (46.4.3.) en ce sens que le sujet peut obtenir certains bénéfices à partir de l'hypnose, mais d'une part il est incapable de liquider le symptôme, contrairement à la première catégorie (46.4.2.), et d'autre part il est incapable de passer au régime symbolique, comme le font efficacement les patients du deuxième groupe (46.4.3.) et, plus péniblement, ceux du troisième groupe (46.4.4.). Dans la plupart des cas, on découvre ici un sujet rivé à une attitude expiatoire, qu'il se situe dans le registre névrotique, avec soumission incoercible du Moi aux impératifs du Surmoi, ou dans le registre psychotique, avec alors clivage du Moi et double attitude du Moi à l'endroit de l'hypnose même, qui lui fait dénier d'un côté ce qu'il observe de l'autre.

OBSERVATIONS

Nous avons observé ici : a) des délires paranoïdes (297.90) masqués sous une forte composante phobique ; b) des cas d'agoraphobie extrême (300.21) avec des rituels contraphobiques très systématisés et une méfiance profonde ; c) des cas de panique avec phobies multiples et changeantes témoignant d'un Moi très peu affirmé ; d) des cas de dépersonnalisation avec sentiment de possession (300.60, 300.15) et avec une grande rigidité de « l'emprise » qui s'opposait à tout essai de dissolution ; e) des cas apparents de conversion (300.11) bien compensés financièrement par les services publics, et où le patient ne venait en consultation que pour faire taire son neurologue, tant il était convaincu d'une atteinte neurophysiologique irréversible en dépit des résultats négatifs des expertises médicales et neurologiques ; f) des cas de névrose obsessionnelle (300.30) très ritualisés avec perte substantielle de la fonction du réel. Dans tous ces cas, l'apport de l'hypnose au traitement a été très limité, sinon nul.

46.4.6. PSYCHOSES FRANCHES, SCHIZOPHRÉNIES

On a cru longtemps que les psychotiques, et en particulier les schizophrènes, ne pouvaient être hypnotisés, en raison de leurs troubles d'attention. La recherche contemporaine démontre au contraire, chez ces patients, des distributions de l'hypnotisabilité qui se comparent aux distributions normales (LAVOIE et ELIE, 1985 ; PETTINATI, 1982). Toutefois, à l'intérieur des échantillons de malades, on observe (études transversales) que l'hypnotisabilité est d'autant plus élevée que les troubles formels de la pensée sont moins importants (LAVOIE, SABOURIN, ALLY et LANGLOIS, 1976 ; SPIEGEL et SPIEGEL, 1978).

L'hypnotisabilité a une valeur pronostique : on a observé (études longitudinales) que, chez des schizophrènes suivis sur une période de 10 à 17 ans, l'hypnotisabilité augmente quand les troubles formels de la pensée diminuent, et qu'elle diminue quand les troubles formels de la pensée augmentent (LAVOIE, MICHAUD, ELIE, AMAR, 1987). Enfin, dans la schizophrénie, une hypnotisabilité élevée augmente significativement la probabilité que le patient obtienne son congé de l'hôpital dans les 10 à 17 années qui suivent (MICHAUD, LAVOIE, ELIE,

AMAR, 1987). La valeur pronostique de l'hypnotisabilité a pu être observée aussi dans d'autres conditions psychopathologiques moins graves, que l'hypnose ait fait, ou non, partie du traitement.

Il existe maintenant, dans le secteur de l'hypnose chez les schizophrènes, une bonne base de données cliniques et expérimentales, revues par LAVOIE et SABOURIN (1980). Parmi les études classiques de psychothérapie sous hypnose avec des malades souffrant de schizophrénie, notons celles de WOLBERG (1964) et de BIDDLE (1967). L'hypnose peut aussi être utilisée de façon ponctuelle chez certains schizophrènes.

OBSERVATION

Nous avons, dans le cours d'une psychothérapie de 6 ans menée auprès d'un schizophrène (295.3), utilisé une fois l'hypnose et la régression temporelle pour découvrir la relation mère - enfant sous un angle nouveau, beaucoup plus nuancé que le stéréotype auquel le patient était resté fixé depuis toujours. L'influence de cette brèche, inspirée de WOLBERG (1967) a été considérable sur l'évolution de la thérapie et sur les relations ultérieures de ce patient, qui vit à l'extérieur de l'hôpital depuis 16 ans.

46.4.7. TROUBLES AFFECTIFS

S'il existe des données sur l'intégration de l'hypnose au traitement des dépressions névrotiques, les données sont par contre peu nombreuses dans le cas des dépressions graves et encore moins dans le cas des états maniaco-dépressifs. L'hypnose est contre-indiquée dans les cas de dépression majeure où l'on observe un risque suicidaire sérieux, sauf peut-être si l'intervention se limite au cadre hospitalier (BURROWS et DENNERSTEIN, 1980, chapitre 10 ; CRASILNECK, 1980).

Dans chaque cas de dépression grave, le risque de mise en acte doit être exploré « en pleine lumière », et c'est pourquoi l'hypnose doit être utilisée avec la plus grande prudence. Cela dit, on observe que, dans les dépressions névrotiques pleinement reconnues et assumées par le sujet, l'intégration de l'hypnose à la psychothérapie peut fournir au patient une source spéciale d'espoir et de confiance : l'hypnose permet notamment de démontrer au patient que les liaisons de l'affect et de la représentation ne sont ni totalement anarchiques, ni immuables.

46.5.
DANGERS DE L'HYPNOSE

S'il s'agit simplement de produire l'hypnose et de mesurer l'hypnotisabilité en laboratoire auprès de sujets pleinement volontaires et avec des méthodes standardisées d'induction et de mesure, on observe des effets secondaires mineurs et de courte durée chez 2 à 3 % des sujets : léger engourdissement, ralentissement, léger étourdissement, maux de tête. L'avantage pour le thérapeute débutant d'étudier les échelles standardisées (outre l'avantage de leurs qualités métrologiques) est qu'elles encadrent à peu près parfaitement les effets imprévus du transfert, même dans des échantillons de névrotiques et de psychotiques. Elles sont fortement recommandées d'abord comme apprentissage initial, ensuite comme méthode courante de mesure de l'hypnotisabilité.

Dès que l'on s'écarte de cette standardisation pour s'engager dans une activité diagnostique ou thérapeutique, le transfert et le contre-transfert peuvent réserver des surprises. Dénier que l'hypnose puisse alors présenter des dangers serait dénier l'existence de l'agressivité inconsciente et de la fonction régulatrice du symptôme.

46.5.1. DU CÔTÉ DU PATIENT

On a rapporté des cas de réaction dissociative, de conversion hystérique, de panique homosexuelle, de réaction psychotique aiguë. Les traitements reconnus pour les cas de dépression suicidaire et de psychose latente ont une primauté absolue sur l'utilisation de l'hypnose, qui est généralement contre-indiquée à ce moment-là.

De même, la suppression de la douleur par hypnose, quand elle est possible, et, en somme, toute intervention reliée à une maladie physique, doit être absolument subordonnée au diagnostic médical, en raison du risque d'obscurcir le tableau clinique, d'engendrer des complications et de compromettre le cours du traitement.

46.5.2. DU CÔTÉ DU PROFESSIONNEL

Pour toutes ces raisons, il est nécessaire que le professionnel (médecin, psychologue, dentiste), avant même de se demander ce qu'il peut faire *avec* l'hypnose, se questionne sur ce qu'il peut faire *sans* l'hypnose. Celui qui s'engagerait dans l'hypnose clinique sans formation préalable suffisante en psychopathologie, en psychologie dynamique et en psychothérapie, s'exposerait à une série (noire) d'aléas et de bévues. Il risquerait de penser que l'hypnose lui confère un pouvoir spécial ; que l'hypnose peut compenser son manque d'expérience ; que l'hypnose lui donne un accès direct à l'inconscient ; pire, qu'elle lui permet de domestiquer l'inconscient ; que ce qui se passe sous hypnose est plus vrai que ce qui se passe à l'état de veille ; que le diagnostic préalable n'a donc qu'une importance relative ; enfin, que la demande d'hypnose venant du patient est un motif suffisant pour passer à l'acte, ce qui implique une scotomisation fatale du processus essentiel et préalable d'évaluation de la trame inconsciente, qui sous-tend la demande. Il risque aussi de promettre au patient infiniment plus que ce qu'il est réellement en mesure de lui livrer. Il risque surtout de glisser sans le savoir vers des attitudes de domination, de manipulation, de séduction, de surprotection, d'activisme ; de consolider ainsi le Moi du patient dans une attitude de passivité et d'aliénation et, surtout, de priver le patient d'une approche thérapeutique plus appropriée.

Par contre, lorsqu'elle est utilisée avec prudence, par un professionnel compétent qui en limite l'usage à son champ propre d'expertise, l'hypnose ne présente ni plus ni moins de dangers que les méthodes médicales, psychiatriques, psychologiques ou psychothérapiques auxquelles elle s'intègre.

BIBLIOGRAPHIE

AMERICAN MEDICAL ASSOCIATION
1985 « Council Report : Scientific Status of Refreshing Recollection by the Use of Hypnosis », *Journal of the American Medical Association*, vol. 253, n° 13, p. 1918-1923.

BAKER, E.L.
1983 « The Use of Hypnotic Dreaming in the Treatment of the Borderline Patient : Some Thoughts on Resistance and Transitional Phenomena », *International Journal of Clinical and Experimental Hypnosis*, vol. 31, n° 1, p. 19-27.

1987 « The State of the Art of Clinical Hypnosis », *International Journal of Clinical and Experimental Hypnosis*, vol. 35, n° 4, p. 203-214.

BARRUCAND, D.
1967 *Histoire de l'hypnose en France*, Paris, PUF.

BELLAK, L., P. FAITHORN et P.C. PLISHKA
1981 *Crises and Special Problems in Psychoanalysis and Psychotherapy*, New York, Brunner/Mazel.

BELLAK, L., M. HURVICH et H. GEDIMAN
1973 *Ego Functions in Schizophrenics, Neurotics and Normals*, New York, Wiley.

BIDDLE, W.E.
1967 *Hypnosis in the Psychoses*, Springfield, Ill., Charles C. Thomas.

BOURGEOIS, P.
1981 « L'approche hypnotique dans les psychothérapies brèves », *L'évolution psychiatrique*, vol. 56, n° 1, p. 106-127.

BOWERS, K.S.
1976 *Hypnosis for the Seriously Curious*, New York, Norton (2ᵉ éd. : 1983).

BROWN, D.P. et E. FROMM
1986 *Hypnotherapy and Hypnoanalysis*, Hillsdale, NJ, Erlbaum.

1987 *Hypnosis and Behavioral Medicine*, Hillsdale, NJ, Erlbaum.

BURROWS, G.D. et L. DENNERSTEIN
1980 *Handbook of Hypnosis and Psychosomatic Medicine*, Amsterdam, Elsevier/North-Holland Biomedical Press.

CHERTOK, L.
1983 « Psychoanalysis and Hypnosis Theory : Comments on Five Case Histories », *American Journal of Clinical Hypnosis*, vol. 25, n° 4, p. 209-224.

CHERTOK, L., M. BORCH-JACOBSEN *et al.*
1987 *Hypnose et psychanalyse*, Paris, Dunod.

CHERTOK, L. et R. DE SAUSSURE
1973 *Naissance du psychanalyste*, Paris, Payot.

CLARKE, C.J. et A.J. JACKSON
1983 *Hypnosis and Behavior Therapy : The Treatment of Anxiety and Phobias*, New York, Springer.

COPELAND, D.R.
1986 « The Application of Object Relations Theory to the Hypnotherapy of Developmental Arrests : The Borderline Patient », *International Journal of Clinical and Experimental Hypnosis*, vol. 34, n° 3, p. 157-168.

CRASILNECK, H.B.
1980 « Clinical Assessment and Preparation of the Patient », *Handbook of Hypnosis and Psychosomatic Medicine* (G.D. Burrows et L. Dennerstein, édit.), Amsterdam, Elsevier/North-Holland Biomedical Press, p. 105-116.

CRASILNECK, H.B. et J.A. HALL
1985 *Clinical Hypnosis : Principles and Applications*, 2ᵉ éd., New York, Grune & Stratton.

ELLENBERGER, H.
1970 *The Discovery of the Unconscious*, New York, Basic Books.

ERICKSON, M.H., E.L. ROSSI et S.I. ROSSI
1976 *Hypnotic Realities : The Induction of Clinical Hypnosis and Forms of Indirect Suggestion*, New York, Irvington.

FERENCZI, S.
1909 « Introjection and Transference », *Sex in Psychoanalysis*, New York, Brunner, 1950, p. 35-93.

FRANKEL, F.H.
1976 *Hypnosis : Trance as a Coping Mechanism*, New York, Plenum.

1987 « Significant Developments in Medical Hypnosis During the Past 25 Years » *International Journal of Clinical and Experimental Hypnosis*, vol. 35, n° 4, p. 215-230.

FREUD, S.
1900 « The Interpretation of Dreams », *Standard Edition*, vol. 4 et 5, London, Hogarth, 1953.

1909 *Five Lectures on Psychoanalysis* (traduction de James Strachey), Harmondsworth, Middlesex, Penguin Books, 1983, p. 51, 83.

Cinq leçons de psychanalyse, à la suite de *Psychologie collective et analyse du moi* (traduction de Y. Le Lay), Paris, Payot, 1953, p. 139.

1917 *Introductory Lectures on Psychoanalysis* (traduction de James Strachey), Harmondsworth, Middlesex, Penguin Books, 1982, p. 333.

1921 « Group Psychology and the Analysis of the Ego », *Standard Edition*, vol. 18, p. 69.

FROMM, E.
1968 « Transference and Countertransference in Hypno-analysis », *International Journal of Clinical and Experimental Hypnosis*, vol. 16, p. 77-84.

1970 « Age Regression with Unexpected Reappearance of a Repressed Childhood Language », *International Journal of Clinical and Experimental Hypnosis*, vol. 18, p. 79-88.

1972 « Activity and Passivity of the Ego in Hypnosis », *International Journal of Clinical and Experimental Hypnosis*, vol. 20, p. 238-251.

1987 « Significant Developments in Clinical Hypnosis During the Past 25 Years », *International Journal of Clinical and Experimental Hypnosis*, vol. 35, n° 4, p. 215-230.

FROMM, E., D.P. BROWN, S.W. HURT, J.Z. OBERLANDER, A.M. BOXER et G. PFEIFER
1981 « The Phenomena and Characteristics of Self-hypnosis », *International Journal of Clinical and Experimental Hypnosis*, vol. 29, p. 189-246.

FROMM, E. et S.W. HURT
1980 « Ego-psychological Parameters of Hypnosis and Altered States of Consciousness », *Handbook of Hypnosis and Psychosomatic Medicine* (G.D. Burrows et L. Dennerstein, édit.), New York, Elsevier/North-Holland Biomedical Press, p. 13-28.

FROMM, E. et R.E. SHOR
1979 *Hypnosis : Developments in Research and New Perspectives* (2e éd. révisée), New York, Aldine.

GARDNER, G.G. et K. OLNESS
1981 *Hypnosis and Hypnotherapy with Children*, New York, Grune et Stratton.

GILL, M.M. et M. BRENMAN
1959 *Hypnosis and Related States : Psychoanalytic Studies in Regression*, New York, International Universities Press.

GRAVITZ, M.S.
1987 « Two Centuries of Hypnosis Specialty Journals », *International Journal of Clinical and Experimental Hypnosis*, vol. 35, n° 4, p. 265-276.

GRUENEWALD, D.E., E. FROMM et M.I. OBERLANDER
1972 *Hypnosis and Adaptive Regression : An Ego-psychological Inquiry* (E. Fromm et R.E. Shor, édit.) (1979).

HALEY, J. (édit.)
1967 *Advanced Techniques of Hypnosis and Therapy : Selected Papers of M.H. Erickson, m.d.*, New York, Grune & Stratton.

HEBB, D.O.
1975 « Science and the World of Imagination », *Canadian Journal of Psychology*, vol. 16, p. 4-11.

1980 *Essay on Mind*, Hillsdale, N.J., Erlbaum.

HILGARD, E.R.
1965 *Hypnotic Susceptibility*, New York, Harcourt Brace Jovanovich.

1977 *Divided Consciousness : Multiple Controls in Human Thought and Action*, New York, Wiley.

1979 « The Stanford Hypnotic Susceptibility Scales as Related to Other Measures of Hypnotic Responsiveness », *American Journal of Clinical Hypnosis*, vol. 21, p. 68-83.

1982 « Hypnotic Susceptibility and Implications for Measurement », *International Journal of Clinical and Experimental Hypnosis*, vol. 30, p. 194-403.

1984 *Book Review of E. Rossi (édit.). The Collected Papers of Milton H. Erickson on Hypnosis* (4 vol.), New York, Irvington, 1980. *International Journal of Clinical and Experimental Hypnosis*, vol. 32, n° 2, p. 257-265.

1987 « Research Advances in Hypnosis : Issues and Methods », *International Journal of Clinical and Experimental Hypnosis*, vol. 35, n° 4, p. 248-264.

HILGARD, E.R. et J.R. HILGARD
1975 *Hypnosis in the Relief of Pain*, Los Altos, Calif., William Kaufmann.

HILGARD, J.R.
1979 *Personality and Hypnosis : A Study of Imaginative Involvement*, 2e éd., Chicago, University of Chicago Press.

HILGARD, J.R. et S. LeBARON
1984 *Hypnotherapy of Pain in Children with Cancer*, Los Altos, Californie, William Kaufmann.

JOHNSON, L.S., S.L. DAWSON, J.L. CLARK et C. SIKORSKY
1983 « Self-hypnosis Versus Hetero-hypnosis : Order Effects and Sex Differences in Behavioral and Experiential Impact », *International Journal of Clinical and Experimental Hypnosis*, vol. 31, p. 170-181.

KARLIN, R.A.
1979 « Hypnotizability and Attention », *Journal of Abnormal and Social Psychology*, vol. 88, p. 92-95.

KIHLSTROM, J.F.
1985 « Hypnosis », *Annual Review of Psychology*, vol. 36, p. 385-417.

KIHLSTROM, J.F. et F.J. EVANS (édit.)
1979 *Functional Disorders of Memory*, Hillsdale, N.J., Erlbaum.

KROGER, W.S.
1963 *Clinical and Experimental Hypnosis*, Philadelphie, Lippincott.

KROGER, W.S. et W.D. FEZLER
1976 *Hypnosis and Behavior Modification : Imagery Conditioning*, Philadelphie, Lippincott.

LAGACHE, D.
1952 « Le problème du transfert », *Revue française de psychanalyse*, vol. 16, n° 1-2, p. 5-115.

LAURENCE, J.R. et C. W. PERRY
1981 « The "Hidden Observer" Phenomena in Hypnosis : Some Additional Findings », *Journal of Abnormal Psychology*, vol. 90, p. 334-344.

1988 *Hypnosis, Will and Memory : A Psycho-Legal History*, New York, Guilford Press.

LAVOIE, G.
1985a « The Language of Hypnosis : In Quest of the Hypnotic Subject », *Hypnosis in Psychotherapy and Psychosomatic Medicine* (Guantieri, édit.), Verona, Il Signo, Éditions post-universitaires, p. 17-30.

1985b *Hypnosis and the Unconscious*, Presidential Address, 10th International Congress of Hypnosis and Psychosomatic Medicine, Toronto.

LAVOIE, G. et R. ELIE
1985 « The Clinical Relevance of Hypnotizability in Psychosis : With Reference to Thinking Processes and Sample Variances », *Modern Trends in Hypnosis* (D. Waxman, P. Misra, M. Gibson, et M.A. Basker, édit.), New York, Plenum, p. 41-66.

LAVOIE, G., M. SABOURIN, G. ALLY et J. LANGLOIS
1976 « Hypnotizability as a Function of Adaptive Regression Among Chronic Psychotic Patients », *International Journal of Clinical and Experimental Hypnosis*, vol. 24, n° 3, p. 238-257.

LAVOIE, G. et M. SABOURIN
1980 « Hypnosis and Schizophrenia : A Review of Experimental and Clinical Studies », *Handbook of Hypnosis and Psychosomatic Medicine* (G.D. Burrows et L. Dennerstein, édit.), New York, Elsevier/North-Holland Biomedical Press, p. 377-420.

LAVOIE, G., M. MICHAUD, R. ELIE et V. AMAR
1987 « Hypnotizability as a Prognostic Index in Schizophrenia, II : The Functional Relationship Between Increasing Mastery over Autistic Thinking Disorders and Improvement in Hypnotic Response over a 10 - 17 Years Period », *International Journal of Clinical and Experimental Hypnosis*, vol. 35, n° 3, p. 179 (abstract).

MICHAUD, M., G. LAVOIE, R. ELIE et V. AMAR
1987 « Hypnotizability as a Prognostic Index in Schizophrenia, I : Prediction of Personality Improvement and Discharge Rate over a 10 - 17 Years Period », *International Journal of Clinical and Experimental Hypnosis*, vol. 35, n° 3, p. 179 (abstract).

MORGAN, A.H. et J.R. HILGARD
1978-79a « The Stanford Hypnotic Clinical Scale for Adults », *American Journal of Clinical Hypnosis*, vol. 21, p. 134-147.

1978-79b « The Stanford Hypnotic Clinical Scale for Children », *American Journal of Clinical Hypnosis*, vol. 21, p. 148-169.

MOSS, C.S.
1967 *The Hypnotic Investigation of Dreams*, New York, Wiley.

ORNE, M.T.
1979 « The Use and Misuse of Hypnosis in Court », *International Journal of Clinical and Experimental Hypnosis*, vol. 27, p. 311-341.

1980 « On the Construct of Hypnosis : How its Definition Affects Research and its Clinical Application », *Handbook of Hypnosis and Psychosomatic Medicine* (G.D. Burrows et L. Dennerstein, édit.), Amsterdam, Elsevier/North-Holland Biomedical Press, p. 29-51.

ORNE, M.T. et A.G. HAMMER
1974 « Hypnosis », *Encyclopaedia Britannica*, 15e éd., Chicago, William Benton, p. 133-140.

ORNE, M.T. et D.M. McCONKEY
1981 « Toward Convergent Inquiry into Self-hypnosis », *International Journal of Clinical and Experimental Hypnosis*, vol. 29, p. 313-323.

ORNE, M.T., W.G. WHITEHOUSE, D. DINGES et E.C. ORNE
1988 « Reconstructing Memory through Hypnosis : Forensic and Clinical Implications », *Hypnosis and Memory* (H. Pettinati, édit.), New York, Guilford Press.

PERRY, C.W. et J.R. LAURENCE
1980 « Hypnotic Depth and Hypnotic Susceptibility : a Replicated Finding », *International Journal of Clinical and Experimental Hypnosis*, vol. 28, p. 272-280.

PETTINATI, H.M.
1982 « Measuring Hypnotizability in Psychotic Patients », *International Journal of Clinical and Experimental Hypnosis*, vol. 30, p. 404-416.
1988 *Hypnosis and Memory*, New York, Guilford Press.

ROSSI, E. (édit.)
1980 *The Collected Papers of Milton H. Erickson* (4 vol.), New York, Irvington.

SACERDOTE, P.
1967 *Induced Dreams*, New York, Vantage Press.

SCAGNELLI, J.
1980 « Hypnotherapy with Psychotic and Borderline Patients : The Use of Trance by Patient and Therapist », *American Journal of Clinical Hypnosis*, vol. 22, p. 164-169.

SHEEHAN, P.W. et K.M. McCONKEY
1982 *Hypnosis and Experience : The Exploration of Phenomena and Process*, Hillsdale, N.J., Erlbaum.

SPIEGEL, H. et D. SPIEGEL
1978 *Trance and Treatment : Clinical Use of Hypnosis*, New York, Basic Books.

TURK, D.C., D. MEICHENBAUM et M. GENEST
1983 *Pain and Behavioral Medicine : A Cognitive Behavioral Perspective*, New York, Guilford.

WEITZENHOFFER, A.M.
1957 *General Techniques of Hypnotism*, New York, Grune et Stratton.

WEITZENHOFFER, A.M. et E.R. HILGARD
1959 *Stanford Hypnotic Susceptibility Scale, Forms A and B*, Palo Alto, Calif., Consulting Psychologists Press.

1962 *Stanford Hypnotic Susceptibility Scale, Form C*, Palo Alto, Calif., Consulting Psychologists Press.

WOLBERG, L.
1964 *Hypnoanalysis*, 2e éd., New York, Grove Press.

1967 « Hypnosis in Psychoanalytic Psychotherapy », *Handbook of Clinical and Experimental Hypnosis* (J.E. Gordon, édit.), New York, Macmillan, p. 260-277.

PARTIE VII

ASPECTS ADMINISTRATIFS ET LÉGAUX

CHAPITRE 47

ÉVOLUTION DES SERVICES PSYCHIATRIQUES AU QUÉBEC

GEORGES AIRD

M.D., C.S.P.Q.
Psychiatre, chef de la Clinique de psychogériatrie de l'hôpital du Sacré-Cœur de Montréal
Professeur agrégé à l'Université de Montréal

PLAN

47.1.
INTRODUCTION*

Dans la première édition de ce traité, nous nous sommes intéressé particulièrement à la **psychiatrie communautaire**, notamment au Québec. Cette appellation est moins fréquemment utilisée aujourd'hui. Pourtant, la sectorisation, élément majeur de la psychiatrie communautaire, s'est étendue à presque tout le territoire québécois. Les cliniques externes de psychiatrie (dispensaires) se sont multipliées, plusieurs d'entre elles ont quitté l'enceinte de l'hôpital pour se loger dans le secteur. D'autres ressources extrahospitalières ont vu le jour et se sont développées depuis quinze ans : appartements supervisés, foyers de groupe, centres de crise, hôpitaux de jour, communautés thérapeutiques. Les associations d'ex-malades psychiatriques ou de parents et d'amis des malades psychiatriques exercent aujourd'hui une influence indéniable sur les élus et sur l'opinion publique.

Les services et les soins psychiatriques ne sont plus désormais la chasse gardée des psychiatres et des professionnels de la santé mentale. Les planificateurs, les administrateurs et les coordonnateurs sont nombreux, à divers paliers : gestionnaires des hôpitaux, comités sous-régionaux (pour chacune des huit sous-régions montréalaises), commissions administratives des services de santé mentale (au sein des conseils régionaux), ministère de la Santé et des Services sociaux du Québec (où plusieurs directions exercent une juridiction sur les services psychiatriques), et même le gouvernement fédéral qui, en tant que source notable de financement, exerce une influence sur l'orientation des programmes. Parallèlement aux centres hospitaliers, les Centres de services sociaux (CSS) de chaque région se sont engagés dans le développement de ressources psychiatriques. Ajoutons les organismes privés,

religieux ou laïcs, qui offrent des services essentiels à une clientèle de sans-abri, de clochards et d'itinérants parmi lesquels il y a beaucoup de malades psychiatriques.

La récente crise économique a conduit à une réduction des services publics, et les services psychiatriques n'ont pas été épargnés. Les décideurs sont devenus prudents parce qu'ils savent que les services de santé et les services sociaux possèdent un potentiel de croissance illimité, surtout depuis l'apparition de technologies nouvelles et coûteuses. Ceux qui, les premiers, souffrent de la réduction des services publics sont les plus démunis de la société et, encore une fois, il se trouve parmi eux beaucoup de grands malades psychiatriques.

Enfin, on entend parler de toutes parts d'une augmentation de la demande de services psychiatriques : les soins offerts en cabinet privé sont saturés, les cliniques externes ont toutes une liste d'attente, les services d'urgence des hôpitaux sont fréquemment congestionnés, particulièrement à Montréal. Pourquoi ? On ne le sait pas très bien, quoique certains facteurs soient connus : vieillissement de la population, « psychiatrisation » de certaines clientèles (délinquants, toxicomanes), augmentation de l'incidence de certaines pathologies (troubles somatoformes, troubles anxieux, panique). Les auteurs d'une étude américaine remarquable sur les perspectives de demande de soins médicaux ont identifié la psychiatrie (chez les adultes et les enfants) comme l'un des domaines médicaux pour lesquels la demande continuera de s'accroître au cours des prochaines années.

Qu'est devenue, dans ce contexte, la **philosophie communautaire** des années 1960-1970 ? N'en reste-t-il que des oripeaux : les secteurs ? La psychiatrie québécoise a-t-elle sombré dans un pragmatisme un peu désabusé, dans un éclectisme qui se méfie des grands projets ?

Nous nous proposons de dresser un portrait actuel de la psychiatrie québécoise, de ses courants dynamiques, de ses orientations. Auparavant, nous ferons le point sur l'évolution de la psychiatrie en

---

* L'auteur remercie les docteurs Arthur Amyot et Camille Laurin, dont les précieux avis ont facilité la rédaction du présent chapitre.

France et aux États-Unis, puisque ces deux pays continuent d'influencer et d'inspirer ce qui se fait au Québec.

47.2.
ÉVOLUTION EN FRANCE

L'hôpital psychiatrique joue en France un rôle de premier ordre et constitue souvent l'axe autour duquel rayonne le dispositif de soins. Les psychiatres ne craignent pas d'œuvrer en institution, de la revivifier de l'intérieur. Cette façon de procéder peut donner l'impression que, dans ce pays, la désinstitutionnalisation se poursuit plus lentement qu'ailleurs.

La **psychiatrie de secteur,** que nous avons nommée au Québec « psychiatrie communautaire », est vivante et dynamique en plusieurs villes et régions françaises. On la trouve parfois articulée à l'hôpital psychiatrique. Elle est souvent d'orientation nettement psychanalytique. MARCEL SASSOLAS et JACQUES HOCHMANN ont créé à Villeurbanne, en banlieue de Lyon, des « lieux de vie » thérapeutiques pour malades psychotiques, où l'accent porte sur la compréhension de la réalité psychique du malade, et où l'on tente de rendre possibles des changements dans son fonctionnement mental à l'occasion de sa relation avec le soignant. Ces deux psychiatres et psychanalystes organisent aussi tous les deux ans, depuis 1981, en collaboration avec l'Université Claude-Bernard, un cours international sur la psychiatrie de secteur où se rencontrent et échangent des invités venant de France, d'Algérie, des États-Unis, de Grèce, d'Italie, de Suisse et du Québec.

En juillet 1982, les docteurs J. et M. DEMAY ont déposé un rapport intitulé *Une voie française pour une psychiatrie différente.* Ce document, demandé par le ministre de la Santé, JACK RALITE, est le résultat du travail d'un groupe d'environ trente personnes, dont plusieurs psychiatres fort connus. Les auteurs y établissent tout d'abord les principes d'une éthique de la psychiatrie, basée sur la liberté et la solidarité, le libre choix et le libre accès pour tous aux meilleurs soins, la disparition des ségrégations, le déclin des asiles psychiatriques. Puis, dans la recherche d'une voie française résolument orientée vers l'insertion sociale, ils présentent des moyens pour désinstitutionnaliser graduellement 100 000 malades psychiatriques qui absorbent 80 % du budget de santé mentale. Les auteurs soulignent toutefois le danger des solutions radicales :

> La mutation ne sera ni simple ni rapide. Il faut dire le caractère déraisonnable, démobilisateur et, à la limite, destructeur, de conduites d'impatiences, clamant l'échec quand tout n'est pas accompli en totalité et dans l'instant.

Ils proposent enfin un cadre juridique nouveau, qui donne au secteur un statut juridique ; c'est le secteur qui reçoit les crédits de financement.

47.3.
ÉVOLUTION AUX ÉTATS-UNIS

Après le discours historique prononcé par JOHN KENNEDY sur la maladie mentale et la déficience mentale, le 5 février 1963, le Congrès américain débloqua des fonds pour la création de *Community Mental Health Centers,* que l'on considéra à une époque comme le fleuron de la psychiatrie communautaire américaine. Durant la même période, des psychiatres et des psychanalystes tels que GERALD CAPLAN (Boston) et LEOPOLD BELLAK (New York) proposèrent une réflexion théorique sur la psychiatrie communautaire.

Les *Community Mental Health Centers* ne se sont jamais complètement développés à cause de restrictions budgétaires toujours croissantes. Ils ont aussi fait l'objet de critiques : on leur a reproché, entre autres choses, de ne pas avoir établi de liens avec les hôpitaux psychiatriques, d'avoir privilégié le traitement des « cas légers », de s'être passés des services de médecins, de s'être lancés dans des actions préventives discutables. La notion même de **communauté** a été contestée : il faut dire qu'on l'avait utilisée à outrance, d'une façon souvent artificielle.

La crise économique ainsi qu'un courant de conservatisme social et politique ont conduit à des diminutions des ressources humaines et financières dans les services médicaux et sociaux. Parallèlement, la désinstitutionnalisation s'est poursuivie. Le nombre de malades internés dans les hôpitaux psychiatriques est passé d'un sommet de 560 000 en 1955 à 146 000 en 1984 (une diminution de 74 %). Dans l'État de New York seulement, les malades psychiatriques hospitalisés sont passés de 93 000 en 1955 à 20 000 en 1987. Cette sortie massive des malades institutionnalisés aurait dû aller de pair avec le développement d'un nombre suffisant de ressources extrahospitalières adaptées ; les budgets n'ont cependant pas suivi le mouvement. De nombreux sans-abri se sont mis à hanter le cœur des grandes villes américaines, et on estime que 25 à 33 % d'entre eux sont des malades psychiatriques. La société américaine se demande comment concilier le droit à la liberté et le droit à la vie. Le *forcible commitment* (nous dirions « l'admission en cure fermée ») est légalement lié, comme au Québec, à la notion de « danger imminent », interprétée de façon restrictive. En octobre 1987, la ville de New York a décidé de bousculer cette règle et d'hospitaliser d'office les malades psychiatriques sans abri qui se révèlent incapables de pourvoir à leurs besoins.

Au cours des dernières années, le gouvernement américain a créé un programme intitulé *Community Support Systems* auquel peuvent faire appel les États qui le désirent. Les fonds fédéraux disponibles ne sont pas considérables et ne peuvent être obtenus que si, à la base, les administrations locales s'engagent financièrement elles aussi. Ce programme vise à procurer aux malades psychiatriques des services sociaux de soutien, à voir à ce qu'ils reçoivent à temps des soins psychiatriques adéquats, à les aider à défendre leurs droits civiques (*advocacy*). Quoique modestes, les *Community Support Systems* suscitent l'enthousiasme et l'espoir chez ceux qui se préoccupent de la qualité de vie des malades psychiatriques.

47.4.
SITUATION AU QUÉBEC

47.4.1. LA PSYCHIATRIE SUR LA SELLETTE

Pour FRANÇOISE BOUDREAU, les services psychiatriques québécois sont soumis à de constantes luttes de pouvoir, internes et externes. Elle voit trois étapes dans ces luttes au cours des années, chacune pouvant se caractériser par un slogan :
1) avant 1960, le monopole religieux : « la folie est une punition de Dieu qui ne se guérit pas » ;
2) de 1961 à 1970, l'ère des jeunes psychiatres modernistes : « la maladie mentale est une maladie comme les autres » ;
3) de 1971 à nos jours, la mainmise des technocrates, des planificateurs, des administrateurs : « la santé mentale est un droit pour tous ».

Minée de l'intérieur par des querelles d'écoles, la psychiatrie se heurte à l'extérieur, depuis quelques années, aux divers mouvements antipsychiatriques, à la méfiance des technocrates et aux inquiétudes de l'opinion publique. Depuis le milieu des années 1980 en effet, la psychiatrie québécoise a fait la manchette des journaux à plusieurs occasions, en plus d'être l'objet de diverses études commandées par le ministère de la Santé et des Services sociaux. Deux hôpitaux psychiatriques de Montréal ont dû se soumettre à des enquêtes ministérielles à la suite d'accusations portées soit par des employés soit par des bénéficiaires ou leurs parents ; ces accusations ont été largement diffusées par les médias. En 1984, pour faire suite à l'une de ces enquêtes, le ministre CAMILLE LAURIN a nommé un comité chargé d'étudier la complémentarité des services psychiatriques à Montréal. À l'été 1985, madame THÉRÈSE LAVOIE-ROUX, alors députée de l'Opposition, a présidé une commission parlementaire qui a procédé à des consultations publiques sur la question de la désinstitutionnalisation des soins psychiatriques. Quinze ans après la promulgation de la Loi sur les services de santé et les services sociaux, le doyen JEAN ROCHON a reçu du gouvernement en 1985 le mandat de réexaminer les principes et le fonctionnement de cette loi, ce qui l'a conduit à étudier aussi le fonctionnement des services psychiatriques. Parallèlement aux travaux de la commission ROCHON, le docteur GASTON HARNOIS, directeur général d'un hôpital psychiatrique, a été chargé par la ministre LAVOIE-ROUX en 1987 de présider un comité qui rédigerait un programme de politique des services de santé mentale.

De ces mouvements dynamiques, de ces contestations, de ces études et aussi — et surtout — d'un processus de maturation et de l'expérience acquise par les milliers de femmes et d'hommes qui œuvrent au sein des services psychiatriques, se sont dégagés des consensus sur des principes généraux, sur des orientations à privilégier.

47.4.2. PRINCIPES GÉNÉRAUX

Les principes généraux établis par la **Loi sur les services de santé et les services sociaux**, en l'occurrence l'**universalité**, l'**accessibilité**, la **gratuité** et la **personnalisation** des soins et des services, conservent leur pertinence et leur importance, particulièrement en psychiatrie. Le docteur JEAN ROCHON ne les a pas remis en question dans son rapport, rendu public en février 1988. Beaucoup de malades psychiatriques présentent, du fait même de leur maladie, des handicaps sociaux importants, en particulier dans une société très urbanisée, hautement compétitive, qui exige beaucoup d'autonomie de la part de ses membres. L'expérience américaine semble démontrer que, laissés à eux-mêmes, sans soins, sans soutien, sans abri, sans défenseurs, ces malades s'en vont à la dérive et mènent une vie dégradante. C'est pourquoi il est capital que tous les services psychiatriques essentiels soient immédiatement accessibles à tous et partout, qu'ils demeurent gratuits et qu'ils soient personnalisés, c'est-à-dire adaptés à chaque individu, à son milieu, à ses besoins, à sa culture propre.

47.4.3. GRANDES ORIENTATIONS

DÉSINSTITUTIONNALISATION

Comme ailleurs en Occident, la désinstitutionnalisation s'est amorcée au Québec au début des années 1960 et s'est poursuivie depuis. Aujourd'hui, les hôpitaux psychiatriques québécois hébergent environ le tiers du nombre de malades qu'on y trouvait en 1960, et il est prévu de réduire de moitié le nombre de malades qui reste. La désinstitutionnalisation s'est souvent accompagnée d'une contestation et d'une remise en question du rôle des hôpitaux psychiatriques. D'importants mouvements d'opinion ont voulu, comme en Italie, les faire disparaître complètement.

Ceux qui ont une expérience clinique de la psychose, et plus spécifiquement de la schizophrénie, savent qu'un petit pourcentage de grands psychotiques — de 5 à 10 % selon JOHN WING, de Londres — présentent des syndromes déficitaires, constitués principalement de manifestations de désorganisation et de régression, et que ces malades requièrent des traitements institutionnels de longue durée. Les hôpitaux psychiatriques ont donc un rôle notable à jouer en ce qui concerne les soins psychiatriques nécessaires à ce type de malades.

Ce rôle sera dynamique et utile si les responsables des hôpitaux (administrateurs et médecins) respectent certaines conditions. Premièrement, ils devront éviter le gigantisme des années d'antan : « *small is beautiful* ». L'**institution totale**, décrite par ERVING GOFFMAN, écrasait les individus par sa monstruosité, son totalitarisme. Deuxièmement, ils devront être rigoureux dans les critères d'admission, n'admettre que les malades qui répondent à la vocation psychiatrique de l'hôpital, ce qui implique qu'il leur faudra diriger vers d'autres ressources plus appropriées les déficients mentaux, les personnes âgées non atteintes de maladie mentale, les schizophrènes en rémission aptes à s'adapter à des ressources d'hébergement. Troisièmement, au sein de l'hôpital psychiatrique, ils verront à diversifier les programmes, à les adapter aux besoins de clientèles spécifiques et à créer des secteurs d'excellence (enseignement, recherche) qui dynamiseront l'ensemble de l'hôpital. Ces changements sont en bonne voie de réalisation dans certains hôpitaux psychiatriques, qui offrent aussi des services psychiatriques de secteur. Enfin, et ici c'est le gouvernement qui entre en scène, il faut qu'une politique globale de la santé mentale et des soins psychiatriques définisse clairement la place des hôpitaux psychiatriques dans l'ensemble du système. On devra faire en sorte que les hôpitaux psychiatriques cessent de drainer la majeure partie des budgets attribués à la psychiatrie, puisqu'une grande partie des soins psychiatriques est maintenant assumée par les hôpitaux généraux.

DÉVELOPPEMENT DE RESSOURCES EXTRAHOSPITALIÈRES

Si l'ère de la désinstitutionnalisation a débuté au Québec au cours des années 1960, le développement des ressources extrahospitalières a démarré lentement. Les toutes premières de ces ressources, les **foyers affiliés**, offraient aux malades un cadre de vie qui se distinguait bien peu de celui de l'hôpital psychiatrique : mêmes horaires, mêmes menus, insuffisance d'activités de socialisation et de réadaptation. Ces foyers ont été établis et gérés par les hôpitaux psychiatriques qui ont fait œuvre de pionniers en ce domaine, malgré les insuffisances notées.

Depuis vingt ans, et surtout au cours des dix dernières années, se sont développées des ressources plus spécifiques, mieux adaptées à la variété des problèmes présentés par les malades. Des psychiatres, tels PIERRE MIGNEAULT et ANDRÉ BLANCHET , ont créé des lieux d'hébergement et de travail pour malades psychiatriques et déficients mentaux à Québec, dans la Beauce, dans les Cantons-de-l'Est. Le docteur PAUL PHOENIX, attaché à l'hôpital Notre-Dame de Montréal, a institué il y a plus de vingt ans, rue

Rachel, la première « maison mi-chemin » (traduction littérale, à l'époque, de *half-way house*), lieu de transition entre l'unité de psychiatrie et le milieu de travail. L'hôpital Saint-Michel-Archange de Québec (maintenant hôpital Robert-Giffard) a instauré au sein d'entreprises privées des « plateaux de travail », c'est-à-dire un certain nombre d'emplois protégés destinés à des malades psychiatriques après leur sortie de l'hôpital. La plupart de ces initiatives avaient un caractère expérimental et ont cessé d'exister. Elles témoignent de l'intérêt des psychiatres et des établissements psychiatriques pour la réadaptation des malades, et elles ont influencé des initiatives ultérieures.

Plus récemment, l'hôpital Maisonneuve-Rosemont de Montréal a organisé les premiers **appartements supervisés**, un type de ressources qui est rapidement devenu un modèle pour l'ensemble de la province, particulièrement en milieu urbain. Ces appartements, au nombre de dix à vingt dans un même immeuble, sont situés dans le secteur de l'hôpital et ne sont identifiés d'aucune façon qui pourrait donner prise à la discrimination. Les malades qui y demeurent sont encadrés par une personne-ressource présente trente-cinq heures par semaine dans un appartement communautaire et dont le rôle consiste à répondre à leurs demandes d'aide, à les aider à résoudre leurs crises, à catalyser leurs rapports sociaux et à maintenir la communication avec les soignants. Les appartements supervisés fonctionnent avec des budgets minimes et s'avèrent un type de ressource qui convient bien à des malades porteurs de pathologies lourdes, souvent méfiants envers l'entourage et qui apprécient la possibilité de jouir d'un lieu de vie qui leur est propre, sans partage et sans intrusion.

On a mis en place par la suite quelques **foyers thérapeutiques** (telle la Chrysalide à Montréal) et des **centres de crise**, dont nous parlerons plus loin. Quant aux **hôpitaux de jour**, ils sont trop peu nombreux mais ils se révèlent remarquablement utiles. Mentionnons particulièrement l'hôpital de jour de l'hôpital du Haut-Richelieu (à Saint-Jean-sur-Richelieu), mis en place à la suite d'un incendie qui a détruit l'unité de soins psychiatriques de cet hôpital général régional et qui, sans être une ressource extrahospitalière au sens strict, joue pleinement le rôle d'une alternative à l'hospitalisation psychiatrique traditionnelle et permet le maintien de contacts avec la famille et le monde extérieur.

Le sort des malades psychiatriques est probablement moins tragique au Canada et au Québec qu'aux États-Unis, parce que les programmes sociaux sont plus généreux et plus universels. Ici comme ailleurs cependant, la question de la désinstitutionnalisation est loin d'être réglée. La vie en société impose aux malades psychiatriques des contraintes qu'ils sont souvent incapables de surmonter. Les familles sont plus petites, les femmes sont moins présentes à la maison, les valeurs sociales dominantes sont axées sur le travail, l'ambition, la compétition, l'autonomie. Cet univers est une jungle pour beaucoup de malades psychiatriques. Les laisser s'y débrouiller seuls, c'est les pousser vers l'anomie, les rendre vulnérables à de nombreuses formes d'exploitation, les voir se concentrer dans les quartiers les plus pauvres. C'est aussi les exposer à de nombreuses formes de déviance sociale : petite criminalité, alcoolisme, toxicomanies diverses. Même si la plupart de ces malades sont traités en clinique externe de psychiatrie et reçoivent des neuroleptiques, peut-on dire que leur sort s'est amélioré significativement depuis l'époque des asiles ? Les ghettos des quartiers pauvres ne constituent-ils pas, trop souvent, des asiles extramuros ?

Il est impératif qu'on poursuive le développement de ressources extrahospitalières variées, adaptées aux besoins des malades et aptes à suppléer à leurs handicaps sociaux. Le traitement doit conserver sa place et son importance et ne pas céder la place à une compréhension uniquement sociale de la maladie. Le traitement et le soutien social doivent être conçus l'un en fonction de l'autre dans une perspective globale, c'est-à-dire bio-psychosociale.

47.4.4. COHÉRENCE DE L'ENSEMBLE DES SERVICES PSYCHIATRIQUES

En dépit des crises, des contestations, des remises en question, nous avons démontré que le système psychiatrique québécois reste fidèle, depuis environ vingt-cinq ans :
— à des principes généraux qui sont l'**universalité**, l'**accessibilité**, la **gratuité** et la **personnalisation** des services ;
— à de grandes orientations qui sont la **désinstitutionnalisation** des malades, le développement de **ressources extrahospitalières** d'hébergement, de réadaptation, de retour au travail, d'alternative à l'hospitalisation.

Ce système présente par ailleurs des vices de cohérence qui tiennent aux tensions internes et externes dont nous avons fait état, à l'absence d'une théorie unique qui permettrait de comprendre et de traiter la maladie mentale, et aussi à des problèmes d'organisation : développement rapide et parfois mal orchestré des services, défaut de complémentarité, insuffisance de l'évaluation. Sans traiter de chacun de ces points, nous allons décrire un modèle d'organisation des services psychiatriques qui a été souvent proposé ces dernières années et qui semble en voie de réalisation.

SECTORISATION

La sectorisation fait maintenant partie intrinsèque de la réalité psychiatrique au Québec, et elle est certainement là pour rester. Elle est connue et acceptée par les administrations hospitalières, les services sociaux, les services d'urgence, les corps de police, les tribunaux. Elle s'avère particulièrement utile en milieu urbain, où elle permet d'assurer à tous des services de base, à une adresse précise.

Elle présente toutefois certains aspects problématiques. Elle n'est inscrite de façon spécifique dans aucune loi ni aucun règlement (même si d'autres types de services de santé sont sectorisés) et certaines personnes croient encore qu'elle s'oppose à la garantie de libre choix inscrite dans la loi. De plus, en milieu urbain, les frontières des secteurs apparaissent parfois arbitraires. À Montréal surtout, on constate un défaut de correspondance entre la grille des secteurs psychiatriques et une multitude d'autres grilles existantes, y compris à l'intérieur même des services de santé. Les secteurs de psychiatrie des adultes ne concordent pas avec les secteurs de psychiatrie des enfants et des adolescents. Des efforts considérables ont été consacrés à l'étude de ce problème, et il faut espérer qu'on arrivera à des solutions heureuses, conçues en fonction des populations plutôt qu'en fonction des établissements.

SERVICES DE PREMIER NIVEAU

Lors de la réorganisation de 1970, on a subdivisé les services de santé et les services sociaux du Québec en deux niveaux :

1) les Centres locaux de services communautaires (CLSC) — services médicaux et sociaux généraux ;
2) les hôpitaux et les Centres de services sociaux (CSS) — services médicaux ou sociaux spécialisés.

Les CLSC ont donc reçu le mandat de jouer un rôle de porte d'entrée du système médical et social et d'offrir les services courants. Il y a eu un certain flottement dans la définition de ce rôle et le développement des CLSC s'est fait lentement. En 1988, le réseau n'est pas encore complété. En dépit de ces lacunes, les CLSC ont pris une place de taille dans le réseau des services sociosanitaires et ils constituent aujourd'hui une composante tout à fait originale du système québécois.

En psychiatrie, les soins et les services sont concentrés presque exclusivement au deuxième niveau, dit spécialisé : il recouvre essentiellement les services de psychiatrie des hôpitaux généraux et les hôpitaux psychiatriques, où l'on trouve des unités de soins de courte ou de longue durée, des cliniques externes, des services d'urgence ; il inclut aussi les

Centres de services sociaux (CSS), centres régionaux qui chapeautent la plupart des ressources extrahospitalières d'hébergement destinées aux malades psychiatriques.

Depuis quelques années, tant à l'intérieur du milieu psychiatrique qu'au sein des CLSC, on souhaite que ceux-ci assument pleinement un véritable rôle de premier niveau en ce qui concerne les services psychiatriques. Certains CLSC comportent des équipes de santé mentale depuis leur implantation il y a une quinzaine d'années. D'autres reçoivent depuis 1985 des budgets qui leur permettent de créer de telles équipes. Les CLSC sont connus de la population, ils sont aussi plus petits et souvent plus accessibles que les hôpitaux. Les professionnels qui y travaillent, médecins et non-médecins, sont donc très bien placés pour faire face à une grande variété de problèmes, particulièrement ceux de la vie courante. Certains CLSC offrent, de plus, des activités de loisirs et de socialisation profitables aux malades psychiatriques. Il est essentiel que les psychiatres acceptent le rôle de consultant auprès des CLSC afin que ces derniers s'impliquent plus en santé mentale ; plusieurs l'assument déjà.

D'autres services de premier niveau ont vu le jour depuis 1986. Mentionnons les centres de crise, instaurés dans le but de décongestionner les services d'urgence. Le ministère de la Santé et des Services sociaux a refusé que ces nouvelles ressources relèvent de l'administration des hôpitaux, et les a coiffés par des OSBL (organismes sans buts lucratifs, créés en vertu de la troisième partie de la Loi des compagnies). Cette nouvelle formule n'a pas facilité les liens avec les hôpitaux, et les phases initiales de ce fonctionnement ont été laborieuses. Avec le temps toutefois, les difficultés s'amenuisent et ces nouvelles ressources jouent un rôle de plus en plus essentiel. Les services d'urgence psychiatriques ont eux aussi étendu le champ de leurs activités. En plusieurs endroits, on ne se borne plus à évaluer une situation clinique en vue de déterminer s'il faut hospitaliser le malade ou lui donner congé. L'accroissement des ressources professionnelles permet maintenant au personnel spécialisé de consacrer plus de temps aux malades, de rencontrer les personnes qui les accompagnent et de procéder à une véritable intervention de crise, parfois même à la résolution de la crise. Le rôle du psychiatre « urgentologue » prend ainsi de plus en plus d'importance dans le réseau des services psychiatriques.

Les services de santé du Québec possèdent d'autres ressources de premier niveau : ce sont les médecins omnipraticiens qui œuvrent en cabinet ou au sein de polycliniques, et aussi les professionnels dûment formés (surtout des psychologues et des travailleurs sociaux) qui offrent en cabinet des services de psychothérapie. Il est essentiel que ces médecins et ces professionnels soient mieux intégrés au réseau, que leur rôle soit pleinement reconnu.

SERVICES DE SECOND NIVEAU

Ces services sont assurés par les unités de psychiatrie des hôpitaux généraux et, à un degré moindre, par les hôpitaux psychiatriques. À Montréal, 75 % des services psychiatriques de courte durée sont assurés par les services d'urgence, les cliniques externes, les unités de soins (hospitalisation), les services de consultation-liaison des hôpitaux généraux.

Ces services sont souvent débordés, insuffisants, en raison soit d'une demande trop forte, soit d'une pénurie de personnel. À Montréal, malgré les mesures pour décongestionner les services d'urgence (1986-1987), on observe encore fréquemment une surcharge occasionnée par des malades psychiatriques en attente d'une admission d'hospitalisation. L'accès aux cliniques externes est encore trop souvent restreint par l'existence de listes d'attente de plusieurs semaines, ce qui ne permet pas aux cliniciens d'intervenir au moment de cette période privilégiée que constitue la crise. En province, de nombreux services psychiatriques dans les hôpitaux manquent de psychiatres.

Cette situation a laissé croire aux gouvernants qu'il suffirait de bloquer le recrutement de psychiatres à Montréal pour en assurer une meilleure distribution sur tout le territoire québécois. Cette vision simplificatrice n'est pas partagée par des directeurs d'hôpitaux, par des universitaires et par des praticiens d'expérience qui estiment que Montréal n'est pas « suréquipée », étant donné le rôle majeur de cette ville dans l'enseignement, la recherche, les services spécialisés. On doit aussi considérer qu'une ville de cette taille doit faire face à des problèmes cliniques particuliers : concentration d'itinérants, de psychotiques chroniques désinstitutionnalisés, de toxicomanes, de déviants sociaux qui ont des démêlés avec la justice ; concentration aussi d'assistés sociaux et de personnes âgées.

Les gouvernants doivent en arriver à comprendre pourquoi certaines régions ne réussissent pas à retenir plus d'une année ou deux les psychiatres qu'elles recrutent. Plutôt que de saupoudrer ces spécialistes à raison de un ou deux par hôpital ou par petite ville, ne vaudrait-il pas mieux qu'on désigne et favorise des centres régionaux forts, bien équipés, mieux capables de résister aux crises ? Pour ce faire, il sera impérieux que les divers intervenants fassent montre d'une détermination politique qui résistera aux querelles de clocher.

Par ailleurs, la mise en place de nouveaux services de second niveau, aptes à procurer à certains malades (les *new long term patients*, selon l'expression de JOHN WING) des traitements hospitaliers prolongés et spécialisés mais non indéfinis, devra devenir prioritaire. Les unités de psychiatrie des hôpitaux généraux sont beaucoup trop exiguës, en général, pour qu'on continue d'y traiter des malades pendant plus d'un mois. Les hôpitaux psychiatriques peuvent certes jouer ce rôle, et certains s'en acquittent déjà fort bien. Cependant, il est essentiel que les unités de longue durée soient bien articulées avec les ressources de chaque secteur. De plus, ce nouveau rôle ne doit pas retarder la nécessaire décroissance des hôpitaux psychiatriques. Il apparaît donc pertinent qu'un certain nombre de telles unités soient installées ailleurs qu'à l'hôpital psychiatrique, à proximité des hôpitaux généraux et sur le territoire même des secteurs desservis.

COMPLÉMENTARITÉ DES SERVICES

Les services psychiatriques sont plus nombreux, plus diversifiés qu'auparavant et constituent globalement un réseau complexe, tant pour les utilisateurs que pour les divers intervenants. Les éléments de ce réseau se sont développés de plusieurs façons et à des moments différents, parfois sans planification et sans contrôle à postériori. Il en résulte qu'ils sont parfois mal intégrés les uns aux autres, se connaissent mal les uns les autres, ou encore se livrent entre eux une compétition inutile. Prenons comme exemple la difficile collaboration entre les CLSC et les hôpitaux, ou encore entre les hôpitaux généraux et les hôpitaux psychiatriques.

Le ministère de la Santé et des Services sociaux a mis en place depuis une dizaine d'années des structures régionales et sous-régionales qui ont pour mandat d'assurer une meilleure complémentarité entre les divers éléments du réseau. Les restrictions budgétaires n'ont pas facilité l'exercice de ce mandat, plusieurs estimant encore que les structures de coordination ont en fait été instituées pour gérer la décroissance.

Il demeure donc essentiel que l'objectif d'une meilleure complémentarité entre les éléments du réseau progresse durant plusieurs années encore. Les services psychiatriques deviendront alors plus efficaces parce que les duplications et les compétitions inutiles se seront estompées. Le réseau sera aussi plus accessible aux usagers parce qu'ils en connaîtront mieux les portes d'entrée et qu'ils risqueront moins les attentes, les oublis, les distorsions de messages lorsqu'on les dirigera de l'un à l'autre élément du réseau.

47.4.5. NOUVEAUX RÔLES DES PSYCHIATRES : CONSULTATION AUPRÈS DES RESSOURCES, FORMATION DES INTERVENANTS

En vingt-cinq ans, les psychiatres sont passés en grand nombre de l'hôpital psychiatrique à l'hô-pital général et des soins intrahospitaliers aux soins ambulatoires. Ils travaillent maintenant en collaboration avec des professionnels d'autres disciplines. Ils demeurent cependant prisonniers d'une pratique clinique de plus en plus lourde parce que la demande augmente, la psychose chronique continue d'exister, les outils de guérison se font attendre. Ce type de pratique n'exerce plus l'attrait qu'il exerçait il y a quinze ou vingt ans sur les jeunes spécialistes.

Des psychiatres bien formés, expérimentés et dynamiques peuvent, tout en demeurant d'excellents cliniciens, devenir des agents multiplicateurs en offrant des services de consultation auprès des autres intervenants du réseau. Cette fonction nouvelle s'apprend et peut apporter beaucoup de satisfactions à ceux qui l'exercent. La consultation s'exerce le plus efficacement lorsque le consultant n'a pas à voir les malades, mais qu'il continue à suivre indirectement leur cheminement par des discussions avec les professionnels qui s'en occupent.

Les groupes BALINT constituent l'une des formes les plus connues et les plus remarquables de ce type de consultation : un psychiatre rencontre à des intervalles réguliers un petit groupe de médecins qui, à tour de rôle, racontent le plus fidèlement possible une entrevue avec un malade. La discussion qui suit est centrée non pas sur le malade mais sur la relation médecin - malade. Les médecins qui participent à ces groupes apprennent graduellement à reconnaître les manifestations du transfert et du contre-transfert, à en éviter les pièges et à faire de la relation un outil thérapeutique. Des thérapeutes d'autres appartenances professionnelles peuvent aussi profiter de groupes BALINT.

La formation en cours d'emploi des intervenants est insuffisamment développée dans le réseau des affaires sociales. En outre, la formation collégiale (pour les infirmières) ou universitaire est souvent insuffisante : le champ des connaissances en sciences humaines s'accroît constamment et les intervenants peuvent assumer diverses tâches cliniques au cours de leur carrière. Le besoin de programmes de formation en cours d'emploi se fait particulièrement sentir en psychiatrie. Les psychiatres peuvent être particulièrement utiles dans l'élaboration et la réalisation de tels programmes, surtout ceux qui possèdent une expérience en enseignement.

47.4.6. ENSEIGNEMENT ET RECHERCHE

L'enseignement de la psychiatrie est particulièrement développé et structuré dans les quatre facultés de médecine du Québec. Au niveau des études médicales de premier cycle, le domaine de la psychiatrie est présent de façon dynamique à la phase I (sciences du comportement), à la phase II (sciences cliniques) et à la phase III (externat). Cet enseignement est éclectique et fait état des grands courants de pensée qui ont influencé la théorie et la pratique de la psychiatrie : les connaissances sur la biologie et l'hérédité, les théories développementales et cognitives, les écoles psychodynamiques. L'enseignement de la psychiatrie au Québec a cependant une orientation psychodynamique plus poussée qu'ailleurs au Canada, d'une manière générale.

Les quatre facultés de médecine participent également à la formation de psychiatres. On trouve à l'Université de Montréal et à l'Université McGill les deux plus importants programmes de formation. Contrairement à ce que l'on observe aux États-Unis, où le recrutement de candidats aux programmes de formation en psychiatrie se fait plus difficile, les programmes québécois attirent encore chaque année de nombreux candidats. Le ministère de la Santé et des Services sociaux a contingenté les programmes de formation qui donnent accès aux spécialités médicales dans le but de réduire à 40 % la proportion de médecins spécialistes. D'une façon regrettable et en dépit de nombreuses protestations, ce contingentement s'applique aussi en psychiatrie et élimine des candidats qui pourraient devenir des psychiatres compétents.

D'excellents programmes existent aussi dans les écoles qui forment les autres professionnels de la santé mentale : psychologues, ergothérapeutes, travailleurs sociaux. Ces programmes sont mieux adaptés qu'autrefois aux exigences de la clinique psychiatrique, qui constitue un seul des nombreux domaines où ces professionnels peuvent se diriger. Il est par ailleurs regrettable que l'on ait aboli, il y a plusieurs années, ce que l'on appelait la formation « post-graduée » en psychiatrie pour les infirmières. La Faculté des sciences infirmières de l'Université de Montréal offre une formation en psychiatrie au programme de la maîtrise : celles et ceux qui ont acquis cette formation sont trop peu nombreux et on les affecte le plus souvent à des tâches administratives.

La recherche en psychiatrie est active dans plusieurs domaines. En sciences fondamentales, elle s'intéresse au système limbique, aux récepteurs des benzodiazépines, aux mécanismes qui soustendent la dépression, aux rythmes circadiens, au sommeil. Dans le champ clinique, elle s'intéresse à la psychopharmacologie, à la psychiatrie sociale (désinstitutionnalisation, réseau social des psychotiques), à l'informatique (développement d'outils interactifs), à l'épidémiologie, à l'évaluation des services. Cette liste est incomplète et ne rend pas compte de tous les axes de la recherche en psychiatrie. Elle donne toutefois un aperçu de la diversité et de la richesse des intérêts des chercheurs.

Malgré tous ces efforts, la recherche en psychiatrie est nettement insuffisante. Elle doit être développée et soutenue de façon énergique, par une volonté gouvernementale qui se traduise par un financement adéquat. La recherche en psychiatrie aux États-Unis a beaucoup profité de la création, par le gouvernement fédéral, d'un organisme de subvention indépendant, le *National Institute of Mental Health* (NIMH), filiale du *National Institute of Health*. Plusieurs voix réclament depuis quelques années au Québec la création d'un Fonds de la recherche en santé mentale du Québec (FRSMQ).

47.4.7. NOUVEAUX DÉFIS

PERSONNES ÂGÉES

Ce sont les changements démographiques qui posent le plus de défis à la psychiatrie québécoise. L'espérance de vie à la naissance est de 70 ans pour les hommes et de 78 ans pour les femmes. Quant aux citoyens qui ont atteint 65 ans, leur espérance de vie est plus longue de quatre ou cinq ans. Les hommes et les femmes de plus de 85 ans constitueront bientôt une partie significative de la population globale. Il est par ailleurs inquiétant de constater que l'espérance de vie en bonne santé ne s'accroît pas depuis plusieurs années, et qu'elle dépasse à peine 60 ans pour les deux sexes.

Ce nouveau phénomène social qu'est le vieillissement de la population a vu naître un cortège de mythes et d'appréhensions, dans la population comme chez les intervenants.

La maladie d'ALZHEIMER suscite beaucoup de craintes. Elle est devenue le SIDA des personnes âgées : tous les déficits mnésiques, même les plus bénins, lui sont attribués. Elle atteint par ailleurs plus de 30 % des personnes de 85 ans et plus.

La dépression demeure le problème psychiatrique le plus fréquent chez les personnes âgées, et se manifeste sous des masques divers : maladies somatiques, pseudo-manifestations de démence, états de panique, tableaux à coloration surtout paranoïde.

Les personnes âgées sont plus vulnérables que les adultes à des situations traumatisantes : violence, exploitation, deuils, rejets (mise à la retraite, perte du rôle social), maladies physiques, ce qui contribue aussi à la demande de consultations et de soins en psychiatrie.

Enfin, le vieillissement de la population a des répercussions sur les familles, qui doivent assumer la responsabilité des grands-parents dont l'espérance de vie est de plus en plus longue, et sur le système médical, qui est de plus en plus envahi par les vieillards.

Les psychiatres et les professionnels de la santé mentale doivent s'impliquer dans les soins et les services auprès des personnes âgées. Leur vision globale de la personne humaine leur permettra de saisir les interactions des divers ordres de problèmes (physiques, psychologiques et sociaux) et d'éviter les réductionnismes particulièrement néfastes aux personnes âgées. Leur intérêt pour l'univers psychique leur permettra de comprendre que cette réalité ne s'appauvrit pas avec le vieillissement et qu'elle continue de se manifester de multiples façons ; ils devront aussi expliquer l'univers psychique des personnes âgées aux autres intervenants. Enfin, leur expérience des méfaits de l'enfermement asilaire leur permettra de promouvoir le maintien à domicile des personnes âgées aussi longtemps qu'on pourra leur procurer une qualité de vie suffisante.

Il est également nécessaire que les psychiatres travaillent en étroite collaboration avec les équipes de gériatrie et se réintéressent à la neurologie, plus particulièrement à la démence. Ainsi, chez les plus de 75 ans, il est fréquent qu'on éprouve des difficultés à bien différencier le trouble déficitaire du trouble fonctionnel. Il importe en dernier lieu que l'on établisse dans les hôpitaux des unités d'évaluation psychogériatrique, sur le modèle des unités d'évaluation gériatrique. Idéalement, ces deux types d'unités devraient fonctionner de concert.

ENFANTS ET ADOLESCENTS

Les données démographiques mettent en lumière une baisse significative de la natalité au Québec. Il serait cependant erroné de conclure qu'on doit diminuer les soins et les services aux enfants et aux adolescents. Chez eux aussi, de nouveaux types de problèmes nécessitent de nouveaux investissements, de nouvelles solutions.

La famille, cellule de base de la société, est en mutation. Beaucoup d'unions parentales se brisent : des parents, surtout des mères, restent seuls pour éduquer leur-s enfant-s ; d'autres parents bâtissent de nouvelles unions, auxquelles viennent parfois s'ajouter de nouveaux enfants. Beaucoup d'enfants ont deux pères, deux mères, huit grands-parents, deux maisons. Ces réorganisations de la famille entraînent des déménagements, des changements d'école, d'amis. Pour plusieurs enfants, ces bouleversements occasionnent des crises qui nécessitent une aide professionnelle. Des études récentes ont démontré que, contrairement à ce que l'on pouvait croire, ce sont les jeunes adolescents, surtout les garçons, qui éprouvent le plus de difficulté à vivre la séparation de leurs parents.

La violence envers les enfants et les adolescents inquiète de plus en plus la société. Les médias en font état constamment, les statistiques révèlent qu'elle concerne environ 15 % des enfants et des adolescents. Le milieu psychiatrique est appelé à traiter des enfants qui ont subi des blessures psychiques souvent irréparables, à aider des parents à se contrôler. Le problème est de taille, surtout lorsqu'on sait que les parents qui maltraitent leurs enfants ont été le plus souvent des enfants battus. Il est impérieux qu'on arrive à trouver des moyens efficaces de prévenir cette violence.

Les problèmes d'apprentissage scolaire, l'abandon prématuré de l'école, les toxicomanies, l'alcoolisme : autant de problèmes auxquels les psychiatres d'enfants et d'adolescents doivent continuellement répondre. Ajoutons le suicide, particulièrement fréquent dans certaines régions périphériques du Québec, où l'on trouve aussi un taux de chômage élevé.

Certains ont dit que le degré d'évolution d'une société se mesure à la façon dont elle traite ses enfants et ses vieillards. Les psychiatres et leurs collègues professionnels ont une contribution précieuse à apporter dans la compréhension, la prévention et le traitement des nouveaux problèmes auxquels font face les enfants, les adolescents et les personnes âgées.

BIBLIOGRAPHIE

AMYOT, A., G. AIRD, C. CHARLAND et L. ROBILLARD
1985 *Rapport du comité d'étude sur les services psychiatriques de la région de Montréal*, 2 tomes, Montréal.

BOUDREAU, F.
1981 « La psychiatrie québécoise depuis 1960 : de structure en structure, la loi du plus fort est-elle toujours la meilleure ? », *Santé mentale au Québec*, vol. VI, n° 2, novembre.

1984 *De l'asile à la santé mentale ; les soins psychiatriques : histoire et institution*, Montréal, Éditions coopératives Albert Saint-Martin.

CAPLAN, G.
1964 *Principles of Preventive Psychiatry*, New York, Basic Books.

COMITÉ DE LA POLITIQUE DE SANTÉ MENTALE
1987 *Pour un partenariat élargi*, projet de politique de santé mentale pour le Québec (rapport Harnois) gouvernement du Québec, 3e trimestre.

COMITÉ DE LA SANTÉ MENTALE DU QUÉBEC
1985 *La santé mentale : de la biologie à la culture*, Avis du CSMQ.

COMMITTEE ON PSYCHIATRY AND COMMUNITY, GROUP FOR THE ADVANCEMENT OF PSYCHIATRY
1983 *Community Psychiatry : A Reappraisal*, Mental Health and Materials Center.

DEMAY, M. et J. DEMAY
1983 « Une voie française pour une psychiatrie différente », VST (revue des équipes de santé mentale), n° 146, avril-mai.

GROUPE D'ÉTUDE DU DÉPARTEMENT DE PSYCHIATRIE DE L'UNIVERSITÉ DE MONTRÉAL
1983 *Le Québec compte-t-il suffisamment de psychiatres ?*, Université de Montréal.

GUDEMAN, J.E. et M. SHORE
1984 « Beyond Deinstitutionalization : A New Class of Facilities for the Mentally Ill », *The New England Journal of Medicine*, p. 832-836.

LAMB, H.R. (édit.)
1984 *The Homeless Mentally Ill*, A Task Force Report, Washington, D.C., American Psychiatric Association.

LAURIN, C.
1986 *La maladie mentale : un défi à notre conscience collective*, Montréal.

SASSOLAS, M., J. DILL et N. BONAMY
1983 « Structures intermédiaires et approche psychothérapique des psychoses », *Techniques de soin en psychiatrie de secteur*, sous la direction de Jacques Hochmann, Presses universitaires de Lyon.

L'avenir de la santé mentale ; premier rapport : La promotion de la santé mentale, Conférence des Ministres européens de la santé (Stockholm, 16-18 avril 1985), Strasbourg, 1985.

Mental Health and the Community, Report of the Richmond Fellowship Enquiry, London, Richmond Fellowship Press, 1983.

Physician Requirements - 1990 for Psychiatry, Office of Graduate Medical Education, U.S. Department of Health and Human Resources, National Technical Information Service, U.S. Department of Commerce.

CHAPITRE 48

PSYCHIATRIE LÉGALE

RENÉE ROY

M.D., F.R.C.P.(C)
Psychiatre à l'Institut Philippe-Pinel (Montréal) et à l'hôpital Louis-H. Lafontaine (Montréal)
Chargée de formation clinique à l'Université de Montréal

FRÉDÉRIC GRUNBERG

M.D., F.R.C.P.(C), F.A.P.A., F.R.C. Psych.
Psychiatre, directeur de l'enseignement à l'hôpital Louis-H. Lafontaine (Montréal)
Professeur titulaire à l'Université de Montréal

PLAN

48.1.
INTRODUCTION*

Le psychiatre est souvent appelé à prendre des décisions lourdes de conséquences pour le patient : prescription de neuroleptiques (pouvant induire des effets secondaires très incapacitants), décision de priver temporairement un individu de sa liberté (par la cure fermée), témoignage en tant qu'expert à la cour dans des causes de crime grave contre la personne (lorsqu'un individu est accusé de meurtre, de tentative de meurtre, ou de voies de fait graves) ...

Avant d'intervenir, le clinicien doit être bien renseigné sur les limites et la portée de ses gestes. Nous exposerons dans ce chapitre les aspects légaux de la pratique psychiatrique courante, ainsi que des notions générales sur l'expertise demandée au psychiatre dans un contexte judiciaire.

48.2.
PSYCHIATRIE ET DROIT CIVIL

48.2.1. CURE FERMÉE

La plupart des hospitalisations en psychiatrie s'effectuent en situation d'urgence. Le patient se présente à l'urgence d'un hôpital où un psychiatre évalue sa condition. La plupart du temps, cette évaluation est faite à la demande du patient qui vient consulter de son plein gré (seul ou en compagnie de ses proches).

Il peut arriver qu'un patient refuse de se faire soigner et alors une personne de son entourage (un membre de sa famille, son conjoint, un ami, son employeur, son médecin ...) peut se porter requé-

rant auprès d'un juge de la Cour provinciale ou de toute autre cour agréée par la Loi sur la protection du malade mental. Le requérant justifiera sa démarche en s'appuyant sur des comportements inadéquats et inquiétants observés chez le patient. Sur ordonnance du juge, les policiers pourront ainsi emmener la personne à l'urgence, contre sa volonté, afin de lui faire subir un examen psychiatrique dans les 24 heures suivant l'émission de l'ordonnance d'examen psychiatrique. Dans des situations particulières, lorsqu'il n'y a aucun psychiatre en disponibilité pour examiner le patient, le directeur des services professionnels a le pouvoir d'hospitaliser le patient pour une période de 48 heures, jusqu'à ce qu'un psychiatre puisse l'évaluer.

Lors de l'évaluation psychiatrique à l'urgence, le psychiatre recueillera toutes les informations pertinentes à sa démarche diagnostique. Selon le diagnostic retenu, il sera en mesure de recommander pour le patient un traitement qui pourra s'effectuer dans un milieu psychiatrique interne (hospitalisation) ou en clinique externe. L'hospitalisation peut s'effectuer en cure libre (avec le consentement du patient) ou en cure fermée (selon la Loi sur la protection du malade mental). La plupart des hospitalisations en psychiatrie s'effectuent dans un contexte de « cure libre » (ces termes ne sont pas mentionnés dans les textes de loi, mais nous les utilisons, afin de faciliter la compréhension du lecteur, pour désigner une hospitalisation qui n'est pas en cure fermée). On doit hospitaliser un patient en cure fermée lorsque son état de santé est susceptible de mettre en danger sa santé ou sa sécurité, ou encore la santé ou la sécurité d'autrui. La décision d'hospitaliser un patient en psychiatrie appartient au psychiatre ou bien à l'omnipraticien dans les hôpitaux où celui-ci est médecin traitant et où le psychiatre est consultant.

Lorsqu'un premier examen psychiatrique conclut à la nécessité de la cure fermée, une deuxième requête doit être remplie par un autre psychiatre dans un intervalle de 96 heures. Ces requêtes sont ensuite présentées à un juge de la Cour provinciale, afin d'être entérinées. Pendant la période nécessaire

---

* Nous remercions particulièrement le docteur JACQUES TALBOT, psychiatre à l'Institut Philippe-Pinel et psychiatre légiste reconnu, de ses conseils judicieux qui nous ont été très utiles pour la rédaction du présent chapitre.

à l'officialisation juridique de la cure fermée, on doit garder le patient à l'hôpital, même contre son gré.

Le psychiatre justifie la nécessité de la cure fermée en remplissant une formule de requête (voir la figure 48.1.). Il doit aviser le patient de ses droits et lui remettre un formulaire intitulé « Droits et recours du malade psychiatrique en cure fermée ». Le psychiatre doit aussi aviser la famille immédiate du patient de sa mise en cure fermée.

Le patient (ou un membre de sa famille) peut faire appel à la Commission des affaires sociales afin de contester la décision de mise en cure fermée. La Commission est mandatée par le ministère des Affaires sociales pour permettre aux citoyens d'interjeter appel de certaines décisions administratives relevant de la santé et du bien-être social. La Commission mandate alors un avocat et deux psychiatres qui se rendent sur les lieux de l'hospitalisation, évaluent le patient, prennent connaissance de tous les faits pertinents et décident si le patient doit ou non être maintenu en cure fermée. Cette décision est sans appel.

DANGEROSITÉ

Avant d'hospitaliser un individu en cure fermée, le psychiatre doit mettre en évidence une **dangerosité** de l'individu découlant d'une maladie psychiatrique. La dangerosité est une notion complexe. Le corps médical doit être vigilant afin d'éviter que cette notion soit galvaudée et devienne une façon de détenir des individus sans diagnostic psychiatrique — par exemple l'adolescent rebelle qui perturbe son milieu. Nous devons bien sûr préciser que la plupart des patients psychiatriques ne sont pas dangereux et que la dangerosité, lorsqu'elle survient, est souvent de courte durée.

L'évaluation de la dangerosité (suicidaire ou homicidaire*) doit se faire directement auprès du

---

* Voir aussi le chapitre 21, section 21.6. et 21.10.

patient : Est-ce que le patient a eu des idées suicidaires ou homicidaires ? Ses idées agressives sont-elles dirigées contre quelqu'un en particulier ? A-t-il imaginé un plan précis afin de se suicider ou de tuer quelqu'un ? Est-il sensible aux conséquences de ses actions ? Entrevoit-il une alternative au suicide ou au geste agressif ? Le plan qu'il élabore est-il facilement réalisable ? ...

De nombreux facteurs environnementaux entrent en ligne de compte lors de l'évaluation de la dangerosité psychiatrique d'un individu : A-t-il des antécédents (personnels ou familiaux) de violence ? Dans quel contexte économique se trouve-t-il ? A-t-il du soutien parmi les membres de son entourage ? Est-il confronté à des stresseurs psychosociaux (perte, atteinte à son estime de soi ...) ?

À l'examen mental, on peut aussi mettre en évidence d'autres éléments contributifs : Quels éléments psychodynamiques entraînent ses idées suicidaires ou homicidaires (angoisse de castration, de séparation, de morcellement ...) ? Est-ce qu'on décèle à l'examen mental des hallucinations auditives mandatoires suicidaires ou homicidaires, ou encore un délire paranoïde ou religieux pouvant l'inciter à tuer de façon altruiste (par exemple, afin de sauver ses proches de la damnation éternelle ...) ?

On doit évaluer de façon serrée la dangerosité suicidaire et homicidaire lors du premier contact avec un patient et par la suite dans ses situations de crise. Certains préjugés portent d'aucuns à éviter d'élucider ces aspects, mais le médecin tirera au contraire beaucoup d'avantages en abordant ces questions difficiles avec simplicité et empathie, le patient se sentant alors plus à l'aise pour discuter des pensées qui l'habitent. Le clinicien pourra ensuite prendre une décision éclairée quant à la nécessité de la cure fermée.

La cure fermée s'applique aussi dans un contexte de danger pour la santé du patient ou celle de son entourage (par exemple la vieille dame qui se laisse mourir de faim dans son logis).

La Loi sur la protection du malade mental (1972) prévoit des mécanismes qui obligent le

Figure 48.1.   FORMULE DE REQUÊTE

RAPPORT D'EXAMEN CLINIQUE PSYCHIATRIQUE

Identification de la personne examinée

| Nom | Prenom | SEXE 1 M 2 F | Date de naissance J. M. An. |

Adresse (N°-rue-ville)

Renseignements obtenus sur la condition actuelle de la personne examinée

Nom et prenom de la personne ayant fourni les renseignements | Lien de parente

Adresse (N°-rue-ville)

Nature des renseignements

Observations et diagnostic provisoire du médecin

Si tel est l'objet de l'examen, cette personne est-elle apte à subir un proces?   Oui ☐ Non ☐   Cette personne peut-elle administrer ses biens?   Oui ☐ Non ☐

Je certifie que la cure fermée est nécessaire   Oui ☐   Non ☐

Date _____   Signature du médecin _____

Nom et adresse du medecin (lettres moulees) | N° de licence du médecin

La présente formule de rapport est conforme aux dispositions de la Loi de la protection du malade mental et est fournie sur demande par le **Ministère des Affaires sociales.**

Nul ne peut prendre connaissance du présent rapport s'il n'y est autorisé en vertu de la loi.

AH-108

CENTRE HOSPITALIER

médecin à réévaluer régulièrement la dangerosité de son patient dans le contexte de la cure fermée. Un premier examen concluant à la nécessité d'une cure fermée doit être suivi d'un deuxième examen dans un délai de 96 heures par un deuxième psychiatre. Un troisième examen sera mené par le psychiatre traitant après 21 jours, puis après 3 mois puis, par la suite, tous les 6 mois, aussi longtemps qu'on devra maintenir la cure fermée. Si ces examens ne sont pas faits à l'intérieur des délais prévus, ou si on conclut à l'absence d'indication de cure fermée, celle-ci est immédiatement levée. Le patient pourra alors se prévaloir de son droit au refus de traitement et quitter l'hôpital, ou bien il acceptera de poursuivre de son plein gré les traitements proposés à l'hôpital.

* * *

La cure fermée n'oblige pas le patient à se soumettre au traitement prescrit, elle ne l'oblige strictement qu'à demeurer à l'hôpital. On ne peut imposer un traitement à un patient que dans un contexte d'urgence (chez un patient très désorganisé qui met en danger de façon immédiate sa sécurité ou celle d'autrui). Le clinicien pourra ainsi se trouver confronté à un patient qui, lorsqu'il est en mesure de prendre des décisions de façon éclairée, refusera les traitements pharmacologiques ou la thérapie de milieu nécessaires à l'amélioration de son état. Nous verrons à la section 48.2.2. les critères retenus dans l'évaluation de la capacité du patient à administrer sa personne et ses biens.

Il est à noter que tout ce qui vient d'être dit sur la cure fermée s'applique dans la province de Québec. Dans les autres provinces canadiennes, l'**hospitalisation involontaire** (*formal admission*) correspond à la cure fermée. Les conditions de l'hospitalisation involontaire s'apparentent grosso modo à celles de la cure fermée ; les délais imposés diffèrent légèrement, et une commission de révision appelée *Review Panel* est prévue pour les patients qui contesteraient la décision prise officiellement.

Exemple clinique d'une hospitalisation en cure fermée

Madame A. est âgée de 32 ans, elle est divorcée et a la garde de ses trois enfants. Elle est bénéficiaire de l'Aide sociale. Elle a déjà été hospitalisée en psychiatrie pour un épisode de dépression majeure avec symptômes psychotiques. On note à la révision des antécédents psychiatriques familiaux une lourde diathèse affective positive (sa mère a elle-même été hospitalisée à plusieurs reprises en psychiatrie et a reçu une électroconvulsivothérapie lors d'épisodes de dépression majeure). La dépression s'est installée progressivement chez cette patiente depuis le départ de son conjoint. Elle ne dort que trois à quatre heures par nuit et s'éveille très tôt le matin. Elle s'alimente peu et a perdu plus de cinq kilos depuis un mois. Elle est asthénique, apragmatique et s'acquitte très mal de ses tâches ménagères. Elle est convaincue que sa voisine est une émissaire du diable et qu'elle veut s'emparer de son âme ainsi que de celle de ses enfants afin de faire d'eux des soldats de Satan. Elle dit ne pouvoir faire confiance à personne et n'entrevoit aucune issue pour échapper à cette emprise diabolique. Elle dérange tellement ses voisins par ses cris que ceux-ci ont fait une demande d'ordonnance d'examen psychiatrique. Elle est amenée à l'urgence de l'hôpital par les policiers. Le psychiatre qui l'évalue met en évidence des symptômes suggérant une dépression majeure : on note des hallucinations auditives lui ordonnant de tuer ses enfants pour les sauver de l'emprise de Satan, du désespoir, et un plan homicidaire et suicidaire précis : mettre le feu à son appartement afin de mourir avec ses enfants, échappant ainsi à la damnation éternelle ...

Madame A. a été hospitalisée en cure fermée ; on l'a traitée pour sa dépression majeure avec une médication antidépressive et une thérapie de milieu visant d'abord à assurer sa sécurité, puis à améliorer son autocritique par rapport à sa maladie. Après deux mois de traitement, la cure fermée a pu être levée, madame A. ne présentant plus de dangerosité pour elle-même ni pour autrui. Elle a accepté de poursuivre son hospitalisation pendant un mois et elle a ensuite reçu son congé de l'hôpital. Ses enfants sont encore en famille d'accueil et elle peut les visiter régulièrement. L'évolution de la santé mentale de madame A. pendant les prochaines semaines de même que les recommandations faites par l'équipe soignante permettront à la Direction de la protection de la jeunesse (DPJ) de décider si elle peut obtenir à nouveau la garde de ses enfants et sous quelles conditions : par exemple, un suivi régulier en clinique externe psychiatrique, la prise d'une médication spécifique, des visites à domicile de la travailleuse sociale responsable du dossier à la Direction de la protection de la jeunesse ...

48.2.2. CURATELLE

Lorsque l'état mental d'un individu interfère avec sa capacité de gérer sa personne ou ses biens, une demande d'évaluation psychiatrique peut être faite quant à l'indication de la curatelle. Cette évaluation peut se faire dans divers contextes :

— lors d'une évaluation psychiatrique dans le cadre de la mise en cure fermée, car le psychiatre doit alors y préciser si le patient évalué peut administrer ses biens ;

— à la suite d'une ordonnance d'examen psychiatrique (selon la procédure décrite dans la section précédente) ;

— lors d'une consultation psychiatrique demandée par le médecin du patient, par exemple lors de l'hospitalisation du patient pour des problèmes médicaux ou chirurgicaux.

Au Québec, la curatelle porte à la fois sur la capacité du patient à administrer sa personne et ses biens, de façon inséparable (alors que le clinicien est souvent confronté à des patients qui sont capables de prendre des décisions éclairées quant à leur personne, mais non quant à leurs biens). Lors de procédures nécessitant la signature du patient sous curatelle et son consentement éclairé, le curateur (privé ou public) prend la décision à la place du patient.

Le cas typique du patient qui doit être mis sous curatelle est celui de l'individu présentant un trouble cérébral organique atteignant ses fonctions mentales supérieures et le rendant incapable d'estimer l'étendue de ses avoirs ainsi que les mesures appropriées pour les préserver. En possession d'un rapport psychiatrique attestant l'incapacité de l'individu à administrer ses biens, la direction des services professionnels d'un centre hospitalier achemine ce document au curateur public qui prend les mesures adéquates pour protéger les biens dont il a la garde. La curatelle peut aussi être assumée par un curateur privé : dans ce cas, des démarches juridiques sont nécessaires ; la procédure d'interdiction implique la formation d'un conseil de famille et la nomination d'un tuteur qui sera entérinée par un juge. Il n'est alors pas essentiel qu'un psychiatre établisse l'incapacité du patient à gérer sa personne et ses biens. Le juge examine les arguments qui lui sont amenés et évalue la pertinence de la démarche. Il peut ensuite entériner la nomination du curateur privé, le cas échéant.

À moins d'un avis contraire, la curatelle sera maintenue indéfiniment ; pour l'interrompre, un examen psychiatrique attestant la capacité du patient à administrer ses biens doit être produit et cette évaluation doit parvenir au curateur. On doit donc examiner régulièrement les patients sous curatelle, particulièrement lorsque la maladie qui a motivé une telle procédure n'atteint que temporairement la capacité d'administrer les biens.

48.2.3. CAPACITÉ DE TESTER

Très peu de testaments sont contestés (environ 3 %) et moins du sixième de ces contestations sont fructueuses. La capacité de tester exige :

1) qu'une personne soit consciente qu'elle est en train de faire son testament ;

2) qu'elle connaisse la nature et l'importance de ses biens ;

3) qu'elle connaisse ses successeurs et ses liens avec eux.

Plusieurs pathologies médicales et psychiatriques peuvent influencer la capacité de tester : la déficience mentale, les troubles cérébraux organiques et certaines psychoses comportant des idées délirantes paranoïdes à l'égard des héritiers potentiels. Selon l'énoncé de principe de l'Association des psychiatres du Canada sur le *Code de déontologie* (publié en 1980 et amendé en 1984) :

Il [le psychiatre] peut aussi témoigner sur la capacité mentale d'une personne décédée au moment où celle-ci a fait son testament, s'il fonde son opinion sur le dossier médical du testateur et sur les témoignages rendus devant le tribunal sur les circonstances de la rédaction de celui-ci.

48.2.4. SÉPARATION, DIVORCE ET GARDE D'ENFANTS

En raison de la fragilité de la famille nucléaire, les psychiatres et d'autres professionnels de la santé mentale sont souvent appelés à jouer un rôle dans des litiges touchant la séparation, le divorce et surtout la garde d'enfants.

En règle générale, le psychiatre devrait favoriser la *médiation*, service offert dans plusieurs juridictions au Québec, plutôt que le procès qui ne fait qu'attiser la détresse émotionnelle causée par la séparation et le divorce, sans compter les frais occasionnés. Cependant, le litige est souvent inévitable et le psychiatre de même que d'autres professionnels devront agir en tant que témoins ou experts. Soulignons que le psychiatre appelé à témoigner comme **témoin ordinaire** dans une cause de séparation est tenu de respecter strictement le secret professionnel à l'égard de son patient ou ex-patient impliqué dans le litige. En d'autres termes, à l'encontre d'autres juridictions canadiennes sous le régime de la *Common Law*, au Québec le Code civil protège le privilège du secret professionnel accordé au médecin. Seul le patient peut autoriser le psychiatre à révéler à la cour des informations cliniques ou autres dans un litige de séparation ou de divorce

lors d'une assignation du psychiatre comme témoin ordinaire et expert.

EXPERTISE DANS LES LITIGES ENTOURANT LA GARDE D'ENFANTS

Le psychiatre qui agit en tant qu'expert dans un litige touchant la garde d'enfants doit être conscient qu'actuellement, les tribunaux sont pour la grande majorité influencés par une considération prépondérante : le bien-être de l'enfant.

Dans l'expertise psychiatrique concernant la question de la garde d'enfants, les tribunaux s'attendent à être éclairés sur les points suivants :

1) les liens affectifs de l'enfant avec les deux parties du litige, en l'occurrence les parents ;
2) la capacité de chaque parent à élever l'enfant avec amour et affection ;
3) la capacité de chaque parent à pourvoir aux besoins matériels de l'enfant ;
4) l'adaptation de l'enfant à son milieu, au moment de la séparation, dans ses rapports avec l'école, le quartier, les amis, etc. ;
5) la préférence de l'enfant pour habiter avec l'un ou l'autre de ses parents, si celui-ci est en mesure de l'exprimer.

Il est évident que l'expertise psychiatrique se fait sur un terrain très glissant et l'expert devra être conscient de l'effet néfaste du litige sur l'enfant devenu l'objet d'une « bataille juridique » (voir aussi le chapitre 25, section 25.4.).

48.3.
PSYCHIATRIE ET DROIT PÉNAL

48.3.1. PSYCHIATRIE MÉDICO-LÉGALE VERSUS PSYCHIATRIE GÉNÉRALE

La pratique psychiatrique dans un contexte légal exige des compétences particulières. On ne s'improvise pas psychiatre légiste, on le devient en travaillant sous la supervision étroite de praticiens expérimentés qui sauront faire valoir les aspects spécifiques de la psychiatrie médico-légale. Nous allons illustrer ce qui distingue cette pratique de la clinique psychiatrique courante.

Le patient est référé par un tiers (le juge, l'avocat de la défense, l'avocat de la couronne, l'agent de probation, etc.) à qui le psychiatre devra fournir son opinion sur une question spécifique (par exemple l'aptitude du patient à comparaître, la responsabilité criminelle ...). Cette position suppose qu'une mise en garde soit faite au patient dès les premiers instants de l'entrevue, le matériel obtenu devant ensuite servir pour étayer le rapport d'expertise sans que la confidentialité ne soit nécessairement respectée. Le patient évalué pourra ainsi ne dévoiler sciemment qu'une partie des informations pertinentes.

Le psychiatre légiste doit obtenir toutes les données nécessaires à la formation d'une opinion définitive ; il devra donc évaluer le patient en profondeur (par exemple le questionner parfois à plusieurs reprises sur les mêmes situations, afin de valider les informations fournies) ; il devra consulter des documents officiels (rapport de police, notes d'enquête préliminaire ...), des dossiers psychiatriques antérieurs le cas échéant ; enfin, il devra contacter des personnes significatives pour le patient, afin de préciser et d'objectiver certaines données obtenues au préalable. Le psychiatre rédigera ensuite un rapport d'expertise complet répondant à la question formulée par le référant. Ce rapport se terminera par une opinion précise sur la question posée. Le psychiatre fera au besoin des recherches bibliographiques afin de mieux étayer son opinion. Le poids du rapport est directement proportionnel à la force des arguments qui sous-tendent l'opinion finale. L'expert ne doit jamais oublier qu'il est mandaté pour éclairer la cour sur des questions médico-légales, mais que la décision finale est prise par le juge et le jury.

48.3.2. TYPES D'EXPERTISE

EXPERTISE SUR LA QUESTION D'APTITUDE

Un prévenu peut être examiné par un psychiatre à la demande de la cour quant à son aptitude à comparaître. Cette demande est justifiée par des comportements bizarres ou inappropriés, par l'étrangeté du délit imputé ou encore par les antécédents psychiatriques du patient. Le psychiatre rédigera alors un rapport d'expertise dans lequel il évaluera de façon spécifique la compréhension qu'a le patient : 1) de sa situation légale, 2) de l'accusation portée contre lui, 3) du processus judiciaire, de même que 4) sa capacité de collaborer avec son procureur dans l'élaboration de sa défense.

Si un individu ne répond pas à l'un ou l'autre des critères précités, le juge émet une ordonnance d'observation psychiatrique de 30 jours, qui peut être prolongée jusqu'à 60 jours ; ce délai sera souvent suffisant pour rendre le patient apte à comparaître, à l'aide des traitements psychiatriques appropriés. Au delà de cette période, un patient qui n'est toujours pas apte à comparaître sera placé sous mandat du lieutenant-gouverneur, pour cause d'inaptitude, et le demeurera jusqu'à ce qu'il devienne apte. Le patient sera réévalué régulièrement par la Commission d'examen (dont nous reparlerons plus loin au sujet des patients trouvés non coupables pour cause d'aliénation mentale) et réintégrera le processus judiciaire afin de subir son procès aussitôt que son état clinique le permettra. Le verdict pourra être l'un des cinq suivants :

1) acquittement simple ;
2) acquittement pour cause d'aliénation mentale ;
3) condamnation et emprisonnement ;
4) sentence suspendue avec des conditions associées (par exemple l'observance des traitements psychiatriques recommandés) ;
5) probation.

EXPERTISE PRÉSENTENCIELLE

Lorsqu'un individu a été jugé et trouvé coupable et que la cour désire de plus amples renseignements avant de rendre sa sentence, une évaluation psychiatrique présentencielle peut être demandée. Le psychiatre aura alors à évaluer le prévenu par rapport à la psychopathologie qu'il présente, à la psychodynamique qui sous-tend le délit, aux indications d'un traitement psychiatrique et à des précisions quant au-x type-s de traitement-s à prescrire, le cas échéant.

EXPERTISE PORTANT SUR LA QUESTION DE RESPONSABILITÉ CRIMINELLE

La défense d'aliénation mentale au Canada est régie par l'article 16 du *Code criminel* qui se lit comme suit :

1) Nul ne doit être déclaré coupable d'une infraction à l'égard d'un acte ou d'une omission de sa part alors qu'il était aliéné.

2) Aux fins du présent article, une personne est aliénée lorsqu'elle est dans un état d'imbécillité naturelle ou atteinte de maladie mentale à un point qui la rend incapable de juger la nature et la qualité d'un acte ou d'une omission, ou de savoir qu'un acte ou une omission est mauvais.

3) Une personne qui a des idées délirantes sur un point particulier, mais qui est saine d'esprit à d'autres égards, ne doit pas être acquittée pour le motif d'aliénation mentale, à moins que les idées délirantes ne lui aient fait croire à l'existence d'un état de chose qui, s'il eût existé, aurait justifié ou excusé son acte ou son omission.

4) Jusqu'à preuve du contraire, chacun est présumé être et avoir été sain d'esprit.

Le *Code criminel* ne définit pas davantage la maladie mentale. Il retient les termes d'*aliéné* et d'*imbécillité naturelle*. Le diagnostic psychiatrique ne détermine ni n'exclut l'irresponsabilité criminelle. Le psychiatre doit donc préciser si la pathologie (retard mental, psychose, trouble de la personnalité ...) rend l'accusé incapable d'apprécier la nature et la qualité de l'acte ou de savoir qu'un tel acte est mauvais. Le psychiatre est souvent appelé à se présenter à la cour afin de répondre à une telle question. Il est mandaté le plus souvent par le procureur de la défense, avec l'accord de l'accusé. Le psychiatre donne son opinion à la cour sur l'état mental de l'accusé au moment du délit par rapport aux critères définis dans la loi, afin d'éclairer le juge ou le jury. Dans le processus judiciaire, le psychiatre n'a évidemment pas de pouvoir décisionnel. On assiste dans certains cas à des batailles d'experts lorsque la présentation de la maladie est plus subtile ou lorsque le diagnostic s'oriente plus vers un trouble de la personnalité.

Le patient acquitté pour cause d'aliénation mentale est dirigé vers un centre hospitalier sous mandat du lieutenant-gouverneur. La Commission d'examen évalue les patients sous ordonnance du lieutenant-gouverneur, au moins une fois par année. Elle est présidée au Québec par un avocat, assisté d'un autre avocat et de deux psychiatres. La Commission d'examen prévient le patient de la date de son audition par lettre ; celui-ci peut se prévaloir de son droit d'être accompagné par son avocat ou par un membre de son entourage. Le psychiatre traitant rédige un rapport pour la Commission qui entérinera ou non ses recommandations portant sur :

1) le maintien du mandat de garde strict ;
2) la possibilité de mandat élargi avec une amorce de réinsertion sociale ;
3) le suivi du patient en clinique externe ; ou
4) la levée du mandat.

48.3.3. TÉMOIGNAGE DU PSYCHIATRE À LA COUR

Certaines expertises présentencielles et la plupart des expertises portant sur la question de la responsabilité criminelle nécessitent le témoignage du psychiatre à la cour. Après avoir évalué le patient, consulté les documents pertinents, le psychiatre prépare un rapport d'expertise et le remet à l'instance (agent de probation, avocat de la défense, avocat de la couronne) qui lui a demandé cette expertise. Il doit ensuite rencontrer son mandataire afin de préciser certains aspects de son rapport et de se préparer aux questions que les avocats sont susceptibles de lui poser.

Le juge accorde au psychiatre un statut d'expert lorsque celui-ci démontre sa compétence. Le statut d'expert n'est donc pas un privilège acquis, il est décidé par le juge à chaque procès impliquant le psychiatre comme témoin. Le psychiatre expert témoigne au meilleur de sa connaissance, en respectant le code de déontologie de sa profession. Il répond aux questions de l'avocat en s'adressant au juge lorsque le procès a lieu devant juge seul, ou aux jurés lorsqu'il s'agit d'un procès devant jury. Il explique en termes précis la pathologie psychiatrique du patient qu'il a évalué, en évitant le piège du jargon technique incompréhensible pour la cour et en refusant de vulgariser à l'extrême ses connaissances. Il doit éviter de donner des détails non pertinents, de soulever des hypothèses, d'élaborer sur la psychodynamique, et s'en tenir aux faits, à la question posée.

48.3.4. PERSPECTIVE D'AVENIR : MODIFICATIONS DU CODE CRIMINEL

Afin d'éviter que les patients ne soient détenus sous mandat du lieutenant-gouverneur pendant des périodes disproportionnées quant au type de délit imputé, la Commission de réforme du droit du Canada a proposé les modifications suivantes :

1) les patients sous ordonnance du lieutenant-gouverneur pour inaptitude ne devraient pas demeurer plus de deux ans sous mandat du lieutenant-gouverneur avant de subir leur procès ;

2) les patients acquittés pour cause d'aliénation mentale (on appellerait désormais cette défense : « défense de désordre mental ») ne pourraient être détenus sous mandat pendant une durée supérieure à celle de la détention maximale imposée aux individus trouvés coupables d'un délit similaire.

Ces deux modifications préviendraient des excès, en particulier pour des patients ayant commis des délits mineurs.

48.4. CONSIDÉRATIONS MÉDICO-LÉGALES ET ÉTHIQUES EN CLINIQUE

Le psychiatre doit respecter le code de déontologie de la Corporation professionnelle des médecins du Québec dans l'exercice de sa profession. Une pratique clinique conforme à l'éthique professionnelle tient compte des responsabilités suivantes :

1) **envers le patient** (qualité des soins offerts, respect du patient et de ses droits ...) ;

2) **envers la profession** (partage des résultats de recherches, transmission de l'évolution des travaux en cours, collaboration avec des collègues aux prises avec des pathologies complexes, respect des tâches assignées par les supérieurs immédiats ...) ;

3) **envers la société** (collaboration avec le système légal afin qu'un jugement éclairé soit rendu, formulation de recommandations adéquates quant aux dispositions à l'endroit de patients présentant une dangerosité psychiatrique ...).

Les notions de consentement, de droit et de refus de traitement, de secret professionnel et de faute professionnelle font l'objet de beaucoup de discussions et peuvent parfois orienter la pratique de façon défensive. La connaissance approfondie de ces sujets cruciaux est nécessaire pour le clinicien qui sera ainsi sensibilisé aux limites et à la portée de ses interventions.

48.4.1. CONSENTEMENT AU TRAITEMENT

Avant d'entreprendre tout traitement, surtout s'il est intrusif et potentiellement incapacitant, on doit obtenir du patient son consentement éclairé. Celui-ci peut être :

1) **implicite**, du fait de la présence volontaire du patient dans le bureau du médecin ;
2) **présumé**, dans le cas par exemple d'un patient inconscient dont l'état nécessite des interventions urgentes ;
3) **obtenu d'un substitut** lorsque le patient est incapable de prendre la décision ;
4) **éclairé**, lorsque le patient capable, après avoir été informé des risques et des bénéfices potentiels, consent volontairement au traitement.

Les patients psychiatriques peuvent se trouver dans des situations d'urgence où leur santé et leur sécurité personnelles de même que celles de leur entourage sont menacées ; ils nécessitent alors un traitement immédiat sans qu'on ait à obtenir leur consentement préalable. En d'autres cas, le patient doit fournir un consentement éclairé librement et volontairement. S'il est incapable de prendre une telle décision à cause d'un retard mental, d'une psychose, d'une dépression majeure, etc., on doit faire appel au curateur (public ou privé) qui prendra une décision éclairée à la place du patient.

Au Québec, les membres de la famille ne peuvent prendre de décisions au sujet du traitement d'un patient, à moins d'avoir obtenu légalement le rôle de curateur privé. Selon l'article 19 du *Code civil* :

> La personne est inviolable. Nul ne peut porter atteinte à la personne d'autrui sans son consentement ou sans y être autorisé par la loi.

Le curateur doit prendre sa décision dans l'intérêt du patient : il doit donc avoir accès aux renseignements pertinents et s'assurer de la collaboration de médecins conseils afin de prendre la meilleure décision. Le fait d'aviser la famille du patient de l'évolution du traitement ou de tout changement majeur dans l'orientation thérapeutique est conforme aux règles d'une bonne pratique médicale.

Le consentement éclairé implique que le patient légalement capable est au courant des conséquences possibles (positives ou négatives) des investigations et des traitements proposés, ainsi que du traitement de choix dans son cas et des alternatives à ce traitement, incluant les risques et les bénéfices des divers autres traitements. Le médecin doit aussi expliquer à son patient les risques encourus par l'absence de traitement.

Deux décisions de la Cour suprême du Canada (cas « HOPP vs LEPP », 1980 et « REIBL vs HUGHES », 1980) font jurisprudence à ce sujet. Ces décisions définissent ce qu'est le « patient raisonnable » et incitent les patients à s'informer sur le traitement proposé. On exige du médecin qu'il explique la nature et la gravité de la procédure de même que les risques « matériels » (c'est-à-dire les plus susceptibles de survenir, les plus graves, et ceux qui déterminent de façon la plus significative la décision du patient). Dans le cas « REIBL vs HUGHES », la Cour suprême a défini ainsi la notion du patient raisonnable : « Est-ce qu'un patient raisonnable, dans des circonstances similaires, aurait accepté le traitement si le risque avait été révélé ? » Cette notion remplace désormais la notion du médecin raisonnable. L'attitude paternaliste, autrefois usuelle en médecine, est dorénavant battue en brèche par cette volonté de « responsabiliser » le patient.

Certains traitements, par exemple les neuroleptiques, sont susceptibles de rebuter les patients à cause de leurs effets secondaires ; d'autres, comme l'électroconvulsivothérapie, sont impopulaires auprès de l'opinion publique. Le médecin doit donc connaître les données récentes dans le domaine en question et effectuer une démarche diagnostique systématique afin d'utiliser les moyens thérapeutiques appropriés et reconnus.

La **stérilisation**, dans un but de contraception, chez les retardés mentaux est une question délicate. On doit y recourir pour le bien-être de l'individu et non pour celui de son entourage. Les patients déficients mais légalement capables ont les mêmes droits quant au consentement éclairé que tout autre patient capable. Lorsqu'ils sont jugés incapables, leurs droits doivent être protégés. Le cas d'une jeune femme de l'Île-du-Prince-Édouard (Ève) a entraîné la décision suivante par la Cour suprême du Canada : les seules indications permises, quant à la stérilisation dans un but de contraception chez un patient retardé mental et incapable de prendre ses décisions, sont strictement les indications thérapeutiques (maladie du tractus génito-urinaire ou autre indication médicale). Les indications d'ordre social telles que l'incapacité d'élever les enfants ne justifient pas la stérilisation, d'après le jugement de la Cour suprême.

48.4.2. SECRET PROFESSIONNEL

L'alliance thérapeutique qui s'établit progressivement entre le patient et son psychiatre est basée sur une relation de confiance. Le psychiatre doit respecter certaines règles fondamentales pour mériter la confiance de son patient.

Diverses sources peuvent solliciter le psychiatre pour obtenir des informations sur son patient (le patient lui-même, sa famille, son employeur, des intervenants sociaux, des agents d'assurance, la cour ...). Le psychiatre doit aviser le patient des demandes de renseignements qui lui sont faites et obtenir son consentement avant d'y donner suite. La transmission de renseignements contenus au dossier médical pourra se faire uniquement lorsque le psychiatre disposera d'une autorisation écrite du patient, contresignée par un témoin.

Le psychiatre doit par ailleurs aviser les personnes intéressées lorsqu'un patient présente un problème mettant sérieusement en danger la sécurité d'autrui, comme il est prévu par la loi (par exemple lorsqu'un pilote d'avion fait un usage abusif d'alcool), et ce, même si le patient s'y oppose.

À la cour, dans les causes relevant du Code civil, le psychiatre doit se prévaloir du secret professionnel ; il sera cependant relevé de cette obligation en Cour criminelle et sera ainsi obligé de témoigner. Contrairement aux autres provinces, le secret professionnel est préservé en Cour civile au Québec ; en effet, le Code civil des autres provinces relève de la *Common Law* britannique qui n'accorde pas le secret professionnel aux médecins.

Aux États-Unis, l'opinion publique a été secouée par le cas TARASOFF qui a entraîné une décision jurisprudentielle. Dans certains États américains, la notion de « *duty to warn* » (devoir d'aviser) en a découlé. Le cas TARASOFF se résume comme suit :

En 1969, PROSENJIT PODDAR, étudiant à l'Université Berkeley en Californie, tua TATIANA TARASOFF, une jeune femme qu'il avait vue à quelques reprises. Elle était devenue pour lui un personnage central autour duquel il avait élaboré des idées délirantes à contenu érotomane. Il l'assassina parce qu'il était convaincu qu'elle l'avait rejeté et méprisé. Le patient avait consulté dans les semaines précédentes en clinique externe au Service de santé de Berkeley. Il avait été évalué par un psychiatre qui l'avait référé à un psychologue pour une psychothérapie. Au cours du traitement, le psychologue constata la dangerosité de son patient (par l'ampleur de cet attachement pathologique et par le fait qu'un ami du patient l'avait avisé que celui-ci voulait acheter un revolver). Le psychologue consulta ses collègues psychiatres et avisa les policiers de cette situation. Ceux-ci interrogèrent monsieur PODDAR et en conclurent qu'il n'était pas dangereux. Le patient cessa ses rendez-vous avec le psychologue. Pendant les semaines qui suivirent, le patient communiqua avec le frère de mademoiselle TARASOFF et obtint des informations précises à son sujet. C'est alors qu'il alla chez elle et l'assassina, deux mois à peine après l'intervention des policiers.

Le *duty to warn* implique qu'une victime potentielle doit être avisée, par le thérapeute d'un patient potentiellement homicidaire, du risque encouru. Au Canada, il n'y a pas actuellement de jurisprudence de cet ordre. Dans des situations délicates où la dangerosité est difficile à établir, une consultation peut être demandée à un collègue plus expérimenté ; la cure fermée doit être envisagée, la collaboration de la police peut être sollicitée et les mesures prises doivent refléter l'opinion retenue sur la dangerosité.

48.4.3. FAUTE PROFESSIONNELLE

Le psychiatre doit fournir, avec diligence, des soins adéquats à son patient. Pour ce faire, il doit avoir les connaissances qui permettent d'évaluer et de traiter un patient comme le feraient les autres membres de sa profession dans des circonstances similaires. Lorsqu'un psychiatre est poursuivi pour faute professionnelle, des psychiatres experts seront retenus par les deux parties afin d'éclairer le tribunal quant aux normes de pratique reconnues par rapport à la situation litigieuse.

Des torts peuvent être causés à un patient de façon intentionnelle ou non intentionnelle. En psychiatrie, les torts causés de façon intentionnelle sont par exemple la violation des droits civils du patient (la cure fermée injustifiée) ou les relations sexuelles à l'intérieur d'une relation thérapeutique. Dans le cas de torts non intentionnels, la négligence doit être établie par prépondérance de preuve. On devra prouver que le psychiatre est coupable d'un bris ou d'un abandon de ses devoirs envers son patient, ce qui a causé directement un dommage chez ce dernier. Le médecin est obligé de prendre tous les moyens nécessaires afin de traiter adéquatement son patient, mais il n'est pas implicitement obligé de le « guérir ». Ainsi, le médecin ne sera pas tenu responsable du suicide de son patient s'il a évalué judicieusement la psychopathologie et le risque suicidaire de celui-ci, et s'il a mis en place les moyens thérapeutiques appropriés pour le traiter. La loi insiste sur une obligation de moyens et non de résultats.

POURSUITES JUDICIAIRES

Aux États-Unis, en 1982, les poursuites judiciaires contre des psychiatres portaient (en ordre d'importance décroissant) sur :
— le suicide d'un patient ;
— le traitement inapproprié ;
— la médication inefficace ou inappropriée ;
— le bris de confidentialité ;
— l'hospitalisation non indiquée ;
— des blessures résultant de l'électroconvulsivothérapie ;
— l'abus sexuel envers des patients ;
— l'absence de consentement éclairé.

Au Québec, les primes d'assurance-responsabilité payées par les psychiatres ont beaucoup augmenté au cours des dernières années (passant de 350 $ en 1980 à 1400 $ en 1988) à cause de l'accroissement du nombre de poursuites. Plusieurs poursuites sont cependant réglées hors cour et n'impliquent pas tout le processus de témoignage en cour par des psychiatres experts pour les parties demanderesses et défenderesses, afin d'éclairer le juge sur les règles d'une bonne pratique psychiatrique dans le contexte en cause. Les poursuites portent, la plupart du temps, sur les éléments énumérés ci-dessous.

Suicide d'un patient

Les éléments critiques en cause sont la prévisibilité bien établie du risque suicidaire et les mesures prises par le clinicien pour éviter un suicide lorsque ce risque est déterminé. Lorsque le psychiatre effectue son examen clinique de façon appropriée, il ne peut pas être tenu responsable d'une erreur de jugement. Le médecin n'est pas infaillible, il a le droit de se tromper ; mais c'est la négligence qui peut être répréhensible.

Dans son dossier, le psychiatre doit rendre compte le plus complètement possible de son évaluation du potentiel suicidaire. La conduite adoptée doit être conforme au diagnostic de dangerosité suicidaire établi et doit tenir compte des normes sécuritaires de l'établissement où le patient est hospitalisé. Devant un cas particulièrement difficile, il est prudent de demander à un collègue une consultation qui sera consignée au dossier du patient.

Conséquences du traitement

Certains médicaments utilisés couramment en psychiatrie causent des effets secondaires sérieux (akathisie, galactorrhée ...) et des complications parfois permanentes (dyskinésie tardive, atteinte rénale ...). Le psychiatre doit donc tenir compte des résultats de l'examen physique et des tests de laboratoire avant de prescrire des médicaments psychotropes et répéter périodiquement ces évaluations pendant le traitement. Il doit aussi s'informer de l'histoire pharmacologique du patient (anémie aplastique, cholestase, syndrome neuroleptique malin, dystonie aiguë...).

La prescription doit être faite selon la pratique psychiatrique courante. Le psychiatre doit par exemple éviter de donner de trop grandes quantités de médicaments à un patient potentiellement suicidaire. Il doit prescrire une médication selon les indications reconnues et doit rendre compte, dans ses notes au dossier, de l'évolution du traitement et de l'évaluation régulière des effets secondaires. Il doit en particulier justifier l'emploi d'un médicament si l'indication ou la posologie ne respecte pas la pratique courante, par exemple la prescription d'un neuroleptique à un patient non psychotique. Il en va de même si la prescription de la médication implique un risque calculé, par exemple la prescription d'un antidépresseur à un patient déprimé majeur qui a fait un infarctus récemment.

Consentement éclairé

Les poursuites concernant l'absence de consentement éclairé illustrent la vulnérabilité du psychiatre par rapport à cette question. Ainsi, aux États-Unis, on a vu des causes célèbres, comme le cas TARASOFF, qui ont eu des répercussions majeures sur la pratique de la psychiatrie américaine et qui ont entraîné une pratique défensive de la psychiatrie. Il y a aussi le cas du « Dr ASCHEROV *vs* Chesnut Lodge Hospital » en 1984. Après avoir été traité exclusivement et sans succès par une psychothérapie d'orientation psychanalytique pour un trouble de personnalité narcissique, un médecin souffrant de dépression majeure a été transféré dans un autre centre hospitalier où il a répondu rapidement et favorablement à un traitement aux antidépresseurs. Il a poursuivi le premier hôpital, estimant ne pas avoir été informé adéquatement des alternatives au traitement fourni et de leurs implications. Il a reçu une compensation de 250 000 $ US.

Confidentialité

Un psychiatre peut être poursuivi pour ne pas avoir respecté la confidentialité ; la divulgation des informations privilégiées peut en effet porter atteinte à la réputation du patient ou peut entraîner des répercussions négatives sur l'emploi de celui-ci. Le clinicien doit donc être très prudent dans la transmission d'éléments du dossier de son patient et se prémunir au préalable d'une autorisation dûment signée par ce dernier. Enfin, le psychiatre peut aussi être poursuivi s'il néglige d'aviser une victime potentielle des intentions homicidaires de son patient.

48.5.
CONCLUSION

Les relations entre la psychiatrie et le droit sont très fluides. Un clinicien prudent saura se tenir au courant des modifications des lois. L'évaluation rigoureuse des patients accusés d'un délit sévère contre la personne lui permettra de mieux préciser à postériori les critères de dangerosité et sera ainsi utile pour la prévention de cas similaires.

Le psychiatre et bien d'autres médecins sont confrontés, tous les jours, à des situations juridiques (mise en cure fermée ou mise sous curatelle, rapports d'expertise au civil ou au criminel, décision de judiciariser ou non le comportement agressif d'un patient, consentement éclairé, confidentialité). Toutes ces situations doivent entraîner une pratique prudente et respectueuse des droits des malades et des principes légaux. Mais, comme la médecine est un art — et pas seulement une science —, il restera toujours des zones grises où un sens clinique affiné sera préférable à une pratique défensive. Finalement, un dossier bien tenu, où sont consignées les observations cliniques et la justification des décisions thérapeutiques, est habituellement le garant d'une saine pratique médicale.

BIBLIOGRAPHIE

AMERICAN ACADEMY OF PSYCHIATRY AND THE LAW
1986 *Forensic Psychiatry Course, Board Review and Update.*

CURRAN, W.J., A.L. McGARRY et S.A. SHAH
1986 *Forensic Psychiatry and Psychology*, Philadelphie, F.A. Davis Co.

GULTON MALCOLM, J.
1986 « Treatment Choices and Informed Consent in Psychiatry : Implications of the Osheroff Case for the Profession », *Psychiatry and Law*, vol. 14, nᵒˢ 1 et 2, p. 9-107.

GRUNBERG, F. et G.-B. GRAVEL
1980 « Psychiatrie légale », *Psychiatrie clinique : approche contemporaine* (P. Lalonde et F. Grunberg, édit.), Chicoutimi, Gaëtan Morin éditeur, chap. 39.

SMITH, S.M.
1983 « Competency », *The Psychiatric Clinic of North America, Forensic Psychiatry*, décembre, p. 635-650.

« Propositions de modifications du *Code criminel* (désordre mental) », le Ministre de la Justice, 1986.

« The Canadian Medical Association Code of Ethics Applied for Psychiatrists » (énoncé de principe), *Revue canadienne de psychiatrie*, 1980.

APPENDICES

COMPARAISONS DIAGNOSTIQUES

rassemblées par :

PIERRE LALONDE, M.D.

Le *Diagnostic and Statistical Manual of Mental Disorders* − troisième révision : DSM-III (1980) et DSM-III-R (1987) − constitue la classification officielle de l'*American Psychiatric Association.*

La *Classification internationale des maladies* − neuvième révision : CIM-9 (1975) − constitue la classification officielle de l'*Organisation mondiale de la santé.*

DSM-III-R (1987)	DSM-III (1980)	CIM-9 (1975)	
TROUBLES APPARAISSANT HABITUELLEMENT PENDANT L'ENFANCE OU L'ADOLESCENCE			
Troubles du comportement		**Troubles de la conduite non classés ailleurs**	**312**
Troubles des conduites	*Troubles des conduites (Délinquance)*	Troubles de la conduite en solitaire (Troubles agressifs solitaires)	312.0
312.00 type agressif solitaire	312.00 type mal socialisé - agressif		
	type socialisé - non agressif	Troubles de la conduite en groupe (Délinquance de groupe)	312.1
312.20 en groupe	312.20 type socialisé - agressif		
	type socialisé - non agressif	Autres troubles de la conduite	312.8
312.90 NS	312.90 atypique	Sans précision	312.9
313.81 Trouble oppositionnel - provocateur	313.81 Trouble oppositionnel		
Trouble déficitaire de l'attention	*Trouble déficitaire de l'attention (Dysfonction cérébrale minime)*	**Instabilité de l'enfance (Syndrome hyperkinétique)**	**314**
314.01 avec hyperactivité	avec hyperactivité (Réaction hyperkinétique)	Perturbation simple de l'activité et de l'attention (Hyperactivité)	314.0
	sans hyperactivité		
314.00 NS	type résiduel	Instabilité avec retard de développement	314.1
		Troubles de la conduite liés à l'instabilité	314.2
		Autres manifestations associées à l'instabilité	314.8
		Instabilité sans précision (Syndrome d'instabilité)	314.9
Troubles anxieux de l'enfant et de l'adolescent		**Troubles de l'affectivité spécifiques de l'enfance et de l'adolescence**	**313**
309.21 Anxiété de séparation	Trouble : Angoisse de séparation (Phobie scolaire)		
313.00 Hyperanxiété	Trouble : Hyperanxiété	à forme d'inquiétude et de crainte (Hyperanxiété)	313.0
		à forme de tristesse et de détresse morale	313.1
313.21 Évitement	Trouble : Évitement	avec hypersensibilité, timidité et retrait social (Isolement social)	313.2
	Trouble schizoïde		
		à forme de difficultés relationnelles (Jalousie familiale)	313.3
313.82 Troubles de l'identité	Trouble de l'identité		
313.89 Trouble de l'attachement en réaction à une carence de soins	Trouble réactionnel de l'attachement	Troubles de l'affectivité autres ou mixtes	313.8
		Sans précision	313.9

Troubles de l'alimentation

307.10	Anorexie nerveuse	
307.51	Boulimie nerveuse	
307.52	Pica	
307.53	Régurgitation	
307.50	Trouble de l'alimentation NS	

Troubles de l'élimination

307.60	Énurésie fonctionnelle primaire ou secondaire nocturne et/ou diurne
307.70	Encoprésie fonctionnelle primaire ou secondaire

Tics

307.20	Tic NS
307.21	Tic transitoire épisode unique ou récurrent
307.22	Tic moteur ou vocal chronique
307.23	Maladie de la Tourette
307.30	Mouvements stéréotypés et habitudes NS

Troubles d'élocution

307.00	Langage anarchique
307.00	Bégaiement
313.23	Mutisme électif

Troubles de l'alimentation
- Anorexie mentale
- Boulimie
- Pica
- Mérycisme
- Trouble atypique de l'alimentation

Troubles de l'élimination
- Énurésie fonctionnelle
- Encoprésie fonctionnelle

Mouvements stéréotypés
- Tic atypique
- Tic transitoire
- Tic moteur chronique
- Maladie de Gilles de la Tourette
- Mouvements stéréotypés atypiques

Troubles de la parole
- Bégaiement
- Mutisme électif

---

307   Symptômes ou troubles spéciaux non classés ailleurs

307.1	Anorexie mentale
307.5	Troubles de l'alimentation, autres et non précisés
	Boulimie
	Perte d'appétit
	Pica
	Troubles d'alimentation de l'enfant
	Vomissements psychogènes
307.6	Énurésie (primaire ou secondaire)
307.7	Encoprésie (continue ou discontinue)
307.2	Tics
307.3	Mouvements stéréotypés (Stéréotypies)
307.9	Autres troubles spéciaux
	Arrachage des cheveux
	Masturbation
	Onychophagie
	Succion du pouce
	Zézaiement
307.0	Bégaiement

NOTES : *Les diagnostics entre parenthèses sont fréquemment utilisés comme synonymes des diagnostics officiels.*

NS = non spécifié.

x = préciser le x comme indiqué.

DSM-III-R (1987)	DSM-III (1980)	CIM-9 (1975)
		PSYCHOSES (290 - 299)
		ÉTATS PSYCHOTIQUES ORGANIQUES (290 - 294)
		290 ÉTATS PSYCHOTIQUES ORGANIQUES SÉNILES ET PRÉSÉNILES
TROUBLES MENTAUX ORGANIQUES		
Démences de la sénescence		
290. Démence dégénérative primaire, type Alzheimer (À l'axe III, coder 331.00 : Maladie d'Alzheimer ou l'étiologie, si connue)	Démence dégénérative primaire	290.0 Démence sénile, forme simple
290.00 Démence sénile non compliquée ou NS	non compliquée	290.1 Démence présénile (Maladie d'Alzheimer, Maladie de Pick)
290.1x débutant dans le présenium, x ___ Préciser le x :	débutant dans le présenium, x ___ (– de 65 ans) Préciser le cinquième chiffre :	
0 = non compliquée	0 = non compliquée	
1 = avec délirium	1 = avec délirium	
2 = avec délire	2 = avec idées délirantes	
3 = avec dépression	3 = avec dépression	
290. débutant dans la sénescence	débutant dans la sénescence (+ de 65 ans)	
290.20 avec délire	avec idées délirantes	290.2 Démence sénile, forme dépressive ou délirante
290.21 avec dépression	avec dépression	
290.30 avec délirium	avec délirium	290.3 Démence sénile avec état confusionnel aigu
290.4x Démence par infarctus multiples, x ___	Démence vasculaire, x ___	290.4 Démence artériopathique
		290.8 Autres démences
		290.9 Démence sans précision
		291 PSYCHOSES ALCOOLIQUES
Troubles mentaux organiques associés à une substance psychodysleptique		303 Ivresse aiguë chez un alcoolique
Alcool	*Alcool*	291.0 Délirium tremens (État délirant aigu ou subaigu alcoolique)
303.00 Intoxication	Intoxication (Ébriété)	291.1 Psychose de Korsakov alcoolique
291.00 Délirium de sevrage	Délirium du sevrage	291.2 Autres démences alcooliques
291.10 Trouble amnésique	Trouble amnésique (Korsakov)	291.3 Autres états hallucinatoires alcooliques
291.20 Démence associée à l'alcoolisme	Démence associée à l'alcoolisme légère, modérée ou sévère	291.4 Ivresse pathologique
291.30 Hallucinose	Hallucinose (État hallucinatoire)	291.5 Délire alcoolique de jalousie (Paranoïa alcoolique)
291.40 Intoxication idiosyncrasique	Intoxication idiosyncrasique	291.8 Syndrome de sevrage alcoolique
291.80 Sevrage non compliqué	Sevrage	

Amphétamine et autres sympathomimétiques
305.70 Intoxication
292.00 Sevrage
292.11 Trouble délirant
292.81 Délirium

Caféine
305.90 Intoxication

Cannabis
305.20 Intoxication
292.11 Trouble délirant

Cocaïne
305.60 Intoxication
292.00 Sevrage
292.11 Trouble délirant
292.81 Délirium

Hallucinogènes
305.30 Hallucinose
292.11 Trouble délirant
292.84 Trouble de l'humeur
292.89 Trouble de la perception

Inhalants
305.90 Intoxication

Nicotine
292.00 Sevrage

Opiacés
305.50 Intoxication
292.00 Sevrage

Phencyclidine (PCP) ou autres arylcyclohexylamines
305.90 Intoxication
292.11 Trouble délirant
292.81 Délirium
292.84 Trouble de l'humeur
292.90 Trouble mental organique NS

Sédatifs, hypnotiques ou anxiolytiques
305.40 Intoxication
292.00 Sevrage non compliqué
292.00 Délirium de sevrage
292.83 Trouble amnésique

Amphétamine et autres sympathomimétiques
Intoxication
Sevrage
Trouble délirant
Délirium

Caféine
Intoxication (Caféinisme)

Cannabis
Intoxication
Trouble délirant

Cocaïne
Intoxication

Hallucinogènes
Hallucinose (État délirant)
Trouble délirant
Trouble affectif

Tabac
Sevrage

Opiacés
Intoxication
Sevrage

Phencyclidine (PCP) ou autres arylcyclohexylamines
Intoxication

Délirium

Trouble mental organique mixte

Barbituriques et autres sédatifs
Intoxication
Sevrage
Délirium du sevrage
Trouble amnésique

NOTES : Les diagnostics entre parenthèses sont fréquemment utilisés comme synonymes des diagnostics officiels.

NS = non spécifié.

x = préciser le x comme indiqué.

DSM-III-R (1987)	DSM-III (1980)	CIM-9 (1975)
	Autres drogues ou substances psychodysleptiques NS	**292 Psychoses dues aux drogues**
305.90 Intoxication	Intoxication	
292.00 Sevrage	Syndrome de sevrage	292.0 Syndrome de sevrage de drogues
292.11 Trouble délirant	Trouble délirant	292.1 États délirants et hallucinatoires dus aux drogues
292.12 Hallucinose	Hallucinose (État hallucinatoire)	
		292.2 Forme pathologique d'intoxication par les drogues
292.81 Délirium	Délirium	292.8 Autres psychoses dues aux drogues
292.82 Démence	Démence	
292.83 Trouble amnésique	Trouble amnésique	
292.84 Trouble de l'humeur	Trouble affectif	
292.89 Trouble anxieux		
292.89 Trouble de la personnalité	Trouble de la personnalité	
292.90 Trouble mental organique NS	Trouble mental organique atypique ou mixte	292.9 Psychose due aux drogues sans précision
	Troubles mentaux organiques associés à une maladie physique mentionnée à l'axe III	**293 États psychotiques organiques transitoires**
293.00 Délirium	Délirium	293.0 État confusionnel aigu
		293.1 État confusionnel subaigu / Psychose organique post-traumatique / Psychose infectieuse subaiguë ou associée à un trouble endocrinien ou métabolique
293.81 Trouble délirant organique	Syndrome délirant organique	293.8 Autres états psychotiques organiques transitoires
293.82 Hallucinose organique	Hallucinose organique	
293.83 Trouble de l'humeur organique maniaque, dépressif ou mixte	Syndrome affectif organique	
		294 Autres états psychotiques chroniques
294.10 Démence	Démence	294.1 Démence associée à des affections classées ailleurs
294.00 Trouble amnésique	Syndrome amnésique (Korsakov)	294.0 Psychose ou syndrome de Korsakov (non alcoolique)
294.80 Trouble anxieux organique		
294.80 Trouble mental organique NS	Syndrome cérébral organique atypique ou mixte	294.8 Autres états psychotiques organiques / Psychose épileptique
		310 Troubles mentaux spécifiques non psychotiques, consécutifs à une atteinte cérébrale organique
		310.0 Syndrome frontal / Syndrome des lobotomisés / Syndrome postleucotomie

310.10 Trouble de la personnalité organique
Préciser si de type explosif

Psycho-syndrome organique

310.1 Modifications intellectuelles ou de la personnalité d'un autre type
Trouble léger de la mémoire
Psycho-syndrome organique non psychotique
310.2 Syndrome post-traumatique (commotionnel ou contusionnel)
310.8 Autres
310.9 Sans précision

304 **Pharmacodépendance**
305 **Abus de drogues chez une personne non dépendante**

303 **Syndrome de dépendance alcoolique** (Alcoolisme chronique, Dipsomanie)
305.0 Abus d'alcool (Ébriété, Ivresse)
304.4 Pharmacodépendance, type amphétaminique et autres psychostimulants (méthylphénidate, phenmétrazine)
305.7 Abus, type amphétaminique
304.3 Cannabisme (chanvre, haschich, marijuana)
305.2 Abus de cannabis
304.2 Pharmacodépendance, type cocaïnique
305.6 Abus, type cocaïnique
304.5 Pharmacodépendance aux hallucinogènes (LSD, mescaline, psilocybine)
305.3 Abus d'hallucinogènes (Réaction au LSD)
304.6 Pharmacodépendances autres
Inhalation de colle
Toxicomanie à l'absinthe

TROUBLES LIÉS À L'UTILISATION DE SUBSTANCES PSYCHODYSLEPTIQUES (TOXICOMANIES)

Préciser le x : continu, épisodique ou en rémission

Alcool
303.90 Dépendance — Dépendance, x ——— (Alcoolisme)
305.00 Abus — Abus, x ———

Amphétamine et autres sympathomimétiques
304.40 Dépendance — Dépendance, x ———

305.70 Abus — Abus, x ———

Cannabis
304.30 Dépendance — Dépendance, x ———
305.20 Abus — Abus, x ———

Cocaïne
304.20 Dépendance
305.60 Abus — Abus, x ———

Hallucinogènes
304.50 Dépendance

305.30 Abus — Abus, x ———

Inhalants
304.60 Dépendance
305.90 Abus

NOTES : *Les diagnostics entre parenthèses sont fréquemment utilisés comme synonymes des diagnostics officiels.*
NS = non spécifié.
x = préciser le x comme indiqué.

DSM-III-R (1987)	DSM-III (1980)	CIM-9 (1975)
Nicotine 305.10 Dépendance	*Tabac* Dépendance, x ___	305.1 Abus de tabac (Dépendance à l'égard du tabac, Tabagisme)
Opiacés 304.00 Dépendance 305.50 Abus	*Opiacés* Dépendance, x ___ Abus, x ___	304.0 Pharmacodépendance, type morphinique (opium, héroïne, méthadone) 305.5 Abus, type morphinique
Phencyclidine (PCP) ou autres arylcyclohexylamines 304.50 Dépendance 305.90 Abus	*Phencyclidine (PCP) ou autres arylcyclohexylamines* Abus, x ___	
Sédatifs, hypnotiques ou anxiolytiques 304.10 Dépendance 305.40 Abus	*Barbituriques, sédatifs et hypnotiques* Dépendance, x ___ Abus, x ___ Dépendance à d'autres substances spécifiées, x ___	304.1 Pharmacodépendance, type barbiturique (sédatifs, tranquillisants) 305.4 Abus de barbituriques et de tranquillisants
		304.7 Association de drogues de type morphinique avec autre substance
		304.8 Association ne comprenant pas de drogue de type morphinique
		305.8 Abus d'antidépresseurs
304.90 Polytoxicomanie (Dépendance) 304.90 Dépendance à une substance NS 305.90 Polytoxicomanie (abus)	Dépendance à une substance NS, x ___	304.9 Pharmacodépendance sans précision
305.90 Abus de substance NS	Abus de substances mixtes ou NS, x ___	305.9 Autres abus Manie des laxatifs Usage de médicaments sans prescription

SCHIZOPHRÉNIE

Préciser le x :

0 = NS
1 = Sub-chronique
2 = chronique
3 = sub-chronique avec exacerbation aiguë
4 = chronique avec exacerbation aiguë
5 = en rémission

295.1x désorganisée, x _____
295.2x catatonique, x _____

295.3x paranoïde, x _____
          Préciser si stabilisée

295.6x résiduelle, x _____
          Préciser si début tardif
295.9x indifférenciée, x _____

TROUBLES DÉLIRANTS (PARANOÏDES)

297.10 Trouble délirant
          type érotomane
          type grandiose
          type jaloux
          type persécutoire
          type somatique
          NS

TROUBLES SCHIZOPHRÉNIQUES

Préciser le x :

0 = NS
1 = Sub-chronique (moins de deux ans)
2 = chronique (deux ans et plus)
3 = sub-chronique avec exacerbation aiguë
4 = chronique avec exacerbation aiguë
5 = en rémission

type désorganisé (hébéphrénie), x _____
type catatonique, x _____

type paranoïde, x _____

type résiduel, x _____

type non différencié, x _____

TROUBLES PARANOÏDES

Trouble paranoïde aigu (moins de six mois)

Paranoïa (six mois et plus)

Trouble paranoïde atypique

AUTRES PSYCHOSES (295 - 299)

295   Psychoses schizophréniques

295.0 forme simple (Schizophrénie simple)
295.1 forme hébéphrénique (Hébéphrénie)
295.2 forme catatonique (Agitation, Stupeur catatonique)
295.3 forme paranoïde (Schizophrénie paraphrénique)
295.5 Schizophrénie latente (Schizophrénie débutante, limite, prépsychotique, pseudonévrotique, pseudo-psychopathique)
295.6 Schizophrénie résiduelle
295.9 forme non précisée

297   États délirants
297.0 État délirant, forme simple

297.1 Paranoïa
297.2 Paraphrénie (État délirant involutif, Paraphrénie tardive)
297.8 Autres états délirants
          Paranoïa quérulente

NOTES : Les diagnostics entre parenthèses sont fréquemment utilisés comme synonymes des diagnostics officiels.
          NS = non spécifié.
          ___ x = préciser le x comme indiqué.

DSM-III-R (1987)	DSM-III (1980)	CIM-9 (1975)
AUTRES TROUBLES PSYCHOTIQUES		**298 Autres psychoses non organiques**
		298.0 Psychose non organique, forme dépressive (Psychose dépressive réactionnelle)
		298.1 État d'excitation
		298.2 Confusion réactionnelle (Confusion psychogène, État crépusculaire psychogène)
		298.3 Bouffée délirante (Réaction délirante aiguë)
		298.4 Psychose délirante psychogène (Psychose délirante réactionnelle)
298.80 Réaction psychotique brève	Psychose réactionnelle brève (Psychose hystérique)	298.8 Psychoses réactionnelles autres / Psychose hystérique / Stupeur psychogène
295.40 Trouble schizophréniforme avec bon pronostic ou avec mauvais pronostic	Trouble schizophréniforme (moins de six mois) (Schizophrénie aiguë)	295.4 Épisode schizophrénique aigu (Accès schizophréniforme)
295.70 Trouble schizo-affectif de type bipolaire ou de type dépressif	Trouble schizo-affectif	295.7 Psychose schizophrénique, forme schizo-affective (Psychose schizo-affective)
297.30 Trouble psychotique induit	Trouble paranoïde partagé (Folie à deux)	297.3 Psychose induite (Folie à deux, Délire induit)
298.90 Psychose NS	Psychose atypique	298.9 Psychose non précisée
TROUBLES DE L'HUMEUR	**TROUBLES DE L'AFFECT**	**296 Psychoses affectives**
	Troubles affectifs majeurs	
Préciser le x :	Préciser le x :	
0 = NS	0 = NS	
1 = léger		
2 = modéré	2 = sans mélancolie	
3 = sévère, sans symptômes psychotiques	3 = avec mélancolie (endogène)	
4 = avec symptômes psychotiques congruents ou non à l'humeur	4 = avec symptômes psychotiques	
5 = en rémission partielle		
6 = en rémission complète	6 = en rémission	
Préciser si récurrence saisonnière		

Trouble bipolaire	**Trouble bipolaire** (**Psychose maniaco-dépressive**)	
296.4x maniaque, x ——	phase maniaque, x ——	296.0 Psychose maniaque dépressive, forme maniaque (Manie, Hypomanie)
296.5x dépressif, x ——	phase dépressive, x ——	296.2 Psychose maniaque dépressive, forme circulaire, en période maniaque
296.6x mixte, x ——	phase mixte, x ——	296.3 Psychose maniaque dépressive, forme circulaire, en période dépressive
Préciser si chronique si de type mélancolique		296.4 Psychose maniaque dépressive, forme circulaire, mixte
	Trouble bipolaire atypique (Hypomanie)	296.5 Psychose maniaque dépressive, forme circulaire, état actuel non indiqué
297.70 Trouble bipolaire NS		296.6 Psychose maniaque dépressive, autre et sans précision
301.13 Cyclothymie	Trouble cyclothymique (Personnalité cyclothymique)	301.1 Personnalité dysthymique (affective) (Personnalité cyclique, dépressive)
		296.8 Autres psychoses affectives
Troubles dépressifs		
Dépression majeure	Dépression majeure	296.1 Psychose maniaque dépressive, forme dépressive
296.2x épisode unique, x ——	épisode isolé, x ——	Psychose dépressive
296.3x récurrente, x ——	récurrente, x ——	Dépression psychotique
	(Mélancolie involutionnelle)	Mélancolie involutionnelle
300.40 Dysthymie type primaire ou secondaire début précoce ou tardif	Trouble dysthymique (deux ans et plus) (Dépression névrotique)	300.4 Dépression névrotique (Dépression anxieuse)
		300.5 Neurasthénie (Débilité nerveuse)
311.00 Trouble dépressif NS	Dépression atypique	**311 Troubles dépressifs non classés ailleurs** (Dépression, État dépressif)

NOTES : *Les diagnostics entre parenthèses sont fréquemment utilisés comme synonymes des diagnostics officiels.*
NS = non spécifié.
x = préciser le x comme indiqué.

DSM-III-R (1987)	DSM-III (1980)	CIM-9 (1975)
TROUBLES ANXIEUX	**TROUBLES ANXIEUX**	**TROUBLES NÉVROTIQUES et TROUBLES DE LA PERSONNALITÉ (300 - 316)**
(Névroses d'angoisse, névroses phobiques)	**Troubles phobiques (Névroses phobiques)**	**300 Troubles névrotiques**
300.21 Panique avec agoraphobie Préciser la sévérité de l'évitement phobique des attaques de panique	Agoraphobie avec attaques de panique	300.2 États phobiques Agoraphobie Claustrophobie Hystérie d'angoisse Phobie
300.22 Agoraphobie sans panique Avec ou sans symptômes frustres de panique	Agoraphobie sans attaques de panique	
300.23 Phobie sociale Préciser si de type généralisé	Phobie sociale	
300.29 Phobie simple	Phobie simple	
	États anxieux (Névroses d'angoisse)	
300.00 Trouble anxieux NS	Trouble anxieux atypique	300.0 États anxieux (Crise d'angoisse, Névrose anxieuse, Réaction anxieuse)
300.01 Panique sans agoraphobie	Trouble : Panique	
300.02 Anxiété généralisée	Trouble : Anxiété généralisée	
300.30 Trouble obsessif-compulsif	Trouble obsessionnel-compulsif (Névrose obsessionnelle-compulsive)	300.3 Troubles obsessionnels et compulsifs (Névrose anancastique)
309.89 État de stress post-traumatique Préciser si début différé	Trouble : État de stress post-traumatique aigu, chronique ou différé (Névrose traumatique)	**308 États réactionnels aigus à une situation très éprouvante** Délire d'épuisement Épuisement dû au combat État consécutif à une catastrophe
		308.0 avec troubles prédominants de l'affectivité
		308.1 avec troubles prédominants de la conscience
		308.2 avec troubles prédominants de la psycho-motricité
		308.3 Autres états réactionnels aigus
		308.4 États réactionnels aigus mixtes
		308.9 Sans précision

TROUBLES SOMATOFORMES

(Symptômes physiques sans base organique)

300.11 Conversion épisode unique ou récurrent	Trouble de conversion (Névrose hystérique, type : conversion)	300.1 Hystérie (Hystérie de conversion, Névrose de compensation)
300.70 Trouble somatoforme NS	Trouble somatoforme atypique	
300.70 Trouble somatoforme indifférencié		
300.70 Trouble dysmorphique physique	(Dysmorphophobie)	
300.70 Hypocondrie	Hypocondrie (Névrose hypocondriaque)	300.7 Hypocondrie
307.80 Douleur somatoforme	Trouble : Douleur psychogène	307.8 Psychalgies (Céphalée, Dorsalgie psychogène)
300.81 Somatisation	Trouble : Somatisation (Syndrome de Briquet)	300.8 Autres troubles névrotiques Névrose professionnelle Psychasthénie Syndrome de Briquet
316.00 Facteurs psychologiques affectant une condition physique codée à l'axe III	Facteurs psychologiques influençant une affection physique codée à l'axe III (Trouble psychosomatique)	**316** **Facteurs psychiques associés à des affections classées ailleurs** Asthme psychogène Colite muqueuse psychogène Colite ulcéreuse psychogène Dermite psychogène Eczéma psychogène Nanisme psychosocial Ulcère gastrique psychogène Urticaire psychogène

TROUBLES DISSOCIATIFS (Névrose hystérique de dissociation)

300.12 Amnésie psychogène	Amnésie psychogène	
300.13 Fugue psychogène	Fugue psychogène	
300.14 Personnalité multiple	Trouble : Personnalité multiple	300.1 Hystérie (Personnalité multiple)
300.15 Trouble dissociatif NS	Trouble dissociatif atypique	300.1 Hystérie (Réaction dissociative, Syndrome de Ganser hystérique)
300.60 Dépersonnalisation	Trouble : Dépersonnalisation (Névrose de dépersonnalisation)	300.6 Syndrome de dépersonnalisation (Déréalisation)

NOTES : Les diagnostics entre parenthèses sont fréquemment utilisés comme synonymes des diagnostics officiels.

NS = non spécifié.

x = préciser le x comme indiqué.

DSM-III-R (1987) | DSM-III (1980) | CIM-9 (1975)

DSM-III-R (1987)	DSM-III (1980)	CIM-9 (1975)
		306 **Troubles du fonctionnement physiologique d'origine psychique**
		306.0 Ostéo-musculaires
		Torticolis psychogène
		306.1 Respiratoires
		Bâillement
		Étouffement
		Hoquet
		Hyperventilation
		Toux
		306.2 Cardio-vasculaires
		Asthénie neuro-circulatoire
		Cœur irritable
		Névrose cardio-vasculaire
		Névrose cardiaque
		306.3 Cutanés
		Prurit psychogène
		306.4 Gastro-intestinaux
		Aérophagie
		Vomissements périodiques
		306.5 Génito-urinaires
		Vaginisme
		Dysménorrhée
		Dysurie psychogène
		306.6 Endocriniens
		306.7 Sensoriels
		306.8 Autres
		306.9 Sans précision
		Troubles psychophysiologiques
		Troubles psychosomatiques
		302 **Déviations et troubles sexuels**
		302.5 Transsexualisme
		302.6 Troubles de l'identité psychosexuelle
		(Trouble du rôle sexuel)
TROUBLES SEXUELS	**TROUBLES PSYCHOSEXUELS**	
Troubles de l'identité de genre	**Troubles de l'identité sexuelle**	
302.50 Transsexualisme	Transsexualisme	
302.60 Trouble de l'identité de genre de l'enfance	Trouble de l'identité sexuelle de l'enfance	
302.85 Trouble de l'identité de genre de l'adolescence ou de l'adulte type non transsexuel		
302.85 Trouble de l'identité de genre NS	Trouble atypique de l'identité sexuelle	

Paraphilies		**Paraphilies (Déviations sexuelles)**		
302.20	Pédophilie même sexe et/ou sexe opposé limité à l'inceste pratique exclusive ou non	Pédophilie	302.2	Pédophilie
302.30	Transvestisme fétichiste	Transvestisme	302.3	Transvestisme
302.40	Exhibitionnisme	Exhibitionnisme	302.4	Exhibitionnisme
			302.8	Autres déviations sexuelles
302.81	Fétichisme	Fétichisme		Fétichisme
302.82	Voyeurisme	Voyeurisme		
302.83	Masochisme sexuel	Masochisme sexuel		Masochisme
302.84	Sadisme sexuel	Sadisme sexuel		Sadisme
302.89	Frotteurisme			
302.90	Paraphilie NS	Paraphilie atypique	302.9	Déviation ou trouble sexuel sans précision
		Zoophilie	302.1	Bestialité
Dysfonctions sexuelles		**Troubles des fonctions psychosexuelles**		
	psychogène et/ou biogène acquise ou permanente généralisée ou situationnelle			
302.70	Dysfonction sexuelle NS	Trouble psychosexuel atypique		
Troubles du désir sexuel				
302.71	Désir sexuel faible	Inhibition du désir sexuel		
302.79	Aversion sexuelle			
Troubles de l'excitation sexuelle				
302.72	Trouble de l'excitation sexuelle chez la femme	Inhibition de l'excitation sexuelle (Impuissance, Frigidité)	302.7	Frigidité et impuissance (Dyspareunie psychogène)
302.72	Inhibition érectile chez l'homme			
Troubles de l'orgasme				
302.73	Inhibition de l'orgasme chez la femme	Inhibition de l'orgasme chez la femme		
302.74	Inhibition de l'orgasme chez l'homme	Inhibition de l'orgasme chez l'homme		
302.75	Éjaculation précoce	Éjaculation précoce		
Douleurs sexuelles				
302.76	Dyspareunie	Dyspareunie fonctionnelle		
306.51	Vaginisme	Vaginisme fonctionnel		
???	Trouble dysphorique prémenstruel			
302.90	Autres troubles sexuels	Autres troubles psychosexuels		
		Homosexualité ego-dystone	302.0	Homosexualité (Lesbianisme, Sodomie homosexuelle)

NOTES : *Les diagnostics entre parenthèses sont fréquemment utilisés comme synonymes des diagnostics officiels.*

NS = non spécifié.

x = préciser le x comme indiqué.

DSM-III-R (1987)	DSM-III (1980)	CIM-9 (1975)
TROUBLES DU SOMMEIL		307.4 Troubles du sommeil d'origine non organique
Dyssomnies		
Insomnie		Insomnie
307.42 Insomnie primaire		
307.42 Insomnie reliée à un trouble mental (non organique)		
780.50 Insomnie reliée à un facteur organique connu		
Hypersomnie		Hypersomnie
780.54 Hypersomnie primaire		
307.44 Hypersomnie reliée à un trouble mental (non organique)		
780.50 Hypersomnie reliée à un facteur organique connu		
307.45 Trouble du cycle sommeil - éveil		Inversion du rythme de sommeil
type devancé ou retardé		
type désorganisé		
type irrégulier		
307.40 Dyssomnie NS		
Parasomnies		
307.47 Rêve anxiogène (Cauchemar)	Terreur nocturne (Pavor nocturnus)	Cauchemar
307.46 Terreur nocturne	Somnambulisme	Terreurs nocturnes
307.46 Somnambulisme		Somnambulisme
307.40 Parasomnie NS		
TROUBLES FACTICES		
300.16 Trouble factice avec symptômes psychologiques	Trouble factice avec symptômes psychologiques (Syndrome de Ganser, Pseudo-psychose)	
301.51 Trouble factice avec symptômes physiques	Trouble factice avec symptômes physiques (Syndrome de Münchausen)	
300.19 Trouble factice NS	Trouble factice atypique avec symptômes physiques	

TROUBLES DU CONTRÔLE DES IMPULSIONS

312.31	Jeu pathologique
312.32	Kleptomanie
312.33	Pyromanie
312.34	Trouble explosif intermittent
312.39	Trichotillomanie
312.39	Trouble du contrôle des impulsions NS

	Jeu pathologique
	Kleptomanie
312.2	Troubles de la conduite de nature compulsionnelle (Kleptomanie)
312.3	Troubles mixtes de la conduite et de l'affectivité (Délinquance névrotique)
	Pyromanie
312.34	Trouble explosif intermittent (Personnalité explosive)
	Trouble explosif isolé
312.39	Trouble atypique du contrôle des impulsions

TROUBLES D'ADAPTATION

309.00	avec humeur dépressive
309.23	avec inhibition au travail (ou dans les études)
309.24	avec humeur anxieuse
309.28	avec manifestations émotives mixtes
309.30	avec perturbation des conduites
309.40	avec perturbation mixte des émotions et des conduites
309.82	avec plaintes physiques
309.83	avec retrait
309.90	NS

TROUBLES DE L'ADAPTATION

309	**Troubles de l'adaptation**
309.0	Réaction dépressive brève (Dépression réactionnelle, Réaction de deuil)
309.1	Réaction dépressive prolongée
309.2	avec troubles prédominants de l'affectivité autres que dépressifs / Anxiété anormale de séparation / Choc culturel
309.3	avec troubles prédominants de la conduite
309.4	avec troubles mixtes de l'affectivité et de la conduite
309.8	Autres troubles de l'adaptation / Hospitalisme infantile / Réaction d'adaptation avec mutisme
309.9	Sans précision / Réaction d'adaptation

NOTES : *Les diagnostics entre parenthèses sont fréquemment utilisés comme synonymes des diagnostics officiels.*

NS = non spécifié.

x = préciser le x comme indiqué.

DSM-III-R (1987)	DSM-III (1980)	CIM-9 (1975)
CODES « V » POUR DES CONDITIONS NON ATTRIBUABLES À UN TROUBLE MENTAL MAIS NÉCESSITANT ATTENTION OU TRAITEMENT		
V15.81 Non-observance du traitement médical	Non-observance du traitement médical	
V61.10 Problème conjugal	Problème conjugal	
V61.20 Problème parent - enfant	Problème parent - enfant	
V61.80 Autres problèmes familiaux	Autres situations familiales spécifiées	
V62.20 Problème relié au travail	Problème professionnel	
V62.30 Problème relié aux études	Problème académique	
V62.81 Autre problème interpersonnel	Autre problème interpersonnel	
V62.82 Deuil non compliqué	Deuil non compliqué	
V62.89 Problème relié à une phase de la vie ou à d'autres circonstances de la vie	Problème en rapport avec une étape de la vie ou autre problème situationnel	
V65.20 Simulation	Simulation	
V71.01 Comportement antisocial chez l'adulte	Comportement antisocial de l'adulte	
V71.02 Comportement antisocial chez l'enfant ou l'adolescent	Comportement antisocial de l'enfant ou de l'adolescent	
CODES ADDITIONNELS		
300.90 Trouble mental NS (non psychotique)	Trouble mental non spécifié (non psychotique)	
V71.09 Pas de diagnostic à l'axe I	Absence d'affection ou de diagnostic à l'axe I	
799.90 Diagnostic différé à l'axe I	Affection ou diagnostic différé à l'axe I	

LES DIAGNOSTICS SUIVANTS, REGROUPANT LES TROUBLES DU DÉVELOPPEMENT SURVENANT DURANT L'ENFANCE DE MÊME QUE LES TROUBLES DE LA PERSONNALITÉ, SONT CLASSÉS À L'**AXE II**, SELON LE DSM-III-R.

DSM-III-R (1987)	DSM-III (1980)	CIM-9 (1975)
TROUBLES DU DÉVELOPPEMENT		
Retard mental	**Retard mental**	**RETARD MENTAL (317 - 319)**
	Préciser le x : 0 = sans symptômes comportementaux 1 = avec symptômes comportementaux	
317.00 Retard mental léger (QI : 50 - 70)	Retard mental léger, x ___	317 Retard mental léger (Arriération mentale légère, Débilité mentale, Déficience mentale)
318.00 Retard mental moyen (QI : 35 - 49)	Retard mental moyen, x ___	318.0 Retard mental moyen (Arriération mentale moyenne, Imbécillité)
318.10 Retard mental sévère (QI : 20 - 34)	Retard mental grave, x ___	318.1 Retard mental grave (Arriération mentale grave)
318.20 Retard mental profond (QI : 19 et —)	Retard mental profond, x ___	318.2 Retard mental profond (Arriération mentale profonde, Idiotie)
319.00 Retard mental NS	Retard mental NS, x ___	319 Retard mental de niveau non précisé (Insuffisance mentale)

Troubles globaux du développement

299.00 Trouble autistique
Préciser si débutant dans l'enfance

299.80 Trouble global du développement NS

Troubles spécifiques du développement

Troubles scolaires
315.00 Trouble d'apprentissage de la lecture

315.10 Trouble d'apprentissage de l'arithmétique

315.80 Trouble d'apprentissage de l'écriture type expressif

Troubles du langage
315.31 Trouble d'apprentissage du langage type expressif ou réceptif

315.39 Trouble d'apprentissage de l'articulation

Trouble mixte du développement

Troubles de la motricité
315.40 Trouble de la coordination motrice

315.90 Trouble du développement NS

Troubles globaux du développement (Psychose infantile)
Préciser le x :
0 = syndrome complet
1 = état résiduel

Autisme infantile, x ___

Trouble global du développement débutant dans l'enfance, x ___
Trouble global atypique du développement, x ___

Troubles spécifiques du développement

Trouble de l'acquisition de la lecture

Trouble de l'acquisition de l'arithmétique

Trouble de l'acquisition du langage

Trouble de l'acquisition de l'articulation

Trouble mixte du développement

Trouble atypique du développement

---

299 Psychoses spécifiques de l'enfance

299.0 Autisme infantile (Psychose infantile, Syndrome de Kanner)

299.1 Psychose désintégrative (Syndrome de Heller)

299.8 Autre psychose de l'enfance
Psychose infantile atypique

299.9 Psychose de l'enfance sans précision
Schizophrénie de l'enfance

315 Retard spécifique du développement

315.0 Retard spécifique de la lecture (Dyslexie fonctionnelle, Difficultés spécifiques de l'orthographe)

315.1 Retard spécifique en calcul (Dyscalculie)

315.2 Autres difficultés spécifiques de l'apprentissage scolaire

315.3 Trouble du développement de la parole et du langage
Aphasie de développement
Dyslalie

315.4 Retard spécifique de la motricité
Maladresse
Syndrome dyspraxique

315.5 Troubles mixtes du développement
315.8 Autres retards spécifiques du développement

315.9 Sans précision (Troubles du développement)

NOTES : *Les diagnostics entre parenthèses sont fréquemment utilisés comme synonymes des diagnostics officiels.*
NS = non spécifié.
x = préciser le x comme indiqué.

DSM-III-R (1987)	DSM-III (1980)	CIM-9 (1975)
TROUBLES DE LA PERSONNALITÉ		**301 Troubles de la personnalité (Névrose de caractère)**
Groupe A	**Personnalités bizarre, excentrique**	
301.00 Personnalité paranoïde	Personnalité paranoïde	301.0 Personnalité paranoïaque (délirante, fanatique)
301.20 Personnalité schizoïde	Personnalité schizoïde	301.2 Personnalité schizoïde (introvertie)
301.22 Personnalité schizotypique	Personnalité schizotypique	301.3 Personnalité épileptoïde (explosive) (Agressivité, Émotivité pathologique, Instabilité émotive, Tempérament querelleur)
Groupe B	**Personnalités dramatique, erratique, émotive**	
301.50 Personnalité histrionique	Personnalité histrionique	301.5 Personnalité hystérique (Histrionisme, Personnalité infantile)
301.70 Personnalité antisociale	Personnalité antisociale	301.7 Personnalité sociopathique ou asociale (amorale, antisociale)
301.81 Personnalité narcissique	Personnalité narcissique	
301.83 Personnalité limite (borderline)	Personnalité limite (borderline)	
Groupe C	**Personnalités anxieuse, craintive**	
301.40 Personnalité obsessive-compulsive	Personnalité compulsive	301.4 Personnalité obsessionnelle
301.60 Personnalité dépendante	Personnalité dépendante	301.6 Personnalité asthénique (dépendante, inadéquate, passive)
301.82 Personnalité timorée	Personnalité évitante	301.8 Autres excentrique immature passive-agressive
301.84 Personnalité passive-agressive	Personnalité passive-agressive	
301.90 Trouble de personnalité NS	Trouble atypique ou mixte de la personnalité	301.9 Sans précision (Personnalité psychopathique, Trouble de la personnalité)
Catégories diagnostiques à l'étude		
??? Personnalité sadique		
??? Personnalité masochiste		
799.90 Diagnostic différé à l'axe II	Affection ou diagnostic différé à l'axe II	
CODES V		
V40.00 Fonctionnement intellectuel limite	Fonctionnement intellectuel limite	
V71.09 Pas de diagnostic à l'axe II	Pas de diagnostic à l'axe II	

LISTE DES ABRÉVIATIONS

A

AA : Alcooliques Anonymes
ACh : acétylcholine
ACTH : *adreno-cortico-trophic-hormone* (hormone adréno-corticotrope)
ADH : *anti-diuretic hormone* (hormone anti-diurétique)
ALDH : acétaldéhyde-déhydro-génase
APA : *American Psychiatric Association*
APQ : Association des psychiatres du Québec

B

BPRS : *Brief Psychiatric Rating Scale* (échelle abrégée d'appréciation psychique)
Bromo-DMA (4-Bromo-2,5-diméthoxyamphétamine)

C

CÉGEP : Collège d'enseignement général et professionnel
CIM : Classification internationale des maladies
CLSC : Centre local de services communautaires
CPK : créatine phosphokinase
CRF : *Corticotropin Releasing Factor* (facteur hypothalamique de stimulation de synthèse de l'ACTH)
Cs : conscient

CSMQ : Comité de la santé mentale du Québec
CSS : Centre de services sociaux
CSST : Commission de santé et de sécurité au travail
CT-SCAN : (*Computerized Tomography*) tomodensitométrie

D

DA : dopamine
DAP : *Draw A Person*
DIB : *Diagnostic Interview for Borderline*
DIS : *Diagnostic Interview Schedule*
DMA : diméthoxyamphétamine
DOM : diméthoxy-méthyl-amphétamine
DPJ : Direction de la protection de la jeunesse
DPPAE : décompensation psycho-physiologique aiguë épisodique
DSM : *Diagnostic and Statistical Manual* (Manuel diagnostique et statistique des troubles mentaux)
DSTA : démence sénile du type Alzheimer
DT : délirium tremens

E

ECG : électrocardiogramme
ECT : électroconvulsivothérapie (électrochoc, sismothérapie)
EE : émotions exprimées
EEG : électroencéphalogramme
EMG : électromyogramme
EMI-SCAN : *Electronic and Musical Instrument* (tomodensitométrie)
EOG : électro-oculogramme

F-G-H

FDA : *Food and Drug Administration*
FT_4I : *Free Thyroxine Index* (Index de thyroxine libre)
GABA : *gamma-aminobutyric acid* (acide gamma-aminobutyrique)
GAP : *Group for the Advancement of Psychiatry*
HIP : *Hypnotic Induction Profile*

I

Ics : Inconscient
IgG et IgA : immunoglobuline G et A
IMAO : inhibiteur de la monoamine-oxydase
INSERM : Institut national de santé et de recherche médicale
IRM : imagerie par résonance magnétique

L-M

LSD : diéthylamide de l'acide δ-lysergique
MAS : Ministère des Affaires sociales
MAST : *Michigan Alcoholism Screening Test*
MDMA : (3,4 méthylène-dioxy-métham-phétamine
MMPI : *Minnesota Multiphasic Personality Inventory*
MOR : mouvement oculaire rapide
MPS : mouvement périodique au cours du sommeil
MTS : maladie transmise sexuellement

N

NA : noradrénaline
NH : neurohormone
NIDA : *National Institute on Drug Abuse*
NM : neuromodulateur
NT : neurotransmetteur

O-P

OMS : Organisation mondiale de la santé
PCP : phencyclidine
Pcs : préconscient
PDE : *Personality Disorder Examination*
PET-SCAN : *Positrons Emission Tomography* (tomographie par émission de positons)
PF : *Personality Factors*
PGO : ponto-géniculo-occipital
PMD : psychose maniaco-dépressive
PSE : *Present State Examination*

Q-R

QI : quotient intellectuel
RAMQ : Régie de l'assurance-maladie du Québec
REM sleep : rapid eye movement
RET : *Rational Emotive Therapy*
RT_3 : *Reverse triiodothyronine*

S

SLDH : *serum lactate-dehydrogenase* (lactate-déhydrogénase sérique)
SADS : *Schedule for Affective Disorders*
SADS-L : *Schizophrenia and Affective Disorders Schedule-Lifetime*
SAS : syndrome des apnées au cours du sommeil
SCT : *Sentence Completion Test*
SGOT : *serum glutamic oxaloacetic transaminase* (transaminase glutamique oxaloacétique)
SGPT : *serum glutamic pyruvic transaminase* (transaminase glutamino-pyruvique)
SIDA : syndrome d'immuno-déficience acquise
SIPD : *Structured Interview for the DSM-III Personality Disorders*
SIRIM : Société internationale de la recherche interdisciplinaire sur la maladie
SMA-12 : *Sequential Multiple Analyser-12 (tests)*
SNA : système nerveux autonome
SNC : système nerveux central
SP : sommeil paradoxal
SSPT : syndrome de stress post-traumatique
STP : sérénité, tranquillité et paix (2,5-diméthoxy-4-méthylamphétamine

T

T_3 : triiodothyronine
T_4 : thyroxine
TAT : *Thematic Aperception Test*
THC : delta-9, tétrahydrocannabinol
TRH : *thyrotropin releasing hormone* (facteur hypothalamique de stimulation de la synthèse de la TSH)
T_3RIA : *Triiodothyronin radio-immunoassay* (analyse de triiodothyronine par méthode radio-immune)
TSH : *thyroid-stimulating hormone* (hormone thyréotrope)

U-V-W

UCLA : University of California - Los Angeles
VDRL : examen sanguin pour la syphilis (*Veneral Disease Research Laboratory*)
WAIS-R : *Weschler Adult Intelligence Scale-Revised*
WISC-R : *Weschler Intelligence Scale for Children - Revised*

LISTE DES MÉDICAMENTS

A

Aldomet® − alphaméthyldopa
alphaméthyldopa − *Aldomet®*
alprazolam − *Xanax®*
amitriptyline − *Elavil®*
amobarbital − *Amytal®*
amoxapine − *Asendin®*
Amytal® − amobarbital
Anafranil® − clomipramine
Anectine® − succinylcholine
Antabuse® − disulfiram
Antilirium® − physostigmine
Aprésoline® − hydralazine
Artane® − trihexyphénidyle
Asendin® − amoxapine
Atarax® − hydroxyzine
aténolol − *Ténormin®*
Ativan® − lorazépam
atropine − *Atropisol®*
Atropisol® − atropine
Aventyl® − nortriptyline

B

baclofène − *Lioséral®*
Bénadryl® − diphénydramine
Bénémid® − probénécide
benztropine − *Cogentin®*
Briétal® − méthohexital
bromazépam − *Lectopam®*
bromocriptine − *Parlodel®*
bupropion − *Wellbutrin®*
Buspar® − buspirone
buspirone − *Buspar®*

C

Capoten® − captopril
captopril − *Capoten®*
carbamazépine − *Tégrétol®*
carbimide de calcium − *Temposil®*
Carbolith® − lithium

Catapres® − clonidine

Catapres® − clonidine
chlordiazépoxide − *Librium®*
chlorpromazine − *Largactil®*
chlorprothixène − *Tarasan®*
cimétidine − *Tagamet®*
clomipramine − *Anafranil®*
clonazépam − *Rivotril®*
clonidine − *Catapres®*
clorazépate − *Tranxène®*
Cogentin® − benztropine
Coumadin® − warfarine
Cylert® − pémoline
cyproheptadine − *Périactin®*
Cytomel® − triiodothyronine

D

Dalmane® − flurazépam
Dantrium® − dantrolène
dantrolène − *Dantrium®*
Décadron® − dexaméthasone
Démérol® − mépéridine
désipramine − *Norpramin®*
   − *Pertofrane®*
Désyrel® − trazodone
dexaméthasone − *Décadron®*
Dexédrine® − dextroamphétamine
dextroamphétamine − *Dexédrine®*
diazépam − *Valium®*
diazoxide − *Hyperstat®*
Dilantin® − phénytoïne
diphénhydramine − *Bénadryl®*
disulfiram − *Antabuse®*
Dolophine® − méthadone
Doriden® − glutéthimide
doxépine − *Sinéquan®*
Duralith® − lithium

E

Élavil® − amitriptyline
Équanil® − méprobamate
ethchlorvynol − *Placidyl®*
Euflex® − flutamide

F

Fluanxol® − flupenthixol
fluoxétine − *Prozac®*
flupenthixol − *Fluanxol®*
fluphénazine − *Modécate®*
   − *Moditen®*
flurazépam − *Dalmane®*
fluspirilène − *Imap®*
flutamide − *Euflex®*
furosémide − *Lasix®*

G

Gardénal® − phénobarbital
glutéthimide − *Doriden®*
guanéthidine − *Ismelin®*

H

Halcion® − triazolam
Haldol® − halopéridol
halopéridol − *Haldol®*
Hydergine® − mésylate d'ergoloïde
hydralazine − *Aprésoline®*
hydrate de chloral − *Noctec®*
hydroxyzine − *Atarax®*
Hyperstat® − diazoxide

I-J

Imap® − fluspirilène
imipramine − *Tofranil®*
Indéral® − propranolol
Ismelin® − guanéthidine

K-L

Kémadrin® − procyclidine
kétazolam − *Loftran®*
Largactil® − chlorpromazine
Larodopa® − lévodopa
Lasix® − furosémide

Lectopam® – bromazépam
lévodopa – *Larodopa*®
Lévophed® – noradrénaline
lévothyroxine sodique – *Synthroïd*®
Librium® – chlordiazépoxide
Lioséral® – baclofène
Lithane® – lithium
lithium – *Carbolith*®
      – *Duralith*®
      – *Lithane*®
      – *Lithizine*®
Lithizine® – lithium
Loftran® – kétazolam
lorazépam – *Ativan*®
Loxapac® – loxapine
loxapine – *Loxapac*®
Ludiomil® – maprotiline
Luminal® – phénobarbital

M

Majeptil® – thiopropérazine
Mandrax® – méthaqualone
maprotiline – *Ludiomil*®
médroxyprogestérone – *Provera*®
Mellaril® – thioridazine
mépéridine – *Démérol*®
méprobamate – *Équanil*®
mésoridazine – *Sérentil*®
mésylate d'ergoloïde – *Hydergine*®
méthadone – *Dolophine*®
méthaqualone – *Mandrax*®
      – *Tualone*®
méthohexital – *Briétal*®
méthotriméprazine – *Nozinan*®
méthylphénidate – *Ritalin*®
méthyprylone – *Noludar*®
méthysergide – *Sansert*®
Métrazol® – pentylènetétrazol
Modécate® – fluphénazine
Moditen® – fluphénazine
Mogadon® – nitrazépam

N-O

naloxone – *Narcan*®
Narcan® – naloxone
Nardil® – phénelzine
Navane® – thiothixène
Nembutal® – pentobarbital
néostigmine – *Prostigmine*®

nialamide – *Niamid*®
Niamid® – nialamide
nitrazépam – *Mogadon*®
Noctec® – hydrate de chloral
Noludar® – méthyprylone
noradrénaline – *Lévophed*®
norépinéphrine (voir noradrénaline)
Norpramin® – désipramine
nortriptyline – *Aventyl*®
Nozinan® – méthotriméprazine
Orap® – pimozide
oxazépam – *Serax*®
oxycodone – *Percodan*®

P

Parlodel® – bromocriptine
Parnate® – tranylcypromine
pémoline – *Cylert*®
pentobarbital – *Nembutal*®
Pentothal® – thiopental
pentylènetétrazol – *Métrazol*®
Percodan® – oxycodone
Périactin® – cyproheptadine
perphénazine – *Trilafon*®
Pertofrane® – désipramine
phénelzine – *Nardil*®
Phénergan® – prométhazine
phénobarbital – *Gardénal*®
      – *Luminal*®
phentolamine – *Rogitine*®
phénytoïne – *Dilantin*®
physostigmine – *Antilirium*®
pimozide – *Orap*®
Piportil® – pipotiazine
pipotiazine – *Piportil*®
Placidyl® – ethchlovynol
probénécide – *Bénémid*®
procyclidine – *Kémadrin*®
prométhazine – *Phénergan*®
propranolol – *Indéral*®
Prostigmine® – néostigmine
protriptyline – *Triptil*®
Provera® – médroxyprogestérone
Prozac® – fluoxétine

R

Restoril® – témazépam
Ritalin® – méthylphénidate
Rivotril® – clonazépam
Rogitine® – phentolamine

S

Sansert® – méthysergide
sécobarbital – *Séconal*®
Séconal® – sécobarbital
Serax® – oxazépam
Serentil® – mésoridazine
Sinéquan® – doxépine
Stélazine® – trifluopérazine
succinylcholine – *Anectine*®
Surmontil® – trimipramine
Synthroïd® – lévothyroxine sodique

T

Tagamet® – cimétidine
Tarasan® – chlorprothixène
Tégrétol® – carbamazépine
témazépam – *Restoril*®
Temposil® – carbimide de calcium
Ténormin® – aténolol
thiopental – *Pentothal*®
thiopropérazine – *Majeptil*®
thioridazine – *Mellaril*®
thiothixène – *Navane*®
Tofranil® – imipramine
Tranxène® – clorazépate
tranylcypromine – *Parnate*®
trazodone – *Désyrel*®
triazolam – *Halcion*®
trifluopérazine – *Stélazine*®
trihexyphénidyle – *Artane*®
triiodothyronine – *Cytomel*®
Trilafon® – perphénazine
trimipramine – *Surmontil*®
Triptil® – protriptyline
Tualone® – méthaqualone

V-W

Valium® – diazépam
warfarine – *Coumadin*®
Wellbutrin® – bupropion

X-Z

Xanax® – alprazolam
zopiclone – non commercialisé
    en 1988

INDEX DES AUTEURS

JACKLIN, C.N. 854
JACKSON, A.J. 1226, 1231
JACKSON, H. 67, 145, 356
JACOB, P. 427, 442
JACOBSON, A.F. 989
JACOBSON, E. 1196
JACOBSON, S. 406, 557, 838
JACQUES, E. 827
JACQUET 61
JAMES, S. 666
JANET, P. 206, 209
JANOV, A. 1184
JARVIS, E. 42
JASPERS, K. 1175
JELLINEK, E.M. 256
JENKINS, C.D. 490, 510
JOHNSON, A. 322, 734, 741, 934
JOHNSON, L.S. 1226
JOHNSON, R.L. 683, 685
JOHNSON, V. 616, 617, 618, 625,
630, 632, 649, 651, 667, 668,
672, 673, 855, 1084
JONES, J.G. 365, 385, 537
JONES, M. 696, 758
JORDAN, J.V. 853
JORGENSON, C. 696
JOST, A. 664
JOUVET, M. 547, 552
JUNG, C. 8, 277, 813, 1175

K

KAGAN, J. 323
KAHANA 328
KAHLBAUM, K.L. 280, 378
KAHN, E. 570
KALES, A. 547, 555, 997
KALES, J.D. 997
KALLMAN, F.J. 406, 664
KALMANN, G. 345
KALOGERAKIS, M.G. 977
KANDEL, E.R. 70, 194
KANT, E. 1175
KANTER, G.L. 1072
KAPLAN, A.G. 877
KAPLAN, H. 617, 627, 629
KARACAN, I. 639
KARLIN, R.A. 1223
KARSON, C.N. 1013
KASANIN, J. 363
KASHANI, J.H. 931

KASLOW, F.W. 715, 738, 740, 741,
742
KAUFMAN, I.C. 312
KAZDIN, A.E. 331
KEGEL, A. 633
KELEMAN, S. 1180
KELLER, M.B. 399, 1045
KELLNER, R. 522
KELLY, D. 142, 746
KENDELL, R.E. 868
KENDLER, 346
KENNEDY, J. 1245
KERMANI, E.J. 670
KERNBERG, O.F. 270, 271, 299,
300, 301, 307, 308, 309, 311,
312, 313, 320, 321, 327, 329,
330, 334, 501, 1083, 1233
KESSLER, S. 563, 739
KETY, S.S. 37, 276, 281, 297, 307,
308, 345, 349
KEYE, W.R. 867
KHANTZIAN, E.J. 248
KIERKEGARD, S. 1175
KIHLSTROM, J.F. 1218, 1219, 1223,
1226
KILBRATEN, P. 635
KIMMEL, H.D. 1209
KINSEY, A.C. 616, 626, 627, 630,
631, 633, 658, 659, 667, 673
KIRKEGAARD, C. 409
KLAR 332
KLAUSS, M. 868
KLEIN, D. 308, 309, 332, 396, 413,
996, 1010
KLEIN, M. 8, 275, 277, 278, 381,
406, 407, 662, 902, 1101
KLEITMAN, N. 547
KLERMAN, G.L. 316, 317, 870, 871,
1040
KLONOFF, E.A. 541
KNIGHT, R. 307, 313, 320, 329, 334
KNISKERN, D.P. 727
KNOPP, F.H. 690
KOCH, J.L.A. 302
KOEHLER, W. 1175
KOENIGSBERG 309
KOFFKA, K. 1175
KOHL, M.L. 1201
KOHLBERG, L. 82
KOHLER, W. 1117
KOHUT, H. 300, 320, 330, 412
KOLB, J.E. 307, 309
KOLB, L. 873

KORSAKOFF (KORSAKOV) S.S. 224,
225, 228, 256
KOVESS, V. 44
KRAEPELIN, E. 273, 277, 347, 349,
355, 378, 394, 405, 408
KRAFFT-EBING, R. 616, 696
KRAMER, M. 43
KREISLER, L. 903, 907
KRESSEL, K. 742, 743, 744
KRETSCHMER, E. 277, 281, 378
KRIEGER, J. 564
KRIPKE, D.J. 554
KRIS, E. 1158
KRISHABER, M. 208
KROGER, W.S. 1231
KRYSTAL, H. 690
KUBLER-ROSS, E. 25, 173, 802,
804, 808, 811, 812
KUPFER, D.J. 401, 556, 1045
KUTSCHER, A.H. 805

L

LABORIT, H. 167, 826
LABORIT, P. 1010
LABRAM, C. 533
LACAN, J. 8, 350, 378, 1224
LADAME, F. 968
LADAS, A.K. 616, 634
LADER, M.H. 1201
LAFONT 830
LAGACHE, D. 1221
LAING, R. 15, 343, 349, 1184
LAMBERT, E. 1174, 1187
LAMBERT, J. 252
LAMBERT, P.A. 1010, 1011
LAMONTAGNE, Y. 194, 1084
LANCASTER, N.P. 1053
LANGFELDT, G. 357
LANGLEY, D. 55
LANGLOIS, J. 1224, 1234
LANKTON, S. 1185
LAPLANCHE, J. 85, 300, 492, 1096
LA ROCHEFOUCAULT 813
LASÈGUE, E.C. 513
LAUB. D. 697
LAUDENSLAGER, M. 177
LAUFER, M. 966
LAURENCE, J.R. 1218, 1223
LAURENT, F. 945
LAURIN, C. 1244, 1246

INDEX DES SUJETS

W

X-Y-Z

Achevé   Imprimerie
d'imprimer Gagné Ltée
au Canada Louiseville